MANUAL
DO
ARQUITETO

Pamela Buxton é jornalista *freelance* especializada em arquitetura e *design*. Ela contribui com diversos jornais, revistas dirigidas aos consumidores e publicações setoriais do Reino Unido, inclusive os periódicos de arquitetura britânicos *Building Design* e *RIBA Journal*.

```
B991m    Buxton, Pamela.
            Manual do arquiteto : planejamento, dimensionamento e
         projeto / Pamela Buxton ;  tradução: Alexandre Salvaterra. –
         5. ed. – Porto Alegre : Bookman, 2017.
            x, 824 p. em várias paginações : il. ; 28 cm.

            ISBN 978-85-8260-430-4

            1. Arquitetura - Fundamentos. 2. Arquitetura – Projetos.
         3. Tipos de construção. I. Título.

                                                      CDU 721(035)
```

Catalogação na publicação: Poliana Sanchez de Araujo – CRB 10/2094

PAMELA BUXTON

MANUAL DO ARQUITETO
PLANEJAMENTO, DIMENSIONAMENTO E PROJETO

QUINTA EDIÇÃO

Tradução:
Alexandre Salvaterra
Arquiteto e Urbanista pela Universidade Federal do Rio Grande do Sul

2017

Obra originalmente publicada sob o título *Metric Handbook: Planning and Design Data*, 5th Edition
ISBN 9780415725422

Copyright©2015, Routledge. All Rights Reserved. Authorised translation from the English language edition published by Routledge, a member of the Taylor & Francis Group.

Gerente editorial: *Arysinha Jacques Affonso*

Colaboraram nesta edição:

Editora: *Denise Weber Nowaczyk*

Revisão de texto: *Monica Stefani*

Capa: *Márcio Monticelli (arte sobre capa original)*

Editoração: *Techbooks*

Revisão técnica da terceira edição:

James Miyamoto, D. Sc.
Professor FAU/UFRJ

Silvio Dias. M. E. A.
Professor CAU/PUC-RJ

José Barki, D. SC.
Professor FAU/UFRJ

Reservados todos os direitos de publicação, em língua portuguesa, à
BOOKMAN EDITORA LTDA., uma empresa do GRUPO A EDUCAÇÃO S.A.
Av. Jerônimo de Ornelas, 670 – Santana
90040-340 Porto Alegre RS
Fone: (51) 3027-7000   Fax: (51) 3027-7070

Unidade São Paulo
Rua Doutor Cesário Mota Jr., 63 – Vila Buarque
01221-020 São Paulo SP
Fone: (11) 3221-9033

SAC 0800 703-3444 – www.grupoa.com.br

É proibida a duplicação ou reprodução deste volume, no todo ou em parte, sob quaisquer formas ou por quaisquer meios (eletrônico, mecânico, gravação, fotocópia, distribuição na Web e outros), sem permissão expressa da Editora.

IMPRESSO NO BRASIL
PRINTED IN BRAZIL

Agradecimentos

Esta quinta edição do *Manual do Arquiteto: Planejamento, Dimensionamento e Projeto* deve muito ao tempo e aos esforços dedicados por seus muitos contribuintes para a atualização e redação totalmente nova de seu grande número de capítulos revisados. Agradecemos profundamente a esses colaboradores por sua generosidade e seus conhecimentos técnicos.

Também somos gratos aos editores encarregados, Fran Ford e Jennifer Schmidt da Routledge, assim como a seus colegas dos setores editorial, de editoração e produção, que desempenharam papéis tão importantes na tarefa hercúlea de atualizar um volume tão substancial.

Prefácio

Bem-vindo à quinta edição do Manual do Arquiteto: Planejamento, Dimensionamento e Projeto. Além da atualização e de muitos de seus capítulos terem sido totalmente reescritos, esta última edição apresenta uma nova estrutura. Agora os capítulos estão agrupados em três seções: fundamentos de projeto, temas universais e tipologias de edificação. Esperamos que isso permita ao leitor navegar por todo o volume e acessar a enorme variedade de informações com mais facilidade.

À medida que a sociedade muda, o projeto de edificações precisa ser adaptado a novos comportamentos e necessidades. O exemplo mais claro disso é o projeto de escritórios, que tem passado por uma verdadeira revolução após o desenvolvimento das tecnologias da informação e comunicação e, em particular, dos modos de trabalho móveis e com recursos sem fio. Nosso novo capítulo Escritórios, escrito por Frank Duffy e Pringle Brandon Perkins + Will, reflete tais modificações e fornece aos arquitetos as informações necessárias para responderem ao desafio de projetar os novos locais de trabalho de tantas pessoas.

Também temos capítulos profundamente atualizados sobre outras tipologias de edificação que têm evoluído rápida e intensamente, como os terminais de transporte, as escolas, as habitações e os prédios públicos, e têm refletido na mudança de atitudes no projeto de ruas, assunto abordado no Capítulo 33, Ruas e espaços para pessoas e veículos. As informações básicas sobre as exigências espaciais para as pessoas e a circulação dentro de edificações foi transferida, em grande parte, para os Capítulos 2 e 3 respectivamente, e a seção sobre Materiais foi atualizada. Contudo, talvez um dos mais significativos acréscimos a esta edição do *Manual do Arquiteto: Planejamento, Dimensionamento e Projeto* seja o novo capítulo sobre Projeto para prevenção de enchentes, introduzido em virtude do aumento do risco de alagamentos provocado pelas mudanças climáticas globais.

Ainda assim, embora grande parte do conteúdo tenha sido modificada, o escopo do *Manual do Arquiteto: Planejamento, Dimensionamento e Projeto* permanece o mesmo. Coadunando as melhores práticas com as normas legais sobre tamanhos, volumes, materiais, etc. aos padrões, esta obra oferece aos leitores uma base sólida e um ponto de partida essencial para o planejamento espacial e projeto das principais tipologias de edificação.

Pamela Buxton

Sumário

BASES DO PROJETO

1. **Informações básicas para projeto e coordenação dimensional**
   Terry Nichols e David King

2. **Informações básicas para a realização de projetos: pessoas e espaços**
   Atualizado pelo professor Norman Wienand

3. **Circulação de pessoas**
   Atualizado pelo Professor Norman Wienand

4. **Acessibilidade e inclusão**
   Neil Smith e David Dropkin

FUNDAMENTOS

5. **Estruturas**
   David Adler, Norman Seward e Andrew Peters

6. **Materiais de construção**
   Arthur Lyons

7. **Conforto térmico**
   Phil Jones

8. **Iluminação**
   Joe Lynes

9. **Acústica**
   Chris Steel

10. **Proteção e combate a incêndios**
    Beryl Menzies

11. **Projeto para prevenção de enchentes**
    Robert Barker e Richard Coutts

12. **A prevenção do crime por meio do projeto**
    Nick Hughes

TIPOS DE CONSTRUÇÃO

13. **Estabelecimentos agrícolas**
    John Weller, Rod Sheard, Frank Bradbeer e outros

14. **Auditórios**
    Ian Appleton e Stefanie Fischer

15. **Estações do corpo de bombeiros, estações de ambulâncias e delegacias de polícia**
    Michael Bowman

16. **Hospitais**
    David Clarke

17. **Hotéis**
    Fred Lawson

18. **Residências para idosos**
    Ian Smith (atualizado por David Littlefield)

19. **Alojamento estudantil e moradia para jovens**
    Liz Pride

20. **Instalações industriais**
    Jolyon Drury e Ian Brebner

21. **Edificações para armazenagem industrial**
    Jolyon Drury, atualizado com o auxílio de Stephen George & Partners

22. **Laboratórios**
    Catherine Nikolaou e Neville Surti

23. **Bibliotecas**
    Brian Edwards com Ayub Khan

24. **Planejamento diretor e paisagismo**
    David Simister e Guy Walters, com a contribuição de Sarah Burgess, Hugh Barton e Marcus Grant

25. **Museus, galerias de arte e espaços para exposições temporárias**
    Geoffrey Matthews, com informações adicionais (estudo de caso) de Pamela Buxton

26. **Escritórios**
    Frank Duffy com Jack Pringle, Angela Mullarkey e Richard Finnemore da Pringle Brandon Perkins+Will

27. **Agências bancárias, dos correios e similares**
    Richard Napier

28. **Templos e locais de culto**
    Leslie Fairweather, Ian Brewerton, Atba Al-Samarraie, David Adler e Derek Kemp

29. **Restaurantes e equipamentos para serviços de alimentação**
    Fred Lawson

30. **Lojas**
    Fred Lawson

31. **Escolas**
    Anthony Langan

32 **Espaços esportivos: ginásios e esportes ao ar livre**
Philip Johnson e Tom Jones

33 **Ruas e espaços para pessoas e veículos**
Atualizado por Ben Hamilton-Baillie (introdução, espaço compartilhado e promoção do senso de lugar) e Sustrans (ciclovias e estacionamentos)

34 **Estúdios de gravação de som e imagem**
David Binns

35 **Terminais de transporte e interconexões**
Seções sobre aeroportos atualizadas por Andrew Perez, com contribuições adicionais de Richard Chapman; seções sobre ferrovias atualizadas por Declan McCafferty

36 **Projeto de arquitetura em zonas tropicais**
Patricia Tutt

37 **Universidades**
Mike Hart e Rod McAllister

Apêndice A – Sistema Internacional de Unidades

Apêndice B – Fatores e tabelas de conversão

Índice

Informações básicas para projeto e coordenação dimensional

1

Terry Nichols e David King

Terry Nichols, Diretor, ELE, e David King, HOK Londres, Diretor de Elaboração de Projetos

PONTO-CHAVE:
- *Para que a interpretação de um projeto seja clara e inequívoca, as convenções de notação devem ser respeitadas*

Conteúdo
1. Padrões para o registro de informações de projeto
2. Notações métricas
3. Desenhos
4. Conteúdo dos desenhos
5. Coordenação dimensional
6. Reprografia e tamanhos de papel
7. Mapas de levantamento aerofotogramétrico
8. Referências bibliográficas
9. Estudo de caso: uso do BIM para a entrega de um projeto

1 PADRÕES PARA O REGISTRO DE INFORMAÇÕES DE PROJETO

1.1 Métodos de produção

O setor da construção (arquitetura e engenharia) conta com diversos métodos para o registro e compartilhamento de informações de projeto. Embora algumas poucas firmas continuem a usar técnicas tradicionais de desenho manual, muitas têm adotado sistemas de desenho e projeto bidimensional assistido por computador (CAD 2D), e um número cada vez maior já usa sistemas de projeto baseados em objetos paramétricos tridimensionais, como o BIM (Building Information Modelling). Seja qual for o método selecionado, a adoção de padrões é importante para a clareza da comunicação entre os membros da equipe de projeto. Esta seção resume tais padrões, relacionando-os à maneira de apresentação visual, seja no papel, seja em uma tela de computador.

1.2 Desenho técnico tradicional

No desenho técnico tradicional, o papel é o principal mecanismo de troca de informações. Ainda que essa técnica aceite diferentes estilos individuais de desenho, a única maneira de garantir a interpretação correta do conteúdo é a inclusão de convenções e símbolos padronizados.

1.3 Sistemas de CAD 2D

As ferramentas de CAD 2D (bidimensional) oferecem maneiras mais fáceis de editar e copiar o conteúdo de um desenho. O compartilhamento de informações pode ser feito por meio da transferência de arquivos de desenho, e isso tem levado a níveis de colaboração mais profundos entre os membros de uma equipe de projeto. Em alguns casos, a transferência de dados recebe o suporte de serviços de colaboração baseados na *web*. Para que essa troca seja eficiente, vêm sendo criadas convenções para dar nome aos arquivos e gerar novas estruturas de camadas (*layers*) em uma prancha. Quando diferentes sistemas de CAD são empregados, processos de tradução também são necessários para superar quaisquer incompatibilidades de um sistema.

A AEC (UK) CAD Standards Initiative foi lançada em 2000 visando a melhorar o processo de produção de informações, gestão e troca de dados nos projetos. Essa iniciativa considerava as convenções de camadas do CAD como a principal preocupação dos usuários de dados de projeto. Entretanto, à medida que as necessidades e a tecnologia do projeto têm se desenvolvido, seu escopo vem sendo expandido a fim de cobrir outros aspectos da geração de dados de projeto e troca de informações. Em 2001, foi lançado o código The AEC (UK) CAD Standard Basic Layer Code e, em 2002, o Advanced Code.

1.4 Sistemas de projeto baseados em objetos paramétricos tridimensionais

A introdução dos sistemas de modelagem baseada em objetos paramétricos tridimensionais oferece vantagens adicionais em termos da coordenação de desenhos (perspectivas, plantas baixas, cortes, elevações) e tabelas de componentes, da identificação de incongruências e da elaboração de análises estruturais e ambientais, tudo automaticamente.

1.5 BIM

A Building Information Modelling (BIM) envolve mais do que a adoção de uma ferramenta de desenho e projeto por computador baseada em objetos bi ou tridimensionais. Esse sistema se baseia no desenvolvimento de um ambiente comum de dados para o compartilhamento de informações entre os membros das equipes de projeto, fabricação e construção. No Reino Unido, as questões técnicas relacionadas são resolvidas na norma BS 29481-1:2010 *Building information modelling. Information delivery manual – methodology and format*. Em geral, diferentes aplicativos acessarão e questionarão o conjunto de dados comuns para gerar informações apropriadas para um propósito. Assim, o objetivo do BIM é criar um conjunto de dados totalmente integrado que inclua elementos da quarta dimensão (o cronograma da obra) e da quinta (os custos), além de outros dados necessários para a gestão do ciclo de vida da edificação. Essas características estão se tornando cada vez mais importantes como parte da tendência pela entrega de projetos integrados.

Com o uso crescente de sistemas computadorizados para a transferência eletrônica e a combinação de modelos de diferentes membros da equipe de projeto, é essencial que se compartilhem os padrões. Para o programa BIM, grande parte do trabalho de padronização surgiu com organizações como a BuildingSmart, que desenvolveu e promoveu a adoção da Industry Foundation Class (IFC). Esse sistema aberto é projetado a fim de permitir a interoperabilidade entre diferentes sistemas proprietários, e está registrado na norma internacional ISO 16739.

Tabela I Resumo dos símbolos e da notação

Unidade de medida	Descrição	Representação correta da unidade	Uso incorreto	Notas
Valores numéricos		0,1 0,01 0,001	.1	Quando o valor for inferior a uma unidade, a vírgula decimal deve ser precedida do zero.
Comprimento	metro	m	m. M metro	
	milímetro	mm	m.m. mm. MM M.M.	
Área	metro quadrado	m^2		
Volume	metro cúbico	m^3		
	milímetro cúbico	mm^3		
	litro (volume líquido)	l	l. lit	É preferível usar litro por extenso nas situações em que se pode fazer a confusão com o numeral "um".
Massa ("peso")	tonelada	t	ton	É preferível usar tonelada por extenso quando se pode fazer confusão com a tonelada longa (1.016 kg).
	quilograma	kg	Kg KG kg. quilo	
	grama	g	g. G.	
Força	newton	N	N. n	Observe que, quando a unidade é escrita em um texto, se usa a unidade newton escrita por extenso e com ene minúsculo. Contudo, o símbolo da unidade, em um cálculo ou em uma fórmula, é com letra maiúscula (N).

A norma AEC (UK) BIM Standards se desenvolveu a partir das diretrizes definidas por iniciativas de normalização internacional, incluindo a BS1192:2007, a norma US National BIM Standard (NBIMS) e procedimentos internos de empresas com validade comprovada. Ela busca criar um ponto de partida para uma norma BIM unificada que possa ser facilmente adotada como padrão ou desenvolvida e adaptada para implementação em projetos que tenham requisitos específicos para a estruturação de seus dados de BIM. Em 2011, o governo do Reino Unido publicou sua Building Information Modelling (BIM) Working Party Strategy e anunciou sua intenção de exigir o uso do BIM tridimensional colaborativo (com todas as informações de projeto e ativos, os documentos e os dados sendo eletrônicos) em seus projetos a partir de 2016. O padrão recomendado para informações não gráficas é o COBie: Construction Operations Building Information Exchange. Ele foi desenvolvido por várias agências públicas dos Estados Unidos a fim de melhorar o processo de entrega do construtor ao usuário, administrador ou proprietário de uma edificação. Hoje há um número cada vez maior de pacotes de *software* que oferecem suporte à importação e exportação de dados nesse formato.

2 NOTAÇÕES MÉTRICAS

2.1 Unidades

As principais unidades que devem ser utilizadas no Sistema Internacional de Unidades estão na Tabela I.

Em um desenho, deve-se escolher o uso de apenas uma unidade, por exemplo, centímetros ou milímetros. Ou seja, diferentes unidades de medida não devem ser empregadas juntas. Se essa regra for respeitada, se evitará a ambiguidade, ou seja, confusão entre qual unidade foi utilizada.

2.2 O marcador decimal

Deve-se atentar ao fato de que, nos países anglófonos, o marcador decimal não é a vírgula, mas o ponto, assim, 1.000 equivale a uma unidade, e 1,000, a um milhar. O número apropriado de casas decimais deve ser escolhido conforme as circunstâncias nas quais o valor resultante será utilizado.

2.3 Notação

Via de regra, os tamanhos de componentes devem ser expressos com unidades consistentes, sem misturá-las, ou seja, 1.500 mm × 600 mm × 25 mm, e não 1,5 m × 600 mm × 25 mm. Contudo, quando os componentes forem muito longos e esbeltos, como é o caso das tábuas de madeira, é preferível usar unidades diferentes, como 100 mm × 75 mm × 10 m.

É importante distinguir claramente entre a tonelada métrica e a tonelada longa. A primeira equivale a 1.000 kg, enquanto a segunda tem 1.016 kg – uma diferença de 1,6%.

Os intervalos de temperatura devem ser registrados em graus Celsius (°C), e não centígrados. A palavra "centígrado" é empregada nos países que adotam o Sistema Internacional de Medidas como uma medida do ângulo plano, e equivale a 1/10.000 de um ângulo reto, ou seja, a um décimo de milésimo do ângulo reto.

Exemplos

Uso correto	Uso incorreto
33 cm	3 cm 3 mm
10,10 m	10 m 100 mm
50,750 kg	50 kg 750 g

3 DESENHOS

3.1 Informações necessárias

A Tabela II indica os desenhos típicos necessários durante as fases do desenvolvimento de um projeto. O resumo das etapas de projeto se baseia no RIBA Outline Plan of Work 2007 (com as emendas de novembro de 2008). Esse sistema organiza o processo de gestão e desenvolvimento dos projetos em várias etapas-chave. A sequência e o conteúdo dessas etapas podem variar e/ou ser concomitantes, dependendo do tipo de contratação de serviço – assim, o RIBA Outline Plan of Work orienta quanto à aplicabilidade das principais formas de contratação dos serviços de arquitetura.

3.2 Técnicas de representação gráfica

No Reino Unido, as técnicas devem seguir as recomendações da norma BS EN ISO 9431 e, em específico:

(a) as espessuras de linha não devem ser inferiores a 0,25 mm em desenhos que serão reproduzidos sem redução, ou que serão microfilmados;
(b) se diferentes espessuras de linhas forem empregadas, cada uma deve ser, no mínimo, o dobro da anterior;
(c) o espaço entre as linhas deve ser, pelo menos, de 0,7 mm;
(d) as retas inclinadas devem estar em ângulo de 15° ou em múltiplos de 15°;

Tabela II Etapas de um projeto de arquitetura estabelecidas pelo RIBA (Royal Institute of British Architects) – plano de trabalho genérico

Etapa de projeto	Informações necessárias	Desenhos típicos
C: Definição do conceito/Partido geral (anteriormente chamada de Propostas Genéricas)	Preparação do projeto conceitual, incluindo as propostas gerais para a estrutura, as instalações prediais, as especificações gerais e as planilhas preliminares de custos.	Os desenhos dessa etapa costumam ilustrar as propostas gerais para cada elemento da edificação. Isso pode incluir análises diagramáticas das necessidades descritas pelo programa, da forma de ocupação do terreno, dos critérios funcionais e de circulação, dos volumes, das estratégias ambientais e de construção, etc. O projeto deve estar desenvolvido o suficiente para que o cliente o aprove como uma base para passar à etapa seguinte (D: Desenvolvimento do projeto/Anteprojeto).
D: Desenvolvimento do projeto/ Anteprojeto (anteriormente chamada de Propostas detalhadas e, às vezes, ainda denominada "Projeto esquemático")	Desenvolvimento do partido geral (o conceito de projeto) coordenado com a proposta da estrutura e das instalações; atualização das especificações gerais e das planilhas preliminares de custos.	Os desenhos geralmente ilustrarão o projeto de cada elemento da edificação e o tamanho e caráter do projeto em detalhes suficientes para que o cliente aprove o planejamento e arranjo espacial, o tratamento das elevações, os sistemas de climatização, a tectônica, os materiais e a aparência interna e externa. Os desenhos têm de estar em uma escala adequada para uma proposta mais detalhada, e o projeto deve estar resolvido o suficiente para que o cliente aprove essa etapa e passe à seguinte (E: Projeto executivo)
E: Projeto executivo (anteriormente chamada de Propostas finais e, antes disso, de "Projeto detalhado")	Preparo dos desenhos executivos e das especificações suficientes para completar a coordenação de todos os componentes e elementos do projeto. *Obtenção das informações necessárias para a aprovação legal do projeto e a garantia das normas de segurança da construção.*	Os desenhos geralmente ilustrarão as propostas finalizadas para cada elemento da edificação e os detalhes de todos os principais materiais, componentes, conexões, interfaces e acabamentos internos e externos da construção. Os desenhos devem estar em uma escala adequada para a obtenção das licenças para construção exigidas por lei. Essa fase praticamente completa as fases do projeto propriamente dito, exceto no que tange àqueles elementos sujeitos ao desenvolvimento por parte de terceiros especializados em etapas posteriores (projetos complementares e comissionamento de sistemas).
F: Informações para execução da obra	**F1** Fornecimento de informações suficientes para a orçamentação, com especificações de desempenho dos materiais e sistemas, sempre que necessárias. *Obtenção das licenças para construção exigidas por lei.* **F2** Fornecimento de informações complementares e necessárias para a execução da obra, conforme exigidas pelo contrato assinado com o construtor. Revisão dos aspectos construtivos e de segurança.	O RIBA Outline Plan of Work inclui diagramas que ilustram diferentes sequências para o fornecimento das informações necessárias à elaboração das propostas (F1) e das informações sobre a construção (F2) para vários tipos de contratos de execução da obra.

(e) as fontes das letras (e dos números) devem ter altura, nas maiúsculas, de:
  (1) pelo menos 2,5 mm, para os desenhos da situação no item (a);
  (2) pelo menos 3,5 mm, para os desenhos da situação no item (b).

Embora essas orientações originariamente se refiram ao desenho técnico à mão, os mesmos princípios costumam ser válidos para garantir a legibilidade dos desenhos gerados por sistemas de CAD bi ou tridimensionais e plotados.

3.3 Escalas de desenho

A Tabela III apresenta as escalas internacionalmente aceitas e recomendadas para o uso no setor da construção.

Quando duas ou mais escalas forem empregadas na mesma prancha, elas deverão ser claramente indicadas.

3.4 Tipos tradicionais de desenho

As escalas mais adequadas para os diferentes tipos de desenho estão indicadas nas Figuras 1.1 a 1.7. Observe que as Figuras 1.5 e 1.6 apresentam, nos desenhos sombreados, notações alternativas para as unidades de medida que, contudo, não são recomendadas. Os programas de CAD bidimensional permitem a impressão de cópias múltiplas, mas com a vantagem de que se pode editar, copiar e mudar a escala de partes de um jogo de desenhos.

3.5 Desenhos gerados com programas tridimensionais ou BIM

Plantas baixas, cortes e elevações bidimensionais similares podem ser criados usando um sistema de modelagem tridimensional. Por derivarem de um mesmo modelo, eles têm o benefício extra de estarem

Tabela III Escalas recomendadas

Uso	Escala
Mapas	1:1.000.000
	1:500.000
	1:200.000
	1:100.000
Plantas de cidade	1:50.000
	1:20.000
	1:10.000
	1:5.000
	1:2.500
	1:2.000
	1:1.250
	1:1.000
Plantas baixas	
Situação	1:500
	1:200
Localização	1:200
	1:100
	1:50
Plantas baixas, cortes e elevações	1:100
	1:50
	1:20
Sistemas construtivos	
Montagem	1:20
	1:10
	1:5
Detalhes	
	1:10
	1:5
	1:1

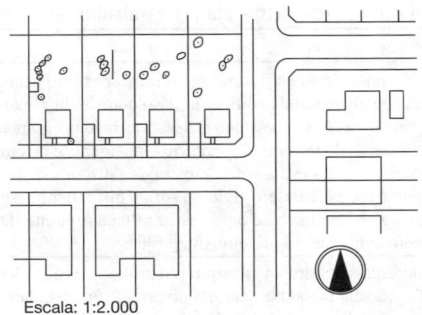

1.1 Planta de situação: o lote na quadra e o contexto imediato.

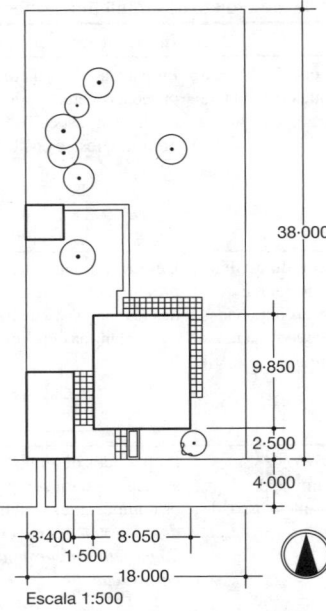

1.2 Planta de localização ou locação: a construção no lote.

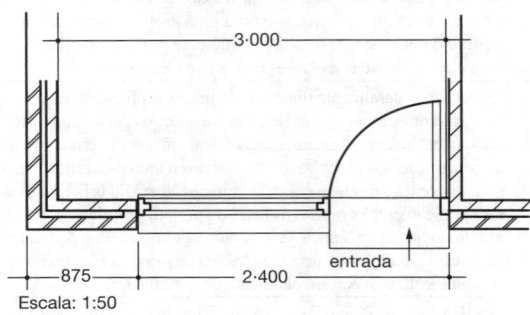

1.3 Planta baixa parcial.

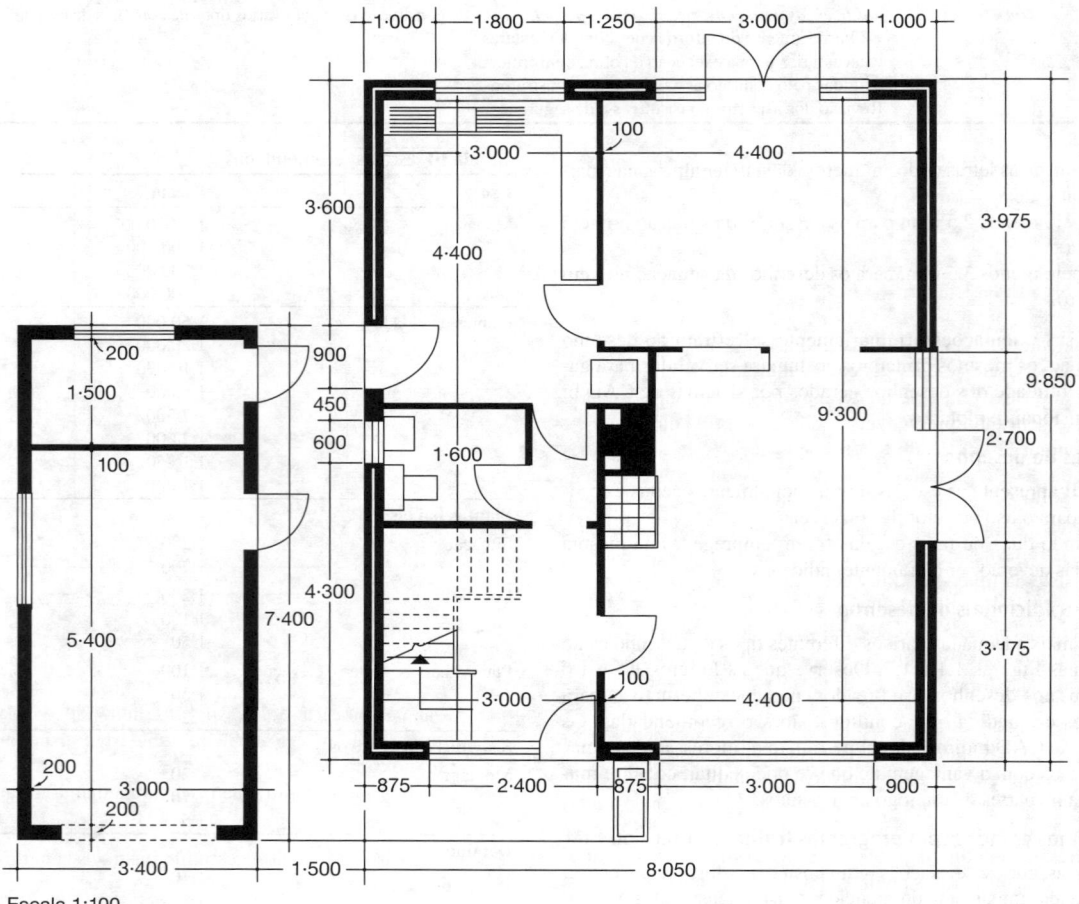

1.4 Planta baixa (partido).

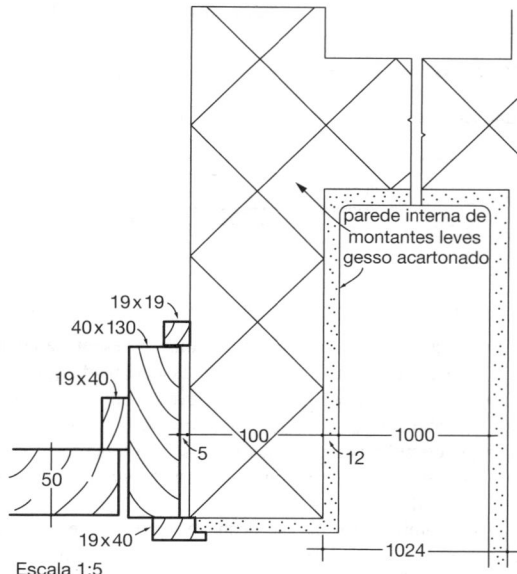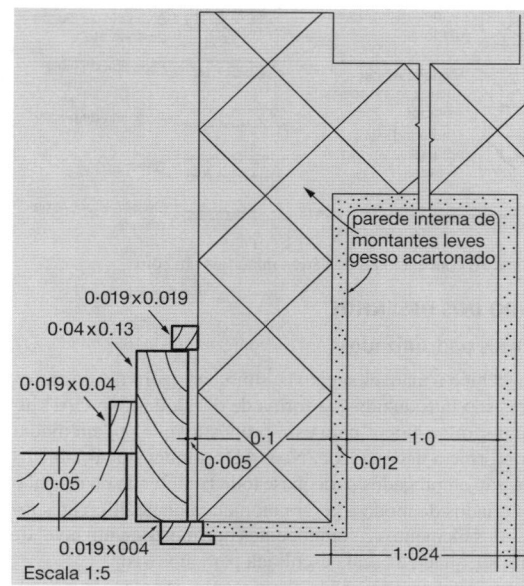

1.5 Desenho de um detalhe de montagem – planta baixa (a versão sombreada, à direita, não é recomendada).

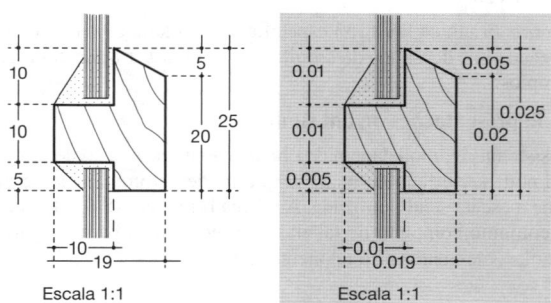

1.6 Desenho de um detalhe em escala real – planta baixa (a versão sombreada, à direita, não é recomendada).

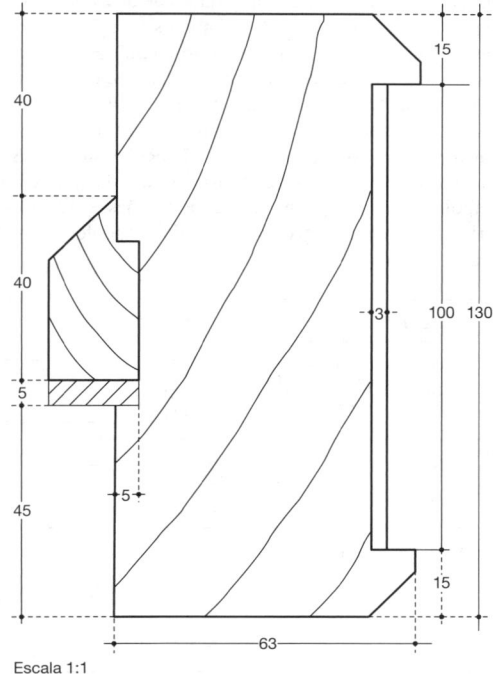

1.7 Desenho de um detalhe em escala real.

automaticamente coordenados. A escala, a localização e os planos de corte de uma vista qualquer podem ser ajustados dinamicamente, tornando muito flexível a geração de um jogo de desenhos. É claro, contudo, que nem tudo precisa ser modelado em três dimensões, e é prática comum inserir detalhes convencionais em duas dimensões dentro do conjunto de desenhos. Os detalhes podem incluir referências cruzadas sobre suas localizações no modelo. De maneira geral, essa abordagem simplifica a gestão do jogo de desenhos e ajuda a garantir que as informações fornecidas se mantenham consistentes.

Um sistema típico permite que o modelo do projeto comece com simples diagramas da volumetria e evolua até a geração de desenhos executivos completamente detalhados. O conceito do modelo de dados único permite que um software adicional seja empregado para uma aplicação específica, como:

1. Gerar imagens estáticas em perspectiva com realismo fotográfico e vistas animadas do projeto.
2. Estudar questões do planejamento da habitabilidade dos espaços, como os percursos aparentes do sol, a acústica e simulações de fugas de emergência.
3. Conferência de incongruências entre a estrutura, os componentes e as instalações prediais. Isso pode ser feito de maneira visual e, em certas circunstâncias, automática nas etapas preliminares do projeto, evitando que erros dispendiosos ocorram no canteiro de obras.
4. Uso dos dados como uma base para a manufatura de componentes.

O estudo de caso no final deste capítulo ilustra os benefícios práticos dessa abordagem.

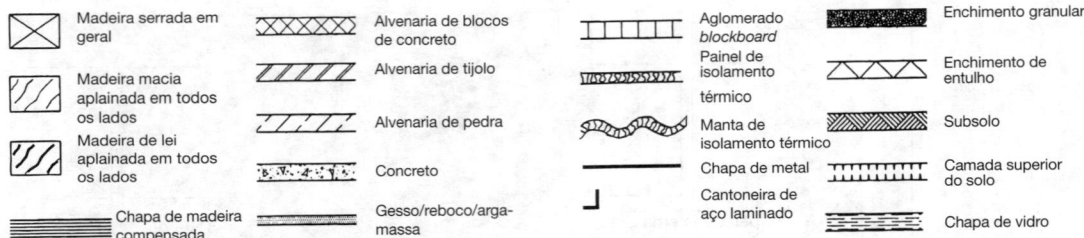

1.8 Representação convencional de vários materiais em corte.

4 CONTEÚDO DOS DESENHOS

4.1 Elementos padronizados

No desenho técnico à mão, elementos e símbolos padronizados repetidos às vezes são introduzidos na forma de decalques. No CAD bidimensional, usam-se blocos para esse propósito, que podem mudar de escala conforme a necessidade. No CAD tridimensional, objetos paramétricos são empregados para quase todo o conteúdo do desenho e podem ser criados de modo a gerar automaticamente diferentes representações dos elementos e componentes que mostram um nível de detalhamento adequado à escala escolhida para uma vista.

A norma britânica BS 8541-2 apresenta orientações e recomendações para símbolos bidimensionais e outras convenções gráficas empregadas nos desenhos da construção civil. Os símbolos cobertos por essa norma se restringem aos símbolos de arquitetura e topografia como a base para as atividades de desenho, modelagem e planejamento da arquitetura. Os símbolos mais específicos para as instalações mecânicas, elétricas e hidrossanitárias, além daqueles destinados aos perfis de aço estrutural e sua solda, são deixados a cargo das instituições dessas áreas, que entendem mais profundamente as necessidades de seus membros em um mundo em constante transformação. No Reino Unido, a BSRIA (Building Services Research and Information Association) possui uma grande biblioteca de símbolos para os engenheiros de instalações, e o Institution of Engineering and Technology (IET) cuida dos símbolos utilizados na eletrônica e eletricidade.

A norma britânica ressalta que:

- A quantidade de detalhes em uma representação simplificada deve ser limitada aos atributos essenciais do objeto.
- Um formato geométrico não deve ser empregado se seu significado não for determinado pelo contexto e pela experiência.
- A complexidade excessiva dos componentes e símbolos de construção deve ser evitada com o uso de um dos seguintes métodos:
  (a) omitir informações desnecessárias (por exemplo, se todos os itens de um projeto são do mesmo tipo);
  (b) registrar as diferenças entre um item e outro;
  (c) fazer referência às diferenças em uma tabela ou outro documento.

4.2 Convenções

A norma britânica BS 1153 especifica certos símbolos tradicionais utilizados nos desenhos de arquitetura. A Figura 1.8 mostra alguns exemplos.

4.3 Representações de um símbolo

Em sistemas de modelagem de objetos, a representação de um símbolo pode ser criada de maneira que mude automaticamente conforme a escala sendo utilizada. A norma britânica BS 8541-2 inclui um conjunto completo de tabelas que indicam os padrões para os símbolos, elementos e componentes típicos.

4.4 Níveis em plantas baixas e elevações

Os padrões mostrados são da norma britânica BS 8541-2.

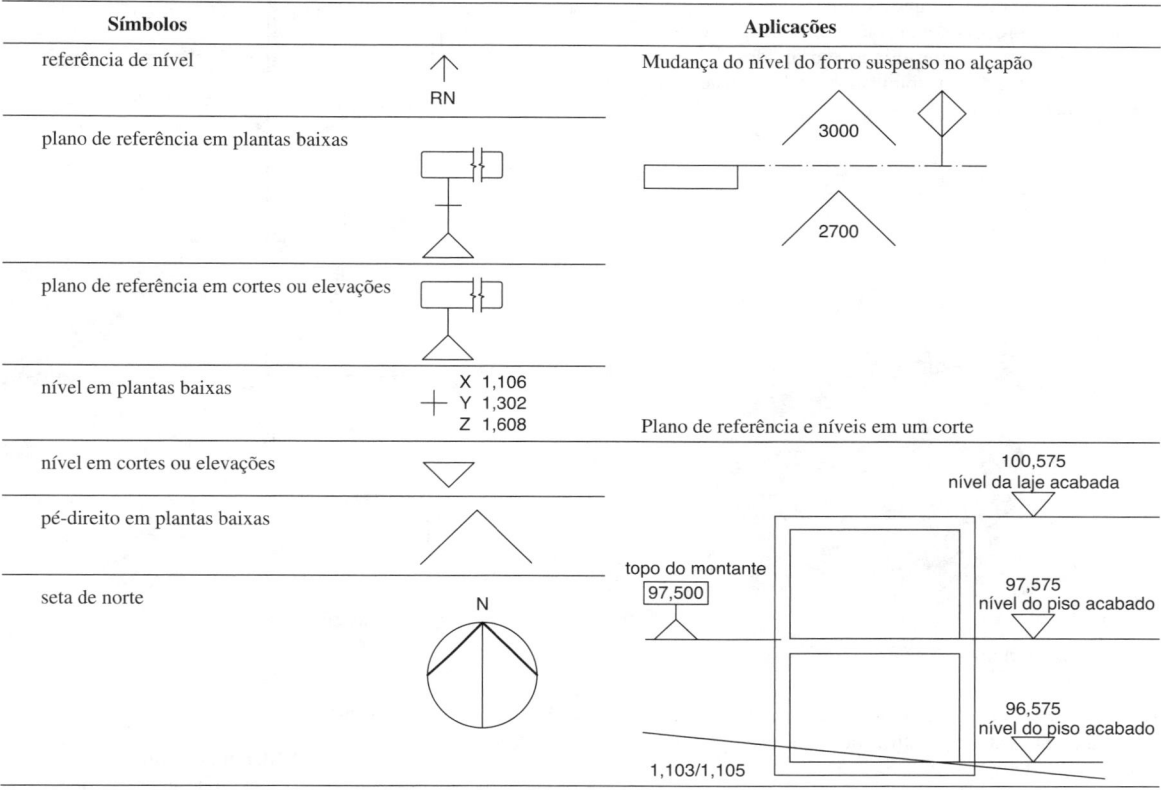

4.5 Escala e representação dos elementos

O nível do detalhe mostrado para representar um elemento de construção varia conforme a escala da representação: se o detalhe for complexo demais, talvez não seja possível reproduzi-lo claramente no desenho plotado. Em sistemas de modelagem tridimensional, esse processo pode ser automático.

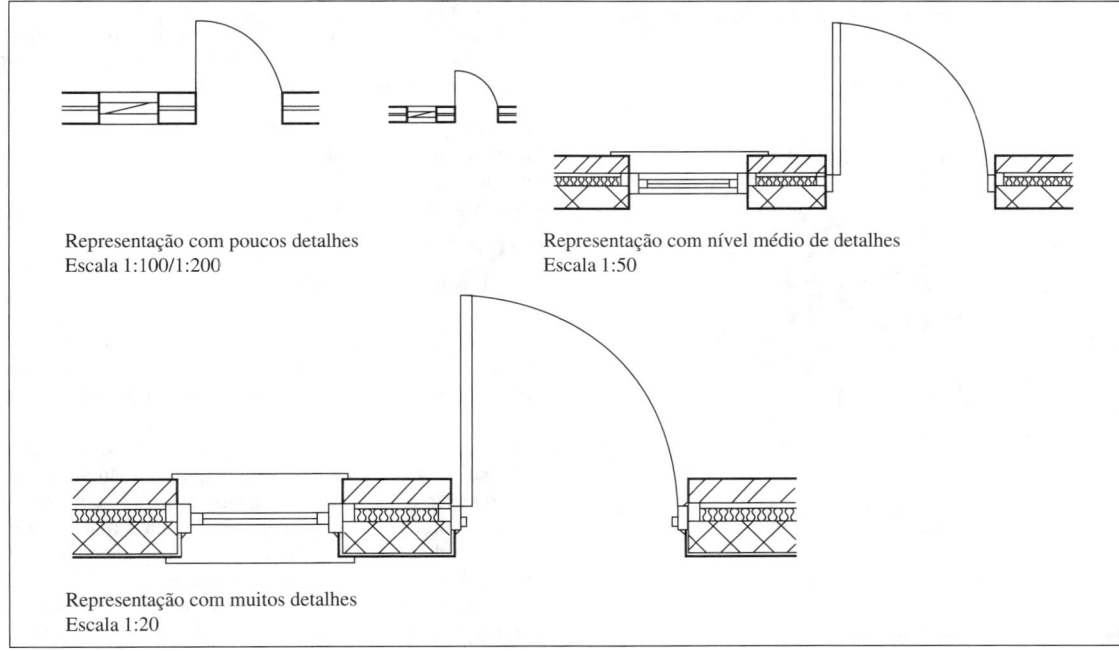

4.6 Componentes com diferentes graus de detalhamento

Nos sistemas de modelagem tridimensional, é possível substituir um objeto por outro que mostre mais detalhes, à medida que o projeto avança. Para facilitar esse processo, a norma AEC BIM Standards recomenda que todos os componentes criados ou obtidos de uma fonte qualquer sejam classificados, denominados e salvos de acordo com a estrutura do projeto, como neste exemplo:

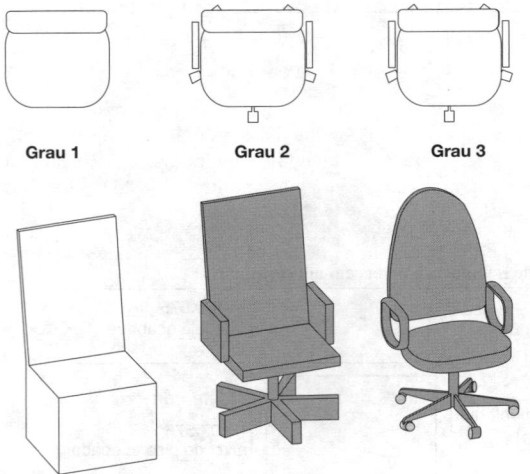

Grau 1 do componente: conceito

- Um simples marcador de lugar, com o mínimo absoluto de detalhes para que possa ser identificado – por exemplo, um tipo qualquer de cadeira.
- Representação superficial das dimensões.
- Genérico em termos de informações sobre o fabricante e dados técnicos.

Grau 2 do componente: definido

- Contém todos os metadados e as informações técnicas relevantes e tem modelagem suficiente para que se possa identificar o tipo de cadeira e os materiais de seus componentes.

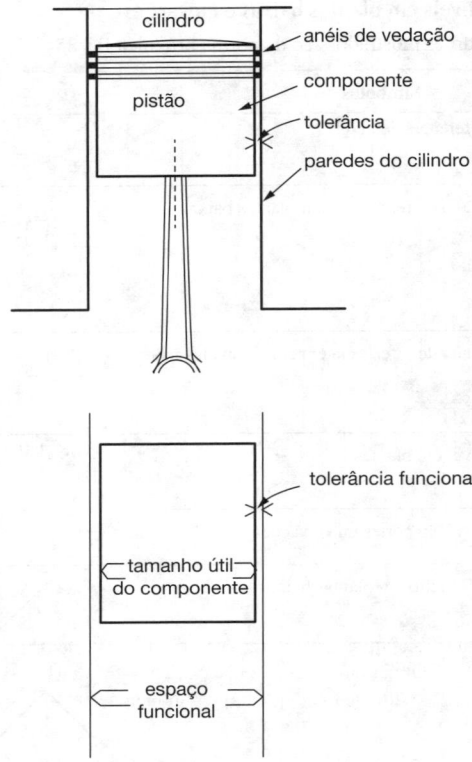

1.10 O princípio do pistão e cilindro.

- Em geral, contém o nível de detalhes bidimensionais suficiente para a escala recomendada do desenho em que estará inserido ou que o representará.
- Suficiente para a maioria dos projetos.

Grau 3 do componente: renderizado

- Idêntica à versão do grau 2, se o componente estiver descrito em uma tabela ou nota. Difere apenas em sua representação tridimensional.
- Empregado somente quando uma vista tridimensional em escala suficiente torna os detalhes necessários, em virtude da proximidade do objeto.

Além dos graus de detalhamento, um componente pode usar níveis baixo, médio ou elevado de detalhes em sua representação gráfica em relação à escala selecionada para o desenho em que ele se insere, como indicado na Seção 4.3.

5 COORDENAÇÃO DIMENSIONAL

5.1 Considerações gerais

A prática de edificação atual envolve a montagem de muitos componentes pré-fabricados: em certos casos, todo o projeto se resume apenas à conexão desses componentes, como se fosse um *kit* de construção infantil. A coordenação dimensional é fundamental para garantir o sucesso do sistema e consiste em uma variedade de dimensões relacionadas ao dimensionamento dos componentes e sistemas construtivos e aos prédios que os incluem. Ela permite o funcionamento harmônico das inúmeras partes que formam a construção total, mas que são fornecidas de fontes muito distintas entre si. O módulo básico internacional é um quadrado com 100 mm de lado (frequentemente representado pela redução 'M').

A coordenação dimensional se baseia no estabelecimento de grelhas tridimensionais e ortogonais de módulos básicos, nas quais

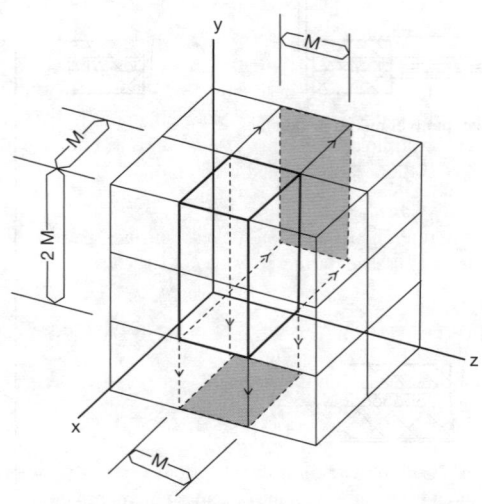

1.9 Grelha tridimensional de módulos básicos.

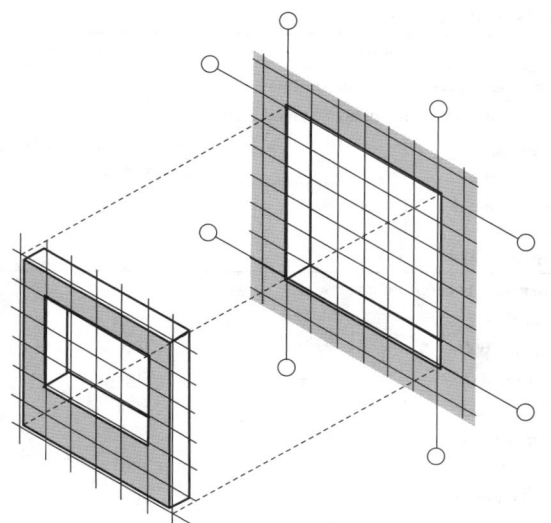

1.11 Inserindo um componente em uma grelha dimensionalmente coordenada.

os componentes podem ser introduzidos em um padrão de dimensões inter-relacionadas (Figura 1.9). Essa malha determina o espaço no qual cada componente é inserido. O fator mais importante da coordenação dimensional é que o componente sempre deve ter uma dimensão inferior ao espaço na grelha em que ele deverá ocupar, embora essa diferença não possa ser excessiva.

No mundo da engenharia, o princípio do pistão e cilindro estabelece a relação dimensional entre a grelha e o componente (Figura 1.10). O tamanho do cilindro deve permitir o grau exato de precisão e tolerância para permitir que o pistão suba e desça.

Nos processos de edificação, contudo, o grau de imprecisão que se pode tolerar está relacionado à organização das juntas. Em um prédio, deve haver um espaço adequado ao tamanho do componente mais a junta. O desrespeito às regras de posicionamento dos componentes dentro do espaço alocado e determinado pelas linhas da grelha causará dificuldades consideráveis nas montagens no canteiro de obras.

O arranjo básico de componentes dentro do leiaute da grelha mostra que eles se encaixam nos espaços reservados. Em outras palavras, isso significa que eles são coordenados dimensionalmente, permitindo ao projetista o uso máximo dos componentes padronizados (Figura 1.11).

Para o projetista, as vantagens da coordenação dimensional são várias:

- redução no trabalho de projeto
- redução no número de desenhos executivos, em virtude do uso de detalhes padronizados
- seleção de componentes padronizados e inter-relacionados em vários níveis de custo

5.2 Objetivos básicos da coordenação dimensional

Os objetivos básicos da coordenação dimensional (conforme a norma britânica BS 4011:1966) seriam:

- obter o máximo de economia na produção de componentes
- reduzir a fabricação de unidades não padronizadas
- evitar cortes perdulários no canteiro de obras

As possíveis vantagens para os fabricantes incluem:

- uso mais eficaz da mão de obra na produção de linhas de produtos padronizados
- redução de níveis de estoque, de ordens de pedido e de outras operações relacionadas com os inúmeros produtos de diferentes tamanhos. Também há vantagens para os construtores, não somente pelo uso de componentes com melhor desenho para instalação, mas também pela maior familiarização com os componentes padronizados.

A norma britânica BS 4011 foi substituída pela BS 6750:1986.

5.3 Elementos básicos da coordenação dimensional

Dimensões preferíveis
Os incrementos de dimensão recomendáveis são:

- Primeira opção (módulos múltiplos): múltiplos de 300 mm
- Segunda opção (módulo básico): múltiplos de 100 mm
- Terceira opção (submódulo): múltiplos de 50 a 300 mm
- Quarta opção (submódulo): múltiplos de 25 a 300 mm

Sistemas de referência
Grelha e linha: o sistema de referência da coordenação dimensional identifica as dimensões de referência ao utilizar uma retícula sobre os planos e uma série de linhas horizontais nas elevações e nos cortes.

A terminologia é precisa:

- As dimensões de referência ficam entre os planos-chave de referência (por exemplo, o pé-direito). Elas estabelecem uma estrutura dentro da qual se possa projetar e na qual os componentes e seus sistemas consigam se relacionar.
- Os planos-chave de referência definem os limites das zonas de controle ou dos eixos estruturais.
- As linhas de referência de um desenho representam um plano-chave de referência.
- As linhas de referência axiais são indicadas nos desenhos por meio de um tracejado com um círculo na extremidade, em que se registra a referência da grelha.
- As linhas de referência são indicadas por meio de uma linha contínua com um círculo na extremidade, em que se registra a referência da grelha.
- As zonas entre os planos de referência verticais ou horizontais oferecem espaços para um ou mais componentes, que não preenchem necessariamente todo o espaço. Desde que o uso de componentes associados não seja prejudicado, um componente de edificação (ou um grupo de componentes) pode avançar além do limite da zona, bem como seus remates ou acabamentos.

5.4 Desenhos

A representação de uma estrutura de coordenação dimensional deve ser consistente em todos os desenhos. Em plantas baixas, cortes ou elevações em geral, pode-se usar uma grelha com módulos de 300 mm (ou um múltiplo de 300 mm). Os desenhos de montagem podem usar grelhas com módulo de 300 ou 100 mm.

Linhas de referência
As linhas de referência ou grelhas devem ser finas, para distingui-las de outras linhas, particularmente as de construção.

Linhas de cota
Os diferentes tipos de dimensões devem ser distinguidos pelos tipos de seta (Figura 1.12).
As dimensões contínuas devem ser todas em relação a um ponto de referência, que, na Figura 1.13, é o ponto à esquerda.

Detalhes de montagem ou instalação
Os detalhes de montagem ou instalação mostram os componentes em seus contextos, ou seja, em relação ao elemento contíguo, com detalhes da conexão.

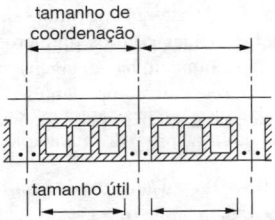

1.12 Tamanhos de coordenação e de trabalho (útil).

1.13 Dimensões contínuas. Este deve ser o tipo de ponta de seta utilizada. Às vezes se usam pontas de seta mais leves (abertas), formadas por linhas diagonais, mas elas devem ser evitadas.

1.14 Medidas entre eixos.

1.15 Medidas de face a face.

5.5 Localização dos componentes em diferentes tipos de grelha

Tipos de grelha

A grelha estrutural das linhas axiais de referência (Figura 1.14) é estabelecida fisicamente pelo construtor no canteiro de obras e serve como a referência principal na construção. Ela está sujeita a desvios de marcação, que afetam os espaços necessários para a instalação dos componentes, e, para isso, o projeto deve deixar uma margem de tolerância. Uma grelha de planejamento de linhas de referência (Figura 1.15) localiza os elementos não estruturais.

- Uma zona neutra é uma zona que não está em conformidade com as dimensões recomendáveis apresentadas na Tabela IV.

Relação entre grelhas estruturais e de planejamento

As grelhas de uma estrutura e as de planejamento às vezes coincidem, mas nem sempre isso ocorre. As dimensões de referência para o espaçamento dos elementos estruturais nas linhas axiais de uma planta são em múltiplos de 300 mm (Tabela IV). Se for empregada uma grelha com módulo quadrado de 300 mm de lado, todas as linhas de referência coincidirão com a grelha (Figura 1.16), mas se a grelha tiver um módulo diferente e múltiplo de 300 mm, as linhas de referência ficarão deslocadas da grelha axial em 300 mm ou em um múltiplo de 300 mm (Figura 1.17).

Relacionando as zonas e uma grelha de 300 mm

Se as larguras das zonas estruturais forem múltiplos de 300 mm, a grelha será contínua (homogênea) (Figura 1.18). Contudo, se a zona não for um múltiplo de 300 mm, a grelha será interrompida pela dimensão daquela zona (Figura 1.19). Essa heterogeneidade na grelha é chamada de zona neutra.

Tabela IV Dimensionamento das zonas e alturas

Faixa de dimensões (mm)	Módulo (mm)
Dimensões de referência horizontais	
Larguras das zonas para pilares e paredes portantes	
100 a 600	300 (primeira opção)
	100 (segunda opção)
Espaçamento das zonas para pilares e paredes portantes	
A partir de 900[1]	300
Dimensões de referência verticais	
Pés-direitos	
2.300^2 a 3.000	100
3.000 a 6.600	300
mais de 6.600	600
Altura das zonas em pisos e coberturas	
100 a 600^3	100
mais de 600	300
Alturas entre pisos e entre pisos e coberturas	
2.700^4 e 8.400	300
mais de 8.400	600
Mudanças de nível	
300 a 2.400	300
acima de 2.400	600

[1] Habitações podem usar 800 mm.
[2] Edifícios agrícolas podem usar 1.500 ou 1.800 mm. Garagens habitacionais podem usar 2.100 mm. Habitações podem usar 2.350 mm.
[3] Habitações podem usar 250 mm.
[4] Habitações podem usar 2.600 mm.

Planos-chave de referência

Os planos-chave de referência (Figura 1.20) geralmente devem ocorrer em:

- um nível de piso acabado
- um nível de forro acabado
- uma superfície de parede acabada

As dimensões das zonas indicadas pelos planos-chave de referência devem ser selecionadas na Tabela IV. Quando as linhas de controle ou referência chegam a pisos ou forros, deve-se considerar a deflexão desses planos na zona.

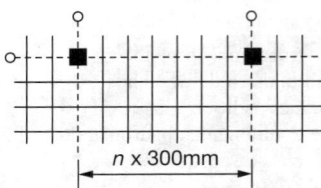

1.16 Grelhas estrutural e de planejamento coincidentes.

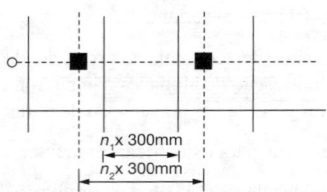

1.17 Linhas de referência deslocadas da grelha estrutural.

1 Informações básicas para projeto e coordenação dimensional

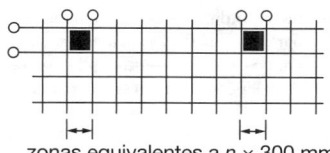

zonas equivalentes a n × 300 mm

1.18 Grelha contínua.

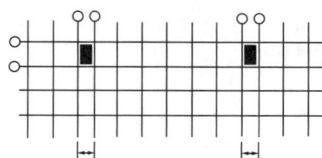

zonas não equivalentes a n × 300 mm

1.19 Grelha interrompida e zonas neutras (grelha tartã).

5.6 Tamanho dos componentes

Tamanhos de coordenação e de trabalho

As dimensões de referência são tamanhos de coordenação:

- Os tamanhos de coordenação (Figura 1.12) preveem espaços para instalação e juntas. Eles representam a grelha sobreposta que geralmente não coincide com as linhas de juntas reais visíveis na face da edificação. Elas são indicadas por pontas de seta abertas.
- Os tamanhos de trabalho (ou úteis) são tamanhos fabricados e especificados (com desvios permitidos). Eles são indicados por pontas de seta fechadas.

Tolerâncias e encaixes

O tamanho das juntas é crucial. Existem recursos gráficos (veja as Referências) para ajudar a harmonizar todos os fatores relativos à tolerância, como:

- dilatação e contração
- variação no tamanho fabricado
- espaços para encaixe satisfatórios
- variações no estabelecimento das dimensões, nos componentes adjacentes, etc.
- número total de componentes em um sistema
- variações na interpretação do tamanho útil com base em um tamanho de coordenação determinado

Grau de precisão

Os arquitetos têm de identificar quando um encaixe é crítico ou não, ou seja, devem analisar:

- se os componentes com tamanhos padronizados são adequados e estão disponíveis para pronta-entrega;
- se alguns dos componentes podem ser fabricados sob encomenda, sem um aumento de custos significativo;
- se cortes são aceitáveis (e qual seu efeito no desempenho);
- a provável ordem de instalação.

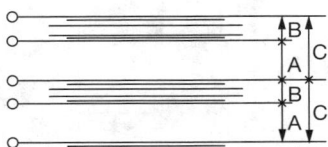

1.20 Controle vertical: A, dimensão de referência do pé-direito; B, zona entre o forro e a laje; C, dimensão de referência entre pisos e entre piso e cobertura.

5.7 Extremidades

Algumas condições de instalação e suporte podem exigir variações nos elementos, a fim de que:

- uma laje em balanço possa se apoiar sobre uma parede;
- a redução de um tamanho permita a aplicação de um acabamento;
- o aumento de uma altura permita construir logo após a laje de piso ou estender uma parede acima do forro, fazendo-a chegar à laje.

Essas folgas devem ser múltiplos de 25 mm. Elas às vezes são antieconômicas, limitando as aplicações do produto para as quais são utilizadas.

6 REPROGRAFIA E TAMANHOS DE PAPEL

6.1 Papel

Tradicionalmente, o papel era o principal suporte para a transferência de informações. Hoje, contudo, o uso dos sistemas CAD e BIM, junto com as várias formas de transferência eletrônica de informações, permite que a colaboração em equipe seja suportada por meio de monitores interativos. Ainda assim, para muitos propósitos o papel ainda é o meio preferido, e a série A internacional de tamanhos de papel é empregada para todos os desenhos plotados e materiais impressos.

6.2 Dimensões na série A

As folhas de papel da série A derivam de um retângulo A0 com 1 m² de área e lados x e y tais que $x:y = 1:\sqrt{2}$ (isto é, x = 841 mm; y = 1.189 mm). Todos os demais tamanhos dessa série são subdivisões desse formato obtidas dividindo-se pela metade a folha em sua dimensão maior, de modo que as proporções dos tamanhos permanecem constantes (Figura 1.21).

6.3 Tamanhos sem bordas e tolerâncias

Os formatos da série A têm dimensões sem bordas e, portanto, são exatos. Em outras palavras, os canhotos de talões, as abas de índices, etc., sempre são adicionais às dimensões A originais. Desse modo, as impressoras compram seus papéis em tamanhos que permitam as seguintes tolerâncias dos tamanhos sem bordas:

- Para dimensões iguais ou menores do que 150 mm, + 1,5 mm
- Para dimensões maiores do que 150 mm e até 600 mm, + 2 mm
- Para dimensões superiores a 600 mm, + 3 mm

A Figura 1.22 mostra o método recomendado de dobragem das folhas maiores do formato A.

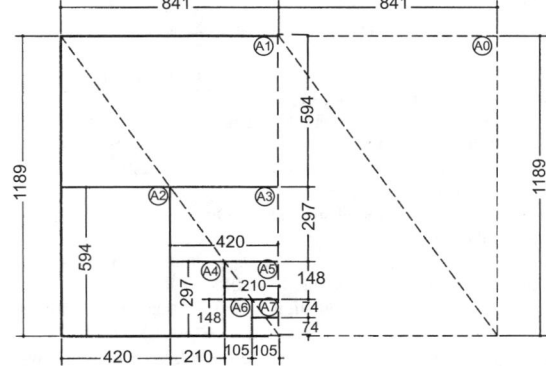

1.21 Os tamanhos da série A sempre mantêm a mesma proporção (1:√2), sendo que cada folha menor é exatamente a metade da anterior.

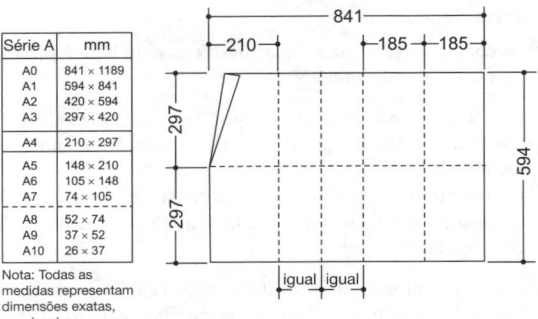

Série A	mm
A0	841 × 1189
A1	594 × 841
A2	420 × 594
A3	297 × 420
A4	210 × 297
A5	148 × 210
A6	105 × 148
A7	74 × 105
A8	52 × 74
A9	37 × 52
A10	26 × 37

Nota: Todas as medidas representam dimensões exatas, sem bordas.

Como dobrar uma folha A1

1.22 Os tamanhos de papel da série A e a maneira de dobrar as folhas A1.

7 MAPAS DE LEVANTAMENTO AEROFOTOGRAMÉTRICO

7.1 Escalas

Os mapas de levantamento aerofotogramétrico, disponíveis em prefeituras e outros órgãos públicos, são cartas geralmente feitas nas seguintes escalas: 1:50.000, 1:25.000, 1:10.000, 1:2.500 e 1:1.250. Contudo, a microfilmagem e os métodos computadorizados de armazenamento e consulta permitem que os mapas sejam reproduzidos em qualquer escala desejada. Os arquitetos e topógrafos sempre têm de consultar mapas e plantas antigas de vez em quando.

7.2 Referências de nível ou marcos geodésicos

Os pontos utilizados para medir e marcar níveis são conhecidos como referências de nível ou marcos geodésicos. Em um dado terreno, uma referência de nível temporária poderá ser estabelecida para servir de marco para todos os demais níveis naquela área. Esse valor de nível atribuído pode ser aquele oferecido por um mapa de levantamento aerofotogramétrico, mas é mais comum usar um valor arbitrado. Esse valor deve ser grande o suficiente para que não seja preciso usar quaisquer níveis negativos (inclusive os níveis de drenos, etc.), pois medidas negativas podem levar a erros. Recomenda-se que todos os níveis dentro de uma edificação e ao redor dela sejam apresentados com três casas decimais, embora a norma britânica BS 1192 permita o uso de apenas duas casas decimais em trabalhos de paisagismo.

8 REFERÊNCIAS BIBLIOGRÁFICAS

AEC (UK) BIM Standard – Version 1.0 November 2009, free download from http://www.aec-uk.org
BS 6750: 1986 Modular co-ordination in building. International Organisation for Standardisation
BS 8541–2: 2011 Library objects for engineering and construction – Part 2 Recommended 2D symbols of building elements for use in building information modelling
BS 5606: 1990 Guide to accuracy in building
BS EN ISO 9431: 1999 Construction drawings. Spaces for drawing and for text, and title blocks on drawing sheets
BS 1192: 2007 Collaborative production of architectural, engineering and construction information. Code of practice
BIP-2207: 2010 Building Information Management: A Standard Framework and Guide to BS 1192, Mervyn Richards
BS 29481-1: 2010 Building information modelling. Information delivery manual – Methodology and format
Government Construction Strategy: Cabinet Office: June 2011
A report for the Government Construction Client Group, Building Information Modelling (BIM) Working Party Strategy Paper: Department of Business, Innovation and Skills: July 2011
ISO 2776: 1974 Modular co-ordination – co-ordinating sizes for door-sets – external and internal general
ISO 6512: 1982 Modular coordination – Storey heights and room heights
ISO 1040: 1983 Modular co-ordination – multimodules for horizontal co-ordinating dimensions
ISO 1006: 1983 Modular co-ordination – basic module
ISO 1791: 1983 Modular co-ordination – vocabulary
ISO 2848: 1984 Modular co-ordination – principles and rules
ISO/TR 8390: 1984: Modular coordination – application of horizontal multimodule
ISO 16739: Industry Foundation Classes for AEC/FM data sharing
RIBA Outline Plan of Work 2007 (UPDATED): Including Corrigenda Issued January 2009 – available as a free download from http://www.ribabookshops.com

9 ESTUDO DE CASO: USO DO BIM PARA A ENTREGA DE UM PROJETO

Projeto: 5 Churchill Place, Londres
Cliente: Canary Wharf Group Plc
Arquitetura: HOK International Ltd
Engenharia estrutural: WSP
Instalações prediais: HMP
Construção: Canary Wharf Contractors Ltd.

Situado no acesso leste ao novo bairro londrino de Canary Wharf, o terreno apresentava-se como um desafio particular, por estar em parte sobre a água e compreender uma série complexa de rampas, plataformas e deques de marina irregulares entre o nível do solo e o das docas. O conceito do projeto desenvolvido pela HOK utilizou o sistema Building Information Modelling (BIM) de maneira colaborativa com a equipe de projeto, criando um único ambiente de projeto que promovesse a coordenação completa desde os primeiros momentos do processo de planejamento e desenho.

O resultado é um edifício de escritórios com estrutura complexa e área interna útil de 28 mil m^2 distribuídos em 14 pavimentos, além dos três níveis de subsolo, vedado por painéis alternados de vidro translúcido e granito. As elevações peculiares foram inspiradas na arte ótica, de modo que, à medida que muda o ponto de vista do observador, o caráter e a materialidade do prédio também variam. Conforme a perspectiva, o material dominante no prédio parece ser o vidro, o granito ou o metal.

O uso do vidro na elevação norte (hemisfério norte) otimiza o aproveitamento da luz natural com o mínimo de ganhos térmicos solares, e as quinas de aço inoxidável refletem o sol e a luz. Deu-

1 5 Churchill Place, Londres, finalizado em 2008.

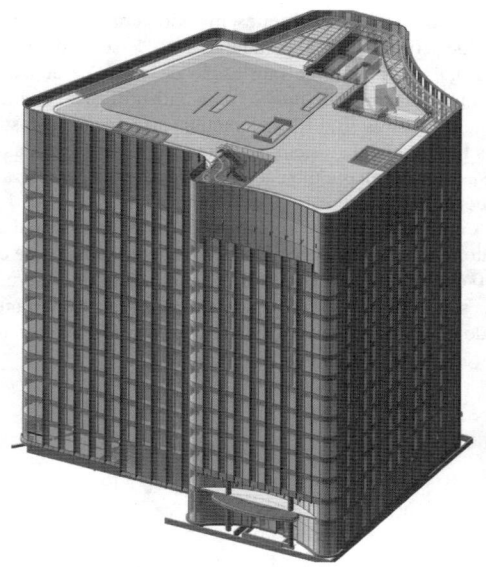

2 Maquete eletrônica do volume completo do prédio.

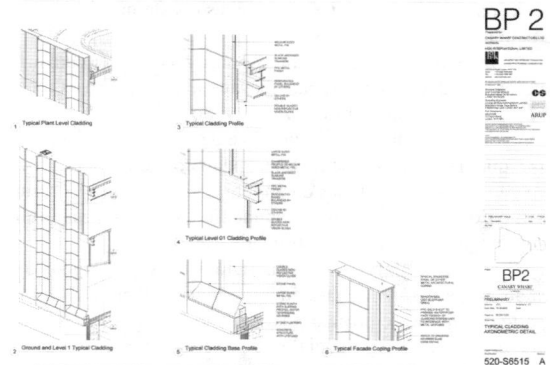

4 Detalhes perspectivados típicos das vedações externas. O arquiteto e o engenheiro de estruturas trocaram modelos e dados entre si, a fim de melhorar a cooperação e criar fluxos de trabalho eficientes.

-se grande ênfase à sustentabilidade, e o prédio foi especificamente projetado a fim de obter a certificação Excelente do BRE Environmental Assessment Method (BREEAM), para o qual o registro computadorizado dos dados do projeto foi parte fundamental. Os dados ambientais internos (desempenho térmico, lumínico, etc.) e os critérios de desempenho projetados foram continuamente avaliados em relação à complexa geometria estrutural do prédio.

O processo BIM e as soluções de software integradas foram fatores-chave para ajudar a equipe a projetar o prédio e, ao mesmo tempo, demonstrar o comprometimento com a prática de projeto SMART, na qual a prática integrada, a modelagem de informações e a sustentabilidade são combinadas a fim de entregar a melhor solução para o cliente. O BIM ofereceu uma plataforma para as etapas de definição do conceito, desenvolvimento do projeto e detalhamento – e o mesmo modelo foi utilizado para gerar imagens de qualidade fotográfica a fim de apresentar o projeto aos envolvidos.

A equipe de projeto adaptou-se rapidamente a essa nova maneira de trabalhar, e oito pessoas interagiram intensamente para criar a maquete eletrônica. Essa abordagem promoveu a melhoria da comunicação e o entendimento mais profundo acerca do que os membros da equipe estavam fazendo e de como esse prédio complexo seria montado.

O software BIM é, em última análise, uma solução de projeto com base de dados, e um dos seus maiores benefícios é que todos os esquemas gerais – plantas baixas, cortes e elevações – são extraídos do modelo completo. Isso garante que os desenhos sendo trabalhados estão continuamente coordenados e atualizados. Se uma mudança é feita em parte do modelo, todas as vistas associadas são automaticamente alteradas.

Todos os detalhes produzidos para este projeto eram vistas específicas e coordenadas obtidas do modelo da edificação virtual. Essas vistas foram então distribuídas nas pranchas. Trabalhar com o modelo como pano de fundo ofereceu ao profissional que detalhava um perfil preciso de quais elementos precisavam ser melhorados com linhas adicionais, componentes de desenho, dimensões e notas ancoradas ao modelo. Perspectivas isométricas também foram em-

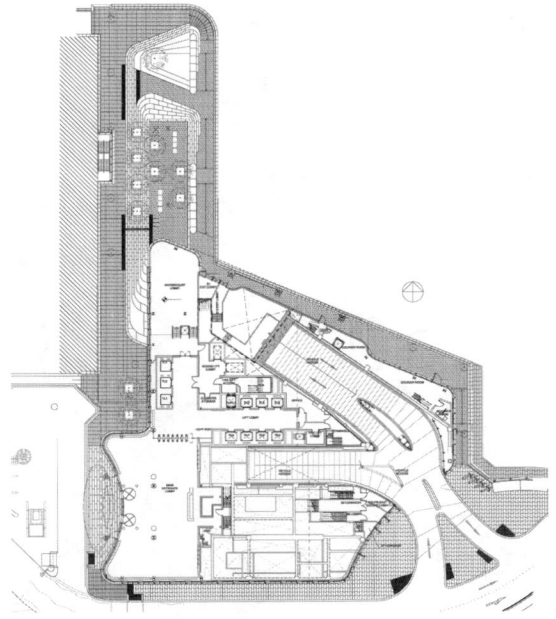

3 Plantas baixas e outros desenhos cruciais, como as elevações, podem ser extraídos do modelo BIM, em vez de serem criados de modo independente.

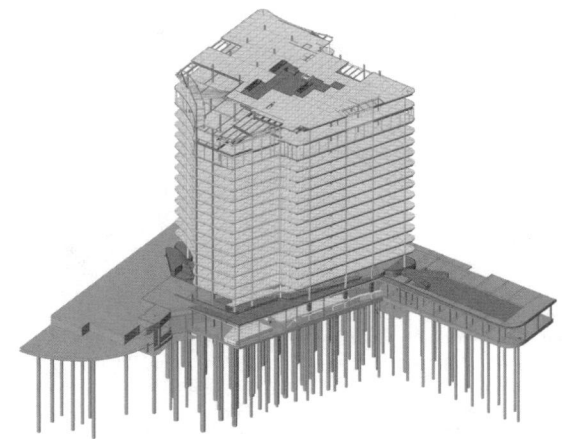

5 Maquete eletrônica da solução estrutural. Esse complexo modelo tridimensional, utilizado pelo fabricante das peças de aço para preparar os elementos estruturais na fábrica, também foi usado pela equipe de projeto para identificar os pontos problemáticos e fazer a coordenação dos detalhes.

pregadas para ajudar a avaliar os detalhes e sistemas de componentes e detalhes mais complexos.

HOK e WSP, as empresas responsáveis pela engenharia das estruturas, regularmente compartilhavam seus respectivos modelos: o modelo arquitetônico era utilizado como informação básica para os modelos das estruturas de concreto e de aço e para os modelos de análise, que, por sua vez, se reconectavam com o modelo arquitetônico para ilustrar as soluções da engenharia estrutural. O compartilhamento dos dados do modelo e a facilidade de interoperabilidade melhoraram a coordenação do fluxo de trabalho.

O cliente reconheceu os benefícios dessa abordagem colaborativa ao projeto e à entrega e encorajou ativamente o uso do BIM por parte da equipe de projeto. O cliente também estava muito interessado em explorar o potencial que poderia ser obtido com o BIM na cadeia de suprimentos.

O modelo estrutural foi desenvolvido em mais detalhes pela empresa de aço responsável pela fabricação. Esse modelo tridimensional e mais complexo de fabricação de peças de aço foi então empregado pela equipe de projeto para a identificação de incongruências nos desenhos. Todos os elementos principais das instalações prediais foram modelados em três dimensões, junto com as principais casas de máquinas e tubulações verticais, para garantir a perfeita coordenação dos detalhes.

A equipe de projeto trabalhou de maneira integrada com o construtor e as empresas terceirizadas; o cliente sabia o que era possível e o que se desejava com o BIM, e todas as partes acreditaram no processo, com os prestadores de serviços mais importantes participando do desenvolvimento e da revisão do projeto e o gerente da construção conduzindo o processo de revisão.

Informações básicas para a realização de projetos: pessoas e espaços

2

Atualizado pelo professor Norman Wienand

O professor Norman Wienand é chefe do departamento de Ambiente Natural e Construído da Sheffield Hallam University

PONTOS-CHAVE:
- *Algumas dimensões são fundamentais para o conforto, o bem-estar e a saúde das pessoas*
- *Ao satisfazer a média da população, é impossível contentar à maioria*
- *Em cada caso, devem-se considerar cuidadosamente todas as classes de usuários, principalmente os portadores de necessidades especiais*

Conteúdo

1 Introdução
2 Antropometria
3 Ergonomia
4 Instalações sanitárias
5 Referência bibliográficas

1 INTRODUÇÃO

1.1 Desenho universal

De modo geral, este capítulo deve ser visto principalmente como um ponto de partida para o processo projetual, ou seja, como um guia de princípios e convenções que determinam como tipos específicos de edificações são planejados para se adequarem a seus possíveis usuários. Um princípio fundamental e orientador que será adotado é o conceito de desenho universal (ou inclusivo).

> O desenho universal se refere ao projeto e à composição de um ambiente que possa ser acessado, entendido e utilizado pelo maior número possível de pessoas, independentemente de idade, tamanho, capacidade ou incapacidade.
> Disability Discrimination Act
> (lei britânica sobre a discriminação aos portadores de necessidades especiais), 2005.

Entre os benefícios da adoção dessa postura está a criação de projetos que têm como objetivo não excluir algum usuário do usufruto do resultado final. Outra vantagem é tornar as edificações mais fáceis de adaptar no futuro. Contudo, essa abordagem inclusiva talvez implique alguns problemas consideráveis. Por exemplo, a seção deste capítulo sobre antropometria ilustrará que a mera identificação da grande variedade de tamanhos físicos para os usuários pode ser problemática, como ocorre no projeto de ambientes habitacionais ergonômicos apropriados, quando soluções feitas sob medida nem sempre são possíveis e também podem excluir muitos outros usuários. O projeto universal, portanto, muitas vezes é uma solução que busca o "meio-termo", embora o princípio orientador garanta que ela seja a melhor resposta possível para uma dada circunstância.

1.2 Guias especiais

Nos últimos anos, guias de projeto especializados e facilmente acessíveis têm sido elaborados por entidades como o Royal Institute of British Architects (RIBA) ou o Centre for Excellence in Universal Design, de Dublin. Como esses guias interpretam e esclarecem as exigências legais de maneira muito completa, faremos referências a cada um deles ao apontá-los como fontes para mais informações detalhadas e, em particular, como tais informações são tratadas.

Esse capítulo, por conseguinte, é uma introdução aos princípios da antropometria e ergonomia, o estabelecimento de padrões espaciais básicos em instalações sanitárias e ambientes de habitação, mas com base na premissa de que essas informações são apenas introdutórias e que devem ser feitas consultas mais detalhadas em outras fontes.

2 ANTROPOMETRIA

2.1 Tamanhos e variações

O corpo humano pode ter muitos formatos e tamanhos, e projetar com o intuito de acomodar as pessoas em qualquer situação exige um conhecimento básico da interação entre os objetos ou espaços desenhados e seus usuários finais. Contudo, grande parte desse conhecimento pode ser intuitiva, pois todos nós também somos usuários de objetos, móveis e edificações. Mas, esse conhecimento também pode ser limitado e questionável, pois não se trata apenas de proporções, escala ou facilidade de movimentação: há aspectos de saúde e segurança envolvidos, além da necessidade de projetar para a inclusão de todas as pessoas e sua igualdade de acesso. A antropometria trata do tamanho e das variações do corpo humano e, quando combinada com a ergonomia – o estudo relacionado da interação das pessoas com o mundo projetado –, temos duas disciplinas científicas completamente dedicadas ao tema. Esta seção busca introduzir somente os conceitos básicos envolvidos e fará referência a outras fontes de informações.

2.2 Dados primários

Grande parte dos dados antropométricos primários vem de uma coletânea de diferentes estudos conduzidos ao longo dos últimos 20 anos e pode ser surpreendentemente imprecisa, se for utilizada de maneira isolada. Entender o valor dos dados antropométricos implica, portanto, a compreensão das ferramentas básicas da estatística que nos permitem usar tais dados corretamente. Em primeiro lugar, devemos reconhecer que não há um formato humano padronizado: uma pessoa média pode ser esbelta, obesa, jovem ou velha. As alturas médias também variam muito, conforme a idade, o sexo, a etnia e a nacionalidade. Por exemplo, os holandeses são as pessoas mais altas da Europa, enquanto os poloneses são os mais baixos do continente, segundo um estudo dos trabalhadores industriais daquele país.

Os dados primários coletados sobre as proporções de uma população individual geralmente são apresentados por meio de uma curva de distribuição de frequência (Figura 2.1). Também conhecida como curva em forma de sino, ela representa um corte da distribuição de dados para uma dada dimensão em determinada população.

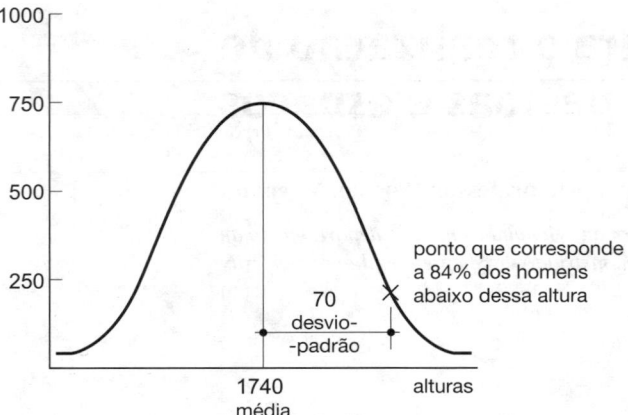

2.1 Curva em formato de sino com distribuição normal. O eixo Y registra o número de homens (neste exemplo) em um grupo que têm a altura mostrada no eixo X (dentro de certos limites). Em uma distribuição normal, a média, a moda e a mediana são iguais.

Assim, usando a estatura como exemplo, a curva indicará que, em uma das extremidades, o número de pessoas baixas varia de um valor pouco maior de zero e chega ao pico, onde estão os números maiores, representando a média (ou moda) na maioria dos casos e, então, diminuindo quando o número de pessoas mais altas também reduz, em direção à extremidade mais alta, em um padrão simétrico.

2.3 Percentis

Essa curva em sino nos permite tirar algumas conclusões muito úteis, geralmente chamadas percentis. Estatisticamente, podemos usar essa curva simétrica para ilustrar que, se dividirmos a curva em seu ponto intermediário, teremos 50% da população medida em um dos lados da divisão, e os demais 50% no outro lado. Esse ponto intermediário é chamado percentil 50º. Em ambas as extremidades, também podemos dividir a curva, removendo os 5% mais baixos ou mais altos. Fazendo isso, temos como resultado uma variedade de tamanhos que exclui os 5% do topo e os 5% da base, englobando uma variação que abrangerá 90% de uma dada população. Esses valores extremos são conhecidos como os percentis 5º e 95º, respectivamente.

Essa é uma informação muito útil quando desenhamos algo para grandes populações, quando o atendimento aos 5% do topo ou da base pode se mostrar desnecessariamente difícil ou caro. O tamanho dos assentos de um trem, por exemplo, permite que mais passageiros sejam transportados se ele for limitado ao percentil 95º. Contudo, o uso do percentil 95º seria totalmente inapropriado se estivéssemos projetando uma saída de emergência, pois isso impediria 5% da população de evacuar o prédio. Em locais em que o tamanho da população varia relativamente pouco, como o Reino Unido, os percentis 5º e 95º acomodarão 90% da população e, portanto, são empregados na maioria das soluções de projeto nas quais a segurança não está em questão. Em outros países, especialmente os Estados Unidos, onde há bolsões específicos de população que têm inúmeras pessoas fora dessas faixas dos 5% maiores ou menores, é mais comum o uso dos percentis 1º e 99º, o que resulta na inclusão de 98% dos indivíduos.

2.4 Desvio-padrão

A fim de trabalhar com os percentis, temos de manipular os dados relacionados utilizando duas informações básicas. A moda, na maioria dos casos, é representada pelo pico da curva, mas ainda não levamos em consideração a largura do "sino". Basicamente, quanto mais larga for a base da curva, mais variáveis serão os valores, e essa dispersão é chamada de desvio-padrão. Por exemplo, seria de se esperar que a curva em forma de sino para a altura de todas as mulheres de uma população comparada com a população de saltadoras em altura fosse mais achatada, pois a altura média seria menor, e a largura da dispersão, maior, uma vez que o número de mulheres que saltam em altura provavelmente seja formado por um pequeno grupo de mulheres altas. A moda e o desvio-padrão nos permitem calcular os outros percentis, usando a fórmula:

$$X_p = m + zSD$$

em que: X_p é o valor que você está buscando
p representa o percentil em questão
SD é o desvio-padrão
z é uma constante para os percentis selecionados na Tabela I
m é o valor médio, ou percentil 50º.

Assim, calculando-se o percentil 99º para britânicas adultas com uma altura média de 1.620 mm e um desvio-padrão de 61 (obtido na Tabela II), vemos que, para p = 99, z = 2,33. Portanto, o percentil 99º para a altura as mulheres é: 1.620 + 2,33 × 61 = 1.762 mm.

Para incluir saltadoras em altura, talvez precisemos passar para o percentil 99,999º, no qual z = 4,26, assim, o percentil 99º para as alturas femininas é: 1.620 + 4,26 × 61 = 1.880 mm.

2.5 Extraindo informações das tabelas

Os dados antropométricos são apresentados em forma padronizada para uma população qualquer, normalmente com base em duas posturas (sentado e de pé), com 36 medições no total. Também existe um formato padronizado para a tomada dessas medidas, como ficar ereto contra uma superfície vertical e posicionar partes das orelhas alinhadas com partes dos olhos, para manter a cabeça em uma posição padronizada. Essa posição definida precisa ser levada em consideração quando utilizamos os dados para projetar para diferentes posturas, como em uma cadeira reclinada.

2.6 Dimensões de pé e sentado

As dimensões particulares são numeradas a fim de corresponderem às informações das tabelas antropométricas. As diferentes tabelas antropométricas que apresentaremos se limitam a uma com os dados de britânicos adultos com até 65 anos de idade (Tabela II), uma de adultos britânicos com mais de 65 anos (Tabela III) e uma de crianças britânicas com 11 anos de idade – para acomodar aquelas no

Tabela I Valores z dos percentis
Valores p e z selecionados para a curva de distribuição normal

Percentil (p)	Valor z
0,001	–4,26
0,01	–3,72
0,1	–3,09
1	–2,33
2,5	–1,96
5	–1,64
10	–1,28
25	–0,67
50	0,00
99,999	4,26
99,99	3,72
99,9	3,09
99	2,33
97,5	1,96
95	1,64
90	1,28
75	0,67
50	0,00

Tabela II Dimensões de britânicos adultos com até 65 anos de idade

Esta tabela apresenta os dados antropométricos de adultos com idades entre 19 e 65 que correspondem às medidas numeradas da Figura 2.2. Para outros percentis, utilize os valores do desvio-padrão e do percentil 50º, bem como o método indicado na Seção 2.4.

DIMENSÕES	Homens				Mulheres			
	Percentil 5º	Percentil 50º	Percentil 95º	Desvio-padrão	Percentil 5º	Percentil 50º	Percentil 95º	Desvio-padrão
DE PÉ								
1 Estatura	1.640	1.760	1.880	73	1.520	1.620	1.720	61
2 Altura dos olhos	1.530	1.650	1.770	72	1.415	1.515	1.615	60
3 Altura dos ombros	1.330	1.445	1.555	69	1.225	1.320	1.410	57
4 Altura dos cotovelos	1.020	1.105	1.195	54	940	1.015	1.090	45
5 Altura do quadril	850	935	1.020	52	745	815	885	43
6 Altura das juntas iniciais dos dedos	695	765	835	42	665	725	785	35
7 Altura das pontas dos dedos	595	665	730	40	565	630	690	38
SENTADO								
8 Altura sentado	855	915	980	37	800	855	915	35
9 Altura dos olhos, sentado	740	795	855	36	690	745	800	33
10 Altura dos ombros, sentado	545	600	655	33	510	560	610	31
11 Altura dos cotovelos, sentado	195	245	300	32	180	230	275	28
12 Coxas – espessura	130	160	185	16	120	150	175	16
13 Coxas – comprimento da parte superior	545	595	650	32	520	565	615	29
14 Coxas – comprimento da parte inferior	445	500	555	34	430	475	525	29
15 Altura dos joelhos	495	550	605	33	460	500	545	26
16 Altura da parte inferior das coxas	400	445	495	30	355	400	445	27
17 Largura dos ombros a)	415	465	510	29	355	395	435	24
18 Largura dos ombros b)	370	405	440	21	330	360	390	18
19 Largura do quadril	300	350	400	31	300	350	400	29
20 Profundidade do tórax	185	225	270	26	190	235	275	26
21 Profundidade abdominal	195	240	280	26	185	220	260	22
22 Comprimento entre o cotovelo e o ombro	335	370	405	21	305	330	360	17
23 Comprimento entre o cotovelo e a ponta dos dedos	445	480	515	22	400	430	465	19
24 Braços – do ombro à ponta dos dedos	730	790	850	37	660	710	760	32
25 Braços – do ombro ao punho	615	670	730	34	560	605	650	29
MEDIDAS ACESSÓRIAS								
26 Comprimento da cabeça	185	195	210	8	170	180	190	7
27 Largura da cabeça	145	155	165	7	135	145	155	5
28 Comprimento das mãos	175	190	210	10	160	175	190	9
29 Largura das mãos	80	90	95	5	70	75	85	4
30 Comprimento dos pés	245	270	290	15	220	240	260	12
31 Largura dos pés	90	100	110	7	80	90	100	5
ALCANCES								
32 Largura entre as pontas dos dedos (braços abertos e na horizontal)	1.670	1.815	1.955	86	1.500	1.615	1.730	70
33 Largura entre os cotovelos (braços abertos e na horizontal)	875	955	1.035	49	785	855	925	42
34 Alcance vertical do punho – de pé	1.950	2.085	2.220	83	1.805	1.915	2.030	70
35 Alcance vertical do punho – sentado	1.155	1.260	1.360	63	1.070	1.155	1.245	52
36 Alcance horizontal para a frente	730	790	845	36	655	705	755	31

Fonte: Pheasant & Haslegrave, 2006, p. 245, Tabela 10.2.

ensino fundamental – (Tabela IV) e uma de adolescentes de 18 anos de idade – para acomodar aqueles no ensino médio – (Tabela V). As pessoas com mais de 65 anos de idade tendem a perder um pouco de estatura com o passar do tempo e, o que é mais significativo, seus corpos costumam se tornar menos flexíveis para se adaptarem a situações desfavoráveis em termos dimensionais.

É importante reconhecer que esses dados se referem a tamanhos de indivíduos nus, assim, é preciso acrescentar uma folga para as roupas. A altura das vestimentas e, particularmente, dos calçados pode variar conforme a situação, mas, como regra, se aceita que, na maior parte das situações, é apropriado o acréscimo de uma dimensão específica (mas diferente) para todas as dimensões de homens e mulheres. As situações específicas terão de ser calculadas de modo individual, como é o caso das áreas onde uma pessoa possa usar um cinto com ferramentas, roupas muito pesadas ou mesmo salto alto (por uma questão de moda). Portanto,

- Acrescente 25 mm a todas as dimensões dos homens
- Acrescente 45 mm a todas as dimensões das mulheres

A folga é o espaço extra necessário para acomodar as pessoas com conforto ou segurança. Quando houver questões de saúde ou segurança determinando as folgas, devem-se buscar informações em fontes específicas. Entretanto, há algumas regras que podem ser aplicadas para as necessidades de espaço pessoal. Esses padrões espaciais consideram a interação face a face com outras pessoas e colocam um raio ao redor dos indivíduos, dependendo das seguintes interações sociais:

- Espaço íntimo: até 450 mm

Tabela III Dimensões de britânicos adultos com mais de 65 anos de idade
Esta tabela apresenta os dados antropométricos de adultos com mais de 65 de idade que correspondem às medidas numeradas da Figura 2.2. Para outros percentis, utilize os valores do desvio-padrão e do percentil 50º, bem como o método indicado na Seção 2.4.

DIMENSÕES	Homens				Mulheres			
	Percentil 5º	Percentil 50º	Percentil 95º	Desvio-padrão	Percentil 5º	Percentil 50º	Percentil 95º	Desvio-padrão
DE PÉ								
1 Estatura	1.575	1.685	1.790	66	1.475	1.570	1.670	60
2 Altura dos olhos	1.470	1.575	1.685	65	1.375	1.475	1.570	59
3 Altura dos ombros	1.280	1.380	1.480	62	1.190	1.280	1.375	56
4 Altura dos cotovelos	975	1.055	1.135	49	910	985	1.055	44
5 Altura do quadril	820	895	975	47	740	810	875	42
6 Altura das juntas iniciais dos dedos	670	730	795	38	645	705	760	35
7 Altura das pontas dos dedos	575	635	695	36	550	610	670	37
SENTADO								
8 Altura sentado	815	875	930	36	750	815	885	41
9 Altura dos olhos, sentado	705	760	815	34	645	710	770	38
10 Altura dos ombros, sentado	520	570	625	32	475	535	590	36
11 Altura dos cotovelos, sentado	175	220	270	29	165	210	260	28
12 Coxas – espessura	125	150	175	15	115	145	170	16
13 Coxas – comprimento da parte superior	530	580	625	29	520	565	615	29
14 Coxas – comprimento da parte inferior	430	485	535	31	430	480	525	29
15 Altura dos joelhos	480	525	575	30	455	500	540	26
16 Altura da parte inferior das coxas	385	425	470	27	355	395	440	26
17 Largura dos ombros a)	400	445	485	26	345	385	425	23
18 Largura dos ombros b)	350	375	405	17	320	350	380	17
19 Largura do quadril	305	350	395	28	310	370	430	37
20 Profundidade do tórax	225	260	290	20	220	265	305	26
21 Profundidade abdominal	245	300	355	33	225	270	320	30
22 Comprimento entre o cotovelo e o ombro	320	350	385	19	295	320	350	17
23 Comprimento entre o cotovelo e a ponta dos dedos	425	460	490	20	390	420	450	19
24 Braços – do ombro à ponta dos dedos	700	755	810	34	640	690	740	31
25 Braços – do ombro ao punho	595	645	695	30	540	590	635	28
MEDIDAS ACESSÓRIAS								
26 Comprimento da cabeça	175	190	200	7	165	175	185	7
27 Largura da cabeça	140	150	160	6	130	140	150	5
28 Comprimento das mãos	170	185	200	9	155	170	185	9
29 Largura das mãos	75	85	90	5	65	75	80	4
30 Comprimento dos pés	235	255	280	13	210	230	250	12
31 Largura dos pés	85	95	105	6	80	85	95	5
ALCANCES								
32 Largura entre as pontas dos dedos (braços abertos e na horizontal)	1.605	1.735	1.860	78	1.460	1.570	1.685	68
33 Largura entre os cotovelos (braços abertos e na horizontal)	840	915	985	44	760	830	900	41
34 Alcance vertical do punho – de pé	1.840	1.965	2.090	75	1.725	1.835	1.950	68
35 Alcance vertical do punho – sentado	1.110	1.205	1.295	57	1.040	1.125	1.210	52
36 Alcance horizontal para a frente	700	755	805	32	640	685	735	30

Fonte: Pheasant & Haslegrave, 2006, p. 248, table 10.5.

- Espaço pessoal: entre 450 e 1.200 mm
- Espaço social: entre 1.200 e 3.600 mm
- Espaço público: acima de 3.600 mm

Vale lembrar que esses padrões são frequentemente desrespeitados, como claramente demonstrarão uma viagem de avião ou o metrô londrino em horário de pico. Também é importante observar que a invasão desses espaços de uma pessoa é mais aceitável se não for frontal.

3 ERGONOMIA

3.1 Introdução

Sucintamente, pode-se definir a ergonomia como a ciência do trabalho, abarcando as pessoas, os métodos e as ferramentas que elas usam, mas também os locais em que elas trabalham e – algo muito significativo – os aspectos psicológicos desses ambientes (Pheasant & Haslegrave, 2006). Para fins do projeto ergonômico, contudo, podemos nos limitar à coleta de dados que, feitas as referências adequadas, permitem soluções de desenho ou projeto satisfatórias, ainda que convencionais, e focadas no usuário. O termo desenho convencional é empregado, neste caso, para diferenciá-lo do desenho universal ao qual nos referimos na introdução deste capítulo, que é igualmente (ou mais) importante.

Um desenho realmente ergonômico visa a adequar a atividade ao trabalhador, ou seja, o produto ao usuário, e aplicar esse princípio em inúmeros critérios, como a eficiência, a facilidade de uso, o conforto, a saúde, a segurança e a qualidade da vida no trabalho (Pheasant & Haslegrave, 2006). Nesta seção nos limitaremos a alguns

Tabela IV Dimensões de crianças britânicas com 11 anos de idade

Esta tabela apresenta os dados antropométricos para serem utilizados com crianças no ensino fundamental, que correspondem às medidas numeradas da Figura 2.2. Para outros percentis, utilize os valores do desvio-padrão e do percentil 50°, bem como o método indicado na Seção 2.4.

DIMENSÕES	Meninos				Meninas			
	Percentil 5°	Percentil 50°	Percentil 95°	Desvio-padrão	Percentil 5°	Percentil 50°	Percentil 95°	Desvio-padrão
DE PÉ								
1 Estatura	1.325	1.430	1.535	65	1.310	1.440	1.570	79
2 Altura dos olhos	1.215	1.315	1.415	62	1.195	1.325	1.455	78
3 Altura dos ombros	1.060	1.160	1.260	60	1.050	1.165	1.280	69
4 Altura dos cotovelos	795	890	985	57	800	890	980	56
5 Altura do quadril	685	765	845	50	670	750	830	48
6 Altura das juntas iniciais dos dedos	560	620	680	35	575	645	715	42
7 Altura das pontas dos dedos	460	520	575	35	475	545	615	42
SENTADO								
8 Altura sentado	685	740	795	34	680	745	810	41
9 Altura dos olhos, sentado	575	620	665	28	570	635	700	39
10 Altura dos ombros, sentado	425	470	515	26	415	470	525	33
11 Altura dos cotovelos, sentado	160	200	240	24	155	200	245	26
12 Coxas – espessura	100	120	140	11	100	125	150	16
13 Coxas – comprimento da parte superior	435	480	525	28	430	490	550	37
14 Coxas – comprimento da parte inferior	345	395	445	30	365	410	455	26
15 Altura dos joelhos	420	460	500	25	405	455	505	30
16 Altura da parte inferior das coxas	330	375	420	26	335	375	415	24
17 Largura dos ombros a)	300	345	390	26	285	340	395	34
18 Largura dos ombros b)	280	315	350	21	280	315	350	21
19 Largura do quadril	220	265	310	27	225	280	335	34
20 Profundidade do tórax	130	170	210	24	115	175	240	38
21 Profundidade abdominal	150	190	230	23	145	195	245	29
22 Comprimento entre o cotovelo e o ombro	270	300	325	16	265	300	330	20
23 Comprimento entre o cotovelo e a ponta dos dedos	350	385	420	22	340	385	430	28
24 Braços – do ombro à ponta dos dedos	560	630	700	43	555	630	705	46
25 Braços – do ombro ao punho	460	530	600	43	455	530	605	46
MEDIDAS ACESSÓRIAS								
26 Comprimento da cabeça	170	185	200	8	155	170	185	8
27 Largura da cabeça	135	145	155	5	125	135	145	5
28 Comprimento das mãos	140	155	170	10	135	155	175	11
29 Largura das mãos	60	70	80	5	60	70	80	5
30 Comprimento dos pés	205	225	245	13	195	220	245	14
31 Largura dos pés	75	85	95	7	75	85	95	7
ALCANCES								
32 Largura entre as pontas dos dedos (braços abertos e na horizontal)	1.310	1.440	1.570	78	1.270	1.415	1.560	87
33 Largura entre os cotovelos (braços abertos e na horizontal)	685	760	830	44	660	750	835	53
34 Alcance vertical do punho – de pé	1.575	1.740	1.905	100	1.575	1.760	1.945	111
35 Alcance vertical do punho – sentado	895	990	1.080	56	900	990	1.085	56
36 Alcance horizontal para a frente	535	595	655	37	530	600	670	42

Fonte: Pheasant & Haslegrave, 2006, p. 272, Tabela 10.31.

dados práticos que podem ser utilizados no projeto de edificações habitacionais e não habitacionais. Esses dados serão divididos em dois conjuntos principais, que se referem a:

- Espaços de trabalho pessoal – alturas e alcances de pé ou sentado
- Serviços de manutenção e acesso – aberturas e necessidades espaciais

3.2 Espaços de trabalho pessoal

Trabalhando sentado

Em virtude da grande variação das dimensões humanas, os espaços de que as pessoas necessitam também variam e podem ser planejados com o uso das ferramentas estatísticas à nossa disposição. No entanto, também há algumas exigências legais muito rigorosas que determinam o desenho e a fabricação da maior parte dos móveis destinados ao trabalho. No Reino Unido, por exemplo, o desenho de uma mesa de escritório estaria sujeito às exigências estabelecidas pelas seguintes normas:

- International Standards (ISO)
- European Standards (EN)
- British Standards (BS)
- British Health & Safety (HSE)

Logo, os tamanhos exigidos para os postos de trabalho com computador são rigidamente controlados e devem seguir os princípios da ergonomia. A Figura 2.3 ilustra os tamanhos exigidos para que uma mesa de trabalho possa acomodar um computador e uma cadeira. Nesta imagem, as dimensões estão simplificadas: na verdade,

Tabela V Dimensões de adolescentes britânicos com 18 anos de idade

Esta tabela apresenta os dados antropométricos para serem utilizados com adolescentes no ensino médio, que correspondem às medidas numeradas da Figura 2.2. Para outros percentis, utilize os valores do desvio-padrão e do percentil 50°, bem como o método indicado na Seção 2.4.

DIMENSÕES	Meninos				Meninas			
	Percentil 5°	Percentil 50°	Percentil 95°	Desvio-padrão	Percentil 5°	Percentil 50°	Percentil 95°	Desvio-padrão
DE PÉ								
1 Estatura	1.660	1.760	1.860	60	1.530	1.620	1.710	56
2 Altura dos olhos	1.555	1.650	1.745	59	1.430	1.520	1.610	55
3 Altura dos ombros	1.355	1.445	1.535	54	1.235	1.320	1.405	52
4 Altura dos cotovelos	1.010	1.105	1.175	44	940	1.010	1.080	42
5 Altura do quadril	865	935	1.005	43	755	820	885	40
6 Altura das juntas iniciais dos dedos	705	765	825	35	670	725	780	32
7 Altura das pontas dos dedos	585	640	700	35	560	610	665	32
SENTADO								
8 Altura sentado	860	915	970	32	800	855	910	32
9 Altura dos olhos, sentado	745	800	855	32	695	745	795	30
10 Altura dos ombros, sentado	550	600	650	30	515	560	605	28
11 Altura dos cotovelos, sentado	200	245	290	26	185	230	275	26
12 Coxas – espessura	135	160	185	15	120	145	170	14
13 Coxas – comprimento da parte superior	545	590	635	26	515	560	605	28
14 Coxas – comprimento da parte inferior	450	500	550	29	435	480	525	27
15 Altura dos joelhos	505	550	595	26	455	500	545	26
16 Altura da parte inferior das coxas	405	445	485	25	365	405	445	25
17 Largura dos ombros a)	415	455	495	23	360	395	430	21
18 Largura dos ombros b)	365	395	425	17	335	360	385	16
19 Largura do quadril	300	340	380	25	300	345	390	27
20 Profundidade do tórax	190	225	260	21	195	235	275	24
21 Profundidade abdominal	205	240	275	21	185	220	255	20
22 Comprimento entre o cotovelo e o ombro	340	370	395	17	310	335	360	16
23 Comprimento entre o cotovelo e a ponta dos dedos	450	480	510	18	395	425	455	17
24 Braços – do ombro à ponta dos dedos	740	790	840	31	660	710	760	29
25 Braços – do ombro ao punho	615	665	715	31	550	595	645	29
MEDIDAS ACESSÓRIAS								
26 Comprimento da cabeça	185	200	215	8	170	180	190	7
27 Largura da cabeça	145	155	165	5	135	145	155	5
28 Comprimento das mãos	175	190	205	8	160	175	190	8
29 Largura das mãos	85	90	95	4	70	75	80	4
30 Comprimento dos pés	250	270	290	12	220	240	260	11
31 Largura dos pés	90	100	110	5	80	90	100	5
ALCANCES								
32 Largura entre as pontas dos dedos (braços abertos e na horizontal)	1.695	1.810	1.925	71	1.520	1.620	1.720	62
33 Largura entre os cotovelos (braços abertos e na horizontal)	890	955	1.020	40	795	855	920	38
34 Alcance vertical do punho – de pé	2.045	2.150	2.255	65	1.830	1.970	2.110	85
35 Alcance vertical do punho – sentado	1.170	1.250	1.335	52	1.065	1.150	1.235	52
36 Alcance horizontal para a frente	675	740	805	41	610	670	730	37

Fonte: Pheasant & Haslegrave, 2006, p. 279, Tabela 10.38.

as exigências reais são compreensivelmente mais complexas. Por exemplo, a altura do plano de trabalho deve ser adequada a qualquer indivíduo que precise usá-lo. Uma altura de 740 mm poderia atender a 95% da população do Reino Unido, enquanto um tampo de mesa com altura regulável (entre 660 e 900 mm) acomodaria praticamente todos os indivíduos daquele país.

De pé no trabalho e em casa
As boas práticas para as alturas das superfícies de trabalho sugerem:

- Para tarefas delicadas – entre 50 e 100 mm acima da altura dos cotovelos
- Para tarefas de manipulação que exigem alguma força – entre 50 e 100 mm abaixo da altura dos cotovelos
- Para trabalhos pesados – entre 100 e 300 mm abaixo da altura dos cotovelos

Diante da enorme variedade de tamanhos entre os seres humanos e da diversidade de tarefas geralmente associadas aos planos de trabalho, as alturas padronizadas em superfícies de trabalho são, por definição, soluções de meio-termo. Entretanto, algumas tarefas especiais podem ser previstas, e, por conseguinte, teremos alturas de bancada projetadas especificamente para tais atividades.

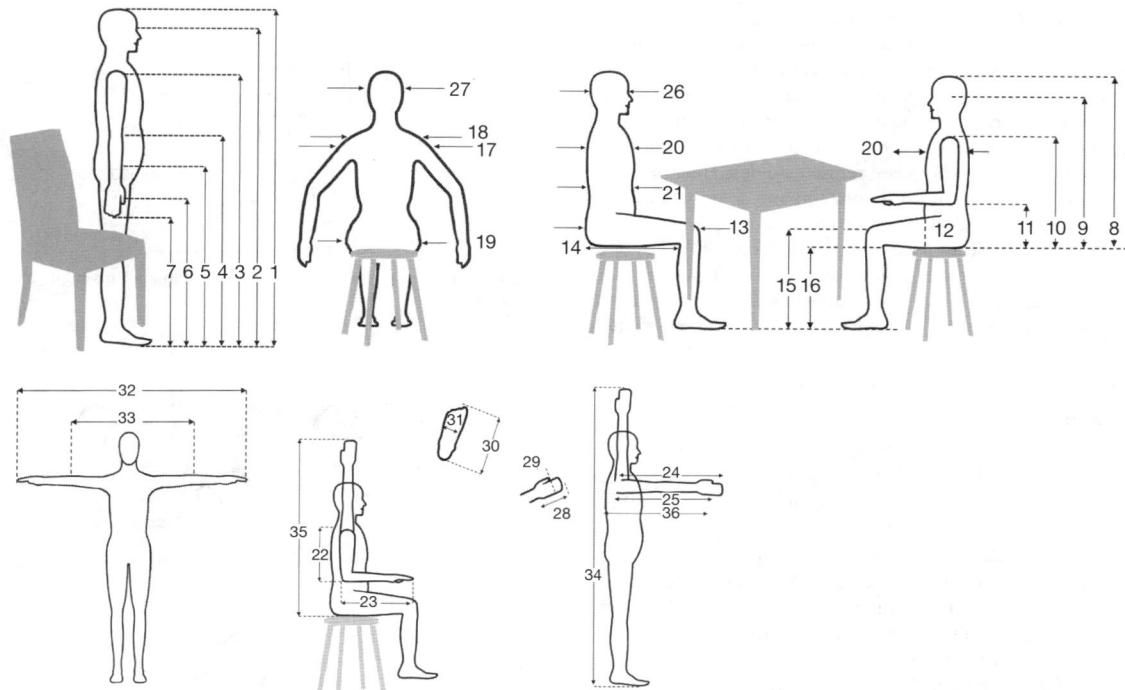

2.2 Dados antropométricos – dimensões-chave. Há 36 medidas corporais ilustradas aqui que podem ser utilizadas para a identificação dos tamanhos individuais que se relacionam aos grupos populacionais específicos das Tabelas II a V.

Alturas em cozinhas

As bancadas de cozinhas domésticas são incluídas nessa seção como áreas de trabalho funcional por ilustrarem tanto as exigências básicas de projeto como as concessões que devem ser feitas para acomodar as variações padronizadas em uma população. Embora a Figura 2.4 ilustre as alturas normais dos armários de cozinha, vale a pena analisarmos o que há por trás dessas dimensões.

Assim como as alturas usuais nos armários aéreos, uma pesquisa (Pheasant & Haslegrave 2006) sugere que há três "alturas de trabalho" para o projeto de uma cozinha. Mas, a conclusão indicou que a altura ideal para a bancada de cozinha deve ficar 100 mm abaixo da altura dos cotovelos. Para o 50º percentil para adultos britânicos, isso significa um valor de 905 mm para mulheres e 990 mm para homens. Contudo, a variação entre o 5º percentil para mulheres e o 95º percentil para homens é de 830 a 1.005 mm. Nesse caso, as dimensões recomendadas consideram que os dados serão utilizados em projetos para um grande espectro da população britânica, mas voltados especificamente para atender a 95% dos idosos, cuja força, alcance, etc. costumam ser mais limitados. Para populações mais específicas cujas alturas podem ser individualizadas, como as de locais de trabalho específicos, por favor, consulte a literatura especializada, como as publicações da British Health & Safety (HSE).

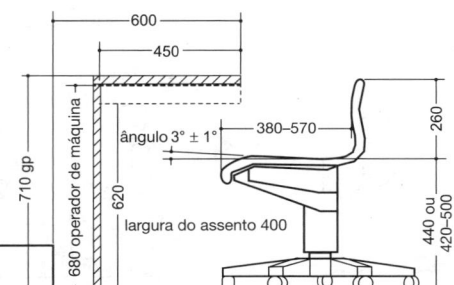

2.3 Posto de trabalho sentado com bancada: algumas informações úteis para escrivaninhas ou postos de trabalho com computador. Informações mais detalhadas devem ser obtidas para tarefas especiais ou específicas.

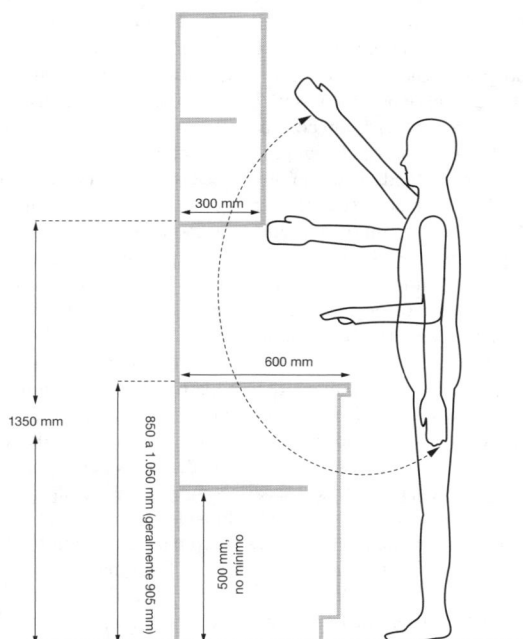

2.4 Balcão e armário aéreo de cozinha: algumas dimensões de trabalho úteis para cozinhas e espaços similares, como copas. Informações mais detalhadas devem ser obtidas para tarefas especiais ou específicas.

Acesso de armários no trabalho e em casa

O leiaute ideal dos armários e sua acessibilidade se relacionam diretamente com os pesos envolvidos, a frequência de uso e a variedade de seus usuários. Mais uma vez, voltemos à cozinha doméstica para detalhar algumas recomendações quanto às zonas de armazenagem. Os itens mais pesados e, claro, mais perigosos de manusear e armazenar, são os pratos colocados em fornos e retirados deles. Uma pesquisa (Noble, 1982) sugere que prateleiras com 300 mm de profundidade e 1.400 mm de altura (reduzida para 1.350 mm quando se deve alcançar algo acima de uma obstrução) podem ser utilizadas por 95% da população de idosos. Uma vez que esse grupo costuma ser o que tem mais dificuldades para se ajoelhar e se curvar, prateleiras profundas devem ser mantidas acima de 500 mm. Aqui vale a pena observar que a altura ideal para armários também é a altura mais vantajosa para bancadas, o que resulta em uma demanda máxima de espaço nessa zona.

3.3 Manutenção, acesso e aberturas

As edificações exigem manutenção constante, seja nas instalações localizadas nos interiores, seja nos revestimentos e vedações prediais propriamente ditos. Esses espaços nem sempre são áreas publicamente acessíveis e há a necessidade de oferecer espaços de trabalho seguros, assim, eles estão sujeitos à legislação sobre saúde e segurança. Como o acesso necessário também é muito específico para cada tipo de tarefa, entrar em detalhes minuciosos foge muito do escopo desta obra, particularmente porque seria restrito a certas pessoas, como aquelas que são hábeis e ágeis o suficiente para acessá-los. As Figuras 2.5 a 2.10 apresentam algumas dimensões gerais e básicas.

4 INSTALAÇÕES SANITÁRIAS

4.1 Banheiros inclusivos

As exigências espaciais para banheiros inclusivos devem atender às necessidades de todos os usuários de um prédio, lembrando que eles podem incluir adultos e crianças de todas as idades, tamanhos e capacidades. Não importa se as pessoas são independentes ou não, se estão acompanhadas ou assistidas: pressupõe-se que a abordagem ao projeto universal (ou inclusivo) seja adotada a fim de garantir que as instalações possam ser acessadas e utilizadas por uma população diversa.

O grau de disponibilização dependerá do tipo e tamanho de um dado prédio, bem como de sua ocupação, dos padrões de uso e da proporção de cada gênero. Sabe-se que as mulheres levam mais tempo do que os homens para usar os banheiros, assim, a razão entre os gêneros deve ser levada em consideração, ainda que essa proporção possa mudar com o passar do tempo. Para ilustrar isso, a British Toilet Association recomenda que o número necessário de cubículos para mulheres deva ser o dobro daquele para homens e mictórios somados.

O valor total empregado em uma abordagem de projeto inclusivo que atenda às necessidades de um grupo também pode trazer benefícios para muitos outros usuários. As instalações sanitárias projetadas para usuários de cadeiras de rodas, sem desníveis, também são úteis para pessoas que estejam com malas, carrinhos de bebê, muletas, bengalas, andadores ou outros tipos de recursos para ajudar na locomoção. Da mesma maneira, compartimentos mais amplos e uma boa sinalização ajudam àqueles indivíduos com dificuldade de leitura ou visão, bem como os estrangeiros não familiarizados com o idioma local. Os compartimentos para cadeirantes também podem ser de uso preferencial para as pessoas acompanhadas de cão-guia, as que sofrem de nanismo, os pais com filhos pequenos, os indivíduos acompanhados por cuidadores, as pessoas com malas e muitos outros.

No Reino Unido, por exemplo, em 2010 estimava-se que cerca de 20% da população adulta (isto é, 11,7 milhões de pessoas) estivesse coberta pelas leis de acesso universal às edificações, cerca de 5 mil tivessem cães-guia e aproximadamente meio milhão de pessoas usassem uma cadeira de rodas de modo permanente ou ocasional. Além disso, nesse país havia 3,3 milhões de famílias com crianças

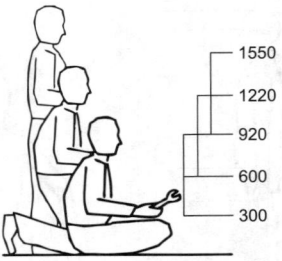

2.5 Espaço livre necessário para o corpo humano: níveis de alcance para serviços de manutenção.

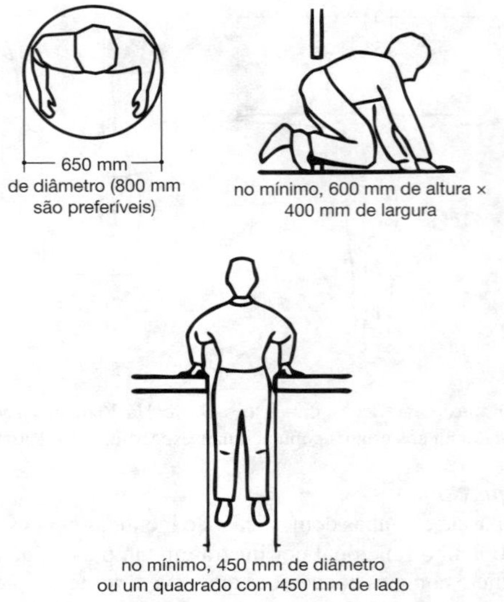

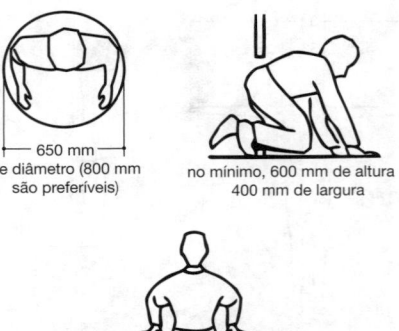

2.6 Acesso a instalações prediais.

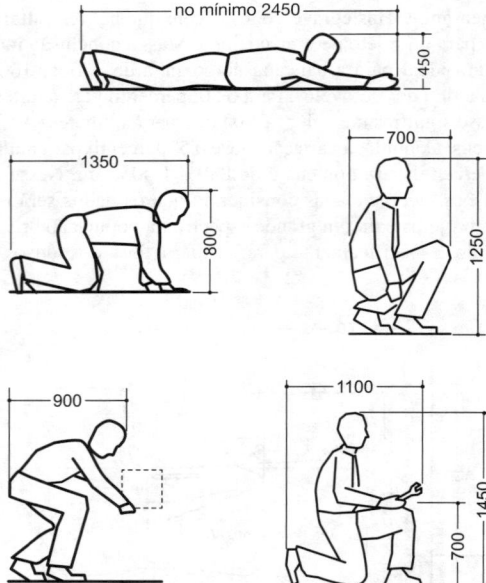

2.7 Espaços livres necessários para o corpo humano.

2 Informações básicas para a realização de projetos: pessoas e espaços

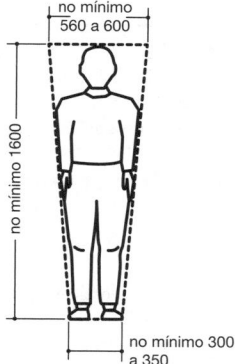

2.8 Acesso às instalações prediais: passadiço.

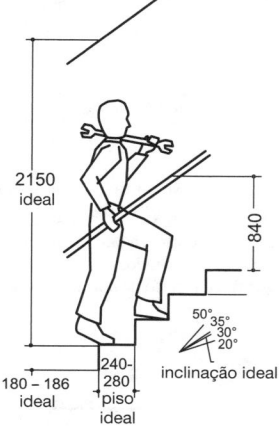

2.9 Acesso às instalações prediais: escadas.

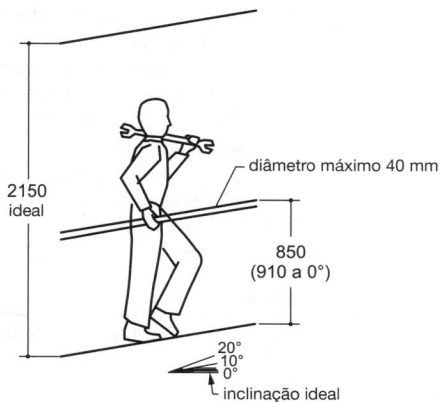

2.10 Acesso às instalações prediais: rampas.

com menos de cinco anos de idade (Housing Design Standards, Evidence Summary, 2010).

4.2 Questões de projeto

Disponibilização de instalações sanitárias

Ao disponibilizar instalações sanitárias, quase sempre é preciso que sejam feitas concessões, pois costuma existir uma grande diferença entre o que é desejável e o que é possível. Portanto, as exigências mínimas nos oferecem o ponto de partida para certas circunstâncias e tipologias de edificação. Uma boa prática de projeto usaria isso como um mínimo, mas tendo como objetivo sempre buscar as soluções mais inclusivas possíveis. O número e o tamanho total das instalações dependerão dos seguintes fatores:

- A área e natureza específica da edificação, bem como das pessoas sendo atendidas. Este aspecto deve ser levado em conta já nas etapas preliminares do processo de projeto e envolver consultas com uma grande variedade de partes interessadas, dos usuários às autoridades reguladoras. A Tabela VI apresenta algumas razões de gênero para alguns tipos de edificação específicos.
- As rotas de acessibilidade e a conveniência em relação a outras instalações-chave dentro de um prédio. As rotas até os banheiros devem ser as mais curtas possíveis. Em grandes edifícios públicos, a distância de deslocamento horizontal até as instalações sanitárias mais próximas nunca deve exceder 40 m. Em escolas, esse valor é reduzido para 25 m. Além disso, um banheiro *unissex* totalmente acessível e com identificação clara deve ser fornecido em cada pavimento de um prédio que tenha elevador. Caso não haja elevadores, os banheiros acessíveis precisam ser instalados no nível térreo. As exigências de banheiros para escolas britânicas são apresentadas na Tabela VII.
- Os padrões de uso, como aqueles de uma sala de concertos ou de um cinema, que têm uma demanda muito maior durante os intervalos. Nesse caso, o número deve atender à quantidade máxima de pessoas que usarão essas instalações nesses momentos. As exigências de banheiros para alguns ambientes que acomodam muitas pessoas são apresentadas nas Tabelas VIII a X.

Leiautes para instalações sanitárias: banheiros acessíveis

Há exigências de tamanho mínimas bem claras para as instalações sanitárias acessíveis, como as descritas na Parte M das Building Regulations britânicas, que também cobrem os leiautes e as posições de cada aparelho sanitário. Além disso, o *Good Loo Design Guide* (2004) e o Volume 5 (Sanitary Facilities) (2012) do Centre for Excellence in Universal Design são guias para projetos excepcionalmente bons nessa área, pois cobrem os princípios em profundidade. As Figuras 2.11 a 2.17 descrevem as exigências para as acomodações sanitárias acessíveis. As Figuras 2.11 a 2.16 contêm informações sobre o setor público britânico descritas na Open Government License v2.0.

Tabela VI Razões de gênero
Os valores apresentados aqui se baseiam em razões previstas e podem ser utilizados para uma análise inicial do equilíbrio necessário entre as instalações sanitárias.

Tipo de edificação	Razão prevista entre os sanitários
Edifícios com grandes números de pessoas em um salão	50% masculinos e 50% femininos
Piscinas	50% masculinos e 50% femininos
Cafeterias, casas noturnas, restaurantes	50% masculinos e 50% femininos
Teatros e casas de concerto	50% masculinos e 50% femininos
Bares	**75% masculinos e 25% femininos**
Shopping centers	**35% masculinos e 65% femininos**

Fonte: *Building for Everyone: A Universal Design Approach, Sanitary facilities 5*, p. 14, Tabela 5.1. Centre for Excellence in Universal Design, Dublin, 2012.

Tabela VII Exigências de banheiros nas escolas (Reino Unido)

Tipo de escola	Aparelho sanitário	Número	Observações
Escolas para portadores de necessidades especiais	bacias sanitárias e mictórios	1 para cada 10 alunos	Não mais de 2/3 dos aparelhos sanitários para meninos devem ser mictórios
	lavatórios	1 por bacia sanitária ou mictório	Todas as bacias sanitárias e os mictórios devem ficar próximos a um lavatório
	duchas	1 para cada 10 alunos	Apenas nos locais necessários
Creches	bacias sanitárias	1 para cada 10 alunos, mas não menos de 4	
	lavatórios	1 por bacia sanitária ou mictório	
	pias, banheiras ou duchas	1 para cada 40 alunos	
Escolas de ensino fundamental	bacias sanitárias e mictórios	1 para cada 10 alunos com menos de 5 anos de idade	Não mais de 2/3 dos aparelhos sanitários para meninos devem ser mictórios
		1 para cada 15 alunos com mais de 5 anos de idade	
	lavatórios	1 por bacia sanitária ou mictório	Todas as bacias sanitárias e os mictórios devem ficar próximos a um lavatório
	duchas	1 para cada 10 alunos	Caso sejam oferecidas
Escola de ensino médio	bacias sanitárias e mictórios para meninos	1 para cada 20 alunos	Não mais de 2/3 dos aparelhos sanitários para meninos devem ser mictórios
	bacias sanitárias para meninas	1 para cada 20 alunas	
	lavatórios	1 por bacia sanitária ou mictório, se existirem até 3 aparelhos sanitários	Todas as bacias sanitárias e os mictórios devem ficar próximos a um lavatório
		2 para cada 3 bacias sanitárias ou mictórios, se existirem mais de 3 aparelhos sanitários	
	ducha	1 para cada 10 alunos	O acesso deve ser fácil em todos os locais onde haja aulas de educação física
Internatos	bacias sanitárias e mictórios para meninos	1 para cada 5 alunos internados, 2/3 devem ser mictórios	Essas disponibilizações são adicionais aos aparelhos sanitários mostrados anteriormente nesta tabela, a menos que fiquem perto de dormitórios ou salas de estar
	bacias sanitárias para meninas	1 para cada 5 alunas internadas	
	lavatórios	1 para cada 3 alunos ou alunas internados	
	banheiras e chuveiros	1 para cada 10 alunos internados, no mínimo 25% devem ser banheiras	

Fonte: Shanks, Armitage. *Schools Solutions... what works and why, an informative guide to school washroom requirements*. 2007.

Tabela VIII Necessidades de instalações sanitárias em cinemas, teatros, etc. (Reino Unido)

Aparelho sanitário	Homens	Mulheres
Bacias sanitárias	Em cinemas com apenas uma sala de projeção, teatros, salas de concerto e locais similares, mas sem bar:	Em cinemas com apenas uma sala de projeção, teatros, salas de concerto e locais similares, mas sem bar:
	1 para até 250 homens e mais 1 para cada 500 homens (ou fração).	2 para até 40 mulheres 3 para entre 41 e 70 mulheres 4 para 71 a 100 e mais 1 para cada grupo de 40 mulheres (ou fração)
Mictórios	Em cinemas com apenas uma sala de projeção, teatros, salas de concerto e locais similares, mas sem bar:	
	2 para até 100 homens e mais 1 para cada 80 homens (ou fração).	
Lavatórios	1 por bacia sanitária e 1 para cada 5 mictórios (ou fração).	1, mais 1 para cada duas bacias sanitárias (ou fração)
Pias para o pessoal da limpeza	Devem haver instalações adequadas, inclusive ao menos uma pia para uso do serviço de limpeza.	

Fonte: the Food Team, Environmental Health, Canterbury City Council, n.d.

Tabela IX Exigências sanitárias para cafés, restaurantes, etc. (Reino Unido)

Aparelho sanitários	Clientes masculinos	Clientes femininos
Bacias sanitárias	1 para cada 100 até 400 homens e mais 1 para cada 250 adicionais (ou fração)	2 para cada 50 mulheres até o número de 200 e mais 1 para cada 100 adicionais
Mictórios	1 para cada 50 homens	
Lavatórios	1 por bacia sanitária e para cada 5 mictórios (ou fração)	1 por bacia sanitária
Tanque ou pia para o serviço de limpeza	Conforme o necessário, mas, no mínimo, uma unidade.	

Fonte: the Food Team, Environmental Health, Canterbury City Council, n.d.

Compartimentos e cubículos

A fim de fornecer o número necessário de instalações sanitárias dentro de um espaço interno definido, também é preciso oferecer alguns banheiros que não atendam às normas de acessibilidade. Os compartimentos de bacia sanitária (totalmente fechados) e os cubículos de bacia sanitária (separados apenas por divisórias) devem garantir a privacidade dos usuários. As portas costumam ser problemáticas, pois, se suas folhas abrirem para dentro, exigirão mais espaço, e, se abrirem para fora, colocarão em risco a segurança dos outros fora do cubículo. As exigências espaciais e os leiautes possíveis para banheiros de uso individual (com ambos os tipos de abertura de porta) são ilustrados nas Figuras 2.18 a 2.22. Outra exigência são

2 Informações básicas para a realização de projetos: pessoas e espaços

Tabela X Exigências sanitárias em hotéis e acomodações similares (Reino Unido)

Tipo de acomodação	Tipo de instalação sanitária	Número	Observações
Hotéis com apartamentos do tipo suíte	Banheiro privativo (em suíte)	1 por apartamento para hóspede	Contendo: banheira/ducha, bacia sanitária e lavatório
	Banheiro para funcionários	1 para cada 9 funcionários que moram no hotel	Contendo: banheira/ducha, bacia sanitária e lavatório
	Tanque ou pia para o serviço de limpeza	1 para cada 30 apartamentos	Ao menos um por pavimento
Hotéis e acomodações similares sem suítes	Toalete	1 para cada 9 hóspedes	
	Lavatório	1 por apartamento	Contendo: banheira/ducha, bacia sanitária e lavatório
	Banheiro	1 para cada 9 hóspedes	
	Tanque ou pia para o serviço de limpeza	1 por pavimento	
Hotéis populares e albergues	Banheiro	1 para cada 9 hóspedes	
	Bacia sanitária	1 por apartamento ou 1 para cada 9 hóspedes de um dormitório	Contendo: banheira/ducha, bacia sanitária e lavatório
	Banheiro	1 para cada 9 hóspedes	
	Tanque ou pia para o serviço de limpeza	1 por pavimento	

Fonte: the Food Team, Environmental Health, Canterbury City Council, n.d.

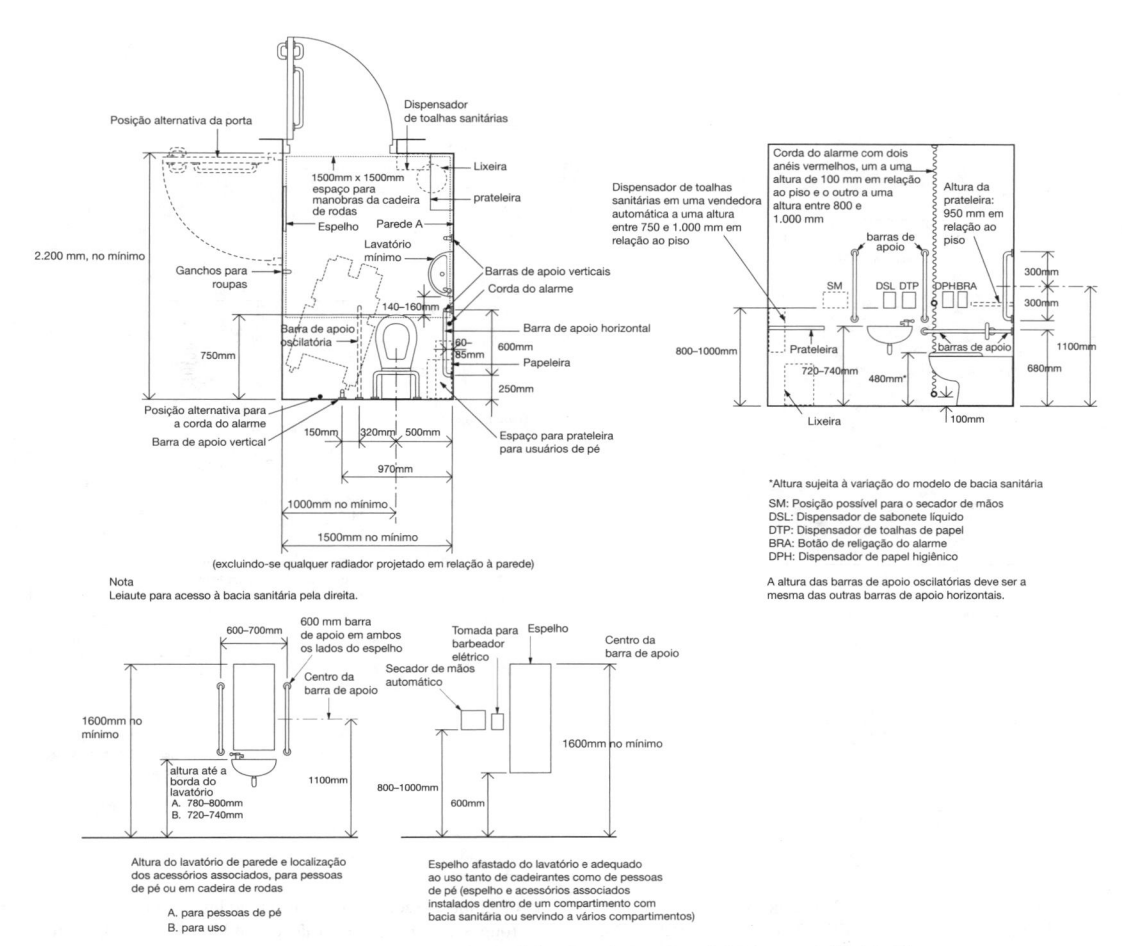

2.11 Lavabo unissex acessível a cadeirantes. (Fonte: norma britânica Building Regulation, Parte M, Diagramas 18, 19, 20)

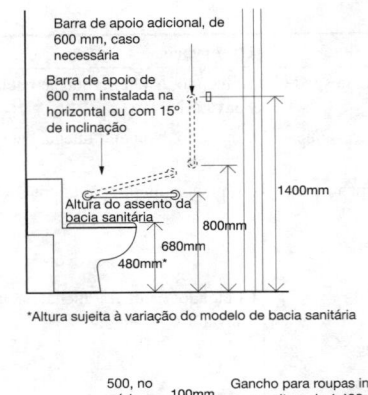

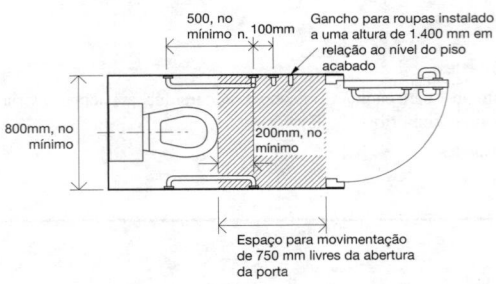

2.12 Cubículo de um banheiro acessível. (Fonte: norma britânica Building Regulation, Parte M, Diagrama 21)

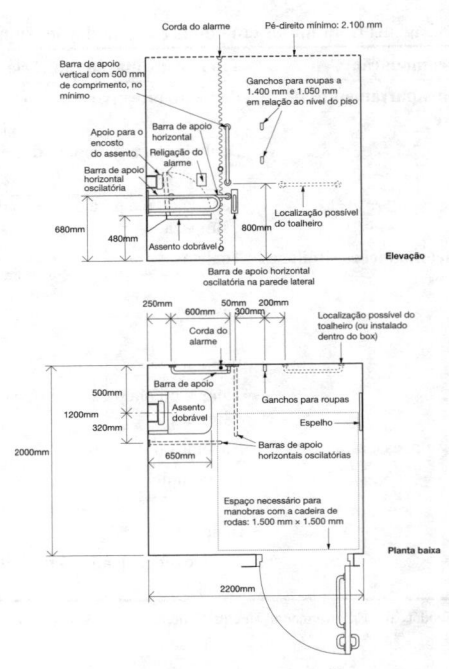

2.13 Lavabo acessível de uso individual, com espaço para troca de roupas. (Fonte: norma britânica Building Regulation, Parte M, Diagrama 22)

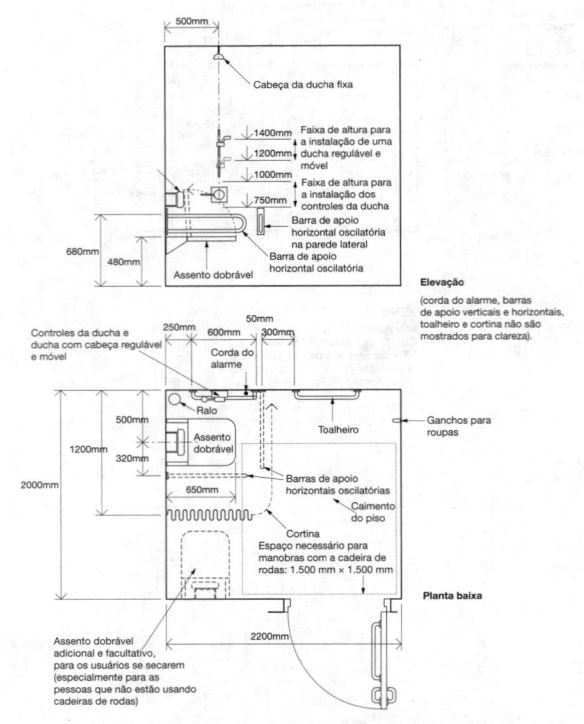

2.14 Compartimento sanitário acessível e de uso individual, com ducha e espaço para troca de roupas, mas sem lavatório. (Fonte: norma britânica Building Regulation, Parte M, Diagrama 23)

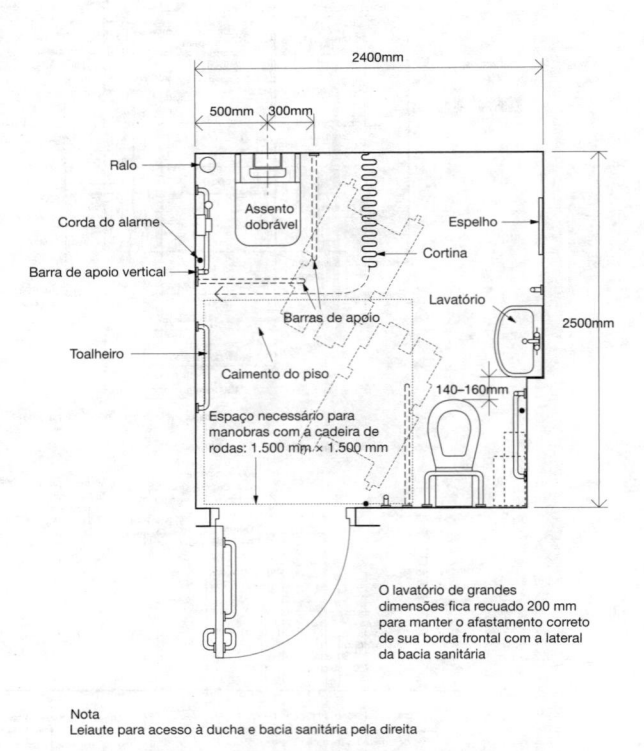

2.15 Banheiro acessível e de uso individual, com ducha e espaço para troca de roupas. (Fonte: norma britânica Building Regulation, Parte M, Diagrama 24)

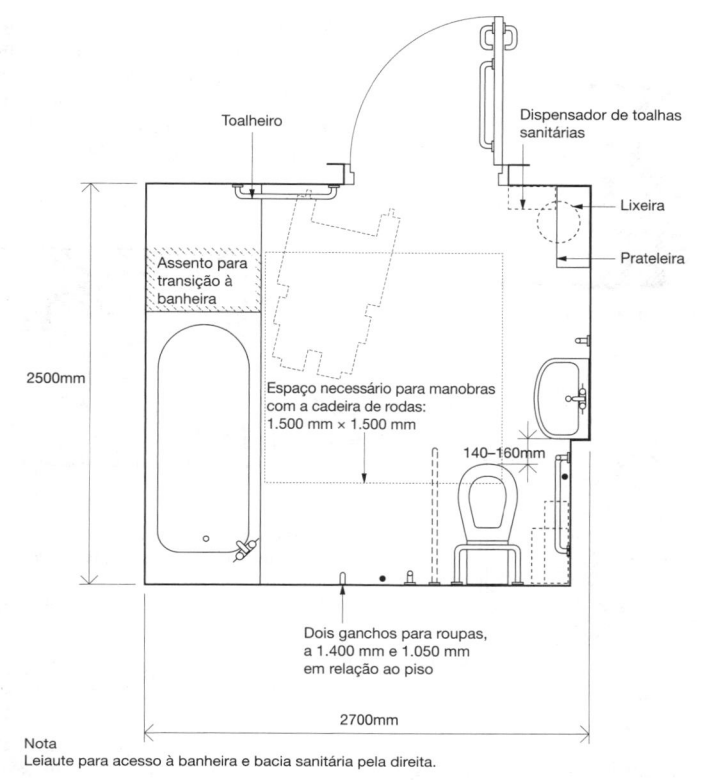

2 Informações básicas para a realização de projetos: pessoas e espaços   2-13

2.16 Banheiro acessível e de uso individual, com banheira e espaço para troca de roupas. (Fonte: norma britânica Building Regulation, Parte M, Diagrama 25)

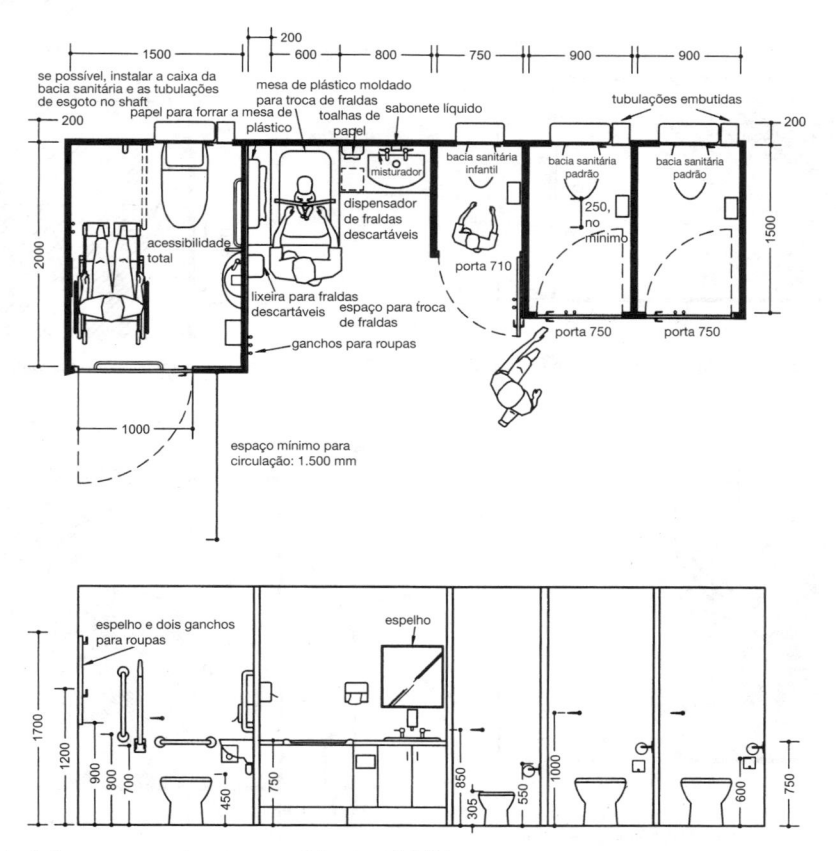

2.17 Leiaute possível para banheiro com compartimento para cadeirantes e fraldário.

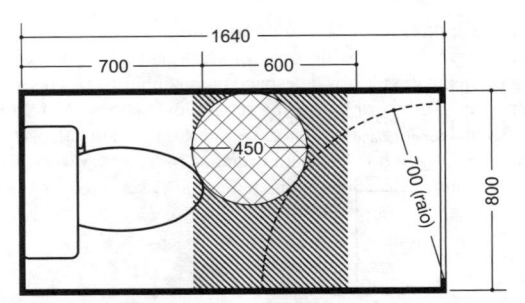

as instalações para a lavagem de mãos, que podem estar dentro de cada compartimento ou cubículo, embora o uso eficiente do espaço normalmente as posicione em uma área adjacente. As necessidades espaciais e os possíveis leiautes para banheiros com lavatórios de uso individual e ambos os tipos de abertura de porta são apresentados nas Figuras 2.23 a 2.29.

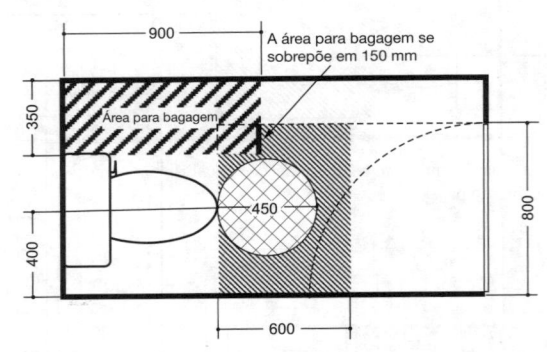

2.18 Cubículo de bacia sanitária com porta abrindo para dentro, mas sem espaço para lixeira.

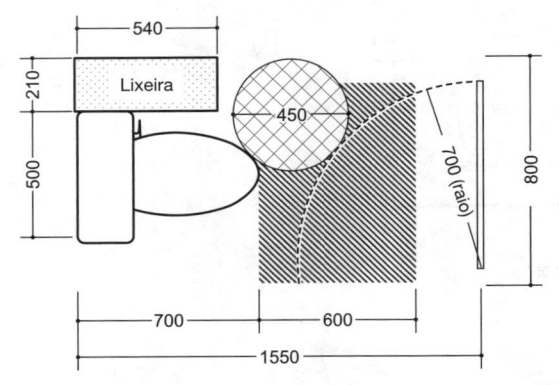

2.19 Cubículo de bacia sanitária com porta abrindo para dentro e espaço para lixeira.

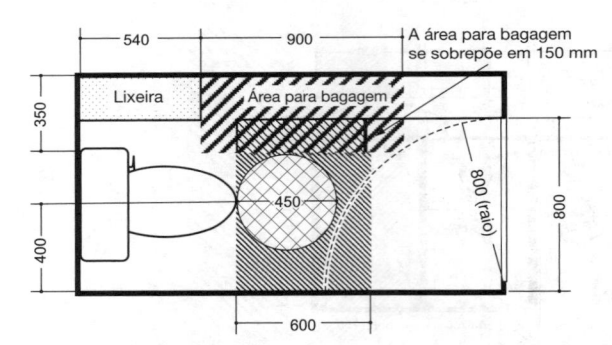

2.20 Cubículo de bacia sanitária em banheiro público, com porta abrindo para dentro.

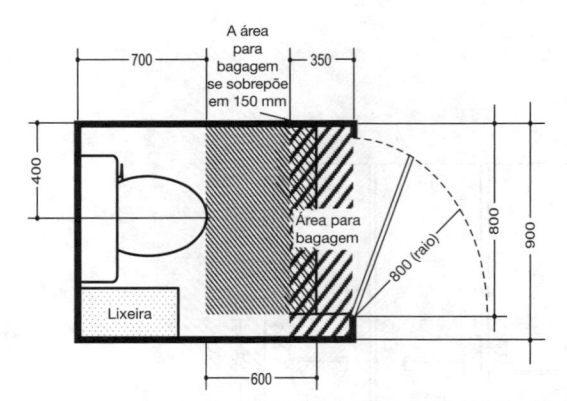

2.21 Cubículo de bacia sanitária em banheiro público, com porta abrindo para fora.

2.22 Cubículo de bacia sanitária em banheiro público com porta abrindo para dentro, mas sem espaço para lixeira (leiaute alternativo).

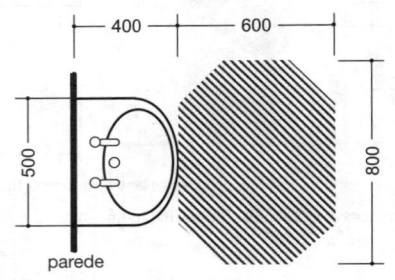

2.23 Espaço necessário para lavatório e área de uso.

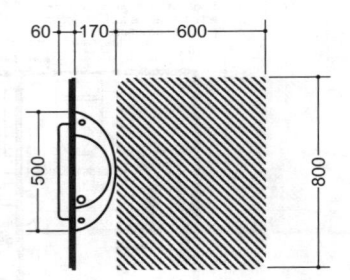

2.24 Espaço necessário para lavatório parcialmente embutido e área de uso.

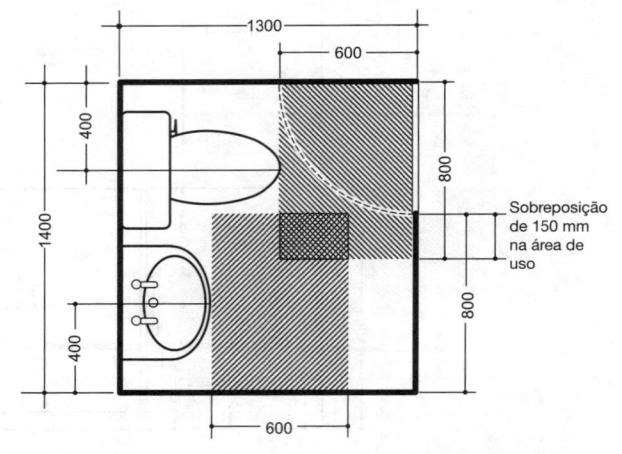

2.25 Compartimento com bacia sanitária e lavatório na mesma parede.

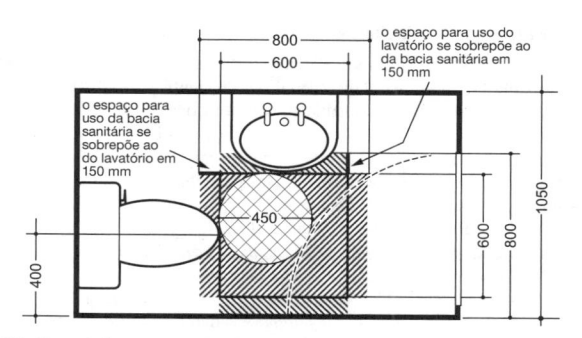

2 Informações básicas para a realização de projetos: pessoas e espaços

2.26 Compartimento com bacia sanitária e lavatório em paredes adjacentes e porta abrindo para dentro.

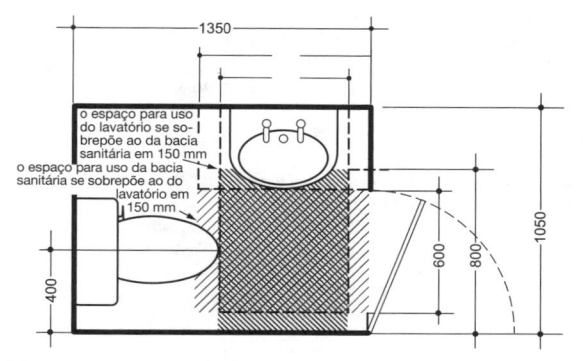

2.27 Cubículo com bacia sanitária e lavatório em paredes adjacentes e porta abrindo para fora.

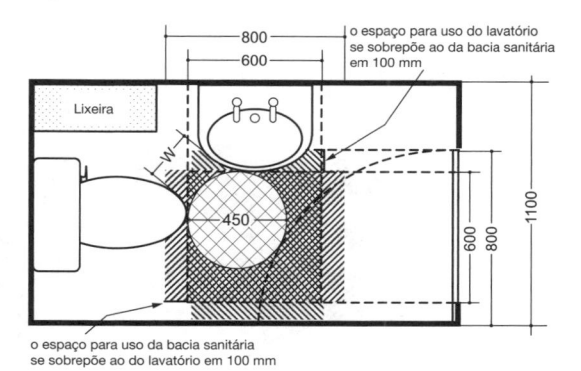

2.28 Cubículo com bacia sanitária e lavatório em paredes adjacentes, espaço para lixeira e porta abrindo para fora.

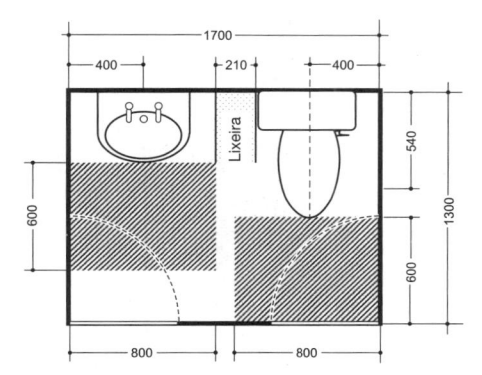

2.29 Cubículo com bacia sanitária e lavatório na mesma parede, espaço para lixeira e porta abrindo para fora. Na maioria das outras situações, basta uma largura entre 785 e 800 mm para cada aparelho sanitário.

Instalações sanitárias de uso compartilhado

Disponibilizar lavatórios de uso compartilhado é a solução mais usual e eficiente em termos de espaço para banheiros. As necessidades espaciais tanto para lavatórios separados como para em grupos são ilustradas nas Figuras 2.30 a 2.33. A altura para instalação varia, podendo ser 700 mm (ideal para crianças pequenas), 760 mm (em hospitais) e entre 785 e 800 mm na maior parte das demais situações.

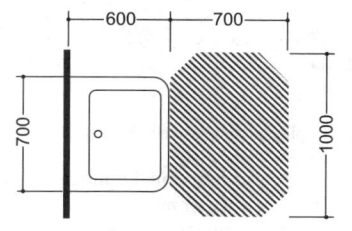

2.30 Lavatório de uso doméstico e área de uso.

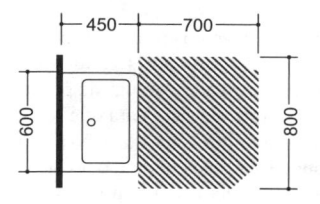

2.31 Lavatório de uso não doméstico e área de uso.

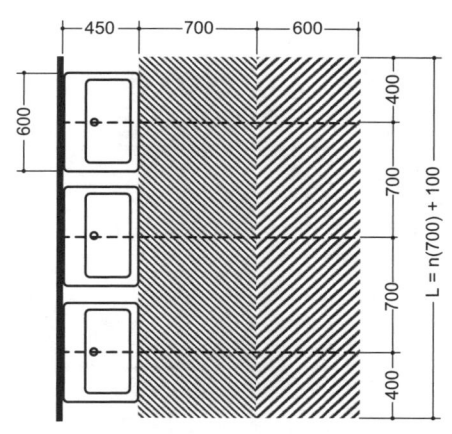

2.32 Lavatórios múltiplos de uso não doméstico, área de uso e espaço para circulação.

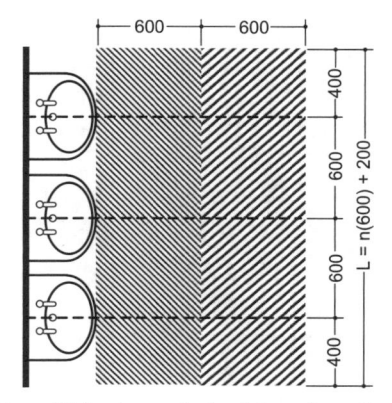

2.33 Lavatórios múltiplos de uso não doméstico e dimensões mínimas, área de uso e espaço para circulação.

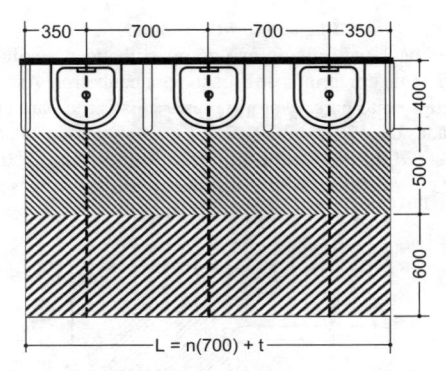

2.34 Mictórios múltiplos, área de uso e espaço para circulação.

Os mictórios de uso individual também costumam ser múltiplos, estando lado a lado. Geralmente são instalados com a borda frontal a uma altura de 610 mm em relação ao nível do piso acabado, e a 510 mm de altura, para crianças pequenas. As exigências espaciais estão ilustradas na Figura 2.34.

Os secadores de mão costumam ser colocados próximos aos lavatórios (até dois lavatórios por secador) e, se forem elétricos, também estarão acompanhados de um dispensador de papel, para o caso de falta de energia elétrica. Para que se atenda a uma grande variedade de usuários, a altura de instalação é entre 800 e 1.200 mm. Dentro de um banheiro de uso comum, é preciso evitar portas e obstruções e levar em consideração os fluxos de circulação, de modo que os lavatórios e secadores de mão estejam perto da saída.

5 REFERÊNCIAS BIBLIOGRÁFICAS

Armitage Shanks (2008) *Schools Solutions . . . what works and why, an informative guide to school washroom requirements*.

British Toilet Association. Available at: www.britloos.co.uk, accessed 7 June 2014.

Building for Everyone: A Universal Design Approach, Sanitary Facilities 5, Centre for Excellence in Universal Design at the National Disability Authority, Ireland, 2012. Available at: www.universaldesign.ie/buildingforeveryone, accessed 7 June 2014.

The Building Regulations, Approved Document Part M 2010. HMSO.

Disability Discrimination Act, 2005, The Stationery Office.

Food Team – Canterbury City Council (n.d.) *Provision of toilets in commercial premises open to the public*. Available at: https://www.canterbury.gov.uk/media/253481/sanitaryaccommodation.pdf, accessed 7 June 2014.

Goodman, C. (2011) Lifetime Homes Design Guide. IHS BRE.

Good Loo Design Guide (2004) RIBA Enterprises.

Henry Dreyfous Associates (2002) *The Measure of Man and Woman: Human Factors in Design*. Rev. edn. John Wiley & Son.

Mayor of London (2010) *Housing Design Standards, Evidence Summary*. GLA.

Mayor of London (2010) *London Housing Design Guide*. London Development Agency.

Noble, J. (1982) *Activity and Spaces: Dimensional Data for Housing Design*. Architectural Press.

Pheasant, S. and Haslegrave, C. (2006) *Bodyspace, Anthropometry, Ergonomics and the Design of Work*, 3rd edn. Taylor & Francis.

Circulação de pessoas 3

Atualizado pelo Professor Norman Wienand

O professor Norman Wienand é chefe do departamento de Ambiente Natural e Construído da Sheffield Hallam University

PONTOS-CHAVE:
- *As edificações geralmente são estáticas, mas as pessoas precisam se deslocar através delas de muitas maneiras*
- *As estratégias de circulação devem ser cuidadosamente analisadas tendo-se em mente todas as classes de usuários, particularmente as pessoas com necessidades especiais*
- *O movimento mecânico das pessoas nas edificações é extremamente eficaz, mas, devido a seu alto custo, deve ser projetado por especialistas para que se alcance a eficiência de operação desejada*

Conteúdo

1. Introdução
2. Acesso às edificações
3. Circulação horizontal dentro de edificações
4. Circulação vertical dentro de edificações
5. Transporte mecânico dentro de edificações
6. Referências bibliográficas

1 INTRODUÇÃO

O objetivo deste capítulo é garantir que o projeto se baseie no princípio de que todas as pessoas – não importa qual for sua idade, gênero ou capacidade física – possam ter acesso às edificações e que, uma vez dentro delas, consigam usá-las, estejam elas em casa, no trabalho ou em um local de visita. Isso significa que o movimento de usuários dentro e ao redor de um prédio (sua própria essência) deve ser criteriosamente considerado desde as primeiras etapas do lançamento do projeto de arquitetura. Portanto, reconhece-se que a estratégia geral talvez inclua planos para o acesso à edificação, bem como sua circulação horizontal e o movimento vertical entre os pavimentos, seja de maneira mecânica, seja natural.

Este capítulo apresenta algumas informações básicas para o projeto. Todavia, ele não deve ser utilizado para que você desconsidere o princípio fundamental de que uma equipe de projeto deve incluir informações fornecidas por um especialista quanto ao tema extremamente complexo da circulação e de seus condicionantes físicos, além dos aspectos psicológicos e de sustentabilidade de longo prazo de uma edificação. Um exemplo particular disso são as caixas de elevador (um elemento estrutural significativo para um prédio), que devem ser planejadas e distribuídas de modo a servir às necessidades dos usuários, como parte de uma estratégia completa de circulação, desde as primeiras etapas do lançamento do projeto.

As Figuras 3.1 a 3.6, 3.8 a 3.13 e 3.16 contêm informações do setor público, de acordo com a norma britânica Open Government Licence v2.0.

2 ACESSO ÀS EDIFICAÇÕES

2.1 Informações preliminares

Todas as pessoas devem poder alcançar a entrada principal do prédio a partir do passeio público ou de um estacionamento específico, de maneira adequada e segura. Assim, entre os aspectos essenciais do processo de projeto estão a inclusão de uma rampa, a largura do acesso e os materiais empregados na construção dessa rampa. Em específico, as rotas de acesso devem ser projetadas de tal modo que as pessoas possam se deslocar ao longo delas com segurança, sem fazer esforços excessivos e sem correr o risco de tropeçar ou cair (como explicita a Parte M das Normas de Edificação Britânicas). Além disso, elas devem ser largas o suficiente para acomodar o movimento de pessoas em diferentes direções.

2.2 Rampas e suas inclinações

Uma rampa de acesso nada mais é do que um caminho de pedestres com inclinação e utilizado quando existe uma diferença de nível entre o ponto de acesso ao terreno e a principal entrada da edificação. As exigências de projeto são bastante claras: a Figura 3.1 mostra a norma britânica. A primeira delas é o conceito de que uma rampa, por sua própria essência, não é um local confortável para muitas pessoas, principalmente aquelas com alguma dificuldade de locomoção, devido à força de gravidade que as impele para baixo da rampa, aumentando o risco de queda. Consequentemente, é essencial que seus acessos e patamares sejam em nível, para que os usuários possam parar e descansar por um instante, caso precisem. A distância entre patamares e a inclinação também são cruciais. Além disso, qualquer solução de projeto deve reconhecer que algumas pessoas com dificuldade de locomoção consideram as rampas especialmente difíceis de vencer, preferindo o acesso por meio de uma escada.

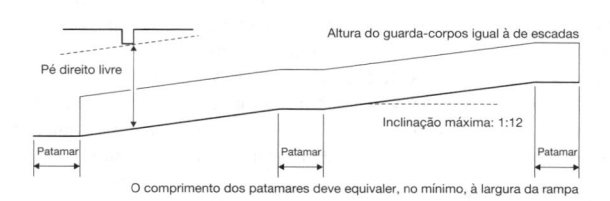

3.1 Desenho de uma rampa. Seus elementos essenciais são a inclinação, o comprimento e a distribuição dos patamares para descanso. (Fonte: norma britânica Building Regulation, Parte K1 1.10)

Algumas inclinações normalmente são definidas em termos de uma altura em relação a uma distância horizontal; outras são apresentadas em percentuais. Dessa maneira, uma rampa com inclinação de 1:20 (um para vinte) é aquela na qual, para cada metro vencido na vertical, o usuário deslocou-se 20 metros na horizontal. Essa razão também pode ser expressa como um percentual: uma rampa com inclinação de 1:20 equivaleria a 5% de elevação para qualquer distância horizontal de deslocamento feito. Uma terceira maneira de expressar a inclinação de uma rampa, porém menos usual, é por meio de um ângulo: uma rampa de 1:20 ou 5% de inclinação teria 2,86°.

Observe que uma rampa com inclinação de 1:1 (100% ou 45°) evidencia o fato de que o modo de expressar uma inclinação muitas vezes pode ser contra intuitivo.

Devido às dificuldades relacionadas ao projeto e ao uso de rampas que destacamos, a inclinação e o comprimento dessas estruturas são estritamente controlados por todos os códigos de construção. Na Grã-Bretanha, por exemplo, a Parte M do código Building Regulations estabelece que nenhuma rampa deva ter mais de 10 m de comprimento e que o desnível entre dois patamares subsequentes jamais pode superar a 50 cm. Isso equivale a uma inclinação de 1:20 (5%), embora gradientes levemente mais acentuados sejam permitidos se a distância percorrida for inferior; para uma distância de até 5 m, aceita-se uma inclinação de 1:15; e se o percurso for de 2 m, a inclinação pode chegar até 1:12. A Figura 3.2 ilustra a relação entre o comprimento e a altura de uma rampa e pode ser utilizada para a interpolação das dimensões entre esses três exemplos apresentados.

2.3 Projeto de rampas (normas britânicas)

- **Largura:** as rampas devem ter largura de, no mínimo 1,8 m, para que tanto as pessoas a pé como os cadeirantes possam passar sem dificuldades. Essa dimensão pode ser reduzida para 1,5 m, desde que se criem alguns espaços para passagem (1,8 m, mas reduzidos para 0,9 m em habitações).
- **Patamares:** as rampas devem ter patamares nivelados. Isso significa que a inclinação máxima de um patamar é 1:60 no comprimento e 1:40 na transversal, para o escoamento da água. Eles devem ter comprimento mínimo de 1,2 m na base e no topo da rampa, mas os patamares intermediários precisam ter, pelo menos, 1,5 m de comprimento. Nas situações em que não é possível ver o comprimento total da rampa, um patamar quadrado com 1,8 m de lado deve ser criado (dimensão reduzida para 1,2 m em habitações).
- **Corrimãos:** ambos os lados de uma rampa devem ser dotados de corrimão (veja a Seção 4.3).
- **Bordas elevadas:** uma borda elevada claramente visível e com altura mínima de 10 cm deve ser instalada em qualquer lado de uma rampa que estiver aberto.
- **Superfícies:** todas as superfícies de uma rampa devem ser antiderrapantes (especialmente quando molhadas), e os patamares devem ficar evidentes e ser visualmente contrastantes.

2.4 Escadas

O projeto de uma escada ou acesso com degraus envolve a combinação de um desnível a ser vencido com a ideia de um apoio padrão para os pés dos usuários – o piso dos degraus. No caso do projeto de escadas mais complexas, o aspecto tridimensional torna-se importante quando o lance de escadas tiver de se sobrepor ao inicial, isto é, continuar entre patamares ou pavimentos sobrepostos, de maneira que a manutenção de um pé-direito suficiente é uma preocupação fundamental.

2.5 Desenho dos degraus

Uma grande vantagem das escadas em relação às rampas é que, enquanto estas criam uma superfície inclinada que pode ser difícil para muitas pessoas, aquelas oferecem um pequeno patamar nivelado a cada passo: o degrau. Lembre-se de que é preciso evitar o uso de um degrau isolado na maioria das circunstâncias, pois sua pouca evidência aumenta muito o risco de acidentes.

Assim como no caso do projeto de rampas, os degraus têm uma dimensão vertical (chamada espelho) e outra horizontal (chamada piso). Tradicionalmente, sempre que o espaço era exíguo, os degraus eram desenhados com um focinho ou bocel (Figura 3.3), a fim de aumentar a superfície de apoio de um pé sem ter de diminuir a inclinação da escada. Assim, embora o piso de um degrau seja medido na horizontal e desconsidere a parte que fica sob o focinho, a área efetiva de apoio do pé é maior. Contudo, para muitas pessoas com dificuldade de caminhar ou com problemas de visão, os focinhos podem ser muito perigosos, pois eles fazem os usuários tropeçarem neles quando estão subindo uma escada. Ao descer, as pessoas com visão limitada também procuram bater seus calcanhares contra o espelho do degrau, para se certificarem de que estão bem apoiadas.

2.6 Projeto de escadas de acesso externo

- **Largura:** as escadas de acesso devem ter, no mínimo, 1,2 m de largura (0,9 m, no caso de habitações).
- **Degraus:** os degraus devem ter dimensões constantes ao longo de todo um lance de escada, com espelhos entre 15 e 17 cm e pisos entre 28 e 45 cm (dimensões respectivamente reduzidas para entre 7,5 cm e 15 cm e piso mínimo de 28 cm, em habitações). Degraus com espelho vazado não devem ser utilizados, por questões de segurança.
- **Patamares:** as escadas de acesso devem ter patamares com, no mínimo, 1,2 m de largura para cada 12 degraus com piso inferior a 35 cm, ou para cada 18 degraus, se o piso for superior a 35 cm (totalizando uma altura de 1,8 m em habitações). Tanto os patamares de acesso quanto os intermediários, além de serem nivelados, devem ter, no mínimo, 1,2 m na base e no topo da escada (dimensão reduzida para 0,9 m no caso de habitações).
- **Corrimãos:** todas as escadas de acesso devem ter corrimãos em ambos os lados (veja a Figura 3.4). No caso de uma escada de acesso com largura superior à mínima, é necessária a instalação de corrimãos ao longo da linha central, para garantir que a largura efetiva de acesso não seja inferior a 1,0 m nem superior a 1,8 m.
- **Superfície:** as rotas de acesso externas que tiverem degraus sempre devem ter superfícies texturizadas ("táteis") para advertir as pessoas com visão limitada. Essa texturização permite a identificação clara da mudança de superfície, evidenciando a chegada de uma mudança de nível. Também deve ser utilizada uma faixa de material de aspecto contrastante tanto no piso como no espelho de cada degrau, com largura de 5,5 cm.

2.7 Portas de acesso

A menos que a porta sendo desenhada não seja a única via de acesso (isto é, há entradas alternativas), é importante levar em consideração todos os usuários possíveis. Os cadeirantes terão certas exigências,

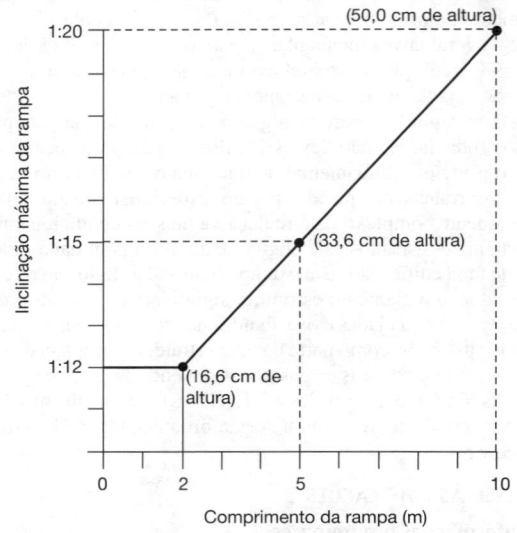

3.2 O projeto de uma rampa: várias combinações podem ser obtidas a partir deste diagrama, que indica a faixa de dimensões aceitáveis. (Fonte: Building Regulation, Parte K1 2.1)

3.3 Desenho de uma escada: seus elementos essenciais são o espelho e o piso dos degraus e a inclinação da escada. Consulte a Seção 4.2 para mais detalhes sobre o cálculo da inclinação. (Fonte: Building Regulation, Parte K1 1.1)

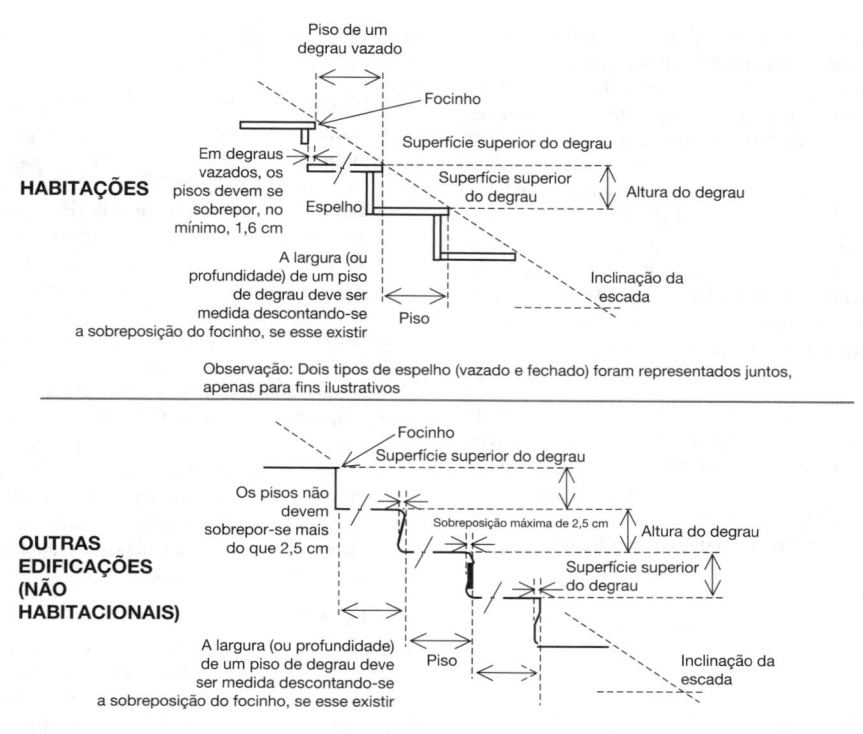

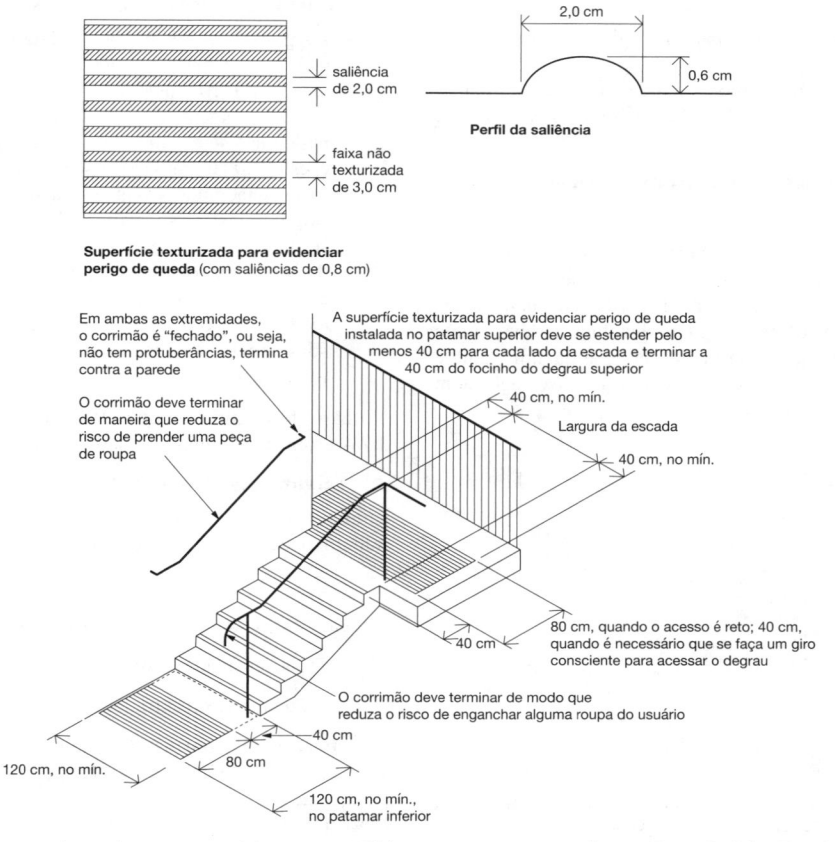

3.4 Projeto de um acesso com escada: os elementos essenciais são as superfícies, os patamares e os corrimãos. (Fonte: Building Regulation, Parte M, Diagrama 4)

assim como aquelas pessoas com problemas de visão ou força limitada nos braços. Por exemplo, uma porta de fechamento automático e abertura manual que tenha força suficiente para se fechar sob condições de vento normal provavelmente estará além da capacidade de esforço da maioria dos usuários de cadeiras de rodas ou daqueles que têm força limitada.

Segundo as normas britânicas, esse limite é excedido quando "a força de abertura na aresta da porta oposta àquela das dobradiças não supera 30 N para passá-la de 0° (a folha está na posição fechada) para uma abertura de 30° e não supera 22,5 N entre 30° e 60° do ciclo de abertura" (Building Regulations, Parte M 2.17, parágrafo a). As portas giratórias não são consideradas acessíveis, em virtude das dificuldades que criam para toda uma variedade de usuários em potencial.

Portas preferenciais:
- As portas de vidro permitem aos usuários ver possíveis obstáculos e a aproximação de outras pessoas, mas também devem ser claramente visíveis para aqueles com problemas de visão.
- As portas corrediças de abertura automática (elétricas) não desperdiçam o espaço que deve ser protegido para o arco de abertura das portas de abrir, além de não exigirem o uso manual de um botão ou outro equipamento.
- Os sistemas de abertura e fechamento automático, quando são acionados por sensores remotos, dispensam o contato com a porta.

2.8 Largura da porta

A fim de considerar os diferentes estilos de porta e sistemas de suporte, o "vão livre efetivo" é a referência que realmente interessa, pois representa a largura total da abertura de porta (o claro) sem qualquer obstrução causada por elementos como maçanetas, dobradiças ou mesmo limitações na abertura da folha. As portas de acesso de abertura manual devem ter um espaço extra desobstruído de, no mínimo, 30 cm contíguo ao trinco, para permitir a aproximação de uma cadeira de rodas.

A Figura 3.5 apresenta como é medida a largura mínima do vão livre efetivo, de acordo com a Parte M das Building Regulations britânicas.

3 CIRCULAÇÃO HORIZONTAL DENTRO DE EDIFICAÇÕES

3.1 Vestíbulos de acesso

Há vários bons motivos para projetar um vestíbulo na entrada das edificações. Em termos de conforto térmico, ele pode limitar o movimento descontrolado do ar, reduzindo as perdas e os ganhos térmicos e a entrada de correntes de ar. Um vestíbulo também pode proporcionar um espaço de coleta inicial da água da chuva que é trazida pelos usuários, a fim de evitar o perigo de escorregões em outros recintos do prédio, bem como criar um espaço de transição para diferentes níveis lumínicos.

3.2 Projeto de um vestíbulo de acesso

- **Tamanho:** o vestíbulo precisa ser grande o suficiente para permitir que um cadeirante (acompanhado) ou um pai que esteja empurrando um carrinho de bebê consiga lidar com cada uma das portas nas duas extremidades do espaço e, ao mesmo tempo, se colocar fora do arco de abertura da porta que está por trás (veja a Figura 3.6). Em termos de comprimento, isso significa que devemos prever 157 cm livres entre o espaço ocupado com a abertura das portas. Quanto à abertura, é necessário considerar o vão livre efetivo da porta mais 30 cm, para permitir o acesso de uma cadeira de rodas ao sistema de abertura das portas, a não ser que ambas as folhas sejam de abertura automática.
- **Superfícies:** as superfícies de piso dos vestíbulos têm de ser niveladas (Figura 3.2) e sem qualquer mudança de revestimento que possa representar risco de tropeções. Elas também devem contribuir para a remoção da água da chuva, mas não atrapalhar o movimento de carrinhos de bebê ou cadeiras de rodas. O uso de capachos ou tapetes de fibra natural, por exemplo, não é adequado.

3.3 Corredores

Os corredores dentro das edificações visam ao cumprimento de diversas exigências. A fim de atender aos princípios de projeto inclusivo (isto é, com acessibilidade universal), espera-se que os corredores que permitem a circulação vertical em um prédio respeitem dimensões mínimas e tenham materiais de revestimento apropriados. Contudo, em locais de acesso restrito (que não são a norma), pode-se adotar uma abordagem mais ergonômica.

3.4 Projeto de corredores inclusivos

- **Largura:** o corredor deve ser largo o suficiente para permitir que um cadeirante (acompanhado) ou um pai que esteja empurrando um carrinho de bebê possa se deslocar sem dificuldade. Um estreitamento ocasional é aceitável, desde que o princípio básico não seja comprometido. A largura mínima sem obstruções é 120 cm, mas exige-se a distribuição de espaços de passagem quadrados de tanto em tanto, com 180 cm em cada lado.
- **Superfícies:** as superfícies dos pisos de corredores devem ser niveladas e não escorregadias (veja a Figura 3.2), além de não admitirem estampas geométricas que possam ser confundidas com degraus. Deve haver um contraste suficiente entre o piso, as paredes e o teto, para ajudar as pessoas com dificuldades visuais, bem como um bom nível de iluminação.

No caso de larguras de corredor que fogem ao padrão, a Figura 3.7a–e fornece algumas alternativas que podem ser utilizadas.

3.5 Largura dos corredores

Em um corredor, a capacidade de circulação (C_c), em pessoas por minuto, pode ser calculada com a seguinte fórmula:

$$C_c = 60 \, v \, D \, L$$

na qual v é a velocidade média do usuário (m/s)

D é a densidade média de usuários (pessoas por m^2)

L é a largura do corredor (m)

Projeto para fluxo normal: $D = 0,3$ pessoa por m^2 e $v = 1,0$ a $1,3$ m/s
Projeto para fluxo intenso: $D = 1,4$ pessoa por m^2 e $v = 0,6$ a $0,8$ m/s

---

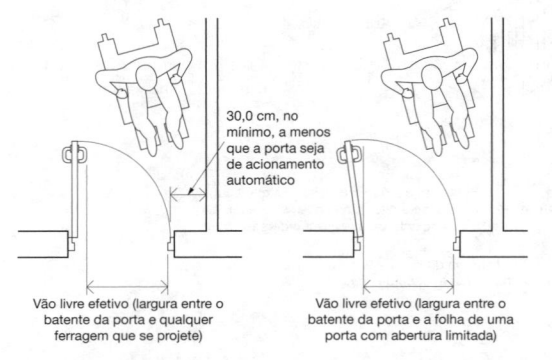

3.5 O "vão livre efetivo" de uma porta, segundo o padrão britânico – os cadeirantes precisam ter mais espaço para poderem acessar os controles de abertura. (Fonte: Building Regulation, Parte M, Diagrama 9)

Observação: Lembre-se de que as pessoas costumam perambular pelos corredores ou mesmo ficarem paradas nesses locais.

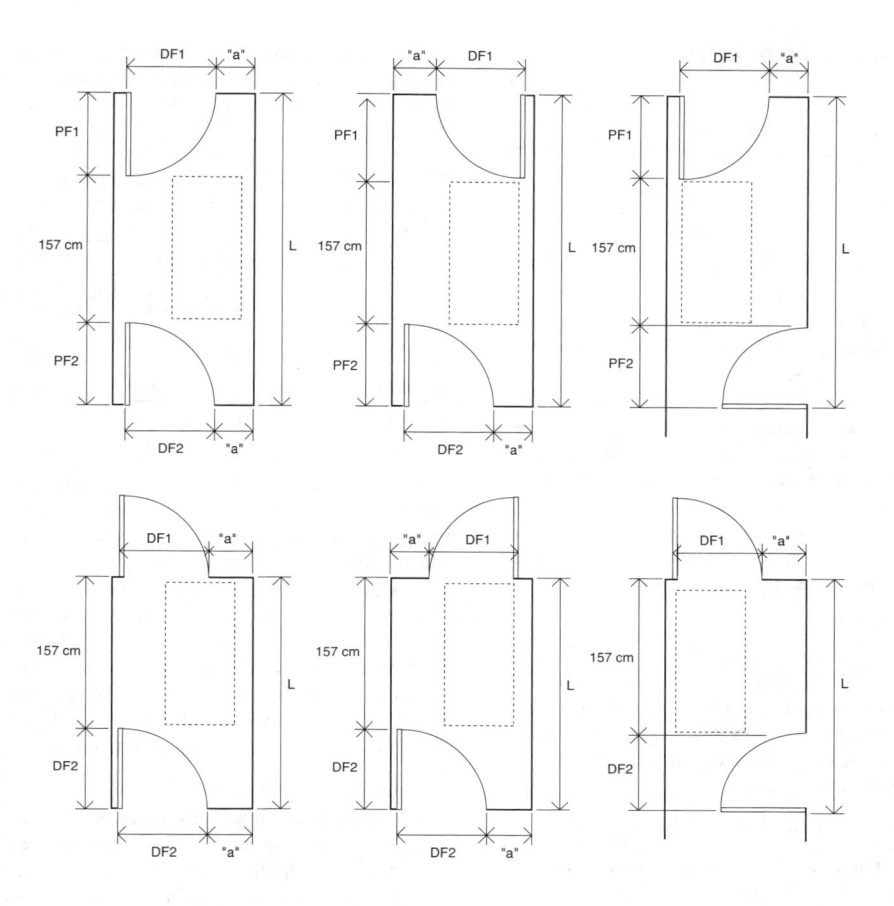

DF1 e DF2 = dimensões das folhas das portas do vestíbulo
PF1 e PF2 = projeção das folhas das portas para dentro do vestíbulo (normalmente corresponde à largura da folha)
C = comprimento mínimo do vestíbulo ou comprimento até chegar à folha da porta, no caso de um vestíbulo com acesso pelo lado
"a" = espaço mínimo de 30 cm, para permitir o acesso de uma cadeira de rodas
157 cm = comprimento de uma cadeira de rodas ocupada e sendo conduzida por um acompanhante (ou comprimento de um triciclo motorizado)

Atenção: Para cada aumento de 10 cm na dimensão "a" de 30 cm (que permite uma maior sobreposição entre a área da cadeira de rodas e a área para a abertura da porta), pode haver uma redução igual na dimensão C, até o limite máximo de 60 cm de redução.

3.6 Desenho de vestíbulo com portas de folhas únicas: o fundamental é prever um espaço adequado para manobras. (Fonte: Building Regulation, Parte K1 1.10)

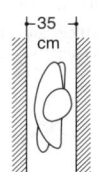

3.7a Passagem mínima: adequada para pequenas distâncias ou uso ocasional.

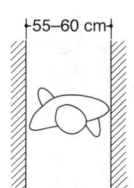

3.7b Largura mínima para a passagem de uma pessoa (75 cm seria confortável para várias posturas).

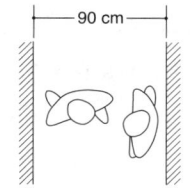

3.7c Corredor normalmente utilizado por apenas uma pessoa, mas com a necessidade ocasional de passagem de outra pessoa.

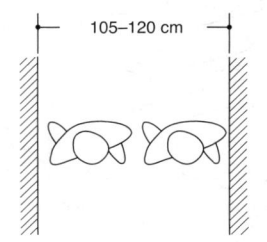

3.7d Duas pessoas contíguas caminhando no mesmo sentido.

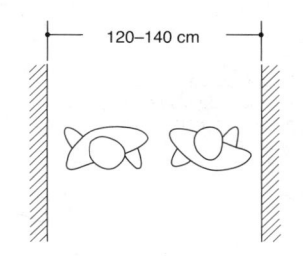

3.7e Duas pessoas caminhando em sentidos opostos.

4 CIRCULAÇÃO VERTICAL DENTRO DE EDIFICAÇÕES

4.1 Escadas internas

Há três tipos fundamentais de escadas em interiores:
- escadas de uso privativo, que são encontradas em ambientes habitacionais;
- escadas de serviço, que atendem a necessidades de fuga e manutenção;
- escadas de acesso geral, que cobrem a maioria das demais circunstâncias.

Um quarto tipo possível incluiria certas construções para a reunião de grandes números de pessoas, como estádios esportivos, teatros ou cinemas, nas quais as escadas de acesso costumam acompanhar a inclinação do piso escalonado ou das arquibancadas, onde os assentos são projetados para otimizar as linhas de visão dos espectadores. Nesses casos, as escadas precisam seguir tais inclinações, então os projetos resultantes são muito específicos para cada situação. Contudo, também há exigências específicas nos códigos de edificação e nas normas de construção. No caso da Grã-Bretanha, os projetistas precisam consultar a Parte K1, Seção 1.4 das Building Regulations, para obter mais informações e orientação.

4.2 Inclinação das escadas

No caso das escadas de uso privativo, a norma britânica especifica uma inclinação máxima de 42°. A inclinação de uma escada não é representada como um gradiente ou percentual, como no caso das rampas, mas por meio de um ângulo derivado da relação aritmética entre o espelho e o piso de um degrau (ou a altura e o comprimento da escada).

Usando-se a trigonometria básica:

Função tangente: tan (θ) = cateto oposto/cateto adjacente

na qual θ é o ângulo que buscamos, o cateto oposto é a altura, e o adjacente, o comprimento. Assim obtemos:

Inclinação da escada (θ) = tan^{-1} (espelho/piso)

Ou, empregando um exemplo no qual o espelho de um degrau é 17 cm, e o piso, 25 cm:

tan^{-1} (17/25) = 34,2°

Uma maneira expedita e mais simples para o cálculo de escadas normais (baseada no passo aproximado de um adulto) é usar a Lei de Blondel, cuja fórmula, comumente utilizada no Brasil, é:

2H + B = 62 a 64 cm

na qual H é a altura do degrau (o espelho) e B é sua base (o piso).

A Tabela I apresenta o padrão britânico para as dimensões mínimas e máximas dos degraus de escadas comuns, mas observe que, na Grã-Bretanha, no caso de escolas, o espelho recomendado é 15 cm e o piso, 28 cm.

Tabela I Espelhos e pisos

Variação das dimensões permissíveis para o desenho de degraus de escadas comuns.

	Espelhos (mm)		Pisos (mm)	
	Mínimo	Máximo	Mínimo	Máximo
Escadas privativas	150	220	220	300
Escadas de serviço	150	190	250	400
Escadas de acesso geral	150	170	250	400

Fonte: Parte K das Building Regulations.

Em algumas situações domésticas, uma escada Santos Dumont pode ser utilizada (Figura 3.8). A fim de economizar espaço e aumentar a inclinação para bem mais do que os 42° usuais, essas escadas têm degraus com pisos na dimensão mínima (22 cm) e alturas máximas (22 cm), mas apenas para cada passo. Observe que essas escadas exigem que as pessoas que estão subindo ou descendo coloquem um pé em cada degrau, alternadamente, assim, se alguém precisar se deslocar apoiando ambos os pés em um degrau terá de andar em ziguezague. Da mesma maneira, é um pouco complicado interromper a subida ou descida e retornar, pois isso exige que o indivíduo coloque ambos os pés em um degrau, para não se desequilibrar, uma vez que os pisos são recortados.

4.3 Desenho de escadas internas

- **Largura:** em interiores, as escadas devem ter, no mínimo, 120 cm de largura. (Nas normas britânicas, não há um valor mínimo estipulado para fins residenciais, mas sugere-se 85 cm, ou 60 cm, se a escada servir a apenas um cômodo.)
- **Degraus:** os degraus devem ter altura (ou espelho) constante entre dois lances de escada, respeitando as dimensões mostradas na Tabela I. Não se deve projetar escadas de espelho vazado (exceto nas situações domésticas em que há focinhos de, no mínimo, 1,6 cm, e uma esfera de 10 cm não consegue passar pelas aberturas dos espelhos). No caso de degraus ingrauxidos (em forma de fatia de pizza), os princípios de projeto também têm de ser respeitados, mas, nesse caso, a largura do piso é medida na metade da sua extensão, e a extremidade menor do piso também não pode ter largura inferior a 5,0 cm (Figura 3.9).
- **Patamares:** as escadas precisam ter patamares com, pelo menos, 1,2 m de comprimento para cada 16 degraus (no caso

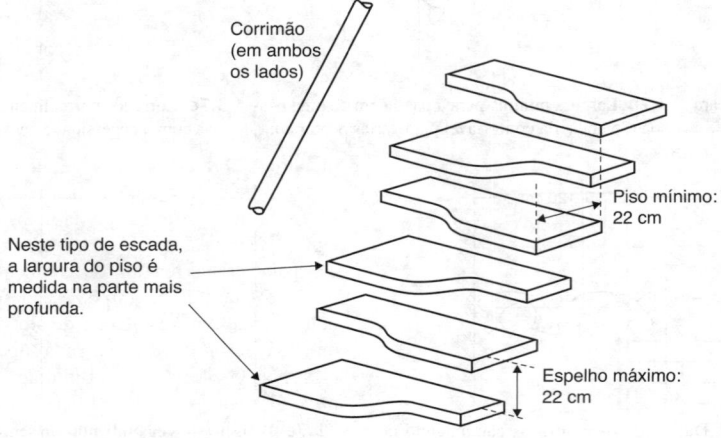

3.8 Uma escada Santos Dumont. (Fonte: Building Regulation K1 1.10)

de uma escada de serviço) ou 12 degraus (em escadas de acesso geral) – Figura 3.10. Deve haver uma área de aproximação em nível de 1,2 m na base e no topo da escada, com patamares intermediários da mesma dimensão (embora esse valor possa ser reduzido para o equivalente à largura da escada, com 40 cm deixados livres para a abertura de portas, nos casos domésticos).

- **Corrimãos:** os corrimãos devem ser instalados em ambos os lados da escada (veja a Figura 3.3). No caso de escadas de acesso geral que sejam mais largas do que o mínimo, são

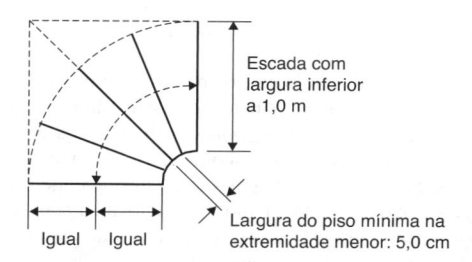

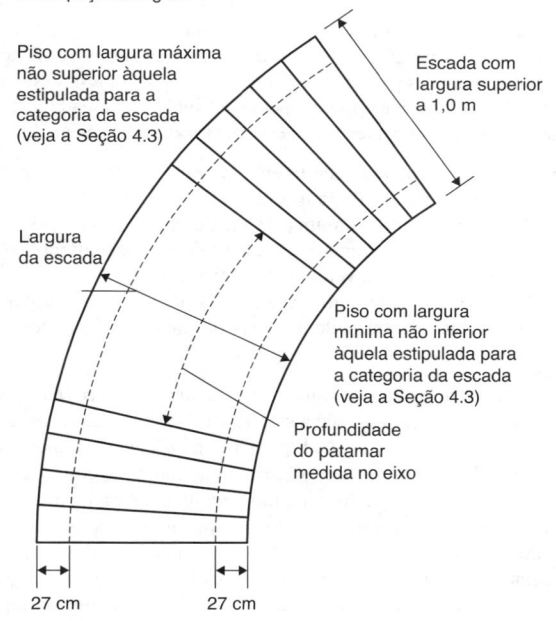

3.9 Escada curva e degraus ingrauxidos: o essencial é manter as dimensões mínimas do espelho e do piso. (Fonte: Building Regulation, Parte K1 1.9)

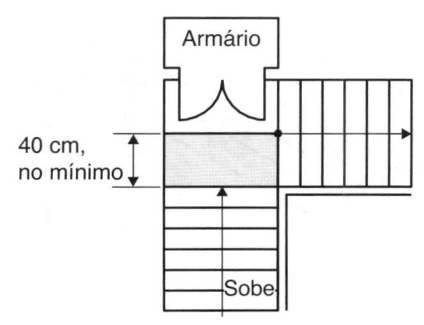

3.10 Patamares de escada. (Fonte: Building Regulation, Parte K1 1.7)

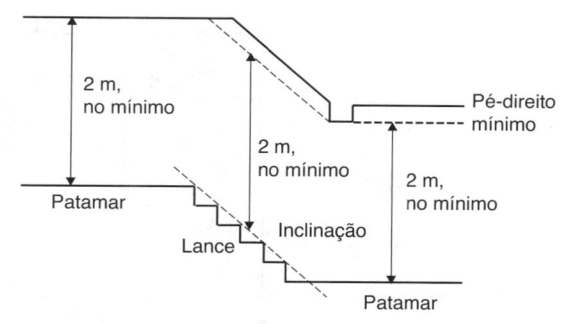

3.11 Pé-direito em uma escada – é fundamental a atenção aos pontos em que ele é medido. (Fonte: Building Regulation, Parte K1 1.3)

necessários corrimãos adicionais, para garantir que a largura livre de passagem não fique inferior a 1,0 m nem superior a 2,0 m.

- **Pé-direito:** deve-se deixar um pé-direito mínimo de 2,0 m em todos os patamares e pontos de acesso, bem como em relação à linha de inclinação da escada medida na extremidade de cada piso (Figura 3.11).

4.4 Capacidade de uma escada

A capacidade de uma escada (C_e) em pessoas por minuto pode ser calculada usando-se a seguinte fórmula:

$$C_e = 0,83 \, (60 \, v \, D \, W)$$

na qual v é a velocidade média do pedestre (m/s)
D é a densidade média de pedestres (pessoas por m^2)
W é a largura do corredor (m)

Projeto para fluxo normal: $D = 0,6$ pessoa por m^2 e $v = 0,6$ a $0,8$ m/s
Projeto para fluxo intenso: $D = 2,0$ pessoas por m^2 e $v = 0,6$ a $0,8$ m/s

Observação: Nas escadas, as pessoas tendem a caminhar de modo ordenado.

4.5 Corrimãos

O desenho dos corrimãos precisa levar em consideração o princípio de que todas as pessoas devem poder usá-los, seja qual for sua idade, gênero ou capacidade física. Sob certas circunstâncias, eles têm de oferecer um suporte físico para ajudar os usuários com dificuldades de locomoção a puxá-los escada acima, o que significa que, em certos momentos, estarão sujeitos a carregamentos significativos. Eles também devem ficar claramente visíveis aos usuários, contrastando com as demais superfícies.

Na maioria dos casos, os corrimãos devem ser instalados a uma altura entre 90 e 110 cm em relação ao nível do piso acabado ou à linha de inclinação da escada (veja a Figura 3.12) e atender às exigências de projeto apresentadas na Figura 3.13.

4.6 Guarda-corpos

Corrimãos e guarda-corpos atendem a propósitos claramente distintos, embora possam estar integrados em um único elemento. Enquanto os corrimãos – que geralmente são instalados nas paredes – são empregados para facilitar a subida ou descida de uma escada, servindo de suporte para uma mão, os guarda-corpos servem para evitar que as pessoas caiam por uma das laterais expostas da escada, e as balaustradas têm ambas as funções.

No caso do projeto de escadas, os guarda-corpos têm de respeitar as mesmas exigências de altura feitas aos corrimãos, sempre que houver uma altura de escada superior a 60 cm.

Na Grã-Bretanha, a Building Regulation Parte K1 estabelece provisões adicionais em edificações que serão utilizadas por crianças com menos de cinco anos de idade. Os princípios de projeto inclusivo sugerem que, na verdade, isso deva ser interpretado como

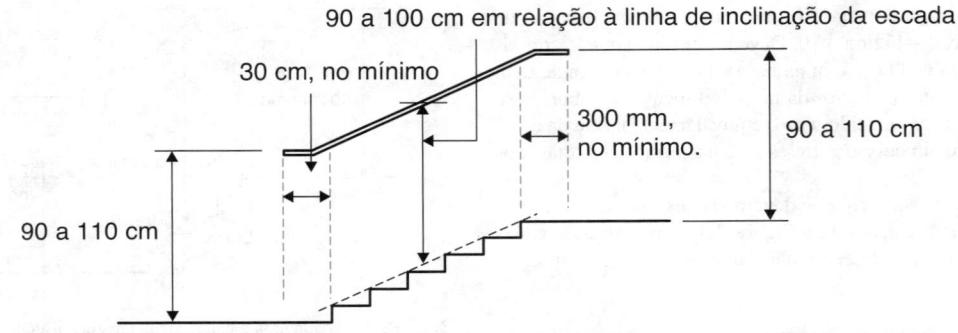

3.12 Posicionamento de um corrimão: os elementos essenciais são as dimensões e a integridade estrutural. (Fonte: Building Regulation, Parte K1 1.12)

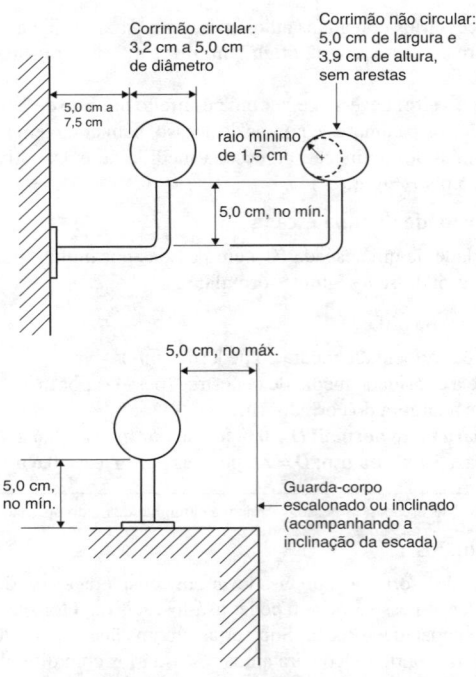

3.13 Desenho do corrimão: as características essenciais são aquelas relacionadas à facilidade de empunhadura e à integridade estrutural. (Fonte: Building Regulation, Parte K1 1.13)

"em qualquer edificação que possa ser visitada por crianças com menos de cinco anos de idade", e, portanto, abrange praticamente todos os prédios.

Essas exigências adicionais, porém muito razoáveis, sugerem que um guarda-corpo deve ser projetado para:

- evitar que uma criança caia através de uma de suas aberturas e seja estrangulada;
- garantir que uma esfera com 10 cm de diâmetro não possa passar através de qualquer abertura do guarda-corpo;
- evitar que as crianças consigam escalar um guarda-corpo com facilidade.

5 TRANSPORTE MECÂNICO DENTRO DE EDIFICAÇÕES

5.1 Introdução

Os equipamentos mecânicos para o deslocamento de pessoas hoje são um aspecto essencial do projeto de qualquer edificação grande e envolvem um consumo de energia considerável, além da instalação de geradores de energia de segurança, para o caso de faltar eletricidade. Antes da disponibilização geral dos sistemas confiáveis e seguros dos quais atualmente dispomos, a altura dos prédios era restrita ao número de pavimentos que os indivíduos se sujeitavam a subir usando escadas. É interessante observar que os sistemas mecânicos muitas vezes envolvem a escolha entre as vantagens e desvantagens de fazer o transporte de um número pequeno de usuários de modo muito rápido (com baixo movimento total da população) ou o transporte de um grande número de usuários de modo mais lento (com alto movimento total da população).

5.2 Escadas rolantes

Escadas rolantes são, em última análise, escadas móveis, mas nas quais se espera que as pessoas fiquem paradas em um degrau, enquanto este se desloca. Por essa razão, as dimensões dos degraus (pisos e espelhos) não são determinadas pelos mesmos critérios empregados nas escadas normais. Esse também é o motivo pelo qual subir uma escada rolante parada é mais difícil do que fazê-lo em uma escada convencional.

- As escadas rolantes geralmente operam a velocidades entre 0,5 m/s e 0,65 m/s (0,75 m/s no metrô de Londres).
- A inclinação mais comum para uma escada rolante é 30°.
- As pessoas que sobem uma escada rolante estacionária costumam fazê-lo a uma velocidade de 0,5 m/s.
- Dependendo do projeto (ou seja, da velocidade e da largura), as escadas rolantes podem transportar mais de 10 mil pessoas por hora.

O formato padrão de uma escada rolante é determinado por uma treliça de aço que compõe a estrutura de sustentação da escada, unindo dois pavimentos (veja a Figura 3.14). Os degraus individuais de uma escada rolante têm seção quase triangular e são conectados a duas guias diferentes, que formam um circuito e determinam a posição relativa de cada degrau, além do movimento. Uma das guias faz parte do mecanismo de força (a corrente), à qual a borda de ataque do degrau é conectada em cada um de seus lados, fazendo o degrau ser puxado pelo circuito. A borda inferior simplesmente acompanha, tendo dois rodízios instalados sobre uma guia. Esse movimento acompanha o da corrente acionadora, mas alternar a posição relativa do trilho em relação à corrente acionadora inverte o sentido da escada

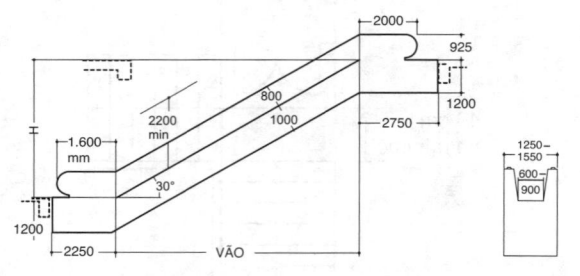

3.14 Desenho esquemático com as dimensões de uma escada rolante de 30° (elevação e corte) (dimensões em milímetros).

rolante. Alternando-se o espaço entre os dois ciclos, os degraus são mantidos na horizontal ao longo do deslocamento e, quando termina a inclinação no topo e na base da escada rolante, os espelhos dos degraus tombam sob os pisos. Esse processo é assistido por meio de uma série de encaixes nos quais cada degrau se conecta com o seguinte em um sistema do tipo macho e fêmea.

Uma escada rolante é acionada por um motor elétrico acomodado dentro da treliça de sustentação, cuja marcha sincroniza o movimento da corrente acionadora com o do corrimão, para mantê-lo alinhado com os degraus. O corrimão nada mais é que uma esteira revestida de borracha sintética que acompanha o percurso dos degraus, embora seja desvinculada do mecanismo principal de acionamento dos degraus.

Considerações para o projeto e a construção de uma escada rolante:

- Deve-se deixar uma área de piso desobstruída de profundidade equivalente ao dobro do comprimento dos degraus e de largura igual à da escada rolante mais 100 mm de cada lado.
- O pé-direito mínimo de 2.130 mm (medido na vertical, em relação à linha de inclinação) deve ser mantido ao longo de todo o percurso.
- O corrimão deve ficar, no mínimo, a uma distância de 100 mm na horizontal e 25 mm na vertical de qualquer superfície adjacente.
- Todas as superfícies de piso conectadas devem ser contínuas e qualquer desnível abrupto não pode ser superior a 6 mm.

(*Fonte:* Kone's Escalators and Autowalks Planning Guide, p. 49, Seção 6.2, partes A a D.)

A capacidade de transporte de uma escada rolante (C_e) em pessoas por minuto pode ser calculada com a seguinte fórmula:

$$C_e = 60 \, (V \, k \, s)$$

na qual V é a velocidade ao longo do percurso inclinado (m/s)
k é a densidade média de pessoas (pessoas por degrau)
s é o número de degraus por metro (m) – por exemplo, para um espelho de 400 mm, $s = 2,5$

A densidade de degraus, em tese, relaciona-se com a largura da escada rolante, e considera-se:

para 600 mm de largura, $k = 1,0$
para 800 mm de largura, $k = 1,5$
para 1.000 mm de largura, $k = 2,0$

As pessoas não costumam ocupar uma escada rolante até sua capacidade máxima, então, use a metade desses valores.

Um exemplo da Tabela II indica que um degrau de 1.000 mm a uma velocidade de 0,50 m/s transportará 150 pessoas por minuto, mas, na realidade, deve-se considerar que o valor será de 75 pessoas por minuto, ou 4.500 pessoas por hora.

Tabela II Projeto de uma escada rolante

Os elementos principais a se levar em consideração são o tamanho dos degraus, a velocidade da escada rolante e o grau de ocupação em cada degrau.

Velocidade	Degrau com 1.000 mm de largura (pessoas por minuto)		Degrau com 800 mm de largura (pessoas por minuto)		Degrau com 600 mm de largura (pessoas por minuto)	
	Em tese	*Na prática*	Em tese	*Na prática*	Em tese	*Na prática*
0,50 m/s	150	*75*	113	*57*	75	*38*
0,65 m/s	195	*98*	146	*73*	98	*49*
0,75 m/s	225	*113*	169	*85*	113	*57*

Fonte: Barney, 2003, p. 13, Tabela 1.8.

5.3 Esteiras rolantes

Pode-se considerar que as esteiras rolantes (ou esteiras rolantes mecânicas para passageiros) têm as mesmas características de projeto e desempenho que as escadas rolantes, transportando quantidades similares de pessoas e sujeitando-se a velocidades e sistemas mecânicos também semelhantes (Figura 3.15). Elas geralmente pertencem a uma de duas espécies. O tipo com paletes é simplesmente uma escada rolante em nível na qual os degraus individuais (paletes) correm na horizontal (ou ficam inclinados, conforme necessário). Esse tipo de esteira rolante de fato apresenta uma vantagem, devido à interconexão criada pelos sulcos maiores entre os degraus, o que permite que a velocidade varie ao longo do trajeto. Nos pontos de

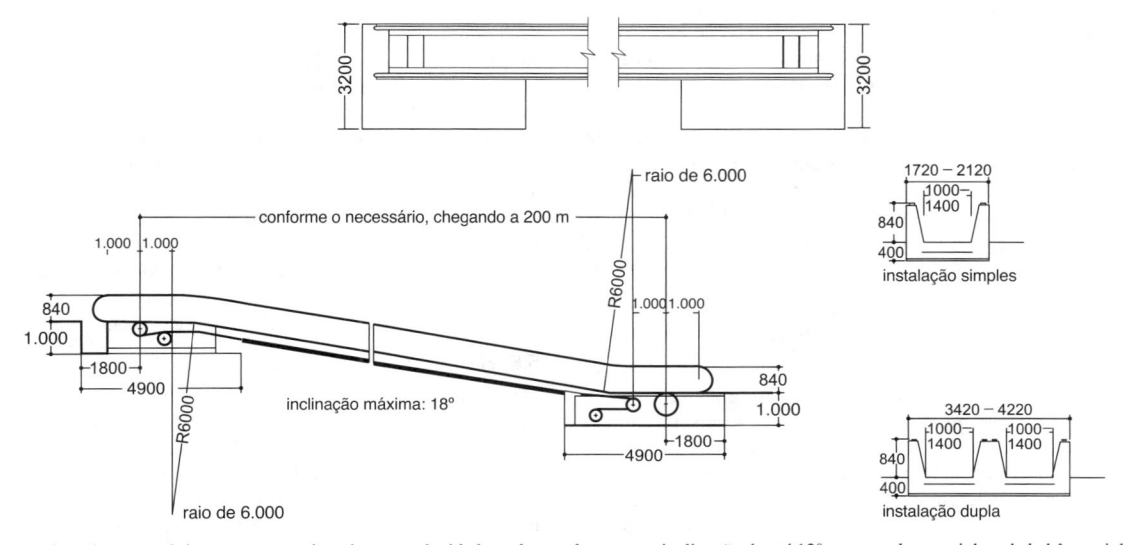

3.15 Uma esteira rolante mecânica para passageiros de uma velocidade pode ser plana ou ter inclinação de até 12° para receber carrinhos de bebê, carrinhos de supermercado, etc., ou ter até 15° de inclinação em instalações especiais. Outros sistemas existentes permitem perfis longitudinais com "vales" e "picos" ou a instalação superficial de uma esteira rolante em uma construção preexistente. A capacidade do sistema apresentado é de 7.200 pessoas por hora. Os sistemas atuais têm capacidade de até 8.000 pessoas por hora. A velocidade de funcionamento varia entre 0,45 e 0,6 m/s. Largura livre da esteira: entre 1.000 e 1.400 mm. Dimensões em milímetros.

embarque e desembarque de passageiros, os sulcos se fecham sob uma velocidade inferior, mas essa aumenta na porção intermediária do percurso. O segundo tipo de esteira rolante é composto por uma esteira transportadora contínua de cintas de metal ou borracha que corre sobre roletes.

5.4 Elevadores

Na maioria das situações, os elevadores para passageiros são o método mais adequado de transporte vertical dentro de edificações. Todavia, em virtude de se basearem no fornecimento de energia elétrica, eles sempre devem ser acompanhados de uma escada enclausurada, isto é, protegida contra incêndios. Os elevadores estão disponíveis em uma grande variedade de tamanhos, e podem ser do tipo hidráulico, que atende a apenas dois pavimentos, ou contar com os sofisticados sistemas de operação exigidos por arranha-céus de mais de 100 andares. Uma cabina de elevador com 2.000 mm de largura e 1.400 mm de profundidade oferecerá espaço adequado para qualquer cadeira de rodas e vários outros usuários, embora a Figura 3.16 ilustre a dimensão mínima exigida na Grã-Bretanha.

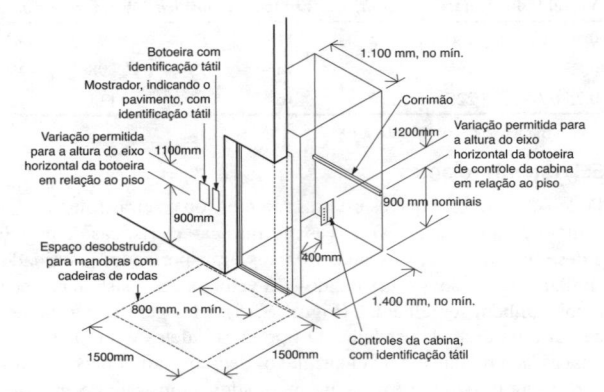

3.16 Projeto de um elevador: principais dimensões mínimas exigidas pelas normas britânicas. (Fonte: Building Regulation, Parte M, Diagrama 11)

Um elevador para passageiros bem projetado adotará, se não todos, ao menos a maioria dos princípios do projeto inclusivo. No entanto, no caso de certos projetos de modernização de elevadores, não é possível uma reforma completa e, nessas situações, pode ser mais adequado adicionar ao prédio uma plataforma elevatória inclinada (em uma escada) ou uma plataforma elevatória (vertical), para atender a cadeirantes ou outros usuários com dificuldades de locomoção. A vantagem das plataformas elevatórias não inclinadas é que elas podem acomodar um acompanhante junto com a cadeira de rodas ou a pessoa com problemas de locomoção. Às vezes os desníveis vencidos são relativamente pequenos (poucos decímetros), outras vezes as plataformas elevatórias transitam entre diferentes pavimentos e são inclusive fechadas, como os elevadores.

5.5 Plataformas elevatórias inclinadas para cadeira de rodas (em escadas)

Quando uma plataforma elevatória inclinada para cadeira de rodas é instalada, as larguras mínimas da escada precisam ser maiores, para que se possa acomodar a largura extra exigida pela plataforma (Figura 3.17). Esses sistemas também exigem a instalação de um platô com 800 mm de largura e 1.250 mm de profundidade; suas velocidades não passam de 0,15 m/s. Além disso, eles precisam ter controles que restrinjam o uso para apenas aqueles que realmente precisam deles e estão autorizados a fazê-lo. Esses controles precisam incluir um botão do tipo "pressão contínua" que faz o elevador parar imediatamente quando se retira a pressão.

5.6 Plataformas elevatórias (em geral)

As plataformas elevatórias, assim como suas contrapartes inclinadas para cadeira de rodas, não substituem a necessidade de um bom elevador de passageiros e, portanto, não são ideais. Elas também exigem um sistema de acionamento sob pressão, que pode ser cansativo demais para ser utilizado por certos usuários, desencorajando-os. Essas plataformas têm as mesmas restrições de velocidade e dimensões mínimas que as inclinadas, para que sejam de uso exclusivo de cadeirantes e assemelhados e, ocasionalmente, seus acompanhantes. Caso não sejam fechadas, também não podem subir mais de 2.000 mm. Se fechadas, compondo uma cabina, suas dimensões mínimas aumentam para 900 mm de largura e 1.400 mm de profundidade; se o cadeirante for acompanhado, os valores são 1.100 mm e 1.400 mm, respectivamente.

5.7 Elevadores hidráulicos

Esses elevadores se parecem como quaisquer outros elevadores comuns, uma vez que seu aspecto mais visível – a cabina – é igual. A diferença encontra-se no mecanismo de acionamento (Figura 3.18). Os elevadores hidráulicos usam um êmbolo hidráulico para deslocar a cabina entre os pavimentos e, como esse consiste em um pistão forçado para cima por um sistema de bombeamento de fluido (geralmente um óleo), são limitados pelas restrições estruturais e de altura do pistão. Alguns usam um rebaixo no piso do poço do elevador, para acomodar o pistão quando a cabina se encontra no nível mais baixo, outros usam pistões telescópicos. O mecanismo é relativamente simples: uma bomba elétrica força o fluido de um reservatório para dentro do pistão durante a subida, e uma válvula permite e controla o retorno do óleo durante a descida. Mesmo que o reservatório apresente algum vazamento, a ação de ter de forçar o óleo através do sistema significa que o elevador hidráulico retornaria à base de modo bastante lento e, portanto, também seguro.

Quando está em funcionamento e a cabina está se aproximando do pavimento correto, um sistema de controle gradualmente reduz a velocidade de bombeamento do óleo. Na ascensão, em cada um dos pavimentos, quando a bomba está desligada, o óleo dentro do cilindro não tem como retornar através da bomba, e, com a válvula fechada, a cabina é sustentada por todo o pistão. Durante a descida, o sistema de controle abre a válvula, de modo que o óleo do cilindro pode retornar ao reservatório. O próprio peso da cabina e de seu conteúdo é que força o pistão para baixo, reenviando o óleo ao reservatório. Para a parada da cabina no andar mais baixo, o sistema simplesmente fecha a válvula.

Ainda que compostos de um mecanismo extremamente seguro, os elevadores hidráulicos têm aplicação limitada em virtude do comprimento exigido para os pistões e também por seu consumo de energia relativamente elevado, em comparação com o sistema de tração alternativo. Para erguer a cabina do elevador com seu conteúdo, um sistema hidráulico tem de produzir toda a energia exigida por meio da bomba a fim de vencer a força de gravidade gerada pelo peso total da cabine mais sua carga interna. Por outro lado, no sistema de tração, o peso da cabina é balanceado por um contrapeso, de modo que a carga morta não consome energia, apenas a carga viva que entra na equação.

5.8 Elevadores tracionados

O tipo mais comum de elevador é aquele movido a tração, no qual a cabina sobe e desce por meio de cabos de aço fixados a ela e apoiados em uma **polia**. Essa roldana tem ranhuras projetadas e dimensionadas para agarrar os cabos de aço, de modo que esses se movem simplesmente em virtude da fricção com a roldana. Em elevadores mais rápidos, os cabos são enrolados duas vezes na roldana, para oferecer fricção extra. Portanto, um elevador tracionado funciona com o uso de um motor elétrico que gira diretamente a roldana (ou por meio de um conjunto de engrenagens), sendo acionado em um ou outro sentido, para erguer ou descer a cabina.

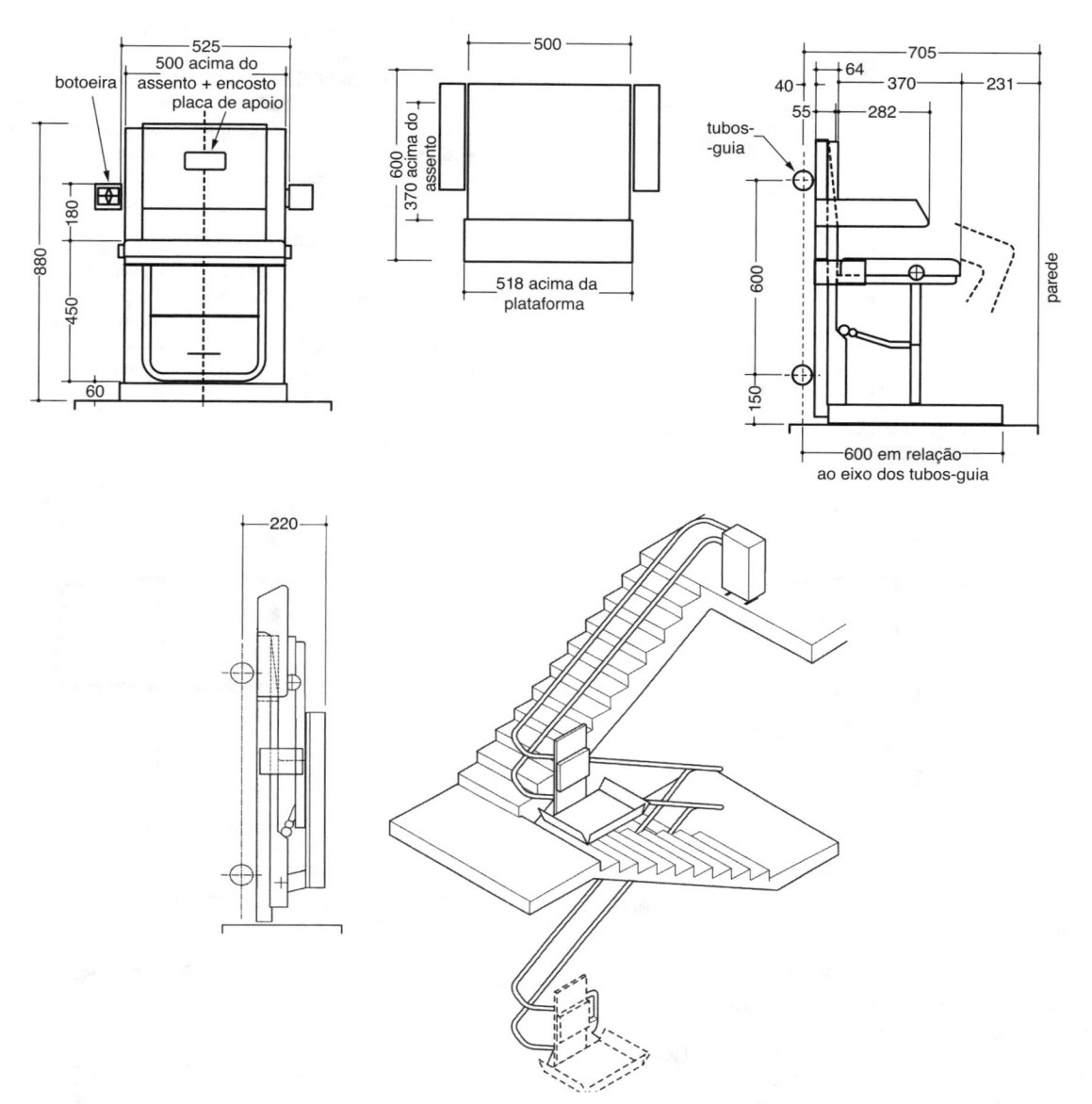

3.17 Detalhes de uma plataforma elevatória inclinada para cadeira de rodas ou para um passageiro sentado. Dimensões em milímetros. (Cortesia de Gimson Stairlifts Ltd.)

A grande vantagem dos elevadores a tração é que os cabos de aço também são conectados a um sistema de contrapesos do outro lado da roldana. Esses contrapesos normalmente são projetados para equilibrar a cabina carregada com 40% de sua capacidade total, valor considerado a carga média de uso. Ou seja, quando esse efetivamente é o carregamento, o motor da polia não precisa trabalhar quase nada para erguer ou abaixar o elevador. Além dos trilhos de guia e da caixa de elevador, os elevadores a tração geralmente instalam a polia, o motor e o sistema de controle em uma casa de máquinas no topo da caixa do elevador, aumentando a altura total necessária para o prédio, bem como o carregamento estrutural (Figura 3.19).

A segurança dos sistemas tracionados depende de dois princípios fundamentais. Primeiramente, o temor de que um cabo de aço possa romper ou se desconectar da polia é solucionado usando cabos múltiplos (geralmente entre quatro e oito) enrolados, embora apenas um deles seja suficiente para sustentar toda a carga da cabina. Em segundo, eles também são dotados de um sistema de frenagem. Os sistemas de freios físicos geralmente usam um regulador automático de velocidade e pesos volantes elevatórios que são ativados sempre que a cabina se deslocar rápido demais e então acionam a frenagem por meio de conectores. Por outro lado, os sistemas de frenagem eletromagnéticos mantêm os freios abertos quando em operação normal, de modo que uma perda de energia os acionaria imediatamente. Eles também podem ser empregados como parte do sistema de controle em cada parada da cabina. Além da proteção extra do sistema de frenagem no topo e na base das prumadas, um sistema de absorção de choque com pistão de trabalho pesado amorteceria a parada de uma cabina descontrolada.

Há dois tipos de elevadores a tração:

- Elevadores sem marchas – a norma da indústria –, que geralmente operam em velocidades acima de 2,5 m/s.
- Elevadores com marchas – mais eficientes –, que costumam operar em velocidades entre 1,75 e 2,5 m/s (Otis, 2011).

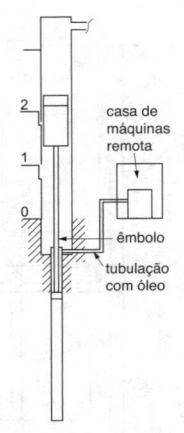

3.18 Diagrama esquemático de um elevador hidráulico de ação direta e com casa de máquinas remota.

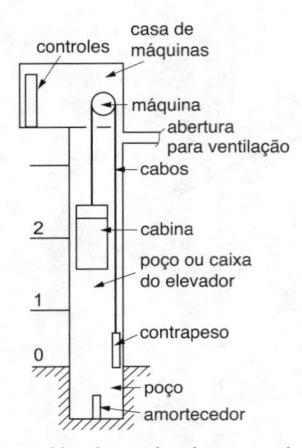

3.19 Diagrama esquemático de um elevador convencional (elétrico e a tração), com casa de máquinas no pavimento de cobertura.

5.9 Projeto de um sistema de elevadores

Projetar um sistema de elevadores é complexo e, na maioria das vezes, envolve especialistas. Isso ocorre devido aos muitos parâmetros envolvidos, como o número de elevadores, as populações que serão atendidas, os padrões de uso (picos de serviço), os números de paradas (pavimentos sendo atendidos), o padrão de qualidade exigido para o serviço, etc. Os serviços de projeto especializados incluem a avaliação dos tempos de viagem de ida e volta, as demandas dos passageiros, as limitações e os pressupostos relacionados aos picos de uso, bem como o tamanho das cabinas, seu número e distribuição, etc. – fatores que extrapolam em muito o escopo deste capítulo. Ainda assim, há algumas informações úteis que podem servir de base para um projeto de sistemas de elevador.

5.10 Capacidade de transporte dos elevadores

É fundamental reconhecer que os elevadores oferecem um serviço distinto daquele prestado pelas escadas convencionais e escadas rolantes que discutimos anteriormente neste capítulo. Enquanto as escadas rolantes podem transportar grandes números de pessoas sob velocidades relativamente baixas, os elevadores carregam quantidades muito menores, porém mais rapidamente.

- Um exemplo anterior mostrou que uma escada rolante relativamente pequena (com 1.000 mm de largura), operando a uma velocidade de 0,50 m/s, transporta 75 pessoas por minuto, ou 4.500 pessoas por hora.
- O grupo mais eficiente de oito elevadores que atendem 14 pavimentos na capacidade total (21 pessoas) consegue transportar apenas 50 pessoas por minuto, ou 3 mil pessoas por hora.
- Se você reduzir isso para três elevadores em oito pavimentos na capacidade total de 10 pessoas, o número de usuários atendidos cai para 16 usuários por minuto, ou 960 por hora.

5.11 Localização e número de elevadores

O leiaute mais eficiente para um *hall* de elevadores é aquele do tipo *cul-de-sac*, como indicam as Figuras 3.20 e 3.21, pois ele resulta nas menores distâncias de deslocamento para qualquer posição de espera, além de oferecer a melhor vista de todos os elevadores que estão funcionando em determinado momento e – o mais importante – evitar a obstrução dos transeuntes.

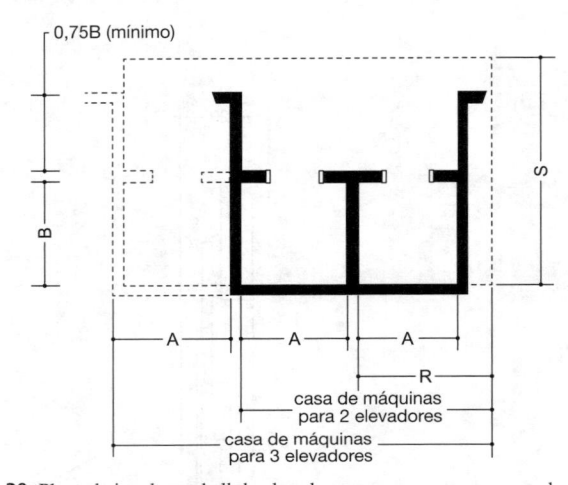

3.20 Planta baixa de um hall de elevadores com os poços e a casa de máquinas para uma instalação de mais de uma cabina – as dimensões podem ser consultadas na Tabela IV.

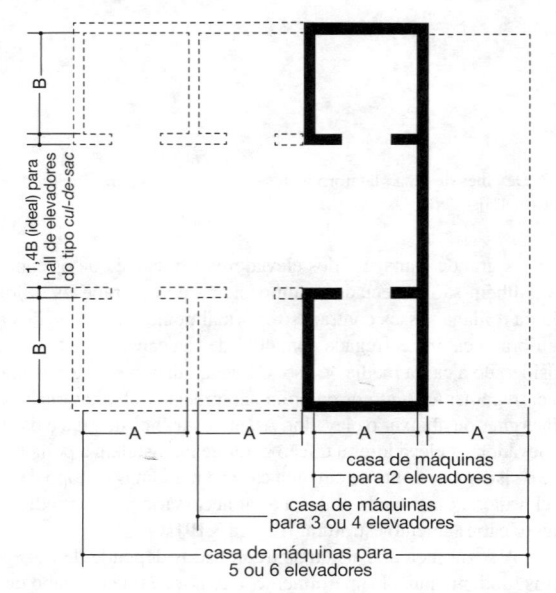

3.21 Planta de um hall de elevadores do tipo *cul-de-sac*, com casa de máquinas – as dimensões podem ser consultadas na Tabela IV.

3 Circulação de pessoas

Tabela III Exigências das cabinas

O projeto de um sistema de elevadores eficaz é uma atividade para especialistas, mas é possível fazer algumas previsões quanto ao número de cabinas necessárias para atender a determinados números de pavimentos e números de usuários.

Número de pavimentos atendidos	Número de elevadores no grupo	Número aproximado de usuários atendidos por pavimento
4	1 a 2	60 a 200
5	1 a 2	30 a 200
6	2 a 3	50 a 200
7	2 a 4	70 a 210
8	2 a 5	50 a 210
9	3 a 6	75 a 200
10	3 a 6	60 a 160
11	3 a 6	50 a 170
12	3 a 6	50 a 145
13	3 a 6	45 a 125
14	3 a 6	40 a 110
15	4 a 6	50 a 100
16	4 a 6	45 a 90
17	4 a 6	40 a 80
18	4 a 6	40 a 70

As cabinas de elevador são classificadas de acordo com suas capacidades de carregamento em quilogramas e o número de pessoas que podem transportar. Nas normas britânicas, a capacidade de carregamento é definida pela norma EN81 (1998) e não deve ser excedida, mas as classificações quanto ao número de usuários podem ser enganosas, de modo que a experiência tem mostrado que, na realidade, esses valores precisam ser ajustados conforme a variação do tamanho das pessoas, sua bagagem, etc. Uma redução ainda maior resulta da análise estatística do comportamento dos passageiros, sugerindo que uma redução de 20% deveria ser aplicada para obter a capacidade real das cabinas individuais.

Em edifícios muito altos, onde o número de cabinas de elevador se torna extremamente elevado para atender a todos os pavimentos a partir do ponto de acesso, "saguões aéreos" (*sky lobbies*) servem de ponto de acesso intermediário, onde um elevador específico apenas levará as pessoas a este ponto, para então serem distribuídos a outros níveis "locais".

A Tabela III apresenta várias informações relativas ao número de elevadores necessário para atender vários pavimentos em um edifício de escritórios típico, com o número de usuários associado por pavimento.

A Tabela IV apresenta informações sobre a capacidade de projeto, a capacidade nominal e as exigências de tamanho estrutural para dois sistemas de trânsito de elevadores.

Tabela IV Especificações para elevadores

O projeto de um sistema de elevadores eficaz é uma atividade para especialistas, mas é possível fazer algumas previsões básicas quanto ao tamanho das cabinas, às caixas de elevadores e aos fluxos de transporte.

	Tamanho da cabina C × D	Tamanho da caixa de elevador A × B	Tamanho da casa de máquinas S × R	Carregamento máximo (Kg)	Capacidade nominal (pessoas)	Capacidade de projeto (pessoas)
Trânsito leve				320	4	3,6
	1.100 × 950	1.800 × 1.600	3.200 × 2.500	400	5	
				450	6	5,0
	1.100 × 1.400	1.800 × 2.100	3.700 × 2.500	630	8	6,3
	1.350 × 1.400	1.900 × 2.300	3.700 × 2.500	800	10	7,6
	1.100 × 2.100	1.800 × 2.600	4.200 × 2.500	1.000	13	9,1
Elevadores de uso geral	1.600 × 1.400	2.400 × 2.300	4.900 × 3.200	1.000	13	9,1
	1.950 × 1.400	2.600 × 2.300	4.900 × 3.200	1.250	16	
				1.275	16	11,0
	1.950 × 1.750	2.600 × 2.600	5.500 × 3.200	1.600	21	13,5
	1.600 × 2.400	2.400 × 3.000	5.800 × 3.200	1.800	24	14,9
	1.500 × 2.700	2.400 × 3.300	5.800 × 3.200	2.000	26	16,0
	1.800 × 2.700	2.700 × 3.300	5.800 × 3.500	2.500	33	19,0

Observação: as dimensões das casas de máquinas são para elevadores tracionados – o tamanho é consideravelmente menor no caso dos elevadores hidráulicos.

6 REFERÊNCIAS BIBLIOGRÁFICAS

Barney, G. *Elevator Traffic Handbook*. Taylor & Francis, 2003.

Kone: Escalators and Autowalks Planning Guide, 2010. (http://cdn.kone.com/www.kone.us/Images/kone-escalator-autowalk-planning-guide.pdf?v=1)

Otis: About lifts, 2011 (http://www.otis.com/site/gb/pages/AboutElevators.aspx?menuID=2)

Straksch, G. and Caporale, R. *The Vertical Transportation Handbook*. 4ª ed. John Wiley & Sons, 2010.

Acessibilidade e inclusão 4

Neil Smith e David Dropkin
Consultores seniores para acessibilidade, Buro Happold Ltd., Londres

PONTOS-CHAVE:
- *É preciso considerar as necessidades de todos os portadores de necessidades especiais e não apenas dos cadeirantes, que representam uma porcentagem dentro de um grupo tão diversificado de pessoas*
- *Em alguns momentos ao longo da vida, as pessoas podem precisar dos mesmos equipamentos projetados para portadores de necessidades especiais; a flexibilidade é fundamental*

Conteúdo

1. Projeto inclusivo
2. Pessoas
3. Equipamentos de locomoção
4. Alcance das mãos
5. Distâncias de percurso
6. Toaletes

1 PROJETO INCLUSIVO

1.1 Princípios de projeto

Um projeto de qualidade reflete a natureza diversificada das pessoas e não impõe qualquer tipo de barreira. O projeto inclusivo garante acesso para todos, incluindo portadores de necessidades especiais, idosos e famílias com crianças pequenas.

Os *Principles of Inclusive Design* (Princípios do Projeto Inclusivo – CABE) estimulam o projeto inclusivo de alta qualidade no ambiente construído. Ao incorporar esses princípios, os projetos se tornam:

- Inclusivos – todos usam com segurança, com facilidade e com dignidade.
- Responsivos – levam em consideração aquilo que as pessoas dizem que desejam e precisam.
- Flexíveis – utilizados por diferentes pessoas de diferentes maneiras.
- Convenientes – todos conseguem usar sem fazer muito esforço e sem distinção.
- Acolhedores – para todos, independentemente da idade, do sexo, da mobilidade, da etnia ou das circunstâncias.
- Receptivos – sem barreiras intransponíveis que possam excluir algumas pessoas.
- Realistas – reconhecem que uma única solução talvez não funcione para todos e oferecem soluções adicionais conforme necessário.

1.2 Processo do projeto

Para a criação de ambientes inclusivos, é preciso integrar os princípios do projeto inclusivo ao processo de elaboração do projeto desde os estágios iniciais. Para elaborar ambientes que todos possam usar com facilidade, é preciso considerar outros fatores, além dos físicos, os quais incluem as placas e os mapas de orientação, a iluminação, o contraste visual, os controles, as portas e os materiais.

O projeto inclusivo depende tanto do processo de elaboração do projeto quanto do produto final, vinculando a experiência do usuário com a experiência profissional e as práticas de gestão. O processo se inicia na concepção e prossegue pelo planejamento, pelo projeto dos detalhes, pela construção, ocupação, administração e operação.

O objetivo de criar ambientes estéticos e funcionais que possam ser utilizados igualmente por todos – independentemente da idade, do sexo, das crenças ou das necessidades – exige um processo de projeto criativo e inclusivo que busque acomodar uma ampla variedade de usuários.

Seguir as provisões mínimas das normas da construção ou as diretrizes de melhores práticas não resultará, por si só, em projetos inclusivos. Para tanto, é necessário o envolvimento da equipe de projeto, do cliente e da comunidade.

2 PESSOAS

2.1 Portadores de necessidades especiais

A lei sobre a discriminação contra os portadores de necessidades especiais (*Disability Discrimination Act*), criada no Reino Unido em 1995, os define como indivíduos que possuem alguma necessidade especial, que tenha efeitos adversos substanciais e de longo prazo, afetando sua capacidade de realizar tarefas cotidianas. Estima-se que aproximadamente 20% da população do Reino Unido (mais de 10 milhões de pessoas) se encaixe na descrição da *Disability Discrimination Act*.

Ainda que as necessidades espaciais dos cadeirantes e das pessoas com dificuldades de locomoção sejam importantes em termos do projeto do ambiente físico, também é preciso compreender as barreiras enfrentadas por pessoas com dificuldades de aprendizagem ou enfermidades mentais, deficiências visuais e auditivas, além de condições como HIV, câncer, doenças cardíacas e diabetes.

2.2 Benefícios

Em geral, os projetos que possibilitam o acesso – seja ele físico ou intelectual – geram resultados que beneficiam a comunidade como um todo. Muitos aspectos dos ambientes inclusivos serão úteis para todos ou para a maioria dos portadores de necessidades especiais (além de muitas outras pessoas). Para obter resultados abrangentes, é preciso entender a natureza diversificada e complexa das necessidades, reconhecendo que seus graus variam significativamente, assim como seus efeitos combinados.

2.3 Estatísticas

A seguir, algumas estatísticas essenciais associadas às necessidades especiais:

- Cerca de 70% dos portadores de necessidades especiais do Reino Unido têm capacidade de locomoção reduzida ou limitada. Eles representam 14% da população total.

Tabela I Dimensões dos britânicos entre 65 e 80 anos

	Percentis masculinos			Percentis femininos		
	5º	50º	95º	5º	50º	95º
De pé						
1. Estatura	1.575	1.685	1.790	1.475	1.570	1.670
2. Altura dos olhos	1.470	1.575	1.685	1.375	1.475	1.570
3. Altura dos ombros	1.280	1.380	1.480	1.190	1.280	1.375
4. Altura dos cotovelos	975	895	975	740	810	875
5. Altura das mãos (juntas)	670	730	795	645	705	760
6. Altura de alcance	1.840	1.965	2.090	1.725	1.835	1.950
Sentado						
7. Altura em relação ao assento	815	875	930	750	815	885
8. Altura dos olhos em relação ao nível do assento	705	760	815	645	710	770
9. Altura dos ombros em relação ao nível do assento	520	570	625	475	535	590
10. Distância entre o cotovelo e a ponta dos dedos	425	460	490	390	420	450
11. Cotovelos em relação ao assento	175	220	270	165	210	260
12. Espaço livre para as coxas	125	150	175	115	145	170
13. Parte de cima dos joelhos, altura em relação ao piso	480	525	575	455	500	540
14. Altura poplítea	385	425	470	355	395	440
15. Da frente do abdômen até a frente dos joelhos	210	280	350	325	295	365
16. Extensão poplítea – nádegas	430	485	535	430	480	525
17. Da parte de trás das nádegas até a frente dos joelhos	530	580	625	520	565	615
19. Largura do assento	305	350	395	310	370	430
De pé e sentado						
20. Alcance frontal	700	755	805	640	685	735
21. Distância entre as pontas dos dedos (de braços abertos)	1.605	1.735	1.860	1.460	1.570	1.685
23. Largura dos ombros	400	445	485	345	385	380

Tabela II Estaturas (ou equivalentes) de britânicos em diferentes faixas etárias

	Percentis		
	5º	50º	95º
Recém-nascidos	465	500	535
Crianças lactentes com menos de 6 meses de idade	510	600	690
Crianças lactentes entre 6 meses e 1 ano de idade	655	715	775
Crianças lactentes entre 1 ano e 18 meses de idade	690	745	800
Crianças lactentes entre 18 meses e 2 anos de idade	780	840	900

	Percentis meninos/homens			Percentis meninas/mulheres		
	5º	50º	95º	5º	50º	95º
Crianças, 2 anos de idade	850	930	1.010	825	890	955
Crianças, 3 anos de idade	910	990	1.070	895	970	1.045
Crianças, 4 anos de idade	975	1.050	1.125	965	1.050	1.135
Crianças, 5 anos de idade	1.025	1.110	1.195	1.015	1.100	1.185
Crianças, 6 anos de idade	1.070	1.170	1.270	1.070	1.160	1.250
Crianças, 7 anos de idade	1.140	1.230	1.320	1.125	1.220	1.315
Crianças, 8 anos de idade	1.180	1.280	1.380	1.185	1.280	1.375
Crianças, 9 anos de idade	1.225	1.330	1.435	1.220	1.330	1.440
Crianças, 10 anos de idade	1.290	1.390	1.490	1.270	1.390	1.510
Crianças, 11 anos de idade	1.325	1.430	1.535	1.310	1.440	1.570
Crianças, 12 anos de idade	1.360	1.490	1.620	1.370	1.500	1.630
Crianças, 13 anos de idade	1.400	1.550	1.700	1.430	1.550	1.670
Crianças, 14 anos de idade	1.480	1.630	1.780	1.480	1.590	1.700
15 anos de idade	1.555	1.690	1.825	1.510	1.610	1.710
16 anos de idade	1.620	1.730	1.840	1.520	1.620	1.720
17 anos de idade	1.640	1.750	1.860	1.520	1.620	1.720
18 anos de idade	1.660	1.760	1.860	1.530	1.620	1.710
19–25 anos de idade	1.640	1.760	1.880	1.520	1.620	1.720
19–45 anos de idade	1.635	1.745	1.860	1.515	1.615	1.715
19–65 anos de idade	1.625	1.740	1.855	1.505	1.610	1.710
45–65 anos de idade	1.610	1.720	1.830	1.495	1.595	1.695
65–85 anos de idade	1.575	1.685	1.790	1.475	1.570	1.670
Idosos	1.515	1.640	1.765	1.400	1.515	

- Os cadeirantes representam apenas 0,85% da população em geral.
- Aproximadamente 2 milhões de pessoas no Reino Unido (cerca de 4% da população do país) declaram que possuem problemas ou dificuldades de visão.
- Há mais de 8 milhões de pessoas com problemas auditivos parciais ou totais no Reino Unido (14,5% da população).
- Há 700 mil pessoas no Reino Unido que possuem dificuldades auditivas.
- 14% da população do Reino Unido enfrenta dificuldades para alcançar algo ou se esticar, ou possuem motricidade reduzida.
- 5,6 milhões de pessoas têm dificuldades de coordenação física.
- 3,9 milhões de pessoas no Reino Unido enfrentam dificuldades de aprendizagem e compreensão.
- 700 mil pessoas têm dificuldades para identificar situações de risco.

2.4 Idosos

O número de idosos na população está aumentando, e muitos deles têm ou terão algum tipo de necessidade especial. Ao longo dos próximos 30 anos – embora se preveja que a população geral crescerá menos de 7% –, a proporção de habitantes com mais de 65 anos aumentará em 40%, dobrando o número de pessoas com mais de 65 anos. Além disso, acredita-se que a proporção de habitantes com mais de 80 anos irá triplicar.

Há uma correlação entre a idade e as necessidades especiais. Aproximadamente 5 milhões de pessoas com mais de 65 anos possuem alguma enfermidade de longo prazo; mais da metade das pessoas com mais de 75 anos têm algum tipo de necessidade especial. Dois terços dessas pessoas estão nessa faixa etária.

As pessoas também tendem a ficar um pouco mais baixas com a idade. Mais significativamente, o corpo perde a flexibilidade de se adaptar a situações desfavoráveis em termos de dimensões. Os idosos costumam ter mais de uma necessidade especial, portanto, é importante que o projeto os considere.

A Tabela I mostra as dimensões de pessoas entre 65 e 80 anos.

2.5 Crianças e adolescentes

As estaturas (ou equivalentes) das diferentes faixas etárias no Reino Unido são apresentadas na Tabela II (Estaturas, ou equivalentes, de britânicos em diferentes faixas etárias).

Sempre que os equipamentos forem usados exclusivamente por crianças pequenas, as alturas específicas devem ser ajustadas conforme suas necessidades. Há aproximadamente 3,3 milhões de famílias no Reino Unido com crianças menores de 5 anos. Os projetos em geral também devem considerar as necessidades das crianças

– por exemplo, ao criar equipamentos para uso familiar ou instalar pias mais baixas nos toaletes.

Também é preciso ressaltar que aproximadamente 7% das crianças britânicas têm algum tipo de necessidade especial (cerca de 770 mil). Atualmente, as crianças e os jovens portadores de necessidades especiais enfrentam barreiras múltiplas, tendo mais dificuldade para desenvolver seu potencial, obter os resultados que seus colegas esperam e ter sucesso na educação.

É preciso considerar os pais e acompanhantes portadores de necessidades especiais em todas as etapas da elaboração do projeto.

2.6 Pessoas obesas

A obesidade também precisa ser levada em conta. A ocorrência de obesidade em crianças com menos de 11 anos passou de 9,9% em 1995 para 13,7% em 2003. Acredita-se que essa tendência continuará. Desde a década de 1980, os casos de obesidade entre adultos triplicaram. Mais de metade dos adultos no Reino Unido estão acima do peso ou são obesos, totalizando quase 24 milhões de pessoas.

Assim como os obesos, as mulheres grávidas também podem ser prejudicadas pelo projeto do ambiente. Corredores e escadas mais longos costumam ser muito cansativos. Assentos e portas estreitos e boxes de toalete pequenos são outras barreiras muito comuns.

Em edificações como estádios, vãos de portas deliberadamente estreitos são usados para garantir o controle sobre a entrada. Em casos como esse – e também quando há o uso de roletas –, é preciso criar equipamentos adicionais para obesos.

Sempre que houver assentos fixos (como em teatros), deve haver alguns assentos de apoio facilmente acessíveis, que possuam mais espaço para as pernas, apoios para os braços removíveis ou de dobrar, e ainda um espaço para cães-guia.

3 EQUIPAMENTOS DE LOCOMOÇÃO

3.1 Principais dimensões

Os cadeirantes requerem bastante espaço para se mover com conforto e segurança; as pessoas que andam com o auxílio de duas muletas podem precisar de uma rota de circulação mais larga do que os cadeirantes. É importante considerar que um carrinho de bebê duplo pode ser mais largo do que uma cadeira de rodas elétrica.

3.2 Cadeirantes

A variação das dimensões das cadeiras de rodas é um aspecto fundamental, principalmente no que se refere ao comprimento e à largura totais que uma cadeira de rodas ocupada talvez exija. Os valores indicados para a largura das cadeiras de rodas em geral não incluem os cotovelos e as mãos dos usuários. O padrão ISO para cadeiras de rodas (ISO 7193) observa que, para impulsionar uma cadeira de rodas manualmente, deve haver um espaço livre mínimo de 50 mm (preferencialmente 100 mm) em ambos os lados.

Hoje, a extensão máxima ocupada por um cadeirante convencional com apoio para as pernas ou pelo usuário de um triciclo motorizado provavelmente fica em torno de 1.600 mm. Os cadeirantes sentados de maneira convencional em geral não ocupam uma extensão superior a 1.250 mm, aproximadamente. No entanto, se o cadeirante tiver um acompanhante, a extensão ocupada por ambos será de 1.375 mm – as diretrizes de projeto recomendam 1.570 mm.

A altura média dos cadeirantes é de 1.080 mm, mas pode chegar a 1.535 mm. A altura média de um usuário de triciclo motorizado é aproximadamente 1.170 mm, mas pode chegar a um máximo de 1.500 mm.

Ao projetar para cadeirantes, as dimensões mais importantes são:

- A altura do olho, aproximadamente 120 a 130 mm abaixo da altura da pessoa sentada, totalizando uma variação do 5° ao 95° percentil para cadeirantes de 960 a 1.250 mm (1.080 a 1.315 mm para usuários de triciclos motorizados).
- A altura do joelho, de 500 a 690 mm.
- A altura do assento, de 460 a 490 mm.
- A altura do cotovelo para cadeirantes manuais, de 175 a 300 mm; para usuários de cadeiras elétricas, de 380 a 520 mm.
- A altura até a parte inferior do apoio para os pés, de 60 a 150 mm.

O espaço livre até o chão oferecido pelos triciclos motorizados convencionais atualmente no mercado chega a variar de 80 a 125 mm. A capacidade de subida dos triciclos motorizados convencionais disponíveis no mercado também varia conforme a potência do motor e a quantidade de bateria; contudo, a maioria varia entre 10° e 20°.

3.3 Dimensões dos cadeirantes

Essas dimensões excluem o cadeirante e consideram apenas o comprimento e a largura, Figura 4.1. As dimensões apresentadas na Tabela III englobam cadeiras de rodas ocupadas e desocupadas em uma variedade de modelos, incluindo os triciclos motorizados.

3.4 Dimensões dos carrinhos de bebê

O comprimento e a largura dos carrinhos de bebê variam bastante. Ao contrário das cadeiras de rodas manuais, não há um modelo padrão que forneça critérios para o projeto. A Tabela IV apresenta as dimensões mais comuns.

3.5 Espaços necessários para giros

Os veículos que auxiliam a locomoção evidentemente precisam de espaço adequado para manobrar; esse fator deve ser considerado com as rotas de circulação e as filas (Tabelas V e VI).

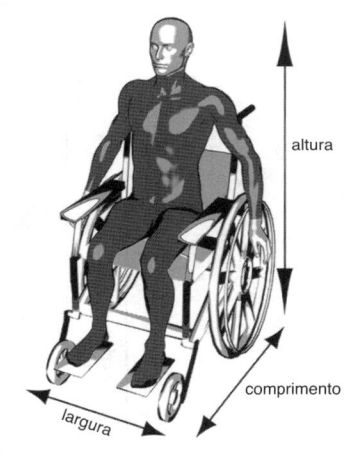

4.1 Dimensões das cadeiras de rodas.

Tabela III Dimensões das cadeiras de rodas

Tipo de cadeira (exceto infantil)	Ocupada		Desocupada	
	Comprimento (mm)	Largura (mm)	Comprimento (mm)	Largura (mm)
Cadeira de rodas manual	850–1.250	560–800	700–1.200	560–750
Conduzida por um acompanhante	1.200–1.570	560–700	800–1.350	550–660
Cadeira de rodas elétrica	860–1.520	560–800	700–1.400	560–750
Triciclo motorizado	1.170–1.600	630–700	1.170–1.500	620–640

Tabela IV Dimensões dos carrinhos de criança e de bebê

Carrinho de criança de dobrar simples	Carrinho de criança de dobrar duplo	Carrinho de bebê	Carrinho de bebê duplo	Carrinho de bebê duplo
Comprimento = 840 mm Largura = 435 mm	Comprimento = 840 mm Largura = 740 mm	Comprimento = 1.060 mm Largura = 560 mm	Comprimento = 860 mm Largura = 950 mm	Comprimento = 1.210 mm Largura = 560 mm

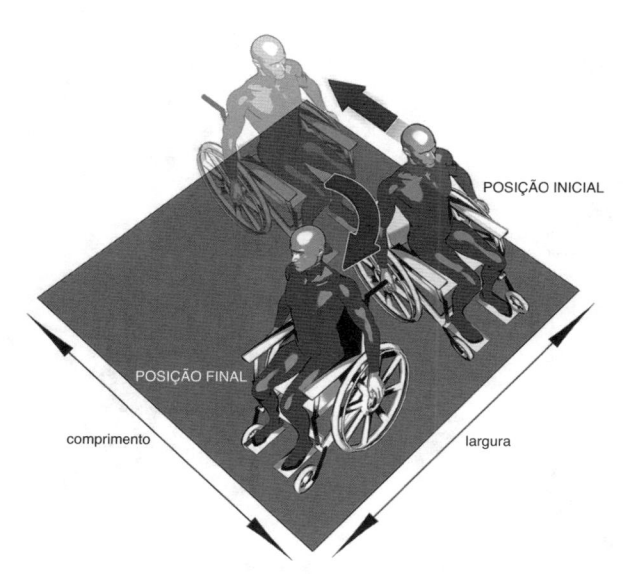

4.2 Cadeirantes executando um giro de 90°.

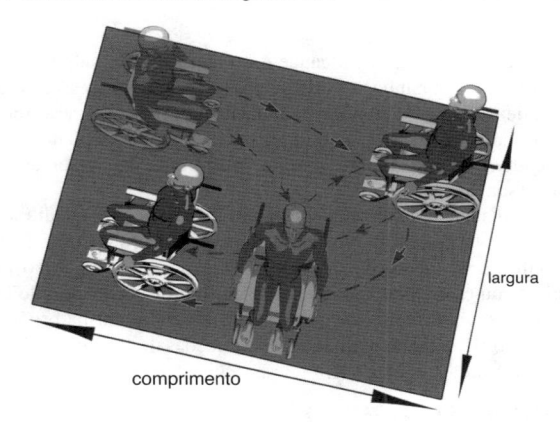

4.3 Cadeirante executando um giro de 180°.

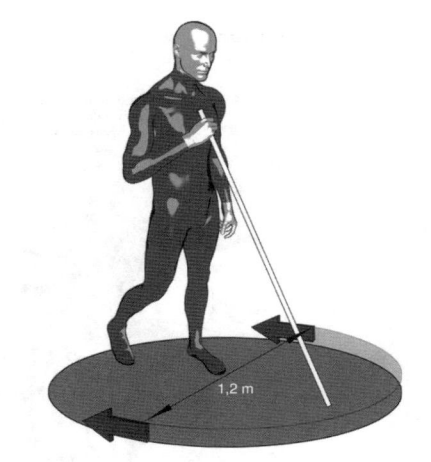

4.4 Pessoa com deficiência visual com bengala branca.

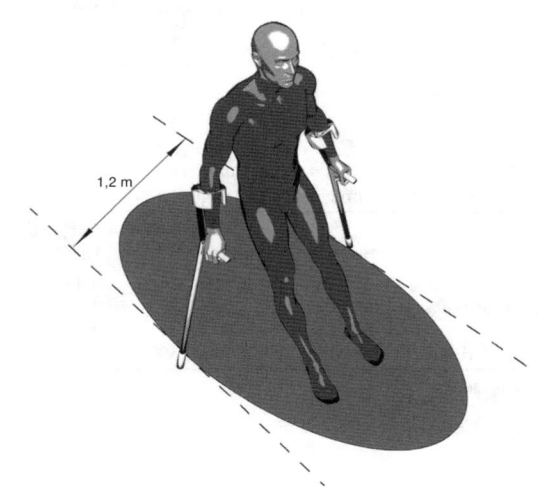

4.5 Pessoa com muletas.

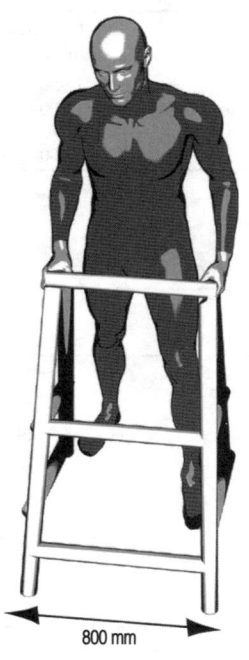

4.6 Pessoa com andador.

3.6 Considerações para as pessoas que usam bengala, bengala branca ou muletas

É importante considerar as pessoas que utilizam bengalas brancas (específicas para portadores de deficiências visuais) (Figura 4.4) e as pessoas com dificuldades de locomoção que talvez prefiram andar com o auxílio de muletas (Figuras 4.5 e 4.6).

A maioria das pessoas que usa muletas as utiliza por um curto período após um acidente e não terão experiência no uso. Os usuários se dividem em dois grandes grupos: aqueles que conseguem utilizar ambas as pernas e aqueles que só conseguem utilizar uma perna. Aqueles que só conseguem usar uma das pernas precisam de apoio para as mãos sempre que houver degraus – mesmo um único degrau na soleira de uma edificação.

3.7 Necessidades espaciais para cães de auxílio para portadores de deficiências visuais e auditivas

Os cães de auxílio incluem cães-guias e cães de assistência para pessoas com deficiências auditivas. Ainda que os portadores de deficiências, visuais ou auditivas, sejam os principais usuários dos cães de auxílio, pessoas com dificuldades de locomoção e cadeirantes também podem ter cães para assistência. A Locomoção Inclusiva estipula que as pessoas com cães de assistência precisam de um vão livre de passagem de, no mínimo, 1.100 mm.

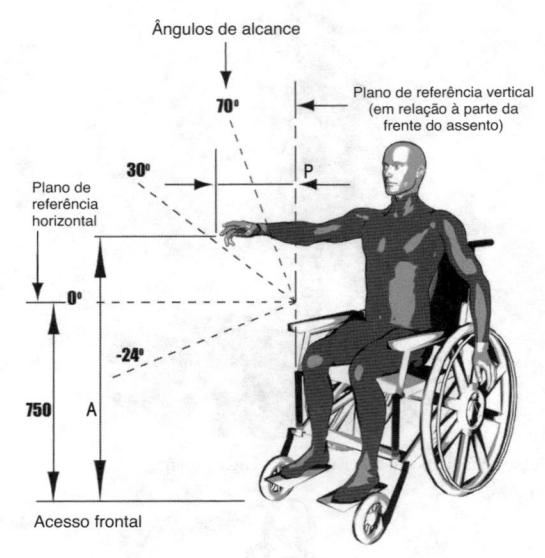

4.7 Acesso frontal.

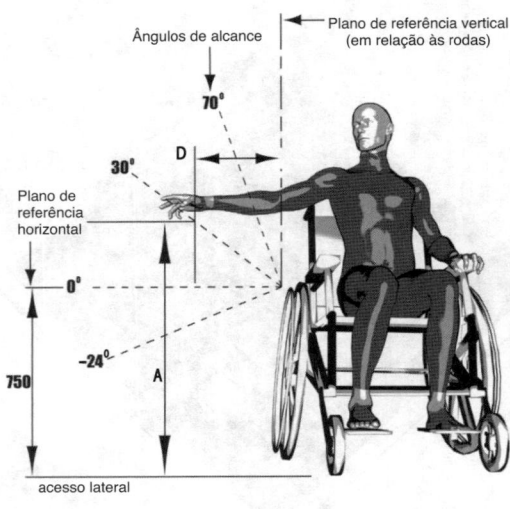

4.8 Acesso lateral.

4 ALCANCE DAS MÃOS

4.1 Distância

A distância e o ângulo de alcance das mãos de cada indivíduo dependem de seu tamanho, agilidade, destreza e se essa pessoa se encontra de pé ou sentada. A capacidade de alcance (seja para frente, para os lados, para cima ou para baixo) de uma pessoa sentada em uma cadeira de rodas, por exemplo, é diferente da capacidade de uma pessoa de pé.

A distância do alcance forma um arco com base na altura do ombro. As variações do alcance podem ser descritas como fáceis ou confortáveis (alcance sem movimentação forçada do torso); ou máximas ou estendidas (possível apenas com deslocamento do torso). As pesquisas realizadas para a elaboração da norma britânica *BS8300: 2001* indicam os valores das variações de alcance confortáveis e estendidas (Tabela VII, Figuras 4.7 e 4.8).

5 DISTÂNCIAS DE PERCURSO

5.1 Distâncias de mobilidade

As distâncias de mobilidade foram estudadas em detalhe na década de 1980. As normas norte-americanas, por exemplo, afirmam que, em distâncias superiores a 100 pés (30 m), as pessoas com algum tipo de necessidade especial frequentemente descansam. Essas normas sugerem que, para estimar os tempos de deslocamento em distâncias longas, é preciso incluir 2 minutos para descanso a cada 30 metros.

Tabela V Espaço necessário para que usuários de cadeiras de rodas manuais consigam fazer um giro em 90° (Figura 4.2)

Tipo de cadeira	Comprimento (mm)	Largura (mm)
Cadeira de rodas manual	1.345*	1.450*
Impulsionada por acompanhante	1.200–1.800	1.500–1.800
Cadeira de rodas elétrica	1.600*	1.625*
Triciclo motorizado	1.400–2.500	1.300–2.500

* 90% dos usuários.

Tabela VI Espaço necessário para que usuários de cadeiras de rodas manuais consigam fazer um giro em 180° (Figura 4.3)

Tipo de cadeira	Comprimento (mm)	Largura (mm)
Cadeira de rodas manual	1.950*	1.500*
Impulsionada por acompanhante	1.600–2.000	1.500–1.800
Cadeira de rodas elétrica	2.275*	1.625*
Triciclo motorizado	2.000–2.800	1.300–2.200

* 90% dos usuários.

Tabela VII Alcance das mãos

Pessoa	Acesso	Ângulo de alcance	Altura (A)		Profundidade (P)	
			Confortável	Esticando-se	Confortável	Esticando-se
Cadeirante	Frontal	+70	1.000	1.150	90	120
		Horizontal* (750)	–	–	180	230
		−24	650	650	120	200
	Lateral	+70	1.060	1.170	100	135
		Horizontal** (750)	–	–	220	310
		−24	665	630	165	230
Pessoa com dificuldade de locomoção	Frontal	+70	1.500	1.625	200	250
		Horizontal (850)	–	–	280	400
		−24	750	700	180	310

* Com espaço livre adequado para os joelhos.
** Com espaço livre adequado para os joelhos.

As pesquisas baseadas em um estudo de acompanhamento do *London Area Travel Survey* (Levantamento de Dados de Deslocamento na Região de Londres) descobriram que, dentre os portadores de necessidades especiais que têm condições de andar, aproximadamente 30% não conseguem percorrer mais de 50 metros sem parar ou sem sentir grande desconforto. Outros 20% conseguem se deslocar apenas entre 50 e 200 metros.

O nível de mobilidade varia muito conforme a idade e o tipo de necessidade especial dos indivíduos; fatores como o clima, a topografia (inclinações) e os obstáculos também afetam o nível de mobilidade.

Em percursos para pedestres, as distâncias de deslocamento não devem exceder:

- 50 m em percursos descobertos
- 100 m em percursos cobertos
- 200 m em percursos completamente fechados

Sempre que há inclinações, as distâncias de deslocamento devem ser reduzidas. Por outro lado, a oferta de assentos e locais para descanso precisa acompanhar a distância percorrida. A distância máxima recomendada entre os pontos de parada em terrenos planos não deve ser superior a 50 metros.

5.2 Mudanças de nível

Qualquer inclinação inferior a 1:60 pode ser considerada em nível. As mudanças de nível geram problemas para muitas pessoas, principalmente aquelas com dificuldades de locomoção ou deficiências visuais. Até um único degrau é capaz de impossibilitar o acesso para um indivíduo com dificuldades de locomoção e pode apresentar risco no trajeto de qualquer pessoa.

Sempre que as mudanças de nível não puderem ser evitadas, declives ou rampas devem ser projetados de maneira acessível, ainda que – é preciso observar – as rampas nem sempre sejam a solução ideal e talvez ocupem um espaço considerável.

Declives ou rampas possibilitam o acesso de cadeirantes ou de pais que empurram carrinhos de bebê. Contudo, algumas pessoas talvez prefiram subir um lance de escada a uma rampa; para elas, a presença de corrimãos para apoio é essencial. Se a mudança de nível for inferior a 300 mm, a rampa talvez seja aceita como o único meio de acesso, evitando a necessidade de degrau. Do contrário, os degraus também são necessários.

Sempre que houver rampas, sua inclinação não deve ser superior a 1:12; o valor mais indicado é 1:20. A Tabela VIII indica a extensão máxima de uma rampa antes da necessidade de inserir patamares planos.

Tabela VIII Extensão máxima de uma rampa entre os patamares

Inclinação	Extensão da rampa entre os patamares em nível (m)
1:20	10
1:19	9
1:18	8
1:17	7
1:16	6
1:15	5
1:14	4
1:13	3
1:12	2

É preciso ressaltar que, se a mudança de nível for superior a 2 m, o uso das rampas se tornará um desafio para muitas pessoas, incluindo cadeirantes. Deve haver um meio alternativo de acesso para os cadeirantes, como um elevador.

Muitas pessoas têm dificuldades para percorrer longos lances de escadas; portanto, o número máximo de degraus em um único lance deve ser 12. Em caso de lances sucessivos, é importante que haja patamares para descanso, com no mínimo 1.200 mm de extensão (de preferência 1.800) ao longo de toda a largura da escada. Deve haver um patamar desobstruído no início e no final de um lance de escadas, para impedir o risco de colisões.

O projeto de uma escada adequada depende de uma variedade de fatores, como a localização (externa ou interna), o tipo de edificação, a distância entre dois pavimentos e outros condicionantes dimensionais, além do fato de elas serem escadas de emergência ou não. Como regra prática, os degraus confortáveis possuem um espelho entre 150 e 170 mm e um piso entre 280 e 425 mm de profundidade (o mínimo recomendado é 300 mm).

Os espelhos das escadas devem ser fechados. Os degraus sem bocel diminuem o risco de tropeções. Se necessário, a projeção do bocel (focinho) não deve ultrapassar 25 mm. Todos os bocéis devem estar aparentes, tanto no piso quanto no espelho, ajudando as pessoas a subir e a descer a escada.

As escadas e os degraus devem ter uma largura livre de, no mínimo, 1.000 mm entre os corrimãos. Os corrimãos devem ser disponibilizados em ambos os lados da escada de forma a oferecer opções, já que algumas pessoas talvez tenham força em apenas um dos lados do corpo.

Se a largura de uma escada for superior a 1.800 mm, é preciso que haja corrimãos centrais ou adicionais, oferecendo um ponto extra de apoio para os usuários. Assim, cada um dos lados da escada não terá menos de 1.000 mm entre os corrimãos. Isso resulta no projeto de escadas com largura entre 1.800 e 2.000 mm.

6 TOALETES

6.1 Oferta

Sem toaletes adequados, muitas pessoas – especialmente as portadoras de necessidades especiais – encontram dificuldades para ir ao trabalho, às compras, etc. A maioria delas não precisa usar o toalete unissex adaptado para cadeirantes.

É importante que todos os toaletes sejam acessíveis, atendendo a uma ampla variedade de pessoas, incluindo idosos e crianças. Portanto, fatores como a pressão necessária para a abertura das portas, as diferentes alturas dos lavatórios e mictórios, as portas de uso facilitado e o desenho dos misturadores são essenciais para viabilizar o uso de todos os toaletes.

Também é preciso considerar que as mulheres podem precisar usar o toalete com mais frequência que os homens e, em média, levam mais tempo (isso é verdade principalmente durante o período menstrual ou durante e após a gravidez). A *British Toilet Association* (Associação Britânica de Toaletes) recomenda o dobro dos boxes masculinos mais o número de mictórios como a quantidade mais adequada para os boxes femininos.

6.2 Toaletes para crianças

Em geral, as crianças não são consideradas durante o projeto dos toaletes. Muitas crianças podem ser impedidas de usar o toalete sem a ajuda de terceiros devido ao projeto e a especificações inadequadas. Em locais onde a presença de crianças provavelmente é alta (como equipamentos de lazer), o ideal é que haja toaletes exclusivos para elas. Eles podem ser criados com os equipamentos para uso familiar, como os fraldários. Os fraldários nunca devem ser colocados dentro dos toaletes de uso geral. É importante a presença de fraldários separados em áreas com acesso para cadeiras de rodas.

Há aproximadamente 1,6 milhão de pessoas com problemas de incontinência urinária. Até 4 milhões de pessoas, principalmente homens, sofrem da "síndrome da bexiga tímida"; portanto, o leiaute dos toaletes deve oferecer a privacidade da linha de visão, além de um número adequado de boxes e divisórias para privacidade.

6.3 Fraldários para adultos

Em empreendimentos maiores, também é fundamental considerar a necessidade de fraldários para adultos. Algumas pessoas – incluindo indivíduos com necessidades especiais profundas e/ou múltiplas – precisam deitar de costas para terem as fraldas trocadas dentro do toalete. Quando não há fraldários para adultos, as pessoas precisam trocar o necessitando no piso do toalete. Essa situação é degradante e anti-higiênica, além de exigir muito esforço físico de terceiros, como acompanhantes ou assistentes pessoais, podendo causar graves problemas de coluna.

Estruturas 5

David Adler, Norman Seward e Andrew Peters

Este capítulo, originalmente escrito por David Adler e Norman Seward, foi revisado por Andrew Peters em 2011. Andrew Peters é arquiteto e Professor Sênior do Departamento de Planejamento e Arquitetura da University of the West of England

PONTOS-CHAVE:
- As normas atuais exigem especialistas para analisar e projetar tipos específicos de estruturas e materiais
- Existem análises e métodos de projeto genéricos e simplificados, assim como "regras práticas", mas nada deve substituir uma análise final rigorosa

Conteúdo

1 Introdução
2 Teoria básica das estruturas
3 Materiais estruturais
4 Alvenaria
5 Madeira
6 Concreto armado
7 Estruturas de aço e outros metais
8 Vidro
9 Outros materiais
10 Fundações
11 Análise intuitiva de sistemas estruturais básicos: o que o arquiteto deve considerar
12 Referências bibliográficas

1 INTRODUÇÃO

1.1 Escopo

A engenharia de estruturas garante que as cargas da edificação e de seus conteúdos sejam transmitidas para o solo de maneira segura e econômica, permitindo considerações em termos de função, estética, ambiente interno e externo, além de incorporar os condicionantes impostos pelos demais membros da equipe de projeto da edificação, pela legislação, etc.

A engenharia de estruturas exige o uso da matemática para determinar as forças atuantes sobre os elementos estruturais de uma edificação (análise estrutural). O dimensionamento desses elementos é realizado com base na interpretação das orientações fornecidas nos códigos de prática relevantes para o material utilizado (o projeto de estruturas). Um engenheiro de estruturas competente tem o conhecimento e a experiência adequados para a análise necessária e as técnicas de projeto. As estruturas inovadoras e fora do padrão convencional talvez exijam considerações especiais associadas ao uso de ensaios com protótipos para confirmar os pressupostos analíticos e o dimensionamento dos elementos.

1.2 Complexidade

Nos últimos anos, os métodos matemáticos prescritos nos novos códigos de prática (principalmente nos *Eurocodes* – Códigos Europeus) ficaram mais complexos, tornando essencial o uso de programas de computador.

1.3 Análise intuitiva

Neste capítulo, o assunto será tratado com brevidade. Ele será ainda menos abrangente do que nas edições anteriores, mas ainda fará o possível para transmitir ao arquiteto um conhecimento intuitivo das estruturas, de forma a orientá-lo em suas discussões com um engenheiro de estruturas. E isso é fundamental. O entendimento dos valores numéricos envolvidos não é tão importante quanto uma análise intuitiva de como as estruturas funcionam. A compreensão de como a estrutura está "trabalhando" permitirá ao arquiteto estabelecer um diálogo profundo com o engenheiro calculista (de estruturas). Devemos sempre lembrar que a estrutura terá um impacto visível no projeto e, caso se deseje manter o controle do projeto, é preciso que haja ao menos um envolvimento mínimo com esse engenheiro. Devido à complexidade dos métodos utilizados atualmente, as autoridades exigem cada vez mais a apresentação dos cálculos preparados por um *Chartered Engineer* (engenheiro licenciado) de órgãos profissionais reconhecidos – o Institution of Structural Engineers (Instituto de Engenheiros de Estruturas da Grã-Bretanha) e o Institution of Civil Engineers (Instituto de Engenheiros Civis da Grã-Bretanha), que estão autorizados a utilizar as designações CEng MIStructE ou CEng MICE, respectivamente.

1.4 Fatores-chave

Há três fatores importantes a serem considerados na análise e no projeto de estruturas:

- avaliação precisa do comportamento da forma estrutural;
- identificação e cálculo precisos de todas as forças em ação;
- conhecimento abrangente das propriedades dos materiais estruturais.

Uma descrição geral dos métodos utilizados é fornecida a seguir.

2 TEORIA BÁSICA DAS ESTRUTURAS

2.1 Introdução

Esta seção resume os conceitos e os termos estruturais básicos que costumam aparecer quando se trata de assuntos associados às estruturas. Um exame mais profundo pode ser encontrado nas referências fornecidas no final do capítulo.

2.2 Estado limite

Na maioria dos códigos de prática da engenharia de estruturas, as técnicas correntes se baseiam no conceito do método dos estados limite. Tradicionalmente, o projeto envolvia o cálculo do esforço e da deflexão máximos em um elemento sob carregamento. Esse esforço era comparado aos esforços que, em materiais conhecidos e com o uso de experimentos, podem levar ao colapso estrutural. O projeto seguro incluía uma margem, chamada de *fator de segurança*, entre os valores dos esforços eficientes e sujeitos ao colapso. Em geral, esse método tradicional era chamado método do *esforço permissível*.

Contudo, é importante prever como o formato da estrutura se comportará quando ela for submetida a um carregamento cada vez maior, uma vez que outros fatores, que não o esforço excessivo, podem levar ao colapso da edificação. Esses fatores são conhecidos como *estados limite* e devem ser considerados em um projeto satisfatório. Além do colapso absoluto (*estado limite de colapso progressivo* ou *estado limite último*), uma edificação pode fissurar em um ponto específico de forma a permitir a entrada da água e do vento, ou defletir até que os usuários se sintam ameaçados (*estado limite último de flexão* ou *estado limite último de utilização*). A tarefa do engenheiro de estruturas consiste em assegurar que nenhum estado limite será alcançado.

No caso do estado limite de ruptura, isso é feito certificando-se de que os esforços dos materiais não serão excedidos sob condições de carregamento críticas. Os limites de ruptura são obtidos dividindo-se a carga de colapso do material pelo fator de segurança previsto para o material em questão; as cargas limites são calculadas pela multiplicação das cargas (veja a Seção 2.3) pelos coeficientes de carregamento previstos. Tanto os coeficientes do material como os coeficientes de carregamento estão listados nos códigos de prática associados ao material que será utilizado.

Os estados limite de utilização em caso de fissuras e flexão são obtidos com o uso das cargas de trabalho, e não das cargas limite, já que a largura da fissura e a flexão no uso são os fatores que realmente interessam.

2.3 Cargas

Na Seção 2.2, fizemos referência às cargas. Uma carga é um exemplo de força, e o termo costuma ser usado para descrever as forças externas que atuam sobre uma estrutura. Nos Eurocodes, todas as cargas e todos os fatores que geram solicitações ou flexões são chamados de ações. Há quatro tipos de ações:

- Carga morta ou peso próprio: do peso da estrutura propriamente dita e de outras partes fixas da edificação, como os elementos de revestimento externo, acabamentos, paredes internas, etc.
- Carga acidental, viva ou de serviço: do peso das pessoas, do mobiliário e dos materiais armazenados na edificação.
- Cargas dinâmicas: essas têm origens distintas. A carga dinâmica mais comum imposta a uma edificação é causada pelo vento, que é capaz de produzir pressões e sucções horizontais e verticais. As outras cargas dinâmicas são geradas pela movimentação de equipamentos (como guindastes de pórtico em grandes depósitos) e por terremotos. Para fins de projeto, as cargas dinâmicas costumavam ser transformadas em cargas estáticas equivalentes. Atualmente, a disponibilidade generalizada dos sofisticados programas de computação analíticos permite a realização de análises dinâmicas mais precisas.
- O quarto tipo de ação não é produzido por forças externas, mas por fatores internos, como a dilatação térmica.

2.4 Unidades de força

As forças, incluindo as cargas, são medidas em Newtons (N). Um Newton é a força necessária para acelerar uma massa de um quilograma em um m/s². Um lembrete: um Newton tem praticamente o mesmo peso de uma maçã. Na engenharia de estruturas, a maioria das forças é expressa em kN (quilonewtons). A Tabela I fornece as conversões de e para as unidades de SI, MT e FPS (Imperial) para todos os tipos de carregamento.

2.5 Massa e peso

Geralmente, ocorre confusão entre os termos *massa* e *peso*. Fora da física nuclear, a *massa* de um objeto é uma quantidade fixa que consiste em uma propriedade básica desse objeto. Seu *peso* depende da massa,

Tabela I Várias conversões para os carregamentos

Cargas pontuais

1 N = 0,102 kgf = 0,225 lbf
1 kN = 101,972 kgf = 224,81 lbf = 0,1004 tonf
1 MN = 101,972 tf = 224,81 kipf = 100,36 tonf
1 kgf = 9,807 N = 2,205 lbf
1 tf = 9,807 kN = 2,205 kipf = 0,9842 tonf
1 lbf = 4,448 N = 0,4536 kgf
1 kipf = 4,448 kN = 453,59 kgf = 0,4536 tf
1 tonf = 9,964 kN = 1,016 tf

Cargas com distribuição linear

1 N/m = 0,0685 lbf/ft = 0,206 lbf/yd
1 kN/m = 68,5 lbf/ft = 0,0306 tonf/ft
1 kgf/m = 9,807 N/m = 0,672 lbf/ft = 2,016 lbf/yd
1 tf/m = 9,807 kN/m = 0,672 kipf/ft = 2,016 kipf/yd = 0,3 tonf/ft = 0,9 tonf/yd
1 lbf/ft = 14,59 N/m = 1,488 kgf/m
1 kipf/ft = 14,58 kN/m = 1,488 tf/m
1 ton/ft = 32,69 kN/m = 3,33 tf/m
1 tonf/yd = 10,90 kN/m = 1,11 tf/m

Cargas com distribuição superficial

1 N/m² = 0,0209 lb/ft²
1 kN/m² = 20,89 lb/ft²
1 MN/m² = 9,324 tonf/ft²
1 kgf/m² = 9,80665 N/m² = 0,2048 lbf/ft² = 1,843 lbf/yd²
1 tf/m² = 9,80665 kN/m² = 0,2048 kipf/ft² = 0,0914 tonf/ft² = 0,823 tonf/yd²
1 lb/ft² = 47,88 N/m² = 4,88 kgf/m²
1 kipf/ft² = 47,88 kN/m² = 4,88 tf/m²
1 tonf/ft² = 107,25 kN/m² = 10,93 tf/m²
1 tonf/yd² = 11,92 kN/m² = 1,215 tf/m²

Densidades

1 N/m³ = 0,00637 lbf/ft³
1 kN/m³ = 6,37 lbf/ft³
1 MN/m³ = 2,844 tonf/ft³
1 kg/m³ = 0,0624 lb/ft³ (densidade de massa)
1 t/m³ = 62,4 lb/ft³
1 lb/ft³ = 16,02 kg/m³ 1 lbf/ft³ = 157 N/m³
1 ton/ft³ = 35,88 t/m³ 1 ton/ft³ = 351,9 kN/m³
1 ton/yd³ = 1,33 t/m³

mas também do valor do efeito gravitacional sobre o objeto. Isso não é uma constante, podendo variar não só em condições extraterrenas, mas, ainda que pouco, em diferentes lugares do planeta. Para fins práticos, porém, a aceleração da gravidade é considerada 9,81 m/s²; logo, o peso de uma massa em quilogramas é equivalente a 9,81 N. Normalmente, esse valor é arredondado para 10, de forma a facilitar os cálculos.

2.6 Estimativa de cargas

É possível que o cálculo mais importante realizado por um engenheiro de estruturas esteja associado a uma estimativa precisa das cargas. A Tabela II mostra as cargas de vários materiais que podem fazer parte de uma edificação e ser incluídos nos cálculos da carga morta. Ela também apresenta as densidades dos materiais que costumam ser armazenados em seu interior, ou seja, parte das cargas acidentais. Os valores são fornecidos tanto no formato convencional de densidade de massa (kg/m³) como no formato mais conveniente de densidade de peso (kN/m³). Alguns carregamentos são calculados de maneira mais conveniente com base nos pesos das unidades superficiais ou lineares; alguns deles são listados na Tabela III. Para uma listagem mais abrangente dos pesos dos materiais de construção, deve-se consultar a norma britânica BS648 *Schedule of weights of building materials* (Listagem dos pesos dos materiais de construção).

Tabela II Densidades dos materiais pesados

	kg/m³	kN/m³
Agregados		
Grossos		
Peso normal, por exemplo, agregados naturais	1.600	15,7
Finos		
Peso normal, por exemplo, areia	1.760	17,3
Tijolo de barro comum		
Empilhados	1.602-1.920	15,7-18,8
Cimento		
Sacos	1.281	12,6
Concreto comum		
Aerado	480-1.600	
Com agregado de tijolo	1.840-2.160	
De escória	1.440	14,1
Com lastro de pedras	2.240	22,0
Com agregados naturais	2.307	
Concreto armado com 2% de aço	2.420	23,7
Vidro		
Chapa	2.787	27,3
Gesso		
Argamassa	737	7,2
Metais:		
Alumínio fundido	2.771	27,2
Ferro		
Fundido	7.208	70,7
Forjado	7.689	75,4
Chumbo:		
fundido ou laminado	11.325	111,1
Pedra		
Calcário (de Bath)	2.082	20,4
alvenaria de pedra desbastada	2.403	23,6
Granito	2.643	25,9
Mármore	2.595-2.835	25,4-27,8
Ardósia:		
Galesa	2.803	27,5
Madeiras:		
Freixo canadense (*Fraxinus spp.*)	737	7,2
Pau de balsa	112	1,1
Faia	769	6,9
Bétula	641	6,3
Cedro vermelho	384	3,8
Pinheiro escocês	432	4,2
Ébano	1.185-1.330	11,6-13,1
Ulmo		
Inglês	577	5,6
Abeto:		
Douglas	529	5,2
Prateado	481	4,7
Cicuta ocidental	497	4,9
Iroko	657	6,4
Lariço	593	5,8
Mogno: (Africano)	561	5,5
Bordo:	737	7,2
Carvalho: Inglês	801-881	7,8-8,6
Pinheiro: Nova Zelândia	609	6,0
Madeira compensada	481-641	4,7-6,3
Prensada com plástico	721-1.442	7,0-14,2
Prensada com resina	721-1.362	7,0-13,4
Álamo	449	4,4
Abeto canadense	465	4,6
Plátano	609	6,0
Teca de Burma ou Africana	657	6,4
Nogueira	657	6,4
Whitewood (*Atalaya hemiglauca*)	465	4,6
Água	1.001	9,8

Tabela III Massas superficiais dos materiais em kg/m³ e pesos em N/m². Essas massas se baseiam nos valores estipulados pela norma britânica BS 648:1964 e não são exatas

	kg/m³	N/m²
Folha de alumínio		
Corrugado (norma *BS 2855*) (incluindo 20% de peso acrescido para a sobreposição de telhas) 0,71 mm	2,9	28
Caibros		
Para coberturas com telhas de barro ou ardósia, 40 × 20 mm de madeira macia e 100 mm de gauge	3,4	33
Alvenaria de blocos (por 25 mm de espessura)		
Argila		
Vazados	25,5	250
Concreto		
Com areia agregada		
Celular	40,0	392
Vazados	34,2	335
Maciço	53,8	528
Agregado leve		
Celular	28,3	278
Vazados	25,5	250
Maciço	31,7	311
Aerado		
Com base em 560 kg/m³	14,4	141
Com base em 800 kg/m³	19,2	188
100 mm de espessura	52,4	514
115 mm de espessura	56,9	558
Alvenaria de tijolo (por 25 mm de espessura)		
Argila		
Maciço		
Densidade baixa	50,0	490
Densidade média	53,8	528
Densidade alta	58,2	571
Furado		
Baixa densidade, 25% de vãos	38,0	373
Baixa densidade, 15% de vãos	42,3	415
Densidade média, 25% de vãos	39,9	391
Densidade média, 15% de vãos	46,2	453
Densidade alta, 25% de vãos	44,2	433
Densidade alta, 15% de vãos	48,0	471
Concreto	57,7	566
Lajotas		
Concreto com 50 mm de espessura	115	1.130
Pedra natural com 50 mm de espessura	56	549
Pisos		
Peças de concreto vazadas (incluindo as capas de concreto necessárias para fins de construção)		
100 mm	168	1.650
150 mm	217	2.130
200 mm	285	2.800
Vidro		
Flutuante com 6 mm	16,7	164
Painéis e paredes de gesso		
Parede pré-moldada com 65 mm de espessura	26,5	260
Revestimento de madeira ripada		
Madeira	6,3	62

(continua)

Tabela III Massas superficiais dos materiais em kg/m³ e pesos em N/m². Essas massas se baseiam nos valores estipulados pela norma britânica BS 648:1964 e não são exatas (*continuação*)

	kg/m³	N/m²
Folha de chumbo (norma *BS 1178*)		
0,118 pol (3,0 mm)	34,2	335
Argamassa		
Gesso		
Duas camadas com 12 mm de espessura		
Base normal com areia e camada de acabamento	20,8	204
Uma camada, 5 mm de espessura, gesso macio	6,7	66
Cal (não hidráulica e hidráulica) com 12 mm de espessura	23,1	227
Leve		
Com vermiculita agregada, duas camadas, idem	10,5	103
Gesso cartonado		
Maciço		
9,5 mm	8,3	81
12 mm	10,6	104
18 mm	16,1	158
Madeira compensada		
Por mm de espessura	0,6 ± 0,1	6 + 1
Reboco		
Cimento Portland: areia (1:3) com 12 mm de espessura	27,7	272
Capa de concreto		
Cimento Portland: areia (1:3) com 12 mm de espessura	27,7	272
Ardósia		
Galesa		
Fina	24,4	239
Espessa	48,8	479
Aço		
Doce, chapa corrugada (1 mm)	15,6	153
Alvenaria de pedra natural		
Observação: Para grampos de fixação, adicione 80 kg/m³ (5 lb/ft³)		
Calcária		
Leve, por exemplo, calcário de Bath 100 mm de espessura	206,6	2.026
Médio, por exemplo, pedra de Portland 100 mm de espessura	225,9	2.215
Pesado, por exemplo, mármore 20 mm de espessura	53,7	527
Arenito		
Leve, por exemplo, Woolton 100 mm de espessura	221,1	2.168
Médio, por exemplo, Darley Dale 100 mm de espessura	230,7	2.262
Pesado, por exemplo, Mansfield Red 100 mm de espessura	240,3	2.357
Granito		
Leve, por exemplo, Peterhead 50 mm de espessura	129,7	1.272
Médio, por exemplo, Cornish 50 mm de espessura	134,5	1.319
Pesado, por exemplo, Guernsey 50 mm de espessura	144,2	1.414
Cobertura de palha		
Sapé (incluindo o madeiramento de apoio) com 300 mm de espessura	41,5	407

(*continua*)

Tabela III Massas superficiais dos materiais em kg/m³ e pesos em N/m². Essas massas se baseiam nos valores estipulados pela norma britânica BS 648:1964 e não são exatas (*continuação*)

	kg/m³	N/m²
Telhas		
Barro		
Telha chata industrializada, 100 mm	63,5	623
Concreto		
Com agregado de pedra		
Chato		
75 mm de calibre da armadura	92,8	910
100 mm de calibre da armadura	68,4	671
115 mm de calibre de armadura	61,0	598
Francesas	48,8 ± 7,3	479 ± 72

A Tabela IV indica as cargas impostas mínimas que devem ser previstas no projeto de edificações para diferentes propósitos. Esses valores pretendem incluir os indivíduos no interior das edificações, bem como o tipo de material geralmente armazenado. No entanto, às vezes é necessário comparar essas cargas com os valores das Tabelas II e III, em circunstâncias não convencionais.

2.7 Elementos da estrutura

Para facilitar o projeto, as estruturas maiores são divididas em elementos, os quais diferem entre si de acordo com a função que desempenham na edificação. Antes de descrever cada tipo, é necessário explorar as forças internas dos materiais da estrutura.

2.8 Esforços e deformações

Sempre que uma barra de seção transversal uniforme sofre a aplicação de uma força em cada extremidade (Figura 5.1), ela se estica levemente. Esse esticamento é chamado deformação da barra e é definido como sua extensão dividida pelo comprimento original.

O *esforço* sobre essa barra é a força de sua seção transversal dividida pela área. A relação entre o esforço e a deformação é um fator muito importante para a engenharia de estruturas. A Figura 5.2 mostra essa relação no caso do aço. A extensão OA é uma linha reta, conhecida como *zona elástica*. Na *zona elástica*, a proporção entre o esforço e a deformação é uma constante chamada *Módulo de Young*. Em A, ocorre uma alteração súbita conhecida como *ponto de escoamento*. A *Lei de Hooke*, que afirma que o esforço e a deformação são proporcionais, se aplica somente à zona elástica. Além desse ponto e ao longo da curva AB, não há relação constante entre o esforço e a deformação. Na verdade, mesmo que não haja um aumento no esforço, a deformação pode aumentar com o passar do tempo até que a barra se parta em B. Essa extensão da curva é conhecida como *zona plástica*.

Na Figura 5.3, OAB mostra a relação real entre o esforço e a deformação em um elemento de concreto convencional. Para vários fins práticos, isso pode ser substituído por OCD. OC é a zona elástica, e CD, a zona plástica.

2.9 Unidades de força

Conforme o SI, a unidade de esforço básica é N/m² (também chamada de Pascal ou Pa), embora seja demasiadamente pequena para fins práticos. A forma correta para unidades normais é o mega-Pascal (MPa) ou meganewton (MN/m²), que é expressa pelos engenheiros em unidades de N/mm².

2.10 Elementos tracionados

Sempre que o esforço em um elemento tende a estendê-lo, nós o denominamos *tração*. Os elementos tracionados são chamados de *tirantes* ou *tensores*. Em muitas formas, esse é o tipo mais simples

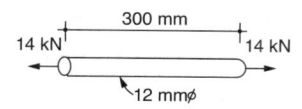

5.1 Barra com seção transversal uniforme submetida à tração.

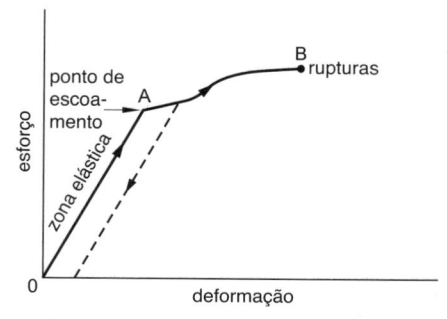

5.2 Diagrama de esforço e deformação para o aço, mostrando o ponto de escoamento onde a Lei de Hooke (o esforço é proporcional à deformação) já não se aplica. A linha pontilhada mostra a deformação causada sempre que o esforço é reduzido após o ponto de escoamento; o material já não retorna à sua forma inicial.

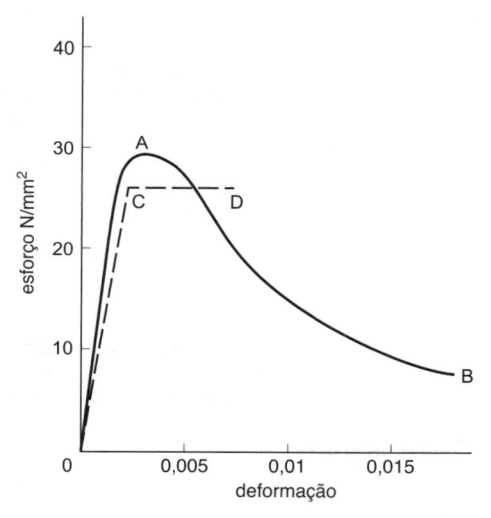

5.3 Diagrama padrão de esforço e deformação para o concreto.

de solicitação. Alguns materiais (os elementos de aço, em particular) são ideais para resistir à tração. Os cabos, os fios e as correntes podem ser usados para transmitir os esforços de tensão. Os materiais como pedras, ferro fundido e concreto massa (sem armadura de aço) possuem pouca ou nenhuma resistência à tração.

2.11 Elementos comprimidos

Sempre que o esforço encurta um elemento, ele é chamado de *compressão*. Os elementos comprimidos são chamados de *escoras, colunas, pilares, pilastras* ou *pontaletes*. O termo utilizado depende de sua localização e do material do qual o elemento é feito.

A maioria dos materiais (exceto cabos, fios e correntes) pode ser usada para transferir esforços de compressão. No entanto, há um fenômeno instável que ocorre nos elementos comprimidos, chamado de *flambagem*. Para alguns elementos (principalmente aqueles que são mais esbeltos em relação ao seu comprimento), o aumento da carga de compressão causa sua deformação até que a tração acarrete a ruptura em uma das laterais. Esse efeito de flambagem pode causar o colapso de torres esbeltas e muros de alvenaria altos.

2.12 Estruturas com vínculos articulados (juntas de pino)

Algumas estruturas são projetadas e construídas com elementos que atuam como escoras e tirantes. Os métodos de análise pressupõem que os elementos têm vínculos articulados em suas extremidades, permitindo somente o desenvolvimento de esforços de tração e compressão em cada elemento. A tesoura de telhado é um exemplo desse caso; o termo geral para se referir a ela é *estrutura com vínculos articulados*. Na prática, pouquíssimas estruturas realmente têm vínculos articulados (ainda que algumas sejam construídas), mas o uso de chapas conectoras parafusadas se aproxima adequadamente da necessidade teórica de vínculos articulados nas extremidades dos elementos.

2.13 Flexão

Ao contrário de escoras e tirantes que transmitem somente esforços de compressão e tração em sua extensão, as vigas são submetidas a cargas de flexão. Forças internas, conhecidas como momentos fletores, são desenvolvidas no interior da viga, permitindo que ela suporte cargas aplicadas ortogonalmente à sua extensão. Um exemplo de ação fletora é a verga de uma abertura que transmite as cargas aplicadas dos pisos e das paredes ao redor da abertura e com segurança.

A flexão é o fenômeno que faz um único elemento com altura significativa desenvolver tanto esforços de tração como de compressão ao longo de sua seção. Considere o caso de uma viga apoiada em cada extremidade e submetida a uma carga no centro do vão: a forma defletida é uma deformação central para baixo, resultando em uma compressão máxima nas camadas superiores da viga e uma tensão máxima nas camadas inferiores. Em algum ponto no meio da viga, haverá uma camada sem esforço algum. Essa camada é conhecida como *linha neutra* (Figura 5.4). O momento fletor externo é contraposto por um momento interno na viga, que é uma função do produto das forças de tração e compressão e da distância entre suas linhas de ação.

2.14 Materiais sob flexão

Uma vez que o momento de resistência interna de uma viga depende do desenvolvimento de forças tanto de tração quanto de compressão, somente os materiais resistentes a esforços de tração e compressão costumam ser adequados para vigas. O aço e a madeira são bons exemplos desses materiais. A pedra, por ser fraca em termos de tração, produz elementos fletores inadequados. Os gregos antigos tiveram de construir edificações com colunas muito próximas entre si, já que os lintéis de pedra não permitiam um espaçamento maior. Somente após a invenção dos arcos foi possível aumentar os vãos, uma vez que o arco está totalmente submetido à compressão. O ferro fundido é fraco em termos de tração, ainda que seja mais forte do que a pedra. As mesas (abas) inferiores das vigas de ferro fundido costumavam ser maiores do que as mesas (abas) superiores, de forma a prever essa inadequação em termos de resistência. O concreto também é pouco resistente aos esforços de tração; logo, o aço é usado na zona de tração (que geralmente fica na parte de baixo, exceto nas vigas em balanço e contínuas) das vigas de concreto, reforçando-as.

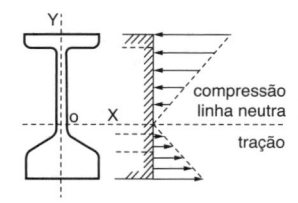

5.4 Elemento estrutural sob flexão simples.

Tabela IV Cargas de piso impostas mínimas e típicas, extraído da norma britânica BS 6399 – 1 Loading for buildings: Code of practice for dead and imposed loads

Tipo de atividade ou ocupação em parte da edificação ou estrutura	Exemplos de uso específico		Carga com distribuição uniforme (kN/m²)	Carga concentrada (kN)
A Atividades domésticas e residenciais (veja também a categoria C)	Todos os usos dentro de unidades de moradia unifamiliares autônomas. Áreas de uso comum (incluindo cozinhas) em edifícios de apartamentos com usos limitados (veja a observação 1) (para áreas de uso comum em outros edifícios de apartamentos, veja C3 e a seguir)		1,5	1,4
	Quartos e dormitórios, com exceção daqueles em unidades de moradia unifamiliares, hotéis e motéis.		1,5	1,8
	Quartos em hotéis e motéis		2,0	1,8
	Alas de hospital			
	Áreas de toaletes			
	Cozinhas de uso comum, com exceção dos apartamentos cobertos pela observação 1		3,0	4,5
	Balcões	Unidades de moradia unifamiliares e áreas de uso comum em edifícios de apartamentos com uso limitado (veja a observação 1)	1,5	1,4
		Pensões, clubes residenciais e áreas de uso comum em edifícios de apartamentos, exceto conforme previsto na observação 1	Igual aos cômodos aos quais eles dão acesso, mas com mínimo de 3,0	1,5/m de concentração na extremidade externa
		Hotéis e motéis	Igual aos cômodos aos quais eles dão acesso, mas com mínimo de 4,0	1,5/m de concentração na extremidade externa
B Escritórios e áreas de trabalho não cobertas em outros locais	Salas de cirurgia, salas de raio X, áreas de serviço		2,0	4,5
	Salas de trabalho (uso industrial leve) sem armazenamento		2,5	1,8
	Escritórios para uso geral		2,5	2,7
	Cozinhas, lavanderias, laboratórios		3,0	4,5
	Salas com computadores *mainframe* ou equipamentos similares		3,5	4,5
	Fábricas, oficinas e edificações similares (uso industrial geral)		5,0	4,5
	Balcões		Igual aos cômodos aos quais eles dão acesso, mas com mínimo de 4,0	1,5/m de concentração na extremidade externa
C Áreas onde as pessoas podem se reunir	Refeitórios de uso comum, público ou institucional, bares, cafés e restaurantes (veja a observação 2)		2,0	2,7
C1 Áreas com mesas	Salas de leitura sem acervos literários		2,5	4,5
	Salas de aula		3,0	2,7
C2 Áreas com assentos fixos	Auditórios com assentos fixos (veja a observação 3)		4,0	3,6
	Locais de culto		3,0	2,7
C3 Áreas sem obstáculos para a movimentação de pessoas	Corredores, vestíbulos, passagens, escadas, patamares, etc., em edificações institucionais (não sujeitas a multidões ou a veículos com rodas), hotéis, pensões, clubes residenciais e áreas de uso comum em edifícios de apartamentos não cobertos pela observação 1. (Para as áreas de uso comum em edifícios de apartamentos cobertos pela observação 1, veja A.)	Corredores, vestíbulos, passagens, etc. (somente circulação a pé)	3,0	4,5
		Escadas e patamares (somente circulação a pé)	3,0	4,0

(continua)

Tabela IV Cargas de piso impostas mínimas e típicas, extraído da norma britânica BS 6399 – 1 Loading for buildings: Code of practice for dead and imposed loads (*continuação*)

Tipo de atividade ou ocupação em parte da edificação ou estrutura	Exemplos de uso específico		Carga com distribuição uniforme (kN/m²)	Carga concentrada (kN)
	Corredores, vestíbulos, passagens, escadas, patamares, etc., em todas as outras edificações, incluindo hotéis, motéis e edificações institucionais	Corredores, vestíbulos, passagens, etc. (somente circulação a pé)	4,0	4,5
		Corredores, vestíbulos, passagens, etc., sujeitos à circulação de veículos com rodas, carrinhos, etc.	5,0	4,5
		Escadas e patamares (somente circulação a pé)	4,0	4,0
	Balcões (exceto conforme especificado em A)		Igual aos cômodos aos quais eles dão acesso, mas com mínimo de 4,0	1,5/m de concentração na extremidade externa
C4 Áreas com possíveis atividades físicas (veja a cláusula 9)	Salões e estúdios de dança, academias, palcos		5,0	3,6
C5 Áreas sujeitas ao excesso de pessoas (veja a cláusula 9)	Auditórios sem assentos fixos, salões de concerto, bares, locais de culto e locais com tribuna de honra		5,0	3,6
	Palcos em auditórios públicos		7,5	4,5
D Áreas comerciais	Pavimentos de lojas para a venda e a exibição de mercadoria		4,0	3,6
E Depósitos e áreas de armazenamento. Áreas sujeitas ao acúmulo de produtos. Áreas para equipamentos e indústrias.	Áreas de uso geral para equipamentos estáticos não especificadas em outros locais (edificações institucionais e públicas)		2,0	4,5
	Salas de leitura com acervo literário, por exemplo, bibliotecas		4,0	4,5
	Armazenamento geral que não o especificado		2,4 para cada metro da altura de armazenamento	7,0
	Salas de arquivos, espaços de arquivamento e armazenamento (escritórios)		5,0	4,5
	Salas do acervo literário		2,4 para cada metro da altura de armazenamento, mas com no mínimo 6,5	7,0
	Estantes móveis (livros) com rodízios em edificações públicas e institucionais		4,8 para cada metro da altura de armazenamento, mas com no mínimo 9,6	7,0
	Casas de máquinas, casas de caldeiras, salas de equipamentos de climatização, etc., incluindo o peso das máquinas		7,5	4,5
F	Estacionamentos para automóveis, furgões leves, etc., com massa bruta que não ultrapasse 2.500 kg, incluindo garagens, entradas de automóvel e rampas		2,5	9,0

Observação 1. As áreas de uso comum em edifícios de apartamentos com uso limitado se referem aos edifícios de apartamentos com no máximo três pavimentos de altura e no máximo quatro unidades de moradia unifamiliares autônomas por pavimento, com acesso por somente uma escada.
Observação 2. Sempre que essas mesmas áreas estiverem sujeitas a cargas causadas por atividades físicas ou pelo excesso de pessoas, por exemplo, um refeitório de hotel usado como pista de dança, as cargas acidentais devem se basear nas ocupações C4 ou C5, conforme for o caso. Ver também Cláusula 9.
Observação 3. Assentos fixos ocorrem quando a remoção dos assentos e a utilização dos espaços para outros fins é algo improvável.

2.15 Vigas

As vigas são classificadas da seguinte maneira:

Vigas simplesmente apoiadas. Pressupõe-se que as extremidades da viga estão completamente livres, resultando em um momento fletor igual a zero em cada extremidade. Além disso, uma das extremidades tem apoio em rolete, permitindo que a liberdade de movimento na direção da extensão da viga resulte em uma reação horizontal zero na extremidade com o apoio em rolete. Sempre que o carregamento é distribuído uniformemente ao longo da extensão da viga, o momento fletor chega ao máximo no meio do vão. Esse tipo de viga é conhecido como estaticamente determinado, já que as reações nos apoios e os momentos fletores podem ser calculados com o uso das equações básicas de equilíbrio.

Vigas em balanço. Esse tipo de viga tem apoio em apenas uma das extremidades, na qual fica engastada e impedida de todos os movimentos. O momento fletor é equivalente a zero na extremidade livre; e máximo no apoio, causando esforços de tração no alto da viga.

Vigas engastadas. Essas vigas são embutidas em ambas as extremidades. Esse tipo de viga é estaticamente indeterminado (é uma viga hiperestática), já que os valores dos momentos fletores não podem ser calculados com o uso dos métodos estatísticos convencionais. Na

Tabela V Comparação das propriedades dos materiais

Propriedade	Alvenaria (em tijolos de barro)	Concreto armado (com armadura de 4%)	Aço (aço doce)	Madeira (bétula branca)	Plástico reforçado com fibra de vidro (GRP) (poliéster)	Vidro anelado	Tecido (fio de poliéster com revestimento de PVC)
Tipo de material	Cerâmica	Painéis cimentícios com armadura metálica	Metal	Composto natural	Composto sintético	Vidro	Polímero
Peso (p) kN/mm³	22	24	78	4,5	18	25	14
Resistência à tração (σ_{TM}) N/mm²	1	18	400	75	250	5.000, mas determina da pelas fraturas	1.000
Resistência à compressão (σ_c) N/mm²	15	45	400	25	150	1.000, mas a resistência à tração complementar não determinante	nenhuma
Coeficiente de expansão térmica (α) $\times 10^{-6}$/°C	6	12	12	4	14	7,7–8,8	...

verdade, os valores dependem de vários elementos imponderáveis, como o nível de rigidez em cada suporte. Nas vigas engastadas, os momentos máximos ocorrem no meio do vão, ou em uma, na outra ou em ambas as extremidades, conforme a distribuição das cargas

Vigas contínuas. Uma viga com vários pontos de apoio é conhecida como viga contínua. Em geral, os momentos máximos ocorrem sobre os pontos de apoio. A tração na seção da viga acima dos pontos de apoio ocorre na parte superior, mas ocorre na parte inferior no meio do vão. As vigas contínuas de concreto precisam de armaduras distintas.

Vergas (lintéis ou *dintéis).* As vigas apoiadas em alvenarias de tijolo (como as vergas de portas e janelas) não são consideradas como estruturalmente engastadas e costumam ser projetadas como as vigas simplesmente apoiadas.

2.16 Momentos fletores

Para projetar uma viga, um engenheiro calcula primeiramente os momentos fletores em seções críticas geradas pela pior situação de carregamento possível. A seguir, os esforços internos máximos são computados a essas seções. Quando não se trata da estrutura mais simples, essa tarefa costuma ser complicada e demorada. Para grande parte dos casos mais simples, o momento fletor no ponto central do vão de uma viga simplesmente apoiada é o bastante para fornecer uma resposta segura, se não, talvez, a mais econômica. A Tabela V fornece os momentos fletores máximos e as flexões para os casos mais comuns que provavelmente serão encontrados.

2.17 Esforços de flexão

Após a determinação do momento fletor M, o esforço f em qualquer camada a uma distância y da linha neutra pode ser estipulado por meio da teoria da elasticidade ou da plasticidade. A escolha entre a teoria da elasticidade e da plasticidade é ditada pelo código de prática do material que está sendo considerado.

Para o projeto com a teoria da elasticidade, a relação é:

$$\frac{M}{y} = \frac{f}{l}$$

Os esforços no limite mais afastado do centro de uma viga dependem do *segundo momento de inércia (I)* da seção transversal, proporcional ao cubo da altura da seção. Basta dizer que, quanto maior for a altura da seção, menor será o esforço máximo. Portanto, o ideal é selecionar formatos de seção transversal com grandes valores de I para a determinada área do material. Por essa razão, o formato de seção transversal mais comum para uma viga de aço é o I; uma distância maior entre as mesas ou abas resulta em uma redução do material para o segundo momento de inércia necessário.

Contudo, há um limite para tanto. Já que a mesa ou aba superior está sujeita à compressão, ela pode flambar caso se torne demasiadamente esbelta. Isso é particularmente significativo para o projeto de estruturas de aço e é a razão pela qual é necessário procurar a torsão lateral sempre que a mesa ou aba sujeita aos esforços de compressão não está completamente enrijecida.

2.18 Cisalhamento

Além das forças internas geradas pelos momentos fletores, a maioria das seções transversais das vigas ainda precisa se sujeitar aos esforços no plano da seção, conhecidos como *esforços de cisalhamento* ou *cortes*. Em geral, o cisalhamento é mais significativo nos suportes da viga, se pronunciando menos no ponto central do vão.

No caso de uma seção I, os esforços de cisalhamento agem principalmente dentro da alma conectando as duas mesas que estão sujeitas aos esforços de compressão e tração. Sempre que a alma se torna demasiadamente esbelta, ela pode flambar sob a influência dos esforços de cisalhamento.

2.19 Flexão

Uma vez que a parte superior de uma viga carregada está sujeita a esforços de compressão, ela tende a ser reduzida em termos de comprimento; a parte inferior, quando submetida a esforços de tração, tende a esticar. Isso faz a viga assumir um formato curvo: no caso de uma viga simplesmente apoiada com carregamento vertical, ela se curvará para baixo. A flexão ou encurvamento excessivo é esteticamente desagradável e danifica os acabamentos (como os forros de gesso) ou transfere a carga para as paredes, que não foram projetadas para suportar cargas. Vários textos publicaram fórmulas que fornecem as flexões dos diferentes tipos de vigas sob carregamentos distintos.

3 MATERIAIS ESTRUTURAIS

3.1 Comportamento

O terceiro fator mais importante para o projeto de estruturas é o conhecimento adequado do comportamento dos materiais utilizados. A paleta básica de materiais inclui a alvenaria (pedra, tijolos e blocos), a madeira, o aço e o concreto armado. Os projetos que usam materiais novos (como plástico, tecido e vidro) estão se tornando cada vez mais comuns.

4 ALVENARIA

4.1 Uso

Alvenaria é o termo geral empregado para se referir às construções portantes em tijolos, blocos e pedra; todos esses materiais interessam aos arquitetos. Uma vez que eles, bem como a argamassa usada para preencher os espaços entre seus elementos, são fracos em termos de tração, esse tipo de construção geralmente é usado para transmitir apenas esforços de compressão simples em elementos verticais, como paredes e pilares e, ocasionalmente, em arcos. A alvenaria também pode ser utilizada para resistir ao carregamento lateral das pressões causadas pelo solo e pela água em muros de arrimo, além de cargas de vento sempre que se tratar de alvenaria portante ou quando usada no fechamento da fachada de edificações com estrutura independente. É possível armar a alvenaria com o uso de barras de aço ou telas (tecidos) metálicas, de forma a aumentar sua resistência à tração e, consequentemente, sua resistência total.

4.2 Projeto

O projeto de construções em alvenaria deve ser desenvolvido de acordo com a BS5268 – *1 Code of practice for the use of masonry. Structural use of unreinforced masonry* (1 – Código de prática para o uso da alvenaria. Uso estrutural de alvenaria não armada), um código sobre o estado limite baseado na teoria do método de cálculo plástico para estruturas. O Eurocode para alvenaria, a norma britânica BS EN 1996-3: 2006, *Eurocode 6: Design of masonry strucutures. Simplified calculation methods for reinforced masonry structures* (Projeto de estruturas de alvenaria. Métodos simplificados para calcular as estruturas de alvenaria com armação de aço) substituirá a BS5628 quando ela perder sua vigência.

O *Manual for the design of plain masonry in building structures* (Manual para o projeto da alvenaria simples em estruturas de edificações), do *Institution of Structural Engineers* (Instituto de Engenheiros de Estruturas da Grã-Bretanha), oferece orientações para o projeto de estruturas simples em alvenaria.

4.3 Elementos portantes verticais

A *parede* é um elemento estrutural (ou portante) vertical, cujo comprimento no plano é, no mínimo, quatro vezes superior à sua altura; do contrário, trata-se de um *pilar* ou *coluna*. A *pilastra* é um pilar integrado a uma parede ou a um muro. As referências às paredes também se aplicam aos pilares e às pilastras, a menos que se afirme o contrário.

A capacidade de carregamento de uma parede depende:

- da resistência ao esmagamento (compressão) do bloco de alvenaria;
- da composição da argamassa;
- do tamanho e do formato do bloco ou tijolo de alvenaria;
- da altura da parede em relação à sua largura – seu nível de esbelteza;
- da excentricidade do carregamento.

As Figuras 5.5 e 5.6 fornecem informações sobre os projetos convencionais em alvenaria. Ainda que bastante popular no passado, a alvenaria, hoje, raramente é usada em pisos. Todavia, as coberturas com abóbadas e cúpulas ainda são construídas em edificações tradicionais, como igrejas.

5 MADEIRA

5.1 Composição da madeira

A madeira provavelmente é o material de construção mais antigo. Ela é composta por fibras de celulose tubulares e ocas, impregnadas com lignina; suas peças são anexadas entre si, formando algo semelhante a um feixe de pequenos canudos. O resultado faz o material ser resistente axialmente (em tração e compressão), mas fraco na direção das fibras.

5.2 Vantagens da madeira

Consequentemente, a madeira possui a virtude suprema da "tenacidade". Em geral, ela "alerta" quando o colapso é iminente, já que a fraqueza entre as fibras inibe o progresso das fissuras transversais. Mesmo após o colapso, costuma haver uma resistência residual suficiente para transmitir uma carga considerável. Suas principais desvantagens incluem a suscetibilidade aos ataques de insetos e de fungos, bem como a vulnerabilidade ao fogo. A resistência biológica pode ser fortalecida mediante tratamento; além disso, uma taxa de carbonização constante permite que a resistência ao fogo seja projetada com o superdimensionamento dos elementos, tendo em vista o período necessário de resistência.

A madeira é um daqueles raros materiais que se mostra quase tão forte em termos de tração como de compressão. Essa resistência é tamanha que a torsão da área de compressão dos elementos sujeitos aos esforços de flexão raramente constitui um problema. Os perfis retangulares são feitos com facilidade e podem ser usados para esse fim. A madeira é facilmente trabalhada à mão e com máquinas-ferramentas; além disso, é fácil conectá-la a outros elementos de madeira, aço, alvenaria ou concreto. Contudo, até as conexões sujeitas a esforços relativamente baixos exigem bastante espaço para acomodar o número de fixações necessárias e geralmente esse é o fator determinante para o dimensionamento de elementos de madeira. Por exemplo, em uma mesa de jantar simples, a seção das pernas não se relaciona tanto com sua necessidade de suportar as cargas de compressão resultantes das forças descendentes, e, sim, com a maneira pela qual cada perna é fixada ao tampo da mesa ou a uma travessa de sua estrutura.

Elemento	Corte horizontal e vertical	Alturas típicas (h) (m)	h/d entre os apoios laterais	Fatores críticos para o dimensionamento	Observações
Pilar de alvenaria		1–4	15–20	Flambagem e esmagamento ($h/d > 6$) Esmagamento ($h/d < 6$) Flexão	h é a distância vertical entre os apoios laterais e d é a espessura do pilar
Parede de alvenaria		1–5	18–22	Flambagem e esmagamento ($h/d > 6$) Esmagamento ($h/d < 6$) Flexão	h é a distância vertical entre os apoios laterais horizontais; a parede também pode ter apoios laterais verticais
Pilares e paredes de elementos protendidos ou armados		2–7	20–35	Flexão	h é a distância vertical entre os apoios laterais horizontais; a parede também pode ter apoios laterais verticais

5.5 Alvenaria – elementos de apoio vertical.

Elemento	Seção	Alturas típicas (H) (m)	H/d típico	Observações
Muro de arrimo em alvenaria reforçada		1–6	10–15	Muro feito em alvenaria armada de blocos vazados ou unidades com bolsões de concreto armado w aproximadamente $H/2$-$2H/3$
Caliça em cestos de arame (gabiões)		1–3	1–2	Caliça (entulho) em cestos de arame costuma ser mais econômica do que um espesso muro de arrimo de concreto massa

Planta baixa/ elemento	Seção vertical	Fórmulas somente para o dimensionamento preliminar – teoria da elasticidade	Observações
Parede simples		$\dfrac{h}{t} < 20$	Fórmula válida quando o movimento lateral é impedido na parte superior e inferior, perpendicularmente à parede; tal restrição normalmente é causada pela construção do chão e do telhado A parede tem mais resistência à flexão na direção horizontal; logo, os apoios verticais são mais recomendados do que os apoios horizontais As paredes entram em colapso por esmagamento quando $h/t < 10$ ou por tombamento e esmagamento quando $h/t > 10$
Pilar ou coluna		$\dfrac{h}{t}$ e $\dfrac{2h}{w} < 20$ $p < \dfrac{t.w.u}{5}$ onde u é a resistência última da compressão da pequena amostra de alvenaria	O pilar ilustrado tem contenção na parte superior em somente uma direção e a altura efetiva do pilar naquela direção é considerada como a altura real; a altura efetiva na direção em ângulos direitos é considerada como o dobro da altura real O pilar entra em colapso por esmagamento sempre que o nível de esbelteza é hcf /$t < 10$, onde hcf é a altura efetiva e t é a espessura do pilar P é o valor da carga aplicada perto do centro do pilar
Parede dupla com cavidade		$\dfrac{h}{t_{cf}} < 20$ onde t_{cf} é maior que t_1, t_2 ou $2/3\,(t_1 + t_2)$	t_1 e t_2 são as espessuras dos panos da parede dupla com cavidade, que são amarrados entre si A parede ilustrada faz as cargas verticais do piso serem carregadas somente pelo pano interno
Parede simples com pilastras ou paredes transversais		$\dfrac{L}{t} < 20$ $\dfrac{2{,}5c}{t} < 20$	As pilastras verticais ou as paredes transversais usados para conter as paredes são alternativas à colocação de apoios horizontais na parte superior e na parte inferior da parede. A dimensão c é a profundidade a partir da última pilastra d é a profundidade da pilastra da parede transversal, que deve ser superior a 500 mm

5.6 Elementos de alvenaria sujeitos a cargas de gravidade.

5.3 Projeto

O progresso na tecnologia da madeira teve início na era das ferrovias, quando ela era usada em viadutos e pontes elaboradas. Em geral, essas estruturas eram construídas em bases empíricas, já que os métodos de cálculo foram desenvolvidos posteriormente. Hoje, esses métodos de cálculo chegaram a tal ponto que passaram a constituir um campo extremamente especializado. Não se recomenda a utilização dos códigos de prática atuais por não especialistas. Em estruturas de madeira complexas, os tamanhos dos elementos costumam depender mais do projeto das conexões do que dos esforços internos.

Na Grã-Bretanha, o projeto de estruturas de madeira deve ser realizado de acordo com a norma *BS 5628-2:2002 Structural use of timber. Code of practice for permissible stress design, materials and workmanship* (Uso estrutural da madeira. Código de prática para o projeto dos esforços, materiais e elaboração), um código de projeto permissível baseado no projeto pela teoria da elasticidade. O *Eurocode* para a madeira, norma britânica BS EN 1995-1-1: 2004, *Eurocode 5. Design of timber structures. General. Common rules and rules for buildings* (Projeto de estruturas de madeira. Geral. Regras comuns e regras para a construção) substituirá a norma BS 5268 quando ela perder sua vigência.

Tabela VI Vãos máximos permitidos para as peças de tesouras mostradas na Figura 5.11 (conforme a norma BS 5268-3, Tabela B2)[a]

Classe de resistência da madeira[b]	Tamanho acabado[c] mm	Inclinação								
		15° m	17½° m	20° m	22½° m	25° m	27½° m	30° m	32½° m	35° m
C16 (norma britânica)	35 × 72	5,06	5,17 ½	5,34	5,49	5,63	5,77	5,91	6,06	6,21
	35 × 97	6,35	6,53	6,70	6,87	7,05	7,22	7,40	7,57	7,75
	35 × 120	7,55	7,75	7,94	8,15	8,36	8,54	8,74	8,94	9,14
	35 × 145	8,83	9,07	9,29	9,53	9,74	9,97	10,21	10,43	10,67
	38 × 72	5,25	5,40	5,54	5,68	5,82	5,97	6,11	6,26	6,41
	38 × 89	6,16	6,33	6,50	6,66	6,83	7,00	7,16	7,33	7,50
	38 × 114	7,48	7,53	7,87	8,07	8,28	8,47	8,67	8,81	9,07
	38 × 140	8,73	8,98	9,25	9,49	9,71	9,95	10,18	10,41	10,65
	47 × 72	5,83	5,98	6,12	6,26	6,41	6,56	6,70	6,85	7,00
	47 × 97	7,32	7,50	7,69	7,88	8,06	8,25	8,44	8,63	8,81
	47 × 120	8,51	8,73	8,96	9,19	9,41	9,64	9,87	10,10	10,32
	47 × 145	9,63	9,90	10,16	10,43	10,71	10,99	11,25	11,53	11,79
C22 (norma britânica)	35 × 72	5,60	5,76	5,92	6,09	6,25	6,41	6,57	6,74	6,90
	35 × 97	7,03	7,23	7,42	7,62	7,82	8,02	8,22	8,41	8,61
	35 × 120	8,35	8,58	8,80	9,03	9,26	9,48	9,71	9,93	10,15
	35 × 145	9,76	10,04	10,29	10,56	10,80	11,00	11,00	11,00	11,00
	47 × 72	6,46	6,63	6,79	6,95	7,12	7,29	7,45	7,62	7,78
	47 × 97	8,10	8,31	8,53	8,74	8,95	9,16	9,38	9,59	9,80
	47 × 120	9,41	9,67	9,93	10,19	10,45	10,70	10,96	11,22	11,47
	47 × 145	10,65	10,96	11,26	11,57	11,88	12,00	12,00	12,00	12,00
C24 (norma britânica)	35 × 72	5,96	6,12	6,30	6,46	6,63	6,80	6,96	7,13	7,25
	35 × 97	7,50	7,71	7,92	8,12	8,33	8,54	8,74	8,94	9,00
	35 ×120	8,71	8,95	9,20	9,42	9,66	9,89	10,12	10,15	10,15
	35 × 145	10,25	10,54	10,80	11,00	11,00	11,00	11,00	11,00	11,00
	38 × 72	6,19	6,34	6,51	6,66	6,83	6,99	7,14	7,30	7,43
	38 × 89	7,27	7,46	7,65	7,83	8,02	8,21	8,39	8,57	8,74
	38 × 114	8,66	8,90	9,14	9,36	9,59	9,82	10,06	10,15	10,21
	38 × 140	10,16	10,45	10,72	10,99	11,25	11,25	11,25	11,25	11,25
	47 × 72	6,87	7,01	7,14	7,28	7,42	7,55	7,69	7,82	7,96
	47 × 97	8,64	8,81	8,99	9,17	9,35	9,52	9,70	9,87	10,05
	47 × 120	9,81	10,07	10,32	10,58	10,83	11,10	11,34	11,60	11,85
	47 × 145	11,10	11,41	11,73	12,00	12,00	12,00	12,00	12,00	12,00

[a] Esses vãos máximos permitidos são adequados para tesouras fabricadas e utilizadas de acordo com as condições estipuladas nas normas britânicas.
[b] Sujeito aos critérios de classificação visual.
[c] Medido com conteúdo de umidade de 20% e sujeito à tolerância da fabricação.

5.4 Fontes e classes de madeira

A madeira pode ser produzida no próprio país, mas também é possível importá-la de muitos lugares. Há um grau de padronização; porém, o projetista talvez encontre uma ampla variedade em termos de qualidade. As propriedades estruturais de alguns tipos comuns são listadas na Figura 5.10 e nas Tabelas VI e VII.

5.5 Grandes peças de madeira

Devido ao formato e à composição dos troncos de árvores que fornecem a madeira para a construção, é difícil produzir diretamente as grandes peças de madeira utilizadas com frequência na construção moderna, principalmente vigas. Para formar essas peças maiores, madeiras menores são coladas de forma a produzir *vigas laminadas* (Figura 5.7). Essas vigas são extremamente úteis para muitos fins; além disso, os fabricantes elaboram manuais que fornecem dados completos para sua utilização.

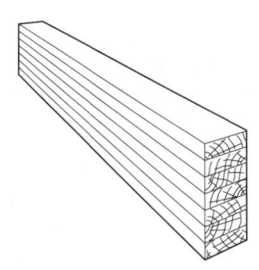

5.7 Uma viga de madeira laminada.

Elemento	Seção horizontal e vertical	Alturas típicas (h) (m)	h/d entre os apoios laterais	Fatores críticos para o dimensionamento	Observações
Pilar de madeira laminada e colada		2–4	15–30	Fissuração e esmagamento ($h/d < 15$) Esmagamento e flambagem ($h/d > 15$)	Relação $w/d \approx 2\text{-}3$ Os pilares de múltiplos pavimentos exigem relações h/d inferiores às fornecidas.
Parede de montantes e painéis de madeira		2–4	20–35	Esmagamento e flambagem Espessura do isolamento térmico necessária	Em geral, os montantes ficam a 400 mm entre eixos com madeira aglomerada ou outros painéis fixados a eles.
Pilar maciço de madeira		2–4	15–30	Empenamento ou deformação da madeira	Os pilares de múltiplos pavimentos talvez exijam relações h/d inferiores às fornecidas.

5.8 Madeira – elementos de apoio vertical.

Elemento	Corte e planta baixa	Profundidades típicas (d) (mm)	Vãos típicos (L) (m)	L/d típico	Fatores críticos para o dimensionamento/observações
Chapas de madeira aglomerada		12–30	0,3–0,6	24	Resistência Flexão
Pisos com tablados de madeira		12–30	0,3–0,9	30–40	Flexão Cargas localizadas Resistência
Pisos de tabuão de madeira macia		16–25	0,6–0,8	25–35	Flexão Resistência
Barrotes e tablados – Madeira macia – Madeira de lei		200–300 100–250	2–6 2–7	12–20 22–28	Flexão O espaçamento dos barrotes é de aproximadamente 450-600 mm
Viga de madeira laminada e colada		180–1.400	5–12	14–18	Flexão Relação d/b de aproximadamente 3-5 para evitar seções instáveis.

5.9 Madeira – pisos.

5.6 Estruturas independentes de madeira

Mais de 80% das habitações de madeira em todo o mundo são compostas por estruturas independentes de madeira; o modelo está se tornando cada vez mais comum no Reino Unido. As Figuras 5.8, 5.9 e 5.10 fornecem informações associadas ao apoio vertical na madeira, em estruturas independentes e em sistemas de construção de paredes.

5.7 Tesouras de telhado

O arquiteto britânico mediano se depara com a madeira em dois lugares comuns: as tesouras de telhado e os barrotes de piso. Atualmente, na maioria das tesouras de telhado as peças são conectadas com placas de metal como as do tipo *gang-nail*, fornecidas sob medida para as condições necessárias. O fabricante fornecerá os cálculos com base no código de prática, para serem submetidos ao inspetor de obras municipal.

5.8 Barrotes de piso

Para o projeto de barrotes de piso, a Tabela VIII oferece orientações referentes aos vãos máximos dos barrotes para madeiras da classe de resistência C16, com base na publicação da TRADA, *Span tables for solid timber members in floors, ceilings and roofs (excluding trussed rafter roofs) for dwellings* – Tabelas com os vãos para os elementos de madeira maciça usados em pisos, coberturas e telhados (exceto com treliças) de moradias –; alternativamente, os cálculos necessários para o projeto final devem ser preparados por um engenheiro qualificado, de acordo com a norma britânica BS 5268.

6 CONCRETO ARMADO

6.1 Composição

Um dos materiais estruturais mais abundantes e versáteis para o projetista, o concreto armado é composto por dois materiais distintos: o concreto e a armadura de aço. Ambos podem ser alterados em termos de resistência, disposição e quantidade, de forma a atender praticamente a qualquer necessidade.

O concreto propriamente dito é um amálgama de, no mínimo, três constituintes: o agregado, o cimento e a água. Todos eles são misturados em uma massa homogênea, que é lançada nas formas onde ocorrem as variações químicas e físicas, resultando em um material sólido e durável. A resistência e a durabilidade dependem da qualidade e da quantidade de cada um dos constituintes, bem como do fato de quaisquer aditivos terem sido introduzidos à mistura. A produção de concreto *in loco* para fins estruturais é desenvolvida somente em empreendimentos maiores, que compensam a instalação de equipamentos de preparação de concreto. O concreto preparado nas instalações de um fornecedor de concreto pré-misturado é um produto de qualidade controlada, projetado para atender às exigências especificadas. Uma indicação da resistência inicial do concreto pode ser avaliada em testes de 7 a 14 dias, ainda que a resistência específica só possa ser verificada rompendo-se os cilindros de concreto curado após 28 dias. Os ensaios com cilindros são ideais para comparar a resistência de misturas projetadas de acordo com os *Eurocodes*. O ensaio de rompimento nem sempre indica se uma quantidade adequada de cimento foi incluída para atender ao requisito de durabilidade de longo prazo. Ocasionalmente, aditivos

Elemento	Corte e elevação	Alturas típicas (d) (mm)	Vãos típicos (L) (m)	L/d típico	Fatores críticos para o dimensionamento/ observações
Tábuas para coberturas		25–75	2–6	45–60	Flexão Pressupõe-se que as tábuas têm apoios simples
Pisos de madeira compensada		10–20	0,3–1,2	50–70	Flexão Pressupõe-se que o piso seja contínuo
Pisos de madeira compensada com superfície externa protendida		100–450	3–7	30–35	Flexão Pressupõe-se que os painéis têm apoios simples A dimensão a tem aproximadamente 300 a 500 mm
Barrotes de tablado de cobertura – Madeira macia – Madeira de lei		100–225 100–250	2–6 3–8	20–25 30–35	Flexão Pressupõe-se que os barrotes têm apoios simples e estão espaçados em 600 mm
Terças – Madeira macia – Madeira de lei		150–300 200–400	2–5 3–8	10–14 15–20	Comprimento e profundidade da madeira disponível Resistência à flexão Pressupõe-se que as terças são verticais, têm apoios simples e suportam aproximadamente 2 m de largura do telhado
Viga de madeira laminada e colada com tablados de cobertura		180–1.400	4–30	15–20	Flexão Pressupõe-se que as vigas têm apoio simples e espaçamento $L/3$-$L/5$ A relação d/b é de aproximadamente 5-8
Tesoura de telhado sem terças		1.200–2.000	6–10	4–6	Resistência das conexões Flexão das terças Espaçamento padrão de 600 mm

5.10 Madeira – coberturas, vigas e tablados.

são adicionados à mistura para melhorar sua trabalhabilidade, a resistência inicial, a resistência ao congelamento, etc. A deterioração do material devido a algum desses fatores talvez leve anos para se tornar evidente, mas as consequências, então, podem ser desastrosas. As propriedades de vários tipos de concreto são explicadas no Capítulo 6, Seção 5.

6.2 Especificações

Contanto que haja uma preparação de especificações claras e que o lançamento do concreto seja supervisionado pelos trabalhadores da obra, o concreto deve cumprir suas funções indefinidamente. Essas especificações devem estar de acordo com a BS 8500-1, norma britânica que complementa a BS EN 206-1, *Method of specifying and guidance for the specifier* (Método de especificação e orientações para o especificador), e com a BS EN 2006-2, norma britânica que complementa a BS EN 206-1, *Specification for constituent materials and concrete* (Especificações para os materiais constituintes e o concreto), que trata dos requisitos de resistência, mas também do conteúdo mínimo de cimento, do tamanho do agregado, do tipo de cimento e de outros aspectos relevantes.

6.3 Projeto

Na Grã-Bretanha, o projeto do concreto armado deve ser efetuado de acordo com a norma BS 8110-1: 1997, *Structural use of concrete: Code of practice for design and construction* (Uso estrutural do concreto: código de prática para o projeto e a construção), o código do estado limite para o uso estrutural do concreto em edificações e estruturas. O *Eurocode* para o concreto BS EN 1992-1-1: 2004 *Eurocode 2. Design of concrete structures. General rules and rules for building* (Projeto de estruturas de concreto. Regras gerais e regras para a construção) substituirá a norma britânica BS8110 quando ela perder sua vigência. Um manual sucinto para as exigências da norma britânica BS 8100 está no *Manual for the Design of Reinforced Concrete Building Structures* (manual para o projeto de estruturas de concreto armado), preparado pelo *Institution of Structural Engineers* (Instituto de Engenheiros de Estruturas da Grã-Bretanha).

6.4 Armadura de aço

A armadura geralmente é formada por barras de aço, ainda que outros materiais (como as fibras de vidro e as fibras de aço) já tenham sido testados em unidades de revestimento; além disso, as fibras de aço e de polipropileno são muito usadas atualmente para controlar as fissuras nas lajes de piso dos pavimentos térreos. As barras da armadura podem ser barras lisas de aço doce (vergalhões); nesse caso, as barras são chamadas de R25, etc., pois a letra R indica o aço doce e os números representam o diâmetro em milímetros.

O outro tipo de barra utilizada nas armaduras é a barra com liga de aço de alta resistência, conhecida como T25, etc. Nesse caso, a letra indica o aço laminado a quente ou a frio de alta resistência ao escoamento, e os números se referem ao diâmetro da barra de seção transversal equivalente. O tamanho verdadeiro da barra costuma ser 10% maior do que isso, devido à deformação.

6.5 Armaduras com telas (malhas) metálicas

Para muitos elementos estruturais (como as lajes e as paredes), é conveniente usar uma armadura na forma de uma malha pré-moldada que consiste em barras em ambas as direções. É preciso tomar cuidado ao especificar a malha correta, pois elas têm áreas de barras distintas em cada direção, de acordo com a letra que as designa. Uma malha quadrada "A" tem a mesma área de barras em cada direção. Uma malha estrutural "B" tem barras maiores na direção principal, enquanto a área de barras na direção transversal atende à exigência de área mínima da armadura secundária, estipulada pela norma britânica BS 8110. Portanto, é importante verificar se a malha estrutural tem a orientação correta, conforme indicado no desenho da armadura, impedindo que sua resistência estrutural seja comprometida. A malha longa "C" é semelhante à malha "B", com a exceção de que sua área de fios transversais não atende às exigências da norma britânica BS 8110. Em geral, essas malhas são usadas para armar lajes térreas.

6.6 Posição da armadura

O concreto é forte em termos de compressão, mas é fraco à tração, e a armadura é usada para compensar essa deficiência. Consequentemente, é preciso colocar a armadura adequada nos locais onde há probabilidade da ocorrência de tração. As vigas simples (biapoiadas) recebem a armadura perto da base, além de outra armadura no ponto central do vão. As forças de cisalhamento também produzem esforços de tração – estribos são usados para armar o concreto contra os efeitos dessas solicitações. Ocasionalmente, a resistência à compressão do concreto não é suficiente para o carregamento. Nesse caso, é possível utilizar barras de armadura para ajudar a lidar com os esforços de compressão. A utilização dessa armadura é cara, e somente se justifica quando o aumento do tamanho da viga é inviável.

Nas vigas em balanço, a tração se manifesta perto do topo. Essas vigas recebem a armadura mais pesada na parte superior, principalmente perto do apoio.

6.7 Altura efetiva

A altura efetiva de uma viga é a distância entre o topo (ou faixa de compressão) e a área central da armadura de aço tracionada. Ela é indicada pelo símbolo d.

6.8 Armadura mínima

Os esforços ocorrem no concreto devido às cargas aplicadas, mas também são produzidos por uma variedade de outras causas. Quando o concreto seca e cura, por exemplo, ele tende a se retrair levemente. Quando as juntas são insuficientes, o concreto tende a fissurar. Uma fissuração semelhante ocorre quando se inibe o movimento induzido pela dilatação e pela retração térmicas. Consequentemente, para reduzir a tendência à formação de grandes fissuras, um mínimo de armadura é usado em toda a extensão, permitindo a formação de inúmeras fissuras invisíveis a olho nu.

6.9 Flexão

Além de limitar os esforços abaixo dos valores máximos, o concreto armado deve possuir uma rigidez suficiente para evitar a flexão ou a deformação, que é capaz de comprometer a resistência ou a eficiência das estruturas, bem como produzir fissuras graves nos acabamentos ou nas paredes.

6.10 Recobrimento da armadura do concreto

Em todos os casos, deve haver concreto suficiente para cobrir a armadura. O recobrimento serve para:

- proteger a armadura contra a corrosão;
- garantir uma adesão adequada da armadura ao concreto;
- garantir uma proteção suficiente em caso de incêndio.

As Tabelas A6, A10, A12 e A13 da norma britânica BS 8500-1 indicam os valores-limite para o revestimento nominal do concreto feito com agregados de peso normal. O revestimento nunca pode ser inferior ao tamanho do agregado nominal máximo ou, no caso da armadura principal, ao tamanho da barra de aço.

7 ESTRUTURAS DE AÇO E OUTROS METAIS

7.1 Metais

O aço é definitivamente o metal mais usado nas estruturas das edificações, embora outros materiais sejam empregados nos elementos complementares.

7.2 Projeto

O projeto das estruturas de aço deve ser realizado de acordo com a norma britânica BS 5950-1: 2000, *Structural use of steelwork in building. Code of practice for design. Rolled and welded section* (O uso estrutural do aço na construção. Código de prática para projetos. Perfis laminados e soldados), um código de estado limite baseado na teoria da plasticidade. O *Eurocode* 3 BS EN 1993-1-1: 2005, *Design of steel structures. General rules and rules for buildings* (O projeto de estruturas de aço. Regras gerais e regras para a construção) deve ser usado quando a norma britânica BS 5950 sair de vigência.

Tabela VII Vãos máximos permissíveis para tirantes de tetos (conforme a norma BS 5268-3 Tabela)[a]

Classe de resistência da madeira[b]	Tamanho acabado[c] mm	Inclinação								
		15° m	17½° m	20° m	22½° m	25° m	27½° m	30° m	32½° m	35° m
	35 × 72	3,10	3,97	4,24	4,50	4,77	5,02	5,29	5,55	5,82
	35 × 97	5,13	5,51	5,90	6,28	6,65	7,03	7,41	7,78	8,15
	35 × 120	6,29	6,79	7,29	7,78	8,24	8,72	9,20	9,69	10,14
	35 × 145	7,36	8,04	8,71	9,38	10,05	10,73	11,00	11,00	11,00
	38 × 72	3,85	4,14	4,42	4,69	4,97	5,24	5,52	5,79	6,07
C16 (norma britânica)	38 × 89	4,84	5,20	5,56	5,89	6,27	6,63	6,98	7,33	7,68
	38 × 114	6,15	6,64	7,13	7,60	8,07	8,55	9,02	9,49	9,95
	38 × 140	7,27	7,94	8,59	9,25	9,91	10,57	11,23	11,25	11,25
	47 × 72	4,31	4,63	4,95	5,26	5,58	5,89	6,20	6,51	6,82
	47 × 97	5,81	5,26	6,70	7,14	7,57	8,01	8,45	8,88	9,31
	47 × 120	6,91	7,50	8,09	8,67	9,25	9,82	10,37	10,94	11,50
	47 × 145	7,77	8,59	9,33	10,11	10,88	11,66	12,00	12,00	12,00

[a] Esses vãos máximos permitidos são adequados para tesouras fabricadas e utilizadas de acordo com as condições estipuladas nas normas britânicas.
[b] Sujeito aos critérios de classificação visual.
[c] Medido com conteúdo de umidade de 20% e sujeito à tolerância da fabricação.

Tabela VIII Vãos livres permissíveis para barrotes de piso em usos residenciais (m) (Ref. TRADA Technology Design Aid DA 1/2004)

Tabela 6 Vãos livres permissíveis para barrotes de piso em usos residenciais A carga imposta não ultrapassa 1,5 kN/m²

Classe de resistência C16 — Classe de Serviço 1 ou 2

Tamanho do barrote		Carga morta (kN/m²) excluindo o peso próprio do barrote								
		No máximo 0,25			Mais que 0,25 e menos que 0,50			Mais que 0,50 e menos que 1,25		
		Espaço entre os barrotes (mm)								
Largura (mm)	Altura (mm)	400	450	600	400	450	600	400	450	600
		Vão livre máximo (m)								
38	97	1,84	1,70	1,31	1,73	1,56	1,22	1,43	1,31	1,04
38	120	2,45	2,34	1,88	2,33	2,17	1,72	1,91	1,76	1,42
38	145	2,96	2,84	2,49	2,83	2,69	2,30	2,43	2,26	1,84
38	170	3,46	3,33	2,89	3,30	3,12	2,70	2,82	2,66	2,28
38	195	3,96	3,78	3,28	3,75	3,54	3,07	3,21	3,03	2,62
38	220	4,46	4,23	3,67	4,20	3,96	3,44	3,59	3,39	2,93
44	97	1,97	1,86	1,50	1,87	1,77	1,39	1,59	1,46	1,17
44	120	2,58	2,47	2,14	2,46	2,36	1,94	2,12	1,95	1,58
44	145	3,11	2,99	2,68	2,97	2,85	2,51	2,62	2,47	2,05
44	170	3,63	3,49	3,11	3,48	3,34	2,91	3,03	2,86	2,48
44	195	4,16	4,00	3,53	3,98	3,81	3,30	3,45	3,25	2,82
44	220	4,68	4,51	3,95	4,48	4,26	3,70	3,88	3,64	3,16
47	97	2,03	1,92	1,59	1,93	1,82	1,47	1,67	1,53	1,23
47	120	2,63	2,53	2,26	2,52	2,42	2,05	2,22	2,05	1,66
47	145	3,17	3,05	2,77	3,04	2,92	2,59	2,70	2,55	2,16
47	170	3,71	3,57	3,21	3,55	3,42	3,00	3,14	2,96	2,56
47	195	4,25	4,09	3,64	4,07	3,91	3,41	3,56	3,36	2,91
47	220	4,75	4,61	4,08	4,58	4,39	3,62	3,99	3,76	3,26
50	97	2,10	1,98	1,68	1,98	1,88	1,55	1,75	1,61	1,29
50	120	2,69	2,58	2,33	2,57	2,47	2,15	2,29	2,14	1,74
50	145	3,24	3,12	2,83	3,10	2,98	2,67	2,78	2,63	2,24
50	170	3,79	3,65	3,31	3,63	3,49	3,10	3,23	3,05	2,64
50	195	4,34	4,17	3,76	4,15	3,99	3,52	3,67	3,47	3,01
50	220	4,82	4,69	4,20	4,67	4,50	3,94	4,11	3,88	3,36
63	97	2,33	2,21	1,93	2,20	2,09	1,83	1,94	1,85	1,54
63	120	2,90	2,79	2,54	2,78	2,67	2,42	2,50	2,40	2,05
63	145	3,50	3,36	3,06	3,35	3,22	2,92	3,01	2,89	2,56
63	170	4,09	3,93	3,58	3,91	3,77	3,42	3,52	3,39	2,97
63	195	4,67	4,50	4,10	4,48	4,31	3,92	4,03	3,88	3,37
63	220	5,10	4,96	4,61	4,94	4,80	4,41	4,54	4,34	3,77
75	120	3,07	2,98	2,69	2,94	2,83	2,57	2,65	2,54	2,28
75	145	3,70	3,58	3,24	3,54	3,41	3,10	3,19	3,07	2,78
75	170	4,32	4,15	3,79	4,14	3,99	3,63	3,73	3,59	3,23
75	195	4,87	4,73	4,34	4,72	4,56	4,15	4,27	4,11	3,67
75	220	5,32	5,17	4,82	5,15	5,01	4,67	4,77	4,63	4,11
ALS/CLS										
38	140	2,85	2,74	2,41	2,73	2,60	2,18	2,34	2,16	1,76
38	184	3,74	3,58	3,11	3,56	3,36	2,91	3,04	2,87	2,48
35	235	4,73	4,50	3,91	4,46	4,21	3,66	3,82	3,60	3,12
89	184	4,86	4,73	4,33	4,71	4,55	4,15	4,27	4,11	3,73
89	235	5,80	5,65	5,28	5,63	5,47	5,11	5,22	5,07	4,72

Veja cláusula 4.1.4

Tabela IX Razão entre o vão e a altura da viga ou laje (para pré-dimensionamento)

Vigas	
Vigas simplesmente apoiadas	20
Vigas contínuas	25
Vigas em balanço	10
Lajes	
Lajes unidirecionais, simplesmente apoiadas	30
Lajes unidirecionais, contínuas	35
Lajes bidirecionais, simplesmente apoiadas	35
Lajes bidirecionais, contínuas	40
Lajes em balanço	12

Há um livro com tabelas publicado pelo *Steel Construction Institute* (Instituto de Construção em Aço) (o livro azul) que fornece as dimensões e as propriedades dos perfis de aço fabricados atualmente. As Tabelas X a XIII mostram as dimensões das vigas com perfil I, dos pilares e das vigotas. Esse livro também apresenta as tabelas de capacidade que podem ser usadas para determinar rapidamente a adequação de uma dada seção ainda no início do projeto. Em geral, cálculos mais rigorosos são exigidos pela norma britânica BS 5950 para o projeto final. O *Manual for the design of steelwork building structures* (Manual para o projeto de estruturas e edificações de aço), publicado pelo *Institution of Structural Engineers* (Instituto de Engenheiros de Estruturas da Grã-Bretanha), fornece instruções para o projeto.

7.3 Classes do aço

No Reino Unido, o aço para fins estruturais está disponível em três classes que variam em termos de resistência: S275 (que corresponde à descrição do "aço doce" feita anteriormente), S355 e S460.

8 VIDRO

8.1 Uso

Na arquitetura moderna, o vidro é usado para criar estruturas espetaculares. Há várias maneiras de incorporá-lo como material estrutural.

8.2 Projeto

O uso estrutural do vidro depende de uma compreensão do comportamento tanto da estrutura quanto do material. A natureza quebradiça inerente do vidro determina que consideremos a natureza e as consequências de quaisquer tipos de falha.

A escolha de normas internacionais para o projeto de painéis de vidro sustentados é extremamente variada; contudo, a norma britânica BS 6262-1: 2005, *Glazing for buildings. General methodology for the selection of glazing* (Vidros para edificações. Metodologia geral para selecionar o vidro), é a mais atual.

8.3 Tipos de vidro

Vários processos são usados para produzir os tipos de vidro mais utilizados nas estruturas.

O *vidro plano recozido* é fabricado derretendo-se os ingredientes (silício, carbonato de sódio e fragmentos de vidro reciclados) juntos. A seguir, o vidro derretido é derramado num tanque de estanho liquefeito, onde passa por um resfriamento controlado antes de ser resfriado novamente em um forno de recozimento. O produto resultante exibe propriedades elásticas, mas sofre fraturas por fragilidade se submetido a impactos, flexão e cargas térmicas. As propriedades típicas do vidro plano recozido estão na Tabela V.

O *vidro temperado* é produzido aquecendo-se e, a seguir, resfriando-se rapidamente o vidro plano recozido. Isso resulta em um núcleo de vidro que é submetido à tração dentro de um sanduíche cujas camadas externas estão sujeitas aos esforços de compressão.

Tabela X Propriedades do aço e do alumínio

Propriedade	Cabos de aço para protensão em concreto	Liga de aço com baixo conteúdo de carbono e alta resistência	Aço carbono estrutural	Aço laminado a frio	Aço fundido	Ferro forjado	Ferro fundido cinzento	Liga de alumínio forjado
Conteúdo de carbono %	0,60–0,90	0,10–0,28	0,10–0,25	0,20–0,25	0,15–0,50	0,05	2,50–4,50	...
Peso kN/m³	77	77	77	77	77	75	71	27
Resistência à tração N/mm²	1.200–1.800	400–700	400–560	280–600	400–600	300–350 (na linha de laminação)	150–350	200–550
Tensão de escoamento ou tensão de prova de 0,2% N/mm² – esforço no ou perto do qual a deformação irreversível tem início	1.100–1.700	340–480	240–300	200–500	200–400	180–200 (na linha de laminação)		120–500
Módulo de elasticidade kN/mm²	165	210	210	210	210	190	210	70
Alongamento % – ductilidade	4	15	15–25	12–25	15–20	8–25	2	8–20
Soldabilidade	Inadequado para soldagem	Bom com as ligas certas	Bom quando o aço tem baixo conteúdo de carbono	Geralmente bom	Moderado	Geralmente ruim	Ruim	Bom com as ligas certas
Coeficiente de expansão térmica × 10⁻⁶/°C	12	12	12	12	12	12	12	24
Temperatura na qual o metal tem 50% de resistência à temperatura ambiente °C	350–500	500	500	500	500	500	pode fissurar a altas temperaturas	190
Resistência à corrosão do metal não tratado	Ruim	Moderada à boa	Ruim	Ruim à moderada	Moderada	Boa	Boa	Muito boa

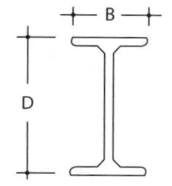

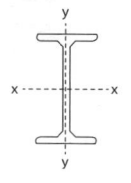

Tabela XI Perfil laminado I (padrão universal/viga)

Dimensões

Designação do perfil	Massa por metro kg/m	Altura do perfil D mm	Largura do perfil B mm	Espessura		Raio da raiz r mm	Altura entre os filetes d mm	Proporções para evitar a flambagem		Dimensões para detalhar			Área de superfície	
				Alma t mm	Mesa T mm			Mesa b/T	Alma d/t	Espaço livre na extremidade C mm	Entalhe N mm	n mm	Por metro m²	Por tonelada m²
305×165×54	54,0	310,4	166,9	7,9	13,7	8,9	265,2	6,09	33,6	6	90	24	1,26	23,3
305×165×46	46,1	306,6	165,7	6,7	11,8	8,9	265,2	7,02	39,6	5	90	22	1,25	27,1
305×165×40	40,3	303,4	165,0	6,0	10,2	8,9	265,2	8,09	44,2	5	90	20	1,24	30,8
305×127×48	48,1	311,0	125,3	9,0	14,0	8,9	265,2	4,47	29,5	7	70	24	1,09	22,7
305×127×42	41,9	307,2	124,3	8,0	12,1	8,9	265,2	5,14	33,1	6	70	22	1,08	25,8
305×127×37	37,0	304,4	123,4	7,1	10,7	8,9	265,2	5,77	37,4	6	70	20	1,07	29,0
305×102×33	32,8	312,7	102,4	6,6	10,8	7,6	275,9	4,74	41,8	5	58	20	1,01	30,8
305×102×28	28,2	308,7	101,8	6,0	8,8	7,6	275,9	5,78	46,0	5	58	18	1,00	35,4
305×102×25	24,8	305,1	101,6	5,8	7,0	7,6	275,9	7,26	47,6	5	58	16	0,992	40,0
254×146×43	43,0	259,6	147,3	7,2	12,7	7,6	219,0	5,80	30,4	6	82	22	1,08	25,1
254×146×37	37,0	256,0	146,4	6,3	10,9	7,6	219,0	6,72	34,8	5	82	20	1,07	29,0
254×146×31	31,1	251,4	146,1	6,0	8,6	7,6	219,0	8,49	36,5	5	82	18	1,06	34,2
254×102×28	28,3	260,4	102,2	6,3	10,0	7,6	225,2	5,11	35,7	5	58	18	0,904	31,9
254×102×25	25,2	257,2	101,9	6,0	8,4	7,6	225,2	6,07	37,5	5	58	16	0,897	35,6
254×102×22	22.0	254,0	101,6	5,7	6,8	7,6	225,2	7,47	39,5	5	58	16	0,890	40,5
203×133×30	30,0	206,8	133,9	6,4	9,6	7,6	172,4	6,97	26,9	5	74	18	0,923	30,8
203×133×25	25,1	203,2	133,2	5,7	7,8	7,6	172,4	8,54	30,2	5	74	16	0,915	36,4
203×102×23	23,1	203,2	101,8	5,4	9.3	7,6	169,4	5,47	31,4	5	60	18	0,790	34,2
178×102×19	19,0	177,8	101,2	4,8	7,9	7,6	146,8	6,41	30,6	4	60	16	0,738	38,8
152×89×16	16,0	152,4	88,7	4,5	7,7	7,6	121,8	5,76	27,1	4	54	16	0,638	39,8
127×76×13	13,0	127,0	76,0	4,0	7,6	7,6	96,6	5,00	24,1	4	46	16	0,537	41,3

Portanto, o vidro reforçado é capaz de resistir a esforços maiores em relação ao vidro anelado. O vidro temperado está sujeito ao estilhaçamento repentino devido às inclusões de sulfito de níquel. A mesma falha é instigada sempre que as camadas superficiais compressoras são rompidas por arranhamento.

O *vidro laminado* é produzido unindo-se duas camadas de vidro com uma camada de resina de acrílico. O material resultante não se estilhaça quando sofre um impacto, mas permanece coeso, minimizando o risco de ferimentos em caso de quebra.

9 OUTROS MATERIAIS

9.1 Tecidos estruturais

Os plásticos são utilizados na fabricação de muitos tecidos estruturais, cada vez mais comuns. Veja a Seção 7.12 do Capítulo 6.

10 FUNDAÇÕES

10.1 Natureza

O objetivo de uma fundação consiste em transmitir as cargas mortas e acidentais da estrutura de uma edificação para o solo. A natureza da fundação depende dos seguintes fatores:

- características do solo;
- magnitude das cargas vindas da estrutura;
- natureza das cargas vindas da estrutura.

Na maioria das edificações, as cargas transmitidas para o solo chegam como cargas localizadas transmitidas por pilares ou cargas lineares transmitidas por paredes. Para o tipo de edificação tratado por estas anotações, a magnitude das cargas não será grande o bastante para afetar a escolha do sistema de fundação de maneira significativa.

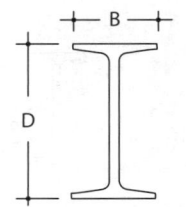

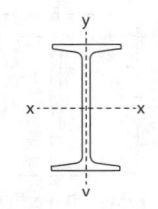

Tabela XII Perfil laminado I (padrão europeu/viga)

Dimensões

Designação do perfil	Massa por metro kg/m	Altura do perfil D mm	Largura do perfil B mm	Espessura		Raio da raiz r mm	Altura entre os filetes d mm	Proporções para evitar a flambagem		Dimensões para detalhar			Área de superfície	
				Alma t mm	Mesa T mm			Mesa b/T	Alma d/t	Espaço livre na extremidade C mm	Entalhe N mm	Entalhe n mm	Por metro m²	Por tonelada m²
254×203×82 #	82,0	254,0	10,2	19,9	19,6	19,6	9,7	166,6	5,11	16,3	7	104	44	14,8
254×114×37 ¥	37,2	254,0	7,6	12,8	12,4	12,4	6,1	199,3	4,46	26,2	6	60	28	24,2
203×152×52 #	52,3	203,2	8,9	16,5	15,5	15,5	7,6	133,2	4,62	15,0	6	78	36	17,8
152×127×37 #	37,3	152,4	10,4	13,2	13,5	13,5	6,6	94,3	4,81	9,07	7	66	30	19,8
127×114×29 #	29,3	127,0	10,2	11,5	9,9	9,9	4,8	79,5	4,97	7,79	7	60	24	22,0
127×114×27 #	26,9	127,0	7,4	11,4	9,9	9,9	5,0	79,5	5,01	10,7	6	60	24	24,2
127×76×16 ¥	16,5	127,0	5,6	9,6	9,4	9,4	4,6	86,5	3,97	15,4	5	42	22	31,0
114×114×27 ¥	27,1	114,3	9,5	10,7	14,2	14,2	3,2	60,8	5,34	6,40	7	60	28	22,8
102×102×23 #	23,0	101,6	9,5	10,3	11,1	11,1	3,2	55,2	4,93	5,81	7	54	24	23,9
102×44×7 #	7,5	101,6	4,3	6,1	6,9	6,9	3,3	74,6	3,65	17,3	4	28	14	46,6
89×89×19 #	19,5	88,9	9,5	9,9	11,1	11,1	3,2	44,2	4,49	4,65	7	46	24	24,4
76×76×15 ¥	15,0	76,2	8,9	8,4	9,4	9,4	4,6	38,1	4,76	4,28	6	42	20	27,9
76×76×13 #	12,8	76,2	5,1	8,4	9,4	9,4	4,6	38,1	4,54	7,47	5	42	20	32,1

10.2 Solo

Esse item depende basicamente da resistência do solo para transmitir as cargas. Neste contexto, o termo "solo" não se refere ao material vegetal adequado para o cultivo de plantações (solo arável), mas ao material que forma a superfície terrestre até uma profundidade de aproximadamente 100 m, e que não é rígido o bastante para ser classificado como uma "rocha".

A ciência das propriedades físicas do solo é chamada de mecânica dos solos. O aprofundamento nesse assunto não é adequado para nossos fins, mas alguns princípios simples se fazem necessários para a compreensão do projeto das fundações.

10.3 Capacidade de carga do solo

A pressão de carga que pode ser transmitida pelo solo é a carga adicional que pode ser suportada por uma unidade de área. Um estrato de solo a uma profundidade de aproximadamente três metros já suporta o peso desses três metros (do peso próprio) de solo. Na verdade, a capacidade de carga de muitos solos aumenta substancialmente de acordo com a profundidade. Isso ocorre porque um dos modos mais comuns de colapso sob cargas excessivas é o colapso lateral do solo, em geral acompanhado pelo soerguimento do material ao redor da área de aplicação. Evidentemente, essa ocorrência é muito menos provável sempre que a carga é suportada em determinada profundidade.

Uma vez que a capacidade de carga representa a carga adicional que o solo é capaz de suportar, quanto maior for a profundidade, menor será a proporção de pressão total (ou bruta) formada pela carga. Na verdade, é possível produzir uma pressão nula ou negativa removendo-se o peso próprio e substituindo-o por algo que pese menos – uma caixa oca, por exemplo. Esse é o princípio que permite o carregamento em solos pantanosos; a analogia é a mesma de um barco flutuando na água. Em muitos casos, o arquiteto será informado de qual é a capacidade de carga do solo na profundidade normal da fundação – cerca de um metro.

10.4 Sapatas isoladas e corridas

Essas são as fundações que os arquitetos encontram com mais frequência, e seu projeto somente exige a participação de um engenheiro quando há complicações. No entanto, é preciso tomar cuidado quando se trata de solos macios, onde o recalque é um critério mais crítico do que a capacidade de carregamento. Veja exemplos nas Figuras 5.11 e 5.12.

10.5 Outros tipos de fundações

Frequentemente, verifica-se que as cargas da edificação são muito intensas ou que a capacidade de carga do solo é muito ruim, fazendo com que as sapatas corridas ou isoladas adequadas sejam demasiadamente profundas ou precisem ser tão grandes que as bases adjacentes se tocarão. As duas soluções mais comuns para esse problema são:

- Radiers (Figura 5.13), onde as bases são unidas para formar somente uma base grande. O radier precisa ter a armadura necessária para suportar os esforços induzidos pelas irregularidades das capacidades de carga e carregamento.
- Estacas escavadas (Figura 5.14), que são instrumentos que transportam as cargas para níveis mais profundos do que os convencionais.

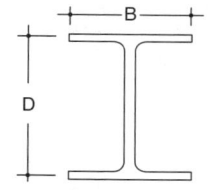

Tabela XIII Perfil laminado H (padrão universal/coluna)

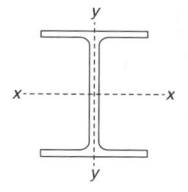

Dimensões

Designação do perfil	Massa por metro kg/m	Altura do perfil D mm	Largura do perfil B mm	Espessura		Raio da raiz r mm	Altura entre os filetes d mm	Proporções para evitar a flambagem		Dimensões para detalhar			Área de superfície	
				Alma t mm	Mesa T mm			Mesa b/T	Alma d/t	Espaço livre na extremidade C mm	Entalhe N mm	Entalhe n mm	Por metro m²	Por tonelada m²
254×254×167	167,1	289,1	265,2	19,2	31,7	12,7	200,3	4,18	10,4	12	134	46	1,58	9,45
254×254×132	132,0	276,3	261,3	15,3	25,3	12,7	200,3	5,16	13,1	10	134	38	1,55	11,7
254×254×107	107,1	266,7	258,8	12,8	20,5	12,7	200,3	6,31	15,6	8	134	34	1,52	14,2
254×254×89	88,9	260,3	256,3	10,3	17,3	12,7	200,3	7,41	19,4	7	134	30	1,50	16,9
254×254×73	73,1	254,1	254,6	8,6	14,2	12,7	200,3	8,96	23,3	6	134	28	1,49	20,4
203×203×86	86,1	222,2	209,1	12,7	20,5	10,2	160,8	5,10	12,7	8	110	32	1,24	14,4
203×203×71	71,0	215,8	206,4	10,0	17,3	10,2	160,8	5,97	16,1	7	110	28	1,22	17,2
203×203×60	60,0	209,6	205,8	9,4	14,2	10,2	160,8	7,25	17,1	7	110	26	1,21	20,1
203×203×52	52,0	206,2	204,3	7,9	12,5	10,2	160,8	8,17	20,4	6	110	24	1,20	23,0
203×203×46	46,1	203,2	203,6	7,2	11,0	10,2	160,8	9,25	22,3	6	110	22	1,19	25,8
152×152×37	37,0	161,8	154,4	8,0	11,5	7,6	123,6	6,71	15,5	6	84	20	0,912	24,7
152×152×30	30,0	157,6	152,9	6,5	9,4	7,6	123,6	8,13	19,0	5	84	18	0,901	30,0
152×152×23	23,0	152,4	152,2	5,8	6,8	7,6	123,6	11,2	21,3	5	84	16	0,889	38,7

Os radiers estão além do escopo desta seção; no entanto, orientações úteis sobre o projeto de radiers estão disponíveis no *Structural Foundation Designers Manual* (Manual dos Projetistas de Fundações Estruturais) (veja a referência bibliográfica).

10.6 Estacas de ponta

As estacas podem ser divididas entre aquelas que transportam as cargas para o solo principalmente pelas pontas (Figura 5.15) e aquelas que agem em virtude da fricção do fuste na interface entre o comprimento da estaca e o solo (Figura 5.16). As estacas de ponta costumam ser assentadas sobre rochas ou sobre camadas de cascalho com alta capacidade de carregamento. Elas talvez consistam em um fuste de concreto pré-moldado, cravado com um grande bate-estaca mecânico. Alternativamente, um perfil tubular oco é cravado e, posteriormente, se lança concreto para dar forma à estaca. Em qualquer um dos casos, a extensão da penetração obtida em cada golpe do bate-estaca indica a capacidade de carregamento da estaca. Um método de projeto utilizado ocasionalmente para estacas de ponta simples no formato de estacas pouco profundas é ilustrado na Figura 5.17.

10.7 Estacas de atrito

As estacas de atrito, mais adequadas para solos coesivos, como os argilosos, em geral são cravadas por percussão (Figura 5.16). Nesse método, um orifício circular é escavado no solo por um grande bate-estacas ou outros equipamentos. Se necessário, as laterais do orifício serão estabilizadas temporariamente. Quando a profundidade necessária for atingida, a armadura será colocada no orifício e o concreto será lançado. Algum método de compactação de concreto é empregado para que todas as cavidades do solo sejam preenchidas adequadamente. A luva é retirada assim que o concreto entra, garantindo um contato íntimo entre a estaca e o solo.

A capacidade desse tipo de estaca não é tão evidente como no caso das estacas cravadas. Cálculos determinam o comprimento necessário da estaca, com base na resistência ao cisalhamento da argila nas diferentes profundidades abaixo do solo. Os parâmetros para as propriedades do solo são adquiridos realizando-se uma investigação do terreno antes do projeto.

Ainda que os cálculos propriamente ditos não sejam tão complicados, a participação de um engenheiro é necessária para uma interpretação correta. Recomenda-se que esse tipo de estaca seja projetado por um especialista em estacas, acompanhado por um engenheiro consultor, com supervisão adequada e testagem no local, para garantir que a estaca seja apropriada para as cargas do projeto.

10.8 Ensaios em estacas

Tanto em estacas escavadas como cravadas, é comum a realização de um ou mais ensaios com as estacas reais em cada obra. Em obras muito grandes, são feitos ensaios de ruptura em estacas adicionais, mas, em geral, uma das estacas de trabalho recebe uma carga de trabalho 1,5 vez superior ao normal, de forma a comprovar a eficácia do projeto. Esses ensaios de carga estática constante são caros e demorados, exigindo a utilização de grandes blocos de concreto (um lastro) ou a instalação de estacas de atrito que permitem a aplicação de uma carga de percussão na estaca sob testagem. Há um método de testagem mais rápido para avaliar a resposta dinâmica da estaca com um golpe de bate-estacas na cabeça da estaca; contudo, o julgamento de um engenheiro é necessário para determinar o regime correto e o método (ou métodos) de testagem adequado.

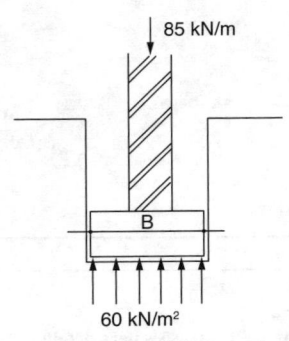

5.11 Largura de uma sapata corrida, corte (Exemplo 1).

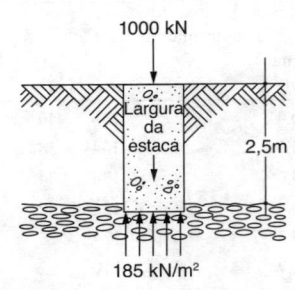

5.12 Estaca de concreto apoiada sobre camada de cascalho (Exemplo 2).

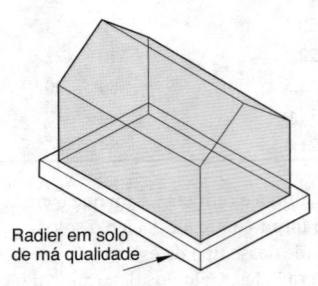

5.13 Radier usado em solo de má qualidade.

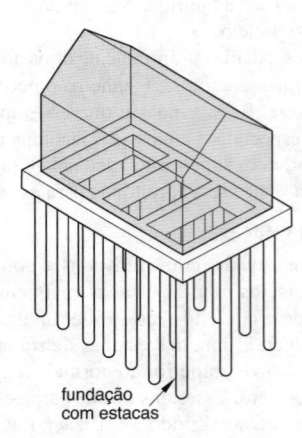

5.14 Alternativa de fundação com estacas.

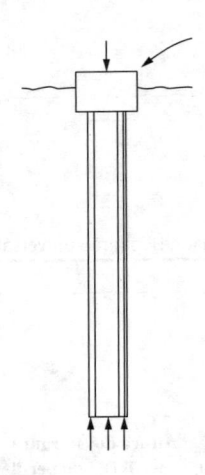

5.15 Estaca de ponta.

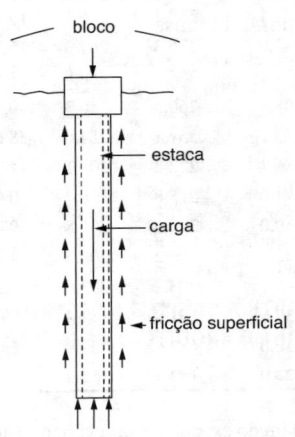

5.16 Estaca de atrito.

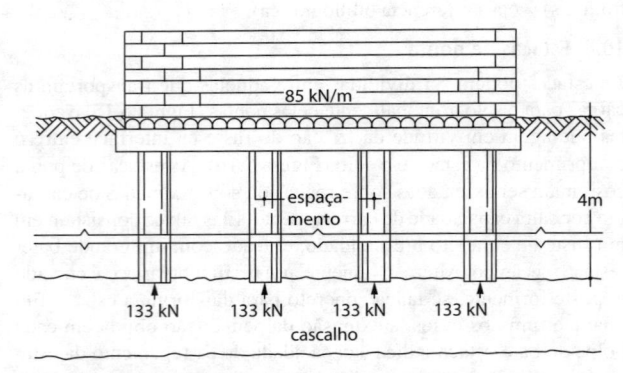

5.17 Estacas escavadas curtas (Exemplo 3).

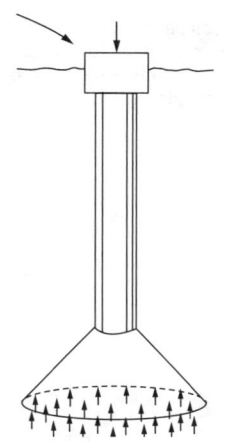

5.18 Estaca tipo Franki.

10.9 Estacas de ponta bulbosa

Um terceiro tipo de estaca é a estaca de ponta bulbosa. O fuste é cravado no solo de maneira convencional, mas, quando se atinge a profundidade desejada, é utilizada uma ferramenta especial para aumentar a base e dar a ela o formato de um sino (Figura 5.18). Essas estacas são substanciais em termos de tamanho, e é preciso realizar uma inspeção profunda da base para verificar a integridade do solo ao qual as cargas serão transmitidas. Nem sempre é possível testar esse tipo de estaca por meio de métodos estáticos, devido à magnitude dos esforços transmitidos.

11 ANÁLISE INTUITIVA DE SISTEMAS ESTRUTURAIS BÁSICOS: O QUE O ARQUITETO DEVE CONSIDERAR

11.1 Cargas mortas

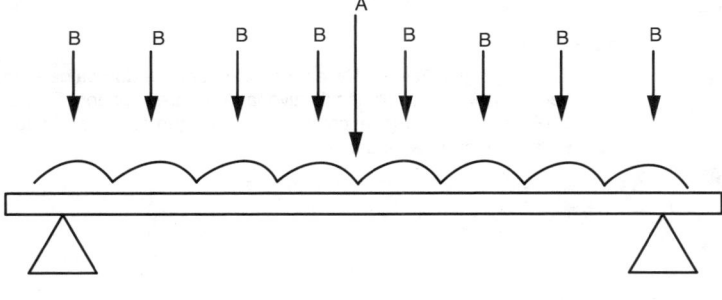

A = uma CARGA CONCENTRADA (PONTUAL), como um móvel, uma máquina ou mesmo uma pessoa, isto é, uma força concentrada em uma área pequena.

B = uma CARGA UNIFORMEMENTE DISTRIBUÍDA, como as estantes com livros em uma biblioteca ou os automóveis em um estacionamento, isto é, uma força distribuída em uma área maior.

Na realidade, a maioria das cargas impostas a um elemento estrutural são uma combinação de CARGA CONCENTRADA com CARGA UNIFORMEMENTE DISTRIBUÍDA.

11.2 Flexão

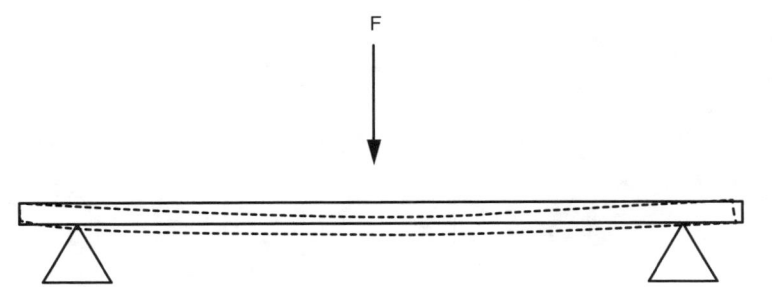

Quando uma força (F) é aplicada, a viga se curvará, ou seja, estará sob FLEXÃO.

É com o nível dessa DEFORMAÇÃO que os arquitetos devem se preocupar.

CONFORTO
A FLEXÃO será tão intensa que os móveis irão se mover ou os usuários se sentirão inseguros?

TRANSFERÊNCIA DE CARGAS
A FLEXÃO será tão acentuada que as cargas que deveriam ser absorvidas pelo elemento estrutural (como uma viga ou painel de piso) serão transferidas aos painéis de vedação?

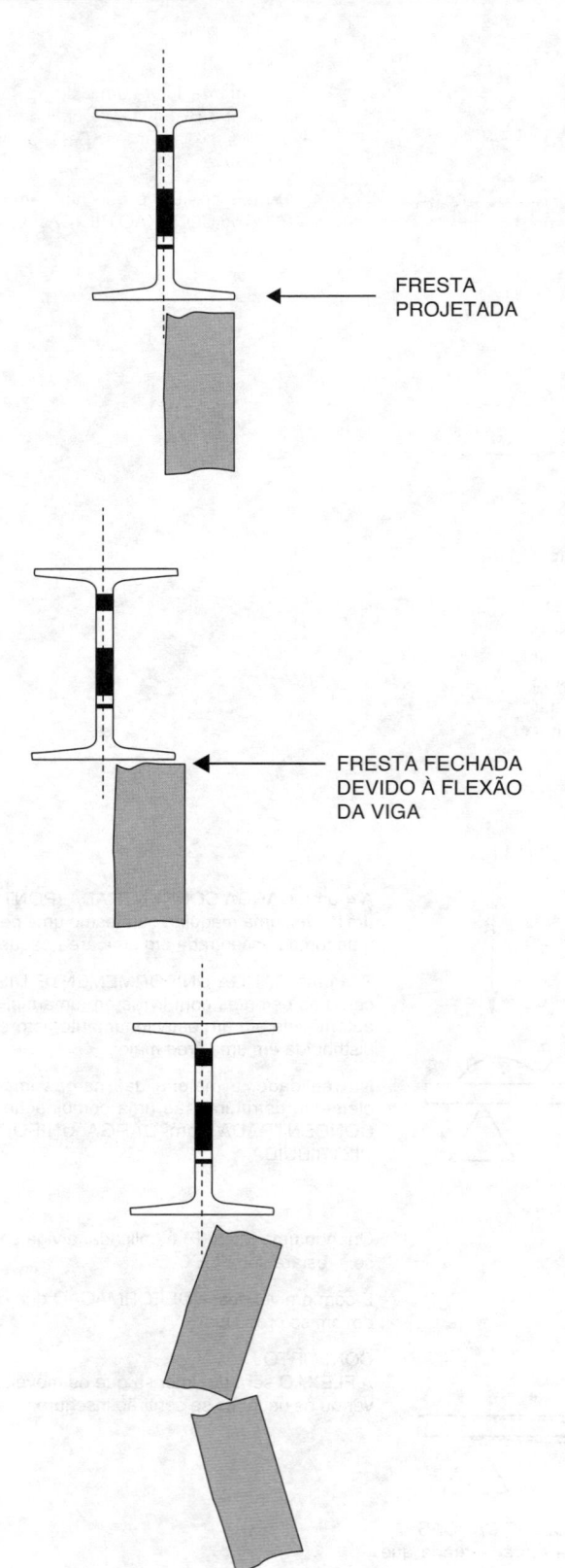

A alvenaria de blocos de vedação é construída deixando-se uma fresta de 10 a 15 mm em relação à mesa inferior da viga de aço, de acordo com o nível de FLEXÃO. Esse espaço vazio será fechado com um composto de vedação.

← FRESTA PROJETADA

A JUNTA DE DILATAÇÃO deve ser maior do que a flexão projetada para a viga.

← FRESTA FECHADA DEVIDO À FLEXÃO DA VIGA

Se a viga FLETIDA entrar em contato com um dos painéis de vedação ou um dos blocos da alvenaria, a parede poderá FLAMBAR e mesmo entrar em colapso, uma vez que não foi projetada para receber essa carga.

11.3 Viga em balanço

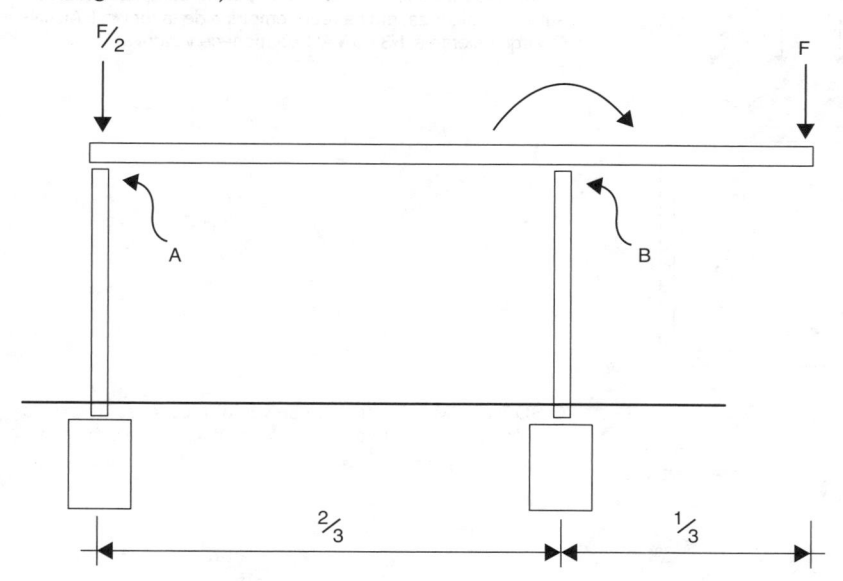

O diagrama ilustra um sistema muito simples, no qual o BALANÇO é obtido apenas equilibrando-se as cargas. Essa é uma situação improvável.

O mais comum é que haja uma JUNTA DE PINO ou CONEXÃO RÍGIDA nos pontos A e B.

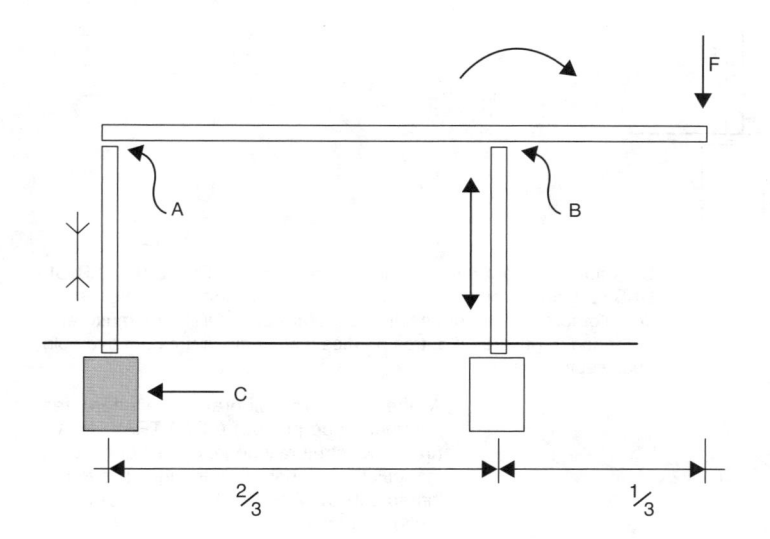

A viga estará submetida à ROTAÇÃO em relação ao ponto B. O pilar sob esse ponto estará submetido à COMPRESSÃO, enquanto o pilar sob o ponto B estará sob TRAÇÃO. O tracionamento exige o TRAVAMENTO – isto é, algum meio de evitar que ele seja arrancado do solo. Isso pode ser feito mediante uma fundação pesada ou profunda (ou ambas) no ponto C.

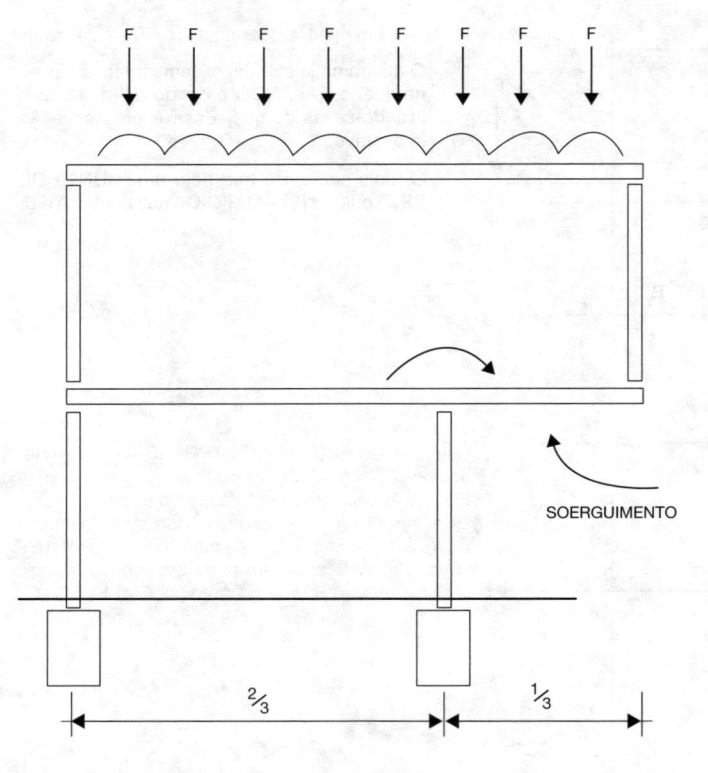

Na realidade, as forças serão muito mais complexas do que aquelas indicadas, mas a regra empírica de fazer um BALANÇO equivalente a 1/3 do VÃO permanece válida.

O SOERGUIMENTO (devido ao vento) precisa ser resolvido com qualquer outra força à qual a estrutura esteja submetida.

SOERGUIMENTO

11.4 Contraventamento, fissuras e triangulação

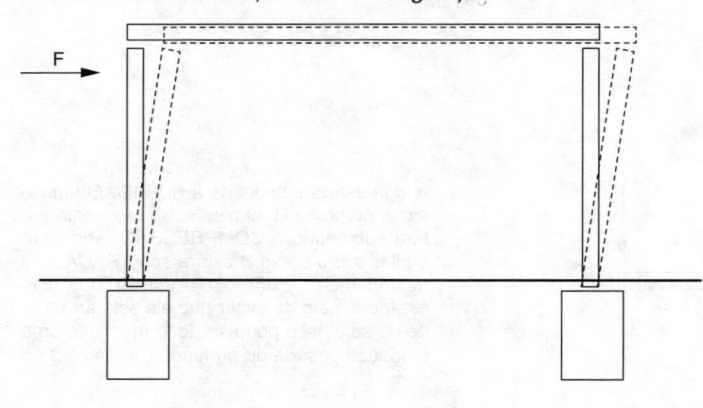

Uma FORÇA LATERAL (como o vento) imposta à estrutura provocará FISSURAS, a menos que sejam tomadas precauções para atenuar esse problema.

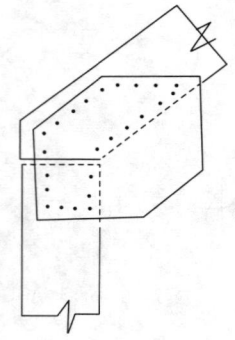

Um método para prevenir esse problema é criar CONEXÕES RÍGIDAS robustas e fortes o suficiente nos principais pontos de conexão dos elementos estruturais. Uma estrutura em PÓRTICO, muito empregada em galpões e outros prédios industriais, é um bom exemplo dessa estratégia.

A alternativa (considerando-se diferentes parâmetros de projeto) é CONTRAVENTAR (travar) a estrutura independente por meio da triangulação. As barras de triangulação trabalharão sob COMPRESSÃO ou TRAÇÃO (ou serão submetidas a ambos os esforços).

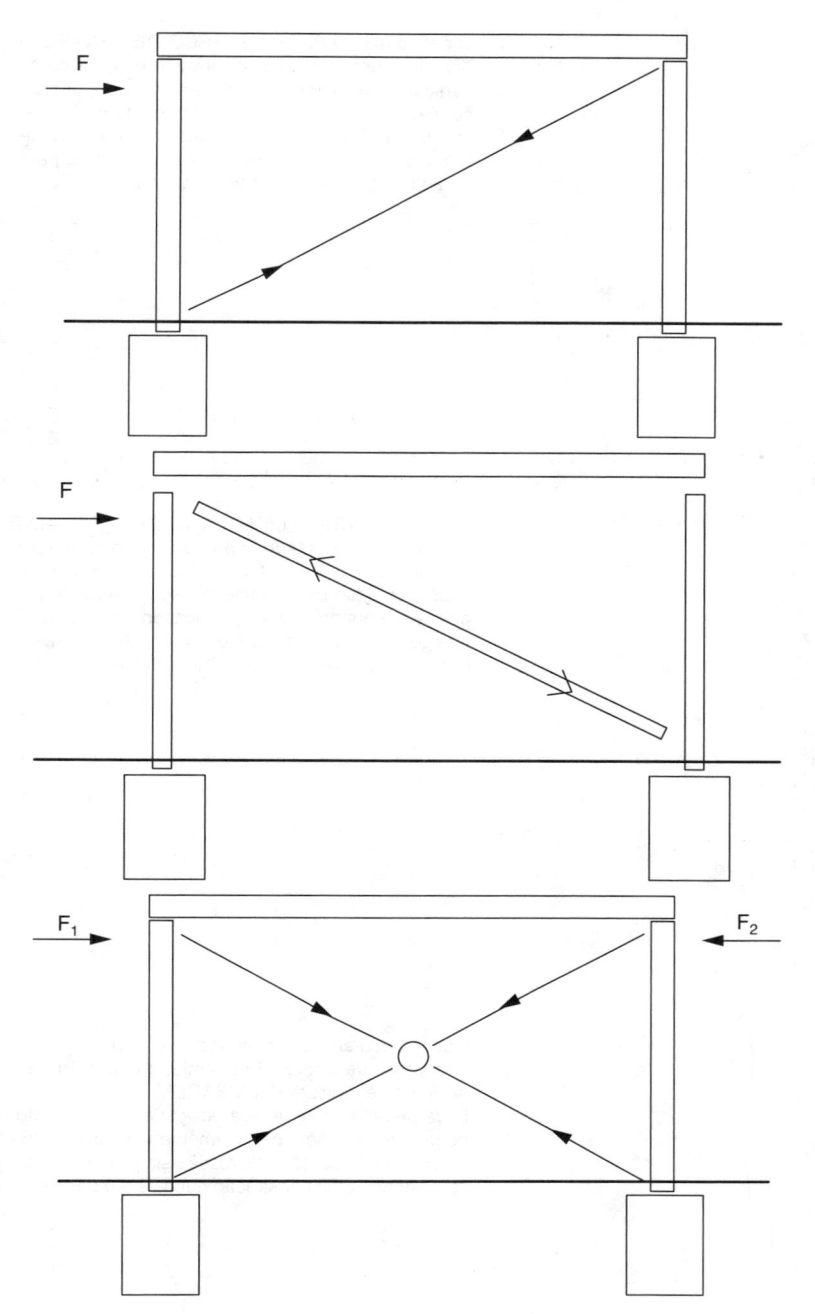

Portanto, um elemento submetido à TRAÇÃO tanto pode ser uma barra como um cabo, geralmente metálico (um TIRANTE).

Este elemento está sob COMPRESSÃO (e deve ter seção substancial, para resistir a tal esforço – uma ESCORA). Observe que uma força lateral exercida pelo lado direito da estrutura (o contrário do indicado ao lado) submeteria o elemento diagonal à TRAÇÃO. Uma única escora pode ser projetada para resistir tanto à TRAÇÃO quanto à COMPRESSÃO.

Forças laterais imprevisíveis (ou seja, o caso mais comum) precisam ser resolvidas por meio do desenho de elementos que possam resistir tanto à compressão como à tração. Consegue-se isso com o uso de uma escora ou de dois tirantes (formando um "x"), mas essa segunda opção é preferível, por motivos estéticos.

Outro meio existente para resistir ao DESLOCAMENTO LATERAL é o uso de um material de vedação em chapa ou painel (com as chapas de madeira laminada ou OSB). Além de fornecerem travamento adequado, os novos materiais em chapas também agem como uma barreira à umidade permeável.

11.5 Arcos

Os ARCOS são um antigo método de vencimento de vãos, e seu uso permitiu a nossos ancestrais vencer vãos muito maiores do que seria possível por meio de lintéis de pedra ou madeira.

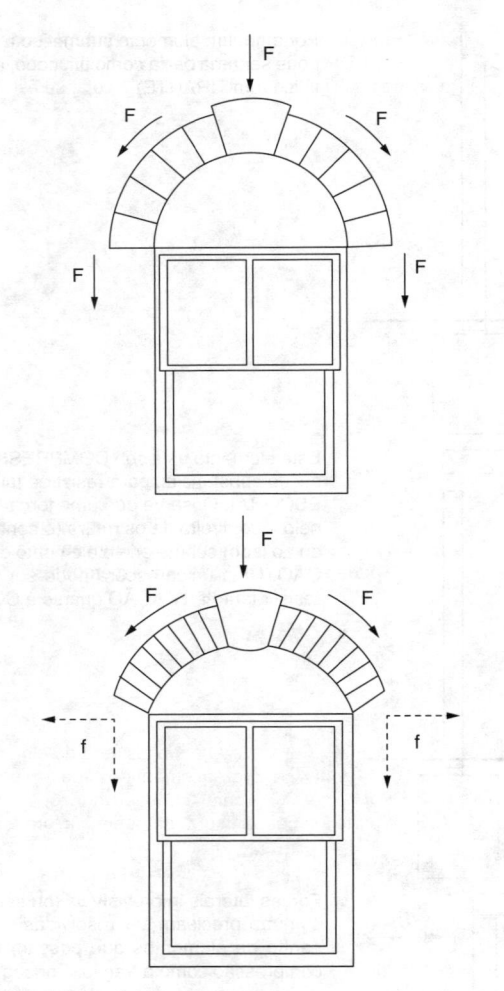

O antigo ARCO PLENO ou ARCO DE MEIO PONTO, de forma semicircular, transfere os esforços verticalmente no ponto onde ele "nasce" (na nascença). A ausência de um componente horizontal significa que não há a necessidade de paredes muito espessas nem de contrafortes ou pilastras para garantir que o arco não entre em colapso.

O ARCO ABATIDO ou ARCO REBAIXADO, posteriormente inventado, não consegue transferir perfeitamente seus esforços de modo vertical na nascença. Isso exige o uso de algum recurso que possa se contrapor às forças horizontais criadas, o que geralmente se faz com o aumento da massa da parede ou o acréscimo de contrafortes ou pilastras.

11.6 Flambagem

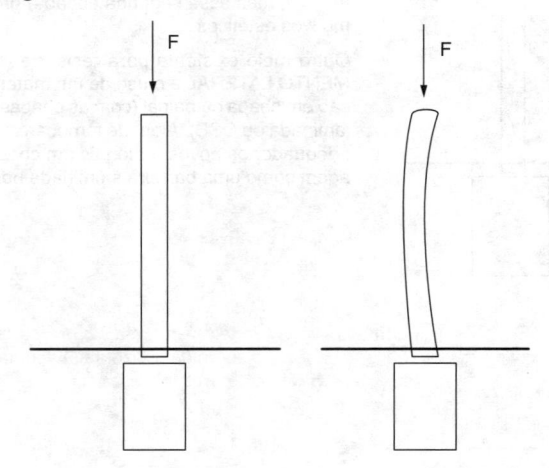

Observando-se a figura ao lado, fica evidente que, à medida que a força F aumenta, o elemento vergará, isto é, sofrerá FLAMBAGEM. Em tese, uma força perfeitamente vertical aplicada no eixo exato de um pilar também perfeitamente vertical resultaria em uma força de compressão simples. Na prática, contudo, uma construção nunca é tão perfeita.

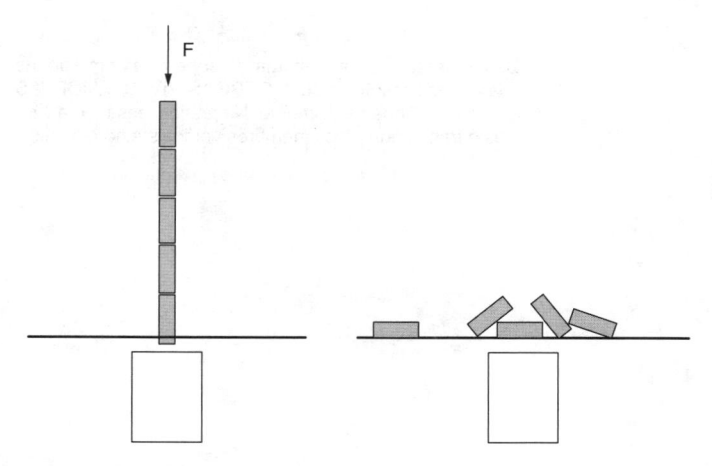

Em um pilar monolítico, a flambagem tenderá a causar a flexão. Porém, se o elemento vertical for de alvenaria de blocos ou tijolos, o resultado será o colapso estrutural.

11.7 Aumento do vão efetivo

Sabemos que o vão efetivo de uma viga pode ser aumentado se o valor do eixo Y também sofrer acréscimo, o que pode ser feito por diferentes métodos.

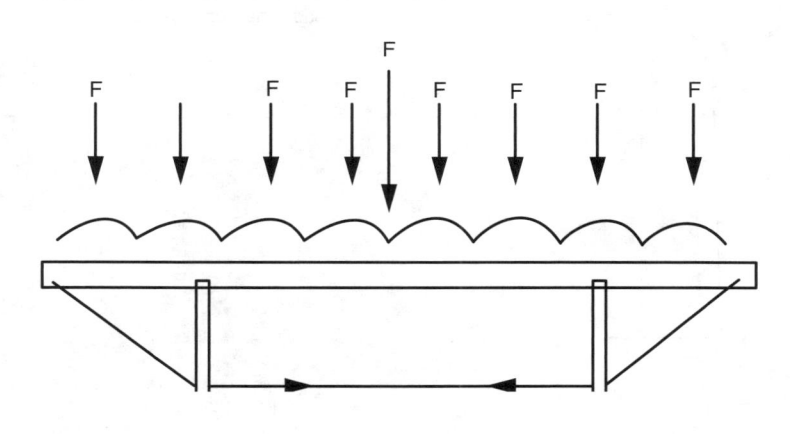

Uma VIGA-VAGÃO é um sistema de elementos verticais tracionados que são mantidos afastados do elemento principal (horizontal). O cabo horizontal tracionado (na parte inferior da figura) aumenta a altura efetiva da viga.

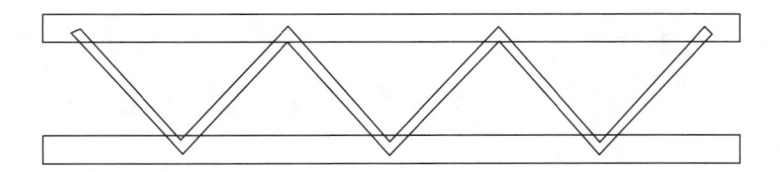

O mesmo é verdadeiro em uma VIGA TRELIÇADA, na qual os banzos (elementos horizontais) superior e inferior são separados por barras inclinadas.

11.8 Coberturas

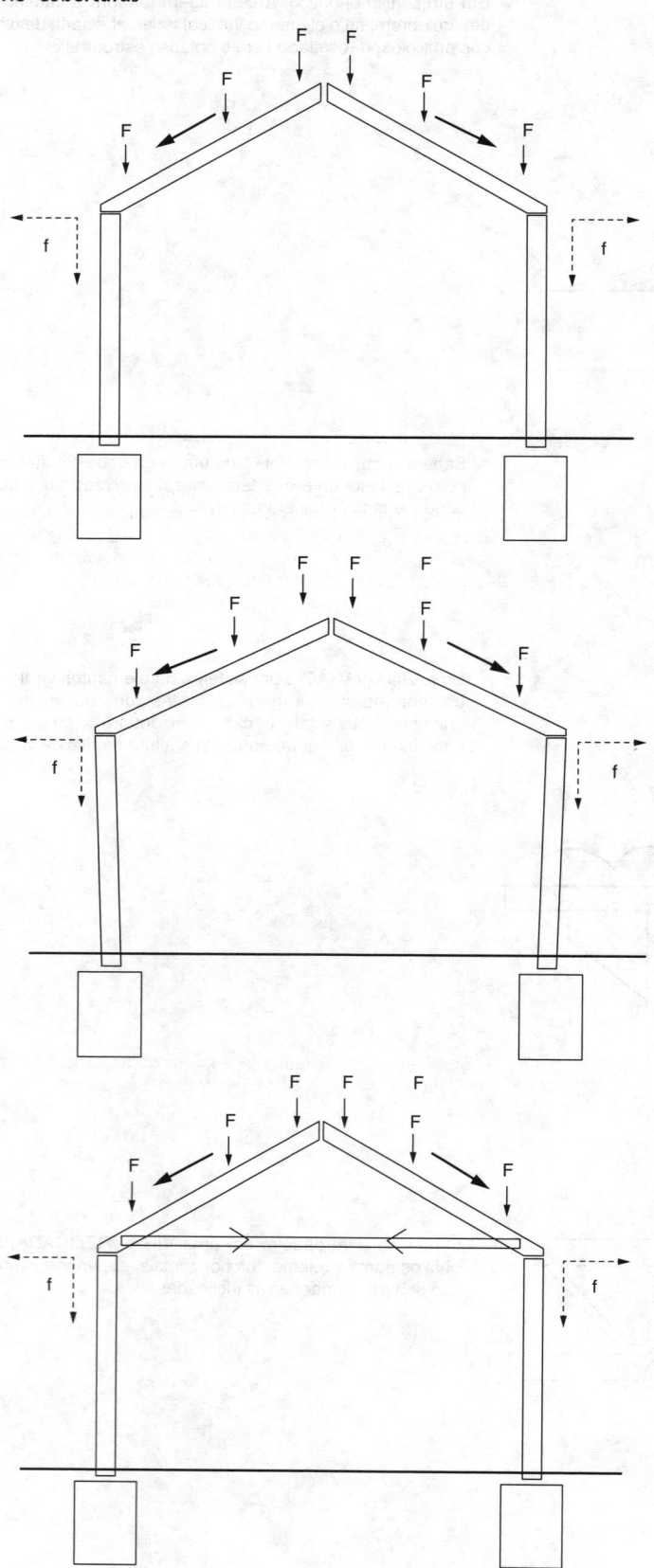

Os elementos de um sistema de cobertura com apenas duas águas resolvem suas CARGAS VIVAS e MORTAS ao longo da linha de caimento. Na prática, essa força simples é transferida pelos membros verticais e horizontais.

Pode-se observar que os componentes horizontais forçam os elementos de sustentação verticais (que podem ser pilares ou paredes) para fora, fazendo com que a cobertura tenda ao colapso. Beirais deformados, avançando em relação à linha da parede, sinalizam esse problema.

Uma maneira de evitar que isso ocorra é amarrar os caibros com peças de madeira (que funcionarão como elementos submetidos tanto à tração quanto à compressão) ou cabos de aço (que apenas trabalharão à tração).

5 Estruturas 5-29

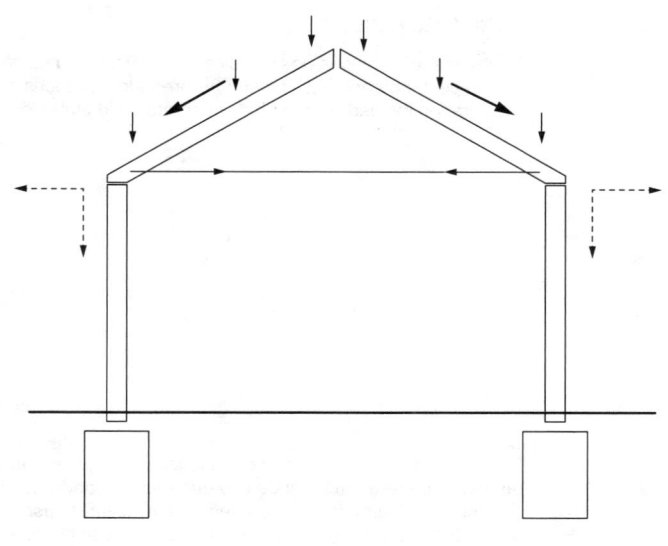

Um TIRANTE de aço às vezes é empregado nos casos em que um elemento de madeira pesado talvez não seja esteticamente adequado.

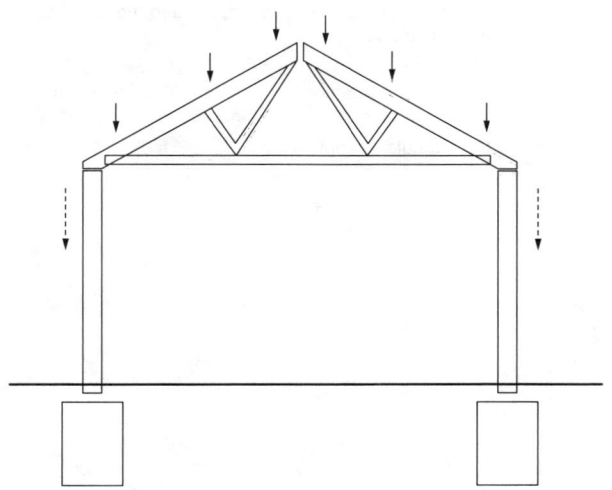

A TESOURA DE COBERTURA comum, utilizada por construtores de casas tradicionais, é um método leve e eficiente de projetar uma estrutura de cobertura para a escala doméstica. No entanto, perde-se a possibilidade de aproveitar o espaço sob o telhado, que poderia criar um sótão.

11.9 Uma observação sobre as conexões

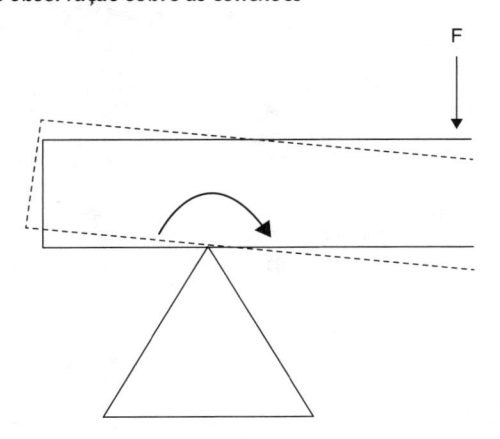

JUNTAS DE PINO

Como uma viga apoiada flexiona devido às cargas impostas, ela fica livre para GIRAR em relação ao apoio.

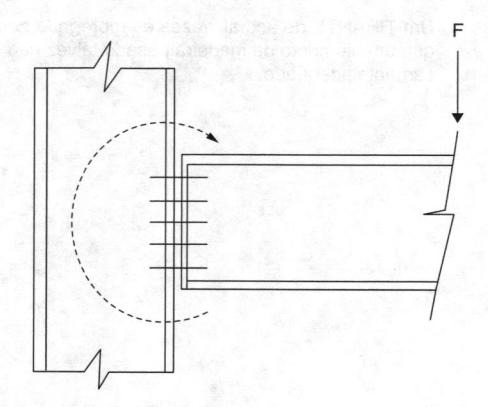

CONEXÕES RÍGIDAS

Na realidade, a maioria dos vínculos é parafusada ou soldada em peças de aço; parafusada ou pregada em peças de madeira; ou moldada, no caso do concreto moldado *in loco*.

11.10 Perfis de aço mais comuns

Por várias razões construtivas e estéticas, o arquiteto muitas vezes prefere um perfil de aço que não agrada tanto ao engenheiro. O arquiteto frequentemente solicitará o uso de um perfil U, mas o engenheiro ressaltará que esse perfil, em virtude de sua excentricidade, é muito menos eficiente que o perfil I ou o H.

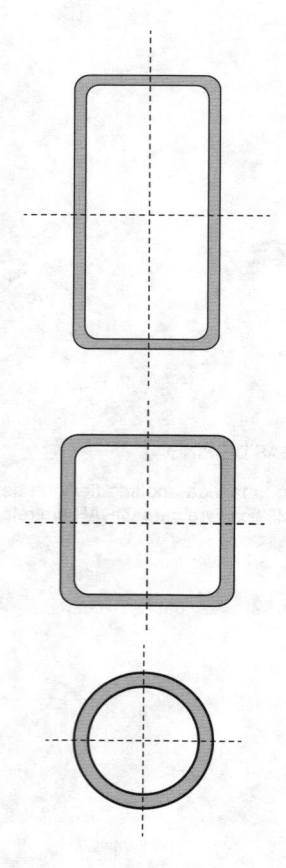

Perfil tubular triangular

Perfil tubular quadrado

Perfil tubular redondo

Perfil H

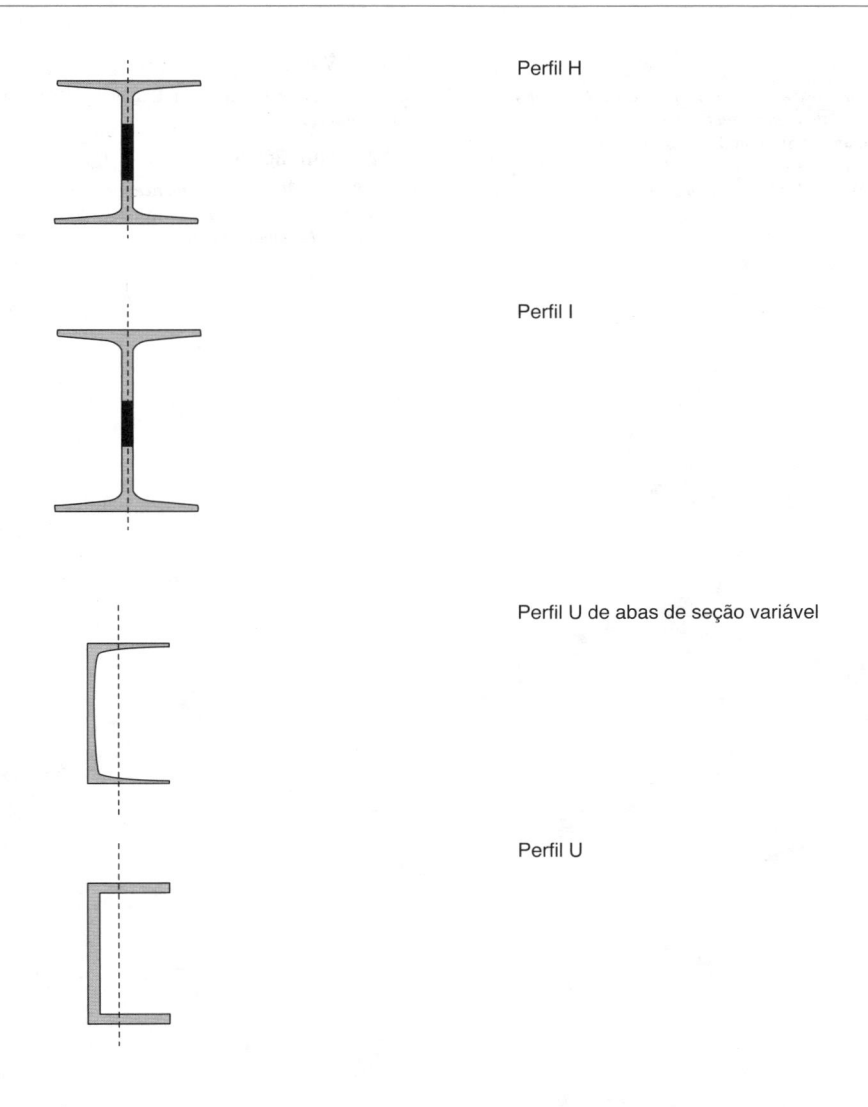

Perfil I

Perfil U de abas de seção variável

Perfil U

12 REFERÊNCIAS BIBLIOGRÁFICAS

12.1 Geral
Hodgkinson, A (ed.) 1974. AJ *Handbook of Building Structure*, London, Architectural Press
Orton, A.1988. *The Way We Build Now*, London, E & F N Spon
Gauld, B, J, B. 1995. *Structures for Architects*, Longman Scientific & Technical
Building Regulations, Approved Document A, 2004. Structure
Institution of Structural Engineers, 1987. *Aims of structural design*
Institution of Structural Engineers, 1989. *Stability of buildings*
Institution of Structural Engineers, 1989. *The achievement of structural adequacy in buildings*

12.2 Carregamento
BS 648: 1964. *Schedule of weights of building materials*
BS 6399-1:1996. *Loading for buildings. Code of practice for dead and imposed loads*
BS 6399-2:1997. *Loading for buildings. Code of practice for wind loads*
BS 6399-3:1988. *Loading for buildings. Code of practice for imposed roof loads*

12.3 Alvenaria
BS 5628-1:1992. *Code of practice for use of masonry. Structural use of unreinforced masonry*
BS 5628-3:2005. *Code of practice for the use of masonry. Materials and components, design and workmanship*

Institution of Structural Engineers, 2005. *Manual for the design of plain masonry in building structures*

12.4 Madeira
BS 5268-2:2002. *Structural use of timber. Code of practice for permissible stress design, materials and workmanship*
BS 5268-3:2006. *Structural use of timber. Code of practice for trussed rafter roofs*
Ozelton, E,C. Baird, J,A. 2006. *Timber designers' manual*, London, Blackwell

12.5 Concreto
BS EN 206-1:2000. *Concrete. Specification, performance, production and conformity*
BS 8500-1:2006. *Concrete. Complementary British Standard to BS EN 206-1. Method of specifying and guidance for the specifier*
BS 8500-2:2002. *Concrete. Complementary British Standard to BS EN 206-1. Specification for constituent materials and concrete*
BS 8110-1:1997. *Structural use of concrete. Code of practice for design and construction*
The Institutions of Civil and of Structural Engineers, 1985. *Manual for the design of reinforced building structures*
The Institution of Structural Engineers, 1991. *Recommendations for the permissible stress design of reinforced concrete building structures*
Reynolds, C, E. Steedman, J, C. (1988) *Reinforced concrete designer's handbook* (10th ed) London, Spon Press

12.6 Aço

BS 5950-1:2000, *Structural use of steelwork in building. Code of practice for design of cold formed thin gauge sections*

The Institutions of Civil and of Structural Engineers, 2002. *Manual for the design of steelwork building structures*

Davison, B. Owens, G,W. 1992. *Steel designers' manual* (6th ed) London, Blackwell

12.7 Vidro

The Institution of Structural Engineers, 1999. *Structural use of glass in buildings*

12.8 Fundações

BS 8004:1986. *Code of practice for foundations*

Curtin, W, G. Shaw, G. Parkinson, G. Golding, J. Seward., N. 2006. *Structural Foundation Designers' Manual*, London, Blackwell

Materiais de construção 6

Arthur Lyons com AHR Arquitetos (antiga Aedas)

O Dr. Arthur Lyons escreve sobre arquitetura e materiais de construção; recentemente se aposentou da Leicester School of Architecture, Faculty of Art and Design, De Montfort University, Leicester, Reino Unido. Ele atualmente é pesquisador visitante honorário dessa universidade. A AHR Architects é uma firma interdisciplinar de consultoria em projeto e construção

PONTO-CHAVE:
- *Os padrões e as especificações mudam constantemente; sempre consulte as normas técnicas correntes e os detalhes fornecidos pelos fabricantes*

Conteúdo

1. Introdução
2. Aço
3. Madeira
4. Tijolos e blocos
5. Concreto
6. Alumínio
7. Revestimentos de coberturas e de fachadas
8. Vidro
9. Materiais cerâmicos
10. Pedra natural e artificial
11. Plásticos
12. Plásticos, concreto (cimento) e gesso reforçados com fibra de vidro
13. Argamassas e materiais em chapa
14. Materiais isolantes
15. Vedantes, gaxetas e adesivos
16. Tintas, *stains* para madeira e vernizes
17. Janelas, portas e sistemas de parede-cortina
18. Referências bibliográficas
19. Agradecimentos

1 INTRODUÇÃO

A maioria dos materiais de construção é fornecida conforme as dimensões métricas; no entanto, alguns materiais ainda mantêm suas designações no padrão imperial. Quando apropriado, as listagens são extraídas das normas britânicas e europeias ou de organizações comerciais e, consequentemente, não corresponderão necessariamente às variedades completas oferecidas pelos fornecedores individuais. Inevitavelmente, ocorrerão mudanças nos padrões e nas normas técnicas da construção que virão a afetar a disponibilidade de produtos específicos. Aconselha-se, portanto, a verificação da disponibilidade corrente e do período de entrega.

2 AÇO

2.1 Introdução

A norma britânica BS 6722:1986 define as dimensões recomendadas para arames, vergalhões e perfis planos de metal ferroso e não ferroso. As dimensões recomendadas são listadas nas Tabelas I e II.

2.2 Lâminas, chapas e barras de aço

Aço laminado a frio: O aço laminado a frio é produzido com uma espessura padrão que varia de 0,5 a 3,2 mm (Tabela III). As folhas (< 3 mm) e placas de (≥ 3 mm) de aço laminado a quente são pro-

Tabela I Espessura (mm) recomendada para chapas e barras de metal ferroso e não ferroso (norma britânica BS 6722:1986)

0,10, 0,11, 0,12, 0,14, 0,16, 0,18, 0,20, 0,22, 0,25, 0,28, 0,30, 0,35, 0,40, 0,45, 0,50, 0,55, 0,60, 0,70, 0,80, 0,90, 1,0, 1,1, 1,2, 1,4, 1,6, 1,8, 2,0, 2,2, 2,5, 2,8, 3,0, 3,5, 4,0, 4,5, 5,0, 5,5, 6,0, 7,0, 8,0, 9,0, 10,0, 11,0, 12,0, 14,0, 16,0, 18,0, 20,0, 22,0, 25,0, 28,0, 30,0, 35,0, 40,0, 45,0, 50,0, 55,0, 60,0, 70,0, 80,0, 90,0, 100,0, 110,0, 120,0, 140,0, 160,0, 180,0, 200,0, 220,0, 250,0, 280,0, 300,0

Observação: O tipo mais indicado está em redondo; a segunda preferência está em itálico.

Tabela II Larguras e comprimentos (mm) recomendados para chapas e barras de metal ferroso e não ferroso (norma britânica BS 6722:1986)

400, 500, 600, 800, 1.000, 1.200, 1.250, 1.500, 2.000, 2.500, 3.000, 4.000, 5.000, 6.000, 8.000, 10.000.

duzidas com espessuras que variam entre 1,6 e 250 mm (Tabela IV). Os tamanhos padronizados das chapas são apresentados nas tabelas.

Barras de aço – chatas, redondas (vergalhões), quadradas e sextavadas: os tamanhos padronizados das barras chatas, redondas e quadradas são apresentados nas Tabelas V–VII, respectivamente.

A norma britânica BS EN 10061: 2003 mostra as dimensões recomendadas para as barras sextavadas laminadas a quente (Tabela VIII); contudo, o padrão fica entre 7 e 75 mm.

Tabela III Chapa de aço laminado a frio

Espessura (mm)	0,5	0,6	0,7	0,8	1,0	1,2	1,6	2,0	2,5	3,0	3,2
Massa (kg/m²)	3,93	4,71	5,50	6,28	7,85	9,42	12,56	15,70	19,63	23,55	25,12

Observação: Dimensões padronizadas conforme a empresa Tata Steel.
Os tamanhos padronizados das chapas são 2.000×1.000, 2.500×1.250 e 3.000×1.500 mm; para rolos, as larguras variam entre 750 e 2.000 mm.

2.3 Perfis de aço estrutural

A maioria dos perfis de aço no Reino Unido ainda se baseia nas antigas dimensões imperiais, embora seja avaliada em dimensões métricas e comercializada em quilogramas ou toneladas. As Tabelas IX-XI resumem as dimensões padrão, mas é preciso observar que elas são citadas em tamanhos nominais; as dimensões exatas devem ser verificadas junto aos dados dos fabricantes.

As tolerâncias em dimensões nominais para perfis I pequenos e cantoneiras são listadas na norma britânica BS 4-1:2005; para os perfis I e H, por sua vez, na norma BS EN 10034:1993. Alguns perfis de aço estrutural, listados na Tabela XII, são fabricados em tamanhos métricos e modulados.

Perfis estruturais tubulares de aço: Os perfis estruturais tubulares de aço podem ser laminados a quente ou a frio. Os perfis estruturais tubulares de aço laminados a quente são fabricados em

Tabela IV Folhas e chapas de aço laminadas a quente

Espessura (mm)	1,6	2,0	2,5	3,0	4,0	5,0	6,0	8,0	10,0	12,5	15
Massa (kg/m²)	12,6	15,7	19,6	23,6	31,4	39,6	47	63	79	98	118
Espessura (mm)	20	22	25	30	32	35	40	45	50	55	60
Massa (kg/m²)	157	173	196	236	251	275	314	353	393	432	471
Espessura (mm)	65	70	75	80	85	90	95	100	120	130	150
Massa (kg/m²)	510	550	589	1628	667	707	746	785	942	1.021	1.178

Observação: Dimensões padronizadas da Tata Steel.
Os tamanhos típicos de chapa são: – largura: 1.000-3.000 mm; comprimento: 2.000-9.000mm.

aço com resistência no escoamento de, no mínimo, 275 ou 355 MPa (por exemplo S275J2H ou S355J2H, respectivamente), conforme a norma BS EN 10210: 2006. Os perfis laminados a frio, produzidos em aço com resistência ao escoamento de, no mínimo, 235 e 355 MPa, se limitam a uma espessura de 8 e 16 mm, respectivamente. Os perfis estruturais tubulares de aço laminados a quente estão disponíveis em perfis quadrados, retangulares, redondos e ovais. Os perfis estruturais tubulares de aço laminados a frio estão disponíveis em perfis quadrados, retangulares e circulares.

A norma britânica BS EN 10210-2: 2006 inclui os perfis laminados a quente nas seguintes dimensões máximas: redondos – diâmetro externo de 2.500 mm; quadrados – dimensões externas de 800 × 800 mm; retangulares – dimensões externas de 750 × 500 mm; e elíptico – dimensões externas de 500 × 250 mm. Contudo, nem todas as dimensões de perfis são descritas no padrão.

Tabela V Perfis planos laminados a quente

Largura (mm)	3	4	5	6	8	10	12	15	20	25	30	35	40	45	50	60	65	75
10	×																	
12	×																	
13	×	×	×	×														
15	×	×	×															
16	×	×	×		×	×												
20	×	×	×	×	×	×	×											
22	×		×			×												
25	×	×	×	×	×	×	×	×	×									
30	×	×	×	×	×	×	×	×	×	×								
35	×	×	×	×	×	×	×	×										
40	×	×	×	×	×	×	×	×	×	×								
45	×	×	×	×	×	×	×	×	×	×								
50	×	×	×	×	×	×	×	×	×	×	×		×					
55				×	×	×	×	×	×	×	×							
60	×	×	×	×	×	×	×	×	×	×	×	×						
65	×	×	×	×	×	×	×	×	×	×	×	×	×					
70	×		×	×	×	×	×	×	×	×	×							
75	×	×	×	×	×	×	×	×	×	×	×	×				×	×	
80	×	×	×	×	×	×	×	×	×	×	×	×	×	×	×	×	×	
90	×	×	×	×	×	×	×	×	×	×	×	×	×	×	×			
100	×	×	×	×	×	×	×	×	×	×	×	×	×	×	×	×	×	×
110	×		×	×	×	×	×	×	×	×	×		×	×	×			
120			×	×	×	×	×	×	×	×	×							
130	×	×	×	×	×	×	×	×	×	×	×		×	×	×	×		×
140				×	×	×	×	×	×	×	×							
150	×	×	×	×	×	×	×	×	×	×	×	×	×	×	×	×		×
160				×		×	×	×	×									
180			×	×	×	×	×	×	×	×	×		×		×			
200		×		×	×	×	×	×	×	×	×		×		×			×
220				×	×	×	×	×	×	×	×							
250				×	×	×	×	×	×	×	×							
275					×	×	×											
300					×	×	×	×	×	×	×		×		×			
350						×	×	×	×	×	×							
375						×	×	×	×	×	×							
400					×		×	×	×	×	×							
450							×	×	×									
500						×	×	×	×	×	×							

Observação: Dimensões padronizadas conforme a empresa Tata Steel.
As tolerâncias de dimensões e formatos para os perfis planos laminados a quente são listadas na norma britânica BS EN 10058: 2003.

Tabela VI Barras redondas (vergalhões)

Diâmetro (mm)	Massa/comp. (kg/m)	Diâmetro (mm)	Massa/comp. (kg/m)	Diâmetro (mm)	Massa/comp. (kg/m)
6	0,22	70	30,20	165	168,0
8	0,39	75	34,70	170	178,0
10	0,62	80	38,50	180	200,0
12	0,89	85	44,50	185	211,0
13	1,04	90	49,90	190	223,0
15	1,39	95	55,60	195	234,0
16	1,58	100	61,70	200	247,0
20	2,47	105	68,00	210	272,0
22	2,98	110	74,60	220	298,0
25	3,85	115	81,50	230	326,0
30	5,55	120	88,00	240	356,0
32	6,31	125	96,30	250	385,0
35	7,55	130	104,0	260	417,0
40	9,86	135	112,0	270	448,0
45	12,50	140	121,0	275	466,0
50	15,41	145	130,0	280	483,0
55	18,63	150	139,0	300	555,0
60	22,20	155	148,0	305	573,0
65	26,00	160	158,0		

Observação: Dimensões padronizadas conforme a empresa Tata Steel. As tolerâncias de dimensões e formatos para barras de aço redondas (vergalhões) são listadas na norma britânica BS EN 10060: 2003.

Tabela VII Barras quadradas

Comprimento lateral	Massa/comp. (kg/m)
8,0	0,50
10,0	0,79
12,0	1,13
15,0	1,77
16,0	2,01
20,0	3,14
25,0	4,91
30,0	7,07
35,0	9,62
40,0	12,6
45,0	15,9
50,0	19,6
60,0	28,3
65,0	33,2
75,0	44,2

Observação: Dimensões padronizadas conforme a empresa Tata Steel. As tolerâncias sobre as dimensões e os formatos das barras de aço quadradas são listadas na norma britânica *BS EN 10059: 2003*.

Tabela VIII Barras sextavadas (norma britânica BS EN 10061: 2003)

Largura (mm)	Massa/comp. (kg/m)	Largura (mm)	Massa/comp. (kg/m)
13	1,15	37,5	9,56
14	1,33	39,5	10,6
15	1,53	42,5	12,3
16	1,74	47,5	15,3
17	1,96	52	18,4
18	2,20	57	22,1
19	2,46	62	26,1
20,5	2,86	67	30,5
22,5	3,44	72	35,2
23,5	3,75	78	41,4
25,5	4,42	83	46,8
28,5	5,52	88	52,6
31,5	6,75	93	58,8
33,5	7,63	98	65,3
35,5	8,56	103	72,1

Observação: Dimensões ideais, de acordo com a norma britânica BS EN 10061: 2003. As tolerâncias de dimensões e formatos para as barras de aço sextavadas são listadas na norma britânica BS EN 10061: 2003.

Tabela IX Perfis de aço estrutural no padrão britânico da BS4: Parte I: 2005

Perfil laminado I (Padrão universal/viga) (BS4: Parte I: 2005)

Dimensões nominais (mm)	Massa padrão por unidade de comprimento (kg/m)
1.016×305	*487, 437, 393, 349, 314, 272, 249, 222*
914×419	388, 343
914×305	289, 253, 224, 201
838×292	226, 194, 176
762×267	197, 173, 147, 134
686×254	170, 152, 140, 125
610×305	238, 179, 149
610×229	140, 125, 113, 101
610×178	*100, 92, 82*
533×312	*272, 219, 182, 150*
533×210	138, 122, 109, 101, 92, 82
533×165	*85, 74, 66*
457×191	*161, 133, 106,* 98, 89, 82, 74, 67
457×152	82, 74, 67, 60, 52
406×178	*85,* 74, 67, 60, 54
406×140	53, 46, 39
356×171	67, 57, 51, 45
356×127	39, 33
305×165	54, 46, 40
305×127	48, 42, 37
305×102	33, 28, 25
254×146	43, 37, 31
254×102	28, 25, 22
203×133	30, 25
203×102	23
178×102	19
152×89	16
127×76	13

Observação: As dimensões em itálico são produzidas pela empresa Tata Steel, além dos perfis padronizados da norma britânica BS4–1: 2005.

Perfil laminado H (Padrão universal/coluna) (BS4: Parte I: 2005)

Dimensões nominais (mm)	Massa padrão por unidade de comprimento (kg/m)
356×406	634, 551, 467, 393, 340, 287, 235
356×368	202, 177, 153, 129
305×305	283, 240, 198, 158, 137, 118, 97
254×254	167, 132, 107, 89, 73
203×203	*127, 113, 100,* 86, 71, 60, 52, 46
152×152	51, *44,* 37, 30, 23

Observação: As dimensões em itálico são produzidas pela empresa Tata Steel, além dos perfis padronizados da norma britânica BS4–1: 2005.

Perfil laminado I (Padrão europeu/viga) (BS4: Parte I: 2005)

Dimensões nominais (mm)	Massa padrão por unidade de comprimento (kg/m)
254×203	82
254×114	37
203×152	52
152×127	37
127×114	29, 27
127×76	16
114×114	27
102×102	23
102×44	7
89×89	19
76×76	15, 13

Tabela IX Perfis de aço estrutural no padrão britânico da BS4: Parte I: 2005 (*continuação*)

Perfil laminado H (Padrão europeu/coluna)

Dimensões nominais (mm)	Massa padrão por unidade de comprimento (kg/m)
356 × 368	174, 152, 133, 109
305 × 305	223, 186, 149, 126, 110, 95, 88, 79
254 × 254	85, 71, 63
203 × 203	54, 45

Observação: As tolerâncias sobre as dimensões e os formatos dos perfis I e H de aço estrutural são listadas na norma britânica BS EN 10034:1993 e, para perfis I com mesas de espessura variável, na norma BS 10024:1995.

Tabela X Perfis estruturais tubulares

Perfis tubulares circulares laminados a quente (BS EN 10210–2: 2006)

Diâmetro externo nominal (mm)	Espessura (mm)
1.219	*25, 20, 16, 14.2, 12.5, 10*
1.168	*25, 20, 16, 14.2, 12.5, 10*
1.067	*30, 25, 20, 16, 14.2, 12.5, 10*
1.016	*30, 25, 20, 16, 14.2, 12.5, 10, 8*
914	*30, 25, 20, 16, 14.2, 12.5, 10, 8*
813	*30, 25, 20, 16, 14.2, 12.5, 10, 8*
762	*50, 40, 30, 25, 20, 16, 14.2, 12.5, 10, 8, 6.3*
711	*60, 50, 40, 30, 25, 20, 16, 14.2, 12.5, 10, 8, 6.3*
1219	*25, 20, 16, 14.2, 12.5, 10*
1168	*25, 20, 16, 14.2, 12.5, 10*
1067	*30, 25, 20, 16, 14.2, 12.5, 10*
1016	*30, 25, 20, 16, 14.2, 12.5, 10, 8*
914	*30, 25, 20, 16, 14.2, 12.5, 10, 8*
813	*30, 25, 20, 16, 14.2, 12.5, 10, 8*
762	*50, 40, 30, 25, 20, 16, 14.2, 12.5, 10, 8, 6.3*
711	*60, 50, 40, 30, 25, 20, 16, 14.2, 12.5, 10, 8, 6.3*
610	*50, 40, 30, 25, 20, 16, 14.2, 12.5, 10,8, 6,3*
508	*50, 40, 36, 30, 25, 20,* **16***, 14,2,* **12,5, 10, 8***, 6,3*
457	*40, 30, 25, 20,* **16***, 14,2,* **12,5, 10, 8***, 6,3*
406,4	*40, 30, 25, 20,* **16***, 14,2, 12,5,* **10***, 8, 6,3*
355,6	*25, 20, 16, 14,2, 12,5, 10, 8, 6,3*
323,9	*25, 20,* **16***, 14,2,* **12,5, 10,8, 6,3***, 5,0*
273	*25, 20,* **16***, 14,2,* **12,5, 10,8***, 6,3, 5,0*
244,5	*25, 20,* **16***, 14,2, 12,5, 10, 8, 6,3, 5,0*
219,1	*20, 16, 14,2,* **12,5, 10, 8, 6,3, 5,0**
193,7	*16, 14,2, 12,5,* **10***, 8, 6,3, 5,0*
177,8	*12,5, 10, 8, 6,3, 5,0*
168,3	**12,5, 10, 8, 6,3, 5,0***, 4,0*
139,7	**12,5, 10, 8, 6,3, 5,0***, 4,0*
114,3	*10, 8,* **6,3, 5,0***, 4,0, 3,6, 3,2*
101,6	*10, 8, 6,3, 5,0, 4,0, 3,2*
88,9	**6,3, 5,0, 4,0, 3,2**
76,1	**5,0***, 4,0,* **3,2***, 2,9, 2,6*
60,3	**5,0***, 4,0, 3,2, 2,6*
48,3	**5,0***, 4,0, 3,2, 2,6*
42,4	**5,0***, 4,0, 3,2, 2,6*
33,7	*4,0, 3,2, 2,6*
26,9	*3,2, 2,6, 2,3*
21,3	*3,2, 2,6, 2,3*

Observação: Nem todos os tamanhos listados estão disponíveis para pronta entrega. Os perfis tubulares laminados a quente pela Tata Steel estão em negrito; os tamanhos de produção especial estão em redondo; as demais espessuras citadas na norma BS EN 10210–2: 2006 estão em itálico. Os perfis tubulares laminados a frio da norma BS EN 10210-2: 2006 são fabricados com dimensões que variam entre 26,9 mm × 2 mm e 508 mm × 6 mm.

Tabela X Perfis estruturais tubulares (*continuação*)

Perfis tubulares quadrados laminados a quente (norma britânica BS EN 10210-2:2006)

Dimensões laterais nominais (mm)	Espessura (mm)
400 × 400	*20,* **16***, 14,2,* **12,5, 10**
350 × 350	**16***, 14,2,* **12,5, 10, 8,0**
300 × 300	**16***, 14,2,* **12.5, 10, 8,0***, 6,3*
260 × 260	*16, 14,2, 12,5, 10, 8,0, 6,3*
250 × 250	**16***, 14,2,* **12,5, 10, 8,0***, 6,3*
220 × 220	*16, 14,2, 12,5, 10, 8,0, 6,3*
200 × 200	**16***, 14,2,* **12,5, 10, 8,0, 6,3, 5,0**
180 × 180	**16***, 14,2,* **12,5, 10, 8,0, 6,3***, 5,0*
160 × 160	*16, 14, 2, 12,5,* **10, 8.0, 6.3, 5,0**
150 × 150	*16, 14,2,* **12,5, 10, 8,0, 6,3, 5,0**
140 × 140	**12,5, 10, 8,0, 6,3, 5,0**
120 × 120	**12,5, 10, 8,0, 6,3, 5,0**
100 × 100	**10, 8, 6,3, 5,0, 4,0**
90 × 90	**8,0, 6,3, 5,0, 4,0***, 3,6*
80 × 80	**8,0, 6,3, 5,0***, 4,0, 3,6, 3,2,* **3,0**
70 × 70	*8,0, 6,3,* **5,0***, 4,0,* **3,6***, 3,2*
60 × 60	*8,0,* **6,3, 5,0, 4,0***, 3,2, 3,0, 2,6*
50 × 50	**6,3, 5,0, 4,0, 3,2***, 3,0, 2,6*
40 × 40	**5,0, 4,0***, 3,2, 3,0, 2,6*

Observação: Nem todos os tamanhos listados estão disponíveis para pronta entrega. Os perfis tubulares quadrados laminados a quente pela Tata Steel estão em negrito; os tamanhos de produção especial estão em redondo; as demais espessuras citadas na norma BS EN 10210–2: 2006 estão em itálico. Os perfis tubulares quadrados laminados a frio da norma BS EN 10210-2: 2006 são fabricados com dimensões que variam entre 25 mm × 25 mm × 2 mm e 300 mm × 300 mm × 12,5 mm.

Perfis estruturais tubulares retangulares laminados a quente (norma britânica BS EN 10210-2:2006)

Dimensões nominais externas (mm)	Espessura (mm)
500 × 300	*20,* **16***, 14,2, 12,5,* **10***, 8,0*
500 × 200	*16, 14,2, 12,5, 10, 8,0*
450 × 250	**16***, 14,2,* **12,5, 10, 8,0**
400 × 300	**16***, 14,2,* **12,5, 10, 8,0**
350 × 250	*16, 14,2, 12,5, 10, 8,0, 6,3*
350 × 150	*16, 12,5, 10, 8,0*
300 × 100	*12, 5,* **10, 8,0**
300 × 200	**16***, 14,2,* **12,5, 10, 8,0, 6,3**
260 × 180	*16, 14,2, 12,5, 10, 8,0, 6,3*
250 × 150	**16***, 14,2,* **12,5, 10, 8,0, 6,3, 5,0**
200 × 150	**10, 8,0**
200 × 120	*12,5,* **10, 8,0, 6,3***, 5,0*
200 × 100	*16,* **12.5, 10, 8.0, 6.3, 5.0**
180 × 100	*12,5, 10, 8,0, 6,3, 5,0, 4,0*
160 × 80	*12,5,* **10, 8,0, 6,3, 5,0***, 4,0*
150 × 100	*12,5,* **10, 8,0***, 6,3,* **5,0***, 4,0*
140 × 80	*10, 8,0, 6,3, 5,0, 4,0*
120 × 80	**10, 8,0, 6,3, 5,0***, 4,0*
120 × 60	*10,* **8,0, 6,3, 5,0***, 4,0, 3,6*
100 × 60	**8,0, 6,3, 5,0***, 4,0, 3,6, 3,2*
100 × 50	*10,* **8,0, 6,3, 5,0, 4,0, 3,2, 3,0**
90 × 50	*8,0, 6,3,* **5,0***, 4,0, 3,6, 3,2,*
80 × 40	*8,0, 6,3, 5,0, 4,0, 3,2*
60 × 40	*6,3, 5,0, 4,0, 3,6, 3,2, 3,0*
50 × 30	*5,0, 4,0, 3,2, 2,6*

Observação: Nem todos os tamanhos listados estão disponíveis para pronta entrega. Os perfis tubulares retangulares laminados a quente pela Tata Steel estão em negrito; os tamanhos de produção especial estão em redondo; as demais espessuras citadas na norma BS EN 10210–2: 2006 estão em itálico. Os perfis tubulares retangulares laminados a frio da norma BS EN 10219-2: 2006 são fabricados com dimensões que variam entre 40 mm × 20 mm × 2 mm e 400 mm × 200 mm × 12,5 mm.

Tabela X Perfis estruturais tubulares (*continuação*)

Perfis estruturais tubulares elípticos laminados a quente (Ovais) (norma britânica 10210-2: 2006)

Dimensões nominais externas (mm)	Espessura (mm)
500 × 250	**16, 12,5, 10**
480 × 240	*14, 12, 10*
400 × 200	16, *14*, **12,5**, *12*, **10, 8**
320 × 160	*14, 12, 10, 8,0*
300 × 150	**16, 12,5, 10**, 8
250 × 125	**12,5**, *12*, **10, 8, 6,3**, *6,0*
220 × 110	*10, 8, 6,0*
200 × 100	**12,5, 10, 8**, *6,3*, **5,0**
180 × 90	*10, 8, 6,0*
150 × 75	*10, 8, 6,3*, **6,0, 5,0, 4,0**
120 × 60	*8, 6,0, 5,9, 4,0, 3,2*

Observação: Nem todos os tamanhos listados estão disponíveis para pronta entrega.
Os perfis tubulares elípticos laminados a quente produzidos pela Tata Steel estão em negrito; as demais espessuras citadas na norma BS EN 10210-2: 2006 estão em itálico.

2.4 Ligas de aço

Aço patinável (tipo *Cor-Ten®**): os aços resistentes à corrosão (normas britânicas BS 7668: 2004 e BS EN 10025-52: 2004) são aços estruturais constituídos de ligas com uma pequena proporção de cobre, que, junto a outros constituintes de liga, fazem a oxidação natural aderir firmemente à superfície, evitando perdas por fragmentação. Os detalhes do projeto do aço patinável (*Cor-Ten®*) devem impedir que o escoamento das águas pluviais cause manchas em materiais adjacentes – principalmente o concreto e o vidro – durante os primeiros anos de exposição às chuvas. Além disso, os detalhes devem garantir que não haja acúmulo de bolsões de água ou resíduos úmidos, de forma a impedir a corrosão contínua nesses locais. O aço patinável é usado em estruturas expostas de edificações e pontes, e também como material de revestimentos de fachada.

Aço inoxidável: os aços inoxidáveis são variedades de ligas que contêm, no mínimo, 10,5% de cromo. A resistência do material à corrosão se deve à película passiva natural do óxido de cromo, que se regenera naturalmente sempre que a superfície é arranhada. As classes de aço inoxidável para construção estão listadas na Tabela XIII (norma britânica BS EN 10088-1: 2005). O aço inoxidável está disponível em perfis simples ou tubulares para estruturas, bem como na forma de chapas para revestimento de fachadas e uso em coberturas e remates.

2.5 Aços revestidos

As variedades de aços revestidos em metal incluem o aço galvanizado a fogo tradicional, o aço revestido de liga de alumínio-zinco e o aço revestido de estanho-chumbo. A durabilidade do aço galvanizado depende da espessura do revestimento e do ambiente, mas também é preciso evitar o contato com outros metais – principalmente o cobre e os materiais alcalinos de argamassas e gessos frescos. O revestimento de liga de alumínio-zinco é mais durável do que a espessura equivalente do zinco puro. As ligas padrão contém 5% (ZA) e 55% (AZ) de alumínio e zinco, respectivamente, mas também há outra liga, contendo 1,6% de silício, que é resistente a ambientes não agressivos, sem precisar de proteção extra. O terne, uma liga de chumbo e estanho, revestindo a quente o aço inoxidável, produz um material de revestimento e de cobertura bastante durável. O aço inoxidável revestido de chumbo, fabricado por eletrodeposição, também é utilizado em coberturas nas quais se deseja um aspecto similar ao do chumbo, evitando o risco associado ao furto desse metal.

---

* N. de T.: Nome comercial de um produto desenvolvido pela Steel.co em 1930.

Tabela XI Perfis U e cantoneiras

Cantoneiras de abas iguais (norma britânica BS EN 10056-1: 1999)

Dimensões nominais (mm)	Espessura (mm)
200 × 200	**24, 20, 18, 16**
150 × 150	**18, 15, 12, 10**
120 × 120	**15, 12, 10,** 8
100 × 100	**15, 12, 10,** 8
90 × 90	**12, 10, 8, 7, 6**
80 × 80	**10, 9, 8,** 7, 6
75 × 75	**10,** 9, **8,** 7, 6
70 × 70	**10,** 9, **8,** 7, **6, 5**
65 × 65	9, 7, 6
60 × 60	**10,** 9, **8, 7, 6, 5,** 4
55 × 55	**6**
50 × 50	**8, 6,** 7, **5,** 4, **3**
45 × 45	8, 7, **6, 5, 4,5,** 4, 3
40 × 40	**6, 5, 4, 3**
35 × 35	5, 4, 3,5
30 × 30	**5, 4, 3**
25 × 25	**5, 4, 3**
20 × 20	5, 4, 3

Observação: As dimensões em estoque da Tata Steel estão em negrito; as demais são as dimensões de tamanho especial.
O padrão da norma BS EN 10056-1: 1999 se refere a uma grande variedade até 250 mm × 250 mm.
As tolerâncias sobre as dimensões e os formatos das cantoneiras de abas iguais são fornecidas na norma BS EN 10056-2: 1993.

Cantoneiras de abas desiguais (norma britânica BS EN 10056-1: 1999)

Dimensões nominais (mm)	Espessura (mm)
200 × 150	**18, 15, 12**
200 × 100	**15, 12, 10**
150 × 90	**15, 12, 10**
150 × 75	**15, 12, 10**
130 × 65	10, 8
125 × 75	**12, 10, 8**
120 × 80	12, 10, 8
100 × 75	**12, 10,** 9, **8**
100 × 65	**10,** 9, **8,** 7
100 × 50	10, 8, **6**
90 × 70	8
90 × 65	8, 6
80 × 65	10, 8, 6
80 × 60	**8,** 7, **6**
80 × 40	8, 6
75 × 55	9, 7, 5
75 × 50	**10,** 8, **7, 6,** 5
70 × 50	6
65 × 50	**8,** 7, **6, 5**
60 × 40	**7, 6, 5**
60 × 30	**6, 5**
50 × 40	**5**
50 × 30	5
45 × 30	5, 4
40 × 25	**4**
40 × 20	4, 3
30 × 20	4, 3

Observação: As dimensões em estoque da Tata Steel estão em negrito; os tamanhos de produção especial estão em redondo.
As tolerâncias sobre as dimensões e os formatos das cantoneiras de abas desiguais são fornecidas na norma BS EN 10056-2: 1993.

Tabela XI Perfis U e cantoneiras (*continuação*)

Perfis U de abas de seção uniforme

Dimensões nominais (mm)	Massa padronizada por extensão unitária (kg/m)
430 × 100	64
380 × 100	54
300 × 100	46
300 × 90	41
260 × 90	35
260 × 75	28
230 × 90	32
230 × 75	26
200 × 90	30
200 × 75	23
180 × 90	26
180 × 75	20
150 × 90	24
150 × 75	18
125 × 65	15
100 × 50	10

Observação: Dimensões padronizadas conforme a Tata Steel.
As tolerâncias sobre as dimensões e os formatos dos perfis U de aço laminados a quente são fornecidos na norma BS EN 10279: 2000.

Cantoneiras de abas desiguais

Dimensões nominais (mm)	Massa padronizada por extensão unitária (kg/m)
76 × 38	6,7

Observação: Dimensões padronizadas conforme a Tata Steel. Uma variedade de dimensões entre 140 mm × 60 mm × 7 mm e 40 mm × 20 mm × 5 mm também está disponível.
As tolerâncias sobre as dimensões e os formatos dos perfis U de aço laminados a quente são fornecidos na norma BS EN 10279: 2000.

Tabela XII Perfis estruturais no sistema métrico

Perfis I com abas paralelas (Euronorm 19–57)

Dimensões nominais (mm)	Massa padronizada por extensão unitária (kg/m)
750 × 265	222, 210, 196, 185, 173, 160, 147, 137
600 × 225	184, 154, 144, 122, 108
550 × 210	159, 134, 123, 106, 92
500 × 200	129, 111, 107, 91, 79
450 × 190	104, 95, 92, 78, 67
400 × 180	84, 82, 76, 66, 57
360 × 170	70, 66, 57, 50
330 × 160	60, 57, 49, 43
300 × 150	52, 49, 42, 37
270 × 135	44, 42, 36, 31
240 × 120	37, 34, 31, 26
220 × 110	32, 29, 26, 22
200 × 100	27, 25, 22, 18
180 × 90	22, 21, 19, 15
160 × 80	18, 16, 13
140 × 75	14, 13, 11
120 × 65	10, 8,7
100 × 55	8,1, 6,9

Observação: dimensões e propriedades de acordo com a Euronorm 19-57/DIN 1025.
As tolerâncias estão de acordo com a EN 10034: 1993.

Tabela XII Perfis estruturais no sistema métrico

Perfis I de mesas longas paralelas (Euronorm 53–62)

Dimensões nominais (mm)	Massa padronizada por extensão unitária (kg/m)
1.000 × 300	349, 314, 272, 222
900 × 300	333, 291, 252, 198
800 × 300	317, 262, 224, 172
700 × 300	301, 241, 204, 166, 150
650 × 300	293, 225, 190, 138
600 × 300	285, 212, 178, 175, 151, 137, 129
550 × 300	278, 199, 166, 120
500 × 300	270, 187, 155, 107
450 × 300	263, 171, 140, 124, 100
400 × 300	256, 155, 125, 107, 92
360 × 300	250, 142, 112, 84
340 × 300	248, 134, 105, 79
320 × 300	245, 127, 98, 74
300 × 300	238, 117, 88, 70
280 × 280	189, 103, 76, 61
260 × 260	172, 93, 68, 54
240 × 240	157, 83, 60, 47
220 × 220	117, 72, 51, 40
200 × 200	103, 61, 42, 35
180 × 180	89, 51, 36, 29
160 × 160	76, 43, 30, 24
140 × 140	52, 34, 25, 18
120 × 120	52, 27, 20, 15
100 × 100	41, 20, 17, 12

Observação: Dimensões e propriedades de acordo com as normas Euronorm 19-57/DIN 1025. As tolerâncias estão conforme a norma EN 10034: 1993.

Tabela XIII Classes de aço inoxidável para diferentes condições ambientais (norma britânica BS EN 10088-1: 2005)

Tipo	Componentes da liga metálica (%)	Número	Ambientes adequados
Aço austenítico	Cromo/níquel 18-10	1.4301	Rural e urbano limpo
	Cromo/níquel/ molibdênio 17-12-2	1.4401	Industrial marinho
Aço ferrítico	Cromo 17	1.4406	Interno
Dúplex (austeno-ferrítico)	Cromo/ níquel/ molibdênio 22-5-3	1.4462	Industrial e marinho severos

Os revestimentos orgânicos predominantes são o plastisol de cloreto de polivinila (PVC[P]), o fluoreto de polivinilideno (PVDF) e o poliuretano sobre liga de alumínio-zinco ou aço revestido de zinco. O PVC[P] tem um acabamento levemente granulado, enquanto o PVDF possui um acabamento suave com uma boa estabilidade de cores e o poliuretano oferece acabamentos coloridos e com brilho metálico. Os produtos estão disponíveis com uma ampla variedade de cores para utilização em coberturas, revestimentos de fachadas e acabamentos internos. Os demais acabamentos orgânicos incluem a tinta de poliéster e a película de cloreto de polivinila (PVC) texturizada ou com desenhos.

2.6 Armaduras de aço para concreto

Para detalhes sobre os tamanhos das armaduras, consulte o Capítulo 5.

Na Grã-Bretanha, o concreto deve ser especificado conforme a norma britânica BS EN 206-1: 2013, e a armadura de aço,

Tabela XIV Relação entre as classes de resistência e as propriedades físicas para madeiras estruturais macias e de lei (norma britânica BS EN 338: 2009, incluindo o padrão pendente EN 338: 2013)

Madeiras macias

Classe de resistência	C14	C16	C18	C20	C22	C24	C27	C30	C35	C40	C45	C50
Resistência à flexão (MPa)	14	16	18	20	22	24	27	30	35	40	45	50
Densidade média (kg/m³)	350	370	380	390	410	420	430	460	470	480	490	520

Madeiras duras ("de lei")

Classe de resistência	D18	D24	D27	D30	D35	D40	D45	D50	D55	D60	D65	D70	D75	D80
Resistência à flexão (MPa)	18	24	27	30	35	40	45	50	55	60	65	70	75	80
Densidade média (kg/m³)	570	580	610	640	650	660	700	740	790	840	960	1.080	1.080	1.080

Observação: C se refere às madeiras coníferas de durabilidade média e D se refere às madeiras de lei decíduas.
A madeira das classes C45 e C50 nem sempre está disponível para pronta entrega.

seguindo as normas BS 4449: 2005+A2: 2009 (vergalhões lisos ou rugosos), BS 4482: 2005 (arames de aço) e BS 4483: 2005 (telas de aço). A norma BS 4482: 2005 refere-se a vergalhões lisos com resistência ao escoamento de 250 MPa, e ao aço de padrão superior (resistência de 500 MPa) para vergalhões rugosos. A norma BS 4449: 2005 especifica aço de alta resistência ao escoamento (500 MPa) com três níveis de ductilidade para vergalhões rugosos. O aço inoxidável austenítico pode ser empregado para as armaduras de concreto quando há o risco de colapso devido à corrosão. Os aços inoxidáveis para armaduras são especificados na norma BS 6744: 2001 + A2: 2009.

3 MADEIRA

3.1 Introdução

Para o fornecimento de madeiras macias ou duras ("de lei"), os esquemas independentes de certificação global operados pelo Forest Stewardship Council (FSC) e pelo Programme for the Endorsement of Forest Certification (PEFC) garantem o manuseio sustentável das florestas e uma cadeia de custódia verificável.

A madeira utilizada nas edificações é macia ou dura, dependendo da espécie; ela pode ser fornecida serrada ou laminada.

No Reino Unido, os tamanhos geralmente são expressos entre aspas simples, referindo-se ao tamanho serrado. A madeira estrutural é classificada em classes de resistência (Tabela XIV), conforme a norma britânica BS EN 338: 2009, para madeiras macias e de lei.

3.2 Madeira de durabilidade média (macia)

Os tamanhos mais recomendados para a madeira macia serrada no Sistema Internacional de Unidades e no Sistema Imperial (norte-americano) (Tabelas XV e XVI, respectivamente) foram estipulados pela União Europeia (BS EN 1313–1: 2010), considerando tamanhos complementares adicionais para 12 dos estados-membro individuais. As dimensões transversais complementares preferidas no Reino Unido e na Irlanda estão incluídas na Tabela XVII. As tolerâncias permitidas para a madeira estrutural estão listadas na Tabela XVIII (norma britânica BS EN 336: 2013).

As sambladuras em madeira exigem acabamentos e uma regularidade de alto nível. Elas são classificadas em sete classes de qualidade (norma britânica BS EN 942: 2007) segundo o número e o tamanho dos defeitos naturais visíveis, principalmente os nós.

Há uma ampla variedade de perfis de madeira macia padronizados; dentre esses, as tábuas com encaixes macho-fêmea são as mais comuns. Essas tábuas, de acordo com a norma britânica BS 1297: 1987, apresentam espessuras de 16, 19, 21 e 28 mm, com larguras padronizadas de 65, 90, 113 e 137 mm.

As espécies de madeira macia mais comuns e suas origens incluem *Douglas Fir* (conífera norte-americana – América do Norte e Reino Unido), *Cicuta* (América do Norte), *Lariço Europeu* (Eu-

Tabela XV Dimensões transversais finais mais comuns de tábuas de madeira produzidas no Reino Unido segundo o Sistema Imperial de Medidas (BS EN 1313-1: 2010)

Espessura (mm)	Largura (mm)						
	75	100	125	150	175	200	225
38		X	X	X			
50		X	X	X	X	X	X
63		X	X	X	X		
75				X	X	X	X
100						X	

Tabela XVI Dimensões transversais finais mais comuns de tábuas de madeira produzidas no Reino Unido segundo o Sistema Internacional de Medidas (BS EN 1313-1: 2010)

Espessura (mm)	Largura (mm)							
	80	100	120	140	160	180	200	220
50	X	X	X	X	X	X	X	X
60		X	X	X	X			
80		X	X	X	X	X		
100	X	X	X	X			X	
120	X	X	X			X	X	X
140	X	X		X		X		
160	X	X	X		X		X	

Tabela XVII Dimensões transversais finais ideais de tábuas de madeira produzidas no Reino Unido (RU) e na Irlanda (IR) (BS EN 1313-1: 2010)

Espessura (mm)	Largura (mm)										
	75	100	115	125	138	150	175	200	225	250	275	300
35	IR	IR	IR	IR		IR	IR	IR	IR	IR		
38	RU		RU		RU		RU	RU	RU	RU	RU	RU
44	IR	IR	IR	IR		IR	IR	IR	IR			
47	RU	RU		RU		RU	RU	RU	RU			RU
50	RU								RU			RU
	IR											
63	IR							RU	RU			
								IR	IR			
75		RU		RU					RU	RU		RU
		IR		IR						IR		
100						RU			RU	RU	RU	RU
150						RU		RU				RU
250										RU		
300												RU

Observação: A norma britânica BS EN 1313-1: 2010 também apresenta as dimensões transversais ideais complementares para Áustria, Suíça, Alemanha, Finlândia, França, Itália, Países Baixos, Noruega, Espanha e Polônia.

Tabela XVIII Desvios permitidos para as dimensões transversais das peças de madeira estrutural (BS EN 335: 2013)

Desvios máximos em relação às dimensões ideais	Classe de tolerância T1	Classe de tolerância T2
≤ 100 mm na espessura e largura	−1 a +3 mm	−1 a +1 mm
> 100 mm e ≤ 300 mm na espessura e largura	−2 a +4 mm	−1,5 a +1,5 mm
> 300 mm na espessura e largura	−3 a +5 mm	−2 a +2 mm

Observação: Os desvios permitidos em relação às dimensões transversais para madeira macia serrada em geral, de acordo com a norma BS EN 1313-1: 2010, correspondem aos dados da classe de tolerância T1.

ropa continental), *Pinheiro do Paraná* (América do Sul), *Pinheiro da Córsega* (Europa continental), *Pinheiro Pitch* (sul dos Estados Unidos), *Pinheiro Radiata* (África do Sul, América do Sul, Austrália e Nova Zelândia), *Pinheiro Escocês* (Reino Unido), *Pinheiro do Sul* (sul dos Estados Unidos), *Pinheiro Amarelo* (América do Norte), *Espruce* (Canadá), *Espruce de Sitka* (América do Norte e Reino Unido), *Cedro Vermelho* (América do Norte), *Bétula Branca* (Europa continental e Rússia).

3.3 Madeira dura (de lei)

Em geral, a madeira de lei é fornecida em tábuas de espessura específica, com largura e comprimento arbitrários, de acordo com sua espécie e espessura. As dimensões mais comuns, incluindo as espessuras complementares, são indicadas na Tabela XIX. As reduções máximas para fins de aplainamento são listadas na Tabela XX.

As espécies de madeira de lei mais comuns e suas origens incluem o *Freixo Branco* (Estados Unidos), *Freixo Europeu* (Europa continental), *Faia* (Europa continental), *Vidoeiro* ou *Bétula* (Américas), *Iroko* (oeste da África), *Jelutong* (sudeste da Ásia), *Keruing* (sudeste da Ásia), *Mogno* (oeste da África), *Mogno Americano* (América Central e do Sul), *Plátano* (América do Norte), *Meranti Vermelha* (Malásia), *Meranti Branca* (sudeste da Ásia), *Carvalho Vermelho Norte-Americano* (América do Norte), *Carvalho Branco Norte-Americano* (América do Norte), *Obeche* (oeste da África), *Sapele* (oeste da África), *Teca* (Burma e Tailândia), *Utile* (oeste da África). No Reino Unido, predomina a produção de carvalho, castanheiro doce, *ash* (*Fraxinus*), faia e plátano.

3.4 Classes de resistência

A madeira para fins estruturais é categorizada a máquina ou visualmente em uma classe de resistência apropriada. As classes de resistência a máquina, que se relacionam diretamente com a resistência do material à flexão, variam entre C14 e C50, para as espécies de madeira macia (coníferas), e entre D18 e D80, para as espécies de madeira dura/de lei (decíduas). As propriedades físicas características da madeira nas várias classes de resistência são listadas na norma BS EN 338: 2009 e na norma de eficácia pendente EN 338: 2013.

3.5 Classes de uso

A madeira e seus produtos são afetados pela umidade em diferentes graus. As condições ambientais nas quais a madeira e seus produtos são empregados dividem-se, portanto, em cinco classes de uso pela norma BS EN 335: 2013, como apresentado na Tabela XXI.

3.6 Produtos de madeira

A ampla variedade de produtos manufaturados a partir da madeira inclui madeira laminada, madeira laminada cruzada (CLT), LVL (*laminated vener lumber*), madeira compensada, madeira aglomerada, MDF (*medium density fibreboard*), e tábuas quimicamente tratadas.

Tabela XIX Tamanhos padronizados de madeira de lei serrada (norma britânica BS EN 1313-2: 1999)

Espessura recomendada pela União Europeia (mm)	20	27	32	40	50	60	65	70	80	100
Espessuras adicionais no Reino Unido (mm)	19	26		38	52	63	75			

Larguras recomendadas

UE — intervalos de 10 mm para larguras entre 50 e 90 mm, intervalos de 20 mm para larguras de 100 mm ou mais

Comprimentos recomendados

UE — intervalos de 100 mm para comprimentos entre 2,0 e 6,0 m, intervalos de 50 mm para comprimentos inferiores a 1,0 m

Tabela XX Reduções máximas dos tamanhos serrados de madeira dura (de lei) aplainando-se duas faces opostas (norma britânica BS EN 1313-2: 1999)

Aplicação típica	Redução de largura ou espessura com a serragem (mm)				
	15–25	26–50	51–100	101–150	150–300
Pisos, tábuas com encaixe e madeira aplainada em todos os lados	5	6	7	7	7
Acabamentos em madeira	6	7	8	9	10
Carpintaria e marcenaria	7	9	10	12	14

Tabela XXI Classes de utilização da madeira e de produtos de madeira (norma britânica BS EN 335-1: 2013)

Classe de uso	Situação generalizada da instalação da madeira e de seus produtos
Classe 1	Dentro de uma construção e não exposta ao intemperismo ou à água
Classe 2	Protegida e não exposta ao intemperismo, mas com contato ocasional à água (não permanente)
Classe 3	
3.1	Afastada do solo e exposta ao intemperismo, mas sem permanecer molhada por longos períodos. Sem acúmulo de água
3.2	Afastada do solo e exposta ao intemperismo, permanecendo molhada por longos períodos. Pode haver o acúmulo de água
Classe 4	Em contato direto com o solo e/ou a água doce
Classe 5	Submersa permanente ou regulamente na água salgada

Madeira laminada: as chapas de madeira laminada (Figura 6.1) podem ser fabricadas em qualquer tamanho transportável; em geral, elas são de 30 m, ainda que peças de 50 m ou mais também sejam possíveis. As chapas de madeira mais resistentes, coladas continuamente com resina e com juntas no interior dos laminados, resultam em um produto estrutural mais uniforme. As chapas podem ser reunidas mediante malhete direto (norma britânica BS EN 14080: 2013); e são classificadas de acordo com a classe de resistência geral apropriada: GL24, 28 32 ou 36 (BS EN 14080: 2013). As chapas planas padronizadas variam de 35 mm a 200 mm de espessura e 90 mm e 630 mm de largura, embora haja chapas padronizadas maiores fornecidas por algumas indústrias. Arcos, estruturas de pórticos e

6.1 Madeira laminada: Bodegas Protos, Espanha. Arquitetura: Rogers Stirk Harbour+Partners.

Tabela XXII Classes de LVL (norma britânica BS EN 14279: 2004)

Tipo	Classe de exposição	Exposição	Propósito/ carregamento
LVL/1	classe 1	Seca	portante
LVL/2	classe 2	Molhada	portante
LVL/3	classe 3	Condições externas (como os acabamentos adequados)	portante

Observação: As classes de serviço seca, molhada e externa são definidas na norma britânica BS EN 1995–1–1: 2004 + A2: 2014.

Tabela XXIII Classificação da qualidade superficial da madeira laminada cruzada – CLT (norma britânica BS EN 13017–1: 2001)

Classe	Grau	Propósito/ carregamento
Classe C	Padrão	Não aparente
Classe AB	Uso interno	Residencial e aparente
Classe BC	Uso interno	Industrial e aparente

Tabela XXIV Classes de madeira aglomerada prensada (norma britânica BS EN 312: 2010)

Tipo	Exposição	Código de cor	Propósito/carregamento
P1	Seca	Branco, azul claro	Fins generalizados
P2	Seca	Branco, azul	Acabamentos internos
P3	Molhada	Branco, verde	Não portante
P4	Seca	Amarelo, verde-amarelado	Portante
P5	Molhada	Amarelo, verde-amarelado	Portante
P6	Seca	Amarelo, azul	Carregamento pesado
P7	Molhada	Amarelo, verde	Carregamento pesado

outras formas geométricas são fabricados de acordo com as especificações do projeto.

LVL ou Microlam: a LVL é manufaturada mediante a laminação de lascas de madeira com resina de poliuretano, seguida pela cura térmica ou de micro-ondas sob pressão. Ela pode ser produzida no formato de chapas ou tábuas com até 26 m de extensão e, depois, transformada em madeira sólida. Frequentemente, a LVL é usada em perfis I para barrotes na construção de pisos ou coberturas. Os três tipos apropriados a diferentes condições ambientais (BS EN 14279: 2004 + A1: 2009) são listados na Tabela XXII. As exigências para LVL estrutural são detalhadas pela norma britânica BS EN 14374: 2004.

Madeira laminada cruzada ou CLT (X-LAM): esse tipo de chapa é similar à chapa de madeira compensada, exceto pelo fato de que os laminados são mais espessos. A espessura das chapas costuma variar entre 50 mm e 300 mm, embora também se possa produzir unidades com 500 mm. As dimensões padronizadas de uma chapa chegam a 15 m × 4,8 m, mas o tamanho máximo que pode ser produzido é 24 m (sujeito à possibilidade de transporte). As chapas produzidas com madeira de espruce, lariço ou pinho são classificadas de acordo com a qualidade de suas superfícies, que podem ser aplainadas ou lixadas (BS EN 13017-1: 2001) (Tabela XXIII).

Madeira compensada: a madeira compensada é classificada (norma britânica BS EN 313-1: 1996) de acordo com sua construção e suas propriedades, incluindo a durabilidade, a resistência e as condições superficiais. As propriedades de prensagem e durabilidade são especificadas na norma BS EN 636: 2012, para uso nas Classes 1-3 (para situações secas, molhadas e externas). A madeira compensada de durabilidade média (predominantemente o pinho e o espruce) é importada da América do Norte e da Escandinávia. Na Grã-Bretanha, os produtos de madeira de lei de zonas temperadas são importados da Finlândia (bétula) e da Alemanha (faia); as placas ou chapas de madeira de lei tropical, por sua vez, são importadas da Indonésia, da Malásia, da América do Sul e da África. As dimensões das placas ou chapas padronizadas são 1.220 × 2.440, 3.050 e 3.660 mm; contudo, dimensões superiores (de 3.660 × 3.050 mm) estão disponíveis principalmente para formas de concreto. As espessuras geralmente variam de 4 mm a 30 mm.

Madeiras aglomeradas: as madeiras aglomeradas são manufaturadas a partir de partículas de madeira, fibras de linho ou cânhamo e um aglomerante. As chapas de madeira aglomerada (norma britânica BS EN 309: 2005) e as chapas aglomeradas de cimento-madeira (norma BS EN 634-2: 2007) são prensadas com resina e aglomerante cimentício, respectivamente.

O OSB (*Oriented Strand Board*) é manufaturado a partir de lascas de madeira maiores com aglomerantes, conforme a norma BS EN 300: 2006.

Os tamanhos padronizados de madeira aglomerada são 2.440 × 1.220, 2.750 × 1.220, 3.050 × 1.220 e 3.660 × 1.220 mm; as espessuras mais comuns ficam entre 12 e 38 mm. Dois processos de fabricação genéricos são usados na produção de madeiras aglomeradas, resultando em produtos com propriedades diferentes. O produto prensado é mais forte, enquanto a chapa extrudada (norma britânica BS EN 14755: 2005) pode ser maciça ou com espaços vazios. As classes padronizadas de madeiras aglomeradas são higroscópicas e respondem às alterações em termos de umidade; todavia, as classes com resistência à umidade toleram umidade ocasional. As classes de madeira aglomerada e de madeira extrudada são listadas nas Tabelas XXIV e XXV.

A chapa aglomerada de cimento-madeira britânica oferece uma boa resistência contra fogo, água, ataques de fungos e congelamento. As normas técnicas britânicas (BS EN 634-2: 2007) especificam apenas uma classe, como pode ser visto na Tabela XXVI. Os tamanhos das peças geralmente são 1.200 × 2.400, 2.660 ou 3.050 mm, com espessuras padronizadas de 12 e 18 mm – ainda que chapas com até 40 mm de espessura sejam fabricadas. O OSB é

Tabela XXV Classes de madeira aglomerada extrudada (norma britânica BS EN 14755: 2005)

Classe	Descrição
ES	Chapa maciça extrudada com densidade mínima de 550 kg/m³
ET	Chapa tubular extrudada com densidade maciça mínima de 550 kg/m³
ESL	Chapa maciça extrudada leve com densidade inferior a 550 kg/m³
ETL	Chapa tubular extrudada leve com densidade inferior a 550 kg/m³

Observação: As classes ET e ETL devem ter, no mínimo, 5 mm de material cobrindo os espaços vazios.

Tabela XXVI Classes de chapa aglomerada de cimento-madeira (norma britânica BS EN 634-2: 2007)

Exposição	Código de cor	Propósito/carregamento
Seca, molhada e externa	Branco, marrom claro	Não portante

Observação: Dentro de uma classe, há duas classes técnicas (1 e 2) que se relacionam apenas com o módulo de elasticidade à flexão.

Tabela XXVII Classes de OSB (aglomerado de partículas de madeira longas e orientadas) (norma britânica BS EN 300: 2006)

Classe	Exposição	Código de cor		Propósito/carregamento
OSB/1	Seca	Branco,	azul	Uso generalizado Acessórios internos
OSB/2	Seca	Amarelo, amarelado	azul	Portante
OSB/3	Molhada	Amarelo, amarelado	verde	Portante
OSB/4	Molhada	Amarelo, amarelado	verde	Carregamento pesado

Observação: As chapas das classes OSB/3 e OSB/4 são adequadas para as Classes de Uso 1 e 2 da norma britânica BS EN 335: 2013.

classificado (Tabela XXVII) de acordo com o carregamento previsto e as condições ambientais (norma britânica BS EN 300: 2006). As chapas estão disponíveis em espessuras de 6 a 38 mm, embora a variedade padrão fique entre 9 e 18 mm.

Chapas de fibra: as chapas de fibra são manufaturadas a partir da madeira ou de outras fibras vegetais; em geral, elas são unidas sob pressão com o uso das propriedades adesivas naturais e da feltragem das fibras. No caso de chapas de fibra de densidade média (MDF), utiliza-se também uma resina aglomerante. Os graus essencialmente distintos de compressão causam a diversificação do produto, ainda que alguns deles estejam impregnados de aditivos. As Tabelas XXVIII a XXXI listam as classes de chapas de MDF (BS EN 622-5: 2009), chapas de fibra de madeira dura (BS EN 622-2: 2004), média (BS EN 622-3: 2004) e macia (BS EN 622-4: 2009), respectivamente.

Madeira modificada: a madeira pode ser modificada com a aplicação de calor (madeira termo-modificada) ou com reagentes químicos. A termo-modificação (DD CEN/TS 15679: 2007) envolve aquecer, em geral o pinho ou espruce (mas certas madeiras de lei também podem ser empregadas), a uma temperatura entre 180°C e 240°C em uma atmosfera inerte. A durabilidade do material é significativamente aumentada, mas à custa de certa perda de sua resistência. As classes de maderia modificada são listadas na Tabela XXXII. A modificação química envolve a aplicação de acetileno (Accoya®) ou a furfurilação (Kebony ®), resultando em um material duradouro da Classe 1, sem modificações em suas propriedades químicas.

Tabela XXVIII Classes de MDF (norma britânica BS EN 622-5: 2009)

Classe	Exposição	Código de cor	Propósito/carregamento
MDF	Seca	Branco, azul claro	Uso generalizado Acessórios internos
MDF.H	Molhada	Branco, verde claro	Uso generalizado
MDF.LA	Seca	Amarelo, azul-amarelado	Portante
MDF.HLS	Molhada	Amarelo, verde-amarelado	Portante (apenas para cargas instantâneas ou de curto prazo)
L-MDF	Seca		
L-MDF.H	Molhada		
UL1-MDF	Seca		Painéis de isolamento com função de enrijecimento limitada
UL2-MDF	Seca		Painéis de isolamento com função de enrijecimento
MDF-RWH	Como material de base		Bases rígidas em coberturas e paredes [apenas para cargas instantâneas (por exemplo, de vento) ou de curto prazo (por exemplo, de neve)]

Observação: O prefixo L significa leve; UL, ultraleve; RW, coberturas e paredes.

Tabela XXIX Classes de chapas de fibra de madeira de lei (norma britânica BS EN 622-2: 2004)

Classe	Exposição	Código de cor	Propósito/carregamento
HB	Seca	Branco, azul claro	Uso generalizado
HB.H	Molhada	Branco, verde claro	Uso generalizado
HB.E	Externa	Branco, marrom claro	Uso generalizado
HB.LA	Seca	Amarelo, azul-amarelado	Portante
HB.LA1	Molhada	Amarelo, verde-amarelado	Portante
HB.LA2	Molhada	Amarelo, verde	Carregamento pesado

Tabela XXX Classes de chapas de fibra de madeira de dureza média (norma britânica BS EN 622-3: 2004)

Classe	Exposição	Código de cor	Propósito/carregamento
MBL	Seca	Branco, azul claro	Uso generalizado
MBH	Seca	Branco, azul claro	Uso generalizado
MBL.H	Molhada	Branco, verde claro	Uso generalizado
MBH.H	Molhada	Branco, verde claro	Uso generalizado
MBL.E	Externa	Branco, marrom claro	Uso generalizado
MBH.E	Externa	Branco, marrom claro	Uso generalizado
MBH.LA1	Seca	Amarelo, azul-amarelado	Portante
MBH.LA2	Seca	Amarelo, azul	Carregamento pesado
MBH.HLS1	Molhada	Amarelo, verde-amarelado	Portante
MBH.HLS2	Molhada	Amarelo, verde	Carregamento pesado

Observação: MBL significa chapa de densidade média, e MBH, chapa de densidade alta.

Tabela XXXI Classes de chapas de fibra de madeira macia (norma britânica BS EN 622-4: 2009)

Classe	Exposição	Código de cor	Propósito/carregamento
SB	Seca	Branco, azul claro	Uso generalizado
SB.H	Molhada	Branco, verde claro	Uso generalizado
SB.E	Externa	Branco, marrom claro	Uso generalizado
SB.LS	Seca	Amarelo, azul-amarelado	Portante (apenas para cargas instantâneas ou de curto prazo)
SB.HLS	Molhada	Amarelo, verde-amarelado	Portante (apenas para cargas instantâneas ou de curto prazo)

Tabela XXXII Classes de chapas de madeira termo-modificada

Classes	Usos típicos
Madeiras macias	
Classe D (212°C)	Estruturas de jardim, revestimentos externos de fachada, portas externas, esquadrias de janela, deques, pisos internos e decoração interna
Classe S (190°C)	Materiais de construção, componentes estruturais, móveis de jardim, pisos internos, portas externas e esquadrias de janela
Madeiras duras ("de lei")	
Classe D (212°C)	Móveis de jardim, pisos de varandas, pisos internos e decoração interna
Classe S (190°C)	Materiais de construção, molduras, móveis, pisos internos e decoração interna

4 TIJOLOS E BLOCOS

4.1 Tijolos e blocos

O tamanho de trabalho padrão do tijolo de barro (argila) e de silicato de cálcio é 215 × 102,5 × 65 mm (tamanho para modulação: 225 × 112,5 × 75 mm). No entanto, unidades maiores de até 490 mm de comprimento oferecem variações de assentamento e outros efeitos horizontais interessantes. Os tijolos de barro são fornecidos em uma enorme variedade de cores, texturas (incluindo vitrificada), resistências, resistência ao congelamento (Tabela XXXIII) e outras propriedades. No Reino Unido, a maioria dos tijolos é definida pelo anexo National Annex da norma BS EN 771-1: 2011 como unidades de alvenaria de alta densidade. O National Annex refere-se ao tijolo britânico de tamanho padrão, bem como às duas classes de tijolos de engenheiro e impermeável comuns naquele país (Tabela XXXIV). A norma britânica BS EN 771-1: 2011 lista as especificações genéricas exigidas para tijolos de barro. Só há tijolos de silicato de cálcio importados (BS EN 771-2:2011). Os tamanhos padronizados de blocos de concreto no Reino Unido são tratados pelo National Annex (BS EN 771-3: 2011 – Tabela XXXV). Os fabricantes geralmente também oferecem tijolos diferentes dos padronizados pela norma britânica (BS 4729: 2005).

A norma BS EN 771-1: 2011 apresenta uma grande variedade de tijolos de barro cozidos de baixa e alta densidade, mas nem todos estão disponíveis para pronta entrega na Grã-Bretanha.

4.2 Blocos de construção

A norma britânica BS EN 771-3: 2011 não delimita os tamanhos dos blocos de concreto maciços e leves (unidades de alvenaria), mas se refere à variedade relativamente limitada apresentada na Tabela XXXVI. Além disso, a norma BS 6073-2: 2008 lista os tamanhos de uso para blocos com agregado e blocos de concreto aerado (Ta-

Tabela XXXIII Resistência ao congelamento e ao degelo e limite de conteúdo de sal solúvel ativo dos tijolos de barro (unidades de alta densidade) (norma britânica BS EN 771-1: 2011)

Designação da durabilidade	Resistência ao congelamento/degelo
F2	Alvenaria sujeita à exposição climática severa
F1	Alvenaria sujeita à exposição climática moderada
F0	Alvenaria sujeita à exposição climática passiva
Conteúdo de sal solúvel ativo	
S2	Sódio/potássio: 0,06%; magnésio 0,03%
S1	Sódio/potássio: 0,17%; magnésio 0,08%
S0	Sem exigência

Tabela XXXIV Propriedades dos tijolos de engenheiro de barro (unidades de alta densidade) (National Annex da norma britânica BS EN 771-1: 2011)

Característica de desempenho	Tijolos de engenheiro de barro	
	Classe A	Classe B
Resistência à compressão (MPa)	125	75
Absorção de água (% por massa) e também quando usados em camada de impermeabilização	4,5 (e DPC 1)	7,0 (e DPC 2)
Categoria de resistência aos ciclos de congelamento e degelo	F2	F2
Categoria de conteúdo de sal solúvel ativo	S2	S2

Observação: Para os tijolos de alta densidade utilizados em camada de impermeabilização, o limitante é a absorção de água, não a resistência à compressão. DPC 1 refere-se a fiadas de impermeabilização em prédios, e DPC 2, a obras externas.

Tabela XXXV Tamanhos padronizados e modulares dos tijolos de concreto (National Annex da norma britânica BS EN 771-3: 2011)

Comprimento (mm)	Largura (mm)	Altura (mm)
215	103	65
290	90	90
190	90	90
190	90	65

Tabela XXXVI Tamanhos mais comuns para os blocos de concreto (norma britânica BS EN 771-3: 2011)

Comprimento (mm)	Largura (mm)									Altura (mm)
	75	90	100	140	150	190	200	215	225	
390		*	*	*		*	*			190
440	*	*	*	*	*	*	*	*	*	215

Observação: O asterisco indica o tamanho comum de acordo com a norma BS EN 771-3: 2011. Outras larguras podem estar disponíveis, mas os fabricantes não costumam produzir todos os tamanhos.

bela XXXVII). Tamanhos adicionais para uso em pisos e fundações também estão disponíveis, mas cada fabricante produz sua própria variedade.

Os blocos de alvenaria são classificados por comprimento, largura e altura de acordo com a norma britânica BS EN 771-3: 2011. As tolerâncias quanto aos tamanhos dos blocos de concreto e dos blocos de concreto aerado autoclavado são dadas nas Tabelas XXXVIII e XXXIX, respectivamente.

5 CONCRETO

5.1 Cimentos

Os cimentos são classificados de acordo com seus principais constituintes, como o cimento Portland ou o cimento de escória. A norma britânica BS EN 197-1: 2011 lista cinco tipos principais de cimento:

CEM I   Cimento Portland
CEM II   Cimento Portland composto
CEM III   Cimento de escória
CEM IV   Cimento pozolânico
CEM V   Cimento composto

Dentro desses cinco tipos principais, há uma grande variedade de cimentos com constituintes extras, como a sílica ativa, a pozolana natural ou industrial, a escória sílica ou calcária e o xisto queimado. Essas inúmeras opções de mistura permitida e classes de resistência são listadas na norma britânica BS EN 197-1: 2011.

As propriedades adequadas dos agregados do concreto são listadas na norma BS EN 12620: 2013.

5.2 Concreto

Na Grã-Bretanha, os cinco métodos para a especificação das misturas de concreto são descritos nas normas BS 8500-1: 2006 + A1: 2012 e BS EN 206: 2013:

- Concreto designado
- Concreto projetado
- Concreto prescrito
- Concreto prescrito padronizado
- Concreto patenteado

Para aplicações comuns, o concreto designado costuma ser adequado. O comprador especifica corretamente o uso proposto e a mistura, e o fornecedor respeita os critérios de desempenho normal. No caso do concreto projetado, o comprador assume maior responsabilidade pela mistura ao especificar um conjunto completo de critérios de desempenho. No concreto prescrito, o comprador especifica todos os materiais, inclusive quaisquer aditivos, por peso. Os concretos prescritos padronizados são um conjunto de cinco misturas para aplicações rotineiras, como nas residenciais. O concreto patenteado deve cumprir os critérios de desempenho divulgados, mas a composição fica à escolha do fabricante.

Tabela XXXVII Tamanho típico dos blocos com agregado e blocos de concreto aerado (norma britânica BS 6073-2: 2008) (em mm)

	Comprimento	Largura	Altura
Blocos com agregado para alvenaria			
	190	90	65
	190	90	90
	215	100	65
	290	90	90
	440	90	65
	440	100	65
	440	90	140
	440	100	140
Blocos padronizados de concreto aerado			
	440	50–350	215
	610	50–350	215
	620	50–350	215
Blocos de concreto aerado para alvenaria			
	215	90–350	65
	215	90–350	70

Observação: Existem blocos de concreto aerado de outras alturas, para fundações ou construção com juntas pequenas.

Tabela XXXVIII Limite de tolerância no tamanho dos blocos (norma britânica BS EN 771-3: 2011)

Dimensões	Categoria de tolerância (mm)			
	D1	D2	D3	D4
Comprimento	+3	+1	+1	+1
	−5	−3	−3	−3
Largura	+3	+1	+1	+1
	−5	−3	−3	−3
Altura	+3	+2	+1,5	+1
	−5	−2	−1,5	−1

Observação: A BS 6073–2: 2008 estipula que as categorias de tolerância D3 e D4 são para uso em alvenarias com juntas pequenas (pouca argamassa). Assim, a maioria dos blocos utilizados no Reino Unido está de acordo com as categorias D1 e D2.

Tabela XXXIX Limite de tolerância nos blocos de concreto aerado autoclavados (norma britânica BS EN 771-4: 2011)

Dimensões	Juntas de argamassa padrão (mm)	Juntas de argamassa fina TLMA (mm)	Juntas de argamassa fina TLMB (mm)
Comprimento	+3 a −5	±3	±1,5
Altura	+3 a −5	±2	±1,0
Largura	±3	±2	±1,5
Lisura das faces de assentamento	Sem exigência	Sem exigência	≤1,0
Paralelismo das faces de assentamento	Sem exigência	Sem exigência	≤1,0

5.3 Concreto armado

O concreto armado é descrito no Capítulo 5, Estruturas.

5.4 Produtos de concreto

Lajotas: As lajotas de concreto britânicas são fabricadas conforme as exigências da norma BS EN 1339: 2003. Essa norma não especifica as dimensões mais recomendadas, com exceção do comprimento máximo de um metro. As lajotas britânicas, contudo, são fornecidas tradicionalmente nas dimensões apresentadas na Tabela XL. Lajotas texturizadas são empregadas em passeios adjacentes aos cruzamentos de pedestres, indicando a presença desses às pessoas com dificuldades visuais.

A norma britânica refere-se a quatro classes de lajotas, de acordo com suas variações de resistência e durabilidade. As lajotas da Classe 1 são adequadas para o uso doméstico leve (jardins/passeios); as lajotas da Classe 3 são apropriadas para áreas públicas normais; as da Classe 4 são exigidas quando há tráfego intenso de pedestres e a passagem de veículos. Os produtos da Classe 1 não são resistentes aos efeitos dos ciclos de congelamento e degelo, mas os da Classe 3 suportam esses ciclos repetidos, bem como o uso de sais degelantes.

Telhas de concreto: Telhas chatas de concreto normalmente podem ser utilizadas em coberturas com caimento de até 30° ou 35°. Algumas telhas com sistema de intertravamento podem ser empregadas quando o caimento é de apenas 12,5° ou 15°, mas é preciso observar as especificações do fabricante. As telhas chatas de concreto são fabricadas finas ou espessas, imitando as tradicionais telhas de ardósia finas ou rústicas.

Painéis de concreto pré-fabricados: Os painéis de concreto pré-fabricados (Figura 6.2) podem ser moldados na vertical ou horizontal, embora estes sejam mais comuns. Os painéis moldados

Tabela XL Tamanhos e tipos comuns de lajotas de concreto britânicas

Designação da lajota	Dimensões nominais (mm)	Dimensão real (mm)	Espessura (mm)
A	600 × 450	598 × 448	50 ou 63
B	600 × 600	598 × 598	50 ou 63
C	600 × 750	598 × 748	50 ou 63
D	600 × 900	598 × 898	50 ou 63
E	450 × 450	448 × 448	50 ou 70
F	400 × 400	398 × 398	50 ou 65
G	300 × 300	298 × 298	50 ou 60

na horizontal podem ser fabricados com a face inferior ou superior acabada, conforme se desejar. As fôrmas podem ser de compensado, plástico ou aço, e, uma vez moldados os painéis, esses podem ser acabados (com acabamento apicotado, por exemplo). Também podem ser colocadas armaduras apropriadas ou revestimentos de pedra ou tijolo nas fôrmas, antes da moldagem.

6 ALUMÍNIO

6.1 Introdução

Na Grã-Bretanha, o alumínio forjado e suas ligas são designados pelas letras EN AW (European Norm Wrought Aluminium) seguidas por um código único de quatro dígitos, de acordo com a norma britânica BS EN 573-1:2004. A norma BS EN 573-3: 2013 detalha a composição química e a forma dos produtos. A Tabela XLI apresenta exemplos de ligas de construção padronizadas. É possível moldar o alumínio, formando inúmeros componentes não estruturais (Figura 6.3). A variedade dos acabamentos de alumínio inclui acabamentos anodizados, texturizados, metálicos (zincagem ou galvanização) e plásticos (poliéster ou PVC).

6.2 Barras, perfis tubulares e perfis chatos de alumínio

As barras de alumínio são feitas de acordo com as exigências dimensionais da norma britânica BS 6722: 1986 (veja as Tabelas I e II e a Seção 2.1). Os tamanhos mais comuns dos perfis tubulares costumam variar de 3 mm a 200 mm de diâmetro e de 3 mm a 180 mm de lado para os perfis quadrados; os perfis chatos vão de 3 mm a 70 mm × 10 mm a 250 mm, conforme o fabricante.

6.3 Perfis estruturais de alumínio

A Tabela XLII, baseada na norma britânica BS 1161: 1977 apresenta os tamanhos dos perfis estruturais universal e T e das cantoneiras.

Tabela XLI Ligas de alumínio utilizadas na construção

Código	Composição	Uso típico
EN AW-1080A	99,8% puro	Rufos
EN AW-1050A	99,5% puro	Rufos
EN AW-1200	99,0% puro	Telhas totalmente apoiadas, folhas isolantes
EN AW-3103	Liga de manganês	Telhas corrugadas e revestimento de fachadas
EN AW-5083SP	Liga superplástica Liga de magnésio-manganês	Revestimento de proteção contra a chuva
EN AW-6061	Liga de magnésio-silício-cobre	Perfis estruturais tubulares
EN AW-6063	Liga de magnésio-silício	Perfis extrudados: paredes-cortinas, janelas e portas
EN AW-6082	Alumínio estrutural Liga de magnésio-manganês-silício	Estruturas portantes

Observação: Uma lista mais completa é apresentada na norma britânica BS EN 1999–1–1: 2007 + A1: 2009.

Tabela XLII Perfis estruturais com liga de alumínio (BS 1161: 1977)

Cantoneiras de abas iguais

	Espessura (mm)	Massa/comprimento (kg/m)
120 × 120	10	6,47
	7	4,68
100 × 100	8	4,31
	6	3,34
80 × 80	6	2,59
	5	2,23
60 × 60	5	1,62
	3,5	1,17
50 × 50	4	1,08
	3	0,84
40 × 40	3	0,65
30 × 30	2,5	0,40

(continua)

6.2 Painéis de concreto pré-moldado para o revestimento externo: Hilton Hotel, Liverpool. Arquitetura: AHR Architects.

Tabela XLII Perfis estruturais com liga de alumínio (BS 1161: 1977) (*continuação*)

Cantoneiras de abas desiguais

Dimensões nominais (mm)	Espessura (mm)	Massa/comprimento (kg/m)
140 × 105	11	7,26
	8,5	5,83
120 × 90	10	5,65
	7	4,11
100 × 75	8	3,77
	6	2,94
80 × 60	6	2,26
	5	1,96
60 × 45	5	1,41
	3,5	1,03
50 × 38	4	0,95
	3	0,74

Perfis U

Dimensões nominais (mm)	Espessura (mm)		Massa/comprimento (kg/m)
	Alma	Abas	
240 × 100	9	13	12,5
200 × 80	8	12	9,19
180 × 75	8	11	8,06
160 × 70	7	10	6,58
140 × 60	7	10	5,66
120 × 50	6	9	4,19
100 × 40	6	8	3,20
80 × 35	5	7	2,29
60 × 30	5	6	1,69

(*continua*)

Tabela XLII Perfis estruturais com liga de alumínio (BS 1161: 1977) (*continuação*)

Perfis I

Dimensões nominais (mm)	Espessura (mm)		Massa/comprimento (kg/m)
	Alma	Mesas	
160 × 80	7	11	7,64
140 × 70	7	10	6,33
120 × 60	6	9	4,77
100 × 50	6	8	3,72
80 × 40	5	7	2,54
60 × 30	4	6	1,59

Perfis T

Dimensões nominais (mm)	Espessura (mm)	Massa/comprimento (kg/m)
90 × 120	10	5,68
75 × 100	8	3,79
60 × 80	6	2,27
45 × 60	5	1,42
38 × 50	4	0,95

7 REVESTIMENTOS DE COBERTURAS E DE FACHADAS

7.1 Introdução

A escolha dos materiais utilizados em coberturas depende de uma combinação entre preço, durabilidade e, acima de tudo, estética. Muitos materiais de cobertura, como o asfalto, estão disponíveis apenas em cores neutras, mas os de PVC de camada única, por exemplo, estão disponíveis em uma grande variedade de cores. Os sistemas de metal geram a articulação visual, e a escolha do metal da cobertura ou de seu revestimento determina tanto o acabamento inicial como o patinado. Em todos os casos, o detalhamento cuidadoso aumenta o período necessário até a primeira manutenção.

As chapas de metal para coberturas e revestimentos de fachada são descritas nas normas BS EN 14782: 2006 e BS EN 14783:

6.3 Painéis de forro de alumínio perfurados: North Satellite Concourse, Hong Kong International Airport. Arquitetura: AHR Architects.

2006 – para chapas de metal autoportantes e totalmente apoiadas, respectivamente. As normas listam as espessuras mínimas para o alumínio, o aço, o aço inoxidável, o zinco e o cobre, além do chumbo em sistemas totalmente apoiados. No entanto, considere que os países-membros da União Europeia talvez exijam espessuras superiores àquelas descritas. A norma britânica BS 8747: 2007 indica as membranas betuminosas reforçadas para as coberturas, e o mástique tradicional é abordado na norma BS 6925: 1988.

7.2 Aço

A norma britânica BS EN 508-1: 2014 detalha perfis típicos para uso em chapas autoportantes e telhas de cobertura de aço. A espessura mínima para as chapas de aço que serão pintadas é de 2,4 ± 0,2 mm.

A norma BS EN 505: 2013 apresenta informações sobre telhas de aço totalmente apoiadas, para as quais a espessura mínima da chapa é 0,6 mm. Os revestimentos metálicos e orgânicos listados nessas normas são descritos na Seção 2.5, Aços revestidos.

7.3 Aço inoxidável

O aço inoxidável como material de cobertura em chapas é discutido nas normas britânicas BS EN 508-3: 2008 (para material autoportante), e BS EN 502: 2013 (para produtos que serão totalmente apoiados). A norma BS EN 508-3: 2008 também apresenta exemplos de perfis e revestimentos orgânicos, incluindo o plastisol de cloreto de polivinila (PVC), o fluoreto de polivinilideno (PVDV), o poliuretano e os poliésteres. A norma BS EN 502: 2013 lista os dados equivalentes para sistemas de cobertura totalmente apoiados.

A Tabela XLIII lista as classes mais usadas de chapas de aço inoxidável com e sem pinturas orgânicas. A classe e os acabamentos mais adequados dependem do ambiente local e dos requisitos de durabilidade.

7.4 Alumínio

O código de prática britânico para coberturas e revestimentos de parede com folhas de alumínio (CP143 Parte 15: 1973) ainda está vigente. As folhas chegam à obra em rolos e são passadas continuamente por uma máquina até formar as juntas verticais *in loco*. Esse sistema de faixas longas elimina a necessidade da formação de juntas transversais às juntas verticais com até 7 metros de altura. A espessura padrão para as coberturas com longas tiras de alumínio é de 0,8 mm; a largura máxima recomendada (450 mm) produz juntas verticais a cada 375 mm entre os eixos. Recomenda-se uma declividade mínima de 1,5°. A norma britânica BS EN 507: 2000 dá a especificação para telhas de alumínio completamente apoiadas e para os revestimentos orgânicos aplicados em fábrica, incluindo poliésteres, acrílicos, tintas alquidas, poliuretanos e fluoreto de polivinilideno.

As folhas autoportantes de alumínio são descritas na norma britânica BS EN 508-2: 2008, que apresenta exemplos de perfis e telhas, bem como de tintas orgânicas padronizadas.

7.5 Cobre

O tipo padrão de cobre para coberturas completamente estruturadas e autoportantes é o Cu-DHP (C106) (cobre desoxidado com fósforo), conforme estipulado na norma britânica BS EN 1172: 2011. O cobre em folhas está disponível em uma variedade de espessuras, de 0,4 a 1,0 mm (até 3,0 mm para o revestimento de paredes), sendo que a espessura padrão para coberturas é de 0,6 ou 0,7 mm. As larguras das folhas variam de 500 a 1.000 mm; para coberturas, o padrão é 600 mm. A norma britânica BS EN 504: 2000 apresenta as especificações para telhas de cobre totalmente apoiadas.

Os dois métodos de coberturas em cobre disponíveis são o tradicional (Figura 6.4) e as faixas longas. As faixas de cobre totalmente aneladas em geral são usadas em coberturas convencionais, conforme detalhado na Tabela XLIV. Para coberturas com faixas longas, as faixas de cobre temperado de 1/8 a 1/4 são necessárias

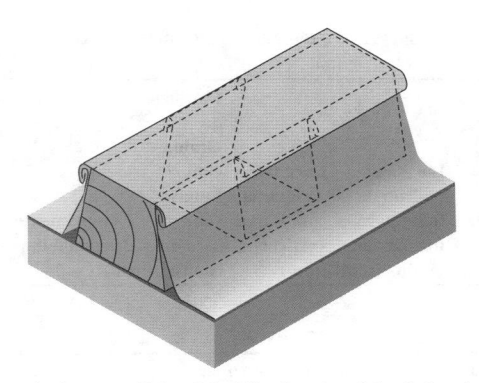

6.4 Exemplo de uso tradicional de folha de cobre dobrada instalada sobre sarrafo (cortesia de Copper in Architecture).

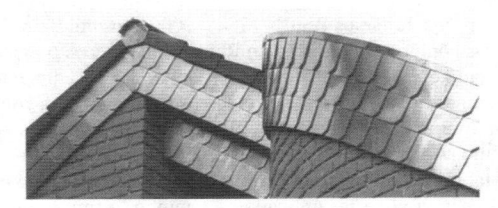

6.5 Plaquetas de cobre (cortesia de Aurubis).

para evitar deformações causadas pela dilatação. As dimensões típicas das faixas longas são listadas na Tabela XLV. As folhas de cobre também são usadas para plaquetas ou telhas chatas (Figura 6.5).

A norma BS EN 506: 2008 descreve o uso de cobre Cu-DHP para sistemas com folhas perfiladas autoportantes e telhas.

O cobre patinado está disponível para que se obtenha o efeito imediato da coloração esverdeada típica do passar dos anos, e, se a ideia é manter um tom acobreado, também há uma liga de cobre-alumínio-zinco dourada para uso externo.

As ligas de cobre têm boas propriedades antimicrobianas sob condições de temperatura ambiente e umidade normal. As ligas com alto conteúdo de cobre (por exemplo, bronze fosforoso e latão) conseguem controlar bactérias como MRSA e E. *coli* e, portanto, são benéficas para uso em superfícies sujeitas ao contato em hospitais e outros locais públicos.

O contato direto entre cobre e alumínio, aço ou zinco deve ser evitado, a fim de impedir a corrosão bimetálica que ocorre na presença de umidade. O chumbo, o aço inoxidável e o latão não costumam ser afetados. O escoamento pluvial sobre o betume aparente e o cedro também podem causar a corrosão do cobre.

Tabela XLIII Folhas de aço inoxidável autoportantes e totalmente apoiadas

Classe do aço	Designação do aço	
	Nome do aço	Número do aço
Ferrítico com pintura orgânica	X6Cr13	1,4000
Ferrítico com ou sem pintura orgânica	X6Cr17	1,4016
	X6CrMo17-1	1,4113
	X3CrTi17	1,4510
	X2CrMoTi18	1,4521
Aço austênico com ou sem pintura orgânica	X5CrNi18-10	1,4301
Aço com austênio e molibdênio com ou sem pintura orgânica	X5CrNi-Mo17-12-2	1,4401

Observação: X é o conteúdo de carbono; Cr é cromo; Ni é níquel; Mo é molibdênio; e Ti é titânio

Tabela XLIV Espessuras e tamanhos padronizados das folhas de cobre para coberturas tradicionais

Espessura da folha (mm)	Largura padrão da folha para formar uma lâmina (mm)	Largura da lâmina com juntas verticais (mm)	Largura da lâmina com folhas sobre sarrafos (mm)	Comprimento de cada folha (m)	Massa (kg/m^2)
0,60	600	525	500	1,8	5,4
0,70	750	675	650	1,8	6,3

Observação: A largura máxima da folha é 2,0 m.

7.6 Chumbo

Os tamanhos das folhas e barras de chumbo laminado são especificados na norma britânica BS EN 12588: 2006 e resumidos na Tabela XLVI. Os códigos tradicionais no Reino Unido não são mencionados no Padrão Europeu; no entanto, o código de procedimento para revestimento de coberturas e paredes estruturadas com folhas de chumbo (norma BS 6915: 2001) refere-se aos códigos de chumbo, bem como às espessuras métricas. O chumbo fundido em fôrma de areia é fabricado para fins de conservação histórica. O óleo de proteção de pátina pode ser aplicado ao chumbo, a fim de impedir a produção de manchas brancas de carbonato de chumbo. Os detalhes típicos das coberturas de chumbo são mostrados na Figura 6.6.

Embora o chumbo não esteja sujeito à corrosão bimetálica na maioria das aplicações em prédios afastados do mar, o uso de uma base de papel de construção é apropriado para coberturas de madeira de lei (particularmente de carvalho), e recomenda-se a aplicação de betume sobre o chumbo quando há contato com telhas chatas de cedro, pingadeiras de madeira de lei e concreto ou argamassa novos.

Tabela XLV Larguras recomendadas das tiras de cobre para o sistema com faixas longas

Largura da tira (mm)	400	450	500	600	670
Eixos das juntas verticais (mm)	325	375	425	525	595

Observação: uso de faixas de cobre temperado de 0,6 ou 0,7 mm de 1/4 ou ½ e zona fixa de 1,5 m dentro de uma extensão máxima de 10 m.

Tabela XLVI Tamanhos das faixas e folhas de chumbo (normas britânicas BS EN 12588: 2006 e BS 6915: 2001)

Código do chumbo	Espessura (mm)	Peso médio (kg/m^2) (com base em espessuras superiores)	Marcações de cor
3	1,25 ou 1,32	14,97	Verde
	1,50 ou 1,59	18,03	Amarelo
4	1,75 ou 1,80	20,41	Azul
5	2,00 ou 2,24	25,40	Vermelho
6	2,50 ou 2,65	30,06	Preto
7	3,00 ou 3,15	35,72	Branco
8	3,50 ou 3,55	40,26	Laranja

Observação: A folha de 1,5 mm (1,59 mm) não aparece na norma BS 6915: 2001 e não tem código equivalente. As folhas do código 3 não são adequadas para coberturas, revestimento de fachadas e calhas.

7.7 Zinco

O zinco é mencionado na norma britânica BS EN 988: 1997. As espessuras padrão são 0,6, 0,65, 0,7, 0,8 e 1,0 mm (Tabela XLVII). Os comprimentos recomendados são 2,0 e 3,0 m, sendo que as larguras variam de 100 a 1.000 mm. Os telhados com chapa de zinco puro não são mais usados, uma vez que sua vida útil era de aproximadamente 40 anos em condições urbanas (CP 143-5: 1964). Entretanto, as ligas de zinco-cobre-titânio constituem o produto padrão, e podem ser usadas sem revestimento ou com pintura. A pátina induzida em fábrica é cinza ou preta, mas os pigmentos minerais laminados nas superfícies e revestidos com uma película de proteção resultam em sutis acabamentos pré-patinados na cor vermelha, azul, verde ou marrom. Segundo a norma BS EN 501: 1994, a espessura mínima para coberturas completamente estruturadas é de 0,6 mm. Tanto as coberturas tradicionais como as de faixas longas podem ser usadas com o zinco-titânio. Um caimento mínimo de 3° é recomendado. Quando as peças são maiores do que 3 metros, alguns fixadores fixos e outros que permitam movimentos serão necessários para permitir movimentos de dilatação.

A norma britânica BS EN 506: 2008 descreve o uso da liga de zinco-cobre-titânio para sistemas de chapas e telhas autoportantes. As tintas orgânicas aplicáveis incluem o plastisol de cloreto de polivinila, o fluoreto de polivinilideno (PVDV), os poliésteres e o acrílico e são listadas nessa norma.

7.8 Titânio

As folhas de titânio (0,3–0,4 mm) podem ser usadas em coberturas ou como revestimento de fachada. O material com 99% de pureza usado na construção civil tem uma densidade intermediária (4.510 kg/m³) em relação ao aço e ao alumínio, além de um baixo coeficiente de expansão (8,9 × 10^{-6} °C). É possível engrossar a película de oxidação natural anodizando-se em uma variedade de cores entre o azul e o creme; uma alternativa é a aplicação de um acabamento texturizado.

7.9 Membranas betuminosas reforçadas para coberturas

A norma britânica BS 8747: 2007 é um guia para a seleção e especificação de membranas betuminosas reforçadas para coberturas. Ela descreve as membranas betuminosas padronizadas de cobertura reforçadas à base de fibra de vidro e poliéster, bem como as membranas betuminosas modificadas com polímeros e de alto desempenho manufaturadas com polipropileno atático (APP) ou estireno--butodieno-estireno (SBS).

A classe S, de tração mensurável, e a classe P, resistente a perfurações, são apresentadas na Tabela XLVIII. A norma descreve combinações de SNPN apropriadas a construções normais especificadas.

O Annex (anexo) da norma BS 8747: 2007 descreve as folhas utilizadas sob telhas e camadas de ventilação perfuradas listadas na Tabela XLVIII, referindo-se à norma BS 747: 2000, já revogada.

As características das membranas betuminosas são descritas na norma BS EN 13707: 2013, e a BS 8217: 2005 é o código de prática britânico atual.

Tabela XLVII Espessura padrão de folhas de ligas de zinco-cobre-titânio (norma britânica BS EN 988: 1997)

Espessura nominal (mm)	Massa aproximada (kg/m^2)
0,60	4,3
0,65	4,7
0,70	5,0
0,80	5,8
1,00	7,2

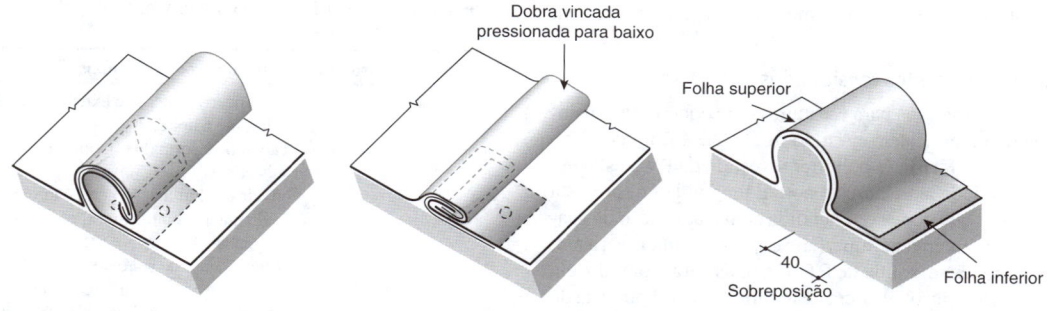

6.6 Coberturas de chumbo convencionais: junta simples aberta (à esquerda), dobra vincada pressionada (ao centro) e junta sobreposta com núcleo de madeira (à direita). *Fonte:* Rolled Lead Sheet: The Complete Manual, *publicado pela Lead Sheet Association.*

7.10 Mástique asfáltico para coberturas

O mástique asfáltico para coberturas (e também para pisos e impermeabilização) é especificado na norma britânica BS 6925: 1988, conforme as classes listadas na Tabela XLIX. O mástique asfáltico modificado com polímeros que contém SBS é mais durável e tem mais flexibilidade. A norma britânica BS 8218: 1998 é o Código de Prática atual para coberturas de mástique asfáltico.

7.11 Mantas de impermeabilização de coberturas

As mantas de impermeabilização de coberturas são descritas na norma britânica BS EN 13956: 2012. Elas geralmente consistem em uma membrana contínua com espessura entre 1 mm e 3 mm, que cobrem qualquer cobertura plana ou inclinada com acesso limitado. Em geral, a manta é composta por um material termoplástico, elastomérico ou de betume modificado; ela pode ser de fibra de vidro

Tabela XLVIII Membranas betuminosas reforçadas, de acordo com a norma britânica BS 8747: 2007

Descrição	Tipo (antiga designação da BS 747)	Código de cor	Classe de resistência à tração (S)	Classe de resistência à perfuração (P)	Classificação SNPN
Fibra de vidro – superfície granular fina	3B	Vermelho	S1	P1	S1P1
Fibra de vidro – superfície mineral	3E	Vermelho	S1	P1	S1P1
Poliéster – base granular fina	5U	Azul	S2	P3	S2P3
Poliéster – superfície granular fina	5B/180	Azul	S4	P4	S4P4
Poliéster – superfície granular fina	5B/250	Azul	S5	P5	S5P5

Observação: A classe de resistência à perfuração P é derivada de uma combinação entre resistência ao impacto (subclasse D) e resistência a cargas estáticas (subclasse L).
A BS 747: 2000 foi revogada em 2007, mas são feitas referências às designações antigas na norma BS 8748: 2007.
As membranas do tipo 1F são bases para coberturas descontínuas.
O tipo 3G não é classificado na norma BS 8747, uma vez que é uma camada para ventilação e não é à prova d'água.
As membranas do tipo 4A são bases para mástique asfáltico.

Tabela XLIX Tipos de mástique asfáltico (BS 6925: 1988)

Tipo	Composição
BS 988B	100% de betume
BS 988T25	75% de betume, 25% de asfalto de lago
BS 988T50	50% de betume, 50% de asfalto de lago
Especificado pelos fabricantes	Modificado por polímeros

ou poliéster reforçado. As juntas entre as lâminas são unidas por calor ou solvente, ou vedadas com adesivos. A camada de impermeabilizante pode ser anexada à estrutura de base mediante uma união mecânica, junção adesiva completa ou parcial ou com o uso de um lastro para impedir a sucção do vento (Figura 6.7). As lâminas fixadas mecanicamente exigem que as conexões sejam cobertas por uma camada extra de material impermeabilizante, normalmente nas juntas entre as lâminas. Muitas mantas têm uma camada de poliéster em uma das faces, a fim de suavizar quaisquer descontinuidades na estrutura de base, além de contribuir para a união adesiva sempre que necessário. Alguns materiais estão disponíveis em uma variedade de cores ou apresentam acabamentos minerais.

Dentre as opções de PVC de sistemas termoplásticos, a poliolefina flexível (FPO), a liga de polipropileno flexível (FPA), o vinil etileno termopolímero (VET), o polietileno clorado (CPE), o polietileno clorossulfurado (CSM) e o poli-isobutileno (PIB) são produtos convencionais. Por outro lado, o monômero de etileno propileno dieno (EPDM) e o betume modificado com SBS ou APP são os produtos padronizados elastoméricos e a base de betume, respec-

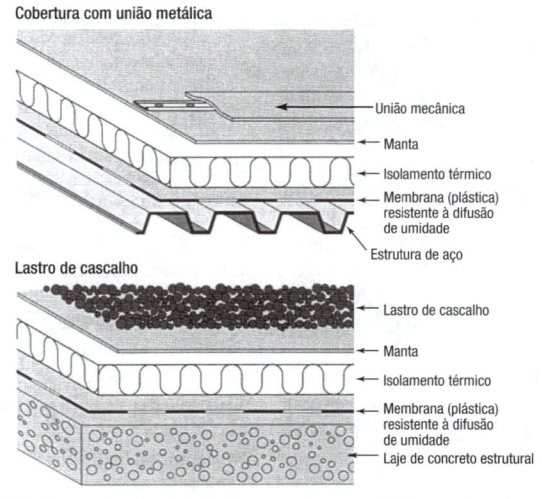

6.7 Sistema de membrana típico para impermeabilização de coberturas, com união metálica e lastro de cascalho.

tivamente. Os produtos betuminosos modificados geralmente têm até 5 mm de espessura.

7.12 Estruturas com tecidos tensionados

Os dois materiais alternativos para estruturas com coberturas tensionadas são o tecido de poliéster revestido de PVC e a fibra de vidro tramada e revestida de PTFE. O poliéster revestido de PVC está disponível em uma variedade de cores e possui uma vida útil prevista de 10 a 15 anos, mas que pode ser estendida com a aplicação de acabamento de fluoropolímeros na superfície exposta ao intemperismo. A fibra de vidro branca revestida de PTFE é mais cara; contudo, ela é autolimpante e incombustível, além de ter uma vida útil prevista de 25 anos ou mais. Uma ampla variedade de toldos, marquises e pavilhões com projetos padronizados está disponível comercialmente, sendo uma alternativa a tais projetos.

7.13 Coberturas verdes

As coberturas verdes são definidas como extensivas ou intensivas, de acordo com o tipo de vegetação e o carregamento associado. As coberturas extensivas não são projetadas tendo em vista o acesso generalizado, pois apresentam espécies resistentes à estiagem e ao frio, e que exigem pouca manutenção (como capim, ervas ou outras gramíneas). O acesso ocasional é necessário apenas para a retirada de ervas daninhas e para o preenchimento de quaisquer partes mortas. As coberturas intensivas, que suportam atividades recreativas com pisos secos ou vegetação, exigem um solo com profundidade entre 200 e 300 mm e, para árvores grandes, de até 1.500 mm, resultando em um carregamento estrutural adicional. Uma cobertura verde intensiva e acessível exige proteção adequada à saúde e contra o risco de queda nas bordas. As coberturas biodiversas ou com vida silvestre replicam os habitats de determinadas espécies, que podem ter sido destruídos com a implantação do prédio, e às vezes incluem áreas com cascalho, pedra ou madeira em decomposição, além das plantas tradicionais. As coberturas verdes típicas (Figura 6.8) precisam de sistemas com camadas múltiplas para suportar a vegetação e garantir a impermeabilidade da estrutura de base. As coberturas verdes têm a vantagem de reduzir significativamente o escoamento pluvial, enquanto aprimoram a qualidade do ar e fornecem um isolamento térmico e acústico de alto nível para o telhado.

8 VIDRO

8.1 Introdução

A escolha dos vidros para uma edificação é muito complexa, devido à ampla variedade de exigências de projeto que precisam ser consideradas com *cuidado*. A metodologia mais adequada para garantir a devida atenção a todos os fatores significativos é descrita na norma britânica BS 6262-1: 2005. As partes adicionais da norma BS 6262 fornecem informações mais detalhadas sobre os seguintes aspectos dos vidros utilizados em edificações.

BS 6262	Vidros para edificações:
BS 6262-1: 2005	Metodologia geral para a seleção do vidro.
BS 6262-2: 2005	Código de prática para energia, luz e som.
BS 6262-3: 2005	Código de prática para incêndio, segurança e cargas de vento.
BS 6262-4: 2005	Código de procedimento para a segurança associada ao impacto humano.
BS 6262-6: 2005	Código de procedimento para aplicações especiais. (Associado principalmente às peças estruturais fixas).
BS 6262-7: 2005	Código de procedimento para o fornecimento de informações.

As principais exigências de projeto da norma britânica BS 6262-1: 2005 são listadas na Tabela L, com alguns comentários adi-

Tabela L Exigência de projeto para os vidros nas edificações (norma britânica BS 6262-1: 2005)

Exigências de projeto	Considerações adicionais
Iluminação natural	Visualização interna e externa durante o dia e durante a noite. Tamanho e formato do vidro, considerações estéticas. Níveis de iluminação geral e tarefas visuais adequados, tanto natural como artificialmente. Exigências legais. Ofuscamento do sol e do céu; reflexão e difração. Privacidade – vidro impresso, jateado, jateado com areia e colorido; vidro de transmissão variável. Vidro branco translúcido.
Considerações térmicas	Equilíbrio energético dos ganhos solares em relação às perdas térmicas. Taxa de emissão da edificação. Eficiência Energética das Vedações Externas Taxa de emissão da habitação Building Regulations Part I Vidros duplos ou triplos, vidro de baixa emissividade, vidro com enchimento de gás inerte (argônio), vidro de baixo consumo de energia (de isolamento térmico), coeficiente de transferência térmica. Vidro de controle solar – corado ou com película refletora, orientação do vidro, recursos de proteção solar (microbrises). Vidro inteligente, condensação.
Som	Controle acústico interno e externo. Sons de baixa, média e alta frequência. Espessura do vidro, vidro laminado com espessuras distintas nas camadas intermediárias, vidro duplo com material de isolamento acústico, sistemas vedados.
Segurança física	Localização do vidro – danos causados por impactos, barreiras, manifestações públicas (norma britânica BS 6262-4: 2005). Vidro reforçado, vidro reforçado pelo calor, vidro laminado, aplicação de películas plásticas. Proteção contra a radiação. Vidro antibacteriano
Segurança patrimonial	Proteção das pessoas e das propriedades. Vandalismo, uso de armas de fogo e explosivos. Vidro laminado contra ladrões, espelho unilateral (vidro espelhado), *alarm glass*, tijolos de vidro.
Incêndio	Classificação – integridade, isolamento, radiação. Normas. Vidro aramado, vidro temperado, vidro laminado. Vidro sem isolamento térmico, com isolamento térmico, com isolamento parcial.
Durabilidade	Verificar a durabilidade do vidro ou dos materiais plásticos de envidraçamento em lâminas.
Cargas de vento	Determinar a pressão do vento (norma britânica BS EN 1991-1-4: 2005 + A1: 2010).
Manutenção	Acesso, facilidade e gastos com substituição, vidro autolimpante.

Observação: Além disso, o vidro pode ser usado como material estrutural. As aplicações incluem passarelas, escadas e estruturas envidraçadas construídas com o vidro reforçado laminado, unido com conectores de metal ou adesivos estruturais transparentes e de alta resistência.

cionais. Os tipos de vidros que atendem às exigências estão listados na Tabela LI.

As normas de construção britânicas atuais com foco em Habitações (DER) e em Taxas de Emissão das Edificações (BER) para a conservação de energia tornam os sistemas de vidraças com controle

Tabela LI Tipos de vidro e outros materiais para envidraçamento
É preciso observar que o vidro desempenha várias funções ao mesmo tempo; a tabela a seguir deve ser utilizada apenas para fins de orientações gerais sobre funções específicas e fundamentais do vidro.

Função/tipo	Descrição
ILUMINAÇÃO E CONTATO VISUAL	
Vidro flutuante	Produto de vidro plano recozido (Tipo A: rompe com cacos cortantes) (Tamanho típico máximo 9.000 × 3.200 mm - unidades maiores sujeitas à possibilidade de transporte)
Vidro cristal tipo *ultra white*	Nível reduzido de impurezas do óxido de ferro, aumentando a transmissão de luz; praticamente translúcido (Tamanho típico máximo 6.000 × 3.210 mm)
Privacidade	
Impresso	Variedade de padrões decorativos com diferentes níveis de privacidade (fatores de obscurecimento) (Tamanhos típicos máximos 2.160 × 1.650 mm e 2.140 × 1.320 mm)
Serigrafado	Frita cerâmica branca ou colorida impressa e aplicada em vidro flutuante corado ou incolor (Tamanho típico máximo 2.800 × 1.400 mm)
Jateado ou jateado com areia	Variedade de desenhos jateados sobre vidro corado ou incolor Desenhos sob encomenda (tamanho típico máximo 3.210 × 2.400 mm)
Translúcido	Vidro flutuante opaco com difusor (Tamanho típico máximo 3.210 × 2.400 mm)
Eletro-ótico	Alterações causadas pela comutação elétrica entre o transparente e o translúcido (camada intermediária com película cristalizada líquida)
Colorido	Mediante vidros coloridos, chanfros e películas plásticas laminadas. Desenhos convencionais e feitos sob encomenda.
CONSIDERAÇÕES TÉRMICAS	
Controle solar	
Reflexão térmica	Revestimento jateado com óxido de metal ou metal com propriedades de reflexão térmica (incolor, neutro, prateado, azul, verde, cinza) (controle máximo) Revestimento pirolíticos com reflexão térmica (prateado, cinza, bronze, azul/verde) (controle médio) (Tamanhos típicos máximos 6.000 × 3.210 mm e 5.180 × 3.300 mm)
Absorção de calor	Vidro colorido com absorção de calor (verde, bronze, azul, cinza) (controle baixo) (Tamanhos típicos máximos 6.000 × 3.210 mm e 5.180 × 3.300 mm)
Vidro laminado	Camadas de plástico colorido, intermediárias
Microbrises	Caixilhos com vidro isolante e microbrises internos
Isolamento térmico	
Vidros múltiplos	Sistemas de vidros duplos ou triplos com enchimento de gás inerte (argônio – padrão). 6.000 × 3.210 (máximo, em geral)
Vidro de baixa emissividade	Revestimento suave de baixa emissividade (ε_n 0,04) Revestimento pirolítico de baixa emissividade sobre vidro colorido ou transparente (ε_n 0,15)
ACÚSTICA	
Controle de ruídos	Vidro laminado com uma camada intermediária de PVB (polivinil butiral) Peças herméticas com um grande espaçamento e isolamento acústico no perímetro
SEGURANÇA FÍSICA	
Temperado	Cinco vezes mais forte do que o vidro anelado. Vidro de segurança (Tipo C: se desfaz em pedaços praticamente inócuos) (Tamanhos típicos máximos 4.200 × 2.000 mm e 4.500 × 2.440 mm)
Temperado e reforçado termicamente (HST)	Reduz o risco de quebra espontânea do vidro reforçado devido às inclusões de sulfito de níquel
Tipo reforçado termicamente	Metade da resistência do vidro temperado e se parte em pedaços, como o vidro anelado. Não é um vidro de segurança (Geralmente usado no vidro laminado) (Tipo A: se parte em pedaços pontiagudos)
Laminado	O vidro laminado protege contra ferimentos em caso de quebra. Camada intermediária de PVB para chapas planas – Camada intermediária de resina para laminados com curvatura. (Tipo B: em caso de quebra – trinca, mas os fragmentos permanecem unidos)

(continua)

Tabela LI Tipos de vidro e outros materiais para envidraçamento (*continuação*)

Função/tipo	Descrição
Película plástica	Uma variedade de películas plásticas finas para alterar as propriedades óticas e/ou térmicas do vidro Camada intermediária plástica com estrutura espessa – 1,52 ou 2,28 mm (A cobertura do vidro anelado com a película plástica adequada pode resultar na quebra do Tipo B, como no vidro laminado)
SEGURANÇA PATRIMONIAL	
Laminado	Vandalismo/antifurto/resistente a projéteis ou explosões, conforme o número e a espessura dos laminados de vidro. (Camadas de PVB de 0,4 ou 0,8 mm) (Tipo B: em caso de quebra – trinca, mas os fragmentos permanecem unidos)
tipo *one-way vision*	Exige um nível baixo de iluminação no lado dos observadores (nível máximo de iluminação: 1/7)
PROTEÇÃO CONTRA INCÊNDIO	
Vidro aramado sem isolamento	Vidro aramado – polido ou impresso; resistência mínima de 30, 60 minutos (*E30 a E60*) (Tipo B: em caso de quebra – trinca, mas os fragmentos permanecem unidos) Arame de calibre mais grosso para atender ao teste de impacto da *BS 6206: 1981*
Integridade	Restringe apenas as chamas e os gases quentes (*E30*) – (*E60*)
Integridade e isolamento	Laminado com camadas intermediárias. Isolamento mínimo de 30, 60, 90, 120, 180 minutos (em esquadrias adequadas) (vidro simples *EI 30, EI 60*) (vidros duplos até *EI 180*) (camadas intermediárias de gel ou tinta intumescente)
Integridade com um pouco de proteção contra a radiação	Laminado com camadas intermediárias. Redução da radiação térmica (*E/EW*) (*EW 30* a *EW 120*)
MANUTENÇÃO	
Autolimpante	Revestimento hidrofílico e fotocalítico dispersa a água e oxida a poeira sobre a superfície. Transparente e azul
APLICAÇÕES ESPECIAIS	
Vidro de tímpano	Variedade de cores e tipos de impressão. Vidro esmaltado/opaco ou panos de vidros montado em unidades
Vidro com curvatura	CIP (moldado no local) quando laminado
Espelhado	Espelho
Proteção contra a radiação	Proteção contra raios X e raios gama. Vidro rico em chumbo – cor âmbar. Vidro com chumbo e bário – cor neutra
SISTEMAS DE ENVIDRAÇAMENTO	
	Sistemas com vidros duplos e triplos. Acessórios conforme a norma britânica BS 6262-6: 2005 – parafusos, vedantes, caixilhos e arames tensionadores. Sistemas com vidros duplos de alta eficiência e 90% de enchimento de argônio, com valores-U de até 1,1 W/m^{2}K Sistemas com vidros triplos e valores-U de até 0,8 W/m^{2}K ou 0,5 W/m^{2}K, com duas camadas de baixa emissividade de calor e dois enchimentos de argônio A eficiência máxima é obtida com enchimento de criptônio e sistemas de espaçamento sem pontes térmicas

Coeficiente (ou fator) solar: A fração da radiação solar incidente que é diretamente transmitida pelo vidro, incluindo o calor absorvido por esse material e re-emitido até o interior da edificação.
Coeficiente de sombreamento: A razão do fator solar de um vidro em relação àquela do vidro flutuante incolor de 3 mm.
Refletância da luz: A fração da luz incidente que é refletida pelo vidro.
Valor-U: A medida da perda térmica através do componentes ou da peça, medida em W/m²K.
Redução de ruídos ponderada: Um valor de dígito único para o isolamento sonoro dos elementos de construção.
As combinações de funções (por exemplo, vidro autolimpante e vidro impresso) são possíveis.
As descrições das quebras estão de acordo com a norma britânica BS EN 12600: 2002.
As localizações críticas para os vidros de segurança são ilustradas na norma britânica BS 6262-4: 2005.
Sempre que há risco de impacto humano sobre o vidro nas edificações, sua manifestação deve ocorrer na forma de linhas, estampas ou logos entre 600 e 1.500 mm acima do nível do piso (norma britânica *BS 6262-4: 2005*).
Os tamanhos máximos das chapas nem sempre são seguros.

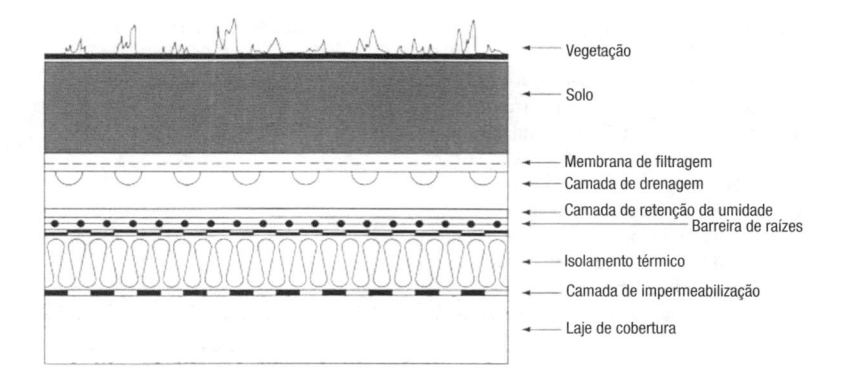

6.8 Cobertura verde típica.

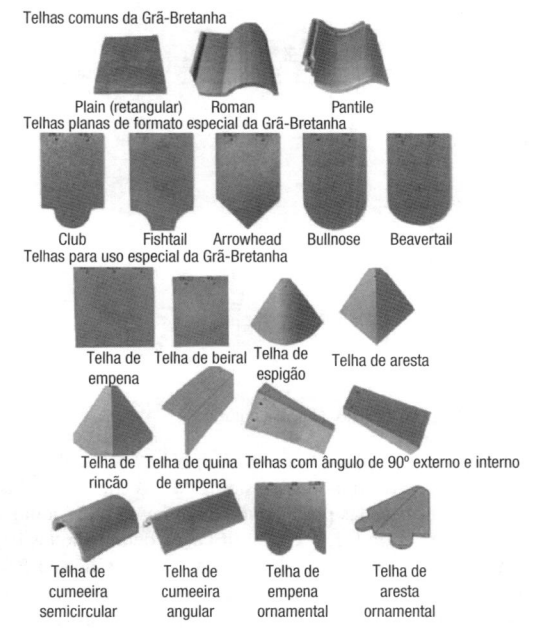

6.9 Telhas comuns e especiais empregadas na Grã-Bretanha.

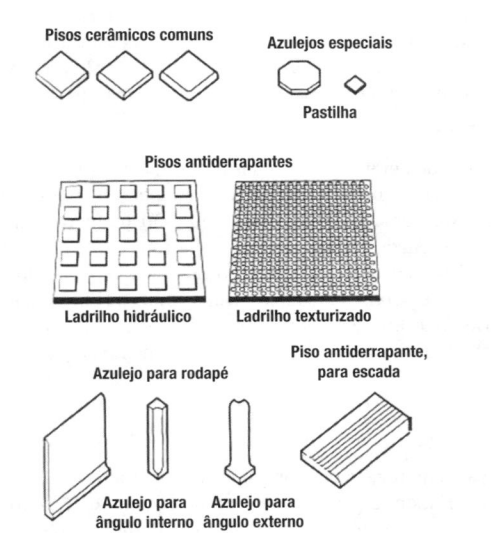

6.10 Pisos e azulejos cerâmicos.

solar e a eficiência energética praticamente obrigatórios na maioria dos casos. Na Grã-Bretanha, as Building Regulations Part L1A e Part L2A 2010 (edição 2013) apresentam especificações gerais complementares para novas moradias e outras edificações novas para outros usos, respectivamente. Os critérios complementares para novas edificações (incluindo a Taxa-Alvo britânica de Eficiência Energética das Vedações Externas) são parecidos com aqueles estipulados para o Nível 3 do Code for Sustainable Homes, mas não há relação direta entre os dois. Para a substituição de janelas em moradias preexistentes, a norma britânica é o uso de uma janela com classificação de desempenho energético (Window Energy rating – WER) da classe C, mas muitos fabricantes estão visando à produção de janelas das classes A+, A e B. Além disso, a legislação e as normas de saúde e segurança física exigem o uso de vidros de segurança em muitos locais.

9 MATERIAIS CERÂMICOS

9.1 Introdução

A ampla variedade de produtos de construção cerâmicos advém da diversidade de argilas naturais e compostas. Os tijolos de argila (barro) são descritos na Seção 4.1.

9.2 Telhas

As telhas cerâmicas são fabricadas com argila bem peneirada, a fim de obter os acabamentos tradicionais nas cores vermelha, marrom ou bege, ou lixadas, para criar cores malhadas ou azuladas. As telhas chatas utilizadas na Grã-Bretanha apresentam inúmeros perfis – *plain* (retangular), *club* (parcialmente arredondado), *fishtail* (rabo de peixe), *arrowhead* (ponta de flecha), *bullnose* (focinho de boi) e *beavertail* (rabo de castor) – e normalmente são instaladas com inclinação mínima de 30° ou 35°. Também são utilizadas telhas planas ou intertravadas (*pantiles* ou Roman), com acabamento simples, lixado ou vitrificado, adequadas para caimentos menores indicados pelos próprios fabricantes (Figura 6.9). Telhas de barro chatas e sobrepostas específicas são compatíveis com telhas fotovoltaicas de mesmo perfil. As telhas especiais mais comuns são aquelas para cumeeiras, rincões, empenas, saliências e cumeeiras com respiro.

Os tipos, as tolerâncias e as propriedades físicas das telhas de barro cozido são definidos pela norma britânica BS EN 1304: 2013. O código britânico atual para a definição de caimentos e telhas é o BS 5534: 2014.

9.3 Pisos e azulejos

As cerâmicas para pisos e paredes, fabricadas pelo processo de prensagem a seco ou por extrusão, são classificadas pela norma britânica BS EN 14411: 2012. Essa norma trata de peças vitrificadas ou não. As principais características físicas incluem a absorção de água, a resistência à ruptura, a durabilidade e a resistência à abrasão.

As normas britânicas atuais para diferentes usos de pisos e azulejos cerâmicos estão nas Partes 1–5 do British Standard BS 5385.

Os pisos cerâmicos (Figura 6.10) são fabricados com inúmeras argilas, geralmente cozidas sob altas temperaturas (por exemplo, 1.130ºC), a fim de garantir uma vitrificação suficiente para que o produto seja duradouro e resistente à água. A absorção de água dos pisos cerâmicos do Grupo 1 (conforme a norma BS EN 14411: 2012) é inferior a 3%; as peças do Grupo 2 têm absorção de água entre 3 e 10%; e as do Grupo 3, mais de 10%. Quando se precisa de um bom piso antiderrapante, é possível usar os ladrilhos hidráulicos ou com grãos de carborundo. Quanto à resistência à abrasão, os pisos de cerâmica, na Grã-Bretanha, são divididos desde a Classe 0 (menor resistência) até a Classe 5 (maior resistência). Cada um dos fabricantes produz peças em inúmeros tamanhos.

Os azulejos geralmente são manufaturados com barro natural, ao qual se agrega talco ou calcário, para garantir a brancura do produto após o cozimento. O esmalte para vitrificação de uma superfície pode ser aplicado antes do cozimento único ou após a etapa do *biscuit* inicial, antes da segunda queima. Os adesivos empregados em azulejos são classificados de acordo com a norma britânica BS EN 12004: 2007 + A1: 2012, e as grautes, conforme a norma BS EN 13888: 2009. Atualmente há uma enorme variedade de azulejos quadrados e retangulares.

9.4 Componentes da cerâmica

Os aparelhos sanitários cerâmicos são fabricados com porcelana vitrificada, o que limita a penetração à água das fissuras ou lascas ao máximo de 0,5%. Para peças grandes, como bacias sanitárias e lavatórios, é necessário que haja um período de secagem controlada da argila úmida antes do cozimento, para evitar o surgimento de fissuras. Um esmalte para vitrificação, que contém óxidos metálicos para coloração, é aplicado a todas as superfícies expostas antes do cozimento.

Na Grã-Bretanha, a qualidade dos aparelhos sanitários cerâmicos vitrificados é classificada pela norma BS 3402: 1969. As especificações para tubos de argila vitrificada, geralmente fabricados com argila vitrificada com sais, estão na Partes 1–7 da norma BS EN 295.

9.5 Terracota

A cor castanho avermelhado da terracota deve-se à presença de óxido de ferro na argila. A terracota é empregada em elementos tradicionais, como blocos de alvenaria decorativos, telhas de cumeeira e florões de telhado. Ela também é utilizada para a fabricação de unidades de revestimento de fachadas de chuva muito duradouras em sistemas de fachada patenteados. A faiança, que é a terracota vitrificada, é um material muito durável, mas pode lascar se sofrer impactos.

10 PEDRA NATURAL E ARTIFICIAL

10.1 Introdução

A pedra natural pode ser classificada em ígnea (como o granito e o basalto), metamórfica (como a ardósia, o mármore e o quartzito) ou sedimentar (como o arenito e o calcário). A pedra artificial (BS EN 771-5: 2011) é frequentemente fabricada para imitar a natural. As pedras ígneas são os materiais mais duradouros, enquanto as sedimentares são mais fáceis de trabalhar, assumindo a forma desejada, especialmente na extração da pedreira. A ardósia de baixa qualidade tende a se esfacelar em lâminas, enquanto o mármore pode ser afetado por ambientes ácidos. As pedras sedimentares devem ser assentadas de modo correto, de acordo com seus planos de estratificação naturais (Figura 6.11), e podem receber diferentes tipos de acabamento (Figura 6.12).

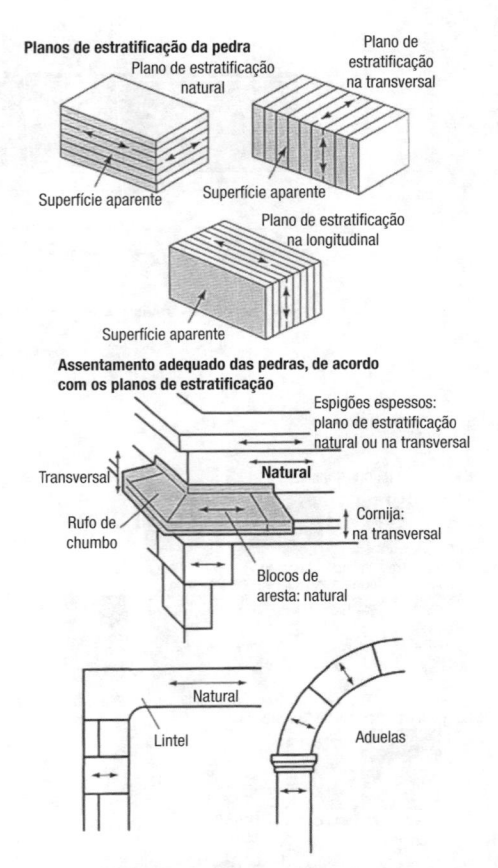

6.11 Planos de estratificação da pedra natural.

As lâminas de pedra finas (6 mm) podem ser coladas a um material de base leve, criando um sistema de revestimento de fachadas alternativo às pesadas placas tradicionalmente fixas com grampos resistentes (Figura 6.13). A classificação detalhada das pedras e a terminologia aplicada a esse material estão na norma BS EN 12670: 2002. Na Grã-Bretanha, as especificações para o projeto e a instalação de pedras naturais para uso em revestimentos de paredes internas e fachadas estão na BS 8298, Partes 1–4: 2010. As especificações técnicas para as unidades de pedra de alvenaria e de piso estão na norma BS EN 771 Parte 6: 2011 e BS EN 1469: 2004 (antiga EN 1469: 2012), respectivamente. As especificações para a pedra artificial estão na norma BS 1217: 2008. Algumas paredes de alvenaria de pedra tradicionais são ilustradas na Figura 6.14.

10.2 Granito

A maioria dos granitos é composta por materiais duros e densos e, portanto, duradouros, impermeáveis à água e resistentes a impactos. Suas colorações e seus desenhos são inúmeros: há granitos rosa, azuis, cinza, verdes, amarelos, marrons e totalmente pretos. A variedade de acabamentos inclui o flanqueado, picotado, estriado, friccionado e polido. Para maximizar a cor e o brilho cristalino, é necessário um acabamento altamente polido. Os granitos de alto custo geralmente são empregados para o revestimento de paredes (40 mm em fachadas, 20 mm em paredes internas) ou utilizados diretamente no concreto moldado *in loco*.

10.3 Ardósia

A ardósia empregada em coberturas (muito tradicional na Grã-Bretanha) varia, em espessura, de 4 mm a 10 mm, de acordo com sua origem. As telhas planas de ardósia são tradicionalmente rústicas, embora haja uma grande variedade de acabamentos texturizados ou

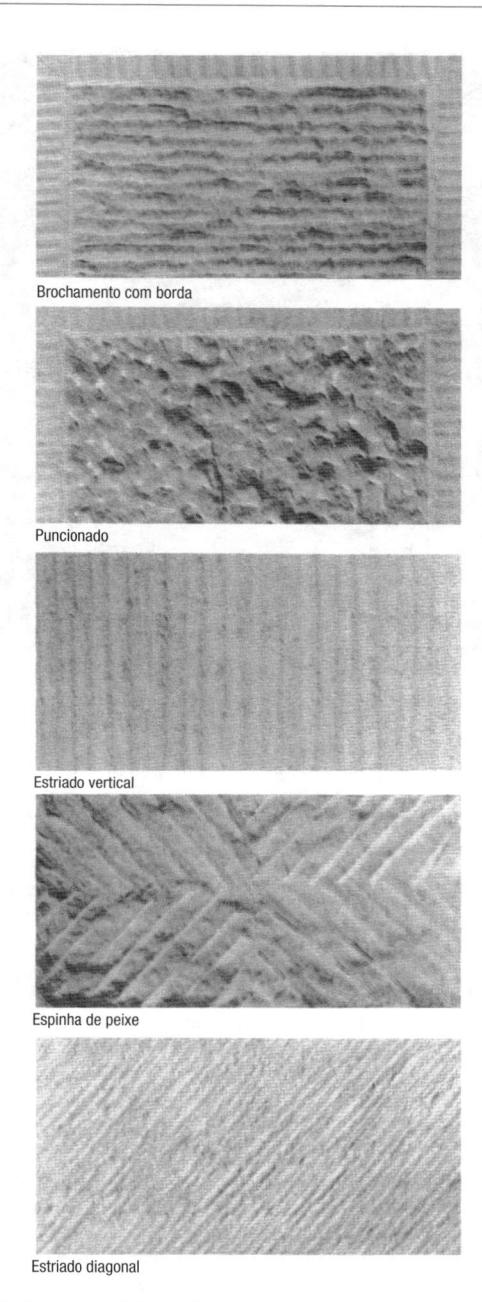

6.12 Acabamentos rústicos talhados.

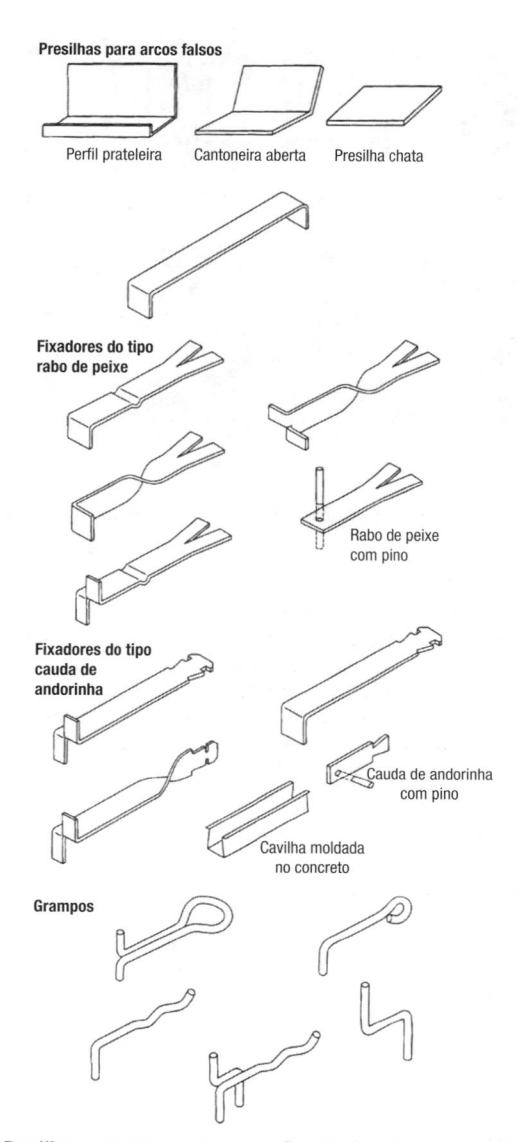

(imagens, de cima para baixo: Brochamento com borda; Puncionado; Estriado vertical; Espinha de peixe; Estriado diagonal)

6.13 Presilhas e grampos comuns para fixação de pedras em paredes e fachadas.

polidos disponibilizada para peças maiores empregadas em pisos, peitoris e fachadas. As cores também são muito variadas, como azul, cinza azulado, cinza prateado, verde e vermelho-escuro, e essa pedra é extraída em muitos países, como Espanha, China, Canadá, França, Irlanda, Brasil, Índia e Reino Unido. O caimento mínimo para telhados de ardósia protegidos é de 20°, mas situações mais expostas exigem, no mínimo, 22,5°, e as fixações devem ser de cobre ou alumínio. Em restaurações históricas, muitas vezes são utilizadas peças de ardósia reciclada.

10.4 Mármore

O mármore é um calcário que sofreu metamorfose, tendo o carbonato de cálcio sido recristalizado, formando então os veios característicos dessa pedra. A calcita pura é branca, mas as cores são produzidas pelas impurezas no calcário original. As cores disponíveis são muitas: vermelho, rosa, violeta, marrom, bege, amarelo-creme, cinza, preto, etc. O mármore é empregado em paredes internas e externas e pisos.

10.5 Quartzito

O quartzito é um arenito que sofreu metamorfose e que, por ser um material resistente à abrasão, é frequentemente utilizado em pisos. A maioria do quartzito é produzida na Noruega, na Itália, no Brasil e na Irlanda, onde se encontra nas cores branca, cinza, verde acinzentado, cinza-azulado, amarelo e ocre.

10.6 Arenito

O arenito é formado pela cimentação natural de partículas de areia por carbonato de cálcio, sílica, óxido de ferro ou dolomita, resultando, respectivamente, em arenito calcário, silício, ferruginoso ou dolomítico. Ele pode ter textura fina ou áspera e suas cores variam bastante (branco, bege, cinza, marrom, vermelho, etc.). Essa pedra, em geral, resiste bem aos ciclos de congelamento e degelo. Ela pode ser serrada, partida e trabalhada com várias ferramentas. Quando empregado no revestimento de paredes internas e fachadas, costuma

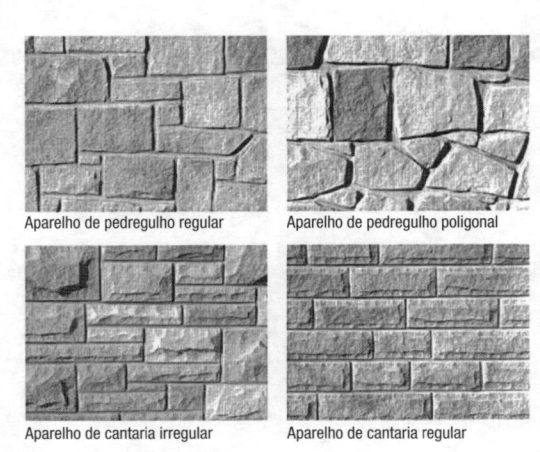

6.14 Acabamentos rústicos talhados.

ter entre 75 e 100 mm, e deve ser fixado com presilhas ou grampos não ferrosos.

10.7 Calcário

O calcário consiste principalmente em carbonato de cálcio produzido pela calcita recristalizada ou pelo acúmulo de conchas fossilizadas. O primeiro tipo – o calcário calcítico – é formado pela cristalização de camadas concêntricas de carbonato de cálcio, produzindo grãos esféricos (oólitos). Há calcários de muitas cores, mas as mais comuns são o branco gelo, o creme, o cinza e o azulado. Os calcários para uso em exteriores não devem ser misturados ou instalados acima do arenito, pois poderão causar a rápida deterioração dele.

10.8 Pedra artificial

A aparência de inúmeras pedras naturais pode ser imitada com concreto fabricado com um agregado de pedra moída e cimento. Pode-se usar um sistema de moldagem a seco ou com água. Ao usar uma armadura de aço normal, ela deve ter recobrimento de 40 mm, a menos que seja galvanizada. Os materiais não ferrosos e resistentes à corrosão exigem recobrimento mínimo de 10 mm. Muitos componentes de arquitetura, como colunas clássicas e balaustradas, hoje costumam ser fabricados em linha com pedra artificial, mas também é possível moldar produtos feitos sob encomenda, de acordo com as especificações dos projetistas.

10.9 Gabiões

Gabiões são gaiolas de arame preenchidas com brita, pedra, matacão ou caliça (Figura 6.15). Essas gaiolas geralmente são feitas com uma tela de aço grossa tramada ou soldada, que pode ser revestida ou de aço inoxidável. A maioria dos gabiões baseia-se em módulos métricos, e eles são utilizados na engenharia para a contenção de taludes ou construção de muros de arrimo.

11 PLÁSTICOS

11.1 Introdução

Os plásticos empregados na construção civil em geral são materiais não portantes e de baixa densidade. Ao contrário dos metais, não estão sujeitos à corrosão, mas podem se degradar com a ação da luz solar direta, o que também reduz sua resistência mecânica. Muitos plásticos são combustíveis, a menos que sejam tratados; e a maioria emite gases tóxicos durante a queima. A reação típica dos plásticos ao fogo é citada na Tabela LII. A família de plásticos utilizados na construção é apresentada na Figura 6.16. A tabela LIII lista seus usos típicos na edificação.

O PVC (cloreto de polivinila) corresponde a cerca de 40% dos plásticos empregados na construção, especialmente em tubu-

6.15 Gabiões cheios com pedra natural: Small Animals Hospital, Glasgow. Arquitetura: Archial (fotografia: Andrew Lee).

lações, mas também em revestimentos de paredes, isolamento de cabos elétricos, janelas, portas e pisos. As espumas de plástico empregadas no isolamento térmico e acústico são formuladas como materiais com células abertas ou fechadas, sendo que essas são resistentes à passagem do ar e da água.

Embora alguns materiais, como os derivados de borracha e de celulose, se baseiem em produtos naturais, a maioria dos plásticos é fabricada com base em produtos petroquímicos.

11.2 Termoplásticos

Os termoplásticos amolecem quando aquecidos e se reconfiguram com o esfriamento. O processo é reversível e, em geral, pode ser repetido sem uma degradação significativa do material. O polietileno está disponível em uma diversidade de propriedades físicas, conforme listado na Tabela LIV. O PVC (cloreto de polivinila), o plástico mais utilizado, existe na forma não plastificada (PVC-U) e na forma plastificada (PVC). O cloreto de polivinila clorado (CPVC) tem um ponto de amolecimento mais elevado do que o PVC padrão. O cloreto de polivinila não plastificado celular extrudado (PVC-EU) é empregado na fabricação de componentes de seção uniforme, como revestimentos de paredes e fachadas e fácias. Toda a variedade dos termoplásticos e seus usos típicos na construção são listados na Tabela LIII.

11.3 Plásticos termocurados (ou termofixos)

Os plásticos termocurados têm uma estrutura molecular tridimensional reticulada, o que impede que o material derreta quando aquecido. Os componentes termocurados em geral são produzidos com pó parcialmente polimerizado ou por meio da mistura de dois componentes, como uma resina e um endurecedor, antes da formação. A estrutura reticulada dos polímeros termocurados resulta em suas boas propriedades de resistência ao calor. Esses materiais costumam ser resistentes à ignição, mas queimam se expostos ao fogo. Os usos típicos são listados na Tabela LIII.

11.4 Elastômeros

Os elastômeros são polímeros de cadeia longa nos quais as cadeias moleculares naturais em ziguezague estão livres para se retificarem

6 Materiais de construção

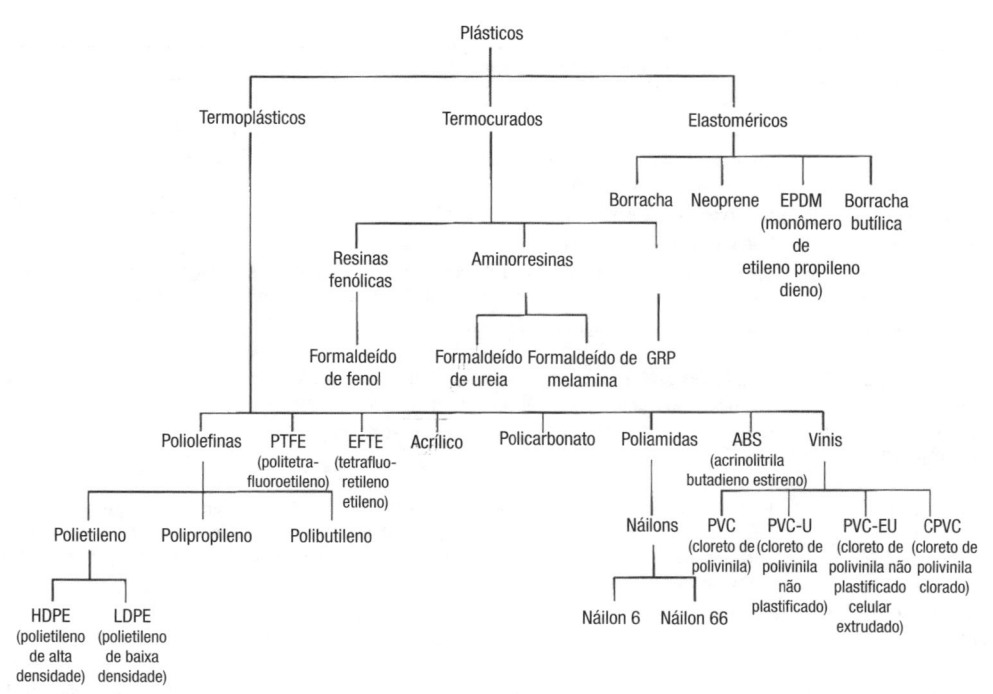

6.16 Plásticos utilizados na construção civil.

(Diagrama hierárquico dos plásticos:)

- **Plásticos**
  - **Termoplásticos**
    - Poliolefinas
      - Polietileno
        - HDPE (polietileno de alta densidade)
        - LDPE (polietileno de baixa densidade)
      - Polipropileno
      - Polibutileno
    - PTFE (politetrafluoroetileno)
    - EFTE (tetrafluoretileno etileno)
    - Acrílico
    - Policarbonato
    - Poliamidas
      - Náilons
        - Náilon 6
        - Náilon 66
    - ABS (acrinolitrila butadieno estireno)
    - Vinis
      - PVC (cloreto de polivinila)
      - PVC-U (cloreto de polivinila não plastificado)
      - PVC-EU (cloreto de polivinila não plastificado celular extrudado)
      - CPVC (cloreto de polivinila clorado)
  - **Termocurados**
    - Resinas fenólicas
      - Formaldeído de fenol
    - Aminorresinas
      - Formaldeído de ureia
      - Formaldeído de melamina
    - GRP
  - **Elastoméricos**
    - Borracha
    - Neoprene
    - EPDM (monômero de etileno propileno dieno)
    - Borracha butílica

Tabela LII O comportamento típico dos plásticos comumente utilizados na construção civil quando expostos ao fogo

Material	Comportamento quando exposto ao fogo
Termoplásticos	
Polietileno, polipropileno	Derretem e queimam imediatamente
Cloreto de polivinila (PVC)	Derrete, não queima facilmente, mas emite fumaça, monóxido de carbono e cloreto de hidrogênio
PTFE/ETFE	Não queima, mas emite gases tóxicos quando submetido a altas temperaturas
Polimetil-metacrilato (acrílico)	Derrete e queima rapidamente, produzindo gotas incandescentes
Poliestireno	Derrete e queima rapidamente, produzindo gotas incandescentes e emitindo uma fumaça negra (BS 6203: 2003 – Poliestireno expandido)
Acrinolitrila butadieno estireno (ABS)	Queima imediatamente
Plásticos termocurados (termofixos)	A espuma queima imediatamente, emitindo gases muito tóxicos, que incluem cianetos e isocianetos
Plásticos termocurados	
Formaldeído de fenol, de melamina ou de ureia	Resiste à ignição, mas emite gases nocivos, inclusive amônia
Poliéster reforçado com fibra de vidro (GRP)	Queima emitindo fumaça, mas há classes com retardador de dispersão de chamas
Elastômeros	
Borracha	Queima emitindo uma fumaça negra e dióxido de enxofre
Neoprene	Tem resistência ao fogo superior à borracha natural

e relaxarem quando esticadas e soltas. O grau de elasticidade depende da extensibilidade das moléculas helicoidais e do grau de reticulamento entre as cadeias adjacentes. A borracha baseia-se no látex natural, enquanto o neoprene e outros copolímeros são produtos petroquímicos. Os elastômeros padronizados e seus usos mais comuns na construção são listados na Tabela LIII.

11.5 Plásticos compósitos

Os plásticos compósitos incluem o poliéster reforçado com fibra de vidro descrito na Seção 12.2.

Os compósitos madeira-plástico, também conhecidos como madeira plástica (WPC), feitos com polietileno, polipropileno e PVC misturados com produtos fibrosos naturais (como cânhamo, sisal ou lascas de madeira), são materiais duradouros. Eles têm a vantagem significativa de incluírem materiais reciclados ou dejetos derivados de outros processos. Esses materiais são descritos na norma britânica BRE Digest 480: 2004, e suas características relevantes são listadas na publicação DD CEN/TS 15534-2: 2007. Os compósitos madeira-plástico são empregados em produtos como os de revestimento de fachadas (EN 15534 Parte 5: 2014) e de deques externos (EN 15534 Parte 4: 2014), em cercas e móveis de jardim, nos quais a durabilidade é importante.

12 PLÁSTICOS, CONCRETO (CIMENTO) E GESSO REFORÇADOS COM FIBRA DE VIDRO

12.1 Introdução

Os compósitos, como os materiais reforçados com fibra de vidro – GRP (poliéster reforçado com fibra de vidro), GRC (cimento reforçado com fibra de vidro) e GRG (gesso reforçado com fibra de vidro), se baseiam na combinação vantajosa das propriedades físicas díspares associadas aos materiais dos compostos individuais.

12.2 Plásticos reforçados com fibra de vidro

A maioria dos plásticos reforçados com fibra de vidro é manufaturada com resina de poliéster, embora outras resinas termocuradas também possam ser utilizadas. Para a maioria dos propósitos, as fibras de vidro estão na forma de fios contínuos ou cortados, embora os materiais de maior resistência sejam obtidos em fibras alinhadas ou fibras de vidro tecidas. A proporção de fibras de vidro varia entre 20 e 80%, dependendo da resistência exigida. Os materiais mais resistentes podem ser obtidos com o uso de fibras de carbono ou po-

Tabela LIII Usos típicos dos plásticos na construção civil

Material	Exemplo de uso do plástico na construção
Termoplásticos	
Polietileno	
Baixa densidade (LD)	Camadas de impermeabilização, juntas de vedação, barreiras contra vapor, membranas permeáveis a líquidos e vapores (para coberturas)
Alta densidade (HD)	Reservatórios de água fria, tubos de água fria
Reticulado (PEX)	Tubos de água fria e quente
Polipropileno (PP) (BS EN ISO 1873–1: 1995)	Tubos e conexões, tubos de água fria, tubos de esgoto, reservatórios de água, caixas acopladas de bacias sanitárias, camadas de impermeabilização, fibras de concreto reforçado com fibras
Polibutileno (PB) (BS EN ISO 8986–1: 2009)	Tubos e conexões de água fria e quente
Cloreto de polivinila não plastificado (PVC-U)	Produtos para água pluvial, sistemas de esgoto, água fria e subterrâneos, esquadrias de porta e janela, estufas, portas de garagem, telhas translúcidas, reservatórios de água fria
Cloreto de polivinila não plastificado celular extrudado (PVC-UE) (BS EN 7619: 2010)	Revestimento de paredes e fachadas, forros, postigos de janela
Cloreto de polivinila (PVC)	Placas e laminados de piso, membranas de impermeabilização de coberturas (revestimentos elastoméricos), isolamento de cabos, sistemas de dutos para cabos, membranas permeáveis a líquidos e vapores, membranas tracionadas estruturais, portas sanfonadas, vedação de portas, revestimento de corrimãos, películas de acabamento para produtos de madeira
Cloreto de polivinila clorado (CPVC)	Sistemas de água fria e quente
Tetrafluoretileno etileno (EFTE) (BS EN ISO 12086–1: 2006)	Sistemas inflados para paredes translúcidas e membranas de cobertura
Politetrafluoroetileno (PTFE – Teflon ®) (BS EN ISO 12086–1: 2006)	Fitas veda-rosca para tubulações, estruturas em membrana tracionadas, juntas de dilatação com baixa fricção
Polimetil-metacrilato (acrílico) (BS EN ISO 8257–1: 2006)	Banheiras, bases de duchas, pias, envidraçamento, claraboias, luminárias
Policarbonato (BS EN ISO 7391–1: 2006)	Envidraçamento resistente ao vandalismo, banheiras de hidromassagem, pias
Poliestireno	Painéis para *boxes* de banheira ou ducha, placas decorativas (poliestireno expandido)
Acrinolitrila butadieno estireno (ABS)	Tubos e conexões, produtos para água pluvial, sistemas de esgoto, bases de duchas
Náilons	Dutos elétricos, componentes submetidos a baixa fricção – dobradiças, faixas para vedação de portas e janelas, carpetes em rolo e em placa, cortinas de *box*
Plásticos termocurados (termofixos)	
Formaldeído de fenol	Laminados decorativos
Formaldeído de melamina	Laminados para superfícies de trabalho e portas, componentes elétricos moldados, assentos para bacias sanitárias
Formaldeído de ureia	Laminados decorativos
Poliéster reforçado com fibra de vidro (GRP)	Painéis para paredes e fachadas, produtos para água pluvial que imitam o ferro fundido, reservatórios de água fria, banheiras de hidromassagem, portas de garagem, painéis e placas decorativos para pisos e paredes
Elastômeros	
Borracha	Pisos, vedações para portas, bases antivibração
Neoprene	Vedações para envidraçamento, gaxetas
Monômero de etileno propileno dieno (EPDM)	Vedações para envidraçamento, gaxetas, membranas de impermeabilização de coberturas (revestimentos elastoméricos)
Borracha butílica	Revestimentos em manta para piscinas, chafarizes e aterros
Borracha nitrílica	Placas e laminados de piso

liaramida. O processo de *laying-up* tradicional é empregado para a manufatura da maioria dos componentes. A fôrma é tratada com um desmoldante, e então a camada de gel é aplicada. A seguir, prepara-se a espessura necessária de plástico reforçado com fibra, que pode incluir alguns reforços ou elementos de fixação.

12.3 Concreto (cimento) reforçado com fibra de vidro

O concreto reforçado com fibra de vidro é produzido com uma mistura de fibra de vidro resistente a álcalis, cimento Portland, areia e água. Costuma-se usar 5% por peso de fibras de vidro de 25 a 40 mm na mistura. A maioria dos elementos de concreto reforçado com fibra de vidro é fabricada pulverizando-se a pasta de cimento até a espessura necessária em uma fôrma, embora também seja possível utilizar técnicas de moldagem por extrusão e injeção para componentes pequenos. Esse é um material durável, com alta resistência a

Tabela LIV Classes de polietileno

Classes de polietileno	Densidade (kg/m^3)
LLDPE – Polietileno linear de baixa densidade	900–939
VLDPE – Polietileno de muito baixa densidade	880–915
LDPE – Polietileno de baixa densidade	916–925
MDPE – Polietileno de média densidade	926–940
HDPE – Polietileno de alta densidade	941–970
HMWPE – Polietileno de alto peso molecular	947–950
UHMWPE – Polietileno de ultra alto peso molecular	930–935
PEX – Polietileno reticulado	926–970

impactos e baixa permeabilidade à umidade. Ele é frequentemente empregado em revestimentos de fachada leves e painéis de forro. A norma britânica BS EN 1169: 1999 apresenta orientações para o controle de qualidade na fabricação.

12.4 Gesso reforçado com fibra de vidro

As placas de gesso reforçado com fibra de vidro, que costumam ter 5% de fibras de vidro comuns da classe E, têm maior resistência a impactos e ao fogo do que as placas de gesso comuns. Essas placas reforçadas estão disponíveis em várias espessuras, em incrementos de 5 mm a 15 mm. O material é fácil de trabalhar e pode ser vergado *in loco*. As placas oferecem às estruturas de aço boa proteção contra o fogo, conseguindo-se até 120 minutos de proteção quando se usa uma camada dupla de 30 mm, desde que as juntas fiquem desencontradas e fixadores adequados sejam usados.

13 ARGAMASSAS E MATERIAIS EM CHAPA

13.1 Introdução

A maioria dos tipos de argamassa empregados na construção baseia-se no uso de sulfato de cálcio (gesso) semi-hidratado. Esse produto é fabricado aquecendo-se o gesso entre 130 e 170ºC. A queratina é o retardador padrão agregado para ajustar o tempo de cura para entre 1,5 hora e 2 horas. Outros aditivos utilizados incluem encorpadores, fibras, cales, agregados leves, pigmentos e plasticizantes.

13.2 Argamassa de gesso

As argamassas para uso como base ou camada única são misturadas com gesso anídrico, calcário, argila e areia, a fim de obter o nível de retenção de água e o tempo para cura desejados. Cal é incorporada na argamassa de acabamento para acelerar a pega. Os agregados leves costumam ser a perlita expandida e a vermiculita descamada. Em superfícies lisas ou bases com pouca aderência, é preciso usar uma camada inicial de algum produto ligante (um adesivo). Em paredes, costuma-se usar a argamassa de gesso em emboços (cerca de 11 mm), com um reboco de 2 mm, ou apenas uma camada de 13 mm.

Os tipos de aglutinantes (tintas) e argamassas a base de gesso são categorizados na norma britânica BS EN 13279-1: 2008, Tabela LV.

13.3 Gesso cartonado (*drywall*)

O gesso cartonado consiste em um núcleo de gesso fixado a uma camada de papelão resistente. A superfície acabada pode ter suas quinas chanfradas ou ortogonais. No acabamento das chapas, em geral aplica-se uma camada fina de gesso. As chapas costumam ter 900 mm ou 1.200 mm de largura e 9,5, 12,5 15, ou 19 mm de espessura. Os pregos ou parafusos utilizados na fixação das chapas devem ser cravados direto no material, enterrando-se levemente as cabeças.

Os tipos de gesso cartonado são listados na norma britânica BS EN 520: 2004 + A1: 2009 (Tabela LVI). Eles incluem uma gama de produtos com núcleo de alta densidade para isolamento acústico, boa resistência à umidade, proteção contra o fogo e resistência a impactos.

Os tipos de chapas de gesso cartonado termoacústicas compósitas são classificadas na norma BS EN 13950: 2014, e as chapas com núcleo de papelão celular pré-fabricadas estão na norma BS EN 13915: 2007.

13.4 Acessórios para aplicação de produtos à base de gesso

Cantoneiras e reténs para uso em produtos à base de gesso são fabricados com aço galvanizado ou inoxidável, em lâminas perfuradas ou metal expandido. A norma britânica BS EN 13658-1: 2005 descreve os produtos para interiores. As cantoneiras para o gesso cartonado estão na norma BS EN 14353: 2007 + A1: 2010. A fita autoadesiva de fibra de vidro de 50 mm ou 100 mm normalmente é utilizada nas juntas das chapas e na aplicação normal das argamassas de gesso.

Tabela LV Tipos de argamassas e ligantes à base de gesso (BS EN 13279-1: 2008)

Notação	Designação
A	Ligante de gesso para processamento posterior
A1	Ligante de gesso para uso direto
A2	Ligante de gesso para uso direto *in loco*
A3	Ligante de gesso para processamento posterior
B	Argamassa de gesso
B1	Argamassa de gesso para construção
B2	Argamassa para construção à base de gesso (no mínimo, 50% de gesso)
B3	Argamassa para construção à base de gesso e cal (5% de cal)
B4	Argamassa leve de gesso para construção (com agregados inorgânicos ou orgânicos)
B5	Argamassa leve para construção à base de gesso
B6	Argamassa leve para construção à base de gesso e cal
B7	Argamassa de gesso dura para acabamento de superfícies
C	Argamassa de gesso para usos especiais
C1	Argamassa de gesso para reforço com fibras
C2	Argamassa de gesso para assentamento de alvenaria
C3	Argamassa para isolamento acústico
C4	Argamassa para isolamento térmico
C5	Argamassa para proteção contra o fogo
C6	Argamassa para acabamentos finos
C7	Produto para acabamentos

Tabela LVI Tipos de chapas de gesso cartonado (BS EN 520: 2004 + A1: 2009)

Tipo	Designação
A	Chapa de gesso cartonado com base própria para receber acabamento com argamassa fina de gesso ou pintura
H	Chapa de gesso cartonado com baixa taxa de absorção de água
E	Chapa de gesso cartonado para revestimento de paredes externas que não estejam permanentemente sujeitas ao intemperismo
F	Chapa de gesso cartonado com boa coesão do núcleo sob altas temperaturas
P	Chapa de gesso cartonado de base, para receber argamassa fina de gesso
D	Chapa de gesso cartonado de densidade controlada
R	Chapa de gesso cartonado de resistência superior
I	Chapa de gesso cartonado de alta dureza superficial

13.5 Argamassas especiais

As argamassas especiais incluem as de revestimento que são empregadas após a aplicação bem-sucedida de argamassas que contêm sulfato de bário para hidrofugação ou retenção de raios X utilizadas em ambientes médicos. As argamassas fibrosas (BS EN 13815: 2006 e BS EN 15319: 2007) são utilizadas para peças moldadas ornamentais. A argamassa jateada é pulverizada sobre uma superfície por uma máquina e depois se aglutina, para ser trabalhada com desempenadeira até ficar lisa.

13.6 Chapas de silicato de cálcio

As chapas de silicato de cálcio são fabricadas com sílica e cal e/ou cimento, geralmente incluindo encorpadores adicionais e fibras, para produzir a densidade desejada. Essas chapas são duradouras e não combustíveis, com boa resistência a impactos e produtos químicos. As espessuras normais são 6, 9 e 12 mm, embora também sejam fabricadas chapas de até 100 mm de espessura, com a inclusão de vermiculita,

Tabela LVII Tipos de chapas de gesso reforçadas com fibra
(BS EN 15283: 2008 + A1: 2009)

Tipo	Designação
GM	Chapa de gesso com malha de reforço
GM-H1, GM-H2	Chapa de gesso com malha de reforço e baixa taxa de absorção de água
GM-I	Chapa de gesso com malha de reforço e alta dureza superficial
GM-R	Chapa de gesso com malha de reforço e alta resistência
GM-F	Chapa de gesso com malha de reforço e boa coesão do núcleo sob altas temperaturas
GF	Chapa de gesso reforçada com fibra
GF-H	Chapa de gesso reforçada com fibra e baixa taxa de absorção de água
GF-W1, GF-W2	Chapa de gesso reforçada com fibra e baixa taxa de absorção superficial de água
GF-D	Chapa de gesso reforçada com fibra e alta densidade
GF-I	Chapa de gesso reforçada com fibra e alta dureza superficial
GF-R1, GF-R2	Chapa de gesso reforçada com fibra e alta resistência

Tabela LVIII Os valores de condutividade térmica típicos de alguns materiais de construção

Material	Condutividade térmica (W/mk)
Aerogel	0,013
Espuma fenólica	0,018–0,031
Espuma de poliuretano (rígida)	0,019-0,023
Espuma rígida revestida de folha metálica	0,021
Espuma de poliisocianurato	0,023–0,025
Espuma de poliuretano jateada	0,024
Poliestireno extrudado	0,029
PVC expandido	0,030
Lã mineral (lã de rocha)	0,031–0,039
Lã de vidro	0,031–0,040
Poliestireno expandido	0,033–0,040
Celulose (papel reciclado)	0,035–0,040
Lã natural (lã de ovelha)	0,037–0,039
Espuma de vidro rígida	0,037-0,055
Fibra de linho	0,038
Espuma de formaldeído de ureia	0,038
Fibra de cânhamo	0,040
Cortiça em chapa	0,042
Fibra de coco em chapa	0,045
Painel de perlita	0,045–0,050
Fibra isolante em chapa	0,050
Fardos de feno	0,060
Vermiculita esfoliada	0,062
Sapé	0,072
Lã vegetal em chapa	0,077
MDF	0,10
Concreto aerado (baixa densidade)	0,10
Concreto leve a denso	0,10–1,7
Palha comprimida em chapa	0,10
Madeira macia	0,13
OSB	0,13
Madeira dura (de lei)	0,13
Madeira compensada/aglomerada	0,14
Gesso cartonado em chapa	0,19
Membrana	0,19
Aglomerado de cimento-madeira em chapa	0,23
Tijolo de adobe	0,24
Chapas de silicato de cálcio	0,29
GRC leve	0,21–0,5
GRC de densidade normal	0,5–1,0
Mástique asfáltico	0,5
Tijolo de silicato de cálcio	0,67–1,24
Tijolo de argila	0,65–1,95
Vidro em chapa	1,05

Observações: Os produtos de cada fabricante podem apresentar valores diferentes desses, que são apenas os típicos.
Há dados adicionais disponíveis nas normas britânicas BS 5250: 2011, BS EN 12524: 200 E BS EN ISO 10456: 2007.

para um produto leve e com boa proteção contra incêndio. Os produtos bem elaborados atingem até 240 minutos de resistência ao fogo.

14 MATERIAIS ISOLANTES

14.1 Introdução

Os materiais para isolamento térmico e acústico podem ser classificados de várias maneiras, dependendo de seu uso na construção, de sua forma física ou do material de origem. Em termos gerais, esses materiais se apresentam nas seguintes formas:

- Materiais para isolamento estrutural
- Chapas e painéis rígidos e semirrígidos
- Isolantes para enchimento, em manta ou pulverizados
- Produtos termorreflexivos de camadas múltiplas

A Tabela LVIII apresenta os valores de condutividade térmica típicos para uma variedade de materiais de construção.

14.2 Materiais isolantes inorgânicos

Concreto aerado: O concreto aerado, que tem conteúdo de ar entre 30 e 80%, é resistente ao fogo e ao congelamento. No entanto, ele retrai mais durante a cura do que o concreto denso. O concreto aerado é empregado para isolamento de contrapisos e lajes planas de cobertura, locais em que pode ser lançado de modo a criar um caimento adequado.

Concreto com agregado leve: Os materiais com concreto leve oferecem uma grande variedade de propriedades isolantes e estruturais. Os agregados leves mais comuns são a perlita expandida, a vermiculita esfoliada, o poliestireno expandido, a escória de alto forno aerada, a argila expandida e a cinza volante pulverizada. As várias propriedades térmicas são listadas na Tabela LVIII.

Placas de lã vegetal: As placas de lã vegetal fabricadas com aparas de madeira longas e cimento Portland ou de magnesita são incombustíveis e não apodrecem. Elas combinam boas propriedades de carregamento e isolamento, e costumam ser usadas em tabuados de cobertura. Para vãos de até 3 m, há placas reforçadas com cantoneiras de aço. As lajes compostas com poliestireno rígido ou lã mineral entre camadas de lã vegetal oferecem altos níveis de isolamento térmico. A norma britânica BS EN 13168: 2012 apresenta a especificação para os produtos isolantes com lã vegetal.

Lã mineral (lã de rocha): A lã mineral é fabricada com uma mistura de rochas vulcânicas, que é fundida e estirada em fibras. O material é disponível na forma de fibras soltas, mantas, placas rígidas ou semirrígidas, chapas densas e para forros, conforme o grau de compressão aplicada durante a produção. A lã mineral é incombustível e não apodrece. Seus usos típicos incluem a aplicação sob telhados, em paredes duplas com cavidade e isolamento térmico de estruturas. Além de sua propriedade como isolante térmico, as mantas desse material são eficazes para reduzir a transmissão sonora através de paredes internas de gesso cartonado. A norma BS EN 13162: 2012 apresenta a especificação para os produtos isolantes de lã mineral.

Tabela LIX Classes mais comuns de poliestireno segundo a norma britânica BS EN 13163: 2012

Classe (BS 3837)	Tipo (BS EN 13163)	Descrição	Densidade típica (kg/m³)	Condutividade térmica (W/mK)
SD	EPS 70	Uso geral	15	0,038
HD	EPS 100	Carregamento pesado	20	0,036
EHD	EPS 150	Carregamento extrapesado	25	0,035
UHD	EPS 200	Carregamento ultrapesado	30	0,034

Nota: A norma britânica BS EN 13163: 2012 lita todos os tipos de poliestireno do EPS 30 ao EPS 500.

Lã de vidro: A lã de vidro é feita estirando-se o vidro em fibras por meio do processo Crown, similar àquele empregado para a produção de fibras de lã mineral. O material existe em fibras soltas, rolos, mantas, placas rígidas ou semirrígidas e chapas resistentes à compressão. Também são fabricados laminados de lã de vidro com gesso cartonado e PVC. A norma britânica BS EM 13162: 2012 apresenta a especificação para os produtos de isolamento à base de fibra de vidro.

Espuma de vidro: A espuma de vidro é fabricada com uma mistura de vidro moído e carbono em pó. O material de cor negra é duradouro, incombustível e resistente à água, devido a sua estrutura de células fechadas. Ele é empregado para o isolamento da laje da cobertura de edifícios-garagem e de coberturas verdes, nas quais é necessária uma grande resistência à compressão, devido ao grande carregamento. A norma britânica BS EM 13167: 2012 apresenta a especificação dos produtos de espuma de vidro.

Vermiculita esfoliada: A vermiculita esfoliada é fabricada aquecendo-se esse material natural e micáceo, o que gera um produto expandido com 90% em volume de ar aprisionado. O material não combustível é utilizado solto, pulverizado (para proteção contra o fogo de estruturas de aço aparentes) e em barreiras corta-fogo. As normas britânicas BS EN 14317-1: 2004 e BS EN 14317-2: 2007 apresentam a especificação dos produtos de vermiculita esfoliada antes e depois da instalação, respectivamente.

Perlita expandida: A perlita expandida é fabricada aquecendo-se minerais de rocha vulcânica natural. Ela é empregada solta ou aglomerada *in loco* para a construção de coberturas, tetos, paredes e pisos. Também existe perlita expandida na forma de painéis pré-fabricados. Esse material incombustível é descrito na norma britânica BS EN 13169: 2012. Ele também é especificado pelas normas BS EN 14316 Parte 1: 2004 e Parte 2: 2007, para antes e depois da instalação, respectivamente.

14.3 Materiais isolantes orgânicos

Cortiça: A cortiça é colhida de uma árvore – a corticeira – a cada 9 ou 10 anos. Para a produção de painéis isolantes, um granulado de cortiça natural é expandido e, então, prensado sob calor, formando blocos aglutinados pela resina natural da cortiça. Os produtos de cortiça não são afetados pela aplicação de betume quente nos sistemas de impermeabilização de coberturas planas. A norma britânica BS 13170: 2012 apresenta a especificação para os produtos isolantes de cortiça expandida.

Painéis de fibra de celulose: Esses produtos são fabricados com uma massa de fibra de madeira que é prensada, fazendo a feltragem das fibras. Pode-se usar um aglomerante. O grau de compressão determina a densidade e as propriedades de isolamento que o produto pronto apresenta. São vendidos em tábuas, chapas e painéis semirrígidos; mas também há produtos similares em rolos ou mantas. A norma britânica BS EN 13171: 2012 apresenta a especificação dos produtos isolantes de fibra de celulose.

Poliestireno expandido: O poliestireno expandido é um produto de células fechadas que não é afetado pela água, mas se dissolve rapidamente ao contato com solventes orgânicos. Ele é combustível e emite gases tóxicos. Seu granulado pode ser empregado como material de enchimento solto. Há quatro classes de chapas de poliestireno listadas na Tabela LIX. As chapas de poliestireno devem ser protegidas com um isolante térmico quando for aplicado o betume quente. Embora seja um material com células fechadas, as chapas de poliestireno expandido são bons absorventes acústicos para uso nas cavidades de uma edificação. O poliestireno expandido cinza, fabricado com a adição de grafite, tem melhor desempenho térmico. A norma britânica BS EN 13163: 2012 apresenta a especificação para os produtos isolantes com poliestireno expandido.

Poliestireno extrudado: O poliestireno extrudado normalmente é produzido por um processo a vácuo. Ele é levemente mais resistente à compressão do que o poliestireno expandido, mas sua condutividade térmica é inferior. Sua estrutura de células fechadas tem alta resistência à absorção de água, assim, o material frequentemente é empregado sob lajes de concreto e em lajes de concreto invertidas, bem como em paredes duplas com cavidade comuns e no isolamento de coberturas com caimento. Existem laminados de poliestireno extrudado e madeira aglomerada ou compensada para uso em pisos. A norma britânica BS EN 13164: 2012 apresenta a especificação para os produtos isolantes com poliestireno extrudado.

Espuma de poliuretano: A espuma de poliuretano rígida é um plástico esponjoso de células fechadas soprado principalmente a partir do dióxido de carbono, mas que também pode ser feito com pentano. É um material combustível que, ao queimar, exala fumaça e gases tóxicos, mas também existe um tipo resistente a chamas. A espuma de poliuretano é termicamente estável e pode ser utilizada sob betume quente, e sua boa durabilidade permite seu uso em lajes de concreto invertidas. Ela é muitas vezes empregada em painéis compósitos, devido à sua boa aderência aos perfis de metal e a outros materiais. A espuma de poliuretano flexível é um material de célula aberta que apresenta boas propriedades de absorção acústica. As normas britânicas BS EN 13165: 2012 e BS EN 14315: 2013 apresentam a especificação para os produtos isolantes com espuma de poliuretano rígida.

Espuma de poliisocianurato: A espuma de poliisocianurato utilizada para o isolamento de paredes e pisos é combustível, mas resiste ao fogo mais do que a espuma de poliuretano, e pode ser tratada para atingir uma classificação de resistência ao fogo. O material tende a ser um tanto quebradiço e friável. A norma britânica BS EN 14315: 2013 apresenta a especificação para os produtos isolantes com espuma de poliisocianurato aplicada *in loco*.

Espuma fenólica: As espumas fenólicas são empregadas como uma alternativa às espumas de poliuretano e poliisocianurato nas situações em que se exige o uso de um material com baixa emissão de fumaça. As espumas fenólicas são materiais de células fechadas estáveis até a temperatura de 120°C. A norma britânica BS EN 13166: 2012 apresenta a especificação para os produtos isolantes com espuma fenólica.

PVC expandido: O PVC expandido é produzido na forma de espumas rígidas de células abertas, parcialmente abertas e fechadas, que se extinguem quando expostas ao fogo. O material de células abertas e baixa densidade tem boa absorção sonora. O PVC expandido é muito utilizado em painéis sanduíche e em revestimentos de parede.

Lã natural: A lã de ovelha, um material de isolamento térmico renovável, está disponível em mantas com espessura entre 50 mm e 100 mm. Trata-se de um material higroscópico que absorve a água

6.17 Classificação dos vedantes na construção civil.

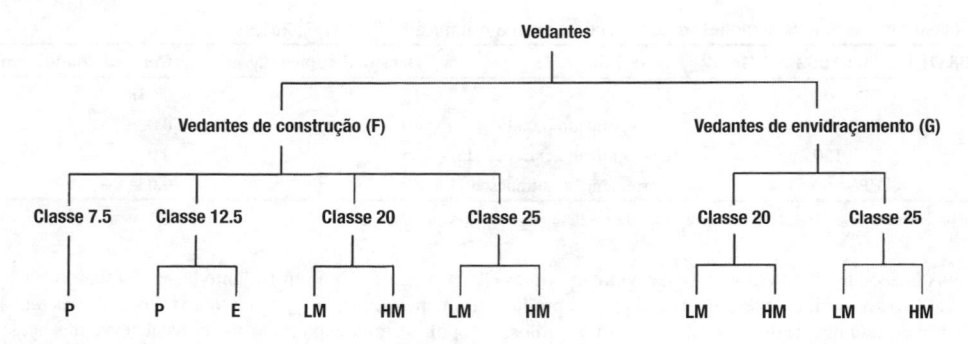

Observações: F refere-se a fachadas, G, a envidraçamento (glazing)
Os números das classes indicam a acomodação do movimento em percentual
P refere-se a plásticos; E, a elásticos; LM a baixo módulo de flexão; HM, a alto módulo de flexão

e depois emite vapor de água naturalmente, o que ajuda a estabilizar a temperatura interna de uma edificação. Ela normalmente é pulverizada com bórax, um retardante de chamas e repelente de insetos.

Celulose: Os isolantes térmicos de celulose são fabricados com papel reciclado picado. Eles são tratados com bórax, um retardante de chamas e repelente de insetos. Esse material pode ser empregado em pisos e sótãos ventilados. No uso em outras cavidades, o material é injetado seco, preenchendo os vazios. Esse produto é higroscópico. A norma britânica BS EN 15101: Partes 1 e 2: 2013 apresenta a especificação para os produtos isolantes de celulose utilizados para enchimento.

14.4 Materiais termorreflexivos de camadas múltiplas

Os produtos termorreflexivos consistem em várias camadas de folha de alumínio, enchimento fibroso não tecido e plásticos celulares finos. A folha de alumínio pode ser simples ou reforçada. Esses produtos servem para reduzir a condução, convecção e radiação do calor. Altos níveis de isolamento térmicos podem ser alcançados com mantas relativamente finas, que podem ser aplicadas soltas ou fixas.

15 VEDANTES, GAXETAS E ADESIVOS

15.1 Introdução

Embora sejam utilizados em quantidades relativamente pequenas se comparados aos materiais de construção estruturais, vedantes, gaxetas e adesivos desempenham um papel significativo na percepção de sucesso ou fracasso de uma edificação. É preciso haver uma combinação de detalhamento correto e uso apropriado desses materiais para prevenir a necessidade de ações corretivas dispendiosas. Os usos típicos apresentados a seguir são apenas alguns exemplos.

15.2 Vedantes

Os vedantes são classificados como de envidraçamento ou de construção em geral (Figura 6.17).

As normas britânicas BS 6213: 200 + A1: 2010 e BS EN ISO 11600: 2003 +A1: 2011 abordam as definições e especificações de vedantes em juntas de construção. Esses produtos costumam ser classificados como plásticos ou elásticos, conforme sua acomodação a movimentos. Os vedantes elásticos podem ter módulo de flexão alto ou baixo. Os vedantes devem ser escolhidos para cada aplicação específica. Detalhes típicos de junta e uso de vedantes são ilustrados nas Figuras 6.18 e 6.19, respectivamente.

Vedantes plásticos: Os materiais plásticos incluem os vedantes butílicos, acrílicos, polímeros/betuminosos, além dos másticos a base de óleo e da massa de vidraceiro de óleo de linhaça. Os vedantes butílicos têm textura de borracha e são utilizados principalmente em pequenas juntas, de preferência protegidos da luz solar

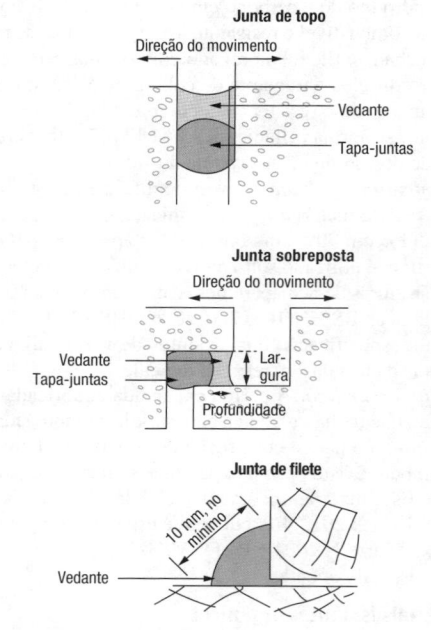

6.18 Juntas de topo, sobreposta e de filete.

direta. Os vedantes acrílicos são mais empregados ao redor de vidraças e para consertos temporários. Os vedantes à base de solvente são muito utilizados em calhas e rufos. O betume aplicado a quente é empregado em juntas de dilatação no asfalto e concreto.

Vedantes elastoplásticos: Há vedantes de polisulfeto disponíveis em sistemas com um ou dois componentes. Os sistemas com um componente curam lentamente ao absorver a umidade do ar e são adequados para juntas de até 25 mm. Os sistemas de dois componentes curam entre 24 e 48 horas e, em geral, são empregados para juntas de dilatação em elementos estruturais de alvenaria e de sistemas de painéis pré-moldados.

Vedantes elásticos: Os vedantes elásticos incluem materiais com poliuretano, silicone e epóxi. Os vedantes de poliuretano podem ser sistemas com um ou dois componentes e costumam ser utilizados em envidraçamento, paredes-cortinas, painéis de revestimento de fachadas e pisos. Os vedantes de silicone se dividem em sistemas com módulo de elasticidade alto ou baixo. O material com elevado módulo de elasticidade geralmente é empregado em vidraças, paredes-cortinas, azulejos e ao redor de aparelhos hidrossanitários. Os sistemas com baixo módulo de elasticidade são empregados ao redor de sistemas de envidraçamento

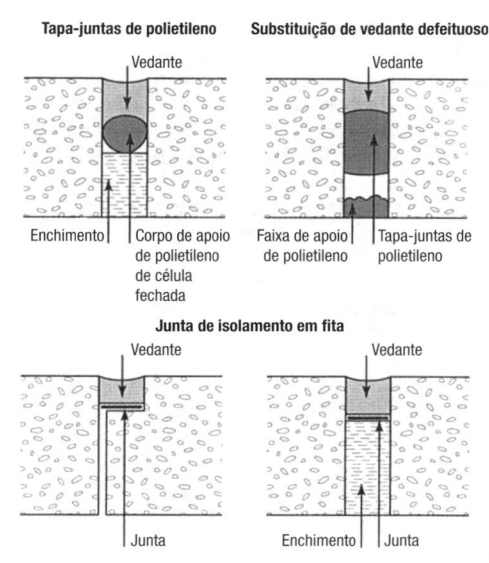

6.19 Sistemas de vedação comuns.

em esquadrias de alumínio e PVC-U e em revestimentos de fachadas. Os vedantes de epóxi são utilizados em juntas de alívio de tensões, onde se preveem movimentos de compressão maiores do que os de tração, como ocorre em juntas de piso e de azulejos de piscinas.

15.3 Gaxetas

As gaxetas (Figura 6.20) são componentes longitudinais flexíveis de vários perfis que podem ser maciços ou ocos e são fabricados com materiais celulares ou não celulares. Suas aplicações típicas incluem vedações para proteger sistemas de fachada e unidades de revestimento de concreto pré-moldado contra o clima. Os materiais usuais para as gaxetas são borrachas: o neoprene, o EPDM (monômero de etileno propileno dieno) e o silicone. Nos sistemas de revestimento de paredes, as gaxetas podem ser comprimidas ou encapsuladas.

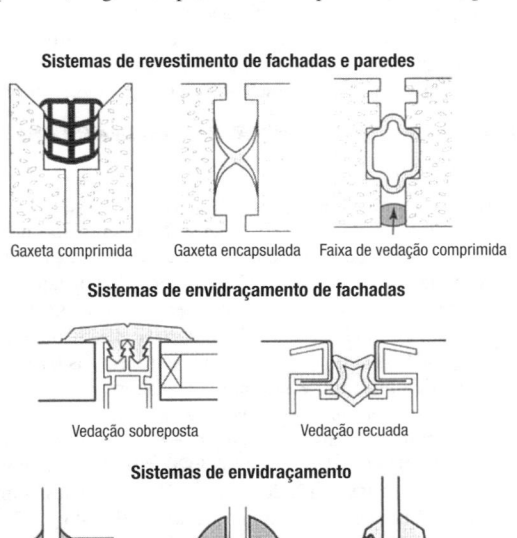

6.20 Sistemas de gaxeta e de envidraçamento comuns.

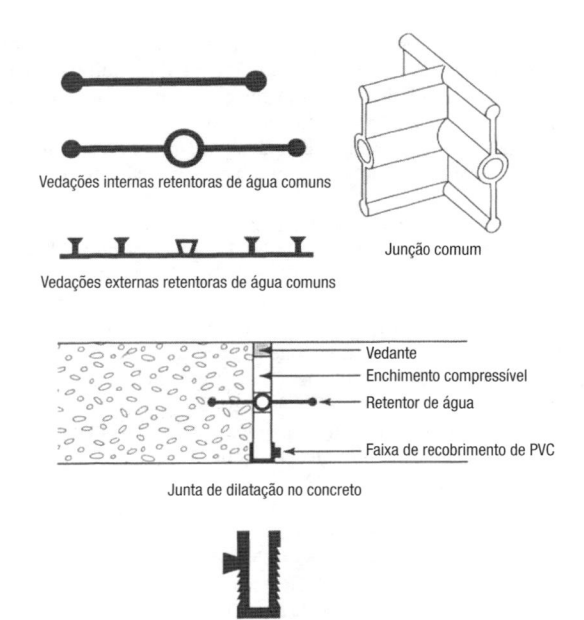

6.21 Vedações retentoras de água para juntas de concreto.

Tabela LX Classificação dos adesivos por composição e propriedades conforme a norma britânica BS EN 12004: 2007 + A1: 2012)

Classificação	Composição e propriedades
Tipo	
Tipo C	Adesivo cimentício – resina de união hidráulica
Tipo D	Adesivo de dispersão – resina de polímero orgânico aquoso
Tipo R	Resina de reação – resina sintética com um ou dois componentes
Classe	
Classe 1	Adesivo comum
Classe 2	Adesivo melhorado
Classe F	Adesivo de cura rápida
Classe T	Adesivo de escorregamento reduzido
Classe S1	Adesivo deformável
Classe S2	Adesivo altamente deformável

Nos sistemas de envidraçamento, elas são encapsuladas ou fixadas com um componente do tipo zíper. As vedações retentoras de água fabricadas com borracha ou PVC são empregadas em juntas de construção de concreto (Figura 6.21).

15.4 Adesivos

Adesivos para pisos cerâmicos e azulejos: A norma britânica BS EN 12004: 2007 + A1: 2012 classifica esses adesivos em três tipos: adesivos cimentícios (C), adesivos de dispersão (D) e resina de reação (R), além de listar as subclasses, como mostra a Tabela LX.

A maioria dos adesivos para pisos cerâmicos e azulejos tem o cimento como base. A graute pode ser pigmentada a gosto. Os adesivos à base de epóxi, para assentamento em uma camada fina, são mais resistentes à água e a produtos químicos, e podem ser empregados quando se prevê que o local será continuamente molhado.

Os adesivos para azulejos geralmente são compostos à base de PVA (acetato de polivinila), acrílico ou cimento. Os adesivos à base de acetato de polivinila são mais resistentes à ação da água do que os materiais à base de acrílico e, portanto, mais adequados para o uso em boxes de banheiros e outros locais molhados. Os produtos à base de cimento, resistentes à água, podem ser aplicados interna ou externamente. Os adesivos à base de cimento modificado com polímero são apropriados para a instalação de peças de mármore, granito e ardósia de até 15 mm de espessura.

Pisos vinílicos e de tacos de madeira (parquê) geralmente são emulsões à base de borracha com betume, borracha com resina ou betume modificado.

Adesivos para madeira: A maioria dos adesivos para madeira é à base de PVA (acetato de polivinila). Os adesivos de PVA resistentes à água que assumem forma parcialmente reticulada durante a cura são adequados para uso externo, mas não para imersão sob a água. Os adesivos para madeira termocurados estruturais são, na maioria, sistemas com dois componentes à base de resinas fenólicas ou aminoplásticas. Suas condições de Classe de Serviço são especificadas na norma britânica BS EN 301: 2013.

Adesivos à base de resina de epóxi: As resinas de epóxi são adesivos termocurados com dois componentes que produzem uma ligação duradoura e de alta resistência. Elas podem ser utilizadas tanto interna quanto externamente para colar metal, cerâmica, vidro, madeira, plástico rígido e concreto.

Adesivos cianoacrilatos: As resinas de cianoacrilato são adesivos de um componente que colam elementos postos em contato. A cura é rapidamente ativada pela umidade superficial. A colagem é resistente a ataques químicos, mas não oferece grande resistência a impactos.

Adesivos aplicados a quente: Os adesivos aplicados a quente com pistolas de cola em geral baseiam-se no copolímero termoplástico EVA (etil vinil acetato). Há tipos adequados para colar materiais rígidos e outros para substratos flexíveis. Adesivos similares são empregados em componentes de ferro revestido de plástico e revestimentos de fachada com madeira.

Adesivos para enchimento de juntas: Os adesivos adequados para encher juntas normalmente são resinas de borracha natural ou sintética reforçadas com um *filler*. Há sistemas à base de solvente e sem solvente. Os usos comuns incluem a fixação de produtos de madeira em superfícies de alvenaria, rebocadas ou não.

Adesivos para tubos plásticos: As resinas de vinil à base de solvente são empregadas para colar tubos e conexões de PVC-U e ABS. O adesivo é aplicado a ambos os componentes, que então são unidos e levemente girados, para garantir uma boa vedação.

Adesivos à base de betume: Os adesivos à base de betume, para colar telhas e chapas betuminosas, podem ser aplicados a quente ou com formulações baseadas em um solvente ou uma emulsão. Os produtos precisam ser espalhados uniformemente, para eliminar bolsas de ar, que podem acarretar a descolagem.

16 TINTAS, *STAINS* PARA MADEIRA E VERNIZES

16.1 Tintas

O Code of Practice britânico BS 6150: 2006 + A1: 2014 faz uma descrição detalhada dos tipos de tinta e suas aplicações à grande variedade de materiais de construção. Esse código inclui a preparação das superfícies, a seleção do tipo de tinta e a manutenção. As tintas e os vernizes específicos para uso externo em madeira são descritos na norma BS EN 927-1: 2013, e classificados para uso em alvenaria e concreto na norma BS EN 1062-1: 2004, para aço na BS EN 12944-5: 2007, e para superfícies internas na norma BS EN 13300: 2001.

As cores podem ser especificadas de acordo com diversos sistemas. As normas britânicas BS 5252: 1976 (237 cores) e BS 4800: 2011 (122 cores) definem as cores e a cor para fins de construção, respectivamente. Contudo, as cores também podem ser especificadas por outros sistemas, como o *RAL ® Classic System* (213 cores), o *Natural Color System ®* (1950 cores), a notação *Colour Palette ®* e o *Pantone ®*. Alguns sistemas de cores permitem uma conversão para as cores de impressão RGB ou CMYK. A comparação visual das cores com base na observação e em condições de iluminação controlada é especificada na norma BS EN ISO 3668: 2001.

Os sistemas de pintura incluem um fundo (camada de base), para boa proteção e aderência ao substrato, uma primeira demão, que em geral é uma resina alquida ou emulsão acrílica para dar cobertura, e uma ou mais demãos de acabamento, para uma superfície decorativa e duradoura. A tinta empregada para as demãos de acabamento pode ser do tipo alto brilho, semibrilho (acetinado) ou fosco. A maioria das tintas fabricadas atualmente é à base de água, em resposta às preocupações com a sustentabilidade ecológica.

16.2 Tintas especiais

As tintas especiais incluem produtos que refletem a luz, resistem ao calor, são intumescentes, retardam a propagação de chamas, repelem a água, são iridescentes (furta-cor), são aplicadas diretamente sobre alvenarias (sem argamassa), são anti-pichação ou possuem algum fungicida incorporado. As tintas acrílicas são resistentes a ataques químicos; as tintas com óxido de ferro micáceo têm boa resistência à umidade que ataca elementos de ferro ou aço; e as tintas epóxi resistem à abrasão e a óleos e produtos aquosos diluídos. As tintas antimicrobianas incluem íons de prata que podem reduzir os níveis de bactérias em ambientes hospitalares.

16.3 Acabamentos naturais para madeira

Os acabamentos naturais para madeira incluem *stains*, vernizes e óleos. Os *stains* microporosos para uso em madeiras externas geralmente exigem um fundo conservante, seguido de um acabamento fino, médio ou grosso. Em geral, são adequados para peças de madeira serrada muito porosas, mas oferecem proteção máxima contra o intemperismo nas peças de madeira aplainada e lisas. Embora haja alguns produtos à base de solvente, muitos hoje estão sendo fabricados à base de água, para a redução das emissões de compostos orgânicos voláteis (VOCs).

A maioria dos vernizes baseia-se em resinas alquidas modificadas à base de solvente ou água. As tintas de poliuretano podem dar acabamento do tipo alto brilho, semibrilho (acetinado) ou fosco. As tintas de poliuretano à base de solvente criam um acabamento mais duro e resistente. A maioria dos vernizes para uso externo usa agentes de controle solar, para reduzir os efeitos degradantes da luz ultravioleta.

O óleo de teca e o de tungue (duas árvores) costumam ser utilizados principalmente em aplicações internas, quando se quer destacar o efeito das fibras da madeira. Todavia, certos produtos, com alto conteúdo de sólidos para um acabamento microporoso resistente aos raios ultravioletas, são adequados para uso externo.

17 JANELAS, PORTAS E SISTEMAS DE PAREDE-CORTINA

17.1 Janelas e portas

Os tipos mais usuais de janelas e portas (norma britânica BS 644: 2012) são ilustrados na Figura 6.22. A norma BS 6375 Partes 1-3: 2009 oferece orientações sobre o desempenho, a seleção e a especificação de janelas e portas. O Code of Practice britânico para a instalação de janelas e portas de vidro externas é o BS 8214-4: 2007. A terminologia europeia para janelas e portas é citada na norma BS EN 12519: 2004. A maioria das janelas padronizadas baseia-se em incrementos de 150 mm de altura. Os tamanhos mais comuns de janelas de madeira britânicas são listados na Tabela LXI.

As seguintes normas tratam de janelas feitas com materiais comuns: BS 644: 2012 (madeira), BS 4873: 2009 (liga de alumínio), BS 6510: 2010 (aço), e BS 7412: 2007 (PVC-U). As janelas compostas de madeira com alumínio são assunto da norma BS 644 2012. Os as-

Tabela LXI Tamanhos de janelas de madeira comuns

Alturas padrão (mm)						
45	600	750	900	1.200	1.350	1.500
Larguras padrão (mm)						
488	630	915	1.200	1.342	1.770	2.339

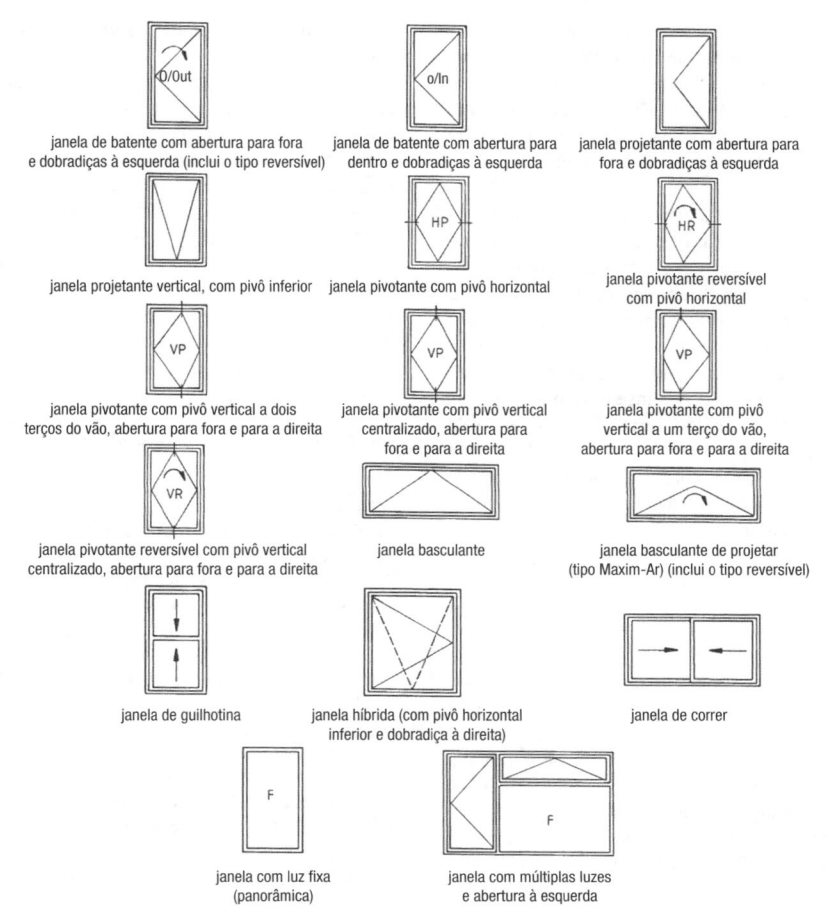

6.22 Janelas e portas comuns – norma britânica BS 644: 2012 (permissão para reprodução de trechos da norma BS 644: 2012 Timber windows and doorsets Fully furnished factory assembled windows and doorsets of various types. Specification concedida pelo British Standards Institute).

pectos de segurança da limpeza de janelas são tratados no Code of Practice BS 8213-1: 2004. Quando exigido pelo código britânico Building Regulations Parte B 2006 (com suas emendas de 2010 e 2013), as janelas para saída de emergência devem ter uma abertura livre maior do que 0,33 m^2 e dimensões livres mínimas de 450 × 735 mm. A linha inferior da área de abrir da janela não deve ficar a mais de 1.100 mm em relação ao piso. Essas janelas não devem ter acesso restrito ou ser de trancar com chaves removíveis. Os aspectos das janelas de segurança são cobertos pelas normas PAS 24: 2012 e BS 8220-1: 2000.

As considerações de segurança (norma britânica BS 6180: 2011) ditam que qualquer abertura de janela a menos de 800 mm do piso deve ser protegida até essa altura com uma barreira, ou ter uma abertura de, no máximo, 100 mm. Uma exigência britânica (BS 6262-4: 2005) é que todas as vidraças a menos de 800 mm em relação ao piso devem ter vidro de segurança (não estilhaçável). Aberturas grandes até a altura de 1.100 mm em relação ao nível do piso devem ser protegidas até essa altura se, no lado de fora da janela, a altura for superior a 600 mm (BS 8213-1: 2004).

Na Grã-Bretanha, as classes de consumo energético das janelas (*window energy ratings*) são uma medida estabelecida da eficiência energética das janelas. A fórmula combina transmitância ao calor solar, valor-U e infiltração de ar, resultando em uma classificação total que vai de A+ a G, sendo A+ a janela completa mais eficiente em termos de energia. A prática de edificação padrão efetivamente exige que as janelas tenham classificação mínima de C, mas muitos fabricantes estão disponibilizando produtos que são A+, A ou B e, consequentemente, cada vez mais esses níveis serão exigidos pelos consumidores.

17.2 Portas

A maioria das portas britânicas é fabricada de acordo com as dimensões do Sistema de Unidades Imperial (polegadas e pés), mas esses produtos também são descritos usando o Sistema Internacional de Unidades (centímetros e metros). Os tamanhos comuns de portas daquele país fabricadas segundo o Sistema Imperial correspondem a 1.981 mm × 457, 533, 610, 686, 762, 838 e 864 mm; as portas fabricadas segundo o Sistema Internacional têm 2.040 mm × 526, 626, 726, 826 e 926 mm. As espessuras padrão são 35 e 40 mm.

As portas corta-fogo britânicas, em geral com 25, 44 ou 54 mm de espessura, são classificadas pela norma BS 476-22:1987 (por exemplo, FD 30) ou pela norma European Standard BS EM 13501-2: 2007 + A1: 2009 (por exemplo, E30), considerando sua integridade em minutos de exposição ao fogo. As classificações normalmente consideram o uso de esquadrias apropriadas com faixas de tinta intumescente, e todos os vidros resistentes ao fogo são instalados ainda na fábrica. Em certos locais, o código Buldings Regulations Parte E, relacionado à passagem do som, exige certos critérios de redução sonora, e esses podem ser alcançados mediante o uso de aberturas com vedações apropriadas.

Os tamanhos das portas britânicas produzidas sob o Sistema de Unidades Imperial correspondem, no Sistema Internacional de Unidades, a 1.981 mm × 686, 762, 813, 838 e 914 mm. Os batentes correspondentes têm 2.081 mm × 783, 859, 910, 935 e 1.011 mm. Além disso, há uma porta padrão mais alta, com 2.032 mm × 813 mm, com batentes de 2.132 mm × 910 mm.

O tamanho padrão das portas externas britânicas fabricadas com medidas no Sistema Internacional de Unidades é 2.000 mm × 807 mm, com batentes de 2.100 mm × 900 mm (com soleira) ou 2.053 mm × 900 mm (sem soleira). As portas maiores, de 2.040 mm × 826 mm, fabricadas de acordo com o Sistema Internacional, exigem batentes de 2.140 mm × 920 mm (com soleira) ou 2.093 mm × 920 mm (sem soleira).

A Building Regulations Parte M 2004 (incluindo as emendas de 2010 e 2013) exige acessibilidade universal nas edificações, preferencialmente sem desníveis ou, caso esses existam, com soleiras de, no máximo, 15 mm, e quaisquer diferenças de nível superiores a 5 mm chanfradas ou boleadas. Normalmente, o vão livre efetivo exigido é 800 mm em edificações novas e 1.000 mm em prédios destinados ao público em geral. Visores são obrigatórios em portas ou painéis entre 500 mm e 1.500 mm. A altura para maçanetas ou barras para cadeirantes deve ser entre 750 mm e 1.000 mm em relação ao nível do piso acabado.

Na Grã-Bretanha, as classes de consumo energético das portas (*door set energy ratings*) variam de A a G, dependendo do valor--U e do nível de infiltração de ar. Essa categorização cobre todas as portas externas. As classes F e G normalmente são apropriadas apenas para edificações tombadas ou em algumas situações muito específicas.

17.3 Paredes-cortina

O sistema de paredes-cortina pode ser empregado em edificações de trabalho ou moradia nas quais se deseja ter uma grande área envidraçada – a vantagem é a luz natural que o sistema proporciona. As grandes superfícies de fachada envidraçadas, se forem bem trabalhadas, podem ter boa estética e criar um aspecto contemporâneo e de amplitude, tanto no interior quanto no exterior do prédio.

As paredes-cortinas são definidas de modo genérico nas normas britânicas (BS EM 13830: 2003 + pr EM 13830: 2013) como sistemas verticais de vedação externa feitos por componentes principalmente de madeira, metal ou plástico. Essas normas aplicam-se a paredes-cortina compostas de elementos verticais e horizontais conectados entre si e ancorados à estrutura de suporte da edificação, vendando os vãos estruturais de modo a formar uma pele contínua de baixo peso e que não assume quaisquer das características portantes da estrutura do prédio. As normas se aplicam a paredes-cortina que variam de uma posição perfeitamente vertical àquela a 15° da vertical. Alguns elementos de envidraçamento menos inclinados podem estar incluídos no sistema.

As paredes-cortina abrangem muitos sistemas construtivos distintos, mas, de modo geral, incluem os seguintes:

- Sistema tubular (*stick system*) – estrutura leve de componentes montados *in loco* que sustentam painéis de vedação pré--fabricados opacos ou translúcidos.
- Sistema modulado ou unitizado – módulos de altura correspondente àquela do entrepiso, pré-montados e conectados entre si e completados com painéis de vedação.
- Sistema de tímpanos – módulos cuja altura não corresponde àquela do entrepiso, pré-montados e conectados entre si e completados com painéis de vedação.

A norma britânica especifica as características do sistema de paredes-cortina e oferece informações técnicas sobre as diferentes exigências de desempenho que se aplicam por toda a Europa, os critérios de teste e a sequência de testagem à qual o sistema está sujeito, a fim de comprovar a conformidade legal. Ela também faz referência a outras normas europeias relacionadas a produtos incluídos no sistema de paredes-cortina. Esse sistema não é um produto que pode ser totalmente completado em fábrica, mas uma série de componentes e unidades pré-fabricadas que apenas se completa em todos os seus aspectos quando montadas *in loco*. A norma inclui rufos, pingadeiras, vedações, etc.

O sistema de paredes-cortina deve ser rígido o suficiente para resistir a cargas de vento (BS EN 13116: 2001), suportar seu peso próprio e transferir as cargas associadas à estrutura da edificação. Ele deve resistir a impactos (BS EN 14019: 2004), a transferências térmicas e sonoras e ser estanque ao ar (BS EN 12152: 2002) e à água (BS EN 12154: 2000). O sistema também deve ser projetado de modo a resistir ao fogo, prevenir sua propagação por meio de vazios e reagir a ele dentro de limites prescritos. Esses e outros fatores, como durabilidade, permeabilidade ao vapor d'água, equipotencialidade (aterramento), resistência a choques sísmicos e térmicos, a dilatações térmicas e a cargas vivas horizontais, devem ser comprovados por meio de métodos de testagem e cálculo definidos pelas normas.

18 REFERÊNCIAS BIBLIOGRÁFICAS

18.1 Aço

Informações técnicas:

Steel Construction Institute, *Steel Designers' Manual*, 7th edition, Wiley-Blackwell, 2012.
Tata Steel, 2012: Stock range and specifications.
Tata Steel, 2013: Tata Steel sections interactive 'Blue Book' London.
BS 4-1 Structural steel sections: Part 1: 2005 Specification for hot-rolled sections.
BS ISO 404: 2013 Steel and steel products. General technical delivery requirements.
BS 3692: 2001 ISO metric precision hexagon bolts, screws and nuts. Specification.
BS 4449: 2005 Steel for the reinforcement of concrete. Weldable reinforcing steel. Bar, coil and decoiled product. Specification.
BS 4482: 2005 Steel wire for the reinforcement of concrete products. Specification.
BS 4483: 2005 Steel fabric for the reinforcement of concrete products. Specification.
BS 6722: 1986 Recommendations for dimensions of metallic materials.
BS 6744: 2009 Stainless steel bars for the reinforcement of and use in concrete.
BS 7668: 2004 Weldable structural steels. Hot finished structural hollow sections in weather-resistant steels. Specification.
BS EN 206 Concrete: Part 1: 2000 Concrete. Specification, performance, production and conformity.
BS EN 10020: 2000 Definition and classification of grades of steel.
BS EN 10024: 1995 Hot rolled taper flange I sections. Tolerances on shape and dimensions.
BS EN 10025 Hot rolled products of structural steels:

Part 1: 2004 General technical delivery conditions.
Part 2: 2004 Technical delivery conditions for non-alloy structural steels.
Part 5: 2004 Technical delivery conditions for structural steels with improved atmospheric corrosion resistance.

BS EN 10029: 2010 Hot rolled steel plates 3mm thick or above. Tolerances on dimensions and shape.
BS EN 10034: 1993 Structural steel I and H sections. Tolerances on shape and dimensions.
BS EN 10048: 1997 Hot rolled narrow steel strip. Tolerances on dimensions and shape.
BS EN 10051: 2010 Continuously hot-rolled strip and plate/sheet cut from wide strip of non-alloy and alloy steels. Tolerances on dimensions and shape.
BS EN 10052: 1994 Vocabulary of heat treatment terms for ferrous products.
BS EN 10056 Structural steel equal and unequal leg angles:
Part 1: 1999 Dimensions.
Part 2: 1993 Tolerances on shape and dimensions.

BS EN 10058: 2003 Hot rolled flat steel bars for general purposes. Dimensions and tolerances on shape and dimensions.
BS EN 10059: 2003 Hot rolled square steel bars for general purposes. Dimensions and tolerances on shape and dimensions.
BS EN 10060: 2003 Hot rolled round steel bars for general purposes. Dimensions and tolerances on shape and dimensions.
BS EN 10061: 2003 Hot rolled hexagon steel bars for general purposes. Dimensions and tolerances on shape and dimensions.
BS EN 10079: 2007 Definitions of steel products.
BS EN 10088 Stainless steels: Part 1: 2005 List of stainless steels.
BS EN 10130: 2006 Cold rolled low carbon steel flat products for cold forming, technical delivery conditions.
BS EN 10131: 2006 Cold rolled uncoated and zinc or zinc-nickel electrolytically coated low carbon and high yield strength steel flat products for cold forming. Tolerances on dimensions and shape.
BS EN 10149: Hot rolled flat products made of high yield strength steels for cold forming:

Part 1: 2013 General technical delivery conditions.
Part 2: 2013 Technical delivery conditions for thermomechanically rolled steels.
Part 3: 2013 Technical delivery conditions for normalized rolled steels.

BS EN 10210 Hot finished structural hollow sections of non-alloy and fine grain steels:

Part 1: 2006 Technical delivery conditions.
Part 2: 2006 Tolerances, dimensions and sectional properties.

BS EN 10219 Cold formed welded structural hollow sections of non--alloy and fine grain steels:

Part 1: 2006 Technical delivery conditions.
Part 2: 2006 Tolerances, dimensions and sectional properties.

BS EN 10220: 2002 Seamless and welded steel tubes. Dimensions and masses per unit length.
BS EN 10279: 2000 Hot rolled steel channels. Tolerances on shape, dimension and mass.

18.2 Madeira

Informações técnicas:
TRADA Technology Ltd.
BS 1297: 1987 Specification for tongued and grooved softwood flooring.
BS EN 300: 2006 Oriented Strand Boards (OSB). Definitions, classification and specifications.
BS EN 309: 2005 Particleboards. Definition and classification.
BS EN 312: 2010 Particleboards. Specifications.
BS EN 313 Plywood. Classification and terminology:
Part 1: 1996 Classification.
Part 2: 2000 Terminology.
BS EN 335: 2013 Durability of wood and wood-based products. Use classes, definitions, applications to solid wood and wood-based products.
BS EN 336: 2013 Structural timber. Sizes, permitted deviations.
BS EN 338: 2009 Structural timber. Strength classes.
BS EN 387: 2001 Glued laminated timber. Large finger joints. Performance requirements.
BS EN 622 Fibreboards. Specifications:

Part 1: 2003 General requirements.
Part 2: 2004 Requirements for hardboards.
Part 3: 2004 Requirements for mediumboards.
Part 4: 2009 Requirements for softboards.
Part 5: 2009 Requirements for dry process boards (MDF).

BS EN 634 Cement-bonded particleboards. Specifications:

Part 1: 1995 General requirements.
Part 2: 2007 Requirements for OPC bonded particleboards for use in dry, humid and external conditions.

BS EN 636: 2012 Plywood. Specifications.
BS EN 942: 2007 Timber in joinery. General requirements.
BS EN 1194: 1999 Timber structures. Glued laminated timber. Strength classes.
BS EN 1309 Round and sawn timber. Method of measurement of dimensions:

Part 1: 1997 Sawn timber.
Part 2: 2006 Round timber.

BS EN 1313 Round and sawn timber. Permitted deviations and preferred sizes:

Part 1: 2010 Softwood sawn timber.
Part 2: 1999 Hardwood sawn timber.

BS EN 1315: 2010 Dimensional classification of round timber.
BS EN 1995–1–1: 2004 Eurocode 5. Design of timber structures. General. Common rules and rules for buildings.
BS EN 13017 Solid wood panels. Classification by surface appearance:

Part 1: 2001 Softwood.
Part 2: 2001 Hardwood.

BS EN 14279: 2004 Laminated veneer lumber (LVL). Definitions, classification and specifications.
BS EN 14374: 2004 Timber structures. Structural laminated veneer lumber. Requirements.
BS EN 14755: 2005 Extruded particleboards. Specifications.
DD CEN/TS 1099: 2007 Plywood. Biological durability. Guidance for the assessment of plywood for use in different class uses.
DD CEN/TS 12872: 2007 Wood-based panels. Guidance on the use of load-bearing boards in floors, walls and roofs.
DD CEN/TS 15679: 2007 Thermal modified timber. Definitions and characteristics.

18.3 Tijolos e blocos

BS 4729: 2005 Clay and calcium silicate bricks of special shapes and sizes. Recommendations.
BS 6073-2: 2008 Precast concrete masonry units. Guide for specifying precast concrete masonry units.
BS EN 771 Specification for masonry units:

Part 1: 2011 Clay masonry units.
Part 2: 2011 Calcium silicate masonry units.
Part 3: 2011 Aggregate concrete masonry units (dense and light-weight aggregates).
Part 4: 2011 Autoclaved aerated concrete masonry units.
Part 5: 2011 Manufactured stone masonry units.

18.4 Concreto

Informações técnicas:
British Cement Association.
Concrete Society.
Mineral Products Association.
BS 4449: 2005 Steel for the reinforcement of concrete.
BS 4482: 2005 Steel for the reinforcement of concrete products. Specification.
BS 4483: 2005 Steel fabric for the reinforcement of concrete. Specification.
BS 8000 Workmanship on building sites: Part 2: 1990 Code of practice for concrete work.
BS 8500 Concrete. Complementary British Standard to BS EN 206–1:
Part 1: 2006 + A1: 2012 Method of specifying and guidance to the specifier.

BS EN 197 Cement: Part 1: 2011 Composition specifications and conformity criteria for common cements.
BS EN 206: 2013 Concrete Part 1: 2000 Specification, performance, production and conformity.
BS EN 413 Masonry cement: Part 1: 2011 Composition, specifications and conformity criteria.
BS EN 934 Admixtures for concrete, mortar and grout: Part 1: 2008 Common requirements.
BS EN 1339: 2003 Concrete paving flags. Requirements and test methods.
BS EN 10080: 2005 Steel for the reinforcement of concrete. Weldable reinforcing steel. General.
BS EN 12620: 2013 Aggregates for concrete.
BS EN 13055 Lightweight aggregates: Part 1: 2002 Lightweight aggregates for concrete, mortar and grout.
BS EN 13263 Silica fume for concrete: Part 1: 2005 Definitions, requirements and conformity.
BS EN 14216: 2004 Cement. Compositions, specifications and conformity criteria for very low heat special cements.
BS EN 15167 Ground granulated blast furnace slag for use in concrete, mortar and grout: Part 1: 2006 Definitions, specifications and conformity criteria.

18.5 Alumínio

BS 1161: 1977 Specification for aluminium alloy sections for structural purposes.
BS EN 485 Aluminium and aluminium alloys. Sheet, strip and plate:

Part 1: 2008 Technical conditions for inspection and delivery.
Part 2: 2013 Mechanical properties.
Part 3: 2003 Tolerances on dimensions and form for hot-rolled products.

BS EN 573 Aluminium and aluminium alloys:

Part 1: 2004 Numeral designation system.
Part 3: 2013 Chemical composition and form of products.

BS EN 754 Aluminium and aluminium alloys. Extruded rod/bar, tube and profiles:

Part 1: 2008 Cold drawn rod, bar and tube. Technical conditions.
Part 2: 2013 Cold drawn rod, bar and tube. Mechanical properties.
Part 3: 2008 Round bars, tolerances on dimension and form.
Part 4: 2008 Square bars, tolerances on dimension and form.
Part 5: 2008 Rectangular bars, tolerances on dimension and form.
Part 6: 2008 Hexagonal bars, tolerances on dimension and form.
Part 7: 2008 Seamless tubes, tolerances on dimension and form.

BS EN 755 Aluminium and aluminium alloys. Extruded rod/bar, tube and profiles:

Part 1: 2008 Technical conditions for inspection and delivery.
Part 2: 2013 Mechanical properties.
Part 3: 2008 Round bars, tolerances on dimension and form.
Part 4: 2008 Square bars, tolerances on dimension and form.
Part 5: 2008 Rectangular bars, tolerances on dimension and form.
Part 6: 2008 Hexagonal bars, tolerances on dimension and form.
Part 7: 2008 Seamless tubes, tolerances on dimension and form.
Part 9: 2008 Profiles, tolerances on dimension and form.

BS EN 1999-1-1:2007 + A2: 2013 Design of aluminium structures. General structural rules.

18.6 Coberturas e revestimentos de fachadas

BS 4842: 1984 Liquid organic coatings for application to aluminium extrusions, sheet and preformed sections for external architectural purposes.
BS 4868: 1972 Specification for profiled aluminium sheet for building.
BS 6229: 2003 Flat roofs with continuously supported coverings. Code of practice.
BS 6915: 2001 + A1: 2014 Design and construction of fully supported lead sheet roof and wall coverings. Code of practice.
BS 6925: 1988 Specification for mastic asphalt for building and civil engineering.
BS 8217: 2005 Reinforced bitumen membranes for roofing. Code of practice.
BS 8218: 1998 Code of practice for mastic asphalt roofing.
BS 8747: 2007 Reinforced bitumen membranes for roofing. Guide to selection and specification.
BS EN 501: 1994 Roofing products from metal sheet. Specification for fully supported roofing products of zinc sheet.
BS EN 502: 2013 Roofing products from metal sheet. Specification for fully supported products of stainless steel sheet.
BS EN 504: 2000 Roofing products from metal sheet. Specification for fully supported roofing products of copper sheet.
BS EN 505: 2013 Roofing products from sheet metal. Specification for fully supported roofing products of sheet steel.
BS EN 506: 2008 Roofing products from metal sheet. Specification for self-supporting products of copper or zinc sheet.
BS EN 507: 2000 Roofing products from metal sheet. Specification for fully supported products of aluminium sheet.
BS EN 508 Roofing products from metal sheet. Specification for self-supporting products of steel, aluminium or stainless steel sheet:

Part 1: 2014 Steel.
Part 2: 2008 Aluminium.
Part 3: 2008 Stainless steel.

BS EN 988: 1997 Zinc and zinc alloys. Specification for flat rolled products for building.
BS EN 1172: 2011 Copper and copper alloys. Sheet and strip for building purposes.
BS EN 1179: 2003 Zinc and zinc alloys. Primary zinc.
BS EN ISO 9445 Continuously cold-rolled stainless steel. Tolerances on dimensions and form:

Part 1: 2010 Narrow strip and cut lengths.
Part 2: 2010 Wide strip and plate/sheet.

BS EN 10140: 2006 Cold rolled narrow steel strip. Tolerances on dimensions and shape.
BS EN 12588: 2006 Lead and lead alloys. Rolled lead sheet for building purposes.
BS EN 13108-6: 2006 Bituminous mixtures. Material specifications. Mastic asphalt.
BS EN 13707: 2013 Flexible sheets for waterproofing. Reinforced bitumen sheets for waterproofing. Definitions and characteristics.
BS EN 13859-1: 2014 Flexible sheets for waterproofing. Definitions and characteristics of underlays. Underlays for discontinuous roofing.
BS EN 13956: 2012 Flexible sheet for waterproofing. Plastic and rubber sheets for roof waterproofing. Definitions and characteristics.
BS EN 14782: 2006 Self-supporting metal sheet for roofing, external cladding and internal lining. Product specification and requirements.
BS EN 14783: 2013 Fully supported metal sheet and strip for roofing, external cladding and internal lining. Product specification and requirements.
BS EN 14964: 2006 Rigid underlays for discontinuous roofing. Definitions and characteristics.

CP 143 Code of practice. Sheet roof and wall coverings:

Part 5: 1964 Zinc.
Part 12: 1970 Copper. Metric units.
Part 15: 1973 Aluminium. Metric units.

18.7 Vidro

Informações técnicas:
Pilkington Building Products (www.pilkington.com)
Saint-Gobain Glass, (uk.saint-gobain-glass.com)
BS 6180: 2011 Barriers in and about buildings. Code of practice.
BS 6206: 1981 Specification for impact performance requirements for flat safety glass and safety plastics for use in buildings.
BS 6262 Glazing for buildings:

Part 1: 2005 General methodology for the selection of glazing.
Part 2: 2005 Code of practice for energy, light and sound.
Part 3: 2005 Code of practice for fire, security and wind loading.
Part 4: 2005 Code of practice for safety related to human impact.
Part 6: 2005 Code of practice for special applications.
Part 7: 2005 Code of practice for the provision of information.

BS EN 1991-1-4: 2005 Eurocode action on structures. General actions.
BS EN ISO 12543 Glass in building. Laminated glass and laminated safety glass:

Part 1: 2011 Definitions and descriptions of component parts.
Part 2: 2011 Laminated safety glass.
Part 3: 2011 Laminated glass.

BS EN 12600: 2002 Glass in building. Pendulum test. Impact test method and classification for flat glass.
BS EN 13022 Glass in building. Structural sealant glazing:

Part 1: 2014 Glass products for structural sealant glazing systems.
Part 2: 2014 Assembly rules.

BS EN 13363 Solar protection devices combined with glazing. Calculation of solar and light transmittance:

Part 1: 2003 Simplified method.
Part 2: 2005 Detailed calculation method.

18.8 Materiais cerâmicos

BS 3402: 1969 Specification for quality of vitreous china sanitary appliances.
BS 5385 Parts 1-5 2006 – 2009 Wall and floor tiling.
BS 5534: 2014 Code of practice for slating and tiling (including shingles).
BS EN 295: 2012 – 2013 Vitrified clay pipes and fittings for drains and sewers.
BS EN 1304: 2013 Clay roofing tiles and fittings. Product definitions and specifications.
BS EN 12004: 2007 Adhesives for tiles. Requirements, evaluation of conformity, classification and designation.
BS EN 13888: 2009 Grout for tiles. Requirements, evaluation of conformity, classification and designation.
BS EN 14411: 2012 Ceramic tiles. Definitions, classification, characteristics, evaluation of conformity and marking.

18.9 Pedra natural e artificial

BS 1217: 2008 Cast stone. Specification.
BS 8298: Code of practice for design and installation of natural stone cladding and lining:

Part 1: 2010 General.
Part 2: 2010 Traditional handset external cladding.
Part 3: 2010 Stone-faced pre-cast concrete cladding systems.
Part 4: 2010 Rainscreen and stone on metal frame cladding systems.
Part 5: pending Internal linings.

BS EN 771 Specification for masonry units:
Part 5: 2011 Manufactured stone masonry units.
Part 6: 2011 Natural stone masonry units.
BS EN 1469: 2004 Natural stone products. Slabs for cladding. Requirements.
BS EN 12670: 2002 Natural stone. Terminology.

18.10 Plásticos

BS 743: 1970 Specification for materials for damp-proof courses.
BS 3012: 1970 Specification for low and intermediate density polythene sheet for general purposes.
BS 3757: 1978 Specification for rigid PVC sheet.
BS 4901: 1976 Specification for plastics colours for building purposes.
BS 5955-8: 2001 Plastics pipework (thermoplastics materials).
BS 6203: 2003 Guide to the fire characteristics of expanded polystyrene materials.
BS 6398: 1983 Specification for bitumen damp-proof courses for masonry.
BS 6515: 1984 Specification for polyethylene damp-proof courses for masonry.
BS 7619: 2010 Extruded cellular unplasticized white PVC (PVCUE) profiles. Specification.
BS 8215: 1991 Code of practice for design and installation of damp-proof courses in masonry construction.
BS EN 1013: 2012 Light transmitting single skin profiled plastic sheets for internal and external roofs, walls and ceilings. Requirements and test methods.
BS EN ISO 1873 Plastics. Polypropylene (PP) moulding and extrusion materials: Part 1: 1995 Designation system and basis for specifications.
BS EN ISO 7391 Plastics. Polycarbonate (PC) moulding and extrusion materials: Part 1: 2006 Designation system and basis for specifications.
BS EN ISO 8257 Plastics. Polymethyl methacrylate (PMMA) moulding and extrusion materials: Part 1: 2006 Designation system and basis for specifications.
BS EN ISO 8986 Plastics. Polybutene-1 (PB-1) moulding and extrusion materials: Part 1: 2009 Designation system and basis for specifications.
BS EN ISO 11542 Plastics. Ultra high molecular weight polyethylene (PE-UHMW) moulding and extrusion materials: Part 1: 2001 Designation system and basis for specifications.
BS EN ISO 12086 Plastics. Fluoropolymer dispersions and moulding and extrusion materials: Part 1: 2006 Designation system and basis for specifications.
BS EN 14909: 2012 Flexible sheets for waterproofing. Plastic and rubber damp-proof courses. Definitions and characteristics.
BS EN 15347: 2007 Plastics. Recycled plastics. Characterisation of plastics waste.
DD CEN/TS 15534 Parts 2: 2007 Wood-plastics composites (WPC).
BS EN 15534 Parts 1, 4 and 5: 2012 Composites made from cellulose-based materials and thermoplastics.

18.11 Plásticos, concreto (cimento) e gesso reforçados com fibra de vidro

BRE Digest 480: 2004 Wood plastic composites and plastic lumber.
BS EN 492: 2012 Fssibre-cement slates and fittings. Product specification.
BS EN 494: 2012 Fibre-cement profiled sheets and fittings. Product specification.

BS EN 1013: 2012 Light transmitting single skin profiled sheets for internal and external roofs, walls and ceilings.
BS EN 1169: 1999 Precast concrete products. General rules for factory production control of glass-fibre reinforced cement.
BS EN 12467: 2012 Fibre-cement flat sheets. Product specification and test methods.
BS EN 15422: 2008 Precast concrete products. Specification of glass fibres for reinforcement of mortars and concretes.

18.12 Argamassas e materiais em placas

Informações técnicas:
British Gypsum: The White Book. 2009 (updated 2011) www.british-gypsum.com/literature/white-book
British Gypsum: The Fire Book, 2011 www.british-gypsum.com/literature/fire-book
BS EN 520: 2004 Gypsum plasterboards. Definitions, requirements and test methods.
BS EN 13279-1: 2008 Gypsum binders and gypsum plasters. Definitions and requirements.
BS EN 13658-1: 2014 Metal lath and beads. Definitions, requirements and test methods. Internal plastering.
BS EN 13815: 2006 Fibrous gypsum plaster casts. Definitions, requirements and test methods.
BS EN 13915: 2007 Prefabricated gypsum plasterboard panels with a cellular paperboard core.
BS EN 13950: 2005 Gypsum plasterboard thermal / acoustic insulation composite panels.
BS EN 14353: 2007 Metal beads and feature profiles for use with gypsum plasterboards.
BS EN 15283 Gypsum boards with fibrous reinforcement:

Part 1: 2008 Gypsum boards with mat reinforcement.
Part 2: 2008 Gypsum fibre boards.

BS EN 15319: 2007 General principles of design of fibrous (gypsum) plaster works.

18.13 Materiais isolantes

BS 3837–1: 2004 Expanded polystyrene boards. Boards and blocks manufactured from expandable beads.
BS 5250: 2011 Code of practice for control of condensation in buildings.
BS EN ISO 10456: 2007 Building materials and products. Hygrothermal properties.
BS EN 12524: 2000 Building materials and products. Hygrothermal. properties. Tabulated design values.
BS EN 13162: 2012 Thermal insulation products for buildings. Factory made mineral wool (MW) products. Specification.
BS EN 13163: 2012 Thermal insulation products for buildings. Factory made products of expanded polystyrene (EPS). Specification.
BS EN 13164: 2012 Thermal insulation products for buildings. Factory made products of extruded polystyrene foam (XPS). Specification.
BS EN 13165: 2012 Thermal insulation products for buildings. Factory made rigid polyurethane foam (PUR) products. Specification.
BS EN 13166: 2012 Thermal insulation products for buildings. Factory made products of phenolic foam (PF). Specification.
BS EN 13167: 2012 Thermal insulation products for buildings. Factory made cellular glass (CG) products. Specification.
BS EN 13168: 2012 Thermal insulation products for buildings. Factory made wood wool (WW) products. Specification.
BS EN 13169: 2012 Thermal insulation products for buildings. Factory made products of expanded perlite (EPB). Specification.
BS EN 13170: 2012 Thermal insulation products for buildings. Factory made products of expanded cork (ICB). Specification.
BS EN 13171: 2012 Thermal insulation products for buildings. Factory made wood fibre (WF) products. Specification.
BS EN 13499: 2003 Thermal insulation products for buildings. External thermal insulation composite systems (ETICS).
BS EN 14063-1: 2004 Thermal insulation products for buildings. In-situ formed expanded clay lightweight aggregate products. Specification for loose-fill products before installation.
BS EN 14315 Thermal insulation products for building. In-situ formed sprayed rigid polyurethane (PUR) and polyisocyanurate (PIR) foam products:

Part 1: 2013 Specification for the rigid foam spray system before installation.
Part 2: 2013 Specification for the installed insulation products.

BS EN 14316 Thermal insulation products for buildings. In-situ thermal insulation formed from expanded perlite (EP) products:

Part 1: 2004 Specification for bonded and loose-fill products before installation.
Part 2: 2007 Specification for the installed products.

BS EN 14317 Thermal insulation products for buildings. In-situ thermal insulation formed from exfoliated vermiculite (EV):

Part 1: 2004 Specification for bonded and loose-fill products before installation.
Part 2: 2007 Specification for the installed products.

BS EN 15101 Thermal insulation products for building. In-situ formed loose fill cellulose (LFCI) products:

Part 1: 2013 Specification for the products before installation.
Part 2: 2013 Specification for the installed products.

18.14 Vedantes, gaxetas e adesivos

BS 6213: 2000 Selection of construction sealants. Guide.
BS EN 301: 2013 Adhesives, phenolic and aminoplastic for load-bearing timber structures.
BS EN ISO 11600: 2003 Building construction jointing products. Classification and requirements for sealants.
BS EN ISO 12004: 2007 Adhesives for tiles. Requirements, evaluation of conformity, classification and designation.

18.15 Tintas, *stains* para madeiras e vernizes

BS 4800: 2011 Schedule of paint colours for building purposes.
BS 5252: 1976 Framework for colour co-ordination for building purposes.
BS 6150: 2006 Painting of buildings. Code of practice.
BS EN 927-1: 2013 Paints and varnishes. Coating materials and coating systems for exterior wood. Classification and selection.
BS EN 1062-1: 2004 Paints and varnishes. Coating materials and coating systems for exterior masonry and concrete. Classification.
BS EN ISO 3668: 2001 Paints and varnishes. Visual comparison of the colour of paints.
BS EN ISO 12944-5: 2007 Paints and varnishes. Corrosion protection of steel structures by protective paint systems. Protective paint systems.
BS EN 13300: 2001 Paints and varnishes. Water-borne coating materials and coating systems for interior walls and ceilings. Classification.

18.16 Janelas, portas e paredes-cortina

Janelas e portas
Informações técnicas:
Jeld-Wen Windows, patio doors, and external doorsets, 2012, www.jeld-wen.co.uk
Jeld-Wen Internal, external doors, patio doors and external doorsets, 2013, www.jeld-wen.co.uk
BS 459: 1988 Specification for matchboarded wooden door leaves for external use.

BS 476–22: 1987 Fire tests on building materials and structures. Fire resistance of non-loadbearing elements of construction.
BS 644: 2012 Timber windows. Fully finished factory-assembled windows and doorsets of various types. Specification.
BS 1245: 2012 Pedestrian doorsets and door frames made from steel sheet. Specification.
BS 4787-1: 1980 Internal and external doorsets, door leaves and frames. Specification for dimensional requirements.
BS 4873: 2009 Aluminium windows and doorsets. Specification.
BS 6180: 2011 Barriers in and about buildings. Code of practice.
BS 6262–4: 2005 Glazing for buildings. Code of practice for safety related to human impact.
BS 6375 Performance of windows and doors:

Part 1: 2009 Classification for weathertightness and guidance on selection and specification.
Part 2 2009 Classification for operation and strength characteristics and guidance on selection and specification.
Part 3: 2009 Classification for additional performance characteristics and guidance on selection and specification.

BS 6510: 2010 Steel-framed windows and glazed doors.
BS 7412: 2007 Specification for windows and doorsets made from unplasticized polyvinyl chloride (PVC-U) extruded hollow profiles.
BS 8213 Windows, doors and rooflights:

Part 1: 2004 Design for safety in use and during cleaning of windows. Code of practice.
Part 4: 2007 Code of practice for the survey and installation of windows and external doorsets.

BS 8220–1: 2000 Guide for security of buildings against crime. Dwellings.
BS EN 1529: 2000 Door leaves. Height, width, thickness and squareness. Tolerance classes.
BS EN 12519: 2004 Windows and pedestrian doors. Terminology.
BS EN 13501-2: 2007 Fire classification of construction products and building elements.
BS EN 14220: 2006 Timber and wood-based materials in external windows, external door leaves and external doorframes. Requirements and specifications.
BS EN 14221: 2006 Timber and wood-based materials in internal windows, internal door leaves and internal doorframes. Requirements and specifications.
BS EN 14351-1: 2006 Windows and doors. Product standard, performance characteristics.
PAS 24: 2012 Enhanced security performance requirements for doorsets and windows in the UK.

Paredes-cortina
BS EN ISO 140 Acoustics. Measurement of sound insulation in buildings and of building elements.
BS EN ISO 717 Acoustics. Rating of sound insulation in buildings: Part 1: 2013 Airborne sound insulation.
BS EN 1991 Eurocode 1: Actions on structures: Part 1-1: 2002 General actions. Densities, self-weight, imposed loads for buildings.
BS EN 12152: 2002 Curtain walling. Air permeability. Performance requirements and classification.
BS EN 12153: 2000 Curtain walling. Air permeability. Test method.
BS EN 12154: 2000 Curtain walling. Watertightness. Performance requirements and classification.
BS EN 12155: 2000 Curtain walling. Watertightness. Laboratory test under static pressure.
BS EN 12179: 2000 Curtain walling. Resistance to wind load. Test method.
BS EN 12600: 2002 Glass in building. Pendulum test. Impact test method and classification for flat glass.
BS EN 13116: 2001 Curtain walling. Resistance to wind load. Performance requirements.
BS EN 13119: 2007 Curtain walling. Terminology.
BS EN 13501 Fire classification of construction products and building elements:

Part 1: 2007 Classification using test data from reaction to fire tests.
Part 2: 2007 Classification using data from fire resistance tests, excluding ventilation services.

BS EN 13830: 2003 Curtain walling. Product standard.
BS EN 13947: 2006 Thermal performances of curtain walling. Calculation of thermal transmittance. Simplified method.
BS EN 14019: 2004 Curtain walling. Impact resistance. Performance requirements.

19 AGRADECIMENTOS

A permissão para reproduzir os extratos da norma britânica BS 644: 2012 (Timber windows and doorsets. Fully furnished factory assembled windows and doorsets of various types. Specification) foi dada pelo BSI (British Standards Institute). As normas britânicas (British Standards) podem ser obtidas em PDF ou impressas na loja online do BSI: www.bsigroup.com/Shop ou contatando-se o BSI Customer Services (apenas para cópias impressas): Tel: +44 (0)20 8996 9001, email: cservices@bsigroup.com.

As imagens de edificações foram fornecidas por AHR Architects.

As imagens e os desenhos de componentes foram reproduzidos com permissão do livro *Materials for Architects and Builders*, Arthur Lyons, 5th edition, Routledge, 2014.

Agradecemos também ao apoio dado e às informações técnicas fornecidas pela De Montfort University Library e pela Leicester School of Architecture.

Conforto térmico

7

Phil Jones

Phil Jones é professor titular da disciplina Ciência da Arquitetura, na Universidade do País de Gales, Cardiff

PONTOS-CHAVE:
- *A segurança e o conforto para os usuários são as principais considerações de conforto térmico para um ambiente interno*
- *O uso eficiente da energia e a redução das emissões dos gases de efeito estufa vêm em segundo lugar*

Conteúdo

1 Introdução
2 Tipos de transferência térmica
3 Conforto térmico
4 Terreno e clima
5 Vedações externas das edificações
6 Condensação
7 Infiltração e ventilação
8 Sistemas de calefação e resfriamento
9 Previsão e medição

1 INTRODUÇÃO

1.1 Projeto do conforto térmico

O projeto do conforto térmico relaciona-se com os processos de transferência de calor que ocorrem dentro de uma edificação e entre ela e seu entorno e o clima externo (Figura 7.1). Ele busca, acima de tudo, proporcionar conforto e abrigo para os usuários do prédio e seu conteúdo. Assim, o conforto térmico inclui considerações sobre:

- o clima;
- a forma e as vedações externas da edificação;
- os serviços de climatização da edificação;
- os usuários e processos contidos em uma edificação.

Ele também se preocupa com a energia consumida para calefação, resfriamento e ventilação das edificações, e com o impacto local e global do uso de energia, especialmente em relação às emissões de dióxido de carbono. O projeto de conforto térmico deve estar integrado aos aspectos visuais e acústicos do projeto de arquitetura, a fim de alcançar uma solução ambiental satisfatória.

1.2 As três etapas de um projeto de conforto térmico

1ª etapa: As condições ambientais internas para os usuários ou processos

O principal objetivo desta etapa é criar espaços que sejam confortáveis, saudáveis e produtivos para seus usuários (Figura 7.2). As pessoas, em geral, passam cerca de 90% de seu tempo em ambientes internos, motivo pelo qual os espaços de habitação e trabalho devem promover uma boa qualidade de vida. As condições térmicas têm de estar dentro dos limites de conforto aceitáveis, e o ar dos interiores deve ser livre de quaisquer poluentes prejudiciais à saúde humana. As edificações também precisam proporcionar condições térmicas apropriadas para seus conteúdos e processos e para sua própria manutenção. As condições ambientais exigidas para todos os espaços devem ser claramente definidas já no início do projeto (no programa

7.1 Projeto de conforto térmico, que visa a alcançar o bem-estar dos usuários em determinada condição climática. O projeto passivo relaciona-se com a forma e as vedações externas da edificação. Por outro lado, o projeto ativo relaciona-se com as instalações prediais, os equipamentos mecânicos o consumo de energia e o impacto ambiental. As condições ambientais devem ser adequadas à saúde e ao conforto dos usuários. Há inúmeros tipos de consumo energético relacionados com a construção e a operação de um prédio.

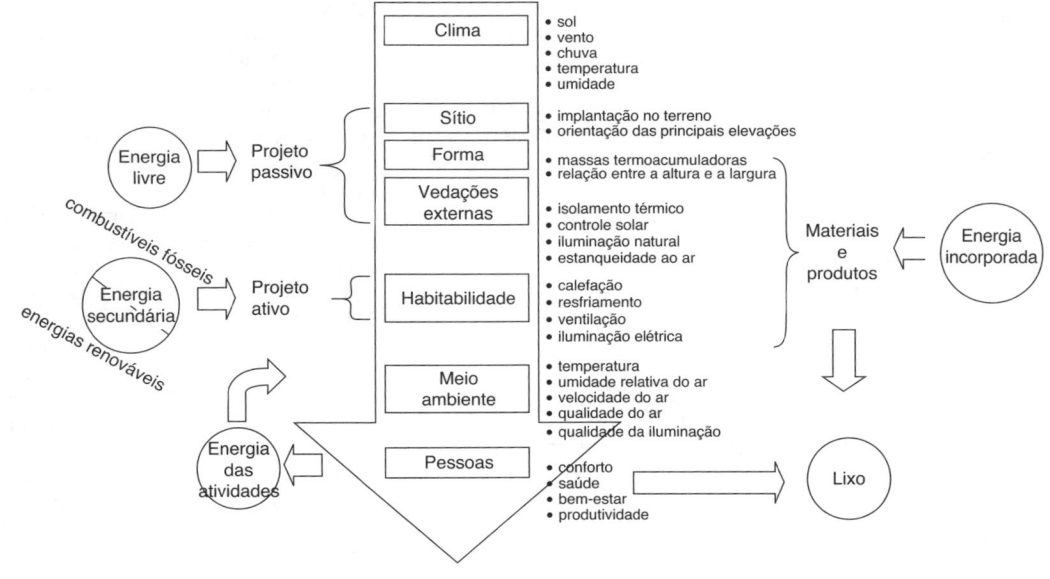

7.2 O conforto térmico é influenciado pela temperatura, pelo movimento e pela umidade relativa do ar, bem como pelo nível de radiação do entorno imediato.

de necessidades) e estar relacionadas às atividades e àquilo que os espaços contêm.

2ª etapa: A modificação do clima por meio das vedações externas da edificação

Os prédios podem ser projetados de modo a interagirem com o ambiente externo e se beneficiarem da energia natural do sol e do vento (Figura 7.3). A pele da edificação pode ser utilizada para "filtrar" ou "modificar" o clima externo e criar condições de conforto interno durante a maior parte do ano, sem o uso de combustíveis. O calor solar pode ser empregado para aquecer os espaços no inverno, ou promover a circulação do ar, ventilando e resfriando o prédio com o uso das forças de estratificação do ar. É possível aproveitar a forma e as vedações da edificação para controlar os ganhos solares durante o verão, evitando o superaquecimento. O vento também serve para promover a ventilação e o resfriamento. As vedações (ou a pele) de uma edificação podem ser empregadas para isolá-la contra perdas ou ganhos térmicos, e as massas termoacumuladoras podem estabilizar os ambientes internos contra extremos de temperatura (alta ou baixa). A forma, a massa, a orientação solar e a construção de um prédio têm de ser pensadas como uma resposta ao seu clima e à sua implantação específica. Este processo é comumente conhecido como "projeto passivo".

3ª etapa: As instalações prediais e os equipamentos mecânicos

Se uma edificação for projetada a fim de responder de modo positivo ao clima, é possível minimizar sua dependência em relação às instalações e aos equipamentos mecânicos necessários à calefação, ao resfriamento e à ventilação de seus espaços internos (Figura 7.4). Todavia, há alguns poucos climas no mundo em que os equipamentos mecânicos podem ser totalmente eliminados. Em climas temperados, como os do Reino Unido e do Sul do Brasil, ainda assim, um sistema de calefação geralmente será preciso durante os meses mais frios, e certas edificações também exigirão o resfriamento mecânico durante o verão. Em climas quentes, o resfriamento mecânico frequentemente é necessário, por exemplo, em prédios comerciais (às vezes durante o ano inteiro). Esses sistemas de climatização devem ser eficientes em energia, de modo a minimizar o consumo de combustíveis fósseis e a reduzir o impacto que as edificações têm sobre a poluição do meio ambiente. As fontes energéticas com emissão zero ou baixa de gás carbônico devem ser consideradas, sendo o caso das fontes de energia renovável, como a energia eólica, a fotovoltaica, a térmica solar, a biomassa, a cogeração de energia elétrica e térmica e as bombas de calor de aproveitamento da energia geotérmica (fonte subterrânea ou submersa). Os sistemas mecânicos e seus controles também têm de ser projetados de modo que consigam responder às necessidades específicas dos usuários e sejam fáceis de usar. Esses sistemas devem ser avaliados por especialistas antes da entrega aos usuários ("comissionados") e regulados de acordo com qualquer mudança de uso ao longo da vida útil do prédio.

É importante adotar uma abordagem integrada e holística ao projeto de conforto térmico, que inclua uma mistura adequada de soluções de arquitetura (passivas) e de engenharia (ativas).

1.3 As entradas de energia

O projeto de conforto térmico está intimamente associado ao consumo de energia e às emissões de dióxido de carbono (gás carbônico). Contudo, de todas as entradas de energia de uma edificação (Figura 7.1), é apenas a energia obtida com as fontes de combustíveis fósseis que têm emissões de dióxido de carbono associadas. Sempre há fontes gratuitas de energia (solar, eólica e das temperaturas externas) que podem ser aproveitadas para aquecer, esfriar, iluminar e ventilar o prédio. Essa abordagem de projeto passiva usa as vedações externas, a forma e as vidraças da edificação para otimizar os benefícios oferecidos pelas condições ambientais externas.

A energia empregada para fornecer eletricidade e calefação aos sistemas de climatização é chamada de energia secundária. Ela tradicionalmente é suprida pelas redes públicas de gás e energia elétrica e envolve o uso de combustíveis fósseis, seja para gerar eletricidade, seja para produzir calor. O objetivo do projeto sustentável quanto a esse respeito é substituir as fontes de combustíveis fósseis da energia secundária por outros sistemas de suprimento de energia renovável e com emissões de gás carbônico baixas ou nulas.

A energia incorporada é aquela associada aos materiais e produtos processados que foram utilizados durante a construção do prédio e sua equipagem (instalação de móveis, equipamentos e acessórios). Esse cálculo inclui a energia processada para a aquisição dos recursos naturais e para a produção dos materiais e componentes de construção, bem com a energia despendida com o

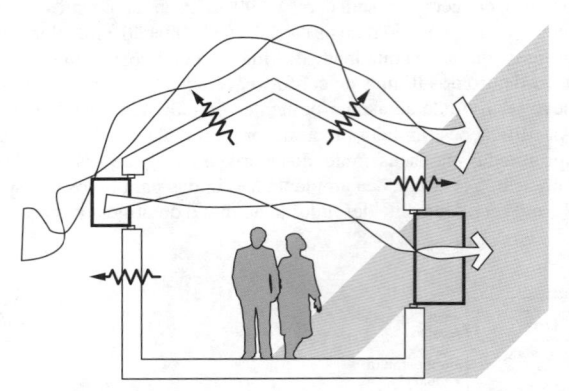

7.3 A modificação climática pode ser obtida por meio da manipulação da forma de uma edificação e de sua construção, estratégia comumente conhecida como projeto passivo.

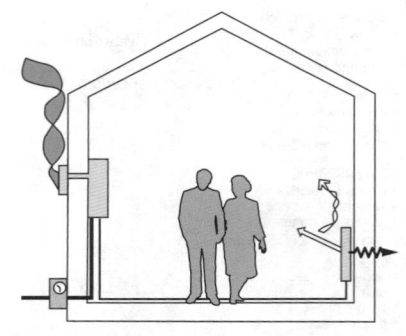

7.4 As instalações prediais devem ser projetadas no intuito de minimizarem o consumo de energia e seu impacto ambiental.

Tabela I Energia incorporada de materiais de construção comuns

Material	Energia incorporada (MJ/Kg)	Carbono incorporado (KgC/Kg)
Tijolo		
Argila	3	0,060
Calcário	0,85	–
Cimento		
Comum	4,6+/–2	0,226
Portland, forno por via úmida	5,9	0,248
Portland, forno por via semiúmida	4,6	0,226
Portland, forno por via seca	3,3	0,196
Portland, forno por via semisseca	3,5	0,202
Fibrocimento	10,9	0,575
Argamassa (1:3 mistura cimento/areia)	1,4	0,058
Argamassa (1:4)	1,21	0,048
Argamassa (mistura cimento/cal/areia: 1:0,5:4,5)	1,37	0,053
Argamassa (mistura cimento/cal/areia: 1:1:6)	1,18	0,044
Argamassa (mistura cimento/cal/areia: 1:2:9)	1,09	0,039
Solo-cimento	0,85	0,038
Concreto		
Comum 1:2:4 (do tipo empregado em edificações de até três pavimentos)	0,95	0,035
Concreto pré-moldado, cimento: areia: agregado		
1:1:2	1,39	0,057
1:1,5:3	1,11	0,043
1:2,5:5	0,84	0,030
1:3:6	0,77	0,026
1:4:8	0,69	0,022
Blocos de concreto aerado autoclavados	3,5	0,076–0,102
Fibrocimento	7,75	0,123
Pavimentação viária e de passeios	1,24	0,035
Estrada típica	2,85 MJ/m^2	51 KgC/m^2
Reforçados com fibras de madeira ou lã	2,08	–
Vidro		
Comum	15	0,232
Fibra de vidro (lã de vidro)	18	0,417
De segurança	23,5	0,346
Aço		
Comum, "típico" (42,3% de conteúdo reciclado)	24,4	0,482
Comum, primário	35,3	0,749
Comum, secundário	9,5	0,117
Barra redonda ou chata, "típica" (42,3% de conteúdo reciclado)	24,6	0,466
Barra redonda ou chata, aço primário	36,4	0,730
Barra redonda ou chata, aço secundário	8,8	0,114
Aço estrutural, aço secundário	13,1	0,185
Chapa galvanizada, aço primário	39	0,768
Perfil tubular, aço primário	34,4	0,736
Chapa, aço primário	48,4	0,869
Perfil, "típico" (42,3% de conteúdo reciclado)	25,4	0,485
Perfil, aço primário	36,8	0,757
Perfil, aço secundário	10	0,120
Folha, aço primário	31,5	0,684
Arame	36	0,771
Aço inoxidável	56,7	1,676
Madeira		
Comum	8,5	0,125
Madeira laminada e colada	12	–
Chapa de fibra prensada de alta densidade (HDF)	16	0,234
MDF	11	0,161
Aglomerado	9,5	0,139
Compensado	15	0,221
Madeira de lei serrada	7,8	0,128
Madeira macia serrada	7,4	0,123
Madeira aglomerada e revestida (mobiliário)	23	0,338

Fonte: Hammond, G.P. e Jones, C.I. Embodied energy and carbon in construction materials. 2008 In *Proceedings of the ICE – Energy*, 161/2: 87–98.

transporte até o canteiro de obras. À medida que a energia secundária é reduzida por meio de um projeto mais eficiente em termos energéticos, a energia incorporada se torna cada vez mais importante. Em alguns prédios com baixa emissão de carbono, a energia incorporada equivale à energia secundária consumida ao longo de sua vida útil. A energia incorporada está intimamente relacionada com o ciclo de vida e os custos ambientais das matérias-primas e da fabricação dos materiais, sua durabilidade e seu descarte final. Além disso, ela é um dos principais fatores para determinar a sustentabilidade de um material ou componente de construção que está sendo procurado no mercado. O uso de materiais locais é preferível, uma vez que esses têm custos de energia de transporte inferiores. Em termos gerais, quanto mais processado for um material, maior será sua energia incorporada. Os níveis de energia incorporada mais altos são os dos metais (o aço, por exemplo, exige 75.000 kWh/m^3), muito superiores aos da madeira para construção (geralmente cerca de 1.500 kWh/m^3) ou dos materiais de demolição ou produtos do extrativismo local, que, às vezes, não consomem quase nada de energia. Também é preferível o uso de materiais de demolição ou com alto conteúdo reciclado (como é o caso dos metais), embora o processo de reciclagem aumente seus níveis de energia incorporada. O projeto sustentável deve fomentar as técnicas de construção que usem menores quantidades de materiais. Alguns tipos de construção são mais perdulários do que outros, por suas próprias naturezas. A padronização, o uso de menos embalagens e a promoção de técnicas construtivas que usam materiais do próprio terreno ou da localidade devem ser promovidos. O transporte dos materiais também desempenha um papel significativo nos cálculos de energia incorporada, especialmente no caso de obras em locais afastados. A energia incorporada de uma casa costuma ser de 500 a 1.000 kWh/m^2, enquanto a energia secundária de uma casa construída conforme os padrões correntes pode ser inferior a 50 kWh/m^2/ano. A Tabela I apresenta os valores de energia incorporada em Mj/Kg, que podem ser convertidos para kWh/m^3 se forem multiplicados por (densidade do material/3,6). Os valores de energia incorporada para um material específico podem variar conforme o processo considerado em sua produção e a inclusão de materiais reciclados.

A energia de atividade é aquela derivada do uso da edificação. Ela, em geral, se apresenta na forma do calor emitido pelos processos de cozimento, iluminação e do uso de eletrodomésticos e pequenos equipamentos elétricos, além do calor gerado pelos próprios usuários e por processos específicos que ocorrem nos espaços internos. Tudo isso pode gerar ganhos térmicos úteis à edificação no inverno, mas também pode provocar o superaquecimento no verão e, em certos tipos de edificações, inclusive no inverno. Em muitos países, o consumo de energia associado às atividades dos usuários está aumentando devido ao maior número de equipamentos alimentados com eletricidade. As cargas de energia interna típicas são apresentadas na Tabela XXXV.

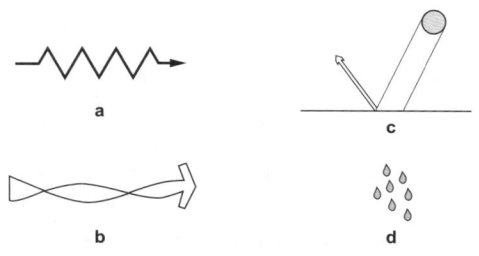

7.5 O calor é transferido por: a) condução; b) convecção; c) radiação; d) evaporação.

2 TIPOS DE TRANSFERÊNCIA TÉRMICA

2.1 Introdução

Há quatro maneiras de transferência de calor que se relacionam com o projeto do conforto térmico (Figura 7.5): condução, convecção, radiação e evaporação. Esses processos serão descritos a seguir, junto com exemplos de como eles se relacionam com a termodinâmica das edificações.

O calor é uma forma de energia, e é medido em joules (J). A taxa de consumo de energia é chamada de potência e medida em watts (W), sendo que:

$$1\ W = 1\ J/s\ (1\ kW = 1.000\ J/s)$$

Outra unidade de energia é o kilowatt-hora (kWh), sendo que:

$$1\ kWh = 3.600\ J\ (ou\ 3{,}6\ MJ)$$

e a termia – que corresponde a 100.000 unidades térmicas britânicas (BTU) e equivale aproximadamente à energia emitida pela queima de 100 pés cúbicos de gás natural, sendo que:

$$1\ termia = 29{,}3\ kWh$$

2.2 Condução

A condução normalmente se aplica à transferência de calor entre os sólidos. Ela é a transferência térmica entre as moléculas, das regiões relativamente quentes às mais frias. A taxa de transferência térmica através de um sólido depende de sua condutividade térmica, ou valor-k. Grosso modo, o valor-k relaciona-se com a densidade do material, Figura 7.6 (veja a Tabela II). Os materiais com alta densidade geralmente possuem valores-k elevados e são chamados de "bons condutores" de calor (por exemplo, os concretos de alta densidade e os metais). Por outro lado, os materiais com baixa densidade apresentam baixos valores-k e são chamados de "bons isolantes térmicos" (como as mantas de fibra mineral e os blocos de concreto de baixa densidade). A resistência térmica de determinada espessura de material de construção é calculada dividindo-se essa dimensão por seu valor-k:

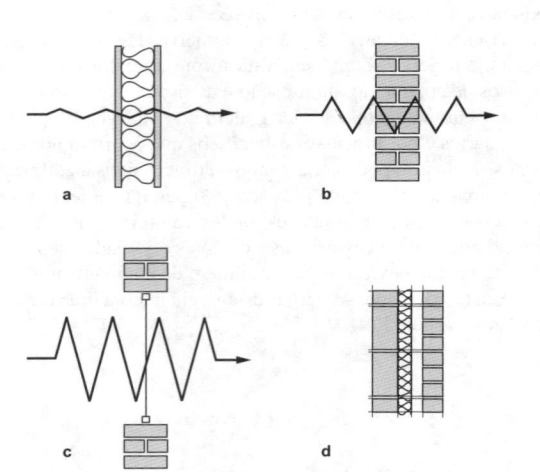

$$R = x/k \qquad (1)$$

7.6 Comparação das propriedades de condução térmica entre diferentes tipos de construção. a) A lã mineral apresenta baixa densidade (25 kg/m^3) e é um bom isolante térmico ($k = 0{,}035$ W/m-K). b) O tijolo tem uma densidade relativamente elevada (1.700 kg/m^3) e é um isolante térmico muito ruim ($k = 0{,}84$ W/m-K). c) O vidro tem densidade relativamente elevada (1.700 kg/m^3) e é mau isolante ($k = 1{,}05$ W/m-K). d) As paredes precisam ter propriedades estruturais e de vedação, além daquelas de isolamento térmico. Portanto, a maioria dos tipos de parede construídas em vários países, como os Estados Unidos, é composta de diversas camadas, cujas resistências térmicas podem ser somadas a fim de conferir ao conjunto uma resistência térmica total apropriada.

Tabela II Condutividade térmica e densidade dos materiais de construção mais comuns

Material	Densidade (kg/m^3)	Condutividade térmica (W/m·K)
Paredes		
Alvenaria de tijolo (pano exterior de uma parede dupla)	1.700	0,84
Alvenaria de tijolo (pano interior de uma parede dupla)	1.700	0,62
Concreto moldado *in loco* (pesado)	2.000	1,70
Concreto moldado *in loco* (leve)	620	0,20
Bloco de concreto (pesado, 300 mm)	2.240	1,31
Bloco de concreto (densidade média, 300 mm)	1.940	0,83
Bloco de concreto (leve, 300 mm)	1.800	0,73
Bloco de concreto (isolante)	470	0,11
Argamassa de cimento	1.860	0,72
Chapa de fibras minerais (industrializada)	240	0,042
Gesso acartonado (*drywall*)	950	0,16
Madeira para construção	720	0,14
Vidro (Maciço)	2.500	1,05
Acabamentos de superfícies		
Reboco (conteúdo de umidade: 8%)	1.330	0,79
Gesso (denso)	1.200	0,52
Gesso (leve)	720	0,23
Tijolo de silicato de cálcio	2.000	1,50
Coberturas		
Laje de concreto aerado	500	0,16
Asfáltica (mástique asfáltico)	2.230	1,15
Camada de papelão alcatroado	960	0,19
Capa de argamassa	1.200	0,41
Pedregulho miúdo	1.800	0,96
Telha	1.900	0,84
Laje de lã vegetal	500	0,10
Pisos		
Concreto moldado *in loco* (denso, armado)	2000	1,30
Capa de argamassa	2100	0,41
Tabuado	720	0,14
Isolantes		
Placa de poliestireno expandido	23	0,035
Manta de lã de vidro	12	0,040
Chapa de lã de vidro	25	0,035
Placa de espuma fenólica	30	0,040
Placa de poliuretano	24	0,023
Papel (celulose)	43	0,042
Placa de palha prensada	310	0,05

Fonte: CIBSE Guide A: Environmental Design, 2006.

em que R = resistência térmica (m^{2}K/W)
  x = espessura (m)
  k = condutividade térmica (W/m-K)

Os materiais com alta resistência térmica oferecem bom isolamento térmico.

A resistividade térmica de um material (r) é o inverso de sua condutividade térmica (k), isto é,

$$r = 1/k$$

Exemplo 1

Qual é a resistência térmica de uma parede composta de um pano de tijolo de 10,25 cm, placas isolantes de lã mineral de 20 cm e um pano de blocos de concreto leves de 10 cm?

Material	Espessura (m)	Valor-k (W/m/K)	Resistência térmica (m²K/W)
Tijolo	0,1025	0,84	0,12
Lã mineral	0,20	0,035	5,71
Blocos de concreto (isolantes)	0,10	0,11	0,91
Resistência térmica total	–	–	6,74

Observações:
1) Os valores de condutividade térmica foram obtidos na Tabela II.
2) A resistência térmica de cada camada foi calculada de acordo com a fórmula 1: $R = x/k$.
3) O principal contribuinte para a resistência térmica total é o isolamento das placas de lã mineral.
4) A resistência térmica será posteriormente empregada no cálculo dos valores-U (na Seção 5).

2.3 Convecção

A convecção ocorre em fluidos, como o ar ou a água. Uma vez aquecido, o fluido torna-se menos denso e tende a subir. Os fluidos normalmente são aquecidos pela condução de uma superfície quente, como a resistência elétrica de um cilindro de água quente (*boiler*) ou a superfície quente de um radiador de parede. Uma superfície fria conduzirá o calor do fluido adjacente, consequentemente resfriando o fluido. Isso tornará o fluido mais denso e o fará descer no recipiente ou cômodo, gerando, por exemplo, uma corrente descendente a partir da superfície interna de uma janela fria. Em um cômodo típico, as superfícies relativamente quentes e frias criam uma série de padrões de convecção interativos. A convecção do ar no ambiente faz parte da maioria dos sistemas de calefação e resfriamento.

No exemplo (Figura 7.7), o calor está sendo conduzido do ar à superfície mais fria da vidraça, causando uma corrente de ar descendente. Por outro lado, o calor está sendo conduzido do ar à superfície mais quente do radiador de parede, gerando uma corrente de ar ascendente. Embora esses equipamentos de parede costumem ser chamados radiadores, eles, na verdade fornecem a maior parte do calor (de 60 a 70%, em geral) por meio da convecção. A fórmula para o cálculo das transferências térmicas por convecção entre uma superfície e o ar é:

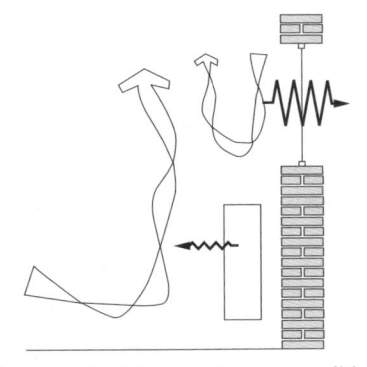

$$Q_c = h_c x (t_a - t_s) \quad (2)$$

7.7 Padrões de convecção típicos gerados por superfícies relativamente quentes (radiador de parede) e frias (vidraça).

na qual Q_c = transferência térmica por convecção (W)
h_c = coeficiente de transferência térmica por convecção (Wm⁻²K⁻¹)
t_a = temperatura do ar (°C)
t_s = temperatura da superfície (°C)

Fluxo ascendente de calor a partir de uma superfície horizontal: $h_c = 4,3$ Wm⁻²K⁻¹
Fluxo descendente de calor a partir de uma superfície horizontal: $h_c = 1,5$ Wm⁻²K⁻¹
Fluxo de calor a partir de uma superfície vertical: $h_c = 3,0$ Wm⁻²K⁻¹
Observação: Os valores de h_c são da temperatura ambiente (21°C).

2.4 Radiação

Radiação é a transferência térmica entre duas superfícies, sem que se aqueça o ar entre elas. O calor solar se desloca do Sol para a Terra por meio da radiação, através do vácuo do espaço. O calor radiante é a porção infravermelha do espectro eletromagnético (que inclui os raios X, os raios ultravioleta, a luz visível, a luz infravermelha, as micro-ondas e as ondas de rádio – as quais diferem entre si em função de seus comprimentos de onda e suas frequências). O sol emite radiação com comprimento de onda entre 0,29 e 3,0 mm, que inclui o espectro visível (entre 0,38 e 0,78 mm) (Figura 7.8). Quanto mais quente for o corpo emissor, menor será o comprimento de onda. A radiação infravermelha com ondas de comprimento abaixo de 3,0 mm (ou 3.000 nm) é de ondas curtas; acima deste nível, é de ondas longas. O sol, por conseguinte, emite a maior parte de sua energia térmica na forma de radiação de ondas curtas, enquanto as superfícies com temperatura menor, como as edificações, tendem a emitir apenas radiação de ondas longas.

O vidro é relativamente transparente à radiação de ondas curtas, mas retém a radiação de ondas longas. Este é o princípio do "efeito estufa" (Figura 7.9), importante para o "projeto de aquecimento solar passivo". A radiação de ondas curtas do sol atravessa o vidro e aquece as superfícies internas, as quais, por sua vez, emitem radiação de ondas longas, que é retida dentro do espaço. A única perda térmica, portanto, ocorre por meio da condução através do vidro. Um efeito similar ocorre na atmosfera, resultando no aquecimento global. Os gases de efeito estufa (inclusive o dióxido de carbono e o metano) agem como o vidro na estufa, ao permitir passagem da radiação solar de ondas curtas, mas bloqueando a radiação de ondas mais longas reemitida pela superfície da terra.

A radiação solar que incide nas paredes maciças aquece a superfície das paredes externas (Figura 7.10). Esse calor é conduzido através da parede, o que acarretará o aumento da temperatura de sua superfície interna. A superfície interna, por sua vez, emitirá radiação de ondas longas de modo proporcional à sua temperatura superficial e emissividade (veja a Seção 2.6). O vidro normal, todavia, é praticamente transparente à radiação solar (de ondas curtas) e o calor irradiado é transmitido diretamente através do vidro (Figura 7.11). Alguns tipos de vidro são feitos para serem mais absorventes, a fim de reduzir a transmissão solar direta (veja também as Seções 5.6 a 5.13).

2.5 A lei de Stefan-Boltzmann

De acordo com a lei de Stefan-Boltzmann, a quantidade de radiação emitida por uma superfície relaciona-se com sua temperatura e emissividade:

$$Q_r = (5{,}673 \times 10^{-8}) \times E \times T^4 \quad (3)$$

na qual Q_r = radiação emitida pela superfície
E = emissividade da superfície
T = temperatura da superfície (°C)
$5{,}673 \times 10^{-8}$ = constante de Stefan-Boltzmann (W/m²K⁴)

2.6 Emissividade e absortância

A emissividade de uma superfície é a quantidade de radiação emitida por ela comparada com aquela irradiada por uma superfície preta fosca (um "corpo negro") na mesma temperatura. Os melhores emissores de calor são as superfícies escuras foscas; os piores são as superfícies prateadas (embora sejam boas refletoras de radiação). A emissividade de uma superfície varia entre 0 e 1, com a maioria dos materiais de construção comuns, como o tijolo e o gesso, tendo uma emissividade entre 0,85 e 0,95. A absortância é a quantidade de radiação absorvida por uma superfície comparada àquela absorvida por um corpo negro. Os valores de absortância e emissividade para superfícies sob baixas temperaturas são apresentados na Tabela III.

2.7 Evaporação

A evaporação acontece quando um líquido, como a água, muda de estado físico, transformando-se em vapor. Um vapor é uma mistura de gases que exerce determinada pressão. As moléculas de água que escapam do líquido tendem a ter um conteúdo de energia mais elevado do que aquelas que foram deixadas para trás e, desse modo, o conteúdo de energia médio do líquido é reduzido, e, portanto, sua temperatura também é reduzida. A fim de que a evaporação ocorra, a pressão do vapor de água (na forma de gotículas ou de uma superfície umedecida) deve ser maior do que a pressão parcial do vapor de água na atmosfera circundante. Quanto menor for a umidade relativa do ar, maior será a evaporação que acontecerá. A taxa de evaporação pode ser calculada da seguinte maneira:

$$W = (8{,}3 \times 10^{-4})\, h_c/135 \times (p_{va} - p_s) \qquad (4)$$

Tabela III Absortância e emissividade das superfícies

Acabamento	Absortância	Emissividade
Alumínio (fosco/levemente polido)	0,40–0,65	0,18–0,30
Alumínio (polido)	0,10–0,40	0,03–0,06
Cimento-amianto (velho)	0,83	0,95–0,96
Cimento-amianto (novo)	0,61	0,95–0,96
Tijolo (escuro)	0,63–0,89	0,85–0,95
Tijolo (claro)	0,36–0,62	0,85–0,95
Ferro galvanizado (novo)	0,64–0,66	0,22–0,28
Ferro galvanizado (velho)	0,89–0,92	0,89
Vidro (comum)	–	0,88
Vidro (hemisférico)	–	0,84
Calcário	0,33–0,53	0,90–0,93
Mármore	0,44–0,592	0,90–0,93
Tinta (galvanização)	0,30	0,95
Madeira (carvalho)	–	0,89–0,90

Fonte: CIBSE Guide A: Environmental Design, 2006.

na qual W = taxa de evaporação da superfície
h_c = coeficiente de transferência térmica por convecção
p_{va} = pressão do vapor de água
p_s = pressão do vapor de saturação à temperatura superficial

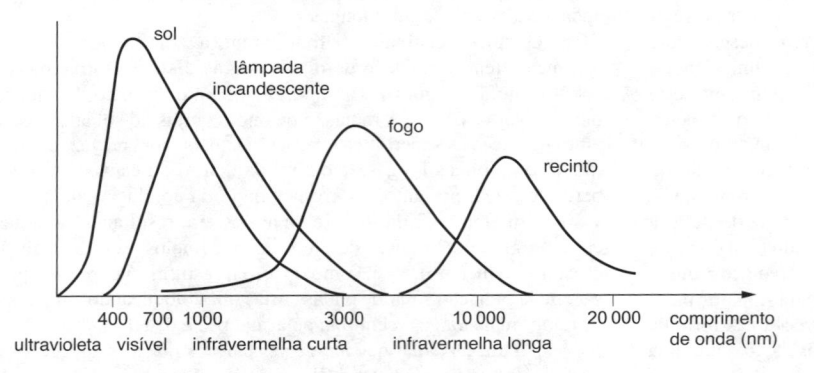

7.8 O espectro da radiação de ondas longas (baixas temperaturas) e de ondas curtas (radiação solar). O eixo vertical não está em escala.

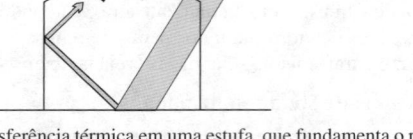

7.9 Processo de transferência térmica em uma estufa, que fundamenta o projeto de aquecimento solar passivo.

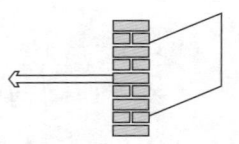

7.10 A radiação solar incidente em uma parede maciça de um projeto de aquecimento solar passivo.

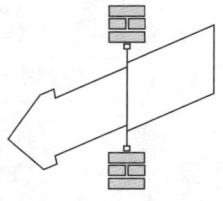

7.11 A transmissão da radiação através do vidro.

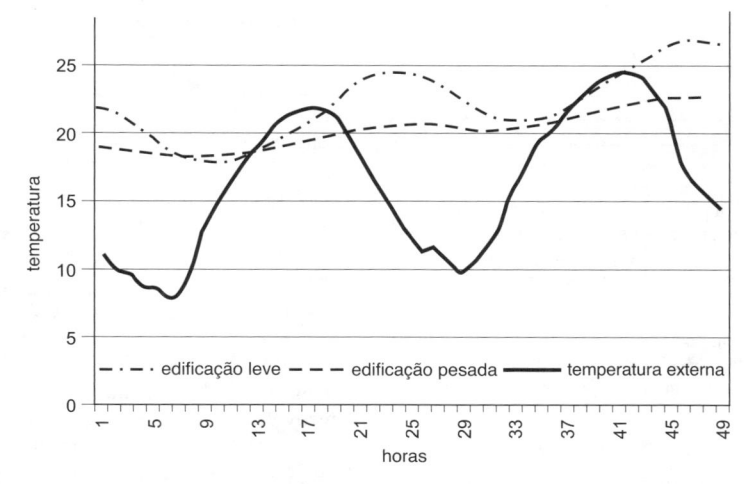

7.12 Respostas térmicas a edificações leves e pesadas em relação à temperatura externa ao longo de um período de dois dias.

A evaporação produz o resfriamento local das superfícies umedecidas. Esse fenômeno pode ser aproveitado em países quentes, nos quais coberturas com água termoacumuladoras (*roof ponds*) podem ser empregadas para resfriar os espaços internos. A tradição de alguns países quentes e secos é simplesmente pulverizar com água os pisos dos pátios internos, para resfriar essas superfícies. O ar que passa por cima das superfícies umedecidas é resfriado, e seu conteúdo de umidade é elevado. A taxa de evaporação aumenta junto com a elevação da temperatura do líquido, a redução da pressão do vapor da atmosfera circundante ou o aumento do movimento do ar por cima da superfície umedecida.

A condensação é o inverso da evaporação, e ocorre quando o ar entra em contato com uma superfície relativamente fria. O ar adjacente às superfícies frias é resfriado e torna-se saturado, enquanto o vapor condensa-se em um líquido, formando gotículas sobre a superfície (a condensação será tratada com mais detalhes na Seção 6).

2.8 Inércia térmica

A inércia térmica de um material é uma medida de sua capacidade de armazenar o calor do ar e das superfícies de seu entorno imediato. Em geral, quanto mais denso for um material, maior será sua capacidade de armazenar calor (Tabela IV). Consequentemente, os materiais de alta densidade, como o concreto, armazenarão mais calor do que os de baixa densidade, como a lã mineral (lã de rocha). A inércia térmica de um material pode ser calculada com a seguinte fórmula:

$$\text{Inércia térmica} = \text{volume (m}^3\text{)} \times \text{densidade (kg/m}^3\text{)}$$
$$(J/kgK) \times \text{calor específico (J/kg:K)} \quad (5)$$

Os materiais de alvenaria densos costumam ter cerca de cem vezes a inércia térmica dos materiais de isolamento leves (Tabela IV).

Tabela IV Densidade, calor específico e inércia térmica de materiais de construção comuns

Material	Densidade (kg/m^3)	Calor específico (J/kg.K)	Inércia térmica (J/K.m^3)
Granito	2.880	840	2.419 × 10^3
Tijolo	1.700	800	1.360 × 10^3
Concreto (denso)	2.240	840	1.882 × 10^3
Concreto (leve)	620	840	521 × 10^3
Fibra mineral	12	710	9 × 10^3
Chapa de poliestireno	23	1.470	34 × 10^3

Fonte: CIBSE Guide A: Environmental Design, 2006.

2.9 A inércia térmica e a resposta térmica

As edificações leves respondem rapidamente aos ganhos de calor (Figura 7.12), sejam de suas fontes internas (pessoas, lâmpadas, máquinas), sejam externas (radiação solar, temperaturas do ar externo mais elevadas). Elas têm uma inércia térmica relativamente baixa. O ar do interior irá, portanto, aquecer rapidamente, pois a massa da edificação terá uma capacidade relativamente baixa de absorver o calor interno. Esse tipo de prédio também resfriará rapidamente quando a fonte de calor for desligada, uma vez que há pouco calor residual na construção para reter as temperaturas do ar. Eles são mais propensos ao superaquecimento durante os períodos de clima quente e ao esfriamento durante os meses frios. Portanto, exigem um sistema de climatização (calefação e resfriamento) mais responsivo, e são mais adequados à ocupação intermitente.

Por outro lado, os prédios pesados respondem mais lentamente às variações de temperatura (Figura 7.12) e, portanto, têm o potencial de manterem ambientes internos mais estáveis. Assim, as edificações construídas com materiais pesados têm alta inércia térmica e aquecem lentamente, pois sua massa absorve o calor do espaço. Contudo, eles também resfriam aos poucos, sendo capazes de manter o ar de seus interiores sob temperaturas relativamente altas entre os períodos de aquecimento. Os prédios pesados podem manter ambientes internos relativamente mais frios durante o clima quente, ao terem altos ganhos térmicos nos picos de temperatura. O efeito típico do resfriamento pode ser uma redução da temperatura entre 3° e 5°C (Figura 7.13) nos picos de temperatura do ar do interior, devido aos efeitos das massas termoacumuladoras. Além disso, sua temperatura radiante média será inferior, em função de suas temperaturas superficiais mais baixas. O uso do resfriamento por meio de superfícies refrigeradas também será discutido na Seção 8.3.

O efeito da massa termoacumuladora relaciona-se com a área de superfície do material exposta e sua espessura e inércia térmica. A área das superfícies é um pouco mais importante do que a espessura do material. Por exemplo, para absorver os picos de ganhos térmicos (diurnos), a espessura da camada da massa termoacumuladora precisa ser apenas de 5 a 10 cm (Figura 7.13).

3 CONFORTO TÉRMICO

3.1 Introdução

O corpo humano produz calor por meio de suas atividades metabólicas e troca calor com seu entorno por condução, convecção e

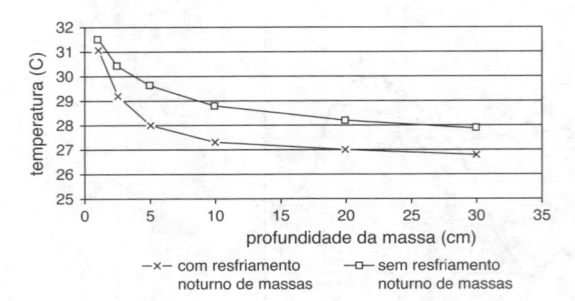

7.13 A redução típica das temperaturas de pico com o aumento da massa termoacumuladora sem o resfriamento noturno de massas (infiltração noturna de 0,1 ta/h; ventilação diurna de 1 ta/h), e com o resfriamento noturno de massas (ventilação noturna de 5,0 ta/h; ventilação diurna de 1 ta/h). Observação: ta/h = trocas de ar por hora.

radiação (em geral, 75%) e evaporação (em geral, 25%). O conforto térmico é alcançado quando há um equilíbrio entre a produção metabólica de calor e a perda de calor do corpo. Ele depende acima de tudo das condições ambientais térmicas e da atividade e vestimenta da pessoa naquele ambiente.

3.2 A atividade metabólica

O corpo humano produz calor metabólico como resultado de seus processos musculares e digestivos. Ele tem de manter uma temperatura interna constante de 37°C. Caso essa temperatura corporal seja reduzida em mais de 1°C, ocorre a hipotermia; se ela subir mais de 1°C, o indivíduo poderá sofrer uma insolação. O corpo humano deve, portanto, perder, de maneira controlada, o calor metabólico que ele gera. As roupas são uma das maneiras para o controle das perdas térmicas. Também há mecanismos de controle fisiológico. Por exemplo, tremermos quando o frio aumenta nossa atividade metabólica; nossa pele arrepia-se para aumentar a resistência da superfície do corpo contra a perda térmica; e suamos quando o calor aumenta a perda térmica por evaporação. O calor gerado pela atividade metabólica é medido em MET (1 MET = 58,2 W/m^2 da área de superfície corporal; essa área, em um adulto, é, em média, 1,8 m^2). Os valores típicos de MET para diferentes atividades são apresentados na Tabela V.

3.3 Roupas

Nossas roupas oferecem isolamento contra as perdas térmicas de nossos corpos. O isolamento proporcionado pela vestimenta é medido em unidades de CLO (1 CLO = 0,155 m^{2}K/W; as unidades são as mesmas da resistência térmica). Os valores de CLO para conjuntos de roupas típicos são mostrados na Tabela VI.

Tabela V Geração de calor metabólico para diferentes atividades a 20°C, em MET e em watts (W), para perdas térmicas sensível (S) e latente (L)

Atividade	MET	S(W)	L(W)
Sentado e em repouso (teatro, hotel, saguão)	1,1	90	25
Trabalho leve (escritório, moradia, escola)	1,3	100	40
Atividades de pé (fazendo compras, em um laboratório)	1,5	110	50
Atividades de pé (vendedores, empregados domésticos)	2,2	130	105
Atividades médias (fábrica, oficina)	2,5	140	125
Trabalho pesado (fábrica)	4,2	190	250

Fonte: CIBSE Guide A: Environmental Design, 2006.

Tabela VI Resistência das roupas em CLO e resistência térmica

	CLO	Resistência térmica (m^{2}K/W)
Nu	0	0
Roupas de verão leves	0,5	0,08
Conjunto leve para trabalhar	0,7	0,11
Roupas de verão para interiores	1,0	0,16
Terno executivo pesado	1,5	0,23

Fonte: CIBSE Guide A: Environmental Design, 2006.

3.4 Temperatura do ar

A temperatura do ar frequentemente é considerada o principal parâmetro de projeto para o conforto térmico. A faixa de temperatura do ar dos interiores recomendada pelo CIBSE é entre 19 e 23°C no inverno e não superior a 27°C no verão. O gradiente de temperatura do ar entre a cabeça e os pés também é importante para o conforto: a temperatura no nível dos pés, em geral, deve ser, no máximo, 4°C inferior àquela no nível da cabeça de uma pessoa.

3.5 Temperatura radiante

A temperatura radiante é a medida da temperatura das superfícies do entorno, junto com quaisquer ganhos térmicos por radiação direta de fontes de temperatura alta (como o sol). A temperatura radiante média é a média ponderada pela área de todas as temperaturas de superfícies de um recinto. Caso as superfícies de um espaço estejam em diferentes temperaturas, a temperatura radiante percebida no espaço será afetada pela posição da pessoa em relação às várias superfícies, com as áreas de superfície maiores ou mais próximas contribuindo mais para a temperatura radiante global. O conforto pode ser afetado pela assimetria radiante, e as pessoas são especialmente sensíveis a tetos quentes (uma assimetria radiante de 10°C oriunda de um teto quente pode resultar em um aumento de 20% na insatisfação com o conforto térmico). A temperatura radiante vetorial é uma medida da diferença máxima em um recinto entre as temperaturas radiantes de direções opostas.

3.6 Umidade relativa do ar

A umidade relativa do ar de um espaço interno afetará a taxa de evaporação da pele. A umidade relativa é uma medida percentual da quantidade de vapor no ar em comparação à quantidade total de vapor que o ar pode suportar àquela temperatura. Quando as temperaturas estão dentro da faixa de conforto (19–23°C), a umidade relativa do ar tem pouco efeito sobre o conforto, desde que fique dentro da faixa de 40 a 70%. Sob temperaturas elevadas (aproximando-se à temperatura média da pele, 34°C) as perdas térmicas por evaporação são importantes para que se mantenha o conforto das pessoas. A temperatura de bulbo úmido é uma medida da temperatura de um espaço usando um termômetro umedecido. Um sensor de temperatura de "bulbo seco" troca calor com o ar do entorno por convecção. Um termômetro de bulbo úmido perde calor adicional por evaporação e pode ser utilizado junto com um bulbo seco, para obter uma medição da umidade relativa ao consultar a carta psicométrica (também chamada de diagrama psicométrico – Figura 7.14). Um exemplo do uso disso é mostrado na Figura 7.15, na qual uma temperatura de bulbo seco (tbs) de 19°C e uma temperatura de bulbo úmido (tbu) de 14°C indicam uma umidade relativa do ar de 60%.

3.7 Velocidade do ar

A velocidade do ar é a medida do movimento do ar em um espaço. As pessoas começam a perceber o movimento do ar quando ele atinge a velocidade de aproximadamente 0,15 m/s. Velocidades do ar superiores a 0,2 m/s podem resultar em um desconforto térmico

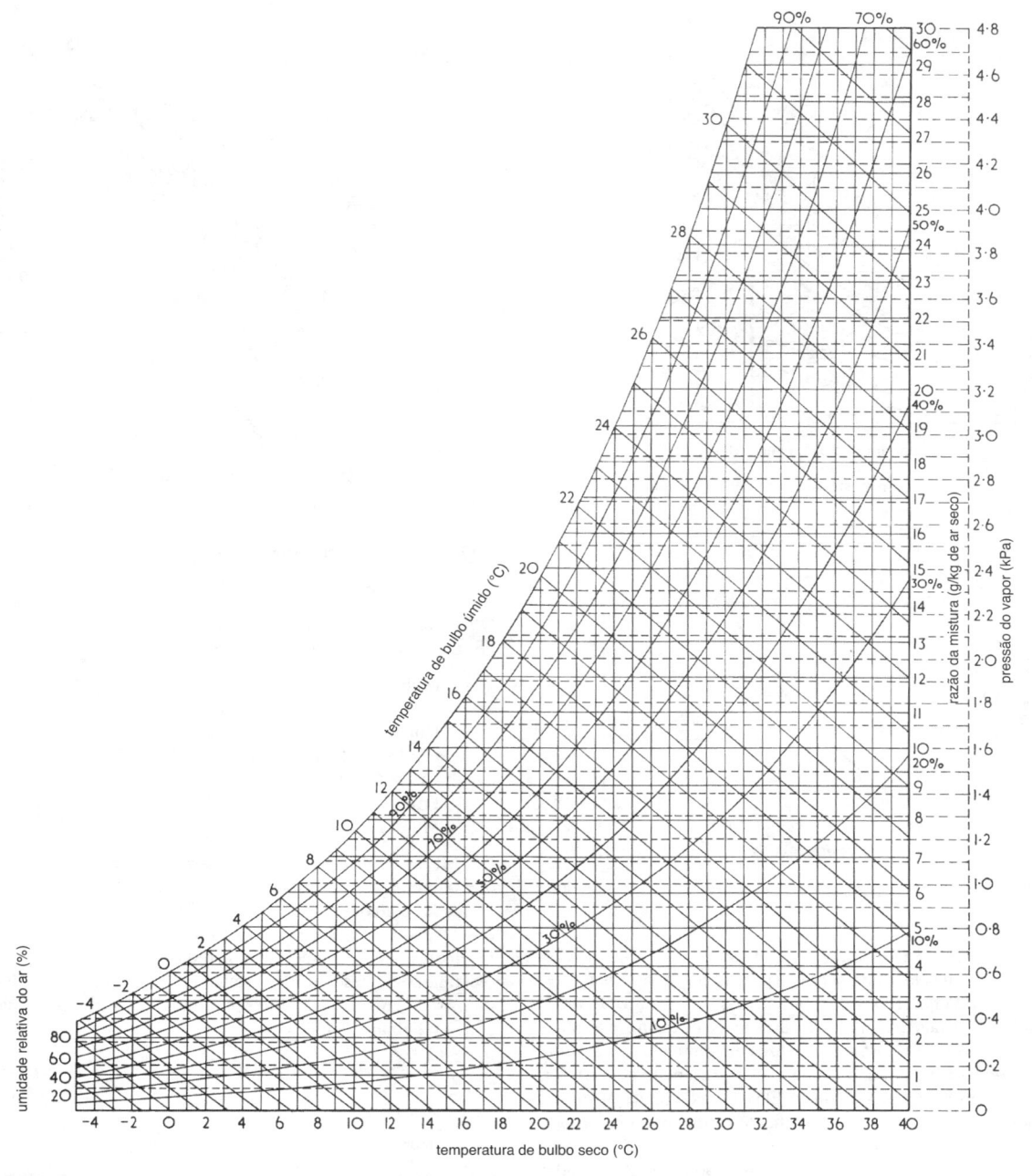

7.14 Carta psicométrica (de figuras do CIBSE Guide). Esta tabela relaciona a temperatura de bulbo seco com a temperatura de bulbo úmido e o conteúdo de umidade com a umidade relativa do ar.

de 20% ou mais, devido à percepção das correntes de ar frio. Na maioria dos espaços naturalmente ventilados, a velocidade do ar é inferior a 0,15 m/s, afastada da influência de janelas abertas e na ausência de grandes correntes de vento criadas por superfícies internas frias. Em espaços ventilados mecanicamente, a velocidade do ar costuma ser superior a 0,15 m/s e pode ser mais de 0,2 m/s nas áreas próximas aos pontos de insuflamento do ar ou onde jatos do insuflamento são defletidos por vigas ou outros elementos geométricos do espaço, e tais velocidades devem ser evitadas. Até certo ponto, é possível compensar o desconforto provocado pelas correntes de ar frio ao elevar a temperatura do ar, como indicado na Figura 7.16.

3.8 Conforto térmico: compensação e adaptação

A percepção do conforto térmico é uma função da combinação do ambiente físico (temperatura radiante e do ar, movimento do ar e umidade relativa do ar) com a atividade e o tipo de vestimenta do usuário do espaço. Os fatores ambientais se compensam em parte. Por exemplo, sob condições de baixa temperatura, o aumento do movimento do ar pode ser compensado pela elevação da temperatura do ar, enquanto, sob condições de calor, o aumento da umidade relativa do ar pode ser compensado pelo aumento do movimento do ar. Além disso, as pessoas podem adaptar seus níveis de vestimenta, níveis de atividade e postura em resposta às condições térmicas dominantes.

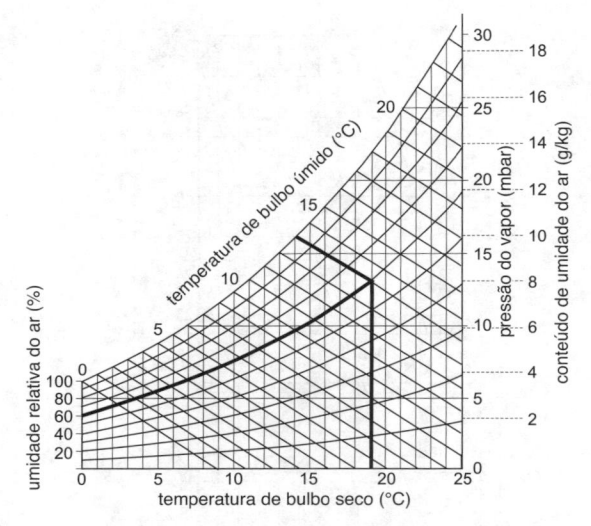

7.15 Uma carta psicométrica mostrando que uma temperatura de bulbo seco de 19°C e uma temperatura de bulbo úmido de um lavabo relacionam-se com uma umidade relativa do ar de 60%.

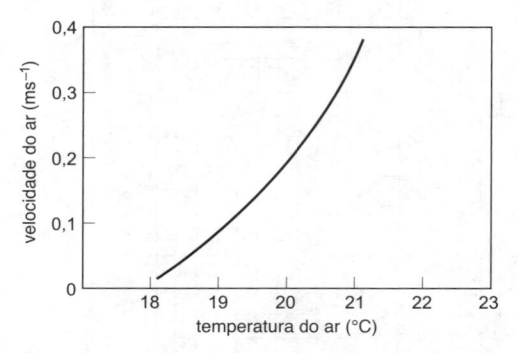

7.16 A interação da temperatura do ar e do movimento do ar com o conforto percebido.

Dessa maneira, elas estão variando suas taxas de produção metabólica de calor ou suas taxas de perdas térmicas corporais. Os índices térmicos usam combinações dos parâmetros de conforto de modo compensatório, para oferecer uma medida única de conforto térmico.

A *temperatura resultante*, às vezes denominada *temperatura de globo*, serve para dar uma medida mais representativa do conforto do que apenas a temperatura do ar. Ela é uma combinação entre a temperatura do ar e a temperatura radiante média, em uma proporção comparável àquela das perdas térmicas do corpo. Sob velocidades do ar baixas (<0,1 m/s), a seguinte relação pode ser aplicada:

$$t_{res} = 0{:}5\, t_{rm} + 0{:}5\, t_a \qquad (6)$$

na qual t_{res} = temperatura resultante (°C)
t_{rm} = temperatura radiante média (°C)
t_a = temperatura do ar (°C)

A temperatura resultante pode ser medida no centro de um globo negro de 10 cm de diâmetro (embora globos entre 2,5 e 15 cm também proporcionem resultados aceitáveis).

A *temperatura efetiva corrigida* (TEC) relaciona a temperatura de globo, a temperatura de bulbo úmido e a velocidade do ar. Ela é o equivalente à sensação térmica em um ambiente padrão com ar saturado e parado para a mesma roupa e atividade. A TEC pode ser representada na forma de um nomograma, como mostrado na Figura 7.17.

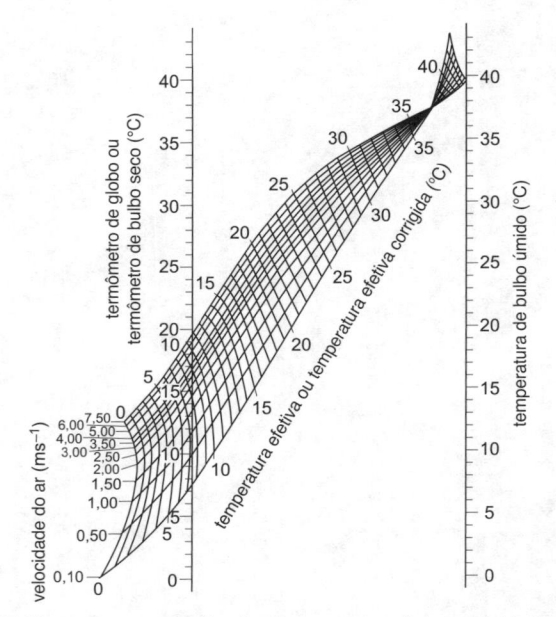

7.17 Nomograma para a estimativa da temperatura efetiva corrigida (TEC).

3.9 VMP e PPD

O *voto médio previsto* (VMP) é uma medida da resposta média de um grande grupo de pessoas que estão votando na escala a seguir:

Muito calor	+3
Calor	+2
Um pouco de calor	+1
Confortável (neutro)	0
Um pouco de frio	−1
Frio	−2
Muito frio	−3

O VMP pode ser calculado com a *equação de conforto de Fanger*, que combina a temperatura do ar, a temperatura radiante média, a umidade relativa do ar e a velocidade do ar junto com estimativas dos níveis de atividade e de vestimenta. O *percentual de pessoas insatisfeitas* (PPI) oferece uma medida do percentual de pessoas que reclamarão de desconforto térmico em relação ao VMP. Isso é demonstrado em termos gráficos na Figura 7.18 e pode ser calculado com a seguinte fórmula:

$$\text{PPI} = 100{-}95\ \exp(10\ 03353\ \text{VMP}^4 - 0\ 2179\ \text{VMP}^2) \qquad (7)$$

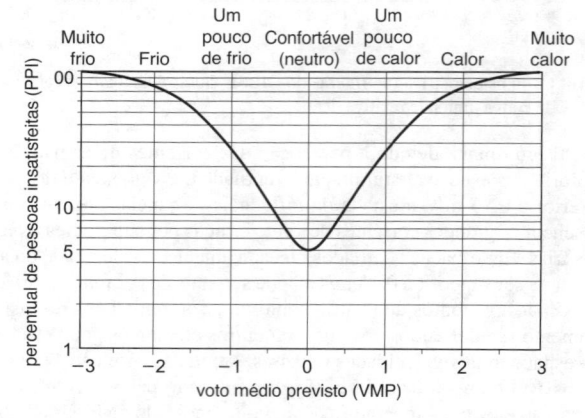

7.18 O percentual de pessoas insatisfeitas (PPI) como função do voto médio previsto (VMP).

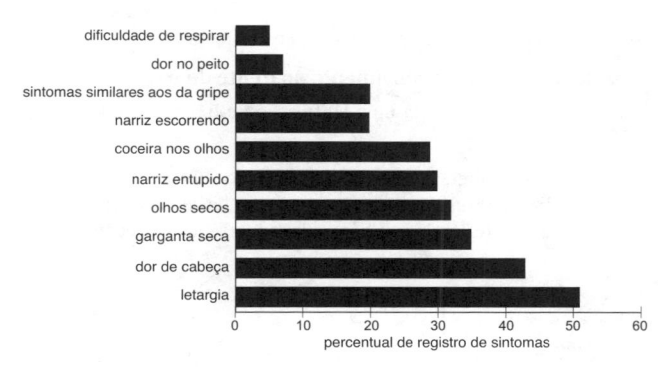

7.19 Amostra percentual de sintomas da síndrome da edificação doente registrado em escritórios com ar-condicionado.

Tabela VII Taxas de ar e de infiltração de ar para diferentes tipos de edificação

Tipo de edificação	Ar t (°C)	Infiltração de ar admissível (h^{-1})
Galerias de arte e museus	19–21	1
Auditórios e salas de reunião	22–23	0,5
Terminais aeroportuários:		
Coleta de bagagem	12–19	
Áreas de *check in*	18–20	
Áreas de imigração	12–19	
Salões de embarque	19–21	
Saguões	19–21	1–1,5
Bares	20–22	1
Cantinas e refeitórios	22–24	1
Igrejas e capelas	19–21	0,5–1
Salas de computadores	19–21	
Salas de eventos ou do conselho diretor	22–23	
Salões de jantar ou de banquetes		0,5
Salões de exposição	9–21	0,5
Indústrias:		
Trabalho sedentário	19–21	
Trabalho leve	16–19	
Trabalho pesado	11–14	
Volume interno de até 300 m^3		1,5–2,5
300 m^3 a 3.000 m^3		0,75–1,5
3.000 m^3 a 10.000 m^3		0,5–1,0
Mais de 10.000 m^3		0,25–0,75
Corpos de bombeiros, estações de ambulâncias:		
Salas de controle	22–23	0,5–1
Salas de recreação	20–22	0,5–1
Ginásios		0,75
Apartamentos, casas e albergues:		
Salas de estar	20–23	1
Dormitórios	17–19	0,5
Quitinetes		1
Banheiros	26–27	2
Lavabos	19–21	1,5
Lavanderias		0,5
Vestíbulos/Corredores/Escadas/Patamares	19–24	1,5
Cozinhas	17–19	
Salas de uso público		1
Hospitais:		
Áreas para pacientes	22–24	2
Espaços para circulação	19–24	1
Consultórios e salas de tratamento	22–24	
Centrais de enfermagem	19–22	1

Tabela VII Taxas de ar e de infiltração de ar para diferentes tipos de edificação (*continuação*)

Tipo de edificação	Ar t (°C)	Infiltração de ar admissível (h^{-1})
Salas de cirurgia	17–19	0,5
Salas de espera		1
Depósitos		0,5
Hotéis:		
Banheiros	26–27	1
Apartamentos	19–21	1
Salas de uso público		1
Corredores		1,5
Saguões		1,5
Laboratórios		1
Foros	19–21	1
Bibliotecas:		
Salas de leitura	22–23	0,5–0,7
Salas do acervo	19–21	0,5
Depósitos	15	0,25
Escritórios:		
Em geral	21–23	1
Salas para executivos	21–23	
Plantas livres	21–23	
Plantas compartimentadas		1
Depósitos		0,5
Delegacias: celas	19–21	5
Estações ferroviárias ou rodoviárias:		
Saguão (sem assentos)	12–19	
Guichês	18–20	
Saguão de espera	21–22	
Restaurantes e cafeterias	22–24	1
Escolas e universidades:		
Salas de aula	19–21	2
Auditórios	19–21	1
Salas de estudo	19–21	1
Locais de comércio varejista:		
Shoppings	19–24	
Lojas pequenas e lojas de departamentos	19–21	
Supermercados	19–21	
Ginásios esportivos:		
Vestiários	22–24	1
Saguões	13–16	
Quadras de *squash*	10–12	
Piscinas:		
Vestiários	23–24	0,5
Áreas públicas	23–26	0,5
Estúdios de televisão	19–21	
Galpões/pavilhões:		
Espaços de trabalho e embalagem		0,5
Áreas de depósito		0,2

Os valores citados para as taxas de infiltração de ar nesta tabela não devem ser utilizados para o projeto de sistemas de ventilação mecânica, condicionamento do ar ou climatização.

A implicação do PPI é que não há uma condição na qual todas as pessoas experimentarão condições de conforto ideais. Ele prevê que, para um espaço de trabalho ocupado típico, sempre haverá 5% de pessoas que relatarão estarem desconfortáveis.

3.10 Síndrome da edificação doente (SED)

Esse termo é utilizado para descrever um conjunto de sintomas de ocorrência comum apresentados pelas pessoas em determinados ambientes de trabalho (geralmente em escritórios) e que desaparecem assim que elas deixam esses locais. Entre tais sintomas, incluem-se olhos secos ou lacrimejando, nariz entupido ou escorrendo, dores de cabeça, letargia, falta de ar e dificuldade para respirar. Os percentuais típicos de registro desses sintomas em escritórios climatizados são mostrados na Figura 7.19. O *índice de sintomas pessoais* (ISP) muitas vezes é empregado como uma medida do número médio de sintomas por pessoa para todo um escritório ou uma zona de trabalho.

Os trabalhadores que relatam altos níveis de sintomas frequentemente acusam problemas associados também com o conforto térmico e, em geral, consideram o ar desses interiores viciado, seco e quente. Estudos têm indicado que os edifícios com ar-condicionado aparentemente têm níveis de reclamação de SED mais elevados do que aqueles com ventilação natural. Possíveis razões para isso incluem cortes orçamentários em seus projetos, dificuldades com sistemas complexos de manutenção e operação, problemas associados com a higiene e a limpeza (especialmente dos dutos de distribuição do ar) e baixa efetividade de ventilação devido à pequena distância entre os pontos de insuflamento e exaustão de ar. Os trabalhadores com maior risco de sintomas são aqueles de escritórios com planta livre (e não de salas compartimentadas), os que desempenham atividades administrativas em geral (e não de gerência), as mulheres, os que trabalham em edifícios do setor público, os de escritórios climatizados e aqueles que trabalham em edifícios com baixa manutenção e pouca operação de controles.

3.11 Ventilação e qualidade do ar do interior

A ventilação é necessária para que seja mantida uma boa qualidade do ar, por questões de saúde e conforto. As Tabelas VII e VIII apresentam os valores recomendados para as temperaturas internas, as taxas de infiltração e as taxas de ventilação. Geralmente considera-se que a necessidade dos usuários de ar externo é de 10l/s/pessoa. A ventilação será abordada com mais detalhes na Seção 7.

Tabela VIII Taxas de ventilação recomendadas para vários tipos de edificação

Uso da edificação	Taxa de insuflamento de ar
Prédios de uso público ou comercial	8 l/pessoa
Banheiros de hotel	12 l/pessoa
Salas de cirurgia em hospitais	650 a 1.000 m³/s
Banheiros de uso público	>5 trocas de ar por hora
Vestiários	10 trocas de ar por hora
Quadras de *squash*	4 trocas de ar por hora
Rinques de patinação no gelo	3 trocas de ar por hora
Piscinas cobertas	1,5 l/m² (de área molhada)
Banheiros e salas de estar em habitações	0,4 a 1 troca de ar por hora
Cozinhas em habitações	60 l/s
Banheiros em habitações	15 l/s

Fonte: CIBSE Guide B: Heating, Ventilating, Air Conditioning and Refrigeration, 2005.

4 TERRENO E CLIMA

4.1 Introdução

O terreno e as condições climáticas têm grande impacto no projeto do conforto térmico de uma edificação e devem ser levados em consideração desde as etapas iniciais do projeto de arquitetura. Além disso, uma edificação modificará o clima existente em um terreno, criando um microclima específico ao redor dela e afetando o microclima das edificações do entorno imediato. Muitas partes do mundo possuem dados climáticos disponibilizados, como valores horários compilados no formato *Ano de Referência de Teste* (ART). As condições climáticas diretamente relacionadas com o projeto do conforto térmico incluem:

- a radiação solar, a trajetória aparente do sol e o nível de nebulosidade;
- a velocidade e a direção do vento;
- a temperatura do ar;
- a umidade relativa do ar;
- os índices de precipitações e chuvas violentas.

4.2 Radiação solar e movimento aparente do sol

A radiação solar impacta uma edificação de três maneiras (Figura 7.20):

- radiação direta, conforme a posição do sol no céu;
- radiação difusa, conforme a área total de céu visível;
- radiação refletida (*albedo*) pelas superfícies adjacentes.

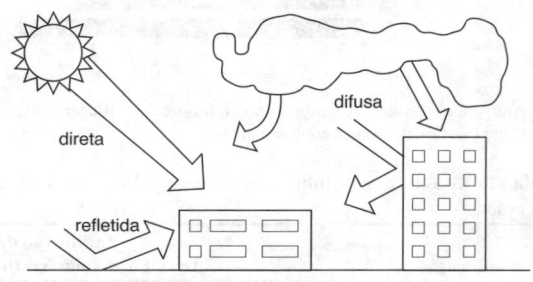

7.20 Radiação solar direta, difusa e refletida.

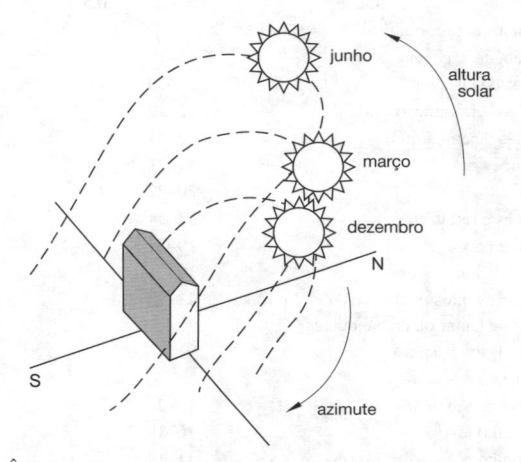

7.21 Ângulos solares, indicando o azimute e a altura solar.

Esses três componentes variarão de acordo com o horário do dia, o período do ano, o nível de nebulosidade e a parcela do céu vista pela edificação, o que depende das obstruções naturais e das construídas pelo homem. O percurso aparente do sol pode ser determinado a partir da altura do sol e do azimute, como indicado na Figura 7.21. Os valores típicos de radiação solar são apresentados nas Tabelas IX e X, e o efeito do ângulo solar e do sombreamento excessivo, na Figura 7.22. A variação anual das horas possíveis de luz solar por dia para o Reino Unido está na Figura 7.23.

Tabela IX Altura solar e radiação solar direta e difusa (céu nublado e céu limpo) ao meio-dia, para o Sudeste da Inglaterra

Mês	Altura solar	Radiação solar direta normal (W/m²)	Radiação solar difusa (W/m²)	
			Céu nublado	Céu limpo
Junho	64	900	310	100
Julho/Maio	60	895	295	100
Agosto/Abril	52	865	255	95
Setembro/Março	40	815	195	85
Outubro/Fevereiro	2	700	140	75
Novembro/Janeiro	20	620	90	60
Dezembro	17	560	75	50

Tabela X Irradiância solar média diária (W/m²) sobre superfícies verticais e superfícies horizontais; irradiância difusa para condições de céu nublado e céu limpo

	S	SE/ SW	E/W	NE/ NW	N	Superfícies horizontais	Irradiância difusa (céu nublado/limpo)
Junho	105	135	140	85	35	295	120/50
Julho/Maio	110	140	135	75	20	270	110/45
Agosto/Abril	150	150	115	45	5	215	90/40
Setembro/Março	175	145	80	20	0	140	60/30
Outubro/Fevereiro	165	120	50	5	0	80	35/20
Novembro/Janeiro	125	90	25	0	0	35	20/15
Dezembro	100	70	20	0	0	25	15/10

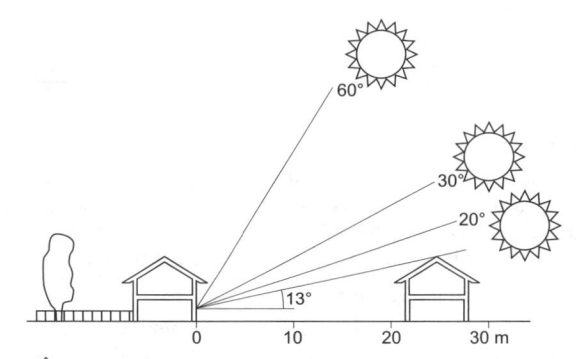

7.22 Ângulo solar e sombreamento excessivo.

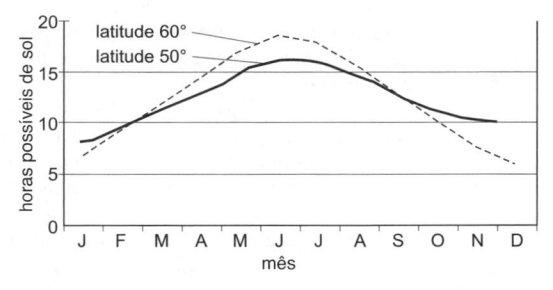

7.23 A variação anual das horas possíveis de sol para o Reino Unido. As regiões do Norte recebem mais horas de sol durante o verão.

O maior componente da radiação solar é a radiação direta, mas a radiação refletida pode ser significativa em locais onda há superfícies duras refletivas de cores claras e adjacentes à edificação, seja da forma construída em si ou de outras edificações e dos elementos de paisagismo existentes. A Tabela XI contém dados sobre a radiação refletida por diferentes superfícies (a absorção solar de uma superfície é: 1 – refletância).

O nível de nebulosidade é medido em OCTAL, em uma escala de 0 a 8, sendo 0 um céu completamente limpo e 8 um céu totalmente encoberto. O componente de radiação difusa será mais elevado em um céu encoberto, como apresentado na Tabela IX. A nebulosidade (C) é uma medida da proporção de nuvens no céu. Ela é zero para um céu limpo e 1 para um céu encoberto.

4.3 Temperatura do ar externo

A temperatura do ar externo afetará a taxa de transmissão e perda de calor por convecção por parte de uma edificação. Em geral, ela

Tabela XI Radiação refletida por diferentes superfícies

Superfície	Refletância (R)
Vidro	0,10
Concreto (cinza claro)	0,25–0,40
Tijolo aparente	0,30
Tijolo de cor amarelada	0,70
Painel de madeira (carvalho)	0,25
Gesso	0,65
Tinta branca (emulsão) sobre superfície de gesso simples	0,80
Tinta branca (emulsão) sobre concreto sem agregados finos	0,60
Tinta branca (emulsão) sobre placas de lã vegetal	0,50
Cimento-amianto branco ou cimento Portland liso	0,40
Cimento Portland texturizado	0,25
Capa de cimento	0,45
PVC em placa (cor creme/marrom/marrom-escuro)	0,45/0,25/0,10
Papel branco	0,80
Aço inoxidável	0,35
Asfalto	0,15
Campo não cultivado	0,26
Solo sem cobertura vegetal	0,17
Grama	0,25
Água	0,05–0,22
Neve (fresca)	0,80–0,90
Neve (velha)	0,45–0,70

Fonte: CIBSI Lighting Guide LG10:1999.

variará ao longo de um período de 24 horas (a variação diária) e ao longo de um ano (a variação sazonal), além de mudar conforme a localização. A Tabela XII apresenta a temperatura do ar externo mensal média para diferentes localidades do Reino Unido. A Figura 7.24 mostra as variações de temperatura diária típica para o sul da Inglaterra.

4.4 Temperatura sol-ar

Quando a energia solar é absorvida por uma parede externa, ela tem o mesmo efeito, em termos de perdas térmicas, que o aumento da temperatura do ar externo. A temperatura sol-ar é a temperatura do ar externo que, na ausência da radiação solar, acarretaria a mesma transferência de calor através da parede que ocorre com a combinação real de temperatura externa e radiação solar incidente.

$$t_{sa} = (\alpha I_s + \varepsilon I_l) R_{so} + t_{ao} \tag{8}$$

sendo que t_{sa} = temperatura sol-ar
t_{ao} = temperatura do ar externo α = absortância solar
ε = emissividade de ondas longas
R_{so} = resistência da superfície externa
I_s = irradiação solar (W/m²)

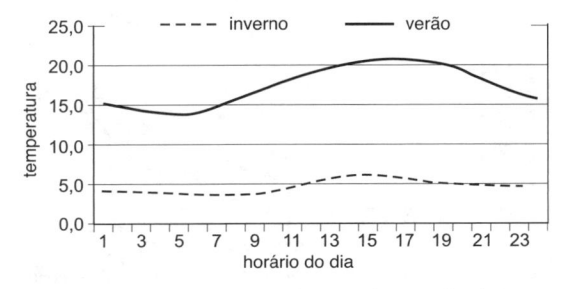

7.24 Variação diária de temperatura durante o inverno (janeiro) e o verão (junho) no sudeste da Inglaterra.

Tabela XII Temperatura diária média no Reino Unido (°C)

	J	F	M	A	M	J	J	A	S	O	N	D	Anual
Belfast													
Máx.	8,3	10,8	11,3	15,3	18,9	19,5	23,4	23,6	19,5	15,6	11,7	12,9	15,9
Mín.	−2,2	−1,7	0,4	2,8	2,6	4,6	8,1	9,0	7,1	2,0	0,6	−0,2	2,8
Média	4,0	4,1	6,0	7,9	10,8	12,7	14,9	14,6	11,9	9,7	6,6	5,2	9,0
Glasgow													
Máx.	11,0	11,1	12,6	13,4	16,2	21,0	22,2	24,4	20,4	18,4	14,2	11,5	16,4
Mín.	−2,3	−4,8	−3,6	−1,7	0,5	3,5	6,4	7,0	4,2	−1,0	−2,9	−3,2	0,2
Média	4,8	3,7	6,0	6,5	9,8	13,3	14,8	14,3	12,3	9,9	5,1	5,5	8,8
Londres													
Máx.	10,1	9,7	13,1	13,7	19,7	23,5	30,3	25,6	20,7	17,3	17,1	13,7	17,9
Mín.	−1,3	−2,2	1,4	0,0	3,5	6,2	10,3	9,4	7,5	1,4	2,6	−1,1	3,1
Média	5,3	3,4	8,0	8,1	11,2	15,8	19,7	16,9	13,1	9,9	10,4	6,7	10,7
Cardiff													
Máx.	13,9	14,7	14,9	14,3	22,7	23,5	22,6	26,8	23,1	18,4	15,1	12,2	18,5
Mín.	2,5	1,7	4,1	3,3	6,2	9,3	10,6	11,6	9,4	4,9	1,6	−1,1	5,3
Média	7,5	9,1	10,1	9,4	15,6	15,7	16,9	17,4	15,6	12,2	8,1	7,5	12,1

Fonte: Energy Plus Weather Data.

I_l = perda de radiações de ondas longas (W/m²)
  = 93–79 C (superfícies horizontais)
  = 21–17 C (superfícies verticais)
C = nebulosidade (veja a Seção 4.2)

4.5 Umidade relativa do ar externo

A umidade relativa do ar externo variará conforme a temperatura do ar do exterior e o conteúdo de umidade desse ar. Durante os períodos de clima quente, a umidade relativa do ar pode ser um tanto baixa, devido às temperaturas mais elevadas do ar do exterior, embora, à noite, ela eleve-se à medida que a temperatura do ar cai (Figura 7.25). Quando o clima está frio, a umidade relativa do ar externo frequentemente sobe a mais de 90%. A Figura 7.26 apresenta os valores médios sazonais da umidade relativa do ar no Reino Unido.

4.6 Índices pluviométrico e de chuvas violentas

As precipitações podem afetar o desempenho térmico. Se uma superfície externa estiver úmida, ela perderá calor por evaporação, e isso reduzirá a temperatura das superfícies externas, às vezes abaixo da temperatura do ar, aumentando a perda térmica. As chuvas acompanhadas de fortes ventos ("chuvas violentas") podem penetrar algumas construções, provocando uma redução na resistência térmica. Nas áreas com alta incidência de chuvas violentas, deve-se tomar o cuidado de selecionar sistemas construtivos que ofereçam vedações contra a penetração da água da chuva.

4.7 Ventos

O impacto do vento sobre uma edificação tem duas consequências principais para o projeto do conforto térmico: (1) ele aumenta a perda térmica por convecção nas superfícies externas; e (2) eleva a taxa de ventilação e infiltração e as perdas térmicas associadas.

4.8 Velocidade e direção do vento

A velocidade do vento é medida em m/s, km/h ou, às vezes, em nós, sendo que um nó equivale a 0,4 m/s. A direção do vento geralmente é medida nos oito pontos cardeais ou, quando se exige mais detalhes, em graus, no sentido horário, a partir do sul. A velocidade do vento e sua direção podem ser representadas por uma *rosa dos ventos* (Figura 7.27), que indica a frequência relativa e a velocidade do vento em diferentes direções.

Muitas vezes é útil saber as temperaturas médias associadas a cada direção do vento (Figura 7.28). Por exemplo, para determinada localização, o principal vento dominante pode ter temperaturas mais elevadas, enquanto um vento menos frequente, de outra direção, talvez seja mais frio e acarrete mais problemas.

A velocidade do vento aumenta com a altura, devido à ausência da resistência causada pela fricção do solo. O perfil da variação conforme a altura é chamado de *camada limite* e varia das áreas urbanas às rurais (abertas), como mostra a Figura 7.29, e de acordo com a seguinte relação:

$$v/v_r = kH^a \qquad (9)$$

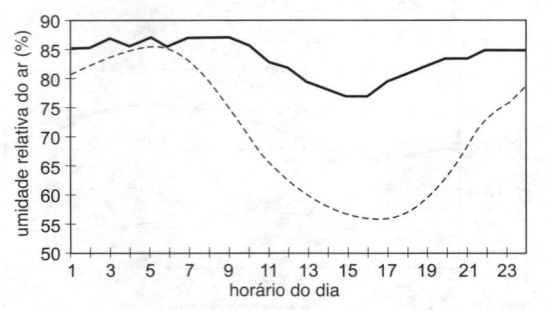

7.25 Variação diária da umidade relativa do ar em janeiro (linha contínua) e em junho (linha tracejada).

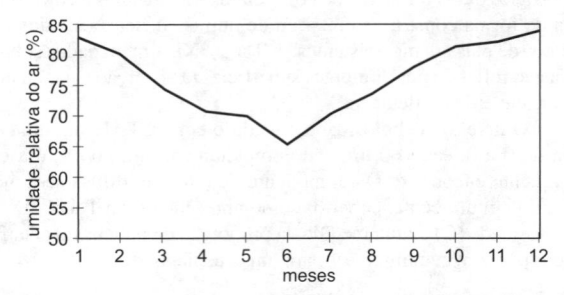

7.26 Valores diários médios da umidade relativa do ar ao longo do ano no Reino Unido.

Tabela XIII Valores dos coeficientes para a fórmula (9)

Terreno	k	a
Plano e sem cobertura vegetal	0,68	0,17
Rural, com quebra-ventos dispersos	0,52	0,19
Urbano	0,35	0,22
Metrópole	0,21	0,24

Fonte: CIBSE Guide A: Environmental Design, 2006.

na qual v = velocidade média do vento (m/s) à altura H (m)
 v_r = velocidade média do vento (m/s) à altura de 10 m
 (os valores de k e a são dados na Tabela XIII)

4.9 Pressões dinâmica e estática do vento

A pressão estática (P_s) do ar é a pressão na corrente de ar com fluxo livre (como mostrada pelas linhas isobáricas de um mapa climático). As diferenças de pressão estática advêm dos efeitos térmicos globais e provocam o fluxo dos ventos. A pressão dinâmica (P_d) é a pressão exercida quando o vento entra em contato com um objeto como um prédio (Figura 7.30). A pressão total ou de estagnação (P_t) é a soma das pressões estática e dinâmica ($P_t = P_s + P_d$). Na maioria dos casos, a P_s pode ser ignorada no projeto do conforto térmico, uma vez que é comum lidar com diferenças de pressão através de uma edificação, i.e., a diferença em P_d. A pressão dinâmica do vento relaciona-se com a densidade do ar (ρ) e o quadrado da velocidade do vento (v) ($P_d = 0,5 \cdot \rho \cdot v^2$ (Pa)).

4.10 Coeficientes de pressão

O impacto do vento sobre a forma de uma edificação geralmente cria áreas de pressão positiva (lado a barlavento) e de pressão negativa (lado a sotavento) sobre ela. O coeficiente de pressão é a pressão relativa em uma localização específica do prédio e pode ser utilizado para calcular a pressão dinâmica atual para determinada velocidade do vento e densidade do ar.

$$P_d = C_p \times 0,5\,\rho v^2 \text{ (Pa)} \qquad (10)$$

sendo que ρ = densidade do ar (kg/m)
 v = velocidade do vento (m/s) em uma altura de referência, h (m)
 C_p = coeficiente de pressão medido em relação à velocidade do vento à altura h

Os coeficientes de pressão dependem da forma geral do prédio, como mostrado no exemplo da Figura 7.31. Uma maquete da edificação em escala pode ser inserida em um túnel aerodinâmico para prever o C_{ps}. A forma de uma edificação é o principal determinante da distribuição da pressão para determinada direção do vento. As aberturas devem, então, ser distribuídas de modo a produzir a ventilação cruzada para aquele padrão (Figura 7.32).

4.11 Áreas externas protegidas do vento

Há regras práticas que podem ser aplicadas para a estimativa do impacto do vento sobre as edificações, no que diz respeito à criação de

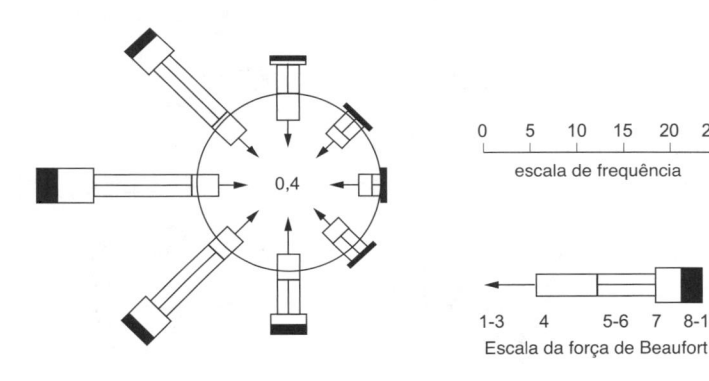

7.27 Rosa dos ventos comum.

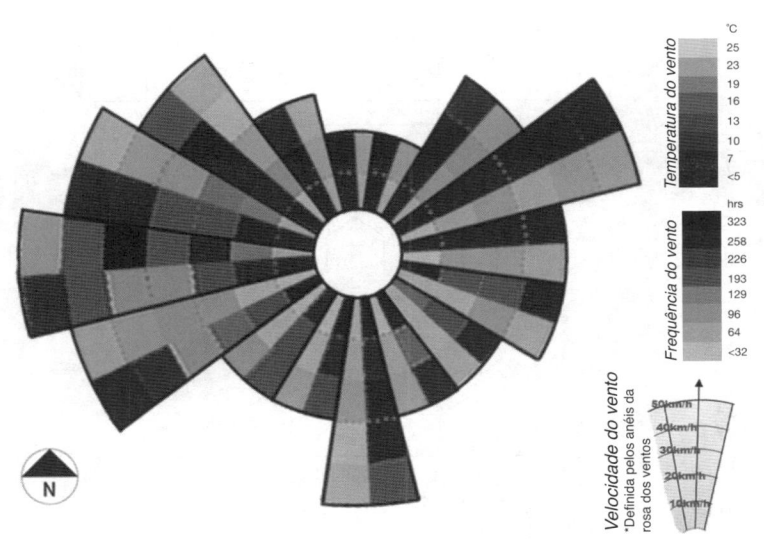

7.28 Rosa dos ventos com temperaturas.

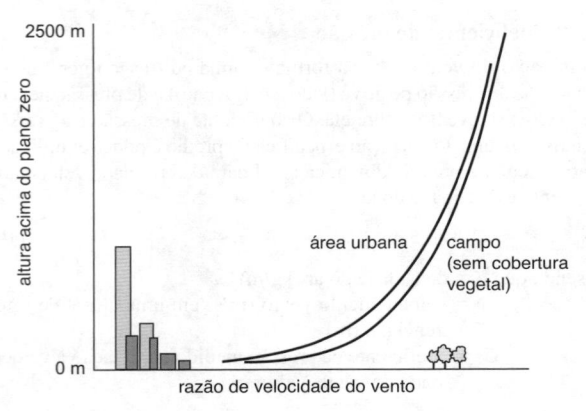

7.29 Perfil do vento na camada limite.

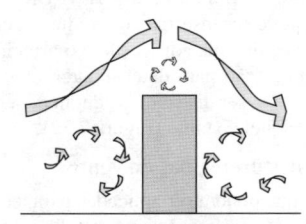

7.30 Pressão do vento sobre as vedações externas de uma edificação.

áreas externas protegidas do vento. Essas regras são mostradas na Figura 7.33. Os desenhos mostram que as distâncias entre as edificações devem ser inferiores a 3,5 vezes a altura dos prédios, para que se consiga criar uma proteção contra o vento dominante.

Além disso, podem ser utilizadas barreiras para reduzir a velocidade do vento e criar áreas externas protegidas. As barreiras porosas muitas vezes são mais adequadas do que as absolutas, pois reduzem a velocidade do vento e não geram áreas de contrafluxo do vento, como mostra a Figura 7.34. Situações com ventos altos podem ser criadas pelas correntes descendentes de prédios altos (como mostra a Figura 7.30), por cânions de vento ou pela aceleração em torno das esquinas (Figura 7.35).

4.12 Análise do terreno

Uma análise geral do terreno deve identificar o vento dominante, o percurso aparente do sol em cada estação, as proteções e obstruções existentes e outros aspectos, como as fontes de ruído e as vistas (Figura 7.36).

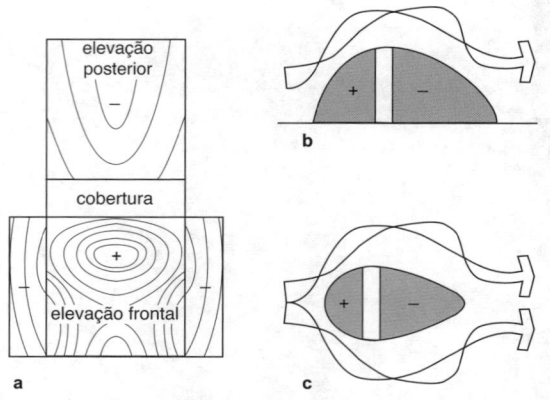

7.31 Os coeficientes de pressão podem ser manipulados pela forma da edificação: a) Distribuição da pressão; b) corte; c) planta baixa.

4.13 Aquecimento global

Hoje a maior parte das pessoas aceita o fato de que haverá um aquecimento global do planeta devido às emissões passadas dos gases de efeito estufa. Prevê-se, atualmente, que, no Reino Unido, o aumento da temperatura média em função do aquecimento global chegue a cerca de 2°C em meados deste século, e de 3 a 6°C até o ano 2100. Imagina-se que, em 2080, os graus-dia caiam entre 25 e 40% do norte do Reino Unido até Londres e que, desde o início da década de 1980, já tenha havido uma redução de 10%. Consequentemente, os prédios devem ser projetados de modo a responder aos dados climáticos previstos, e não aos dados históricos, um dos motivos pelos quais já há dados climáticos futuros previstos e disponibilizados pelo CIBSE. O projeto do conforto térmico provavelmente será afetado pelos aumentos de temperatura e pelas reduções de eventos extremos de chuva e vento. Em certos países, haverá períodos mais frios atípicos (por exemplo, nos locais mais quentes onde a calefação hoje não é necessária, ela talvez seja no futuro), enquanto em climas mais temperados, o resfriamento talvez se torne mais importante. O aumento previsto nas temperaturas de verão dos climas temperados pode levar à adoção de construções pesadas, com resfriamento noturno por meio de ventilação ou resfriamento com fonte geotérmica. Provavelmente será dada mais atenção ao projeto de sombreamento

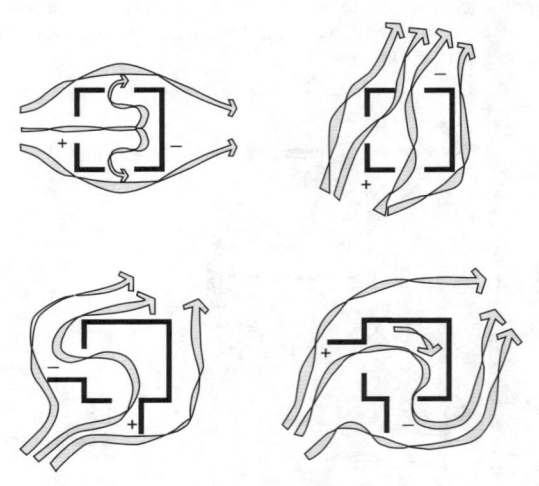

7.32 Padrão típico do fluxo do vento ao redor de um edifício alto.

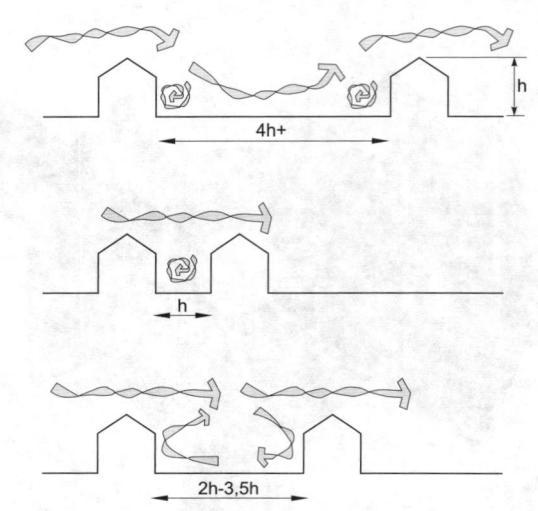

7.33 O espaçamento entre as edificações e a previsão de espaços externos protegidos do vento.

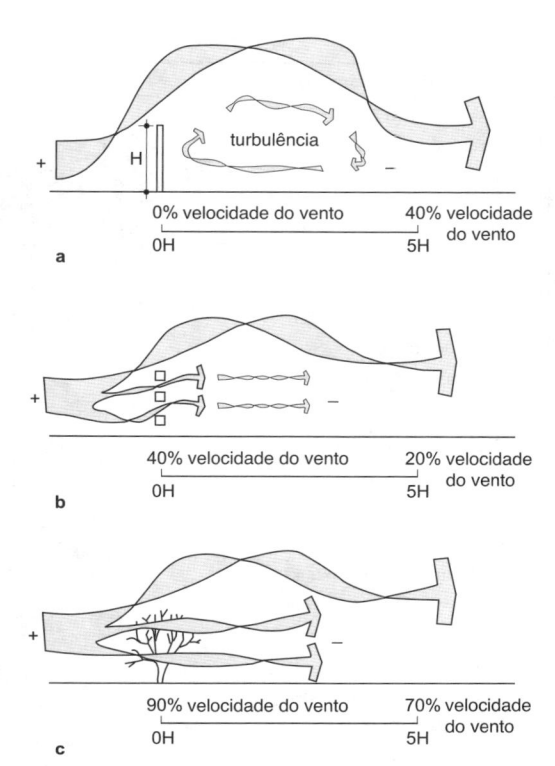

7.34 Barreiras e seu efeito no fluxo do vento: a) barreira densa; b) barreira média; c) barreira permeável.

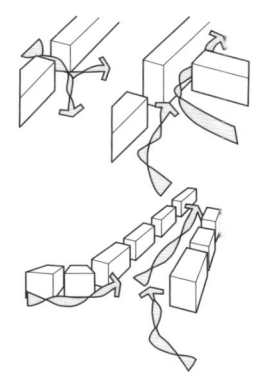

7.35 Ventos de velocidades altas e em locais específicos podem ser provocados pelo efeito de cânion e pela aceleração ao redor das esquinas.

e de controle do microclima, para a redução dos ganhos térmicos. Há, portanto, a necessidade de adotar uma abordagem adaptativa ao projeto, considerando as mudanças climáticas futuras, bem como uma abordagem mitigadora para a redução das emissões de dióxido de carbono, a fim de também reduzir as mudanças climáticas.

5 VEDAÇÕES EXTERNAS DAS EDIFICAÇÕES

5.1 Valores-U

O valor-U de uma parede, cobertura ou piso de edificação pode ser utilizado para ter uma estimativa de sua perda ou ganho térmico. Os valores-U de sistemas construtivos usuais são apresentados na Tabela XIV. O valor-U de um sistema de parede é calculado com o seguinte procedimento:

1 Calcule a resistência térmica de cada uma das camadas da construção (veja a Seção 2 para consultar os valores-k na Tabela I).

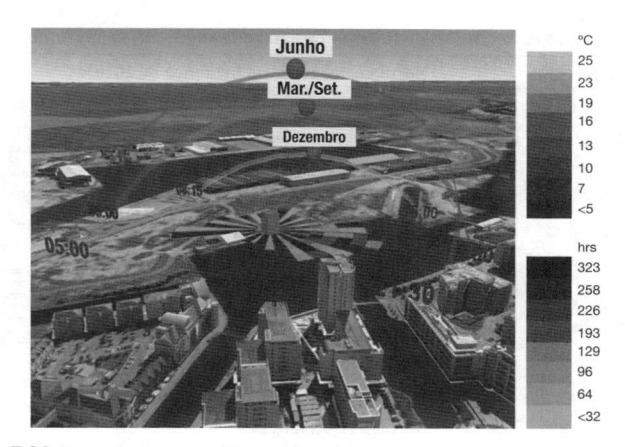

7.36 Exemplo de uma análise ambiental do terreno.

$$R_{1,2,3...} = x/k \quad (11)$$

sendo que $R_{1,2,3...}$ = resistência térmica do elemento 1, 2, 3... (m^2K/W)
x = espessura (m)
k = condutividade térmica (W/mK)

Selecione os valores apropriados para as resistências da superfície externa (R_{si} e R_{se}) consultando as Tabelas XV e XVI.

2 Selecine a resistência apropriada de qualquer cavidade de ar (R_{cav}) consultando a norma da Tabela XVII.
3 Calcule a resistência térmica total (R_{total}) da parede usando a seguinte fórmula:

$$R_{total} = R_1 + R_2 + R_3 + ... + R_{si} + R_{se} + R_{cav} \quad (12)$$

4 Calcule o valor-U, isto é, a condutância, da parede usando a seguinte fórmula:

$$\text{valor-U} = 1/R_{total} \quad (13)$$

A perda térmica (Q_f) associada a um elemento da construção da área (A) e à diferença de temperatura (D_T) através dele pode ser estimada da seguinte maneira:

$$Q_f = U \times A \times D_T \quad (14)$$

Exemplo 2

Cálculo do valor-U
Calcule o valor-U da parede de alvenaria com cavidade e isolamento térmico mostrada na Figura 7.37 para um terreno exposto. Estime a taxa de perda térmica através de 10 m^2 da vedação externa, para uma diferença de temperatura de 20°C através da parede.

A resistência térmica é calculada de acordo com a Tabela XVIII, obtendo-se uma resistência total de 3,57 m^2K/W.

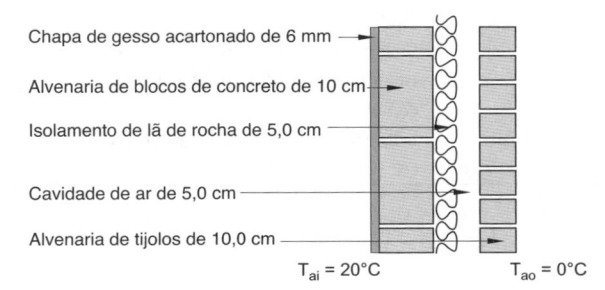

7.37 Construção da parede do Exemplo 2.

Tabela XIV Valores-U de tipos de construção comuns no Reino Unido

Tipo	Norma de construção britânica de 2010	Meta projetada para 2013
Paredes de alvenaria	$U = 0{,}28$ W/m²/K (da esquerda para a direita) Alvenaria de tijolos (10,25 cm, k = 0,77 W/mk) Lã de vidro (9,0 cm, k = 0,035 W/mk) Alvenaria de blocos de concreto (10,0 cm, k = 0,11 W/mk) Gesso acartonado (0,6 cm, k = 0,16 W/mk)	$U = 0{,}15$ W/m²/K (da esquerda para a direita) Alvenaria de tijolos (10,25 cm, k = 0,77 W/mk) Lã de vidro (21,0 cm, k = 0,035 W/mk) Alvenaria de blocos de concreto (10,0 cm, k = 0,11 W/mk) Gesso acartonado (0,6 cm, k = 0,16 W/mk)
Paredes duplas de alvenaria com cavidade	$U = 0{,}28$ W/m²/K Alvenaria de tijolos (10,25 cm, k = 0,77 W/mk) Cavidade (5,0 cm) Poliuretano (6,0 cm, k = 0,029 W/mk) Alvenaria de blocos de concreto (10,0 cm, k = 0,11 W/mk) Gesso acartonado (0,6 cm, k = 0,16 W/mk)	$U = 0{,}15$ W/m²/K Alvenaria de tijolos (10,25 cm, k = 0,77 W/mk) Cavidade (5,0 cm) Poliuretano (12,5 cm, k = 0,029 W/mk) Alvenaria de blocos de concreto (10,0 cm, k = 0,11 W/mk) Gesso acartonado (0,6 cm, k = 0,16 W/mk)
Paredes com montantes leves de madeira	$U = 0{,}28$ W/m²/K Alvenaria de tijolos (10,25 cm, k = 0,77 W/mk) Cavidade (5,0 cm) Lã mineral (14,0 cm, k = 0,035 W/mk) Alvenaria de blocos de concreto (10,0 cm, k = 0,11 W/mk) Gesso acartonado (0,6 cm, k = 0,16 W/mk)	$U = 0{,}15$ W/m²/K Alvenaria de tijolos (10,25 cm, k = 0,77W /mk) Cavidade (5,0 cm) Lã mineral fora da estrutura (9,0 cm, k = 0,035) Lã mineral (14,0 cm, k = 0,035) Alvenaria de blocos de concreto (10,0 cm, k = 0,11 W/mk) Gesso acartonado (0,6 cm, k = 0,16 W/mk)
Paredes de telha metálica sanduíche	$U = 0{,}28$ W/m²/K Telha sanduíche (8,0 cm) Estrutura de aço	$U = 0{,}15$ W/m²/K Telha sanduíche (12,5 cm) Estrutura de aço
Cobertura com estrutura de madeira	$U = 0{,}20$ W/m²/K (de cima para baixo) Telhas chatas de madeira (1,25 cm, k = 0,84 W/mk) Caibros de madeira Isolamento de lã mineral entre os caibros (7,5 cm, k = 0,035 W/mk) Isolamento de lã mineral entre os caibros (12,5 cm, k = 0,035 W/mk)	$U = 0{,}13$ W/m²/K (de cima para baixo) Telhas chatas de concreto (1,25 cm, k = 0,84 /mk) Caibros de madeira Isolamento de lã mineral entre os caibros (1,25 cm, k = 0,035 W/mk) Isolamento de lã mineral entre os caibros (20,0 cm, k = 0,035 W/mk)

Tabela XV Resistência térmica da superfície interna, R_{si}

Elemento da edificação	Direção do fluxo térmico	Resistência térmica da superfície (m²K/W)
Paredes	Horizontal	0,13
Forros ou coberturas (planas ou em vertente), piso	Ascendente	0,10
Forros ou pisos	Descendente	0,17

Fonte: CIBSE Guide A: Environmental Design, 2006.

Tabela XVI Resistência térmica da superfície externa (R_{se})

		Resistência térmica da superfície (m²K/W)		
Elemento da edificação	Direção do fluxo térmico	BS NE ISO 6946 (valor normal de projeto)	Protegido	Exposto
Paredes	Horizontal	0,04	0,06	0,02
Coberturas	Ascendente	0,04	0,06	0,02
Pisos	Descendente	0,04	0,06	0,02

Fonte: CIBSE Guide A: Environmental Design, 2006.

Tabela XVII Valores de resistência térmica da superfície e da câmara de ar (m²K/W).

Estrutura	Resistência térmica da superfície externa	BS NE ISO 6946 (valor normal de projeto)	Resistência térmica da câmara de ar
Paredes externas	0,04	0,13	0,18
Paredes-meias e paredes internas	0,13	0,13	0,18
Coberturas			
Em vertente	0,04	0,10	0,16
Planas	0,04	0,10	0,16
Pisos térreos	0,04	0,17	0,21
Pisos internos/forros	0,13	0,13	0,18

Tabela XVIII Dados para o cálculo do Exemplo 2

	Espessura (m)	Valor-k (W/mK)	Resistência térmica (m²K/W)
R_{si}	–	–	0,13
Chapa de gesso acartonado	0,006	0,16	0,08
Alvenaria de blocos de concreto	0,10	0,11	0,91
Isolamento térmico da cavidade	0,06	0,029	2,10
Câmara de ar	0,50	–	0,18
Alvenaria de tijolos	0,1025	0,84	0,12
R_{se}	–	–	0,04
Total	–	–	3,57

Consequentemente, o valor-U = 1/3,57 = 0,28 W/m²K e perda térmica $Q_t = 0,28 \times 10 \times 20 = 56$ W

5.2 Isolamento térmico

Um elevado padrão de isolamento térmico nas edificações de clima temperado, como o do Reino Unido, tem os seguintes benefícios:

1 Ele reduz a taxa de perdas térmicas e, consequentemente, os prédios consomem menos energia para manter condições ideais de conforto térmico interno. Isso também significa que os usuários têm melhores condições de pagar para que a calefação de suas edificações resulte em condições de conforto e

2 Ele eleva as temperaturas das superfícies internas e, portanto, reduz o risco de condensação nas superfícies.

5.3 Tipos de isolantes térmicos

A maioria dos materiais de isolamento térmico tem valores-k entre 0,03 e 0,04 W/mK. Os tipos mais comuns são:

- Fibras minerais – podem ser lã de vidro ou lã de rocha e estão disponíveis na forma de rolos (mantas), menos densas, ou placas, mais densas. Os isolantes em rolo geralmente são empregados para isolar coberturas, enquanto aqueles em placas são mais comuns em paredes, onde, devido à sua maior rigidez, são mais apropriados para a instalação na vertical. O isolamento térmico com fibras minerais fica bem preso à pele interna da construção, sem deixar espaços com ar. Ele frequentemente é utilizado em sistemas construtivos de paredes e coberturas industriais. As fibras minerais também podem ser aplicadas soltas, sendo pulverizadas para preencher uma cavidade de uma construção nova ou sendo reformada.
- Painéis rígidos – geralmente são compostos de plástico esponjoso ou espuma de vidro. Os valores-k geralmente são 0,037 W/m-K. Esses painéis podem ser preenchidos com um gás, para a obtenção de valores-k menores, embora as placas que usam gases que destroem o ozônio devam ser evitadas. Se o isolamento com painéis rígidos for empregado, é essencial que ele seja bem fixado à pele interna do sistema construtivo, a fim de evitar o fluxo de ar entre a superfície interna e a camada de isolante, que irá prejudicar o desempenho de seu valor-U. Além disso, a cavidade deve ficar limpa sendo necessário eliminar restos de argamassa e outros elementos que possam prejudicar a boa fixação do isolante. O isolamento com painéis rígidos muitas vezes é utilizado em sistemas construtivos de vedação compostos pré-fabricados, sendo instalado entre duas camadas de folhas de metal (painéis ou telhas sanduíche).
- Isolante térmico injetado em paredes duplas com cavidade, que também pode ser composto de fibras minerais ou de celulose ou grãos plásticos. Esse tipo de isolante é injetado na cavidade após a parede estar toda construída. Na aplicação deste tipo de material, é preciso ter cuidado para evitar que fique qualquer vazio de isolante nas áreas em que ele tem dificuldade de penetrar, por estarem, por exemplo, bloqueadas. Este método de isolamento de cavidades tem a vantagem de poder ser aplicado a construções existentes. O isolamento com papel reciclado, por exemplo, feito apenas com folhas de jornal recicladas, tem baixíssima energia incorporada quando comparado à maioria dos outros materiais isolantes. Seu valor-k é 0,035 W/m-K.
- Blocos de concreto de baixa densidade. Blocos com densidades abaixo de 480 kg/m³ proporcionam isolamento térmico com valor-k de 0,11 W/mK. Tais blocos normalmente têm 21,0 cm de espessura e são utilizados no paramento interno de uma parede dupla, que pode ser de vedação ou portante. Eles contribuem para o isolamento térmico das paredes duplas com cavidade, especialmente quando a cavidade precisa ser deixada vazia para a resistência contra intempéries em locais expostos. Uma alvenaria de blocos de concreto leves exige juntas de dilatação suficientes para evitar trincas.

5.4 Pontes térmicas

As pontes térmicas ocorrem nos detalhes de um sistema construtivo que têm baixa resistência térmica ao fluxo de calor; elas apresentam

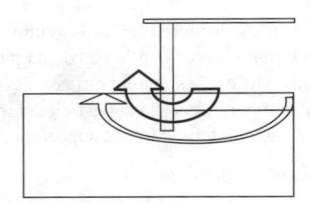

7.38 As perdas nas bordas são dominantes nas perdas térmicas de pisos.

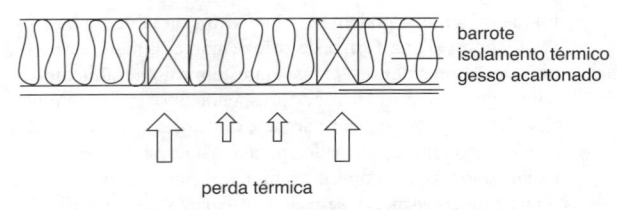

7.39 O aumento da perda térmica através de pontes térmicas bidimensionais devido aos elementos estruturais.

valor-U elevado em comparação com o resto do sistema. As áreas mais comuns de pontes térmicas são ao redor de janelas, portas e elementos estruturais. Nas pontes térmicas, o calor fluirá dos locais de temperatura alta para os de temperatura mais baixa por condução ao longo do caminho com "menor resistência térmica". No caso de ombreiras, peitoris, vergas e bordas de pisos, o caminho de menor resistência em geral será ao longo de materiais extremamente condutores, como metais e concretos densos. A perda de calor nas pontes térmicas pode ser reduzida por meio do isolamento e de barreiras térmicas, além da garantia de que haja isolamento térmico contínuo por toda a área de pele da edificação. Se a ponte térmica acontecer, o resultado será o aumento da perda térmica e do risco de condensação.

Há dois tipos de pontes térmicas: as tridimensionais e as bidimensionais. A perda térmica através de pisos térreos maciços é um caso específico de uma ponte térmica tridimensional na qual o calor seguirá a linha tridimensional de menor resistência térmica, como mostrado na Figura 7.38. Quando se tratar de elementos estruturais, como barrotes de madeira nas coberturas, as pontes térmicas serão bidimensionais (Figura 7.39).

A perda de calor devida a uma ponte térmica bidimensional pode ser incluída no cálculo padrão do valor-U usando o "método combinado". A perda térmica em uma ponte térmica tridimensional pode ser estimada com base em sua transmitância térmica, ou valor psi (Ψ). Essa é definida como a taxa de fluxo térmico por diferença de temperatura em grau por unidade de comprimento de uma ponte térmica, sendo medida em W/mK. Os valores Ψ podem ser obtidos por meio de medidas ou de cálculos detalhados. Se o valor Ψ for conhecido (Tabela XIX): a perda térmica (C_{PT}) através da ponte térmica poderá ser estimada pela seguinte fórmula:

$$C_{PT} = 1 \times \Psi$$

na qual l = comprimento da ponte térmica em metros.

Esse valor deve então ser somado à perda térmica básica da parede, da cobertura ou do piso.

5.5 Instalação dos isolantes térmicos

As seguintes diretrizes devem ser seguidas no projeto de um sistema construtivo com isolamento térmico.

O isolante sempre deve ser instalado no "lado quente e seco" de uma cavidade ventilada (a menos que haja informação contrária, costuma-se presumir que todas as cavidades de parede são ventiladas). Se uma cavidade ou espaço com ar for ventilado pelo lado quente do isolamento, isso poderá criar um "curto-circuito" térmico e a consequente perda de calor, como indicado na Figura 7.40.

Evite a infiltração do ar através ou ao redor do material isolante, como indicado na Figura 7.41, pois isso também pode acarretar o curto-circuito de perda térmica. Certifique-se de que haja continuidade do isolante nos detalhes de projeto, por exemplo, nas junções de beirais ou pisos.

- Garanta que haja uma barreira de vapor no lado quente do isolante, para protegê-lo contra a condensação e a redução de suas propriedades de isolamento devido à umidade.
- Evite a compressão dos isolantes de baixa densidade durante a instalação.

5.6 Envidraçamento

O vidro é o material mais usual para o envidraçamento. Ele está disponível em uma grande variedade de tipos, cada um com suas propriedades térmicas específicas.

5.7 Desempenho térmico do vidro

O vidro permite a passagem da radiação infravermelha de ondas curtas, mas bloqueia a radiação de ondas longas (veja a Seção 2.4). Ele também é um bom condutor de calor. Embora o vidro transmita a parcela infravermelha de ondas curtas do espectro da radiação solar, ele também reflete e absorve uma parte da radiação, como mostrado na Figura 7.42, cuja quantidade varia conforme o ângulo de incidência solar.

5.8 Valor-U do vidro

A principal resistência térmica para uma camada simples de vidro pode ser atribuída às resistências de suas superfícies. O vidro em si praticamente não apresenta resistência térmica alguma.

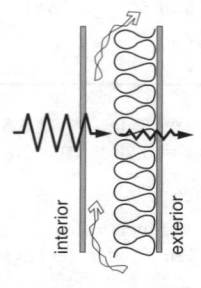

Tabela XIX Valores Ψ comuns

Detalhe da junta na parede externa	Valor Ψ padrão (W/mK)
Verga de aço com chapa de base de aço perfurado	0,50
Outras vergas (inclusive outros lintéis de metal)	0,30
Peitoril	0,04
Ombreira	0,05
Piso térreo	0,16
Piso intermediário dentro de uma habitação	0,07
Beirais (isolamento no nível do teto)	0,06
Quina (normal)	0,09
Quina (invertida)	–0,09

Fonte: SAP 2009.

7.40 O isolante térmico não deve ser instalado no lado frio de uma cavidade de parede, pois seu valor de isolamento será consideravelmente prejudicado.

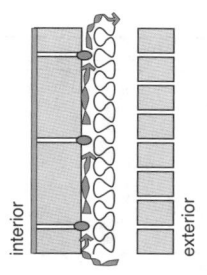

7.41 Os excessos de argamassa ou os espaçadores de alvenaria podem afastar o isolamento térmico do paramento interno de uma parede dupla de alvenaria, introduzindo um fluxo de ar no lado quente do isolamento e criando um "curto-circuito" no fluxo térmico, devido às perdas por convecção.

Exemplo 3

Calcule o valor-U de uma camada simples de vidro.

A resistência da superfície interna é 0,13
A resistência da superfície externa é 0,04
Para um vidro com valor-k de 1,05 e espessura de 6 mm, a resistência pode ser calculada:
R = 0,13 + 0,006/1,05 + 0,04
A resistência técnica total (R) = 0,1757 m^2K/W
O valor-U é 1/R = 5,7 W/m^2K

O aumento do número de camadas de vidro melhorará as propriedades de isolamento térmico da vidraça, devido à resistência das camadas fechadas de ar (ou de outro gás). A resistência térmica de uma cavidade preenchida com ar ou outro gás aumenta proporcionalmente com a largura desta até cerca de 20 mm; depois, mantém-se constante até 60 mm, e, então, diminui levemente. O aumento do número de camadas de vidro reduzirá a transmitância solar em cerca de 80% por camada para o vidro comum. A esquadria pode criar pontes térmicas, que aumentarão o valor-U do sistema de envidraçamento (Tabela XX).

5.9 Vidro de baixa emissividade (baixo valor-e)

Uma camada de óxido de metal pode ser aplicada a uma superfície de vidro, a fim de reduzir sua emissividade térmica. Isso reduzirá suas perdas de radiação de ondas longas, o que, por sua vez, diminuirá a perda total de transmissão em cerca de 30%. Um revestimento de baixa emissividade geralmente é aplicado à superfície interna da chapa interna de um sistema de vidro duplo.

5.10 Valor-g de um sistema de envidraçamento

O valor-g de um sistema de envidraçamento é uma medida dos ganhos solares totais de um espaço, incluindo os ganhos transmitidos pelas "ondas curtas" através do vidro e os ganhos secundários através da superfície interna aquecida devido à absorção dos ganhos térmicos solares dentro do sistema (Figura 7.43). Os ganhos diretos em si serão absorvidos pelas superfícies internas, e o aumento subsequente da temperatura superficial resultará nos ganhos por convecção e radiação ao espaço. A transmissão da radiação solar através das janelas pode ser reduzida com diferentes tratamentos ao vidro ou pelo uso de persianas ou outro tipo de sombreamento, como venezianas ou brises. Para um controle solar adicional, microbrises ou micropersianas podem ser incluídos em um sistema de envidraçamento (Figura 7.44). Esses elementos internos convertem os ganhos térmicos por radiação de ondas curtas em ganhos térmicos por convecção e radiação de ondas longas. Persianas ou brises localizados externamente ao vidro ou entre suas camadas são mais eficazes para a redução dos ganhos térmicos solares. Em certos casos, pode ser necessário ventilar a cavidade que contém os microbrises, caso contrário, os ganhos térmicos solares "presos" dentro do sistema de envidraçamento poderão acarretar ganhos térmicos secundários através da superfície do vidro interno. Como regra, a superfície do vidro interno não deve ter temperatura superior a 5°C em relação à temperatura do ar do ambiente interno, a fim de evitar ganhos térmicos secundários excessivos e desconforto térmico próximo à zona das vidraças.

5.11 Sistemas de envidraçamento com várias camadas

Nos últimos anos, tem havido um aumento da disponibilização de sistemas de envidraçamento em camadas, permitindo que grandes áreas envidraçadas maximizem o aproveitamento da luz diurna e

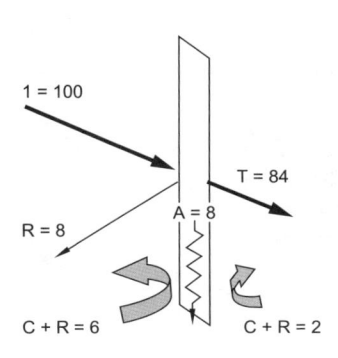

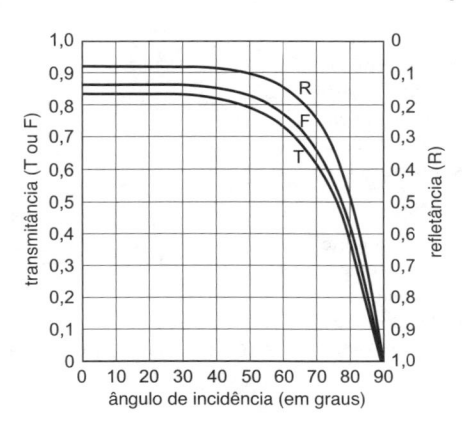

Tabela XX Valores-U e valores-G típicos para sistemas de envidraçamento vertical

Sistema de envidraçamento	Valor-U da chapa de vidro (W/m^2K)	Valor-U da janela com esquadria de PVC (W/m^2K)	Valor-G
Vidro simples	5,75	4,80	0,85
Vidro duplo (com camada de ar)	2,76	3,30	0,76
Vidro duplo de baixo valor-e (com camada de ar)	1,45–1,85	1,80–2,70	0,63–0,72
Vidro duplo de baixo valor-e (com camada de argônio)	1,21–1,65	1,70–2,60	0,63–0,72
Vidro triplo de baixo valor-e (com camada de ar)	–	1,40–2,0	0,57–0,64
Vidro triplo de baixo valor-e (com camada de argônio)	–	1,30–1,90	0,57–0,64

Fonte: Os valores-U são de: CIBSE Guide A: Environmental Design, 2006; os valores-G são de: SAP 2009, total solar energy transmittance for glazing.

7.42 Radiação solar transmitida, refletida, absorvida e reemitida como porcentagem do valor incidente em uma chapa de vidro única de 4 mm e gráfico indicando a variação da transmitância solar conforme o ângulo de incidência:

Incidente (I) = 100%, Refletida (R) = 8%, Transmitida (T) = 84%, Absorvida (A) = 8%
Convectida e irradiada para o interior (C + R) = 2%
Convectida e irradiada para o exterior (C + R) = 6%

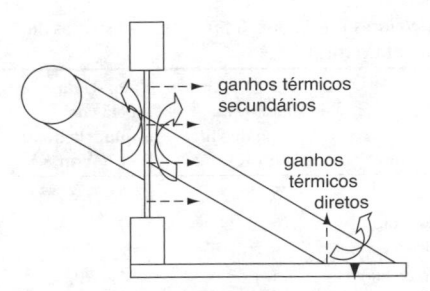

7.43 Comparação entre os ganhos térmicos através de um sistema de envidraçamento e internos a ele. Em geral, pode-se considerar ganhos térmicos solares de 12%, no caso de venezianas ou brises brancos (externos), e de 46%, para persianas brancas (internas).

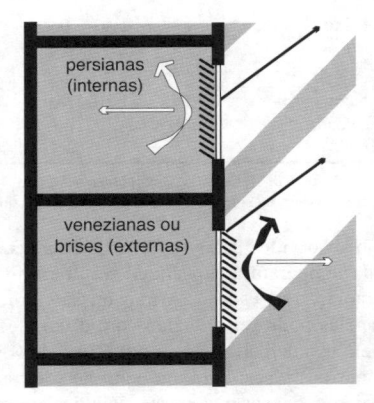

7.44 Ganhos térmicos solares diretos e secundários através de um sistema de envidraçamento.

as oportunidades estéticas, enquanto oferecem bom isolamento térmico e controle solar. O controle solar frequentemente é alcançado por meio de uma combinação de tratamento dos vidros e uso de um elemento de sombreamento (como um microbrise), resultando em valores-G abaixo de 0,15 (Tabela XXI).

Existe uma grande variedade de opções de sistemas de proteção solar, que podem ser internos ou externos à janela ou mesmo estar entre as chapas de vidro de um sistema de envidraçamento e assumir a forma de brises, venezianas ou persianas. Há sistemas com elementos reguláveis, de modo que o ângulo de inclinação afetará o valor-g. As palhetas podem refletir, absorver e transmitir a radiação solar, de acordo com sua cor e tipo de material. Às vezes, as venezianas ou os brises, que ficam externamente à vidraça, são feitos de vidro jateado, que reflete a luz solar e, ao mesmo tempo, permite o ingresso da luz diurna.

5.12 Sistema de envidraçamento com matriz polimérica

As vidraças com matriz polimérica são feitas para aproveitar ao máximo a luz diurna e, ao mesmo tempo, controlar os ganhos térmicos solares. Eles, em geral, consistem em uma matriz refletiva localizada entre duas camadas de vidro. As lâminas do refletor ficam em ângulo, para responder à orientação particular do vidro e à necessidade de aceitar ou rejeitar os ganhos térmicos solares (Figura 7.45).

5.13 Materiais isolantes transparentes (MITs)

Esses materiais podem ser aplicados à face de uma elevação norte (no hemisfério sul) para dar isolamento térmico e, ao mesmo tempo, permitir a passagem dos ganhos solares (luz) à parede maciça que está por trás (Figura 7.46). Eles também podem ser instalados entre duas camadas de vidro quando se precisa da luz, mas não da vista.

Tabela XXI Sistemas de controle solar

Vidro simples	Vidro duplo	Vidro triplo
Valor-g ~ 0,80	Valor-g ~ 0,60	Valor-g ~ 0,50
Fachada com pele dupla, com brises ou venezianas (externas)	Fachada com pele dupla, com microbrises (entre as chapas de vidro)	Fachada com pele dupla, com persianas (internas)
Valor-g ~ 0,12–0,57	Valor-g ~ 0,28–0,61	Valor-g ~ 0,44–0,66

Observação: Os valores-g da fachada com pele dupla, com persianas (internas), são 0,75, com as palhetas inclinadas entre 20° e 70°. O valor-g do sistema de envidraçamento duplo (com ou sem uma persiana de enrolar) é 0,75.
Fonte: Mylona, A. *Modelling the thermal performance of complex glazing systems*. Welsh School of Architecture, Cardiff University, 2007.

6 CONDENSAÇÃO

6.1 Introdução

A condensação acontece quando a umidade do ar se depara com uma superfície relativamente fria. A água contida no ar condensa-se e deposita-se na superfície fria. Isso pode resultar em umidade, surgimento de mofo superficial e deterioração das vedações externas de uma edificação.

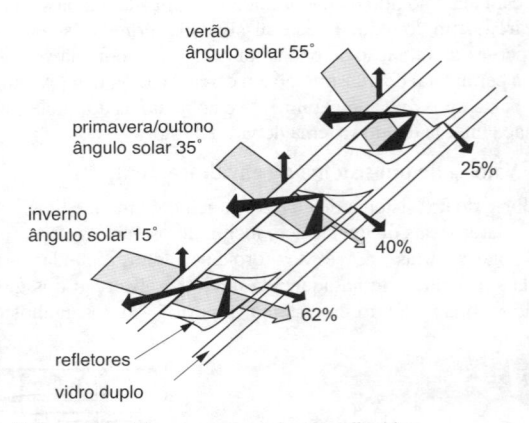

7.45 Sistema de envidraçamento com matriz polimérica.

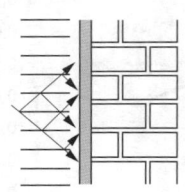

7.46 Material isolante transparente (MIT).

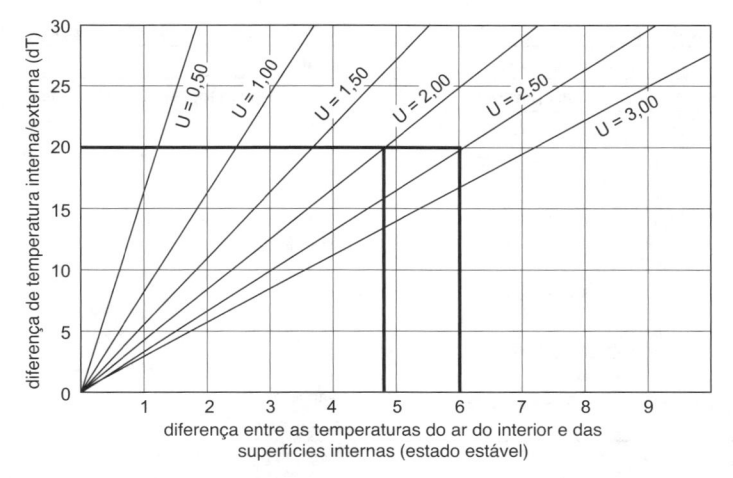

7.47 Temperatura ar-superfície interna versus diferença de temperatura interna/externa para diferentes valores-U.

6.2 Terminologia

- A quantidade de vapor de água que o ar consegue conter é limitada e, quando esse limite é alcançado, diz-se que o ar está *saturado*.
- O ponto de saturação varia conforme a temperatura. Quanto mais elevada é a temperatura do ar, maior é a quantidade de vapor de água que ela pode conter.
- O vapor de água é um gás e, em uma mistura de gases como o ar, ele contribui para a pressão do vapor total exercida pelo ar.
- A *umidade relativa do ar* é a razão entre a pressão do vapor em determinada mistura de vapor de água e ar e a pressão do vapor do ar saturado à mesma temperatura.
- Quando o ar é resfriado, em determinado momento ele atinge seu ponto de saturação, isto é, 100% de umidade relativa, e qualquer resfriamento adicional fará o vapor de água condensar. A temperatura na qual a condensação ocorre é chamada de *temperatura de ponto de orvalho*.

6.3 Condensação de água nas superfícies

Quando o ar com umidade relativa um tanto elevada entra em contato com uma superfície fria, pode ocorrer a condensação nas superfícies. O risco da condensação de água nas superfícies depende dos seguintes fatores:

- Temperaturas do ar no interior e das superfícies
- Conteúdo de umidade do ar

6.4 Surgimento de mofo

A condensação de água nas superfícies pode provocar o desenvolvimento de mofo. Os esporos do mofo conseguem germinar em umidades relativas do ar acima de 80%. Se a umidade relativa do ar for superior a 70% durante longos períodos, mofo se espalhará.

6.5 Estimativa da temperatura de uma superfície interna

A seguinte fórmula serve para estimar a temperatura de uma superfície interna:

Queda de temperatura entre o ar e a superfície interna

$$= \Delta T \times U \times R_{si} \qquad (15)$$

na qual ΔT = diferença de temperatura entre o interior e o exterior
U = valor-U da parede externa
R_{si} = resistência térmica da superfície interna

Exemplo 4

Qual é a temperatura de uma superfície interna de vidro simples (valor-U – 5,8W/m²K), se a temperatura do ar do interior for 20°C, e a do exterior, 0°C? A resistência térmica da superfície interna é 0,123 mK/W.

DT = 20 U = 5,8 R_{si} = 0,123

Queda de temperatura (do ar para a superfície da parede)
= 20 × 5,8 × 0,123
= 13,9°C

Portanto, a temperatura da superfície interna é 20 – 13,9 = 6,1°C

6.6 Temperatura das superfícies internas e valor-U

A temperatura das superfícies internas é afetada pelo valor-U do elemento com o qual ela foi construída (Figura 7.47). Quanto mais elevado for esse valor, menor será a temperatura das superfícies internas para determinado ganho térmico ao espaço. As pontes térmicas constituem um aumento localizado no valor-U, que resultará em uma temperatura inferior nas superfícies internas. Elementos com valor-U elevado e temerários incluem os vidros simples e as pontes térmicas.

6.7 Conteúdo de umidade do ar

O ar externo contém umidade, a qual é trazida para dentro por meio das várias atividades desempenhadas nas edificações (Tabela XXII). As principais fontes de umidade do ar são:

Ar do exterior: o próprio ar do exterior de uma edificação traz umidade, pela ventilação. Sua umidade relativa dependerá de seu conteúdo de umidade e de sua temperatura. Por exemplo, em um dia de inverno típico, o ar do exterior com 90% de umidade relativa e a 5°C contém cerca de 5 g/kg (ar seco) de vapor de água. O ar saturado e à temperatura de 0°C contém 3,8 g/kg. Esses valores podem ser obtidos na carta psicométrica (Figura 7.14); veja a Seção 3.6.

Secagem natural ou cura dos materiais de construção: os materiais de construção contêm umidade (Tabela XXIII). Um prédio pode levar até um ano para liberar essa umidade após o término de

Tabela XXII A adição de umidade ao ar do interior de uma edificação

Uso do recinto	kg/kg de ar seco
Habitação	0,0034
Escritórios, lojas, salas de aula	0,0017
Restaurantes e assemelhados	0,0068

Tabela XXIII Conteúdo de umidade dos materiais de construção

Material	Conteúdo de umidade	
	Uso protegido	Uso aparente
Tijolo de barro cozido	1% por volume	5% por volume
Tijolo de silicato de cálcio	1% por volume	5% por volume
Concreto agregado denso	3% por volume	5% por volume
Concreto com escória de alto forno agregada	3% por peso	5% por volume
Concreto com pedra-pomes agregada	3% por peso	5% por volume
Outros concretos leves com agregados	3% por peso	5% por volume
Concreto aerado autoclavado	3% por peso	5% por volume

Fonte: CIBSE Guide A: Environmental Design, 2006.

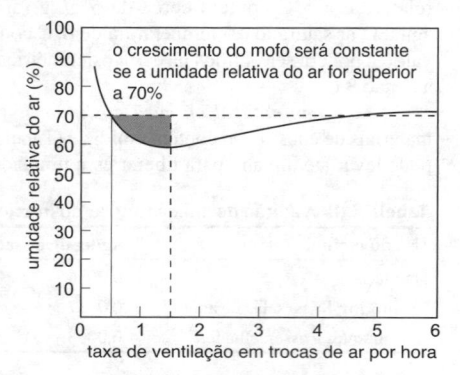

Tabela XXIV Taxas de emissão de umidade dentro de moradias

Fonte	Umidade produzida
Combustão em fogões ou sistemas de calefação sem tubo de fumaça	
Parafina	0,1 kg/h/kW
Gás natural	0,16 kg/h/kW
Butano	0,12 kg/h/kW
Propano	0,13 kg/h/kW
Atividades domésticas	
Cozimento (três refeições)	0,9–3,0 kg/dia
Lavagem da louça (três refeições)	0,15–0,45 kg/dia
Lavagem de roupa	0,5–1,8 kg/dia
Secagem de roupa (lavanderia fechada)	2–5 kg/dia
Banheiros/lavabos	0,2–0,5 kg/pessoa/dia
Lavagem de pisos	0,5–1,0 kg/dia
Rega de plantas de interior	0,02–0,05 kg/dia
Suor e respiração dos usuários	0,04–0,06 kg/dia

Fonte: CIBSE Guide A: Environmental Design, 2006.

sua execução. Uma casa nova pode conter até 4 mil litros de água que serão evaporados durante o período de secagem ou cura dos materiais de construção.

Usuários: a umidade é produzida como resultado das atividades dos ocupantes de uma edificação (Tabela XXIV). Em média, 3,4 g/kg de umidade são liberadas ao ar em virtude das atividades internas de uma casa.

6.8 Causas da condensação superficial

A minimização do risco de condensação nas superfícies exige uma abordagem conjunta à calefação, ao resfriamento, à ventilação e ao isolamento térmico, além, é claro, da redução máxima da produção de umidade. Isso também significa ter superfícies internas mais frias.

Calefação: uma calefação inadequada pode resultar em baixas temperaturas do ar, altos níveis de umidade relativa do ar e temperaturas de superfície mais frias. Uma calefação intermitente pode resultar em temperaturas significativamente mais baixas nas superfícies internas e nas vedações externas do que a temperatura do ar (durante seu aquecimento). O ar úmido e quente que entra em contato com as superfícies relativamente mais frias pode, então, provocar a condensação. A calefação parcial de uma casa pode resultar na convecção de um ar quente e úmido a recintos mais frios e com superfícies também mais frias. As áreas de superfície impedidas de receber a calefação (por exemplo, por trás de roupeiros) correm maiores riscos.

Ventilação: taxas de ventilação inferiores resultarão no acúmulo de umidade no ar, provocando níveis mais elevados de umidade relativa do ar. Por outro lado, o excesso de ventilação pode acarretar temperaturas do ar do interior mais baixas, o que, por sua vez, provocará o aumento da umidade relativa do ar e também reduzirá as temperaturas das superfícies. Portanto, a ventilação deve ser equilibrada, como ilustra a Figura 7.48.

6.9 Estimativa do risco de condensação da água nas superfícies

O risco de condensação do vapor de água nas superfícies pode ser estimado se forem conhecidas a umidade relativa do ar e as temperaturas do ar e das superfícies.

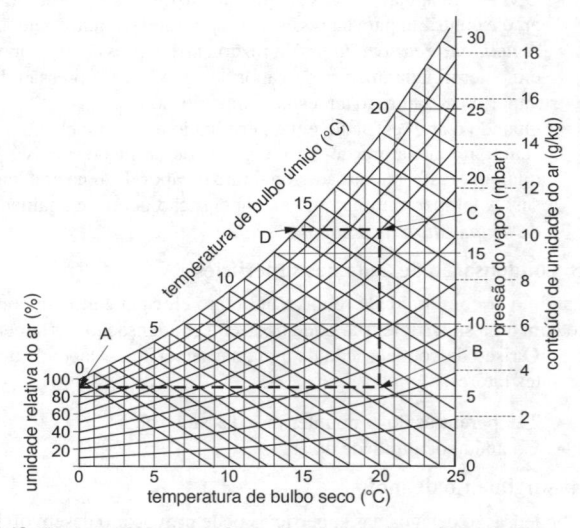

7.49 Ilustração do Exemplo 5: previsão do risco de condensação da água nas superfícies com o uso de uma carta psicométrica.

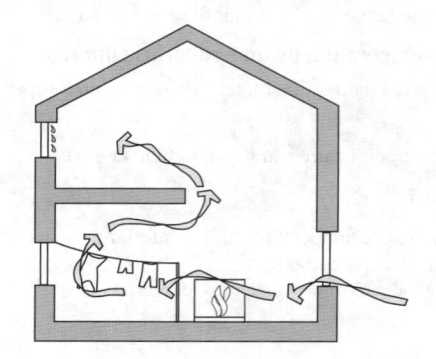

7.48 Taxa de ventilação versus umidade relativa do ar, indicando que taxas baixas ou elevadas podem resultar em umidade relativa do ar mais alta.

Exemplo 5

Preveja o risco de condensação da água nas superfícies usando a carta psicométrica da Figura 7.49.

- A temperatura de bulbo seco do ar do exterior é 0°C, e este contém 3,8 g/kg de umidade, que resulta em uma umidade relativa de 100% (ponto A).
- Quando se entra na edificação, o ar tem a temperatura de 20°C. Caso o conteúdo de umidade permaneça o mesmo, sua umidade relativa se reduzirá a 27% (ponto B).
- Considera-se que as atividades internas gerem uma umidade adicional de 7 g/kg, elevando a umidade relativa do ar a 70% (ponto C).
- A temperatura de ponto de orvalho do ar a 70% de umidade relativa é 15°C (ponto D).

Isso significa que a condensação ocorrerá se o ar entrar em contato com uma superfície a uma temperatura de 15°C ou menos.

Consultando o gráfico da Figura 7.47 para uma diferença de temperatura de 20°C entre o ar do interior e o do exterior, que a condensação nas superfícies ocorrerá se o valor-U for superior a 2 W/m²K, em cujo caso a temperatura das superfícies internas será 15°C, isto é, 5°C inferior à temperatura do ar.

6.10 Condensação intersticial

A condensação também pode ocorrer dentro de um sistema construtivo, como uma parede. O perfil da temperatura de ponto de orvalho de uma parede pode ser previsto. Se a temperatura real em determinado ponto interno ao sistema construtivo cair abaixo da temperatura de ponto de orvalho, então haverá o risco de acontecer a condensação intersticial, como mostra a Figura 7.50.

6.11 Resistência à passagem de vapor

Um material resistirá à passagem do vapor, dependendo de sua resistividade ao vapor (Tabelas XXV e XXVI) (análoga à resistividade térmica). A resistência à passagem do vapor para determinada espessura de material de uma construção é

$$V_r = x \times v_r \quad (16)$$

sendo que v_r = resistividade ao vapor (Ns/kg-m)
 x = espessura do material (m)
 V_r = resistência ao vapor (Ns/kg)

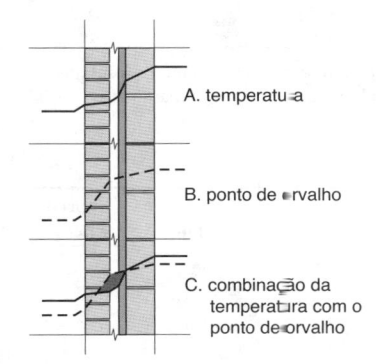

7.50 Conjunto de três representações esquemáticas de sistemas construtivos de parede:

A Perfil da temperatura através da parede,
B Perfil da temperatura de ponto de orvalho e
C Sobreposição desses perfis, indicando a área de risco de condensação intersticial.

Tabela XXV Valor-k e resistividade ao vapor

Material	Valor-k (W/m·K)	Resistividade ao vapor (MNs/g)
Alvenaria de tijolos pesados	0,84	45–70
Alvenaria de blocos de concreto leves	0,66	15–150
Reboco	1,3	100
Revestimento à base de cimento	0,72	75–205
Madeira (pinho)	0,12	45–1.850
Madeira compensada	0,12	150–2.000
Chapa de MDF (fibra prensada de média densidade)	0,042	150–375
Chapa de HDF (fibra prensada de alta densidade)	0,14	230–1.000
Chapa de gesso acartonado (*drywall*)	0,16	30–60
Placa de palha prensada	0,1	45–70
Placa de lã vegetal	0,11	15–40
Poliestireno expandido	0,035	100–750
Lã de vidro	0,04	5–7
Espuma fenólica (célula fechada)	0,04	150–750

Fonte: CIBSE Guide A: Environmental Design, 2006.

Tabela XXVI Resistência das membranas à passagem do vapor

Membranas	Resistência à passagem do vapor (MNs/g)
Tinta com brilho médio	40–200
Chapa de polietileno	110–120
Folha de alumínio	4.000

Fonte: CIBSE Guide A: Environmental Design, 2006.

6.12 Pressão do vapor

A pressão do vapor pode ser estimada a partir do conteúdo de umidade usando uma carta psicométrica. A temperatura de ponto de orvalho para determinada pressão será a temperatura de bulbo seco à umidade relativa do ar de 100%. A perda da pressão do vapor através de determinada espessura de material de um sistema construtivo é:

$$dV_p = (V_M/V_C) \times dV_p \quad (17)$$

sendo que dV_p = perda da pressão do vapor através de determinada espessura de material (kPa)
 V_M = resistência do material à passagem de vapor (Ns/kg)
 V_C = resistência do sistema construtivo à passagem de vapor (Ns/kg)
 dV_p = perda da pressão do vapor através do sistema construtivo (kPa)

Exemplo 6

Calcule a temperatura de ponto de orvalho e a temperatura real através de um sistema construtivo (Figura 7.51).

1. Calcule a resistência térmica de cada camada.
2. Calcule a perda de temperatura através de cada camada: $\Delta t = \Delta T \times U \times R_s$.
3. Registre o perfil da temperatura.
4. Calcule a resistência à passagem do vapor para cada camada, usando a fórmula (16).
5. Calcule a perda de pressão do vapor através de cada camada, usando a fórmula (17).
6. Calcule a pressão do vapor na interface de cada camada.
7. Consulte a temperatura de ponto de orvalho na carta psicométrica (Figura 7.14).
8. Registre o perfil da temperatura de ponto de orvalho.
9. Confira o risco de condensação total do sistema.

O cálculo e os resultados são apresentados na Tabela XXVII.

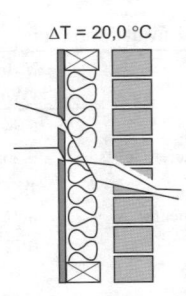

7.51 Construção da parede do Exemplo 6.

7 INFILTRAÇÃO E VENTILAÇÃO

7.1 Ventilação

A ventilação é o processo de fornecer e remover ar por meios naturais ou mecânicos em uma edificação. Trata-se de uma combinação de infiltração natural (aberturas de janela, principalmente), mecânica (acionamento de um ventilador), ou uma combinação de ambos. A taxa de ventilação é medida em trocas de ar por hora (ta/h), m³/s ou litros por segundo por pessoa (l/s/p). As taxas de ventilação típicas estão na Tabela XXVIII, mas taxas mais detalhadas estão nas Tabelas VII e VIII.

7.2 Infiltração do ar

A infiltração do ar é o termo utilizado para descrever os vazamentos de ar que ocorrem em

- fissuras ao redor de portas, janelas e painéis de vedação externa;
- entradas de instalações prediais, tubulações, dutos, tubos de fumaça, circuladores de ar;
- através de materiais de construção porosos, tijolos, blocos de concreto, juntas de argamassa.

7.3 A ventilação natural

A ventilação natural é o movimento do ar externo em um espaço por meio de aberturas intencionalmente criadas, como janelas, portas e outras aberturas para ventilação não mecânica. Essa soma-se à ventilação devido à infiltração do ar. Em muitos casos, a infiltração durante a maior parte do ano será suficiente para fornecer ar externo para ventilar a edificação. Todavia, se é incontrolável e, se for excessiva, pode acarretar alto desperdício de energia e/ou tornar o prédio difícil de aquecer (ou esfriar) a um nível de conforto.

7.4 A ventilação mecânica

A ventilação mecânica é o movimento do ar por meios mecânicos tanto para o insuflamento como para a exaustão de um ambiente. Ela pode ser localizada, usando ventiladores de parede ou teto, ou centralizada, com o uso de um sistema de dutos de distribuição. Ela é controlável e pode, por exemplo, incluir um sistema de recuperação de calor, para extrair calor do ar da exaustão, e usá-lo para pré-aquecer o ar insuflado.

7.5 Faça uma edificação estanque, mas com boa ventilação!

A infiltração está presente tanto nos espaços naturalmente ventilados como naqueles com ventilação mecânica. Considera-se uma "melhor prática" reduzir a infiltração o máximo possível, ao tomar medidas de vedação, e, então, criar um sistema dependente de meios naturais ou mecânicos controláveis para obter a ventilação principal.

7.6 Efetividade e eficiência da ventilação

O termo *efetividade da ventilação* é empregado para descrever a fração de ar fresco lançada ao espaço que realmente alcança a zona ocupada. O ideal é que ela seja de 100%. Todavia, se houver "curtos-circuitos" entre os pontos de insuflamento e extração de ar, ela pode ser seriamente reduzida, em até 50% (Figura 7.52).

O termo *eficiência da ventilação* é utilizado para descrever a capacidade de um sistema de ventilação de exaurir os poluentes gerados dentro do espaço. Para determinado poluente, ela é o nível de concentração média deste elemento pelo espaço em relação à sua concentração no ponto de exaustão. A eficiência da ventilação em determinado local é a razão entre a concentração do poluente naquele lugar do espaço e sua concentração no ponto de exaustão.

$$\text{Eficiência da ventilação } E = (C_e - C_s)/(C_o - C_s) \qquad (18)$$

na qual E = efetividade da ventilação
C_e = concentração do poluente no ponto de exaustão
C_s = concentração do poluente no ponto de insuflamento
C_o = concentração do poluente na localização do usuário

Se houver um nível significativo do poluente no ar de insuflamento, esse deverá ser subtraído dos níveis de concentração interno e de exaustão.

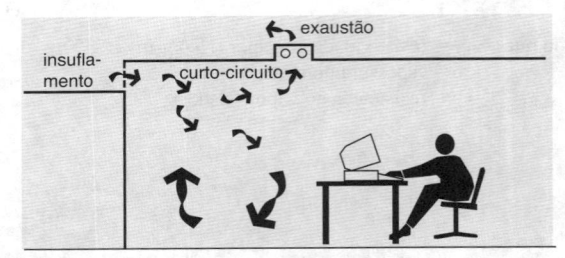

7.52 O curto-circuito do ar entre o ponto de insuflamento e o de exaustão reduz a efetividade e a eficiência da ventilação.

Tabela XXVII Cálculo do Exemplo 6

Os valores entre as colunas principais são as temperaturas (°C) nas interfaces dos materiais.

	Temperatura	Superfície interna	Gesso acartonado	Isolante	Cavidade	Tijolo	Superfície externa	Temperatura
Espessura			0,15	0,05	0,05	0,1		
Resistência térmica		0,12	0,9	2,5	0,18	0,12	0,055	2,1
Queda de temperatura		0,78	0,59	16,31	1,17	0,78	0,36	
Temperatura	20,0		19,2	18,6	2,3	1,2	0,4	0,0
Resistência à passagem do vapor ($X \times V_r$)			7,9	2,8		6,3		
Queda da pressão do vapor			0,3	0,1		0,25		
Pressão do vapor			1,0	0,9		0,9		0,65
Temperatura de ponto de orvalho	10,7		7,0	6,0		6,0		0,8

Tabela XXVIII Taxas de ventilação típicas

Tipo de edificação	l/s/pessoa
Doméstica:	
Cômodos de permanência prolongada	0,4–1,0
Cozinhas	60
Banheiros	15
Escritórios	10
Escolas	10
Bares	10

Fonte: CIBSE Guide A: Environmental Design, 2006.

7.7 O nível de dióxido de carbono metabólico como indicação da qualidade do ar

O nível de dióxido de carbono metabólico frequentemente é utilizado como indicador da qualidade do ar. No inverno, quando as janelas estão fechadas em espaços naturalmente ventilados, o nível deste gás costuma ser de 1.500 ppm em escritórios e de 2.500 ppm em salas de aula. Em prédios com ventilação mecânica, o nível de dióxido de carbono não deve exceder 1.000 ppm e, em geral, é inferior a 800 ppm. Usando a fórmula (18), o dióxido de carbono metabólico também pode ser utilizado para estimar a eficiência da ventilação.

7.8 Perda térmica pela ventilação

Às vezes, o ar fornecido a um espaço deve ser aquecido no inverno e resfriado no verão. Em um sistema de ventilação mecânica, isso é feito pré-aquecendo ou esfriando o ar antes que ele seja lançado no espaço interno. No caso da ventilação natural, isso geralmente se consegue recebendo ar fresco misturado com o ar que já está dentro do espaço, e então essa mistura é aquecida pelo sistema de calefação (por exemplo, por meio do contato com as superfícies de um radiador). O ar que é exaurido do espaço (por meio de um sistema natural ou mecânico) contém energia térmica. No caso de um sistema de ventilação mecânica, esse calor às vezes é recuperado por meio de um trocador de calor, mas, se a ventilação for natural, a energia térmica é perdida. O componente de perda térmica provocada pela ventilação pode ser significativo e mesmo corresponder à maior parte das perdas térmicas totais de um prédio. Ele também pode variar muito, especialmente em edificações com ventilação natural, uma vez que depende da velocidade do ar externo e da temperatura do ar.

O calor perdido ou ganho por meio da ventilação pode ser estimado com esta fórmula:

$$Q_v = V_a \times \text{volume} \times \Delta T \times C\rho/3.600 \qquad (19)$$

ou

$$Q_v = V_l \times \text{número de pessoas} \times \Delta T \times C\rho/1.000 \qquad (20)$$

onde Q_v = perda ou ganho térmico em watts
V_a = taxa de ventilação em trocas de ar por hora (ta/h)
V_l = taxa de ventilação em litros por segundo por pessoa (l/s/p)
$C\rho$ = capacidade térmica volumétrica do ar = 1200 Jm–3K^{-1}
ΔT = diferença de temperatura entre o ar do interior e o do exterior (°C)

A elevação da diferença de temperatura entre o ar do interior e o do exterior provoca o aumento na taxa de ventilação, bem como maiores perdas ou ganhos térmicos, conforme o caso.

Quando um sistema de calefação é projetado, a taxa de ventilação empregada para calcular a perda térmica de projeto deverá corresponder à taxa de ventilação de projeto. Contudo, quando se estima o desempenho energético sazonal, a taxa de ventilação deverá ser a taxa de ventilação média durante a estação de aquecimento.

7.9 O projeto de um sistema de ventilação natural

A ventilação natural (seja por infiltração, seja proposital) resulta de dois processos: o *efeito chaminé* e a *ventilação cruzada*.

7.10 Efeito chaminé

O efeito chaminé ocorre quando há uma diferença entre a temperatura do ar do interior e a do exterior. Se a temperatura do ar do interior for mais elevada do que aquela do exterior, ele será menos denso e mais dinâmico. Ele, portanto, subirá no espaço, sendo exaurido nos pontos altos através de fissuras e aberturas. Ao mesmo tempo, esse ar que sai será substituído por um ar mais frio e mais denso, que entrará no espaço pelo nível mais baixo. O efeito chaminé aumenta com a diferença de temperatura entre o interior e o exterior, bem como com a elevação da altura entre as aberturas mais altas e as mais baixas. O plano neutro (Figura 7.53) ocorre no local entre as aberturas altas e baixas, no qual a pressão interna será a mesma que a pressão externa (na ausência de vento). Acima do plano neutro, a pressão do ar será positiva em relação a ele, e o ar será exaurido. Abaixo do plano neutro, a pressão do ar será negativa, e o ar externo será sugado para dentro do espaço. A diferença de pressão devido ao efeito chaminé é estimada com o uso da seguinte fórmula:

$$P_s = -\rho \times T \times g \times h \times (1/T_e - 1/T_i) \qquad (21)$$

na qual P_s = diferença de pressão em pascal (Pa)
ρ = densidade do ar à temperatura T
g = aceleração devido à gravidade = 9,8 m/s^2
h = altura entre aberturas (m)
T_i = temperatura interna em kelvins
T_e = temperatura externa em kelvins

7.11 Ventilação cruzada

A ventilação cruzada é provocada pelas diferenças de pressão nas aberturas que existem em um espaço interno devido ao impacto do vento sobre a pele externa da edificação (Figura 7.54). As diferenças de pressão variam conforme a pressão do vento e a direção e localização das aberturas nas vedações externas. A pressão em um ponto qualquer da pele da edificação pode ser calculada para determinada velocidade do vento e direção se o coeficiente de pressão no ponto for conhecido (veja a Seção 4.10). Os coeficientes de pressão geralmente são obtidos em testes em túneis aerodinâmicos. A diferença de pressão através de uma edificação devido ao vento pode ser estimada com a fórmula:

$$P = 0{,}5\rho v^2(Cp_1 - Cp_2) \qquad (22)$$

na qual P_w = diferença de pressão através da edificação (Pa)
Cp_1 e Cp_2 = coeficientes de pressão através da edificação em relação à velocidade do vento (v) e à densidade do ar (ρ)

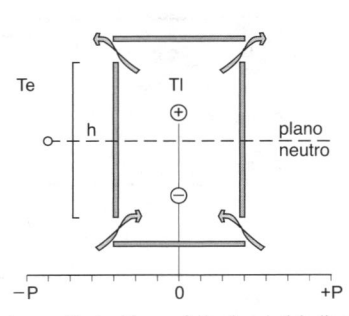

7.53 Gradiente de pressão devido ao efeito chaminé, indicando a localização do plano neutro.

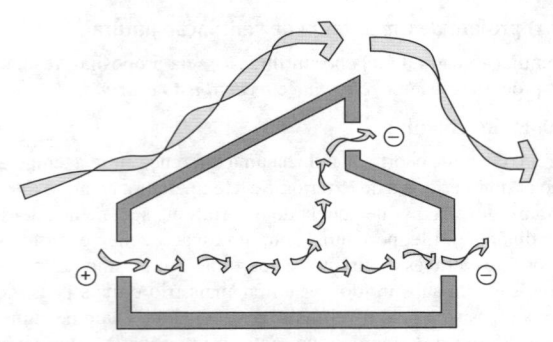

7.54 Ventilação natural cruzada.

7.12 Estratégias de ventilação natural

A Figura 7.55 apresenta uma variedade de estratégias de ventilação natural com os limites de profundidade correspondentes para os casos de ventilação em espaços com aberturas em apenas uma elevação e de ventilação cruzada. A Figura 7.56 ilustra a ventilação passiva pelo efeito chaminé empregada em edificações domésticas.

8 SISTEMAS DE CALEFAÇÃO E RESFRIAMENTO

8.1 Introdução

O objetivo dos sistemas de calefação é manter a temperatura do ar do espaço interior e a temperatura radiante dentro da zona de conforto. Durante a "estação de aquecimento (ou calefação)", um prédio perde calor por meio de suas vedações externas e pela infiltração de ar e ventilação. No entanto, uma edificação também recebe calor de suas fontes internas (cozimento, uso da energia elétrica e as próprias pessoas) e dos ganhos térmicos solares externos através das áreas de envidraçamento. Em geral, é necessário que haja um sistema de calefação para compensar a diferença entre os ganhos térmicos e as perdas térmicas. Se um prédio for bem isolado termicamente e tiver baixa taxa de infiltração de ar e ventilação controlada, durante a estação de aquecimento, após um período inicial de acúmulo de calor, às vezes ele poderá ser aquecido totalmente com os ganhos térmicos incidentais. Um sistema de calefação deve ser dimensionado e controlado, a fim de fornecer a quantidade apropriada de entrada de calor quando necessário e de maneira eficiente e eficaz.

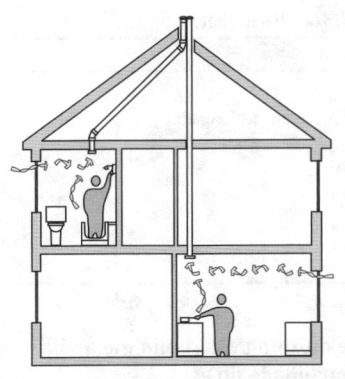

7.56 A ventilação passiva pelo efeito chaminé pode ser empregada em vez da ventilação mecânica para a exaustão local, por exemplo, em cozinhas e banheiros.

8.2 Tipos de sistemas de calefação

Há sistemas de calefação diretos e indiretos. Os sistemas diretos localizam-se dentro do espaço e incluem lareiras a combustível sólido, lareiras a gás, radiadores de parede elétricos e aquecedores elétricos por acumulação. No caso das aplicações industriais, também há os sistemas de alta temperatura com tubos ou placas radiantes a gás. Os tipos principais de sistemas indiretos são os de calefação central com líquido frigorígeno (Figura 7.57) e os sistemas com ar quente em condutos (Figura 7.58). Também há sistemas de calefação "de superfície", a baixas temperaturas, como os sistemas de piso radiante ou de teto ou parede, nos quais o calor é lançado na superfície interna ou massa da edificação.

8.3 Distribuição do calor

O calor pode ser distribuído por meio da água ou do ar. Uma vez que a água tem um calor específico mais elevado do que o do ar, ela exige dutos de menor diâmetro do que nos sistemas a ar que fazem a mesma transferência térmica (Tabela XXIX). A distribuição da água pode ser por gravidade ou por pressão. Um sistema aberto exigirá o uso de um reservatório, enquanto um sistema pressurizado é vedado e exige uma unidade de pressurização. Os sistemas pressurizados podem ser utilizados para transportar água a temperaturas

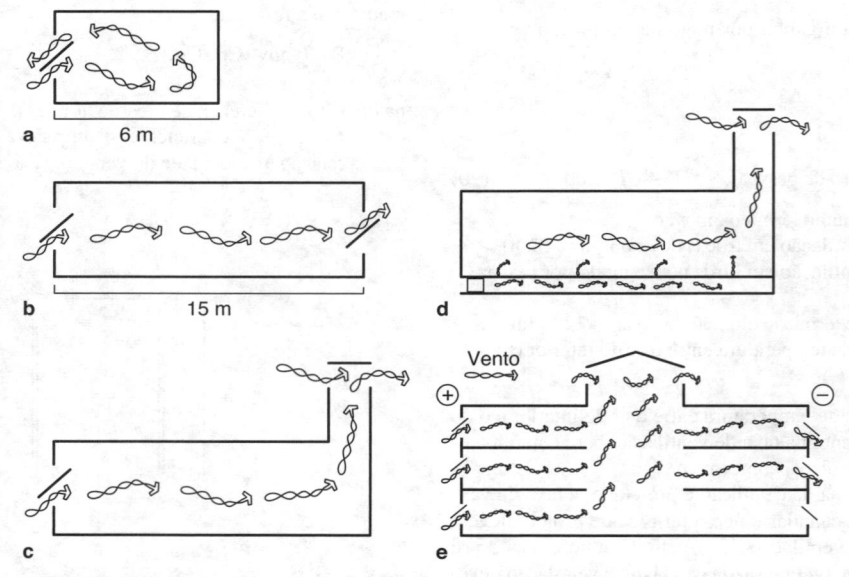

7.55 Estratégias de ventilação natural: a) ventilação por meio de aberturas em apenas uma elevação; b) ventilação cruzada; c) ventilação cruzada com o uso de chaminé; d) ventilação cruzada com insuflamento por baixo do piso; e) átrio: ventilação cruzada e pelo efeito chaminé.

acima de 100°C, e, às vezes, são empregados em instalações comerciais e industriais.

8.4 Emissores de calor

Os emissores de calor de superfície, tanto com painéis quanto com tubos, liberam calor usando uma estratégia mista de convecção e radiação. O equilíbrio varia conforme a temperatura e o acabamento da superfície. No caso de emissores a baixa temperatura, a liberação de calor é principalmente por convecção; nos emissores a alta temperatura, a parcela de calor irradiado é mais elevada (veja a Tabela XXX). Em certos casos, o calor emitido por convecção não é útil, como nos sistemas de calefação aérea localizada de ambientes industriais. Alguns emissores, como os aquecedores elétricos por acumulação, usam uma combinação de superfície aquecida com convecção forçada.

8.5 Aquecedores de água de acumulação e por passagem

Os aquecedores de acumulação (*boilers*) convertem um combustível em energia térmica e a acumulam em um líquido. Para isso, contudo, eles sempre emitem produtos particulados ou gases durante a combustão, os quais precisam ser recolhidos por um tubo de fumaça. A eficiência de um aquecedor de acumulação (veja a Tabela XXXI) é uma função da conversão da energia do combustível (seu valor calorífico) no calor útil extraído deste. Os aquecedores de acumulação com condensador também são capazes de recuperar o calor latente dos gases do tubo de fumaça e, portanto, têm eficiência mais elevada. A eficiência destes sistemas geralmente é reduzida quando eles operam em capacidade abaixo da máxima. Em prédios maiores, o uso de aquecedores de acumulação modulares permite o máximo de eficiência por meio da distribuição sequencial de vários *boilers* menores, em vez da instalação de uns poucos de maior tamanho, de modo que a maioria deles opere em capacidade máxima. Por outro lado, os aquecedores por passagem (que usam serpentinas e não acumulam calor em um líquido estocado) permitem o aquecimento direto da água para consumo doméstico, reduzindo as perdas térmicas decorrentes do armazenamento estático do fluido.

8.6 Perdas térmicas pela distribuição

Sempre haverá uma perda de calor associada ao sistema de distribuição, assim, os tubos e dutos devem ser bem isolados (Tabela XXXII).

Também haverá perdas térmicas da água acumulada dentro do *boiler*, que podem inclusive ser consideradas úteis (embora sejam incontroláveis) se contribuírem para a calefação ambiente.

8.7 Perda térmica de projeto da edificação

As perdas térmicas pela ventilação e pelas vedações externas foram explicadas nas Seções 5 e 6. A *perda térmica de projeto* de uma edificação refere-se à sua demanda de calefação para determinada temperatura externa, que variará para diferentes regiões do país. Ela pode ser estimada da seguinte maneira:

Taxa de perda térmica pelas vedações externas: Q_f (W/°C)
Taxa de perda térmica pela ventilação: Q_v (W/°C)
Taxa de perda térmica total: $Q = Q_f + Q_v$ (W/°C)
Temperatura do ar do interior, para o projeto: T_i (°C)
Temperatura do ar do exterior, para o projeto: T_e (°C)

$$\text{Perda térmica total} = Q \times (T_i - T_e) \text{ (W)} \qquad (23)$$

8.8 Uso sazonal da energia para climatização

O uso sazonal da energia pode ser calculado a partir da perda térmica total da edificação, mas usando uma forma de temperatura sazonal, em

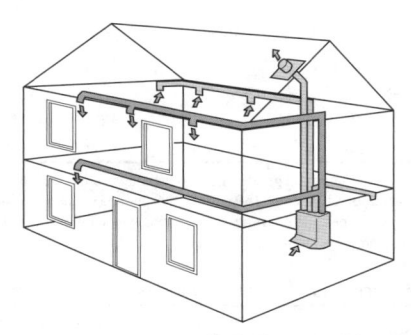

7.58 Sistema doméstico de recuperação de calor com ventilação mecânica, com pontos de exaustão na cozinha e no banheiro e de insuflamento nos espaços de permanência prolongada. A recuperação de calor é feita por meio de uma coifa acima do fogão.

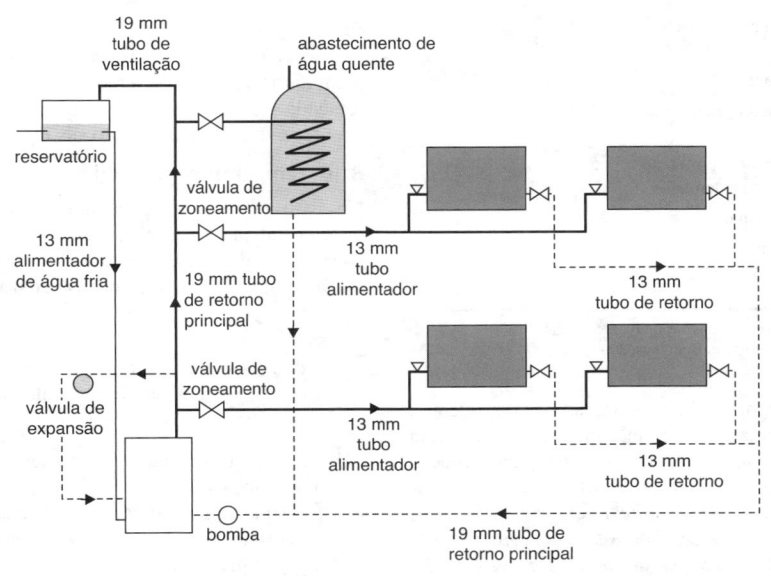

7.57 Sistema de calefação central com tubos úmidos e tubulação dupla, com fluxo e retorno em cada radiador. O sistema pode ser pressurizado com o uso de uma válvula de expansão (circuito tracejado) ou alimentado por gravidade, em cujo caso exige um reservatório acima do radiador mais elevado.

Tabela XXIX A água é um fluido mais eficiente do que o ar para a transferência do calor, pois apresenta calor específico por volume mais elevado

Fluido	Calor específico (kJ/Kg·K)	Calor específico por volume (kJ/m³·K)
Água	4,2	4.150
Ar	1,01	1,2

Tabela XXX Emissão de calor das superfícies aquecidas por radiação e convecção, baseadas em uma emissividade de calefação de 0,9

Tipo	Temperatura da superfície (°C)	Direção do fluxo térmico por radiação	Por convecção	Emissão de calor (W/m²)
Piso radiante	24	Ascendente	18	27
Radiadores a baixa temperatura	40	Vertical	75	114
Radiadores domésticos	70	Vertical	255	330
Painéis com água sob pressão média	110	Descendente	178	727
		Vertical	558	727
Serpentinas a queima de gás*	150		1.709	1.078
	300		4.414	4.367
	500		8.627	15.184

*As serpentinas a queima de gás geralmente são instaladas em um nível elevado e funcionam a uma temperatura entre 150 e 500°C. A parcela de calor emitida por convecção costuma ser perdida em função de a instalação ser elevada; e a parcela irradiada baseia-se em uma temperatura de piso de 18°C.

Tabela XXXI Eficiências dos aquecedores de água de acumulação

Sistema	Eficiência sazonal (%)
Aquecedores com condensador:	
Sistemas de aquecimento de água ou de piso radiante	90 ou mais
Radiadores de tamanho comum com circuito de temperatura variável (compensação climática)	87
Emissores comuns de temperatura fixa (83/72°C fluxo/retorno)*	85
Aquecedores sem condensador:	
Boilers modernos sem condensador, mas de alta eficiência	80–82
Boilers modernos e de boa eficiência projetados para praticamente atender à toda a demanda	75
Boilers mais antigos usuais, porém bons	70
Boilers mais antigos superdimensionados (ambiente controlado, ferro fundido, compartimentado)	45–70

*Não permitidos, conforme as normas de construção britânicas atuais.
Fonte: CIBSE Guide F, Energy Efficiency in Buildings, 2004.

vez de uma temperatura de projeto. Além disso, deve-se considerar a eficiência do sistema e as perdas térmicas incidentais. A temperatura sazonal pode ser na forma de uma temperatura média para a estação de aquecimento ou em *graus-dias* (Tabela XXXIII). Caso seja utilizada a temperatura média, será necessário levar em consideração os ganhos térmicos sazonais. Os graus-dias já pressupõem certo nível de ganhos térmicos úteis em relação à *temperatura de base*, que é aquela abaixo da qual é necessária a calefação. A temperatura de base padrão é 15,5°C, a qual considera os ganhos internos típicos.

Tabela XXXII Perdas térmicas dos tubos e dutos

Temperatura do fluido (T!)	Perda térmica (W/m)	
	Sem isolamento	Com 25 mm de isolamento
Tubo com 1,5 cm de diâmetro — 50	32	6
Tubo com 1,5 cm de diâmetro — 70	62	11
Duto com 50,0 cm de diâmetro — 40	333	47

Tabela XXXIII Temperaturas sazonais para o projeto de conforto térmico no Reino Unido

Região	Temperatura sazonal média Tsa (°C)	Graus-dias por ano
Vale do Tâmisa	7,5	2033
Sudeste	6,7	2255
Sul	7,8	2224
Sudoeste	8,3	1858
Vale do Seven	7,2	1835
Midland	6,7	2425
West Pennines	6,7	2228
Noroeste	6,4	2388
Nordeste	5,9	2483
East Pennines	6,6	2370
East Anglia	6,7	2307
Borders	6,1	2254
Oeste da Escócia	5,8	2494
Leste da Escócia	6,0	2577
Nordeste da Escócia	5,5	2668
País de Gales	7,2	2161
Irlanda do Norte	6,4	2360

Fonte: CIBSE Guide A: Environmental Design, 2006.

8.9 Ganhos térmicos

Os ganhos térmicos resultam das atividades internas à edificação e dos efeitos do sol (Tabela XXXIV). No caso de edificações domésticas, os ganhos térmicos internos podem ser estimados dependendo do nível de atividade do lar: alto, médio ou baixo (Tabela XXXV). Nem todos os ganhos internos serão úteis para complementar a calefação: alguns podem causar o superaquecimento, outros podem acontecer em momentos ou locais inapropriados.

8.10 Temperatura do ambiente

Nos casos em que a temperatura radiante é significativamente distinta da temperatura do ar, é mais preciso calcular a transferência térmica à superfície interna de uma parede com o uso da *temperatura do ambiente*, que combina a temperatura do ar com a temperatura radiante média:

$$t_a = 2/3\ t_{rm} + 1/3\ t_{ar} \tag{24}$$

sendo que t_a = temperatura do ambiente;
 t_{rm} = temperatura radiante média; e
 t_a = temperatura do ar

A Figura 7.59 ilustra a temperatura resultante (fórmula (6)), a temperatura do ambiente (fórmula (24)) e a temperatura sol-ar (fórmula (8)).

Isso às vezes também se aplica ao resfriamento, quando um pouco da radiação da temperatura ambiente pode melhorar o conforto, pois é mais confortável fazer uma troca térmica por radiação às superfícies circundantes (mais frias) do que por convecção ao ar circundante.

Tabela XXXIV Ganhos térmicos solares

	Vidro simples			Vidro duplo		
	S	SE/SW	E/W	S	SE/SW	E/W
J	14	12	6	12	10	5
F	19	16	11	16	13	9
M	35	31	23	30	26	19
A	35	34	30	29	29	26
M	42	44	42	35	37	35
J	41	45	46	35	38	39
J	39	43	42	33	36	35
A	40	41	37	34	34	31
S	39	36	29	33	30	24
O	31	27	18	26	22	15
N	19	16	9	16	13	7
D	14	12	5 5	12	10	4

Tabela XXXV Ganhos térmicos internos em residências

	Ganho térmico total (kWh/dia)	
Fonte de calor	Baixo	Alto
Usuários	4,02	5,46
Iluminação	2,17	2,50
Fogão	2,89	4,25
Refrigerador	1,44	1,44
Televisão	0,45	0,54
Água quente	3,70	4,70
TOTAL	14,67	18,89

8.11 Uso sazonal da energia (E)

Cálculo do uso sazonal da energia para a calefação ambiente:

Usando a temperatura média:

$$E = (Q_{ve} + Q_v) \times (T - T_a)$$
$$\times \text{número de horas} - \text{ganhos térmicos sazonais}) \times e_{sc} \quad (25)$$

onde E = uso sazonal da energia (W)
Q_{ve} = perda térmica pelas vedações externas<2
Q_v = perda térmica pela ventilação
T_i = temperatura interna média
T_{ms} = temperatura média sazonal (Tabela XXXIII)
e_{sc} = eficiência do sistema de calefação.

Usando os graus-dias:

$$E = (Q_{ve} + Q_v) \times \text{graus-dia} \times 24 \times e_{sc} \quad (26)$$

8.12 Emissões de dióxido de carbono

A Tabela XXXVI apresenta as emissões de dióxido de carbono associadas ao uso de diferentes combustíveis e da eletricidade.

Tabela XXXVI Coeficientes de emissão de dióxido de carbono para o Reino Unido em 2010

Combustível/eletricidade	Emissão de carbono por unidade de energia fornecida (kgCO$_2$/kWh)
Gás natural	0,206
Gás liquefeito de petróleo (GLP)	0,251
Óleo diesel/óleo combustível	0,290
Carvão mineral	0,382
Eletricidade	0,591

Fonte: SAP 2009.

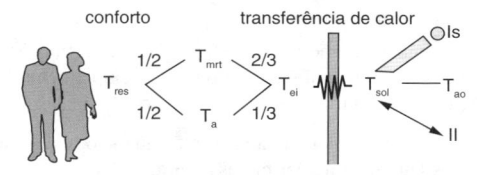

7.59 Temperatura resultante, temperatura do ambiente e temperatura sol-ar.

Exemplo 7

Cálculo da calefação sazonal, do uso de combustível e das emissões de dióxido de carbono para uma casa moderna isolada em seu lote (cidade de Cardiff, Reino Unido), dotada de aquecedor (boiler) com condensador.

Perdas térmicas pelas vedações externas da edificação

Elemento	Área (m²)	Valor-U (W/m²/°C)	Perda térmica (W/°C)	
Paredes	115	0,23	26,45	Tabela XIV
Coberturas	35	0,19	6,65	Tabela XIII
Laje do piso térreo	35	0,25	8,75	
Janelas	30	2,00	60,0	Tabela XX
Total			102,0	

Perda térmica pela ventilação — Fórmula (19)

Taxa de trocas de ar (/h)	Volume (m³)	Perda térmica (W/°C)	
0,75	210	52,5	Tabela XXIII
Perda térmica total		155	

Perda térmica sazonal (outubro–maio) — Fórmula (25)

Temperatura externa	7	Tabela XXXIII
Temperatura interna	17	
Horas de uso	5.760	
Perda térmica sazonal (kWh/ano)	8.910,7	

Ganhos térmicos

Janelas	Área (m²)	Ganho unitário (kWh/m²)	Ganho total (kWh)	
Ganhos solares (orientação: hemisfério norte)				Tabela XXXIV
Sul	10	190	1.900	
Norte	5	0	0	
Leste	5	110	550	
Oeste	10	110	1.100	
Total			3.550	
Ganhos internos				Tabela XXXV
Usuários	4	370	1.480	
Água quente			450	
Eletricidade			1.100	
Cozimento			950	
Total			3.980	
Ganhos térmicos totais (kWh/ano)			7.530	
Considere que 50% dos ganhos contribuem para a calefação ambiente			3.765	
Carga do sistema de calefação (kWh/ano)			5.145,7	Fórmula (25)
Eficiência do sistema de calefação (%)			88	Tabela XXXI
Consumo de combustível pelo sistema de calefação (gás) (kWh/ano)			5.847	
Emissão de dióxido de carbono associada ao uso de combustível para a calefação (kg/ano)			1.111	Tabela XXXVI

8.13 Ventilação mecânica

A ventilação mecânica pode ser necessária nas edificações como uma alternativa à ventilação natural ou para complementá-la. Suas aplicações específicas incluem:

- Espaços com planta baixa profunda, que não podem ser ventilados lateralmente por meios naturais.
- Espaços com altos índices de ocupação ou elevados ganhos térmicos.
- Espaços com níveis elevados de poluição, inclusive processos industriais e umidade em cozinhas e banheiros.
- Situações em que a qualidade do ar do exterior é ruim e, portanto, ele precisa ser filtrado ou insuflado em grande quantidade.
- Quando taxas de ventilação elevadas são necessárias no inverno, pode-se usar a ventilação mecânica (com ar pré-aquecido) sem que isso acarrete correntes da ar frio.

8.14 Exaustão mecânica

A exaustão mecânica local do ar pode ser empregada para a retirada de poluentes na fonte (por exemplo, em cozinhas, banheiros e lavabos) ou em um recinto (como nas cabinas de solda ou de banhos de solda).

8.15 Sistemas mecânicos de insuflamento de ar

Os sistemas de insuflamento mecânico podem ser empregados nas situações em que é preciso criar um fluxo positivo entre um espaço e seu entorno. Os exemplos são:

- em uma casa ou apartamento, para manter uma taxa de ventilação mínima e reduzir o risco de condensação da umidade do ar;
- sistemas mecânicos de indução, nos quais o ar de alta velocidade é insuflado em um espaço e a extração é por meio de pontos de vazamento naturais;
- insuflamento mecânico a um escritório e exaustão mecânica, talvez por meio de um átrio ou uma chaminé/torre.

8.16 Insuflamento e exaustão do ar equilibrados

Os sistemas de ventilação mecânica de edificações maiores geralmente contam com o equilíbrio entre o insuflamento e a exaustão do ar (Figura 7.60). Isso permite:

- o controle de taxas de ventilação mais elevadas;
- o aquecimento e/ou esfriamento do ar que entra na edificação;
- a filtragem do ar que entra;
- o controle da umidade do ar;
- a recuperação de calor da exaustão, que é enviado ao insuflamento.

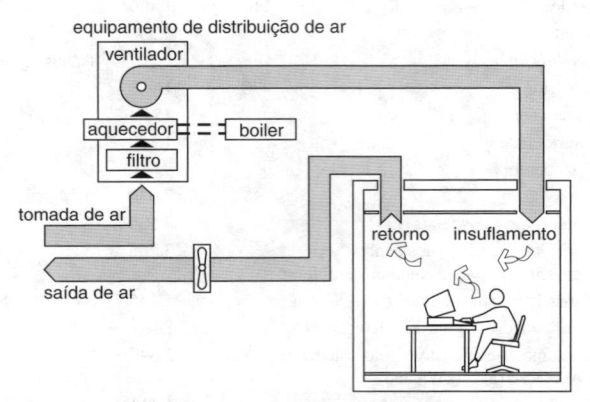

7.60 Componentes de um tipo de sistema de ventilação mecânica com insuflamento e exaustão equilibrados.

8.17 Taxas de insuflamento de ar

Se o ar insuflado é para a ventilação, então o número de trocas de ar por hora pode ser estimado com base no número de usuários do espaço. Essa taxa de insuflamento costuma ser de 10 litros/segundo/pessoa para ambientes normais, ou seja, com níveis médios de poluição. Se for necessário o uso do ar como fonte única do sistema de calefação, a taxa de insuflamento (número de trocas de ar por hora) poderá ser estimada com a seguinte fórmula:

$$\text{Taxa de insuflamento} = \text{perda térmica total}/((T_{su} - T_{ex}) \times C_p) \tag{27}$$

sendo que T_{su} = temperatura do ar insuflado
T_{ex} = temperatura do ar exaurido
C_p = calor específico do ar, por volume

Em edificações modernas, de baixo consumo energético, inclusive habitações, a taxa de insuflamento de ar para a ventilação é similar àquela exigida para compensar as perdas térmicas totais. Portanto, os sistemas de calefação a ar quente que incluem a recuperação do calor podem se mostrar uma opção apropriada para um sistema conjunto de calefação e ventilação.

Exemplo 8

Calcule a taxa de insuflamento de ar (em ta/h, trocas de ar por hora) para ventilar um escritório de 1.000 m^2, com pé-direito de 2,5 m e ocupado por 100 pessoas (cada uma exigindo uma taxa de ventilação de 8 l/s). Se a perda térmica total do espaço for 15 kW, qual será a taxa de insuflamento exigida para aquecer o espaço (considere a temperatura ambiente) se a temperatura do ar insuflado é 30°C, e a do ar exaurido, 23°C?

Taxa de insuflamento de ar para a ventilação = $(100 \times 8)/1.000$
= 0,8 m^3/s
= $0,8 \times 3.600/2.500$
= 1,12ta/h

Taxa de insuflamento de ar para a calefação = $15.000/((30 - 23) \times 1.200)$
= 1,8 m^2/s
= $1,8 \times 3.600/2.500$
= 2,6 ta/h

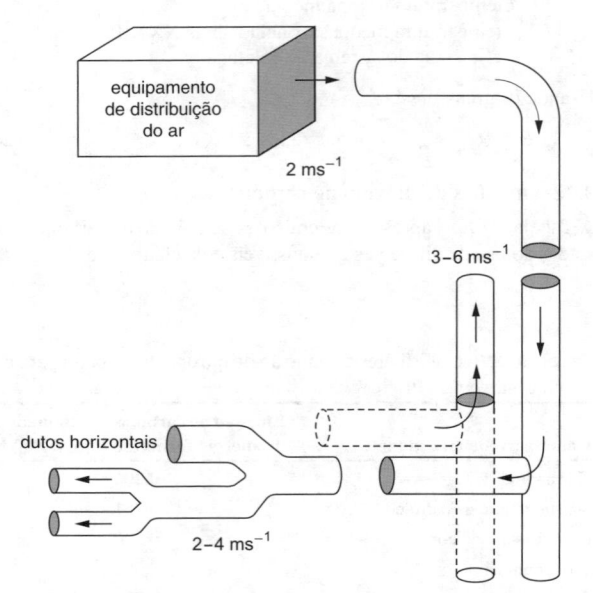

7.61 Sistema de distribuição do ar com dutos, indicando as velocidades de fluxo típicas.

8.18 Distribuição do ar

Em um sistema de ventilação mecânica, emprega-se um equipamento de distribuição do ar para o espaço e um sistema de dutos (Figura 7.61). A área de seção transversal deste equipamento e de seus dutos depende da velocidade do ar para determinada taxa de fluxo e pode ser calculada da seguinte maneira:

$$a_{st} = \text{número de trocas de ar por hora/velocidade do ar} \quad (28)$$

sendo que a_{st} é a área de seção transversal em m^2.

A velocidade do ar no equipamento de distribuição, em geral, é 2 m/s. A velocidade do ar através dos dutos verticais principais pode variar entre 3 m/s (velocidade baixa) e 7 m/s (velocidade média).

8.19 Potência do ventilador

A potência do ventilador necessário para o insuflamento do ar através do sistema de dutos depende do número de trocas de ar por hora e da queda de pressão no sistema, que se relacionam com a velocidade do ar. Em um sistema de ventilação mecânica energeticamente eficiente e com baixa velocidade de ar nos dutos, a *potência específica do ventilador* pode ser inferior a 2 kW/m^3 para o insuflamento do ar.

8.20 Sistemas de recuperação de calor

Uma das vantagens da ventilação mecânica é que ela serve para a recuperação de calor. Isso pode ser empregado em todas as escalas de edificação, das construções domésticas às grandes instalações comerciais e industriais. Esse sistema é especialmente adequado para obter eficiência energética em sistemas que operam totalmente com o insuflamento de ar fresco. Contudo, a recuperação de calor apenas vale a pena se o calor reciclado for útil e superior ao consumo de energia devido ao aumento da potência do ventilador, em virtude da maior queda de pressão do equipamento de recuperação de calor. A Tabela XXXVII lista as faixas de eficiência dos sistemas de recuperação de calor. Os sistemas de recuperação de calor devem ter a opção do uso de um desvio (*by-pass*), para reduzir a potência do ventilador nos momentos em que a recuperação de calor não for necessária.

8.21 Sistemas de resfriamento do ar

Alguns prédios exigem resfriamento além daquele obtido apenas com a ventilação. Tais edificações podem ter altos ganhos térmicos internos, o que faz a ventilação mecânica não oferecer o resfriamento suficiente, em especial durante períodos de tempo quente. Outro caso é quando o prédio está em um local de clima quente e que exige um sistema de climatização que também inclua o resfriamento e o controle da umidade. A temperatura do ar é baixada ao passá-lo através de serpentinas de resfriamento dentro do equipamento de distribuição do ar.

8.22 Ganhos térmicos

A principal razão para o resfriamento mecânico é ser uma resposta aos ganhos térmicos provocados por pessoas, equipamentos de escritório, iluminação, ganhos térmicos solares e temperaturas do ar externo elevadas. Os ganhos solares já foram discutidos na Seção 4.2. Os ganhos internos provocados pela iluminação e por máquinas podem ser elevados (Tabela XXXVIII), mas muitas vezes são superestimados, o que pode acarretar o super dimensionamento do sistema. Sempre que possível, os ganhos térmicos internos devem ser minimizados por meio da especificação de lâmpadas e outros equipamentos com baixo consumo de energia elétrica.

8.23 Insuflamento do ar nos cômodos

O ar resfriado pode ser distribuído em um espaço de duas maneiras: misturando-o com o ar do interior ou deslocando o ar do interior.

8.24 Insuflamento do ar por mistura

O ar fornecido ao espaço costuma estar a uma temperatura de aproximadamente 14°C na carga de resfriamento total. O ar é injetado no espaço de tal maneira que se misture com o ar já existente, e, quando o ar entra na zona ocupada, esteja na temperatura, velocidade e umidade relativa adequadas para o conforto térmico dos usuários (Figura 7.62). O ar pode ser insuflado pelo perímetro dos ambientes, pelo forro ou mesmo pelo piso.

8.25 Efeito coanda

Os sistemas de insuflamento do ar pelo forro geralmente baseiam-se no *efeito coanda* (Figura 7.63a) para garantir que o ar lançado se mantenha no alto dos recintos ("fique preso ao forro") até a sua mistura. Todavia, o efeito coanda não funciona com velocidades de ar baixas: nesse caso, o jato fica "solto" e não faz o ar resfriado ser "despejado por cima" (Figura 7.63b).

8.26 Insuflamento do ar por deslocamento

Neste sistema, o ar resfriado é lançado a uma velocidade baixa, de modo que desloque o ar que já está no recinto em direção aos pontos de exaustão no forro (Figura 7.64). O ar geralmente é insuflado pelo piso ou por meio de difusores próximos a ele. Contudo, alguns sistemas de insuflamento pelo piso, que usam difusores que provocam redemoinhos, são considerados sistemas por deslocamento, mas, na verdade, são sistemas de insuflamento por mistura. A temperatura do ar insuflado nesses sistemas geralmente é superior a 18°C, a fim de evitar correntes de ar frio.

Tabela XXXVII Sistemas de recuperação de calor e eficiências típicas

Sistema de recuperação de calor	Eficiência (%)
Recuperador de calor	50 a 80 (sensível)
Serpentina (bobina)	50 (sensível)
Roda térmica	65 a 90 (sensível)
Tubos aquecidos	50 a 60 (sensível)
Regenerador	85 a 95 (sensível)

Fonte: CIBSE Guide B, Heating, Ventilating, Air Conditioning and Refrigeration 2005.

Tabela XXXVIII Ganhos térmicos internos de um escritório típico

Fator		Ganhos térmicos (W/m^2)				
Densidade (/pessoa/m^2)		4	8	12	16	20
Ganho térmico sensível	Pessoas	20	10	6,7	5	4
	Equipamentos	25	20	15	12	10
	Iluminação	12	12	12	12	12
Ganho térmico latente		15	7,5	5	4	3

Fonte: CIBSE Guide A: Environmental Design, 2006.

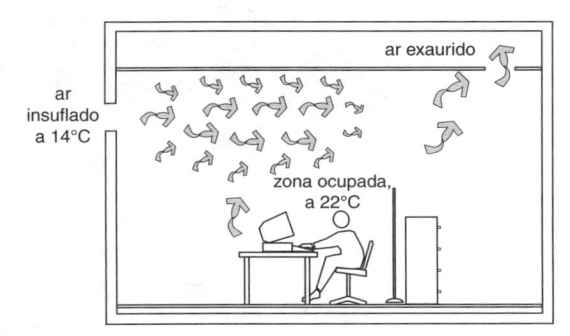

7.62 Modo híbrido de insuflamento do ar.

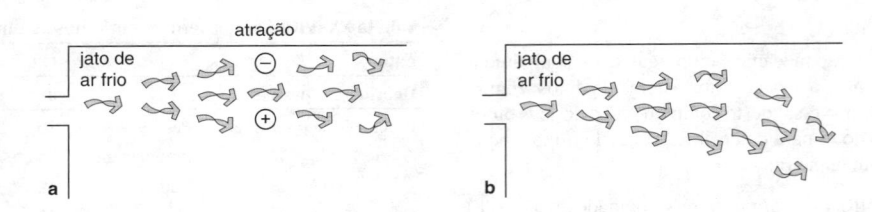

7.63 Efeito coanda.

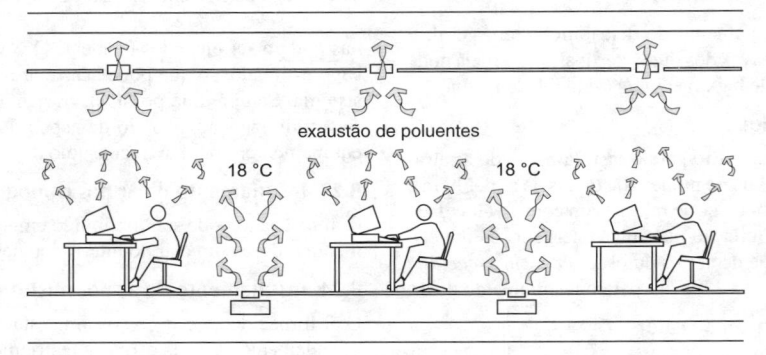

7.64 Sistema de deslocamento do ar.

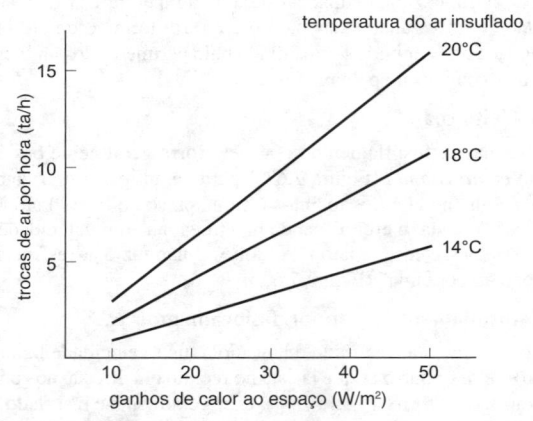

7.65 Relação entre a temperatura do ar insuflado, a vazão e os ganhos térmicos internos.

8.27 Insuflamento do ar

A temperatura e a taxa de insuflamento do ar costuma determinar o tipo de sistema empregado. Os sistemas de insuflamento por deslocamento devem ter temperaturas de despejo superiores a 18°C, caso contrário provavelmente causarão desagradáveis correntes de ar frio. Assim, se for necessário um insuflamento sob baixa temperatura para lidar com uma alta carga térmica, um sistema com mistura de ar geralmente será mais apropriado. A Figura 7.65 mostra a relação entre a temperatura do ar insuflado, a vazão e os ganhos térmicos internos.

8.28 Sistemas de condicionamento de ar centralizados

A Figura 7.66 ilustra um leiaute típico de sistema de condicionamento de ar centralizado. Esses sistemas podem ser de duas espécies: os sistemas com volume de ar variável (VAV) ou com volume de ar constante (CAV).

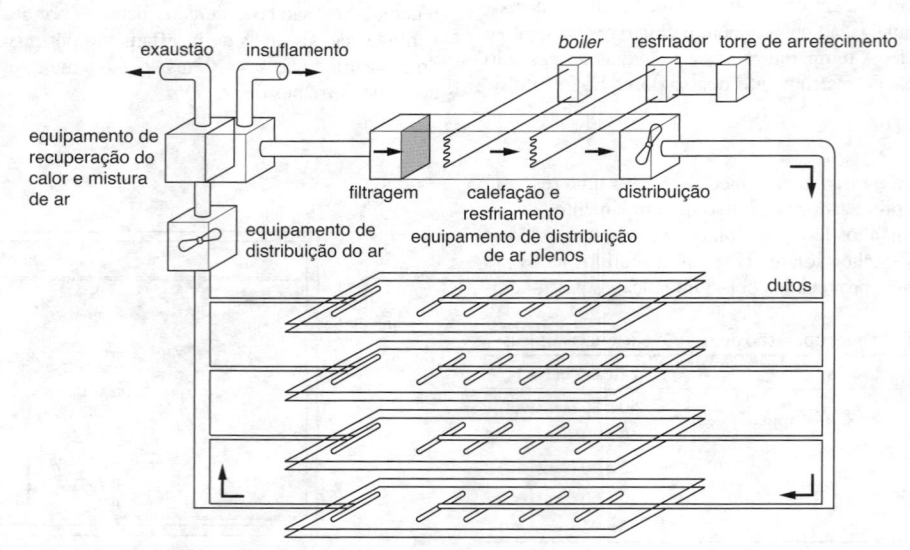

7.66 Leiaute de um sistema de condicionamento de ar centralizado.

7 Conforto térmico 7-35

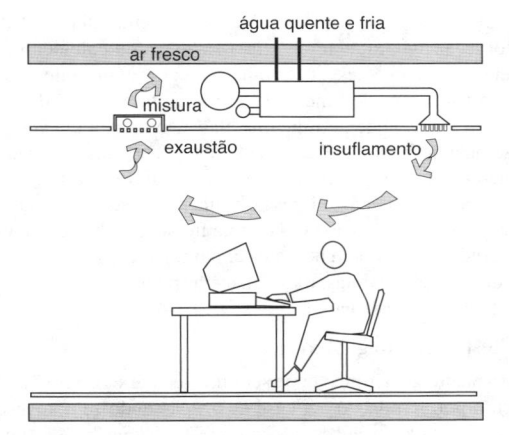

7.67 Sistema de resfriamento do ar (fan coil).

8.29 Sistemas com volume de ar variável (VAV)

Nesses sistemas, o volume de ar é controlado para responder à carga de resfriamento. Quando a carga de resfriamento é reduzida, o volume de ar também diminui, até que se atinja um insuflamento de ar mínimo; a partir desse momento, a temperatura do ar insuflado é mais uma vez elevada.

8.30 Sistemas com volume de ar constante (CAV)

Nesses sistemas, o ar é insuflado com uma vazão constante, mas sua temperatura varia conforme a carga de resfriamento ou calefação do ambiente.

8.31 Sistemas localizados

Os sistemas de condicionamento de ar localizados podem ser do tipo *fan coil* (unidade de radiação) ou bomba de calor. Eles podem ser instalados junto ao perímetro de um espaço ou no pleno (vazio entre o forro e o teto – Figura 7.67). Um espaço pode contar com unidades de climatização múltiplas ou apenas um sistema por pavimento. O ar para a ventilação pode ser fornecido diretamente à unidade, vindo do exterior, ou vir por meio de dutos separados de uma unidade central que atende apenas à ventilação (e não às necessidades de calefação e resfriamento). Os *fan coils* são servidos por sistemas de água quente e fria, que fornecem as cargas de calefação e resfriamento principais.

8.32 Sistemas de resfriamento por superfícies arrefecidas

O resfriamento passivo é obtido por meio da introdução de superfícies arrefecidas em um cômodo, que podem ser resfriadas naturalmente (por exemplo, usando a ventilação noturna) ou mecanicamente, com o uso de água ou ar (Figura 7.68). Essas superfícies absorvem o calor do ar do espaço interno por convecção/condução e pela troca de calor irradiado pelas superfícies mais quentes, inclusive as pessoas. Os equipamentos de resfriamento por superfícies arrefecidas podem adotar a forma de aletas de radiadores, painéis ou vigas. Às vezes, toda a superfície é resfriada ou aquecida, passando-se água ou ar, por exemplo, por cima de uma laje de piso de concreto e expondo sua face inferior ao recinto. No modo de resfriamento, as temperaturas das superfícies costumam variar entre 17°C (painéis ou vigas) e 20°C (forros), com cargas de resfriamento entre 70(+) W/m² e 30 W/m², respectivamente. A fim de evitar o risco de condensação nas superfícies resfriadas em situações de umidade relativa do ar elevada, podem-se incluir sensores ao projeto, para aumentar as temperaturas das superfícies sempre que necessário. Uma alternativa, caso a ventilação mecânica seja empregada, é desumidificar o ar no equipamento de distribuição. Para evitar a entrada descontrolada de ar úmido nos interiores, devem-se minimizar os pontos de infiltração nas fachadas. Os sistemas de resfriamento por superfícies arrefecidas podem ser combinados aos sistemas de ventilação por deslocamento do ar em uma estratégia híbrida (Figura 7.69).

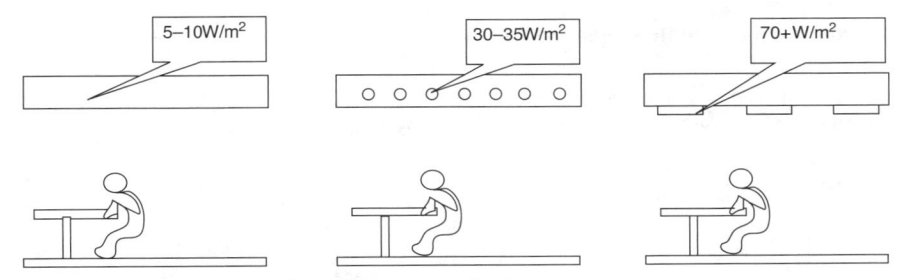

7.68 Sistemas de resfriamento por superfícies arrefecidas e suas potências aproximadas.

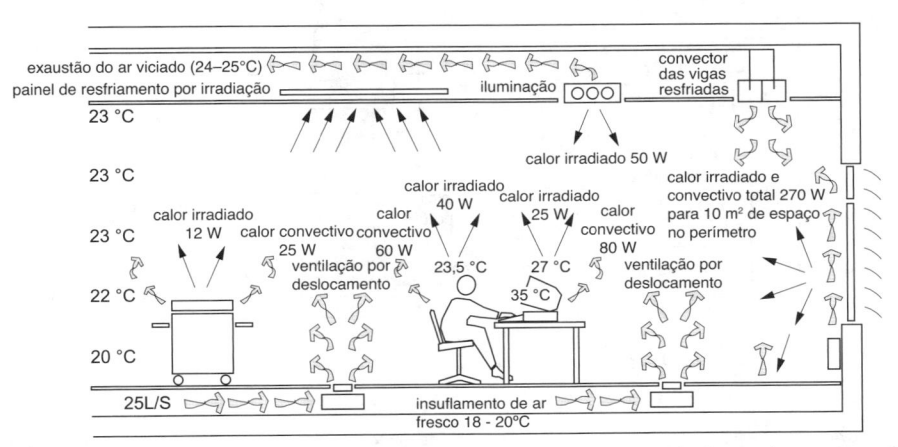

7.69 Os sistemas de resfriamento por superfícies arrefecidas (vigas ou painéis refrigerados) podem ser combinados aos sistemas de ventilação por deslocamento do ar.

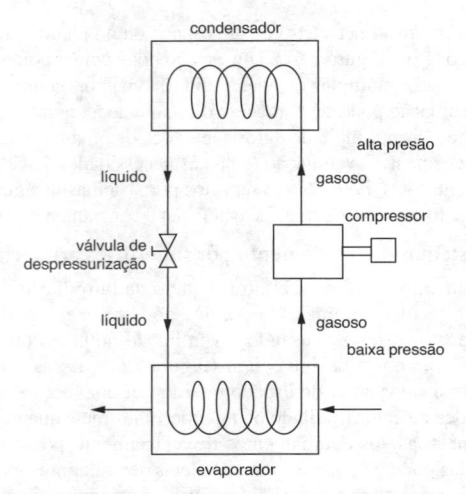

7.70 Diagrama do circuito de uma bomba de calor com fonte aérea. O refrigerante está no estado líquido ao entrar no evaporador, onde absorve o calor e passa ao estado gasoso, sendo comprimido. A seguir, entra no condensador, onde libera calor, retornando ao estado líquido. Em modo de operação reverso, a bomba de calor pode ser utilizada para o resfriamento.

8.33 Equipamento de refrigeração

Os sistemas de resfriamento exigem algum tipo de equipamento que possa extrair o calor do fluido refrigerante que corre nas serpentinas da unidade de distribuição de ar ou no sistema de resfriamento passivo. Um circuito típico de bomba de calor é mostrado na Figura 7.70, e um circuito de absorção, na Figura 7.71. Uma bomba de calor pode ser utilizada para o resfriamento ou, em modo reverso, para a calefação do ar. O coeficiente de desempenho é uma medida do calor ou frio dividido pela energia despendida para o funcionamento da bomba de calor.

8.34 Bombas de calor geotérmico com fonte subterrânea ou submersa

As bombas de calor de aproveitamento da energia geotérmica oferecem uma solução de baixa emissão de carbono para a calefação e o resfriamento das edificações. Elas são particularmente adequadas para fornecer água quente ou fria a sistemas de calefação ou resfriamento de superfícies. As bombas de calor com fonte geotérmica têm a vantagem de funcionar à temperatura média do subsolo (cerca de 11°C), o que permite que elas mantenham um coeficiente de desempenho bastante elevado, enquanto as bombas de calor com fonte aérea trabalham com a temperatura do ar do exterior, que pode ser relativamente baixa no inverno e alta no verão, reduzindo muito seu desempenho operacional. No entanto, as bombas de calor com fonte geotérmica, embora possam ser barulhentas, são relativamente fáceis de instalar e baratas. Esses sistemas podem ter um trocador de calor vertical ou horizontal (Figura 7.72).

8.35 Resfriamento geotérmico

O resfriamento geotérmico pode ser utilizado para um sistema de resfriamento por ventilação e à base de ar, passando-se o ar insuflado através de dutos enterrados no subsolo. Este sistema baseia-se no fato de que, a 2 m ou mais de profundidade, a temperatura do subsolo permanece praticamente a mesma ao longo de todo o ano. A quantidade de frio obtido depende da taxa de insuflamento e da área exposta de superfície de contato dos dutos. Também é possível passar o ar através

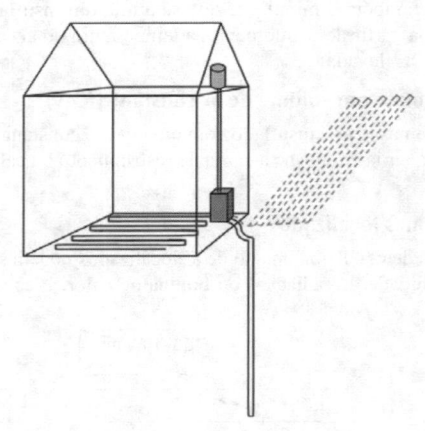

7.72 Bomba de calor geotérmico.

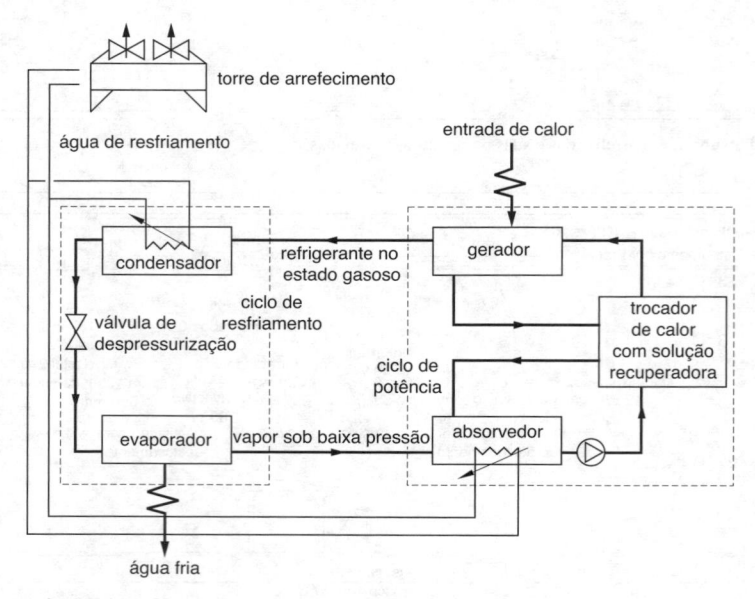

7.71 Diagrama esquemático de um sistema de resfriamento por absorção. O refrigerante vaporizado no gerador passa ao condensador, onde o calor é liberado e o fluido condensa. Sua pressão (e temperatura) é então reduzida por uma válvula antes de entrar no evaporador, onde absorve o calor do circuito de água fria e se torna um vapor sob baixa pressão. A seguir, ele retorna ao absorvedor.

de um labirinto de túneis que possua elevada massa termoacumuladora, a fim de resfriá-lo previamente. No entanto, em qualquer um desses sistemas, o calor absorvido pela massa deve ser extraído por meio da ventilação noturna ou de efeitos sazonais naturais. Durante a estação de aquecimento, o ar insuflado também pode ser pré-aquecido pelo mesmo sistema, quando a temperatura do ar externo é inferior à do solo ou da temperatura superficial do labirinto de dutos.

8.36 Sistemas híbridos

Os sistemas híbridos ou com modo de operação mista combinam a ventilação mecânica e a natural em uma mistura determinada pelo espaço ou pela estação. Os prédios com sistema híbrido sazonal podem ter ventilação natural durante o verão e mecânica durante o inverno. Por outro lado, aqueles com sistema híbrido espacial podem ter espaços ventilados tanto natural (digamos, no perímetro) como mecanicamente (nos locais mais afastados).

8.37 Espaço para instalações prediais

As exigências espaciais para a localização das instalações prediais e seus sistemas de distribuição podem ser consideráveis: cerca de 2–15%, dependendo do tipo de edificação, e devem ser consideradas desde as etapas preliminares do projeto de arquitetura (Tabela XXXIX).

8.38 O sistema Passive Haus

No final da década de 1980 e início da de 1990, o conceito da Passive Haus foi desenvolvido na Alemanha, com seu padrão de consumo total de energia para calefação e resfriamento ambientes inferiores a 15 kWh/m^2/ano, e consumo de energia primária total para todos os equipamentos eletrodomésticos, o aquecimento de água e a calefação e o resfriamento espaciais sendo inferiores a 120 kWh/m^2/ano. Para alcançar esse nível de desempenho, a calefação é combinada com a ventilação usando um sistema de recuperação de calor com ventilação mecânica, no qual, em geral, ar fresco aquecido é insuflado aos principais espaços de permanência prolongada e exaurido pela cozinha e pelos banheiros. As paredes de uma edificação Passive Haus são super isoladas termicamente, com valores-U entre 0,10 e 0,15 W/(m^2·K) e vidros triplos com valores-U normalmente entre 0,85 e 0,70 W/(m^2·K). Em algumas casas, o ar passa através de uma tubulação enterrada para pré-aquecer (ou pré-esfriar) o ar que será insuflado no sistema de ventilação. Uma construção que adota o padrão Passive Haus é cerca de 15% mais cara, embora essa despesa extra possa ser reduzida com uma abordagem holística.

8.39 Projeto de edificações com baixas emissões de carbono

O projeto de uma edificação com baixas emissões de carbono pode ser dividido em quatro etapas (Figura 7.73). Essas fases precisam ser cuidadosamente relacionadas entre si por meio de uma abordagem holística, a fim de garantir que as economias de custo na redução dos equipamentos de calefação e resfriamento possam compensar as despesas adicionais, por exemplo, que serão feitas com os sistemas de conversão de energias renováveis. Uma abordagem de cálculo do custo da vida útil ou das emissões de carbono totais ao longo da vida útil também pode encorajar investimentos em aspectos do projeto de

Tabela XXXIX Exigências espaciais típicas para diferentes sistemas de um prédio de escritório, em percentuais da área de piso total

	Ventilação natural	Ventilação mecânica	Condicionamento do ar
Equipamento de distribuição de ar	–	2	4
Boiler	1,5	1,5	1,5
Resfriador	–	–	2
Total	1,5	3,5	7,5

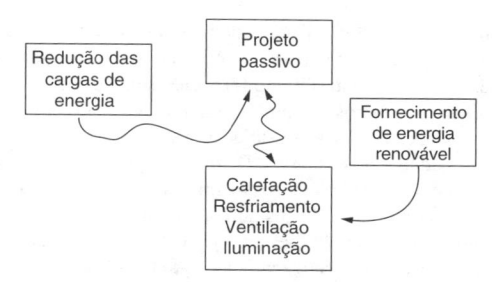

7.73 Diagrama esquemático de um projeto de edificação com baixas emissões de carbono, usando-se uma abordagem holística.

uma edificação com baixas emissões de carbono que serão compensados no futuro com a redução dos custos correntes e o aumento da segurança obtida com a independência do fornecimento de energia. O valor imobiliário superior de uma edificação com baixo carbono incorporado também garantirá que ela não terá seu valor depreciado e será relativamente fácil de vender ou alugar no futuro.

As fases da Figura 7.73 são:

1 *Reduza a demanda de energia associada às atividades da edificação*. Isso inclui a diminuição da carga elétrica associada à iluminação, aos pequenos eletrodomésticos e a outros equipamentos elétricos. Isso trará benefícios de duas naturezas. Em primeiro lugar, a eletricidade consumida será diretamente reduzida; em segundo, a emissão de calor associada ao uso de equipamentos elétricos se tornará menor e, consequentemente, diminuirá quaisquer eventuais necessidades de resfriamento. É claro que os ganhos térmicos incidentais associados aos equipamentos serão reduzidos (e eles poderiam ser úteis para a calefação ambiente), mas, em um prédio de baixas emissões de carbono, isso nem sempre é útil e controlável de acordo com as necessidades de aquecimento. A carga de ventilação também deve ser minimizada por meio da redução de todas as fontes de poluição aérea e da ventilação separada de quaisquer atividades que exijam ventilação adicional.

2 *Processo passivo*. Adote uma abordagem passiva ao projeto, a fim de reduzir a demanda de energia associada a calefação, resfriamento, ventilação, desumidificação do ar e iluminação. Isso é possível ao aproveitar ao máximo os fatores climáticos (Seção 1.2), ou seja, controlando a incidência solar, aproveitando a luz diurna, usando massas termoacumuladoras e ventilação natural, etc. nos casos apropriados. O projeto deve ser sensível à orientação solar e à forma da edificação, a seus sistemas construtivos e à distribuição das vidraças (com sistemas de sombreamento e uso de vidros especiais), às aberturas e aos equipamentos para ventilação e ao uso dos materiais de construção. A norma Passive Haus é uma referência útil para isso, embora ela exija o uso da ventilação mecânica com recuperação de calor e níveis muito elevados de isolamento térmico e minimização de pontes térmicas. No futuro, a redução da energia incorporada associada a materiais de construção, equipamentos mecânicos e instalações prediais deverá ser considerada, à medida que a energia incorporada se tornar comparável à energia de operação ao longo da vida útil do prédio.

3 *Equipamentos de climatização eficientes*. Uma vez que a demanda de energia foi reduzida com a adoção dos passos 1 e 2, o fornecimento de calor ou frio torna-se mais simples e mais eficiente. A tendência atual para as edificações com baixas emissões de carbono é o uso de sistemas de calefação e resfriamento por meio de superfícies trocadoras de calor (Figura 7.68), que podem incluir a recuperação de calor e algum sistema de calefação e resfriamento. Recomenda-se separar o sistema de ventilação daquele de calefação e resfriamento, de

modo que qualquer sistema de insuflamento de ar seja projetado principalmente para a ventilação, e a maior parte da calefação ou do resfriamento fornecido seja por meio de superfícies (pisos, tetos ou painéis radiantes, etc.). Os controles das instalações de climatização devem ser simples e responder às necessidades dos usuários. De maneira geral, controles excessivamente complexos logo ficam desregulados, especialmente com a mudança dos usuários, e muitas vezes não são bem compreendidos pelas pessoas que operam a edificação.

4 *Sistemas com energia renovável.* A etapa final do projeto de uma edificação com baixas emissões de carbono é obter sua energia necessária para calefação, resfriamento, ventilação e iluminação com o uso de sistemas com emissão baixa ou zero de carbono, como é o caso dos painéis fotovoltaicos, dos arranjos de aquecimento solar de água, das turbinas eólicas, dos equipamentos de queima de biomassa, da energia hidráulica, das bombas de calor e dos cogeradores de energia elétrica e térmica. Assim que a demanda de energia da edificação é reduzida, a quantidade de seu suprimento também é diminuída, tornando mais viável criar uma edificação ou comunidade que abrace o uso de fontes de energia renovável. A energia térmica obtida com as bombas de calor e os sistemas solares também é mais apropriada para as temperaturas reduzidas necessárias para o aquecimento das edificações com baixas emissões de carbono. Lembre-se de que uma temperatura da água não tão baixa para o resfriamento, digamos, de vigas resfriadas, pode aumentar o coeficiente de desempenho das bombas de calor.

As etapas descritas reúnem muitos dos tópicos discutidos ao longo deste capítulo. De várias maneiras, a redução das cargas de energia e a adoção de uma abordagem passiva ao projeto (1 e 2) são bem compreendidas pelos arquitetos e projetistas em geral. No entanto, o que não é tão bem entendido é como planejar instalações de climatização apropriadas e sistemas de energia renovável como parte de uma abordagem integrada ao projeto de edificações com baixas emissões de carbono.

8.40 Edificações com emissão zero de carbono

As edificações com emissão zero de carbono combinam uma demanda de energia reduzida para calefação, resfriamento, ventilação, iluminação, cozimento e carga de eletrodomésticos com o uso de fontes de energia renováveis, como a energia solar, as células fotovoltaicas, a energia eólica e a queima de biomassa. É necessário obter um equilíbrio ideal entre redução de demanda e fornecimento de energia renovável, e isso pode variar conforme o tipo de prédio e sua localização. Essa definição de emissão zero de carbono aborda apenas a energia para a operação das edificações. Outras definições podem incluir o uso de energias renováveis ao longo de toda a vida útil do prédio para compensar a energia incorporada à sua construção, ou mesmo o consumo de energia que depende do estilo de vida dos usuários, como para o transporte, a alimentação e a compra de bens de consumo. Todas as definições de uma edificação com emissão zero de carbono envolvem:

- A redução da demanda energética por meio de menores cargas internas e da adoção do projeto passivo.
- O uso de sistemas de energia renovável, integrados à edificação ou baseados na comunidade.
- O armazenamento de energia, seja com o uso de sistemas independentes ou integrados à rede pública (isto é, que também possam vender a energia excedente gerada pela edificação).

9 PREVISÃO E MEDIÇÃO

9.1 Técnicas

Há inúmeras técnicas de previsão e medição já disponíveis ao projetista para ajudá-lo a conseguir um bom projeto de conforto térmico.

As técnicas de previsão podem ser empregadas durante o projeto para apoiar o processo de projeto. As técnicas de medição são aplicadas após a construção, durante o período pós-ocupação, a fim de conferir o desempenho dos sistemas de conforto térmico. A seguir, apresentaremos algumas das técnicas mais comuns.

9.2 Modelagem do consumo energético de uma edificação

Podem ser empregados modelos de consumo de energia dinâmicos e computadorizados para prever o desempenho térmico de uma edificação ao longo do tempo. Esses programas conseguem prever o desempenho dinâmico de um prédio e podem analisar sua inércia térmica, bem como a resposta aos ganhos térmicos internos e à radiação solar, ambos variáveis ao longo do tempo (Figura 7.74). Eles preveem os seguintes parâmetros em intervalos de tempo regulares (geralmente de hora em hora):

- temperatura do ar no interior;
- temperaturas das superfícies internas (inclusive daquelas dos sistemas de resfriamento por meio de superfícies);
- temperaturas e fluxos térmicos dentro dos sistemas construtivos (por exemplo, em relação aos efeitos de termoacumulação);
- umidade relativa do ar no interior;
- energia consumida para a calefação e o resfriamento ambiente;
- perfis de temperatura através da construção (incluindo as fachadas envidraçadas).

Esses valores podem ser previstos para cada espaço interno de uma edificação e ao longo de um período de tempo qualquer (por exemplo, um dia, uma semana ou um ano). Os modelos exigem os seguintes dados de entrada:

- Dados meteorológicos: temperatura, radiação solar, ventos. Esses dados são disponibilizados no formato de *anos de referência de teste* para diversas localidades.
- Dados de construção: valores-k, densidades, calores específicos e dimensões dos materiais empregados.
- Geometria da edificação: áreas e localização das paredes, pisos, etc.
- Padrões de ocupação: horas de uso, consumo de energia, atividades.
- Operação dos sistemas de calefação, resfriamento e ventilação: horários de uso, sistemas e detalhes dos controles.

9.3 Modelos de ventilação e fluxos de ar

Modelos em rede

Os modelos em rede ou por zona podem ser empregados para o cálculo do fluxo de ar entre uma ou mais zonas de uma edificação e entre esses espaços e o exterior. Eles são feitos com o uso de computadores e calculam os fluxos entre nós de pressão, tanto dentro como fora do prédio. Sua principal vantagem é que eles servem para calcular os fluxos entre as zonas e, portanto, as taxas de troca de ar, as perdas térmicas com a ventilação e a transferência de contaminantes. Eles podem ser empregados para a análise de novas formas de edificação, e conseguem processar uma grande variedade de tipos de fissuras e aberturas e inclusive prever a interação entre os efeitos dos ventos e os da estratificação natural do ar.

Modelos de dinâmica de fluidos computacional (DFC)

A dinâmica de fluidos computacional pode ser empregada para prever o fluxo de ar e a distribuição do calor nos interiores, os quais resultam da combinação das forças externas do vento e do efeito chaminé, bem como das forças internas de estratificação natural do ar (provocadas pelas superfícies quentes e frias) e das fontes de momento (jatos de ar) (Figura 7.75). Ela também serve para prever a taxa de ventilação e a dispersão de um poluente através do espaço ou a dispersão da fumaça, no caso de um incêndio. Outra utilidade da DFC é a previsão dos fluxos de vento externos, isto é, ao redor de

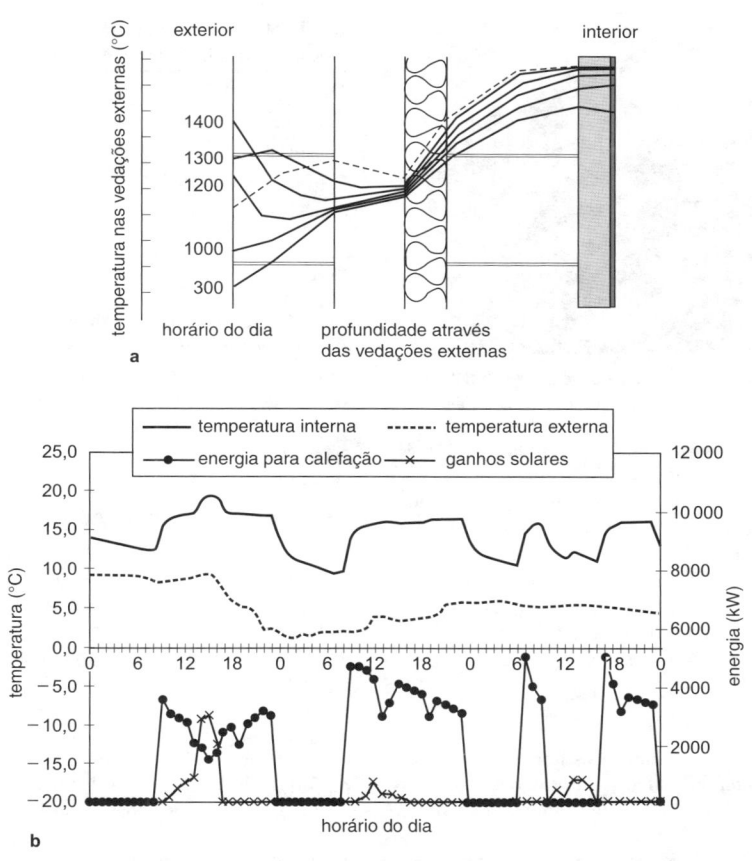

7.74 Exemplo dos resultados do modelo HTB2 de consumo de energia de uma edificação: a) previsão do perfil de temperatura através de uma parede ao longo do tempo; b) previsão da temperatura do ar do interior e do consumo de energia conforme variam com as mudanças da temperatura externa e os ganhos solares ao longo de um período de três dias.

uma edificação, e do campo de pressão resultante, a partir dos quais se poderá calcular os coeficientes de pressão (C_p). Esses modelos, portanto, são técnicas extremamente versáteis e úteis para o campo das previsões de ventilação e da qualidade do ar. Todavia, são extremamente complexos e exigem elevado nível de conhecimento e compreensão do projeto de ventilação, da física da edificação e das técnicas numéricas computacionais para obter soluções confiáveis. Por outro lado, eles estão se tornando mais fáceis de usar por não especialistas, e a necessidade de uso de tais modelos no projeto de ventilação no futuro resultará em seu uso generalizado.

Modelagem com túnel aerodinâmico

Uma maquete convencional de uma edificação em seu contexto imediato pode ser construída e colocada dentro de um túnel aerodinâmico (Figura 7.76), onde ela será sujeita a um fluxo de vento controlado. Sensores de pressão podem ser instalados em diversos pontos das vedações externas da maquete, cada um correspondendo a uma abertura para ventilação, de modo que se possa medir a pressão em todos esses pontos. Esses dados serão então relacionados com a pressão do vento livre em um ponto de altura conhecida acima da superfície, a fim de obter o coeficiente de desempenho descrito na Seção 4 deste capítulo.

9.4 Análises termográficas

Todos os objetos emitem energia térmica (isto é, radiação infravermelha), cuja quantidade depende da temperatura de suas superfícies e de sua emissividade.

Termografia é o termo empregado para descrever o processo de tornar esse calor visível e possível de ser interpretado. Uma câmera de radiação infravermelha é utilizada para varrer as superfícies de uma edificação e produzir uma fotografia da energia térmica "viva" que possa ser visualizada pelas pessoas. Essa imagem pode ser a cores ou em uma escala tonal de cinza. As diferenças de cor ou tons de cinza correspondem às diferentes temperaturas superficiais do elemento sob análise. É possível identificar diferenças de temperatura na ordem de 0,5°C. Isso permite detectar áreas com isolamento térmico defeituoso ou inexistente, com a localização das áreas de superfície quentes (vistas de fora da edificação)

7.75 Exemplo do uso de um modelo de dinâmica de fluidos computacional (DFC) para a previsão do movimento do ar em um átrio.

7.76 Túnel aerodinâmico de camada limite e maquete na Welsh School of Architecture utilizados para a medição dos coeficientes de desempenho.

Tabela XL Referências de infiltração de ar para uma diferença de pressão entre o interior e o exterior de 50Pa

Tipo de edificação	m³/h/m²@50Pa
Doméstica	7
Comercial	
Com ventilação natural	10
Com ar-condicionado	5
Industrial	15

Fonte: BSRIA.

ou frias (vistas de dentro dela). Grosso modo, as imagens obtidas pelos interiores (quando comparadas àquelas dos exteriores) conseguem evidenciar variações de temperatura maiores, em virtude das resistências térmicas superficiais relativamente mais elevadas nas superfícies internas, e, portanto, têm melhor resolução. Caso haja um vazamento de ar na edificação, ele gerará uma área fria na superfície interna que será detectada pela câmera. Ao mesmo tempo, se o vazamento de ar for no exterior, ele mostrará uma área aquecida na fachada. A Figura 7.77 apresenta alguns exemplos de imagens termográficas.

9.5 Medição dos valores-U

Os valores-U de uma construção podem ser estimados a partir de medições das temperaturas interna e externa e do fluxo térmico. No entanto, para minimizar os efeitos da inércia térmica, tais valores precisam ser medidos ao longo de um período de tempo: no caso de edificações com sistemas de vedação leves, uma estimativa do valor-U é obtida em cerca de oito horas; mas, nas construções de alvenaria pesada, às vezes é necessário um período entre uma semana e 10 dias. No hemisfério sul, as medições devem ser feitas em uma parede com orientação sul (ou na cobertura), para evitar a interferência dos ganhos térmicos solares.

9.6 Medições de infiltração de ar

Essas medições são uma maneira de medir a estanqueidade de diferentes prédios por meio da comparação dos valores. Os vazamentos de ar em uma edificação podem ser medidos com sua pressurização ou despressurização com o uso de um ventilador, que mede o volume de ar necessário para manter uma diferença de pressão fixa entre o interior e o exterior.

Os padrões de infiltração de ar normalmente são especificados para as edificações como um todo (em trocas de ar por hora) ou de forma normalizada relativa à área de vedações externas ($m^3 s^{-1}$ por m^2 de área de pele). A Tabela XL apresenta alguns valores de infiltração de ar típicos para o projeto.

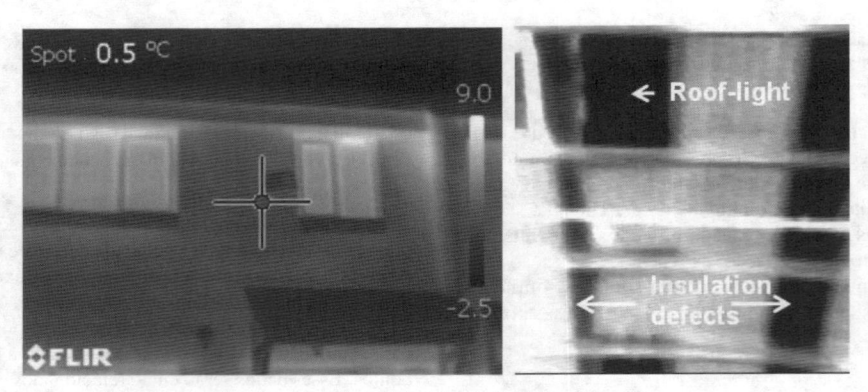

7.77 Exemplos de imagens termográficas pelo exterior (à esquerda) e pelo interior (à direita).

Iluminação 8

Joe Lynes

Joe Lynes é consultor de luminotécnica

PONTOS-CHAVE:
- *Conservação de energia por meio de iluminação natural e solar*
- *Iluminação elétrica eficiente em consumo de energia*
- *A iluminação de acordo com as normas de construção britânicas (Building Regulations)*

Conteúdo

1. Recursos solares passivos
2. Interiores com iluminação natural
3. Projeto de janelas
4. Iluminação elétrica e eficiência energética
5. Controles de iluminação
6. Dimensionamento de um sistema de iluminação completo
7. Iluminação de destaque
8. Postos de trabalho
9. Glossário
10. Referências bibliográficas

INTRODUÇÃO

Os avanços recentes nos programas computadorizados de cálculo, simulação e representação gráfica significam que o projeto dos sistemas de iluminação cada vez mais se torna uma atividade exercida por especialistas e por meio da tecnologia da informação e comunicação. Os arquitetos devem permanentemente acompanhar as novas exigências impostas pelas normas de construção dessa área. Eles devem estar cientes dos aumentos contínuos na eficácia das lâmpadas, especialmente as de LED (diodos emissores de luz), bem como entender como a escolha das luminárias pode afetar o caráter de um ambiente iluminado artificialmente.

O desenho das janelas continua sendo, em grande parte, uma tarefa do arquiteto. A iluminação natural tem importantes implicações para a implantação e a volumetria das edificações, além de afetar a conservação de energia. O aproveitamento da luz solar tem se tornado cada vez mais importante, pois o estudo da geometria solar é a chave para a coleta da luz natural. Os coeficientes de luz diurna continuam sendo dados importantes, embora os valores médios hoje estejam substituindo as exigências mínimas tradicionais. Os interruptores e controles de iluminação (cujo uso aprimorado vem sendo exigido pelas normas) oferecem oportunidades adicionais para economias no consumo energético se forem sabiamente aplicados.

1 RECURSOS SOLARES PASSIVOS

1.1 Implantação e orientação

As aplicações térmicas da energia solar já foram reconhecidas há muito tempo. O uso da luz natural, seja direta ou difusa, para a economia de energia elétrica mediante a redução do consumo de iluminação artificial é mais imprevisível. Nesse caso, decisões prévias referentes à implantação e à orientação talvez sejam mais eficazes do que decisões posteriores sobre a fenestração. Orientações detalhadas sobre a estratégia de utilização da luz natural estão disponíveis em Littlefair (2011).

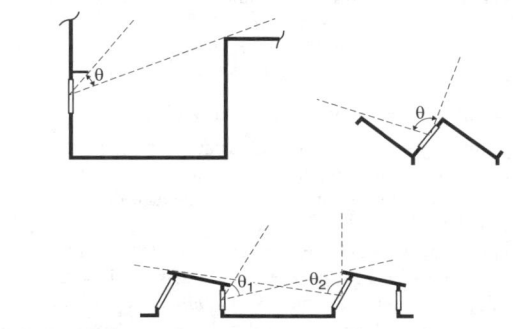

8.1 θ é o ângulo subtendido na janela em relação ao céu visível.

No hemisfério norte, o ideal é que as edificações altas fiquem ao norte, enquanto as edificações baixas ou de baixa densidade sejam colocadas ao sul de um novo empreendimento; contudo, é preciso tomar cuidado para não projetar sombras excessivas sobre os prédios preexistentes. Deve-se aproveitar ao máximo os terrenos em declive voltados para o sul (no hemisfério norte). As casas em fita devem ser construídas na direção leste-oeste, para que uma parede fique voltada para o sul. As moradias com recuos laterais ou casas geminadas podem ser construídas ao longo de vias coletoras norte-sul. No hemisfério norte, os pátios devem estar orientados para o sul, sudeste ou sudoeste. As garagens ficam voltadas para o norte. O caimento das coberturas voltadas para o norte deve ser discreto, de forma a evitar o excesso de sombreamento.

1.2 Critérios para implantar uma edificação

A iluminação natural que chega a qualquer ponto depende, em grande parte, da parcela visível da abóbada celeste no local em questão. A quantidade de luz que atinge uma janela (e, consequentemente, entra em um cômodo) em um dia muito encoberto é relativamente proporcional ao ângulo θ (Figura 8.1) – ou seja, o ângulo efetivo, em graus, subtendido em um plano vertical em relação ao céu visto a partir do ponto central da janela.

O relatório do BRE (Building Research Establishment) *Site layout planning for daylight and sunlight* (Littlefair, 2011) expressa a luz diurna incidente sobre uma parede ou janela vertical em um dia extremamente encoberto em termos do *componente celeste* (SC). Trata-se da *iluminância* (lux) direta sobre uma superfície vertical, expressa como uma porcentagem da iluminância horizontal simultânea sob um céu encoberto, mas sem obstruções. Uma parede vertical sem obstruções teria um componente celeste de 39%.

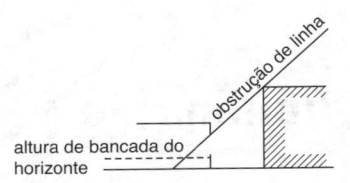

8.2 Nenhum trecho do céu é diretamente visível a partir do interior do cômodo à esquerda da linha de obstrução do horizonte.

Uma verificação adicional da penetração de luz diurna é fornecida pela *linha de obstrução do horizonte* (Figura 8.2). Trata-se de uma "linha" (na verdade, uma superfície em um espaço tridimensional) que divide um cômodo em duas partes: uma parte é exposta a uma vista do céu, enquanto a outra não recebe iluminação natural direta. Essa última zona está em desvantagem no que diz respeito ao campo de visão e à iluminação natural.

As recomendações contidas no relatório BRE são resumidas a seguir, nas Seções 1.3 a 1.8 e na Tabela I.

1.3 Novas edificações – potencial de luz diurna

Recomendam-se duas verificações alternativas para garantir que as obstruções do entorno não impedirão indevidamente a entrada de luz natural em um cômodo. Em primeiro lugar, a partir de uma altura de referência padrão localizada a 2 m acima do nível do piso, verifique se alguma obstrução visível se projeta acima de 25° em relação à cumeeira (Figura 8.3). Árvores esparsas podem ser ignoradas. Se a linha de 25° tiver poucas obstruções, o *componente celeste* pretendido (de, no mínimo, 27%) poderá ser alcançado. Caso a primeira verificação venha a falhar, a obstrução talvez seja estreita o bastante para permitir a iluminação natural adequada em torno de suas laterais. Para verificar esse fato, é necessário certificar-se de que todos os pontos ao longo da linha de referência padrão de 2 m fiquem a menos de 4 m (medidos nos lados) do ponto que tem o componente celeste vertical de 27% ou mais. O relatório do BRE emprega um *índice de insolação* para estimar os componentes celestes verticais em um terreno com obstruções.

1.4 Novas edificações – potencial de insolação

A luz solar incidente é expressa em termos de *horas de insolação provável*, o número total de horas por ano nas quais o sol, sob condições de nebulosidade normais, incidiria diretamente em determinado ponto.

Em uma nova moradia, ou em qualquer outra edificação nova que tenha necessidade de luz natural, duas recomendações referentes à insolação incidente precisam ser observadas:

(a) Uma parede com janela principal deve estar orientada com ângulo de até 90° em relação ao sul (hemisfério norte), e

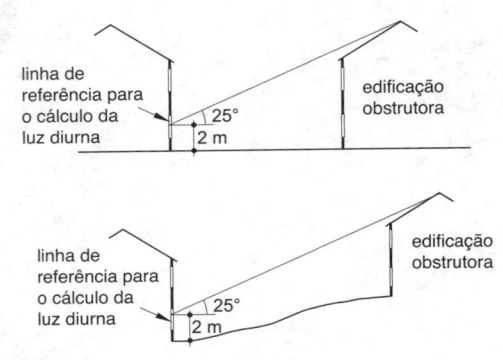

8.3 Critério dos 25°.

(b) Ao longo desta parede com janela, todos os pontos sobre a linha de referência de 2 m devem estar a menos de 4 m (medidos para os lados) de um ponto exposto a, no mínimo, 1/4 das horas de insolação anuais prováveis sobre um terreno aberto. Essas horas de exposição devem incluir, no mínimo, 5% de horas de insolação provável durante os seis meses de inverno (entre 21 de setembro e 21 de março no hemisfério norte).

O relatório do BRE emprega *índices de insolação* para três latitudes: 51,5°N (Londres), 53,5°N (Manchester) e 56°N (Glasgow). Esses indicadores podem ser usados para estimar as horas de *insolação provável* em um terreno com obstruções.

1.5 Edificações existentes – proteção contra a luz diurna

Sempre que qualquer parte de uma nova edificação ou de sua ampliação, quando vista a partir da janela mais baixa de uma edificação preexistente, ultrapassar o limite de referência horizontal de 25° (Figura 8.3), será preciso aplicar mais dois testes:

(a) o *componente celeste* no centro de cada janela principal preexistente não deve ser inferior a 27% e tampouco 0,8 vez inferior ao seu valor anterior, e

(b) a área do *plano de trabalho dentro da linha de obstrução do horizonte* (Figura 8.2) não deve ser 0,8 vez inferior ao seu valor anterior.

O *indicador de luz solar* do BRE (Figura 8.4) foi idealizado para verificar os componentes celestes verticais.

Em alguns casos, na legislação do Reino Unido, os direitos à iluminação complementam as recomendações do BRE. O direito à iluminação natural existe em virtude de contrato legal ou quando uma janela recebe luz ininterruptamente há mais de 20 anos. A não observação do direito à iluminação natural é julgada por meio da

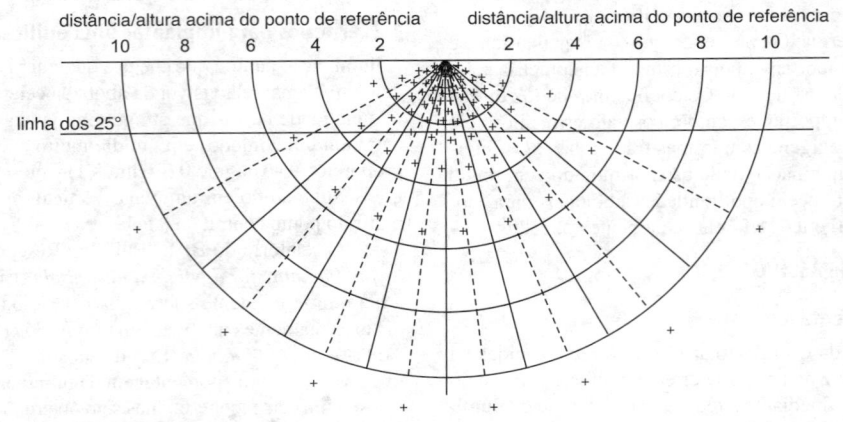

8.4 Indicador de luz celeste (com permissão do BRE).

Tabela I Critérios do Building Research Establishment (Instituto de Pesquisa em Edificação – BRE) e dicas de projeto de luminotécnica

Critério	Local	Norma	Indicador	Atalho	Contagem
Potencial de luz solar	Edificação nova	A, no máximo, 4m de um componente celeste de 27%	Indicador de luz celeste (Figura 8.4)	Céu limpo acima de 25°	54 cruzes
Potencial de luz solar	Janela existente	Componente celeste junto à janela de, no mínimo, 27%	Indicador de luz celeste (Figura 8.4)	Céu limpo acima de 25°	54 cruzes
Potencial de luz solar	Junto à divisa do terreno	A, no máximo, 4m de um componente celeste de 17%	Indicador de luz celeste (Figura 8.4)	Céu limpo acima de 43°	34 cruzes
Potencial de luz solar	Edificação nova	Uma parede principal dentro de 90° em relação ao sul. No máximo a 4m de uma exposição de 25% das horas de insolação possível, incluindo, no mínimo, 5% nos seis meses mais frios do ano	Indicador de disponibilidade de luz solar (Figura 8.5)		25 e 5 pontos
Potencial de luz solar	Janela existente	25% das horas de insolação possível, incluindo, no mínimo, 5% nos seis meses mais frios do ano	Indicador de disponibilidade de luz solar (Figura 8.5)	Céu limpo acima de 25°	5 pontos
Potencial de luz solar	Espaço aberto	No máximo 40% de sombreamento total nos equinócios	Indicador de luz solar incidente sobre o solo (Figura 8.6)	Percentual de área sombreada	
Aproveitamento da luz solar			Carta solar (Figura 8.7)		

comparação do contorno do *fator celeste* no interior antes e depois da violação.

1.6 Edificações existentes – proteção contra a insolação

Sempre que uma sala de estar preexistente tiver uma janela principal orientada com ângulo de até 90° em relação ao sul (hemisfério norte), uma dentre duas condições alternativas deve ser observada:

(a) nenhuma parte de uma nova edificação, vista a partir do centro da janela e projetada sobre um plano vertical perpendicular à parede da janela, fica mais de 25° acima do horizonte, ou

(b) o ponto central de uma janela, sobre o plano interno da parede da janela, deve estar exposto a, no mínimo, ¼ das *horas de insolação prováveis* anuais, incluindo, no mínimo, 5% das horas de insolação prováveis anuais durante os seis meses de inverno (entre 21 de setembro e 21 de março no hemisfério norte), bem como pelo menos 0,8 vez as horas de insolação anteriores em qualquer período. Os *índices de insolação* do BRE (Figura 8.5) são usados para isso.

1.7 Terrenos contíguos à nova edificação

Para "respeitarem os vizinhos", as edificações devem ter um bom recuo em relação às divisas que delimitam o terreno, de forma a evitar a restrição indevida do uso da iluminação natural e de prismas de iluminação nas propriedades adjacentes. O terreno adjacente terá uma proteção adequada contra a insolação sempre que, ao longo de cada divisa comum, um dos seguintes critérios alternativos for observado:

(a) nenhuma nova edificação, vista a partir de um ponto situado a 2 m acima do nível do piso e projetada sobre um plano vertical perpendicular à divisa, deve ter mais do que 43° em relação ao horizonte, ou

(b) todos os pontos localizados 2 m acima da linha divisória devem ficar a menos de 4 m (medidos ao longo da divisa) de um ponto com *componente celeste* (voltado para a nova obstrução) de 17% ou mais.

Observação: Não há proteção de luz solar (ou visibilidade), e sim de luz diurna, ao longo das divisas.

1.8 Ferramentas de auxílio ao planejamento da implantação do BRE

O Building Research Establishment (BRE) disponibilizou vários indicadores para auxiliar os projetistas interessados em suas recomendações para o planejamento do terreno:

- indicador de luz solar (Figura 8.4)
- índice de insolação (Figura 8.5)
- indicador de luz solar sobre o solo (Figura 8.6)
- indicador do percurso aparente do sol (Figura 8.7)

A Tabela I resume os critérios do BRE, indicando qual ferramenta de planejamento deve ser aplicada a cada critério.

1.9 Geometria solar

A posição aparente do sol no céu é especificada em termos de duas coordenadas angulares:

- a *altura solar* γ em graus acima do horizonte;
- o *azimute* α em graus horários no plano, medido a partir do norte.

Essas coordenadas são obtidas por meio de equações:

$$\gamma = \text{arco-seno (seno } \varphi \text{ seno } \delta - \text{cosseno } \varphi \text{ cosseno } \delta \text{ cosseno } 15t) \quad \text{equação (1)}$$

$$\alpha = \text{arco-cosseno [(seno } \delta - \text{seno } \varphi \text{ seno } \gamma)/(\text{cosseno } \varphi \text{ cosseno } \gamma)] \quad \text{equação (2)}$$

Onde:
φ = latitude solar do terreno (positiva no hemisfério norte)
δ = *declinação solar* (positiva no norte, negativa no sul) (Tabela II)
t = horas desde a meia-noite (observe que o termo 15t está em graus)

A *altura* do sol ao meio-dia é $(90° - (\varphi - \delta))$.

1.10 Insolação – uso de modelos tridimensionais

Uma maquete volumétrica é adequada para a maioria dos estudos de penetração solar e para a escolha da proteção solar. Pode ser iluminada

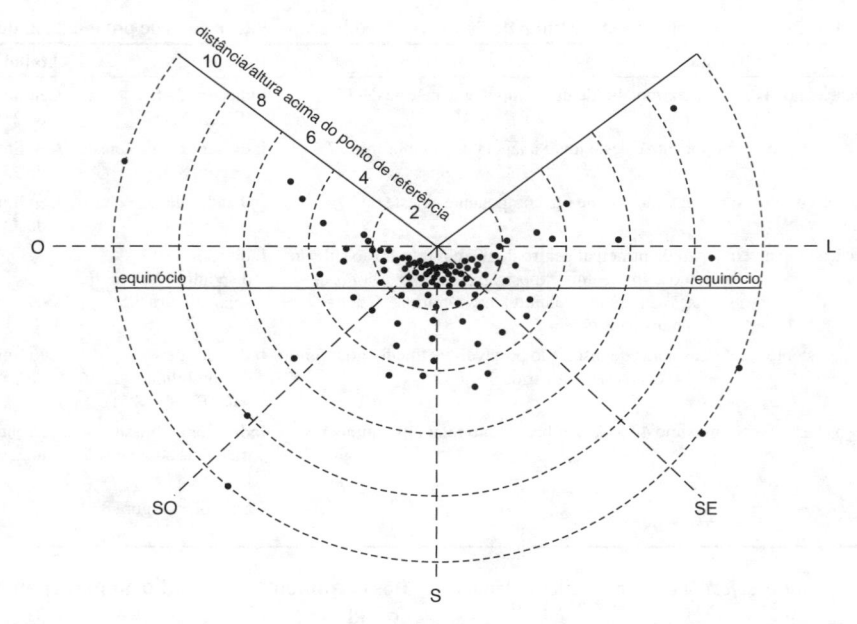

8.5 Índice de insolação para a latitude 53,5°N. O total anual de horas desobstruídas de luz solar direta provável seria de 1.392 horas (com permissão do BRE).

por uma lâmpada incandescente comum, localizada o mais longe possível do modelo, de forma a fornecer uma simulação de insolação quase paralela. O ideal, juntamente a um relógio de sol compacto, é usar o sol propriamente dito como fonte de luz. As posições relativas da fonte e da maquete são arranjadas para que a direção da luz incidente replique a direção dos raios solares no horário e na estação em análise.

Uma maneira de fazer os ângulos corretos de luz solar serem simulados sobre a maquete consiste em construí-la sobre um *heliodon* (Figura 8.8). Uma simples mesa giratória sustenta uma plataforma que é inclinada para ficar paralela à superfície da terra na latitude adequada; o solo no polo norte geralmente é considerado o horizontal. O sol artificial se desloca acima ou abaixo desse plano de referência horizontal, de acordo com a estação/*declinação*; ele pode subir e descer em uma escala vertical (Figura 8.9), cuja altura solstício a solstício subtende 46,6° no centro da plataforma do heliodon inclinada. O centro da escala vertical deve estar no mesmo nível da plataforma. A rotação diária da terra é simulada girando-se a plataforma inclinada, para que a movimentação das sombras em um dia específico possa ser observada.

Tabela II Declinação solar

Data	Declinação solar
22 de junho	23,4° N (solstício de verão)
21 de maio/24 de julho	20° N
26 de abril/28 de agosto	10° N
21 de março/23 de setembro	0° (equinócio)
23 de fevereiro/20 de outubro	10° S
21 de janeiro/22 de novembro	20° S
22 de dezembro	23,4° S (solstício de inverno)

O minirrelógio de sol (Figura 8.10) já foi descrito como "heliodon de pobre". Ele contém uma vareta (o "ponteiro") sobre uma superfície que, dobrada, cabe em uma caixa de fósforos. Uma grelha de linhas sobre a superfície traça a posição das sombras criadas pela ponta do ponteiro em diferentes horas e estações do ano. As órbitas de sombreamento de sete meses correspondem às datas e às *declinações solares* indicadas na Tabela II. O minirrelógio de sol compacto

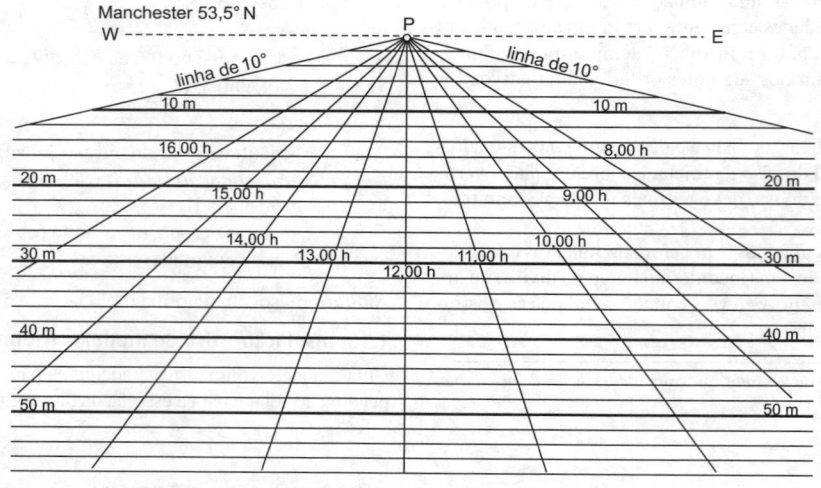

8.6 Indicador de luz solar sobre o solo em 21 de março na latitude 53,5° N (com permissão do BRE).

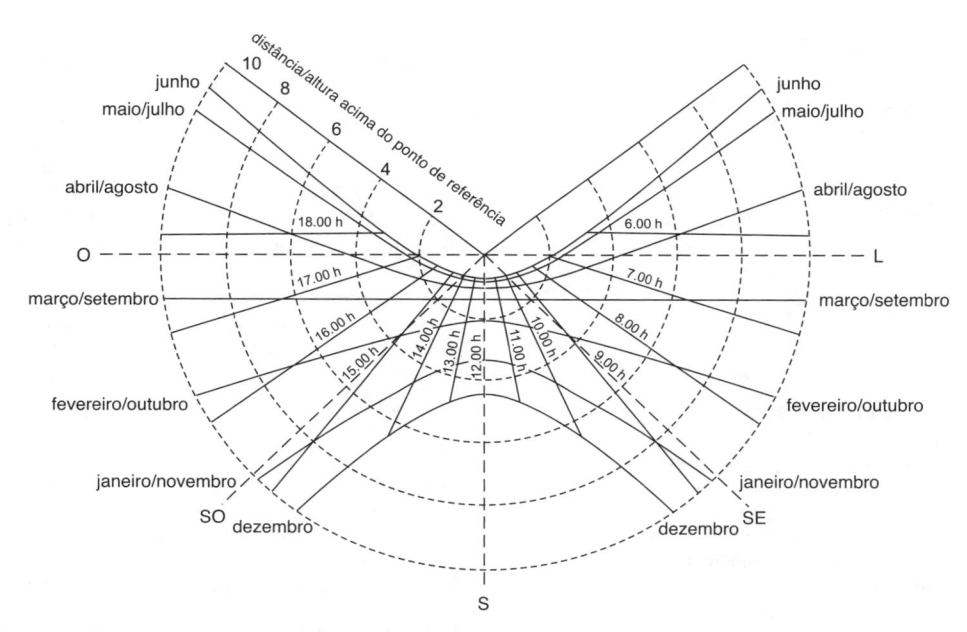

8.7 Indicador do percurso aparente do sol para a latitude 53,5°N (com permissão do BRE).

ilustrado é adequado somente para a latitude 53,5°N. Para aplicá-lo a outros locais, incline-o em relação ao eixo leste-oeste em um ângulo equivalente à diferença de latitude; as sombras ficam mais curtas à medida que nos aproximamos do equador.

Alinhe o ponto norte do relógio de sol com o ponto norte da maquete. Ligue uma luminária distante sobre o relógio de sol, projetando a sombra do ponteiro no mês e no horário em consideração. O padrão de insolação e sombreamento deve estar correto na maquete. O ideal é que essa atividade envolva três pessoas. A primeira pessoa (a mais alta) segura a luminária o mais longe possível da maquete. A segunda pessoa observa o relógio de sol e orienta o primeiro indivíduo de acordo. O terceiro indivíduo fotografa – sempre a partir do norte, no hemisfério norte; do contrário, as sombras do fotógrafo, da câmera e do tripé aparecerão na fotografia. Lembre-se de incluir, em cada fotografia, um cartão indicando o horário e a data. Do contrário, é possível que, posteriormente, você não saiba a que cada fotografia se refere!

Uma alternativa é o "método do aviador", que dispensa os colegas e a necessidade de colocar seu ambiente na escuridão; por outro lado, não há fotografias para comprovar. Essa abordagem depende do fato de que o sol nunca "vê" uma sombra. As sombras solares são projetadas somente em superfícies protegidas contra a luz solar direta. Coloque um minirrelógio de sol, orientado da maneira correta, ao lado do modelo. Alinhe seus olhos com a ponta do ponteiro e com as marcas referentes ao horário e à data escolhidos. As partes do modelo que você conseguir enxergar a partir daquela posição estarão iluminadas no momento escolhido. As partes que estão ocultas ficarão na sombra. O método do aviador também funciona com o heliodon: basta colocar seus olhos na posição do "sol".

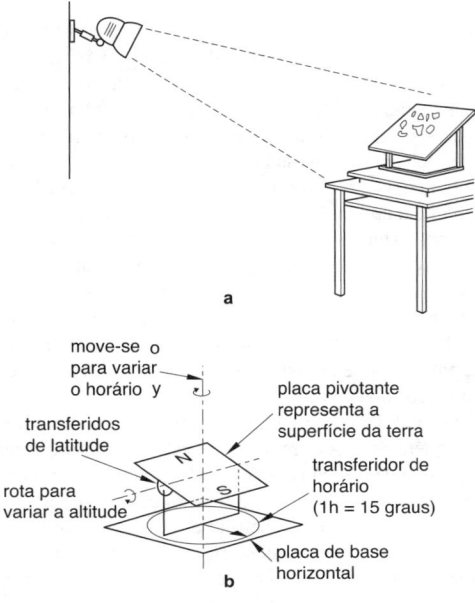

8.8 O heliodon: a) em uso; b) diagrama explanatório.

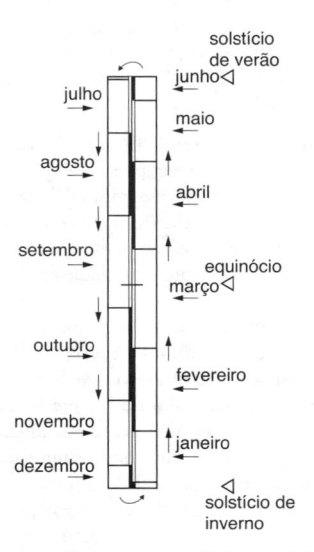

8.9 Escala sazonal graduada para o minirrelógio de sol (heliodon). Uma luminária sobe e desce a escala, de forma a simular a posição do sol com o passar dos meses.

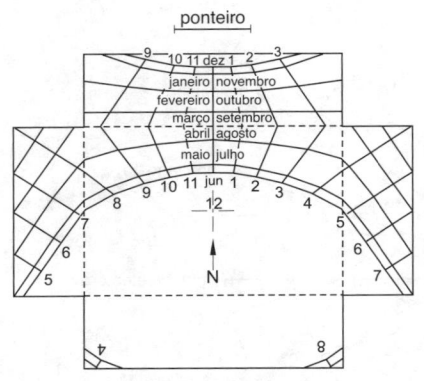

8.10 Minirrelógio de sol para a latitude 53,5°N.

Os estudos com maquetes são úteis para três tipos de investigação solar:

1. Ver a extensão da penetração da luz solar direta no interior do cômodo representado em uma maquete, bem como avaliar a eficácia do controle por meio de recursos de proteção solar.
2. Ver como as edificações vizinhas barram a luz solar.
3. Avaliar a iluminação solar recebida no interior do cômodo após a reflexão do solo e das edificações vizinhas; esse método é aplicável às áreas tropicais secas, mas não ao Reino Unido.

2 INTERIORES COM ILUMINAÇÃO NATURAL

2.1 Coeficientes de iluminação natural

Tradicionalmente, o projeto da iluminação natural no Reino Unido se baseia na convenção do Céu Encoberto Padrão por três razões:

(a) Prudência: se a iluminação natural é suficiente em um dia encoberto, ela provavelmente será mais do que adequada sempre que o sol brilhar.
(b) Conveniência: o céu extremamente encoberto é o mesmo, independentemente da direção (em plano) – norte, sul, leste ou oeste. O efeito da orientação desaparece do cálculo, mas não, espera-se, da consciência do projetista!
(c) Devido ao perfil de brilho total do Céu Encoberto Padrão, a *iluminância* em qualquer ponto interno deve ser diretamente proporcional à iluminância externa simultânea sob a abóbada celeste encoberta desobstruída, esteja o céu com pouca ou muita nebulosidade.

A relação constante entre a iluminância interna e a iluminância externa desobstruída geralmente é expressa em percentuais e conhecida como *coeficiente de iluminação natural*. Logo, o coeficiente de iluminação natural em determinado ponto pode ser definido como a iluminância (lux) naquele mesmo ponto – expressa como um percentual da iluminância horizontal simultânea sob um céu encoberto desobstruído.

Até recentemente, costumava-se especificar os níveis de iluminação natural em termos do coeficiente de iluminação natural mínimo em determinado interior. Isso envolvia cálculos dificílimos e, mesmo assim, não havia garantia de que a reação das pessoas aos espaços naturalmente iluminados se correlacionaria aos coeficientes de iluminação natural mínimos. A tendência atual consiste em expressar a iluminação natural de um cômodo em termos do coeficiente de iluminação natural médio (em oposição ao mínimo). Isso exige apenas um cálculo muito rápido (veja a Seção 2.3) e gera, para cada cômodo, um total único que caracteriza o nível de iluminação.

As limitações do coeficiente de iluminação natural médio não devem ser ignoradas. Em um cômodo de tamanho médio, geralmente conseguimos tirar uma impressão unitária da iluminação natural: nós a resumimos como "ofuscante", "adequada", "deficiente", etc., conforme o caso. Em um espaço iluminado pelos lados, porém, nossas impressões são mais complexas; um dos lados do cômodo talvez pareça ofuscante, enquanto o outro pareça escuro por comparação. Para interpretar o fator de iluminação natural médio com discernimento, precisamos saber em que ponto o conceito deixa de ser válido.

Em termos gerais, um cômodo iluminado pelos lados é demasiadamente profundo (ou com iluminação diurna desequilibrada) quando a *linha de obstrução do horizonte* (Figura 8.2) corta uma área substancial do plano de trabalho e/ou quando

$$l/w \; 1 \; l/h > 2(1 - R_b) \qquad \text{equação (3)}$$

Onde:
l = profundidade do cômodo entre uma janela e a parede dos fundos
w = largura do cômodo medida em relação à parede com janela
h = altura da verga da janela em relação ao piso
R_b = *refletância* média da área na metade posterior do cômodo

A menos que o coeficiente de iluminação natural médio tenha sido descartado devido a uma dessas considerações, ele pode ser usado com confiança para caracterizar a aparência de um cômodo com iluminação natural. Consequentemente, um fator de iluminação natural média superior a 5% geralmente dará a impressão de iluminação natural generosa (exceto, evidentemente, em um dia nublado ou no final da tarde); por outro lado, uma média inferior a 2% seria considerada escura. Nesse caso, a iluminação elétrica seria acionada assim que o usuário entrasse no local.

2.2 Uso de maquetes para prever a iluminação natural

Maquetes de cômodos em escala são usadas com frequência para prever os coeficientes de iluminação natural. As leis básicas da iluminação (as leis da aditividade, do inverso do quadrado da distância e do cosseno) determinam que os coeficientes de iluminação natural em uma maquete com escala perfeita devem ser compatíveis com aqueles da edificação em tamanho real. Infelizmente, a aplicação direta desse princípio apresenta uma série de armadilhas para os desavisados.

Os modelos tridimensionais arquitetônicos encomendados para outros fins dificilmente serão adequados. As juntas e as quinas devem vedar completamente a passagem da luz. As paredes devem ser opacas: madeira balsa e o papel dúplex ou tríplex (brancos) não são adequados. As cores superficiais – e, especialmente, *as refletâncias* – precisam ser simuladas corretamente. A *transmitância* do vidro também deve ser correta ou, do contrário, precisa ser compensada mediante a aplicação de um fator corretivo ao resultado final. As obstruções externas devem ser escaladas de maneira correta (no mínimo, em relação à abertura angular), além de apresentar os acabamentos adequados. Por fim, o coeficiente de iluminação natural medido deve ser ajustado de forma a incluir a poeira sobre os vidros e as superfícies do cômodo, além de prever quaisquer cortinas ou barras de envidraçamento, bem como a absorção da luz pelo mobiliário e por outros obstáculos.

Em princípio, o coeficiente de iluminação natural no interior de uma maquete pode ser obtido pela medição da iluminância interna em determinada posição com o uso de um fotômetro. O fator será expresso como um percentual de iluminação na cobertura da maquete. Isso pressupõe que a cobertura está exposta a toda a abóbada celeste; do contrário, será necessário fazer leituras direcionais do brilho celeste. Ela também pressupõe que o céu está extremamente encoberto; essa exigência resulta da definição do *coeficiente de iluminação natural*.

A necessidade de esperar pela ocorrência de condições de nebulosidade não acompanhadas pela chuva, pela neve ou por rajadas de vento resultou, da maneira bastante lógica, no desenvolvimento de céus artificiais, que fornecem o perfil de luminosidade do Céu Encoberto Padrão simplesmente ligando-se um interruptor. Esse método também apresenta algumas armadilhas. Os céus espelhados produzem reflexos múltiplos do modelo tridimensional no nível do horizonte. As caixas demasiadamente pequenas para acomodar um modelo tridimensional em seu interior são inadequadas para a testagem das claraboias. As abóbadas celestes sofrem com o efeito paralaxe e apresentam erros em termos de horizonte, a menos que sejam muito grandes em relação ao modelo tridimensional analisado.

Já que a maioria dos possíveis erros causaria a superestimativa dos níveis de iluminação natural medidos nos modelos tridimensionais, podemos prever que, se precauções excepcionais não forem tomadas, os coeficientes de iluminação medidos ultrapassarão consideravelmente aqueles encontrados nas edificações reais. Isso não pretende desestimular o uso dos modelos tridimensionais. Na verdade, talvez seja difícil de imaginar por que um projetista se daria ao trabalho de estimar os coeficientes de iluminação natural quando ele pode julgar ou calibrar a iluminação aparente de modelos tridimensionais com base na visualização. O melhor conselho consiste em formular as questões antecipadamente – elas talvez sejam qualitativas em vez de numéricas, e o estudo da maquete será planejado para respondê-las. A análise dessas questões-chave pode revelar que os coeficientes específicos de iluminação talvez não sejam importantes e que aprenderemos mais se analisarmos um modelo tridimensional sob as condições celestes reais, voltadas alternativamente na direção do e contra o sol – em vez de permitir que a convenção do céu encoberto determine o uso de um programa de medições caras que talvez sejam irrelevantes.

2.3 Cálculo do coeficiente de iluminação natural médio

O *coeficiente de iluminação natural* médio *df* é obtido com o uso da seguinte equação:

$$df = (T \times W \times \theta \times M)/[A(1 - R^2)] \text{ por cento} \qquad \text{equação (4)}$$

Onde:

T = *transmitância* do material de envidraçamento (vidro simples transparente = 0,85; vidro duplo transparente = 0,75)
W = área líquida do material de envidraçamento
θ = ângulo vertical do céu visto a partir do centro da janela (Figura 8.1)
M = fator de manutenção, Tabela II
A = área total das superfícies internas: piso + teto + paredes, incluindo as janelas
R = *refletância* média ponderada pela área das superfícies internas

2.4 Definição do formato de uma janela

A principal função de uma janela, além de fornecer uma boa vista, é iluminar o interior do cômodo. Em princípio, a análise do campo de visão não é muito problemática. É possível traçar uma linha reta desde os olhos do usuário até o objeto da visualização fora da edificação. Sempre que a linha reta passa por uma abertura de janela, tanto no plano como no corte, o objeto será visível; do contrário, pode ser necessário alterar o formato ou a posição da janela. Na prática, os usuários se deslocam e a extremidade interna da linha reta se move com eles; em geral, é mais difícil obter uma boa visão no fundo do cômodo do que perto da janela. A escolha das vistas costuma ser mais fácil; contudo, é uma escolha que precisa ser feita de maneira consciente e deliberada, para que as janelas sejam bem aproveitadas.

A linha do horizonte é fundamental. Idealmente, ela não deve ser interrompida pela verga da janela. Caso isso não seja viável, uma visão direta parcial do céu permanece aconselhável – nem que seja para revelar a clareza ou a nebulosidade do céu do clima local.

Todavia, a necessidade de vistas externas interage com outros aspectos do ambiente. Uma visão direta do céu pode constituir uma fonte de desconforto ("ofuscamento"), especialmente se a parcela do céu estiver próxima à direção do sol. Por outro lado, o coeficiente de iluminação natural nos fundos de um cômodo depende, em grande parte, da parcela de céu diretamente visível (veja a Seção 1.2). Assim, há a possibilidade de um conflito entre as vistas desejáveis, o conforto e a iluminação natural uniforme. Esse conflito só pode ser resolvido com o uso da priorização. A importância relativa dos três fatores determinará a posição e o formato corretos de cada janela.

3 PROJETO DE JANELAS

3.1 Uma sequência para o projeto de janelas

Retornamos à equação (4) do coeficiente de iluminação natural médio, na Seção 2.3. A inspeção dessa expressão sugere uma sequência natural para a tomada de decisões no projeto de janelas.

1º passo
O primeiro item a ser determinado na equação é o ângulo θ, que define o posicionamento das obstruções externas. Isso depende principalmente do afastamento e da volumetria das edificações do entorno. O volume geral da edificação é determinado de maneira eficaz ainda no início do processo de elaboração do projeto, muito antes de se pensar na fenestração. O acesso, as vistas, a privacidade, a utilização do terreno e o microclima são alguns dos fatores determinantes nesse estágio. Já que eles agem como condicionantes em relação ao fator de iluminação natural, a determinação do ângulo θ é o primeiro estágio do projeto de janelas. Alguns critérios relevantes e ferramentas de projeto são listados na Tabela I.

2º passo
Os cômodos iluminados pelos lados podem ser muito profundos para uma iluminação natural satisfatória. Esse resultado foi discutido na Seção 2.1 e ocorre quando a linha de obstrução do horizonte invade significativamente o plano de trabalho ou quando a equação (3) indica que a iluminação natural no fundo do recinto será fraca demais.

Sempre que o cômodo é demasiadamente profundo para apenas a iluminação natural, o coeficiente de iluminação natural médio não pode ser um critério de projeto válido. Pelo contrário, as janelas terão de ser otimizadas principalmente para a vista e os fatores térmicos, bem como, no caso de ocorrência de controles associados à iluminação natural (como na Seção 5.2), para a regulagem da luminosidade ou mesmo o desligamento das luminárias enfileiradas mais próximas da parede com janela. A menos que o cômodo atenda aos dois testes do 2º passo, o projetista deve seguir diretamente para o 4º passo, omitindo o 3º passo na sequência do projeto de janelas.

3º passo
A área de janela W é estimada invertendo-se a equação (4):

$$W = df \times A (1 - R^2)/(T \times \theta \times M)$$

Nesse ponto, há o conflito usual entre as considerações visuais e térmicas. O coeficiente de iluminação natural médio (*df*) é proporcional à área de janela *W*, mas o mesmo se aplica às perdas térmicas através das janelas no inverno, bem como (já que outros fatores são iguais) à carga de resfriamento solar média diária. O projeto solar passivo, aproveitando tanto a iluminação natural quanto os ganhos

Tabela III Coeficiente de manutenção para a iluminação natural (Tregenza, Stewart e Sharples, 1999)

Função do recinto	Exposição ao clima	Posição da vidraça					
		Vertical		Inclinada		Horizontal	
		Rural/suburbana	Urbana	Rural/suburbana	Urbana	Rural/suburbana	Urbana
Residencial	Chuva forte	0,98	0,95	0,94	0,88	0,88	0,76
Cômodos de uso privativo e áreas de uso comum, poucos usuários, boa manutenção, proibido o fumo	Normal	0,96	0,92	0,92	0,84	0,88	0,76
	Neve forte	0,96	0,92	0,88	0,76	0,84	0,68
	Protegida por beirais	0,88	0,76				
Comercial/educacional	Chuva forte	0,98	0,95	0,94	0,85	0,88	0,70
Cômodos utilizados por grupos de pessoas, áreas com equipamentos de escritório ou com alguns fumantes	Normal	0,96	0,90	0,92	0,80	0,88	0,70
	Neve forte	0,96	0,90	0,88	0,70	0,84	0,60
	Protegida por beirais	0,88	0,70				
Interiores poluídos ou de uso intensivo	Chuva forte	0,92	0,90	0,76	0,70	0,52	0,40
Piscinas cobertas, ginásios, indústrias pesadas ou áreas com muitos fumantes	Normal	0,84	0,80	0,68	0,60	0,52	0,40
	Neve forte	0,84	0,80	0,53	0,40	0,36	0,20
	Protegida por beirais	0,52	0,40				

solares, será otimizado por meio da redução das perdas térmicas através dos vidros. As demais abordagens ao projeto devem encarar e solucionar este problema triplo. É importante reconciliar essas pressões sobre a área das janelas ainda nesse estágio, antes de seguir para o 4º passo – que trata da otimização do formato e do posicionamento das janelas.

4º passo
Nesse estágio, a área das janelas foi estabelecida e o coeficiente de iluminação natural médio foi determinado no 3º passo ou identificou-se, no 2º passo, que o cômodo é profundo demais somente para iluminação natural. Em qualquer caso, o formato e o posicionamento das janelas ainda precisam ser finalizados, mas a conclusão do projeto é evidentemente simplificada por meio das decisões anteriores tomadas nos passos 2 e 3.

As necessidades conflitantes das vistas, do conforto visual e da uniformidade da iluminação natural foram revisadas na Seção 2.4. Elas se concentram na visibilidade da linha do horizonte. Para evitar o ofuscamento, apenas um trecho mínimo do céu deve estar visível. Uma boa vista depende de uma boa perspectiva da linha do horizonte, mas sem acesso adicional ao céu. A iluminação natural uniforme exige a visibilidade de um trecho máximo de céu a partir dos fundos do cômodo. O conflito precisa ser resolvido, tanto no 3º passo como no 4º passo, mediante a identificação e o equilíbrio das prioridades mais relevantes.

Também no 4º passo, é necessário rever as possíveis vantagens da fenestração multilateral. A colocação de janelas em mais de uma parede é capaz de melhorar a iluminação natural em dois aspectos: aumentando a área de céu vista a partir das áreas mais escuras do cômodo e reduzindo o contraste de luminosidade entre o céu e as paredes com janelas. Em edificações com ventilação natural, elas também promovem a ventilação cruzada, mitigando o superaquecimento no verão.

Aplicabilidade
Evidentemente, essa sequência idealizada está distante da realidade do projeto de janelas. Os resultados de empregá-la janela após janela seriam uma elevação caótica, talvez impossível de ser construída. As sequências de projeto devem ser apenas uma garantia para arquitetos inseguros. Ele pode então redefinir seus passos e identificar as armadilhas, se existentes. O segredo de um bom projeto de iluminação natural consiste em identificar os pontos significativos: Qual é o cômodo mais importante ou mais exigente em determinada fachada? Projete suas janelas de maneira adequada. Utilize variantes da solução em toda a elevação. Assim, as janelas cumprirão seus objetivos, tanto de elementos visuais como de componentes do ambiente interno.

4 ILUMINAÇÃO ELÉTRICA E EFICIÊNCIA ENERGÉTICA

4.1 Eficácia de uma lâmpada

A *eficácia* de uma lâmpada elétrica é definida dividindo-se seu *fluxo luminoso* (em *lumens*) pela energia elétrica consumida (em watts). A eficácia é expressa em lumens por watt (lm/W). Os fabricantes de lâmpadas especificam a geração de lumens de uma lâmpada considerada limpa, e esse valor é relativamente estável. No caso das lâmpadas fluorescentes e de outros tipos de lâmpada de descarga, considera-se que essa condição seja alcançada após 100 horas de uso normal.

Observe que os fabricantes de lâmpadas normalmente expressam a eficácia da lâmpada em termos de lumens por watt, enquanto a Parte L das normas de construção britânicas (Building Regulations) especifica lumens por watt do circuito, incluindo a energia consumida pelos mecanismos de controle. A Tabela IV lista algumas *eficácias de circuito* típicas.

4.2 Luminárias

O termo *luminária* descreve uma unidade de iluminação completa, incluindo as lâmpadas e os mecanismos de controle e de instalação, quando for o caso. O *rendimento da luminária* (*light output ratio* – LOR) é a proporção do *fluxo luminoso* (*lumens*) emitido pela lâmpada (ou lâmpadas) e que emerge da luminária. O LOR de uma lâmpada totalmente descoberta é 1,00. Se os demais fatores forem iguais, uma luminária que tiver um rendimento maior será mais eficiente. A Tabela V apresenta alguns valores típicos.

A *eficácia de uma luminária* é seu *fluxo luminoso* dividido pela energia elétrica consumida, considerando-se as perdas com os mecanismos de controle. Esse índice, assim como a *eficácia da lâmpada*, é medido em lumens por watt (lm/W).

Eficácia da luminária = eficácia da lâmpada × LOR

A *fração do fluxo luminoso* (*flux fraction ratio* – FFR) de uma luminária é a relação entre o fluxo (*lumens*) que emerge em direções acima da luminária e o fluxo dirigido para baixo do nível da luminária. Para a luz descendente, a FFR é igual a zero; para a luz ascendente, ela é infinita.

Com uma FFR superior a 0,8, o teto talvez seja mais bem iluminado do que o plano de trabalho. Com uma FFR inferior a 0,1, o teto pode parecer escuro. Assim, as luminárias funcionam melhor sempre que tanto o teto quanto o piso possuem uma *refletância* razoavelmente alta. O FFR tem efeito significativo no caráter de um ambiente iluminado. Consulte a Tabela VI.

4.3 Prescrições das normas de construção britânicas (Building Regulations) para moradias

Em habitações novas e em moradias existentes nas quais sejam feitas grandes reformas, pelo menos 75% das luminárias nos cômodos de uso frequente (ou seja, todos os recintos, exceto closets, despensas, depósitos e assemelhados) devem utilizar lâmpadas com *eficácia de circuito* superior a 45 lumens por watt e emitir mais do que 400 lumens. As lâmpadas incandescentes ficam muito abaixo dessa exigência de circuito.

Qualquer luminária fixa deve satisfazer a um dos seguintes grupos de exigências:

A potência não deve exceder a 100 watts por lâmpada por luminária e deve apagar automaticamente se o recinto ficar desocupado ou quando a luz natural for suficiente

ou

a *eficácia da lâmpada* deve ser superior a 45 lumens por watt do circuito; as luminárias devem ter controles manuais e se desligar automaticamente quando a luz natural for suficiente.

4.4 Prescrições das normas de construção britânicas (Building Regulations) para edificações não residenciais

As exigências a seguir se aplicam à iluminação geral de escritórios, indústrias, depósitos, salas de aula, salas para reuniões e auditórios. Elas se aplicam tanto a todos os novos prédios quanto àqueles que sofrerem reformas significativas.

A *eficácia da luminária* inicial média deve ser, no mínimo, de 55 lumens por watt por circuito. A potência do circuito de cada luminária deve ser multiplicada pelos coeficientes de controle apresentados na Tabela VII. Para obter a eficácia de luminária média, divida o rendimento da luminária (lumens) pela potência do circuito total ajustada pelos coeficientes de controle.

Em outros espaços, a eficácia da luminária inicial média deve ser, no mínimo, de 55 lumens por watt por circuito. Todavia, para a iluminação de destaque, basta um mínimo de 22 lumens por watt por circuito.

O consumo de energia elétrica para iluminação deve ser medido separadamente daquele dos aparelhos elétricos empregando medidores de kWh instalados em circuitos específicos para iluminação, por meio dos controles de iluminação de um sistema de automação predial ou automação da iluminação, ou controlando automaticamente a energia consumida pelas luminárias.

Os controles de iluminação devem ser adequados à natureza e ao uso de cada espaço.

5 CONTROLES DE ILUMINAÇÃO

Os controles de iluminação elétrica podem ser classificados nos seguintes cinco grupos.

Tabela IV Eficácia dos circuitos

Tipo de lâmpada	Eficácia do circuito (lumens por watt)
Lâmpadas incandescentes	
Lâmpada de uso geral (GLS) de 60 W	10 lm/W
Lâmpada tubular de tungstênio e halogênio de 150 W	15 lm/W
Lâmpadas fluorescentes tubulares T8	
Lâmpada de trifósforo de 58W, com reator convencional	77 lm/W
Lâmpada de trifósforo de 58 W, com reator de alta frequência	98 lm/W
Lâmpada de multifósforo de 58 W, com reator convencional	54 lm/W
Lâmpada de multifósforo de 58 W, com reator de alta frequência	68 lm/W
Lâmpadas fluorescentes compactas	
Lâmpada com quatro tubos e alta frequência de 18 W	60 lm/W
Lâmpadas de halogeneto metálico	
MBI-T de 400 W	85 lm/W
CDM de 70 W	100 lm/W
Lâmpadas de vapor de sódio de alta pressão	
SON-T de 250 W	102 lm/W
SONDL-T de 250 W (boa reprodução de cores)	82 lm/W
SDW-T "branca" de 100 W	42 lm/W
LEDs "brancos"	
1.100 lumens	53 lm/W
2.000 lumens	56 lm/W

Tabela V Rendimentos de luminárias típicos

Luminária	Rendimento (LOR)
Aberta (sem refletor)	1,0
Com refletor e aberta	0,8
Pendente ou com difusor e instalada em uma superfície	0,65
Com refletor e fechada	0,6
Com difusor e embutida	0,5

5.1 Controle constante da iluminância

As *luminárias* fluorescentes de alta frequência com *dimmers* podem ser conectadas às fotocélulas internas, ajustadas de forma a preservar a *iluminância* determinada em projeto. Do contrário, a instalação limpa de novas lâmpadas forneceria uma iluminância bem mais alta, com um consumo de energia correspondentemente alto. Com o passar do tempo, os controles transmitirão gradualmente uma energia adicional para as lâmpadas, compensando os efeitos da poeira e da deterioração. Sempre que as lâmpadas estiverem com carga total, será preciso alertar os funcionários da manutenção para que eles limpem as luminárias. O sistema possui uma vantagem adicional: quando o cômodo passa de um uso para outro que permite uma iluminância reduzida sobre as tarefas visuais, as configurações podem ser ajustadas para manter o nível de iluminação reduzido.

5.2 Combinação com a luz diurna

Uma ou mais fileiras de luminárias ao longo de uma parede com janela podem facilmente ser conectadas a fotocélulas internas ou externas, que monitoram os níveis de luz diurna e ajustam a iluminação elétrica de acordo, seja reduzindo sua intensidade ou simplesmente ligando/desligando. O segundo sistema pode ser rejeitado pelos usuários, a menos que eles entendam e aceitem totalmente seu objetivo e valor. Observe que as lâmpadas de descarga de alta intensidade e a maioria das lâmpadas fluorescentes compactas são inapropriadas para o uso de *dimmers*. As zonas de controle devem ser paralelas às paredes. É possível combinar a conexão da luz diurna com o sistema de sensores de presença, descrito na Seção 5.5.

5.3 Acionamento manual

Os interruptores devem ficar perto das luminárias que eles controlam. Uma série de interruptores sem identificação é um convite ao acionamento indiscriminado. Como regra prática, o número de interruptores em um local não deve ser inferior à raiz quadrada do total de luminárias. Assim, 12 luminárias exigem, no mínimo, quatro interruptores. As opções incluem interruptores de baixa voltagem, e interruptores "sem fio" remotos, como os ultrassônicos e os infravermelhos. Outra opção é o sinal telefônico ligado a um sistema de conservação de energia.

O acionamento manual é particularmente adequado para escritórios ou consultórios compartimentados ou para postos de trabalho ocupados intermitentemente.

5.4 Temporizadores

A iluminação elétrica é desativada automaticamente em um painel de controle sempre no mesmo horário, de forma a coincidir com os intervalos de trabalho (por exemplo, ao meio-dia). O ideal é desligar metade das luzes inicialmente e o restante apenas 10 minutos mais tarde. Dessa forma, os usuários têm a liberdade de religar as lâmpadas de que ainda precisam. Esse sistema compartilha a responsabilidade da conservação de energia com os usuários, dos quais a compreensão e a cooperação devem ser obtidas previamente.

Há vários métodos alternativos para a implantação de um sistema de desligamento sincronizado ou em etapas:

- a fiação de baixa voltagem conectada a um relé em cada circuito de iluminação;
- um sistema de sinalização alimentado pela rede geral de distribuição de eletricidade;
- a interrupção de um segundo no fornecimento de corrente elétrica para cada luminária, provocando o desligamento dos relés de engatamento.

Em cada caso, é preciso fornecer interruptores de corda e outros controles manuais para que os usuários possam religar imediatamente as lâmpadas, se necessário.

Os temporizadores são particularmente apropriados para salões de estar de hotéis, restaurantes, lojas, corredores e átrios.

5.5 Sensores de presença

O objetivo dos controles de luz vinculados à presença de pessoas (detectores de presença) é operar a iluminação quando – e somente quando – houver alguém para utilizá-la. Algumas unidades dão um sinal sonoro ou luminoso logo antes de as luzes se apagarem; assim, o usuário não detectado pode mover um dos braços e evitar a escuridão. As lâmpadas fluorescentes exigem um retardo de tempo maior antes de serem desligadas, uma vez que o desligamento repetido reduz a vida útil da lâmpada. As lâmpadas de descarga com sensores de presença e tempos de reacionamento mais longos devem ser complementadas por uma luz de fundo separada.

Os sensores de presença são particularmente adequados para espaços com iluminação diurna e é possível combiná-los com os sensores de luz diurna (Seção 5.2). À noite ou nos finais de semana, eles podem acionar um alarme em vez de ativar as luzes. Eles também podem auxiliar as rondas de segurança durante a noite.

Os sensores de presença podem ser acionados pela movimentação do ar, por uma cortina em movimento ou por eventos ocorridos em um corredor fora da área monitorada. Acredita-se que os detectores ultrassônicos estão mais sujeitos a esses estímulos externos do que os detectores infravermelhos passivos. É possível ajustar a sensibilidade de algumas unidades para minimizar essas falhas, à custa de reduzir sua eficácia na área de controle. Contudo, o melhor arranjo consiste em insistir nos controles de presença manuais e automáticos com acionamento manual.

A melhor aplicação dos sensores de presença ocorre quando a ocupação é irregular ou imprevisível, como em escritórios particulares, salões de conferência, toaletes, corredores de depósitos, salas de fotocópia e estantes de livros em bibliotecas.

Tabela VI O efeito da distribuição da intensidade das luminárias sobre a atmosfera de um cômodo

Relação de fluxo luminoso emitido	Dispersão da iluminação descendente		
	Baixa	Média	Alta
0 a 0,1	Concentração em uma tarefa visual específica	O teto escuro talvez pareça opressivo	Risco de ofuscamento?
0,1 a 0,8	Sério, formal	Seguro, sem personalidade?	Acolhedor, expansivo
acima de 0,8	Digno	Seguro, relaxante	Relaxante

Tabela VII Coeficientes de controle de luminária

Sistema de controle do consumo	Coeficiente de controle
(a) Acionamento por fotocélula ou *dimmer* em um espaço com iluminação natural. (Um espaço com iluminação natural é uma área com profundidade máxima de 6 m em relação a uma parede com janelas que tenha, no mínimo, 20% de superfície envidraçada ou uma área com clarabóias cuja área envidraçada corresponda a, pelo menos, 10% da área do piso).	0,9
(b) Sensor de presença. A iluminação se apaga automaticamente quando os usuários se retiram, mas o uso desse sistema deve respeitar as questões de segurança. As luminárias são acesas manualmente pelos usuários.	0,9
(c) (a) e (b) juntos	0,85
(d) nenhum dos sistemas anteriores	1,00

6 DIMENSIONAMENTO DE UM SISTEMA DE ILUMINAÇÃO COMPLETO

Atualmente, o dimensionamento de sistemas de iluminação completos para interiores profissionais e para iluminação concentrada é feito por computadores. Todavia, a escolha dos níveis de luminosidade desejados permanece nas mãos do projetista. As normas de construção não costumam exigir valores determinados, mas boas escolhas oferecem oportunidades para consideráveis economias de energia e de gastos correntes. A Tabela VIII lista algumas recomendações feitas pelo Lighting Code (Código de Luminotécnica) da Society of Light and Lighting (SLL), que pertence ao instituto britânico Chartered Institution of Building Services Engineers. Em muitos casos, especialmente em áreas residenciais ou públicas, uma tarefa visual importante é difícil de identificar, portanto, a *iluminância* deve ser escolhida de modo a criar a atmosfera correta para o local de encontro ou lazer. Nesses casos em especial, os valores de tabelas sugeridos como a iluminância mantida padrão devem ser considerados apenas como ponto de partida, não como objetivo. Se o objetivo do projetista for uma atmosfera intimista, um valor inferior será apropriado; por outro lado, se o que se quer é um ambiente mais animado, seria melhor proporcionar uma iluminância mais elevada.

7 ILUMINAÇÃO DE DESTAQUE

A eficácia da iluminação de destaque (isto é, localizada) depende das habilidades do responsável por montá-la e da exatidão do responsável pela especificidade. O último deve considerar quem provavelmente se encarregará do processo assim que ele sair de cena. Pode muito bem ser um zelador, um assistente da loja ou o encarregado da manutenção – sem qualquer treinamento nas técnicas de iluminação de destaque. Nesse caso, luzes em trilhos provavelmente ficarão mal posicionadas e voltadas para o lado errado. A iluminação fixa, talvez acima dos quebra-luzes em colmeias, costuma ser mais indicada. As observações a seguir estão associadas principalmente às luzes em trilhos, mas os mesmos princípios se aplicam às luzes fixas.

Em um local onde os clientes podem se deslocar livremente, é quase impossível iluminar superfícies verticais sem apontar as luzes diretamente para os olhos de alguém. Para evitar esse problema, comece na entrada principal e planeje o percurso entre os expositores. Distribua os trilhos transversalmente ao percurso, e não longitudinalmente. Posicione os *spots* para que eles reflitam acima dos ombros dos clientes, no decorrer do percurso mais utilizado. Em cada ponto ao longo do percurso, certifique-se de que o próximo ponto de parada possui uma iluminação atraente, de forma a estimular a circulação na direção correta. Os clientes que se deslocam na direção oposta se depararão com superfícies mais escuras e terão de enfrentar o brilho dos *spots* planejados para os visitantes mais obsequiosos. É possível que eles entendam a mensagem.

O ideal é que as luzes em trilho sejam colocadas a uma altura de 2,5 a 3 metros. A instalação mais baixa acarreta o ofuscamento, o desconforto térmico causado pelo calor irradiado pelas lâmpadas e as sombras dos visitantes lançada sobre os expositores. A instalação mais alta dificulta o foco e é possível que os *spots* passem meses sem serem ajustados.

Uma iluminação de destaque efetiva depende tanto da escuridão quanto da iluminação. Os objetos somente se destacarão se parecerem significativamente mais brilhantes do que o entorno. O brilho tem dois aspectos:

- *Iluminância*: para adquirir um brilho notável, a iluminância de uma superfície deve ser, no mínimo, três vezes mais forte do que a iluminância de fundo; para se destacar de maneira extrema, a relação precisa ser de 10:1 ou mais.
- *Refletância*: sempre que um objeto possui uma refletância inferior ao fundo, ele responderá muito menos a um aumento na iluminância; é provável que o uso de *spots* seja inadequado, e o perfil do feixe talvez precise de um ajuste apropriado em relação ao perfil do alvo.

O padrão geral de luz e sombra merece uma consideração cuidadosa. Selecionar um foco único de atenção é simples e sempre eficaz. Para destacar dois objetos, corre-se o risco de criar uma impressão de desunião. Destacar mais de três exige bastante habilidade, e as confusões são frequentes. Vise à simplicidade e a uma hierarquia clara nos níveis de iluminância.

A iluminação de quadros, painéis de aviso, quadros-negros, etc., precisa se adequar a dois condicionantes:

- não produzir reflexos brilhantes, que reduzem a legibilidade, e
- fornecer uma iluminação uniforme sobre toda a superfície alvo.

Na Figura 8.11, mostra-se que a distância mínima da qual um observador pode visualizar um quadro inteiro com conforto corresponde ao comprimento da diagonal que une as duas quinas da obra mais distantes. Isso determina a distância D, que mostra a melhor posição para uma luminária. Se ela estivesse instalada mais perto da superfície alvo, a base do alvo pareceria escura em relação ao topo.

Tabela VIII Recomendações para a iluminância de manutenção padrão

Local	Iluminância
Passarelas ou corredores	50 lux (pode variar de 5 a 100 lux)
Casas de máquina diversas	100 lux (pode variar de 20 a 200 lux)
Salas de aula	200 lux (500 lux para a educação de adultos)
Escritórios em geral	300 lux
Salas de desenho técnico	200 a 500 lux
Postos de trabalho com CAD	500 a 750 lux
Inspeção geral e montagem precisa	200 a 1.000 lux
Montagem minunciosa	2.000 lux

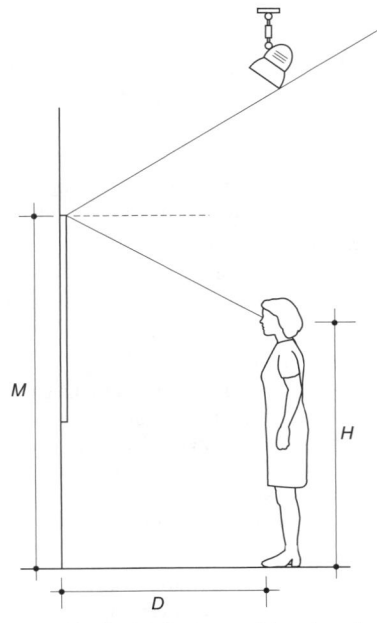

8.11 A geometria da iluminação de pinturas. M = altura do topo da moldura mais alta; A = altura dos olhos de um adulto baixo (1,5 m, aproximadamente).

Se ela estivesse mais para trás, o visitante teria de encarar reflexos brilhantes.

Em suma, a regra de ouro para o sucesso da iluminação com *spots* é "ilumine os objetos, não as pessoas". O posicionamento das luminárias deve ser condicionado, na medida do possível, pela necessidade de evitar o ofuscamento e o incômodo, bem como pela necessidade de revelar um objeto iluminado.

8 POSTOS DE TRABALHO

A frente de um monitor é especular. A visibilidade da tela é prejudicada sempre que reflexos especulares se aproximam ou ultrapassam a luminosidade dos pixels luminosos. As janelas laterais apresentam um problema duplo. Quando estão de frente para a janela, os operadores sofrem porque a cena exterior é muito mais iluminada do que o monitor. Quando estão de costas para a janela, eles veem seus reflexos na tela do monitor. O ideal é que o monitor esteja em um ângulo reto em relação à janela. Se há janelas em duas paredes adjacentes, essa solução pode falhar; nesse caso, considere o uso de divisórias opacas.

Em escritórios particulares, a escolha da luminária raramente será um problema; equipamentos instalados no teto não costumam se refletir na tela do monitor. Em escritórios do tipo paisagem, as opções são mais restritas.

Sempre que o pé-direito for superior a 2,5 m, luminárias ascendentes com lâmpada de descarga de halogeneto metálico ou sódio de alta pressão – possivelmente integradas ao mobiliário do escritório – costumam ser adequadas. Quando o pé-direito ultrapassa 3,5 m, é possível considerar a *iluminação direta-indireta*, as luminárias ascendentes suspensas ou as luminárias ascendentes de coluna.

Para pés-direitos inferiores a 2,5 m, a melhor solução é a luminária de mesa, que fornece a iluminância adequada (talvez de 300 lux) sobre a escrivaninha, com iluminação lateral restrita devido à refletância na tela. Essa combinação entre *fração do fluxo luminoso* e condicionante lateral pode resultar em um ambiente luminoso desagradável (veja a Tabela VI). Para iluminar melhor as paredes, considere o uso de pinturas iluminadas e de outros objetos pendurados nas paredes (quem sabe com o uso de luzes de parede).

9 GLOSSÁRIO

Altura
O ângulo em graus, subtendido em um ponto de observação, entre determinado ponto e o horizonte. A altura solar é a altura do sol em relação ao horizonte.

Azimute
Um ângulo em plano, também chamado de *orientação solar*. O azimute solar geralmente é medido em relação ao norte.

Coeficiente de iluminação natural
Equivalente à *iluminância* (lux) em um ponto interno, expresso como um percentual da iluminância horizontal simultânea sob um exterior com céu encoberto (veja a Seção 2.1).

Coeficiente de manutenção
A proporção da *iluminância (lux)* de um sistema de iluminação ou, no caso da luz natural, do *coeficiente de iluminação natural* após determinado intervalo, expressa como uma fração da iluminância ou do coeficiente de iluminação natural quando a mesma instalação estiver limpa e recém-instalada. Consulte a Tabela III para os coeficientes de manutenção em caso de iluminação natural.

Componente celeste
Iluminância (em lux) de um elemento vertical em determinado ponto devido à luz direta da abóbada celeste encoberta, expressa como um percentual da iluminância horizontal simultânea sob a abóbada celeste desobstruída.

Declinação solar
A qualquer momento, o sol está exatamente a pino em algum ponto da superfície terrestre. A latitude desse ponto depende da estação e é conhecida como declinação solar. Alguns valores de declinação solar são apresentados na Tabela II.

Eficácia
Para uma lâmpada elétrica, é equivalente ao *fluxo luminoso* (lumens) dividido pela energia elétrica consumida (watts). Veja também *eficácia da lâmpada* e *eficácia da luminária*.

Eficácia da lâmpada
A eficácia de uma lâmpada elétrica, isto é, o fluxo luminoso (lumens) emitido por ela dividido pela potência consumida por suas lâmpadas. É chamada de eficácia do circuito da luminária se a energia consumida pelo circuito elétrico também for incluída.

Eficácia da luminária
A *eficácia* de uma luminária, isto é, o *fluxo luminoso (lumens)* emitido por ela dividido pela potência consumida por suas lâmpadas. É chamada de eficácia do circuito da luminária se a energia consumida pelo circuito elétrico também for incluída.

Eficácia do circuito
O *fluxo luminoso* (*lumens*) emitido por uma lâmpada ou luminária dividido pela *potência do circuito*. Veja também *Eficácia da lâmpada* e *Eficácia da luminária*.

Fator celeste
A *iluminância* horizontal (lux) em determinado ponto devido à luz recebida diretamente por meio de uma abertura de janela sem vidro e emitida por um céu de brilho uniforme, expressa como um percentual da iluminância horizontal sob uma abóbada desobstruída do mesmo céu. Veja a Seção 1.5. A refletância zero é atribuída a superfícies internas e externas.

Fluxo luminoso (LOR)
O *fluxo de lúmens* emitido por uma luminária, expresso como a fração do fluxo emitida pela(s) lâmpada(s) dentro dela. O LOR às vezes é chamado de "eficiência da luminária".

Fluxo luminoso (φ)
A taxa (em lumens) na qual a energia da luz é emitida por uma fonte ou recebida por uma superfície. Para determinado lux de luminância E, o fluxo que atinge uma superfície será proporcional à área A (m^2):

$$\varphi = E \times A \text{ lumens} \qquad \text{equação (5)}$$

Assim, um lux = um lúmen por metro quadrado

Fração do fluxo luminoso
Corresponde ao *fluxo luminoso* ascendente que sai de uma *luminária* dividido pelo fluxo luminoso descendente.

Heliodon
Figuras 8.8 e 8.9. Uma simulação física da relação geométrica variável entre a terra e o sol. O heliodon inclui as mudanças sazonais e horárias. Uma maquete da edificação é instalada em uma plataforma giratória, cuja inclinação em relação ao plano vertical corresponde à latitude geográfica da localidade.

Horas de luz solar provável
O número médio de horas por ano, em longo prazo, nas quais a luz solar direta estará visível a partir de determinado ponto. As condições climáticas de longo prazo são levadas em consideração.

Iluminação direta-indireta
Fornecida por uma luminária projetada para combinar as características fotométricas de uma iluminação ascendente e descendente. Ela fornece iluminação ascendente e descendente, às vezes em proporções variáveis, mas pouca ou nenhuma luz lateral.

Iluminância (E)
O grau de concentração, em lux (*lumens* por metro quadrado), da luz que atinge uma superfície. A iluminância é medida por um luxímetro – um fotômetro de iluminação. Os fotômetros fotográficos são inapropriados.

Indicador de luz celeste
Veja a Figura 8.4 para verificar o potencial de luz diurna de novas edificações e a proteção contra a luz diurna das edificações preexistentes. Ele oferece uma estimativa do *componente celeste vertical* em um sítio muito edificado. O centro do indicador semicircular corresponde à posição em plano do ponto de referência. Sua base deve ser paralela ao plano da parede com janela. As distâncias radiais correspondem à relação (distância da obstrução em plano)/(altura da obstrução acima do ponto de *referência*). Cada cruz indica um componente celeste vertical de 0,5%. Conte quantas cruzes ficam no interior da linha do horizonte e divida por dois. A resposta é equivalente ao componente celeste, expresso como um percentual.

Indicador de sol no nível do solo
A Figura 8.6, projetada para o planejamento do terreno, mostra a extensão e a direção das sombras no equinócio. O *Building Research Establishment* já publicou indicadores para as seguintes latitudes – 51,5°, 53,5° e 56° – em escalas de 1:100, 1:200, 1:500 e 1:1.250. Coloque o ponto P do indicador acima de um ponto de referência no nível do solo no plano. Alinhe o ponto sul do indicador com o ponto sul do plano. As linhas leste-oeste paralelas no indicador mostram as alturas das obstruções capazes de interceptar a luz solar direta no horário indicado. Assim, é possível estimar as horas de luz solar provável atingindo o solo no equinócio. A luz solar a menos de 10° acima do horizonte é ignorada.

Indicador do percurso aparente do sol
A Figura 8.7 mostra a verificação de períodos e estações quando a luz solar direta atinge um determinado ponto de referência em um terreno com edificações. O alinhamento e a escala são semelhantes ao *índice de insolação*. Escolha o indicador cuja latitude declarada (51,5°, 53,5° ou 56°) esteja mais próxima da latitude geográfica do terreno. Caso um ponto sobre uma das linhas do indicador do percurso aparente do sol esteja mais perto do centro do que qualquer obstrução na mesma direção, a luz solar estará desobstruída naquele momento (a menos, evidentemente, que venha de trás da fachada).

Índice de insolação
Veja a Figura 8.5 para verificar a proteção contra a insolação para edificações preexistentes, bem como o *potencial de insolação* para edificações novas. Ele fornece uma medida das horas de luz solar provável em um terreno com entorno edificado. O centro do indicador corresponde à posição em plano do ponto de referência. As distâncias radiais correspondem à relação (distância da obstrução no plano)/(altura da obstrução acima do ponto de referência). Alinhe o ponto sul do indicador com o ponto sul da planta de localização. Cada um dos 100 pontos no indicador corresponde a 1% das horas anuais prováveis de luz solar. Escolha o indicador cuja latitude declarada (51,5°, 53,5° ou 56°) esteja mais perto da latitude geográfica do terreno. Caso um ponto esteja mais perto do centro do que qualquer obstrução naquela direção, a insolação do ponto em questão está desobstruída (a menos, é claro, que venha de trás da fachada). Conte os pontos sem obstrução. O total reflete o percentual de horas de luz solar provável. Littlefair (1991) recomenda uma exposição anual a, no mínimo, 25 pontos desobstruídos, incluindo, no mínimo, 5 além da linha do equinócio.

Linha de obstrução do horizonte
A linha divisória (Figura 8.2) em um cômodo entre a área que está exposta a uma visão direta do céu e a área que não recebe luz diurna direta de forma alguma.

Lúmen, veja *Fluxo luminoso*.

Luminária
Uma unidade de iluminação completa, incluindo as lâmpadas e os mecanismos de controle e de instalação, quando for o caso.

Lux, veja *Iluminância*.

Plano de trabalho ou plano de referência
Plano regular sobre o qual se dá a tarefa visual. Em um corredor, seria o nível do piso. Em uma loja, na altura do balcão. Em um escritório, 0,7 m; em uma fábrica ou cozinha, 0,85 m acima do nível do piso. Salvo exceções, pressupõe-se que o plano de trabalho seja horizontal.

Potência do circuito
A energia consumida pelas lâmpadas em um sistema de iluminação elétrica, por seu mecanismo de controle e pelos equipamentos associados para a correção do fator energético.

Refletância (R)
A proporção de luz incidente refletida por uma superfície. Uma superfície perfeitamente branca apresenta uma refletância de 1,00; uma superfície perfeitamente preta possui uma refletância equivalente a zero. A Tabela IX lista alguns valores para superfícies típicas.

Tabela IX Refletância de algumas superfícies familiares

Superfície	Refletância
Tinta branca sobre reboco	0,80
Reboco rosado	0,65
Placas de cortiça	0,20
Lajotas de pedra avermelhada	0,10
Quadro-negro	0,05
Superfícies pintadas (com o código de cores britânico BS 4800)	
Branco 00 E 55	0,85
Cinza claro 00 A 01	0,68
Cinza médio 00 A 05	0,45
Cinza escuro 10 A 11	0,14
Preto 00 E 53	0,05

Transmitância (T)
Proporção do fluxo luminoso (em lumens) que incide sobre a superfície superior de uma placa transparente ou translúcida que emerge de uma superfície inferior. A transmitância de uma janela transparente é considerada 0,82; do vidro duplo, 0,70.

Observação: Esses valores referem-se à incidência difusa; os valores dos fabricantes de vidros geralmente são a incidência normal e, portanto, são mais elevados.

10 REFERÊNCIAS BIBLIOGRÁFICAS

10.1 Iluminação natural

British Standards Institution (1992) BS 8206: Part 2: 1992 *Code of practice for daylighting*, BSI.

Littlefair, P. J. (1988) Information Paper IP 15/88: *Average daylight factor: a simple basis for daylight design*, Building Research Establishment.

Littlefair, P. J. (2011) Report BR209: *Site layout planning for daylight and sunlight: a guide to good practice*, Building Research Establishment.

Society of Light and Lighting (1999) *Lighting Guide No. 10: Daylighting and Window Design*, CIBSE (under revision).

Tregenza, P. R., Stewart, L. and Sharples, S. (1999) Reduction of glazing transmittance by atmospheric pollutants, *Lighting Research and Technology*, 31(4): 135–138.

10.2 Iluminação elétrica

Code for Lighting (2009) Chartered Institution of Building Services Engineers (CIBSE)/Society of Light and Lighting.

Lighting Guide No. 7: Office Lighting (2005) Chartered Institution of Building Services Engineers (CIBSE)/Society of Light and Lighting.

Acústica 9

Chris Steel

Robin Mackenzie Partnership/Edinburgh Napier University

PONTOS-CHAVE:
- *As exigências de desempenho detalhadas devem ser disponibilizadas ao projetista*
- *Nos últimos anos, os critérios de desempenho vêm sendo ampliados, e seus padrões mínimos, elevados*
- *Em muitas áreas, o controle legal ou normatizado do desempenho acústico é feito por meio de testes, enfatizando o bom projeto*

Conteúdo

1. Introdução
2. Fundamentos de acústica
3. Reduzindo a transmissão sonora nas fontes externas
4. Reduzindo a transmissão sonora por meio do leiaute e do projeto
5. Reduzindo a transmissão sonora por meio da estrutura
6. Níveis de ruído admissíveis dentro de uma edificação
7. Parâmetros de desempenho do isolamento acústico
8. Critérios de desempenho do isolamento acústico
9. Especificação do isolamento contra sons aerotransportados e de impacto com base em dados obtidos por testes em laboratório
10. Critérios de reverberação
11. Orientações gerais sobre a acústica dos espaços para espetáculos
12. Referências bibliográficas

1 INTRODUÇÃO

Há três áreas principais a serem consideradas no projeto de uma edificação para que ela desfrute de um bom desempenho acústico:

1. O controle das barreiras sonoras das fontes de ruídos externos – geralmente emitidos pelos meios de transporte ou atividades industriais e/ou comerciais (bares, casas noturnas, etc.).
2. O controle da transmissão sonora em um prédio, geralmente em virtude dos usuários (vozes, televisores, aparelhos de som, passos, atividades nos espaços de estar), mas também podendo incluir o controle do som gerado pelas instalações prediais (casas de máquinas, sistemas de ventilação, etc.).
3. O desempenho acústico de um recinto – na maior parte das vezes o nível de reverberação (eco) no interior.

Um projeto de acústica cuidadoso e iniciado já nas etapas preliminares de um projeto de arquitetura pode reduzir significativamente o risco de serviços de remediação bastante caros. Igualmente importante é o uso correto dos parâmetros e critérios mais apropriados de projeto. Este capítulo oferece uma base inicial da qual o projetista, arquiteto ou especificador conseguirá identificar os parâmetros e critérios de projeto mais adequados para cada área mencionada.

2 FUNDAMENTOS DE ACÚSTICA

A seção a seguir oferece uma explicação narrativa do som, da transmissão sonora e do controle sonoro. Explicações mais matemáticas desses processos podem ser encontradas nos livros sobre a acústica das edificações listados na bibliografia.

2.1 A geração do som

Imagine um diapasão. Quando golpeado, suas pontas vibram, e as partículas do ar ao redor são deslocadas. Essas partículas do ar, por sua vez, deslocam outras partículas do ar contíguas, e assim indefinidamente, criando um movimento em onda através do ar. É essa *onda forçada* através do ar que nossos sentidos interpretam como um som no ouvido interno (Figura 9.1).

Em qualquer caso, teremos uma fonte sonora (por exemplo, um diapasão), um percurso (o ar) e um receptor (normalmente uma pessoa) (Figura 9.2).

2.2 Transmissão sonora

O movimento forçado das partículas forma padrões de ondas e, portanto, permite que o som seja deslocado através do ar. Esse movimento de onda permite que o ruído seja difratado, se propague e se curve como qualquer outro movimento ondulatório, motivo pelo qual o som pode ser ouvido dobrando esquinas ou atravessando pequenas frestas em uma edificação. Podemos reduzir os efeitos do som com a diminuição dos ruídos na fonte, a alteração da transmissão do caminho sonoro ou a mudança da acústica do recinto no qual o ouvinte se encontra.

A primeira alternativa (a redução do ruído na fonte) normalmente não é viável para a maioria dos sons que afetam uma edificação, pois eles costumam emanar de fontes fora do controle do projetista (como o barulho do trânsito de uma avenida, as atividades de um vizinho, etc.). A exceção seria as fontes de ruído associadas ao projeto da edificação (casas de máquinas, equipamentos, sistemas de ventilação). Nesse caso, a seleção de equipamentos, máquinas e instalações adequadas reduziria a probabilidade de reclamações geradas pelos ruídos.

A segunda estratégia (a alteração do percurso de transmissão sonora) é o método mais usual de redução de um ruído gerado por uma fonte. Isso pode ser visto no uso de pesadas janelas com vidros duplos para a redução do barulho do trânsito ou na especificação de paredes internas de montantes leves e duplos. Quando variamos e alteramos os materiais e as propriedades de uma fachada, piso ou parede, conseguimos modificar a maneira como o som é transmitido.

A terceira opção é alterar a acústica do espaço ou cômodo no qual o receptor se encontra. Embora isso tenha um efeito limitado no incômodo provocado pelas fontes externas, ao menos tem o efeito de alterar o ambiente acústico do recinto. Isso também é importante quando consideramos questões como a inteligibilidade da fala ou a adequação dos ambientes auditivos.

2.3 Tempo ou período de reverberação

A absorção acústica ocorre quando o som entra em contato com um material poroso e de bom desempenho acústico. Em um dormitório, o carpete, as cortinas e as roupas de cama são exemplos de materiais macios e absorventes de som, e, portanto, têm o efeito de reduzir a reverberação do som dentro do espaço (o eco). Isso pode abafar os sons do ambiente, tornando-os menos "vivos" do que aqueles em um recinto com muitas superfícies duras e reflexivas, como um banheiro. Por outro lado, as superfícies lisas e duras aumentarão o tempo de reverberação dentro de um espaço (o eco). O tamanho ou o volume de um espaço também afetará seu tempo de reverberação.

Esse efeito é medido em um recinto se emitirmos um som interrompido (um impacto ou ruído repentino) e mensurarmos o tempo que leva para esse nível de ruído cair até 60 dB. A alternativa é – se soubermos as propriedades do cômodo (seu volume, a área e o coeficiente de absorção de cada superfície) – calcular o tempo de reverberação com o uso da fórmula de Sabine.

$$T = \frac{0,16}{S\acute{a} + xV}$$

na qual   T = Tempo de reverberação (segundos)
V = volume do recinto (m^3)
Sá = absorção superficial total (m^2)
x é o coeficiente relacionado à atenuação sonora do ar

A absorção sonora total das superfícies é calculada somando-se as áreas de absorção separadas:

$$S\acute{a} = S_1\acute{a}_1 + S_2\acute{a}_2 + S_3\acute{a}_3 + ... + S_n\acute{a}_n$$

na qual S_1 é a área em m^2 e $\acute{a}_1$ é o coeficiente de absorção do material.

A Tabela I apresenta o coeficiente de absorção esperado para alguns materiais comuns. Esses valores podem ser utilizados na fórmula de Sabine para calcular o tempo de reverberação dentro de um cômodo. Se alterarmos a seleção dos acabamentos de teto e parede, os tempos de reverberação mais vantajosos poderão ser calculados muito antes que um recinto seja construído ou que seus materiais sejam selecionados.

Outros detalhes das características de absorção acústica podem ser classificados de diferentes maneiras, de acordo com as orientações dadas na norma britânica BS EN ISO 11654:1997, *Acoustics – Sound Absorbers for Use in Buildings – Rating of Sound Absorption*. Isso permite ao projetista especificar a classificação do material, em vez de ser obrigado a fornecer uma especificação prescritiva.

A Figura 9.3 detalha as classificações de absorção que normalmente são associadas aos materiais absorventes especificados no Reino Unido. Essa categorização vai dos materiais da Classe A (aqueles com os níveis mais elevados de absorção acústica) aos materiais da Classe E (com os níveis mais baixos de absorção acústica).

A classificação de um material de acordo com o gráfico de coeficiente de absorção mostrado na Figura 9.3 nem sempre é adequada a todos os tipos de material: por exemplo, um painel absor-

Tabela I Coeficientes de absorção de alguns revestimentos e materiais de construção usuais

	Frequência (Hertz)					
	125	250	500	1.000	2.000	4.000
Concreto aparente liso	0,01	0,01	0,02	0,02	0,02	0,05
Reboco em parede maciça	0,04	0,05	0,06	0,08	0,04	0,06
Gesso acartonado em parede oca de montantes leves 100 mm	0,08	0,11	0,05	0,03	0,02	0,03
Gesso acartonado em parede de montantes leves com cavidade preenchida com lã mineral 100 mm	0,30	0,12	0,08	0,06	0,06	0,05
Vidro de 6 mm	0,10	0,06	0,04	0,03	0,02	0,02
Vidros duplos com chapas de 2–3 mm e câmara de ar de 10 mm	0,15	0,05	0,03	0,03	0,02	0,02
Parede leve de aglomerado de 22 mm com cavidade de 50 mm preenchida com lã mineral	0,12	0,04	0,06	0,05	0,05	0,05
Painéis acústicos de madeira para o revestimento de paredes	0,18	0,34	0,42	0,59	0,83	0,68
Gesso sobre tela metálica com câmara de ar profunda	0,20	0,15	0,10	0,05	0,05	0,05
Cortina plissada pendurada em frente a uma parede maciça	0,05	0,15	0,35	0,40	0,50	0,50
Piso elevado composto de madeira aglomerada de 45 mm revestida por chapas de aço a 800 mm da laje de concreto, sem carpete	0,08	0,07	0,06	0,07	0,08	0,08
Tabuado de madeira sobre barrotes	0,15	0,11	0,10	0,07	0,06	0,07
Piso de linóleo ou vinil colado no concreto	0,02	0,02	0,03	0,04	0,04	0,05
Carpete puncionado de 5 mm colado no concreto	0,01	0,02	0,05	0,15	0,30	0,40
Carpete com lanugem de densidade média e base de borracha esponjosa	0,50	0,10	0,30	0,50	0,65	0,70
Porta de madeira maciça	0,14	0,10	0,06	0,08	0,10	0,10
Lã mineral de 50 mm (96 kg/m^3) por trás de chapa de aço perfurada em 25% de sua superfície	0,20	0,35	0,65	0,85	0,90	0,80
Painéis de gesso decorativos para uso em forro	0,20	0,22	0,18	0,15	0,15	0,16
Assento forrado em parte e desocupado	0,07	0,12	0,26	0,42	0,50	0,55
Cadeira de metal ou plástico desocupada em unidades de m^2 (por cadeira)	0,07	0,00	0,14	0,00	0,14	0,14
Assentos totalmente forrados (por item), em m^2	0,12	0,00	0,28	0,00	0,32	0,37
Superfície da água (por exemplo, de uma piscina)	0,01	0,01	0,01	0,01	0,02	0,02

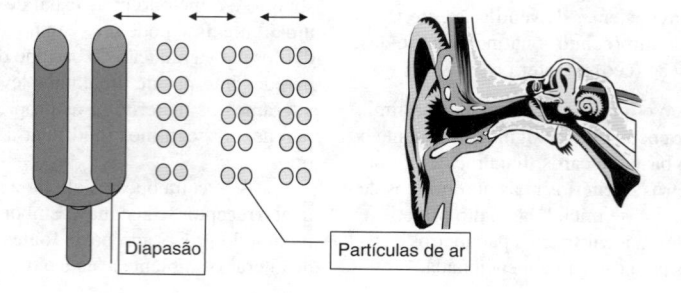

9.1 A maneira como o som é criado.

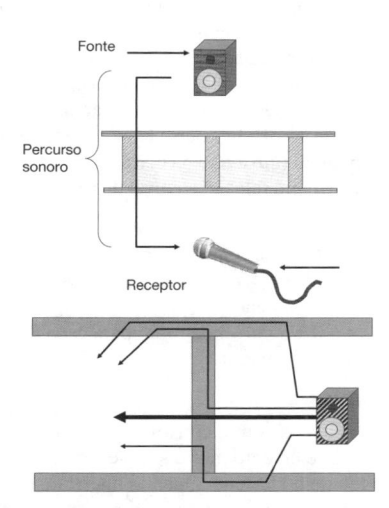

9.2 Fonte, percurso sonoro e receptor.

vente tende a ter melhor desempenho sob determinadas frequências. Isso significa que, embora um painel absorvente possa oferecer bons níveis médios de absorção, eles podem ser limitados na banda de frequência. Consequentemente, a norma britânica BSEN ISO 11654 também considera que o coeficiente de absorção média de um material seja empregado como um método de definição de sua classificação como absorvente acústico. Isso é detalhado pela Tabela II, na qual $\acute{\alpha}_w$ é a absorção acústica média do material.

Quando detalhamos os materiais acústicos apropriados, conseguimos obter um tempo de reverberação (T) adequado dentro de um recinto. Por essa razão, o tempo de reverberação de um espaço é normalmente utilizado como o critério de desempenho para o projeto de cômodos nos quais se deseja uma boa inteligibilidade da fala ou um ambiente auditivo adequado.

O tempo de reverberação (T) de um recinto em geral é especificado para aquele espaço quando ele está desocupado. É importante observar que, no caso de cômodos com volumes superiores a 200 m³, o uso da fórmula de Sabine se torna menos confiável. Portanto, sempre é preferível buscar aconselhamento profissional quando se detalha ou projeta espaços grandes ou complexos nos quais se deseja um bom desempenho acústico. Contudo, isso não significa que o projetista não consiga estabelecer um critério de desempenho para o tempo de reverberação dentro de um recinto.

3 REDUZINDO A TRANSMISSÃO SONORA NAS FONTES EXTERNAS

No Reino Unido, o nível de ruído emitido por uma fonte sonora particular que pode causar incômodo dentro de uma moradia pode ser encontrado em documentos de planejamento como a Planning Policy Guideline 24 (Inglaterra) ou o Planning and Noise 1 (Escócia). Além dessas diretrizes de planejamento, há outros documentos para orientação que podem ser empregados quando são analisados ruídos em prédios não residenciais. Em todos os casos, nos preocupamos com o nível de incômodo gerado pelas fontes externas que ficam fora do controle do proprietário ou usuário da edificação.

Esses documentos estabelecem o nível de ruídos máximo (L_{Aeq}) que pode ser medido dentro de um recinto desocupado ou não sendo utilizado.

L_{Aeq}: O nível L_{Aeq} é efetivamente o nível de ruído medido ao longo de um período definido de tempo (L_{Aeq} para 16 horas, L_{Aeq} para 8 horas, etc.). O "A" no parâmetro L_{Aeq} significa que o nível de ruído foi ponderado de modo que seja similar ao nível de ruído subjetivo que uma pessoa média ouviria.

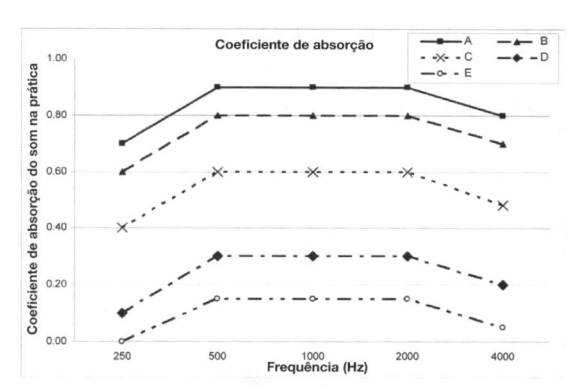

9.3 As classificações de absorção acústica da norma britânica BS EN ISO 11654.

Para a maioria das fontes de transporte, sugere-se que o nível de ruído externo de L_{Aeq} (para 16 horas) de 55 dB durante o dia e o de L_{Aeq} (8 horas) de 45 dB durante a noite sejam os níveis-alvo. Contudo, pode-se ver na Tabela III, esses valores provavelmente fiquem abaixo do nível normal de ruídos em muitas áreas urbanas e suburbanas.

L_{Amax}: Além do nível de ruídos médio, os outros parâmetros que talvez precisem ser controlados seriam o nível de ruídos máximo (L_{Amax}) ou o evento sonoro mais alto, como aquele que seria associado a um aumento repentino do ruído, como a passagem de um trem.

L_{A90}: Para algumas fontes sonoras, como os ruídos industriais que afetam uma edificação, é comum tentar o controle dos ruídos de acordo com o nível de ruído de fundo (L_{A90}). Esse é o nível de ruído oculto ou o nível médio de ruído que é excedido durante 90% do período de medição. Isso permite que o ruído seja analisado em relação aos períodos de silêncio ou calmaria nos níveis de ruído médios, garantindo que não seja criado um distúrbio, ou seja, os períodos entre os veículos passando por uma moradia resultarão em momentos de silêncio nos quais o ruído sob consideração (ruído industrial) talvez não seja mascarado por outros eventos (o ruído do trânsito) e, desse modo, provoque um distúrbio.

3.1 Controle dos níveis de ruído externo

O nível de ruído admissível fora de uma edificação pode variar muito, conforme a natureza do empreendimento ou mesmo a política e as normas da autoridade local. Como orientação inicial, a Organização Mundial da Saúde sugere níveis de campo livre externo abaixo de L_{Aeq} (para 16h) de 50–55 dB como adequados para evitar distúrbios ou incômodos sérios durante o dia, mas as normas europeias mais recentes consideram que o nível de ruído máximo de campo livre externo fora de uma moradia de L_{Aeq} (para 8h) de 40 dB seria apropriado para evitar incômodos sonoros à noite. Contudo, em muitos casos (centro de cidade, algumas áreas urbanas e suburbanas), uma abordagem distinta pode ser adequada.

Tabela II Norma britânica BS EN ISO 11654 Classificações de absorção para valores de absorção médios

Absorção sonora	Classe $\acute{\alpha}_w$
A	0,90, 0,95, 1,00
B	0,80, 0,85
C	0,60, 0,65, 0,70, 0,75
D	0,30, 0,35, 0,40, 0,45, 0,50, 0,55
E	0,25, 0,20, 0,15
Sem classificação	0,10, 0,05, 0,00

Tabela III Níveis prováveis de ruídos de fundo externos

Fonte	Um nível de pressão sonora ponderado L_{Aeq} (dB)
Área urbana próxima a uma rodovia movimentada	70–90
20 m do meio-fio de uma rodovia importante (110 km/h)	78
Área urbana próxima a uma avenida movimentada	65–75
20 m do meio-fio de uma avenida movimentada (50 km/h)	68
Área suburbana afastada de uma via movimentada	55–65
Em uma via paralela a uma avenida movimentada e protegida do ruído do trânsito por prédios	58
Parque dentro de uma cidade de médio ou grande porte	55–60
Localização rural e afastada	35–45

A Tabela IV define alguns dos critérios de ruído padrão aplicados a uma variedade de casos. O ruído externo em geral é considerado um problema em imóveis residenciais, mas pode ser uma exigência em espaços educacionais ou de trabalho externo. Observe que as exigências feitas pelas autoridades locais podem variar muito, então, é importante consultar a Secretaria de Planejamento Urbano ou a Secretaria de Saúde ao projetar controlando os níveis de ruído externos, particularmente para habitações.

O ruído de fontes de lazer (bares, casas noturnas, etc.) normalmente não precisa ser controlado fora das propriedades residenciais mais próximas, pois, na maior parte dos casos, o barulho dessas fontes é associado ao uso noturno e à perturbação do sono dentro da propriedade. Também nesse caso, os níveis de controle necessários para tais ruídos variarão muito conforme a autoridade local, então, ela sempre deve ser consultada quando se está construindo moradias junto a áreas de lazer ou se está introduzindo uma nova fonte de ruído provocado pelo entretenimento.

3.2 Atenuação sonora causada pela distância

Quanto mais distante uma edificação estiver da fonte sonora, mais baixo será o nível de ruído da fonte percebido dentro do prédio. Isso dependerá se a fonte de ruídos for considerada uma *fonte pontual*, como é o caso de itens individuais ou máquinas fixas, ou uma *fonte linear*, como aquela provocada por uma estrada ou linha ferroviária. Se uma casa estiver localizada a 20 m de distância de uma estrada ou linha férrea, essa fonte seria considerada linear, assim, o nível de ruído seria reduzido em 13 dB. Por outro lado, se uma casa estiver a 20 m de uma fonte pontual (um avião ou cortador de grama), o nível seria reduzido em 26 dB em relação ao nível de ruído medido na fonte.

Como regra prática, pode-se considerar que a diferença de atenuação sonora entre uma fonte linear e uma pontual seja:
- redução de 3 dB no nível de ruído para cada dobro da distância de uma fonte linear
- redução de 6 dB no nível de ruído para cada dobro da distância de uma fonte pontual

3.3 Barreiras acústicas

Os ruídos são atenuados com a construção de uma barreira acústica, que pode ser um elemento muito simples, como uma cerca bem fechada ou um talude no terreno. Quando interrompemos a linha de visão direta entre uma fonte pontual e o receptor (uma pessoa ou edificação), reduzimos o nível sonoro, pois estamos aumentando a distância que o som tem de percorrer entre a fonte e o receptor (por exemplo, o som tem de passar por cima do anteparo).

O nível de atenuação de uma barreira acústica dependerá dos seguintes fatores:

- A altura da barreira: quanto mais alto for o anteparo, maior é seu desempenho esperado.
- O tipo da fonte de ruídos: as barreiras são mais eficazes para fontes de ruído estacionárias, como uma máquina estática, do que uma fonte móvel, como um veículo.
- A altura da fonte de ruídos: quanto mais alta for a fonte, maior terá de ser a barreira para que possa quebrar a linha de visão.
- A altura do receptor: quanto mais alto estiver o receptor, maior terá de ser a barreira para que possa quebrar a linha de visão.
- A distância entre a fonte e a barreira: é sempre preferível colocar a barreira o mais próximo possível da fonte.
- Quando isso for inviável, a melhor opção é posicionar a barreira acústica o mais próximo possível do receptor.
- A pior posição possível para o anteparo é na posição intermediária entre a fonte e o receptor.

Tabela IV Níveis de ruídos externos adequados

Descrição da fonte do ruído e do receptor	Método de controle	Critérios de desempenho Nível de ruído máximo no receptor
Ruído gerado por uma **indústria que é construída** e afeta as propriedades residenciais ou é gerado por uma indústria existente que afeta propriedades residenciais novas	Os níveis de ruído devem ser controlados em relação ao nível de ruído de fundo preexistente de L_{A90} dB	–10 dB em relação aos ruídos de fundo = indicador positivo de que reclamações serão improváveis Cerca de 5 dB mais altos do que o nível de ruídos de fundo = probabilidade moderada de distúrbio 10 dB mais altos do que o nível de ruídos de fundo = probabilidade considerável de reclamações
Novo **empreendimento de escritórios** afetando propriedades residenciais existentes	Os níveis de ruídos devem ser controlados em relação ao nível de ruídos de fundo preexistente de L_{A90} dB	5 dB abaixo dos ruídos de fundo 10 dB abaixo dos ruídos de fundo, se a fonte for tonal
Ruídos de construção afetando atividades residenciais e comerciais existentes	Os níveis de ruídos devem ser controlados a um nível ambiental máximo e os horários de operação no local têm de ser restritos	$L_{Aeq} \geq 75$ dB 8h–18h Segundas a sextas-feiras 8h–12h Sábados Atividades restritas nos demais horários
Estradas e ferrovias* afetando novos empreendimentos residenciais	Os níveis de ruídos devem ser controlados nos espaços de estar externos privativos (como quintais ou balcões)	L_{Aeq} de 55 dB 7h–23h $L_{Aeq} \geq 45$ dB 23h–7h
Ruídos de aeroporto afetando novos empreendimentos residenciais	Os níveis de ruídos devem ser controlados nos espaços de estar externos privativos (como quintais ou balcões)	$L_{Aeq} \geq 57$ dB 7h–23h $L_{Aeq} \geq 48$ dB 23h–7h

* Em todas as fontes de ruídos de ferrovias, também se espera que, durante o período noturno, os eventos ruidosos individuais máximos não costumem exceder L_{Amax} 82 dB.

- A massa da barreira: em geral, a massa superficial mínima de qualquer barreira acústica deve ser 5 kg/m².

O cálculo da atenuação sonora gerada por uma barreira acústica pode ser complexo, mas uma boa regra prática é considerar uma redução de 5 dB com uma barreira parcial, e de 10 dB para uma barreira bem fechada (veja a Tabela V). Por exemplo, uma barreira acústica de 2 m de altura provavelmente provoque uma redução de 10 dB no ruído do trânsito ao nível do solo e de 5 dB no nível do segundo pavimento.

Níveis mais elevados de isolamento acústico podem ser alcançados por barreiras acústicas, mas, para isso, elas em geral têm de ser significativamente mais altas. Se for exigida uma redução superior a 10 dB em uma fonte de ruídos externos, é provável que seja necessária uma barreira com altura superior a 2 m.

3.4 Ângulo de visão

A orientação de um prédio ou cômodo sensível a ruídos em relação à fonte sonora também pode reduzir o nível de incômodo percebido. Quando o ambiente está diretamente voltado para uma fonte de ruídos (como uma rodovia ou ferrovia), o projeto depende totalmente da distância da fonte ou da inclusão de uma barreira acústica para amortecimento. Se o recinto estiver em ângulo em relação à fonte, será esperada uma redução nos ruídos, devido ao ângulo de visão entre o receptor e a fonte. A Tabela VI descreve as reduções esperadas nos níveis sonoros de 500 Hz e 1.000 Hz e conforme o ângulo de visão entre a fonte e o receptor.

3.5 Atenuação sonora por meio da fachada

O método final para a redução dos ruídos de uma edificação oriundos de fontes externas é a especificação de suas vedações externas.

Se considerarmos as vidraças como o fator determinante no isolamento acústico de uma fachada, elas poderão ser utilizadas como o meio de isolamento da fachada.

Geralmente considera-se que, para certas fontes de ruídos (comerciais e industriais), os níveis de ruídos internos dentro de um prédio afetado devem ser calculados em relação a uma janela aberta. Em muitos outros casos (os ruídos gerados pelo transporte, em específico), a análise dos níveis de ruídos internos pode ser feita com as janelas fechadas. Muitos fabricantes de vidros para a construção publicam uma ampla variedade de dados de desempenho acústico e normalmente detalham os níveis de desempenho da frequência junto com os valore médios ou unitários. Quando analisamos o desempenho acústico de uma vidraça, é melhor basear qualquer análise no critério R_{TRA}, isto é, na redução (R) no nível de ruídos alcançada pela vidraça quando ajustada para um espectro de ruídos do trânsito (TRA). A Tabela VII detalha os valores de isolamento esperados para algumas especificações típicas para vidraças. Além disso, ela mostra os níveis de redução esperados (D_w) quando as janelas estão abertas, dependendo do ruído da fonte.

4 REDUZINDO A TRANSMISSÃO SONORA POR MEIO DO LEIAUTE E DO PROJETO

O arranjo interno de uma edificação pode facilitar ou dificultar o controle acústico. Em geral, uma boa prática é localizar as atividades sensíveis a ruídos afastadas daquelas inerentemente barulhentas. Um exemplo dessa estratégia é visto no projeto dos apartamentos

Tabela V Níveis básicos de atenuação sonora obtidos com barreiras acústicas

Barreira total (interrupção total na linha de visão entre a fonte e o receptor)	−10 dB
Barreira parcial (interrupção parcial na linha de visão entre a fonte e o receptor)	−5 dB

Tabela VI Ângulo de correção da visão

Orientação do prédio	Atenuação sonora (dB)	
	500 Hz	1.000 Hz
0°	0	0
45°	1	1
90°	6	6
135°	15	17
180°	17	19

tradicionais de Glasgow, Escócia, na virada do século XIX para o XX. Embora a planta baixa apresentada não seja perfeita (Figura 9.4), fica evidente que o projeto de arquitetura levou em consideração os limites das vedações externas do prédio, o uso previsto para cada cômodo e o número de usuários na moradia. Igualmente importante é o entendimento de que os ocupantes desses apartamentos teriam estilos de vida compatíveis, uma facilidade com a qual os arquitetos atuais nem sempre podem contar.

As áreas silenciosas e barulhentas entre duas unidades de moradia foram agrupadas, com os dormitórios de um apartamento estando contra aqueles do apartamento contíguo. A implantação da sala e da cozinha é junto a uma parede de alvenaria de 60 cm de espessura, que poderia ser mais bem projetada com o uso de um isolamento acústico. Os espaços de permanência prolongada (dormitório e sala) ficam afastados da caixa de escada do prédio por meio de armários e um vestíbulo duplo, o que ajuda ainda mais na redução dos ruídos da escada. A parede-meia que separa os dormitórios de dois apartamentos adjacentes (marcada pela linha pontilhada cinza) é uma parede de tijolo simples relativamente fraca, pois se considerava que isso seria aceitável para a separação de dois espaços silenciosos e habitados por pessoas com estilos de vida compatíveis.

Os seguintes pontos devem ser considerados a fim de reduzir os problemas de ruído sofridos pelos usuários de edificações:

- Evite posicionar atividades sensíveis a ruídos contíguas a cômodos com níveis de ruído mais elevados.

Tabela VII Valores de isolamento para janelas envidraçadas abertas e fechadas

Janelas abertas – D_w esperado para janelas com área livre aberta de 0,05 m²	D_w dBA
Ruídos do trânsito de veículos	12–18
Ruídos de uma ferrovia	12–18
Ruídos de aeronaves	14–19
Música amplificada	15–20

Janelas fechadas – valores de isolamento R_{TRA} (dB) esperados para tipos comuns de vidro	
Tipo de vidro	R_{TRA} (dB)
Vidro flutuante de 4 mm/cavidade de 12 mm/vidro flutuante de 4 mm	25
Vidro flutuante de 6 mm/cavidade de 12 mm/vidro flutuante de 6 mm	26
Vidro flutuante de 6 mm/cavidade de 12 mm/vidro de segurança de 6,4 mm	27
Vidro flutuante de 10 mm/cavidade de 12 mm/vidro flutuante de 4 mm	29
Vidro flutuante de 6 mm/cavidade de 12 mm/vidro flutuante de 7 mm	31
Vidro flutuante de 10 mm/cavidade de 12 mm/vidro flutuante de 6 mm	32
Vidro flutuante de 6 mm/cavidade de 12 mm/vidro flutuante de 11 mm	33
Vidro flutuante de 10 mm/cavidade de 12 mm/vidro de segurança de 6,4 mm	34

- Evite colocar as instalações prediais (como as de climatização ou com pressão de vapor saturado) dentro de espaços sensíveis a ruídos.
- Evite posicionar cômodos com muitas instalações prediais ou atividades constantes sobre recintos silenciosos (por exemplo, colocar cozinhas sobre dormitórios).
- Posicione as áreas externas com lixeiras em áreas afastadas dos cômodos sensíveis a ruídos.
- Evite instalar caixas de elevador de modo que fiquem com suas paredes de trás diretamente em contato com cômodos sensíveis a ruídos.
- Posicione as casas de máquinas e as instalações prediais no local o mais afastado possível das áreas sensíveis a ruídos.

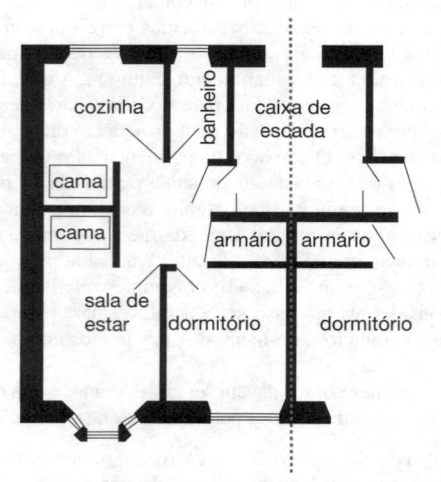

9.4 Leiaute de um apartamento tradicional em Glasgow, Escócia, cerca de 1890.

- As portas corta-fogo de corredores de uso comum devem ficar afastadas das portas de entrada de moradias ou de cômodos sensíveis a ruídos.
- Evite colocar recintos com altas taxas de ocupação na extremidade de corredores que estejam ao longo de cômodos sensíveis a ruídos, a fim de reduzir o incômodo provocado pelo trânsito de pessoas no corredor.

5 REDUZINDO A TRANSMISSÃO SONORA POR MEIO DA ESTRUTURA

A transmissão sonora em uma estrutura é a passagem das ondas de pressão do som do ar à estrutura, através dela e para o outro lado. Os ruídos de baixa frequência pressionam a estrutura inteira, fazendo as ondas de pressão sonora serem transmitidas pela superfície da parede ou do piso. À medida que aumentamos a frequência, o comprimento de onda sonora encurta e, assim, em vez de conseguir movimentar a parede inteira, o som percorre seu caminho através dos elementos estruturais, como vigas, pilares e lajes. Por fim, o som também encontrará maneiras de se propagar através de pequenas frestas ou de vazios da estrutura ou mesmo de elementos laterais mais fracos, como paredes contíguas ou tubulações.

Há seis fatores-chave para a redução do som propagado através de uma estrutura da edificação. Atentando-se a essas seis questões na especificação de um elemento divisório (piso, parede, cobertura ou revestimento externo), é possível determinar o tipo de construção que oferecerá o melhor desempenho.

5.1 Rigidez da estrutura

A rigidez de um elemento estrutural afeta a maneira como ele transmite o som, particularmente se esse for de baixa frequência, embora isso também seja verdadeiro para algumas frequências mais altas. Os materiais resistem naturalmente a qualquer força aplicada a eles, como uma onda sonora, assim, quanto maior for a dureza ou rigidez, melhor será o material em termos de redução de sons de baixa frequência.

As lajes de concreto moldado *in loco* podem oferecer um altíssimo nível de isolamento acústico entre dois pavimentos, apesar de terem seções aparentemente esbeltas. Os perfis metálicos das lajes compostas, embora aumentem a massa da estrutura, também agem como enrijecedores do sistema de piso. O uso de barrotes transversais maiores em um piso de madeira também ajuda a melhorar a rigidez de um piso. De maneira similar, os pisos de madeira com vedações pesadas nas juntas também ajudam a melhorar a rigidez do piso, bem como sua massa.

5.2 Isolamento acústico da estrutura

Separar ou isolar os diferentes elementos de um sistema estrutural pode interromper os percursos de transmissão sonora, como se fossem criados interruptores em uma placa de circuito eletrônico. O isolamento também reduz a transmissão forçada, resultante da criação de grandes cavidades entre as superfícies. Por fim, quanto mais materiais o som tiver de cruzar, mais energia ele perderá.

O isolamento é particularmente importante para a proteção de pisos contra ruídos de impacto. As bases ou mantas resistentes a impactos, os barrotes de piso isolados e os sistemas de piso flutuante ajudam a isolar uma estrutura contra os sons de impacto. Eles também afetam a transmissão sonora pelo ar, assim como fazem o uso de montantes duplos em paredes leves, os sistemas de paredes compostas formados por folhas duplas e os sistemas independentes de forro ou revestimento de parede.

5.3 Massa de uma estrutura

Quanto mais massa ou material uma estrutura tiver, mais difícil será para que a pressão das ondas sonoras consiga fazê-la vibrar. Na maioria dos materiais, a massa é o fator preponderante no desempenho acústico. Para cada dobro de massa em uma estrutura ou material, pode-se esperar uma melhoria de 6 dB no isolamento acústico. Entretanto, isso somente será percebido nas frequências controladas pela massa, o que normalmente ocorre nas faixas médias.

O motivo pelo qual algumas paredes de alvenaria de meio tijolo ou um tijolo podem alcançar níveis de isolamento acústico similares ao de uma parede de montantes leves de aço ou madeira com múltiplas camadas é a substituição do isolamento (isto é, o afastamento das duas camadas de gesso acartonado pelos montantes) pela massa maior (a massa inerente dos tijolos ou blocos).

5.4 Absorção dentro da estrutura

Ao acrescentar materiais absorventes às cavidades de uma parede ou outro elemento estrutural, conseguimos aumentar a quantidade de som absorvido pela cavidade e, portanto, reduzimos o nível de som transmitido. Isso normalmente é feito com a adição de materiais porosos e de bom desempenho acústico, como uma manta de lã de rocha. A inclusão desses materiais pode melhorar o isolamento acústico de uma parede ou de um piso entre 3 e 6 dB.

5.5 Sons contíguos que afetam uma estrutura

O som busca o caminho de menor resistência. A transmissão entre cômodos adjacentes se relaciona aos ruídos que são transmitidos a um cômodo ou espaço contíguo, mas que não chegam diretamente através da parede ou do piso de separação. Entre dois cômodos separados por um sistema de parede simples (com paredes, piso e teto contíguos) pode haver pelo menos 12 percursos de transmissão possíveis entre os dois ambientes.

A transmissão entre os cômodos adjacentes pode ser um problema particular em pisos de madeira sustentados por alvenaria que tenham uma forte conexão estrutural entre os elementos horizontais, devido às paredes de alvenaria contínuas ao longo de todo o prédio (Figura 9.5).

5.6 Integridade de uma estrutura

Se uma estrutura não for íntegra, o som poderá cruzar qualquer fresta ou orifício da mesma maneira que a água vazaria pelas fissuras de uma barragem. Além de frestas e furos na construção, a falta de integridade ou a fragilidade de uma estrutura terá um efeito similar. Em certos casos, isso pode ser o resultado da baixa qualidade da mão de obra na construção (ou seja, as juntas foram mal vedadas), embora os detalhes ruins também possam ser o problema (por exemplo, a falta de detalhamento no topo de uma parede ou da penetração de tubulações ou dutos – Figura 9.6).

6 NÍVEIS DE RUÍDO ADMISSÍVEIS DENTRO DE UMA EDIFICAÇÃO

A definição dos parâmetros de desempenho adequados e dos critérios para os níveis de ruído admissíveis dentro de uma edificação geralmente compete ao projetista responsável por um projeto. Os níveis exigidos dependerão das necessidades do cliente, do uso esperado do prédio e dos tipos de recinto que compõem a edificação. O estabelecimento do parâmetro mais apropriado ao uso é a primeira

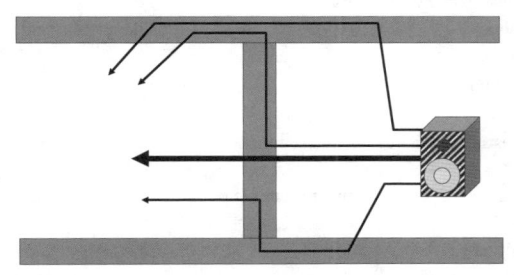

9.5 Percursos de transmissão entre cômodos adjacentes através de uma parede externa.

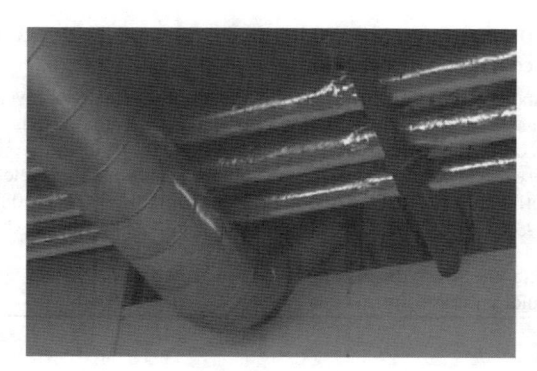

9.6 Penetração de um tubo no topo de uma parede, em virtude da falta de detalhamento.

tarefa de qualquer processo de projeto. Há dois parâmetros de desempenho principais que normalmente devem ser aplicados: o Ruído Ambiente (L_{Aeq}), descrito na Seção 3, e/ou o parâmetro de Avaliação do Ruído (NR). Além disso, o nível de ruído máximo (L_{Amax}), descrito na Seção 3, frequentemente é aplicado.

6.1 Curvas de classificação de ruído

NR é a curva de classificação de ruídos. Ela é aplicada a ruídos que podem causar incômodo, mas que se originam de uma fonte constante (por exemplo, uma máquina ou equipamento fixo). O critério NR estabelece um limite máximo de ruído para cada banda de frequência, em vez de definir um nível de ruído médio máximo, como é o caso do parâmetro L_{Aeq}. A maioria das fontes de ruídos é composta de uma variedade de frequências. Os ruídos profundos ou retumbantes representam aqueles de baixa frequência, enquanto os agudos correspondem aos de alta frequência. As fontes de ruídos fixas, como máquinas e equipamentos, costumam ter altos níveis de som em determinada frequência e, portanto, é importante ter um parâmetro de desempenho que possa estabelecer um nível máximo para cada banda de frequência. Se um nível de ruído médio fosse estabelecido (como o critério L_{Aeq}), seria possível para o ruído de um ventilador, por exemplo, atender ao critério e, mesmo assim, ser percebido como incômodo. Isso acontece porque haveria um alto nível de ruído em determinada frequência, mas um nível de ruído inferior em outras, o que poderia ter um grande efeito no nível de ruído médio. A Figura 9.7 apresenta as curvas da classificação de ruídos (NR).

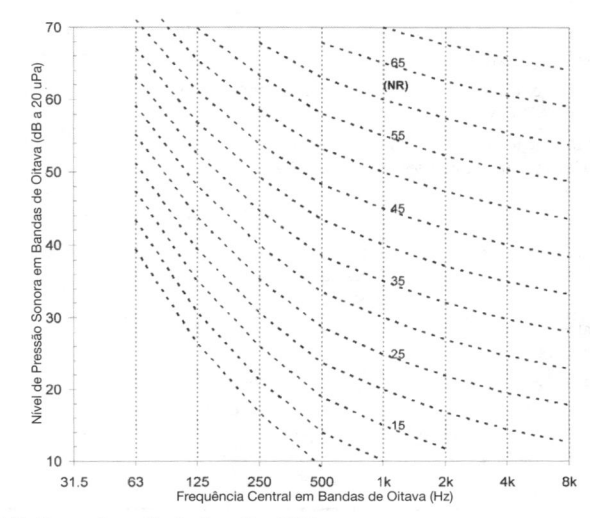

9.7 Curvas de avaliação de ruídos (NR).

6.2 Orientações sobre os critérios de desempenho de acordo com o tipo de cômodo

A Tabela VIII detalha níveis de ruído de fundo adequados e níveis de curvas de classificação de ruídos apropriados para uma variedade de tipos de prédios e recintos. As orientações dadas na tabela são uma síntese dos critérios de desempenho atuais das normas mais relevantes utilizadas no Reino Unido (Building Bulletin 93, HTM08-01, BS8233, CSDG2007, BCO Specification Guide 2009 BREEAM).

Tabela VIII Níveis de ruído de fundo e de curvas de classificação (NR) de ruídos máximos adequados

Tipo de edificação/recinto	L_{Aeq} máximo (dB)*	NR máxima
Escolas		
Creches: salas de aula	35	30
Creches: salas de descanso	35	30
Escolas de ensino fundamental: salas de aula, salas de apoio, áreas de ensino em geral, salas para trabalho em pequeno grupo	35	30
Escolas de ensino médio: salas de aula, áreas de ensino em geral, salas para seminários, salas para assessoramento, laboratórios de idiomas	35	30
Áreas de ensino com planta livre	40	35
Áreas de pesquisa com planta livre	40	35
Salas de aula de música	35	30
Salas para trabalho em pequeno grupo	35	30
Salas de música pequenas, para ensaios	30	25
Salas para ensaios ou recitais	30	25
Estúdios de gravação	30	25
Salas de controle para gravação	35	30
Pequenas salas para palestras (< 50 pessoas)	35	30
Grandes salas para palestras (> 50 pessoas)	30	25
Salas de aula projetadas especialmente para serem utilizadas por estudantes com deficiência auditiva (incluindo salas para sessões de fonoaudiologia)	30	25
Salas para estudo (estudo individual, estudo em silêncio, exercícios de recuperação, professores prepararem as aulas)	35	30
Bibliotecas – áreas de estudo em silêncio	35	25
Bibliotecas – áreas de pesquisa	40	35
Laboratórios de ciências	40	35
Estúdios de artes dramáticas	30	25
Design & tecnologia – materiais pesados, áreas de CAD/CAM	40	35
Design & tecnologia – eletrônica/robótica, têxteis, alimentos, artes gráficas, design/pesquisa	40	35
Salas de arte	40	35
Ginásios, salões multiuso (artes dramáticas, educação física, apresentações audiovisuais, reuniões, shows de música ocasionais)	35	30
Salas com recursos audiovisuais ou para videoconferências	35	30
Átrios, espaços de circulação utilizados pelos estudantes	45	40
Pavilhões/salões para a prática de esportes	40	35
Estúdios de dança	40	35
Ginásios	40	35
Piscinas	50	45
Salas para entrevistas/atendimento aos alunos, consultórios médicos	35	30
Refeitórios	45	40
Cozinhas	50	45
Escritórios, salas para professores/funcionários	40	35
Corredores, caixas de escada	45	40
Vestiários e rouparias	45	40
Banheiros	50	45
Hospitais		
Quartos individuais ou para plantonistas	40, de dia / 35, de noite	30
Crianças & idosos (quartos individuais)	40, de dia / 35, de noite	30
Crianças & idosos (quartos com vários leitos)	45, de dia / 35, de noite	30
Consultórios	40	35
Salas para exame	40	35
Salas de tratamento	40	35
Salas para aconselhamento/velórios	40	35
Salas para entrevistas	40	35
Salas de cirurgia	40	40 (50 com fluxo laminar)
Creches	40, de dia / 35, de noite	30
Salas de parto	45	40
Laboratórios	45	40
Áreas de serviço sujas	55	40
Áreas de serviço limpas	55	40
Fonoaudiologia	30	25
Snoezelen (ambientes multissensoriais controlados)	30	25
Capelas ecumênicas	40	35
Corredores (sem portas)	55	40
Átrios	55	40
Refeitórios	50	40
Banheiros públicos/para funcionários (não compartimentados)	55	45
Banheiros em suítes (não compartimentados)	45	40
Salas de espera (grandes > 20 pessoas)	50	40
Salas de espera (pequenas ≤ 20 pessoas)	50	40
Cozinhas principais	55	50 (55 na coifa)
Cozinhas de apoio, despensas	50	40
Depósitos	n/d	n/d
Salas de repouso	45, de dia / 35, de noite	30
Vestiários	55	40
Grandes salas para treinamento/seminários (> 35 m^2)	35	30
Pequenas salas para treinamento/seminários (≤ 35 m^2)	40	35
Auditórios	35	30
Bibliotecas/arquivos	40	35

(continua)

Tabela VIII Níveis de ruído de fundo e de curvas de classificação (NR) de ruídos máximos adequados *(continuação)*

Tipo de edificação/recinto	L_{Aeq} máximo (dB)*	NR máxima
Escritórios**		
Escritórios compartimentados	40	35
Escritórios para alugar	43	38
Escritórios com planta livre	45	40
Saguões	45	40
Espaços de circulação	45	40
Banheiros	50	45
Docas de carga e descarga	60	55
Garagens no subsolo	60	55
Salas de desenho técnico	≤ 45–55	≤ 40–50
Salas para funcionários	≤ 35–45	≤ 30–40
Salas de reunião	≤ 35–40	≤ 30–35
Escritórios para executivos	≤ 35–40	≤ 30–35
Indústrias		
Indústrias pesadas	≤ 70–80	≤ 55–75
Indústrias leves	≤ 65–75	≤ 45–65
Depósitos	≤ 65–75	≤ 45–65
Laboratórios comerciais	≤ 45–55	≤ 40–50
Garagens	≤ 65–75	≤ 45–65
Docas de carga e descarga	≤ 60–75	≤ 55–60
Oficinas	≤ 50–60	≤ 60–70
Refeitórios	≤ 50–55	≤ 45–50
Comércio/serviços		
Apartamentos de hotel	≤ 30–35	≤ 20–25
Lojas de departamento	≤ 50–55	≤ 35–45
Lojas varejistas	≤ 50–55	≤ 35–45
Garagens no subsolo	≤ 60–70	≤ 55–65
Cafeterias	≤ 50–55	≤ 35–45
Cozinhas/lavanderias comerciais	≤ 55–65	≤ 40–50
Restaurantes	≤ 40–55	≤ 35–40
Recepções	≤ 35–40	≤ 30–35
Bares	≤ 40–45	≤ 35–40
Casas noturnas	≤ 40–45	≤ 35–40
Salões de baile	≤ 35–40	≤ 30–35
Salões de banquete	≤35–40	≤ 30–35
Cinemas	≤ 30–35	≤30–35
Estúdios de gravação profissionais	≤ 20–25	≤ 15–20
Edifícios públicos e de lazer		
Bibliotecas	≤ 40–50	≤ 35–45
Museus	≤ 40–50	≤ 35–45
Igrejas/templos (com música litúrgica formal)	30	20
Igrejas/templos (pequenos)	35	25
Foros (salas de audiência públicas)	40	35
Foros (salas de audiência não públicas)	30	25
Salas de magistrados	40	35
Salas de interrogatório	40	35
Salas de comitê	40	35
Áreas de custódia	45	40
Salas para videoconferência	30	25
Salas de concerto	≤ 25–30	≤ 20–25
Teatros	≤ 25–30	≤ 20–25
Banheiros	≤ 45–50	≤ 40–45
Vestiários	≤ 45–50	≤ 40–45
Centros de controle	L_{A90} entre 30–35	≤ 25–30
Banhos públicos/piscinas	≤ 50–55	≤ 45–50
Habitações		
Salas de estar	≤ 30–40	≤ 25–35
Dormitórios	≤ 30–35	≤ 20–25

*A norma britânica BB101 permite um acréscimo de 5 dB nos níveis de ruído de fundo quando a ventilação natural fizer parte do projeto, exceto em ambientes projetados para pessoas com deficiência auditiva.

**Um aumento de 5dB no ruído de fundo é aceitável em edifícios de escritórios com ventilação natural.

6.3 Níveis de ruído impulsivo ou máximo

O controle de eventos sonoros repentinos também é uma consideração importante no projeto de edificações. Isso normalmente é descrito pelo parâmetro L_{Amax}, o nível de ruído máximo com ponderação A registrado durante um período de medição, embora o parâmetro $L_{A1,30min}$ seja utilizado para escolas. Esses parâmetros devem ser considerados ao avaliar as fontes de ruídos, que podem incluir um aumento repentino nos níveis de ruído ou eventos sonoros altos e individuais. Exemplos dessa situação seriam a passagem de um trem ou estrondos ou batidas de fontes industriais. Esses parâmetros não costumam ser utilizados isoladamente, e sim em conjunto com o critério do Ruído Ambiente (L_{Aeq}) ou mesmo o parâmetro de Avaliação do Ruído (NR). Em geral, é razoável aplicar parâmetros máximos apenas às situações nas quais os eventos sonoros repentinos ocorrem de modo regular e durante o período noturno (entre as 23h e as 7h), embora haja algumas exceções. Considera-se "regular" o evento que acontece mais de duas vezes por hora. A Tabela IX define alguns critérios de desempenho L_{Amax} e $L_{A1,30min}$ apropriados para evitar incômodos.

7 CRITÉRIOS DE DESEMPENHO DO ISOLAMENTO ACÚSTICO

No Reino Unido, o parâmetro de desempenho correto para paredes internas, lajes e outros elementos de divisão do interior de um prédio se tornou uma tarefa mais complexa com a publicação de novas normas, como o Approved Document E, o Building Bulletin 93 e o Health Technical Memorandum 08–01. Isso ocorre porque diferentes termos são utilizados para definir o isolamento acústico. Por exemplo, os testes de som aerotransportado realizados em laboratório com o uso de um elemento divisor de amostra normalmente são

Tabela IX Níveis de L_{Amax} internos adequados

Tipo de edificação/recinto	$L_{Amax(f)}$ dB
Dormitórios	45 (período noturno)
Espaços de ensino com nível de ruído de fundo máximo de L_{Aeq} 35 dB (veja a Tabela VII)	55 dB ($L_{A1,30\,min}$)
Quartos individuais ou coletivos	45 (período noturno)
Salas de cirurgia	50 (período diurno e noturno)
Escritórios com planta livre ou para serem divididos e alugados	55 dB (60 dB, com ventilação natural)
Escritórios compartimentados	50 dB (55 dB, com ventilação natural)

definidos pelo valor R_w (a redução sonora ponderada), enquanto nos testes conduzidos *in loco* na Escócia, o termo $D_{nT,w}$ é utilizado (diferença de som transmitido), e na Inglaterra e no País de Gales, usa-se o termo $D_{nT,w} + C_{tr}$ (a diferença em som transmitido ajustado com o uso de um termo C de adaptação ponderado pelo ruído do trânsito).

Também é importante saber se foi medido o isolamento dos sons aerotransportados ou de impacto. Como regra, qualquer parâmetro que comece com a letra D ou R ($D_{nT,w}$ R_w, D_w, etc.) será relativo a um teste de som transmitido pelo ar, enquanto os parâmetros começando com L ($L'_{nT,w}$ L_{nw}. ΔL_w) serão os testes de ruído de impacto.

Observação: A simples definição de uma exigência do nível de dB para o isolamento acústico de um sistema de divisão (parede, laje, etc.) é inadequada, pois não descreve o método pelo qual o sistema será analisado e pode acarretar diferenças significativas no desempenho real (por exemplo, a diferença de desempenho in loco entre uma parede interna com D_{nTw} de 50 dB e outra com $D_{nT,w} + C_{tr}$ de 50 dB pode ser superior a 10 dB). Portanto, é necessário definir o parâmetro de desempenho ($D_{nT,w}$ R'w, etc.), bem como o critério de desempenho (45 dB, 50 dB, etc.). Os parâmetros mais usuais no Reino Unido estão listados na Tabela X, que descreve em linhas gerais o que eles significam e onde são utilizados.

8 CRITÉRIOS DE DESEMPENHO DO ISOLAMENTO ACÚSTICO

O nível de isolamento exigido é estabelecido como um critério de desempenho e expresso em dB. Por exemplo, se realizarmos um teste de isolamento acústico na Inglaterra e no País de Gales, sabemos que o parâmetro de desempenho é $D_{nT'w+Ctr}$ (como já indicado pela Tabela IX), mas, se o teste for feito na Irlanda do Norte, o parâmetro de desempenho será o $D_{nT,w}$. Uma vez que esses parâmetros determinam como o resultado é calculado, o nível de decibéis resultante provavelmente será diferente. Isto é, se testarmos uma parede de alvenaria de blocos de concreto e calcularmos o valor do isolamento usando o parâmetro $D_{nT,w+Ctr}$, talvez obtenhamos um nível de 45 dB, mas se o cálculo for feito com o parâmetro $D_{nT,w}$, o resultado será 52 dB.

Em virtude das diferentes maneiras de medir os níveis de ruído de impacto e sons aerotransportados, há uma diferença em como determinamos o que é um bom resultado para o isolamento de sons aerotransportados e de sons de impacto. Em suma:

- Os valores de isolamento de sons aerotransportados sempre são estabelecidos como níveis de desempenho *mínimo*.
- Os valores de isolamento de sons de impacto sempre são estabelecidos como níveis de desempenho *máximo*.

Portanto, *para um isolamento de sons aerotransportados, quanto maior for o resultado, melhor, enquanto para o isolamento de sons de impacto, o ideal é que o resultado seja o menor possível.*

8.1 Critérios de desempenho para habitações

A Tabela XI apresenta os critérios de desempenho para as Ilhas Britânicas. Em geral, as normas da Inglaterra e do País de Gales são adotadas nas ilhas do Canal da Mancha e na Isle of Man.

As normas para as divisões internas somente são relevantes para os regulamentos ingleses, galeses e escoceses.

As normas da Irlanda do Norte mostram um método de evidências de teste anterior, enquanto os dados de testes feitos em laboratórios ou outros dados obtidos *in loco* podem ser considerados como evidência de que uma estrutura é adequada.

8.2 Desempenho de sistemas de revestimento acústico

Ao selecionar sistemas de revestimento acústico adequados, como revestimentos flexíveis colados, sistemas de pisos flutuantes (tábuas sobre sarrafos, tabuados, etc.) ou sistemas de forro resilientes em edificações domésticas, os fabricantes deverão provar que seus sistemas atendem aos níveis mínimos baseados em dados de laboratório.

Neste exemplo, foram utilizados os parâmetros ΔL_w ou ΔR_w. Esse é o nível de melhoria que um sistema alcançou quando testado sobre uma base de madeira ou um piso de concreto em laboratório. Seja um resultado para som de impacto (ΔL_w), seja para som aerotransportado (ΔR_w), o caractere Δ significa que quanto mais alto for o valor, melhor será o desempenho. A exigência mínima para cada sistema de revestimento é a seguinte:

- Revestimentos flexíveis colados em lajes de concreto – ΔL_w 17 dB
- Tratamentos em pisos flutuantes sobre lajes de concreto – ΔR_w 5 dB; ΔL_w 22 dB
- Tratamentos em pisos flutuantes sobre contrapisos de madeira – ΔR_w 17 dB; ΔR_w + Ctr 13 dB; ΔL_w 16 dB
- Forros flexíveis sob contrapisos de madeira – ΔR_w 16 dB; ΔR_w + Ctr 14dB; ΔL_w 16 dB

8.3 Critérios de alto desempenho (uso residencial)

No Reino Unido, muitos novos empreendimentos habitacionais são construídos de acordo com o sistema de créditos BREEAM Ecohomes ou Code for Sustainable Homes (CforSH). O CforSH substituiu o Ecohomes, embora esse ainda seja muito empregado em algumas partes do Reino Unido (como a Escócia). Para que os créditos sejam obtidos, é necessário oferecer um nível de isolamento acústico mais elevado do que aqueles descritos nas normas de construção. Não importa a área do Reino Unido em que uma moradia é construída, sempre é aplicado o parâmetro de desempenho descrito para a Inglaterra e o País de Gales ($D_{nT,w} + C_{tr}$).

Para o Code for Sustainable Homes, 10% da edificação ou do terreno são testados para a concessão dos créditos, e os níveis de desempenho que alcançam a taxa de aprovação mínima são apresentados na Tabela XII.

Os créditos do Ecohomes requerem o nível de testagem feita e as melhorias das exigências básicas do Approved Document E. Para obter mais de dois créditos, a taxa mínima de testagem é maior. A quantidade de testes exigidos também depende do número de lotes no sítio e do número de tipos de habitação (apartamentos, casas).

A Tabela XIII apresenta os testes exigidos e as melhorias em relação ao mínimo para obter os créditos relevantes. Observe que o número de exigências de testagem nos sistemas Ecohomes é considerável quando comparado ao CforSH.

Tanto para o sistema CforSH como para o Ecohomes, é possível obter créditos sem testes *in loco*, se o esquema Robust Details for adotado e os sistemas construtivos relevantes forem aplicados. Para obter créditos múltiplos, a separação Robust Detail correta deve ser especificada. No *website* da Robust Details (www.robust-details.com) há os detalhes quanto ao número de créditos que podem ser alcançados para cada tipo de elemento de divisão.

Na Escócia, a Seção 7 usa um sistema de certificação ouro, prata e bronze. Uma melhoria de 4 dB em relação à norma resulta em certificação ouro; uma melhoria de 2 dB em relação à norma resulta em certificação prata; e o alcance da norma resulta em certificação bronze.

8.4 Normas para o desempenho acústico em outros países

A Tabela XIV apresenta os critérios estabelecidos em outros países para o isolamento acústico em moradias referentes a maio de 2004 e obtidos em COST TU0901 e *Architectural Acoustics* (Cavanaugh et al., 2010).

Tabela X Parâmetros de desempenho do isolamento acústico

Tipo de edificação	Norma/orientação utilizada	Parâmetro de desempenho
Habitações	Inglaterra e País de Gales – A.D.E	Som aerotransportado – $D_{nT,w} + C_{tr}$
		Som de impacto – $L'_{nT,w}$
	Escócia – Seção 5	Som aerotransportado – $D_{nT,w}$
		Som de impacto – $L'_{nT,w}$
	Irlanda do Norte – Technical Booklet G	Som aerotransportado – $D_{nT,w}$
		Som de impacto – $L'_{nT,w}$
	Irlanda – Technical Document E	Som aerotransportado – $D_{nT,w}$
		Som de impacto – $L'_{nT,w}$
Escolas	BB93 (new version)	Som aerotransportado – $D_{nT,(Tmf,max)w}$
		Som de impacto – $L'_{nT,(Tmf,max)w}$

O ajuste $T_{mf,max}$ empregado no documento sobre escolas enfatiza a importância de se controlar a reverberação.

Hospitais	HTM 08-01	Som aerotransportado $D_{nT,w}$
		Som de impacto $L'_{nT,w}$
Offices	British Council for Offices	Som aerotransportado $D_{nT,w}$
		Som de impacto
	BS8233/BREEAM	Som aerotransportado D_w
		Som de impacto

O D_w é uma medida simples das diferenças entre os valores na fonte e no recinto receptor medidos no local. O isolamento acústico não costuma ser considerado quando se projetam escritórios. Contudo, ele pode ser um problema sério, particularmente em locais nos quais a confidencialidade é importante.

Hotéis/abrigos institucionais	Inglaterra e País de Gales	Som aerotransportado $D_{nT,w} + C_{tr}$
Acomodações para estudantes	ADE	Som de impacto $L'_{nT,w}$
	Escócia	Som aerotransportado $D_{nT,w}$
	S8233	Som de impacto $L'_{nT,w}$
	Rede de hotéis heterogêneos	D_w
		Vários, especialmente $D_{nT,w}$

Na Inglaterra, no País de Gales e na Escócia, hotéis, abrigos institucionais e acomodações para estudantes são cobertos pelas normas de construção. A maioria das redes hoteleiras também aplica seu próprio parâmetro de desempenho, de acordo com suas experiências anteriores sobre o que é adequado ou é usual no país da rede. Por exemplo, as redes de hotéis francesas costumam usar o parâmetro $R'_w + C$.

Cinema	Reino Unido	$D_{nT,w}$
	Níveis de operadores de cinemas independentes	+ desempenho mínimo a 100 Hz.

O desempenho para as paredes de cinema geralmente exige níveis elevadíssimos de isolamento ao longo da variação de frequências. Um critério de desempenho mínimo também costuma ser estabelecido para as bandas de baixa frequência (em geral, 100 Hz).

Edifício público	Em geral (Reino Unido)	Som aerotransportado D_w
	Foros: Courts Standards and Design Guidance 2007	Som de impacto $L'_{nT,w}$
Edifício industrial	Reino Unido – BS EN ISO 140 Lab	Som aerotransportado R_w
Dados	Teste	Som de impacto ΔL_w

O valor R_w relaciona-se ao desempenho de um elemento divisor em laboratório. O valor ΔL_w é o teste de um material de isolamento para sons de impacto aplicado a um piso de concreto em um laboratório. Ele se refere à melhoria em relação à construção-base que recebeu o material isolante.

Alto desempenho	Robust Details	Som aerotransportado $D_{nTw} + C_{tr}$
Desempenho padrão	BREEAM	Som de impacto $L'_{nT,w}$
Critérios	Code for Sustainable Homes	
	Ecohomes	

Utilizados principalmente em habitações comuns ou edificações do tipo residencial (como uma casa de estudantes). O Code for Sustainable Homes e o Ecohomes ainda esperam que os testes usem o ajuste C_{tr}, mesmo quando forem testados fora da Inglaterra e do País de Gales.

8.5 Critérios para o desempenho acústico em escolas

As orientações apresentadas nessa seção se baseiam nos critérios de desempenho estabelecidos pelo Building Bulletin 93. A Tabela XV mostra as exigências de isolamento acústico para sons aerotransportados $D_{nT(Tmf,max),w}$ em escolas.

A Tabela XVI apresenta as exigências de isolamento acústico para sons de impacto aplicáveis a escolas. As exigências de impacto para cada recinto listado na Tabela XV seriam para o pavimento acima do recinto em questão, de modo que o cômodo fica protegido dos sons de impacto no nível prescrito.

8.6 Critérios para o desempenho acústico em escolas: paredes internas de corredores e espaços de circulação

Nas escolas, se aceita que o nível de isolamento acústico para as paredes de corredor que separam os recintos dos espaços de circulação e que possuem portas ou vidraças não podem ser testados *in loco*. Consequentemente, deve-se estabelecer um critério de desempenho baseado em um teste de laboratório. Isso significa que os dados obtidos em laboratório podem ser utilizados como evidência de que uma especificação de parede interna é adequada para o uso. Em todas as paredes que separam cômodos de espaços de circulação (exceto em

Tabela XI Exigências de isolamento acústico para habitações (Reino Unido)

Tipo de cômodo da edificação	Paredes		Pisos	
	Valor médio	Valor individual	Valor médio	Valor individual
England & Wales Approved Document E 2003 Amended 2004 – Performance standards for separating walls, floors and stairs that have a separating function*				
Casas e apartamentos residenciais – Construídos para esse fim	N/D	$D_{nT,w}+C_{tr} \geq 45$ dB	N/D	$D_{nT,w}+C_{tr} \geq 45$ dB
				$L'_{nT,w} \leq 62$ dB
Casas e apartamentos residenciais – Obtidos pela reciclagem de uso	N/D	$D_{nT,w}+C_{tr} \geq 43$ dB	N/D	$D_{nT,w}+C_{tr} \geq 45$ dB
				$L'_{nT,w} \leq 64$ dB
Cômodos para fins residenciais	N/D	$D_{nT,w}+C_{tr} \geq 43$ dB	N/D	$D_{nT,w}+C_{tr} \geq 45$ dB
				$L'_{nT,w} \leq 64$ dB
England & Wales Approved Document E 2003 Amended 2004 – Laboratory values for new internal walls and floors within dwelling houses, flats and rooms for residential purpose				
Construídos para esse fim ou obtidos por uma reciclagem de uso	N/D	$R_w \geq 40$ dB#	N/D	$R_w \geq 40$ dB#
Scotland Section 5 Noise 2010 Laboratory values for separating walls and floors and stairs that have a separating function. Dwelling houses, flats and residential purpose				
Construções novas	N/D	$D_{nT,w} \geq 56$ dB	N/D	$D_{nT,w} \geq 56$ dB
				$L_{nT,w} \leq 56$ dB
Reformas	N/D	$D_{nT,w} \geq 53$ dB	N/D	$D_{nT,w} \geq 53$ dB
				$L_{nT,w} \leq 58$ dB
Scotland Section 5 Noise 2010 Laboratory values for new internal walls and floors within dwelling houses, flats and rooms for residential purpose				
Construídos para esse fim ou obtidos por uma reciclagem de uso	N/D	$R_w \geq 43$ dB#	N/D	$R_w \geq 43$ dB#
Northern Ireland Technical Booklet G/G1 1990/1994 Laboratory values for separating walls and floors and stairs that have a separating function. Dwelling houses, flats and residential purpose				
Construções novas	$D_{nT,w} \geq 53$ dB	$D_{nT,w} \geq 49$ dB	$D_{nT,w} \geq 52$ dB	$D_{nT,w} \geq 48$ dB
			$L_{nT,w} \leq 61$ dB	$L_{nT,w} \leq 65$ dB
Método das Evidências do Teste Anterior à Reciclagem de Uso (opção pelos dados do local)	N/D	$D_{nT,w} \geq 49$ dB	N/D	$D_{nT,w} \geq 48$ dB
	N/D			$L_{nT,w} \leq 65$ dB
Método das Evidências do Teste Anterior à Reciclagem de Uso (opção pelos dados de laboratório)		R_w 53 dB	N/D	
Eire Technical Guidance Document E 1997 Laboratory values for separating walls and floors and stairs that have a separating function. Dwelling houses, flats and residential purpose				
Construções novas e reciclagens de uso	$D_{nT,w} \geq 53$ dB	$D_{nT,w} \geq 49$ dB	$D_{nT,w} \geq 52$ dB	$D_{nT,w} \geq 48$ dB
Testes nas reciclagens de uso em pelo menos quatro pares de cômodos			$L_{nT,w} \leq 61$ dB	$L_{nT,w} \leq 65$ dB
Construções novas e reciclagens de uso	$D_{nT,w} \geq 52$ dB	$D_{nT,w} \geq 49$ dB	$D_{nT,w} \geq 51$ dB	$D_{nT,w} \geq 48$ dB
Testes nas reciclagens de uso em pelo menos oito pares de cômodos			$L_{nT,w} \leq 62$ dB	$L_{nT,w} \leq 65$ dB

*As exigências do ADE também podem ser alcançadas com a adoção do Robust Details Scheme.
#As exigências do ADE quanto às divisões internas são apenas para sistemas que separam cômodos para dormir dos demais e, portanto, excluem as paredes entre os dormitórios e espaços de circulação, bem como entre os dormitórios e seus banheiros (suítes) ou closets. Na Seção 5, a exigência se aplica a qualquer divisão que configura um recinto para dormir, com a exceção de banheiros privativos de dormitórios (suítes).

salas de música), a exigência mínima seria R_w de 40 dB para a parede, e R_w de 30 dB para a porta. Para as paredes que separam salas de música de espaços de circulação, a exigência mínima seria R_w de 45 dB para a parede e R_w de 35 dB para a porta.

8.7 Critérios para o desempenho em hospitais

As orientações apresentadas nessa seção se baseiam nos critérios de desempenho estabelecidos pela norma britânica Health Technical Memorandum 08-01.

Isolamento contra sons de impacto – As orientações sobre o isolamento contra sons de impacto dadas na norma HTM08-01 são limitadas, e recomenda-se que o objetivo seja evitar o posicionamento de áreas com muita circulação sobre espaços sensíveis a ruídos, como as alas de pacientes.

O desempenho estabelecido é, no máximo, $L'_{nT,w}$ de 65 dB.

Isolamento contra sons aerotransportados – A Tabela XVII mostra as exigências de isolamento contra sons aerotransportados D_{ntw} em hospitais. Deve-se evitar a implantação de quartos uns contra os outros, pois isso exigirá paredes internas com $D_{nT,w}$ de 57 dB.

Observação: Quando é impossível alcançar as exigências mínimas de absorção acústica (expostas na Seção 10), o nível de isolamento para divisões internas dessas áreas deve ser elevado em 3 dB.

8.8 Critérios para o desempenho acústico de hospitais – paredes internas de corredores e outras áreas de circulação

O nível de isolamento acústico para as paredes que separam os espaços de circulação e que têm portas ou vidraças não pode ser testado *in loco*. Consequentemente, deve-se estabelecer um critério de desempenho baseado em um teste de laboratório. Os dados dos tes-

Tabela XII Sistema de créditos: Code for Sustainable Homes

Créditos	Melhoria nos níveis aprovados do Document E (dB)	
	Som aerotransportado $D_{nT,w} + C_{tr}$	Som de impacto L'
1	+3	–3
3	+5	5
4	+8	8

Tabela XIII Resumo das exigências de créditos HEA2 da norma Ecohomes 2006

N° de créditos	N° aproximado de testes exigidos	Desempenho do isolamento acústico
1	~ 50% de registros	Como ADE
2	~ 50% de registros + 2	Como ADE
3	~ 50% de registros + 2	3 dB acima do ADE
4	~ 50% de registros + 2	5 dB acima do ADE

tes de laboratório podem ser utilizados como evidência de que uma especificação de parede é adequada. Em todas as separações entre cômodos e espaços de circulação, a exigência mínima seria R_w de 40–45 dB para a parede e R_w de 30–35 dB para a porta.

8.9 Critérios de desempenho para edificações públicas

As orientações para muitos prédios públicos dependerão de cada caso específico. Ainda assim, podem ser encontradas orientações no Courts Standards and Design Guide 2007 (CSDG), um documento que apresenta, em linhas gerais, especificações de desempenho razoáveis para o isolamento acústico de sons aerotransportados e de impacto. A Tabela XVIII lista as exigências para o isolamento acústico de sons aerotransportados, e a Tabela XIX, para o isolamento de sons de impacto.

8.10 Critérios de desempenho para outros tipos de edificação

O isolamento acústico em outras tipologias de edificação não costuma ser uma grande preocupação, mas, em muitos casos, a transmissão dos sons em escritórios, cinemas e outros tipos de prédio é importante. A Tabela XX apresenta algumas boas práticas para o isolamento acústico de sons aerotransportados em uma variedade de tipos de edificação. Os padrões de desempenho apresentados para escritórios foram obtidos na publicação britânica BCO Specification Guide 2009.

8.11 Estúdios de rádio e televisão

As exigências das normas para os estúdios de gravação comercial e os estúdios de rádio ou televisão constituem uma área extremamente especializada e ficam a cargo de um consultor de acústica ou de um consultor de projeto especializado. Contudo, há algumas orientações britânicas no Guide to Acoustic Practice, da BBC Engineering.

Tabela XIV Exigências de isolamento acústico para moradias em diversos países (maio de 2004)

País	Parâmetro de desempenho do isolamento de sons aerotransportados	Habitações de múltiplos pavimentos (dB)	Casas em fita (dB)	Desempenho do isolamento acústico de sons de impacto	Habitações de múltiplos pavimentos (dB)	Casas em fita (dB)
Áustria	$D_{nT,w}$	≥ 55	≥ 60	$L'_{nT,w}$	≤ 48	≤ 46
Austrália	$D_{nT,w} + C_{tr}$	≥ 45	≥ 45	$L'_{nT,w} + C_I$	≤ 62	–
Bélgica	$D_{nT,w}$	≥ 54	≥ 58	$L'_{nT,w}$	≤ 58	≤ 50
República Tcheca	R'_w	≥ 52	≥ 57	L'_{nw}	≤ 58	≤ 53
Dinamarca	R'_w	≥ 52	≥ 55	L'_{nw}	≤ 58	≤ 53
Estônia	R'_w	≥ 55	≥ 55	L'_{nw}	≤ 53	≤ 53
Finlândia	R'_w	≥ 55	≥ 55	L'_{nw}	≤ 53	≤ 53
França	$D_{nT,w} + C$	≥ 53	≥ 53	$L'_{nT,w}$	≤ 58	≤ 58
Alemanha	R'_w	≥ 53	≥ 57	L_{nw}	≤ 53	≤ 48
Hungria	R'_w	≥ 52	≥ 57	L'_{nw}	≤ 55	≤ 47
Islândia	R'_w	≥ 52	≥ 55	L'_{nw}	≤ 58	≤ 53
Itália	R'_w	≥ 50	≥ 50	L'_{nw}	≤ 63	≤ 63
Letônia	R'_w	≥ 54	≥ 54	L'_{nw}	≤ 54	≤ 54
Lituânia	$D_{nT,w}$ ou R'_w	≥ 55	≥ 55	L'_{nw}	≤ 53	≤ 53
Países Baixos	I_{Iuk}	≥ 0	≥ 0	I_{co}	≤ +5	≤ +5
Nova Zelândia	STC	≥ 55	≥ 55	IIC	≤ 55	–
Noruega	R'_w	≥ 55	≥ 55	L'_{nw}	≤ 53	≤ 53
Polônia	$R'_w + C$	≥ 50	≥ 52	L'_{nw}	≤ 58	≤ 53
Portugal	$D_{n,w}$	≥ 50	≥ 50	L'_{nw}	≤ 60	≤ 60
Rússia	I_b	≥ 50	–	I_y	≤ 67	–
Eslováquia	R'_w	≥ 52	≥ 52	L'_{nw}	≤ 58	≤ 58
Eslovênia	R'_w	≥ 52	≥ 52	L'_{nw}	≤ 58	≤ 58
Espanha	$D_{nT,w} + C_{100-5.000}$	≥ 50	≥ 50	$L'_{nT,w}$	≤ 65	≤ 65
Suécia	$R'_w + C_{50-3.150}$	≥ 53	≥ 53	$L'_{nw} + C_{50-3.150}$	≤ 56	≤ 56
Suíça	$D_{nT,w} + C$	≥ 54	≥ 54	$L'_{nT,w} + CI$	≤ 50	≤ 50
Estados Unidos*	STC	≥ 48–55+	≥ 48–55+	IIC	≤ 55–48+	–

*Essas são diretrizes federais norte-americanas para moradias – as normas estaduais podem variar.
+ A exigência do desempenho depende da classificação do nível de ruído de fundo existente (Classificação 1 [34–50 dBA] =1 STC55 ICC48; Classificação 2 [40–45 dBA] STC52 IIC 52; Classificação 3 [55 dBA] STC48 IIC 55).

Tabela XV Exigências de isolamento acústico de sons aerotransportados em pisos de escolas: $D_{nT (Tmf, max),w}$ (norma britânica BB93)

Sala (receptora →) / Sala (fonte ↓)	Creches: salas de aula	Creches: salas de repouso	Escolas de ensino fundamental: salas de aula, salas de apoio, áreas de ensino em geral, salas para trabalho em pequeno grupo	Escolas de ensino médio: salas de aula, áreas de ensino em geral, salas para seminários, salas para assessoramento, laboratórios de idiomas	Áreas de ensino com planta livre	Áreas de pesquisa com planta livre	Salas de aula de música	Salas pequenas para trabalhos práticos ou em grupo	Salas de música pequenas, para ensaios	Salas para apresentações ou recitais	Estúdios de gravação	Salas de controle para gravação	Pequenas salas para palestras (< 50 pessoas)	Grandes salas para palestras (> 50 pessoas)	Salas de aula projetadas especialmente para serem utilizadas por estudantes com deficiência auditiva (incluindo salas de fonoaudiologia)	Salas para estudo (estudo individual, estudo em silêncio, exercícios de recuperação, professores prepararem as aulas)	Bibliotecas: áreas para o estudo em silêncio	Bibliotecas: áreas de pesquisa	Laboratório de Ciências	Estúdios de artes dramáticas	Design & Tecnologia: materiais pesados, áreas de CAD/CAM	Design & Tecnologia: eletrônica/controles, tecidos, alimentos, artes gráficas, áreas para design/pesquisa	Salas de artes	Ginásios, salões multiuso (artes dramáticas, educação física, apresentações audiovisuais, reuniões, apresentações de música eventuais)	Salas com recursos audiovisuais, salas de videoconferência	Átrios, espaços de circulação utilizados pelos alunos	Ginásios para esportes de salão	Estúdios de dança	Ginásios	Piscinas	Salas para entrevistas/atendimento aos alunos, consultórios médicos	Refeitórios	Cozinhas	Escritórios, salas de professores	Corredores, caixas de escada	Vestiários	Banheiros
Creches: salas de aula	55	55																																			
Creches: salas de repouso	55	40																																			
Escolas de ensino fundamental	55	45	45																																		
Escolas de ensino médio	55	45	45	45																																	
Áreas de ensino com planta livre	50	50	45	45	40																																
Áreas de pesquisa com planta livre	50	50	45	45	45	40																															
Salas de aula de música	55	55	55	55	55	55	55																														
Salas pequenas para trabalhos práticos ou em grupo	55	55	55	55	55	55	55	55																													
Salas de música pequenas, para ensaios	55	55	55	55	55	55	55	55	60																												
Salas para apresentações ou recitais	55	55	55	55	55	55	55	55	60	60																											
Estúdios de gravação	55	55	55	55	55	55	55	55	60	60	60																										
Salas de controle para gravação	55	55	55	55	55	55	55	55	55	55	55	55																									
Pequenas salas para palestras (< 50 pessoas)	55	55	45	45	45	40	55	45	55	55	55	55	45																								
Grandes salas para palestras (> 50 pessoas)	55	55	50	50	50	50	60	55	60	60	60	55	50	50																							
Salas de aula para deficiência auditiva	55	45	50	50	50	55	60	60	60	60	60	60	55	50	50																						
Salas para estudo	55	40	45	45	45	55	55	55	55	55	55	55	45	45	40																						
Bibliotecas: áreas para o estudo em silêncio	55	40	40	40	40	55	55	55	55	55	55	45	45	40																							
Bibliotecas: áreas de pesquisa	50	45	45	45	40	40	55	55	55	55	50	50	45	45	40																						
Laboratório de Ciências	55	45	45	45	40	40	55	55	60	60	50	50	45	50	45	45	40																				
Estúdios de artes dramáticas	55	55	55	55	50	50	60	60	60	60	60	55	55	55	55	55	50	50	55																		
Design & Tecnologia: materiais pesados	55	55	55	55	50	50	60	55	55	55	55	55	55	55	55	55	50	55	50	45																	
Design & Tecnologia: eletrônica/controles	50	45	45	45	40	40	55	50	55	55	55	50	45	50	45	45	40	40	50	40																	
Salas de artes	50	45	45	45	40	40	55	50	55	55	55	50	45	50	45	45	40	40	50	40	40																
Ginásios, salões multiuso	55	55	45	55	55	55	60	55	55	55	55	55	55	55	55	50	55	55	50	55																	
Salas com recursos audiovisuais	55	55	45	45	45	45	55	55	55	55	55	55	45	45	45	45	45	45	45																		
Átrios, espaços de circulação	50	50	45	45	40	40	55	55	55	55	55	50	45	50	45	45	40	40	50	45	45	40															
Ginásios para esportes de salão	55	55	55	55	50	50	55	55	55	55	55	55	55	50	50	50	50	55	50	55	50																
Estúdios de dança	55	55	55	55	50	50	55	55	55	55	55	55	55	50	50	50	50	55	50	50																	
Ginásios	55	55	55	55	50	50	55	55	55	55	55	55	55	50	50	50	50	55	55	55	50	50															
Piscinas	55	55	55	55	55	55	55	55	55	55	55	55	55	55	50	50	55	50	45																		
Salas para entrevistas/atendimento	55	40	45	45	45	45	55	50	55	55	45	45	40	45	45	45	45	45	45	45	55	55	40														
Refeitórios	55	55	55	55	55	50	55	55	55	55	55	55	50	50	50	50	50	50	45	50	55	45															
Cozinhas	55	55	55	55	55	55	55	55	55	55	55	55	55	50	50	50	55	55	55	55	45	45															
Escritórios, salas de professores	55	50	45	45	45	40	55	55	55	55	50	45	40	45	45	40	45	50	40	40	45	45															
Corredores, caixas de escada	55	55	55	55	50	45	55	55	55	55	50	45	45	50	40	50	50	40	50	45	45	50	40														
Vestiários	55	45	45	45	45	45	55	55	55	55	45	45	45	45	45	45	45	45	50	45	45	45	45	45													
Banheiros	45	35																																			

Tabela XVI Padrões de desempenho para o isolamento de sons de impacto nos pisos de escolas (norma britânica BB93)

Tipo de recinto	Nível máximo de pressão dos impactos sonoros $L'_{nT\,(Tmf,max),w}$ (dB)
Salas de aula em creches	
Laboratórios de ciências	
Design & Tecnologia: áreas para materiais pesados, áreas de CAD/CAM	
Átrios e espaços de circulação de estudantes	
Quadras de esportes internas	
Ginásios	65
Piscinas	
Refeitórios/cozinhas	
Escritórios/ salas de professores	
Corredores/caixas de escada	
Vestiários	
Banheiros	
Creches: salas de repouso	
Escolas de ensino fundamental: salas de aula, salas de apoio, áreas de ensino em geral, salas para trabalho em pequeno grupo	
Escolas de ensino médio: salas de aula, áreas de ensino em geral, salas para seminários, salas para assessoramento, laboratórios de idiomas	
Áreas de ensino com planta livre	
Áreas de pesquisa com planta livre	
Pequenas salas para palestras (< 50 pessoas)	
Salas para estudo (estudo individual, estudo em silêncio, exercícios de recuperação, professores prepararem as aulas)	60
Bibliotecas	
Design & Tecnologia: eletrônica/controles, tecidos, alimentos, artes gráficas, áreas de *design*/pesquisa	
Salas de artes	
Ginásios, salões multiuso (artes dramáticas, educação física, apresentações audiovisuais, reuniões, apresentações de música ocasionais)	
Salas de videoconferência ou apresentações audiovisuais	
Estúdios de dança	
Salas para entrevistas ou reuniões, consultórios médicos	
Espaços para música: salas de aula de música, salas pequenas para trabalhos práticos ou em grupo, salas para apresentações ou recitais, estúdios de gravação, salas de controle para gravação.	
Grandes salas para palestras (> 50 pessoas)	55
Salas de aula projetadas especialmente para serem utilizadas por estudantes com deficiência auditiva (incluindo salas para fonoaudiologia)	
Estúdios de artes dramáticas	

9 ESPECIFICAÇÃO DO ISOLAMENTO CONTRA SONS AEROTRANSPORTADOS E DE IMPACTO COM BASE EM DADOS OBTIDOS POR TESTES EM LABORATÓRIO

9.1 Do laboratório ao local

Muitas vezes é difícil encontrar dados de desempenho *in loco* para um sistema divisor, então, o projetista talvez tenha de se basear nos dados obtidos por testes em laboratório. Na maioria dos casos, o isolamento contra sons aerotransportados e de impacto é medido em um laboratório isolado acusticamente dos recintos contíguos. Este tipo de laboratório reduz os efeitos dos outros percursos sonoros que existem entre dois recintos de testes (veja a Seção 5.5) de modo que seja testado apenas o desempenho da divisão em análise.

A fim de avaliar se o desempenho de um sistema de divisão em laboratório é bom o suficiente para ser empregado *in loco*, é preciso fazer o ajuste do resultado do laboratório. O nível de ajuste exigido baseia-se, em parte, no parâmetro de desempenho empregado no local ($D_{nT,w}$, $D_{nT,w} + C_{tr}$, etc.) e os efeitos previstos pela existência de elementos laterais instalados no local. Para que essas estimativas sejam significativas, pressupõe-se que a especificação da divisória utilizada *in loco* seja idêntica àquela testada no laboratório e que a instalação feita no local seja de alto padrão.

9.2 Conversões para o desempenho acústico em habitações

As seguintes regras práticas costumam ser aplicadas quando convertemos as exigências de desempenho *in loco* nos níveis de desempenho do laboratório:

$D_{nT,w}$ *in loco* = Lab R_w +5 dB, para paredes de alvenaria
$D_{nT,w}$ *in loco* = Lab R_w +7 dB, para paredes de montantes leves
$D_{nT,w+\,Ctr}$ *in loco* = Lab $R_w + C_{tr} + 10$ dB, para paredes de alvenaria
$D_{nT,w+Ctr}$ *in loco* = Lab $R_w + C_{tr} + 15$ dB, para paredes de montantes leves

9.3 Conversões para o desempenho acústico em hospitais

Nos hospitais do Reino Unido, o documento HTM08-01 sugere que se tomem cuidados adicionais ao especificar as divisões de um imóvel, considerando o volume do cômodo.

A Figura 9.8 mostra a relação entre o desempenho no local ($D_{nT,w}$) e o desempenho em laboratório (R_w) em função da largura do recinto. Considera-se que o mínimo que deve ser acrescentado seja de +5 dB em construções pesadas, e de +7 dB em leves. Contudo, à medida que a largura do recinto diminui, o nível de isolamento que uma parede deveria ter para corresponder às condições em laboratório aumenta, a fim de oferecer o nível exigido de isolamento *in loco*.

9.4 Conversões para o desempenho acústico em escolas

Nos projetos de escolas, o uso do parâmetro $D_{nT\,(Tmf,\,max),w}$ tem propriedades bastante similares às do parâmetro $D_{nT,w}$ discutido nas Seções 9.2 e 9.3. Observe o uso do parâmetro $T_{mf,\,max}$. Esse é um tempo de reverberação máximo estabelecido para ser utilizado no cálculo do resultado. Se o tempo de reverberação correto dentro de um recinto não for alcançado, ele afetará o desempenho do isolamento acústico do elemento divisor como um todo.

Embora o uso das regras práticas descritas na Seção 9.2 seja adequado (+5 e +7 dB a serem adicionados ao valor R_w, dependendo do tipo de divisão), isso somente será viável se também for atingido o tempo de reverberação correto no cômodo receptor do som (veja Seção 10).

9.5 A percepção dos valores de isolamento acústico

A Tabela XXI detalha a relação percebida entre o nível de isolamento acústico oferecido por um elemento divisor e de que modo a fala seria percebida no cômodo contíguo.

Tabela XVII Exigências de isolamento acústico de sons aerotransmitidos para hospitais ($D_{nT,w}$) (HTM 08-01)

Tabela XVIII Exigências de isolamento acústico de sons aerotransmitidos para foros ($D_{nT,w}$) (CSDG 2007)

	Banheiros	Salas de espera para testemunhas	Áreas para a detenção de acusados	Celas	Áreas públicas	Áreas de circulação restrita	Salas para advogados	Salas de reunião	Escritórios	Salas de uso múltiplo	Áreas de espera	Salas para os policiais da sala de audiência	Salas para o júri	Salas de conferência	Salas de consulta	Salas de comitê	Salas para entrevistas	Salas privativas para juízes	Salas de audiência
Salas de audiência	53	53	53	53	53	53	53	53	53	53	53	53	53	53	53	53	53	53	53
Salas privativas para juízes	50	50	50	55	50	48	50	50	50	50	50	50	55	50	50	50	50	50	
Salas para entrevistas	42	50	50	55	35	42	50	42	42	42	43	45	55	42	42	42	42		
Salas de comitê	42	50	50	55	42	42	45	42	42	42	42	45	55	42	42	42			
Salas de consulta	42	50	50	55	35	42	45	42	42	42	42	45	60	42	42				
Salas de conferência	42	50	50	55	35	42	45	42	42	42	42	45	55	42					
Salas para o júri	55	55	55	55	50	50	55	50	55	55	50	45	53						
Salas para os policiais da sala de audiência	42	50	50	50	35	50	45	53	40	40	35	42							
Áreas de espera	42	50	50	55	35	42	45	35	35	35	42								
Salas de uso múltiplo	42	50	50	55	35	50	45	35	42	42									
Escritórios	42	50	50	55	35	50	50	35	42										
Salas de reunião	42	50	50	55	45	50	48	42											
Salas para advogados	42	50	50	55	45	50	50												
Áreas de circulação restrita	50	50	50	55	45	50													
Áreas públicas	42	50	50	55	50														
Celas	55	55	55	48															
Áreas para a detenção de acusados	42	50	50																
Salas de espera para testemunhas	42	50																	
Banheiros	42																		

10 CRITÉRIOS DE REVERBERAÇÃO

Normalmente são empregados dois parâmetros de desempenho quando se considera o tempo de reverberação em um recinto. Ou o cômodo não deve exceder o tempo de reverberação máximo ou uma área mínima de um material acústico (absorvente de sons) deve ser especificada para instalação dentro do recinto. No caso do segundo parâmetro descrito, também é normal ditar o nível mínimo de absorção oferecido pelo material.

10.1 Tempos de reverberação

O tempo (ou período) de reverberação (RT), dado em segundos, normalmente é considerado como o tempo de reverberação para as faixas de frequência de 500, 1.000 e 2.000 Hz. A Tabela XXII detalha os tempos máximos de reverberação exigidos para diversos recintos. Também são listados os casos nos quais uma faixa de frequência alternativa deveria ser empregada.

Tabela XIX Padrões de desempenho para o isolamento acústico de foros (CSDG 2007)

Tipo de cômodo	Nível máximo de pressão do som gerado por impactos, $L'_{nT,w}$ (dB)
Salas de audiência/áreas críticas	50
Escritórios privativos/salas de reunião	55
Áreas públicas ou não críticas	60

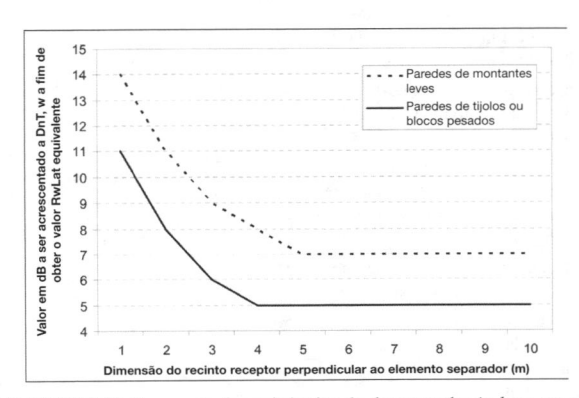

9.8 HTM08-01 Conversão das exigências de desempenho *in loco* nas exigências de desempenho em laboratório.

Tabela XX Orientações para o desempenho acústico de vários tipos de edificação

Tipo de edificação/cômodo	Sons aerotransportados (dB)	Sons de impacto (dB)
Escritórios		
Escritórios de uso geral/escritórios de uso geral (com móveis e acessórios do Padrão Cat A)	$D_{nT,w} \geq 48$ dB	N/D
Escritórios privativos ou salas de reunião/outros espaços	$D_{nT,w} \geq 50$ dB	$L'_{nT,w} \leq 65$ dB
Espaços comerciais	$D_{nT,w} \geq 65$ dB	
Salas de cinema/salas de cinema	(mais um D_{nT} mínimo de 35 dB a 63 Hz) B	N/D
Salas de cinema/*foyers* ou bar	$D_{nT,w} \geq 55$ dB	N/D
Salas de cinema/corredores ou saguões (quando há portas)	$R_w \geq 71$ dB	N/D
Salas de cinema/corredor ou saguões (quando não há portas)	$D_{nT,w} \geq 55$ dB	N/D
Cinemas/salas de projeção	$D_{nT,w} \geq 55$ dB	N/D
Varejo/comércio ou moradia	Como descrito para os elementos divisores das normas de construção relevantes*	

*É normal que um isolamento acústico adicional seja exigido nessas situações, e ele geralmente é detalhado durante a fase de planejamento.

10.2 Tempos de reverberação ideais para espaços de apresentação

No caso dos espaços para apresentações (inclusive igrejas e templos), o tempo de reverberação ideal variará conforme o tipo de atividade (palestras, música), o tipo de prédio e o volume interno do recinto. A Figura 9.9 apresenta os valores de referência para os

Tabela XXI Relação percebida entre os valores de isolamento acústico e a fala

Descrição	$D_{nT,w}$
Uma conversa em nível normal pode ser ouvida e acompanhada no cômodo contíguo	30
Uma conversa em nível normal pode ser ouvida e parcialmente discernida no cômodo contíguo	35
Uma conversa em nível normal pode ser ouvida, mas suas palavras não têm como ser distinguidas no cômodo contíguo	40
Uma conversa em nível normal não pode ser ouvida no cômodo contíguo	45
Uma conversa em voz alta pode ser ouvida, mas suas palavras não têm como ser distinguidas no cômodo contíguo	50
Uma conversa em voz alta não pode ser ouvida através da parede	55
Gritos altos podem ser ouvidos através da parede, mas suas palavras não têm como ser distinguidas	60

Wood Focus Oy

Tabela XXII Tempos de reverberação máxima adequados

Tipo de edificação/recinto	Tempo de reverberação máxima (segundos)
Escolas	
Creches: salas de aula	0,6
Creches: salas de descanso	0,6
Escolas de ensino fundamental: salas de aula, salas de apoio, áreas de ensino em geral, salas para seminários	0,6
Escolas de ensino médio: salas de aula, áreas de ensino em geral, salas para seminários, salas para assessoramento, laboratórios de idiomas	0,8
Áreas de ensino com planta livre	0,8
Áreas de pesquisa com planta livre	1,0
Salas de aula de música	1,0
Salas para trabalho em pequenos grupos	0,8
Salas de música pequenas, para ensaios	0,6–1,2
Salas para ensaios e recitais	1,0–1,5
Estúdios de gravação	0,6–1,2
Salas de controle para gravação	0,5
Pequenas salas para palestras (< 50 pessoas)	0,8
Grandes salas para palestras (> 50 pessoas)	1,0
Salas de aula projetadas especialmente para serem utilizadas por estudantes com deficiência auditiva (incluindo salas para sessões de fonoaudiologia)	0,4
Salas para estudo (estudo individual, estudo em silêncio, exercícios de recuperação, professores prepararem as aulas)	0,8
Bibliotecas – áreas de estudo em silêncio	1,0
Bibliotecas – áreas de pesquisa	1,0
Laboratórios de ciências	0,8
Estúdios de artes dramáticas	1,0
Design & tecnologia – materiais pesados, áreas de CAD/CAM	0,8
Design & tecnologia – eletrônica/robótica, têxteis, alimentos, artes gráficas, *design*/pesquisa	0,8
Salas de arte	0,8
Auditórios/salões multiuso (artes dramáticas, educação física, recursos audiovisuais, reuniões, shows de música ocasionais)	0,8–1,2
Salas com recursos audiovisuais ou para videoconferências	0,8
Átrios, espaços de circulação utilizados pelos estudantes	1,5
Pavilhões para a prática de esportes de salão	1,5
Estúdios de dança	1,2
Ginásios	1,5
Piscinas	2,0
Salas para entrevistas/atendimento aos alunos/consultórios médicos	0,8
Refeitórios	1,0
Cozinhas	1,5
Escritórios, salas para professores/funcionários	1,0
Corredores, caixas de escada	veja a nota
Vestiários e rouparias	1,5
Banheiros	1,5
Escritórios	
Escritórios compartimentados	1,0
Salas para funcionários	1,0
Salas de reunião	0,6
Escritórios para executivos	0,6
Salas com planta livre	0,8
Edificações industriais	
Oficinas	0,8
Cantinas	1,0

(continua)

Tabela XXII Tempos de reverberação máxima adequados (*Continuação*)

Tipo de edificação/recinto	Tempo de reverberação máxima (segundos)
Edifícios públicos e de lazer	
Bibliotecas	0,6
Foros (com até 500 m³) com 50% de ocupação dos cômodos	< 0,6 a 125 Hz – 2k Hz (+ 0,1 seg)
Foros (com mais de 500 m³) com 50% de ocupação dos cômodos	1,0 a 125 Hz – 2kHz (± 0,2 seg)
Salas para juízes	0,6
Centros de controle	0,4–0,75
Salas para entrevistas (com gravação)	0,3
Banheiros	1,5
Salões públicos para esportes ou jogos de salão	2,0
Ginásios públicos	2,0
Banheiros com duchas	1,5
Banhos públicos/piscinas	2,0
Edificações habitacionais	
Salas de estar	0,8
Dormitórios	0,6

Observação: Os corredores e as caixas de escada podem proporcionar níveis de tempo de reverberação adequados se for utilizado um forro acústico da Classe B em todas as áreas.

tempos de reverberação em alguns espaços de apresentação comuns (Cavanaugh *et al.*, 2010; BS 8233; Ballou, 2005).

Esses níveis para orientação mostram o tempo de reverberação que depende do volume interno do recinto na banda de frequência de 500 Hz. Para alcançar esses tempos de reverberação, será preciso um projeto de acústica feito por um especialista. A Seção 11 apresenta orientações gerais sobre o assunto.

10.3 Área mínima de absorção acústica

Outro parâmetro de desempenho que costuma ser utilizado é definir a área mínima de absorção exigida para um espaço e a classificação do material. Isso é empregado na construção de hospitais ou em espaços de circulação (por exemplo, em escolas ou em poços de elevador em habitações).

A classificação da absorção de um material é definida na norma britânica BS EN ISO 11654 em cada frequência como $α_s$,

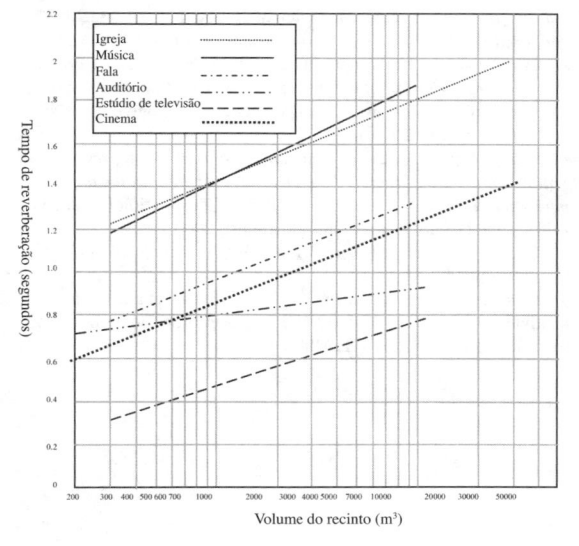

9.9 Critérios de reverberação *versus* volume em espaços de exibição (500 Hz).

e, na forma de um valor único, como $α_w$. Com base nisso, classificam-se os materiais nas classes A a E, sendo a classe A aquela conferida aos materiais com maior taxa de absorção acústica, e a classe E, aos com menor absorção. A Tabela XXIII detalha a classificação de absortância provável e a área necessária para certos tipos de recinto.

11 ORIENTAÇÕES GERAIS SOBRE A ACÚSTICA DOS ESPAÇOS PARA ESPETÁCULOS

Ao projetar espaços para apresentações, como auditórios, teatros, etc., sempre é aconselhável contratar um especialista em acústica de edificações. Contudo, há algumas regras básicas que o projetista não especializado deve saber para iniciar seu projeto:

- Salões para apresentações musicais exigem, no mínimo, 8 m³ por membro da plateia.

Tabela XXIII Exigências de absorção acústica recomendadas

Tipo de edificação/recinto	Recomendações para alcançar tempos de reverberação adequados em um espaço, com base nas áreas absorventes do cômodo
Escolas (BB3)	
Saguões, corredores, vestíbulos	Cubra uma área igual ou superior à do piso com um absorvente acústico da classe C
	Cubra uma área igual ou superior à dos pisos da escada, patamares intermediários e superior (excluindo a área do piso inferior) com um absorvente acústico da classe D
Caixas de escada ou escadas enclausuradas	Idem, ou
	Cubra 50% da área calculada com um absorvente acústico da classe C
Hospitais (HTM08–01)	
Todos os cômodos, exceto aqueles não importantes (como depósitos) cujas características de limpeza, controle de infecções, segurança do paciente e exigências clínicas e de manutenção permitem.	Cubra uma área igual ou superior a 80% da área do piso com um absorvente acústico da classe C
Recintos que exigem desempenho acústico excelente (por exemplo, auditórios)	Deve-se consultar um especialista
Áreas grandes, como átrios	As especificações devem ser determinadas caso a caso (veja as opções da Tabela XXII)
Áreas de uso comum em empreendimentos habitacionais	
Saguões, corredores, vestíbulos	Cubra uma área igual ou superior à do piso com um absorvente acústico da classe C
	Cubra uma área igual ou superior à dos pisos da escada, patamares intermediários e superior (excluindo a área do piso inferior) com um absorvente acústico da classe D
Caixas de escada ou escadas enclausuradas	Idem, ou
	Cubra 50% da área calculada com um absorvente acústico da classe C

- Salas de teatro ou cinema exigem, pelo menos, 4 m³ por membro da plateia.
- Normalmente, são preferíveis espaços com forma retangular e pé-direito alto – salões em forma de leque costumam ter acústica ruim para apresentações musicais.
- Cúpulas e abóbadas de berço podem criar focos de som, e, portanto, devem ser evitadas ou tratadas com material absorvente extra.
- Nas paredes laterais, recomenda-se o uso de elementos acústicos dispersos. A distribuição desses elementos aumenta a clareza musical.
- Um palco italiano (teatro com proscênio) melhora o equilíbrio e a acomodação da orquestra.
- Grandes camarotes ou balcões reduzem a qualidade do som das pessoas sentadas abaixo desses elementos. A profundidade do balanço não deve ser superior à altura entre o piso e a parte de baixo do camarote ou balcão.
- Coberturas em vertente com baixo caimento podem acarretar oscilações aerodinâmicas (vibrações).
- Os assentos devem ser distribuídos de modo a criar uma linha de visão desobstruída até o espaço da apresentação, tanto por razões acústicas como visuais. Isso deve ajudar a garantir a homogeneidade da acústica em cada assento.
- Assentos escalonados ou arquibancadas em filas muito íngremes devem ser evitadas, particularmente em espaços para apresentações musicais.
- As paredes, o piso e o teto do espaço para apresentação devem, de preferência, ser acusticamente reflexivos. Deve-se evitar a absorção acústica nessa área.
- Em espaços para apresentação, a absorção acústica dos assentos desocupados deve ser a mais similar possível daquela que ocorreria se tais lugares estivessem ocupados. O ideal é que os assentos sejam forrados. Quando forem empregados assentos dobráveis, é preferível que a face inferior do assento também seja forrada.
- Os níveis de ruído de fundo (do som ambiente) devem ser mínimos. O desempenho acústico das vedações externas da edificação é importante quando se projeta em uma área ruidosa, como um centro de cidade.
- As casas de máquinas e a maquinaria devem ser as mais silenciosas possíveis.
- Consulte a Figura 10.9 quanto aos conselhos sobre os tempos de reverberação adequados para os volumes dos cômodos.
  - Salas de concerto: 8–12 m³ por usuário
  - Óperas: 4–6 m³ por usuário
  - Teatros: 2,5–4 m³ por usuário
  - Igrejas/templos: 6–14 m³ por usuário
  - Auditórios: 3–6 m³ por usuário

12 REFERÊNCIAS BIBLIOGRÁFICAS

BS5228 *Code of practice for noise control on construct and open sites*
BS8233 *Code of Practice for sound insulation and noise reduction for buildings*
BS EN ISO 140 *Acoustics – Measurement of sound insulation in buildings and of building elements*
BS EN ISO 1996 *Acoustics – Description and measurement of environmental noise*
BS EN ISO 717 *Methods for rating sound insulation in buildings and of building elements*
BS EN ISO 11654 *Sound absorbers for use in buildings – Rating of sound absorption*
BS4142 *Method for rating industrial noise affecting mixed residential and industrial areas*
BS EN ISO 11064-6 *Ergonomic Design of Control Centres* Planning Advice Note 56 Planning and Noise The Scottish Office, HMSO
Planning Policy Guidance 24 Department of the Environment, HMSO
Approved Document E Resistance to the Passage of Sound, Department of the Environment and the Welsh Office, The Building Regulations 2003 – HMSO London
Building Standards (Scotland) *Regulations Section 5 2010* as amended HMSO London
DOE Northern Ireland *Technical Booklet* G/G1 1990 HMSO
Technical Document E Department of the Environment Heritage and Local Government, The Stationery Office (Eire) 1997
Calculation of Road Traffic Noise Department of the Environment 1988
Noise Insulation Regulations HMSO 1975
Railway Noise and the Insulation of Dwellings Department of Transport, HMSO 1991
Courts Standards and Design Guidance 2007 HMSO
Ecohomes BREEAM BRE Press
Wood Focus, Oy 2005
Woods Practical Guide to Noise Control 5th Edition, Courier International Ltd
Code for Sustainable Homes BREEAM BRE Press
Guide to Acoustic Practice BBC Engineering, BBC
Building Bulletin 93 – Acoustic Design of Schools Department for Education and Skills, HMSO 2003
Health Technical Memorandum 08-01 Acoustics, Department of Health, HMSO 2008
Guide to Specification, British Council for Offices, BCO 2009
Sound Control for Homes, BRE/CIRIA BRE Press 1993
The Development and Production of a Guide for Noise Control from Laminate and Wooden Flooring, T. Waters-Fuller et al. Main Report. February 2005
Department of the Environment, Digest, Information Papers, Building Research Establishment, Garston
Robust Standard Details, Robust Details Ltd
Housing and Sound Insulation, Improving Existing Attached Dwellings and Designing for Conversions, SBSA, Historic Scotland, Communities Scotland
Engineering Noise Control, Hansen and Bies, Taylor & Francis 2009
Sound Insulation, Carl Hopkins Butterworth-Heinemann 2007
Architectural Acoustics: Principles and Practice, William J. Cavanaugh et al., John Wiley & Sons 2010
Handbook for Sound Engineering, Glen M Ballou, Focus Press 2005
Open/closed Window Research: Sound Insulation through Ventilated Domestic Windows, Tim Waters-Fuller et al., BPC Napier, DEFRA 2006
Neighbour Noise: Control of noise from laminate and wooden flooring. T. Waters-Fuller et al. Noise Nuisance Section, Environment Division, Scottish Executive 2006
The Building Regulations 2000 – amendment of the building regulations to allow robust standard details to be used as an alternative to pre-completion testing. R. S. Smith et al., Public Consultation Document. Office of the Deputy Prime Minister. August, 2003.
Guidelines for Community Noise, Brigitta Berglund et al., World Health Organisation 1999
Night Noise Guidelines for Europe, Charlotte Hurtley et al., World Health Organisation 2009Table XVII $D_{nT,w}$ Airborne sound insulation requirements for hospitals (HTM08-01)

Proteção e combate a incêndios   10

Beryl Menzies

CI/Sfb (K)

Beryl Menzies presta consultoria em prevenção a incêndio

PONTOS-CHAVE:
- *Considerar, desde o princípio, como um incêndio pode começar*
- *A seguir, como ele pode se propagar?*
- *Ele ameaçará a vida, os bens materiais ou ambos?*
- *Como ele pode ser combatido?*
- *Como as pessoas escaparão?*
- *Somente após considerar todas essas questões, consulte as normas técnicas*

Conteúdo

1 Introdução
2 Componentes do fogo
3 Princípios da prevenção contra incêndios
4 Saídas de emergência
5 Materiais
6 Equipamentos e instalações de proteção e combate a incêndios
7 Exigências legais
8 Referências bibliográficas

1 INTRODUÇÃO

Ao projetar uma edificação tendo em mente a prevenção e o combate a incêndios (principalmente em termos de fuga), é importante não esquecer as necessidades referentes à praticidade de uso e à segurança patrimonial. Caso as medidas de prevenção sejam consideradas demasiadamente trabalhosas (por exemplo, uma multiplicidade de portas corta-fogo), elas serão evitadas (mantidas abertas) e seu propósito será frustrado. As portas das saídas de emergência em geral constituem pontos fracos quando se trata de ingresso não autorizado, principalmente em locais onde há aglomeração pública.

2 COMPONENTES DO FOGO

2.1 Combustão

O fogo é a combustão que produz calor e luz. A combustão ocorre e prossegue sempre que três fatores estão presentes: oxigênio, calor e combustível. Em geral, eles são conhecidos como triângulo de combustão (Figura 10.1).

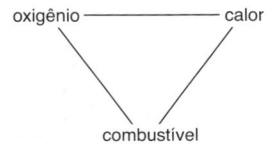

10.1 Triângulo do fogo.

2.2 Combate

O fogo pode ser apagado removendo-se um dos componentes do triângulo de combustão:

- Interrompa ou limite o combustível mediante a sua remoção.
- Abafe-o, limitando ou interrompendo o fornecimento de oxigênio.
- Resfrie-o, dissipando o calor mais rápido do que ele é gerado.

2.3 Fontes

Uma fonte de calor entra em contato com um material inflamável (o combustível), que inicia e mantém a combustão enquanto o oxigênio está presente. No interior de uma edificação, as fontes de calor são múltiplas – cozimento, fumaça, equipamento de calefação, equipamentos defeituosos ou que sobreaqueçam (particularmente os elétricos).

2.4 Combustíveis

Três tipos de combustíveis foram identificados:

- a ignição ou a isca, um material combustível por uma fonte de ignição e que continuará queimando após sua remoção;
- a acendalha, um material que entrará em ignição e queimará desde que esteja associado a uma isca suficiente, mas no qual a fonte de ignição não produzirá um fogo contínuo;
- o combustível ou carga de incêndio, que depende de uma acendalha para provocar a queima.

2.5 Combustibilidade

O combustível pode estar presente na estrutura da edificação, nos diversos elementos e materiais do seu interior, podendo se manifestar na forma de sólidos, líquidos ou gases. A maioria dos materiais orgânicos queima. Alguns materiais entram em combustão espontaneamente e é preciso tomar cuidado com sua armazenagem (por exemplo, óleo de linhaça, alguns produtos químicos ou grãos). Alguns processos industriais que envolvem altos níveis de poeira (por exemplo, impressão, moagem de grãos) podem resultar em combustão espontânea. Deve-se buscar uma consultoria especializada em relação a essas questões.

2.6 Risco

A fonte de calor inicial é incapaz de causar a ignição da maioria das cargas de incêndio, a menos que o fogo tenha condições de sustentar a reação em cadeia da combustão. Evidentemente, isso não se aplica quando a carga de incêndio propriamente dita é extremamente combustível; contudo, a afirmação se aplica aos materiais de construção e a muitos materiais armazenados.

Conclui-se que os riscos de incêndio na maioria das edificações podem ser significativamente reduzidos caso sejam adotadas medidas para evitar o acúmulo de ignições ou iscas. Poeira, restos de papel, serragem, trapos, etc., são materiais que agem como iscas; o mesmo se diz de vários materiais orgânicos artificiais que, atualmente, estão começando a ser controlados.

2.7 Fumaça

A fumaça se forma quando os materiais orgânicos são decompostos pelo calor, liberando materiais decompostos na forma de fuligem e alcatrão. É provável que a maior parte da fumaça seja gerada pelos materiais no interior da edificação.

2.8 Calor

O calor pode ser transmitido de três maneiras:

Condução: a energia térmica é passada de uma molécula para a próxima. A condutividade de um material (que varia de acordo com o material) talvez afete a resistência contra incêndio de um componente ou de uma estrutura. Um elemento de aço em contato com materiais combustíveis é capaz de transferir calor, gerando um incêndio ou danos além da fonte original.

Radiação: o calor é transmitido em linhas retas, sem contato entre o material radiante e o alvo que talvez absorva ou reflita o calor. A intensidade é reduzida no quadrado inverso da distância em relação à fonte de radiação. Os materiais combustíveis colocados perto de um foco radiante entrarão em ignição.

Convecção: somente ocorre em líquidos e gases. Os gases combustíveis aquecidos se tornam menos densos e sobem por dutos e vãos, com a possibilidade de provocar a ignição em outras áreas da edificação.

3 PRINCÍPIOS DA PREVENÇÃO CONTRA INCÊNDIOS

Observação: as recomendações específicas associadas aos períodos de resistência contra incêndios para usos específicos, elementos estruturais, etc., são fornecidas em vários códigos; apenas algumas serão mencionadas aqui.

3.1 Possíveis problemas

- O aumento e a dispersão descontrolados do fogo no interior de uma edificação, que causam danos intensos e podem resultar em colapso.
- A dispersão rápida das chamas nas superfícies da edificação, a ignição dos combustíveis adjacentes, a danificação das saídas de emergência.
- A dispersão das chamas, da fumaça e dos gases quentes em uma edificação por meio de seus dutos e vãos verticais e horizontais, afetando as saídas de emergência e o acesso dos bombeiros e causando danos intensos na decoração e nos bens materiais.
- A dispersão das chamas para as edificações adjacentes, afetando a segurança da vida humana e das propriedades.
- A perda de bens, a interrupção de trabalho, a perda de serviços ou da produção.

3.2 Como inibir a propagação de incêndios

O objetivo das medidas de prevenção a incêndios no interior de uma edificação consiste em inibir a propagação e restringir a dispersão das chamas. Os fatores que influenciam isso são:

- o tamanho da edificação – a área, a altura, o volume;
- o leiaute e a configuração internos da edificação;
- os usos dados e as necessidades dos usuários;
- os materiais de construção, os revestimentos internos e externos;
- o tipo de construção;
- as instalações;
- o mobiliário.

3.3 Precauções

As precauções são:

- proteção da estrutura portante de forma a impedir o colapso estrutural repentino, a delimitação da combustibilidade dos principais elementos estruturais;
- provisão adequada e apropriada de saídas de emergência;
- acesso para os bombeiros ao longo e por meio da edificação, para que eles possam alcançar o núcleo do incêndio e apagá-lo imediatamente;
- compartimentação e separação para restringir a propagação das chamas, a manutenção dessas divisões mediante a proteção das aberturas, a extinção do incêndio e as cavidades com ar em espaços fechados;
- instalação e manutenção seguras das instalações, dos equipamentos que geram calor e dos equipamentos dos usuários;
- separação dos diferentes usos para proteger, por exemplo, as pessoas que estão dormindo em hotéis;
- isolamento das áreas de alto risco com uma construção resistente ao fogo, protegendo as áreas adjacentes;
- instalações ativas de combate a incêndio para detectar e/ou conter o fogo desde o início, bem como restringir sua propagação e seu crescimento;
- limitação da propagação das chamas mediante o uso seletivo de materiais;
- paredes externas resistentes ao fogo e/ou a separação de espaços para impedir a propagação do fogo para as propriedades adjacentes, a proteção das aberturas das paredes externas, a limitação da dispersão das chamas nas paredes externas e nas coberturas, o uso de isolamento com a combustibilidade limitada de forma a restringir a ignição e a propagação;
- provisão de ventilação natural ou mecânica, exaustão de fumaça e/ou medidas de controle da fumaça para facilitar a evacuação e o combate a incêndios;
- treinamento de pessoal e procedimentos de evacuação, manutenção dos equipamentos de prevenção a incêndios, análise de riscos, políticas de gerenciamento.

3.4 Aumento e propagação do incêndio

A análise do aumento e da propagação de incêndios é explicada em detalhes e substanciada por Malhotra na publicação do *BRE BR 96 Fire Safety in Buildings* (A Prevenção a Incêndios nas Edificações).

3.5 Carga de incêndio e possibilidade de ignição

A maior parte da carga de incêndio de uma edificação é composta pelos materiais no seu interior, sobre o qual o projetista talvez não exerça qualquer influência. Alguns tipos de ocupações têm controles associados à possibilidade de ignição do mobiliário (as edificações domésticas e onde há aglomeração de indivíduos, com legislação referente ao licenciamento, hospitais e prisões conforme as normas governamentais), Tabela I. A eletricidade, geralmente citada como a causa de incêndios, embora por si só seja inofensiva, apresenta riscos em potencial ao entrar em contato com materiais combustíveis; todas as novas instalações elétricas devem estar em conformidade com a edição em vigor das normas previstas pelo *Institution of Electrical Engineers* (Instituto de Engenheiros Elétricos da Grã-Bretanha). As instalações existentes devem ser examinadas e testadas periodicamente em busca de possíveis riscos.

3.6 Fumaça

A limitação da dispersão da fumaça é considerada principalmente uma característica das saídas de emergência seguras. As limitações específicas da produção de fumaça não são, até o momento, especificadas de maneira geral. Não há teste aceito de modo generalizado em relação

Tabela I Classificação dos grupos de uso (extraída do Documento Aprovado B, Tabela D1)

Título	Grupo	Propósito para o qual a edificação ou seu compartimento será usada
Residencial (moradias)	1(a)*	Apartamento ou quitinete.
	1(b)**	Residência com um pavimento habitável acima do nível de piso e que fique a mais de 4,5 m acima do pavimento térreo.
	1(c)**	Residência que não contém um pavimento habitável acima do nível de piso que fique a mais de 4,5 m acima do pavimento térreo.
Residencial (institucional)	2(a)	Hospital, residência, escola ou outro estabelecimento semelhante usado como acomodação para tratamento, cuidado ou acompanhamento de pessoas que sofrem de deficiências causadas por doenças, pela idade avançada ou por outras incapacidades físicas ou mentais; menores de cinco anos de idade; local de detenção penal, desde que os prisioneiros passem a noite no local.
(Outros)	2(b)	Hotel, pensão, internato, casas de estudantes, albergues e quaisquer outros fins residenciais não descritos acima.
Escritório	3	Escritórios ou instalações usados para fins administrativos, trabalho de escritório (incluindo redação, contabilidade, armazenamento de papéis, arquivamento, digitação, fotocópia, cálculo, desenho e preparação editorial de matérias para publicação, policiamento, combate a incêndios e resgate), manuseio de dinheiro (incluindo bancos e caixas econômicas) e comunicações (incluindo comunicação postal, telegráfica e rádio), rádio, televisão, cinema, gravação de áudio ou vídeo, shows (fechados para o público).
Lojas e Comércio	4	Lojas ou instalações usadas para o comércio varejista ou negócios (incluindo a venda de alimentos ou bebidas para consumo imediato e o varejo com o uso de leilões, autosserviço e em balcão, negócios associados ao empréstimo de livros ou periódicos com fins lucrativos, barbearias e cabeleireiros e o aluguel de espaços para armazenagem), bem como locais onde o público é convidado a entregar ou retirar produtos para o conserto ou outros serviços deles ou (exceto no caso do conserto de veículos motorizados) onde os próprios clientes possam realizar tais consertos ou serviços equivalentes.
Reunião e Recreação	5	Locais de reunião, entretenimento ou recreação; incluindo salões de bingo, rádio ou teletransmissão, estúdios de gravação e cinema abertos para o público, cassinos, salões de dança; centros de entretenimento/conferência, exposição e lazer; parques de diversão e centros de lazer; museus e galerias de arte, clubes não residenciais, teatros, cinemas e salões de concerto; estabelecimentos educacionais, escolas de dança, ginásios, piscinas, escolas de equitação, rinques, pavilhões esportivos, estádios; foros; igrejas e outros locais de celebração, crematórios; bibliotecas abertas ao público, creches diurnas, clínicas, centros de saúde e consultórios médicos; estações de passageiros e terminais de viagens aéreas, ferroviárias, rodoviárias ou marítimas; toaletes públicos; zoológicos e minizoológicos.
Industrial	6	Fábricas e outras instalações usadas para manufatura, reforma, conserto, limpeza, lavagem, desmontagem, adaptação ou processamento de qualquer artigo; geração de energia elétrica ou abate de animais.
Armazenamento e outros usos não residenciais***	7(a)	Local para armazenamento ou depósito de produtos ou materias (que não descritos em 7[b]) e quaisquer edificações não previstas pelos grupos de uso 1 a 6.
	7(b)	Estacionamentos projetados para admitir e acomodar somente automóveis, motocicletas ou veículos leves para o transporte de passageiros ou produtos, com peso bruto máximo de 2.500 kg.

* Inclui unidades vivas/de trabalho em conformidade com o parágrafo 2.52 do Volume 2 do Documento Aprovado B.
** Inclui consultórios médicos, salas de consulta, escritórios ou outras acomodações que não ultrapassem 50 m² no total, façam parte de uma moradia e sejam usadas por um usuário da moradia para fins profissionais.
*** Uma garagem independente com área máxima de 40 m² está incluída no grupo de uso 1(c); o mesmo se aplica a um abrigo para automóveis descoberto com 40 m² no máximo, ou uma edificação independente que consista em garagem ou abrigo para automóveis descoberto, onde nem a garagem nem o abrigo tenham uma área superior a 40 m².

à emissão de fumaça. A produção de gases tóxicos, que acompanha todos os tipos de incêndios, é particularmente difícil de especificar.

3.7 Combustibilidade

Ainda que seja possível construir uma edificação totalmente não combustível, isso não é prático nem exigido por lei – embora alguns códigos listem as saídas de emergência conforme uma classificação baseada na "combustibilidade" de uma edificação. Os materiais não combustíveis devem ser usados sempre que condições de risco são previstas ou quando há a necessidade de manter a integridade de uma estrutura por um período máximo de tempo (por exemplo, a parede ou o piso de um cômodo ou uma escada de emergência em uma edificação alta).

3.8 Resistência ao fogo

A necessidade de um grau de resistência ao fogo no interior de uma edificação pode ser determinada pelas *Building Regulations* (Normas da Construção) (Tabela II) e pelas exigências das companhias de seguro ou de limitação de danos. A prevenção de colapsos repentinos permite a evacuação, a contenção do fogo e, consequentemente, a proteção das áreas adjacentes, bem como o acesso dos bombeiros. Isso é essencial em edificações altas. Os fatores associados à resistência ao fogo são a altura e o tamanho da edificação, a ocupação e a severidade prevista do incêndio. Ainda que seja possível especificar o período de resistência ao fogo e construir um elemento de acordo, não se deve pressupor que o período será obtido; ele talvez seja mais longo ou mais curto devido, entre outros fatores, à interação com outros elementos ou à falta de manutenção, bem como a condições de incêndio mais severas do que as previstas no teste.

Também podem ser encontradas orientações na norma britânica BS 5950 Structural use of steelwork in building (Uso estrutural do aço em edificações), Part 8, do Code of practice for fire resistant design (Código de prática para o projeto de prevenção a incêndios).

3.9 Barreiras contra fogo

Elas são formadas ao redor de áreas com usos ou riscos diferentes ou de modo a dividir uma área em um tamanho no qual acredita-se que o fogo possa ser controlado e combatido pelos bombeiros, protegendo, assim, as áreas adjacentes. O acréscimo de medidas automáticas ativas (como *sprinklers*) para conter e controlar o aumento de um incêndio permite compartimentos maiores ou, em alguns casos, sua dispensa. Sempre que a única consideração for a preservação de vidas, pode-se argumentar que, caso todas as pessoas consigam escapar em segurança, não há necessidade de compartimentação e abre-se a possibilidade de uma resistência ao fogo reduzida. Esse princípio geralmente é adotado em edificações baixas ou térreas. No entanto, no caso de edifícios altos com evacuação em fases ou estágios, a compartimentação é uma parte essencial do pacote de segurança. Os apartamentos tipo *flat* e as casas em fita são construídos de forma que cada unidade seja um compartimento; em caso de incêndio, somente a unidade que está pegando fogo terá de ser evacuada inicialmente.

A compartimentação eficaz exige que se preste atenção aos detalhes. As aberturas, incluindo as de ventilação e instalações, devem ser protegidas; sempre que as prumadas de dutos perfurarem pisos que constituam barreiras contra fogo, elas têm de ser detalhadas (Tabela III).

3.10 Recomendações

Os compartimentos no interior de edificações residenciais, institucionais e de saúde exigem considerações cuidadosas, já que constituem parte essencial do projeto das rotas de fuga. Todos os pavimentos devem ser compartimentados. Recomenda-se que os compartimentos não sejam maiores que 2.000 m² em hospitais de pavimentos múltiplos ou 3.000 m² em hospitais térreos. Em edificações não residenciais, os pavimentos acima e, em geral, no interior dos subsolos, bem como qualquer outro com uma altura de 30 m em relação ao térreo, devem ser construídos como pavimentos de compartimentação.

3.11 Dispersão do fogo

Limitar a dispersão do fogo dentro dos principais elementos estruturais costuma ser relativamente fácil, contanto que esses elementos

Tabela II Períodos mínimos de resistência ao fogo

Grupo de uso da edificação	Períodos mínimos de resistência ao fogo (minutos) em:					
	Pavimento ($) de subsolo, incluindo o pavimento acima			Pavimento térreo ou superior		
	Profundidade (m) do subsolo mais inferior			Altura (m) do pavimento superior em relação ao pavimento térreo, seja em uma edificação ou em parte independente de uma edificação		
	Mais de 10	Não mais de 10	Não mais de 5	Não mais de 18	Não mais de 30	Mais de 30
1 Residencial:						
a. Bloco de apartamentos						
– sem chuveiros automáticos (*sprinklers*)	90	60	30*	60**†	90**	Não permitido
– com chuveiros automáticos (*sprinklers*)	90	60	30*	60**†	90**	120**
b. Institucional	90	60	30*	60	90	120#
c. Outros usos residenciais	90	60	30*	60	90	120#
2 Escritório:						
– sem chuveiros automáticos (*sprinklers*)	90	60	30*	60	90	Não permitido
– com chuveiros automáticos (*sprinklers*)(2)	60	60	30*	30*	60	120#
3 Lojas e áreas comerciais:						
– sem chuveiros automáticos (*sprinklers*)	90	60	60	60	90	Não permitido
– com chuveiros automáticos (*sprinklers*)(2)	60	60	30*	60	60	120#
4 Reunião e recreação:						
– sem chuveiros automáticos (*sprinklers*)	90	60	60	60	90	Não permitido
– com chuveiros automáticos (*sprinklers*)(2)	60	60	30*	60	60	120#
5 Industrial:						
– sem chuveiros automáticos (*sprinklers*)	120	90	60	90	120	Não permitido
– com chuveiros automáticos (*sprinklers*)(2)	90	60	30*	60	90	120#
6 Armazenamento e outros não residenciais:						
a. Qualquer edificação ou cômodo não descrito acima:						
– sem chuveiros automáticos (*sprinklers*)	120	90	60	90	120	Não permitido
– com chuveiros automáticos (*sprinklers*)(2)	90	60	30*	60	90	120#
b. Estacionamento para veículos leves:						
i. estacionamento aberto(3)	Não se aplica	Não se aplica	15*+	15*+(4)	15*+(4)	60
ii. qualquer outro estacionamento	90	60	30*	60	90	120#

As edificações com apenas um pavimento estão sujeitas aos períodos previstos na coluna "não mais de 5". Caso tenham subsolos, os pavimentos de subsolo estarão sujeitos ao período mais adequado à sua profundidade.

$ O pavimento acima de um subsolo (ou, quando há mais de um subsolo, o pavimento acima do subsolo superior) deve estar em conformidade com as provisões para os pavimentos térreo e superiores, caso esse período seja maior.

*Aumentado para 60 minutos, no mínimo, no caso de separação entre edificações.

**Reduzido para 30 minutos para qualquer pavimento no interior de um apartamento com mais de um pavimento; não ocorre quando o pavimento contribui para a sustentação da edificação.

Reduzido para 90 minutos no caso de elementos que não fazem parte da estrutura.

+ Aumentado para 30 minutos no caso de elementos que protegem as saídas de emergência.

†Consulte o parágrafo 7.9 quanto à aceitabilidade de 30 minutos para edifícios de apartamentos convertidos em flats.

Observações:
1. Consulte a Tabela A1 para as provisões específicas do teste.
2. "Com chuveiros automáticos" (sprinklers) significa que a edificação está equipada com um sistema de chuveiros automáticos (*sprinklers*) de acordo com o parágrafo 0.16.
3. O estacionamento deve atender às especificações relevantes das diretrizes referentes à exigência B3, Seção 11.
4. Para atender às Building Regulations, os seguintes tipos de elementos de aço são considerados em conformidade com o período mínimo de resistência ao fogo (15 minutos) quando testados pelo método de testagem europeu:

(i) As vigas que sustentam as lajes de piso de concreto com $Hp/A = 230m^{-1}$, operando sob carga de projeto máxima.
(ii) Os pilares independentes com $HP/A = 180m^{-1}$, operando sob carga de projeto máxima.
(iii) O contraventamento e as escoras com $Hp/A \sim 210m^{-1}$, operando sob carga de projeto máxima.

As orientações também estão disponíveis na norma britânica BS 5950 Uso estrutural do aço nas edificações, Parte 8 do Código de prática para o projeto de prevenção a incêndios.

Tabela III Dimensões máximas de edificações não residenciais de pavimentos múltiplos e seus compartimentos (extraídas do Documento Aprovado B, Tabela 12)

Grupo de uso da edificação ou cômodo	Altura do piso do pavimento superior em relação ao pavimento térreo (m)	Área de piso de qualquer pavimento da edificação ou de um pavimento no interior do compartimento (m²)	
		Em edificações com pavimentos múltiplos	Em edificações com apenas um pavimento
Escritório	Sem limite	Sem limite	Sem limite
Reunião e recreação Lojas e áreas comerciais:			
a. Lojas – sem chuveiros automáticos (*sprinklers*)	Sem limite	2.000	2.000
Lojas – com chuveiros automáticos (*sprinklers*)[1]	Sem limite	4.000	Sem limite
b. Outros locais – sem chuveiros automáticos (*sprinklers*)	Sem limite	2.000	Sem limite
Outros locais – com chuveiros automáticos (*sprinklers*)[1]	Sem limite	4.000	Sem limite
Industrial[2]			
Sem chuveiros automáticos (*sprinklers*)	Não mais de 18	7.000	Sem limite
	Mais de 18	2.000[3]	Não aplicável
Com chuveiros automáticos[1]	Não mais de 18	14.000	Sem limite
	Mais de 18	4.000[3]	Não aplicável

	Altura do piso do pavimento superior em relação ao pavimento térreo (m)	Volume máximo da compartimentação (m³) em edificações com pavimentos múltiplos	Área de piso máxima (m²) em edificações com apenas um pavimento	Altura máxima (m)[4]
Armazenamento[2] e outros usos não residenciais:				
a. Estacionamento para veículos leves	Sem limite	Sem limite	Sem limite	Sem limite
b. Qualquer outra edificação ou cômodo:				
Sem chuveiros automáticos (*sprinklers*)	Não mais de 18	20.000	20.000	18
	Mais de 18	4.000[3]	Não aplicável	Não aplicável
Com chuveiros automáticos[1]	Não mais de 18	40.000	Sem limite	Sem limite
	Mais de 18	8.000[3]		

[1] "Com chuveiros automáticos" significa que a edificação está equipada com um sistema de chuveiros automáticos (*sprinklers*) de acordo com o parágrafo 0.16.
[2] Talvez haja limitações adicionais associadas à área de piso e/ou à instalação de *sprinklers* em certos usos industriais e de armazenamento em conformidade com outras legislações, por exemplo, a armazenagem de GLP e outras substâncias químicas.
[3] Esse limite reduzido se aplica apenas aos pavimentos que ficam a 18 m acima do nível térreo. Abaixo dessa altura, o limite mais alto se aplica.
[4] A altura do compartimento é medida a partir do nível do piso acabado até a parte de baixo do teto ou cobertura.

não contenham grandes vãos. A adição de revestimentos internos e externos pode facilitar a dispersão rápida do fogo além de sua área de origem. As chamas podem se espalhar rapidamente em todas as direções e os acessórios são muito importantes. Descobriu-se, por experiência, que quanto melhor é o material como isolante térmico, maior será a probabilidade de que as chamas se dispersem com mais rapidez e em distâncias maiores.

3.12 Dispersão superficial das chamas

Em geral, ela é testada de acordo com a norma britânica BS 476 Parte 7 1971 e os resultados são classificados entre 1 e 4 (a Classe 1 é muito boa, a Classe 4 é muito ruim) conforme a dispersão das chamas a partir do ponto de ignição. A Classe 0 é uma classificação definida para os fins de recomendações conforme as *Building Regulations* (que não são normas britânicas). Os códigos atuais variam em termos de recomendações, mas, geralmente, todas as rotas de fuga e espaços de circulação devem ser de Classe 0; as demais áreas, exceto cômodos pequenos, de Classe 1.

3.13 Ventilação

A ventilação para liberar o calor e controlar e/ou dispersar a fumaça de um incêndio permitirá um acesso mais rápido e fácil dos bombeiros para extinguir o fogo. Sua relação com as saídas de emergência é detalhada em outro trecho.

A ventilação pode ser natural ou mecânica. A última é mais recomendada já que pode ser controlada, ativada automaticamente e, quando projetada de maneira correta, não é influenciada pelo vento, pelo leiaute interno e pelas configurações, pela temperatura externa ou pelo efeito chaminé. Contudo, ela aumenta as despesas consideravelmente, pois é necessário garantir sua operação ao empregar ventiladores resistentes a altas temperaturas, fiação protegida, registros contra fogo e saídas de fumaça, alarmes automáticos, redes de energia elétrica secundárias e monitoramento. A ventilação pode exigir controles computadorizados sofisticados.

3.14 Sistemas mecânicos de extração de fumaça

As opiniões sobre a necessidade do projeto de sistemas mecânicos de exaustão de fumaça variam, bem como a necessidade ou não de incorporar medidas de segurança adicionais. É preciso determinar se o sistema será usado para a exaustão da fumaça ou para o controle da fumaça. Não há um código abrangente e de aceitação generalizada para os sistemas mecânicos de controle de fumaça; deve-se buscar uma consultoria especializada.

3.15 Ventilação natural

A ventilação natural mediante a instalação de aberturas para ventilação permanente, de abrir ou quebráveis, geralmente é projetada para ser usada pelos bombeiros, que considerarão os aspectos do vento,

Tabela IV Acesso de veículos de combate a incêndio em edificações não dotadas de ponto de tubulação ascendente sem água (extraído do Documento Aprovado B, Tabela 19)

Área de piso total da edificação (m²)	Altura do piso do pavimento superior em relação ao solo	Permitir o acesso de veículos a:	Tipo de viatura
até 2.000	até 11	veja o parágrafo 16.2	autobomba tanque
	mais de 11	15% do perímetro	autoescada mecânica
2.000-8.000	até 11	15% do perímetro	autobomba tanque
	mais de 11	50% do perímetro	autoescada mecânica
8.000-16.000	até 11	50% do perímetro	autobomba tanque
	mais de 11	50% do perímetro	autoescada mecânica
16.000-24.000	até 11	75% do perímetro	autobomba tanque
	mais de 11	75% do perímetro	autoescada mecânica
mais de 24.000	até 11	100% do perímetro	autobomba tanque
	mais de 11	100% do perímetro	autoescada mecânica

Tabela VI Dimensões necessárias para a operação de viaturas de combate a incêndio (veja Figura 10.3)

		Tipo de viatura	
Dimensão	Descrição	Escada manobrável	Plataforma hidráulica
A	Distância máxima da extremidade mais próxima da estrutura em relação à edificação	4,9 m	2,0 m
B	Largura mínima da estrutura	5,0 m	5,5 m
C	Distância mínima da extremidade mais próxima da estrutura em relação à edificação	10,0 m	7,5 m
D	Largura mínima de espaço desobstruído para a manobra da plataforma da viatura	Não aplicável	2,2 m

água que contêm um tubo úmido. O ponto de acesso deve ser visível em relação ao ponto de conexão ao tubo seco ou do acesso da caixa.

Nenhuma viatura de corpo de bombeiros deve ser obrigada a dar uma ré de mais de 20 m. Devem ser criadas ruas sem saída com espaços para manobras em T sempre que o comprimento for superior àquela dimensão (Tabelas IV, V e VI e Figuras 10.2 a 10.5).

3.18 Caixas de escada enclausuradas à prova de fumaça

O acesso à edificação deve dar-se por uma caixa de escada enclausurada à prova de fumaça. Para edificações em geral e aquelas com pavimento de subsolo com pé-direito alto, essa caixa deve incorporar um elevador de uso dos bombeiros para o transporte imediato de equipamentos e pessoal. Em qualquer caso, ela deve incorporar uma escada com 1,1 m de largura entre as paredes ou balaustradas, seja ventilada ou pressurizada, com acesso a partir das áreas de piso por meio de um corredor, sendo que ambos ficam separados da edificação por uma construção com resistência ao fogo de duas horas. A norma britânica BS 5588 Parte 5 detalha as especificações técnicas e dimensionais para uma caixa de escada enclausurada à prova de fumaça. Os critérios para a instalação e o número de caixas de escada em qualquer edificação particular são estipulados na mesma seção da série BS 5588, associada ao uso específico ou conforme as normas de construção. Os elevadores de uso dos bombeiros também podem ser usados por passageiros, mas não devem ser utilizados para o transporte de produtos (Figuras 10.6 e 10.7).

etc. A área total das aberturas deve corresponder a, no mínimo, 5% da área de piso total no subsolo e em área de alto risco ou riscos específicos, e a 2,5% acima do solo. Sempre que as aberturas não são acessíveis, elas devem ser permanentes, de abertura automática ou por controle remoto.

3.16 Reservatórios de fumaça

O uso da ventilação natural em grandes áreas abertas (como fábricas, auditórios, salões de exposição, etc., com somente um pavimento) exige a formação de reservatórios de fumaça para restringir a dispersão da fumaça. Consulte as publicações do BRE *Digest 260, Smoke control in buildings: design principles* (controle de fumaça em edificações: princípios do projeto) e a BR 186 *Design principles for smoke ventilation in enclosed shopping centres* (Princípios de projeto para a ventilação da fumaça em centros comerciais fechados).

3.17 Acesso

Um acesso específico para os bombeiros permitirá a ação imediata. Deve haver acesso ao longo, para dentro e através de uma edificação. Várias informações dimensionais são fornecidas na Tabela IV, mas é preciso lembrar que os equipamentos de combate a incêndio não são padronizados. Além disso, eles mudam constantemente, provocando inúmeras alterações nos tamanhos e nos pesos.

Sempre que as edificações apresentam uma tubulação de combate a incêndio, deve haver acesso a menos de 18 m do ponto de tubulação ascendente sem água (tubo seco) ou do acesso às caixas de

3.19 Propagação do incêndio

A propagação do incêndio para as edificações adjacentes pode ser prevenida por:

- espaços livres;
- paredes resistentes ao fogo;
- paredes externas com combustibilidade limitada e dispersão superficial das chamas limitada, e/ou
- materiais de revestimento de coberturas resistentes à penetração do fogo.

Tabela V Especificação das rotas típicas para o acesso de veículos (extraído do Documento Aprovado B, Tabela 20)

Tipo de viatura	Largura mínima da via entre os meios-fios (m)	Largura mínima dos portões (m)	Círculo de manobra mínimo entre os meios-fios (m)	Círculo de manobra mínimo entre as paredes (m)	Altura livre mínima (m)	Capacidade de carregamento mínima (toneladas)
Autobomba tanque	3,7	3,1	16,8	19,2	3,7	12,5
Autoescada mecânica	3,7	3,1	26,0	29,0	4,0	17,0

Observações:
[1] As viaturas de combate a incêndio não são padronizadas. Alguns corpos de bombeiros têm viaturas mais pesadas ou com dimensões diferentes. As autoridades de controle da construção e os inspetores aprovados talvez adotem outras dimensões nessas mesmas circunstâncias.
[2] Como o peso das viaturas de autoescada é distribuído sobre vários eixos, considera-se que o uso irregular de uma passagem ou rota projetada para até 12,5 toneladas não causará danos. Portanto, seria razoável projetar uma via para até 12,5 toneladas, ainda que as estruturas como pontes devam ter capacidade para 17 toneladas.

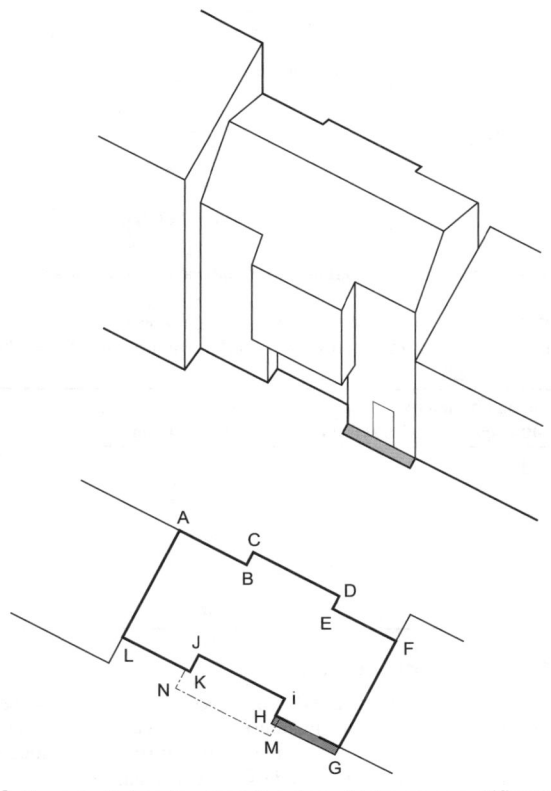

10.2 Exemplo da área de ocupação e do perímetro de uma edificação. A edificação é AFGL, sendo que as paredes AL e FG são compartilhadas com outras edificações. A área de ocupação é a área total em planta resultante da projeção vertical de qualquer pavimento em balanço sobre um pavimento térreo, ou seja, A B C D E F G H M N K L. Para os fins da tabela, o perímetro é a soma dos comprimentos das duas paredes externas, considerando a área de ocupação, isto é, (A para B para C para D para E para F) + (G para H para M para N para K para L). Caso as dimensões da edificação exijam o acesso de veículos conforme a tabela, a área hachurada ilustra um exemplo possível com 15% do perímetro. Observe que deve haver uma porta levando ao interior da edificação nesta área. Caso a edificação não compartilhe paredes com outras edificações, os comprimentos AL e FG serão incluídos no perímetro. Extraído do Documento Aprovado Parte B 2006.

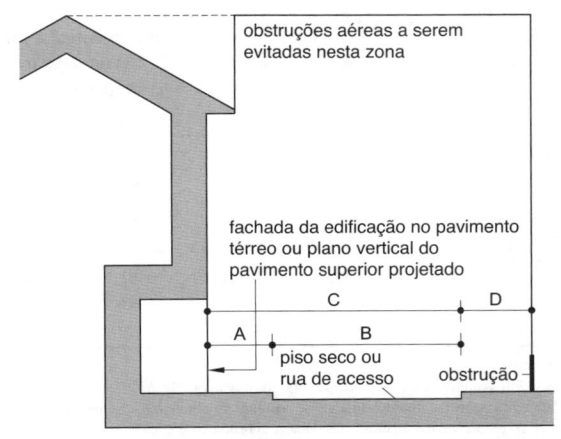

10.3 Relação entre a edificação e o piso seco ou as ruas de acesso para viaturas de combate a incêndio com autoescada. Para a legenda, veja a Tabela VI. Extraído do Documento Aprovado Parte B 2006.

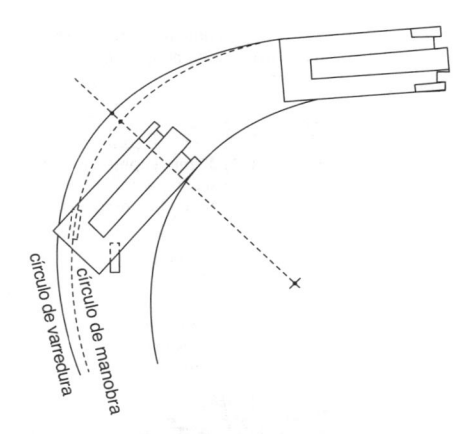

10.4 Viatura autobomba tanque (desenhada fora de escala). Comprimento máximo: 8,5 m; altura máxima: 3,3 m; largura máxima: 2,3 m; peso máximo: 13,21 t; no eixo frontal: 5,5 t; no eixo traseiro: 6,1 t; distância entre eixos máxima: 3,81 m; rastro das rodas traseiras: 2 m; altura mínima da carroceria: 229 mm; largura da via necessária: 3,66 m; círculo de manobra: 16,75 m; área de varredura pela carroceria: 18,3 m.

Se forem tomadas precauções no interior de uma edificação para limitar o aumento e a dispersão do fogo, é possível pressupor que seus efeitos sobre as edificações adjacentes serão reduzidos. As aberturas em uma parede ou paredes externas sem resistência ao fogo oferecem riscos às edificações adjacentes por meio da radiação e da convecção. Quando a proteção de bens materiais, juntamente à preservação da vida, é uma questão importante, todas as edificações devem ser consideradas tendo os mesmos riscos.

Sempre que a preservação da vida for o único fator, as edificações residenciais, de reunião e recreativas correm riscos significativos representados por fontes de fogo externas e exigem elementos de segurança adicionais. Em geral, pressupõe-se que apenas um dos

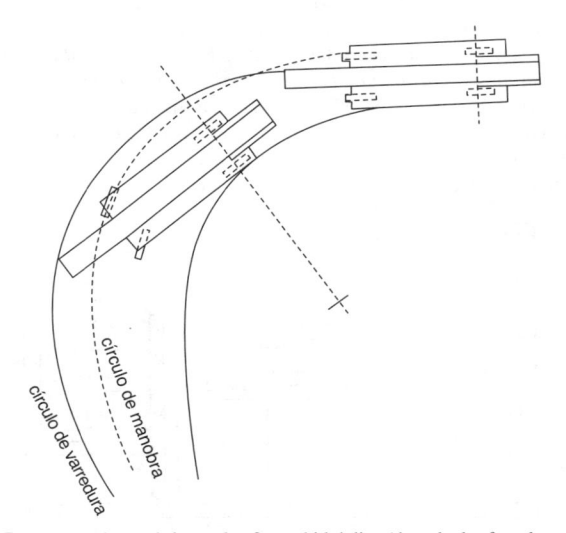

10.5 Autoescada mecânica e plataforma hidráulica (desenhadas fora de escala). Comprimento máximo: 10 m; altura máxima: 3,5 m; largura máxima: 2,5 m; largura máxima com equipamentos projetados: 4,4 m; peso quando carregada: 16,25 t; peso médio do eixo frontal: 6 t; peso médio do eixo traseiro: 10 t; distância entre eixos máxima: 5,33 m; rastro das rodas traseiras: 2 m; altura mínima da carroceria: 229 mm; largura da via necessária: 6 m; círculo de manobra: 21,5 m; área varrida pela carroceria: 24,5 m. A projeção frontal da escada em relação à cabina não ultrapassa 1,83 m na parte mais frontal do veículo. A autoescada mecânica e a plataforma hidráulica são dotadas de quatro sapatas de patolamento; nesse caso, a carga de trabalho geralmente é inferior a 7,5 t.

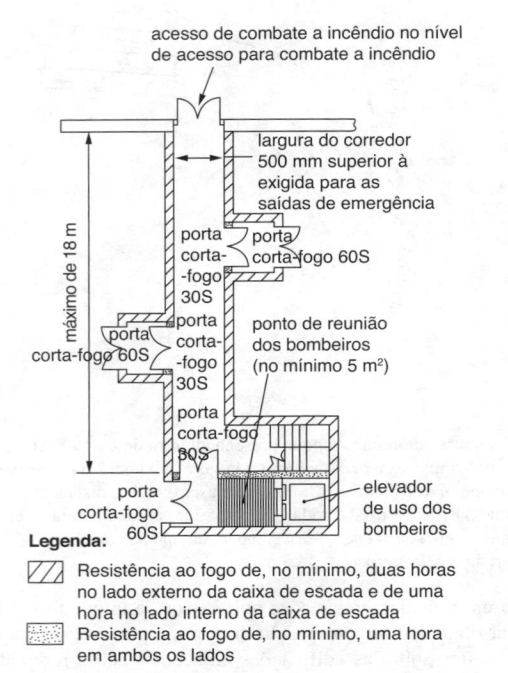

10.6 Leiaute padrão de escada enclausurada à prova de fumaça no nível de acesso para o combate a incêndio; acesso pelo corredor.

compartimentos se envolverá em um incêndio e, consequentemente, o risco emana apenas de seus fechamentos externos.

3.20 Proteção contra incêndios

Os métodos geralmente usados para determinar os graus necessários de proteção se baseiam em percentuais aceitáveis de "áreas desprotegidas" (aberturas, paredes sem resistência ao fogo, revestimentos de fachada combustíveis e isolamento), considerando a exposição à radiação térmica de um uso conhecido. As bases dos cálculos necessários são apresentadas no documento *BRE 187 External fire spread: building separation and boundary distances* (Dispersão externa do fogo: a separação das edificações e as divisas do terreno); o Documento Aprovado B faz recomendações associadas às edificações e aos compartimentos pequenos, tanto residenciais (Tabela VII e Figura 10.8) quanto não residenciais (Tabela VIII).

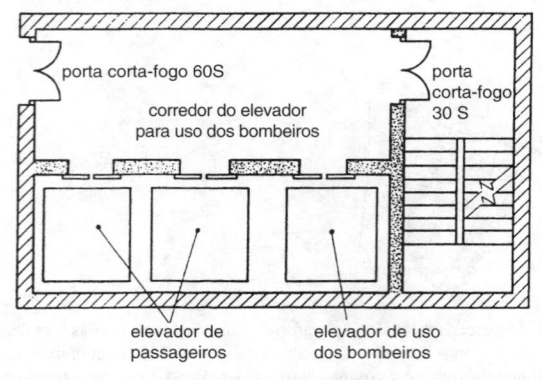

10.7 Elevadores de passageiros dentro da caixa de escada enclausurada à prova de fogo. O corredor para uso dos bombeiros deve ter uma área de piso livre de 5 m² ou mais. A área de piso livre não deve ser superior a 20 m² nos corredores atendendo até quatro elevadores, ou 5 m² por elevador para corredores que atendem a um número maior. Todas as dimensões principais não devem ter menos de 1,5 m, sem ultrapassar 8 m nos corredores que atendem até quatro elevadores, ou 2 m por elevador nos corredores que atendem a um número maior.

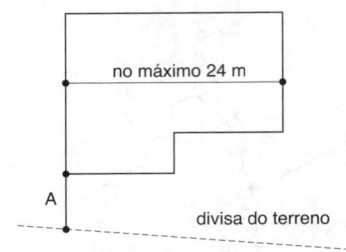

10.8 Áreas não protegidas permitidas em edificações residenciais pequenas.

Tabela VII Áreas não protegidas em edificações residenciais pequenas. Veja Figura 10.8 (Extraído do Documento Aprovado B, Vol. 1, Diagrama 22)

Distância mínima (A) entre a lateral da edificação e a divisa relevante (m)	Área máxima total de áreas não protegidas (m²)
1	5,6
2	12
3	18
4	24
5	30
6	sem limite

3.21 Revestimentos de fachada

Os revestimentos de fachada e os isolantes térmicos combustíveis representam um risco, principalmente em edificações altas. Ainda que os revestimentos de fachadas e seus suportes nem sempre tenham de ser resistentes ao fogo, recomenda-se que o isolamento em alturas superiores a 15 m seja de combustibilidade limitada (Figura 10.9).

3.22 Revestimentos de cobertura

Os revestimentos de cobertura (não estruturais) muito próximos das divisas do terreno devem apresentar características que limitem a dispersão das chamas e a penetração do fogo. O desempenho dos revestimentos é designado em relação à norma britânica BS 476 Parte 3, que classifica os resultados referentes à dispersão das chamas e ao

Tabela VIII Áreas não protegidas permitidas em edificações ou compartimentos pequenos (extraído do Documento Aprovado B, Tabela 15)

Distância mínima entre a lateral da edificação e a divisa relevante (m)		
Grupos de uso residencial, escritório, de reunião e recreação	Lojas e áreas comerciais Industrial, armazenamento e outros usos não residenciais	Percentual total máximo da área desprotegida (%)
(1)	(2)	(3)
não aplicável	1	4
1,0	2	8
2,5	5	20
5,0	10	40
7,5	15	60
10,0	20	80
12,5	25	100

Observações:
(1) Os valores intermediários podem ser obtidos por interpolação.
(2) Para edificações totalmente dotadas de sistemas de chuveiros automáticos e que atendem às recomendações relevantes da norma britânica BS 5306 Parte 2, os valores indicados nas colunas (1) e (2) podem ser reduzidos à metade, desde que a distância mínima de 1m seja mantida.
(3) No caso de estacionamentos sem manobristas no grupo de uso 7(b), é possível utilizar as distâncias estipuladas na coluna (1) em vez de os valores listados na coluna (2).

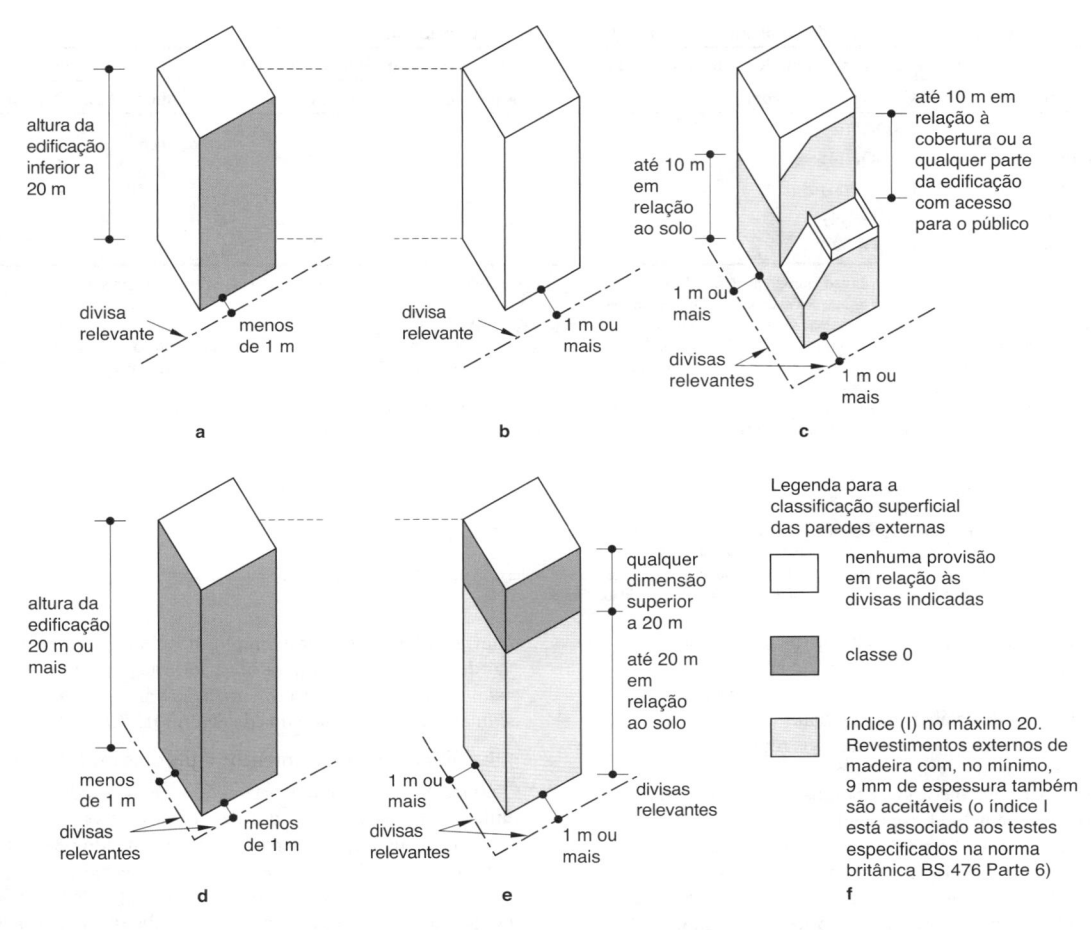

10.9 Provisões para as superfícies externas das paredes. a) Qualquer edificação. b) Qualquer edificação exceto as mostradas em c. c) Edificações para reunião ou recreação com mais de um pavimento. d) Qualquer edificação. e) Qualquer edificação. f) Legenda para a classificação superficial das paredes externas.

tempo necessário para a penetração; nesse caso, AA é a melhor classificação (modelos não penetrados em menos de uma hora, sem dispersão das chamas) e DD é a pior (penetração das chamas nos testes preliminares, dispersão extensa e contínua das chamas). A adição do sufixo "x" denota um ou mais dos seguintes: gotejamento na parte inferior, falha mecânica, desenvolvimento de orifícios. O Documento Aprovado B estipula recomendações classificatórias específicas associadas à distância em relação às divisas (Tabela IX), com recomendações para as claraboias de plástico (Figura 10.10 e Tabela X).

4 SAÍDAS DE EMERGÊNCIA

4.1 Introdução

Há várias diretrizes e códigos associados às saídas de emergência em diferentes tipos de edificação; alguns evoluíram, outros se sobrepuseram e geraram recomendações diferentes para as mesmas questões. Ocasionalmente, eles incluem questões fora do escopo da preservação da vida. Em geral, as saídas de emergência consistem no fornecimento de rotas de fuga seguras para as pessoas se deslocarem de qualquer ponto no interior da edificação para um local seguro.

4.2 Engenharia de incêndio

No momento da redação deste material, vários aspectos da prevenção a incêndio (principalmente em relação às bases que fundamentam a adoção das normas e práticas) estão sendo revisados. Todavia, nada impede a adoção de uma abordagem alternativa, inovadora ou não ortodoxa às saídas de emergência. As soluções da engenharia de incêndio podem ser empregadas sempre que as práticas estabelecidas forem inadequadas; nesse caso, métodos como o controle de fumaça e a detecção e a supressão automática são usados com o intuito de desenvolver medidas de segurança para um usuário específico e para o programa de necessidades de uma edificação. Deve-se observar que uma alteração no usuário específico talvez exija uma reavaliação das medidas associadas à prevenção de incêndios.

4.3 Soluções sob medida

Independentemente do método adotado, as saídas de emergência têm de ser projetadas de acordo com a ocupação individual e a edificação propriamente dita. Sempre que o projeto for para uma edificação que se destinará ao aluguel das unidades para aluguel, é preciso julgar quais são as medidas necessárias para as saídas de emergência; pressupor a pior das hipóteses nem sempre é viável, embora resulte em um nível de medidas aceitável para a maioria das ocupações. No caso do projeto de edificações com átrios, os usuários devem estar tão seguros quanto estariam em uma edificação sem átrio.

4.4 Princípios básicos

O objetivo é adotar medidas que permitam a evacuação sem o auxílio de outras pessoas. Contudo, os usuários de determinadas edificações não terão condições de dispensar ajuda. Há algumas medidas e princípios básicos considerados necessários para o fornecimento de saídas de emergência mínimas. Eles incluem:

- um número adequado de saídas de emergência e rotas de fuga, cujas larguras ficam a uma distância razoável de todos os pontos no interior da edificação;

Tabela IX Limitações para os materiais de cobertura* (extraído do Documento Aprovado B, Tabela 16)

Designação** do revestimento da cobertura ou de parte da cobertura		Distância mínima em relação a qualquer ponto na divisa relevante			
Classificação nacional	Classificação europeia	Menos de 6 m	No mínimo 6 m	No mínimo 12 m	No mínimo 20 m
AA, AB ou AC	BROOF(t4)	●	●	●	●
BA, BB ou BC	CROOF(t4)	○	●	●	●
CA, CB ou CC	DROOF(t4)	○	●(1)(2)	●(1)	●
AD, BD ou CD	EROOF(t4)	○	●(1)(2)	●(1)	●(1)
DA, DB, DC ou DD	FROOF(t4)	○	○	○	●(1)(2)

*Veja Seção 14.8 para as limitações associadas ao vidro; o parágrafo 14.9 para as limitações associadas às coberturas de sapé ou com telhas chatas de madeira; e os parágrafos 14.6 e 14.7, bem como as Tabelas 18 e 19, para as limitações associadas às claraboias de plástico.
**A designação das superfícies de cobertura externas são explicadas no Apêndice A (Veja a Tabela A5, para noções de revestimento de coberturas).
As distâncias de separação não se aplicam às divisas entre as coberturas de um par de casas geminadas (veja 14.5) e passagens e passarelas internas ou cobertas. No entanto, consulte o Diagrama 30 caso a cobertura cubra uma parede corta-fogo. As claraboias de policarbonato e PVC que obtêm a Classificação 1 por meio de testes, veja o parágrafo 15.7, podem ser consideradas como possuidoras de uma designação AA.
As claraboias de abrir de policarbonato ou PVC que obtêm uma Classificação 1 (classificação nacional) ou Classificação C-s3, d2 (classificação europeia) por meio de testes, veja o parágrafo 10.7, podem ser consideradas categorizadas como da Classe AA (classificação nacional) ou BROOF(t4) (classificação europeia).
● Aceitável
○ Inaceitável
¹ Inaceitável em qualquer edificação a seguir:
a. Casas em fita de três ou mais unidades.
b. Edificações de qualquer tamanho nos grupos industriais, de armazenagem ou para outros fins não residenciais.
c. Quaisquer outras edificações com uma capacidade cúbica superior a 1.500 m³.
² Aceitável em edificações não listadas na Observação 1, desde que parte da cobertura não tenha mais de 3 m² de área e esteja a, no mínimo, 1.500 mm de qualquer parte similar; a cobertura entre as partes revestidas deve ser feita de material com combustibilidade limitada.

- saídas de emergência alternativas (na maioria dos casos);
- rotas de fuga protegidas sempre que necessário;
- iluminação de emergência e sinalização luminosa;
- portas de saída de abertura imediata;
- controle de fumaça para proteger as rotas de fuga;
- separação das áreas de alto risco;
- acesso para que o corpo de bombeiros possa combater o núcleo do incêndio de forma a preservar vidas;
- alarmes de incêndio visuais e auditivos e medidas ativas;
- equipamentos de primeiros socorros para casos de incêndio; e
- instruções referentes às medidas a serem adotadas em caso de incêndio, além dos procedimentos de evacuação.

Os últimos três itens são acréscimos à provisão estrutural das saídas de emergência. Todavia, alguns procedimentos para fins de evacuação e os sistemas para a preservação de vidas associados ao projeto de determinadas edificações (por exemplo, átrios e *shoppings*) ou determinados usos (por exemplo, hospitais) dependem da utilização de medidas ativas para oferecer rotas de fuga eficazes com a sua pressurização ou despressurização para o controle da fumaça, o acionamento automático dos detectores de calor e fumaça, etc.

4.5 Edifícios de apartamentos e prédios multifamiliares

O conceito de fuga em apartamentos e outras edificações multifamiliares é muito diferente dos demais. Isso se baseia no alto padrão de compartimentação e separação recomendado pelos Documentos Aprovados Parte B, principalmente o *B3 Internal Fire Spread (structure)* (Dispersão interna do fogo [estrutura]). Os principais fatores incluem as dificuldades de alertar os habitantes de um edifício em caso de incêndio (nessa situação, a utilização de alarmes de incêndio é uma possível fonte de incômodos) e de garantir que todos sejam realmente evacuados.

4.6 Contenção do fogo

Cada unidade residencial é uma barreira contra fogo distinta e, inicialmente, somente se considera necessária a evacuação da unidade que está pegando fogo. Consequentemente, é possível minimizar a largura das saídas de emergência e rotas de fuga. A propagação do fogo e a dispersão da fumaça são controladas conforme os princípios que regem a contenção da fumaça. Tendo em vista que a maioria dos incêndios pode ser combatida no interior do cômodo de origem, a edição atual da norma britânica BS 5588, *Parte 1* (*Code of practice for residential buildings* [Código de prática para edificações residenciais]) e o Documento Aprovado B reduziram as recomendações associadas à separação do fogo no interior da unidade em relação aos valores originais. A distância de deslocamento, as rotas de fuga alternativas e o leiaute determinam o nível necessário de proteção interna, que influencia a proteção da área de uso comum (Figura 10.11 a 10.35).

4.7 Escritórios e lojas

As Partes 2 e 3 da norma britânica BS 5588 (prevenção de incêndio no projeto, na construção e na utilização das edificações) tratam de escritórios e lojas, respectivamente.

4.8 Número de saídas de emergência e rotas de fuga

Para determinar o número de saídas de emergência em um cômodo ou pavimento, sua ocupação deve ser calculada. É possível que esse valor seja conhecido; do contrário, pode-se avaliá-lo conforme o uso dos coeficientes espaciais conhecidos para fins específicos.

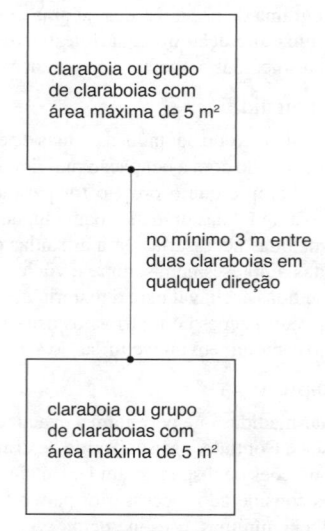

10.10 Limitações sobre o espaçamento e o tamanho das claraboias de plástico cuja superfície inferior obteve Classe 3 ou TP(b); veja a Tabela IX. Observação: o revestimento da cobertura no entorno deve ter uma combustibilidade limitada de, no mínimo, 3 m.

Tabela X Claraboias de plástico: limitações associadas ao uso e à distância das divisas (extraído do Documento Aprovado B)

Classificação mínima na superfície inferior	Espaço atendido pela claraboia	Distância mínima entre qualquer ponto da divisa relevante e a claraboia, com uma designação externa de:	
		AD BD CD (classificação nacional) ou $E_{ROOF}(t4)$ (classificação europeia) CA CB CC ou $D_{ROOF}(t4)$ (classificação europeia)	DA DB DC DD (classificação nacional) ou $F_{ROOF}(t4)$ (classificação europeia)
Classe 3	a. Balcão, varanda, garagem aberta, passagem coberta ou doca de carga e descarga, com, no mínimo, uma lateral mais longa completa ou permanentemente aberta	6 m	20 m
	b. Piscina isolada		
	c. Jardim de inverno, garagem ou anexo, com área de piso máxima de 40 m²		
	d. Espaço de circulação (exceto escada fechada)		
	e. Cômodos	6 m	20 m
		Distância mínima entre qualquer ponto da divisa relevante e a claraboia, com uma classificação superficial externa de:	
		TP(a)	TP(b)
1. TP(a) rígido	Qualquer espaço, exceto escada fechada	6 m	Não se aplica
2. TP(b)	a. Balcão, varanda, garagem aberta, passagem coberta ou doca de carga e descarga, com, no mínimo, uma lateral mais longa completa ou permanentemente aberta	Não se aplica	6 m
	b. Piscina isolada		
	c. Jardim de inverno, garagem ou anexo, com área de piso máxima de 40 m²		
	d. Espaço de circulação (exceto escada fechada)		
	e. Cômodos	Não se aplica	6 m

Esses coeficientes são apenas indicadores e podem variar. Os números também afetarão a largura das rotas de fuga. Em edificações existentes, a largura das portas, das escadas, das passagens, etc., se não for alterada, determinará o número de pessoas que poderão ser acomodadas (Tabelas XI, XII e XIII):

$$\text{Ocupação} = \frac{\text{área do cômodo ou pavimento (m}^2\text{)}}{\text{área de piso por pessoa (m}^2\text{)}}$$

Legenda:

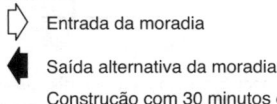

- ⇨ Entrada da moradia
- ◄ Saída alternativa da moradia
- ▬ Construção com 30 minutos de resistência ao fogo
- Porta corta-fogo FD 20 com fechamento automático
- AVaut Abertura para ventilação automática (no mínimo 1,5 m²)
- AV Abertura para ventilação de abrir para uso exclusivo do corpo de bombeiros
- Construção com resistência ao fogo e altura de 1,1 m em relação ao nível do piso
- Porta corta-fogo FD 20S com fechamento automático
- Porta corta-fogo FD 30S com fechamento automático

4.9 Ocupação

Assim que o coeficiente de ocupação de uma área for determinado, o número de saídas deve ser equivalente à largura total necessária para a rota de fuga, ainda que um número mínimo de saídas seja especificado no Documento Aprovado B e na Parte 6 da norma britânica BS 5588 (*Assembly buildings* [Edificações para reuniões]). A provisão mínima é de duas saídas, salvo se a ocupação for inferior a

10.11 Legenda para as ilustrações a seguir (10.12 a 10.35). As portas de entrada e saída alternativas talvez tenham de ser corta-fogo; as paredes contra fogo precisam ter resistência ao fogo.

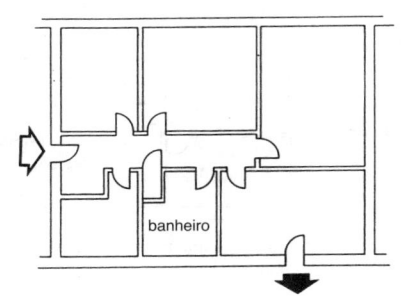

10.12 Apartamento com saída alternativa e onde todos os cômodos habitáveis têm acesso direto a um vestíbulo.

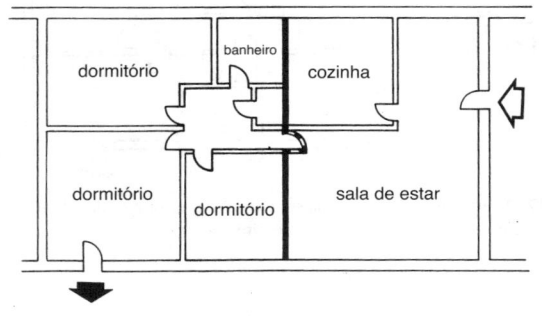

10.13 Apartamento com saída alternativa e onde nenhum cômodo habitável tem acesso direto a um vestíbulo. A parede com resistência ao fogo separa os cômodos de estar e os dormitórios.

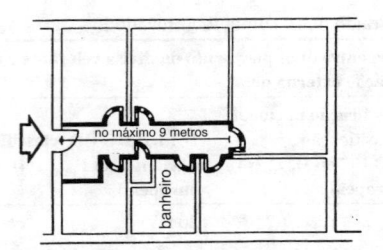

10.14 Apartamento com vestíbulo e corredor protegidos e distância de deslocamento restrita. Caso as paredes entre o banheiro e os cômodos adjacentes tenham 30 minutos de resistência ao fogo, a parede entre ele e o vestíbulo não precisa ter resistência ao fogo e sua porta não precisa ser corta-fogo. A porta do armário não precisa ser de fechamento automático.

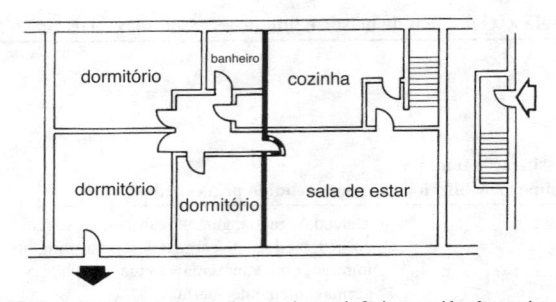

10.18 Apartamento com entrada superior ou inferior e saída alternativa; nenhum cômodo tem acesso direto a um vestíbulo. A parede corta-fogo separa a área de estar e os dormitórios.

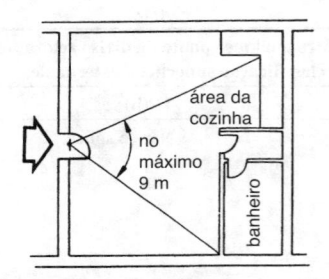

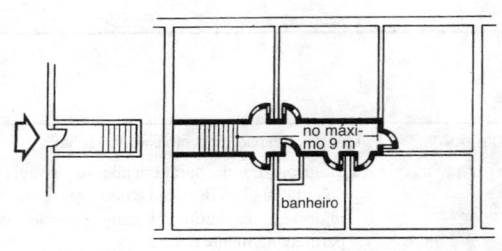

10.15 Apartamento com planta livre (quitinete) e distância de deslocamento restrita.

10.19 Apartamento com acesso interior, entrada protegida e distância de deslocamento restrita. Quando as paredes entre o banheiro e os cômodos adjacentes têm 30 minutos de resistência ao fogo, a parede entre ele e o vestíbulo não precisa ter resistência ao fogo; a porta não precisa ser corta-fogo. A porta do armário não precisa ser de fechamento automático.

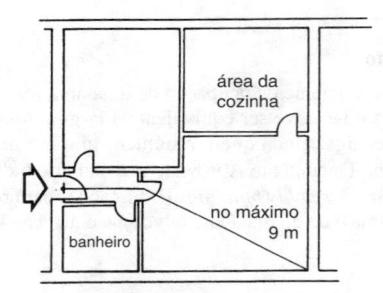

10.16 Apartamento com cômodos habitáveis separados e distância de deslocamento restrita.

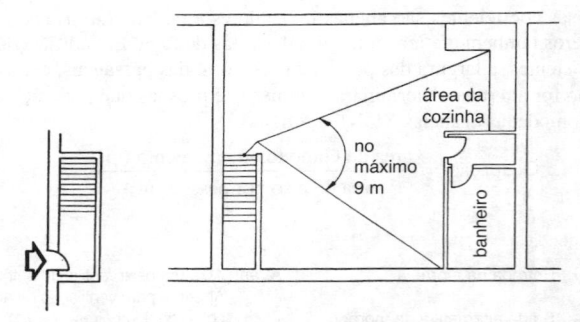

10.20 Apartamento com planta livre (quitinete), acesso inferior e distância de deslocamento restrita.

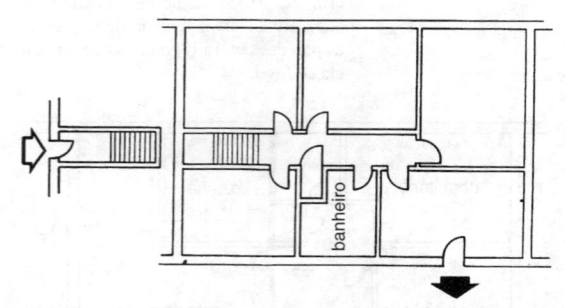

10.17 Apartamento com entrada superior ou inferior e saída alternativa; todos os cômodos habitáveis têm acesso direto a um vestíbulo.

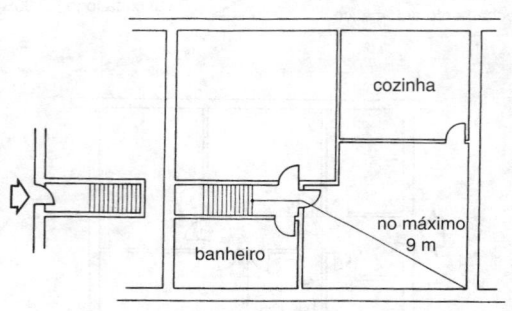

10.21 Apartamento com cômodos habitáveis separados, acesso inferior e distância de deslocamento restrita.

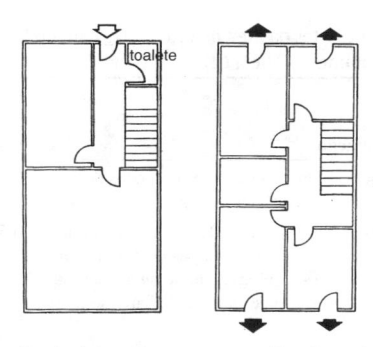

10.22 Casa em fita de dois pavimentos com saídas alternativas em todos os cômodos, exceto aqueles localizados no pavimento térreo.

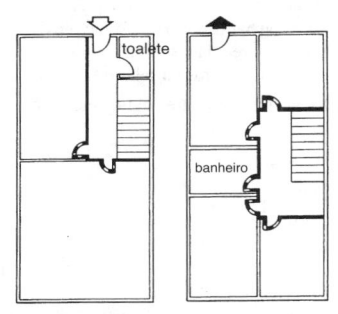

10.23 Casa em fita de dois pavimentos com vestíbulo (no pavimento térreo) e corredor (no primeiro pavimento) protegidos por paredes corta-fogo. Quando as paredes entre o banheiro e os cômodos adjacentes tiverem 30 minutos de resistência ao fogo, a parede entre ele e o vestíbulo não precisa ter resistência ao fogo; a porta não precisa ser corta-fogo.

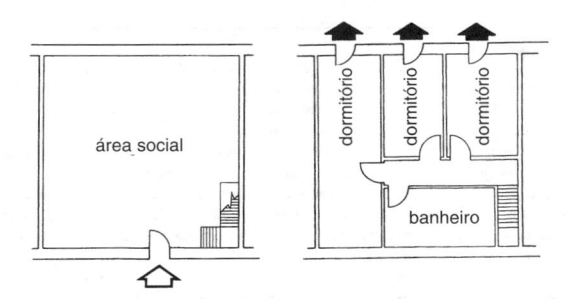

10.24 Casa em fita de dois pavimentos e térreo com planta livre.

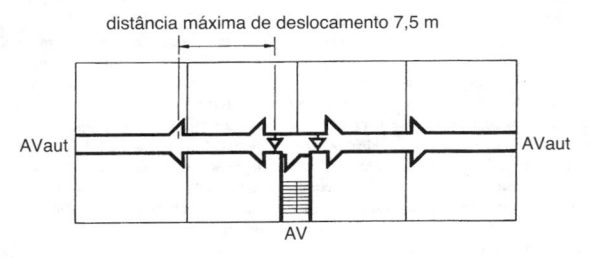

10.25 Rotas de fuga de uso comum em edificação com somente uma escada e mais de 11 m de altura; o acesso entre as moradias se dá por meio de corredores. Sempre que todas as moradias de um pavimento tiverem saídas de emergência alternativas, a distância máxima de deslocamento pode ser ampliada para 30 m. Quando há a necessidade de um elevador para uso exclusivo dos bombeiros, deve haver uma distância máxima de 7,5 m entre a porta e a escada. As aberturas de ventilação (AV) da escada podem ser substituídas por uma abertura de ventilação acima da escada.

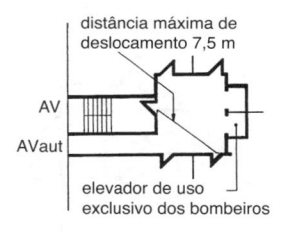

10.26 Rotas de fuga de uso comum em torres com somente uma escada e mais de 11 m de altura, onde a escada é adjacente a uma parede externa. Veja a Figura 10.25.

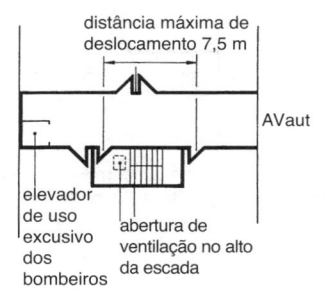

10.27 Rotas de fuga de uso comum em torres com somente uma escada e mais de 11 m de altura, com escada internalizada. Veja a Figura 10.25.

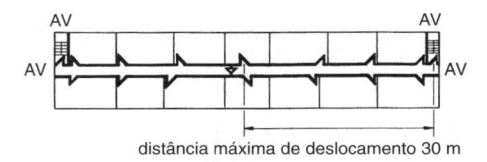

10.28 Rotas de fuga de uso comum em edificações com escadas múltiplas, onde o acesso às moradias se dá por meio de corredores e não há corredores sem saída.

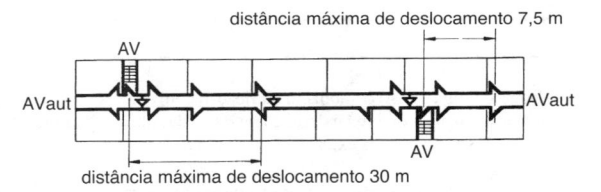

10.29 Rotas de fuga de uso comum em edificações com escadas múltiplas, onde o acesso às moradias se dá por meio de corredores e há corredores sem saída. A porta corta-fogo central pode ser omitida sempre que a distância máxima de deslocamento não exceder 15 m.

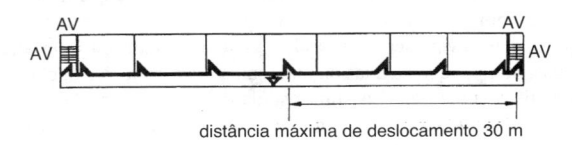

10.30 Rotas de fuga de uso comum em edificações com escadas múltiplas, onde o acesso às moradias se dá por meio de corredores em apenas uma das laterais.

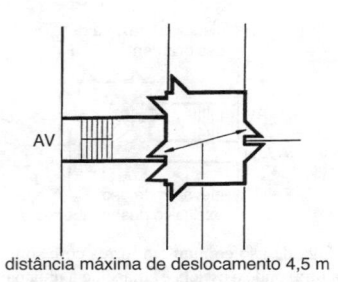

10.31 Rotas de fuga de uso comum em torres com somente uma escada.

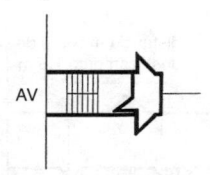

10.32 Rotas de fuga de uso comum em torres com somente uma escada e no máximo duas moradias por pavimento. A porta entre a escada e o saguão não deve ter trancas de segurança. Sempre que as moradias tiverem vestíbulos protegidos, a separação entre a escada e a porta de entrada da moradia se torna desnecessária.

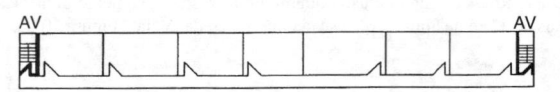

10.33 Rotas de fuga de uso comum em edificação com escadas múltiplas e entrada por um balcão ou uma galeria.

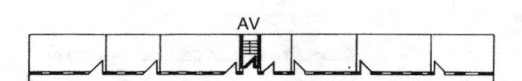

10.34 Rotas de fuga de uso comum em edificação com somente uma escada e entrada por um balcão ou uma galeria.

10.35 Rotas de fuga de uso comum em edificação com somente uma escada e entrada por um balcão ou uma galeria, além de saídas alternativas em cada moradia. Um dos fechamentos externos A ou B deve ser resistente ao fogo.

50 ou quando se trata de um pavimento pequeno com uma distância de deslocamento limitada.

4.10 Capacidade das saídas de emergência

A capacidade das saídas de emergência é listada em várias tabelas. A maioria das equações prevê a passagem de aproximadamente 40 pessoas por uma unidade com largura de 500 mm em 2 min 30 s. Embora nem todas as saídas de emergência precisem ter a mesma largura, elas devem ser distribuídas igualmente para fornecer alternativas. Sempre que há duas ou mais saídas, pressupõe-se que o fogo pode atingir uma delas; assim, a saída de emergência mais ampla deve ser descontada. Logo, o número total de saídas = número calculado + 1 (Tabela XIV).

4.11 Distância de deslocamento

Alternativamente, o número de saídas de emergência pode ser determinado pelas distâncias de deslocamento recomendadas, ou seja,

Tabela XI Coeficientes da área de piso [1] (extraído do Documento Aprovado B, Volume 2, Tabela C1)

Tipo de acomodação [2][3]	Coeficiente de área de piso m²/pessoa
1 Áreas para espectadores de pé, bares (a menos de 2 m do balcão), áreas similares para a venda de bebidas	0,3
2 Parques de diversões, pavilhões de eventos (incluindo área geral para fins de reunião), salões de bingo, clubes, saguões para recepções, salões de baile ou dancerias, espaços para shows e eventos similares, bares sem assentos fixos	0,5
3 Áreas de circulação e estar, áreas de espera ou circulações públicas em *shoppings* [4][5]	0,7
4 Salas de reunião, salas de uso comum, salas de conferência, salões de jantar, lotéricas autorizadas (área pública), *lounge* ou bar (exceto conforme previsto no item 1 acima), salas de reunião, salas de leitura, restaurantes, salas de funcionários ou salas de espera [6]	1,0
5 Salões de exibição ou estúdios (filme, rádio, televisão, gravação)	1,5
6 Pista de patinação	2,0
7 Área de venda das lojas [7]	2,0
8 Galerias de arte, dormitórios, áreas de produção fabril, museus ou oficinas	5,0
9 Escritórios	6,0
10 Áreas de venda das lojas [8]	7,0
11 Cozinhas ou bibliotecas	7,0
12 Dormitórios ou salas de estudo	8,0
13 Quitinetes, salas ou salões de bilhar	10,0
14 Armazenamento e depósitos	30,0
15 Estacionamentos de veículos	Duas pessoas por vaga

Observações:
[1] Como alternativa à utilização dos valores listados nesta tabela, o coeficiente da área de piso pode ser determinado mediante consulta aos dados reais obtidos em locais semelhantes. Quando apropriado, os dados devem refletir a densidade média de usuários em um período de alta demanda ao longo do ano.
[2] Sempre que a acomodação não está diretamente coberta pelas descrições fornecidas, pode-se selecionar um valor razoável conforme utilização semelhante.
[3] Sempre que alguma parte da edificação for usada para mais de um fim, deve-se aplicar o fator (ou fatores) mais oneroso(s). Sempre que a edificação contiver diferentes tipos de acomodações, a ocupação de cada área deve ser calculada de acordo com o coeficiente espacial relevante.
[4] Consulte os códigos de prática da seção 4 na norma britânica BS 5588-10: 1991 para complexos comerciais, onde há orientações detalhadas para calcular a ocupação em áreas públicas de uso comum no interior de centros de comércio.
[5] Para orientações detalhadas sobre os coeficientes de área de piso adequados para as áreas de circulação e estar de estádios esportivos, consulte o *Concourses*, publicado pela Football Licensing Authority (ISBN: 0 95462 932 9).
[6] Alternativamente, a capacidade de ocupação pode ser considerada como o número de assentos fixos fornecidos, caso os usuários passem a maior parte do tempo sentados.
[7] O item "lojas" exclui os locais previstos pelo item 10, mas inclui supermercados e lojas de departamento (área de vendas principal), lojas que oferecem serviços pessoais (como salões de beleza e lojas para entrega ou coleta de produtos para limpeza, consertos ou outros serviços, onde o próprio público realiza tais tarefas).
[8] O item "lojas" (excluindo aqueles cobertos em centros comerciais, mas incluindo as lojas de departamento) trata de estabelecimentos que comercializam principalmente mobiliário, revestimentos de piso, bicicletas, carrinhos de bebê, eletrodomésticos grandes ou outros produtos volumosos, ou que comercializam com base no autoatendimento (pagar e levar).

a distância real a ser percorrida até a saída mais próxima, considerando obstruções como as paredes. As distâncias máximas recomendadas atualmente são empíricas, com base na experiência e nas práticas aceitas. Elas não são "sagradas", mas é melhor pecar por excesso de zelo. É possível justificar a extensão das distâncias de deslocamento sempre que os fatores de compensação (como os

Tabela XII Coeficientes da área de piso para edificações de reunião (extraído da norma britânica BS 5588: Parte 6, Tabela 3)

Descrição do uso	Área de piso por pessoa (m²)
1 Assentos individuais	0,4 a 0,5
2 Assentos em bancos coletivos	0,3 [1]
3 Área para dança	0,5
4 Pista de patinação no gelo	1,2
5 Restaurante e arranjos similares com mesas e cadeiras em torno de uma pista de dança	1,1 a 1,5
6 Bares sem assentos e com área de venda de bebidas	0,3
7 Área para espectadores de pé	0,3
8 Exposições	1,5 [2]
9 Casa de boliche, bilhar ou sinuca	9.5
10 Museu/galeria de arte	5.0
11 Estúdio (rádio, televisão, cinema, gravação)	1.4

[1] Caso o número e a extensão dos bancos sejam conhecidos, deve-se utilizar um coeficiente de 450 mm por pessoa.
[2] Alternativamente, um coeficiente de 0,4 m² pode ser usado sobre a área bruta dos corredores e de outros espaços com liberdade de circulação entre os quiosques e estandes.
Observação: Esses coeficientes de área de piso servem somente para fins de orientação e não devem ser considerados como as únicas densidades aceitáveis. Sempre que o número de assentos for conhecido, priorize esse valor em relação aos coeficientes de área de piso.

Tabela XIII Capacidade das saídas de emergência em centros de comércio que não são *shoppings* (extraído da norma britânica BS 5588 Parte 10, Tabela 3)

Número máximo de pessoas	Largura (mm)
50	800
110	900
220	1.100
240	1.200
260	1.300
280	1.400
300	1.500
320	1.600
340	1.700
360	1.800

Observação 1: Os demais valores de largura para um número máximo de pessoas superior a 220 podem ser obtidos por interpolação ou extrapolação linear. Observação 2: Para os fins desta tabela, a largura de uma porta é equivalente à sua folha ou folhas, e a largura de uma passagem é calculada entre as laterais na altura do ombro (ou seja, aproximadamente 1,5 m acima do piso acabado).

Tabela XIV Larguras das rotas de fuga e saídas de emergência (extraído do Documento Aprovado B, Tabela 4)

Número máximo de pessoas	Largura mínima (mm)
50	750
110	850
220	1.050
mais de 220	5 por pessoa

sistemas de detecção de fumaça ou os alarmes imediatos) forem fornecidos. Somente uma das saídas de emergência precisa estar dentro da distância de deslocamento; as saídas alternativas podem estar mais afastadas (Tabelas XV a XVIII).

4.12 Saídas de emergência alternativas

Na maioria das circunstâncias, um indivíduo deve ter condições de virar as costas para o fogo e andar em direção a uma saída de emergência alternativa. Caso a fuga ocorra em somente uma direção, tem de haver uma saída de emergência ou rota de fuga alternativa nas proximidades, para que as pessoas cheguem a ela sem serem atingidas pelo calor e pela fumaça. As *Scottish Building Regulations* (Normas Escocesas da Construção) e o *Home Office Guide* (Manual Doméstico), para as edificações que exigem um certificado de prevenção e combate a incêndios, recomendam que o ângulo de divergência seja no mínimo 45° mais 2°30' para cada metro percorrido em uma direção (Figuras 10.36, 10.37 e 10.38).

4.13 Largura das rotas de fuga e das saídas de emergência

A rota de fuga deve ser tão ampla ou mais ampla do que a saída que leva até ela; além disso, a largura precisa ser uniforme. A largura da saída final tem de ser equivalente à rota ou às rotas atendidas por ela. Isso pode incluir o número total de pessoas descendo uma escada, além da população do pavimento térreo e dos indivíduos que sobem a partir do subsolo.

4.14 Dimensionamento da largura das rotas de fuga

Até o momento, não há um método amplamente aceito para dimensionamento da largura das rotas de fuga. Além delas, é preciso considerar o acesso para os portadores de necessidades especiais, incluindo detalhes específicos referentes à projeção dos corrimãos. As variações devem ser acomodadas medindo-se o vão livre absoluto da largura, sem concessões associadas à projeção de corrimãos, espessura da porta, etc., exceto o mobiliário da porta com uma intrusão máxima de 100 mm. O uso rápido e seguro de uma escada depende de todas as pessoas terem alcance a um corrimão; logo, nenhuma escada deve ter mais de 1,4 m de largura, a menos que corrimãos centrais adicionais sejam disponibilizados.

4.15 Evacuação

A capacidade e, portanto, a largura de uma escada se distinguem das rotas de fuga horizontais, pois são influenciadas pela declividade e pela configuração da escada propriamente dita. A largura necessária também é influenciada pelo tipo de evacuação (total ou em fases); em último caso, a escada terá de acomodar somente a população de uma das fases:

Evacuação total: ao soar o alarme, toda a população se desloca para a evacuação da edificação inteira de uma só vez.

Evacuação em fases: ao detectar um incêndio, o alarme dispara da seguinte maneira: o pavimento que está pegando fogo e o pavimento acima recebem o sinal para evacuação imediata; os demais pavimentos recebem o sinal de alerta e esperam pelo momento de evacuar. Caso o fogo seja apagado, não há necessidade de mais evacuação; do contrário, os dois pavimentos seguintes após a fase inicial são evacuados e assim sucessivamente, em grupos de dois pavimentos, até chegar ao topo da edificação. Em seguida, a evacuação ocorre para baixo, começando com o pavimento mais próximo do incêndio, até que o processo termine ou que o incêndio seja apagado. Como apenas a população de dois pavimentos é evacuada por vez, a largura da escada pode ser reduzida.

4.16 Medidas de proteção adicionais

Como as pessoas permanecem na edificação durante o processo de evacuação em fases, deve-se incorporar medidas de proteção adicionais:

- Todos os pavimentos compartimentados com aberturas em seu interior são protegidos para preservar a compartimentação.
- Todas as escadas devem ser protegidas por vestíbulos ou corredores construídos em material com resistência ao fogo.
- Deve haver um sistema de alarme de incêndio que incorpore um sistema de alerta pessoal vindo de um ponto de controle central, a partir do qual os usuários sejam instruídos e a evacuação ocorra de maneira organizada.

Tabela XV Limites sobre as distâncias de deslocamento (extraído do Documento Aprovado B, Volume 2, Tabela 2)

Classe	Uso		Distância máxima de deslocamento[1] quando o deslocamento é possível em:	
			Somente uma direção (m)	Mais de uma direção (m)
2(a)	Institucional		9	18
2(b)	Outros, residenciais:			
	a. em dormitórios[2]		9	18
	b. em corredores com dormitórios		9	35
	c. outros locais		18	35
3	Escritório		18	45
4	Lojas e centros comerciais[3]		18[4]	45
5	Locais de reunião e recreação:			
	a. edificações usadas principalmente por pessoas com necessidades especiais		9	18
	b. áreas com assentos coletivos		15	32
	c. outros locais		18	45
6	Industrial[5]	Risco normal	25	45
		Alto risco	12	25
7	Armazenagem e outros usos não residenciais[5]	Risco normal	25	45
		Alto risco	12	25
2–7	Locais com alto risco de incêndio[6]		9[7]	18[7]
2–7	Casa de máquinas ou equipamentos no pavimento de cobertura:			
	a. distância no interior do cômodo		9	35
	b. rota de fuga que não a céu aberto (distância total de deslocamento)		18	45
	c. rota de fuga a céu aberto (distância total de deslocamento)		60	100

Observações:
[1] As dimensões listadas na tabela são distâncias de deslocamento. Caso o leiaute interno das paredes, dos acessórios, etc., não seja conhecido quando as plantas forem submetidas à aprovação, pode-se utilizar as distâncias diretas na avaliação. A distância direta é considerada equivalente a dois terços da distância de deslocamento.
[2] A parte máxima da distância de deslocamento no interior de um cômodo. (Este limite se aplica dentro do dormitório – e de qualquer vestiário, banheiro, sala de estar, etc., associado – e é medido entre a porta e o corredor protegido que atende ao cômodo ou ao conjunto de cômodos. O subitem (b) se aplica a partir daquele ponto, ao longo do corredor de dormitórios, até uma saída do pavimento.)
[3] As distâncias máximas de deslocamento no interior de *shoppings* são listadas na norma britânica BS 5588: Parte 10. As orientações referentes às medidas associadas para o controle da fumaça são fornecidas em um relatório do BRE – *Design methodologies for smoke and heat exhaust ventilation* (BR 368).
[4] A norma britânica BS 5588: Parte 10 tem exigências mais rígidas nas unidades com somente uma saída de emergência em centros comerciais cobertos.
[5] Em edificações industriais e de armazenagem, a distância de deslocamento mais adequada depende do nível de risco de incêndio associado aos processos e aos materiais em uso. As categorias de alto risco abrangem a manufatura, o processamento ou a armazenagem de quantidades significativas de produtos ou materiais perigosos, incluindo: qualquer gás comprimido, liquefeito ou dissolvido, qualquer substância que se torna perigosa devido à interação com o ar ou com a água, qualquer substância líquida com ponto de inflamabilidade abaixo de 65°C (incluindo uísque e outros destilados), qualquer substância corrosiva, qualquer agente oxidante, qualquer substância associada à combustão espontânea, qualquer substância que se transforma ou se decompõe rapidamente e libera calor durante o processo, qualquer substância sólida inflamável com ponto de inflamabilidade abaixo de 120°C, qualquer substância capaz de propagar o fogo deslocando-se de uma parte da edificação para outra.
[6] Os locais com alto risco de incêndio são listados nas definições no Apêndice E do Documento Aprovado B.
[7] Parte máxima da distância de deslocamento no interior do cômodo/área. A distância de deslocamento fora do cômodo/área deve estar em conformidade com a classe da edificação ou da parte da edificação.

Tabela XVI Distâncias máximas de deslocamento em edificações de reunião (extraído da norma britânica BS 5588: Parte 6, Tabela 2)

Direção de fuga disponível	Áreas com assentos em fileira (m)	Áreas de piso aberto (m)
Somente em uma direção	15	18
Em mais de uma direção	32[1]	45[2]

[1] Pode incluir até 15 m em somente uma direção.
[2] Pode incluir até 18 m em somente uma direção.

Tabela XVII Distâncias máximas de deslocamento em *shoppings* (extraído da norma britânica BS 5588: Parte 10, Tabela 1)

Direção de fuga disponível	Shoppings descobertos (m)	Shoppings cobertos (m)
Em uma direção	25	9
áreas de circulação no pavimento térreo	9	9
áreas de circulação que não no pavimento térreo		
Em mais de uma direção	sem limite	45
áreas de circulação no pavimento térreo	45	45
áreas de circulação que não no pavimento térreo		

- É necessária a instalação de um sistema de chuveiros automáticos (*sprinklers*) (ainda que isso não seja necessário em edificações baixas com, digamos, três fases de evacuação, que seria concluída em menos de 30 minutos).

4.17 Evacuação em fases

Em geral, a evacuação em fases não é aceita em subsolos, locais de reunião, hotéis, edificações de fins recreativos e similares e, até o momento, na maioria das lojas. Contudo, a evacuação total talvez não seja necessária nem prudente no caso de grandes complexos com usuários distintos; consulte as autoridades relevantes durante os primeiros estágios do processo de elaboração do projeto.

4.18 Escadas

Sempre que há duas ou mais escadas, é razoável pressupor que uma delas não estará disponível para uso devido ao fogo ou à fumaça, a menos que se forneça um grau suficientemente alto de proteção. Quando o acesso à escada ocorre através de corredor ou vestíbulo ou é protegido por um sistema de controle de fumaça com diferencial de pressão, conclui-se que a rota em questão estará disponível. Onde essa proteção não for fornecida, deve-se descontar uma escada (número de escadas necessárias = número calculado + 1). Cada escada deve ser descontada por vez, de forma a garantir que a capacidade total das escadas restantes seja adequada (Tabelas XIX e XX).

10 Proteção e combate a incêndios

Tabela XVIII Distâncias máximas de deslocamento em centros comerciais que não sejam *shoppings* (extraído da norma britânica BS 5588: Parte 10, Tabela 2)

Acomodação	Trecho máximo da distância de deslocamento no interior de cômodo ou área		Distância máxima de deslocamento até o pavimento de saída mais próximo	
	Saída em somente uma direção (m)	Saída em mais de uma direção (m)	Saída em somente uma direção (m)	Saída em mais de uma direção (m)
Acomodações não inclusas na lista a seguir	18	45[1]	18	45[1]
Recintos de instalações				
Casas de caldeiras				
Recintos com reservatórios de combustíveis	9	18	18	45[1]
Recintos com transformadores, baterias e interruptores				
Recintos com um motor de combustão interna fixo				

[1] Pode ser de até 18 m em uma rota de fuga em somente uma direção.

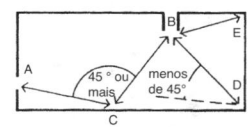

10.36 Rotas de fuga alternativas estão disponíveis a partir de C porque o ângulo ACB tem, no mínimo, 45°; logo, CA ou CB serão inferiores à distância máxima de deslocamento indicada na Tabela XV. Rotas de fuga alternativas não estão disponíveis a partir de D porque o ângulo ADB é inferior a 45°; logo, DB não ultrapassa a distância de deslocamento em uma direção. Também não há rota de fuga alternativa a partir de E. Extraído do Documento Aprovado B, Volume 2, Diagrama 11.

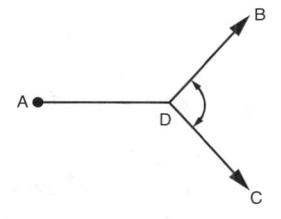

10.37 Rotas de fuga alternativas em princípio: A é o ponto de origem e D é o ponto de divergência das rotas alternativas. O ângulo BDC = 45° + 2°30' para cada metro percorrido entre A e D.

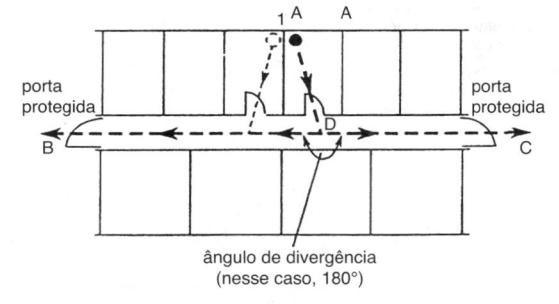

10.38 Rotas de fuga alternativas na prática.

4.19 Projeto das escadas

O projeto das escadas deve estar em conformidade com o Documento Aprovado K ou com a norma britânica BS 5395 – *Stairs, ladders and walkways* (Escadas, escadas de mão e passarelas). Veja as Figuras 10.39, 10.40 e 10.41, além da Tabela XXI.

Para edificações com mais de 10 pavimentos, o Documento Aprovado B recomenda o uso da seguinte fórmula para determinar a capacidade das escadas:

$$P = 200w + 50(w - 0{,}3)(n - 1)$$

Tabela XIX Largura mínima das escadas de fuga (extraído do Documento Aprovado B, Tabela 6)

Situação da escada	Número máximo de pessoas atendidas[1]	Largura mínima da escada (mm)
1a. Em edificação institucional (exceto se a escada for usada apenas por funcionários)	150	1.000[2]
1b. Em edificação de reunião e atendendo a uma área usada para fins de reunião (exceto se área for inferior a 100 m²)	220	1.100
1c. Em qualquer outra edificação e atendendo a uma área com ocupação superior a 50	Mais de 220	Consulte o Documento Aprovado
2. Qualquer escada não descrita acima	50	800[3]

Observações:
1 Avaliado como utilização provável da escada em caso de incêndio.
2 A norma britânica BS 5588-5 recomenda que as escadas usadas pelos bombeiros tenham, pelo menos, 1.100 mm de largura.
3 De forma a estar em conformidade com as orientações contidas no Documento Aprovado Parte M, referente às larguras mínimas em áreas com acesso para portadores de necessidades especiais, esse valor talvez precise ser ampliado para 1.000 mm.

Tabela XX Capacidade de uma escada para subsolos e evacuação total da edificação (extraído de Documento Aprovado B, Tabela 7 e da norma britânica BS 5588: Parte 6, Tabela 5)

N.º de pavimentos atendidos	N.º máximo de pessoas atendidas por uma escada com largura de:								
	1.000 mm	1.100 mm	1.200 mm	1.300 mm	1.400 mm	1.500 mm	1.600 mm	1.700 mm	1.800 mm
1	150	220	240	260	280	300	320	340	360
2	190	260	285	310	335	360	385	410	435
3	230	300	330	360	390	420	450	480	510
4	270	340	375	410	445	480	515	550	585
5	310	380	420	460	500	540	580	620	660
6	350	420	465	510	555	600	645	690	735
7	390	460	510	560	610	660	710	760	810
7	390	460	510	560	610	660	710	760	810
9	470	540	600	660	720	780	840	900	960
10	510	580	645	710	775	840	905	970	1.035

Observações:
A capacidade das escadas que atendem a mais de 10 pavimentos pode ser obtida por meio da fórmula apresentada na Seção 4.19.
Essa tabela também pode ser aplicada a uma parte de uma edificação.

Onde

P = o número de pessoas que podem ser acomodadas

w = a largura da escada em metros

n = o número de pavimentos na edificação

Sempre que a evacuação em fases for prevista, é possível adotar as larguras mínimas listadas na Tabela XXII.

As edificações pequenas ocupadas por um número limitado de pessoas e que atendem aos critérios referentes às distâncias de deslocamento e às saídas de emergência únicas podem ter somente uma escada (veja as Tabelas XXIII e XXIV).

4.20 População

As larguras indicadas pressupõem uma distribuição populacional uniforme. Caso algum pavimento no interior de uma edificação tenha uma população maior (por exemplo, uma sala de conferência ou um restaurante), é preciso que as escadas adicionais ou mais amplas, necessárias para acomodar o aumento da população, cheguem até a saída de emergência final.

4.21 Rotas de fuga independentes

Deve-se fornecer escadas separadas para serem usadas em residências ou locais com salas de reunião, independentemente de qualquer outro uso. Sempre que for possível providenciar uma rota de fuga completamente independente para esses casos de alto risco (por exemplo, o uso de galerias ou passarelas de acesso), o compartilhamento de algumas escadas se torna razoável.

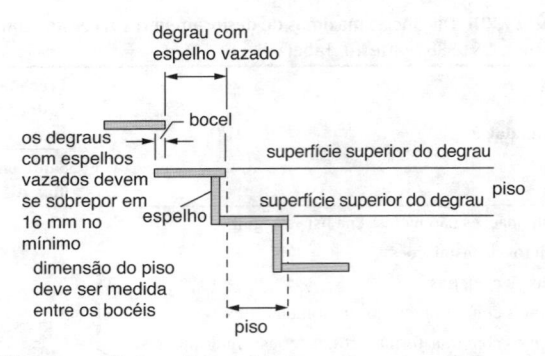

10.39 Como medir o espelho e o piso em escadas.

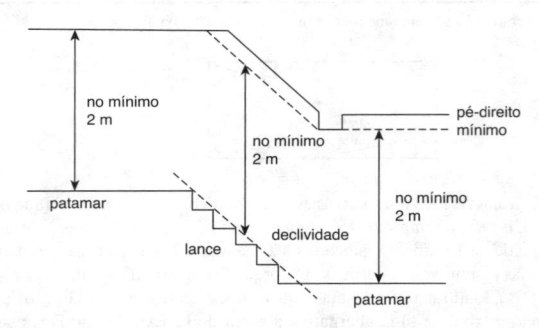

10.40 Como medir o pé-direito de escadas.

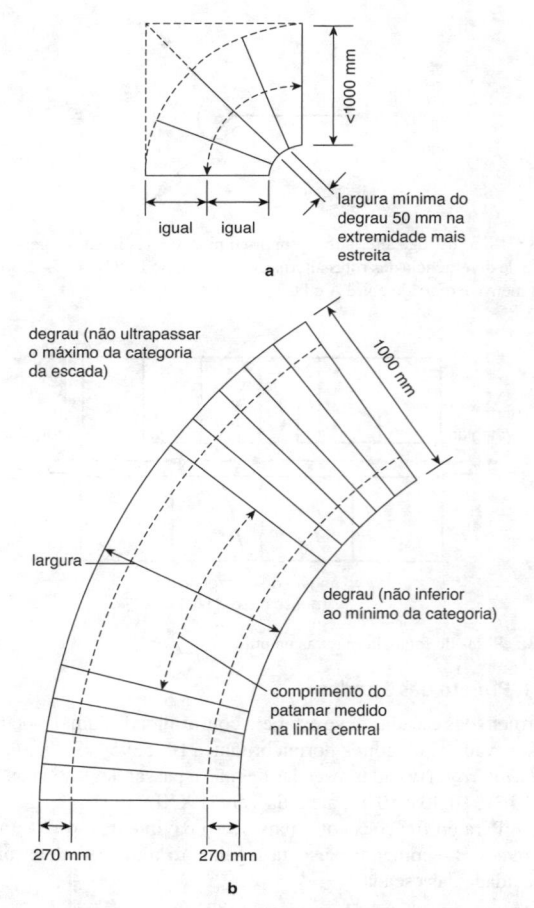

Tabela XXI Espelho e piso (extraído do Documento Aprovado K, Tabela 1)

	Espelho máximo (mm)	Piso mínimo (mm)
1 Escadas de uso particular	220**	220*
2 Escadas de uso institucional ou em locais com sala de reunião	180***	280**
3 Outras escadas	190***	250

* A declividade máxima de uma escada para uso particular é 42°.
** Quando a área do pavimento de uma edificação for inferior a 100 m², o piso pode ser reduzido para 250 mm.
*** Para o espelho máximo das escadas que servem como meio de acesso para pessoas com necessidades especiais, é preciso consultar o Documento Aprovado M: *Access and facilities for disabled people*.

Tabela XXII Largura total mínima das escadas projetadas para a evacuação em fases (extraído do Documento Aprovado B, Tabela 38)

Número máximo de pessoas em qualquer pavimento	Largura da escada[1] (mm)
100	1.000
120	1.100
130	1.200
140	1.300
150	1.400
160	1.500
170	1.600
180	1.700
190	1.800

[1] As escadas com altura superior a 30 m não devem ter mais do que 1.400 mm de largura, exceto se dotadas de corrimão central (veja a Seção 4.6). Como alternativa à utilização desta tabela, contanto que a largura mínima de uma escada seja de, no mínimo, 1.000 mm, a largura pode ser calculada a partir de: [(P × 10) − 100 mm], onde P = número de pessoas no pavimento mais movimentado.

10.41 Como medir degraus ingrauxidos. a) Largura da escada inferior a 1 m. b) Largura da escada equivalente ou superior a 1 m.

Tabela XXIII Distâncias máximas de deslocamento* permitidas em lojas pequenas (extraído da norma britânica BS 5588: Parte 2, Tabela 6)

	Distância máxima de deslocamento (m)	Distância direta máxima (m)
Pavimento térreo com somente uma saída	27	18
Subsolo ou segundo pavimento com somente uma escada	18	12
Pavimento com mais de uma saída/escada	45	30

* Veja a nota de rodapé em 9.2.3 na norma britânica BS 5588.

Tabela XXIV Capacidade permitida da escada em edifício de escritórios com somente uma escada (extraído da norma britânica BS 5588: Parte 3, Tabela 6)

Número máximo de pessoas por pavimento	Largura da escada (mm)
50	900
mais de 50	1.100

4.22 Escadas externas

A utilização de escadas externas deve ser evitada sempre que possível, devido aos efeitos psicológicos decorrentes do uso de escadas externas desconhecidas em alturas significativas, bem como aos efeitos de condições climáticas adversas. A largura e o projeto das escadas externas seguem os mesmos princípios aplicados às escadas internas. As escadas externas não são consideradas adequadas para o uso do público em geral, nem em hospitais ou casos semelhantes. Elas somente devem ser usadas como rotas de fuga alternativa quando forem as únicas escadas disponíveis (veja a Figura 10.42).

As rotas de fuga externas têm de ser protegidas contra o acúmulo de gelo e neve. Essa proteção pode se dar por fechamento total, proteção com anteparo parcial ou calefação superficial da tubulação.

4.23 Rotas de fuga

As recomendações associadas às rotas de fuga geralmente se baseiam em um período de 30 minutos de resistência ao fogo. Períodos mais longos talvez resultem da necessidade de preservar a compartimentação ou de fornecer caixas de escada para uso dos bombeiros.

As escadas de fuga que não são externas precisam ser fechadas por uma construção com resistência ao fogo, de forma a proteger o local contra os efeitos da fumaça, do calor e do fogo, além de retardar o avanço das chamas e impedir que a fumaça chegue às rotas de fuga. As rotas de fuga devem levar até as saídas para a rua.

4.24 Vestíbulos ou corredores

Além disso, é preciso fornecer vestíbulos ou corredores com construção resistente ao fogo para proporcionar uma proteção adicional às escadas nas seguintes posições:

- entre uma área de piso e uma escada em todas as edificações com mais de 20 m de altura em todos os pavimentos;
- entre uma escada e um pavimento de subsolo, já que a escada corre um alto risco de ser atingida pelo calor e pela fumaça;
- entre uma escada e um estacionamento fechado;
- entre uma escada e uma área de alto risco, por exemplo, uma casa de caldeiras;
- entre uma escada e uma área de piso em uma edificação com somente um pavimento e que não seja uma loja pequena (veja a norma britânica BS 5588 Parte 2), para proteger a escada contra a fumaça;
- em edificações de reunião, para proteger o público e os artistas – quando a abertura ocorre em uma parede com proscênio, bem como entre o palco e os corredores dos camarins;
- sempre que a evacuação em fases é utilizada;
- quando uma escada não é descontada.

4.25 Fechamento das rotas de fuga

As rotas de fuga nem sempre precisam ser fechadas. Na verdade, o fechamento pode gerar problemas em algumas situações – escritórios de planta, salões de exposição, depósitos, fábricas.

4.26 Corredores sem saída

Sempre que existe a possibilidade de corredores sem saída, a rota de fuga precisa ser protegida contra o fogo, o calor e a fumaça por meio da construção com resistência ao fogo, pois talvez seja necessário passar pelo cômodo que está em chamas para chegar à saída (veja a Figura 10.43).

4.27 Corredores

Sempre que um corredor está conectado às rotas de fuga, é preciso protegê-lo contra a entrada de fumaça. Para ser eficaz, é necessário que a construção seja do piso estrutural ao piso estrutural ou que cruze o forro rebaixado. Os corredores também devem ser subdivididos por portas transversais, que inibem o avanço da fumaça. Essas portas não necessariamente precisam ter resistência

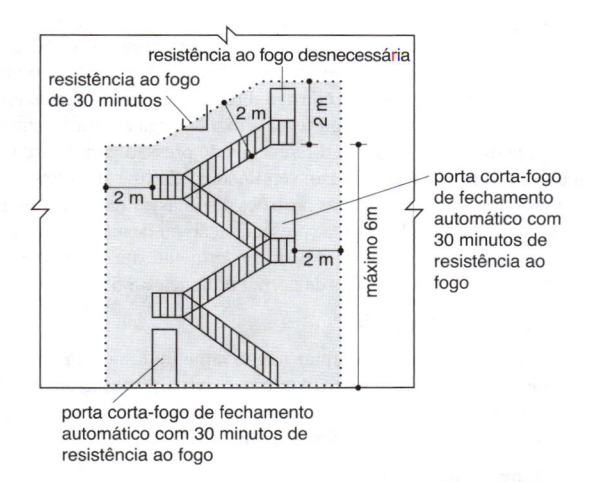

10.42 Fechamento das escadas e rampas de emergência, desenhadas sem seguir escala. A área sombreada deve ter, no mínimo, 30 minutos de resistência ao fogo.

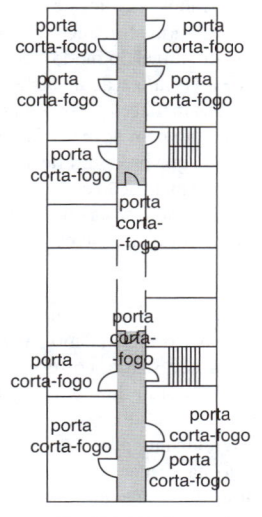

10.43 Os corredores sem saída vão além da escada.

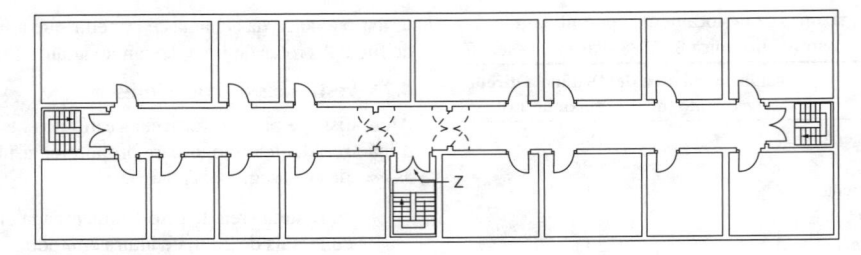

10.44 Corredores conectando saídas alternativas. As portas que levam à escada central devem estar na posição Z; pode ser necessário colocar portas nos corredores.

ao fogo. Seu objetivo é possibilitar o uso de rotas de fuga alternativas, em vez de subdividir o corredor em intervalos determinados. Os corredores com mais de 12 m de comprimento devem ser subdivididos (mas não subdivididos em intervalos de 12 m) (veja a Figura 10.44).

4.28 Sinalização luminosa
Deve haver iluminação artificial geral para que as pessoas se desloquem dentro da edificação com eficácia e segurança.

4.29 Iluminação de emergência
Deve ser instalada nas áreas que pertencem a uma rota de fuga, para o caso de a iluminação artificial deixar de funcionar. Ela será um sistema mantido (continuamente iluminado junto com a iluminação geral) ou não (apenas entrando em operação no caso de colapso da iluminação geral). Os sistemas mantidos são geralmente empregados nas áreas em que grande parte dos usuários não está familiarizada com o entorno e nas quais blecautes possam ser frequentes.

A iluminação de emergência nas rotas de fuga deve ser instalada em:

- áreas de permanência prolongada ou utilizadas pelo público
- recintos sem janelas
- rotas de fuga, incluindo corredores internos sem iluminação artificial indireta (aquela oriunda de outro cômodo)
- pavimentos de subsolo
- áreas utilizadas fora dos horários normais com iluminação natural
- espaços com equipamentos essenciais

4.30 Sinalização
É necessária para indicar a direção das saídas e as saídas propriamente ditas. As cores, os tamanhos, as fontes e os símbolos mais indicados são determinados pela norma britânica BS 5499. O critério exige que a sinalização seja distinguível do fundo e do entorno e seja de um tamanho que possibilite a visualização na distância necessária. Caso o uso do local o permita, a sinalização talvez tenha de ser em mais de um idioma. A sinalização também deve ser fornecida para indicar as portas corta-fogo e aquelas que precisam ficar fechadas à chave. Em áreas de reunião pública, a sinalização costuma ficar iluminada intermitentemente; nos demais locais, basta que a iluminação das rotas de fuga esteja posicionada de forma a destacar a sinalização.

4.31 Fechaduras
As fechaduras das portas de saída devem permitir a abertura sem o uso de uma chave ou outro mecanismo. A menos que as fechaduras recebam a atenção necessária, corre-se o risco de prejudicar a segurança patrimonial. O grau de segurança necessário depende da utilização da edificação e das exigências dos usuários. O acesso a uma edificação não é relevante para fins de fuga: o reingresso em uma área de pavimento não é necessário nem recomendável. São aceitáveis as fechaduras que impedem que um indivíduo entre em determinada área de piso a partir da escada. Isso costuma ser uma necessidade para impedir o furto em escritórios, fábricas, hotéis e outros. O uso de fechaduras eletrônicas e o uso de sistemas de cartão ou similares são aceitos desde que, com o soar do alarme de incêndio ou em caso de falha no sistema elétrico, todas as trancas "passem automaticamente" para a posição destravada. No entanto, é preciso considerar a possibilidade de criminosos dispararem um alarme de incêndio falso com o intuito de burlar os sistemas de segurança.

As barras ou os trincos antipânico são mais adequados sempre que há uma grande quantidade de pessoas. As fechaduras padrão com maçanetas de alavanca costumam ser usadas quando não há a presença do público. Esse arranjo pode ser inadequado para algumas edificações institucionais ou em locais frequentados predominantemente por idosos ou portadores de necessidades especiais, que podem ter dificuldades para operar uma fechadura pequena. Nessas circunstâncias, instale ferragens adequadas nas portas.

4.32 Controle da fumaça
Quando um sistema de controle de fumaça é usado para fins de preservação da vida, é essencial que seu acionamento seja automático em caso de detecção de fumaça. Sempre que o acionamento é mecânico, torna-se fundamental que o sistema funcione ininterruptamente mediante o uso de equipamentos duplicados e abastecimento secundário de energia, etc. Busque consultoria especializada em relação ao tipo, ao projeto e à instalação de um sistema para a preservação da vida.

As medidas necessárias para proteger uma rota de fuga contra os efeitos da fumaça dependem da estratégia de fuga adotada. Quando a fuga ocorre em uma distância de deslocamento razoável, o fechamento das rotas por paredes construídas para resistir à fumaça (ou seja, para preservar sua integridade) deve ser adequado. Um pouco de fumaça entrará nas rotas de fuga, mas a quantidade não será grande o bastante para inviabilizar sua utilização durante o período necessário para se chegar à saída.

Conforme descrito anteriormente, o acréscimo de vestíbulos retarda a entrada da fumaça. A ventilação dos vestíbulos dilui a fumaça ainda mais e espera-se que consiga direcioná-la para longe da rota de fuga. Também é possível proteger a rota de fuga contra a entrada de fumaça mediante o uso de diferenciais de pressão para retardar a circulação da fumaça; nesse caso, ventiladores, dutos e aberturas para ventilação são usados para criar pressões distintas entre a área atingida pelo fogo e a área protegida (pressurização ou despressurização). Todos os sistemas desse tipo devem ser projetados e instalados de acordo com as recomendações da norma britânica BS 5588, Parte 4.

4.33 Ventilação mecânica
Esses sistemas não devem afetar negativamente uma rota de fuga com o uso da perfuração de fechamentos sem a proteção adequada ou direcionando a fumaça para as rotas de fuga. Os sistemas devem considerar as normas BS 5729 e BS 5588, Parte 9.

4.34 Acomodações de apoio
As áreas de serviço (como as salas de caldeiras e as salas de distribuição) devem incluir provisões de acordo com as Tabelas XXV e XXVI.

Tabela XXV Parte máxima permitida da distância de deslocamento em determinadas áreas das acomodações de apoio (extraído da norma britânica BS 5588: Parte 3, Tabela 8)

		Parte máxima da distância de deslocamento no interior do cômodo (m)	
Áreas de acomodações de apoio	Referência cruzada	Para fuga em somente uma direção ou em direções com menos de 45° entre si, que não são separadas por uma construção com resistência ao fogo	Para fuga em mais de uma direção em direções com 45° ou mais entre si, ou em direções com menos de 45° entre si, mas separadas por uma construção com resistência ao fogo
1 Áreas com alto risco de incêndio, exceto as listadas nos itens 2, 3, 4 e 5	11.6	6	12
2 Salas de distribuição e salas de transformadores	12.2		
3 Salas de caldeiras	14.6.2		
4 Alguns cômodos para a armazenagem de combustíveis	14.7		
5 Cômodo com motor de combustão interna fixo	14.8		

4.35 Rotas de fuga para portadores de necessidades especiais

As rotas de fuga para os portadores de necessidades especiais devem ser fornecidas em todas as edificações às quais esses indivíduos têm acesso. A norma britânica BS 5588, Parte 8, oferece orientações sobre esse tipo de rota de fuga. As edificações projetadas particularmente para portadores de necessidades especiais exigem equipamentos adicionais específicos e proteção nas rotas de fuga, conforme o tipo de necessidade. De qualquer forma, é fundamental que a evacuação seja controlada por um gerenciamento eficaz e que a assistência esteja disponível.

As *Building Regulations* (Normas da Construção) exigem que a maioria das edificações tenha acesso para portadores de necessidades especiais; portanto, deve haver vários fatores para facilitar a evacuação desse grupo – as rotas de fuga com largura adicional para acomodar cadeiras de rodas, o posicionamento e a altura dos corrimãos nas escadas e rampas. Além disso, em alguns casos, é possível utilizar elevadores (desde que devidamente protegidos) durante um incêndio. Talvez seja necessário construir refúgios protegidos perto dos elevadores e das escadas para que cadeirantes e pessoas com dificuldades de locomoção possam aguardar um elevador ou esperar auxílio para evacuar a edificação.

Ao avaliar os arranjos de fuga para portadores de necessidades especiais, é importante não considerar somente os cadeirantes. Entre outros, os portadores de deficiências visuais precisam de ajuda para encontrar as saídas; os portadores de deficiências auditivas, por sua vez, precisam que os alarmes sonoros sejam duplicados visualmente.

4.36 Prevenção e combate a incêndio

Essa área trata da prevenção e do combate a incêndios, bem como da manutenção dos equipamentos para tal. A compreensão e a ma-

Tabela XXVI Proteção estrutural ao fogo das áreas de apoio (extraído da norma britânica BS 5588: Parte 3, Tabela 9)

Áreas de acomodações de apoio	Referência cruzada	Proteção estrutural ao fogo: as áreas de apoio devem ser separadas das outras partes da edificação por:
1 Área de armazenamento com, no máximo, 450 m² (veja as observações 1 e 2)	18	Construção robusta com padrão mínimo de 30 minutos de resistência ao fogo (veja a observação 3)
2 Oficinas de conserto e manutenção e salas de reprografia (veja a observação 1)	20	
3 Cozinhas (separadamente ou em conjunção com um restaurante ou refeitório associado)	21	
4 Salas de transformadores, distribuição e baterias, para equipamentos de baixa voltagem ou de baixa voltagem adicional	12.2	
5 Docas de carga e descarga	18	
6 Áreas de armazenamento com mais de 450 m² (veja as observações 1 e 2)	18	Construção robusta com padrão mínimo de 60 minutos de resistência ao fogo (veja a observação 3)
7 Casas de máquinas, exceto aquelas listadas nos itens 4 e 10 a 14.	19	
8 Estacionamentos no interior ou ao lado de um edifício de escritórios, com área máxima de 450 m²	19	
9 Estacionamentos no interior ou ao lado de um edifício de escritórios, com mais de 450 m² de área	19	
10 Casas de caldeiras (veja a observação 4)	14.6	Construção robusta com padrão mínimo de resistência ao fogo equivalente ao padrão dos elementos da construção da edificação e, em hipótese alguma, inferior a 60 minutos (veja a observação 3)
11 Cômodos para o armazenamento de combustível (veja as observações 4 e 5)	14.7	
12 Salas de transformadores e salas de equipamentos de alta voltagem	12.2	
13 Cômodos com motores de combustão interna fixos	14.8	
14 Qualquer área com alto risco de incêndio que não as listadas nos itens 10 a 13	11.6	

Observações:
(1) Áreas sem alto risco de incêndio.
(2) Exceto armazenamento de resíduos.
(3) Todas as aberturas na construção necessária devem ser protegidas por portas com um padrão semelhante de resistência ao fogo.
(4) Exceto equipamentos com caldeiras a óleo ou com armazenagem de óleo.
(5) Exceto armazenamento de gás liquefeito de petróleo (GLP).

nutenção de todos esses itens são essenciais, principalmente em uma edificação grande ou complexa; portanto, o usuário ou gestor precisa ter conhecimento das medidas de segurança incorporadas ao projeto da edificação. Isso significa que o projetista deve fornecer todas as informações relevantes em um manual de prevenção e combate a incêndios. Os detalhes devem abranger:

- a base do planejamento das rotas de fuga;
- o tipo de estrutura de gerenciamento e as responsabilidades dos funcionários previstas;
- os pormenores operacionais dos sistemas mecânicos e elétricos;
- os esquemas das medidas de proteção ativas e passivas.

5 MATERIAIS

5.1 Introdução

Os materiais que formam uma edificação devem ser escolhidos considerando a segurança da estrutura e de seus usuários. A adequação da resistência ou da capacidade de resistir às cargas durante um período específico pode demandar proteção, de forma a impedir o comprometimento prematuro da estrutura mediante colapso ou perda da capacidade de carregamento. A resistência adicional pode ser obtida por meio de revestimentos, fechamentos ou membranas protetoras.

5.2 Tipo de construção

A resistência ao fogo está associada ao tipo de construção, e não ao material, e é definida em termos de desempenho em relação aos métodos de testagem das *British Standards* (Normas Britânicas):

- capacidade de carregamento (a resistência ao colapso);
- integridade (a resistência à penetração das chamas);
- isolamento (a resistência à transferência excessiva de calor).

5.3 Capacidade de carregamento

O critério *capacidade de carregamento* substituiu a estabilidade. Em conformidade com as práticas internacionais e de acordo com a norma britânica BS 476: Parte 22, os elementos sem capacidade de carregamento são avaliados somente em termos de integridade e isolamento. Os elementos de carregamento são testados de acordo com a Parte 21. A norma BS 476: Parte 8 ainda é consultada com frequência, embora tenha sido substituída, em 1987, pelas Partes 20, 21, 22 e 23. Sempre que especificações testadas são utilizadas, a construção deve replicar os valores obtidos nos testes na totalidade. Pode ser útil considerar os produtos ou sistemas que possuem um *Agrément Certificate* emitido pelo *British Board of Agrément* ou um produto que está de acordo com a *European Technical Approval* (Aprovação Técnica Europeia) (consulte o *EEC Construction Products Directive* [Diretrizes de Produtos de Construção EEC]).

5.4 Disponibilidade da proteção contra fogo

É preciso considerar a possibilidade de adquirir a proteção contra fogo necessária, a simplicidade da construção e a durabilidade. Ainda que o último item não seja exigido pelas *Building Regulations* (Normas da Construção), todos os materiais devem ser "adequados ao fim que se destinam". Vários termos utilizados no Documento Aprovado B, emitido em suporte às normas de construção, são relevantes aos materiais e suas especificações.

5.5 Propagação das chamas

A restrição da propagação das chamas sobre a superfície de um material é um fator importante para o combate a incêndios, já que afeta o aumento e a propagação do fogo, bem como as saídas de emergência. A propagação superficial é mencionada em termos de classificação de acordo com a norma britânica BS 476: Parte 7, 1971, fazendo referência à Classe 0. A propagação das chamas pode ser reduzida aplicando-se substâncias químicas de forma superficial ou por impregnação sob pressão. No último caso, os danos mecânicos na superfície exposta ao substrato não prejudicarão o material. É possível que os materiais escolhidos com base em suas propriedades de baixa propagação de chamas sejam comprometidos posteriormente com o uso de pinturas inadequadas.

5.6 Aço

O aço exposto pode perder sua resistência rapidamente sempre que for exposto ao fogo; ele se deforma e entra em colapso em cerca de 10 a 15 minutos. A temperatura exata na qual ele começa a perder a resistência depende do tipo de aço, do fato de ele estar tracionado ou comprimido e de sua proteção (se houver). O cobrimento do aço o protege contra elevações de temperatura. A proteção se dá na forma de concreto, chapas retardantes ao fogo, camadas intumescentes ou fibras jateadas, ou tetos rebaixados. O resfriamento com água é usado para proteger os pilares.

5.7 Alumínio

Alguns tipos entram em colapso estrutural quando são expostos a temperaturas relativamente baixas, mas o alumínio apresenta boas propriedades em relação à resistência à propagação das chamas.

5.8 Concreto

O concreto perde sua resistência à compressão perante o fogo (Tabela XXVII). O calor do fogo também afeta a resistência das armaduras de aço. O recobrimento adequado do concreto é essencial e talvez exija o acréscimo de uma malha de aço para restringir sua fragmentação; isso ocorre devido à expansão da armadura quando aquecida.

5.9 Alvenaria de tijolo

Como um tipo de cerâmica, a argila se comporta bem quando exposta a altas temperaturas, ainda que talvez ocorra alguma expansão. Qualquer aço revestido com argila é capaz de se expandir e causar o colapso; logo, deve haver proteção.

5.10 Madeira

A madeira se comporta melhor do que o aço em caso de incêndio. Ela não é uma boa condutora de calor: a madeira carboniza progressivamente, se protegendo com uma camada de carvão. É possível avaliar a taxa de carbonização, bem como calcular a capacidade da madeira residual para suportar as cargas necessárias – consulte a norma britânica BS 5268: Parte 4, Seção 4.1, *Method of calculating fire resistance of timber members* (Método para calcular a resistência ao fogo dos elementos de madeira). As estruturas de madeira "em gaiola", fechadas com gesso cartonado, são capazes de resistir ao fogo durante 30 minutos, ou até uma hora, desde que apresentem uma proteção adicional. Existe a possibilidade de reforçar os pisos de madeira preexistentes a fim de melhorar sua resistência ao fogo, mediante o acréscimo de proteção e isolamento do forro ou teto – veja a *BRE Digest 208, Increasing the fire resistance of existing timber floors* (Aumento da resistência ao fogo dos pisos de madeira preexistentes).

5.11 Amianto

O amianto deixou de ser utilizado em sua forma básica por questões da saúde.

Tabela XXVII Comportamento do concreto perante o fogo

Temperatura (°C)	Perda permanente da resistência à compressão conforme demonstrado pelo ensaio de rompimento
250	5%
600	64%
1.200 e mais	colapso

Tabela XXVIII Medidas para portas corta-fogo (extraído do Documento Aprovado B, Tabela B1)

Posicionamento da porta	Resistência mínima ao fogo em termos de integridade (minutos) quando a porta é testada de acordo com a norma britânica BS 476-22[1]	Resistência mínima ao fogo em termos de integridade (minutos) quando a porta é testada de acordo com a norma europeia relevante[3]
1 Em uma parede corta-fogo que separa edificações	Equivalente à parede na qual a porta foi instalada, mas com mínimo de 60	Equivalente à parede na qual a porta foi instalada, mas com mínimo de 60
2 Em uma parede corta-fogo:		
a. Quando separa um apartamento de um cômodo de uso comum;	FD 30S[2]	E30 Sa[2]
b. Quando fecha uma caixa protegida que forma uma escada situada completa ou parcialmente acima do solo adjacente em uma edificação usada para fins de apartamentos, outras acomodações residenciais, reunião, recreação ou escritórios;	FD 30S[2]	E30 Sa[2]
c. Quando fecha uma caixa protegida que forma uma escada não descrita em (b) acima;	Metade do período de resistência ao fogo da parede onde foi instalada, mas com mínimo de 30 e com sufixo S[2]	Metade do período de resistência ao fogo da parede onde foi instalada, mas com mínimo de 30 e com sufixo Sa[2]
d. Quando fecha uma caixa protegida que forma um poço de elevadores ou instalações;	Metade do período de resistência ao fogo da parede onde foi instalada, mas com mínimo de 30	Metade do período de resistência ao fogo da parede onde foi instalada, mas com mínimo de 30
e. Não descrito em (a), (b), (c) ou (d) acima.	Equivalente à parede onde foi instalada, mas acrescente S[2] quando a porta é usada para a evacuação horizontal progressiva sob orientação em B1	Equivalente à parede onde foi instalada, mas acrescente Sa[2] quando a porta é usada para a evacuação horizontal progressiva sob orientação em B1
3 Em um piso corta-fogo	Equivalente ao piso onde foi instalada	Equivalente ao piso onde foi instalada
4 Quando faz parte dos fechamentos de:		
a. uma escada protegida (exceto conforme descrito no item 9); ou	FD 30S[2]	E30 Sa[2]
b. uma caixa de elevador (veja o parágrafo 5.42b) que não forma uma caixa protegida de acordo com 2(b), (c) ou (d) acima.	FD 30	E30
5 Quando faz parte do fechamento de:		
a. um vestíbulo protegido (ou corredor protegido) próximo a uma escada;	FD 30S[2]	E30 Sa[2]
b. qualquer outro corredor protegido; ou	FD 20S[2]	E20 Sa[2]
c. um vestíbulo protegido próximo a uma caixa de elevador (veja o parágrafo 5.42)	FD 30S[2]	E30 Sa[2]
6 Quando oferece acesso a uma rota de fuga externa	FD30	E30
7 Quando subdivide:		
a. corredores que conectam saídas alternativas;	FD 20S[2]	E20 Sa[2]
b. extremidades sem saída dos corredores em relação ao restante do corredor	FD 20S[2]	E20 Sa[2]
8 Qualquer porta no interior de uma barreira com cavidade	FD 30	E30
9 Qualquer porta que faz parte do fechamento de um vestíbulo protegido ou de um patamar protegido em um apartamento;	FD 20	E20
10 Qualquer porta que faz parte do fechamento de:		
a. um local com alto risco de incêndio	FD 30	E30
b. cômodos de apoio em lares para idosos (veja o parágrafo 3.50)	FD 30	E30

Observações:
[1] Para a norma britânica BS 476-22 (ou BS 476-8 sujeita ao parágrafo 5 do Apêndice A).
[2] A menos que técnicas de pressurização em conformidade com a norma britânica BS EN 12101-6: 2005 *Smoke and heat control systems* – Part 6: *Specification for pressure differential systems – kits* sejam usadas, essas portas também devem:
   (a) ter uma taxa de infiltração que não ultrapasse 3 m²/m/hora (somente verga e ombreiras) quando testadas em 25 Pa de acordo com a norma britânica BS 476 *Fire tests on building materials and structures*, Seção 31.1, *Methods for measuring smoke penetration through doorsets and shutter assemblies*, *Method of measurement under ambient temperature conditions*; ou
   (b) atender aos requisitos adicionais de classificação da Sa quando testadas de acordo com a norma britânica BS EN 1634-3: 2001, *Fire resistance tests for door and shutter assemblies*, Part 3 – Smoke control doors.
[3] As classificações britânicas nem sempre são equivalentes às da coluna europeia; portanto, os produtos não podem ser categorizados de acordo com a norma europeia antes de serem submetidos aos testes relevantes.

5.12 Chapa anti-incêndio, gesso cartonado e chapas de fibra mineral

Esses materiais são usados para proteger os elementos estruturais e formar fechamentos com resistência ao fogo em estruturas adequadas. Alguns tipos de sistemas de construção chegam a obter uma resistência de duas horas ao fogo, quando construídos adequadamente. É preciso tomar cuidado no momento das instalações, etc., para preservar a resistência ao fogo. Existem vários sistemas patenteados que utilizam chapas anti-incêndio em estruturas de madeira e metal.

5.13 Vidro

O vidro comum (depende se ele é temperado ou laminado) oferece uma resistência mínima ao fogo. O vidro aramado pode resistir ao fogo por até uma hora em termos de integridade, mas proporciona pouco isolamento. Os avanços recentes fizeram o vidro simples oferecer um isolamento de 15 minutos. Os vidros com resistência ao fogo em termos de isolamento podem chegar a até duas horas; o tamanho das vidraças pode ser limitado.

5.14 Plásticos

Há os plásticos termocurados (aqueles que se tornam rígidos quando aquecidos) e os termoplásticos (que amolecem com o aquecimento). Os plásticos costumam cair de seus suportes, dificultando a avaliação de seu comportamento perante o fogo e em condições de teste. O material talvez não queime, mas pode produzir gotas incandescentes e propagar as chamas. Consulte o Documento Aprovado B para verificar o uso aceitável de materiais termoplásticos em tetos, claraboias e difusores de luminárias.

5.15 Portas e venezianas

As portas e venezianas podem ser de madeira, vidro, metal ou material composto (Tabela XXVIII). Algumas podem apresentar resistência ao fogo de até quatro horas. Elas são testadas em relação à sua integridade e ao seu isolamento; na verdade, a maioria não precisa de isolamento. As venezianas geralmente são abertas e fechadas mediante o acionamento de um dispositivo ou automaticamente após a detecção de calor ou fumaça. As portas são designadas de acordo com seu desempenho em minutos e em termos de integridade. As portas que fazem parte de um fechamento protegido (escada, vestíbulo ou corredor) para as saídas de emergência devem ter, no mínimo, 30 minutos de resistência ao fogo. Além disso, essas portas têm de ser capazes de resistir à passagem da fumaça na temperatura ambiente; em geral, elas são denotadas pelo sufixo "S", ou seja, FD30S.

  A maioria das portas exige a adição de uma faixa intumescente para chegar a uma resistência de 30 minutos ao fogo. A vedação intumesce quando exposta a altas temperaturas e incha de forma a vedar quaisquer imperfeições no encaixe ou aberturas, consequentemente protegendo as extremidades da porta e preservando sua integridade. A barreira de temperatura, que pode ter a forma de uma escova, retarda a passagem da fumaça em torno da porta quando o fogo ainda está em uma temperatura mais baixa, mas provavelmente já produzindo uma grande quantidade de fumaça. Várias normas exigem a instalação de portas "S" em diferentes situações. Para serem eficientes como saídas de emergência, essas portas devem ser de fechamento automático. Sempre que uma porta é usada com frequência, talvez seja aceitável utilizar um dispositivo (geralmente eletromagnético) para mantê-la aberta, para evitar danos e sua abertura excessiva.

5.16 Materiais para conter o fogo e barreiras com cavidade

Esses materiais têm de fechar efetivamente uma cavidade oculta e impedir a propagação do fogo e da fumaça ao redor de uma instalação ou elemento, mediante a vedação de quaisquer imperfeições no encaixe. O material deve ser capaz de permitir a movimentação (incluindo a dilatação), estar fixado adequadamente e, no caso de barreiras, ter resistência ao fogo. Os materiais incluem másticas intumescentes, chapas anti-incêndio, argamassa de cimento, argamassa de gesso e fibras de vidro; há vários sistemas patenteados.

5.17 Tintas intumescentes

Essas tintas são compostas por diferentes materiais com características distintas e que produzem uma espuma quando expostas ao calor, formando um revestimento protetor. Elas podem ser usadas para aumentar a resistência ao fogo e reduzir a propagação superficial das chamas. Com a adoção desse recurso, é preciso considerar os pontos a seguir:

- O sistema intumescente deve ser compatível com o material a ser protegido.
- O sistema deve se adequar às condições do local pelo modo de aplicação necessário, de acordo com os testes e de forma a obter o resultado exigido. Isso inclui as condições atmosféricas.
- Nem todas as tintas intumescentes são adequadas para áreas onde a umidade relativa do ar é alta.
- Pode ser necessária alguma proteção contra danos mecânicos.
- É possível que a proteção seja danificada por instalações secundárias, pelo trabalho dos instaladores posteriores ou pela água.

6 EQUIPAMENTOS E INSTALAÇÕES DE PROTEÇÃO E COMBATE A INCÊNDIOS

6.1 Introdução

Cada vez mais, os equipamentos e as instalações de proteção e combate a incêndios formam sistemas completos (de proteção e combate a incêndios). Os sistemas de extinção ativa frequentemente são instalados para compensar as proteções estruturais inadequadas ou para facilitar um conceito ou projeto inovador que seria inviabilizado pela construção de proteção ou pela compartimentação com paredes corta-fogo.

6.2 Sistemas

As descrições a seguir indicam os equipamentos e sistemas disponíveis, bem como sua aplicação. A adoção de qualquer sistema específico exige uma consideração cuidadosa de diferentes fatores – a natureza dos riscos, a eficácia da proteção, a confiabilidade, a facilidade de manutenção. Deve-se buscar a orientação de um especialista. Consulte as normas britânicas relevantes – veja a Seção 9. Ainda que o uso de sistemas ou componentes estrangeiros não seja proibido, é preciso obter o consentimento prévio das autoridades reguladoras, da seguradora ou da empresa fornecedora de água.

6.3 Equipamentos manuais: extintores, baldes de incêndio e cobertores antifogo

São equipamentos de primeiros socorros para serem usados pelo público em geral. O nível de extinção dos extintores manuais varia para se adequar ao risco; eles possuem um código de cor para permitir a consulta rápida.

6.4 Mangueiras

São equipamentos de primeiros socorros para serem utilizados pelos usuários e pelos bombeiros. As mangueiras precisam ser conectadas a uma fonte de água pressurizada.

6.5 Chuveiros automáticos (*sprinklers*)

Esses equipamentos liberam automaticamente água borrifada sobre o fogo, de forma a conter seu aumento e inibir sua propagação. Há vários tipos e sistemas para áreas, aplicações e categorias de risco específicas. É preciso observar que alguns sistemas servem somente para a proteção de pertences e que medidas específicas para a preservação da vida têm de ser adotadas. Em algumas situações, a proteção por *sprinklers* é considerada inadequada devido aos possíveis danos causados pela água (em galerias de arte, museus, bibliotecas históricas), pelo risco de descarga elétrica acidental e pela inadequação da água como meio de extinção de incêndios para determinados processos e materiais. Talvez também haja a necessidade de projetar volumes maiores para os reservatórios de água nas próprias instalações.

6.6 Cortinas d'água

As cortinas de água geralmente são usadas para proteger o exterior de uma edificação; também existem as cortinas de proteção instaladas em teatros.

6.7 Sistemas de combate a incêndios com borrifamento de água

Para incêndios que envolvem óleos ou líquidos inflamáveis semelhantes.

6.8 Sistemas de hidrantes (também conhecidos como colunas de incêndio)

Consistem em colunas de incêndio que fornecem água para os bombeiros no piso de uma edificação com o uso de hidrantes. As colunas de incêndio úmidas são tubos permanentemente cheios de água, em geral instalados em edificações com mais de 60 m de altura, ou seja, além da capacidade de uma viatura do corpo de bombeiros; é necessário um reservatório de água. As colunas de incêndio secas são tubos enchidos pelas bombas da viatura no nível térreo/de acesso; elas podem ser usadas em qualquer altura, mas costumam ser instaladas em edificações com mais de 18 m. Nenhuma seção horizontal deve ter mais de 12 m de extensão, a menos que o fornecimento da quantidade de água necessária em cada ponto de saída possa ocorrer por gravidade. As colunas de incêndio descendentes fornecem água para os pavimentos mais baixos. Os hidrantes particulares são instalados dentro do próprio terreno sempre que os hidrantes públicos estão fora do alcance ou onde os riscos são tais que exigem grandes volumes de água imediatamente.

6.9 Reservatórios de espuma anti-incêndio

De aplicação limitada – geralmente para a extinção de incêndios provocados por líquidos inflamáveis. Talvez exijam espaço para equipamentos geradores de espuma dentro do próprio terreno. Existem diferentes formatos; o ideal é consultar um especialista. Os tubos de espuma são tubos fixos através dos quais a espuma pode ser bombeada para os cômodos relevantes (aqueles que contêm óleo combustível, caldeiras a óleo, etc.).

6.10 Reservatórios de líquidos vaporizantes e gases

Podem ser:

Dióxido de carbono para proteger uma área fechada, atuando na cortina por diluição atmosférica. Não é adequado para qualquer incêndio. Sua utilização é satisfatória em equipamentos elétricos, de informática e telefônicos ou líquidos inflamáveis, alguns produtos químicos, bibliotecas, arquivos, lojas de arte, motores a diesel e produtos têxteis.

Líquidos vaporizantes (hidrocarbonetos halogenados). Devido aos efeitos prejudiciais do halogênio na atmosfera, alternativas estão sendo desenvolvidas; o Building Research Establishment (Centro de Pesquisas na Construção) deve ser consultado para a obtenção de informações sobre as alternativas aceitáveis.

Reservatórios de pó seco são adequados para incêndios causados por líquidos e metais inflamáveis. O principal problema é a limpeza após o uso.

6.11 Detectores automáticos

Observe que a eficácia desses equipamentos depende da seleção e da implantação – veja os diferentes relatórios do Building Research Establishment:

Os *sensores de fumaça* detectam a presença da fumaça por meios óticos (obscurecimento) ou de ionização e disparam um alarme. Os sensores de ionização são sensíveis já nos primeiros estágios de um incêndio, quando as partículas de fumaça são pequenas; sua utilização é mais adequada em ambientes controlados, como salas de Tecnologia da Informação e Comunicação (TIC). Os sensores óticos reagem aos produtos visíveis da combustão e são os mais eficientes.

Os *sensores de calor* detectam o calor em uma temperatura pré-selecionada ou quando há um rápido aumento de temperatura. Use-os sempre que a fumaça estiver presente como parte do processo ou da função; contudo, é preciso considerar a temperatura normal da área de implantação.

Os *sensores de radiação e ultravioleta* respondem à oscilação distinta das chamas. Adequados para grandes áreas abertas, são capazes de detectar determinados incêndios causados por produtos químicos.

Os *sensores com feixe de laser*: o ar quente que sobe afeta o feixe de laser projetado sobre o receptor por obscurecimento ou movimentação. Eles são adequados para grandes áreas abertas, mas observe que o receptor está sujeito a deslocamentos na edificação. Alarmes falsos podem ser acionados por objetos em queda livre ou pássaros.

6.12 Alarmes de incêndio manuais e automáticos (conforme definido na norma britânica BS 5839, Parte 1)

O sistema deve ser escolhido com cuidado para atender a necessidades específicas – preservação de pertences ou da vida, necessidades especiais dos indivíduos com deficiências visuais ou auditivas, aplicação em locais para o entretenimento público (possivelmente alarmes silenciosos) ou procedimentos de evacuação específicos (evacuação em fases/dois estágios).

6.13 Sistemas

Os sistemas manuais (gongos, sinos de mão, etc.) são usados somente em casos excepcionais, seja em edificações muito pequenas ou em áreas específicas. O modelo mais comum consiste em sistemas automáticos nos quais os alarmes de incêndio podem ser ativados automaticamente pelo rompimento de um vidro de proteção ou por um detector. A complexidade da evacuação talvez exija a transmissão de mensagens por meio de um sistema de comunicação pública, alarmes iniciais e sinais de alerta – ou mesmo telefones de incêndio. Os sistemas modernos são extremamente técnicos e incorporam computadores e outros equipamentos para o processamento de dados; busque o auxílio de um especialista ainda nos estágios iniciais do projeto.

7 EXIGÊNCIAS LEGAIS

7.1 Legislação

Quase sem exceção, as exigências legais para a instalação de medidas de prevenção e combate a incêndios estão associadas à preservação da vida e ao abafamento do fogo, ainda que seja possível obter, como resultado, um grau de preservação de propriedades. Algumas regiões e a maioria dos municípios de grande porte têm leis ou portarias locais referentes ao acesso dos bombeiros. Muitas cidades grandes possuem medidas relacionadas às edificações "maiores". No momento da redação desta obra, a legislação de incêndios está sendo revisada, com o intuito de racionalizar e "enxugar" os itens incompatíveis. Isso envolve a eliminação de muitas leis e portarias nas quais as *Building Regulations* (Normas da Construção) têm requisitos similares, além da ampliação da legislação preexistente para englobar usos (como o entretenimento público) atualmente descritos em diversos estatutos. Uma listagem da legislação nacional britânica associada a incêndios é apresentada na Seção 8.

7.2 Variações regionais

As *Building Regulations* (Inglaterra e País de Gales) são substantivas; as *Scottish Building Regulations* (Normas Escocesas da Construção) são atualmente prescritivas (mas estão sendo revisadas); as *Building Regulations* (Irlanda do Norte) são atualmente prescritivas.

7.3 Normas adotadas

Nas normas inglesas e galesas (Parte B), os itens referentes à prevenção e ao combate a incêndios se aplicam a todas as edificações, com exceção das prisões. Ainda que haja um Documento Aprovado com padrões técnicos na Parte B, a adoção de suas recomendações não é obrigatória. Contanto que os requisitos substanciais sejam atendidos, é possível utilizar qualquer solução aceita pela autoridade fiscalizadora (ou Inspetor Aprovado). A utilização de normas reconhecidas é necessária somente para fins de atender às exigências legais associadas à adoção das recomendações relativas aos requisitos. Todavia, é preciso tomar cuidado, já que uma recomendação talvez dependa da adoção de outra. A Seção 9 detalha as normas e orientações atuais.

7.4 Exigências legais

Conforme as *Building Regulations* da Inglaterra e do País de Gales, as exigências para a prevenção e o combate a incêndios são:

B1: Saídas de emergência
A edificação deve ser projetada e construída de forma a, em caso de incêndio, oferecer saídas de emergência que levem a um lugar seguro fora da edificação; a utilização segura e eficaz dessas saídas de emergência deve ser possível, independentemente da ocasião.

B2: Dispersão interna do fogo (revestimentos)
(1) Para inibir a propagação das chamas no interior da edificação, os revestimentos internos devem:
   (a) resistir à propagação das chamas sobre suas superfícies; e
   (b) ter, se atingidos, uma taxa de liberação de calor adequada para a situação.
(2) Nesta seção, o termo "revestimentos internos" se refere aos materiais que revestem quaisquer paredes externas ou internas, teto, forro ou demais itens dos ambientes internos.

B3: Dispersão interna do fogo (estrutura)
(1) A edificação deve ser projetada e construída para que, em caso de incêndio, sua estabilidade seja preservada por um período razoável.
(2) Uma parede compartilhada por duas ou mais edificações deve ser projetada e construída para resistir à propagação do fogo entre as edificações em questão. Para os fins desta subseção, uma casa em fita e uma casa geminada serão tratadas como edificações distintas.
(3) Para inibir a propagação do fogo no interior da edificação, ela deve ser subdividida por elementos construtivos com resistência ao fogo em uma medida adequada ao tamanho e ao uso previsto da edificação.
(4) A edificação deve ser projetada e construída para que seja inibida a propagação invisível do fogo e da fumaça em espaços fechados, tanto na estrutura como na pele.

B4: Dispersão externa do fogo
(1) As paredes externas da edificação devem resistir à propagação do fogo em suas superfícies e de uma edificação para outra, com respeito à altura, ao uso e ao posicionamento da edificação.
(2) A cobertura da edificação deve resistir à propagação do fogo em sua superfície e de uma edificação para outra, tendo em conta a utilização e a posição da edificação.

B5: Acesso e equipamentos para o corpo de bombeiros
(1) A edificação deve ser projetada e construída de forma a oferecer equipamentos para auxiliar os bombeiros na preservação da vida.
(2) Deve-se adotar medidas dentro do próprio terreno para permitir que as viaturas do corpo de bombeiros tenham acesso à edificação.

7.5 Aplicação

Os itens B2, B3(1), (2) e (4), B4 e B5 se aplicam a todas as edificações; algumas prisões são isentas das demais exigências.

7.6 Orientações

As *Building Regulations* estão associadas às edificações em construção, a algumas alterações no uso e a determinadas ampliações e reformas. Após a ocupação, o *Fire Precautions Act* (Lei de Prevenção a Incêndio) pode ser aplicável. Para evitar conflitos em potencial, o Department of the Environment (Departamento do Meio Ambiente) e o Home Office emitiram um documento para ser utilizado pela autoridade fiscalizadora, estipulando a operação do processo de consultoria. O documento – *Building Regulation and Fire Safety Procedural Guidance* (Orientações para o Procedimento das Normas da Construção e da Prevenção a Incêndios) – também oferece um manual que explica o procedimento de aprovação para os candidatos, descrevendo as metas e as diferentes responsabilidades das autoridades envolvidas.

7.7 "Veto legal"

A Seção 13 do *Fire Precautions Act 1971* (Lei de Prevenção a Incêndio 1971) impõe um "veto legal" sobre os corpos de bombeiros, impedindo que eles emitam uma certificação de prevenção e combate a incêndios para as obras das saídas de emergência aprovadas pelas *Building Regulations*, desde que tais questões tenham sido expostas no planejamento e que as circunstâncias permaneçam as mesmas. Sempre que essas questões não são exigidas, o veto legal não se aplica.

8 REFERÊNCIAS BIBLIOGRÁFICAS

Building Regulations (Normas de Construção)
Approved Document B (Fire safety). Volume 1: Dwellinghouses (2006 Edition).
Approved Document B (Fire safety). Volume 2: Buildings other than dwellinghouses (2006 Edition)
(Esses documentos estão disponíveis para compra, mas é possível fazer o download gratuito no site do UK Government's Planning Portal [Portal de Planejamento do Governo do Reino Unido]).
British Standards (Normas Britânicas)
BS 476: Fire tests on building materials and structures
BS 5306: Fire extinguishing installations and equipment on premises Part 2: Specification for sprinkler systems
Part 3: Code of practice for selection, installation and maintenance of portable fire extinguishers
BS 5446: Components for automatic fire alarm systems for residential premises
Part 1: Specification for self-contained smoke alarms and point type smoke detectors
BS 5449: Fire safety signs, notices and graphic symbols BS 5588: Fire Precautions in the design, construction and use of buildings
Part 1: Code of practice for residential buildings
Part 5: Access and facilities for firefighting
Part 6: Code of practice for places of assembly
Part 7: Code of practice for the incorporation of atria in buildings
Part 8: Code of practice for means of escape for disabled people
Part 9: Code of practice for ventilation and air conditioning ductwork
Part 10: Code of practice for shopping complexes
Part 11: Code of practice for shops, offices, industrial, storage and other similar buildings

Part 12: Managing fire safety
BS 5839: Fire detection and alarm systems for buildings
BS 5867: Specification for fabrics for curtains and drapes BS 7974: Application of fire safety engineering principles to the design of buildings, Code of practice
BS 8214: Code of practice for fire door assemblies with nonmetallic leaves
BS 9251: Sprinkler systems for residential and domestic occupancies, Code of practice
BS 9990: Code of practice for non-automatic fire fighting systems in buildings

Codes of Practice (Códigos de Prática)

Code of Practice – hardware for timber fire and escape doors, Association of Building Hardware Manufacturers Crown Fire Standards, Property Advisers to the Civil Estate
DD 9999: Code of practice for fire safety in the design, construction and management of buildings
Department for Education and Employment, Constructional Standards for Schools
Guide to Safety at Sports Grounds
BRE Information Paper 8/82: Increasing the fire resistance of existing timber doors
BRE Digest 208: Increasing the fire resistance of existing timber floors
NHS Estates Fire Codes, Firecode
Safety signs and signals, The Health and Safety Regulations 1996, Guidance on Regulations
Technical Standards for Places of Entertainment (District Surveyors Association and The Association of British Theatre Technicians) The Workplace (Health, Safety and Welfare) Regulations 1992, Approved Code of Practice and Guidance
Housing Health and Safety Rating System Operating Guidance (2006)
Fire safety in adult placements: a code of practice (Department of Health)
LPC Rules for Automatic Sprinkler Installations, incorporating BS EN 12845, Fire Protection Association, 2009

Livros

Buchanan, Andrew H. *Structural Design for Fire Safety*. John Wiley and Sons Ltd (April 2001).
Ham, Simon. *Legislation Maze: Fire*. RIBA Publishing, 2007.
Muir, Peter. *The New Fire Safety Legislation*. RICS Books, 2007.
Purkiss, J.A. *Fire Safety Engineering; Design of Structures*, 2006.

Projeto para prevenção de enchentes

11

Robert Barker e Richard Coutts

Robert Barker e Richard Coutts são diretores de Baca Architects

ATENÇÃO

As informações contidas neste capítulo são apenas uma introdução ao problema de como lidar com o risco de enchentes nas edificações. Os autores não se responsabilizam pelo uso subsequente dessas informações nem por qualquer erro ou omissão que as páginas seguintes possam conter. A assessoria de um profissional especializado sempre deve ser solicitada em todo empreendimento imobiliário, particularmente quando houver o risco real de alagamentos na região ou no terreno.

PONTOS-CHAVE:
- *O aumento da urbanização e as mudanças nos padrões climáticos estão aumentando a frequência de enchentes*
- *As enchentes nem sempre podem ser prevenidas, assim, as inovações de projeto que incluem corpos de água e buscam lidar com eles estão se tornando cada vez mais importantes*
- *A solução ideal para reduzir e gerenciar o risco de enchentes pode exigir uma combinação de diferentes estratégias de projeto*
- *Todo empreendimento imobiliário deve buscar a inclusão de sistemas sustentáveis de drenagem*

Conteúdo

1 Introdução
2 Causas e características das enchentes
3 Ocupação de áreas sujeitas a enchentes
4 Redução do risco de enchentes
5 Estudo de caso: Deal Ground
6 Referências bibliográficas

1 INTRODUÇÃO

Os alagamentos são uma parte natural do ciclo climático. Muitas pessoas vivem em áreas de alto risco, como sistemas fluviais, deltas e costas, atraídas por suas terras férteis e alternativas de transporte aquático. Contudo, em todas as partes do mundo, as enchentes têm impacto devastador, às vezes destruindo cidades ou comunidades inteiras.

Uma vez que o aquecimento global influencia o ciclo natural da água, é necessário que mudemos nosso paradigma de abordagem ao projeto de novos assentamentos e à intervenção de áreas já ocupadas. As comunidades litorâneas estão cada vez mais ameaçadas pela elevação dos níveis dos mares e pelo aumento da frequência de eventos climáticos extremos, enquanto as cidades e moradias continente adentro sofrem com chuvas mais fortes e, consequentemente, enchentes piores e mais frequentes.

Como resultado, o número de pessoas sob o risco de enchentes está crescendo, particularmente nas áreas urbanas, onde os aumentos populacionais, a diminuição das superfícies permeáveis e os padrões climáticos instáveis exacerbam o problema. De acordo com a Agência de Proteção Ambiental Britânica (Environment Agency), em 2014, mais de 5,5 milhões de propriedades imobiliárias da Inglaterra e do País de Gales – uma em cada seis – corria um dos vários riscos de enchente.

Ainda assim, por meio de uma melhor compreensão da natureza desse tipo de risco, as cidades e edificações podem ser mais bem projetadas e reduzir o risco às pessoas e ao patrimônio construído.

2 CAUSAS E CARACTERÍSTICAS DAS ENCHENTES

2.1 Risco de enchentes

Parece que os desastres naturais estão acontecendo com maior frequência e intensidade ao redor do globo terrestre. Em parte, isso é resultado de mais pessoas estarem vivendo em áreas de alto risco, particularmente em função do aumento da urbanização e de empreendimentos imobiliários não planejados.

As enchentes costumam ser provocadas por:

- eventos climáticos extremos, como tempestades, furacões ou maremotos (tsunamis), ou variações climáticas, como o derretimento rápido da neve;
- atividades antropogênicas, por exemplo, o rompimento estrutural de instalações construídas pelo homem, como barragens.

O risco de alagamento costuma ser considerado uma combinação de probabilidade (alta exposição) e consequência (vulnerabilidade do receptor de ser alagado). Essa é a probabilidade de que uma enchente ocorra em um ano qualquer, e o impacto desse evento.

A redução do risco de alagamento exige a consideração de ambos os fatores. Por exemplo, é possível reduzir a probabilidade de enchentes instalando defesas, mas, ao mesmo tempo, aumentar a consequência de uma enchente por meio da construção de mais casas atrás dessas proteções. Todavia, se as moradias forem projetadas de modo que sejam resilientes às enchentes, as consequências de que sofram alagamentos e o risco total serão diminuídos. Da mesma maneira, é possível aumentar a probabilidade de uma enchente com a remoção das defesas, mas reduzir suas consequências com a realocação dos usuários e transformação da área em um campo de despejo natural.

2.2 Probabilidade

A probabilidade de enchente é descrita como a probabilidade percentual anual de ocorrência do evento, por exemplo, 5%. Isso também pode ser descrito como uma probabilidade de 1 evento a cada 20 anos, mas essa notação é enganosa, pois uma probabilidade de 5% poderia se confirmar com enchentes em três anos consecutivos e, então, não ocorrendo nos próximos 60 anos.

11.1 Enchente provocada pelo rio Tâmisa, Marlow, Reino Unido, 2014.

A probabilidade de uma enchente também reflete sua magnitude. Uma enchente com 1% de probabilidade (1 em 100 anos) costuma ser mais grave do que aquela com 5% (1 em 20 anos) – é exatamente por isso que ela é menos suscetível a ocorrer. Entretanto, as mudanças climáticas estão afetando a magnitude das enchentes e confundindo essa maneira de entendê-las. No futuro, uma probabilidade de 5% pode ser mais extensiva, talvez equivalente a uma enchente atual com 2% de probabilidade.

2.3 Consequências

As consequências de uma enchente geralmente são medidas em termos de seu impacto sobre as pessoas e coisas que foram alagadas, isto é, os receptores. Elas costumam ser medidas em termos de perdas de vidas humanas e prejuízos financeiros, tanto por causas diretas como indiretas. A principal consideração para o ambiente construído é a vulnerabilidade dos receptores. Um hospital provavelmente seja considerado mais vulnerável do que um escritório ou uma oficina, em virtude da natureza de seus ocupantes, bem como de seu papel vital em uma comunidade.

2.4 Fontes de enchentes

Os alagamentos podem ocorrer devido a várias fontes, como descreve o guia governamental britânico Technical Guidance to the National Planning Policy Framework:

- **Enchentes fluviais (de rios):** quando a água excessiva transborda as encostas de um rio (Figura 11.1). Isso acontece quando o escoamento de uma grande tempestade sobrecarrega a capacidade do rio ou de um canal artificial. O terreno alagado ao redor do rio é chamado de planície de inundação ou planície aluvial e pode se estender por centenas de metros ou mesmo por alguns quilômetros. Esse é o tipo de enchente mais comum e mais conhecido.
- **Enchente litorânea:** quando a água do mar é trazida para um terreno por meio de tempestades, maremotos ou marés altas. Ela ocorre quando a atividade sísmica provoca ondas gigantescas ou quando eventos meteorológicos, como furacões ou tempestades, combinados com fortes ventos e baixas pressões, fazem os níveis do mar subir acima dos níveis de pico previstos. Se essas ondas provocadas por tempestades ultrapassam ou derrubam as defesas marítimas, suas consequências podem ser devastadoras, particularmente nas comunidades de baixadas.
- **Enchente provocada pela água da chuva (pluvial), pelo escoamento superficial e pelo transbordamento de esgotos:** quando a capacidade de carga de um sistema de drenagem urbano é superada, provocando poças de chuva e de água pelo solo (Figura 11.2). Isso ocorre quando o excesso de chuva não pode ser absorvido pelo solo e escoa por superfícies impermeáveis ou encharcadas rápido demais para que os drenos consigam descarregá-lo. Esse tipo de alagamento está se tornando cada vez mais prevalente em áreas urbanas, nas quais as áreas verdes foram pavimentadas e os sistemas de drenagem são antigos e já não atendem às populações. O transbordamento dos esgotos ocorre quando a água da chuva em excesso supera a capacidade de escoamento do sistema, provocando o seu retorno sobre o terreno.
- **Transbordamento das águas freáticas:** quando a água do lençol freático sobe até a superfície do solo. Isso costuma ocorrer nos meses de inverno ou na estação chuvosa, e as enchentes podem durar vários meses, até que o nível de água baixe nos meses de verão ou na estação seca.
- **Colapso de sistemas artificiais**, como o rompimento de uma barragem ou um duto de água principal. Se houver um rompimento ou vazamento, o resultado será um fluxo de água muito rápido em locais inesperados, pegando as pessoas desprevenidas.

2.5 Impactos das mudanças climáticas

As mudanças climáticas provavelmente resultarão na elevação dos níveis do mar, em tempestades e monções mais intensas, ventos com velocidades de pico maiores, mares mais agitados e tempestuosos, inundações litorâneas provocadas por ondas mais fortes e invernos mais chuvosos. Os eventos climáticos extremos da atualidade talvez se tornem normais, e os eventos extremos futuros podem se tornar muito mais drásticos do que aquilo para o qual estamos preparados. A elevação do nível do mar colocará as comunidades litorâneas sob um risco muito maior de tempestades e maremotos. Os temporais intensos possivelmente sobrecarregarão os esgotos e sistemas de drenagem de modo regular. As ondas de calor e seca poderão provocar

11.2 Transbordamento de um sistema de esgoto (fonte: Agência de Proteção Ambiental Britânica).

esforços e desgastes enormes nas edificações e na paisagem, além de deixar as pessoas sem água potável.

O consenso atual, de acordo com o IPCC, é que os níveis dos mares subirão em até 1m até o final do século. Contudo, eles continuarão subindo no século XX.

Essas mudanças impõem desafios para os planejadores urbanos, engenheiros e arquitetos, exigindo uma mudança de paradigma em nossa abordagem tanto aos assentamentos futuros quanto aos existentes.

3 OCUPAÇÃO DE ÁREAS SUJEITAS A ENCHENTES

3.1 Princípios orientadores

O risco de alagamento é um dos mais reconhecidos condicionantes ao planejamento urbano e costuma ser indicado por meio de zonas sujeitas a enchentes. Todavia, o *status quo* tem sido desafiado tanto pela mudança dos padrões climáticos como pelas novas tecnologias. Os padrões climáticos instáveis estão mudando a extensão das zonas de enchentes. Por outro lado, as inovações tecnológicas têm encontrado soluções para superar os desafios impostos pelos alagamentos, pela falta de água e por outros problemas associados.

Uma recomendação é que sejam adotadas políticas mais restritivas de urbanização nas planícies aluviais. Isso não significa que tais áreas devam ter apenas uma função, mas que seu uso seja compatível com sua função primária: fornecer espaço para que os rios possam se expandir e correr livremente durante os períodos de enchente. Uma vez que esse princípio é compreendido e integrado ao planejamento do uso fundiário, surge a oportunidade de usar as planícies aluviais de maneira produtiva, como parte de um bom planejamento urbano. Por exemplo, quando preservadas na forma de parques naturais, elas podem criar espaços de lazer para empreendimentos imobiliários de alta densidade construídos fora dela, receber corredores de transporte, reduzir o efeito de ilha térmica nas cidades e servir como áreas de amortecimento para as tempestades e habitats de vida natural.

Há muitas abordagens distintas para a urbanização de áreas sujeitas a enchentes empregadas em diferentes países do mundo inteiro, mas muitas delas seguem estes princípios:

- Analise o risco de enchentes.
- Evite edificar em áreas sujeitas ao risco de inundações.
- Se isso não for possível, identifique os usos menos vulneráveis que sejam compatíveis com o nível de risco de inundações.
- Projete o empreendimento de modo que ele seja resiliente às enchentes (veja a Seção 4.5), sem aumentar o risco desses eventos.
- Garanta, sempre que possível, que haja uma maneira de evacuar as pessoas para um terreno mais seguro (mais alto).

Seguir esses princípios pode resultar em uma mistura de usos que corresponda a diferentes níveis de risco de enchentes, frequentemente com espaços públicos ao longo de áreas de maior risco, como as beiras dos rios e as áreas litorâneas.

3.2 Situação

Assim como o planejamento espacial, o projeto de uma área sujeita a enchentes se desenvolve em diferentes escalas, do nível nacional ao regional, passando pelo planejamento da cidade. O planejamento detalhado ocorre do nível do bairro ao nível do terreno ou do prédio.

Entender a localização dentro de uma bacia hidrográfica ou planície aluvial, particularmente quando combinada com o entendimento da topografia, pode ajudar na análise preliminar do risco de enchente e das soluções que seriam apropriadas. Por exemplo, em baixios, um alagamento pode ser muito extenso e duradouro, pois a água acumulada pode levar muito tempo para drenar após um alagamento. Por outro lado, em áreas acidentadas, o início de um alagamento pode ser rápido e inesperado.

Em geral, a área de captação mais alta de um rio fica entre um terreno mais acidentado e a área de captação mais baixa muitas vezes (mas nem sempre) é formada por um terreno baixo ao longo de suas margens. Embora haja exemplos de áreas de captação superiores em locais baixos e de áreas de captação inferiores em terrenos montanhosos, isso não é tão comum.

3.3 Zonas de enchentes

As zonas de enchentes são empregadas para indicar as áreas com risco de alagamento entre alto e baixo e costumam se basear na probabilidade desses eventos ocorrerem. Na Inglaterra e no País de Gales, a Agência de Proteção Ambiental Britânica (Environment Agency) publica mapas *online* com as zonas de enchentes desses países. Essas zonas indicam as áreas que podem estar sob o risco de alagamento provocado por rios ou mares, mas ignora a presença das defesas. Os mapas também indicam as defesas contra enchentes e as áreas protegidas por elas. A Agência de Proteção Ambiental Escocesa (Scottish Environment Protection Agency – SEPA) e a Agência de Rios (Rivers Agency) em cooperação com o Departamento do Ambiente (Department of the Environment – DOE) publicam mapas similares para a Escócia e a Irlanda do Norte, respectivamente.

Na Inglaterra, as zonas de enchentes são classificadas da seguinte maneira:

- Zona de Enchente 1: considerada de baixa probabilidade e definida como áreas com menos de 0,1% (uma chance em mil) de risco anual de inundação causada por rios ou pelo mar.
- Zona de Enchente 2: considerada de probabilidade média e definida como as áreas com chances anuais de alagamento de rios entre 1 e 0,1% (uma chance em cem ou uma chance em mil) e com chances de alagamento do mar entre 0,5% e 0,1% (uma chance em duzentas ou uma chance em mil).
- Zona de Enchente 3: considerada de probabilidade alta e definida como uma área com risco de alagamento de rios superior a 1% (uma chance em cem) e risco de alagamento do mar maior do que 0,5% (uma chance em duzentas).
- Zona de Enchente 3b: também considerada de probabilidade elevada. Esta zona inclui as áreas nas quais a água precisa escoar ou ser armazenada em períodos de enchente. Isso frequentemente (mas não explicitamente) é considerado um terreno que tenha um risco anual de alagamento de rios superior a 5% (uma chance em vinte).

A área de terreno que seria afetada pela chance anual de 1% (1 em 100) é empregada em muitos países para a definição de planície aluvial ou de inundação. O nível de inundação de 1% às vezes é utilizado como o nível de enchente para projeto, considerando que os níveis térreos devem ficar acima deste nível.

A Agência de Proteção Ambiental Britânica também disponibiliza mapas *online* interativos que indicam a probabilidade de alagamento, considerando as defesas para as diversas fontes de risco. Essas áreas são indicadas como de probabilidade muito baixa a alta. A área com alta probabilidade é aquela com probabilidade superior a 3,3% (uma chance em trinta) e é similar à Zona de Enchente 3b, que é 5% (1 em 20).

Portanto, a título de mera referência, as áreas de alta probabilidade dão alguma indicação das áreas de risco mais alto. No entanto, é fundamental que seja elaborada uma avaliação do risco de enchentes, levando em consideração todas as fontes de alagamento e as características do local, inclusive a topografia, para determinar o risco de um terreno determinado.

Observe que nenhum desses mapas indica qual é a profundidade que o alagamento pode assumir ou com que rapidez se formará: eles apenas nos dão uma ideia do risco e – acima de tudo – indicam que são necessárias informações extras. Uma abordagem comum para considerar o risco de enchentes é olhar para a topografia do terreno. A água corre ao longo do caminho de menor resistência, então, normalmente canalizada por vales baixos e se acumula nas depressões. Isso, contudo, não significa que um terreno situado em uma colina não corre o risco de inundação, pois ele pode estar em um canal ou em uma depressão local.

Uma avaliação do risco de enchentes específica para o terreno pode nos oferecer uma análise mais detalhada do perigo, incluindo a profundidade e a velocidade que a água pode assumir, bem como o caráter da área (urbano ou rural).

3.4 Política de planejamento

A política de planejamento inglesa (National Planning Policy Framework (NPPF) 2012) estabelece a necessidade de aplicar um teste sequencial em relação ao risco de enchente, quando um terreno é considerado para a construção. Esse teste é feito pelo governo municipal, a fim de determinar se o empreendimento pode ser localizado em terrenos com probabilidade de alagamento "muito baixa" (Zona de Enchente 1). Quando não existem terrenos adequados para empreendimento ou se há outros benefícios decorrentes de urbanizar áreas sujeitas a enchentes, então os terrenos localizados nas Zonas de Enchente 2 e 3 podem ser levados em consideração, desde que se consiga demonstrar que o empreendimento:

- oferece benefícios de sustentabilidade mais amplos (como a melhoria de uma área urbana degradada ou a limpeza de um solo contaminado);
- será seguro para seus usuários ao longo do ciclo de vida do assentamento (englobando os efeitos das mudanças climáticas) e não resultará no aumento do risco de enchentes em outros locais e, em uma situação ideal, reduzirá o risco geral de inundações.

Tanto o "teste sequencial" como o segundo teste (chamado de "teste de exceção") oferecem um bom princípio a ser seguido para todos os empreendimentos imobiliários do Reino Unido e de outras partes do mundo.

As principais considerações para a redução do risco de enchentes no planejamento dos terrenos individuais que serão ocupados são:

- planejar o terreno a fim de localizar os usos mais vulneráveis nas áreas menos sujeitas a risco;
- prever acesso e rotas de fuga seguras.

Mesmo quando são criadas defesas contra enchentes, é importante considerar o risco residual de alagamento, caso elas rompam ou transbordem.

3.5 Uso e vulnerabilidade

A política de planejamento inglesa identifica a vulnerabilidade de acordo com cinco categorias, no intuito de proteger os usuários mais vulneráveis e garantir que seja preservada a infraestrutura necessária para os ajudar durante as enchentes:

1. Menos vulneráveis – que inclui lojas, escritórios e galpões.
2. Mais vulneráveis – que inclui moradias e outras instituições residenciais, hospitais, etc.
3. Extremamente vulneráveis – apartamentos em subsolos, trailers e casas móveis, delegacias de polícia, corpos de bombeiros, postos de ambulâncias e centros de comunicação que seriam necessários durante uma enchente.
4. Compatíveis com a água – inclui as defesas contra enchentes, marinas e locais de recreação aquática.
5. Infraestrutura essencial – inclui as conexões de transporte essenciais, as subestações de energia elétrica primárias e as estações de tratamento de água ou esgoto.

As primeiras três categorias são as mais relevantes para os arquitetos e outros planejadores e projetistas.

Uma lista de usos mais completa é fornecida pelo guia técnico do National Planning Policy Framework (NPPF). Esse documento também fornece uma tabela para determinar quais das classificações de vulnerabilidade são apropriadas para cada zona de enchente e em quais dessas zonas não se deve permitir um empreendimento imobiliário (veja a Tabela I).

4 REDUÇÃO DO RISCO DE ENCHENTES

4.1 Introdução

O planejamento com o uso de zonas de risco é apenas o primeiro passo. Um alagamento pode variar muito em termos de profundidade, velocidade da água e perigo, mesmo dentro de uma única zona

Tabela I Usos apropriados de acordo com o risco de enchentes (baseados em NPPF/PPS25), indicando quais devem ser submetidos ao teste de exceção na Inglaterra

Uso	Risco de enchentes muito baixo	Risco de enchentes baixo	Risco de enchentes moderado	Risco de enchentes elevado
Menos vulneráveis	Sim	Sim	Sim	Não
• Lojas e restaurantes				
• Escritórios				
• Indústrias e galpões				
• Agricultura e florestamento				
• Tratamento de água e esgoto				
Mais vulneráveis	Sim	Sim	Talvez[1]	Não
• Casas e apartamentos				
• Instituições residenciais, albergues e prisões				
• Hospitais, centros de saúde				
• Hotéis, bares e casas noturnas				
• Casas e apartamentos alugados para períodos de férias e trailers alugados por curtos períodos				
Extremamente vulneráveis	Sim	Talvez[2]	Não	Não
• Apartamentos em subsolos				
• Trailers e casas móveis para residência permanente				
• Delegacias de polícia, corpos de bombeiros, postos de ambulâncias				
• Centros de comunicação que seriam necessários durante uma enchente				
Compatíveis com a água	Sim	Sim	Sim	Sim
• Defesas contra enchentes				
• Docas, marinas e estaleiros navais				
• Locais de recreação aquática				
• Espaços de apoio abertos				
• Áreas abertas para a prática de esportes e lazer				
Infraestrutura essencial	Sim	Sim	Talvez[2]	Talvez[2]
• Conexões de transporte essenciais				
• Subestações de energia elétrica primárias				
• Estações de tratamento de água ou esgoto				

[1] "Talvez" corresponde aos usos que precisam ser aprovados pelo teste de exceção na Inglaterra. O princípio geral é direcionar os usos extremamente vulneráveis para as áreas com risco de enchentes muito baixo.
[2] Para todos os terrenos nas Zonas de Enchente 2 ou 3 ou para terrenos com mais de 10 unidades propostas ou com área superior a um hectare, é fundamental fazer uma avaliação do risco de enchentes específica para o terreno.

de risco. Os diferentes usos e tecnologias de construção podem ser mais ou menos adaptados para um risco de enchentes:

- As áreas com profundidades de alagamento baixas podem ser controladas com variações de níveis do solo, elevando algumas áreas acima dos níveis de enchente (para habitação, por exemplo) e baixando outras áreas (que podem ser utilizadas apenas como jardins, por exemplo).
- No caso de áreas sob risco de enchentes mais profundas, as edificações podem precisar ser muito elevadas em relação ao solo ou projetadas para flutuar conforme sobe a água.
- Nas áreas com risco de enchentes substancial, a solução pode ser a criação de campos de despejo e de áreas de armazenagem regional de águas de enchente.

As medidas para a redução do risco de enchentes podem ser estruturais ou não estruturais:

- As medidas estruturais incluem defesas contra enchentes ("duras" ou "macias"), a resiliência das edificações, os sistemas de drenagem (inclusive os sistemas de drenagem urbana sustentável) e as barreiras temporárias.
- As medidas não estruturais incluem sistemas de alerta com antecedência, previsões de enchente, planejamento do uso do solo, seguros, evacuações e planos de recuperação.

Para a maioria dos arquitetos, urbanistas, engenheiros e outros planejadores, as medidas estruturais serão as mais relevantes. Essas medidas são discutidas com mais detalhes no guia Cities and Flooding, publicado pelo Banco Mundial (GFDRR e World Bank, 2012).

Cada medida é adequada para uma escala. Elas serão apresentadas a seguir.

4.2 Planejamento e sustentabilidade

Sempre que houver o risco de enchentes em um terreno, ele deve ser considerado como um condicionante fundamental para o projeto, conduzindo a um planejamento seguro e responsável. As áreas sob o risco de enchentes às vezes oferecem oportunidades para ocupação urbana, em virtude de suas características benéficas para o empreendimento e para a região na qual a área se insere. Por exemplo, é possível usar as áreas de inundação para recreação, contribuindo para criar uma amenidade para um empreendimento contíguo. As áreas inundáveis também podem ser aproveitadas para a sustentação da vida selvagem, aumentando seus hábitats e a diversidade ecológica. Em algumas circunstâncias, essas áreas de alagamento podem ser empregadas para a geração de energia renovável, acomodando um parque eólico, uma hidrelétrica, um parque de energia fotovoltaica ou mesmo turbinas para o aproveitamento da energia cinética das marés. A abordagem Iniciativas de Longo Prazo para Ambientes Sujeitos a Enchentes (Long-term Initiatives for Flood-risk Environments – LifE) (www.lifeproject.info) ilustra bem essa estratégia, gerindo o risco de enchentes por meio da criação de parques, jardins, praças, campos de despejo, todos projetados de modo a se tornarem parte integral de um novo empreendimento sustentável. Essa abordagem, desenvolvida com fundos do Departamento de Questões Ambientais, Alimentícias e Rurais do Reino Unido (Department for Environment, Food and Rural Affairs – DEFRA) e como parte da criação de espaços para o programa de águas, é ilustrada na Figura 11.3.

Os exemplos de uma nova área "verde e azul" ao longo do rio Wandle, em Hackbridge (Figura 11.4), e de um campo de despejo para enchentes de maré (Figura 11.5) ao longo do rio Arun, em Littlehampton, mostram como a criação de espaços para o armazenamento de água excessiva pode melhorar os espaços públicos, gerando áreas generosas para recreação (na terra e na água), parques de vida natural e novos hábitats para a vida selvagem, bem como propiciar a geração de energias renováveis por meio de arranjos de bombas de calor geotérmico e turbinas de aproveitamento de energia das marés, respectivamente.

4.3 O projeto de edificações em áreas sujeitas a enchentes

Há inúmeras características em um projeto de edificação que podem ser empregadas para a redução dos efeitos de uma enchente. Podem ser adotadas diferentes abordagens, dependendo de como são utilizadas em um prédio existente ou inseridas como parte de uma nova edificação.

As quatro principais abordagens para lidar com o risco das enchentes no nível da edificação (Figura 11.6) são:

- Evitar
- Resistir
- Adaptar-se
- Flutuar

Um plano diretor resiliente à ameaça de uma enchente e coerente pode consistir em uma combinação dessas estratégias, organizadas ao redor de uma paisagem urbana que use áreas de paisagismo tratadas com vegetação e pavimentação, cumulativamente mitigando o risco de enchentes por todo o terreno.

11.3 LifE é uma abordagem de projeto integrado na qual as medidas tomadas para acomodar a água também ajudam a reduzir as emissões de carbono por meio de um empreendimento sustentável (Emissões Zero de Carbono, Passivhaus e Nível 6 do Código Britânico).

11.4 A área "verde e azul" proporciona uma área de recreação informal e flexível, com um baixio tratado paisagisticamente para acomodar a água das enchentes ocasionais e reduzir o fluxo da água a jusante. (Fonte: Baca Architects)

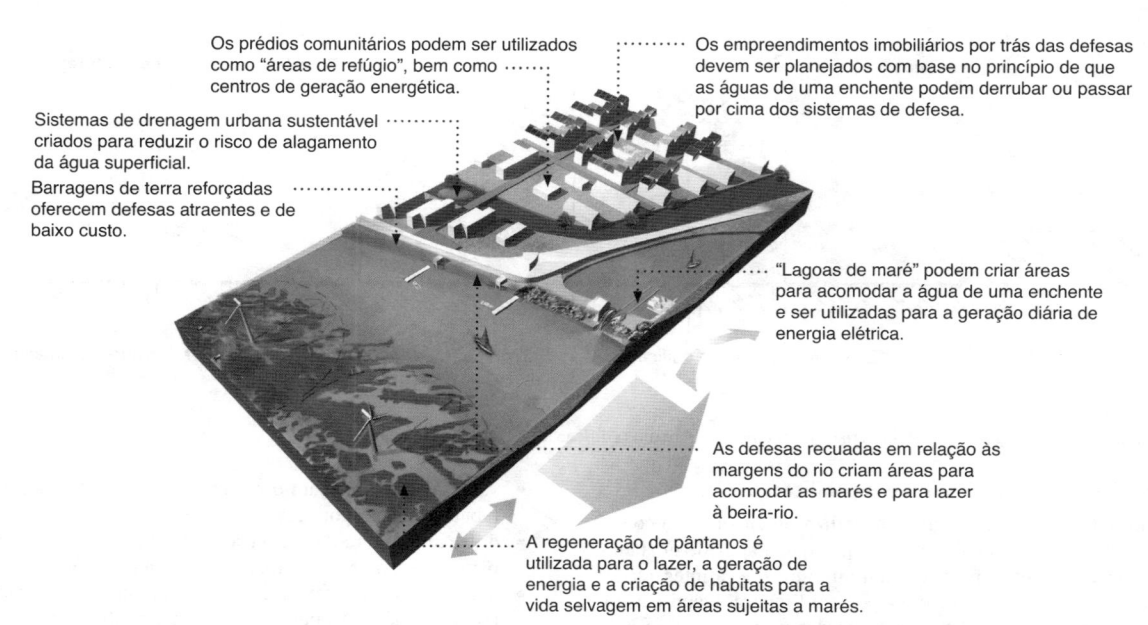

11.5 Um terreno sob o risco de inundação pode ser elevado em relação aos níveis de enchente futuros com o aterro obtido com o material de escavação de uma nova "lagoa de maré", uma área de alagamento e um campo de despejo. (Fonte: Baca Architects)

4.4 Evitar enchentes

Evitar as enchentes é a medida de projeto de edificações mais usual, havendo muitos exemplos de edificações em palafitas ou elevadas do solo pelo mundo.

Para que essa estratégia seja eficaz, o pavimento térreo da edificação deve ficar acima do nível de inundação para projeto, deixando-se uma margem de segurança para os imprevistos, como as mudanças climáticas (uma borda livre).

- Unidades de habitação: o nível térreo geralmente precisa ficar acima do nível de inundação de 1% de risco (1 em 100) + 30 cm (margem de segurança para as mudanças climáticas) + 30 cm (borda livre).
- Unidades de habitação: o nível térreo geralmente precisa ficar acima do nível de inundação de 5% de risco (1 em 20) + 30 cm (margem de segurança para as mudanças climáticas) + 30 cm (borda livre).
- Estacionamentos de habitações: o nível do pavimento geralmente precisa ficar acima do nível de inundação de 1% de risco (1 em 100).
- Estacionamentos comerciais: o nível do pavimento geralmente precisa ficar acima do nível de inundação de 5% de risco (1 em 20).

Embora a elevação do solo pareça uma solução óbvia para reduzir o risco de inundação, muitas vezes isso não é possível, pois resultaria no aumento do risco em outro local. No entanto, quando isso for uma opção, a perda de terreno para armazenagem da água da enchente normalmente precisará ser compensada por uma área de escavação no mesmo nível da área de elevação, para que essa seja efetiva: isso é chamado de compensação de nível por nível. Essa estratégia raramente é viável em áreas com pouca variação no terreno.

Trabalhando com a topografia natural de um terreno é possível a redução do risco de enchente em apenas algumas áreas ao aumentar o nível do solo e, ao mesmo tempo, compensar a perda de terra para armazenagem da água com a redução dos níveis de outros locais (veja o estudo de caso, Seção 5).

Os prédios podem ser elevados por palafitas, pilares ou paredes, afastando-se a laje térrea do nível sujeito a enchentes. Esse tipo de edificação ajuda a preservar o espaço para inundações, enquanto os prédios elevados por paredes podem, ainda, assim exigir a compensação pela perda de área de planície aluvial, a menos que haja aberturas adequadas nas paredes para permitir a passagem da água. Um prédio elevado pode resultar em níveis de piso bastante elevados em relação ao nível do solo, exigindo rotas de acesso com rampas íngremes ou escadas, algo incompatível para o acesso por parte dos usuários com deficiência física. Isso também pode resultar em uma desconexão entre o nível do pavimento térreo e o da rua, reduzindo o controle natural da rua.

4.5 Proteção contra enchentes por meio da impermeabilização: mantendo a água fora

Normalmente não se aceitam as estratégias de resistência ou resiliência a enchentes em novas edificações, exceto as de gestão do risco residual (Figura 11.7). Isso ocorre porque é mais seguro evitar o risco de enchentes em vez de contar com as defesas contra enchentes para manter a água à distância ou permitir que ela entre, junto com os riscos óbvios à saúde que isso representa.

As medidas de resistência contra enchentes incluem defesas, barreiras, proteção nas portas e válvulas de contrafluxo, a fim de evitar que a água entre no prédio. Em suma, trata-se de mantê-lo seco.

As medidas de resistência contra enchentes geralmente são eficazes apenas para inundações pequenas e de curta duração (entre 30 cm de profundidade ou abaixo de 60 cm, conforme a avaliação do prédio). Testes já mostraram que a água de uma enchente pode infiltrar-se em diferentes tipos de construção projetadas para resistir a uma inundação, embora a duração dessa resistência possa variar. Há exemplos de prédios projetados para resistir a enchentes mais altas, porém eles exigem construções pesadas, como tanques, concreto impermeável e portas de aço impermeáveis.

Na maior parte dos casos, deve-se pressupor que as medidas de resistência a enchentes serão eficazes apenas quando os níveis previstos não superam 30 cm acima no nível do solo do entorno. A Tabela II mostra uma série de medidas de proteção contra enchentes.

a Evitar | b Resistir (mantendo a água fora)

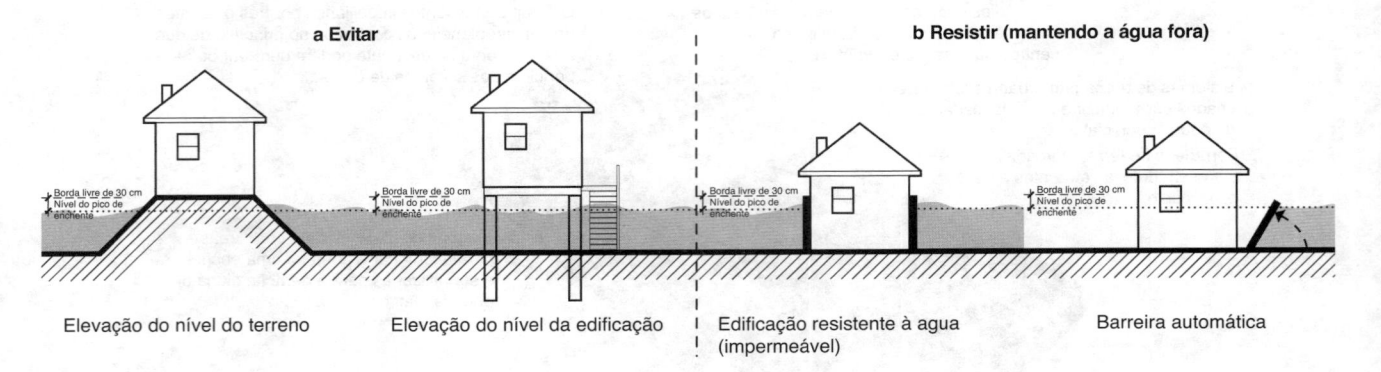

Elevação do nível do terreno — Elevação do nível da edificação — Edificação resistente à agua (impermeável) — Barreira automática

11.6 Diferentes estratégias para gerenciar o risco de enchentes sobre uma edificação. (© Baca Architects)

4.6 Resiliência a enchentes/impermeabilização

As medidas de resiliência ou impermeabilização envolvem a construção de prédios de tal maneira que, ainda que a água de uma enchente os invada, seus impactos sejam minimizados, a integridade da edificação seja preservada e o tempo para limpeza e reutilização seja minimizado (Figura 11.8). Essa abordagem baseia-se no uso de materiais que consigam resistir à permanência da água sem que sejam necessários reparos ou substituições seguindo as proposições do guia britânico *Improving the flood performance of new buildings*. As medidas de resiliência a enchentes geralmente são empregadas em locais onde a profundidade de alagamento é superior a 60 cm.

Entre as várias considerações-chave sobre os materiais quanto à resiliência estão a resistência à água, a impermeabilidade, a capacidade de secagem, o não apodrecimento, a resistência aos fungos e a possibilidade de substituição.

As medidas de resiliência das edificações incluem:

- elevação das instalações prediais acima do nível de enchente (como as tomadas e redes de eletricidade);
- válvulas que impeçam o retorno dos fluxos (instaladas nas tubulações de esgoto);
- drenagem segura (como o uso de tampas vedadas e entradas para inspeção de concreto, para evitar a poluição e flotação);
- materiais impermeáveis e laváveis (como pisos cerâmicos, portas de plástico e paredes de alvenaria rebocada);
- materiais com núcleo maciço (como o uso de armários de madeira maciça em vez de madeira aglomerada ou o uso de paredes maciças abaixo dos níveis de enchente potenciais);
- materiais substituíveis (como usar chapas de gesso acartonado na horizontal, permitindo que apenas as chapas no nível mais baixo precisem ser substituídas).

O propósito dessas medidas é reduzir o risco da pele de uma edificação à inundação pela água e, caso os eventos ocorram, facilitar a recuperação dos danos. Os prédios precisam de tempo para secar completamente após terem sido inundados, a fim de evitar o risco de mofo, dano permanente e apodrecimento. Isso pode ser difícil com materiais que façam parte de uma edificação composta e, portanto,

11.7 Um novo prédio no BRE Innovation Park mostrará como diferentes técnicas de edificação podem ser empregadas para manter a água afastada (resistência) ou para lidar com ela, caso invada a edificação (resiliência).

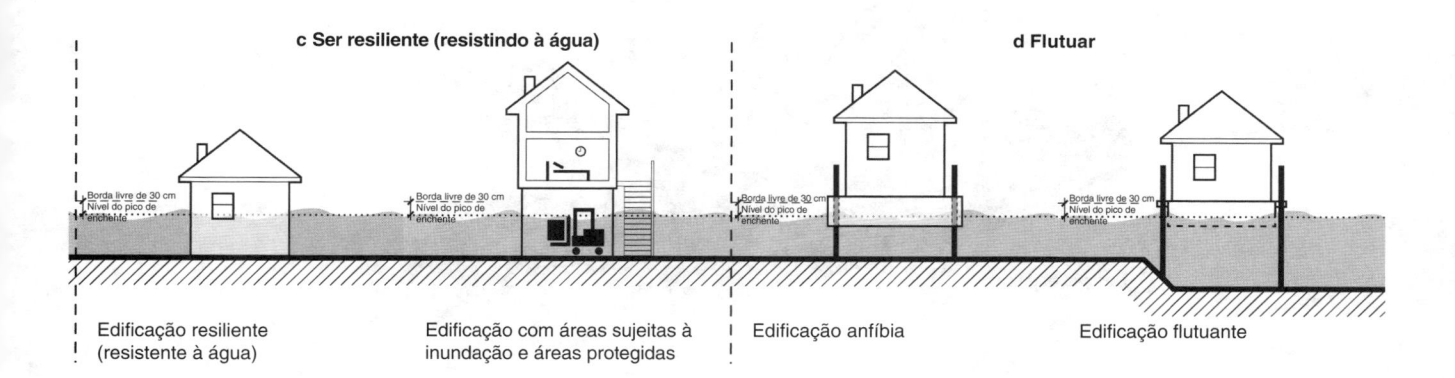

c Ser resiliente (resistindo à água)

d Flutuar

Edificação resiliente (resistente à água) | Edificação com áreas sujeitas à inundação e áreas protegidas | Edificação anfíbia | Edificação flutuante

os materiais ou sistemas construtivos mais pesados, como paredes de alvenaria maciça, às vezes são preferíveis abaixo dos níveis de enchente.

Além da profundidade da enchente, a velocidade da água e o risco de que ela leve consigo caliça devem ser considerados, uma vez que fluxos rápidos e o impacto exercido por dejetos podem, em tese, causar amassões e danos estruturais às fundações e à superestrutura.

4.7 Edificações flutuantes ou anfíbias

Na maior parte dos casos, os prédios flutuantes ou anfíbios dificilmente serão uma opção para a gestão do risco de enchentes, devido à necessidade de, nessa estratégia, a edificação ficar sobre a água, que frequentemente é uma área de alto risco, incompatível com a vulnerabilidade criada.

Uma edificação anfíbia em geral, é, uma construção leve sustentada por uma base flutuante ou uma fundação projetada para subir e descer conforme o nível da água. Os benefícios desta forma de construção é que ela pode ser projetada para suportar profundidades de alagamento significativas e consegue responder a níveis de enchente variáveis, o que é benéfico quando há incerteza nas previsões.

Uma edificação anfíbia (Figura 11.9) é um prédio flutuante que fica apoiado no solo ou parcialmente enterrada nele. Ela pode ficar apoiada no solo, flutuando apenas quando o nível da água se eleva. Esses tipos de construção exigem muito cuidado na análise, no projeto e na engenharia, a fim de gerenciar as instalações e criar uma resistência suficiente aos fluxos de enchentes e aos entulhos trazidos por elas.

4.8 Acesso e evacuação seguros

Em todos esses tipos de edificação, é importante criar um acesso e uma evacuação segura para o evento de uma inundação. Isso é particularmente relevante para os veículos de emergência que serão necessários durante os períodos de enchente, razão pela qual esse é um condicionante de planejamento crucial.

O acesso e a evacuação não precisam ser necessariamente secos, mas devem ser seguros. O documento *Flood Risk Assessment Guidance for New Development* (Departamento de Questões Ambientais, Alimentícias e Rurais do Reino Unido – DEFRA – 2005)

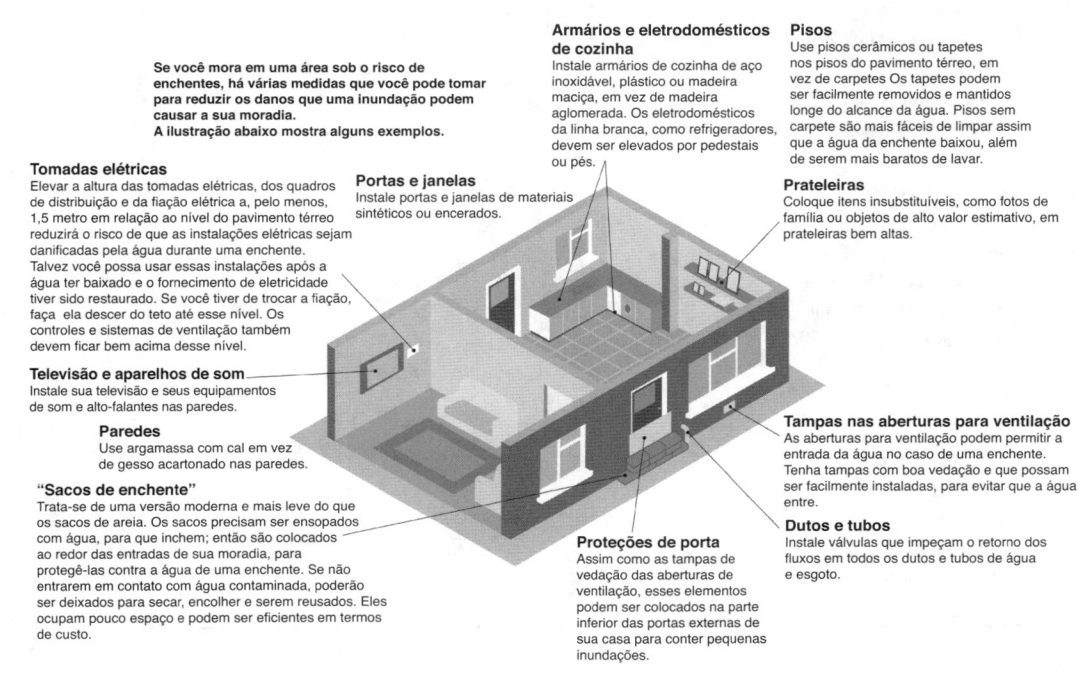

Se você mora em uma área sob o risco de enchentes, há várias medidas que você pode tomar para reduzir os danos que uma inundação podem causar a sua moradia.
A ilustração abaixo mostra alguns exemplos.

Tomadas elétricas
Elevar a altura das tomadas elétricas, dos quadros de distribuição e da fiação elétrica a, pelo menos, 1,5 metro em relação ao nível do pavimento térreo reduzirá o risco de que as instalações elétricas sejam danificadas pela água durante uma enchente. Talvez você possa usar essas instalações após a água ter baixado e o fornecimento de eletricidade tiver sido restaurado. Se você tiver de trocar a fiação, faça ela descer do teto até esse nível. Os controles e sistemas de ventilação também devem ficar bem acima desse nível.

Televisão e aparelhos de som
Instale sua televisão e seus equipamentos de som e alto-falantes nas paredes.

Paredes
Use argamassa com cal em vez de gesso acartonado nas paredes.

"Sacos de enchente"
Trata-se de uma versão moderna e mais leve do que os sacos de areia. Os sacos precisam ser ensopados com água, para que inchem; então são colocados ao redor das entradas de sua moradia, para protegê-las contra a água de uma enchente. Se não entrarem em contato com água contaminada, poderão ser deixados para secar, encolher e serem reusados. Eles ocupam pouco espaço e podem ser eficientes em termos de custo.

Portas e janelas
Instale portas e janelas de materiais sintéticos ou encerados.

Armários e eletrodomésticos de cozinha
Instale armários de cozinha de aço inoxidável, plástico ou madeira maciça, em vez de madeira aglomerada. Os eletrodomésticos da linha branca, como refrigeradores, devem ser elevados por pedestais ou pés.

Proteções de porta
Assim como as tampas de vedação das aberturas de ventilação, esses elementos podem ser colocados na parte inferior das portas externas de sua casa para conter pequenas inundações.

Pisos
Use pisos cerâmicos ou tapetes nos pisos do pavimento térreo, em vez de carpetes Os tapetes podem ser facilmente removidos e mantidos longe do alcance da água. Pisos sem carpete são mais fáceis de limpar assim que a água da enchente baixou, além de serem mais baratos de lavar.

Prateleiras
Coloque itens insubstituíveis, como fotos de família ou objetos de alto valor estimativo, em prateleiras bem altas.

Tampas nas aberturas para ventilação
As aberturas para ventilação podem permitir a entrada da água no caso de uma enchente. Tenha tampas com boa vedação e que possam ser facilmente instaladas, para evitar que a água entre.

Dutos e tubos
Instale válvulas que impeçam o retorno dos fluxos em todos os dutos e tubos de água e esgoto.

11.8 Medidas de resiliência contra enchentes. (Fonte: Agência Ambiental Britânica)

Posição estática

Durante uma enchente

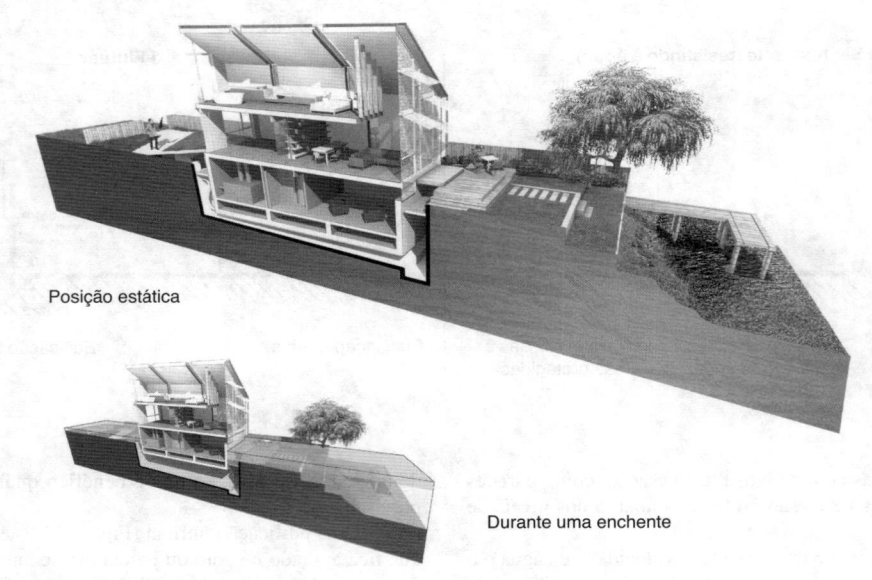

11.9 Projeto de uma casa anfíbia. (Fonte: © Baca Architects)

Tabela II Aplicação de medidas contra enchentes com base na profundidade e velocidade da enchente e nos tipos de construção

Matriz à prova de enchentes		Elevação por meio de paredes de fundação	Elevação por meio de pier	Elevação por meio de pilares ou colunas	Elevação por palafitas	Realocação	Muros e diques	Muros contra enchentes e diques com comportas	Resistência seca contra enchentes	Resiliência molhada contra enchentes
Características da enchente										
Profundidade	Baixa (<1 m)*	✓	✓	✓	✓	✓	✓	✓	✓*	✓
	Moderada (1–2 m)*	✓	✓	✓	✓	✓	✓	✓	✗	✓
	Alta (>2 m)*	✓	✓	✓	✓	✓	✗	✗	✗	✗
Velocidade	Baixa (<1 m/s)	✓	✓	✓	✓	✓	✓	✓	✓	✓
	Moderada (1–2 m/s)	✓	✓	✓	✓	✓	✓	✓	✗	✗
	Alta (>2 m/s)	✗	✗	✓	✓	✓	✗	✗	✗	✗
Risco de alagamento rápido/instantâneo		✗	✓	✓	✓	✓	✓	✗	✗	✗
Risco de fluxo de gelo e detritos		✗	✓	✓	✓	✓	✓	✗	✗	✗
Características do terreno										
Localização	Planície aluvial litorânea	✗	✓	✓	✓	✓	✓	✗	✗	✗
	Planície aluvial ribeirinha	✓	✓	✓	✓	✓	✓	✓	✓	✓
Tipo de solo	Permeável	✓	✓	✓	✓	✓	✗	✗	✗	✓
	Impermeável	✓	✓	✓	✓	✓	✓	✓	✓	✓
Características das edificações										
Fundações	Laje sobre o solo	✓	✓	✓	✓	✓	✓	✓	✓	✓
	Laje afastada do solo	✓	✓	✓	✓	✓	✓	✓	✓	✓
	Prédio com pavimento de subsolo	✓	✗	✗	✗	✓	✓	✓	✗	✗
Construção	Concreto/alvenaria	✓	✓	✓	✗	✓	✓	✓	✓	✓
	Madeira/outros materiais	✓	✓	✓	✗	✓	✓	✗	✗	✗
Condição	Excelente ou boa	✓	✓	✓	✓	✓	✓	✓	✓	✓
	Razoável ou ruim	✗	✗	✗	✗	✗	✓	✓	✗	✗

*Observação: os níveis dentro dessas diretrizes internacionais são distintos dos ingleses, que estão no English National Guidance. Um especialista sempre deve ser consultado. (Fonte: GFDRR e World Bank 2012, adaptado de USACE).

identifica as condições para criar um acesso e uma evacuação seguros nos empreendimentos imobiliários.

4.9 Sistemas de drenagem sustentável (SuDS)

Além das medidas de resiliência a enchentes, também é importante atenuar o risco de inundação por meio do controle da drenagem. Os sistemas de drenagem sustentável utilizam meios para o escoamento da água da chuva que se inspiram nos sistemas de drenagem natural. As várias estratégias são resumidas da seguinte forma:

- sistemas de controle na fonte ou interceptação (como as coberturas verdes e a coleta da água da chuva);
- sistemas de infiltração (como pisos permeáveis);
- sistemas de retenção e detenção (como lagoas de detenção ou reservatórios subterrâneos para a água de chuvas intensas);
- sistemas de canalização (empregados para transportar a água);
- bacias de detenção construídas.

O objetivo dos controles na fonte (como é o caso das coberturas verdes ou dos barris para coleta de água da chuva) é interceptar e escoar a água pluvial antes que ela chegue ao solo e aos sistemas de drenagem.

O objetivo dos sistemas de infiltração, como os pisos permeáveis e os sumidouros subterrâneos, é facilitar a infiltração da água da chuva no solo. Um sumidouro é basicamente uma câmara circular preenchida com pedras, valas lineares rasas ou tubos perfurados, dependendo da profundidade do lençol freático e da permeabilidade do solo.

Os pisos permeáveis podem ser empregados em áreas de estacionamento ou passeios, para permitir a infiltração no solo ou em bacias de detenção subterrâneas.

É importante que medidas de controle da poluição sejam utilizadas para interceptar contaminantes de veículos ou de outras fontes, antes que esses tragam o risco de poluir os lençóis freáticos. Faixas de filtragem podem ser empregadas entre as áreas de estacionamento, para controlar o escoamento superficial das águas da chuva (Figura 11.10).

Os sistemas de retenção e detenção são recursos de armazenamento da água da chuva, do tipo lagoas ou depósitos celulares subterrâneos, que retêm a água durante uma tempestade, antes de lançá-la por meio de um fluxo de saída controlado. Eles precisam ser projetados de modo a permanecerem predominantemente secos nos demais períodos, a fim de que possam oferecer uma armazenagem eficaz durante uma tempestade.

Os sistemas de condução da água, como as valas de drenagem e as biovaletas, são canais (em geral paisagisticamente tratados) que conduzem a água de um sistema a outro, como do escoamento pluvial de uma cobertura a uma bacia de retenção.

As bacias de detenção construídas (na forma de lagos) são medidas de controle na escala do bairro ou da região que imitam os benefícios das bacias de detenção naturais e geralmente são a última etapa de um sistema de drenagem sustentável.

Os sistemas de drenagem natural com vegetação (como coberturas verdes, jardins verticais e valas de drenagem com plantas ou gramadas) também oferecem outros benefícios ambientais, como o resfriamento por meio da evapotranspiração, a criação de hábitats para a vida selvagem e o tratamento paisagístico. Os sistemas de drenagem natural podem melhorar o planejamento diretor por meio do aumento das oportunidades de paisagismo, de uma maior oferta de áreas de lazer e da criação de lugares mais agradáveis.

Um sistema de drenagem sustentável costuma compreender uma variedade desses recursos, que, juntos, ajudam a reter o escoamento superficial da água da chuva e lentamente liberá-lo nos cursos de água ou no solo (Figura 11.11).

Os sistemas de drenagem sustentável incluem soluções tanto abaixo do nível do solo quanto acima dele. Em áreas contaminadas ou com sistemas de drenagem sustentável ruins, as opções muitas vezes se baseiam na acumulação da água, em vez da infiltração.

O projeto urbano sensível à água é um termo criado na Austrália que descreve a integração do manuseio do ciclo da água nas esferas do planejamento urbano e regional. Seus componentes são similares àqueles empregados na drenagem sustentável, mas levam a gestão da água a um nível além da mera drenagem. Um bom plane-

11.10 Uma faixa de filtragem pode ser introduzida em um estacionamento, entre as vagas, para ajudar no escoamento superficial da água da chuva. (© Baca Architects)

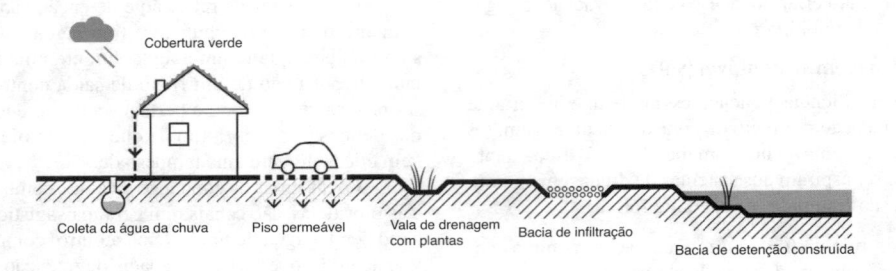

11.11 Algumas opções de drenagem sustentável. (© Baca Architects)

jamento ou projeto deve integrar a gestão da água e tratá-la em todos os níveis de um empreendimento imobiliário.

Há muitas orientações sobre os sistemas de drenagem sustentáveis disponibilizadas pela ONG inglesa CIRIA (Construction Industry Research and Information Association – Associação de Pesquisa e Informações da Indústria da Construção) e por muitos outros fornecedores técnicos. A fim de determinar o tipo e a escala de sistema necessários, é imprescindível fazer análises do subsolo, para entender o tipo do solo e sua geologia. Também é imprescindível fazer cálculos de drenagem, para determinar o volume de armazenamento preciso e as taxas de escoamento superficial da água da chuva.

5 ESTUDO DE CASO: DEAL GROUND

Projeto: Baca Architects

5.1 Contexto

A gleba Deal Ground localiza-se na periferia leste da cidade britânica de Norwich, no limite oeste de Norfolk Broads. O terreno fica a menos de um quilômetro da estação ferroviária e a cerca de 1.600 m da catedral, no centro da cidade, mas é isolado dessa rota pelo rio Wensum. O sítio é ladeado pelo rio Wensum e pelo rio Yare e, no passado, foi utilizado para armazenamento, manufatura e, nos últimos tempos, para indústrias leves. Assim, é considerado um terreno contaminado recuperado (*brownfield*). A gleba também incluía um pântano intocado: o County Wildlife Site Carrow Abbey Marsh.

O escritor Baca Architects (trabalhando com uma equipe de especialistas) foi contratado pela Serruys Property para desenvolver um plano diretor para a renovação urbana do local que, ao mesmo tempo, gerenciasse o risco de enchentes.

5.2 Análise do risco de enchentes

A principal fonte do risco de enchentes é em função dos rios (Figura 11.12). Eles são influenciados, no local, pelas marés, mas os fluxos decorrentes de enchentes são determinados pelos efeitos da água da chuva. O escoamento superficial da água da chuva também deve ser considerado. Devido à topografia, isso se limita às precipitações da chuva diretamente sobre o terreno e não ao escoamento dos terrenos adjacentes.

Os Mapas de Zonas de Enchente da Agência Ambiental britânica indicam que a gleba se encontra nas Zonas de Enchente 2 e 3. Foi feita uma Avaliação do Risco de Enchente especificamente para o local. Isso envolveu estudos topográficos do solo, junto com dados da tecnologia LiDAR onde foi difícil determinar os níveis do solo. Usou-se um sistema de modelagem bidimensional das enchentes para determinar os percursos das inundações, os níveis de água, sua duração, a profundidade dos alagamentos e suas velocidades por todo o terreno.

As análises indicam que:

- Uma área no oeste da gleba encontra-se dentro da Zona de Enchente 1
- Aproximadamente 37% da área está dentro da Zona de Enchente 2
- Aproximadamente 30% da área está dentro da Zona de Enchente 3a

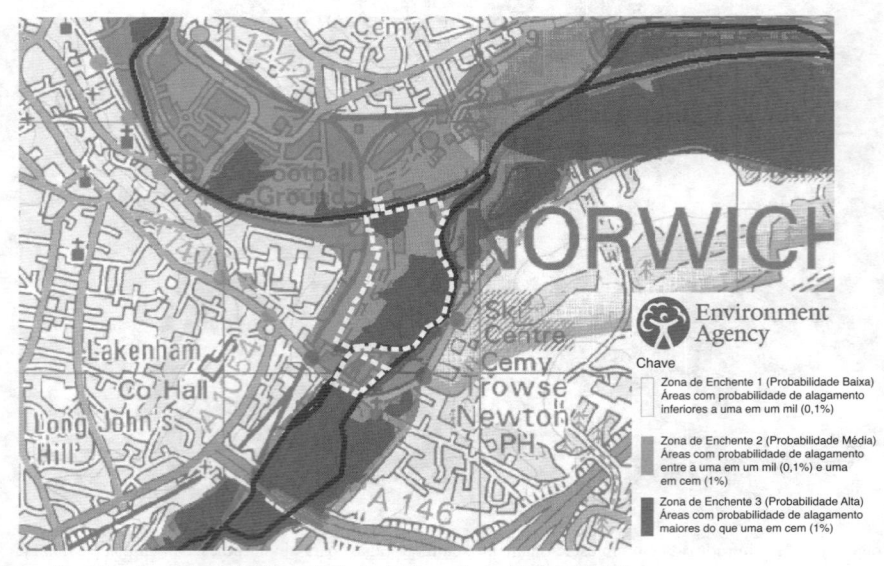

11.12 As zonas de enchente do projeto Deal Ground. (Fonte: Agência de Proteção Ambiental Britânica)

- Aproximadamente 30% da área está dentro da Zona de Enchente 3b

Essas zonas de enchente foram confirmadas com a Agência de Proteção Ambiental britânica e utilizadas para a tomada de decisões no empreendimento.

5.3 Planejamento do risco de enchente (uso e vulnerabilidade)

Foi concebido um plano diretor que "trabalhasse junto com a água" (Figura 11.13), no qual o pântano seria ampliado entre as áreas de intervenção mais elevadas, permitindo que a água das enchentes fluísse ao redor e, em certos casos, sob as edificações.

O empreendimento imobiliário foi localizado nas áreas com menos risco – na Zona de Enchente 2, com parte do empreendimento localizada em uma área da Zona de Enchente 3a. Um "terreno de vida selvagem do condado" (County Wildlife Site) localiza-se dentro da Zona de Enchente 3b e, portanto, não foi proposto qualquer empreendimento imobiliário neste local.

O uso residencial proposto seria considerado apropriado na Zona de Enchente 2, mas precisaria passar pelo "teste de exceção" nas áreas localizadas na Zona de Enchente 3a. Os restaurantes e as lojas propostas nas áreas da Zona de Enchente 3a seriam consideradas apropriadas. Como o sítio é sujeito ao risco de inundações, exigia-se uma análise de risco de enchentes detalhada, a fim de demonstrar que o empreendimento seria seguro ao longo de sua vida útil e não resultaria no aumento do risco em outras áreas.

A intervenção forneceria uma série de benefícios sustentáveis a Norwich e à região, o que significava que, se o risco de enchentes pudesse ser gerenciado ao longo da vida útil do empreendimento sem aumentar o risco em outros locais, seria apropriada a intervenção. Esses benefícios incluíam:

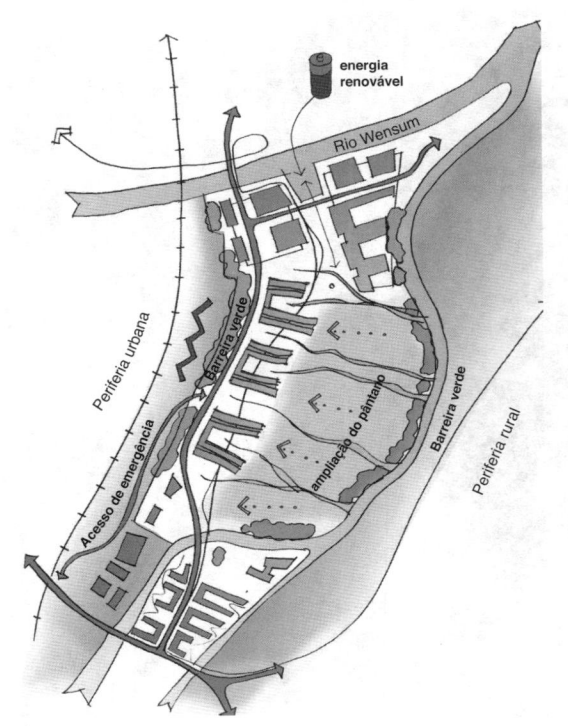

- melhoria da infraestrutura de transporte, por meio da provisão de uma nova rota de ciclovias, parte da Sustrans, a rede de ciclovias nacional; duas novas pontes e melhorias no transporte público;
- ganhos ambientais por meio da recuperação do hábitat selvagem;
- gestão e melhoria de um "terreno de vida selvagem do condado" (County Wildlife Site), com melhor acesso;
- melhoria do sistema de armazenamento de águas de enchentes;
- oferta de habitações, incluindo moradias populares;
- acesso a um sítio que posteriormente seria renovado;
- um empreendimento imobiliário exemplar, que respeitaria e melhoraria seu contexto imediato.

5.4 Redução do risco de enchentes

Como observou-se que os fluxos de enchentes sobre o solo eram lentos, a preocupação maior foi garantir que o empreendimento fosse localizado acima dos picos dos níveis de enchente.

Os níveis de enchente não eram uniformes por toda a gleba, e a Agência de Proteção Ambiental britânica forneceu os níveis de enchente para projeto que, de modo geral, foram empregados.

Com base nessa orientação, os níveis de enchente foram os seguintes:

- 0,1% (1 em 1.000) 3,09 m (atuais)
- 1% (1 em 100) + mudanças climáticas 2,04 m (atuais)
- 1% (1 em 100) 1,85 m (atuais)
- 5% (1 em 20) 1,36 m (atuais) (para May Gurney e o centro do Deal Ground); 1,24 m (atuais) (para o norte do Deal Ground)

A Agência de Proteção Ambiental britânica exigiu que os pavimentos térreos dos usos residenciais "mais vulneráveis" fossem localizados 30 cm acima do nível de enchente com risco de 1% (1 em 100), incluindo uma folga para as mudanças climáticas, e que os pisos térreos dos usos comerciais "menos vulneráveis" ficassem 30 cm acima do nível de enchente com risco de 5% (1 em 20), também levando em consideração as mudanças climáticas previstas.

5.5 Abordagem do projeto

O empreendimento imobiliário total adota uma abordagem não defensiva para a gestão do risco de enchentes – o que significa que não há defesas.

Uma combinação de medidas de projeto foi empregada para criar um plano completo e integrado de gestão de risco de enchentes. Essas medidas incluem:

- elevação do nível do solo, particularmente abaixo das avenidas de acesso;
- isso é compensado pela escavação de áreas de altura correspondente, aumentando a armazenagem total da água de enchentes (Figura 11.14);
- construção de prédios elevados por palafitas no norte do sítio;
- construção resiliente a enchentes em outros locais, para lidar com o risco de que uma inundação excedesse o nível do risco de 1% + o das mudanças climáticas;
- sistemas de drenagem sustentável;
- acesso e evacuação por meio de rotas elevadas;
- alerta contra enchentes e plano de evacuação.

Essas medidas foram integradas ao projeto, de modo que as áreas adicionais para o armazenamento da água das enchentes assumissem uma função dupla, como a de jardins de uso comunitário ou áreas de lazer locais. Esses espaços foram inseridos entre as áreas construídas, contribuindo para o tratamento paisagístico e separando as unidades de habitação entre si. Foram empregados dois sistemas de modelagem de inundações para testar o impacto da intervenção nos níveis de enchen-

Diagrama conceitual

11.13 Diagrama conceitual do projeto Deal Ground. (© Baca Architects)

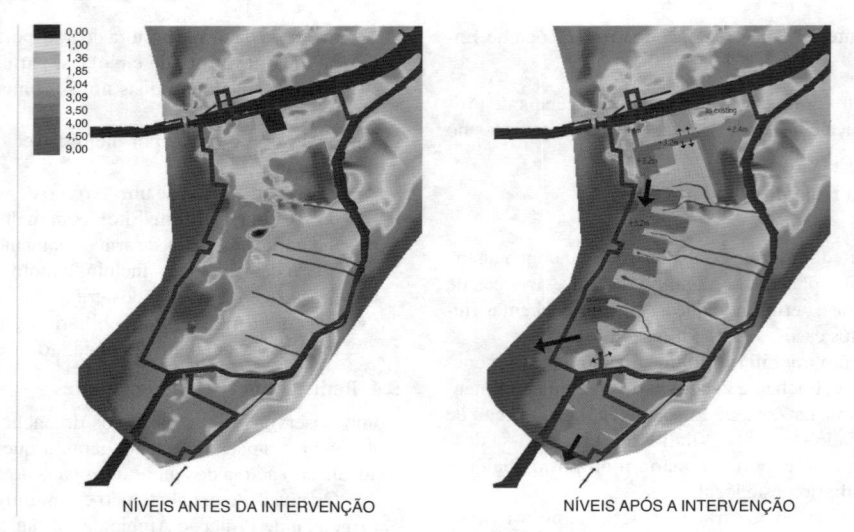

NÍVEIS ANTES DA INTERVENÇÃO   NÍVEIS APÓS A INTERVENÇÃO

11.14 As diferenças de nível do solo por todo o sítio. (Fonte: Baca Architects & JBA Consulting)

11.15 Fluxos de enchentes pelo sítio durante um evento com probabilidade de 0,1%. (Fonte: JBA Consulting)

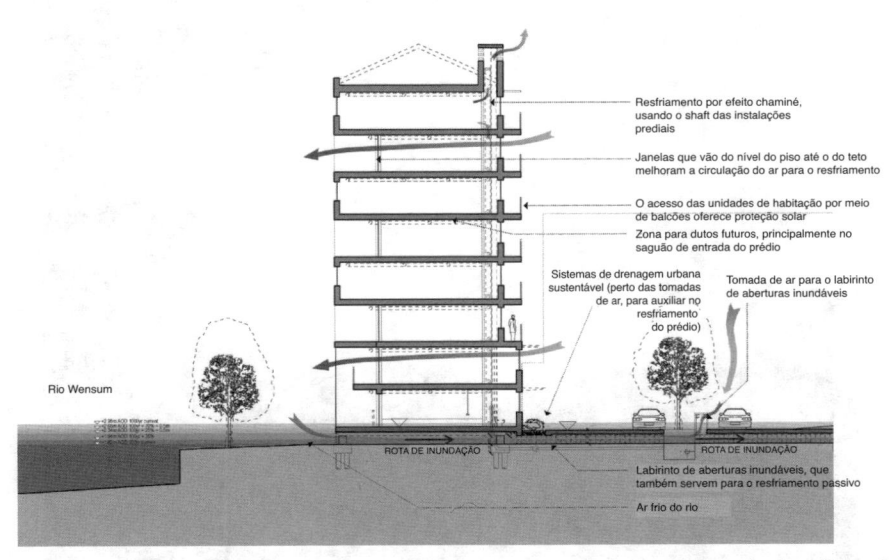

11.16 Aberturas inundáveis aproveitadas para o resfriamento passivo pelo efeito chaminé nos níveis de enchente mais altos. (Fonte: Baca Architects)

tes do entorno da gleba e para refinar o projeto. A modelagem feita para uma enchente com probabilidade de 0,1% (1 em 1000) (Figura 11.15) mostra as áreas nas quais a água de um desses eventos passa sob os prédios, através de um labirinto subterrâneo de aberturas inundáveis.

Os prédios e os estacionamentos ao longo do rio Wensum foram todos elevados, sem que se alterasse o nível do solo, para manter a capacidade de alagamento do terreno. Na pesquisa seguinte (Bairros Adaptáveis ao Clima), realizada pelo Comitê de Estratégias Tecnológicas (Technology Strategy Board), a capacidade de resfriamento gerada pelos vazios criados sob os prédios (Figura 11.16) foi calculada para a gestão do aumento de temperaturas. Considerou-se que a estratégia conjunta do uso de construções pesadas (também benéficas para a resiliência a enchentes) e elementos de sombreamento atenuaria o risco de superaquecimento gerado pelas previsões climáticas até o ano de 2080.

Os sistemas de infiltração seriam inapropriados para o terreno em virtude de sua geologia superficial, dos lençóis freáticos altos e dos usos anteriores de parte da gleba. O sistema desenvolvido (Figura 11.17) combinou as seguintes estratégias:

- coberturas verdes nos blocos de apartamentos;
- células de depósito de água sob as vias de pedestres;
- uma bacia de detenção no formato de uma "praça de chuva";
- faixas de filtragem ao longo dos meios-fios e nas áreas de estacionamento para interceptar o escoamento superficial da água da chuva;
- valas de drenagem com vegetação para canalizar a água em direção a valas de drenagem maiores;
- bacias de detenção construídas na forma de ampliações do sistema de valas do pântano.

Isso tudo cria um sistema robusto por meio de depósitos subterrâneos combinados com os benefícios ambientais dos sistemas verdes de drenagem. Um equipamento de armazenagem aberta, dentro da "praça de chuva", oferece uma demonstração dos sistemas de drenagem sustentáveis em operação, transformando-se em uma área educativa (Figura 11.18)

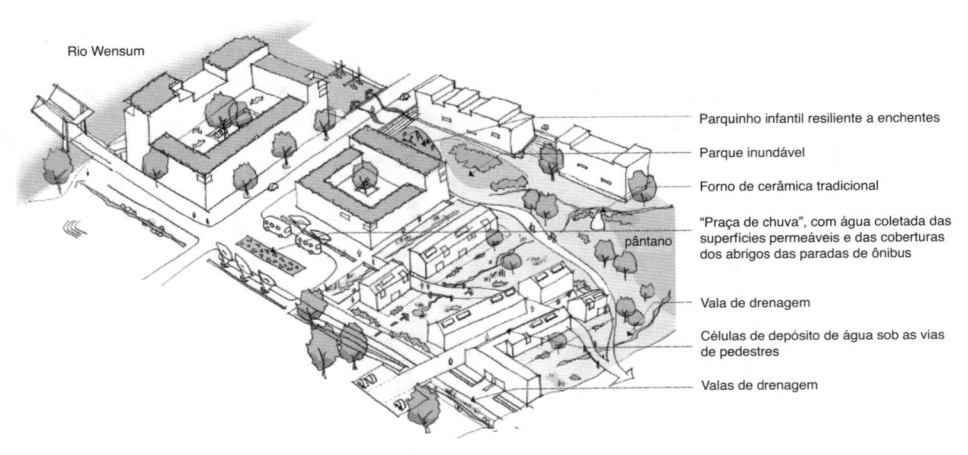

11.17 O sistema de drenagem sustentável (SuDS) do projeto Deal Ground.

11.18 As edificações localizadas ao redor de uma extensão da área do pântano. (Fonte: Atelier Pro)

6 REFERÊNCIAS BIBLIOGRÁFICAS

Baca Architects e BRE para Defra. *LifE handbook Long-Term Initiatives for Flood-Risk Environments.* IHS BRE Press, 2009.
Baca Architects e BRE para Defra. *LifE project.* IHS BRE Press, 2009.
Barker, R. *Water strategies.* RIBA Sustainability Hub, 2011.
Barker, R. and Coutts, R. *Aquatecture*, RIBA Publishing, 2015.
Defra. *Flood risk assessment guidance for new development.* Defra, 2005.
GFDRR e World Bank. *Cities and Flooding: A Guide to Integrated Flood Risk Management for the 21st Century and A Summary for Policy Makers.* GFDRR and World Bank, 2012.
Improving the flood performance of new buildings. Department for Communities and Local Government, Londres, 2007.
Planning Policy Statement 25: Development and Flood Risk – Practice Guide, Department for Communities and Local Government, Londres, 2009.
Woods Ballard, B. *SuDS manual*, Ciria, 2007.

Websites

Programa de e-learning da Agência de Proteção Ambiental britânica (Environment Agency): http://www.ioutsid-edesign.co.uk
RIBA Designing for flood risk www.architecture.com
Susdrain www.susdrain.org

A prevenção do crime por meio do projeto 12

Nick Hughes

Nick Hughes é consultor de projetos para prevenção do crime nos departamentos de polícia dos condados de Avon e Somerset, Grã-Bretanha

PONTOS-CHAVE:
- *O projeto que considera as estratégias de prevenção não é uma ciência exata: ao contrário, envolve a ponderação de fatores que podem minimizar as oportunidades de ação dos criminosos*
- *Leve em consideração quem são as vítimas (ou os alvos) potenciais, os criminosos e a localização*
- *Os projetistas de edificações devem se perguntar: "Se eu quisesse invadir este prédio, como faria isso?"*

Conteúdo

1. Introdução
2. Acesso e circulação
3. Vigilância
4. Leiaute e uso do solo
5. Espaços defensíveis
6. Manutenção
7. Estacionamentos
8. Circuitos fechados de televisão
9. Vegetação
10. Iluminação
11. Bibliografia de apoio

1 INTRODUÇÃO

O projeto que considera as estratégias de prevenção do crime não é uma ciência exata: ao contrário, envolve a ponderação de fatores que podem minimizar as oportunidades de ação dos criminosos. Essa abordagem pode funcionar em todos os níveis de intervenção, seja em uma propriedade individual, seja em toda uma cidade. Ainda que não haja uma "resposta certa" definitiva para todos os casos, é fácil identificar "respostas erradas" que mostram quando os princípios de prevenção não foram considerados.

O "triângulo de análise do problema" explica por que o crime ocorre. Nas três pontas do triângulo estão a vítima (ou o alvo), o criminoso e a localização. É a coincidência desses três elementos no tempo e no espaço que permite a ocorrência de um crime. Se trabalharmos com a localização, o crime poderá ser reduzido, mesmo que ainda existam o criminoso e o alvo presentes, como seria o caso de um *notebook* que foi deixado junto a uma janela aberta. Por exemplo, um ambiente bem desenhado, com rotas de acesso bastante frequentadas e claramente definidas, junto com a vigilância natural exercida pelos moradores das casas do outro lado da rua e o uso do espaço defensível junto à janela aberta, poderia fazer o criminoso sentir que são pequenas suas chances de roubar o *notebook* e ficar impune.

Já foi provado que a boa aplicação dos princípios de prevenção ao crime nos projetos reduzem a incidência de arrombamentos, furtos e outros crimes, bem como de comportamentos antissociais. Uma reforma "segura pelo projeto" aplicada a um condomínio popular de Glasgow resultou na redução de 75% das ocorrências de arrombamento (dados da Polícia de Strathclyde). Os comportamentos antissociais manifestam-se de diversas maneiras, como pichação, descarte de lixo em locais proibidos, uso de entorpecentes, consumo de drogas por menores de idade e maus-tratos de animais por sadismo (especialmente cães). O bom projeto para a prevenção do crime pode reduzir significativamente a ocorrência de crimes e contravenções, funcionando como a antítese da "Teoria das Janelas Quebradas" (Wilson e Kelling), o que então pode levar ao uso legítimo de uma área; por sua vez, isso aumenta o controle social e cria um senso de orgulho em uma área e fomenta o espírito comunitário. Essa "espiral ascendente" pode continuar, com o aumento da segurança e dos usos legitimados influenciando-se positivamente.

Por outro lado, um projeto fraco pode criar um ambiente no qual aqueles que cometem crimes e atos antissociais sentem-se seguros. Nesse caso, os usuários legítimos tendem a usar menos a área, e os atos criminosos e antissociais passam a se tornar a norma aceita, o que retroalimenta o problema, levando a uma espiral descendente, na qual a gravidade dos incidentes pode aumentar continuamente e deixar de ser combatida pela comunidade local.

Uma questão fundamental para que um projeto seja eficaz na prevenção do crime é o envolvimento de um especialista no assunto desde a etapa dos estudos preliminares. Um especialista familiar com a cidade terá acesso às estatísticas da criminalidade local e frequentemente conhecerá policiais e agentes de segurança privada que confirmarão os problemas específicos de cada área. A criação, nos últimos anos, de vários *sites* na Internet tem tornado esses dados mais acessíveis ao público, mas os projetistas não devem subestimar a vantagem de ter acesso aos conhecimentos dos especialistas em segurança privada ou pertencentes aos órgãos policiais. O termo "específico para o local" é de importância fundamental para o tema. Embora um bom projeto para a prevenção do crime deva ser aplicado a qualquer área, o nível de segurança considerado necessário varia profundamente conforme o sítio em questão. As alturas de cercas e muros, a localização das áreas de estacionamento e os níveis de segurança exigidos para as trancas e demais ferragens variam para cada local.

Além disso, os fatores sociológicos têm impacto maciço nas taxas de prevenção ao crime e nas medidas de segurança adotadas. O que pode ser considerado necessário em termos de segurança varia conforme os aspectos demográficos do local, ou seja, o nível de segurança exigido depende da probabilidade de que um crime ocorra em determinada área.

Para o policiamento, o uso de um projeto que leve em consideração como prevenir o crime e a redução da criminalidade estão intimamente relacionados. A redução do crime tem sido tradicionalmente associada a dez princípios, e há uma sobreposição entre esses e os princípios do projeto de prevenção. Na verdade, um desses dez princípios é o "Projeto do Ambiente", que, em última análise, é o mesmo que projetar para a prevenção do crime. A distinção mais importante entre esses dois é que o ato de projetar para prevenir é proativo, enquanto a redução ao crime é reativa. Como diz o antigo provérbio, "é melhor prevenir do que remediar", e a consideração das questões deste capítulo durante o projeto pode dispensar medidas posteriores, como o uso de arame farpado, o fechamento privativo de ruas sem saída e a dependência excessiva dos circuitos fechados de televisão. Ao considerar os riscos de crimes e atos antissociais dentro de um empreendimento e ao redor dele, essas estratégias de projeto tornarão o ambiente construído menos propenso à criminalidade.

No passado, acreditava-se que, ao dificultar os delitos em certos locais, os crimes (especialmente os arrombamentos) seriam transferidos para as áreas vizinhas. As pesquisas têm posto essa teoria por terra: na verdade, pode inclusive ocorrer uma "difusão dos benefícios" (manifesta na redução de arrombamentos) às áreas contíguas. As pesquisas também mostram que os invasores tendem a operar dentro de certo raio de suas casas e, quando têm menos oportunidades no local (devido a medidas efetivas de prevenção tomadas ainda na fase de projeto), eles nem sempre se dispõem a ir mais longe para cometer um crime.

Um bom conjunto de medidas de projeto para a prevenção do crime pode tornar um empreendimento imobiliário mais sustentável em termos econômicos. Adotando a definição de *Nosso Futuro Comum* (1987), um empreendimento sustentável é "aquele que atende às necessidades do presente sem comprometer a capacidade das gerações futuras de atender às suas próprias necessidades". Por meio da redução das oportunidades de crime, as estratégias para a prevenção do crime por meio do projeto buscam criar ambientes seguros tanto para as pessoas quanto para os bens, que sejam (com a ajuda de outros fatores) agradáveis para os moradores e usuários e nos quais o espírito comunitário possa florescer.

2 ACESSO E CIRCULAÇÃO

O guia *Safer Places* ("lugares mais seguros"), elaborado pelo ministério do interior da Grã-Bretanha, define como ideal "lugares com rotas, espaços e entradas bem definidos e que permitam a circulação conveniente sem que se comprometa a segurança". A palavra "permeabilidade" é empregada para definir a facilidade pela qual alguém pode se deslocar através de uma área, seja a pé, seja em um veículo. O cerne da questão é o número de vias e caminhos de pedestres, bem como a maneira como eles se inter-relacionam. Em função dos fatores que mencionaremos a seguir, os *cul-de-sacs* podem criar lugares muito seguros para se viver, desde que haja apenas um ponto de entrada e saída, ou seja, não existam caminhos ou vielas que permitam a fuga pelos fundos. Os *cul-de-sacs* com um grande número de casas ou as redes de *cul-de-sacs* que se ramificam também reforçam ainda mais a segurança inerente a esse tipo de arranjo.

As considerações sobre a questão dos acessos e da circulação são as seguintes:

- Todas as rotas são necessárias? Elas oferecem acesso de onde e até onde, e esse acesso é preciso? Lembre-se: quanto maior for a quantidade de rotas de circulação, menor será o número médio de usuários em cada uma delas. Boa parte da segurança pessoal envolve evitar rotas pouco movimentadas, então, o aumento das vias de pedestre inevitavelmente resultará em algumas delas sendo subutilizadas, o que pode torná-las menos seguras. É preciso encontrar um equilíbrio entre a necessidade de facilitar a movimentação e o excesso de permeabilidade. O excesso de percursos significa que um criminoso tem várias opções de fuga e pode entrar e sair da cena de um crime com facilidade, sem ter de passar em frente à mesma casa mais de uma vez. Como ele não quer ser visto ou levantar suspeitas, a anonimidade gerada por um grande número de saídas lhe interessa.

- Os percursos de acesso dividem os usuários de diferentes tipos? A distribuição dos percursos de pedestres ao longo das vias de veículo (em vez de colocá-los à parte) permite um controle mais passivo dos usuários, o que, em tese, os torna mais protegidos.

- O acesso aos fundos da propriedade foi restrito ao máximo? A maior parte dos arrombamentos envolve a entrada pelos fundos, motivo pelo qual seu acesso público deve ser restrito. Diferentes pesquisas mostram que o percentual de arrombamentos cujo acesso dos criminosos é pelos fundos varia entre 55 e 80%. Na Grã-Bretanha, por exemplo, a popularização dos sistemas de fechamento de ruelas com o uso de portões tem sido necessária em virtude do grande número de conjuntos habitacionais que incluíam vielas nos fundos, frequentemente projetadas para a entrega de carvão mineral, outrora utilizado para a calefação. Muitas dessas ruelas já não são utilizadas pelos moradores, mas oferecem aos criminosos acessos segregados e não vigiados ao fundo das casas.

- As vias de pedestre foram projetadas tendo a segurança em mente? Quando elas não fazem parte dos passeios contíguos às faixas de rolamento de uma rua, devem ser largas, retas e bem visíveis. O ideal é que tenham, no mínimo, 3 m de largura, com uma faixa gramada de 2 m em ambos os lados. Não deve haver locais onde um indivíduo poderia se esconder, assim, quaisquer árvores ou arbustos devem ficar bem afastados dessas vias. As passagens inferiores ou subterrâneas devem ser evitadas ao máximo. Caso isso não seja possível, devem ser as mais curtas e largas possíveis, bem iluminadas e ter entradas chanfradas em planta baixa.

- Os percursos de pedestres são legíveis e fáceis de navegar? É preciso que a orientação dos moradores do local e dos visitantes seja fácil. A sinalização deve ser clara, e os percursos, fáceis de entender.

3 VIGILÂNCIA

A vigilância feita pelas pessoas pode ser dividida em duas categorias: a formal e a informal. Uma vigilância formal significa que uma pessoa ou um sistema está especialmente ali para cuidar de uma área. Dois exemplos seriam um circuito fechado de televisão e um guarda de segurança. O controle informal (ou "natural"), por outro lado, é aquele que ocorre quando as pessoas estão realizando suas atividades cotidianas. Esses indivíduos não foram contratados para isso nem se pediu a eles que vigiassem um local, mas estão controlando as pessoas e os lugares por perto, simplesmente em virtude de sua presença física.

Os fatores sociológicos também desempenham um papel fundamental. O princípio da segurança por meio da vigilância baseia-se no pressuposto de que ela age como um fator de desmotivação, pois as pessoas que testemunham um crime podem intervir ou chamar a polícia. Todavia, na realidade, as pessoas podem preferir ignorar o evento: só porque um local é muito frequentado não significa que ele necessariamente seja seguro. Uma rua movimentada, com muitas pessoas próximas umas das outras, pode ser o ambiente perfeito para um batedor de carteiras, por exemplo. Consequentemente, a vigilância deve ser vista como uma parte essencial do projeto como um todo, e não como uma panaceia. As principais considerações são:

- As paredes cegas das edificações estão voltadas para a esfera pública? Todas as elevações de uma edificação voltadas para as áreas públicas devem ter janelas. Um termo comum para isso é "fachadas ativas". As janelas são maneiras óbvias de criar chances de vigilância natural e, ainda que seja improvável que haja alguém olhando para fora delas, elas podem impedir um criminoso, pois há pelo menos o risco de que ele

seja visto. A fim de criar o nível máximo de vigilância informal, deve-se considerar o uso do cômodo com janelas para o exterior. A chance de testemunhar algo quando estamos em um dormitório ou banheiro é menor do que se estamos em uma sala de estar ou cozinha. O uso de vidros jateados também indicaria que o cômodo provavelmente seja um banheiro e, portanto, as chances de estar sendo observado são menores.
- O estacionamento está à vista das pessoas? A vigilância natural nos estacionamentos é fundamental, a menos que ele tenha um bom controle no acesso. Os problemas dos estacionamentos serão discutidos em uma seção específica, a seguir.
- A vegetação interfere na vigilância? Árvores e arbustos podem bloquear linhas de visão (para as câmeras de circuitos fechados de televisão e para as pessoas) e também podem oferecer locais para que os criminosos se escondam. Deve-se estudar cuidadosamente onde colocar a vegetação e a altura de crescimento máximo de cada espécie – o que hoje é um arbustinho amanhã pode se transformar em uma grande barreira à vigilância ou em uma boa base para que um criminoso escale uma fachada. Algumas árvores têm copas que permitem linhas de visão clara sob elas, mas, para isso, as copas jamais devem ficar a menos de 2 m de altura. Junto com o uso de arbustos com altura de crescimento máxima de 1 m, essas árvores ainda assim permitirão uma janela de controle a uma altura entre 1 e 2 dois metros.
- Como ficará a área após escurecer? É claro que a iluminação também deve ser considerada quando se discute a vigilância. Se o arquiteto quer que uma área seja visível 24 horas por dia, ela deverá ter um nível de iluminação apropriado.

4 LEIAUTE E USO DO SOLO

O tipo e o uso das edificações, junto com a natureza dos limites entre elas e o modo como interagem umas com as outras e com os espaços intermediários, são considerações vitais para a prevenção eficaz do crime por meio do projeto. O uso do solo e os espaços dentro de um empreendimento imobiliário devem ser considerados conjuntamente, em vez de adotar a estratégia de colocar os elementos considerados "menos importantes" (geralmente menos lucrativos) nas áreas residuais, independentemente de sua adequabilidade. Isso é muito frequente com os parquinhos infantis e outros espaços abertos de uso público. Leve em consideração:

- Os usos das áreas vizinhas são compatíveis? Analise se seria benéfico o uso misto do solo ou a segregação. Cada um tem suas vantagens e desvantagens, assim, é importante considerar o contexto local. O uso segregado pode significar que o trânsito de veículos e os ruídos associados ao comércio e às empresas em geral não perturbarão os moradores, mas isso talvez faça certos locais não terem moradores, os quais poderiam desencorajar arrombamentos noturnos.
- O impacto dos possíveis "geradores de crime" foi considerado? Os geradores de crime incluem elementos do ambiente construído que podem atuar para a promoção da criminalidade. Equipamentos urbanos superdimensionados para a escala local, como grandes *shopping centers*, podem prejudicar uma área. O aumento do trânsito de veículos e da população diurna nessas áreas pode trazer consigo problemas de segurança, que vão contra a promoção do espírito comunitário local. Outros chamarizes geradores de crimes são ambientes como bares, restaurantes e lancherias de telentrega e lojas de conveniência que motivam as pessoas a se reunir em uma área para matar o tempo, o que pode acarretar a prática de atos antissociais e perturbar os moradores. É preciso ser cauteloso quando se decide onde posicionar tais locais em um empreendimento, de modo a minimizar perturbações e, ao mesmo tempo, maximizar usos legítimos. Uma alternativa para reduzir ao máximo os impactos negativos é reuni-los em um local.
- Quantas fachadas de uma edificação estão voltadas para o espaço público? O número dessas elevações deve ser o mínimo possível, para melhorar a segurança e reduzir o acesso. No caso de imóveis residenciais, em geral é mais seguro que os jardins sejam contíguos a outros jardins, com apenas a elevação principal da propriedade estando voltada para a área pública. O acesso lateral deve ser fechado por um portão e o mais próximo possível do alinhamento da edificação.
- Qual opção de divisa foi selecionada? O uso do "princípio da cebola sendo descascada" para a redução do crime significa que um invasor deve ser detido o mais longe possível do interior do prédio. Em vez de deixar que as pessoas tenham acesso direto à "pele" da edificação, é preferível barrá-las já nas divisas do terreno. A altura padrão dos muros de divisa nos lados e nos fundos de imóveis residenciais é 1,8 metro, mas as estatísticas sobre o crime nas cidades sugerem que esse valor deveria ser maior. Os portões devem ter a mesma altura que os muros de divisa, seja qual for sua posição. Há muitas opções para a delimitação de divisas:
  o As cercas de madeira são baratas, mas podem ser frágeis e não são duradouras. Se você usar uma cerca de arame, certifique-se de que elas não sejam fáceis de escalar, permitindo aos invasores usá-las como se fossem escadas. A inclusão de uma treliça ou pérgola sobre a cerca aumenta a sua altura e funciona como uma barreira extra, pois, se for escalada, quebrará, fazendo barulho. Plantas espinhosas que crescem ao longo de uma pérgola ou treliça também são eficazes.
  o Os muros de alvenaria são robustos, mas podem incentivar a ação de pichadores. Considere o uso de pedras de cimalha ou tijolos inclinados no topo, para evitar que as pessoas consigam segurar nesses pontos ou escalar os muros. Muros baixos na frente das casas também podem ser utilizados como assentos, então, considere o uso de tijolos inclinados ou outro recurso para evitar esse problema.
  o As cercas-vivas podem ser baratas e bonitas, mas frequentemente exigem muita manutenção e permitem a invasão com o simples uso de tesouras de jardim. Algumas variedades espinhosas, todavia, podem oferecer excelente proteção.
  o Grades e cercas de metais permitem a vigilância e, às vezes, são muito resistentes, mas podem ter aspecto muito antipático ou institucional. As telas de arame ou metal expandido geralmente são consideradas uma opção preferível às cercas do estilo "paliçada".

5 ESPAÇOS DEFENSÍVEIS

Este termo, cunhado por Oscar Newman, é um conceito fundamental da prevenção do crime por meio do projeto. Um espaço defensível descreve a área na qual um indivíduo tem o senso de propriedade ou responsabilidade, seja individual, seja coletivo. Na escala micro, esse local poderia ser um quintal. Na macro, seria, por exemplo, um parque que contribui para a identidade de uma cidade da qual os moradores se orgulham. A teoria é que, se uma pessoa ou um grupo tem (ou, ao menos, sente ter) o senso de propriedade e responsabilidade por uma área, então alguém que não compartilha essa realidade ou percepção chama nossa atenção e não é tão bem-vindo – especialmente se estiver se comportando mal. As pessoas sentem o direito de desafiar aqueles que não pertencem a seus espaços defensíveis.

Quando definimos claramente um espaço e lhe atribuímos um uso e um sentido de propriedade, é mais provável que aqueles que o possuem cuidem dele, em especial se o grupo for pequeno.

Os jardins frontais são um exemplo de espaço defensivo. Existe uma permissão implícita para alguém acessar uma porta frontal para entregar uma carta, mas ninguém diria que uma pessoa tem o direito de se sentar naquele local para fazer uma refeição rápida. Contraste essa situação com aquela das casas construídas no alinhamento do passeio público. Um indivíduo teria o direito de utilizar qualquer espaço da calçada, inclusive ficar junto à edificação, e o morador não teria como pedir aos pedestres que se afastassem.

Os edifícios de apartamentos tradicionais tinham áreas indefinidas de espaço público entre si, sobre os quais os residentes não tinham qualquer controle. A demarcação desses espaços e sua atribuição a diferentes prédios seria uma maneira de melhorar o controle, na esperança de que os moradores cuidariam desses espaços ao sentir que lhes pertencem. Ainda que isso nem sempre ocorra na prática, geralmente é um avanço em relação a deixar um espaço indefinido. Retomando a ideia de anonimidade mencionada na seção Acesso e Circulação, os criminosos tendem a se tornar indiscretos e a sentir que estão chamando muita atenção em uma área na qual há um forte senso de propriedade, ou seja, da qual alguém claramente se orgulha.

Os muros ou as cercas de divisão desses espaços não precisam ser altos e podem ser compostos de uma mera linha de vegetação rasteira ou uma mudança na textura ou na cor do piso ou pavimento. Às vezes basta uma placa ou uma cerca alta. O princípio mais importante é deixar claro para um estranho que este espaço não deve ser invadido indiscriminadamente.

Pontos a considerar:

- Existe uma área de transição entre a esfera pública e a privada?
- O uso a que cada área se destina é evidente (por exemplo, trata-se de um estacionamento de veículos, um parquinho infantil, um jardim, etc.)?
- As divisas entre as diferentes áreas são claras? Um indivíduo poderia argumentar que pensava estar em um espaço público, embora isso não fosse verdade?
- Quantas pessoas "têm a propriedade" de um lugar ou compartilham a responsabilidade por ele? Em tese, quanto maior for esse número, mais fraco será o senso de responsabilidade individual sentida por um membro do grupo.
- Os limites físicos do espaço foram escolhidos de modo apropriado? Eles devem ser visualmente permeáveis ou uma parede maciça ou cerca seria melhor? Qual deveria ser sua altura? O limite pode ser simbólico, em vez de ser uma barreira física?
- Os moradores do local foram consultados ou se envolveram no projeto das áreas que usarão? Quando as pessoas são consultadas, seu senso de propriedade é reforçado, e essa abordagem tem tido sucesso particularmente em áreas destinadas a crianças. Os murais comunitários são outro exemplo de como envolver os moradores locais em um projeto pode ajudar a fomentar o orgulho com o resultado. Os murais muitas vezes são pouco pichados, em comparação com muros e paredes próximos que foram deixados em branco.

6 MANUTENÇÃO

Uma boa prevenção da criminalidade por meio do projeto deve garantir que um empreendimento imobiliário inibirá a atividade dos criminosos. Entretanto, se não houver a manutenção e a gestão regular do local, os esforços de projeto poderão ser perdidos à medida que a área se deteriorar com o passar dos anos. Esse tema está diretamente associado à "teoria das janelas quebradas": evitar e reprimir problemas menores pode evitar que eles se agravem, enviando uma mensagem clara do que não será tolerado na área. Para que a área seja sustentável, uma manutenção permanente deve ser levada em conta. Alguns pontos a considerar:

- Se uma zeladoria ou um síndico for necessário, quem pagará por isso? Será necessário criar um comitê de moradores ou contratar uma empresa de administração e manutenção?
- Qual será o padrão de qualidade dos materiais, produtos e acabamentos? Considere quanto tempo cada coisa deve durar. O uso de produtos mais baratos pode acarretar problemas futuros.
- As plantas precisarão de manutenção, como podas e regas? Há acesso para os veículos de manutenção?
- As ruas serão "adotadas" por alguém ou alguma empresa? Caso contrário, há muitas questões que devem ser consideradas, como iluminação, a manutenção das ruas, a coleta de lixo, etc.
- Há lixeiras ou contêineres em número suficiente para minimizar a sujeira nos passeios e evitar a limpeza excessiva das ruas?

7 ESTACIONAMENTOS

A melhor opção para a prevenção do crime por meio do projeto é aceitar o estacionamento de veículos como parte do desafio de um projeto e tomar medidas apropriadas para a segurança dos veículos estacionados e de seus usuários. Os estacionamentos mais seguros, em ordem decrescente, costumam ser: 1) as garagens individuais dentro das edificações; 2) os estacionamentos coletivos dentro dos lotes (por exemplo, as vagas dentro de um condomínio); 3) o estacionamento na rua, mas visível de dentro da casa; e 4) o estacionamento afastado. Nesse último caso, os pátios de estacionamento fechados por portões aumentam muito o nível de segurança. Devemos lembrar, contudo, que, se as pessoas estacionam seus automóveis em um quintal, elas tendem a entrar na casa pelos fundos, o que muitas vezes significa que os portões dos fundos ficam sem chavear e essa área efetivamente se torna a frente da moradia.

A conveniência desempenha um importante papel na decisão das pessoas sobre onde estacionar: poucos motoristas querem caminhar muito até seus veículos. Isso é claramente visível em muitos dos novos conjuntos habitacionais, nos quais os pátios traseiros de estacionamento são ignorados, pois os moradores preferem estacionar em qualquer lugar de ruas que não foram projetadas para acomodar esse uso. Considere:

- Que tipo de estacionamento (na rua, em uma área não coberta nos fundos do condomínio) você deveria escolher? Uma mistura de tipos de estacionamento pode funcionar melhor, mas dependerá de muitas variáveis, como a topografia, o público-alvo e a proximidade dos serviços locais.
- A opção para estacionamento é segura e conveniente? Se uma dessas questões não for bem resolvida, muitas pessoas não usarão o estacionamento.
- As vagas de estacionamento são reservadas ou não? Uma pesquisa feita por Jenks e Noble (1996) indica que mais vagas são necessárias se o número de vagas reservadas for alto.
- Se os carros não forem estacionados em garagens, eles ficarão visíveis das casas? Árvores e arbustos podem prejudicar a vigilância. As garagens abertas, ou seja, apenas com uma cobertura, são a pior opção possível: elas não permitem a vigilância, não são seguras e podem servir de abrigo oportuno para um criminoso se esconder.
- Os estacionamentos foram iluminados conforme as normas em vigor? A iluminação ajuda a vigilância e faz as pessoas que usam o estacionamento se sentirem mais seguras.
- A circulação no estacionamento é fácil tanto para os pedestres quanto para os motoristas? Há espaços de circulação se-

parados para pessoas e veículos? Placas bem visíveis e diferentes cores no piso podem ser úteis.
- Se o estacionamento localiza-se em um subsolo, ele poderia ser alvo para o terrorismo? Os especialistas em segurança antiterrorismo devem ser consultados sempre que há esse risco. Os explosivos colocados dentro de um veículo são ainda mais letais se detonados sob uma edificação do que fora dela. O uso da edificação sobre a garagem (por exemplo, como escritórios do governo) ou o risco de um grande número de vítimas (por exemplo, sob um *shopping center* ou um estádio esportivo) pode indicar uma grande vulnerabilidade e exigir a revista de veículos ou tornar um estacionamento subterrâneo inadequado.
- É necessário o uso de um sistema de circuito fechado de televisão?

8 CIRCUITOS FECHADOS DE TELEVISÃO

O Reino Unido possui o maior número de câmeras de circuito fechado de televisão per capita do mundo. Como sabe-se que esse país não é o mais seguro do mundo, conclui-se que tais sistemas não são a resposta certa para todos os problemas de segurança. Todavia, eles contribuem bastante para melhorar a segurança – apenas não devem ser utilizados de maneira isolada. A questão mais importante é: "por que o sistema foi instalado?" Se os projetistas não têm como responder a essa pergunta, eles deveriam se questionar por que o circuito fechado de televisão foi colocado. Um padrão mínimo de qualidade deve ser o ponto de partida para a instalação desses sistemas. Muitos deles oferecem imagens de baixa qualidade, que não servem para qualquer propósito de investigação criminal. Muitos também não respeitam as leis de proteção de dados eletrônicos ou de proteção à privacidade das pessoas, sendo acessíveis por redes não protegidas e acessadas pela Internet. Um circuito fechado de televisão pode evitar alguns crimes, mas pode não ser realmente eficaz: o ideal é que haja alguém monitorando as imagens ao vivo e que possa contatar a polícia. Um sistema bem desenhado ainda durante o projeto de um empreendimento pode ser uma excelente ferramenta de redução do crime.

Considere o seguinte:

- As imagens serão monitoradas ou serão apenas analisadas retrospectivamente, caso ocorra algum problema?
- Câmeras fixas são suficientes, ou é necessário o uso de câmeras móveis e com recurso de zoom? Essa segunda opção é a mais adequada para um sistema monitorado, pois permite ao operador seguir uma pessoa ou um veículo.
- Quantos quadros por segundo (FPS) cada câmera gravará? O padrão é 25 FPS, mas, quanto maior for esse valor, mais suave será a transmissão da imagem e menor será a probabilidade de que algo não seja visto. Como todas as imagens precisam ser salvas, o número de quadros por segundo afetará diretamente a memória necessária pelo sistema para gravação. Multiplique esse valor pelo número de câmeras e, depois, pelo período de tempo no qual as imagens ficam armazenadas (geralmente 31 dias) e você verá que o espaço para armazenamento crescerá exponencialmente.
- Qual é o nível de *close-up* que as imagens devem ter? Imagens com qualidade para identificação empregadas para servir de prova criminal geralmente exigem que o indivíduo ocupe o quadro inteiro. Isso significa que apenas um pequeno campo de visão é coberto pela câmera. Se o objetivo da câmera é meramente ver se alguém está presente em parte de um local, então um campo de visão muito maior será suficiente. Os projetistas desses sistemas devem saber claramente o que querem com cada câmera.
- A câmera precisa funcionar sob qualquer nível de luminosidade?
- As imagens podem ser exportadas com facilidade, por exemplo, para que um CD seja entregue à polícia após um incidente?

9 VEGETAÇÃO

A vegetação pode prejudicar ou ajudar um projeto para a prevenção do crime. Mais uma vez, essa consideração deve fazer parte de todo o processo projetual, e não ser pensada posteriormente. Considere:

- O grupo de plantas impedirá a vigilância, a iluminação externa ou o funcionamento do circuito fechado de televisão? Lembre-se: no máximo, 1 m de altura para arbustos e, no mínimo, 2 m de altura para a copa de árvores (ambos para exemplares adultos).
- A espécie é adequada para o local? Qual será o tamanho e o formato da planta quando ela atingir seu tamanho máximo?
- Ela poderia servir de apoio para um criminoso escalar uma edificação? Sistemas de cercamento caros podem perder toda sua eficácia se estiverem juntos a uma árvore fácil de ser escalada.
- A planta permitiria que alguém se escondesse nela?
- A planta exigirá uma manutenção permanente? Quem pagará por isso?
- Seria possível usar plantas com espinhos para aumentar o nível de segurança, especialmente nas divisas do terreno? Espécies como berberis, *pyracantha* e amoreira silvestre são exemplos de arbustos que ajudam a repelir intrusos.
- Os arbustos poderiam ser utilizados para criar zonas de transição? Plantas baixas contra um muro ou uma parede mantêm as pessoas a certa distância e podem dificultar o acesso dos pichadores. Elas também podem dificultar o acesso a uma janela no piso térreo.
- A vegetação poderia ser utilizada como uma maneira de delimitar um espaço (defensível)? Uma linha de arbustos baixos pode impedir que os pedestres criem atalhos sobre um jardim frontal sem cerca.

10 ILUMINAÇÃO

Os especialistas em segurança podem oferecer alguns conselhos, mas um profissional ou engenheiro de luminotécnica será obrigatório em qualquer empreendimento imobiliário de tamanho significativo. Já está provado que uma boa iluminação pode reduzir o medo que as pessoas têm de serem vítimas de crimes, mas os efeitos repressivos sobre eles não são tão claros. Ainda assim, a redução do temor da ação de criminosos pode levar ao uso legitimado de uma área, o que, por sua vez, pode torná-la mais segura. A iluminação facilita a vigilância e pode ser fundamental para a segurança das ruas e para o funcionamento dos circuitos fechados de televisão.

As vias de pedestre e calçadas devem ter o mesmo nível de iluminação que as ruas, de modo que os transeuntes não fiquem na sombra. A uniformidade é vital, e os sistemas de iluminação devem obter uma dispersão homogênea da luz, para evitar focos de luz e de sombra, a menos que haja uma razão especial para isso. Para calcular essa uniformidade, divida o número de luz médio pelo mínimo e expresse isso em percentuais: 25% é o mínimo aceitável; 40% é o objetivo mais usual.

Pontos a considerar:

- Por que a iluminação é necessária? Se a área ou a edificação não é utilizada durante a noite, qual é a utilidade de sua iluminação? Às vezes, ela simplesmente facilita a ação dos crimi-

nosos. Se ninguém está supervisionando a área, a iluminação em nada contribui para aumentar a vigilância do local.
- A poluição luminosa foi minimizada? O foco de luz deve ser direcionado aonde é necessário, e é preciso evitar sua dispersão. As luzes "de segurança" ativadas por sensores de movimento podem irrigar os vizinhos e ofuscar os usuários da rua.
- De que maneira as lâmpadas serão ativadas? Algumas luminárias acendem automaticamente sob baixos níveis de iluminação, outras são ativadas com o uso de um interruptor ou sensor de movimento. Luminárias eficientes no consumo de energia, mas que ficam acesas a noite toda, são uma opção de segurança preferível em relação àquelas ativadas por sensores de movimento, além de, em geral, serem mais econômicas do que aquelas que acendem e apagam luzes fortes, reagindo a movimentos mínimos.
- Que tipo de lâmpada será empregado? Entre as várias opções, há as lâmpadas a vapor de sódio de alta pressão, as lâmpadas de halogeneto metálico e as de LED. A coloração da luz também é importante. A luz diurna clara é representada tendo valor 100 no índice de reprodução de cores e permite uma diferenciação excelente entre os matizes. As lâmpadas a vapor de sódio de baixa pressão, por outro lado, emitem uma luz muito alaranjada, tornando semelhantes muitas cores.
- Onde e a qual altura as luminárias serão instaladas? Luminárias instaladas sob frades (pedestais) costumam ser vulneráveis ao vandalismo, facilmente causam acidentes quando os motoristas estão dando marcha a ré e nem sempre iluminam o rosto de uma pessoa que se aproxima, o que torna difícil julgar se ela pode ser uma ameaça ou não.

11 BIBLIOGRAFIA DE APOIO

A seguir apresentamos uma lista de materiais para consulta que se baseia na introdução do livreto *The Compendium of Crime Prevention and Reduction in the Planning System* compilado pela Polícia do Vale do Tâmisa, na Grã-Bretanha (http://www.thamesvalley.police.uk/compendium-intro.pdf). O compêndio é um excelente guia e uma fonte dos conselhos sobre como prevenir a criminalidade por meio do projeto apresentados nos seguintes documentos:

Better Places to Live by Design A Companion Guide to PPG3. Commission for Architecture and the Built Environment, 2001.
By Design Urban Design in the Planning System: Towards Better Practice. Department of the Environment, Transport and the Regions, 2000.
Urban Design Compendium. Yeang, Llewelyn Davies em parceria com Alan Baxter and Associates e publicado por English Partnerships em 2000 e atualizado em 2013 por HCA com studio|REAL.
Safer Places – The Planning System and Crime Prevention. Department for Communities and Local Government, 2004.
Design and access statements (CABE). Disponível em: http://webarchive.nationalarchives.gov.uk/
Manual for Streets. Department for Transport, 2007.
Car Parking – What Works Where? Homes and Communities Agency, 2006.
The Code for Sustainable Homes. Department for Communities and Local Government, 2007.
Secured by Design New Homes. ACPO Secured by Design, 2010.
A lista acima foi reproduzida com permissão da Polícia do Vale do Tâmisa (Grã-Bretanha).

Bibliografia consultada

Noble, J. e Jenks, M. Parking; Demand and Provision in Private Sector Housing Development. School of Architecture, Oxford Brookes University, 1996.
Para mais informações sobre a Teoria das Janelas Quebradas de Wilson e Kelling, consulte, por exemplo, http://www.theatlantic.com/magazine/archive/1982/03/broken-windows/304465/?single_page=true.
Outras informações sobre Oscar Newman e espaços defensíveis podem ser encontradas em http://www.defensiblespace.com/start.htm.

Estabelecimentos agrícolas 13

John Weller, Rod Sheard, Frank Bradbeer e outros

CI/SfB: 26, 565

PONTOS-CHAVE:
- *O setor agrícola no Reino Unido está sujeito a mudanças contínuas*
- *A preocupação com o bem-estar dos animais e com a poluição resultaram em restrições legais, tanto na Grã-Bretanha como no restante da Europa continental*

Conteúdo

1. Introdução
2. Animais de fazenda
3. Máquinas agrícolas
4. Estábulos para gado bovino leiteiro
5. Currais para gado bovino de corte e bezerros
6. Estábulos para ovinos
7. Currais para suínos
8. Aviários
9. Armazenamento de colheita e efluentes produzidos
10. Projeto de haras
11. Legislação edilícia no Reino Unido
12. Referências bibliográficas

1 INTRODUÇÃO

1.1 Economia agrícola na Europa

No Reino Unido e no restante da Europa continental (principalmente no oeste), as fazendas estão se tornando negócios de grande porte. Fazendas de pequeno porte e seus respectivos fazendeiros são algo raro atualmente; as terras marginais estão deixando de produzir. Os proprietários de terras anteriormente agrícolas estão buscando outras formas de geração de renda, como campos de golfe.

1.2 Planejamento

Todas as edificações – independentemente do tipo de empreendimento – devem ser planejadas conforme suas funções de armazenamento, processamento e produção. O processamento de alimentos (como qualquer outro processo industrial) deve ser projetado para o manuseio de animais e a produção em série. As edificações lineares com múltiplos pavimentos construídas dentro ou em torno dos formatos tradicionais de pátios internos são um problema visual e tático.

O confinamento de animais produz efluentes. A gestão dos resíduos agrícolas é uma parte essencial do projeto da edificação, e está cada vez mais sujeita às restrições legais. Em geral, os resíduos devem ser reciclados – desde que isso possa ser feito de maneira segura.

1.3 Funções da edificação

Conforme a filosofia de gestão, as funções de uma edificação podem ser especializadas, semiespecializadas ou flexíveis na sua configuração. Os fazendeiros costumam associar a flexibilidade aos leiautes gerais e aos baixos investimentos de capital, mas essa crença pode estar equivocada. A perda do controle de qualidade (geralmente difícil de avaliar) torna galpões de baixo custo muito inadequados para a guarda de alguns produtos agrícolas.

A demanda por flexibilidade reflete dois fatores: a falta de confiança na estabilidade do mercado e a rapidez das inovações técnicas. A produção alimentícia no Reino Unido é controlada pela política da União Europeia por meio da *Common Agricultural Policy* (Política Agrícola Comum), que visa a estabilidade do mercado. As inovações técnicas devem continuar, embora a expansão da demanda de energia possa vir a se tornar mais seletiva.

1.4 Confinamento de animais e necessidades de armazenagem

Em resumo, a maioria dos equipamentos de armazenagem são simples contêineres: silos, galpões e torres. Os pórticos com grandes vãos são adequados em alguns leiautes para gado, armazenamento de grandes volumes e equipamentos agrícolas em geral. "Compartimentos" de baixa altura, compactos e isolados são indicados para bezerros, porcos ou aves. Eles podem incluir controle ambiental total ou parcial. Os "abrigos", por outro lado, são estruturas baratas, semiabertas e com telhado de uma água, adequados para alguns tipos de currais para gado bovino e suíno.

1.5 Construção e aquisição

A maioria das edificações é parcial ou completamente pré-fabricada ou ainda adquirida como parte de um pacote para pronta-entrega. As estruturas padronizadas podem ser obtidas na pronta-entrega e, posteriormente, complementadas com a "autoconstrução".

Especificações de desempenho são raras. Os custos gerais são inferiores aos custos de edificações semelhantes, em parte devido aos baixos padrões exigidos (veja a norma britânica *BS 5502, Buildings and Structures for Agriculture*).

1.6 Vida útil das edificações

A maioria dos prédios construídos antes de 1960 é inadequada para a produção atual; além disso, muitas edificações tradicionais são supérfluas/desnecessárias. Algumas são aproveitadas para armazenamento eventual, administração, unidades de isolamento ou compartimentos individuais. A questão é difícil de ser solucionada. Alguns celeiros históricos foram desmontados e transferidos de local. As atividades turísticas, de recreação e artesanato são estimuladas em áreas rurais. Um décimo de todas as fazendas tem algum tipo de renda gerada pelo turismo. Em áreas montanhosas, o turismo pode ser a principal fonte de renda. O planejamento de uma fazenda deve permitir o uso alternativo das edificações e do solo.

O ciclo de vida econômico de uma edificação agrícola costuma durar 10 anos, mas alguns prédios são depreciados em apenas cinco anos. Esse é um grande condicionante do projeto. Algumas edificações, neste caso "sem divisões internas", podem ter uma vida útil mais longa (20–60 anos). Há subsídios disponíveis para todos os tipos de fazenda, exceto para barracas baratas feitas com plástico ou o cultivo ou criação industrial sem necessidade de grandes áreas de solo para plantio ou pasto. Os subsídios da União Europeia são mais generosos, mas exigem propostas de empreendimento elaboradas com cuidado.

A transferência, alteração ou demolição de edificações agrícolas tombadas pode estar sujeita à legislação aplicada a prédios tombados. Algumas edificações não tombadas estão sujeitas a mesma legislação, pois são edificações associadas a casas de campo ou mansões tombadas. A demolição de uma edificação não tombada geralmente precisa de autorização – mesmo se a alteração e a reforma não exigirem consentimento.

1.7 Aparência

A aparência de uma edificação agrícola é uma questão controversa, uma vez que muitas são isentas de controle e a maioria é considerada barata em comparação com outros tipos de edificações. Os formatos simples, as cores adequadas, os planos definidos e os acessórios combinados (como tubos de ventilação e chaminés), juntamente à implantação e ao tratamento paisagístico, tornam os prédios aceitáveis. Contudo, as grandes superfícies de telhado costumam entrar em conflito com as edificações vernaculares e podem se tornar dominantes perto de terrenos em aclive. O projeto dos elementos de apoio geralmente é ruim e dissociado da estrutura básica. O entorno das edificações – incluindo galpões, tanques e cercas – costuma ser mais sem graça do que os prédios em si.

1.8 Critérios

A gestão de uma fazenda em relação à terra e ao terreno, clima, solo, capital, etc., ocorre de tal forma que cada problema de uma edificação agrícola é único, apesar da pré-fabricação, dos contratos fechados e da norma britânica *BS 5502*. Em muitos empreendimentos, é difícil estabelecer um programa de necessidades. O leiaute básico (Figura 13.1) mostra as relações entre os elementos da fazenda e a principal estrada de acesso. Na Figura 13.2, há uma fazenda padrão.

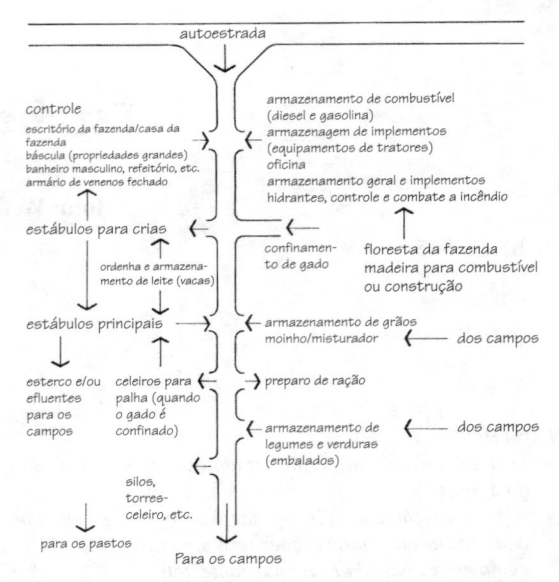

13.1 Leiaute básico, fazenda de uso misto (agrícola e pecuária). Embora o arranjo apresentado tenha sido alterado, as fazendas geralmente são lineares em relação à estrada principal.

2 ANIMAIS DE FAZENDA

As dimensões e os pesos médios dos animais estão na Figura 13.3. A largura indicada considera o espaço normalmente alocado (dois terços da largura geral). A extensão considera a posição ereta normal (não deitados).

3 MÁQUINAS AGRÍCOLAS

As dimensões e os pesos médios de tratores e outras máquinas são indicados na Figura 13.4.

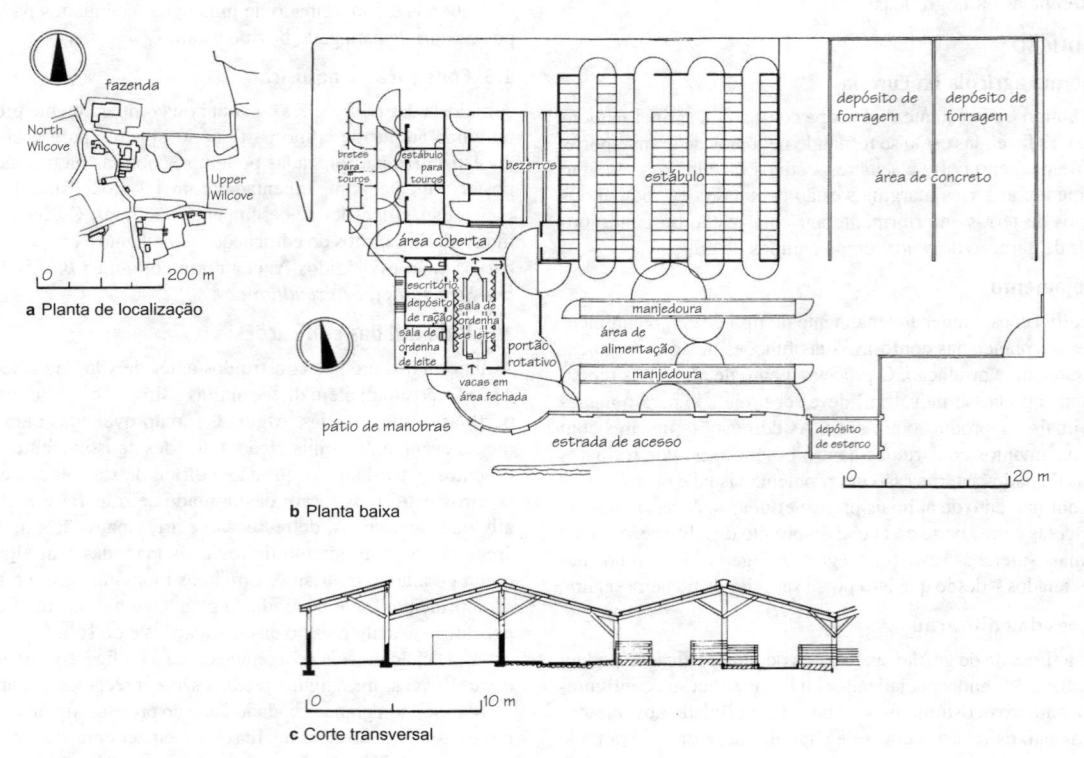

13.2 Fazenda padrão: Wilcove.

galinha 2 kg
400 × 200 × 350 mm de altura

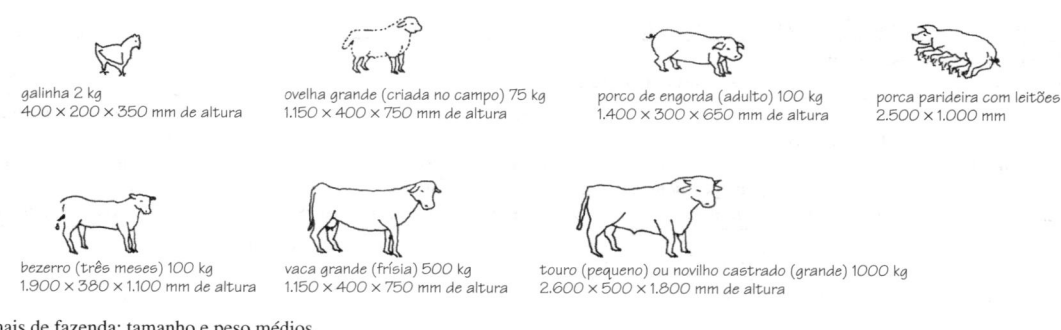

ovelha grande (criada no campo) 75 kg
1.150 × 400 × 750 mm de altura

porco de engorda (adulto) 100 kg
1.400 × 300 × 650 mm de altura

porca parideira com leitões
2.500 × 1.000 mm

bezerro (três meses) 100 kg
1.900 × 380 × 1.100 mm de altura

vaca grande (frísia) 500 kg
1.150 × 400 × 750 mm de altura

touro (pequeno) ou novilho castrado (grande) 1000 kg
2.600 × 500 × 1.800 mm de altura

13.3 Animais de fazenda: tamanho e peso médios.

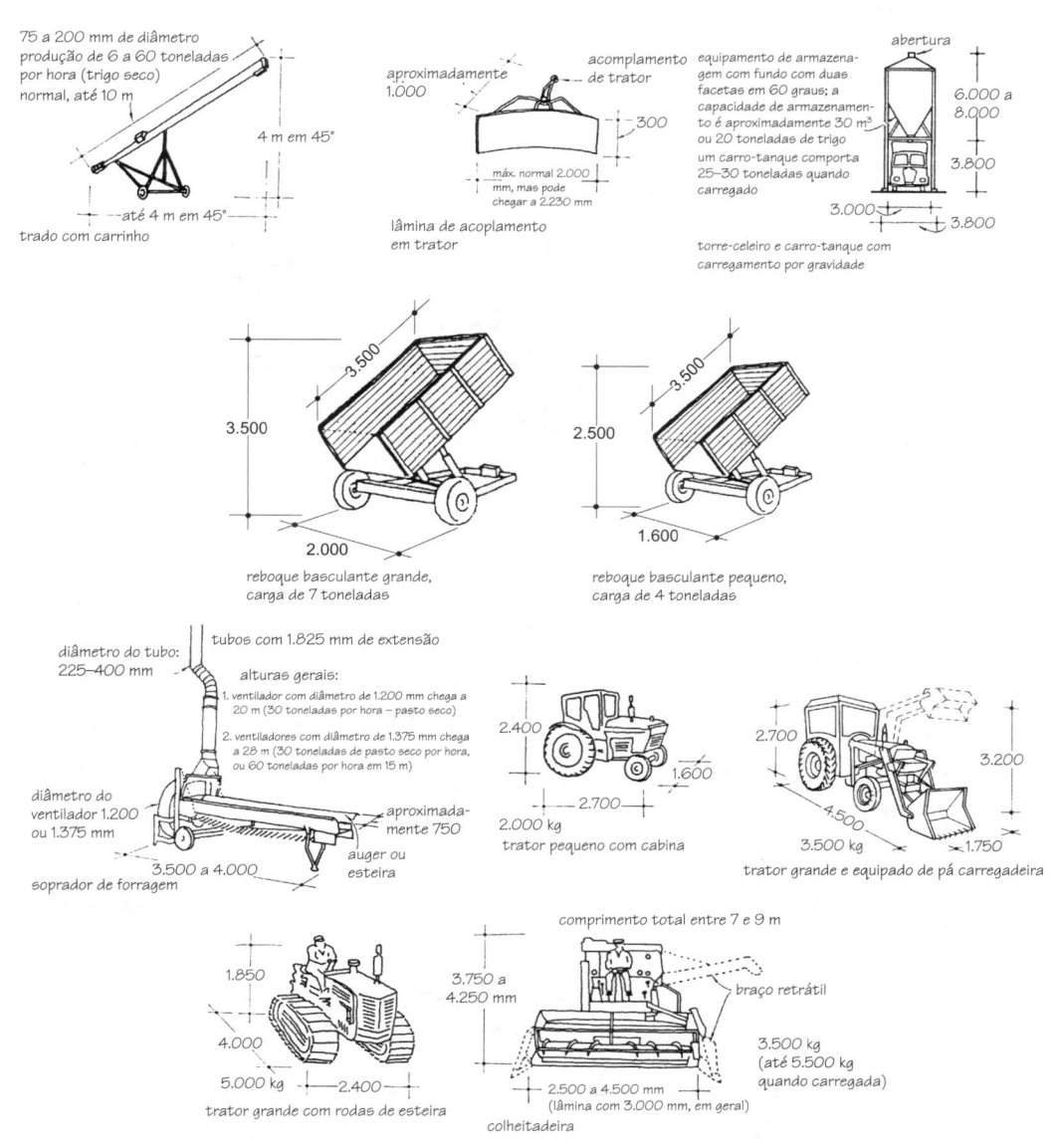

75 a 200 mm de diâmetro
produção de 6 a 60 toneladas por hora (trigo seco)
normal, até 10 m
4 m em 45°
até 4 m em 45°
trado com carrinho

aproximadamente 1.000
300
máx. normal 2.000 mm, mas pode chegar a 2.230 mm
lâmina de acoplamento em trator

acoplamento de trator

equipamento de armazenagem com fundo com duas facetas em 60 graus; a capacidade de armazenamento é aproximadamente 30 m³ ou 20 toneladas de trigo
um carro-tanque comporta 25–30 toneladas quando carregado

abertura
6.000 a 8.000
3.800
3.000
3.800
torre-celeiro e carro-tanque com carregamento por gravidade

3.500
3.500
2.000
reboque basculante grande, carga de 7 toneladas

3.500
2.500
1.600
reboque basculante pequeno, carga de 4 toneladas

diâmetro do tubo: 225–400 mm
tubos com 1.825 mm de extensão
alturas gerais:
1. ventilador com diâmetro de 1.200 mm chega a 20 m (30 toneladas por hora – pasto seco)
2. ventiladores com diâmetro de 1.375 mm chega a 28 m (30 toneladas de pasto seco por hora, ou 60 toneladas por hora em 15 m)
diâmetro do ventilador 1.200 ou 1.375 mm
3.500 a 4.000
soprador de forragem
aproximadamente 750
auger ou esteira

2.400
1.600
2.700
2.000 kg
trator pequeno com cabina

2.700
3.200
4.500
3.500 kg
1.750
trator grande e equipado de pá carregadeira

1.850
4.000
5.000 kg
2.400
trator grande com rodas de esteira

comprimento total entre 7 e 9 m
3.750 a 4.250 mm
braço retrátil
3.500 kg (até 5.500 kg quando carregada)
2.500 a 4.500 mm (lâmina com 3.000 mm, em geral)
colheitadeira

13.4 Máquinas agrícolas: pesos e tamanhos médios.

4 ESTÁBULOS PARA GADO BOVINO LEITEIRO

A Tabela I apresenta as dimensões de estábulos para gado; exemplos indicados para 120 cabeças de gado podem ser encontrados nas Figuras 13.5 e 13.6. Um estábulo com bretes ou compartimentos típicos tem 27 m de largura × 55 m de extensão, mais 10 m na área de manobra em uma das extremidades e 4 m para a estrada. Um abrigo possui as mesmas dimensões básicas, mas sua sustentação aproveita a subdivisão dos compartimentos; a passagem não é completamente coberta (13.7). Vários sistemas de ordenha são apresentados na Figura 13.8. Atualmente, as áreas de ordenha rotatórias são consideradas obsoletas; hoje, o padrão mais utilizado é o "espinha de peixe", Figura 13.9.

Tabela I Dimensões de compartimentos/cubículos para gado

Massa da vaca (kg)	Dimensões dos compartimentos/cubículos (m)			Dimensões dos estábulos (m)			Largura do corredor	Largura mínima para transporte de ração (se houver)	Inclinação longitudinal ao longo do corredor e canal para esterco
	Extensão, incluindo rodapé	Extensão atrás da gamela	Espaço livre mínimo entre divisórias	Profundidade para o animal de pé e sem gamela	Profundidade para o animal de pé e atrás de gamela com 0,75 a 0,9 de largura	Largura entre boxes para duas vacas de pé			
350–500	2,00	1,45	1,00	2,00	1,45	2,00	Fileira simples: 2,0	0,9	1%
500–600	2,15	1,60	1,10	2,15	1,60	2,15			
600–650	2,30	1,80	1,15	2,30	1,80	2,40	Fileira dupla: 3,0		
650–700	2,30	1,80	1,15						
700–800	2,50	2,00	1,20						

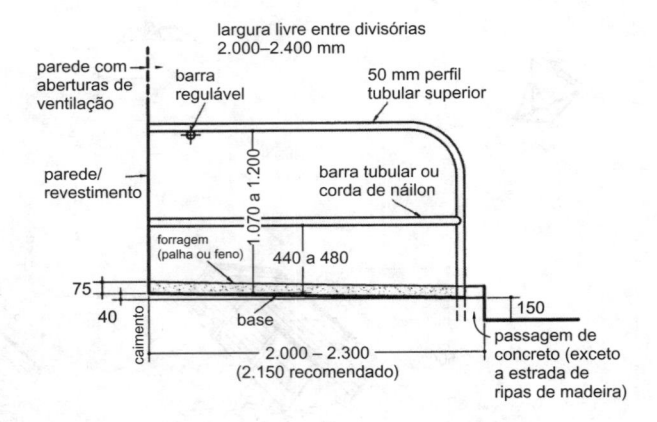

13.5 Corte transversal mostrando a divisão por cubículos: dimensões para vacas frísias.

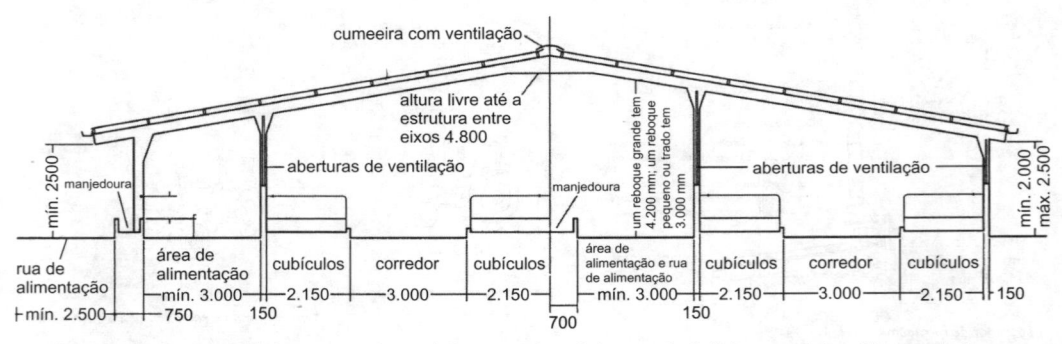

13.6 Corte alternativo de estábulo com cubículos, mostrando manjedouras nas laterais à esquerda de linha central do prédio e manjedouras centrais à direita.

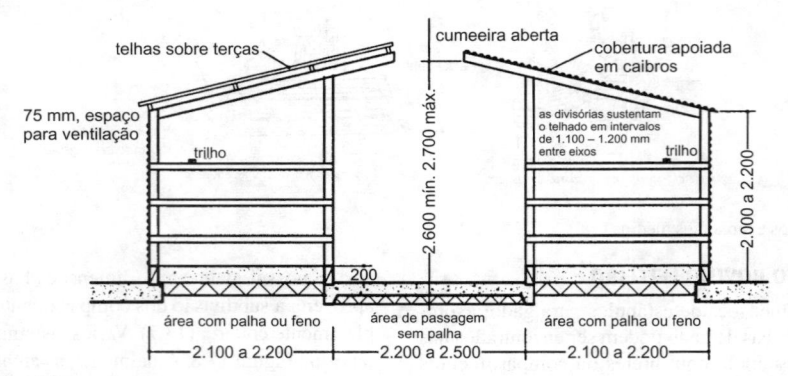

13.7 Corte de abrigo para gado leiteiro ou de corte.

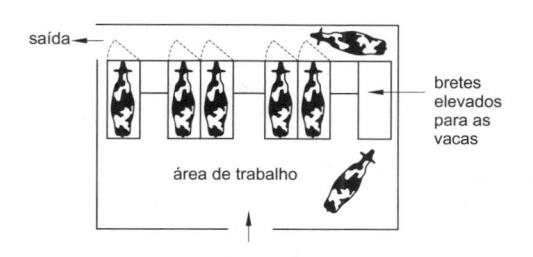

a lado a lado

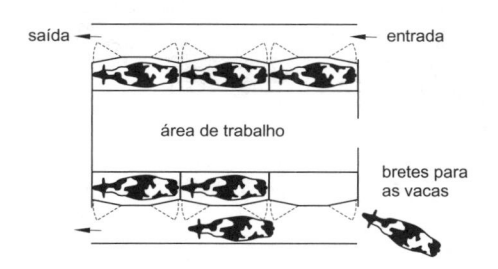

b em fila

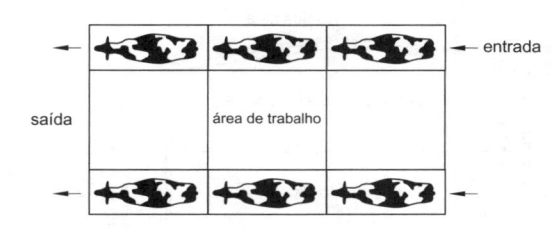

c plano inclinado

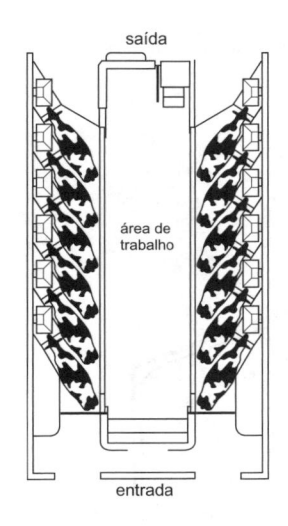

d "espinha de peixe"

e trígono/triangular

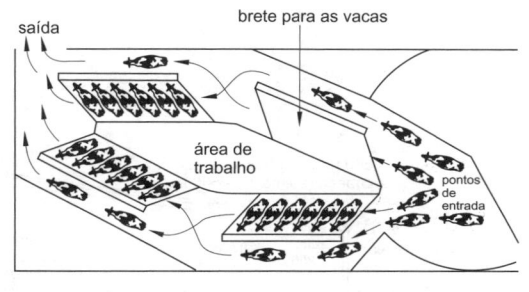

f polígono

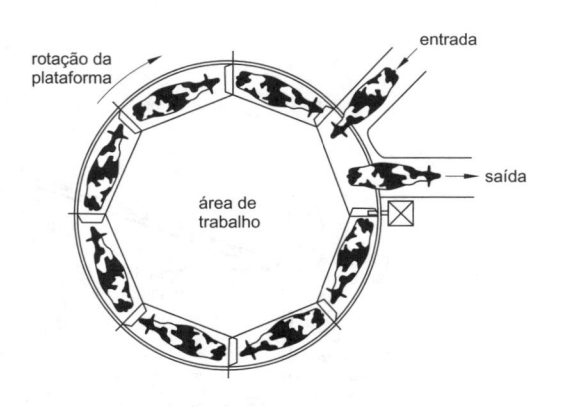

g rotatória

13.8 Sistemas de ordenha.

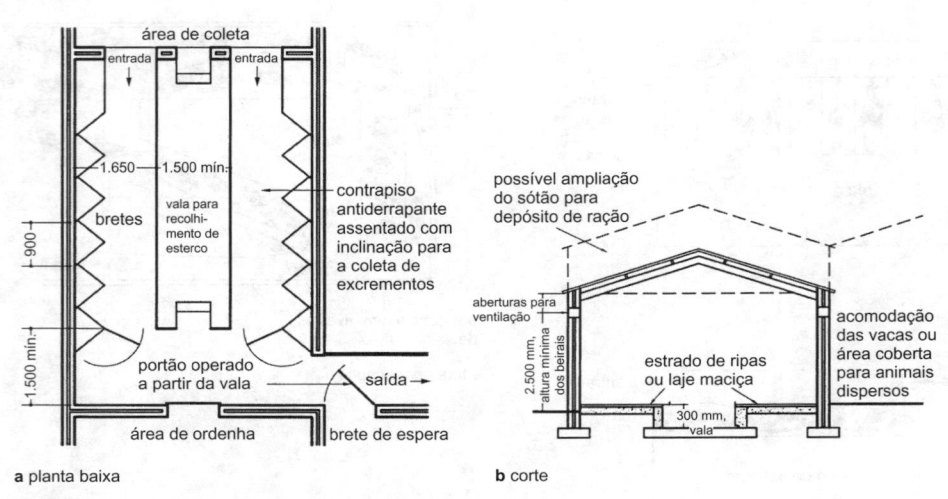

13.9 Área de ordenha "espinha de peixe".

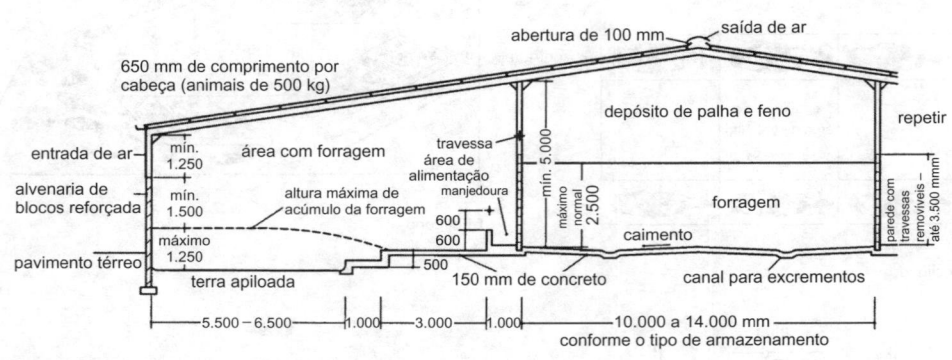

13.10 Corte de galpão coberto com palha para gado de corte, fácil alimentação.

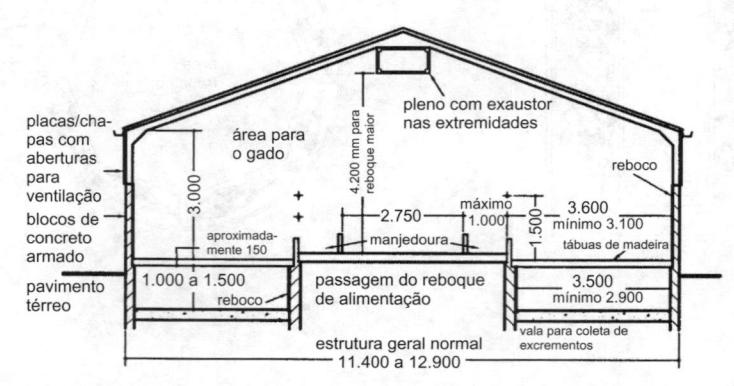

13.11 Corte de estábulo para gado de corte com piso de madeira, utilizando reboques com autodescarga. Observação: áreas com piso de madeira não são aprovados pelo *Brambell Committee*.

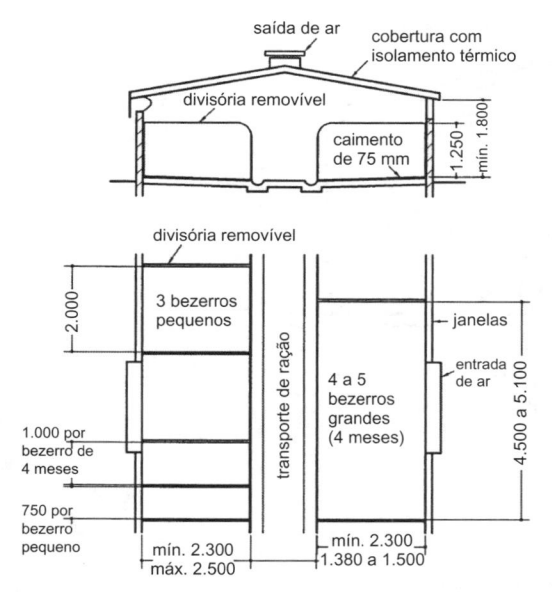

13.12 Planta baixa e corte de estábulo para bezerros.

5 CURRAIS PARA GADO BOVINO DE CORTE E BEZERROS

Estábulos com estrado de madeira ou cobertos com palha para gado bovino de corte são apresentados nas Figuras 13.10 e 13.11. Currais para bezerros são ilustrados na Figura 13.12. Na Figura 13.13 há um estábulo de uso geral coberto com palha; o modelo é indicado para gado bovino (700 mm cabeça por manjedoura para gado adulto e 500 mm para animais com um ano de idade).

6 ESTÁBULOS PARA OVINOS

As dimensões exigidas são apresentadas na Tabela II. O corte de um estábulo para ovelhas é mostrado Na Figura 13.14. Na Figura 13.15 há um tanque de alimentação adequado para as raças maiores.

7 CURRAIS PARA SUÍNOS

A Tabela III apresenta os requisitos dimensionais. Três tipos de currais para engorda são mostrados nas Figuras 13.16–13.18. Nas Figuras 13.19 e 13.20 há dois tipos de currais para procriação.

8 AVIÁRIOS

As dimensões são mostradas na Tabela IV. Abrigos para pintos, engorda de aves ou aves poedeiras são ilustrados nas Figuras 13.21–13.25. Na Figura 13.26 há um aviário com poleiros, para a engorda de perus.

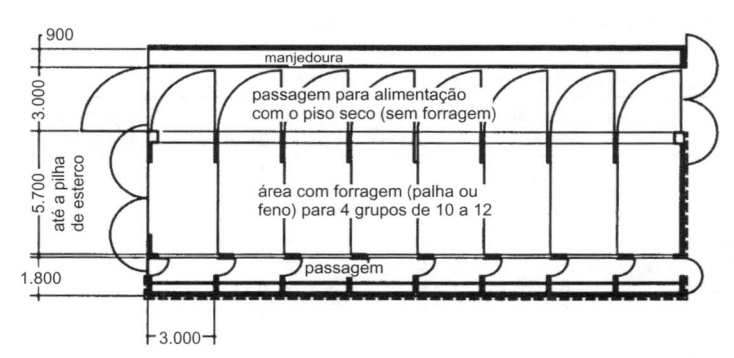

13.13 Planta baixa de galpão para gado forrado com palha (de uso geral).

Tabela II Estábulos para animais

		Área por animal (m²)		Extensão da manjedoura (mm) conforme o sistema de alimentação		
Tipo de animal	Idade ou peso	Piso com aberturas	Piso maciço coberto com palha	Compostos/ concentrados	Feno/silagem	Alimentador automático de grandes fardos de forração
Ovelhas prenhes	45–60 kg	0,8	1,0	400	175	100
	60–75 kg	0,9	1,2	460	200	150
	75–90 kg	1,1	1,4	500	225	150
Ovelhas com cordeiros	Confinados individualmente	–	2,2			
	Grupos, cordeiros de 45 kg	1,0	1,3	420	175	100
	Grupos, cordeiros de 68 kg	1,4	1,7	460	200	150
	Grupos, cordeiros de 90 kg	1,7	1,8	500	225	150
Cordeiros	Confinados individualmente	–	2,1			
	Em grupo	–	1,5			
	Espaço para os cordeiros com 2 semanas	–	0,15			
	Espaço para os cordeiros com 4 semanas	–	0,4			
Suínos	20–30 kg	0,5	0,70,8	300	125	100
	30–40 kg	0,6	0,9	350	150	100
	40–50 kg	0,8		400	175	100

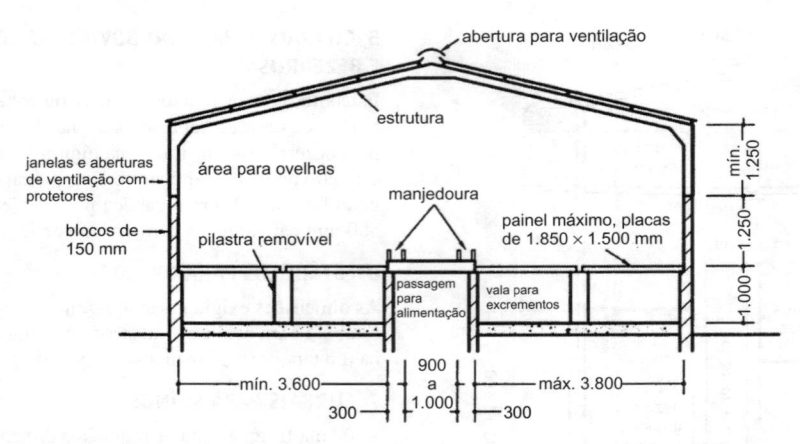

13.14 Estábulos para ovinos; comprimento da manjedoura por cabeça:
Cordeiro em engorda 300 mm
Ovelha e cordeiro 400 mm
Animais com um ano de idade 500 mm

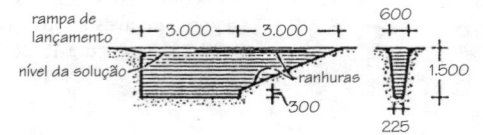

13.15 Cortes de tanque de imersão para ovinos de raças grandes. Calcule 2,25 litros de solução por cabeça.

Tabela III Currais para suínos: dimensões necessárias para 10 animais

Idade (dias)	Peso (kg)	Tipo	Área para se deitar (m²)	Área mínima para excrementos (m²)	Total (m³)	Comprimento da manjedoura (mm)	Altura das paredes da área para deitar ou estar (mm)
0	1,5	Leitões			1,3/cria	500	
20	5	Leitões desmamados jovens			1,75/cria	500	
35	9	Leitões desmamados	0,7	0,3	1,0	600	1.170
65	20	Leitões desmamados	1,5	0,6	2,1	1.750	860
115	50	Leitões gordos	3,5	1,0	4,5	2.250	1.560
140	70	Porcos tipo carne	4,6	1,6	6,2	2.750	1.280
160	85	Porcos tipo banha	5,5	2,0	7,5	3.000	1.840
185	110	Porcos grandes	6,7	2,3	9,0	4.000	1.680
210	140	Porcos muito grandes	8,5	3,0	11,5	5.000	1.700
–	–	Porcas sem crias	15,0	5,0	20,0		3.000
–	–	Porcas com crias	15,0	5,0	20,0		3.000
–	–	Javalis		8,0/javali	500/javali		

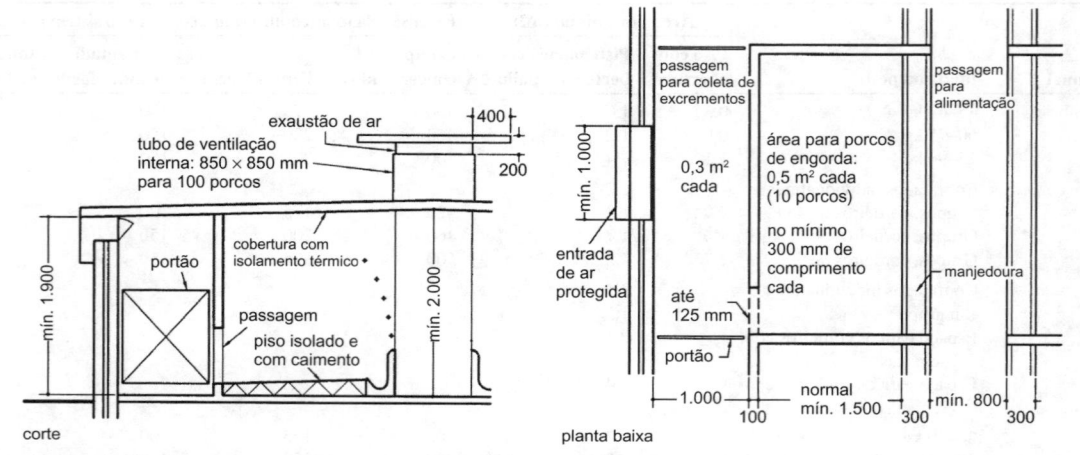

13.16 Planta baixa e corte de curral para porcos de engorda com passagem lateral para coleta de excrementos.

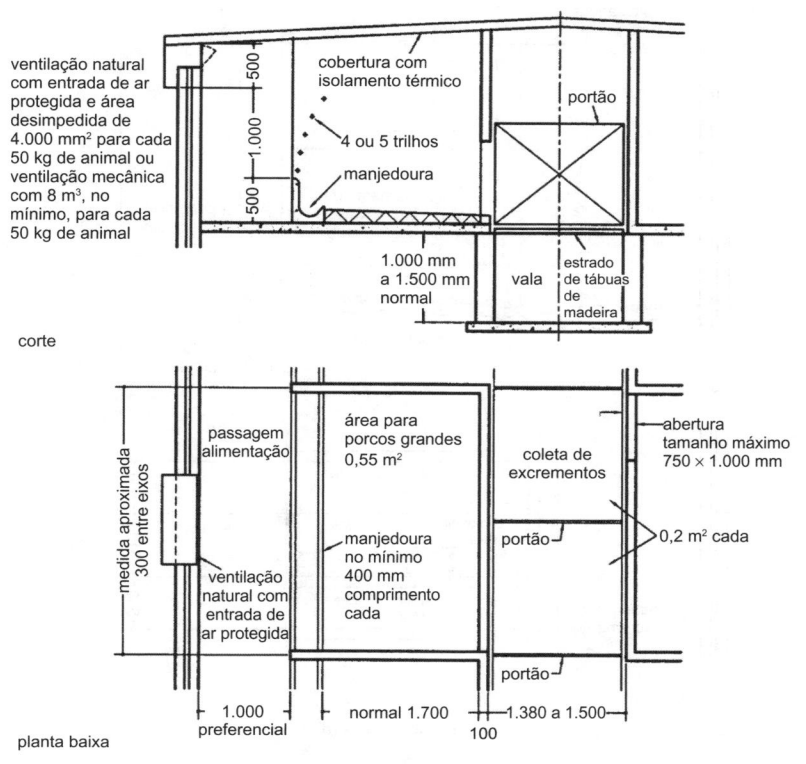

13.17 Planta baixa e corte de curral para engorda com passagem central para a coleta de excrementos com estrado de tábuas de madeira.

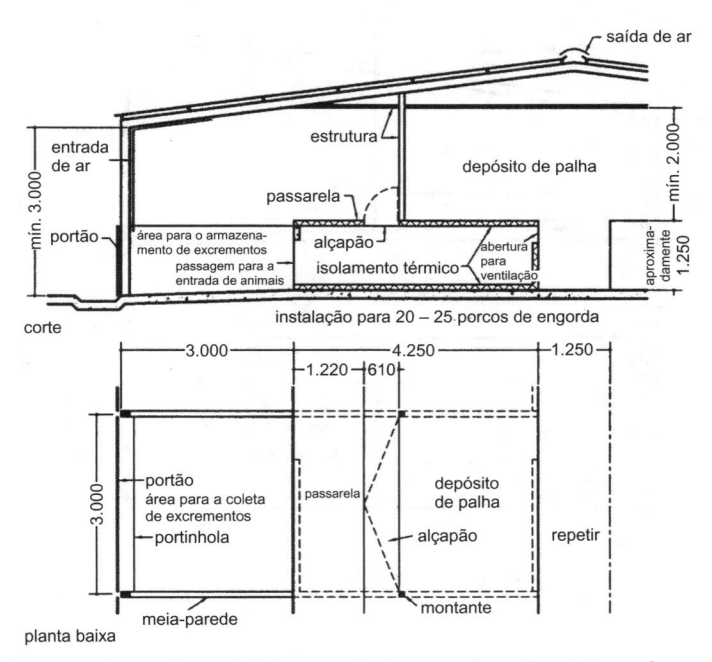

13.18 Planta baixa e corte de curral para engorda com sistema de isolamento térmico com palha e alimentação no piso.

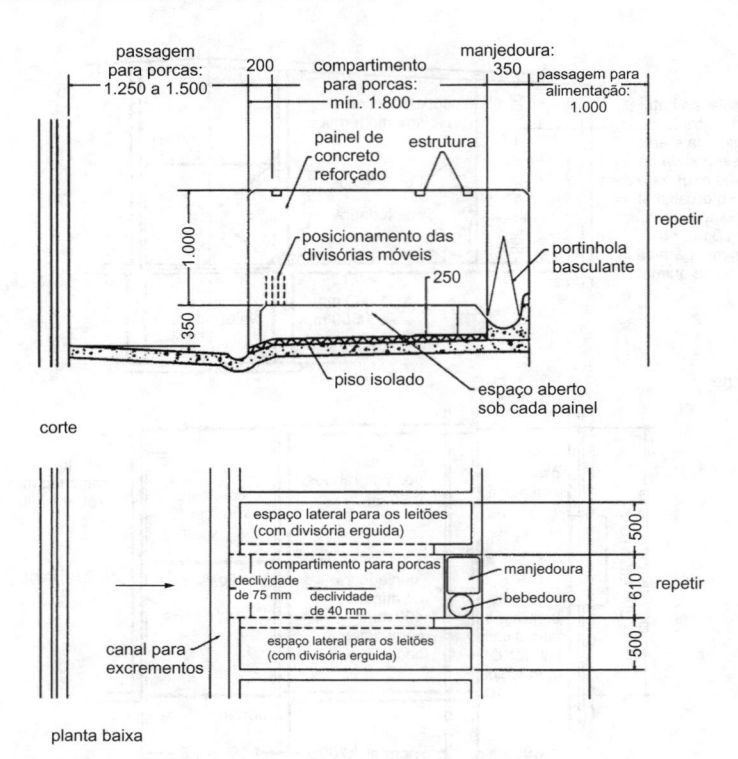

13.19 Planta baixa e corte de curral permanente para procriação com compartimentos (divisórias) permanentes.

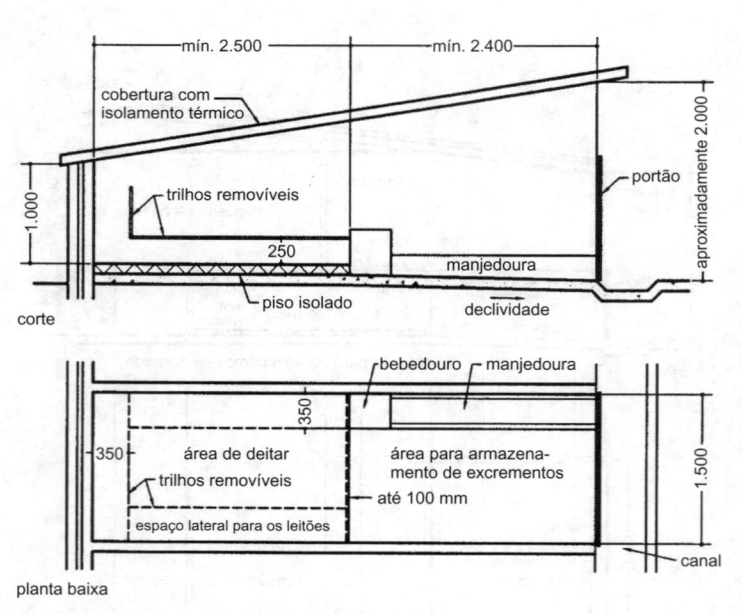

13.20 Planta baixa e corte de curral para procriação com abertura frontal tipo "Soleri".

Tabela IV Aviário

Sistema	Espécies/número de gaiolas	0–4 semanas	4–8 semanas	9–16 semanas
Baterias de gaiolas ou engradados com climatização	Uma galinha por gaiola	0,1	0,1	0,1–0,43
	Duas galinhas por gaiola	0,075	0,09	0,1–0,43
	Três galinhas por gaiola	0,055	0,09	0,1–0,43
	Quatro galinhas por gaiola	0,043	0,09	0,1–0,43
Aviário sem gaiolas	Galinhas poedeiras	0,025	0,09	0,18–0,28
	Galinhas chocadeiras		0,09	
	Perus	0,09	0,14	0,37–0,46
Criação em piso em parte aramado e em parte com estrado de tábuas de madeira	Patos	0,09	Criação solta no terreno	
		0,015	0,09	0,09–0,14
Extensão do comedouro (mm)	Aves em gaiolas	100		
	Galinhas poedeiras	30	40	60
	Galinhas chocadeiras	30	50	75
	Perus	36	73	73
	Patos	55	122	Criação solta no terreno

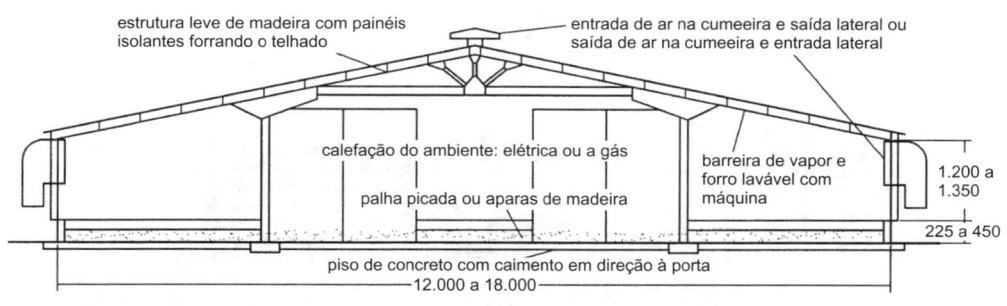

13.21 Corte transversal de aviário. Cobertura com isolamento térmico de poliuterano rígido de 25 mm (no mínimo) ou material equivalente. Densidade de animais: 10 aves/m²; 60% de umidade relativa do ar; temperatura 30°C.

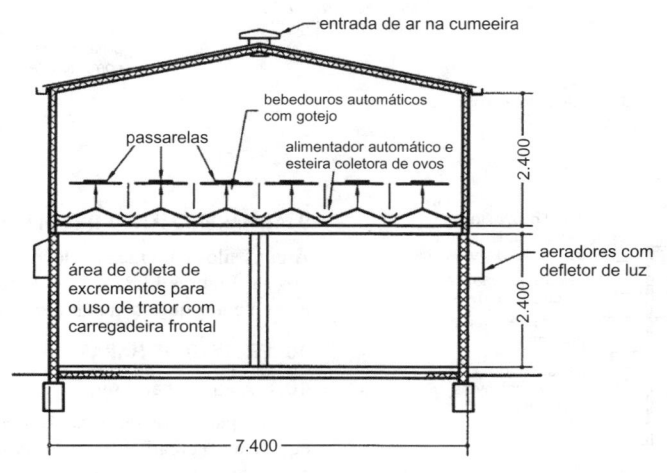

13.22 Corte transversal de aviário plano com grande fossa para coleta de estrume. Cobertura com isolamento térmico de poliuretano rígido de 25 mm (no mínimo) ou material equivalente. Densidade: 100 mm por pássaro em gaiolas múltiplas para híbridos leves; 125 mm para aves mais pesadas. A umidade relativa do ar é de 60% e a temperatura 20–25°C. Se cair a 12°C, a produção não é prejudicada, mas a taxa de conversão de alimentos diminuirá.

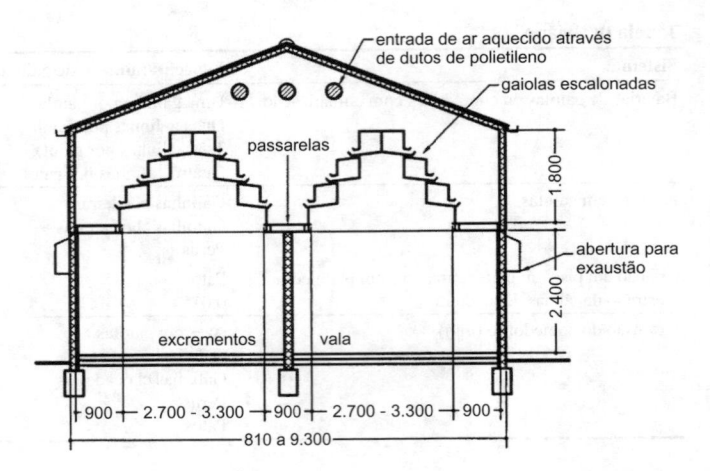

13.23 Corte transversal de aviário com bateria de gaiolas e vala de excrementos profunda do tipo Califórnia. Cobertura com isolamento térmico de poliuretano rígido de 25 mm ou material equivalente.

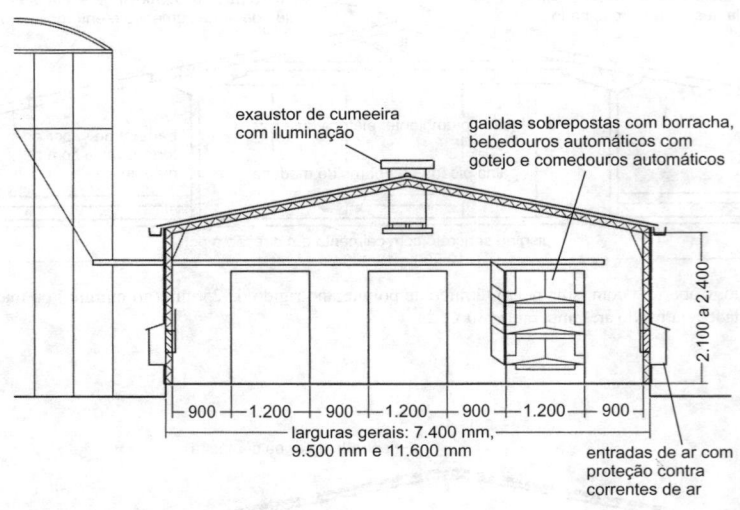

13.24 Corte transversal de aviário com baterias de gaiolas sobrepostas.

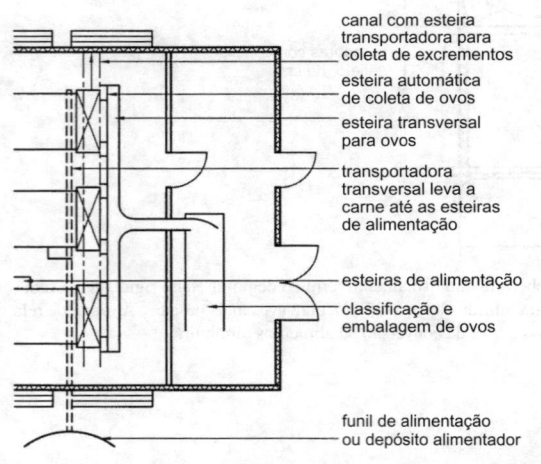

13.25 Planta baixa de aviário com baterias de gaiolas sobrepostas mostrando equipamentos.

9 ARMAZENAMENTO DE COLHEITA E EFLUENTES PRODUZIDOS

Alguns silos para ração e depósitos bastante frequentes são mostrados nas Figuras 13.27–13.34. A Tabela V indica o tipo de esterco ou excrementos que costumam ser produzidos.

10 PROJETO DE HARAS

10.1 A equitação hoje

Os equipamentos de haras são construídos principalmente para a equitação recreativa, esportes equestres e procriação. Atualmente, o uso de cavalos para o transporte comercial não é comum e, para pertencerem aos equipamentos policiais e militares, haverá um programa de necessidades específico.

10.2 Planejamento de elementos em estábulos privados

Os estábulos privados variam entre estábulos para apenas um cavalo ou grandes complexos para acomodar mil ou mais cavalos, incluindo equipamentos para saúde e treinamento. Os elementos principais permanecem os mesmos (Figura 13.35) e se baseiam nos requisitos físicos e psicológicos dos animais.

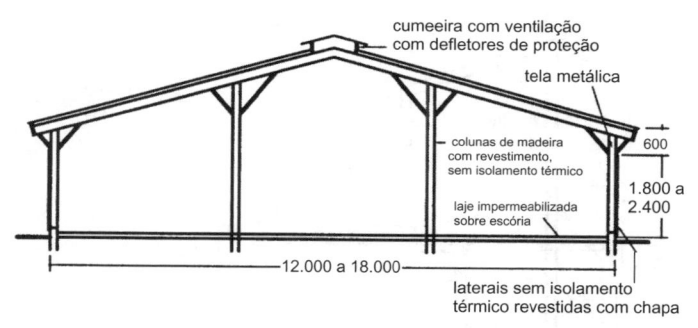

13.26 Corte transversal de celeiro com postes/colunas de madeira para engorda de peru. Densidade de animais: 30 kg/m².

13.27 Torre-celeiro para pastagem ressecada/murcha com 40–50% de matéria seca. A pastagem molhada é armazenada em torres de 6 m de diâmetro × 12 m de altura.

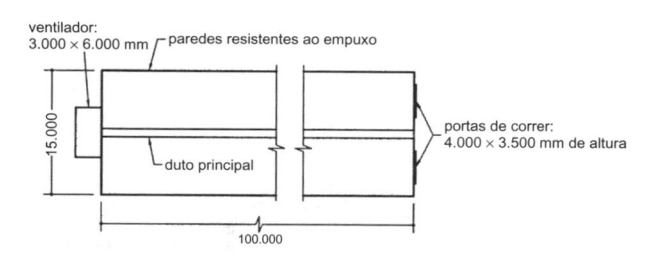

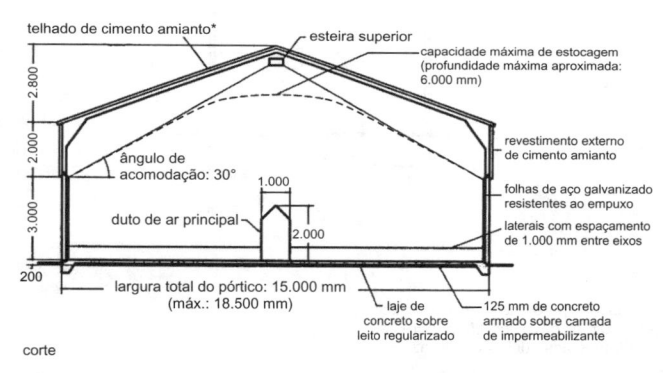

13.28 Planta baixa e corte de depósito de grãos, mostrando o sistema lateral para armazenamento de 1.200 toneladas.

*N. de R.T.: O uso de cimento amianto foi restringido no Brasil.

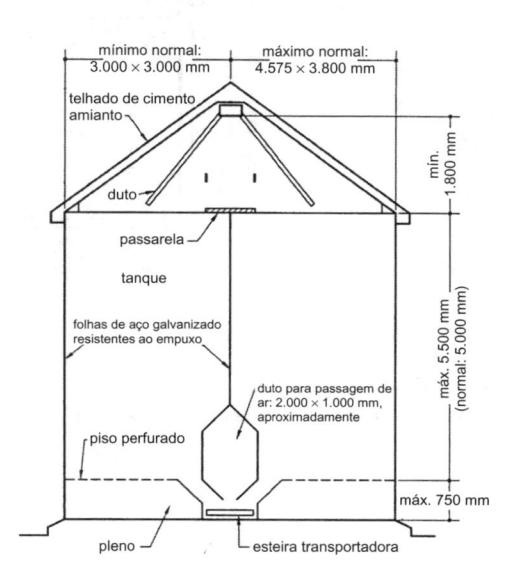

13.29 Secagem e armazenamento de grãos: corte transversal de conjunto de silos graneleiros (quadrado ou retangular) com cobertura. O silo graneleiro de 4,575 × 3,8 × 5 m comporta 60 toneladas de trigo.

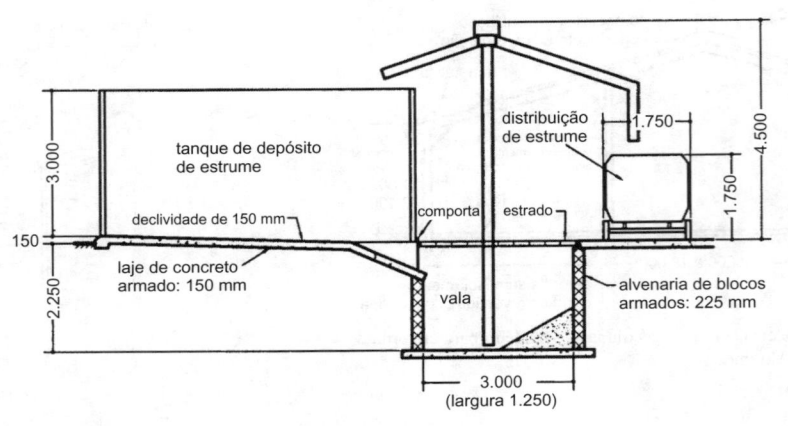

13.30 Corte transversal de depósito de estrume acima do nível do solo.
Capacidades: 4.575 mm de diâmetro – 50 m³
6.100 mm de diâmetro – 88 m³
6.860 mm de diâmetro – 110 m³

13.31 Corte transversal de celeiro do tipo holandês para armazenamento de fardos. As capacidades de um celeiro com 4,575 m, com 6,5 m de largura e 5,5 m de altura são:
Palha de trigo – 12 toneladas
Palha de cevada – 14 toneladas
Feno – 27 toneladas

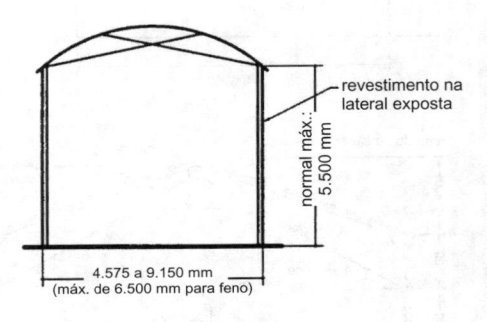

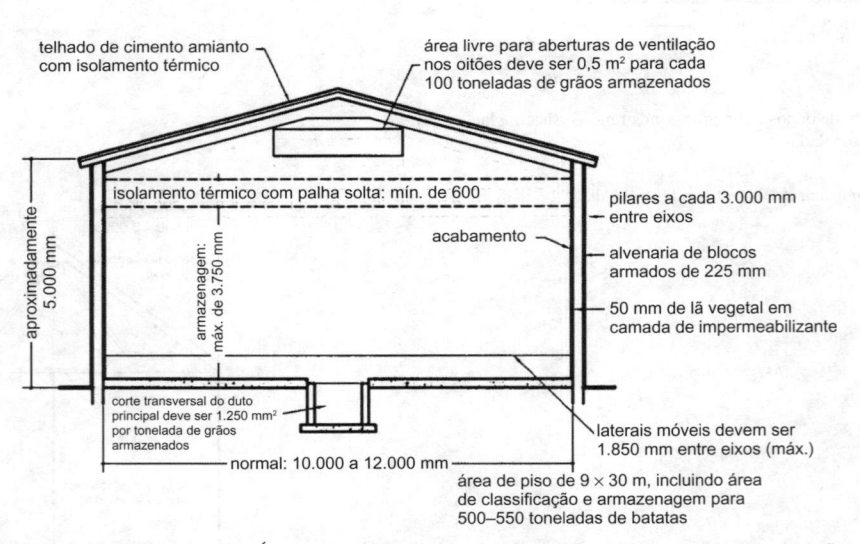

13.32 Corte transversal do piso de depósito para batatas. Área de piso 9 × 30 m armazena 500–550 toneladas. As laterais móveis ficam a 1,85 m entre eixos (no máximo). Área livre com aberturas de ventilação nos oitões: 0,5 m²/100 toneladas armazenadas; corte transversal do duto principal: 1.250 mm² por tonelada.

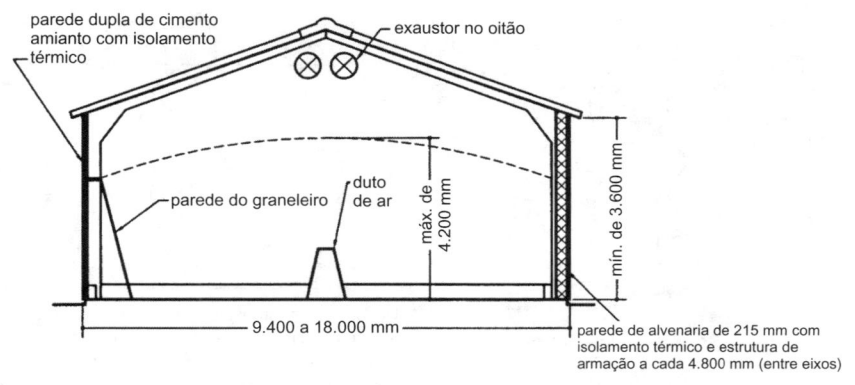

13.33 Corte transversal de granel com fluxo radial em celeiro para secagem e armazenamento de grãos. O duto de ar fornece 400 m³/h.t para secar e 100 m³/h.t para armazenar. A temperatura do ar é superior a 0°C; 75% de umidade relativa do ar.

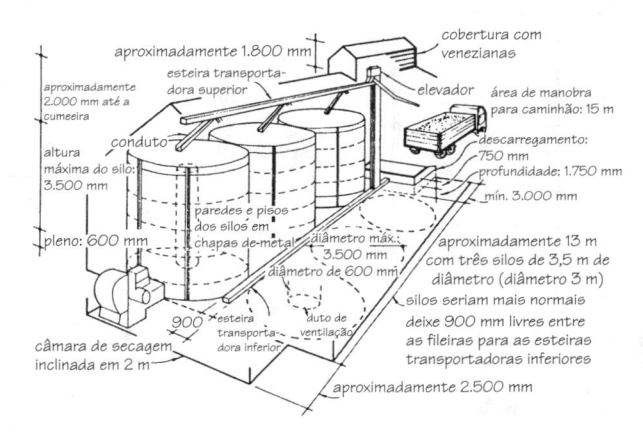

13.34 Silos para cebolas.

Tabela V Produção média de efluentes

			Produção por cabeça por semana				
		Massa (kg)	Produção (litros)	Volume (m³)	Total de sólidos (kg)	Demanda bioquímica de oxigênio (DBO) (kg)	Equivalente populacional DBO
Homem	Adulto	75	10	0,01	0,57	0,41	1,0
Vaca	Leiteira	450	250	0,25	21,20	4,20	10,2
Vaca	Leiteira grande	550	380	0,38	32,22	6,13	14,8
Bezerro	3 meses	100	200	0,20	19,05	2,54	6,2
Porco	Leitão gordo	50	38	0,04	3,00	1,20	2,0
Porco	Porco tipo banha	95	51	0,05	3,50	1,40	3,4
Porco	Porco com ração líquida	95	100	0,10	3,50	1,40	3,4
Porco	Fêmea com crias	110	75	0,08	3,60	1,45	3,6
Aves	Galinha poedeira adulta	2,25	3,75	0,005	1,27	0,09	0,13
Ovelhas	Ovelha adulta	75	35	0,04	3,81	0,70	1,7
Forragem	30% de matéria seca	tonelada	3,20	0,001	–	–	–
Forragem	20% de matéria seca	tonelada	37,00	0,04	–	–	–

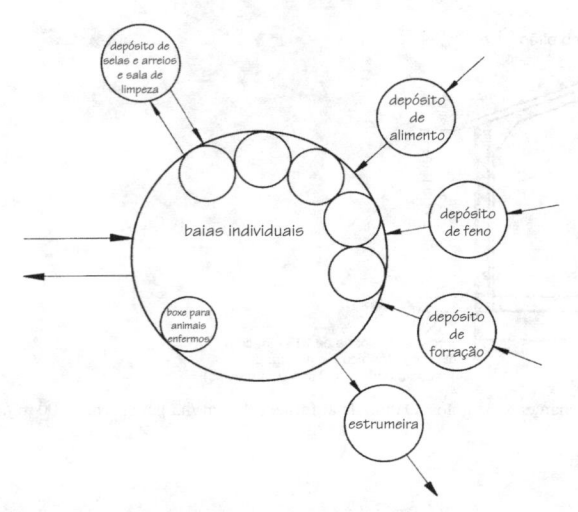

13.35 Organograma dos componentes da planta baixa.

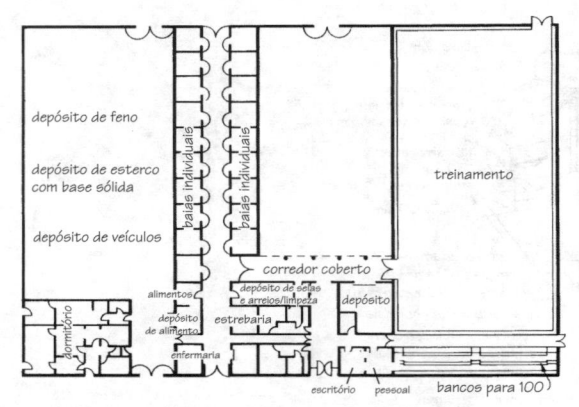

13.36 Planta baixa de *Porter's Field Riding School, Leyton*.

1 *Compartimentos*
- Compartimentos individuais
- *Compartimentos ou boxes para doentes (50% maior)
- *Compartimentos ou boxes de serviço

2 *Depósitos*
- Alimentação
- Feno
- Forragem
- Equipamentos (carrinho de mão, máquinas de cortar grama, etc.)

3 *Funcionários e administração*
- Depósito de selas e arreios
- *Sala de limpeza
- *Sala de secagem
- Banheiros/chuveiros para funcionários
- *Sala de lazer dos funcionários
- *Escritório
- *Consultório do veterinário

4 *Equipamentos externos*
- Estrumeira
- *Área de lavagem
- Estacionamento de reboques
- Estacionamento de funcionários
- *Depósito de veículos

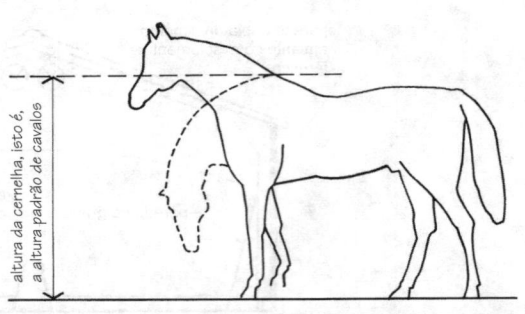

13.37 Altura estimada de um cavalo na cernelha. Tradicionalmente, a altura era medida em palmos (4 polegadas), mas um palmo equivale apropriadamente a um decímetro (100 mm) dentro dos limites da exatidão atingível. A Tabela IV indica as alturas de algumas raças de cavalos e pôneis.

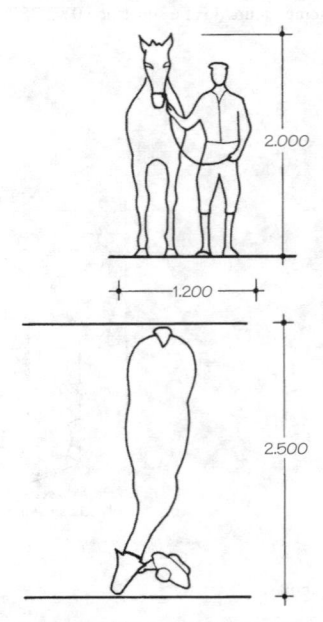

13.38 Cavalo acompanhado. a) Vista. b) Planta.

5 *Saúde/exercícios*
- Pista de areia
- Pátio de treinamento
- Andador estacionário
- Balança/báscula
- Piscina equina

*A acomodação não exige esses itens quando as atividades são em pequena escala.

Uma planta baixa típica é mostrada na Figura 13.36.

10.3 Critérios dimensionais

Pode-se aplicar critérios dimensionais padronizados:

- Tamanho do cavalo, com ou sem cavaleiro (13.37–13.39, Tabelas VI e VII)
- Estrebaria e áreas de tratamento dos cavalos, 13.40–13.43
- Depósito de selas e arreios, 13.44
- Treinamento, 13.45 e 13.46
- Arena de adestramento, 13.47
- Polo, 13.48
- Transporte, 13.49–13.51

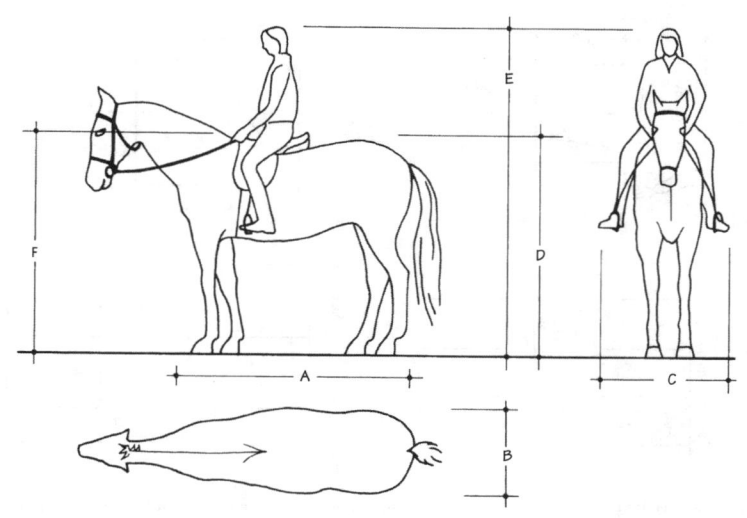

13.39 Dimensões do cavalo e cavaleiro, veja a Tabela VII.

Tabela VI Raças comuns de cavalos e pôneis, com pesos em palmos e medidas métricas equivalentes, Figura 13.37
(1 palmo = 4 polegadas; 12,2 palmos = 12 palmos + 2 polegadas)

Raça	Altura em palmos	Altura em mm	Raça	Altura em palmos	Altura em mm
Cavalos			**Pôneis**		
Cleveland bay	16	1.625	Connemara	14,2	1.475
Clydesdale	16	1.625	Dartmoor	12	1.220
Morgan	14–15	1.420–1.525	Exmoor	12,2	1.270
Percheron	16–16,3	1.625–1.700	Fell	13,1	1.345
Shire	17	125	Highland	12.2–14,2	1.270–1.475
Suffolk	16	1.625	New Forest	14,2	1.475
Tennessee Walker	15,2	1.575	Shetland	39–42 polegadas*	990–1.065
Puro-sangue	16	1.625	Welsh	12	1.220

* Pôneis Shetland sempre são medidos em polegadas.

Tabela VII Dimensões típicas de cavalo ou pônei e cavaleiro, Figura 13.39

Dimensão	Puro-sangue	Pônei *New Forest*	Pônei galês
A	1.600	1.450	1.200
B	550	500	415
C	900	815	675
D	1.620	1.470	1.215
E*	2.450	2.225	1.840
F	1.625	1.475	1.220

* Pressupondo-se que o cavaleiro seja proporcional ao cavalo ou pônei.

10.4 Estábulos e condições ambientais

Os requisitos principais podem ser identificados da seguinte maneira:

1 Ambiente seco e aquecido
2 Ventilação adequada, sem correntes de ar
3 Fornecimento adequado de água e drenagem de qualidade
4 Boa iluminação natural e artificial

Localização
- Em terreno com boa drenagem.
- Evitar topos de colinas e baixadas.
- Protegida de ventos dominantes fortes.
- Evitar locais enclausurados, sem circulação livre de ar.

Temperatura
O estábulo deve moderar os extremos das condições externas. Portanto, uma circulação de ar é benéfica; a ventilação adequada, por sua vez, é essencial. No entanto, tome cuidado para evitar correntes de ar.

Tamanho
A menos que se trate de uma raça particularmente pequena, as dimensões padrão são as mais indicadas.

Ruídos
Barulhos repentinos podem assustar os cavalos, além de perturbar o sono durante a noite. Dessa forma, considere com cuidado as relações com estradas públicas e empreendimentos urbanos.

10.5 Projeto detalhado de estábulos

Piso
O piso deve ser impermeável à umidade, resistente, antiderrapante e fácil de limpar. Além disso, precisa proteger os cavalos da umidade do solo. As opções de acabamento de piso variam entre concreto, graníticos, tijolos ou blocos de concreto assentados no padrão espinha de peixe, mantas de borracha patenteados e pisos de borracha sem emendas.

Paredes
As paredes devem ser alisadas/lisas para facilitar a limpeza e, se possível, sem nenhuma projeção. Recomenda-se que as paredes de alvenaria sejam protegidas por uma camada de, no mínimo, 120 mm de madeira resistente ou painéis de madeira compensada sobre uma estrutura de madeira. A alvenaria deve ser pintada de branco ou outra cor clara para estimular a limpeza. Uma vez que os cavalos são animais gregários, as divisórias costumam ser sólidas (1.200–1.500 mm de espessura) e apresentam um estrado de até 2.100 mm de altura em relação ao piso.

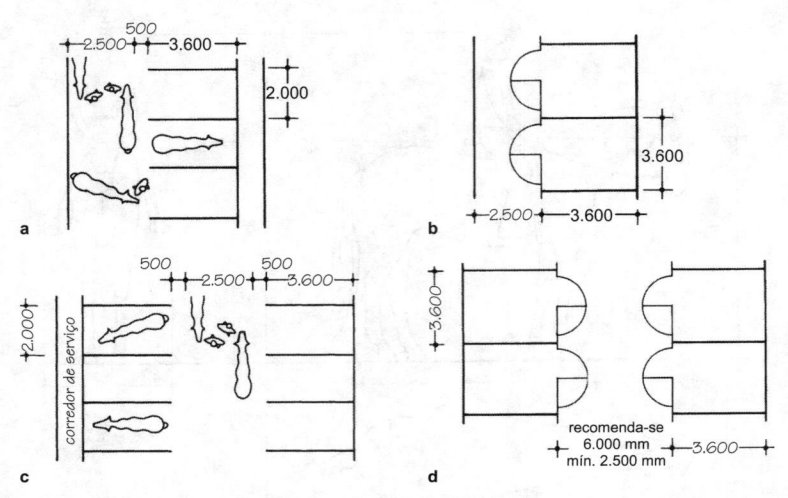

13.40 Leiautes de estábulos: a) Cavalariças abertas em um lado. b) Baias individuais em um lado. c) Cavalariças em ambos os lados. d) Baias individuais em ambos os lados: as portas não devem ser diretamente opostas umas às outras.

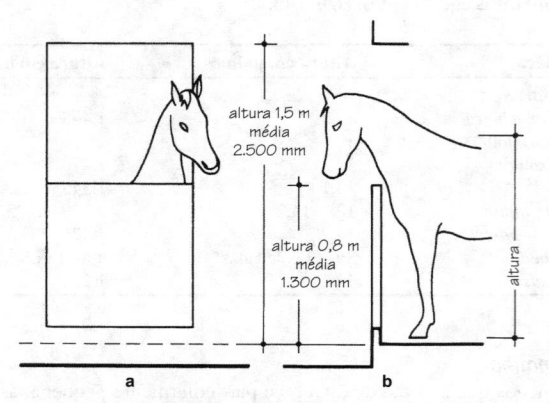

13.41 A porta do estábulo. Para o bem-estar do cavalo, é essencial que ele possa olhar para fora – os cavalos costumam ser muito curiosos. A altura é a da cernelha (veja a Figura 13.37). a) Vista frontal. b) Corte.

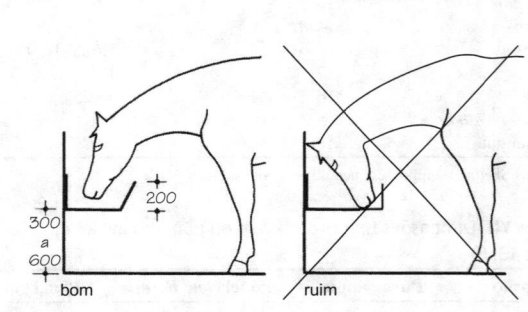

13.42 Altura da manjedoura.

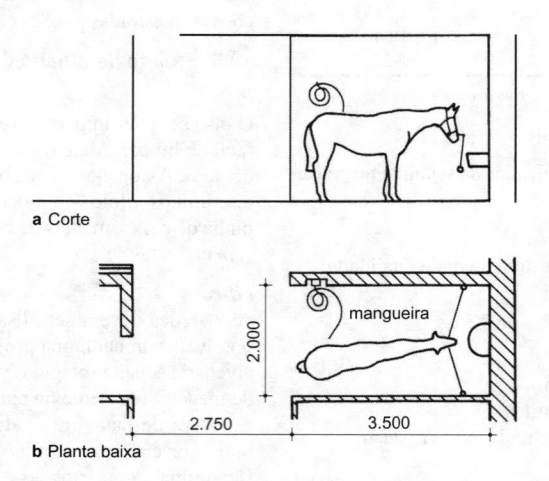

a Corte

b Planta baixa

13.43 Baia veterinária "*stallapotheke*".

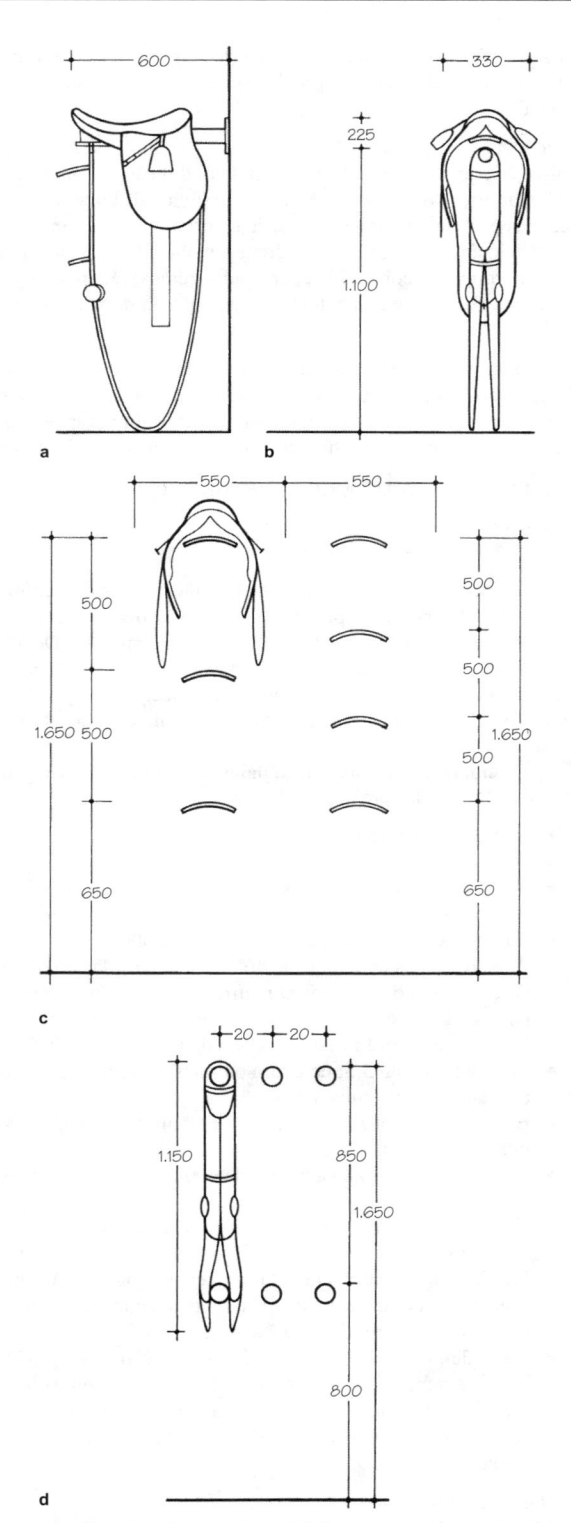

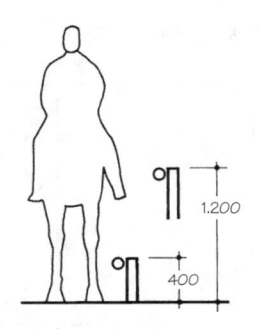

13.45 Balaustradas para treinamento externo.

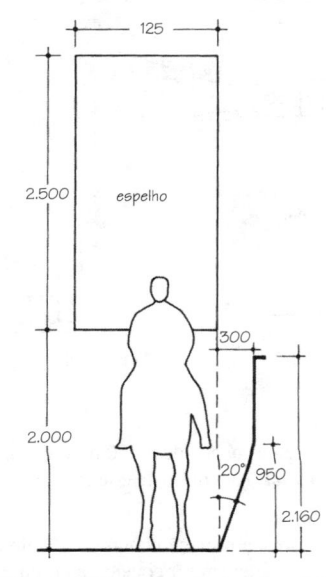

13.46 Treinamento interno: inclinação das paredes e leiaute de espelho inclinado para permitir a autovisualização.

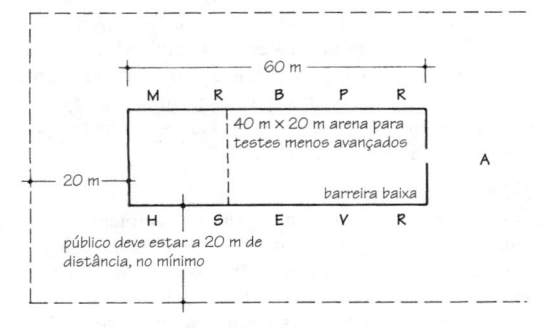

13.44 Depósitos de selas e arreios. a) Selas e arreios juntos, vista lateral. b) Selas e arreios, vista frontal. c) Apenas selas. d) Apenas arreios, quando mantidos separados.

13.47 Arena de adestramento.

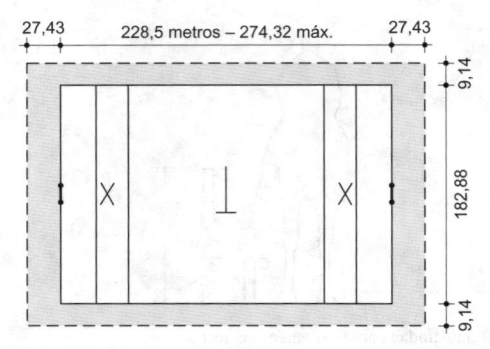

13.48 Quadra de polo.

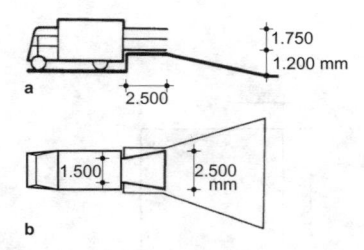

13.49 Rampa para o embarque de cavalos em carros de transporte ou reboques. a) Corte. b) Planta.

13.50 Reboque grande.

13.51 Reboque pequeno.

Coberturas
O pé-direito não deve ter menos de 3.050 mm. Escolha os materiais com cuidado para evitar o acúmulo de condensação.

Proteção contra incêndio
Em instalações maiores, a proteção contra incêndio e a localização das barreiras corta-fogo devem ser consideradas com cuidado. Considere as dificuldades de evacuar cavalos assustados em localidades quase sempre rurais.

Portinholas e janelas
As portinholas das baias individuais devem ficar em um lado da baia, para que os cavalos se mantenham afastados das correntes de vento quando a metade superior estiver aberta. As portinholas de baias adjacentes não podem ficar lado a lado. A portinhola deve abrir para trás em 180°; proteja todas as extremidades expostas com folhas de aço galvanizado para evitar que os animais mordam as portinholas. Não deve haver arestas vivas/afiadas. A largura mínima livre é de 1.200 mm. Todas as janelas baixas precisam ter vidro aramado e uma grelha de aço protetora.

Guarnições
Em geral, consistem em uma manjedoura, recipientes para água e dois anéis de amarração. A posição exata desses itens depende, em parte, da administração dos estábulos e da incorporação (ou não) de um sistema automático de alimentação. Os anéis de amarração geralmente são colocados a uma distância de 1.525–1.800 mm entre si, de forma a evitar que um cavalo tropece na corda acidentalmente.

Instalações
Deve haver uma tomada de uso externo (uma para cada seis baias, no máximo) para equipamentos portáteis. Elas não podem ser instaladas dentro da baia. O sistema de iluminação deve atingir ambos os lados do cavalo e precisa ser acionado do lado de fora da baia.

Drenagem
O piso deve ter caimento de 1:80–1:60 em direção a uma canaleta localizada fora do estábulo ou da baia individual. Podem-se criar canaletas para aumentar a capacidade de drenagem. A manutenção do estábulo é fundamental para a drenagem e todas as canaletas devem ser equipadas com baldes perfurados removíveis para coletar resíduos de forração e alimentos que venham a entrar por elas.

Estrumeira
A estrumeira deve ser construída para evitar que os efluentes se misturem ao lençol freático. Deve haver uma canaleta e um ponto adjacente de fornecimento de água para permitir limpezas regulares periódicas. Por questões de higiene, instale-as longe dos estábulos.

11 LEGISLAÇÃO EDILÍCIA NO REINO UNIDO
Town and Country Planning Act 1990
General Development Order 1988

Muitas edificações e empreendimentos rurais deixaram de ser classificados como empreendimentos e são dispensados de licenciamento prévio, conforme as leis de planejamento. Detalhes de todos os projetos devem ser enviados às autoridades locais de planejamento. Em cada caso, a autoridade decidirá se precisa de mais informações para aprovar o projeto formalmente antes do início das obras.

Os empreendimentos particulares que geralmente exigem a aprovação formal dos projetos incluem:

- Edificações para fins não agrícolas
- Moradias
- A conversão de edificações agrícolas para uso comercial, industrial ou residencial
- Edificações não projetadas para fins agrícolas
- As edificações com mais de 465 m^2 (construídas no período de dois anos e com até 90 metros de extensão), incluindo pátios e lagos de lodo
- Edificações com 12 m de altura ou mais
- Edificações com 3 m de altura ou mais, a menos de 3 km de distância de um campo aéreo
- Edificações localizadas a menos de 25 m do acostamento de uma autoestrada
- Edificações para gado a menos de 400 m de um "prédio tombado"
- *Campings* aos quais regras específicas se aplicam
- Pousadas
- Instalações recreativas de alta frequência (jogos de aventura, canoagem, asa delta, windsurfe e esqui aquático, entre outras) precisam de permissão se o uso ultrapassar 28 dias por ano
- Lojas de fazenda: é preciso obter permissão se os produtos não forem fabricados na própria fazenda e se forem construídas edificações novas para abrigar a loja. As questões de acesso, estacionamento e sinalização devem ser consideradas com cuidado

Regulações edilícias 2000
Muitas edificações agrícolas são isentas das *Building Regulations* 2000 (Regulamentações Edilícias de 2000), mas nem todas. Os trechos a seguir foram extraídos da regulamentação e apresentam detalhes das edificações isentas. Todas as outras, porém, estão sujeitas ao Controle Edilício e detalhes devem ser submetidos às autoridades locais antes do início das obras.

Cronograma 3 – Edificações e Obras Isentas
Regulamentação 9 – Estufas e Edificações Agrícolas

1. Edificações utilizadas como estufas – a menos que o objetivo principal seja a embalagem no varejo ou exposição.
2. a. Edificações usadas para fins agrícolas que:
    i. fiquem em uma distância inferior a 11/2 sua própria altura em relação a quaisquer prédios que contenham acomodação noturna, e
    ii. contenha uma saída que possa ser usada em caso de incêndio e que não fique a mais de 30 m de distância de qualquer ponto do prédio (a menos que a edificação seja usada principalmente para varejo, embalagem e exposição).
   b. Neste parágrafo, "agricultura" inclui horticultura, o cultivo de frutas, a produção de sementes, a criação de gado leiteiro, a criação de peixes e a reprodução e criação de animais (incluindo qualquer tipo de animal mantido para a produção de alimentos, lã, pele, couro, ou para o propósito de arar a terra).

Leis relevantes
The Environmental Assessment Regulations, 1988
Health and Safety at Work Act, etc., 1974
Control of Substances Hazardous to Health Regulations, 1988 (COSHH)
Electricity at Work Regulation, 1989
The Noise at Work Regulations, 1989
The Food Safety Act, 1990
The Food Hygiene (HQ) Regulation, 1990
Code of Practice for the Control of Salmonella
The Environmental Protection Act, 1990
The Code of Good Agricultural Practice for the Protection of Air Control of Pollution Act 1974 – Water Act 1989
The Control of Pollution (Silage, Slurry and Agricultural Fuel Oil) Regulations, 1991
The Code of Good Agricultural Practice for the Protection of Water July, 1991
The Welfare of Livestock Regulations
The Building Standards (Scotland) Regulations, 1988

12 REFERÊNCIAS BIBLIOGRÁFICAS

BS 5502 Code of practice for the design of buildings and structures for agriculture.

Part 0: 1992 Introduction
Part 11: 2005 Guide to regulations and sources of information
Part 20: 1990 Code of practice for general design considerations
Part 21: 1990 Code of practice for the selection and use of construction materials
Part 22: 2003 Code of practice for design, construction and loading
Part 23: 2004 Code of practice for fire precautions
Part 25: 1991 Code of practice for design and installation of services and facilities
Part 30: 1992 Code of practice for control of infestation
Part 32: 1990 Guide to noise attenuation
Part 33: 1991 Guide to the control of odour pollution
Part 40: 2005 Code of practice for the design and construction of cattle buildings
Part 41: 1990 Code of practice for design and construction of sheep buildings and pens
Part 42: 1990 Code of practice for design and construction of pig buildings
Part 43: 1990 Code of practice for design and construction of poultry buildings
Part 49: 1990 Code of practice for design and construction of milking premises
Part 50: 1993 Code of practice for design, construction and use of storage tanks and reception pits for livestock slurry
Part 51: 1991 Code of practice for design and construction of slatted, perforated and mesh floors for livestock
Part 52: 1991 Code of practice for design of alarm systems and emergency ventilation for livestock housing
Part 60: 1992 Code of practice for design and construction of buildings for mushrooms
Part 65: 1992 Code of practice for design and construction of crop processing buildings
Part 66: 1992 Code of practice for design and construction of chitting houses
Part 70: 1991 Code of practice for design and construction of ventilated on floor stores for combinable crops
Part 71: 1992 Code of practice for design and construction of ventilated stores for potatoes and onions
Part 72: 1992 Code of practice for design and construction of controlled environment stores for vegetables, fruit and flowers
Part 74: 1991 Code of practice for design and construction of bins and silos for combinable crops
Part 75: 1993 Code of practice for the design and construction of forage stores
Part 80: 1990 Code of practice for design and construction of workshops, maintenance and inspection facilities
Part 81: 1989 Code of practice for design and construction of chemical stores
Part 82: 1997 Code of practice for design of amenity buildings

Auditórios 14

Ian Appleton e Stefanie Fischer

CI/SfB 52

Ian Appleton é um dos sócios da The Appleton Partnership. Stefanie Fischer, que contribui para o projeto de cinemas com a participação de Ron Inglis, do Mayfield Arts and Media, e Richard Boyd, diretor técnico do BFI Southbank, é diretora da Burrel, Foley Fischer LLP

PONTOS-CHAVE:
- *Todos os espectadores de uma plateia devem ter plenas condições de enxergar uma apresentação, uma tela ou um palestrante, além de ouvir com clareza discursos, músicas ou sons*
- *O projeto de um auditório deve considerar o conforto, a segurança contra incêndio, a qualidade acústica, o isolamento acústico, os sistemas de som, a iluminação, a atmosfera acolhedora e o acesso aos equipamentos técnicos*
- *As tecnologias de palco e audiovisuais estão em constante evolução*

Conteúdo

1. Introdução
2. Assentos
3. Projeto de auditórios
4. Teatros
5. Teatros-estúdio
6. Salas de concerto
7. Salões de conferência
8. Cinemas
9. Auditórios multifuncionais
10. Equipamentos de apoio
11. Equipamentos para portadores de necessidades especiais
12. Legislação

1 INTRODUÇÃO

O volume tridimensional de um auditório é condicionado pela necessidade de todos os membros da plateia enxergarem plenamente a plataforma ou o palco, além de ouvir o ator, cantor, músico ou palestrante (Figura 14.1). A densidade de assentos, a inclinação do piso e o leiaute dos assentos são parcialmente determinados por esse fator, mas também buscam proporcionar um nível de conforto para a plateia e, essencialmente, garantir rotas de fuga em caso de emergências (como incêndios) dentro do período de tempo exigido pelas diretrizes de segurança e pela legislação.

2 ASSENTOS

2.1 Projeto dos assentos de um auditório

O principal objetivo é proporcionar um padrão adequado de conforto. A variação das dimensões do corpo humano é muito ampla, ainda que apenas um modelo de assento seja oferecido na maioria dos auditórios (Figura 14.2 e Tabela I). Os níveis de tolerância variam: os jovens costumam tolerar assentos simples que são considerados menos confortáveis pelos idosos. As pessoas que frequentam concertos de música clássica parecem esperar mais conforto do que aquelas que assistem a espetáculos de teatro. Em geral, os assentos são projetados conforme a média dos indivíduos que provavelmente os utilizarão, mas essa média varia de acordo com a idade e a nacionalidade. As variações mínimas são conseguidas com o uso do estofamento e do ajuste do espaldar e do assento propriamente dito quando ele está ocupado. Do contrário, a seleção dos assentos favorece um tamanho em comum dentro de todo ou de uma parte do leiaute do auditório. O melhor possível a ser alcançado está na ordem de aproximadamente 90% da plateia dentro de um nível aceitável de conforto.

2.2 Dimensões de conforto

Largura do assento: a dimensão mínima estipulada pela norma britânica é 500 mm, com apoio para os braços, e 450 mm, sem apoio. Para os assentos com apoio para os braços, a largura de 525 mm é o mínimo para a obtenção de um conforto razoável.
Altura do assento: 430 a 450 mm.
Inclinação do assento: um ângulo de 7 a 9° em relação à horizontal.
Altura do espaldar: 800 a 850 mm acima do nível do piso (pode ser superior por questões de acústica).
Inclinação do espaldar: um ângulo de 15 a 20° em relação à vertical.
Profundidade do assento: 600 a 720 mm para a profundidade total do assento e do espaldar, reduzida para 425 a 500 mm quando o assento estiver levantado. A profundidade do assento varia e depende da espessura do estofamento e do espaldar; ela também é afetada pela presença ou não de condicionamento de ar na parte de trás. Para os assentos mais simples com apoio para os braços, as dimensões mínimas chegam a 520 mm de profundidade – 340 mm quando levantado. O sistema de levantar o assento (acionado silenciosamente pela ausência

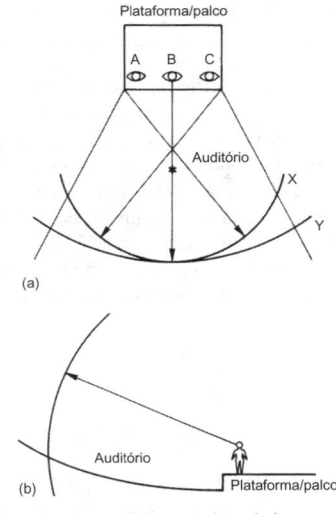

14.1 As limitações visuais e auditivas: a) planta baixa: para o artista no centro do palco B, há um arco Y que indica o ponto onde as percepções visuais e auditivas começam a ser prejudicadas. Contudo, para os artistas nas extremidades A e C, as curvas X são mais delimitadoras. b) Corte: similarmente, as limitações visuais e auditivas no corte compõem um arco centrado no artista.

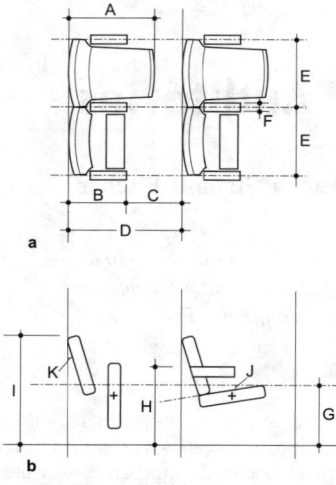

14.2 Assentos de auditório: definições dos termos e informações dimensionais (para serem lidas juntamente à Tabela I): a) Planta baixa. b) Corte.

Tabela I Dimensões dos assentos de auditório

Dimensão	Descrição	Mínimo	Máximo	Projetado como
A	Profundidade total do assento	600 mm	720 mm	650 mm
B	Profundidade do assento levantado (equivalente ao comprimento do apoio para os braços)	425	500	450
C	Espaço livre entre os assentos (espaço vertical desobstruído entre as poltronas)	305		400
D	Afastamento entre os espaldares de duas fileiras contíguas	760		850
E	Largura do assento com apoios para os braços	500	750	525
	Largura do assento sem apoios para os braços	450		
F	Largura do apoio para os braços	50		50
G	Altura do assento	430	450	440
H	Altura do apoio para os braços	600		600
I	Altura do espaldar	800	850	800
J	Inclinação do assento a partir da horizontal	7°	9°	7°
K	Inclinação do espaldar a partir da vertical	15°	20°	15°

de peso quando desocupado) abre um espaço livre – que é uma dimensão fundamental – e permite a passagem ao longo de uma fileira enquanto limita a distância entre as fileiras contíguas. Em locais onde o espaço é seriamente limitado (como em teatros-estúdio), é possível utilizar um assento especial mais fino (Figura 14.3).

Apoios para os braços: a largura mínima é de 50 mm e o comprimento coincide com o assento levantado, de forma a evitar quaisquer obstruções na passagem; a altura é de aproximadamente 600 mm acima do nível do piso; a superfície superior pode ser inclinada ou não.

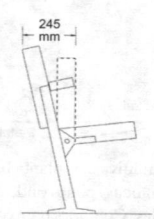

14.3 Um assento estreito, de teatro-estúdio, para ser usado sempre que o espaço for limitado.

2.3 Suportes

Os acessórios fixos de um assento incluem:

- Suportes laterais compartilhados por assentos adjacentes (Figura 14.4).
- Um pedestal ou suporte vertical único (Figura 14.5).
- Suportes fixos aos espelhos dos degraus ou arquibancadas (se a altura for suficiente) e compartilhados por assentos adjacentes (Figura 14.6).
- Uma barra que sustenta um grupo de assentos com pernas ou suportes (Figura 14.7).

2.4 Outros fatores

Acústica: um estofamento que atenda aos requisitos acústicos – geralmente o nível de absorção quando desocupado, especialmente no caso de música (Figura 14.8).

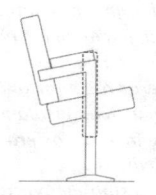

14.4a Assento dobrável.

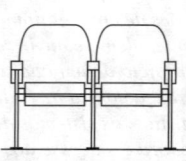

14.4b Assentos fixos com apoio lateral sobre o piso ou degrau.

14.5a Assentos contínuos fixos com estofamento.

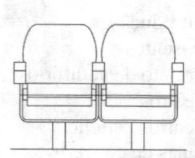

14.5b Assentos fixos com pedestal sobre o piso ou degrau.

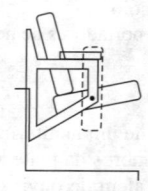

14.6 Assentos fixos com suporte presos aos espelhos dos degraus e sem sobreposição do degrau.

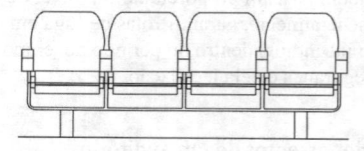

14.7 Assentos fixos com base comum sobre piso ou degrau.

14.8 Assento com controle acústico (quando desocupado).

Ventilação e calefação: para o fornecimento ou exaustão de ar sob um assento, considere espaço no chão ou em um degrau para inserir a grelha (Figura 14.9).

Estofamento: a espessura do estofamento deve proporcionar conforto e evitar a fadiga, mas sem encorajar o relaxamento em excesso; o material do estofamento e seu acabamento devem seguir as normas de incêndio.

2.5 Superfícies para escrita

O uso do auditório para conferências talvez exija superfícies para escrita para que os participantes façam anotações. Essa superfície pode ser:

- Uma prancheta fixa a cada assento (Figura 14.10)
- Uma prancheta removível
- Uma prancheta articulada para deslizar verticalmente (Figura 14.11)
- Uma mesa pequena fixa no espaldar da fileira da frente, que pode ser imóvel, com dobradiças ou retrátil (Figura 14.12)
- Uma mesa fixa com assentos soltos
- Uma mesa fixa com assentos articulados ou de girar (Figura 14.13)

O uso de cadeiras junto a mesas possui uma vantagem: os delegados têm condições de passar atrás das fileiras de assentos, e os assistentes podem sentar atrás dos delegados.

Em teatros ou auditórios onde há conferências ocasionais, é possível usar algumas fileiras de assentos com mesas temporárias (Figura 14.14).

2.6 Fiação

Talvez seja necessária para a realização de conferências. É possível incorporá-la ao apoio para braços do assento (Figura 14.15) ou atrás do assento ou mesa em frente. Para mais detalhes, consulte a Seção 7.4.

Quando se trata de música, teatro e cinema, pode haver aparelhos como fones de ouvido para pessoas com problemas de audição.

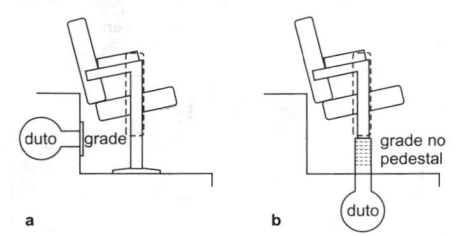

14.9 a) Grade de ventilação sob o assento no espelho do degrau ou no piso. b) Grade de ventilação incorporada no pedestal.

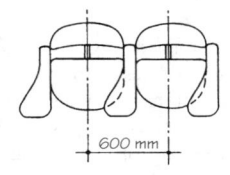

14.10 Assentos com pranchetas fixas.

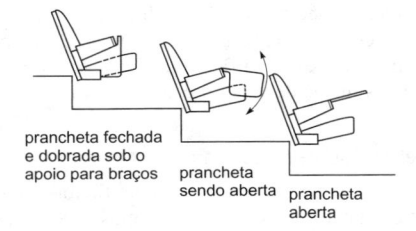

14.11 Prancheta dobrável sob o apoio para braços.

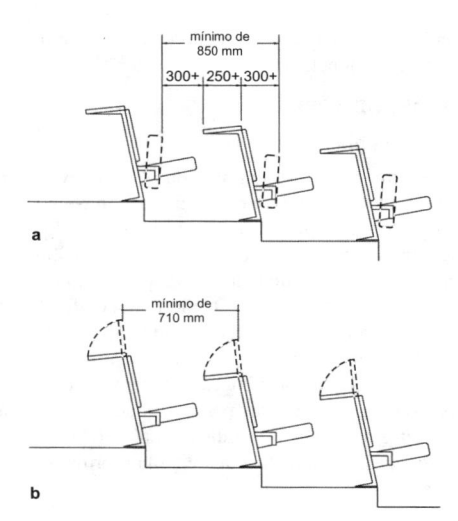

14.12 a) Superfície para escrita fixa e assento dobrável. b) Assento fixo e superfície para escrita dobrável.

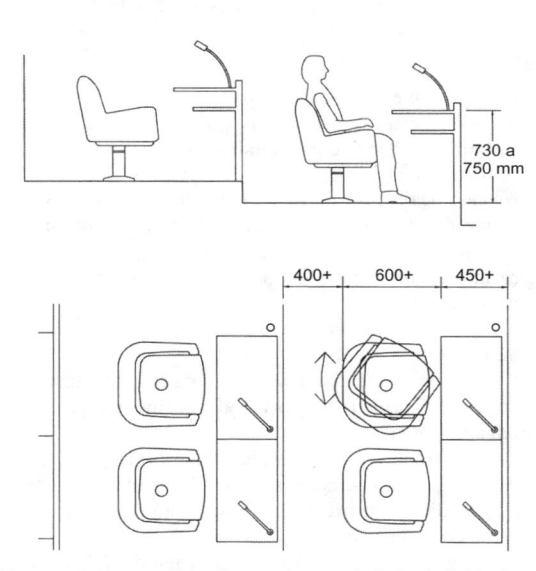

14.13 Superfície para escrita fixa, assentos articulados individuais, corte e planta baixa.

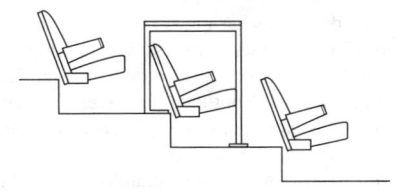

14.14 Mesas inseridas entre fileiras alternadas de assentos fixos em teatros ou auditórios para a realização de conferências ocasionais.

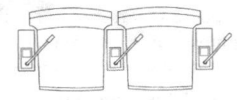

14.15 Controles e microfone no apoio para os braços do assento.

Uma alternativa é o uso do aro magnético (equipamento de amplificação por indução magnética).

3 PROJETO DE AUDITÓRIOS

3.1 Requisitos da plateia

Conforme descrito, todos os membros da plateia devem ter plenas condições de ver e ouvir tudo o que estiver acontecendo em todas as partes do palco ou da plataforma. Na prática, porém, esse ideal raramente é atingido por completo. Todavia, uma visibilidade clara generalizada da maior parte do palco ou da plataforma geralmente é possível nos auditórios modernos. Quando uma edificação preexistente estiver sendo reformada ou redecorada, talvez seja necessário fornecer uma tolerância maior para alguns assentos.

Quanto maior for a aproximação em semicírculo da plataforma ou do palco pela plateia, mais pessoas poderão ser acomodadas dentro dos limites auditivos e visuais em até 180° do cercamento. Em caso de fechamento, a distância até a plataforma ou palco deve ser restrita a seis fileiras.

3.2 Limitações visuais

As limitações visuais determinam a distância máxima até a plataforma ou palco para que a plateia tenha condições de apreciar a apresentação, e os artistas ou palestrantes possam interagir com suas plateias. Essa distância varia de acordo com o tipo de função e a escala da apresentação:

- No teatro, é essencial que a plateia consiga discernir as expressões faciais. A distância máxima deve ser de 20 m a partir da linha de ajuste do palco italiano ou do centro geométrico de um palco aberto.
- No caso de óperas e musicais, o discernimento das expressões faciais não é tão importante e a distância pode chegar a 30 m.
- Na dança, a plateia precisa apreciar o corpo inteiro dos dançarinos e suas expressões faciais; a distância não deve ultrapassar 20 m.
- Em concertos sinfônicos, as condições acústicas são predominantes.
- Em concertos de câmara, as condições acústicas também predominam, mas a definição visual contribui para a criação de um ambiente mais íntimo.
- Em conferências e palestras, há duas escalas: para o discernimento das expressões faciais, a distância máxima é de 20 m; essa medida aumenta quando a expressão facial não é considerada fundamental.
- Para *slides*, televisão, DVD, projetor muldimídia e projeções em geral, as limitações visuais são determinadas por suas respectivas tecnologias.

3.3 Limitações auditivas

Elas se referem às distâncias nas quais a fala, o canto e a música podem ser ouvidos claramente sem a necessidade de amplificação; além delas, isso é impossível. Para o teatro, a ópera e a música clássica, a amplificação é indesejável. Contudo, ela é aceita em apresentações variadas e pantomimas; já no rock, a amplificação é essencial.

Para a amplificação de som, o auditório exige uma acústica morta, sem reflexão de som a partir da plataforma ou do palco e com reverberação limitada ou nula. Alto-falantes são posicionados para cobrir a plateia de maneira completa e homogênea.

O volume e a qualidade do som não amplificado dependem do volume, do formato, do tamanho e dos acabamentos internos do auditório, além do tempo de reverberação resultante. Portanto, não é possível estipular limites, como ocorre na limitação visual. Até os especialistas em acústica descobrem que suas previsões nem sempre se confirmam na prática; ainda assim, eles devem ser consultados e seus conselhos seguidos sempre que possível. Descobriu-se que é possível melhorar a acústica de auditórios preexistentes.

3.4 Níveis no interior dos auditórios

Se houver apenas um nível, a declividade das arquibancadas precisa ser considerada com cuidado para gerar uma sensação de fechamento. Os anfiteatros gregos são exemplos desse modelo.

A capacidade de assentos dentro das limitações auditivas e visuais pode ser ampliada por meio do acréscimo de um balcão ou mais no interior do volume total permissível do auditório. Da mesma forma, é possível acrescentar camarotes e galerias laterais nas paredes laterais, especialmente quando o palco segue o modelo italiano.

3.5 Número de assentos em uma fileira

No caso de assentos tradicionais, o número máximo é de 22 assentos, se houver corredores em ambas as extremidades da fileira; se houver corredores em apenas uma extremidade, o número máximo cai para 11. Portanto, em todos os auditórios, exceto os menores, os corredores dividem os assentos em blocos.

As fileiras com mais de 22 assentos são permitidas desde que a plateia não seja prejudicada pelo arranjo. O termo "assentos continentais" se refere às fileiras de assentos com uma distância maior entre um espaldar e outro, que aumenta a largura do auditório com saídas em ambas as extremidades. Em geral, esse leiaute é adequado apenas para palcos italianos, plataformas ou cinemas.

3.6 Espaçamento entre fileiras

O espaçamento é controlado pelo vão livre entre a borda frontal do assento (em posição vertical, se for dobrável) e a parte de trás do assento da fileira da frente, (Figura 14.16). Com os assentos tradicionais, o espaço mínimo para a passagem de uma pessoa ao longo da fileira é de 300 mm; a dimensão aumenta conforme o número de assentos em cada fileira. Para os assentos continentais, o espaço livre mínimo é de 400 mm, mas não deve ultrapassar 500 mm. As normas britânicas determinam que a distância mínima entre as fileiras seja de 760 mm, mas ela geralmente é inadequada. A medida mínima deve ser de 850 mm para os assentos tradicionais.

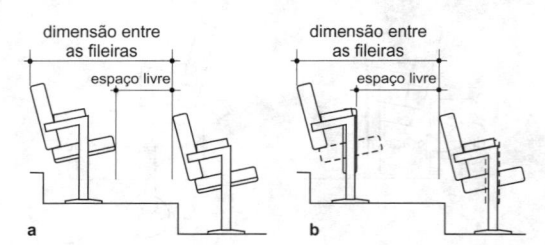

14.16 a) Distância entre as fileiras e espaço livre com assentos fixos. b) Distância entre as fileiras e espaço livre com assento levantado.

3.7 Corredores

Como os corredores são rotas de fuga essenciais, suas larguras são determinadas pelo número de assentos atendidos. O mínimo é de 1.100 mm. Elas podem ter uma declividade de até 10%, mas o ideal é 8,5% se for prevista a utilização por pessoas em cadeiras de rodas. Se a declividade dos assentos for mais pronunciada, os corredores devem ter escadas de lado a lado, com degraus com pisos e espelhos homogêneos em cada lance. Isso significa que o espaçamento entre os assentos e a declividade das fileiras devem ser compatíveis, assim como os corredores precisam ter degraus e espelhos compatíveis. Isso, por sua vez, significa que a leve curvatura produzida pelo cálculo das linhas de visão precisa ser transformada em uma linha reta.

3.8 Geometria dos assentos

Os assentos geralmente são distribuídos em fileiras retas ou curvas voltadas para a plataforma ou palco. As outras opções são as fileiras anguladas, a fileira reta com mudança de direção em curva e fileiras retas com blocos de assentos (Figura 14.17 e 14.18).

14 Auditórios 14-5

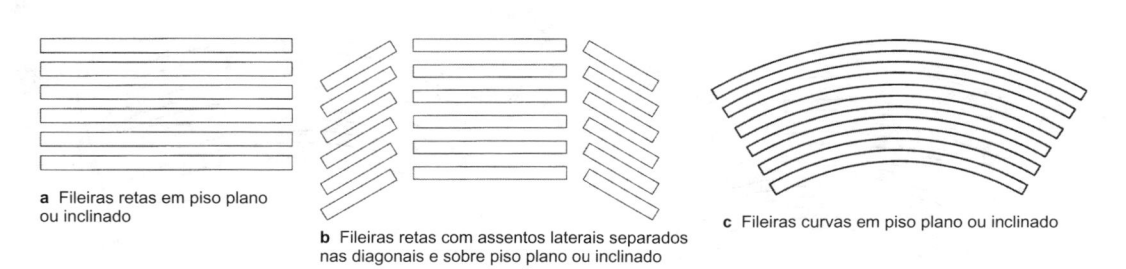

a Fileiras retas em piso plano ou inclinado

b Fileiras retas com assentos laterais separados nas diagonais e sobre piso plano ou inclinado

c Fileiras curvas em piso plano ou inclinado

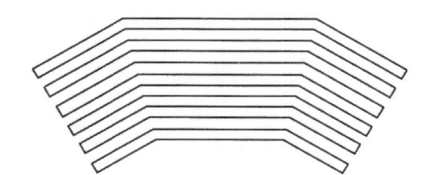

d Fileiras retas e angulares em piso plano ou inclinado

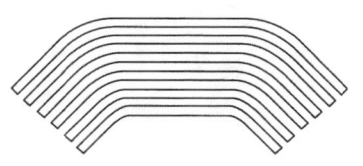

e Como em **d**, mas com curvas nos ângulos

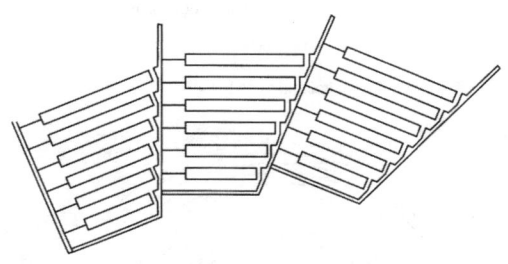

f Três setores de assentos escalonados direcionados para o palco

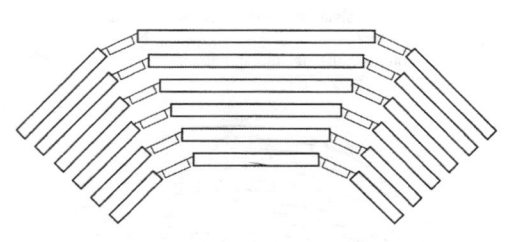

g Fileiras retas escalonadas e assentos laterais separados

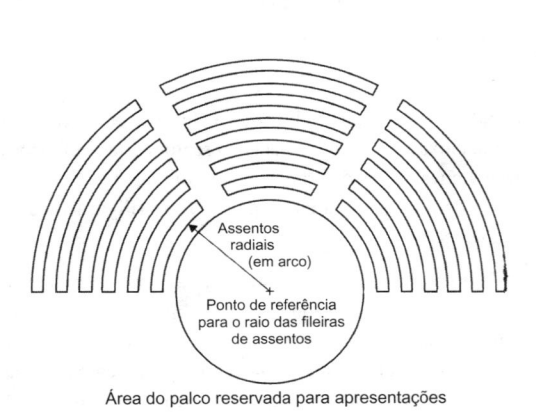

14.17 Opções de leiautes de assentos para auditórios.

Assentos radiais (em arco)
Ponto de referência para o raio das fileiras de assentos
Área do palco reservada para apresentações

a Leiautes de palco aberto e teatro elizabetano ou isabelino

Fosso de orquestra e/ou proscênio
Assentos radiais (em arco)
Área do palco reservada para apresentações
Linha de visão lateral extrema
Linha de visão lateral extrema
Ponto de referência para o raio das fileiras de assentos

b Leiaute de teatro com proscênio

14.18 Distribuição das fileiras de assentos em um auditório. (continua)

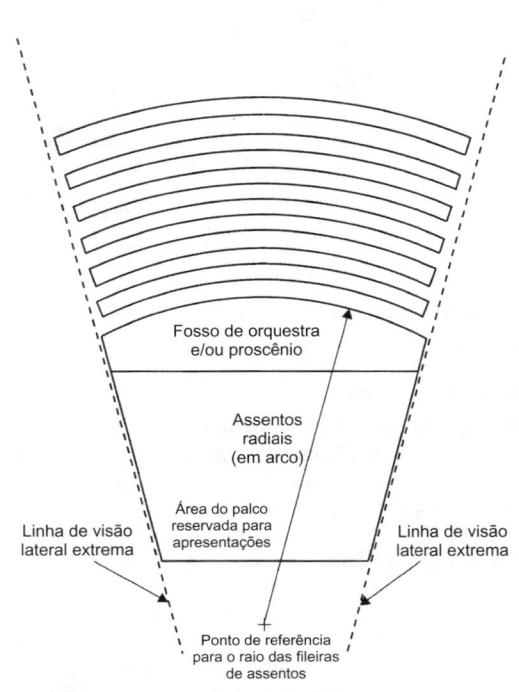

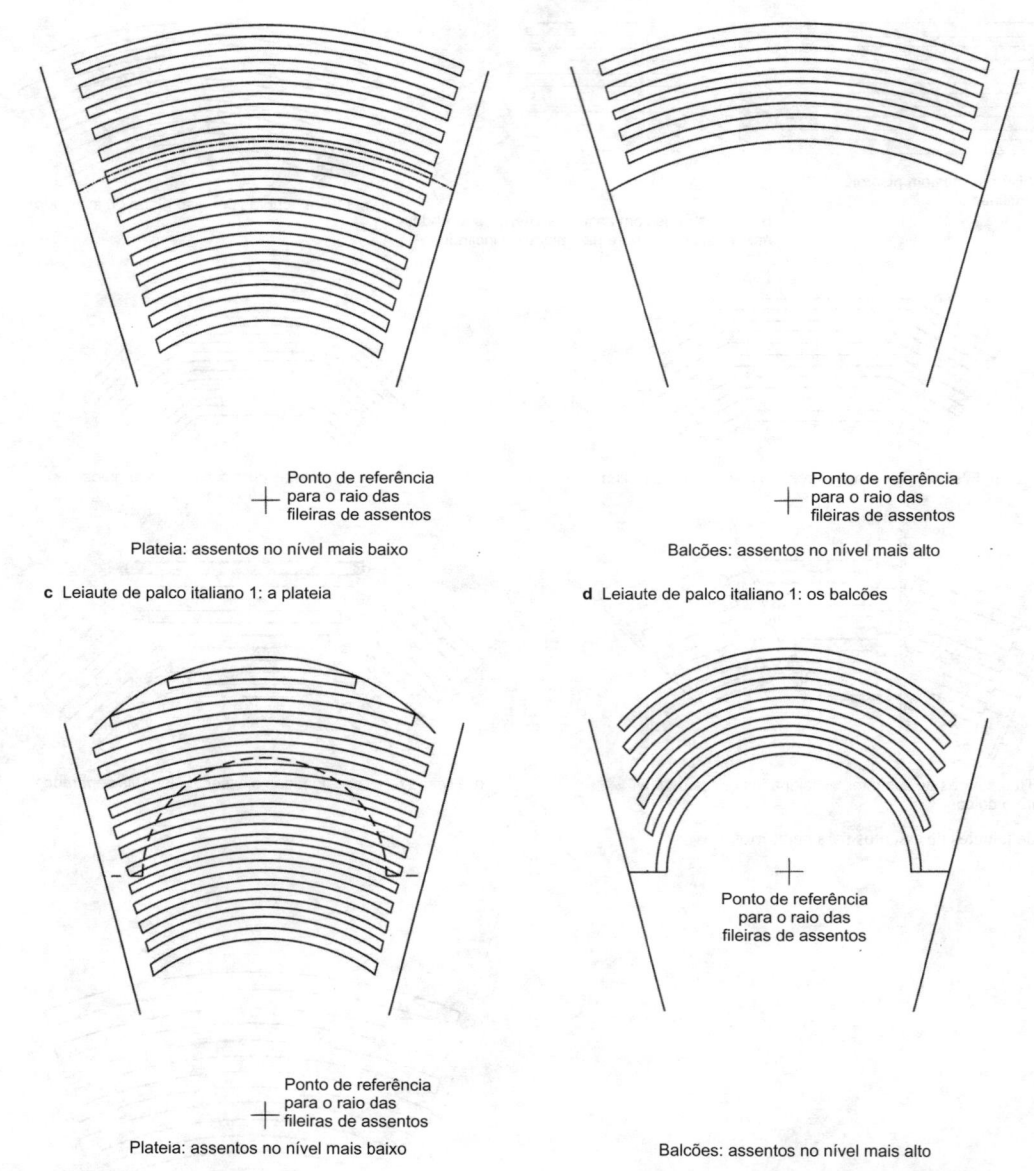

Ponto de referência
para o raio das
fileiras de assentos

Plateia: assentos no nível mais baixo

c Leiaute de palco italiano 1: a plateia

Ponto de referência
para o raio das
fileiras de assentos

Balcões: assentos no nível mais alto

d Leiaute de palco italiano 1: os balcões

Ponto de referência
para o raio das
fileiras de assentos

Plateia: assentos no nível mais baixo

e Leiaute de palco italiano 2: a plateia

Ponto de referência
para o raio das
fileiras de assentos

Balcões: assentos no nível mais alto

f Leiaute de palco italiano 2: os balcões

14.18 Continuação.

3.9 Densidade dos assentos

Cadeiras com apoios para os braços e assentos dobráveis podem ocupar um espaço mínimo com 500 mm de largura (menor ainda para assentos sem apoios para os braços) e uma dimensão entre fileiras de 760 mm; todavia, o espaço ocupado pode chegar a 750 mm de largura por 1.400 mm, (Figura 14.19). A área por assento, consequentemente, varia de 0,38 m^2 a 3,05 m^2. O aumento das dimensões diminui a capacidade de assentos. As dimensões mínimas conforme estipuladas pela legislação proporcionam um baixo padrão de conforto e não devem ser vistas como norma; no entanto, a coesão social da plateia talvez se perca se os padrões forem demasiadamente altos.

Em auditórios onde as superfícies para escrita são obrigatórias, é inevitável uma densidade inferior (Figura 14.20).

3.10 Linhas de visão de uma plateia sentada

Para que cada membro da plateia tenha uma visão ininterrupta da plataforma ou do palco acima das cabeças à frente e sem a obstrução de balanços (no caso de balcões, galerias e camarotes), o corte e a planta baixa do auditório precisam seguir certas limitações impostas pelas linhas de visão verticais e horizontais.

Para se calcular as linhas de visão (Figura 14.21), é preciso estabelecer:

P   O ponto de referência mais baixo e mais próximo sobre o palco ou plataforma que a plateia consegue enxergar com clareza.

DH A distância horizontal entre os olhos das pessoas sentadas na plateia, que está associada ao espaçamento entre as fileiras e pode variar de 760 mm a 1.150 mm ou mais.

AO A altura média do olho a 1.120 mm acima do nível do piso teórico: a altura exata do olho depende das dimensões do assento.

O   A distância entre o centro do olho e o topo da cabeça, considerando 100 mm como a dimensão mínima para o cálculo das linhas de visão. Para garantir uma visibilidade sem obs-

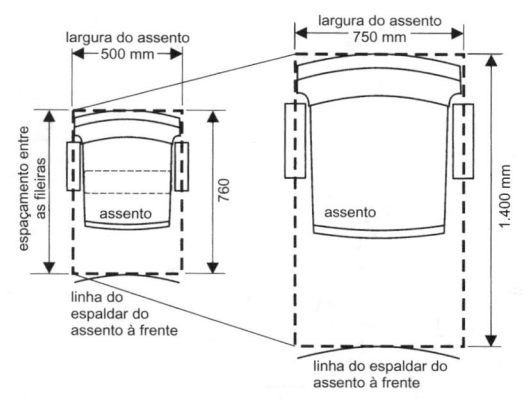

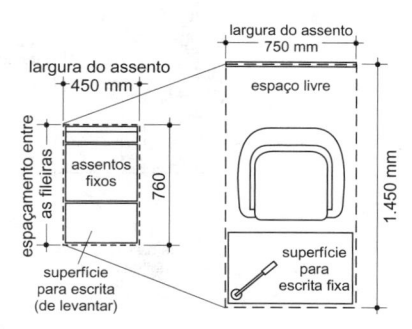

14.19 A densidade de assentos, de 0,38 m² a 1,05 m² por pessoa.

14.20 Densidade de assentos em auditórios, de 0,34 m² a 1,09 m² por pessoa.

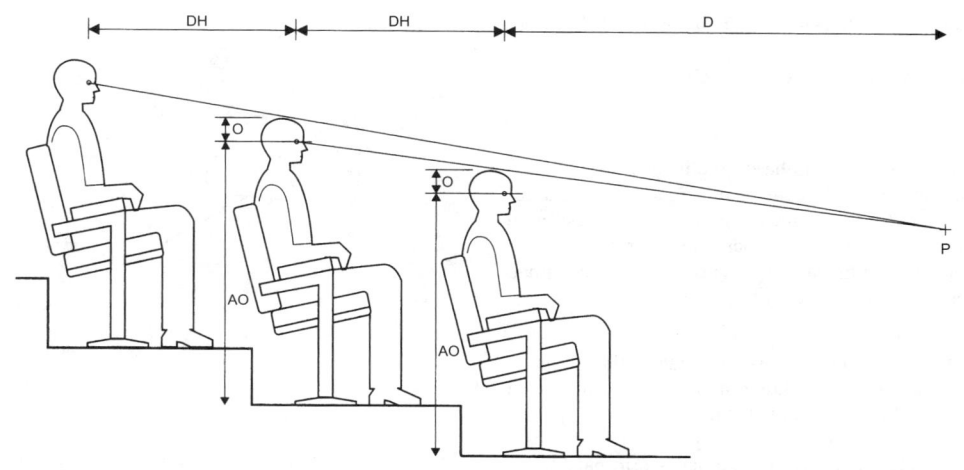

14.21 Representação gráfica das linhas de visão vertical. P é o ponto mais baixo e mais próximo sobre o palco que pode ser visto com clareza pela plateia; DH é a distância horizontal entre os olhos em fileiras sucessivas; AO é a altura média do olho em relação ao piso; O é a altura entre o olho e o topo da cabeça; D é a distância entre os olhos da pessoa na fileira à frente e P.

truções acima da cabeça das pessoas sentadas na fileira da frente, essa dimensão deve ter no mínimo 125 mm.

D A fileira de assentos à frente: a distância entre o ponto P e a extremidade do indivíduo mediano sentado na fileira da frente. A relação é mostrada na Figura 14.21.

O corte longitudinal apresenta o piso escalonado parabólico como uma declividade teórica produzida pelo cálculo da linha de visão. Dessa forma, todos os membros da plateia desfrutam de condições de visibilidade semelhantes. É possível reduzir o valor a um ângulo único ou uma série de ângulos.

Se aplicada da maneira descrita, a declividade também será acentuada. Essa condição é satisfatória para uma fileira única de assentos sem nenhum balcão e particularmente adequada para o formato de palco aberto. Caso um balcão ou balcões sejam introduzidos, a declividade do bloco interior de assentos pode ser reduzida, pressupondo-se a visão de fileiras alternadas e permitindo que o ponto P seja visto entre as cabeças da fileira da frente. A distância vertical entre a altura do olho e o topo da cabeça para fins de cálculo pode ser reduzida para 65 mm se os assentos forem desencontrados. Isso é particularmente indicado para o projeto de um grande auditório onde, dentro das limitações visuais e auditivas, o objetivo é maximizar a capacidade de assentos. Para tanto, é preciso haver um equilíbrio entre as linhas de visão, a altura do auditório e a capacidade de assentos. A redução da altura cumulativa do nível mais baixo de assentos aumenta a altura dos balcões.

Em auditórios menores – principalmente quando a plateia se volta para o palco parcialmente ou por inteiro, e há um número limitado de fileiras de assentos – uma maior declividade das fileiras de assentos cria uma sensação de fechamento em relação ao palco e, ao mesmo tempo, proporciona boas linhas de visão. A Figura 14.22

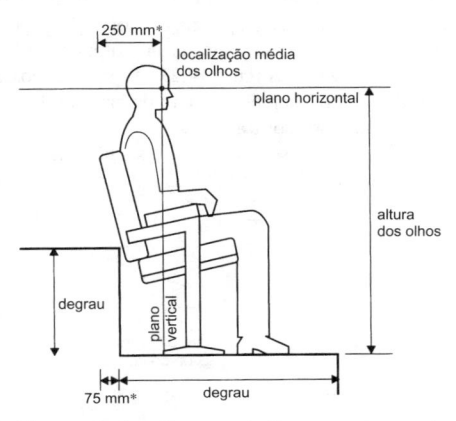

14.22 Posicionamento dos olhos em relação ao assento e ao piso escalonado. As dimensões variam de acordo com a espessura do estofamento e as inclinações dos assentos e do encosto. As dimensões de trabalho são marcadas por um asterisco*.

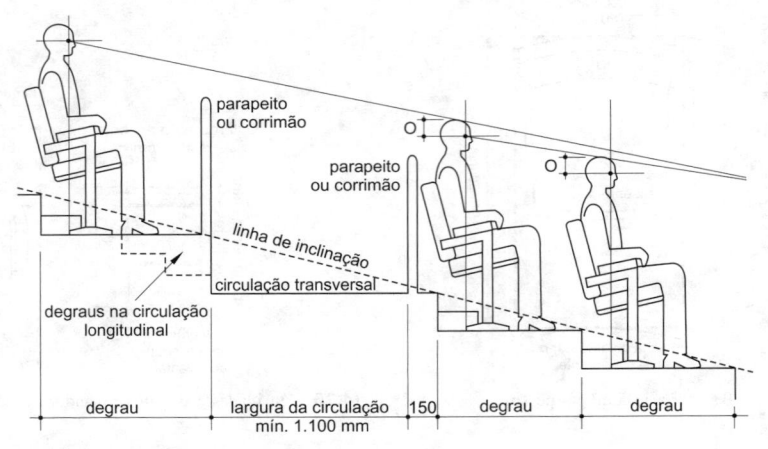

14.23 Linhas de visão em corredores transversais; o ângulo da linha de inclinação é constante.

mostra a relação entre o posicionamento dos olhos, o assento e piso com declividade.

Corredores transversais
Com *corredores transversais*, a linha de inclinação do auditório deve continuar para que a plateia consiga enxergar a área de apresentação acima do corredor, conforme a seguir. Se as fileiras forem inclinadas, deve haver um corrimão na parte superior do corredor; em caso de declividade acentuada, é preciso oferecer um corrimão também na parte inferior. Veja a Figura 14.23.

Linhas de visão horizontais
Considerando uma plataforma ou palco com um tamanho e um formato específicos, as linhas de visão horizontal limitam a largura da área de assentos do auditório. Isso é mais importante para os palcos italianos e para a projeção de filmes, vídeos e diapositivos (slides).

Sem o movimento da cabeça, o arco necessário para se visualizar toda a plataforma ou palco no plano é de 40° em relação aos olhos (Figura 14.24). O movimento de cabeça aceitável ainda é discutível, no caso de assentos cujo foco é afastado do palco ou plataforma – como as galerias laterais, que exigem que o membro da plateia movimente a cabeça (Figura 14.25).

A linha de visão horizontal do artista também precisa ser considerada (Figura 14.26).

3.11 Localização das cadeiras de rodas

As normas britânicas exigem um mínimo de seis lugares para cadeirantes ou 1/100 da capacidade da plateia (a proporção superior). Sua localização como área discreta pode ser nos fundos, na frente, nas laterais ou entre os assentos (Figura 14.27). É possível posicionar as cadeiras de rodas centralmente por meio da criação de um espaço reservado junto a um corredor transversal.

Um cadeirante deve ser capaz de se sentar com um grupo de amigos não cadeirante (Figura 14.28). É preciso verificar as linhas

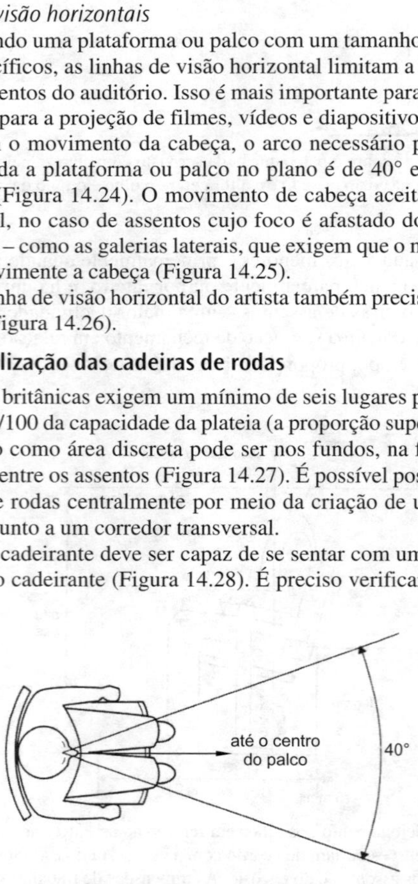

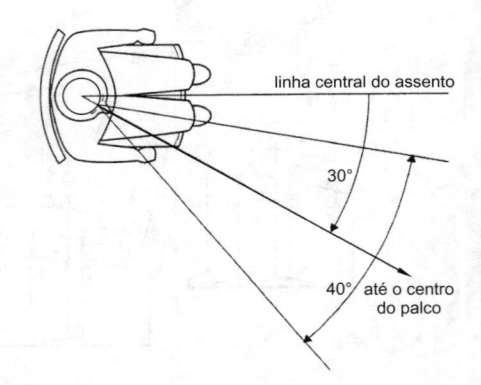

14.25a A movimentação máxima confortável de uma cabeça em relação à linha central do assento é de 30°.

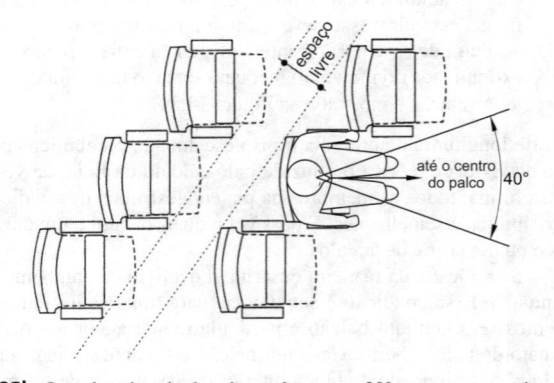

14.25b Quando o ângulo da cabeça ultrapassar 30°, os assentos podem ser angulados no interior da fileira.

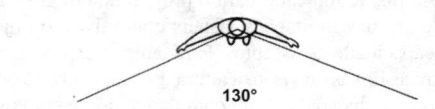

14.24 O ângulo de visão para uma cabeça imóvel é de 40°.

14.26 Linhas de visão horizontal do artista.

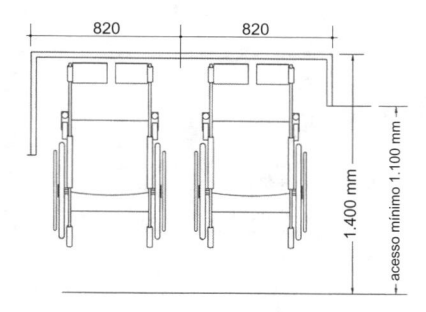

14.27 As dimensões necessárias para a área projetada para cadeiras de rodas.

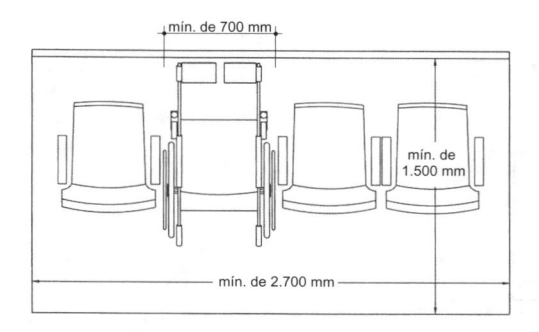

14.28 Planta baixa de um camarote projetado para cadeiras de rodas mais cadeiras soltas.

de visão a partir da cadeira de rodas, além das linhas de visão dos membros da plateia posicionados atrás dela. Alguns cadeirantes podem ser transferidos para assentos convencionais.

3.12 Saídas de emergência

O objetivo é que todas as pessoas no interior do auditório tenham condições de chegar a um local seguro dentro de um período de tempo determinado. A rota de fuga começa no assento, percorre o espaço livre e o corredor e passa imediatamente pelas portas de saída ou por um corredor fechado até chegar a um local seguro.

Distância de deslocamento
A distância máxima de deslocamento entre o assento e a saída no interior do auditório é determinada pela necessidade de evacuar cada nível do local em menos de 2 ½ minutos. Com assentos convencionais, a distância máxima de deslocamento é de 18 m a partir do corredor; para assentos continentais, ela é de 15 m a partir de qualquer assento.

Saídas
Em cada nível do auditório, deve haver duas saídas separadas para os primeiros 500 assentos e uma saída adicional para cada 250 assentos a mais. A Tabela II indica a largura total mínima das saídas conforme exigido pela lei britânica. Cada saída do auditório deve levar diretamente a um local protegido.

Tabela II Largura total das saídas conforme exigido por lei

Número de pessoas	Largura total mínima da saída (m)
Até 200	2,2
201–300	2,4
301–400	2,8
401–500	3,2
501–750	4,8
751–1.000	6,4
1.001–2.000	14,4
2.001–3.000	20,8

Rotas de fuga
O percurso deve ter uma largura homogênea em relação à saída. Não deve haver afunilamentos e todas as portas do percurso devem abrir na direção da fuga. As rotas no interior da edificação devem ter fechamentos resistentes ao fogo. Há exigências específicas para todas as portas que se abrem em direção aos percursos das saídas de emergência.

Escadas
Os lances das escadas devem ter no mínimo dois degraus e no máximo 16. Todos os pisos devem ter 275 mm e os espelhos, 180 mm.

Rampas
Os usuários de cadeiras de rodas precisam de rotas de fuga planas ou com rampas, que podem ser separadas dos demais percursos. As rampas não devem ter mais de 4,5 m de comprimento e sua declividade não deve ser maior de 8,5%.

3.13 Circulação

Ainda que seu comprimento e sua largura sejam calculados como parte das rotas de fuga de incêndio, os corredores também possibilitam a circulação no interior do auditório. É possível disponibilizar corredores adicionais entre os pontos de entrada da plateia e as fileiras e assentos individuais.

3.14 Pontos de entrada

A plateia pode entrar no auditório pelo *foyer* localizado nos fundos, pelas laterais da área de assento ou por meio dos vomitórios entre as fileiras de assentos (Figura 14.29). Os pontos de entrada precisam estar diretamente conectados com os corredores. Deve haver um alar-

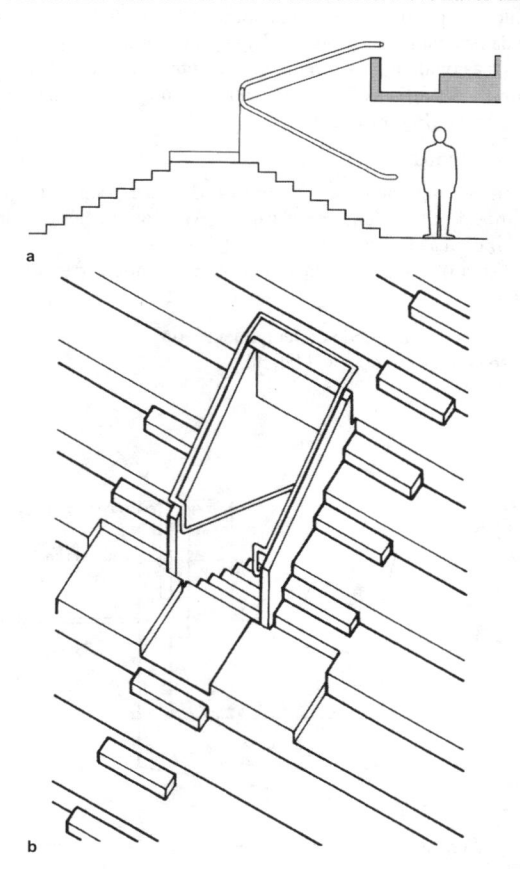

14.29 Vomitório na plateia: entrada e saída do auditório para uso público pelas arquibancadas, em oposição à entrada lateral ou pelos fundos: a) Corte. b) Perspectiva axonométrica ou paralela.

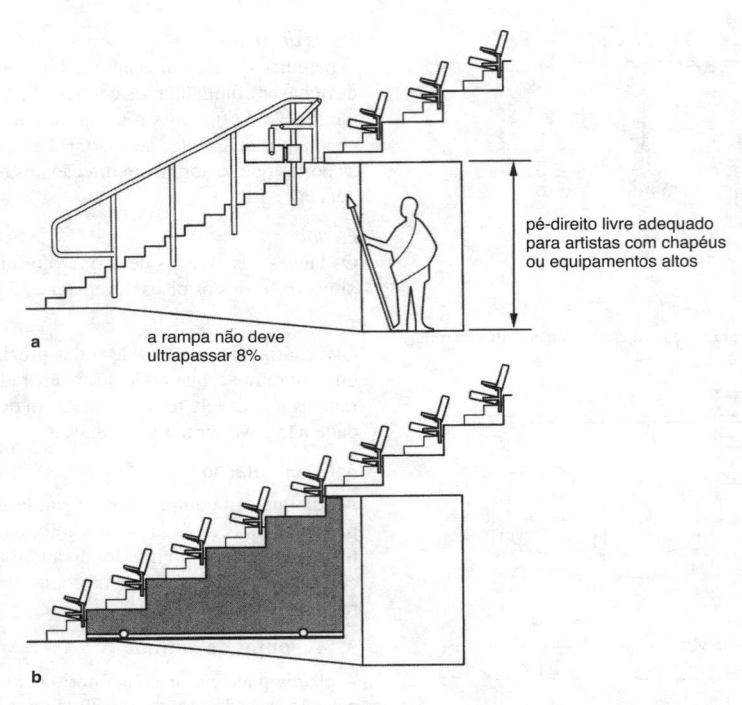

14.30 Vomitório para artistas: acesso ao palco por baixo dos assentos da plateia, geralmente no teatro de arena ou no teatro elisabetano. a) Corte. b) Corte que mostra os assentos móveis no lugar sempre que o vomitório não for necessário.

gamento nos pontos de entrada para a verificação dos ingressos, a venda de programas e a própria orientação dos membros da plateia.

Ocasionalmente – principalmente em teatros elisabetanos ou isabelinos – os artistas fazem sua entrada em meio à área reservada para a plateia, (Figura 14.30).

3.15 Corrimãos

Os corrimãos dos camarotes (Figura 14.31) são especificados por lei em termos de altura, largura e estrutura. Além disso, eles não devem interferir com as linhas de visão.

Os corrimãos também são necessários nos corredores escalonados:

- adjacentes à parede de fechamento, ou
- se houver um desnível lateral.

Eles também são necessários:

- em patamares;
- nos fundos dos estrados;
- onde houver um desnível superior a 600 mm.

Sempre que a inclinação do corredor for superior a 25°, as extremidades das fileiras devem ter corrimãos em alça (Figura 14.32).

Os corrimãos geralmente ficam 900 mm acima da linha de declividade e 1.200 mm acima dos patamares, com bases laterais que são fechadas ou não possuem aberturas superiores a 100 mm.

3.16 Pisos

O piso do auditório é um fator acústico determinante para o sucesso do local. Algumas salas já abriram mão dos carpetes, uma vez que os

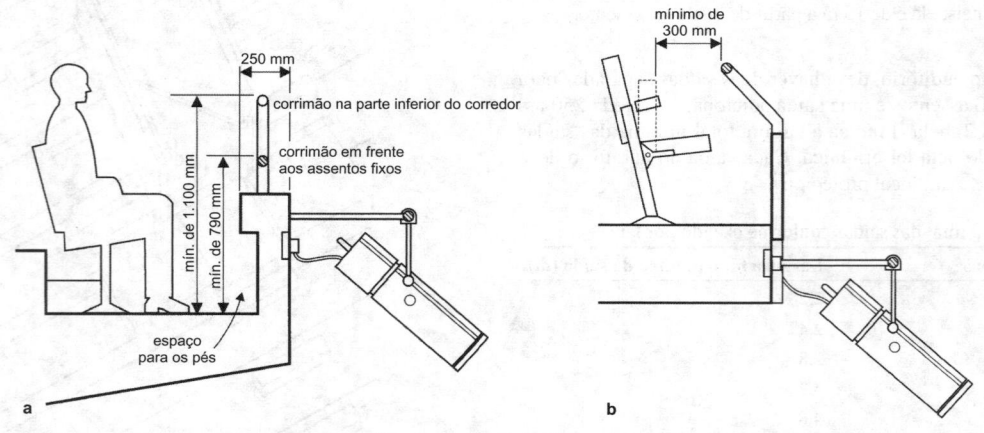

14.31 A altura mínima dos corrimãos de camarote (CC) é definida pela legislação britânica como 790 mm em frente aos assentos fixos e 1.100 mm nas extremidades dos corredores. A frente dos camarotes é usada para sustentar o sistema de iluminação e as tomadas para luminárias conectadas aos controles da iluminação do palco: a) Frente de camarote tradicional com corrimão sobre mureta e espaço adequado para as pernas. b) Frente mais simples para as galerias laterais com espaço livre mínimo que permite que a plateia se incline sobre o corrimão. Essa parte é removível em auditórios flexíveis.

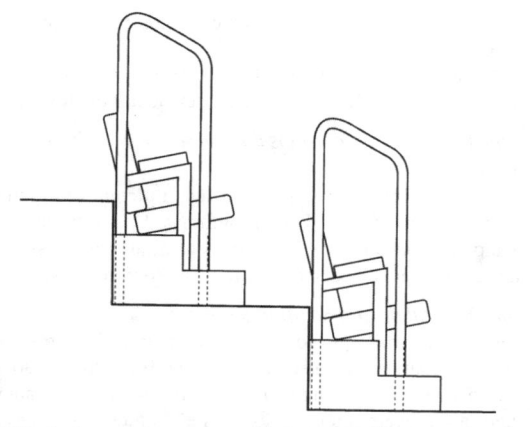

14.32 Corrimãos em alça na extremidade de uma fileira quando a declividade é muito grande.

simples soalhos proporcionam uma acústica melhor para a música de orquestra. É preciso considerar se o piso do auditório deve ser flexível para dar conta da variabilidade acústica.

3.17 Retardatários

Uma área de espera nos fundos do auditório, seja no interior do auditório ou em um espaço fechado separado com painel de observação e sistema de alto-falantes. Também pode ser em um outro local onde haja um equipamento de circuito fechado de televisão.

3.18 Funcionários obrigatórios na plateia

A legislação britânica determina um número de funcionários obrigatórios na plateia de eventos públicos. Todos eles devem ter assentos no auditório.

3.19 Adaptação

Em auditórios multifuncionais onde diferentes formatos ou usos são combinados ou parte dos assentos escalonados deverá ser removida. Para tanto, é preciso criar uma estrutura sobre um piso plano. Os métodos incluem:

- Arquibancadas retráteis (Figura 14.33): uma estrutura telescópica com assentos estofados dobráveis e espaldar, capazes de serem recolhidos em uma única fileira mais alta. As fileiras são retas e a estrutura ampliada forma um único bloco retangular, que determina o leiaute dos assentos.
- Estrados (Figura 14.34): unidades escalonadas completas, com assentos permanentes ou removíveis, sobre rodas ou outro sistema que facilite a transferência para a área de armazenamento quando não estão em uso.
- Estrados individuais (Figura 14.35): uma série de caixas que podem ser compostas para formar unidades escalonadas com assentos removíveis; o espaço para armazenagem é inferior que o exigido pelos estrados completos.
- Conjunto de peças (Figura 14.36): componentes escalonados ou equivalente capazes de formar arquibancadas para receber assentos. É o sistema mais flexível: as exigências de armazenagem são eficientes, mas a mão de obra é intensa.
- Sistema com macacos hidráulicos (Figura 14.37): método mecânico que eleva seções do piso plano para formar uma arquibancada que receberá assentos.

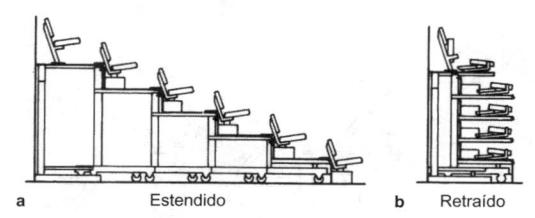

14.33 a) Arquibancadas retráteis: um sistema dentre uma série de sistemas patenteados de sistemas retráteis instalados de maneira permanente. A extensão dos assentos em uma única unidade se limita a seis metros. Para assentos de dobrar, com apoio para os braços, a altura mínima do degrau é de 250 mm. b) Arquibancada retrátil com assentos de dobrar.

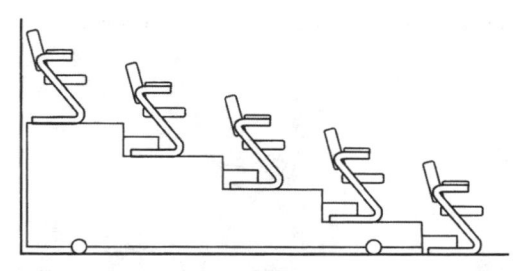

14.34 Unidades grandes sobre rodízios com travas ou almofadas de ar.

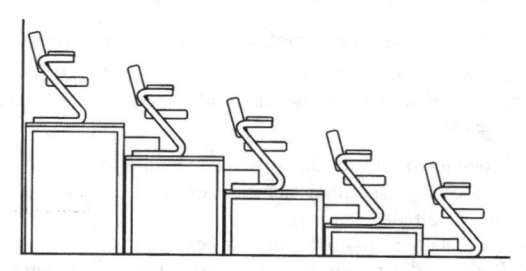

14.35 Estrados: conjunto de unidades em metal ou madeira configurado como piso inclinado sobre base plana. Os assentos são fixos no piso ou no degrau. Cada estrado é dobrável para fins de armazenagem.

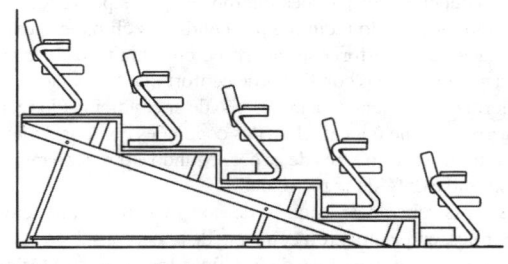

14.36 Sistema patenteado do tipo andaime.

- Assentos soltos (Figura 14.38), fixos no piso quando necessário para as apresentações, podem ser usados em eventos que exigem um piso plano.

Após uma série de sinistros desses equipamentos flexíveis, a legislação britânica se tornou mais rigorosa e inspeções oficiais geralmente são necessárias sempre que o leiaute dos assentos é alterado. Isso significa que nem sempre é possível adaptar o local para diferentes eventos dentro de um curto período de tempo.

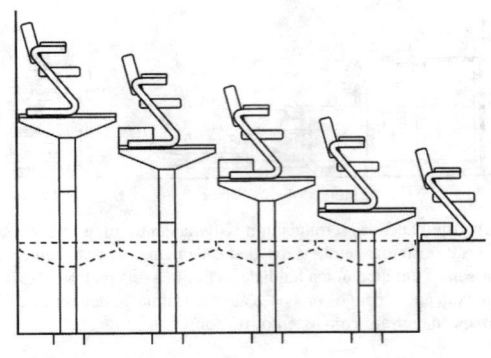

14.37 Faixas de piso que podem ser elevadas e rebaixadas de maneira hidráulica.

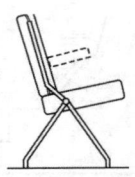

14.38 Assento solto e removível. Pode ter apoio para os braços ou não; pode ser empilhável. Precisa ser fixado ao solo com firmeza, para uso público.

3.20 Isolamento acústico contra fontes de ruído externas

Os padrões são expressões como *Noise Rating* (Classificação de Som ou NR). Para obter o nível mais adequado, o projeto do auditório pode exigir:

- Isolamento acústico da estrutura do auditório
- Colocação de barreiras acústicas em todas as portas nos pontos de entrada
- Isolamento acústico das instalações
- Redução dos ruídos causados pelo sistema de climatização e ventilação

3.21 Climatização e ventilação

O projeto depende dos padrões internos exigidos pelo auditório, do isolamento térmico do recinto e das condições climáticas externas. A ventilação precisa fornecer ar fresco em uma taxa de troca que permita a obtenção das condições de conforto; as taxas são definidas pelas normas e incluem uma proporção de ar condicionado reciclado que varia conforme o local. Uma das condições comuns é o fornecimento mínimo de oito litros de ar por segundo e por ocupante – 75% de ar externo e 25% de ar recirculado.

É possível colocar os dutos de exaustão no nível do teto e sob os camarotes, enquanto o fornecimento de ar ocorre sob os assentos.

As casas de máquinas devem ficar longe do auditório, para evitar a transmissão de ruídos.

3.22 Iluminação

Há seis exigências diferentes para a iluminação de auditórios e assemelhados.

Iluminação cênica

Para o teatro, a ópera e a dança, a iluminação cênica é parte integrante da encenação. Os focos de luz não ficam apenas sobre o palco, mas também no interior do auditório, tanto no teto como nas paredes laterais e de fundo e em frente aos camarotes. Mais detalhes serão fornecidos na Seção 4.11 a seguir.

Para a música clássica e apresentações formais de jazz, deve haver iluminação suficiente para os artistas enxergarem suas partituras e o maestro (se houver) e também para que sejam vistos pela plateia. Uma iluminação semelhante é exigida para as plataformas em caso de conferências.

A música pop exige uma iluminação tão complexa quanto o teatro e a ópera – ou talvez até superior, devido aos efeitos especiais.

Iluminação geral antes e depois da apresentação e durante os intervalos

Deve haver iluminação para permitir que a plateia se movimente, encontre seus assentos e leia os programas. Use a iluminação decorativa para enfatizar as características da arquitetura. Esse tipo de iluminação também é necessário durante as conferências.

Iluminação geral durante a apresentação

Em cinemas, a iluminação só é necessária para os letreiros luminosos de saída e para as saídas de emergência. Em último caso, as luminárias pequenas logo acima do piso oferecem algumas vantagens, pois não obscurecem a tela e são mais eficientes nas situações de acúmulo de fumaça.

No teatro, um nível de iluminação levemente superior talvez seja usado, principalmente se a apresentação exigir contraste com períodos de escuridão quase completa. Na música clássica, o mais comum atualmente é uma iluminação que permite uma visão quase normal e o acompanhamento das partituras.

Hoje, é possível que a música pop exija uma iluminação geral tão sofisticada quanto a iluminação cênica, com estroboscópios e equipamentos de laser.

Certa iluminação é necessária durante a apresentação para garantir a segurança dos ocupantes em caso de emergência (em especial, os letreiros luminosos de saída exigidos por lei). Outros tipos de iluminação com acionamento automático podem ser necessários para situações de emergência; esse acionamento pode ocorrer em fontes de energia elétrica separadas e protegidas. Alternativamente, cada item pode incorporar uma bateria e ser programado para acionamento automático em caso de falha no fornecimento de energia.

Iluminação da sala em outras ocasiões

É preciso considerar que a área de assentos precisará de um nível de iluminação adequado para fins de limpeza, manutenção e, provavelmente, durante os ensaios e testes.

Iluminação geral

As rotas de fuga precisam ser bem iluminadas em todas as ocasiões: durante as apresentações, assim como antes ou depois. Os saguões, os bares e a bilheteria precisam de um projeto de luminotécnica cuidadoso para aumentar seu grau de visibilidade.

Iluminação dos bastidores e luzes de serviço

Os corredores são rotas de fuga utilizados pelos artistas e pelos funcionários, devem ser iluminados sempre que a edificação estiver ocupada. Camarins e oficinas terão iluminação normal para esses fins. Além disso, é possível equipá-los com sensores de movimento para impedir que as luzes fiquem acesas quando os cômodos estiverem vazios.

3.23 Proteção contra incêndio

As precauções contra incêndio devem ser discutidas junto ao corpo de bombeiros municipal e às seguradoras. As saídas de emergência já foram descritas na Seção 3.12. Contudo, é importante considerar outros quatro fatores:

Para prevenir incêndios

- Usar materiais de difícil combustão, incluindo os acabamentos e assentos.
- Proteger os circuitos elétricos.
- Tomar cuidado com os sistemas de iluminação.
- Isolar processos perigosos, como a pintura de cenários.

Para detectar incêndios no início e antes da sua propragação
- Instalar detectores de fumaça e calor nos bastidores, no auditório e em todos os espaços fechados
- Conectar os alarmes ao sistema de detecção automática e ao painel indicador central; se possível, estabelecer uma conexão direta com o corpo de bombeiros local. Os alarmes devem ser visuais (luzes intermitentes) no interior do auditório, em vez de sonoros

Para impedir que o fogo se espalhe
- As paredes que fecham os cômodos e os pisos devem ser resistentes ao fogo
- Todas as portas corta-fogo devem ser de fechamento automático
- Deve haver uma cortina corta-fogo na área do palco ou precauções especiais sobre o palco

Equipamentos básicos de combate a incêndios
- Rolos de mangueiras
- Extintores de incêndio portáteis
- Sistemas automáticos de *sprinkler* nos bastidores (proibidos sobre as áreas de assento)

3.24 Forros

As exigências funcionais incluem:

- Acústica: painéis refletores perfilados e possivelmente difusores reguláveis. Para a música sem amplificação, os refletores também podem cobrir a plataforma de concerto.
- Iluminação: pontes de luz (passarela) para acesso e suporte para iluminação do auditório, luzes de trabalho e iluminação de emergência, além de iluminação cênica.
- Ventilação: dutos de ar e plenos, difusores, equipamentos de atenuação de ruídos e monitoração, ganchos de suporte e meios de inspeção às instalações.
- Exigências da produção: para óperas, musicais e teatro, uma grelha e um sistema de polias para erguer os cenários acima do proscênio; inclui acesso para os técnicos.
- Controle de incêndio: sistemas de detecção em espaços fechados e amortecedores de fogo nos dutos.
- Estrutura: suporte para o telhado, os dutos, as passarelas de acesso ao sistema de iluminação (pontes de luz), etc.

4 TEATROS

4.1 Variedades

O teatro inclui produções de drama, ópera, balé, musicais, variedades e pantomimas (Figura 14.39).

4.2 Tipos

As edificações para teatro são incrivelmente variadas e muitas reformas são feitas ao longo de sua vida ativa. Esse trabalho geralmente inclui o aperfeiçoamento ou a modernização dos equipamentos de palco e a melhoria da qualidade dos assentos. As razões são ditadas pelo mercado: equipar para receber produções maiores ou mais complexas, permitir um maior número de produ-

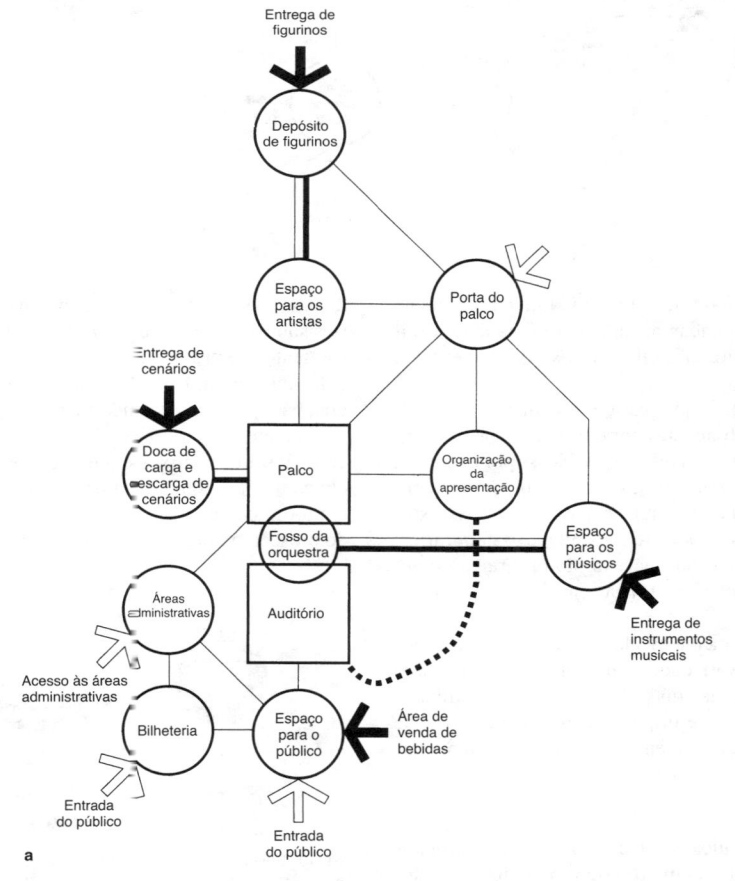

14.39 Fluxograma das edificações que se dedicam à ópera, aos musicais, à dança e ao teatro. Se o local for exclusivo para teatro, o fosso da orquestra e os espaços para os músicos talvez não sejam necessários: a) Sempre que a edificação atende apenas a companhias itinerantes ou com uma companhia residente cujos equipamentos de produção ficam em outro local. b) Sempre que equipamentos de produção são necessários. (*continua*)

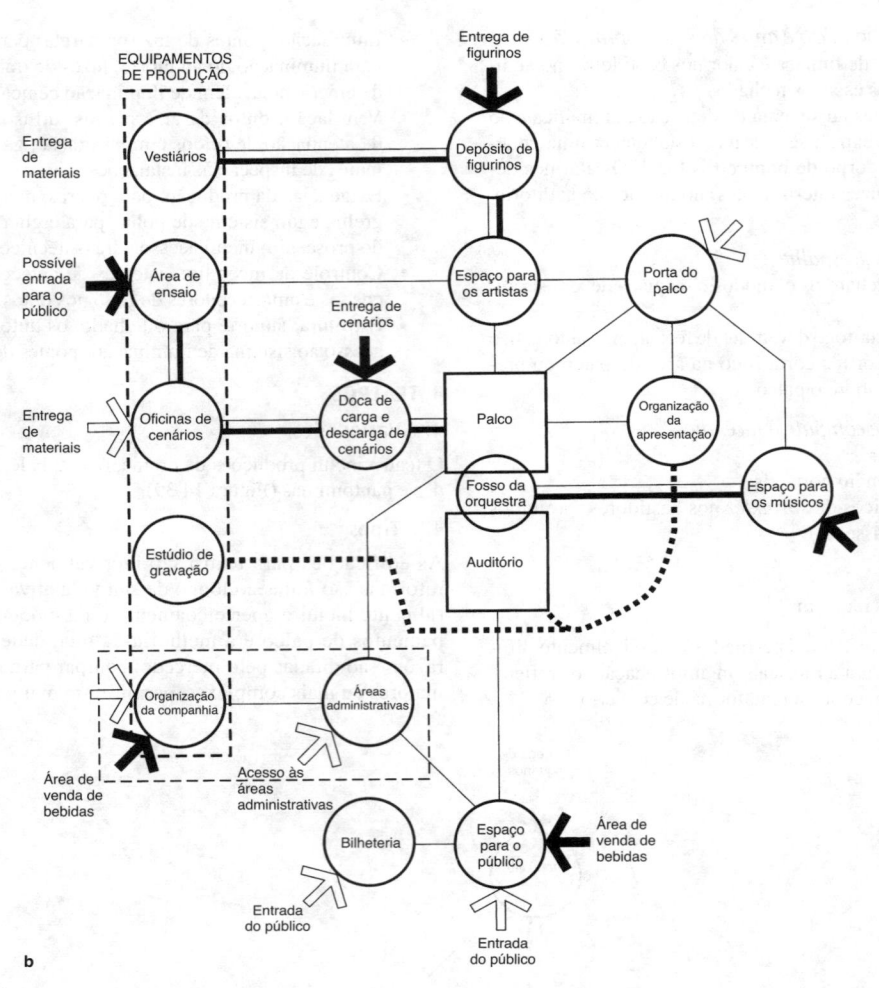

14.39 (*Continuação*).

ções em um determinado período de tempo e viabilizar a redução da carga de trabalho. As mudanças na sala são feitas para atrair mais frequentadores por meio da melhoria dos equipamentos e do conforto.

Os teatros e os estúdios – que, para esses fins, também incluem "instalações anexas" compostas por edificações preexistentes – se encaixam em faixas de tamanho específicas (por exemplo, pequena, média ou grande escala). Essas categorias são determinadas por uma escala variável que inclui a capacidade de assentos, o tamanho do palco, os bastidores e até a localização geográfica. A escala prevista de uso deve estar aparente no programa de necessidades ou precisa ser esclarecida. Ela tem de se refletir nas propostas de projeto.

Em geral, os teatros de média escala são aqueles com menos de 1.000 assentos e sem uma variedade significativa de equipamentos de palco, mas dotados de sistemas de molinetes, carretilhas e cordas de manobra e um fosso de orquestra. Eles são capazes de acomodar produções menores, cujo elenco geralmente não tem mais de 20 a 25 indivíduos.

4.3 Arco de proscênio ou boca de cena

Na maioria das óperas, espetáculos de dança e musicais, os formatos se restringem ao palco italiano (com arco de proscênio) e ao palco projetado. O proscênio é um formato convencional que coloca a plateia voltada para o palco, visualizando a apresentação por meio de uma grande abertura, geralmente em forma de pórtico. Os cenários sobre o palco podem ser desenvolvidos como um dos principais elementos de projeto. No posicionamento tradicional, a orquestra é colocada em um fosso entre a plateia e o palco, com o maestro em uma base pivotante de onde consegue reger a orquestra e os músicos. Os formatos de auditório (Figura 14.40) incluem a ferradura, o leque com ou sem camarotes e o modelo pátio (em U). O último consiste em camarotes com pouca profundidade de no máximo três fileiras em torno do auditório. O palco projetado é semelhante ao formato do proscênio, mas sem a abertura arquitetônica, colocando a plateia

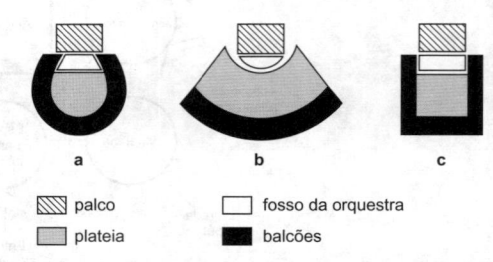

14.40 Formatos de auditório para ópera, dança e musicais em palcos italianos: a) Formato de ferradura, parte de trás com pouca profundidade e balcões laterais. b) Em leque com arco de 90°, com ou sem balcão no fundo. **c** Fundo estreito e sem balcões laterais.

e os artistas no mesmo espaço. Ele é mais indicado para produções de pequena escala.

Para o teatro, há uma variedade maior de formatos: a distinção mais básica é entre o palco italiano e o palco projetado (ou exterior).

Os formatos dos palcos italianos foram descritos acima. Os palcos abertos possuem cinco variedades (Figura 14.41):

- Palco aberto simples
- Palco em leque
- Palco projetado
- Teatro elisabetano, isabelino ou à inglesa
- Palco transversal

Os critérios de visibilidade no auditório dependem do volume das apresentações sobre o palco (Figura 14.42).

4.4 Palco

O palco inclui a principal área de apresentação e sua torre de urdimento, além dos palcos anexos laterais e de fundo e o fosso da orquestra, caso sejam fornecidos. O piso do palco é uma parte fundamental do sistema de trabalho. É essencial que haja acesso sob o palco e que ele seja construído em algum material que facilite a utilização de parafusos, pregos, etc.

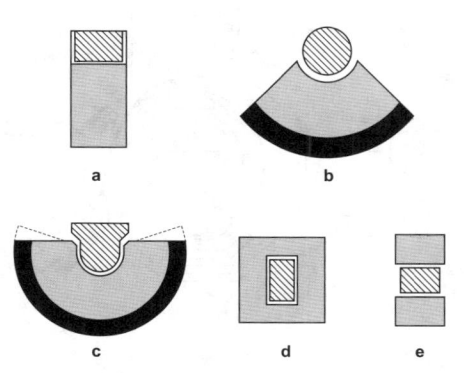

14.41 Formatos de auditório para teatro em palcos abertos: a) Palco aberto simples. b) Palco em leque, arco de 90°, com ou sem balcões. c) Palco projetado, arco de 180° ou mais, com ou sem balcões nos fundos. d) Teatro elisabetano ou isabelino. e) Palco transversal: a plateia fica nas laterais do palco.

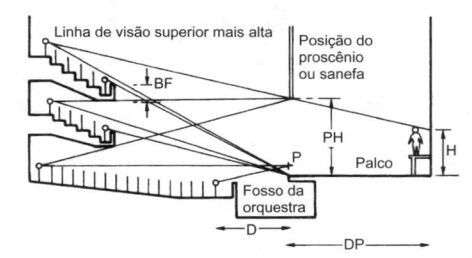

14.42a Linhas de visão verticais para palco italiano.

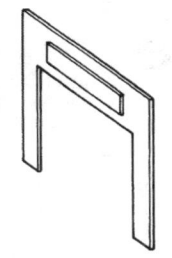

14.42b Painel de legendas sobre o arco do proscênio: deve ser visível para toda a plateia. São cada vez mais importantes para a ópera e quando a apresentação é em uma língua estrangeira para a maior parte da plateia.

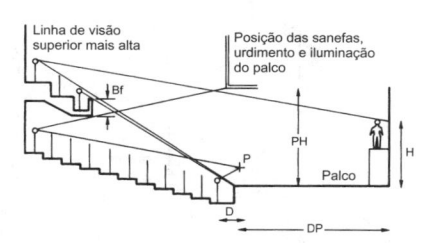

14.42c Linhas de visão verticais para palcos abertos.

4.5 Palco italiano sem torre de urdimento

Em teatros pequenos sem torre de urdimento, é necessário que haja suspensão de cenário, cortinas, sanefas, bambolinas e canhões de luz acima do palco (Figura 14.43). As cordas podem ser presas às polias conectadas ao urdimento, com mecanismos de elevação nas galerias laterais acima do palco ou no seu nível. Os palcos laterais são necessários para o armazenamento de tapadeiras, mecanismos de elevação e arquibancadas retráteis (estrados), além de proporcionar as rotas de circulação no interior do palco.

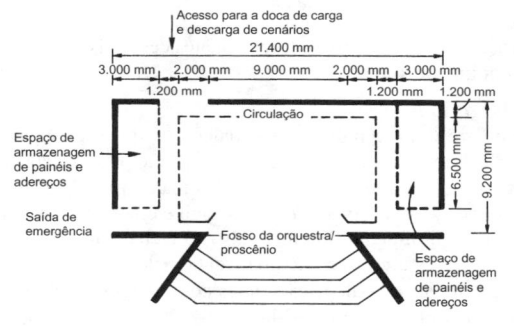

14.43 Leiaute e dimensões do palco para teatro de tamanho médio sem torre de urdimento.

4.6 Palco italiano com torre de urdimento

As dimensões e o formato da área de apresentação são determinados pelo arco de proscênio escolhido (Tabela III). Os arcos mais amplos podem ser reduzidos pelo uso de divisórias ou cortinas, permitindo que um palco multifuncional seja adaptado para a ópera. O ideal é que a profundidade do palco, da parte da frente à parte de trás, seja equivalente ao arco do proscênio.

Palco elevado

A altura do palco pode ficar entre 600 mm e 1.100 mm, com um proscênio reto, angular ou curvo. O piso do palco e do proscênio, seja em parte ou totalmente, pode ser composto por uma série de

Tabela III Larguras dos arcos de proscênio (em metros) para vários tipos de apresentações

	Tamanho pequeno	Tamanho médio	Tamanho grande
Teatro	8	10	10
Ópera	12	15	20
Dança	10	12	15
Musical	10	12	15
Multifuncional	12	15	20

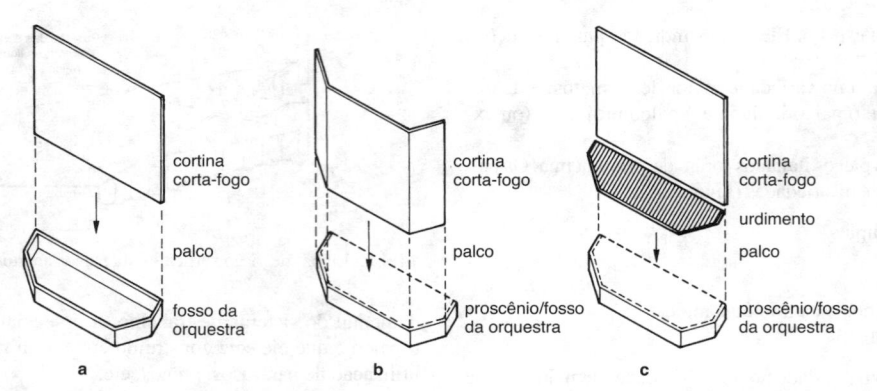

14.44 Cortinas corta-fogo, essenciais para o palco italiano: a) Cortina plana simples. b) Cortina chanfrada para fosso da orquestra coberto de modo a configurar um proscênio. c) Cortina plana onde o cenário e os elementos do proscênio não são inflamáveis.

praticáveis, isto é, módulos geralmente quadrados com 1.200 mm de lado e que podem ser removidos seletivamente.

Palcos laterais e de fundos
O tamanho deve ser compatível com o tamanho do palco e do proscênio. Essas áreas talvez precisem sustentar cenários ou tapadeiras como o palco principal, e com circulação no entorno. O pé-direito precisa ter a altura do cenário mais alto e mais um metro.

Porão
O espaço sob o palco deve ser plenamente acessível e com um pé-direito mínimo de 4,5 m.

Cortinas corta-fogo
Caso ocorra um incêndio sobre o palco, ele deve ser separado do auditório pelo isolamento do arco do proscênio por uma cortina corta-fogo. O formato mais comum é o de uma cortina rígida suspensa imediatamente atrás do arco do proscênio e colocada sobre o palco pela torre de urdimento (Figura 14.44). O fechamento contra incêndio deve prosseguir até abaixo do nível do palco.

Exemplos de palcos existentes com torres de urdimento são mostrados nas Figuras 14.45-14.48.

4.7 Equipamentos de palco

As edificações grandes projetadas para fins específicos (como as casas de ópera) exigem uma quantidade de equipamentos de palco para serem instaladas:

Passarelas ou pontes são grandes passarelas elevadas que cobrem a largura da boca de cena, permitindo a elevação e o rebaixa-

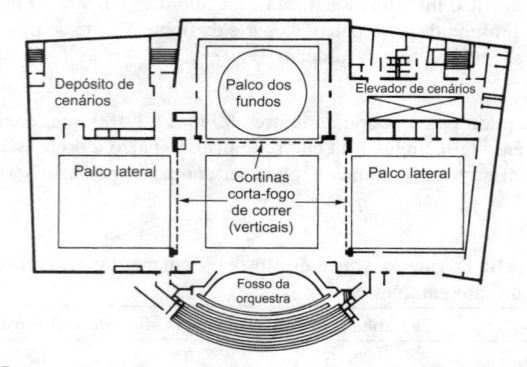

14.45 Opera House, Essen: leiaute de palco italiano com torre de urdimento para ópera e apresentações de dança.

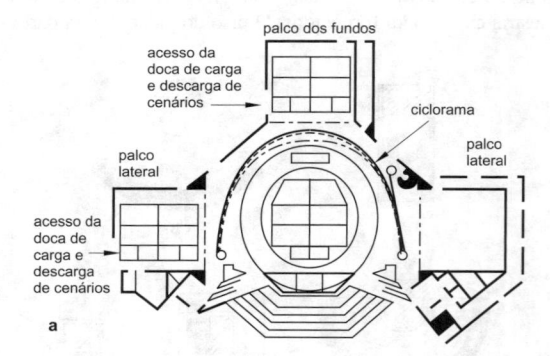

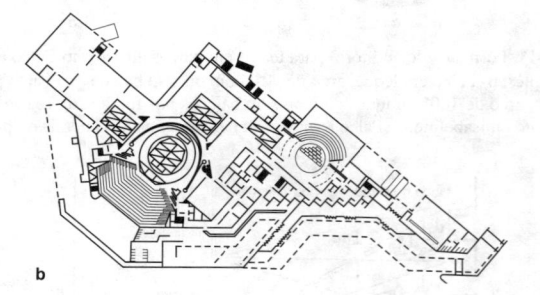

14.46 Civic Theatre, Helsinki: palco italiano com torre de urdimento para teatro e dança: a) Leiaute do palco. b) Planta baixa do pavimento de entrada. c) Implantação.

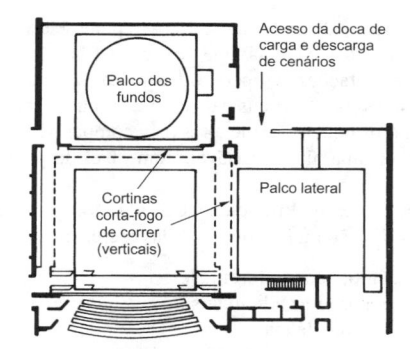

14.47 Lyttleton Theatre, Royal National Theatre, Londres: palco italiano com torre de urdimento para teatro.

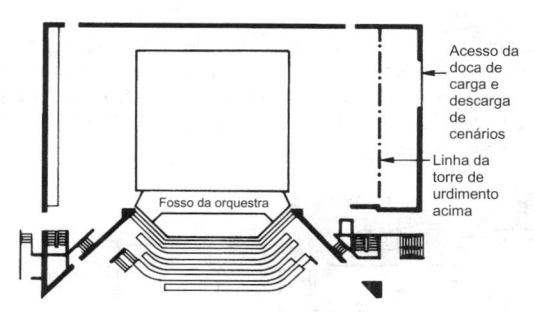

14.48 Theatre Royal, Plymouth: palco para apresentações itinerantes de ópera, dança, musicais, teatro e concertos.

mento em relação à parte principal do palco. Elas são acionadas por carretilhas, roldanas, cordas ou sistemas hidráulicos.

Palcos giratórios precisam ser encaixados no chão do palco para criar uma superfície bem nivelada; ocasionalmente, é possível organizá-los para coincidir com o sistema de passarelas ou pontes.

Wagon stages (plataformas móveis) são grandes paletes capazes de suportar um cenário inteiro que podem ser colocados atrás do proscênio já acabado, consequentemente economizando mão de obra durante o período da apresentação. Se as plataformas móveis forem usadas, é preciso colocar divisórias de isolamento acústico em torno do palco para isolar as demais áreas dos ruídos causados pelo trabalho com as ditas plataformas. Conforme a configuração do urdimento, até três posições de plataformas móveis (esquerda, direita e acima do palco) podem se envolvidas em uma área imediatamente anexa ao palco. Também é possível instalar sistemas giratórios nessas plataformas. Na verdade, instalações muito maiores ampliam o princípio da plataforma móvel permitindo que ela seja usada como um espaço gigantesco de armazenagem em paletes: é possível acomodar até 12 ou mais cenários completamente montados em grandes espaços abaixo do palco, sendo necessários equipamentos para retirá-los da parte de cima, para levá-los para sua parte inferior.

4.8 Torre de urdimento

Sempre que houver um espaço reservado para uso como palco, é essencial providenciar esse método de suspensão aérea. É possível utilizá-lo tanto para cenários quanto para os instrumentos de iluminação.

O urdimento acima do palco, no ponto de origem da suspensão, deve oferecer um espaço livre para movimentação, permitindo que os funcionários se desloquem acima da área de piso. O arranjo convencional consiste em colocar as polias que sustentam a passarela suspensa no ponto mais alto (consulte o diagrama) e com a passarela intermediária abaixo. O segredo do sucesso da suspensão aérea é a carga e a frequência dos pontos de suspensão. As instalações multifuncionais utilizadas de maneira intensiva terão barras distribuídas a cada 200 mm, com capacidade de carga de até 500 kg por barra. As instalações utilizadas com menos frequência aceitam barras distribuídas a cada 300 mm e, conforme a natureza das apresentações, a capacidade de carga pode ser reduzida para 350 kg por barra.

É essencial que os sistemas de suspensão sejam capazes de descer ao nível do piso. Conforme a frequência de uso, esse sistema de suspensão pode utilizar sarilhos ou, em instalações menores, ser operado manualmente por meio de cordas. No teatro, todos os itens suspensos são considerados "aéreos". O espaço acima do palco é chamado de "urdimento". Os palcos com os maiores pés-direitos geralmente são considerados os melhores, uma vez que oferece mais flexibilidade para os projetistas de cenários e de iluminação. Sempre que o sistema de suspensão de cenários for elevado em uma altura considerável em relação ao palco, ele é chamado de urdimento.

Tradicionalmente, o pé-direito da torre de urdimento era duas vezes e meia superior à altura do proscênio. Pés-direitos ainda maiores são exigidos atualmente, com no mínimo duas vezes e meia a altura do proscênio na parte de baixo do urdimento e mais dois metros acima.

Há diferentes sistemas de suspensão: os principais são o de contrapeso e o hidráulico.

Sistemas de contrapeso

Uma estrutura carregada com pesos percorre verticalmente, tanto para cima como para baixo, os locais especiais em ambas as laterais do palco. Esses sistemas se dividem em dois tipos:

- Contrapesos únicos sempre que a distância de deslocamento for igual à altura do urdimento acima do palco (Figura 14.49); uma parede vertical contínua mais alta do que o urdimento é necessária para as guias.
- Contrapesos duplos sempre que a distância de deslocamento for dividida em duas em relação à distância da suspensão (Figura 14.50). Isso permite que a operação seja feita de uma galeria acima do palco; é necessário haver uma galeria de carga adicional entre a torre de urdimento e o urdimento.

Sistemas hidráulicos

Eles reduzem a necessidade de espaço para os contrapesos, já que mantêm o sistema inteiro no ponto mais alto da edificação, possibilitando a construção de palcos paralelos em ambas as laterais.

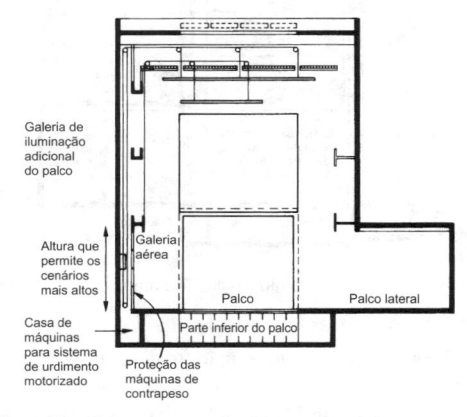

14.49 Corte do urdimento mostrando sistema aéreo único que permite o uso de apenas um palco lateral.

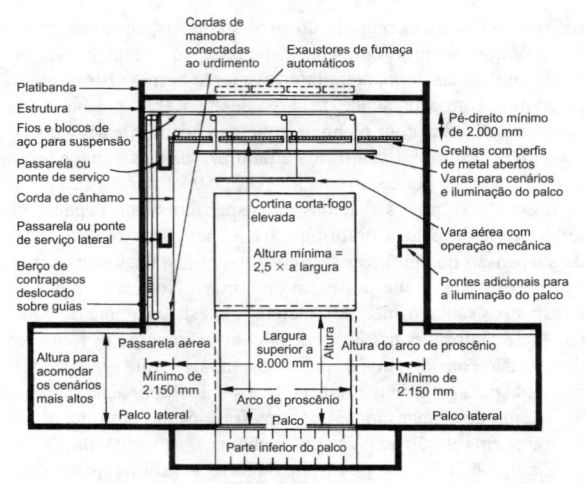

14.50 Corte mostrando um sistema de urdimento duplo e palcos laterais.

É importante colocar passarelas em ambos os lados da torre, para proporcionar acesso horizontal acima da altura nominal do cenário.

O acesso é usado por técnicos para localizar e controlar o deslocamento horizontal dos elementos suspensos verticalmente. Se a edificação for utilizada especificamente por um único usuário, alguns pontos de suspensão talvez sejam dedicados aos sistemas de iluminação; nesse caso, é possível providenciar um acesso horizontal para que os funcionários cheguem até esses pontos, assim como aos equipamentos superiores e inferiores. Também será possível fornecer energia elétrica necessária diretamente acima dos pontos via um sistema de automonitoração, que é responsável pelo deslocamento vertical. A Figura 14.51 mostra um palco com torre de urdimento e palco adicional nos fundos.

Deve haver um sistema de exaustão de fumaça automático no topo da torre de urdimento: as normas exigem que a área de seção do sistema seja proporcional ao palco – em geral, 10%.

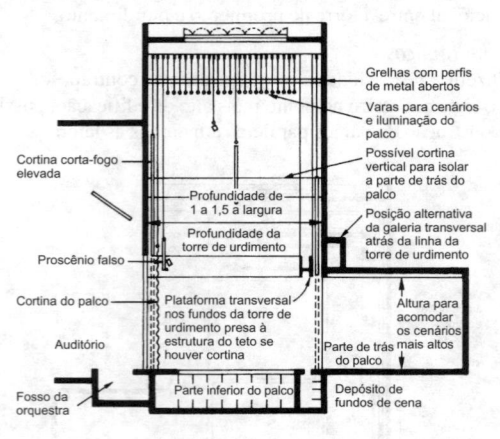

14.51 Corte transversal mostrando o palco dos fundos.

4.9 Fosso da orquestra

O principal condicionante é que o maestro deve ser visto tanto pelos cantores e dançarinos sobre o palco quanto pelos músicos no interior do fosso. A plateia precisa de um equilíbrio no desempenho no palco e na orquestra.

Considere 3,3 m² por músico, 5 m² para o piano, 10 m² para os tímpanos e os instrumentos de percussão e 4 m² para o maestro. A linha de visão do maestro não deve ser inferior ao nível do palco quando ele estiver sentado em um banco alto. Para minimizar o afastamento entre o palco e a plateia, o fosso pode se estender sob o proscênio em uma distância máxima de dois metros.

Para apresentações de ópera, o fosso deve acomodar no máximo 100 músicos; 60 para musicais e 60 a 90 para espetáculos de dança. Os números podem ser menores para companhias itinerantes. O fosso deve ter uma altura variável, com nível de piso ajustável verticalmente.

Em edificações multifuncionais, as plataformas para orquestras (Figura 14.52) são muito comuns. Elas oferecem:

- um proscênio, quando forem elevadas
- duas ou três fileiras adicionais de assentos, quando estão no nível da área da plateia
- um fosso de orquestra, quando abaixadas

4.10 Formatos de palcos italianos

Palco aberto

Para espetáculos de dança e ópera, a área de palco mínima é de 10 m × 10 m; para o teatro, 10 m × 8 m. Palcos laterais menores com máscaras são necessários para a armazenagem de cenários e para a entrada dos artistas. O fosso da orquestra costuma ficar entre a plateia e o auditório.

a Plataforma na posição mais baixa com os carros de assento armazenados sob os assentos fixos

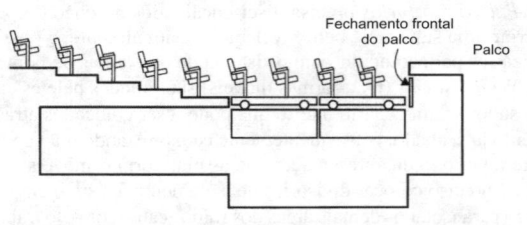

b Plataforma parcialmente elevada para o acréscimo de assentos adicionais

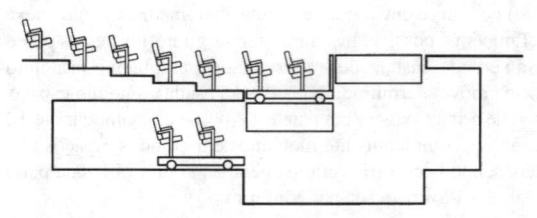

c Plataforma em posição intermediária e quase completamente elevada para ampliar o palco

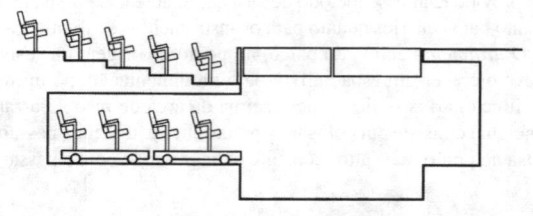

d Plataforma completamente elevada para ampliar o palco ao máximo

14.52 Elevadores de fosso de orquestra.

Palco em leque de 90° graus
As dimensões variam com base em um círculo ou círculo facetado com diâmetros que vão de 8 a 11 m (Figura 14.53).

Palco projetado
O palco é uma península que se projeta em relação ao cenário (Figura 14.54).

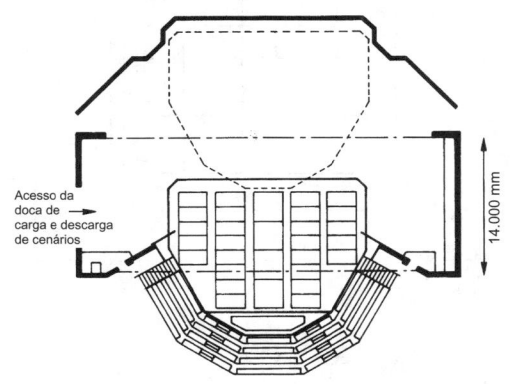

14.53 West Yorkshire Playhouse, Leeds: planta baixa de um palco cercado pela plateia em 90°. Esse teatro possui um sistema de urdimento simples e um *wagon stage* retrátil.

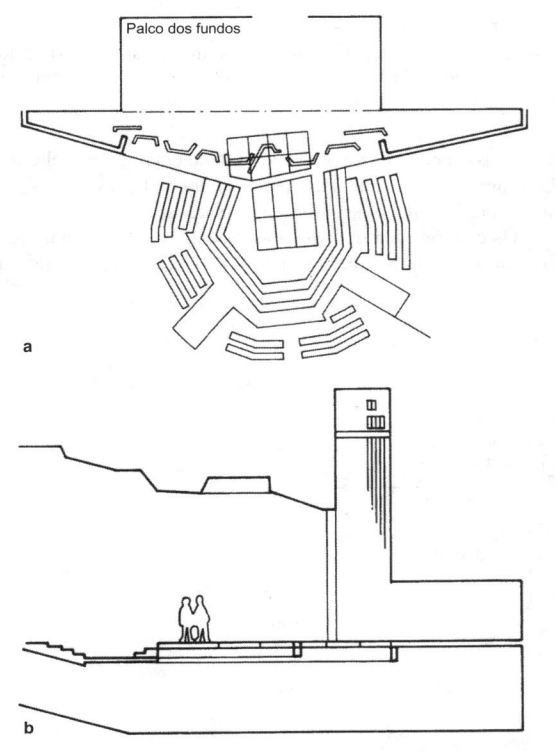

14.54 Tyrone Guthrie Theatre, Minneapolis: palco projetado com degraus na extremidade, permitindo que os artistas o acessem rapidamente a partir de diferentes partes do auditório. O palco possui alçapões, um palco nos fundos e um sistema elevatório de panos de fundo. a) Planta baixa. b) Corte.

Teatros elisabetanos, isabelinos ou à inglesa
O palco pode ser circular, quadrado, em forma de polígono, retangular ou elíptico (Figura 14.55). A entrada dos artistas pode ser combinada ou separada da entrada do público.

Em geral, o palco não é elevado, mas também pode ficar a uma altura de 300 a 750 mm; a dimensão mais recomendada é 600 mm. O pé-direito mínimo sobre o palco – incluindo o urdimento do cenário e os sistemas de iluminação – é de 6,5 m. O palco pode ter alçapões (seja em toda a sua extensão ou apenas em partes) conforme descrito anteriormente, com um grande alçapão de, no mínimo, 1.200 × 2.400 mm. Se houver alçapões, deve haver um porão com acesso para os artistas e um pé-direito mínimo de 4,4 m.

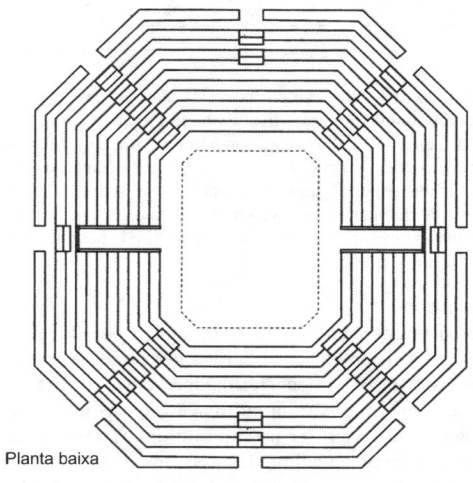

14.55 Teatro elisabetano com palco retangular e acesso aos artistas por meio de vomitórios. A plateia entra por trás dos assentos.

4.11 Posicionamento da iluminação no auditório

Há três fatores principais que determinam esse posicionamento:

A facilidade de acesso depende do uso previsto do auditório. Em auditórios usados com muita frequência, a equipe terá de acesso quase diário aos instrumentos e isso não poderá ser feito por meio de escadas de mão. O acesso deve ficar na parte de trás dos instrumentos com bastante espaço para os funcionários chegarem a eles pela frente, além de espaço livre suficiente para que os instrumentos sejam desmontados imediatamente quando houver necessidade de conserto.

Localização. Mais de um terço do número total de instrumentos em uma instalação moderna provavelmente se localiza na área do auditório (também chamada de sala) (Figura 14.56). O ângulo mais indicado geralmente varia de 42° a 44° em um plano horizontal em relação à frente do palco. É necessário o uso de lanternas em um ângulo alto em ambos os lados e por meio da área da frente principal do palco. Conforme o projeto do auditório, as lanternas são instaladas nas passarelas que atravessam o local (Figura 14.57) ou na própria estrutura da edificação. Também se recomenda a colocação de instrumentos em um plano vertical no lado do arco do proscênio que é voltado para o auditório. O projeto de iluminação para teatros elisabetanos é particularmente complexo (Figura 14.58).

Integridade do projeto. Muitas pessoas acreditam que as lanternas, sua fiação volumosa e as demais parafernálias são deselegantes no contexto do projeto de um auditório formal; dessa forma, é preciso tomar providências para ocultar os equipamentos e impedir que, em condições normais, eles fiquem à vista da maior parte da plateia. Todavia, os projetistas de auditórios adeptos do projeto de "alta tecnologia" consideram aceitável a colocação de lanternas em locais visíveis, contanto que se encaixem no arranjo à medida que se tornam parte do conjunto do projeto. Ao considerar o posicionamento da iluminação, é preciso considerar o risco de as lanternas propriamente ditas prejudicarem a linha de visão da plateia. Também é necessário fornecer meios seguros de suspensão.

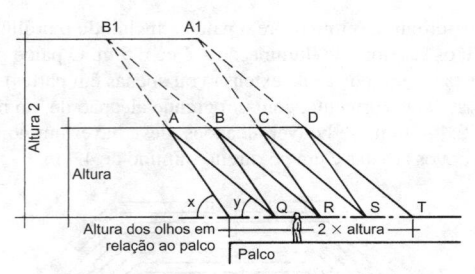

14.56 Método de localização das posições teóricas dos refletores. Os refletores em A iluminarão um artista na beira do palco com 55° em corte, aproximadamente 45° a 50° após o ponto transversal; à medida que o artista se aproxima, porém, o ângulo diminui. Em Q ele é de apenas 40° em corte, com aproximadamente 35° após o ponto transversal, e esse é o valor mínimo. Outro ponto de iluminação B, deve ser criado para cobrir a área entre Q e R dentro da mesma variação de ângulos; a seguir, C e D para iluminar as áreas entre R e S e S e T.

Canhões seguidores
Eles são parte integrante de várias apresentações de musicais, balés e óperas. Um operador direciona um feixe de luz móvel em um ou mais artistas no decorrer da apresentação (Figura 14.59). Conforme o uso previsto da edificação, os recintos específicos para essa tarefa devem ter no mínimo dois metros quadrados e precisam ficar atrás ou acima dos assentos. O ângulo do posicionamento em relação ao palco deve ficar em torno de 45° ou mais, uma vez que a ideia central dos canhões seguidores é isolar aquilo que será iluminado.

Um par de instrumentos colocado em posição central no alto facilita o contato entre diferentes operadores, principalmente se eles estiverem separados do auditório por um vidro. É preciso considerar o posicionamento de dois refletores adicionais – um em cada lado do auditório – com um ângulo também alto.

Não esqueça que o posicionamento deve permitir que o refletor alcance a maior parte da área de atuação do palco. Às vezes, os refletores são colocados no interior do auditório sobre plataformas construídas especialmente para esse fim; no entanto, essa alternativa reduz o número de assentos. É preciso criar condições para esconder visualmente os canhões seguidores da plateia.

Os canhões seguidores estão ficando cada vez mais potentes e, consequentemente, maiores. Alguns têm mais de dois me-

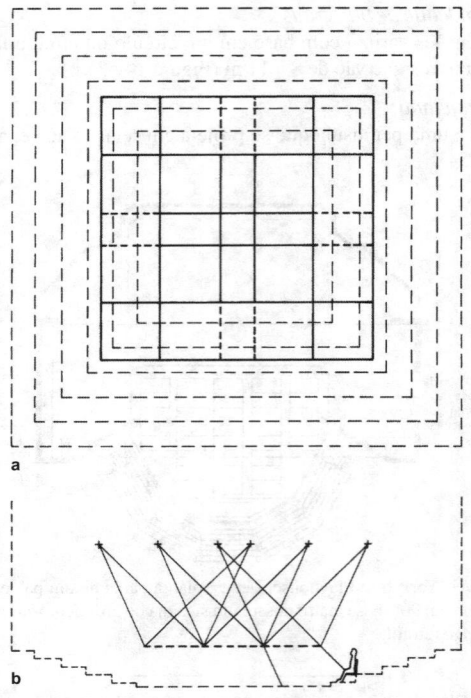

14.58 Em palcos projetados e palcos de teatros elisabetanos (isabelinos) praticamente toda a iluminação vem de cima para evitar o ofuscamento nos olhos da plateia: a) Planta. b) Corte.

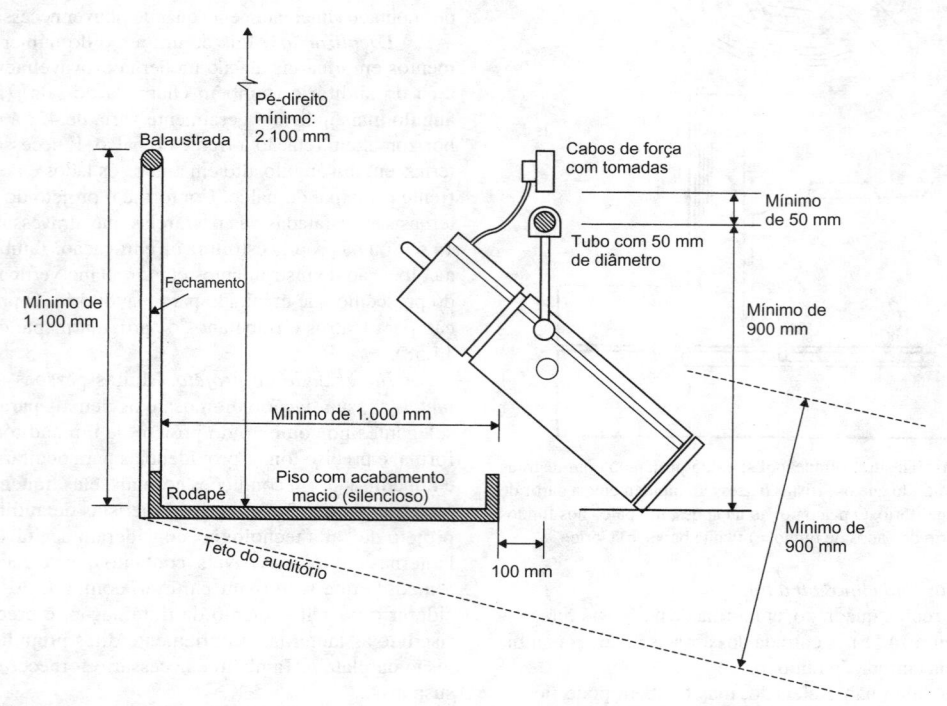

14.57 Passarela ou ponte de luz do auditório no nível do teto.

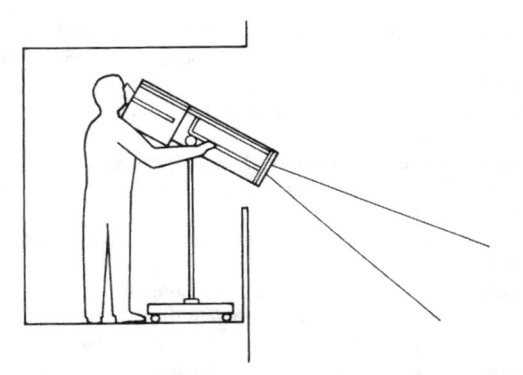

14.59 Canhão seguidor: o tamanho mínimo para o equipamento e o operador é de 1,5 m × 2 m.

tros de extensão. Portanto, o tamanho total do auditório proposto será determinante para o tamanho dos canhões seguidores escolhidos. Seu posicionamento deve permitir que o canhão, a área de deslocamento e o operador ocupem um espaço atrás ou ao lado do instrumento no decorrer da atividade. Também é preciso providenciar um lugar para o operador se sentar e um meio local de isolar o instrumento.

4.12 Espaços associados à área da plateia

Cabina de controle da iluminação cênica

É uma sala em posição central, nos fundos do auditório, completamente fechada e com isolamento acústico, além de um visor panorâmico e espaço para a mesa de luz e para o operador se sentar e observar a apresentação por meio do visor panorâmico (que possui uma vista desobstruída do palco) (Figura 14.60). Também deve haver espaço para um assistente e uma bancada de trabalho para as plantas e roteiros. O tamanho mínimo é de 3 m de largura, 4,5 m de profundidade e 4,4 m de altura.

Sala dos dimmers

Deve haver espaço para a mesa de controle dos *dimmers* (controladores de iluminação), que é diretamente responsável por todos os instrumentos de iluminação do palco. A mesa também abriga os fusíveis individuais de todos os circuitos de iluminação do palco. Os dutos com cabos conectam a sala dos *dimmers* a todas as tomadas das instalações para a iluminação do palco, além das luzes de iluminação geral. Entretanto, a conexão entre a mesa dos *dimmers* e o controle de iluminação cênica propriamente dito não é uma instalação do sistema elétrico geral.

A sala dos *dimmers* deve ficar em algum lugar que permita o acesso rápido seja a partir do controle da iluminação ou desde o palco. Além disso, a sala dos *dimmers* geralmente contém o isolamento das redes de fiação do sistema de iluminação cênica. Em grandes instalações que possuem fontes trifásicas, todas as fases devem ser separadas individualmente.

Sala de controle de som

Um espaço aberto em posição relevante no interior do auditório. O operador precisa ter uma visão desobstruída do palco e ser capaz de ouvir a apresentação. A sala contém uma mesa de controle, mesas de equipamentos, alto-falantes com monitores e uma bancada para os roteiros. O tamanho mínimo é de 3 m de largura, 4,4 m de profundidade e 4,4 m de altura.

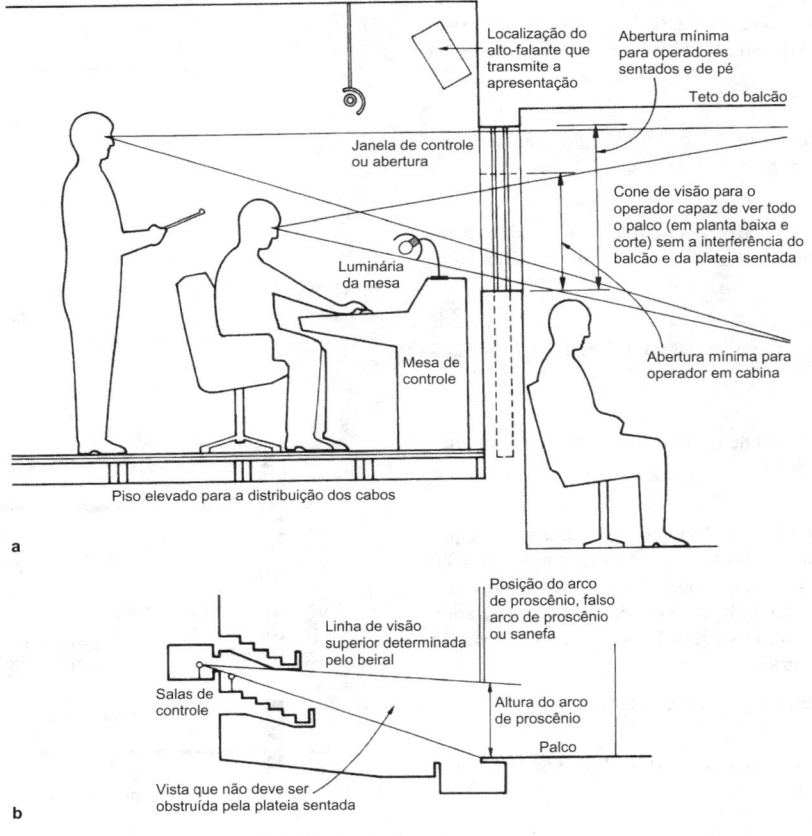

14.60 Sala de controle com visão direta do palco: a) Corte. b) Linhas de visão verticais.

Posição da sala de mixagem de som do auditório
Para a mixagem dos sons amplificados provenientes do palco, deve haver um operador que precisa ouvir exatamente o que a plateia escuta. O espaço deve ser plano e ficar no interior da área da plateia; a área mínima é de 2 m × 2 m, com uma mesa de controle de som com mixadores e uma barreira de proteção.

Sala de controle da televisão, do rádio e da gravação
É uma sala de controle separada à prova de som, com janelas de observação e uma visão desobstruída do palco. Ela acomodará os narradores/locutores e os funcionários encarregados do direcionamento das transmissões e das gravações. A área mínima é de 2 m × 2m, mas o ideal é que seja maior.

Sala de observação
O pessoal associado à produção pode precisar verificar as atividades sobre o palco a partir de uma sala nos fundos do auditório, com uma visão desobstruída do palco através das janelas de observação. A área mínima é de 2 m × 2 m.

4.13 Espaços associados ao palco

Vestiário rápido
Salas separadas contíguas ao palco, todas com duas mesas de maquiagem e araras.

Sala de adereços
É um depósito acessado diretamente por um palco lateral e abriga os adereços usados durante uma apresentação. Exige uma pia com água corrente quente e fria.

Depósito de cenários
Na mesma altura do palco; para o armazenamento de cenários.

Depósito de carga e descarga
Para a entrega de cenários e adereços que se destinam ao depósito de cenários. Permite que mais de um caminhão grande (com baú) possa dar marcha a ré.

Cenários
Uma área de consertos e manutenção ao lado do palco para a manutenção dos cenários e adereços usados no palco.

Depósito do piano
Para o piano de cauda quando não estiver em uso. Uma sala separada com temperatura semelhante às condições do palco; a área mínima é de 4,5 m × 3,5 m.

Equipamentos de iluminação
Deve haver acesso direto pelo palco lateral para candelabros, adereços, etc.

Equipamentos de som
Área para armazenagem e manutenção de equipamentos como microfones, alto-falantes, suportes, etc.

Sala técnica
Localizada à esquerda do palco (de frente para a plateia). Os equipamentos de controle incluem alto-falantes, cortina corta-fogo e/ou comandos do sistema de *sprinklers*, comandos do sistema de ventilação do urdimento e comunicação com os técnicos de luz e som, com a torre de urdimento, com os equipamentos comandados pelo maestro e com os contra-regras.

4.14 Espaços para atores, cantores e dançarinos

Camarins
Os leiautes são ilustrados nas Figuras 14.61 a 14.69 e incluem salas compartilhadas e de uso comum.

Sala de espera com cozinha e cafeteria: 3,4 m² por usuário.
Lavanderia para o conserto e a manutenção dos figurinos: mínimo de 20 m².
Depósito de figurinos, incluindo carrinhos e araras.
Entrega de figurinos.
Sala de maquiagem: no mínimo 10 m² por pessoa.
Sala (ou salas) de aquecimento antes da apresentação (cantores): 15 m² no mínimo.
Estúdio de dança antes da apresentação (dançarinos): 1.000 m² no mínimo.
Sala de fisioterapia (dançarinos): 15 m² no mínimo.
Depósito de perucas e a sala do cabeleireiro: 5 a 10 m².
Área de espera para os visitantes e os assistentes dos camarins.
Escritórios: supervisão dos menores de idade, gerente da companhia de teatro, gerente de *tours*, etc. mínimo de 10 m²
Banheiros.
Áreas de reunião de artistas: nos pontos de acesso ao palco.

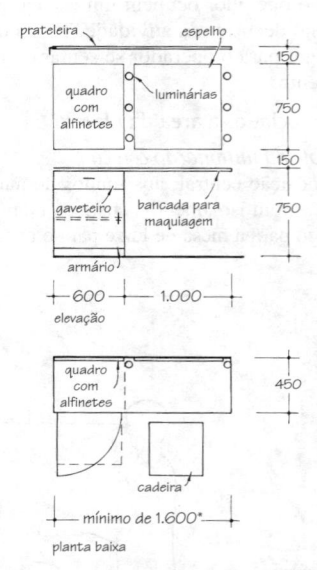

14.61 Penteadeira de camarim individual: a) Elevação. b) Planta. As dimensões marcadas com * são mínimas; recomenda-se uma extensão superior que proporcione espaço para flores, etc.

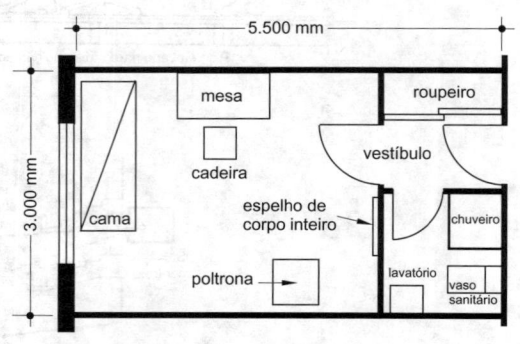

14.62 Camarim individual com banheiro privativo.

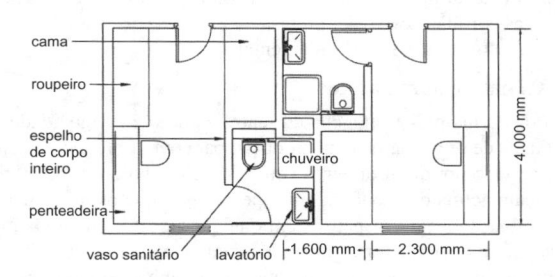

14.63 Camarins individuais contíguos, cada um com 14,4 m².

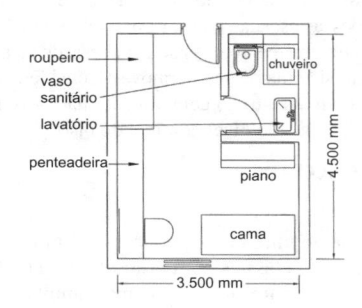

14.64 Camarim individual com piano, área de 15,7 m².

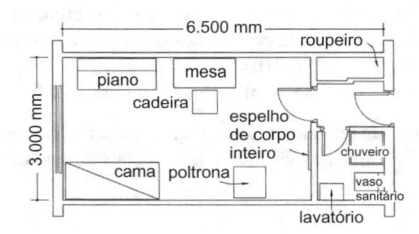

14.65 Camarim individual com espaço para piano e banheiro privativo com chuveiro.

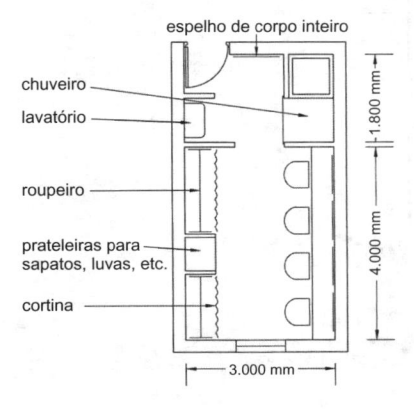

14.66 Camarim para quatro pessoas, área de 17,4 m².

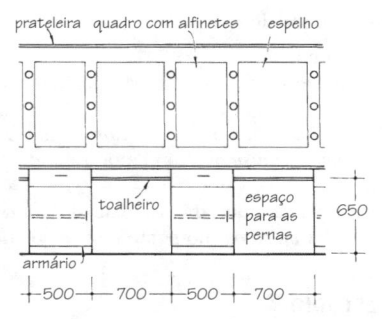

a Elevação

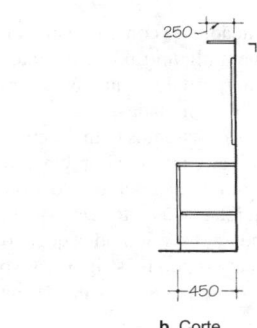

b Corte

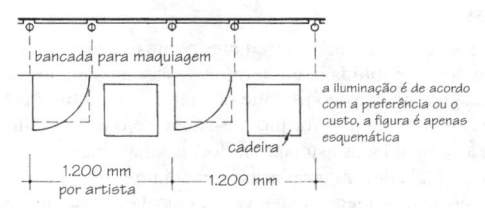

c Planta

14.67a-c Camarim de uso coletivo.

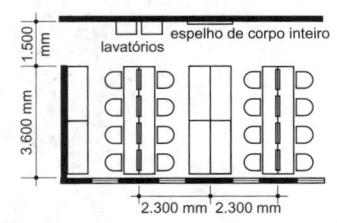

14.68 Camarim de uso coletivo; a área de cada posto é de 8,3 m².

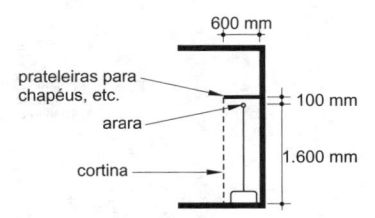

14.69 Corte esquemático do roupeiro.

4.15 Espaços para músicos

Camarins: no mínimo dois.
Depósito dos instrumentos musicais: para instrumentos grandes e seus estojos.
Sala (ou salas) de aquecimento antes da apresentação.
Sala de uso comum dos músicos: 3,4 m² por usuário.
Sala do maestro.
Escritórios: o gerente da orquestra, o gerente dos *tours*, etc.
Área de reunião dos músicos: no ponto de acesso ao fosso da orquestra.

5 TEATROS-ESTÚDIO

5.1 Introdução

Os teatros-estúdio, por definição, não contêm maquinaria de palco móvel. Em geral, eles possuem algum tipo de assentos móveis ou removíveis para permitir a alteração do leiaute ou abrir espaço para usos alternativos em ocasiões determinadas.

Existem vários sistemas de assentos bem desenvolvidos e flexíveis que oferecem bastante variedade e cumprem com as normas de assentos convencionais, com equipamentos móveis e dobráveis. Contudo, os sistemas de arquibancadas retráteis exigem um espaço exclusivo onde os assentos possam ser dobrados quando não estiverem em uso. Há um fator de cargas pontuais significativos sob as rodas de suporte. Os arranjos com essas arquibancadas não oferecem possibilidades de leiaute.

5.2 Acesso

Os teatros-estúdio devem ter diferentes pontos de acesso, permitindo uma maior flexibilidade em termos de assentos e apresentação. Uma passagem no entorno permite que os artistas entrem por qualquer acesso. De qualquer forma, pressupõe-se que a circulação da plateia e as amenidades estejam em locais adjacentes às saídas designadas as quais devem ter o acesso imediato às demais portas no lado externo da passagem – que levam ao local de segurança exigido por lei. A colocação de cortinados pendurados em torno das paredes possibilita a variação da acústica e da coloração do espaço. As paredes ou as cortinas devem ser pretas.

A altura é um fator fundamental.

5.3 Calhas de iluminação

Uma das principais vantagens do teatro-estúdio é a velocidade e a facilidade de se passar de uma produção para outra. Frequentemente, ele é servido por um urdimento composto por tubulações de 50 mm que ficam acima do espaço inteiro, permitindo que os instrumentos de iluminação sejam suspensos em qualquer local. Será ainda mais vantajoso se o leiaute for organizado de tal maneira que haja escadas de marinheiro com tubos de iluminação em ambos os lados, permitindo que o pessoal técnico realize todas as trocas de iluminação sem o uso de equipamentos de acesso e escadas de mão, consequentemente viabilizando a realização simultânea de outras funções no piso. Se o uso dessas escadas não for possível, então é essencial que todos os pontos do urdimento possam ser acessados a partir de baixo com o uso de um sistema de acesso móvel. Considerando a iluminação ideal, o ponto mais alto do equipamento não deve ficar a menos de quatro metros acima do nível nominal do piso.

6 SALAS DE CONCERTO

6.1 Introdução

Um organograma de uma sala de concertos é mostrado na Figura 14.70. Para a música clássica com orquestra ou coral em salas de concerto ou recital, há três categorias mais amplas que tratam da relação entre a plateia e a plataforma (Figura 14.71):

- A plateia voltada para a orquestra e o coro sobre a plataforma, com ou sem coro, em uma única direção (Figura 14.71a).
- A plateia distribuída em três lados e quase circundando a plataforma (Figura 14.71b).
- A plateia em torno da plataforma (Figura 14.71c).

Os tipos de relação unidirecional incluem o leiaute retangular (como nos diagramas apresentados), variações do leiaute retangular

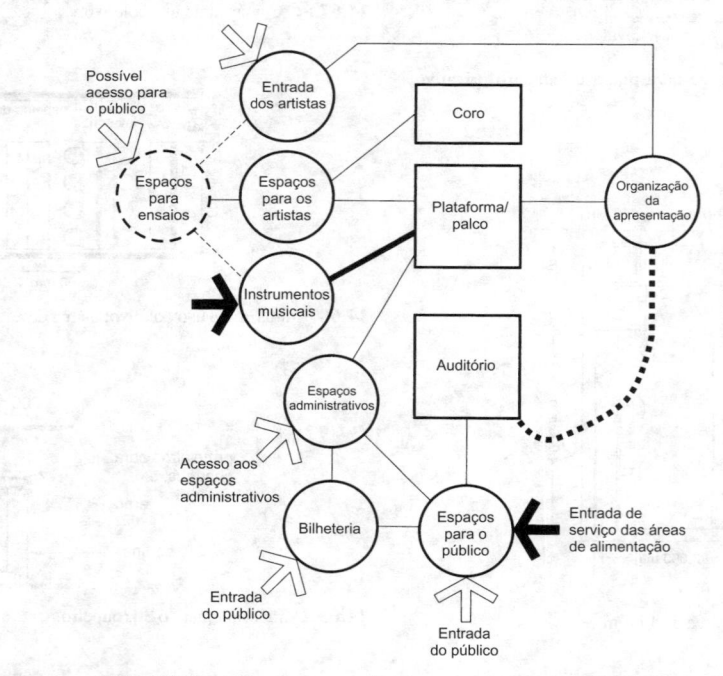

14.70 Organograma de edificações para música clássica de orquestra e coral com coro e para apresentações de jazz e pop/rock sem coro.

e o auditório em forma de leque (Figura 14.72). O leiaute retangular é um formato simples e bem estabelecido. Ele permite a reflexão cruzada completa da plateia, fica em posição central em relação à plataforma e recebe um bom equilíbrio sonoro. O auditório em forma de leque é uma variação específica do leiaute retangular, mas sofre com a perda de reflexão lateral e cruzada. Os outros formatos (Figura 14.73) incluem o leiaute hexagonal e o elíptico.

6.2 Condições de visibilidade
Para as linhas de visão verticais, consulte a Figura 14.74.

6.3 Projeto da plataforma
Os componentes musicais incluem a plataforma da orquestra, o coro e o órgão (Figura 14.75).

O projeto da plataforma está associado ao tamanho da orquestra:

- Orquestra sinfônica e coro
- Orquestra sinfônica, 80 a 120 músicos
- Orquestra de câmara, 40 a 50 músicos
- Instalação pequena

Para a orquestra de câmara, a plataforma pode ter seis metros de profundidade, nove metros de largura e 900 mm de altura; para a orquestra completa, a área deve ser de 12 m × 12 m, com altura de 1.000 mm. Várias configurações são mostradas na Figura 14.76, e o corte de uma plataforma na Figura 14.77.

6.4 Áreas para músicos individuais
- Violinos e pequenos instrumentos de sopro 1.000 × 600 mm; clarinetes e fagotes, 1.000 × 800 mm
- Fileiras de 1.200 mm para instrumentos de corda e de sopro, incluindo violoncelos e contrabaixo

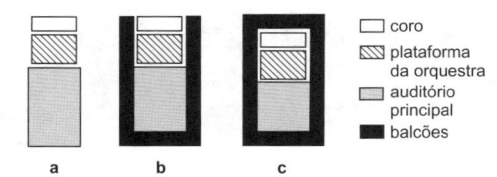

14.71 Relação entre a plateia e a plataforma em vários formatos retangulares: a) Direção única. b) Plateia contornando parcialmente a plataforma. **c)** Plateia contornando a plataforma. Com ou sem balcões nos fundos e nas laterais.

14.72 Formato de leque em 90°, com ou sem balcões nos fundos e nas laterais, relação com direção única.

14.73 Formatos para música de orquestra e coral onde a plateia circunda a plataforma. Com ou sem balcões nas laterais e nos fundos: a) Hexagonal. b) Elíptico.

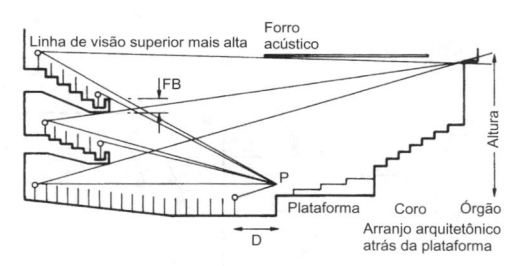

14.74 Linhas de visão verticais em auditório com plataforma para concertos. Elas precisam alcançar o coro, o fundo por trás da plataforma, o maestro, os solistas e a orquestra. No entanto, as exigências acústicas do som direto e do som refletido podem ser mais importantes do que os parâmetros das linhas de visão.

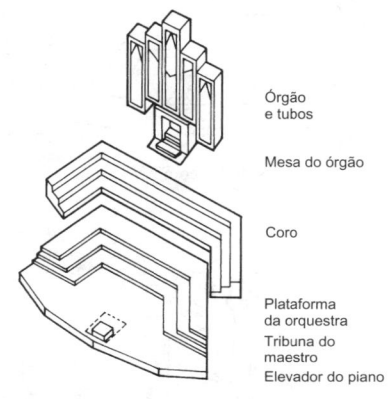

14.75 Componentes de uma plataforma para música clássica.

- Fileiras de até dois metros para percussão e piano de cauda: 2,75 m × 1,6 m.
- Coro: no mínimo 0,38 m^2 por cantor em coros com assentos. A seção longitudinal pode ser plana e inclinada transversalmente, partindo da tribuna do maestro.

6.5 Espaços de apoio
- Sala de iluminação e controle
- *Dimmers* (amortecedores de luz)
- Sala para transmissão via televisão e rádio e para o controle da gravação
- Cabina do operador do canhão seguidor
- Sala de observação

Consulte também a Seção 6.8 a seguir.

6.6 Espaços associados à plataforma
- Depósito do piano
- Depósito dos instrumentos musicais
- Entrega dos instrumentos musicais
- Acesso para as entregas
- Estacionamento para os veículos de excursão
- Escritórios
- Vestiário dos técnicos
- Oficina de energia elétrica
- Depósito de energia elétrica

6.7 Espaços dos artistas
- Camarins: no máximo 20 pessoas por sala, 3,5 m^2 para cada um
- Camarins individuais (Figura 14.62), 19 m^2
- Camarim individual com piano (Figura 14.65), 23,5 m^2

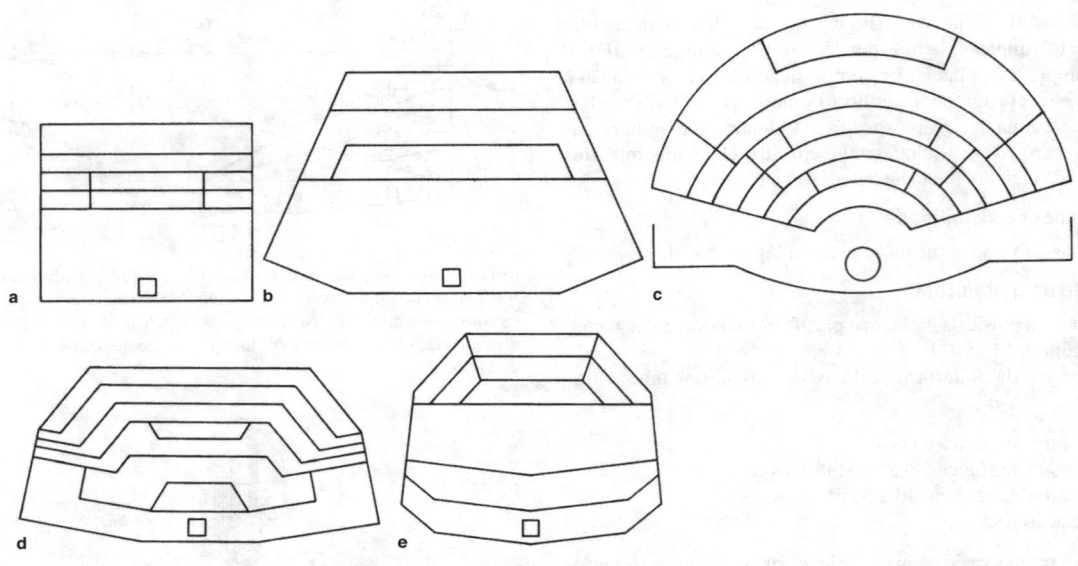

14.76 Projetos de plataformas, todas com níveis múltiplos: a) Retangular. b) Trapezoidal. c) Semicircular. d) Larga e com pouca declividade. e) Projeto para orquestra pequena.

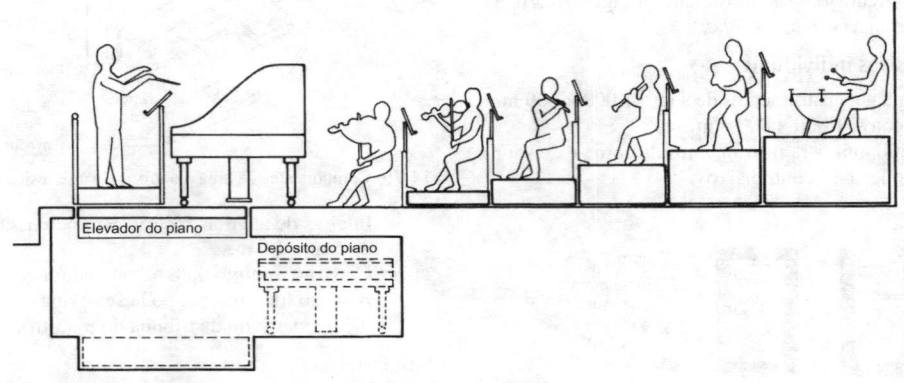

14.77 Corte de uma plataforma de orquestra mostrando o depósito e o elevador do piano.

- Camarim individual com espaço para aquecimento, 40 m^2
- Camarins compartilhados com 2 m^2 por usuário

6.8 Espaços de apoio
- Sala de espera do maestro
- Sala (ou salas) de aquecimento antes da apresentação
- Área de reunião da orquestra
- Área de reunião do coro
- Sala de uso coletivo dos músicos
- Escritório do diretor da orquestra
- Outros escritórios (por exemplo, gestores de viagens)
- Banheiros

7 SALÕES DE CONFERÊNCIA

7.1 Relações
A Figura 14.78 mostra as relações entre as áreas de uma instalação para conferências.

7.2 Formatos
Os formatos dependem do uso:

- O formato do auditório tradicional com a plateia voltada para uma plataforma onde há provisões para um palestrante ou palestrantes, provavelmente atendidos por uma variedade de recursos audiovisuais (Figura 14.79). O palestrante é o ponto

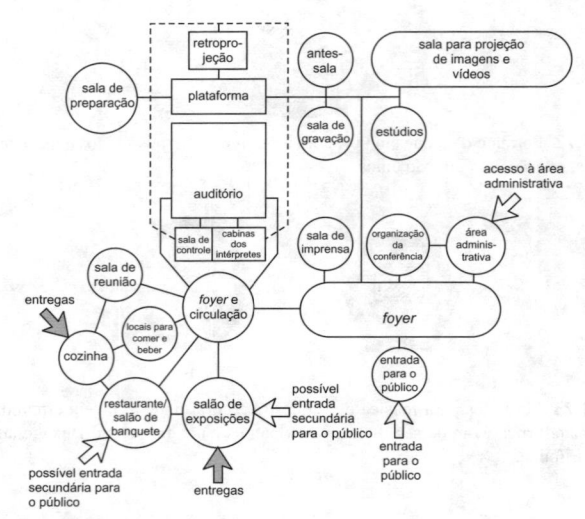

14.78 Organograma de salão de conferências.

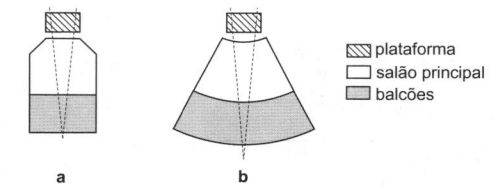

14.79 Formatos de salões de conferências para palestras que exigem equipamentos de projeção: a) Retangular, com ou sem balcões nos fundos. b) Em leque de 60°, com ou sem balcões nos fundos.

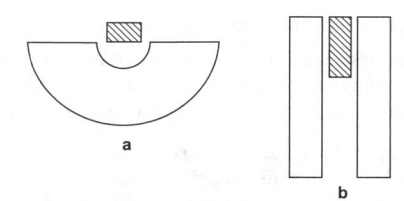

14.80 Formatos de salões de conferência para debates: a) Leque com arco em 180° (Senado dos Estados Unidos). b) A plateia em duas bancadas opostas (Câmara dos Comuns do Reino Unido).

de controle e a plateia representa o papel de receptor. A projeção de imagens, filmes e vídeos limita o nível de fechamento da plataforma.

- A participação de todos os membros da plateia, sugerindo o debate em formato semicircular, em formato de U ou círculo, controlado por um coordenador/presidente de mesa, com poucos (ou nenhum) recursos audiovisuais (Figura 14.80). A necessidade de distribuição igualitária e da visualização das expressões faciais de todos os participantes exige uma única fileira. Entretanto, é possível colocar até seis fileiras e ainda permitir que os participantes tenham consciência da contribuição verbal dos demais.

O formato plano do salão de conferências pode ser:

- Retangular
- Em formato de leque, com ângulos de 135°, 90° ou 60°. O último é o mais indicado para projeções
- Hexagonal
- Circular
- Oval
- Hexagonal alongada

7.3 Requisitos funcionais

Para o formato de palestras, os requisitos funcionais incluem:

- A plateia precisa ver e ouvir o palestrante, o coordenador/presidente de mesa e o grupo de oradores nos vários pontos da plataforma.
- A plateia precisa de uma visibilidade desobstruída das telas, quadros e outros recursos visuais: cada um deles possui suas características físicas.
- A clareza acústica do som transmitido para o palestrante e do som reproduzido.
- A apresentação adequada e a visualização de quaisquer demonstrações.

No formato de debates:

- A percepção da plateia como um todo para cada membro.
- A plateia deve ter condições de ouvir todos os oradores e o mediador/presidente de mesa.
- Uma visão clara do mediador/presidente de mesa.

A Figura 14.81 mostra um equipamento usado exclusivamente para palestras.

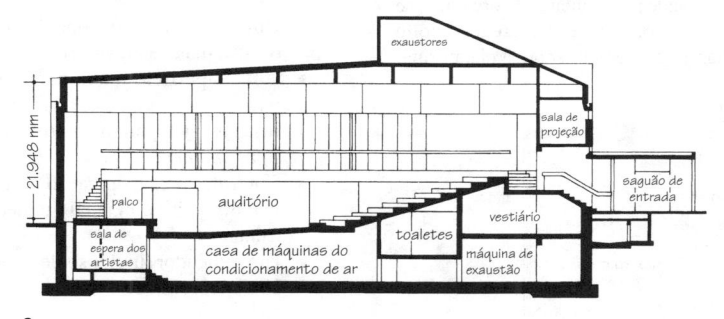

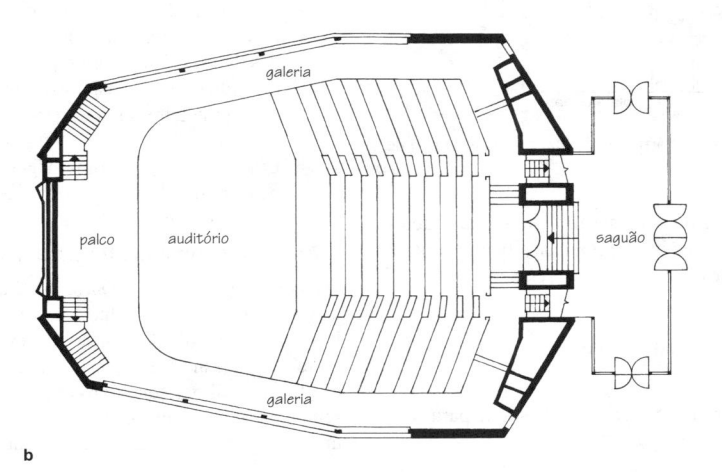

14.81 Lady Mitchell Hall, Cambridge. Auditório grande para 450 alunos. Arquitetos: Casson, Conder & Partners: a) Corte longitudinal. b) Planta baixa do auditório.

7.4 Equipamentos para auditórios

O projeto dos assentos para uso em conferências foi discutido no início deste capítulo, na Seção 2.5. Em salões de conferências plenamente equipados, cada membro da plateia pode receber:

- Botões para votação: sim, não e abstenção
- Fones de ouvido para tradução simultânea
- Fones de ouvido para pessoas com dificuldades de audição
- Luminárias individuais pequenas

Os itens a seguir geralmente precisam ser compartilhados por dois participantes lado a lado:

- Microfone controlado pelo presidente a partir da plataforma
- Botão para "solicitar a palavra"

7.5 Plataforma

A altura depende da capacidade do salão e das linhas de visão:

- 300 mm para até 150 assentos
- 600 mm de 150 a 300 assentos
- 750 mm para mais de 300 assentos

Devem haver degraus na parte da plateia para facilitar o acesso dos palestrantes à plataforma, tanto nas extremidades dos corredores quanto nas fileiras da frente. As rampas talvez sejam necessárias para os usuários de cadeiras de rodas.

O *tamanho* e o *formato* dependem da variedade de recursos audiovisuais, tribunas, tabelas demonstrativas, painéis e outros equipamentos, além das linhas de visão e do tamanho e do formato do auditório.

A plataforma talvez precise acomodar apenas um palestrante em algum momento, com nenhum recurso audiovisual (ou poucos), como na última provisão (Figura 14.82). Em outros casos, ela terá de acomodar demonstrações científicas, um painel de palestrantes com ou sem tribunas ou apresentações de grande porte, incluindo organizações comerciais, políticas e institucionais. Em grandes conferências políticas, pode ser necessário acomodar até 50 pessoas sobre a plataforma.

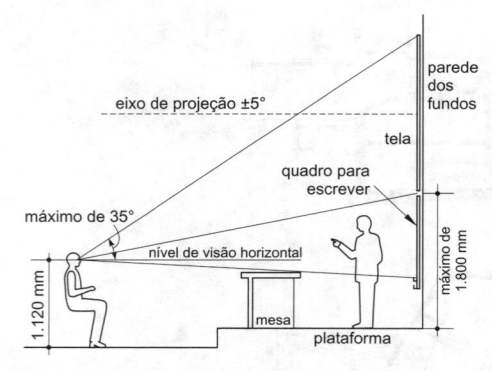

14.82 Corte em auditório mostrando os arranjos da plataforma e da parede dianteira.

O arranjo sobre a plataforma pode ser um modelo arquitetônico comum a todas as apresentações ou uma casca que permita a construção de arranjos diferentes para cada conferência.

7.6 Tribuna

Este é o posicionamento convencional do palestrante. A tribuna (Figura 14.83) deve ter:

- Uma superfície inclinada em 15°, grande o bastante para acomodar duas folhas no formato A4

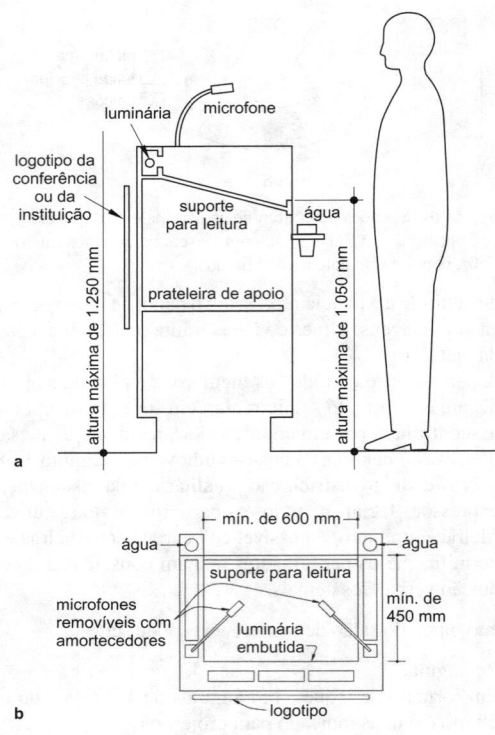

14.83 Tribuna: a) Corte. b) Planta baixa.

- Uma luminária ajustável para iluminar os papéis
- Um microfone fixo com regulagem
- Um interruptor para microfone de lapela
- Um microfone com conexão para interpretação simultânea e/ou sistemas de gravação
- Uma superfície plana para lápis, um copo de água e uma jarra
- Instrumentos para o controle do nível de iluminação geral da sala (*dimmer*)
- Controles para a operação remota dos projetores e telas
- Um dispositivo manual ou mecânico para regular a altura da tribuna
- Um indicador luminoso de operação manual
- Um teleprompter
- Um relógio
- O controle das luzes indicadoras
- Possivelmente, alertas luminosos vermelhos, amarelos e verdes visíveis tanto para o palestrante quanto para a plateia, indicando o tempo disponível para o primeiro
- Uma prateleira no alto, para valises, itens para demonstração, etc.
- Em apresentações com imagens de notebook controladas pelo palestrante, deve haver uma mesa horizontal com 900 mm de altura ao lado da tribuna

7.7 Outros equipamentos para plataforma

O *mediador/presidente da mesa* pode anunciar os palestrantes a partir da tribuna ou em outro ponto sobre a plataforma, com ou sem tribuna. Em geral, fica em uma posição de destaque sobre a plataforma no decorrer das palestras, das questões e das discussões – a menos que diapositivos ou filmes sejam projetados em uma tela localizada atrás de seu assento. Nesse caso, qualquer pessoa sobre a plataforma ocupará um assento reservado na plateia do auditório.

Painel de controle
Geralmente há um painel separado que é controlado pelo coordenador/presidente de mesa. Como alternativa, é possível duplicá-lo na tribuna. Esse painel pode incluir:

- Uma campainha para a sala de projeção
- Uma conexão telefônica com a sala de projeção
- Operação remota para o blecaute das janelas (se houver)
- Controle do nível de operação geral da sala
- Iluminação separada sobre a plataforma
- Iluminação sobre o quadro

    Apenas para o coordenador/presidente de mesa:

- Controle dos alertas luminosos em vermelho, amarelo e verde sobre a tribuna
- Relógio e/ou temporizador
- Painel mostrando os indicadores de "solicito a palavra"
- Controle para ligar/desligar os microfones individuais da plateia
- Painel com os números da votação (veja a Seção 7.4)
- Controle do painel com os números de votos da plateia

Bancada de demonstrações
Uma bancada de "laboratório" com instalações completas colocada sobre a plataforma para demonstrações científicas, com instalações de energia elétrica, gás, água e esgoto. A bancada deve ter rodas para ser retirada da plataforma em caso de apresentações não demonstrativas; as instalações serão de conectar. É possível armazenar a bancada na sala de preparação adjacente.

Mesa do painel
Para apresentações e discussões por um painel de palestrantes e um presidente, costuma haver uma mesa longa e paralela à extremidade dianteira da plataforma, com uma cadeira e um microfone para cada orador e, possivelmente, fones de ouvido para tradução simultânea. A mesa deve ter no mínimo 750 mm de profundidade e um metro de comprimento por cada participante. O nome e as informações sobre cada orador podem ser afixados à extremidade dianteira da mesa ou em uma placa colocada na frente de cada indivíduo. O uso da tribuna é opcional.

Parede do fundo e paredes laterais da plataforma
Um recinto permanente com todos ou alguns dos itens a seguir (para mais detalhes, consulte a Seção 7.9):

- Quadro branco magnético
- Telas para projeção
- Espaço para o logotipo e o nome da instituição
- Relógio
- Tribuna fixa, retroprojetor e mesa
- Bancada de demonstração fixa ou móvel

É possível incorporar cortinas, máscaras e painéis de correr para ocultar partes das paredes laterais e dos fundos quando as mesmas não forem utilizadas. Como alternativa, pode haver uma concha acústica com as paredes dos fundos e laterais e equipamentos construídos para uma conferência específica. Esse arranjo é semelhante ao palco elisabetano do teatro, com uma suspensão acima da plataforma para os ajustes e a iluminação.

É necessário um local bastante visível que possa acomodar o encarregado de traduzir as palavras do palestrante para a linguagem de sinais.

7.8 Cabinas dos intérpretes

As conferências com plateias internacionais provavelmente exigirão a presença de intérpretes em cabinas para fazer a interpretação simultânea dos palestrantes que falam diferentes idiomas.

As cabinas devem ficar nos fundos ou talvez nas laterais do auditório. O intérprete precisa ter uma visão desobstruída do palestrante, do mediador/presidente de mesa, das telas de projeção, dos quadros e de quaisquer itens visuais (Figura 14.84). As cabinas são à prova de som: o intérprete escuta a palestra usando fones de ouvido.

As cabinas devem ficar lado a lado, com isolamento acústico e janelas pequenas de conexão. O acesso deve ser feito por um corredor discreto – porém seguro – localizado nas áreas de uso público. As paredes, os pisos e os forros do interior das cabinas devem ser feitos de material acústico e em cores foscas escuras.

Cada cabina precisa ser capaz de acomodar duas ou três pessoas sentadas; as dimensões mínimas exigem 6,5 m de largura e 6,4 m de profundidade. A janela de observação à prova de som

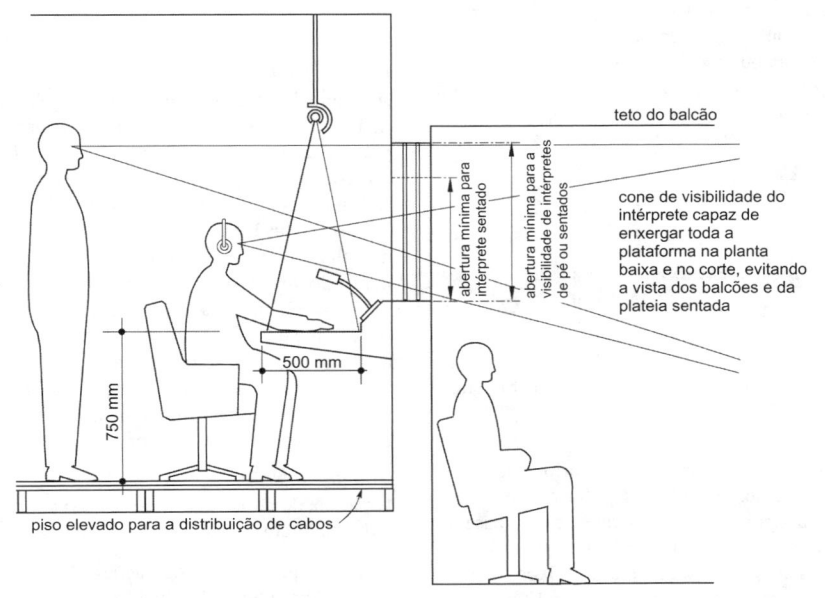

14.84 Corte de cabina de intérpretes nos fundos do auditório.

provavelmente terá a mesma largura da cabina e 800 mm de altura. É possível que ela seja inclinada para evitar as reflexões acústicas em ambos os lados. Os intérpretes precisam de uma superfície de trabalho desobstruída com 500 mm de largura situada em frente à janela; ela acomodará os roteiros, as anotações, os microfones, as teclas para seleção de canal, as luzes de indicação, etc.

Salas de apoio aos intérpretes
Deve haver uma área de uso comum para os intérpretes perto das cabinas. Na área deve haver poltronas, mesas, telefones, vestiários e toaletes.

Sistemas de interpretação simultânea no auditório
Os métodos disponíveis são:

- Aros magnéticos (amplificação por indução magnética): campo magnético de transmissão gerado por aros de condução em torno do auditório. Os delegados da conferência possuem receptores portáteis.
- Raios infravermelhos: sinais de luz modulados emitidos por diferentes fontes. Os delegados possuem receptores portáteis.
- Fiação convencional: cabos dentro de canaletas sob o piso, conectados aos painéis nos apoios para os braços ou no espaldar de cada assento sempre que o salão de conferência for usado com muita frequência.

7.9 Recursos audiovisuais

Quadros para escrever
Os quadros-negros convencionais já não são muito usados, pois foram substituídos por projetores suspensos que permitem a preparação prévia do material. Onde o uso persiste, encontram-se quadros negros ou brancos fixos à parede dos fundos ou removíveis. O ângulo de visibilidade da plateia é fundamental para evitar o ofuscamento e os reflexos. Em geral, a visibilidade se restringe a 12 fileiras. É preciso acomodar os gizes e as canetas, além do apagador.

Os quadros podem deslizar vertical ou horizontalmente de forma a aumentar a superfície de escrita em um espaço limitado (Figura 14.85); também é possível movê-los verticalmente se os mesmos forem feitos de borracha ou plástico. A extensão do quadro pode ser nominal (1 m × 3,5 m) para uso limitado por um palestrante ou, no caso de apresentação de formas complexas e matemáticas, um painel que cubra toda a largura da plataforma.

As pequenas salas de conferência geralmente possuem quadros brancos cuja superfície é escrita ou desenhada por meio do uso de canetas com ponta de feltro. Esses quadros são fixos à parede de maneira permanente e têm um apoio inferior para as canetas e o apagador.

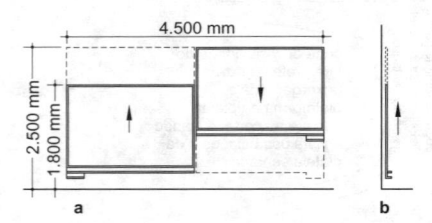

14.85 Quadros para escrever: deslizamento vertical: a) Elevação. b) Corte.

Flipcharts
Frequentemente utilizados em conferências e seminários pequenos, principalmente na forma de debate. Inclui folhas no formato A1 sobre um quadro de 750 × 900 mm apoiado em um cavalete e com base de 900 mm acima da plataforma. Um depósito para este equipamento e para as canetas, etc., é aconselhável. Às vezes, eles são fixos à parede dos fundos. A boa visibilidade de um flipchart se limita a 12 fileiras.

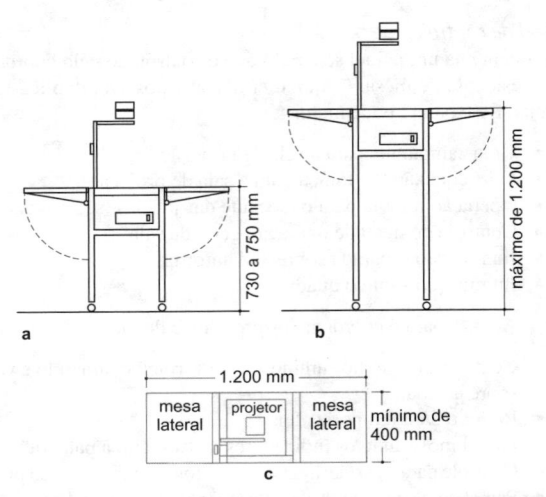

14.86 Retroprojetor: a) Elevação de um projetor sobre uma mesa para um palestrante sentado. b) Elevação de um projetor sobre uma mesa para um palestrante de pé. c) Vista superior de ambos.

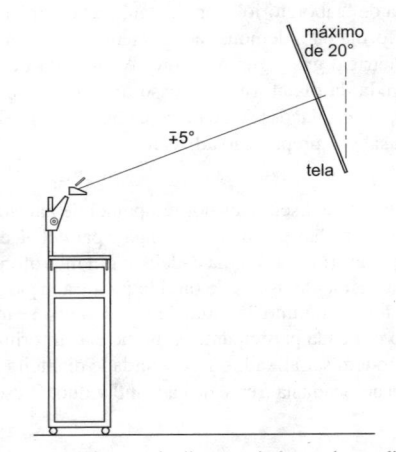

14.87 Tela de retroprojetor: a inclinação ajuda a evitar a distorção trapezoidal.

Retroprojetor
A Figura 14.86 mostra um projetor sobre um suporte. A superfície de imagem é de 250 × 250 mm seja para a escrita ou para imagens preparadas com antecedência. É necessária uma superfície ao lado do retroprojetor para as lâminas de acetato e para as canetas. O palestrante pode ficar de pé ou sentado. O retroprojetor talvez fique em um nível mais baixo em frente à plataforma, de modo a permitir que as linhas de visão das primeiras fileiras do auditório incluam a tela acima do aparelho e o palestrante.

A tela necessária para receber as imagens deve ser inclinada para frente em um ângulo de 20° a 25° na vertical, de forma a evitar a distorção trapezoidal (Figura 14.87). A distância entre o retroprojetor e a tela é equivalente à largura da tela. Existem telas que podem ser movimentadas com dobradiças ou enroladas sempre que a tela de projeção principal estiver em uso.

Sala de projeção
Uma sala de projeção (Figura 14.88) nem sempre é necessária. Contudo, ela oferece as seguintes vantagens:

- O operador e as operações não perturbarão a plateia.
- O barulho será reduzido ou eliminado.

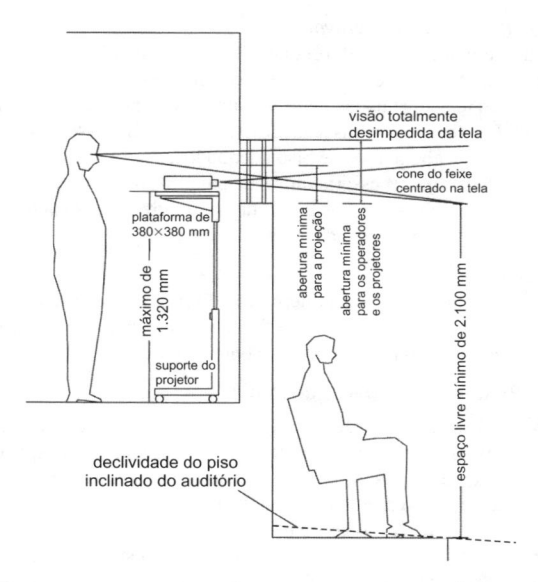

14.88 Corte de uma sala de projeção nos fundos de um auditório (diapositivos).

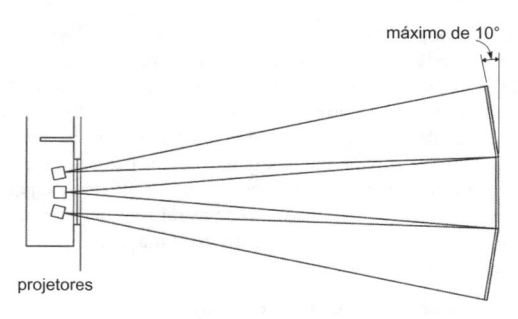

14.89 Projeção de diapositivos: apresentação em telas múltiplas.

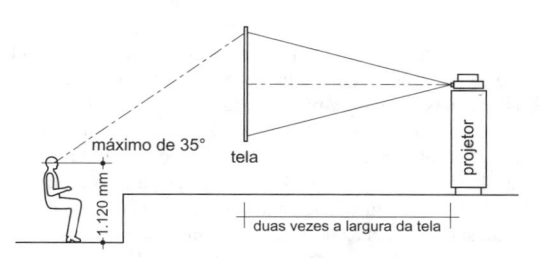

14.90 Retroprojeção de diapositivos e filmes de 16 mm.

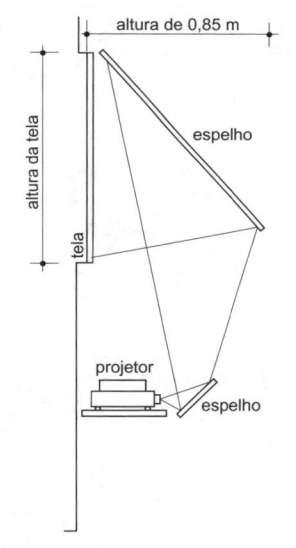

14.91 Retroprojeção de diapositivos com o uso de espelhos.

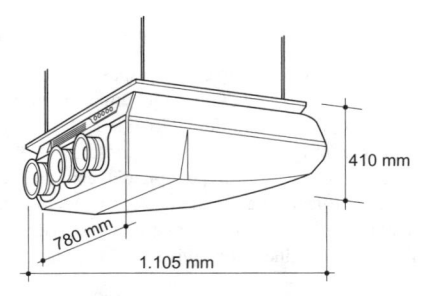

14.92 Projetor de vídeo instalado no alto do auditório.

- O equipamento e as mídias estarão mais protegidos contra interferências ou furtos.
- É mais fácil elevar o feixe da projeção acima das cabeças dos espectadores da plateia.

O equipamento precisa ser agrupado perto do eixo da tela (ou telas). Recomenda-se que ele seja colocado em suportes móveis e com o feixe acima das cabeças dos membros da plateia de pé. Cada compartimento deve contar com um blecaute exclusivo. A sala deve possuir seu próprio sistema de exaustão de ar e abrir diretamente para um saguão ventilado.

Sala de controle da iluminação
Esse é um requisito nem sempre necessário para conferências, mas o controle de iluminação pode ser incorporado em uma sala de projeção nos fundos do auditório; o tamanho mínimo é de 2 m × 3,5 m. Em alguns casos, uma sala para o controle dos *dimmers* talvez seja necessária (veja a Seção 4.10).

Sala de controle do som
Nesse caso, o mais indicado é uma sala aberta nos fundos do auditório e adjacente à sala de controle da iluminação; o tamanho mínimo é de 2 m × 3,5 m. Ali, é possível mixar e balancear o som emitido por um ou mais alto-falantes. Como alternativa, a mesa de controle de som pode ser colocada no interior do auditório.

Telas
Cada vez mais, as telas de retroprojeção estão sendo usadas. Nesse caso, a sala de projeção fica atrás da plataforma, em vez de atrás da plateia. A retroprojeção de vídeos, de filmes e de eslaides exige lentes de ângulo horizontal, mas dá mais liberdade para o palestrante. Sempre que houver o uso de telas convencionais, elas serão instaladas acima das cabeças das pessoas sentadas sobre a plataforma. Para a projeção de diapositivos múltiplos, é necessária uma tela em formato *wide-screen* (imagem horizontalizada). Ocasionalmente, as telas laterais são inclinadas em até 60°, mas isso costuma limitar a posição de assentos com boa visibilidade. No caso de telas planas horizontais, é preciso fornecer cortinas para reduzir a largura delas para a projeção de vídeos e filmes.

Projeção de diapositivos
Uma, duas e talvez mais imagens projetadas por diapositivos de 35 mm (Figuras 14.89 a 14.91) capazes de serem utilizados individual ou simultaneamente. O projetor mais comum é o do tipo carrossel. Os projetores de alta intensidade permitem a entrada de um pouco de luz no auditório para aqueles que desejam fazer anotações. As telas para a projeção de diapositivos devem ser quadradas, já que os diapositivos talvez tenham formato de retrato ou paisagem. Para a projeção em três telas, as telas laterais costumam ser inclinadas em até 30° em relação à tela central.

Projeção de vídeos, DVDs, dados e outros
Hoje, os projetores geralmente são instalados em um nível mais alto no interior do auditório (Figura 14.92), sobre suportes ou atrás das telas. Os projetores de pequeno alcance são capazes de produzir imagens com até três metros de altura; sua largura deve ser 3,5 a 3,6 vezes superior à largura da tela. Os DVDs, por exemplo, podem ser carregados em uma sala de projeção ou em algum ponto sobre a plataforma.

Para telas grandes, é preciso usar um projetor de longo alcance capaz de produzir imagens com até 7,5 m de altura. Ele deve ser instalado em uma sala de projeção com espaço para os equipamentos de controle e de apoio, que incluem estantes para os equipamentos de VCR, as telas dos monitores e as unidades de controle de apoio.

Em salas pequenas para conferências e seminários, é possível utilizar aparelhos de televisão convencionais (Figura 14.93). Ocasionalmente, alguns televisores são suspensos para atender a diferentes partes da plateia em salas de conferência maiores, mas esse arranjo é considerado um tanto primitivo.

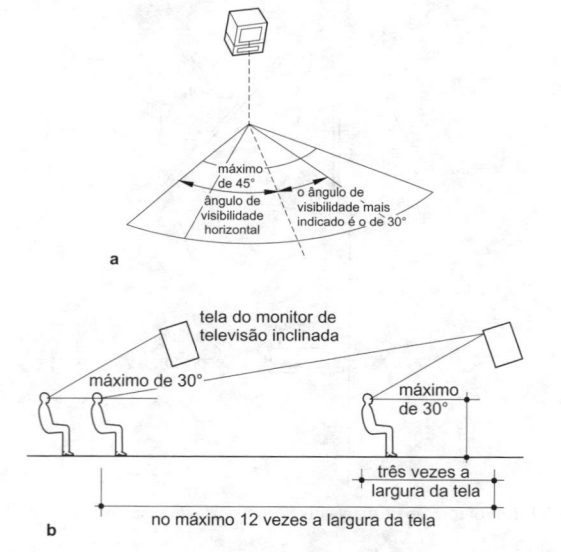

14.93 Visibilidade da televisão: a) Ângulos horizontais. b) Ângulos verticais.

Projeção de filmes
Quando utilizados, os filmes raramente ultrapassam 35 mm; na maioria das vezes, eles são de 16 mm. O formato em oito milímetros é bastante incomum, pois já foi substituído pelo vídeo. Os filmes podem ser projetados a partir de um ponto entre os assentos, mas é preciso cuidar para que o feixe não seja obstruído pela plateia, estejam eles sentados ou de pé. O ideal é utilizar uma sala de projeção onde o feixe possa ficar em um nível mais alto; porém, o projetor de vídeo deve ser evitado nesse caso. Para mais detalhes, consulte a Seção 8.2 deste capítulo.

Câmeras de televisão e gravação
Frequentemente, as conferências são televisionadas e gravadas. Os palestrantes e as demonstrações geralmente são projetados e ampliados em telas instaladas tanto no interior do salão de conferência principal quanto em outras salas. Em geral, as câmeras são móveis, mas exigem acabamentos de piso adequados.

Talvez seja necessária uma sala para fins de gravação e editoração, mas ela não exige visão direta da conferência. Na verdade, a sala pode ficar em um estúdio remoto.

Painel de votação
Indica eletronicamente os números votados por meio do acionamento dos botões de cada assento. Ele fica instalado acima da plataforma e é controlado pelo mediador/presidente de mesa.

7.10 Plataforma: espaços de apoio
- Antessala: áreas de recepção e espera para o coordenador/presidente e os palestrantes da conferência, com espaço de estar, vestiários e toaletes; saguão com recursos de som e de iluminação vinculado à plataforma; acesso para os convidados a partir das áreas de uso comum
- Sala de preparação: preparação das demonstrações científicas e outras em uma sala vinculada à plataforma
- Sala de diapositivos e de vídeos: sala de visualização para os palestrantes, onde eles podem selecionar e verificar os diapositivos, inspecionar os vídeos e os filmes e verificar o material da retroprojeção
- Estúdios: preparação da televisão, dos filmes e das imagens congeladas
- Sala de gravação: equipamento separado com aparelhos de gravação e vinculado ao sistema de amplificação do auditório e da plataforma para a gravação da conferência

7.11 Escritórios para organização da conferência
- Escritórios com mesas e cadeiras
- Escritório para uso geral, com mesas e cadeiras, aparelho de fax, telefones, fotocopiadora, computadores, máquinas de escrever, interfones, traduções e secretaria

7.12 Sala de imprensa
- Sala para uso geral: mesas e cadeiras, telefones, aparelho de fax, computadores
- Salas de entrevistas para televisão e rádio

8 CINEMAS

8.1 Tipos de filmes e método de projeção
Tradicionalmente, a projeção cinematográfica dependia do filme (película), mas, cada vez mais, ela está sendo suplementada ou completamente substituída por tecnologias de projeção digital de alta definição. A projeção de filmes em cinemas geralmente utiliza filmes de 35 mm, mas também é capaz de usar o formato em 70 mm (principalmente nos cinemas maiores e com telas mais largas) ou 16 mm (geralmente em cinemas menores ou especializados). Os cinemas – como o IMAX – usam sistemas especiais para a projeção de filmes que conseguem reproduzir imagens em telas muito largas e muito altas. Os sistemas de projeção digital são capazes de replicar uma variedade semelhante de formatos de telas para a projeção de filmes, com níveis de qualidade comparáveis ou superiores. Tanto os sistemas de gravação quanto os de projeção digital podem ser adaptados para produzir imagens em 3D. Os diferentes tipos de projeção, película ou digital, são mostrados na Tabela IV.

Tabela IV Tipo de filme e aplicação

Tipo	Projeção	Aplicação	Qualidade	Fonte de luz/tamanho da tela
35 mm	Em geral, instalações permanentes. Possibilidade de versões portáteis	Cinemas multiplex, independentes e especializados, centros de arte, auditórios de alta qualidade, TV	Excelente – padrão mundial para cinemas comerciais	Em geral, lâmpadas Xenon de alta pressão. Lâmpadas de 1 Kw a 7 Kw. Os projetores mais antigos talvez usem lâmpadas de arco de carvão. A projeção longa e as telas maiores exigem lâmpadas mais potentes
70 mm	Em geral, instalações permanentes. O equipamento também projeta 35 mm	Principalmente cinemas e instalações especializados	Excelente – geralmente usado para filmes de prestígio	Lâmpadas Xenon de alta pressão
2K e 4K Cinema digital de alta definição (Cinema-D)[1]	Em geral, instalações permanentes que ocupam espaços semelhantes aos projetores de 35 mm. Projetores menores semiportáteis disponíveis para auditórios pequenos/de tamanho médio	Cinemas multiplex, independentes e especializados, centros de arte, auditórios de alta qualidade, TV	Excelente – equivalente ou superior à qualidade dos filmes de 35 mm	Lâmpadas Xenon de alta pressão. Alguns modelos exigem níveis mais altos de ventilação. Lâmpadas de 1 KW – 2KW
Cinema 3D	Como acima	Como acima	Excelente	Como acima, mas com outros requisitos referentes à potência das lâmpadas e à ventilação
Cinema digital de alta definição 1K e 1.3 K (E-Cinema)	Projetores portáteis ou semiportáteis que produzem imagens com menos qualidade	Cinemas especializados, centros de arte, auditórios	Muito bom – esse padrão é muito usado em cinemas na Ásia e na América do Sul. Não é considerado adequado para grandes produções hollywoodianas	As lâmpadas geralmente ficam abaixo de 1 KW; consequentemente, as exigências de ventilação são modestas
LCD/Projetores multimídia	Projetores portáteis	Clubes de cinema, auditórios, conferências, reuniões de negócios	Variam entre inadequados e satisfatórios. Inaceitável para exibições públicas de cinema	As lâmpadas geralmente ficam abaixo de 1 KW

Observação: [1] 2K e 4K se referem ao número de pixels horizontais produzidos pelo projetor digital (2.048 e 4.096, respectivamente). Os projetores de 2K são considerados o padrão mínimo de qualidade para a exibição de filmes comerciais produzidos pelos principais estúdios de Hollywood.

8.2 Métodos de projeção

Existem três métodos para a projeção de filmes:

- Projeção direta desde os fundos do auditório até a tela. Esse é o método mais comumente utilizado.
- Projeção indireta, na qual a projeção gravada exige um ou mais espelhos. Esse método é usado sempre que a falta de espaço ou as dificuldades estruturais inviabilizam a projeção direta. A projeção com espelhos exige uma fonte de luz potente e a tela não pode ter mais que nove metros de largura.
- Projeção dos fundos. Impossível com telas curvas, mas pode ser viável em auditórios menores. Para esse método, as imagens precisam ser invertidas e o uso de espelhos é uma solução econômica.

8.3 Projeto da sala de projeção

Os requisitos funcionais incluem:

- Todas as pessoas da plateia precisam ter uma visão desobstruída de toda a área da tela ocupada por imagens, sem desconforto visual e físico e sem distorção das imagens.
- A resolução e a luminância das imagens precisam ser uniformes e satisfatórias; a reprodução do som não pode sofrer distorções.
- A integração de assentos para as pessoas da plateia com necessidades especiais.

8.4 Condições de visibilidade

Os critérios de visibilidade são mostrados em planta baixa (Figura 14.94) e no corte (14.95). O tamanho e o formato da tela devem estar associados ao tamanho e à inclinação do piso do auditório. A inclinação dos assentos é menos crítica do que para salas de concerto e teatros, uma vez que a tela pode ser elevada e o som vem de alto-falantes suspensos.

Arranjos de assentos

Atualmente, poucos auditórios são projetados com galerias ou balcões (a menos que sejam utilizados para outros tipos de apresentações). Em estádios com inclinação muito acentuada, os assentos proporcionam boas linhas de visão em direção a uma tela grande e em relação à quantidade de pessoas da plateia.

Em auditórios menores, os assentos podem ser distribuídos em um único grupo para maximizar a capacidade de assentos. Para oferecer opções às pessoas com necessidades especiais, deve haver acesso para cadeirantes nas fileiras da frente e de trás.

Em auditórios maiores, é possível colocar assentos em um corredor transversal com inclinação acentuada na parte de trás de tal corredor e uma inclinação menor nas fileiras da frente. As opções para as pessoas com necessidades especiais podem incluir o corredor transversal ou a fileira da frente.

Tipos de assento

Para atender as expectativas de conforto, a distância entre os eixos de assentos geralmente é de 550 mm no mínimo. A largura é determinada por questões de conforto, pela escolha do tipo de assento e pelas exigências legais referentes ao espaço livre.

O projeto dos multiplexes modernos estabeleceu uma expectativa entre os frequentadores de cinema: que as fileiras tenham no mínimo 1.100 mm de largura. Essa largura é suficiente para acomodar os modelos mais confortáveis de assentos. Para os dobráveis, uma largura de 1.000 mm é aceitável. Para acomodar assentos fixos confortáveis ou pequenos parecidos com sofás, a largura das fileiras talvez tenha que ser aumentada para 1.200 mm. Para acomodar os de alto padrão parecidos com sofás ou poltronas e que oferecem conforto adicional, talvez seja necessário projetar fileiras com até 1.500 mm de largura. A necessidade de acomodar porta-copos, porta-garrafas ou pequenas mesas influenciará a escolha dos assentos, a distância entre eles e a profundidade das fileiras.

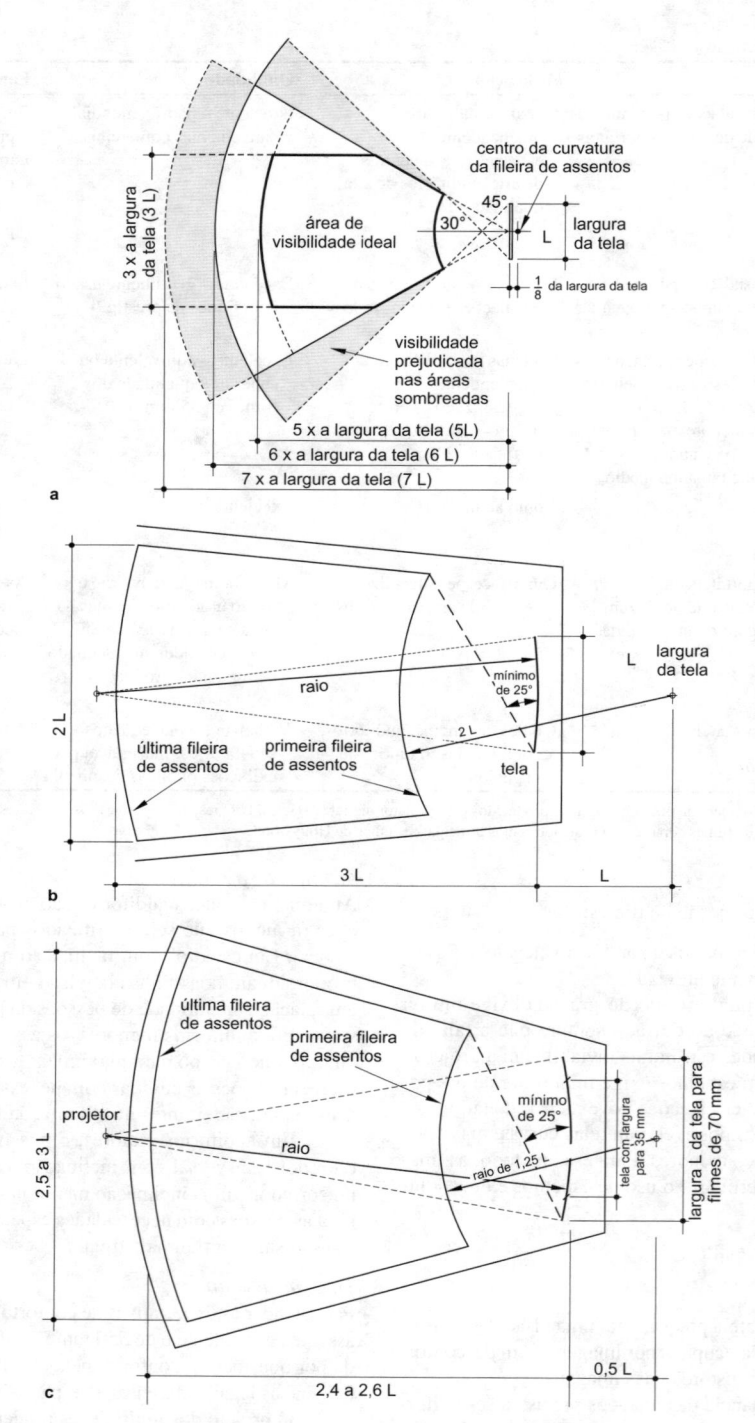

14.94 Critérios de projeção para diferentes formatos: a) filmes de 16 mm; b) filmes de 35 mm; c) filmes de 70 mm.

Em auditórios multifuncionais com piso plano usados regularmente para projeções cinematográficas, há a possibilidade do sistema de assentos retráteis com fileiras retas e curvas como também os confortáveis geralmente usados para cinema.

Arranjos de corredores

O número máximo de assentos permitidos em uma fileira não é determinado apenas pelos critérios de visibilidade, mas também por exigências legais. O arranjo dos corredores e o espaço livre para circulação entre os assentos são fatores cruciais. O número máximo permitido em uma fileira simples é 12, independentemente de sua largura.

A fileira simples não é o ideal, pois ocupa a posição dos assentos que teriam as melhores condições de visibilidade, além de dividir a plateia. Um único corredor não centralizado é o arranjo de assentos mais coerente para a plateia como um todo e possibilita acomodação para casais na fileira mais curta. O leiaute com dois corredores laterais permite o aumento do número em uma única fileira.

O ideal é evitar entradas nas extremidades junto à tela, para que a chegada de retardatários não perturbe os demais.

8.5 Acústica no cinema

A trilha sonora faz parte da experiência e a qualidade da reprodução de som melhorou significativamente. Os cinemas de hoje contam com sistemas de som estereofônicos que exigem auditórios com acústica morta; o ideal é o tempo de reverberação zero. Consequentemente, todos os acabamentos – pisos, paredes, forros e assentos – precisam absorver ruídos. As paredes laterais não devem ser paralelas: o formato de leque é o mais indicado. O auditório deve ter sua estrutura e fechamento isolados contra os sons externos. Os padrões sonoros mais adequados para cinemas ficam entre NR30 e NR35. O volume por usuário deve ser no mínimo 1,25 m^3 em cinemas grandes e 5 m^3 por pessoa em auditórios menores.

8.6 Acesso

O projeto do auditório deve valorizar o máximo a experiência de ir ao cinema para todos os membros da plateia.

Pessoas com dificuldades de locomoção
É preciso oferecer opções de posicionamento para cadeirantes, integradas no conjunto principal de assentos. As posições mais adequadas sobre superfícies em nível talvez incluam a fileira da frente, um corredor transversal ou a fileira de trás. É necessário que o cadeirante tenha condições de sentar ao lado de um acompanhante, seja ele outro cadeirante ou não.

Pessoas com deficiências visuais
Deve haver espaço adequado para um cão-guia na extremidade de uma das fileiras. Os equipamentos para a projeção de filmes com descrição em áudio emitida por um CD para filmes em 35 mm; a produção em áudio é feita profissionalmente e deve estar em sincronia com o filme. Os frequentadores retiram fones de ouvido na bilheteria e eles compartilham os canais do sistema de raios infravermelhos. Os cinemas digitais oferecem canais adicionais que realizam descrições em áudio.

Os baixos níveis de iluminação nos corredores com degraus ou inclinados, com a fonte de luz localizada fora da linha de visão da tela são úteis para todos os frequentadores.

Pessoas com deficiências auditivas
Os equipamentos talvez incluam aros magnéticos (amplificação por indução magnética) e/ou sistemas de raios infravermelhos. O ideal é a instalação de ambos os sistemas para atender a usuários com diferentes tipos de deficiências auditivas. O sistema que sobrepõe legendas por meio do uso de um projetor de vídeo sobre uma imagem projetada em 35 mm também está disponível para os indivíduos com alto grau de deficiência auditiva. Esse sistema é incorporado a um único projetor digital.

8.7 Iluminação

Os diferentes tipos de iluminação que precisam estar disponíveis no interior de uma sala de cinema são:

- *Iluminação geral do ambiente*. É a iluminação decorativa que cria um ambiente no interior da sala e é reduzida gradualmente antes da projeção.
- *Luzes de cortina*. Destacam as cortinas/superfície da tela antes da projeção e geralmente incluem gel colorido.
- *Iluminação primária*. É um sistema elétrico que gera um baixo nível de iluminação durante as projeções, equivalente ao nível de iluminação produzido pelo sistema de emergência em caso de blecaute. É essencial que ela não seja mais intensa que o necessário, de forma a atender às exigências legais e evitar distrações durante a projeção.

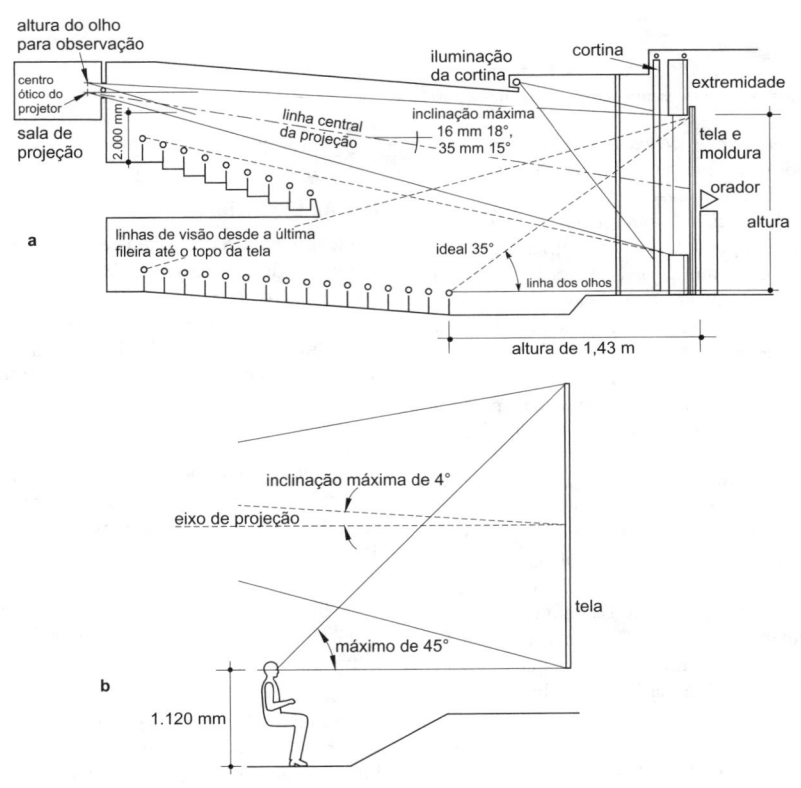

14.95 Linhas de visão verticais: a) 16 mm e 35 mm; b) filmes em 70 mm. (*continua*)

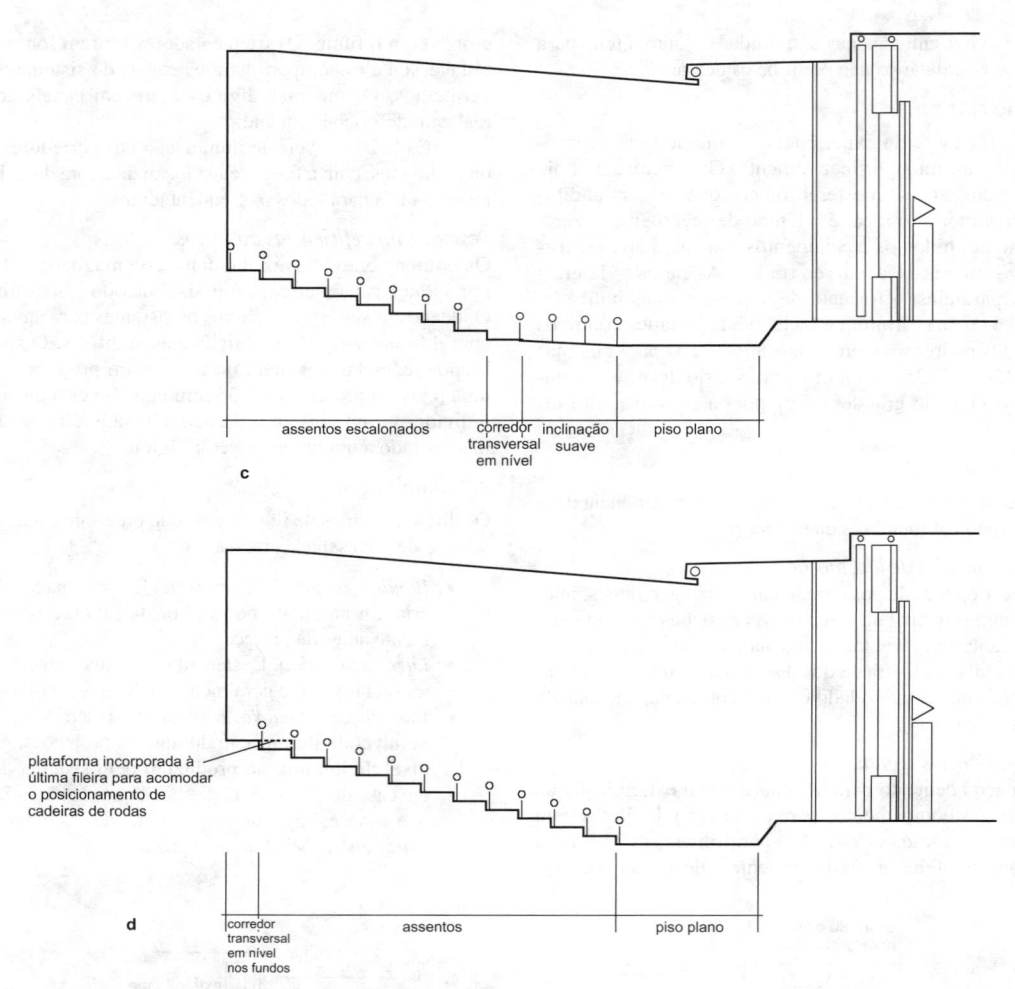

14.95 Linhas de visão verticais: c) assentos escalonados; d) assentos de estádios.

- *Iluminação secundária (de emergência)*. É acionada por uma bateria central ou por um conjunto de baterias locais e gera baixos níveis de iluminação em caso de blecaute.
- *Letreiros luminosos das saídas de emergência*. Eles têm alimentação dupla pela rede geral de energia elétrica e por uma bateria central ou um conjunto de baterias locais, e permanecem acesos durante as projeções e em caso de blecaute e emergência. Não é recomendável colocar as saídas das salas de cinema – e consequentemente os letreiros luminosos das saídas de emergência – no mesmo plano ou muito perto da tela. Os letreiros luminosos devem ser selecionados para minimizar os incômodos causados pela dispersão da luz durante a projeção.
- *Luzes de serviço*. Os sistemas de iluminação geral que são eficientes em termos de energia podem ter a função extra de luzes de serviço. Uma alternativa é a instalação de luzes exclusivas para serviço. Elas precisam ser controladas a partir da sala de projeção e do ponto dos lanterninhas do cinema para casos de emergência (que não blecaute), como emergências médicas. Ao determinar a localização e a especificação de todos os pontos de luz de um auditório para cinema, é preciso considerar a durabilidade das luminárias e a facilidade para se trocar as lâmpadas.
- *Iluminação sobre o orador*. Em auditórios usados para cerimônias de premiação e discussões em painel antes ou após as projeções, ou ainda para conferências, é preciso proporcionar iluminação para o orador.

8.8 Ambiente interno

O ideal é evitar cores claras e superfícies refletivas no interior de um auditório para cinema, de forma a evitar quaisquer distrações durante a projeção.

Recomenda-se que o projeto de iluminação e a escolha de cores no arranjo do auditório ajudem os membros da plateia a se acostumarem com os níveis de iluminação no interior do mesmo.

8.9 Telas

Formato

Os projetores de filme e os digitais podem precisar projetar material em uma variedade de proporções entre largura e altura. As proporções mais comuns em cinemas comerciais são de 1:1,66, 1:1,85 e 1:2,39. Os cinemas especializados e os auditórios podem exigir proporções de até 1:1,33 (descritas como 4:3 na terminologia do vídeo) para materiais de arquivo, independentes ou televisivos. A televisão de alta definição geralmente usa uma proporção de 1:1,78 (16:9 para vídeo).

Tamanho

As maiores telas para 35 mm geralmente terão menos de 18 m de largura. Hoje, os projetores de cinema digital de 2K são capazes de iluminar imagens superiores a 25 m.

Curvatura
Para o foco uniforme, é necessário que as telas grandes sejam curvadas para manter a superfície na mesma distância em relação ao centro das lentes.

Luminância
As telas podem ter uma superfície branca fosca ou uma superfície especial de alta refletividade que é particularmente indicada para as telas maiores, para as quais a luminância precisa ser aprimorada. Alguns sistemas de projeção em 3D exigem uma superfície prateada de alta refletividade, embora essas sejam inadequadas para a projeção convencional em 2D.

Posicionamento
O centro da tela deve ocupar o eixo central dos assentos do auditório.

Moldura
Em geral, coloca-se uma moldura preta com ajuste mecânico nas laterais e no alto da tela para conter a superfície das imagens e obter o máximo de luminosidade aparente. A moldura geralmente é feita de sarja de lã sobre trilhos de metal; o equipamento deve ser fixado ao piso para facilitar a manutenção. A movimentação é controlada de maneira remota a partir da sala de projeção.

Telas sem moldura
As telas sem moldura são usadas em várias salas de cinema multiplex e em alguns cinemas especializados. Elas são mais indicadas para o uso em conjunto com sistemas de projeção digital, capazes de produzir uma borda de imagens "limpa".

Construção
A tela pode ser de PVC ou de tecido metalizado sustentado por um cordamento amarrado em ganchos e encaixado em uma treliça plana. Em geral, as telas de cinema são perfuradas para aumentar a qualidade da reprodução sonora por meio dos alto-falantes colocados atrás delas. Existem perfurações de vários tamanhos. A projeção em cinemas digitais e em auditórios pequenos geralmente exige perfurações menores. É possível utilizar telas sem perfuração em circunstâncias específicas, como auditórios para palestras.

Telas temporárias
Em alguns auditórios multifuncionais, as telas podem exigir uma remoção simples e conveniente. É possível incorporar uma tela plana com até seis metros de largura – seja guardada, enrolada, no interior do palco ou erguida pela torre de urdimento – no palco italiano de um auditório. As telas curvas podem ser erguidas, mas ocupam uma boa parte do espaço valioso disponível na torre de urdimento; também é possível armazená-las nos fundos do palco, desde que sejam dotadas de rodízios para facilitar o deslocamento.

Instalação dos alto-falantes
Os alto-falantes precisam ser instalados atrás da tela e fixados firmemente à plataforma ou estrutura de suporte da tela. Deve haver um alto-falante para sons monofônicos; três alto-falantes para sons em canais múltiplos ou estereofônicos de filmes em 35 mm; um alto-falante em posição central e os demais em uma distância equivalente tanto na esquerda quanto na direita. A reprodução de sons para filmes em 70 mm exige a colocação simétrica de cinco alto-falantes sobre o eixo horizontal do alto-falante central.

Geralmente há um alto-falante *sub-woofer* de baixa frequência em posição central atrás da tela. Os sistemas de som ambiente são muito usados em cinemas e exigem a instalação de unidades pequenas ou médias nas paredes da esquerda, da direita e dos fundos do auditório.

Plataforma
A parte de trás da estrutura de suporte da tela – incluindo o alto-falante – precisa ser coberta com feltro grosso para absorver os ruídos.

Uma das alternativas é cobrir toda a superfície da parede atrás do suporte da tela e do alto-falante com um tecido preto para isolamento acústico. A tela é colocada sobre uma plataforma com proscênio e coberta por um carpete preto que impede a reflexão de som e de luz. A borda do proscênio pode ser vertical, inclinada ou escalonada. Atualmente, alguns teatros constroem paredes defletoras atrás da tela, que incorporam os alto-falantes do palco.

Palco para palestrantes
Em cinemas usados para discursos ou discussões em painel antes ou depois da projeção, cerimônias de premiação ou palestras ou conferências ocasionais, deve ser possível que todos os membros da plateia tenham uma visão desobstruída do rosto dos palestrantes ou oradores.

Em geral, isso exige a colocação de um palco elevado em frente à tela; porém, esse arranjo se torna desnecessário quando os assentos são escalonados.

É preciso considerar a disponibilidade de equipamentos audiovisuais e de tecnologia da informação e comunicação no palco de palestras – todos conectados à sala de projeção. Também é recomendável incluir um duto de tamanho considerável (como tubos de esgoto) no projeto do cinema, para que a fiação dos equipamentos audiovisuais possa ser acrescentada continuamente desde a sala de projeção até a área atrás da tela.

É preciso considerar o acesso ao palco para palestrantes ou oradores com dificuldades de locomoção.

8.10 Sala de projeção

A sala de projeção acomoda todos os equipamentos de projeção de imagens e reprodução de som do cinema. Os projetos de cinemas contemporâneos preferem a construção de uma única sala de projeção que cubra todos os auditórios. A maioria dos cinemas possui sistemas automáticos que possibilitam o máximo de desempenho com uma necessidade mínima de operadores. Os cinemas especializados e os auditórios para palestras utilizam menos os sistemas automatizados.

Os sistemas digitais eliminaram a necessidade de preparar a película e deixaram de utilizar os sistemas de armazenagem e transporte de películas; consequentemente, suas salas de projeção são menores.

As salas de projeção não devem estar acessíveis para o público em geral.

Projeção digital
Os projetores de cinemas digitais ocupam aproximadamente a mesma área de planta baixa que a projeção de 35 mm. Os projetores de 2K e 4K conseguem produzir imagens com até 25 m de largura.

É possível utilizar um único projetor para a projeção tridimensional, mas ele precisa produzir aproximadamente o dobro da capacidade de luz usada para a projeção bidimensional. Em auditórios maiores, isso poderia reduzir o tamanho das imagens padronizadas; é possível utilizar dois projetores para aumentar a luminância em cinemas maiores. Para a projeção tridimensional em 4K, dois projetores serão necessários. Alguns equipamentos tridimensionais são ajustados às lentes dos projetores de 2K; para fins de instalação e remoção, deve haver aproximadamente 500 mm entre as lentes de projeção e o vidro do visor.

Dois tipos de óculos tridimensionais são usados atualmente: os descartáveis e os reutilizáveis. É preciso considerar que os óculos devem ser fáceis de distribuir e recolher. Como os óculos reutilizáveis são mais caros, as questões de segurança devem ser levadas em consideração. Deve haver um local adequado para lavar os óculos a seco e armazená-los.

Os sistemas de projeção digital padronizados incluem:

- Uma lâmpada projetora, um bocal e um retificador. Em geral, eles são agrupados em um módulo único.

a Para música de orquestra e de coral

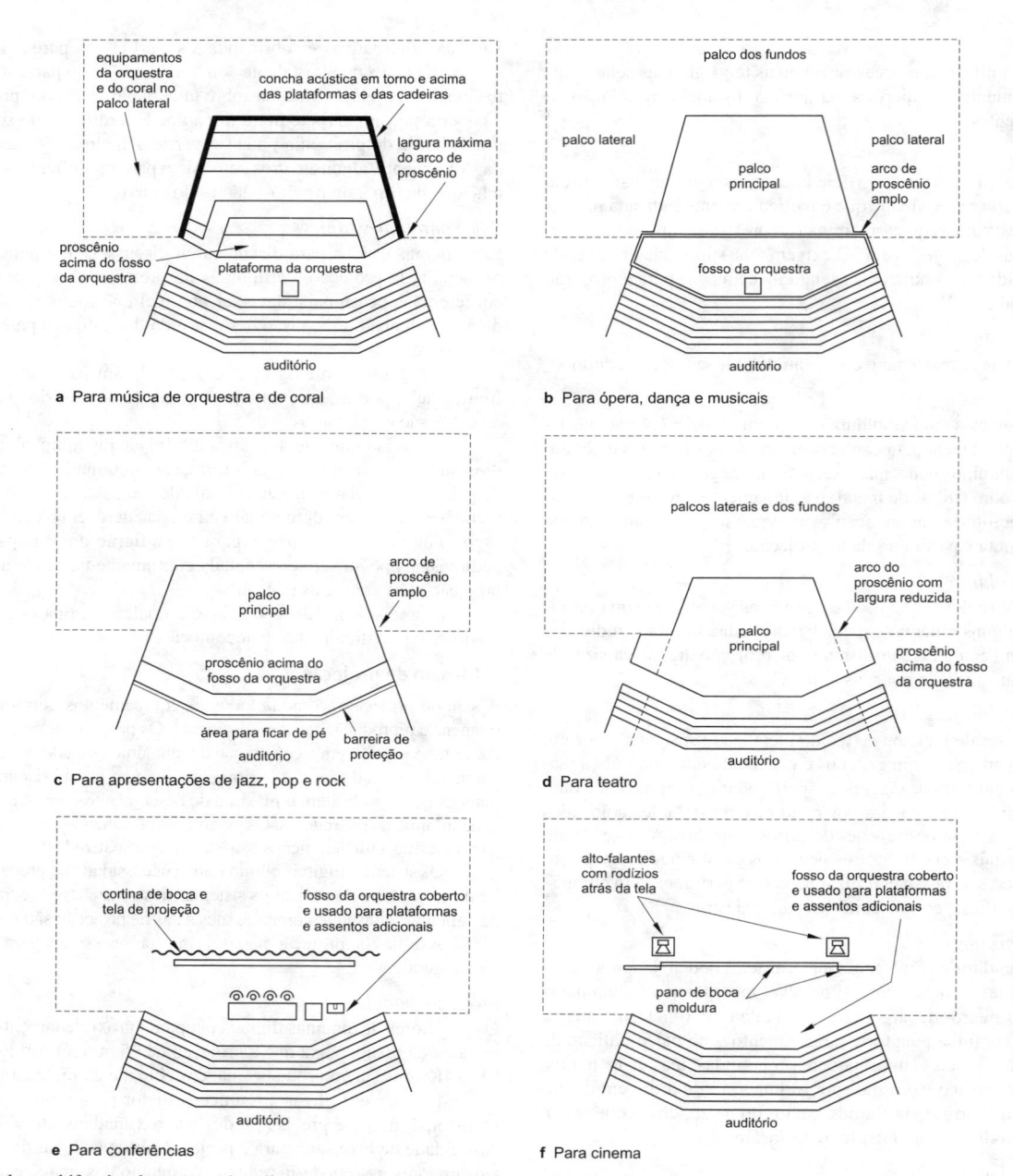

b Para ópera, dança e musicais

c Para apresentações de jazz, pop e rock

d Para teatro

e Para conferências

f Para cinema

14.96 Palco multifuncional com torre de urdimento e proscênio flexível usado das maneiras descritas.

- Os servidores de filmes e os sistemas de armazenagem dos cinemas digitais podem ser montados em estantes juntamente ao processador de som e ao sistema de amplificação do cinema ou, em alguns casos, sob o bocal dos projetores. O servidor de filmes exige uma conexão ADSL ou IDSN para fazer o *download* das chaves de segurança necessárias para os testes de diagnóstico.
- Em alguns cinemas, talvez haja a necessidade de reproduzir mídias alternativas, ou seja, quaisquer imagens fora do alto padrão do cinema digital. Isso pode incluir apresentação empresariais em *PowerPoint*, concertos ao vivo, DVDs, jogos de PlayStation ou outros formatos de vídeo.

Os equipamentos adicionais podem incluir:

- Equipamentos de reprodução multimídia, interface entre sons digitais e analógicos, *audio delay* (retardador de áudio), aparelho de DVD, antena parabólica, decodificador para eventos ao vivo e para o *download* do conteúdo do cinema digital, espaço para o aparelho de discos HD/aparelho de VR e monitor.

Os projetores de cinema digital exigem uma ventilação de aproximadamente 600 a 650 pés cúbicos por minuto. As cabinas de projeção devem ser resfriadas em 21°C.

9 AUDITÓRIOS MULTIFUNCIONAIS

9.1 Exigências

Os auditórios multifuncionais consistem na combinação de atividades compatíveis no interior de um mesmo espaço. Um dos exemplos (Figura 14.96) mostra um formato único com um nível modesto de flexibilidade e combina ópera, dança, musicais e teatro, além de concertos, conferências e projeções cinematográficas. Trata-se de um palco italiano multifuncional com uma torre de urdimento e uma zona de proscênio flexível. Os assentos no interior do auditório podem ser mantidos na mesma posição.

9.2 Condicionantes físicos

A combinação de diferentes tipos de produções em um único auditório pode gerar alguns problemas. Os volumes necessários e os tempos de reverberação não são os mesmos para palestras e para música. Para ajustar o volume, é possível incorporar ao projeto soluções para baixar o forro do auditório. As alterações temporárias ao tratamento de superfície das paredes e do teto são capazes de alterar os tempos de reverberação, assim como a "ressonância eletrônica".

10 EQUIPAMENTOS DE APOIO

10.1 Portas de entrada e vestíbulos

Eles exigem:

- Facilidade de acesso em relação ao estacionamento e o transporte público
- Uma marquise para servir de abrigo na entrada
- Espaços para a colocação de pôsteres e outras informações
- Uma antecâmara de proteção térmica
- Portas de correr de abertura automática

10.2 *Foyer*

Bilheteria (Figura 14.97) (em teatros, salas de concerto e cinemas): um balcão para a venda de ingressos e um dispensador de ingressos computadorizado.
Inscrições (conferências): balcão ou mesa.
Recepção e informações: balcão.
Chapelaria (geralmente não disponível em cinemas): com ou sem funcionários para o atendimento
Creche: no mínimo 6,5 m² por criança.
Sala de primeiros socorros: cama e lavatório.
Toaletes: consulte o Capítulo 2.
Saguão e área de circulação: mesa, cadeiras, painéis de exibição.
Área de apresentação: dentro do saguão ou em local separado.
Espaço e mostruário para exposições: consulte o Capítulo 25.
Vestíbulos dos auditórios: barreiras contra a passagem de som e luz nos pontos de entrada do auditório; o nível de iluminação deve facilitar a adaptação entre o auditório escuro e o saguão iluminado, conforme ocorre no cinema.

10.3 Locais para se comer e beber
- Café
- Bar para a venda de bebidas alcoólicas
- Refeitório
- Restaurante
- Salão de banquete
- Sala particular
- Espaços de apoio: despensa do bar, adega, cozinha, armazenagem, salas dos funcionários, escritórios dos gerentes, entrada de serviço, depósito de lixo

Veja o Capítulo 29.

10.4 Comércio
- As lojas e pontos de venda de mercadorias: mostruário e prateleiras; escritório, depósito e segurança. Consulte o Capítulo 30.
- Os quiosques e outros pontos de venda de alimentos: mostruários, prateleiras, fornos de micro-ondas, despensa (balas e chocolate, bebidas, etc.) possivelmente com refrigerador; segurança.

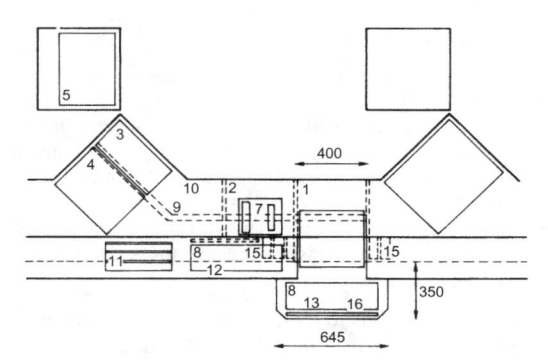

a Planta baixa

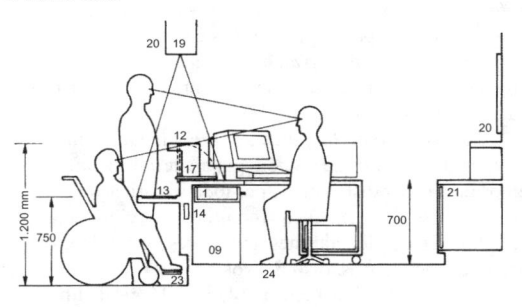

b Corte esquemático

14.97 Bilheteria. Legenda: 1 gaveta para material de escritório; 2 gaveta do caixa; 3 teclado; 4 monitor; 5 impressora móvel de ingressos; 7 telefone; 8 esquema de distribuição dos lugares; 9 apoio para os pés; 10 espaço para escrever; 11 folhetos; 12 balcão mais alto para o cliente; 13 balcão mais baixo para o cliente; 14 duto para fiação; 15 escaninho para a coleta de ingressos e recados; 16 apoio para preencher cheques; 17 balcão com dobradiças; 19 iluminação do balcão; 20 mostruário; 21 depósito; 24 piso elevado.

10.5 Salas de reunião

As salas para os intervalos e as salas dos patrocinadores, equipadas para recepções, leituras em grupos pequenos, discussões e oficinas.

10.6 Salas VIP

Salas de recepção para visitantes importantes; salas de estar e toaletes.

10.7 Salão de exposições

Expositores, inclusive para eventos de negócio; depósito, entrada de serviço, possível entrada separada para o público. Veja o Capítulo 25.

10.8 Galeria de arte

Exposições permanentes e/ou temporárias; veja o Capítulo 25.

10.9 Serviços de escritório

Salões de conferência: os delegados devem ter acesso ao fax, telefones, fotocopiadoras, tradutores e trabalho de secretariado; veja o Capítulo 26.

10.10 Áreas externas

Ponto de encontro em frente à entrada principal; associadas ao saguão e aos locais para comer e beber, além dos terraços externos; depósito para o mobiliário externo.

10.11 Sinalização gráfica
- Externa: nome do local, eventos atuais e futuros
- Interna: orientação para as diferentes atrações públicas

10.12 Área administrativa

Escritórios administrativos

- Escritórios: as funções devem incluir elaboração de políticas, gestão do local, contabilidade, recursos humanos, *marketing*, assessoria de imprensa e publicidade, programas comunitários e de desenvolvimento e trabalho de escritório; consulte o Capítulo 26.
- Os espaços de apoio devem incluir sala da diretoria, depósitos, caixa-forte, serviços e equipamentos de escritório, entrada e recepção e toaletes.

Bilheteria: sala para registros postais e telefônicos e armazenamento dos registros de venda e da contabilidade, além do acesso aos vestiários e aos toaletes.

Salas de descanso dos funcionários do sexo masculino e feminino: armários com chave, poltronas, bebidas e toaletes.

Oficina, escritório e depósito da manutenção: para a manutenção do fechamento da edificação, dos equipamentos, dos serviços de emergência e das obras externas.

Depósitos do serviço de limpeza: armazenamento central de materiais e equipamentos; armários com pia, materiais de limpeza e equipamentos devem ser distribuídos por toda a edificação.

Sala de controle da segurança: monitores de vigilância, sistemas de detecção de incêndio, alarmes, monitores de serviço, sistemas de chamada de funcionários, dispositivos com tranca.

Lixo: colocação de lixeiras bem ventiladas e fáceis de limpar na área externa.

Equipamentos de alimentação e bebidas: a escala das operações talvez justifique a inclusão de equipamentos de alimentação e bebidas para todos os funcionários.

10.13 Espaços para produção

Para as companhias de ópera, dança, musicais e teatro que iniciam suas próprias produções, os espaços a seguir são necessários:

- Escritórios para a elaboração dos procedimentos artísticos, direção, desenvolvimento da produção, ensino, *design*, administração, programas de desenvolvimento e trabalho burocrático.
- Os espaços de apoio devem incluir sala da diretoria, biblioteca, sala de música, local para audições, sala para conferências, equipamentos para a produção de maquetes, câmara escura, depósito para uso geral, serviços de escritório, áreas de descanso, toaletes, entrada e recepção.

10.14 Espaços para ensaio

O diagrama de relações de uma sala para ensaios é mostrado na Figura 14.98.

- Uma sala ou estúdio para ensaio capaz de acomodar a maior área de apresentações do palco e mais dois metros em três laterais e três metros em uma lateral, no mínimo.
- Estúdios para a prática de indivíduos ou de grupos pequenos, como dançarinos (Figura 14.99), por exemplo.
- Os espaços de apoio podem incluir um saguão, vestiários, toaletes e depósitos de equipamentos.

10.15 Oficinas de criação de cenários

Os equipamentos substanciais necessários para a manufatura e a manutenção de um cenário são bem ilustradas na Figura 14.100.

Escritórios: para o chefe da oficina de carpintaria, o chefe da oficina de pintura e o chefe do departamento de patrimônio.

Oficina de carpintaria: para a construção de cenários; ferramentas elétricas (como máquinas para trabalhar com madeira, serras circulares e de fita, tornos mecânicos); bancadas para carpintaria e montagem de telas; armazenagem de matérias-primas como madeira, materiais em chapas, rolos de materiais, pregos, parafusos, etc., incluindo placas de poliestireno (isopor), que exigem fechamento exclusivo com proteção contra incêndio.

Oficina de pintura: para a pintura de cenários, panos de fundo e planos (plano sobre o piso, sobre estruturas móveis ou estruturas fixas e gruas e peças tridimensionais: o comprimento da bancada para misturar tintas e outros tipos de preparação, além da limpeza de pincéis; também para armazenamento de matéria-prima, como tintas e materiais anti-inflamáveis, além de equipamentos como escovas e equipamentos de jateamento. As tintas devem de ser guardadas em um local protegido contra incêndios.

Oficina de trabalho em metal: o uso de metal na preparação de cenários; equipamentos de soldagem, corte e fabricação de itens de metal; bancadas de trabalho, bancadas para soldagem e maquinaria para dobragem e corte de metal; armazenamento de matéria-prima como chapas, perfis tubulares e barras, parafusos, porcas, etc.

Montagem temporária para testes: área para a montagem temporária do cenário em construção, no mesmo tamanho da área de apresentação do palco.

Departamento de patrimônio: bancadas de trabalho e armazenamento de matéria-prima. Podem ser necessárias duas oficinas separadas: uma para trabalho com poliestireno e fibra de vidro com as respecti-

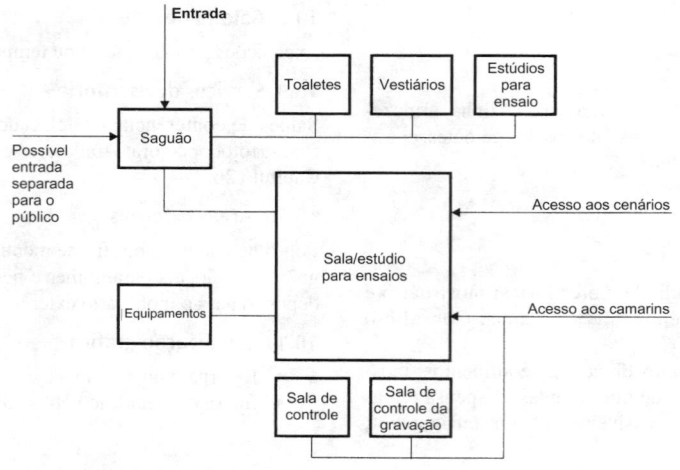

14.98 Organograma de uma sala ou estúdio para ensaios.

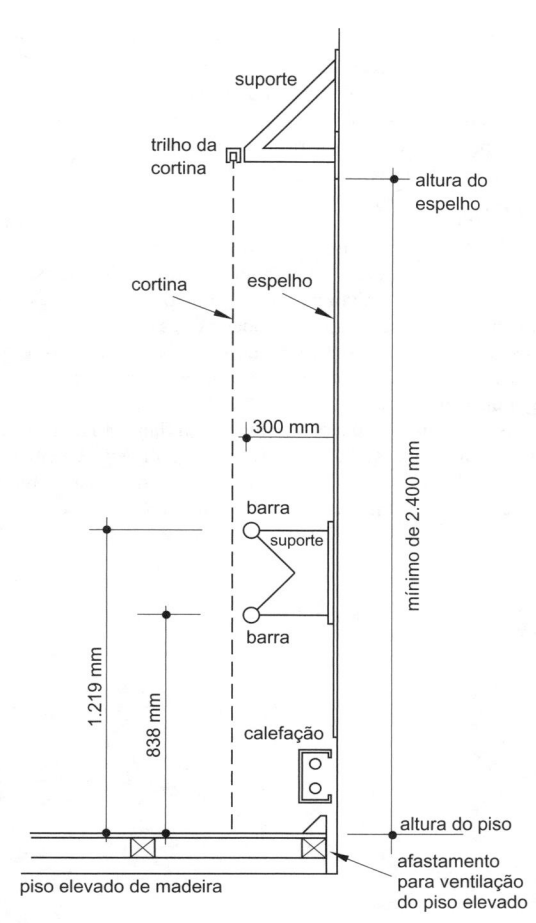

14.99 Corte de parede com barras em estúdio de ensaios para a prática da dança.

vas exigências de proteção contra incêndio e exaustão de gases tóxicos, e a segunda para trabalho com outros materiais.

Entrega e armazenamento de matéria-prima na oficina de carpintaria, na oficina de pintura, na oficina de trabalho em metal e no departamento de patrimônio, incluindo uma doca de carga e descarga e um estacionamento para caminhonetes e caminhões de entrega.

Armazenamento dos cenários e do patrimônio para fins de reutilização.

10.16 Leiaute das oficinas

Um piso nivelado é necessário em todas as docas de carga e descarga, oficinas, depósitos de cenários e no palco, gerando uma passagem ampla e desobstruída para o transporte do cenário até o palco. Sempre que a mudança de nível for inevitável, é essencial que haja um elevador; contudo, essa solução não é recomendada. Se a presença de companhias itinerantes for prevista, deve haver uma passagem direta entre a doca de carga e descarga e o palco, sem perturbar o trabalho nas oficinas.

A sala para pintura e guarda de armações e panos de fundo deve ser construída de maneira a permitir a movimentação horizontal dos panos de fundo enrolados sob a torre de urdimento, com a superfície pintada voltada para a plateia. As portas grandes ou cortinas de enrolar necessárias para o deslocamento dos cenários não devem ser usadas por outras pessoas. As dimensões mínimas das aberturas serão determinadas pelas dimensões máximas dos cenários previstos.

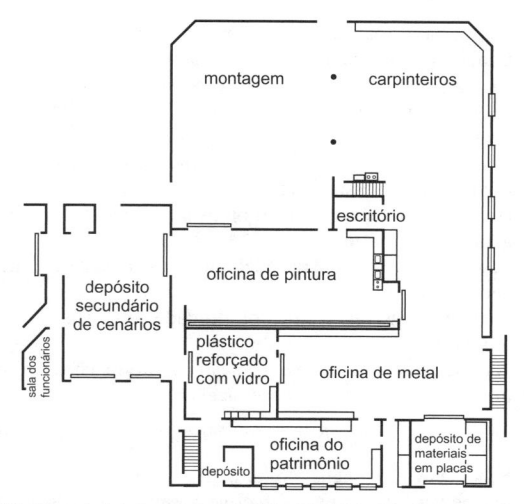

14.100 Planta baixa das oficinas do West Yorkshire Playhouse, em Leeds.

A oficina de carpintaria precisa ser afastada da oficina de pintura para evitar a transmissão de ruídos e a dispersão de serragem; ambas as áreas devem estar acusticamente isoladas do palco. O armazenamento de cenários entre as oficinas e o palco age como uma barreira acústica.

10.17 Rouparia

Deve haver espaço para:

- confecção e ajuste dos figurinos dos artistas
- confecção e ajuste de itens de apoio, como perucas
- armazenamento, conserto e limpeza dos figurinos
- confecção de chapelaria e acessórios
- tintura de tecidos e pintura de materiais com pistola
- armazenamento de rolos de tecido e material decorado
- armazenamento de itens pequenos, como material de costura e corantes
- entrega de matéria-prima, incluindo uma doca de carga e descarga e estacionamento para os veículos de entrega
- escritório para o supervisor dos figurinos

Os artistas precisam de acesso fácil à rouparia para o ajuste dos figurinos. Por outro lado, a produção recomenda que a distribuição dos figurinos acabados e sua coleta para limpeza sejam feitas em um local próximo dos camarins.

10.18 Estúdio de gravação

Para os efeitos sonoros e a música. Deve ocupar um espaço isolado com sala de controle. As áreas de apoio talvez incluam um depósito ou midiateca de fitas e discos, um vestíbulo e um saguão. Para mais detalhes, consulte o Capítulo 34.

10.19 Equipamentos de uso comum

Espaços para descansar, trocar de roupa e consumir bebidas e alimentos, além de toaletes e chuveiros.

10.20 Transporte

Um veículo ou veículos para a entrega de produtos, com vagas de estacionamento dentro do próprio terreno.

11 EQUIPAMENTOS PARA PORTADORES DE NECESSIDADES ESPECIAIS

Acesso

- Vagas de estacionamento reservadas na entrada tanto para o público quanto para os funcionários

- Pontos para a parada de veículos nas entradas
- Cadeirantes devem utilizar a entrada principal
- As rampas, os corrimãos e os elevadores nas áreas externas e internas devem atender às *Building Regulations* (Normas de construção britânicas)
- Acesso irrestrito a todos os pavimentos e áreas não públicas (pode não ser possível prever o acesso de cadeirantes a locais como o urdimento de palco ou as passarelas de iluminação acima do auditório)
- Espaços reservados para cadeirantes nas áreas de assento dos auditórios
- Toaletes acessíveis e em conformidade com as *Building Regulations*
- A bilheteria, a recepção e o balcão de informações devem ter uma altura e uma largura acessíveis

Equipamentos para pessoas com deficiência visual ou auditiva

- Sistema de aro magnético (amplificação de som por indução magnética) ou de raios infravermelhos no interior do auditório
- Sistema de aro magnético na bilheteria, na recepção e no balcão de informações
- Sistema de alarme de incêndio visual
- Avisos em braile, avisos com letras grandes e avisos táteis
- Disponibilidade da descrição em áudio
- Espaços para cães-guia

12 LEGISLAÇÃO

As autoridades locais no Reino Unido são responsáveis por outorgar licenças para os locais de entretenimento público. É essencial que haja um contato prévio com as autoridades locais antes que o projeto chegue a etapas mais avançadas. Antes da tomada de quaisquer decisões, é melhor consultar o corpo de bombeiros e os órgãos responsáveis pela saúde pública e segurança, além de um consultor de segurança autônomo.

As áreas mais preocupantes incluem a flamabilidade dos materiais, o leiaute dos assentos, os níveis da iluminação de emergência, as rotas de fuga, a sinalização gráfica e as instalações prediais. Consulte as normas britânicas *BS5499* e *BS5588*.

Estações do corpo de bombeiros, estações de ambulâncias e delegacias de polícia

15

Michael Bowman

*Incluindo uma seção sobre corpos de bombeiros escrita por
Michael Bowman MA (Cantab) Dip. Arch. Dip. Cons (AA) RIBA.
Michael Bowman é o gerente de projetos sênior do Corpo de Bombeiros de Londres*

PONTOS-CHAVE:
- *Muitas das funções abordadas neste capítulo são rigidamente controladas por regulamentos municipais ou estaduais*
- *A necessidade de segurança contra o ataque de pessoas, tanto interna quanto externamente, junto com a garantia de acesso livre aos indivíduos autorizados, torna o projeto cada vez mais difícil*
- *A autoridade responsável pelo corpo de bombeiro local possui um programa de necessidades detalhado para o projeto de novas unidades, inclusive daquelas que são de bombeiros voluntários (que não ficam na estação)*
- *As estações dos corpos de bombeiros são edifícios únicos, sui generis em termos de planejamento. Sua localização será determinada pelo número de vezes que os serviços de combate a incêndios e resgate são requisitados dentro de sua área de cobertura. Às vezes, é preciso atenuar a poluição sonora e luminosa gerada, seja pelo projeto do local, seja pela gestão das atividades desenvolvidas*

Conteúdo
1 Estações do corpo de bombeiros
2 Estações de ambulâncias
3 Delegacias de polícia
4 Referências bibliográficas

1 ESTAÇÕES DO CORPO DE BOMBEIROS

1.1 Introdução

As estações dos corpos de bombeiros devem acomodar os equipamentos de combate a incêndios e seus usuários, permitindo-lhes desempenhar suas tarefas conforme determinadas pelas autoridades nacionais, regionais, metropolitanas ou municipais que administram os serviços de resgate e combate a incêndios.

Cada autoridade responsável por esses serviços possui um programa de necessidades detalhado para o projeto de novas unidades de corpos de bombeiros, inclusive daquelas que são de voluntários. Os bombeiros em regime de dedicação integral normalmente trabalham em turnos de 48 horas, distribuídos em períodos de oito dias. Os bombeiros voluntários, contudo, às vezes têm um emprego de turno integral fora do corpo de bombeiros. O sistema de corpos de bombeiros voluntários exige que os participantes morem e trabalhem próximos à estação na qual servem. No Reino Unido, os bombeiros profissionais trabalham em um sistema de quatro turnos com números iguais identificados por uma sequência de cores: vermelho, azul, verde e branco. Cada período de 24 horas consiste em um serviço diurno e outro noturno, cobrindo o período inteiro. Cada equipe trabalha dois serviços diurnos consecutivos, descansa no dia seguinte e, então, trabalha dois serviços noturnos consecutivos. O próximo serviço tem quatro dias de folga. Há intervalos para descan-

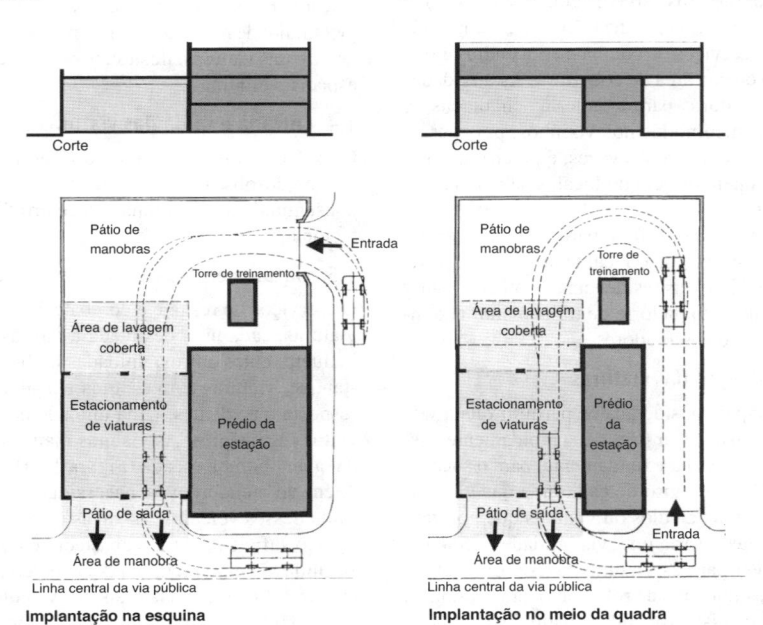

15.1 Leiaute para uma estação do corpo de bombeiros que acomoda duas viaturas.

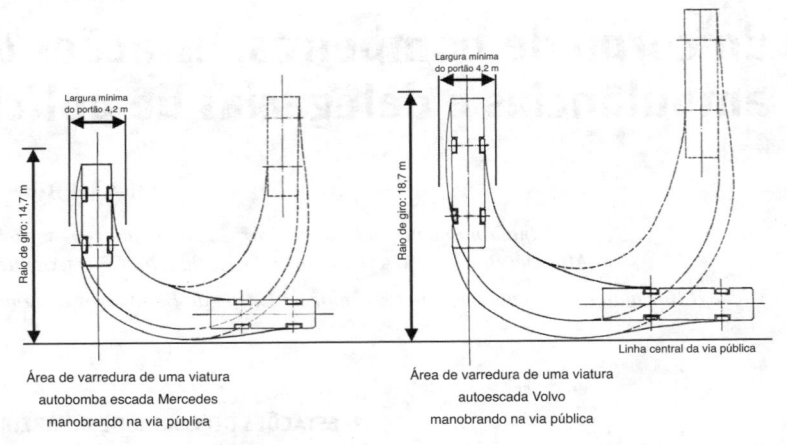

15.2 Área necessária para a manobra de uma viatura.

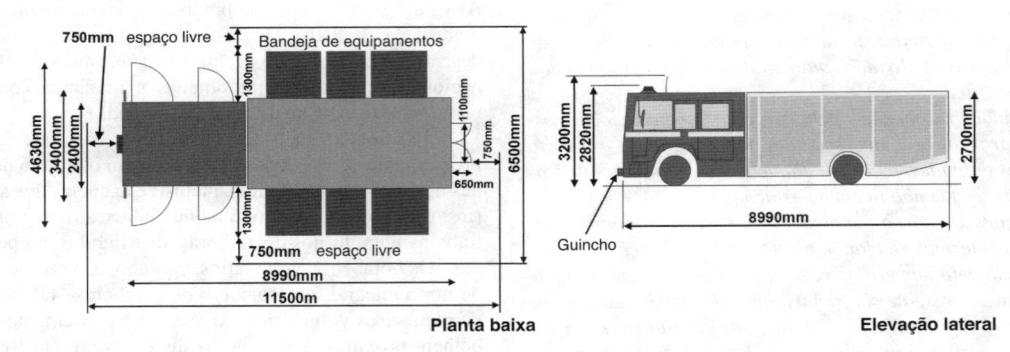

Área de varredura de uma viatura autobomba escada Mercedes manobrando na via pública (Raio de giro: 14,7 m; Largura mínima do portão 4,2 m)

Área de varredura de uma viatura autoescada Volvo manobrando na via pública (Raio de giro: 18,7 m; Largura mínima do portão 4,2 m)

15.3 Unidade de resgate (Mercedes).

Planta baixa — Elevação lateral

so ao longo de todos os períodos de uma equipe. As orientações que seguem são para o projeto de uma estação do corpo de bombeiros que atende a toda uma comunidade.

1.2 Planejamento

As estações dos corpos de bombeiros são edifícios únicos, *sui generis* em termos de planejamento. Sua localização será determinada pelo número de vezes que os serviços de combate a incêndios e resgate são requisitados dentro de sua área de cobertura. As atividades de treinamento e saída das viaturas para atender às chamadas de emergência podem provocar incômodos nos vizinhos, pois geram ruídos, vibrações e iluminação externa. Às vezes, é preciso atenuar essa perturbação gerada, seja pelo projeto do local, seja pela gestão das atividades desenvolvidas.

A comunicação com rádio e sem fio é parte vital da infraestrutura do serviço e, portanto, exige que o local tenha boa recepção. Se a estação estiver próxima a imóveis residenciais, é preciso tomar cuidado para que o posicionamento da torre de treinamento não interfira na recepção de televisão dos moradores.

1.3 Entrada, saída e raio de giro das viaturas

Em uma emergência, a principal consideração é permitir que a viatura do corpo de bombeiros consiga sair para a rua rapidamente. Assim, um sistema de circulação veicular é fundamental para o sucesso da estação (Figura 15.1). O raio de giro de cada uma das viaturas não pode ser invadido por outros veículos ou viaturas que por ventura estejam retornando, e é necessária uma visibilidade excelente. Além disso, deve ser possível para as viaturas fazerem manobras sem terem de ocupar mais de uma faixa de rolamento da via pública. Para isso, normalmente será preciso projetar um pátio de manobras.

Um pátio de acesso com 9 metros de profundidade permitirá aos veículos do corpo de bombeiros sair do estacionamento e ingressar na rua sem precisar invadir as faixas de rolamento centrais. Com essa profundidade de pátio, deve ser possível ter uma visão desobstruída de todo o local a uma distância de 5 metros em relação à calçada. Em sítios restritos, o pátio de manobras às vezes precisa ter profundidade reduzida ou mesmo ser eliminado totalmente. Os raios de giro das viaturas, ilustrados na Figura 15.2, indicam as exigências espaciais mínimas.

1.4 Entrada e saída das viaturas

Os veículos que retornam à estação precisam ter uma área de manobras desobstruída entre o acesso e a área de lavagem coberta, conseguindo se posicionar no centro de sua respectiva vaga de estacionamento.

1.5 Viaturas e suas vagas de estacionamento

Os serviços de resgate e combate a incêndios empregam diferentes viaturas, cada uma destinada a tarefas específicas. Esses veículos incluem, entre outros, unidades de busca e resgate urbano, carros-tanque, viaturas com espuma anti-incêndio e unidades de apoio e resposta a acidentes. Uma unidade de resgate (Figura 15.3) é uma viatura estratégica. As viaturas mais comuns são a autobomba rápida, a autobomba escada (Figura 15.4) e a autoescada (Figura 15.5). Além de atenderem às necessidades de manobras e de entrada e saída desses veículos, as vagas de estacionamento devem oferecer espaço suficiente para o abastecimento e a manutenção dos carros. Algumas viaturas têm bandejas de equipamentos que se estendem em até 1,3 metro nas laterais dos veículos.

Uma vaga padrão com 15 metros de comprimento e 6,5 metros de largura deve acomodar todos os tipos de viatura geral-

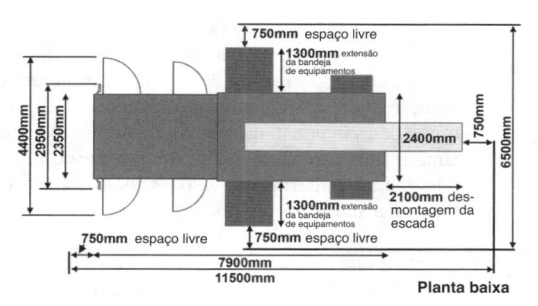

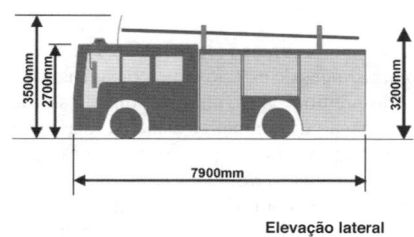

15.4 Autobomba escada (Mercedes).

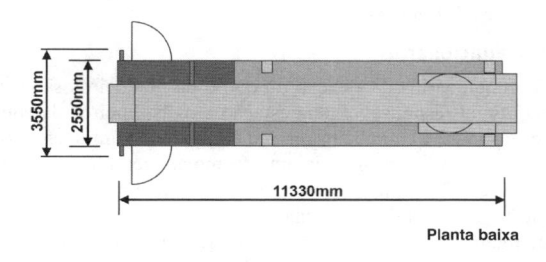

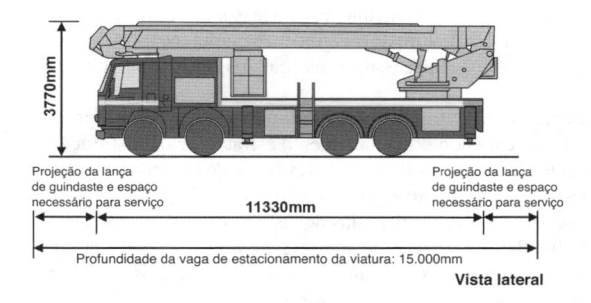

15.5 Autoescada (Volvo).

mente empregados pelos corpos de bombeiros. Contudo, no caso de existirem vagas lado a lado, a largura de cada uma pode ser reduzida para 5,5 metros, pois as viaturas podem compartilhar o espaço lateral de acesso. Os portões da estação devem ter largura e altura desimpedidas de, no mínimo, 4,2 metros. Quando há portões fechados, eles costumam ser operados por fotocélulas elétricas, fechando-se automaticamente após a saída da viatura (Figura 15.6).

1.6 O prédio da estação

Os recintos e as áreas de uma estação local de corpo de bombeiros são agrupados em seis categorias principais:

A Operacional – cômodos e espaços que são essenciais à prontidão operacional e à prestação dos serviços.

B Treinamento – espaços que contribuem para o desenvolvimento das habilidades e do profissionalismo dos bombeiros por meio de exercícios regulares.

C Controle e administração – acomodações para as comunicações, serviços administrativos, registros de incidentes e escritórios de serviços relacionados à prevenção e ao combate a incêndios e a resgates (como a solicitação de vistorias e a emissão de alvarás).

D Amenidades – acomodação para atividades de apoio.

E Instalações prediais – acomodação de reservatórios, depósitos, casas de máquinas e controles.

F Atendimento à comunidade – salas nas quais os prestadores de serviços de emergência possam receber moradores e empresários, oferecendo palestras e orientações sobre riscos de incêndio, detectores de fumaça, extintores de incêndio, etc.

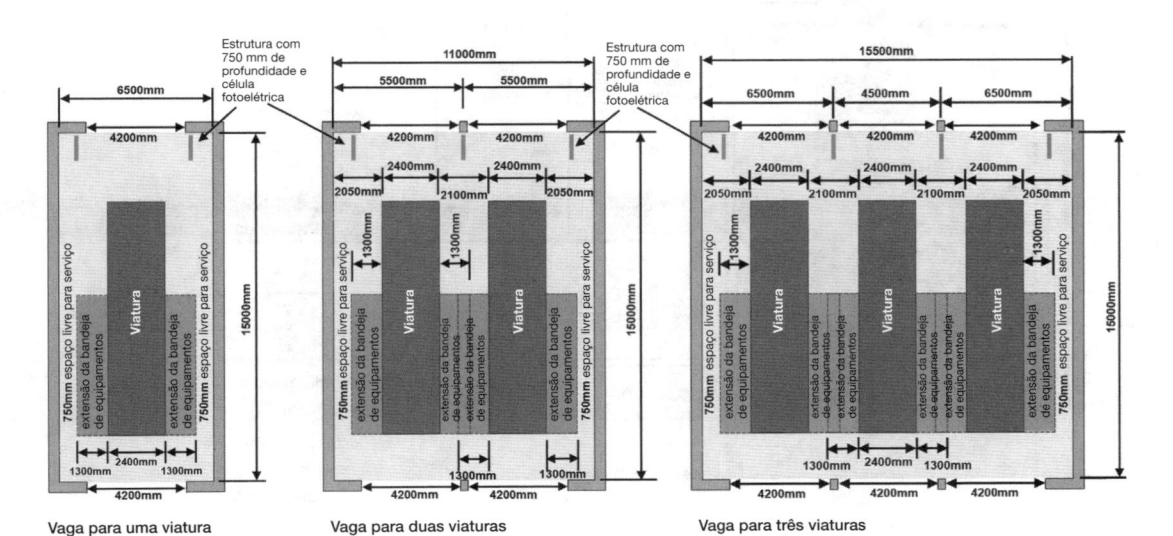

15.6 Dimensões das vagas de estacionamento das viaturas.

A comunidade local também pode usar esse recinto para reuniões de interesse do bairro.

A Tabela I apresenta as áreas recomendáveis para estações com duas, três ou quatro vagas de estacionamento para as viaturas.

A segurança do prédio é vital, uma vez que a estação fica praticamente deserta quando os bombeiros estão na rua, atendendo a uma emergência. Todas as portas e os portões externos que permitam o acesso às viaturas devem ser dotados de trancas. Caso existam, os espaços para o uso da comunidade devem ficar separados do resto da estação e serem acessíveis sem o comprometimento da segurança da estação do corpo de bombeiros. O escritório central da estação deve ter uma vista que permita a supervisão visual da área de estacionamento das viaturas, da recepção e do pátio de manobras.

Todos os móveis, equipamentos e acessórios do local devem ser robustos e fáceis de limpar e de receber manutenção. A Figura 15.7 mostra as relações necessárias entre os recintos detalhados na Tabela I.

Às vezes, há outros cômodos em uma estação do corpo de bombeiros, dependendo do planejamento estratégico da instituição. Esses recintos incluem: escritório de prevenção de incêndios, sala de algum departamento da prefeitura ou de outro órgão público, como o próprio corpo de bombeiros, salas de inspetores de sinistros, etc.

Os bombeiros descem de sua sala até a viatura por meio de uma escada ou abertura com cano. A descida por canos de emergência nunca é de uma altura superior a um pavimento. Caso seja necessário descer mais de um pavimento, o cano descarregará em um patamar, e, então, o bombeiro acessará um segundo cano para vencer o próximo nível. A Figura 15.8 mostra o diagrama de um cano de emergência.

1.7 Espaços para treinamento

Os bombeiros recebem treinamento em centros especializados, mas a manutenção e a melhoria de suas habilidades práticas é feita na própria estação, desde que haja espaço para isso. A estação deve ter espaço para acomodar um profundo poço de elevador (e reservatório de água subterrâneo), além de uma área de manobra junto à via pública com, pelo menos, 30 m², para fins de treinamento. A configuração da torre de treinamento dependerá das exigências locais. As torres de treinamento geralmente têm 5 ou 6 pavimentos de altura. Uma torre de treinamento de três andares e um terraço de treinamento é uma alternativa, caso os condicionantes ao planejamento limitem a altura dos prédios.

As aulas teóricas de treinamento são dadas no auditório, enquanto a sala de ginástica permite que os bombeiros se mantenham em forma física. A torre de treinamento ilustrada na Figura 15.9 possibilita que uma escada de bombeiros de 13,5 metros acesse a abertura no terceiro pavimento. Os níveis superiores proporcionam cenários de treinamento para autoescadas.

1.8 Funcionários

Os funcionários da estação do corpo de bombeiros são o gerente ou oficial responsável pela estação e os bombeiros da equipe em serviço. Cada equipe em serviço compreende um chefe e os bombeiros de cada uma das viaturas. Como em geral há quatro equipes, o número de conjuntos completos de equipamentos de combate a incêndio e armários com chave deve ser de quatro vezes o número de membros de cada equipe. O número de bombeiros em serviço dependerá dos tipos de viaturas disponíveis na estação. As equipes apresentadas na planilha de áreas (Tabela I) consideram as seguintes composições:

- grupo de viaturas – autobomba escada e unidade de resgate em incêndio – equipe com 15 bombeiros
- grupo de viaturas – autobomba escada, autobomba tanque e unidade de resgate – equipe com 21 bombeiros
- grupo de viaturas – autobomba escada, autobomba tanque, unidade de resgate e autoescada – equipe com 23 bombeiros

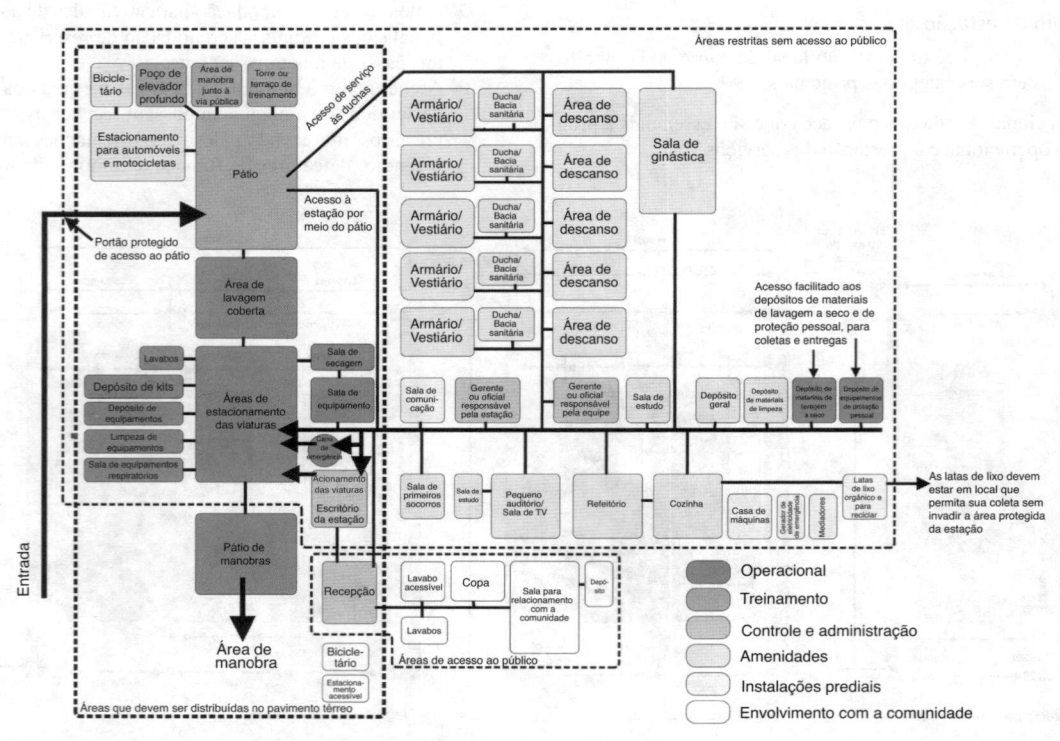

15.7 Diagrama de relações espaciais (por cortesia de Building Design Partnership).

Tabela I Planilha de áreas para estações de corpos de bombeiros com vagas de estacionamento para duas, três ou quatro viaturas

Acomodação		Área (m²)			Observações
		Duas viaturas*	Três viaturas**	Quatro viaturas***	*efetivo máximo em serviço: 15 bombeiros ** efetivo máximo em serviço: 21 bombeiros *** efetivo máximo em serviço: 23 bombeiros
A	ÁREA OPERACIONAL				
A1	Área de estacionamento das viaturas	165	233	300	
A2	Área de lavagem coberta	99	140	180	9m de profundidade ao fundo de cada vaga de estacionamento das viaturas
A3	Canos de emergência	7	7	7	São necessários patamares intermediários se a queda for superior a dois pavimentos
A4	Depósito de equipamentos de combate a incêndios (uniformes)	32	40	42	4 cabides por bombeiro em serviço
A5	Depósito de equipamentos operacionais	12	12	12	Próximo às viaturas
A6	Limpeza de equipamentos operacionais	8	8	8	Próximo às viaturas
A7	Sala de secagem	10	10	10	Próxima às viaturas
A8	Sala de equipamentos para respiração	15	15	15	Próxima às viaturas
A9	Pátio de manobras	–	–	–	Facilita a entrada na via pública
A10	Depósito de equipamentos de proteção pessoal (EPP)	6	6	6	Para roupas à prova de gás, etc.
A11	Sala de lavagem a seco	2	2	2	Para coleta/distribuição de uniformes
A12	Depósito de equipamentos especiais	20	20	20	Para kits de equipamentos especiais
A13	Sala de secagem para itens pessoais	4	4	4	Pode ser junto com a A7
A14	Banheiros (masculinos)	2	2	2	Para bombeiros vestindo uniforme de combate a incêndios
A15	Banheiros (femininos)	2	2	2	Para bombeiras vestindo uniforme de combate a incêndios
B	TREINAMENTO				
B1	Pátio	–	–	–	Para treinamento e retorno das viaturas. Deve incluir uma área para manobra na via pública.
B2	Poço de elevador profundo	–	–	–	Reservatório de água subterrâneo para treinamento.
B3	Torre e terraço de treinamento	–	–	–	Altura e configuração ditadas pelo tipo de treinamento.
B4	Depósito de combustível/Bomba	–	–	–	Não é necessário em todas as estações.
C	CONTROLE E ADMINISTRAÇÃO				
C1	Escritório da estação	30	36	42	Com vista da recepção e da área de estacionamento das viaturas. Inclui equipamentos para acionar as viaturas.
C2	Recepção/sala de espera	12	12	12	
C3	Escritório do gerente da estação	15	15	15	
C4	Sala do gerente da equipe	15	15	15	
D	AMENIDADES				
D1	Armários com chave e vestiários para os bombeiros	56	80	88	Área dividida em salas para acomodar até seis bombeiros em serviço.
D2	Duchas	5 cubículos × 4 m² = 20 m²	7 cubículos × 4 m² = 28 m²	8 cubículos × 4 m² = 32 m²	Cada espaço tem uma ducha, bacia sanitária e lavatório.
D3	Área de descanso para os bombeiros	84	120	138	Área dividida em salas para acomodar até seis bombeiros em serviço.
D4	Auditório/sala de TV	45	60	65	
D5	Depósito do auditório	10	10	10	
D6	Sala para estudo (silenciosa)	10	10	10	
D7	Sala de ginástica	35	42	42	
D8	Cozinha	30	30	30	
D9	Refeitório	35	45	50	
D10	Depósito de materiais de limpeza	2	2	2	
D11	Depósito de consumíveis	2	2	2	
D12	Sala de primeiros socorros	15	15	15	
E	INSTALAÇÕES PREDIAIS				
E1	Subestação e distribuição de energia elétrica	3	3	3	
E2	Gerador de emergência	12	12	12	
E3	Casa de máquinas	15	15	15	Pode ser maior, dependendo do sistema de instalações prediais.
E4	Depósito de lixo orgânico e reciclável	4	4	4	Pode ser maior, conforme o sistema de separação de lixo reciclável.
E5	Medidor de gás	–	–	–	No pavimento térreo.
E6	Sala de comunicação	15	15	15	
E7	Medidor de água	–	–	–	No pavimento térreo.
F	ENVOLVIMENTO DA COMUNIDADE				
F1	Pequeno auditório	45	45	45	Deve ser acessível sem que o público tenha de passar pelas áreas operacionais da estação do corpo de bombeiros.
F2	Copa	6	6	6	
F3	Toalete acessível	4	4	4	
F4	Toalete (masculino)	2	2	2	
F5	Toalete (feminino)	2	2	2	
F6	Depósito do pequeno auditório	5	5	5	
Total		**913**	**1.136**	**1.291**	
Total incluindo 30% de área para circulação (excluindo a área de estacionamento das viaturas e área de lavagem)		**1.108**	**1.365**	**1.534**	As principais rotas de circulação devem ter, no mínimo, 150cm de largura.

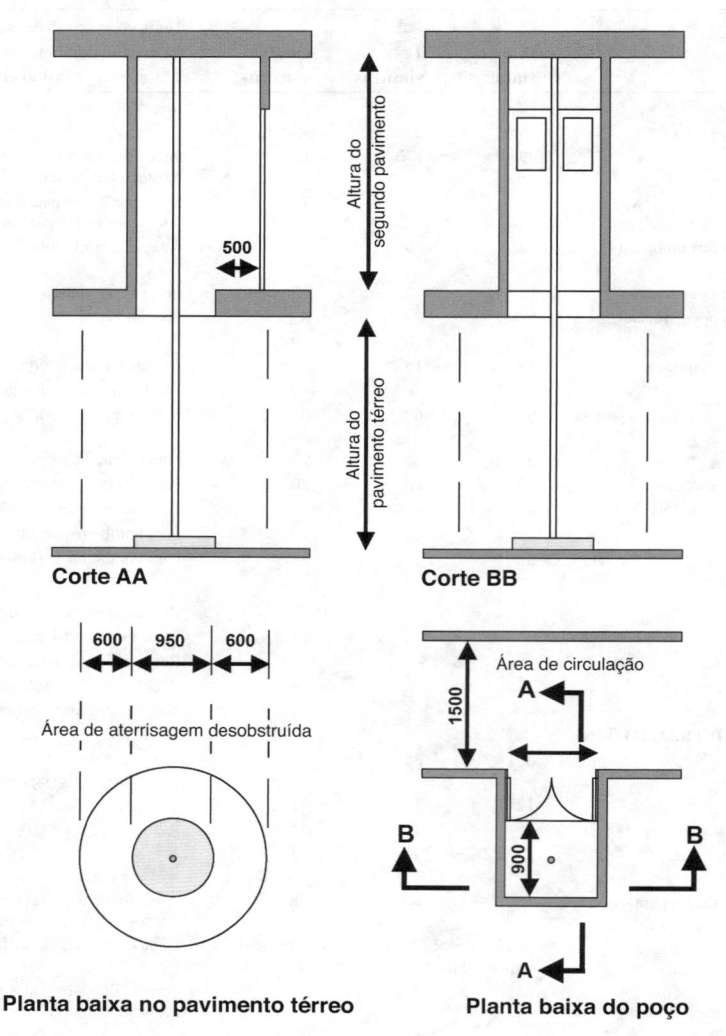

Corte AA — 500 — Altura do segundo pavimento / Altura do pavimento térreo

Corte BB

Planta baixa no pavimento térreo — 600 | 950 | 600 — Área de aterrisagem desobstruída

Planta baixa do poço — Área de circulação — 1500 — 900

15.8 Leiaute da caixa do cano de emergência.

1.9 Práticas de trabalho

Para que as relações dos espaços dentro e ao redor de uma estação funcionem bem, elas devem responder às relações de trabalho dos bombeiros. As práticas podem ser agrupadas em sete rotinas, divididas em úmidas ou sujas e limpas ou secas (Tabela II).

Os procedimentos de mobilização para atender a uma chamada de emergência exigem que os bombeiros se desloquem rapidamente através do prédio, em direção às viaturas. Para isso, é essencial que as rotas de circulação tenham dimensões generosas, permitindo que esses movimentos sejam executados com segurança. As junções, em especial, devem ser simplificadas e amplas, para que não se tornem pontos de colisão. Os principais percursos de circulação devem ter largura mínima de 150 cm e ser bem iluminados.

Rotina a – mobilização
No Reino Unido, a mobilização de uma equipe de bombeiros para o atendimento a uma emergência surge a partir de um alerta emitido por um centro de controle de mobilização. Esse sistema muitas vezes é totalmente computadorizado, de modo que, quando a chamada telefônica para o pedido de socorro é feita a partir de um endereço identificável, o computador classifica o nível de risco do local e recomenda ao oficial encarregado a localização dos recursos que devem ser mobilizados a fim de atender às exigências predeterminadas. Caso não haja outras circunstâncias predominantes, o sinal de mobilização é enviado.

Um computador de controle central geralmente monitora o *status* operacional de cada viatura disponível. Cada viatura é equipada com um sistema de dados móveis que informa o centro de controle sobre o *status* operacional indicado na Tabela III.

O comando para mobilização é recebido por equipamentos localizados no escritório da estação ou em uma sala de controle municipal ou regional e, simultaneamente, o alarme para mobilização toca na estação. Os bombeiros, então, se dirigem à viatura o mais rapidamente possível, enquanto o bombeiro encarregado providencia o equipamento de emergência que será utilizado. Luzes de controle de cor apro-

Tabela II Práticas de trabalho e tipos de espaços

Rotina		Tipo de rotina
a	Mobilização – acionamento de viaturas	Úmida/suja
b	Treinamento e simulações	Úmida/suja
c	Limpeza e manutenção	Úmida/suja
d	Administração	Seca/limpa
e	Interface com o público	Seca/limpa
f	Descanso	Seca/limpa
g	Entrada no serviço	Seca/limpa

Tabela III Hierarquia de *status*

STATUS 1	Sob prontidão
STATUS 2	Dirigindo-se a uma chamada de emergência
STATUS 3	Atendendo a uma chamada de emergência
STATUS 4	Retornando de uma chamada de emergência
STATUS 1	Retorno à estação/sob prontidão
STATUS 0	Os bombeiros/as viaturas não têm como atender a outra chamada de emergência (devido a ferimentos, etc.)

priada são acionadas, orientando a equipe de bombeiros sobre quais viaturas ela deve utilizar para atender à emergência. Os bombeiros não requisitados retomam suas atividades normais na estação.

Ao retornar de um atendimento, a viatura é levada à área de lavagem coberta, onde ficam os equipamentos que precisam ser limpados, reparados ou substituídos. Só então o carro de bombeiros é recolocado em sua posição de espera, no estacionamento. A seguir, os bombeiros se desmobilizam e se arrumam e, para isso, precisam ter acesso direto a seus armários e duchas, sem ter de passar por acomodações limpas ou secas.

Rotina b – treinamentos e simulações
Em uma estação do corpo de bombeiros, o treinamento é uma combinação de atividades físicas externas, palestras e estudos individuais. O treinamento é feito durante o horário de trabalho, mas pode ser interrompido a qualquer momento, em caso de emergência. Consequentemente, a localização desses espaços não pode prejudicar a capacidade de uma equipe de responder a um chamado urgente. O treinamento ocorre em todas as equipes em serviço e envolve tanto a prática das habilidades já adquiridas como a conferência de que os equipamentos operacionais estejam em perfeitas condições de uso.

Rotina c – limpeza e manutenção dos equipamentos operacionais
Os membros de uma estação são responsáveis pelo desempenho de muitos dos itens dos equipamentos operacionais sob seu cuidado. Para isso, eles devem se certificar de que tais itens sejam limpos e recebam manutenção periódica de acordo com os padrões necessários. Essas atividades são realizadas na sala de equipamentos de respiração, na sala de limpeza dos equipamentos operacionais e no depósito de equipamentos operacionais (oficina). Todos esses cômodos exigem acesso direto a partir da área de estacionamento das viaturas.

Rotina d – administração
Os serviços administrativos de uma estação do corpo de bombeiros incluem o arquivamento de relatórios de sinistros e a gestão de registros operacionais, relatórios de treinamento e outros registros dos recursos humanos da corporação. Cada equipe em serviço tem um funcionário responsável pelos serviços administrativos, que são executados no escritório da estação. Questões confidenciais, todavia, ficam a cargo do gerente ou oficial encarregado naquele período de serviço, em seus escritórios privativos.

Rotina e – interface com o público
Uma estação local do corpo de bombeiros precisa ser projetada de modo a criar um ambiente para que os servidores se envolvam efetivamente com a comunidade e lhe ofereçam instalações utilizáveis, acessíveis e receptivas. O público costuma visitar uma estação por diferentes razões. As visitas e os eventos envolvem:

- dias abertos à visitação pública
- visitas escolares organizadas
- comerciantes locais
- políticos locais
- grupos comunitários locais
- membros de ONGs
- prevenção de incêndios – educação
- prevenção de incêndios – representantes de órgãos legislativos
- organizações esportivas

Os visitantes ingressam pela área de recepção e são acompanhados até a sala onde serão recebidos. Os nomes dos visitantes são anotados no livro de registros da estação. Os membros do público não devem circular desacompanhados pela estação. Os recintos aos quais o público tem acesso a partir da recepção normalmente se limitam aos espaços destinados ao relacionamento com a comunidade.

Rotina f – descanso/recreação
A inclusão de uma sala de ginástica totalmente equipada nas estações permite ao bombeiro manter o alto nível de forma física que seu trabalho exige. A sala de reuniões ou o pequeno auditório costuma ter um aparelho de televisão. As áreas de descanso podem ser utilizadas durante os períodos de espera entre as chamadas de socorro.

Rotina g – entrada no serviço
Ao chegar à estação para mais um período de plantão, os bombeiros se dirigem ao vestiário para colocarem seus uniformes. Ao mesmo tempo, haverá bombeiros se preparando para deixar o serviço, também usando os vestiários e as duchas. Os bombeiros que chegam passam ao depósito, para pegar seus equipamentos individuais de combate a incêndios (capacete, botas, uniforme, etc.) e então se dirigem à área onde as viaturas estão estacionadas a fim de colocar parte desse equipamento junto aos veículos ou dentro deles. Na troca de

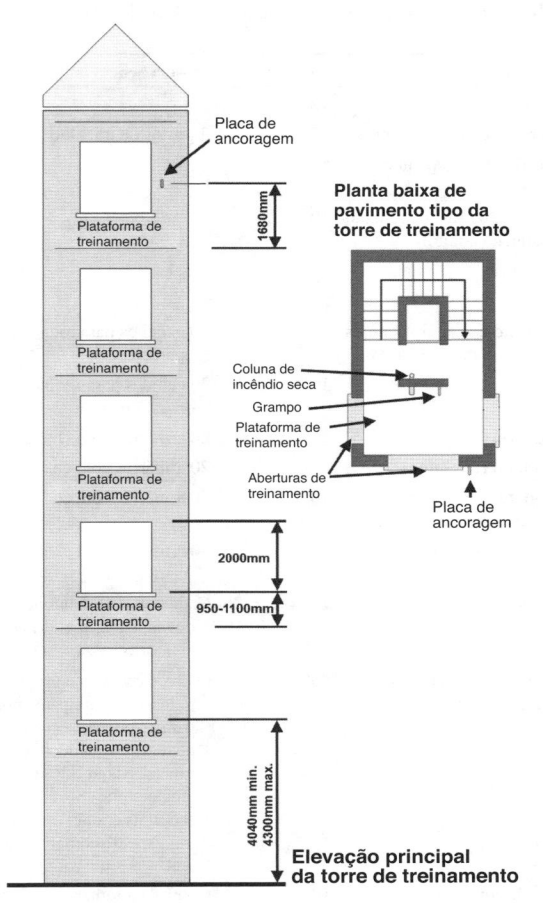

15.9 Torre de treinamento.

Tabela IV Necessidades de acomodação para um local de treinamento

Acomodação	Área (m²)	Observações
Recepção	12	
Escritórios dos instrutores	25	3 postos de trabalho
Sala de reunião/pequeno auditório	50	
Depósito da sala de reunião/ pequeno auditório	10	
Refeitório	45	
Copa	8	
Depósito dos equipamentos de combate a incêndios	20	30 ganchos para roupas operacionais
Sala de secagem	15	30 cabides para roupas operacionais
Vestiário (masculino)	20	20 armários com chave
Vestiário (feminino)	20	20 armários com chave
Vestiário para instrutores (masculino)	10	10 armários com chave
Vestiário para instrutores (feminino)	10	10 armários com chave
Duchas (*unissex*)	7 × 4 m² = 28	Cada compartimento tem ducha, bacia sanitária e lavatório
Câmara com equipamentos para respiração	200	Oferece cenários múltiplos para treinar com equipamentos para respiração. Os recintos podem ser enchidos com fumaça e aquecidos a altas temperaturas. Sistemas especiais criarão cenários de treinamento com incêndio real.
Sala de controle dos equipamentos para respiração	10	Controla a fumaça, a temperatura e qualquer "incêndio real" dentro da câmara. Também monitora os instrutores e bombeiros em treinamento que estão dentro da câmara.
Sala de manutenção dos equipamentos para respiração	55	Sala de aula para treinamentos de como manter os equipamentos de respiração.
Depósito de equipamentos para respiração	20	Para a guarda de cilindros de oxigênio
Área externa	–	A área deve acomodar espaço para simulações com dois a quatro viaturas de combate a incêndios, torre e terraço de treinamento, poço de elevador profundo e área de manobra na via pública.
Total	558	
Total incluindo 30% de circulação	725	

serviço é feita uma chamada junto às viaturas, quando os bombeiros recebem do oficial ou gerente um relato e instruções para sua equipe. A seguir, todo o equipamento é examinado, conferido e guardado. Os bombeiros então se dirigem ao refeitório, para fazer um curto intervalo antes de assumirem suas rotinas de trabalho normais ou as atividades atribuídas a eles durante a chamada.

1.10 Espaços para treinamentos especiais

Os locais de treinamento especial podem ser contíguos à estação ou estarem em outro local. A Tabela IV mostra um centro de treinamento local típico para aparelhos de respiração e simulações de incêndio. Se o centro de treinamento local for junto à estação operacional do corpo de bombeiros, algumas das acomodações anteriores podem ser omitidas, e as facilidades da estação seriam compartilhadas com o centro de treinamento.

2 ESTAÇÕES DE AMBULÂNCIAS

2.1 Introdução

As estações de ambulâncias são estações de controle ou estações locais (de apoio). As estações de controle contêm grandes áreas de armazenagem e um escritório local e, às vezes, têm áreas para refeições, recreação e outras atividades extras. Atualmente já não se exigem acomodações para os plantonistas dormirem. As estações locais costumam ter entre duas e seis viaturas e lidam apenas com acidentes e chamadas de emergência. Elas não exigem espaços para refeições ou recreação, pois o tempo fora de serviço é gasto fora das instalações, ainda assim é necessária uma área de descanso, para espera e relaxamento nos períodos entre as chamadas.

Como medicamentos poderão ser armazenados nas instalações, todas as portas precisam ser dotadas de trancas controladas.

Assim como ocorre nas viaturas da polícia, a cada dia aumenta a quantidade de equipamentos de controle nas ambulâncias, como rádios, GPS e computadores, permitindo o melhor uso das viaturas e evitando que elas precisem retornar à base. No entanto, a fim de oferecer uma cobertura adequada aos hospitais, as ambulâncias costumam ficar estacionadas neles por períodos de meia hora.

2.2 Funções

Além de acidentes e emergências, as estações maiores também fazem:

- traslados de pacientes
- traslados entre hospitais
- deslocamentos de pacientes, da residência para o hospital, para consultas
- serviços de táxi

2.3 Provisões para as viaturas

Nas estações pequenas (com menos de sete ambulâncias), os veículos costumam acessar suas vagas de estacionamento em marcha-a-ré. A estação tem uma porta individual de fácil abertura junto a cada vaga (Figura 15.10). As estações maiores usam estacionamento oblíquo e com espaço para manobras. Deve haver um espaço suficiente por trás da ambulância estacionada, a fim de permitir a fácil remoção de equipamentos.

Um posto de abastecimento deve ser instalado nas grandes estações. A tendência atual é o uso de gasolina, e não de diesel, pois motores com esses combustíveis são mais silenciosos e emitem menos gases tóxicos. Todas as estações devem ter um local para a lavagem dos veículos.

2.4 Oficinas mecânicas

A manutenção das viaturas é feita em oficinas à parte (Figura 15.11), que possuem, no mínimo, seis vagas de estacionamento. Elas não precisam estar no mesmo local da estação de ambulâncias.

Uma oficina mecânica normalmente atende até seis viaturas ao mesmo tempo, então é preciso que o acesso dos veículos seja apenas frontal. Assim como as estações de ambulâncias maiores, as oficinas de grande porte costumam ser projetadas com estacionamentos oblíquos e sistema de circulação transversal. Todas as oficinas poderão executar serviços de manutenção e consertos cotidianos, inclusive fazer inspeções oficiais regulares nos veículos, trocar

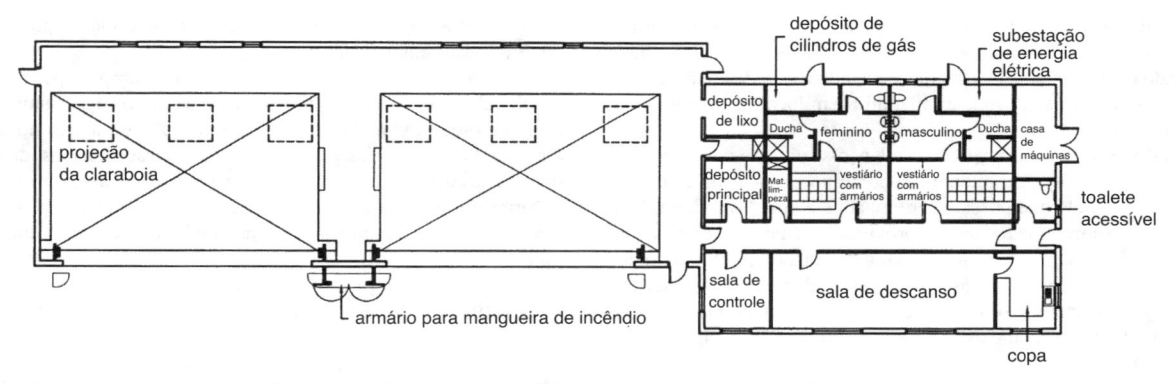

15.10 Leiaute de uma estação de ambulâncias com seis veículos (planta baixa).

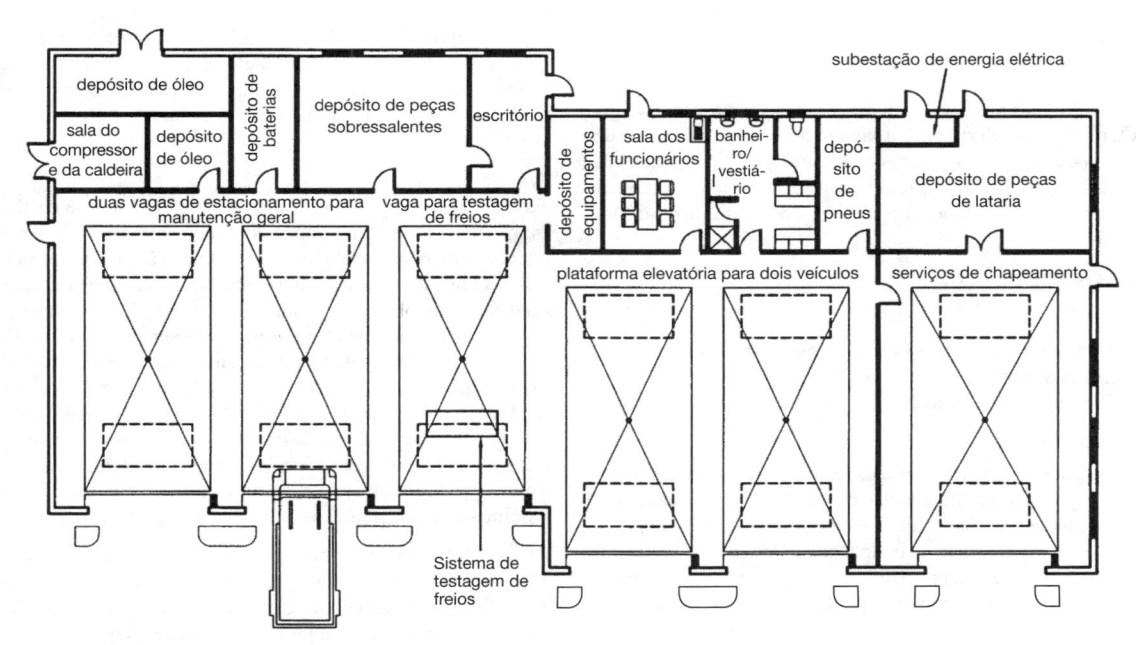

15.11 Leiaute de uma oficina para ambulâncias.

o óleo e os pneus das viaturas e fazer reparos nas latarias. Não se espera que essas oficinas substituam, por exemplo, motores ou virabrequins ou façam consertos muito grandes. Os materiais de acabamento superficial das oficinas devem ser robustos e resistentes, e os pisos, antiderrapantes.

2.5 Salas de controle

A sala de controle de uma estação de ambulâncias deve ficar próxima à garagem, ter espaços de parede adequados (para a instalação de mapas) e ser bem iluminada e bem ventilada. Os funcionários que se encontram na sala de repouso precisam ver o que está acontecendo na sala de controle, então, esses recintos devem ser adjacentes e serem divididos por uma grande vidraça ou parede de vidro.

2.6 Vestiários e armários com chaves

Os vestiários e armários com chave devem ficar junto das duchas, dos lavatórios e das bacias sanitárias. Em estações menores, toaletes e duchas unissex são aceitáveis. Nas instalações maiores, contudo, esses espaços devem ser projetados de modo a facilitar ajustes quando há mudanças na razão entre funcionários do sexo masculino e do sexo feminino.

2.7 Toaletes para portadores de deficiência física

Ainda que os trabalhadores operacionais das ambulâncias não possam ter qualquer problema físico, as estações devem contar com um banheiro acessível a cadeirantes e outros portadores de deficiência física.

2.8 Depósitos

O depósito principal de uma estação de ambulâncias precisa ser um ambiente protegido e perto da garagem. Ele inclui os seguintes itens, seja em um espaço conjugado, seja em depósitos separados:

- roupa de cama e banho, como lençóis, fronhas, cobertores e toalhas;
- suprimentos médicos, como ataduras, curativos e talas para primeiros socorros;
- equipamentos paramédicos, como desfibriladores e ressuscitadores;
- itens sobressalentes, para substituir equipamentos normalmente armazenados na ambulância;
- cadeiras de rodas, macas, etc., que pertencem às ambulâncias;
- materiais de consumo e documentos, registros, arquivos.

Também é necessário um depósito à parte do principal, para a armazenagem de medicamentos. Este espaço é separado, fechado à chave e dotado de um sistema de alarme conectado à sala de controle.

Os cobertores devem ser mantidos em local bem ventilado e climatizado.

Roupas, cobertores, toalhas e lençóis sujos ou contaminados são mantidos temporariamente em contêineres, dentro de um depósito à parte, até que possam ser enviados a uma lavanderia. Este depósito de roupa suja deve estar próximo à área de estacionamento das ambulâncias, mas ficar longe dos depósitos de produtos limpos e de outras áreas higienizadas. O mesmo local também pode ser utilizado para armazenar o lixo em geral até sua coleta. Os materiais médicos utilizados, como as agulhas, devem ficar em recipientes separados para descarte controlado.

O depósito de gás é para a guarda de Entonox e oxigênio em pequenos cilindros, que são utilizados pelos paramédicos. Este recinto deve ser climatizado e bem ventilado, além de ter acesso fácil até as ambulâncias.

2.9 Lavanderias

Algumas localidades ainda exigem que as estações de ambulância maiores tenham lavanderia para a lavagem de pequenos itens de roupa de cama. Contudo, as normas de segurança e saúde, que cada vez mais têm regulamentos rígidos quanto ao controle de temperatura, à limpeza e à higiene, recomendam o uso de lavanderias terceirizadas.

3 DELEGACIAS DE POLÍCIA

3.1 Introdução

O objetivo da polícia é promover o bem-estar do público, assim, suas edificações devem ser agradáveis e receptivas para os visitantes e, ao mesmo tempo, cumprir as exigências de segurança essenciais.

3.2 Organização

Como grande parte dos serviços tem se tornado extremamente técnica e especializada, muitas das especialidades são acomodadas distantes dos setores de custódia e atendimento ao público.

Tanto os edifícios-sede da polícia quanto as delegacias de polícia se baseiam nos mesmos princípios, que apenas variam conforme a necessidade. Um equipamento público como um prédio para custódia ou um centro de comunicação é instalado no local mais adequado para a função, sem importar a classificação do prédio.

3.3 Situação

As delegacias de polícia devem ser facilmente acessíveis pelo transporte público, ficarem próximas dos moradores da região e serem fáceis de achar por parte daqueles usuários que não estão familiarizados com a área. Elas já não precisam ficar perto dos foros, como no passado. Contudo, quando esse for o caso, elas devem ser totalmente separadas, sem compartilhar qualquer espaço.

Em ruas e áreas comerciais movimentadas, os postos da polícia, com comunicação direta às centrais de polícia, têm se tornado populares com a polícia e o público, oferecendo informações que, de outra sorte, não seriam obtidas.

3.4 Projeto da delegacia

O diagrama de zoneamento e relações (Figura 15.12) serve de guia para a circulação.

As áreas públicas devem ser projetadas levando em consideração os perigos gerados por materiais explosivos e pessoas armadas. O arquiteto, ainda assim, deve tentar manter a atmosfera do local agradável e receptiva. Essa zona deve ter acesso fácil a partir da área dos policiais. É fundamental que sejam seguidas as normas de projeto para acessibilidade universal na entrada do prédio, nas áreas públicas e nos toaletes.

O balcão da recepção deve ser localizado para permitir que o policial responsável pelo prédio em cada turno supervisione a entrada do prédio. Uma barreira de segurança entre a área do balcão e a área de espera é desejável em algumas circunstâncias, de modo que apenas um número limitado de pessoas entre de cada vez. Essa barreira oferece tanto privacidade quanto segurança, mas quando ela não existe, é desejável que o balcão de recepção seja dotado de guichê.

As áreas de espera possuem assentos e quadros de aviso, para serem afixados cartazes sobre a segurança no trânsito, a prevenção de crimes, etc.

As salas de depoimentos para o recebimento do público são acessadas por meio da área de espera. Esses recintos devem ser grandes o suficiente para receberem várias pessoas ao mesmo tempo e são equipadas com sistemas de gravação. A sala de exame de corpo de delito deve ser adjacente à entrada pública e serve para a tomada de depoimentos e a realização de exames médicos em vítimas de agressões, molestamentos e violências sexuais. Ela deve ter um projeto agradável, para reduzir o estresse das vítimas (Figura 15.13).

Achados e perdidos

Essa é uma área acessível somente à polícia e que se destina ao armazenamento de bens roubados e itens entregues por terceiros ou encontrados pela polícia. Neste local não são mantidos animais vivos, embora algumas delegacias possuam uma área dedicada à guarda de animais.

As pessoas que estão procurando bens perdidos ou roubados se dirigem ao balcão da recepção, então ele deve ter acesso facilitado ao depósito de achados e perdidos. O tamanho do recinto dependerá das necessidades locais. Algumas forças policiais usam galpões de depósito, devido à grande quantidade de itens armazenados. Contudo, quando não há um depósito grande ou galpão disponível, itens volumosos (como bicicletas) geralmente são guardados em abrigos externos ou prédios anexos à delegacia de polícia.

Auditório, vestiários, armários com chave e salas de secagem

Eles devem ser localizados próximos à entrada da delegacia de polícia. Duchas e banheiros devem ser adjacentes aos armários com chave e às áreas de secagem, que precisam ser adequadas ao uso tanto no verão como no inverno.

Sala dos escrivães

Esta sala deve ficar contígua à sala de reunião ou ao pequeno auditório. É recomendável a instalação de um guichê e de tratamento acústico.

Sistemas de comunicação e controle

A comunicação é essencial ao serviço policial. A carga de trabalho dessas pessoas é extremamente pesada, assim, o ambiente profissional deve ser projetado de modo a atenuar o estresse (Figura 15.14). A sala de controle mantém contato com a polícia de uma área administrativa ou de toda a jurisdição, inclusive por meio de rádio, e tem acesso direto às informações sobre os recursos policiais e os registros criminais. As salas de comunicação são utilizadas principalmente para a transferência de mensagens e a recepção de informações.

A localização e o projeto da sala de controle central têm de impedir qualquer tentativa deliberada de ataque físico ou eletrônico a suas funções vitais. O acesso de veículos deve garantir o trânsito desimpedido para casos de emergência, e o estacionamento precisa ser proibido em um raio de 15 metros.

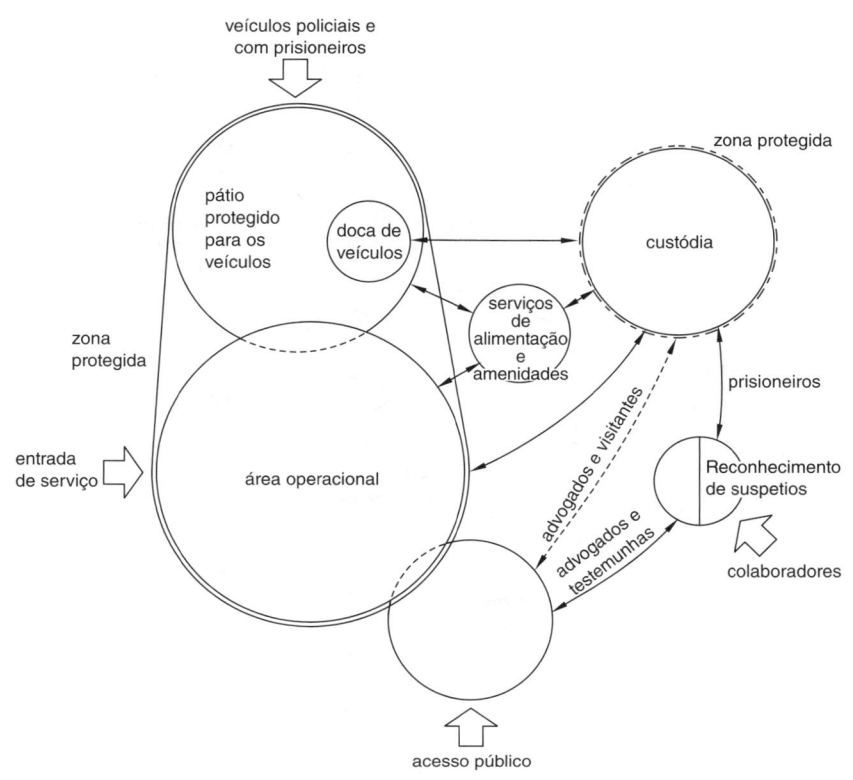

15.12 Diagrama de relações e zonas para uma grande delegacia de polícia.

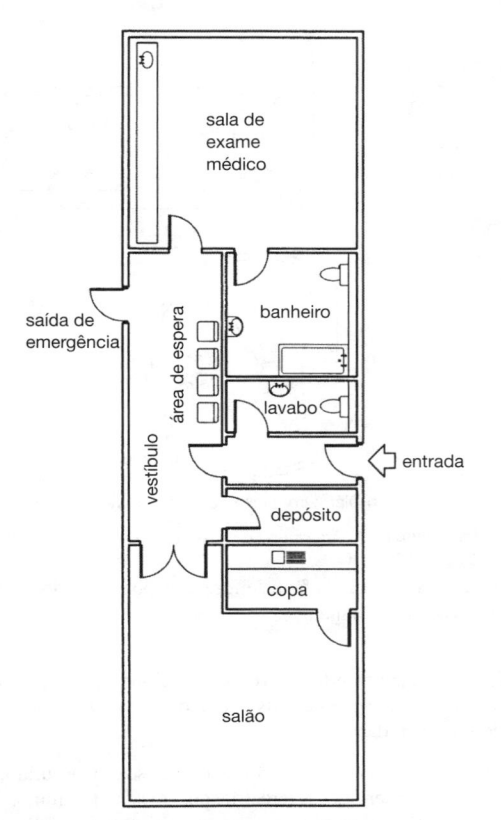

Sala de casos graves
Uma força policial ocasionalmente precisa lidar com crimes sérios, que exigem investigações extensivas, emergências civis ou grandes incidentes. Nesses casos, será necessário um local com comunicação facilitada e uso temporário por parte de um departamento de investigações criminais, da polícia de trânsito ou de outra força policial; quando não há a necessidade disso, esse prédio poderá ser usado de modo alternativo, como uma academia.

A *administração* engloba serviços estritamente administrativos, e não atividades relacionadas às funções operacionais.

As *áreas da polícia de trânsito* incluem as acomodações para patrulheiros, fiscais de trânsito, garagens e oficinas. As garagens e oficinas podem estar na própria delegacia de polícia ou em uma área separada, com acomodações contíguas para os policiais que fazem o patrulhamento das ruas, dependendo da área e do número de veículos. É preferível que essa unidade não se localize na área central e movimentada da cidade, pois isso agravaria o congestionamento do trânsito e dificultaria o acesso das viaturas policiais até a cena de um incidente. Se a jurisdição da polícia incluir as estradas, a unidade deverá ficar localizada perto de um ponto de acesso a elas ou mesmo junto à própria estrada.

As viaturas policiais estão cada vez mais se tornando *high tech* e anexando computadores, além dos rádios bidirecionais. Ou seja, as viaturas estão se tornando quase escritórios independentes, liberando seus usuários da necessidade de se dirigir pessoalmente à delegacia durante o turno de trabalho.

Doca de veículo para o transporte de pessoas sob custódia da polícia
Essa doca deve ser instalada longe do pátio principal de veículos da polícia, ser totalmente protegida e ficar contígua à entrada

15.13 Planta baixa de uma área de exame de corpo de delito.

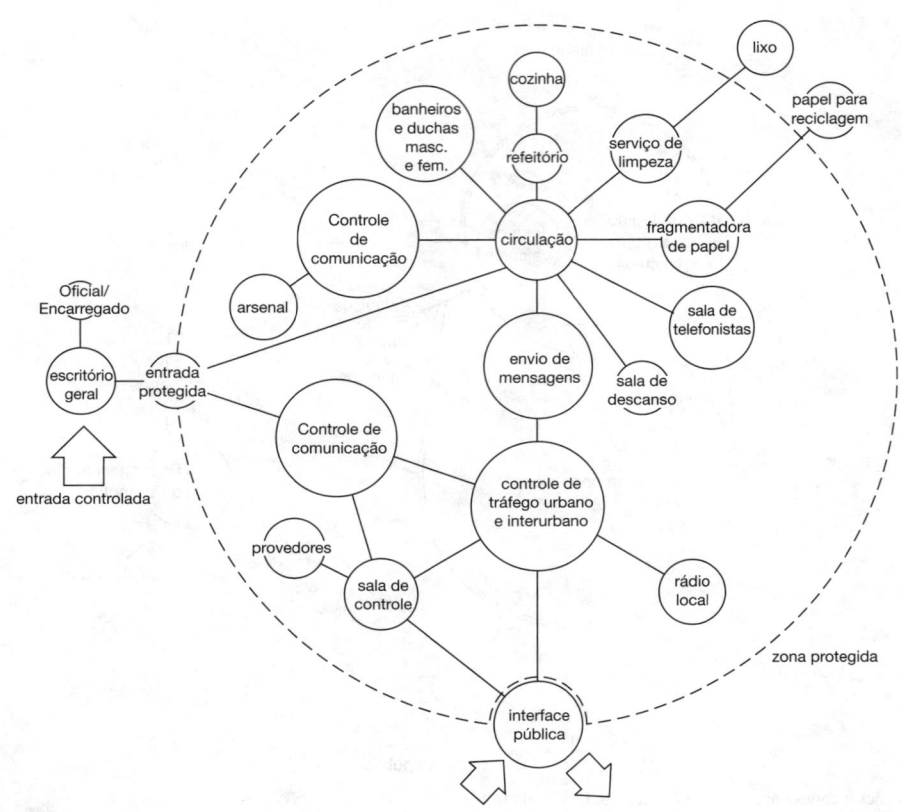

15.14 Diagrama de relações de um centro de controle.

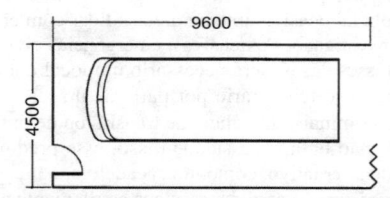

15.15 Planta baixa de uma doca de veículo para o transporte de pessoas sob custódia da polícia.

dos prisioneiros ao prédio (Figura 15.15). A Figura 15.16 apresenta dados sobre os veículos de transporte de pessoas sob custódia.

Área para a identificação de suspeitos
Esse conjunto de salas precisa ser implantado com cuidado, fora da área de custódia de suspeitos, mas conectado a ela por meio de uma rota de acesso protegida. As testemunhas têm de ficar estritamente separadas umas das outras e de todos os suspeitos da fila antes, durante e após o reconhecimento. Não deve haver a possibilidade de contato físico em momento algum, ou de contato visual, exceto durante o momento do reconhecimento visual (Figura 15.17). Também devem ser projetados toaletes para as testemunhas e os colaboradores.

Refeições e recreação
As delegacias de polícia sempre possuem pelo menos uma copa para refeições rápidas, pois os policiais frequentemente trabalham em plantões ou durante a noite. As copas costumam ter pelo menos um balcão com forno de micro-ondas, geladeira e bebedouro de água ou dispensador de bebidas quentes ou frias. Algumas delegacias maiores têm uma cantina, mas mesmo nessas instalações o funcionamen-

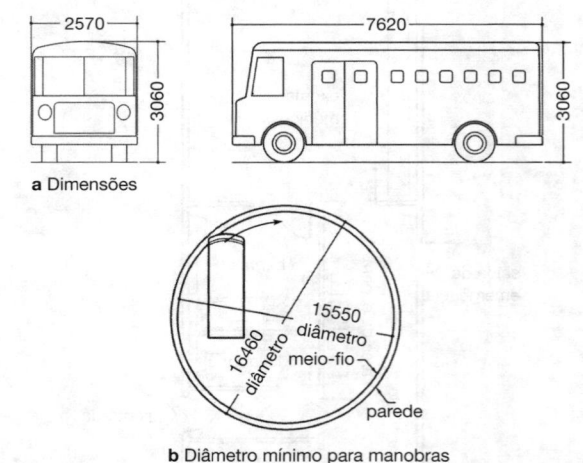

a Dimensões

b Diâmetro mínimo para manobras

15.16 Um veículo para o transporte de pessoas sob custódia.

to 24 horas por dia é mais fácil se forem disponibilizados alimentos industrializados ou congelados.

Toaletes
O projeto de toaletes e banheiros se relaciona com o tamanho da delegacia e a disposição de seus cômodos. Geralmente se projetam instalações separadas para:

- policiais e servidores terceirizados do sexo masculino;
- policiais e servidores terceirizados do sexo feminino;
- visitantes (em geral junto ao ponto de entrada pública);

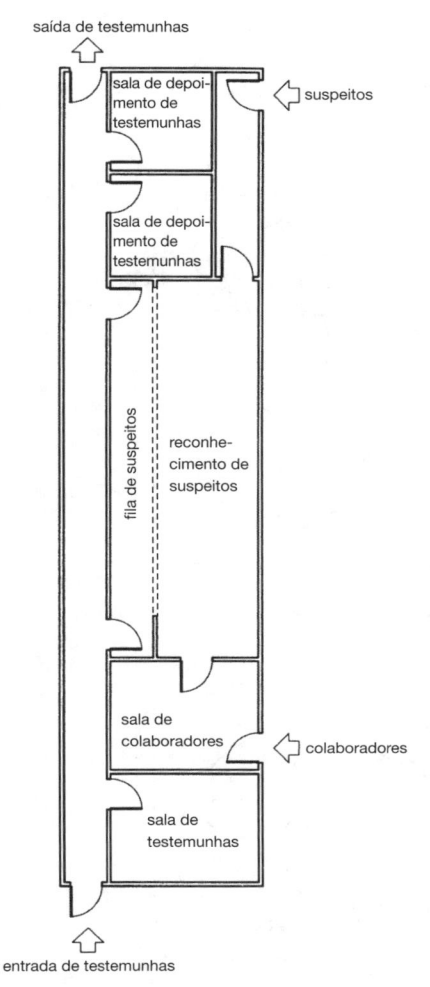

15.17 Planta baixa de uma área para a identificação de suspeitos.

- portadores de necessidades especiais (uma instalação com acessibilidade universal, também junto à entrada pública);
- prisioneiros detidos nas celas.

Os *sistemas de climatização e ventilação mecânica* são instalados em todos os recintos que não forem dotados de ventilação natural.

O *fornecimento de energia elétrica de emergência* é essencial em todos os pontos da delegacia, não somente para o caso de uma interrupção no fornecimento como também para o evento de um incêndio. Em delegacias maiores, será necessário garantir a continuidade do fornecimento de eletricidade para salas de custódia, rádios, computadores, teletipos e equipamentos de comunicação, e deve existir um sistema de acionamento automático.

Uma fonte de alimentação ininterrupta será necessária para as áreas de computador.

3.5 Centro de custódia

Essa área inclui as salas de detenção, as salas de depoimento e/ou acusação e as acomodações de apoio (Figuras 15.18 e 15.19). A polícia deve estar alerta ao risco de um suspeito ou condenado sob custódia tentar o suicídio. É preciso tomar cuidado para que isso não aconteça, particularmente por meio do projeto das celas (veja a Seção 3.6).

O centro de custódia tem de ser separado com segurança das demais partes da delegacia. Ele deve ficar localizado em apenas um pavimento, a fim de evitar ao máximo que os prisioneiros subam ou desçam escadas. Contudo, se pequenas mudanças de nível são inevitáveis interna ou externamente, devem ser empregadas rampas.

Os corredores e as celas para os prisioneiros também têm de ser separados por sexo. Cada conjunto precisa ter acesso separado ao pátio de recreação, se ele existir. As salas de detenção para menores infratores também devem ser separadas das áreas dos adultos.

Serviços de alimentação
Os prisioneiros e policiais que estão na área de custódia precisam se alimentar, mas não é recomendável a instalação de um refeitório ou uma copa, pois esse local afastaria o policial de suas atividades essenciais e criaria o risco de um incêndio. Uma instalação com bufê na área de amenidades também não é razoável, pois tiraria os policiais da área de custódia. Assim, é praticamente obrigatório que haja uma cozinha com funcionários em uma área contígua à de custódia, para o preparo de refeições de acordo com as normas de higiene e perto dos usuários. Se houver uma cantina com funcionários trabalhando 24 horas por dia, ela poderá ser utilizada.

Cela com banheiro externo
Neste tipo de cela, a ducha e os aparelhos sanitários ficam externos (Figura 15.20), mas em uma área também fechada.

Bacias sanitárias
O compartimento com bacia sanitária deve ter porta vaivém (e não corrediça), com visor. A caixa de descarga deve ficar fora do compartimento, com acesso seguro e tubulações protegidas. O sistema de descarga não pode ficar ao alcance do prisioneiro, que talvez tente o suicídio se afogando, e, pelo mesmo motivo, também não se deve instalar uma corrente ou qualquer elemento projetado em relação à parede. Também não podem estar em projeção papeleiras, tubos extravasores, suportes, tubulações ou torneiras de passagem. Todos os acessórios e as ferragens têm de ser impossíveis de quebrar ou arrancar, para que os prisioneiros não tentem produzir ferramentas ou armas.

Lavatórios
Os lavatórios não devem ficar dentro das celas. Eles precisam ficar apoiados em bases de metal e não em consolos fixos à parede, e ter tampões fixos, sem correntes. Toalhas e toalheiros não devem ser utilizados. É possível que as toalhas facilitem o suicídio e os toalheiros sirvam de suporte para o prisioneiro dar um nó. As instalações sanitárias para as prisioneiras devem ter anteparo visual que lhes propicie alguma privacidade. Se houver um lavatório dentro da cela, os prisioneiros poderão receber lenços umedecidos com desinfetante ou colônia (como aqueles utilizados em aeronaves).

Corredor das celas
A entrada do corredor precisa ser protegida com um portão de aço. O corredor deve ser dotado de botões de alarme, para o caso de o policial responsável pela custódia ser atacado. Não deve haver qualquer tubulação, válvula, cabo ou condutor elétrico exposto, e se houver um termostato do sistema de climatização, ele terá de ficar fora do alcance de um prisioneiro em trânsito.

Pátio de recreação
Os muros devem ser altos o suficiente para evitar que um prisioneiro consiga escapar, tendo, no mínimo, 3,6 metros de altura. Não pode haver quaisquer saliências ou elementos que permitam ao prisioneiro escalá-la. Entretanto, se, por qualquer motivo, a altura e o detalhamento das paredes forem considerados insuficientes para impedir que um prisioneiro escape, deve haver uma grade de cobertura. Não pode haver qualquer abertura de porta ou janela para o pátio que permita ao prisioneiro alcançar a grade, aberturas de câmaras de inspeção ou outras grades que possam ser removidas. Os tubos de esgoto

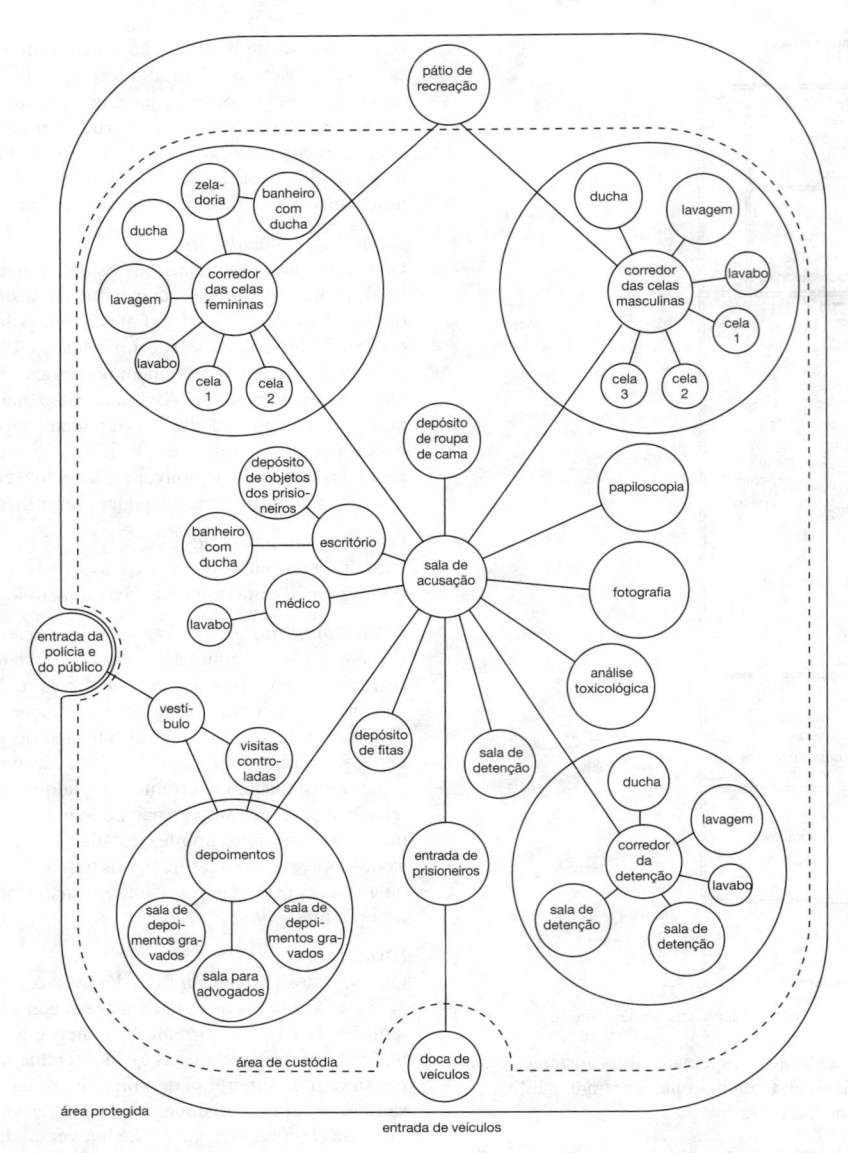

15.18 Diagrama de relações e zonas para um centro de custódia.

ou queda pluvial devem ficar embutidos com argamassa de cimento, para impedir que sejam escalados.

3.6 Projeto de celas

No Reino Unido, os Police Design Guides são muito claros em suas exigências, que se refletem em um projeto típico, como indica a Figura 15.21.

Janelas

As janelas das celas que não são constantemente controladas por um guarda e têm caixilhos móveis não podem estar voltadas para a rua ou qualquer área pública. As janelas voltadas para um pátio de recreação devem ser controladas e opacas, impedindo a observação por parte dos prisioneiros. Todas as janelas que estão voltadas para recintos de apoio dentro do centro de detenção (como depósito de cobertores, depósito de objetos dos presos, corredor, sala do guarda, banheiro, etc.) precisam ser vigiadas. As vidraças devem ser com vidro de segurança opaco e em nível com a parede, sem qualquer protuberância que permita ferimentos ou tentativas de suicídio, ou apoios que facilitem a fuga ou o ataque a policiais. A espessura do vidro aumenta conforme o tamanho da chapa. O vidro não deve ser substituído, por exemplo, por chapas de zinco perfurados para fins de melhoria da ventilação.

15.19 Planta baixa de um centro de custódia (por motivos de segurança, este desenho se baseia nos princípios de projeto, mas não é um exemplo construído).

Tetos
A maioria dos forros pode ser facilmente quebrada, permitindo o acesso a outras partes do prédio e mesmo a obtenção de ferramentas ou armas improvisadas.

Portas
Todas as portas devem ser à prova de prisioneiros e lisas (sem almofadas).

Mobília das celas
Os móveis das celas não devem ser de madeira nem desmontáveis ou quebráveis, para evitar que suas partes sejam utilizadas como ferramentas ou armas.

Ventilação
Deve-se impedir que o revestimento e os suportes dos dutos possam ser utilizados pelos prisioneiros para tentativas de suicídio. As grelhas de ventilação sob as camas embutidas precisam ser fixadas por parafusos especiais, com cabeças que impeçam sua remoção. As entradas e saídas de ar devem ter perfurações de diâmetro máximo de 4,7 mm, ser de material que não se quebre quando forçado e não podem estar niveladas com a parede.

Iluminação
As luminárias das celas devem ser niveladas com o teto e dotadas de parafusos que não possam ser removidos. Elas precisam ter duas lâmpadas e lentes de plástico. As instalações elétricas não podem ficar aparentes, e os interruptores têm de ficar fora da cela e conter

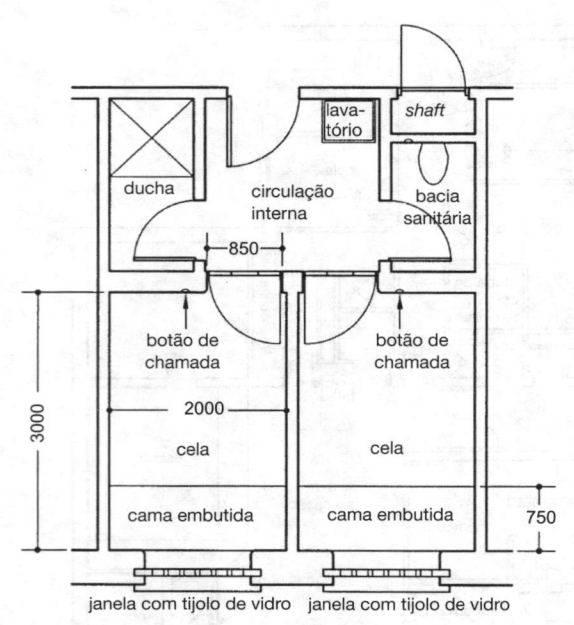

15.20 Planta baixa de uma área de detenção.

tampas protetoras que não possam ser removidas para acessar a fiação com carga elétrica.

Calefação
Não podem ser utilizados para a calefação das celas aquecedores elétricos do tipo radiador com fios ou resistência exposta nem radiadores aparentes com água ou fluido. Os sistemas calefatores não podem ter protuberâncias de qualquer tipo, para evitar que sirvam de suporte para um nó.

Sistema de chamada na cela
O sistema de chamada do guarda deve ser com um botão dentro da cela, ficando nivelado com a parede, que aciona um alarme sonoro ou luminoso do lado de fora. Ele precisa estar em um circuito separado da iluminação, e o alarme tem de ficar em um ponto sob observação constante do guarda encarregado.

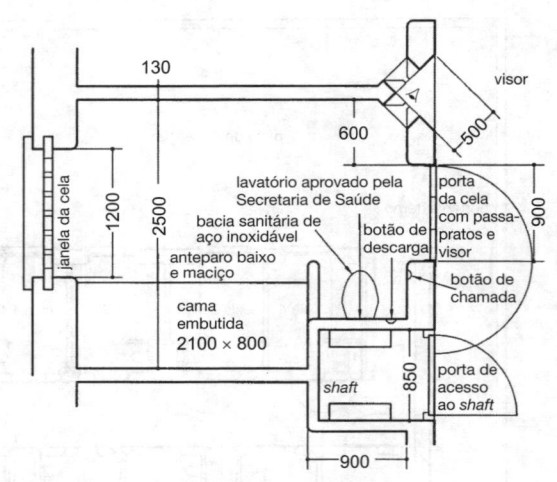

15.21 Planta baixa de uma cela de custódia.

Manutenção
Toda cela que estiver danificada deve ficar sem uso.

4 REFERÊNCIAS BIBLIOGRÁFICAS

Department for Communities and Local Government CLG (2007) *Achieving Design Quality in Fire and Rescue Service Building.*
Police Buildings Design Guide. Home Office, 2010.
Nadel, B. *Building Security: Handbook for Architectural Planning and Design.* McGraw Hill, 2004.
*Health Building Note 44.***a** *Dimensions*
b *Turning circles.* NHS Estates.

Hospitais 16

David Clarke

CI/SfB: 41

David Clarke é arquiteto com experiência no projeto de hospitais. Anteriormente membro da Nightingale Associates, ele hoje tem sua própria empresa, Clearwell Healthcare Planning Ltd

PONTOS-CHAVE:
- *Os serviços de saúde estão tentando se aproximar mais dos pacientes*
- *Há mais demanda por serviços de saúde básicos*
- *Internações cada vez mais curtas são a regra*

Conteúdo

1 Introdução
2 Prestação de serviços
3 Projeto de equipamentos hospitalares
4 Prestação de serviços – atividades
5 Serviços de apoio – terceirização
6 Publicações e orientações

1 INTRODUÇÃO

1.1 Visão geral

A prestação de serviços de saúde e, consequentemente, o projeto de hospitais e outros equipamentos, há tempos é uma questão basicamente política e que está sujeita a alterações frequentes; as agendas e estruturas administrativas que governam a prestação de serviços de saúde no Reino Unido obviamente interferem no projeto de instalações médicas, mas esse assunto é um tanto vasto e mutável para ser detalhado aqui. Os princípios mais amplos do projeto de hospitais e as noções de melhores práticas profissionais descritas a seguir foram atualizados no momento da publicação.

Uma edificação que presta serviços de saúde inclui inúmeras funções e atividades distribuídas em uma variedade de equipamentos de saúde e serviços de apoio, como lavanderias, cozinhas, serviços de suprimentos e coleta de lixo e equipamentos para a manutenção dos prédios. Coletivamente, eles eram conhecidos como setores. Gostaríamos de evitar o uso desse termo, que está associado a uma tradição de estruturas organizacionais inflexíveis. Isso se reflete em uma edificação baseada em conceitos históricos de dimensões padronizadas e tipologias rígidas de prédios para a prestação de serviços de saúde. Os hospitais gerais distritais, hospitais-escola e hospitais comunitários (Figura 16.1) são exemplos desses estereótipos. A terminologia ainda permanecerá em uso por algum tempo, mas este capítulo pretende distinguir as atividades e as necessidades físicas de cada uma delas. Em alguns casos, trataremos de salas e, em outros, de conjuntos de salas. Todas poderiam se aplicar a um contexto de equipamento maior ou menor.

O uso quase universal da terceirização de alguns serviços regulada pelo mercado também alterou os principais determinantes do projeto de elementos – como os serviços de alimentação que, atualmente, são em grande parte planejados e projetados pela organização responsável pela prestação do serviço. Alguns elementos exigem muito dos serviços de apoio clínicos e não clínicos – como os serviços de patologia, que estão sujeitos ao mandado do Departamento de Saúde para a prestação de serviços centrais que atendem a vários serviços de saúde em uma mesma área. Da mesma forma, os serviços de esterilização (conhecidos como equipamentos centralizados), patologia e esterilização de equipamentos (CME) já são considerados como caso de descontaminação e estão sujeitos a abordagens estratégicas semelhantes por parte das Secretarias. Essa também é uma área distinta que não será discutida em detalhes neste capítulo. Outros equipamentos – como os serviços farmacêuticos – são muito influenciados pela tecnologia (neste caso, a manipulação com robôs) e normas prescritivas serão determinadas junto aos prestadores de tais serviços.

2 PRESTAÇÃO DE SERVIÇOS

2.1 Os causadores da mudança

Na busca de métodos para conter os custos dos serviços de saúde, a prestação destes serviços por meio da hierarquia organizacional e da hierarquia correspondente das tipologias da edificação também está sendo reavaliada. As aspirações de uma avaliação extensiva das necessidades e os desejos dos pacientes foram o tema de um estudo denominado *Your Health, Your Care, Your Say* (Sua Saúde, Seu Cuidado, Sua Opinião). Isso fortaleceu o movimento em direção à retirada dos serviços do dispendioso setor endêmico e a consequente transferência deles para organizações de cuidados básicos, serviços comunitários e até o atendimento em casa.

Da mesma forma, o período da internação está sendo reduzido: cada vez mais cedo, os pacientes são solicitados a se recuperar em cas a, onde precisam de apoio comunitário adicional. Além disso, muitos procedimentos básicos de tratamento e diagnóstico estão sendo testados na sala de primeiro atendimento. Uma das consequências para os hospitais endêmicos é de que os pacientes que permanecem internados são, em média, mais dependentes, e os procedimentos, da mesma forma, mais sofisticados e complexos.

2.2 Hospital e paciente

As preocupações operacionais referentes à reação dos pacientes em relação ao serviço e ao atendimento hospitalar englobam questões tão diversas como a primeira impressão, a sinalização visual, o tempo de espera em setores de traumatologia e de atendimento a pacientes de ambulatório e a relação com a enfermeira-chefe. Recentemente, elas foram ampliadas para reavaliar as relações básicas entre os setores de tratamento e as áreas de internação atendidas. O ideal de um hospital organizado a fim de amenizar alguns dos aspectos mais incômodos de uma internação – ser transportado pelo hospital diversas vezes, esperar em setores estranhos, a desorientação e a sensação de deslocamento – era definido, nas décadas de 1980 e 1990, como um "hospital focado no paciente". No Reino Unido, o ideal foi rebatizado como "hospital voltado aos pacientes".

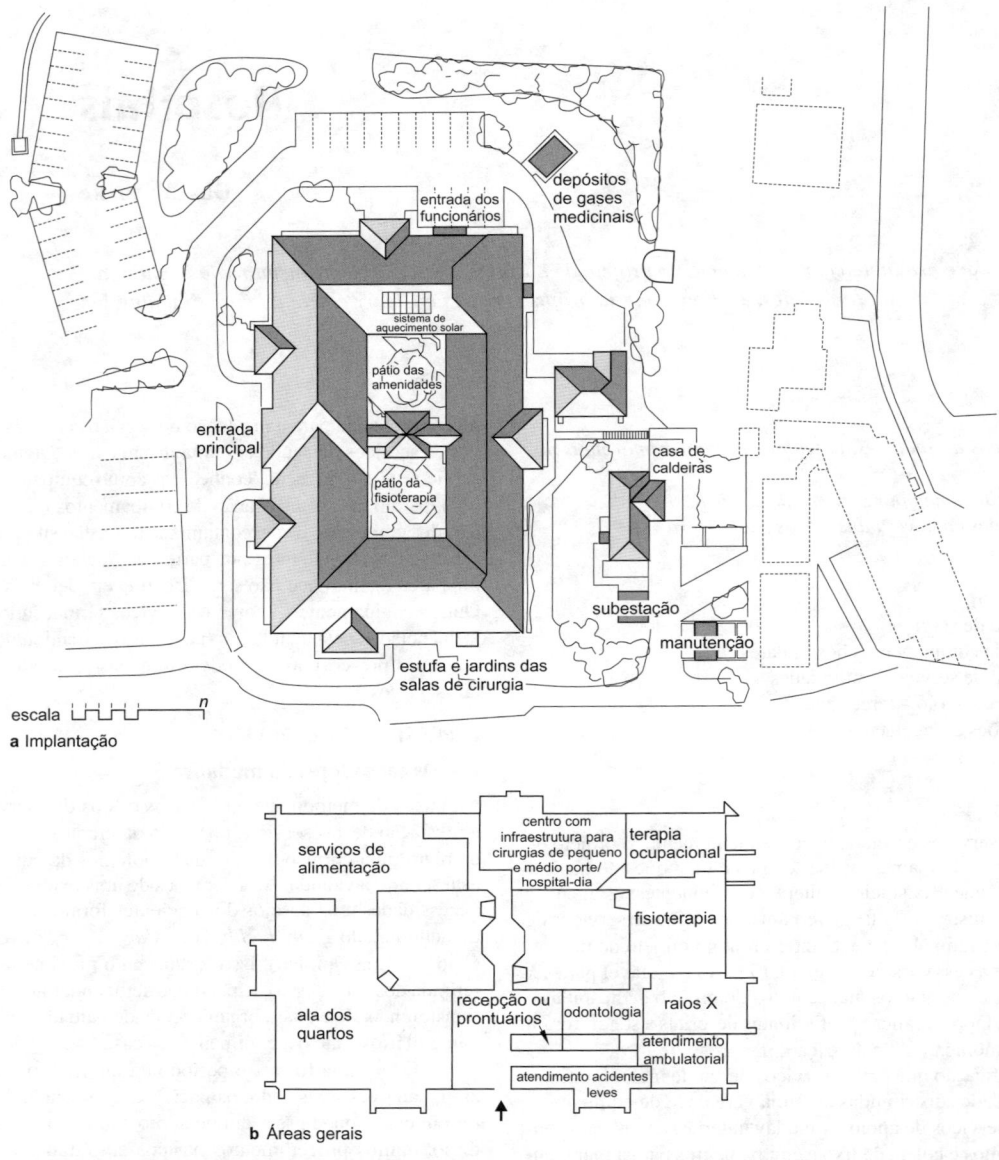

16.1 Hospital Comunitário em Mold. Arquiteto do Condado de Clwyd: William H. Simpson, Arquiteto-Chefe, WHCSA.

    O princípio – que se baseava na descentralização dos serviços de diagnóstico principalmente em alas para reduzir a distância que os pacientes teriam de percorrer dentro do hospital – também exigiu um grau de habilidades múltiplas, que resultou em uma implantação apenas limitada. Parte da fisioterapia, que anteriormente era centralizada, foi transferida para as alas e áreas dos quartos, mas o processo foi realizado por membros ambulantes da equipe de fisioterapia. O resultado foi um aumento substancial na área do quarto com o objetivo de acomodar essas atividades (Tabela I). As áreas dos quartos também aumentaram assim que a elevação de pacientes, o uso de aparelhos de elevação e a demanda pela segurança dos enfermeiros se tornaram prioridades.

2.3 Tecnologia da informação e comunicação

A implantação da tecnologia da informação e comunicação não teve o impacto substancial previsto no projeto da edificação. A redução significativa no tamanho dos equipamentos de informática, o uso quase universal dos monitores de tela plana, a implantação relativamente lenta dos sistemas de registro de pacientes e a evolução do uso de *palmtops* em vez de computadores convencionais não geraram efeitos drásticos. Os prontuários médicos ainda são feitos no papel e a previsão mais adequada é a possível localização e adaptação dessas áreas para usos alternativos.

3 PROJETO DE EQUIPAMENTOS HOSPITALARES

3.1 Condutores de projeto para experiência dos pacientes

A *Patients Charter* (Carta dos Direitos e Deveres dos Pacientes), publicada pela primeira vez em 1991, estabeleceu objetivos para o serviço de saúde com base em expectativas razoáveis identificadas pelos pacientes. Elas incluem escalas de horário para a prestação de serviços e questões importantes associadas à privacidade e à dignidade que são de direito dos pacientes, principalmente durante uma internação hospitalar.

    Atualmente é essencial, embora nem sempre possível em hospitais antigos, que os toaletes estejam diretamente disponíveis aos pacientes, não apenas em quartos privativos, mas em quartos coletivos, se existentes. Não é aceitável que os pacientes tenham de

Tabela I Hospitais, dimensões de cômodos típicos

	Áreas sugeridas para salas clínicas e salas de apoio com as respectivas dimensões					
Tipo de cômodo		Largura	Comprimento	Área	Observações	Áreas quando usadas
1.01 Consulta ou exames (acesso por ambos os lados)		4,3	3,9	16,6		
1.02 Consulta ou exames (acesso por apenas um lado)		3,8	3,9	14,6		
1.03 Sala de entrevistas		3,3	3,3	10,6		
1.04 Sala de tratamento		4,2	4,0	16,8		
1.05 Sala de venipuntura		2,7	3,0	8,1		
1.06 Recuperação de pacientes (dois pacientes)		5,0	4,4	21,8		
1.07 Sala de testagem perto dos pacientes		3,0	2,4	7,2		
1.08 Sala de suprimentos esterilizados		3,6	4,2	14,9		
1.09 Área de serviço de materiais esterilizados		3,5	4,2	14,7		
1.10 Área de serviço de lixo hospitalar (paciente de ambulatório)		2,8	3,0	8,4		
1.11 Área de serviço de lixo hospitalar (paciente internado)		2,9	4,2	12,2		
1.12 Sala da limpeza		2,3	3,0	6,9	Depende do prestador de serviços de medicina familiar	
1.13 Depósito de lixo				10,0	Depende do prestador de serviços de medicina familiar	
1.14 Estada noturna de acompanhantes		3,7	3,7	13,7	O acesso ao quarto do paciente é necessário	
1.15 Cafeteria ou lancheria		2,9	2,4	6,8		
1.16 Sala de descanso dos funcionários		4,3	8,4	35,7		
1.17 Cozinha pequena (dentro da sala dos funcionários)		2,2	0,6	1,3 0,0	É necessário lavatório adjacente	
2.01 Toalete para pessoas sem dificuldades de locomoção		1,1	1,7	1,8	Pressupõe caixa de descarga sanitária embutida não inclusa nas dimensões	Áreas exclusivas para funcionários
2.02 Toalete para pessoas com dificuldades de locomoção		1,2	1,8	2,1	Pressupõe caixa de descarga sanitária embutida não inclusa nas dimensões	Banheiros para todos
2.03 Toalete independente para cadeirantes		2,0	1,9	3,8	Equivalente aos toaletes para portadores de necessidades especiais em áreas públicas	
2.04 Toalete para uso com acompanhante		2,8	2,7	7,6	Permite acesso para dois acompanhantes	
2.05 Banheiro padrão		2,3	1,1	2,5	Adequado apenas para pessoas sem dificuldades de locomoção	
2.06 Banheiro e toalete para pessoas com dificuldades de locomoção		2,6	2,5	6,5		
2.07 Banheiro para cadeirantes		2,6	2,0	5,2	Exclusivo para cadeirantes, sem toalete	
2.08 Banheiro e toalete para uso com acompanhante		2,3	3,1	7,1		
2.09 Acesso irrestrito ao banheiro ou toalete privativo do quarto		2,3	2,1	4,8	Pressupõe o uso de grua + entrada por porta com folha dupla dobrável	
2.10 Banheiro acessível a pessoas com dificuldades de locomoção		2,3	2,7	6,1	Também possível com bidê em $2,4 \times 3,1$	
2.11 Banheiro com acesso exclusivo para cadeirantes		2,7	3,3	8,9		
2.12 Banheiro para uso com acompanhante e acesso lateral		2,4	4,9	11,8	Pressupõe as maiores banheiras de altura regulável Mín. $1,7 \times 4,65$ m	
2.13 Banheiro para uso com acompanhante e acesso posterior		2,9	5,1	14,6	Pressupõe as maiores banheiras de altura regulável Mín. $2,9 \times 4,83$ m	
2.14 Fraldário		1,7	2,6	4,4		
2.15 Vestiário infantil		3,3	3,3	10,7		
2.16 Vestiário – padrão		1,1	1,8	2,0		
2.17 Vestiário – cadeirantes		2,2	2,0	4,4		

se locomover ou ser vistos por pacientes do sexo oposto sempre que precisarem ir ao banheiro.

Um exemplo de quarto com quatro leitos e banheiros foi desenvolvido pela Nightingale Associates para atender a várias questões referentes ao projeto de alas com quartos coletivos (Figura 16.2).

Os quartos privativos oferecem vantagens associadas à privacidade, dignidade, confidencialidade e segurança. Contudo, levantamentos indicam que realmente nem todos os pacientes preferem ocupar um quarto privativo. Uma enfermaria com quatro leitos gera uma pequena comunidade propensa ao companheirismo, além de uma estrutura de apoio caso um paciente precise de auxílio e não tenha como usar o sistema de chamada da enfermeira. Alguns quartos privativos são essenciais para os pacientes que preferem aquele tipo de ala ou devido a necessidades clínicas. Sempre que quartos coletivos forem oferecidos, deve haver salas de entrevista para conversas confidenciais entre os funcionários clínicos e o paciente. Isso será inconveniente para as visitas periódicas dos médicos, mas é essencial para o bem-estar dos pacientes.

A mudança para o uso absoluto de quartos privativos é louvável, mas não é universalmente aceita como um objetivo. A boa prá-

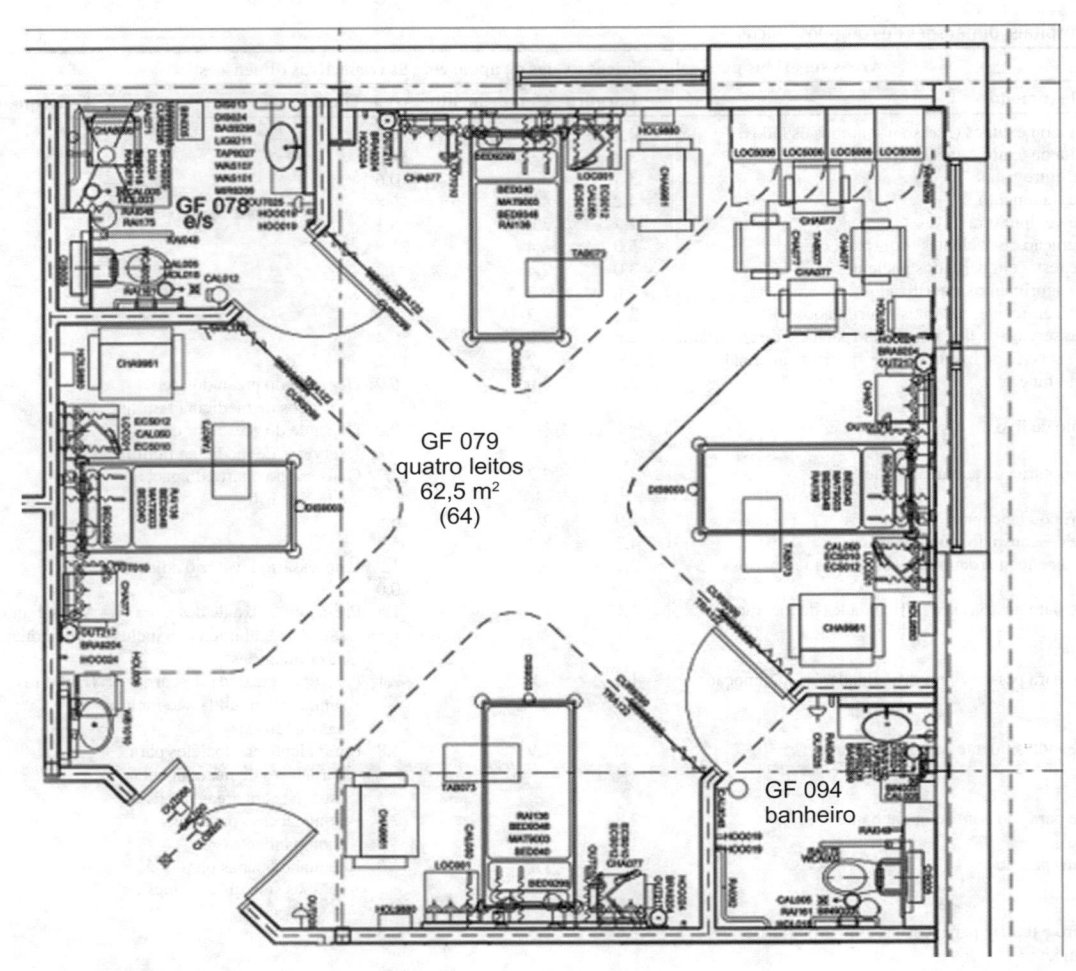

16.2 Enfermaria com quatro leitos do New Nightingale Ward, projetada por Nightingale Associates.

tica profissional atual sugere a oferta de 75% de quartos privativos com quatro leitos para manter o equilíbrio.

A arquitetura e o ambiente interno de alta qualidade são empregados para melhorar a experiência dos pacientes, funcionários e visitantes, mas também para reduzir o tempo de recuperação necessário para cada paciente. Há evidências claras nos ambientes de Tratamento Intensivo, por exemplo, de que a luz natural e a vista externa contribuem para a recuperação.

3.2 Diretrizes de projeto

O projeto hospitalar também é o tópico de uma variedade de programas de projeto e "diretrizes" conduzidas centralmente por organizações como a CABE – *Commission for Architecture and the Built Environment* (Comissão para a Arquitetura e o Ambiente Construído), o BRE – *Building Research Establishment* (Instituto de Pesquisa em Edificação) e o CIC – *Construction Industry Council* (Conselho da Indústria da Construção).

Duas iniciativas significativas surgiram recentemente: o *kit* de ferramentas de projeto AEDET e o procedimento de avaliação ambiental NEAT.

O AEDET ("*kit* de ferramentas para a avaliação e obtenção da excelência em projetos", atualmente conhecido como "Evolução AEDET") avalia os projetos fazendo uma série de questões objetivas e não técnicas que incluem três áreas chamadas de Impacto, Qualidade da Construção e Funcionalidade. Cada área é avaliada por meio de uma variedade de critérios específicos:

- "Impacto"
  - Caráter e inovação
  - Formato e materiais
  - Ambientes para funcionários e pacientes
  - Regeneração urbana e social
- "Qualidade da Construção"
  - Desempenho
  - Engenharia
  - Construção
- "Funcionalidade"
  - Uso
  - Acesso
  - Espaço

Acredita-se que, se as três áreas combinadas fornecerem valor agregado, o resultado da combinação será excelente.

Outra ferramenta, o ASPECT (sigla para *a staff and patient environment calibration tool* – uma ferramenta de regulação dos ambientes de funcionários e pacientes) oferece processos adicionais de avaliação que complementam o AEDET. É possível encontrar detalhes de ambas as ferramentas no portal *on-line* do Departamento de Saúde da Grã-Bretanha (http://design.dh.gov.uk).

O *NHS Environmental Assessment Tool* (Ferramenta de Avaliação Ambiental do Serviço Nacional de Saúde da Grã-Bretanha) é um procedimento de autoavaliação com base em perguntas respondidas por "sim" ou "não", que ajuda a avaliar o impacto negativo que os equipamentos de saúde podem exercer sobre o meio ambiente. É possível aplicar o NEAT a qualquer tipo de serviço de saúde do National Health Service. O sistema baseado no programa Excel emite um escore numérico que funciona da seguinte maneira:

- abaixo de 25%: reprovado
- acima de 25%: aprovado
- acima de 40%: bom
- acima de 55%: muito bom
- acima de 70%: excelente

O NEAT exige que todas as novas edificações obtenham o nível de excelência; as edificações reformadas, por sua vez, devem ser consideradas muito boas. O NEAT engloba 10 áreas:

- Gestão
- Energia
- Transporte
- Água
- Materiais
- Uso do solo e ecologia
- Poluição
- Ambiente interno
- Fatores sociais
- Lixo operacional

O *kit* de ferramentas está disponível para *download* na página do Departamento de Saúde.

3.3 Relações funcionais no interior dos prédios de saúde

A discussão das áreas clínicas individuais a seguir inclui referências a adjacências adequadas ao uso eficiente do espaço e à minimização do deslocamento desnecessário de pacientes e funcionários (Figura 16.3).

As adjacências lógicas também facilitam a compreensão da edificação por parte de pacientes, visitantes e funcionários que não estão familiarizados com o leiaute. A sinalização objetiva (ou o uso de painéis de localização) obviamente é essencial, mas o princípio de que "as pessoas não leem placas" deve ser considerado. A Tabela II ilustra algumas das relações entre os espaços com atividades principais e atividades associadas.

3.4 Preparação para o futuro (projetos voltados para mudança), crescimento e retração

A prestação de serviços de saúde e as consequentes configurações da edificação continuarão a mudar. À medida que serviços para casos mais graves são prestados mais perto de casa – ou em casa –, diferentes tipologias de edificação irão aparecer. As parcerias cada vez mais frequentes com o setor privado serão desenvolvidas lado a lado com as parcerias com lazer, comércio e prestação privada de serviços de saúde perto dos locais onde as pessoas passam o dia.

Ainda que o conceito de flexibilidade tenha sido, por muitos anos, um critério de julgamento referente à qualidade do projeto de uma edificação de saúde, atualmente sabemos que a flexibilidade e o consequente aumento de custo devem ser mais considerados no contexto da adaptabilidade. O uso contínuo de estruturas independentes de aço e concreto na estrutura primária das principais edificações de saúde proporciona o maior nível de adaptabilidade, ainda que, dentro desses dois princípios, haja variáveis significativas que, por si só, aumentam ou diminuem a adaptabilidade. Os hospitais apresentam muitas exigências especiais referentes a lajes de piso com aberturas para instalações e paredes que tendem a seguir as linhas de pilares. É preciso admitir que os pontos menos penetráveis do piso costumam ser em torno de pilares e ao longo das linhas das principais vigas estruturais. A introdução de zonas penetráveis nessas áreas aumentará substancialmente a facilidade de promover futuras adaptações.

É preciso considerar áreas de ampliação no perímetro das edificações, permitindo que as principais rotas de circulação ultrapassem a pele da edificação sem incômodos significativos. As ampliações também ocorrem no interior da edificação, para atividades específicas. É razoável pressupor que algumas especialidades se expandirão – como a radiologia e o *day surgery* (tipo de procedimento invasivo de pouca gravidade e de curta duração em que o paciente vai para casa no mesmo dia), por exemplo –, outras serão reduzidas, como os prontuários médicos. Algumas provavelmente serão transferidas, como o CME. A colocação dessas instalações que provavelmente se expandirão juntamente àquelas que provavelmente diminuirão permite uma flexibilidade interna que talvez minimize o efeito dos incômodos no futuro.

Da mesma forma, os serviços talvez precisem ser reduzidos. À medida que um número cada vez maior de atividades é retirado de hospitais para casos graves, elas não serão substituídas por um aumento no atendimento a casos graves remanescentes. A capacidade de expansão e redução deve ser demonstrada na etapa do caso de negócio e considerada parte do Plantejamento Estratégico.

3.5 Projeto de prevenção e combate a incêndios

As edificações de saúde precisam cumprir as normas de segurança contra incêndio e saídas de emergência: as normas que se aplicam aos hospitais são estabelecidas pelo Código de Incêndio do Departamento de Saúde. Essas orientações são discutidas pelos Documentos HTM 05–01, HTM 05–02 e HTM 05–03 em várias seções. Considera-se que essas diretrizes atendam aos requisitos das *Building Regu-*

16.3 Fluxograma do Darent Valley Hospital em Dartford Kent, um dos primeiros hospitais *PFI* projetados por Paulley Nightingale Architects e concluído em 2002.

Tabela II Relação entre os departamentos hospitalares em hospital para casos graves

	Relação entre departamentos em hospital para casos graves			
Atividades	Requisitos de acesso	Localização	Relação	Observações
Serviços para pacientes internados				
1 Ala de quartos de adulto para casos graves		O pavimento não é importante	Camas cirúrgicas das salas de cirurgia	
2 Ala de quartos infantis para casos graves	Para a área de lazer externa	De preferência no pavimento térreo	Salas de cirurgia; inclui estada noturna para os pais	
3 Setor de geriatria		De preferência no pavimento térreo	Hospital-dia geriátrico Reabilitação	
4 Unidade de terapia intensiva		O pavimento não é importante	Setor de acidentes; salas de cirurgia	
5 Setor de maternidade			Clínica pré-natal no ambulatório	
5.1 Quartos			Obstetrícia	
5.2 Obstetrícia	O acesso para ambulâncias talvez seja necessário no setor como um todo	O pavimento não é importante	Quartos, salas de cirurgia Unidade de cuidados intensivos neonatais	A área inclui setor administrativo, etc.
5.3 Unidade especial para tratamento pediátrico			Obstetrícia	
6 Setor psiquiátrico	Acesso externo	As unidades independentes talvez precisem de acesso interno e exclusivo		
6.1 Quartos				
6.2 Hospital-dia				
7 Ala isolada	Acesso externo privado para casos de infecção	O pavimento não é importante, mas consulte o item "acesso"	Setor infantil	
Diagnóstico e tratamento				
8 Setor de operação		O pavimento não é importante	Leitos cirúrgicos; setor de acidentes	A ventilação especial precisa incluir refrigeração
9 Setor de raios X		Em geral no pavimento térreo	Setor de acidentes; clínica de traumatologia	Pés-direitos especiais e equipamentos pesados
10 Radioterapia		O pavimento não é importante	Setor de raios X	
11 Setor de patologia	O acesso externo para suprimentos talvez seja necessário	O pavimento não é importante, mas consulte o item "acesso"	Isótopos de rádio, ambulatório	Consideração especial à exaustão de gases nocivos
12 Óbitos e autópsias	Acesso externo privado para veículos de funerárias	O pavimento não é importante, mas consulte o item "acesso"	Autópsias, seção de patologia	Consideração especial à ventilação de áreas mortuárias
13 Reabilitação	Acesso para ambulâncias	Pavimento térreo	Leitos médicos e geriátricos	Inclui sala de fisioterapia (pé-direito extra), piscina para hidroterapia (instalações especiais) e terapia ocupacional
14 Acidentes e emergência	Acesso para ambulâncias com casos de emergência	Geralmente no pavimento térreo – consulte o item "acesso"	Acesso direto ao setor de raios X, clínica de traumatologia, salas de cirurgia principais, unidade de terapia intensiva	As relações não exigem equipamentos de raios X ou salas de cirurgia separadas no setor de acidentes
15 Setor para pacientes de ambulatório, incluindo clínica de traumatologia, exames pré-natais, odontologia, avaliação clínica, otorrinolaringologia, oftalmologia, pacientes pediátricos e avaliação abrangente	Acesso para pedestres e ambulâncias para grandes números, aproximadamente 300–400 manhã e tarde	A recepção principal e a área de espera geralmente ficam no pavimento térreo, mas outras áreas podem ficar em outros pavimentos	Clínica de traumatologia no setor de acidentes, acesso conveniente à farmácia, acesso adequado aos prontuários médicos – em geral adjacente	
16 Hospital-dia para idosos	Acesso para ambulâncias, acesso às áreas externas	Geralmente no pavimento térreo – consulte o item "acesso"	Leitos geriátricos, setor de reabilitação	
17 Hospital-dia para adultos		O pavimento não é importante	Salas de cirurgia, raios X, patologia	Inclui área adicional para pacientes de pronto atendimento
Serviços de apoio				
18 Paramédicos:				
18.1 Farmácia	Suprimento externo, acesso talvez seja necessário	Geralmente no pavimento térreo – consulte o item "acesso"	Ambulatório, rotas de suprimento no hospital	

(continua)

Tabela II Relação entre os departamentos hospitalares em hospital para casos graves *(continuação)*

	Relação entre departamentos em hospital para casos graves			
Atividades	**Requisitos de acesso**	**Localização**	**Relação**	**Observações**
18.2 Setor central de esterilização	Acesso externo para suprimentos	Geralmente no pavimento térreo – consulte o item "acesso"	Rotas de suprimento no hospital, setor de operações	Necessidades especiais de ventilação – problemas de calor extremo
18.3 Radiologia		O pavimento não é importante		Geralmente utilizando imagens digitais em qualquer lugar do hospital
18.4 Setor de anestesia		O pavimento não é importante	Salas de cirurgia, UTI	
19 Não clínica:				
19.1 Cozinhas	Acesso externo para suprimentos	Pode ser no pavimento térreo (para acesso de suprimentos), pavimento superior (perto de leitos)	Rotas de suprimentos no hospital e áreas com leitos atendidas – serviço de quarto	
19.2 Refeitório ou lancheria		O pavimento não é importante, mas consulte o item "cozinhas"	Acesso entre a cozinha e o balcão, bom acesso aos funcionários a partir de todo o hospital	
19.3 Depósitos	Veículos de suprimentos	Geralmente na área de serviço, pavimento térreo	Rotas de suprimentos no hospital	Um pé-direito especial talvez seja necessário para o uso de máquinas, uso mais intenso de serviços de abastecimento imediato
19.4 Lavanderia	Veículos de suprimentos	Pavimento térreo, área de serviço	Rotas de suprimentos no hospital	
19.5 Caldeira – depósito de combustíveis	Veículos de entrega de combustíveis	Geralmente no pavimento térreo em áreas de serviço, mas pode ser em outro lugar (por exemplo, cobertura) conforme o combustível escolhido		
19.6 Departamento de obras e transporte	Estacionamento de veículos	Geralmente no pavimento térreo em áreas de serviço	Casa de caldeiras	
19.7 Administração		O pavimento não é importante (os equipamentos de telefonia devem ficar no pavimento térreo)		Inclui equipamentos de telefonia. As funções puramente administrativas podem ser em outra área
19.8 Acomodações na entrada principal	Acesso externo para pacientes internados, visitantes, talvez pacientes de ambulatórios e funcionários	Geralmente no pavimento térreo – consulte o item "acesso"	Área de recepção para pacientes internados ou prontuários médicos no hospital principal, rotas de comunicação horizontais e verticais	Também inclui equipamentos como bancos, lojas, etc.
19.9 Prontuários médicos		O pavimento não é importante. Conjunto de recintos que devem estar no pavimento térreo – consulte o item "relações"	Rotas de comunicação no hospital	Apenas prontuários recentemente utilizados, o resgate no arquivo morto deve ser com 24 horas de antecedência
20 Funcionários:				
20.1 Centro educacional	O pavimento não é importante			
20.2 Vestiário para funcionários não residentes		No caminho entre a entrada de funcionários e setores atendidos, o pavimento não é importante	Rota de abastecimento no hospital para serviços de lavanderia	
20.3 Serviços de saúde ocupacional	O pavimento não é importante			Talvez seja nas instalações para pacientes de ambulatório
21 Serviços diversos: inclui estacionamento de veículos, garagens, instalações para gases medicinais, prédios recreacionais				

lation Part B (Normas da Construção Seção B). A principal mudança consiste na responsabilidade do cliente do NHS – *National Health Service* (Serviço Nacional de Saúde do Reino Unido) na Inglaterra, que deve preparar uma Política de Segurança contra Incêndio em resposta ao *HTM 05–01 Managing Healthcare Fire* (Gestão de Incêndios em Edificações de Saúde) para informar o processo de projeto. As normas para a Escócia e o País de Gales talvez difiram; o processo 05–01 também não é obrigatório para as Fundações de Saúde. Algumas das exigências influenciam o formato geral e serão discutidas; outras, afetam a organização interna e serão detalhadas a seguir.

Relação dos departamentos conforme os tipos de incêndio
Os riscos à vida humana são maiores nas áreas onde os pacientes estão confinados ao leito e principalmente naquelas onde eles seriam incapazes, em caso de incêndio, de seguir para um local seguro sem assistência. Essas áreas são denominadas setores de dependência normal ou dependência muito alta.

Os setores com maior risco de incêndio são as zonas de suprimento, os depósitos de combustíveis e outros materiais que contêm grandes quantidades de materiais inflamáveis, além daqueles onde a ignição é mais provável – como cozinhas, lavanderias, laboratórios e casas de caldeira (chamados de setores de risco). O princípio a ser seguido é que os setores independentes não devem ficar em áreas adjacentes ou acima dos setores de risco, a menos que protegidos por uma barreira contra fogo com isolamento de 60 minutos no setor de risco em alguns casos. Os departamentos de dependência muito alta – como UTI, Salas de cirurgia ou unidades neonatais – não devem estar em locais adjacentes aos setores de risco, seja vertical ou horizontalmente. Essas exigências são destacadas na Seção 3 da Tabela I do HTM 05–02.

Eixos vitais de circulação dos hospitais
O eixo vital de circulação do hospital – a principal área de circulação entre as áreas do hospital – pode formar uma grande plataforma de combate a incêndio. Ela também oferece uma alternativa de evacuação horizontal progressiva para o departamento adjacente. Os eixos de circulação possuem exigências específicas referentes às distâncias máximas de deslocamento; elas podem ser encontradas no Código de Incêndio. Não é necessário designar um eixo principal de circulação, mas um eixo de circulação central seria naturalmente incluído nesta categoria.

Sempre que um eixo de circulação for designado – e isso oferece vantagens significativas para o projeto de prevenção e combate a incêndio em grandes unidades – regras específicas se aplicam. O eixo de circulação deve ter uma largura mínima de 3 m entre os corrimãos. No pavimento térreo, ele deve ter, no mínimo, duas saídas com uma distância inferior a 180 m entre ambas. Em pavimentos superiores, se exige, no mínimo, duas escadas com uma distância máxima de 60 m entre ambas. A distância entre a entrada de um departamento e as escadas não deve ser superior a 30 m. Essa não é uma lista exaustiva de exigências; deve-se consultar o HTM 05–02, parágrafos 5.40–5.45.

Compartimentação
A compartimentação de uma grande edificação em áreas de tamanho limitado, divididas por paredes internas corta-fogo, permite a fuga de um foco de incêndio em direção a um local próximo e relativamente seguro ainda nos primeiros estágios do incêndio. Em um hospital, é essencial que esse movimento seja horizontal. Em geral, elevadores não podem ser usados em caso de incêndio, e a evacuação de pacientes fisicamente dependentes por meio de escadas demora tempo demais para ser considerada prática.

A compartimentação principal é por pavimento, sendo que cada um tem uma barreira contra fogo de 60 minutos, a menos que a edificação tenha mais de 30 m ou nove pavimentos de altura; neste caso, a proteção mínima é de 90 minutos.

Em cada pavimento, os compartimentos se limitam a 2.000 m^2 de área. Para atender essas exigências, deve haver no mínimo três por pavimento; um deles pode ficar no eixo principal de circulação. Na prática, compartimentos grandes assim são incomuns. As exigências da Seção 5 para compartimentação por limites de departamentos geralmente resultará em compartimentos de aproximadamente 1.000 m^2, no máximo.

Se um compartimento tiver mais de 750 m^2 ou fornecer acesso para mais de 30 pacientes, é obrigatório que a área seja subcompartimentada. Em geral, deve haver um número maior de compartimentos em cada pavimento, dedicando-se atenção especial aos grupos de pacientes vulneráveis, como idosos e pessoas com dificuldades de locomoção (por exemplo, pacientes da ortopedia). Uma compartimentação adicional é necessária em setores com dependência muito alta, como salas de cirurgia e outras áreas clínicas.

Os *sprinklers* geralmente não são usados em edificações hospitalares, mas talvez sejam necessários em áreas urbanas centrais. O código de incêndio inclui exigências para ambas as circunstâncias.

Em construções com apenas um pavimento, a área máxima de compartimentação é de 3.000 m^2, embora as regras dos setores se apliquem conforme observado anteriormente.

Distâncias de deslocamento e rotas de fuga
Há limitações para a distância máxima de deslocamento dentro de um compartimento ou subcompartimento. Dentro de um compartimento, a distância máxima é de 60 m; em um subcompartimento, ela é de 30 m. Também há um limite para a distância de deslocamento em uma saída de emergência principal. A saída de emergência é um caminho protegido e livre de fumaça que leva a um espaço aberto no pavimento térreo; o eixo principal de circulação em geral é projetado para atender a esses critérios. Como regra, um compartimento deve ter uma saída para dois setores ou para um setor e um eixo de circulação.

É preciso observar que a maioria das áreas de um hospital é ocupada por funcionários treinados durante boa parte do dia e, em alguns casos, durante 24 horas. As salas que não são ocupadas – como depósitos e salas com funções de risco, como cozinhas, ou que contêm materiais inflamáveis – representam os maiores riscos e são chamadas cômodos com risco de incêndio. Esses cômodos devem manter a resistência ao fogo e o isolamento por, no mínimo, 30 minutos.

3.6 Controle de infecções

O controle de infecções é uma parte vital da prestação de serviços de saúde e inclui medidas comportamentais e procedimentais (como a lavagem frequente das mãos, o uso de álcool em gel e restrições de acesso), além de estratégias de projeto (tudo o que foi projetado precisa ser limpo – todas as superfícies devem estar ao alcance das equipes de limpeza).

É preciso saber que as infecções por diferentes patógenos podem ser minimizadas por meio de diferentes métodos. O álcool em gel, por exemplo, talvez funcione contra a MRSA, mas não contra a *C. Difficile*, que exige a lavagem meticulosa das mãos. O projeto do ambiente por si só não consegue eliminar o risco de infecções, mas a distribuição estratégica de lavatórios e dispensadores de álcool em gel talvez permita uma boa gestão ao estimular as boas práticas.

As superfícies horizontais difíceis de serem limpas representam um risco; os rodapés recortados e a eliminação de áreas inacessíveis (atrás dos vasos sanitários, por exemplo) auxiliam a deixar o regime de limpeza mais eficiente.

A presença de patógenos altamente infecciosos e perigosos – como a MRSA e a *C. Difficile* – é uma preocupação constante para médicos e pacientes. Além disso, a situação referente a essas bactérias é muito instável. Os projetistas devem estar cientes dos riscos que essas bactérias representam e consultar especialistas em medicina e controle de infecções em todas as etapas da elaboração do projeto.

4 PRESTAÇÃO DE SERVIÇOS – ATIVIDADES

4.1 Serviços de emergência

A provisão de equipamentos para os serviços de emergência evoluiu para permitir a prestação de serviços o mais rápido possível e eficiente em termos de custos. Há uma ênfase maior sobre os serviços paramédicos prestados por equipes de atendimento a chamadas de emergência e sobre a disponibilidade de equipamentos para pequenos ferimentos. As unidades de ferimentos leves prestam serviços das 8 horas da manhã até as 11 horas da noite, aproximadamente, para serviços que não exijam o escopo completo do atendimento de emergência o que requer um grau de "autodiagnóstico", mas ainda é necessário atingir seu potencial completo em ganhos de eficiência.

Cada vez mais, os serviços de emergência estão sendo associados a outros elementos de tratamento crítico, como a terapia intensiva e as salas de cirurgia, uma vez que a unidade administrativa e o equipamento como um todo são de responsabilidade dos serviços críticos. O serviço de emergência evidentemente exige acesso no pavimento térreo; as salas de cirurgia, que dependem intensamente da ventilação mecânica, costumam ocupar pavimentos superiores. Consequentemente, uma circulação vertical exclusiva entre o setor de acidentes e emergências e as salas de cirurgia é muito importante. Uma alternativa seria a inserção de um pavimento intermediário exclusivo para casas de máquina e instalações. Em geral, a unidade de terapia intensiva (UTI) seria colocada junto às salas de cirurgia e ambas dividiriam o acesso vertical proveniente do setor de acidentes e emergências (Figuras 16.4 e 16.5).

Talvez seja necessário disponibilizar equipamentos especializados para o tratamento de cardíacos no setor de acidentes e emergências.

Devido à natureza urgente de inúmeros casos de acidente, a relação com os departamentos de apoio é fundamental. Em particular, deve haver acesso direto – por entradas distintas, se necessário – ao setor de raios X, para aumentar a velocidade do diagnóstico. Alternativamente, é possível disponibilizar equipamentos de raios X exclusivos para o setor de acidentes e emergências. O deslocamento de pacientes sobre leitos ou camas cirúrgicas significa que as dimensões desses itens são críticas (Figuras 16.6 e 16.7).

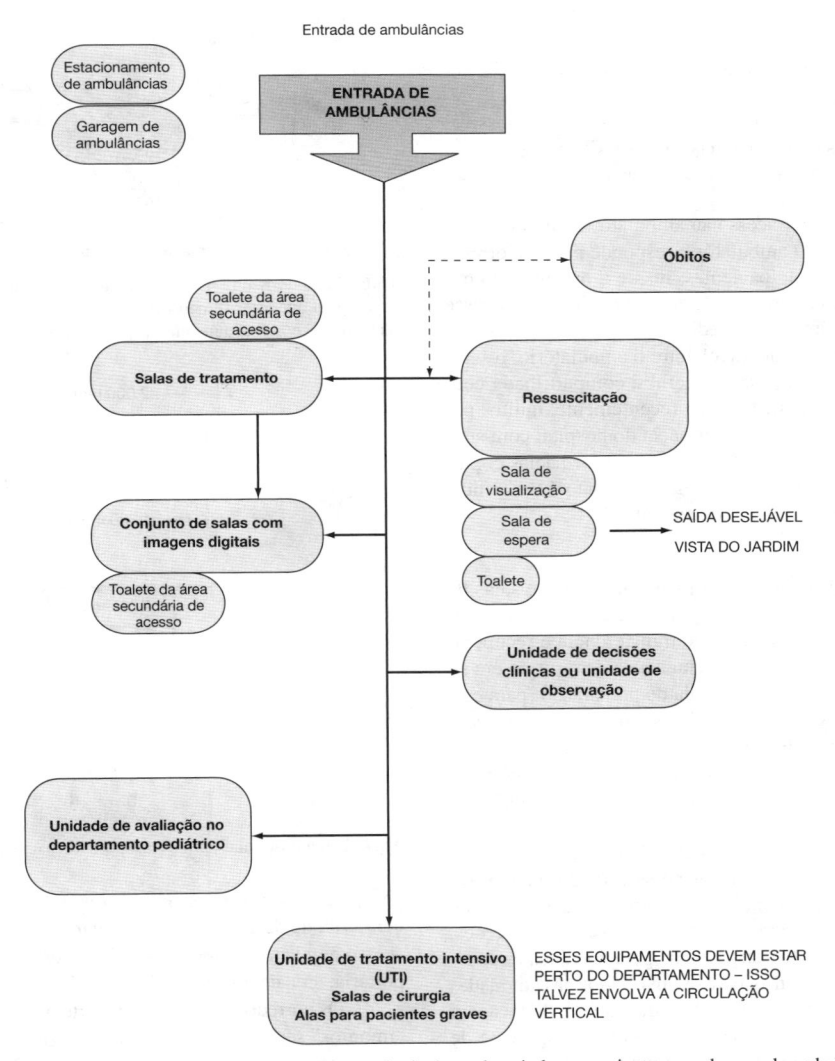

16.4 Diagrama que mostra as relações entre os espaços no setor de emergência de um hospital para pacientes que chegam de ambulância. (Fonte: Health Building Note 22.)

16.5 Unidade de terapia intensiva (UTI). Boxes separados por cortinas não são usados, mas paredes móveis talvez sejam. A localização do leito dentro do espaço varia conforme as necessidades de pacientes, funcionários e equipamentos.

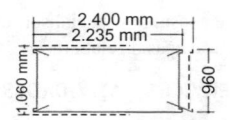

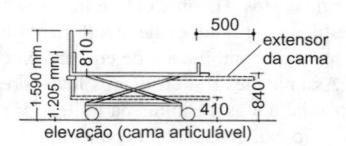

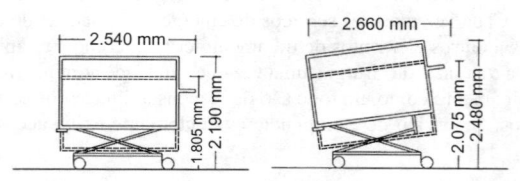

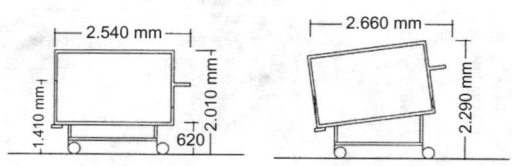

Se os equipamentos de raios X não fizerem parte do setor de acidentes e emergências, será necessário um acesso 24 horas a uma seção limitada do setor de raios X.

Também se exige uma proximidade com a traumatologia, devido à intensidade do trânsito.

Deve-se disponibilizar o máximo de acesso direto possível entre o setor de acidentes e emergências e o setor de cirurgia, ainda que a localização deste tenha de respeitar as necessidades prioritárias das salas de cirurgia e da UTI.

Os pacientes devem ter acesso ao ambulatório diretamente a partir da entrada principal. O ambulatório responde pela maior procura diária por prontuários de pacientes, mas é a organização e o formato dos próprios prontuários que determina a relação entre esse setor e o departamento de registros médicos.

Haverá um trânsito considerável entre o ambulatório, o setor de raios X e a traumatologia (que em geral é compartilhada com o setor de acidentes e emergências). Até recentemente, muitos pacientes de ambulatório se dirigiam à farmácia do hospital com suas receitas, mas agora eles são estimulados a utilizar farmácias comunitárias externas; assim, a localização desse setor não é tão crítica, embora deva ser razoavelmente fácil de encontrá-lo.

4.2 Medicina invasiva

O setor de cirurgia consiste em um ou mais conjuntos de salas de cirurgia juntamente a acomodações de apoio e de uso comum, como vestiários e toaletes, recepção e áreas de transferência e recuperação. O conjunto de salas de cirurgia inclui a sala de cirurgia em si, com uma sala anestésica própria, uma sala de preparação (para carrinhos de instrumentos), uma sala de dejetos, uma área de lavagem das mãos e troca de roupa e uma área de saída, que pode fazer parte do espaço de circulação (Figura 16.9). A sala de cirurgia é o cômodo onde operações cirúrgicas e alguns procedimentos de diagnóstico são realizados.

O controle de infecções é um dos critérios fundamentais para o projeto do setor de cirurgia, uma vez que esse é um dos poucos setores que exige um sistema de condicionamento de ar que incorpore o controle da umidade do ar. Para viabilizar o controle de infecções, quatro zonas de acesso são definidas: a zona operacional (salas de cirurgia e preparação); a zona restrita para os envolvidos nas atividades da zona operacional e que precisam se preparar (a área de lavagem das mãos, a sala de anestesia e as salas de materiais impuros e de materiais esterilizados); a zona de acesso limitado para aqueles que precisam entrar em áreas adjacentes às citadas anteriormente (recu-

16.6 Cama do King's Fund; apresentação das dimensões mais importantes. É provável que estas dimensões sejam usadas com frequência ou de maneira relevante. É possível aumentá-las por meio dos vários acessórios disponíveis.

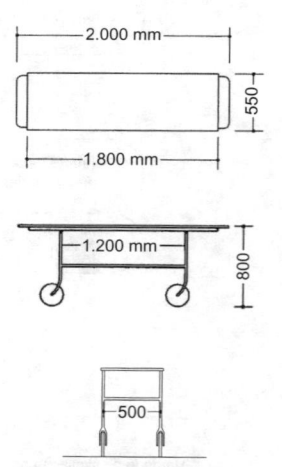

16.7 Cama hospitalar para o transporte de pacientes.

peração, depósito de equipamentos móveis de raios X, câmara escura, sala de descanso dos funcionários, sala de limpeza); e zona de acesso geral em que todos são admitidos (vestiário dos funcionários, portaria, área de transferência, depósitos).

Os corredores para o transporte de materiais "esterilizados" e "impuros" separados não são mais exigidos para fins de controle de infecções, embora os quatro componentes de trânsito principais (pacientes, funcionários, suprimentos e dejetos) talvez sejam segrega-

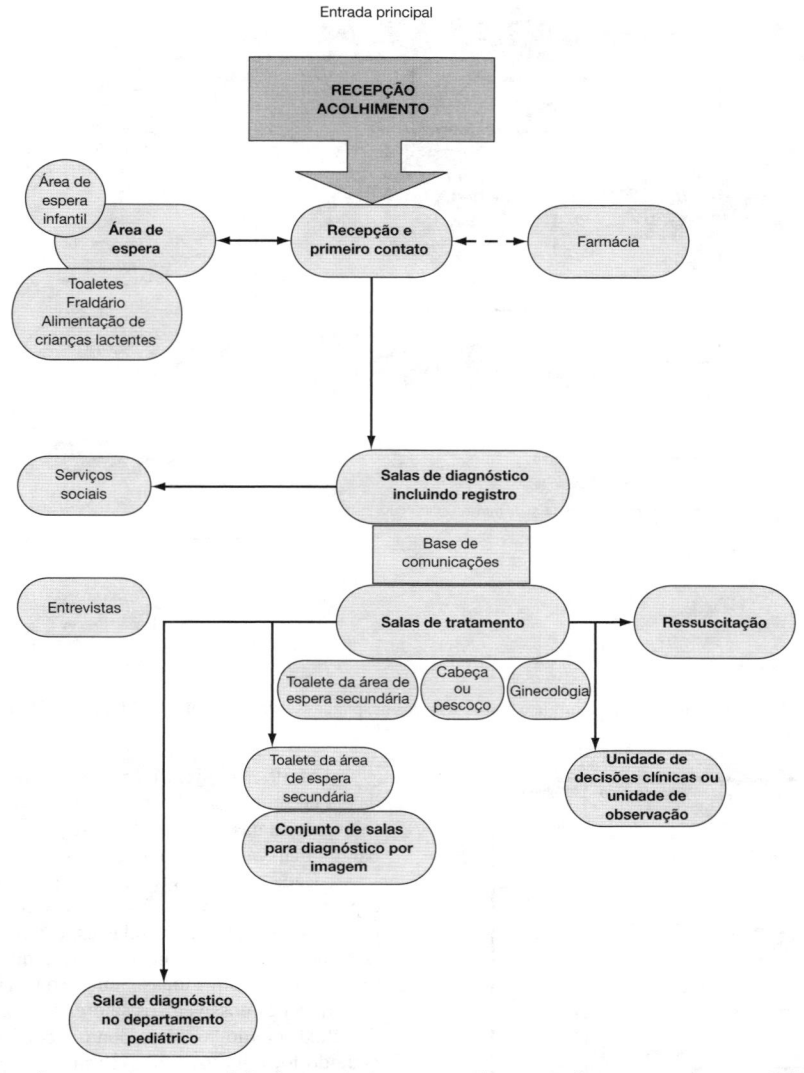

16.8 Diagrama de relações que ilustra os espaços associados à emergência para os pacientes que chegam por transporte público ou privado. (Fonte: Health Building Note 22.)

dos em um número de combinações possíveis – em ambos os lados da sala de cirurgia – para melhorar o fluxo de trabalho.

Há fortes argumentos econômicos para centralizar os equipamentos de cirurgia em um setor, localizado no mesmo pavimento dos leitos cirúrgicos; os leitos cirúrgicos pediátricos, em particular, devem ficar no mesmo pavimento e o mais perto possível.

A UTI deve estar imediatamente adjacente e precisa dispor de um acesso direto que não exija o uso das principais rotas de circulação do hospital.

O percurso desde o setor de acidentes e emergências deve ser o mais direto possível, ainda que talvez não seja viável colocá-los no mesmo pavimento.

4.3 Diagnóstico por imagens

Também conhecido como radiologia, o termo em geral se refere ao uso de raios X para o diagnóstico por imagens. Quando usado para tratamento, o termo empregado é radioterapia (Figura 16.10).

Além das técnicas convencionais para a radiologia de estruturas ósseas, complementada no caso de órgãos maleáveis pelo uso de materiais rádio-opacos como o bário, o setor de raios X inclui um digitalizador (*scanner*) de tomografia computadorizada (CT) que apresenta imagens tridimensionais e uma unidade para ressonância magnética por imagens (MRI).

O CT e o MRI têm uma importância cada vez mais significativa para o diagnóstico rápido de tumores e são usados em um número cada vez maior de serviços de emergência, particularmente associados a ferimentos na cabeça e para pacientes cardíacos. Embora o MRI não utilize a radiação por raio X, exigências de projeto muito específicas são necessárias para as salas de exame com MRI devido aos campos magnéticos gerados pelo magneto. A influência do magneto vai além da sala de exames conforme a potência do magneto e a quantidade de proteção embutida no recinto. Todos os materiais dentro da sala de exames devem ser não ferrosos e compatíveis com o MRI. O CT também usa a radiação por raio X mas, como ele utiliza "fatias" para compor uma imagem tridimensional, uma investigação por CT resultará em uma dose muito mais alta de radiação para o paciente do que raios X convencionais; por essa razão, ele é usado o mínimo possível em cada paciente.

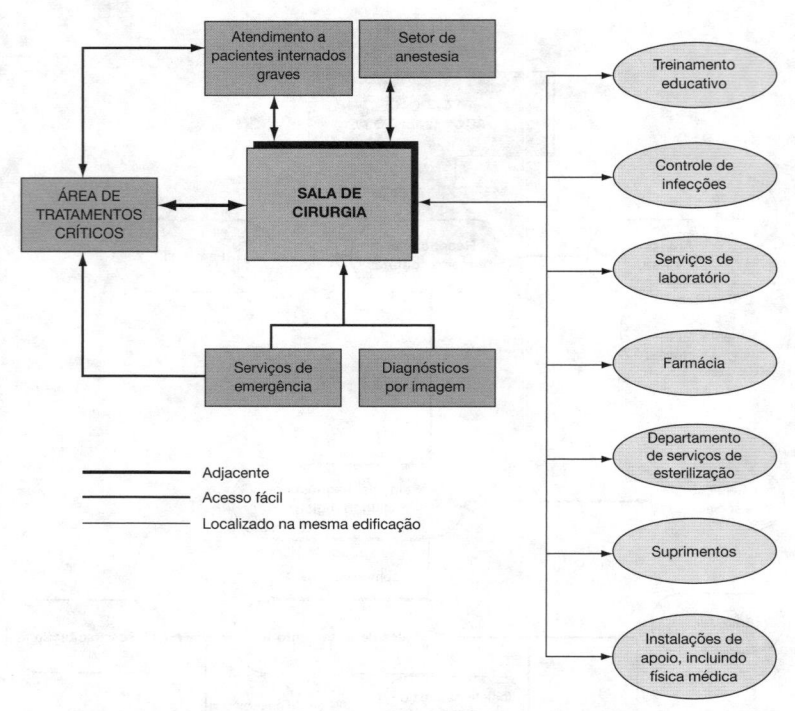

16.9 Diagrama que ilustra a relação entre uma sala de cirurgia e outros serviços hospitalares. (Fonte: Health Building Note 26, volume 1.)

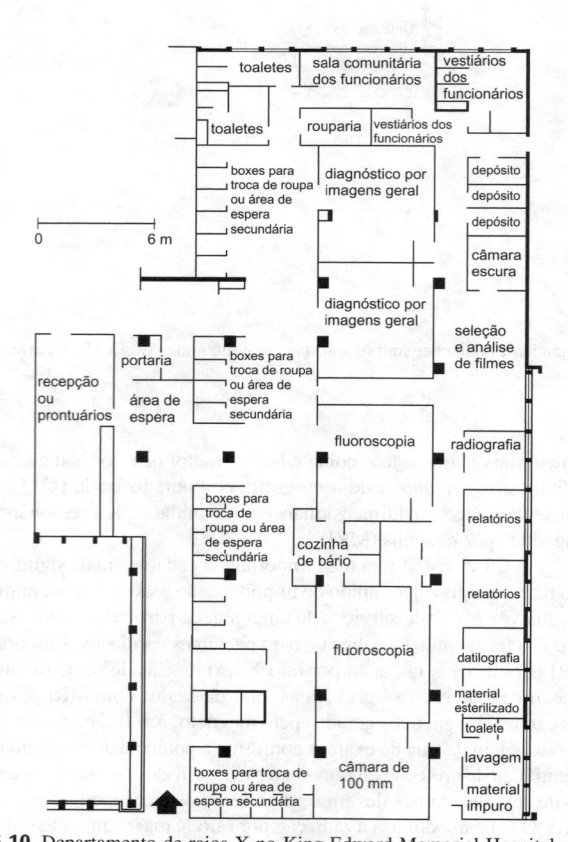

Muito mais significativo em termos de produtividade – e ainda em crescimento – é o ultrassom por imagens, que é mais simples (não precisa das medidas de proteção exigidas pelos raios X), mais barato, mais rápido e não ocupa tanto espaço.

Cada um desses serviços exige áreas exclusivas de recepção, espera e vestiário. Além disso, os serviços de raio X podem ser agrupados, por exemplo, em salas especializadas, salas de uso geral e salas de bário, ainda que a recepção do setor de raio X provavelmente seja comum a todas. Sempre que há uma grande variedade de investigações possíveis, os setores às vezes são divididos em áreas de "fluxo rápido" e "fluxo lento", conforme o nível de produtividade do local. O uso cada vez mais frequente do PACS – *Picture Archiving and Communication Systems* (Sistemas de Arquivamento de Imagens e Comunicação) resultou na redução do processamento e armazenamento de filmes na área de diagnósticos por imagem; os relatórios podem ser feitos em pontos afastados do setor de radiologia, longe do hospital ou em outro país. Esse recurso aumenta significativamente a possibilidade de uso de experiência remota para chegar rapidamente a um diagnóstico que, de outra forma, seria inatingível. A introdução do PACS também contribuiu para a obtenção de um ambiente hospitalar "livre de papéis", ainda que o desenvolvimento de prontuários disponíveis para toda a comunidade médica permaneça carregado de questões técnicas, éticas e de privacidade.

O setor de raios X deve ficar perto do setor de acidentes e emergências e do ambulatório, com o acesso mais direto possível para pacientes internados. (Setores-satélites dentro do setor de acidentes e emergências, por exemplo, não são economicamente viáveis.) O leiaute deve permitir o acesso a algumas salas de diagnóstico fora do horário de funcionamento sem a necessidade de abrir todo o setor (Figuras 16.11 e 16.12).

16.10 Departamento de raios X no King Edward Memorial Hospital, em Ealing. Esta ilustração mostra uma organização dos espaços de retirada e desenvolvimento de raios X a partir da produção de filmes. As técnicas digitais (conhecidas como PAC – Equipamentos de Arquivamento de Imagens e Comunicação) são mais flexíveis.

4.4 Serviços de enfermagem para pacientes internados

Conceito das alas

Os leitos para pacientes internados em hospitais são agrupados, para fins administrativos, em alas que variam entre 20 e 36 leitos, sob os

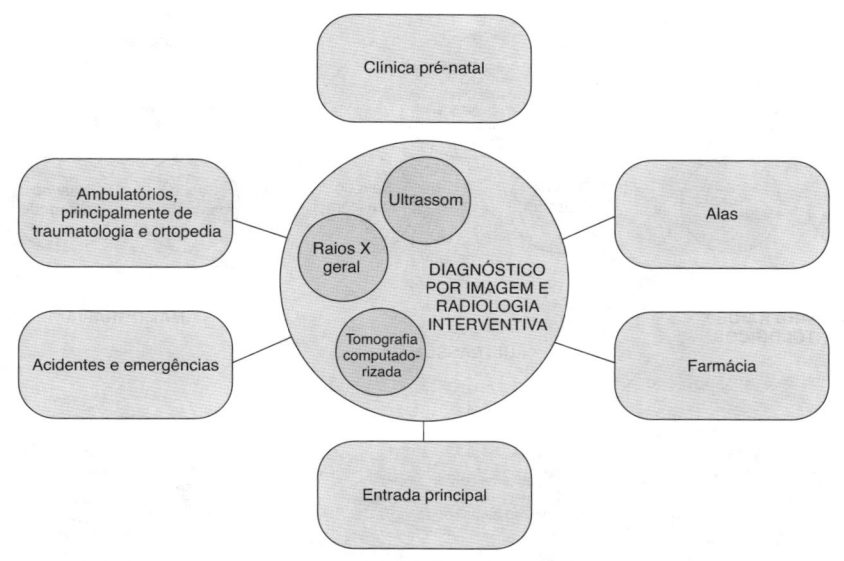

16.11 Diagrama que mostra a relação entre os departamentos de diagnóstico por imagem e outras unidades do hospital. (Fonte: Health Building Note 6.)

cuidados de uma enfermeira-chefe que é auxiliada por uma equipe de enfermeiras qualificadas, estudantes de enfermagem e auxiliares. Essa equipe é responsável por garantir que os pacientes sejam monitorados e alimentados, tenham condições de dormir e usar o toalete, fiquem limpos, sejam tratados quando necessário e estimulados a se locomover (Figura 16.13).

Os pacientes serão levados das alas para outros setores para testes de diagnóstico e tratamentos mais complexos. Os médicos visitarão os pacientes das alas no mínimo uma vez por dia e outros funcionários virão para administrar tratamentos, como a fisioterapia.

A ala disporá de alimentos, roupas de cama e banho, substâncias farmacêuticas e produtos estéreis; além disso, ela oferecerá equipamentos como cadeiras de rodas, porta-soros e andadores. Os produtos retornáveis e os dejetos de várias categorias serão coletados regularmente.

Nos últimos anos, dois fatores alteraram radicalmente o projeto das alas hospitalares para pacientes internados.

Em primeiro lugar, reconheceu-se que, embora a maioria dos leitos fique reunida em grupos de 20 a 30, as enfermeiras são responsáveis por um número menor de pacientes, em geral em torno de 12. Logo, a base de funcionários tradicionalmente centralizada foi substituída por algumas bases menores, cada uma alocada para uma unidade de enfermagem formada por cerca de 12 leitos. Essas bases possuem os equipamentos necessários para administrar o grupo alocado de pacientes, mas o espaço físico necessário para a gestão da ala é centralizado em um equipamento para a central de enfermagem de cada ala, geralmente na sua entrada para permitir a monitoração dos visitantes. A maioria desses conjuntos – que contém até 60 leitos – consiste em uma unidade administrável para a provisão de serviços de gestão de equipamentos, como serviços de alimentação e limpeza.

A segunda mudança (e a mais significativa) trata da oferta de quartos privativos e dormitórios coletivos. O uso anterior de dormitórios com seis leitos – muito comum nas clínicas *Best Buy* e *Nucleus* junto com outros projetos padronizados – não é mais aceito. Argumentos fortes e ainda mais significativos defendem o uso absoluto de quartos privativos. Evidentemente, o custo de capital é mais alto, mas os contra-argumentos referentes ao controle de infecções cruzadas, a capacidade de isolar pacientes com infecção hospitalar, as reduções nos erros de medicamentos, os ambientes mais dignos e silenciosos, as conversas mais confidenciais entre pacientes e médicos, todos indicam o uso exclusivo de quartos privativos. O ideal é que cada quarto tenha uma planta baixa similar, mas que não seja conjugado.

Há argumentos contrários à provisão de quartos individuais. O companheirismo em um ambiente estranho e estressante é um benefício para muitos. Os pacientes que ocupam dormitórios coletivos também se apoiam mutuamente quando necessário – chamando os funcionários, por exemplo. O debate continua, mas experiências na Europa continental (principalmente na Dinamarca) indicam que tais sistemas são viáveis e prováveis, em termos de projeto baseado em evidências, para o controle de infecções hospitalares.

Com tanta procura pelo pavimento térreo, as alas costumam se localizar nos pavimentos superiores, a menos que – como alas geriátricas e pediátricas – elas possuam uma necessidade específica por acesso externo.

As alas ocupam aproximadamente metade da área total de um hospital; logo, é impossível que todas as alas sejam adjacentes aos departamentos mais relevantes. Nas alas cirúrgicas, a localização no mesmo pavimento geralmente é considerada satisfatória, pois o deslocamento horizontal é mais provável do que o deslocamento vertical por meio de elevadores. Essa medida é recomendada principalmente para as alas pediátricas, onde o deslocamento por elevadores após uma cirurgia é considerado de alto risco.

As alas se destinam a vários tipos de pacientes – como cirúrgicos, médicos, pediátricos (crianças), geriátricos, de terapia intensiva – mas é importante que um padrão geral comum seja adotado na medida do possível, para que as mudanças de uso possam ser feitas sem maiores incômodos. Os sistemas de alta dependência (incluindo o tratamento intensivo) possuem exigências tão específicas que em geral não é possível acomodá-los em um projeto de alas para pacientes críticos. As alas pediátricas também possuem exigências particulares, como pernoite na área de leitos para os acompanhantes e, comumente, estão sujeitas a soluções de projeto específicas.

Os arquitetos devem consultar o *Health Building Note 4* para mais detalhes sobre o projeto de alas.

Tipos de ala
- As *alas adultas para casos graves* acomodam pacientes médicos gerais ou cirúrgicos gerais. Embora uma ala geralmente

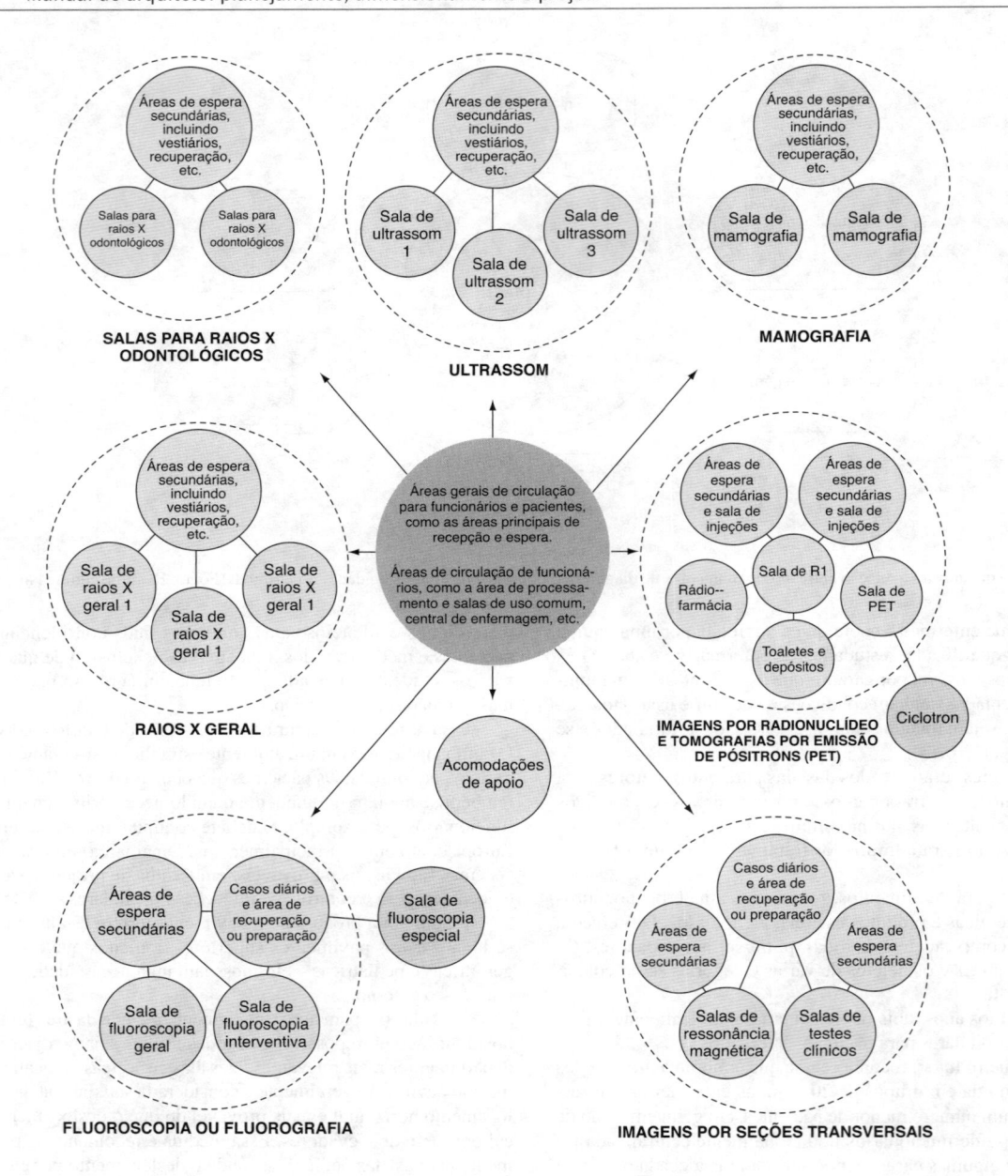

16.12 Diagrama que mostra a relação entre as diferentes áreas de diagnóstico por imagens. (Fonte: Health Building Note 6.)

acomode um tipo ou o outro (para a conveniência dos médicos e a eficiência da localização), não há diferença significativa nas necessidades dos equipamentos, e a ala é padronizada em sua provisão de área e leiaute. Entre 50% e 70% dos leitos hospitalares ficam nessas alas. As alas para a recuperação de acidentes vasculares cerebrais também seguem o padrão de uma ala geral para casos críticos. As alas cardíacas podem ser de formato semelhante a uma ala geral para casos graves, ainda que os sistemas de telemetria para monitorar sinais vitais em um ponto central aumentem a flexibilidade no uso de quartos privativos (Figura 16.14).

- As *alas pediátricas* diferem das alas adultas para casos graves nas áreas maiores devotadas ao espaço diário ou de recreação, na necessidade de acesso para uma área recreativa externa, na disponibilidade de equipamentos recreativos e, evidentemente, nos acessórios e no mobiliário feitos sob encomenda. Os sistemas separados para adolescentes são uma consideração importante, uma vez que os sistemas educacionais e recreativos não são compatíveis com uma faixa etária menor. O fornecimento de acomodações distintas para jovens do sexo masculino e feminino se torna mais significativo nessa faixa etária.

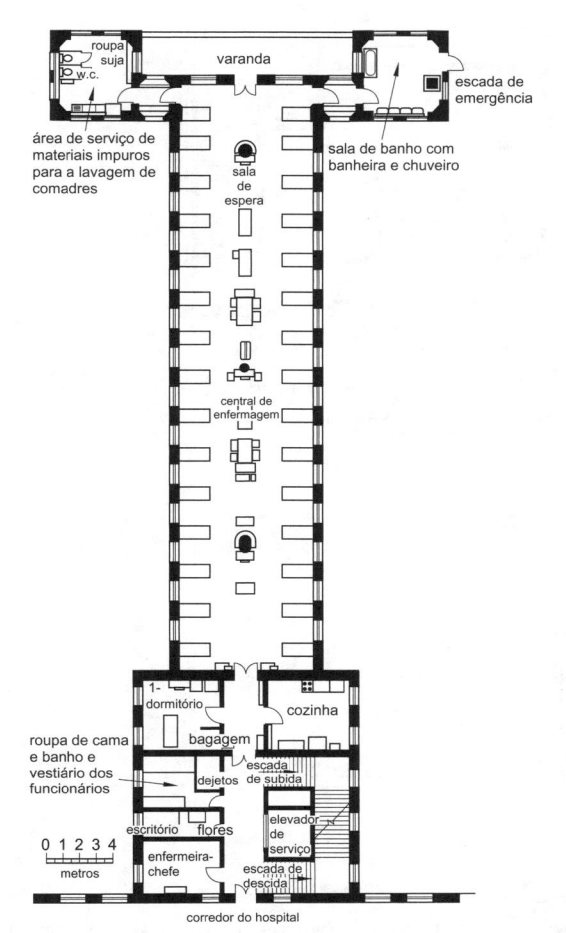

16.13 Nightingale Ward (Ala de Enfermagem) do Saint Thomas' Hospital. Ainda que as alas Nightingale tradicionais proporcionem um campo de visão excelente para as enfermeiras e certa segurança para os pacientes, acredita-se que a privacidade (e talvez a dignidade) foram comprometidas, além do aumento de incômodos.

- As *alas geriátricas*, novamente, precisam de mais espaço para uso diurno do que as alas adultas para casos graves, já que esses pacientes passam um período mais longo no hospital e se movimentam com maior frequência. Desde que a dignidade e a separação de sexos possam ser mantidas, as acomodações para pacientes idosos talvez se beneficiem de uma disponibilidade limitada de dormitórios coletivos.
- As unidades de *tratamento intensivo e alta dependência* recebem pacientes seriamente enfermos, em geral transferidos da sala de cirurgia. Deve haver um espaço significativamente maior em torno da cama para monitoramento e outros equipamentos. Um espaço entre leitos de 4,5 m é necessário para o tratamento intensivo, enquanto 3,3 m são o suficiente para casos graves. Nenhum espaço para uso diurno é necessário, e as áreas de dormitórios são projetadas principalmente para uma enfermagem eficiente. Devido à alta proporção entre funcionários e pacientes, o tamanho da ala se limita a cerca de 20 pacientes; em hospitais municipais (ou seja, que atendem a uma população de 300 mil pessoas), o arranjo mais comum consiste em 10 e 12 leitos. Nos Estados Unidos, a *Planetree Foundation* dedicou esforços à oferta de equipamentos de tratamento crítico que permitem que o paciente seja tratado em um ambiente clínico altamente técnico, mas oferecendo acomodações para que parentes e responsáveis fiquem em contato sem comprometer as exigências de tratamento ou higiene. Consulte o Griffin Hospital, Derby, CT.

4.5 Serviços para pacientes de ambulatório, incluindo farmácia

A função do setor de pacientes de ambulatório é fazer diagnósticos e tratar pacientes e, se necessário, admiti-los para internação. Esse é um dos maiores setores do hospital e é visitado pelo maior número de pacientes diariamente. O melhor acesso, portanto, é diretamente a partir da entrada principal do hospital. Um setor para pacientes de ambulatório exclusivo para crianças talvez seja adequado a um hospital com uma ampla política de atendimento pediátrico.

O primeiro ponto de contato dos pacientes é a recepção principal de pacientes, a partir de onde eles são direcionados para a área de espera secundária que atende ao conjunto de salas de consultórios que acomoda a clínica (Figura 16.15). O bloco de construção do departamento consiste em um conjunto de salas para consultas e exames, que pode incluir salas compartilhadas para consultas ou exames (C/E), ou uma combinação de salas de consulta e de salas de exame. As salas compartilhadas de consultas ou exames são descritas como tendo acesso simples ou duplo, conforme a provisão de acesso permanente em um ou em ambos os lados do divã clínico. O acesso simples tradicional exige 14,5 m^2; o acesso duplo precisa de 16,5 m^2. O lado à direita do paciente é priorizado para os funcionários.

Na sala de consulta ou exames combinada, o médico atenderá e examinará o paciente no divã clínico; enquanto o paciente se veste, o médico pode passar para a sala de C/E adjacente, onde lidará com outro paciente. Para tanto, as salas devem ter portas interconectadas. As questões de privacidade entre as salas precisam ser consideradas com cuidado nessas circunstâncias, uma vez que, sem proteção acústica, a privacidade será comprometida. No arranjo da sala de consulta + sala de exame, o paciente se desloca para a sala separada, se despe e espera pelo médico. Em geral, se coloca uma sala de exame em um dos lados da sala de consulta. Devido à maior flexibilidade de espaço, o leiaute com salas de consulta ou exames é considerado o modelo com maior utilização. Em clínicas com grande número de atendimentos a pacientes, um consultor, um médico residente ou outros funcionários diversos talvez ocupem uma série de seis ou sete salas combinadas; sempre que a procura for menor (por exemplo, psiquiatria), cada médico ocupará uma sala apenas.

Para proporcionar tamanha flexibilidade, filas de, no mínimo, seis salas (e preferencialmente 12) são necessárias. Todavia, isso talvez dificulte a existência de uma vista externa para a área de espera secundária – um fator muito mais importante para as normas escocesas. A possibilidade de uma flexibilidade ainda maior com o uso ou a reciclagem dessas áreas para uso como equipamentos de tratamento sugere que todas as considerações devam ser feitas nos estágios iniciais do projeto. Sobretudo, as dimensões da sala e as exigências de ventilação. Todas as salas de consulta devem ter uma parede externa com ventilação natural; é preciso considerar a questão da privacidade sempre que houver a possibilidade de visibilidade para o exterior, principalmente atrás de um pátio.

A tendência do uso de RDTC – *Rapid Diagnostic and Treatment Centres* (Centros de Diagnóstico e Tratamento Rápidos) resultou no aumento do equipamento onde o conceito de "parada única" significa que, em alguns casos, o diagnóstico e o tratamento talvez ocorram na mesma visita. Todas as ferramentas necessárias para o diagnóstico estão disponíveis no local e, embora a visita do paciente dure mais (até cinco horas), os procedimentos de consulta, diagnóstico e tratamento em uma única visita melhoraram substancialmente a experiência do paciente.

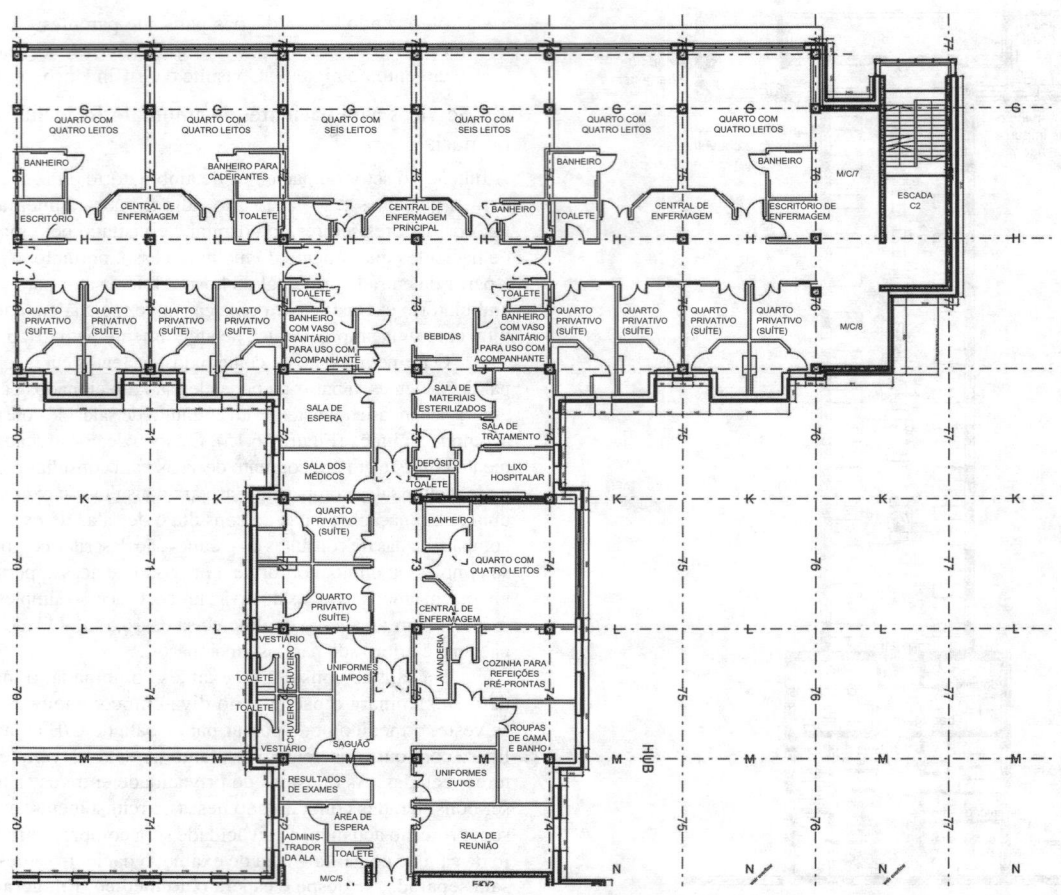

16.14 Ala geral para casos graves no The University Hospital of Coventry and Warwickshire. Ela pode ser dividida no meio, uma vez que as alas são simétricas. Architects Nightingale Associates.

As clínicas de ortopedia e traumatologia geralmente fazem parte do setor de acidentes e emergências, uma vez que muitos de seus pacientes recebem tratamentos de acompanhamento em decorrência de ferimentos; é possível que algumas salas sejam de uso comum, como a sala de gesso.

Os serviços farmacêuticos centralizados – que talvez incluam a fabricação e preparação de fluidos intravenosos – estão utilizando cada vez mais os dispensadores robotizados, principalmente para pacientes de ambulatório e boxes das alas. Não é tão imperativo que a farmácia fique perto dos serviços de atendimento a pacientes, ainda que uma farmácia para fornecimento de medicamentos perto do ponto de acesso principal para pacientes seja necessária.

Consulte as Figuras 16.16–16.20.

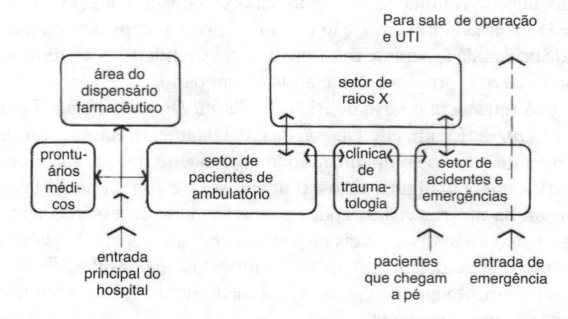

16.15 Diagrama de relações entre o conjunto de pacientes de ambulatório e acidentes.

4.6 Atendimento aos pacientes não internados (*day patient*), incluindo ISTCs

O aperfeiçoamento das técnicas anestésicas e o uso muito mais frequente da "cirurgia laparoscópica" (endoscopia e laparoscopia), juntamente às cirurgias a laser, permitiram que procedimentos invasivos e oftalmológicos de rotina sejam realizados em um único dia, sem que o paciente tenha necessidade de internação noturna.

As salas de cirurgia ambulatoriais são projetadas e equipadas de maneira semelhante às salas de cirurgia para pacientes internados; com frequência, elas incluem ambientes totalmente esterilizados. Há equipamentos instalados no teto que proporcionam ambientes com um sistema de filtro de ar HEPA altamente eficiente, às vezes exigindo que os funcionários envolvidos na cirurgia utilizem jalecos ventilados que cobrem o corpo totalmente. Antes, tais provisões eram exclusividade das cirurgias ortopédicas e ainda são essenciais para essa especialidade; o uso, porém, já se tornou mais geral.

É possível colocar as salas de cirurgia ambulatorial (*day surgery*) dentro do departamento cirúrgico principal; contudo, o objetivo dos equipamentos para cirurgias ambulatoriais é separar os serviços eletivos (ou seja, planejados) da desordem causada por admissões e procedimentos de emergência. Ainda que potencialmente menos eficientes em termos de utilização, as salas de cirurgia ambulatorial costumam ser adjacentes ao ambulatório, proporcionando um serviço centralizado para todas as intervenções clínicas em pacientes não internos. Tais equipamentos são conhecidos como centros de tratamento ambulatorial.

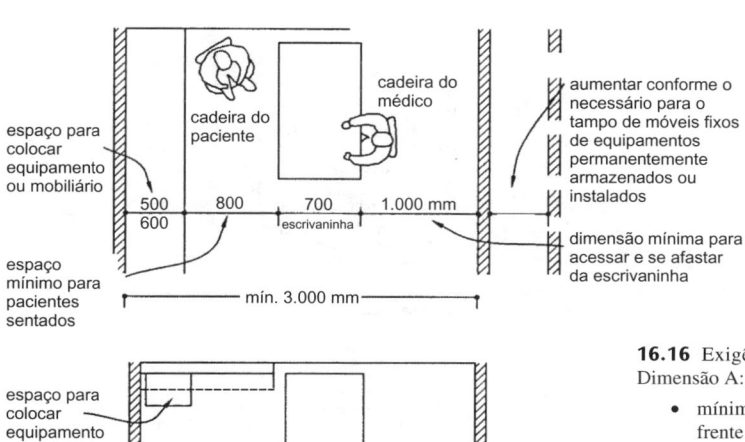

16.16 Exigências espaciais para largura da sala em áreas de consulta. Dimensão A:
- mínimo de 1.200 mm, psicologicamente insatisfatório. O espaço em frente à escrivaninha deve ser superior ao espaço que fica atrás.
- recomenda-se mínimo de 1.300 mm, que aumenta a flexibilidade no arranjo e no uso do espaço em frente à escrivaninha; é psicologicamente mais aceitável.
- mínimo de 1.400 mm autoriza a movimentação quando há um paciente sentado.
- uma largura de 1.500 mm permite a passagem por trás de um paciente sentado.

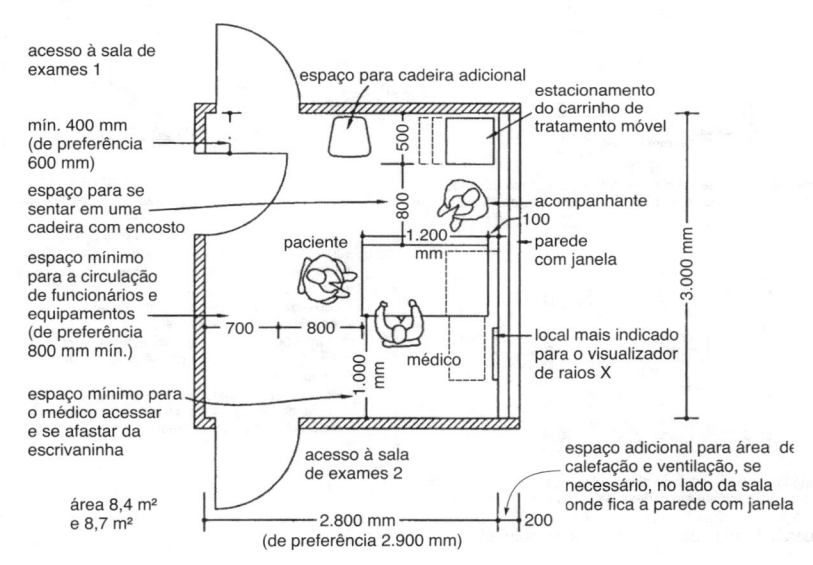

16.17 Sala de consultas separada.

As pressões sobre as listas de espera aumentaram a necessidade de coordenação entre o NHS – *National Health Service* (Serviço Nacional de Saúde do Reino Unido) e o setor privado. Um dos exemplos é o ISTC – *Independent Sector Treatment Centre* (Centro de Tratamento do Setor Independente): equipamentos e funcionários são disponibilizados pelo setor privado e o sócio do setor privado é contratado para prestar um determinado serviço durante um determinado período sob um contrato que transfere os riscos associados à propriedade ao setor privado. Há vários ISTCs em operação no momento.

Cirurgias cada vez menos invasivas (cirurgias laparoscópicas) provavelmente serão usadas no futuro e, uma vez que a tendência de levar os tratamentos cada vez mais perto da casa do paciente continua, elas serão transferidas para locais mais afastados das áreas hospitalares para casos graves.

4.7 Serviços de reabilitação

Para estimular uma abordagem integrada ao tratamento de pacientes, o setor de reabilitação inclui várias terapias:

- *Fisioterapia*: Trata de problemas de mobilidade e funções por meio de técnicas naturais, como movimentação e terapias manuais, com o apoio da eletroterapia, crioterapia e hidroterapia.
- *Terapia ocupacional*: Melhora as funções dos pacientes e minimiza as limitações por meio do uso holístico de atividades selecionadas e ambientes e equipamentos adaptados para que os pacientes possam adquirir independência em sua vida cotidiana e readquirir competências para o trabalho e o lazer.
- *Fonoaudiologia*: Trata de problemas comunicativos, seja individualmente ou em grupo e, se necessário, introduz méto-

16.18 Exigências espaciais para os comprimentos das salas nas áreas de exame.

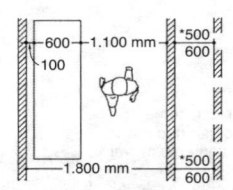

a Acesso nos pés do divã clínico para a movimentação de cadeiras de rodas. *2.800 mm também é a extensão mínima recomendável para as dimensões da sala sempre que uma área de trabalho nos pés ou nas cabeceiras dos divãs clínicos for necessária

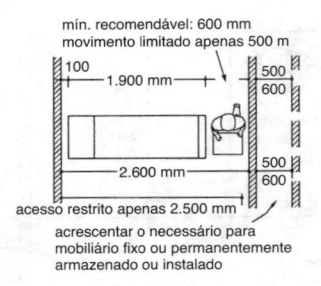

b Onde a movimentação de uma cadeira de rodas nos pés do divã clínico não é necessária

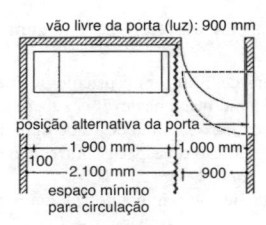

c Não há acesso nos pés do divã clínico

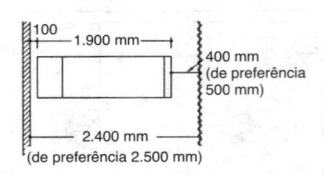

d Mínimo para o acesso lateral restrito dentro da área protegida com cortina

a Acesso em apenas um dos lados do divã clínico. O espaço mínimo para a troca de roupa de um paciente sem limitações motoras é de 1.100 mm

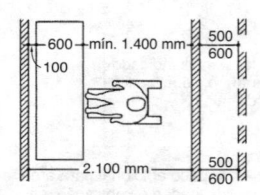

b Acesso em apenas um dos lados do divã clínico. O espaço mínimo para a troca de roupa de um paciente em cadeira de rodas é de 1.400 mm

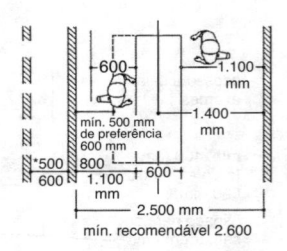

c Acesso em ambos os lados do divã clínico.
600 mm é o espaço desobstruído essencial para acesso e exame
1.100 mm é o espaço necessário na lateral do divã clínico para a troca de roupa
1.400 mm é o espaço necessário na lateral do divã clínico para acesso em cadeira de rodas
800 a 1.000 mm é a área livre necessária na lateral da cama hospitalar ou divã clínico para exame e tratamento; o mínimo ideal é de 900 mm
*acrescentar o necessário para mobiliário, oficina ou equipamentos, que podem ser fixos, armazenados ou instalados permanentemente.

16.19 Exigências espaciais para a largura da sala em áreas de exame.

dos de comunicação alternativos; os membros da família talvez se envolvam e o aconselhamento familiar é fundamental.

Além disso, deve haver acomodações para funcionários médicos que prestam consultoria.

Os pacientes talvez sejam portadores de necessidades especiais: o departamento precisa de uma entrada exclusiva, caso fique afastado da entrada principal, e deve estar perto de um estacionamento.

Em alguns casos, os funcionários da unidade talvez tenham de visitar áreas vizinhas regularmente para prestar serviços em casa ou em centros de saúde locais. Isso pode incluir o transporte de equipamentos; e a consequente previsão de espaço para essas atividades peripatéticas deve ser considerada e discutida junto às autoridades municipais de planejamento.

Não existem relações internas fortes, exceto entre a hidroterapia e a fisioterapia e entre a área central de espera e todas as áreas de tratamento. Em geral, isso implica em uma associação com o departamento de pacientes de ambulatório ou com a unidade de tratamento ambulatorial descrita anteriormente.

4.8 Atendimento pediátrico

As necessidades das crianças serão mais bem atendidas se agrupadas em unidades pediátricas, servidas por funcionários com qualificações relevantes. São exigidas acomodações de equipamentos para pacientes de ambulatório; avaliações e tratamentos abrangentes (para a investigação, o tratamento e o diagnóstico de crianças com problemas de desenvolvimento físico ou mental); equipamentos para pacientes internados em alas com 20 leitos; e uma unidade de tratamento ambulatorial.

A unidade de pacientes de ambulatório e sua acomodação devem ocorrer em um único pavimento, seja no térreo ou atendido por um elevador conveniente, perto do transporte público e de um estacionamento. Precisa ficar perto da sala de gesso e da clínica de traumatologia; pode ser adjacente ao ambulatório principal.

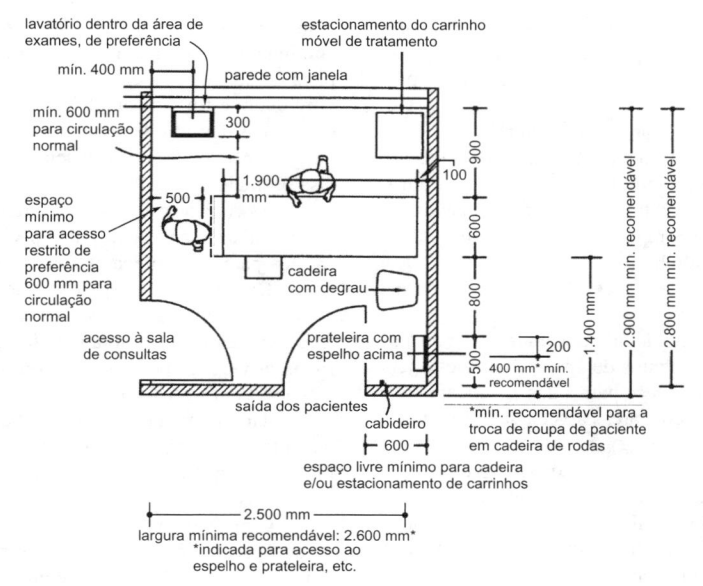

16.20 Sala de exames separada: área 7 m² e 7,6 m².

Na ala pediátrica, a necessidade de observação é superior à da ala adulta; por outro lado, a necessidade de privacidade é inferior e mais paredes internas podem ser de vidro, tanto no alto como embaixo. Todos os quartos devem prever a possibilidade de que um responsável fique com a criança. Um espaço de lazer é necessário, além de uma área para ensino e fisioterapia; essas provisões devem incluir áreas externas, ainda que talvez precisem atender a outras funções, como alimentação.

É importante evitar uma atmosfera institucional no projeto das alas adultas e, principalmente, nas alas pediátricas: busque uma atmosfera clara e ensolarada. Deve-se desenvolver a sinalização visual para estimular e permitir uma compreensão das áreas da unidade, sem pressupor a habilidade da leitura, e também para que as crianças se associem a um ambiente específico e fiquem mais familiarizadas com o ambiente. O *Evelina Children's Hospital* no *Saint Thomas' Hospital*, criado por Hopkins Architects e RKW, é um bom exemplo de desenvolvimento do programa de necessidades e de acomodação – com a consultoria das crianças.

Em geral, as acomodações devem ser adequadas para crianças lactantes, crianças em idade pré-escolar e escolar, além de adolescentes: o projeto precisa levar em conta as necessidades variantes sempre que possível.

4.9 Atendimento de idosos

Os pacientes idosos em estado mais crítico – sendo avaliados ou em reabilitação – se satisfazem, na maioria dos aspectos, com o projeto de alas adultas para casos graves.

O desenvolvimento de fundações hospitalares e a separação dos serviços em saúde grave e mental prestados por fundações separadas resultaram inevitavelmente no deslocamento de serviços, em geral para instalações diferentes. É preciso reconhecer, porém, que os pacientes idosos com frequência apresentam problemas de saúde mental junto a episódios médicos. O oposto também se aplica: pacientes com problemas de saúde mental também possuem necessidades médicas. Logo, equipamentos para a gestão de ambas as questões devem ser considerados como um componente das acomodações.

As alas para internação de idosos em longo prazo – incluindo aquelas para os mentalmente enfermos – devem ser mais semelhantes a uma casa do que a um hospital; elas precisam incluir uma variedade mais ampla de dormitórios para acomodar as diferentes preferências, além de mais espaço para uso diurno. Um número maior de armários é necessário para o armazenamento dos pertences dos pacientes, incluindo malas, equipamentos para mobilidade, fraldas geriátricas, etc.

4.10 Atendimento obstetrício

As políticas referentes ao atendimento obstetrício talvez variem amplamente, e as políticas de atendimento associadas ao processo da maternidade como um todo devem ser estabelecidas desde o início. É preciso considerar a coexistência do atendimento a mulheres e do atendimento a mulheres e crianças.

Praticamente todos os nascimentos ocorrem em hospitais, mas as tendências atuais indicam o aumento dos exames pré-natais e, consequentemente, a priorização de casos para que os nascimentos de baixo risco possam ocorrer na comunidade (em casa ou em um hospital comunitário), enquanto os casos de alto risco são tratados no hospital sempre que as salas de cirurgia e outros equipamentos de apoio estiverem disponíveis.

Um serviço de saúde comunitário mais forte – com parteiras acomodadas em clínicas comunitárias ou em centros de recursos de saúde locais – seria capaz de lidar com a maioria dos processos de exames pré-natais, além de minimizar a necessidade de visitas à clínica pré-natal do hospital. Tais edificações poderiam incorporar espaços para aulas com exercícios pré-natais e clínicas para a mãe e para o bebê.

Existem várias filosofias referentes ao parto. Tradicionalmente, a mulher seria admitida diretamente na sala de parto ou, se entrasse mais cedo, no setor de obstetrícia. Durante o trabalho de parto, ela seria transferida para uma sala de parto separada – talvez em um conjunto central a todas as alas da maternidade e perto da unidade neonatal para o tratamento de bebês prematuros ou enfermos – para o parto em si; a seguir, ela voltaria para a ala pós-natal, onde poderia se recuperar do parto e conhecer o bebê.

Uma alternativa muito frequente nos Estados Unidos é o quarto de estada completa (ou sala de LDRP – *labour, delivery, recovery and postpartum* – trabalho de parto, parto, recuperação e pós-parto), onde o processo inteiro é realizado e talvez haja acomodações para o companheiro da mãe. A oferta de uma banheira para parto é outra opção, mas há implicações referentes à estrutura e às questões de controle de infecção.

Dentre essas opções, há vários cenários possíveis, cada um com implicações próprias para os equipamentos da ala (como salas para uso diurno e instalações sanitárias) e para a ocorrência de partos difíceis.

A ocupação das alas obstetrícias varia bastante ao longo do ano e conforme as mudanças populacionais. Em princípio, elas deveriam ser planejadas de forma a facilitar a conversão para o uso adulto em casos críticos, embora isso talvez seja difícil em algumas opções, como o quarto de estada completa. Na ala de recém-nascidos, o bebê será acomodado em um berço perto da mãe, ainda que a acomodação em berçários também seja necessária para permitir que a mãe desfrute do repouso tão necessário.

As alas para pacientes de ambulatório devem incorporar salas de consultas ou exames e equipamentos de apoio; áreas de espera que possam ter a função dupla de espaço para aulas e clínica; e uma sala de diagnóstico por ultrassom com áreas associadas de vestiário e de espera.

A estratégia de acesso em todas as acomodações obstetrícias deve se concentrar no fato de que a mulher grávida não está doente, mas passando por um processo natural: não há razões mais fortes para que o ambiente seja particularmente clínico em aparência. A camuflagem de elementos evidentemente clínicos (como pontos de gás medicinal) por trás de painéis de dobrar removíveis reduz significativamente a aparência clínica.

4.11 Serviços de saúde mental

O escopo dos serviços para pessoas mentalmente enfermas em hospitais depende da iniciativa local. No entanto, é provável que inclua acomodações para a avaliação e o tratamento em curto prazo de adultos (incluindo idosos) que estejam mentalmente enfermos de maneira severa: esse grupo de pacientes provavelmente precisará do apoio de serviços de diagnóstico e de acesso aos equipamentos gerais para casos graves. O compartilhamento dos serviços de alimentação, suprimentos e dejetos também é uma vantagem.

Os elementos fundamentais do setor serão alas com 15 leitos para pacientes adultos e 20 leitos para idosos, além do hospital ambulatorial, que inclui áreas de consulta, tratamento e socialização junto à terapia ocupacional. Pouquíssimos adultos permanecerão nas alas durante o dia, mas se as alas e o hospital previrem o compartilhamento dos equipamentos de uso ambulatorial, alimentação, repouso e lazer, a experiência comprova que deve haver integração total para que a empreitada funcione.

O ideal é que o setor seja integrado ao hospital de forma a facilitar a comunicação, mas permaneça independente o bastante para possuir um ambiente próprio (não demasiadamente clínico), ainda que os tópicos anteriores referentes aos pacientes idosos devam ser observados. É improvável que a configuração desse setor seja compatível com a das outras alas; por exemplo, as atividades noturnas talvez perturbem os outros setores de pacientes internados. Uma opção é planejar o espaço como um satélite com entrada própria, talvez ligado ao hospital principal e possivelmente dividindo algumas acomodações com um setor de reabilitação adjacente. Embora haja exceções, priorize uma área no pavimento térreo com acesso adequado a espaços externos seguros, protegidos e vigiáveis.

No interior das alas, o *Building Note 35* atualmente recomenda o uso absoluto de quartos privativos. Inicialmente, essa medida causou preocupações referentes ao número de funcionários e ao nível de observação, mas, em geral, foi aceita como norma e não aumentou de maneira significativa a necessidade de funcionários. As alas devem considerar a presença de pacientes com diferentes níveis de demência. As demências funcionais e orgânicas provocam respostas muito diferentes dos pacientes ao ambiente que os cerca; contudo, ainda é comum que ambos os grupos de pacientes sejam atendidos na mesma área. Por essa razão, todas as alas devem considerar as necessidades dos pacientes de perambular e andar continuamente – em geral em uma rota circular, semelhante a uma pista de corrida –, além de uma variedade de ambientes que proporcionem estímulos ou efeitos calmantes. As discussões clínicas e as trocas de turno tendem a ocorrer na sala da enfermeira-chefe, devido à necessidade de privacidade; consequentemente, a sala precisa ser maior.

As clínicas psiquiátricas para pacientes de ambulatório geralmente estão situadas no setor de pacientes de ambulatório principal. Muitos pacientes nunca entram no setor psiquiátrico, mas outros talvez frequentem o hospital-dia de uma a três vezes por semana, passando por vários tipos de terapia ocupacional e terapia em grupo. Eles também têm direito a um almoço oferecido em dois horários. Essas atividades podem ser acomodadas em algumas salas com assentos confortáveis para 10 a 20 pessoas. Talvez seja necessário acomodar a terapia eletroconvulsiva (ECT): ela exige salas de tratamento e recuperação, mas ambas só seriam utilizadas por aproximadamente quatro horas semanais e deveriam estar disponíveis para outros fins.

O projeto ambiental em geral – e principalmente do interior da edificação – é mais importante neste departamento do que em todos os demais. A criação de uma aparência não institucional, de uma escala doméstica e de uma "sensação de lugar" deve ser prioridade. Os revestimentos de piso macios talvez sejam adequados para algumas áreas não molhadas, mas a necessidade de limpeza após "acidentes" resultou em uma preferência por superfícies rígidas (mas ainda não institucionais); os pisos de madeira dura são particularmente eficientes. Os divãs clínicos e a escolha cuidadosa de mobiliário macio são essenciais para a criação de uma atmosfera adequada. A atenuação de ruídos é necessária em todas as salas usadas para entrevistas confidenciais; as áreas ruidosas (por exemplo, salas de música, oficinas) devem ser localizadas a fim de reduzir os incômodos.

4.12 Especialidades de alta tecnologia

Várias especialidades de alta tecnologia estão ganhando espaço – e algumas mais rapidamente do que outras. Elas dependem de projetos especializados e não fazem parte deste capítulo.

A *Robotically Assisted Surgery* (Cirurgia Assistida por Robôs) utiliza quase que exclusivamente o "Sistema Cirúrgico Da Vinci"; contudo, os custos associados a essa técnica são imensos e se acredita que ela estará disponível apenas para um número muito limitado de especialidades.

Os diagnósticos por imagem (principalmente a radiologia interventiva), a ressonância magnética aberta (que é menos claustrofóbica para o paciente) e a colocação da ressonância magnética e do cateterismo cardíaco estão desenvolvendo atividades que crescerão bastante em curto prazo.

Alguns casos – como as salas de cirurgia múltiplas, onde várias mesas de cirurgia com diversas áreas de cirurgia estéreis se localizam no mesmo espaço – tiveram pouco impacto sobre a prestação de serviços. A economia de espaço é viável, embora não considerável, e a possibilidade de cirurgiões trabalharem em mais de uma mesa sem deixar a área estéril possui algumas vantagens.

5 SERVIÇOS DE APOIO – TERCEIRIZAÇÃO

Atualmente, os serviços a seguir dependem de equipamentos terceirizados ou exigem poucos recursos arquitetônicos diretos.

- Serviços de esterilização ou descontaminação
- Patologia – água quente e fria, automação
- Serviços de alimentação
- Serviços de lavanderia
- Suprimentos e dejetos ou gestão de dejetos clínicos

- Registros de saúde (atualmente estão ocorrendo debates políticos referentes à retenção de prontuários em papel ou a transferência para um banco de dados digital)

6 PUBLICAÇÕES E ORIENTAÇÕES

Ao longo dos anos, o Ministério da Saúde da Grã-Bretanha e, anteriormente, as instituições-membro do National Health Service (NHS – Serviço Nacional de Saúde do Reino Unido) produziram materiais de referência e orientação valiosos. Contudo, o escopo muito extenso desse material, os métodos mutáveis da prestação de serviços e os avanços tecnológicos significam que a atualização dessas publicações é uma tarefa que não foi universalmente bem-sucedida. Dois elementos-chave da orientação – o HBN – *Health Building Notes* (Observações sobre Edificações de Saúde) e o HTM – *Health Technical Memoranda* (Memorando Técnico de Saúde) – são fundamentais.

Tanto o HTM como o HBN já fazem parte dos programas de necessidades para novos hospitais, seja como documentos obrigatórios ou para consultoria. Tal uso é lamentável, uma vez que, embora parte dos documentos possa ser razoavelmente considerada obrigatória, aqueles referentes ao controle de infecções, por exemplo, dificilmente serão relevantes. Isso resultou em pedidos de revogações parciais e em uma perda do sentido da maioria dos materiais criados para servirem de orientação e modificação e se adequarem a circunstâncias específicas.

Entretanto, é fundamental ter acesso a esses documentos de forma a promover um diálogo esclarecido durante o processo de elaboração do projeto. Os documentos estão disponíveis *on-line* para o National Health Service apenas por meio do KIP – *Knowledge and Information Portal* (Portal de Conhecimento e Informações) do Departamento de Saúde; fora do National Health Service, porém, só podem ser obtidos por fornecedores de informações terceirizados da indústria da construção.

É imprescindível se discutir a relevância e o *status* das orientações junto ao Ministério da Saúde ou à Secretaria de Saúde durante a elaboração do projeto.

Hotéis 17

Fred Lawson

Fred Lawson é arquiteto especializado em hotéis e autor de muitos livros sobre hotelaria e turismo

PONTOS-CHAVE:
- *O setor hoteleiro é competitivo e exige altos custos de capital e operação*
- *Os padrões são determinados pelas exigências do mercado e pela localização*
- *Os hotéis são cada vez mais dominados pelas redes hoteleiras e grandes marcas*
- *O projeto deve garantir a operação eficaz e eficiente*
- *As facilidades extras oferecidas aos hóspedes podem ser um grande gerador de negócios para o hotel*

Conteúdo

1. Introdução
2. Considerações gerais
3. Apartamentos para hóspedes
4. Áreas públicas
5. Espaços para os serviços de apoio
6. Estudos de caso
7. Referências bibliográficas

1 INTRODUÇÃO

1.1 O setor hoteleiro

Os hotéis atendem às necessidades de viajantes, turistas, visitantes a negócios e pessoas que buscam acomodação temporária e outros serviços relacionados. As exigências essenciais são apartamentos limpos, silenciosos e confortáveis e serviços de qualidade, que geralmente incluem refeições. As facilidades extras para os usuários a negócios e/ou as atrações de lazer frequentemente influem na escolha de um hotel, embora os custos envolvidos e a relação custo/benefício também sejam considerações primordiais.

Antes da etapa de projeto, muitas das exigências-chave já terão sido estabelecidas, como a localização do hotel, o número e o tipo dos apartamentos e as facilidades que serão oferecidas. As estimativas preliminares dos custos e das receitas fazem parte da análise de viabilidade financeira do investimento. Os programas de necessidades normalmente são fornecidos pelos empreendedores, incluindo as companhias hoteleiras que podem estar envolvidas na gestão da propriedade.

A tendência atual é o crescimento dos grupos de operação em redes múltiplas e especializadas na gestão hoteleira. Esses grupos oferecem uma ampla variedade de serviços e benefícios, incluindo profissionais treinados, a confiança estabelecida no padrão mantido pela marca e as economias de escala em seus sistemas de propaganda e reservas. Uma rede hoteleira pode ser uma empresa independente, mas muitas vezes é uma operação financiada por investidores separados e gerenciada por uma companhia sob um contrato ou uma franquia.

Os hotéis são vistos mais como um investimento empresarial do que como um investimento imobiliário. As exigências específicas do projeto geralmente dificultam e encarecem futuras reciclagens de uso. Os hotéis de alto nível costumam oferecer uma variedade de apartamentos conjugados, além dos apartamentos padrão, e muitas vezes estendem seus serviços de hotelaria a apartamentos de empreendimentos associados, como condomínios particulares. Os apart-hotéis são projetados como apartamentos privados, incluindo nas unidades diversas facilidades que não costumam estar presentes em apartamentos de hotéis convencionais, como cozinhas bem equipadas.

1.2 A classificação dos hotéis

Os padrões de serviço e as facilidades dos hotéis variam imensamente, do alto luxo ao básico. Os grupos hoteleiros distinguem os tipos de hotéis que eles operam por meio da criação de marcas com nomes específicos e características de projeto. As autoridades do turismo da maioria dos países usam símbolos (estrelas, coroas, etc.) para classificar os hotéis e outros tipos de acomodações para turistas. Algumas agências de turismo e publicações para viajantes também dividem seus representados por preço e serviços oferecidos.

Costuma-se dividir as categorias de hotéis por sua localização (por exemplo, hotel urbano ou suburbano, *resort*, hotel-fazenda, hotel de aeroporto, motel) ou pelos principais mercados servidos (como viajantes a negócios, grupos de convenções, turistas, motoristas). Um exemplo típico de categorias:

- 5 estrelas (luxo): hotéis exclusivos em destinos exóticos ou em localizações privilegiadas de uma cidade
- 4 estrelas (alto padrão): com facilidades extensivas para executivos e turistas de alto poder aquisitivo
- 3 estrelas (padrão médio): hotéis tradicionais dotados de todos os tipos de serviço, sejam independentes, sejam gerenciados por uma rede
- 2 estrelas (econômico): acomodações simples, mas com alguns serviços para motoristas e turistas
- 1 estrela (básico): acomodações econômicas projetadas com espaços mínimos e facilidades limitadas

A categoria de um hotel também leva em conta a gama de serviços disponibilizados. O número de funcionários empregados em um hotel com muitos serviços é considerável e, nesses casos, a folha de pagamento pode absorver até um terço do faturamento. Os projetos devem garantir a eficiência máxima no trabalho e fornecer facilidades adequadas aos empregados, como entrada controlada, vestiários separados, armários com chave, toaletes, banheiros, refeitório, sistema de segurança, escritório para recursos humanos e, inclusive, moradia no local para alguns funcionários específicos. As razões entre número de empregados e de apartamentos variam entre 0,2 e 0,3 para hotéis econômicos; 0,5 e 0,6 para hotéis de padrão médio; 0,8 e 1,0 para hotéis de alto padrão; 1,5 para hotéis de luxo.

A demanda por preço baixo e conveniência tem levado ao aumento do número de hotéis econômicos em redes padronizadas (de motéis, pousadas, etc.) implantados junto a paradouros de autoestradas, na periferia das cidades ou perto de atrações turísticas. Algumas marcas trabalham com a oferta de hotéis básicos operados com o mínimo de funcionários possível.

1.3 Outras acomodações turísticas

Os serviços de turismo oferecidos pela Internet oferecem uma grande variedade de alternativas, incluindo acomodações em moradias particulares (como *bed and breakfasts* e pousadas), estalagens tradicionais e o uso de dormitórios estudantis em universidades e faculdades durante o período de férias. Os turistas, particularmente as famílias, cada vez mais preferem hotéis com autosserviço em propriedades novas ou recicladas e *resorts* com boas alternativas de locais para refeições nas redondezas.

Os *resorts* são criados para funcionarem como destinos turísticos independentes e completos, com inúmeras opções de lazer e serviços de apoio no próprio local. A maioria deles é projetada no litoral, em uma marina, em áreas de prática de esqui ou *golf*, junto a águas termais ou em vilarejos circundados por florestas. Os *resorts* turísticos podem ser operados por uma empresa comercial ou ser gerenciados com um sistema de propriedade compartilhada. Nesses casos, as acomodações são apartamentos, cabanas ou outros tipos de propriedades vendidas para indivíduos ou condôminos ou em esquemas de *time sharing*.

2 CONSIDERAÇÕES GERAIS

2.1 Situação e localização

A situação e o terreno em que um hotel é implantado determinam em grande parte o projeto e a relação das diferentes áreas do empreendimento:

- *Resorts*: vistas das atrações (por exemplo, o mar, um lago, um parque, uma paisagem deslumbrante) facilitam o *marketing* e aumentam o retorno sobre o investimento feito. As vistas devem ser otimizadas nos apartamentos e nas áreas públicas, como os restaurantes. Atividades interessantes ao ar livre (como as realizadas em uma marina, em um campo de golfe ou em uma piscina) e tratamentos paisagísticos exóticos também influenciam o leiaute.
- Empreendimentos nos centros de cidade: são determinados principalmente pelos condicionantes do sítio e pelas considerações de planejamento. O alto custo do solo pode implicar fachadas caras, que são utilizadas para acomodar lojas e centros comerciais; e os pavimentos de cobertura podem ter apartamentos de luxo ou conjugados. Os custos de um empreendimento hoteleiro sempre são aumentados quando há necessidade de estacionamento subterrâneo ou outros serviços nos níveis de subsolo, como uma entrada de serviço e uma doca de carga e descarga. O uso de níveis múltiplos de apartamentos exige a disponibilização de muitos elevadores de serviço e para os hóspedes, bem como instalações prediais complexas. A necessidade de facilidades de apoio, como auditórios multifuncionais ou para convenções, pode ocupar uma grande parte da área do terreno.
- Terrenos privilegiados na cidade: propícios para edifícios altos e vistosos que, por si só, chamam a atenção. Esses prédios podem ser projetados para uso exclusivo de um hotel, ou para atendimento a usuários múltiplos, com pavimentos exclusivos para um hotel e seus serviços. A segunda opção exige arranjos mais complexos para a recepção e o transporte dos hóspedes, bem como para os serviços. Os edifícios em torre exigem grandes núcleos estruturais que acomodem os dutos verticais, as instalações e outros equipamentos (elevadores, escadas, condutos, casas de máquina, etc.), e a razão de cômodos no perímetro por área de piso fica reduzida.
- Terrenos suburbanos: nesse caso, os custos de aquisição do terreno e construção são inferiores, conferindo maior flexibilidade à implantação do prédio e ao seu projeto. Também há economias nas fundações e na superestrutura, as instalações prediais costumam ser mais simples e o sistema de elevadores pode ser racionalizado. Essa categoria quanto à situação inclui hotéis implantados dentro ou perto de aeroportos, na periferia das cidades ou em locais que atraem um mercado misto de turistas, congressistas e viajantes a negócios.
- Paradouros e motéis: atendem a motoristas e outros viajantes. Sempre são empreendimentos econômicos, geralmente operados por redes, com apartamentos padronizados e facilidades mínimas em termos de refeições. Os edifícios típicos dessa categoria são modulares, com instalações e sistemas pré-fabricados, com um ou dois pavimentos de altura. Os terrenos ideais são aqueles associados a outros serviços rodoviários ao longo de autoestradas e em grandes junções, ou nas rotas de atrações turísticas.

2.2 Acesso e localização

Nas etapas iniciais de um projeto (estudos preliminares e lançamento do partido de arquitetura), deve-se levar em consideração:

- Restrições, inclusive de planejamento (arquitetura e urbanismo), direitos de propriedade e outros condicionantes legais, que podem limitar a área de ocupação do terreno e a altura do prédio.
- Rotas de acesso que separem os hóspedes da entrega de bens e serviços e das entradas para os funcionários.

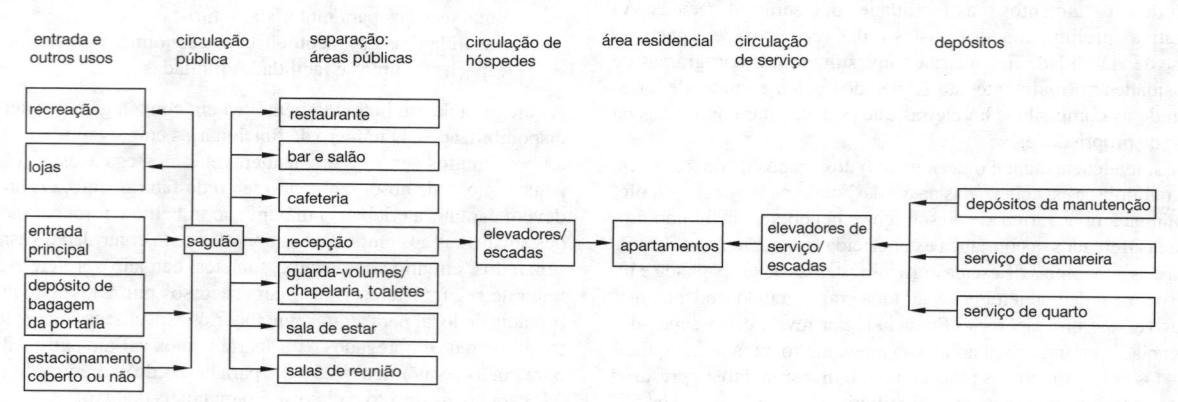

17.1 Diagrama de circulação e relações entre as áreas.

- Localização do prédio no terreno, para criar estacionamentos e permitir ampliações futuras.
- A entrada principal deve ser proeminente e apropriada ao estilo e à categoria do hotel. Em hotéis urbanos, o acesso secundário (do estacionamento de automóveis) deve conduzir diretamente ao saguão de recepção. Às vezes, são necessárias uma entrada e uma recepção para grandes grupos de convenções ou eventos.

O número de vagas de estacionamento depende da localização, dos padrões de uso, dos tipos de transporte existentes e da disponibilidade de serviços de táxi e estacionamento público. Os motéis e hotéis junto a aeroportos costumam oferecer 1,1 vaga/apartamento; os hotéis nos centros de cidade, cerca de 0,3 vaga/apartamento mais 0,2 vaga/assento de espaço para convenções ou eventos. Os *resorts* podem exigir apenas 0,2 vaga/apartamento, além da área de estacionamento para ônibus.

Também devem ser previstas vagas separadas para os veículos dos funcionários.

2.3 Relações espaciais e funcionais

As exigências funcionais de um hotel dotado de serviços completos podem ser divididas em três áreas distintas, mas relacionadas entre si: área pública, apartamentos e serviços de apoio ou administrativos (Figura 17.1).

2.4 Áreas públicas

Para os hóspedes (mas também geralmente abertos aos não hospedados), os espaços públicos incluem saguões, salas de estar, restaurantes, bares, salas de reunião, salões de baile e outros cômodos que atendem a eventos diversos. Outros recursos, como salas de ginástica, saunas e piscinas de recreação, também podem atender aos associados de um clube local.

As exigências mais comuns incluem:

- Áreas espaçosas e com grandes vãos estruturais, para acomodar números previstos de usuários e permitir ajustes no leiaute e no projeto, atendendo a diferentes necessidades.
- Localização no pavimento térreo ou perto dele, a fim de facilitar o acesso, o controle e a saída de emergência.
- Vistas externas, obrigatórias para os restaurantes. Os bares e restaurantes especializados podem ser implantados no pavimento de cobertura de um prédio alto, com serviços e acesso por elevadores de uso privativo. Em saguões de centros de convenção ou multifuncionais, é importante um projeto de arquitetura de interiores espaçoso e vistoso. A iluminação natural é uma vantagem em salas de estar e salões para intervalos.
- As áreas de apoio (como saguões, depósitos de equipamentos, facilidades de serviços de alimentação, acesso de funcionários) devem ser adjacentes e facilmente acessíveis, com anteparos eficazes para evitar os incômodos do uso.

2.5 Apartamentos

Os apartamentos conjugados se localizam de modo a melhor desfrutar das vistas externas e minimizar os ruídos e o incômodo. A área dos apartamentos é o maior gerador de renda líquida em um hotel e costuma ocupar cerca de 70 a 75% da área construída em hotéis dotados de todos os tipos de serviços (veja a Tabela I).

As características de projeto incluem:

- a construção modular repetitiva dos apartamentos adjacentes aos *shafts* que acomodam tubulações, cabos e outras instalações prediais;
- o planejamento cuidadoso de escadas, elevadores e corredores, de modo a facilitar a circulação e o acesso dos hóspedes;

Tabela I Divisão das áreas residenciais

Categoria do hotel	Básico	Econômico	Padrão médio	Alto padrão	Luxo
Área do apartamento (interna) [a]	17,5	21,7	25,2	30,0 (+ 5%)	36,0 (+ 5%)
Área bruta [b]	0,25	0,25	0,3	0,4	0,4
Área residencial bruta [c]	22	27	33	44	53
Áreas públicas e de apoio [d]	5,5	8	12	18	22
Percentual em relação à área total	80%	77%	73%	71%	71%

(a) Áreas médias em m^2 para hotéis europeus; 5% de apartamentos conjugados incluídos em hotéis de padrão mais alto. Os hotéis norte-americanos tendem a usar cômodos maiores.
(b) Depende do formato da edificação. Em hotéis de padrão mais alto, essa área inclui o uso parcial de corredores simples, ou seja, que atendem a apartamentos distribuídos apenas em um de seus lados.
(c) Valores arredondados.
(d) Chega a 22% em hotéis de alto padrão em países em desenvolvimento e em hotéis com grandes centros de convenção ou cassinos.

- a circulação dos hóspedes por meio da área de recepção principal e separada daquela destinada aos funcionários, que é pelos serviços de apoio (como serviço de quartos, lavanderia, cozinhas, manutenção e depósitos);
- exigências especiais para acessibilidade universal, saídas de emergência, segurança física e patrimonial e redução de ruídos.

2.6 Áreas de apoio e áreas administrativas

Esses espaços acomodam as instalações técnicas e operacionais, incluindo as áreas para funcionários e escritórios, se localizam nas áreas menos valiosas do empreendimento e têm acesso veicular para a entrega de bens e a remoção e reciclagem de lixo, a manutenção e os serviços de emergência. Estão incluídos:

- Pavimentos de subsolo em hotéis grandes ou localizados em terrenos caros. As casas de máquinas dos elevadores e dos equipamentos de climatização/ventilação são instaladas nos pavimentos de cobertura e cobertas por anteparos.
- Áreas separadas para docas de carga e descarga, depósito de lixo, depósitos em geral, manutenção, serviço de camareiras, lavanderias, empregados e depósito principal de alimentos e sua produção.
- Acesso de serviço interno (separado das áreas dos hóspedes) aos apartamentos e das áreas de serviço às áreas públicas (restaurantes, bares, espaços para eventos, depósitos para equipamentos e móveis).
- Áreas separadas para a administração do hotel. Os escritórios para a gerência encarregada pelo turno de serviço se localizam perto do saguão com recepção, sendo acessados por meio do balcão dessa área.

2.7 Circulação e sinalização

Os percursos que serão feitos pelos hóspedes, usuários não hospedados e funcionários devem ser cuidadosamente planejados para facilitar o movimento e o controle (Figura 17.2a–c). Essa função também indica as localizações ideais para as instalações e os serviços de apoio necessários. Todas as rotas devem ser mantidas desobstruídas e serem largas o suficiente para evitar congestionamentos, particularmente nas áreas em que as pessoas costumam se reunir (como junto ao balcão da recepção, no saguão, em frente aos elevadores, nas áreas de manuseio de bagagem e nas áreas de serviço). É necessário o uso de sinalização gráfica e/ou sonora para orientar sobre percursos, dar informações e indicar rotas de evacuação de emergência. O projeto gráfico deve ser parte integral da arquitetura de interiores e estar coordenado em todo o hotel. Devem ser empregados símbolos aprovados ou normalizados, e todos os letreiros e sinais devem estar dentro de um campo de visão normal.

2.8 Corredores e escadas

Corredores, escadas, *shafts*, dutos e corredores de acesso de serviço aos apartamentos se somam às áreas líquidas dos apartamentos, aumentando a área construída total e os custos do empreendimento. Sempre que possível, a circulação nos espaços públicos deve atravessar as áreas que tenham outros usos, como saguões, salas de estar ou galerias de lojas.

Nos pavimentos de apartamentos, as considerações econômicas (áreas brutas, comprimento dos corredores) geralmente exigem que os dormitórios sejam distribuídos ao longo de ambos os lados de um corredor longitudinal centralizado ("corredor duplo"). Os corredores duplos costumam ocupar entre 20 e 30% da área bruta do pavimento de apartamentos, enquanto os simples (com portas em um dos lados, atendendo a apenas uma fileira de apartamentos) podem ocupar até 35 ou 45% da área do piso.

O projeto dos corredores e das escadas é determinado pelos códigos de edificações e pelas normas de prevenção e combate a incêndios. A escada principal deve ficar em um local de destaque, junto às caixas de elevadores, para oferecer uma alternativa fácil no caso de uma evacuação de emergência.

Escadas secundárias devem ser previstas nas extremidades de cada corredor (ou perto delas) e de acordo com a distância de deslocamento máxima permitida pelas normas locais.

No caso de corredores dotados de sistemas de *sprinklers* (chuveiros automáticos) com duas rotas de fuga alternativas, essa distância costuma ser de 60 m, embora às vezes possa chegar a 90 m. Se a rota de fuga for única (com apartamentos simples ou conjugados após a escada da extremidade), essa distância pode ser de apenas 9 m, dependendo da norma. Portas corta-fogo com sistema de fechamento automático devem ser disponibilizadas ao longo do corredor. Todas as saídas precisam ser claramente indicadas, protegidas por portas corta-fogo ou controle de ventilação, atender às normas de resistência ao fogo e conduzir a áreas de evacuação seguras. (Veja a Seção 2.16, Prevenção e combate a incêndios.)

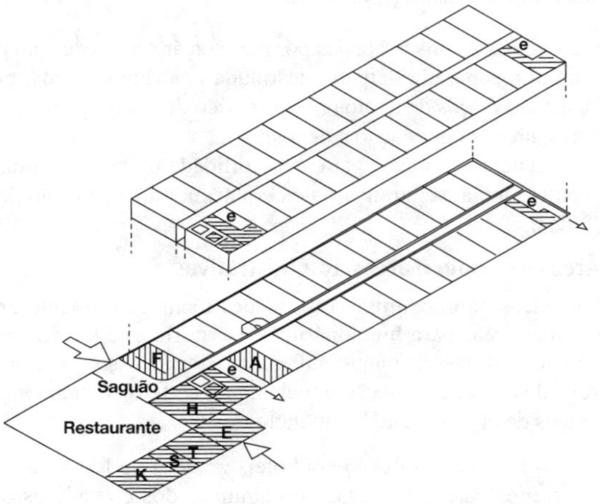

a Planta baixa esquemática, mostrando a implantação do restaurante (à esquerda) e outros serviços (hachurado) em um hotel básico ou econômico. Os apartamentos geralmente são em dois ou mais pavimentos.

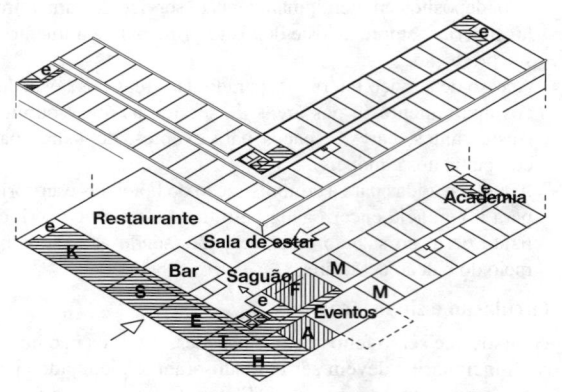

b Típico hotel ou motel suburbano de padrão médio que oferece uma grande variedade de salas para reuniões ou eventos ou de uso público, com muitas áreas de apoio. As áreas de apartamento ficam em dois ou mais pavimentos e podem ser distribuídas em uma planta baixa quadrada com um pátio ou átrio central, que acomoda as áreas de restaurante e bar.

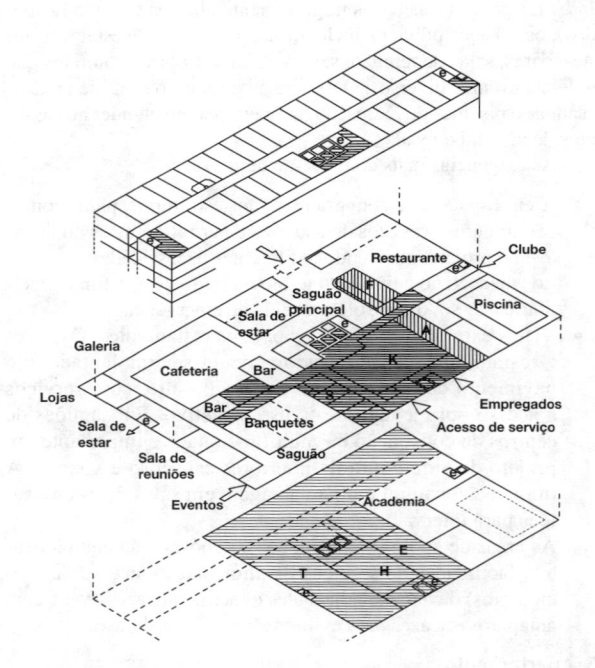

17.2a-c Exemplos de três tipos de hotéis usuais.

c Diagrama simplificado das áreas de uso comum, dos apartamentos e serviços de apoio (hachurado) de um hotel de alto padrão com pavimentos múltiplos.

Legenda: A, escritórios da administração e segurança; e, escadas e saídas de emergência; E, áreas para funcionários – entrada controlada, vestiários, banheiros, refeitório/toaletes, recursos humanos; F, recepção e escritório; H, serviço de quarto e áreas de depósito geral; K, cozinha principal e áreas de depósito com cozinhas de finalização que atendem a pontos de distribuição de bebidas e alimentos; S, depósito de equipamentos e móveis para eventos; T, casa de máquinas e equipamentos.

2.9 Elevadores

A instalação de elevadores geralmente é necessária em hotéis para o acesso a apartamentos que tenham três pavimentos ou mais. O acesso aos elevadores para hóspedes deve ficar visível do balcão da recepção e ser monitorado por câmeras de segurança em todos os pavimentos. Os elevadores para hóspedes devem ficar recuados em relação aos corredores, ter portas com abertura generosa (para facilitar o acesso), ter boa iluminação e ventilação e ser revestidos com superfícies robustas, para resistir aos danos provocados pelo manuseio de bagagem. É importante que não haja desníveis nos pisos dos patamares.

As caixas de elevador devem atender às exigências de estabilidade estrutural, resistência ao fogo (tanto para as caixas quanto para suas portas), ventilação para extrair fumaça e controles. As casas de máquinas que acomodam os motores, as polias, os controles e as vigas de içamento normalmente ficam localizadas no topo das caixas de elevador. Todos os elevadores devem ter mecanismos de segurança e sistemas de controle eficientes, inclusive alimentação elétrica de emergência e sistema de içamento, além de controles de desligamento, com retorno ao pavimento do saguão ou da saída de emergência.

Algumas exigências de desempenho comuns em grandes hotéis de alto padrão:

- Capacidades de carregamento (número máximo de passageiros a serem transportados nos horários de pico): baseadas no padrão de negócios e na população dos apartamentos.
- Tempos de espera: dependem do tempo para ida e volta de uma cabina e do número de elevadores instalados, mas um bom serviço em um hotel de alto padrão é ter de esperar, no máximo, entre 25 e 30 segundos no pico de uso.
- Controles coletivos interconectados: em hotéis altos, é necessária a sinalização avançada em cada parada. Em hotéis grandes, conjuntos de elevadores são agrupados em fileiras opostas de, no máximo, quatro unidades, com espaço adequado para os hóspedes esperarem (3,5 m de largura em elevadores para passageiros).
- Instalações especiais: incluem elevadores para veículos acessarem estacionamentos subterrâneos (com medidas de proteção a incêndios) e elevadores com acesso direto a recursos de lazer e elevadores panorâmicos em átrios. Os edifícios altos podem exigir caixas de escada enclausuradas (protegidas contra o fogo), separando a alimentação elétrica e o acesso aos controles para combate a incêndios.

2.10 Elevadores de serviço

- É necessária a previsão de elevadores de serviço para as camareiras e o serviço de quarto.
- A proporção entre esses elevadores e os para hóspedes costuma ser 1:2, 2:3 ou 3:4, dependendo do padrão do hotel.
- Esses elevadores são acessados por corredores de serviços e ficam próximos a depósitos ou despensas em cada pavimento e costumam ser agrupados de costas para os elevadores para hóspedes, usando as mesmas caixas.
- Os elevadores de serviço descem até as áreas de apoio nos pavimentos de subsolo e são projetados para a praticidade no transporte de funcionários, carrinhos, suprimentos e equipamentos.
- Pelo menos um dos elevadores deve ser grande o suficiente para carregar móveis volumosos como camas e, em caso de emergência, uma maca diretamente a uma área de estacionamento de ambulâncias.
- Os hotéis grandes às vezes exigem elevadores de carga pesada para o transporte de objetos ou equipamentos a partir das docas de carga e descarga, inclusive para atender a convenções.

2.11 Ambiente interno

O ambiente interno de um hotel deve ser atraente, transmitir confiança na operação e deixar uma impressão positiva nos hóspedes. Cada área precisará atender às necessidades específicas de espaço e recursos, a fim de alcançar os objetivos de projeto dentro de seu orçamento previsto. Geralmente é necessário que os interiores, acessórios e equipamentos sejam seguros, resistentes a danos e fáceis de reparar ou substituir. Os móveis e acessórios de uso doméstico não costumam ser adequados ou suficientemente robustos para o uso em um hotel.

2.12 Iluminação

A iluminação deve ajudar a criar um ambiente apropriado, diferenciar os espaços e evidenciar letreiros e locais de risco.

- As fontes de luz e os controles são selecionados de modo que possam atender a exigências particulares, variando de holofotes externos a luzes de destaque ou sobre o plano de trabalho em interiores, como no balcão da recepção, nas bancadas de serviço e nos bares.
- A conservação de energia gasta na iluminação, no condicionamento do ar e nos equipamentos elétricos é importante para o controle das contas com utilidades públicas. As provisões necessárias incluem o zoneamento, o acionamento e desligamento automático da eletricidade dos apartamentos por meio dos cartões eletrônicos de entrada, a recuperação central de energia e a reciclagem da energia gasta.
- Os hotéis devem se certificar de que contam com um sistema adequado de iluminação de emergência para a segurança dos hóspedes e outros usuários e para a manutenção dos serviços essenciais em caso de pane no fornecimento normal de energia. Em hotéis de alto padrão, são instalados geradores de energia capazes de atender a toda a demanda. É preciso que haja um sistema de acionamento automático.

2.13 Controle de ruído

Às vezes, os hotéis precisam estar situados em áreas com alto nível de ruídos de fundo, como estradas e ruas movimentadas, aeroportos ou áreas suburbanas. Grande parte das atividades e dos equipamentos de hotelaria também gera poluição sonora externa, como os estacionamentos, as docas de carga e descarga, os geradores de energia e as casas de máquinas e os equipamentos instalados na cobertura.

As áreas de trabalho internas, as casas de máquinas e outros locais geradores de ruído são agrupados na zona de serviços de apoio, o que permite a separação ou o isolamento acústico daquelas áreas frequentadas pelos hóspedes e visitantes.

Os padrões adequados de isolamento são essenciais para os recintos sensíveis a ruídos, particularmente na área dos apartamentos, durante o período noturno. Os critérios de desempenho do isolamento acústico para níveis de ruído de fundo máximos nos apartamentos costumam se basear em curvas de classificação de ruídos (NR), que cobrem uma variedade de frequências, como:

- apartamentos de hóspedes: NR25, aproximadamente um nível de ruído geral entre 30 e 35 decibéis;
- auditórios: NR25, com um projeto acústico que limite a reverberação, a fim de manter a clareza dos sons;
- salas de reunião menores: NR30, inclusive nas áreas divididas;
- restaurantes: NR50, com amortecimento acústico das cozinhas.

A construção dos blocos de apartamentos para os hóspedes em geral se baseia em lajes de piso com paredes transversais portantes, que também criam grandes massas e têm alta densidade, para garantir um bom desempenho acústico e a adequada resistência ao fogo. Também é necessário o tratamento acústico dos percursos adjacentes (por exemplo, dutos de banheiros, plenos de forro, portas internas). Em zonas urbanas movimentadas, é imprenscindível o uso de vidros duplos, e avenidas ou estradas ruidosas exigem que todas as vedações externas sejam mais isoladas. O desempenho do isolamento acústico de vários elementos de construção é expresso por meio da classe de transmissão sonora (STC).

Também é preciso que haja o tratamento adequado para reduzir a transmissão de ruídos por meio de aparelhos de ar-condicionado, tubulações e outras instalações, bem como para diminuir o ruído de impactos acarretados pelos movimentos das cabinas de elevadores. Entre as medidas possíveis, há a confinação de ruídos gerados pelas máquinas, a redução de vibrações, o projeto das redes de distribuição e a vedação de dutos e vãos.

Os incômodos acústicos nos dormitórios também podem se originar de fontes internas. O projeto deve minimizar o ruído de impacto com revestimentos de piso resilientes ou absorventes (carpetes, por exemplo), bem como com o uso de sistemas inteligentes em fechadores automáticos de portas, trancas e acessórios móveis. Nos recintos adjacentes, as áreas geradoras de ruídos (como os banheiros) costumam ser agrupadas umas contra as outras, e considerações similares determinam o leiaute de zonas silenciosas.

As áreas públicas envolvem outras considerações. Salões de baile e auditórios para convenções implicam inúmeros visitantes e usos alternativos, que variam de conferências e eventos muito sensíveis a ruídos (como palestras) a festas barulhentas. As medidas de controle de ruído envolvem o posicionamento de recintos públicos em locais afastados dos apartamentos e a criação de saguões e depósitos de serviço em áreas intermediárias (servindo como amortecedores acústicos), bem como a necessidade de isolamento nas áreas sensíveis.

2.14 Segurança física dos usuários

Uma vez que oferecem acomodação para viajantes e turistas temporários, que não estão familiarizados com o leiaute e os equipamentos do prédio, os hotéis precisam dar muita atenção às questões de segurança física e patrimonial. Também deve ser considerada a segurança dos empregadores e de suas áreas de trabalho.

As exigências são determinadas por normas legais, condições impostas pelos seguros, classificações dos hotéis e padrões operacionais. As medidas de segurança de todos os aspectos do planejamento, do projeto, da operação e da manutenção, assim como as previsões das saídas de emergência, têm grande influência no arranjo dos cômodos e da circulação.

2.15 Listas de conferência para projeto

Para obter mais detalhes sobre as exigências gerais, consulte o Capítulo 3 (Circulação de Pessoas) e o Capítulo 10 (Proteção e Combate a Incêndios). O projeto de hotéis exige a atenção particular aos seguintes aspectos:

Áreas para hóspedes e visitantes:

- Circulação: mudanças no nível do piso, posicionamento da sinalização, espaços para o acúmulo de pessoas.
- Escadas: entre patamares, no máximo, 16 degraus, e, no mínimo, três; pisos com bordas não escorregadias e de cor distinta; corrimãos adequados.
- Portas: patamares amplos, visores, visibilidade de portas de vidro.
- Janelas: especificação das vidraças, método de limpeza, risco de abertura acidental (trancas/vedações), vertigem (peitoris inferiores a 110 cm).
- Balcões: segurança/risco de invasão, estabilidade estrutural, turbulência provocada pelo vento, drenagem.

Áreas de serviço e de trabalho:

- Espaço: para trabalhar, usar equipamentos, circular.
- Ergonomia: dimensões dos móveis, altura de prateleiras.
- Proteção de equipamentos: máquinas, superfícies quentes, chamas (controle de incêndios), segurança elétrica.
- Ambiente: iluminação (níveis lumínicos, sombreamento), ventilação, temperatura, umidade relativa do ar, exaustão de fumaça.
- Prevenção e combate a incêndios: áreas de alto risco, controle de chamas, evacuação.
- Primeiros socorros: localizações, recursos para tratamento.
- Manutenção: exigências, acessibilidade, drenagem.

2.16 Prevenção e combate a incêndios

A proteção das pessoas, as rotas de fuga e as saídas de emergência no evento de um incêndio impõem exigências específicas aos hotéis. Isso se deve ao grande número de pessoas que se encontram dormindo em apartamentos separados e não estão familiarizadas com o prédio e seus sistemas de alarme, precisando, portanto, ser alertadas e evacuadas. Além disso, grande parte dos hóspedes pode ser de idosos, muito jovens, deficientes físicos ou indivíduos cansados ou alcoolizados. Pode haver inúmeros visitantes participando de um evento ou uma convenção, o que acarreta problemas de congestionamento em caso de evacuação rápida. Os funcionários também trabalham de forma intermitente em diferentes setores, e seu número fica reduzido à noite.

As exigências e considerações são:

- As cargas de incêndio são elevadas, devido ao mobiliário. Muitas áreas apresentam alto risco de incêndios (como cozinhas, depósitos, oficinas, estacionamentos subterrâneos).
- O período mínimo de resistência ao fogo para as escadas de emergência geralmente é de uma hora, mas aumenta para duas no caso de edificações altas (30 metros, por exemplo). Os pavimentos de subsolo exigem medidas especiais. Os materiais combustíveis e os índices de dispersão de chamas superficiais devem ser controlados nas rotas de fuga.
- Sistemas de *sprinklers* (sistemas de extinção de incêndio com chuveiros automáticos) com acionamento de ventilação em modo de incêndio e alarme, portas corta-fogo e o acionamento automático de elevadores são comuns em hotéis de grande porte. Alarmes de incêndio, painéis indicativos e sistemas de hidrantes devem ser instalados junto com extintores de incêndio portáteis e com CO_2 (para equipamentos elétricos) em áreas específicas.
- Deve haver acesso para viaturas do corpo de bombeiros, ambulâncias e outros veículos dos serviços de emergência.
- Edifícios altos podem exigir a instalação de um elevador de combate a incêndios, com alimentação elétrica independente, acesso externo e caixa protegida.

(Para mais detalhes, consulte o Capítulo 10, Proteção e Combate a Incêndios).

2.17 Segurança patrimonial

A segurança patrimonial é uma consideração importante para hóspedes em contextos não familiares, reuniões confidenciais e eventos com grupos grandes, bem como para o controle de perdas e danos dos bens do hotel. Em termos operacionais, a segurança nos hotéis deve ser eficaz, sem se tornar obstrutiva ou exageradamente restritiva.

Pela própria natureza do negócio, os hotéis abarcam altos custos de investimento tanto no imóvel como nos móveis, equipamentos e acessórios. Eles devem estar abertos a um grande espectro de hóspedes e visitantes transitórios, muitos dos quais trazem itens valiosos.

Uma alta taxa de empregados do hotel é composta por trabalhadores temporários, a rotatividade é elevada e muitos dos serviços são terceirizados. Furtos, danos deliberados e atos de vandalismo não são raros.

As medidas de segurança incluem:

- Prevenção de furtos: tipo de construção (portas, paredes, janelas, pontos de acesso), sistemas de monitoramento por circuitos fechados de televisão (CCTV) e de indicação com sensores, controle de entradas e saídas por meio de portas de emergência e de serviço e controle dos estacionamentos, dos jardins do hotel e de todos os acessos ao empreendimento.
- Controle das entradas: sistemas de travamento com cartões eletrônicos para os hóspedes e funcionários (com áreas de acesso restrito e controle com chaves-mestras). Entrada de funcionários e bens por meio de áreas controladas para produtos e pessoal.
- Separação: elevadores e escadas para hóspedes à vista do balcão da recepção. Circulação planejada e monitorada para restaurantes, salas de reunião ou de eventos e áreas de apoio; e circulação de serviço separada da dos hóspedes.
- Bagagem: controle do manuseio, da entrada e da saída; depósitos de bagagem e de achados e perdidos isolados e com proteção contra explosões.
- Administração: localização e projeto dos escritórios de segurança. Conjuntos de monitores e equipamentos de gravação; sala para interrogatórios segura e com tranca; linhas diretas para a polícia, o corpo de bombeiros, a ambulância e outros serviços de emergência.
- Gestão do hotel: sistemas de computador integrados com informações dos hóspedes, cobranças, contabilidade, registros de compras e estoques, detalhes sobre os funcionários e outros recursos humanos, manutenção, registros sobre equipamentos e propriedades, contratos, etc.

2.18 Higiene

Os hotéis devem manter altos padrões de higiene para atender à legislação de saúde e preservar sua reputação. Isso cobre a maioria das áreas, mas particularmente o projeto dos serviços de alimentação, dos depósitos de lixo, dos sistemas hidrossanitários e do condicionamento do ar (incluindo as torres de arrefecimento).

2.19 Sistemas de comunicação e instalações prediais

As múltiplas funções envolvidas nas operações hoteleiras exigem sistemas de telecomunicação extremamente sofisticados. A administração predial, as finanças, o controle de pessoal, as operações bancárias, o marketing, a emissão de pedidos, o controle de estoques, os serviços para clientes, entre muitas outras necessidades, cada vez mais são computadorizados, com controles automáticos e programas customizados.

As rápidas mudanças em equipamentos, redes instaladas e instalações prediais têm muitas implicações para o planejamento dos prédios do hotel, bem como para o projeto da arquitetura de interiores, por exemplo:

- Redes de telecomunicação externa de alta velocidade e alta capacidade, receptores e equipamentos de melhoria do sinal recebido, nos locais necessários.
- Equipamentos de apoio automáticos, inclusive geradores de energia elétrica e sistemas de registro de informações.
- Mudanças nas exigências e no modo de operação que afetam o projeto dos balcões da recepção e outros serviços departamentais.
- A instalação extensiva de sistemas computadorizados integrados com sensores, monitores e respostas automáticas, para o controle das instalações prediais, da segurança patrimonial, da prevenção de incêndios e de outras redes.
- A disponibilização de salas de computação seguras, com independência nos sistemas de climatização, nas áreas de trabalho e nos equipamentos associados.
- A garantia de acesso e espaço adequados para manutenção e mudanças futuras nos equipamentos do terminal, conduítes e dutos.
- O projeto especializado das redes de cabos, incluindo a separação segura de circuitos com diferentes voltagens, códigos de cores, acessos e registros detalhados.

O projeto dos sistemas e equipamentos de tecnologia da informação e comunicação depende do tamanho, da sofisticação e da complexidade dos serviços do hotel, variando desde sistemas totalmente integrados em grandes hotéis de alto padrão a sistemas independentes com interface e apoio *wi-fi* para o número necessário de terminais.

2.20 Instalações prediais

As necessidades das instalações prediais e das máquinas variam conforme a localização, o tamanho da construção e a sofisticação do hotel. Os apartamentos para hóspedes exigem *shafts*, conduítes e plenos para a acomodação de tubos e cabos que chegam a cada cômodo. Redes de distribuição zoneadas são necessárias para a iluminação, as tomadas, a ventilação central e os sistemas de condicionamento do ar.

O planejamento do terreno inclui a drenagem de água de superfície, os esgotos cloacais, as conexões às redes públicas e os equipamentos, como transformadores. A maior parte das casas de máquinas se localiza nas áreas de apoio, inclusive nos pavimentos de subsolo. Os equipamentos de ventilação e refrigeração do ar, assim como outros tipos de máquinas, muitas vezes são instalados no pavimento de cobertura. Edifícios altos e complexos frequentemente exigem pisos técnicos em níveis intermediários. Em todos os casos, espaços, acessos e equipamentos devem ser fornecidos para manutenção, assim como para reformas futuras, que podem incluir substituições e novas exigências.

3 APARTAMENTOS PARA HÓSPEDES

3.1 Critérios comerciais

Os apartamentos para hóspedes ocupam entre 65% (hotéis de luxo) e 85% (hotéis econômicos) da área total construída de uma operação moderna. A renda obtida com os apartamentos sempre é a principal fonte de receita de um hotel, além de ser o principal contribuinte para o lucro bruto.

As exigências dos quartos são ditadas em grande parte pela análise do mercado de usuários em potencial, incluindo:

- Mercados principais: demanda por quartos para solteiros, para casal e conjugados; no caso de hóspedes executivos, são necessárias áreas de trabalho.
- Flutuações na demanda: mudanças sazonais, nos fins de semana, etc. Móveis, acessórios e equipamentos. Versatilidade.
- Qualidade e padrão: níveis de sofisticação, tamanho e serviços de quarto. Apartamentos conjugados.
- Tempos de estadia: tamanho e leiaute dos apartamentos, quantidade de móveis e espaço de armazenamento.

As dimensões dos quartos são críticas. Qualquer redução ou aumento na área de um apartamento é multiplicada pelo número de unidades envolvidas. Contudo, os apartamentos pequenos demais costumam ser restritivos em termos visuais ou atravancados, inflexíveis, difíceis de atender e se tornam mais propensos a danos materiais.

3.2 Padronização

Há uma série de formatos de hotel típicos, que variam de lineares a circulares (Figura 17.3a-f).

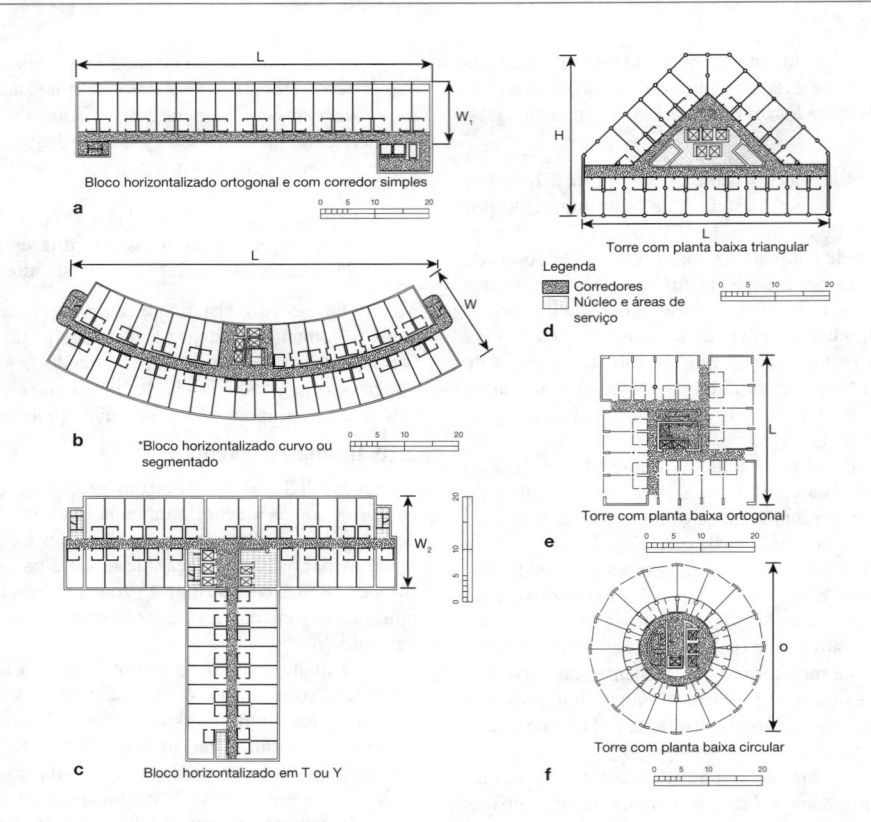

17.3a-f Plantas baixas de andares de apartamentos para hóspedes.

A configuração dos níveis de apartamentos depende principalmente do formato do terreno, da sua orientação solar, das necessidades de apoio nos níveis inferiores e dos arranjos de circulação vertical (elevadores e escadas). Os blocos horizontalizados se baseiam em prédios lineares longos, que podem ter (a) corredor simples ou duplo retangular ou (b) curvo; ou (c) configurações em T ou outra forma que se desenvolvem ao redor de um espaço de uso comum redondo ou ortogonal (um átrio). Por outro lado, as configurações em torre costumam ser (d) triangulares, (e) retangulares ou (f) circulares, ao redor de um núcleo estrutural com elevadores, caixas de escada, shafts, casas de máquina e outros recintos utilitários.

Em hotéis com múltiplos pavimentos, os módulos repetitivos de piso para piso são essenciais para o projeto estrutural e a distribuição dos *shafts* que acomodam as instalações prediais. A maioria dos apartamentos costuma ter o mesmo tamanho e ser projetada com móveis, equipamentos e acessórios similares, mas permitindo diferentes arranjos internos. A padronização dos elementos do projeto é importante para:

- economia de custo e tempo de construção, pré-fabricação
- qualidade e preços uniformes, particularmente para a criação da marca
- eficiência na organização de rotinas dos serviços das camareiras
- economia na aquisição em grande escala de equipamentos, móveis e acessórios
- racionalização dos serviços de manutenção e substituição

3.3 Dimensões dos apartamentos

As larguras dos quartos padronizados se baseiam em camas com comprimentos de 2,0 m, com armários com 60,0 cm de profundidade e espaço para circulação com 1,0 m, totalizando 3,65 m. Essa dimensão total pode ser reduzida para 3,5 m, por motivos de economia, ou ser aumentada, para conferir a impressão de um espaço mais generoso. Os módulos de construção (entre eixos de parede) aumentarão essas distâncias em 20 ou 25 cm.

É importante garantir o uso mais eficiente possível das dimensões das unidades para hóspedes. O aumento da largura reduz o número de apartamentos ou aumenta o comprimento dos corredores, o que resulta em mais área bruta e maiores custos. Os módulos estruturais sempre se baseiam em pares de apartamentos que compartilham um *shaft* (espaço vertical para as instalações).

O comprimento dos apartamentos costuma ser mais variável, embora possa ser determinado por condicionantes do terreno ou da estrutura. As dimensões dos banheiros, por outro lado, são ditadas pelo número e espaçamento dos aparelhos sanitários.

As áreas internas variam conforme a localização do empreendimento, o custo do terreno, o padrão do hotel e a estratégia da marca (Figuras 17.4, 17.5, 17.6, 17.7 e 17.8).

A Tabela II apresenta os tamanhos médios. Em geral, os apartamentos são projetados para ocupação por duas pessoas, mas permitem o uso flexível.

3.4 Zonas funcionais

Os interiores dos apartamentos são planejados para terem zonas diferentes para cada uma das funções, com espaços adequados para os móveis, o uso conveniente e a limpeza. O zoneamento indica as posições ideais para controles, interruptores, conexões de luz e energia, acessórios e outros recursos necessários ao planejamento das instalações e dos equipamentos elétricos:

- áreas de estar ou trabalho: perto das janelas, com vistas, iluminação natural, móveis soltos
- espaço para dormir: áreas silenciosas afastadas das janelas, com a vista das camas protegida da entrada

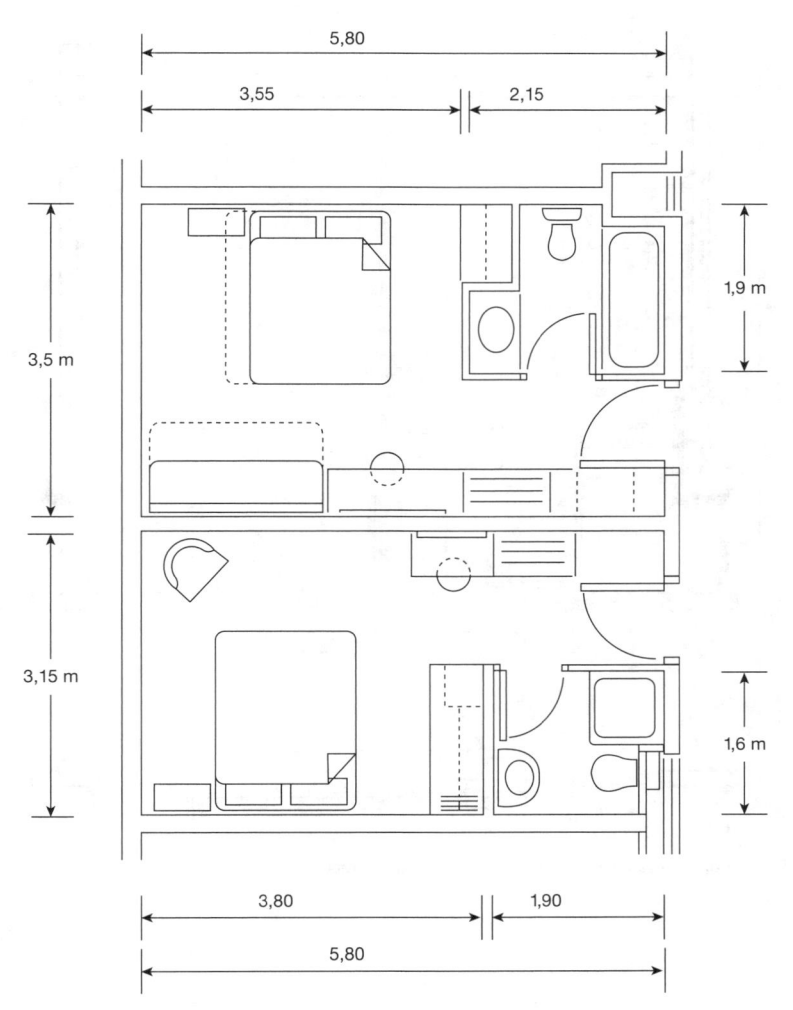

17.4 Apartamentos com dimensões mínimas para hotéis econômicos.

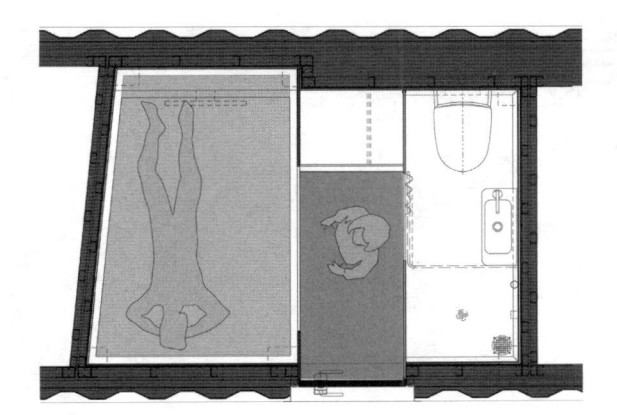

17.5 Conceito de um apartamento com 200 cm × 276 cm projetado em um contêiner de carga reciclado (The Manser Practice).

- mesas de cabeceira: interruptores, controles, iluminação, telefone, acesso facilitado
- penteadeira: boa iluminação, espelho, mesa, gavetas, cadeira ou banqueta, uso múltiplo
- bagagem: *design* e posição convenientes, resistência, proteção contra danos, cofre

Tabela II Tamanhos de apartamentos típicos

Padrão	Área (m²)	Dormitório + banheiro e vestíbulo
Básico (1*)	18	Ducha ou recursos de uso compartilhado.
Econômico (2*)	20–22	Uso variado, inclusive por famílias.
Padrão médio (3*)	25–27	Recursos típicos. Duas camas de solteiro.
Alto padrão (4*)	27–30	Executivos e usuários de classe alta.
Luxo (5*)	34–36	Projetos individualizados. Leiautes variados.

Observação: Os apartamentos básicos são adaptáveis para o uso de famílias.

- armários: perto da entrada, roupeiro com gavetas, interiores bem visíveis, iluminação suplementar
- circulação: largura mínima (para passar com a bagagem), uso duplo do espaço

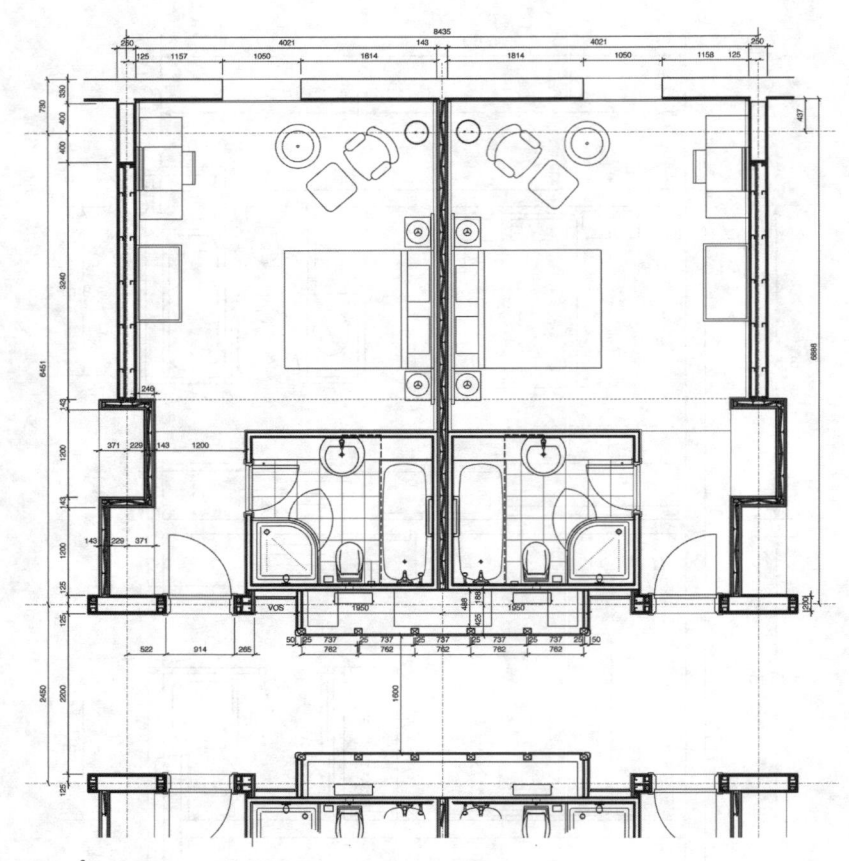

17.6 Apartamento padrão de 28 m² projetado para o Gatwick Hilton (The Manser Practice).

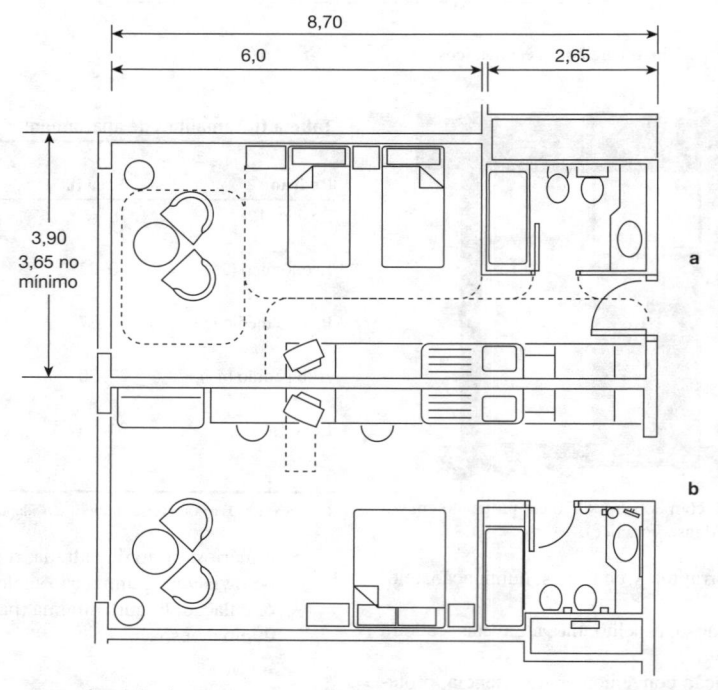

17.7 Dois leiautes de apartamento para um hotel de alto padrão, mostrando as zonas funcionais em uma unidade com duas camas de solteiro e um arranjo alternativo com cama de casal, para executivos.

Legenda

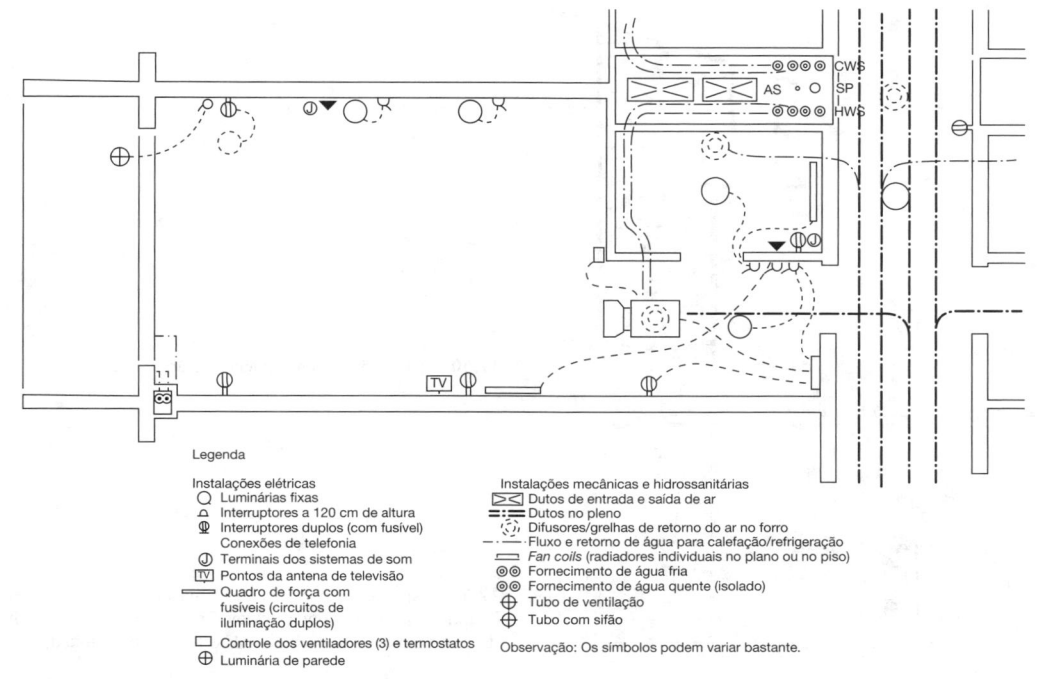

Instalações elétricas
○ Luminárias fixas
△ Interruptores a 120 cm de altura
⊕ Interruptores duplos (com fusível)
    Conexões de telefonia
⓪ Terminais dos sistemas de som
TV Pontos da antena de televisão
═══ Quadro de força com fusíveis (circuitos de iluminação duplos)
□ Controle dos ventiladores (3) e termostatos
⊕ Luminária de parede

Instalações mecânicas e hidrossanitárias
⊠ Dutos de entrada e saída de ar
≡∷≡ Dutos no pleno
⊙ Difusores/grelhas de retorno do ar no forro
—·— Fluxo e retorno de água para calefação/refrigeração
⊏⊐ *Fan coils* (radiadores individuais no plano ou no piso)
⊚⊚ Fornecimento de água fria
⊚⊚ Fornecimento de água quente (isolado)
⊕ Tubo de ventilação
⊕ Tubo com sifão

Observação: Os símbolos podem variar bastante.

17.8 As instalações em um apartamento de hotel de alto padrão.

3.5 Variação dos apartamentos

A fim de racionalizar a circulação, os apartamentos para os hóspedes em hotéis de pavimentos múltiplos sempre são distribuídos em blocos lineares organizados para atender às exigências do terreno, da estrutura e das diversas normas legais (especialmente no que concerne às saídas de emergência).

Outra consideração importante para o agrupamento dos apartamentos é a eficiência do serviço das camareiras.

As variações de tamanho nos apartamentos são mais fáceis nos pavimentos superiores, nas junções de blocos e em áreas especialmente projetadas para isso. A maioria dos apartamentos ocupa dois módulos estruturais. O uso de portas duplas (à prova de som, com trancas duplas) entre dois apartamentos adjacentes permite a criação de uma unidade conjugada, para uso ocasional de uma família ou de pessoas com necessidades especiais.

Balcões e sacadas acarretam problemas de drenagem, danos causados pelo vento e segurança física e patrimonial. Assim, normalmente se limitam aos *resorts* (Figuras 17.9, 17.10).

Em função de sua própria natureza, os apartamentos dos apart-hotéis precisam ser maiores (Figura 17.11).

3.6 Móveis e acessórios

A ocupação de apartamentos e leitos nos hotéis é um bem perecível, exigindo faturamento alto, uso intenso e serviços de camareira eficientes, para otimizar as receitas. Móveis, acessórios e elementos de arquitetura de interiores devem ser práticos, robustos e resistentes a danos e, ao mesmo tempo, atender aos padrões esperados pelos clientes (Figuras 17.12, 17.13, 17.14).

Para isso especificações detalhadas têm de ser seguidas a fim de satisfazer às exigências de qualidade e desempenho.

As considerações particulares incluem:

- Superfícies: resistentes a quebras/danos por arranhões, queimaduras, manchas, produtos cosméticos, etc. As áreas mais vulneráveis devem ser protegidas (penteadeiras, maleiros, paredes, vestíbulos).
- Suportes: móveis e acessórios devem ter boa ancoragem nas paredes.
- Estruturas: resistentes, com conexões rígidas e boa construção. A modulação deve permitir o projeto ergonômico.
- Acessórios: com *design* duradouro, simples, fáceis de usar, movimentação silenciosa.
- Revestimentos de piso: os carpetes devem ser fáceis de limpar, duradouros, manter boa aparência e camuflar manchas.
- Cadeiras, tecidos: devem complementar o projeto, ser tratados com retardantes de fogo e formar uma cortina corta-fogo.
- Camas: confortáveis, duradouras, indeformáveis, com reforço nas quinas, silenciosas, com dimensões padronizadas, com

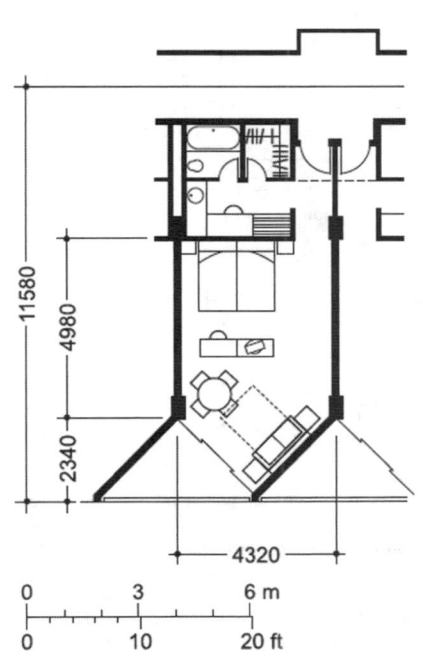

17.9 Apartamento em um hotel com fachada denteada.

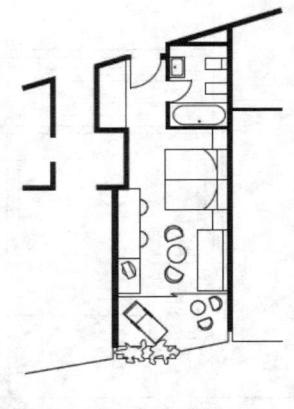

17.10 Apartamento com pequeno balcão.

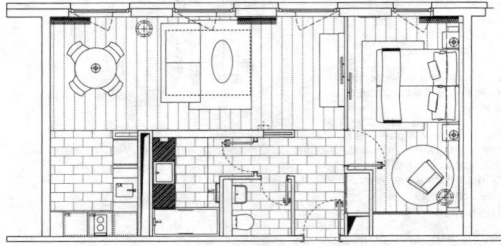

17.11a Apartamento com uma cama de casal. (Fonte: Hotel Citadines Frankfurt, projetado por Buckley Gray Yeoman para PBMG Projekt-und--Baumangement gesellschaft mbH e The Ascott Limited)

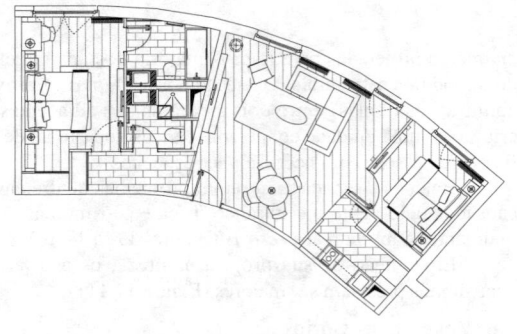

17.11b Apartamento com duas camas de casal. (Fonte: Hotel Citadines Frankfurt, projetado por Buckley Gray Yeoman para PBMG Projekt-und--Baumangement gesellschaft mbH e The Ascott Limited)

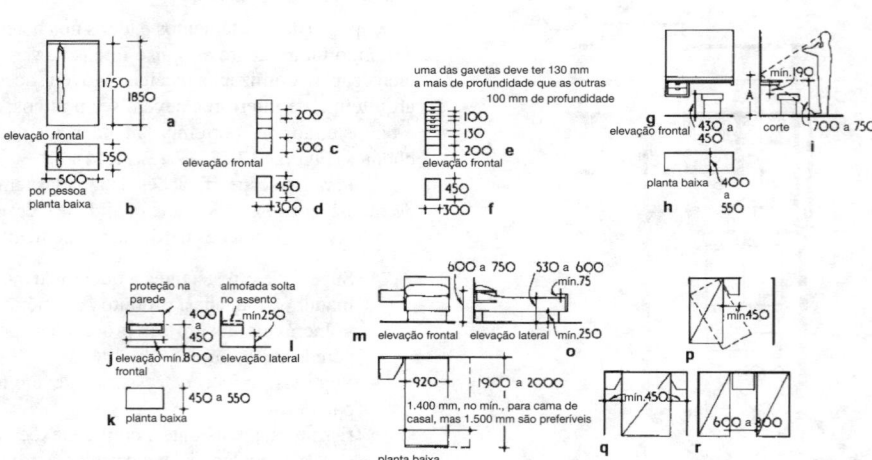

17.12 Espaços necessários para os móveis dos apartamentos de um hotel. Observação: as dimensões do roupeiro, das prateleiras e dos gaveteiros são as dimensões internas mínimas e desobstruídas.
Legenda: a Roupeiro em elevação – por hóspede; b Roupeiro em planta baixa; c Estante em elevação; d Estante em planta baixa; e Gaveteiro em elevação; f Gaveteiro em planta baixa; g Penteadeira/bancada em elevação; h Penteadeira/bancada em planta baixa; i Penteadeira/bancada em corte. A dimensão A não pode ser superior à metade da altura dos olhos do observador, para permitir uma vista completa. Para que uma bancada sirva ao uso duplo de penteadeira e escrivaninha, sua área mínima deve ser de 0,6 m²; j Maleiro em elevação; k Maleiro em planta baixa; l Maleiro em corte; m Mesa de cabeceira e cama de solteiro em elevação; n Mesa de cabeceira e cama de solteiro em planta baixa; o Mesa de cabeceira e cama de solteiro em elevação lateral; p Mesa de cabeceira para uma cama de solteiro; q Mesas de cabeceira para cama de casal; r Mesa de cabeceira para duas camas de solteiro. (Todas as dimensões estão em milímetros.)

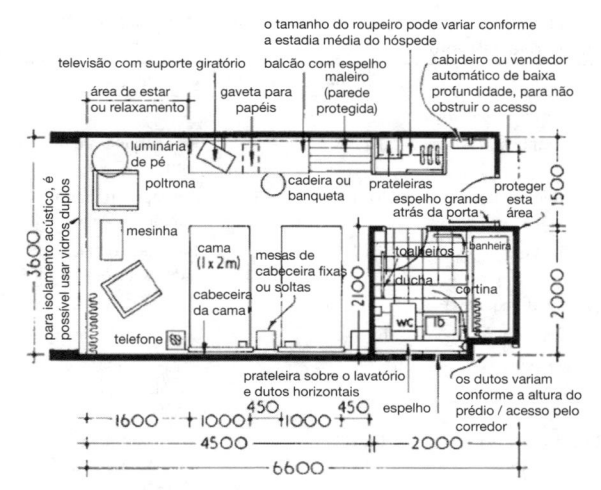

17.13 Apartamento com duas camas de casal, com guarda-roupas e penteadeira ao longo da parede mais longa. Os tamanhos variam conforme os condicionantes do terreno e o nível da acomodação. (Todas as dimensões estão em milímetros.)

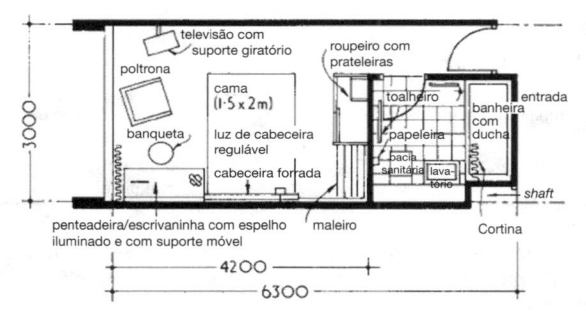

17.14 Leiaute para um apartamento de solteiro. Observe que foi instalada uma cama de casal, pois às vezes o dormitório pode ser utilizado por um casal.

cabeceira fixa na parede, com mesas de cabeceira suspensas (presas na parede), com luminárias.
- Roupa de cama e banho resistente e de boa qualidade, armário para guardar travesseiros, edredom e cobertor.

3.7 Localização e projeto do banheiro

Os banheiros de uso privativo do apartamento sempre são localizados internamente e ficam uns contra os outros, permitindo que as instalações hidrossanitárias das unidades adjacentes sejam acessadas por meio de um *shaft* de uso compartilhado. Esse arranjo exige que a ventilação seja mecânica (por meio de dutos no pleno do corredor), mas resulta em economias de tubulação, facilita o acesso para manutenção e otimiza o uso do espaço e das paredes externas. A exaustão do ar é ativada automaticamente com o acionamento do interruptor da luminária do banheiro (pelo lado de fora).

Em situações excepcionais, banheiros luxuosos (em *spas*) ou com duchas econômicas podem ficar junto a uma parede externa. Os banheiros localizados fora dos apartamentos aumentam o comprimento dos corredores, as áreas construídas e as instalações hidrossanitárias, mas podem ser adequados em motéis baixos e em reciclagens de uso.

As dimensões dos banheiros são ditadas pelo número e arranjo dos acessórios e aparelhos sanitários, particularmente pela existência ou não de uma banheira:

- Instalação típica: banheira com 150 cm de comprimento, com barras de apoio, ducha, varal retrátil e cortina ou *box*; bacia sanitária e lavatório. Os hotéis de alto padrão usam banheiras de 170 cm, lavatórios com duas cubas, bacia sanitária e bidê. As unidades de luxo incluem *closet* e ducha separada da banheira.
- Exigências: forros com plásticos acústicos; pisos não escorregadios e com drenagem; paredes com azulejos; espelho sobre o lavatório; luminária à prova de umidade e com quebra-luz; medidas de segurança nas instalações elétricas; válvula misturadora; controle termostático da água quente; entrada e saída de ar quente; tomada para barbeador elétrico, espaço na prateleira; toalheiros; papeleira; cabideiro; prateleiras; dispensador de lenços de papel; lixeira com tampa. Os hotéis de alto padrão instalam telefone e alto-falante com música no banheiro.

3.8 Apartamentos para hóspedes com deficiência física

Como regra, entre 1 e 2% dos apartamentos deve ser projetado e equipado para portadores de deficiência física. As unidades para pessoas com dificuldades de locomoção geralmente se localizam no pavimento térreo, para facilitar a saída de emergência e o acesso do estacionamento. Devem ser consultadas as exigências locais para acesso e leiaute dos apartamentos, como a NBR 9050. No Reino Unido, algumas exigências são:

- Largura do corredor: no mínimo, 915 mm; em corredores mais largos, as portas podem ter 815 mm.
- Banheiros: maiores do que a média, com um espaço central para manobras (com 1,52 m de diâmetro). Lavatórios com o topo a 860 mm de altura e espaço livre para os joelhos. Assento da bacia sanitária a 430 mm de altura. Espelhos ampliados para baixo. Barras de apoio instaladas nas laterais do banheiro, da bacia sanitária e da banheira, com acesso fácil.
- Dormitório: cômodos de tamanho padrão (com 3,65 m de largura) podem ser adaptados com modificações nos móveis, por exemplo, instalando interruptores mais baixos (1,2 m), aumentando o espaço entre as camas, deixando espaço livre sob as penteadeiras/bancadas e rebaixando a altura do peitoril da janela (610 mm), sempre que possível.

4 ÁREAS PÚBLICAS

4.1 Entrada do hotel e saguão com recepção

A entrada principal e o saguão devem ser bem visíveis, espaçosos e adequados ao estilo e à categoria do hotel. Considerações para projeto:

- Acesso de veículos: estacionamento, táxis, espaço para manobras, área coberta para desembarque
- Identificação: iluminação, estilo do hotel ou da rede hoteleira, sinalização gráfica, informações
- Porta de entrada principal: tipo, sistema de abertura, largura, segurança, saída de emergência, segurança, zona de transição térmica e controle de correntes de vento, acessibilidade
- Serviços: porteiros, depósito de bagagem

4.2 Saguões

O saguão de entrada é o coração das operações de um hotel, assim, é importante que ele transmita a impressão adequada. Ele oferece acesso a todas as áreas do hotel, e cerca da metade de seu espaço é destinada à circulação.

A tendência é que os saguões sejam espaços sociais com cafeterias, estações de trabalho, rede sem fio de acesso à Internet, etc. – e menos dominados pela recepção.

Entre os recursos do saguão podemos incluir a recepção, os assentos da área de estar, as lojas, o depósito de bagagem, um balcão de informações ou para assistência e outros serviços. As áreas típicas, com base no número de apartamentos, são de 0,3 m²/apartamento (hotéis econômicos), 0,5 m²/apartamento (motéis e hotéis junto a aeroportos) e 1,0 m²/apartamento (*resorts* e hotéis de centro de cidade).

A recepção tradicionalmente é o foco principal de atividade, e deve estar recuada pelo menos 1,25 m da circulação, embora essa distância seja de 6 m ou mais nos grandes hotéis que acomodam convenções. Os balcões costumam ser projetados com uma altura conveniente para o hóspede e um nível de trabalho mais baixo no outro lado, para o funcionário do hotel. Eles são planejados a partir de módulos de 1,5–1,8 m por posto de trabalho, cada um com monitor em ângulo e teclado. Funções como *check-in*, *check-out* e informações aos hóspedes geralmente podem ser atendidas em arranjos de mesas separadas. Os sistemas automáticos de *check-in* são cada vez mais comuns oferecidos nas reservas, e alguns apartamentos já possuem facilidades para pagamento de *check-out*, reduzindo a demanda da recepção.

O comprimento do balcão varia conforme o tamanho e o padrão do hotel, mas dimensões típicas seriam 3 m para 50 apartamentos; 4,5 m para de 100 a 150 apartamentos; e 6,0 m para de 200 a 300 apartamentos. Alguns hotéis usam mesas altas individuais, em vez de um balcão contínuo.

O balcão tem acesso direto a todos os recursos do setor, inclusive ao caixa e ao gerente da recepção.

A localização dos demais serviços administrativos de um hotel (segurança, telefonia, administração em geral) é mais flexível.

Em hotéis maiores, balcões separados geralmente são fornecidos para informações (portaria), assistência ao hóspede e recepção de grupos. Às vezes é necessária uma área separada para congressistas (*check-in* e informações).

4.3 Serviços de alimentação e bebidas

Os serviços de alimentação envolvem grandes investimentos e custos operacionais, ciclos de vida de projeto curtos (cinco a sete anos) e a racionalização dos assentos do restaurante e do preparo de refeições para garantir o uso eficiente.

- Hotéis básicos/econômicos: limitam-se ao café da manhã ou ao uso de um restaurante comercial operado de maneira independente.
- Hotéis de padrão médio: restaurante único, com bar e saguão adjacente. O número de assentos depende da localização, dos tipos de hóspedes, da duração da estadia e da demanda local. O projeto da cozinha deve ser para atender a pratos prontos ou cardápios cíclicos. Salões de banquete ou para eventos podem ser disponibilizados para grupos, festas e casamentos.
- Hotel de alto padrão: as refeições do serviço de quarto são preparadas por copas em cada pavimento com apartamentos de hóspede. A maioria dos grandes hotéis de alto padrão oferece muitas opções de restaurantes, inclusive um restaurante principal, uma cafeteria/confeitaria e restaurantes étnicos ou temáticos. Os salões maiores são adaptados para servir o café da manhã (principalmente com autosserviço). A produção de alimentos é centralizada, mas são usadas zonas para o armazenamento, o preparo e a cocção. O acesso direto é exigido pelas áreas de acabamento individual que atendem a cada restaurante (Figura 17.15). Geralmente há um bar com salão sofisticado para servir coquetéis perto dos restaurantes principais, e um bar geral com salão de estar para criar um ambiente de relaxamento. Lanches também são servidos no salão de estar/saguão, e alguns hotéis de luxo oferecem uma sala de chá para visitantes diurnos.

As áreas típicas necessárias por assento são apresentadas na Tabela III.

4.4 Recursos para conferências, convenções e outros eventos

Os hotéis de alto padrão sempre oferecem muitas áreas para reuniões, congressos e outros eventos, além de banquetes (Figura 17.16). Um serviço de alimentação rápida para inúmeras pessoas exige copas especiais, com sistemas e equipamentos específicos. Esses espaços são adjacentes aos salões para eventos e têm acesso de serviço direto à cozinha principal. É importante que haja um controle dos ruídos e da iluminação gerados por esses ambientes.

Tabela III Áreas dos serviços de alimentação (em m²), de acordo com o número de assentos

	Área por assento (m²)	Observações
Serviços de alimentação		
Restaurante *a la carte*	2,0 a 2,4	Restaurantes de luxo ou étnicos.
Confeitaria/cafeteria	1,6 a 1,8	Cardápio limitado. Incluindo o balcão.
Saguão e bar	1,2 a 1,4	Incluindo o balcão; 50% de usuários sentados.
Eventos (banquetes)	1,2	
Eventos (congressos)	1,6	
Saguão da sala de banquetes	0,3	Para chapelaria e toaletes, acrescente 20%.
Refeitórios para funcionários	1,1 a 1,2	Com base no número de usuários por turno.
Áreas de serviço		
Cozinha principal	0,7 a 0,9	Inclui as principais áreas de preparo.
Cozinha da cafeteria	0,3 a 0,5	Inclui a lavagem da louça.
Depósito de alimentos, bebidas alcoólicas e porcelana	0,2	Câmaras frias, etc.
Cozinha para banquetes	0,24	Ou 20% do salão de banquetes.
Depósito para banquetes	0,05	Ou 8% do salão de banquetes.

O uso dos salões de alta capacidade para convenções, banquetes, exposições, etc. limita-se às principais áreas de captação (ou seja, cidades grandes e *resorts*). É necessário que haja grandes estacionamentos e docas para caminhões.

A demanda por convenções é principalmente sazonal, assim, exige espaços adaptados para usos múltiplos. As principais necessidades são:

- Entradas específicas para visitantes, móveis e equipamentos audiovisuais. Os serviços devem ser prestados com circulações planejadas e controladas.
- O projeto dessas áreas exige grandes vãos estruturais, pés-direitos altos, divisórias ou paredes removíveis e saguões ou vestíbulos em cada área.
- Engenharia: as instalações prediais incluem sistemas de climatização com zoneamento ou controle individualizado, sistemas de comunicação e audiovisuais sofisticados, controles de luz e energia e inúmeras conexões técnicas para leiautes alternativos.
- Acesso com proteção visual às copas/cozinhas e depósitos de móveis. Móveis e sistemas de transporte de equipamentos projetados sob encomenda.

4.5 Áreas de lazer e outros recursos

A maioria dos hotéis para executivos e *resorts* oferece áreas de lazer para os hóspedes. Dependendo do padrão do hotel e de sua localização, esses espaços podem variar de uma sala de ginástica básica a um centro de lazer totalmente equipado, com piscina(s), sauna e academia. As áreas típicas para esses diferentes espaços são apresentadas na Tabela IV.

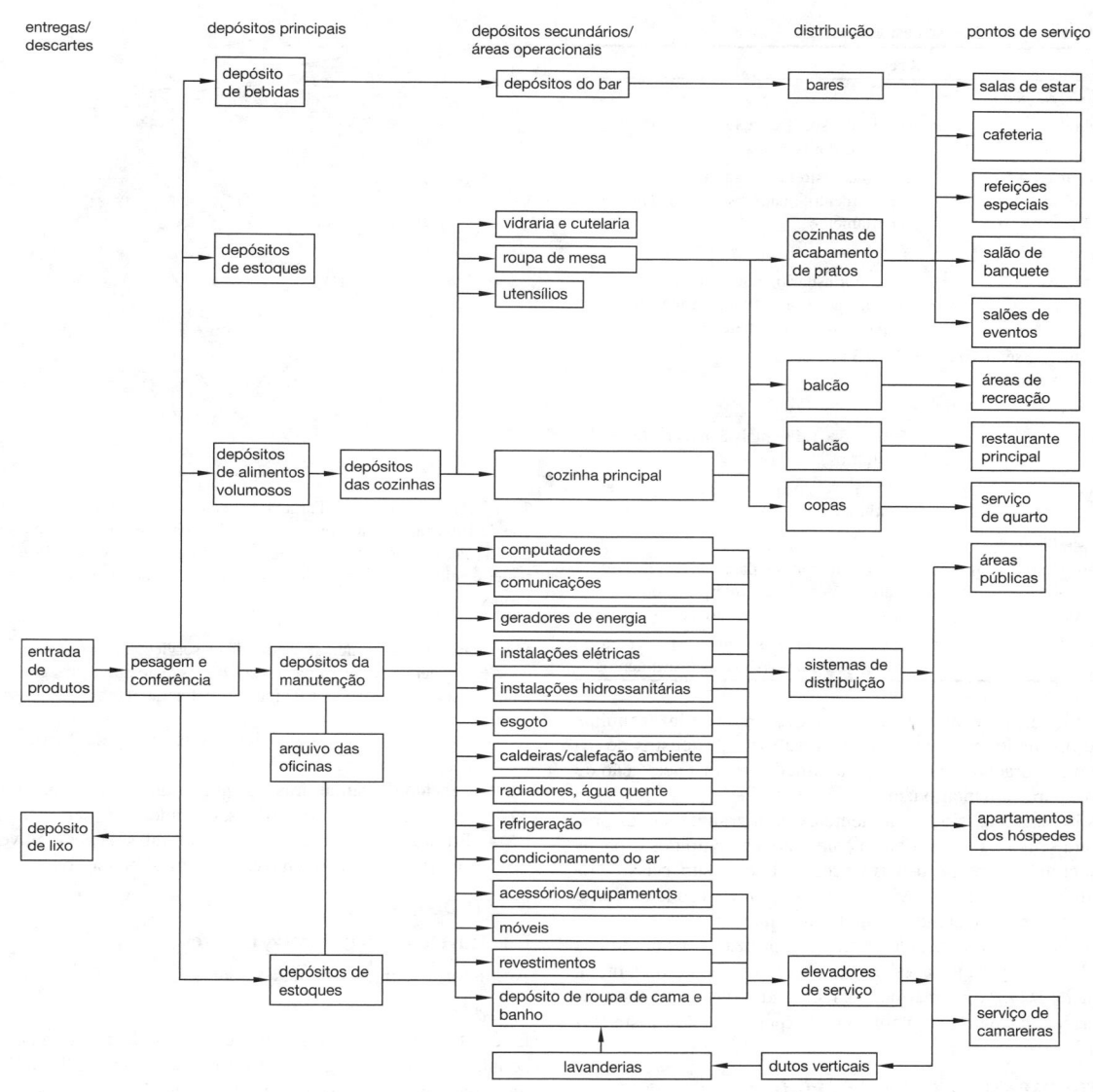

17.15 Diagrama de relações para os serviços técnicos e de alimentação.

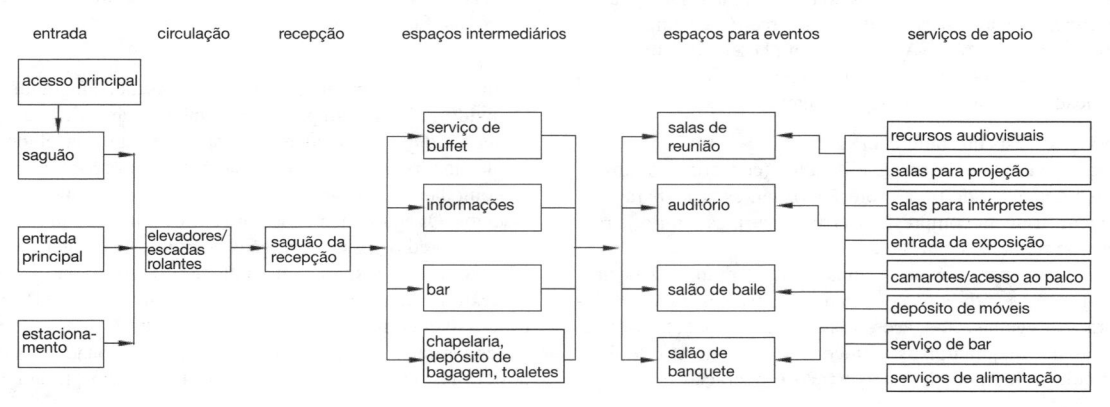

17.16 Diagrama de relações para eventos abertos ao público.

Tabela IV Áreas para diversos espaços

Função	Área
Circulação e recepção	
Previsão geral	Área bruta: some 25 a 35% às áreas líquidas dos recintos
Áreas de saguão	Hotel duas estrelas: 0,6 m² por apartamento; quatro estrelas: 1,0 m² por apartamento
Chapelarias	
Cabideiros fixos	0,1 m² por usuário, já incluindo a circulação para os funcionários e o espaço ao redor do balcão
Cabideiros mais assentos ou armários com chave	0,2 a 0,3 m² por usuário
Saúde e ginástica	
Piscina	15,0 × 7,0 × 1,4 m mais 2 m ao redor e vestiários
Academia	de 15 m² (sala pequena) a 65 m² (grande conjunto)
Salões de uso público	
Auditório (do tipo teatro)	0,6 a 1,0 m² por pessoa, além do palco e da(s) cabine(s) para intérprete, ou de 1,0 a 1,2 m² por pessoa de área total
Salões de baile	0,6 a 0,9 m² por pessoa mais espaço para banda (até 12 m² para seis instrumentos)

Nos hotéis de centro de cidade, os recursos de lazer muitas vezes são instalados nos pavimentos de subsolo. Os custos de investimento e operação são elevados, assim, é comum a aceitação de associados, para aumentar o uso.

Os hotéis de cassino geralmente exigem grandes salões projetados para seus fins específicos e com o zoneamento dos espaços para atender aos diferentes usuários, contando com supervisão e rígidas medidas de segurança. As salas de uso público são luxuosas, e normalmente precisam atender a muitos apartamentos.

Os *resorts* são planejados a fim de otimizar o benefício das atrações da área e permitir acesso direto ao campo de golfe, à praia, ao sistema de *ski lift* ou à marina. As facilidades desses hotéis sempre são projetadas para complementar a experiência do turista (Figura 17.17).

5 ESPAÇOS PARA OS SERVIÇOS DE APOIO

5.1 Considerações gerais

As áreas dos serviços de apoio principais de um hotel costumam ocupar de 12 a 14% (hotel de alto padrão) ou de 7 a 8% (hotel econômico) da área total construída. As necessidades dependerão da disponibilidade dos serviços externos ao hotel. A maioria dos serviços de lavanderia, manutenção e reforma é terceirizada para economizar espaço e mão de obra. A gestão de um hotel exige manutenções e substituições após o término dos ciclos de vida, que podem ser especificados e organizados previamente:

- Serviços – lista de conferência geral.
- Docas de carga e descarga – veículos (conforme as dimensões), depósitos de lixo, proteção visual, espaços para reciclagem (triagem/compressão/refrigeração), escritório para o setor de segurança/entregas.
- Depósitos – para móveis, equipamentos e outros. Depósitos de alimentos (produtos congelados, resfriados ou secos, legumes e vegetais, etc.), acesso às áreas de serviço, transporte.
- Casas de máquina/pisos técnicos – fornecimento de água (circulação), calefação/refrigeração (cogeração de energia térmica e elétrica), eletricidade (quadros de distribuição, geradores); oficinas/escritórios.
- Serviço de camareiras – lavanderia/triagem/depósitos/supervisão, depósitos específicos, elevadores de serviço/controles.
- Empregados – controle de acesso, salas de pessoal, vestiários com armários com chave, refeitórios, banheiros.

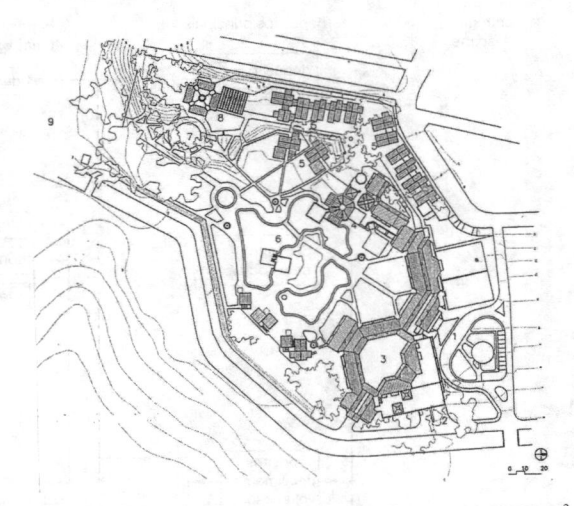

17.17 Arum Hotel, Side, Turquia. Este empreendimento com 22.750 m² dispõe de 196 apartamentos em fileiras de blocos conectados (a maioria voltada para a praia) e piscinas com tratamento paisagístico. Ele possui vários restaurantes e cafeterias, além de recursos de lazer internos e externos. Arquitetura: Professor Cengis Eren.

Legenda: 1 entrada principal; 2 entrada de serviço; 3 apartamentos; 4 piscina coberta, academia de ginástica, banhos turcos; 5 apartamentos grandes; 6 piscina; 7 piscina infantil e área de jogos; 8 cafeteria; 9 praia.

6 ESTUDOS DE CASO

6.1 Travelodge, Southwark, Londres

Arquitetura: Dexter Moren Associates.

Introdução

Este hotel com 202 apartamentos é para a rede de empreendimentos econômicos Travelodge e se localiza próximo à galeria Tate Modern, na região do Bankside, ao sul do rio Tâmisa, no centro londrino. Veja as Figuras 17.18–17.22.

Terreno e condicionantes

O terreno de 0,14 ha na Union Street fica ao longo da principal rota de pedestres entre a Southwark Station e a galeria de arte Tate Modern, ao fundo dos viadutos ferroviários. Ele também está próximo ao icônico Edifício Palestra.

Solução

No nível da rua, o prédio de 6.105 m² apresenta um grande pavimento envidraçado, que foi projetado como uma área de lojas que poderia ser dividida. Internamente, os espaços foram concebidos com um leiaute na forma de "rosquinha" ao redor de um pátio interno central e acomodam 202 apartamentos, um bar e um restaurante com 60 assentos. Os apartamentos variam entre 15 m² e 21 m².

O prédio possui elevações com duas linguagens arquitetônicas muito distintas, mas que dialogam de um modo direto com o contexto imediato e, particularmente, com o Edifício Palestra. Isso foi possível com o uso de módulos revestidos de metal, com arremates verticais azuis, criando um ritmo escalonado. As elevações posteriores, voltadas para os viadutos ferroviários, foram projetadas

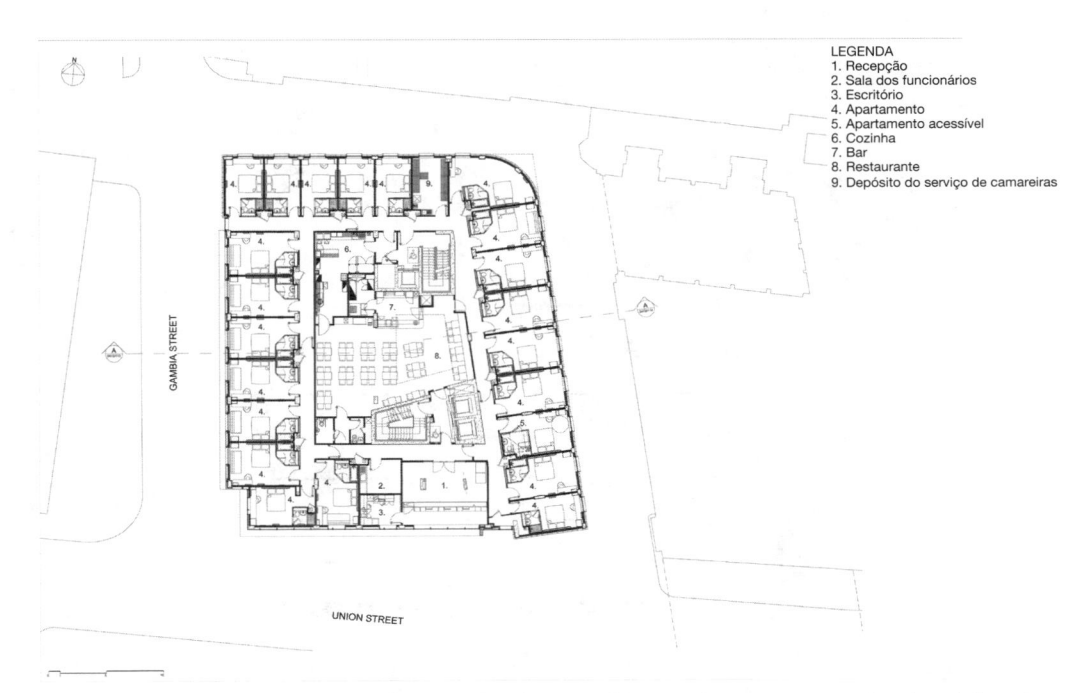

17.18 Planta baixa do segundo pavimento do hotel Travelodge Southwark, mostrando a recepção, o restaurante e o bar circundados pelos apartamentos do perímetro.

como robustas fachadas de tijolo, com janelas bem disciplinadas e emolduradas por brises verticais de metal azul.

"Nosso setor se baseia na eficiência e maximização de retorno do investimento, uma filosofia abraçada pela DMA e refletida no fato de que, em alguns casos, a firma de arquitetura Dexter Moren Associates 'descobriu' que havia até 15% de dormitórios a mais dentro da mesma área construída pelos concorrentes", diz o gerente de empreendimentos da Travelodge, Rob Ryan.

6.2 Hotel InterContinental, Westminster, Londres

Arquitetura: Dexter Moren Associates

Introdução

Este projeto de renovação com 18.416 m² de área construída resultou em um novo empreendimento com 256 apartamentos para a rede de hotéis de luxo InterContinental em Westminster, Londres. Veja as Figuras 17.23–17.25.

17.19 Planta baixa do quarto pavimento do hotel Travelodge Southwark, mostrando os apartamentos distribuídos ao redor do átrio.

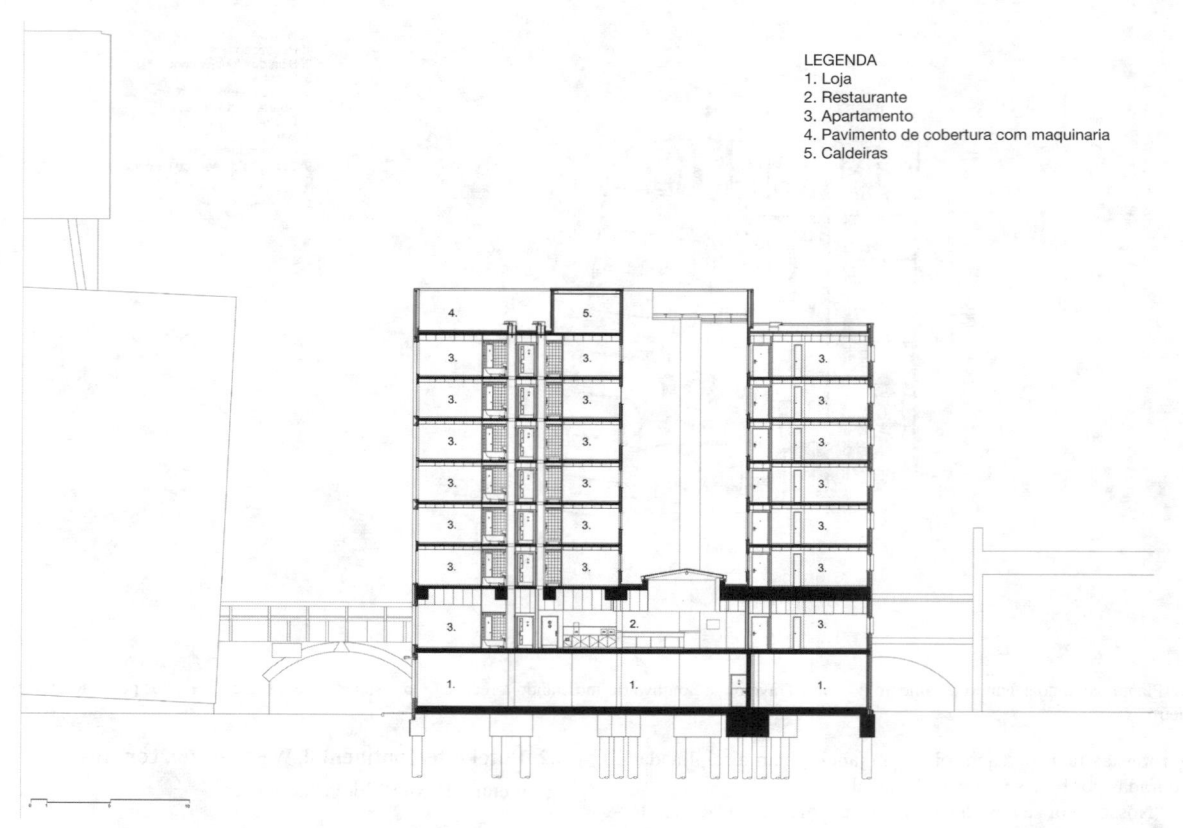

LEGENDA
1. Loja
2. Restaurante
3. Apartamento
4. Pavimento de cobertura com maquinaria
5. Caldeiras

17.20 Corte do hotel Travelodge Southwark.

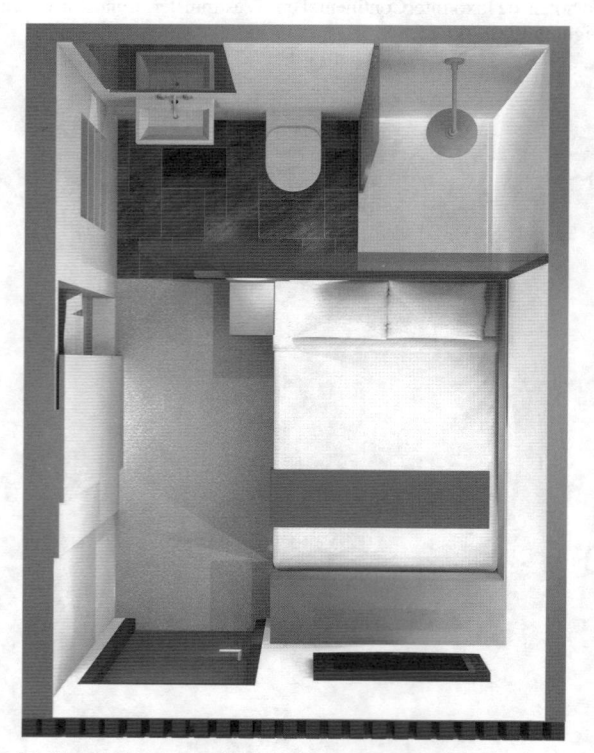

17.21 Planta baixa perspectivada de um apartamento do hotel Travelodge Southwark.

17.22 Elevação principal do hotel Travelodge Southwark.

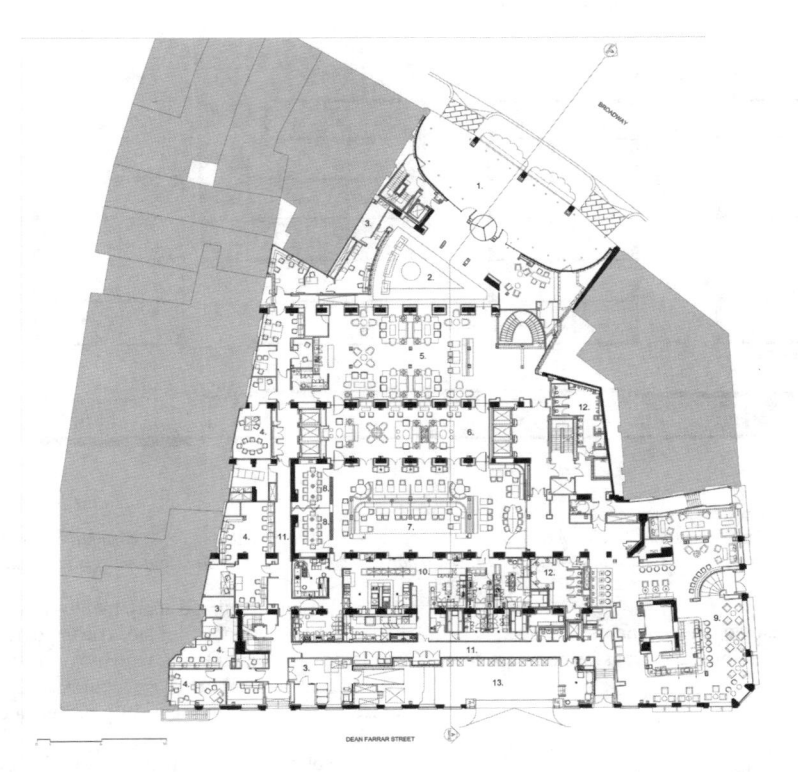

17.23 Hotel InterContinental, Westminster, Londres, pavimento térreo.
Legenda: 1, acesso de automóveis; 2, recepção; 3, loja; 4, escritórios do hotel; 5, salão de chá; 6, jardim de inverno/salão; 7, restaurante; 8, sala de jantar privativa; 9, bar; 10, cozinha; 11, corredor das áreas de apoio; 12, lavabo; 13, entregas/doca de carga e descarga.

17.24 Hotel InterContinental, Westminster, Londres, pavimento tipo (apartamentos).
Legenda: 1, apartamento com um dormitório; 2, apartamento com cama king size; 3, apartamento acessível; 4, apartamento com duas camas de solteiro; 5, apartamento premium standard; 6, apartamento duplex; 7, átrio; 8, áreas de apoio; 9, depósito das camareiras.

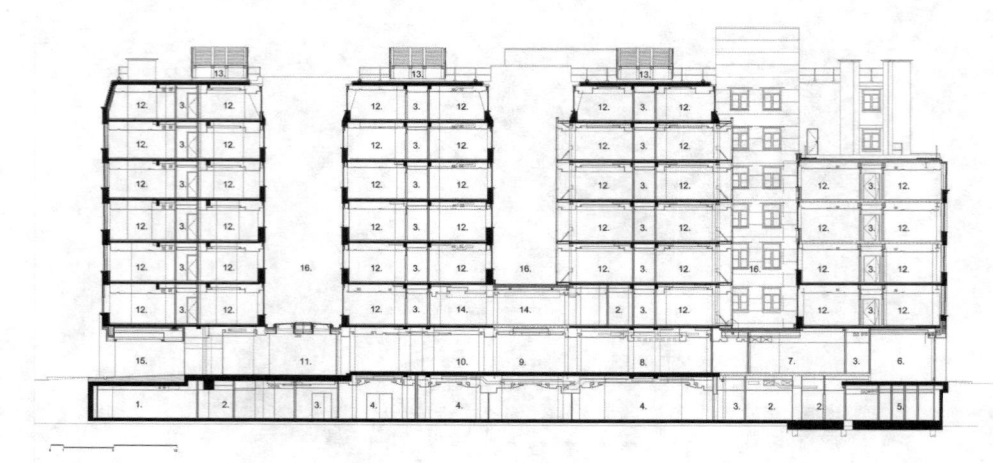

17.25 Hotel InterContinental, Westminster, Londres, corte.
Legenda: 1, escritórios do hotel; 2, loja; 3, corredor; 4, sala de reuniões; 5, lavabo; 6 doca de carga e descarga; 7, cozinha; 8, restaurante; 9, salão; 10, salão de chá; 11, recepção/saguão; 12, apartamento; 13, casa de máquinas; 14, salão para executivos; 15, acesso de automóveis/entrada; 16, átrio.

Escopo

O projeto é uma reciclagem de uso do Queen Anne's Chambers, um antigo hospital do século XIX que havia se transformado em um edifício de escritórios do governo.

Solução

O desafio era alcançar um projeto moderno e coerente com os condicionantes impostos pelo edifício histórico já desfigurado. Isso exigiu grandes intervenções na arquitetura, incluindo a criação de uma nova área de embarque e desembarque que conduzisse os hóspedes a uma recepção no átrio coberto por uma claraboia triangular de vidro.

No nível térreo inferior, foram necessárias modificações estruturais e dois metros de escavações para acomodar um centro de convenções e uma academia de ginástica para os hóspedes que funcionaria 24 horas por dia. Além disso, Dexter Moren Associates instalaram oito novos elevadores dentro de dois núcleos novos e incorporaram uma escadaria monumental elíptica também no nível térreo inferior. Grande parte da fachada original foi restaurada e preservada.

No nível térreo superior, espaços de uso público foram projetados como uma série de recintos que fluem sem rupturas (Figura 17.23). Esse nível acomoda a recepção, a portaria, o saguão e o salão Emmeline's. No núcleo do hotel há um defumadouro e um bar inglês (*pub*) com sua própria entrada.

O hotel possui 256 apartamentos novos, dos quais 30 são conjugados, 14 são grandes unidades de um dormitório, e um é o apartamento de cobertura. Os apartamentos se distribuem ao redor de quatro alas, em seis pavimentos (Figuras 17.24–17.25). Cada unidade tem, em média, 30 m^2, exceto as grandes unidades de um dormitório e os apartamentos executivos.

O planejamento espacial da arquitetura de interiores também foi efetuado pela Dexter Moren Associates e IDS, mas os acabamentos internos ficaram a cargo da RPW.

7 REFERÊNCIAS BIBLIOGRÁFICAS

Architect & Designer Series, *Hotel Specification International*. Purple Media Solutions. (www.hotelspeconline.com)

Baud-Bovy, Manuel e Lawson, Fred. *Tourism and Recreation: Handbook of Planning and Design*. Architectural Press, Elsevier, 1998.

Lawson, Fred. *Congress, Convention & Exhibition Facilities: Design, Planning and Management*. Architectural Press, Elsevier, 2000. (Exigências, projeto de centros de convenção e hotéis, exemplos.)

Lawson, Fred. *Hotels and Resorts: Planning, Design and Refurbishment*. Architectural Press (Elsevier), 1995. (Critérios de planejamento, planos diretores, exemplos.)

Penner, Richard; Adams, Lawrence; e Robson, Stephanie K.A. *Hotel Design, Planning and Development*. Routledge, 2012.

World Tourism Organisation, UNWTO, (www.unwto.org). (Relatórios sobre estatísticas, sustentabilidade e tendências no turismo.)

Residências para idosos 18

Ian Smith (atualizado por David Littlefield)

CI/SfB: 44

Antes de se aposentar, Ian Smith era sócio da Hubbard Ford & Partners

PONTOS-CHAVE:
- *Devido à disponibilidade de outros tipos de acomodação, as pessoas que necessitam de cuidados são, cada vez mais, os idosos enfermos*
- *Os moradores de residências para idosos precisam realizar outras atividades além de assistir à televisão*

Conteúdo

1 Principais elementos da planta baixa
2 Relação entre os elementos da planta baixa
3 Pré-dimensionamento de áreas de piso
4 Exemplos de planejamento
5 Dados sobre dormitórios e necessidades espaciais
6 Equipamentos e acessórios
7 Móveis
8 Referências bibliográficas

1 PRINCIPAIS ELEMENTOS DA PLANTA BAIXA

1.1 Introdução

O projeto de residências para idosos deve resultar em uma atmosfera aconchegante, confortável e simpática. A maioria dos guias de projetos e instruções para arquitetos enfatiza a necessidade de evitar que o local tenha uma aparência institucional.

1.2 Escopo

Este capítulo trata do projeto de residências para pessoas que precisam de cuidados e atenção especial. Os equipamentos especiais variam de acordo com a capacidade de caminhar e a mobilidade dos residentes, mas a relação básica entre os principais elementos da planta baixa é comum a todas as residências para idosos. Ultimamente, tem sido desenvolvido o conceito de VSH (*very sheltered housing* – asilo para carentes de cuidados especiais), que oferece aos usuários uma moradia para toda a vida, permitindo que eles escolham entre diferentes níveis de cuidado e apoio, alterando-os conforme suas necessidades. Isso evita que os moradores tenham de se mudar para outros tipos de asilos. Estimula-se a independência: os moradores podem desenvolver a sensação de que são os proprietários do local onde vivem e ser tão independentes quanto o desejarem.

1.3 Elementos de um VSH

Um asilo para carentes de cuidados especiais irá, provavelmente, incluir os seguintes elementos:

- Apartamentos completos e independentes, projetados para cadeirantes. Um apartamento contém cozinha completamente equipada, banheiro com chuveiro, dormitório e sala.
- Cozinha e refeitório centrais oferecem, no mínimo, uma refeição por dia.
- Salão comunitário, geralmente vinculado à sala de jantar.
- Elevador com paradas em todos os pavimentos.
- Banheiros adaptados, geralmente um por pavimento.
- Lavanderia de uso comum.
- Posto de recarga elétrica para triciclos motorizados e cadeiras de rodas elétricas.
- Cômodos para visitantes.
- Encarregado ou zelador não residente.
- Equipe prestadora de assistência no local, que trabalhe 24 horas. Os equipamentos para funcionários e acompanhantes para idosos devem incluir escritório, local para descanso, sala para reuniões, vestiário e dormitório.
- Serviços extras, como cabeleireiro, manicure, lojas, etc.

Elementos de projeto de um empreendimento VSH devem incluir:

- Padrões adequados a cadeirantes.
- Pontos de passagem, em áreas para circulação, adequados para cadeiras de rodas e triciclos motorizados.
- Remoção de obstruções, como portas corta-fogo, que podem ser abertas por fechos magnéticos.
- Fechadores de porta de oscilação livre para portas de entrada das unidades de moradia e demais portas muito utilizadas.
- Elevador central e equipamentos comunitários para permitir a chegada de ajuda rápida e minimizar distâncias percorridas e uma possível sensação de isolamento.
- Equipamentos centralizados para funcionários e longe das áreas residenciais.
- Separação evidente entre áreas para moradores, funcionários e visitantes.
- Iluminação natural e artificial adequada, especialmente em áreas para circulação.
- Bom acesso visual em todos os lugares.
- Uso cuidadosamente considerado de tons, cores e materiais texturizados, para auxiliar os moradores com problemas de visão ou orientação.
- Corredores atraentes, de preferência com iluminação natural proporcionada por janelas ou claraboias. Evite vistas longas e monótonas.
- Corrimãos em ambos os lados das áreas para circulação, com acabamentos apropriados e sem saliências, para ajudar pessoas com problemas de visão a encontrar o caminho.
- Ferragens, metais, torneiras, etc., adequadas para idosos com destreza limitada.
- Espaços externos protegidos e ensolarados, com projeto apropriado para os moradores.

2 RELAÇÃO ENTRE OS ELEMENTOS DA PLANTA BAIXA

2.1 Relação entre estruturas

A Figura 18.1 mostra a inter-relação entre as principais áreas da edificação. O objetivo é incentivar o contato social, mas, ao mesmo tem-

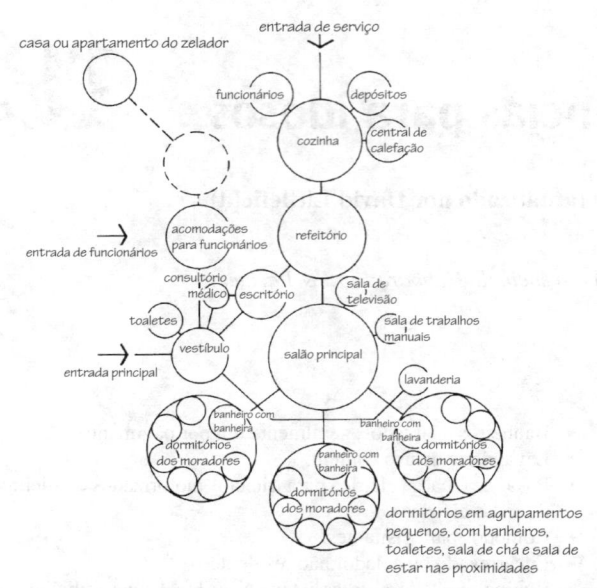

18.1 Relação entre os elementos da planta baixa.

po, preservar a privacidade individual. Os dormitórios dos moradores geralmente são distribuídos em torno de uma pequena sala de estar e área de serviços que contenha banheiro e lavatório. A distância até os salões comunitários e refeitórios tem de ser mínima, mas devem-se evitar caminhos que passem entre o agrupamento de moradores. Áreas de uso comum podem ser centralizadas ou divididas entre os grupos de moradores; a maioria das residências, porém, possui um refeitório principal, que deve ficar perto de uma sala de estar. Os escritórios administrativos devem ficar perto da entrada principal e, se possível, não muito longe da cozinha. A acomodação para funcionários funciona melhor em apartamentos independentes, com entradas exclusivas.

2.2 Iluminação e materiais

Internamente, os condomínios devem proporcionar, para moradores e visitantes, uma experiência positiva, que seja hospitaleira, não institucional e acolhedora. Deve-se prestar muita atenção à entrada da edificação. A iluminação, as cores e o uso de materiais podem ajudar a criar um ambiente especial, quase familiar e levando em consideração as deficiências sensoriais que atingem os idosos.

2.3 Planejamento da circulação

Em um projeto de um VSH, a distribuição geral das áreas para circulação deve ser objetiva e "racional", visando a ajudar as pessoas que sofrem de demência ou perda de memória. É melhor evitar caminhos muito complexos, pois são confusos e prejudicam a orientação. Dividir a edificação em agrupamentos identificáveis e fornecer indicadores visuais (como ilustrações e gráficos) e usar a sinalização gráfica fará os moradores encontrarem o caminho com mais facilidade. Um planejamento cuidadoso pode reduzir a extensão dos corredores, diminuindo, consequentemente, as distâncias de deslocamento e minimizando a aparência institucional. Em alguns pontos ao longo de sua extensão, os corredores devem ter contato com o exterior, permitindo que as pessoas se orientem dentro da edificação e garantindo a iluminação natural. Janelas nas extremidades do corredor não são recomendadas, uma vez que causam ofuscamento e, em contraste, escurecem o local. Uma janela na parede lateral, perto do fim do corredor, proporciona iluminação e ventilação e, ao mesmo tempo, evita o problema do ofuscamento.

3 PRÉ-DIMENSIONAMENTO DE ÁREAS DE PISO

A Tabela I mostra o pré-dimensionamento típico de áreas de piso.

Tabela I O pré-dimensionamento das áreas de piso

Acomodações e equipamentos		
Moradores	Dormitórios de solteiro	$9,6 - 12\ m^2$
	incluindo banheiro individual	$15,3\ m^2$
	Dormitórios de casal ou com duas camas de solteiro	$14,8 - 16\ m^2$
	Banheiros e toaletes	$8,8\ m^2$
	Salas de estar, salão de chá, armários	
Salões comunitários	Vestíbulos e banheiros para visitantes	
	Salas de estar	$2,3\ m^2$ por pessoa
	Refeitório	$1,5\ m^2$ por pessoa
	Sala de costura ou trabalhos manuais	$15\ m^2$
Cozinha	Despensa e depósito	$12,15\ m^2$
	Preparação e cozimento de alimentos	$42,50\ m^2$
	Limpeza	$15\ m^2$
	Sala e banheiro para funcionários não residentes	$12\ m^2$
Administração	Escritório da zeladoria	$11\ m^2$
	Consultório médico	$10\ m^2$
	Sala de visitas	$10\ m^2$
Equipamentos de apoio	Barriletes	$6\ m^2$
	Lavanderias	$20\ m^2$
	Depósito para roupa de cama	$8\ m^2$
	Depósito da limpeza	$4\ m^2$
	Depósito geral	$8\ m^2$
	Casa de máquinas, caldeiras e centrais de calefação	$25,30\ m^2$
	Depósito e banheiro no jardim	$10\ m^2$
Acomodações para funcionários		
Apartamento independente para o zelador		$70\ m^2$
Apartamento independente para o assistente do zelador		$60\ m^2$
Dois dormitórios para funcionários		$12\ m^2$
Banheiro para funcionários		
Cozinha para funcionários		$6\ m^2$
Duas garagens para funcionários		
Sala dos funcionários		$12\ m^2$

Observação: Dimensões de residência para 40 pessoas.

4 EXEMPLOS DE PLANEJAMENTO

As plantas baixas de duas residências para idosos típicos podem ser vistas nas Figuras 18.2 e 18.3.

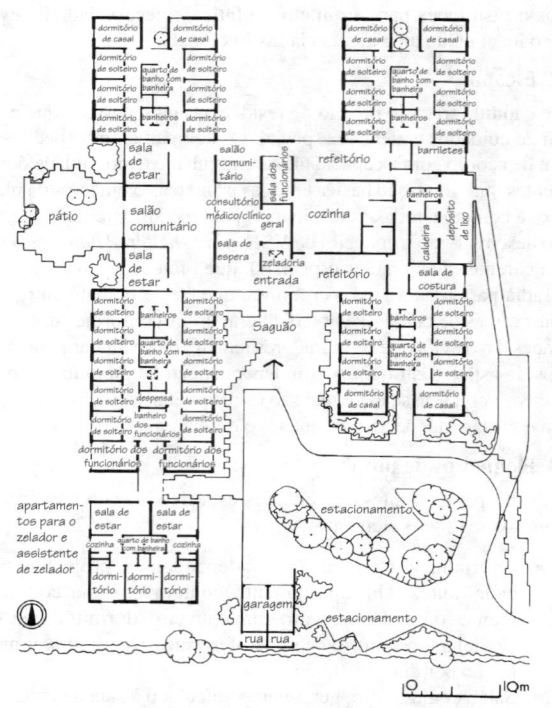

18.2 Planta baixa de residência para idosos, Southbourne.

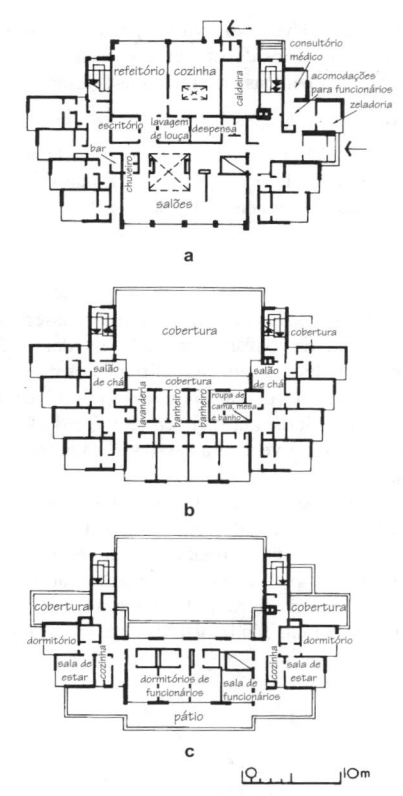

18.3 Maidment Court, Dorset. a) Planta baixa do pavimento térreo. b) Planta baixa do primeiro e segundo pavimento. c) Planta baixa do terceiro pavimento.

5 DADOS SOBRE DORMITÓRIOS E NECESSIDADES ESPACIAIS

A Figura 18.4 exibe o leiaute típico de dormitórios com uma cama de solteiro, enquanto dormitórios com duas camas de solteiro são ilustrados na Figura 18.5. Esses leiautes, extraídos de DHSS Building Note 2, com cômodos de diferentes proporções, mostram maneiras de oferecer um leiaute flexível com áreas de dormir e de estar claramente definidas. Se os cômodos forem estreitos, a circulação em corredores será reduzida a um mínimo; existem, porém, outros tipos adequados conforme a necessidade.

6 EQUIPAMENTOS E ACESSÓRIOS

6.1 Introdução

Muito do que será apresentado a seguir repete tópicos de capítulos anteriores. As informações serão repetidas devido à sua relevância para o tipo de construção em questão.

6.2 Limitações

Os idosos devem ser estimulados a se autoadministrarem sempre que possível. Para facilitar isso, o projeto do local e todos os equipamentos devem considerar as limitações impostas pela idade.

6.3 Misturadores

Escolha misturadores que possam ser manipulados por mãos que sofrem de artrite. Contudo, as torneiras cirúrgicas não são recomendadas, uma vez que, em casos extremos, misturadores comuns podem ser modificados para funcionar da mesma forma. No interior de uma edificação, é melhor ser coerente em relação à disposição dos pontos de água fria e quente usando-se, por exemplo, a água quente no misturador da direita, como é o caso do padrão atual. Além disso, o topo da torneira deve ser identificado por um código de cor. Espera-se que, em um futuro próximo, seja estabelecido um padrão para identificação tátil.

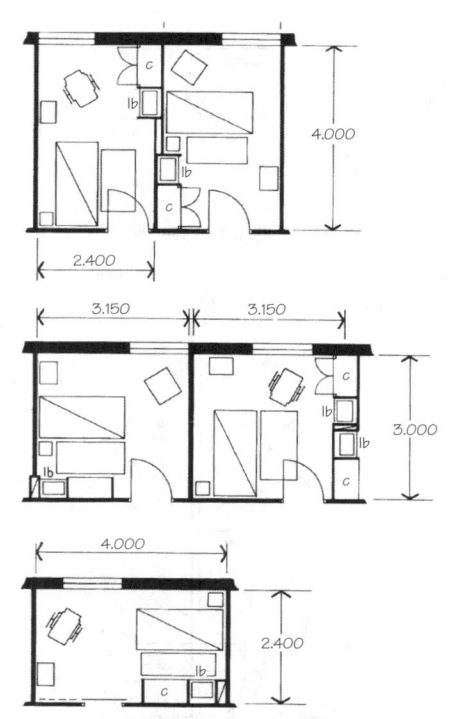

18.4 Dados e requisitos de espaço para quartos individuais.

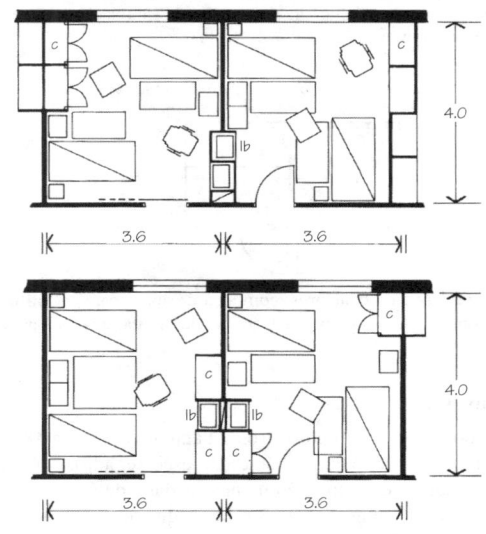

18.5 Requisitos para um quarto com duas camas de solteiro.

6.4 Lavatórios e banheiras

As bordas dos lavatórios devem ficar entre 800 e 850 mm de altura. Os banheiros têm de ser grandes o suficiente para que os moradores possam se despir e se vestir no interior; além disso, é preciso ter espaço para um acompanhante, se for necessário. Existem banheiras mais baixas, com bordas que devem ser fáceis para segurar, e com altura que não ultrapasse 380 mm em relação ao nível do piso acabado (Figura 18.6). Como alternativa, a banheira pode ser instalada com o sifão abaixo do nível do chão. O fundo deve ser o mais plano possível. Não é recomendável que a banheira tenha mais de 1,5 m de extensão – a imersão total não é aconselhável. Alças e barras de apoio (Figura 18.7) devem ser colocadas ao redor, para ajudar o usuário a entrar e sair da banheira. Um assento na mesma altura da borda é muito útil na hora de lavar pernas e pés. As portas de ba-

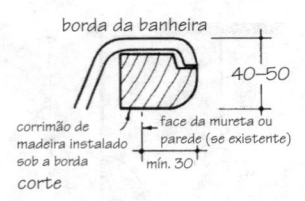

18.6 Banheira com borda adaptada para a mão não escorregar.

nheiros e toaletes devem abrir para fora, com trancas que possam ser operadas por fora em caso de emergência (Figura 18.8).

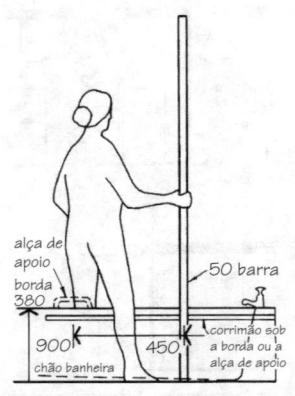

18.7 Apoios para ajudar o usuário a entrar e sair da banheira; barra vertical, alça de apoio e borda. A altura máxima da borda em relação ao nível do piso acabado é de 380 mm.

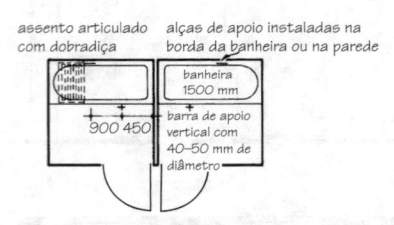

18.8 Planta baixa de banheiros, com alça de apoio para ser utilizada por pessoas com problemas na perna esquerda ou direita, e posicionamento da barra de apoio.

6.5 Chuveiros

Alguns idosos preferem chuveiros a banheiras (Figura 18.9). Se o piso do boxe for de material liso e não escorregadio, com caimento de 1:40 para drenagem, não há necessidade de uma mureta para conter a água. O banheiro deve ser bem aquecido, com toalheiros e ganchos para pendurar roupas no lado de fora do boxe. É necessária uma cortina para separar o lado seco do molhado. O fornecimento de água deve ser controlado automaticamente, para que a água fornecida fique entre 35 e 49°C. O chuveiro deve ficar na extremidade de uma mangueira flexível, com várias posições disponíveis para fixação. Os vasos sanitários devem ter um assento com 380 mm de altura, com alças de apoio nas proximidades (Figura 18.10).

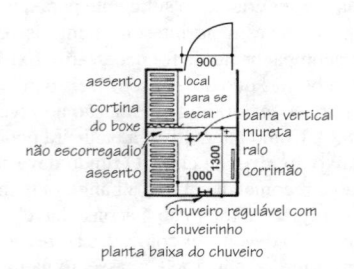

6.6 Armários

Estantes e armários devem atender às limitações de pessoas idosas. O cabideiro deve ficar a 1,5 m do chão, e os armários não devem ter mais de 550 mm de profundidade (Figuras 18.11 e 18.12).

7 MÓVEIS

7.1 Poltronas

Salões comunitários e salas de estar devem ter assentos variados, garantindo o máximo de conforto para todos os idosos. Os assentos não podem ser muito baixos, pois isso dificulta os movimentos para se levantar; se forem altos demais, porém, os pés talvez não toquem o chão. A altura mais indicada varia entre 400 e 430 mm, com suportes para os pés disponíveis para pessoas com pernas mais curtas. A profundidade ideal para o assento fica entre 410 e 470 mm; se essa medida for ultrapassada, almofadas se tornarão necessárias. O espaldar deve ter um ângulo de 28° na vertical – alto o suficiente para se apoiar a cabeça (apoios reguláveis são muito úteis). Na parte da frente, os apoios para os braços devem ficar 230 mm acima do assento para ajudar na hora de levantar; se forem mais baixos na parte de trás, fica mais fácil costurar e tricotar. Deve haver um

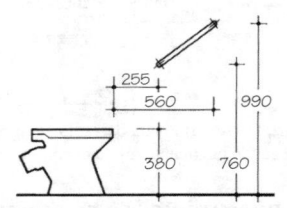

18.10 Barra de apoio inclinada instalada na parede ao lado de um vaso sanitário.

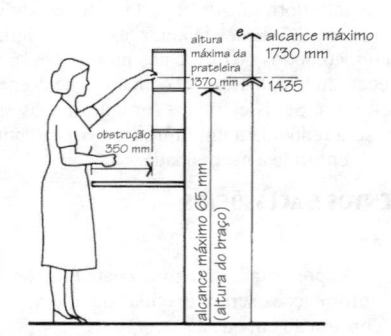

18.11 Alcance máximo acima de uma bancada.

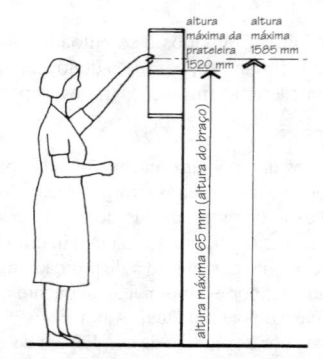

18.9 Planta baixa do chuveiro, mostrando assentos e apoios.

18.12 Alcance máximo em armário aéreo, sem obstruções.

espaço vazio debaixo do assento para permitir que os calcanhares recuem ao se levantar. Em geral, as forrações não devem ser muito macias e abundantes, pois acabam sendo desconfortáveis aos tecidos humanos, impedindo que a estrutura óssea sustente o corpo.

7.2 Mesas e cadeiras

Em salões comunitários, as mesas não devem ser mais baixas do que o assento das cadeiras. Mesas de jantar devem ter 700 mm de altura, para serem usadas com cadeiras que tenham 430 mm de altura e 380 mm de profundidade. Deve haver espaço para as coxas entre o assento da cadeira e a parte inferior do tampo da mesa (no mínimo 190 mm – Figura 18.13).

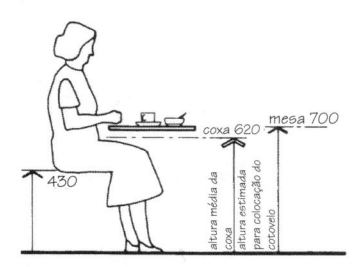

18.13 Projeto de tampo de mesa e cadeira, mostrando altura e espaço para as coxas.

7.3 Bancadas

As dimensões mais adequadas para bancadas podem ser vistas na Figura 18.14.

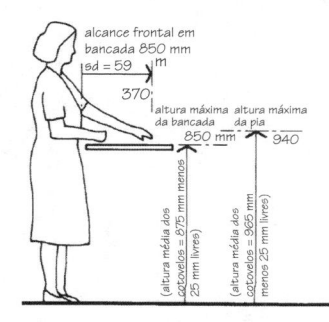

18.14 Bancada para usar em pé, mostrando a altura da superfície de trabalho e o alcance frontal (escala consistente com 3613).

8 REFERÊNCIAS BIBLIOGRÁFICAS

Peter Barker, Jon Barrick and Rod Wilson. *Building Sight. A Handbook of building and interior design solutions to include the needs of visually impaired people*. RNIB, 1995.

Design Guide for the Development of New Build Accommodation for Older People. PRP Architects. The Abbeyfield Society, 2001.

Design Guide for Sheltered Schemes. *Improving the interior design of the entrance and shared areas*. Quattro Design. Bristol City Council Neighbourhood and Housing Services, September 2001.

David Littlefield, Growing old gracefully. *RIBA Journal*, July 2003.

Jeremy Melvin, Stephen Mullin, Peter Stewart. *Place & Home; the search for better housing. PRP Architects*. Black Dog Publishing, February 2007.

National Housing Federation. *Accommodating Diversity: Housing design in a multicultural society*. Penoyre & Presad Architects, 1988.

Sheila Peace and Caroline Holland (eds) *Inclusive housing in an ageing society: Innovative approaches*. The Policy Press, October 2001.

David Robson, Anne M. Nicholson, Neil Barker, *Homes for the third age: A design guide for extra care sheltered housing*, E & FN Spon, June 1998.

Scheme Development Standards. The Housing Corporation, August 2000.

Standards in Quality and Development. *A good practice guide*. National Housing Federation, June 1998.

S. Thorpe, *Wheelchair housing design guide*, Construction Research Communications Ltd, 1997.

Sien Winters (ed.) *Lifetime housing in Europe*, Katholieke Universiteit Leuven, 2001.

Alojamento estudantil e moradia para jovens 19

Liz Pride

Arquiteta e diretora da MJP Architects LTD

Observe que as plantas utilizadas para ilustrar este capítulo são de projetos já construídos e que, em certos casos, as normas e as leis aplicáveis mudaram desde então. Portanto, elas têm propósitos meramente ilustrativos.

PONTOS-CHAVE:
- *Residências para estudantes geralmente são projetadas dentro de um orçamento determinado pelo aluguel cobrado. Há uma variedade de opções cada vez maior para atender a diferentes gostos e orçamentos*
- *A disponibilidade, variedade e qualidade de acomodação é um dos fatores que atraem estudantes para determinadas universidades. Além disso, os estudantes estão se tornando mais seletivos à medida que os cursos universitários se tornam mais caros*
- *Hoje uma boa parte das acomodações para estudantes é oferecida e administrada por empresas privadas não vinculadas às universidades*
- *Existe uma tendência a empreendimentos maiores (incluindo torres de apartamentos para estudantes), então, os arquitetos devem evitar conjuntos impessoais, como aspecto institucional*
- *As residências para estudantes que eventualmente são utilizadas para acomodar conferencistas têm requisitos específicos*

Conteúdo
1 Introdução
2 Estudantes
3 Tipos de acomodação
4 As várias tipologias
5 Dormitório individual
6 Cozinhas/copas
7 Banheiros
8 Outros equipamentos
9 Uso para conferências

1 INTRODUÇÃO

1.1 Escopo
Este capítulo trata do projeto de residências para estudantes, mas também pode ser útil para outros grupos transitórios (assim chamado devido ao período limitado que passam no local), formados por jovens solteiros. O termo "universidade" é usado, de forma genérica, para se referir a estabelecimentos de ensino superior, faculdades e outras instituições semelhantes.

1.2 Importância
Ultimamente, mudanças na legislação e economia têm tido impacto significativo nos estudantes e na oferta de acomodação para esses clientes. Tanto no Reino Unido quanto no Brasil, as políticas governamentais dos últimos anos vêm provocando um aumento considerável do número de estudantes universitários, embora (ao menos no momento em que esta obra estava sendo escrita) o impacto do forte aumento das mensalidades ainda não esteja bem determinado. Todavia, um efeito é evidente: Os alunos estão se tornando cada vez mais exigentes, e a disponibilidade, variedade e qualidade de acomodação é um fator importante na escolha da instituição que eles irão frequentar. Também está crescendo a competição entre as instituições no sentido de atrair bons alunos, portanto, as universidades – e as empresas que oferecem acomodação – cada vez mais se preocupam com o tipo de "experiência do estudante" que elas oferecem. Além disso, com o aumento dos custos, sobe o nível de exigência dos pais em relação à moradia de seus filhos universitários.

1.3 Tipos de propriedade e administração
As acomodações para estudantes são administradas de diferentes maneiras, o que influencia bastante o projeto. As universidades oferecem acomodações comunitárias dentro ou fora do *campus*; algumas são de propriedade da instituição e outras são apenas administradas por elas. Nos últimos anos, tem aumentado significativamente o número de empresas do setor privado que constroem e administram esse tipo de moradia, as quais, é claro, exigem retorno sobre seus investimentos e buscam ser operações de longo prazo. Tais empreendimentos costumam atender a grandes números de alunos (de 200 a 1.000, podendo ser até mais). Às vezes, as moradias estudantis são alugadas por um período inicial para as próprias universidades; em outros casos, são projetadas e gerenciadas em um sistema de parceria com essas instituições. No entanto, grande parte dos estudantes ainda divide com colegas casas ou apartamentos convencionais nos bairros urbanos, enquanto outra parte continua a morar com suas famílias.

1.4 Aluguéis
O governo do Reino Unido não financia acomodações para estudantes, e os projetos, na maioria das vezes, são pagos pelo valor cobrado dos alunos. Os orçamentos de projeto, portanto, são determinados pelo valor do aluguel cobrado dos estudantes, e isso se reflete nas dimensões das unidades habitacionais – geralmente pequena – e na quantidade de amenidades oferecida no condomínio.

Quando a acomodação é oferecida pela própria universidade, existe a preocupação de manter os aluguéis baixos, ainda que geralmente se ofereçam opções com preços diferenciados. Essa também é a lógica do setor privado, mas pode-se observar, nos últimos anos, o aumento de acomodações de luxo destinadas àqueles que podem pagar altos aluguéis, e nesse grupo há uma grande proporção de alunos estrangeiros. Para ilustrar a grande variedade de padrões disponibilizados pelas universidades e empresas privadas, em 2010, no Reino Unido, o aluguel de um dormitório individual dentro de um condomínio estudantil especialmente criado para este propósito e provido de serviços de apoio variava entre 300 e 1.700 dólares por mês.

1.5 "Experiência do estudante"

As questões relacionadas com a sustentabilidade social e a "experiência do estudante" estão se tornando cada vez mais importantes e são um desafio especial para o projeto de grandes condomínios, que tendem à impessoalidade. Quando se projeta acomodações para uma universidade, em geral há a preocupação de fazer os alunos se sentirem parte daquela comunidade. (O senso de comunidade se consegue, por exemplo, ao distribuir prédios em torno de um pátio, de modo a criar um foco e uma identidade comuns aos estudantes, ou projetando espaços para socialização, como salas e cozinhas ou copas de uso comum instaladas em locais muito visíveis.) As universidades também costumam ter algum tipo de supervisão, com zeladores ou estudantes veteranos morando junto com os demais alunos. Por outro lado, as empresas que oferecem acomodação estudantil tendem a usar outra estratégia: enfatizar a experiência do estudante, isto é, usar o projeto da edificação para promover um "estilo de vida" ou uma "marca".

1.6 Contexto imediato

É preciso considerar a relação entre a residência e a comunidade local, principalmente se a habitação ficar dentro da cidade e não em um *campus* afastado. Os projetos de arquitetura e de paisagismo podem ajudar a integrar a universidade à comunidade, embora problemas em potencial também tenham de ser considerados. Os estudantes talvez causem incômodo aos vizinhos, especialmente se houver uma grande quantidade de alunos acomodada em um mesmo bairro. Além disso, pode haver riscos para a segurança pessoal do estudante e para seus pertences.

1.7 Sustentabilidade

A sustentabilidade é uma questão importante para as universidades (assim como para muitos dos estudantes), e os governos já estão começando a estabelecer metas de redução de emissões de carbono para os *campi* universitários. No projeto de acomodações para estudantes, é preciso considerar a redução do consumo de energia e das emissões de carbono e incluir fontes de energia renovável. Outros pontos importantes são a redução do consumo de água, a destinação do lixo, a reciclagem, o uso de sistemas de drenagem urbana sustentável e o oferecimento de transportes sustentáveis. As próprias instituições de ensino já estão estabelecendo objetivos e metas para que possam obter selos de certificação quanto à sustentabilidade. Sempre que possível, o projeto também deve contemplar certa flexibilidade para reformas e ampliações futuras, visto que as exigências e aspirações dos alunos e das instituições mudam com o passar do tempo. Um exemplo dos últimos anos é o impacto do uso de computadores e da tecnologia da informação e comunicação, assim como a preferência atual pelo uso de suítes e a adoção de padrões de acessibilidade mais elevados. No futuro, talvez surja inclusive a necessidade de adaptar as edificações para novos usos, caso a demanda por acomodação para estudantes reduza.

1.8 Cronograma

Os projetos costumam ser programados para o término no final do verão, de modo que a ocupação ocorra no início do ano letivo.

2 ESTUDANTES

2.1 Variedade de inquilinos

Convencionalmente, os estudantes são definidos como pessoas jovens, solteiras, volúveis, adaptáveis e com pouco dinheiro para gastar. Em geral, isso é verdade, mas cada vez mais é preciso atender a um grupo mais variado de pessoas, que possuem níveis econômicos e culturais diferentes, além de estudantes com necessidades diversas: alunos com necessidades especiais; estudantes mais velhos, casados e com família – incluindo famílias monoparentais.

Alunos de pós-graduação, em especial, são mais velhos e exigem um ambiente mais quieto e "adulto". Muitas universidades contam com um número significativo de alunos estrangeiros, que pagam mensalidades mais elevadas e contribuem bastante para a renda das instituições. Alguns alunos estudam em apenas um turno e muitos precisam trabalhar pelo menos durante algumas horas por dia para poderem se sustentar. Isso implica uma crescente demanda por flexibilidade, seja na acomodação, seja nos serviços de apoio oferecidos.

2.2 Disponibilidade

As universidades raramente têm acomodação para todos seus estudantes e costuma-se priorizar os alunos do primeiro ano e os estrangeiros, que precisam de mais apoio para se inserirem na comunidade universitária. Algumas instituições oferecem dormitórios apenas durante o período escolar e, durante as férias, os alugam por temporadas ou os utilizam para conferencistas, enquanto outras alugam os quartos para os alunos em um sistema de uso contínuo.

2.3 Características

Algumas características diferenciam as residências para estudantes de outros tipos de moradia, e os seguintes fatores devem ser abordados no projeto:

- o ambiente deve ser apropriado para estudo e também para moradia, socialização e descanso – o prédio será utilizado 24 horas por dia;
- deve-se criar um ambiente universitário que propicie uma interação social e acadêmica informal;
- deve haver privacidade sempre que as pessoas viverem muito próximas umas das outras e dividirem equipamentos – a maioria dos estudantes não tem a oportunidade de escolher seus vizinhos;
- o projeto, incluindo a seleção de materiais e acessórios, deve ser adequado para uso dos alunos e de fácil manutenção – o custo total do ciclo de vida é uma consideração importante;
- é preciso evitar o aspecto institucional que pode resultar do grande número de dormitórios idênticos que costuma ser distribuído de modo a aumentar a eficiência;
- para muitos alunos, a estadia em residências para estudantes é a primeira experiência fora de casa, em que eles têm de se virar sozinhos. Acomodações bem projetadas dão aos jovens uma experiência com a arquitetura que pode despertar sua consciência para o resto da vida.

2.4 Prioridades

Pesquisas realizadas com estudantes revelaram as seguintes preferências e preocupações.

São de extrema importância:

- O bom acesso à Internet dentro de cada dormitório
- A disponibilidade de cozinhas e refeitórios para autosserviço
- A segurança física e patrimonial
- A proximidade de outras partes da universidade ou o tempo de deslocamento até o *campus*
- O preço
- As amenidades oferecidas no prédio e os equipamentos de uso comum

Um pouco menos importante:

- O número de estudantes em cada apartamento ou dormitório
- A disponibilidade de banheiro privativo em cada unidade (suítes)
- Uma certificação de sustentabilidade
- As amenidades do bairro ou vizinhança

- O oferecimento de refeições
- As vagas de estacionamento

Outras questões:

- O tamanho dos dormitórios individuais
- O silêncio
- A limpeza do local

3 TIPOS DE ACOMODAÇÃO

3.1 Programa de necessidades

Ao definir o programa de necessidades para as acomodações, estas são as questões-chave para discussão:

- o "estilo" da acomodação: a tipologia do bloco pequeno sem elevador, da casa, do bloco linear com corredor ou do edifício de suítes;
- o número e o *mix* de tipos de dormitórios: individuais, compartilhados, quitinetes;
- o número de estudantes que dividem uma cozinha;
- a disponibilização de banheiros em suítes e de banheiros compartilhados;
- a disponibilização de outras amenidades: sala de uso comum, recepção, sala de ginástica ou academia; lavanderia, etc.
- a necessidade de elevador e acesso universal para todos os dormitórios ou não;
- se as instalações serão utilizadas por conferencistas fora do período letivo.

3.2 Estilo das acomodações

A grande maioria das acomodações para estudantes se baseia em oferecer um quarto ou apartamento do tipo quitinete para cada aluno, embora cada vez mais as universidades e empresas do setor imobiliário ofereçam uma variedade de opções para diferentes exigências e orçamentos pessoais. Entre essas alternativas, há pequenos quartos compartilhados por dois alunos (por preços mais baixos), suítes e quitinetes com banheiros individuais e uma pequena cozinha e inclusive apartamentos maiores, do tipo "estúdio", para um casal ou um indivíduo mais exigente. Essas unidades mais amplas são particularmente interessantes para alunos de pós-graduação ou mais velhos, que naturalmente são mais independentes. Os estúdios também são similares àqueles utilizados por outros jovens solteiros que já não estudam. Algumas unidades devem ser projetadas para usuários de cadeiras de rodas, de acordo com a proporção e as exigências estipuladas pelas normas de construção municipais ou nacionais.

Quando as acomodações oferecem quartos individuais do tipo quitinete, o projeto de uma residência para estudantes é determinado, em grande parte, pela intenção de distribuir essas unidades de modo a formar uma unidade social e pela maneira como são oferecidos os serviços de uso comum, como os de alimentação, e espaços de estar, entre outros. A universidade talvez queira promover o senso de responsabilidade e independência nos alunos, distribuindo pequenos grupos de residentes em apartamentos compartilhados, ou então prefira controlá-los de modo mais rigoroso, dando preferência a dormitórios coletivos, onde muitas vezes centenas de alunos são acomodados em quartos acessados por corredores.

3.3 Número de estudantes por unidade

Uma boa socialização é crucial para apoiar os alunos que estão ingressando na universidade e reduzir as taxas de evasão escolar. Os estudantes usam muito seus computadores, o que pode fazê-los ficarem tempo demais sozinhos em seus dormitórios. Em geral, acredita-se que pequenos grupos de estudantes se entendem melhor socialmente e costumam se comportar com maior responsabilidade, reduzindo, assim, problemas potenciais de gestão e manutenção que teriam de ser administrados. Isso vale para pequenos grupos: cinco a dez alunos que dividem um apartamento ou uma casa. Contudo, grupos pequenos podem não se entender bem se não tiverem optado por morar juntos. As unidades maiores, além de oferecerem mais escolha de amigos, geralmente permitem um nível mais alto de supervisão e assistência por parte dos funcionários da universidade. Em dormitórios coletivos ou alojamentos tradicionais, a unidade social é o todo, o que cria um senso mais forte de conexão com a própria universidade.

3.4 Serviços prestados em cada unidade

Cozinhas: tradicionalmente, os serviços de alimentação centralizados são oferecidos nos grandes dormitórios, e são poucos os equipamentos de cozinha colocados perto das unidades habitacionais. Nesse caso, a intenção é encorajar os alunos a se tornarem parte da comunidade universitária como um todo, e muitas instituições ainda hoje disponibilizam um sistema de acomodação que inclui refeições coletivas, formando um pacote. No entanto, por razões econômicas, culturais e de praticidade, muitos estudantes preferem providenciar suas refeições ou, simplesmente, comer fora. Como resultado, a maioria das novas acomodações – não importa se são dormitórios coletivos, edifícios de suítes ou casas – opta por oferecer cozinhas e copas com autosserviço. Cada cozinha/copa atende a um grupo de dormitórios individuais, definindo, efetivamente, os grupos sociais. Como já foi dito, alguns sistemas se baseiam em quitinetes, nas quais cada aluno ou par de alunos tem sua própria pequena cozinha.

Banheiros: atualmente, grande parte dos dormitórios individuais são suítes. Se houver a intenção de utilizar os quartos ou apartamentos para acomodar visitantes fora do período letivo, as suítes serão praticamente obrigatórias. Às vezes a unidade possui um banheiro semiprivativo, compartilhado por dois dormitórios individuais. As acomodações do tipo suíte nem sempre são mais caras do que aquelas com banheiros coletivos, especialmente se todas as unidades também contarem com um lavatório. O custo dependerá do arranjo exato da planta baixa e da área total.

Outros equipamentos de uso comum: salões comunitários, lavanderias, recepção, salas para seminários, apartamentos para funcionários ou zeladores, espaços para lazer, etc. – serão oferecidos desde que o número de alunos seja suficiente para justificá-los, ou se houver uma demanda relacionada ao ensino ou ao uso para conferências. Isso é especialmente verdadeiro no caso das acomodações oferecidas por terceiros, quando as amenidades visam a atrair um mercado particular. Nesses projetos comerciais oferecidos por empresas do setor imobiliário, os extras podem ser muitos e incluir até mesmo um salão de jogos, uma academia de musculação, um cinema ou uma cafeteria.

4 AS VÁRIAS TIPOLOGIAS

4.1 Os dormitórios individuais

Os dormitórios individuais são a base do bloco de construção de uma residência para estudantes e podem ser distribuídos de diferentes maneiras. Em cada caso, a unidade pode ser do tipo suíte ou compartilhar os banheiros com outros quartos.

4.2 Tipologia do bloco pequeno sem elevador

No modelo tradicional de Oxbridge, os edifícios são divididos em blocos, cada uma com um número limitado de dormitórios em cada pavimento atendidos por uma única escada (Figura 19.1). Às vezes se oferece uma cozinha de uso comum por pavimento, que costuma ficar junto à escada. Essa disposição é propícia à formação de grupos sociais, embora se preserve a forte conexão com a faculdade ou universidade.

Contudo, esse esquema inviabiliza a colocação de elevadores, uma vez que equipamentos distintos teriam de atender aos vários blocos, elevando demais o custo. Por outro lado, as acomodações sem elevadores e em que o acesso de cadeirantes fica limitado ao pavimento térreo podem não ser aceitas pela instituição e dificilmente serão apropriadas nos casos em que atendem a conferencistas.

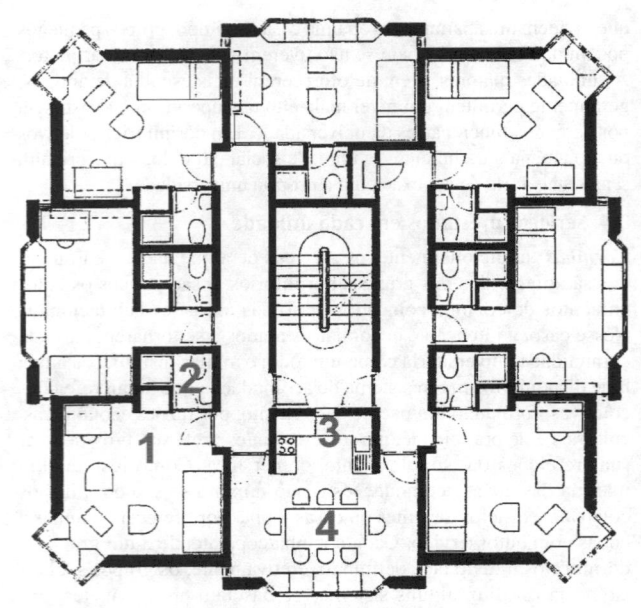

19.1 Tipologia genérica: dormitório de estudantes na tipologia do bloco pequeno sem elevador, Jowett Walk, Balliol College, Oxford. Arquitetos: MJP Architects. 1: dormitório individual; 2: banheiro privativo; 3: cozinha; 4: sala de jantar.

4.3 Tipologia do casarão com suítes independentes

Trata-se de replicar o modelo popular do casarão tradicional, que, no caso, é compartilhado pelos estudantes (Figura 19.2). Essa tipologia é similar àquela do bloco pequeno sem elevador, mas há um número limitado de dormitórios distribuídos nos vários pavimentos que são atendidos por uma única escada, e a área para refeições (cozinha/copa) situa-se no piso térreo. O prédio tem sua própria porta de acesso principal, de modo que o grupo social fica bem definido e há um maior senso de responsabilidade. Todavia, os problemas associados à inclusão de elevadores e ao acesso de cadeirantes são os mesmos daqueles da tipologia do bloco pequeno sem elevador.

4.4 Tipologia do bloco linear com corredor

Os dormitórios são dispostos ao longo de um corredor (Figuras 19.3–19.5). Esse esquema permite, economicamente, que vários dormitórios sejam atendidos por um único elevador, facilitando o acesso para pessoas com necessidades especiais, conferencistas e funcionários responsáveis pela limpeza, além de estudantes que estejam carregando malas. Esses blocos formam, individualmente, parte de um grupo social maior, mas isso não proporciona a escala e o caráter doméstico oferecidos por um apartamento compartilhado ou por um bloco pequeno sem elevador. Em alguns casos, os blocos lineares são aumentados a fim de permitir a criação de verdadeiros apartamentos. Os esquemas baseados em quitinetes ou pequenos apartamentos costumam usar a mesma tipologia. Esses blocos lineares, mais do que os projetos do tipo bloco pequeno sem elevador, tendem a aumentar a proporção de áreas para circulação. É difícil trazer luz e ventilação natural para corredores centrais, e tais projetos exigem cuidado, para evitar a monotonia e o aspecto institucional.

4.5 Tipologia do edifício de suítes

Nesse caso, os dormitórios são agrupados em apartamentos independentes, com várias suítes (em geral, de cinco a oito) compartilhando uma cozinha distinta com copa (Figuras 19.6 e 19.7). Esse arranjo é muito comum e configura um grupo social independente, com sua própria porta de acesso principal. Ele também permite a inclusão econômica de elevadores, que podem ser posicionados de modo a atender a mais de um grupo de suítes.

4.6 Considerações gerais de projeto

Profundidade da planta baixa: os dormitórios individuais destinados a estudantes costumam ser pequenos (cerca de 13 m^2, no caso das suítes) e o espaço interno é mais bem aproveitado se o cômodo for retangular. O posicionamento do banheiro no fundo do dormitório, junto ao centro do prédio, gera uma planta baixa mais profunda, especialmente se o corredor for do tipo central (com unidades opostas) e resulta na redução do comprimento da circulação. Portanto, esse geralmente é o arranjo mais eficiente. O projeto de banheiros de uso comum, por outro lado, impactará no comprimento total do corredor e das distâncias até as saídas de emergência.

Distância das saídas de emergência: a distância que precisa ser percorrida entre o dormitório mais afastado e a escada de emergência é um fator-chave no projeto da planta baixa. A distribuição de dormitórios estreitos em fila permite a otimização do número de unidades atendidas por uma escada de emergência. No entanto, a largura dos cômodos também deve ser considerada em relação ao uso do espaço e à necessidade de manter uma largura suficiente para o acesso de uma cadeira de rodas e suas manobras.

Elevadores: a necessidade de inclusão de elevadores e do respeito às normas de acessibilidade é determinada por normas da ABNT e dos códigos de edificação locais. Fazer com que todos os pavimentos de um prédio e suas unidades de habitação sejam atendidos por elevadores impactará no arranjo da planta baixa, e é normal limitar o número de elevadores em um projeto, a fim de reduzir os custos.

Pré-fabricação e métodos de construção não convencionais: os dormitórios individuais para estudantes costumam ser repetitivos e, quando o número de unidades é considerável, eles se prestam ao uso de técnicas de construção inovadoras, embora seja necessário garantir que isso não resulte em um caráter institucional no leiaute ou nas elevações do prédio. A pré-fabricação também pode ser utilizada tanto para todo um cômodo como para alguns elementos do projeto, como os banheiros das suítes, que podem ser içados e encaixados na estrutura. Tais sistemas aceleram a velocidade da obra, reduzem as perdas e permitem que elementos complicados sejam construídos de acordo com os altos padrões típicos de uma indústria. Todavia, isso costuma implicar o aumento de custo, que deve ser comparado com as economias feitas com a rapidez de construção. A decisão pelo uso de um sistema modular precisa ser tomada já nas primeiras etapas de um processo de projeto, pois ela afetará as dimensões e interfaces dos elementos que envolvem os módulos, bem como a forma de projetar como um todo.

5 DORMITÓRIO INDIVIDUAL

5.1 Funções

O dormitório individual é o elemento mais importante do projeto e deve permitir funções diversas em um espaço reduzido – dormir, estudar, relaxar e socializar. É o lar do estudante durante seu período na universidade, e, de preferência, deve permitir que ele imponha sua própria personalidade ao local. A unidade habitacional tem de ser projetada de modo que o mobiliário possa ser distribuído em diferentes leiautes, a fim de evitar o caráter institucional que facilmente pode surgir com um grande número de dormitórios repetidos. Ela também deve proporcionar privacidade e segurança e, em uma situação ideal, ter boa aparência. Deve ter boa iluminação e ventilação e essas devem ser reguláveis por parte do estudante. É muito importante que haja um bom isolamento acústico em relação aos

19.2 Tipologia genérica: casarão com suítes independentes. Constable Terrace, University of East Anglia. Arquitetos: Rick Mather Architects. 1: dormitório individual; 2: cozinha; 3: sala de estar e jantar; 4: instalações / armário / material de limpeza; 5: banheiro. a) Planta baixa do pavimento térreo. b) Planta baixa do segundo pavimento. c) Corte perspectivado.

dormitórios adjacentes, aos corredores e ao exterior. O dormitório individual e seu mobiliário devem ser robustos, fáceis de limpar e manter. As tipologias de unidades habitacionais coletivas incluem dormitórios com ou sem banheiro próprio e suítes com cozinha. As unidades habitacionais podem ser individuais ou compartilhadas. A suíte individual é o tipo de acomodação mais comum (Figura 19.8).

5.2 Dimensões e formato do dormitório individual

Os dormitórios individuais sem banheiro podem ter apenas 8 m², mas a área mínima mais adequada para uma pessoa é 10 m². As unidades com banheiro (suítes) geralmente têm, no mínimo, 13 m². A fim de otimizar a planta baixa, os dormitórios costumam ser retangulares, com seus banheiros no fundo do cômodo, junto ao corredor do prédio. Se a unidade se destinar a um cadeirante, precisará ter aproximadamente 2,8 m de largura para deixar um círculo de manobra e permitir o acesso ao banheiro. As áreas típicas dos outros tipos de dormitório individual são:

- Dormitório do tipo suíte compartilhado por dois estudantes: 20 m²
- Dormitório do tipo suíte, com pequena cozinha, para um estudante: 18 m²
- Quitinete para um estudante ou um casal: 30 m²

As proporções da unidade habitacional devem ser consideradas com cuidado – a distribuição do mobiliário e o posicionamento da porta, da janela, dos armários embutidos, das tomadas e das luminárias – para permitir que o local acomode diferentes funções e estilos. Quanto maior a área de piso, mais fácil isso será, mas o projeto deve buscar acomodar móveis com leiaute alternativo mesmo em dormitórios mí-

19.3 Tipologia genérica: residência para estudantes e funcionários com unidades acessadas por um longo corredor: Friendship House, Londres. Arquitetos: MJP Architects. O arranjo com corredores se desenvolve em torno de um pátio interno, buscando oferecer um foco aos residentes. 1: dormitório individual; 2: dormitório individual para pessoa com necessidades especiais; 3: cozinha compartilhada; 4: salão de uso comum; 5: pátio; 6: jardim; 7: viaduto da linha ferroviária.

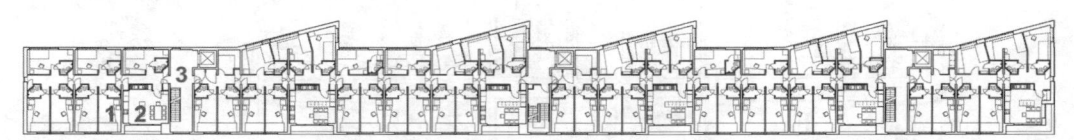

19.4 Tipologia genérica: Dormitório de estudantes do tipo bloco linear com corredor: Pooley House, Queen Mary University of London. Arquitetos: FCB studios. O longo corredor foi subdividido em grupos de dois ou três dormitórios individuais. 1: dormitório individual; 2: cozinha compartilhada; 3: área comunitária para circulação.

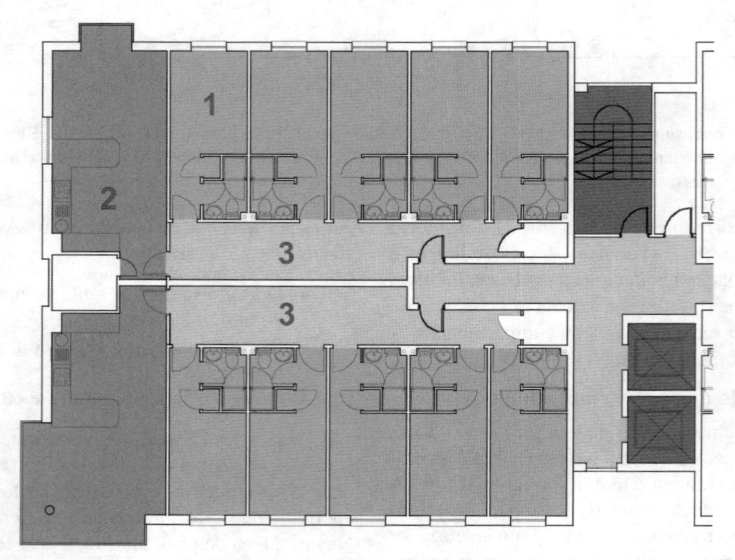

19.5 Tipologia genérica: residência para estudantes com dois corredores paralelos que configuram apartamentos separados: Purbeck House, University of Bournemouth. Arquitetura: Architecture PLB. 1: dormitório individual; 2: cozinha compartilhada; 3: circulação interna do apartamento.

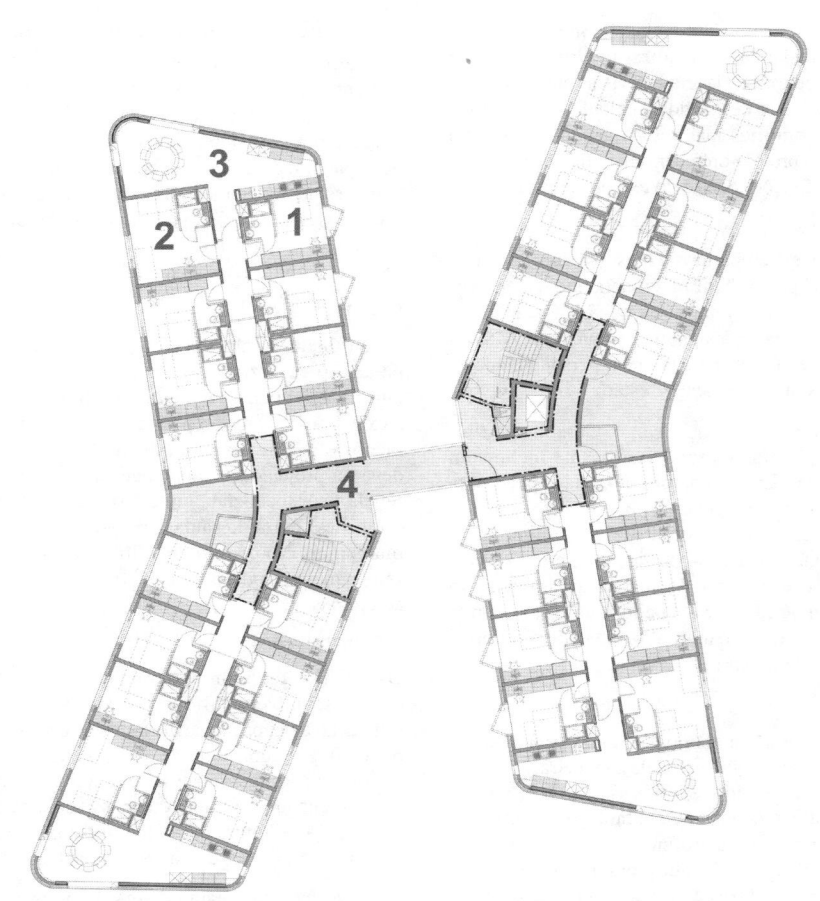

19.6 Tipologia genérica: residência para estudantes com apartamentos: Bluebell Views Residences, Universidade de Warwick. Arquitetos: Page/Park Architects. Os blocos em ângulo configuram apartamentos separados, enquanto as janelas projetadas aumentam a privacidade. 1: dormitório individual; 2: quitinete para dois estudantes; 3: cozinha/sala de jantar; 4: área de circulação comum.

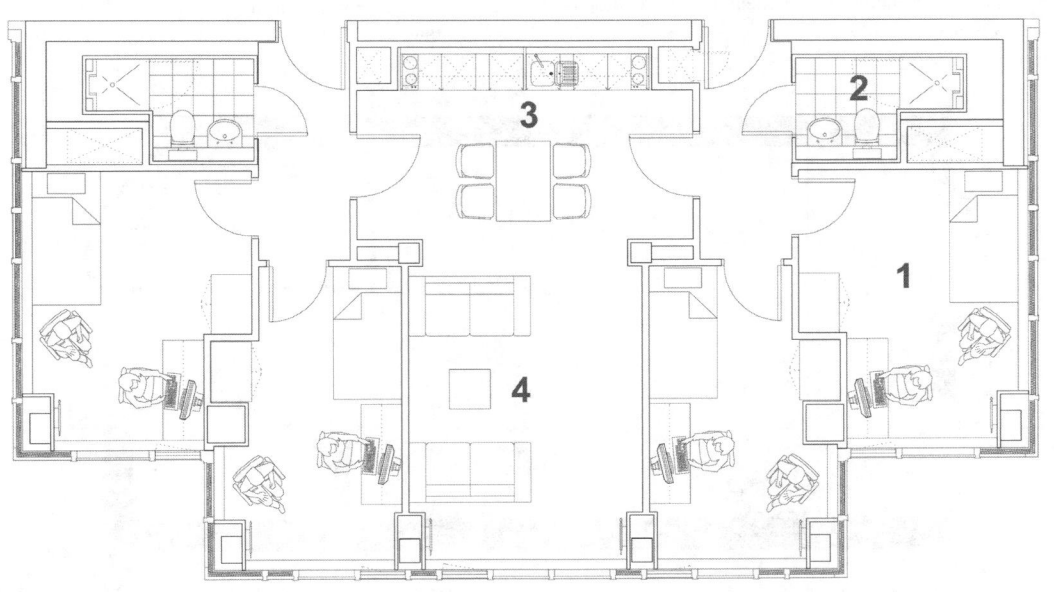

19.7 Tipologia genérica: apartamento com quatro dormitórios: Nido Spitalfields. Arquitetos: t p bennett. Os empreendedores da iniciativa privada têm desenvolvido diferentes tipos de apartamentos. 1: dormitório individual; 2: banheiro de uso comum; 3: cozinha compartilhada; 4: sala de estar.

nimos. Características como assentos junto à janela, móveis embutidos, alcovas, entre outras, ajudam a personalizar o dormitório. Leve em consideração a altura do peitoril da janela e as vistas que o estudante terá quando sentado a uma mesa de estudo ou deitado em sua cama. Se for possível oferecer dormitórios maiores – quando o estudante pode pagar, por exemplo – o projeto oferecerá mais flexibilidade e o "zoneamento" de diferentes funções dentro do recinto (Figura 19.9).

5.3 Móveis e acabamentos

O projeto cuidadoso de móveis embutidos e a escolha criteriosa de móveis soltos são essenciais para o bom funcionamento e a aparência dos pequenos dormitórios individuais. Os móveis e acessórios devem ser resistentes, mas sem uma aparência institucional. Móveis embutidos também podem ser usados para conferir personalidade ao dormitório. Entre os móveis mais frequentes, estão:

- Cama: pode ter gavetas na parte de baixo. Geralmente funciona como sofá, então, talvez seja interessante incluir um encosto junto à parede. Em alguns projetos, há espaço para camas mais largas (cerca de 1350 mm).
- Escrivaninha: deve ser grande o suficiente, no mínimo, para acomodar um computador, livros, pastas, etc., e ter gavetas que também possam receber pastas suspensas. Preveja um furo para a passagem de cabos. Se o peitoril da janela estiver na altura da mesa ou levemente mais alto, ele poderá ser utilizado como uma prateleira extra.
- Cadeira de escritório.
- Poltrona: se houver espaço.
- Prateleiras: muitas vezes são embutidas. Podem estar posicionadas de modo a servirem como mesa de cabeceira.
- Roupeiro: geralmente embutido.
- Gaveteiro: pode ser utilizado para aumentar a área da escrivaninha, se tiver a mesma altura e profundidade.
- Quadro com alfinetes: deve ser grande o bastante para desmotivar os alunos a afixar cartazes e outras coisas nas paredes. Um pequeno quadro fora do dormitório (no corredor) também é útil.
- Lavatório: um lavatório muitas vezes é instalado dentro dos dormitórios individuais que não são do tipo suíte e deve estar separado do ambiente principal pelo roupeiro ou por um biombo.
- Minibar: às vezes é exigido.

5.4 Banheiros nos dormitórios individuais

Banheiros individuais ampliam a área do dormitório em aproximadamente 2,8 m². Os banheiros podem ser projetados sem ter desnível entre a área da ducha e o restante do cômodo, ou incluir um boxe fechado por porta e rebaixado. A primeira alternativa otimiza o uso do espaço, mas dificulta manter o resto do recinto seco e o piso do banheiro demora para secar. Esses banheiros muitas vezes consistem em "cápsulas" pré-fabricadas, que permitem que a parte mais complicada do acabamento de boxes e pisos seja pré-fabricada, evitando atrasos em outros serviços realizados *in loco*.

5.5 Quitinetes

As quitinetes englobam um quarto do tipo suíte, com uma pequena área para cozinhar (Figura 19.10). Esse espaço geralmente inclui uma pequena geladeira, pia, fogão embutido ou micro-ondas e exaustor. A exaustão para o exterior (em vez da reciclagem do ar, menos eficiente) exigirá a inclusão de dutos no prédio. A cozinha deve ser projetada de modo que não domine o espaço do dormitório. Se ela ficar localizada junto à rota de fuga, ou seja, entre a área de dormir e a porta de saída, será preciso conferir com as autoridades municipais e o código de edificações se esse arranjo é permitido. Isso também pode implicar o uso de equipamentos anti-incêndio adicionais.

5.6 Instalações

Os usuários precisam ter condições de controlar o ambiente, mas é imprescindível considerar a existência de padrões irregulares de utilização e ocupação de dormitórios e tomar as medidas necessárias para reduzir o consumo de energia elétrica, ou seja, garantir que as lâmpadas não fiquem acesas quando os dormitórios individuais estão desocupados. Sempre que possível, deve haver acesso para que a manutenção e leitura de contadores sejam realizadas nos corredores, evitando a necessidade de entrar nos dormitórios.

- *Iluminação*: garanta uma boa iluminação natural. A iluminação elétrica geral deve ser complementada pela iluminação sobre o plano de trabalho e devem ser instalados interruptores junto à cama e à porta de entrada do dormitório.
- *Internet e sistemas de comunicação*: os alunos exigem um excelente acesso à Internet, seja para estudar, seja para se socializar. A TV cada vez mais é acessada via Internet. A tecno-

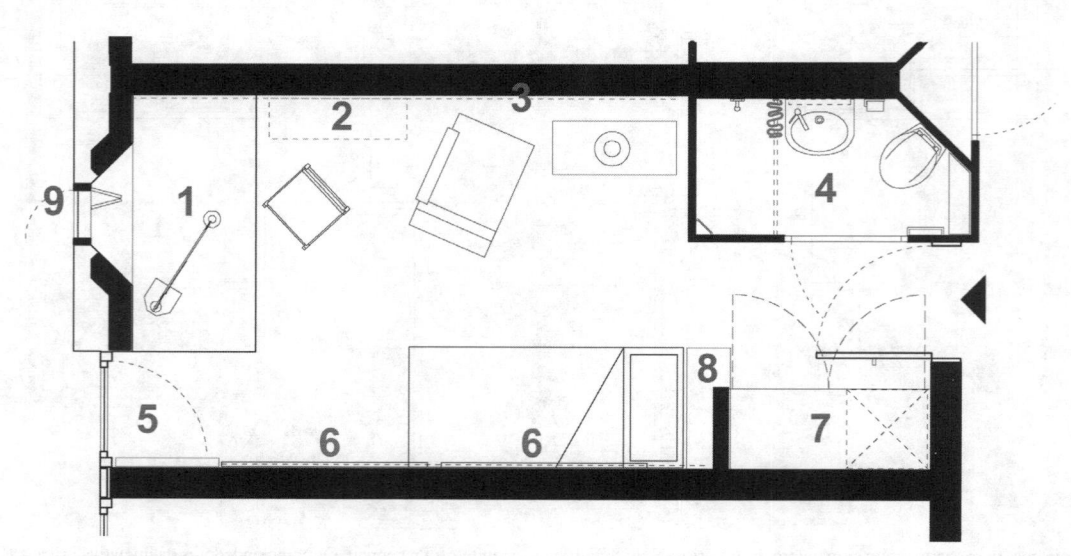

19.8 Dormitório individual do tipo suíte. St Hugh's College, Oxford. Arquitetos: David Morley Architects. 1: escrivaninha; 2: prateleira móvel; 3: cabideiro; 4: banheiro mínimo; 5: janela do piso ao teto; 6: quadro com alfinetes móvel; 7: roupeiro; 8: prateleiras / armário embutido na cabeceira da cama; 9: janela chanfrada com veneziana.

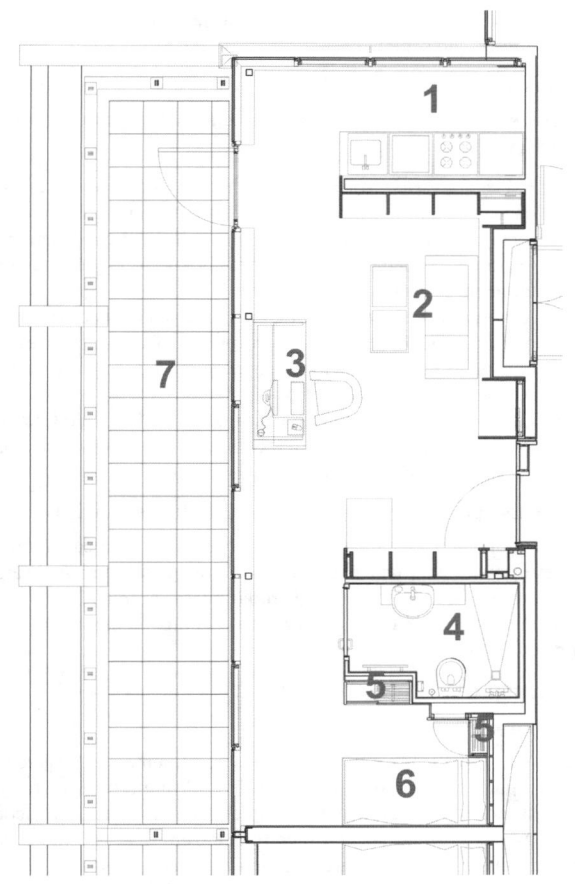

19.9 Apartamento para pesquisadores associados juniores. Kendrew Quadrangle, Saint John's College. Arquitetos: MJP Architects. Os apartamentos maiores têm diferentes zonas: 1: cozinha; 2: sala de estar; 3: escrivaninha; 4: banheiro com ducha; 5: roupeiro; 6: cama; 7: terraço.

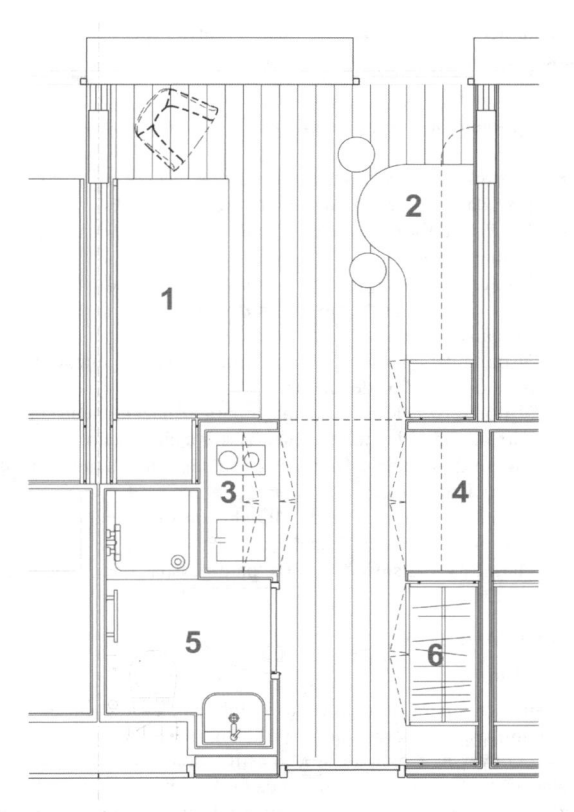

19.10a Quitinete com banheiro privativo (ducha, vaso sanitário e lavatório). 1: cama; 2: escrivaninha; 3: fogão e geladeira; 4: armário para mantimentos; 5: banheiro; 6: roupeiro.

19.10b Quitinete com banheiro privativo (ducha, vaso sanitário e lavatório). Torquay Street, Londres. Arquitetos: MJP Architects.

logia relacionada ao acesso à Internet avança de forma constante, exigindo que o sistema mais apropriado seja decidido no momento do projeto. Os sistemas com cabos costumam ter melhor desempenho e segurança do que os sem fio, mas a tecnologia *wi-fi* é significativamente mais barata e oferece aos estudantes a flexibilidade de acesso em qualquer local. Quando forem utilizados dutos para cabos e tomadas, o posicionamento precisará considerar a distribuição do mobiliário.

- É interessante instalar telefones públicos ou de uso compartilhado nas áreas de uso comum, para emergências.
- *Calefação e energia elétrica*: os sistemas e controles serão determinados pela universidade ou pela estratégia da firma imobiliária em termos de conservação de energia e cobrança, e dependerá do período de aluguel (isto é, uso apenas durante o ano letivo ou ocupação permanente). Às vezes é oferecido um sistema de calefação geral que está incluído no preço do aluguel com um sistema de apoio em cada dormitório individual.
- Serão necessárias, no mínimo, quatro tomadas duplas para equipamentos, que podem incluir computador/impressora, televisão, carregador para celular, chaleira, secador de cabelos, luminárias, etc. A distribuição de tomadas deve ser considerada em função de uma disposição alternativa do mobiliário. Não raro, são instalados interruptores de circuito, para evitar o uso de equipamentos elétricos muito potentes e o risco de incêndios.
- *Ventilação*: sempre que possível, a ventilação natural deve ser fornecida por meio de janelas de abrir com limitação de abertura, para evitar possíveis quedas.
- *Reciclagem*: diferentes lixeiras para reciclagem podem ser necessárias em cada dormitório individual.

5.7 Estudantes com necessidades especiais

As unidades habitacionais para cadeirantes devem ser maiores, capazes de acomodar um círculo de manobra de 1.500 mm entre os móveis, além de possuir um banheiro individual adequado. O projeto dos acessórios e dos acabamentos tem de ser adequado para a cadeira de rodas. Ocasionalmente, as unidades habitacionais para portadores de necessidades especiais precisarão de outras adaptações para atender às necessidades específicas de cada estudante, pois elas variam de acordo com a natureza da carência. Considere:

- O projeto da porta de entrada e da área de acesso ao dormitório.
- A altura da escrivaninha (pode ser regulável) e o espaço sob a bancada, para a acomodação da cadeira de rodas.
- O acesso aos armários e às prateleiras e o modo de uso desses equipamentos.
- Desenho das ferragens e dos controles para a abertura de janelas, cortinas, persianas e venezianas.
- Posição das tomadas e dos interruptores.
- Disponibilização de telefone, alarme para emergências e alarme anti-incêndio adequados.
- Disponibilização de um espaço para armazenamento da cadeira de rodas de modo a não obstruir a circulação.
- Projeto do banheiro individual (ou seja, uma suíte com banheiro adaptado).
- Níveis de iluminação e escolha de cores especiais para pessoas com deficiência visual.
- Alarmes visuais e vibratórios, para pessoas com deficiência auditiva.

6 COZINHAS/COPAS

6.1 Função

Em residências para estudantes, a cozinha/copa é o local de interação entre os moradores que as utilizam, promovendo encontros casuais, conversas e amizades. Isso estimula a sensação de que as instalações pertencem aos alunos e os fazem sentir parte da universidade, o que costuma incentivar um comportamento mais responsável. Uma cozinha/copa geralmente é usada por cinco a oito estudantes, embora, em algumas instituições, possa servir a 10 alunos ou mais – principalmente se a universidade quer estimular o uso de equipamentos centrais de alimentação.

Cozinhas e copas podem ser construídas de maneira a estarem voltadas a áreas como entradas, escadas e saguões, oferecendo mais oportunidades para interação e aumentando o grau de supervisão informal e segurança. A localização precisa evitar que outros dormitórios sofram com barulho e incômodos. As copas devem ser projetadas para que todos os alunos da unidade consigam comer ao mesmo tempo. Os móveis não devem ser fixos, evitando dar ao local uma aparência institucional. Os espaços para refeições podem incluir uma área de estar, com sofás e televisor. A disponibilidade de Internet sem fio torna esses ambientes mais úteis.

O autosserviço é a tendência atual: cozinhas serão usadas intensamente e precisam permitir que várias pessoas cozinhem ao mesmo tempo. O projeto deve deixá-las funcionais, resistentes e fáceis de limpar. Para orientação, um balcão de 3.600 mm de extensão, com fogão e pia, é suficiente para cinco pessoas. O espaço para circulação entre as unidades deve ser de, no mínimo, 1.200 mm. Se a cozinha for utilizada por um grande número de alunos, a quantidade de fogões, pias, geladeiras e armários terá de ser ampliada para cumprir as exigências legais. Além de fogões e geladeiras convencionais, deve-se oferecer um forno de micro-ondas e um congelador. Cada estudante deve ter um armário com chave para guardar latas, mantimentos, etc. Em certas acomodações, são disponibilizados cadeados em armários e mesmo em refrigeradores, para evitar que alimentos sejam furtados, enquanto em outras – particularmente em apartamentos independentes e casas – não há trancas, a fim de promover o senso de responsabilidade mútua. Na outra situação extrema, espera-se que os estudantes mantenham os equipamentos de cozinha e alimentos em seus próprios dormitórios individuais, mas isso é inconveniente, causa desorganização e prejudica a interação social.

6.2 Instalações

Devem ser tomadas providências para reduzir o consumo de energia elétrica (veja a Seção 9.5):

- *Energia elétrica*: tomadas devem ser colocadas próximas à bancada e junto ao piso. Algumas universidades cobram o uso do fogão como um extra, para evitar o desperdício de energia. Os fogões podem ter um temporizador, caso alguém acidentalmente se esqueça de desligá-lo.
- *Iluminação e exaustores de ar*: instale janelas que permitam boa alimentação, mas com restritores de abertura, para evitar que os dormitórios vizinhos sejam perturbados por barulhos ou cheiros.
- *Lixo e reciclagem*: coloque latas que sejam fáceis de limpar e esvaziar. Latas de lixo para reciclagem devem ser fornecidas de acordo com o sistema da universidade.

6.3 Acesso para portadores de necessidades especiais

Se a cozinha atender a uma unidade habitacional para cadeirantes, ela deve possuir equipamentos e acessórios adequados, além de área suficiente para que uma cadeira de rodas possa ser manobrada tanto na cozinha quanto na copa. Talvez alguns equipamentos tenham de ser duplicados.

7 BANHEIROS

7.1 Aparelhos sanitários

Banheiras, chuveiros e vasos sanitários geralmente são projetados para ocupar o mínimo de espaço possível. O número de aparelhos deve estar de acordo com as prescrições do código de edificações local. Os vasos sanitários de uso comum devem ficar separados das áreas de ducha, a menos que atendam a poucas pessoas. Quando esses equipamentos são de uso comum, é usual disponibilizar lavatórios dentro dos dormitórios individuais.

Os aparelhos sanitários devem ser robustos, e os arranjos mais simples costumam ser mais fáceis de construir, limpar e manter. Muitas vezes são empregados banheiros pré-fabricados, do tipo construído como uma "cápsula" que é inserida na estrutura – esse sistema proporciona um alto padrão de qualidade. Os dutos e tubos têm de ser cuidadosamente detalhados e localizados, permitindo o acesso para manutenção por fora dos dormitórios individuais, pelos corredores. Se não forem disponibilizados banheiros dentro dos dormitórios individuais, leve em consideração a proximidade dos equipamentos, a acústica e a privacidade visual.

Projete uma boa ventilação mecânica, especialmente nas áreas das duchas, com luminárias resistentes à umidade. Nesses locais, toalheiros, prateleiras e ganchos devem ficar fora do boxe. Misturadores travados e duchas que não fecham bem são comuns e, mesmo quando há um boxe com desnível em relação ao piso do banheiro, todo o cômodo deve ser dotado de caimento e ralo. Misturadores com compensador de pressão e termostato devem ser utilizados, para evitar o risco de queimaduras. Os pisos precisam ser texturizados, para evitar escorregões.

8 OUTROS EQUIPAMENTOS

A oferta dos equipamentos depende do número de estudantes vivendo no mesmo edifício e da disponibilidade de tais equipamentos em outro local. Eles podem englobar os seguintes itens.

9.1 Recepção e áreas de circulação

As entradas devem ser bem iluminadas e agradáveis, além de evitar o aspecto utilitário ou espartano: elas têm de promover o senso de identidade dos usuários. Em residências maiores, às vezes há uma recepção ou portaria, com funcionários. Em outros casos, pode ser necessário o uso de uma recepção temporária, para dar as boas-vindas aos alunos no início do período letivo ou atender os conferencistas que estão se hospedando no prédio durante o período de férias. No caso de instalações mais luxuosas, o projeto e a decoração da recepção são importantes e exigirão uma área mais generosa, com assentos. Às vezes é necessário prever um espaço com caixas de correio. Corredores longos e estreitos sem iluminação natural ou vistas para o exterior devem ser evitados. As escadas são locais onde as pessoas se encontram por acaso e, portanto, oferecem uma oportunidade interessante para o projeto de espaços auxiliares atraentes junto aos patamares e aos corredores.

8.2 Lavanderia

Uma lavanderia que atende a um grupo de residentes deve ser prevista e contar com máquinas de lavar roupa e secadoras robustas, do tipo comercial, com interruptores de corrente (para o caso de emergências), além de um tanque para lavagem manual, ferros de passar roupas, bancadas e assentos. Preveja uma boa iluminação e ventilação e não se esqueça de instalar ralos, para evitar o acúmulo de água. Acessórios e equipamentos têm de ser de fácil manutenção. Instalações como as de eletricidade, água quente, etc. devem ser adequadas ao nível de uso. Escolha com cuidado a localização – uma lavanderia próxima a uma sala de uso comum pode se tornar um ponto de socialização, mas as lavanderias costumam ser barulhentas, malcheirosas e úmidas, portanto, devem ser posicionadas de modo a não incomodar os dormitórios individuais ou a entrada do prédio.

8.3 Armários para material de limpeza

Se os estudantes estiverem acomodados em apartamentos ou casas independentes, a limpeza é de responsabilidade deles e um armário grande será suficiente. Quando a limpeza for de responsabilidade da universidade, coloque armários centrais para material de limpeza, localizados a uma distância razoável de todas as acomodações. Em projetos maiores, deve haver um armário em cada pavimento. Também preveja dependências onde os funcionários encarregados da limpeza possam deixar seus pertences, locais para descanso, etc.

8.4 Outros equipamentos possíveis

- Salão comunitário / sala de televisão / salão de festas: Esses serão muito pouco utilizados se o projeto for inadequado. Salões comunitários devem ser localizados de tal forma que qualquer atividade ali realizada possa ser vista das áreas para circulação, estimulando, consequentemente, seu uso. Salões de festas devem ser construídos em locais muito bem escolhidos, para não perturbar os dormitórios individuais. É necessário prever uma cozinha, para que os estudantes preparem alimentos e bebidas.
- Salas para reuniões, pequenos auditórios, salas para uso de computadores: Salas centrais para uso de computadores podem oferecer uma alternativa mais sociável ao estudo dentro do dormitório individual e um local para trabalhos em grupo.
- Salões de jogos.
- Salas para prática de música.
- Em projetos mais luxuosos, podem ser incluídos uma sala de musculação ou ginástica, um cinema, uma cafeteria ou uma loja de conveniência.
- Guarda-malas.
- Apartamentos para funcionários ou zeladores podem ser colocados dentro do próprio prédio dos estudantes ou adjacentes a eles e podem variar de tamanho, sendo quitinetes ou mesmo apartamentos grandes o suficiente para acomodar uma família.
- Dormitórios para visitantes.

8.5 Áreas externas e estacionamento

Áreas com bom tratamento paisagístico ao redor das acomodações para estudantes podem proporcionar locais interessantes para socialização e estudo informal, especialmente se houver internet sem fio disponível. Os espaços para a prática de jogos informais (futebol, *frisbee*, etc.) e para churrasco são muito populares.

As autoridades de planejamento urbano e a universidade terão suas políticas em relação ao estacionamento, e a permissão para estacionamento geralmente é bastante restrita. Vagas de estacionamento para portadores de necessidades especiais são exigidas e precisam ficar próximas às entradas. Para evitar roubos e promover a segurança dos indivíduos, as áreas para estacionamento devem ser bem visíveis e ficar relativamente perto das entradas. No início do ano letivo, cada estudante chega com muita bagagem, assim, deve-se prever um espaço suficiente junto às entradas para que vários automóveis possam ser descarregados simultaneamente. Os táxis são muito utilizados quando os alunos saem à noite, e deve haver uma área de embarque e desembarque junto às entradas. Para estimular o uso de meios de transporte sustentáveis, é preciso projetar com atenção caminhos de pedestres e ciclovias, bem como criar estacionamentos de bicicletas cobertos e seguros.

8.6 Consumo de energia

Há muitas oportunidades para a redução do consumo de energia quando se projeta com detalhes a acomodação e o tipo de controles, equipamentos e acessórios. Isso inclui:

- Sistemas de automação predial e uma boa compreensão de como usar o prédio (calefação, refrigeração, ventilação, etc.) tanto por parte dos funcionários como dos moradores.
- Luminárias e lâmpadas de baixo consumo.
- Detectores de presença em cozinhas e banheiros individuais.
- Controles do sistema de climatização.
- Pequenos interruptores de circuito nos dormitórios individuais.
- Sistemas de recuperação de calor.
- Torneiras com redutores de pressão e bacias sanitárias inteligentes (com dois tipos de descarga).
- Sistemas de drenagem urbana sustentável.
- Fontes de energia renovável.

8.7 Coleta de lixo e reciclagem

Desenvolva uma estratégia para a gestão do lixo já nos estágios preliminares do projeto e consulte uma empresa ou o órgão municipal de coleta de lixo quanto às exigências de acesso de veículos. O tamanho de qualquer lata de lixo depende do número de alunos e da frequência da coleta. Lixeiras utilizadas por funcionários costumam ser mais limpas e organizadas do que as usadas por estudantes, mas todas são potencialmente bagunçadas, malcheirosas e atraem vermes. Os depósitos de lixo devem ser de fácil acesso, limpeza e manutenção. Coloque-os em local que não perturbe os moradores e garanta uma boa ventilação.

8.8 Segurança física e patrimonial

O projeto precisa considerar o risco de ataques, atos de vandalismo e furtos. A segurança pessoal é um problema sério em acomodações para estudantes, pois eles costumam retornar tarde da noite. O furto também é um problema comum, uma vez que os estudantes possuem computadores e outros equipamentos de valor, e é difícil controlar quem entra e quem sai das residências. As janelas no nível do térreo são particularmente vulneráveis. A edificação deve ser projetada de forma que áreas externas – como entradas, pátios e estacionamentos para automóveis – e áreas internas de uso comum possam ser observadas, possibilitando, assim, uma supervisão informal (elas podem, por exemplo, estar voltadas para as escadas). Boa iluminação externa é essencial. Circuitos fechados de televisão e pontos de alarme podem ser exigidos em áreas externas.

Frequentemente, são utilizados cartões para abrir portas, em vez de chaves, que são caras para substituir quando perdidas. Se o número de residentes for suficiente, pode haver portaria com vigia. Se isso não for possível, coloque interfones nas entradas, com receptores em todos os dormitórios. As portas dos dormitórios terão olhos mágicos.

O projeto deve evitar características que incentivem atos de vandalismo ou comportamentos de risco: dois problemas comuns são o uso de *skates* e o risco de quedas de alunos que tentam escalar muros ou fachadas de prédios.

9 USO PARA CONFERÊNCIAS

9.1 Necessidades adicionais

Muitas universidades usam as habitações estudantis como locais para conferências ou as alugam no período de férias, e isso influencia o projeto:

- O Plano de Prevenção Contra Incêndio (PPCI) deve ser adequado ao uso como local para conferências.
- Suítes são os dormitórios preferidos.
- Acessórios e acabamentos de maior qualidade podem ser exigidos.
- Armários centrais com roupa de cama serão necessários, com fácil acesso aos dormitórios individuais, para limpeza.
- É preciso haver armários para uso temporário para armazenamento de objetos utilizados por visitantes, como chaleiras.
- Armários com chave podem ser usados para que estudantes guardem objetos de valor, e são necessários cofres para os conferencistas hospedados.
- São necessários uma recepção, auditórios e outros equipamentos para acomodar as atividades desenvolvidas em conferências.

Instalações industriais 20

Jolyon Drury e Ian Brebner

A Jolyon Drury Consultancy presta consultoria sobre o projeto de produção, distribuição, sistemas de armazenamento e equipamentos. Ian Brebner é um dos sócios do escritório de arquitetura Austin-Smith: Lord

PONTOS-CHAVE:
- *As mudanças são constantes*
- *A demanda por unidades menores e acomodações iniciais é cada vez maior*

Conteúdo

1 Introdução
2 Classificação da tipologia de edificações industriais
3 Adaptabilidade
4 Métodos de trabalho
5 Tamanho das máquinas
6 Especificações gerais para uma típica fábrica de uso múltiplo
7 Áreas de administração e serviços
8 Referências bibliográficas

1 INTRODUÇÃO

1.1 Equipamentos industriais

O equipamento industrial é definido como um terreno e uma edificação onde produtos são fabricados, montados, armazenados ou transportados. Os processos de manufatura se desenvolvem, se aperfeiçoam e evoluem continuamente, mas, em geral, são classificados da seguinte maneira:

1 A transformação de matérias-primas elementares em produtos acabados ou materiais que devem passar por outros processos de manufatura antes de serem considerados produtos acabados (geralmente conhecida como indústria pesada). Nesse grupo, incluem-se indústrias tradicionais, como siderúrgicas, manufatura de produtos químicos, usinas de refinamento, etc.
2 O processo de montagem que integra componentes acabados, transformando-os em produtos acabados (geralmente conhecida como indústria leve ou intermediária). Esse tipo de indústria inclui a manufatura de automóveis, da linha branca e de eletrônicos, entre outros.

A indústria de tecnologia de ponta passou a ser considerada uma terceira categoria industrial, pois a área está evoluindo rapidamente, a partir do desenvolvimento de inteligência artificial/assistida, comunicações e biotecnologia. O capital intelectual necessário para sustentar essa terceira categoria está muito distante das tradicionais indústrias leve e pesada que, antigamente, dominavam as economias desenvolvidas. As economias desenvolvidas estão substituindo sua base de produção por essa terceira categoria, buscando aumentar os lucros para sustentar as aspirações financeiras cada vez mais altas dos trabalhadores, além de manter sua posição comercial global. Essa categoria exige a integração de educação e pesquisas especializadas às atividades de manufatura. Em geral, se reconhece que o agrupamento de pesquisas e equipamentos industriais produz um efeito catalisador, fazendo a produção total (seja ela física ou intelectual) exceder a soma das partes – mesmo que consistam em empreendimentos distintos. Esse fator é determinante para a aparência do terreno que acomoda os novos equipamentos industriais.

1.2 História dos equipamentos industriais

O desenvolvimento industrial foi uma das mudanças contínuas decorrentes do aperfeiçoamento de equipamentos, gestão e técnicas de produção. As principais etapas do processo de desenvolvimento da manufatura – que influenciaram o projeto e a natureza da edificação industrial – foram:

1 Produção artesanal: indivíduos ou grupos pequenos de indivíduos criavam o produto acabado a partir de matérias-primas. Esse processo ocorria, em sua maioria, em oficinas relativamente pequenas ou até mesmo em moradias individuais. Em geral, não havia uma tipologia de edificações industriais.
2 Produção mecanizada: máquinas operadas principalmente com energia elétrica. O uso da energia aumentou de forma significativa a capacidade da manufatura e permitiu a subdivisão do processo de produção, reduzindo a dependência de habilidades individuais. Isso, por sua vez, facilitou a maior concentração das capacidades de produção em um único local. Os primeiros sistemas elétricos dependiam de longas transmissões de eixo, que passavam a força por transmissão de correia para máquinas individuais. A transmissão de correia tinha limites finitos em sua extensão e operava em ângulos retos em relação ao eixo de transmissão. As edificações que acomodavam tais sistemas elétricos tinham um formato alongado, além de múltiplos pavimentos. A primeira edificação industrial distinta (fábrica) conhecida foi a Cromford Mill, em Belper, Derbyshire, na Inglaterra, que pertencia a Richard Arkwright (1771).
3 Linha de montagem: o desenvolvimento de "motores" elétricos, hidráulicos ou oleodinâmicos individuais e compactos libertou as máquinas da necessidade de estarem ligadas a um motor central. Essas novas máquinas possuíam força e capacidade praticamente ilimitadas. Juntos, esses fatores permitiram que as máquinas fossem distribuídas de forma correspondente à sequência de montagem necessária para a fabricação do produto final. O processo de montagem evoluiu. As edificações que acomodavam essa nova forma de produção em massa costumavam ter um único pavimento, relativamente grande e com amplos vãos livres internos. O leiaute era flexível, permitindo que a linha de montagem fosse reconfigurada para se adequar a quaisquer alterações no produto, em um mercado que evoluía rapidamente. A tipologia industrial evoluiu, passando a ocupar terrenos amplos, com edificações de um único pavimento e grandes vãos livres internos.

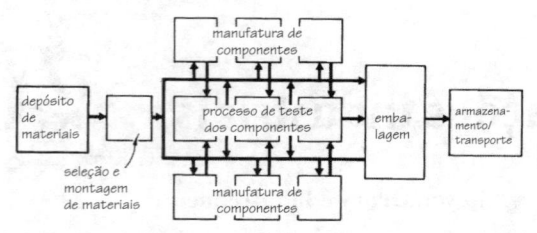

20.1 Diagrama típico do processo de produção e montagem de elementos leves, como a manufatura de pequenos componentes eletrônicos e demais processos de alta tecnologia. O termo "seleção" se refere à fabricação de conjuntos de componentes para montagem posterior.

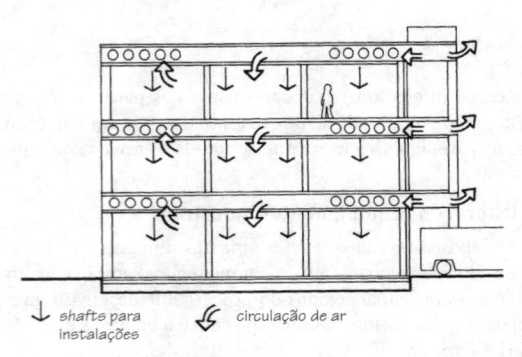

20.2 Corte transversal de fábricas para produção leve ou de alta tecnologia; edificações de pavimentos múltiplos: podem ser novas ou prédios antigos reciclados; ocasionalmente, há unidades de apenas um pavimento.

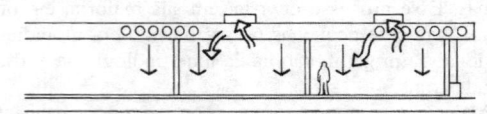

20.3 Produção e montagem leves: edificações de apenas um pavimento, para montagem em pequena escala e de alta tecnologia. Há muita liberdade nas instalações no teto.

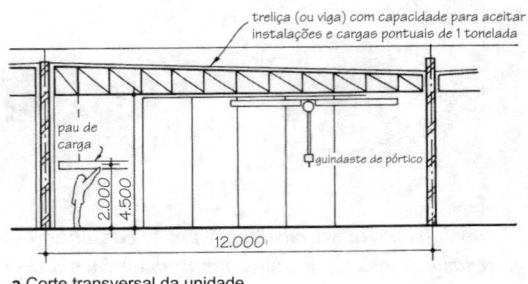

a Corte transversal da unidade

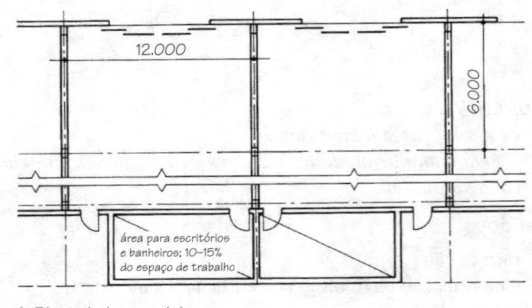

b Planta baixa parcial

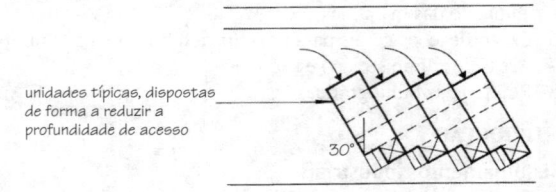

c Unidades dispostas em plano para reduzir a profundidade do local

20.4 "Incubadora" típica para produção e montagem leves; baixa tecnologia; pode ser construída para aluguel.

2 CLASSIFICAÇÃO DA TIPOLOGIA DE EDIFICAÇÕES INDUSTRIAIS

Em geral, as fábricas podem ser divididas em específicas ou genéricas.

2.1 Projetadas e construídas para um uso específico

Incluem:

- Produção de alta precisão, em condições controladas (Figuras 20.1–20.3)
- Produção feita sob encomenda, em um processo único ou especializado
- Locais para manufatura primária, que tem a função dupla de sede e fábrica principal

O projeto depende das circunstâncias, mas tende a se aproximar da tipologia de projeto de laboratórios ou escritórios.

2.2 Indústrias intermediárias

Esse campo exige um projeto cuidadoso, fruto de muita reflexão. As indústrias médias podem ser subdivididas em:

- Leves – engenharia e montagem leve, em pequena escala; inclui fábricas de roupas e tintas (semelhante à Figura 20.4).
- Gerais – produção de lotes médios de componentes para outras fábricas, além de gráficas de tamanho médio (Figuras 20.5 e 20.6).

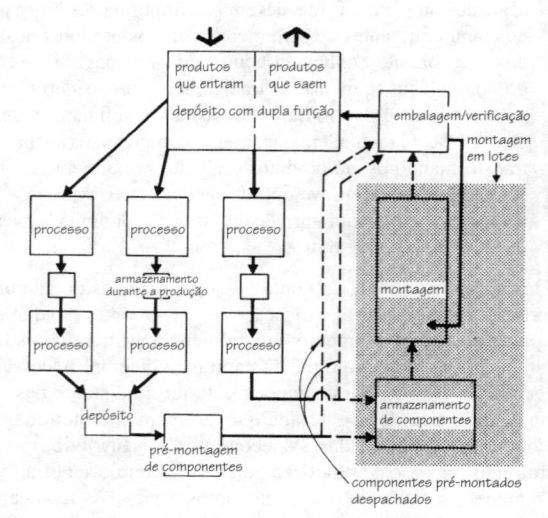

20.5 Diagrama de processo para a produção e montagem em lotes. Ocasionalmente envolve a montagem e o despacho de pré-montagens completas – em geral, a produção e o envio de lotes de componentes individuais.

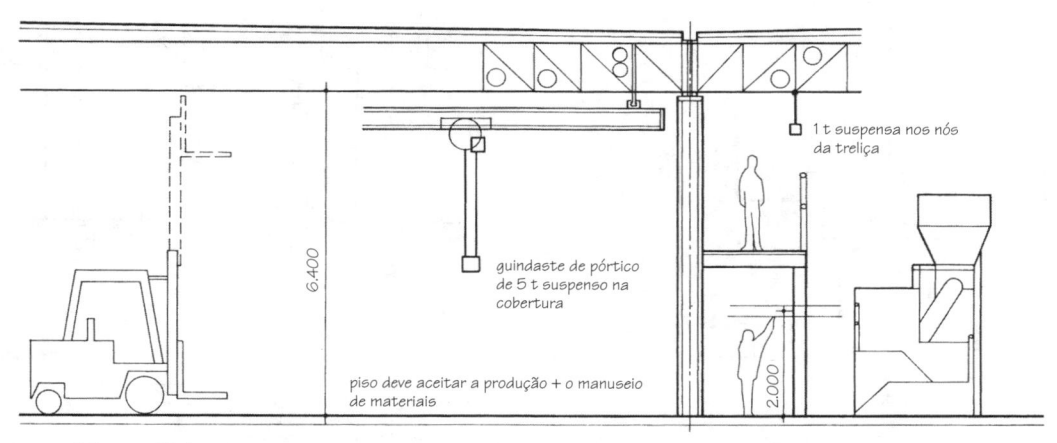

20.6 Corte transversal de um edifício típico de produção em lotes. Os vãos estruturais (geralmente 18 × 12 metros) e a cobertura com treliça foram escolhidos por serem econômicos e facilmente adaptáveis a diferentes usos. O carregamento de piso é de 25 kN/m².

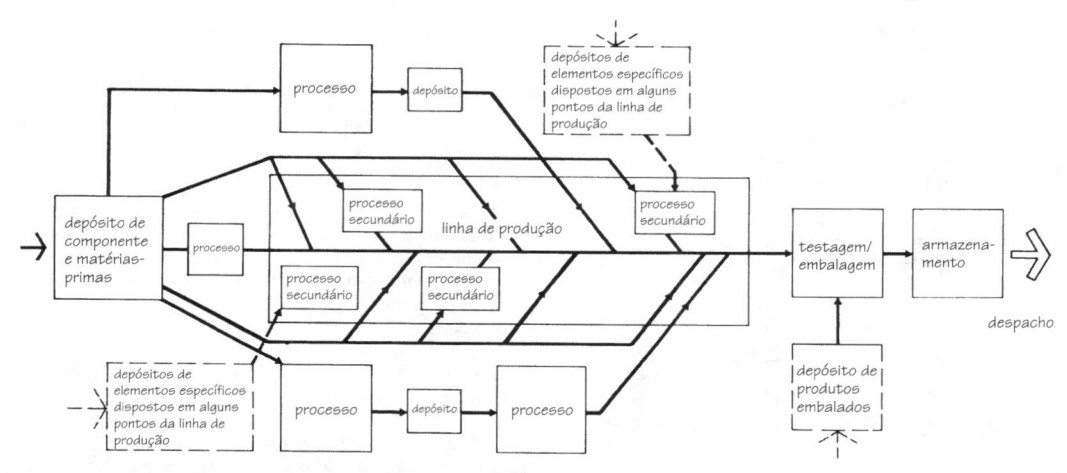

20.7 Diagrama de processo de produção e montagem em massa. Aplica-se a linhas de montagem de alto volume (como na indústria automotiva); alguns componentes são produzidos em linhas de pré-montagem antes de passar pela montagem final na linha principal.

- Pesadas – indústrias médias, que exigem o uso intensivo das edificações e instalações para a produção em massa (Figuras 20.7 e 20.8).

2.3 Indústrias pesadas

As indústrias siderúrgicas e navais, entre muitas outras, exigem espaços (não necessariamente fechados) projetados em torno da produção ou das máquinas (Figura 20.9). Tradicionalmente, é muito difícil construir estruturas adaptáveis (Figura 20.10), mas as técnicas modernas permitem o planejamento de edificações "flexíveis" (Figura 20.11).

3 ADAPTABILIDADE

3.1 Projetar prevendo mudanças futuras

Os equipamentos industriais são projetados para:

- Atender a padrões "institucionais", fazendo a configuração da edificação se voltar para as exigências das instituições financeiras que financiam o empreendimento. Essas exigências se manifestam na forma de uma edificação muito flexível, que pode ser adaptada para outros processos industriais ou para fins de distribuição, caso o inquilino inicial desocupe o local. Em geral, essas edificações possuem um formato regular (de preferência, uma proporção de 2:1–3:1 entre a extensão e a largura), com a altura interna relacionada à área de piso

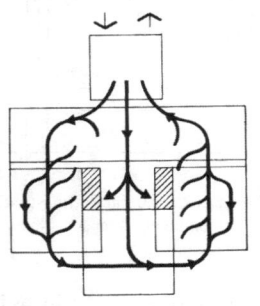

20.8 Os fluxos de material para a produção em massa não exigem uma edificação de formato predominantemente linear. "Células" de montagem podem ser inseridas em uma rota de circulação, permitindo que os funcionários e as instalações sejam agrupados em zonas com equipamentos específicos.

(geralmente, 6 m de altura livre entre o piso e os elementos estruturais horizontais, sejam eles vigas ou treliças, para áreas de piso inferior a 2.500 m²; ou 12 m de altura livre entre o piso e os elementos estruturais para áreas de piso de 10 mil m² ou mais). A maioria dos equipamentos de distribuição tem 12 m de altura; se aparelhos mecânicos forem utilizados para recolher os produtos, essa altura pode chegar a 18 m.

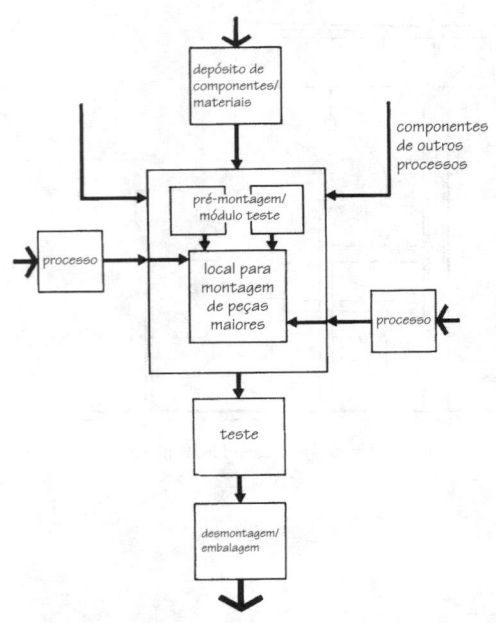

20.9 Fluxograma de processo típico na engenharia pesada. A peça de trabalho é o centro; as peças pré-montadas são distribuídas em torno dela. A peça costuma ser desmontada para fins de transporte.

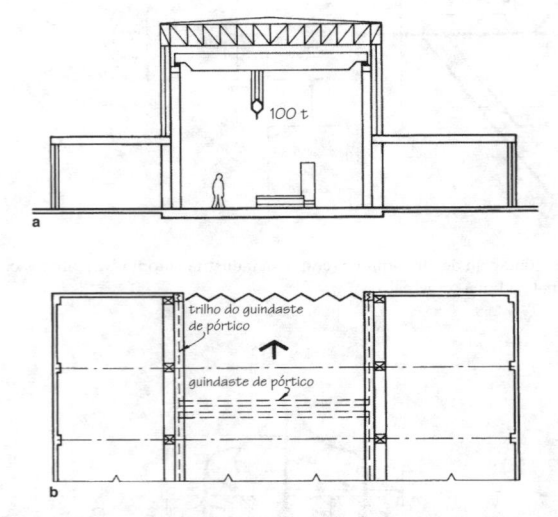

20.10 a) Corte. b) Planta baixa parcial de tipo tradicional. Guindastes de pórtico movem a peça de trabalho em direção às máquinas-ferramentas apropriadas e às áreas de montagem.

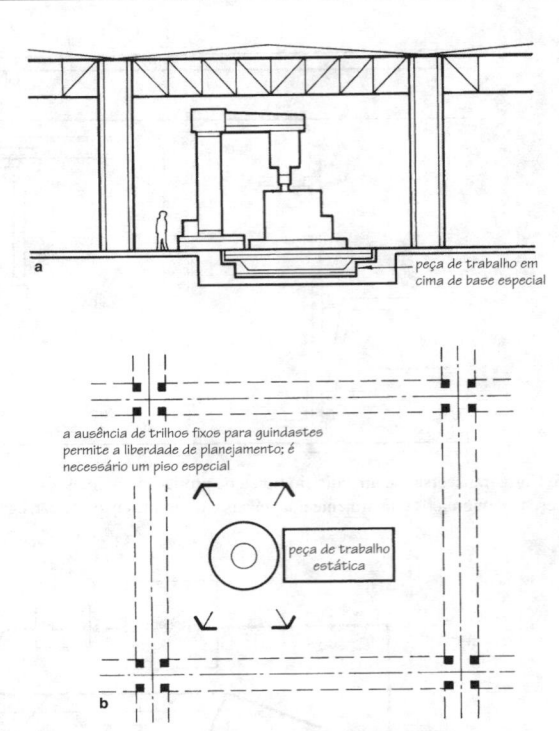

20.11 a) Corte. b) Planta baixa parcial de oficina recentemente desenvolvida, onde as peças de trabalho permanecem estáticas, pois são construídas em cima de bases especiais que, provavelmente, serão utilizadas para fins de transporte e instalação. Máquinas-ferramentas e componentes são trazidos para a peça de trabalho; o uso de colchão de ar é muito difundido.

Recomenda-se o máximo de vãos livres internos. A estrutura mais econômica tem a forma de um portal, que pode cobrir um vão de até 36 m, sem aumentar em muito os custos. Se necessário, ele pode ser duplicado para aumentar a largura da edificação. O espaçamento da grelha principal mais econômico varia entre 6 e 7,2 m.

Se considerarmos a área de piso total, o espaço dedicado a escritórios e acomodações voltadas para o bem-estar dos funcionários ocupa 10% de uma área de piso de 1 mil m² no total, ou 5% de áreas de piso de 10 mil m² ou mais.

Se identificarmos as necessidades dos ocupantes que provavelmente utilizarão as áreas de piso menores (cerca de 1.000 m²), a disponibilização de docas de carga e descarga será bastante reduzida em relação a edificações maiores (cerca de 10 mil m²); nesses, 6–8 docas são recomendáveis.

- Em geral, equipamentos industriais construídos sob encomenda são necessários quando o processo é tão específico que não pode ser acomodado dentro de uma edificação "institucional" com leiaute simples e flexível, não pode ser contido em um único prédio ou não exige fechamento total. Nessas circunstâncias, o fechamento da edificação acaba se tornando parte do processo. Isso limita a flexibilidade futura do prédio e, na pior das hipóteses, torna-o inapto para qualquer atividade além da original. Prédios construídos sob encomenda geralmente são associados a processos intensivos em investimentos de capital, nos quais os equipamentos são praticamente imóveis – opondo-se ao tipo de equipamento que pode ser acomodado com facilidade em qualquer edificação "institucional". Para o projetista, uma perfeita compreensão do processo que exige uma solução sob encomenda oferece inúmeras oportunidades para a criação de projetos declaradamente funcionais.

As indústrias tecnológicas – que estão em constante evolução – costumam se adaptar com facilidade ao modelo "institucional" de edificação, que é muito flexível em termos de formato e tipos de processos. Os processos de produção da Biotech e da Biopharma são exemplos extremos: a produção é organizada em módulos múltiplos, que são distribuídos em um grande espaço fechado e uniforme; qualquer módulo pode ser eliminado e substituído por um processo completamente diferente, sem perturbar a operação dos módulos restantes.

Em instalações industriais construídas sob encomenda, em termos práticos há uma redução das exigências das instalações construídas, resultante das maneiras de financiar indústrias modernas.

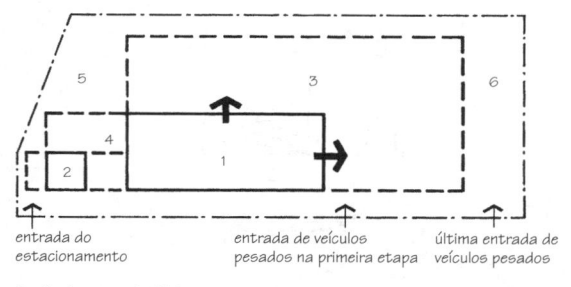

1 primeira etapa da fábrica
2 primeira etapa do escritório
3 ampliação da fábrica
4 várias opções para a ampliação do escritório
5 estacionamento
6 área para veículos pesados

20.12 Fábrica de pequeno ou médio porte, com prédio de escritórios isolado. O limite indefinido aumenta a possibilidade de conflito à medida que a fábrica e os escritórios se expandem simultaneamente. Além disso, ele restringe a ampliação proporcional do estacionamento.

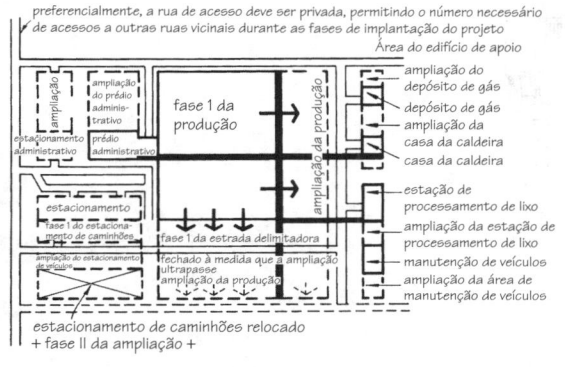

20.13 Uma fábrica grande, com zonas de desenvolvimento segregadas:

- Fábrica e estacionamento adjacente, para carros e caminhões. Quando a fábrica for ampliada, o estacionamento de caminhões se tornará o novo estacionamento de automóveis. Um novo estacionamento para caminhões será construído perto da área de despacho.
- Bloco administrativo e seu respectivo estacionamento, separados da área de manufatura pelos jardins.
- Área de apoio, incorporando provisões para o crescimento individual de cada elemento dentro dos limites do local.

A adaptabilidade deve permitir:

- A mudança de processos, para evitar a obsolescência
- A mudança de processos e produtos após a troca de proprietários

As mudanças geralmente ocorrem entre as tipologias de edificações mais amplas apresentadas na Seção 2.2.

3.2 Projetar prevendo ampliações futuras

Além de alterações na pele da edificação, pode haver posteriormente uma necessidade de ampliação – e isso deve ser previsto pelo projeto (Figuras 20.12 e 20.13).

4 MÉTODOS DE TRABALHO

4.1 Métodos alternativos

Os métodos alternativos de organização de trabalho são:

- Linha de montagem
- Trabalho em equipe

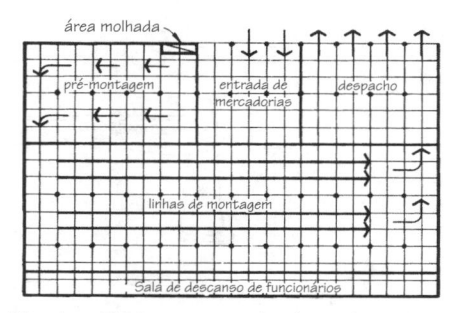

20.14 Prédios de produção em massa têm de se adaptar às mudanças na tecnologia de produção. Esta planta baixa mostra uma linha de montagem convencional que pode ser adaptada conforme o modelo da Figura 20.15.

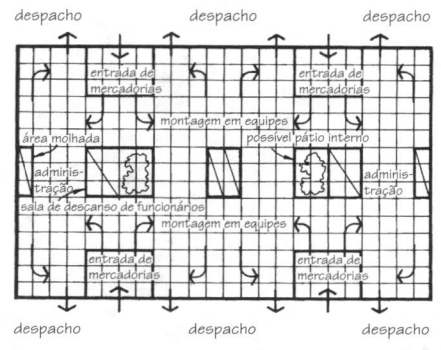

20.15 A fábrica pode adotar o trabalho em equipes para a montagem de novos produtos. Observe que a administração e as áreas molhadas são separadas por equipes. Há a possibilidade de abrir pátios internos adjacentes às áreas de administração, embora elas possam ter de mudar de posição conforme a demanda.

Embora o último método seja uma introdução recente, nada indica que irá superar o anterior. Consequentemente, os prédios com fins de produção devem ser capazes de acomodar qualquer um dos métodos – ou mesmo ambos – em áreas diferentes (Figuras 20.14 e 20.15).

4.2 Linha de montagem

Nesse método, as máquinas são distribuídas ao longo de percursos de trabalho. Um componente é acrescentado em cada estação, até que todo o trabalho seja montado e concluído. Todas as estações precisam de estoques de materiais e componentes; o lixo deve ser recolhido.

4.3 Trabalho em equipes

Aparentemente, esse método desperta um sentimento de responsabilidade e realização entre os trabalhadores. As máquinas são dispostas em grupos e todo o trabalho (ou parte significativa do mesmo) é montado ali. É necessário armazenar materiais e componentes. O planejamento exige, principalmente, espaço irrestrito e um piso resistente, para que as máquinas possam ser deslocadas conforme as circunstâncias. Os sistemas gerais de instalações precisam ser adaptáveis. As áreas de armazenamento e montagem devem ser permutáveis.

5 TAMANHO DAS MÁQUINAS

As dimensões das máquinas mais comuns em indústrias leves e médias são apresentadas nas Figuras 20.16–20.21. A maioria das máquinas-ferramentas não carrega o piso em mais do que 75 kN/m^2.

a Furadeira de chapa

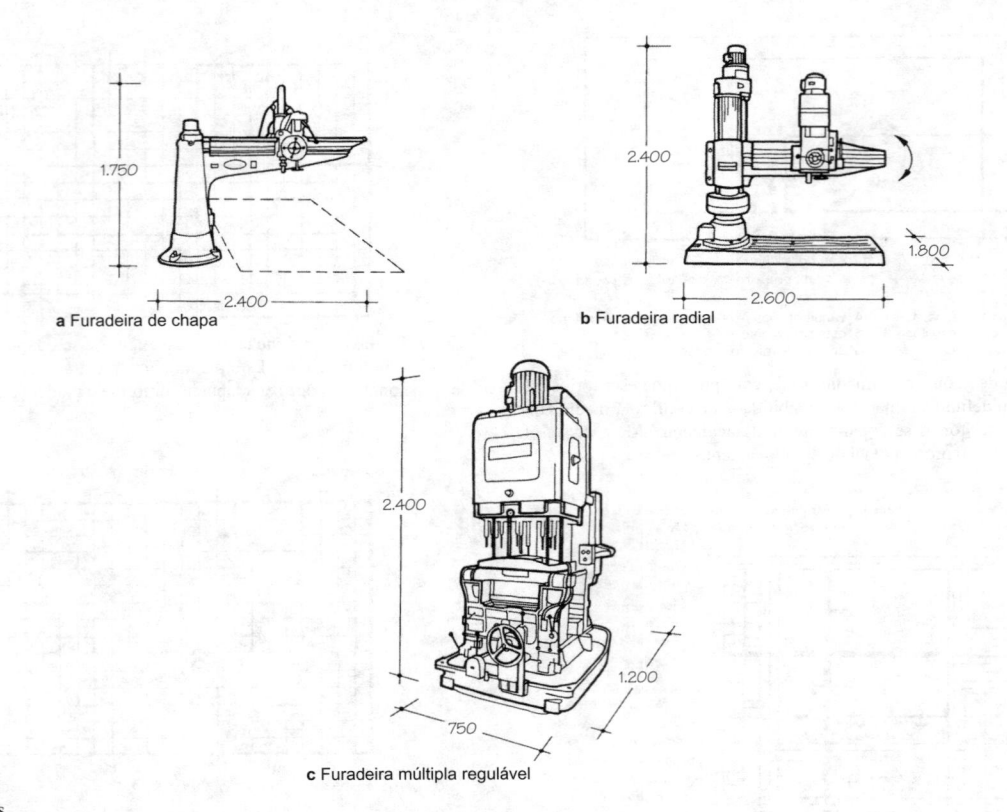

b Furadeira radial

c Furadeira múltipla regulável

20.16 Furadeiras.

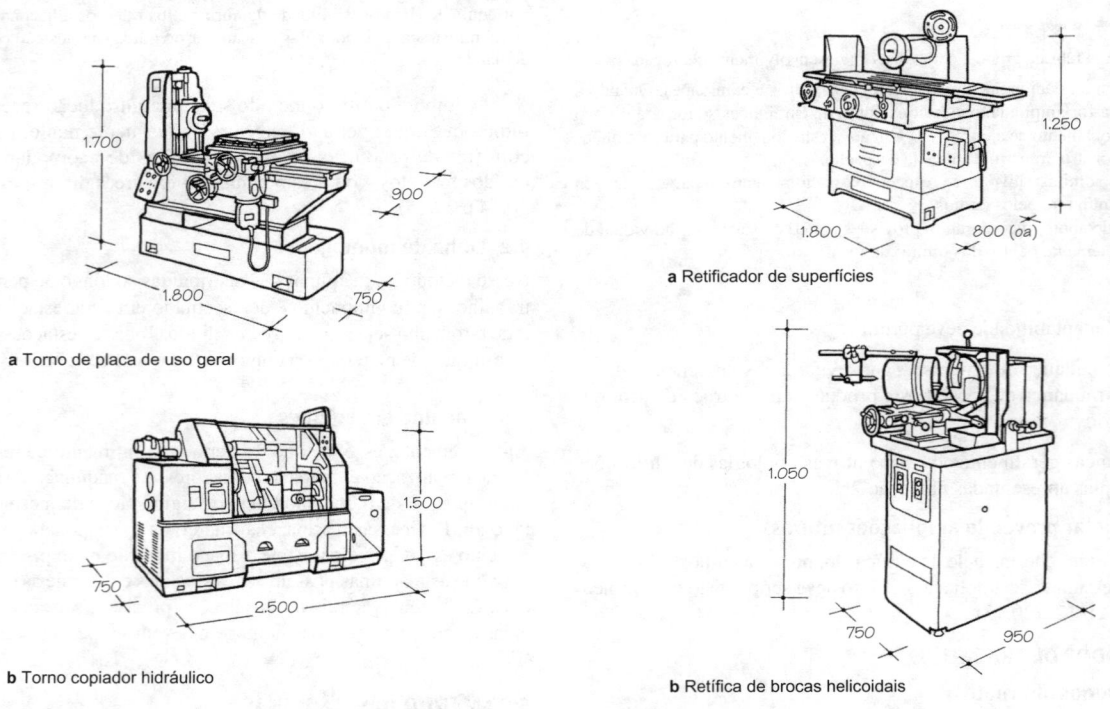

a Torno de placa de uso geral

b Torno copiador hidráulico

20.17 Tornos mecânicos.

a Retificador de superfícies

b Retífica de brocas helicoidais

20.18 Esmeris.

Tabela I Especificações gerais para uma típica fábrica de uso múltiplo

Escopo	
Tipo de indústrias às quais se adapta	Esse tipo de edificação é adequado para a maioria das funções de manufatura, com exceção das indústrias "leve", "pesada" e "de processamento".
Dimensões da edificação	A área total do espaço de produção varia bastante. A dimensão média de todos os projetos é 2.500 m²; logo, a maior parte é menor. Essa especificação é indicada para projetos de 1.000 m² ou mais.
Tipo de projeto	40% dos projetos industriais são adaptações e ampliações de prédios preexistentes. Essa especificação estabelece os requisitos gerais dos projetos – ou partes de projetos – que não têm condicionantes especiais.

Critério	Especificações de desempenho	Observações para o projeto
Exigências do processo		
Adaptabilidade	Não deve ser planejado em torno de um processo específico, mas para uso geral. As características de uso geral devem ser mantidas sempre que possível (tanto nos depósitos e armazéns como no espaço de produção propriamente dito).	Edificação posicionada no terreno de forma a deixar o máximo de espaço para ampliações – de preferência, em duas direções. Prédio de um pavimento projetado como um grande espaço aberto. Construção padronizada, especiais pré-fabricada, fácil de ampliar ou modificar. Estrutura independente capaz de suportar várias coberturas e revestimentos alternativos, instalações e manuseio de equipamentos. As paredes externas nos limites do terreno ou próximas a eles devem ser fáceis de demolir.
Formato da planta baixa	Geralmente não é crítico, a menos que haja processos de fluxo linear. O formato retangular maximiza a área útil e facilita a ampliação.	A planta baixa retangular pode ser quadrada (minimizando as distâncias percorridas internamente sempre que as rotas de circulação não forem determinadas por processos) ou retangular, e ter uma proporção entre os lados maiores e menores de 3:1 (em média, 2:1).
Ambiente físico	As exigências do processo geralmente não são críticas: a aparência do local de trabalho e a eficiência no uso da energia são fundamentais.	Veja "Necessidades ambientais para a força de trabalho". Em geral, o processo de produção não exige condições especiais livres de poeira, nem cria uma atmosfera particularmente poeirenta ou suja. Se houver tóxicos ou risco de corrosão dentro do espaço geral de produção, eles devem ser isolados por equipamentos de compartimentação e exaustão locais. Altos padrões de limpeza (anulação total de matéria estranha) ou higiene (anulação de contaminação bacteriana) são necessários em algumas fábricas de alta tecnologia.
Dimensões estruturais	As dimensões exatas da planta baixa raramente são um problema, a menos que a fábrica empregue processos de fluxo. Concentre-se em otimizar a conveniência dos leiautes de produção garantindo espaços abertos (ou seja, a distribuição conveniente de pilares ou pontaletes para abrigar equipamentos menores ou interruptores, entre outros) considerados em relação ao potencial de adaptabilidade: a liberdade de distribuição de *shafts* e a localização de equipamentos em relação ao custo de vãos maiores e à impossibilidade do uso de paus de carga ou guindastes de pórtico.	Vão de 18 m; espaçamento estrutural (intercolúnio) de 12 m até 18 m (permitindo que a linha de produção vire em ângulos retos, se preciso for). Embora comuns nos Estados Unidos, essas dimensões são menores em muitas fábricas britânicas e (com exceção dos intercolúnios ortogonais de 18 m) não aumentam significativamente as despesas em relação aos espaçamentos menores.
	O pé-direito livre provavelmente é a dimensão mais crítica, pois é muito difícil alterá-la após a construção. A altura é necessária para pilhas altas, equipamentos suspensos, instalação de mezaninos (para escritórios, banheiros, comando das engrenagens, ampliação do espaço de produção, etc.) e esteiras suspensas, entre outros. Deve haver espaço para as instalações acima do nível do pé direito livre (a distância entre o piso e a linha inferior da viga ou o banzo inferior da treliça).	O pé-direito livre mínimo é 6 m. As principais portas para a entrada de veículos têm 5 m (carga e descarga no pavimento térreo). Para manufatura intensiva, pilhas altas, equipamentos suspensos ou mezaninos, recomenda-se um pé-direito livre mínimo de 7,5 m.
Carregamento estrutural	Dentro da razoabilidade econômica, o projeto deve considerar as cargas mais pesadas possíveis.	Cargas pontuais ideais de 36 kN, mas 25 kN é suficiente para edificações de uso geral com menos de 6 m de altura sob os beirais. Para densidade de armazenamento, armazenagem automatizada de componentes leves, carga distribuída de 30 kN/m².

(continua)

Tabela I Especificações gerais para uma típica fábrica de uso múltiplo *(continuação)*

Critério	Especificações de desempenho	Observações para o projeto
Previsão para instalações	Facilidade de levar quaisquer instalações necessárias à produção (água, vapor, gás, energia elétrica, etc.) a qualquer ponto dentro da área de produção, causando o mínimo de transtornos para o prédio e, consequentemente, para a produção.	Instalações da produção e da edificação colocadas no nível da cobertura, acima da "altura livre necessária", com dutos verticais para instalações adequados à posição das máquinas. Isso elimina a possibilidade de uso de guindastes de pórtico ou equipamentos similares, mas permite guindastes e esteiras apoiados em apenas um trilho. A estrutura do telhado deve ser projetada apropriadamente. A tubulação de esgoto costuma ficar abaixo do piso, mas existem leiautes alternativos que são mais caros, porém mais flexíveis. Uma rede permanente de canaletas para drenagem abaixo do nível do piso (no mínimo uma no centro de cada vão de 18 m) minimiza os transtornos.
Previsão para movimentação de materiais e equipamentos	Para manusear o material, o engenheiro de produção deve ter condições de utilizar os equipamentos mais adequados ao produto e aos métodos de produção. O uso de empilhadeiras ou outros equipamentos com rodas será geral; as esteiras suspensas são uma possibilidade. Os guindastes são mais comuns na engenharia do que em outras indústrias. O carregamento de piso mais pesado provavelmente resultará das rodas das empilhadeiras (36 kN) e das cargas pontuais de estantes e gaiolas de armazenagem sobrepostas e do empilhamento com paletes.	Fundações distintas serão fornecidas para qualquer equipamento especial ou pesado, principalmente aqueles que vibram. Se possível, a superfície superior de tais fundações fica no nível do piso acabado ou abaixo dele. Atualmente, muitos equipamentos são "presos" ao piso. Em geral, se usa uma laje de piso de concreto armado monolítica, embora a deterioração do piso acabado seja um problema comum em prédios industriais. Existem pisos duráveis, mas eles exigem uma base adequada, boa mão de obra e muita supervisão. Talvez sejam necessários acabamentos especiais, para resistir ao ataque de ácidos ou óleos usados em certos processos.
Suporte para cargas de produção	Há dois pontos de vista antagônicos sobre a melhor maneira de suporte para cargas de produção como esteiras, gruas locais e outros equipamentos suspensos. Um deles afirma que as cargas de produção (que não podem ser previstas) deveriam ser transferidas na fábrica ou em uma estrutura distinta, em vez de se apoiar na estrutura do prédio – à medida que e quando for necessário. Isso pode fazer as fundações limitarem a área de piso e a flexibilidade futura. Embora seja inicialmente mais cara, a alternativa mais indicada consiste em projetar a estrutura de cobertura para que ela transfira um mínimo geral de cargas locais, além de prover o equipamento com esteiras suspensas, etc., como for adequado.	O projeto pode pressupor que o banzo inferior das treliças (com um possível afastamento entre eixos de 3 a 3,6 m) transfere cargas uniformemente distribuídas de 8 kN/m, além de uma carga pontual de 10 kN em qualquer ponto a cada 3 m entre eixos, aproximadamente. Suportes estruturais para cargas mais pesadas serão previstos caso a caso pelo engenheiro de produção.
Necessidades espaciais para a força de trabalho		
Necessidades visuais	Praticamente todas as tarefas visuais são compatíveis com níveis de iluminação entre 200–750 lux; o nível de iluminação intermediário é o mais comum. Os valores limitadores do índice de ofuscamento (conforme o código IES) costumam ficar entre 22–28. O esquema de cores deve ser projetado de forma a auxiliar a distribuição de luz e minimizar a fadiga visual. Níveis de iluminação natural para o projeto: depósitos, embalagem, montagem em grande escala, forja pesada, fundições, serrarias, Coeficiente de Luz Diurna de 2% (10–15% da área de piso, aproximadamente) 300–500 lux; Trabalhos com bancada ou equipamentos leves, pequenos serviços de fundição, conserto de motores, funções administrativas, iluminação para fins genéricos com exigência visual média, Coeficiente de Luz Diurna de 4–5% (12–15% da área de piso, aproximadamente) 500 lux; Desenho, montagem em média escala, tecelagem, tipografia de pequeno porte, Coeficiente de Luz Diurna de 6% (15–10% da área de piso, aproximadamente) 500–750 lux; Inspeção e montagem em pequena escala, trabalhos com bancada ou equipamentos leves, 1000 lux + Coeficiente de Luz Diurna de 10%.	Projeto com iluminação natural ou "sem janelas". Para projetos com iluminação natural, o uso de lanternins ou sheds voltados para o norte (no hemisfério norte) é um meio-termo útil entre os níveis de iluminação e a conservação de energia. Janelas nas paredes externas. A instalação de luzes fluorescentes em um padrão regular acima de toda a área de produção para gerar um nível de iluminação consistente de 300–500 lux E_{min}/E_{max} deve ser, no mínimo, 0,7 e com três fases, de forma a reduzir a oscilação da luz. A instalação também deve ser feita em linhas troncos, para facilitar a substituição. Luminárias pontuais podem ser usadas em áreas de pé-direito mais alto ou para gerar uma luminosidade mais alta e uniforme. As superfícies refletoras devem ser cobertas com cores de alta refletividade (nos tetos, por exemplo: valor Munsell 9). Cuide para que o brilho das superfícies não perturbe os operadores das máquinas – como os motoristas das empilhadeiras. Para 10% ou mais, utilize instalações de iluminação artificial complementar permanente. Em prédios de uso geral ou para a revenda futura do prédio, o Coeficiente de Luz Diurna do projeto não deve ser inferior a 5%. O método escolhido para a obtenção desse resultado deve ser comparado com relação às normas de isolamento térmico.

(continua)

Tabela I Especificações gerais para uma típica fábrica de uso múltiplo *(continuação)*

Critério	Especificações de desempenho	Observações para o projeto
Desempenho térmico	Os valores ideais de temperatura e circulação de ar, entre outros, dependem principalmente da natureza do trabalho – se ele é sedentário ou ativo, por exemplo. Um dos principais problemas ambientais consiste em evitar o calor desconfortável no verão. Temperaturas mínimas: trabalho pesado 10°C; trabalho leve 13°C; sedentário 16°C.	Na maioria das indústrias leves, os ambientes devem manter a temperatura do ar entre 18–21°C. Deve haver ventilação mecânica pelo menos em fábricas de médio ou grande porte. A taxa mínima de trocas de ar (fornecimento de ar fresco) é 5 l/s/pessoa.
Desempenho acústico	Os processos de produção variam muito em termos de produção de ruídos. Para controlá-la, encapsule as máquinas e opte por depósitos espalhados.	O material de isolamento térmico pode contribuir para o controle acústico, principalmente por meio da absorção.
Proteção contra incêndio	Devido aos processos ou materiais utilizados, algumas indústrias oferecem riscos de incêndio "anormais". O projeto desses prédios será afetado pela exigência de compartimentação adicional. Em geral, o risco de incêndio é considerado "moderado" ou "baixo". O requisito geral de segurança contra incêndio (a divisão máxima da área de produção em compartimentos independentes resistentes ao fogo) não é compatível com a necessidade de espaços abertos para a produção geral, e deve ser considerado com cuidado. As exigências das seguradoras dos usuários podem ser mais onerosas do que os requisitos da *Building Regulations* [Regulamentações Edilícias]. Os padrões mais comuns são FM Global e LPCB – Loss Prevention Certification Board.	Divisórias anti-incêndio podem ser necessárias para a obtenção de um nível aceitável de segurança. As áreas dependem do processo, etc. "Cortinas corta-fogo" na cobertura. Respiradouros na cobertura, desde que a área total não seja inferior a 1% da área de piso. Evite materiais de fácil combustão em revestimentos externos em folhas. Cada vez mais, as seguradoras exigem *sprinklers*, tanto sobre o processo como na cobertura, para proteger as instalações.
Perigo de explosão	Geralmente não é considerado crítico. Para solucioná-lo, opte por painéis do tipo *blow-out* ou coloque parte do processo fora da edificação principal.	
Aspectos econômicos da edificação	O custo de utilizar um prédio como fábrica é um elemento importante para os custos da manufatura em longo prazo. Ainda assim, sem justificativas adequadas, poucas gestões estão preparadas para pagar mais do que o mínimo a fim de obter uma especificação especial. É provável que o investimento em máquinas, equipamentos e inclusive mão de obra tenha um retorno mais alto do que o investimento em edificações (veja as Seções 3.1 e 3.2).	Uma especificação "básica": lajes de piso de concreto; estrutura e instalações expostas; acabamentos simples, como peças de aço pintadas, concreto com acabamento natural, alvenaria de tijolo à vista; materiais de isolamento térmico com acabamento próprio usados em coberturas.

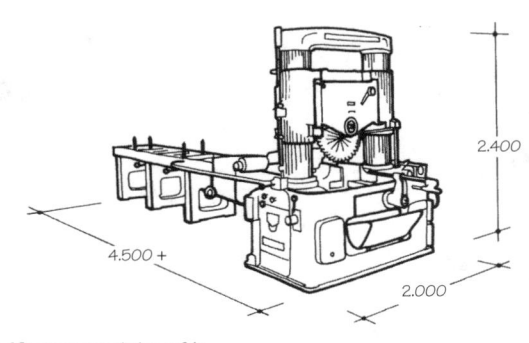

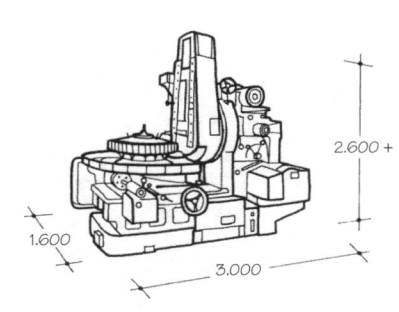

20.19 Serra mecânica a frio.

20.20 Fresadora de engrenagens.

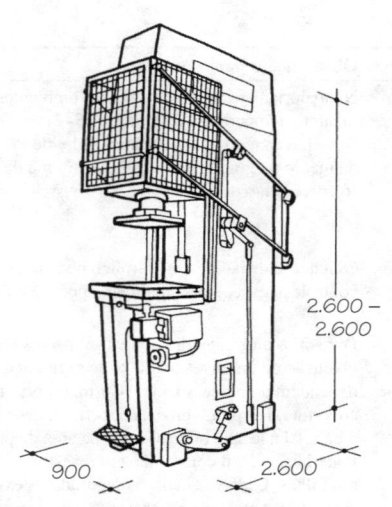

20.21 Prensa hidráulica de pedal.

6 ESPECIFICAÇÕES GERAIS PARA UMA TÍPICA FÁBRICA DE USO MÚLTIPLO

A Tabela I oferece as especificações gerais para uma fábrica de uso múltiplo.

7 ÁREAS DE ADMINISTRAÇÃO E SERVIÇOS

7.1 Escritórios

Os espaços administrativos e de produção tendem a ser permutáveis. Dois tipos de escritórios são necessários nas proximidades do espaço de produção:

- Área administrativa para o encarregado ou gerente geral no campo de visão e nas proximidades do trabalho a ser supervisionado. O escritório deve ser formado por componentes fáceis de desmontar, para transmitir uma rápida transferência. Para não obstruir o piso, essas acomodações podem ficar no mezanino, pois a visibilidade é maior.
- Escritórios executivos para membros da administração no local ou na sede da empresa – se essa não for localizada em outro local. Esse tipo de acomodação é projetado conforme a Seção 16 da Lei de 1963 da Grã-Bretanha sobre Escritórios, Lojas e Estações de Trem, e depende do número de usuários. Como valor para pré-dimensionamento, considere 10–15% da área de piso para produção, ou 5 m^2 por pessoa.

7.2 Toaletes

Veja o Capítulo 3 para acomodações sanitárias. Em geral, um equipamento de primeiros socorros é disponibilizado nas adjacências.

7.3 Refeitórios

Os funcionários não podem se alimentar em ambientes sujos ou empoeirados. Se o processo exige um ambiente extremamente limpo, o contrário se aplica e talvez a entrada de alimentos no local de trabalho tenha de ser coibida. Hoje, os refeitórios são disponibilizados praticamente em todos os casos. Para mais detalhes sobre o projeto destes espaços, veja o Capítulo 29.

8 REFERÊNCIAS BIBLIOGRÁFICAS

Workplace (Health, Safety and Welfare) Regulations 1992
The Regulatory Reform (Fire Safety) Order 2005
Building Regulations 2000 (Consolidated) and The Building (Approved Inspectors etc.) Regulations 2000 (Consolidated)
LPCB, Red Book, Volume 1: List of Approved Fire and Security Products and Services, Volume 2: Directory of Listed Companies, Construction Products, and Environmental Profiles & Assesments FM Global Guides, Data Sheets, Equipment Hazards, Fire Prevention and Control, Fire Fighting and Fire Service, Hot Work, Human Factors, Natural hazards, Property Loss Prevention Solutions, Proerty Protection
Jit Factory Revolution: A Pictorial Guide to Factory Design of the Future, Hiroyuki Hirano, Productivity Press

Edificações para armazenagem industrial 21

Jolyon Drury, atualizado com o auxílio de Stephen George & Partners

CI/SfB 284

A Jolyon Drury Consultancy presta consultoria no projeto de sistemas de produção, distribuição e de armazenagem e instalações

PONTOS-CHAVE:
- *zOs armazéns modernos precisam ter altura o suficiente para permitir o uso de equipamentos mecânicos com o máximo de eficiência*
- *As escalas aumentaram de maneira colossal: atualmente, os "galpões" têm 10 vezes o tamanho da maior edificação de 20 anos atrás*

Conteúdo

1. Introdução
2. Identificação dos tipos de depósitos e galpões
3. Decisões preliminares
4. Altura, área e tipo de manuseio
5. Métodos de armazenagem
6. Disposição das estantes
7. Relação entre método de armazenagem, equipamentos de armazenagem mecânica e altura da edificação
8. Especificações gerais
9. Segurança patrimonial
10. Equipamentos de armazenagem manual
11. Prevenção contra incêndio
12. Referências bibliográficas

1 INTRODUÇÃO

Poucas edificações para armazenagem industrial são projetadas para serem lucrativas (os atacadistas de aço e as lojas de autosserviço são exceções). A maioria atua como reguladores de estoque, adequando a oferta do produto à sua demanda, estabilizando preços e permitindo a produção constante e econômica dentro das condições de mercado. A armazenagem industrial é, portanto, um serviço cujo custo deve ser minimizado.

Frequentemente, o período de retorno do investimento escolhido para tais edificações no Reino Unido é de 25 anos. Durante esse período, o método de armazenagem provavelmente terá de ser alterado no mínimo três vezes, enquanto o tipo de mercadoria com a qual se trabalha mudará com uma frequência ainda maior. Logo, a flexibilidade em termos de expansão e modo de uso é um fator importante a ser considerado no decorrer do projeto.

Atualmente, as grandes edificações de distribuição são ainda maiores do que costumavam ser. Há 25 anos, um grande "galpão" industrial tinha, aproximadamente, 10 mil m^2 de espaço. Hoje, as edificações para armazenagem industrial são construídas em uma escala 10 vezes maior, ou seja, tem 100 mil m^2.

No momento em que este capítulo foi escrito, a construção de edificações de armazenagem industrial custava cerca de £336,00 por metro quadrado na Grã-Bretanha. Esse nível de preço, juntamente às alterações nas regulamentações edilícias, pode inviabilizar a aquisição e adaptação (por meio de novos revestimentos externos nas fachadas, etc.) de edificações preexistentes – ou seja, seria mais barato construir um prédio novo.

2 IDENTIFICAÇÃO DOS TIPOS DE DEPÓSITOS E GALPÕES

Os três tipos principais são:

- Armazenamento provisório entre o local de manufatura e o mercado, Figura 21.1.
- Distribuição: semelhante à unidade de armazenamento provisório, mas aceitando uma variedade mais ampla de mercadorias provenientes de fabricantes distintos, separando-as conforme os pedidos e distribuindo-as entre vários pontos de venda, Figura 21.2. Nas fábricas, os depósitos de componentes desempenham uma função similar.
- Reposição: depósitos utilizados para a manutenção de estoques, seja como um serviço (reposição de móveis, por exemplo) ou dentro de uma empresa (uma câmara frigorífica, por exemplo), Figura 21.3.

3 DECISÕES PRELIMINARES

Para determinar inicialmente que tipo de edificação é necessária, será preciso escolher entre esses três tipos citados, dependendo das necessidades de organização do cliente. Em geral, estudos do gênero são elaborados com o auxílio de um consultor especializado. Outros fatores a serem considerados nos estudos preliminares incluem:

1. A orientação das docas de carga e descarga e das áreas de estacionamento de veículos pesados. A possibilidade de expansão futura deve ser considerada.
2. A orientação das áreas de separação de mercadorias e acúmulo de descarga – que devem estar relacionadas à disposição das áreas de armazenagem, empilhadas em bloco ou estocadas em estandes com área de manuseio.
3. A volumetria total da edificação será aceitável para a aprovação do projeto pelas autoridades?
4. As estradas existentes são adequadas para atender à demanda cada vez maior?
5. Há transporte público para os funcionários?
6. Há condicionantes para a operação noturna, exigindo características especiais para abafar os ruídos noturnos? Esses fatores podem ser resolvidos por alguma medida/configuração do projeto?

4 ALTURA, ÁREA E TIPO DE MANUSEIO

A maneira mais econômica de ganhar volume para armazenagem é a redefinição da altura (Tabela I); isso determina a escolha do sistema de armazenagem a ser utilizado. As estruturas típicas podem ser vistas na Figura 21.4. Também é preciso considerar:

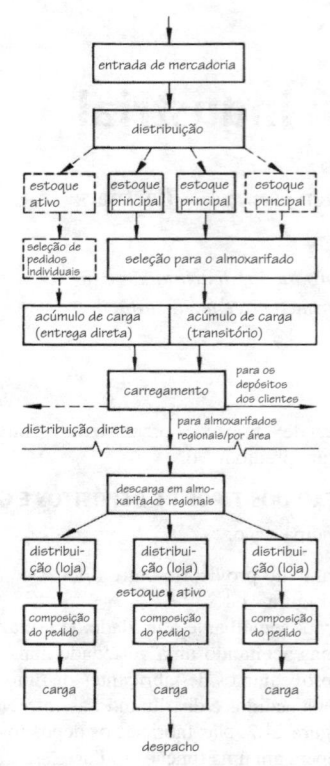

21.1 Relação entre os espaços internos do depósito para o armazenamento provisório entre os fabricantes e o mercado.

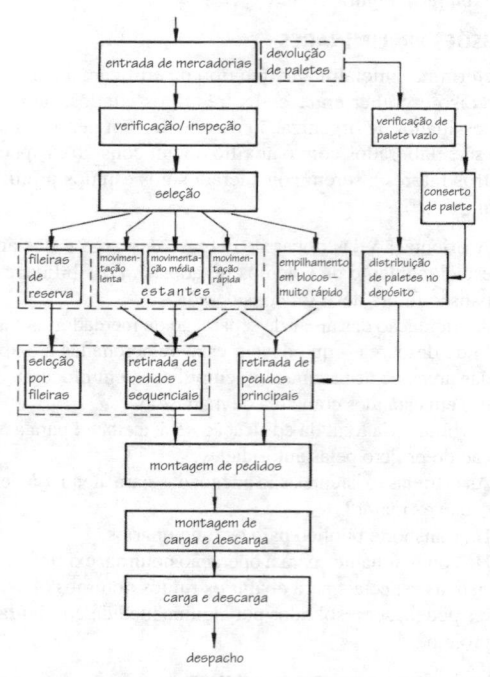

21.2 Relação em depósito de distribuição.

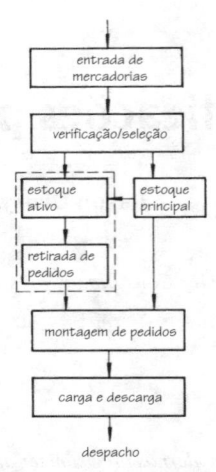

21.3 Relação em depósito de reposição de estoque. A área de estoque principal é dominante.

Tabela I Altura interna livre comum em áreas de armazenagem

Altura interna livre mínima* (m)	Tipo de armazenagem
5–5,5	Armazém com empilhamento de mercadoria, pouca altura e custo mínimo. Adequado para uso em fábricas da indústria leve
7,5	Altura mínima para qualquer edificação industrial de armazenagem que inclua armazenagem em pilhas e em estantes
9+	Para a utilização de empilhadeiras para corredores estreitos
15–30	Depósitos completamente automáticos, controlados por computador e utilização de transelevadores

* Para obter a altura total da edificação, deve-se acrescentar o espaço necessário para elementos estruturais, chuveiros automáticos (*sprinklers*) e iluminação.

- O tipo de carga unitária a ser armazenado e as características físicas das mercadorias – o risco de esmagamento, a durabilidade e o tipo de cargas unitárias a serem reunidas após a seleção (Tabela II).
- A velocidade da rotatividade. Esse fator determinará qual método de armazenagem é mais eficiente.
- A posição das juntas de construção e dilatação no piso de concreto. Em geral, os pilares ficam encobertos atrás das estantes – e o mesmo deve ser feito com as juntas de piso. A largura dos acessos deve se adequar aos mecanismos de carga e descarga selecionados. As estantes, por sua vez, não podem obscurecer as saídas. Em uma construção com pórticos, os pilares geralmente são dispostos a cada 32,2 m entre eixos. Uma modulação de 8,2 m pode acomodar duas plataformas niveladoras para docas de carga e descarga.

5 MÉTODOS DE ARMAZENAGEM

Os métodos de armazenagem (veja as Tabelas III–V) incluem sistemas com:

1. Rotatividade muito alta, envolvendo um número limitado de produtos: armazenamento em blocos empilhados (Figura 21.5) em vez de em estantes. A configuração pode ser "o primeiro a entrar é o primeiro a sair" ou "o primeiro a entrar é o último a sair", conforme o período de armazenagem dos produtos.
2. Uma maior variedade de produtos, mas ainda com alta rotatividade: sistema *drive-in* (sistema de estantes com entrada de empilhadeiras – Figura 21.6) ou estantes com esteiras

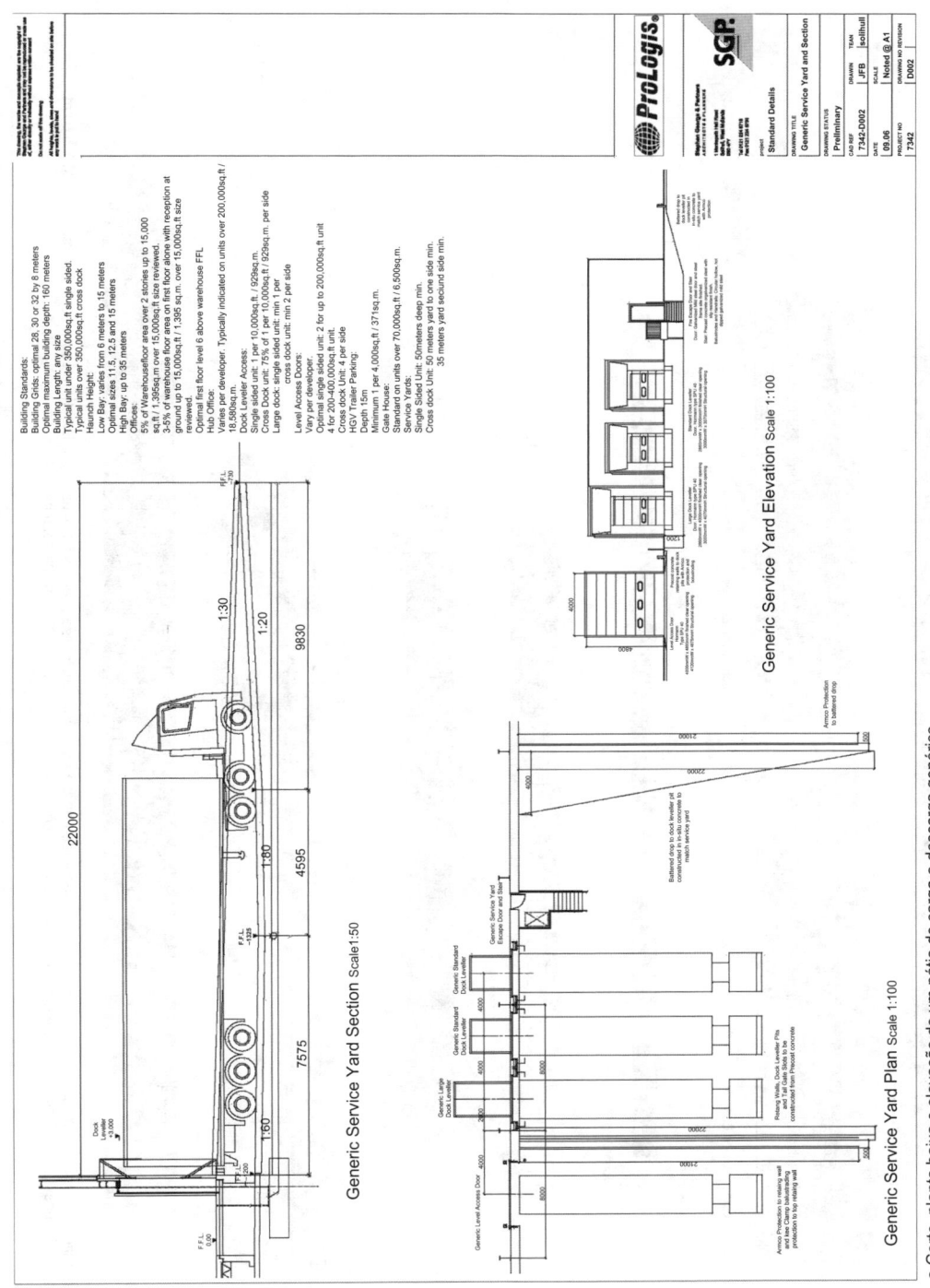

a Corte, planta baixa e elevação de um pátio de carga e descarga genérico.

21.4 Exemplos de edificações típicas. *(continua)*

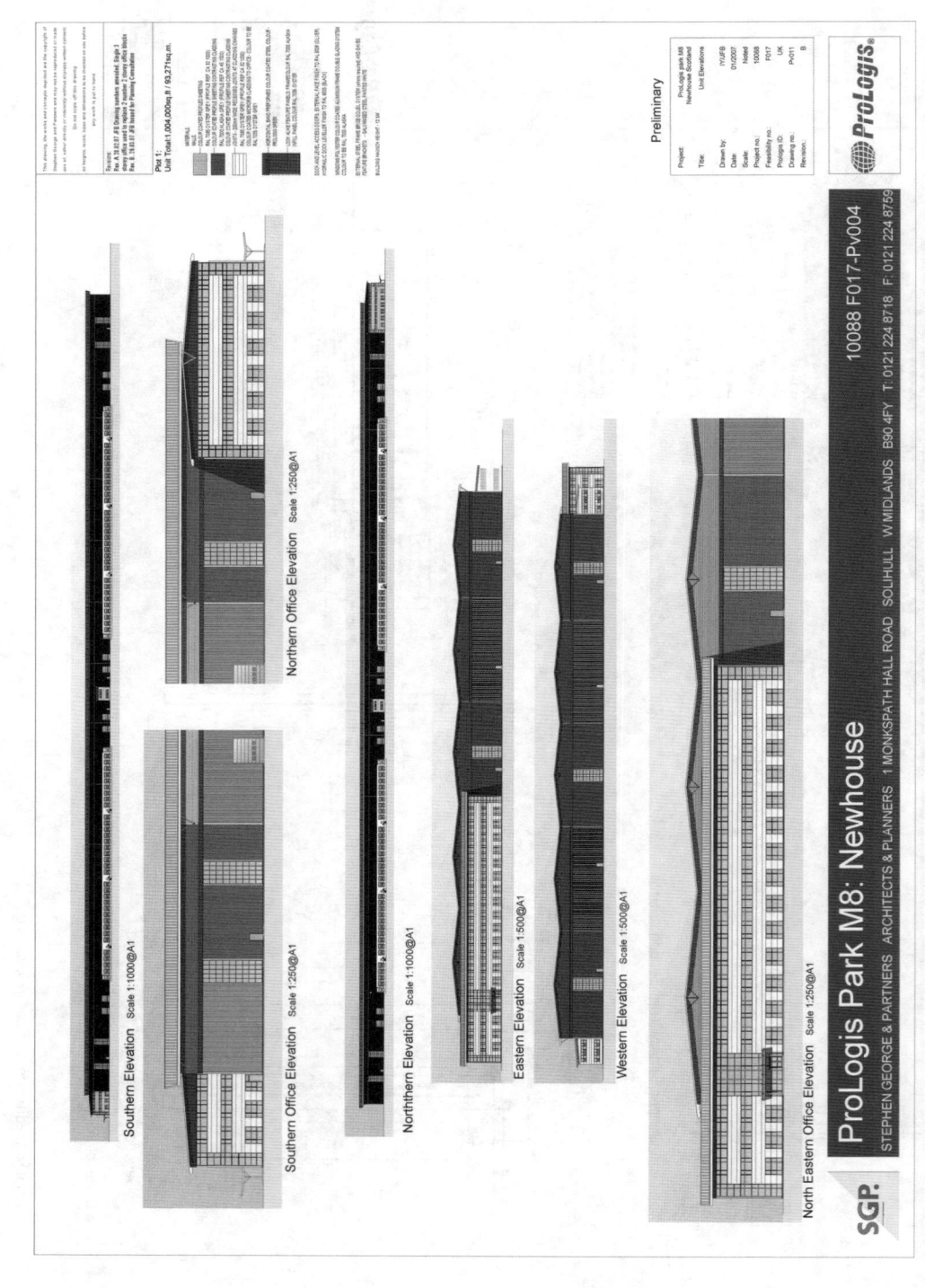

21-4 Manual do arquiteto: planejamento, dimensionamento e projeto

b Depósito moderno do tipo "grande galpão" – uma instalação de armazenamento industrial da ProLogis projetada por Stephen George & Partners, com 520 X 170 m. A edificação possui 78 docas de carga e descarga em suas elevações norte e sul, além de 5.000 m² de escritórios.

21.4 (*Continuação*)

Tabela II Classificação de materiais como cargas unitárias para sistemas de armazenamento

Descrição	Exemplos	Métodos de armazenamento
Materiais suscetíveis a esmagamento – não são considerados cargas unitárias integrais miudezas de fabricação química	Peças de automóveis, tecidos, componentes de equipamentos elétricos, produtos de engenharia leve, vidros.	Em paletes, na estante.
Materiais não suscetíveis a esmagamento – adequados para cargas unitárias.	Barris e tambores, madeira serrada e tratada, materiais em chapa.	Em estrados, paletes próprios ou blocos.
Materiais de formato irregular, resistentes e embalados de forma apropriada em cargas unitárias.	Mercadorias em caixas de madeira, plástico ou papelão.	Em *post-pallets* e empilhados, em paletes na estante ou em paletes próprios.
Materiais em sacas, formando uma superfície plana sob carregamento.	Grãos, pós e semelhantes.	Em paletes e dispostos em bloco.
Materiais em sacas que não formam uma superfície plana sob carregamento nem suportam pressão.	Peças forjadas, moldadas ou beneficiadas, porcas e parafusos.	Em palete, na estante.
Materiais soltos, grandes e irregulares.	Plásticos moldados; recipientes ou produtos de folha de metal.	Em *post-pallets* e empilhados.
Materiais soltos, pequenos e irregulares.	Peças beneficiadas e moldadas.	Em *cage-pallets* e empilhados.
Materiais quentes devido ao processo de produção.	Peças fundidas ou forjadas.	Em *post-pallets* e empilhados.
Materiais longos demais para serem manuseados exceto por empilhadeira tri-lateral ou pau de carga.	Perfis de aço, tubos, madeira.	Horizontalmente, em pilhas.
Materiais resistentes e não suscetíveis a esmagamento, mas sujeitos a danos.	Peças automotivas parcialmente beneficiadas, materiais com acabamento em tinta, livros.	Caixa-palete de aço com divisórias especiais.
Perecíveis	Carne congelada, legumes e verduras, bebidas.	Caixas de papelão, paletes para embalagens macias, caixas-palete, etc.

Tabela III Armazenagem com processo mecânico

	Armazenagem em blocos	Post-pallets	Sistema drive-in	Porta-paletes conectados por barras superiores	Armazenagem com alimentação por gravidade	Sistema porta-palete deslizante mecânico (estantes móveis)
Utilização do espaço cúbico (%)	100	90	65	35–50	80	80
Uso efetivo da capacidade de armazenamento (%)	75	75	75	100	70	100
Acessibilidade das cargas unitárias (%)	10	10	30	100	30	100
Acessibilidade aos produtos (%)	Ruim	30	30	100	30	100
Velocidade do manuseio	Rápida	Boa	Ruim	Boa	Boa	Bastante boa
Esmagamento	Ruim	Nulo	Nulo	Nulo	Pouco	Nulo
Estabilidade da carga	Ruim	Razoável	Boa	Boa	Razoável	Boa
Facilidade de relocação	Não aplicável	Não aplicável	Razoável	Boa	Difícil	Difícil
Velocidade de instalação	Não aplicável	Não aplicável	Boa	Rápida	Razoável	Lenta
Rotatividade dos estoques	Ruim	Ruim	Ruim	Boa	Excelente	Boa

Tabela IV Armazenagem manual

	Prateleiras em vãos longos	Prateleiras conectadas	Área de armazenagem elevada	Sistema *cantilever* (prateleiras em balanço)	Armazenamento leve em estantes inclinadas	Forma de árvore
Utilização do espaço volumétrico (%)	45	45	80	50	65	25
Uso efetivo da capacidade de armazenamento (%)	95	95	50	100	70	70
Acessibilidade aos produtos	Boa	Boa	Ruim	Boa	Excelente	Boa
Facilidade de relocação	Boa	Razoável	Difícil	Razoável	Muito difícil	Ótima
Capacidade da carga (kN/m^2)	2–9,5	2–9,5	2,8–11	2–4,7	Até 0,2 kN/m por estante	2,6–4,4 kN/arm
Velocidade de escolha	Boa	Razoável	Ruim	Boa	Muito boa	Boa
Velocidade de instalação	Muito boa	Boa	Razoável	Razoável	Lenta	Rápida
Rotatividade dos estoques	Muito boa	Boa	Ruim	Muito Boa	Excelente	Muito boa

Tabela V Empilhamento de carga

Empilhamento de carga	Tipo de carga								
	Carga pesada e instável 	Folhas planas ou chapas	Cargas em sacas ou sacos	Cargas unitárias pequenas	Tambores Carretéis Barris	Bobinas	Barris encaixotados	Fardos	Matérias-primas têxteis
Berços especiais com/sem paletes	*								
Palete padrão		*	*	*	*	*	*	*	
Paletes simples + tablados de suporte		*	*		*	*			
Empilhamento direto sobre painéis de madeira		*	*	*		*	*	*	*
Berços para barris					*				
Post-pallets			*	*		*	*		
Suportes para bobinas			*	*		*	*		*
Caçambas/Tonéis com rodízios					*				

(Figura 21.7). Os paletes são colocados em estantes com até quatro posições de profundidade; suas extremidades repousam sobre trilhos presos aos elementos estruturais verticais das estantes. O primeiro a entrar é o último a sair. A armazenagem dinâmica envolve fileiras de armazenagem inclinadas. Nos paletes mais pesados e nas mercadorias suscetíveis a choques, é possível incorporar separadores e sistemas de frenagem nas estantes.

3 Porta-paletes (Figuras 21.8 e 21.9). Quando há uma ampla variedade de produtos, a velocidade da rotatividade diminui. O porta-paletes é a solução mais adequada para uma grande variedade de produtos, marcas ou tamanhos de embalagens. Em geral, cada palete se destina a uma posição específica na estante.

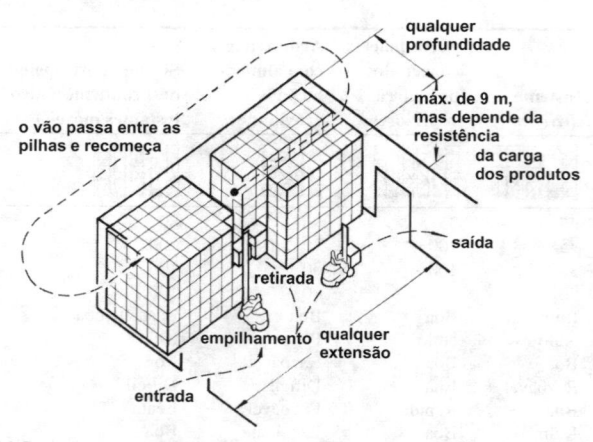

21.5 Método de armazenamento em pilhas para rotatividade de estoque. Quando as caixas de papelão são colocadas sobre paletes, a altura máxima geralmente é de três paletes.

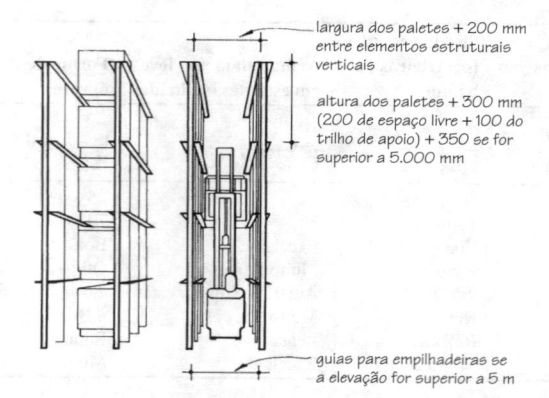

21.6 Sistema de armazenagem com estantes e entrada de empilhadeiras. A profundidade máxima é de seis paletes, com iluminação fluorescente na estrutura das estantes. A profundidade de quatro paletes é a mais indicada.

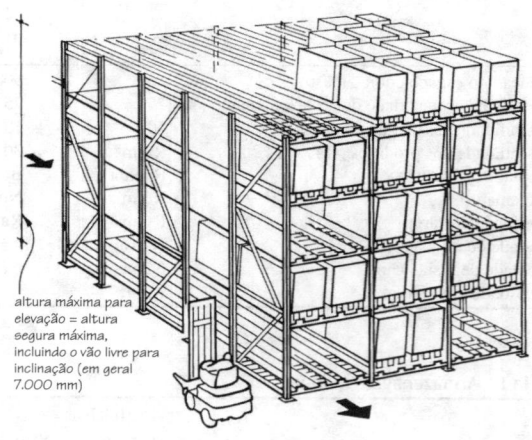

21.7 Estantes com esteiras

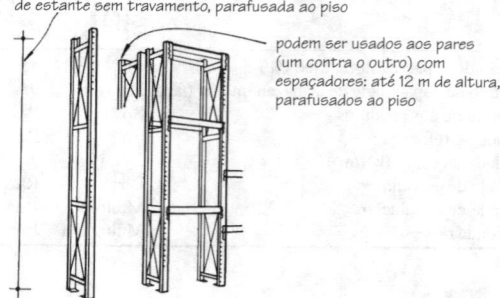

21.8 Porta-paletes.

6 DISPOSIÇÃO DAS ESTANTES

Há duas alternativas bastante comuns:

- A estante é orientada em 90° em relação às áreas de seleção e organização dos pedidos; os estoques de alta rotatividade ficam nas prateleiras mais acessíveis ou
- um dos lados da estante é paralelo à área de seleção e organização dos pedidos e fica reservada para os estoques de maior rotatividade.

7 RELAÇÃO ENTRE MÉTODO DE ARMAZENAGEM, EQUIPAMENTOS DE ARMAZENAGEM MECÂNICA E ALTURA DA EDIFICAÇÃO

Os efeitos do manuseio (utilização) dos equipamentos de armazenagem sobre a volumetria do depósito podem ser vistos nas Figuras 21.10-21.13. Esses fatores dependem das condições do terreno.

1. Em terrenos muito apertados onde um volume significativo de mercadorias precisa ser empilhado em grandes alturas, os depósitos automáticos costumam ser a opção mais econômica. Tais depósitos podem ter até 30 m de altura, e suas estantes servem de apoio para a estrutura da cobertura e revestimentos das paredes externas. Os equipamentos de armazenagem se deslocam sobre trilhos fixos, Figuras 21.13 e 21.14.
2. Em instalações de médio e grande porte onde a automatização completa não se justifica, as áreas de armazenagem com até 12 m de altura aceitam estantes independentes (parafusadas ao piso), com corredores cuja largura é semelhante à do palete maior, Figura 21.15. Empilhadeiras para corredores estreitos são equipamentos com manobra livre dotados de garfos de elevação, Figura 21.16.
3. Quando o custo do empilhamento em grandes alturas e de equipamentos pesados de elevação de mercadoria não é justificável,

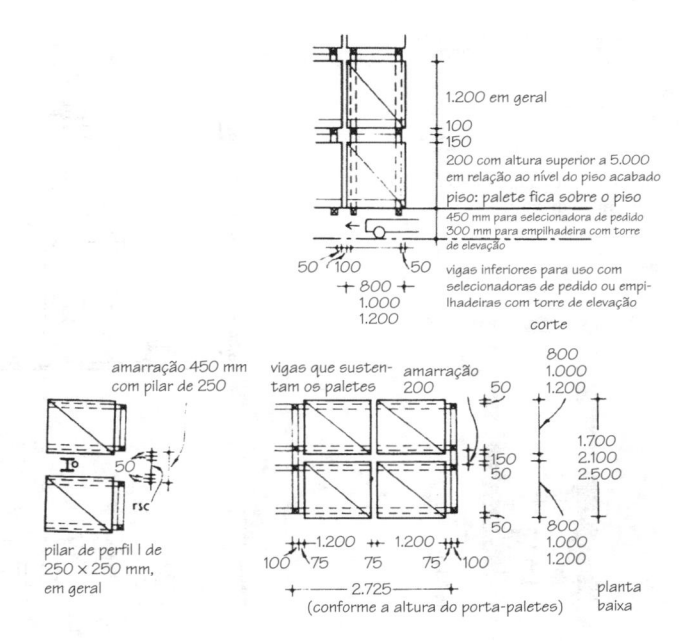

21.9 Construção de porta-palete.

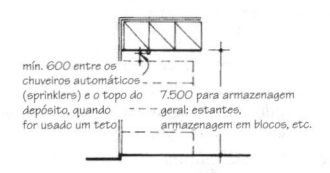

21.10 Corte de depósito pequeno para operação de empilhadeiras.

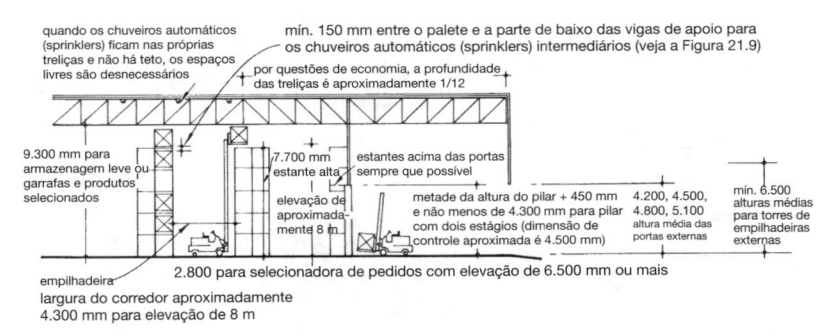

21.11 Corte de depósito grande para operação de empilhadeiras ou selecionadoras de pedido.

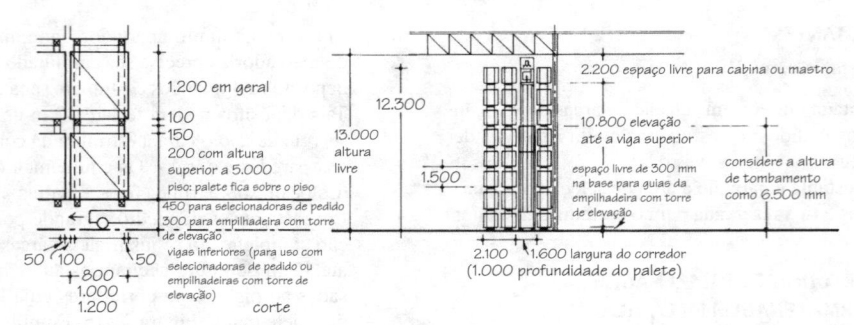

21.12 Corte de depósito para operação de empilhadeiras estreitas. A tolerância do piso é aproximadamente 3 mm ao longo de 3 metros.

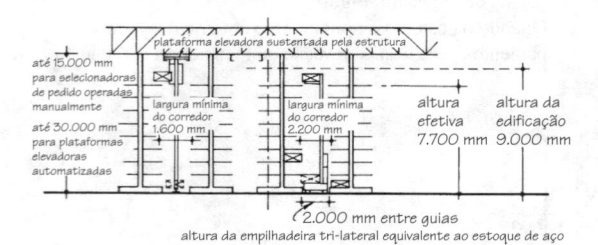

21.13 Corte de depósito para uso de plataforma elevadora (à esquerda) e armazenagem de aço com empilhadeira tri-lateral (à direita).

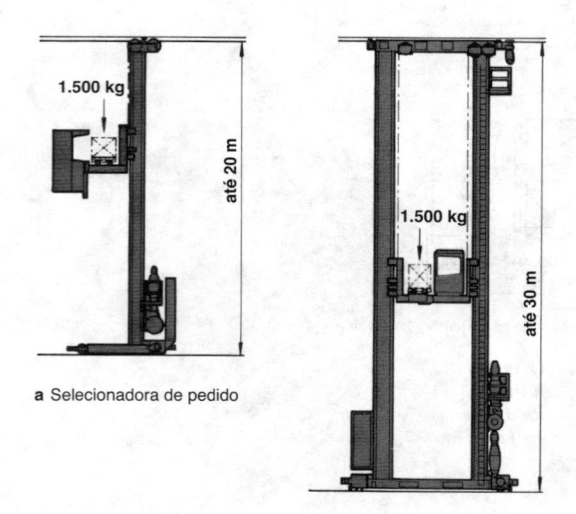

21.14 Dimensões de a) uma selecionadora de pedido e de b) um transelevador.

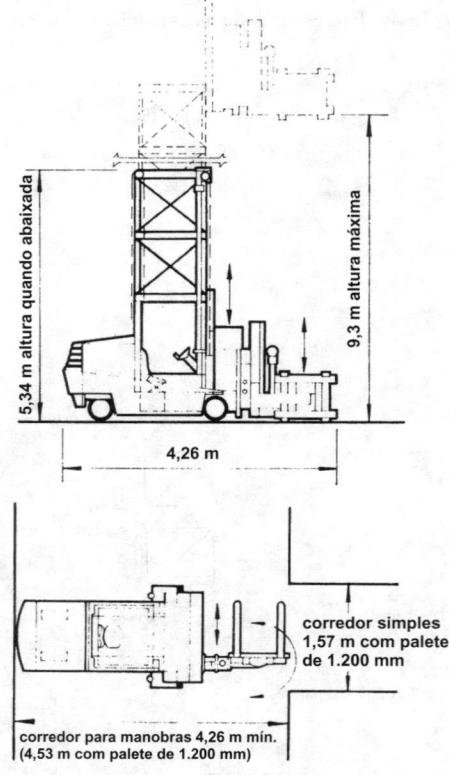

21.15 Empilhadeira manobrável/selecionadora de pedidos com plataforma elevatória, mastro fixo e garfo móvel. Os quatro mastros garantem estabilidade extra. Fora do corredor, pode ser usada como empilhadeira. A liberdade de elevação dos garfos permite movimentos diferenciados entre os paletes e a plataforma de seleção. A altura mínima da edificação é 2,2 m acima do nível superior de elevação do equipamento.

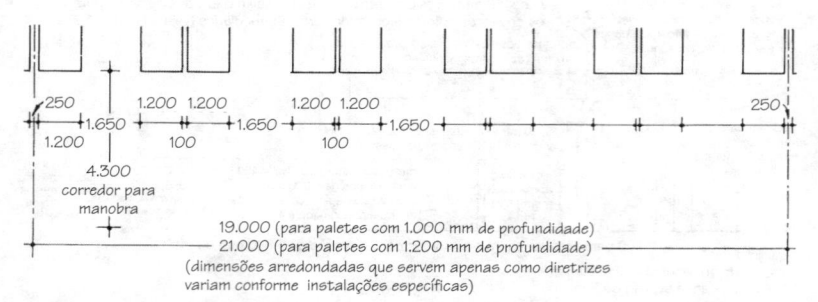

21.16 Relação entre estruturas de corredores e empilhadeiras estreitas.

opta-se por selecionadoras de pedidos, Figura 21.17. As selecionadoras de pedidos são indicadas para paletes de peso convencional (1–1,5 toneladas) apoiados em lajes planas. Elas podem subir até 9 m e se locomover em corredores de 2,8 m, aproximadamente. Uma empilhadeira pode transportar cargas mais pesadas, mas exige corredores de 3,2 a 4 m de altura, Figura 21.18. Para atingir alturas superiores, devem-se utilizar empilhadeiras mais pesadas que tendem a exigir corredores mais amplos.

4 Estantes móveis (porta-paletes montados sobre bases móveis e posicionados de frente um para o outro) são indicadas quando a armazenagem é instalada em estruturas preexistentes, se o terreno possui uma área limitada ou se a rotatividade de produtos é relativamente baixa. A instalação desse modelo é cara e a laje de piso precisa aceitar o dobro de carga distribuída normalmente especificada.

8 ESPECIFICAÇÕES GERAIS

8.1 Área de armazenagem

Ainda que interessantes em termos de custos iniciais, os telhados inclinados desperdiçam o volume de armazenagem e podem ser danificados pelos equipamentos de armazenagem. Três fatores favorecem o uso de coberturas planas ou com pequena inclinação:

- O intercolúnio estrutural pode ser grande, Figuras 21.17 e 21.18.
- Elas se adaptam com facilidade a alterações no uso ou mudanças exigidas por novos processos.
- Elas são mais adequadas para instalações de serviços, como as de refrigeração de ar.

8.2 Seleção de pedidos e montagem

O espaço necessário varia conforme o tipo de negócio envolvido e o método de montagem de pedidos que, por sua vez, é determinado pelo método de despacho e transporte. Um depósito de cervejaria, por exemplo, talvez despache cargas de palete por inteiro (Figura 21.7), enquanto um depósito farmacêutico armazena inúmeros itens pequenos. Portanto, o último pode exigir uma área maior para a organização e montagem dos pedidos (Figuras 21.19–21.21).

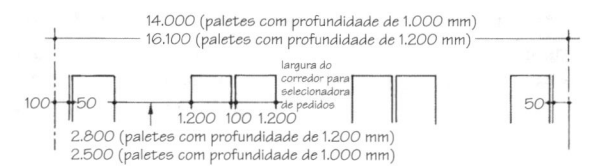

21.17 Relação entre estruturas de corredores e selecionadora de pedidos de maior alcance.

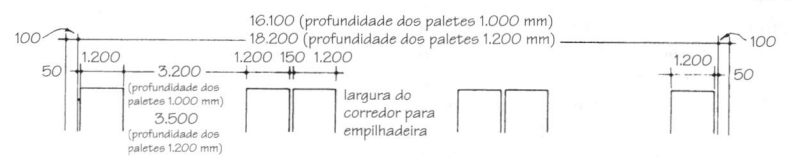

21.18 Relações dimensionais para estruturar corredores para empilhadeiras com braços de suporte e garfos ajustáveis. Observação: o vão de 16.100 mm é comum para empilhadeiras e selecionadoras de pedidos.

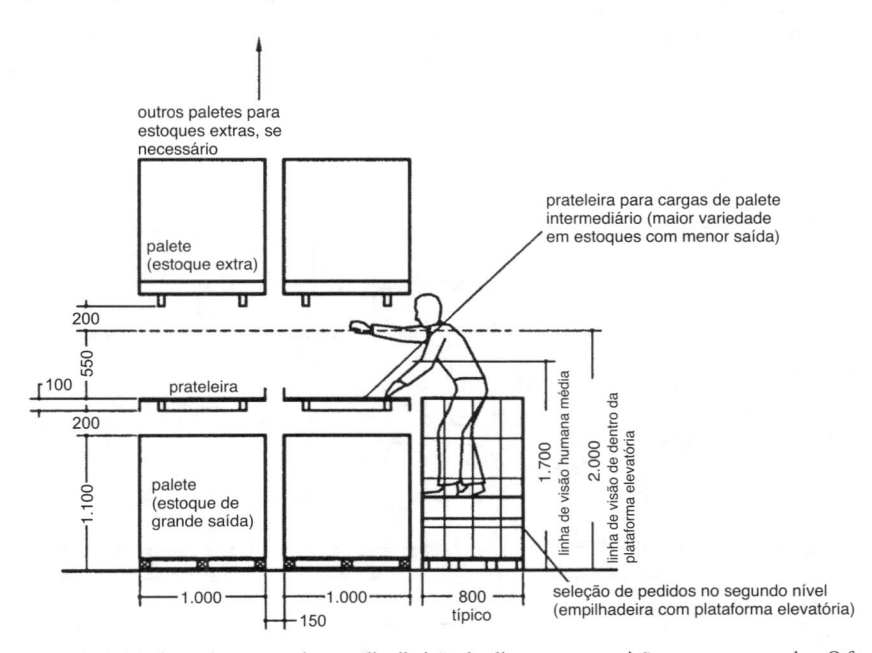

21.19 Seleção de pedidos no segundo nível, geralmente usado para distribuição de alimentos e reposição em supermercados. O funcionário enche um palete com esteira ou gaiola, retirando os itens e colocando-os no piso ou na prateleira acima.

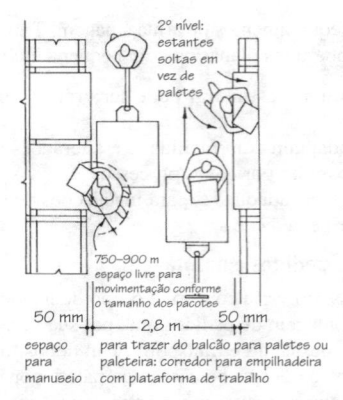

21.20 Corredor para empilhadeira com plataforma de trabalho para a seleção de pedidos no segundo nível.

8.3 Doca de carga e descarga e área de acúmulo de cargas

A doca de carga e descarga é o principal elo entre os sistemas de armazenagem e distribuição, Figura 21.22. Em geral, ela combina movimentos de entrada e saída e deve oferecer espaço para:

- a verificação das mercadorias que entram;
- a remoção de paletes ou engradados vazios;
- o acúmulo de cargas para despacho.

Atrás da área de carga e descarga deve haver espaço para a passagem de um veículo longo (12 m).

8.4 Escritórios e áreas de apoio

Depósitos grandes podem empregar mais de 100 funcionários para separação de pedidos (principalmente mulheres) em cada turno. São necessárias amplas instalações de vestiário e lavagem. Também deve haver espaço fora da área de armazenagem para que os funcionários possam descansar e fumar. Para mais detalhes sobre as instalações sanitárias, veja a norma britânica *BS 6465–1:2006* (que substitui a *BS 6465–1:1994*).

Em geral, os clientes e investidores do setor mobiliário preferem que a área de escritórios de um prédio de distribuição fique voltada para a entrada principal do terreno, enquanto o setor de carga e descarga ocupa os fundos. Se os escritórios forem voltados para o sul (aproveitando as vantagens da luz solar no Reino Unido), provavelmente terão de ser instalados brises na fachada.

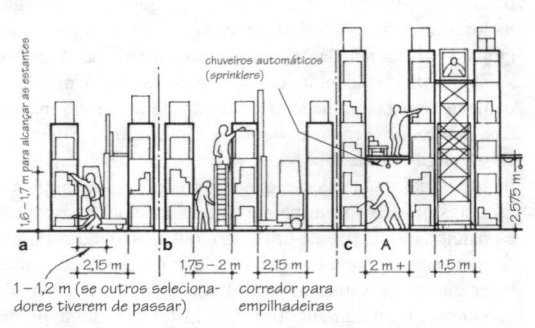

21.21 Corredores de estantes para a seleção de pedidos: *a* retirar dos níveis inferiores – reabastecidos por empilhadeiras (Figura 21.25), *b* corredores alternativos para retirada e reabastecimento, *c* corredores alternativos com níveis múltiplos, reabastecidos por empilhadeira estreita.

8.5 Áreas para manutenção de equipamentos

Em sua maioria, os equipamentos mecânicos de uso interno para armazenagem são elétricos e com baterias. As baterias precisam ser carregadas à noite ou após cada turno de 12 horas. As áreas de manutenção precisam ter:

- uma fonte de água destilada;
- uma grua com capacidade de 1 tonelada para a remoção de baterias;
- exaustão de gases;
- um piso resistente a ácidos.

Instalações e consertos de grande monta costumam ser feitos fora.

9 SEGURANÇA PATRIMONIAL

Em geral, os depósitos estão sujeitos a furtos e a maioria deles ocorre durante o horário comercial. Para minimizar esse fator, certifique-se de que:

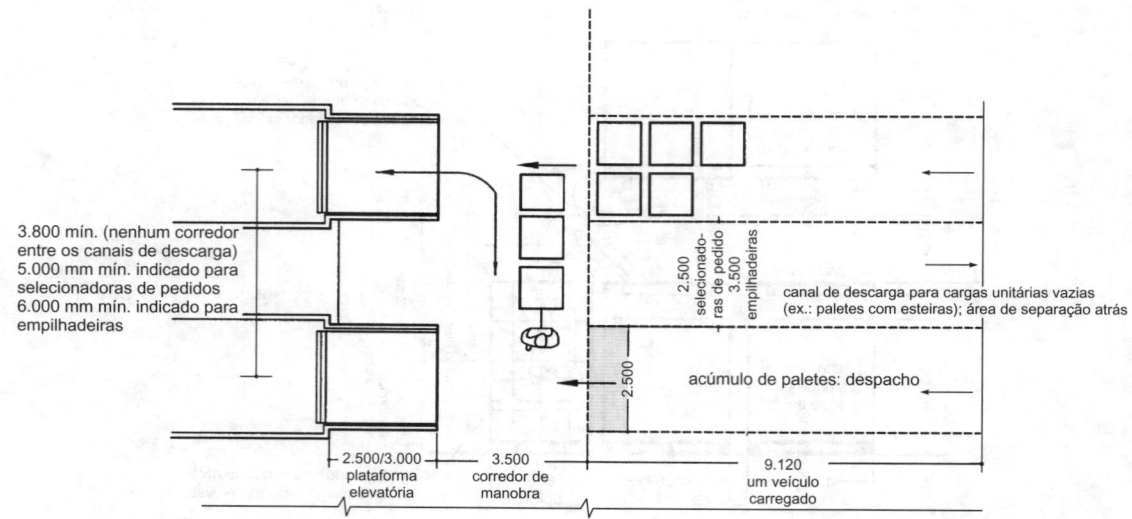

a Sempre que possível

21.22 Docas de carga e descarga conjuntas para entrada e saída de mercadorias. (*Continua*)

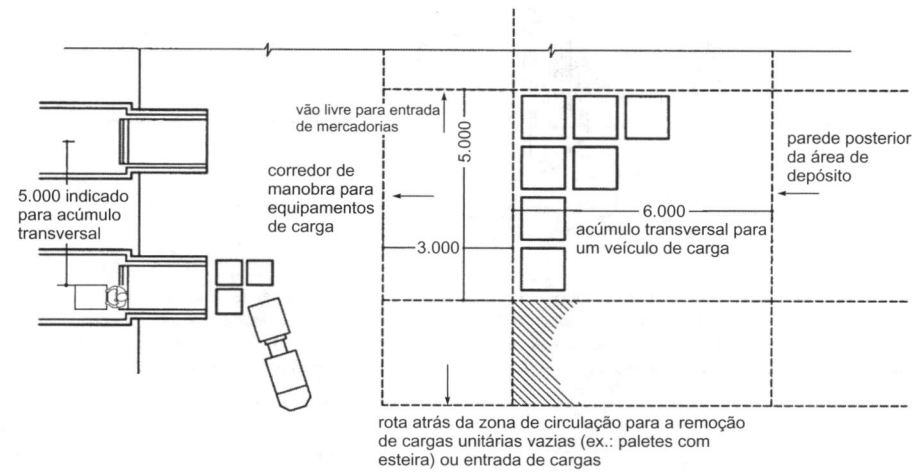

b Quando a profundidade for limitada

21.22 Docas de carga e descarga conjuntas para entrada e saída de mercadorias. (*Continuação*)

- Não haja acesso direto sem supervisão das docas de carga e descarga para o depósito (principalmente por meio da área de separação de pedidos).
- O acesso da área de escritórios para o depósito seja visível a partir da primeira.
- Os vestiários, chuveiros (necessários em frigoríficos) e banheiros não tenham acesso direto para o depósito, assim como não devem ter acesso por fora. Deve haver banheiros separados para visitantes.
- Se mercadorias pequenas e de valor estiverem envolvidas, recomenda-se uma sala para revista de funcionários.
- O estacionamento dos veículos dos operadores deve estar separado do estacionamento de veículos pesados e longe da área de carga e descarga.

10 EQUIPAMENTOS DE ARMAZENAGEM MANUAL

Hoje, os equipamentos de armazenagem de mercadorias são altamente especializados e apenas o leiaute geral das edificações é uma questão de arquitetura. Os sistemas de armazenagem computadorizados e mecânicos, controlados a partir de um banco de dados central, podem representar metade das despesas com a construção.

Alguns dos equipamentos de armazenagem mais comuns podem ser vistos nas Figuras 21.23–21.27.

11 PREVENÇÃO CONTRA INCÊNDIO

Não esqueça que, em geral, as mercadorias armazenadas dentro de uma edificação são mais valiosas do que o prédio em si. Portanto, opte por proteger os produtos em vez da edificação – na verdade,

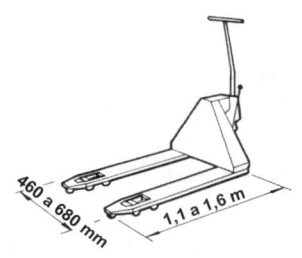

21.23 Transpaleteira manual. Utilizada dentro do depósito para empilhar pedidos, carregar ou descarregar os veículos em docas elevadas ou com plataforma elevatória para caminhão e para a armazenagem geral de paletes. Cada vez mais usadas em instalações de varejo. Em geral, a capacidade é de 1.500 kg para percursos curtos (os funcionários cansam rapidamente quando têm de transportar cargas, independentemente da distância). O comprimento dos garfos disponíveis é de 0,8–1,6 m; as larguras variam entre 460 e 680 mm. Alturas: quando abaixada, 83 mm; se elevadas, 203 mm. A largura do palete deve ser 150 mm maior do que o garfo (a largura mais comum é 1,06 m para um palete de 1,2 m). Se os corredores forem estreitos e a estabilidade for importante, pode-se utilizar uma empilhadeira mais robusta e com o máximo de largura entre os garfos. Esse equipamento gira em seu próprio eixo, mas exige espaço livre adicional para a carga. Geralmente, a transpaleteira precisa de pisos planos para funcionar de modo satisfatório, mas rodas maiores em nylon ou pneus sólidos de borracha, juntamente a eixos articulados, são recomendadas para edificações mais antigas. É possível que haja instabilidade. Rodas de aço também estão disponíveis, mas são menos populares. Se houver rampas, utilize empilhadeiras com freios. Há adaptadores que podem ser usados como gaiolas.

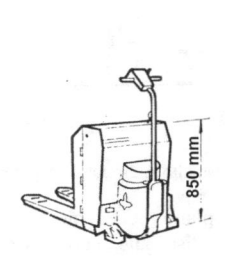

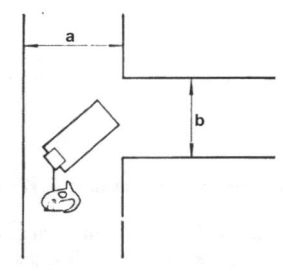

21.24 Transpaleteira elétrica. Para transferência interna, carregar veículos nas docas, ordenar o empilhamento e transportar os paletes com esteira para o local de montagem de cargas. Pode ser usada com todos os tipos de paletes e gaiolas. A capacidade é de 1.800–3.000 kg; o comprimento dos garfos é 0,75–1,8 m; a velocidade máxima é 3,6 km/h – se pouco carregada; a largura máxima é de 850 mm, mas geralmente fica em torno de 760 mm. Existem garfos longos que podem carregar até três paletes com esteira de uma só vez. Garfos especiais são necessários para tambores e rolos de papel. Pode ser manobrada em torno de seu próprio eixo, mas precisa de espaço livre adicional para a carga. Algumas têm giro de 200° na direção hidráulica. A largura do corredor depende da extensão dos garfos:

    a (corredor para manobras de 90°) = 1.840 mm (equipamento + palete de 1 m)
    b (corredor intermediário) = 1.570 mm

O raio de giro é de 1,78 m para garfos com 960 mm de extensão. Esse equipamento exige pisos planos e um ponto de carregamento trifásico. Pode vencer rampas com até 10% de inclinação. Algumas unidades com capacidade maior podem ser conduzidas. Além disso, podem rebocar transpaleteiras não elétricas quando for necessário cobrir distâncias mais longas.

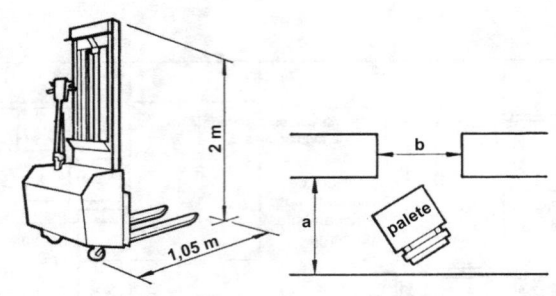

21.25 Empilhadeira elétrica controlada por operador externo. Durante o percurso, o palete repousa sobre a estrutura da empilhadeira, que possui rodas. A capacidade de carga não depende da estrutura de içamento da empilhadeira, pois está associada à estante. Adequada somente para percursos curtos. A elevação máxima é de 3,6 m. Pode ser dotada de garfos especiais. A capacidade máxima é de 1.500 kg a cada 600 mm; a largura entre os garfos é de 0,86–1,3 m; a velocidade de içamento é de 4,8 km/h, quando carregada. Pode ser manobrada com carga total em corredores com 2,1 m de largura.

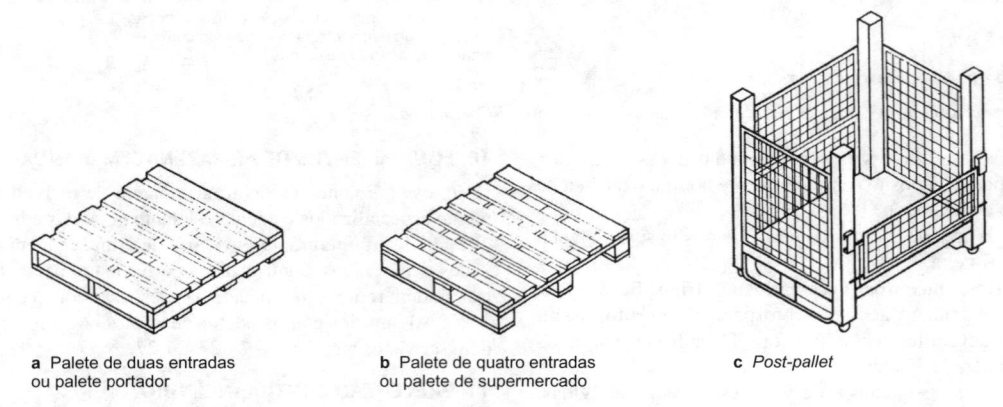

a Palete de duas entradas ou palete portador
b Palete de quatro entradas ou palete de supermercado
c *Post-pallet*

21.26 Tipos de palete.

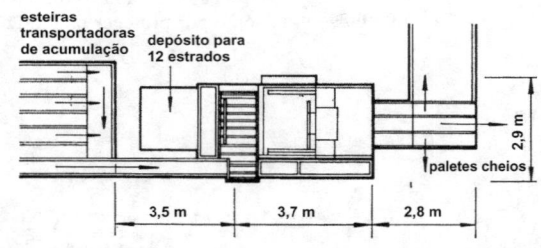

21.27 Planta baixa de paletizadora comum. No alto, à direita, fica a área necessária para o embalador de paletes com filmes esticáveis.

esse fator pode ser fundamental para o plano de negócios do operador. Considere a compartimentação e a distribuição criteriosa dos chuveiros automáticos (*sprinklers*).

A Tabela 12 do Documento Legal Segurança contra Incêndio, que entrou em vigor em abril de 2007, oferece detalhes sobre as dimensões dos cômodos. Se a edificação é totalmente dotada de chuveiros automáticos (*sprinklers*), a compartimentação deixa de ser necessária. Se não houver chuveiros automáticos (*sprinklers*), o prédio precisa ser compartimentado. Nenhum cômodo deve ter mais de 20 mil m^3; a altura máxima recomendada é de 18 m. Em edificações mais altas (até 35 m), a instalação dos chuveiros automáticos (*sprinklers*) é obrigatória. Observação: quanto mais sofisticado e sequencial for o sistema de chuveiros automáticos (*sprinklers*), menores serão os estragos possivelmente causados pela água.

12 REFERÊNCIAS BIBLIOGRÁFICAS

Jolyon Drury and Peter Falconer, *Buildings for Industrial Storage and Distribution*, Elsevier 2003 (2nd edition)

Jurgen Adam, Katharina Hausmann, Frank Juttner, *Industrial Buildings: A Design Manual*. Birkhäuser, 2004

Approved Document B – Volume 2 – Buildings other than dwellinghouses (2006 Edition). Pode ser baixado como arquivo PDF em www.planningportal.gov.uk

Approved Document L2A: Conservation of fuel and power (New buildings other than dwellings) (2006 edition). Pode ser baixado como arquivo PDF em www.planningportal.gov.uk

NOTA DOS REVISORES TÉCNICOS:

De acordo com a linguagem comumente empregada na área de logística no Brasil existem os seguintes tipos de empilhadeiras:
Empilhadeiras com braços de suporte e garfos ajustáveis
Empilhadeiras de mastro retrátil/pantográficas
Empilhadeiras com patolas
Empilhadeiras com patolas pantográficas
Empilhadeiras frontais a contrapeso
Empilhadeiras laterais
Empilhadeiras selecionadora de pedidos
Empilhadeiras tri-laterais
Empilhadeiras tri-laterais e selecionadora de pedidos híbridas
Empilhadeiras de deslocamento manual

Laboratórios 22

Catherine Nikolaou e Neville Surti

Catherine Nikolaou e Neville Surti são sócios da Sheppard Robson Architects, empresa especializada no projeto de prédios para laboratórios.

PONTO-CHAVE:
- *Um laboratório moderno deve proporcionar um ambiente estável para a produção e reprodução de dados científicos, além de agregar valor, ao considerar a flexibilidade e interação por meio de uma boa utilização do espaço e do planejamento adequado*
- *O trabalho em colaboração com todos os envolvidos em definir um conjunto robusto de requisitos para cada espaço garante o entendimento apropriado das atividades realizadas e, portanto, reduz os riscos e perigos decorrentes de problemas de projeto*

Conteúdo
1. Introdução
2. Orientações para leiaute de laboratórios
3. Organização do espaço
4. Ambiente
5. Estudos de caso
6. Referências bibliográficas

1 INTRODUÇÃO

1.1 Definição
Os laboratórios são equipamentos que estão em condições controladas nos quais métodos científicos, incluindo pesquisa, experimentos e medições, podem ser realizados ou ensinados.

1.2 Escopo
Há uma grande diversidade entre os laboratórios; contudo, muitos aspectos comuns são encontrados em sua arquitetura e engenharia. Esta seção do manual oferece um indicativo das exigências básicas específicas e representativas de uma grande variedade de prédios para laboratório (o escopo é extenso demais para ser detalhado neste documento). As informações fornecidas estão relacionadas principalmente a laboratórios com bancadas, concentrando-se nos aspectos comuns e disponibilizando diretrizes para o planejamento e o projeto. As dimensões apresentadas se baseiam em exigências típicas. As necessidades específicas – determinadas, com a ajuda dos usuários, por meio de uma elaboração detalhada do programa de necessidades – talvez alterem essas dimensões.

Ainda que esta seção ofereça informações sobre o projeto de novos equipamentos, os princípios mais gerais também se aplicam a projetos de renovação e reforma. Nesses casos, talvez seja necessário fazer concessões devido a condicionantes espaciais; além disso, procedimentos operacionais talvez tenham de ser aplicados para fins de compensação.

1.3 Tipos de laboratório
Neste manual, os laboratórios são divididos em dois grupos principais e todos eles incorporam várias disciplinas científicas e processos de trabalho. Eles são:

Laboratórios molhados: utilizam, testam e analisam produtos químicos, drogas ou outras matérias físicas ou biológicas. Em geral, eles exigem tubulações (incluindo de água e de utilidades especializadas) e ventilação, por exemplo, os laboratórios de ciência química e biomédicos.

Laboratórios secos: contêm materiais de armazenamento seco, equipamentos eletrônicos e/ou instrumentos grandes com poucas tubulações. Em geral, eles exigem um controle preciso da temperatura e da umidade relativa do ar, controle do pó e limpeza, por exemplo, laboratórios analíticos e de engenharia.

Os laboratórios de ensino podem ser molhados, secos ou microbiológicos ou clínicos; o que os diferencia dos demais é o *ensino* do método científico. Eles são encontrados em escolas de ensino fundamental, médio e superior.

1.4 Setores
Os laboratórios podem ser encontrados em setores acadêmicos, governamentais ou privados/corporativos.

Laboratórios privados ou corporativos: se concentram em pesquisa, desenvolvimento e análise, mas geralmente são motivados pela necessidade de aumentar o potencial de lucratividade da operação.

Laboratórios públicos: se concentram em pesquisas, testes e avaliações exclusivamente de interesse público. Em vários aspectos, eles são muito semelhantes aos laboratórios do setor privado ou corporativo.

Laboratórios universitários: focam o ensino dos métodos de laboratório e incluem instalações que se envolvem com pesquisas dentro de uma instituição acadêmica. Eles podem ser custeados pela iniciativa privada ou pelo poder público. Os laboratórios nas escolas focam o ensino da ciência de acordo com o estabelecido no currículo e às vezes se envolvem com outros temas, como design, tecnologia e estudo de alimentos.

Os laboratórios costumam fazer parte de uma instalação que pode incluir vários tipos de espaços, por exemplo:

- Recepção ou saguão
- Escritórios
- Auditório, salão de conferência, sala de reuniões ou local de interação
- Área para socialização ou interação
- Depósito geral
- Biblioteca
- Serviços de alimentação

- Creche
- Clínica ou unidade de saúde
- Academia de ginástica
- Lojas conveniadas
- Doca de carga e descarga
- Estacionamento

Antigamente, os laboratórios do setor privado eram mais caros e maiores do que aqueles do Estado ou das instituições acadêmicas, em virtude da pressão comercial para a produção de um fluxo constante de descobertas que podem ser levadas ao mercado. Assim, mais "incentivos" eram oferecidos na forma de instalações de ponta, para reter e atrair talentos. Esse modelo tem sido recentemente adotado por muitas instituições acadêmicas e organizações de menor porte, como resultado do aumento da concorrência com a indústria, também acarretando o aumento da qualidade dos laboratórios desse setor.

1.5 Definição de condições ambientais

Antes do início do projeto, deve-se fazer uma avaliação detalhada junto aos envolvidos e às autoridades reguladoras para definir as condições ambientais e as práticas operacionais necessárias para o equipamento, pois isso afetará as exigências físicas e de instalações do laboratório e seus custos operacionais.

A forma final da instalação também será determinada pelos condicionantes do terreno e pelas oportunidades de cada projeto, bem como pelas várias preferências e necessidades detalhadas dos envolvidos, que também devem ser definidas na elaboração do programa de necessidades.

1.6 Contenção

Em alguns laboratórios, as condições são tão inofensivas como em qualquer outro ambiente. Em muitos, porém, há riscos que precisam ser contidos e/ou controlados, inclusive (mas sem limitar-se a):

- Agentes biológicos ou infecciosos (para humanos e/ou animais)
- Organismos geneticamente modificados
- Venenos ou produtos químicos
- Substâncias inflamáveis
- Explosivos
- Material radioativo
- Interferência magnética
- Maquinaria móvel
- Temperaturas extremas
- Alta tensão

Esses riscos devem ser identificados, e contramedidas ou estratégias de mitigação específicas para cada equipamento precisam ser determinadas ou implantadas, conforme os padrões e as normas industriais relevantes. Consulte as Referências Bibliográficas anexas para mais referências específicas sobre alguns dos vários riscos que podem estar presentes em qualquer um dos tipos de laboratório descritos.

1.7 Laboratórios esterilizados e livres de poeira

É possível projetar laboratórios como recintos esterilizados e livres de poeira. Um equipamento esterilizado e livre de poeira é uma sala onde a concentração de particulados (partículas aéreas) é controlada; ele é construído e utilizado de forma a minimizar a introdução, geração e retenção de partículas em seu interior; e onde outros parâmetros relevantes (como temperatura, umidade relativa do ar e pressão) são controlados sempre que for necessário. As condições estéreis e livres de poeira são geralmente exigidas na pesquisa micro e nanoeletrônica, por exemplo.

Os graus de esterilização são definidos pelo sistema de classificação global ISO (EN ISO 14644–1), que classifica os tipos desde a Classe 9 (menos limpa) até a Classe 1 (mais limpa). A Tabela I compara esse a outros sistemas usados no passado. Consulte o EN ISO 14644-4 para diretrizes sobre o projeto, a construção e o início do uso de equipamentos esterilizados e livres de poeira.

Além de equipamentos esterilizados e livres de poeira, é possível projetar os laboratórios como equipamentos de contenção. Alguns produtos, por exemplo, exigem um nível de contenção da Categoria 2 para proteger o operador e um ambiente esterilizado das Classes ISO 5–8 para proteger o produto. Consulte as Referências Bibliográficas para mais informações sobre o projeto, a construção e o início do uso de equipamentos esterilizados e níveis de contenção.

2 ORIENTAÇÕES PARA LEIAUTE DE LABORATÓRIOS

2.1 Pontos-chave

O planejamento e o projeto de equipamentos modernos para laboratórios devem se basear em uma combinação das melhores práticas profissionais e previsões atuais, junto ao reconhecimento de futuras necessidades em termos de flexibilidade.

Ambientes seguros e protegidos: A segurança física sempre deve ser a primeira preocupação no projeto de um laboratório, e o que a lei exige é analisar os riscos e tomar medidas, desde que isso seja razoavelmente viável, para lidar com eles. Proteger um equipamento de acesso não autorizado também é um fator de importância crucial para evitar furtos, uso inadequado ou – no caso de equipamentos onde há manuseio de agentes infecciosos – a liberação de patógenos.

Dados estatisticamente reprodutíveis: Uma das exigências fundamentais de uma pesquisa científica bem-sucedida é o fornecimento de dados estatisticamente reprodutíveis. A capacidade para isso depende da disponibilização de material de alta qualidade reprodutível e da qualidade e adequação de um ambiente físico controlado.

Laboratório responsivo a mudanças: Os laboratórios devem ser projetados para comportar mudanças, não importa qual seja a escala de trabalho ou a disciplina científica envolvida. A necessidade de mudança resulta de avanços rápidos e contínuos tanto na tecnologia quanto nos equipamentos, métodos e procedimentos de trabalho em evolução e nas normas cada vez mais restritivas. Portanto, é essencial que o projeto básico de uma edificação seja flexível o suficiente para acomodar futuras mudanças sem a necessidade de alterações em grande escala (e geralmente muito caras) e com o mínimo de incômodo às operações.

Tabela I Comparação dos sistemas de classificação para salas esterilizadas

Sistema de classificação e data de publicação	Classificações					
EN ISO 14644–1 (1999)	ISO 3	ISO 4	ISO 5	ISO 6	ISO 7	ISO 8
Padrão Federal 1 dos EUA 209D (1988)	1	10	100	1.000	10.000	100.000
Padrão Federal 1 dos EUA 209E (1992)	M1.5	M2.5	M3.5	M4.5	M5.5	M6.5
*UE GMP (1998)	–	– A/B	–	–	C	D

*A Good Manufacturing Practice (GPM – Boa Prática de Fabricação) é um conjunto de normas, códigos e diretrizes para a manufatura de drogas, equipamentos médicos, produtos de diagnóstico, produtos alimentícios e insumos farmacêuticos ativos (IFA). "The Orange Book" (consulte as Referências Bibliográficas) cobre a maioria dos aspectos da GPM.

Tabela II Os fatores que definem a largura de um módulo de laboratório comum

Exigência de planejamento	Largura (mm)
2 × espessura de meia-parede entre o módulo (50 mm)	150
2 × profundidade da bancada de trabalho (600 ou 900 mm)	1.200 – 1.800
2 × os eixos das instalações acima da bancada (200 mm)	400
espaço mínimo entre as bancadas	1.500*
Largura total do módulo	**3.150 – 3.800****

* Esta é a distância mínima recomendada que acomodará a distância necessária entre uma bancada e um armário de segurança, além das exigências para o cumprimento do Disability Discrimination Act 1995.
** Os valores mínimos e máximos dependem muito das exigências referentes aos equipamentos. Uma largura modular de 3.300 mm é recomendada para a maioria dos equipamentos genéricos de laboratório para garantir que uma bancada e um armário de segurança (nominalmente 900 mm) possam ser acomodados em cada parede.

Interação e colaboração: Interação e colaboração científica geralmente induzem a novas invenções, novas curas e progresso mais rápido. Consequentemente, se os equipamentos dos laboratórios dispuserem de espaços que incentivem a interação, o cientista terá maiores chances de obter sucesso.

Recrutar e manter funcionários: Devido ao aumento da concorrência no campo científico, mais esforços e mais dinheiro estão sendo investidos na criação de equipamentos de alta qualidade, com o objetivo de atrair e manter funcionários. Isso inclui laboratórios de última geração, áreas comuns atraentes, diversas comodidades e a tecnologia da informação mais recente. Esses equipamentos servem para oferecer suporte aos funcionários e aumentar a eficiência e a produtividade.

Sustentabilidade: Os laboratórios costumam consumir muita energia em função de serem espaços com muitos equipamentos e instalações prediais. Além disso, eles às vezes possuem exigências de ventilação intensiva e devem atender às normas dos códigos de saúde e segurança, o que aumenta ainda mais o uso de energia. Todavia, há oportunidades significativas para a melhoria das eficiências e, ao mesmo tempo, atender tais exigências ou mesmo superá-las. Os objetivos básicos em termos de sustentabilidade ecológica são reduzir o consumo de recursos não renováveis, minimizar a produção de lixo e criar ambientes saudáveis e produtivos. Caso a sustentabilidade seja considerada importante, uma estratégia adequada deve ser acordada entre os envolvidos e a equipe de projeto. Labs 21 (nos Estados Unidos e no Reino Unido) e Lab 2020 (na Europa) são exemplos de organizações que fornecem informações úteis sobre a sustentabilidade de laboratórios.

2.2 Módulos de planejamento dos laboratórios

O ponto de partida para o planejamento e o projeto de equipamento de muitos laboratórios é um módulo básico de planejamento que acomoda as exigências básicas de planejamento. Ele deve disponibilizar espaços adequados para paredes internas, bancadas, equipamentos fixos no chão, sistemas de exaustão e corredores que minimizem os conflitos de circulação ou riscos à segurança pessoal. O módulo do laboratório também deve estar completamente adequado ao projeto geral da edificação.

A largura do módulo de planejamento para um laboratório típico é definida na Tabela II.

O comprimento do módulo depende do tamanho do mobiliário escolhido para o laboratório, das exigências para os equipamentos colocados sobre o piso e do número de pessoas que utilizará o espaço (Figura 22.1), embora mais flexibilidade possa ser obtida projetando-se um módulo que funcione em ambas as direções. Isso permite que as bancadas e os equipamentos sejam organizados nas duas direções (Figura 22.2a). Esse conceito é mais flexível que o conceito do módulo básico, mas talvez exija uma edificação maior.

2.3 Combinação de módulos

Além de acomodar as exigências espaciais básicas e funcionais, a modulação maximiza a eficiência e o potencial de flexibilidade ou adaptação. À medida que modificações se fazem necessárias devido a mudanças no uso, na instrumentação ou na organização departamental do laboratório, as paredes internas ou divisórias podem ser reposicionadas para expandir ou contrair o laboratório em unidades maiores ou menores, sem exigir uma reconstrução significativa dos elementos estruturais ou mecânicos da edificação (Figuras 22.2a, 22.2b e 22.2c).

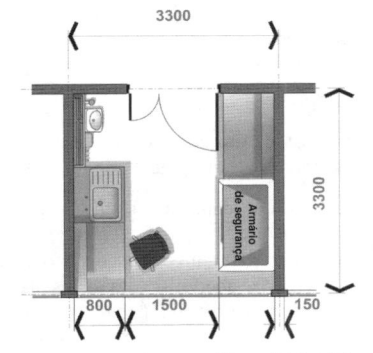

22.1 O módulo básico de planejamento. Um módulo bidimensional de planejamento de laboratório oferece o máximo de flexibilidade.

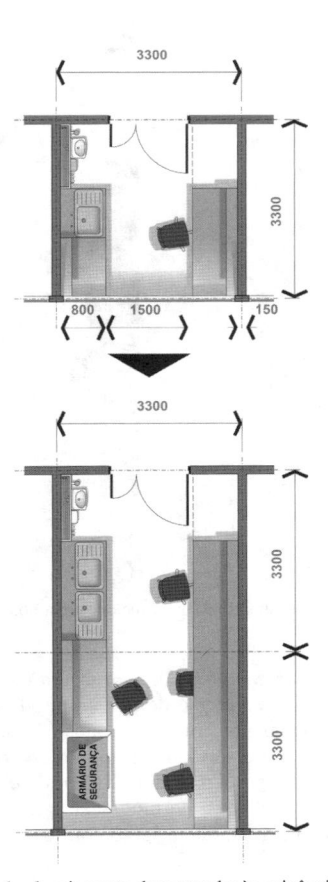

22.2a O módulo de planejamento deve atender às exigências básicas de planejamento quanto a paredes internas ou divisórias, bancadas, equipamentos, sistemas de exaustão e circulação de ar, além das necessidades dos usuários em si.

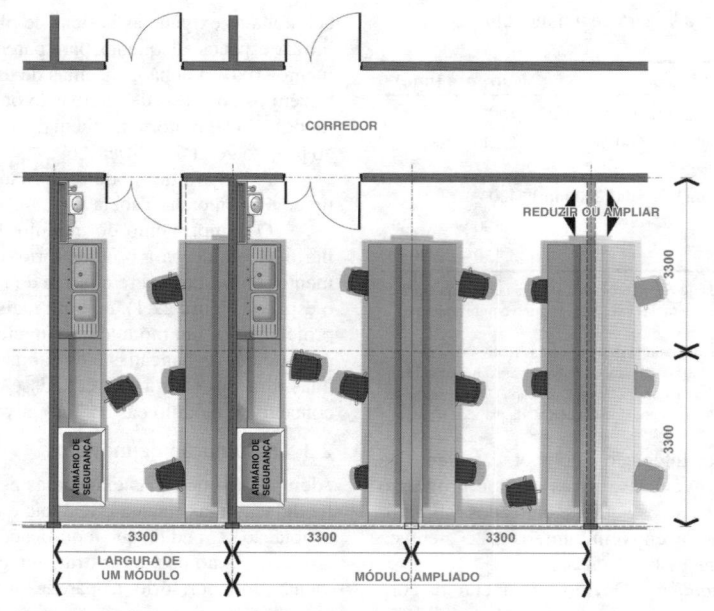

22.2b Utilização do conceito de modulação no projeto de laboratórios para criar espaços eficientes, flexíveis e adaptáveis que possam ser ampliados e reduzidos para atender a diferentes necessidades.

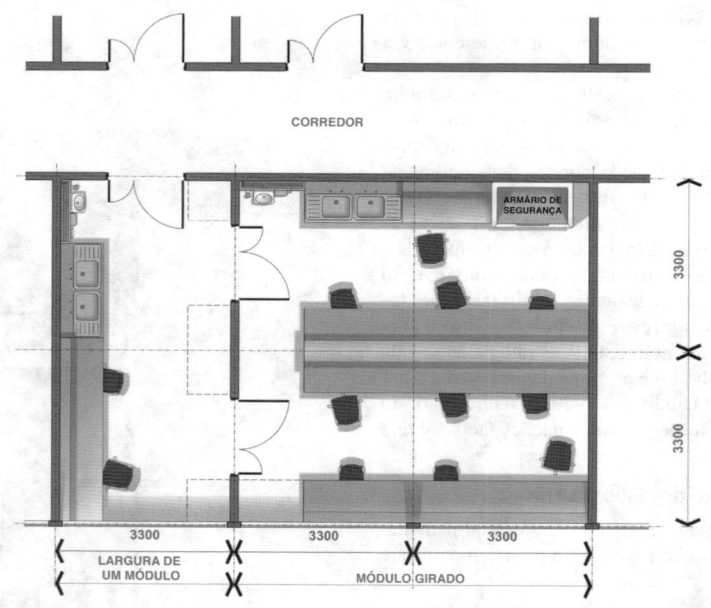

22.2c Um módulo de laboratório que funciona em ambas as direções permite que as bancadas de laboratório e seus equipamentos sejam organizados nas duas direções.

Módulo tridimensional: Para criar um módulo de laboratório tridimensional, é preciso definir um módulo básico ou bidirecional, coordenar por completo todas as colunas visitáveis (*shafts*) de instalações e serviços, incluindo escadas de incêndio, elevadores, banheiros, poços e dutos, além de coordenar os sistemas mecânicos, elétricos, de tubulação e hidrossanitários no pleno, para que eles funcionem junto com os arranjos de corredores ou circulação (Figura 22.3). Esse conceito gera o máximo de flexibilidade.

2.4 Estrutura

As principais questões de projeto a serem consideradas durante a avaliação de um sistema estrutural incluem:

- a capacidade de coordenar a estrutura com os módulos de projeto do laboratório;
- a espessura da laje e a altura efetiva de piso a piso;
- a capacidade de criar aberturas para as instalações de laboratório no início do projeto e ao longo da vida útil da edificação;

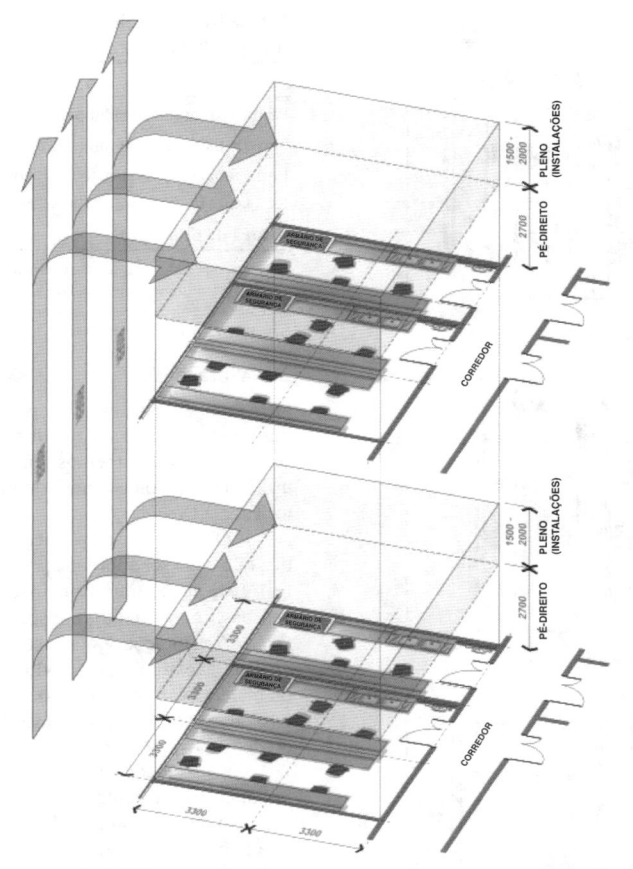

22.3 Um módulo tridimensional de planejamento de laboratório.

- a possibilidade de ampliação vertical ou horizontal;
- as cargas sobrepostas;
- os critérios de vibração;
- o custo.

2.5 Malha estrutural (modulação)

Assim que o módulo de planejamento básico do projeto for determinado, deve-se estabelecer a malha estrutural para promover a eficiência e a economia de custos. Na maioria dos casos, a largura da malha estrutural é equivalente a dois módulos básicos de laboratório. O comprimento da malha estrutural é determinado pelos pré-requisitos básicos de projeto e também por uma boa relação custo-benefício e pelos requisitos funcionais do sistema estrutural (Figura 22.4).

O ideal é que os pilares da malha estrutural sejam incorporados no projeto dos laboratórios (por exemplo, dentro dos núcleos ou de suas paredes externas ou junto ao perímetro), para criar uma zona de trabalho desimpedida. Além dos pilares, todos os elementos fixos da estrutura, como as lajes de piso, os vãos estruturais contraventados, as paredes de cisalhamento, os poços de elevador e as caixas de escada, devem ser planejados de modo a minimizar os condicionantes físicos a futuras ampliações ou reconfigurações do leiaute dos laboratórios (Figura 22.4 e 22.5).

2.6 Altura de piso a piso

A altura total de piso a piso deverá ser determinada em discussões detalhadas com os usuários, e seguindo as exigências dos equipamentos e das instalações prediais a serem incorporadas dentro do espaço. A questão da flexibilidade precisará ser revisada e alturas terão de ser propostas para maximizar o uso futuro do espaço (Tabela III e Figura 22.3).

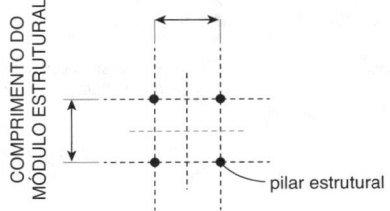

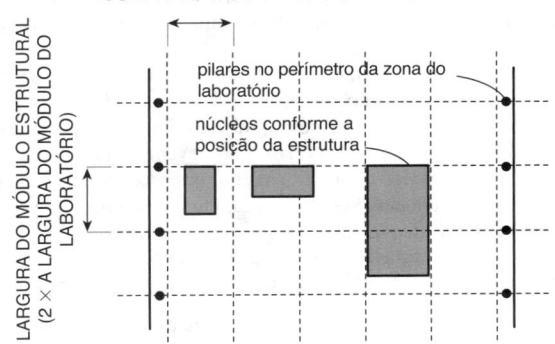

22.4 A grelha estrutural da edificação derivada do módulo de projeto do laboratório, a boa relação custo-benefício e as exigências funcionais do sistema estrutural. Para o máximo de flexibilidade, os pilares devem estar integrados à grelha ou fora dela.

a) Zona de instalações no exterior

b) Zonas de instalações internas e múltiplas

c) Zonas de instalações internas nas extremidades do prédio

☐ Posição das colunas visitáveis (*shafts*) ▨ Percursos horizontais das instalações prediais

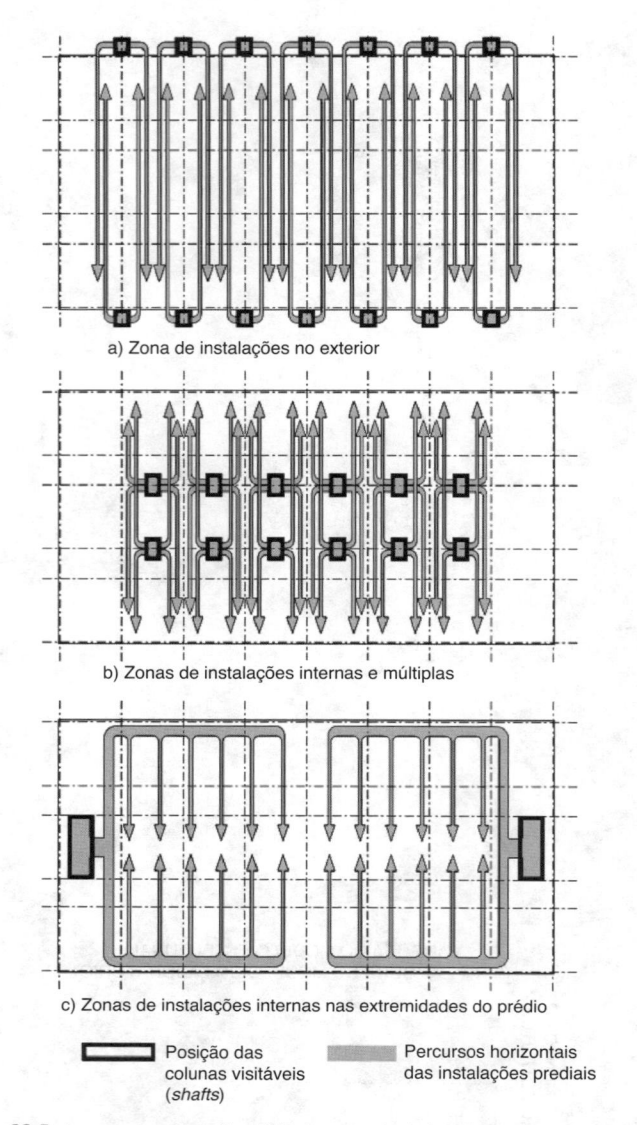

22.5 A maximização da flexibilidade por meio da localização racional dos elementos estruturais fixos.

Nos casos em que a altura entre pisos seja mais restrita – como em reformas de edificações preexistentes e quando as exigências de segurança não preveem um forro acessível para limpeza –, pode-se considerar o uso de instalações aparentes, sem a instalação de um forro.

Observe, contudo, que as dimensões nas tabelas podem ser inadequadas para certos equipamentos especiais (como cíclotrons, MRI, aparelhos de PET/CT, etc.). Isso exigirá considerações específicas.

Cargas sobrepostas: As estruturas devem ser projetadas para suportar cargas, conforme descrito nas normas adequadas, dependendo do material adotado para a estrutura. Para laboratórios genéricos ou com bancadas que incluem equipamentos e corredores sujeitos a cargas superiores àquelas impostas pelo tráfego intenso de pessoas (como veículos com rodas, carrinhos e similares), projete para:

$5,0 \text{ kN/m}^2 + 1 \text{ kN/m}^2$ para paredes ou divisórias leves

Equipamentos e máquinas de engenharia pesada – como cíclotrons, equipamentos de ressonância magnética nuclear (NMR), microscópios eletrônicos, etc. – são mais econômicos se localizados em pavimentos térreos e exigem consideração individual e separada.

Tabela III Altura efetiva de piso a piso, valores mínimos e máximos recomendados

	Altura (m)
Pé-direito mínimo em laboratórios	2,7*
Forro rebaixado livre mínimo	1,0**
Forro rebaixado livre mais indicado	1,5–2,0**
Espessura da laje (pré-dimensionamento)	0,3
Altura de piso a piso	**4,0–5,0**

* Para permitir altura livre para equipamentos de exaustão.
** Para permitir uma profundidade adequada para as instalações prediais. Considere sistemas mecânicos, elétricos e de tubulação expostos, para facilitar o acesso à manutenção dentro do laboratório.

2.7 Vibrações

O sistema de estrutura independente e a seleção da base do mobiliário devem considerar a vibração em todas as áreas do mobiliário sempre que equipamentos sensíveis, balanças e microscópios forem utilizados. As fontes mais comuns que devem ser consideradas estão na Tabela IV.

Observe que as vibrações induzidas são uma questão de acústica que deve ser abordada por um especialista (consulte a bibliografia). Esta seção trata principalmente das vibrações produzidas por pessoas, equipamentos e instalações.

As vibrações podem ser controladas diretamente por meio do projeto da estrutura, de modo independente (usando bases isolantes ou materiais amortecedores), ou com uma estratégia híbrida. O objetivo deve ser projetar uma estrutura econômica com o nível adequado de resposta à vibração.

As técnicas básicas que sempre que possível devem ser empregadas para o controle das vibrações são listadas na Tabela V.

A seleção precisa dos critérios de vibração e a previsão dos níveis de vibração são importantes para o projeto do laboratório, pois os custos da construção aumentam à medida que os níveis de vibração do solo projetados diminuem. Também é crucial que sejam feitos testes de confirmação, pois as vibrações impactarão de modo significativo na espessura e no peso das lajes, com consequências sobre todos os demais aspectos da estrutura (tamanho dos pilares, vigas de transição, fundações, etc.).

É possível determinar os critérios de vibração com base em limites de vibração publicados, critérios fornecidos pelo fabricante e testes subjetivos em equipamentos sensíveis à vibração.

ASHRAE e BBN: A Sociedade Americana de Engenharia de climatização, refrigeração e condicionamento de ar ASHRAE (American Society of Heating, Refrigerating and Air-Conditioning Engineers) estudou os efeitos das vibrações geradas por equipamentos de climatização e definiu critérios que são amplamente adotados pela indústria. A empresa americana de alta tecnologia BBN também desenvolveu as curvas VC (curvas genéricas do critério de vibração).

Fatores de resposta: Os níveis de vibração são considerados em termos de fatores de resposta (R), nos quais a percepção humana é a principal preocupação. O R é simplesmente um multiplicador do nível de vibração no limiar médio da percepção humana. Consequentemente, R1 representa a magnitude da vibração mal percebida por uma pessoa, R2 é o dobro desse valor e assim por diante.

Tabela IV Fontes de vibração

Fonte	Descrição
Antropogênica	atividades dos usuários
Ambiental	fontes externas, infraestrutura do entorno (por exemplo: ruas, ferrovias)
Predial	instalações prediais
Mecânica	equipamentos de laboratório (por exemplo: centrífugas)
Aérea	ruídos

Tabela V Técnicas básicas para controle da vibração

Controle da vibração	Técnica
Localização da edificação	Longe do trânsito e outras fontes de vibração
Localização da sala e características do piso	Radier, lajes rígidas ou pisos com isolamento
Localização dos equipamentos	Longe do centro dos vãos estruturais ou equipamentos motorizados
Mesas ou bancadas com alta rigidez e pouco peso	Bancadas com estrutura alveolar
Isolamento direto de equipamentos	Pés de borracha, molas a gás ou isoladores
Isolamento por vibração ativa	Atuadores piezoelétricos ou eletrodinâmicos

Valor eficaz ou valor quadrático médio (valor RMS): Além da percepção humana da vibração, a resposta às vibrações em locais de pesquisa deve ser limitada, em virtude dos equipamentos sensíveis, como microscópios, o que geralmente condiciona o projeto. Os fabricantes de equipamentos costumam especificar os limites de vibração em termos da velocidade RMS (velocidade do valor eficaz), medidas em bandas de terço de oitava da frequência em relação à variação de frequência de 8 a 100 Hz. Essa é uma medida da amplitude média em relação a determinado período.

A Tabela VI compara os critérios de projeto e os fatores de resposta segundo as diferentes organizações.

Ainda que seja necessário oferecer um alto nível de flexibilidade, geralmente se acredita que não é prático projetar todas as partes da edificação para que equipamentos de pesquisa extremamente sensíveis possam ser colocados em qualquer lugar sem isolamento adicional local. Portanto, é preciso adotar um critério para o projeto de vibração e uma estratégia de projeto que satisfaçam à maioria das necessidades, mesmo sabendo que dispositivos de isolamento local serão usados sempre que um item particular de equipamento tiver exigências mais rigorosas. Uma solução econômica e que tem um nível definido de flexibilidade (acordado com os usuários do laboratório) é categorizar a resposta às vibrações de diferentes áreas do piso empregando curvas de resposta. Por exemplo, uma velocidade RMS máxima de 50 micrômetros por segundo pode ser estabelecida como o objetivo para o centro dos painéis de piso. Em pontos próximos aos pilares, o nível de exigência aumentaria, passando para 25 micrômetros por segundo, o que permitiria a instalação de equipamentos mais sensíveis a vibrações no perímetro do prédio ou perto dos pilares.

2.8 Instalações prediais

Em geral, mais de 35–50% dos custos da construção de um laboratório podem ser atribuídos aos sistemas de instalações da edificação (mecânica, elétrica e de processos). Uma boa coordenação desses sistemas é necessária para garantir um equipamento flexível, econômico e bem-sucedido.

Tabela VI Critérios de projeto para instrumentos e equipamentos sensíveis, sem isolamento vibratório

Curva de critério	Nível de velocidade Máxima V_{RMS} (µm/s)	Nível de velocidade (dB) Ref.: 0,025 µm/s	*Tamanho dos detalhes (µm)	Descrição do uso
Oficina (ISO 2631 & BS 6472) R=8 ASHRAE J	800	90	Não Disponível	Vibração claramente percebida. Adequado para oficinas e áreas de trabalho não delicadas.
Escritório (ISO 2631 & BS 6472) R=4 ASHRAE I	400	84	Não Disponível	Vibração percebida. Adequado para escritórios e áreas de trabalho não delicadas.
Ambulatório (ISO 2631 & BS 6472) R=2 ASHRAE H	200	78	75	Vibração praticamente imperceptível. Adequado para áreas de descanso na maioria dos casos. Provavelmente adequado para equipamentos de informática, equipamentos de testagem com sonda e microscópios de baixa potência (ampliação de até 20 ×).
Sala de cirurgia (ISO 2631 & BS 6472) R=1 ASHRAE F	100	72	25	Vibração imperceptível. Adequado para áreas de descanso sensíveis. Apropriado na maioria dos casos para microscópios com ampliação de até 100 × e outros equipamentos de baixa sensibilidade.
VC–A (BBN-A ou ASHRAE E) R=0,5	50	66	8	Adequado na maioria dos casos para microscópios óticos com ampliação de até 400 ×, microbalanças, balanças óticas, alinhadores de proximidade e projeção, etc.
VC–B (BBN-B ou ASHRAE D) R=0,25	25	60	3	Padrão adequado para microscópios óticos com ampliação de até 1.000 ×, equipamentos de inspeção e litografia (incluindo steppers) com 3 µm de largura de linha.
VC–C (BBN-C ou ASHRAE C) R=0,125	12,5	54	1	Padrão adequado para a maioria dos equipamentos de litografia e inspeção com detalhamento de 1 µm.
VC–D (BBN-D ou ASHRAE B) R=0,0625	6	48	0,3	Adequado na maioria dos casos para os equipamentos mais exigentes incluindo microscópios eletrônicos (TEMs e SEMs) e sistemas e-Beam, operando no limite de sua capacidade.
VC–E (BBN-E ou ASHRAE A) R=0,03125	3	42	0,1	Critério difícil de atender na maioria dos casos. É considerado adequado para os sistemas sensíveis mais exigentes, incluindo sistemas de laser de longo alcance e outros pequenos, além de sistemas que exigem uma estabilidade dinâmica extraordinária.

* O tamanho dos detalhes se refere à largura das linhas para fabricação de microeletrônicos, o tamanho da partícula (célula) para pesquisas médicas e farmacêuticas, etc. Os valores apresentados consideram a observação de que os requisitos de vibração de muitos itens dependem do tamanho dos detalhes do processo.

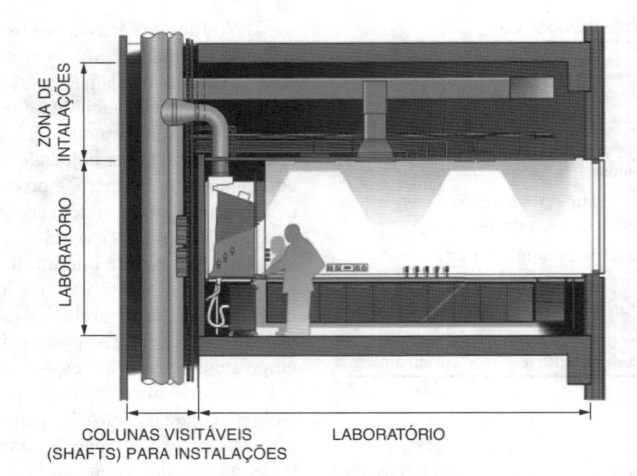

22.6 Colunas visitáveis (*shafts*) para instalações internalizadas que atravessam as lajes de piso.

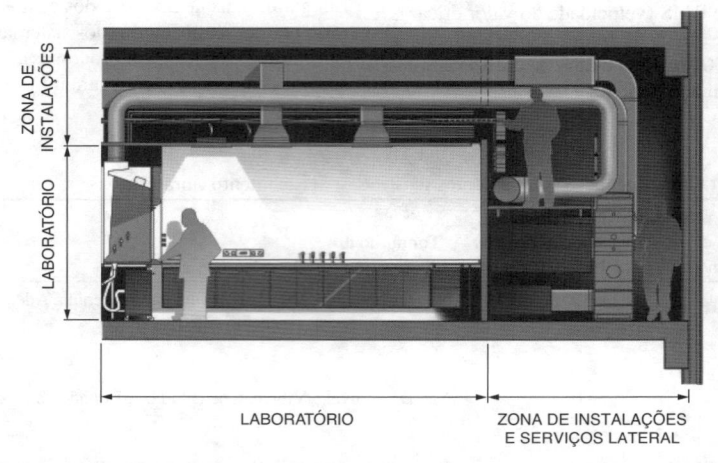

22.7 Zona de instalações e serviços lateral nas extremidades da edificação.

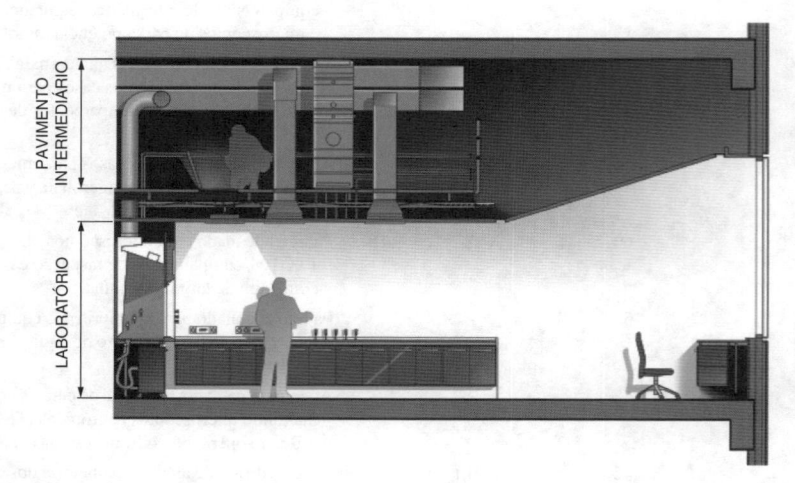

22.8 Pavimento intermediário para instalações e serviços.

Tabela VII Prós e contras das colunas visitáveis (*shafts*) para instalações

Prós	Contras
Visibilidade potencialmente sem restrições	Flexibilidade restrita
Duto para instalações horizontais curtas nos plenos	As alterações talvez prejudiquem os espaços adjacentes
Ocupação mínima do piso	Acesso à manutenção dentro de ambiente "limpo"
Baixo custo	

Tabela VIII Prós e contras de uma zona de instalações e serviços lateral nas extremidades da edificação

Prós	Contras
Boa flexibilidade, especialmente se as instalações forem modulares	Visão restrita em um dos lados
Duto para instalações horizontais curtos nos plenos	Custo médio
Acesso à manutenção fora do ambiente "limpo"	Ocupa uma zona específica da planta baixa

Tabela IX Prós e contras de um pavimento intermediário para instalações e serviços

Prós	Contras
Sem restrições às vistas externas	Alto custo
Flexibilidade total para laboratórios acima ou abaixo	Aumento da altura do edifício
Acesso à manutenção fora do ambiente "limpo"	
Instalações horizontais limitadas dentro do forro rebaixado	

A seguir, há três estratégias comuns para a distribuição dos serviços em laboratórios; contudo, as necessidades talvez determinem uma combinação de todas elas:

- Colunas visitáveis (*shafts*) para instalações internalizadas
- Zona de instalações e serviços lateral nas extremidades da edificação
- Pavimento intermediário para instalações e serviços

Colunas visitáveis (*shafts*) *para instalações internalizadas*: As colunas visitáveis (*shafts*) de instalações verticais são internalizadas e atravessam as lajes de piso conforme necessário (Figura 22.6). Embora seja a solução mais econômica, essa opção é a menos flexível em termos do planejamento do piso (Tabela VII).

Zona de instalações e serviços lateral nas extremidades da edificação: Uma zona de instalações vertical contínua é localizada ao longo da área do laboratório (Figura 22.7). Essa opção oferece uma boa flexibilidade e acesso para manutenção, e possivelmente é a mais adequada para locais com vistas inadequadas ou desagradáveis em uma das laterais (Tabela VIII).

Pavimento intermediário para instalações e serviços: Uma zona completa reservada para instalações e equipamentos em um pavimento é localizada acima ou entre os pavimentos do laboratório (Figura 22.8). Possivelmente, essa é a opção mais cara, mas ela oferece o máximo de flexibilidade e um acesso excelente para a manutenção com prejuízo mínimo às funções do laboratório (Tabela IX).

3 ORGANIZAÇÃO DO ESPAÇO

3.1 Definições

As definições a seguir se aplicam aos fins de dimensionamento de espaços em laboratórios de pesquisa:

Funcionário do laboratório: Usuário encarregado de uma área de bancada dentro do espaço principal do laboratório.

Pesquisador: Usuário diretamente envolvido no trabalho científico, inclusive funcionários que talvez não tenham uma área de bancada dentro do espaço principal do laboratório (por exemplo, funcionários que trabalham principalmente em aplicativos de informática ou funcionários seniores que talvez trabalhem principalmente em um espaço de escritório).

Área útil líquida: A área útil líquida é a soma dos espaços principais, secundários e terciários. Em laboratórios e em espaços com grande planta baixa livre (por exemplo, escritórios com ocupação múltipla ou salas para a redação de relatórios e resultados de exames), a medida dos espaços de circulação secundários para sua contribuição à área útil líquida ou à área de apoio talvez dependa da configuração dos espaços e do quanto o espaço de circulação venha a contribuir para o uso do espaço, que não exclusivamente para acesso e circulação. As planilhas de área e os desenhos evidentemente precisam identificar quais áreas foram medidas como parte das áreas de apoio.

Área útil líquida = espaço principal + espaço secundário + espaço terciário

Área interna bruta: A área interna bruta é a soma da área útil líquida e das áreas de apoio. A área interna bruta não inclui as áreas ocupadas por máquinas. É muito difícil definir a área necessária para a casa de máquinas ainda nos estágios iniciais do projeto, uma vez que, dependendo da necessidade, ela talvez corresponda a algo entre 25 a 100% da área de piso do laboratório. Portanto, os dados comparativos serão mais úteis se as casas de máquinas forem excluídas das áreas de apoio e da área interna bruta.

Área interna bruta = área útil líquida + área de apoio

3.2 Designação do espaço (ensino)

Em escolas de ensino fundamental, a aula de ciências é considerada uma atividade prática especializada do currículo escolar e, em geral, utiliza um espaço que poderia ser usado para ensinar design, tecnologia (inclusive sobre alimentos) e artes. Esse espaço pode ser uma sala independente ou uma área separada, mas aberta, dentro de uma sala de aula padrão. Os requisitos básicos para esses espaços são uma pia, um piso lavável e móveis que possibilitem atividades práticas que envolvam o uso de líquidos.

Em escolas de ensino médio, os laboratórios geralmente são salas especiais. Além dos laboratórios, há espaços de apoio não dedicados ao ensino, como as áreas de preparo e armazenamento. Essas áreas também servem para que os funcionários guardem, com segurança, os registros dos alunos e outros papéis. Outros espaços de ensino relacionados para alunos do ensino médio incluiriam recintos como uma pequena sala de projeção para a aula de ciências, uma estufa ou uma sala de microbiologia. Na Grã-Bretanha, o Departamento para Crianças, Escolas e Famílias (DCSF) tem tomado várias medidas para melhorar o ensino de Ciências, Tecnologia, Engenharia e Matemática em todos os níveis, adequando-se à visão abrangente adotada para a ciência e a inovação do país estabelecida pelo Science and Innovation Investment Framework (Estrutura de Investimentos em Ciência e Inovação) 2004–2014. Uma das consequências disso seria que as salas de ensino de ciências se tornariam mais flexíveis, a fim de permitir a inclusão de atividades de informática no currículo de ciências.

No ensino superior, a distinção tradicional entre os laboratórios de ensino e os de pesquisa vem perdendo força, e um número crescente de instituições está integrando esses espaços. Há várias razões para a criação de laboratórios integrados:

- os estudantes de todos os níveis são introduzidos às técnicas atuais;

- fomenta-se a interação entre os professores e os alunos de graduação, pós-graduação, mestrado e doutorado;
- facilitam-se as mudanças nos módulos de laboratório padrão;
- os equipamentos comuns e os especiais podem ser compartilhados, reduzindo os custos de investimento;
- os recursos comuns podem dividir os espaços de apoio e as salas especiais;
- a maior utilização do espaço e dos equipamentos melhora a justificativa dos custos de investimento;
- os laboratórios de ensino podem ser utilizados para pesquisas da faculdade durante os períodos não letivos.

Por essas razões, os padrões aplicáveis aos laboratórios de pesquisa acadêmica também servem para os de ensino superior.

3.3 Designação do espaço (laboratórios de pesquisa secos e molhados)

Para fins de organização, as diferentes áreas de um laboratório são divididas em espaços principais, secundários, terciários e de apoio.

Espaço principal: Área onde os pesquisadores realizam suas tarefas. Ele se divide em espaço de laboratório principal e em escritórios ou salas de redação de relatórios e resultados de exames, cada um com exigências diferentes para acomodações e instalações.

O espaço principal de laboratório geralmente inclui:

- espaços de bancada distribuídos para os funcionários do laboratório, incluindo aqueles que também utilizam escritórios ou salas de redação, equipados com instalações adequadas e área de armazenagem local;
- postos de trabalho adicionais associados a um equipamento ou procedimento experimental, que não constituem o local principal de trabalho de um indivíduo, mas podem ser usados por uma ou mais pessoas ocasionalmente, e que incluem terminais com computadores e outros recursos de tecnologia da informação, capelas, capelas de segurança e gabinetes de fluxo laminar;
- armários e depósitos compartilhados para equipamentos e materiais de laboratório;
- equipamentos gerais compartilhados, painéis e quadros de avisos, interfones, dispensadores;
- equipamentos para remoção de lixo;
- instalações adequadas ao tipo de laboratório.

Os escritórios ou salas de redação de relatórios e resultados de exames geralmente incluem:

- áreas com computadores para funcionários e pesquisadores;
- escritórios para funcionários do laboratório e pesquisadores seniores;
- instalações adequadas ao tipo de espaço (semelhante a um escritório padrão).

Espaço secundário: Às vezes chamado de "áreas de apoio", inclui todas as áreas que acomodam funções diretamente relacionadas às operações realizadas no espaço principal.

O espaço secundário geralmente inclui:

- recintos como salas de aparelhos, salas de instrumentos e salas de preparação, que talvez não tenham necessidade de acomodações ou equipamentos especiais, mas que funcionam melhor quando separadas dos laboratórios principais, aumentando sua utilização com o uso compartilhado;
- recintos altamente especializados, como salas de contenção, salas de fermentação e salas de descontaminação, cujas necessidades de acomodação são muito distintas dos laboratórios principais;
- instalações prediais adequadas ao tipo de laboratório.

Espaço terciário: É aquele cujas funções, além daquelas dos espaços principais e secundários, possibilitam ao laboratório o cumprimento de suas metas. Ele inclui outros espaços, como salas de conferência ou reunião, áreas de interação, depósitos gerais, etc.

Espaços de apoio: Geralmente incluem salas de limpeza, espaços de circulação, banheiros, poços visitáveis para instalações (*shafts*) e outras áreas de circulação ou suporte que não são definidas como áreas principais, secundárias ou terciárias.

3.4 Zoneamento

Adjacências funcionais dos espaços principais, secundários e terciários: O zoneamento da edificação entre espaços de laboratório e outras áreas reduzirá os custos devido às diferentes exigências do ambiente. A ventilação do laboratório, por exemplo, talvez exija 100% de ar externo, enquanto os demais espaços do laboratório podem ser projetados com ar recirculado ou ventilação natural, semelhante a um edifício de escritórios.

O espaço principal do laboratório geralmente é projetado em forma de módulos para se adequar ao tamanho das equipes de laboratório e suas necessidades em termos de espaços secundários nas proximidades do espaço principal, para facilidade de acesso. Uma vez que as áreas secundárias serão compartilhadas pelas equipes do laboratório, é preciso incluir uma zona ou corredor de separação entre ambas, de forma a impedir qualquer interferência sobre as pesquisas em andamento nas áreas de ensino.

Segundo as diretrizes do Workplace Health and Safety (Saúde e Segurança no Ambiente de Trabalho) britânico, os principais escritórios e salas de redação de relatórios e resultados de exame devem estar fisicamente separados das funções de laboratório. Isso garante que as atividades de laboratório fiquem confinadas a áreas com acabamentos adequados, contenção e tratamento de ar.

Os principais escritórios e salas de redação de relatórios e resultados de exame podem ser incorporados no espaço de laboratório principal, mas deve ser feita uma análise do risco, de acordo com as diretrizes citadas. As considerações para as adjacências entre a sala de redação e o espaço de laboratório incluem:

- *Visibilidade ou segurança física*: se ocorrem processos no laboratório que exijam visualização a partir da sala de redação, os laboratórios e a sala de redação deverão estar diretamente adjacentes e separados por paredes de vidro.
- *Conveniência*: se o usuário estiver redigindo relatórios ou resultados de exames e conduzindo uma experiência simultaneamente, a adjacência direta será recomendável.
- *Preferência do usuário*: se nenhum dos casos acima se aplicar, será uma questão de preferência do usuário.

Os espaços terciários nem sempre precisam ficar perto das áreas principais e secundárias. Sua localização é uma questão de preferência e deve ser determinada por meio de conversas com os envolvidos.

Consulte a Seção 4, que trata de dois estudos de caso que ilustram diferentes maneiras de reunir espaços principais, secundários e terciários em uma instituição biomédica. Os dados fornecidos em cada caso indicam a relação entre as áreas e a área de piso bruta, bem como a divisão dos espaços principais, secundários e terciários.

3.5 Considerações para o leiaute

- Vistas/espaço de parede: os usuários desejam que o laboratório tenha uma vista para o exterior ou ele ficará localizado no interior do prédio com o espaço de parede sendo ocupado por bancadas e equipamentos?
- Sensibilidade à luz: alguns métodos científicos não exigem ou não devem ser expostos à luz natural. Instrumentos especiais e equipamentos, como os aparelhos de ressonância magnética nuclear, microscópios de elétrons e *lasers,* não funcio-

nam adequadamente sob a luz natural. Geralmente, eles se localizam no centro da edificação.
- Configuração do espaço: em geral, os espaços regulares e retangulares são os mais eficientes para laboratórios, embora, em certos casos, o formato de um espaço seja ditado pelo tamanho de um equipamento especial, como um equipamento de robótica. Quaisquer irregularidades no perímetro do espaço reduzem a área utilizável total.
- Laboratórios com planta livre ou compartimentados: em laboratórios com planta livre, as divisórias devem ser utilizadas apenas quando exigidas por questões ambientais, de privacidade ou segurança. Isso permite que os pesquisadores compartilhem não apenas o espaço, mas também os equipamentos, as bancadas de trabalho e os funcionários de apoio. Esse formato facilita a comunicação entre os cientistas e simplifica a adaptação do laboratório às necessidades futuras.
- Interação/colaboração: os diferentes espaços dentro do laboratório estão arranjados de modo a maximizar as chances de interação formal e informal? Isso parece ser uma questão-chave para promover a inovação entre os cientistas.

3.6 Áreas/Espaços de trabalho em escolas

Escolas de ensino fundamental (sala de uso comum para ensino de ciências/design/tecnologia/alimentos): Nas escolas de ensino fundamental, os espaços compartilhados para aulas práticas são oferecidos onde são lecionadas atividades relacionadas a ciências, design, tecnologia e alimentos. Esses espaços especiais normalmente seriam dotados de pia, piso lavável e recursos para a execução de atividades simples que envolvam líquidos. Para um exemplo de leiaute de sala, veja a Figura 22.9a. Os padrões espaciais mostrados na Tabela XI são baseados no Building Bulletin 99 (2nd Edition): Briefing Framework for Primary School Projects, DFES (BB 99 – consulte as Referências Bibliográficas).

Escolas de ensino médio (laboratório de ciências): Em escolas de ensino médio, os laboratórios geralmente são situados em conjuntos de salas flexíveis o suficiente para permitir o ensino em grupo ou individual. Esses espaços devem incluir as mais recentes tecnologias da in-

Tabela X Tabela de áreas relativas para espaços principais, secundários e terciários em um laboratório

Tipo de espaço de laboratório	% da área bruta
Espaço principal de laboratório	18–23
Espaços principais de escritório e sala de redação	14–18
Espaço principal total	32–36
Espaço secundário	16–23
Espaço principal total mais espaço secundário	50–59*
Espaço terciário	9–18
Área útil líquida total	**65–70**
Área interna bruta (exceto casas de máquinas)	**100**

* A relação entre os espaços secundários e principais fica entre 40 e 70%. Ela dependerá, entre outros itens, da distribuição dos equipamentos entre o espaço de laboratório e as salas de instrumentos especializadas.

Tabela XI Padrões espaciais para laboratórios de ensino fundamental

Tamanho da escola: número de vagas	Tamanho da turma (número máximo)	Tamanho médio da sala (m²)	Número de salas (mínimo)
Menos de 180 crianças pequenas	8	24	1
Até 120 crianças grandes	8	24	1
Entre 121 e 360 crianças grandes	15	38	2

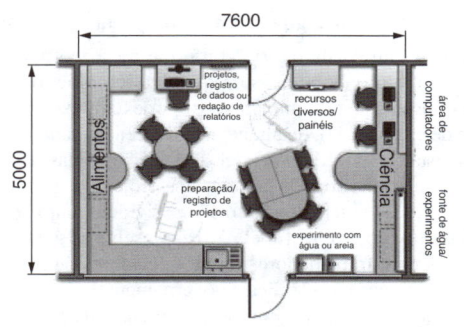

a Conjunto de laboratórios em escala de ensino fundamental para atividades com ciência e alimentos (38 m²)

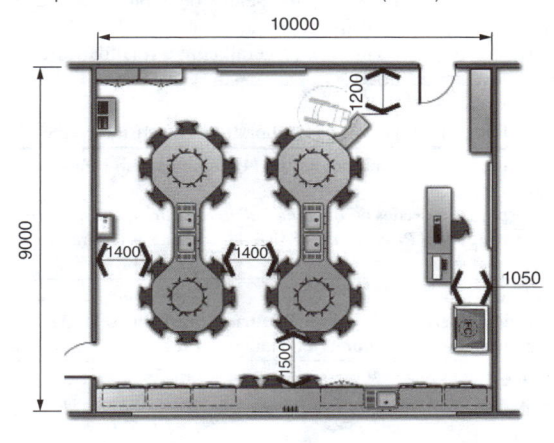

b Conjunto de laboratórios para escalas de ensino médio-leiaute com ilhas octagonais (90 m²)

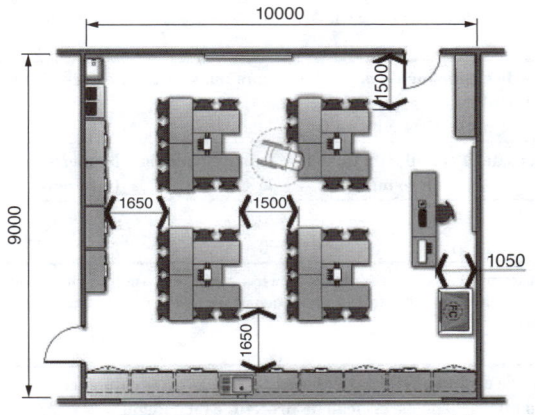

c Conjunto de laboratórios para escalas de ensino médio com colunas de serviço para instalações individualizadas para grupos de oito alunos (90 m²)

22.9 Leiautes comuns para equipamentos acadêmicos (para ensino): a) escola de ensino fundamental; b) e c) conjunto de laboratórios para escolas de ensino médio.

formação e comunicação, possibilitando o ensino de *design* e engenharia, e ter acabamentos duráveis, para aulas de ciências com o manuseio de líquidos. Para um exemplo de leiaute de sala, veja as Figuras 22.9b e 22.9c. Os padrões espaciais mostrados na Tabela XII são baseados no Building Bulletin 98: Briefing Framework for Primary School Projects, DFES (BB 98 – consulte as Referências Bibliográficas).

Além dos padrões mostrados na Tabela XII, cada laboratório exigirá um recinto de 13 m², para uso combinado como depósito de produtos químicos e sala de preparação para aulas práticas de ciências.

3.7 Pesquisa acadêmica, governamental, privada/corporativa

É possível distribuir o laboratório conforme o espaço por pesquisador (por exemplo, laboratórios de química e biologia) ou pelas exigências impostas pelos equipamentos (por exemplo, laboratórios analíticos e de engenharia), resultando em diferenças cada vez maiores entre as instalações. Neste manual, as áreas indicadas se baseiam no espaço por pesquisador. Os laboratórios projetados para equipamentos específicos exigem consideração individual junto aos usuários com base no projeto. A Tabela XIII apresenta as áreas médias recomendadas para trabalhadores ou pesquisadores de laboratório nos setores da pesquisa acadêmica e governamental.

Observação: Enquanto um biólogo precisa de menos armários de segurança do que um químico, ele tem uma necessidade significativamente maior de equipamentos de apoio, como refrigeradores, incubadoras, centrífugas e salas com controle ambiental. O equilíbrio dos requisitos do espaço geral, com a finalidade de flexibilidade, deve ser genérico.

Tabela XII Padrões espaciais para laboratórios de ensino médio

Escola de ensino médio para alunos de 11 a 16 anos, sem ênfase no currículo
Padrões espaciais baseados no *Building Bulletin 98: Briefing Framework for Secondary School Projects, DFES* (BB 98, consulte as Referências Bibliográficas)

Tamanho da escola: variação do número de vagas em parênteses	Tamanho da turma (número máximo)	Tamanho médio da sala (m²)	Número de salas (mínimo)
600 (577–642)	30	90	5
900 (850–945)	30	90	7
1.200 (1.125–1.251)	30	90	9
1.500 (1.399–1.555)	30	90	11

Além disso, cada laboratório exigirá um recinto de 13 m² para uso combinado como depósito de produtos químicos e sala de preparação para aulas práticas de ciências.

Escola de ensino médio para alunos com mais de 16 anos, sem ênfase no currículo
Padrões espaciais baseados no BB 98

Número de vagas	Tamanho da turma (número máximo)	Tamanho médio da sala (m²)	Número de salas (mínimo)
100	30	90	1
250	30	90	2

Além disso, um único laboratório exigirá um recinto de 23 m² e dois exigirão 36 m² para uso combinado como depósito de produtos químicos e sala de preparação para aulas práticas de ciências.

Escola de ensino médio para alunos de 11 a 16 anos com currículo voltado para ciências, criação de projetos e tecnologia

Número de vagas	Tamanho da turma (número máximo)	Tamanho médio da sala (m²)	Número de salas (mínimo)
834–927	30	90	8

Além disso, cada laboratório exigirá um recinto de 13 m² para uso combinado como depósito de produtos químicos e sala de preparação para aulas práticas de ciências.

Escola de ensino médio para alunos com mais de 16 anos (com currículo voltado para ciência, criação de projetos e tecnologia)
Padrões espaciais baseados no BB 98

Número de vagas	Tamanho da turma (número máximo)	Tamanho médio da sala (m²)	Número de salas (mínimo)
137–361	30	90	3

Tabela XIII Tabela de áreas médias por pessoa (setores acadêmicos e governamentais)

	Área/pessoa (m²)
Área principal líquida do laboratório/funcionário do laboratório	6–10*
Área principal total líquida/pesquisador	10–16
Área principal líquida mais secundária/pesquisador	15–25
Área interna bruta (exceto casa de máquinas)/pessoa	20–30

* Acrescente 2–3 m² sempre que uma sala de redação de relatórios for incluída na área do laboratório.

Com frequência, os setores privados ou corporativos têm padrões próprios para a organização espacial. Eles geralmente usam valores de referência para estimar a quantidade de espaço e de bancadas a ser disponibilizada para cada pesquisador. De certa forma, os valores de referência talvez sejam pouco confiáveis, pois é difícil obter dados seguros e relevantes. Há uma variedade muito ampla entre os dados comerciais mínimos e máximos, o que reflete a complexidade de usos em laboratórios (por exemplo, nos Estados Unidos, os laboratórios podem variar de 22,7 m² a 41,1 m² por pesquisador, área principal líquida mais área secundária por pesquisador). As áreas indicadas na Tabela XIV são as diretrizes adotadas por uma grande empresa farmacêutica privada do Reino Unido.

3.8 Circulação

Observações gerais

- Corredores, escadas, elevadores, rampas, corrimãos e as várias áreas de apoio devem facilitar a movimentação de pessoas, materiais, lixo e equipamentos em relação às dimensões, configurações e portas de todas as rotas de acesso.
- A circulação de pedestres deve disponibilizar uma saída segura de cada laboratório e um espaço de apoio do laboratório por meio de uma rota simples de saída para o exterior do prédio, no mesmo nível.
- A separação das áreas de trabalho e de circulação reduz a probabilidade de acidentes e facilita a evacuação quando houver perigo.
- O sistema de circulação deve levar em consideração os espaços contíguos recomendáveis para as relações entre as áreas de laboratório principais, secundárias e terciárias.

Os corredores podem ser simples, duplos ou triplos. Há várias opções para organizar cada tipo (Figuras 22.10, 22.11 e 22.12).

Distâncias dos espaços de circulação entre as bancadas: As distâncias recomendadas para os espaços de circulação entre as bancadas de laboratório são indicadas na Tabela XV e ilustradas na Figura 22.13.

Larguras dos espaços de circulação e corredores: As distâncias recomendadas para os espaços de circulação e corredores em laboratórios são indicadas na Tabela XVI e ilustradas na Figura 22.14.

Tabela XIV Tabela de áreas médias por pessoa (exemplos de diretrizes adotadas por uma grande empresa farmacêutica privada do Reino Unido)

	Área/pessoa (m²)
Área principal líquida do laboratório/funcionário do laboratório	10–11
Área principal total líquida/pesquisador	14–17
Área principal líquida mais secundária/pesquisador	18–24
Área interna bruta (exceto casa de máquinas)/pessoa	23–34

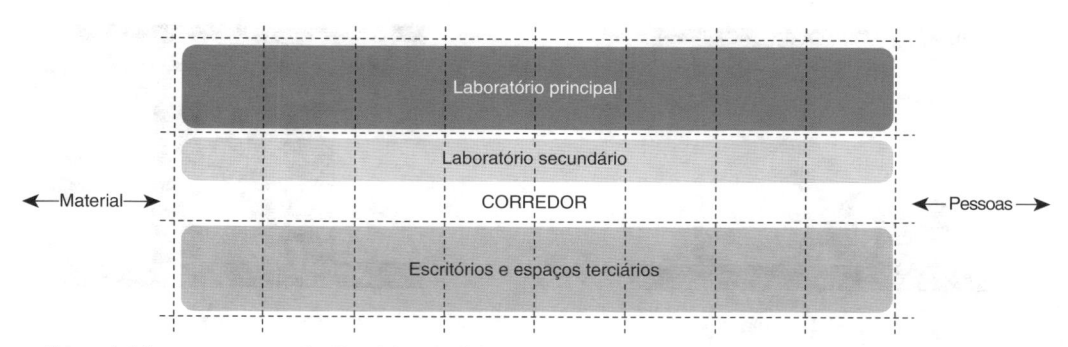

22.10 Diagrama ilustrando leiaute com um corredor. Esse leiaute é eficiente, mas talvez a rota de circulação única resulte em cruzamento e conflitos de fluxos de pessoas ou materiais.

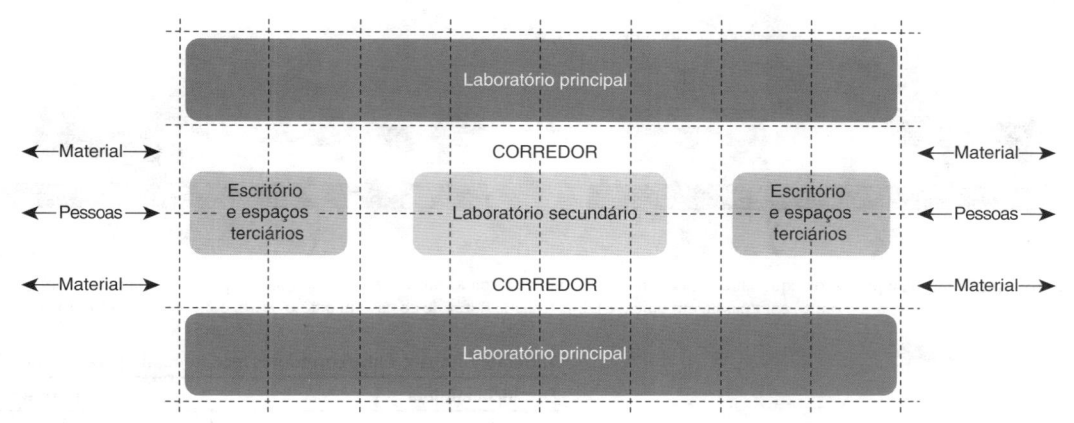

22.11 Diagrama ilustrando leiaute com dois corredores. Esse leiaute separa de maneira eficiente o fluxo de pessoas e materiais dentro do prédio.

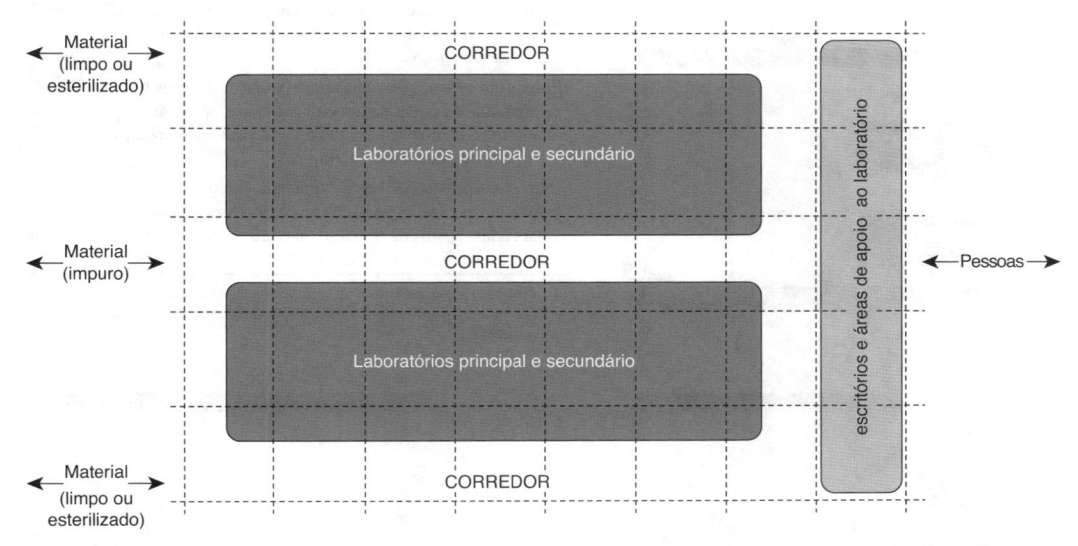

22.12 Diagrama ilustrando leiaute com três corredores. Esse leiaute é o mais adequado para otimizar a circulação no interior do prédio, mas provavelmente é o menos eficiente em termos de área.

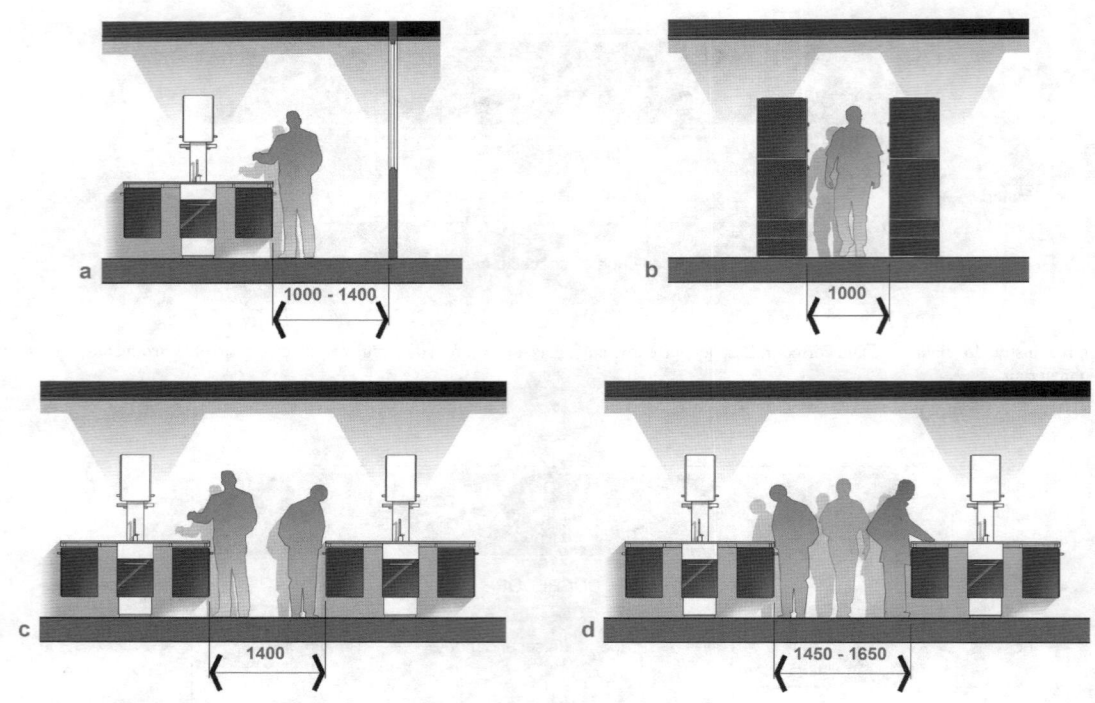

22.13 Espaços livres: a) bancada e parede ou equipamento, com passagem única; b) bancada e/ou equipamento, sem postos de trabalho, com passagem única; c) dois trabalhadores de costas um para o outro, com passagem única; d) dois trabalhadores de costas um para o outro, com passagens múltiplas.

Tabela XV Espaço entre corredores recomendado para laboratórios

Distância mínima	Largura (mm)
Entre a frente da bancada ou posto de trabalho e uma parede oposta, outro móvel, equipamento ou rota de circulação (com uma pessoa na bancada)	1.000*–1.400*
Entre bancadas, móveis ou equipamentos sem espaços de trabalho em um dos lados, permitindo a passagem de uma pessoa por vez	1.000*
Entre duas pessoas de costas uma para a outra, mas sem a necessidade de que uma terceira pessoa passe entre bancadas, postos de trabalho ou equipamentos opostos onde há pessoas trabalhando	1.400*
Entre duas pessoas de costas uma para a outra quando deve haver espaço para uma terceira pessoa passar entre bancadas, postos de trabalho ou equipamentos opostos onde há pessoas trabalhando	1.450*–1.650 (1.800, excepcionalmente)

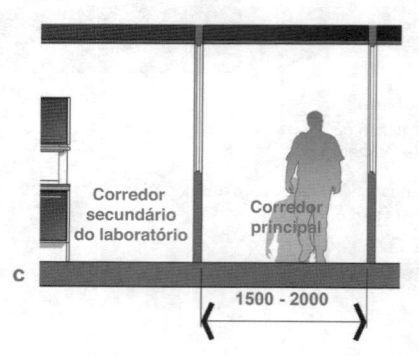

* 1.200 mm são necessários para o cumprimento do Disability Discrimination Act 1995 e 1.500 mm em posição oposta a um armário de segurança ou armário de segurança microbiológica.

22.14 Larguras de corredores e passagens a) nas extremidades das bancadas, rotas adicionais de circulação dentro do laboratório; b) nas extremidades dos corredores, uma forma de circulação dentro do laboratório; c) circulação geral.

Tabela XVI Larguras dos corredores e espaços entre bancadas

	Largura (mm)
Espaços livres entre as extremidades das bancadas para possibilitar a circulação dentro do laboratório	1.200–1.500*
Espaços livres semelhantes, onde não há corredores separados para circulação geral fora do laboratório	1.800–2.000*
Corredores para circulação geral	1.500–2.000**

*Deve-se considerar que talvez o espaço entre as bancadas fique parcialmente obstruído, por funcionários utilizando as pias nas extremidades das bancadas, por portas que se abrem para o espaço designado, por equipamentos e por armários de segurança e armários de segurança microbiológica.
** Sempre que possível (e particularmente quando os corredores forem relativamente longos), é preferível a largura entre 1.800 e 2.000 mm, tanto por questões funcionais quanto por estéticas.

Tabela XVII Exigência para a largura das portas (mínima)

	Folhas	Largura da folha (mm)
No mínimo uma porta para acessar laboratórios e salas de equipamentos	1,5 folha	1.200 mm

Portas: A Tabela XVII indica a largura mínima (o vão livre ou luz) recomendada para, no mínimo, uma das portas dos laboratórios e salas de equipamentos a fim de acomodar a movimentação periódica de equipamentos. Isso pode ser obtido utilizando uma abertura com folha móvel de 900 mm e uma folha fixa de 300 mm. É preciso prever os equipamentos futuros e revisar as listas de equipamentos para verificar se eles podem ser transportados e manobrados entre os espaços disponíveis.

3.9 Saídas de emergência

Conforme as Building Regulations 2000 Approved Document B Volume 2 (Volume 2 do Documento Aprovado B das Normas de Construção Britânicas de 2000), os laboratórios são incluídos para esse fim no grupo dos escritórios, onde a distância máxima de deslocamento, sempre que o percurso é possível em mais de uma direção, é de 45 m; se houver apenas uma direção, a distância máxima é de 18 m. No passado, as Building Regulations estipulavam uma variável: distâncias de percurso de 18 metros se o percurso fosse possível em mais de uma direção, e 9 metros se houvesse apenas uma direção em laboratórios com fontes de calor abertas (por exemplo, bicos de Bunsen), definindo-os como Places of Special Fire Hazards (Locais com Alto Risco de Incêndio). Esse item não foi incluído na última revisão, uma vez que toda a segurança contra incêndio no ambiente de trabalho foi coberta pela Regulatory Reform (Fire Safety) Order 2005 (Reforma Normativa [Segurança Contra Incêndio], Edição 2005), na qual uma pessoa responsável deve providenciar uma avaliação do risco de incêndios (Figura 22.15). A norma britânica BS 9999:2008 – *Code of practice for fire safety in the design, management and use of buildings* também oferece soluções de projeto alternativas para saídas de emergência além de orientações sobre como as exigências prescritivas da AD:B podem ser reduzidas empregando princípios de engenharia de incêndio.

Sempre que um equipamento de laboratório que poderia oferecer riscos à saúde (como a explosão de armários de segurança) for situado no interior de uma saída de emergência, recomenda-se que uma rota alternativa seja prevista no projeto. Se cilindros de gás forem necessários dentro do laboratório, eles devem ser posicionados de forma segura em um local afastado das saídas de emergência ou da saída final. (Figura 22.16).

3.10 Elevadores

O elevador de serviço também é usado como acesso à casa de máquinas para o transporte de equipamentos relevantes. Em geral, os engenheiros preveem um elevador com a capacidade de transportar um cubo de 2 m de altura (no mínimo) para permitir que equipamentos de climatização sejam desmontados e levados dentro do elevador; em geral, esse tamanho é adequado para acomodar até os maiores equipamentos de laboratório, como um congelador de

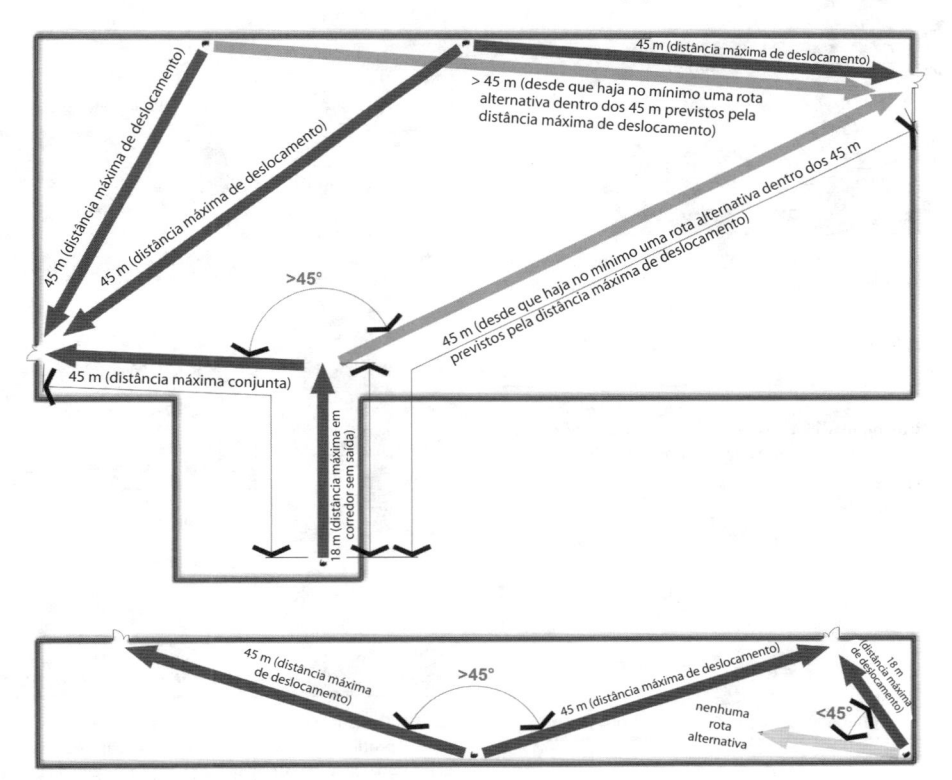

22.15 Saídas de emergência em um laboratório.

Tabela XVIII Dimensões recomendadas para as bancadas de laboratório usadas por alunos em escolas de ensino fundamental

	Dimensão (mm)
Comprimento da bancada por aluno	600
Profundidade livre da bancada em condições regulares	500–750
Altura da bancada: Sentado	600–650
De pé ou sentado em banco de laboratório	650–725

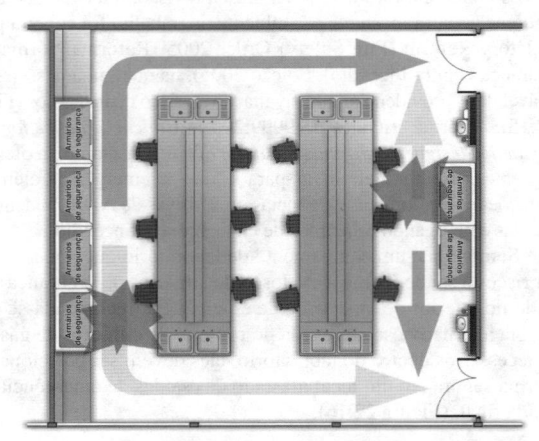

22.16 Devem-se prever rotas de fuga alternativas quando há possíveis fontes de riscos.

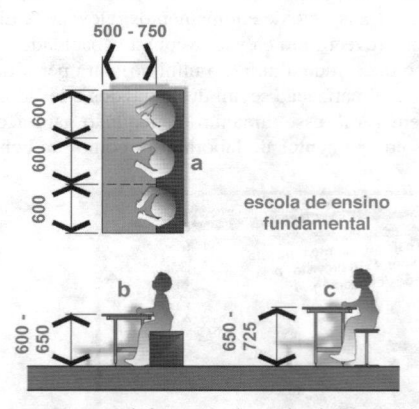

22.17 Dimensões recomendadas para as bancadas de laboratório usadas por alunos em escolas de ensino fundamental: a) planta baixa da bancada; b) sentado; c) de pé ou sentado em banco de laboratório.

Tabela XIX Dimensões (em mm) recomendadas para as bancadas de laboratório usadas por alunos em escolas de ensino médio

	Ensino médio (11–16 anos)	Ensino médio (mais de 16 anos)	Disability Discrimination Act 1995
Comprimento da bancada por aluno	600	600–1.200	1.200
Profundidade livre da bancada em condições regulares	600–750	600–750	600–750
Altura da bancada: Sentado	640	720	850
De pé ou sentado em banco de laboratório	850	900	
Regulagem de altura	700–1.050*	700–1.050*	700–1.050*

*A regulagem de altura é recomendada sempre que possível.

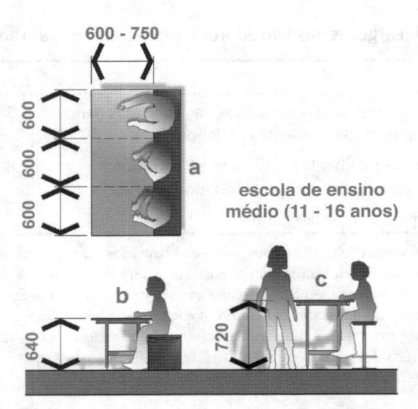

22.18 Dimensões recomendadas para as bancadas de laboratório usadas por alunos em escolas de ensino médio: a) planta baixa da bancada; b) sentado; c) de pé ou sentado em banco de laboratório.

–80°C ou um móvel qualquer. As exigências específicas devem ser confirmadas junto aos usuários.

3.11 Mobiliário: conceitos gerais

Os laboratórios devem ser projetados para permitir a redistribuição de mobiliário dentro dos limites da configuração modular. Serão feitas referências particulares à escolha de sistemas de bancada e de armários e à distribuição das instalações. Os critérios de desempenho a serem considerados na seleção de bancadas de laboratório incluem:

Modularidade
- Use bancadas moduladas no comprimento (geralmente com módulos de 1.000 mm para fabricantes de móveis no Reino Unido e 600, 900 ou 1.200 mm para fabricantes em outros países europeus), na profundidade e na altura.
- Instalações embutidas

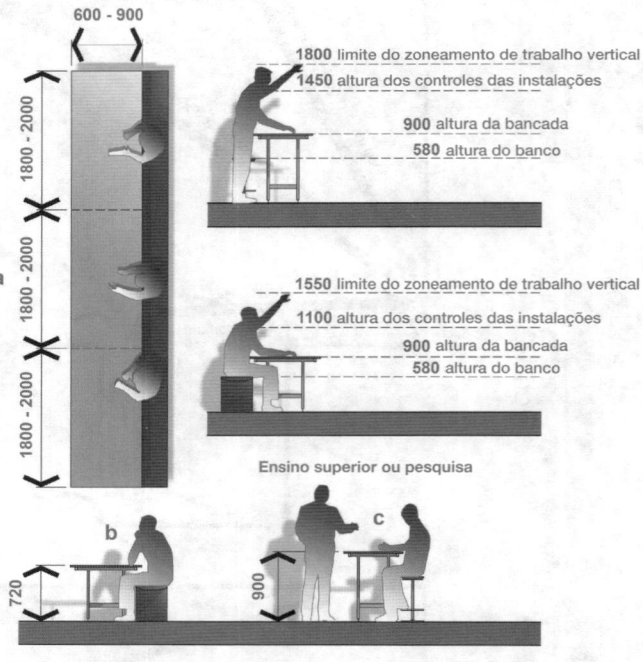

22.19 Dimensões recomendadas para as bancadas de laboratório (comprimento, profundidade e altura) usadas para ensino superior ou pesquisa: a) planta baixa da bancada; b) sentado; c) de pé ou sentado em banco de laboratório.

Tabela XX Dimensões recomendadas para bancadas de laboratório usadas para ensino superior ou pesquisa

	Dimensões (mm)
Comprimento da bancada por pesquisador	1.800–2.000 (2.400 em casos específicos)*
Profundidade livre da bancada em condições regulares	600–900**
Altura da bancada:	
Sentado à bancada	720***
De pé junto à bancada ou sentado em banco de laboratório	900****
Regulagem de altura	700–1.050*****
Altura dos controles dos equipamentos (sentado ou de pé)	1.110/1.450
Limite do zoneamento de trabalho vertical (sentado ou de pé)	1.550/1.800

* O comprimento adequado dependerá da quantidade de equipamentos instalados sobre a bancada. Em geral, 2.000 mm é um bom ponto de partida. Casos excepcionais incluem distâncias padronizadas usadas nos setores privados ou corporativos.
** Algumas operações e equipamentos talvez exijam uma bancada com mais profundidade. Esses casos devem ser identificados ainda no início da elaboração do programa de necessidades e, em geral, são acomodados em bancadas peninsulares com profundidade dupla. Um bom valor intermediário é 750 mm.
*** Sobe para 850 mm para estar em conformidade com o Disability Discrimination Act 1995.
**** Não esqueça de coordenar a altura da bancada com os equipamentos colocados sob ela, como refrigeradores e congeladores, uma vez que eles variam em termos de altura.
***** Atende às exigências do Disability Discrimination Act 1995 e é recomendado sempre que possível (sujeito ao orçamento e à necessidade de controle da vibração e limpeza fácil).

- Móveis pré-fabricados
- Componentes e acessórios intercambiáveis

Flexibilidade
- Sistema flexível e adaptável que seja fácil de transportar e reposicionar, sem causar maiores impactos na estrutura do prédio e em seus acabamentos, além de perturbar o mínimo possível seus usuários finais.
- Recomenda-se, sempre que possível, o uso de bancadas e cadeiras de laboratório com altura ajustável (sujeito aos condicionantes orçamentários e às exigências do controle de vibrações e de limpeza).
- Sistema de distribuição de instalações independente dos móveis do laboratório, com pontos de saída no teto, nas paredes ou em *shafts*.
- Armários aéreos e sob bancadas independentes dos móveis fixos do laboratório e que possam ser movidos e reposicionados com facilidade.
- A vibração, no caso do uso de equipamentos sensíveis, como microscópios, pode exigir mesas antivibração.

Manutenção
- Facilidade de limpeza e manutenção e acessibilidade para fins de serviços e manutenções
- Robustez

Exigências da Disability Discrimination Act
- Disponibilize móveis com regulagem de altura, sempre que possível, para acomodar vários equipamentos e atender às exigências da Disability Discrimination Act 1995.
- Forneça, no mínimo, um posto de trabalho ou sala para redação de relatórios e resultados de exames em conformidade com a lei e de acordo com as exigências dos usuários para cada laboratório.

Tabela XXI Alturas de alcance confortável entre 7 e 18 anos ou mais e em conformidade com a Disability Discrimination Act 1995

Idade	Altura de alcance confortável (mm)
7 anos	1.100
9 anos	1.170
10 anos	1.260
11 anos	1.300
12 anos	1.375
17 anos	1.640
18 anos ou mais	1.675
Altura de alcance segundo a Disability Discrimination Act 1995	1.160

Acabamentos
- As superfícies de trabalho devem, em geral, ser impermeáveis e fáceis de limpar, além de serem resistentes a produtos químicos nos locais necessários. Os materiais mais comuns são painéis revestidos de laminado, painéis revestidos de chapa de aço inoxidável, chapas laminadas maciças, chapas de resina de epóxi maciças, chapas de resina fenólica maciças e chapas de polímero acrílico. A escolha ideal entre esses vários materiais dependerá dos materiais e produtos químicos que serão empregados no laboratório e dos parâmetros de custo para cada bancada.

Comprimento, profundidade e altura das bancadas (escolas de ensino fundamental)
Uma vez que a ciência é ensinada em uma área multifuncional ao redor de grupos de mesas, bancadas periféricas ou uma combinação de ambos e limitada a grupos de oito crianças, a única dimensão fundamental para o planejamento de tal espaço consiste em garantir o acesso para cadeiras de rodas aos principais equipamentos no interior do laboratório (Tabela XVIII e Figura 22.17).

3.12 Armários

Conceitos gerais
- Armários centralizados são mais indicados (para facilitar a manutenção, evitar a duplicação, promover a diversidade e um uso mais intenso dos equipamentos).
- As dimensões de profundidade e altura dos armários devem prever uma altura de alcance confortável.
- Modulados (baseados em tamanhos industriais padronizados sempre que possível)
- Móveis ou reguláveis
- Robustos

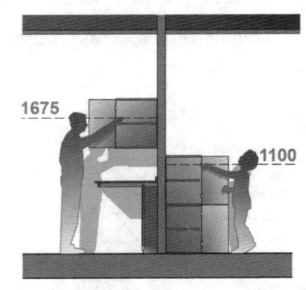

22.20 Alturas de alcance confortável entre 7 e 18 anos ou mais e conforme as exigências da Disability Discrimination Act 1995.

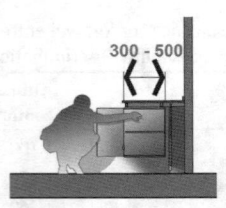

22.21 Profundidade de armários de acordo com o alcance confortável.

Tabela XXII Alturas recomendadas para armários de acordo com o alcance confortável

	Dimensões (mm)
Objetos leves raramente usados	1.700–2.200
Objetos leves usados com frequência	1.110–1.700
Objetos leves e pesados usados com frequência	800–1.100
Objetos pesados raramente usados	600–800
Altura de controle da Disability Discrimination Act 1995	1.200 máx–380 mín.

Altura de alcance confortável
A altura de alcance confortável em um armário com 300–500 mm de profundidade colocado diretamente no chão é apresentada na Tabela XXI e na Figura 22.20.

Profundidade e altura do armário
A profundidade dos armários deve ficar entre 300 e 500 mm para facilitar o acesso e permitir que ele fique no mesmo nível do tampo da bancada e do corrimão (Figura 22.21). A altura máxima e o nível mais baixo de armazenagem usada com frequência devem se basear no alcance confortável. As zonas mais altas e mais baixas costumam ser usadas para itens raramente usados (Tabela XXII e Figura 22.22).

Armários sob bancadas
Os armários sob bancadas geralmente são disponibilizados de três maneiras: móveis (com rodízios), suspensos (fixos na parede, sem contato com a bancada) e com pés (apoiados no piso) (Figura 22.23). A localização e o número de armários deverão atender às exigências funcionais, e é preciso deixar espaços livres suficientes nos locais em que as pessoas se sentarão. As unidades móveis (com rodízios ou suspensas) são recomendadas sempre que é importante a facilidade de limpeza, manutenção e reposicionamento. Em situações ideais, o espaço ocupado pelos armários sob bancadas não deve exceder a 50% dessas áreas de piso.

Depósitos de cilindros de gás
O engenheiro do projeto de instalações será o principal responsável por determinar as exigências para o armazenamento de cilindros de gás; contudo, os itens a seguir precisam ser considerados:

- As normas e os regulamentos locais (consulte as Referências Bibliográficas)

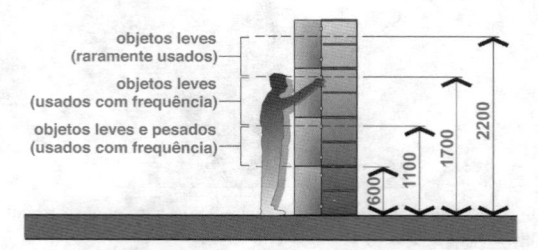

22.22 Alturas recomendadas para armários de acordo com o alcance confortável.

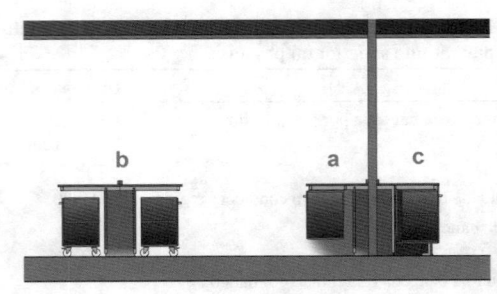

22.23 Opções de armários sob bancadas: a) suspensos; b) com rodízios; c) com base.

- Os tipos de gás necessários e se eles serão armazenados temporariamente para transporte posterior ou armazenados permanentemente para distribuição por dutos até locais determinados.
- A existência de depósitos de gás nas adjacências, a separação de cilindros para diferentes tipos de gás, a classe de proteção contra explosivos, ventilação e proteção contra fogo, a acessibilidade para os caminhões de entrega que enchem os recipientes isotérmicos.
- As rotas de distribuição da tubulação, a ventilação e a proximidade com instalações elétricas.
- Os sistemas de detecção de vazamentos e alertas, incluindo as conexões com alarmes de incêndio ou sistema de automação predial/desligamento na tubulação e no laboratório.
- Os equipamentos elétricos armazenados e dentro do laboratório.
- Os equipamentos de ventilação no laboratório.
- O fornecimento de gás para os equipamentos.
- O representante dos equipamentos responsável pelos itens citados.

Depósitos de nitrogênio líquido
Se o ponto de carga estiver situado internamente, a ventilação contínua e um sistema de detecção do nível de oxigênio serão necessários e devem estar conectados ao sistema de automação predial. O ideal é o depósito externo, situado diante de uma parede externa com proteção contra incêndios. Isso não exige ventilação especializada. A única exigência para um ponto de carga externo seria um depósito leve com meia água para proteção climática. Em áreas nas quais o nitrogênio líquido está sendo transferido de recipiente, deve-se tomar cuidado com a seleção dos materiais de acabamento de piso e parede, pois o contato com esse produto pode acarretar sua deterioração rápida, devido ao choque térmico.

3.13 Equipamentos

Conceitos gerais
O posicionamento dos equipamentos depende das necessidades individuais, que podem mudar com o tempo. Sempre que possível, utilize equipamentos removíveis ou reposicionáveis em preferência àqueles embutidos ou feitos sob medida. Em uma situação ideal, as bancadas de um laboratório deveriam ser removíveis, para permitir que equipamentos apoiados no piso sejam incluídos conforme a necessidade, durante a vida útil do laboratório.

Equipamentos gerais
Os equipamentos instalados sobre o piso, gerais ou padronizados, talvez incluam os itens listados a seguir (observe que é preciso confirmar junto aos fabricantes, uma vez que os tamanhos individuais variam consideravelmente conforme a capacidade e a marca. Os tamanhos indicados são nominais):

- Refrigerador ou congelador sob a bancada: 600 mm de largura × 600 mm de profundidade × 650 mm altura

- Refrigerador ou congelador alto ou instalado sobre o piso: 600–750 mm de largura × 600–750 mm de profundidade × 1.800 mm de altura
- Congelador de alta potência (–50° a –80°C): 1.130 mm de largura × 875 mm de profundidade × 1.990 mm de altura
- Centrífuga: 900–1.200 mm de largura × 900 mm de profundidade × 950 mm de altura
- Forno: 1.000 mm de largura × 1.000 mm de profundidade × 800 mm de altura

(Observação: os congeladores maiores, geralmente até –80°C, devem ser colocados dentro de câmaras frias adequadas, que amortecerão os ruídos e fornecerão a refrigeração necessária do ambiente, além de reduzir o consumo de energia.)

Equipamentos especiais
Os equipamentos especiais podem incluir:

- Ressonância magnética nuclear
- Raios X e outros equipamentos de imagem
- Equipamentos de tecnologia da informação
- Balanças e outros equipamentos de medição
- Espectrômetros de massa
- Autoclaves

As dimensões do cômodo, o carregamento sobre a estrutura, a rigidez e a ressonância, as condições ambientais, a proteção contra ondas e partículas e as conexões de instalações de equipamentos especiais exigem consideração individual e, portanto, devem ser discutidos caso a caso e sempre levando em conta as recomendações para saúde e segurança expressas pelo fabricante. Sempre que um equipamento que pode ser afetado por campos magnéticos está sendo considerado, deve-se tomar o cuidado de conferir sua proximidade a objetos de metal móveis, como elevadores.

Sistema de exaustão local
Trata-se de um sistema de ventilação que remove poeira, particulados, gases e vapores do ar, para que não sejam inalados pelas pessoas. Na Grã-Bretanha, a norma Control of Substances Hazardous to Health Regulations exige a prevenção ou o controle adequado da exposição a substâncias perigosas. Sempre que a análise do risco determinar que a ventilação para exaustão local é necessária como parte das medidas de controle empregadas, o sistema de exaustão local deve ser adequadamente selecionado, utilizado, testado e mantido, e os registros devem ser feitos e arquivados. Esse sistema pode ser minúsculo e assumir a forma de uma ferramenta de uso manual ou pode ser grande o suficiente para que um indivíduo possa entrar nele, como é o caso de alguns armários de segurança (que serão descritos em detalhes nesta seção).

Armários de segurança
A norma BS EN 14175 (Partes 1–6) inclui os padrões mais recentes para o uso de armários de segurança e revoga em parte a norma anterior (BS 7258). Ela é aplicada a todos os tipos de armários de segurança que anteriormente não eram cobertos pela norma BS 7258, como armários de segurança visitável, com volume de ar variável, de abertura superior ou abertura baixa. Essa norma é mais um sistema de padronização de produtos, sendo relativamente branda em termos de exigências de instalação. A BS EN 14175 impõe aos fabricantes um enorme ônus de testagem individual dos produtos para justificar o desempenho de seus armários de segurança. Espera-se que, à medida que mais testes sejam publicados, sejam disponibilizadas mais diretrizes sobre a localização desses equipamentos. Até que isso ocorra, é preciso consultar a BS 7258.

Todos os armários de segurança devem oferecer o máximo de proteção ao usuário que lida com substâncias químicas ou aerossóis. Os armários de segurança para um usuário comumente possuem 1.500–1.800 mm de extensão. As unidades maiores, em geral para o uso de duas pessoas, chegam a ter 2.400 mm de comprimento. Os armários de segurança devem ser posicionados de forma a evitar incômodos ao próprio armário e seu usuário (Figuras 22.24 e 22.25). Os incômodos incluem pessoas andando em rotas paralelas, janelas abertas, registros do sistema de climatização ou equipamentos de laboratório que geram movimentação de ar (por exemplo, bombas a vácuo e centrífugas). Eles devem ser colocados longe de áreas de circulação intensa, portas e entradas e saídas de ar, pois todos esses itens são capazes de interromper o padrão do fluxo de ar. Deve haver uma saída de emergência alternativa em caso de explosão ou incêndio.

O uso de armários de segurança com circulação de ar (sem duto) é capaz de reduzir significativamente o consumo de energia, embora seu aproveitamento talvez seja limitado. Antes de selecionar um armário de segurança com recirculação de ar, deve-se fazer uma análise dos produtos químicos que serão utilizados para garantir que seu filtro consiga manter um ambiente de trabalho seguro. Consulte a norma britânica BS 7989 para armários de segurança com circulação de ar e filtragem de gases. Embora essa norma seja distinta da BS 7258, ela tem estrutura similar à outra e possui referências cruzadas.

Os armários de segurança transportáveis com dutos flexíveis, extração variável e recirculação de ar são recomendados para maximizar a flexibilidade e minimizar o consumo de energia. O número necessário de armários de segurança deve ser confirmado junto aos usuários.

Armários de segurança microbiológica
Toda a instalação dos armários de segurança microbiológica deve estar em conformidade com as normas britânicas BS 5726 e com o EM 12469 para oferecer o máximo de proteção ao usuário que lida com agentes biológicos do Grupo de Risco 4. Os armários de segurança para apenas um usuário comumente têm 1.500–1.800 mm de extensão. Os armários mais compridos, em geral para dois usuários, têm até 2.400 mm de extensão.

Eles devem ser posicionados de forma a evitar incômodos ao armário e seu operador (Figuras 22.26 e 22.27). Os incômodos incluem pessoas andando em rotas paralelas, janelas abertas, registros do sistema de climatização ou equipamentos de laboratório que geram movimentação de ar (por exemplo, bombas a vácuo e centrífugas). Eles devem ser colocados longe de áreas de circulação intensa, portas e entradas e saídas de ar, pois todos esses itens são capazes de interromper o padrão do fluxo de ar.

Na Grã-Bretanha, todos os armários de segurança são projetados para se incluir em uma das três classificações definidas pela norma BS EN 12469:

- Os armários de segurança da Classe I oferecem aos usuários um fechamento de alto desempenho contra o perigo de aerossóis e outros particulados dentro da área de trabalho desses equipamentos. Todo o ar é exaurido através de filtros HEPA (filtros de ar particulado de alta eficiência), em geral para a atmosfera. Também há armários de segurança com recirculação de ar disponíveis, embora o uso desses dependa da tarefa que está sendo desenvolvida dentro deles.
- Os armários de segurança da Classe II, ao contrário daqueles da Classe I, oferecem proteção tanto ao usuário quanto aos materiais que estão dentro da área de trabalho do armário de segurança. A proteção ao usuário é oferecida por meio de uma cortina de ar com fluxo avançado, mas o material de amostra no armário é protegido do ambiente poluído do laboratório por meio de um jato constante de ar filtrado por um filtro HEPA.

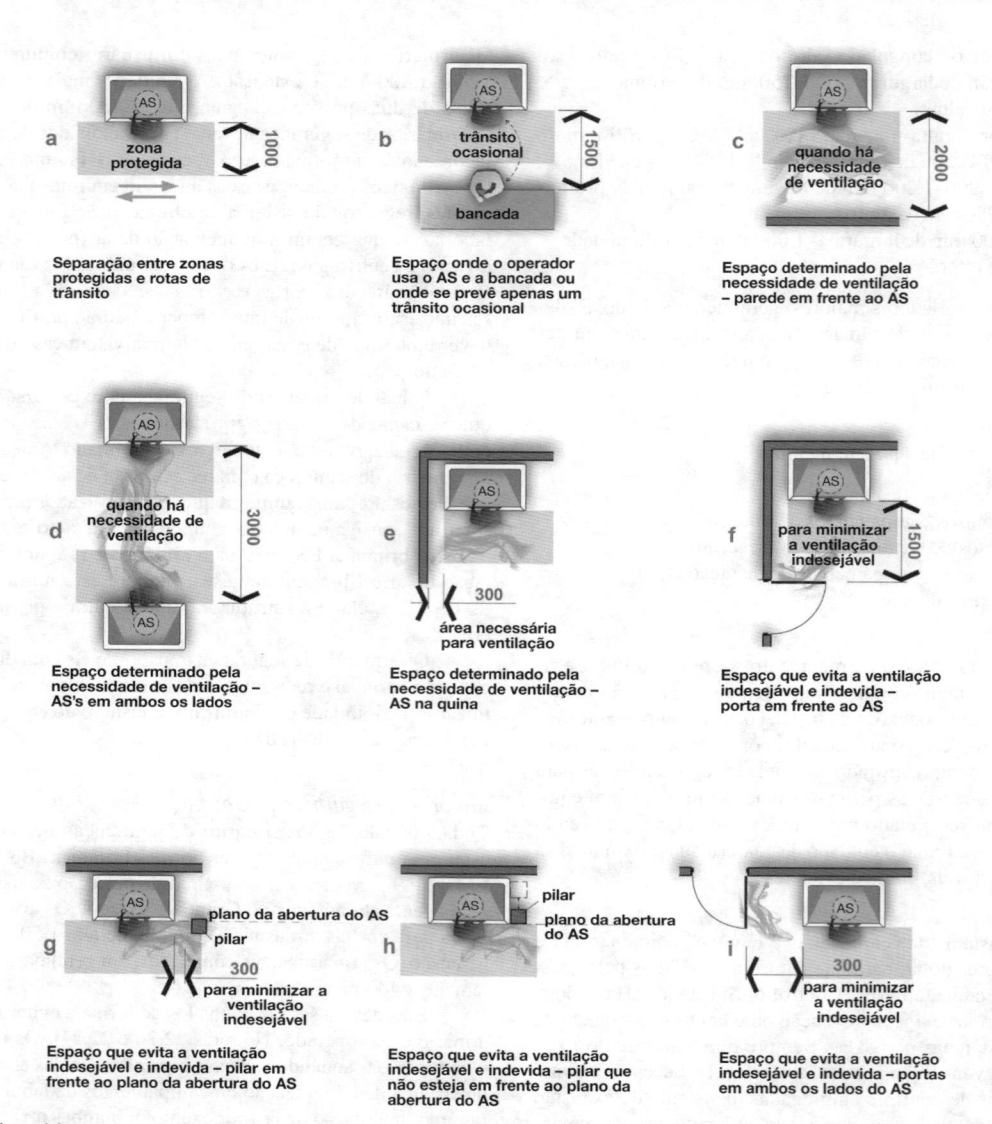

22.24 Distâncias mínimas para evitar incômodos no uso do armário de segurança ou capela ao seu operador (conforme o estipulado na norma BS 7258).

- Os armários de segurança da Classe III, assim como os da Classe II, oferecem proteção tanto para os usuários como para os produtos, mas apresentam um nível de proteção ainda mais elevado. Para os usuários, isso se consegue com uma barreira extra, seja trabalhando com luvas e protegendo o material dentro do armário com o fluxo de ar filtrado que está operando sob pressão negativa em relação ao equipamento do entorno e com a exaustão do ar para a atmosfera sendo feita por filtros HEPA. Um armário de segurança microbiológica da Classe III é um equipamento extremamente especializado projetado para os trabalhos mais perigosos, geralmente conduzidos dentro de uma instalação com nível de contenção 3 ou 4.

Alguns fabricantes produzem um armário de proteção híbrido (Classes I e III), mas isso não é previsto pela norma britânica. Os armários híbridos, como sugere o nome, podem ser utilizados como armários da Classe I ou da Classe III por meio de uma porta removível que é anexada à abertura frontal. Contudo, a construção e testagem desses equipamentos é feita de tal maneira que, quando eles são empregados no modo da Classe III, eles não equivalem às especificações de um armário padrão dessa classe e, portanto, sempre devem ser conferidos.

A norma britânica BS EN 12469 e o Advisory Committee for Dangerous Pathogens (Comitê Consultivo para Patógenos Perigosos – ACDP) recomendam que o gás natural não seja utilizado dentro dos armários de segurança (uma vez que terá impacto sobre o fluxo do ar do armário, a integridade do filtro de fluxo negativo e possivelmente leve ao risco de incêndio – vários equipamentos já entraram em combustão ao serem utilizados com gás natural), assim, isso não deve ser previsto como um procedimento padrão para armários da Classe II. Se, após a avaliação de risco, julgar-se necessário o uso do gás natural, deve ser empregada uma válvula solenoide para gases junto com um queimador de ignição do tipo operado pelo pé e de perfil baixo. O número de armários de segurança necessários precisa ser confirmado com os usuários.

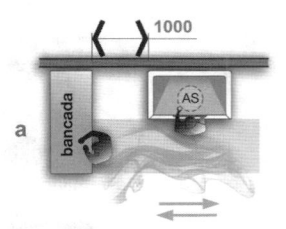

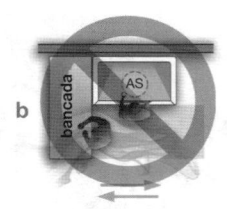

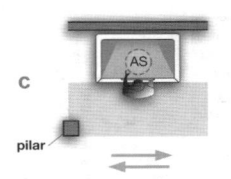

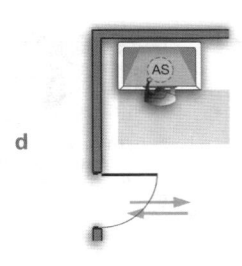

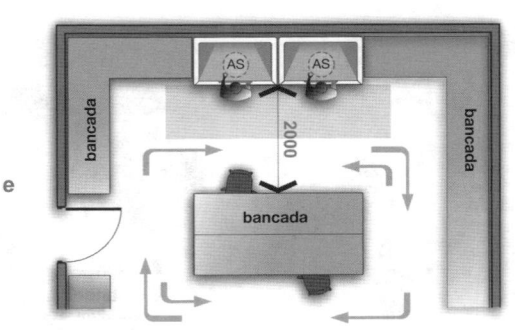

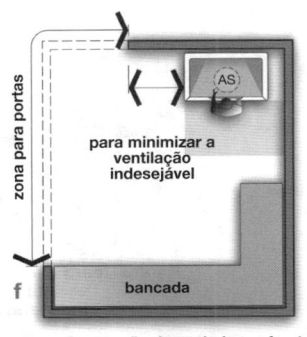

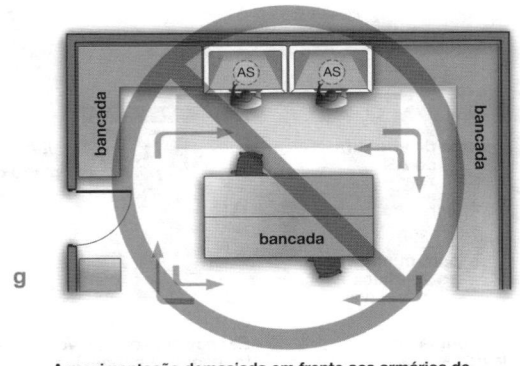

22.25 Leiautes de capelas e armários de segurança para evitar incômodos no uso do armário de segurança ao seu operador causados por outras pessoas (conforme estipulado pela norma britânica BS 7258).

3.14 Acabamentos e acessórios

Acabamentos

Os acabamentos devem ser adequados ao uso em questão, ao nível de contenção e à classificação de esterilização do laboratório. Para laboratórios químicos molhados e biológicos em geral, assim como para câmaras escuras, recomenda-se o uso de um piso de vinil ou borracha antiderrapante resistente a solventes, sem emendas junto à quina do piso com a parede (isto é, subindo nela e formando um rodapé) e do tipo contínuo (não em placas). As paredes e forros devem ser robustos e laváveis. Em geral, um forro totalmente acessível (no qual as classificações de contenção e nível de esterilização não exigem que ele seja totalmente vedado) permitirá acesso total à infraestrutura de instalações prediais no pleno e oferecerá certo tratamento acústico ao ambiente, embora em certas salas seja mais apropriado que não haja qualquer tipo de forro. Consulte as Referências Bibliográficas para fontes de consulta sobre a especificação dos acabamentos.

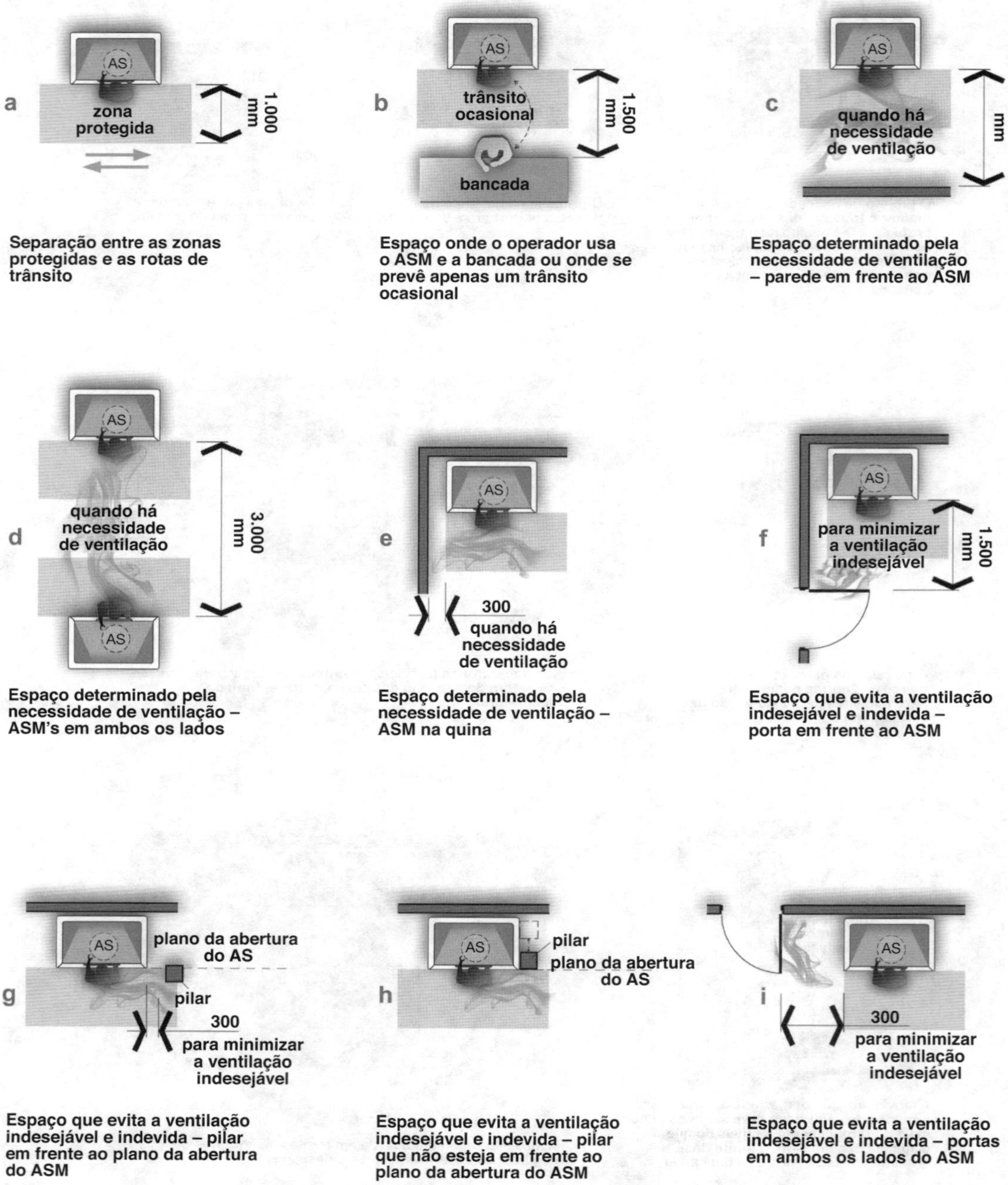

22.26 Distâncias mínimas dos armários de segurança microbiológica de forma a evitar incômodos no uso do armário e ao seu operador.

Lavatórios
Os lavatórios costumam ser exigidos em cada laboratório e devem se localizar perto do ponto de saída da sala ou em uma antecâmara. Os lavatórios para produtos biológicos ou químicos particularmente perigosos podem precisar de cotovelos (para áreas do Nível de Contenção 2) ou sensores eletrônicos (para áreas do Nível de Contenção 3).

Duchas de segurança e lava-olhos de emergência
Os laboratórios nos quais há o manuseio de materiais perigosos devem ter uma ducha de segurança e para a lavagem de olhos localizada perto da saída do local e a uma distância de deslocamento que não leve mais de 10 segundos para ser percorrida das áreas de uso de produtos químicos ou que esteja conforme as exigências de segurança e saúde no trabalho (obedecendo à norma mais exigente). As duchas de segurança e para a lavagem de olhos devem, de preferência, ter drenos com sifão e identificação bem visível, e o piso sob as duchas de segurança precisa ser antiderrapante. As duchas de segurança podem ter cortinas, para maior privacidade, especialmente em laboratórios maiores ou de ensino.

3.15 Pré-requisitos das instalações

Conceitos gerais
As instalações devem tornar os laboratórios adequados para a condução precisa e confiável dos procedimentos de pesquisa, de acordo

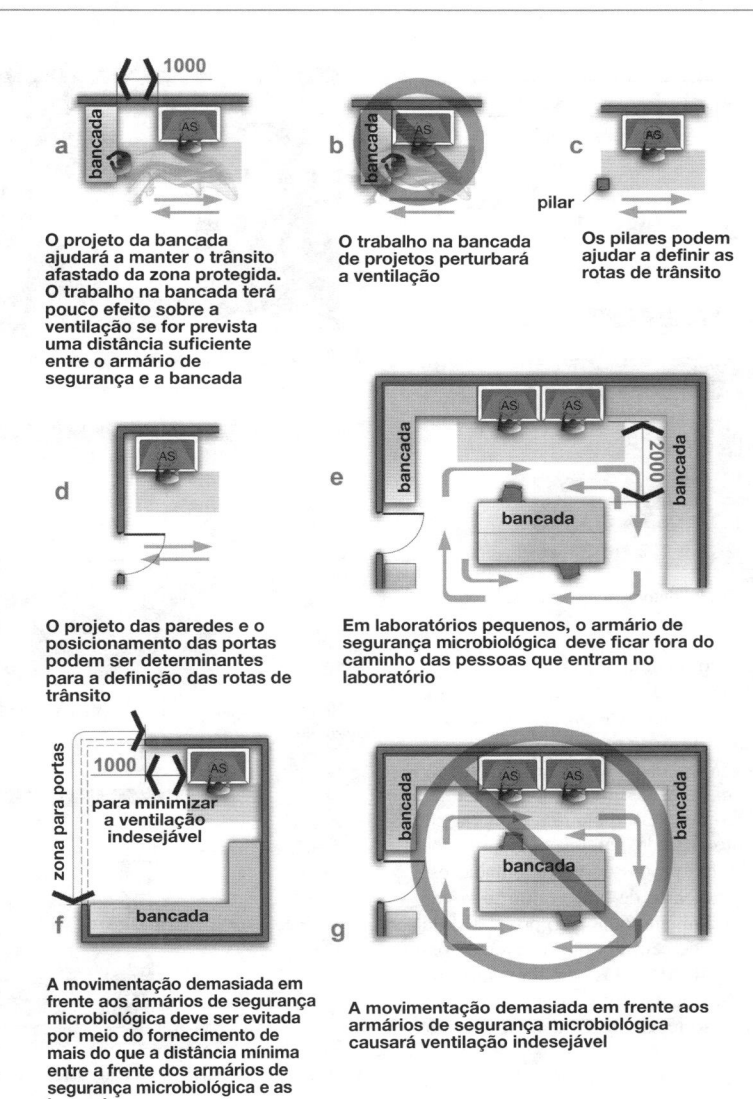

22.27 Leiautes de armários de segurança microbiológica para evitar incômodos no uso do armário e ao seu operador causados por outras pessoas.

com os padrões e códigos de prática relevantes, além de atender a critérios específicos quanto a parâmetros, incluindo:

- composição;
- pureza;
- estabilidade e confiabilidade (por exemplo, temperatura, pressão, fornecimento ininterrupto de energia, taxa de fluxo);
- controle da entrega.

Um sistema bem controlado promoverá flexibilidade e minimizará o custo operacional da edificação. As considerações devem incluir:

- Espaço para instalações previsto em corredores, coberturas e dutos verticais de instalações para futuros sistemas de aquecimento, ventilação, condicionamento de ar, encanamento e necessidades elétricas
- Facilidade de conexão e desconexão nas paredes e no teto para permitir que os equipamentos sejam pendurados de maneira fácil e barata
- Distribuição modular

3.16 Fornecimento de energia

Três tipos de fornecimento de energia comumente são usados na maioria dos projetos de laboratório. Os pré-requisitos têm de ser confirmados junto aos usuários durante a fase de elaboração do programa de necessidades.

Fornecimento normal de energia elétrica: Os circuitos são conectados apenas à rede de energia elétrica, sem qualquer sistema de apoio. As cargas que em geral dependem do fornecimento normal de energia incluem alguns equipamentos de condicionamento de ar, iluminação geral e a maioria dos equipamentos de laboratório.

Fornecimento de energia elétrica de emergência: Conforme o tamanho ou a altura da edificação, o fornecimento de energia elétrica de emergência – que é obtida por geradores – talvez seja exigido para sistemas de segurança física (por exemplo, sistemas de controle de fumaça, bombeamento de água pelos chuveiros automáticos (*sprinklers*), escadas de bombeiro, exaustão do ar no estacionamento, etc.). O fornecimento de energia elétrica de emergência talvez também seja necessário a partir de um ponto de vista profissional devido à continuidade ou perda de produto no caso de uma queda de energia normal (por exemplo, energia para o funcionamento de salas

Tabela XXIII Cargas elétricas conectadas (indicativo)

	Carga (W/m²)
Laboratórios	325
Salas de equipamentos e instrumentos	650
Salas de apoio de uso compartilhado	430
Lavagem de artigos de vidro ou salas de autoclave	540

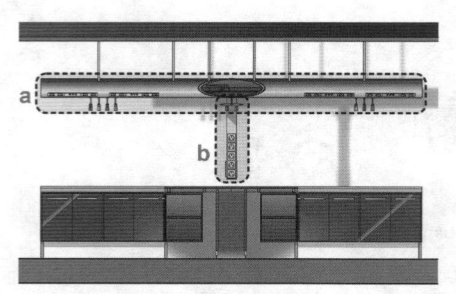

22.28 Distribuição aérea de instalações: a) duto para instalações; b) prumada de instalações.

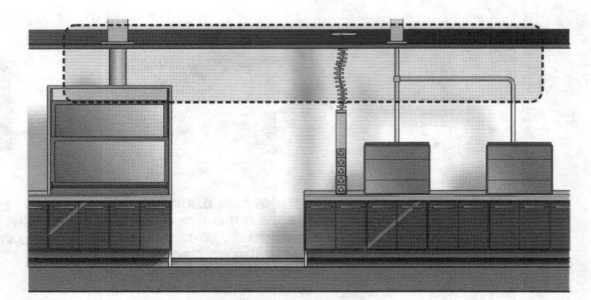

22.29 Distribuição aérea de instalação flexível.

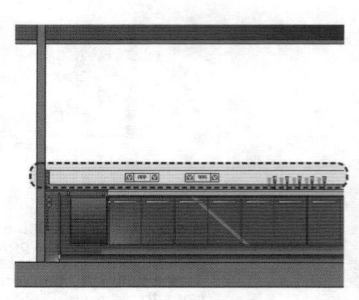

22.30 Distribuição das instalações na periferia com o uso de paredes e dutos horizontais.

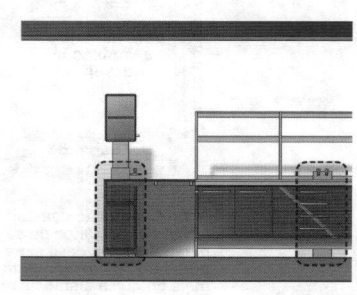

22.31 Prumadas individuais de instalações colocadas sobre o piso.

com controle de temperatura crítico, manutenção da pressão para aplicativos de salas de contenção ou esterilizadas, energia necessária para o acionamento das bombas do sistema de esgotos e fossas, sistemas de exaustão para áreas radioativas, etc.).

Fornecimento ininterrupto de energia elétrica: Uma fonte de alimentação ininterrupta (*no-break*) é necessária para condicionar e manter o fornecimento contínuo de energia elétrica para cargas críticas no caso de armazenamento de dados, alguns equipamentos controlados por computadores e microprocessadores e tomadas específicas das bancadas onde experimentos de longa duração talvez estejam conectados. O *no-break* (também conhecido por sua sigla em inglês UPS) pode ser uma unidade central ou um sistema portátil, conforme a extensão da necessidade e dos condicionantes de custo e espaço. Os sistemas de alimentação ininterrupta são muito caros e, consequentemente, é preciso ter muito cuidado ao definir sua classificação.

Cargas: As cargas elétricas conectadas são cargas estimadas durante a fase de elaboração do programa de necessidades. As cargas indicadas na Tabela XXIII são apenas indicativas e buscam auxiliar no pré-dimensionamento das bancadas genéricas em um edifício de laboratório.

3.17 Distribuição das instalações

O método de distribuição das instalações em relação ao mobiliário e aos equipamentos tem uma grande influência sobre a possível flexibilidade do leiaute durante a vida útil da edificação. Isso permite que o mobiliário seja distribuído de maneira peninsular, periférica e/ou em ilhas (Figuras 22.28 a 22.31).

Há quatro métodos principais de distribuir as instalações (energia elétrica, dados, gás, água) de bancadas e equipamentos de laboratório:

- aéreas (instalações fixas)
- aéreas (instalações flexíveis)
- periféricas (junto às paredes)
- sob o piso

Sempre que as instalações estiverem embutidas no mobiliário, nos equipamentos ou nas paredes internas, quaisquer alterações significativas no leiaute exigirão a adaptação ou ampliação dos dutos para instalações. Contudo, se a distribuição das instalações dentro do laboratório for por conexões separadas e flexíveis feitas em redes independentes, os usuários serão capazes de ajustá-las diretamente para atender às novas exigências.

A flexibilidade máxima pode ser obtida prevendo-se instalações flexíveis nos pontos de uso por meio de módulos de forro móveis e mastros instalados nas bancadas e conectados à infraestrutura de instalações aérea por meio de conexões com mangueiras flexíveis e cabos de eletricidade suspensos (Figura 22.29). Isso é feito pelo uso de instalações totalmente realocáveis integradas ao forro e aos móveis e equipamentos do laboratório. Essa estratégia exige uma coordenação total entre os projetistas e consultas com os engenheiros responsáveis pelo projeto das instalações elétricas, hidrossanitárias, etc.

Tomadas de energia elétrica e de dados: Utilize ramais acessíveis que possam acomodar prontamente a futura admissão ou subtração de tomadas, sempre que for necessário. O uso de extensões deve ser evitado por questões de saúde e segurança patrimonial.

As tomadas não devem ser instaladas muito perto de pias, uma vez que os respingos de água podem gerar perigo (consulte a norma britânica BS 7671).

O número necessário de tomadas deve ser confirmado junto aos usuários e aos engenheiros de instalações. A seguir, diretrizes indicativas (geralmente máximas) para o projeto genérico de laboratórios:

Tabela XXIV Necessidades básicas de tubulação de um laboratório (indicativo – sujeito à confirmação junto aos usuários)

Serviço	Saídas/módulo
Água fria (para equipamentos de lavagem de olhos e ducha de emergência	1
Água quente para uso industrial	1
Água fria para uso industrial	2

- Tomadas duplas para energia elétrica a cada 450 mm entre eixos, para bancadas e equipamentos
- Tomadas duplas para conexão com a Internet a cada 900 mm entre eixos, para bancadas e equipamentos

É preciso fornecer tomadas para o uso de serviços de limpeza e elas devem ser identificadas claramente para evitar que esses equipamentos interfiram em experimentos ativos ou equipamentos de laboratório.

Tubulações: As tubulações de cada laboratório devem ser modulares (mesmo que nem todas as instalações sejam inicialmente exigidas em todos os laboratórios) para fins de flexibilidade e para minimizar os custos de reforma e adaptação à medida que o laboratório for utilizado. Todas as unidades do laboratório devem ter válvulas de desligamento distintas distribuídas de maneira coerente e acessível para consertos ou desligamentos de emergência sem afetar outros laboratórios. Exceto pelos sistemas de esgoto e ventilação, os demais sistemas de distribuição devem formar circuitos fechados.

Inicialmente, as necessidades de frequência e qualidade precisam ser avaliadas. Sempre que a demanda for intermitente ou uma qualidade particular for exigida, é possível fornecer fontes localizadas. As necessidades básicas incluem:

- Água potável, quente e fria
- Água industrial, quente e fria

Opcional (se necessário):

- Água deionizada
- Água purificada
- Ar de laboratório
- Gás natural
- Vácuo
- Ar comprimido
- Vapor

Gases especiais (se necessário):

- Devem ser fornecidos em cilindros individuais

A Tabela XXIV oferece diretrizes para os pré-requisitos básicos (a serem determinados com os engenheiros e usuários).

4 AMBIENTE

4.1 Introdução

Um laboratório comum usa muito mais energia elétrica e água por metro quadrado do que um edifício de escritórios comum, devido à necessidade de ventilação intensiva e outras questões de saúde e segurança. Portanto, os projetistas devem se esforçar para criar laboratórios sustentáveis, de alto desempenho e com baixo uso de energia, para minimizar os impactos ambientais em geral e otimizar a eficiência de toda a edificação durante seu ciclo de vida útil.

No entanto, os sistemas devem manter os ruídos de fundo no ambiente adequados à condução exata e confiável dos procedimentos de pesquisa, para satisfazer aos critérios de cada tipo de acomodação em relação a:

- temperatura;
- umidade relativa do ar;

Tabela XXV Condições de projeto interno (temperatura) para o laboratório e espaços de apoio

Espaço	Temperatura ambiente no verão (°C)	Temperatura ambiente no inverno (°C)
Laboratório	24 máx. (22±2°C)	20 mín. (22±2°C)
Salas de apoio	24 máx. (22±2°C)	20 mín. (22±2°C)
Áreas especializadas	(conforme exigências específicas do usuário)	

Tabela XXVI Ganhos térmicos preliminares gerados por equipamentos de laboratório (cargas indicativas)

Espaço	Carga (W/m)
Laboratório de pesquisa (molhado, microbiológico ou clínico)	75
Laboratório de pesquisa (seco)	65
Sala de apoio (sala de equipamentos)	175
Sala de apoio (sala de instrumentos)	100

Tabela XXVII Exigências preliminares de exaustão de equipamentos (indicativo)

Tipo de exaustão	Fluxo de ar extraído (m³/seg)
Armários de segurança	0,30–0,50
Armários de segurança microbiológica	0,15
Exaustão dos próprios equipamentos	0.02–0,04
Snorkel	0,07–0,1

- taxas de ventilação (taxa de trocas de ar, cargas térmicas e equipamentos de exaustão);
- pressurização da sala;
- controle e variação dos parâmetros ambientais.

4.2 Critérios de projeto

Temperatura
Os valores de temperatura recomendados e listados na Tabela XXV para laboratórios e espaços de apoio geralmente são aceitáveis; todavia, os pré-requisitos individuais devem ser confirmados junto aos usuários. Valores mais altos ou mais baixos talvez sejam especificados conforme a classificação de limpeza ou contenção, o tipo de atividade, os equipamentos e a vestimenta do pessoal.

Umidade relativa do ar
Os pré-requisitos devem ser confirmados junto aos usuários. A umidade inferior a 30% pode causar efeitos eletrostáticos e a umidade superior a 50% talvez aumente a oxidação e a corrosão. A umidade relativa do ar é mais difícil de ser controlada do que a temperatura. É possível reduzir a umidade relativa do ar e mantê-la a apenas 40% mediante métodos padronizados de refrigeração. A desumidificação abaixo desse nível exige equipamentos dessecantes caros. Flutuações de menos de ±2%, além de caras, são difíceis de obter e manter;

Taxas de ventilação
Taxa de renovação de ar: As taxas típicas de renovação de ar por hora (trocas/hora) para laboratórios e espaços de apoio ficam entre 6 e 10 conforme o uso e as necessidades individuais.

Cargas térmicas: As cargas térmicas dos equipamentos de laboratório para cada cômodo são calculadas durante a fase de elaboração de cada projeto. As cargas térmicas específicas a seguir (Tabela XXVI) se baseiam em cargas estimadas para laboratórios de pesquisa genéricos e são fornecidas para ajudar no pré-dimensionamento dos sistemas da edificação.

Taxas dos equipamentos de exaustão: É preciso desenvolver esquemas para cada espaço durante a elaboração do programa de necessidades para cada projeto. O esquema de exaustão da Tabela XXVII é fornecido para ajudar no pré-dimensionamento dos sistemas da edificação.

22.32 Scottish Centre for Regenerative Medicine.

Pressurização da sala: Para ambientes que exijam contenção, a pressão relativa ao entorno geralmente é negativa, principalmente em termos da contenção de riscos e odores. Para ambientes estéreis, a pressão relativa ao entorno costuma ser positiva, principalmente para o controle de poeira e partículas na sala.

Projeto de luminotécnica: Os níveis de iluminação não devem ser inferiores às recomendações do CIBSE (Chartered Institution of Building Services Engineers). Os níveis de iluminação recomendados para laboratórios gerais (realização de tarefas visuais de contraste médio ou de pequeno porte) são de 350 lux na iluminação geral e 500 lux sobre o plano de trabalho. Considere o uso de iluminação focalizada para reduzir os níveis gerais de iluminação. Deve-se buscar uma reprodução de cores boa ou excelente nas áreas de laboratório. A iluminação de emergência precisa estar em conformidade com a norma britânica BS 6651.

Acústica: A recomendação britânica para os ruídos de fundo em laboratórios gerais é a NR 45. Os métodos de controle de ruídos incluem o uso de recintos com isolamento acústico nas paredes e equipamentos com redução do nível de ruídos. É possível utilizar silenciadores em sistemas de distribuição de ar dentro dos materiais e condicionantes disponíveis. Evite mantas de revestimento acústico em dutos.

Controle e variação dos parâmetros ambientais: Sempre que for economicamente viável e não comprometer a funcionalidade do ambiente de pesquisa, os usuários devem dispor de controle limitado sobre o ambiente imediato, incluindo temperatura e iluminação. Considere a ventilação natural em escritórios, além de átrios ou poços de luz.

5 ESTUDOS DE CASO

5.1 Scottish Centre for Regenerative Medicine, Universidade de Edimburgo

Cliente: Universidade de Edimburgo
Localização: *Campus* Little France, Edimburgo
Equipe de projeto: Arquitetura: Sheppard Robson
                    Engenharia: Buro Happold
                    Orçamentação: Summers Inman
                    Construção: Miller Construction Ltd
Início: 2006
Término: 2011

Pesquisa: O Scottish Centre for Regenerative Medicine (Centro Escocês de Medicina Regenerativa) oferece um ambiente único para o desenvolvimento de novos tratamentos das doenças humanas que afetam o sistema nervoso, o fígado e outros órgãos. É a primeira instalação de grande porte de seu tipo construída no Reino Unido.

Organização espacial: A forma interna do prédio reproduz o efeito "cascalho atirado no lago", ou seja, espaços mais escuros e menores, como as salas de cultura de células, foram posicionados no centro da edificação. Os laboratórios estão situados no meio, e as salas para redação de relatórios e resultados de exames se localizam junto às paredes externas, permitindo o aproveitamento da ventilação e iluminação naturais. O pavimento inferior, dedicado a espaços para pesquisa, consiste em áreas que exigem ambientes especialmente limpos, enquanto o pavimento superior oferece um ambiente de laboratórios mais genérico e flexível. Entre os dois níveis, há um pavimento intermediário com as instalações prediais de ambos os pisos de laboratório.

O prédio inclui:

- Laboratórios de pesquisa (ACDP CL2)
- Laboratórios especiais (ACDP CL2)
- Uma unidade de translação cGMP Padrão A-D (Classe 100 –100.000), um conjunto de salas estéreis e livres de poeira e um conjunto de salas livres de radioisótopos cGMP Padrão B (Classe 100)
- Escritórios e áreas de apoio (salas de reunião, cafeterias, copas)
- Salas da administração e depósitos

Mobiliário e acessórios: Os laboratórios são dotados de sistemas de paredes compostas com mesas fixas ou removíveis e ilhas com mesas móveis ao redor de uma pia fixa. Todas as bancadas são feitas de painéis de laminado maciço com juntas vedadas. Todos os armários que ficam sob as bancadas são móveis, mas em alguns locais esse sistema é complementado por armários aéreos ou prateleiras com altura regulável. As instalações que ficam nas paredes das bancadas são distribuídas por pedestais, enquanto as áreas com ilhas têm uma espinha fixa no piso com prumada vindo do forro, acompanhando os módulos de planejamento dos laboratórios. Em áreas especiais nas quais não são aceitáveis furos nas paredes, as estruturas instaladas no piso se estendem acima da bancada para acomodar armários suspensos. Cada espaço possui um lavatório com equipamento para a lavagem de olhos e dispensadores de sabonete e de papel-toalha.

A Tabela XXVIII apresenta um resumo de dados desse projeto.

Sustentabilidade: Esse é um dos primeiros prédios de laboratório do Reino Unido a receber a certificação BREEAM Excellent. O prédio emprega uma série de sistemas de sustentabilidade, como bombas de calor geotérmico, captação de água da chuva e vigas refrigeradas a água a fim de reduzir o consumo de energia e facilitar a obtenção da certificação BREEAM Excellent. Para alcançar a meta de emissões de 18% para a edificação, é necessário que cerca de 60% da energia consumida *in loco* seja renovável.

5.2 Centre for Tropical and Infectious Diseases

Cliente: Liverpool School of Tropical Medicine
Localização: Pembroke Place, Liverpool
Equipe de projeto: Arquitetura: Sheppard Robson
                    Engenharia de instalações: Hayden Young
                    Engenharia de estruturas: Arup
                    Orçamentação: Gleeds
                    Construção: Shepherd Construction
Início: 2002
Término: 2007

Pesquisa: O Centre for Tropical and Infectious Diseases (Centro de Doenças Tropicais e Infecciosas), da Liverpool School of Tropical Medicine é o principal centro de pesquisa especializado em doenças microbióticas que está fazendo pesquisas revolucionárias sobre o controle da malária.

Organização espacial: O centro de quatro pavimentos e 7 mil m^2 possui um projeto contemporâneo, com seus laboratórios distribuídos no meio da planta baixa e escritórios e salas para redação de relatórios e resultados de exames no perímetro. Os laboratórios têm perímetros totalmente envidraçados, permitindo o ingresso da luz natural no centro do prédio. A circulação tem a forma de uma "pista de corrida", aumentando o contato entre os funcionários e visitantes e otimizando as oportunidades de interação e colaboração. A planta baixa segue o formato irregular do terreno, em resposta à exigência do programa de necessidades de usar ao máximo a área do prédio, por meio de um formato oblongo. Os laboratórios ficam contidos dentro de uma zona retangular

Tabela XXVIII Resumo dos dados do prédio do Scottish Centre for Regenerative Medicine

Descrição	Tipo	Espaços secos e molhados
	Setor	Público
	Ambiente	ACDP CL 2 Clean room Class A/B & D
Planejamento espacial	Largura do modulo básico	3,4 m
Estrutura	Malha estrutural	6,8 m × 6,8 m
	Altura entre pisos	4,4 m a 5,0 m
	Carga de piso do projeto	5 kN/m^2
	Classe de vibrações para projeto (fator de resposta)	R=1
Instalações prediais	Colunas visitáveis (shafts)	Instalações em um pavimento intermediário
Área	Útil/Total Primária/Secundária/Terciária	4.843 m^2/6.500 m^2 (74,5%) 2.085 m^2/2.260 m^2/498 m^2
Área por pesquisador	Primária e Secundária Líquidas	13,9 m^2 + 15,1 m^2
Circulação	Tipo	"Pista de corrida"
	Bancadas/equipamentos	Bancadas apoiadas no piso, com armários móveis ou fixos sob elas
	Distância entre bancada e parede	–
	Distância entre bancadas opostas	1,8 m
	Largura dos corredores secundários (com bancos)	1,9 m
	Largura da circulação principal	2,4 m
Acabamentos dos laboratórios	Pisos	Resina epóxi e folhas de borracha e vinil antiderrapante
	Paredes	Tinta lavável e painéis revestidos de metal pré-acabados
	Forro	Tinta lavável e painéis de metal maciços e perfurados pré-acabados
Ambiente	Temperatura máxima (no verão)	22° C +/-2°
	Temperatura mínima (no inverno)	19° C +/-2°
	Umidade relativa do ar	50% +/-15%
	Taxas de ventilação	6 a 10 trocas de ar por hora nos laboratórios gerais; 30 trocas de ar por hora nos espaços "estéreis" especializados
	Pressurização do recinto	Varia gradualmente entre -10 Pa e 50 Pa
	Iluminação (nível médio)	500 lux no plano de trabalho
	Acústica	40 NR
	Controle	Sistema de automação predial em todas as áreas e sistema de gestão de energia predial em alguns locais
	Economia de emissões de CO_2	Meta de redução de 18%

Tabela XXIX Resumo dos dados do prédio do Centre for Tropical and Infectious Diseases

Descrição	Tipo	Espaços secos e molhados
	Setor	Universitário
	Ambiente	ACDP CL 2 & 3
Planejamento espacial	Largura do modulo básico	3,3 m
Estrutura	Malha estrutural	9,9 m × 10,5 m
	Altura entre pisos	4,7 m
	Carga de piso do projeto	5 kN/m^2
	Classe de vibrações para projeto (fator de resposta)	R=4
Instalações prediais	Colunas visitáveis (shafts)	Zona de instalações e serviços lateral nas extremidades da edificação
Área	Útil/Total Primária/Secundária/Terciária	4.383 m^2/6.760 m^2 (64,8%) 3.300 m^2/816 m^2/267 m^2 (75%/19%/6%)
Área por pesquisador	Primária e Secundária Líquidas	13,6 m^2 + 3,1 m^2
Circulação	Tipo	"Pista de corrida"
	Bancadas/equipamentos	Bancadas apoiadas no piso, com armários móveis ou fixos sob elas
	Distância entre bancada e parede	2,0 m
	Distância entre bancadas opostas	1,8 m
	Largura dos corredores secundários (com bancos)	1,8 m
	Largura da circulação principal	2,1 m
Acabamentos dos laboratórios	Pisos	Resina epóxi e folhas de vinil antiderrapante
	Paredes	Tinta lavável ou elastomérica e painéis revestidos de metal pré-acabados
	Forro	Tinta lavável ou elastomérica e painéis de metal maciços e perfurados pré-acabados
Ambiente	Temperatura máxima (no verão)	24° C +/-1°
	Temperatura mínima (no inverno)	21° C +/-1°
	Umidade relativa do ar	50% +/-20%
	Taxas de ventilação	6 a 10 trocas de ar por hora nos laboratórios gerais; 14 a 20 trocas de ar por hora nos espaços "estéreis" especializados
	Pressurização do recinto	Varia em intervalos de 15 Pa entre -45 Pa e 0 Pa
	Iluminação (nível médio)	500 lux no plano de trabalho
	Acústica	55 NR
	Controle	Sistema de automação predial em todas as áreas
	Economia de emissões de CO_2	Meta de redução de 13%

baseada em um módulo de laboratório padrão, a fim de otimizar a eficiência, com espaços mais livres (como salas de reunião, copas e áreas de apoio) encaixados nas quinas irregulares do prédio. No fundo do terreno há uma torre contígua que reúne as inúmeras instalações dos laboratórios.

O prédio inclui:

- Insetuário ACDP CL3/SAPO 2
- Conjunto de Salas de Pesquisa Especializada ACDP CL3
- Laboratórios de Pesquisa ACDP CL2
- Escritórios e Salas de Apoio (Reunião, Copas, etc.)
- Salas da Administração e Depósitos

Mobiliário e acessórios: Os laboratórios menores são dotados de sistemas de paredes compostas com bancadas fixas e armários fixos sob as bancadas, enquanto os laboratórios maiores possuem bancadas fixas com armários inferiores ao longo das paredes do perímetro e ilhas com estruturas modulares de duas fileiras de prateleiras de reagentes e instalações embutidas no forro, com mesas móveis ao lado de cada estrutura. As instalações das bancadas junto às paredes são organizadas por pedestais instalados nas paredes. Todas as bancadas são feitas de painéis de laminado maciço com juntas vedadas.

A Tabela XXIX apresenta um resumo de dados desse projeto.

Sustentabilidade: O cliente estipulou desde o início a exigência de obtenção da certificação BREEAM "Very Good", a fim de que fossem atendidos os critérios para conseguir o financiamento do projeto junto à fundação Bill and Melinda Gates. O prédio possui uma série de características sustentáveis, como componentes de construção pré-fabricados e modulados especificados de modo a reduzir a geração de lixo no terreno, sistemas de baixo consumo de energia elétrica para iluminação com diversos controles (de presença, de aproveitamento da luz natural, de automação predial) e mecanismos de recuperação do calor gerado pelo sistema de exaustão do ar.

6 REFERÊNCIAS BIBLIOGRÁFICAS

6.1 Legislação e normas

Qualquer projeto deve ser formulado levando em consideração todos os projetos e códigos, regulamentos, normas e exigências legais. Os exemplos listados na Tabela XXX não devem ser considerados como prescritivos nem definitivos. Em geral, eles listam exigências mínimas, embora nada impeça um projetista de exceder os pré-requisitos aplicáveis, principalmente se uma avaliação de riscos for realizada pelos usuários em relação às exigências operacionais do espaço.

6.2 Sites

A Tabela XXXI lista alguns *sites* úteis.

6.3 Agradecimentos

Agradecemos especialmente ao falecido Gordon Kirtley por seu trabalho pioneiro, conforme especificado no *Wellcome Trust's "Guidance on space standards, layout and specification for biomedical buildings"* [Orientações sobre os padrões espaciais, o leiaute e a especificação de edificações biomédicas].

Nossos agradecimentos mais sinceros a Andrew Bowles, por sua assistência, e a Patrick Ng e Robin Base, por criarem as imagens, e a Anna Stamp, Daniel Bennett, Luke Thurman e Pedro Santos, por sua assistência nos estudos de caso.

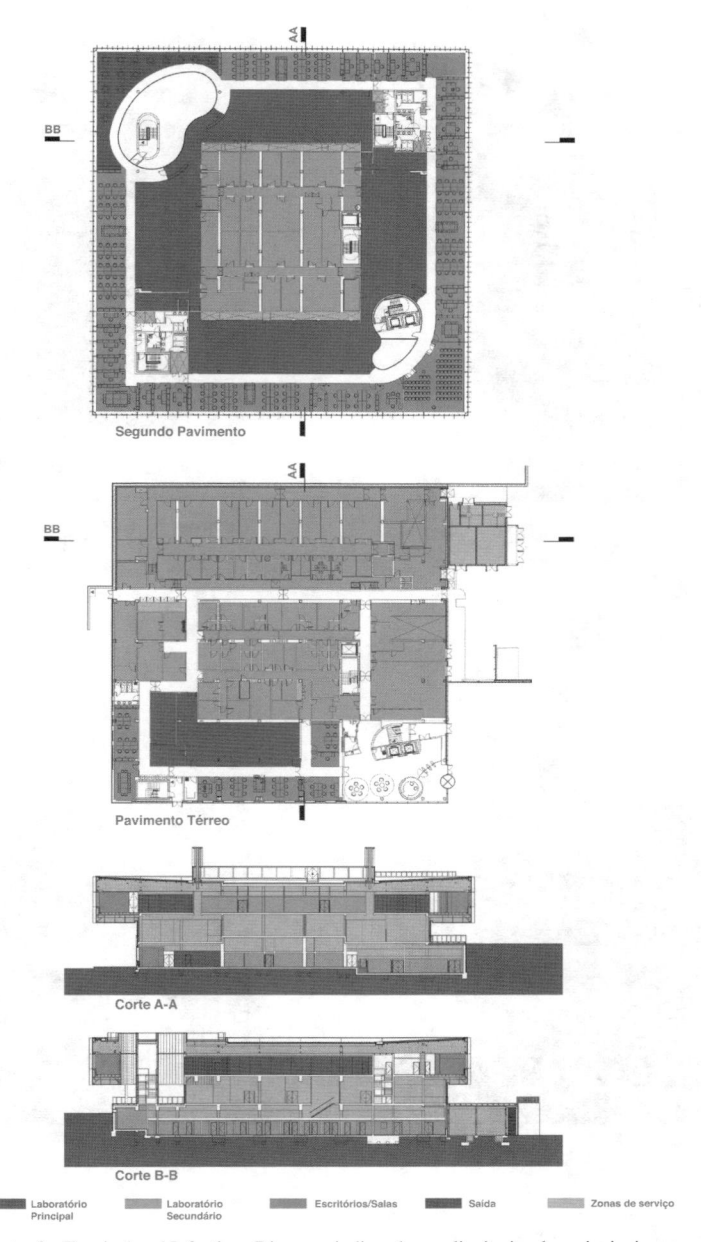

22.33a Plantas baixas e cortes do Centre for Tropical and Infectious Diseases, indicando as adjacências dos principais espaços.

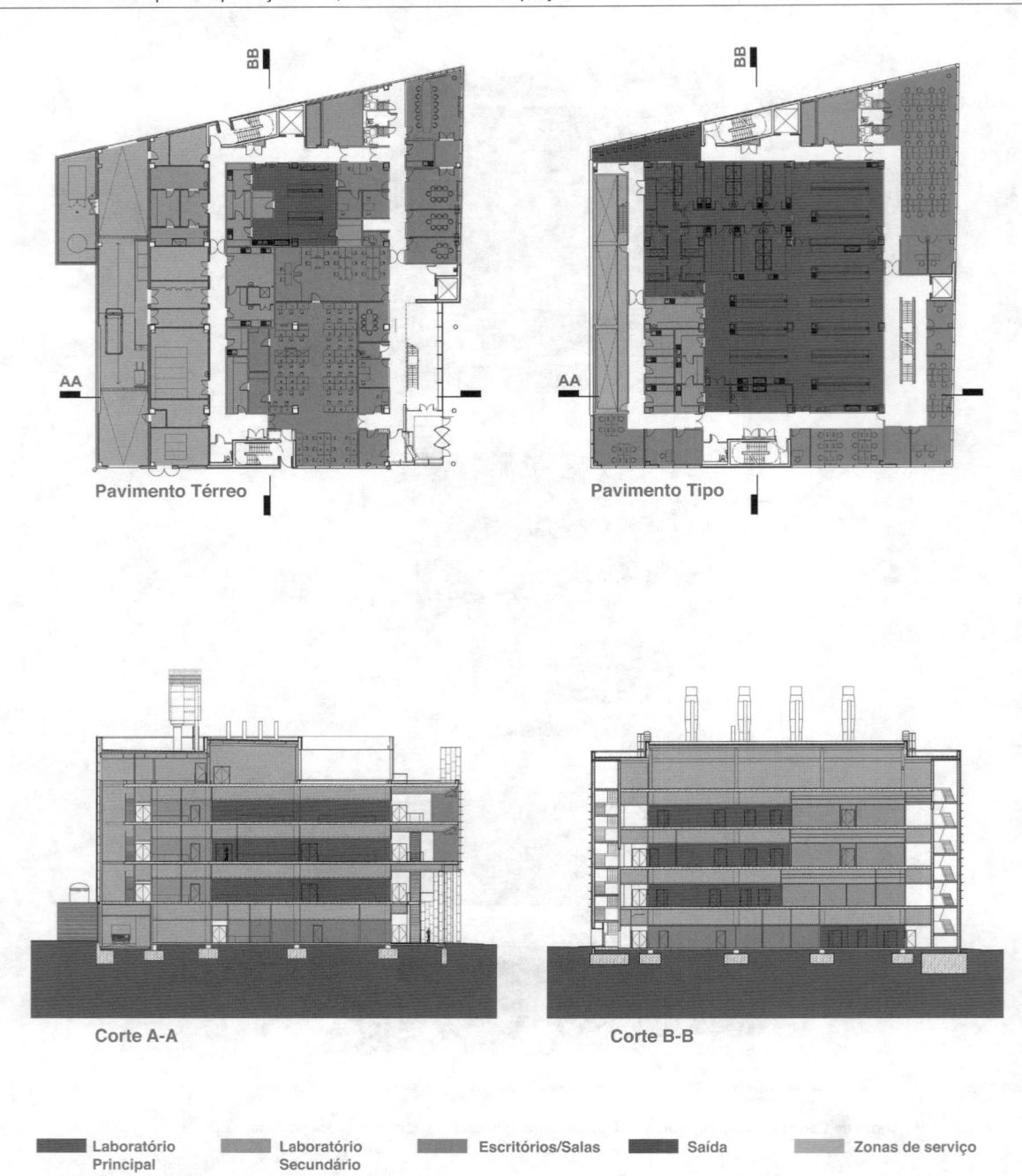

22.33b Plantas baixas e cortes do Centre for Tropical and Infectious Diseases, indicando as adjacências dos principais espaços.

Tabela XXX Normas e legislação

Título	Autor/editor	Resumo
Bancadas e Equipamentos		
BS EN 285:1997 Sterilization. Steam sterilizers. Large sterilizers	British Standards Institution (BSI)	Fornece orientações sobre pré-requisitos específicos e testes relevantes para grandes esterilizadores a vapor
BS 2646–2:1990 Autoclaves for sterilization in laboratories	British Standards Institution (BSI)	Fornece orientações sobre ajustes básicos e instalações associadas para autoclaves
BS 3202–2:1991 Laboratory furniture and fittings. Specification for performance	British Standards Institution (BSI)	Fornece orientações sobre especificações e procedimentos de testagem para diferentes tipos de móveis de laboratório
BS 3202–3:1991 Laboratory furniture and fittings. Recommendation for design	British Standards Institution (BSI)	Fornece orientações sobre espaço e informações dimensionais para diferentes tipos de móveis de laboratório
BS 3970–1:1990 Sterilizing and disinfecting equipment for medical products	British Standards Institution (BSI)	Fornece orientações sobre pré-requisitos específicos e os testes relevantes para esterilizadores e esterilizadores a vapor
BS 5726:2005 Microbiological safety cabinets	British Standards Institution (BSI)	Fornece orientações sobre assentos e o uso de armários de segurança microbiológica
BS 7258–2:1994 Laboratory fume cupboards	British Standards Institution (BSI)	Fornece orientações sobre assentos e o uso de armários de segurança microbiológica
BS EN 12347:1998 Biotechnology. Performance criteria for steam sterilizers and autoclaves	British Standards Institution (BSI)	Fornece orientações sobre pré-requisitos específicos e testes relevantes para esterilizadores a vapor e autoclaves
BS EN 12469:2000 Biotechnology. Performance criteria for microbiological safety cabinets	British Standards Institution (BSI)	Fornece os critérios mínimos de desempenho para armários de segurança, procedimentos de teste para armários de segurança microbiológica
BS EN 13150:2001 Work benches for laboratories	British Standards Institution (BSI)	Especifica pré-requisitos de segurança, métodos de testagem e orientações sobre tamanho
BS EN 14056:2003 Laboratory furniture – Recommendations for design and installation	British Standards Institution (BSI)	Oferece informações básicas sobre o tipo de mobiliário e a provisão de instalações
BS EN 14175 Parts 1–6: Fume cupboards.	British Standards Institution (BSI)	Essa norma foi criada para englobar os armários de segurança com filtros que não eram cobertos pelas normas britânicas
BS EN ISO 15883–3:2006 Washer disinfectors Washer-disinfectors. Requirements and tests for washer-disinfectors employing thermal disinfection for human waste containers	British Standards Institution (BSI)	Oferece orientações sobre o ajuste básico e instalações associadas para desinfetantes
Instalações: Elétricas		
BS EN 61010–1 2001 safety requirements for electrical equipment for measurement, control and laboratory use	British Standards Institution (BSI)	Oferece orientações sobre equipamentos elétricos em laboratórios
Energy efficiency in buildings. 2nd edition. (Including corrigenda 2004)	The Chartered Institution of Building Services Engineers (CIBSE)	Oferece informações sobre os pré-requisitos de energia em relação ao projeto e aos custos de energia em uso
Electricity at work regulations 1989. Statutory Instrument SI 1989/635	Legislation UK	Oferece as exigências legais para obras de energia elétrica e seu isolamento
BS 7671:2001, Requirements for electrical installations. IEE Wiring Regulations. Sixteenth edition	The Institution of Electrical Engineers	Todas as instalações elétricas precisam estar em conformidade com as Normas de Fiação para garantir uma instalação elétrica segura e eficiente
Instalações: Gás		
Safety in the installation and use of gas systems and appliances: Gas safety (installation and use) regulations 1998. 2nd edition	Health & Safety Executive (HSE)	Oferece orientações sobre a instalação, a manutenção e o uso seguro de gás
IGEM Technical Publications	Institute of Gas Engineers & Managers (IGEM)	Oferece uma variedade de informações técnicas para consultoria
Industrial gas cylinder manifolds and distribution pipework/ pipelines (excluding acetylene) Code of Practice CP4: Revision3: 2005	British Compressed Gases Association (BCGA)	Oferece orientações sobre os padrões mínimos de segurança para o projeto, a instalação, a operação e a manutenção das tubulações de fornecimento de gás industrial e tubulações de pequeno calibre associadas
Code of Practice for the Storage of Medical, Pathology and Industrial Gas Cylinders.	Department of Health (DH)	Oferece consultoria em relação ao projeto, à instalação e à testagem de sistemas de gás

(continua)

Tabela XXX Normas e legislação *(continuação)*

Título	Autor/editor	Resumo
Safety of pressure systems. Pressure systems safety regulations 2000. ACOP (SI 2000 No 128)	Health & Safety Executive (HSE)	Oferece orientações sobre sistemas de pressão, incluindo cilindros de gás
Guidance Notes for Siting Gas Manifolds	BOC Gases	Oferece orientações gerais sobre a instalação de tubulações de gás e o armazenamento de cilindros
Guidance Note GN2: Guidance For The Storage Of Transportable Gas Cylinders For Industrial Use	British Compressed Gases Association (BCGA)	Oferece informações básicas de projeto sobre compostos de armazenagem e a proximidade de diferentes tipos de cilindros
Guidance Note GN2: The Safe Use of Individual Portable or Mobile Cylinder Gas Supply Equipment	British Compressed Gases Association (BCGA)	Oferece orientações sobre o uso seguro de fornecimento de cilindros de gás individuais gerados por um único regulador de cilindros
Guidance Note GN11: The management of risks associated with reduced oxygen atmosphere	British Compressed Gases Association (BCGA)	Oferece informações sobre os riscos de utilizar gases que, quando acumulados, talvez se tornem perigosos
HSG71 Chemical warehousing – The storage of packaged dangerous substances	Health & Safety Executive (HSE)	Oferece orientações sobre os perigos associados ao armazenamento de substâncias perigosas embaladas, inclui segurança; incêndio, aspectos emergenciais
Dangerous Substances and Explosive Atmospheres Regulations 2002	Health & Safety Executive (HSE)	Exige que os empregadores e autônomos façam uma avaliação de risco das atividades de trabalho que envolvem substâncias perigosas
The safe use of gas cylinders	Health & Safety Executive (HSE)	Oferece consultoria simples sobre a eliminação ou redução de riscos
Instalações: Água		
Water supply (water quality) regulations 2001 SI 3911	Legislation UK	Oferece os padrões legais para o uso de água dentro de uma edificação
Plumbing engineering services design guide. 2002 edition Part 2 – Hot and cold water supplies	Institute of Plumbing	Oferece informações e consultoria sobre as tecnologias e práticas correntes
The Water Supply (Water Fittings) Regulations 1999	Office of Government Commerce (OGC)	Essas normas substituem as Water Bylaws na Inglaterra e no País de Gales apenas
L8 Legionnaires' disease: The control of legionella bacteria in water systems. Approved Code of Practice and guidance.	Department of Health (DH) Health & Safety Executive (HSE)	Oferece o código de prática aprovado para prevenir ou controlar o risco de infecções causadas pela bactéria Legionella
TM13 Minimising the risk of Legionnaire's disease	The Chartered Institution of Building Services Engineers (CIBSE)	Oferece a consultoria necessária para o projeto de forma a minimizar o risco de infecção causada pela bactéria Legionella
Instalações: ambiente/ventilação/energia		
BS 5720:1979 Code of practice for mechanical ventilation and air conditioning in buildings	British Standards Institution (BSI)	Este padrão foi retirado, uma vez que o código de prática está desatualizado, mas ainda é mencionado nos Códigos de Obra
Guide A Environmental Design	The Chartered Institution of Building Services Engineers (CIBSE)	Oferece informações sobre o projeto de edificações sustentáveis com pouco uso de energia
TM32 Guidance on the use of the carbon emissions calculation method	The Chartered Institution of Building Services Engineers (CIBSE)	Oferece as bases de um procedimento para a aplicação do método de cálculo das emissões de carbono (CECM)
The Enhanced Capital Allowance Scheme	Carbon Trust	Oferece orientações e as formas de fazer uma reivindicação ECA conforme a compra de equipamentos com pouco consumo de energia
Conservation of fuel and power in new buildings other than dwellings (2006 edition) Building Regulations 2000: Approved Documents L2A or L2B	Office of the Deputy Prime Minister (OPDM)	Oferece consultoria para o controle de edificações na Inglaterra e no País de Gales sobre questões ambientais e de energia
Best Practice Guide: Chilled Beams in Laboratories	Laboratories for the 21st Century (Labs21)	Oferece conselhos sobre o projeto, a construção e a operação eficazes de vigas refrigeradas em laboratórios
Best Practice Guide: Optimising Laboratory Ventilaton Rates	Laboratories for the 21st Century (Labs21)	Oferece conselhos sobre como reduzir o consumo de energia por meio da otimização do fluxo de ar da ventilação
ASHRAE Handbook – HVAC Applications: Chapter 14, Laboratories, 2008	American Society of Heating, Refrigeration and Air Conditioning Engineers (ASHRAE)	Oferece informações sobre o uso da climatização em laboratórios

(continua)

Tabela XXX Normas e legislação *(continuação)*

Título	Autor/editor	Resumo
Saúde e segurança física		
The Health and Safety at Work Act 1974	Legislation UK	Estabelece a legislação referente à saúde ocupacional e segurança física no trabalho
Animal Health Act 1981	Primary Legislation UK	Visa a controlar a propagação de doenças e a erradicá-las em determinado momento. Isso é feito por meio do controle do movimento dos animais e do isolamento das áreas nas quais a doença é confirmada
The Control of substances Hazardous to Health (COSHH) Regulations 2002	Legislation UK	Estabelece a legislação referente às exigências sobre funcionários para controlar a exposição a substâncias perigosas e impedir problemas de saúde
The Workplace [Health Safety and Welfare] Regulations 1992	Legislation UK	Estabelece a legislação referente à maioria dos espaços de trabalho
Proteção microbiológica		
BS EN 12128:1998 Biotechnology. Laboratories for research, development and analysis. Containment levels of microbiology laboratories, areas of risk, localities and physical safety requirements	British Standards Institution (BSI)	Especifica os requisitos físicos mínimos para os quatro níveis de contenção para a segurança biológica em laboratórios
BS EN 12738:1999 Biotechnology. Laboratories for research, development and analysis. Guidance for containment of animals inoculated with micro organisms in experiments	British Standards Institution (BSI)	Especifica os requisitos físicos mínimos para os quatro níveis de contenção para a segurança biológica em laboratórios
BS EN 12740:1999 Biotechnology. Laboratories for research, development and analysis. Guidance for handling, inactivating and testing of waste	British Standards Institution (BSI)	Oferece informações sobre os diferentes tipos de lixo produzido por laboratórios com diferentes níveis de contenção e métodos para seu descarte
BS EN 12741:1999 Biotechnology. Laboratories for research, development and analysis	British Standards Institution (BSI)	Oferece informações sobre protocolos básicos em laboratórios com diferentes níveis de risco
BS EN 13441:2002 Biotechnology. Laboratories for research, development and analysis. Guidance on containment of genetically modified plants	British Standards Institution (BSI)	
Advisory Committee on Dangerous Pathogens (ADCP) The management, design and operation of microbiological containment laboratories 2001	Health & Safety Executive (HSE)	Oferece orientações sobre a gestão e operação de laboratórios microbiológicos com níveis de contenção 2 e 3
The Genetically Modified Organisms (Contained Use) (Amendment) Regulations 2005	Legislation UK	Específica os requisitos físicos mínimos para os quatro níveis de contenção para trabalhos de GM em laboratórios
CR 12739:1998 – Biotechnology. Laboratories for research, development and analysis. Guidance on the selection of equipment needed for biotechnology laboratories according to the degree of hazard	British Standards Institution (BSI)	Oferece orientações para selecionar medidas de segurança e equipamentos de laboratório para proteção em diferentes áreas bioperigosas
NHS Estates Health Building Note 15, Accommodation for Pathology Services	Department of Health (DH)	Oferece orientações sobre equipamentos para serviços de patologia prestados dentro de hospitais gerais endêmicos
Proteção radiológica		
HBN 6 Vol. 3 2002 Accommodation for magnetic resonance imaging	Department of Health (DH)	Oferece informações sobre o projeto e a especificação em áreas com MRI
BS 4094–1:1966 Recommendation for data on shielding from ionizing radiation. Shielding from gamma radiation	British Standards Institution (BSI)	Oferece informações sobre legislação, normas, orientações e outros padrões
HBN 6 Vol. 1 2002 Facilities for Diagnostic Imaging and Interventional Radiology, HBN 6 2002	Department of Health (DH)	Oferece informações sobre o projeto e a especificação para áreas de imagem e associadas
Working with ionising radiation Ionising Radiations regulations 1999 Approved Code of Practice and guidance	Health and safety Executive (HSE)	Oferece informações sobre práticas seguras diante da exposição à radiação vinda de trabalho humano ou de radiação natural
Proteção contra incêndio		
Conservation of fuel and power in new buildings other than dwellings (2007 edition) Building Regulations 2000: Approved Documents B Vol. 2	Communities & Local Government	Oferece consultoria sobre o controle da construção na Inglaterra e no País de Gales para questões referentes a incêndios

(continua)

Tabela XXX Normas e legislação *(continuação)*

Título	Autor/editor	Resumo
BS 9999: 2008 Code of practice for fire safety in the design, management and use of buildings	British Standards Institution (BSI)	Oferece informações sobre os tipos de instalações e os códigos de práticas relevantes, o acesso e os equipamentos para combate a incêndios; cobre o acesso de veículos, o fornecimento de água, os sistemas de controle, o controle de calor e fumaça, as instalações elétricas, as medidas que permitem às pessoas com dificuldades de locomoção serem socorridas no evento de um incêndios, a proteção das instalações contra incêndios e os sistemas de segurança contra incêndios
Building Bulletin 100: Design for Fire Safety in Schools 2007	Department for Education & Skills (DFES)	Oferece informações sobre a segurança contra incêndio em escolas
Salas esterilizadas e livres de poeira		
BS EN 14644–1:1999 Cleanrooms and associated controlled environments. Classification of air cleanliness	British Standards Institution (BSI)	Oferece informações sobre a definição e classificação de salas esterilizadas
BS EN 14644–4:1999 Cleanrooms and associated controlled environments. Classification of air cleanliness	British Standards Institution (BSI)	Oferece serviços sobre o projeto e as instalações de salas esterilizadas
Rules and Guidance for Pharmaceutical Manufacturers and Distributors 2007 – the "Orange Guide"	Medicines and Healthcare Products Regulatory Agency (MHRA)	Cobre a maioria dos aspectos das Boas Práticas de Fabricação (GMP)
Escolas		
Building Bulletin 80: Science accommodation in Secondary School–Rev 2004	Department for Education & Skills (DFES)	Oferece informações de projeto para laboratórios de escolas de ensino médio
Building Bulletin 88: Fume cupboards in Schools	Department for Education & Employment	Oferece informações para o projeto de armários de segurança em escolas de ensino médio
Building Bulletin 98: Briefing Framework for Secondary School Projects	Department for Education & Skills (DFES)	Oferece a distribuição geral de espaço para escolas de ensino médio
Building Bulletin 99: Briefing Framework for Primary School Projects	Department for Education & Skills (DFES)	Oferece a distribuição geral de espaço para escolas de ensino fundamental
Project Faraday Vol. 1 & 2 2008	Department for Education & Skills (DFES)	Oferece exemplos de instalações para aulas de ciências nas escolas
Science Labs for the Twenty First Century	Department for Education & Skills (DFES)	Oferece informações sobre o projeto e o planejamento de laboratórios em escolas
Designing & Planning Laboratories L14–2009	CLEAPPS Consortium of Local Education Authorities for the Provision of Science Service	Oferece informações sobre o projeto e o planejamento de laboratórios em escolas de ensino médio
The Good Lab – Concise Guide 2009	Andy Piggott	Oferece informações sobre o planejamento, o projeto e os acessórios de laboratórios em escolas de ensino médio
School Science Laboratories Design for the 21st Century, 2006	North Eastern Education & Library Board (NEELB)	Oferece informações sobre o planejamento, o projeto e os acessórios de laboratórios em escolas de ensino médio
Laboratory Design for Health and Safety, Chapter 6, Topics in Safety, 3rd edition, 2001	The Association for Science Education (ASE)	Oferece conselhos sobre questões relacionadas à saúde e segurança em escolas
Vibração		
Design of Floors for Vibration: A New Approach, SCI Publication 354, 2009	Steel Construction Institute (SCI)	Oferece orientações sobre as formas de construção e suas respostas às vibrações
Design Guide on the Vibration of Floors. SCI Publication 076, 198	Steel Construction Institute (SCI)	Oferece orientações contra vibrações para o projeto de pisos em edificações com estrutura independente de aço
BS 6472-1:2008 Guide to Evaluation of Human Exposure to Vibration in Buildings (1Hz to 80Hz)	British Standards Institution (BSI)	Oferece orientações sobre a previsão das respostas humanas às vibrações em edificações\
Design Guide for Footfall Induced Vibration of Structures: CCIP-016, 2006	Willford, MR., and Young, P. The Concrete Centre	Oferece conselhos sobre o projeto para evitar as vibrações decorrentes dos passos das pessoas (baseado em um exemplo prático)
Design of Stiff, Low-Vibration Floor Structures, 1991	Amick H., Hardash S., Gillet P. and Reaverley R. International Society for Optical Engineering (SPIE) Vol 1619	Artigo de uma conferência sobre o projeto de pisos que sustentam equipamentos sensíveis a vibrações

(continua)

Tabela XXX Normas e legislação *(continuação)*

Título	Autor/editor	Resumo
ASHRAE Handbook – HVAC Applications: Chapter 47 Sound and Vibration Control, 2008	American Society of Heating, Refrigeration and Air Conditioning Engineers (ASHRAE)	Oferece orientações sobre o controle da transmissão sonora e das vibrações decorrentes de muitos procedimentos e apresenta exemplos
Outros		
The BRE Green Guide to Specification	British Research Establishment	Oferece orientações sobre os impactos ambientais relativos de especificações elementares
BCO Guide 2005 – Best Practice in the Specification of Offices	British Council for Offices (BCO)	Oferece consultoria para o projeto e a construção futuros de edifícios de escritórios, incluindo sustentabilidade, desempenho profissional e custos e valor
The Disability Discrimination Act 1995 (DDA)	Legislation UK	Lei britânica sobre as exigências para projetos inclusivos (para portadores de necessidades especiais)

Tabela XXXI Páginas da Internet

Site	Organização	Resumo
www.hse.gov.uk	Health & Safety Executive (HSE)	Oferece vários documentos com informações muito úteis e relevantes para as exigências ambientais e de segurança no trabalho de laboratório no Reino Unido
www.cibse.org	The Chartered Institution of Building Services Engineers (CIBSE)	Oferece várias publicações relevantes a várias disciplinas de serviço e exigências ambientais para o Reino Unido
www.dh.gov.uk	Department of Health (DH)	Oferece relatórios estatísticos, levantamentos, comunicados à imprensa, circulares e normas referentes aos equipamentos de saúde no Reino Unido
www.wbdg.org	Whole Building Design Guide (WBDG)	Oferece informações sobre vários tipos de laboratório com base principalmente em projetos dos Estados Unidos
www.dfes.gov.uk	Department for Education & Skills (DFES)	Oferece informações sobre o planejamento de escolas e exigências espaciais no Reino Unido
www.cleapss.org.uk	CLEAPPS Education Authorities for the Provision of Science Services	Oferece um serviço de consultoria para assinantes, apoiando a ciência prática e a tecnologia em escolas do Reino Unido
www.ase.org.uk	The Association for Science Education (ASE)	Oferece informações disponibilizadas por professores para ajudar seus colegas a ensinar ciências
www.phac-aspc.gc.ca	Health Canada	Oferece uma quantidade significativa de dados sobre laboratórios microbiológicos disponibilizados pelo governo do Canadá
www.bco.org.uk	British Council for Offices (BCO)	Oferece dados de pesquisa sobre as melhores práticas profissionais em todos os aspectos do setor de escritórios no Reino Unido
www.carbontrust.co.uk	Carbon Trust	Oferece informações sobre bolsas e tecnologias custeadas pelo governo do Reino Unido para ajudar a promover tecnologias com pouco carbono
www.bcga.co.uk	British Compressed Gases Association (BCGA)	Oferece informações sobre gases fornecidos para a indústria de manufatura, laboratórios e o setor médico no Reino Unido
www.igem.org.uk	Institute of Gas Engineers & Managers (IGEM)	Oferece uma variedade de informações para consultoria técnica
www.bsistandards.co.uk	British Standards Institution (BSI)	Oferece oportunidades para adquirir padrões britânicos e europeus
www.labs21.org.uk	Labs21 UK	Estabelecido pelo projeto Higher Education Environmental Performance Improvement (HEEPI) para promover o projeto e a operação mais sustentável dos laboratórios na Grã-Bretanha. Baseia-se, com permissão, na experiência e nos materiais da iniciativa Labs21 dos Estados Unidos.
www.labs21century.gov	Labs21	Labs 21 é um programa de parceria voluntário dedicado ao aprimoramento do desempenho ambiental dos laboratórios nos Estados Unidos.
www.lab2020.com	Lab2020	Lab2020 é um estudo baseado na Alemanha que analisa ambientes sustentáveis para laboratórios farmacêuticos e biotecnológicos e que promove a troca de experiências entre fabricantes, projetistas e usuários.

Bibliotecas 23

Brian Edwards com Ayub Khan

Brian Edwards é Professor Emérito de Arquitetura do Edinburgh College of Art, da Universidade de Edimburgo, onde foi diretor da Graduate School até se aposentar. É arquiteto com PhD pela Universidade de Glasgow, e autor da obra Libraries and Learning Resource Centres, publicada pela Architectural Press em 2002 e revisada em 2009.

Ayub Khan (bacharel em arquitetura graduado com láurea) é Diretor de Bibliotecas – Estratégia na Prefeitura do Condado de Warwickshire. Sua antiga função foi Diretor da Divisão de Projetos – Biblioteca de Birmingham, onde participou dos planos para a construção de uma nova biblioteca no centro da cidade de Birmingham

PONTOS-CHAVE:
- *O papel comunitário das bibliotecas públicas está mudando rapidamente*
- *Informações são fornecidas em diferentes tipos de suporte, não apenas em papel*
- *As bibliotecas são âncoras sociais e portais para o conhecimento*
- *As bibliotecas estão se tornando maiores e abraçando novas funções*
- *A biblioteca universitária está sendo líder em mudanças de gestão e projeto de arquitetura*

Conteúdo

1 Introdução
2 O papel comunitário das bibliotecas
3 Projeto de bibliotecas
4 Leiaute, mobiliário e estantes
5 Padrões espaciais
6 Considerações ambientais
7 Custeio e recursos
8 Estudo de caso: biblioteca de Birmingham
9 Referências bibliográficas

1 INTRODUÇÃO

1.1 O novo papel das bibliotecas

O desenvolvimento das bibliotecas criou uma série de desafios novos e complexos para aqueles que projetam edificações e instalações para bibliotecas. As bibliotecas do século XXI deixaram de ser simples repositórios de livros. Elas evoluíram e cresceram, foram repensadas e reprojetadas. Hoje, as bibliotecas prestam uma variedade cada vez maior de serviços distintos, utilizam múltiplas mídias e chegam a uma audiência que nunca foi tão diversificada; veja a Tabela I e a Figura 23.1.

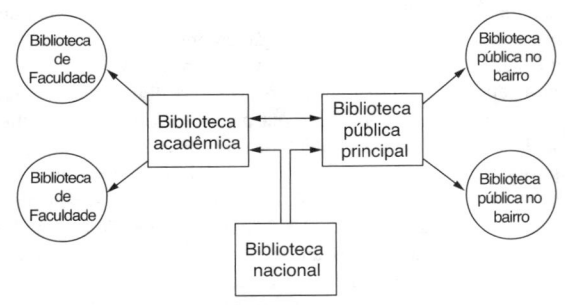

23.1 Padrão ideal das inter-relações entre bibliotecas públicas (Brian Edwards).

Tabela I Tipos de biblioteca

Principais tipos de bibliotecas	Características principais
Biblioteca nacional	• Coleções nacionais de livros, periódicos, mapas, etc.
	• Voltada para a pesquisa
	• Acervo de obras antigas e sua conservação
	• Para o leitor especializado
Biblioteca pública	• Coleções de livros e CDs principalmente para empréstimo
	• Locais de encontro e troca de informações
	• Redes de computadores para as pessoas usarem
	• Ampla variedade de materiais, incluindo interesses do município
	• Base de informações para a comunidade
	• Geralmente integrada a outras edificações culturais
	• Leitores diversos
Biblioteca acadêmica	• Apoio para o ensino, a aprendizagem e a pesquisa
	• Local onde novos conhecimentos são gerados e trocados
	• Grandes coleções especializadas para pesquisa
	• Áreas de informática e multimídia à parte
	• Acesso 24 horas
Bibliotecas profissionais	• Coleções especializadas de livros e periódicos profissionais e especiais
	• Geralmente contêm materiais raros ou frágeis em outros suportes além do papel
	• Equipamentos com acesso restrito
	• Acesso público limitado
	• Acervo de obras antigas e sua conservação
	• Grupo restrito de usuários

À medida que as bibliotecas aumentam sua função social e educacional, tornando-se "depósitos de ideias" e "portais para o conhecimento", surge a pressão para a criação de novos espaços em seu projeto. O problema para o arquiteto é como criar um todo coerente com as funções tradicionais de uma biblioteca e as novas funções (veja a Tabela II).

Uma tendência são as funções sociais e públicas, em vez de aquelas típicas da biblioteca tradicional, no pavimento térreo. Essas funções públicas podem incluir cafeterias, livrarias, áreas para exposições, salas de reunião, escritórios municipais e do sistema de seguridade social. A biblioteca se eleva, então, sobre essa base comuni-

Tabela II Principais fatores que resultaram em alterações no projeto de edificações para bibliotecas

- Nova tecnologia da informação, principalmente arquivos eletrônicos
- Papel comunitário e educacional maior para as bibliotecas
- Expansão do ensino superior e o crescimento da educação continuada
- Impacto da cultura popular e das novas mídias sociais sobre as bibliotecas
- Impacto da sustentabilidade ambiental no projeto de bibliotecas

tária que atrai as pessoas. Muitas bibliotecas universitárias seguem um modelo similar, com equipamentos de apoio aos estudantes, escritórios da seguridade social e locais de matrícula relacionados a centros de fotocópias e encadernações, livrarias e cafeterias no nível de entrada, com os principais espaços da biblioteca acima. Nesse tipo de planta, a redução de ruído pode ser necessária, bem como o cuidadoso zoneamento para a garantia da segurança do acervo.

Algumas pessoas argumentam que as bibliotecas do futuro não terão livros impressos. Tais prédios serão "feiras do conhecimento", abertas a todos, sem barreiras de segurança, e estarão totalmente envolvidas com intercâmbios sociais de vários tipos – do aprendizado à criação de redes de conhecimento – e usando tecnologias de informação e comunicação cada vez mais avançadas para expandir o conhecimento e o potencial criativo da humanidade. Entre os exemplos recentes, estão a biblioteca sem livros de San Antonio (Texas) e a biblioteca acadêmica sem qualquer tipo de impresso da Escola de Engenharia da Stanford University. No entanto, os livros provavelmente permanecerão na maioria das bibliotecas, embora seu papel seja cada vez mais relegado a um segundo plano nessa tipologia de edificação em constante evolução. Os livros que perdurarem deverão ser aqueles de valor sentimental ou arquivístico, em vez de serem o primeiro ponto de contato dos leitores com a informação.

1.2 O renascimento das bibliotecas

Após anos de negligência como tipologia de edificação, as bibliotecas públicas desfrutaram de um renascimento perto do final do século XX. Isso em parte deveu-se às novas tecnologias da informação e comunicação que desafiaram a supremacia do livro e de outras formas de documentos cujo suporte tradicionalmente é o papel. A revolução digital ressaltou o importante papel social, educativo e cultural das bibliotecas, particularmente para a vida e o bem-estar das cidades. Na Inglaterra, a CABE – Commission for Architecture and the Built Environment (Comissão para a Arquitetura e o Ambiente Construído) foi fundamental na promoção de uma visão mais inclusiva e dinâmica das bibliotecas públicas. Sob pressão dessa entidade e em resposta a mudanças sociais mais profundas das cidades britânicas, soluções novas e interessantes para essa tipologia de edificação surgiram em Londres (Watney Market, Whitechapel e Peckham), bem como em Worcester, Norwich, Brighton e, mais recentemente, em Birmingham, onde a nova biblioteca pública projetada por Mecanoo foi inaugurada em 2013 (veja a Seção 8 – Estudo de Caso). Embora o ritmo de mudanças tenha sido reduzido em virtude das dificuldades econômicas pelas quais passa grande parte da Europa, os Estados Unidos, a China e o Canadá estão construindo um grupo de bibliotecas fascinantes, que integram diferentes mídias e promovem a solidariedade cultural.

A biblioteca universitária também tem passado por consideráveis mudanças à medida que a ênfase sai das bibliotecas como depósitos de conhecimento para locais onde novos conhecimentos são gerados e aqueles preexistentes (seja no formato digital ou no papel) são compartilhados abertamente no ensino, no aprendizado e na pesquisa. Exemplos de uma nova abordagem ao projeto de bibliotecas acadêmicas são o Saltire Centre (Glasgow Caledonia University), projetado por BDP, as novas bibliotecas da Open University, obra de Swanke Hayden Connell Architects, a da Leicester University, de Associated Architects, e a da Aberdeen University, de Schmidt Hammer Lassen. Muitas ampliações de bibliotecas universitárias preexistentes como as das universidades de Liverpool, East Anglia e Portsmouth, oferecem espaço para recursos de tecnologia da informação e conhecimento e novas formas de mídia, somando-se à oferta dos tradicionais espaços para livros. Essas áreas, às vezes chamadas "learning commons" (áreas públicas de aprendizado), refletem a mudança na pedagogia do ensino baseado na aula expositiva para o aprendizado aberto, focado no estudante e baseado em trabalhos práticos, em vez de exames. Bons exemplos são encontrados no periódico *Focus*, do SCONUL, e no *website Designing Libraries*.

Fora do Reino Unido, se destacam as novas maneiras de pensar o projeto e o objetivo cívico das bibliotecas mostradas com a obra do OMA em Seattle (Estados Unidos), a biblioteca projetada por Snøhetta para Alexandria (Egito) e aquela projetada por Patkau Architects para Montreal. Muitas novas bibliotecas também vêm sendo construídas por toda a Europa para acompanhar a ampliação do ensino superior, incluindo a Universidade Livre de Berlim, de Foster & Partners, e a Universidade Técnica de Brandenburg, de Herzog e de Meuron. As bibliotecas das universidades, em específico, têm precisado se adaptar às novas práticas pedagógicas, bem como à revolução na forma e no uso do conhecimento.

1.3 Um local de encontro

Hoje, a biblioteca, seja pública, seja universitária, é um local para as pessoas se encontrarem, descobrirem, aprenderem e trocarem informações e que tem ambientes receptivos, bem iluminados e arejados (Figuras 23.2 e 23.3). Ela pode ter inúmeros formatos e formas. Em geral, há quatro tipos principais, mas cada um desses também varia muito. Uma tendência são as bibliotecas maiores, tanto na faculdade como na comunidade. Uma escala maior permite uma melhor integração das mídias digitais com os livros e a prestação de uma maior variedade de serviços de apoio (como cursos de computação ou de idiomas), bem como mais equipamentos que não se limitam ao uso dos leitores (cafeteria, áreas para exposições, lojas).

É importante que as bibliotecas sejam bem projetadas do ponto de vista cívico, oferecendo uma resposta de arquitetura que seja acolhedora e inclusiva e disponibilize uma gama de serviços que consiga atrair tanto a jovens quanto a idosos, moradores bem-integrados e novos residentes, pessoas com bons conhecimentos de informática ou não, etc. As bibliotecas de hoje, portanto, precisam oferecer uma variedade de tipos de espaços para atender a esses diferentes usuários. Embora as bibliotecas pequenas sejam boas para o envolvimento de uma comunidade, as grandes são cada vez mais preferidas, pois respondem às necessidades dos leitores, empresários e educadores de uma base regional.

2 O PAPEL COMUNITÁRIO DAS BIBLIOTECAS

2.1 As novas funções das bibliotecas

O renascimento do interesse pelas bibliotecas como tipologia de edificação tem três raízes principais. Em primeiro lugar, as novas tecnologias de mídia, em especial os pacotes de conhecimento baseados na tecnologia da informação e comunicação (Facebook e Twitter) têm levado os clientes do governo e das universidades a reavaliar o papel e o projeto das bibliotecas na era digital. Em segundo, o ressurgimento do interesse por outros tipos de edificação cultural – notadamente o museu e a galeria de arte – encorajou muitos clientes públicos e seus arquitetos a ver as bibliotecas como prédios a serem visitados por seus valores inerentes, em vez de serem apenas provedores de acesso a livros, periódicos e serviços de informática. Em terceiro, a expansão das universidades ao redor do mundo levou a reavaliação do papel da biblioteca universitária no ensino, no aprendizado e na pesquisa, o que, por sua vez, influenciou o projeto de bibliotecas públicas.

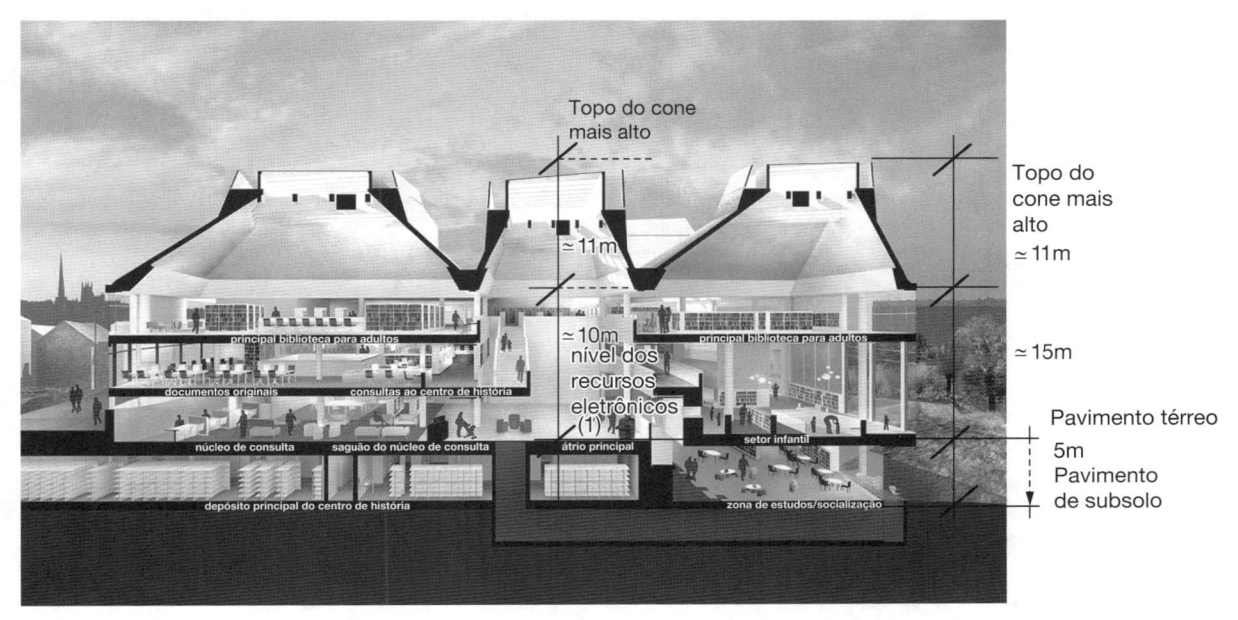

23.2 Corte da biblioteca pública The Hive (A Colmeia), em Worcester, projetada por Felden Clegg Bradley Studios.

Como resultado dessas modificações, as bibliotecas têm se transformado em edificações inclusivas e convidativas, nas quais a transparência age como um farol do conhecimento em muitas cidades e *campi* universitários. Quando entramos nesses prédios, encontramos espaços animados pelo som do uso do conhecimento, do compartilhamento da informação e do discurso social. Todavia, nem tudo é barulho: as novas bibliotecas têm precisado zonear seus espaços para poderem atender a diferentes tipos de uso do conhecimento e servir às necessidades de diferentes usuários.

A biblioteca do século XXI típica é um prédio com espaços públicos externos mais empolgantes, formas arquitetônicas mais interessantes e interiores mais "comerciais". Nelas, presta-se atenção tanto ao projeto da edificação em si como à criação de salas de leitura que convidem à contemplação, à reflexão e a trocas com diferentes mídias e entre leitores, assim como à disponibilização de áreas para exposições, cafeterias e livrarias. As bibliotecas deixaram de ser principalmente depósitos de livros, jornais e revistas, tornando-se centros de conhecimento multimídia que desempenham um papel ativo na era digital moderna. Atualmente, a biblioteca típica (veja as Tabelas III e IV) é uma rede interativa que inclui livros, periódicos (muitos dos quais eletrônicos), CDs, vídeos, acesso à Internet e, ocasionalmente, coleções especiais. Cada vez mais, a rede oferece *links* para residências e centros de estudo, consequentemente apoiando a educação continuada e reforçando o papel das escolas e faculdades na comunidade. Essa função social foi acompanhada por uma alteração nos valores de projeto, pela descrição do cargo de bibliotecário e pela ampliação do programa de necessidades de uma biblioteca típica.

Em vez de provocar a obsolescência das bibliotecas, as novas tecnologias as libertaram dos estereótipos cada vez mais impopulares e modificaram os paradigmas fundamentais por trás dos projetos.

Tabela III O papel contemporâneo da biblioteca pública

- Edificações que ajudam a reforçar a noção de comunidade
- Edificações que servem como pontos de encontro
- Centros de aprendizagem e suporte na tecnologia da informação e comunicação
- Complemento de galerias de arte e museus
- Ponto de acesso a serviços municipais
- Centro de educação continuada

Um dos pressupostos ultrapassados é a necessidade de silêncio em todas as áreas, exceto locais designados. A estratégia atual consiste em estimular o compartilhamento de conhecimento e aceitar o diálogo da palavra falada seja entre indivíduos ou em grupo. Uma vez que a biblioteca geralmente é usada para o ensino e o aprendizado dentro da comunidade, o silêncio é necessário apenas em áreas de estudo privadas. No restante, o prazer da descoberta e da troca de informações é bem-vindo (veja a Figura 22.4). A restrição do silêncio a áreas específicas permite que o restante se torne um local para o compartilhamento de ideias e a busca conjunta de conhecimento.

2.2 A integração entre os livros e as mídias digitais

Ainda que os livros permaneçam vitais para a biblioteca, o primeiro ponto de contato geralmente é a tela do computador. A interação entre o conhecimento digital e a palavra impressa é dinâmica e exige características espaciais diferentes da sala de leitura da biblioteca tradicional. Muitas bibliotecas modernas dão prioridade ao uso de microcomputadores, consequentemente estimulando o leitor a experimentar uma diversidade de tipos de conhecimento à medida que utilizam o local. A função dos funcionários da biblioteca é auxiliar nas pesquisas com o uso das diversas ferramentas (mídias), em vez de trabalhar na segurança ou simplesmente se sentar atrás de uma mesa carimbando

Tabela IV Resumo das tendências para as bibliotecas públicas, de acordo com o CABE

- Cada biblioteca desenvolverá sua gama particular de serviços
- As bibliotecas se desenvolverão em parceria com outros serviços
- A adaptabilidade é um fator-chave no leiaute e projeto
- A promoção da leitura, a comunicação e a alfabetização são serviços essenciais das bibliotecas
- As bibliotecas se tornarão centros de comunicação para populações em movimento
- O uso prolongado das bibliotecas como locais de estudo exige equipamentos de apoio eficientes e acolhedores
- As conexões eletrônicas entre as habitações e bibliotecas aumentarão
- Os serviços para crianças se tornarão mais importantes
- Os serviços virtuais de biblioteca serão disponibilizados 24 horas por dia
- Os bibliotecários mudarão de papel, deixando de ser "guardiões" da cultura e se tornando navegadores do conhecimento

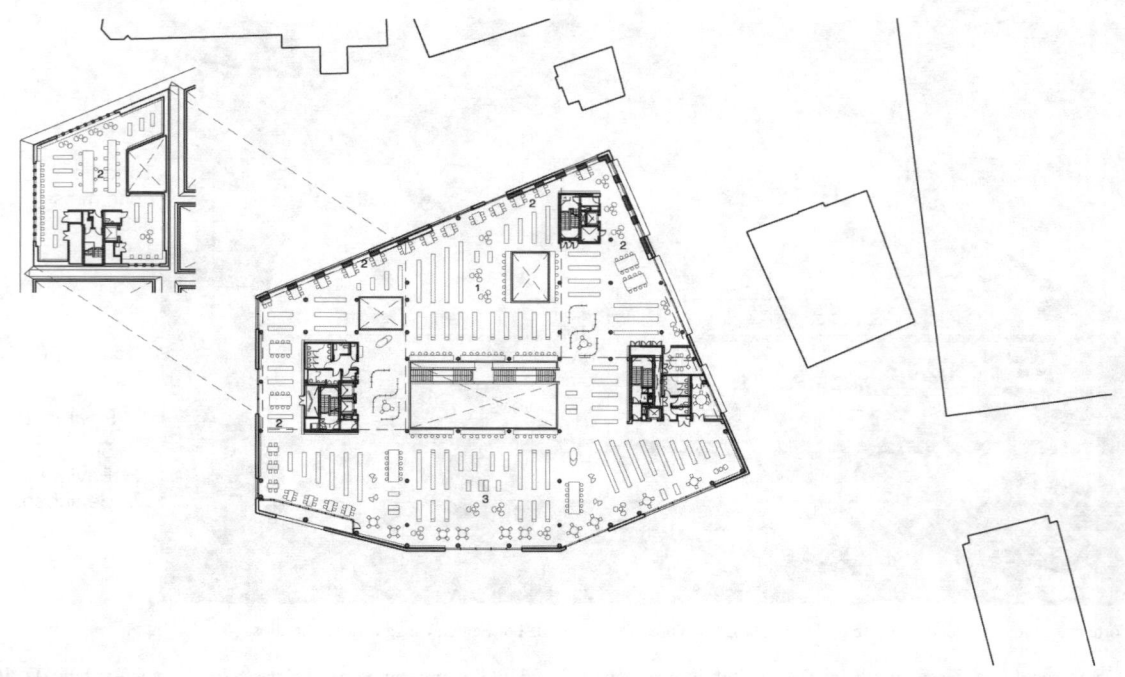

23.3 Planta baixa do segundo pavimento da biblioteca pública The Hive (A Colmeia), em Worcester, projetada por Felden Clegg Bradley Studios.
Legenda: 1 Biblioteca/sala de estudo; 2 Sala de leitura em silêncio; 3 Aprendizado com socialização

as fichas dos livros emprestados. Os bibliotecários de hoje são intermediários de dados e de mídias e navegadores de assuntos com contato direto com os leitores na recepção e em vários pontos dentro da biblioteca. No direcionamento dos leitores para os materiais, há uma grande interação verbal e digital, que inevitavelmente afeta o leiaute do interior e o caráter da biblioteca.

Outra mudança significativa ocorrida nas últimas duas décadas foi o aumento do papel das bibliotecas na educação continuada, no fornecimento de informações para a comunidade e no apoio às necessidades dos idosos. Por volta de 2020, quase 50% da população europeia terá mais de 65 anos e as bibliotecas terão serviços particularmente importantes para prestar. Isso influencia o projeto e o leiaute dos edifícios de bibliotecas, o nível de iluminação e a oferta de itens, como toaletes e acesso para pessoas com dificuldades de locomoção.

Para as pessoas que não têm o inglês como primeira língua, para os pobres que buscam apoio e para os indivíduos recém-chegados na região, a biblioteca geralmente é o primeiro ponto de contato com a comunidade. Logo, as qualidades e os valores expressos por meio do projeto arquitetônico deixam uma impressão duradoura. Por essas razões, a biblioteca atual é vista como um portão de entrada para o aprendizado e uma vitrine tanto de conhecimento como de serviços comunitários. Isso faz algumas bibliotecas assumirem o papel de escritórios de orientação para o cidadão, e seus bibliotecários, se tornarem quase assistentes sociais.

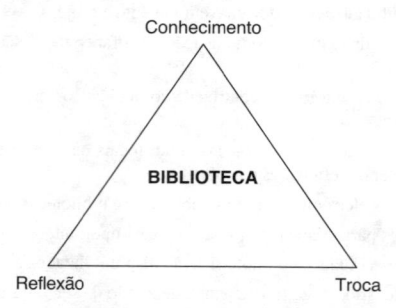

23.4 Principais relações dentro de uma biblioteca (Brian Edwards).

3 PROJETO DE BIBLIOTECAS

O projeto dos edifícios de biblioteca deve ser tratado nos seguintes níveis:

- Projeto de urbanismo
- Projeto da edificação
- Projeto dos interiores

Cada área possui exigências específicas, que envolvem o diálogo com o usuário e grupos de interesse; além disso, cada nível tem suas próprias necessidades que não devem ser negligenciadas (veja a Tabela V). O projeto de bibliotecas é mais do que um exercício na criação de formas arquitetônicas, apesar do crescente interesse por releituras tipológicas.

3.1 Desenho urbano

É vital que as bibliotecas sejam edificações das quais a comunidade possa se orgulhar e as quais ela queira usar. O projeto deve ser aberto, convidativo e transparente, e o "espírito de uma biblioteca" tem de estar presente no prédio como um todo, em seus espaços

Tabela V Planejamento da implantação

Principais considerações no planejamento da implantação	Questões a serem consideradas
Presença cívica	• Relação com outras edificações públicas • Presença visível
Acesso público	• Acesso ao transporte público • Acesso para portadores de necessidades especiais
Acesso de serviços	• Acesso ao sistema viário • Áreas de entrega e armazenagem
Projeto de urbanismo	• Espaço público externo para reunião • Percursos seguros, protegidos e bem-definidos

principais e nos recintos de leitura mais íntimos. Isso pode ser traduzido de diferentes maneiras em uma grande biblioteca pública ou uma biblioteca acadêmica, ainda assim, o prédio deve transmitir sua essência de biblioteca: um local onde o conhecimento da sociedade é armazenado e disponibilizado gratuitamente.

A tendência atual de evitar bibliotecas de bairro ou de faculdades significa que a biblioteca está assumindo uma importância cada vez maior como edificação cívica e que ela deve se tornar um local centralizado. A biblioteca pública precisa estar conectada à vida cívica, e a biblioteca da universidade deve estar localizada no centro da instituição acadêmica. É essencial que haja um bom acesso ao transporte público e aos fluxos de pedestres, bem como a capacidade de dotar essas instituições com coleções e recursos cada vez mais avançados.

Assim, normalmente haverá um acesso público frontal e uma área de serviço nos fundos ou em um subsolo, que reunirá diversas instalações prediais e serviços de apoio. No entanto, esse acesso público não costuma ser a porta de entrada propriamente dita, mas um local de encontro junto a ela.

As bibliotecas devem transformar os espaços externos em locais valorizados, que promovam encontros, a troca de ideias, a leitura ao ar livre ou simplesmente o assento em um contexto atraente. Esses locais devem ser projetados com as características de uma praça pública, atentando-se ao projeto de paisagismo, conforto público (por exemplo, o provimento de assentos) e à segurança da comunidade e dos usuários. A "praça" da biblioteca é onde as pessoas se encontrarão, farão intervalos para sair do ambiente fechado do prédio e refletir sobre os materiais analisados ou farão pequenas caminhadas para comer um sanduíche ou visitar uma cafeteria ou instituição cultural. Aristóteles definiu a cidade como "uma coleção de prédios onde os homens vivem uma vida em comum, visando a um fim nobre", e em nenhum outro local isso é mais evidente do que em uma biblioteca pública.

O espaço externo da biblioteca precisa ser livre de automóveis, embora o transporte público possa (e geralmente deva) passar por perto. Também deve ter acessibilidade universal e um bicicletário. Dessa maneira, é preferível usar um acesso em nível, e as rampas serão inevitáveis sempre que houver qualquer desnível. O espaço público ao longo da entrada oferece uma oportunidade para destacar a edificação e sinalizar a importância da instituição. Ele também permite a inclusão de esculturas e outras formas de arte pública na cidade – algumas das quais podem conter referências explícitas ao acervo da biblioteca.

No caso das bibliotecas universitárias, o prédio precisa estar em uma posição central no *campus* e em um local onde seja possível a vigilância 24 horas por dia. Muitas vezes há uma praça linear no centro do *campus*, onde outras instituições acadêmicas se localizam, como a reitoria, o restaurante universitário, o centro esportivo e a secretaria. Isso oferece uma oportunidade para a formação de um conjunto acadêmico focado no aluno, amarrando os equipamentos de uso comum mais importantes por meio de conexões com os prédios individuais das faculdades que se encontram em outros locais. Portanto, um dos papéis da biblioteca acadêmica é definir o centro do *campus*, tanto em termos espaciais quanto na hierarquia das edificações.

Os percursos entre o espaço público externo e a principal entrada pública de uma biblioteca ficarão mais claramente definidos se a etapa de definição do programa de necessidades prestar atenção ao desenho urbano. A escolha do terreno frequentemente dita as relações externas dessa instituição. Além disso, a proximidade ao transporte público e às vias de pedestres e ciclistas é fundamental. Também existem fluxos paralelos que precisam ser levados em conta, como a entrega de livros, jornais e móveis e o acesso de funcionários. A entrada de serviço deve ter um bom acesso viário e algum espaço para estacionamento e carga e descarga. Cada vez mais as informações são enviadas eletronicamente, por meio de tecnologias sem fio ou a cabo, o que reduz a demanda de áreas de serviço físicas, mas a entrega e o armazenamento de materiais de uma biblioteca ainda é uma das principais considerações no planejamento da implantação do prédio.

3.2 Projeto da biblioteca

As bibliotecas são utilizadas por muitas horas. Dessa maneira, se a biblioteca pública busca atender à sociedade e a biblioteca universitária serve a seus alunos e professores, é preciso dedicar muita atenção à arquitetura dos interiores, aos móveis e aos acessórios tanto dos espaços de estudo quanto daqueles mais públicos (veja a Tabela VI).

É importante que o programa de necessidades de uma nova biblioteca mencione os valores que ela deve abraçar (veja a Tabela VII). Esse documento não é um mero conjunto de fluxogramas e tabelas de áreas: para que seja bom, ele deve ser mais ambicioso e garantir que as aspirações da sociedade em relação à instituição sejam alcançadas. É preciso que haja um diagrama claro da biblioteca em planta baixa e corte. A clareza de todos os desenhos permite ao usuário compreender a lógica do leiaute, com os principais locais (como as salas de leitura e as salas com computadores) em locais óbvios. A criação de um diagrama em corte claro também é um desafio, e, portanto, a biblioteca deve ter uma estratégia coerente para a iluminação natural, ventilação e acústica.

O largo em frente da fachada principal levará o visitante imediatamente às portas de entrada, que devem ser convidativas, amplas, transparentes e arranjadas de modo que o interior possa ser visualizado assim que se chega ao local. Também deveria ser possível ver os principais espaços da biblioteca pelo lado de fora, o que a conectará com a vida urbana (veja a Figura 23.5). No passado, muitas vezes as exigências de segurança interrompiam as conexões físicas e visuais entre os mundos interno e externo de uma biblioteca.

Em edificações maiores, geralmente é possível criar um saguão antes do balcão da biblioteca, onde se pode oferecer armários com chave, painéis de informações referentes às atividades comunitárias, um café e um bar, uma área de exposição e salas de reunião. Esse espaço de transição entre o mundo interno e o externo exige muita atenção, de forma a evitar quaisquer incômodos à biblioteca. Logo após entrar na biblioteca, o usuário precisa entender os espaços mais importantes e os principais percursos.

3.3 O balcão da biblioteca

O balcão da biblioteca é a barreira de controle do acervo que forma um elemento essencial ao funcionamento do prédio. É o principal ponto de contato entre os usuários e os funcionários da biblioteca, e o trabalho oral é essencial para ajudar na navegação por uma coleção. Esse balcão não deve atuar como uma parede impenetrável, mas ser uma barreira permeável por onde os visitantes poderão passar. A tendência para o uso de sistemas de autosserviço para o empréstimo e a devolução de livros e outros materiais torna o elemento de controle menos evidente, além de liberar os funcionários da biblioteca para auxiliar o leitor, em vez de apenas exercer a segurança. O ponto de controle ou autosserviço deve estar no local onde os livros são retirados e devolvidos e ser apenas mais uma das partes da área de entrada, em vez de ser o elemento dominante para o visitante. Cada vez mais, o ponto seguinte de contato será com

Tabela VI Projeto

Principais características do projeto de bibliotecas

- Visível, identificável e legível como um tipo
- Adaptável a novas tecnologias da informação e com possibilidade de ampliação física
- Confortável e acessível àqueles com necessidades especiais
- Acolhedora, protegida e segura para todos os usuários
- Proteção e segurança do acervo

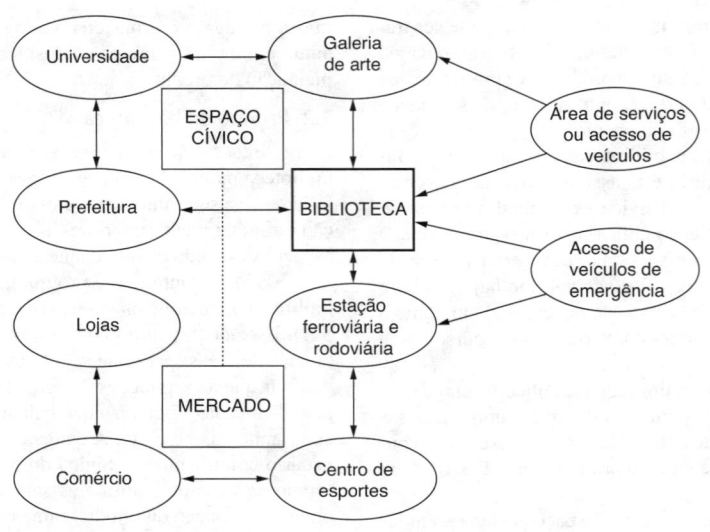

23.5 Diagrama conceitual das relações entre bibliotecas e outras funções cívicas (Brian Edwards).

o catálogo informatizado ou a área de informática de suporte, que costuma estar por perto. Para equilibrar o domínio dos sistemas de informação digital em algumas bibliotecas (que podem afastar os mais idosos da instituição), é comum a existência de um local com revistas ou jornais nas proximidades.

3.4 Estratégias para o leiaute dos acervos

Há duas estratégias principais de organização do acervo de livros. A primeira consiste em colocar os livros perto do centro da biblioteca, distribuindo mesas de leitura no perímetro do salão, onde há um bom acesso para a iluminação natural e a vista externa. A segunda consiste em colocar os livros no perímetro, com um grande espaço multifuncional no centro, geralmente com iluminação zenital. Essa última possibilita a criação de um volume interior onde os leitores podem interagir e se mover livremente entre papéis e mídia eletrônica. A integração de métodos de conhecimento e tipos de papel, porém, com frequência é difícil na prática, devido às exigências específicas dos computadores e à natureza de alguns acervos de papel (como jornais ou fotografias antigas). Então, apesar do ideal de integração, frequentemente há áreas de estudo específicas reservadas conforme o tipo de suporte ou material de estudo.

3.5 Flexibilidade

Como a armazenagem e o acesso do conhecimento estão mudando rapidamente, as bibliotecas precisam ter um nível mais alto de flexibilidade. A possibilidade de alterar a edificação com o passar do tempo sem comprometer os principais atributos que constituem a biblioteca em termos de arquitetura é uma consideração muito importante para a elaboração do projeto. As bibliotecas são edificações fáceis de identificar, onde espaços como a sala de leitura ajudam a definir a tipologia. Criar flexibilidade à custa da personalidade significa remover a dimensão cívica que, cada vez mais, é exigida por clientes e usuários. Todavia, as bibliotecas precisam ser capazes de se adaptar ao dinamismo das tecnologias da informação e à mutabilidade de seu papel cultural ou social se desejam manter toda a sua relevância no século XXI.

3.6 Circulação interna

A circulação interna, que pode corresponder de 10 a 20% da área interna, é empregada para o acesso e a socialização. Ela deve conter assentos e nichos que não interrompam a passagem, a fim de incentivar encontros e conversas informais. As principais escadas também devem ser projetadas como percursos processionais nos quais o objetivo e a fluência do conhecimento sejam percebidos arquitetonicamente.

3.7 Zoneamento interno

O zoneamento do interior da biblioteca em áreas distintas (Figura 23.6), em vez da divisão com base em recintos separados, é a política geralmente adotada em todas as bibliotecas, exceto as nacionais (Figura 23.7). A integração é a norma, dentro dos condicionantes impostos pelo barulho, pela visibilidade dos monitores dos PCs e pela leitura dos visitantes.

Essas zonas separadas podem ser áreas funcionais distintas, mas, em geral, são vinculadas por amplos espaços de conexão. O zoneamento permite que uma área adote uma política diferente de controle de ruídos ou segurança, possibilita modificações internas sem prejudicar o conjunto e faz os diferentes usuários empregarem os recursos da instituição de diferentes modos. Uma cultura de interior variado é preferível àquela em que há uma padronização do tipo empresarial por toda a edificação. Essa variedade pode ser planejada ou deixada como uma faculdade que se desenvolverá à medida que a natureza dos usuários e das coleções muda (veja a Tabela VIII). Na Biblioteca Peckham, por exemplo, há três "cápsulas" dentro das principais áreas do acervo, especificamente projetadas para acomodar as coleções especiais. Cada um desses espaços é específico para

Tabela VII Principais fatores a serem considerados no projeto de interiores

Técnicos:

As cargas de piso são adequadas para o acervo?

O leiaute do cabeamento e da rede sem fios é adequado para as futuras necessidades de TI?

As condições de habitabilidade são aceitáveis para o uso planejado?

A edificação é eficiente em termos de energia?

O acervo está protegido contra incêndios ou furtos?

Estéticos:

A edificação é agradável além de funcional?

Os percursos e espaços principais são legíveis para o usuário?

Há espaços para reflexão?

Os leitores têm um bom acesso à luz natural?

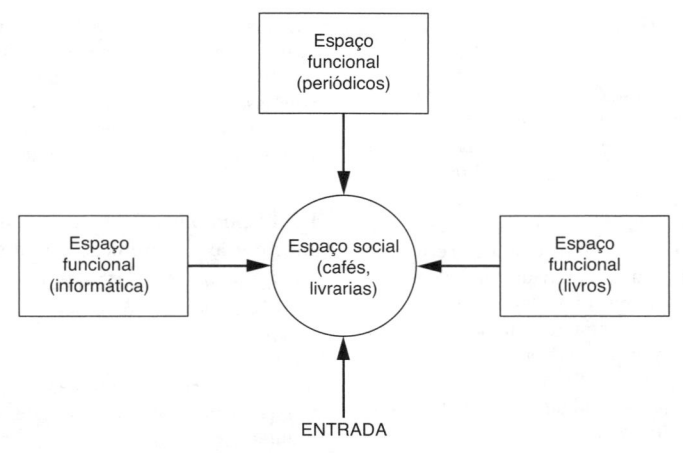

23.6 Relacionamento entre zonas funcionais e sociais da biblioteca (Brian Edwards).

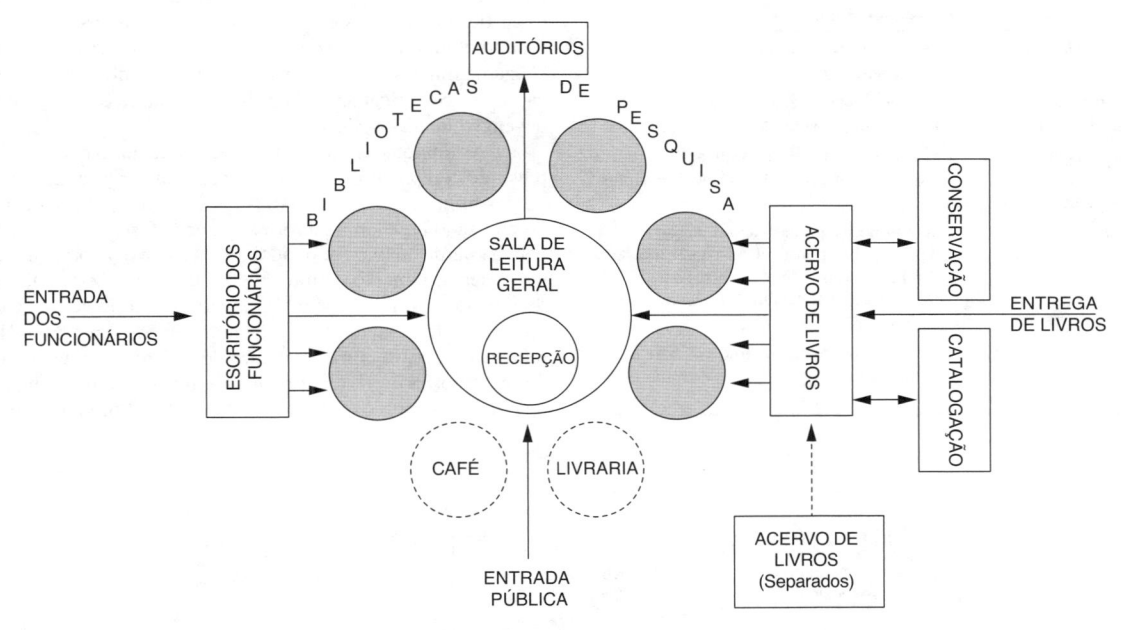

23.7 Leiaute esquemático de uma biblioteca nacional (Brian Edwards).

sua coleção e foi feito de acordo com a preferência de seus usuários em potencial.

Cada vez mais as fontes eletrônicas e aquelas em papel são integradas fisicamente na mesa do leitor, mas é comum haver uma zona ou um recinto para os usuários de computador, uma área se- parada para aqueles que desejam consultar jornais ou revistas, uma área para o acervo de livros e um espaço especial para mesas de leitura e talvez salas para trabalhos em grupo.

3.8 Acesso

As bibliotecas exigem um amplo acesso de serviço para a entrega de livros e outros materiais de estudo, bem como para a retirada de lixo. Contudo, a principal consideração de acesso se relaciona com os usuários, inclusive os portadores de necessidades especiais. O acesso universal é fundamental em todas as áreas da biblioteca, exceto nas zonas de armazenagem compacta. Os cadeirantes precisam ter a faculdade de manobrar no final das estantes e de se locomover livremente por todos os pavimentos. As barreiras de segurança também devem ser largas o suficiente para o acesso dessas pessoas. Na verdade, o acesso universal em bibliotecas é relativamente simples, embora possam surgir problemas nas cafeterias e livrarias, onde às vezes há obstruções para esses usuários.

Tabela VIII Serviços típicos prestados dentro de uma biblioteca pública ou acadêmica

- Acesso e empréstimo de livros
- Acesso a periódicos e jornais
- Uso de postos de trabalho
- Acesso à Internet e publicações eletrônicas
- Acesso eletrônico a periódicos de pesquisa
- Orientação às fontes de informação
- Apoio para a comunidade e visitantes
- Cafeteria e área de bebidas

4 LEIAUTE, MOBILIÁRIO E ESTANTES

4.1 Acervo de livros

A maioria das bibliotecas é subdividida em áreas do acervo disponível para consultas; essa subdivisão serve como base para o zoneamento das áreas em partes funcionais (veja a Tabela IX). O acervo também proporciona proteção acústica, possui qualidades ambientais importantes (gera massa termoacumuladora) e ajuda a definir os percursos no interior da biblioteca. O posicionamento e os tipos das estantes são essenciais para o funcionamento eficiente da biblioteca, e elas precisam ser situadas cuidadosamente em relação aos elementos fixos, como pilares, elevadores, escadas, paredes e portas. As estantes de livros também determinam o leiaute dos assentos e das mesas, além do posicionamento dos postos de trabalho.

Normalmente, o acervo localiza-se em um ponto central, com espaços para leitura na periferia do prédio ou em torno dos átrios (Figuras 23.8 e 23.9). Contudo, as bibliotecas centrais têm salas de leitura grandes e imponentes. Esses espaços podem ser nos pavimentos mais elevados ou estar mais baixos e voltados para áreas externas, e certamente serão utilizados por leitores folheando livros e periódicos ou navegando na rede. As salas de leitura costumam ser diferentes das salas de informática, mas às vezes esses ambientes se sobrepõem.

4.2 Disponibilização de equipamentos de tecnologia da informação e comunicação e mídias digitais

O aumento da oferta de recursos de tecnologia da informação e comunicação às vezes ocorre à custa de áreas para o armazenamento de livros. Como resultado, as estantes podem ficar muito próximas entre si ou parte do acervo talvez seja armazenada em outro local. O uso crescente das bibliotecas pode prejudicar os padrões ideais de espaço para o usuário, em especial nas áreas com assentos e nas estantes. Dessa maneira, os projetistas devem levar em consideração tanto as necessidades dos leitores como as dos funcionários, que têm em suas mãos a tarefa de cuidar das coleções. Embora os livros estejam, de modo geral, diminuindo de tamanho, os títulos sobre arte estão ficando maiores e, enquanto os PCs estão cada vez menores (com o domínio de *notebooks* e *tablets*), o número de leitores que chegam armados com a última tecnologia da informação e comunicação cresce rapidamente. Portanto, os leiautes e pontos de serviço devem se adaptar a tais mudanças.

As bibliotecas acadêmicas oferecem muito mais espaço para o uso de computadores do que as públicas (Figura 23.10). Em algumas bibliotecas universitárias, as áreas destinadas a centros de aprendizado baseado na informática podem ser superiores àquelas para a guarda de livros e periódicos. O uso e o empréstimo de CDs e o desenvolvimento de uma cultura de aprendizado mais do que de uma de ensino também têm levado as bibliotecas acadêmicas a serem utilizadas amplamente para o ensino em grupo. Há salas reservadas para seminários dentro do prédio, e muitas vezes a Internet se torna o principal recurso utilizado pelos alunos. Como resultado, os espaços interiores estão se transformando em um hí-

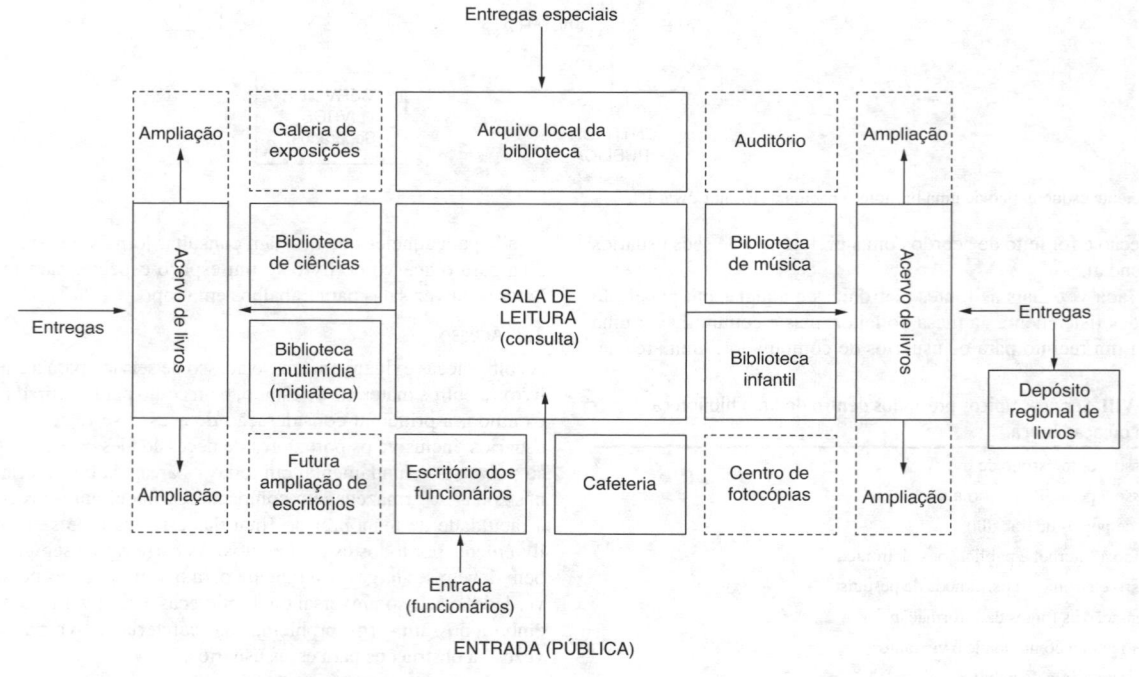

Tabela IX Leiaute das estantes

Considerações para o leiaute de estantes de livros	Questões secundárias
Posicionar as estantes de forma a definir percursos	Garantir que as saídas de emergência sejam visíveis no interior da biblioteca
Usar as estantes de livros como barreiras acústicas	Considerar as propriedades acústicas e térmicas das estantes de livro como um todo
Comprimir as estantes para criar áreas de leitura no perímetro da edificação	Proporcionar espaço para utilização segura em áreas com maior densidade de estantes
Oferecer sensores de luz em áreas de acervo particulares	Em bibliotecas grandes, a iluminação é a principal responsável pelo consumo de energia e, portanto, deve-se usar lâmpadas de LED e outras tecnologias que economizem energia elétrica
Certificar-se de que as cargas de piso são adequadas para estantes mais pesadas	A alteração do leiaute interno talvez seja condicionada por limitações estruturais

23.8 Leiaute esquemático de uma biblioteca central (Brian Edwards).

Tabela X Mobiliário

Leiaute e projeto dos móveis da biblioteca	Questões secundárias
Disponibilize mesas bem visíveis para os funcionários em cada um dos pavimentos, para a orientação dos leitores	Os funcionários da biblioteca devem ficar visíveis para auxiliar os leitores
Disponibilize mesas para os leitores em áreas com boa iluminação natural	Coloque as mesas na periferia da biblioteca ou em átrios
Divida grandes mesas para os leitores em áreas de estudo individual	Disponibilize tomadas ao longo de todas as mesas
Certifique-se de que haja uma variedade de leiautes e tamanhos de mesas, para atender à natureza das diferentes obras no acervo	Atlas e jornais exigem desenhos de mesa diferenciados
Certifique-se de que as mesas estejam conectadas a sistemas de tecnologia da informação e comunicação	Promova o uso misto de mídias nas mesas de estudo

brido entre a sala de leitura tradicional de uma biblioteca e algo parecido com uma sala da bolsa de valores (Figuras 23.11 e 23.12). O uso da biblioteca para o ensino por meio de seminários também coloca pressão sobre os elevadores, as escadas e os corredores no final de uma seção de estudo, e isso pode perturbar as áreas de estudo em silêncio.

O leiaute das mesas é uma consideração importante, uma vez que a distribuição dos espaços de leitura talvez influencie a configuração dos pilares e das paredes internas (veja a Tabela X). O leiaute das mesas e prateleiras depende, em grande parte, do tipo de biblioteca em questão. Cada vez mais, as bibliotecas com um grande acervo armazenam materiais usados com menos frequência no subsolo ou em outras áreas. Ali, é possível utilizar estantes móveis modernas, que são econômicas em termos de espaço e custo. A armazenagem no subsolo é útil porque as cargas pesadas podem ser acomodadas mais facilmente do que nos pavimentos superiores, e o leitor não precisa esperar muito tempo pelo material que pretende consultar. As mesas de leitura – em vez de escrivaninhas para o estudo individual – são a regra, geralmente localizadas perto do perímetro da biblioteca ou em salas exclusivas para leitura. Em geral, as mesas possibilitam o uso de *notebooks* e, com frequência, oferecem uma luminária e uma pequena área de apoio a cada usuário em uma mesa compartilhada com até oito assentos.

Uma área também precisa ser reservada para usos especiais, como o manuseio de grandes atlas ou mapas, jornais de formato grande e materiais arquivados. Talvez haja questões de segurança a serem consideradas, além da necessidade de mobiliário, como mesas grandes. É comum a necessidade de se fazer fotocópias e isso gera problemas acústicos e ambientais. Nas bibliotecas públicas, as mesas geralmente são compartilhadas para uma variedade de fins; em bibliotecas acadêmicas e profissionais, porém, áreas de estudo são reservadas para propósitos específicos (Figuras 23.13, 23.14 e 23.15).

As áreas destinadas ao uso de mídias eletrônicas são cada vez mais frequentes em todos os tipos de biblioteca. Ainda que a integração dos sistemas digitais e baseados em papel seja o ideal, muitas vezes as limitações de segurança, os ruídos e as necessidades dos leitores levam ao zoneamento de uma área para o uso prioritário de CDs e outras formas de mídia eletrônica. Em muitas bibliotecas acadêmicas, é criado um centro de recursos reservado ao aprendizado e que trata especificamente do uso de computadores, em geral com espaços associados para mídias mistas, impressão e ensino. Essas áreas exigem recursos similares aos dos *call-centers* internacionais mais avançados. Logo, o projeto rompe com o molde da biblioteca tradicional em termos de iluminação, leiaute do cabeamento e recursos acústicos. Como resultado, frequentemente há uma biblioteca e um centro de aprendizado de tecnologia da informação lado a lado, seja como duas edificações unidas pelo mesmo invólucro (Thames Valley University) ou dois edifícios separados, mas adjacentes (Universidade de Sunderland). Nas bibliotecas públicas – onde o nível dos recursos de TI é mais baixo – ambas as atividades comumente são integradas.

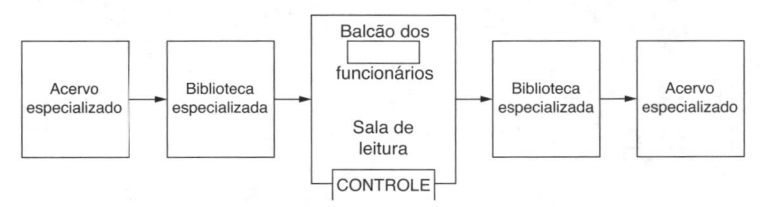

23.9 Leiaute esquemático de uma biblioteca municipal de bairro (Brian Edwards).

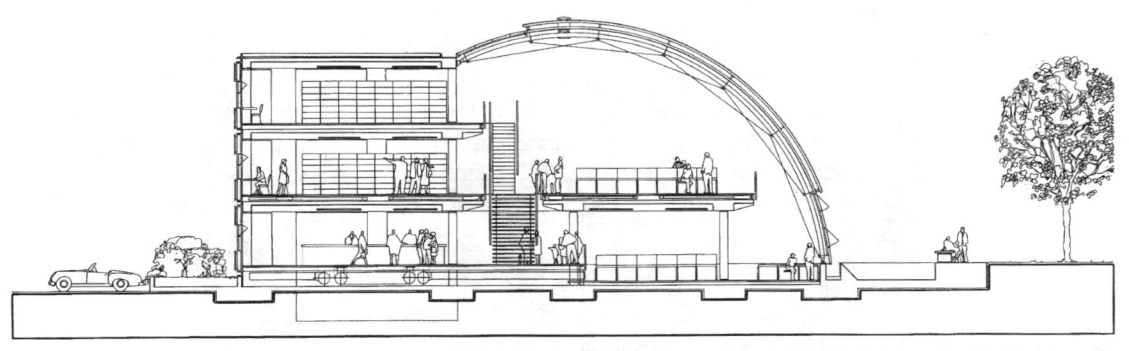

23.10 A edificação tradicional da biblioteca (à esquerda) e um espaço para o uso de computadores e discussão (à direita) foram combinados de maneira eficiente no Learning Resource Centre (Centro de Recursos para o Aprendizado) da Thames Valley Library (Richard Rogers Partnership).

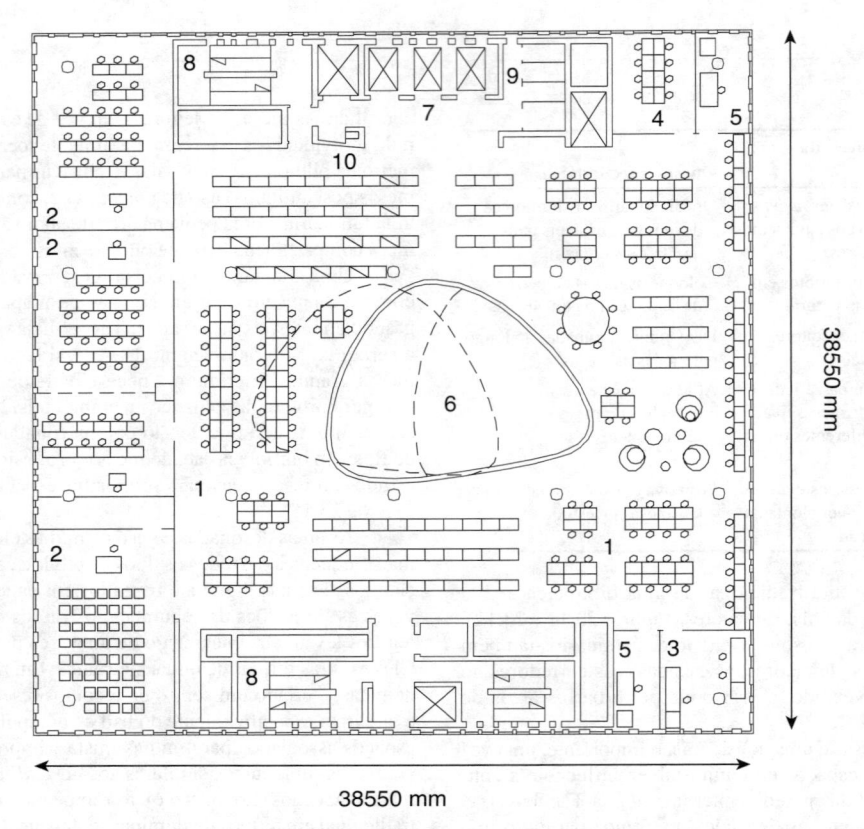

23.11a Planta baixa da Aberdeen University Library, projetada por Schmidt Hammer Lassen.

Nível 2
Legenda: *1 Espaço para estudo individual; 2 Salas para seminários; 3 Sala de trabalho; 4 Sala para estudo em grupo; 5 Escritório; 6 Átrio; 7 Elevadores; 8 Escada; 9 Banheiros; 10 Informações*

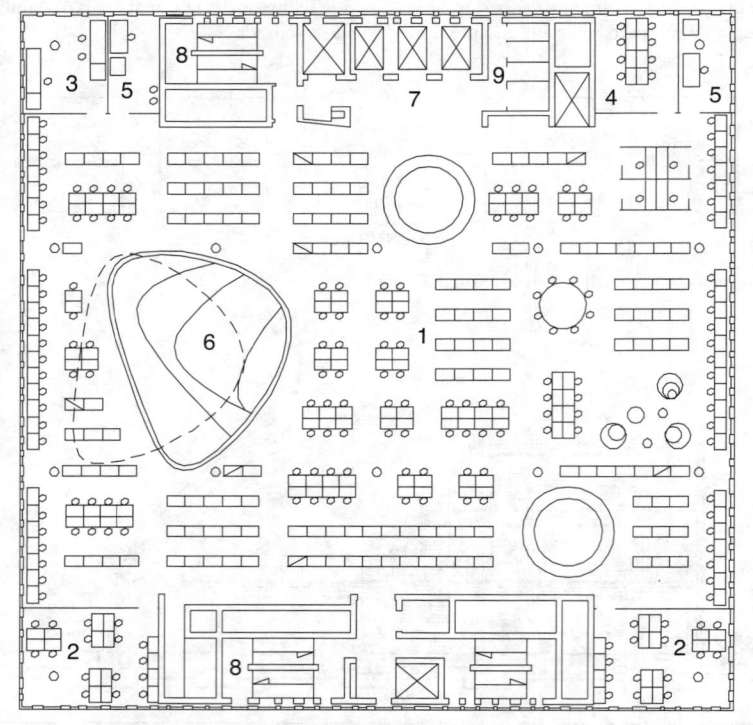

23.11b Planta baixa da Aberdeen University Library, projetada por Schmidt Hammer Lassen.

Nível 6
Legenda: *1 Espaço principal; 2 Sala silenciosa; 3 Sala de trabalho; 4 Sala para estudo em grupo; 5 Escritório; 6 Átrio; 7 Elevadores; 8 Escada; 9 Banheiros*

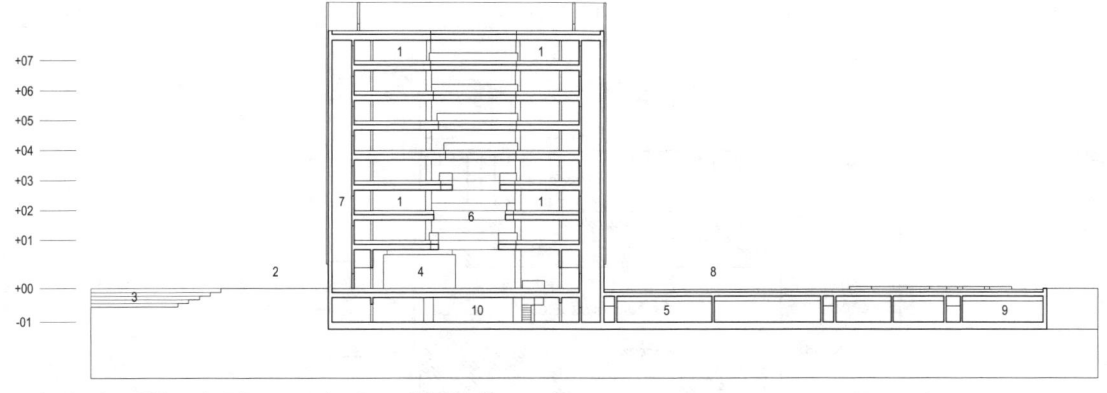

23.12 Corte da Aberdeen University Library, projetada por Schmidt Hammer Lassen.

Legenda: 1 Biblioteca; 2 Jardim da biblioteca; 3 Anfiteatro; 4 Área para exposições; 5 Acervo; 6 Átrio; 7 Elevadores; 8 Jardim Secreto; 9 Sala de conservação; 10 Sala de leitura

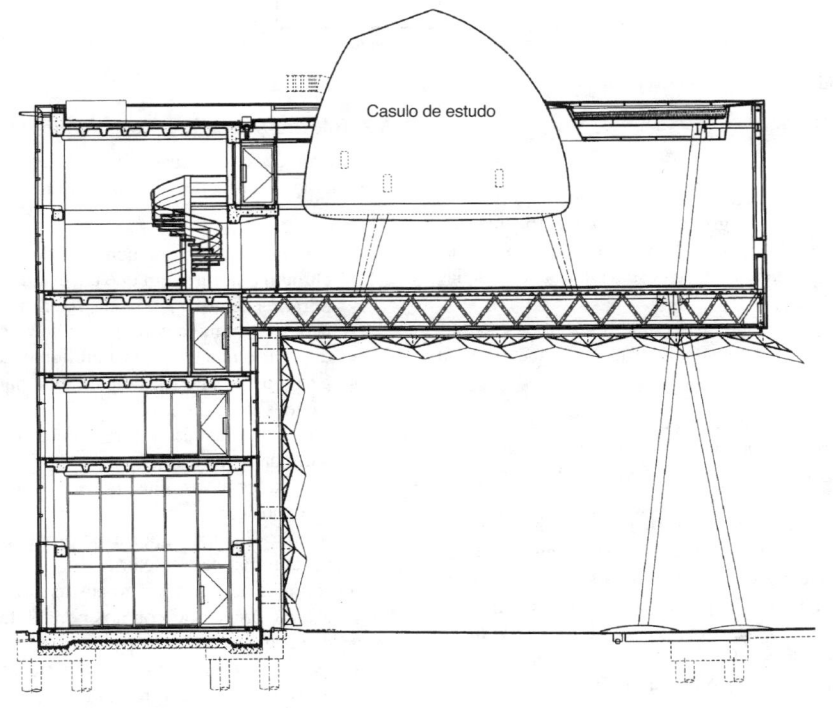

23.13 Corte da Peckham Public Library, projetada por Alsop and Störmer.

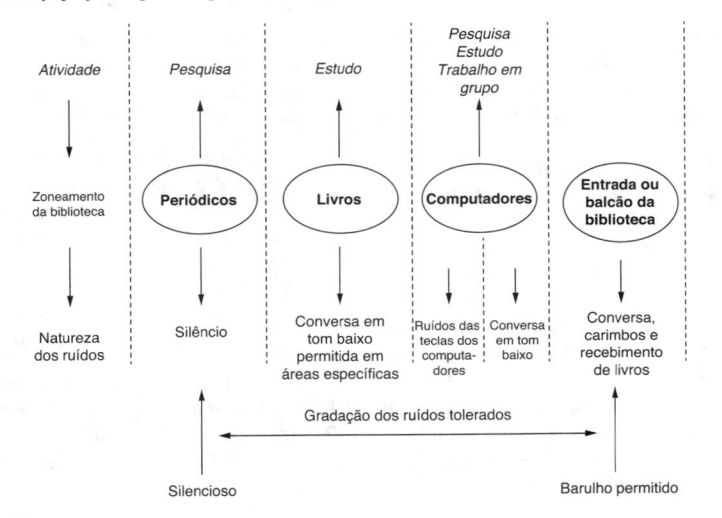

23.14 Zoneamento de ruídos em uma biblioteca acadêmica típica (Brian Edwards).

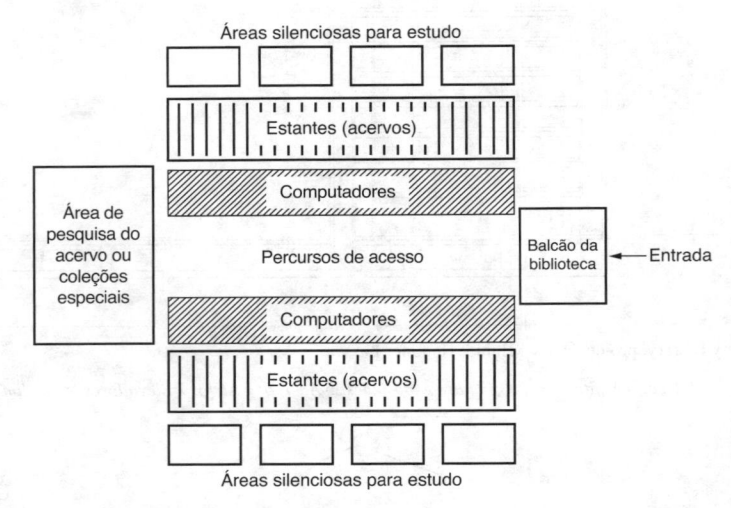

23.15 Planejamento de ruídos em uma biblioteca acadêmica típica (Brian Edwards).

5 PADRÕES ESPACIAIS

5.1 Tipos de espaço

Não há padrões internacionais de espaço em relação às bibliotecas públicas, uma vez que a gama de grupos atendidos é considerada muito variável (IFLA, 2001). Na verdade, as bibliotecas escolares e acadêmicas possuem algumas previsões espaciais recomendadas conforme o número de alunos.

No contexto do espaço necessário como um todo, os sete tipos de espaço a seguir devem ser considerados na edificação de uma nova biblioteca:

- *Espaço para coleções* – para a guarda de livros (espaços abertos e fechados), periódicos (edições atuais e antigas) e recursos não impressos. Os recursos digitais talvez precisem de alocação espacial.
- *Espaço para postos de trabalho eletrônicos* – para uso dos funcionários e uso público nas áreas principais, além de quaisquer necessidades nas salas de reunião. Um catálogo de acesso público usado por uma pessoa sentada exige 4 m^2.
- *Espaço de assentos para usuários* – em mesas ou individuais. Preveja cinco assentos por 1.000 usuários. O assento à mesa exige 2,5 m^2 por leitor, o posto de estudo individual com divisórias exige 3 m^2 e as poltronas exigem 3-4 m^2. Uma média útil é de 3 m^2 por leitor sentado.
- *Espaço de trabalho dos funcionários* – inclui áreas na parte pública da biblioteca e salas de trabalho em equipamentos separados; 15 m^2 por área de trabalho dos funcionários (por exemplo, balcão de empréstimos, balcão de informações) é uma boa diretriz de planejamento.
- *Espaço de reunião* – inclui salas de reunião, um auditório ou uma sala para atividades com crianças. Espaços também devem ser reservados para outras funções, como cafés com área de armazenagem para equipamentos.
- *Espaço para usos especiais* – por exemplo, uma sala dedicada à história da cidade, um centro de empregos, um centro de informações turísticas ou coleções especiais com os equipamentos necessários para os usuários acessarem o material.
- *Espaço de circulação e serviço* – inclui toaletes, escadas, elevadores, corredores e o espaço necessário para calefação ou refrigeração ou outros sistemas essenciais para a biblioteca. Em geral, o espaço de circulação e serviço ocupa entre 20 e 25% da área de piso bruta de uma biblioteca típica.

5.2 Informações sobre o uso da biblioteca

As informações correntes sobre bibliotecas devem ser levadas em consideração nas especificações para uma nova biblioteca em relação a:

- horário de funcionamento (toda ou parte da biblioteca incluindo o horário em que ela está fechada);
- horários de utilização mais intensa;
- uso discriminado conforme o horário;
- dias da semana em que a biblioteca abre;
- períodos do ano (principalmente para bibliotecas de universidades e escolas);
- número de usuários (preferencialmente separado para cada parte da biblioteca);
- atividades associadas, por exemplo, salas de reunião, áreas de exposição;
- recursos de apoio, por exemplo, toaletes, área com vendedoras automáticas, cafeteria;
- serviços de atendimento aos usuários – quantos funcionários estarão em serviço ou nos pontos de atendimento, os pontos de segurança;
- recursos de apoio aos funcionários, por exemplo, oficina, escritórios, sala de correio, instalações, vestiários.

5.3 Bibliotecas públicas

Não há padrões absolutos em relação à quantidade de espaço nas bibliotecas públicas por pessoa. As diretrizes da International Federation of Library Associations (Federação Internacional das Associações de Bibliotecas), de 2001, estabelecem que (p. 43):

> A quantidade de área de piso exigida por uma biblioteca pública depende de fatores como as necessidades exclusivas da comunidade individual, as funções da biblioteca, o nível dos recursos disponíveis, o tamanho do acervo, o espaço disponível e a proximidade com outras bibliotecas".

Elas prosseguem afirmando que, como esses elementos variam tanto, "não é possível propor um padrão universal referente ao espaço necessário para uma biblioteca pública".

Embora seja antiga, a publicação *The Public Library Service: IFLA/UNESCO Guidelines for Development* (O Serviço das Bibliotecas Públicas: Orientações da IFLA/UNESCO para o Desenvolvimento) inclui (no Apêndice 4) um conjunto de diretrizes produzidas para as bibliotecas públicas de Ontário em 1997, afirmando que, para uma comunidade com menos de 100 mil habitantes, a quantidade adequada de área de piso para bibliotecas públicas é de 56 m² por 1.000 moradores de área de captação. Essas diretrizes vão além e prescrevem:

- O espaço para o acervo: 110 volumes/m²
- O espaço para o usuário: cinco pontos de utilização para cada 1.000 moradores de área de captação; espaço por usuário = 2,8 m²
- O espaço para os funcionários: 16,3 m² por funcionário (se pressupondo um funcionário para cada 2.000 moradores)
- As salas multifuncionais: dependem dos serviços comunitários e dos objetivos do programa
- O espaço de circulação e serviços (escadas, toaletes, etc.): 20% da área líquida (= espaço ocupado pelas quatro categorias anteriores)

Em 2001, o Departamento de Cultura, Mídia e Esportes do Reino Unido considerou a área líquida de 23 m² do espaço de novas bibliotecas por 1.000 indivíduos como um possível padrão para as bibliotecas públicas. Contudo, nenhum padrão nesses termos foi introduzido. As análises mostram que a área atualmente estimada para fins de planejamento fica em torno de 30 m² por 1.000 indivíduos. Havia uma tendência de que o valor subiria com o passar do tempo, nem tanto pelo fato de as bibliotecas estarem adquirindo novas funções, mas geralmente seguindo ordens do governo central.

5.4 Bibliotecas de universidades e escolas técnicas

As Diretrizes do CILIP (Chartered Institute of Library and Information Professionals – Instituto dos Profissionais de Biblioteconomia e Informações) para bibliotecas de colégios recomendam o seguinte:

- Um assento para cada 10 alunos de turno integral em escolas de nível médio
- Um assento para cada seis alunos de turno integral em instituições de nível superior
- 2,5 m² por posto de estudo em salas de estudo multimídia ou centros de recursos para o aprendizado
  - entre 2,5 e 4 m² por posto de estudo no ensino superior
- os módulos de leitura possuem no mínimo 900 mm × 600 mm
- os espaços para tecnologia da informação e comunicação e tecnologia do aprendizado possuem, no mínimo, 1.200 mm × 800 mm
- o espaço de circulação (corredores) tem, no mínimo, 1.200 mm (1.800 mm é o mais indicado); o acesso às mesas ou aos postos de trabalho exige, no mínimo, 1.000 mm; o espaço individual para os usuários é de 600 mm no lado externo da mesa. O espaço para pessoas com necessidades especiais pode exceder esses números.

6 CONSIDERAÇÕES AMBIENTAIS

6.1 Luz e ventilação natural

As bibliotecas são grandes consumidoras de recursos ambientais. A maior parte da energia consumida costuma ser com a iluminação elétrica. Portanto, a estratégia de projeto deve buscar maximizar o uso da luz natural e usar os ganhos incidentais da energia elétrica para contribuir para a calefação. Isso pressupõe uma integração entre iluminação, calefação e ventilação com o uso de tecnologias mistas, a recuperação de calor e o uso criterioso das fontes de energia renovável (veja a Tabela XI).

Uma tendência é o uso de átrios, para criar condições de iluminação interna que reduzam a demanda das fontes artificiais. Con-

Tabela XI Considerações ambientais

- Reduzir a largura da planta baixa para 15 m, permitindo a penetração máxima da luz diurna
- Criar átrios internos em bibliotecas com planta baixa profunda
- Fornecer proteção contra a luz solar e persianas internas nas grandes áreas com vidraças da fachada sul no hemisfério norte
- Usar estantes de luz externas para aumentar a penetração da luz diurna
- Colocar as mesas de leitura em áreas bem iluminadas
- Evitar o condicionamento de ar exceto em locais com grande carga térmica
- Utilizar sistemas de ventilação híbridos
- Maximizar a ventilação natural em áreas públicas

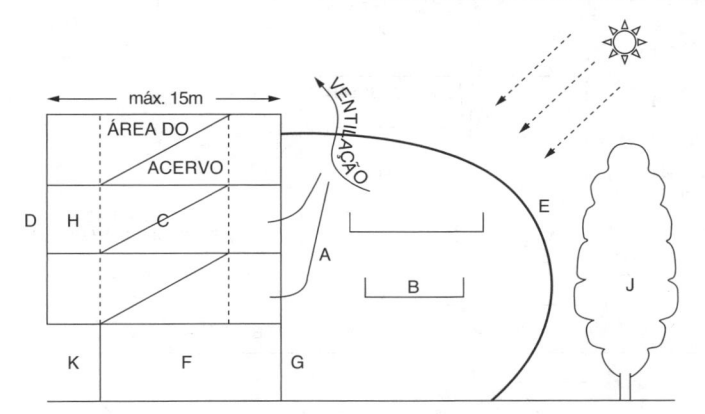

A - Centro de Recurso para o Aprendizado com planta livre
B - Fileiras de computadores em postos de trabalho
C - Salas de leitura da biblioteca, com o acervo literário no centro
D - Fachada norte com parede de vidro em toda a extensão
E - Fachada sul protegida da luz do sol e bem ventilada no topo
F - Cafeteria, área de exposições
G - Entrada da biblioteca no ponto central
H - Postos de estudo para os leitores no perímetro da edificação
J - Proteção solar com vegetação na fachada sul
K - Percursos protegidos em direção à biblioteca

23.16 Modelo ideal de projeto para biblioteca de universidade para o hemisfério norte (Brian Edwards).

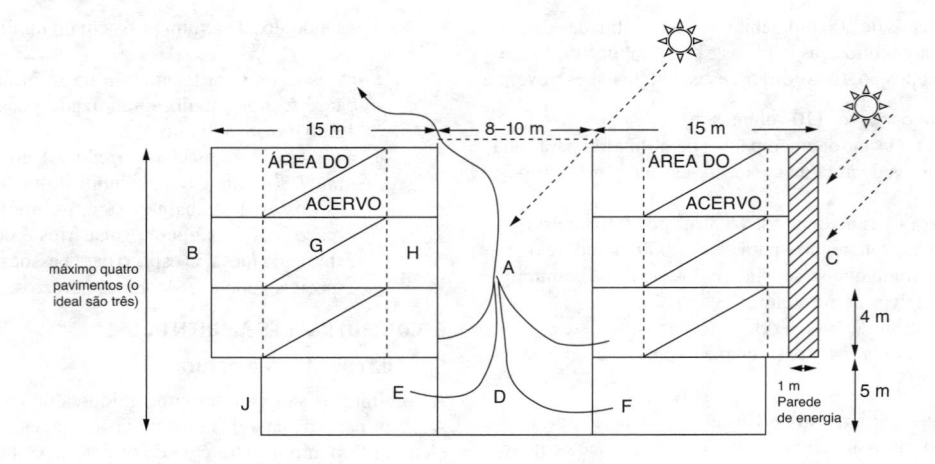

A - Átrio central para escadas e elevadores
    Luz solar direta e iluminação natural
    Teto e paredes acústicas
B - Fachada norte envidraçada em toda a extensão
    Mesas de leitura no perímetro
C - Fachada sul protegida da luz do sol
    Mesas de leitura no perímetro protegido da luz solar pela vegetação
D - Entrada coberta e bem identificada
    Acessível aos portadores de necessidades especiais, carrinhos de bebê e com área para armazenamento de bicicletas
E - Cafeteria e área de exposições
F - Centro de recursos de TI
G - Salas de leitura da biblioteca, com o acervo literário no centro para maior capacidade térmica
H - Terminais de informática em postos ao redor do átrio
J - Percursos protegidos em direção à biblioteca

23.17 Modelo ideal de projeto para biblioteca pública no hemisfério norte (Brian Edwards).

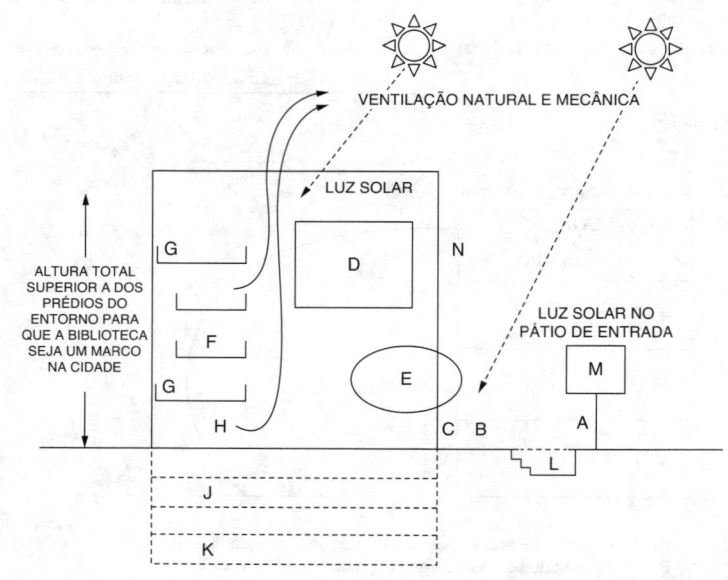

A - Boa visibilidade na rua
B - Praça da entrada
C - Entrada espaçosa com área de exposição
D - Coleções especiais facilmente identificadas
E - Auditório perto da entrada
F - Pavimentos com estantes de livros (acervo literário por tema)
G - Espaços de leitura no perímetro
H - Acesso ao catálogo passando-se pelos computadores e toaletes
J - Conservação
K - Armazenamento do acervo para pesquisa
L - Anfiteatro para apresentações externas
M - Conferências
N - Fachada com sistemas de conservação de energia

23.18 Modelo ideal de projeto para biblioteca nacional no hemisfério norte (Brian Edwards).

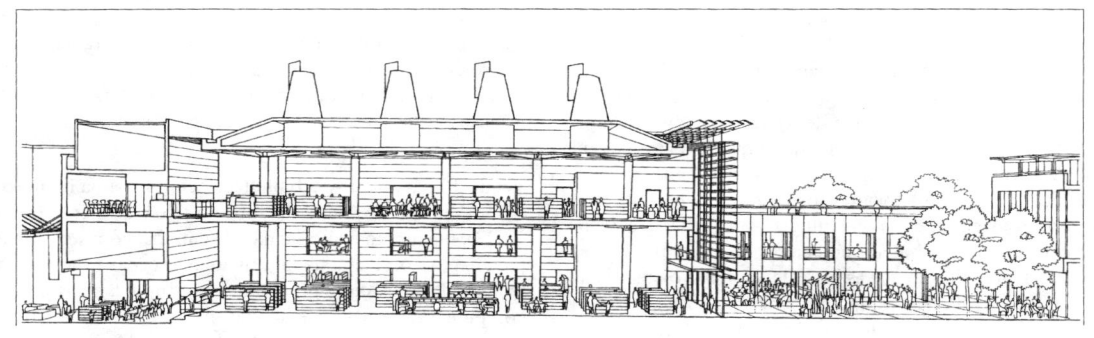

23.19 A Biblioteca Pública de Brighton foi projetada considerando o acesso e as preocupações ambientais (Bennetts Associates).

tudo, a transmissão de ruídos e o aumento do risco da propagação de um incêndio deverão ser considerados no planejamento de leiautes com átrio.

A iluminação e a ventilação naturais são preferíveis, especialmente nas áreas de leitura, mas a necessidade de segurança e a largura da planta baixa talvez dificultem a obtenção de ambas. Como resultado, a maioria das bibliotecas utiliza um sistema de ventilação híbrido, que incorpora uma mistura de sistemas naturais e mecânicos, geralmente usando átrios e, às vezes, fachadas duplas. Como as bibliotecas utilizam uma quantidade significativa de iluminação artificial, os ganhos térmicos solares talvez venham a constituir um problema, principalmente em grandes áreas onde vidraças são criadas em elevações voltadas para o sul no hemisfério norte, gerando desconforto, temperaturas altas e ofuscamento. O ideal é evitar a orientação sul (no hemisfério norte), mas, sempre que isso for necessário, pode-se usar brises ou vidros especiais (Figura 23.16). Contudo, o uso de fachadas cegas para neutralizar as condições externas adversas não é aconselhável caso se deseje a aproximação entre a biblioteca e a sociedade. O que costuma identificar uma biblioteca como um edifício-chave da cidade ou do *campus* universitário é justamente a transparência de sua fachada (Figuras 23.17 e 23.18).

O acervo de livros por si só estabiliza de várias maneiras as temperaturas internas dessas edificações, em função de sua grande massa térmica. A posição das estantes também contribui para o zoneamento acústico. Frequentemente usa-se a construção em concreto aparente para reduzir as oscilações de temperatura, estratégia que às vezes é reforçada com vigas refrigeradas a água. Nesse caso, vale a pena considerar a massa do acervo junto com a da estrutura da edificação. Todavia, os usuários, seus equipamentos e o sistema de iluminação podem prejudicar as expectativas de temperatura e levar ao desconforto térmico.

6.2 Iluminação artificial

Evidentemente, luminárias e sensores com baixo consumo de energia devem ser instalados em todas as áreas. O uso da iluminação sobre o plano de trabalho pode resultar em uma redução dos níveis gerais de iluminação; porém, com o aumento do número de idosos na população, essa redução dos níveis gerais de iluminação talvez resulte em acidentes e insatisfação por parte dos usuários. O reflexo da luz nas telas dos computadores também deve ser considerado e geralmente resulta na colocação dos computadores em áreas mais centrais.

De forma a maximizar a iluminação e a ventilação naturais, a largura da planta não deve ultrapassar 15 m. Todavia, esse valor dificilmente será obtido exceto nas menores bibliotecas e, em decorrência, condições artificiais são proporcionadas na maioria das áreas. Uma vez que a maioria das bibliotecas é construída em centros urbanos, os principais fatores ambientais geralmente são o ar externo e a poluição sonora (Figura 23.19). Logo, é preciso considerar com cuidado a escolha do terreno e o leiaute, o projeto das fachadas externas e o zoneamento interno da edificação, utilizando poços de luz e pequenos átrios (como é o caso da Biblioteca da Cidade de Birmingham).

Em geral, os leitores gostam de trabalhar sob a luz natural, o que normalmente leva à distribuição periférica das mesas de leitura. Também é possível oferecer alguns assentos em espaços internos iluminados naturalmente, em especial nas áreas de leitura de revistas e jornais. A criação de áreas de relaxamento nos átrios – em oposição às áreas de estudo – deve considerar as diferentes condições ambientais do local. Os leitores apreciam as vistas externas e, portanto, os espaços para o estudo individual ou em grupo geralmente ocupam o perímetro da edificação, enquanto as grandes salas de leitura ficam nos pavimentos mais altos. As vistas da cidade e da natureza costumam ser as preferidas.

7 CUSTEIO E RECURSOS

7.1 Os períodos de dificuldade financeira e a centralização dos equipamentos

Devido ao entusiasmo que acompanha o planejamento de uma nova biblioteca, é fácil esquecer que essas instituições talvez passem por períodos de dificuldade, e os arquitetos precisam lembrar que as bibliotecas, especialmente as de bairro ou locais, podem passar por crises. Enquanto muitas cidades, como Birmingham e Londres (em seus bairros maiores) estão construindo novos equipamentos para atrair a atenção do público e inclusive contratando arquitetos famosos, as bibliotecas de bairro estão ficando sem recursos e, ao menos na Grã-Bretanha atual, a comunidade está cada vez mais precisando contribuir com mão de obra gratuita e dinheiro para poder manter tais instituições abertas. Estão sendo eliminados muitos postos de trabalho; reduzidos os orçamentos até as assinaturas de periódicos estão sendo canceladas.

7.2 Custos operacionais

O problema de muitos projetos de novas bibliotecas é que o orçamento da construção (em edificações maiores) nem sempre se reflete nos custos operacionais da instituição. Quando a nova biblioteca abre suas portas, o público a visita em massa para desfrutar de suas novas atrações; mas, se não houver um orçamento para apoiar a criação ou a expansão de serviços, isso talvez acarrete dificuldades. Em um exemplo recente, uma nova biblioteca central foi planejada com um número de funcionários baseado na previsão de 5 mil visitantes por dia. No dia seguinte à inauguração, porém, o número subiu para 9 mil. A transferência do acervo existente também exige muitas horas extras de trabalho, assim como a instalação e a configuração de uma grande quantidade de equipamentos de última geração.

7.3 Um número de funcionários eficiente

De modo geral, o número de funcionários das bibliotecas está diminuindo, enquanto as novas mídias ocupam uma parcela cada vez maior do orçamento. É importante planejar uma biblioteca que possa ser mantida de maneira segura e eficiente pelo menor número possível de pessoas. Por exemplo, as estantes e as áreas de trabalho precisam ser distribuídas de forma a permitir que os funcionários usem seu tempo de maneira eficiente e flexível; os painéis de iluminação, os monitores de segurança e os demais equipamentos devem ser centralizados para que a edificação seja operada adequadamente, e os balcões dos funcionários localizados de modo a permitir que um bibliotecário consiga supervisionar uma grande área física. Contudo, é preciso observar que as bibliotecas atuais bem projetadas exigem menos funcionários do que as bibliotecas mal projetadas das décadas de 1970 ou 1980, permitindo que essas pessoas se tornem cada vez mais assistentes de pesquisa dos leitores.

8 ESTUDO DE CASO: BIBLIOTECA DE BIRMINGHAM

Introdução

A renovação da biblioteca central de Birmingham, a maior biblioteca pública da Grã-Bretanha, surgiu com o desejo de construir um novo marco urbano, como parte de outras transformações do centro da cidade. A nova biblioteca, projetada pelo escritório de arquitetura holandês Mecanoo, substitui uma biblioteca modernista projetada em 1974 conforme o desenho da firma John Madin Partnership e aborda tanto o desenho urbano quanto o projeto da edificação de maneira inovadora, voltando-a tanto às pessoas quanto aos livros. Trata-se de um exemplar da geração de "superbibliotecas" que está despontando nas principais cidades do mundo e nas quais os livros impressos continuam sendo uma parte proeminente da instituição.

Desenho urbano

A nova biblioteca de Birmingham localiza-se na praça Centenary Square, ladeada por dois vizinhos ilustres: o Birmingham Repertory Theatre e a Art Deco Baskerville House. O Mecanoo reestruturou a praça e buscou revitalizá-la, tornando-a uma experiência basicamente dos pedestres, criando um local de encontro antes da entrada na biblioteca e no qual se poderia ler ou pensar, mesmo estando-se em uma cidade movimentadíssima. A praça também cria conexões internas com o teatro e com um acesso subterrâneo à biblioteca.

Entrada

Chega-se à biblioteca de 35 mil m^2 sob uma grande marquise, que se projeta sobre a praça (Figuras 23.20 e 23.21). Acima dela, está a sala de leitura de pé-direito duplo, com seu terraço que oferece aos usuários vistas da praça e da cidade por trás dela.

Leiaute

Tendo 10 pavimentos, a biblioteca acomoda uma biblioteca infantil e um depósito de livros no subsolo. No pavimento térreo (Figura 23.22), um amplo e alto saguão de entrada, com sua cafeteria e área para exposições, conduz, por meio de escadas rolantes, a oito pavimentos de salas de leitura, áreas multimídia, salas de estudo com computadores e salas de acervo. No pavimento de cobertura, sob uma rotunda dourada, está a Shakespeare Memorial Room, resgatada da biblioteca pública original construída em 1874. Ela contém uma das maiores coleções do dramaturgo inglês no Reino Unido.

Embora livros sejam encontrados em todos os pavimentos, três níveis da biblioteca contêm estantes móveis de altura equivalente a um pé-direito duplo, densamente agrupadas. Essa compactação permite reservar espaços para os leitores em áreas bem iluminadas junto ao átrio ou na periferia do prédio. Nesses locais, mesas comuns ou com recursos de informática foram instaladas, mas também há salas para o estudo em silêncio e salas com recursos multimídia. A principal parte do acervo está acomodada em estantes abertas que irradiam do átrio principal, oferecendo aos leitores vistas do mundo externo.

Diferentes espaços foram projetados de acordo com a natureza de cada coleção ou as exigências das mídias empregadas (Figura 23.23). As salas e áreas de estudo são, portanto, diferentes entre si, com arquivos e coleções de música e história tendo seus espaços especiais projetados com base nos requisitos impostos pelas necessidades de conservação ou no caráter da coleção.

Circulação

A circulação é principalmente por meio de escadas rolantes e átrios, lembrando a ambiência de uma loja de departamentos. Os átrios circulares são ladeados com livros ou murais e seu caráter distintivo ajuda os usuários a se locomoverem nesta enorme biblioteca.

Além disso, os átrios fornecem luz natural e ventilação assistida pelo sol em direção às áreas mais internas do prédio. A luz zenital filtrada pelo átrio é muito agradável em termos psicológi-

23.20 Corte perspectivado da Biblioteca de Birmingham, com a nova praça pública à esquerda.

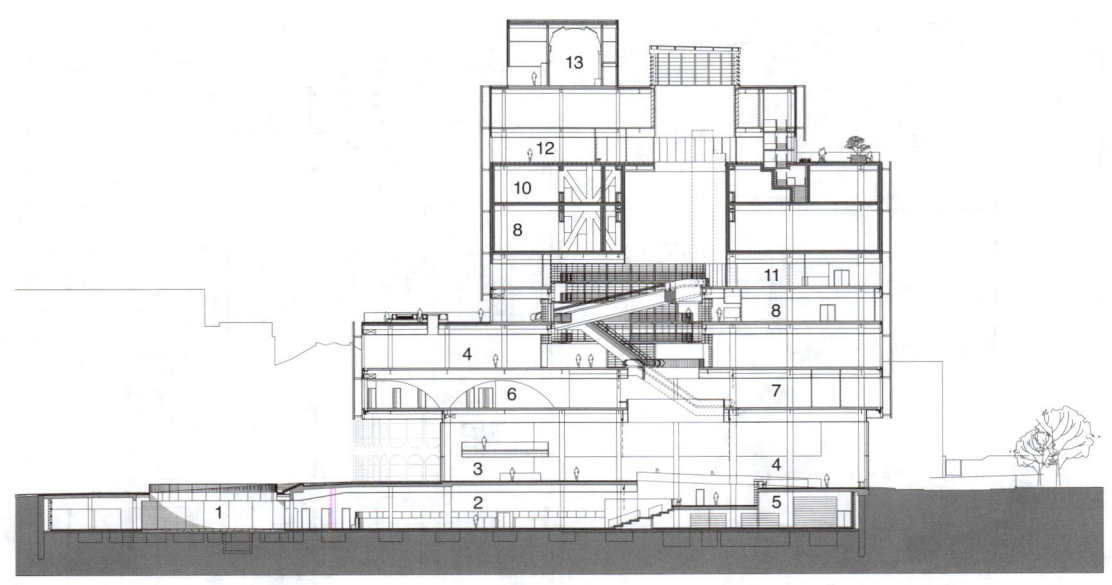

23.21 Corte da Biblioteca de Birmingham.

Legenda: 1 Zona da música; 2 Biblioteca infantil; 3 Saguão; 4 Atendimento ao leitor; 5 Depósito; 6 Sala de reunião; 7 Negócios e treinamento; 8 Galeria; 9 Patrimônio cultural; 10 Arquivo; 11 Arquivo e consulta livre ao patrimônio cultural; 12 Escritórios dos funcionários; 13 Shakespeare Memorial Room

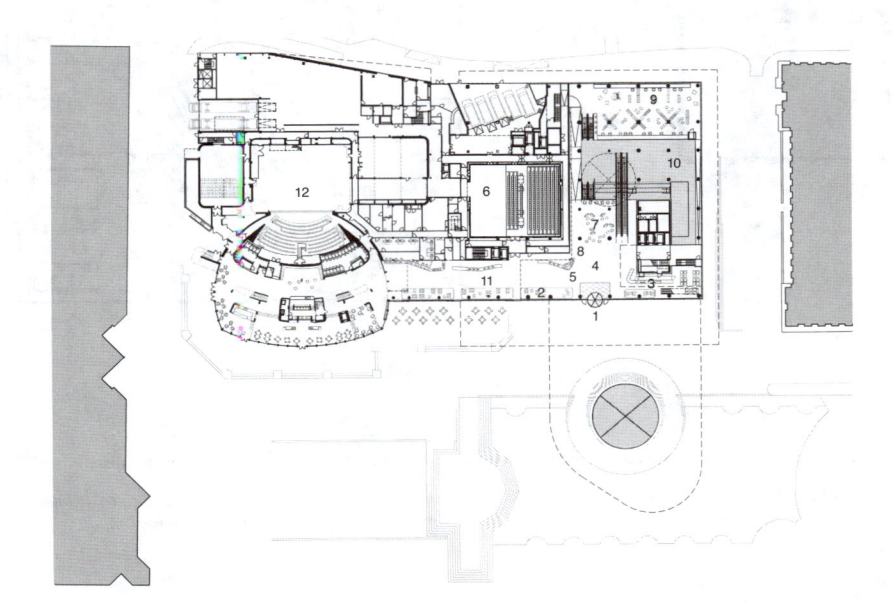

23.22 Biblioteca de Birmingham: planta baixa do pavimento térreo (Busca de Livros).

Legenda: 1 Entrada; 2 Loja; 3 Cafeteria da biblioteca; 4 Saguão; 5 Informações/Recepção; 6 Teatro-estúdio; 7 Salão; 8 Ponto de encontro; 9 Terraço superior da área de empréstimo de livros; 10 Terraço inferior da área de empréstimo de livros; 11 Área com assentos; 12 Teatro de repertório

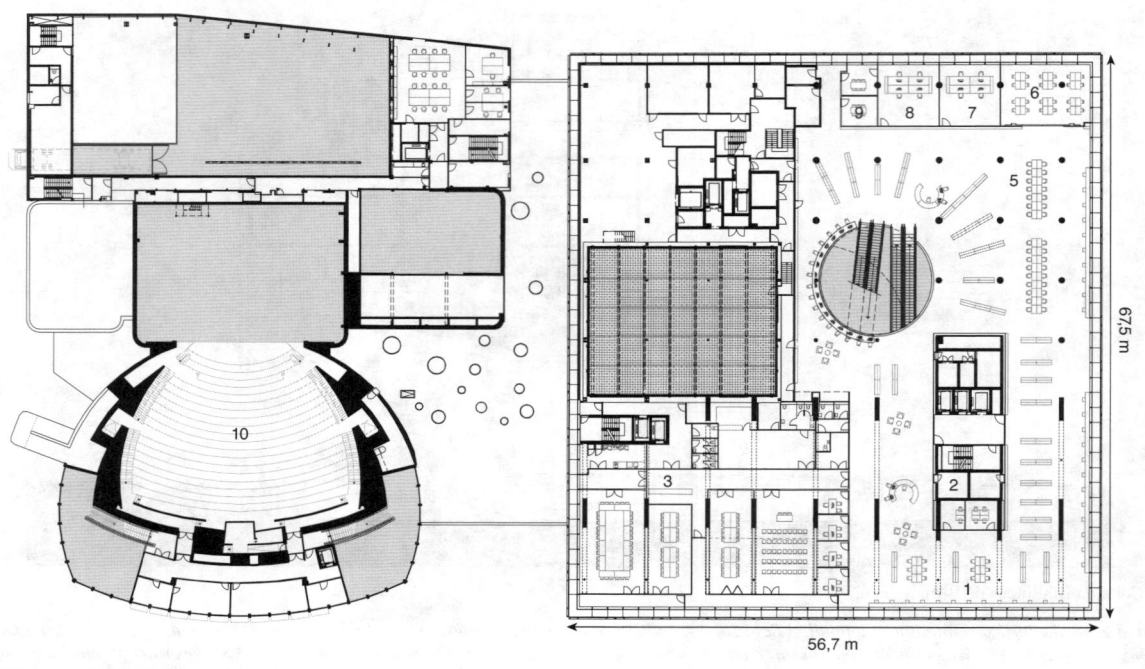

23.23 Biblioteca de Birmingham: planta baixa do segundo pavimento (Negócios, Aprendizado e Saúde).

Legenda: 1 Aprendizado assistido; 2 Área dos funcionários; 3 Salas de reunião da biblioteca; 4 Salas de entrevista; 5 Área de estudo em grupo; 6 Centro de inovação; 7 Incubadora de negócios; 8 Centro de treinamento; 9 Estúdio de gravação; 10 Teatro

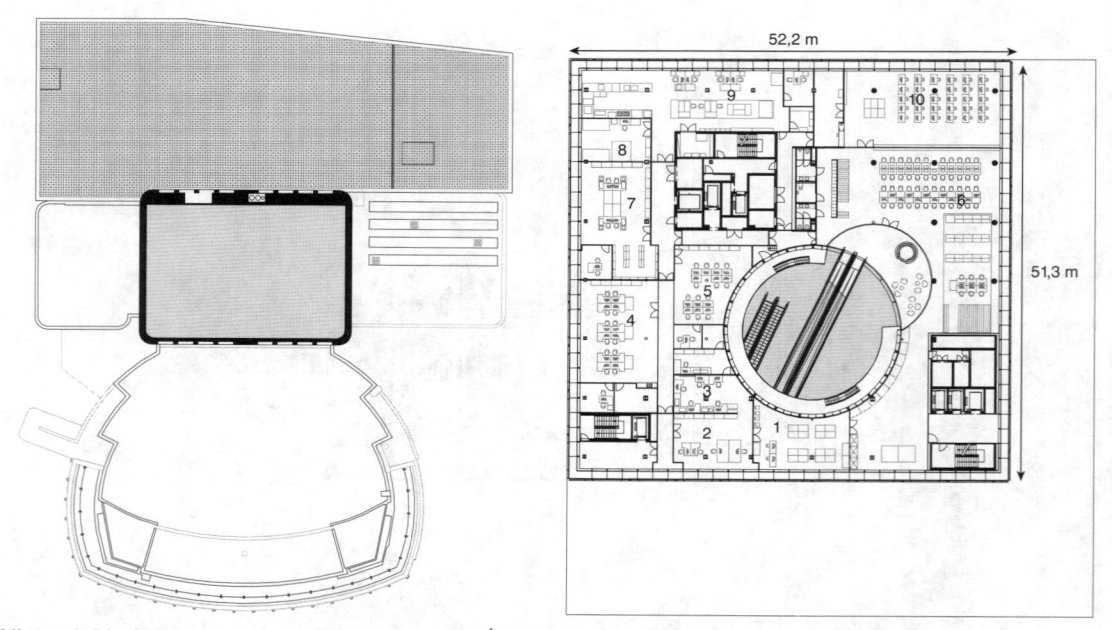

23.24 Biblioteca de Birmingham: planta baixa do quinto pavimento (Área dos Arquivos e Patrimônio Cultural e Área de Busca).

Legenda: 1 Espaço de aprendizado; 2 Sala da inclusão; 3 Sala digital; 4 Sala de catalogação; 5 Área dos funcionários; 6 Área de busca aberta; 7 Escritório de fotografia e sala de catalogação; 8 Sala da máquina de caixas; 9 Laboratório de conservação; 10 Área de busca supervisionada

cos, além de criar um movimento ascendente do ar. O cansaço dos usuários também é atenuado pelo grande número de escadas rolantes e elevadores, distribuídos de modo a nos atrair para o interior do prédio.

Projeto das fachadas
As elevações foram unificadas por meio da aplicação de uma grelha de metal externa, com faixas circulares de cor fosca ou prateada. Nos locais em que a fachada interna é totalmente envidraçada, essa camada age como um conjunto de brises, filtrando a luz diurna e reduzindo os ganhos térmicos solares e o ofuscamento no interior. Quando as paredes são cegas, a grelha projeta um padrão rendilhado, tornando a fachada interessante e profunda. Como motivo unificador, essa decoração circular controversa faz alusão à herança industrial da cidade de Birmingham.

Consumo de energia
Assim como todas as bibliotecas, os principais sistemas consumidores de energia dessa edificação são a iluminação e a climatização (refrigeração, no caso). A biblioteca, que obteve a certificação BREEAM Excellent, usa água de um poço artesiano profundo, que resfria a estrutura do prédio, além de possuir sistemas de reciclagem de águas servidas. No pavimento de subsolo, em que se localiza a biblioteca infantil, a massa da terra oferece proteção acústica e estabilização térmica.

O prédio emprega uma estratégia mista de ventilação natural e artificial, usando as fachadas para a entrada de ar fresco e exaustão de ar viciado.

9 REFERÊNCIAS BIBLIOGRÁFICAS

Brian Edwards, *Libraries and Learning Resource Centres,* Architectural Press, 2009
CABE *Building Better Libraries,* 2003
CILIP, *The Primary School Library: Guidelines* (revised edn), 2002
Connecticut State Library, *Library Space Planning Guide,* 2002
Designing Libraries www.designinglibraries.org.uk
Andrew Eynon, (ed.) *Guidelines for Colleges: Recommendations for Learning Resources*, Colleges of Further & Higher Education Group of CILIP, Facet Publishing, 2005
IFLA, *The Public Library Service: IFLA/UNESCO Guidelines for Development*, 2001
Santi Romero, *Library Architecture: Recommendations for a comprehensive research project,* COAC, 2011
Ken Worpole, *Contemporary Library Architecture: A Planning and Design Guide,* Routledge, 2013

Planejamento diretor e paisagismo 24

David Simister e Guy Walters, com a contribuição de Sarah Burgess,
Hugh Barton e Marcus Grant

*David Simister é diretor de criação na Aedas. Guy Walters é arquiteto paisagista na Aedas. Sarah Burgess,
Hugh Barton e Marcus Grant lecionam na University of the West of England*

PONTOS-CHAVE:
- *Um plano diretor descreverá a visão para uma intervenção em um grande terreno (uma gleba) por meio de palavras e desenhos*
- *Um plano diretor pode ser definido como um tipo de programa de necessidades que descreve em linhas gerais o uso preferível do solo e a abordagem geral ao leiaute, com orientações detalhadas para planejamentos subsequentes*
- *Um plano diretor bem concebido incluirá propostas representadas graficamente em três dimensões, levando em consideração massas, escalas e a localização e o papel dos espaços abertos*
- *Esse documento conterá uma estrutura estratégica: uma declaração de objetivos para a recuperação física de uma grande área de terreno, que geralmente vai muito além do plano diretor espacial, ou seja, inclui o entorno*

Conteúdo

1. Introdução
2. Filosofia
3. Estudos preliminares do sítio
4. Metodologia
5. Estrutura estratégica
6. Plano diretor espacial
7. Plano de implementação
8. Elaboração digital de planos diretores
9. Coerência, variedade e uniformidade
10. Análise do desenho urbano
11. Infraestrutura e conectividade
12. Anatomia do sítio: estradas, abastecimento e estacionamentos
13. Planejamento do sítio e projeto de paisagismo
14. Espaços abertos
15. Geometria do planejamento do sítio
16. Testagem dos lotes
17. Patrimônio arquitetônico
18. Importância do detalhamento: conferindo-se qualidade ao projeto
19. Alguns sinais de alarme
20. Conclusões: a avaliação de um projeto de plano diretor
21. Planejamento diretor para comunidades saudáveis
22. Fontes de consulta
23. Estudo de caso: Hammarby Sjöstad – um projeto ambiental único em Estocolmo

1 INTRODUÇÃO

Um plano diretor descreverá uma visão para intervir em um grande terreno por meio tanto de palavras como de desenhos. Ele poderá abranger uma área de uso misto, comercial, educacional, industrial, cultural, residencial ou apenas com tratamento paisagístico, e oferecerá as diretrizes para a criação de lugares.

Um plano diretor deve incluir os seguintes parâmetros:

- Políticas de planejamento e empreendimento
- Usos
- Eficiência funcional
- Forma, densidade de edificação e volumetria
- Espaços abertos públicos e áreas privadas e semiprivadas
- Viabilidade comercial
- Topografia e tipos de solo
- Paisagem, marcos, vistas, pontos focais, visibilidade
- Clima, microclimas e orientação solar
- Harmonia ambiental, fauna e flora natural e ecologia
- Sustentabilidade, geração e dispêndio de energia e eficiência no consumo dos recursos naturais
- Transporte, circulação e movimento em todas as suas formas
- Drenagem do sítio e dos lotes, incluindo sistemas de drenagem urbana sustentável
- Segurança patrimonial
- Etapas
- Materiais

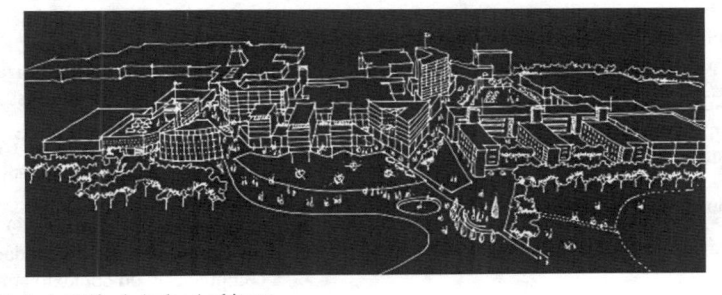

24.1 Plano para a expansão da cidade de Telford, Aedas Architects.

O sítio pode abarcar uma região, um distrito, um bairro, uma zona urbana ou mesmo um lote, mas sempre olhará para além de seus limites territoriais, considerando o território do entorno imediato, seja para sugerir as influências recebidas dele, seja para mostrar como a área de intervenção afetará o contexto.

O termo plano diretor tem sido frequentemente mal aplicado, fazendo referência ao sistema de projetar e executar grandes projetos ao longo de períodos prolongados. Os órgãos governamentais de planejamento urbano, os empreendedores imobiliários e as equipes de consultores e projetistas têm se apoiado nos planos diretores para fazer consultas com proprietários de terra e moradores dos locais, e esse conceito é reforçado por estudos governamentais feitos por entidades britânicas, como Urban Task Force, The Landscape Institute, CABE e Homes and Communities Agency, e tem se tornado parte obrigatória do sistema de planejamento legal.

O Planning Portal (http://www.planningportal.gov.uk/) define "plano diretor" como um tipo de programa de necessidades que descreve em linhas gerais o uso preferível do solo e a abordagem geral ao leiaute por parte de um empreendedor, além de oferecer orientações detalhadas para fins de planejamento futuros.

Os planos diretores variam bastante na maneira como registram suas visões do projeto de arquitetura e de desenho urbano. A criação de lugares e de ambientes de alta qualidade exige que o plano diretor promova padrões elevados de paisagismo e arquitetura, mesmo que não sejam prescritivos em relação a outros aspectos. Serão obtidas imagens do local para registrar aspectos especiais da área de intervenção, por meio de vistas aéreas ou vistas tiradas no nível do solo com amplo ângulo de visão. Pode-se usar programas de computador especializados, que variam de um sistema simples de modelagem dos volumes a geradores de representações avançadas, com realismo fotográfico, embora os desenhos a mão livre também sejam eficazes.

A Cúpula da Terra do Rio (1992) definiu três princípios específicos relevantes a intervenções na paisagem:

- A promoção da proteção ambiental como parte integral do processo de desenvolvimento, a fim de alcançar o desenvolvimento sustentável.
- A participação, no nível relevante, de todos os cidadãos envolvidos para discutir as questões ambientais, com acesso adequado à informação.
- A necessidade de uma Análise de Impacto Ambiental nos empreendimentos que possam ter efeitos adversos sobre o meio ambiente.

As orientações do CABE sugerem que a tarefa do plano diretor é determinar o nível apropriado de prescrição e criação de padrões, ao mesmo tempo que permite a flexibilidade diante de um futuro imprevisível, tendo em mente que:

- As intervenções provavelmente ocorram em várias fases, e podem não ser contínuas.
- Prédios individuais ou grupos de edificações podem ser projetados por diferentes arquitetos e/ou empreendedores.
- O plano diretor talvez seja executado apenas em parte.
- As exigências, os condicionantes e as condições econômicas às vezes mudam durante o curso de sua execução.

Um plano diretor bem concebido incluirá propostas feitas em três dimensões, não necessariamente com detalhes, mas levando em consideração os volumes construídos, as escalas e a localização e o papel dos espaços abertos. Essas plantas serão lidas junto com a parte escrita do plano diretor, que tratará do seguinte:

- O que o plano diretor está buscando alcançar, e quais são seus objetivos e suas metas?
- O que o plano diretor está tentando definir ou exigir e em que aspectos as questões estão sendo deixadas em aberto?
- Qual é o contexto político do plano diretor e qual é a necessidade de que alguns dos aspectos do plano sejam adotados como uma política de ação por meio, por exemplo, de orientações complementares de planejamento ou programas de necessidades?
- Quem são os parceiros-chave na intervenção e quais são os papéis de cada um (entidades de revitalização dos ambientes naturais ou construídos, autoridades de planejamento municipal, empreendedores, doadores, projetistas, a comunidade, inquilinos, prestadores de serviços de transporte)?
- Qual é a estratégia de execução para o plano diretor, por exemplo, para suas etapas e seu financiamento?
- Qual é o mecanismo de avaliação das propostas detalhadas, à medida que são apresentadas, em relação ao plano diretor?
- Qual é o mecanismo para a mudança do plano diretor, se as circunstâncias mudarem?

É provável que um plano diretor aborde as questões de uso fundiário, mas esse não é seu propósito principal. Em vários países, como o Reino Unido, os bairros com uso misto atualmente são um dos principais objetivos das políticas de planejamento do governo, e o controle total dos diferentes usos já não recebe a prioridade que outrora merecia. Embora sempre seja oportuno identificar usos de «maus vizinhos» e conflitos em potencial, é mais importante tentar criar lugares de qualidade duradoura, que possam sofrer mudanças em seus padrões de uso ao longo dos anos. Os locais de qualidade duradoura geralmente conseguem acomodar mudanças de uso significativas.

2 FILOSOFIA

Vários pilares fundamentam a filosofia e a abordagem dos projetos de planejamento diretor:

- *Contexto.* O caráter e a configuração da área de intervenção de um plano diretor, incluindo seu histórico natural e humano, seus padrões de assentamento, suas edificações e seus espaços.
- *Integração.* A conexão e a sobreposição com as áreas do contexto, a infraestrutura, o transporte, o movimento e a infraestrutura social.
- *Eficiência funcional.* A criação de elementos individuais que trabalham juntos, compondo um todo eficiente.
- *Harmonia ambiental.* A criação de um plano diretor que seja eficiente no consumo de energia e ecologicamente sensível tanto em sua execução quanto em seu uso.
- *Desenho urbano.* Os prédios e os espaços públicos.
- *Viabilidade comercial.* A garantia de que a intervenção responderá às realidades dos diversos componentes da área do empreendimento e das execuções dentro do contexto imediato.
- *Saúde e atividade.* O trabalho, a moradia e o lazer devem criar lugares que fomentem uma vida saudável e um estilo de vida ativo. O combate às doenças cardíacas, aos problemas respiratórios e às enfermidades mentais, por exemplo, depende de fatores como a prática de exercícios físicos saudáveis, a qualidade do ar, a disponibilização de alimentos frescos e de redes sociais locais – tudo isso é influenciado pela natureza física do local.
- *Criação do senso de lugar.* Criar um ambiente responsivo, que seja claramente distinto ao mesmo tempo reforce a identidade local.
- *Entendimento do contexto.* O The Urban Design Compendium apresenta uma diversidade de benefícios obtidos com a compreensão do contexto completo de uma proposta, a fim

de apreender sua posição e como situá-la para que englobe as seguintes prioridades:
- *Reforçar as comunidades locais.* Para garantir que a intervenção proposta reforce, em vez de enfraquecer, as comunidades locais e ajude na execução de projetos bem-sucedidos.
- *Criar locais distintos.* Inspirar-se no caráter autóctone de um bairro reforça sua identidade local. Um projeto que desconsidera o contexto resulta em "lugares que poderiam estar em qualquer meio".
- *Aproveitar os pontos fortes e recursos intrínsecos a um terreno.* Tira partido desses recursos (como os padrões de desenvolvimento e construção existentes, o solo, sua geologia, os sistemas de drenagem, o paisagismo e os recursos solares e eólicos) a fim de fazer uma ocupação mais sustentável.
- *Integrar com o entorno.* Obter uma integração cuidadosa com a paisagem ou o ambiente construído do contexto, usando os materiais, as formas e os elementos de paisagismo certos para o local, respeitando as conexões entre os caminhos de pedestres, as ruas e as estradas e relacionando-as com as estruturas urbanas existentes.
- *Garantir a viabilidade.* Garantir tanto a viabilidade econômica quanto a possibilidade de execução do projeto.
- *Criar uma visão.* Uma visão foca as aspirações da comunidade, "vende" um esquema para um empreendedor e cria um objetivo de longo prazo para os envolvidos no projeto. Ela incorpora uma estratégia para o futuro que todos possam aceitar e para a qual possam trabalhar ao longo de um período.

3 ESTUDOS PRELIMINARES DO SÍTIO

Antes de passar ao projeto propriamente dito, é importante que a equipe de projetistas tenha um profundo conhecimento do sítio e de suas características. As informações a seguir devem ser obtidas já no início do processo e ser disponibilizadas para toda a equipe.

- *Clima e microclima.* Índices pluviométricos mensal e anual, direção e intensidade dos ventos (rosa dos ventos), temperaturas médias, datas das primeiras e últimas geadas; correntes de ar frio através do sítio; bolsões de geada; proteções naturais; sombras projetadas.
- *Geologia e solos.* Geologia sólida e de *drifts*; posição dos furos de perfuração e cortes (BS ISO 25177-2008 *Soil quality – Field Soil Description* e BS 5930: *1999 Code of Practice for Site Investigations*. Confira se o solo é natural ou aterrado.)
- *Hidrologia e drenagem.* Cursos de água; corpos de água, direção e fluxo das águas superficiais, sistemas de drenagem do solo, planícies aluviais e inundações temporárias, acessos à infraestrutura de drenagem existente, porosidade do solo para os sistemas de drenagem urbana sustentável.
- *Valor paisagístico.*
- *Vegetação.* Árvores e arbustos importantes, espécies vegetais que não podem ser cortadas, levantamento das árvores existentes e das linhas de cercas-vivas, disposições legais e análise da vegetação rasteira.
- *Biodiversidade e habitats.* Aspirações do plano para a biodiversidade local. Tipos de habitat; flora e fauna associados. Bosques antigos, reservas florestais nacionais e locais. Sítios de interesse científico especial.
- *Uso fundiário.* Uso do solo atual e proposto em relação às áreas vizinhas. Classificação das terras agrícolas.
- *Levantamento dos usuários.* Fatores sociais, demográficos e econômicos do sítio da proposta em relação às áreas vizinhas.
- *Infraestrutura existente.* Vias públicas existentes, estacionamentos, pisos secos, caminhos de pedestres, áreas pavimentadas, muros, cercas, portões; drenagem de águas superficiais e de esgoto; poços de inspeção (níveis dos poços e das tampas); instalações de gás, água, eletricidade, telefonia e televisão a cabo (aéreas e subterrâneas); tubulações; notas sobre materiais, inclusive quais são adequados para reuso; obras no subsolo.
- *Dados históricos e arqueológicos sobre o local.* Informações sobre os usos prévios do sítio, prédios tombados e antigos e áreas adjacentes com tratamento paisagístico que podem ser afetados por uma mudança no contexto.
- *Acesso e comunicação.* Rotas de pedestres e veículos existentes que levam às vias públicas, caminhos de pedestre, faixas de domínio, trilhas equestres, paradas de ônibus, estações de trem ou metrô, lojas, escolas e locais de trabalho nas proximidades.
- *Fatores de poluição.* Os condicionantes no sítio ou próximos a ele podem afetar os usuários futuros, por exemplo, a poluição sonora ou a poluição química do ar ou do solo.
- *Aspectos jurídicos e de planejamento urbano.* Propriedade do solo; proprietários vizinhos; direitos de acesso; iluminação, etc.; bens de uso comum e servidões de passagem; designação do plano estrutural; ampliações viárias futuras; edificações tombadas; áreas protegidas; exigência de uma análise de impacto ambiental.
- *Zonas de influência.* Vistas internas e externas do local e áreas do entorno que provavelmente seriam afetadas pela intervenção.

Ao mesclar as técnicas tradicionais de análise, desenho e medição com uma variedade de ferramentas de computação (algumas especificamente desenvolvidas por profissionais de Pesquisa e Desenvolvimento e como parte de um conjunto de ferramentas), é possível compilar as informações desenhadas em uma estrutura única que permita que as camadas múltiplas de dados, análises e propostas sejam lidas conjuntamente. Essas ferramentas ajudam os clientes, interessados, membros do público e consultores a se envolverem com o projeto de maneira aberta e transparente.

Os elaboradores de um plano diretor trabalham intimamente com outros consultores, que aumentam a profundidade e o entendimento do projeto, particularmente quanto ao tema da sustentabilidade. As equipes de Pesquisa e Desenvolvimento com frequência contam com inúmeros especialistas em sustentabilidade, que sempre garantem que o trabalho desenvolvido por outros seja totalmente integrado nas propostas feitas. Além das atividades principais, há serviços adicionais com os quais o planejador se envolve ou para os quais ele contribui, como as consultas com os envolvidos e as charretes de projeto. As consultas com os envolvidos e as charretes de projeto contribuem para o desenvolvimento do projeto, e a Força-Tarefa Urbana para o Renascimento das Cidades (Urban Task Force in Towards an Urban Renaissance – 1999) afirmou que um plano diretor bem-sucedido deve ser:

- *Visionário.* Ele deve criar aspirações e oferecer um veículo para a construção de consensos e sua colocação em prática.
- *Viável.* Ele deve levar em consideração a execução provável e as rotas de entrega de mercadorias.
- *Integrado.* O plano diretor deve ser totalmente integrado ao sistema de planejamento do uso do solo e, ao mesmo tempo, permitir que os novos usos e as oportunidades de mercado explorem o potencial de desenvolvimento total de um sítio.
- *Flexível.* Isto é, criar as bases para negociação e resolução de conflitos.
- *Participativo.* Ele deve ser o resultado de um processo de participação, oferecendo a todos os envolvidos os meios de expressar suas necessidades e prioridades.

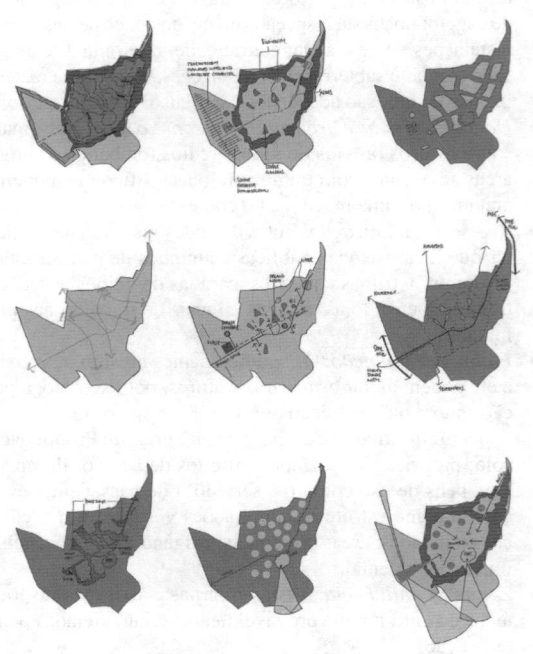

24.2 Plano diretor para Fort Halstead, Sevenoaks, Aedas Architects: reflorestamento, área de intervenção, células de construção, permeabilidade, energia/água/lixo, conectividade.

4 METODOLOGIA

Cada projeto é único, mas as etapas-chave do trabalho são descritas a seguir. Elas podem ser sequenciais, mas muitas vezes há alguma sobreposição temporal entre elas.

O mapeamento das oportunidades e dos condicionantes mostrará os resultados significativos da análise do sítio e muitas vezes estabelecerá a estrutura dentro da qual a intervenção será inserida em determinado momento. Ele deve identificar os direcionadores da proposta (físicos, jurídicos, climáticos, socioeconômicos, etc.).

4.1 Estabelecimento da visão, dos princípios e dos objetivos

- Análise da estrutura com base na conexão entre os indicadores-chave de desempenho e a análise do sítio e dos condicionantes.
- Plano de estrutura da paisagem, identificando elementos paisagísticos estruturadores do plano e como eles se relacionam como a paisagem do entorno.
- Aproximação da estrutura estratégica à estrutura da proposta.
- Desenvolvimento do plano diretor espacial: desenhos de parâmetro e códigos de projeto (inclusive as áreas especiais) para questões reservadas.
- Plano de execução: viabilidade, definição das fases e flexibilidade.
- Três produtos-chave do processo de planejamento diretor descrito: a estrutura estratégica, o plano diretor espacial e o plano de execução.

5 ESTRUTURA ESTRATÉGICA

A estrutura estratégica contém uma declaração das metas e dos objetivos para a recuperação de uma grande área de terra e pode considerar uma área muito maior do que a do plano diretor espacial. Ela baseia-se na análise dos dados de ponto de partida e é um documento-chave que funciona como o programa de necessidades para a elaboração do plano diretor. A estrutura estratégica também inclui as ideias preliminares sobre como fazer as intervenções propostas.

6 PLANO DIRETOR ESPACIAL

Esse plano desenvolve a visão ampla em propostas tridimensionais. Ele é composto de plantas, vistas e documentos escritos. Um plano diretor espacial é um modelo sofisticado que apresenta como as ruas, as praças e os espaços abertos de um bairro ou de uma área serão conectados, define a altura, o volume e as massas das edificações, sugere relações entre os prédios e os espaços públicos, determina as atividades e os usos que a área terá e identifica os padrões de circulação para pedestres, ciclistas, motoristas e meios de transporte público. Além disso, examina as necessidades dos veículos de serviço e coleta de lixo, estabelece as bases para o fornecimento das utilidades públicas e outros elementos da infraestrutura, relaciona a forma física do sítio aos contextos social, econômico e cultural e leva em consideração as necessidades das pessoas que moram e trabalham na área, indicando maneiras de como os novos bairros podem ser integrados aos existentes.

7 PLANO DE IMPLEMENTAÇÃO

Esta é a estratégia de como transformar a visão e os planos em realidade. O plano diretor não está completo sem que as propostas que serão implementadas sejam consideradas e testadas. A realização exigirá um documento por escrito que aborde o custo, o programa e outras questões. Mesmo que as obras no terreno não comecem imediatamente, essas questões devem ser consideradas desde o início.

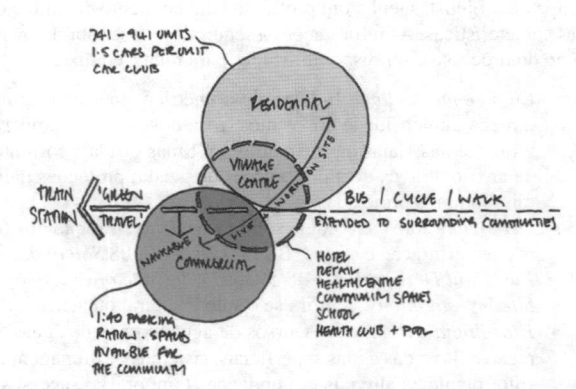

24.3 Plano diretor para Fort Halstead, Sevenoaks, conectividade, Aedas Architects.

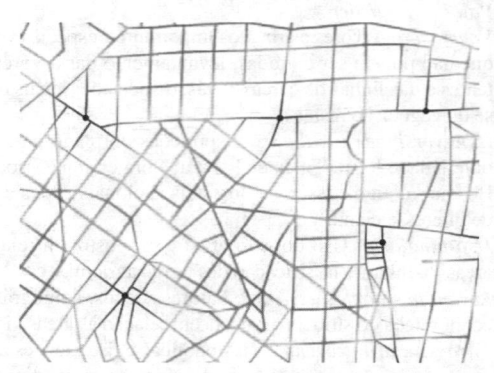

24.4 Plano diretor para Fort Halstead, Sevenoaks, níveis de acesso, Aedas Architects.

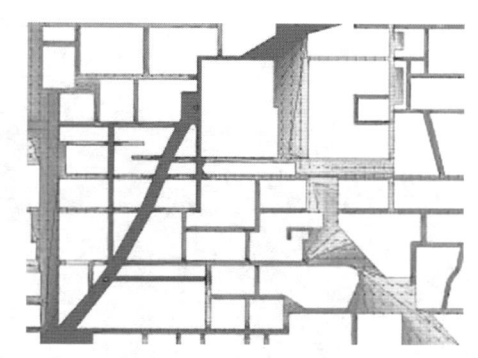

24.5 Plano diretor para Fort Halstead, Sevenoaks, áreas de captação, Aedas Architects.

8 ELABORAÇÃO DIGITAL DE PLANOS DIRETORES

Ela permite que investidores, planejadores dos setores público e privado, arquitetos e desenhistas urbanos gerem e avaliem cenários de acessibilidade, transporte, integração visual, empreendimentos de uso misto, volumetria, etc.

8.1 Níveis de acesso

Os níveis de acesso são calculados com base nos tempos de caminhada até os pontos de acesso ou vindo deles. Considera-se que o tempo de caminhada de um pedestre seja a rota mais curta. A otimização da rede de vias de pedestres pode ser estimada por meio da definição de valores para uma distância dentro da qual o programa busca por novas conexões entre os caminhos que encurtariam o tempo de acesso conforme um valor determinado.

8.2 Bacias de captação

As áreas de captação indicam os lotes e espaços que usam determinado ponto de acesso (isto é, um nó de transporte público). O CDR (Corel Draw) as calcula não por meio de raios retos feitos manualmente, mas pelas distâncias reais de alcance.

8.3 Linhas de desejo (movimento e circulação)

O CDR fornece ferramentas interativas para a geração de redes de linhas de desejo através de um sítio, tanto em termos gerais quanto para pontos específicos. As linhas de desejo podem se basear nas menores distâncias (em metros) ou nas rotas de acesso mais simples (com menos desvios). Enquanto os moradores do local tendem a usar as menores distâncias, os visitantes e turistas costumam preferir as rotas de acesso mais simples.

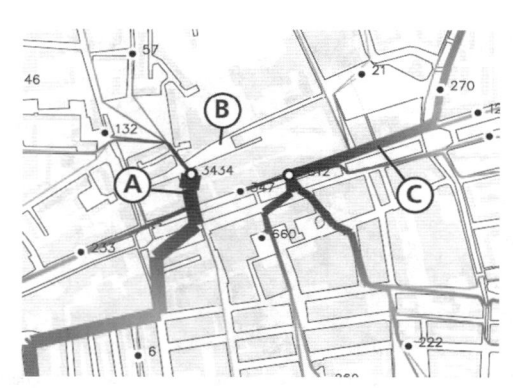

24.7 Plano diretor para Fort Halstead, Sevenoaks, previsão do tráfego de pedestres, Aedas Architects.

8.4 Previsão do tráfego de pedestres

As linhas de desejo e os percursos podem ser ponderados em relação ao número de pessoas que saem de determinados pontos. O mapa resultante indica o carregamento das rotas calculadas, mostrando o tráfego de pedestres aproximado nas rotas. O cálculo do tráfego de pedestres também pode ajudar na identificação e classificação dos percursos, dos menores e mais privativos aos maiores e mais públicos.

8.5 Movimento/circulação

Para encontrar as redes de circulação e movimentação principais e secundárias dentro de um plano diretor, um processo em duas etapas gera a rede de vias mais viável para conectar as atividades com base nas distâncias mais diretas e, consequentemente, mais curtas. As localizações são determinadas pelo projetista e podem ser internas ou externas ao sítio. A rede de circulação resultante define os limites das quadras para o desenvolvimento da volumetria.

8.6 Orientação das pessoas e sinalização (integração visual)

A partir dos cálculos das linhas de desejo e do tráfego de pedestres, o CDR combina as duas medidas, a fim de determinar as frequências de instâncias visuais ao longo das linhas de desejo. As amostras visuais em 3D oferecem evidências para os elementos de um contexto urbano e arquitetônico que são bem visíveis ao longo de um trajeto e, portanto, tornam-se significativas durante a orientação das pessoas. As elevações e localizações bem visíveis têm maior valor para o aluguel e a instalação de lojas, além de servirem como suporte para a orientação dos usuários. Os prédios icônicos devem ter alta visibilidade.

8.7 Acessos que dependem da altura ou inclinação

As oportunidades de acesso devem ser iguais para todas as seções demográficas. O CDR desenvolveu duas ferramentas para o cálculo

24.6 Plano diretor para Fort Halstead, Sevenoaks, linhas de desejo, Aedas Architects.

24.8 Plano diretor para Fort Halstead, Sevenoaks, movimento e circulação, Aedas Architects.

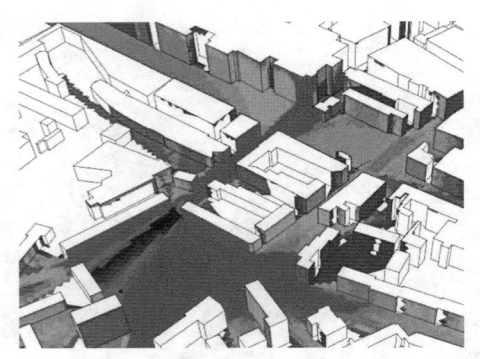

24.9 Plano diretor para Fort Halsted, Sevenoaks, orientação das pessoas e sinalização, Aedas Architects.

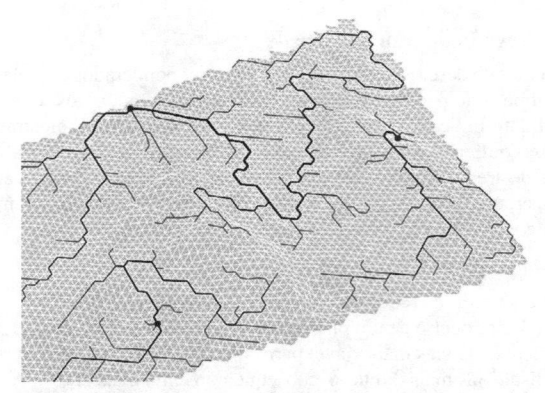

24.10 Plano diretor para Fort Halstead, Sevenoaks, acessos que dependem da altura ou inclinação, Aedas Architects.

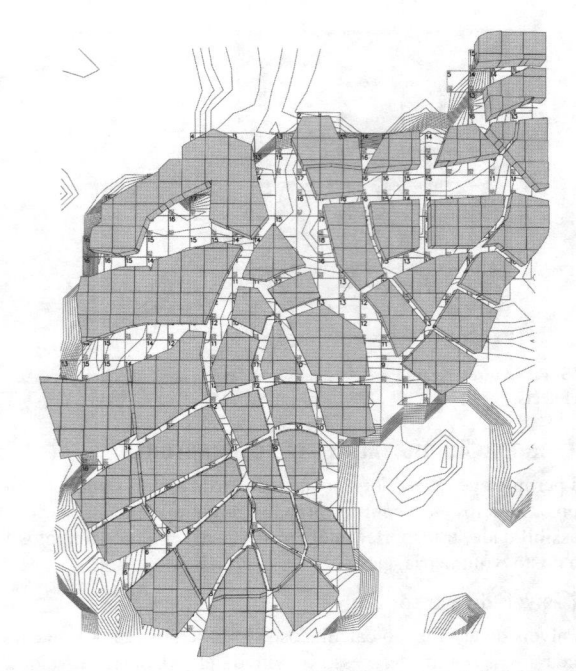

24.11 Plano diretor para Fort Halstead, Sevenoaks, plano de massas e paisagismo, Aedas Architects.

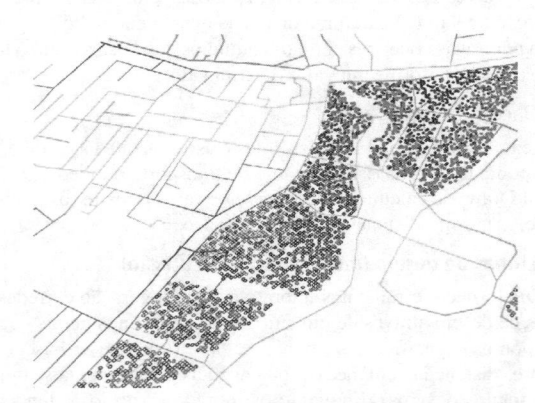

24.12 Plano diretor para Fort Halstead, Sevenoaks, uso do solo, Aedas Architects.

dos níveis de acesso quando a topografia ou a circulação vertical é levada em consideração. Especialmente no caso de climas quentes, uma análise dos percursos que dependem da declividade ajuda a identificar os caminhos que não são fisicamente desgastantes.

8.8 Plano de massas e tratamento paisagístico

O distúrbio visual dos volumes – seja de uma única edificação, seja de todo o plano diretor – pode ser calculado com um aplicativo que leva em consideração o terreno, a implantação dos prédios e os pontos de vista no terreno. A volumetria resultante indica as massas que não interferem nos pontos de vista selecionados. As opções de paisagismo podem ser analisadas por meio do desempenho visual.

8.9 Uso do solo

As tolerâncias nas planilhas de área para as ocupações de uso misto podem ser avaliadas por meio da construção de cenários computadorizados para as alocações fundiárias, as densidades e as composições de uso. Esses três aspectos são calculados simultaneamente com base nas especificações dos condicionantes, que incluem:

- relações entre os usos do solo
- condições do sítio
- níveis de acessibilidade

As densidades para cada uso fundiário são fixadas como máximas e mínimas, mas a ferramenta indica as quantidades ideais em todas as localizações levando-se em consideração todos os tipos de uso do solo e os valores de acessibilidade.

8.10 Modelagem da disponibilização de equipamentos públicos

A simulação dos usos do solo e de seu mix pode ser feita para qualquer área e tipo de uso. Os equipamentos de uso comum, como escolas e hospitais, podem ser sugeridos automaticamente pelo programa de computador com base na densidade resultante do programa de necessidades do empreendimento. A quantidade resultante de serviços públicos necessários será, então, inserida no programa e no plano diretor da área.

8.11 Indicação das densidades de construção

A escala e a densidade das massas edificadas em todos os terrenos podem ser indicadas por meio de uma função de visualização especial no uso misto. A indicação de densidade visualiza uma altura relativa para cada uso do solo em relação aos lotes vizinhos, estabelecendo limites de altura mínima e máxima. As alturas indicativas, portanto, incluem todos os outros cálculos de relações de acessibilidade e uso do solo, gerando escalas autônomas para cada unidade de vizinhança.

8.12 Subdivisões dos lotes/arranjo de massas

No caso de configurações complexas nas subdivisões de terreno e no arranjo das massas dentro dos terrenos, dois aplicativos de projeto foram desenvolvidos pelo CDR, criando cenários para arranjos de

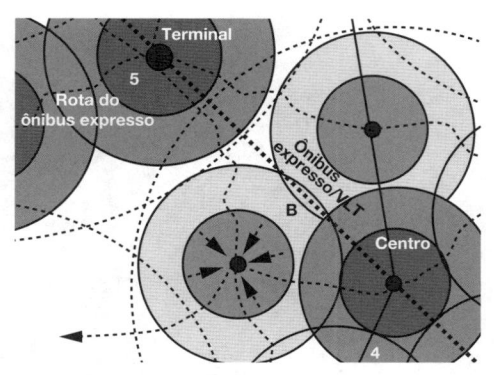

24.13 Plano diretor para Fort Halstead, Sevenoaks, modelagem da oferta de serviços de transporte público, Aedas Architects.

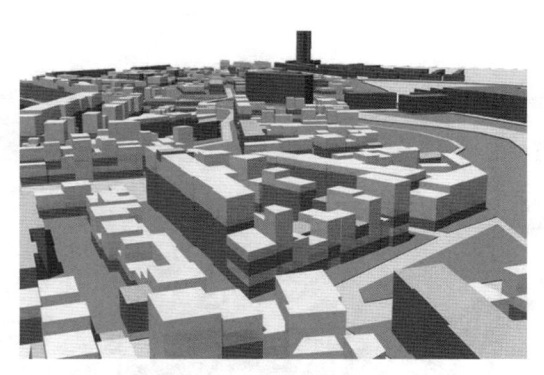

24.15 Plano diretor para Fort Halstead, Sevenoaks, subdivisão dos lotes/volumetria, Aedas Architects.

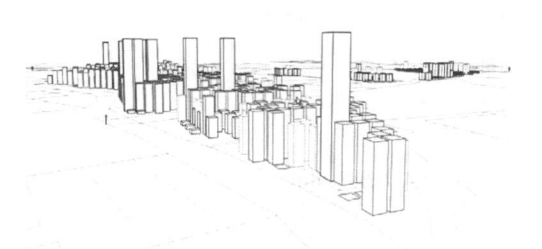

24.14 Plano diretor para Fort Halstead, Sevenoaks, indicação da densidade de construção, Aedas Architects.

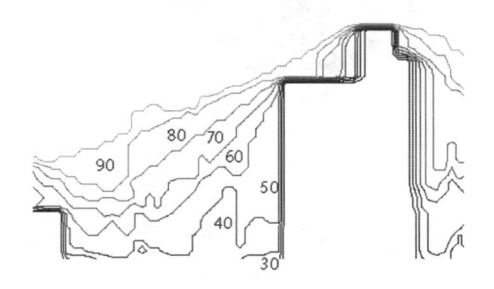

24.16 Plano diretor para Fort Halstead, Sevenoaks, análise do sombreamento solar, Aedas Architects.

lote e arranjos de lote e edifícios de apartamentos. O arranjo de lote e edifícios de apartamentos consegue integrar os cálculos de acesso à luz diurna, a fim de criar configurações de volumetria ideais para o projeto passivo.

8.13 Análise do sombreamento solar

A fim de garantir às edificações vizinhas o acesso à luz diurna, é possível calcular um prisma de luz natural que indique o volume máximo que pode ser construído sem sombrear os terrenos vizinhos e seus cômodos de permanência prolongada. Todos os parâmetros são reguláveis conforme a duração da luz solar direta ou a quantidade de sombreamento.

8.14 Apropriação dos espaços públicos

A manutenção dos espaços públicos e semipúblicos depende do senso de propriedade e da participação dos indivíduos na sociedade. Esse senso depende de uma definição clara dos espaços, por meio da regulação do tráfego, do mobiliário urbano, do tratamento paisagístico e do formato do ambiente construído. A firma Aedas R&D desenvolveu um programa que visualiza o limite entre os espaços públicos e privados com base nos contornos das quadras. Os métodos ajudarão a estabelecer quais partes dos espaços públicos e abertos "pertencem" a cada propriedade.

8.15 Fachadas ativas

Os níveis de segurança e criminalidade dentro de um contexto urbano podem ser relacionados com o nível de atividade e supervisão da esfera pública. As atividades medidas pelas quantidades de janelas e portas junto aos espaços públicos ou voltadas para eles podem ser avaliadas, revelando os níveis de "atividade" de cada área distinta. Esses níveis ajudam a determinar os usos do solo e os equipamentos de vigilância necessários, além da previsão dos padrões de circulação de pedestres.

8.16 Cenários de carregamento de um sítio

As áreas que serão empreendidas podem ser avaliadas por meio da visualização do digrama de densidades dentro de uma ideia dos limites dos quarteirões. O projetista deverá estabelecer os usos fundiários, as alturas de edificação máximas e os limites dos quarteirões das áreas que serão ocupadas. Os limites dos quarteirões também podem ser gerados com um programa auxiliar que cria uma rede com a conectividade máxima das vias públicas e razões de tamanho pré-ajustadas entre os quarteirões.

As listas de conferência são úteis para avaliar os componentes de um plano diretor bem-sucedido, e o CABE sugere que esses planos devam incluir:

- Um cliente comprometido com a qualidade.

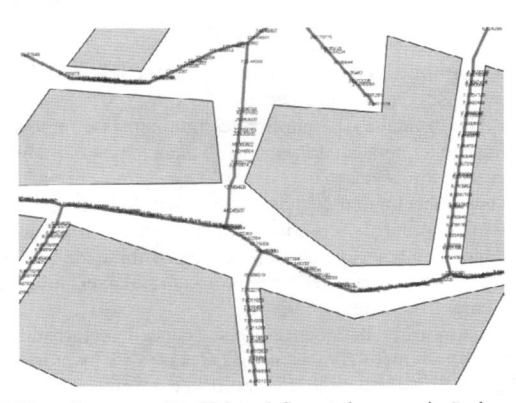

24.17 Plano diretor para Fort Halstead, Sevenoaks, apropriação dos espaços públicos, Aedas Architects.

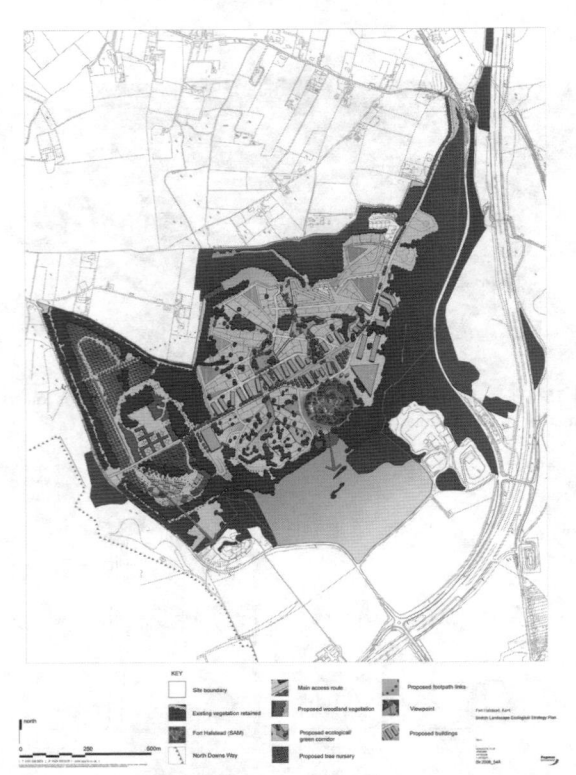

24.18 Plano diretor para Fort Halstead, Sevenoaks, planta geral do projeto, Aedas Architects.

- Uma autoridade de planejamento urbano comprometida com a qualidade.
- A identificação de quais habilidades são necessárias para a equipe de projetistas e consultores e a nomeação desse grupo no momento oportuno.
- Um processo correto desde o início, incluindo o estabelecimento de programas de necessidades e orçamentos realistas e a garantia de que haverá fundos para esse orçamento.
- O equilíbrio correto das habilidades de projeto dentro da equipe – projeto urbano, arquitetura, paisagismo, planejamento de transporte e outros.
- Uma estrutura de projeto com forte liderança por parte do cliente, encorajando a colaboração, e não a concorrência, entre os membros da equipe de projeto.
- Uma relação colaborativa entre as autoridades municipais e regionais e os responsáveis pelas licenças para construção, contemplando a confiança e a compreensão mútuas e o intercâmbio de informações.
- A consulta de todos os envolvidos desde o início, incluindo os interesses da comunidade.
- A flexibilidade das autoridades municipais e regionais em relação à operação do sistema de planejamento estabelecido pelas normas locais.
- O reconhecimento de todos os envolvidos de que o grau correto de "controle" contribui para a qualidade do lugar e, portanto, para o sucesso comercial e a possibilidade de viver no local, e não a criação empecilhos para possíveis investidores e empreendedores.
- Um uso misto autêntico, e não seu conceito deturpado.
- O compromisso com as autoridades locais e os proprietários do sítio de que a visão será levada até o fim.

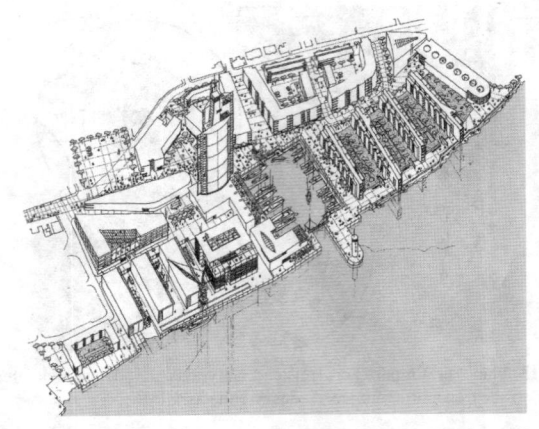

24.19 Planta de revitalização do antigo estaleiro Vosper, Woolston, Southampton, para SEEDA, Roger Stephenson Architects.

9 COERÊNCIA, VARIEDADE E UNIFORMIDADE

- Variedade de usos
- Geometrias de planejamento
- Tipologias e formas de edificação
- Altura e massas das edificações
- Estilo de arquitetura, padrões de fenestração, etc.
- Materiais e cores de construção e paisagismo
- Consistência do tratamento dos espaços públicos e projeto paisagístico das áreas verdes e pavimentadas
- Legibilidade do leiaute: os diferentes percursos e seus nós são diferenciados entre si por meio do desenho de diferentes aspectos dos fechamentos espaciais?

10 ANÁLISE DO DESENHO URBANO

- A natureza de um sítio, incluindo seu entorno.
- As conexões e linhas de desejo entre o sítio e seu entorno, e o padrão de circulação de pedestres e veículos.
- Os padrões existentes da forma construída no terreno e ao redor dele, incluindo as questões do patrimônio histórico e arquitetônico.
- A topografia do sítio, a disponibilidade de solo, sua paisagem natural e construída, seus habitats de vida natural e sua ecologia.

11 INFRAESTRUTURA E CONECTIVIDADE

- Permeabilidade: o sítio ficará bem conectado para a circulação de pedestres e veículos em todas as direções?
- As linhas de desejo e conexões evidenciadas pela análise do sítio foram trabalhadas nas propostas?
- As questões de infraestrutura difíceis foram trabalhadas ou evitadas?

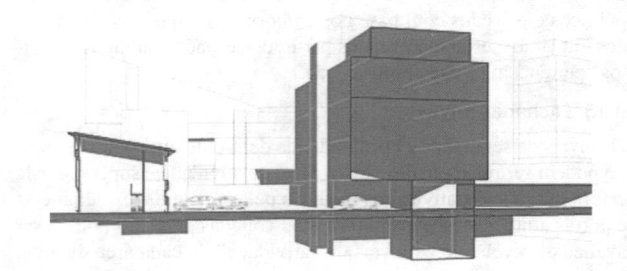

24.20 Vila Holbeck, Leeds, estratégia para estacionamentos, Aedas Architects.

- Os "limites do sítio" vão desaparecer ou permanecerão como uma barreira real ou implícita?

12 ANATOMIA DO SÍTIO: ESTRADAS, ABASTECIMENTO E ESTACIONAMENTOS

- O estudo da circulação de veículos e o projeto das estradas foram integrados ao projeto de paisagismo?
- A proposta é honesta quanto ao impacto dos prováveis volumes de trânsito?
- O projeto do trânsito prioriza as necessidades dos pedestres em relação às dos motoristas?
- O estacionamento de automóveis foi inserido no projeto desde uma primeira etapa?

13 PLANEJAMENTO DO SÍTIO E PROJETO DE PAISAGISMO

- A postura em relação ao projeto de paisagismo influenciou o desenvolvimento do projeto do plano diretor desde o início?
- Existe um bom equilíbrio entre a forma das edificações e a forma dos espaços abertos?
- Robustez: os prédios e espaços abertos foram projetados para serem adequados à maior variedade de atividades prováveis e usos futuros?
- Adequação visual: foi encontrado um vocabulário de informações contextuais e visuais que comunique os níveis de escolha já sugeridos pelo plano diretor?
- Riqueza: o projeto aumenta a escolha que os usuários têm, por meio do projeto para os sentidos, com uma variedade de estímulos visuais, movimentos, aromas, sons e texturas?
- Personalização: o projeto permite aos futuros usuários personalizar os lugares, já que essa é a única maneira que a maioria das pessoas tem de colocar seu "carimbo" próprio em seus ambientes?
- O processo de planejamento diretor foi holístico, reforçando os objetivos comerciais e públicos e, ao mesmo tempo, criando resiliência frente às mudanças climáticas e ajudando a reduzir as emissões de gases de efeito estufa?
- A falta de áreas verdes dentro do plano diretor intensifica o efeito da ilha térmica urbana, que acarreta riscos à saúde humana?
- O plano diretor exacerbará as faltas de água por meio da insuficiência de sistemas de drenagem urbana sustentável?
- O plano diretor contribuirá para o aumento da biodiversidade da área?
- O esquema proposto para o paisagismo é multifuncional, ao permitir a capacidade de fornecer alimentos, energia, abastecimento de água e mitigação dos efeitos de enchentes, além de propiciar um recurso valioso para a biodiversidade e promoção da saúde e do bem-estar?
- A resposta do projeto de paisagismo inclui uma variedade de princípios de mitigação e adaptação interligados e que se reforçam mutuamente e que possam promover benefícios socioeconômicos e ambientais mais amplos?
- O processo criou uma abordagem holística à proteção, conservação e melhoria das paisagens urbana e rural, que considerará as condições ambientais, sociais e econômicas atuais e futuras?
- O projeto integra completamente as edificações e suas localizações ao processo de planejamento da paisagem, levando em consideração características da paisagem, como a topografia, a vegetação e o microclima, e ajuda a otimizar os benefícios da proteção contra o vento e o sol intensos e, ao mesmo tempo, busca aproveitar ao máximo os benefícios da energia fotovoltaica e do aquecimento solar da água?
- O leiaute criou oportunidades atraentes para o lazer ao ar livre, que contribuirão para a melhoria da saúde pública, o bem-estar e o envolvimento da comunidade?
- O projeto consegue integrar e maximizar a produção local de alimentos na paisagem, reduzindo, como consequência, a quilometragem média necessária pelos alimentos para chegarem aos consumidores finais, e promove a autossuficiência local?
- O plano diretor incluiu a criação de sumidouros de carbono urbanos, por meio da provisão de espaços verdes que removem o gás carbônico da atmosfera?
- O plano diretor inclui a instalação de coberturas verdes e jardins verticais, melhorando a eficiência térmica das edificações e reduzindo o uso dos sistemas convencionais de calefação e resfriamento e, ao mesmo tempo, atenuando o risco de alagamentos?
- Os espaços abertos poderiam ser utilizados para calefação e resfriamento com bombas de calor de fonte geotérmica?
- A escolha de materiais foi considerada com uma base local e sustentável?
- As adaptações eficazes para as mudanças climáticas podem ser facilitadas por meio de abordagens de infraestrutura sustentável ao planejamento e ao projeto? Espaços e corredores verdes ajudam a resfriar nossos ambientes urbanos, a melhorar a qualidade do ar e a reduzir o escoamento superficial da água da chuva. Uma abordagem sustentável ao planejamento da infraestrutura reduzirá o risco de enchentes, protegerá a integridade dos prédios e melhorará a saúde e o conforto humanos perante a tendência futura de chuvas mais intensas e temperaturas mais elevadas. Uma infraestrutura sustentável bem conectada também criará corredores de vida selvagem para a migração de espécies, ajudando a protegê-las contra as mudanças climáticas, bem como benefícios mais amplos em termos de recreação, desenvolvimento da comunidade, biodiversidade, fornecimento de alimentos e criação de lugares.
- Os sistemas de drenagem urbana sustentável (SUDs) conseguem atenuar os impactos negativos do empreendimento sobre a drenagem da água? Os SUDs podem minimizar o risco de alagamentos e poluição, ao atenuar e armazenar a água, além de terem benefícios adicionais, como a melhoria da qualidade do ambiente local, a criação de habitats para biodiversidade e a melhoria geral da qualidade de vida das comunidades locais.
- O tratamento paisagístico consegue incluir uma infraestrutura sustentável robusta, por meio de uma rede de espaços e elementos naturais que atualmente estão presentes e interconectam as diferentes paisagens da área de intervenção?
- O esquema proposto reconhecerá o papel importante e múltiplo que a infraestrutura sustentável tem na promoção de benefícios para a economia, a biodiversidade e as comunidades e os indivíduos em geral?

14 ESPAÇOS ABERTOS

Para que é o espaço?
- Ele teria como atender a uma variedade de usos?
- É necessário que ele acomode equipamentos esportivos para a comunidade?
- Sua localização faz sentido em termos de seu uso, isto é, o espaço aberto é para ser um ponto focal de atenção ou um local recluso, afastado do movimento?
- Que tamanho ele deveria ter?
- Quem o usará e em quais horários do dia?
- Ele é o mais seguro possível para todos os seus usuários?
- A quem ele pertencerá e quem o manterá? Como será paga essa manutenção?

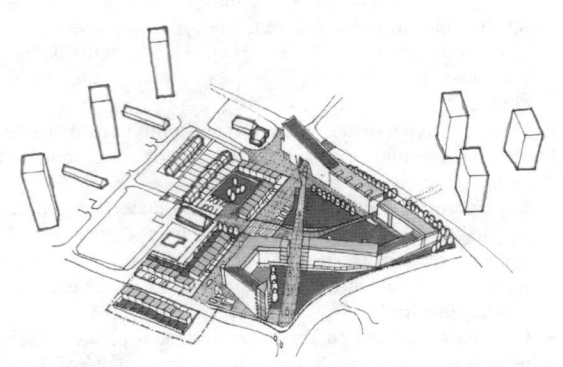

24.21 Vila Holbeck, Leeds, planejamento do sítio e projeto de paisagismo, Aedas Architects.

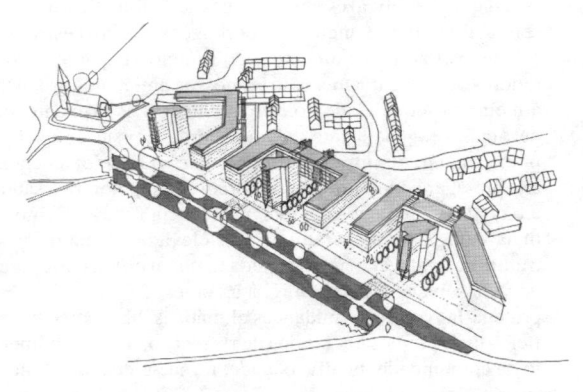

24.22 Vila Holbeck, Leeds, espaço aberto, Aedas Architects.

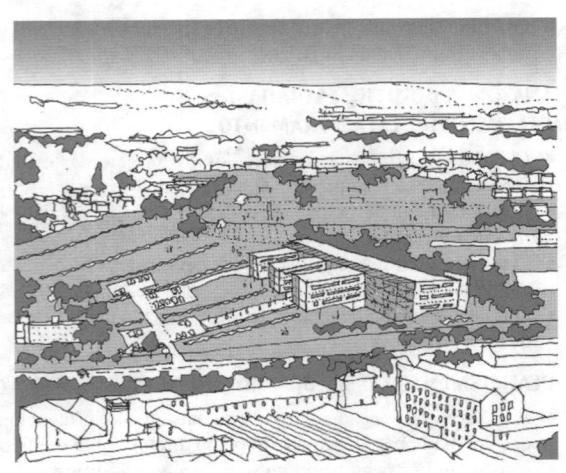

24.23 Escola Holy Trinity, Halifax, Aedas Architects.

15 GEOMETRIA DO PLANEJAMENTO DO SÍTIO
- O planejamento do sítio foi influenciado por uma postura clara quanto à geometria?
- A geometria contribui para a legibilidade do local?
- Os resultados fazem sentido em termos dos quarteirões e dos lotes para construção que resultam do plano diretor?

16 TESTAGEM DOS LOTES
- Os lotes fazem sentido em termos dos tamanhos, formatos e usos prováveis das futuras edificações?
- Nos casos em que ainda não há um construtor ou empreendedor (ou um grupo deles), os quarteirões, lotes e prédios sugeridos pelo plano diretor correspondem àquilo que eles desejariam construir?

17 PATRIMÔNIO ARQUITETÔNICO
A análise do sítio demonstra o entendimento da história do local?
- Essa compreensão contribuiu para o projeto?
- Os elementos do patrimônio arquitetônico receberam um *status* apropriado no projeto?
- O patrimônio arquitetônico foi tratado como algo positivo ou como um estorvo?

18 IMPORTÂNCIA DO DETALHAMENTO: CONFERINDO-SE QUALIDADE AO PROJETO
- O plano diretor estabelece uma visão para a arquitetura das edificações e para o projeto do paisagismo entre elas? Ele estabelece padrões de qualidade?
- O processo pelo qual o plano diretor será executado aborda a questão de como os padrões de qualidade serão garantidos?

19 ALGUNS SINAIS DE ALARME
- Conflitos não resolvidos na organização-cliente.
- Falta de sintonia entre a autoridade responsável pelo local e o empreendedor.
- Falta de clareza quanto ao propósito do plano diretor.
- Falta de clareza quanto àquilo que o plano diretor buscou definir.
- Falta de clareza quanto ao *status* das ilustrações "indicativas" do aspecto que as edificações ou os locais terão.
- Fracasso na solução das dificuldades impostas pela infraestrutura existente.
- Fracasso para reconhecer a importância do projeto de paisagismo.
- Fracasso para resolver as questões criadas pelas estradas e pelos estacionamentos como parte do projeto de paisagismo.
- Fracasso no estabelecimento de conexões e na capacidade de "pensar fora da linha vermelha".
- Fracasso no reconhecimento da importância da qualidade dos projetos.
- Fracasso na implementação dos mecanismos que garantiriam a qualidade da arquitetura, do paisagismo, dos detalhes e dos materiais de construção.

20 CONCLUSÕES: A AVALIAÇÃO DE UM PROJETO DE PLANO DIRETOR
- Ele consegue reconciliar, em termos de planejamento do sítio, as metas econômicas e outras aspirações públicas, como a criação de lugares?
- Ele propõe uma estrutura urbana que se conecta bem com seu entorno (em todas as direções)? O plano diretor é fácil de ser explicado e utilizado e é robusto para os ciclos de replanejamento futuros?
- Ele está bem integrado a seu entorno, de modo que a área que será trabalhada e suas áreas ao redor se beneficiarão umas com as outras?
- Ele permite uma execução por etapas? Ele funcionará bem se for executado apenas em parte?
- Pode-se criar uma vegetação que estruturaria a paisagem total do sítio já no início da execução, a fim de propiciar paisagens mais maduras para as fases futuras de intervenção?

- O plano diretor é flexível e aberto e, portanto, capaz de responder a alterações nas demandas?
- É provável a criação de um senso de lugar e de uma identidade local distinta?
- O plano diretor contém uma visão abrangente? Caso positivo, ela é apropriada e relevante aos objetivos e às metas? Caso contrário, a falta dessa visão é realmente um problema?
- O projeto reconhece a qualidade dos espaços públicos e do paisagismo?
- Em suas propostas para os quarteirões, lotes e prédios, o plano diretor oferece oportunidades para que se alcance uma boa qualidade tanto na arquitetura quanto nos espaços públicos?

21 PLANEJAMENTO DIRETOR PARA COMUNIDADES SAUDÁVEIS

Sarah Burgess, Professora Sênior, UWE; Prof. Hugh Barton, Diretor do WHO Collaborating Centre for Healthy Cities and Urban Policy, UWE; Marcus Grant, Vice-Diretor do WHO Collaborating Centre for Healthy Cities and Urban Policy, UWE.

21.1 Saúde

A Organização Mundial da Saúde define saúde como "um estado de bem-estar físico, mental e social completo, e não a mera ausência de doenças ou enfermidades" (Organização Mundial da Saúde, 1946). A saúde, consequentemente, é mais do que a mera provisão dos serviços de saúde ou cuidados de saúde: trata-se da qualidade de vida. O ambiente construído tem um importante papel na garantia de que as pessoas tenham a oportunidade de alcançar esse estado de bem-estar, facilitando ou proibindo escolhas de estilos de vida saudáveis.

21.2 Saúde e ambiente construído

A relação entre a saúde e o planejamento urbano não é um conceito novo. A necessidade de planejar nossas cidades nasceu da urgência de abordar questões de saúde no século XIX. Na sociedade atual, todavia, muitos de nossos ambientes urbanos estão tendo um efeito prejudicial sobre nossa saúde e bem-estar, como mostra a Figura 24.24.

Existe um conjunto cada vez mais significativo de pesquisas sobre a relação entre os ambientes e a saúde, com fortes evidências de que o ambiente construído tem influência significativa nos determinantes mais amplos da saúde.

21.3 Consideração dos impactos na saúde

A fim de garantir que os novos empreendimentos imobiliários facilitem escolhas e estilos de vida saudáveis, em vez de impedi-los, os impactos sobre a saúde humana devem ser considerados ao longo de todo o processo de criação de um plano diretor, desde a elaboração de seu conceito, passando pela definição do programa de necessidades, até chegar na implantação do projeto e na sua gestão. Quando incluímos a saúde no projeto de novos bairros e empreendimentos

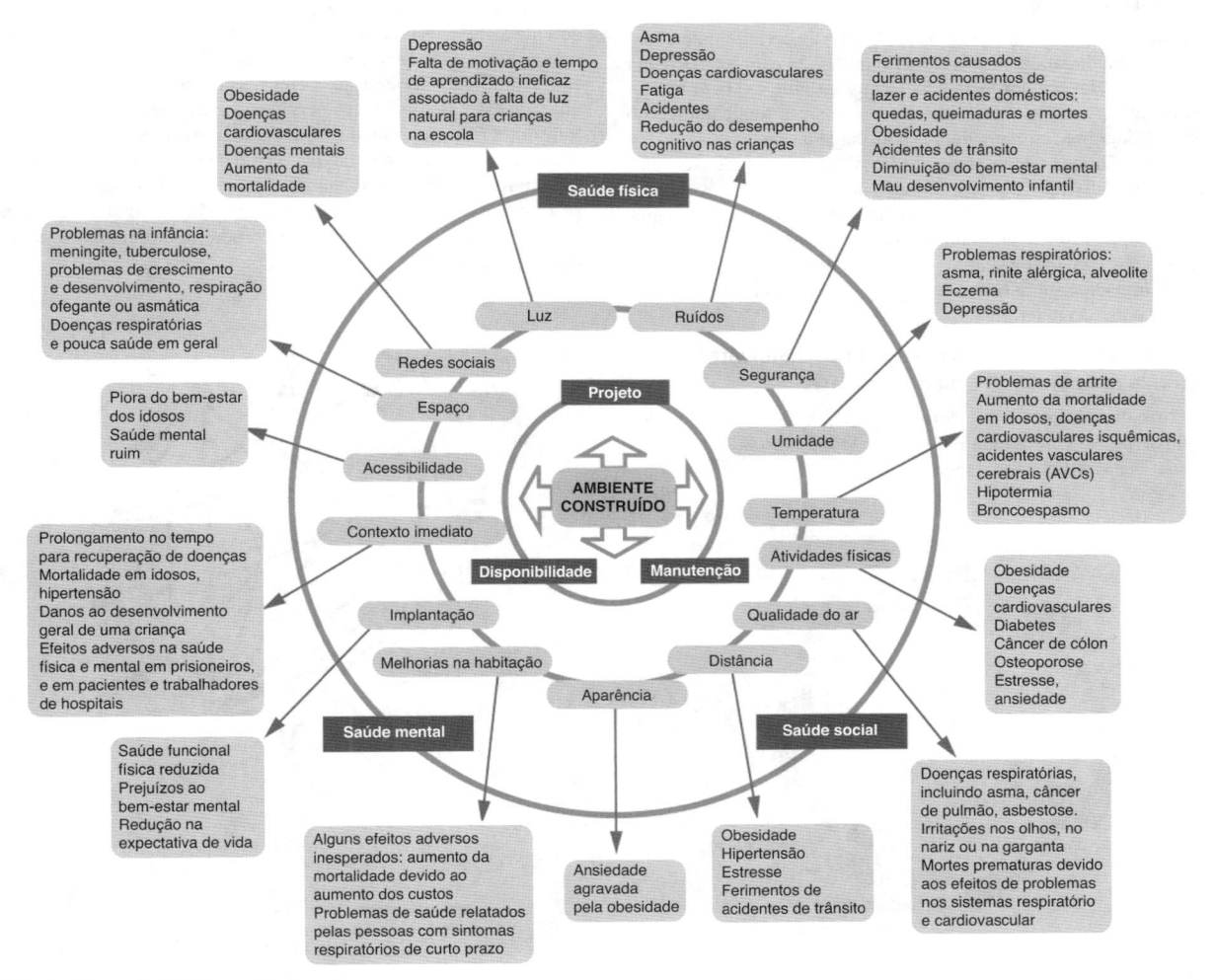

24.24 O efeito prejudicial dos ambientes urbanos.

imobiliários, o ambiente físico pode ajudar a resolver problemas como a obesidade e a desigualdade na saúde das pessoas, além de promover o envelhecimento mais saudável, os estilos de vida ativos e a coesão comunitária. Outras questões, como as mudanças climáticas (bem como nossa adaptação a elas e a atenuação de seus efeitos), também podem ser tratadas, levando ao projeto e à implementação de intervenções eficazes em termos de custo.

21.4 Criação de espaços mais saudáveis: uma abordagem integrada

Há uma diversidade de fatores que afetam a saúde e o bem-estar de uma pessoa. Portanto, é fundamental que seja adotada uma abordagem integrada e colaborativa ao planejamento, ao projeto, à implementação e à gestão de um espaço urbano, para garantir que os problemas sejam entendidos e soluções eficazes sejam promovidas. Isso exige liderança, cooperação, criatividade, visão e comprometimento de longo prazo, bem como a compreensão do contexto local e da direção estratégica para a área mais ampla.

A Figura 24.25 ilustra um processo de sete etapas para a criação de um grande empreendimento, a fim de garantir que todos os envolvidos compartilhem uma visão e se sintam todos "proprietários" do projeto. Começando com a "tomada da iniciativa" e indo ao redor do círculo até as "lições de aprendizado", esse processo precisa ser feito de modo colaborativo com a comunidade local, as autoridades responsáveis pela fiscalização e outros envolvidos.

21.5 Mapa da saúde

Adaptado especificamente para os profissionais do ambiente construído, o mapa da saúde mostrado na Figura 24.26 é uma ferramenta útil para entender melhor as relações entre a saúde e o bem-estar e o ambiente construído. Ele coloca as pessoas estrategicamente no centro do diagrama, circundando-as com camadas de fatores sociais, físicos, econômicos e ambientais, todos afetando a saúde e o bem-estar de um indivíduo. Baseado em uma abordagem de ecossistema, o mapa da saúde coloca todas essas camadas dentro do contexto global, que impõe limites ambientais ao crescimento. A influência de cada uma das camadas é sentida em ambas as direções, com implicações e impactos sobre outras camadas, bem como as pessoas que estão no centro do diagrama.

21.6 Princípios-chave para a criação de um ambiente construído mais saudável e mais sustentável

Há certos princípios fundamentais que devem ser considerados quando se planeja e desenha em prol da saúde e do bem-estar das pessoas. Eles são descritos a seguir.

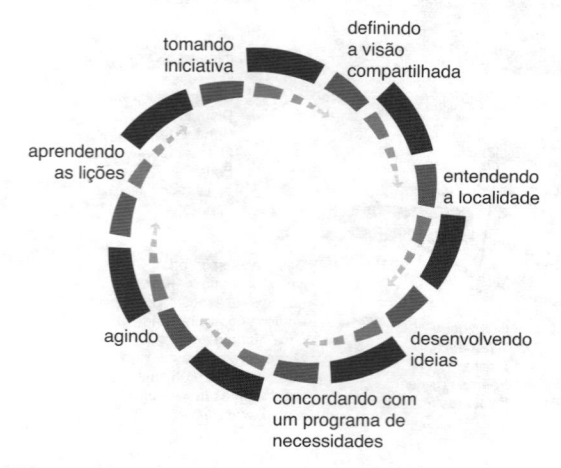

24.25 Como entender um grande empreendimento urbano.

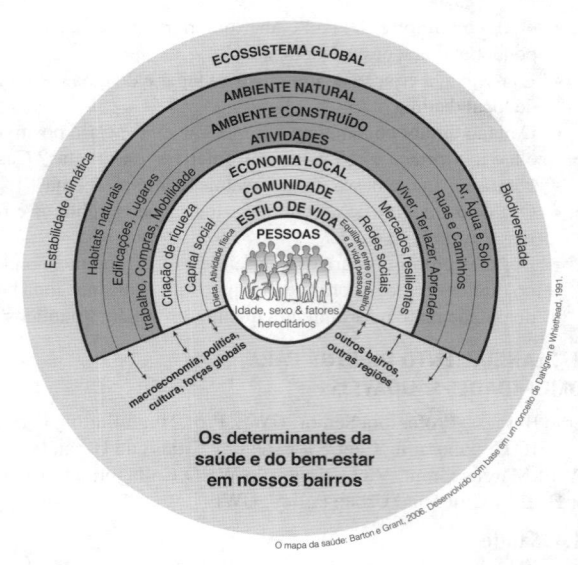

24.26 Mapa da saúde.

21.7 Localização apropriada

A criação de acessos a locais de trabalho e a serviços e certos equipamentos urbanos essenciais é essencial para a promoção de estilos de vida saudáveis e para o bem-estar das pessoas. Se a localização de um novo empreendimento for inadequada, ou seja, se ele não estiver integrado às áreas existentes, as comunidades talvez não tenham acesso às lojas e aos serviços locais, além de as opções de transporte ficarem limitadas, aumentando o uso de veículos particulares. Assim, é fundamental que o sítio de um novo empreendimento imobiliário esteja em uma localização na qual possa ser integrado ao transporte público e à rede de ciclovias existentes, oferecendo aos moradores acesso a áreas de comércio, empregos, serviços e outras facilidades.

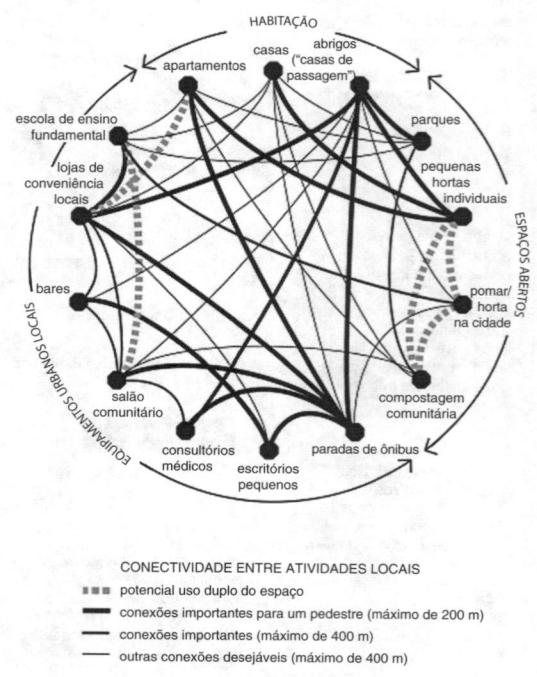

24.27 A conectividade entre diferentes usos do solo.

21.8 Ambientes de uso misto

Os ambientes de uso misto motivam as pessoas a caminhar e a andar de bicicleta, geram ocasiões para interação social e podem oferecer mais acessos a espaços abertos, mais oportunidades de lazer e alimentos mais frescos. Lojas, pontos de serviço e equipamentos urbanos devem ser localizados perto dos pontos de transporte e vias de pedestres e ciclistas, em locais que tenham tráfego e captação de pedestres suficientes para garantir sua viabilidade, sempre que possível agrupados a fim de encorajar o uso compartilhado dos recursos e das facilidades, e em um nível apropriado à sua natureza e escala. Isso motivará a criação de redes sociais e de transporte ativas. A Figura 24.27 ilustra a conectividade entre diferentes usos do solo e as distâncias recomendadas para encorajar as pessoas a caminhar e a usar bicicletas.

21.9 A graduação da densidade de pessoas e dos usos do solo

A densidade de pessoas e atividades (e não apenas de unidades de habitação) deve ser mais alta ao redor dos nós de transporte público e das áreas de uso principal (como centros locais e principais vias de comércio), e menor perto de áreas suburbanas, de grandes avenidas e de áreas contíguas a grandes espaços abertos. Isso aumentará a eficiência do uso do solo, oferecendo mais oportunidades para a provisão de áreas de uso público e espaços abertos, além de aumentar a viabilidade de lojas, serviços e transporte público do local. Além disso, contribuirá para manter a independência e o bem-estar das pessoas.

★ Uma boa densidade líquida média é 50 habitações por hectare (aproximadamente 100–120 pessoas por hectare).
★ No caso de moradias acima do pavimento térreo, devem ser disponibilizados balcões ou terraços generosos.
★ O solo necessário para outros usos que sustentam a comunidade deve ser fatorado por meio de cálculos de densidade bruta.

21.10 Ruas para pedestres

As redes viárias devem ser permeáveis e priorizar os pedestres e ciclistas, reduzindo a dependência do uso de veículos privados. As ruas são os componentes mais duradouros do ambiente urbano e definem o tamanho dos lotes, o caráter do espaço público, as oportunidades de movimento, a acessibilidade e a conectividade de uma área. Portanto, é fundamental que sejam projetadas a fim de otimizar as oportunidades para as pessoas caminharem e usarem bicicletas, além de oferecer espaços para que os usuários possam interagir em um ambiente seguro. Isso incentivará deslocamentos ativos e desenvolverá o capital social e a coesão comunitária.

★ Para uma boa permeabilidade aos pedestres, como regra, o tamanho máximo de um quarteirão deve ser 100 m × 200 m.
★ O Manual for Streets (DfT, 2007) dá prioridade a pedestres e ciclistas, a baixas velocidades de trânsito, a linhas de visão restritas, à conectividade, a ruas de uso misto e à segurança para pedestres nos cruzamentos.
★ Toda moradia deve ficar a uma distância máxima de 400 m de uma parada de ônibus, e a rede de ciclovias precisa ser planejadas desde o início com a criação de uma malha de percursos seguros.

21.11 Redes de espaços verdes interconectados

As redes de espaços verdes devem ser cuidadosamente planejadas, fazendo parte intrínseca de um lugar. Desde o início do processo de planejamento e projeto considere a localização dos espaços verdes e corredores verdes, a função de cada espaço verde e o modo como ele se integra ao bairro, bem como as implicações na administração do local. Os espaços verdes oferecem oportunidades para praticar atividades recreativas saudáveis e desfrutar da natureza. Eles podem reduzir os níveis de estresse, melhorar o bem-estar mental, filtrar os poluentes, aumentar a biodiversidade e criar locais de recreação e interação social. Eles também propiciam importantes corredores de circulação para as pessoas e para a vida selvagem, além de oportunidades de compostagem e cultivo local de alimentos (hortas e pomares). Outras importantes funções dos espaços verdes é o sequestro de carbono, a criação de microclimas e a adaptação climática.

★ É preciso criar parcerias para a localização, o projeto e a gestão de redes sustentáveis.
★ A rede de espaços verdes engloba áreas com diferentes funções e pode incluir espaços projetados, naturais e seminaturais, bem como hortas coletivas, campos, jardins, praças e parques.
★ Os elementos naturais do sítio, como locais íngremes, cursos de água, cercas-vivas e colinas devem ser integrados à rede de espaços verdes.

Este material foi inspirado na publicação Shaping Neighbourhoods, *de Hugh Barton, Marcus Grant e Richard Guise* (2010).

22 FONTES DE CONSULTA

Urban Design Compendium, English Partnerships/Housing Corporation, 2000.
Creating Successful Masterplans, CABE, 2004.
Towards an Urban Renaissance, DETR, 1999.
The Value of Urban Design, CABE e DETR, 2001.
Grey to Green, CABE, 2009.
The Implications of Housing Type/Size, Mix and Density for the Affordability and Viability of New Housing Supply, National Housing and Planning Advice Unit, 2010.
Guidelines for Landscape and Visual Impact Assessment, Landscape Institute, 2013.
Manual for Streets, DfT, 2007.
PLACEmaking, RUDI Ltd Resource for Urban Design Information with Academy of Urbanism, 2008.
Building Sustainable Transport into New Developments, DfT 2008
Capitalising on the Inherited Landscape, English Heritage/HCA, 2009.
Understanding Place: Historic Characterisation – guidance for planning and development, English Heritage, 2009.
Civic Realism, Rowe, 1997.
Gordon Cullen – Visions of Urban Design, David Gosling Academy Editions, 1996.
Hammarby Sjöstad – a unique environmental project in Stockholm. GlashusEtt, 2007.
Barton, H., Grant, M. e Guise, R. *Shaping Neighbourhoods.* 2nd edition, Routledge, 2010.
Barton, H. 'Land use planning and health and wellbeing', *Land Use Policy*, Vol. 26 (Supplement 1), September, pp. 115–123, 2009.
Department for Transport. *Manual for Streets*. Thomas Telford Publishing, 2007.
National Heart Forum. *Building Health: Creating and Enhancing Places for Healthy, Active Lives*. National Heart Forum, 2007.
Barton, H. e Grant, M. A health map for the local human habitat. The Journal for the Royal Society for the Promotion of Health, 126 (6). pp. 252-253. ISSN 1466-4240 (developed from the model by Dahlgren and Whitehead, 1991) 2006.
Dahlgren, G., Whitehead, M. (1991). Modelo "The main determinants of health"; versão acessível em: Dahlgren, G. e Whitehead, M. (2007) European strategies for tackling social inequities in health: Levelling up Part 2. Copenhagen: WHO Regional Office for Europe http://www.euro.who.int/__data/assets/pdf_file/0018/103824/E89384.pdf

23 ESTUDO DE CASO: HAMMARBY SJÖSTAD – UM PROJETO AMBIENTAL ÚNICO EM ESTOCOLMO

A água inspirou o nome do projeto inteiro – a cidade ao redor do lago Hammarby Sjö. Os primeiros desenhos que se tornariam a Hammarby Sjöstad foram riscados a lápis em 1990. A ideia era mostrar uma oportunidade única: a expansão do centro da cidade focando a água, e, ao mesmo tempo, convertendo uma velha área industrial e portuária em um bairro moderno. Uma vez completa, Hammarby Sjöstad teria 11 unidades habitacionais, para pouco mais de 25 mil moradores, e cerca de 35 mil pessoas morariam ou trabalhariam na área. O término da construção de Hammarby Sjöstad foi previsto para 2015. Cerca de 1.200 moradias por ano foram feitas por três construtoras, que também se responsabilizaram por sua parte da infraestrutura, cujos custos foram arcados pela Prefeitura de Estocolmo. O sítio havia sido adquirido pela municipalidade como parte de sua candidatura para os Jogos Olímpicos de 2004, e isso facilitou o planejamento de forma integrada do empreendimento urbano.

Arquitetura e desenho urbano

Hammarby Sjöstad é o maior empreendimento urbano de Estocolmo dos últimos anos. A localização da área, como uma continuação natural do centro da cidade de Estocolmo, ajudou a configurar a infraestrutura, o planejamento e o projeto das edificações. Essa expansão urbana envolveu uma ampla reconstrução da infraestrutura, com a retirada de barreiras de trânsito e a remoção, concentração ou reciclagem de uso de antigas indústrias e depósitos.

As fases seguintes

As áreas ao redor de Sickla Udde, Sickla Kaj e Sickla Kanal já estão totalmente renovadas. A próxima fase envolve Hammarby Gård (1.000 apartamentos), Redaren e Sjöfarten (500 apartamentos), Lugnet (650 apartamentos), Henriksdalshamnen (850 apartamentos) e Sjöstadsporten (260 apartamentos, com 15.000 m^2 de escritórios e 15.250 m^2 de hotéis). Todas essas áreas oferecem uma variedade de tipos de zoneamento. A ampliação de Hammarby Sjöstad coincide com o desenvolvimento dos serviços municipais e comerciais da área, bem como com o maior investimento no transporte público.

A história de Hammarby Sjö

No século XIX, Sickla era um destino de excursões popular entre os moradores do bairro Södermalm, no sul de Estocolmo, e era chamada de a "Pérola Leste do Söder". A área foi parcialmente destruída com a construção da rodovia Hammarbyleden, e o leito marítimo da baía de Lugnet foi aterrado com o solo das escavações, rochas e lixo, como parte da área do porto planejada. O projeto, contudo, não foi levado adiante, e a área foi oferecida para depósitos e indústrias. Mas nenhuma empresa ou indústria se estabeleceu no local: em vez disso, começou a surgir um conjunto de casebres, e a área posteriormente se tornou um local de pequenas indústrias. As ameaças constantes de demolição significaram que os prédios da área eram sempre do tipo temporário, consistindo, na maior parte, em casebres de aço corrugado. Esse conjunto de modestas habitações durou até 1998, quando foi demolido para dar lugar a Hammarby Sjöstad.

Descontaminação do solo

O conjunto de habitações precárias deixou inúmeros focos de poluição no solo, assim, para garantir que ninguém futuramente fique exposto a qualquer risco trabalhando na infraestrutura da área (por exemplo, consertando tubulações ou plantando árvores), o Departamento de Meio Ambiente e Saúde da Cidade de Estocolmo estava monitorando a descontaminação do solo em toda a Hammarby Sjöstad, assegurando que os padrões necessários fossem atendidos, evitando que o ambiente ou a saúde das pessoas fossem prejudicados. Apenas em Sickla Udde a terra escavada continha 130 toneladas de óleo e graxa, além de 180 toneladas de metais pesados.

AS METAS DE SUSTENTABILIDADE PARA O USO DO SOLO EM HAMMARBY SJÖSTAD

- Padrão de espaços abertos: haverá, pelo menos, um pátio de 15 m^2, e 25–30 m^2 de jardim ou parque a 300 m de cada apartamento.
- Pelo menos 15% do pátio receberá luz solar direta durante 4 ou 5 horas nos equinócios de primavera e outono.
- A ocupação de espaços verdes públicos será compensada na forma de biótopos que beneficiem a diversidade biológica na área contígua.
- As áreas naturais com valor particular devem ser protegidas da ocupação urbana.

Duas vezes mais sustentável ecologicamente

Desde o lançamento do projeto, a cidade impôs severas exigências ambientais às edificações, às instalações técnicas e aos espaços para veículos. A meta para o programa ambiental inteiro era reduzir à metade o impacto ambiental que a área construída possuía no início da década de 1990. Em outras palavras, a área de Hammarby Sjöstad deveria ter metade do impacto ecológico de uma edificação normal. A arquitetura é moderna, priorizando materiais sustentáveis, como vidro, madeira, aço e pedra, e o solo foi profundamente descontaminado antes que se começassem as obras. A adaptação da área para que se tornasse benigna ao meio ambiente também envolveu um pesado investimento nos espaços públicos verdes, com planos de manutenção para a floresta de carvalhos, um parque de junco com píer de madeira, uma ampla avenida e diversos grandes parques. Também foram oferecidas formas de transporte público atraentes, como uma conexão ao metrô leve, o acesso de barcos e um esquema de compartilhamento de veículos.

AS METAS AMBIENTAIS DA CIDADE DE ESTOCOLMO PARA HAMMARBY SJÖSTAD

Uso do solo: renovação do sistema sanitário, reúso e transformação de antigos terrenos contaminados em atraentes áreas residenciais, com belos parques e espaços verdes de uso público.

Transporte: transporte público rápido e atraente, junto com um sistema de uso compartilhado de automóveis e belas ciclovias, a fim de reduzir o trânsito de veículos privados.

Materiais de construção: materiais saudáveis, secos e seguros ambientalmente.

Energia: combustíveis renováveis, uso do biogás e reúso do calor residual, junto com o consumo de energia eficiente nas edificações.

Água e esgoto: tão limpos e eficientes quanto possíveis – tanto na entrada quanto na saída dos sistemas de tratamento – com a ajuda de novas tecnologias para a conservação de água e o tratamento de efluentes.

Lixo: cuidadosamente triado por meio de sistemas práticos, com o máximo de reciclagem de materiais e energia, sempre que possível.

Uma avenida que liga os novos espaços verdes públicos dos bairros da cidade e forma corredores verdes é conectada ininterruptamente até o sul de Hammarby Sjöstad. Os parques ao sul de Hammarby Sjö estão todos conectados aos principais espaços verdes públicos da reserva natural Nacka e à floresta Årsta, formando faixas verdes que levam ao núcleo de Hammarby Sjöstad. A reserva natural de Nacka é vinculada à área urbana por meio de "ecodutos" – viadutos verdes – sobre a autoestrada Södra Länken. Os novos parques da parte norte de Hammarby Sjöstad foram conectados ao parque Vitaberg e ao parque Stora Blecktorn. A vegetação existente foi preservada. O ambiente natural ao longo do litoral de Sickla Udde foi recriado usando novas árvores e plantas aquáticas. Diminuiu-se a densidade de árvores da floresta de carvalho do Sickla Udde, e os carvalhos vivos e as árvores mortas foram deixadas no local, para formar ambientes atrativos para muitas espécies de insetos e pássaros. A intenção era que os parques fossem ambientes atraentes e se tornassem vias de pedestre, mas também servissem como corredores dispersos e ambientes vivos para animais e plantas.

O transporte impõe uma pesada carga no meio ambiente de um distrito urbano com alta densidade, motivo pelo qual Sjöstaden oferece alternativas atraentes e de baixo consumo energético ao uso de automóveis particulares. A meta era que 80% dos percursos de moradores e trabalhadores do local fossem feitos com o transporte público, a pé ou de bicicleta até o ano 2010.

METAS AMBIENTAIS PARA O TRANSPORTE EM HAMMARBY SJÖSTAD
- Até 2010, 80% dos percursos de moradores e trabalhadores do local deveriam ser feitos com o transporte público, a pé ou de bicicleta.
- Até 2010, pelo menos 15% das habitações de Hammarby Sjöstad deveriam fazer parte do esquema de compartilhamento de automóveis.
- Até 2010, pelo menos 5% dos locais de trabalho da área deveriam fazer parte do esquema de compartilhamento de automóveis.
- Cem por cento do transporte pesado deve ser com veículos que cumpram as exigências ambientais atuais da zona.

Conexão com o sistema de metrô leve da cidade
Grandes investimentos foram feitos no transporte público da área, tanto na forma da nova conexão com o sistema de metrô leve "Tvärbanan" como no trânsito de ônibus. O transporte público tem uma rota central que atravessa Sjöstaden, com quatro paradas ao longo da avenida, conectando um lado do distrito com o outro.

Balsa
Sjöstaden possui uma linha de balsas. A balsa transita em Hammarby Sjö entre os lados sul e norte de Sjöstaden, é administrada pelo município de Estocolmo e é gratuita. Ela funciona 365 dias por ano, do início da manhã até tarde da noite.

Compartilhamento de automóveis
Foi criado na área um sistema de uso compartilhado de automóveis tanto para os moradores quanto para os que trabalham no local. Cerca de 10% dos lares já aderiram ao sistema, e há entre 25 e 35 veículos de uso compartilhado estacionados na área (o número varia conforme a demanda). Cerca de 75% dos automóveis têm motores flex, ou seja, aceitam dois combustíveis. A meta era de que, até 2010, pelo menos 15% dos lares e pelo menos 5% dos locais de trabalho de Hammarby Sjöstad tivessem aderido ao sistema de automóveis compartilhados.

Considerações ambientais em geral
A consideração ambiental foi crucial para todos os materiais de construção empregados no local. Isso se aplica tanto aos materiais visíveis utilizados nas fachadas e nos pisos externos quanto àqueles empregados nos interiores – revestimentos internos, instalações prediais e equipamentos. O princípio geral era utilizar materiais sustentáveis de uso consagrado e testado e produtos ambientalmente certificados, além de evitar o emprego de produtos químicos ou materiais de construção contendo substâncias prejudiciais à saúde das pessoas. A água da chuva escoada para o Hammarby Sjö não deve ser contaminada com metais ou tintas, motivo pelo qual os materiais de revestimento de fachada ou cobertura que poderiam liberar metais pesados ou outras substâncias poluentes foram evitados. Pela mesma razão foram empregadas tintas sustentáveis nos caminhos de pedestres ao longo do canal Sickla, e a ponte para ciclistas foi construída com aço inoxidável.

Inspeções de sustentabilidade
Todos que constroem em Hammarby Sjöstad devem conferir e declarar os produtos químicos e materiais de construção que serão utilizados antes de executarem seus projetos, e inspeções de sustentabilidade são feitas regularmente durante todo o processo de construção.

METAS AMBIENTAIS PARA OS MATERIAIS DE CONSTRUÇÃO EM HAMMARBY SJÖSTAD
- Devem ser estabelecidas rotinas para a escolha dos melhores materiais com base nos pontos de vista que buscam proteger a saúde, o meio ambiente e os recursos naturais, antes que comece o planejamento da área.
- Madeira autoclavada não deve ser utilizada.
- O cobre não pode ser empregado em dutos ou tubos horizontais ou verticais no sistema de abastecimento de água, seja nos interiores, seja nos exteriores. Contudo, isso não se aplica a quartos de banho e suas conexões dentro dos apartamentos.
- Os materiais galvanizados empregados no ambiente externo devem ter suas superfícies tratadas.
- Deve-se minimizar o uso de cascalho e areia extraídos recentemente.
- Materiais reciclados devem ser utilizados sempre que forem indicados por razões ambientais e de saúde, e desde que isso seja técnica e economicamente viável.

Um dos objetivos de Hammarby Sjöstad é que o distrito seja um lugar saudável para as pessoas viverem, um local que estimule o corpo e a alma, e, portanto, um lugar que ofereça oportunidades para a prática de exercícios e esportes e atividades culturais.

Exercícios e esportes
Sjöstaden apresenta diversos equipamentos para a prática de exercícios e esportes, como Hammarbybacken, uma pista de esqui (*slalom*) com vistas espetaculares. A instalação esportiva de Hammarbyhöjden, perto do lado sul de Hammarbybacken, é um importante equipamento público, especialmente para atividades esportivas escolares e de jovens. O pé da colina também acomoda a valiosa reserva natural de Nacka. Em Sjöstaden, foi construído um grande centro para a prática de exercícios, e esse local valioso é aproveitado anualmente para os Jogos de Sjöstad, que ocorrem no Dia Nacional da Suécia, sob a administração da associação esportiva Hammarby IF. Sjöstaden tem inúmeras vias de pedestre e ciclovias ao longo dos canais, bem como muitas belas trilhas para caminhadas através de uma diversidade de espaços públicos distribuídos pelo distrito. Também há ciclofaixas ao longo da principal via que atravessa Sjöstaden.

Cultura
A variedade de tipos de atividades culturais também é importante para a saúde geral. Os centros de cultura de Hammarby Sjöstad incluem não apenas o centro social e cultural Fryshuset, mas também o Kulturama, que oferece aulas de artes de diversos tipos para estudantes de todas as idades, junto com uma biblioteca, sem falar no centro cultural que seria aberto em breve.

O planejamento integrado com foco ecológico
O grande trunfo do sucesso do distrito é o trabalho integrado de criação do plano diretor que foi feito antes da intervenção na área. Todas as várias autoridades e entidades públicas que normalmente se envolvem com os diversos estágios desse processo se sentaram e criaram conjuntamente o plano para a nova abordagem conceitual que resultaria em Hammarby Sjöstad. O trabalho de planejamento integrado que foi feito desde o início (e continua sendo feito) é, de fato, ímpar. E os resultados foram – e continuam sendo – visíveis em Hammarby Sjöstad. O objetivo era criar um ambiente residencial baseado no uso de recursos sustentáveis, no qual o consumo

de energia e a geração de lixo fossem minimizados, e a economia de recursos e a reciclagem fossem, ao mesmo tempo, maximizadas. Sjöstaden conta com um rol de incríveis e inovadoras soluções técnicas para a geração e o consumo de energia, uma estação-piloto de tratamento de esgoto na qual uma nova tecnologia seria testada e um sistema prático e automático para o descarte e a gestão do lixo. Um dos exemplos já empregado e testado dessas soluções integradas é o aproveitamento do calor residual das águas servidas, que é dirigido para a calefação do distrito e, após esse processo, também aproveitado para o resfriamento do distrito.

Diretrizes para o projeto diretor do distrito

Os documentos do plano diretor contêm exigências detalhadas quanto a espaços, tratamentos paisagísticos, alturas de edificação, fenestrações, tamanhos de apartamento, áreas de balcão, materiais de construção e cores, que deveriam ser respeitadas pelas equipes de projetistas e construtores de cada área.

O Modelo Hammarby – um ecociclo único

As soluções ambientais integradas podem ser acompanhadas por meio de um ecociclo que passou a ser chamado Modelo Hammarby. O ecociclo envolve energia, lixo, água e esgoto para habitações, escritórios e outras atividades comerciais de Hammarby Sjöstad. Ele também foi elaborado para agir como modelo para o desenvolvimento de sistemas tecnológicos equivalentes em grandes cidades. O Modelo Hammarby, junto com seus textos explicativos e as várias seções do ciclo (energia, água e esgoto e lixo) são apresentados a seguir.

Energia sustentável e renovável

Estocolmo sempre esteve na vanguarda quando se trata de encontrar novas fontes de energia renováveis para tornar a cidade um lugar melhor para se viver. Já faz várias décadas que a cidade está adotando cada vez mais a calefação na escala do distrito para aquecer suas edificações. Hammarby Sjöstad deu um passo adiante, ao instalar vários tipos de fornecimento de energia. Novas tecnologias estão sendo empregadas como parte dos empolgantes projetos de empreendimento urbano de Hammarby Sjöstad: células de combustível, células fotoelétricas e painéis solares para o aquecimento de água. O objetivo é, em parte, testar as novas tecnologias e, em parte, demonstrar métodos para a construção de uma cidade sustentável. Quando as obras de construção de Hammarby Sjöstad estiverem completas, os moradores da área estarão produzindo a metade de toda a energia que consomem. Isso será feito por meio do uso da energia reciclada do tratamento de esgoto e da energia retirada de lixo combustível classificado na origem.

AS METAS AMBIENTAIS DA CIDADE DE ESTOCOLMO PARA A ENERGIA DE HAMMARBY SJÖSTAD

Essas metas se relacionam à soma de toda a energia comprada para a calefação das edificações e sua operação a cada ano. A eletricidade para consumo das unidades de habitação não está incluída.

- Conexões do sistema de calefação distrital com os sistemas de exaustão de ar: 100, dos quais 20 kWh eletricidade/m^2 de área interna.
- Conexões do sistema de calefação distrital com os sistemas de recuperação de calor: 80, dos quais 25 kWh eletricidade/m^2 de área interna.
- Toda a energia consumida para calefação deve ser de sistemas de recuperação de energia ou de fontes energéticas renováveis.
- A eletricidade deve receber o selo "Boa Escolha Ambiental", ou equivalente.

A energia consumida pelos diversos sistemas do empreendimento, inclusive para calefação e resfriamento, deve ser sustentável.

CALEFAÇÃO DO DISTRITO

A usina de cogeração de energia elétrica e térmica de Högdalen usa lixo combustível triado como fonte energética para a produção de eletricidade e calefação na escala do bairro. Fontes de energia renováveis foram empregadas sempre que possível, a fim de poupar o ambiente. Outro exemplo de fornecimento de calor sustentável é a usina de calor de Hammarby, que extrai o calor residual do esgoto tratado da usina de tratamento de esgoto de Henriksdal.

RESFRIAMENTO DO DISTRITO

O foco que a cidade de Estocolmo confere à produção centralizada de calefação e resfriamento na escala do distrito a torna uma das líderes mundiais nesse campo. Em uma década, o resfriamento na escala do distrito que existe em Estocolmo se transformou no maior sistema de seu tipo no mundo. A partir do esgoto resfriado e tratado que sai das bombas de calor da usina de Hammarby, o calor é transformado em frio na água que circula na rede de resfriamento distrital de Hammarby Sjöstad. O resfriamento, em outras palavras, é pura e simplesmente um produto residual do sistema de calefação distrital.

O sol fornece energia elétrica e aquece a água

Há vários tipos de fornecimento de energia sendo testados em Sjöstaden. Hammarby Sjöstad conta com vários arranjos de painéis fotovoltaicos para a coleta da energia solar e sua conversão em energia elétrica. Essas células solares foram instaladas em diversas fachadas e coberturas de Sjöstaden. Quanto mais eficazes forem as células solares e maior for a área que elas cobrirem, mais eficaz também será a instalação. Até o momento, no entanto, as células fotoelétricas apenas fazem parte de projetos de testagem, do ponto de vista da energia, nos ambientes urbanos. Dois dos prédios de Sickla Kanalgata, por exemplo, receberam células fotovoltaicas, que estão contribuindo para o fornecimento de energia ao alimentar suas áreas públicas. Painéis solares também foram instalados na cobertura de um dos maiores edifícios de apartamentos de Sjöstaden.

Células fotovoltaicas

As células fotovoltaicas são equipamentos que coletam a energia luminosa do sol e a convertem em energia elétrica. A energia gerada por um módulo fotovoltaico de 1 m^2 corresponde aproximadamente a 100 kWh/ano, o que corresponde ao consumo de eletricidade de 3 m^2 de área de piso residencial.

Painéis solares de aquecimento de água

Na cobertura do bloco Viken, 390 m^2 de painéis voltados para o sul (hemisfério norte) foram instalados. Esses módulos coletam os raios de calor do sol e os aproveitam para aquecer a água de consumo doméstico do prédio. Os painéis solares produzem metade da energia necessária para atender à exigência de água quente do prédio.

Esgoto mais limpo e menos água

O consumo de água será reduzido, e as ruas nas quais passam mais de 8 mil veículos por dia terão seu esgoto pluvial tratado. Uma das metas de Hammarby Sjöstad é reduzir o consumo de água em 50%: 200 litros por pessoa por dia é o normal em Estocolmo, mas o objetivo para a área é reduzir esse volume para 100 litros por pessoa por dia. Graças a equipamentos e instalações sustentáveis, como máquinas de lavar roupa e de lavar pratos com nível A no consumo de energia, bacias sanitárias com pequena descarga e torneiras com misturadores de ar, os níveis de consumo atuais são de aproximadamente 150 litros por pessoa por dia. Ainda mais importante do que isso é a diminuição da quantidade de metais pesados e produtos químicos não biodegradáveis presentes no esgoto, pois isso resultará em uma menor quantidade de contaminantes sendo dispersos no arquipélago de Estocolmo através do esgoto tratado, além de gerar um produto residual de qualidade mais elevada (o lodo), que pode ser reutilizado nas terras agrícolas. A estratégia de trabalhar sistematicamente com os clientes e a sociedade a fim de reduzir a quantidade de produtos químicos lançados no sistema de esgoto é chamada abordagem *upstream* ("no sentido contrário à corrente"). Essa abordagem hoje recebe o apoio de muitas companhias de tratamento de esgoto de toda a Europa, sendo considerada parte de seu negócio principal. Por meio do monitoramento, podemos verificar se as campanhas nesse sentido estão contribuindo para a qualidade do esgoto. Na primavera de 2005, por exemplo, foi feita uma campanha para a redução do uso do bactericida Triclosan. O Triclosan é uma substância nociva ao meio ambiente que está presente em certos cremes dentais e que, na verdade, é de uso totalmente dispensável por parte dos consumidores comuns. Análises do esgoto conduzidas antes e depois da campanha mostraram que os níveis de Triclosam haviam sido reduzidos.

AS METAS AMBIENTAIS DA CIDADE DE ESTOCOLMO PARA A ÁGUA E O ESGOTO DE HAMMARBY SJÖSTAD

- Noventa e cinco por cento do fósforo do esgoto será reutilizado nas terras agrícolas.
- A quantidade de metais pesados e outras substâncias prejudiciais ao meio ambiente deve ser 50% menor no esgoto da área do que no esgoto do resto de Estocolmo.
- Serão feitas análises do ciclo de vida para determinar a adequabilidade, do ponto de vista do consumo de energia e das emissões, de devolver nitrogênio às terras agrícolas e de utilizar a energia química presente no esgoto.
- A drenagem de água deve estar conectada à rede de esgoto pluvial, e não à rede de esgoto cloacal.
- A água pluvial deve, em sua maior parte, ser tratada no local.
- O conteúdo de nitrogênio do esgoto purificado não deve exceder a 6 mg/litro, e o conteúdo de fósforo não deve exceder a 0,15 mg/litro.
- O esgoto pluvial das ruas nas quais passam mais de 8 mil veículos por dia será tratado.

Sjöstadsverket – nossa estação de tratamento de esgoto com tecnologia de ponta avaliada por diferentes processos
Uma nova estação de tratamento de esgoto, Sjöstadsverket, foi construída para avaliar novas tecnologias. A primeira etapa de Sjöstadsverket tem quatro linhas de tratamento de esgoto separadas para atender 600 pessoas em Hammarby Sjöstad. As várias linhas de tratamento estão sendo avaliadas, e também será estabelecida uma base para a segunda etapa, que talvez inclua a construção de uma estação de tratamento de esgoto para toda a Hammarby Sjöstad. As linhas de tratamento sendo avaliadas contêm processos químicos, físicos e biológicos que são operados do modo mais eficiente possível. O objetivo é tanto tratar o esgoto como reciclar os recursos nele existentes com o mínimo possível de entrada de recursos externos, como energia elétrica e produtos químicos.

Biossólidos mais limpos e reciclagem de nutrientes
As edificações e a infraestrutura de Hammarby Sjöstad estão sendo planejadas e construídas com o máximo de cautela no que tange à seleção de materiais e técnicas de construção e ao processamento de esgoto e lixo, por exemplo. Ao evitar o uso de certos metais e plásticos nos prédios, ao garantir que a água da chuva e da neve derretida sejam tratadas e drenadas separadamente e ao informar aos moradores, por exemplo, da importância do uso de produtos químicos com certificação ecológica, é possível garantir que o esgoto das habitações seja relativamente limpo. O esgoto que é enviado à estação local de tratamento de esgoto vem apenas das moradias da área, não incluindo o esgoto pluvial nem o das indústrias. Isso significa que, desde o início, o esgoto contém o mínimo de contaminantes, o que facilita seu tratamento e a reciclagem de seus nutrientes que, sempre que possível, são reutilizados nas terras agrícolas. A meta ecológica é de que 95% do fósforo do esgoto seja separado e reciclado para uso agrícola, e que o conteúdo de metais pesados e outras substâncias nocivas à saúde humana seja reduzido em 50%. O esgoto tratado no local tem de atender a padrões excepcionalmente elevados.

Biogás e biossólidos extraídos
O biogás é extraído da digestão do lodo resultante do tratamento de esgoto. Na estação de tratamento de esgoto, o material orgânico é separado do lixo na forma de lodo. O lodo de esgoto é conduzido a grandes tanques digestores, onde é decomposto (estabilizado), gerando o lodo digerido. O biogás, que é a forma de combustível mais benigna ao meio ambiente que hoje temos, é produzido com o processo de digestão. O biogás produzido no local é empregado principalmente como combustível de veículos, como ônibus urbanos, caminhões de lixo e táxis. Esse combustível renovável também é utilizado em aproximadamente 1 mil aquecedores a gás em Hammarby Sjöstad. Uma vez finalizado o processo de decomposição, o lodo (ou biossólido) pode ser empregado como fertilizante, pois é rico em nutrientes e tem elevado conteúdo de fósforo. A empresa Stockholm Water envia os biossólidos para o norte da Suécia, onde são aproveitados como material para o aterro de minas desativadas.

Soluções arquitetônicas para a água pluvial
Toda a água pluvial resultante das precipitações (chuva e neve) é tratada no local de diversas maneiras, e o sistema total é chamado LOD (acrônimo sueco para "tratamento local de água pluvial"). A água pluvial das áreas urbanizadas é infiltrada no solo ou drenada para os canais Sickla, Hammarby ou Danvik. Um canal de água pluvial atravessa o parque Sjöstadsparterren (o canteiro de flores ornamentais Sjöstaden). A água é drenada dos prédios do entorno e de seus pátios por meio de inúmeras calhas e dutos e, então, conduzida ao Hammarby Sjö por uma cascata artificial projetada pelo artista Dag Birkeland.

Coberturas verdes
As coberturas verdes vistas em algumas das edificações de Sjöstaden também estão conectadas à rede abrangente de tratamento de água pluvial local (LOD). O objetivo desses elementos é coletar a água da chuva, diminuir sua velocidade de escoamento e evaporá-la. Ao mesmo tempo, as gramíneas baixas e densas formam áreas vivas verdes na paisagem urbana.

A água da chuva coletada nas ruas é tratada no local
A água da chuva e a água da neve derretida nas ruas são coletadas e tratadas de muitas maneiras em Sjöstaden. O tratamento mais comum envolve a drenagem da água em bacias especiais, e Sjöstaden tem dois tanques de sedimentação. A água é mantida nos tanques por várias horas, para que os contaminantes desçam (sedimentem-se), e então é drenada aos canais. Mårtensdal tem um tanque de sedimentação de água pluvial aberto, no qual pode-se ver a superfície da água. Nele, o solo e as plantas da área conseguem remover os contaminantes da água suja que é absorvida pelo lençol freático.

O lixo deve ser reduzido e reciclado
Atualmente, o lixo já não se joga fora: ele é um recurso que a cada dia é mais reaproveitado. Novos produtos estão sendo produzidos com materiais reciclados, permitindo o uso mais econômico dos recursos da natureza. Muitas coisas melhoram quando todas as pessoas fazem a separação de seu lixo, e, para que ele seja manejado de modo adequado, todos devem fazer sua parte. Quando você separa o lixo, ajuda a garantir que substâncias nocivas não sejam incineradas junto com o resto do material orgânico. Além disso, a possibilidade de usar materiais reciclados reduz a extração de matérias-primas virgens. Isso torna o lixo um recurso que pode ser aproveitado para a reciclagem de materiais e a recuperação de energia. Outros benefícios são que o volume de lixo doméstico é reduzido e o ambiente de trabalho dos recicladores de lixo também melhora.

AS METAS AMBIENTAIS DA CIDADE DE ESTOCOLMO PARA O LIXO DE HAMMARBY SJÖSTAD

A meta para 2010 era que fosse extraída energia de 99% por peso de todo o lixo doméstico que permitisse essa recuperação. Contudo, a prioridade deveria ser o reúso e a reciclagem.

- Entre 2005 e 2010, a quantidade de lixo doméstico gerada deveria ser reduzida em, pelo menos, 15% por peso.
- Entre 2005 e 2010, a quantidade de lixo doméstico volumoso lançado em aterros sanitários deveria ser reduzida em 10% por peso.
- Entre 2005 e 2010, a quantidade de lixo nocivo à saúde humana seria reduzida em 50% por peso.
- Os moradores deveriam ter a oportunidade de separar seu lixo na fonte, da seguinte maneira:
    - Materiais sob responsabilidade do produtor, dentro dos prédios.
    - Restos de alimentos e sacos de lixo separados, dentro dos prédios.
    - Lixo volumoso, dentro do prédio.
    - Lixo perigoso, em uma área fora do prédio.
- Até 2010, 80% dos restos de alimentos, por peso, seriam enviados a uma estação de tratamento biológico, que utilizaria os nutrientes extraídos para o cultivo de plantas e aproveitaria seu conteúdo de energia.
- O valor máximo de 60% (por quilômetro de veículo) do transporte de lixo e de materiais reciclados dentro da área envolveria o uso de veículos pesados, em comparação com a quantidade transportada com o uso de sistemas convencionais de transporte de lixo.
- No máximo 10% por peso do lixo total gerado durante a construção do local seria composto de lixo descartado em aterros sanitários.

O lixo é separado na fonte e reciclado ou reusado para gerar calor e eletricidade

MANEJO DO LIXO EM TRÊS NÍVEIS

Em Hammarby Sjöstad, há três tipos de gestão do lixo: no prédio, no quarteirão e na área. Os dejetos mais pesados e volumosos são triados e depositados em diferentes dutos verticais dentro dos prédios ou adjacentes a eles.

- Lixo combustível. As embalagens de plástico, papel e outros materiais são colocadas em sacolas plásticas comuns.
- Resíduos de alimentos. Os restos de alimentos são colocados em sacolas feitas de amido de milho, que, ao contrário das sacolas plásticas são biodegradáveis.
- Jornais, catálogos, papel, etc., são deixados soltos, ou seja, não são colocados em sacos.

DEPÓSITOS DE RECICLAGEM NOS QUARTEIRÕES

Os tipos de lixo que não se destinam aos dutos dos prédios podem ser deixados em depósitos de reciclagem nos quarteirões:

- Embalagens e recipientes de vidro, papel, plástico e metal.
- Lixo volumoso, como um móvel velho.
- Lixo elétrico e eletrônico. Os itens que exigem uma tomada elétrica, pilha ou bateria para funcionar, bem como lâmpadas (incandescentes, fluorescentes ou de outro tipo).
- Alguns dos depósitos de reciclagem também têm contêineres para tecidos.

PONTOS DE COLETA DE LIXO PERIGOSO NA ÁREA

Qualquer dejeto que possa representar perigo às pessoas ou ao meio ambiente, como tintas, vernizes ou resíduos de cola, esmaltes para unhas, solventes, agentes de limpeza, pilhas, baterias e produtos químicos em geral, jamais devem ser colocados no lixo doméstico ou lançados ao esgoto. Ele deve ser separado e enviado ao ponto de coleta de lixo perigoso de GlashusEtt, o centro de informações sobre o meio ambiente da área.

PARA ONDE O LIXO É ENVIADO?

- O lixo combustível é transportado para a usina de Högdalenverket, ao sul de Estocolmo, onde é incinerado e reciclado na forma de calor e eletricidade.
- Os restos de alimentos são enviados para Sofielund, em Huddinge, onde são compostados, ou seja, transformados em adubo orgânico. O objetivo final é que os restos de alimentos sejam convertidos em biogás e biofertilizantes.
- Os jornais velhos são enviados a empresas de reciclagem de papel e, depois, a fábricas de papel, onde são transformados em papel novo.
- Embalagens. As embalagens de papel, metal, vidro e plástico são recicladas e transformadas em novas embalagens ou outros produtos.
- Lixo volumoso. Os metais são reciclados, e o lixo volumoso combustível é incinerado e reciclado na forma de calor e eletricidade. O lixo não combustível é descartado em aterros sanitários.
- Os produtos elétricos e eletrônicos descartados são desmontados, e seus materiais, reciclados. O material não aproveitável é enviado a aterros sanitários.

O sistema automático de descarte de lixo reduz o transporte na área

SISTEMA MÓVEL E AUTOMÁTICO DE DESCARTE DE LIXO

O lixo coletado pelo sistema móvel e automático de descarte é levado a tanques subterrâneos que são esvaziados por um veículo de coleta de lixo equipado com um sistema de aspiração a vácuo. Há dois tipos de tanques para cada tipo de dejeto: para o lixo doméstico combustível e para os resíduos alimentícios. O veículo de coleta de lixo para em uma doca, onde os tanques de lixo de vários prédios são esvaziados simultaneamente, mas apenas um tipo de lixo a cada visita.

SISTEMA ESTACIONÁRIO AUTOMÁTICO DE DESCARTE DE LIXO

Todos os dutos verticais de lixo são conectados por tubos subterrâneos a uma estação de coleta central, à qual chegam por sucção a vácuo. A estação de coleta possui um sistema avançado de controle que envia os diversos tipos de lixo ao contêiner correto. Há um grande contêiner para cada um dos três tipos de lixo: lixo doméstico combustível, resíduos alimentícios e jornais. O sistema reduz o transporte na área, o que significa que o ar é mantido mais limpo do que ocorre quando as técnicas de coleta de lixo convencionais são empregadas. Além disso, o ambiente de trabalho para os lixeiros é melhorado, pois evita-se que eles levantem cargas pesadas, e é observada uma melhoria notável na segurança das crianças.

GlashusEtt é o centro de informações ambientais da área.

CENTRO DE INFORMAÇÕES SOBRE O MEIO AMBIENTE

O projeto e o conteúdo do centro GlashusEtt fazem dele o foco natural para a obtenção de informações sobre as questões ambientais de Hammarby Sjöstad. Esse centro de informações também torna Estocolmo um ponto de referência para a demonstração das relações entre a tecnologia moderna e um meio ambiente melhor, em uma atmosfera de harmonia com uma arquitetura inovadora e empolgante. O centro também é responsável por seu próprio *site* – www.hammarbysjostad.se.

EXPOSIÇÕES – VISITAS DE ESTUDO

O centro de informações sobre o meio ambiente tem a tarefa de difundir o conhecimento por meio de visitas de estudo, exposições e demonstrações sobre o Modelo Hammarby e as novas tecnologias de sustentabilidade. Visitantes nacionais e internacionais vão a Sjöstaden para aprender não somente como Estocolmo planejou seu novo distrito, mas também para ver com uma abordagem ecológica caracterizou todo o processo de planejamento de Sjöstaden que contribui para torná-la uma cidade sustentável.

AUDITÓRIOS

Os auditórios do centro GlashusEtt são utilizados, em parte, para receber visitantes, mas eles também servem de local de encontro para discussões e conversas sobre a cidade sustentável. O GlashusEtt serve como centro de ensino para uma variedade de cursos sobre planejamento ambiental e urbano, bem como para reuniões públicas, de políticos e clientes.

DIVULGAÇÃO DAS TECNOLOGIAS AMBIENTAIS

O centro GlashusEtt desempenha um importantíssimo papel na exportação de tecnologias ambientais. Há uma cooperação muito forte entre as diversas autoridades encarregadas de promover a divulgação externa dos sistemas de sustentabilidade empregados no distrito, como a Região de Negócios de Estocolmo, o Ministério das Relações Exteriores da Suécia e a Câmara de Comércio da Suécia. Em um período de tempo muito curto, Hammarby Sjöstad se tornou um dos exemplos mais notáveis de desenvolvimento urbano sustentável do mundo e é mencionado em publicações especializadas de vários países. A cada ano, Sjöstaden é visitada por mais de 10 mil representantes de indústrias e tomadores de decisão. Projetos urbanos significativos de Toronto, Londres, Paris e várias cidades chinesas já foram influenciados pelas tecnologias empregadas e pela experiência adquirida que formam a base do sucesso deste distrito de Estocolmo.

O ecociclo próprio de Hammarby Sjöstad

ENERGIA

- O lixo combustível é convertido em aquecimento e eletricidade para o distrito.
- O biocombustível obtido na natureza é convertido em aquecimento e eletricidade para o distrito.
- O calor reciclado no tratamento do esgoto é convertido em aquecimento e eletricidade para o distrito.
- Células fotovoltaicas convertem a energia solar em eletricidade.
- Painéis solares usam a energia solar para aquecer a água.
- A eletricidade deve ser um produto "com classificação ambiental boa" ou equivalente.

LIXO E ESGOTO

- O consumo de água é reduzido por meio do uso de instalações prediais sustentáveis, bacias sanitárias com baixa descarga e torneiras com aeradores.
- Uma estação-piloto de tratamento de esgoto foi construída especificamente para a área, a fim de avaliar novas técnicas.
- A digestão é empregada para extrair biogás do lodo do esgoto.
- Os biossólidos digeridos podem ser aproveitados como fertilizantes.
- A água da chuva coletada em coberturas e pátios é drenada para o Hammarby Sjö, em vez de ser levada à estação de tratamento de esgoto.
- A água da chuva coletada nas ruas é tratada no local, por meio de bacias de sedimentação, e então conduzida para o Hammarby Sjö, em vez de ser levada à estação de tratamento de esgoto.

LIXO

- Um sistema automático de descarte de lixo, com vários tanques de depósito, um sistema de salas de reciclagem nos quarteirões e uma estação ambiental para todo o distrito ajudam os moradores a selecionar seus dejetos.
- O lixo orgânico é digerido, ou seja, convertido em biossólido, e utilizado como fertilizante agrícola.
- O lixo combustível é convertido em aquecimento e eletricidade para o distrito.
- Todo o material reciclável é reaproveitado: jornal, vidro, papelão, metal, etc.
- O lixo prejudicial à saúde é incinerado ou reciclado.

Museus, galerias de arte e espaços para exposições temporárias

25

Geoffrey Matthews, com informações adicionais (estudo de caso) de Pamela Buxton

CI/Sfb:75

Geoffrey Matthews é consultor de museus. Pamela Buxton é a editora desta quinta edição do Manual do Arquiteto

PONTOS-CHAVE:
- *A flexibilidade e o potencial de expansão são prioritários*
- *O projeto deve facilitar a orientação dos visitantes*
- *As mídias digitais trazem novos desafios e oportunidades*

Conteúdo

1 Introdução
2 Dimensionamento de áreas necessárias
3 Planejamento geral
4 Espaços de exposição e armazenagem de coleções
5 Interpretação, comunicação e exposição
6 Ambiente e conservação
7 Segurança patrimonial e instalações
8 Estudo de caso
9 Referências bibliográficas

1 INTRODUÇÃO

1.1 Escopo

A *Museums Association* – Associação de Museus no Reino Unido – define os museus como instituições que coletam, documentam, preservam e expõem artefatos e espécimes para benefício do público. Eles permitem às pessoas explorar suas coleções em busca de inspiração, aprendizado e prazer.

O projeto de museus, galerias de arte e espaços de exposições temporárias (e organizações semelhantes) envolve a acomodação de uma ampla variedade de funções, em geral incluídas nas definições comuns de um museu. Todavia, os museus variam consideravelmente em tamanho, organização e objetivo. É importante, portanto, considerar o contexto e as características particulares que definem um museu durante o processo de desenvolvimento de conceitos.

1.2 Coleções

As coleções dos museus nacionais são muito amplas e variadas em termos de material e, geralmente, de importância internacional. O *National Maritime Museum* (Museu Marítimo Nacional) de Greenwich, por exemplo, abriga coleções de máquinas, embarcações, vestimentas, medalhas, maquetes de navios, quadros, prataria, armas de fogo e instrumentos científicos, entre muitos outros tipos de materiais. Museus assim são atendidos por uma ampla variedade de especialistas qualificados na organização de coleções, pesquisa, conservação, relações públicas e *marketing*.

Em alguns museus municipais e particulares, as coleções são pequenas, específicas em termos de conteúdo e de interesse especializado ou local. Muitos desses museus contam com apenas um curador qualificado que é encarregado da administração das coleções e dos serviços públicos; grande parte dos serviços especializados talvez seja prestada por entidades externas, como os *Area Museum Councils* (Conselhos de Museus Regionais). Na Figura 25.1, temos a tipologia de museus com base no assunto ou abordagem museológica, caracterização da coleção e tipo de instituição.

25.1 Tipologia de museus com base em: abordagem museológica ou disciplina interpretativa; características da coleção; características da instituição.

2 DIMENSIONAMENTO DE ÁREAS NECESSÁRIAS

2.1 Diretrizes de Projeto

Não há fórmula ideal para determinar as áreas que serão reservadas às diferentes funções. As intenções do cliente quanto ao acesso público às coleções, às informações e aos funcionários, além de seu comprometimento com a pesquisa e a conservação, fornecerão as diretrizes iniciais e a maioria dos grandes museus, como o Victoria and Albert Museum (Londres), terá suas próprias diretrizes de projeto.

2.2 Armazenagem

Alguns museus talvez coloquem apenas uma pequena proporção das coleções permanentes em exibição pública por vez, enquanto a grande parte fica armazenada e com acesso apenas para fins de pesquisa e conservação. É possível que os espaços de exposições temporárias com boas instalações prediais sejam prioridade nesses casos. Outros museus talvez tenham coleções menores que atraem apenas um número suficiente de visitantes, de forma a garantir a criação de exposições sofisticadas com uma vida útil estimada de vários anos. Nesses casos, talvez seja necessário um espaço de armazenagem principalmente para a expansão das coleções e é possível que se empreguem esforços consideráveis para o desenvolvimento de programas educacionais.

3 PLANEJAMENTO GERAL

3.1 Organização

As relações entre as funções são comuns a todos os museus e galerias de arte. O fluxograma 25.2 mostra a movimentação de itens de coleção durante os serviços de coleta; observe, porém, que nem todas as operações exigem necessariamente um espaço separado e

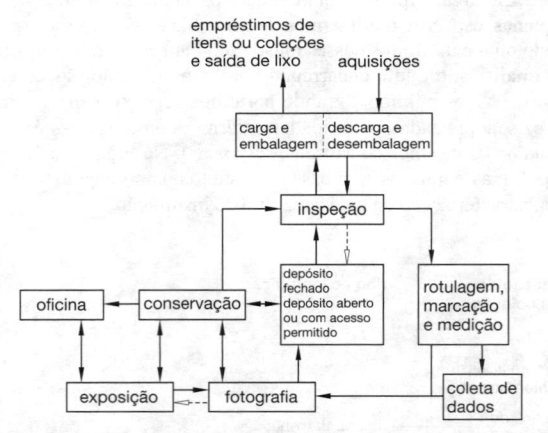

25.2 Fluxograma da movimentação de itens de coleção durante os serviços de coleta: exposições, conservação e administração de coleções.

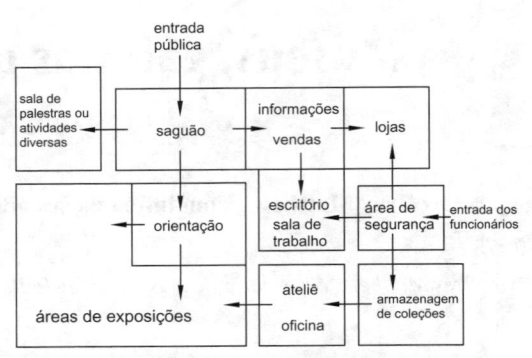

25.4 Diagrama de um possível leiaute para museus pequenos.

alguns serviços talvez sejam prestados por empresas terceirizadas. A movimentação das coleções e a circulação do público devem ser mantidas separadas na medida do possível. A Figura 25.3 mostra uma das abordagens ao zoneamento e à expansão com base nesse princípio. Na Figura 25.4, temos o possível leiaute de um pequeno museu onde as exposições interpretativas e os programas educacionais são fundamentais para a operação. Sempre que um museu for desenvolvido em torno de uma instalação permanente de grande porte, a mesma deve ser integrada ao esquema interpretativo desde o início. Dentre os exemplos, se destacam o sítio arqueológico do *Jorvik Viking Centre* (Centro Viking Jorvik) e as plataformas giratórias do *National Railway Museum* (Museu Ferroviário Nacional da Grã-Bretanha).

3.2 Flexibilidade

Os museus são empreendimentos de longo prazo; portanto, os conceitos de leiaute e volumetria devem ser passíveis de ampliação em todas as áreas; também é preciso haver um grau de remodelagem interna, principalmente nas áreas de trabalho e apoio. A Figura 25.5 mostra possíveis conceitos de volumetria, enquanto a Figura 25.6 ilustra os três métodos de ampliação.

4 ESPAÇOS DE EXPOSIÇÃO E ARMAZENAGEM DE COLEÇÕES

4.1 Leiaute

O leiaute das áreas públicas de um museu (Figura 25.7) talvez se baseie em um conceito simples de livre circulação em torno de um espaço de exposição com planta livre (Figura 25.7a) ou em conceitos mais complexos, associados a estruturas interpretativas genéricas. É importante considerar a natureza das narrativas adequadas aos objetos de interesse do museu. É possível apresentar a organização de uma exposição em:

- um arranjo *linear* de espaços com início, meio e fim (Figura 25.7b);
- um *circuito fechado* onde o enredo essencialmente linear leva naturalmente de volta ao início (Figura 25.7c);

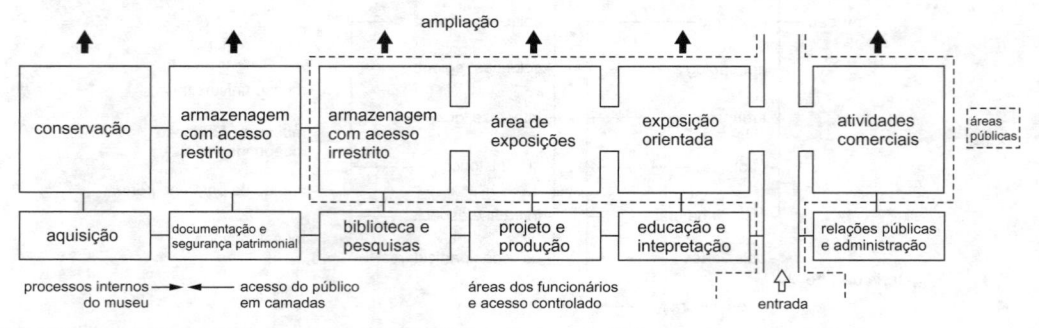

25.3 Conceito de leiaute que mostra a relação clara entre as funções do museu e uma estratégia de zoneamento e ampliação.

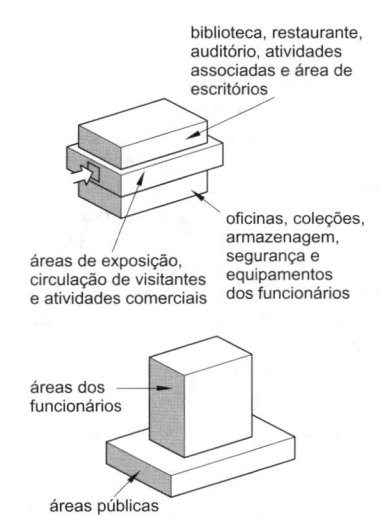

25.5 Dois conceitos básicos de volumetria que permitem a organização das áreas públicas em um único pavimento.

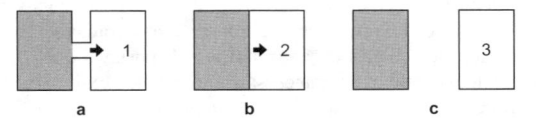

25.6 Três modos de ampliação: a) adição de bloco; b) ampliação; c) nova edificação.

- um arranjo de *núcleo central e satélites*, onde cada tema ou tratamento detalhado de um assunto leva de volta a uma área introdutória ou área de orientação central (Figura 25.7a);
- um esquema mais *complexo*, que combine o arranjo de espaços linear, em circuito fechado e em núcleo com satélites e que é estruturado especificamente para dar conta de relações mais ou menos estáveis entre as coleções e os temas interpretativos (Figura 25.7d) ou
- um arranjo *labiríntico* onde as relações entre as áreas talvez variem entre uma exposição e outra por meio do direcionamento da circulação do público (Figura 25.7e).

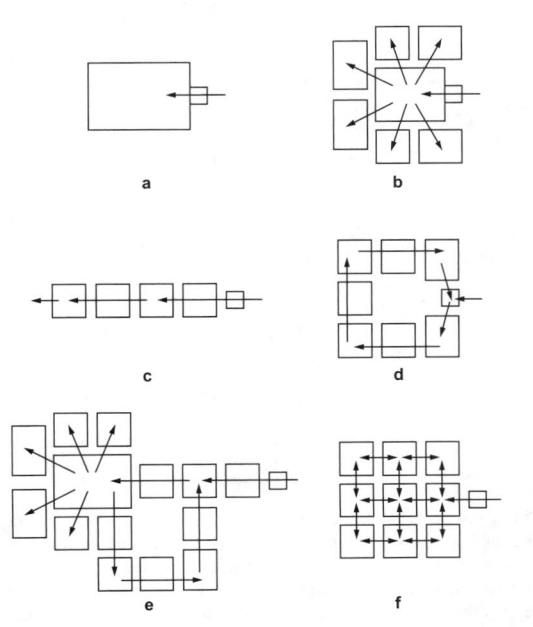

4.2 Orientação

Independentemente do leiaute dos espaços de exposição, considere o problema da orientação. Tanto na entrada quanto em pontos-chave da localização, disponibilize informações e dicas visuais para permitir que o visitante compreenda a organização das coleções, o esquema interpretativo e os serviços públicos oferecidos pelo museu. O objetivo da orientação não é apenas a fácil compreensão do leiaute da edificação, mas algo ainda mais importante: facilitar o acesso às coleções, aos serviços de informação e aos demais serviços do museu.

4.3 Armazenagem

Muitos museus controlam cuidadosamente o acesso às áreas de armazenagem das coleções. Contudo, é cada vez mais importante considerar a criação de espaços de armazenagem com acesso irrestrito, principalmente para permitir o estudo da coleção. No primeiro caso, as áreas de armazenagem precisam ser protegidas, enquanto os visitantes são supervisionados com atenção. O acesso irrestrito, por outro lado, exige que os dispositivos de segurança dos equipamentos armazenados e o mobiliário sejam distribuídos em leiautes muito compactos. A Figura 25.8 mostra o leiaute típico de uma área de armazenagem protegida e acesso irrestrito com linhas de expositores de proteção. A Figura 25.9 mostra uma área de armazenagem protegida e acesso restrito com planta livre, para itens de coleção maiores.

5 INTERPRETAÇÃO, COMUNICAÇÃO E EXPOSIÇÃO

5.1 Estratégia

A estratégia de comunicação do museu deve ser determinada ainda nos estágios iniciais. A importância relativa e a coordenação da exposição, educação, publicação, interpretação ao vivo e outras formas de comunicação direta com o público são os fatores essenciais que determinarão a interface entre os funcionários e os visitantes. Não é suficiente considerar apenas as relações entre o visitante e as coleções expostas, pois uma grande variedade de meios é utilizada atualmente em exposições para facilitar a comunicação com o público – informações gráficas, recursos audiovisuais, teatro, vídeo, gráficos computadorizados, animatrônica, cenários e reconstitui-

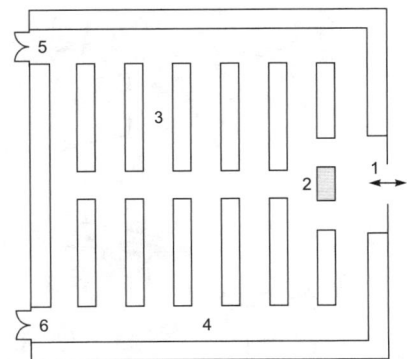

25.7 Plantas baixas genéricas para áreas de exibição e áreas de armazenagem com acesso irrestrito: a) planta livre; b) núcleo central e satélites; c) sequência linear; d) circuito fechado; e) complexa; f) labiríntica.

1 Entrada das áreas de exibição principais
2 Ponto de orientação
3 Fileiras de expositores envidraçados em todas as paredes
4 Expositores de parede do piso ao teto
5 Saída de emergência
6 Acesso restrito às áreas dos funcionários e armazenagem protegida

25.8 Método de leiaute para áreas de armazenagem com acesso irrestrito.

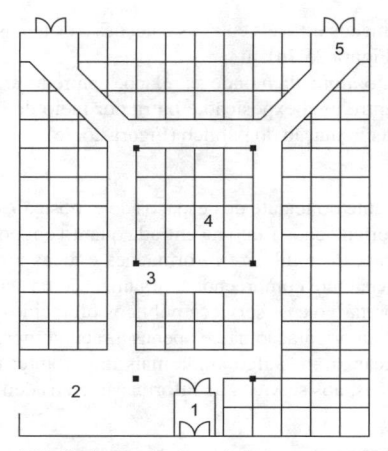

1 Vestíbulo de entrada controlado
2 Área de inspeção
3 Corredores livres
4 Modulação marcada no piso, por exemplo, 1,5 m² com letras em uma direção e números na outra
5 Saída de emergência

25.9 Sistema modular para área de armazenagem de acesso restrito em planta livre.

ções, além de ambientes animados. Uma vez superada a fase de construir um esquema geral, é importante consultar um especialista em exibições e um consultor de museus, para explorar a matriz de interações entre as pessoas, as informações e as coleções que serão acomodadas.

Uma ampla variedade de conhecimentos acadêmicos pode contribuir para a interpretação das coleções para fins de exposição. Dentro da estrutura criada pelas consultorias iniciais, talvez se tomem decisões embasadas referentes ao processo e às técnicas interpretativas, além da escolha dos meios e tipos de exposição a serem empregados. A Figura 25.10 mostra uma tipologia ampla de exposições e meios de instalação; a 25.11 indica os elementos físicos associados às exposições. A Figura 25.12 mostra o projeto de uma exposição temporária no Museum of London (Museu de Londres). É preciso consultar os dados antropométricos contidos no Capítulo 2 para determinar as dimensões de coordenação – por exemplo, as diferentes alturas de observação representadas pela população de visitantes.

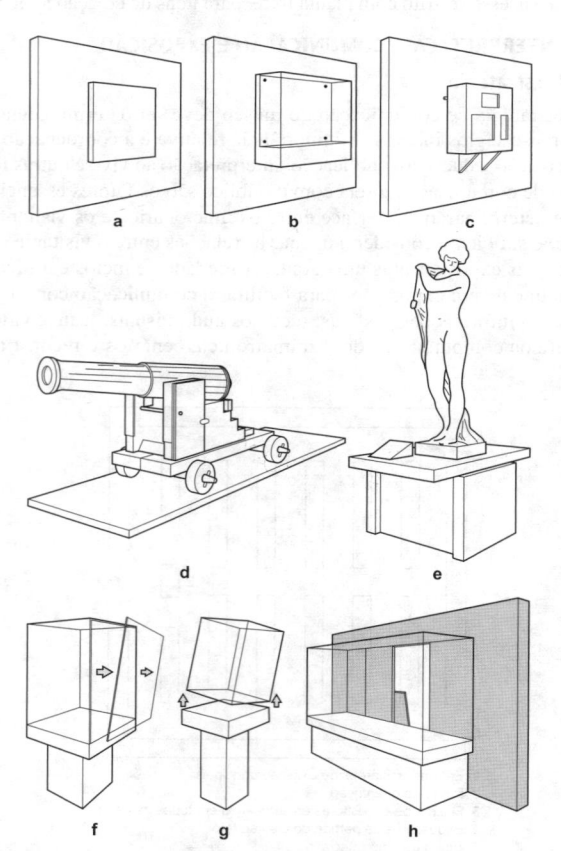

6 AMBIENTE E CONSERVAÇÃO

6.1 Umidade relativa do ar e temperatura

Uma atenção especial deve ser dedicada ao controle adequado da umidade relativa do ar, da temperatura e da poluição aérea nas áreas que abrigam coleções seja em museus ou galerias de arte. Isso inclui áreas de exposição e armazenagem de coleções, além das áreas de conservação, exibição e trabalhos fotográficos. As estratégias passivas e de baixa tecnologia talvez devam ser consideradas sempre que a inércia térmica da edificação o permitir. É possível que o condicionamento total de ar seja necessário no caso de extremos climáticos; porém, mesmo nesse caso, o fechamento da edificação deve fornecer um efeito amortecedor suficiente para impedir mudanças súbitas na umidade relativa do ar durante períodos de conserto ou manutenção. O Gráfico 25.12 mostra as condições mais adequadas

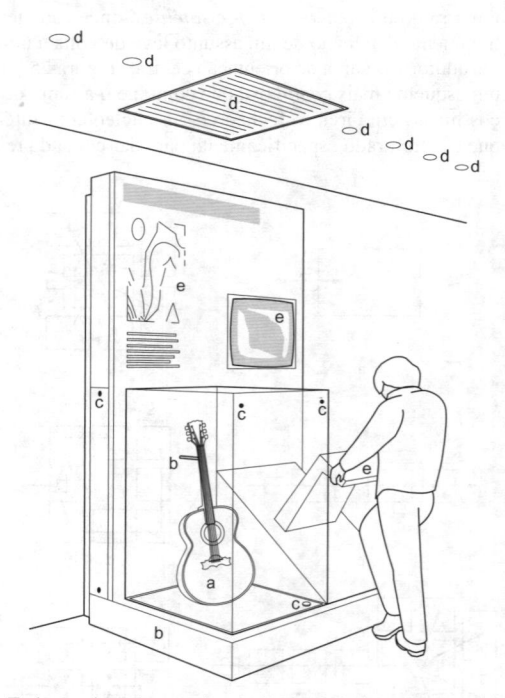

25.10 Os expositores se dividem em quatro tipos básicos: a), b), c) pendurados ou fixos nas paredes; d), e) expositores independentes e abertos; f), g), h) expositores fechados e caixas expositoras.

25.11 Todos os tipos de expositores da Figura 25.10 podem incluir quaisquer combinações dos seguintes elementos: a) item ou itens da coleção; b) fixação de montagem, suporte ou pedestal; c) preservação: proteção de peças vulneráveis ou removíveis, tranca, alarme, barreira, vidro, termo-hidrômetro (os expositores talvez abriguem materiais de proteção contra mudanças na umidade relativa do ar); d) iluminação; e) material interpretativo: legenda, informações gráficas, som, audiovisual, mecanismos cinéticos, mecanismos interativos.

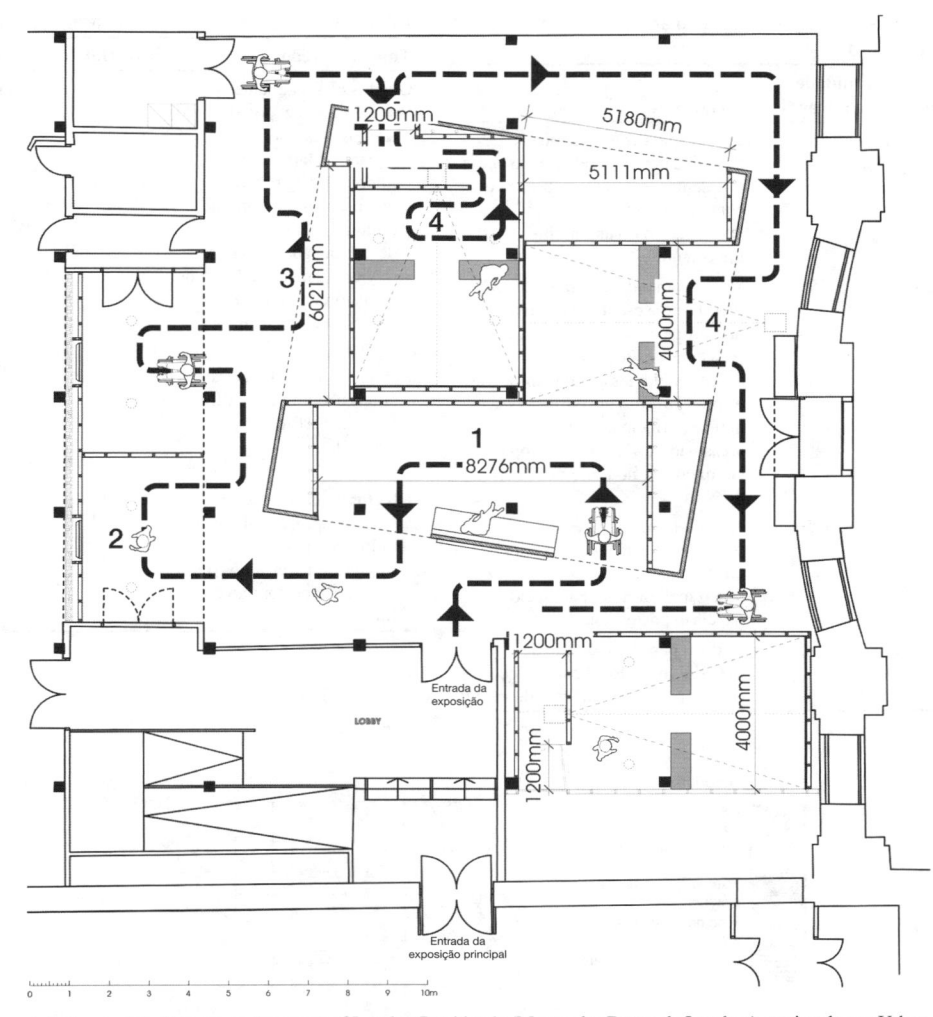

25.12 Leiaute para a exposição temporária Estuary, no Museum of London Docklands (Museu das Docas de Londres), projetada por Urban Salon.

Legenda: 1 Espaço livre para exposições de belas artes; 2 Espaço fechado para obras de arte em vídeo (com o uso de monitores); 3 Superfície plana, longa e aberta para uma série de obras planas; 4 Entrada escalonada, com alto isolamento.

para museus, enquanto a Tabela I apresenta as várias temperaturas internas e níveis de umidade relativa do ar recomendados para museus em diferentes zonas climáticas.

6.2 Poluição do ar

Informações sobre a qualidade do ar local devem ser obtidas e utilizadas para decidir a estratégica de controle mais adequada. Se a filtragem de ar for necessária, ela não deve ser do tipo eletrostático, uma vez que quaisquer falhas podem resultar na produção de níveis de ozônio altamente prejudiciais.

6.3 Luz e iluminação

A iluminação de museus é um tema complexo. É importante, principalmente em museus de arte, determinar uma política clara sobre o uso de iluminação natural e artificial. A luz solar direta não deve atingir nenhum item da coleção e a radiação ultravioleta deve ser efetivamente eliminada de quaisquer fontes de luz que cheguem a eles: na extremidade mais alta do espectro, a luz é muito eficiente para iniciar mudanças químicas em materiais vulneráveis. Os níveis máximos de luz recomendados para diferentes categorias são sumarizados na Tabela II. Em geral, esses níveis são obtidos quando se limita o nível de iluminação sobre itens da co-

leção durante o horário de visita para 50 lux por ano em materiais mais sensíveis (como papéis, tecidos e aquarelas) e 200 lux nos demais materiais sensíveis (como madeira, couro e tinta a óleo).

O olho humano possui uma capacidade limitada de se adaptar às mudanças no brilho; logo, é preciso evitar alterações bruscas no nível de iluminação e contrastes extremos de brilho no campo de visão dos visitantes à medida que eles percorrem o museu. No entanto, um grau razoável de contraste deve ser mantido em condições de baixa iluminação para evitar a monotonia e possíveis problemas de acomodação visual.

6.4 Acústica e zoneamento

A transmissão do som através da estrutura deve ser controlada. As zonas funcionais precisam de materiais com superfícies principais ou secundárias que amorteçam os impactos acústicos, além de cavidades isolantes para interromper a transmissão estrutural de ruídos. Os níveis de ruídos devem ser controlados no interior das zonas por meio da escolha adequada de materiais de acabamento em pisos, paredes e tetos e nos arranjos dos espaços internos de modo a evitar os efeitos amplificadores indesejados. *Grosso modo*, a penetração de ruídos de baixa frequência é reduzida pela massa estrutural; as frequências intermediárias diminuem com superfícies difusoras e

Tabela I Temperaturas e umidade relativa do ar recomendadas em diferentes zonas climáticas

Clima	Temp. (°C)	Umidade relativa (%)	Observações
Trópicos úmidos	20–22	65	Aceitável para coleções mistas. Porém, a umidade relativa do ar é alta demais para ferro e bronze que contém cloreto. A circulação do ar é muito importante
Costas litorâneas temperadas e outras regiões não áridas	20–22	55	Muito recomendada para pinturas, mobiliário e esculturas de madeira na Europa continental, satisfatória para coleções mistas. Talvez cause problemas de condensação e congelamento em edificações antigas, principalmente nas áreas não litorâneas da Europa continental e no norte da América do Norte
Regiões afastadas do litoral temperadas	20–22	45–50	Um meio-termo entre coleções mistas e onde a condensação talvez seja um problema. Talvez seja o melhor nível para tecidos e papéis expostos à luz
Regiões áridas	20–22	40–45	Aceitável para a exposição de material local. Ideal para coleções com itens exclusivamente de metal

Tabela II Níveis máximos de iluminação recomendados

Tipo de coleção	Nível (kilolux-h)	Observações
Objetos especialmente sensíveis à luz, por exemplo, tecidos, vestimentas, aquarelas, tapeçarias, impressões e gravuras, manuscritos, miniaturas, pinturas à têmpera, papéis de parede, guache, couro tingido. A maioria dos itens de história natural, incluindo espécimes botânicas, pelo e penas	200	Geralmente só pode ser obtido por meio de iluminação artificial
Pinturas a óleo e têmpera, couro não tingido, chifres, ossos e marfim, laca oriental	650	Se houver componente de luz diurna, uma grande redução da radiação ultravioleta será necessária
Objetos resistentes à luz, por exemplo, metal, pedra, vidro, cerâmica, joias, esmalte, e objetos nos quais a variação de cor não é importante	950	Um nível mais alto é possível, mas geralmente desnecessário

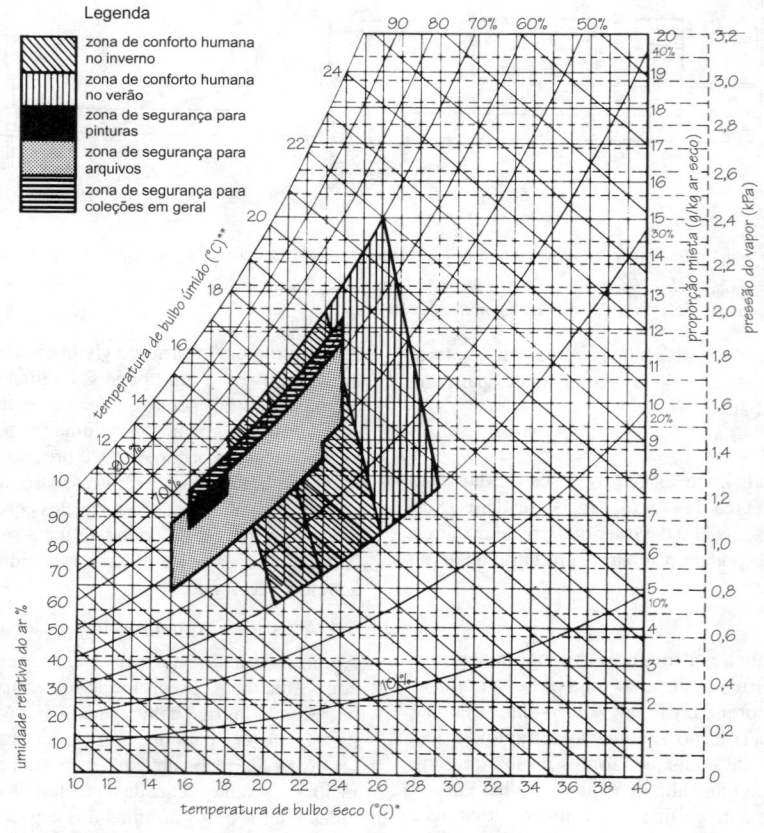

25.13 Carta psicométrica que mostra as zonas de segurança e conforto para museus, galerias de arte e arquivos.

* Temperatura medida por termômetro exposto ao ar, mas protegido de calor radiante e de umidade.
** Medida de temperatura efetiva do meio que registra os efeitos e condições de umidade.

absorventes, enquanto os ruídos de alta frequência dependem da eliminação de pequenas frestas nas portas, janelas e paredes internas.

7 SEGURANÇA PATRIMONIAL E INSTALAÇÕES

7.1 Segurança patrimonial

É possível evitar vários problemas de segurança minimizando-se os pontos de acesso ao terreno e à edificação. O ideal é uma entrada pública monitorada por funcionários e/ou atendentes do setor de informações e uma entrada de funcionários supervisionada pelos membros da segurança responsáveis por controlar e verificar as entregas e os prestadores de serviços externos. O número de funcionários empregados na segurança também será consideravelmente mais efetivo e econômico se todas as áreas de exibição e armazenamento aberto estiverem localizadas em um único pavimento.

7.2 Áreas protegidas

A saúde e a segurança física do público e dos funcionários e a segurança patrimonial da coleção são essenciais para se determinar o zoneamento do museu em áreas de segurança. Durante o horário de funcionamento, a separação entre áreas públicas e áreas dos funcionários talvez seja o bastante. Quando o museu está fechado para visitação, é normal proteger zonas mais específicas, como:

1. Entrada, orientação e informações, loja, café, toaletes e guarda-volumes.
2. Exposições temporárias e permanentes – em museus maiores, se subdividem em várias áreas de exposição protegidas.
3. Equipamentos de ensino, auditórios, coleções para estudo.
4. Escritórios: administração, curadoria, conservação, projeto, etc.
5. Oficinas de conservação, laboratórios, equipamentos fotográficos.
6. Armazenagem de coleções, áreas dos funcionários da segurança, áreas de embalagem e inspeção de coleções.
7. Oficinas de exposição e manutenção.

7.3 Instalações prediais

Para orientações gerais, consulte os capítulos adequados deste livro. Além disso, dedique atenção especial a minimizar os riscos para as coleções no momento de situar as instalações e escolher a distribuição dos dutos. A tubulação de água e esgoto, por exemplo, não devem passar perto das áreas de armazenagem e exposição de coleções.

A gestão de riscos também melhora muito se um sistema de calefação ou condicionamento de ar separado ou um sistema com controles independentes for instalado nas áreas das coleções.

8 ESTUDO DE CASO

Projeto: The Dr. Susan Weber Furniture Gallery, Victoria and Albert Museum, South Kensington, Londres
Arquitetura: Nord Architecture

8.1 Introdução

O Victoria and Albert Museum contratou a firma Nord Architecture para projetar uma galeria permanente para a exibição de móveis e sua fabricação, que teria 720 m2. Finalizada em 2012 dentro de um orçamento de 1,4 milhão de libras esterlinas, a Dr. Susan Weber Gallery mostra mais de 250 artefatos produzidos nos últimos 500 anos.

8.2 Sítio

A galeria seria inserida em um interior tombado projetado por Aston Webb, com 72 m × 10 m. Portanto, toda a obra deveria ser passível de remoção e exigiu planejamento necessário e a licença para instalação de uma nova central de distribuição de ar condicionado. Além disso, todos os armários do interior original tiveram de ser removidos e armazenados em outro local.

8.3 Desafios

O maior desafio foi criar uma estratégia de exposição que permitisse que artefatos tão heterogêneos fossem harmonicamente reunidos. Outro problema era a planta baixa da galeria existente. Uma vez que ela podia ser acessada de ambas as extremidades, o interior deveria ser legível nos dois sentidos. O formato estreito da planta também exigiu uma análise criteriosa do fluxo de visitantes junto com a garantia de que os usuários teriam uma boa distância para visualização dos objetos. Em virtude do comprimento total da galeria e de sua linearidade, foi importante criar um ritmo variado de experiências para que o espaço não se tornasse monótono.

Estratégias de conservação precisas também foram necessárias para responder aos artefatos sensíveis à luz e determinou-se que a exposição anual média à luz diurna não excederia 50–70 lux. Por se tratar de um ambiente com iluminação zenital com eixo principal norte-sul, isso implicou uma proteção solar bastante intensa.

8.4 Solução de projeto

A distribuição dos objetos foi feita de acordo com uma hierarquia de três níveis, priorizando a legibilidade. Um mostrador cronológico criou uma espinha dorsal na exposição, ao longo do centro da galeria (Figura 25.14). Ao longo das paredes do perímetro, os objetos foram distribuídos em seções, cada uma dedicada a determinada técnica de fabricação (Figura 25.15).

Buscando-se separar os conjuntos de artefatos e conferir variedade à mostra linear, foi inserida uma série de portais ou aberturas

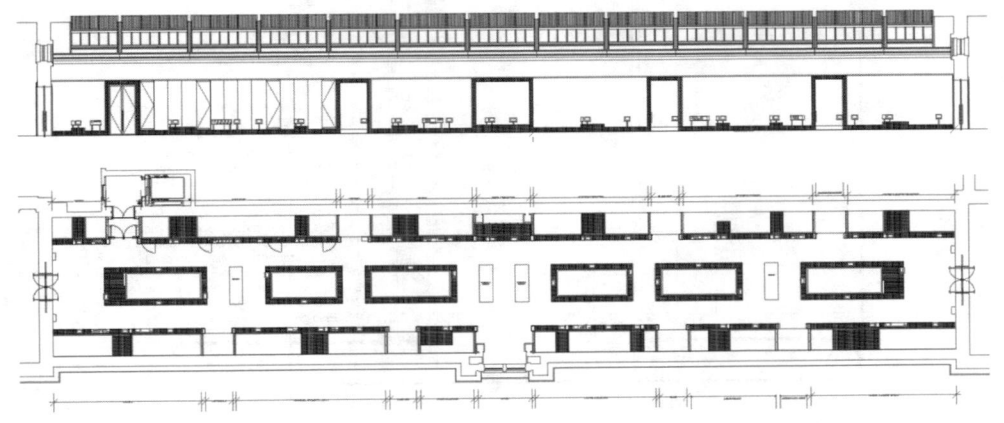

25.14 Corte e planta mostrando a exibição no perímetro da parede e plintos centrais.

25.15 Galeria concluída, com portais de exibição de ambos os lados.

emolduradas de 1,8 m × 3,65 m ao longo da extensão da galeria, cada um focando um fabricante de móveis específico. Esses portais acompanharam a altura, largura e espessura das arquitraves de mármore preto das portas existentes em cada uma das extremidades da galeria. Isso fez com que tais espaços fossem lidos como "entradas" perceptuais, convidando o visitante a entrar no mundo de cada fabricante de móveis (Figura 25.16).

Um esquema de cores monocromático criou um pano de fundo único, harmonizando uma grande heterogeneidade de materiais e objetos de madeira. Foi utilizada uma faixa de carvalho escurecido em todas as caixas expositoras centrais, nos portais e no friso. Contrastando, um revestimento de Corian branco foi empregado no fundo dos espaços de exposição recuados, no revestimento dos armários e no topo das caixas expositoras centrais.

Os espaços de exposição laterais, demarcados pelos portais, foram elevados em 35 cm em relação ao nível do piso acabado, oferecendo uma altura de visualização adequada para os cadeirantes; os letreiros digitais e as saídas de áudio ficaram a 70 cm de altura.

8.5 Painéis informativos

Cada grupo de artefatos e móveis expostos dentro de um portal recebeu um pequeno painel inclinado com texto impresso, apresentando o processo por trás de cada técnica de fabricação. Filmes, objetos

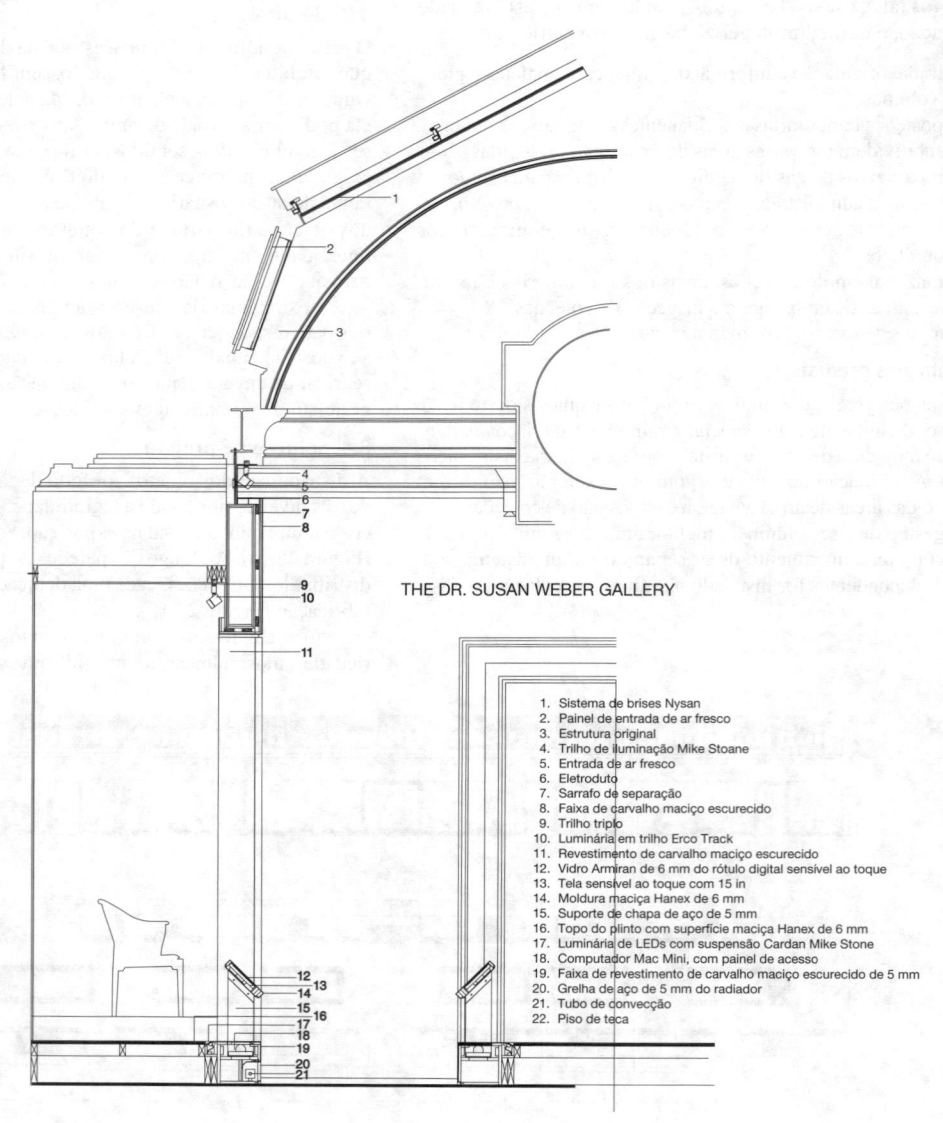

THE DR. SUSAN WEBER GALLERY

1. Sistema de brises Nysan
2. Painel de entrada de ar fresco
3. Estrutura original
4. Trilho de iluminação Mike Stoane
5. Entrada de ar fresco
6. Eletroduto
7. Sarrafo de separação
8. Faixa de carvalho maciço escurecido
9. Trilho triplo
10. Luminária em trilho Erco Track
11. Revestimento de carvalho maciço escurecido
12. Vidro Armiran de 6 mm do rótulo digital sensível ao toque
13. Tela sensível ao toque com 15 in
14. Moldura maciça Hanex de 6 mm
15. Suporte de chapa de aço de 5 mm
16. Topo do plinto com superfície maciça Hanex de 6 mm
17. Luminária de LEDs com suspensão Cardan Mike Stone
18. Computador Mac Mini, com painel de acesso
19. Faixa de revestimento de carvalho maciço escurecido de 5 mm
20. Grelha de aço de 5 mm do radiador
21. Tubo de convecção
22. Piso de teca

25.16 Detalhe de um portal de exibição.

para serem tocados, amostras, ilustrações e precedentes históricos foram reunidos em grupos, facilitando a compreensão da técnica a partir da perspectiva do fabricante de móveis. Para reduzir o uso de textos impressos, foram introduzidos rótulos digitais sensíveis ao toque e inseridos em caixas feitas sob encomenda – os primeiros rótulos digitais do museu.

Cada portal incluiu um ponto de áudio com uma seleção de gravações de arquitetos e designers, descrevendo a relevância daquele fabricante de móveis para os dias de hoje. No centro da galeria, duas bancadas interativas permitem aos visitantes explorar os materiais e seus processos de produção.

9 REFERÊNCIAS BIBLIOGRÁFICAS

BCO Guide to Specification, British Council for Offices, 2014

Building Information Modelling for Commercial Office Buildings, British Council for Offices, 2013

Frank Duffy, *Work and the City (Edge Futures)*, Black Dog Publishing, 2008

Richard Hyde, *Sustainable Retrofitting of Commercial Buildings*, Routledge 2012

International Property Measuring Standard (IPMS) www.ipmsc.org

Anthony Speight, *The Architects' Legal Handbook, 9th ed.* Butterworth Architecture, 2010

Jeremy Myerson, Philip Ross *Space to Work: New Office Design*, Laurence King 2006

Nikil Saval, *Cubed: A Secret History of the Workplace, Doubleday*, 2014.

Juriaan Van Meel, Yuri Martens, Hermen Jan van Ree Planning *Office Spaces: A Practical Guide for Managers and Designers*, Laurence King, 2010

Escritórios 26

Frank Duffy com Jack Pringle, Angela Mullarkey e Richard Finnemore da Pringle Brandon Perkins+Will

CI/SfB: 32

Frank Duffy é fundador da DEGW, um importante escritório de projetos de locais de trabalho. Pringle Brandon Perkins+Will é uma empresa internacional de projetos especializada em interiores corporativos

PONTOS-CHAVE:
- *Os tipos de escritório estão se desenvolvendo rapidamente e se diversificando*
- *O trabalho em um escritório pode se dar de muitas maneiras, tanto físicas quanto eletrônicas, e em muitas escalas e locais diferentes*
- *As melhorias contínuas na tecnologia da informação continuam tendo impacto enorme nos locais de trabalho*
- *As convenções dos locais de trabalho do século XX já estão obsoletas em termos do uso e dos horários dos espaços*
- *O escritório já não pode ser considerado como um prédio autônomo, e sim, deve aproveitar ao máximo a localização, as adjacências e o acesso a funções e comunicações de apoio*
- *Não se pode considerar como dominante um único sistema de relacionar a oferta e a demanda de escritórios*

Conteúdo

1. Introdução
2. Adequando a oferta à procura
3. Método padrão de medir edificações do Reino Unido
4. A natureza temporária dos espaços de escritórios
5. As vedações externas e a estrutura do edifício de escritórios
6. As instalações prediais
7. Opções de arquitetura de interiores
8. Corretoras de valores ou mercadorias
9. Conclusão: o trabalho e a cidade
10. Referências bibliográficas

1 INTRODUÇÃO

1.1 O escritório ao longo da história

O escritório surgiu como tipologia de edificação distinta na segunda metade do século XIX. Antes disso, o que hoje seria classificado como uma função típica de escritório, especialmente aquelas atividades auxiliares do governo, muitas vezes era literalmente acomodado em um palácio urbano, como o palácio Uffizi, em Florença. A casa Somerset, em Londres, em parte construída para acomodar o Admiralty, seguiu um modelo similar. No setor privado, no Reino Unido, os advogados já trabalhavam há séculos em ambientes similares a colegiados, como os Inns of Court. O Banco da Inglaterra, de Sir John Soane, é um dos primeiros exemplos de um grande edifício projetado e construído especificamente para acomodar escritórios. Contrastando a isso, a maior parte do trabalho de escritório era peripatético, ou seja, feito na rua. Os primeiros membros da Corporation of Lloyds, os pioneiros do mercado de seguros, conduziam a maior parte de suas atividades em cafeterias com acesso ao público próximas à corporação, que eram uma versão antiga das cafeterias Starbucks norte-americanas da atualidade.

1.2 A tipologia do edifício de escritórios

Quando o edifício de escritórios surgiu como tipologia independente nos Estados Unidos na segunda metade do século XIX, ele era distinto tanto fisicamente (por suas enormes lajes de piso e alturas cada vez maiores) quanto pelas maneiras muito específicas de seu financiamento, projeto, construção e operação. Pela primeira vez na história foram necessários grandes pavimentos para acomodar um número crescente de escriturários equipados com tecnologias cada vez mais sofisticadas, como a máquina de escrever e o telégrafo e, logo em seguida, o telefone e a copiadora.

Os papéis complementares do investidor imobiliário que se interessava pela construção de tais prédios e do administrador ou síndico surgiram junto com uma série de divisões do trabalho entre os papéis dos arquitetos, engenheiros mecânicos, calculistas estruturais, engenheiros de instalações elétricas e hidrossanitárias e arquitetos de interiores definidos em função do tempo de duração previsto para cada camada de artefatos projetados.

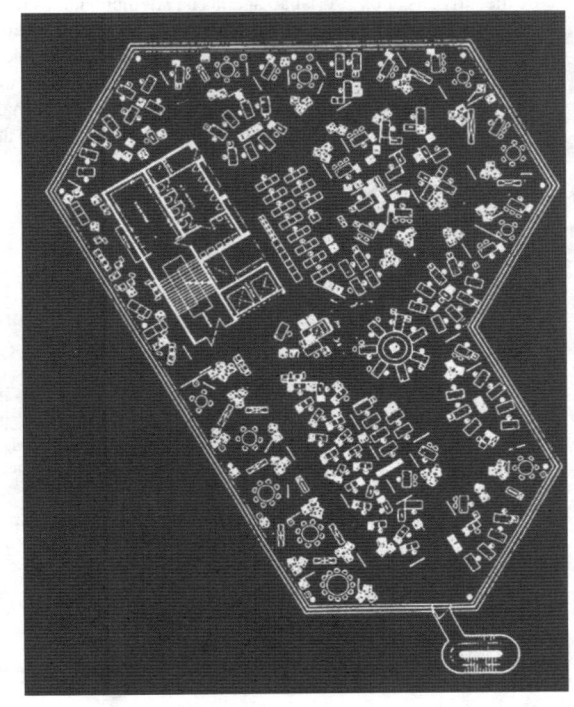

26.1 Burolandschaft (grande escritório com planta livre) em Ninoflax, Alemanha.

Nos Estados Unidos, os escritórios continuaram a aumentar cada vez mais em tamanho e em sofisticação, tanto em termos de arquitetura quanto de tecnologia, durante a primeira metade do século XX, fato evidenciado pelas edificações magníficas e muitas vezes altas projetadas por arquitetos do calibre de Frank Lloyd Wright, Mies van der Rohe, Philip Johnson e SOM (Skidmore, Owings & Merrill). Enquanto isso, na Grã-Bretanha, os edifícios de escritórios permaneceram, até o início da década de 1980, como uma variante provinciana de suas contrapartes norte-americanas, pois eram menores, menos eficientes em termos de construção e forma da planta baixa, tinham menos instalações prediais e eram mais influenciados pelas considerações de planejamento externo feitas pelos investidores e agentes imobiliários do que pelas exigências operacionais internas impostas pelos usuários.

1.3 As inovações dos escritórios europeus

Dois tipos muito diferentes de conceitos de projeto de escritórios foram desenvolvidos no norte da Europa nas décadas de 1960 e 1970:

- *Burolandschaft* ("paisagismo de escritórios") – introduzido pela Organizationteam Schnelle na Alemanha no início da década de 1960 (Figura 26.1). Esse sistema se baseou principalmente em estudos dos padrões de comunicação interna das organizações. Os dados dos usuários levaram ao estabelecimento de arranjos em planta baixa livre, com postos de trabalho e áreas para reuniões. Um de seus corolários externos foi a arquitetura deliberadamente não ortogonal. Esse tipo de empreendimento foi promovido pela presença mais significativa de empresas independentes na Alemanha do que nos Estados Unidos, o que lhes permitiu desenvolver seus próprios edifícios de escritórios, e pelo poder dos sindicatos de trabalhadores alemães, que detinham o direito constitucionalmente garantido de serem consultados sobre as mudanças nas condições de trabalho. Assim, tornou-se costumeiro, a partir de meados dos anos 1960, não apenas na Alemanha, mas também nos Países Baixos e na Escandinávia, projetar edifícios de escritórios de dentro para fora. Os prédios resultantes dessa estratégia de projeto não somente eram extraordinários em termos de arquitetura como, internamente, se tornaram mais generosos, muitas vezes com pisos acarpetados (algo raro até a década de 1970 tanto no Reino Unido quanto nos Estados Unidos) e tinham uma atmosfera muito mais doméstica do que corporativa. O uso de plantas e cores nos espaços internos era uma importante característica das áreas de descanso informal, chamadas *Pausenraumen*, utilizadas para as pessoas tomarem um café, relaxarem ou conversarem com seus colegas de trabalho.

- O escritório como uma cidade – outra experiência holandesa e escandinava das décadas de 1970 e 1980 que também se contrapunha à cultura convencional dos escritórios corporativos. Um exemplo importante dessa abordagem são os escritórios da seguradora independente Centraal Beheer, em Apeldoorn, projetados por Herman Hertzberger. O conceito do prédio era ser uma releitura da configuração espacial das cidades italianas construídas em colinas, com marcantes elementos de arquitetura tanto no interior quanto no exterior (miniátrios, colunas e meias-paredes) separados e, ao mesmo tempo, amarrados por ruas internas. Essa estratégia criou uma rede de pequenos espaços semifechados e interconectados dos quais os "moradores" eram incentivados a se apropriar a gosto, para tornar o ambiente de trabalho o mais caseiro e pessoal possível. Isso gerou uma cultura radicalmente distinta, sensível aos usuários e, para diversos trabalhadores, muito atraente. A famosa sede das linhas aéreas SAS, projetada por Niels Torp na periferia de Estocolmo (Figura 26.2), e da British Airways, perto de Heathrow, também foram concebidas como vilarejos, com pavilhões de escritórios em ambos os lados de uma atraente "rua" interna com iluminação zenital. Muitos prédios de escritórios semelhantes foram construídos na Escandinávia, nos Países Baixos e na Alemanha, mas os exemplos foram poucos no Reino Unido e no resto da Europa.

1.4 O escritório global

Em Londres, no final da década de 1970 e início da de 1980, empreendedores imobiliários como Stuart Lipton e Godfrey Bradman se deram conta de que uma classe totalmente distinta de prédios de escritórios seria necessária para acomodar as organizações globalizadas, particularmente as do setor de serviços financeiros. Essas acomodações permitiriam aos usuários aproveitar ao máximo a zona de fuso horário londrina, que é intermediária e permite a sobreposi-

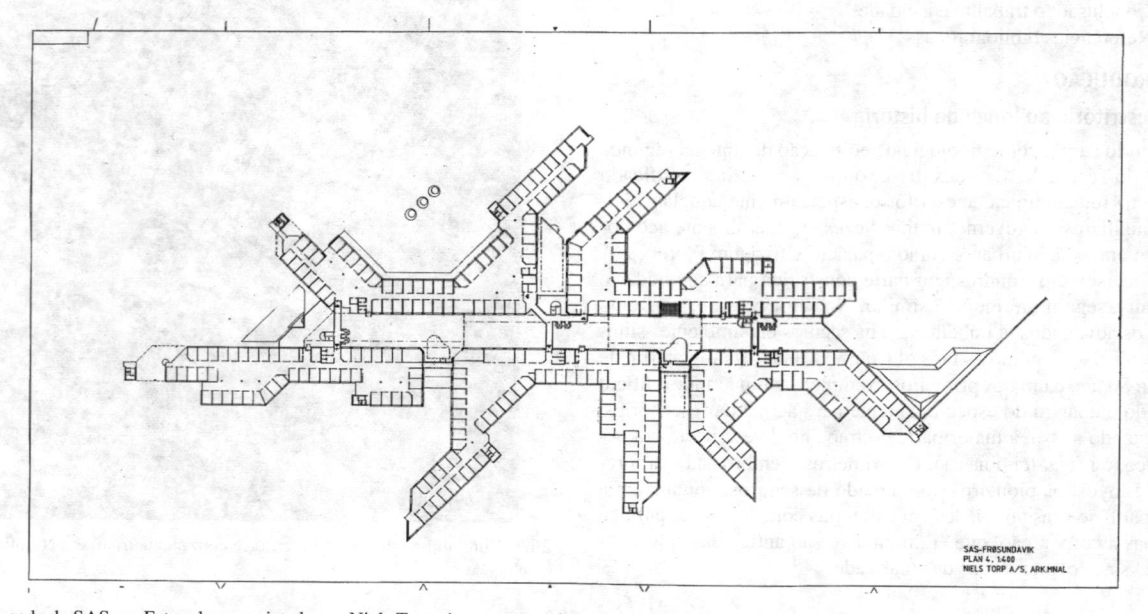

26.2 A sede da SAS em Estocolmo, projetada por Niels Torp, é uma composição de pavilhões de escritórios ao longo de uma "rua" interna.

ção de comunicações entre a Ásia e a América do Norte no mesmo dia. Isso levou ao sucesso imediato e inicial de Canary Wharf e Broadgate e, cumulativamente, ao longo das últimas três décadas, promoveu o desenvolvimento econômico de toda a cidade de Londres, mas especialmente de seu centro financeiro (Figura 26.3).

A Tabela I resume os critérios de planejamento e projeto para essas três diferentes gerações e localizações de edifícios de escritórios.

1.5 Automação predial

A automação predial é um conceito norte-americano e foi um dos fatores essenciais para o desenvolvimento dos escritórios no último século. Os sistemas de automação predial são basicamente programas de computador que permitem a gestão eficiente e eficaz e o bom aproveitamento dos espaços de escritório ao longo do tempo. Os gestores desses sistemas nem sempre são valorizados, em parte pela dificuldade de medir o impacto positivo gerado pela inteligência dos edifícios no desempenho das empresas. Contudo, isso está mudando com a elaboração de estudos de caso conduzidos de modo mais científico.

1.6 Tecnologias da informação e comunicação

Por outro lado, hoje o impacto das tecnologias da informação e comunicação no desempenho dos negócios é dominante e bem visível em praticamente todos os setores da economia. A mobilidade gerada por essas tecnologias tem revolucionado a maneira como trabalhamos, levando a uma grande variedade de ambientes de trabalho, em vez de apenas usar uma mesa individual.

2 ADEQUANDO A OFERTA À PROCURA

2.1 Variedade dos tipos de escritórios

A ideia de que deveria haver um modelo único e definitivo para todos os prédios de escritórios ou mesmo para os interiores dessas edificações já foi totalmente superada. Os tipos atuais de prédios de escritórios podem ser divididos em:

- Escritórios corporativos de alto padrão, projetados por arquitetos e com muitos recursos que visam a atrair jovens talentos para as sofisticadas organizações globais de alta tecnologia, como Apple, Google e Microsoft.
- Escritórios para serem alugados, que permitam o uso em diferentes proporções de área de planta livre e de salas individuais.
- Escritórios que acomodem culturas de local de trabalho individualizadas e muitas vezes extremamente informais, para empresas novas e voltadas para o uso da tecnologia, como as da "Silicon Roundabout" (Rotatória do Silício), ao redor da Old Street, em Londres. Esses escritórios muitas vezes são feitos com a reciclagem de uso de prédios existentes. Um exemplo de prédio dessa variedade, mas que foi totalmente construído para tal uso, é o White Collar Factory (Figura 26.4).
- Locais de trabalho compartilhados ou com hospedagem, nos quais tanto o espaço como os serviços podem ser alugados

Tabela I Critérios de projeto e planejamento para diferentes tipos de edifícios de escritórios

	Torre de corporação norte-americana, década de 1930	Torre de corporação norte-americana, década de 1950	"Paisagismo de Escritórios", década de 1960	Edifício de instituição financeira britânica, década de 1980	Edifício "socialdemocrata" escandinavo, década de 1980	A cidade como um escritório, século XXI
	(Charles Center, Baltimore, Estados Unidos)	(525 William Penn Place, Pittsburgh, Estados Unidos)	(Ninoflax, Alemanha)	(Broadgate, Londres, Reino Unido)	(SAS, Estocolmo, Suécia)	(qualquer cidade)
No. de pavimentos	25	41	5	8	5	N/D
Área total típica (m²)	3.000	1.000	2.000	3.000	múltiplos de 200	N/D
Profundidade típica da planta baixa (m)	20	20	30m	20	10	N/D
Distância máxima até o perímetro (m)	18	18	15	18	5	N/D
Eficiência do espaço: razão entre área bruta e área líquida	90%	85%	95%	85%	70%	N/D
Compartimentação máxima (% da área líquida)	50%	50%	5%	40%	80%	N/D
Tipo de núcleo	Concentrado e central	Concentrado e central	Deslocado	Disperso	Disperso ("rua interna")	Tecido urbano
Sistema de climatização	100% artificial	100% artificial	100% artificial	Variava conforme o pavimento	Mínimo	Múltiplo
	Usuários múltiplos	Usuários múltiplos	Um usuário	Vários usuários	Alto controle pelos usuários	Alto controle pelos usuários

em uma atmosfera comunitária, frequentemente por firmas emergentes, por um dia, uma semana ou um mês. Um exemplo é o The Hub, na New Zealand House, em Londres (Figura 26.5).
- Escritórios móveis ou em casa ("*home offices*").

O processo exploratório da criação de novos tipos de espaço de trabalho está longe de terminar, visto que tecnologias cada vez mais poderosas continuam sendo desenvolvidas e diferentes estímulos culturais e organizacionais têm surgido.

2.2 Cadeia de suprimentos

Em muitos países, o processo de planejamento, projeto e execução dos edifícios de escritórios também está sofrendo transformações significativas. Em certos casos, começa-se com a disponibilização de capital por parte de investidores e o planejamento feito pelos empreendedores imobiliários, que, então, contratam corretores de imóveis e advogados antes que as equipes de arquitetos, engenheiros e orçamentistas se envolvam. Estes últimos, por sua vez, passam os projetos para gerentes de projeto e construtoras, que, a seguir, envolvem empresas imobiliárias, administradores prediais e especialistas em tecnologia da informação e comunicação e em recursos humanos. Por fim, os usuários finais, se forem conhecidos, se envolvem com os projetos, uma grande novidade, pois, no passado, eles mal eram consultados. Na pior das hipóteses, essa cadeia de suprimentos é unidirecional, ininterrupta, monofuncional e, acima de tudo, caracterizada por um *feedback* mínimo ou mesmo inexistente. Contudo, nos melhores exemplos, consegue-se um projeto mais ou menos integrado, que se enriqueceu com o envolvimento dos inúmeros atores.

2.3 Oferta e procura

A Figura 26.6 mostra como a oferta e a procura devem ser conectadas em termos operacionais. Neste caso, o que importa é a ênfase no *feedback* e na reconciliação das demandas dos usuários (expressas por meio de padrões de espaços e móveis, estratégias de arquivamento e acesso a informações, exigências de áreas de apoio e diretrizes de projeto) com elementos da oferta, como o planejamento de espaços e as grelhas estruturais, a profundidade dos espaços, a configuração e o tamanho dos pisos, e o número de pavimentos.

2.4 Melhoria da satisfação, da saúde e do conforto dos usuários

Um bom prédio para se trabalhar pode ser definido como aquele que satisfaz, ao longo do tempo, tanto as necessidades do usuário final quanto as da organização a um custo razoável, sem esforços desnecessários e, acima de tudo, dentro do qual as pessoas gostam de trabalhar. Para alcançar esses objetivos, há três características-chave necessárias:

- *Adaptabilidade* – para atender a uma ampla variedade de exigências de espaços e instalações. Além das necessidades básicas do núcleo dos prédios e das áreas de piso úteis, os escritórios poderiam, para o benefício dos usuários, acomodar uma ampla variedade de instalações e estratégias para melhoria do nível de conforto térmico e habitabilidade em geral, como a ventilação natural e o controle das luminárias.
- *Contato com o mundo externo* – muitas pessoas gostam de estar ao lado de janelas de abrir e que tenham vidros incolores. Na Escandinávia e na Alemanha, isso tem influenciado muito o projeto de edifícios de escritórios e frequentemente resultado em espaços distribuídos ao redor de um átrio, um núcleo ou uma "rua interna" de recursos compartilhados.
- *Ambientes internos mais saudáveis e mais estimulantes* – muitas pessoas consideram a ventilação natural mais aceitável do que a dos sistemas mecânicos, especialmente se puderem controlar o fluxo de ar e a temperatura, e valorizam os espaços mais saudáveis e mais estimulantes.

3 MÉTODO PADRÃO DE MEDIR EDIFICAÇÕES DO REINO UNIDO

3.1 Termos comuns

Os termos a seguir (Figura 26.7) são frequentemente empregados no Reino Unido para se referir às necessidades de área de piso (veja o BCO Guide to Specification):

- *Área interna bruta com as paredes externas:* a área de piso contida dentro da edificação, incluindo as paredes externas.
- *Área interna bruta sem as paredes externas:* a área de piso contida dentro da edificação, excluindo as paredes externas.

Em ambas as medidas, a área de elementos como átrios é calculada apenas no nível de seus pisos, ou seja, os vãos não são calculados na área total do prédio nem nos demais pavimentos. Contudo, as casas de máquinas fechadas são incluídas tanto na área interna bruta quanto na líquida.

Área interna líquida: a área interna bruta sem as paredes externas menos as áreas de:

- Saguões e vestíbulos de uso comum
- Recintos fechados na cobertura
- Escadas e escadas rolantes
- Áreas de instalações prediais e equipamentos mecânicos
- Elevadores
- Estruturas verticais internas, como colunas e pilares
- Áreas de banheiros
- Funções dentro do núcleo da edificação
- Dutos verticais e horizontais
- Estacionamentos internos

Um termo adicional que às vezes é encontrado na literatura anglo-saxônica é a *área de escritórios líquida*. Trata-se da área interna líquida de edifícios de escritórios menos os corredores e outras circulações principais, como as rotas de fuga exigidas para manter a segurança em situações de emergência. A área de circulação secundária utilizada para dar acesso aos postos de trabalho a partir dos principais corredores é incluída na área de escritórios líquida.

A área interna bruta sem as paredes externas e a área interna bruta com as paredes externas são incluídas na Norma Internacional de Medição de Propriedades (International Property Measurement Standard), elaborada pelo instituto britânico The Royal Institution of Chartered Surveyors (RICS) e algumas organizações globais.

3.2 O dimensionamento de espaços para os usuários

Da perspectiva dos usuários, os componentes do espaço são:

- *Espaço de trabalho:* a área dedicada aos postos de trabalho de uso individual ou compartilhado, os ambientes de trabalho e aqueles que atendem às exigências imediatas dos usuários, como as áreas para arquivos de uso pessoal (embora cada vez mais sejam de acesso eletrônico).
- *Espaços secundários:* a área destinada a funções que são gerenciadas pelos departamentos ou grupos de trabalho e lhes dão sustentação, como salas de reunião, salas de projeto, áreas de depósito, equipamentos de uso compartilhado, salas de cópia e copas. Esses recursos compartilhados estão, cada vez mais, aumentando em relação aos de permanência prolongada.
- *Espaços de apoio:* área dedicada a funções com gestão central e que sustentam toda a organização ou o prédio, incluindo salas de correspondência, salas de cópias, salas de equipamentos de computação, salas de disjuntores e distribuição,

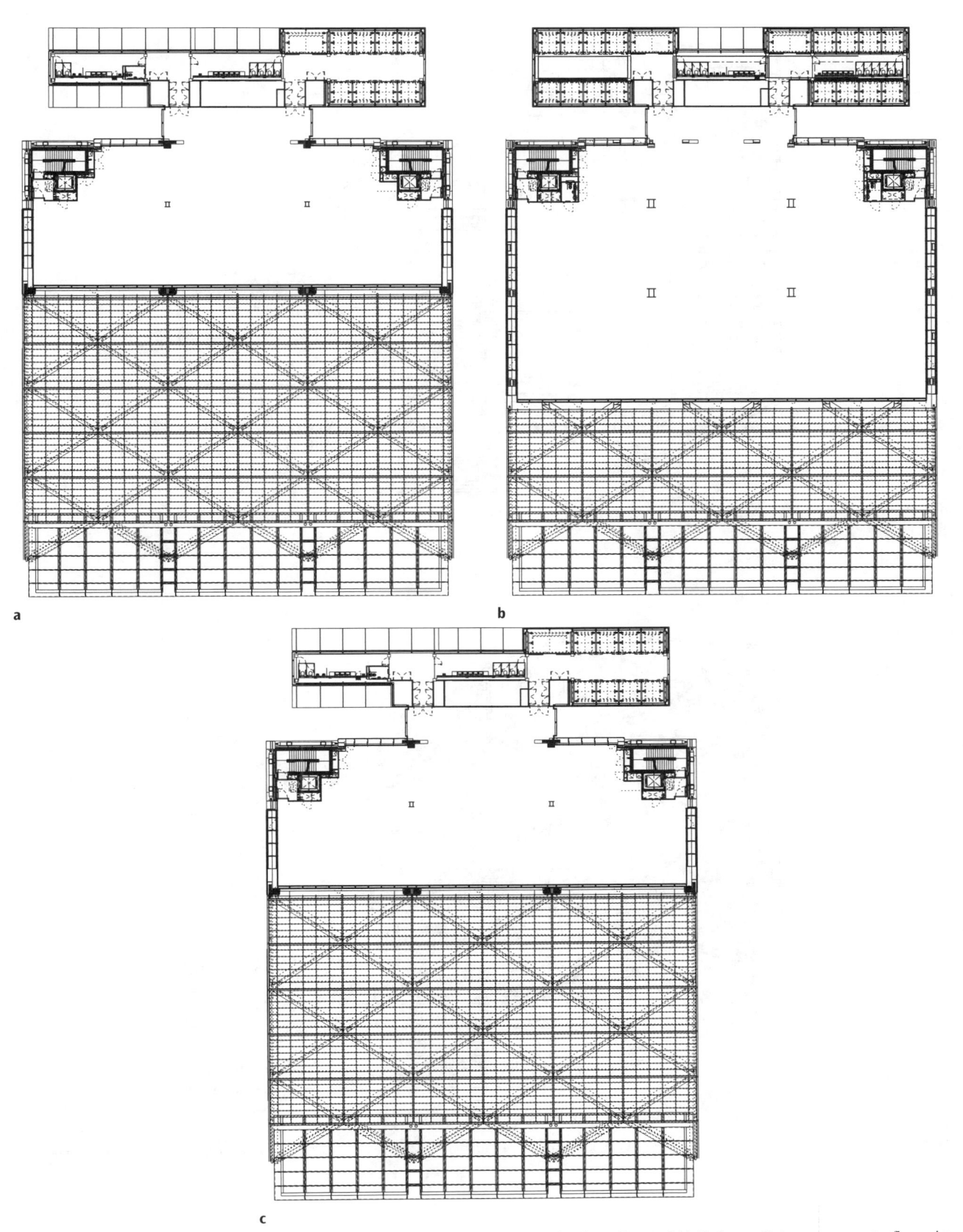

26.3a-c Plantas baixas com áreas variáveis do Edifício Leadenhall, com 50 pavimentos, projetado por Rogers Stirk Harbour + Partners para o centro financeiro de Londres, a pedido da British Land Company plc/Oxford Properties.
Legenda: a Nível 6; b Nível 22; c Nível 40.

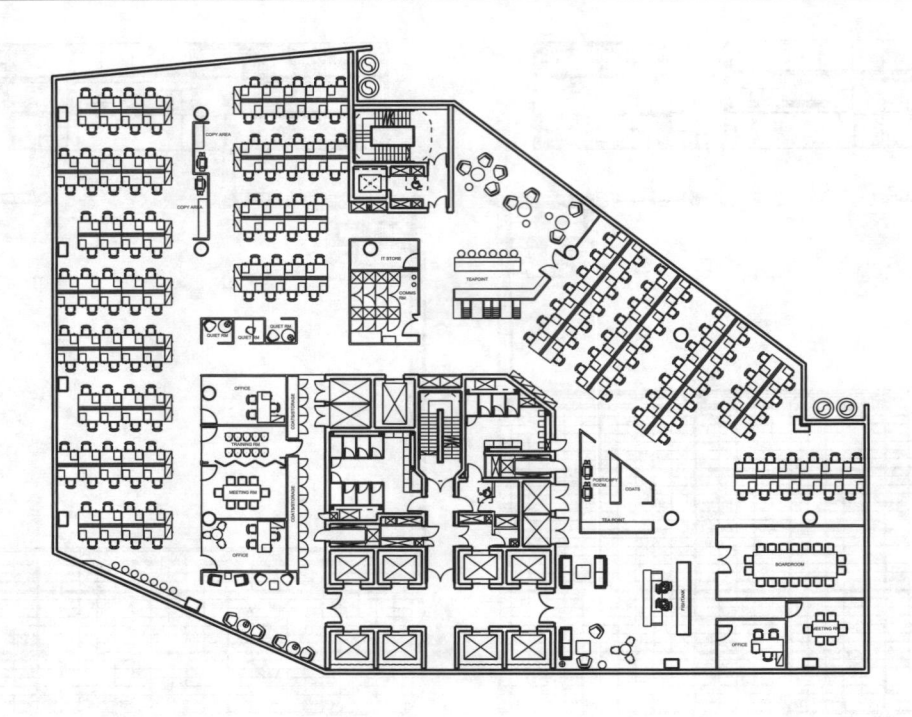

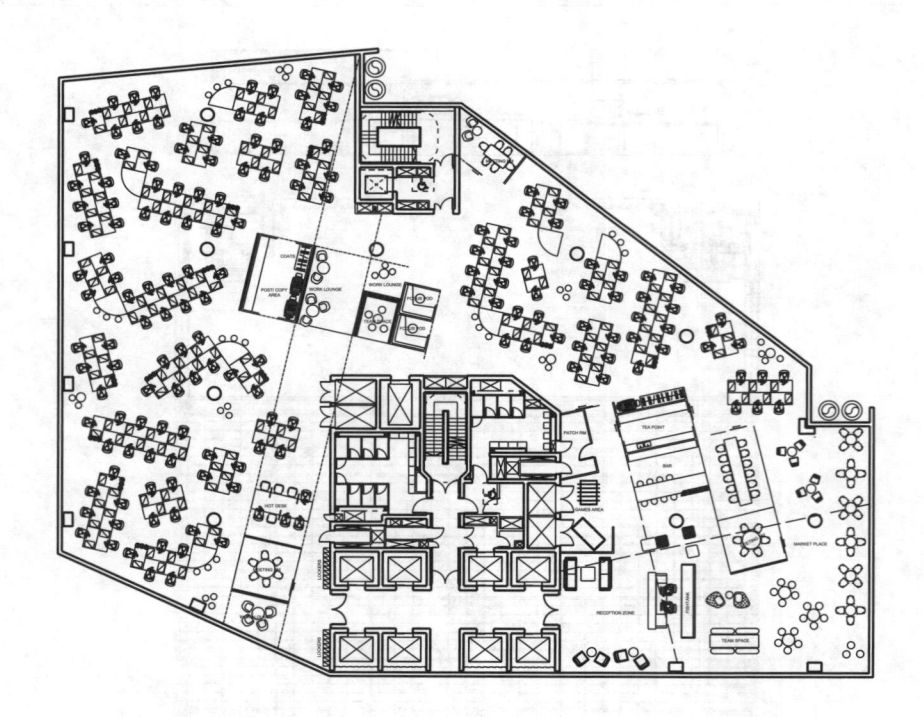

26.4a-b O edifício White Collar Factory na Old Street londrina, projeto de Allford Hall Monaghan Morris. a & b mostram opções de leiaute para o nono pavimento.

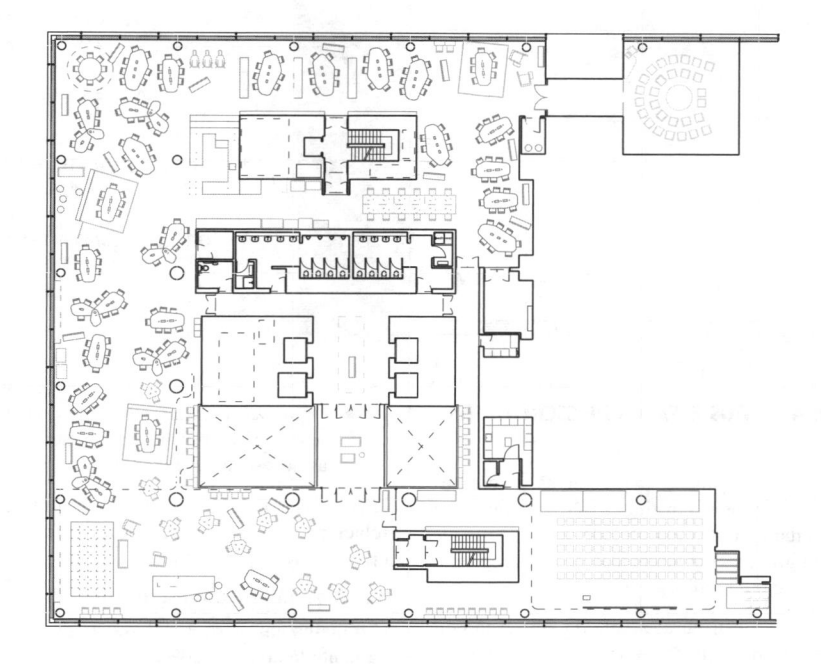

26.5 The Hub, no prédio New Zealand House, no centro de Londres, é um exemplo de espaço de trabalho compartilhado cada vez mais popular que acomoda companhias startups, que estão alugando um serviço, em vez de um espaço.

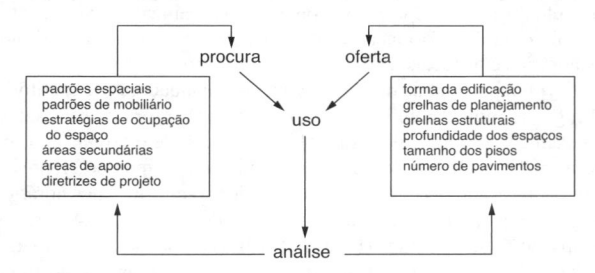

26.6 Adequando a oferta à procura.

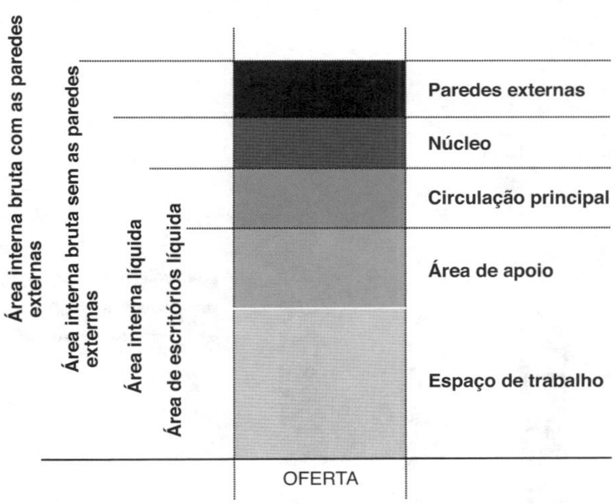

auditórios, salas de reunião principais, etc. Essas áreas podem estar localizadas em pavimentos separados ou afastadas dos departamentos ou grupos individuais.

Os edifícios de escritórios em uso hoje em dia raramente são 100% eficientes, por duas razões principais:

- Configuração, grelhas e obstruções do prédio
- Obrigatoriedade operacional de manter a integridade dos departamentos

Como consequência, no cálculo das exigências espaciais, deve-se adicionar uma margem de segurança (entre 5 e 10%, conforme a configuração do espaço que será ocupado) à previsão da área que será necessária (Figura 26.8).

Além disso, as maneiras de trabalho mais móveis e o compartilhamento cada vez mais comum dos recursos espaciais estão afetando profundamente os cálculos das necessidades espaciais.

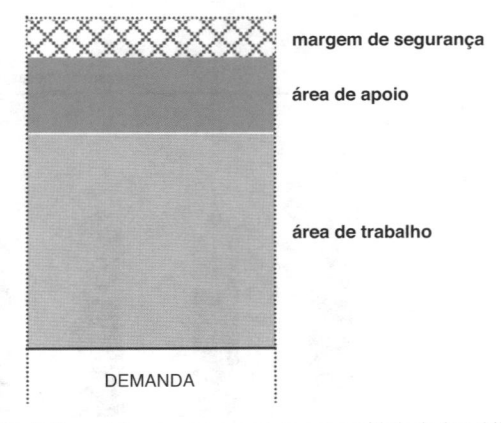

26.7 O método padrão de medida de edificações empregado no Reino Unido.

26.8 O requisito espacial representa a necessidade de área útil líquida.

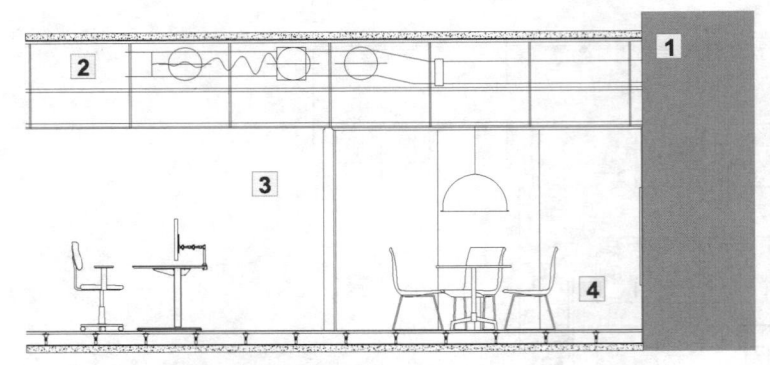

26.9 As diferentes temporalidades de uma edificação.

1	**VEDAÇÕES EXTERNAS E ESTRUTURA** Vida útil estimada em 60 anos
2	**INSTALAÇÕES PREDIAIS** Vida útil estimada em 15 anos
3	**ARQUITETURA DO INTERIOR** Renovada após 7 anos
4	**ORGANIZAÇÃO INTERNA** Muda praticamente todos os dias

4 A NATUREZA TEMPORÁRIA DOS ESPAÇOS DE ESCRITÓRIOS

4.1 Temporalidades

As edificações são entidades relativamente permanentes, ao contrário das organizações, cujas atividades e rotinas estão em constante mudança. A fim de obter o máximo de flexibilidade, é útil distinguir quatro temporalidades (Figura 26.9) relacionadas com o programa de necessidades e o projeto de um prédio:

- As vedações externas e a estrutura: a pele da edificação ou seu fechamento (cobertura, paredes externas e lajes de piso) e a superestrutura, que duram aproximadamente 60 anos. Nesse período, as funções operacionais certamente mudarão muitas vezes. A capacidade do fechamento de uma edificação de aceitar mudanças é uma função da profundidade do espaço, da localização dos núcleos, de pés-direitos que consigam acomodar as instalações prediais, bem como da configuração das lajes de piso.
- Instalações prediais: a infraestrutura de climatização, ventilação e cabeamento de um prédio, que geralmente tem vida útil de 15 anos (ou menos, caso a tecnologia se torne obsoleta e os equipamentos tenham de ser substituídos).
- Arquitetura do interior: os inúmeros componentes e acessórios de um prédio, como forros, luminárias, acabamentos e móveis fixos que são utilizados para adaptá-lo às necessidades instáveis dos inquilinos ou departamentos de uma empresa. A vida útil típica dos elementos de arquitetura de interiores costuma ser de cinco a sete anos.
- Organização interna: o rearranjo cotidiano, cada vez mais importante, de móveis, equipamentos e acessórios, para atender às necessidades que estão sempre mudando.

Esses termos, agora incorporados, foram cunhados porque relacionam o projeto de escritórios à cenografia, a arte ou técnica de criar cenários e dirigir sua execução.

4.2 Mobilidade dos escritórios

O trabalho em escritórios baseado no manuseio de papéis era relativamente lento e muitas vezes estático. O armazenamento e a localização de documentos não eletrônicos eram tão importantes quanto a disponibilização de locais de reunião com clientes, fornecedores, consultores e dos próprios funcionários da organização. No entanto, a tecnologia da informação e comunicação vem mudando o ritmo, os horários e os locais de trabalho de escritório.

O impacto mais marcante é que os trabalhadores de escritório têm ganho muita mobilidade tanto dentro como fora de suas salas. As medições horárias da taxa real de ocupação de diferentes postos de trabalho ao longo de um dia útil em muitos tipos de empresas têm comprovado que ela raramente é maior do que 40% nos horários de pico e que, em muitos casos ao longo de um dia de 24 horas, a ocupação é ainda menor (Figura 26.10). As evidências de que um trabalhador de escritório está no prédio, mas não em seu posto de trabalho (deixar, por exemplo, uma jaqueta no espaldar da cadeira) podem sugerir um acréscimo de 10 ou 20% nos níveis de ocupação, mas é seguro dizer que a maior parte dos postos de trabalho e escritórios fica desocupada durante a metade de um dia útil, pelo menos. Da

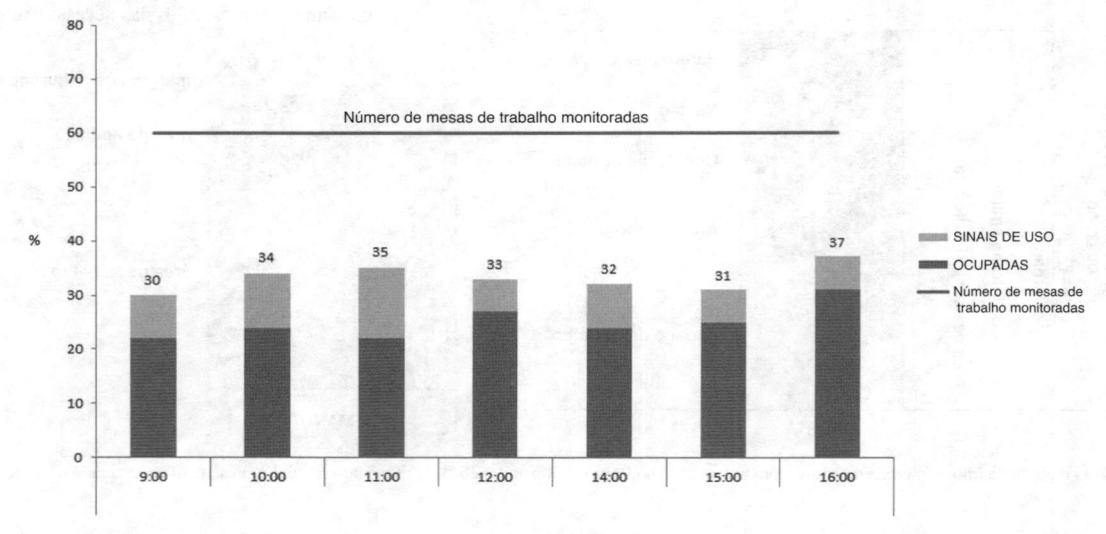

26.10 Os levantamentos de uso do tempo mostram que a ocupação real das mesas de trabalho é menor da que seria de se esperar.

mesma maneira, embora as salas de reunião frequentemente estejam todas reservadas, é ainda mais comum observar que estejam vazias.

4.3 Uma revolução nos escritórios

As implicações dessas descobertas demográficas para o planejamento de espaços e o urbanismo são profundas. Embora a tecnologia da informação e comunicação esteja possibilitando que uma proporção cada vez maior dos funcionários de uma empresa trabalhe ao menos durante parte do dia fora de seus escritórios (mas nem sempre em casa), o papel residual dos espaços de escritório provavelmente seja o de centros de socialização e comunicação dentro das empresas e ao redor delas. Esses escritórios certamente serão ocupados de maneiras muito diversas e em escalas horárias também muito variadas.

Essas tendências têm importantes implicações urbanísticas. Ainda que os escritórios de fato estejam parcialmente ocupados durante a maior parte do tempo – como parece ser verdade em muitos casos – o mesmo não pode ser dito das cidades. Assim como em muitas outras cidades do mundo inteiro, centros de megalópoles como Manhattan ou o centro de Londres têm se tornado mais vibrantes do que nunca e funcionado em horários cada vez maiores – o oposto do que vem sendo observado dentro dos edifícios de escritórios. Deve-se prestar atenção à elaboração de programas de necessidades e ao projeto de um tecido urbano que fomente uma comunidade empresarial e intelectual operante durante grande parte do horário de funcionamento das organizações e dos prédios de escritórios, bem como entre as jornadas de trabalho.

5 AS VEDAÇÕES EXTERNAS E A ESTRUTURA DO EDIFÍCIO DE ESCRITÓRIOS

5.1 Programa de necessidades

Os proprietários e administradores dos prédios geralmente dão prioridade às seguintes exigências nas especificações:

- A capacidade do prédio de acomodar mudanças e minimizar os custos operacionais
- A liberdade de atender às expectativas do usuário de condições de trabalho em um ambiente saudável
- O controle local do ambiente (climatização e iluminação)
- A facilidade de manutenção
- A oportunidade de permitir aos usuários a participação nas decisões de projeto

5.2 Dimensões

As dimensões recomendadas nesta seção se baseiam naquelas sugeridas pelo Guia de Especificações do Conselho Britânico de Escritórios (British Council for Offices Guide for Specifications) e no que muitos gestores de instalações consideram boas práticas. Contudo, em certas circunstâncias, como em terrenos no centro da cidade, diferentes abordagens podem ser apropriadas para cumprir as restrições de planejamento ou garantir a viabilidade financeira do empreendimento.

5.3 Profundidade do pavimento

Essa referência determina a qualidade e as dimensões do espaço em cada nível da edificação. Orientação solar, ventilação e iluminação naturais, zoneamento das atividades e localização dos espaços de apoio – tudo deve ser levado em conta. A profundidade de uma edificação geralmente é medida "das vidraças ao núcleo" ou "das vidraças às vidraças opostas":

- Uma distância das vidraças ao núcleo entre 9 e 12 m permite a inclusão de salas compartimentadas ou o uso de uma planta livre além dos espaços de circulação e armazenamento.
- Uma distância das vidraças às vidraças opostas entre 13,5 e 18 m permite a criação de duas ou três zonas de espaços de escritório, circulação e apoio.

5.4 Altura entre pisos

A altura entre pisos (altura de laje a laje) relaciona-se com a espessura e a área das lajes e impacta consideravelmente nas instalações de ar-condicionado, nas distribuições de dutos e cabos e na possibilidade dos usuários de ter acesso à ventilação natural e à luz diurna, bem como no conforto visual:

- Alturas entre piso de 4,0 a 4,5 m oferecem mais flexibilidade e conforto visual. Contudo, uma altura padrão de 2,75 m entre o nível do piso acabado e a face inferior do forro ainda é considerada uma boa prática.

A espessura da laje e a altura entre pisos estão inter-relacionadas e, pressupondo-se profundidades de edificação das vidraças às vidraças opostas entre 13,5 e 18 m, devem ser pensadas conjuntamente. Por exemplo, prédios menos profundos não exigem alturas entre pisos tão generosas, em virtude das diferentes estratégias de instalações que utilizam.

5.5 Área e configuração dos pavimentos

Essas questões afetam a circulação e a comunicação interna. Pavimentos menores são menos eficientes em termos da razão entre a área de núcleo e a área de piso útil. Além disso, podem acarretar a divisão de departamentos maiores em vários níveis. Por outro lado, pavimentos muito grandes podem gerar áreas de circulação extensas e aumentar as distâncias entre os departamentos de uma organização:

- Os grandes pavimentos (com 2.500 m^2 ou mais) tendem a ser preferidos por organizações maiores. Entretanto, as salas de corretagem podem ser muito maiores.
- A eficiência da planta baixa (ou seja, a razão entre a área interna líquida e a área interna bruta) deve ficar entre 84 e 87% em edificações altas ou médias, e ser de cerca de 90% nas baixas.
- A eficiência da área de escritórios, expressa pela razão entre a área de escritório útil e a área interna líquida, deve ser, no mínimo, de 85% (veja a Figura 26.11).

5.6 Carga de piso

Esse valor equivale à quantidade de equipamentos e materiais armazenados que podem ser instalados na área de trabalho sem colocar em risco a estabilidade geral da edificação. A tendência no Reino Unido e em algumas outras partes da Europa tem sido um certo exagero na especificação das cargas de piso, o que aumenta significativamente os custos de construção:

- O Guia de Especificações do Conselho Britânico de Escritórios recomenda 2,5 kN/m^2, com algumas áreas que suportem carregamentos de até 7 kN/m^2, mas afirma que a demanda das instituições varia entre 3 e 4 kN/m^2.

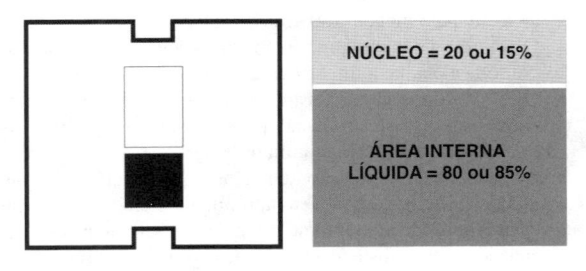

NÚCLEO = 20 ou 15%

ÁREA INTERNA LÍQUIDA = 80 ou 85%

Área interna bruta

26.11 A eficiência da área de escritórios.

5.7 Grelhas de planejamento e distribuição das paredes internas

As retículas de planejamento determinam o tamanho das salas fechadas e de outros recintos, bem como estabelecem uma disciplina modular geral para muitas outras decisões de projeto, a qual ajuda a determinar a eficiência do uso do espaço, mesmo naquelas edificações projetadas especialmente para terem somente plantas livres:

- Uma grelha de 1,35 m permite salas com dimensões mínimas, de 2,7 m por 2,7 m, relativamente raras no Reino Unido.
- Uma grelha de 1,5 m possibilita a criação de salas com 3,0 m por 3,0 m, muito mais comuns, e tem a vantagem adicional de ser mais compatível com os componentes de edificação de 60 cm. Essa retícula é muito mais usual no planejamento de escritórios no Reino Unido.
- As grelhas estruturais devem se relacionar com as grelhas de planejamento espacial, assim como com outros fatores mais abrangentes (econômicos, ambientais e de engenharia). Nem sempre o número mínimo de pilares é o ideal. Todavia, as decisões a respeito das grelhas estruturais sempre devem ser testadas ao longo do processo de projeto, mediante a sobreposição de uma grande variedade de padrões típicos de fechamento de espaços e arranjos de mesas de trabalho.

5.8 A pele da edificação

O papel da pele de um edifício de escritórios vem se transformando, ao deixar de ser apenas uma barreira às forças do ambiente externo e se tornar parte integral das estratégias gerais de distribuição das instalações prediais e criação de condições de conforto para os usuários (climatização, ventilação e iluminação naturais, vistas, etc.).

A ventilação natural controlada pelos próprios usuários finais há muito tempo é popular no norte da Europa (veja a Seção 6) – e provavelmente se tornará uma característica comum nos edifícios de escritórios de outros países, particularmente naqueles construídos em locais com clima menos rigorosos e afastados dos centros das grandes cidades. O aproveitamento da ventilação cruzada pode ser um determinante crítico na profundidade dos prédios de escritório.

5.9 A infraestrutura de comunicação

Vivemos na era da informação. Logo, as comunicações locais e de longa distância têm se tornado um fator cada vez mais importante em cada nível do projeto de escritórios, e as vedações externas e instalações prediais devem ser projetadas de modo a acomodar os inúmeros sistemas de tecnologia da informação e comunicação. São particularmente significativas a criação de pontos de entrada principais para os sistemas externos e a garantia de que o tamanho e a distribuição dos dutos verticais sejam adequados:

- Os dutos verticais para a transmissão de dados de voz e outras instalações devem corresponder, no mínimo, a 2% da área de piso bruta, e deve-se prever a possibilidade de expansão dessa área em, pelo menos, 100% desse valor.
- Os *shafts* ou núcleos que contêm dutos devem ser distribuídos por toda a planta, a fim de evitar pontos de estrangulamento.
- Os *shafts* ou núcleos devem ser acessíveis de áreas de uso comum e rotas de circulação principais, para permitir o uso por parte de diferentes inquilinos.
- As salas de comunicação que atendem a todo o prédio ou a grandes inquilinos e medem aproximadamente 2 × 2 m para cada 500 m² de área interna bruta devem ser adequadas e localizadas a uma distância apropriada ao sistema de comunicação e transmissão de dados empregado.
- Deve haver espaço para entrada e saída de instalações e utilidades públicas (gás, eletricidade, etc.) no prédio.
- Devem ser deixados espaços na cobertura (ou perto dela) com boas linhas de visão do céu, para a instalação de antenas parabólicas ou de outro tipo.
- Devem ser previstos acessos alternativos para as fontes de alimentação elétrica e os sistemas de comunicação. Uma consideração crítica é a segurança e a continuidade dos acessos, uma vez que todos os tipos de organizações que têm escritórios hoje dependem em algum grau dos sistemas de comunicação com rede eletrônica.

5.10 Acesso de produtos e materiais

A facilidade de acesso para a entrada de bens deve ser, no mínimo, tão boa quanto àquela destinada às pessoas, a fim de evitar conflitos e pontos de estrangulamento. Uma estratégia clara para acesso e que é reforçada por uma sinalização visual apropriada deve manter separados as pessoas e os produtos ou materiais. Os materiais típicos de entregas regulares são:

- lixo orgânico e lixo seco
- material de escritório
- equipamentos, máquinas e móveis de escritório
- bebidas, alimentos e outros suprimentos a copas, refeitórios, restaurantes, vendedoras automáticas, etc.
- correspondência e entregas em geral
- materiais e equipamentos necessários para a manutenção predial

5.11 Considerações sobre as vedações externas e a estrutura da edificação

Essas questões são resumidas na Tabela II.

Tabela II Considerações sobre as vedações externas e a estrutura da edificação

Profundidade da edificação	Flexibilidade das opções de leiaute
	- Nível de compartimentação
	- Necessidade de ventilação e climatização mecânicas
	- Eficiência espacial
Localização dos núcleos	- Facilidade para alugar salas separadas
	- Segurança patrimonial
	- Eficiência espacial
Altura entre pisos	- Sistema de distribuição de cabos
	- Tipo de instalações
Tamanho e formato do pavimento	- Eficiência espacial
	- Flexibilidade de planejamento
	- Tamanho dos grupos de trabalho
Grelhas e detalhes do perímetro	- Flexibilidade de subdivisão
	- Eficiência do uso espacial
	- Ganhos solares, perdas térmicas, condensação da água
Construção	- Base de adaptação
	- Espaço para instalações
	- Imagem

5.12 Considerações sobre a altura dos recintos

Em vários países, está se tornando cada vez mais comum usar a prática do norte da Europa de adotar átrios pequenos ou grandes que conectam diversos pavimentos por meio de escadas monumentais. O objetivo desses átrios é aprimorar a possibilidade de movimentos e interações entre os departamentos de uma organização. Em certos casos, esses espaços de acesso tridimensionais são previstos inclusive no projeto de edifícios de escritórios construídos para serem alugados. Contudo, deve-se ponderar a eficiência imobiliária em relação a possíveis vantagens operacionais de longo prazo.

6 AS INSTALAÇÕES PREDIAIS

6.1 Ventilação natural ou condicionamento de ar mecânico?

Geralmente, existe uma escolha objetiva entre usar a ventilação natural e o condicionamento de ar mecânico e completo tanto em prédios construídos para serem alugados como em edifícios construídos para um cliente em especial. No Reino Unido, muitas organizações preferem a segunda opção, embora as consequências possam ser o dobro da energia consumida pelas instalações e o aumento dos custos de gestão e manutenção do prédio. Nem todos esses custos se relacionam diretamente com o sistema de condicionamento do ar, mas sim com as características dos tipos de prédios que são climatizados. Além do maior nível de conforto térmico (que, na verdade, nem sempre ocorre), as razões para escolher o condicionamento mecânico do ar incluem:

- prestígio;
- normas padronizadas, particularmente no caso de empresas multinacionais;
- plantas baixas mais profundas, parcialmente em função de necessidades alegadas pelas organizações e parcialmente para maximizar a área de piso útil;
- flexibilidade para se adaptar a mudanças de exigências – o que raramente se consegue, exceto com um alto custo;
- aluguéis mais elevados, que significam melhor taxa de retorno sobre os investimentos;
- condições externas ruins, particularmente o ruído do trânsito.

6.2 As novas tendências

As tendências em edifícios de escritórios deixaram de ser o projeto de formas responsivas ao clima, que envolviam alterações climáticas radicais, e passaram a ser a elaboração de projetos herméticos e que rejeitam o clima externo, criando ambientes internos em grande parte (quando não totalmente) artificiais. Hoje, essa estratégia de projeto está sendo questionada. As tendências atuais são:

- Os sistemas e as redes de comunicação eletrônica mais poderosos e mais confiáveis estão levantando questões sobre o valor operacional, no longo prazo, de edificações e espaços grandes, profundos e com clima controlado. Isso se deve em especial à mudança nos padrões de ocupação em razão das maneiras mais móveis de trabalhar.
- Muitos usuários hoje esperam ambientes que sejam mais naturais, ofereçam maior contato com o exterior, tenham mais luz diurna e ventilação natural e melhores controles individuais. Esses ambientes podem ser sustentados quando há instalações mecânicas e elétricas disponíveis conforme a demanda, incluindo janelas de abrir e controles de insolação conectados a sistemas de gestão predial computadorizada. Esses sistemas monitoram a abertura de janelas, de modo que os sistemas de calefação, resfriamento, ventilação e condicionamento do ar (controle da umidade relativa do ar) sejam regulados conforme desejado.
- Em condições difíceis, especialmente no centro das cidades, talvez não seja possível ter janelas de abrir, mas alguma forma de proteção solar sempre deve ser incluída para minimizar as cargas de resfriamento.
- Os novos materiais, sistemas e técnicas de projeto permitem uma melhor integração dos sistemas naturais e mecânicos com controles inteligentes e responsivos aos usuários, assim, as edificações que não são totalmente climatizadas têm a possibilidade de oferecer um controle ambiental melhor do que nunca.
- Uma preocupação com o ambiente do planeta implica uma maior eficiência energética por meio do uso da ventilação natural, da iluminação diurna e do aproveitamento do calor solar, em vez do uso de instalações mecânicas e elétricas convencionais.
- O consumo de energia pelos equipamentos de tecnologia da informação e comunicação está caindo, reduzindo as cargas de resfriamento nos escritórios de uso geral, o que não ocorre necessariamente nas salas de equipamentos.

7 OPÇÕES DE ARQUITETURA DE INTERIORES

7.1 Leiautes

Os leiautes precisam equilibrar o desejo de compartimentação (comum em escritórios alemães e escandinavos) com a necessidade de manter os custos baixos e agregar valor com padrões de trabalho fortemente interativos em plantas livres. As áreas abertas devem ser projetadas e gerenciadas de modo a permitir o trabalho em silêncio e o pensamento, bem como o uso flexível do espaço em diferentes horários. O uso da tecnologia da informação e comunicação para permitir a mobilidade do trabalho dentro de escritórios proporciona maneiras totalmente inovadoras de planejamento dos espaços.

Os leiautes devem:

- Otimizar tanto a comunicação quanto a necessidade de silêncio e reflexão.
- Acomodar o trabalho em equipes e de projetos, bem como oferecer espaços para trabalho confidencial e individual.
- Oferecer acesso a iluminação diurna, orientação solar adequada e ventilação.

7.2 Tipologias

Veremos três tipologias de escritórios típicas e suas densidades: extremamente compartimentalizada, Figura 26.12; 90% de planta livre e 10% de salas fechadas, Figura 26.13; e planta livre, Figura 26.14. Na Figura 26.14, o número de mesas é de um por funcionário, embora muitas organizações hoje ofereçam menos mesas do que isso e trabalhem com esquemas de uso compartilhado de mesas, para criar uma adequação mais precisa com os níveis de ocupação reais.

7.3 Salas de reunião e espaços para trabalho em equipe

Essas áreas são fundamentais em qualquer organização. Além das áreas de reunião formais (Figura 26.15) e das informais (Figura 26.16), as áreas para os trabalhadores fazerem intervalos estão se tornando cada vez mais importantes e podem incluir sofás, banquetas, bem como assentos convencionais.

7.4 Móveis para uso individual

Muitos escritórios incluem uma variedade de móveis e locais para funcionários e visitantes, além da mesa de trabalho tradicional, como bancos (Figura 26.17), postos de trabalho individuais (Figura 26.18) e bancadas compartilhadas (Figura 26.19a e b).

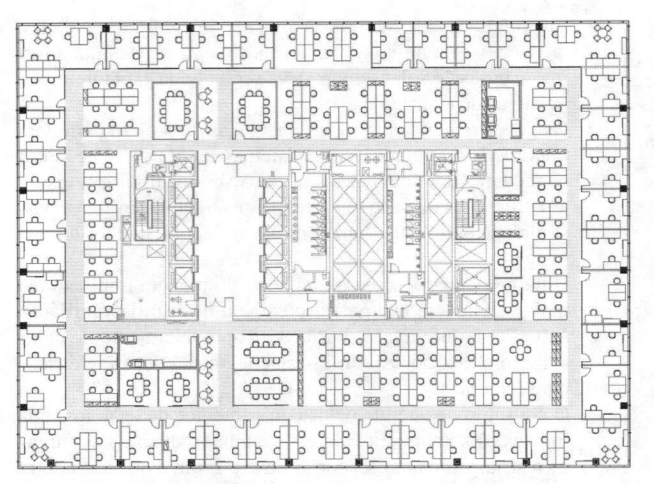

26.12 Leiaute de escritório extremamente compartimentado, com 253 mesas. A área interna líquida é 9,7 m² por mesa.

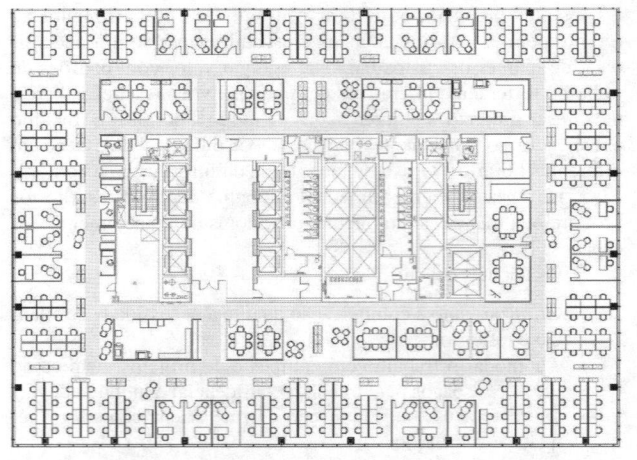

26.13 Leiaute com 90% de planta livre e 10% de salas fechadas, acomodando 237 mesas. A área interna líquida é 10,3 m² por mesa.

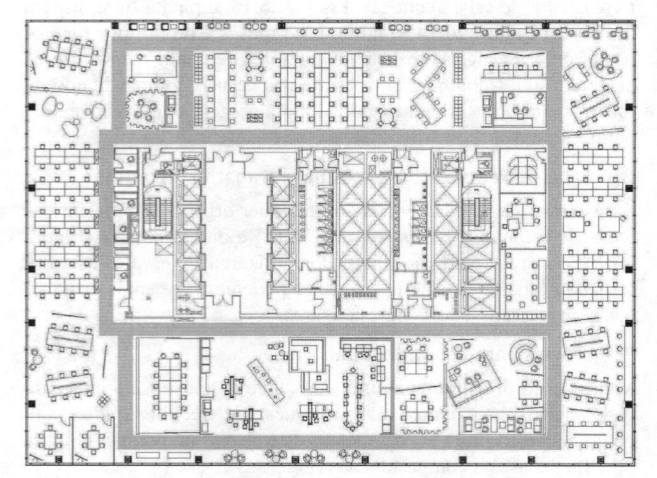

26.14 Leiaute com planta livre: 233 mesas + 68 postos. A área interna líquida é 10,5 m² por mesa, 8,1 m² por pessoa.

7.5 Espaços de trabalho e circulação

As Figuras 26.20a, b e c mostram as distâncias e as necessidades típicas para o acesso a armários de armazenamento. As áreas para cópias são mostradas na Figura 26.21a e b.

7.6 Estratégia de instalações prediais

As instalações elétricas e de comunicações podem ser levadas a cada posto de trabalho e local de reunião das seguintes maneiras:

- Pisos elevados (Figura 26.22)
- Dutos no perímetro, conectados a sistemas de cabeamento embutido nos móveis e nas divisórias (Figura 26.23)

A menos que se aceite um pé-direito muito baixo, a altura entre pisos aumenta com o uso dos pisos elevados, um dos motivos pelos quais esse método é o mais caro de distribuição de instalações prediais. As tomadas para energia elétrica e telecomunicações ficam em caixas embutidas e cobertas por protetores. Essas caixas têm capacidade limitada, em função de seu tamanho, e geralmente só têm lugar para três tomadas e uma tomada dupla de telefone. Oferecer mais caixas ou deslocá-las não é fácil nem barato, assim, os arranjos de móveis e divisórias tendem a ser fixos em relação a elas. Às vezes as caixas acabam ficando dentro de rotas de circulação importantes, onde podem causar acidentes.

O uso de dutos nos perímetros é um sistema particularmente adequado para escritórios com ventilação natural, sem pisos suspensos. No entanto, ele dificulta a remoção de móveis e divisórias e pode inibir a circulação entre os espaços de trabalho.

Há outros dois métodos que foram empregados no passado, mas que já não são recomendados. Embutir dutos na própria laje exige a instalação de tomadas elevadas em relação ao nível do piso acabado, e elas apenas podem ser colocadas adjacentes aos dutos. Isso limita muito a distribuição dos móveis e das rotas de pedestres. Um sistema ainda pior é colocar os cabos sob a laje acima do forro, isto é, nos plenos do pavimento abaixo. Isso significa que, quando forem necessárias alterações, as obras terão de ser feitas em um pavimento diferente, que talvez esteja sendo ocupado por uma organização totalmente distinta.

8 CORRETORAS DE VALORES OU MERCADORIAS

8.1 Organização

Nos últimos anos, o modelo das corretoras de valores ou mercadorias tem sido o uso de postos de trabalho lado a lado (Figura 26.24), a fim de permitir o agrupamento do máximo de corretores, principalmente para promover a comunicação face a face, mas também para facilitar a integração das tecnologias.

8.2 O leiaute das mesas

A distribuição das mesas é determinada por três fatores:

- Ergonomia e normas
- Acomodação das tecnologias e dos equipamentos
- Distribuição do sistema de climatização

Ergonomia e normas
Consulte as normas da ABNT para determinar o espaço necessário para as pernas, a distância entre o usuário e o monitor e a área de bancada para cada pessoa. De acordo com os padrões contemporâneos, a bancada costuma ter, no mínimo, 80 cm de profundidade, para atender a todos esses critérios.

Monitores e equipamentos
O desenho das bancadas ou mesas é determinado pela quantidade de monitores, pela estratégia de processamento de dados preferida (isto é, o uso de CPUs locais ou servidores remotos) e pela necessidade ou não de incluir um painel de corretor:

- A demanda de resfriamento por pavimento pode ser reduzida se forem utilizados processadores remotos, que retirarão das bancadas a principal fonte térmica, transferindo-a para um local centralizado, onde poderá ser mais bem gerenciada.
- As CPUs acomodadas sob as bancadas costumam ser a solução preferida, pois permitem deixar uma zona central com 60 cm de profundidade nas bancadas para colocar os monitores.
- Uma questão significativa é que recentemente houve a redução do número de monitores necessários. Está ocorrendo uma mudança: de inúmeros monitores de tela plana, que às vezes eram sobrepostos, compondo uma espécie de cabina, para apenas dois grandes monitores, o que reduz a largura necessária dos módulos de bancada. Isso tem sido possível graças às melhorias na tecnologia dos monitores de alta definição, que permitem uma representação precisa dos dados sobre o mercado que são apresentados nas telas.
- Hoje a maioria das plataformas das corretoras possui painel de corretor pequeno, liberando a necessidade de grandes equipamentos sobre a bancada.
- O processamento de dados remoto ou na nuvem, em especial por meio de redes sem fio, dificilmente terá impacto signifi-

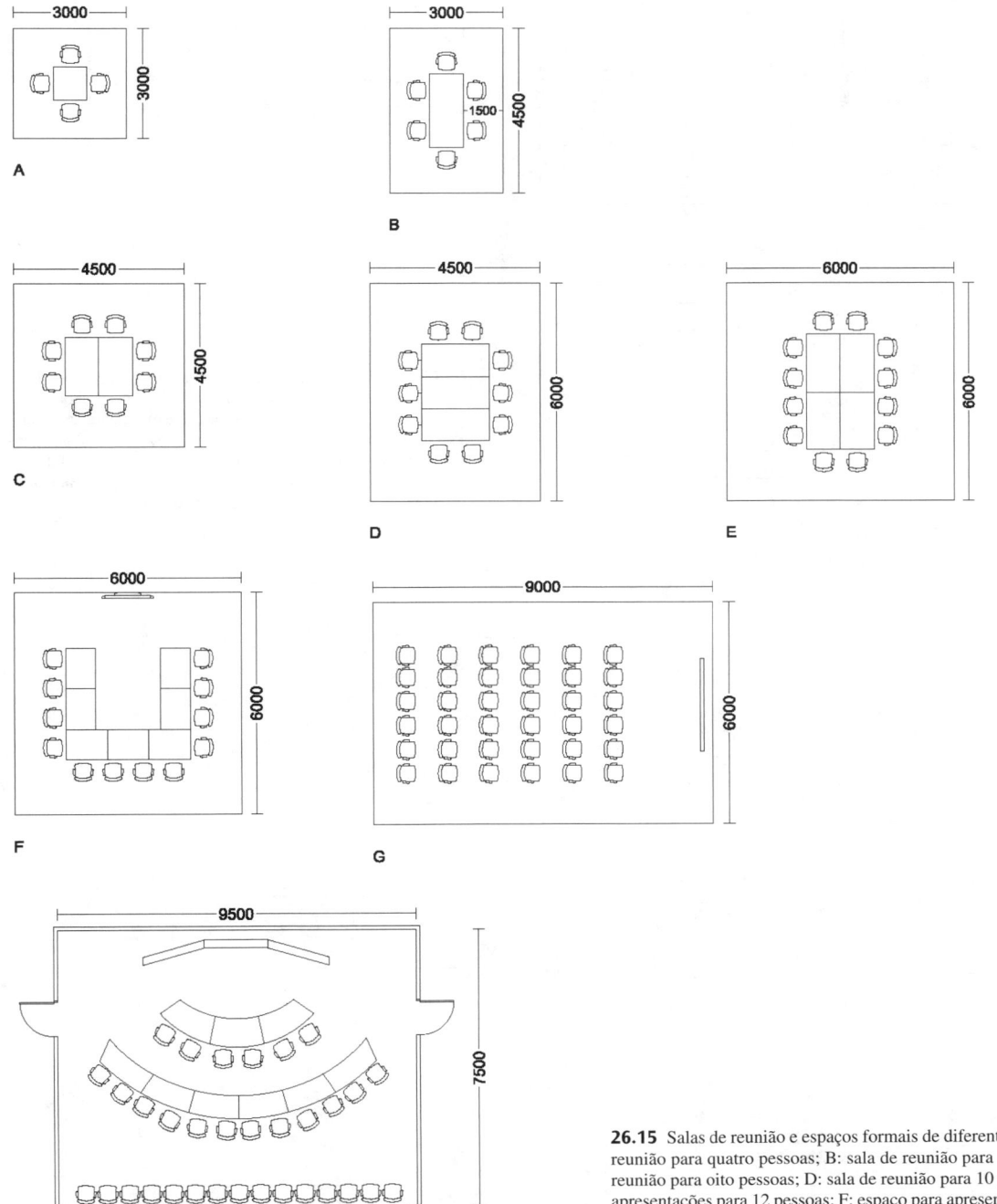

26.15 Salas de reunião e espaços formais de diferentes tamanhos. A: sala de reunião para quatro pessoas; B: sala de reunião para seis pessoas; C: sala de reunião para oito pessoas; D: sala de reunião para 10 pessoas; E: espaço para apresentações para 12 pessoas; F: espaço para apresentações para 12 pessoas; G: espaço para apresentações para 36 pessoas. H: sala para teleconferências. Todas as dimensões estão em milímetros.

26.16 Áreas para reuniões informais. A: espaço para duas pessoas; B: espaço para quatro pessoas; C: espaço para quatro pessoas; D: espaço para seis pessoas; E: espaço para apresentações a uma equipe de trabalho; F: espaço para intervalos; G: nicho com bancos fixos; H: bancos com espaldares altos; I: banco fixo em L, com mesas soltas; J: espaço informal para intervalos. Todas as dimensões estão em milímetros.

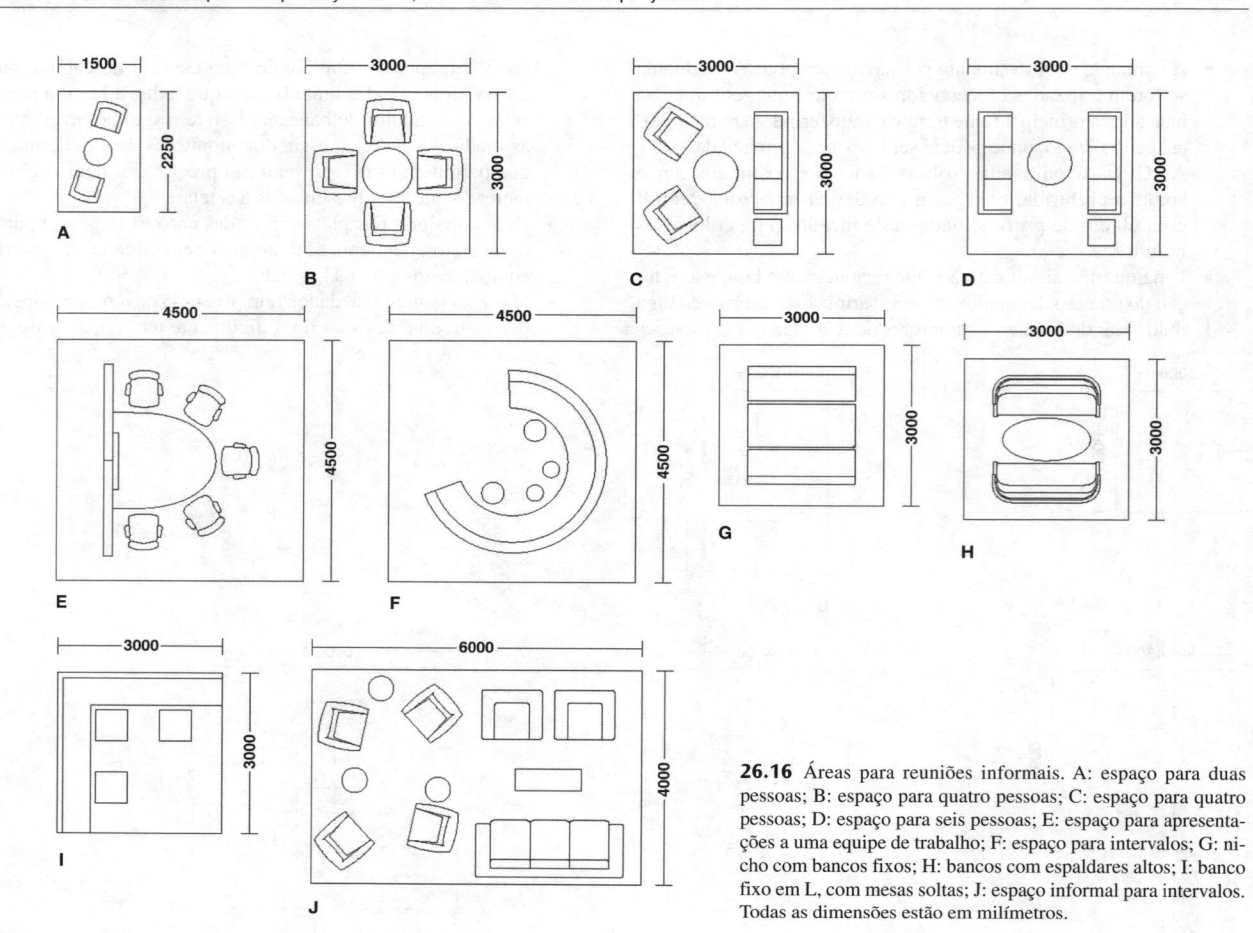

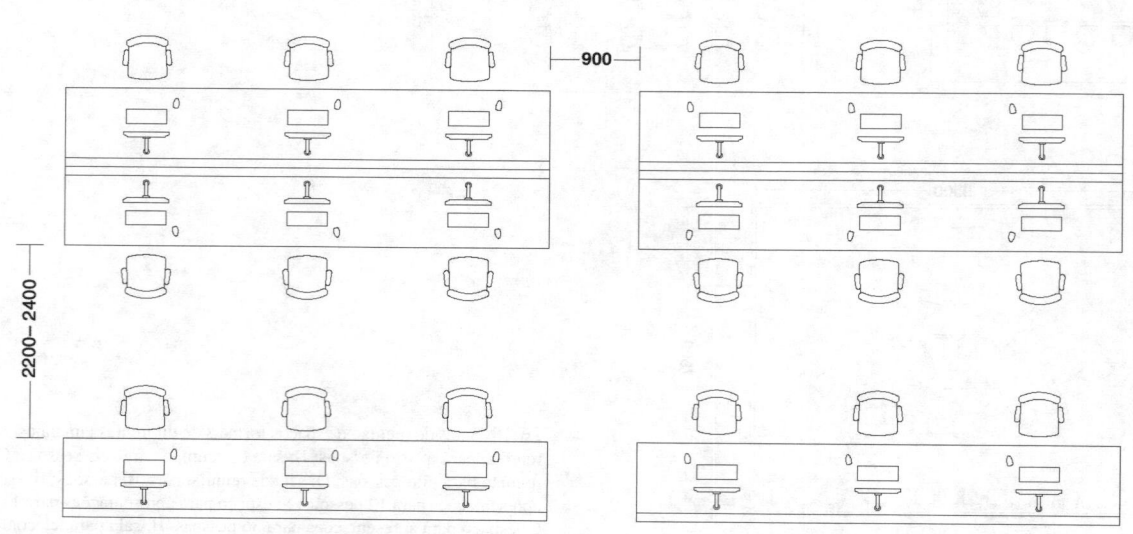

26.17 Postos de trabalho em mesas compartilhadas (bancadas).

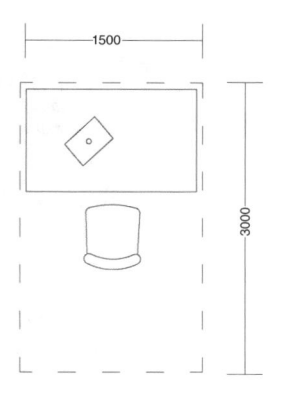

26.18 Posto de trabalho para uma pessoa.

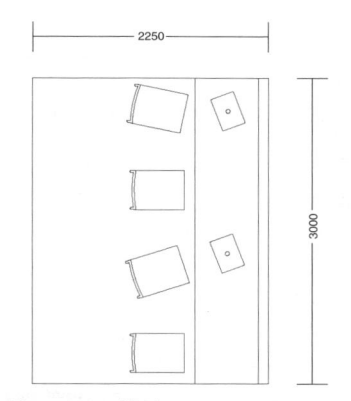

a Mesa compartilhada por quatro pessoas.

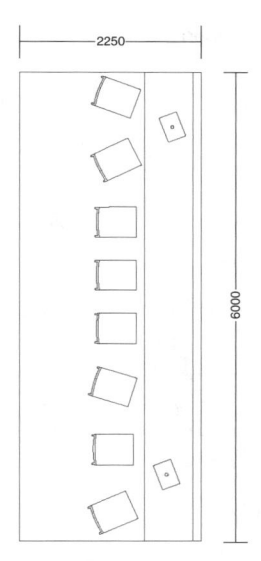

b Mesa compartilhada por oito pessoas.

26.19a-b Bancadas compartilhadas.

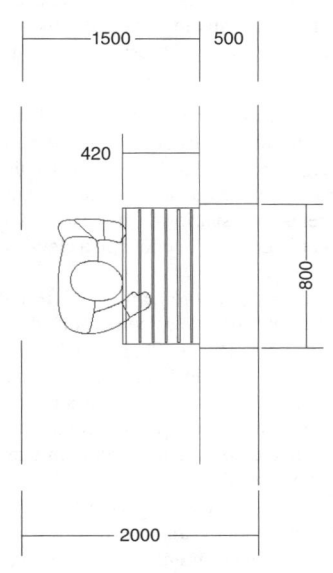

26.20a Espaço livre necessário para acessar um arquivo com gavetas.

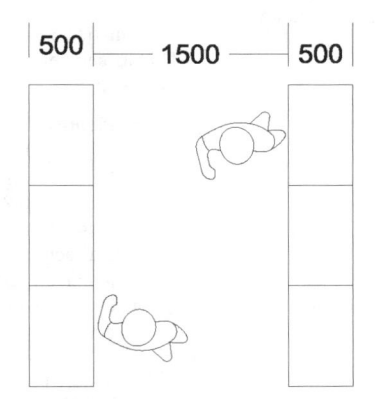

26.20b Espaço de circulação necessário entre arquivos paralelos.

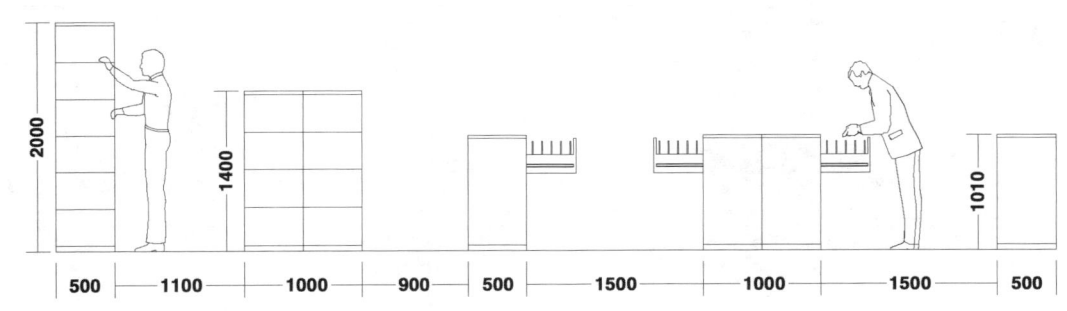

26.20c Circulação e acesso a arquivos.

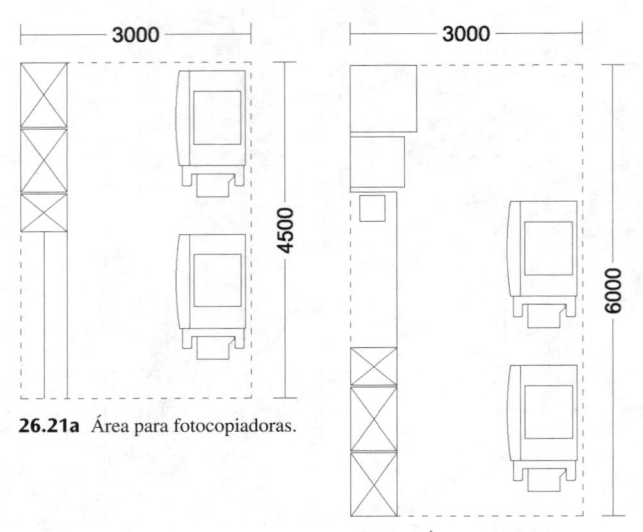

26.21a Área para fotocopiadoras.

26.21b Área para fotocopiadoras e vendedoras automáticas.

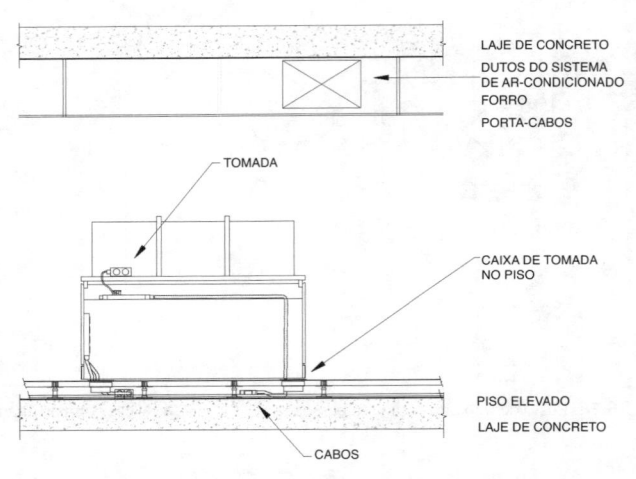

26.22 A estratégia de distribuir as instalações elétricas e de tecnologia da informação e comunicação sob pisos suspensos.

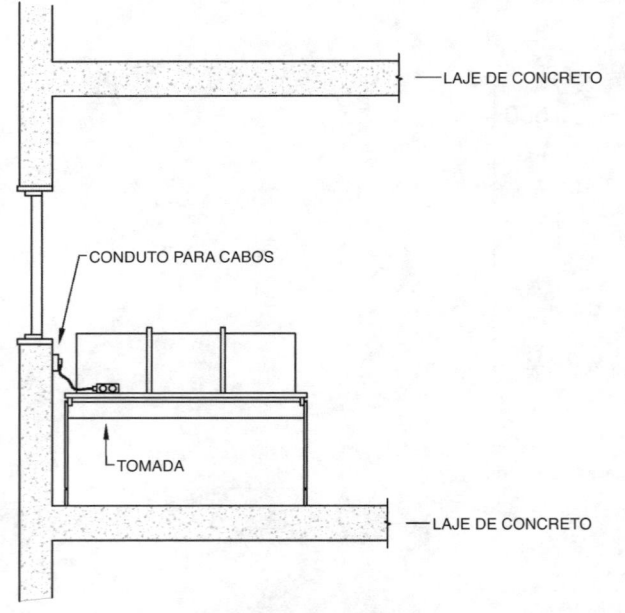

26.23 A estratégia de colocar instalações em dutos no perímetro da edificação.

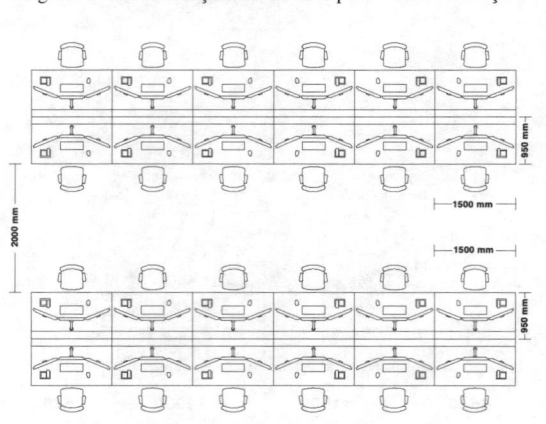

26.24 Bancadas de corretoras de valor ou mercadorias.

cativo no projeto dos salões de corretoras, devido à latência (isto é, aos retardos de fração de segundo).

Distribuição do sistema de climatização

As salas de corretagem sempre geram muita carga térmica, devido à quantidade de monitores e computadores. Assim, as instalações de climatização desses locais costumam ser maiores do que o usual. Há basicamente três soluções para prédios de escritórios que foram alugados:

- Pleno sobre o piso – o ar frio é bombeado através do pleno criado pelo piso elevado, para resfriar os equipamentos que ficam no fundo da bancada, usando saídas de ar nesses locais (Figura 26.25). Essa estratégia exige que as bancadas sejam fechadas no fundo (protegendo os usuários do frio excessivo e direcionando-o para os equipamentos) e que o piso elevado tenha, no mínimo, 30 cm de altura.
- Unidades de radiação suspensas (*fan coils*) e/ou vigas refrigeradas a água – menos eficientes do que as outras soluções, se forem empregadas isoladamente (Figura 26.27). O desempenho desse sistema pode ser aprimorado se for incluída uma "chaminé" no eixo longitudinal de cada bancada para remover o ar aquecido dos equipamentos acomodados, conduzindo-o para um nível alto, onde ele pode se misturar com o ar resfriado pelo sistema de climatização.
- "Bancadas frias" (Figura 26.26) – ou seja, acomodar *fan coils* na área central de uma bancada dupla, para fazer o ar resfriado circular ao redor das CPUs e/ou dos monitores, atacando o

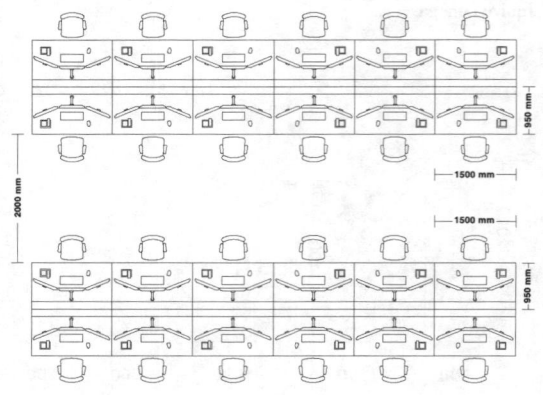

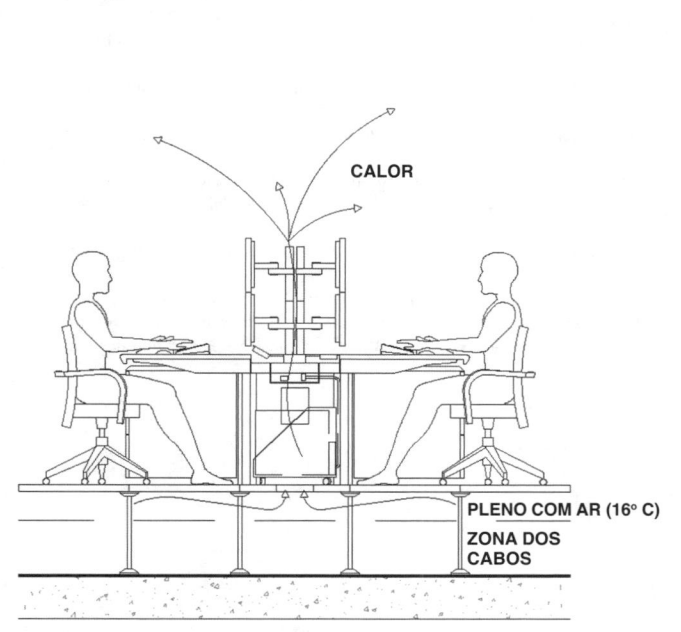

26.25 Um pleno sobre a laje de piso.

calor na fonte. Essa é uma maneira eficiente de complementar os sistemas prediais existentes e significa que pode ser empregada em um prédio alugado, pois a sala dos corretores não exigirá o uso de um piso elevado.

8.3 O futuro

O surgimento da corretagem automatizada de valores e mercadorias e a consequente necessidade de que os técnicos de informática trabalhem junto com as equipes de corretores vêm transformando as fileiras infinitas de postos em leiautes mais orgânicos, que promovem a organização e interação das equipes. A padronização das mesas ou bancadas, do *hardware* e do *software* também permite uma maior mobilidade de usuários, essencial para o trabalho focado em equipes e projetos.

Outra consequência das salas de corretagem com funções múltiplas é a necessidade de espaços alternativos para trabalho colaborativo ao redor da periferia do salão, dando suporte a funções interativas. Esse espaço costumava ser ocupado pelos gerentes dos escritórios, mas cada vez mais eles estão preferindo interagir diretamente com suas equipes, ocupando os mesmos espaços. Às vezes é preciso prever uma sala de reunião grande e flexível nas proximidades ou uma sala de gravação que permita que uma breve mensagem no início do dia seja transmitida ao vivo a cada um dos postos de trabalho.

9 CONCLUSÃO: O TRABALHO E A CIDADE

Duas metatendências aparentemente (mas não necessariamente) contraditórias devem ser abordadas, não apenas pelos arquitetos, mas também pelos clientes corporativos, empreendedores imobiliários e seus agentes:

- O aumento das expectativas dos trabalhadores de escritório, especialmente os mais jovens, que desejam não somente acomodações de padrão mais elevado, mas também mais controle sobre o modo como usam seu tempo e os locais e estilos de trabalho, todas essas questões estão afetando profundamente o projeto de escritórios.

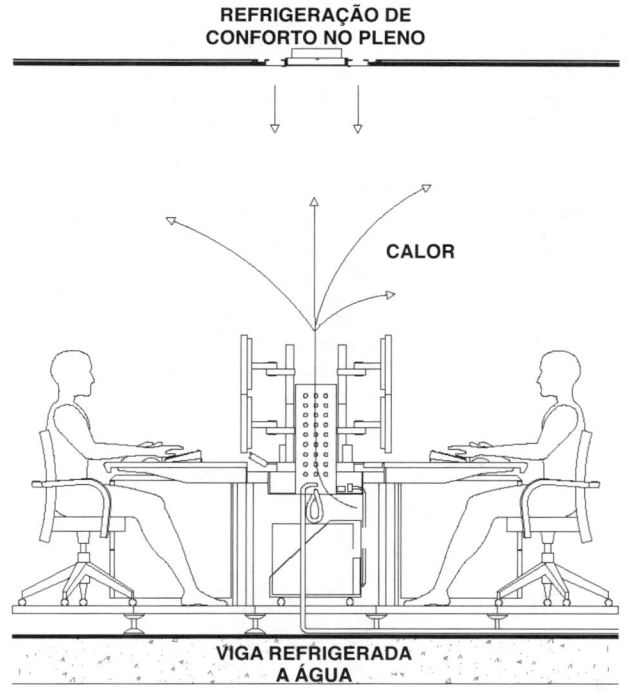

26.26 Resfriamento no eixo da bancada.

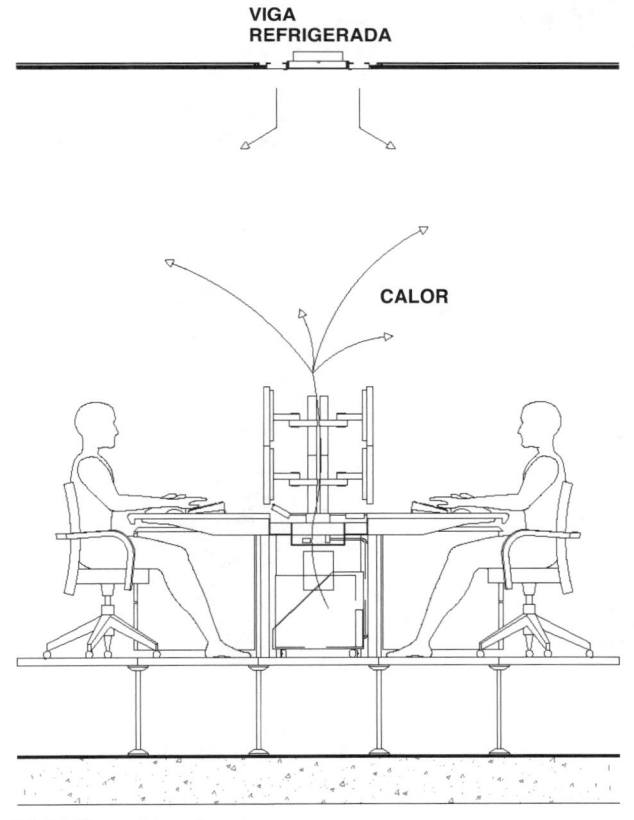

26.27 Vigas refrigeradas a água.

- Muitos clientes e (o que é ainda mais importante) trabalhadores de escritórios estão se adequando à nova realidade – com o surgimento de novas modalidades e horários de trabalho a partir da tecnologia da informação onipresente – de que já não é preciso "ir para o trabalho" para que se possa trabalhar.

Essas mudanças levantam questões fundamentais não somente sobre a natureza e o propósito dos prédios de escritório, mas também sobre quais tipos de desenvolvimento urbano devem ser apropriados para atender à economia do conhecimento.

À medida que avançamos no século XXI, os escritórios convencionais e seus prédios (ou seja, aqueles monofuncionais e baseados em horários de funcionamento rígidos) tendem a ser substituídos por estruturas urbanas mais responsivas e híbridas, funcionando em horários muito distintos. Uma coisa já é clara: a cidade está longe de se tornar obsoleta – muito pelo contrário.

10 REFERÊNCIAS BIBLIOGRÁFICAS

BCO Guide to Specification. British Council for Offices, 2014.

Building Information Modelling for Commercial Office Buildings. British Council for Offices, 2013.

Duffy, Frank. *Work and the City (Edge Futures)*. Black Dog Publishing, 2008.

Hyde, Richard. *Sustainable Retrofitting of Commercial Buildings*, Routledge 2012.

International Property Measuring Standard (IPMS). www.ipmsc.org

Speight, Anthony. *The Architects' Legal Handbook. 9th ed*. Butterworth Architecture, 2010.

Myerson, Jeremy e Ros,s Philip. *Space to Work: New Office Design*. Laurence King, 2006.

Saval, Nikil. *Cubed: A Secret History of the Workplace*. Doubleday, 2014.

Van Meel, Juriaan; Martens, Yuri; e van Ree, Hermen Jan. *Planning Office Spaces: A Practical Guide for Managers and Designers*. Laurence King, 2010.

27 Agências bancárias, dos correios e similares

Richard Napier

Richard Napier é sócio da Aedas Architects Ltd

PONTOS-CHAVE:
- *Este capítulo cobre as pequenas instalações nas quais a segurança é uma das principais considerações, por geralmente lidarem com dinheiro em espécie*

Conteúdo

1 Introdução
2 Leiaute geral e projeto
3 Componentes principais
4 Contratação de arquitetos, instaladores e fornecedores

1 INTRODUÇÃO

1.1 Considerações gerais

Este capítulo cobre principalmente pequenas agências e postos bancários, agências dos correios, pontos de venda de ingressos e pontos de atendimento governamentais que, via de regra, têm as seguintes características: necessidade de segurança para os funcionários, as instalações e o público devido ao risco de ataques criminosos nos locais em que grandes quantidades de dinheiro são armazenadas, trocadas ou recebidas em balcões; necessidade de privacidade por parte dos clientes e de uma interação discreta com os atendentes; ou troca de informações pessoais ou sigilosas.

Em função da maneira como essas instalações são projetadas, o capítulo oferece informações breves para o arquiteto que precisa de uma orientação geral. Não serão incluídos detalhes do planejamento dos espaços funcionais nem das instalações prediais ou dos móveis, equipamentos e acessórios, uma vez que tal nível de detalhamento hoje costuma ser fornecido pelas organizações específicas que contratam esse tipo de espaço, por meio de seus manuais de projeto particulares e padrões.

1.2 Tipos de serviço

As edificações e instalações abordadas neste capítulo oferecem serviços típicos de:

- bancos
- caixas econômicas
- correios
- casas de câmbio
- pontos de venda de ingressos e passagens
- postos de atendimento do governo (serviços)
- caixas eletrônicos individuais ou em grupos
- espaços para entrevistas

Todos esses locais têm em comum a necessidade particular de segurança tanto para os funcionários quanto para o público, a exigência de sistemas de vigilância e proteção e o equilíbrio entre essas necessidades e o oferecimento de serviços de balcão acessíveis ou de postos para entrevistas.

1.3 Experiência do cliente

O que hoje distingue essas instalações é o conceito de serviço voltado para o cliente, no qual as edificações não são projetadas para atender às operações internas da organização, e sim prestar serviços de maior qualidade para os usuários. A necessidade de segurança adicional e do uso da tecnologia tem afetado todos esses locais; ainda assim, a grande visibilidade e o oferecimento de serviços e instalações focados no cliente são aspectos-chave do projeto, em função de hoje eles estarem inseridos em contextos comerciais modernos e responderem aos novos estilos de vida e, às vezes, à demanda social por serviços governamentais acessíveis.

1.4 Bancos

A maneira como as instituições bancárias de hoje operam e atendem às necessidades dos clientes é chamada de *varejo bancário*, o que as torna mais assemelhadas às lojas do que aos bancos tradicionais. Atualmente há uma menor variação nos tipos de agência bancária, à medida que eles tendem a oferecer um conjunto mais uniforme de serviços e comodidades aos usuários. Hoje as agências costumam oferecer mais terminais de autoatendimento do que caixas, e os avanços tecnológicos (como os serviços via Internet e a disponibilidade universal de caixas eletrônicos em áreas de comércio) contribuem para uma menor necessidade de atendentes para as transações comuns com dinheiro.

A venda de produtos e serviços adicionais e a oferta de mais serviços de suporte para o cliente, como os postos de atendimento bancário via Internet em vez das transferências monetárias diretamente no balcão, são as características preponderantes das agências bancárias atuais. Além disso, diversas grandes instituições financeiras têm se fundido nos últimos anos, reduzindo a concorrência e a variedade de bancos nas avenidas e gerando novos conceitos de serviços ao cliente.

Como cada organização bancária tem seu próprio manual corporativo de projeto de arquitetura e engenharia, os números apresentados a seguir são meras indicações dos *princípios* das tendências atuais no leiaute das agências.

1.5 Caixas econômicas

As caixas econômicas estão cada vez mais parecidas com os bancos convencionais – e muitas vezes têm sido incorporadas pelos grandes bancos. Consequentemente, elas estão seguindo tendências semelhantes às do projeto das agências bancárias, em termos de adotar leiautes mais confortáveis para os usuários, incluindo os mesmos componentes principais: recepção, caixas eletrônicos, caixas convencionais ao longo de um grande balcão e salas de reunião com clientes (em uma área de planta livre). Embora muitas caixas econômicas ainda mantenham a necessidade de proteger os caixas com vidros de segurança, elas estão seguindo a tendência dos bancos de cada vez mais oferecer autocaixas.

1.6 Correios

As agências tradicionais de correios ofereciam apenas serviços de balcão dos "correios e telégrafos" e alguns serviços relacionados, mas agora disponibilizam uma variedade de serviços financeiros, a fim de competir com os bancos e as companhias de seguros. Hoje, muitas agências de correios nos centros das cidades têm sistema de recepção e triagem de clientes, senhas automáticas, balcões abertos, caixas eletrônicos e máquinas de venda automática de alimentos e bebidas, e as instalações muitas vezes também oferecem vários artigos de papelaria e materiais de escritório. Além disso, a maioria das principais agências dos correios dispõe de serviço de câmbio de moeda estrangeira.

Também há um número cada vez mais significativo de pequenos postos de correios operados no sistema de franquia, dentro de lojas, casas lotéricas e supermercados. Essas microagências, por razão de segurança, mantêm a tradição dos balcões envidraçados, embora ofereçam a mesma variedade de serviços postais e financeiros que as agências principais do centro da cidade. Assim como ocorre com os bancos, o leiaute detalhado e os equipamentos necessários para a gama de tamanhos de agências de correios, bem como a localização indicada para elas, costumam ser especificadas por um manual de projeto da instituição.

1.7 Casas de câmbio e transferência de dinheiro

As casas de câmbio atuais estão presentes em inúmeros locais e dentro de muitos tipos de edificação. Entre esses, estão os terminais de transporte internacional (veja o Capítulo 35), as lojas de departamentos e as lojas especializadas (Capítulo 30), os *shopping centers* e, é claro, as agências bancárias, de caixas econômicas e dos correios. Esses postos de atendimento são basicamente balcões de troca de moeda estrangeira protegidos por vidro de segurança.

1.8 Pontos de venda de ingressos e passagens

Os pontos de venda de ingressos e passagens de transporte em locais públicos, como estações rodoviárias, estações ferroviárias, arenas esportivas e áreas de entretenimento, muitas vezes operam e são projetados de modo similar aos balcões de pagamento dos bancos. Essas instalações podem ser de vários tipos:

- terminais ferroviários, rodoviários e portuários
- bilheterias de cinemas, teatros, auditórios e casas de shows
- postos de venda de ingressos para eventos diversos
- centros esportivos públicos
- estádios e locais para a prática de esportes ao ar livre
- atrações turísticas
- museus, galerias de arte e locais de exposição

Assim como ocorre no caso dos bancos, nesses prédios há a necessidade que os balcões de venda de ingressos sejam protegidos por vidros de segurança ou outro tipo de anteparo.

1.9 Postos de atendimento do governo (serviços)

Os outros tipos de instalações similares nas quais o atendimento ao público e as transações monetárias são atividades essenciais são:

- escritórios municipais, estaduais ou federais para o pagamento de benefícios ou tributos
- postos de atendimento de serviços sociais
- centros de formação de condutores ("autoescolas")
- escritórios da Receita Pública e postos alfandegários
- centros de emissão de passaportes (na Polícia Federal)
- centros de atendimento geral para cidadãos

Esses locais podem fazer parte de outros capítulos deste Manual, mas seus projetos são caracterizados por incluírem balcões de aten-

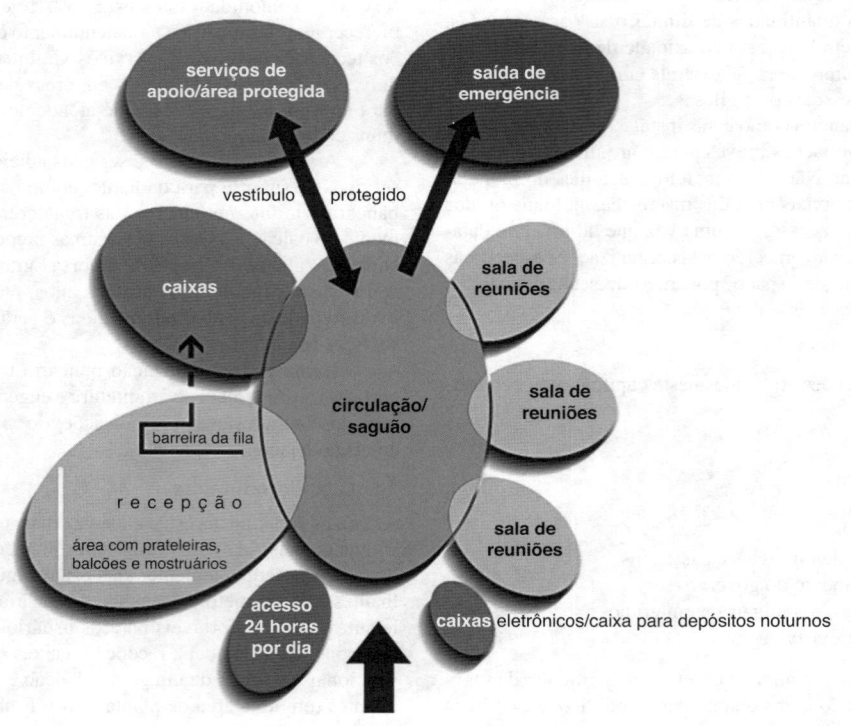

27.1 Diagrama de zoneamento e relações para uma agência bancária.

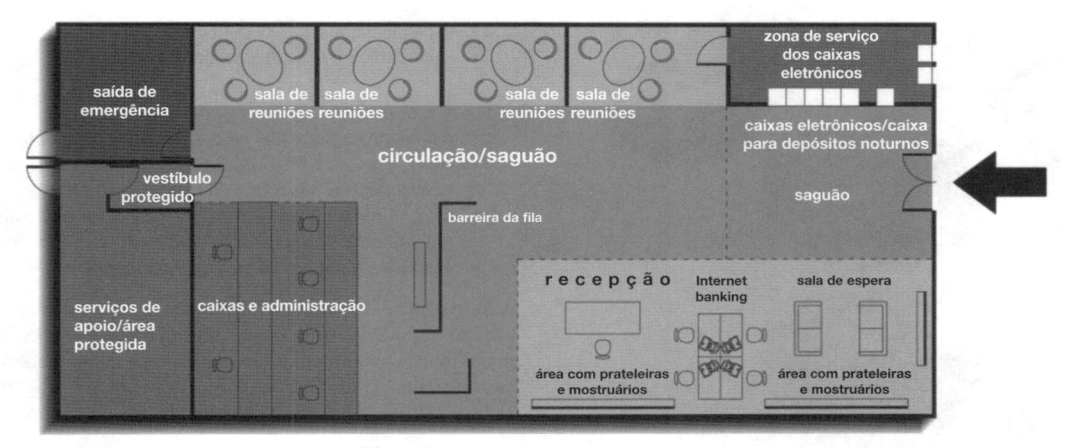

27.2 Leiaute conceitual de uma agência bancária.

dimento ao público para transações com dinheiro e serviços para o cliente ou cidadão ou por terem pequenas salas para entrevistas ou reuniões. Eles exigem níveis de acesso público, segurança e privacidade para conversas similares àqueles oferecidos pelos bancos.

2 LEIAUTE GERAL E PROJETO

2.1 Bancos

Os bancos que hoje se encontram nas ruas mais se parecem com lojas, seguindo o conceito do comércio varejista das grandes ruas comerciais. Enquanto nas décadas passadas os bancos geralmente compreendiam um salão fechado por uma linha de balcão com caixas protegidos e enormes áreas de apoio por trás, a tendência atual é uma área pública bem mais espaçosa, com balcão de recepção e área de espera, caixas abertos nos quais se pode sacar quantidades limitadas de dinheiro e salas de reunião distribuídas em uma planta livre, com um número reduzido de escritórios administrativos. As agências maiores continuam tendo caixas protegidos por vidros de segurança, particularmente para o atendimento de empresas, mas esses estão sendo alocados a uma área lateral reservada ou ao fundo da zona pública.

A Figura 27.1 mostra as relações e as zonas de uma agência bancária; a Figura 27.2 ilustra um típico leiaute conceitual de agência bancária. As grandes vitrines envidraçadas vendem agressivamente seus produtos e serviços, e os interiores espaçosos propiciam muito mais espaço para os diversos serviços oferecidos aos clientes e para sua conveniência. A frente da agência mostra a ampla variedade dos produtos e serviços ofertados, bem como uma vista clara da área pública, junto com os caixas eletrônicos próximos à rua. Algumas agências, especialmente no centro das cidades, ainda têm uma sala para caixas eletrônicos com horário de funcionamento estendido (veja a Figura 27.10). Todavia, o arranjo hoje preferido pelas pequenas agências bancárias de muitos países é combinar vários caixas eletrônicos instalados na fachada (isto é, acessados pela rua) com aqueles da principal área pública da agência. Com esse arranjo, as salas de caixas eletrônicos tendem a ficar fechadas durante a noite (reduzindo os riscos de segurança), e os clientes que querem acessar tais serviços ficam na rua.

A principal área pública de uma agência bancária (que corresponde a cerca de 70% da área interna) consiste em:

- balcão de recepção, que funciona como ponto focal para os clientes, em uma localização de destaque no centro da principal área pública;
- área de espera, com poltronas ou bancos confortáveis;

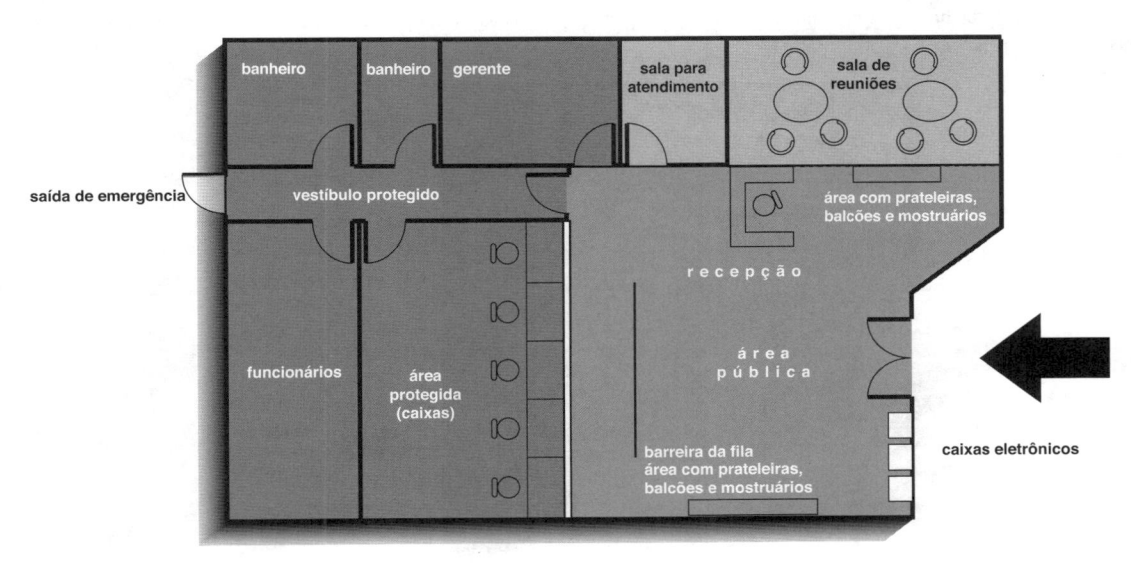

27.3 Leiaute típico de agência de caixa econômica.

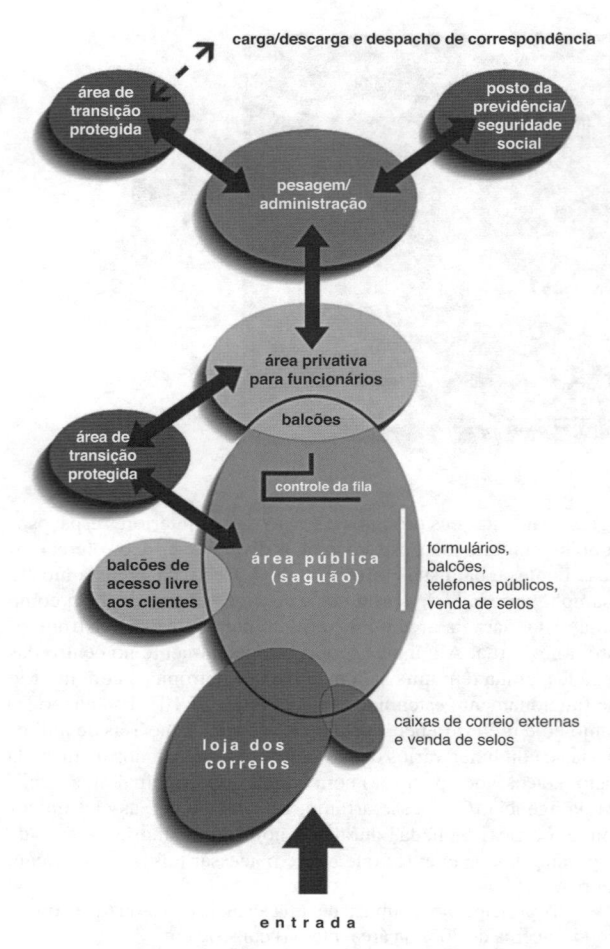

27.4 Diagrama de relações e zoneamento para uma agência dos correios central.

- caixas eletrônicos para depósitos, saques, pagamentos e consultas;
- terminais de Internet banking;
- balcões com caixas abertos ou mesas de atendimento, que podem entregar valores limitados de dinheiro, com espaço para filas;
- espaços para reuniões com clientes;
- salas de reunião fechadas, para os clientes.

A área de apoio protegida consiste em:

- caixas protegidos por vidros de segurança, com espaço para fila;
- caixas eletrônicos e área de serviço por trás destes;
- área administrativa com caixa-forte e cofres de aluguel, para o depósito e a contagem de dinheiro e outros valores;
- vestiários e banheiros para os funcionários.

Não se espera dos arquitetos e projetistas atuais que eles façam um projeto original para um banco, mas que usem seus conhecimentos profissionais para integrar um conjunto de componentes de projeto padronizados de um manual corporativo em um projeto específico para determinado terreno ou ambiente interno pré-construído.

2.2 Caixas econômicas

O projeto das caixas econômicas atuais reflete muito aquele dos bancos. As agências pequenas ainda são organizadas com caixas protegidos, embora as principais áreas públicas sejam muito mais focadas no cliente (na linha das tendências atuais do projeto de bancos), incluindo um balcão de recepção, uma área de espera confortável e espaços reservados para reuniões com os clientes distribuídos em um salão com planta livre. A Figura 27.3 ilustra um leiaute típico de agência de caixa econômica atual.

2.3 Agências dos correios

As relações e zonas de uma agência central dos correios típica são mostradas na Figura 27.4. Haverá a necessidade de uma caixa-forte ou sala protegida, para a guarda e o manuseio de dinheiro, bem como áreas privativas para os funcionários, como nas agências bancárias. Da mesma maneira que nos bancos e nas caixas econômicas, as agências dos correios serão projetadas detalhadamente de acordo com um manual de projeto corporativo, adequando-se a uma variedade de locais e tamanhos, que podem ser um centro de cidade ou um posto franqueado operado dentro de uma loja ou *shopping center*.

A Figura 27.5 mostra o leiaute de uma típica agência central dos correios que inclui uma sala de triagem e uma área para a coleta de encomendas. Atualmente, a principal área pública de uma agência central dos correios costuma incluir uma área significativa para a venda de artigos de papelaria e material de escritório; para o atendimento no balcão, haverá um sistema de fila com senhas eletrônicas assistido por um funcionário. O balcão de atendimento prin-

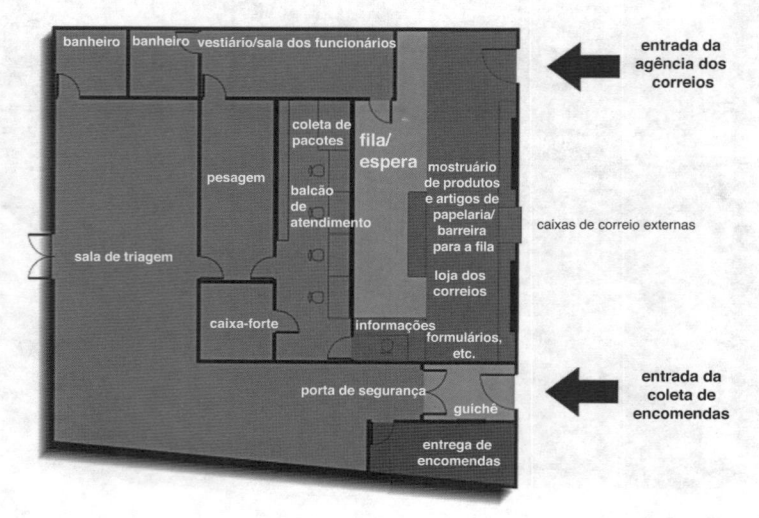

27.5 Leiaute de uma agência de correios, com escritório para triagem e coleta de encomendas.

cipal será do tipo aberto e contará com diversos equipamentos de tecnologia de informação e comunicação em cada posto de trabalho. Às vezes haverá um caixa protegido para o câmbio de moeda estrangeira em um local à parte. Nas agências menores que ficam dentro de outras operações comerciais, os postos de atendimento às vezes serão protegidos por vidro de segurança.

2.4 Casas de câmbio

Os Capítulos 30 e 35 fazem referência a operações que costumam ser incluídas em áreas de comércio. Os balcões de atendimento de grandes lojas e estações rodoviárias, ferroviárias e aeroportuárias geralmente incluem pontos para o câmbio de moeda estrangeira. Esses postos são basicamente caixas com vidro de segurança, projetados de maneira similar aos caixas das agências bancárias. A Figura 27.6 ilustra um leiaute típico.

2.5 Pontos de venda de ingressos e passagens

As estações de transporte que oferecem serviços de reservas e emissão de passagens também exigem balcões protegidos similares àqueles existentes nos bancos. As questões referentes à circulação e à emissão e venda de passagens são descritas no Capítulo 35, porém o projeto do balcão é tratado na Seção 3.3.

2.6 Postos de atendimento do governo (serviços)

Os escritórios municipais, estaduais ou federais da administração direta e indireta e os serviços públicos prestados por terceiros que costumam receber ou fazer pagamentos de benefícios ou tributos incluem, entre outros: postos de atendimento de serviços sociais ou da seguridade social, centros de formação de condutores ("autoescolas"), escritórios da Receita Pública e postos alfandegários, centros de emissão de passaportes (na Polícia Federal), centros de atendimento geral para cidadãos, etc. Esses prédios exigem várias funções similares àquelas encontradas em bancos, como caixas e pequenas áreas de atendimento ou reunião, sejam separadas por divisórias baixas (em uma planta livre), sejam claramente divididas por paredes. Os diferentes aspectos desses elementos são descritos nas Seções 3.3 e 3.4.

3 COMPONENTES PRINCIPAIS

3.1 Caixas eletrônicos

Os caixas eletrônicos hoje estão onipresentes nas principais ruas de comércio, sendo não apenas componentes básicos das áreas

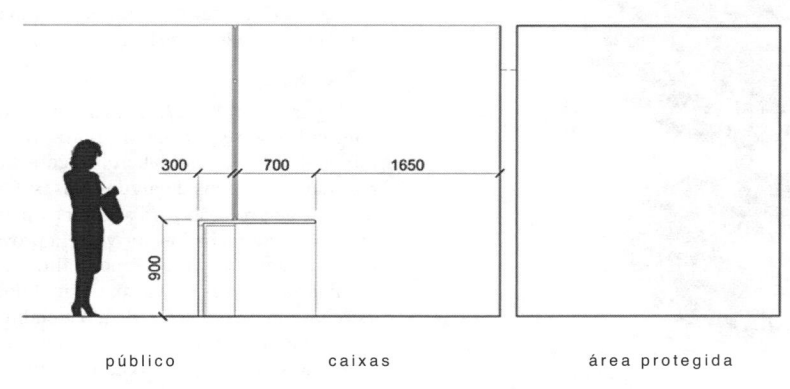

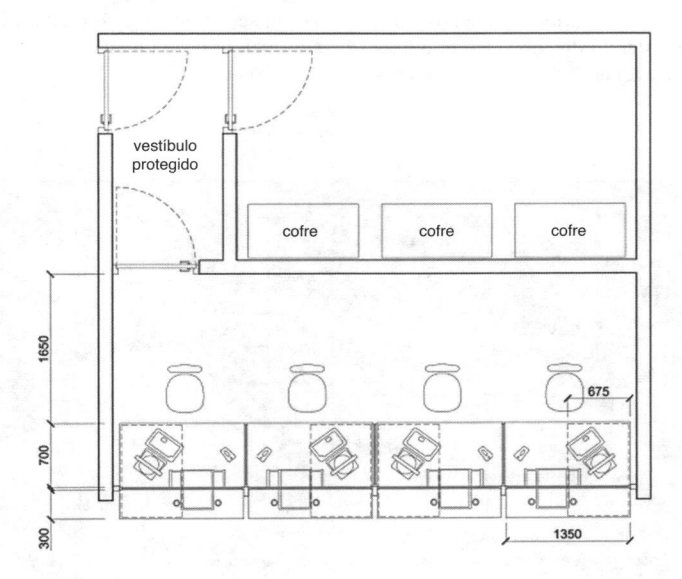

27.6 Leiaute típico de uma casa de câmbio.

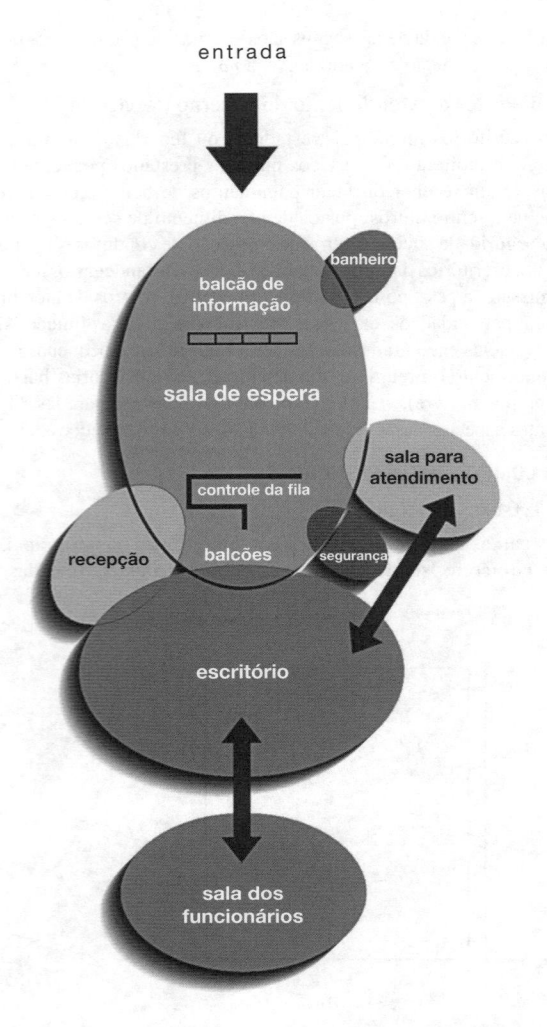

tros de lazer e terminais de transporte. A Figura 27.9 mostra as dimensões típicas dessas máquinas. Nas agências bancárias (especialmente em centros de cidade), o normal é que vários caixas eletrônicos fiquem agrupados junto a uma parede externa ou a uma parede interna (com área de serviço protegida por trás) ou fiquem em uma sala separada que também funciona fora do horário bancário e é acessível pela rua. Essa última opção será descrita a seguir, mas a tendência atual nos bancos de vários países é omitir essas salas que outrora ficavam abertas 24 horas por dia, uma vez que isso reduz os riscos de segurança e os custos de manutenção associados.

Os caixas eletrônicos muitas vezes precisam ser acessados por trás, tanto para o abastecimento de cédulas quanto para a manutenção; nesses casos é necessário que a sala de serviço seja protegida por uma porta de segurança ou esteja na área mais restrita do banco. O acesso deve ser em nível, para que os cadeirantes possam usá-los, e, quando houver mais de um equipamento, pelo menos um deles será adaptado para esses usuários especiais.

3.2 Salas para caixas eletrônicos com horário de funcionamento estendido

A Figura 27.10 mostra um arranjo típico de salas para caixas eletrônicos com horário de funcionamento estendido ou 24 horas por dia. Esses espaços são acessados com o uso de um cartão bancário diretamente pela rua ou área pública (no caso de agências inseridas em *shoppings* e grandes lojas).

3.3 Caixas

As Figuras 27.11 e 27.12 ilustram formas tradicionais de caixas com vidro de segurança; a Figura 27.13 mostra um exemplo de mesas de atendimento abertas e com caixas, que está se popularizando nos bancos de alguns países. Os caixas que exigem uma barreira de proteção para segurança patrimonial e física dos funcionários são fechados por vidro à prova de balas. Nesses casos, há um sistema de microfone e alto-falante, para permitir a comunicação através do vidro, e é incluída uma gaveta ou abertura estreita, junto ao balcão. Para o atendimento de cadeirantes, pelo menos um dos caixas deve ser projetado com acessibilidade, com nível mais baixo. Quando não há grande risco de ataque com armas de fogo, mas ainda há o potencial de agressão física (como ocorre em muitos postos de atendimento do governo), os caixas podem ser projetados com altura ou profundidade maior do que o normal, impedindo que o cliente alcance o funcionário que está do outro lado.

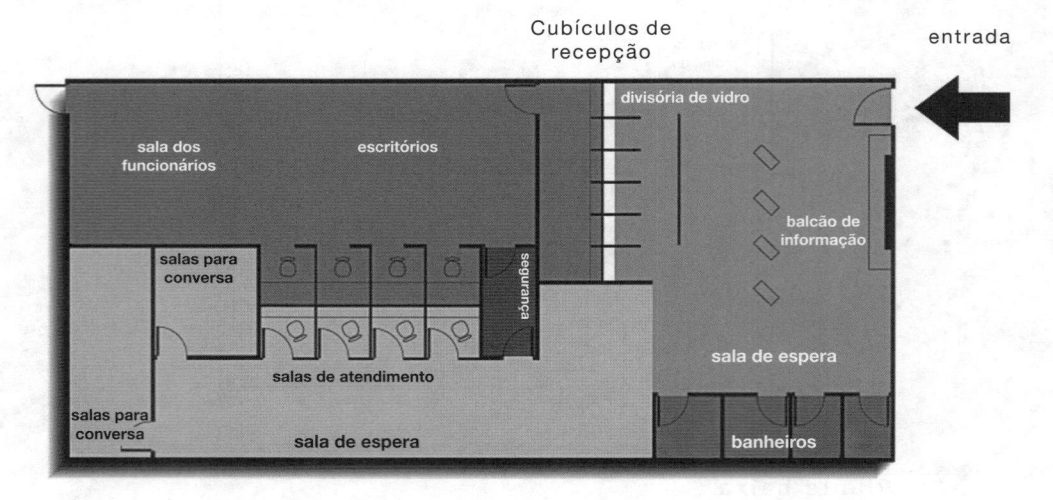

27.7 Diagrama de relações e zoneamento para o escritório Jobcentre Plus.

de circulação dos *shopping centers* e do interior dos bancos e das caixas econômicas, mas também estando disponíveis em outras áreas públicas, como grandes lojas e lojas de departamentos, cen-

27.8 Escritório da Jobcentre Plus.

3.4 Espaços para reuniões e conversas com clientes

A maioria dos tipos de edificação tratados neste capítulo inclui espaços reservados para o atendimento dos clientes. Esses postos podem variar de simples mesas com cadeiras (em áreas de acesso público) a salas separadas por divisórias baixas (em uma planta livre) ou mesmo a salas de reunião totalmente fechadas. Os bancos e as caixas econômicas tendem a usar todas essas versões; as agências dos correios, nenhuma (exceto nas agências principais de cidades grandes, que têm funcionários específicos para oferecer serviços financeiros ou precisam de salas de reunião maiores); os postos de atendimento do governo e de outros serviços públicos em geral exigem algumas salas de reunião fechadas, pois nesses casos é comum a necessidade de privacidade e respeito à sensibilidade dos clientes. Todos esses arranjos incluem a mesma exigência básica: uma mesa ou escrivaninha com assentos para o funcionário e os clientes (veja a Figura 27.14).

3.5 Mobiliário

Essas edificações sempre têm seu mobiliário fornecido por fabricantes ou marceneiros especializados, que atendem aos projetos e às especificações do órgão ou entidade pública ou corporação privada. Logo, como o desenho do mobiliário não costuma fazer parte do escopo do trabalho do arquiteto, esse capítulo não cobre os detalhes e as exigências funcionais desses equipamentos fixos ou móveis. As organizações que encomendam tais espaços têm seus próprios manuais de projeto ou diretrizes de especificação para móveis, bem como outros equipamentos e acessórios fixos. No entanto, há componentes-chave, como caixas, balcões e questões de acessibilidade pública que devem respeitar a legislação pertinente e, portanto, re-

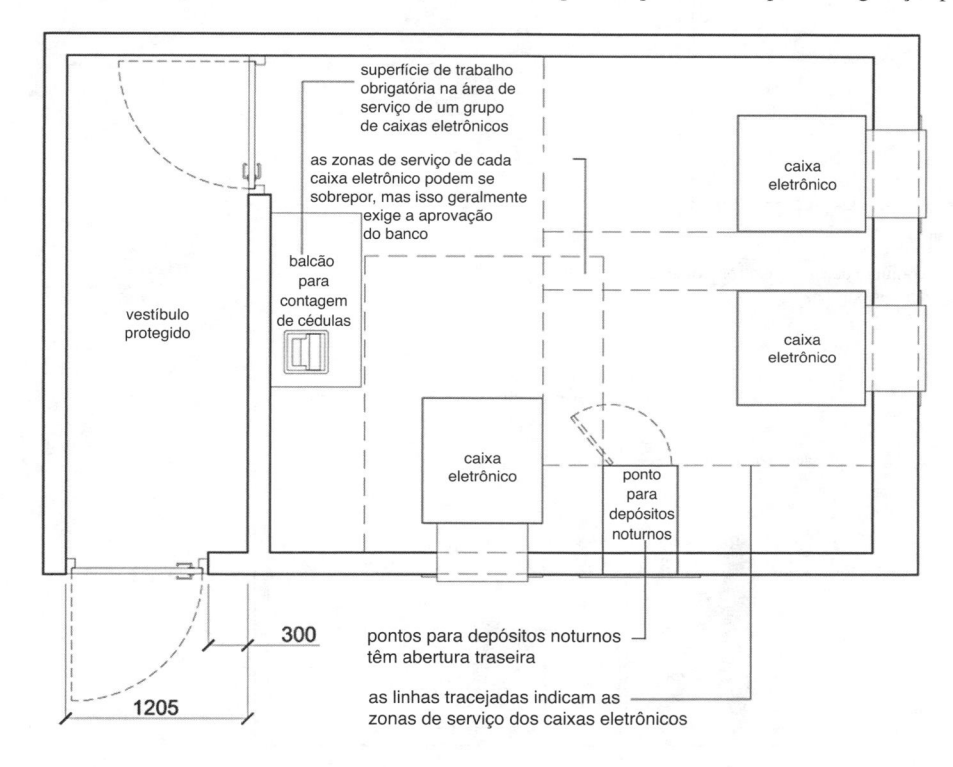

a Planta baixa de uma sala de caixas eletrônicos de um banco voltados para a rua

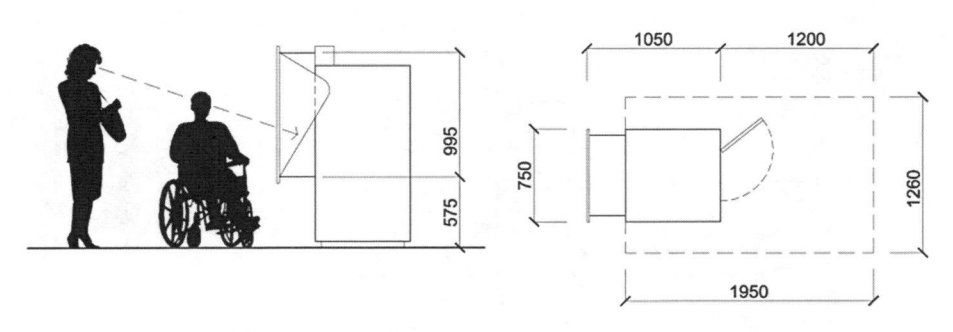

b Dimensões típicas de um caixa eletrônico (mm)

27.9 Leiaute de a) uma área com caixas eletrônicos voltados para a rua e b) dimensões típicas desses equipamentos.

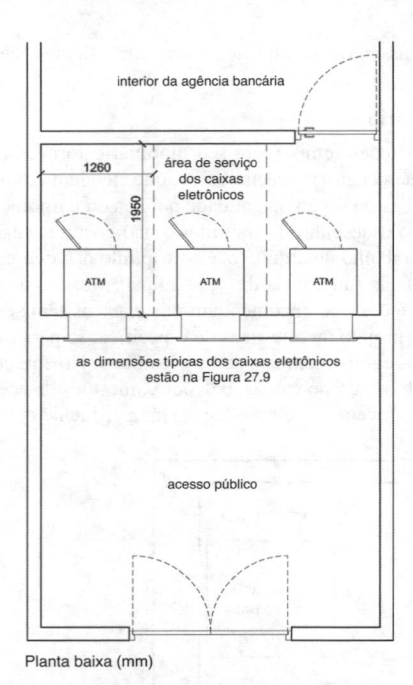

27.10 Leiaute típico para um conjunto de caixas eletrônicos com horário de funcionamento estendido ou 24 horas por dia.

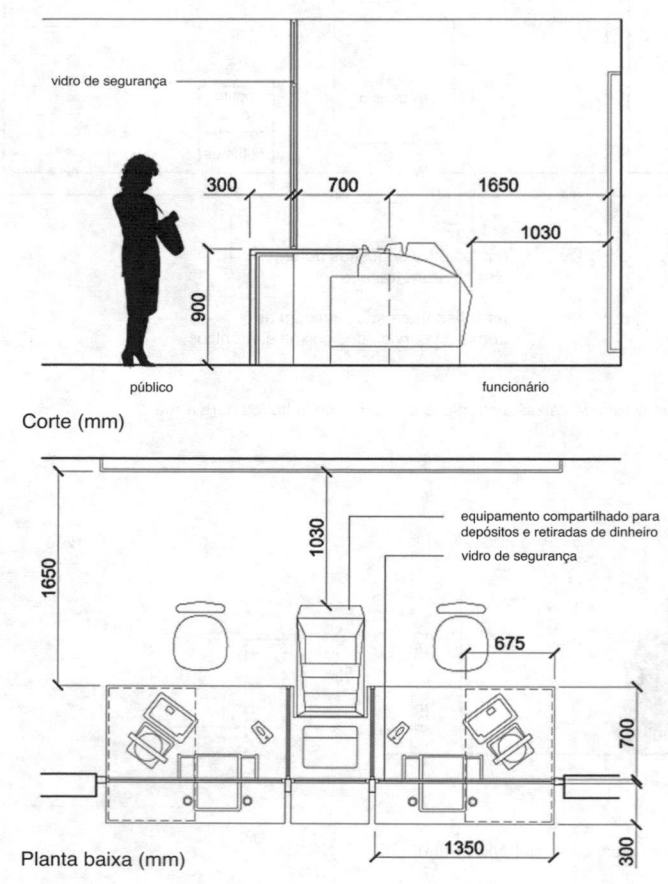

27.11 Caixas com vidraça de segurança.

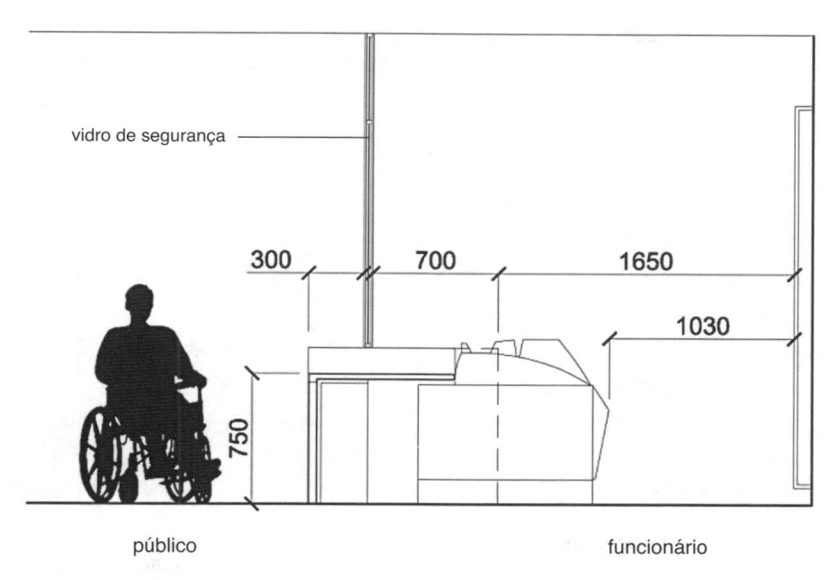

27.12 Caixa acessível e com vidraça de segurança.

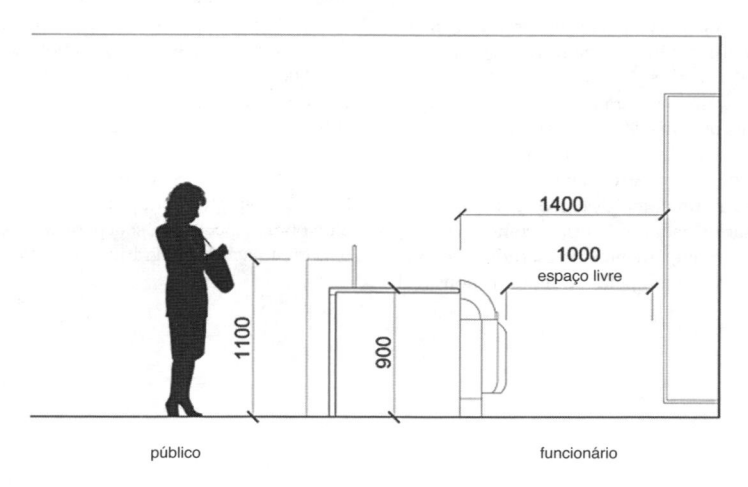

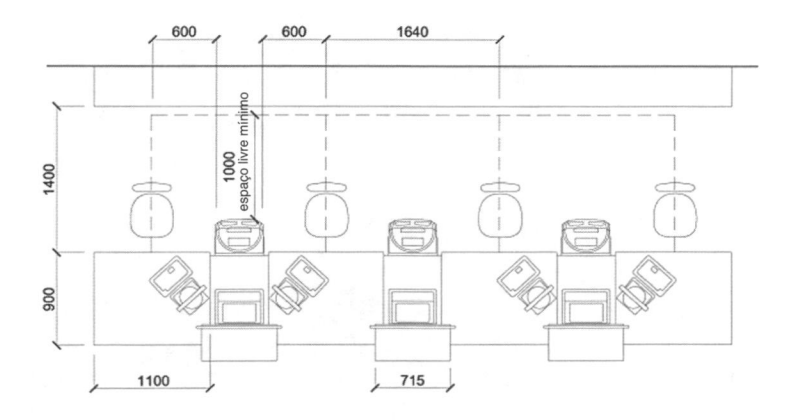

Corte (mm)

Plantas baixas (mm)

27.13 Mesas de atendimento abertas e com caixas.

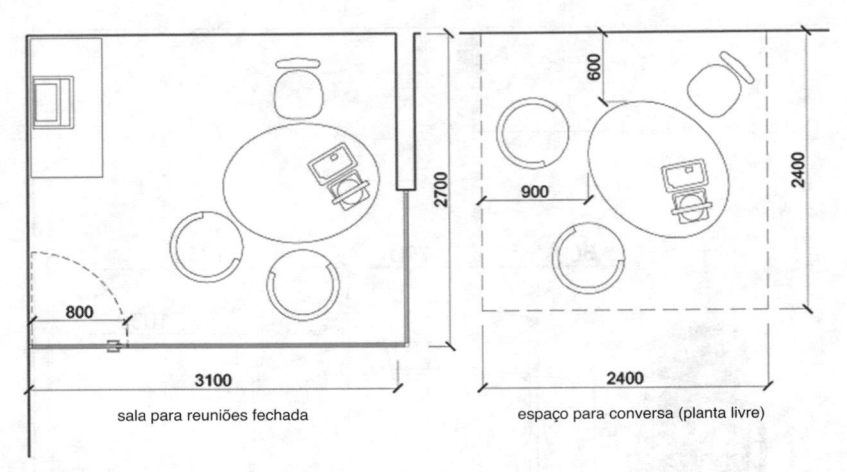

27.14 Espaços para reuniões e conversas com clientes.

querem atenção cuidadosa por parte do projetista, tanto em termos de arranjo quanto de dimensionamento.

4 CONTRATAÇÃO DE ARQUITETOS, INSTALADORES E FORNECEDORES

Um arquiteto ser contratado por um banco para projetar uma agência já é coisa do passado. Cada corporação financeira terá seu próprio departamento responsável pela elaboração de normas, diretrizes e detalhes para os manuais de projeto, que serão fornecidos aos arquitetos e projetistas envolvidos na reforma de um interior ou na criação completa de uma nova agência. O manual de conceito da marca de cada instituição costuma compreender vários leiautes padronizados para cada tipo de localização, assim como desenhos detalhados de todos os componentes necessários para um interior, como materiais de sinalização gráfica, móveis e equipamentos de escritório: tudo já forma um *kit* pronto para ser distribuído pelo arquiteto responsável por um projeto.

As equipes de projetistas que elaboram esses manuais às vezes são terceirizadas e indicadas pelos fornecedores – nesses casos a instituição apenas fornece o programa de necessidades. Assim, em geral, o escopo de trabalho do arquiteto, projetista de interiores ou instalador é aplicar os desenhos padronizados a um interior específico e obter a aprovação legal necessária para a execução da obra. De modo similar, as caixas econômicas, as agências de correios, as casas de câmbio, e outros postos de atendimento específicos contratarão especialistas, que, por sua vez, contratam seus projetistas para aplicar os projetos padronizados a cada situação.

Os órgãos e as entidades da administração pública usarão seus departamentos de arquitetura e engenharia para os projetos ou licitarão contratos com projetistas, instaladores e fornecedores, seja para obras específicas, seja para um conjunto de projetos para todo o país ou uma área geográfica específica.

Templos e locais de culto 28

Leslie Fairweather, Ian Brewerton, Atba Al-Samarraie, David Adler e Derek Kemp

CI/Sfb: 6

A seção sobre a Igreja Anglicana foi revisada por Maurice Walton em 2011

PONTOS CHAVE:
- *Os arquitetos que projetarem edificações religiosas e locais de culto sempre deverão estudar as tradições e os rituais em um nível mais profundo do que seria necessário para o trabalho com outros tipos de prédio*
- *Em igrejas e outras edificações cristãs, muitas vezes as intervenções arquitetônicas implicam a inclusão de alguns espaços seculares ou comunitários que permitem à paróquia aumentar sua participação na sociedade e, em certos casos, melhorar o angariamento de receitas*

Conteúdo

1 Introdução

PARTE A Um guia para grupos religiosos cristãos

2 Igreja anglicana
3 Igreja católica romana
4 *United Reformed Church*
5 Exército da salvação
6 Igreja metodista
7 Igreja batista e batistérios
8 Quakers (*Religious Society of Friends*)
9 Centros pastorais

PARTE B Dados de projeto

10 Altar ou mesa de comunhão
11 Mobiliário do santuário e púlpito
12 Pia batismal
13 Guarda das óstias sagradas
14 Arranjos gerais
15 Vestiários e sacristias
16 Confessionário
17 Órgão e coro

PARTE C Locais de culto não cristãos

18 Sinagogas
19 Mesquitas
20 Templos hindus
21 *Gurdwaras* (Siquismo)

PARTE D Informações adicionais

22 Crematórios no Reino Unido
23 Referências bibliográficas

1 INTRODUÇÃO

1.1 Escopo

Este capítulo trata de templos e locais de culto de diferentes grupos religiosos cristãos, sinagogas, mesquitas e templos hindus. Discutiremos apenas os pequenos centros de culto, sem tratar de edificações maiores (como as catedrais) ou daquelas com espaços comunitários, que não diferem significativamente dos espaços comunitários das edificações seculares.

1.2 História e tradição

Na arquitetura de locais de culto das religiões mais antigas, o arquiteto é obrigado a se preocupar com a tradição (muito mais do que o faria em outras áreas). Os usuários desses locais estão mais conscientes e sensíveis em relação à história do que os outros em geral. Eles não permitirão que o arquiteto ignore os precedentes estabelecidos e contam com uma perfeita compreensão deles. Todavia, grande parte das novas "Igrejas Comunitárias" espera uma abordagem diferente, com uma arquitetura mais próxima à das edificações atuais do que aos precedentes estabelecidos. Esses novos movimentos influenciaram significativamente os grupos religiosos mais tradicionais, resultando no abandono das liturgias conduzidas por um único homem em favor da participação dos membros da congregação. São necessárias edificações com grandes intercolúnios para acomodar as inúmeras congregações – espaços com capacidade para 500 a 1.000 assentos não são raros. Nesse caso, a reciclagem de depósitos comerciais desativados e estruturas semelhantes é o ideal.

Os detalhes exatos referentes ao tipo de culto e ao programa de necessidades da edificação devem ser discutidos com os clientes específicos; também é preciso compreender perfeitamente as implicações arquitetônicas. Um manual geral e relativamente detalhado que contém a história, os procedimentos e as formas de culto (com suas respectivas implicações arquitetônicas) da Igreja Anglicana, da Igreja Católica Romana, da Igreja Presbiteriana, do Exército da Salvação, da Igreja Metodista e da Sociedade Religiosa dos Amigos pode ser encontrado no *Church buildings* (Edificações de Templos e Locais de Culto), publicado originalmente como uma série no *The Architects' Journal* e, em seguida, como livro.

1.3 Projetos ecumênicos locais

Algumas igrejas protestantes – principalmente a Igreja Metodista e a *United Reformed Church* – estão se unindo para formar Projetos Ecumênicos Locais (LEP, acrônimo em inglês), tanto para expressar visualmente a unidade da igreja quanto para admitir a redução do número de fiéis e dos recursos. Nesses locais, as congregações unidas podem continuar a cultuar separadamente em instalações compartilhadas ou se unir para formar uma única congregação que reconhece as práticas de todos os grupos religiosos envolvidos. A edificação talvez pertença a uma das congregações ou (em casos raros) terá sido construída especialmente para esse fim.

1.4 Outros fatores

Alguns projetos são criados conforme a *Sharing of Churches Act* (Lei do Compartilhamento de Igrejas), que impõe algumas normas legais além das exigências particulares dos participantes. Isso talvez seja relevante para os projetistas, já que o investimento de capital nas edificações é uma das áreas previstas pela lei. Para cada LEP local, há (ou deve haver) um "Acordo de Compartilhamento" formal, que estabelece seus termos. Os arquitetos envolvidos em um LEP precisam dedicar bastante tempo e atenção à formulação do programa de necessidades, uma vez que, com frequência, há tensões naturais em projetos desse gênero.

PARTE A Um guia para grupos religiosos cristãos

2 IGREJA ANGLICANA

2.1 Edificações e sua utilização para cultos e orações

Após a Reforma, a Igreja da Inglaterra herdou muitas edificações medievais (em sua maioria góticas), com orientação leste-oeste bem marcada e onde grande parte do culto fica afastada da congregação. Nesse caso, as pessoas já não se sentiam envolvidas com a igreja em uma missa comum e acabavam se tornando espectadoras em uma postura individualista, e não coletiva, em relação à liturgia. Atualmente, a igreja está em um período experimental, onde há uma maior expressão da natureza coletiva do culto, da importância equivalente da Palavra do Senhor (que precisa ser ouvida) e dos Sacramentos – tudo isso no interior de uma edificação que permanece fiel à noção anglicana de proporção.

2.2 O altar, o sacerdote e as pessoas

As influências da Reforma e, posteriormente, do Movimento de Oxford, resultaram em variações no leiaute dos santuários. O Livro de Oração Comum (Book of Common Prayer, 1662) fica sobre a mesa ou altar, contra a parede leste, e o sacerdote posiciona-se na extremidade norte, em uma das cabeceiras da mesa (Figura 28.1). Em muitas igrejas, esse arranjo foi modificado, e o pastor volta-se para o leste (Figura 28.2).

Considerou-se, contudo, que isso contrariava o espírito da liturgia anglicana. Assim, os altares foram deslocados para o oeste, e o sacerdote ficou de frente para os fiéis do outro lado do altar (Figura 28.3).

Algumas igrejas mais recentes aproximam o público ainda mais do altar e do sacerdote, posicionando esses no centro de uma planta baixa quadrada ou circular, com assentos em três dos lados. A Figura 28.4 mostra a planta baixa da igreja londrina de São Paulo em Bow Common (Church of Saint Paul at Bow Common), projetada em 1960 por Robert Maquire e Keith Murray.

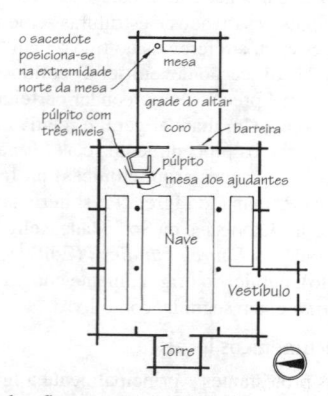

2.3 Principais sacramentos

Há vários sacramentos na Igreja Anglicana, como:

- Cultos para todas as idades
- A eucaristia
- As matinais e orações da tarde
- O batismo
- A confirmação
- A cerimônia de casamento
- O enterro dos mortos

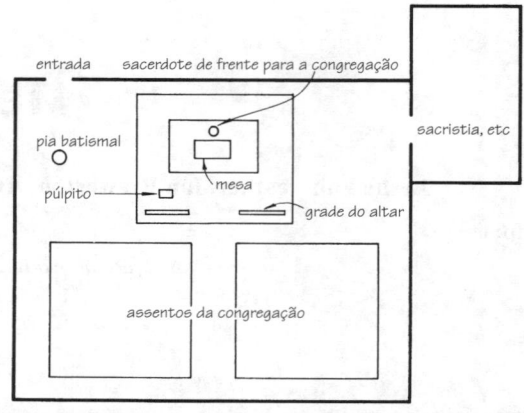

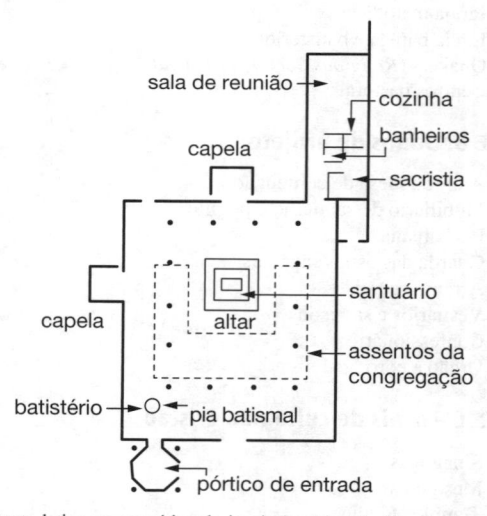

28.3 Uma das muitas opções de planta baixa onde o sacerdote fica de frente para a congregação e atrás do altar. Os assentos podem ser distribuídos em torno das três laterais do altar.

28.1 A mesa do altar fica contra a parede ao leste; o sacerdote fica na extremidade norte.

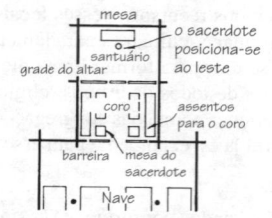

28.2 Posicionamento ao leste: o sacerdote fica de frente para o altar e de costas para a congregação.

28.4 Planta baixa esquemática da igreja londrina de São Paulo em Bow Common.

2.4 Projeto da igreja

Com a exceção do altar, os princípios gerais do leiaute e do projeto são os mesmos que se aplicam à Igreja Católica Romana e à Igreja Metodista. Eles serão descritos, com detalhes dedicados ao altar, nas Seções 3, 4, 5 e 6.

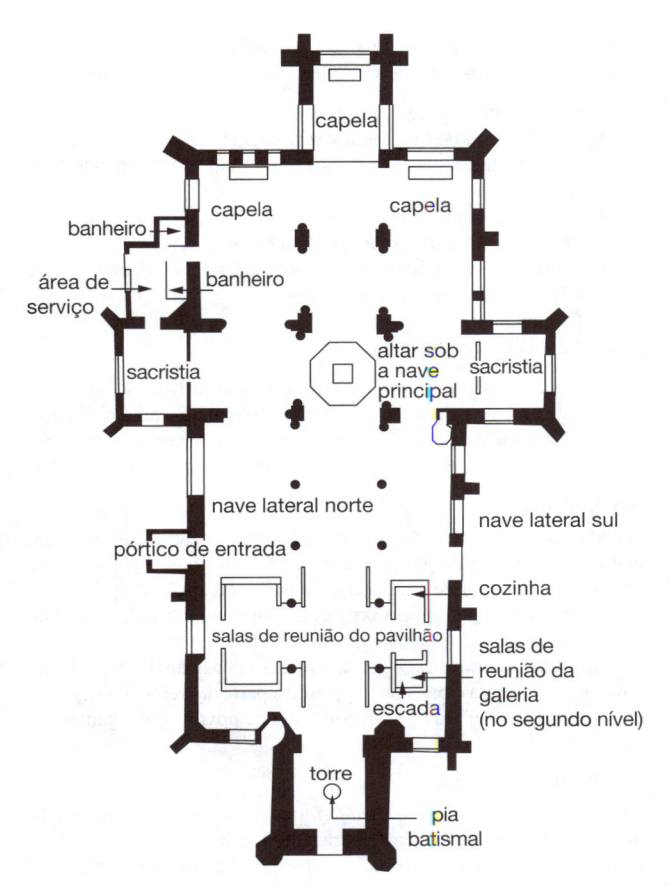

28.5 Planta baixa da Igreja de Santo André em Farnham.

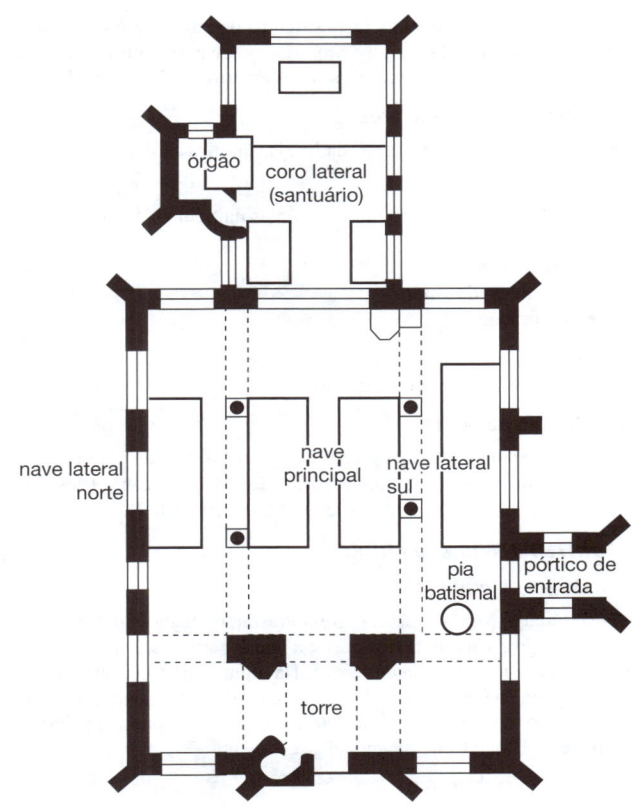

28.6 Planta baixa da Igreja de Todos os Santos em Flore.

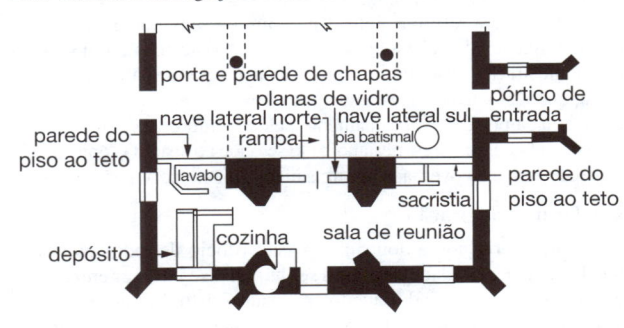

28.7 Planta baixa parcial da Igreja de Todos os Santos em Flore após a reforma.

2.5 Reformas e ampliações em igrejas existentes

Embora existam algumas novas igrejas sendo erguidas, a maioria das obras se refere à construção de espaços para a comunidade, salas de reunião, banheiros e cozinhas. Em edificações tombadas, todas as propostas são analisadas com muito cuidado pelas secretarias de obras municipais e pelo Instituto do Patrimônio Histórico Inglês. As decisões recentes indicam que as propostas geralmente aceitas são aquelas que podem ser revertidas e não interferem nas estruturas existentes, ou seja, sugerem anexos. Vejamos alguns exemplos que ilustram bem algumas abordagens.

Igreja de Santo André (Church of Saint Andrew), Farnham (projeto de Ptolemy Dean Architects Ltd., Figura 28.5)
Tirou-se partido do terreno amplo para criar um pavilhão de madeira e vidro com dois pavimentos na extremidade oeste (o Westwerk) da nave principal e das laterais, sem qualquer apoio na edificação já existente. O pavilhão acomoda salas de reunião e uma cozinha e tem uma galeria para reunião e visualização da igreja no segundo nível. O altar está centralizado, com assentos nos quatro lados.

Igreja de Todos os Santos (Church of All Saints Flore), Flore (projeto de Stimpson Walton Bond, 2001, Figuras 28.6 e 28.7)
Igreja medieval com teto plano georgiano. Suas paredes são desadornadas, com cornijas e painéis nos dados. As duas naves laterais flanqueiam a torre oeste. Toda a extensão da extremidade oeste está separada das naves laterais por paredes altas (do piso ao teto), e a torre medieval tem arcos envidraçados, criando um espaço para reuniões, banheiro, cozinha e sacristia.

3 IGREJA CATÓLICA ROMANA

3.1 O culto religioso como um ato coletivo

O termo "católico apostólico romano" (ou, para seus membros, simplesmente "católico") descreve a comunidade cristã que aceita continuamente a autoridade do Papa. O principal problema enfrentado por uma comunidade que está construindo uma igreja católica é que, embora o prédio precise se adequar à liturgia atual, a comunidade e o arquiteto também precisam prever, na medida do possível, quais serão as possíveis alterações na forma dos sacramentos.

Novamente, a natureza coletiva da igreja católica é enfatizada. Por séculos, a participação na Igreja Católica foi extremamente individualista. A congregação deve participar da ação litúrgica, em vez de simplesmente assistir a ela. O batismo voltou a ser o ato coletivo da reunião local, mas ainda é conduzido como uma cerimônia privada realizada para atender aos pais, no qual apenas eles e seus amigos compareçam. O arquiteto precisa viabilizar o batismo coletivo na igreja, ainda que, por algum tempo, ele não venha a ser praticado.

A existência de associações dentro da paróquia é muito importante para sua vida social; o arquiteto precisa descobrir quais são esses grupos, o que eles fazem e se é necessário ou não acomodá-los.

3.2 Principais sacramentos

Os seis principais sacramentos da Igreja Católica são:

- A missa
- A liturgia da Páscoa (as cerimônias da Semana Santa)
- O batismo
- O casamento
- O enterro dos mortos
- As orações

As outras atividades litúrgicas incluem benção, consagração, ordenação, confirmação e ordenamento.

3.3 Projeto da igreja

Com a exceção do altar, os princípios gerais do leiaute e do projeto são os mesmos que se aplicam para a Igreja Anglicana. Eles são mostrados, com detalhes reservados ao altar, na Parte B.

4 *UNITED REFORMED CHURCH*

4.1 Origens e edificações

Ela surgiu a partir da fusão da Igreja Presbiteriana da Inglaterra e da Igreja Congregacional da Inglaterra; a maior parte das Congregações Escocesas se unirão a ela em breve. Há alguns anos, ela também se uniu à Igreja da Ciência Cristã. Várias Igrejas Congregacionais da Inglaterra não se uniram à *United Reformed Church* e continuam fazendo parte da União Congregacional.

4.2 Igreja Presbiteriana

A Igreja Presbiteriana da Escócia permanece separada: ela alega ser a continuação da igreja celta.

Durante a reforma, John Knox, um de seus líderes, foi fortemente influenciado pelo suíço Calvino, e foi basicamente seu sistema de administração e estrutura da igreja, além de grande parte de sua teologia, que Knox trouxe para a sua igreja. Esse sistema no qual a igreja é governada por cortes, basicamente pelos membros da congregação, é conhecido como "presbiteriano"; ele se opõe ao sistema "episcopal", no qual a igreja é governada por uma hierarquia nomeada por terceiros.

4.3 Formas de oração

A Reforma originou a doutrina do "sacerdócio de todos os fiéis": não havia a necessidade de algum ser humano se interpor entre Deus e o fiel; o único mediador aceito era Jesus Cristo. Portanto, não havia uma boa razão teológica para a existência de um santuário, ou seja, uma "área cercada" em uma *United Reformed Church* ou em uma Igreja Presbiteriana.

Todos participam do culto em si e do ato sacramental. Nesse caso, o santuário é simplesmente o local onde se realiza o ato principal; a congregação participa do ato de maneira fundamental e quanto mais perto estiver dele, melhor. Hoje, há um distanciamento relativamente generalizado do formato retangular da igreja tradicional em favor de uma forma mais aberta, onde é possível expressar a noção de reunião dos fiéis em torno da Palavra do Senhor e dos sacramentos – representados pelo púlpito e pela mesa da comunhão.

As tendências atuais buscam enfatizar a conexão entre a sala de culto e os cômodos usados para fins seculares, evitando que haja uma separação completa entre as atividades semanais e as atividades de domingo da congregação. As condições econômicas podem levar à construção de edificações multifuncionais onde apenas uma parte é reservada exclusivamente para o culto religioso, enquanto o restante atende a outros fins, por meio do uso de partições móveis e divisórias.

4.4 Principais sacramentos

Há uma ampla variedade de práticas no interior da *United Reformed Church* (refletindo as práticas das Igrejas Presbiterianas, Congregacionais e da "*Churches of Christ*"), e as igrejas locais talvez adotem práticas próprias. Os tipos de sacramentos geralmente realizados são:

- Cultos públicos regulares pela manhã
- Oração da tarde que, cada vez mais, está assumindo diferentes formatos, embora possa ser, em grande parte, apenas uma repetição da missa matinal
- Conforme supracitado, com o acréscimo de um ou outro sacramento, a santa comunhão ou o batismo
- Conforme supracitado, com a ordenação dos sacerdotes ou a admissão de novos comungantes
- Casamentos
- Missas fúnebres são raras

Após a fusão com a *Churches of Christ*, a *United Reformed Church* atualmente reconhece e pratica tanto o batismo adulto de mesmo nome por meio da imersão (e para tanto deve haver um batistério, conforme a Seção 7) quanto o batismo de bebês na pia batismal.

4.5 Ministro

O andamento da celebração fica quase completamente a cargo do ministro, que pode optar por passar o sacramento inteiro em cima do púlpito ou participar dele a partir do púlpito, ou ainda atrás do altar, usando o púlpito apenas para pregar. O ministro pode passar do púlpito para a mesa da comunhão para receber o ofertório e certamente o fará na hora de administrar o sacramento. A pia batismal será, evidentemente, usada para o batismo, enquanto a parte da frente dos degraus do santuário é reservada para a admissão de novos comungantes ou para a ordenação dos sacerdotes.

4.6 Projeto da igreja

Em geral, os sacerdotes da *United Reformed Church* (e os membros da Sessão do Kirk da Igreja Presbiteriana da Escócia) se sentam entre a congregação. Ainda que a condução dos sacramentos varie bastante, a maior parte dos discursos geralmente é feita pelos ministros. A congregação fica sentada durante as orações e não se ajoelha em genuflexórios. Os bancos são vistos como uma extensão da mesa da comunhão; dessa forma, a congregação está, na verdade, sentada ao redor da mesa. Os devotos permanecem em seus assentos durante o sacramento, e os elementos da comunhão são levados até eles pelos sacerdotes.

O batismo deve ocorrer na frente da congregação e, consequentemente, a pia batismal ou batistério precisa estar à vista de todos. A pia batismal deve ficar na frente (e, provavelmente, em uma das laterais) da mesa da comunhão, em um nível levemente mais baixo. Ela pode ser móvel, mas o ideal é que ocupe um local permanente no interior do santuário. Não precisa estar na entrada da igreja. Não há exigências específicas de projeto para os sacramentos do Natal ou da Páscoa.

Recomenda-se que haja uma nave central para as cerimônias de casamento.

O coro deve ficar em um local visível para a congregação, mas não no santuário.

São poucas as atividades sociais relacionadas ao culto, mas talvez seja necessária uma área de apoio para fins sociais e educacionais fora do horário dos sacramentos.

Vários aspectos do projeto são semelhantes àqueles que se aplicam à Igreja Anglicana. As principais diferenças são listadas a seguir:

- A mesa da comunhão é realmente uma mesa, e não um altar. Em geral, ela é retangular, mas não há restrições em relação aos outros formatos. As dimensões básicas são apresentadas na Seção 10.
- Um atril não é essencial, mas, se houver, deve seguir as dimensões indicadas na Seção 11. Ocasionalmente, os púlpitos são projetados como um elemento contínuo, com níveis superiores e inferiores.
- O púlpito pode ocupar uma posição central à frente, em uma das laterais ou, mais raramente, atrás da mesa da comunhão. Ele não

deve ser mais alto do que o necessário, para que a congregação consiga ver o pregador. O projeto geral é descrito na Seção 11.
- Deve haver uma cadeira para o ministro em posição central atrás da mesa da comunhão, geralmente com apenas um assento adicional de cada lado para os sacerdotes. Uma das alternativas consiste em colocar assentos para os sacerdotes contra a parede dos fundos do santuário.
- Além da sacristia, é preciso fornecer uma sala de reuniões. Ali os sacerdotes (ou membros da Sessão do Kirk, no caso da Igreja Presbiteriana da Escócia) se reúnem antes dos sacramentos e preparam a comunhão.

5 EXÉRCITO DA SALVAÇÃO

5.1 Origem

O Exército da Salvação foi criado em reuniões evangélicas conduzidas no leste de Londres, em 1865, pelo Reverendo William Booth, ministro da *Methodist New Connection*. Booth decidiu levar a igreja até as pessoas. Seus cultos eram feitos ao ar livre, em tendas e em teatros; posteriormente, ele construiu quartéis e fortalezas onde seus convertidos podiam realizar reuniões. Seus cultos eram sensacionais: havia bandas de música tocando canções seculares para acompanhar os hinos; os convertidos (soldados) usavam uniformes. Booth tornou-se um "general" e conduzia a organização em um estilo semimilitar. Homens e mulheres possuíam os mesmos direitos na administração. Booth acreditava que o trabalho social, o cuidado das pessoas pobres e a reabilitação dos excluídos eram essenciais para sua missão como cristão.

A Missão Cristã, como era chamada inicialmente, se expandiu além de todas as expectativas e, em 1878, passou a ser conhecida como Exército da Salvação. Conforme suas crenças, o grupo é ortodoxo, evangélico e profético. Os corpos se reúnem para os cultos em um salão – uma edificação multifuncional às vezes chamada de fortaleza, templo ou quartel. Ocasionalmente, há dois salões dentro do mesmo complexo: um para os soldados e outro para os oficiais, respectivamente. Os serviços religiosos e as atividades sociais podem ser conduzidos em ambos os salões ou em apenas um deles.

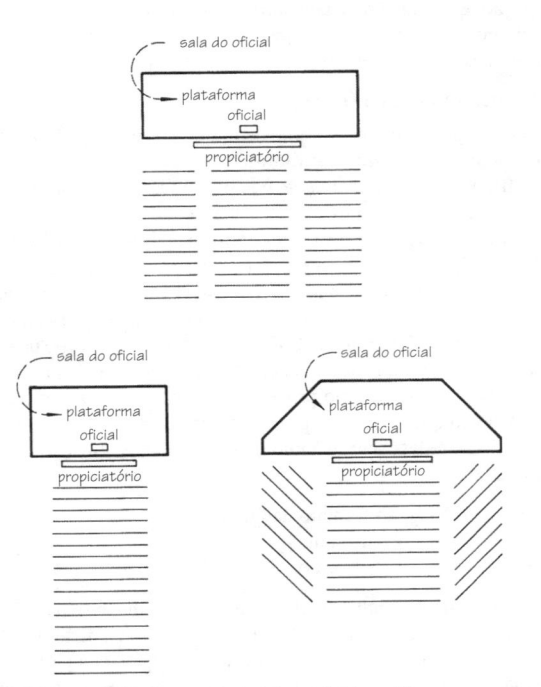

28.8 Exército da Salvação: possíveis leiautes básicos. Observe que o acesso entre a sala do oficial e a plataforma pode ser feito lateralmente ou pelos fundos.

5.2 Cerimônias

As cerimônias se dividem em dois tipos:

- Missas comuns realizadas aos domingos – de manhã, à tarde e à noite
- Cerimônias que envolvem casamentos, funerais, missas em memória, concílios, juramento de soldados e apresentação das cores (é possível incluir essas cerimônias em uma das missas comuns)

As implicações arquitetônicas são mostradas na série de diagramas das Figuras 28.8 a 28.13.

5.3 Projeto do salão de culto

Não há o sacramento da comunhão e, visualmente, os ícones religiosos não são elevados nem colocados em alguma parte específica da

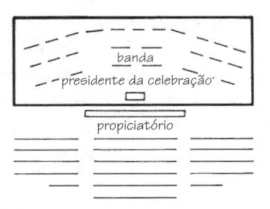

28.9 Festival de Louvor.

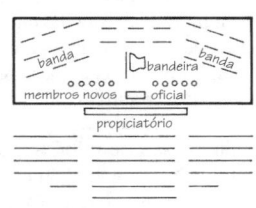

28.10 Cerimônia de juramento.

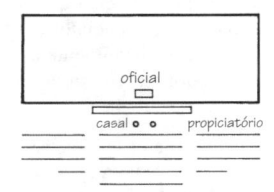

28.11 Casamento.

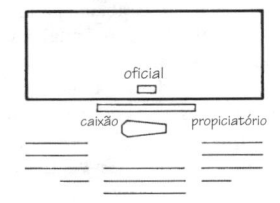

28.12 Funeral.

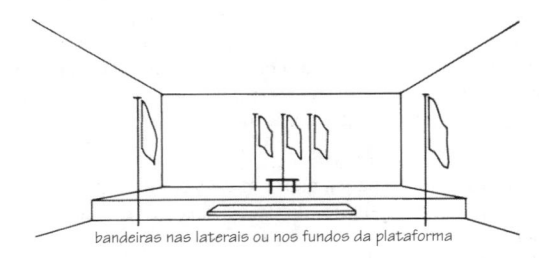

28.13 Cerimônia de apresentação das cores.

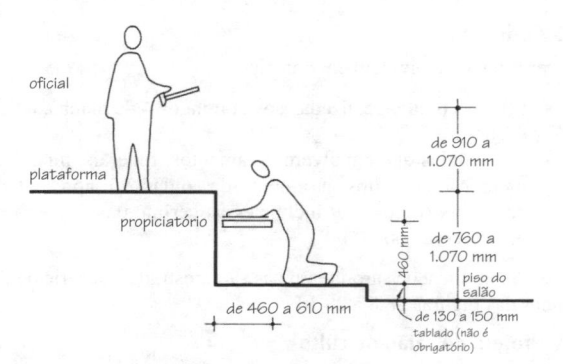

28.14 Propiciatório.

edificação. A pia batismal, o atril, o púlpito, a mesa da comunhão e o altar não são importantes para o tipo de culto do Exército da Salvação. Em todos os salões do Exército da Salvação deve haver um local para o propiciatório, Figura 28.14. Ele é um pranchão comum de madeira, geralmente colocado em frente à plataforma perante a congregação, e se trata de um local onde os penitentes cristãos e não cristãos podem se ajoelhar a qualquer momento.

Plataforma
A plataforma é necessária para acomodar, em diferentes ocasiões, os oficiais que desempenham uma função de liderança durante o culto; a banda (possivelmente uma banda visitante, que talvez seja maior do que o previsto); a brigada de cantores ou um coro visitante.

O tamanho da plataforma depende das condições locais e das exigências, mas o ideal é prever aproximadamente 0,5 a 0,6 m² por pessoa (sentadas em fileiras). A plataforma não deve ser inferior a 4 ou 5 m; em geral, ela ultrapassa esse valor. Sua altura em relação ao piso do salão geralmente deve ficar entre 760 mm e 1.100 mm, mas é preciso considerar as linhas de visão em relação ao piso tanto sobre a plataforma quanto no interior do salão.

Se houver uma galeria, é preciso que todos os assentos tenham condições de visualizar o propiciatório. Os assentos móveis, em vez de bancos fixos, são invariavelmente usados na plataforma e no salão, uma vez que a flexibilidade é muito importante.

Salão
Para o pré-dimensionamento da área total do salão, considere 0,56 m² para cada pessoa que será acomodada. As passagens não devem ter menos de 1,35 m de largura. A distância entre a parte da frente do propiciatório e os primeiros assentos da congregação não deve ser inferior a 1,5 m. O formato de um retângulo largo, um polígono ou um quadrado é considerado mais satisfatório do que um retângulo longo e estreito.

As exigências incluem uma acústica razoável devido aos discursos, ao canto do coral e ao desempenho da banda de música. É preciso que haja um nível razoável de luz natural e um padrão razoável de iluminação artificial, tanto sobre a plataforma quanto no centro do salão. Na maioria dos casos, a ventilação deve ser natural.

Sala dos oficiais
A sala dos oficiais (sacristia) serve como um ponto de encontro para os líderes ou presidentes das reuniões e para os oficiais da cerimônia, que se encontrarão na sala antes de assumirem seus lugares sobre a plataforma. A sala precisa acomodar entre duas e 10 pessoas. O registro das tropas será armazenado nesta sala. Toaletes serão necessários (geralmente um para cada sexo).

Vestiários
Deve haver lavatórios para ambos os sexos nas proximidades ou em áreas contíguas aos vestíbulos dos salões dos oficiais e dos soldados. Haverá um vestiário feminino na sala dos cantores e um vestiário masculino na sala da banda.

Depósitos
Será necessário um depósito na sala da banda para armazenar os instrumentos, os suportes para partitura e as partituras. A sala também será usada para reuniões, instruções e como vestiário. A área mínima representada geralmente fica entre 23 e 28 m². Os instrumentos são armazenados em armários individuais com chave adequados ao tamanho de cada um; deve haver um depósito pequeno para os instrumentos de reserva e um armário com prateleiras para as partituras.

Na sala de canto, será necessário um depósito para um órgão de tubos portátil ou um órgão portátil elétrico com amplificador, além das partituras. A sala também será usada para reuniões, instruções e como vestiário para os membros do sexo feminino (em uma brigada de tamanho médio, elas geralmente formam um grupo de 20 a 30 pessoas). A área mínima é de 18,5 m².

Onde há atividades da tropa, pode haver uma banda de soldados e uma companhia de canto (o coro dos soldados). Será necessário um depósito para os instrumentos da banda e para as partituras da companhia de canto.

Se houver uma sala separada para os soldados, o depósito será localizado ali. As demais atividades sociais e em clubes talvez exijam depósitos próprios.

6 IGREJA METODISTA

6.1 Origem

A Igreja Metodista se desmembrou da Igreja Anglicana durante o século XVIII e foi fundada por John e Charles Wesley. Uma das principais características do novo movimento foi a introdução de pregadores leigos ou, como se tornaram conhecidos, pregadores locais. A forte ênfase sobre a pregação evangélica se baseia na tradição metodista: "O Metodismo é nada se não for evangélico".

A igreja ou capela geralmente é reservada apenas para as orações, ainda que reuniões, palestras e recitais de música de caráter especificamente religioso também possam ser realizados em seu interior. Um salão multifuncional, com um santuário que possa ser fechado por uma cortina ou divisória, também costuma ser usado para orações durante os primeiros estágios da formação de uma congregação. É possível que haja outras unidades no interior do complexo (como salas de aula, salas para o encontro de clubes e salões de reunião), seja para fins religiosos ou seculares.

6.2 Cerimônias e edificações

O tipo de igreja necessário hoje acomoda entre 100 e 300 pessoas. A influência do movimento litúrgico fica clara em alguns aspectos específicos, mas principalmente na nova ênfase colocada sobre a importância dos sacramentos na vida da igreja e no uso cada vez mais frequente de orações padronizadas e formas litúrgicas do sacramento. O altar, portanto, volta a ser visto como a mesa do Senhor, usada pela família. A pia batismal não é mais vista como o local que possibilita um ato de magia. Ela é o local onde (e pelo meio do qual) a pessoa batizada é sacramentalmente incorporada ao corpo de Cristo. Essa redescoberta da laicidade, da mesa do Senhor e da pia batismal precisa ser considerada no projeto da igreja, uma vez que faz parte da função da igreja e é de suprema importância.

Essas redescobertas teológicas afetam a edificação da Igreja Metodista:

- Em relação ao formato da igreja
- Na disposição do santuário
- Na localização do coro

Geralmente, há dois cultos no domingo, um pela manhã e outro à noite. Eles são conduzidos pelo ministro ou pregador local a partir do púlpito, ainda que a parte inicial do culto possa ser conduzida a partir de uma tribuna auxiliar, enquanto o púlpito é usado apenas para o sermão.

A Sagrada Comunhão normalmente é celebrada uma vez por mês. De forma a enfatizar a declaração teológica de que o ministério da palavra do Senhor tem a mesma importância que o ministério do Sacramento, o púlpito e a mesa da comunhão podem ficar próximos um do outro. O ministro serve o pão e o vinho (o último em pequenas taças individuais) e entrega para todos aqueles que saíram da área da congregação para se ajoelhar no gradil para comunhão. É preciso instalar uma prateleira perfurada na parte de dentro do gradil de comunhão – com cerca de 50 ou 65 mm de profundidade e levemente mais baixa que o topo da grade – para que os comungantes possam largar as taças vazias. Para as dimensões dos gradis de comunhão, consulte também a Seção 9.

Todos os outros sacramentos principais são semelhantes às práticas da Igreja Anglicana e os requisitos arquitetônicos são os mesmos, embora não seja necessária a presença de uma credência perto da mesa de comunhão. As orientações específicas estão disponíveis no *The Methodist Church builders' decalogue* (O Decálogo dos Construtores de Igrejas Metodistas – publicado pela Methodist Property Division, Central Buildings, Oldham Street, Manchester MI IJQ).

7 IGREJA BATISTA E BATISTÉRIOS

7.1 Introdução

A principal diferença dessa igreja é a prática de postergar o batismo até a idade em que a pessoa tenha condições de fazer suas próprias escolhas, geralmente com 13 anos ou mais. Essa prática (também conhecida como "Batismo do Crente") é compartilhada por outras igrejas, como algumas das integrantes da *United Reformed Church* e várias igrejas independentes.

O adulto, conhecido como "candidato", é batizado por meio de imersão total em cerimônia pública durante uma missa. Isso exige que a igreja possua um batistério adequado para tal fim, Figura 28.15.

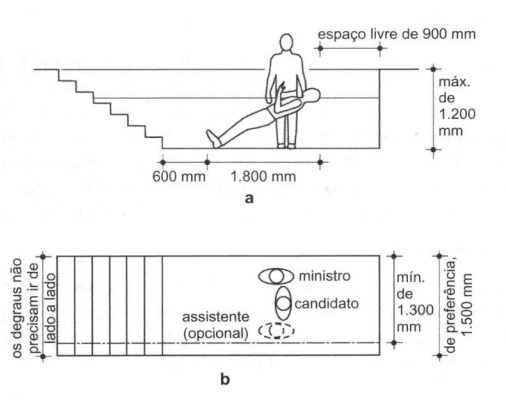

28.15 Piscina batismal para batismo de adulto, como ocorre na Igreja Batista, em algumas igrejas da *United Reformed Church* e em várias outras: a) Corte. b) Planta.

7.2 Cerimônia do batismo

O ministro é o primeiro a entrar no batistério, seguido pelo candidato. Se houver mais de um candidato ao batismo, eles serão atendidos um de cada vez. O ministro pode dizer algumas palavras e o candidato também pode fazer uma declaração pessoal (ou talvez o tenha feito em algum outro momento durante o culto). Consequentemente, o ministro e o candidato precisam estar visíveis quando entram no batistério, idealmente a partir da altura dos ombros. Se apenas a cabeça estiver à vista, o resultado talvez seja um pouco destoante. O candidato se coloca de frente dos degraus (a menos que haja degraus em ambos os lados do batistério) pela simples razão de que será impossível enxergar claramente na hora de sair do batistério, devido à água nos olhos. O ministro fica de frente para a congregação.

A seguir, o ministro segura o candidato pelos ombros, abençoa-o, deita o candidato para trás em direção à água e o submerge completamente, então levantando-o imediatamente. O candidato sai do batistério geralmente apoiado ou orientado pelo ministro e/ou outros assistentes, que impedirão o candidato de tropeçar ou escorregar.

Ocasionalmente – e em especial se o ministro for de baixa estatura (considerando que, nas igrejas que praticam o batismo adulto, há mulheres entre os ministros) ou o candidato for uma pessoa alta – o ministro pode ser auxiliado por outro membro da congregação. Em casos excepcionais, se o candidato tiver alguma dificuldade de locomoção, ele pode se ajoelhar.

7.3 Dimensões principais

Largura: o mínimo absoluto é de 1.300 mm, mas a experiência comprova que esse valor é inadequado quando há algum assistente presente. Recomenda-se uma largura entre 1.500 e 1.600 mm. Os degraus não precisam ter a mesma largura do batistério;

Extensão: cerca de 3.300 mm, determinada pelo candidato mais alto em potencial (95º percentil) mais o espaço para se mover e a área livre na "cabeceira" do batistério;

Profundidade (entre o piso da superfície ao redor e o piso do batistério): 1.200 mm ou um pouco menos, conforme a altura do ombro do ministro e dos candidatos (5º percentil);

Degraus: para o espelho, o piso e o perfil dos degraus, consulte as *Building Regulations* (Normas da Construção);

A Figura 28.15 mostra uma planta baixa retangular, embora outros leiautes que atendam às exigências funcionais também sejam aceitos. É preciso buscar a opinião da congregação local.

7.4 Outros requisitos funcionais

O batistério pode se localizar sobre um tablado ou no salão da igreja; geralmente, é coberto por um piso removível quando não está sendo utilizado. Em ambos os casos, é preciso considerar as linhas de visão. Caso o batistério fique no salão da igreja, é preciso providenciar uma proteção temporária para as bordas quando ele estiver aberto, de forma a evitar possíveis acidentes.

As partes removíveis do piso precisam ser, na medida do possível, leves e fáceis de manobrar. Em geral, elas serão removidas por um ou dois membros da congregação, que talvez sejam indivíduos idosos ou sem força física – e o projeto dessas partes do piso tem de prever essa possibilidade.

Superfícies do piso. O fundo do batistério e os degraus devem ter um acabamento antiderrapante. As superfícies ao redor talvez precisem de proteção.

O abastecimento de água precisa estar disponível para encher o batistério em um período razoável (menos de uma hora), além de drenagem para esvaziá-lo em aproximadamente meia hora. O piso do batistério deve ter um pequeno caimento em direção ao dreno.

O sistema de drenagem não deve ser embutido nem inacessível. Se usadas com pouca frequência, os sifões de água do sistema de esgoto tendem a secar. Qualquer vazamento no sistema de drenagem ou no batistério provavelmente será descoberto no momento mais inconveniente. Os empreiteiros precisam conferir se suas especificações permitem que o batistério fique vazio a longo prazo e cheio apenas ocasionalmente. A vida útil do projeto das instalações do batistério deve ser equivalente à vida útil da edificação, sem a necessidade de manutenção significativa.

Aquecimento de água. O ideal é elevar um pouco a temperatura da água: não precisa estar quente, mas não deve fazer o candidato tremer na entrada! Provavelmente será ineficiente projetar um sistema principal de calefação e de água quente apenas para lidar com um grande volume de água levemente aquecida. Os aquecedores imersos elétricos e portáteis costumam ser usados, mas todos os acessórios precisam de proteção adequada.

Os vestiários são necessários para os candidatos e para o ministro, sendo separados para sexos opostos e, possivelmente, para o ministro. Eles devem ficar perto do salão que abriga o batistério e, normalmente, fazem parte de salas multifuncionais. Contudo, é preciso considerar a questão da privacidade.

8 QUAKERS (*RELIGIOUS SOCIETY OF FRIENDS*)

8.1 Origem

Os Quakers (ou Quacres) originaram-se nas experiências e na pregação de George Fox (1624-1691). Os primeiros Quakers reagiram fortemente contra as práticas religiosas da época e a liturgia da igreja estabelecida. Ao longo de toda a sua história, os Quakers levaram a sério a noção do dever com a comunidade.

Já que os Quakers acreditam que Deus consegue se comunicar diretamente com o homem, eles não participam de sacramentos externos. Não contam com sacerdotes separados, não exigem que seus membros pertençam a um credo e suas cerimônias religiosas não incluem uma liturgia. No entanto, concordam com grande parte das principais ênfases da doutrina cristã e se consideram tanto ortodoxos quanto evangélicos.

8.2 Cerimônias e edificações

Quando se reúnem para orar, os Quakers ficam em silêncio como uma congregação de fiéis e "atendem ao Espírito Santo". Ninguém orienta as orações. Dentre o silêncio "coletivo" do culto reunido, alguém pode vir a executar o ministério verbal, orar ou ler trechos das escrituras. Não há música e ninguém canta hinos.

A edificação deve ser projetada para auxiliar o culto silencioso e o ministério verbal dos participantes. A comunhão do Senhor não é realizada, tampouco outros sacramentos da comunhão ortodoxa; não existe o batismo nem cerimônias de iniciação que envolvam rituais. Consequentemente, não há necessidade de pias batismais, púlpitos, atril ou altares.

O tamanho dos salões varia, mas, em sua maioria, eles são projetados para acomodar 50 Quakers ou menos. Salões quadrados, retangulares ou poligonais atendem às exigências. Provavelmente, os assentos serão dispostos na forma de um quadrado ou de um círculo. As congregações podem optar por assentos fixos ou móveis, escalonados ou em nível.

Não há necessidade de mesa na sala de reunião, embora geralmente haja uma que serve como ponto de foco. Em geral, a mesa não ocupa literalmente o centro da sala: os assentos serão dispostos da maneira que o grupo considerar mais adequada para o bom andamento do culto; a mesa – se houver alguma – será colocada conforme o arranjo geral da sala. Ela é usada principalmente em reuniões de negócio.

Quando não são necessários para a condução dos cultos, os salões da *Religious Society of Friends* frequentemente são usados por outras igrejas ou para fins seculares de natureza adequada. As outras acomodações podem incluir um salão multifuncional, uma biblioteca, uma cozinha pequena, um vestíbulo, um guarda-volumes e um apartamento para o zelador.

9 CENTROS PASTORAIS

9.1 Forma e função

Os centros pastorais são alternativas aos prédios das igrejas convencionais e cada vez mais são utilizados sempre que é previsto o surgimento de uma nova grande população em locais com ministérios e edificações inexistentes ou inadequados.

Os centros pastorais podem assumir diferentes formatos – basicamente, tratam-se de edificações pequenas ou conjuntos de salas com equipamentos para consulta, reuniões, consumo de alimentos e bebidas e cultos ocasionais. Talvez sejam casas reformadas, estruturas transportáveis ou edificações comunitárias projetadas especificamente para esse fim; podem ser até lojas recicladas ou um trailer. Seu objetivo consiste em abrigar uma "presença" cristã, a exemplo de consultórios médicos ou escritórios de consultoria: os ministros estão presentes para oferecer conselhos e realizar trabalhos de escritório em horários predeterminados. É possível realizar pequenas reuniões ou oferecer acomodações modestas. Também é possível utilizar esses centros para a realização de cultos, apesar de sua conexão com um centro de culto maior localizado em outro lugar. Eles devem ser situados em regiões centrais e podem ser integrados a um complexo de edificações utilitárias ou a um centro comercial. Se houver recursos disponíveis e se a população estiver distribuída de maneira adequada, é possível criar dois centros pastorais em um bairro que abrigue entre 6.000 e 10.000 pessoas.

PARTE B Dados de projeto

10 ALTAR OU MESA DE COMUNHÃO

10.1 Simbolismo

O altar simboliza três elementos:

- O corpo de Cristo
- O altar do sacrifício
- A mesa da Última Ceia

10.2 Lei canônica

O altar da Igreja Anglicana pode ser feito de madeira, pedra ou outro material adequado, podendo também ser móvel. Ele deve ser coberto com seda ou outro material apropriado durante o culto e com um tecido branco de linho na sagrada comunhão. O altar da Igreja Católica precisa ser feito de pedra natural (e não artificial), com a mensa (o tampo) compondo um único volume e contendo as relíquias de dois mártires ou santos canonizados. Contudo, essa necessidade pode ser atendida por um pequeno altar portátil, que é, na verdade, uma pedra de altar com 300 mm² (ou menos) e 50 mm de profundidade, contendo uma cavidade selada (o sepulcro) para as relíquias. O altar talvez seja fixo (cimentado à estrutura) ou solto (madeira com um altar de pedra portátil, conforme descrito). Apenas os altares fixos podem ser consagrados. Uma das alternativas consiste em inserir as relíquias no piso sob o altar.

10.3 Posicionamento

O altar precisa estar posicionado em relação aos assentos da congregação de forma a permitir que todos os atos ali realizados sejam, como devem ser, parte integral de um todo. Cada vez mais, os altares ocupam uma posição mais à frente no santuário e, com as congregações agrupadas em seu entorno, não há tanta necessidade de que eles fiquem em uma posição tão alta como no passado – especialmente quando o sacerdote volta-se para a congregação por trás do altar.

10.4 Tamanho

Por questões litúrgicas, os altares podem ser menos extensos, mas, possivelmente, um pouco mais profundos do que no passado. Os tamanhos médios são mostrados na Figura 28.16; os dados antropométricos estão disponíveis na Figura 28.17.

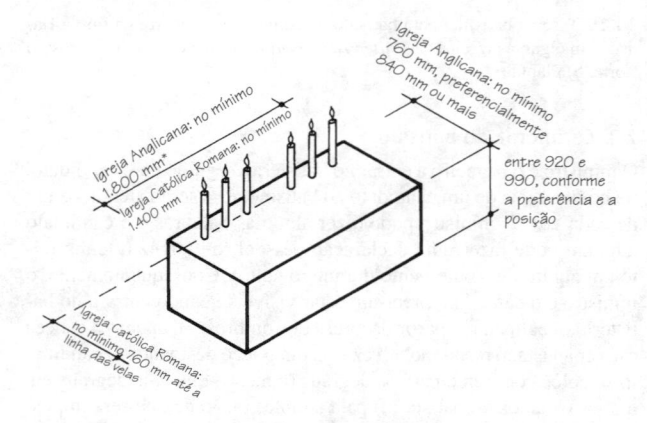

28.16 Tamanho médio dos altares. As proporções exatas dependem da posição e do fato de o sacerdote estar de frente para a congregação ou de costas para ela. Observe que o tabernáculo que contém os sacramentos reservados já não costuma ser colocado sobre o altar (consulte a Seção 13).

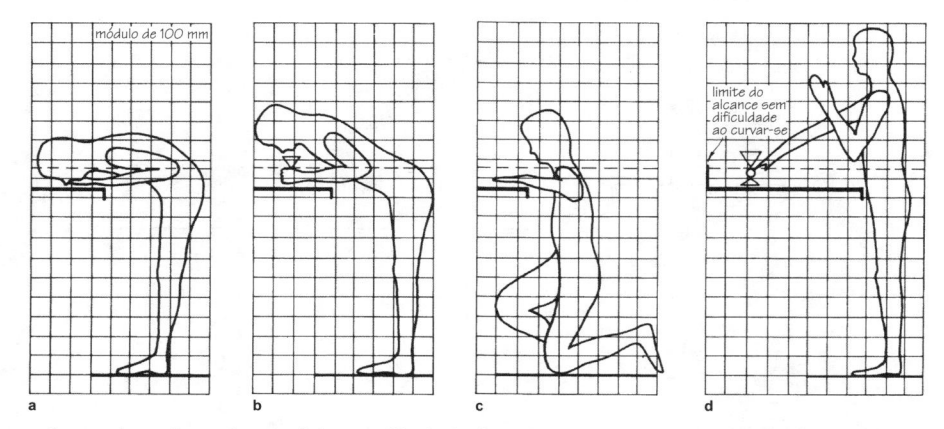

28.17 Principais ações do sacerdote sobre o altar. As linhas pontilhadas horizontais representam a altura do olho de um adulto mediano da congregação ao ajoelhar-se. O ideal é que essa altura não seja inferior a 75 mm acima do tampo do altar, enfatizando a importância de que ele seja baixo. Isso representa alguns sacrifícios para o sacerdote, já que as ações a e b são realizadas com maior facilidade se o tampo estiver na altura tradicional de pouco mais de 1 m. a) Beijando a superfície do altar. b) Pronunciando as palavras da consagração. c) A genuflexão. Essa posição enfatiza a necessidade de recuar os suportes do altar pelo menos no lado ocupado pelo sacerdote, evitando que ele bata seu joelho. d) O alcance frontal de pé, ilustrando sua extensão.

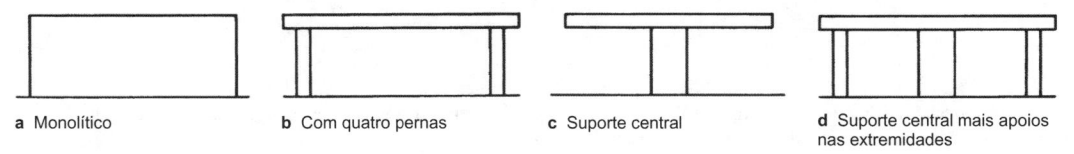

a Monolítico   b Com quatro pernas   c Suporte central   d Suporte central mais apoios nas extremidades

28.18 Suportes do tampo do altar. Observe que os altares da Igreja Católica Romana não devem ter suportes superiores a 150 mm, para que o bispo possa passar seu polegar sobre as juntas no momento da Consagração.

10.5 Suportes e toalhas

Os métodos para suportar a mensa são mostrados na Figura 28.18. Com o altar atualmente cada vez mais próximo da congregação, talvez seja necessário repensar a questão da toalha de mesa sobre o altar. Uma toalha usada tradicionalmente para cobrir o altar na Igreja Anglicana é mostrada na Figura 28.19.

10.6 Espaço livre para os pés

A plataforma ou base sobre a qual repousa o altar deve ser grande o bastante para acomodar o número de sacerdotes que irá ocupá-la durante a celebração da Eucaristia. É possível que ela fique um ou dois degraus acima do nível onde se encontra a congregação; em geral, porém, o altar deve ser o mais baixo possível para evitar qualquer sentido de separação entre ele e as pessoas. As dimensões possíveis são apresentadas na Figura 28.20.

10.7 Cruz e velas

As exigências exatas precisam ser discutidas com o sacerdote. As velas e a cruz não devem formar uma barreira entre o sacerdote e as pessoas. Algumas possibilidades para a cruz são apresentadas nas Figuras 28.21 e 28.22; para as velas, na Figura 28.23.

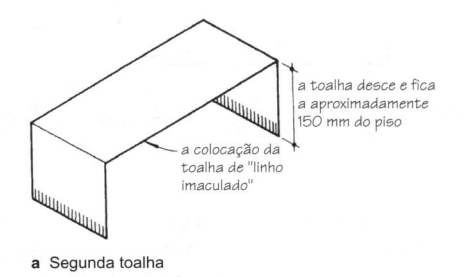

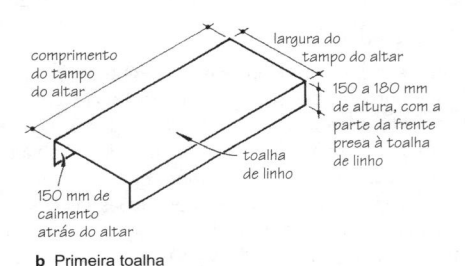

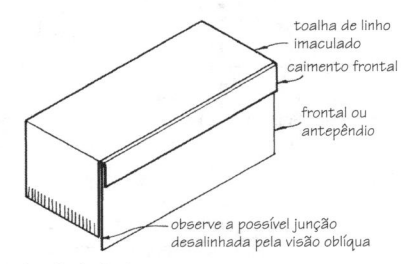

a Segunda toalha
- a toalha desce e fica a aproximadamente 150 mm do piso
- a colocação da toalha de "linho imaculado"

c Aparência final
- toalha de linho imaculado
- caimento frontal
- frontal ou antependio
- observe a possível junção desalinhada pela visão oblíqua

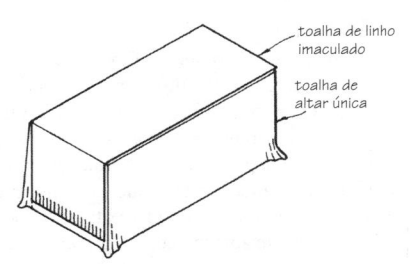

b Primeira toalha
- comprimento do tampo do altar
- largura do tampo do altar
- 150 a 180 mm de altura, com a parte da frente presa à toalha de linho
- toalha de linho
- 150 mm de caimento atrás do altar

d Toalha de altar única. Talvez tenha cantos soltos e plissados, conforme a ilustração, ou extremidades fixas
- toalha de linho imaculado
- toalha de altar única

28.19 Toalhas do altar.

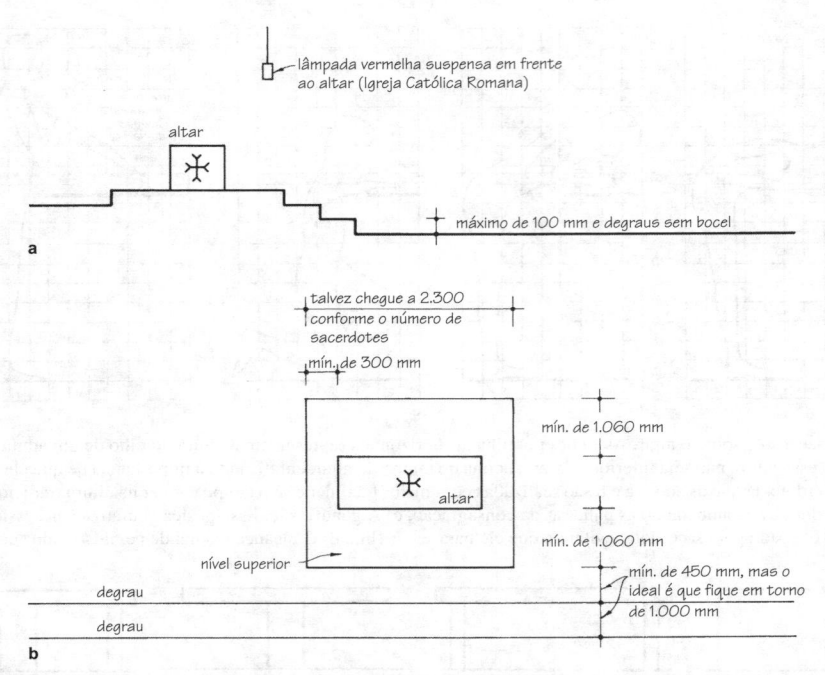

28.20 Espaço ao redor do altar. O altar deve ficar o mais baixo possível, em geral com três degraus no máximo. O posicionamento do altar também pode ser definido pelo uso de um baldaquim, da estrutura, da iluminação, dos padrões do piso, etc. a) Corte. b) Planta.

28.21 Cruz atrás do altar em uma altura onde sua visão não será obstruída pelo sacerdote. Em geral, nas igrejas, as cruzes não são colocadas voltadas "para as pessoas" sobre o altar.

28.22 Cruz à frente do altar, em uma das laterais ou suspensa acima.

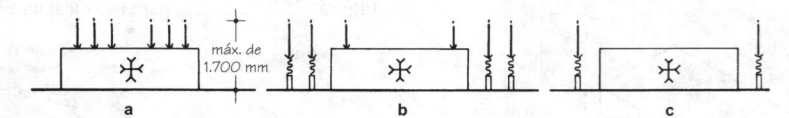

28.23 Disposição das velas. a), b) Seis velas. c) Apenas duas velas. Também é possível colocar as velas sobre um degrau mais baixo do que o altar, de forma a reduzir a altura e não obstruir a visão.

10.8 Mesa de comunhão

Uma mesa de comunhão com apoio para os livros (ambão), conforme usada pela Igreja Presbiteriana, é mostrada na Figura 28.24.

11 MOBILIÁRIO DO SANTUÁRIO E PÚLPITO

11.1 Apoio para os livros

Deve ficar no interior ou perto do santuário, mas suficientemente separado do altar para constituir um foco distinto, e posicionado de maneira conveniente para que a congregação tenha acesso à leitura, Figura 28.25. Ocasionalmente, dois apoios são instalados – um em cada lateral. O apoio deve ocupar uma posição que permita que todos consigam ver o rosto do leitor, incluindo aqueles que estão no interior do santuário. Ele pode ser fixo ou móvel e talvez também seja usado como púlpito. As dimensões são apresentadas na Figura 28.26.

11.2 Gradil do altar

O gradil nem sempre é utilizado nas igrejas, mas a maioria ainda oferece um gradil para as pessoas se apoiarem para receber a comunhão. Ele não precisa ser contínuo, mas deve ser rígido e firme. As dimensões mínimas são apresentadas nas Figuras 28.27 e 28.28.

11.3 Credência

Utilizada como um tipo de mesa de apoio para a água e o vinho, mas é melhor verificar se alguma outra coisa é colocada sobre ela (por exemplo, oferendas em dinheiro, os livros das missas, etc.); nesse caso, talvez seja necessária uma prateleira sob a mesa. A credência deve ficar à direita do sacerdote no interior do santuário, mas em uma posição que não cause obstruções visuais. É possível utilizar uma prateleira, em vez de uma mesa solta. As dimensões variam entre 610 × 760 mm a 1.200 × 460 mm; a altura mínima é de 820 mm.

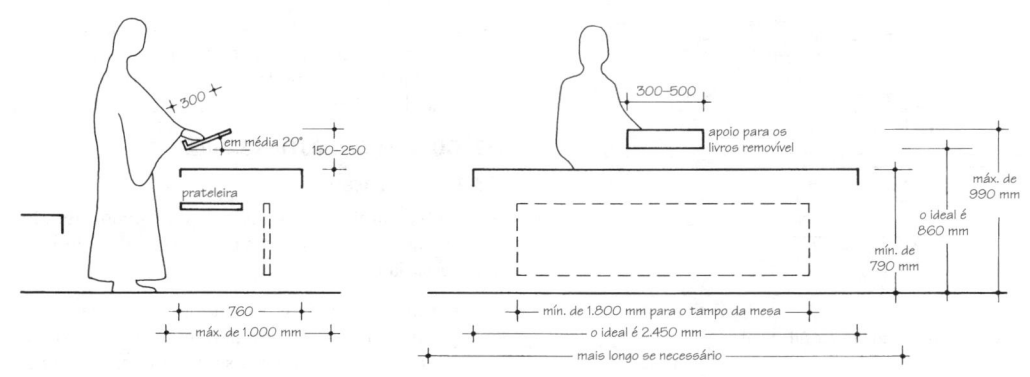

28.24 Mesa da comunhão com suporte para livros usada nas igrejas presbiterianas em vez dos altares descritos anteriormente.

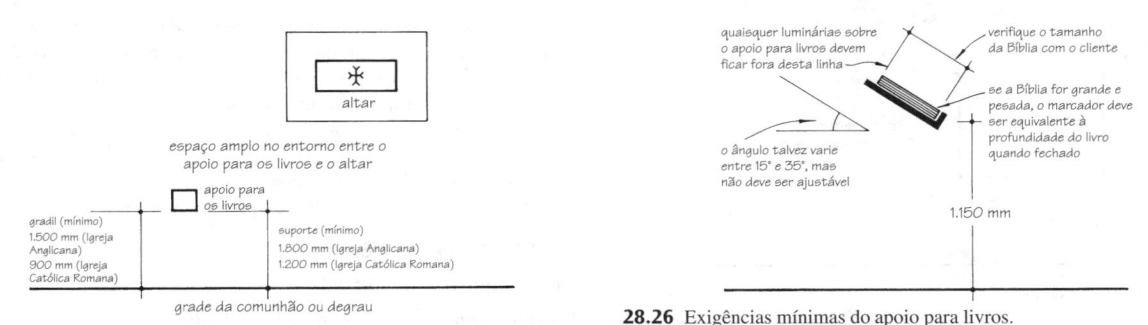

28.25 Dimensões mínimas em torno do suporte para livros determinadas pela colocação de um gradil de comunhão ou apenas de um suporte.

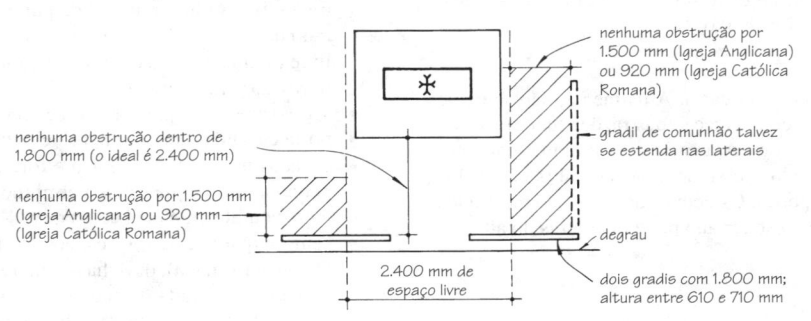

28.26 Exigências mínimas do apoio para livros.

28.27 Espaço livre necessário em torno da grade de comunhão.

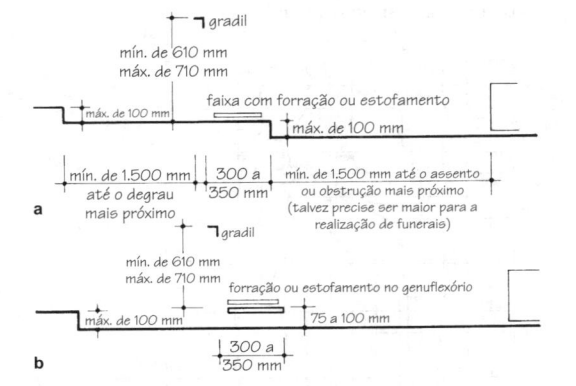

28.28 Dimensões do gradil do altar (isto é, zona central externa do santuário). Nas novas igrejas da Igreja Católica Romana, provavelmente não haverá um segundo degrau no santuário, e a distância mínima desobstruída no lado da grade ocupado pelo santuário é de 920 mm. Também é comum que o santuário como um todo fique um degrau acima da nave central, mas é preciso evitar degraus em excesso. a) Com piso inclinado. b) Com piso plano.

11.4 Assentos dos oficiantes

Esses assentos variam consideravelmente e as exigências devem ser estabelecidas junto à comunidade local. É preciso disponibilizar assentos cerimoniais para os sacerdotes. Na Igreja Católica Romana, o "assento presidencial" fica na linha central atrás do altar, elevado sobre um ou dois degraus, Figura 28.29. O assento, que é ocupado pelo sacerdote, não deve se assemelhar ao trono do bispo e geralmente não possui um espaldar. O trono do bispo é portátil e deve ser colocado em frente ao altar sempre que ele visita a igreja. Nas igrejas da Igreja Anglicana, é sempre melhor colocar o assento cerimonial (que é usado pelo bispo) ao lado do santuário e de frente para o altar.

Os assentos extras devem ser minimizados. Eles serão necessários para sacerdotes adicionais, auxiliares e leigos em ocasiões especiais. Em geral, eles assumirão a forma de bancos e serão colocados ao lado do santuário.

São necessários bancos (principalmente nas igrejas da Igreja Anglicana) ao lado do santuário para os sacerdotes ocuparem nas matinas e orações da tarde. As dimensões são semelhantes às dos assentos da congregação (veja a Seção 14), exceto pelo fato de que os sacerdotes com seus mantos precisarão de mais espaço para se

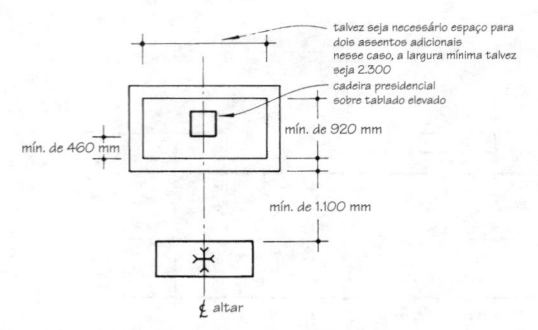

28.29 Dimensões em torno da cadeira presidencial.

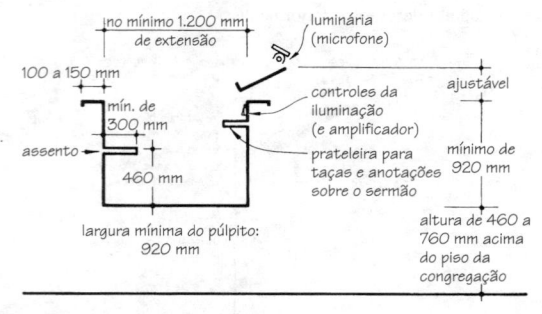

28.30 Dimensões do púlpito.

locomover. A superfície para apoiar um livro precisa ter mais profundidade (cerca de 300 mm) e deve ser quase horizontal – e não inclinada – com uma prateleira abaixo.

11.5 Púlpito

Deve ficar fora, mas perto do santuário. Atualmente, não se exige uma localização específica, com exceção das razões funcionais associadas à visibilidade e ao som. A área interna mínima tem entre 1 e 2 m². Preferencialmente, o acesso deve ser lateral (se for pelos fundos, disponibilize uma porta). Os demais detalhes são mostrados na Figura 28.30. O púlpito presbiteriano pode ficar atrás do altar ou em qualquer um de seus lados.

12 PIA BATISMAL

12.1 Descrição

As pias batismais móveis não são permitidas pela Igreja Católica Romana e, em geral, não são aprovadas pela comunhão anglicana. Contudo, é possível utilizá-las nas igrejas presbiterianas e metodistas. Na Igreja Anglicana, é preciso usar água fresca em cada batismo; a seguir, ela é escoada para um recipiente separado. Na Igreja Católica Romana, a água batismal é abençoada uma vez por ano e armazenada na fonte, que possui dois compartimentos.

12.2 Dimensões e formato

Os requisitos antropométricos são apresentados na Figura 28.31. O formato é determinado pelas necessidades do sacerdote (espaço para o livro da missa ou sacramento e outros objetos pequenos), o conforto do sacerdote ao segurar o bebê e a segurança do bebê (o ideal é que o sacerdote não precise se inclinar demais).

12.3 Posição da fonte

Várias opções de posicionamento são apresentadas na Figura 28.32. O acesso à pia batismal deve ser feito pelo lado da igreja (ocupado pela congregação), mas separado do salão principal de alguma maneira (por exemplo, por uma diferença no nível do piso ou do teto). A pia batismal deve ocupar uma posição de destaque e ser vista pela congregação quando as pessoas estiverem sentadas; do contrário, deve haver espaço para que a maior parte da congregação fique de pé ao redor. O foco tem de ser distinto do altar e, portanto, possivelmente a pia batismal não ficará no interior do santuário.

13 GUARDA DAS ÓSTIAS SAGRADAS

13.1 Localização

Na Igreja Católica Romana, a óstia (o pão sagrado da Eucaristia) geralmente é colocada em um tabernáculo sobre o altar. Em geral, ela é guardada:

- Em uma capela separada fora do santuário
- Em uma posição arquitetonicamente importante
- Onde sua localização será facilmente identificada pela congregação

Os requisitos são complexos e é preciso estabelecer a prática da comunidade da igreja local, que também deve ser aceita pelo *Diocesan Advisory Committee* (Comitê Consultor Diocesano). As Figuras 28.33 e 28.34 mostram as limitações de altura.

Ocasionalmente, a óstia também se faz presente na Igreja Anglicana, mas a prática é mais rara e vários métodos são usados para guardá-la. Para mais detalhes, consulte o *AJ information sheet 1529* (panfleto informativo AJ 1529), disponível nas igrejas.

14 ARRANJOS GERAIS

14.1 Requisitos da entrada

Há várias considerações ao projetar entradas:

- preveja vestíbulos junto às portas de entrada;
- o vão livre (a luz) mínimo da porta (para procissões e funerais) deve ser de 1,7 m (1,1 m em igrejas pequenas); a altura livre mínima (para a cruz processional) é de 2,3 m, caso contrário, 2,05 m é suficiente;
- acesso adequado para pessoas com necessidades especiais;
- porta de saída secundária, principalmente para casamentos;
- espaços para reunião dentro e fora da igreja como parte do percurso normal de saída, permitindo que as pessoas se reúnam naturalmente para conversar;
- sempre que necessário (especialmente em igrejas da Igreja Católica Romana), deve haver um recipiente com água benta ao lado da entrada de cada porta que leva até o interior da igreja. As bordas devem estar entre 710 e 760 mm acima do piso;
- espaço necessário para a colocação de todos os tipos de avisos em uma posição bem visível;

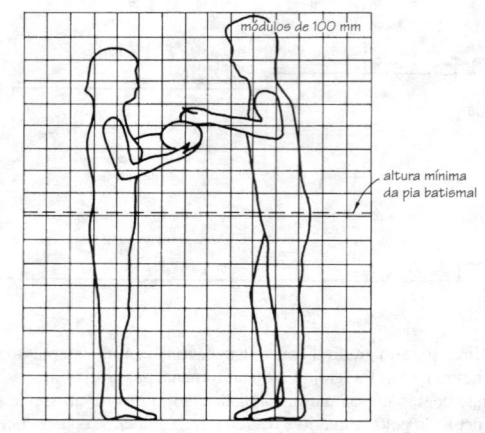

28.31 Diagrama antropométrico que mostra o momento mais importante na pia batismal.

28.32 Opções para o posicionamento da pia batismal.

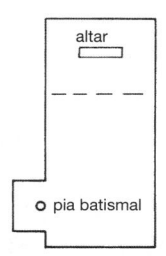

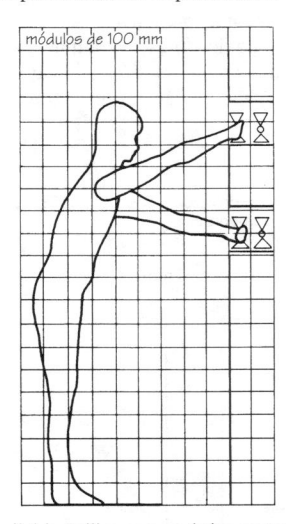

a Em batistério separado. Aceitável apenas se o batismo propriamente dito for realizado ali, enquanto os demais sacramentos são ministrados na parte principal da igreja

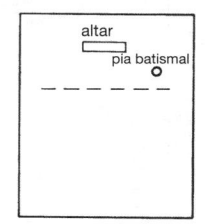

b Pia batismal no santuário. Talvez concorra com o santuário ou fique insignificante perto dele. Nas igrejas presbiterianas, porém, a pia batismal geralmente fica nessa posição, embora mais baixa que a mesa da comunhão e possivelmente colocada na lateral da parte mais baixa do santuário

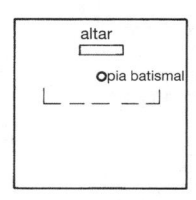

c Como em b, mas a pia batismal obstrui a visibilidade

d É preciso tomar cuidado com a pia batismal removível, de forma a preservar a dignidade de um dos principais sacramentos da igreja

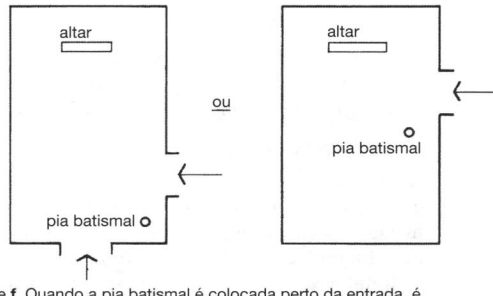

e e f Quando a pia batismal é colocada perto da entrada, é importante ter a entrada perto da pia batismal, e não a pia batismal perto da entrada! Isso talvez signifique que a entrada principal fique na frente dos assentos das pessoas e não atrás

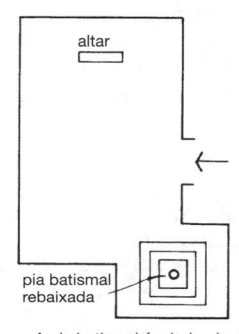

g A pia batismal é rebaixada em uma "piscina seca", com o simbolismo da "imersão"

28.33 Retirando o cibório (cálice para as óstias sagradas) do tabernáculo e colocando sobre a prateleira inferior.

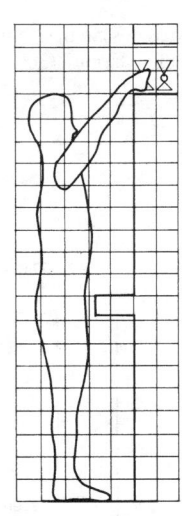

28.34 Altura máxima para que se possa ver a parte de trás do tabernáculo.

- espaço adequado, sempre que necessário, para uma ou duas credências pequenas logo na entrada;
- a disponibilidade de local para a venda de publicações;
- sempre que possível, proporcione acesso entre a área de entrada e os toaletes e até a sacristia ou vestiário;
- como regra, tente deixar as atividades puramente *seculares* mais à vista quando a congregação estiver *saindo*, e não entrando para o culto.

14.2 Disposição dos assentos

A congregação deve ficar no mesmo espaço ocupado pelo ministro sem divisão entre eles. Da mesma forma, os membros da congregação precisam se unir e todos devem ter um bom acesso às rotas de circulação e ao santuário. Deve haver uma distância mínima de 6 m entre os assentos que ficam de frente uns para os outros em torno de um altar; ninguém deve olhar para os lados e ver alguém a menos de 1,5 a 3,0 m.

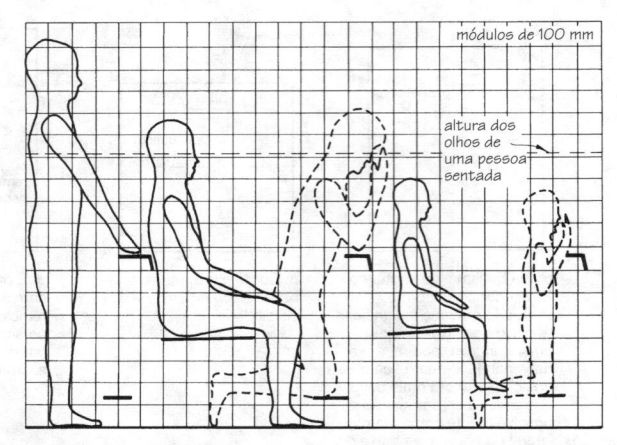

28.35 Dimensões mínimas para os assentos. As linhas escuras indicam uma solução considerada muito satisfatória. A linha pontilhada mostra a altura dos olhos de uma pessoa sentada, incluindo a relação dela com a parte de cima do altar.

14.3 Espaçamento e dimensões dos assentos

Os detalhes antropométricos são apresentados na Figura 28.35. Observe também:

- A dimensão mínima do assento mais o espaço para se ajoelhar é de 920 mm. Em locais onde as congregações não se ajoelham (como as Igrejas Metodistas e Presbiterianas), as dimensões podem ser reduzidas para 760 mm.
- Deixe um espaço de aproximadamente 280 mm entre a extremidade dianteira do assento e a parte de trás do fiel que está de joelhos.
- Preveja uma largura mínima de 510 mm por pessoa.
- A extensão máxima de cada fileira é de 10 pessoas (5,1 m), quando há acesso em ambas as extremidades, ou seis pessoas (3,06 m) quando há acesso em apenas uma extremidade.
- O apoio para os livros dos cânticos em louvor deve ter aproximadamente 150 mm de largura (300 mm para o coro).

14.4 Circulação

As dimensões básicas são mostradas na Figura 28.36. Deve haver espaço para cadeiras de rodas durante o culto, permitindo que os usuários destas participem sem impedir a circulação dos demais.

14.5 Sistemas de som

Hoje, muitas igrejas usam sistemas para amplificar o volume do discurso, dos cantos e da música instrumental. Isso é particularmente importante com os sistemas de radiofrequência para pessoas que têm problemas de audição. Evidentemente, esses sistemas não se limitam às igrejas cristãs: também se aplicam aos templos de outras religiões (como exemplo, consulte a Seção 18.3).

Além disso, o uso cada vez mais frequente de microfones em miniatura e microfones de lapela, com transmissores/receptores de rádio conectados a sistemas de alto-falantes, permite que a pessoa que guia o culto se locomova enquanto está falando. O orador não tem mais a obrigação de ficar preso ao púlpito e ao apoio para livros. Os locais tradicionalmente reservados aos oradores eram determinados em grande parte pelas exigências de audibilidade e visibilidade,

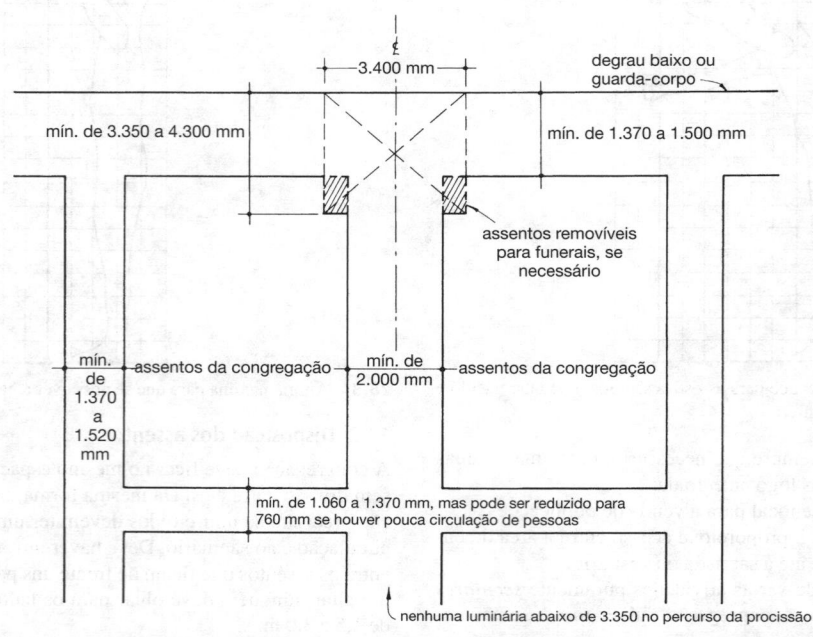

28.36 Larguras das passagens e corredores. O tamanho e o padrão dependem da planta completa e das considerações litúrgicas. Os assentos podem ser distribuídos em forma de leque ou em blocos ao redor do santuário.

mas a modificação das circunstâncias está afetando seu projeto e sua localização. Na verdade, algumas pessoas questionam a necessidade de um púlpito e de um suporte para livros. Essas mudanças são capazes de aumentar significativamente a flexibilidade disponível, em especial quando o culto ocorre em um espaço multifuncional.

15 VESTIÁRIOS E SACRISTIAS

15.1 Acomodações

As exigências das acomodações variam consideravelmente. As mais completas costumam incluir:

- A sacristia do sacerdote (às vezes chamada de vestiário do sacerdote)
- O vestiário dos ajudantes (coroinhas e sacristãos)
- Vestiário do coro e a sala de ensaios/do comitê
- Vestiário para as mulheres que fazem parte do coro
- Sala do curador da igreja/sala de entrevistas
- Sala da limpeza ⎫ às vezes agrupadas
- Sala dos arranjos de flores ⎭ e chamadas de sacristia de serviço
- Sanitário(s) usado(s) pelo sacerdote
- Sanitário(s) masculino(s) e feminino(s)
- Depósito geral
- Pequena cozinha

15.2 Planejamento

A tradição de construir o vestiário e a sacristia como um complexo que abre diretamente para o santuário possui algumas desvantagens: ela enfatiza a separação entre o sacerdote e a congregação e dificulta o uso dos toaletes. É possível colocar o vestiário perto da entrada (contanto que haja segurança), para que o sacerdote e a procissão passem pela congregação a caminho do santuário. Como as crianças geralmente participam de apenas parte dos cultos de adultos, é preciso considerar a circulação entre a nave principal e as salas de apoio.

Deve haver um vestíbulo com portas duplas entre o vestiário do coro e a nave da igreja, além de um espaço para a organização da procissão (que deve estar fora do campo de visão da congregação). Uma porta que leve diretamente à parte externa é essencial, para que os sacerdotes e o coro não tenham de passar pela nave para chegar aos seus vestiários.

15.3 Detalhes do projeto

Há uma ampla variedade de objetos e vestimentas para ser armazenada e é preciso conferir os requisitos exatos. A Figura 28.37 mostra um roupeiro para guardar as vestes. As portas devem ter 1.700 mm de largura e 2.300 mm de altura.

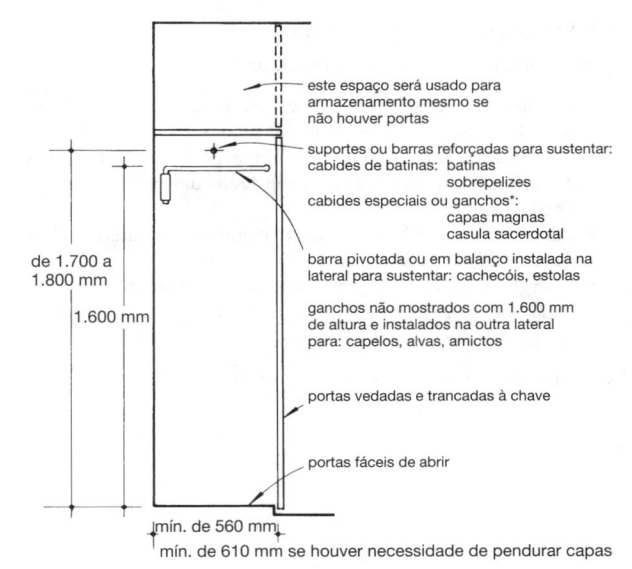

28.37 Corte em roupeiro de igreja.

* Devem apresentar "barras para calças", de forma a acomodar a estola e o manípulo de cada veste. Vestiário do coro: parte da barra deve ficar a 1.320 mm de altura se houver crianças entre os participantes

16 CONFESSIONÁRIO

16.1 Exigências do projeto

O sacerdote e o penitente devem ter condições de ouvir tudo o que vier a ser dito, mas sem que outros também escutem. É preciso considerar as exigências do bispo e o conforto psicológico da paróquia.

É possível colocar o sacerdote e o penitente em uma caixa com isolamento acústico; o ideal, porém, é que ambos estejam visíveis, mas afastados o suficiente dos demais para que não haja a necessidade de uma barreira acústica física. As dimensões básicas são indicadas na Figura 28.38.

17 ÓRGÃO E CORO

17.1 Música na igreja

O uso da música nos cultos religiosos pode ser uma questão bastante emotiva; decidir o tipo de órgão e onde colocar o coro são dois problemas complicados. Nas novas igrejas, é melhor considerar os órgãos "neoclássicos" em vez de órgãos vitorianos mais tradicionais. É preciso entrar em contato com o fabricante do órgão ainda nas etapas iniciais das discussões.

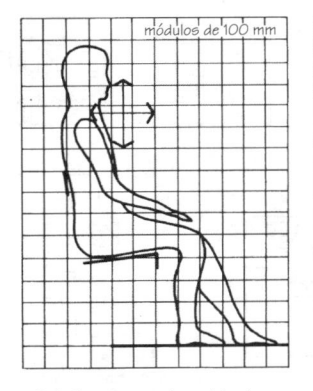

a Relação entre a manta modular do confessionário e o sacerdote sentado

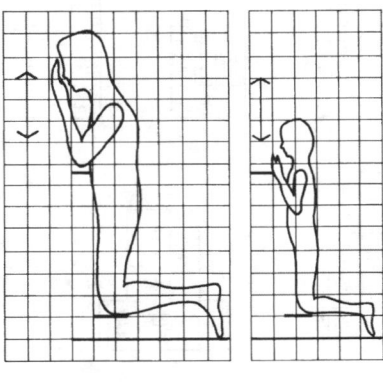

b e c Penitentes ajoelhados mostram o posicionamento da manta modular do confessionário que atende tanto a adultos quanto a crianças

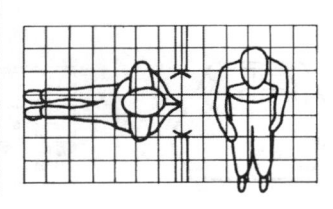

d Planta que mostra o sacerdote e o penitente

28.38 Estudo antropométrico do confessionário.

17.2 Relação dos elementos musicais

É preciso observar alguns princípios básicos:

- O músico deve estar perto de seu instrumento (ou seja, o console do órgão deve ficar perto dos tubos), Figura 28.39
- O coro deve ficar o mais perto possível do órgão, Figura 28.40
- Os ministros não devem ficar afastados das pessoas nem do órgão, Figura 28.41
- As pessoas não devem ficar entre o coro e as fileiras de tubos, Figuras 28.40 e 28.41
- O órgão deve ficar na parte principal da edificação e em posição elevada em relação ao piso para que os tubos fiquem acima das cabeças dos ouvintes

As diferenças posições possíveis para o coro, o órgão e a congregação são apresentadas na Figura 28.42.

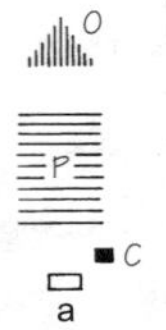

28.39 Disposição inadequada do órgão.
Legenda: O órgão, C console do órgão, P pessoas, co coro, m ministro, a altar.

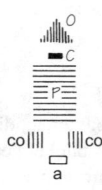

28.40 Posicionamento inadequado do coro e das pessoas; a legenda é a mesma da Figura 28.39.

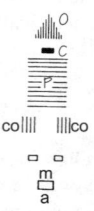

28.41 Posicionamento inadequado do coro, do ministro e das pessoas; a legenda é a mesma da Figura 28.39.

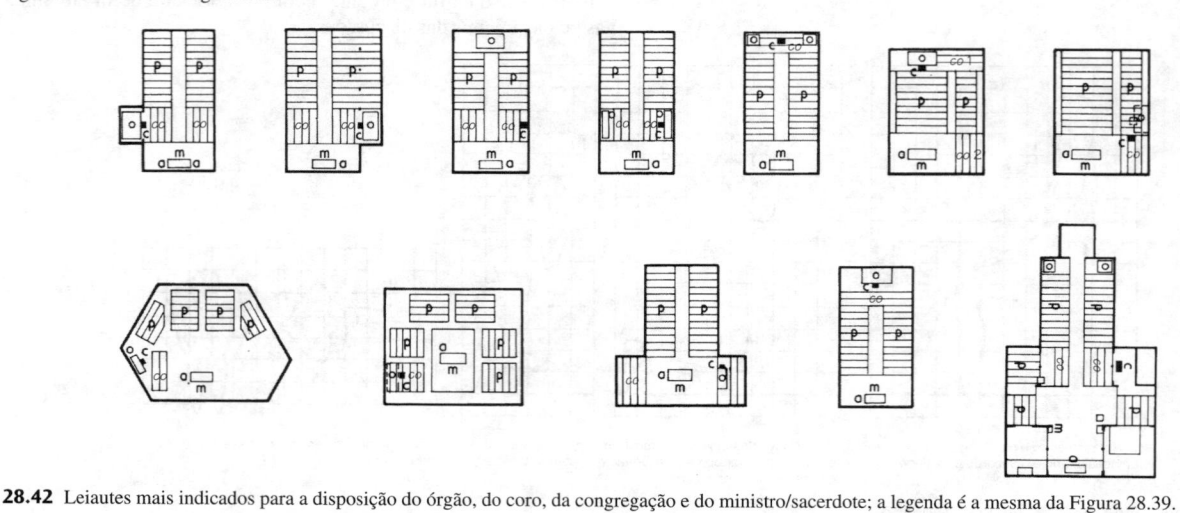

28.42 Leiautes mais indicados para a disposição do órgão, do coro, da congregação e do ministro/sacerdote; a legenda é a mesma da Figura 28.39.

PARTE C Locais de culto não cristão

18 SINAGOGAS

18.1 História

As igrejas originais surgiram a partir das sinagogas construídas para complementar e, finalmente, suplantar o Templo Sagrado de Jerusalém. Logo, não é nada surpreendente que elas tenham tantos elementos em comum.

O Judaísmo se divide em dois grupos principais: o ortodoxo e o progressista (ou liberal). Em relação ao projeto da sinagoga, a única diferença entre ambos os grupos é que, na tradição ortodoxa, há uma divisão rígida entre os homens e as mulheres e elas não participam ativamente do culto.

18.2 Santuário

Arca da Aliança

O principal elemento arquitetônico da sinagoga é o *Aron Kodesh* ou Arca da Aliança (Figura 28.43), que contém os Rolos da Lei. Esses rolos (Figura 28.44) são escritos à mão sobre uma longa tira de pergaminho e incluem os cinco primeiros livros do Antigo Testamento, conhecido como a Torá. Cada extremidade do pergaminho é fixada a um cabo; depois, é enrolado em torno de ambos os cabos. Como o trecho que será lido não está imediatamente acessível (ao contrário de um livro tradicional), é comum que haja vários pergaminhos no interior da Arca, para que o trecho correto não tenha de ser localizado durante o culto.

Quando não estão sendo lidos, os pergaminhos são amarrados, cobertos com uma manta e geralmente adornados com um escudo de prata, um apontador e um *rimorim*. O último é composto por florões de prata destacáveis, em geral decorados com pequenos sinos, colocados nas extremidades dos cabos usados para enrolar os pergaminhos. A Arca propriamente dita fica em local elevado e pode ser acessada a partir dos degraus no chão da sinagoga. É recomendável – mas não obrigatório – que ela seja colocada na parede leste da sinagoga. A Arca contém portas e uma cortina e precisa ter capacidade para acomodar, no mínimo, quatro pergaminhos, mas possivelmente será grande o bastante para acomodar muito mais. Deve haver um sistema de iluminação interna que *não* seja acionado por um interruptor situado na porta.

Tradicionalmente, a Arca é decorada por textos específicos em hebraico, por representações da Tábua dos Dez Mandamentos e, com frequência, por animais heráldicos.

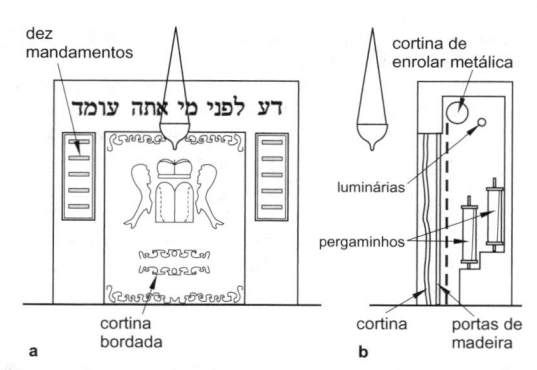

28.43 Arca da Aliança: a) Elevação, a inscrição diz "Saiba perante quem você está". b) Corte.

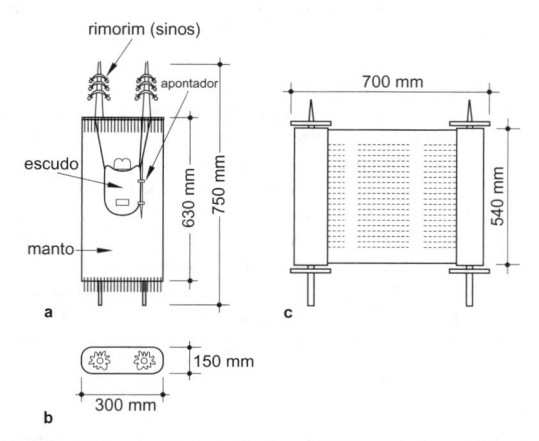

28.44 Pergaminho da Torá. a) Elevação. b) Planta baixa. c) Pergaminho aberto sobre a mesa de leitura ou elevado.

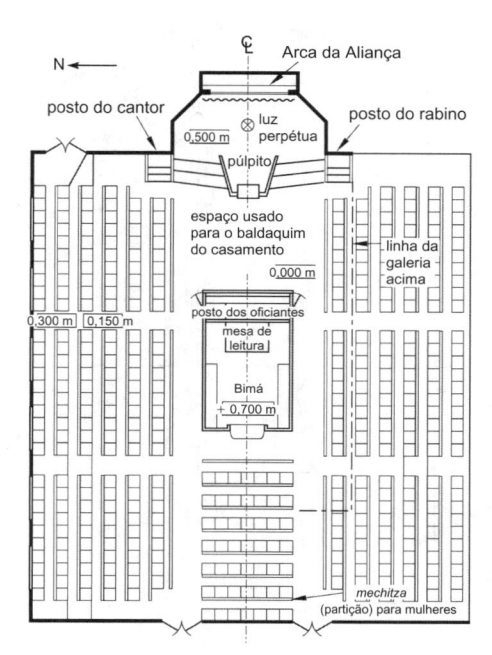

28.45 Planta baixa de sinagoga com o Bimá em posição central. Esse exemplo tem capacidade para 396 homens na parte de baixo, sete mulheres na parte de baixo e 275 mulheres na parte de cima.

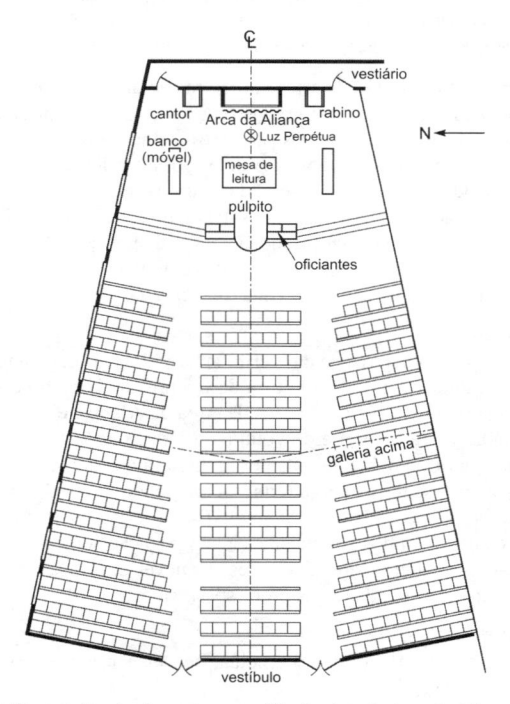

28.46 Planta baixa de sinagoga com o Bimá acima da Arca da Aliança, com capacidade para 376 pessoas na parte de baixo e 234 pessoas na parte de cima. Nos casamentos, a mesa de leitura e os bancos são retirados para acomodar o baldaquim diante da arca da aliança.

Bimá (púlpito)

O culto é conduzido a partir de uma mesa de leitura elevada acima do piso da sinagoga. Tradicionalmente ele deve ocupar o centro do espaço (como na planta baixa da sinagoga na Figura 28.45), mas algumas sinagogas foram projetadas com o Bimá integrado à Arca da Aliança, Figura 28.46. O costume determina que o Bimá deva ficar três degraus acima do piso.

O Bimá contém uma mesa de leitura grande o bastante para acomodar um pergaminho aberto e, no mínimo, cinco pessoas em torno de três de seus lados. O Bimá também precisa ser capaz de acomodar duas pessoas segurando os pergaminhos que não estão sendo usados, além de espaço suficiente para cobri-los (separadamente). São necessários equipamentos para segurar os invólucros dos pergaminhos enquanto eles estão sendo lidos (incluindo os pares de pontas de ferro do *rimonim*).

Púlpito

Deve haver um púlpito usado pelo ministro ou rabino para proferir o sermão. Em geral, ele é colocado contra o eixo longitudinal da sinagoga e imediatamente em frente à Arca da Aliança, ainda que não seja elevado até a altura dela. Ele não tem porta.

Assentos da congregação

A congregação se senta em torno do Bimá. Como as cerimônias às vezes são muito longas (no *Yom Kippur* elas duram o dia inteiro), os assentos precisam ser confortáveis. Não raro, eles têm caixas com chave na parte de baixo, uma vez que, durante o Sabá, os ortodoxos não levam seus livros de oração, seus xales, etc. Os assentos são escalonados nas sinagogas maiores, para que todos tenham uma boa visibilidade.

A leitura dos pergaminhos é acompanhada pela congregação com as bíblias hebraicas, que são bastante volumosas. Todos os assentos, portanto, precisam de um suporte para livros (Figura 28.47). Contudo, algumas orações precisam ser ditas com os fiéis de frente para a Arca da Aliança, ou seja, as pessoas precisam se movimentar

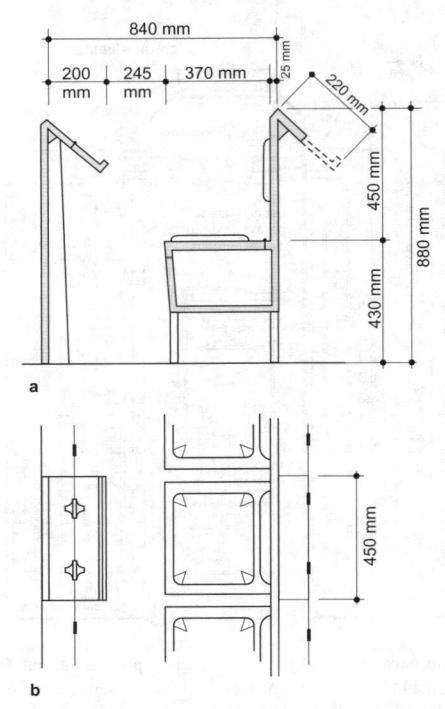

28.47 Assentos e suporte para livros. a) Corte. O suporte para livros pode ser dobrado para aumentar o espaço livre. O assento é levantado e revela um armário com chave para o livro de orações, a bíblia e o manto de orações. b) Planta.

em vários assentos. Os suportes para livros geralmente têm dobradiças para aumentar o espaço livre. As orações são feitas com a congregação de pé ou sentada. Os fiéis *nunca* se ajoelham em uma sinagoga.

A maioria das sinagogas grandes possui galerias e, nas sinagogas ortodoxas, elas são reservadas para as mulheres. Como seu uso é proibido durante o Sabá e nos dias santos, dificilmente haverá um elevador nas sinagogas ortodoxas. As mulheres que não têm condições de subir escadas são acomodadas em uma seção do primeiro pavimento fechada por uma cortina (*mechitza*).

Procissões
Elas são uma característica das cerimônias realizadas nas sinagogas. Nas cerimônias em que há leitura de trechos da Torá, o pergaminho ou pergaminhos são retirados da Arca da Aliança e levados até o Bimá antes da leitura, e de volta para a Arca após o término da mesma. Na Festa dos Tabernáculos, a maioria dos homens se une à procissão que segue os pergaminhos, carregando ramos de palmeira e cidreira. Na cerimônia do *Simchat Torá* (ou Regozijo da Torá), todos os pergaminhos pertencentes à congregação serão carregados ao redor da sinagoga repetidas vezes. As naves devem ser amplas o bastante para acomodar essas procissões.

Outras características
- A *Ner Tamid*, ou Luz Perpétua, fica suspensa acima da Arca da Aliança.
- O rabino ou ministro tem um "posto" geralmente situado em uma das laterais da Arca, com o assento voltado para a congregação.
- O *chazan*, ou cantor, ocupa um posto na posição correspondente do outro lado da Arca.
- Os oficiantes ocupam um posto geralmente colocado em frente ao Bimá e voltado para a Arca. Deve haver espaço para quatro oficiantes.
- Sempre que houver um coro, é possível acomodá-lo entre os assentos ou em um local específico, como acima da Arca da Aliança.

- Deve haver um depósito perto da entrada para os livros de orações, as bíblias e os mantos de orações.
- Um suporte de avisos semelhante ao suporte para livros de cânticos é fornecido para apresentar os detalhes da cerimônia.
- As congregações progressistas precisam de um órgão. Algumas sinagogas ortodoxas possuem equipamentos musicais limitados para serem usados em casamentos.
- Nos casamentos, uma *chupah* (ou baldaquim) é montado sobre o Bimá, se houver espaço, ou em frente a ele sobre o piso da sinagoga. O casal e o rabino ficam sob o *chupah*, juntamente a todos os membros da família e demais testemunhas que encontrarem lugar.
- Os funerais só ocorrem no interior das sinagogas em ocasiões raras e muito especiais. Os cemitérios judeus possuem um salão de oração especial (Figura 28.48). Trata-se de um espaço aberto coberto, contendo alguns bancos encostados às paredes que são usados pelas pessoas enfermas. O piso fica no nível do chão; o caixão não é carregado, mas levado sobre um carrinho. Há portas em ambas as extremidades, representando o progresso do homem entre o nascimento e a morte. À parte, há uma pequena edificação com janelas em uma das laterais; ela é usada pelos *cohanim*, que não podem entrar em quaisquer ambientes onde haja um cadáver.
- A purificação com o uso da água, equivalente ao batismo cristão, é feita por meio da imersão total não na sinagoga, mas em um equipamento separado chamado *mikvah*. Seu projeto é semelhante ao de uma piscina hidroterápica. Essa purificação não é voltada para os bebês: no judaísmo ortodoxo, ela é usada para a conversão de adultos; ocasionalmente, por mulheres; e, por alguns homens, quase que semanalmente.

18.3 Instalações prediais

Iluminação
Os níveis de iluminação devem ser altos, já que muitas cerimônias ocorrem após o anoitecer. Tradicionalmente, todas as fontes de luz disponíveis são usadas mesmo durante o dia. Algumas talvez sejam simbólicas, como o *menorah*, perto da Arca da Aliança.

Calefação
Como as cerimônias às vezes são longas, um sistema de calefação eficiente é essencial. Em geral, ele inclui radiadores de água quente; as estufas elétricas do tipo usado nas igrejas não são populares.

Ventilação
Precisa ser eficiente, uma vez que, ocasionalmente, a sinagoga estará lotada. O ideal é que o controle seja automático. O sistema não deve produzir correntes de ar nem ruídos.

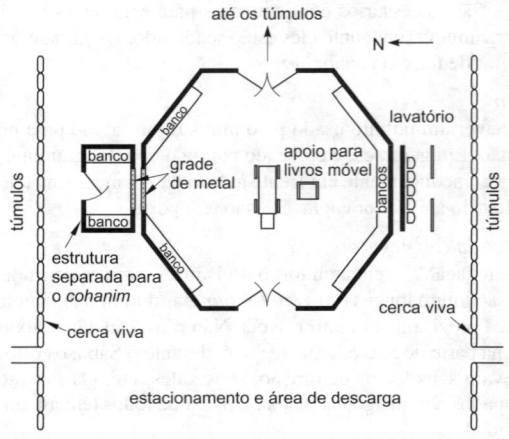

28.48 Planta baixa da sala de oração do cemitério.

Alto-falantes
Talvez sejam necessários em sinagogas progressistas, mas seu uso não é permitido pelos ortodoxos durante o Sabá (ou Shabbat) e os Feriados. No entanto, quase todas as sinagogas estão autorizadas a usar sistemas de radiofrequência para portadores de deficiência auditiva, o que exige a colocação de microfones em pontos discretos do Bimá, do púlpito e da Arca da Aliança, todos controlados automaticamente.

As grandes sinagogas ortodoxas precisam ser projetadas com cuidado para maximizar a acústica, tendo em vista a ausência de alto-falantes. Ainda assim, a capacidade máxima se limita a aproximadamente 1.500 fiéis.

18.4 Espaço fora do santuário

Como as cerimônias são longas, as sinagogas precisam de vestiários e toaletes adequados. Um vestiário para o rabino e para o *chazan* geralmente é colocado na extremidade da edificação ocupada pela Arca, com uma entrada direta para o santuário ao lado do posto do rabino.

Há um vestíbulo entre a entrada principal e o santuário, onde ficam as escadas que levam à galeria reservada às mulheres. O vestíbulo deve ter painéis de aviso para divulgar as várias atividades realizadas com a participação da congregação. Talvez haja uma ou mais caixas embutidas para a coleta de doações (usadas apenas em dias de semana). Na parte externa, é necessária a colocação de um painel informando o horário das cerimônias, etc.

A maioria das sinagogas tem salões adicionais, salas de aula para a escola de religião, cozinhas, etc. As sinagogas ortodoxas não oferecem estacionamentos, uma vez que é proibido dirigir no Sabá e nos Feriados. Entretanto, é possível oferecer algumas vagas de estacionamento para o ministro e para uso durante a semana, desde que haja terreno disponível.

18.5 Período das grandes festas ou dias de penitência

Os Dias de Penitência englobam o Ano Novo Judaico e ocorrem por volta de setembro. Nessa época, as congregações são muito maiores do que em um Sabá regular. Algumas edificações são projetadas de forma a incorporar os salões adicionais e as salas de aula ao santuário principal nesse período; uma das alternativas é conduzir cerimônias separadas em salões distintos. Como as sinagogas ortodoxas não usam alto-falantes, as cerimônias adicionais são conduzidas separadamente. Isso em geral envolve o uso de uma Arca da Aliança móvel e a utilização de Bimás nos salões. Portanto, não precisam ser feitas disposições específicas na concepção de construção para essas ocasiões.

19 MESQUITAS

19.1 Elementos

Na verdade, os muçulmanos não precisam de um local específico para orar – as orações podem, e de fato são, realizadas até na rua. Sempre que uma mesquita feita sob encomenda for projetada, ela deve englobar e atender a requisitos específicos.

Todas as mesquitas têm quatro elementos fundamentais (Figura 28.49). Esses elementos são o *Mihrab*, o *Bab Al-Sadir*, a cúpula e o minarete. Tanto a cúpula como o minarete têm uma função mais simbólica do que utilitária nas mesquitas contemporâneas. (Os termos em itálico estão listados no Glossário da seção 19.10).

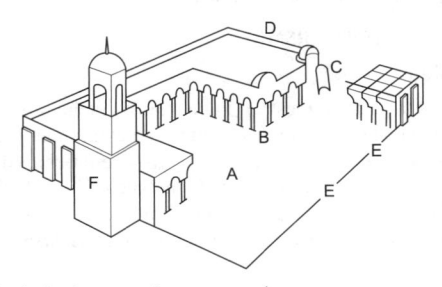

28.49 Principais elementos de uma mesquita.
Legenda: A Fonte, B Salão de Preces, C Mihrab, D Parede da Qibla, E Entradas, F Minarete.

28.50 *Mihrab.*

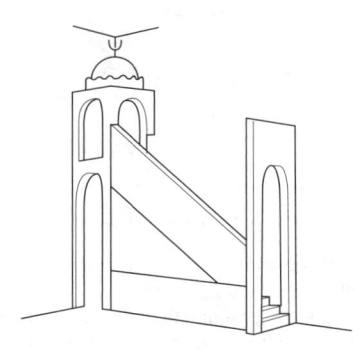

28.51 *Minbar.*

19.2 *Mihrab*

O *Mihrab*, ou "nicho" (Figura 28.50), é indispensável, pois indica a direção de *Kaaba*, em Meca, na Arábia Saudita. A direção de *Kaaba* também é conhecida como *Qibla*. Em termos simbólicos, esse é o elemento mais importante da mesquita moderna.

É essencial que essa direção seja determinada com precisão. O escritório da *Ordinance Survey*, na Grã-Bretanha, é capaz de fornecer a orientação e a distância exata de Meca, na Arábia Saudita, a partir de qualquer local no interior do Reino Unido. Em geral, fica na direção sudeste, com uma orientação de aproximadamente 118° em relação ao norte.

O *Mihrab* é o local de onde o *Iman* orienta a congregação para orar; além disso, ele abriga o *Minbar* (Figura 28.51), o púlpito usado pelo *Iman* para falar à congregação, principalmente nas sextas-feiras. O *Minbar* pode ser uma plataforma baixa ou talvez se situe no alto de um lance de escadas.

19.3 *Bab Al-Sadir*

A *Bab Al-Sadir* é a entrada principal. Em árabe, "*Bab*" significa portão ou porta, e "*Al-Sadir*", frente. Tradicionalmente, simboliza a importância da mesquita para a vida da comunidade.

19.4 Cúpula

A cúpula geralmente ocupa uma posição central acima do salão de orações principal, mas é possível que uma única mesquita tenha mais de uma cúpula. Ela é, acima de tudo, o marco que indica a importância da mesquita na vida da comunidade. Além disso, a cúpula possui duas funções práticas: uma delas é ecoar as palavras do *Iman* no interior da mesquita e a segunda consiste em refrigerar (retirando o ar quente quando ele sobe e trazendo o ar frio que há no lado de fora). A tecnologia moderna é capaz de exercer ambas as funções.

19.5 Minarete

O minarete é usado para chamar os fiéis para orar. Geralmente, assume o formato de uma torre circular, octagonal ou quadrada, que se projeta acima da mesquita e tem, no mínimo, um balcão em seu pe-

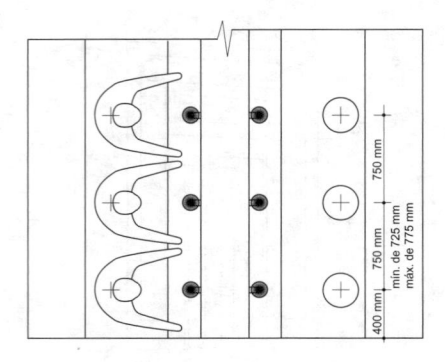

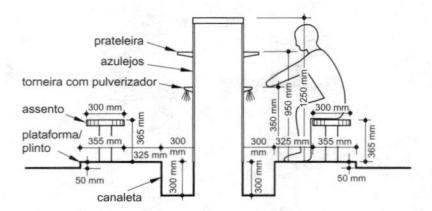

28.52 Planta baixa e corte da *Wudu*, a área de lavagem.

rímetro. É possível construir mais de um minarete em uma mesquita e mais de um balcão em cada minarete.

Tradicionalmente, o minarete tem uma escadaria interna que leva até o balcão mais alto. Hoje, porém, ele comumente inclui somente um sistema de alto-falantes que permite que o *Muezzin* fique no pavimento térreo (às vezes é usada uma gravação).

19.6 Orações

As orações são feitas com os fiéis de pé, ajoelhados e prostrados. Portanto, não há assentos, mas o salão de orações é coberto por um carpete decorado com inscrições de trechos de orações, apontando para a *Qibla*. Considere, no mínimo, 0,75 m² por fiel orando.

Não é permitido passar da entrada principal calçando sapatos. Há lugar para deixá-los, geralmente em prateleiras, em um ou em ambos os lados da entrada.

19.7 Outros itens

Os outros itens essenciais são a *Wuzu*, *Wudu* ou área de lavagem, o *Janaza* ou necrotério e a *Kutub Khana* ou biblioteca.

19.8 Área de lavagem

A área de lavagem (Figura 28.52) é o local onde os fiéis lavam suas mãos, pés, cotovelos, rostos e atrás das orelhas antes de orar. Isso é feito com água corrente. A área de lavagem também abriga os toaletes e os chuveiros. O número de áreas de lavagem, toaletes e chuveiros é determinado pelo tamanho do salão de oração.

19.9 Projeto

O projeto de uma mesquita deve seguir alguns detalhes específicos. Entre eles, destacam-se:

- Deve haver uma entrada e uma saída, um salão de orações e uma área de lavagem para homens e outras reservadas para mulheres.
- Os sanitários precisam ficar em compartimentos, e não em boxes: isto é, eles devem ser de paredes sólidas, sem divisórias finas ou lacunas ao nível do chão.
- A orientação dos sanitários é extremamente importante. Os compartimentos não devem ficar de frente nem de costas à direção de Meca.
- Não deve haver sala ou cômodo habitável atrás do *Mihrab* e no interior do terreno.
- Os sanitários não devem ficar abaixo ou acima do salão de orações, e é essencial que nenhuma tubulação de esgoto passe sob ou sobre este salão.

Para atender o programa de necessidades do cliente, é importante que o projetista combine os quatro elementos proporcionalmente entre si. A Figura 28.53 mostra as plantas dos dois pavimentos de uma mesquita convencional.

19.10 Glossário

Bab Al-Sadir: porta ou portão principal ou monumental
Iman: sua santidade/o pregador/o líder das preces
Jami ou Jame: sexta-feira ou mesquita congregacional
Janaza: necrotério
Kaaba: altar sagrado em Meca
Kutub Khana: biblioteca
Madrasa: escola
Masjid: mesquita
Mihrab: nicho na parede da *Qibla* que indica a direção do *Kaaba*
Minor ou Minara: minarete
Minbar: púlpito ou assento usado pelo *Iman* em seu pronunciamento nas sextas-feiras
Muezzin: pessoa que convoca os fiéis para orar
Qibla ou Kibla: direção das preces orientadas na direção do *Kaaba*, em Meca
Wuzu ou Wudut: área de lavagem

20 TEMPLOS HINDUS

20.1 Projeto

Os templos hindus têm três áreas principais (Figura 28.54):

- O *garbagriha* ou altar sagrado
- O *mandapa* ou salão hipostilo
- O *ardhamandapa* ou pórtico

20.2 Garbagriha

O *garbagriha*, ou altar sagrado, abriga o objeto que representa o deus, geralmente uma estátua. Talvez seja um baldaquim coberto ou a cobertura do *garbagriha* em si que assume a forma de uma pirâmide. Deve haver um ambulatório, chamado *pradakshina*, entre a estátua e a parede externa.

20.3 Mandapa

É o salão central onde os fiéis se reúnem. Eles chegam ao *garbagriha* por meio do *antarala*, que leva à parte de cima. Ali os fiéis fazem suas orações, sentados no chão. Um altar com fogo portátil é trazido para o salão no momento das orações. Alguns dos fiéis tocam instrumentos musicais, enquanto outros auxiliam o sacerdote.

20.4 Ardhamandapa

Tradicionalmente, o pórtico é voltado para o nascente (leste) e também é separado do chão por degraus.

21 GURDWARAS (SIQUISMO)

21.1 Projeto

O *gurdwara* (a porta do mestre) (Figura 28.55) inclui um único salão amplo com a plataforma do *takht* situada na extremidade mais afastada da entrada. Não há exigências específicas em termos de orientação. Sobre o *takht* se localiza o *palki*, um baldaquim colocado sobre o *Guru Granth Sahib* – o ponto mais importante do *gurdwara*. O *Guru Granth Sahib* é a escritura do siquismo (ou *sikhismo*) e é man-

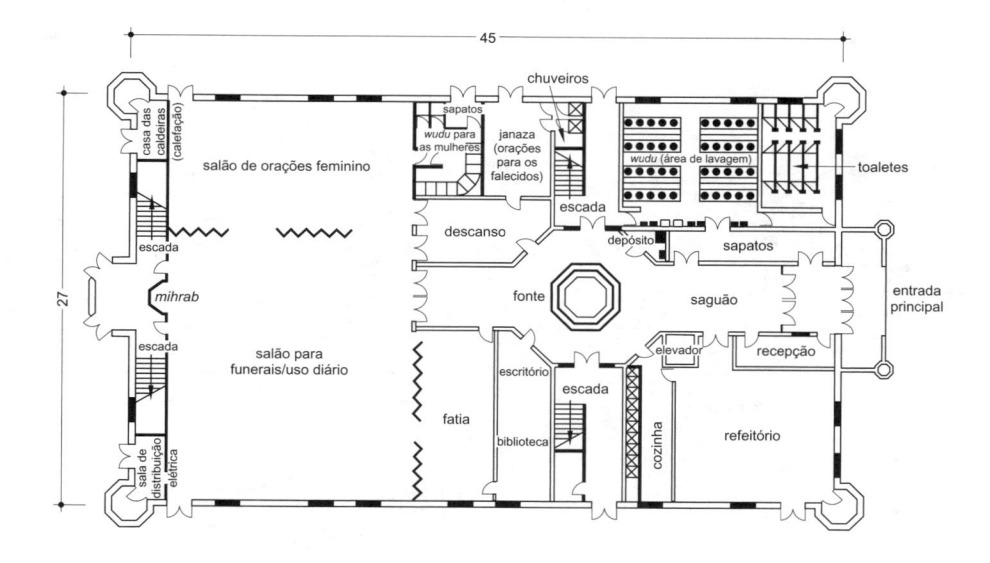

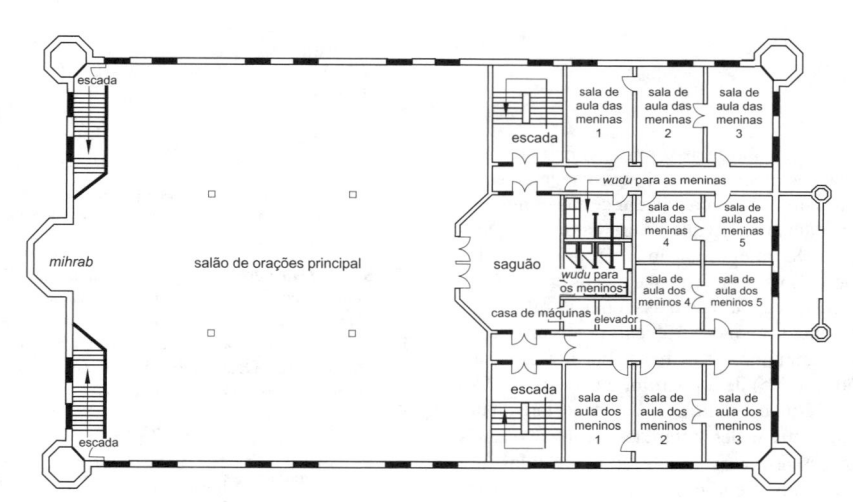

28.53 Planta baixa de uma mesquita, pavimento térreo e primeiro pavimento.

tida sobre a *Manji Sahib*, uma mesa de leitura baixa. O *palki* é aberto nos fundos para permitir a circum-ambulação.

21.2 Cultos

Os fiéis entram no *gurdwara* de modo aleatório, dirigem-se imediatamente ao *takht* e se prostram perante o *Guru Granth Sahib*. Eles deixam oferendas em dinheiro ou outras sobre o *takht* em frente. A seguir, eles sentam no chão (os homens de um lado e as mulheres de outro), deixando o corredor central para os que chegarem mais tarde. Durante o culto, os fiéis leem versos do *Guru Granth Sahib* e cantam hinos. Os *ragis* (músicos sentados sobre o *takht*) tocam música. Externamente, a característica mais distinta do *gurdwara* é a bandeira do siquismo. Portanto, é necessário um mastro alto.

PARTE D Informações adicionais

22 CREMATÓRIOS NO REINO UNIDO

22.1 Introdução

Hoje, muitas pessoas são cremadas em vez de enterradas, devido principalmente à escassez de área nos cemitérios e ao consequente alto preço do espaço ocupado pelos túmulos. Todavia, algumas religiões, como o catolicismo mais conservador e o judaísmo ortodoxo, não permitem a cremação.

Na maioria dos casos de cremação, há uma cerimônia prévia. Talvez seja uma cerimônia religiosa ou uma ocasião puramente secular. Após a cremação (que nem sempre ocorre logo após a cerimônia), as cinzas podem ser:

- depositadas em um columbário associado ao crematório,
- espalhadas em um jardim ou bosque *In Memoriam* também no crematório ou
- levadas para serem depositadas ou espalhadas em outro local.

Há crematórios municipais ou privados. No primeiro caso, eles são localizados no interior ou ao lado de um cemitério municipal. É possível oferecer columbários e jardins/bosques *In Memoriam* no interior dos cemitérios. Os crematórios privados também oferecem esses equipamentos, uma vez que eles costumam compensar financeiramente. O projetista deve elaborar um programa de necessidades junto ao cliente, incluindo essas questões.

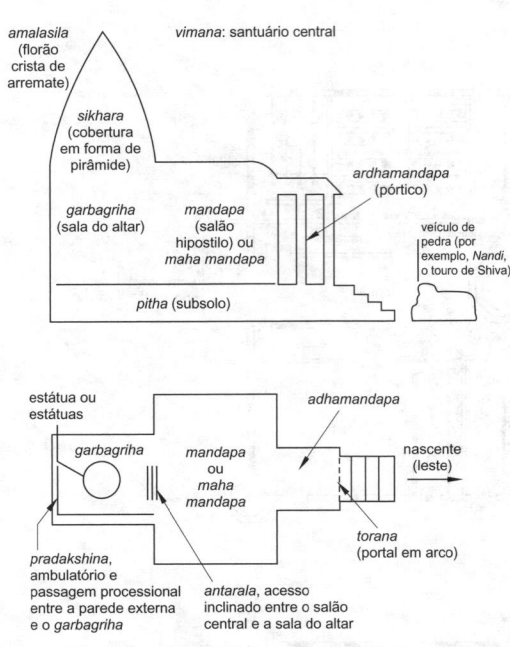

28.54 Corte longitudinal e planta baixa de templo hindu.

22.2 Implantação

O crematório (isto é, o local que abriga as fornalhas) não deve ser construído perto de edificações preexistentes, já que os gases resultantes da combustão se tornam desagradáveis em certas condições climáticas. A legislação britânica exige que os crematórios fiquem a uma distância mínima de 183 m em relação às propriedades domésticas (92 m no interior de Londres). O ideal é que os crematórios ocupem um entorno silencioso, cercado de paisagem natural.

Os crematórios implantados em outros locais precisam ocupar um terreno de um hectare, no mínimo. Os demais requisitos espaciais dependem da implantação (ou não) de um jardim ou bosque *In Memoriam*; nesse caso, é necessário, no mínimo, mais um hectare ou um terreno ainda maior se outras atividades forem desenvolvidas. Essas áreas incluem o espaço necessário para circulação de veículos, um estacionamento, espaço em torno da edificação e o crematório em si.

O acesso de veículos ao terreno deve ser simples, apropriado, e livre de problemas de trânsito. O ideal é que a entrada não seja imediatamente adjacente a uma rota de trânsito principal. Sempre que isso for inevitável, o acesso deve sair de uma rotatória ou, se houver espaço, da área de reserva de uma via com duas faixas de rolamento, permitindo que o rabecão e os automóveis dos enlutados esperem com dignidade.

22.3 Circulação no terreno

São necessários percursos claros no terreno para a circulação de veículos e pedestres (Figura 28.56). Apenas o rabecão, os veículos dos principais enlutados e os veículos de portadores de necessidades especiais precisam ter acesso ao espaço além do estacionamento. Esses veículos devem chegar à edificação sob um *porte-cochère*. O caixão será transferido para a capela e, a seguir, o rabecão e os demais veículos serão levados a uma área de espera, prontos para buscarem os principais enlutados após a cerimônia. Deve haver uma ou duas vagas de estacionamento para portadores de necessidades especiais perto da capela. Os outros enlutados estacionarão seus veículos em um estacionamento afastado da edificação principal.

As entradas e saídas da edificação têm de ficar o mais longe possível da sala das fornalhas, para que os enlutados não tenham contato com os equipamentos e procedimentos da cremação propriamente dita. O fluxo de pedestres precisa seguir o caixão até a capela. Os enlutados que estão chegando à capela não devem cruzar com os enlutados que estão saindo da cerimônia anterior. Após a cerimônia, as pessoas saem da capela por uma passagem coberta – onde são oferecidas flores – e passam pela capela ecumênica (se houver). A seguir, todos voltam para o estacionamento passando pelo jardim.

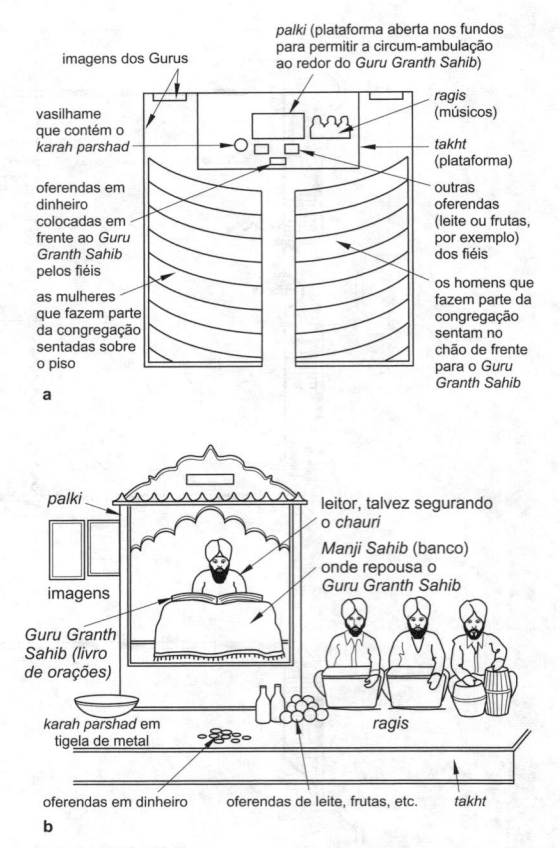

28.55 *Gurdwara* do siquismo. a) Planta baixa. Não há um formato padrão, mas o *Guru Granth Sahib* deve concentrar todas as atenções e ficar em local visível em relação a todas as partes do salão. A nave fica livre para que os fiéis prestem suas homenagens ao *Guru Granth Sahib* antes de sentarem entre a congregação. Ocasionalmente são necessárias entradas separadas para homens e mulheres. b) Elevação do *takht*.

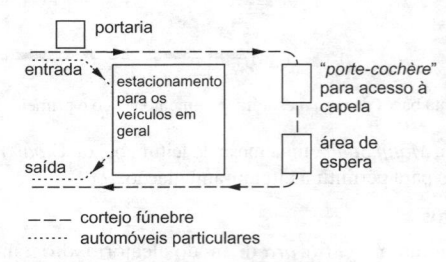

28.56 Fluxograma de veículos no interior do crematório.

22.4 Capelas

As capelas devem considerar o uso cristão, não cristão e secular – talvez haja capelas exclusivas para os cristãos e os demais. Caso o mesmo espaço seja usado por todos, é necessária a instalação de um sistema que permita a substituição imediata dos símbolos religiosos. Sempre que houver mais de uma capela, uma pode ser pequena (20 assentos) e, a outra, maior (110 assentos). Os órgãos raramente são usados, mas equipamentos de qualidade para executar gravações são essenciais.

A capela precisa ser projetada de forma a reduzir os distúrbios emocionais causados pelos procedimentos (Figura 28.57). É possível "amenizar" o evento de diferentes maneiras. Coloque janelas em diferentes alturas, por exemplo, para permitir que os usuários desviem os olhos da capela e os voltem para uma paisagem externa tranquila e atraente – o projetista deve evitar um ambiente totalmente introspectivo. Além disso, talvez seja melhor não colocar o catafalco em uma posição central, para que os enlutados se concentrem no ministro que está conduzindo a cerimônia e não exclusivamente na presença do caixão.

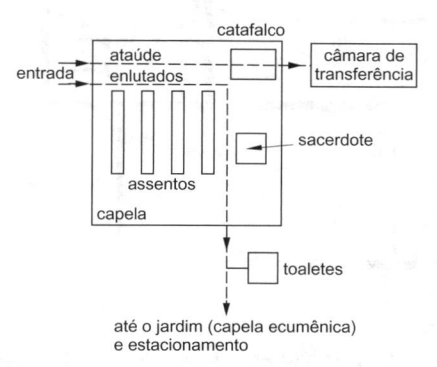

28.57 Leiaute da capela.

22.5 Toaletes

Muitas pessoas sofrem distúrbios emocionais, seja antes ou durante a cerimônia. Os toaletes devem ser de fácil acesso antes da cerimônia, imediatamente após e assim que os parentes se dispersarem depois do término da cerimônia. São necessários, no mínimo, três conjuntos de toaletes.

22.6 Circulação do ataúde

Um fluxograma com a circulação do ataúde é exibido na Figura 28.58.

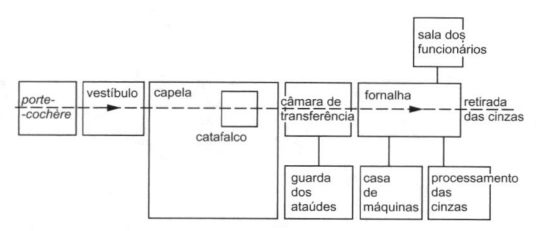

28.58 Padrão de circulação do ataúde.

22.7 Sala da fornalha

Os acabamentos na sala da fornalha devem ser impermeáveis e fáceis de manter. A falha na ignição talvez ocorra ocasionalmente, e é possível que depósitos de cinzas se acumulem nas paredes e no teto.

22.8 Cômodos de apoio

Todos ou alguns dos itens a seguir serão necessários conforme as circunstâncias:

- Sala da administração
- Sala da gerência
- Salas de espera
- Sala de espera com catafalco
- Vestiário para os religiosos
- Sala para a guarda das flores
- Câmara de transferência e uma sala para a guarda dos ataúdes
- Sala de observação da fornalha
- Sala e depósito para o operador da fornalha
- Sala para o atendente
- Toaletes públicos
- Depósito para o jardineiro e uma portaria

A planta baixa do terreno de um crematório construído recentemente é apresentada na Figura 28.59. As plantas baixas da edificação principal são ilustradas na Figura 28.60.

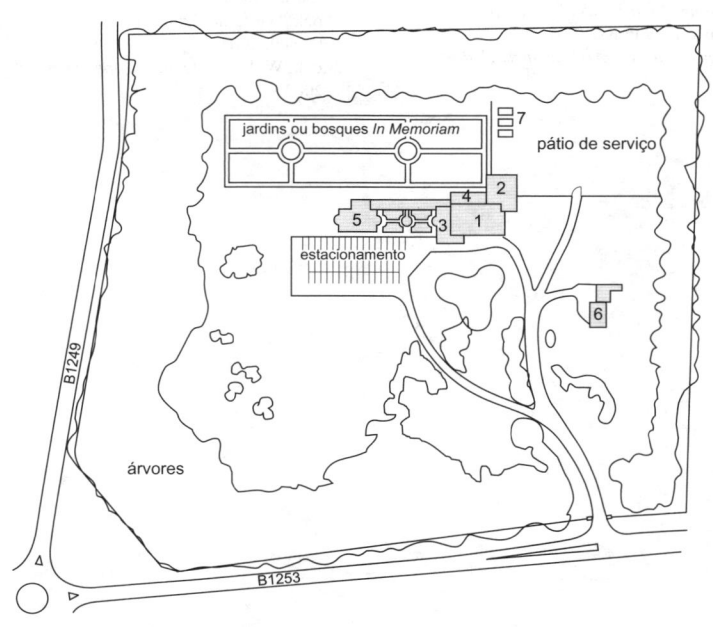

28.59 Planta baixa do terreno do *East Riding Crematorium*. Arquiteto: R Peter Belt DiplArch RIBA.
Legenda: 1 capela, 2 crematório, 3 porte-cochère, 4 jardim com flores, 5 bar e sala de estar, 6 sala do superintendente, 7 tanques de combustível.

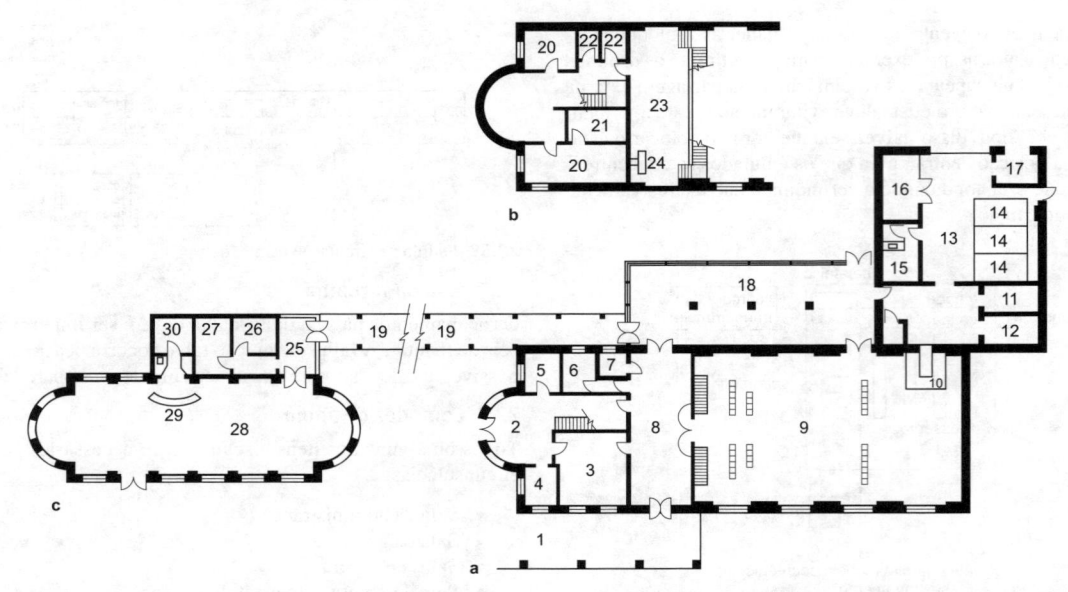

28.60 *East Riding Crematorium*: plantas baixas da edificação principal. Arquiteto: R Peter Belt DiplArch RIBA. a) Pavimento térreo da área principal. b) Primeiro pavimento. c) Bar e sala de estar.
Legenda: 1 porte-cochère, 2 saguão de entrada, 3 sala de espera, 4 vestiário, 5 informações, 6 toaletes masculinos, 7 toaletes femininos e para portadores de necessidades especiais, 8 vestíbulo, 9 capela, 10 baldaquim sobre o catafalco, 11 floricultura, 12 câmara fria, 13 sala de cremação, 14 câmaras ou fornos de cremação, 15 funcionários, 16 oficina, 17 equipamentos de ventilação, 18 jardim com flores, 19 passagem coberta, 20 escritório, 21 registros, 22 toaletes, 23 galeria, 24 órgão, 25 recepção, 26 toaletes masculinos, 27 toaletes femininos, 28 recepção, 29 bar, 30 depósito.

23 REFERÊNCIAS BIBLIOGRÁFICAS

Frishman, Martin and Hasan Uddin Khan (eds), *The Mosque: History, Architectural Development and Regional Diversity*, Thames & Hudson, 2002

Heathcote, Edwin and Laura Moffatt, *Contemporary Church Architecture*, John Wiley & Sons, 2007

Heathcote, Edwin and Iona Spens, *Church Builders*, Academy, 1997

Kieckhefer, Richard, *Theology in Stone; Church Architecture from Byzantium to Berkeley*. Oxford University Press, 2004

Krinsky, Carol Herselle, *Synagogues of Europe: Architecture, History, Meaning*, Dover Publications, 1996

Kuban, D. *Muslim Religious Architecture: The Mosque and Its Early Development v. 1 (Iconography of Religions)*, Brill, 1974

Martin, Christopher, *A Glimpse of Heaven: Catholic Churches of England and Wales*, English Heritage, 2006

Meek, HA. *The Synagogue*, Phaidon Press, 2003

Norman, Edward, *The House of God*, Thames & Hudson, 2005

Places of Worship, Phaidon Press, 1999

Roberts, Nicholas, *Building Type Basics for Places of Worship*, Wiley, 2004

Stock, Wolfgang Jean, *Architectural Guide: Christian Sacred Buildings*, Prestel, 2004

Stock, Wolfgang Jean, *European Church Architecture*, 1950–2000, Prestel, 2003

Restaurantes e equipamentos para serviços de alimentação

29

Fred Lawson

Fred Lawson é professor convidado da Universidade de Bournemouth, consultor internacional em planejamento de hotéis e serviços de alimentação e autor de vários livros sobre o tema publicados pela Architectural Press/Elsevier

PONTOS-CHAVE:
- *Os serviços devem satisfazer à demanda dos consumidores e aos critérios operacionais*
- *O setor é altamente competitivo em todos os níveis de preços*
- *A mão de obra é intensa e exige um planejamento eficiente*
- *Novos conceitos são continuamente aplicados*
- *Os ciclos de vida dos projetos geralmente são curtos*

Conteúdo

1. Introdução
2. Planejamento básico
3. Áreas públicas
4. Áreas para produção de alimentos
5. Restaurantes
6. Cantinas e praças de alimentação
7. Restaurantes *fast-food* e tele-entrega
8. Bares de bebidas alcoólicas
9. Hotéis e *resorts*
10. Referências bibliográficas

1 INTRODUÇÃO

1.1 Perfil

Restaurantes e outros locais que oferecem alimentos e bebidas para consumo nas próprias instalações utilizam mão de obra intensa e, invariavelmente, operam em ambientes de negócios muito competitivos. Esse grupo inclui operações de varejo, que buscam atrair o público e obter lucros a partir do investimento, e *serviços terceirizados ou semiterceirizados* prestados em instituições e locais de trabalho, entre outros. O último tipo precisa atender a requisitos específicos, incluindo a definição dos limites de custo e, em geral, são operados por *econômos*. Em qualquer caso, a eficiência de todas as partes da operação precisa ser maximizada. Para tanto, o planejamento e a organização devem ser cuidadosos.

A escolha do cliente varia de acordo com circunstâncias individuais como a localização, o tempo disponível, o poder de compra, a experiência prévia e as exigências individuais. As características da possível demanda de mercado podem ser classificadas e quantificadas, e são utilizadas na pesquisa de mercado para identificar locais e equipamentos adequados.

Em instalações de serviços de alimentação, as funções do projeto são:

- atrair mercados consumidores predeterminados e transmitir a mensagem adequada;
- criar um estilo e um nível de ambiência abrangentes, apropriados às expectativas dos clientes;
- planejar o leiaute, os equipamentos, as instalações técnicas e os sistemas operacionais como partes integrantes do conceito geral, para garantir que o equipamento cumpra com os objetivos, custos e outros critérios determinados pelo operador;
- garantir que o equipamento cumpra com os objetivos, custos e outros critérios determinados pelo operador.

O projeto deve refletir um conceito básico, incluindo a variedade do cardápio e da preparação de alimentos envolvidos, um estilo do serviço e as necessidades dos funcionários, a alocação de espaço, a atmosfera desejada e outros fatores que possam influenciar a escolha do cliente.

1.2 Desenvolvimento do produto

As exigências do consumidor evoluem conforme seu desejo por mudança, novos estilos em voga e possíveis experiências alimentícias no exterior. Constantemente, novos conceitos são introduzidos nos serviços de alimentação e de bebidas. Aqueles que obtêm sucesso são, invariavelmente, desenvolvidos na forma de produtos de marcas específicas. A criação de uma marca permite que a mesma fórmula seja adaptada a outros locais, como uma rede de empresas adquiridas, alugadas ou transformadas em franquias. As vantagens vão além do *marketing* e incluem a confiança do cliente na qualidade e no valor, economias de escala e a lucratividade.

O desenvolvimento de novos produtos também reflete as mudanças socioeconômicas locais, as tendências e os fatores que influenciam o consumidor – como promoções e questões de saúde, por exemplo (veja as Tabelas I e II).

Tabela I Tendências em serviços de alimentação

Influências	Efeitos
Mercados (mudanças socioeconômicas)	
Mudanças de hábito	Conveniência
Aceitação social	Informalidade
Rendas múltiplas	Aumento na demanda
Pessoas que moram sozinhas	Tele-entrega
Mudanças demográficas	Instalações para idosos
Fornecimento de produtos (promoções, eficiência)	
Franquias	Sistematização
Operações múltiplas	Padronizações
Promoções	Reforço da marca
Escolha do consumidor (educação, experiências)	
Alimentação saudável	Refeições mais leves
Seleção pessoal	Autosserviço
Variedade, muitos interesses	Cozinhas étnicas

Tabela II Desenvolvimento do produto

As tendências de produto refletem as preferências do mercado	
Autosseleção:	balcões de alimentos, bufês em praças de alimentação, bufês com autosserviço, restaurantes com serviço de garçom e bufês de salada, carnes para trinchar, carrinhos
Variedade:	cozinha aberta para visitação, preparo de pratos na frente do cliente, pubs com refeições, bistrôs, jantares temáticos, jantares de época, comida para levar e tele-entrega
Confiança:	atenção à higiene, responsabilidades ambientais, opções "saudáveis" no cardápio, preços justos e acessíveis, confiança no padrão, reforço da marca

1.3 Tipos de equipamentos

Os estabelecimentos que fornecem alimentos e bebidas podem ser divididos em inúmeras categorias, todas bastante amplas:

- Restaurantes comerciais com autosserviço e serviços de garçons, possivelmente licenciados para a venda de bebidas alcoólicas. Incluem cafeterias e lanchonetes.
- Restaurantes de *fast-food* ou *tele-entrega*, com ou sem espaço para que os clientes se sentem, que ofereçam alimentos prontos para consumo fora das instalações.
- Hotéis e *resorts*: oferecem, conforme o padrão, um restaurante ou mais, serviço de quarto, banquetes, bares e atendimento no saguão.
- Bares, clubes: venda de bebidas alcoólicas, com ou sem serviços de alimentação.
- Operações terceirizadas ou semiterceirizadas, que prestam serviços de alimentação em estabelecimentos educacionais ou institucionais e para funcionários em locais de trabalho.

As diferenças entre essas operações residem em:

- variedade de alimentos oferecidos
- método de serviço
- espaços e equipamentos disponíveis para o cliente
- quantidade de alimentos processados no local
- ênfase sobre a venda de bebidas alcoólicas
- decoração e grau de sofisticação
- níveis de preço

As diferenças entre esses fatores podem ser indistintas e o próprio setor muda constantemente.

1.4 Localização

A localização determina o sucesso ou o fracasso de um equipamento. Os estabelecimentos comerciais de serviços de alimentação devem ficar em locais onde as pessoas precisam obter refeições e refrescos, como:

- as áreas centrais de cidades grandes e pequenas
- *resorts* e atrações turísticas
- pontos de parada ao longo de rodovias importantes
- aeroportos e grandes estações ferroviárias
- *shopping centers*

Esses locais são atendidos por diferentes tipos de pontos de venda, apropriados para os principais mercados envolvidos. Os restaurantes de redes de *fast-food*, por exemplo, são localizados em avenidas comerciais movimentadas nas áreas centrais de cidades grandes e pequenas, para atrair uma grande demanda dos transeuntes. Os restaurantes de luxo, em geral, ficam em locais menos proeminentes, dentro ou perto de grandes hotéis, em distritos comerciais exclusivos ou áreas residenciais da classe alta. Serviços de alimentação também são prestados para complementar alguns negócios existentes, como bares e áreas que atraem visitantes.

Deve-se buscar um equilíbrio entre:

- a disponibilidade de clientes
- os custos da localização e dos investimentos
- as considerações operacionais, como espaço, estacionamento para clientes, qualidade do acesso

Instalações de grande porte – como aeroportos (Figura 29.1) ou postos de gasolina junto a autoestradas – geralmente oferecem uma seleção de pontos de venda, permitindo que os clientes escolham conforme variedades, preços e tempo disponível. Nas áreas centrais de cidades grandes e pequenas, geralmente há uma grande quantidade de restaurantes diferentes: *fast-food*, bistrôs, étnicos, temáticos e especializados e de luxo, além de bares, *wine bars*, cafeterias e lanchonetes.

A visibilidade é essencial para o comércio informal. Os restaurantes costumam se aglomerar dentro e ao redor de locais populares, atrações turísticas, praças e ruas laterais nas adjacências. Aqueles que se localizam em subsolos ou pavimentos superiores ficam em posição de desvantagem se não oferecem promoções específicas, acesso fácil e atraente, e equipamentos projetados para o transporte de alimentos para tele-entrega e acessibilidade de portadores de necessidades especiais.

1.5 Serviços de alimentação institucionais

Os serviços de alimentação prestados em instituições e locais de trabalho geralmente se dividem em duas categorias:

- Agrupados: refeitório principal, refeitórios e/ou restaurantes em locais convenientes para a maioria das pessoas envolvidas. Em geral, o local contrasta de maneira atraente com o ambiente de trabalho e fica perto da área de preparação de alimentos.
- Dispersos: serviços de alimentação remotos em estações individuais, como hospitais, algumas instituições e locais remotos de trabalho.

Na maioria das vezes, esses serviços de alimentação são operados por fornecedores especializados na área. O mesmo se aplica a outros equipamentos urbanos de grande porte, como aeroportos, postos de gasolina junto a autoestradas e *shopping centers*.

1.6 Considerações externas

Acesso para veículos e estacionamento distintos são essenciais para a entrega de alimentos e outras mercadorias, juntamente à coleta de lixo e a uma área de armazenagem adequada e higiênica. Em instalações de grande porte, recomenda-se uma entrada de funcionários. As áreas centrais são atendidas por táxis e pelo transporte público. Em outros locais, os estacionamentos para automóveis de clientes são essenciais, principalmente para jantares e eventos noturnos. Os hotéis precisam disponibilizar espaço extra para esse uso não residencial. Os estacionamentos públicos são uma vantagem em áreas urbanas restritas.

A aparência externa é importante para a autopromoção e para transmitir informações, com vistas do interior e exibição de cardápios e preços, além de boa iluminação para o turno da noite. A entrada de clientes deve ter uma entrada bem definida, distinta e de fácil acesso – incluindo equipamentos para portadores de necessidades especiais.

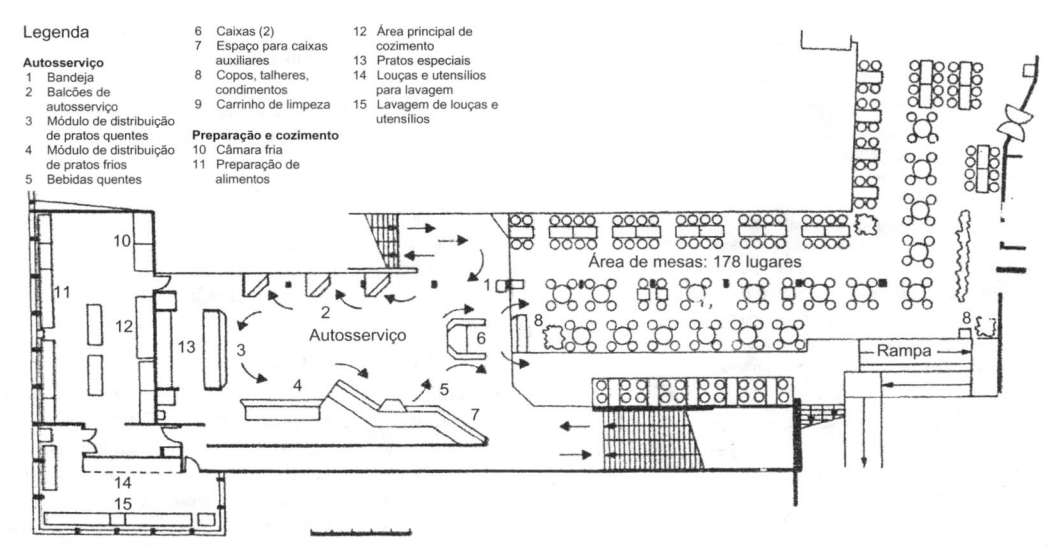

29.1 Equipamentos para serviços de alimentação no Aeroporto Prestwick, no Reino Unido. Localizado em um mezanino acima do saguão, o novo restaurante de autosserviço foi projetado para atrair e oferecer uma variedade interessante de pratos típicos. A sinalização gráfica e o projeto da escada receberam muita ênfase, assim como o projeto gráfico do cardápio. Fornecedores: *Tricon Foodservice Consultants Ltd.* Cliente: *British Airports Authority.*

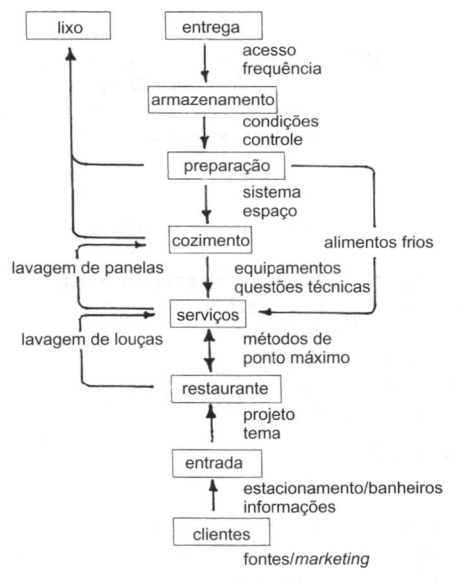

29.2 Planejamento do serviço de alimentação.

Para atrair os transeuntes, os restaurantes populares e cafeterias no interior de centros comerciais, hotéis e aeroportos (Figura 29.1) podem ficar nos saguões e átrios de uso comum.

2 PLANEJAMENTO BÁSICO

2.1 Operações de serviços de alimentação

Todas as operações de serviços de alimentação envolvem três processos simultâneos em diferentes áreas: produção, serviço e atendimento aos clientes (Figura 29.2). Cada área possui necessidades específicas que variam conforme a natureza e a escala da operação.

Produção
- Entrega e verificação de alimentos, bebidas e outros itens.
- Armazenagem: distinta para legumes/verduras/frutas, produtos alimentícios secos, alimentos refrigerados e congelados.
- Preparação: uso de ingredientes frescos e de alimentos parcial ou totalmente preparados.
- Cozimento: com equipamentos de grande porte, localizados em área central ou embutidos nos balcões.
- Montagem das refeições conforme pedidos; prontas para servir ou para refrigeração/congelamento.
- Lavagem de louça e demais utensílios; coleta do lixo sólido.

Serviço de refeições: para autosserviço ou atendimento em mesas
- Autosserviço utilizando balcões aquecidos ou refrigerados acessíveis aos clientes.
- Serviço de garçom: os alimentos são pegos em um balcão e levados até as mesas.
- Coleta de louças usadas e transporte até a cozinha.
- Mesas de apoio e armários: para itens de mesa, condimentos, equipamentos e mobiliário.

Equipamentos para atendimento aos clientes:
- Local: entorno, aparência, condicionantes do terreno, estacionamento.
- Entrada com chapelaria, banheiros, serviços de recepção e bar, se necessário.
- Área de mesas: o projeto do interior deve refletir o conceito e o perfil dos clientes.
- Caixas e recursos para pagamento.

2.2 Produção centralizada de alimentos

Em geral, as operações de serviços de alimentação em grande escala envolvem duas etapas de produção: o preparo em grandes quantidades e o pré-cozimento, seguidos imediatamente pela refrigeração ou congelamento dos alimentos para pós-cozimento perto da área de serviços, se necessário. Os sistemas de *cozimento e congelamento* rápido possibilitam uma rápida refrigeração de até -20°C para o armazenamento em congelador (na maioria das vezes, pelo prazo máximo de um mês). Os sistemas de *cozimento e refrigeração* rápida, por sua vez, reduzem a temperatura do alimento para 1–3°C

```
                        entrega
                           ↓
                    ┌─ armazenagem ─┐
              fria       seca      legumes e verduras
               ↓          ↓              ↓
         carne/peixe   preparação
                      pastelaria    legumes e verduras
                ↓         ↓              ↓
                       cozimento
         área seca                  área molhada
         fornos                     caldeirões
         frigideiras basculantes    panelas de pressão
         fritadeiras                fogões comerciais
         grelhas/salamandras        chaleiras
         forno de micro-ondas       banho-maria
                ↓                        ↓
         resfriadores  ←→        montagem de pratos
                           ↓
                   balcão de serviço
         pratos frios – doce e quente – prato principal – aperitivos
                ↓                               ↓
         autoatendimento                 lavagem de louças
                        entrada de serviço
```

29.3 Produção em grande escala.

para armazenamento em refrigerador por um período máximo de 3–5 dias. Hotéis e instituições geralmente utilizam o processo de refrigeração para o pré-preparo de alimentos no local, com o intuito de obter o máximo em eficiência e higiene.

Os pontos de venda de *fast-food* utilizam sistemas altamente desenvolvidos e equipamentos especializados de pós-cozimento, projetados para produzir com rapidez as refeições oferecidas pelo cardápio limitado. Os sistemas centrais de cozimento e congelamento rápido também são utilizados para fornecer alimentos já preparados para restaurantes, linhas aéreas e outras situações em áreas problemáticas. Os sistemas de cozimento e refrigeração imediata são mais adequados para a armazenagem de refeições em curto prazo, geralmente preparadas antes do uso – como em banquetes e eventos (Figura 29.3).

2.3 Legislação

Na Grã-Bretanha, os estabelecimentos de serviços de alimentação estão sujeitos ao sistema de planejamento rural e urbano e às *Building Regulations*, além de exigências referentes a portadores de necessidades especiais, saúde e segurança física, padrões alimentares e higiene. Os locais que vendem bebidas alcoólicas precisam ter licença. Nas áreas de trabalho, devem-se adotar medidas de segurança para reduzir os riscos de acidentes (como queimaduras com fogo ou líquidos, cortes, quedas, ferimentos causados pela maquinaria exposta, choques elétricos e incêndios). É necessário disponibilizar instruções e equipamentos de primeiros socorros. As exigências referentes à higiene incluem o treinamento para manusear alimentos, a disponibilização de vestimentas adequadas e equipamentos para se lavar as mãos. As exigências específicas de proteção contra incêndio e fumaça também se aplicam.

3 ÁREAS PÚBLICAS

3.1 Conceito

O projeto de um restaurante é elaborado em torno do conceito da operação. Deve-se considerar o mercado alvo, os objetivos e propostas dos clientes, a localização e o estilo da instalação, mudanças envolvidas e custos-alvo. Os projetos que se baseiam em marcas – como franquias e pontos de venda licenciados – geralmente têm um escopo limitado, mas podem ser adaptados conforme o estilo da edificação.

Invariavelmente, os clientes determinam o conceito e as estratégias operacionais. Os detalhes do projeto podem ser ajustados para dar mais consistência à marca, levando o cliente a confiar nas operações em rede. Isso se aplica principalmente aos requisitos dos mercados populares e de padrão intermediário, incluindo os restaurantes de *fast-food*. Os empresários, porém, estão cientes das tendências sociais e das alterações nas exigências do consumidor. Assim, conceitos de projeto inovadores são introduzidos com frequência.

3.2 Critérios de mercado

A escolha do cliente é influenciada pelo preço e pelas expectativas, que variam conforme a ocasião. Fatores como conveniência, valores e atmosfera social podem ser fundamentais. Outros clientes, por sua vez, valorizam o grau de sofisticação, as opções do cardápio e o estilo de serviço. Os mercados podem ser classificados conforme as categorias socioeconômicas, que indicam o poder de compra e os tipos de serviços desejados. Os estudos de mercado também analisam a competitividade, alterações na área e os locais mais indicados.

3.3 Critérios de projeto

O projeto dos interiores deve atender a várias exigências, tanto funcionais quanto estéticas. Ele deve transmitir confiança no padrão, estimular respostas emotivas adequadas, despertar o interesse, ter apelo visual e fornecer todas as condições para a criação de uma atmosfera agradável. As considerações incluem:

- *Funções*: operação, eficiência, ordem, higiene, durabilidade, manutenção.
- *Ambiência*: luxuoso, sofisticado, exótico, aconchegante, romântico, animado.
- *Caracterização*: estilo da operação, tema, especialização alimentícia, elementos especiais.
- *Disposição das mesas*: proporções do salão, vistas interessantes, janelas, circulação.
- *Percepção*: atenção aos detalhes, consistência, ligação entre as áreas, personalização.

3.4 Abrangência

Um projeto abrangente deve incluir:

- acabamentos internos, acessórios e equipamentos, decoração;
- projeto do tema, móveis, acessórios e equipamentos;
- louça, talheres, roupa de mesa, acessórios de mesa e uniformes;
- balcões com mostruário, equipamentos de serviço, planejamento de circulação;
- iluminação, condicionamento de ar e instalações técnicas;
- logotipo, programação visual, cardápio de pratos e bebidas;
- balcões, caixas e equipamento de monitoramento.

Geralmente se inclui o projeto da fachada, entrada, chapelaria e bares de apoio. Os equipamentos de cozinha (incluindo instalações técnicas e de serviço, além dos utensílios) podem ser providenciados por um contrato distinto ou planejados como parte do projeto em si. Deve-se incluir as exigências dos clientes em relação a sistemas e equipamentos de contabilidade e gestão.

3.5 Área de mesas

Quando a refeição é consumida nas instalações, o número máximo de clientes é determinado pelo número de lugares, horário de refeições e rotatividade de clientes. A densidade de clientes (em m^2 por

Tabela III Pré-dimensionamento de espaço

Tipo de restaurante ou serviço Exemplo	Área por assento (m²)	Acréscimo de serviços (m²)
Refeições sofisticadas		
Tradicionalmente 80 assentos	2,0–2,4	serviço de mesa
Refeições especializadas ou étnicas		
Padrão alto 80 assentos	1,6–1,8	serviço de mesa
Restaurantes para o mercado intermediário		
Cardápio limitado 100 assentos	1,5–1,7	balcão 0,2
Café 140 assentos		
Balcão com fila única	1,4–1,5	balcão/bar 0,4
Restaurantes populares em rede		
Cardápio limitado 100 assentos	1,2–1,4	serviço de mesa
Fast-food/tele-entrega		
Cardápio com pratos feitos 50 assentos	0,8–1,0	balcão 0,6
Bar tipo *pub* (25% assentos)		
Incluindo balcão	0,6–0,9	
Bar tipo *lounge* (50% assentos)		
Incluindo balcão	1,1–1,4	
Salão para banquetes		
200 assentos	0,9–1,2	depósito 0.2
Cantina ou cafeteria para funcionários		
200 assentos	1,1–1,2	balcão 0,2
Escola primária		
Balcão/serviço familiar	0,75–0,85	
Escola secundária		
Incluindo balcão	0,9	
Refeitório de universidades	1,1–1,2	balcão 0,2

Observação: Dependem das dimensões dos cômodos, circulação e tipos de mobiliário.

cliente) depende das dimensões do local, método de serviço, tamanho das mesas e cadeiras, agrupamento de assentos e leiaute do salão. A distribuição de espaço é apresentada nas Figuras 29.4, 29.5, 29.6 e na Tabela III.

- Eventos, banquetes e conferências exigem móveis que possam ser adaptados (Figuras 29.7 a 29.10).
- O autosserviço exige corredores mais amplos de e para o balcão (ou balcões) e, junto a ele, assim como as filas ordenadas com mais espaço entre as mesas (Figura 29.5). Os leiautes para o serviço de garçons são mais flexíveis, mas as rotas de circulação para funcionários e clientes não devem coincidir.
- O tamanho das mesas e cadeiras aumenta conforme o grau de sofisticação e a duração da refeição. Em sua maioria, os restaurantes populares oferecem mesas para quatro pessoas; elas podem ser fixas ou soltas, quadradas ou redondas, em leiaute livre ou usando-se nichos e bancos fixos. Tudo depende do estilo da operação. Os restaurantes mais caros oferecem um número maior de mesas para duas pessoas, que geralmente podem ser agrupadas para quatro, seis ou mais indivíduos. Os arranjos institucionais utilizam fileiras de mesas para aumentar a densidade. Essas mesas podem ser removidas para que a área seja aproveitada de forma alternativa.

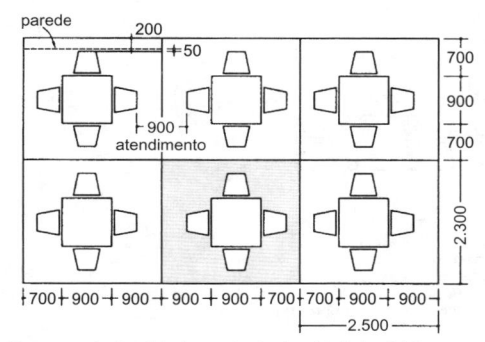

a Mesas quadradas, leiaute quadrado, densidade local 1,4 (em m² por cliente)

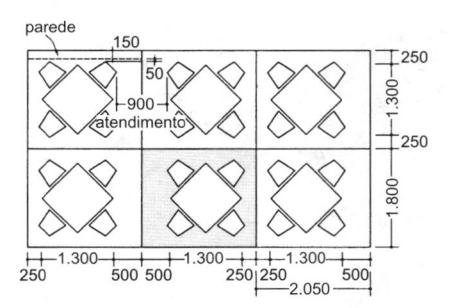

b Mesas quadradas, leiaute diagonal, densidade local 0,92 (em m² por cliente)

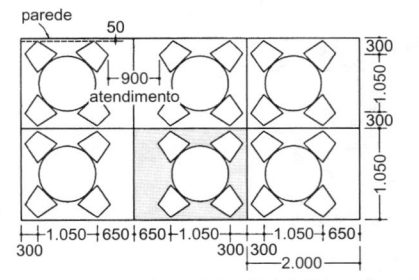

c Mesas circulares, leiaute diagonal, densidade 0,82 (em m² por cliente)

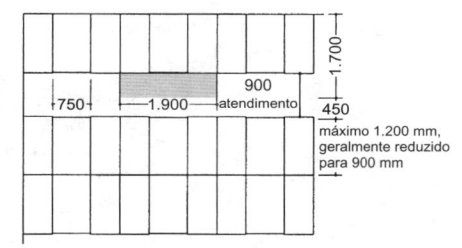

d Mesas e bancos fixos em nichos, densidade 0,8 m

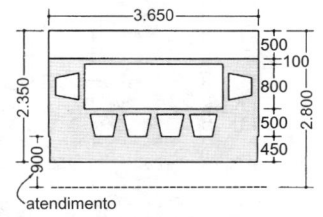

e Grande nicho com banco fixo e assentos, densidade 0,86 para 10 pessoas – ou 1,1 se apenas duas pessoas sentarem no banco fixo

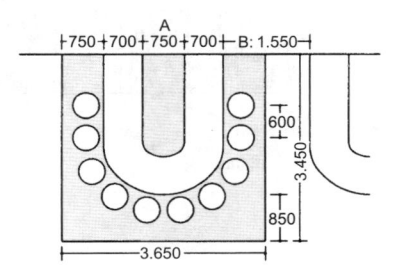

f Atendimento no balcão, densidade 1,26 (dimensões A e B aumentam quando há mais de um garçom trabalhando)

29.4 Leiautes para mesas de restaurante.

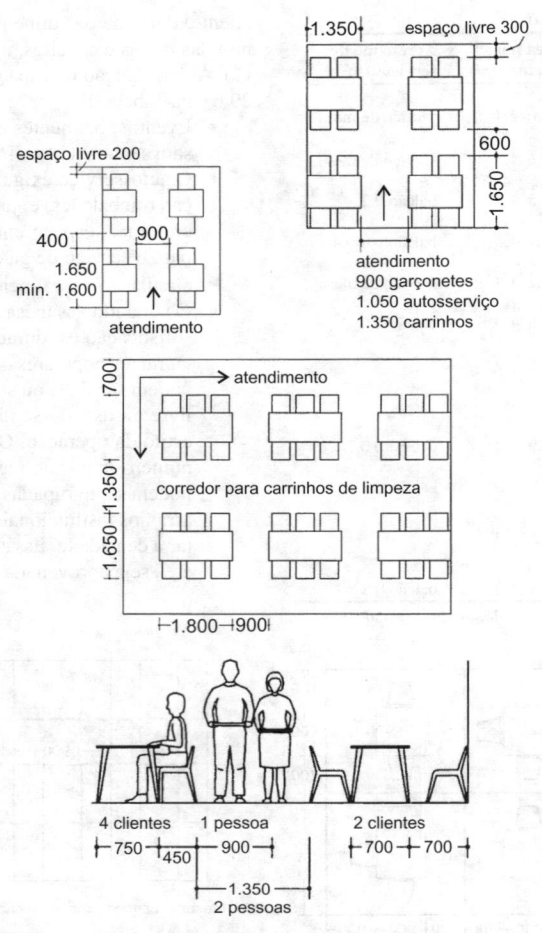

29.5 Espaço mínimo entre as mesas para permitir que as pessoas sentem, tenham acesso e possam circular.

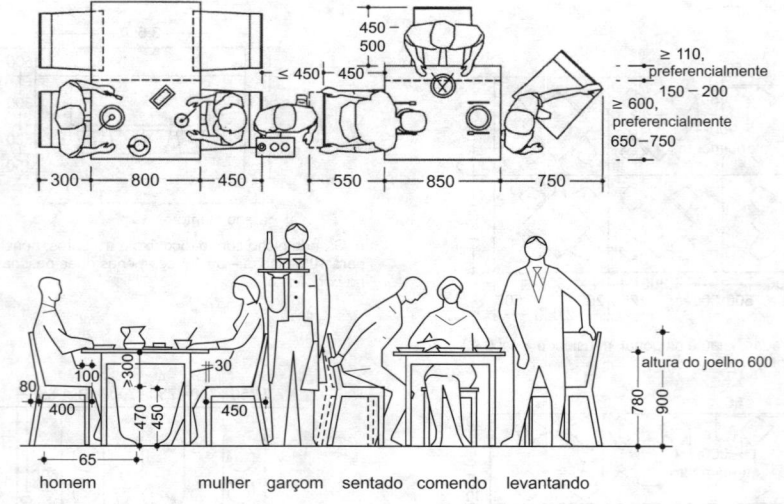

29.6 Dimensões mínimas para restaurantes.

- Os leiautes são influenciados pelas janelas e vistas. As diferentes áreas de mesas podem ser separadas por níveis e divisórias, aumentando as opções (áreas personalizadas, lugares perimetrais) e o grau de interesse (características).
- Hotéis e *resorts* de grande porte oferecem muitos restaurantes e equipamentos. Os cardápios são variados, assim como o grau de sofisticação e os preços (Figura 29.11).

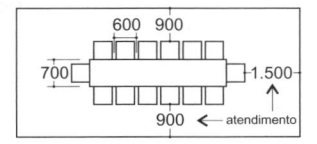

29.7 Leiaute para um pequeno jantar formal.

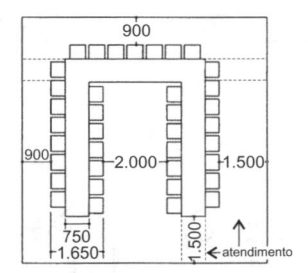

29.8 Leiaute para banquete. O arranjo em U pode ser estendido em ambas as direções até chegar ao limite do salão.

número de lugares	tamanho da mesa: para beber	tamanho da mesa: para comer
1	450 a 600	750
2	600	850
4	900	1.050
6	1.150	1.200
8	1.400	1.500

29.10 Dimensões indicadas para mesas circulares conforme o número de lugares.

número de assentos	tamanho da mesa: para beber	tamanho da mesa: para comer
1	450 a 600	600 a 700
2	600 quadrado	750 quadrado
4	750 quadrado	900 × 950
4	–	1.500 × 750
6	–	1.400 × 950
6	–	1.700 × 750
8	–	1.750 × 900
8	–	2.300 × 750

29.9 Dimensões indicadas para mesas retangulares conforme o número de lugares.

áreas (líquida)　m²/assento

- restaurante　2,0
- cafeteria　1,7
- salão de banquete　1,0
- bar e lounge　1,8 (1,2 capacidade plena ou lotado)
- cozinhas e depósitos　1,0 (0,5 secundária ou satélite)

leiaute

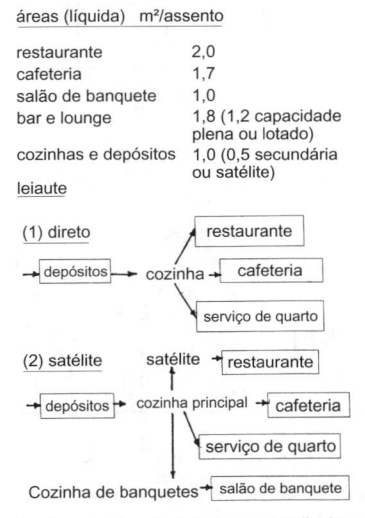

(1) direto: depósitos → cozinha → restaurante / cafeteria / serviço de quarto

(2) satélite: depósitos → cozinha principal → satélite → restaurante / cafeteria / serviço de quarto

Cozinha de banquetes → salão de banquete

29.11 Serviços de alimentação e de bebidas em hotéis de grande porte.

3.6 Mobiliário e tampo das mesas

Os móveis de restaurantes devem ser fortes e duráveis para resistir ao desgaste. Conforme o tipo de operação, o mobiliário pode incluir:

- Mesas fixas, geralmente com assentos em pedestal ou fixos na própria mesa, com espaço para as pernas; os assentos podem ser soltos ou fixos em nicho (Figuras 29.12 e 29.13).
- Mesas móveis com cadeiras soltas ou assentos fixos.
- Mesas e cadeiras de empilhar, com sistema de carregamento. Mesas com tampos extensíveis ou topos alternativos (redondos/quadrados). Com nível de acesso à área de armazenamento.
- Mesas laterais e carrinhos projetados para apresentar os alimentos; atendimento direto na mesa.
- Recepção e caixas com terminais, monitores, caixas registradoras e outros equipamentos.

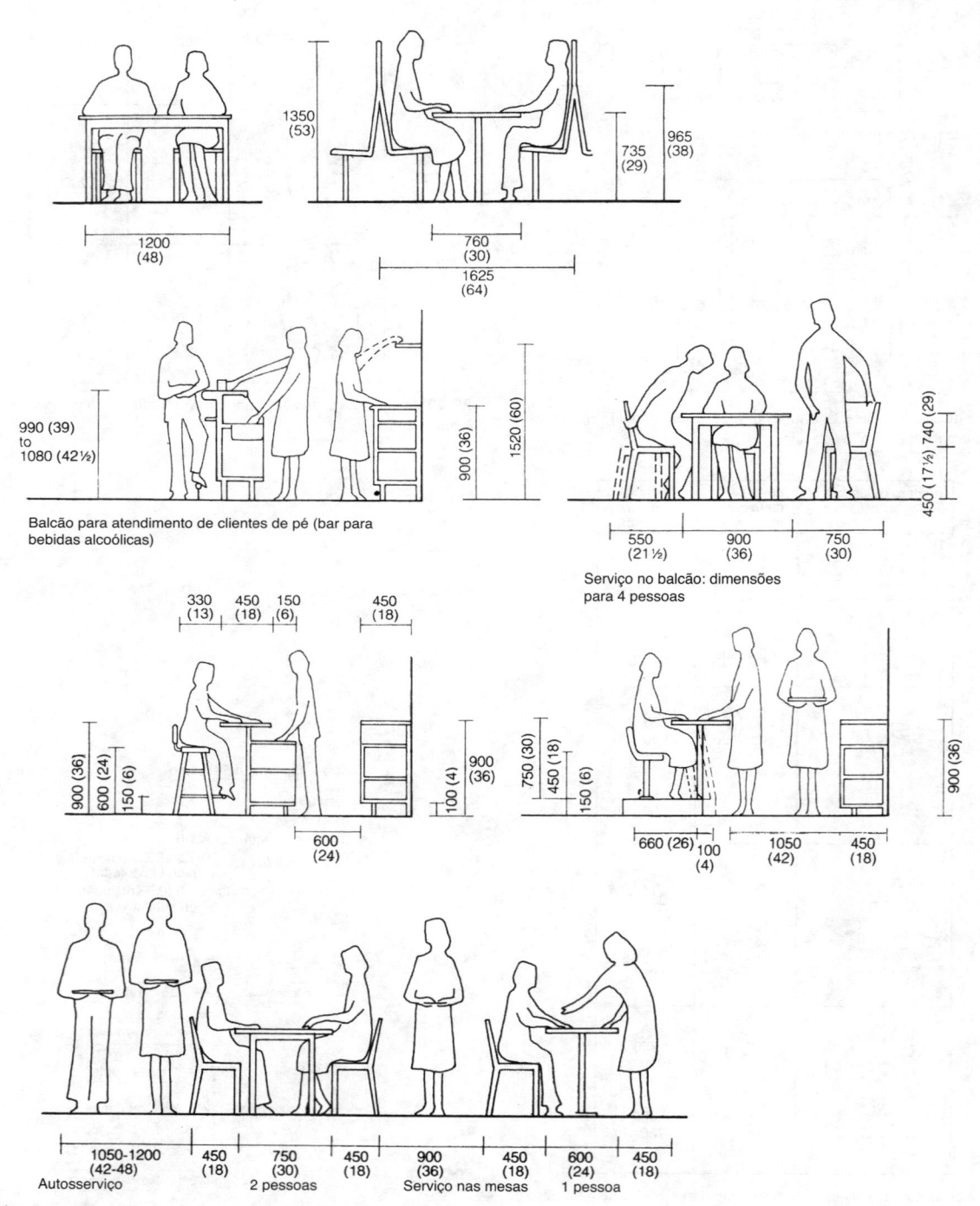

29.12 Dimensões típicas para serviço nas mesas ou no balcão.

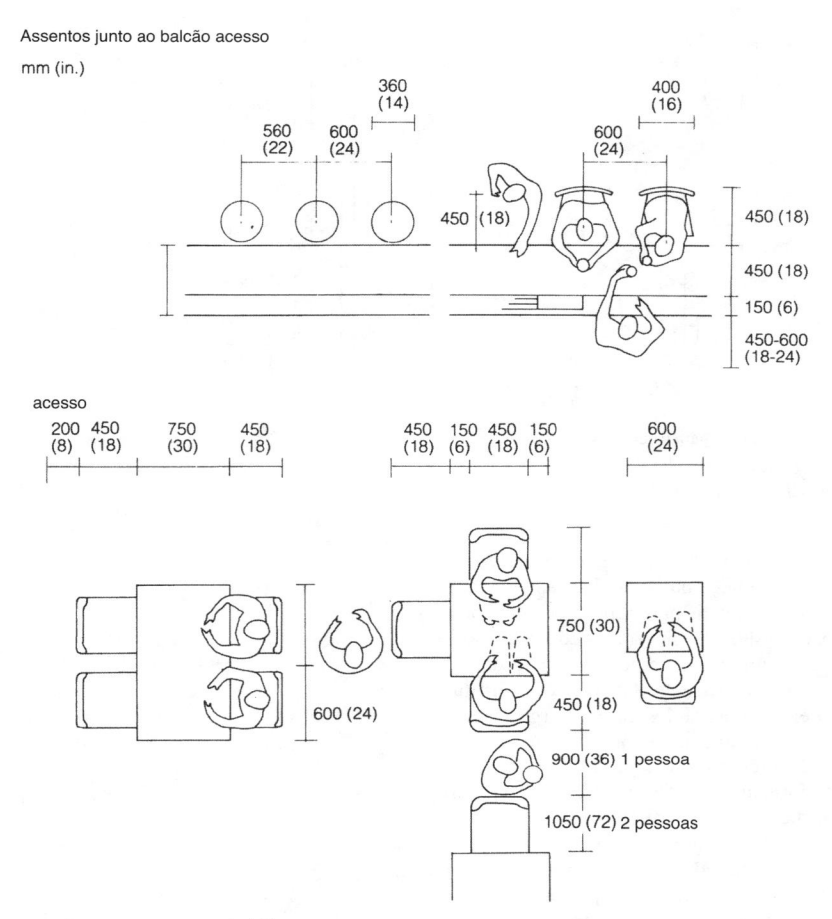

29.13 Dimensões típicas para serviço nas mesas ou no balcão.

O projeto do tampo de mesa deve se adequar ao conceito e ao estilo geral da operação. O estilo varia entre o mais alto grau de sofisticação (com roupa de mesa, porcelanas, copos e talheres de ótima qualidade) e as superfícies laminadas fáceis de limpar, com louças duráveis e utensílios de aço inoxidável.

3.7 Projeto de interiores passo a passo

- Programa e orientações: Escopo, metas, diretrizes, necessidades, programa.
- Croquis, propostas: Conceito do projeto, ideias visuais, estimativas preliminares.
- Desenhos preliminares: Perspectiva, imagens, características principais.
- Apresentação de amostras: Materiais selecionados, acabamentos.
- Desenhos detalhados: Desenhos em escala da arquitetura e das instalações.
- Especificações: Necessidades, qualidade, quantidade.
- Fornecedores: Fontes de custos, descontos, reposições.
- Empreiteiros: Condições, cobertura de trabalho, prazos críticos.

3.8 Manutenção e planejamento do ciclo de vida

As áreas de serviço de alimentação e de bebidas estão sujeitas à utilização intensa, quebras, manchas e todo o tipo de danos. Elas exigem limpeza diária e reposições ou substituições frequentes. Os carpetes e acabamentos devem ser selecionados para disfarçar riscos ou manchas. Os móveis e equipamentos devem ser duráveis e precisam manter uma boa aparência ao longo da vida útil planejada.

Deve haver flexibilidade para que o local seja adaptado conforme a necessidade, como o agrupamento de mesas ou alterações no estilo do serviço diurno para o noturno (devido a jantares ou eventos). Isso exigirá o empilhamento de móveis e depósitos para se armazenar equipamentos.

O ciclo de vida de um restaurante é determinado por vários fatores, como alterações no entorno, a moda ou as preferências alimentares, o aumento da concorrência, a queda na qualidade e a obsolescência. Os equipamentos de cozinha geralmente são planejados para sete anos de uso; os móveis e acessórios, em geral, precisam ser substituídos a cada cinco anos. Ao planejar reformas, é oportuno revisar o conceito original e realizar mudanças no cardápio, projeto e estilo, de forma a aproveitar as oportunidades que surgem no mercado.

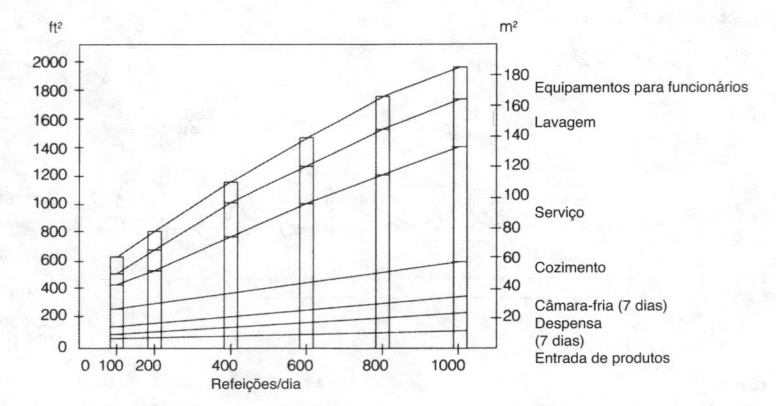

29.14 Necessidades espaciais na cozinha para diferentes funções.

4 ÁREAS PARA PRODUÇÃO DE ALIMENTOS

4.1 Dimensões e tipos

O tamanho da cozinha depende do número de lugares atendidos no período de pico da demanda – almoço ou jantar. Ele também varia conforme o tipo de cardápio e o grau de pré-preparo dos alimentos. Quando o cardápio é fixo, é possível racionalizar os equipamentos e a mão de obra. Se os alimentos forem preparados com antecedência, será possível se concentrar no acabamento das refeições. Instituições e locais de trabalho exigem cardápios variáveis (geralmente cíclicos). O mesmo ocorre em restaurantes e hotéis de alto nível. As refeições industrializadas são preparadas em grande quantidade nas cozinhas centrais e, posteriormente, resfriadas ou congeladas para distribuição e armazenamento antes do consumo (veja a Seção 2.1). Dessa forma, não há necessidade de grandes equipamentos feitos sob medida nem de processamento industrial. As cozinhas de finalização são reduzidas em termos de tamanho e equipamentos, com uma razão de tamanho que varia entre 0,1:1 e 0,3:1 em relação à área de armazenagem e lavagem de pratos.

A Tabela IV contém exemplos de áreas de cozinha. As exigências de espaço em cozinhas grandes refletem a economia da escala através da centralização (Figura 29.14).

Hotéis de grande porte costumam ter uma área central de preparação de alimentos e lavagem de louça que atende a vários restaurantes alternativos – seja diretamente ou para pontos mais remotos

Tabela IV Áreas mais comuns para preparação de alimentos, conforme o número de assentos do restaurante

Tipo de restaurante Exemplo	Área da cozinha (m² por assento)	Tipo de alimentos preparados
Luxo 80 assentos	0,9	cardápio variado, alimentos frescos preparados conforme o pedido
Especialidades étnicas 80 lugares	0,7	cardápio a la carte, preparadas conforme o pedido
Padrão médio temático 100 lugares	0,6	cardápio limitado, refeições rápidas
Cantinas 140 lugares	0,4	pratos frios e quentes, alimentos de conveniência
Restaurantes populares 100 lugares	0,4	cardápio padronizado, refeições rápidas
Fast-food/tele-entrega 50 lugares	0,8–1,0	produção sistematizada, alto volume de vendas

Observação: As áreas de preparação, cozimento e lavagem ocupam cerca de 50% da cozinha. O restante é ocupado por depósitos, instalações e equipamentos para os funcionários.

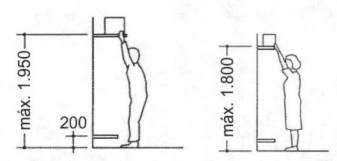

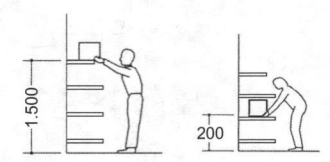

29.15 Alturas para prateleiras de armazenamento.

por meio da circulação (serviço de quarto e serviços de banquete, por exemplo).

4.2 Acesso de mercadorias

Para tamanhos de veículos, consulte o Capítulo 33 deste livro. Os arranjos de entrega mais comuns são:

- Produtos secos: semanalmente ou quinzenalmente
- Produtos congelados: semanalmente
- Legumes, verduras e frutas frescas: duas vezes por semana
- Alimentos perecíveis: diariamente
- Coleta de lixo: depende do tamanho e do contrato: semanalmente

Os locais de grande porte utilizam lixeiras grandes (0.57–0.85 m²), além de áreas distintas para o armazenamento de garrafas, vidro quebrado, metal compactado e embalagens. Os restos de alimentos devem ser mantidos em áreas refrigeradas (3–5°C) com fechamento adequado, drenagem e proteção contra insetos e pequenos animais.

4.3 Áreas de armazenamento

O armazenamento depende da rotatividade e da frequência das entregas. Os depósitos refrigerados (câmaras frias) costumam ficar na mesma área e, preferencialmente, podem ser acessados pelas áreas de espera também refrigeradas, de forma a economizar energia. Ocasionalmente, as lajes são rebaixadas para permitir a entrada de rodas na área de armazenamento. Os depósitos de legumes e verduras devem ter acesso direto à área de preparação.

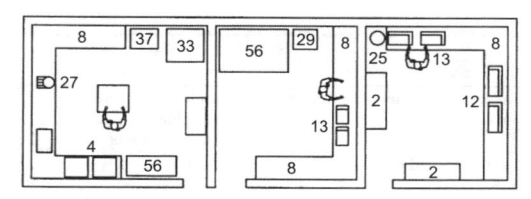

a Cômodos distintos

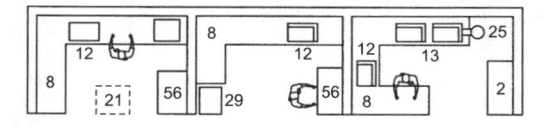

b Nichos

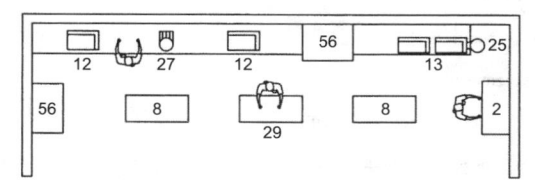

c Planta baixa e cozinha aberta

29.16 Leiautes alternativos para a área de preparação (para a legenda, veja a Figura 29.31).

Os depósitos de alimentos utilizam estantes móveis feitas sob encomenda. As estantes e prateleiras devem ter um espaço livre de 50 mm entre e acima dos pacotes para facilitar o acesso. A prateleira mais alta não deve ter mais de 1.800 mm de altura; a prateleira mais baixa, por sua vez, deve estar, no mínimo, 200 mm acima do piso (Figura 29.15). As prateleiras que abrigam itens pesados e utilizados com frequência costumam ter entre 700 e 1.500 mm de altura. É recomendável que haja espaço para o armazenamento de vasilhames que serão devolvidos aos fornecedores.

4.4 Áreas de preparação

A área e o leiaute da cozinha são determinados por dois fatores:

- O tamanho dos equipamentos e bancadas de trabalho
- O espaço para trabalho, acesso e circulação

As dimensões mais comuns são:

- Altura da bancada de trabalho e borda da pia: 870–900 mm
- Largura de balcões encostados na parede: 600–750 mm
- Largura das bancadas ou mesas em ilhas: 900–1.050 mm
- Extensão da área de trabalho com alcance conveniente: 1.200–1.800 mm

A preparação de alimentos convencionais exige quatro áreas principais:

- Legumes, verduras, saladas e frutas frescas
- Carne e peixe
- Confeitaria
- Serviços gerais, incluindo o preparo de alimentos frios e sobremesas

Operações especializadas costumam demandar áreas distintas para padaria e decoração de bolos. As áreas de preparação podem ser segregadas em cômodos diferentes: paredes de 1.200 mm de altura são colocadas entre as áreas e a cozinha principal ou o agrupamento de bancadas e acessórios em áreas específicas nas laterais (Figura 29.16).

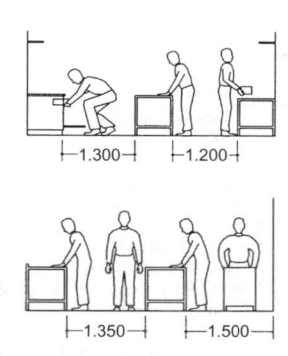

29.17 Espaço mínimo entre equipamentos para permitir o trabalho e a circulação.

Deve-se evitar a contaminação cruzada de alimentos. Forneça bancadas de trabalho adequadas e pias independentes em cada área, além de espaço para a lavagem de panelas.

4.5 Equipamentos de cozinha

Cerca de 30% do piso da cozinha é ocupado por equipamentos e 10–20% por bancadas e carrinhos. Os 50% restantes são utilizados para circulação e acesso. Espaços apertados podem causar obstruções e acidentes, no entanto, o excesso de espaço aumenta as necessidades de circulação e despesa, além dos gastos com energia e manutenção (Figura 29.17).

A Tabela V contém detalhes dos equipamentos mais utilizados atualmente. O tamanho e a capacidade estão relacionados ao tipo de uso e a maioria dos fornos é projetada para receber quantias gastronômicas de pratos e bandejas. Alguns itens podem ser vistos na Figura 29.18. Os fornos combinados incorporam os métodos de convecção por vapor e ar quente. Outros métodos de cozimento acelerado incluem fornos de micro-ondas com convecção por ar quente. Fogões elétricos de indução vitrocerâmicos podem ser uma alternativa aos convencionais a gás.

Um dos leiautes de cozinha mais comuns é mostrado na Figura 29.19 e, com elevações, na Figura 29.20.

Cozinhas pequenas e locais onde há preparo de refeições rápidas costumam ter equipamentos de apoio fixados ao longo da parede atrás do balcão, resultando em economia nas instalações, espaço e mão de obra. O agrupamento central em ilhas é mais indicado para unidades maiores, pois facilita o acesso a todas as áreas, assim como a limpeza e a manutenção. As instalações – incluindo as de esgoto e exaustão de fumaça – são concentradas. Refrigeradores, depósitos, áreas de preparação e balcões podem ocupar as zonas perimétricas. A largura mínima para os corredores é de 1.050 mm, mas pode chegar a 1.500 mm devido ao espaço necessário para a abetura das portas dos fogões ou ao uso de carrinhos.

4.6 Lavagem de louça e utensílios

A lavagem de louça e utensílios é cara em termos de espaço, equipamento, mão de obra e energia elétrica. Restaurantes de *fast-food* e serviços de alimentação para empresas de transporte aéreo podem usar pratos e talheres descartáveis, mas eles transmitem uma imagem negativa e geram problemas relativos à coleta de lixo.

Os métodos de coleta de louças e utensílios usados incluem a auto-remoção com bandejas, carrinhos e a remoção pelos garçons. Isso deve ser decidido ainda nos primeiros estágios de planejamento. Os carrinhos precisam de corredores retos com largura mínima de 1.050 mm, além de locais discretos para serem armazenados.

Tabela V Equipamentos de cozinha

Tipo	Características principais	Tamanho e consumo mais comuns	
Fornos	Transferência de calor para os alimentos em espaço fechado. Podem usar ar quente (circulado através de convecção natural ou ventilada), emissão de raios infravermelhos ou micro-ondas	unidades pequenas capacidade média capacidade alta	
Uso geral	Uso de ar quente para assar, tostar ou reaquecer. Podem ser embutidos ou ter pés. Utilizam prateleiras removíveis por questões de velocidade e conveniência. Capacidade: Pratos em bandejas 65–75 kg/m³ (4–5 lb/ft³) Aves, carnes 110–130 kg/m³ (7–8 lb/ft³)		
Fogões com forno	Fornos com queimadores no topo. A capacidade do forno depende da área do tampo 0,015 m² por refeição	80 l. 160 l. 200 l.	11 kW 14 kW 16 kW
Forno de convecção forçada	Ar quente circulado em velocidade alta (até 4,5 m/s (900 ft/min)) com fluxos direcionais para permitir o aquecimento rápido, fornadas maiores e, inclusive, temperaturas. Ciclo normal de cozimento: comida congelada 25–35 min.	50 l. 110 l. 200 l.	2,6kW 6kW 9,3kW
	Os fornos combinados incorporam a convecção por ar quente e vapor. Os fornos de cozimento acelerado incluem convecção por ar quente e micro-ondas.	300 l.	13,3kW
Forno para tortas e massas	Fornos com prateleiras baixas para aquecer pães, tortas, pizzas, etc., de maneira uniforme A capacidade depende da área: 0.004² por refeição		
Máquina para assar frangos (frangueira)	Fornos especiais para assar carne, ou espetos rotatórios mecânicos (aves, pernis, kebabs)		
Fornos de esteira contínua	Equipamento especializado para padarias de grande porte e fornos de cozimento contínuo		
Fornos de baixa temperatura	Para cozimento lento de carnes, etc. a 107°C para reduzir a perda de umidade. Aplicações especializadas		
Fornos de micro-ondas	Alta frequência (2.450 MHz), alternam ondas eletromagnéticas e são usados para gerar calor em moléculas dipolares de alimentos e água. Alto fator de conversão de energia. Ciclo comum de cozimento: 45–60 s (reduz conforme a quantidade)	20 l. 28 l. 28	0,6 kW 1,3 kW 1. 2 kW
Fornos infravermelhos	Fileiras espaçadas de elementos de aquecimento em tubos de quartzo, emitindo principalmente calor radiante em comprimentos de banda de 1,5–5,0 mm. Usados principalmente para reaquecer alimentos congelados. Ciclo de aquecimento 20–25 min.		
Fornos a vapor	Vapor livre na pressão atmosférica, ou perto dela: 3,5 kN/m² (1/2 lb/pol²) Usados em restaurantes de grande porte.	200 l.	9 kW
Fornos a vapor	Pressão do vapor chega a 103 kN/m² (15 lb/pol²), utilize jatos para aquecer alimentos congelados com rapidez. Podem ser do tipo que usa ventilação natural		120 kW
Fervura e fritura	Pode usar panelas e contêineres soltos, colocados sobre ou acima de fonte externa de calor (queimador a gás, componentes elétricos, chapa aquecida) Em unidades maiores, o aquecedor faz parte do projeto (com controle termostático)		
Fogões comerciais	Geralmente tem quatro ou seis bocas ou tampo sólido com diferentes níveis de aquecimento. Utilizados como suplementos ou alternativas aos fornos.	2 queimadores Sólido	de 3,6 kW 11 kW
Componentes de halogênio	Usados como alternativas aos queimadores a gás e queimadores elétricos por radiação. Utilizados em fogões, gerando fornecimento instantâneo e regulável de calor		
Fogões elétricos de indução	Correntes eletromagnéticas alternadas de 25 kHz direcionadas por superfícies cerâmicas. Usados para induzir correntes eletromagnéticas em panelas de aço, produzindo calor indireto para fervura ou fritura	1 queimador 2 queimadores 4 queimadores	de 3,6 kW de 7 kW de 14 kW
Caldeirões e chaleiras industriais	Contêineres aquecidos direta ou indiretamente (preferível) Esvaziados na pia ou no ralo Produção 45 l panelas Legumes – 100–150 refeições Sopas – 150–200 refeições	45 l. 90 l. 135 l.	7kW 11,5 kW 14,5 kW
Caldeirões basculantes	Frigideiras basculantes rasas também usadas para assar ou cozinhar no vapor. 150–350 mm (6–10 pol) de profundidade. Instalados em pinos giratórios para esvaziamento	0.28m² 0.44m²	6,4 kW 12 kW
Fritadeiras comerciais	Alimentos imersos em óleo quente. Em geral, temperatura de fritura é 160–190°C (320–375°F) Necessário exaustor de fumaça Ciclos de cozimento: geralmente 6–7 min.	5 l. 7 l. 16 l. 20 l.	3 kW 5.8kW 10 kW 20kW
Fritadeiras comerciais a pressão com fecho hermético	Fritadeira com tampa hermética. Operada a 63 kN/m² (9 lb/pol²), combinando a fritura e o vapor de pressão da umidade Produção: 80–90 porções/h		
Chapas ou bifeiras	Fritura com pouco óleo por meio do contato superficial com chapas aquecidas. Temperaturas, 170–220°C (340–430°F)	0,17m² 0,4m²	4 kW 7,5 kW
Grelhas aberta	Equipamento aberto emitindo radiação de alta intensidade em comprimentos de onda 0,7–2,2 mm	0,1m² 0,25m² 0,27m²	3 kW 5.7 kW 7.5 kW
Salamandras e grelhas fechadas	Cozimento de alimentos colocados sobre grelhas ou chapas		
Grelhas elétricas, a gás ou carvão, churrasqueiras	Aquecimento por baixo, usando tijolos, chapas ou carvão incandescente. É necessário o uso de um exaustor de fumaça. Pode ser usado nos restaurantes em que se cozinha na frente do cliente		
Fervura de água, equipamentos para fabricação de bebidas	Inclui panelas operadas por pressão do vapor ou expansão da água Podem ser instaladas em cozinhas, vendedoras automáticas, sob balcões de serviço ou como conjuntos prontos para uso em cafés. Capacidade: Por litro 4–5 copos Por galão 18–20 copos	28,1./h 48 1./h 68 1./h	2,8 kW 5,3 kW 7,5 kW

(continua)

29 Restaurantes e equipamentos para serviços de alimentação

Tabela V Equipamentos de cozinha (*Continuação*)

Tipo	Características principais	Tamanho e consumo mais comuns	
Cubas térmicas	Usadas para conservar a temperatura dos alimentos até o momento de servir. Geralmente instaladas nos balcões		
Banhos-maria	Aquecedor fechado com contêineres soltos (dimensões padronizadas). Podem ser secos ou cheios de água. Controlados termostaticamente em cerca de 74°C (165°F)	2 unidades 4/6 unidades	0,5 kW 2 kW
Vitrinas frias ou balcões refrigerados	Para armazenamento de alimentos frios e exibição de saladas, laticínios e sobremesas preparadas anteriormente. Geralmente instalados em refrigeradores sob o balcão. Temperatura aproximada 3,5°C (37–41°F)		
Estufas	Vitrinas que mantêm pratos e alimentos quentes até o momento de servir. Podem ficar sob o balcão, em *pass-through* aquecidos ou soltos. Temperatura fica entre 76–88°C (170–190°F). Capacidade: Unidades padronizadas de 1.200mm (4 ft) comportam cerca de 300 pratos	1,2 m largura 1,8 m largura	3 kW 4,5 kW

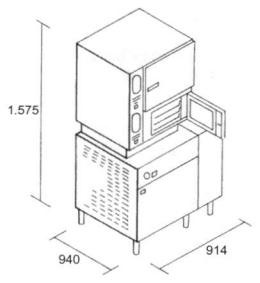

a Forno de convecção com dois compartimentos

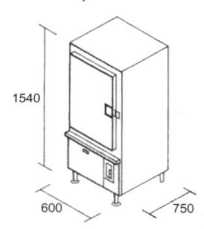

b Forno de vapor com gerador de vapor na base

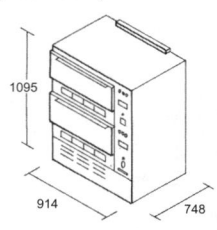

c Forno de convecção combinado, cada um 65 litros, consumo de 8,8 kW

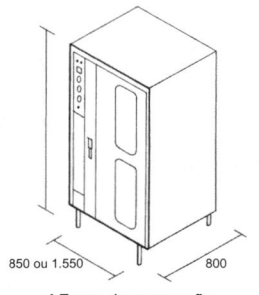

d Forno de convecção de reversão automática

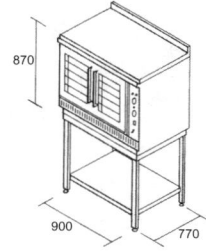

e Forno de convecção forçada sobre plataforma, 145 litros, 9,2 kW

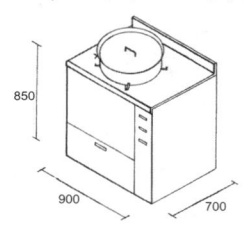

f Caldeirão com uso duplo, 90 litros

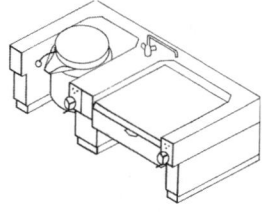

g Consolo com caldeirão e frigideira basculantes:

Largura da unidade	Caldeirão		Frigideira	
	Capacidade	Consumo	Capacidade	Consumo
1.200 mm	70 l	15 kW	68 l	9 kW
1.400 mm	200 l	27 kW	89 l	12 kW

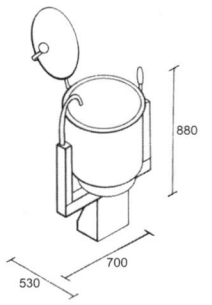

h Caldeirão basculante com alimentação de água fria, capacidade de 40 litros, elétrico ou aquecido a vapor Aquecimento direto ou a vapor

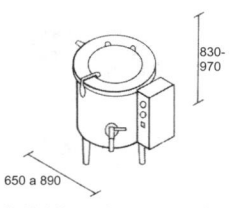

i Caldeirão a vácuo com invólucro elétrico ou aquecido a vapor, 20, 90 ou 135 litros

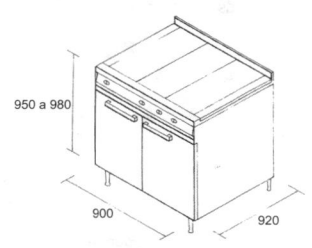

j Fogão com forno de serviço pesado, 200 litros, 18 kW (elétrico), com três chapas maciças ou grelhas

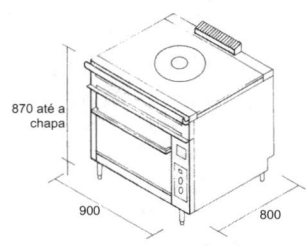

k Fogão com forno de serviço pesado, 150 litros, 16,5 kW, com porta basculante e chapa com queimador com diferentes faixas de temperatura

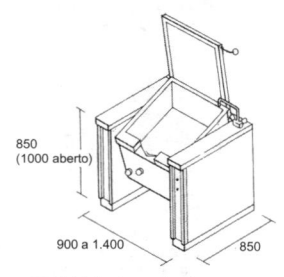

l Frigideira basculante com apoios laterais:

Capacidade	Largura	Consumo
40 l	900 mm	6,4 kW
80	1.200	11,8
100	1.400	14,8

29.18 Equipamentos de cozinha. (*continua*)

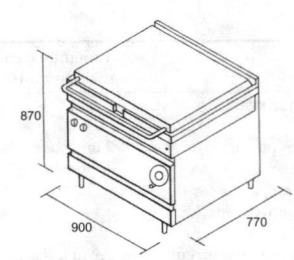

m Frigideira basculante com sistema de elevação por manivela e eixo

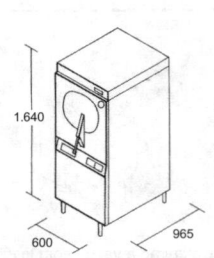

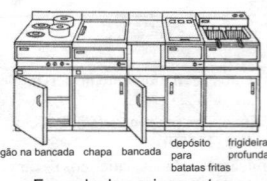

r Exemplo de equipamentos conjugados, com armários na parte de baixo
fogão na bancada — chapa — bancada — depósito para batatas fritas — frigideira profunda

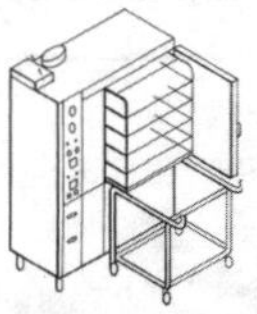

w Forno de micro-ondas, fornecimento de 2,6 kW, 1.300 W (potência), consumo de 8 kW

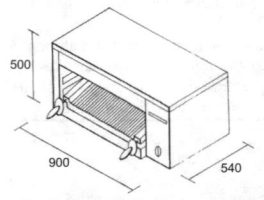

n Recipiente de cocção a vapor com alta pressão a vapor com base, consumo de 12 kW

s Sistema de carregamento múltiplo, com carro

x Grelha fechada tipo salamandra sobre balcão ou em suporte próprio, consumo de 8 kW

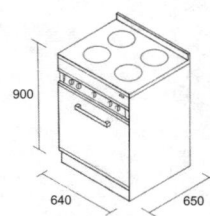

o Fritadeira comercial com um cesto e capacidade para 16 litros de óleo, 9 kW. Produção 22,7 kg de batatas fritas por hora

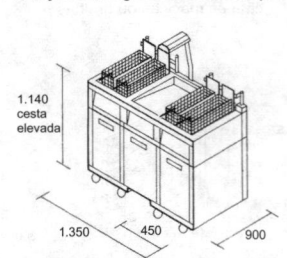

t Forno em camada para pizzas ou massas

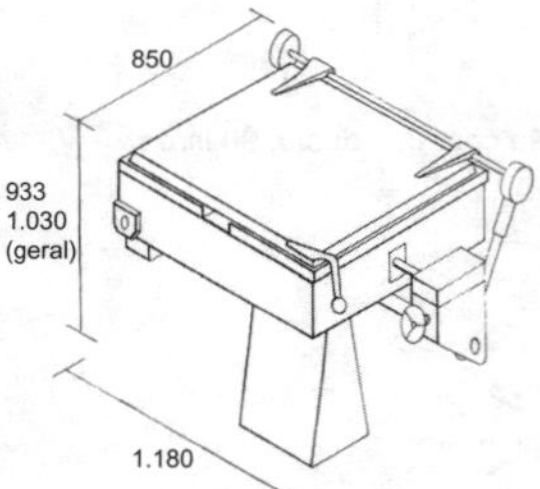

y Forno de uso médio, 84 litros, com quatro queimadores elétricos, consumo de 8 kW

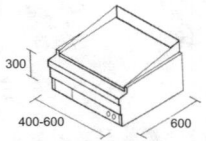

p Combinação de fritadeira comercial dupla com quatro cestos e depósito central de batatas fritas. Cada fritadeira consome 21,5 kW. Cesta elevada automaticamente, filtragem integral de óleo

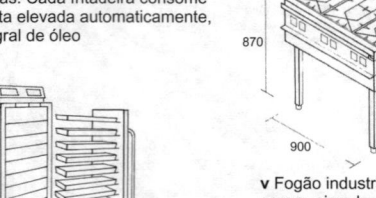

u Frigideira basculante

z Chapa quente para grelhados instalada sobre bancada ou na parede, consumo de 7,5 kW

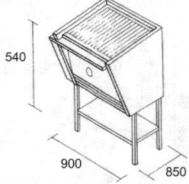

aa Grelha aberta elétrica, 37 kW

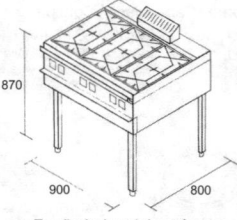

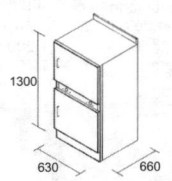

v Fogão industrial a gás com queimadores múltiplos

q Sistema de fornos infravermelhos, 4,7–5,0 kW

ab Forno duplo de uso genérico, capacidade de 80 litros cada

29.18 (*Continuação*).

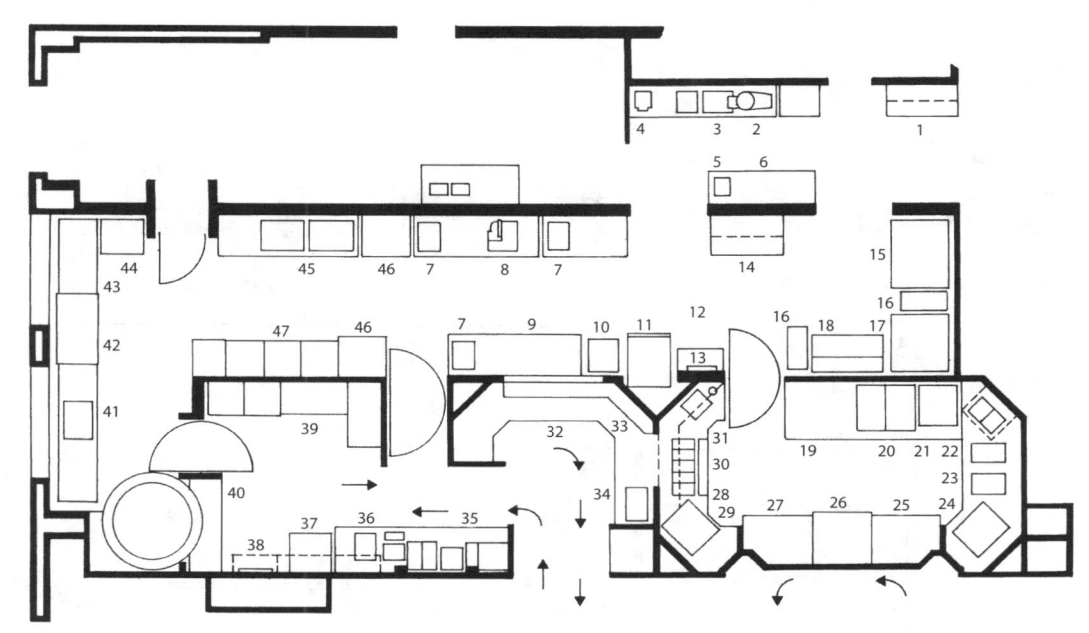

29.19 Cozinhas do Post House Hotel, Sevenoaks. Empreendimento: Trust House Forte Ltd. Plantas baixas preparadas por Stangard Ltd.

Em serviços de alimentação públicos, a lavagem manual de louças e utensílios em pia com duas cubas é ineficiente e anti-higiênica. As máquinas de lavagem com jatos de água podem ter fluxos intermitentes ou contínuos e são projetadas para os cantos (cozinhas pequenas) ou ficam alinhadas (Figura 29.21). A redução de dureza da água é usada com frequência; máquinas modernas contêm aparelhos que permitem a redução de água e energia. Deve haver espaço para se depositar louças usadas, além de áreas para raspagem de resíduos ou jateamento e seções para carga e descarga. Disponibilize espaço para que os carrinhos possam levar as louças e utensílios limpos de volta para o balcão.

A Tabela VI contém as dimensões das louças mais utilizadas. A Tabela VII mostra alocação de espaço para lavagem de louça.

4.7 Balcões

Os arranjos para as louças e utensílios e para servir alimentos dependem do tipo e da escala da operação. De qualquer forma, as rotas de circulação precisam ser planejadas. Os balcões são projetados para reduzir o risco de acidentes, derramamentos e contaminação; manter a comida quente, fria ou resfriada e oferecer os alimentos de maneira higiênica e atraente.

Atendimento com garçons

Os balcões situados dentro da área de produção têm seções quentes, frias e refrigeradas, prateleiras para estantes e utensílios e uma área de apoio adjacente para itens suplementares. Deve haver um corredor protegido de ruídos e excesso de luz para separá-lo da área de mesas. As portas de saída têm de ser independentes e precisam abrir na direção do fluxo. O balcão principal pode ser suplementado por:

- Prateleiras de apoio dentro da área de mesas
- Mesas de apoio ou espaço para a circulação de carrinhos, incluindo preparação de flambados e atendimento direto na mesa
- Cozinhas integradas ao salão, para o preparo de pratos à vista dos clientes
- Atendimento familiar ou seleção pessoal de pratos trazidos à mesa

Autosserviço

Balcões planejados para a seleção pessoal de alimentos, com planejamento de circulação de clientes e reposição de itens. Os balcões devem ser dispostos em sequência de escolha da refeição. As variações incluem:

- Atendimento de cantina, com alta rotatividade e promoções de vendas
- Atendimento no *mall* ou na praça de alimentação de um *shopping center*, com balcões alternativos e áreas de mesa de uso comum
- Bufê temporários ou permanentes, incluindo atendimento no balcão
- Vendedoras automáticas de lanches e/ou bebidas, com ou sem área de mesas

Serviço centralizado

Distribuição de pratos preparados em área central (sejam eles quentes, frios ou congelados) para outros locais. A produção central exige um sistema completamente integrado, com contêineres, equipamentos, transporte e controle – tudo padronizado. Os exemplos incluem:

- Cozinhas industriais, que fornecem alimentos para cozinhas de finalização e em trânsito
- Cozinhas hospitalares, que distribuem as refeições entre alas e pacientes individuais
- Cozinhas de banquetes, que preparam as refeições antes dos eventos
- Produção central de alimentos processados por terceiros para restaurantes e operações de alimentação e bebidas

4.8 Equipamentos para funcionários

A proporção de funcionários varia amplamente conforme o tipo de estabelecimento e a demanda. A proporção total de funcionários em relação a refeições servidas no horário de pico é, aproximadamente, um funcionário para oito refeições servidas em restaurantes com cardápio variado e com atendimento na mesa; 20 refeições em instituições ou restaurantes com prato do dia e atendimento na mesa; 33 ou mais em restaurantes de *fast-food*. Deve haver vestiários e

a Área de preparo de vegetais

b Área de preparo geral

c Área de preparo e lavagem de louças e recipientes

d Cozinha aberta, área de finalização e balcão

e Cozinha aberta, área de finalização e balcão

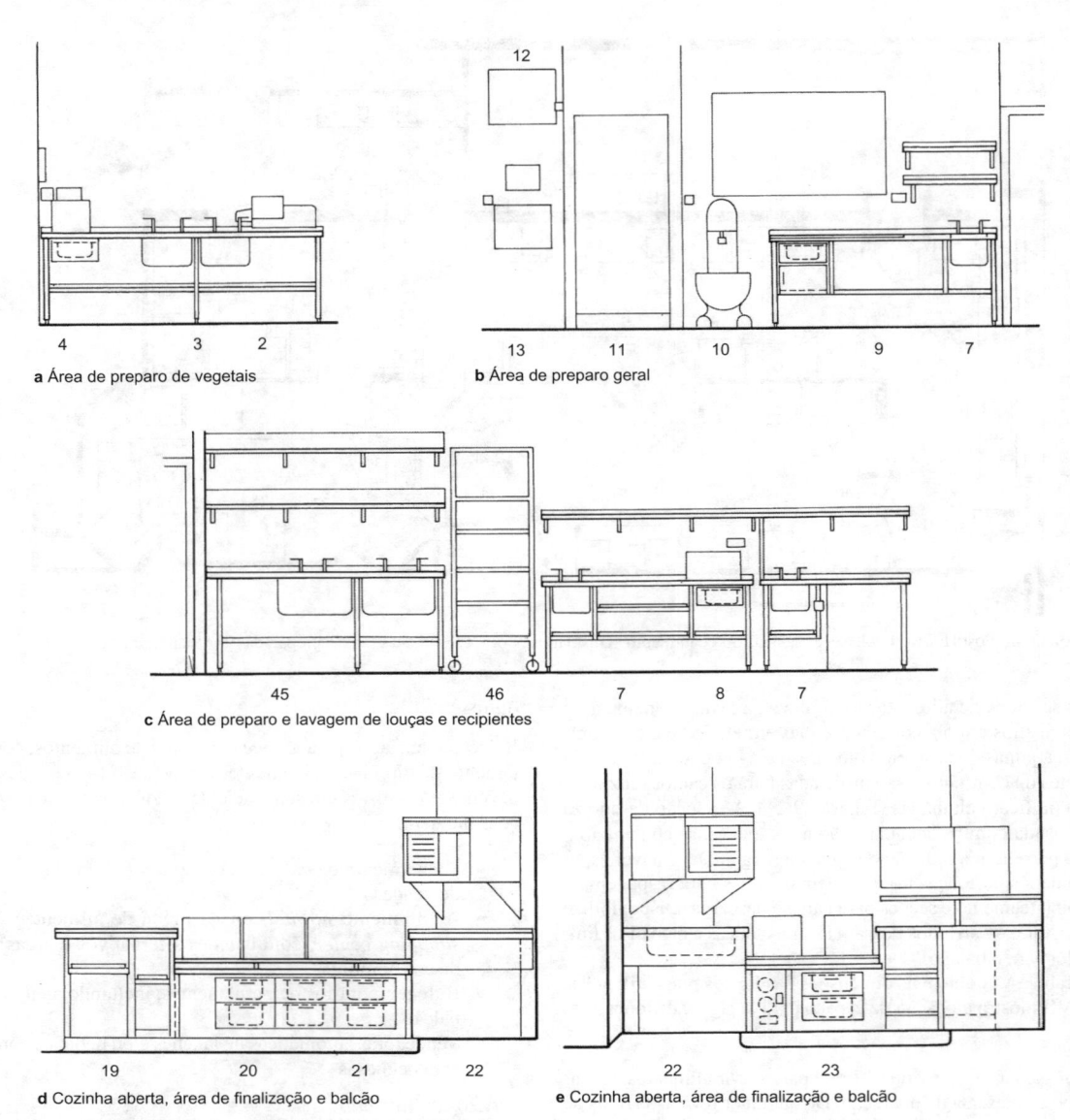

29.20 Elevações de equipamentos de cozinha instalados. *(continua)*

equipamentos sanitários para funcionários que trabalham em turno completo ou parcial.

5 RESTAURANTES

5.1 Investimento

O sucesso dos restaurantes comerciais é determinado pela localização, imagem, associações feitas pelos clientes e publicidade. A localização é fundamental, pois dita a área de captação e o mercado potencial, que pode se basear em clientes locais ou em trânsito. A imagem e as associações ajudam a criar a demanda. O sucesso duradouro, porém, depende da opinião dos clientes em relação às refeições servidas.

Os restaurantes comerciais estão notoriamente sujeitos à moda. Eles costumam ter um ciclo de vida curto (raramente superior a oito anos); além disso, o tipo de refeição servida e os equipamentos precisam ser trocados com frequência. Os investimentos devem ser recuperados dentro do ciclo de vida estabelecido – o que exige um controle rigoroso das finanças e operações.

Os restaurantes luxuosos, de cardápio variado, representam apenas 5% dos estabelecimentos. A faixa média do mercado inclui churrascarias, restaurantes de frutos do mar, confeitarias e a maioria dos restaurantes étnicos. Em geral, os restaurantes comerciais oferecem atendimento à mesa, mas o autosserviço (veja a Seção 6.1), em módulos de distribuição atraentes, é comum em lojas de departamento e alguns restaurantes de padrão intermediário – por questões de conveniência e para promover as vendas.

5.2 Restaurantes étnicos

No Reino Unido, o aumento no número de restaurantes étnicos (principalmente chineses e indianos/paquistaneses) substituiu grande parte dos estabelecimentos tradicionais. Os restaurantes étnicos são os mais procurados para jantares. Em geral, o projeto é mais simbólico do que autêntico, sendo essencial pesquisar os tipos de pratos, temperos e métodos de preparo e cozimento que se deseja representar. Com frequência, equipamentos de cozinha especializados são exigidos para suplementar os modelos padronizados usados no dia a dia. Hotéis internacionais costumam ter

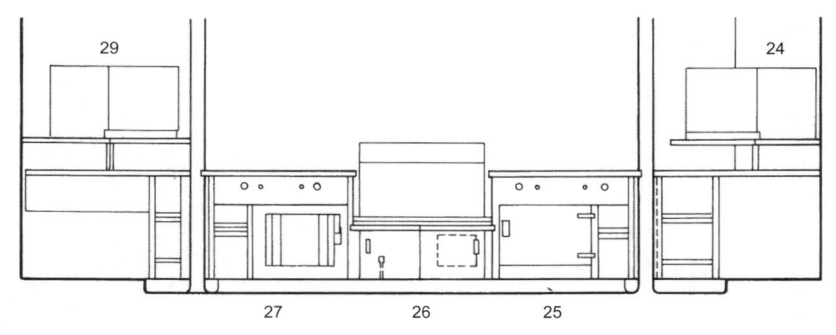

f Cozinha aberta, área de finalização

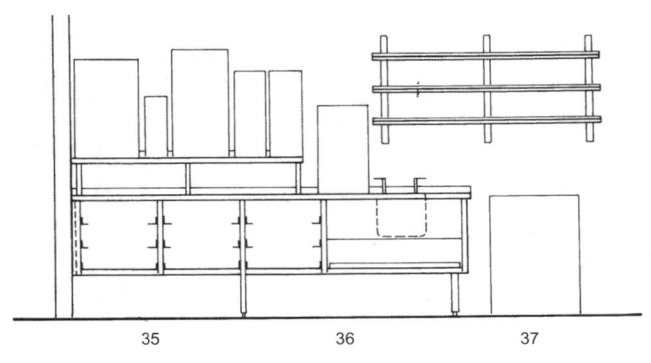

g Balcão de bebidas

29.20 *(Continuação)*.

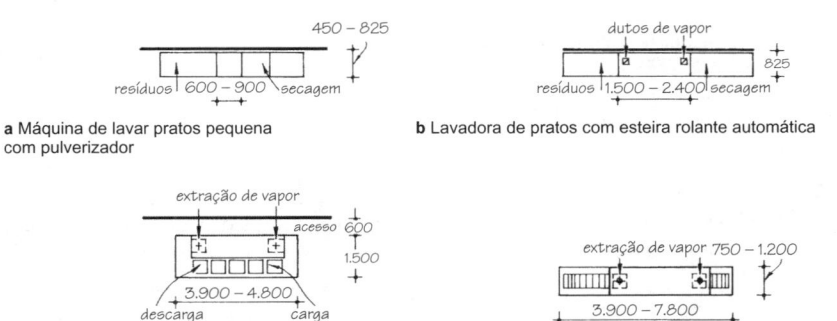

a Máquina de lavar pratos pequena com pulverizador

b Lavadora de pratos com esteira rolante automática

c Máquina de lavar pratos com esteira rotatória

d Máquina de lavar pratos grande, do tipo comercial, com esteira rolante do tipo contínuo

29.21 Leiautes alternativos para áreas de lavagem de pratos, com as dimensões dos equipamentos.

cozinhas de finalização distintas para refeições tanto ocidentais quanto orientais, devido à necessidade de atender a restaurantes variados (Figura 29.23).

Os restaurantes étnicos apresentam graus variados de qualidade e sofisticação. O número de opções aumenta cada vez mais, devido a viagens, férias no exterior e imigração. A comida chinesa se divide em quatro regiões: Cantão, Pequim, Szechuan e Xangai. As cozinhas devem estar aptas a preparar o extenso cardápio, que pode chegar a 300 opções. A comida indiana é muito temperada e grande parte pode ser preparada em equipamentos convencionais, embora seja comum o uso de fornos especiais. A comida japonesa é delicada: o preparo e o atendimento são vistos como uma arte e fazem parte da apresentação. A comida escandinava geralmente exige um balcão expositor para alimentos defumados, peixe e carnes frias. Os restaurantes gregos costumam ser projetados como tavernas de estilo rústico; essa abordagem também é comum em restaurantes turcos, mexicanos, espanhóis e tailandeses, entre outros estabelecimentos étnicos populares. Geralmente se opta pelo serviço familiar, com uma série de pratos trazidos à mesa e oferecidos a todos. A comida italiana, por sua vez, é mais universal e varia de restaurantes temáticos a redes de pizzarias com fornos projetados sob encomenda e áreas de preparação (Figura 29.24).

5.3 Cafeterias e lanchonetes

Em geral, esses estabelecimentos possuem espaço e assentos limitados. O cardápio é o pouco variado, com alimentos fáceis de produzir; o atendimento costuma ocorrer em balcões, e a preparação, na área atrás do bar. As bebidas são um produto muito importante, principalmente em cafeterias mais especializadas. Os cafés tendem a enfatizar o ambiente familiar e, na maioria das vezes, se situam em *shoppings centers* e áreas de visitação. As lanchonetes e sanduicherias têm uma área de mesas muito restrita e são frequentadas principalmente por trabalhadores locais e pessoas à procura de lanches ou

Tabela VI Uso e dimensões de utensílios de cozinha de uso geral

Tipo	Uso	Tamanho (arredondado)
Xícaras e canecas para chá	Chá	430, 570, 850, 1140 ml
Jarras	Café, leite quente, água	280, 570, 850, 1140 ml
	Creme	30, 40, 70 ml
	Leite	140, 280, 430 ml
Xícaras	Chá	170, 200, 230 ml
	Café (meia xícara)	110 ml
Pires	Dimensões dependem das xícaras, mas devem ser permutáveis	
Pratos	Pires	165, 180 mm
	Sobremesa	190, 205 mm
	Peixe/sobremesa	215, 230 mm
	Carne	240, 255 mm
	Travessa para carne	240, 255 mm*
Tigelas	Cereais/frutas	155, 165 mm
	Açúcar	90 mm
	Sopas	215, 230 mm

* Em geral, o tamanho máximo aceito pela lavadora de louças.

Tabela VII Espaço necessário para a lavagem de louça

Área/atividade	Espaço (mm)
Área de coleta para utensílios misturados antes de seleção e eliminação de resíduos	600 de comprimento para cada 10 refeições* Mínimo 900 Máximo 2.400
Área de empilhamento de louças selecionadas, aguardando pela lavagem manual	300 de extensão para cada 10 refeições** Mínimo 900 Máximo 3.600
Colocação em prateleiras para lavagem automática	Depende do tamanho da estante/cesta Mínimo 1.000
Escorrer e secar em prateleiras ou cestas após lavagem e esterilização	Mínimo 1.200 – Esteiras ou máquinas com jatos de água até 3.600
Retirada de cestas e prateleiras para louça limpa esperando para ser guardada	100 de extensão por 10 refeições Mínimo 600 Máximo 2.400
Máquinas com jatos pulverizadores e esteiras rolantes mecânicas	Espaço ocupado por esteira rolante
Esteira rolante rotatória (600–1.000 refeições por hora)	Largura 1.500 — Extensão 3.900–4.800
Máquina de lavar pratos industrial com esteira contínua (mais de 1.000 refeições por hora)	750–1.200 — 3.900–7.900

* Pressupondo-se que os clientes façam uma pré-limpeza. Áreas menores adequadas para empilhamento parcial.
** Pressupõe o acúmulo de utensílios antes da lavagem. O comprimento se refere a mesas com 750 mm de largura.

comida pronta para levar. Mesas compactas ou nichos e/ou assentos no balcão são muito frequentes.

Redes de cafeterias especializadas já existem em praticamente todas as cidades grandes. Elas usam projetos e equipamentos padronizados, oferecendo cafés selecionados e petiscos com rapidez e em ambientes confortáveis.

6 CANTINAS E PRAÇAS DE ALIMENTAÇÃO

6.1 Cantinas

O autosserviço é usado principalmente em empresas, instituições de ensino, aeroportos, postos de gasolina em autoestradas e outros locais que servem refeições para um número muito grande pessoas no horário de pico ou que servem refeições em horários limitados.

As características são:

- Escala da operação: em geral, servem-se muitas refeições, permitindo economias de escala na produção.
- Demanda concentrada: horário de atendimento reduzido ou período de tempo limitado para se fazer uma refeição, exigindo uma alta taxa de serviço com o mínimo de atraso. Cerca de 600 refeições por dia, fluxo livre e atendimento em balcões múltiplos são muito práticos. Os balcões geralmente são agrupados em praças de alimentação separadas da área de mesas.
- Espaço: os balcões acrescentam 0,2–0,3 m^2 à área por assento no espaço ocupado pelas mesas.
- O fluxo médio de clientes em um único balcão é de 6–9 pessoas/min. A proporção é determinada pela rapidez do serviço de bebidas, pagamentos no caixa e opções do cardápio.
- Os arranjos com duas fileiras de clientes e duplicação do balcão e do caixa podem aumentar o fluxo para 14–16 pessoas por minuto. O serviço de bebidas pode ser em área diferente.
- Números maiores exigem balcões com opções variadas, com cada balcão servindo um tipo específico de alimento. Esses balcões podem ficar em uma praça de alimentação separada da área de mesas.
- O leiaute deve permitir aceso direto à área de produção, para facilitar a reposição de alimentos.

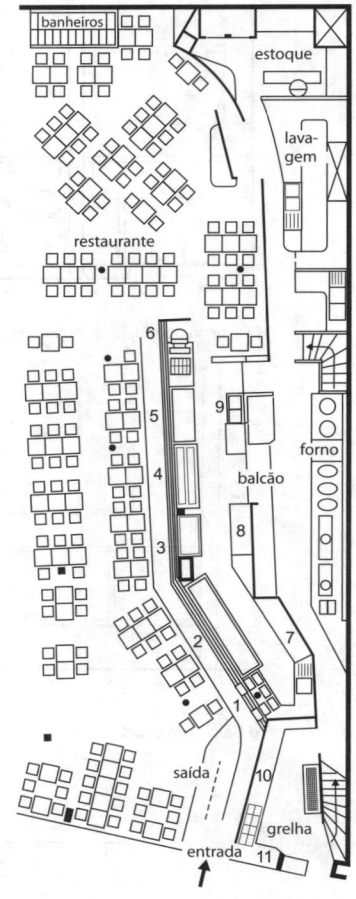

29.22 Restaurante de autosserviço em Paris. Arquiteto: Prunier.

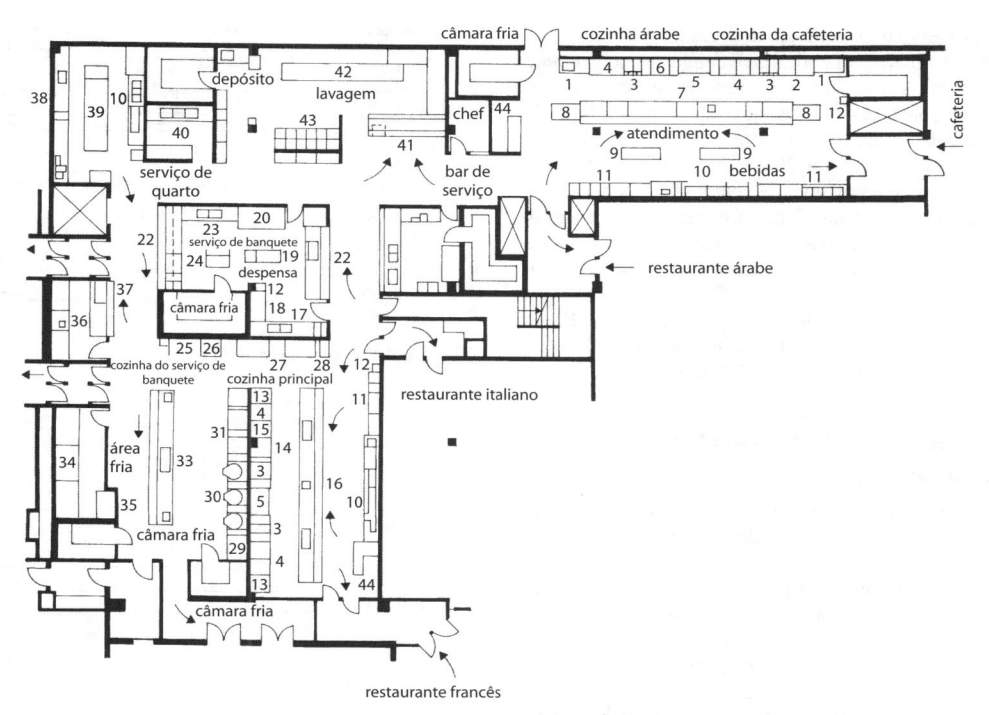

29.23 Sheraton Muscat Hotel. Hotel com 350 apartamentos recentemente construído no Oriente Médio, ilustrando o planejamento cuidadoso dos equipamentos de serviços de alimentação do Grupo Sheraton. Oferece restaurantes italianos, franceses e árabes, além de um salão de banquetes para 250 pessoas, um clube noturno, vários bares e serviço de quarto. Os alimentos são preparados em áreas especializadas distintas, com zonas comuns de armazenamento e lavagem de louças. Empreendimento: Sheraton Corporation. Consultores de alimentação: David Humble Associates.

- Cardápios: balanceados, de forma a atender aos padrões nutricionais. O número de opções determina o leiaute e a extensão de cada balcão.
- As seções dos balcões devem ser aquecidas ou refrigeradas. Além disso, precisam ter os equipamentos para conservar e exibir os alimentos. Entre os fatores principais, encontram-se o projeto das superfícies de bandejas, o acesso fácil aos itens alimentícios – protegidos contra qualquer tipo de contaminação.
- Os caixas ficam no final das filas de serviço ou perto delas. Se necessário, os caixas devem ser duplicados e apresentar áreas para acomodar bandejas. Os balcões de talheres, condimentos, etc., devem ser posicionados de modo a evitar congestionamentos.

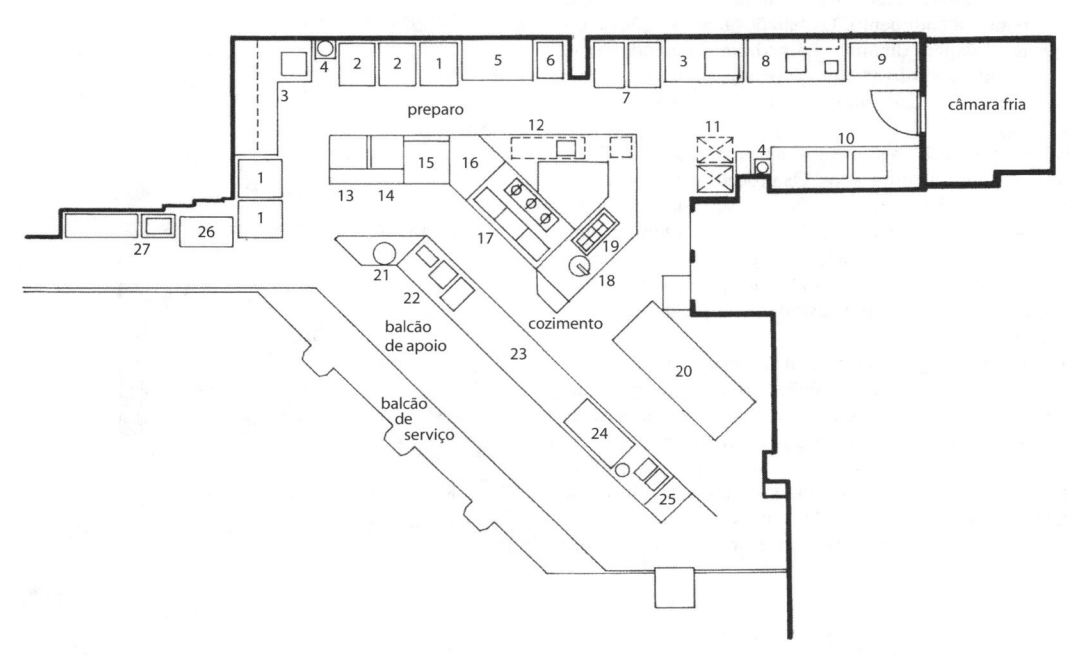

29.24 Seasons pizzeria, Londres.

Os leiautes de autosserviço exigem que as áreas de mesa sejam arranjadas em ordem regular, com corredores amplos principalmente no espaço de circulação de e para os balcões de serviço. Pode-se utilizar carrinhos ou coleta pessoal. Os móveis devem ser duráveis, fáceis de limpar e capazes de manter a boa aparência. Os leiautes de balcão apresentados nas Figuras 29.25, 29.26 e 29.27 mostram as exigências dos tipos de equipamentos, embora essas dependam do tipo e do tamanho do cardápio. Para minimizar o manuseio de alimentos, os balcões são projetados para receber as cubas no padrão *gastronorm* (Figura 29.28). Na Figura 29.29 há um refeitório de funcionários de porte médio, e, na Figura 29.30 há o leiaute para um grande hospital, e a legenda padrão para três cozinhas na Figura 29.31. O leiaute para um projeto grande com escolhas múltiplas é ilustrado na Figura 29.32. Um leiaute múltiplo de grande porte é mostrado na Figura 29.33.

7 RESTAURANTES *FAST-FOOD* E TELE-ENTREGA

7.1 Sistemas *fast-food*

Na Grã-Bretanha e em vários países, o setor de *fast-food* cresceu rapidamente e é responsável por cerca de um terço das refeições realizadas fora de casa. Em geral, os restaurantes se concentram em um número limitado de produtos populares, como hambúrgueres, frango e pizza. A comida é extremamente padronizada e as operações são projetadas em torno de sistemas que permitem um controle rígido sobre a produção e os custos, para garantir preços fixos e competitivos. A maioria das operações é em rede.

Os custos de investimento são altos, pois incluem equipamentos projetados para produção intensa e operadores com pouca habilidade. A localizacção é crucial: avenidas comerciais com alto fluxo de pedestres são indicadas para operações de franquia. O tamanho médio de restaurantes *fast-food* com balcões grandes e atendimento à mesa varia de 320 a 460 m². As operações geralmente se estendem a 15 horas por dia durante os sete dias da semana, para se obter o retorno financeiro dos altos investimentos e custos operacionais.

7.2 Operações

A maioria das operações de *fast-food* visa a um tempo de espera e atendimento (entrada e saída) de 3,5 minutos: 2,5 minutos de fila e 1 minuto para o atendimento. Os balcões têm estações múltiplas e são projetados para dinamizar o pedido e o atendimento. Os processos de produção utilizam equipamentos automáticos com controle sobre o tempo de cozimento e conserva, porções e acréscimos (Figura 29.33).

Os restaurantes recebem alimentos pré-preparados, divididos em porções e resfriados ou congelados. Os procedimentos são controlados com rigor. A comida não vendida é conservada por um período determinado e, então, descartada. Os funcionários têm funções específicas: caixas, atendentes de balcão e funcionários da cozinha. Os contêineres de lixo são usados para todos os tipos de alimentos e bebidas. O restaurante e seu entorno devem ter recipientes de lixo e serviços de limpeza.

Conforme o tipo de restaurante, a maioria dos pontos de venda de *fast-food* oferece mesas e balcões com lugares para que as refeições possam ser consumidas no recinto. Essa área deve ser separada das rotas de tele-entrega e pode ficar em pavimentos superiores ou inferiores. As áreas de mesa são projetadas para uma alta rotatividade de clientes, com autosserviço e devolução de bandejas feita pelos próprios clientes. Os leiautes incluem mesas e assentos fixos, lugares soltos e balcões com assento. Altos padrões

a Balcão de fila única, 60 – 90 clientes por min.

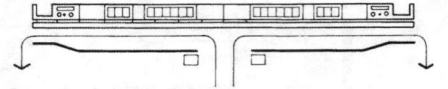

b Balcão com fluxos divergentes

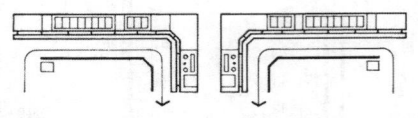

c Balcão com fluxos convergentes

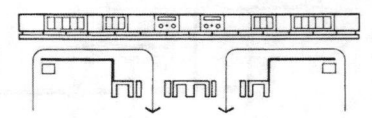

d Balcão com várias saídas

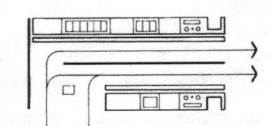

e Balcão com fluxo paralelo

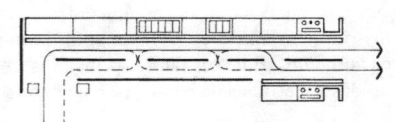

f Saída com dois caixas

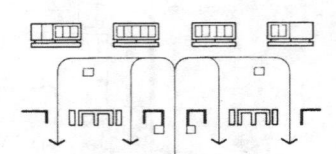

g Fluxo livre com caixas alinhados

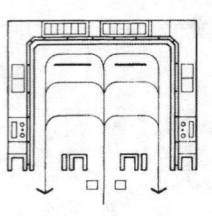

h Fluxo livre com balcão lateral

29.25 Leiautes alternativos para balcões de autosserviço.

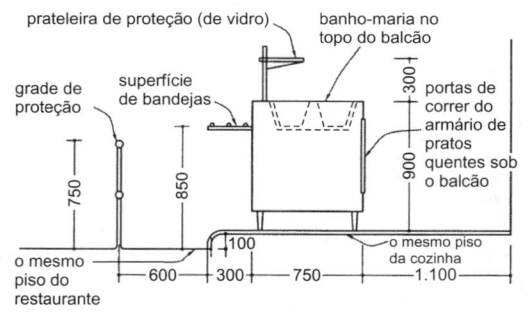

a Corte transversal do balcão de pratos quentes

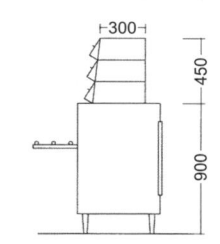

b Corte transversal do balcão de pratos frios

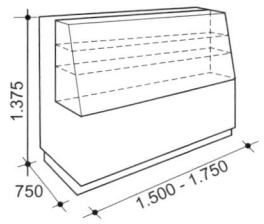

c Balcão refrigerado

29.26 Equipamento para bares.

de higiene, limpeza e manutenção são importantes para o projeto do sistema.

As tendências sugerem o consumo saudável e consciente, com ênfase em produtos com baixos índices de gordura, sal e açúcar. Deve haver opções adicionais como saladas, pratos vegetarianos, frutas frescas, iogurte e sucos naturais.

7.3 Praças de alimentação

As praças de alimentação oferecem mais opções, com vários restaurantes servindo produtos alternativos ao redor de uma área de mesas de uso comum. Elas podem ser encontradas em *shoppings centers*, aeroportos, universidades e outros locais com bastante demanda. Os balcões de serviço têm áreas de apoio para cozimento final, preparo e armazenamento – todas situadas em um corredor de serviços (Figura 29.34).

7.4 Outros pontos de venda de alimentos e bebidas

Serviços de alimentação e bebidas são procurados por motoristas de carro, ônibus e caminhões. Em geral, eles podem ser encontrados em áreas onde há postos de gasolina, pousadas e outros serviços de conveniência em pontos de parada ao longo de autoestradas, cruzamentos e atrações turísticas (Figura 29.34).

Lanchonetes, confeitarias e lojas de alimentos oferecem itens prontos para o consumo fora do local. Eles incluem produtos recém-preparados, assados ou cozidos na hora (incluindo peixe e fritas, pizzas, tortas e produtos de confeitaria), sanduíches pré-embalados e bebidas em máquinas de venda automática. Alguns contêm um número reduzido de mesas e balcões com assento. Vários restaurantes populares e étnicos oferecem a opção de comprar comida para levar – alguns deles têm tele-entrega.

8 BARES DE BEBIDAS ALCOÓLICAS

8.1 Licenciamento no Reino Unido

Pubs e *wine bars* não atendem às mesmas exigências de outros pontos de venda de alimentos, pois a venda de bebidas alcoólicas é a atividade dominante, e não secundária. A licença para a venda de bebidas alcoólicas só é concedida se o requerente e o recinto forem adequados para o fim. As saídas de emergência, os equipamentos sanitários e a separação entre o bar e outras áreas devem ser aprovadas antes da obtenção da licença. Em caso de renovação da licença, o mesmo se aplica a quaisquer alterações estruturais.

Poucos *pubs* são construídos atualmente. Em sua maioria, as obras são alterações que buscam atualizar os equipamentos e disponibilizar serviços de alimentação.

8.2 Separação

Os *pubs* têm duas áreas distintas:

- áreas públicas: bar, salão, área de mesas, banheiros e rotas de circulação de clientes;
- áreas privadas: balcões, armazenamento (adegas), cozinha e acomodação para os funcionários.

A maioria dos *pubs* costuma ter mesas além de um longo balcão. Deve haver um acesso fácil de cada balcão ao local de armazenamento de bebidas. O acesso à cozinha é necessário devido aos pedidos de alimentos e para servir os itens diretamente na área de mesas.

A entrada principal do *pub* e as entradas secundárias ligadas ao estacionamento costumam ter vestíbulos para permitir o controle de temperatura e o condicionamento de ar. Os equipamentos devem disponibilizar banheiros em locais convenientes; além disso, eles precisam ser adequados para homens, mulheres e portadores de necessidades especiais. O acesso é feito por uma antessala fechada e ventilada. As relações entre as áreas podem ser vistas na Figura 29.35, no caso de um *pub* urbano modernizado.

8.3 Refeições em *pubs*

A maioria dos *pubs* oferece refeições para aumentar as vendas, atraindo uma clientela mais variada e aproveitando os equipamentos e os funcionários ao máximo. Em geral, um salão ou área separado da área principal é utilizado para os serviço de alimentação, com acesso (direto ou por meio de monta-cargas) para a cozinha. As estalagens geralmente aumentam seu espaço por meio de extensões envidraçadas, que criam ambientes externos. A maioria dos cardápios é padronizada e oferece pratos populares com "especiais do dia" ou "sugestões do chef" para aumentar a variedade – em geral, esses cardápios são apresentados em quadros-negros. Grande parte da comida é comprada pronta. Na maioria das cozinhas há equipamentos de apoio (forno de micro-ondas, grelha, chapa, forno de convecção, fogão) juntamente aos balcões de preparo, pias, lavadoras de louça, armários e refrigeradores – incluindo balcões para resfriar alimentos e saladas.

Um exemplo de *pub* decorrente de uma reciclagem de uso pode ser visto na Figura 29.36.

8.4 Balcões e armazenamento de bebidas

Tradicionalmente, as bebidas são armazenadas em adegas com refrigeração passiva que contêm bombas ou pressão de CO_2 para transferir chopes e outras bebidas destiladas dos barriletes ou barris de metal para os bares do pavimento térreo. Deve haver acesso às docas

a Elevação

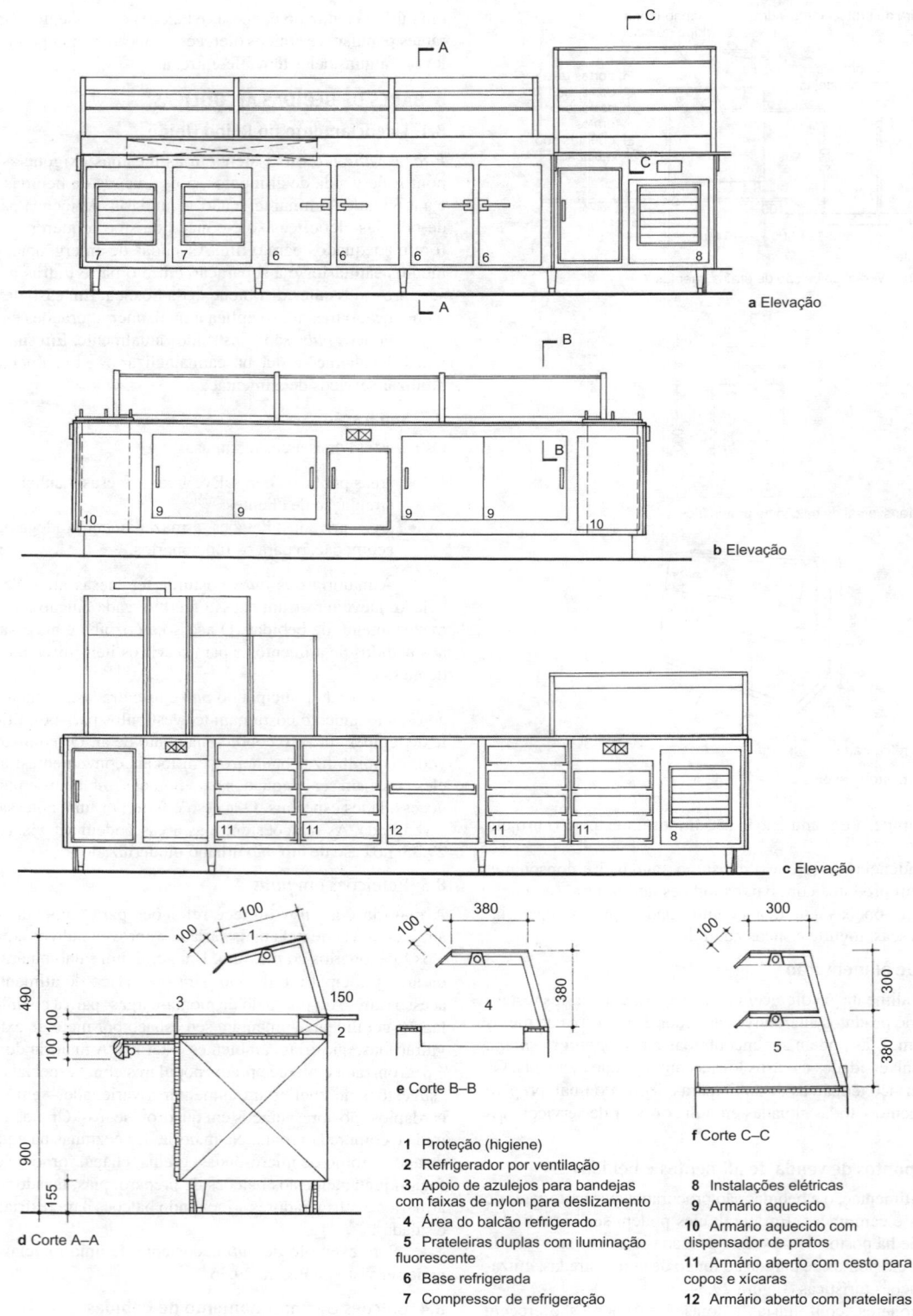

b Elevação

c Elevação

d Corte A–A

e Corte B–B

f Corte C–C

1 Proteção (higiene)
2 Refrigerador por ventilação
3 Apoio de azulejos para bandejas com faixas de nylon para deslizamento
4 Área do balcão refrigerado
5 Prateleiras duplas com iluminação fluorescente
6 Base refrigerada
7 Compressor de refrigeração
8 Instalações elétricas
9 Armário aquecido
10 Armário aquecido com dispensador de pratos
11 Armário aberto com cesto para copos e xícaras
12 Armário aberto com prateleiras

29.27 Balcão de autosserviço.

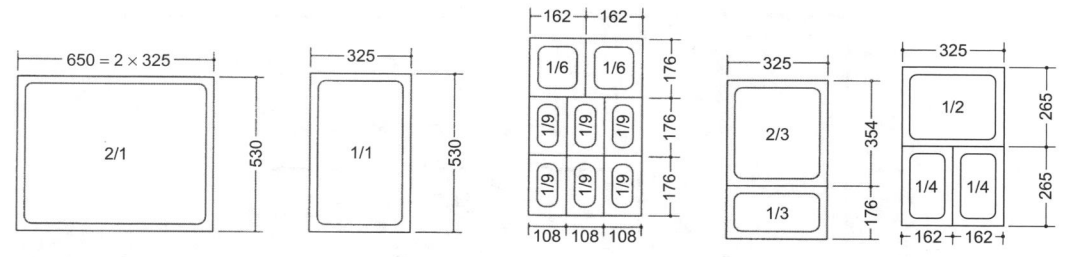

29.28 Dimensões modulares para cubas no padrão *gastronorm*.

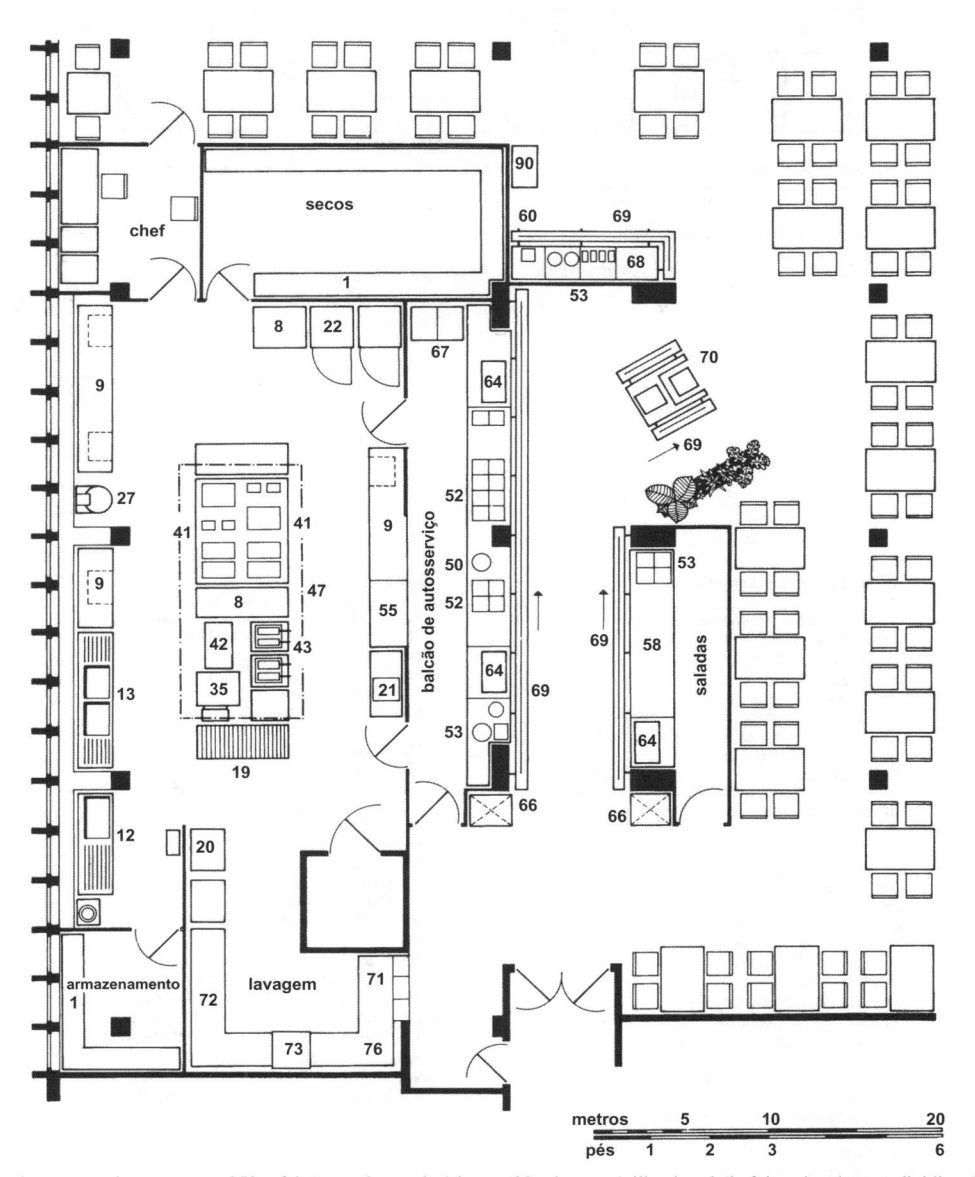

29.29 Restaurante de autosserviço que serve 350 refeições ao longo de 1 hora e 30 minutos. A ilha de salada foi projetada para dividir o fluxo e aumentar a rapidez do serviço. Legenda padrão, 29.31.

Cafeteria de Hospital
Planta baixa mostrando o leiaute de um sistema com esteira padrão utilizado em uma cafeteria de hospital.

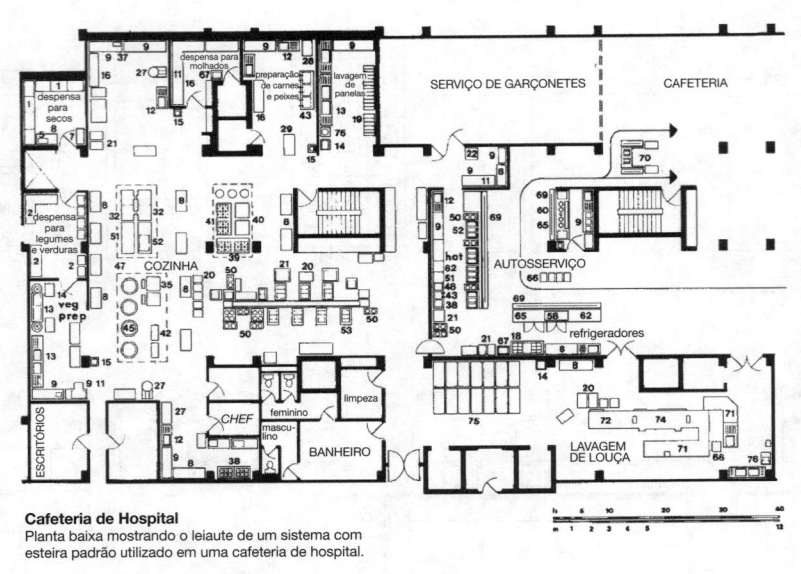

(veja a legenda padrão na Figura 29.31)

29.30 Planta baixa mostrando o leiaute de um sistema com esteira padrão utilizado em uma cafeteria de hospital.

Áreas de armazenamento
 1 Prateleiras
 2 Cestos para legumes e verduras
 3 Latas para legumes e verduras
 4 Latas de armazenamento

Áreas de preparo
 8 Bancada de trabalho
 9 Bancada de trabalho com armários/gavetas
 12 Pia com uma cuba e escorredor de louça
 13 Pia com duas cubas
 14 Pia móvel
 15 Lavatório (com secador)
 16 Bancada de mármore
 19 Paneleiro
 20 Carrinho
 21 Bandejas móveis
 22 Refrigerador
 25 Descascador de batata
 26 Fritadeira/cortador de batata
 27 Dispensador de bebidas
 28 Fatiador / Cortador de vegetais
 29 Tábua de corte

Área de cozimento
 34 Forno de convecção com jatos de ar
 35 Panela de pressão industrial
 36 Forno de micro-ondas
 38 Fogão com forno superior
 39 Fogão com chapa superior (bifeira)
 41 Forno com caldeirão superior
 42 Grelha ou salamandra
 43 Fritadeira
 46 Banho-maria aberto
 47 Exaustor com coifa sobre equipamento

Área de atendimento
 50 Dispensador para pratos
 52 Balcão quente com banho-maria
 53 Bancada com unidade de banho-maria
 54 *Pass-through* aquecido
 55 *Pass-through* refrigerado
 56 Refrigerador sob armário/gavetas
 57 Balcão refrigerado com prateleiras
 58 Mostruário refrigerado vertical
 59 Dispensador de leite
 62 Balcão – não aquecido
 63 Balcão com lâmpadas infravermelhas
 64 Módulo de distribuição
 65 Compressor ou aquecedor sob o balcão
 66 Bandejas
 67 Geladeira de sorvete
 68 Porta-talheres
 69 Porta-bandejas
 70 Caixa

Área de lavagem
 71 Mesa para receber louças sujas
 72 Mesa para empilhar louças limpas
 73 Lavadora de louça semiautomática
 76 Lixeira ou ponto para limpeza de pratos

Área de refeições
 90 Vendedora de bebidas automática
 91 Vendedora de alimentos automática
 92 Estação de serviço de garçons

29.31 Legenda padrão para leiautes de cozinhas e restaurantes.

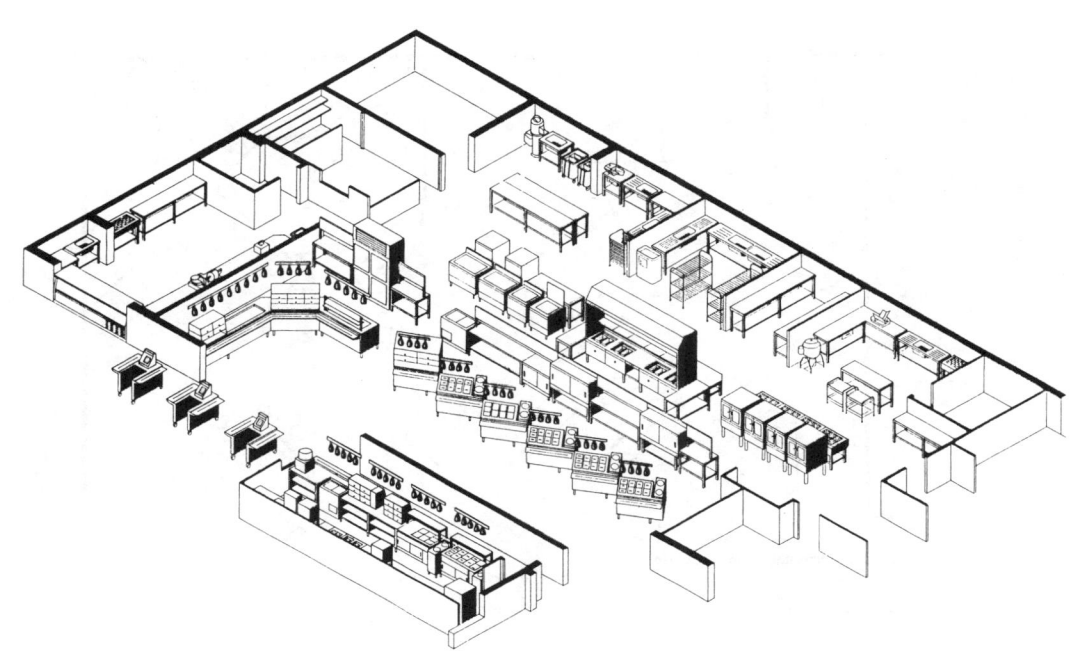

29.32 Exemplo de serviço em grande escala com balcões múltiplos.

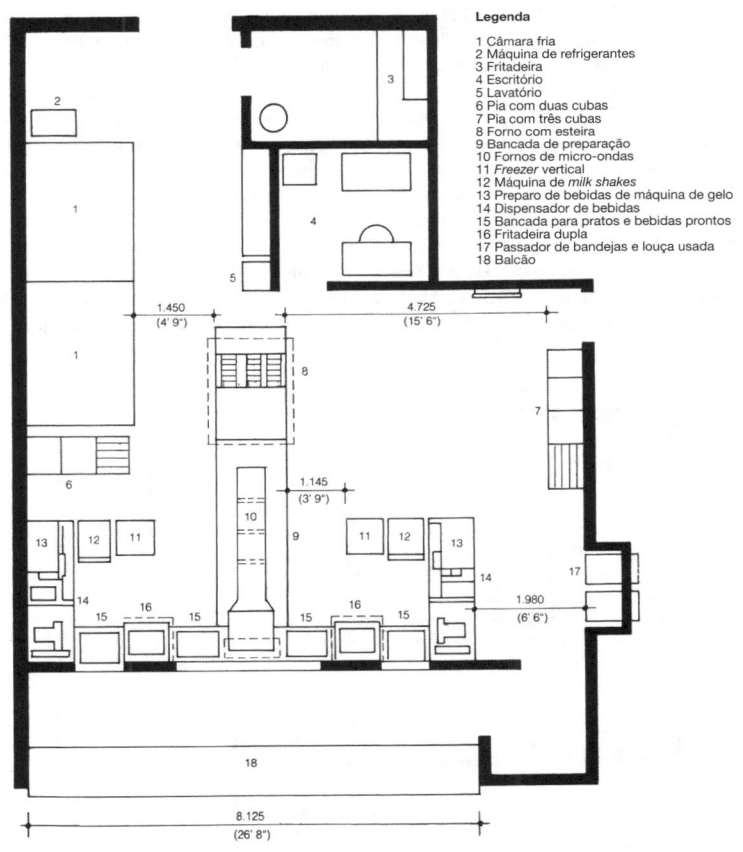

Legenda

1 Câmara fria
2 Máquina de refrigerantes
3 Fritadeira
4 Escritório
5 Lavatório
6 Pia com duas cubas
7 Pia com três cubas
8 Forno com esteira
9 Bancada de preparação
10 Fornos de micro-ondas
11 *Freezer* vertical
12 Máquina de *milk shakes*
13 Preparo de bebidas de máquina de gelo
14 Dispensador de bebidas
15 Bancada para pratos e bebidas prontos
16 Fritadeira dupla
17 Passador de bandejas e louça usada
18 Balcão

29.33 Ponto de venda de *fast food*.

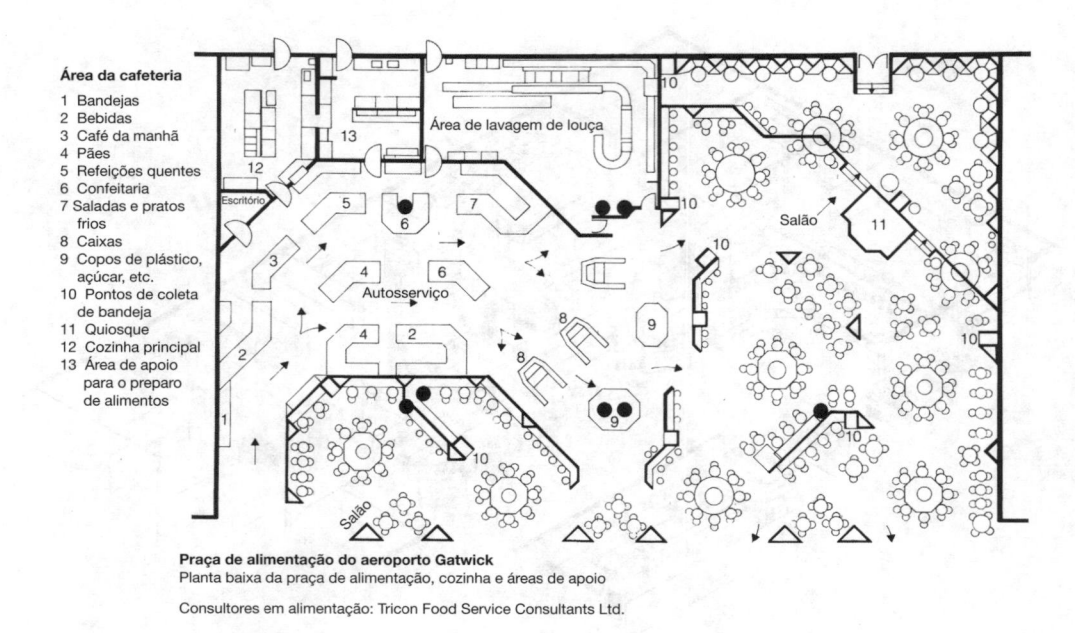

Área da cafeteria
1 Bandejas
2 Bebidas
3 Café da manhã
4 Pães
5 Refeições quentes
6 Confeitaria
7 Saladas e pratos frios
8 Caixas
9 Copos de plástico, açúcar, etc.
10 Pontos de coleta de bandeja
11 Quiosque
12 Cozinha principal
13 Área de apoio para o preparo de alimentos

Praça de alimentação do aeroporto Gatwick
Planta baixa da praça de alimentação, cozinha e áreas de apoio

Consultores em alimentação: Tricon Food Service Consultants Ltd.

29.34 Praça de alimentação do aeroporto Gatwick.

de carga e descarga (Figuras 29.37–29.38, 29.39 e 29.40). O controle de temperatura é fundamental: as adegas (incluindo depósitos de vinho) exigem resfriamento, e o mesmo pode ser instalado nas tubulações que servem cerveja gelada e outras bebidas. As tubulações ficam dentro de dutos geralmente isolados e podem atender a mais de um pavimento (Figura 29.41). Monta-cargas podem ser usados para transportar engradados de bebidas.

As áreas de venda de bebidas alcoólicas geralmente ficam em posição central, uma vez que precisam atender a mais de um ambiente e disponibilizar um balcão de bar e equipamentos de apoio em espaço intermediário, fornecendo acesso ao depósito. Os balcões variam em extensão, mas a altura e a largura são padronizadas. Abaixo do topo do balcão, há uma bancada de trabalho com cuba, além

de dispensadores de bebidas. A parede atrás do balcão costuma ser projetada como um recurso decorativo e inclui armários de apoio com prateleiras resfriadas, mostruários de destilados, vinho e taças, caixas e máquinas de lavar copos (Figuras 29.42 e 29.43).

Em geral, pode-se optar por leiautes alternativos de bar ou adaptá-los para servir alimentos. Grande parte dos consumidores de bebidas alcoólicas prefere ficar perto do balcão; os bancos podem ser fixos ou soltos.

As mesas de *pubs* tradicionais são pesadas, com base de ferro fundido ou estrutura de madeira, e acompanhadas por bancos junto ao balcão do bar. Conforme o tipo de estabelecimento, bares oferecem televisões de tela grande para a transmissão de eventos esportivos. Além disso, pode-se projetar áreas para a prática de dardos,

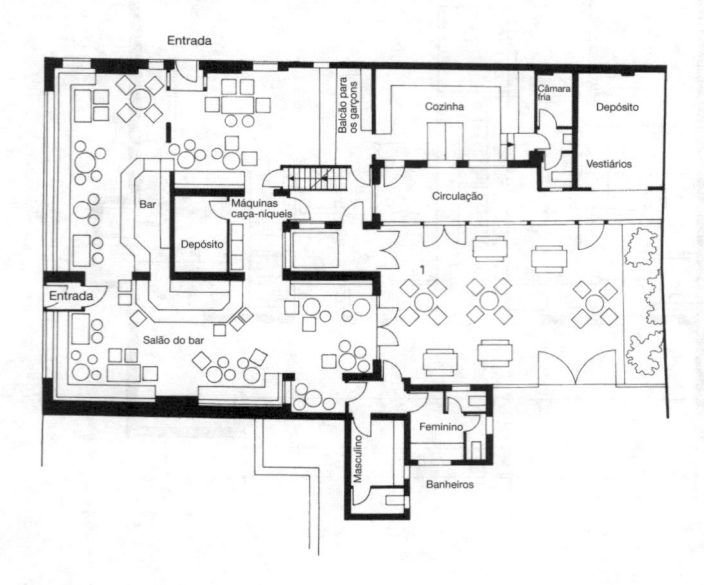

29.35 Exemplo de pub urbano resultante de uma reciclagem de uso.

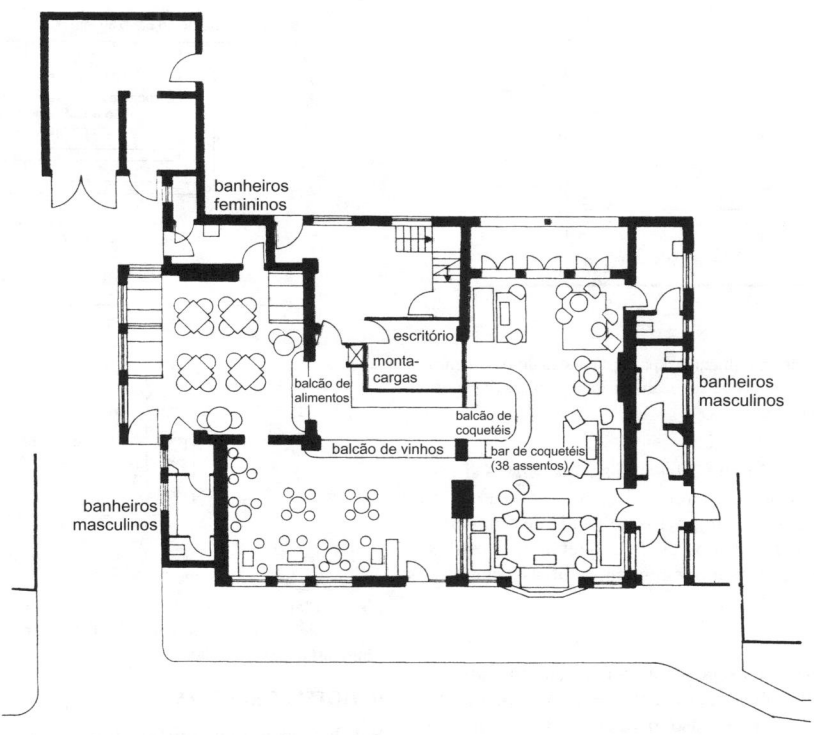

29.36 Exemplo de reciclagem do primeiro pavimento de um *pub* para criar uma lancheria ou bistrô e bar de coquetéis de alto padrão. Lee Associates Ltd.

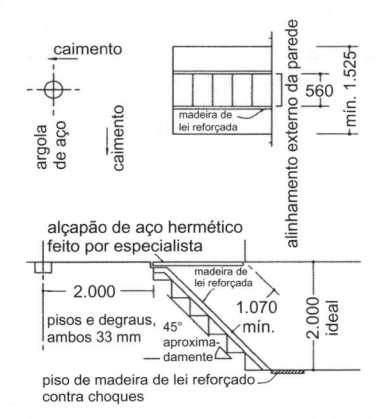

29.37 Alçapão de adega e rampa armazenamento de barris e barriletes no subsolo.

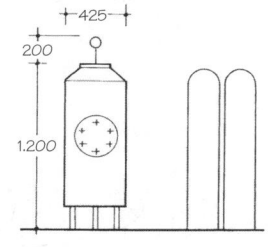

29.39 Armazenamento de grande volume em cilindros de CO_2. Há cilindros maiores.

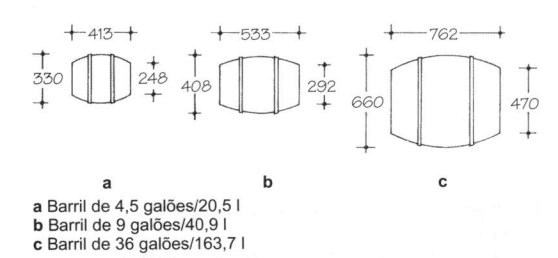

a Barril de 4,5 galões/20,5 l
b Barril de 9 galões/40,9 l
c Barril de 36 galões/163,7 l

29.38 Dimensões mais comuns de barris e barriletes de metal.

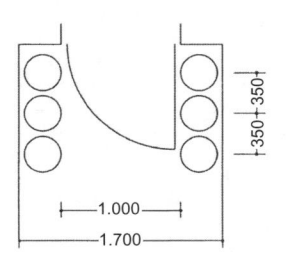

29.40 Armazenamento de barris.

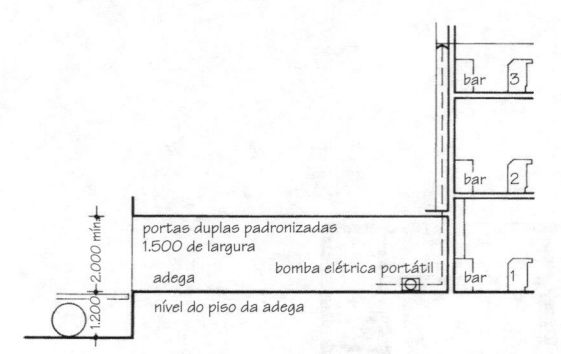

29.41 Cerveja fornecida a vários pavimentos a partir da adega do pavimento térreo. A bomba elétrica padronizada que se localiza na adega pode transportar a cerveja por até 9 m para cima.

sinuca, caça-níqueis e piano (Figura 29.44). Os *wine bars* – situados principalmente nos distritos comerciais das cidades – são mais luxuosos e frequentemente oferecem pontos de venda de alimentos em áreas semelhantes a bistrôs. Os bares de coquetéis têm estilos sofisticados de projetos e atendimento; em geral, estão associados a restaurantes, hotéis e clubes de luxo.

8.5 Casas noturnas

As casas noturnas costumam se especializar em entretenimento noturno e venda de bebidas alcoólicas, e, às vezes, servem alimentos. O projeto deve ser específico em cada caso, para criar a atmosfera e o modo de operação desejados. Os artistas exigem camarins com acesso direto ao palco. São necessários sistemas sofisticados de iluminação, projeção e som (com equipamentos programáveis de controle), além de pista para discoteca. O leiaute tradicional de um palco para bandas é apresentado na Figura 29.35.

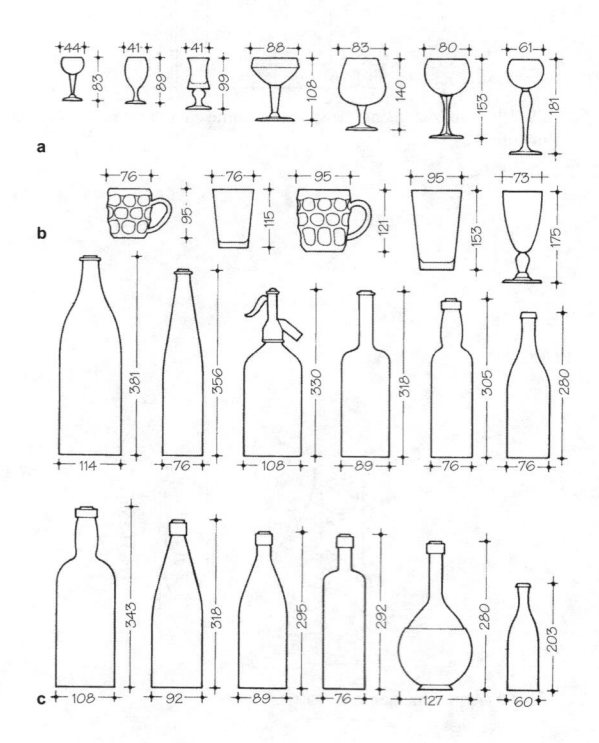

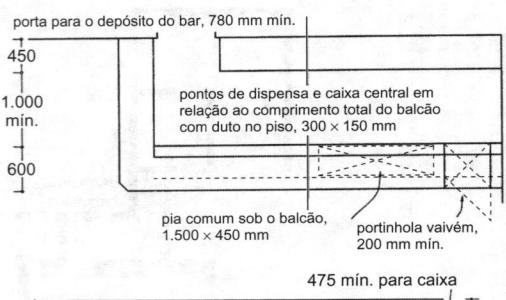

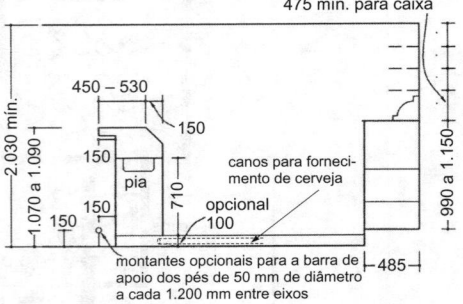

29.42 Planta baixa e corte de balcão de bar. As válvulas para as diversas marcas de bebidas geralmente se distribuem em intervalos de 225 mm ao longo do topo do balcão.

9 HOTÉIS E *RESORTS*

9.1 Hotéis e navios de cruzeiro

Os hotéis são classificados conforme a qualidade das acomodações, o preço e a variedade de serviços que oferecem para os hóspedes. A extensão dos equipamentos de restaurante também depende da localização e do número de apartamentos. As dimensões mais frequentes são mostradas. Os leiautes de produção de alimentos são racionalizados para permitir que a cozinha principal possa atender a várias operações – seja diretamente ou por cozinhas satélite (Figura

29.43 Dimensões de copos e taças usados em *pubs*:
  a Taças para vinho e destilados
  b Taças e copos para cervejas e bebidas não alcoólicas
  c Garrafas

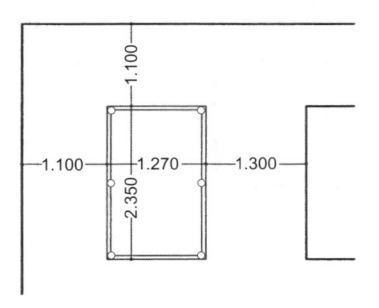

29.44 Mesa de bilhar pequena, com espaço para tacos curtos – muito comum atualmente.

29.11). Um exemplo de produção de alimentos em hotel internacional de grande porte é mostrado na Figura 29.23.

Hotéis urbanos de luxo com mais de 200 apartamentos geralmente oferecem dois restaurantes, disponibilizando opções como jantares luxuosos e cafeterias – que também atende à alta demanda de café da manhã (Figura 29.48). Em geral, a demanda de residentes

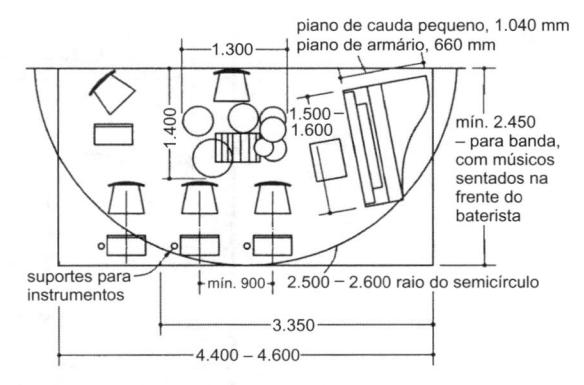

29.45 Palco para bandas. Os músicos utilizam equipamentos próprios.

por refeições ao meio-dia é limitada. É possível incluir um restaurante especializado para atrair o público externo. Hotéis semelhantes também oferecem refeições *por* serviço de quarto e banquetes para encontros de grupos e eventos, além de refeições para os funcioná-

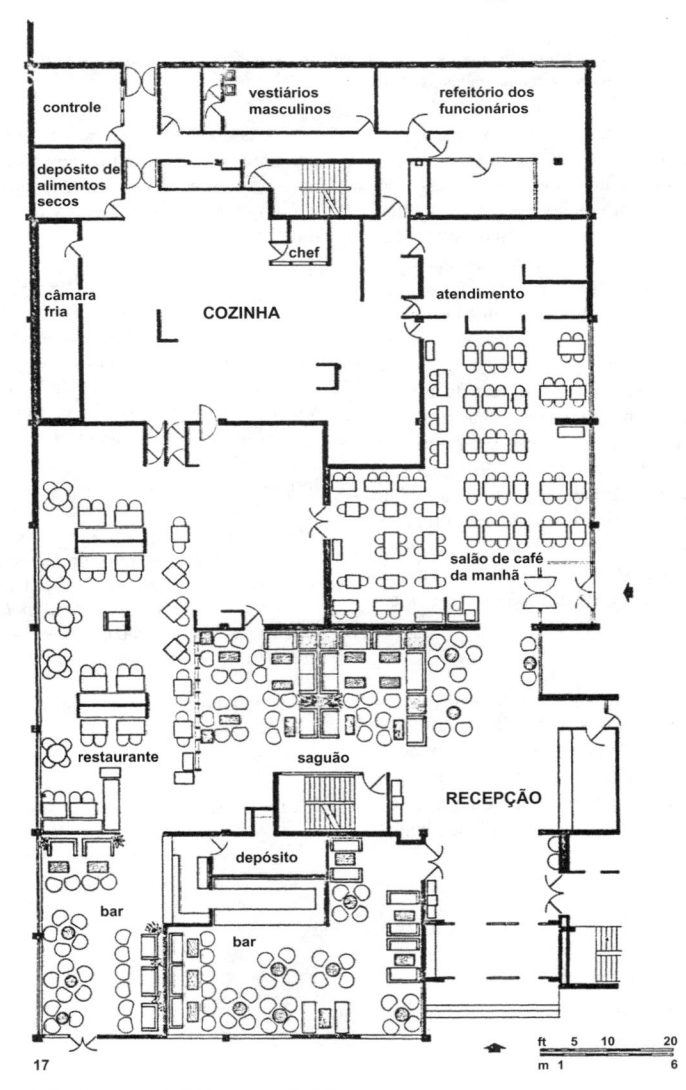

29.46 A variedade dos pontos de venda de alimentos e bebidas em um hotel.

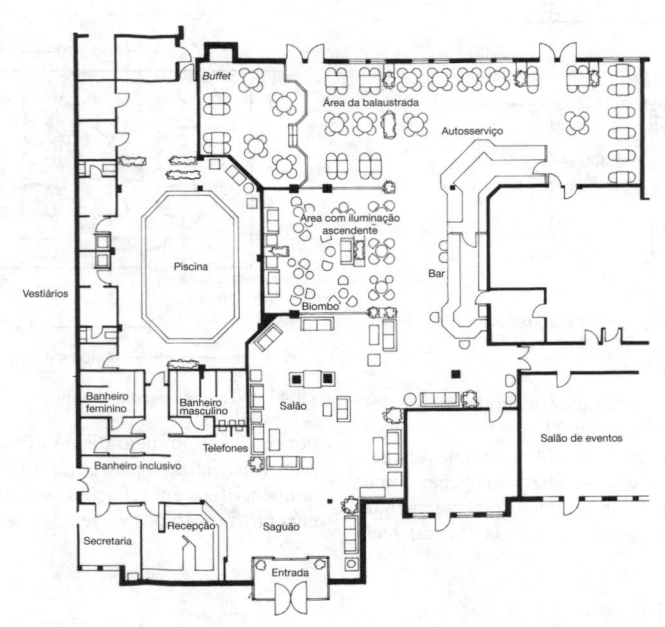

29.47 Ladbroke Hotel. O restaurante (90 assentos) funciona com um balcão para autosserviço e as entradas e sobremesas estão no cardápio. O bar permite o uso duplo do salão, com áreas separadas por desníveis, balaustradas e biombos.

rios. Vestíbulos, salões e bares de coquetéis separados podem ser projetados para permitir a continuidade espacial (Figura 29.47).

Os *resorts* de alto padrão também oferecem restaurantes e bares (incluindo bares junto a piscinas) para os hóspedes e visitantes. Em geral, os bares e áreas de jantar se agrupam em um mesmo local, devido à importância do entretenimento noturno. Em estabelecimentos de padrão intermediário, os restaurantes e bares são racionalizados; os *resorts* mais simples podem utilizar restaurantes externos localizados nas proximidades. A produção de alimentos geralmente é centralizada.

Os navios de cruzeiro são semelhantes a hotéis de luxo, e precisam disponibilizar vários restaurantes e bares para acomodar o número de passageiros e a tripulação. Em geral, esses serviços são muito importantes para as atrações do cruzeiro e estão ligados ao entretenimento e outros equipamentos. O planejamento do cardápio é complexo, pois precisa considerar várias necessidades nutricionais, opções, variedade de restaurantes, fornecimento de estoque e padrões de higiene. Os equipamentos extensivos de armazenamento e preparo estão associados ao acréscimo de alimentos frescos em portos predeterminados.

9.2 *Resorts* e atrações turísticas

Os *resorts* e os hotéis com cabanas oferecem diversas opções de serviços de alimentação, desde acomodações com todas as refeições incluídas até cozinhas para que os próprios hóspedes possam cozinhar. Em complexos de grande porte, costuma-se disponibilizar uma variedade de restaurantes temáticos, cafés, bares, entre outros; geralmente, esses equipamentos são operadas de maneira independente.

As atrações turísticas maiores costumam incluir cafés e restaurantes entre seus equipamentos. Invariavelmente, eles são controlados por fornecedores terceirizados que oferecem alimentos parcial ou completamente preparados, de forma a racionalizar a cozinha e o número de funcionários.

10 REFERÊNCIAS BIBLIOGRÁFICAS

Fred Lawson, *Restaurants, Clubs and Bars: Planning, Design & Investment* (2nd ed) 1994, Architectural Press, ISBN 0 7506 20765

Fred Lawson, *Hotel Planning, Design and Refurbishment*, 1995, Architectural Press, ISBN 0 7506 18612

Walter A. Rutes, Richard H. Penner, Laurence Adams, *Hotel Design – Planning & Development*, 2001, Architectural Press, ISBN 0 7506 46071

Bernard Davis & Sally Stone, *Food & Beverage Management* (4th ed), 2007 Butterworth Heinemann, ISBN 0 7506 67303

Peter Coleman, *Shopping Environments: Evolution, Planning and Design*, 2006, Architectural Press, ISBN 13–978 0 7506 6001 5

Fred Lawson, 'Restaurants and Catering Facilities', in Quentin Pickard (Ed), *The Architects Handbook*, 2002, Blackwell Science Ltd, pp 322–334. ISBN 0 632 03925–6

Frank Bradbeer, Pub illustrations 17.37–17.46

Revistas:
Hotels, Reed business Information, Oak Brook, IL, USA
Catering Update, Reed Business Information, Sutton, UK
Restaurants and Institutions, Cahners Business Information, Des Plaines, IL, USA
Leisure Management, Leisure Media Co Ltd, Hitchin, UK

Lojas 30

Fred Lawson

CI/Sfb(1976): 34

Fred Lawson é professor convidado do Departamento do Setor Industrial da Universidade de Bournemouth. Também atua como consultor internacional e é autor de vários livros sobre planejamento e projetos

PONTOS-CHAVE:
- *O comércio varejista é influenciado por fatores de mercado, concorrência, polarização e localização*
- *A pesquisa mercadológica de clientes e grupos é muito desenvolvida*
- *Novos conceitos, inovações e operações mais eficientes são introduzidos continuamente*

Conteúdo

1. Introdução
2. Terminologia
3. Mercados públicos no Reino Unido
4. Lojas
5. Lojas pequenas
6. Lojas de departamentos
7. Bazares e armarinhos
8. Supermercados
9. Hipermercados e megalojas
10. *Shoppings*
11. *Shoppings* suburbanos
12. Centros regionais
13. Referências bibliográficas

1 INTRODUÇÃO

1.1 Visão geral

As lojas de varejo consistem em edificações ou salas onde produtos ou serviços são vendidos para o público. Elas incluem instalações para pequenas e grandes lojas, além de espaços cedidos sob concessão.

1.2 Escala e polarização de negócios

Em 2004, um total de 33,7% das despesas gerais dos consumidores em toda a Grã-Bretanha foi gasto em pontos de venda no varejo. Essa proporção foi progressivamente reduzida de 37,5% em 1995, evidenciando os benefícios da economia de escala e da terceirização que se tornaram possíveis a partir da polarização do varejo em grandes grupos que atendem a segmentos específicos do mercado consumidor. O faturamento total do varejo de produtos alimentícios na Grã-Bretanha em 2004 foi de £112 bilhões, enquanto o varejo de produtos não alimentícios faturou £128 bilhões.

A polarização do varejo também influenciou de forma drástica o número de lojas e o ambiente de negócios varejistas. Em 2006, 6.452 redes de mercados de bairros, com 10 ou mais operações cada uma, dominaram mais de 70% do faturamento do varejo. Os 30% restantes se dividiram entre 67.590 pontos de venda pequenos ou individuais. Os negócios foram distribuídos de forma semelhante no varejo de produtos não alimentícios: cerca de 90 mil lojas pertenciam às redes que atualmente dominam esse setor. Devido ao financiamento corporativo, que permite o pagamento de aluguéis cada vez mais altos e das reformas para se adaptar ao padrão das marcas, grande parte das lojas das principais avenidas comerciais deixou de ter a variedade e a personalidade das operações individuais.

1.3 Mudanças no espaço e na localização

A área total das lojas cresceu em decorrência da introdução de redes de lojas em novas zonas de captação de mercado; além disso, essa ampliação também visa a aumentar o espaço individual para exibir mais linhas de produtos, dar novas escolhas aos clientes e oferecer serviços de autoatendimento. Em 1992, após o desenvolvimento extensivo de *shoppings*, a área total dos centros de varejo e das megalojas construídas na década de 1980 subiu para 93 milhões de metros quadrados. Estima-se que, em 2004, esse total tenha ultrapassado os 100 milhões de metros quadrados, devido, principalmente, ao surgimento de grandes *shoppings* regionais.

2 TERMINOLOGIA

2.1 Atividades de compra

As atividades de compra variam conforme as necessidades, e podem ser descritas como: essenciais, de conveniência, comparativas, especializadas, de lazer ou remotas (venda por remessa postal, televendas ou lojas virtuais).

2.2 Métodos de venda

Serviço personalizado: serviço individual, geralmente realizado por atendentes em balcões ou mesas (exemplos: produtos com alto valor agregado, equipamentos técnicos, lojas e salões especializados, mercearias especializadas, agências financeiras e de viagens).

Seleção individual: os consumidores manuseiam, comparam e selecionam os produtos antes de levá-los ao caixa para pagar e embrulhar (exemplo: lojas de departamento, bazares e armarinhos).

Autoatendimento: produtos alimentícios e bens duráveis pré-embalados que são recolhidos em cestas ou carrinhos de compra e, então, levados aos caixas para pagamento e embalagem (exemplo: supermercados, megalojas, lojas de desconto).

Serviço assistido: os consumidores selecionam produtos que são retirados do estoque e levados para um ponto de entrega ou entregues em domicílio (exemplo: hipermercados, ferragens, lojas de móveis).

2.3 Estoque

Estoque em exibição: mantido na área de vendas.

Estoque em reserva: mantido em depósitos para posteriormente reabastecer as estantes da área de vendas. O planejamento e a organização são fundamentais para a escolha do método mais indicado para reabastecer o estoque em exibição.

A quantidade de estoque que precisa ser mantida em reserva é relacionada com a rotatividade de estoque (tempo médio antes da venda), faturamento semanal, frequência de entrega e controle de estoque. O monitoramento de pontos eletrônicos de venda é utilizado para prever padrões de venda, de forma a reduzir o estoque em reserva e coordenar a distribuição e a manufatura.

2.4 Áreas

Área bruta locável: o total da área ocupada por um ponto de varejo. Consiste no total do espaço alugado e inclui depósitos, salas para funcionários, escadas e áreas de preparação e suporte.

Área de vendas líquida: o espaço interno de um ponto de varejo utilizado para a venda e a exibição de produtos e serviços. Inclui as áreas com acesso para o público, ou seja, áreas de balcão, caixas, vitrinas e mostradores. As áreas líquidas são usadas para calcular a densidade do faturamento comercial (vendas por metro quadrado).

A proporção entre as áreas de venda e de apoio varia bastante: em lojas pequenas e de departamento, a proporção é de 45:55; já em supermercados, ela passa para 60:40.

2.5 Aluguéis

No Reino Unido, os aluguéis são calculados conforme a área de piso bruta, e medidos em metros quadrados. Os contratos de aluguel se dividem em três tipos principais:

Aluguel fixo: o inquilino deve garantir um valor anual mínimo, independente das vendas.

Aluguel como percentual de vendas: com base em um percentual pré-definido das vendas brutas.

Aluguel sobre o faturamento: o aluguel considera o faturamento bruto real do inquilino e se baseia nas receitas totais de venda, menos deduções acordadas previamente.

Em geral, os aluguéis são revisados a cada quatro ou cinco anos.

Os arrendamentos geralmente incluem o direito de compra após um período inicial (cinco anos) e podem oferecer ao proprietário do imóvel a opção de comprá-lo de volta. Valores mais elevados podem ser cobrados no arrendamento de imóveis em bons pontos comerciais, com uma revisão favorável das condições de arrendamento e aluguel.

2.6 Operações varejistas

Independentes: lojas operadas por indivíduos ou pessoas jurídicas individuais e com menos de 10 filiais (geralmente uma ou duas). Podem fazer parte de uma associação de compra e *marketing*.

Múltiplas: principalmente companhias com 10 ou mais filiais operadas como uma rede de lojas, incluindo os grandes usuários de espaço. Entre os produtos vendidos pode haver mercadorias de marca própria.

Sociedades cooperativas: estes empreendimentos têm se dividido entre supermercados, grandes lojas e pequenas lojas de conveniência que atendem a comunidades locais. As mercadorias podem ser obtidas por meio de Sociedades Cooperativas de Venda ou fornecedores concorrentes.

Concessões: obtenção de direitos para utilizar terreno ou prédio para empreender um negócio – que geralmente envolve vendas ou promoções. O contrato pode se basear em aluguéis, taxas ou divisão de lucros. (Exemplos: lojas de departamentos, quiosques em corredores de *shoppings* e operações de bebidas e alimentos.)

Franquias: relações contratuais entre duas partes para a distribuição de produtos e serviços em que o franqueado vende um produto criado, fornecido e controlado pelo franqueador – que também apoia as operações. (No Reino Unido, as áreas que contam com o maior número de franquias são: lojas de *fast-food*, lavanderias, manutenção de automóveis, vestidos para noivas e algumas de equipamentos elétricos.)

3 MERCADOS PÚBLICOS NO REINO UNIDO

3.1 Visão geral

Os mercados são espaços públicos abertos ou fechados que disponibilizam diversas bancas para que os comerciantes, que pagam uma taxa para ocupar tal espaço, possam vender seus produtos em dias predeterminados. Esta concessão confere direitos de venda exclusivos sobre uma distância de 10,73 km.

Os mercados respondem por menos de 1% do total de vendas do varejo no Reino Unido, mas atraem possíveis consumidores para a área urbana. Esses mercados se caracterizam pela variedade, mistura de comerciantes, simplicidade e vivacidade.

3.2 Feiras livres

As feiras livres podem ser instaladas em ruas, praças e outros espaços abertos (Figura 30.1). As vendas ocorrem em bancas construídas ou adaptadas em caminhonetes e veículos utilitários estacionados ao longo dos meios-fios ou entre os corredores. Alguns fatores devem ser considerados:

- Estacionamento e carga e descarga de veículos (próximo às bancas)
- Controle de trânsito
- Armazenamento e coleta de lixo
- Equipamentos de limpeza
- Proteção dos alimentos expostos

3.3 Mercados cobertos

As bancas de mercados permanentes situam-se nos centros de cidades e em áreas afastadas do centro (associadas a centros de distribuição regionais). Os novos projetos incluem feiras de artesanato (permanentes ou temporárias) juntamente com operações de consertos variados ou integrando *shoppings*. A reciclagem de mercados existentes em geral envolve a vinculação com *shoppings* e estacionamentos para automóveis.

3.4 Planejamento

Em geral, os corredores são planejados para apresentar grandes vãos livres, iluminação natural, uma boa ventilação e pontos para instalações. Os mercados com apenas um pavimento são os mais indicados. Se houver um pavimento superior, ele deve ser limitado por galerias laterais e acessado por escadas rolantes, escadas e elevadores de carga e para pessoas com necessidades especiais. As bancas do perímetro e os demais leiautes agrupados possuem corredores de serviço. As bancas que vendem peixe, carne e outros alimentos devem ficar nas extremidades, com ventilação, drenagem e instalações mais sofisticadas.

Principais fatores a serem considerados: o acesso e relacionamento direto com estacionamento para automóveis, áreas de compra, entrega de mercadorias e docas de carga e descarga; o mix de comerciantes; o risco de incêndio (materiais resistentes ao fogo, rotas para evacuação protegidas de fumaça e do fogo) e as saídas de emergência.

4 LOJAS

4.1 Localização

No Reino Unido, as lojas se localizam principalmente em:

Ruas principais: no centro de cidades grandes e pequenas, incluindo a ampliação de *shoppings*, as galerias comerciais e as lojas de rua.

Periferias urbanas: terrenos industriais abandonados e áreas recicladas (megalojas, centros de varejo, lojas de desconto).

Fora da cidade: próximas a junções entre rodovias/autoestradas, com fácil acesso para grande captação populacional (centros de varejo, centros regionais, lojas de desconto).

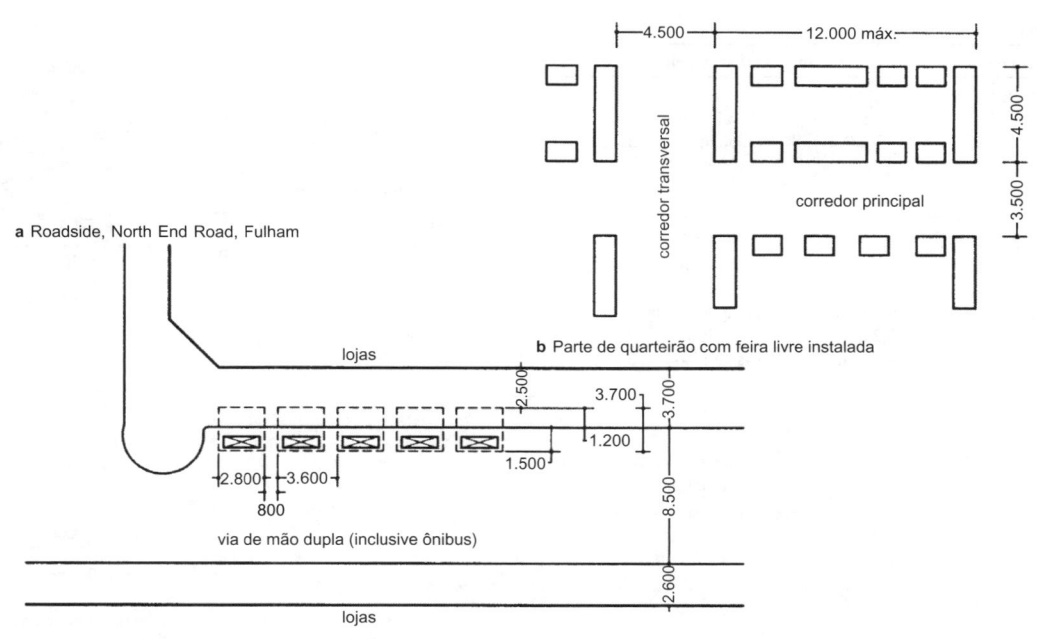

30.1 Mercados públicos.

Bairros: associadas a novos empreendimentos residenciais, postos de gasolina (lojas de conveniência), creches ou jardins de infância, atrações turísticas (lojas de souvenires e cafés).

As lojas varejistas localizadas fora das cidades geralmente pagam aluguéis mais baratos, são de fácil acesso e têm espaço para estacionamento. Elas consistem em projetos econômicos feitos sob encomenda, que são basicamente uma "casca"; além disso, possuem vãos livres grandes e flexíveis. Os centros de varejo também geram benefícios mútuos pela associação de serviços e varejo. No Reino Unido, as diretrizes de planejamento aumentaram a resistência a novos empreendimentos varejistas em terrenos suburbanos, adotando políticas voltadas para *shoppings* no centro de cidades e para a integração de novas fachadas urbanas.

Os fatores que mais afetam a localização das lojas são os seguintes:
- Área de abrangência: população, aspectos demográficos, perfil socioeconômico dos consumidores
- Acessibilidade: tempo de deslocamento até a loja, tráfego de pedestres na área, meios de transporte, estacionamento
- Atrações: variedade de bens e serviços, benefícios associados
- Empecilhos: custo do transporte, normas urbanísticas, condições e custo dos aluguéis
- Economia: maturidade do mercado, saturação do comércio, tendências econômicas

4.2 Conjuntos de lojas

Os pontos de venda no varejo podem ser divididos entre lojas pequenas (área de vendas inferior a 280 m^2) e lojas grandes. O último tipo inclui supermercados e lojas especializadas em produtos alimentícios e não alimentícios ou que vendem uma ampla variedade de produtos (lojas de variedades, bazares, armarinhos, lojas de departamento).

As distinções entre as lojas tendem a enfraquecer devido a:

- *Polarização do varejo*: as tendências que envolvem lojas grandes (hipermercados) e pequenas (principalmente lojas de conveniência, financeiras, franquias e pequenos pontos de prestação de serviços).
- *Competição*: inovações, penetração no mercado e desenvolvimento de novos métodos de *marketing* e venda, além do aperfeiçoamento de linhas populares.
- *Aquisição*: fusão de pontos de venda concorrentes, foco no posicionamento mercadológico do produto e racionalização de linhas de mercadorias e recursos.
- *Aperfeiçoamento de imagem e serviços*: ampliação do valor agregado e de linhas de lucratividade. Melhoria dos serviços de atendimento ao consumidor e ambientação dos pontos de venda.

4.3 Diretrizes de planejamento

A tabela I apresenta diretrizes de planejamento.

Tabela I Espaço da loja

Modelos estruturais	Largura (m)	Observações
Lojas pequenas		
Lojas grandes	5,3 a 6,0	Geralmente 5,4 m
	7,3 a 9,2	Depende da altura das vigas.
		Edificações de um pavimento – vãos maiores
Pé-direito	*Altura (m)*	*Até a linha inferior das vigas*
Lojas pequenas	3,3 a 3,8	Área de vendas
	3,2 a 3,6	Demais áreas
Lojas grandes	Mínimo 3,6	Piso a piso: 4 a 5 m
Carregamento de piso típico	kN/m^2	
Área de vendas	5	Maior em docas de carga e descarga
Depósitos das lojas	10	
Estacionamento	Vagas para carros por 100 m² de área bruta de varejo	
Supermercados, megalojas	10–12	
Shoppings	4–5	
Docas de carga, descarga e prestadores de serviços		Observações
Necessidades típicas de lojas grandes		
Dois caminhões articulados de 15 m (largura)	10,7	Deixe 1,5 m livres para cada lado
Altura livre mínima	4,7	Rua de acesso – 5,00 m
Carga de projeto para o pátio de serviço	20 kN/m²	
(Veja também o Capítulo 3)		

(continua)

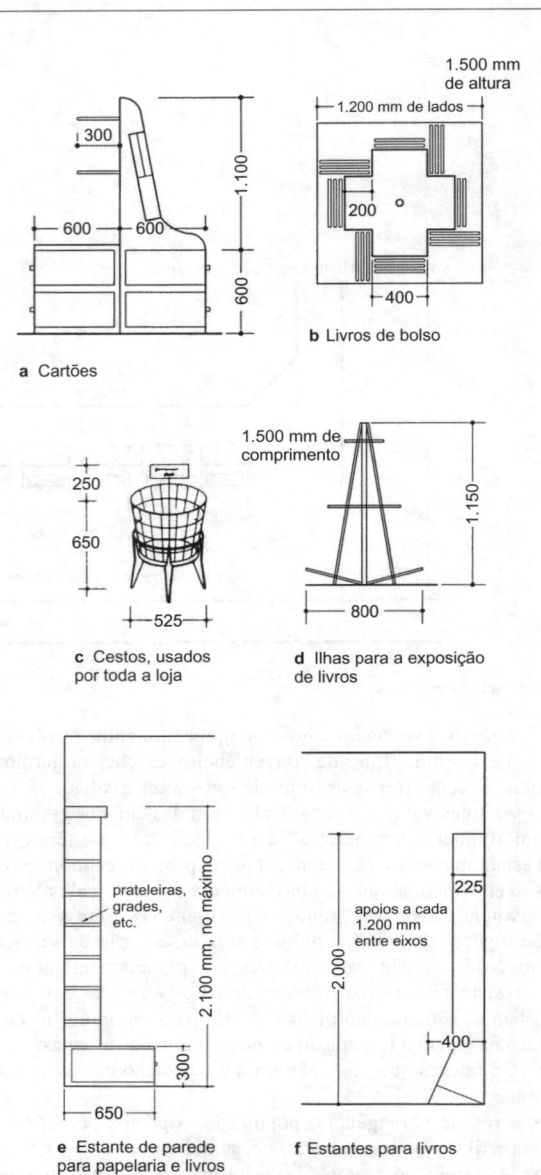

a Cartões

b Livros de bolso

c Cestos, usados por toda a loja

d Ilhas para a exposição de livros

e Estante de parede para papelaria e livros

f Estantes para livros

30.3 Estantes e equipamentos de mostruário para livrarias e papelarias.

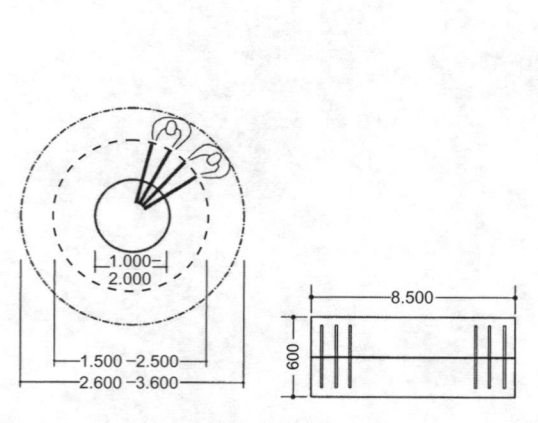

30.2 Cabideiros para armazenagem ou mostruário de roupas.

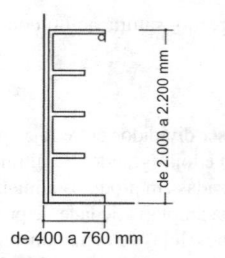

30.4 Corte em estante de supermercado (contra a parede).

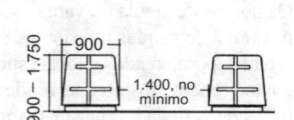

30.5 Corte esquemático em gôndolas de supermercado.

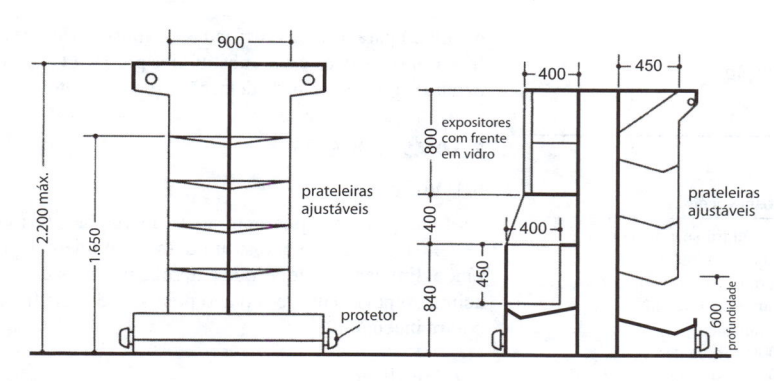

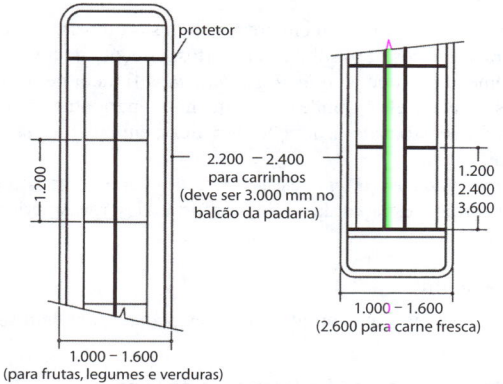

30.6 Planta baixa e corte de expositores em um supermercado.

Tabela I Espaço da loja (*continuação*)

As entregas podem ser controladas ou aleatórias. Deve-se disponibilizar espaço para manobras e vagas de espera, área para a guarda de lixo selecionado e compactador, além de lixeiras para coleta de lixo refrigerado.
Equipamentos para funcionários (orientações gerais)
Número de funcionários: área líquida de vendas, 1: 50 m² a 1: 80 m²

		Áreas brutas
Ampliação da área líquida de vendas	Áreas líquidas	25–30%
Equipamentos para funcionários	10–15%	10–15%
Escritórios	5–8%	5–8%

Os equipamentos para funcionários incluem: refeitórios com cozinha e bar, áreas de descanso e recreação, vestiários, banheiros e espaços para treinamento, recepção e controle.

4.4 Móveis e acessórios para lojas

Os móveis e acessórios para lojas podem ser feitos sob encomenda, pré-fabricados ou em unidades modulares (móveis planejados). Embora o estilo varie muito, os móveis e acessórios devem atender a requisitos funcionais (incluindo a ergonomia) e ser compatíveis com o projeto, além de versáteis, duráveis, estáveis e seguros.

Os mostruários se dividem entre estruturas fixas nas paredes e unidades soltas; as últimas são projetadas para localizações perimetrais ou centrais.

Exemplos de mostruários móveis estão nas Figuras 30.2 e 30.3, enquanto as Figuras 30.4 a 30.6 mostram unidades indicadas para supermercados.

Exemplos:

- Sistemas de divisórias (painéis de encaixar, apoios e estruturas)

Tabela III Temperaturas: condições de projeto

	Temperatura °C	Infiltração de ar (Trocas de ar por hora)	Ventilação necessária (W/m³ °C)
Lojas pequenas	18	1	0,33
Lojas grandes	18	½	0,17
Lojas de departamento	18	¼	0,08
Provadores	21	1½	0,50
Depósitos	15	½	0,17

Tabela IV Expositor de alimentos

Expositor de alimentos	Balcões refrigerados (°C)
Produtos frescos (resfriados)	+8
Laticínios, carnes cozidas	+3
Carnes frescas, aves, peixes	0
Alimentos congelados (sujeitos à legislação da União Europeia)	–18

- Móveis fixos (armários, roupeiros, bandejas)
- Araras e cabideiros soltos
- Gôndolas e ilhas
- Mostruários (balcões, vitrinas, estantes)
- Armários (acesso frontal ou superior)
- Sistemas de prateleiras (modulares, ajustáveis)
- Formas, manequins, mostruários (em balcões ou no chão)
- Lixeiras, mesas, dutos de instalações verticais
- Balcões (caixa, embalagem, conferência, atendimento)

Os materiais de construção incluem madeiras de lei, laminados, acrílicos, vidros de segurança, policarbonato, UPVC, metais cromados, aço inoxidável e alumínio anodizado.

4.05 Padrões ambientais

A Tabela II mostra as diretrizes de iluminação

Tabela II Níveis de iluminação

Iluminação	Iluminância padrão de serviço (lux)	Observações
Lojas convencionais	500	Concentra-se acima dos mostruários
Supermercados	500	Geralmente sobe para 700–800 lux e tem três níveis de controle: 100% – área de vendas 50% – estoque 30% – segurança
Shoppings cobertos	100–200	Galerias comerciais, arcadas, calçadões
Elevadores, circulação principal	150	
Salas para funcionários	150	
Áreas externas cobertas	30	

As *luminárias* incluem unidades de baixa voltagem (mostruários), com lâmpadas fluorescentes com alto índice de reprodução de

Tabela V Plantas baixas de lojas pequenas

	Geral	Mínimo
Largura da fachada	5,4 a 6,0 m	4,0 m
Profundidade	18,0 a 36,0	12,0 m
Altura (conforme os serviços)		3,0 m
Vendas: áreas de apoio	50: 50	45:55
Equipamentos para funcionários	1 vaso sanitário e 1 lavatório para cada sexo (mínimo) Vestiário com armários individuais Toalete e área pequena para a preparação de alimentos	
Escritório	Arquivos, cofre, escrivaninhas, terminais	

cores (área de vendas) e lâmpadas de haleto metálico (de alta intensidade).

4.6 Temperatura

A Tabela III mostra as temperaturas recomendadas e a ventilação para diferentes tamanhos e tipos de lojas.
A Tabela IV mostra as temperaturas para vários expositores de alimentos.

4.7 Condicionamento de ar

A taxa recomendada de fornecimento de ar externo para espaços climatizados é de 8 trocas de ar por pessoa por hora (valor mínimo de 5) ou de 3 trocas por pessoa por m² de área do pavimento. Em lojas grandes, a ocupação média é 1 pessoa por 5–6 m² e, para áreas muito ocupadas, 1 pessoa por 1,8 m².

O condicionamento de ar geralmente é projetado para 18–21°C, com umidade relativa do ar entre 45 e 55 % (abaixo do risco de estática), e é pressurizado a + 5% do volume real do ar.

4.8 Gestão de energia

A maioria das lojas grandes utiliza sistemas de gestão de energia, com monitoramento em estações remotas. O calor liberado é recuperado pela refrigeração para o aquecimento de água, e o ar frio é reciclado para as áreas resfriadas de mostruário. Os antigos fluidos frigorígenos estão sendo substituídos por HCFCs (que não atacam o ozônio) com sistemas de detecção de vazamentos.

5 LOJAS PEQUENAS

5.1 Visão geral

As lojas pequenas possuem áreas de venda inferiores a 280 m² e menos de três pavimentos; um desses pavimentos pode ser subterrâneo. Em geral, as lojas que empregam menos de 20 pessoas ou 10 acima do pavimento térreo não precisam de certificado de proteção contra incêndio.

5.2 Localização

As *lojas de conveniência* ficam em áreas populosas ou perto de lugares de parada (postos de gasolina, aeroportos, estações de trem).
Recomenda-se que as *lojas especializadas* fiquem perto de outras lojas – sejam elas grandes ou pequenas – para atrair mais clientes. As áreas associadas a atrações turísticas, entre outras, também são indicadas.
Serviços financeiros, etc.: essas operações geralmente ficam junto a escritórios e espaços de apoio, conforme descrito anteriormente.

5.3 Planejamento

As plantas baixas mais encontradas em lojas pequenas podem ser vistas na Tabela V.

5.4 Considerações para o abastecimento de lojas

O reabastecimento do estoque e a remoção de lixo geralmente são feitos em entradas de serviço localizadas nos fundos da edificação, mas, em *shoppings*, o acesso é feito por corredores e elevadores de serviço. Alguns calçadões para pedestres permitem o acesso de veículos na frente das lojas em horários restritos.

5.5 Projeto

O projeto da fachada, da sinalização visual e da vitrina de uma loja merece muita consideração. Em geral, os pontos de venda de uma rede ou franquia refletem a imagem padronizada da marca. Em áreas de conservação ambiental, costuma-se preservar a escala e o estilo das fachadas existentes.

O leiaute interior, o mobiliário e os acessórios, além das características do projeto, dependem da natureza e do volume das mercadorias comercializadas.

Os aluguéis são determinados pela localização e largura da fachada. A proporção largura:profundidade geral é 1:4 ou 5, sendo o valor menor empregado para a armazenagem e processamento de produtos e espaços para funcionários.

6 LOJAS DE DEPARTAMENTOS

6.1 Visão geral

As lojas de departamentos consistem em grandes complexos que, invariavelmente, ocupam vários pavimentos e vendem uma ampla variedade de produtos – principalmente roupas. As áreas de venda se dividem em departamentos que correspondem a diferentes categorias de lojas; o tamanho e a posição, porém, são flexíveis. Os departamentos podem ser administrados diretamente pela loja ou concedidos para outros comerciantes ou franqueados.

As lojas de departamentos localizadas em ruas principais geralmente têm uma área de vendas superior a 20 mil m²; dentro de *shoppings*, porém, essa área se reduz para 10 mil m² e é distribuída entre dois pavimentos. A área de vendas corresponde a uma área relativamente pequena da área bruta total: 45%.

6.2 Planejamento

As fachadas para lojas de rua e de galerias ou *shoppings* costumam conter grandes vitrinas, entrada para os clientes e saídas de emergência. É essencial que haja uma entrada para funcionários e locais para entrega e saída de produtos (com um ponto de entrega de mercadorias para o cliente).

As áreas internas devem oferecer o máximo de espaço livre para a substituição de produtos conforme a estação do ano, além do aluguel de áreas a terceiros. As áreas dedicadas à venda de produtos alimentícios (praças de alimentação, cozinhas para a preparação de alimentos) constituem exceções, pois exigem equipamentos permanentemente fixos e serviços especiais.

6.3 Proteção e combate a incêndio

Compartimentação: em sua maioria, as normas aceitam áreas de até 2 mil m^2/7 mil m^3 ou o dobro disso (4 mil m^2), desde que haja um sistema de *sprinklers*.

Evacuação de fumaça: espaço extra, com exaustor e fluxos de ar controlados.

Construção: estruturas resistentes ao fogo e limitação da dispersão de chamas artificiais nos materiais de revestimento.

Isolamento: chuveiros, cortinas de água e separação física em relação às escadas rolantes, caixas de elevador e espaços livres.

Saídas de emergência: percursos reduzidos até as escadas protegidas e as saídas adequadas que levam à rua.

6.4 Localização

A localização dos departamentos é definida pela relação entre produtos, mas influenciada pelos valores do faturamento e seu tempo de venda. Vendas rápidas ou de itens pequenos ocorrem no pavimento térreo, de forma a atrair o interesse dos clientes.

Em geral, restaurantes, banheiros e centrais de atendimento ao consumidor podem ser acessados a partir das áreas de venda.

Todos os pavimentos devem ter acomodações subsidiárias para os departamentos de serviço, mas os depósitos principais, os equipamentos para os funcionários e a área administrativa ficam em áreas menos valorizadas (nos fundos, no subsolo ou no último pavimento).

As escadas e os elevadores geralmente ficam em posição central, fazendo com que os clientes tenham de passar pelos departamentos.

6.5 Tendências

As lojas de departamentos apresentam custos operacionais e de folha de pagamentos muito altos. A renovação do ciclo de vida útil pode culminar na reforma, divisão e/ou ampliação dessas lojas, transformando-as em *shoppings*. Não raro, as lojas de departamentos pequenas se localizam em aeroportos ou centros de compra regionais.

7 BAZARES E ARMARINHOS

7.1 Visão geral

São lojas grandes que vendem uma ampla variedade de produtos não alimentícios, principalmente pelo autoatendimento em áreas de venda significativas. Algumas lojas dedicam parte da loja para a venda de produtos alimentícios, também por meio do autoatendimento. Essa categoria inclui lojas independentes e de rede (Marks & Spencer, John Lewis, etc.).

7.2 Tamanho e localização

As áreas de venda variam entre 500 e 15 mil m^2. Na maioria das lojas principais, a área de vendas fica entre 10 mil e 15 mil m^2; a relação entre espaços de apoio e de venda é de 50: 50.

Localização
- Principais ruas comerciais: atendem a populações consideravelmente grandes
- *Shoppings*: ligam-se aos pavimentos superiores e inferiores por níveis múltiplos
- Centros de compra e centros de varejo regionais (o espaço permite a venda de uma variedade de produtos ainda maior)

As maiores lojas exigem uma atração de 80 mil a 100 mil pessoas.

7.3 Planejamento

Recomenda-se uma planta baixa retangular, com áreas de venda em um único pavimento e vitrinas voltadas para a rua principal, para a galeria ou o *mall* do *shopping*. Nas lojas maiores, as áreas de venda se dividem em dois (às vezes, três) pavimentos; há espaço para a venda de produtos alimentícios e acesso direto ao estacionamento ou pontos de abastecimento. As escadas rolantes, as escadas e os elevadores para portadores de necessidades especiais e o transporte de produtos ficam em zonas perimetrais, de forma a não interromper a área de mostruários ou de circulação.

7.4 Leiaute

Os corredores principais, com piso distinto, se estendem entre as entradas e os conjuntos de mostradores e pontos para pagamento e empacotamento – posicionados em local visível e de fácil acesso.

Os *displays* incluem ilhas e unidades junto às paredes; os produtos relacionados ficam em grupos, de forma a facilitar a localização e a comparação. As lojas que vendem roupas e demais produtos associados à moda precisam disponibilizar provadores e espelhos em diversos pontos. As áreas de autoatendimento para a venda de produtos alimentícios devem se basear nos projetos de supermercados.

7.5 Equipamentos

Algumas lojas disponibilizam cafés e restaurantes para os clientes, geralmente localizados no pavimento mais alto, com o intuito de promover outras compras por impulso. Os banheiros e demais serviços oferecidos aos clientes ficam nessa região.

As áreas de apoio (como salas para funcionários e depósitos) ficam nos fundos ou no pavimento mais alto, com entrada distinta para os funcionários e pontos de recepção e controle, além de vestiários e equipamentos relacionados.

8 SUPERMERCADOS

8.1 Visão geral

Os supermercados seguem as linhas de autoatendimento para a venda de alimentos e produtos de uso domésticos. As áreas de venda dos supermercados maiores têm entre 1.000 e 2.500 m^2. Os mercados de bairro, porém, também utilizam o autoatendimento.

8.2 Planejamento

Invariavelmente, as vendas são distribuídas em um único pavimento, que é planejado para permitir a circulação de carrinhos desde o estacionamento até o interior da loja. Às vezes, existem pavimentos superiores limitados à venda de produtos não alimentícios. Recomenda-se uma planta baixa retangular simples, com fachada de 30 a 60 m. (As fachadas mínimas – 18 m – podem exigir caixas duplos.)

A posição e o leiaute dos caixas determinam o planejamento das entradas, saídas e rotas de circulação. As áreas de venda consistem em grandes espaços ininterruptos, com grelhas estruturais de 9 m ou mais (para se adequar à quantidade de pessoas de pé) e pés-direitos de 3,66 m. Supermercados, hipermercados e lojas de rede têm seus próprios padrões para expositores, prateleiras, larguras de corredor, leiautes de caixa, docas de carga e descarga, etc., que estão em constante evolução.

8.3 Leiaute

Invariavelmente, adota-se o leiaute padrão de estantes e armários paralelos em ambos os lados dos corredores de circulação. Os corredores principais tem 2,2–2,5 m de largura; essa largura aumenta para 2,8–3,2 m em frente aos balcões de padaria e aos balcões refrigerados de carne fresca e/ou congelada. Os corredores transversais tem 3 m de largura. Deve haver uma área livre de 2,2–3,0 m de profundidade em ambos os lados do caixa.

Os *displays* se dividem em alimentos, produtos não alimentícios e bebidas alcoólicas. A venda de pães, produtos de confeitaria e demais perecíveis preparados nas próprias instalações é feita em local adjacente às áreas de preparação, com acesso fácil ao estoque (resfriado).

Obrigatoriamente, os balcões refrigerados ficam agrupados para facilitar os serviços de instalação e a recuperação do fluxo de ar.

As mercadorias de alta demanda (legumes, verduras, frutas) geralmente ficam perto da entrada, para dar início às compras. Os produtos promocionais são colocados em cestas ou estantes dispostas no final de corredores ou perto dos caixas.

Deve-se disponibilizar espaço para que os clientes coletem e devolvam as cestas e carrinhos (Figuras 30.7 e 30.8). Em locais aonde praticamente todos os clientes chegam de carro, os carrinhos ficam dentro da área de estacionamento – geralmente, em quiosques cobertos. Nesses casos, existem poucas cestas (ou nenhuma). Em centros urbanos, devem-se proporcionar áreas substanciais dentro do espaço privativo da loja; ali, muitos clientes utilizarão cestas.

Em lojas de autoatendimento, supermercados e hipermercados, o cliente vai ao caixa para pagar suas compras. O projeto desses caixas varia muito conforme o tipo e a quantidade de mercadorias, e as políticas da companhia envolvida. Algumas possuem equipamentos automáticos para a leitura de preços e equipamentos semiautomáticos para a embalagem de produtos. O leiaute padrão é apresentado na Figura 30.9.

As unidades distintas no interior da loja (bancas de jornal e revistas, floriculturas, farmácias e cafés) nem sempre dependem dos caixas. Deve haver acesso direto para banheiros de uso comum, telefones públicos e área administrativa.

8.4 Tendências

A intensidade de vendas por metro quadrado é um fator crítico, pois as tendências apontam para o aumento das vendas de alto valor agregado (padarias e açougues com preparo próprio) e das margens de lucro (*delicatessen*, vinhos, plantas e mercadorias feitas nas próprias instalações).

Os equipamentos técnicos incluem leitores de código de barras, monitoramento e controle de estoque, máquinas de preenchimento de cheques e a introdução de mostradores de cristal líquido nas prateleiras, empacotamento automático e máquinas para autopagamento.

As lojas de conveniência não estão mais restritas a áreas afastadas: algumas já foram desenvolvidas nos centros das cidades para a venda de uma variedade limitada de produtos.

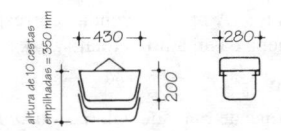

30.7 Cestas de supermercado.

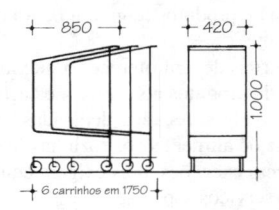

30.8 Carrinhos de supermercado.

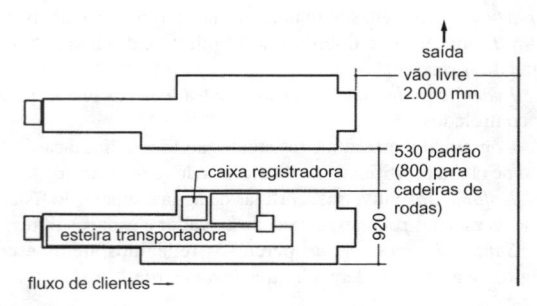

30.9 Caixa padrão.

9 HIPERMERCADOS E MEGALOJAS

9.1 Hipermercados

Os hipermercados são lojas muito grandes que seguem a linha dos supermercados, mas possuem uma área de venda de, no mínimo, 2.500 m^2, como o Tesco Extra.

Em relação aos supermercados, a variedade de produtos não alimentícios ocupa até 50% da área total. Em geral, os hipermercados são construídos em terrenos industriais abandonados e periferias urbanas dentro de grandes áreas de captação (Figura 30.10).

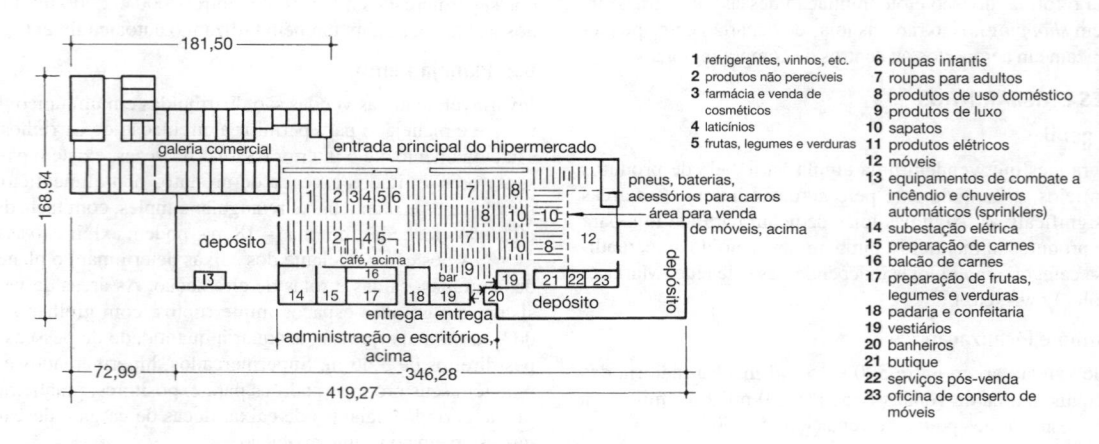

30.10 Leiaute geral de um grande hipermercado.

1 refrigerantes, vinhos, etc.
2 produtos não perecíveis
3 farmácia e venda de cosméticos
4 laticínios
5 frutas, legumes e verduras
6 roupas infantis
7 roupas para adultos
8 produtos de uso doméstico
9 produtos de luxo
10 sapatos
11 produtos elétricos
12 móveis
13 equipamentos de combate a incêndio e chuveiros automáticos (sprinklers)
14 subestação elétrica
15 preparação de carnes
16 balcão de carnes
17 preparação de frutas, legumes e verduras
18 padaria e confeitaria
19 vestiários
20 banheiros
21 butique
22 serviços pós-venda
23 oficina de conserto de móveis

30.11 Superloja em Knowsley, Lancashire: localização. Arquitetos: Foster Associates.

1 entrada
2 ônibus
3 táxis
4 estrada para serviços
5 acesso de serviço
6 estacionamento para funcionários
7 estacionamento
8 estacionamento para ônibus
9 estrada para rua perimetral de saída
10 posto de gasolina
11 parque de diversões
12 espaço aberto para recreação
13 quadras esportivas e pistas de corrida
14 centro de horticultura
15 campo escolar
16 caminho de pedras
17 ciclovia e pista de corrida
18 rampas para esqui e tobogã
19 limite do terreno
20 escola de equitação
21 pavilhão contendo superloja, piscina de recreação, clube de esportes, restaurantes, biblioteca, cinema, salão para exposições, etc.

As *megalojas* são muito parecidas com os hipermercados, mas costumam ser maiores – com 5 mil–10 mil m² de área de venda. Elas ficam fora dos centros urbanos e ocupam espaços muito amplos. Além disso, oferecem grandes estacionamentos para automóveis, postos de gasolina e um centro ou galeria comercial com pequenas lojas (Figura 30.11). Frequentemente, o desenvolvimento geral une o centro de compras periférico com equipamentos comunitários, como um salão comunitário ou salão de eventos, bares e áreas para a prática esportiva e/ou lazer.

As lojas de desconto e os superatacados para associados conseguem reduzir os custos por meio da redução da variedade de produtos (650 marcas, por exemplo, enquanto um supermercado oferece 3.500) e do uso de móveis e acessórios mais simples, geralmente utilizados apenas em depósitos.

9.2 Planejamento

As lojas maiores são construídas, basicamente, no formato de grandes caixas retangulares com grandes vãos livres, para permitir que a área de exposição dos produtos e venda seja em apenas um pavimento. Ocasionalmente, os pavimentos superiores se limitam a uma parte da edificação e são utilizados para a venda de produtos não alimentícios e para serviços auxiliares. A proporção entre a área de venda e a área de serviços auxiliares é alta (60:40): deve-se colocar uma quantia enorme de produtos em *displays* e automatizar o reabastecimento ao máximo.

Em relação aos supermercados, essas lojas oferecem carrinhos maiores, áreas para circulação mais largas e mais planas e acesso facilitado ao estacionamento (algumas com pré-embalagem e esteiras mecanizadas para empacotamento).

10 SHOPPINGS

10.1 Tipos

Os *shoppings* são planejados para funcionar como centros de compra e contam com uma administração geral que possui um alto grau de controle, desde unidades de arrendamento até varejistas individuais.

Os *shoppings* podem ser:

- *Abertos*: em terraços, praças ou agrupamentos de lojas que reproduzem o leiaute de uma cidade pequena
- *Parcialmente cobertos*: com marquises sobre as fachadas (3,6 m de altura, devido ao vão livre) ou recuos que criam galerias
- *Totalmente cobertos*: lojas em um único nível ou em muitos níveis, depósitos reciclados, etc.

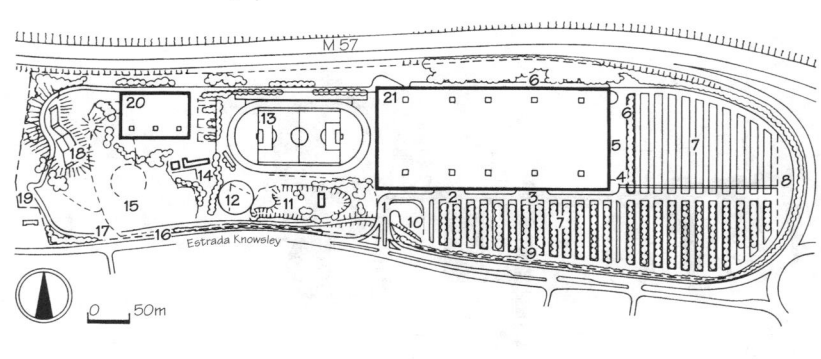

10.2 Localização

Novos centros
- em novas áreas urbanas e áreas residenciais em expansão
- centros de compra regionais, em áreas periféricas

Centros integrados
- em áreas urbanas centrais existentes, para abrir áreas suburbanas para uso comercial
- fornecer as ligações a outros empreendimentos, estacionamentos para automóveis, etc.
- estender áreas onde há grande fluxo de pedestres

10.3 Planejamento

Sempre que possível, os centros devem seguir o traçado viário existente e se integrar à arquitetura dele.

Considerações comerciais e operacionais
- Número, tamanho e localização das lojas grandes, além de outras atrações (âncoras) que aumentarão o fluxo de pedestres
- Distribuição, número e tamanho das lojas pequenas, número dos níveis de compra
- Serviços necessários e acesso para veículos de entrega
- Entradas e acesso a estacionamentos para automóveis, transporte coletivo e outras áreas de compra
- Foco e equipamentos que venham a criar uma identidade e uma sensação de lugar
- Climatização no *mall* (áreas de circulação) e nas lojas individuais
- Proteção contra incêndio, requisitos para segurança física e patrimonial

10.4 Formatos de planta baixa

Os *shoppings* geralmente têm um ou dois pavimentos. Em geral, os pavimentos superiores são ocupados por lojas de departamentos de níveis múltiplos e formam galerias em torno de uma praça ou átrio central. A área bruta locável varia: muitos centros comerciais em áreas urbanas consolidadas contam com uma área bruta de 25 mil a 50 mil m², oferecendo entre 40 e 100 unidades. Os novos centros regionais podem chegar a uma área bruta locável de 100 mil m², alocando 40% do espaço para âncoras.

As âncoras ficam nas extremidades e ramificações do *shopping*, para que os clientes passem pelas lojas individuais. O alcance efetivo fica entre 90 e 120 m. *Shoppings* com mais de 350 m de extensão não são viáveis; logo, os empreendimentos maiores utilizam pavimentos múltiplos com plantas baixas concentradas. Plantas baixas em formato de L (Figura 30.12), T (Figura 30.13), C ou em torno de praças são viáveis. Os *shoppings* localizados fora

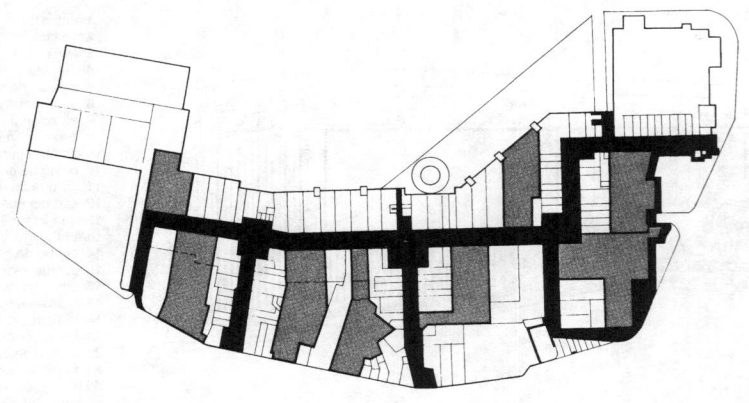

30.12 Planta baixa em L: Arndale Centre, Luton.

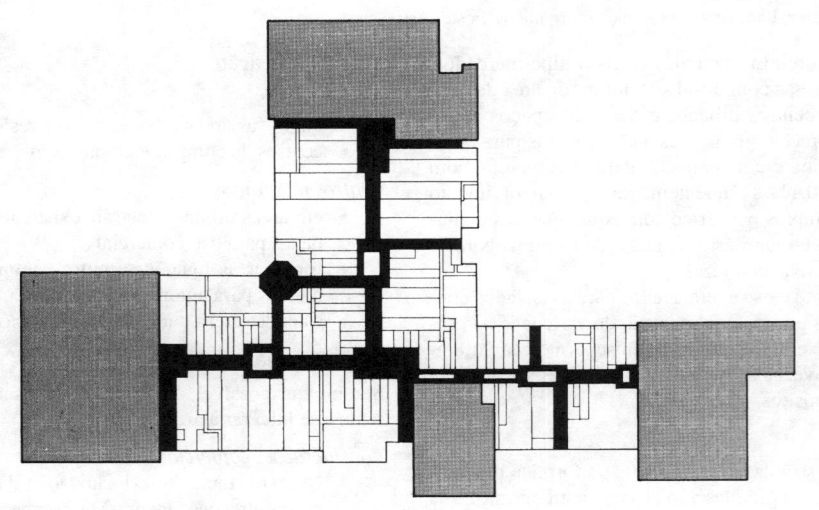

30.13 Planta baixa em T: Willowbrook Mall, Nova Jersey.

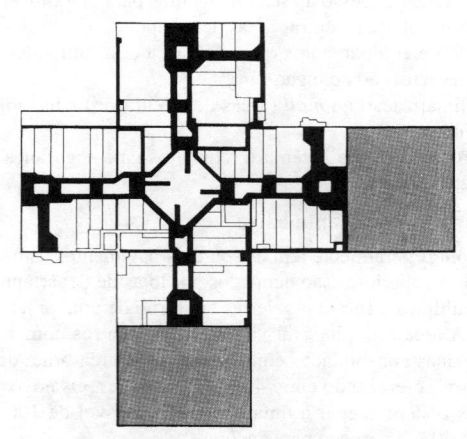

30.14 Planta baixa cruciforme: La Puente, Califórnia.

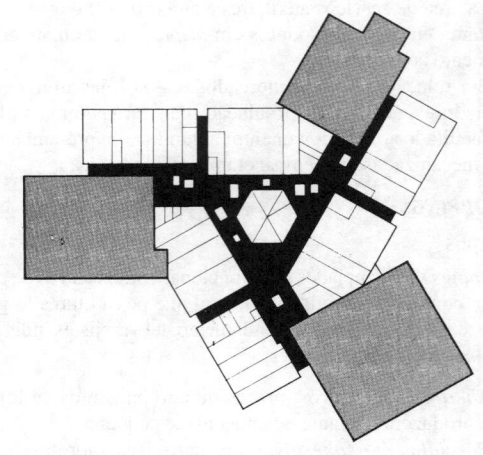

30.15 Planta baixa em forma de cata-vento: Randhurst, Illinois.

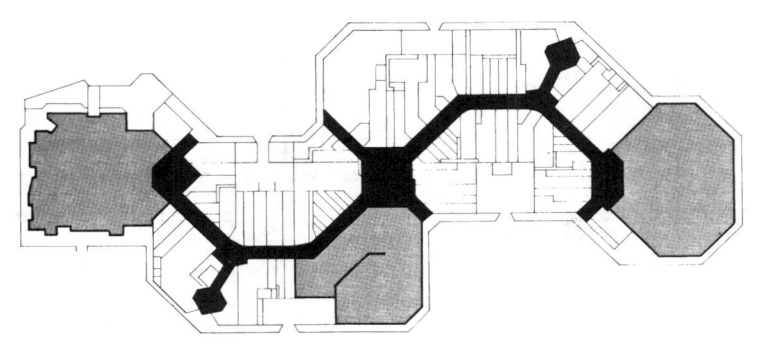

30.16 Planta baixa em forma de oito: Jardins Sherway, Toronto.

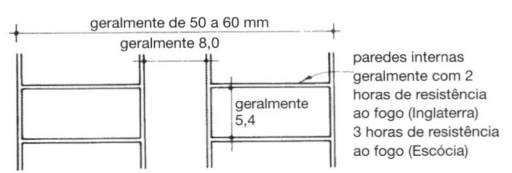

30.17 Planta baixa de um *shopping*, mostrando a separação anti-incêndio entre lojas.

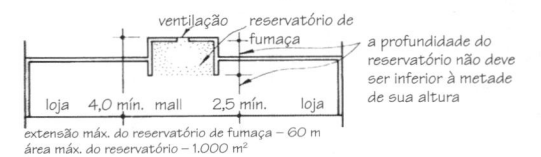

30.18 Corte mostrando reservatório de fumaça.

das cidades, porém, costumam utilizar o leiaute cruciforme (Figura 30.14), de cata-vento (Figura 30.15) ou a forma de um oito (Figura 30.16) – todos partindo de um ponto central. Uma variante comum nos novos shoppings no Reino Unido é aquela com planta baixa em laço de pista de corrida, como no Westfield, de Londres.

10.5 Detalhes

No Reino Unido, a largura dos corredores dos *shoppings* aumentou, progressivamente, de 5,4 m para mais de 8 m. Os centros comerciais franceses, em geral, têm 16 m de largura; os norte-americanos, por sua vez, têm entre 12 e 27 m. As galerias ao redor das praças centrais costumam ter 4 m de largura. A fachada mais indicada para as lojas pequenas tem entre 5,4 e 7,3 m de largura, com uma profundidade de 13-39 m. Em geral, no entanto, deve haver unidades ainda menores (1,8 × 3,6 m) para lojas de serviços gerais e especializados. A altura entre pisos dos shoppings hoje costuma ser de aproximadamente 6 metros. Os sistemas de climatização, em geral, são distribuídos em uma grelha no plano.

As fachadas envidraçadas são necessárias apenas quando o *shopping* permanece aberto ao público durante a noite. Do contrário, as fachadas do tipo usado no resto da Europa continental (completa ou parcialmente abertas) são mais convenientes. Nesse caso, recomenda-se o uso de cortinas metálicas ou barreiras anti-incêndio (se necessário) para proteger a loja durante a noite. Muitas vezes os centros de shoppings grandes são ocupados por muitas lojas varejistas com fachadas pequenas, de não mais de 2 m de largura (a altura mínima da fachada é de 2,5 m).

10.6 Praças de alimentação e pontos de atração

Os átrios maiores e as praças envidraçadas criam espaços para atividades que, geralmente, recebem tratamento paisagístico e são utilizados para gerar lucros por meio da abertura de restaurantes ou praças de alimentação. Equipamentos como chafarizes, quiosques, floreiras e áreas para recreação infantil resultam em pontos de atração, proporcionando interesse e facilitando a orientação.

10.7 Prevenção contra incêndio

O projeto de *shoppings* não se enquadra em leiautes convencionais de compartimentação. As requisições específicas, portanto, serão estipuladas pelo corpo de bombeiros.

Prevenção e combate a incêndio
Deve-se colocar cortinas não inflamáveis entre os diferentes arrendamentos (Figura 30.17). Os *shoppings* devem ser construídos com materiais não combustíveis, evitando-se, evidentemente, alguns materiais combustíveis. A instalação de um sistema automático de *sprinklers* é obrigatória.

As fachadas adjacentes ou fronteiras das grandes lojas (mais de 2 mil m^2) são controladas por uma legislação específica.

Controle de fumaça
Reservatórios para fumaça (Figura 30.18) são criados por vigas aparentes ou fácias* nas fachadas das lojas e em intervalos ao longo do *shopping*. Os detectores de fumaça acionam os ventiladores de exaustão localizados no interior dos reservatórios e introduzem ventiladores para o fornecimento de ar fresco, visando a proteger as rotas de fuga. Outros equipamentos para ventilação e controle de fumaça podem ser vistos nas Figuras 30.19 e 30.20.

Rotas de fuga
Os níveis máximos de ocupação são calculados da seguinte forma:

- Lojas, *showrooms* e áreas suplementares – 7,0 m^2/pessoa
- Supermercados, lojas de departamento – 2,0 m^2/pessoa

Pressupõe-se que, no máximo, 50% dos usuários irão escapar pelos fundos de uma loja; os restantes utilizarão a área de *mall* do *shopping*. Deve-se disponibilizar rotas de fuga a intervalos no interior do *mall*. As saídas devem abrir diretamente para a rua ou por meio de estruturas independentes.

Controles
Um alarme automático de incêndio e outros sistemas de indicação devem ser instalados.

Acesso
Deve-se atender às exigências do corpo de bombeiros em relação ao acesso para equipamentos, além de providenciar locais para hidrantes, mangueiras e extintores.

10.8 Circulação

A circulação vertical entre os pavimentos exige escadas rolantes, escadas e elevadores panorâmicos projetados para despertar o interes-

---

* N. de R. T.: Fácias são elementos horizontais arquitetônicos, estruturais ou não.

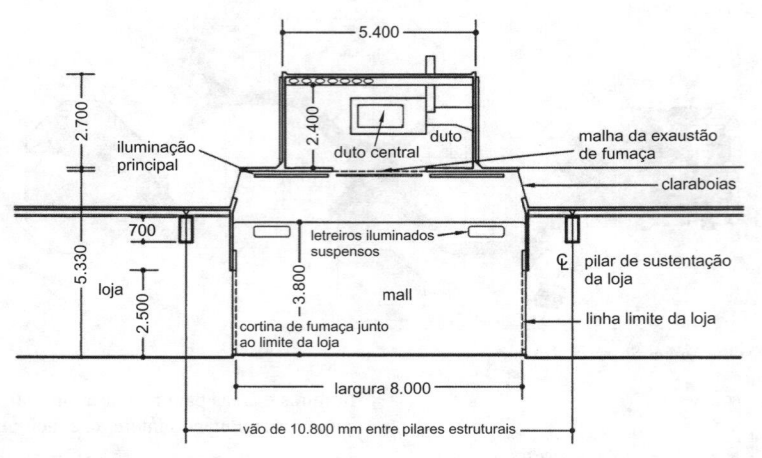

30.19 Corte transversal de um *shopping*.

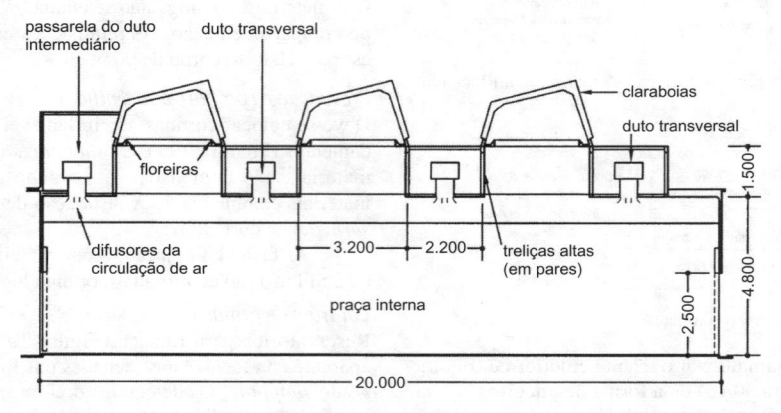

30.20 Corte transversal de uma praça interna. Observação: 2.500 mm é a altura mínima da vitrine da loja. A altura entre pisos ideal costuma ser 6.000 mm.

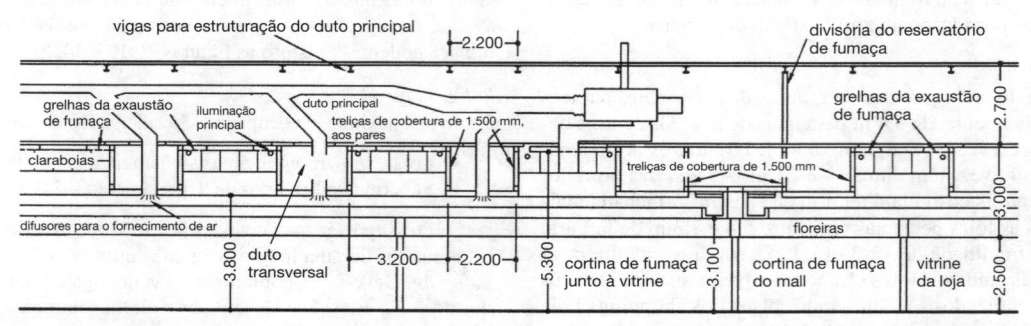

30.21 Corte longitudinal e uma área de *mall*. Observação: outro arranjo, mais comum, é a grelha vertical que corre ao longo das fachadas, acima das vitrines.

se dos visitantes. Em geral, todos esses equipamentos se localizam em corredores centrais ou em um átrio espaçoso, em cruzamentos ou extremidades e dentro das lojas maiores.

Abastecimento das lojas

Os veículos devem ter acesso às docas de carga e descarga e às vagas de espera com acesso direto a cada uma das lojas maiores. Recomendam-se rotas de serviço, elevadores para o transporte de produtos e túneis que levem aos fundos das lojas. A entrada de serviço geralmente fica no subsolo ou no nível da rua, mas, em terrenos com desníveis, ela pode ser colocada em um pavimento superior.

10.9 Instalações

Em geral, o próprio *shopping* é responsável por instalar as redes de instalações ou utilidades públicas e prestar os serviços de uso comum ao *mall*, incluindo sistemas de refrigeração e calefação ou condicionamento de ar, iluminação, limpeza, prevenção e combate a incêndio e sistemas de segurança. Os inquilinos individuais são, obrigatoriamente, responsáveis por suas próprias instalações e equipamentos conforme previsto em contrato. As áreas para preparação de alimentos, banheiros públicos e casas de máquina exigem a instalação de sistemas específicos de ventilação, esgoto e eletricidade.

Nas Figuras 30.19 a 30.21 há cortes que exibem a complexidade da estrutura e das instalações de um *shopping* padrão.

10.10 Outros equipamentos

Os banheiros de uso comum, assim como os equipamentos adaptados para portadores de necessidades especiais, são de responsabilidade do próprio *shopping*. O acesso a um estacionamento público é fundamental para o arrendamento de unidades.

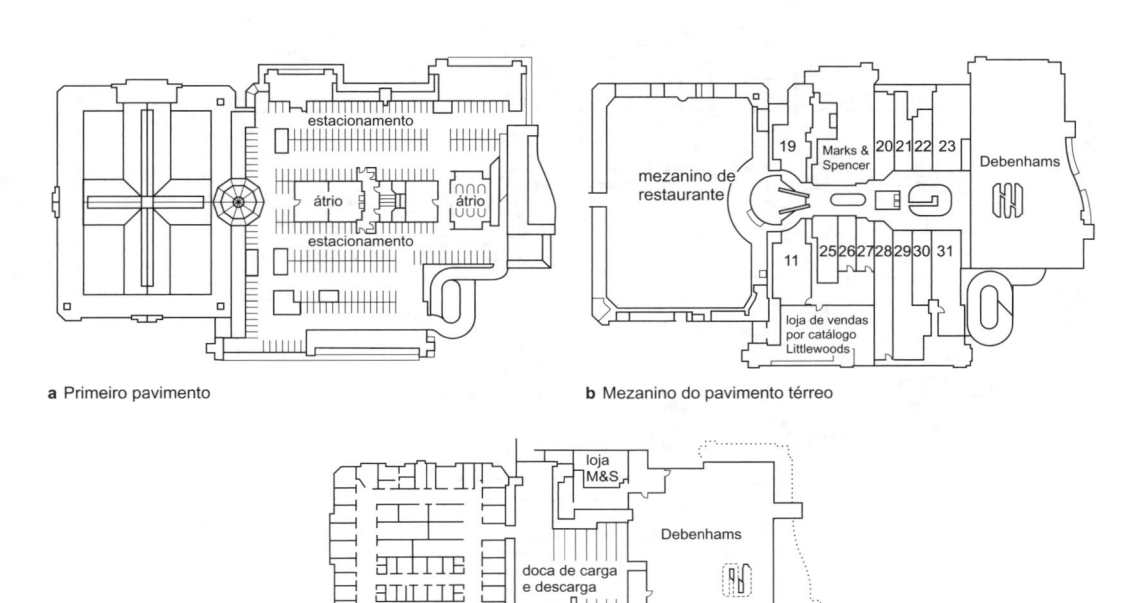

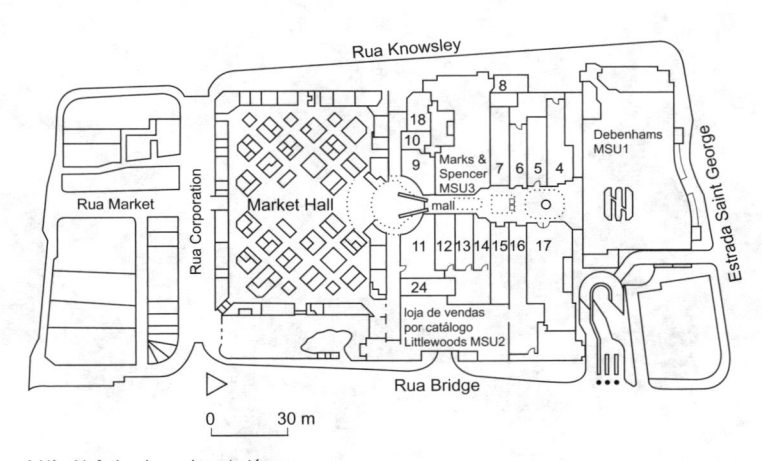

a Primeiro pavimento

b Mezanino do pavimento térreo

c Pavimento térreo

d Nível inferior do pavimento térreo

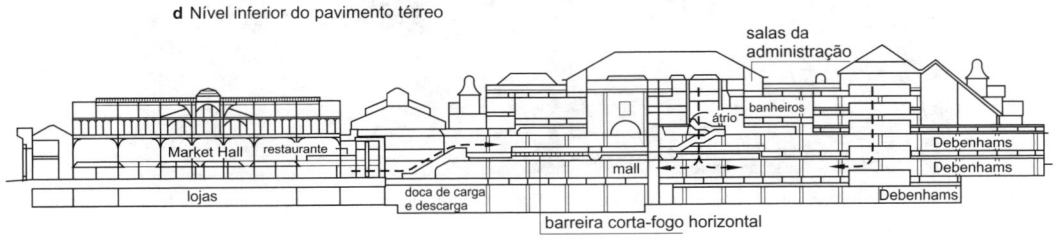

e Corte sul-norte

30.22 Bolton Market Place: *shopping* de dois pavimentos conectado ao já existente (e reformado) Market Hall. As entregas e o armazenamento são feitos no subsolo; o estacionamento fica nos três pavimentos superiores. A área total é de 49.796 m². Arquitetura: Chapman Taylor & Partners.

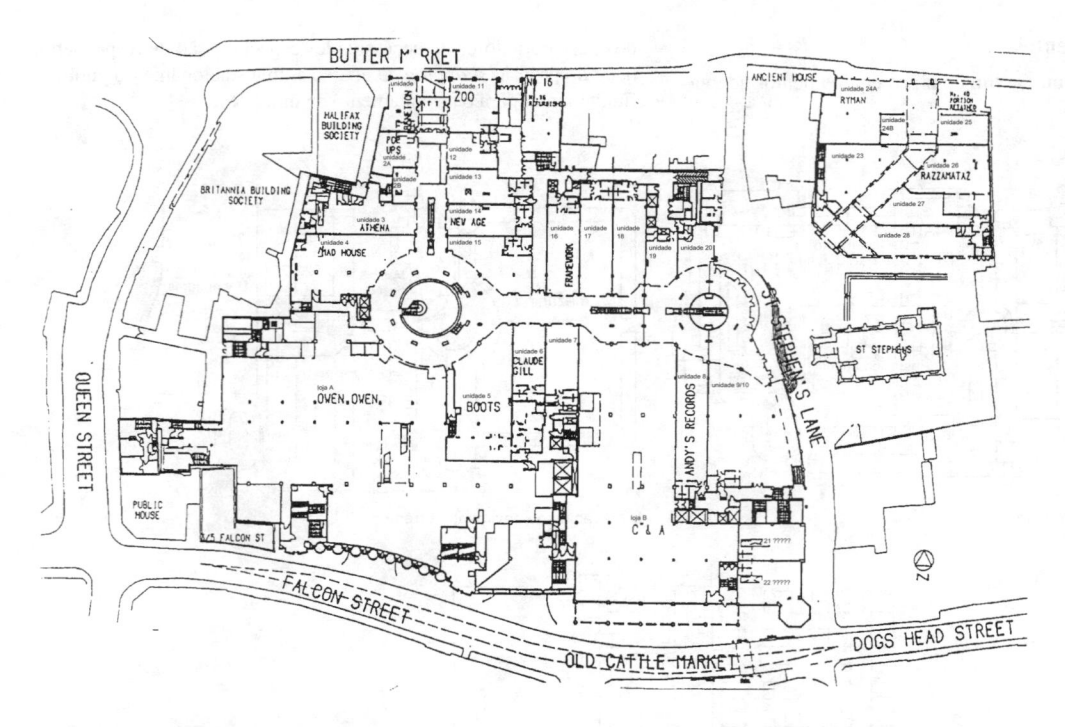

30.23 Buttermarket, Ipswich. Inserção de um *shopping* em uma área histórica delicada, incluindo uma igreja restaurada como ponto de interesse e dois estacionamentos para automóveis no subsolo. Obra concluída em 1992, com 49 unidades. Área construída: 25.083 m²; custo: £37 milhões. Planta baixa do pavimento térreo. Arquitetura: Building Design Partnership.

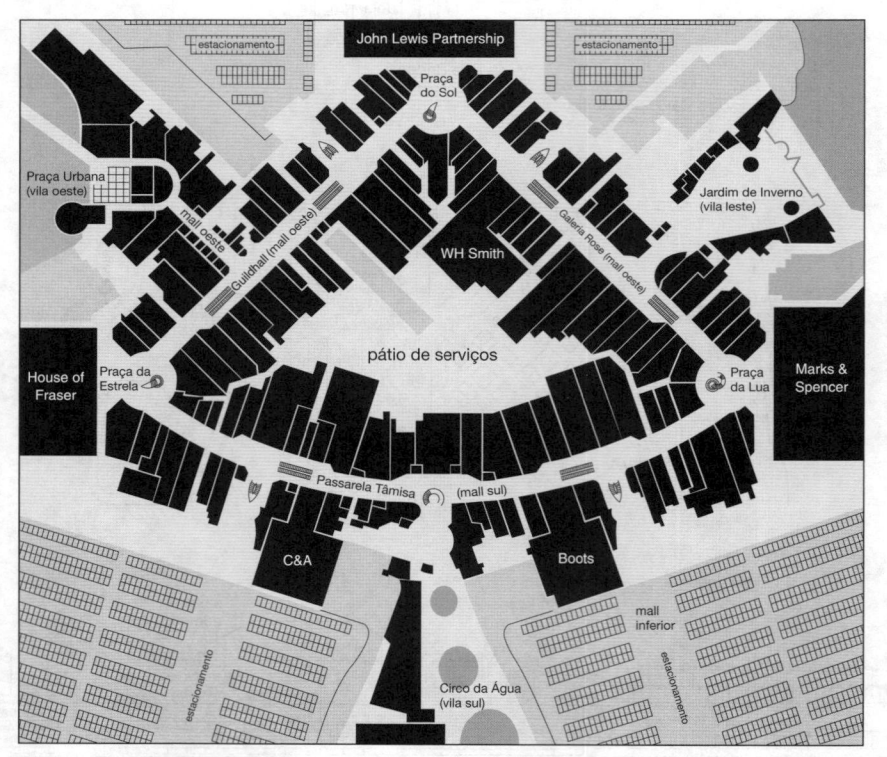

30.24 Bluewater Park, perto de Dartford, Kent. O maior centro de varejo da Europa continental até hoje. Arquitetura: Eric Khune & Benoy.

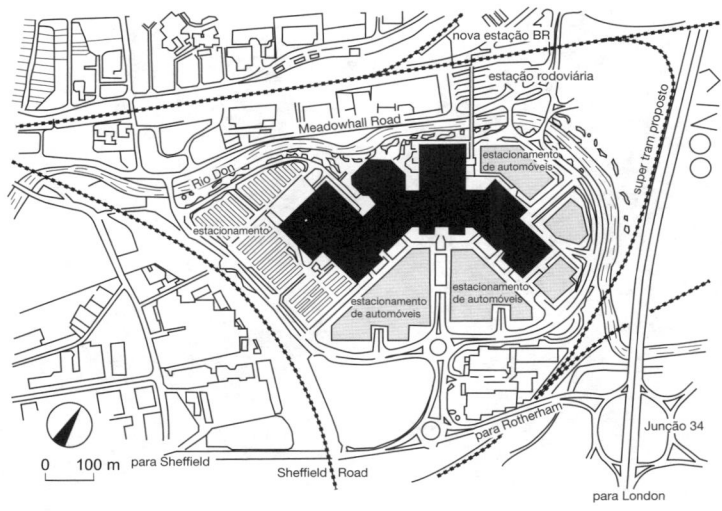

a Planta de localização do centro de compras regional

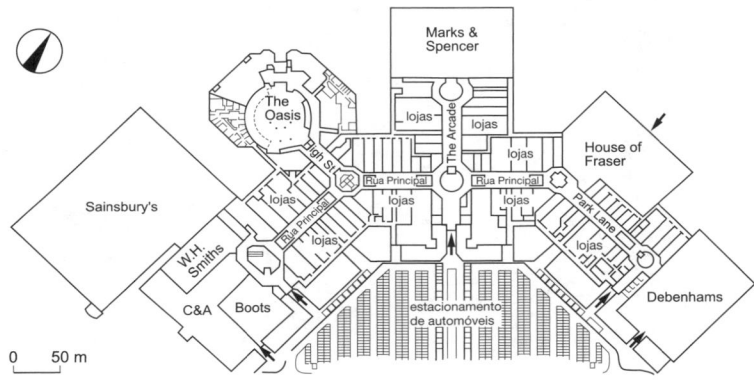

b Primeiro pavimento do shopping Dome, com lojas nos dois pavimentos

30.25 Meadowhall Centre, Sheffield.

10.11 Shoppings no centro

Alguns exemplos de *shoppings* localizados nos centros de cidades podem ser vistos nas Figuras 30.22 e 30.23.

11 *SHOPPINGS* SUBURBANOS

São centros comerciais com uma área mínima de 4.500 m², situados na periferia de uma cidade, e que consistem em três ou mais lojas de apenas um pavimento (cada uma com cerca de 900 m²). Os *shoppings* suburbanos comercializam produtos não alimentícios (bricolage, móveis, decoração, bens duráveis, etc.). Em geral, as edificações são semelhantes a um depósito e se beneficiam com atrações conjuntas, infraestrutura compartilhada, estacionamento e equipamentos extras (cafeterias, lojas de *fast-food*).

12 CENTROS REGIONAIS

São grandes centros de compra situados perto de junções entre autoestradas importantes, para atender a uma grande área de atração.

Os centros regionais maiores oferecem tanto atrações de lazer como de compras para aumentar o público-alvo, atraindo famílias. Dependendo do tamanho do empreendimento, as amenidades incluem creches, áreas de lazer para crianças, cinemas com salas múltiplas, locais para *shows*, academias de musculação, áreas de estar e espera e uma grande variedade de serviços de alimentação.

13 REFERÊNCIAS BIBLIOGRÁFICAS

S. Appelby (ed.), Shop Spec. *Shopfitting Specification International*, Purple Media, 2006

N. Beddington, *Shopping centers*, Butterworth Architecture, 1991

British Council of *Shopping* centers, *A Briefing Guide for Shopping center Development*, BCSC, 2000

Chapman Taylor Partners, 'Trading architecture: The Bolton Market Place', *Architects' Journal*, 19 April 1989

P. Coleman, *Shopping Environments: Evolution, Planning and Design*, Architectural Press, 2006

Cox and Britain, *Retail Management*, MacDonald and Evans, 1993

A.C. Nielsen, *Retail Pocket Book 2006*, World Advertising Research Center, 2006

Q. Pickard (ed.), *'Shops and Retail'*, The Architects Handbook, Blackwell Science, 2002

J. Prior, *Sustainable Retail Premises, An Environmental Guide to Design, Refurbishment and Management of Retail Premises*, BRE Publications, 1999

Escolas 31

Anthony Langan

Anthony Langan é líder do Setor de Educação da AHR Architects (antiga Aedas)

PONTOS-CHAVE:
- *Este capítulo alia as boas práticas às normas britânicas recentes. Recomenda-se a consulta das normas brasileiras da ABNT, do código de edificações de sua cidade e de outras diretrizes legais*
- *O projeto de escolas é um campo de estudo extremamente político e que está em constante evolução.*
- *A ênfase atual é em formas compactas, mas eficientes, que sejam fáceis de expandir*
- *As escolas devem ser projetadas como ambientes com baixas emissões de carbono e boa iluminação e ventilação naturais, exceto em situações muito excepcionais, que impeçam tais características*

Conteúdo

1 Introdução
2 Tipos de escola
3 Informações importantes e normas para o projeto
4 Projetos ecológicos, sustentáveis e com baixas emissões de carbono
5 Mobiliário e ergonomia nas escolas
6 Prevenção e combate a incêndios e segurança em geral
7 Projeto de escolas para a primeira infância
8 Creches e escolas de ensino fundamental
9 Escolas de ensino médio
10 Escolas para estudantes com necessidades especiais
11 Fontes de consulta

1 INTRODUÇÃO

As normas comentadas neste capítulo são aquelas aplicáveis especificamente às escolas da Inglaterra e do País de Gales no momento da redação deste manual. Em outras partes do Reino Unido e do mundo, as normas de projeto e dos sistemas de educação variam.

1.1 Mudanças recentes no setor

Ao longo da última década, a complexidade do projeto de escolas tem aumentado significativamente, uma vez que o desenvolvimento dos currículos, os métodos educacionais e os grandes programas de renovação de escolas têm dominado o debate sobre o projeto das instituições de ensino.

A educação é o ponto de apoio das reformas sociais e econômicas. Transformar os sistemas de ensino e envolver os estudantes em novas formas de aprender são vistos como as chaves para a elevação dos padrões educacionais e a preparação dos jovens a fim de vencer os desafios do futuro. A "entrega" do currículo vem se transformando no sentido de aumentar o engajamento com a educação, e hoje enfatiza mais as disciplinas vocacionais e a eletividade de disciplinas por parte dos alunos.

Várias mudanças cruciais têm acontecido recentemente. O Departamento de Educação do Reino Unido está atualmente promovendo programas para a criação de novas instituições de ensino sob a supervisão da administração pública local, em parceria com patrocinadores acadêmicos. Também tem havido o desenvolvimento das *free schools* (escolas livres), institutos que oferecem modelos alternativos aos oferecidos pela administração pública local, e a introdução do programa Primary Capital para a reforma das escolas de ensino fundamental a fim de atender ao aumento demográfico britânico.

1.2 O Currículo Nacional do Reino Unido

O Currículo Nacional define os direitos essenciais dos alunos (crianças e adolescentes) em todas as etapas de sua educação, e é monitorado pela Qualifications and Curriculum Authority (QCA).

O Currículo Nacional do Reino Unido se aplica à idade escolar compulsória britânica – que termina aos 16 ou 18 anos, conforme a região – nas escolas públicas das várias esferas administrativas, incluindo as escolas especiais, as escolas com professores voluntários e outras. Esse currículo estabelece uma série de exigências estatutárias e se organiza com base em quatro etapas-chave:

1 Etapa-chave 1: entre 5 e 7 anos de idade (1º e 2º anos)
2 Etapa-chave 2: entre 7 e 11 anos de idade (do 3º ao 6º ano)
3 Etapa-chave 3: entre 11 e 14 anos de idade (do 7º ao 9º ano)
4 Etapa-chave 4: entre 14 e 16 anos de idade (10º e 11º anos)

As etapas-chaves um e dois (KS1 e 2) do Currículo do Ensino Fundamental do Reino Unido se baseiam em um grande espectro de aprendizados, bem como no desenvolvimento de habilidades cruciais de alfabetização, aritmética e tecnologia da informação e comunicação. Nessas etapas iniciais do desenvolvimento de uma criança, enfatiza-se seu desenvolvimento socioemocional, junto com as habilidades-chave de personalidade e raciocínio, buscando envolver as crianças no aprendizado por meio de brincadeiras e atividades educativas.

O Currículo do Ensino Secundário do Reino Unido oferece uma estrutura coesiva para o aprendizado entre os 11 e os 19 anos de idade (etapas-chave 3 e 4). Esse currículo se baseia nas experiências das crianças no ensino fundamental e ajuda os estudantes a atingir altos padrões e a desenvolver habilidades pessoais, de aprendizado e de raciocínio. Há poucos anos, o governo introduziu o conceito do English Baccalaureate, um sistema de medição do desempenho escolar.

1.3 O papel do Ofsted

O Ofsted é o Office for Standards in Education, Children's Services and Skills (Escritório de Padrões de Educação, de Serviços para Crianças e de Habilidades) do Reino Unido. O Ofsted foi criado pela Lei da Educação e Inspeção do governo do Reino Unido para regular e inspecionar as instituições de ensino e buscar a excelência no cuidado de crianças e jovens. Como parte de suas funções, o Ofsted inspeciona as escolas e emite relatórios com suas conclusões, usando uma estrutura de critérios sobre vários temas, como a segurança do ambiente que a instituição oferece e a qualidade de ensino e aprendizado nas aulas. Os pais britânicos frequentemente usam esses relatórios para escolher uma escola para seus filhos. Para mais informações, consulte o *site* www.ofsted.gov.uk.

2 TIPOS DE ESCOLA

No Reino Unido, a educação formal é obrigatória entre as idades de 5 e 16 ou 18 anos. Os tipos de escolas britânicas têm aumentado nos últimos anos, com a introdução das Academias e Escolas Livres. Os principais tipos atualmente são os seguintes:

- Escolas públicas. Essas instituições são mantidas pelo Departamento de Educação do Reino Unido por meio dos impostos cobrados na esfera nacional e local, embora muitas vezes haja a contribuição de dioceses e arquidioceses locais. A maioria das escolas públicas britânicas aceita todos os tipos de estudantes. Contudo, existe a tradição da influência religiosa nas escolas, por meio dos sistemas de escolas com controle voluntário ou auxílio voluntário. Essas escolas desenvolvem uma política de admissão que as permite selecionar parte dos estudantes. Os estudantes dessas instituições geralmente também são obtidos em uma área de captação muito mais abrangente que a das escolas sob a autoridade de educação local. Algumas jurisdições britânicas continuam com um sistema de escolas de ensino médio que selecionam os alunos aos 11 anos de idade. Outras mantêm um sistema escolar que combina os anos iniciais do ensino fundamental com os finais.
- Academias de ensino fundamental e/ou médio, escolas organizadas pelas administrações públicas locais, mas que são patrocinadas. Os patrocinadores costumam ser instituições religiosas ou comerciais, e podem influenciar o etos da escola e de seu currículo (Figura 31.1). As escolas existentes podem optar por deixarem de ser controladas pela administração pública local e tornarem-se academias. As academias têm o direito de selecionar uma pequena parcela de seus estudantes com base em sua área de especialização.
- Escolas livres, criadas por grupos interessados em promover uma educação alternativa, fora do controle das autoridades públicas locais.

31.1 Oasis Academy, Enfield, uma escola especializada em matemática, tecnologia da informação e comunicação e música, com um etos cristão, projetada por John McAslan + Partners. (Fotografia: Hufton + Crow)

- Escolas particulares mantidas por seus proprietários ou organizações não governamentais.

Muitas das academias de ensino fundamental e/ou médio e escolas subsidiadas adotam uma especialização, isto é, uma área ou disciplina na qual se destacam. Essas instituições, chamadas de *specialist schools*, precisam apresentar evidências de sua especialização nas diferentes matérias e solicitar o reconhecimento desse *status* perante a administração pública. Para mais informações sobre essas instituições, pesquise sobre Specialist Schools e Academies Trust (Escolas Especializadas e Fundações Acadêmicas).

No Reino Unido, outra tendência tem sido o aumento do número de instituições que oferecem tanto o ensino fundamental como o médio, e o modelo de projeto elaborado pelo Departamento de Educação mostra como elas podem ser organizadas.

3 INFORMAÇÕES IMPORTANTES E NORMAS PARA O PROJETO

3.1 Projetos-base

Os projetos-base britânicos (*baseline designs*) são uma série de modelos de projetos de arquitetura para escolas de ensino fundamental e médio desenvolvidos pela Education Funding Agency (EFA) em 2012. Os projetos demonstram como obter a especificação de resultado padrão desenvolvida para as escolas particulares do tipo 2 (Private Finance 2). Essas especificações também estão sendo adotadas por outras escolas atualmente mantidas pela EFA, para garantir a consistência em todas as unidades.

Os projetos-base foram desenvolvidos até a Etapa 2 do Plano de Trabalho do RIBA (Royal Institute of British Architects), isto é, incluem o projeto e a construção. Um dos principais condutores dos projetos é a padronização na abordagem conceitual, no detalhamento e nas especificações. A EFA considera isso uma maneira de reduzir os custos de projeto e construção e de promover a igualdade de instalações em todas as escolas do país.

Os projetos são adequados para o currículo padrão da Inglaterra e do País de Gales, mas oferecem flexibilidade para atender a outras organizações. Para elaborá-los, a agência realizou consultas com outros grupos de usuários, buscando garantir que os projetos atendessem às necessidades de certos tipos de atividades extracurriculares.

As características principais dos projetos são:

- Conceitos organizacionais simples, como arranjos de blocos baixos conectados entre si (Figura 31.2), nos quais as barras lineares das salas de aula emanam de um núcleo de espaços de uso comum, salões, refeitório, administração, etc., e um conceito de "superbloco" (Figura 31.3), que coloca os grandes espaços principais no núcleo do prédio, distribuindo as salas de aula ao redor dele.
- Uma organização em planta baixa com grupos de salas organizadas de acordo com as disciplinas lecionadas. A ênfase é em como esses grupos de salas se organizam, de modo que o sistema possa ser repetido em múltiplos projetos.
- Padrões de área que são diferentes das diretrizes BB98 e 99, com forte ênfase na disponibilização de espaços para ensino.
- Para as escolas de nível médio, a fórmula para obter a área total é: 1.050 m² (+ 350 m², se houver um sexto ano letivo) + 6,3 m²/aluno para estudantes entre 11 e 16 anos de idade, ou + 7 m²/aluno para estudantes com mais de 16 anos.
- Para as escolas de ensino fundamental, a fórmula para a área total é: 350 m² + 4,1 m²/aluno.
- Estratégias ambientais foram desenvolvidas com certo nível de detalhamento, a fim de garantir que os projetos atenderão às normas ambientais especificadas para a instituição, mas também oferecerão flexibilidade no longo prazo, ao propiciar conceitos ambientais robustos e flexíveis adequados à área construída que está sendo reformada internamente.

- Estratégias ambientais para os espaços de ensino que são empregadas para atenuar as temperaturas máximas no verão, reduzir os níveis de dióxido de carbono e proporcionar iluminação natural adequada. A iluminação natural é medida por meio de sua homogeneidade, da inexistência de ofuscamentos e de como o projeto aproveita a luz diurna disponível. Esta abordagem exige que a maioria dos espaços letivos também seja iluminada por clerestório na parede dos fundos ou do corredor e que este também tenha iluminação zenital.

3.2 Indicadores da qualidade do projeto

Em 2005, o Departamento de Serviços para a Criança e a Família (Department of Children and Family Services – DCFS) publicou uma metodologia para a avaliação do projeto de escolas, disponibilizada a essas e às secretarias de educação, conhecida como Indicadores da Qualidade do Projeto para Escolas (DQI for Schools). Trata-se de uma estrutura para critérios de projeto que os indivíduos envolvidos podem adaptar às suas necessidades. Essa ferramenta permite à administração pública local responsável pela educação transmitir suas necessidades de modo mais sucinto aos projetistas envolvidos. Consulte www.dqi.org.uk.

3.3 Comitê de Arquitetura e Ambiente Construído

O Comitê de Arquitetura e Ambiente Construído (Commission for Architecture and the Built Environment – CABE) – hoje pertencente ao Comitê de Projetos (Design Council) – elaborou uma estrutura de apoio ao projeto para as autoridades locais envolvidas na construção de escolas no Reino Unido. Em 2008, os padrões de projeto mínimos desenvolvidos pelo Comitê de Arquitetura e Ambiente Construído foram adotados pelo governo para projetos escolares e continuam sendo um guia útil para o projeto exitoso de escolas.

Os 10 critérios do comitê para um projeto de escola bem-sucedido são:

- Identidade e contexto: fazer uma escola da qual os estudantes e a comunidade consigam se orgulhar.
- Localização: aproveitar o terreno ao máximo.
- Espaços ao ar livre: torná-los ativos da escola, valorizando-a.

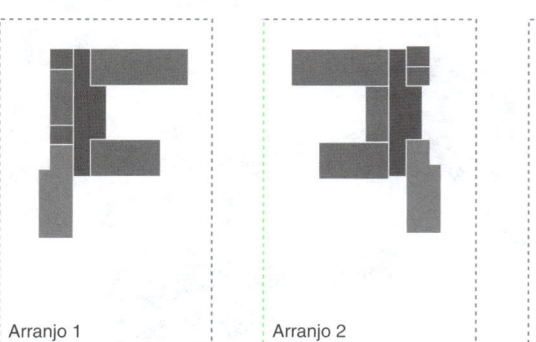

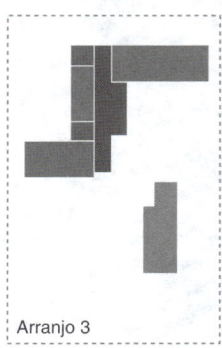

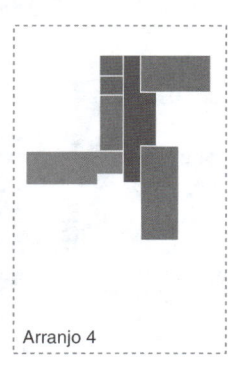

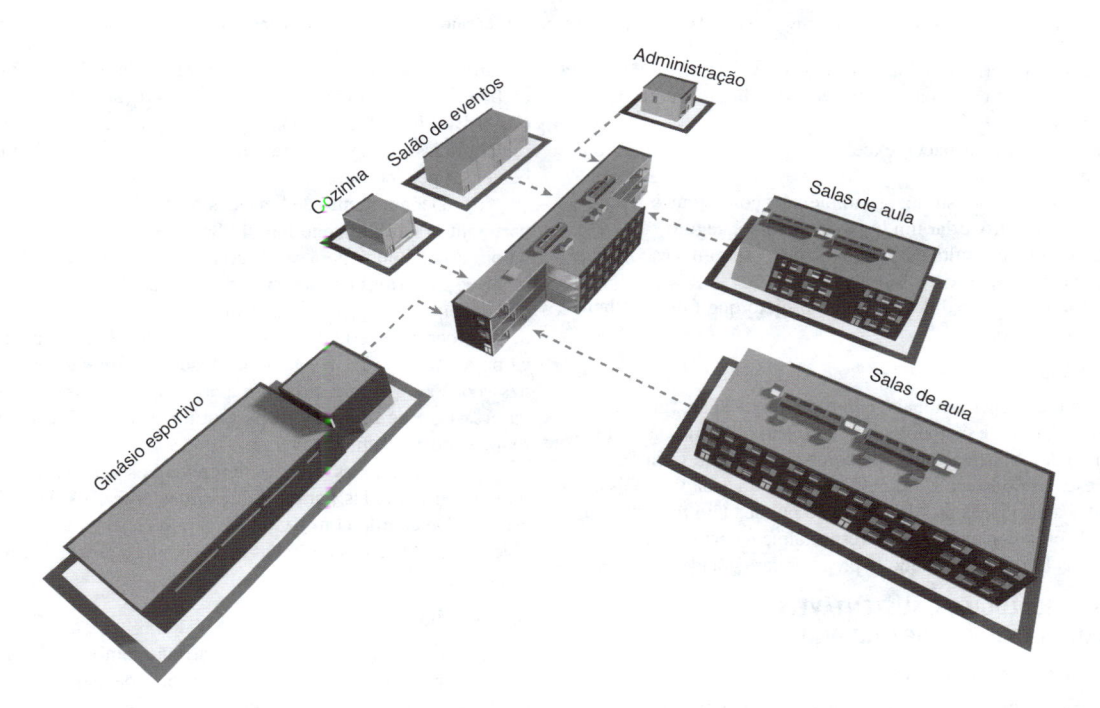

31.2 Projeto-Base da Education Funding Agency do Reino Unido para uma escola de ensino médio com 1.200 alunos do tipo *"kit* de blocos lineares conectados entre si" (Tipo 1).

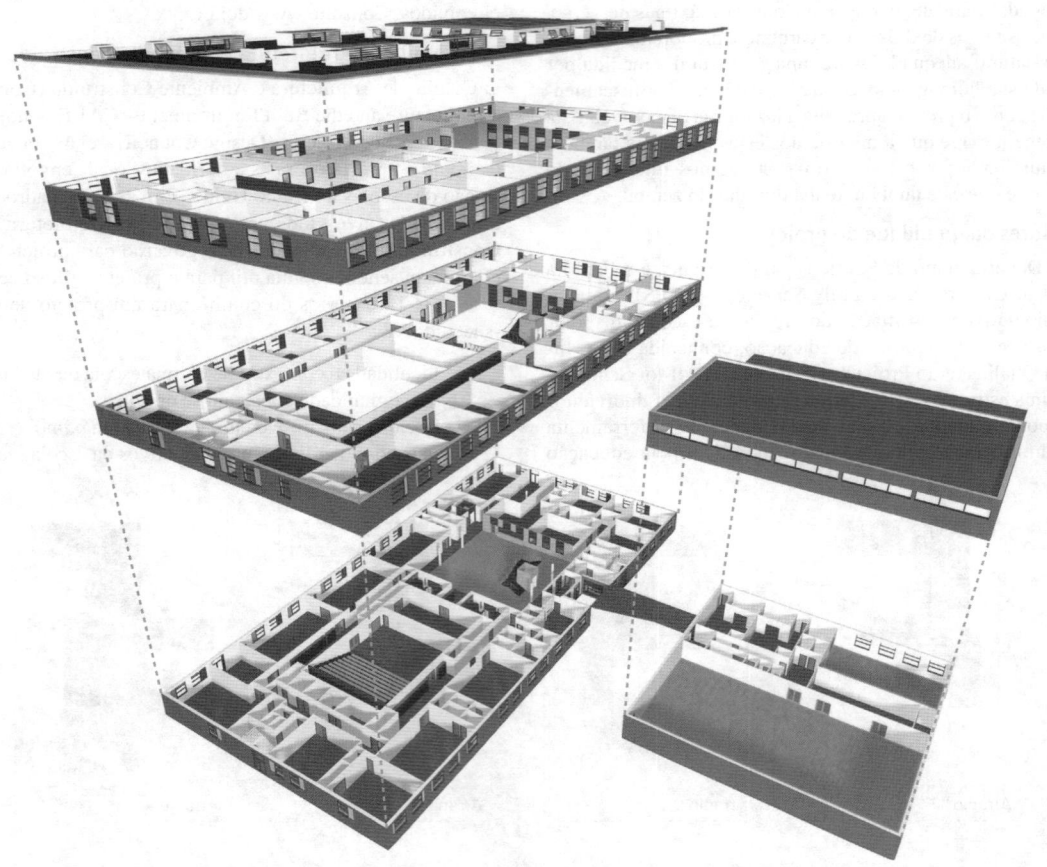

31.3 Projeto-Base da Education Funding Agency do Reino Unido para uma escola de ensino médio com 1.200 alunos do tipo "superbloco" (Tipo 2).

- Organização: criar um diagrama claro para as edificações.
- Prédios: fazer com que forma, volumetria e aspecto trabalhem juntos.
- Interiores: criar espaços excelentes para o aprendizado e o ensino.
- Recursos: aplicar estratégias ambientais consistentes.
- Sentir-se seguro: criar um lugar acolhedor e seguro.
- "Flexibilidade resulta em longevidade": criar uma escola que consiga se adaptar e evoluir no futuro.
- Um todo bem-sucedido: fazer um projeto que funcione bem como um todo.

3.4 Design Share

Os *sites* de projeto internacionais, como o Design Share, ajudam na promoção das normas e metodologias de projeto utilizadas nas outras partes do mundo. A inclusão das melhores práticas internacionais no projeto de escolas do Reino Unido está se tornando cada vez mais comum. Muitas autoridades da administração pública têm feito viagens de estudos de projeto para o exterior (especialmente para a Escandinávia e o resto da Europa), buscando se preparar para grandes projetos.

4 PROJETOS ECOLÓGICOS, SUSTENTÁVEIS E COM BAIXAS EMISSÕES DE CARBONO

4.1 Informações preliminares

Em 2007, o governo britânico solicitou ao seu Comitê para o Desenvolvimento Sustentável (Sustainable Development Commission) um relatório sobre as emissões de carbono das escolas. Isso resultou em um objetivo inicial: a redução de cerca de 60% das emissões de carbono em relação às Normas de Construção Britânicas de 2002 (2002 Building Regulations). Essas normas foram posteriormente reelaboradas, incluindo uma parte considerável dos objetivos estabelecidos pelo comitê.

O Departamento de Serviços para a Criança e a Família (Department of Children and Family Services – DCFS) criou a "calculadora do carbono" para servir como ferramenta de projeto. Ela estabelece as normas ambientais e de redução de emissões de carbono que devem ser respeitadas no projeto de edificações escolares, além de oferecer uma série de métodos e medidas de eficiência energética para que tais metas sejam alcançadas. Entre elas, está a revisão das vedações externas e da forma do prédio proposto, inclusive dos valores-U, e de orientações para otimizar as medidas passivas de redução de consumo de energia.

As orientações também descrevem as várias tecnologias que podem ser adotadas para a redução das emissões de carbono nas escolas. De acordo com o Comitê para o Desenvolvimento Sustentável, quase 40% das emissões de carbono se devem à climatização das escolas.

4.2 Ventilação

As orientações da calculadora de carbono também confirmam que o custo da climatização não se insere nas despesas de construção normais de uma escola e que em todas as circunstâncias, exceto as muito excepcionais, alguma forma de ventilação natural precisa ser adotada a fim de otimizar capital e custos recorrentes.

Você também pode consultar a norma britânica BB 101 ("Ventilation of School Buildings") e suas ferramentas de cálculo complementares, "Classcool and Classvent". A norma BB101 introduz padrões de desempenho da ventilação e critérios para a prevenção do superaquecimento no verão e o aumento excessivo dos níveis de dióxido de carbono nas salas de aula. A manutenção de um ambiente adequado na sala de aula, dentro de temperaturas e níveis de dióxido de carbono apropriados, é vista como crucial para manter a concentração dos alunos. Eis algumas estratégias de ventilação natural:

- O resfriamento noturno mediante massas termoacumuladoras expostas. À noite, as temperaturas do verão costumam ser mais baixas, e essa característica pode ser explorada com o uso de massas termoacumuladoras ou da inércia térmica do prédio, reduzindo as oscilações de temperatura ao longo de um dia. Quando deixamos aparentes tetos com grande massa, eles absorvem o calor durante o dia e, então, o liberam durante a noite, quando entram em contato com o ar mais fresco.
- Tubos subterrâneos. São tubos de concreto ou argila enterrados no solo, através dos quais passa o ar insuflado. Esses dutos podem fornecer ar pré-aquecido no inverno e ar resfriado no verão, uma vez que a temperatura do solo não varia muito ao longo das estações. Ainda assim, é necessário o fornecimento de energia elétrica para os ventiladores.
- Refrigeração com furos de sondagem. Se uma escola tiver acesso à água do lençol freático em uma profundidade adequada e for obtida uma licença para sua extração, a água fria, à temperatura de 12 a 15°C, poderá ser bombeada através dos tubos de um sistema de calefação e refrigeração, para resfriar o interior no verão.
- Sistema de refrigeração híbrido. Um prédio projetado de modo a limitar os ganhos térmicos solares e dos equipamentos talvez sobreaqueça em poucos momentos. Se um sistema de resfriamento de tamanho reduzido for fornecido apenas para uso sob condições extremas e a ventilação natural for utilizada na maior parte do tempo, ele será chamado de híbrido.

4.3 Iluminação natural

A iluminação natural é vista como a principal fonte de luz no projeto de escolas e depende das proporções dos recintos, da quantidade e orientação das vidraças, da refletividade das superfícies e do local no ambiente em que ela está sendo medida. No Reino Unido, a norma Baseline Designs dá algumas orientações práticas para obter uma boa iluminação natural.

O uso da luz natural como a principal fonte de iluminação também é recomendado pela norma britânica BB87. Às vezes os condicionantes impostos pelo terreno, como a presença de edificações ou árvores adjacentes, farão a iluminação artificial (elétrica) ser a principal fonte de luz, mas o arquiteto ou projetista sempre deve se esforçar para evitar essa situação. A luz natural resulta em ambientes menos estressantes para alunos e professores, e economiza energia elétrica.

A uniformidade ou autonomia da iluminação natural é igualmente importante. Se uma sala de aula for iluminada de modo perfeitamente uniforme o tempo todo, diremos que sua uniformidade tem valor 1,0. A importância da uniformidade na iluminação natural é ilustrada pelo fato de que lâmpadas frequentemente são vistas acesas em salas de aula, mesmo quando a luminosidade natural média é boa. Mais uma vez, a norma britânica Baseline Designs descreve princípios de boa iluminação natural: disponibilizar luz diurna por dois dos lados de um cômodo melhora a uniformidade da iluminação.

Quanto ao planejamento espacial, a iluminação natural e a ventilação natural também estão intimamente relacionadas. A profundidade máxima dos espaços para a ventilação natural é similar àquela necessária para uma iluminação natural eficaz.

4.4 Tecnologia da informação e comunicação

O uso exponencial da tecnologia nas salas de aula afeta significativamente o projeto de cada ambiente. Contudo, à medida que a tecnologia se desenvolve, tanto os *notebooks* como os computadores de mesa estão se tornando mais eficientes no consumo de energia e, portanto, impondo cargas menores aos ambientes. Uma prova inequívoca desse avanço são os selos dos programas de eficiência no consumo de energia, como o do programa Procel brasileiro.

Também existem várias estratégias para a redução da energia de processamento dos próprios computadores, mas essas dependem dos clientes ou usuários. Nesse caso, o processamento é realizado por um servidor remoto, em vez de ser feito no computador individual, reduzindo as cargas energética e térmica nos postos de trabalho.

4.5 Fontes de energia

O desenvolvimento das soluções de baixo consumo de carbono é fundamental para a redução da pegada de carbono nas escolas, e várias soluções técnicas vêm sendo adotadas ao longo dos últimos anos. O uso de uma ou mais dessas medidas deve ser cuidadosamente considerado pela equipe de projetistas e pelo cliente, pois elas implicam investimentos vultosos de capital e custos recorrentes ao longo da vida útil da escola. As principais opções são:

- Biomassa. É uma fonte de energia derivada da matéria orgânica, incluindo madeira das florestas (lenha), restos de madeira em geral e resíduos de madeira das fábricas que usam essa matéria-prima. Nos últimos anos, várias prefeituras britânicas têm desenvolvido redes de cadeias de suprimento, para garantir a continuidade do abastecimento, pois cada vez mais as escolas estão adotando essa tecnologia.

  O ideal é que a biomassa seja utilizada perto de sua fonte de abastecimento, para minimizar o impacto ambiental do transporte. A madeira em cavaco exige um espaço de armazenamento significativo sobre o solo ou no subsolo, antes de ser queimada. Os péletes, são mais densos e têm valor calorífico superior, mas são mais caros.

  Em tese, a biomassa pode atender a todas as necessidades de calefação de uma escola, embora seja comum ter um sistema de apoio a gás. A queima de biomassa costuma reduzir as emissões de carbono em 20 a 30%, correspondendo a 1/8 das emissões geradas pelo gás e a 1/16 daquelas do uso de eletricidade.

- Cogeração de energia elétrica e térmica. Trata-se da produção de eletricidade e calor útil por meio de um único processo. Sua eficiência pode chegar a 80%, embora a eficiência geral do sistema também dependa da capacidade de usar o calor disponível. Isso geralmente depende de uma demanda constante por aquecimento, por exemplo, para a água de uma piscina ou, quem sabe, para o atendimento das cargas térmicas das habitações do entorno. Dessa forma, a escola usaria o calor durante o dia, e o excesso de calor seria distribuído às moradias por meio de um sistema de calefação na escala do bairro. A energia elétrica em excesso pode ser enviada à rede pública.
- Bombas de calor de fonte geotérmica (submersa ou subterrânea). Esses sistemas aproveitam a temperatura constante do solo para obter calor (calefação) ou dissipá-lo (refrigeração) por meio de furos de sondagem ou valas longitudinais no solo. O calor (ou frio) gerado normalmente é distribuído na escola por sistemas de piso radiante. Essa estratégia não

tem emissão zero de carbono, pois usa eletricidade para sua operação, mas costuma ter um coeficiente de produção de 3 ou 4 para 1 – ou seja, para cada 1 kW consumido, 3 ou 4 kW de calor são obtidos.
- Células fotovoltaicas. Convertem energia solar em eletricidade por meio de células semicondutoras. Elas costumam ser aplicadas a fachadas ou coberturas de prédios, mas são caras, e seu período de retorno simples pode chegar a 70 anos.
- Energia térmica solar. Os sistemas de aquecimento solar usam a energia do sol para aquecer a água. Um fluido é aquecido nos painéis, e então a água que está no reservatório é aquecida com um simples trocador de calor. Existem dois tipos de sistema: de chapas planas e de tubos a vácuo. O aquecimento solar da água pode funcionar nos meses menos rigorosos do ano como um sistema de apoio, pré-aquecendo a água, que então é enviada a um sistema alternativo.
- Energia eólica. As turbinas eólicas (ou aerogeradores) são uma das opções de conversão de energia renovável mais eficientes, com um período de retorno simples de cerca de 25 anos. Os aerogeradores modernos, instalados no solo, com potência entre 6 e 20 kW são adequados a áreas suburbanas, mas é preciso consultar as autoridades de planejamento locais. O uso desses sistemas está se tornando cada vez mais comum.

5 MOBILIÁRIO E ERGONOMIA NAS ESCOLAS

5.1 Adequação

Os estudantes podem ter todo o tamanho e tipo corporal, assim, os móveis destinados a eles devem responder a isso. O uso de mobiliário com tamanhos inapropriados pode acarretar problemas de postura na vida futura dos alunos, bem como afetar a capacidade dos indivíduos de se concentrar nas tarefas, reduzindo a eficácia do aprendizado.

Na última década, a oferta de móveis para escolas aumentou, bem como o número de soluções de projeto que as empresas hoje oferecem. Frequentemente, as equipes de projetistas têm um consultor que assume o papel de selecionar e/ou desenhar os móveis e equipamentos fixos que serão instalados. Isso é especialmente verdadeiro em projetos grandes, e cabe a esse profissional garantir que a seleção de móveis e equipamentos fixos atenda às normas e que eles se mantenham em boas condições ao longo da vida útil esperada. O especialista consultará o cliente, os educadores e os arquitetos para garantir que esses itens fornecidos sejam perfeitamente coordenados e flexíveis o suficiente para responder aos vários estilos de aprendizado que possam ser empregados na instituição de ensino.

As principais considerações de projeto para o arquiteto incluem a garantia de que:

- Os móveis e equipamentos fixos fornecidos tenham a flexibilidade necessária para se adaptarem, junto com o prédio, às prováveis alterações nos estilos pedagógicos.
- Os móveis e equipamentos também sejam adequadamente flexíveis para atender às necessidades físicas dos estudantes individuais e se adaptar a seus tamanhos e tipos corporais, caso isso seja necessário, bem como para atender a alunos com algum tipo de dificuldade ou deficiência física.
- A seleção de móveis e acessórios esteja alinhada com o conceito proposto de flexibilidade e adaptabilidade dentro do leiaute, da estrutura e das instalações do prédio, de modo que não dificultem mudanças futuras.

5.2 Flexibilidade dos leiautes de móveis e acessórios fixos

A flexibilidade dos espaços no uso cotidiano é uma das principais diretrizes no projeto de instituições de ensino e é fundamental para os vários tipos de educação necessários ao atendimento dos estilos de aprendizado dos alunos (Figura 31.4). Consequentemente, é muito importante que os espaços possam atender a mais de uma atividade. Muitas vezes, os espaços de ensino geral precisam ser adaptados de tempos em tempos para aulas práticas sem o uso de equipamentos pesados. Isso é fácil de fazer por meio da instalação de móveis, acessórios e equipamentos, mas também pode ser melhorado com a simples inclusão de uma pia de trabalho com bancada. Espaços especializados (como para aulas práticas de ciências) têm de manter a flexibilidade, e, portanto, a tendência é de que as instalações, como a fiação dos sistemas de tecnologia da informação e comunicação e os dutos de água, esgoto, gás e eletricidade, sejam distribuídas no perímetro dos ambientes, deixando o centro da sala livre e mais flexível.

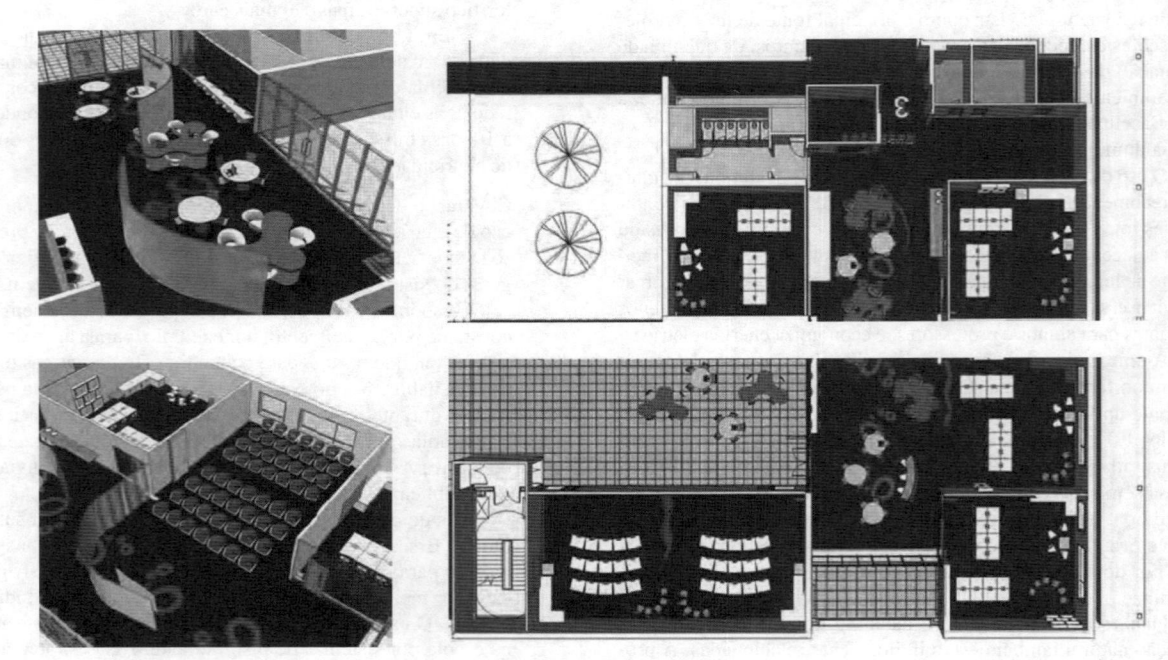

31.4 Leiautes flexíveis para móveis, acessórios e equipamentos projetados por AHR Architects.

6 PREVENÇÃO E COMBATE A INCÊNDIOS E SEGURANÇA EM GERAL

O projeto de um ambiente seguro para os estudantes, professores, funcionários e a comunidade em geral é uma preocupação primordial no projeto de uma escola. No Reino Unido, o Ofsted – Office for Standards in Education, Children's Services and Skills (Escritório de Padrões de Educação, de Serviços para Crianças e de Habilidades) – se preocupa especialmente com a capacidade de uma escola de proporcionar um ambiente seguro para os estudantes, particularmente ao barrar a entrada de estranhos nas instituições. Medidas simples, porém eficazes, como um único ponto de entrada e a proteção do perímetro, devem ser incluídas no projeto de todas as escolas.

O manual britânico Secured by Design's 2010 Schools Guidance oferece uma variedade de conselhos sobre a implantação do prédio, a segurança das vedações externas, o leiaute interno e o projeto em geral, incluindo a gestão predial. Uma boa ideia é contatar as empresas seguradoras antes de iniciar o projeto, pois às vezes elas redigem seus próprios manuais de orientação para o projeto de arquitetura. O Departamento da Educação do Reino Unido também publicou a norma BB100, que apresenta orientações de projeto para a prevenção e o combate a incêndios nas escolas.

Os projetos maiores têm se tornado cada vez mais sofisticados no projeto ao longo da última década; por exemplo, hoje muitas escolas incluem átrios. Por conseguinte, a prevenção e o combate a incêndios geralmente envolvem um projeto completo de engenharia de incêndios, que é realizado por um engenheiro especializado para garantir que o projeto de arquitetura e dos sistemas de prevenção e combate ao fogo cumpra as normas estipuladas pelo Código de Edificações e as orientações do Corpo de Bombeiros. O papel do arquiteto é negociar uma estratégia de prevenção e combate a incêndios entre o cliente e a equipe de projetistas e assegurar que essa abordagem esteja adequada ao conceito geral do projeto das novas instalações.

7 PROJETO DE ESCOLAS PARA A PRIMEIRA INFÂNCIA

7.1 Disponibilização

No Reino Unido, a Etapa Fundamental da Primeira Infância (Early Years Foundation Stage – EYFS) atende às crianças de até cinco anos de idade, incluindo o ano "pré-primário" da educação compulsória. Em termos de educação obrigatória, uma criança deve começar sua escolarização no início do período letivo seguinte ao seu quinto aniversário e, nessa idade, entrará no "pré-primário". Todavia, a maioria das crianças é escolarizada antes disso em creches, pois, em muitos países, a demanda por pré-escolas tem sido cada vez maior em instituições públicas e privadas.

Por esse motivo, muitas outras formas de educação da primeira infância vêm sendo desenvolvidas, como os Sure Start Children's Centres (Centros Infantis para o Começo Seguro) britânicos, que muitas vezes – mas nem sempre – são vinculados a escolas de ensino fundamental.

No Reino Unido, todas as instituições registradas que oferecem escolarização na Etapa Fundamental precisam usar a estrutura estatuária oficial. Esse sistema se organiza em torno de vários temas-chave: o desenvolvimento de uma criança única; sua capacidade para desenvolver relações positivas com outras pessoas; a criação de um ambiente que apóie o papel do aprendizado; e o reconhecimento de que as crianças aprendem de maneiras muito distintas e em velocidades também diferentes.

As escolas frequentemente oferecem educação em turno integral para crianças e adolescentes, disponibilizando cuidados, refeições e atividades extraclasse para os alunos, de modo que seus pais possam ter flexibilidade nos horários de trabalho e que os serviços comunitários possam ser internalizados nas escolas. (Para mais informações, consulte a publicação *Designing Schools for Extended Services 2006* do Departamento da Educação britânico).

7.2 Princípios de projeto

O projeto dos ambientes escolares deve responder às normas estruturais estipuladas tanto pelos códigos de edificações e outras disposições legais quanto pelas autoridades. No Reino Unido, o Comitê de Arquitetura e Ambiente Construído (The Commission for Architecture and the Built Environment – CABE), em associação com o Departamento de Educação, elaborou um guia de projeto para os Sure Start Children's Centres, cujos princípios são aplicáveis a todos os ambientes de educação da primeira infância.

Eis alguns desses princípios-chave:

- O desenvolvimento de um espaço rico e variado, para encorajar todos os estilos de aprendizado e a independência dos estudantes.
- Iluminação e ventilação naturais.
- Senso de escala relacionado aos indivíduos.
- Criação de ambientes internos e externos que ofereçam acessibilidade universal.
- Paisagismo inovador e estimulante.
- Envolvimento de toda a comunidade em uma edificação que seja acolhedora e alegre.

7.3 Áreas necessárias

Apenas para fins de orientação, vejamos o que as normas britânicas estabelecem em termos de área necessária para a educação de crianças de várias idades (veja também a norma BB103):

- 0–2 anos: 3,5 m^2 por criança
- 2–3 anos: 2,5 m^2 por criança
- 3–5 anos: 2,3 m^2 por criança

Como regra, para as áreas externas preveja 9 m^2 por aluno. Todas essas áreas precisam oferecer um ambiente diversificado, divertido e desafiador, no qual as crianças possam aprender e crescer. Uma área externa, mas coberta e contígua aos espaços de aprendizado, deve ser disponibilizada para atividades externas nos momentos em que o clima estiver muito rigoroso. Esse local, se forem instalados brises ou algum outro tipo de proteção, também funciona como uma área de depósito para guardar equipamentos lúdicos quando não estiverem sendo utilizados. A armazenagem é uma exigência crucial tanto nos espaços internos quanto nos externos, pois os equipamentos e brinquedos muitas vezes são volumosos.

7.4 Outras considerações para projeto

Há várias outras considerações importantes para o projeto:

- O número de bacias sanitárias e lavatórios deve ser de uma unidade para cada 10 crianças com mais de 2 anos de idade.
- A criação de uma área de descanso ou para dormir destinada às crianças que estiverem cansadas.
- O projeto de uma cozinha para preparar refeições e lanches saudáveis.
- Instalações para o preparo de alimentos para bebês.
- Vestiários adequados e higiênicos.
- Instalações de apoio para os professores e funcionários, visando a seu bem-estar.
- Escritórios adequados para guardar de forma segura os registros escolares e realizar reuniões com os pais.

Código da área	Zona	Nome e descrição da área	Dimensão utilizada na ferramenta SoA
PR103	D	**Sala de jogos da creche:** para uma variedade de leiautes de móveis, acessórios e equipamentos e atividades para crianças entre 3 e 4 anos de idade	55 m² para 26 alunos
PRI13	D	**Sala de aula do "pré-primário":** para uma variedade de leiautes de móveis, acessórios e equipamentos e atividades para crianças com 5 anos de idade	62 m² para 30 alunos
PRI23	D	**Sala de aula para crianças entre 5 e 7 anos de idade:** para uma variedade de leiautes de móveis, acessórios e equipamentos e atividades	62 m² para 30 alunos
PRI33	C	**Sala de aula para crianças entre 7 e 11 anos de idade:** para uma variedade de leiautes de móveis, acessórios e equipamentos e atividades	55m² para 30 alunos
PRI22	B	**Laboratório com pia:** para atividades limitadas do ensino fundamental, inclusive aquelas que necessitam de água, geralmente para crianças entre 5 e 7 anos de idade, com bom acesso a uma área de ensino compartilhado sem pia	50 m² para 30 alunos
PRI26	C	**Sala de aula de uso compartilhado sem pia:** área de ensino com planta livre compartilhada pelos laboratórios com pia adjacentes, para melhorar a disponibilidade de atividades (geralmente para crianças entre 5 e 7 anos de idade)	variável
PRI32	B	**Laboratório sem pia:** para atividades limitadas do ensino fundamental, geralmente para crianças entre 7 e 11 anos de idade, com acesso fácil a uma área de ensino com pia e de uso compartilhado	50 m² para 30 alunos
PRI36	C	**Sala de aula de uso compartilhado com pia:** área de ensino com planta livre compartilhada pelos laboratórios com pia adjacentes, para melhorar a disponibilidade de atividades (geralmente para crianças entre 7 e 11 anos de idade	variável
PRA01	D	**Sala de aulas práticas de informática:** sala de aula utilizada para equipamentos fixos de tecnologia da informação e comunicação em todos os postos de trabalho, com opções de leiaute limitadas	62 m² para 30 alunos
PRA11	D	**Sala de aulas práticas de culinária:** para um pequeno grupo preparar alimentos básicos, com acesso dos alunos aos recursos práticos	13 m² para 4 alunos
PRA12	D	**Área para aulas de culinária/ciências/informática:** espaço especializado para o preparo de alimentos básicos e aulas práticas de ciências, artes e tecnologia da informação e comunicação	34 m² para 15 alunos ou 62 m² para 30 alunos
RES00	B	**Sala para grupos grandes:** sala para o monitoramento de indivíduos e grupos	27 m² para 15 alunos

31.5 Fórmulas britânicas para o dimensionamento das áreas escolares, de acordo com o Building Bulletin 103.

8 CRECHES E ESCOLAS DE ENSINO FUNDAMENTAL

8.1 Informações preliminares

Muitas escolas britânicas de ensino fundamental incluem creches ou compartilham suas instalações com os Sure Start Children's Centres (Centros Infantis para o Começo Seguro), a fim de também oferecer serviços para as crianças em idade pré-escolar. O primeiro ano em uma escola pública britânica que antecede o ensino fundamental é chamado *reception year*, e acolhe crianças entre quatro e cinco anos de idade.

As escolas de ensino fundamental britânica atendem às Etapas-Chave 1 e 2 do currículo nacional, que recebem, respectivamente, crianças entre 5 e 7 anos e entre 7 e 11 anos de idade, conforme a Agência de Qualificações e Currículo (Qualifications and Curriculum Agency – QCA).

As escolas de ensino fundamental daquele país são classificadas conforme o número de turmas por ano de escolaridade e têm turmas de cerca de 30 crianças. Assim, uma escola com apenas uma turma por ano de escolaridade (*one form entry* ou 1FE) teria 210 crianças; uma escola com duas turmas por ano teria 420 alunos, e assim por diante.

8.2 Orientações para projeto

A norma britânica que apresenta tabelas com áreas típicas para os cômodos é a BB103, que substituiu a BB99, que ainda é bastante útil para o projeto dos espaços adjacentes e da organização da escola. A Figura 31.6 mostra uma escola de ensino fundamental projetada conforme essa norma.

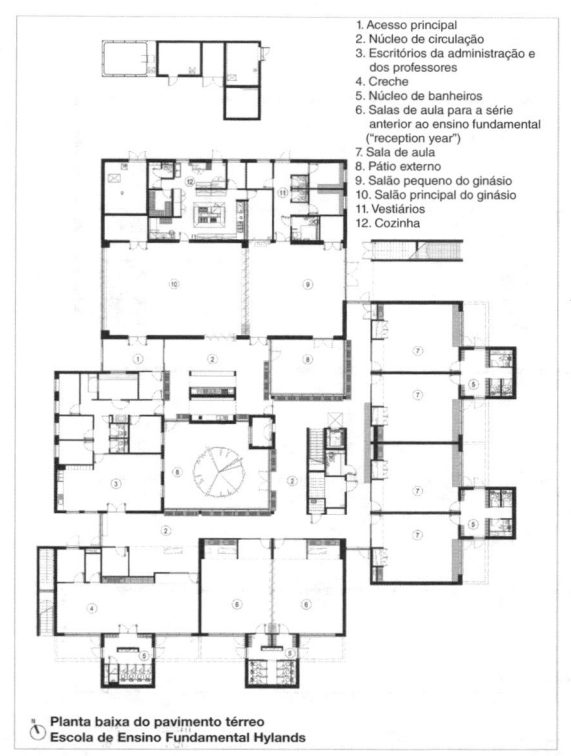

31.6a A Escola de Ensino Fundamental Hylands, em Hornchurch, Essex, Inglaterra foi projetada por Walters and Cohen para o London Borough of Havering e atende à norma britânica BB99. Esta planta baixa do pavimento térreo mostra as salas de aula, os dois salões do ginásio, o pátio central e o núcleo de circulação.

De acordo com os Projetos-Base desenvolvidos pela Education Funding Agency (veja a Seção 3.4), a fórmula para o cálculo da área total das escolas de ensino fundamental é: 350 m² + 4,1 m²/estudante. Exemplos de projetos de escolas britânicas do tipo 2FE (duas turmas por ano escolar) são mostrados nas Figuras 31.7 e 31.8. Todos os Projetos-Base e a norma BB103 estão disponíveis no *website* do Departamento de Educação do Reino Unido: www.gov.uk/government/organisations/department-for-education.

8.3 Organização do currículo britânico: etapas-chave 1 e 2

No Reino Unido, as etapas-chave 1 e 2 do currículo (crianças entre 5 e 7 anos e entre 7 e 11 anos) preveem que todos os alunos tenham aulas de artes e *design*, *design* e tecnologia, língua inglesa, geografia, história, tecnologia da informação e comunicação, matemática, música, educação física e ciências. O ensino religioso também deve ser ministrado nas etapas-chave 1 e 2.

As crianças são distribuídas em turmas de aproximadamente 30 alunos e são sedentárias, pois a maioria das atividades é realizada na sala de aula. Assim, a sala de aula deve ter um ambiente variado, particularmente nas organizações que atendem à primeira infância. Nos dois últimos anos do ensino fundamental, o ensino e aprendizado se tornam mais formais, e o ambiente educacional terá de refletir isso.

As salas de aula devem ter acesso direto às áreas externas para que o ensino e o aprendizado também possam ser ao ar livre. Essa relação espacial precisa ser imediata para oportunizar a experiência de aprendizado. Atividades especiais, como aulas de música, teatro e educação física, em geral ocorrem no ginásio da escola ou, no caso da música, em pequenos espaços de apoio. Ocasionalmente, as escolas aumentarão a quantidade de espaços especiais ao aprimorar uma sala de aula para crianças entre 7 e 11 anos de idade, possibilitando que sejam utilizadas por estudantes mais velhos, que nelas farão trabalhos simples de ciências e tecnologia.

8.4 Tecnologia da informação e comunicação

A tecnologia da informação e comunicação ("informática") desempenha um papel cada dia mais importante nas atividades letivas. Nas escolas de ensino fundamental, a criação de um espaço para essas atividades em geral exige uma sala ou um conjunto de salas especiais, que frequentemente se localizam adjacentes à biblioteca ou a uma área similar (um "centro de recursos de aprendizado") ou dentro desse espaço. Ainda assim, todas as salas de aula (exceto as da primeira infância) conterão até três computadores para o uso durante as várias atividades desenvolvidas ao longo do dia.

8.5 Implantação

Considerando que as escolas de ensino fundamental atendem a uma área de captação muito pequena, é provável que uma parcela significativa das crianças se desloque a pé. No Reino Unido, existem várias iniciativas para encorajar essa prática, e muitas autoridades promovem a formação de grupos de pais e alunos que chegam à escola a pé (os «ônibus andantes»), oferecendo-lhes acessórios, como jaquetas vistosas.

Por conseguinte, muitas secretarias de obras e de transporte se preocuparão com o fato de que todas as escolas tenham acessos separados para pedestres e veículos, e isso é particularmente importante nos horários de início e término das aulas, quando o movimento no local é muito intenso. Contudo, em diversos casos é inevitável que os pais deixem seus filhos ou os busquem de car-

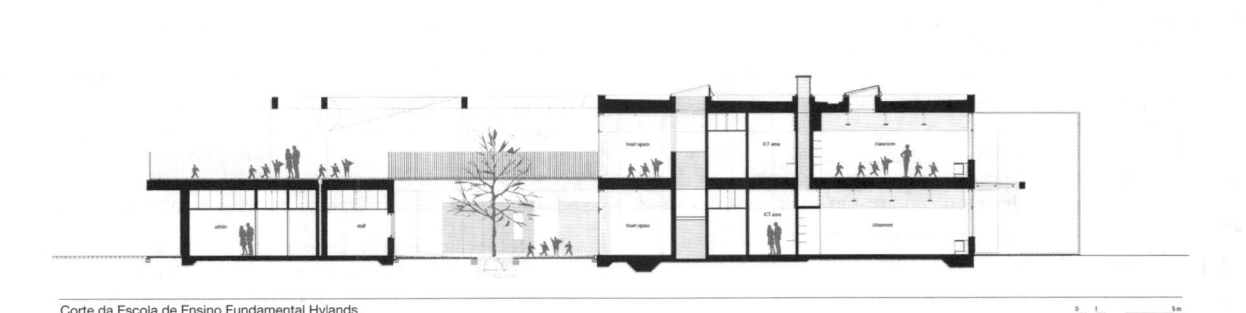

31.6b Corte da Escola de Ensino Fundamental Hylands, projetada por Walters and Cohen, mostrando o pátio central.

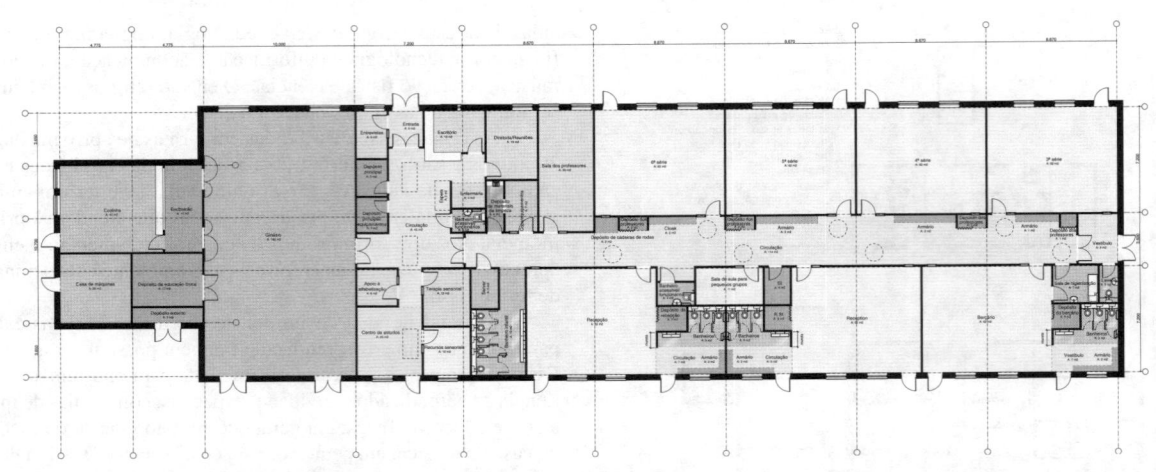

31.7 Projeto-base da Education Funding Agency britânica para uma escola de ensino fundamental com 180 vagas e duas turmas por série escolar.

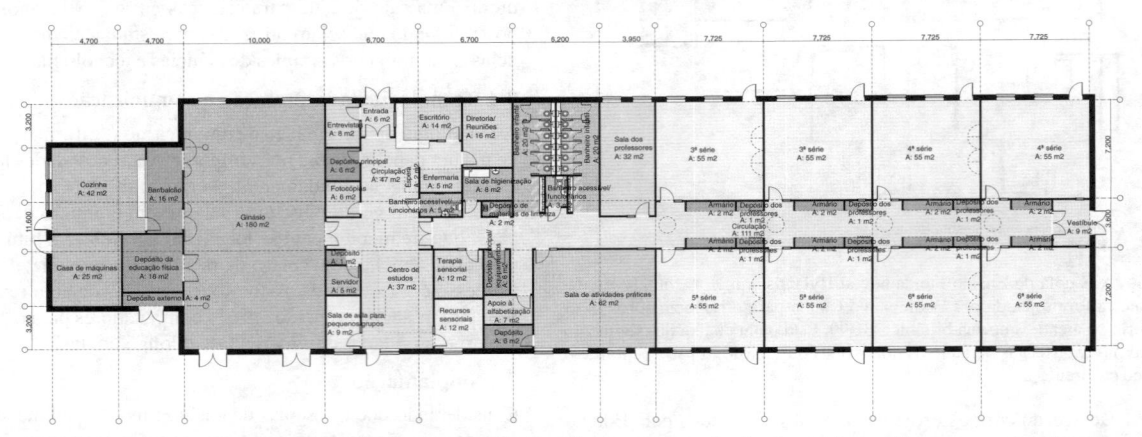

31.8 Projeto-base da Education Funding Agency britânica para uma escola dos últimos anos do ensino fundamental com 240 vagas com duas turmas por série escolar.

ro, assim, o projeto deve avaliar com cuidado essa questão (para evitar congestionamentos) e prever áreas para espera e manobra. Também é preciso prever áreas de estacionamento de ônibus escolares para percursos ocasionais ou (especialmente em bairros suburbanos ou mais afastados) para o embarque e desembarque de alunos.

A provisão de estacionamento para funcionários às vezes é restrita pelas autoridades de planejamento urbano e deve ser considerada como parte de uma política de transporte geral das escolas e do poder público (um plano de sustentabilidade no transporte). No Reino Unido, muitas escolas têm adotado a norma Eco School, que busca conscientizar as crianças e seus pais quanto à pegada ecológica das instituições de ensino e de suas próprias atividades pessoais, inclusive a forma como chegam à escola.

A segurança das instalações também é uma consideração importante, e a forma e a implantação dos prédios devem criar áreas claramente públicas ou privadas, para garantir a segurança das crianças e de seus professores.

Muitas vezes as crianças acessarão a escola diretamente através de suas salas de aulas específicas, passando pela área de recreação, e isso exige que haja uma progressão controlada das áreas públicas da escola.

8.6 Uso da comunidade

Em muitos países, o envolvimento da comunidade na escola tem aumentado, e os prédios escolares são vistos pela população como um equipamento de uso público. Esse uso pode se dar de várias maneiras:

- Uso da escola para cafés da manhã e atividades extracurriculares ou promovidas pelos grêmios estudantis.
- Ponto de atendimento para serviços públicos de informação, policiamento ou mesmo saúde.
- Bibliotecas públicas de uso compartilhado com a escola.
- Os serviços de apoio à comunidade muitas vezes se relacionam com a creche ou o ensino fundamental.

8.7 Forma da edificação

Nas últimas décadas, as escolas de ensino fundamental eram prédios térreos, em função de contextos particulares e dos métodos de construção utilizados. Nos últimos anos, contudo, vários projetos notáveis têm quebrado esse paradigma, à medida que os terrenos se tornaram mais confinados, e os recursos financeiros, mais escassos. Dois bons exemplos dessa tendência são a Hampton Gurney School, em Londres, projetada por BDP, e a Saint Johns School, em Blackpool, de AHR Architects (Figura 31.9), que preservam as relações vitais entre os espaços internos e externos por meio do uso de terraços.

8.8 Organização espacial

Todas as escolas têm em comum diversos espaços articuladores:

- Recepção. Esse é o ponto de chegada para os pais e visitantes durante o dia. O espaço deve ser bem iluminado e convidativo, além de oferecer vistas das atividades escolares, para dar a ideia de que o prédio é um local de aprendizagem. Ele também deve permitir a exposição de trabalhos escolares. Perto

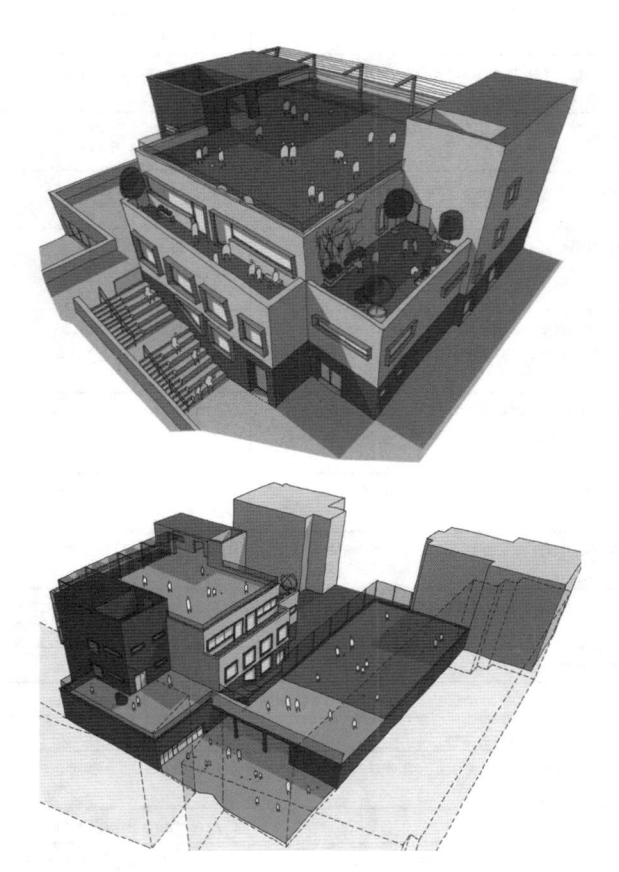

- Salas para professores. Devem oferecer uma atmosfera relaxante, mas geralmente incluem uma pequena área de trabalho, para que os professores preparem os materiais para as aulas. Os banheiros para professores devem ficar próximos a essa área. A sala do diretor frequentemente também serve de sala para entrevistas com visitantes.
- Espaços para manutenção e limpeza. Incluem depósitos e armários para equipamentos e produtos, geralmente com acesso facilitado às áreas de serviço da escola.

8.9 Paisagismo e áreas de recreação

Nos últimos anos, o relacionamento entre os espaços internos e externos tem se tornado cada vez mais importante para os ambientes educacionais, pois os educadores têm se esforçado para criar uma grande variedade de contextos de aprendizado. Isso ajuda a garantir que as crianças consigam aprender de acordo com suas necessidades individuais.

A norma britânica BB103 mostra as áreas totais que devem ser criadas, mas a variedade de ambientes é crucial para a criação de uma escola de sucesso.

Os espaços próximos às edificações devem ser protegidos do vento e da chuva, especialmente quando atendem a crianças pequenas.

A orientação solar dos espaços de ensino e aprendizado é fundamental para obter um equilíbrio adequado, e essa é uma questão a ser abordada já nas primeiras etapas do planejamento da implantação. A disponibilização de espaços protegidos permitirá aos professores levar as crianças para o exterior e demonstrar os princípios naturais das disciplinas sendo trabalhadas (Figura 31.10).

Os espaços devem ser hierarquizados e distribuídos progressivamente à medida que se afastam dos prédios, criando áreas de lazer pavimentadas, bem como espaços nos quais as crianças pos-

31.9 Escola de ensino fundamental Saint Johns' CE, um projeto de AHR Architects.

da recepção estará a área administrativa, frequentemente incluindo a sala do diretor e uma sala para reuniões com pais ou visitantes, ou mesmo visitas ocasionais de profissionais da saúde ou outras pessoas.
- O ginásio ou salão. Essa sala espaçosa será utilizada para inúmeras atividades, incluindo educação física, música, teatro, reuniões de pais e mestres, eventos sociais e refeições. Em muitas escolas, as crianças farão suas refeições escolares ou mesmo consumirão uma merenda trazida de casa, então, o salão deve ficar adjacente à cozinha, mas também ter acesso seguro para a entrada e saída de suprimentos.
- Salas de aula. Esses espaços devem oferecer um ambiente variado e contar com espaços de apoio flexíveis para uso inclusive entre as aulas ou para que os alunos tenham atendimento personalizado. A disponibilização de armários e depósitos também é fundamental para o bom funcionamento da escola, que precisa armazenar tanto seus recursos como os trabalhos sendo realizados.
- Banheiros. O mínimo recomendável é um banheiro para cada 20 crianças, frequentemente com dois pares de bacia sanitária e lavatório por sala de aula. Os banheiros muitas vezes são associados a vestiários, ficam no percurso das áreas esportivas ou de recreação e possuem uma área de transição. Banheiros separados por sexo devem ser previstos para crianças a partir dos 8 anos de idade. Também devem ser previstos banheiros acessíveis para os funcionários e as crianças, e a legislação muitas vezes não aceita que esses espaços sejam frequentados por outros usuários.

31.10 Sala de aula ao ar livre projetada por BDP com base nas orientações da norma Exemplar Designs for Schools, do Departamento de Educação do Reino Unido.

Código da área	Zona	Nome e descrição da área	Dimensão utilizada na ferramenta SoA
CLA02	C	**Auditório pequeno:** para grupos entre 14 e 19 alunos, com flexibilidade no leiaute de móveis, acessórios e equipamentos e uso para diferentes atividades	41 m² para 30 alunos
CLA12	C	**Sala de aula de uso geral:** com flexibilidade no leiaute de móveis, acessórios e equipamentos e uso para diferentes atividades	55 m² para 30 alunos
CLA13	D	**Sala de aula de uso extensivo:** adequada para todas as opções de leiaute de móveis, acessórios e equipamentos	62 m² para 30 alunos
CLA32	D	**Sala de aula com recursos de tecnologia da informação e comunicação:** com equipamentos de informática fixos e flexibilidade no leiaute de móveis, acessórios e equipamentos	62 m² para 30 alunos
CLA35	D	**Área de aprendizado com recursos de tecnologia da informação e comunicação:** área de planta semilivre e equipamentos de informática fixos e flexibilidade no leiaute de móveis, acessórios e equipamentos	62 m² para 30 alunos
CLA41	D	**Sala de estudos de administração/tecnologia da informação e comunicação:** sala de aula com equipamentos de informática fixos na metade dos postos de trabalho e com um ambiente empresarial	62 m² para 30 alunos
DAT02	F	**Ateliê de arte de uso geral:** com flexibilidade no leiaute de móveis, acessórios e equipamentos e uso para diferentes atividades com artes bidimensionais	83 m² para 30 alunos
DAT03	G	**Ateliê de arte tridimensional:** para diferentes atividades com artes tridimensionais e trabalhos com argila ou cerâmica	97 m² para 30 alunos
DAT05	G	**Ateliê de arte tridimensional (tecidos):** para diferentes atividades com artes tridimensionais e trabalhos de estampagem	104 m² para 32 alunos
DAT12	H	**Cabeleireiro/salão de beleza:** para serviços de cabeleireiro e tratamentos estéticos	69 m² para 16 alunos
DAT22	G	**Trabalhos gráficos:** para trabalhos gráficos e desenho de produtos leves e em pequena escala	83 m² para 25 alunos
DAT25	G	**Tecelagem:** para trabalhar com tecidos	83 m² para 25 alunos
DAT28	G	**Eletrônica e sistemas de controle:** para projetos de eletrônica, pneumática e desenho de produtos leves e em pequena escala	83 m² para 25 alunos
DAT32	F	**Ateliê de culinária:** cozinha para demonstrações do preparo de alimentos	69 m² para 24 alunos
DAT35	H	**Cozinha:** cozinha para atividades em dupla, não dedicada a estudantes de cursos profissionalizantes de culinária	104 m² para 24 alunos (espaço único) ou 97 m² (espaço dividido em dois)
DAT43	H	**Oficina para materiais pesados:** para trabalhar com materiais resistentes e eletrônica	104 m² para 24 alunos (espaço único) ou 97m² (espaço dividido em dois)
DAT46	I	**Oficina para materiais pesados, com cuba quente:** para trabalhar com vários materiais resistentes, como madeira, metal e plástico	111 m² para 24 alunos
DAT49	J	**Oficina de construção:** oficina para cursos profissionalizantes de construção	97 m² para 16 alunos
PER01	D	**Sala de aula de música:** para ensaios, composições e aulas teóricas	62 m² para 30 alunos
PER02	D	**Sala de aula de música de uso extensivo:** para ensaios, composições e aulas teóricas, com a opção de haver um teclado para cada aluno	69 m² para 30 alunos
PER04	F	**Sala para recitais ou aulas de teatro:** ateliê para aulas de artes dramáticas combinado com uma grande sala para recitais	83 m² para 30 alunos
PER05	F	**Ateliê de teatro:** estúdio para artes dramáticas	90 m² para 30 alunos
SCI02	E	**Laboratório de ciências:** para demonstrações e pequenas experiências	69 m² para 30 alunos
SCI05	F	**Laboratório de ciências de uso geral:** para demonstrações e uma grande variedade de experiências práticas	83 m² para 30 alunos
SCI011	F	**Laboratório de ciências de uso especial:** para demonstrações e uma grande variedade de tipos de experiências, inclusive de nível pré-universitário	90 m² para 30 alunos

31.11 Dimensionamento das áreas de uma escola de ensino médio, conforme a norma BB103 do Departamento de Educação do Reino Unido.

sam ler e interagir. As áreas com piso seco geralmente se tornam multifuncionais e servem como quadras para a prática de esportes e as aulas de educação física. Os campos esportivos gramados costumam ficar um pouco mais afastados, mas a criação de um acesso direto até as áreas com piso seco gera uma progressão natural para uso nos meses mais quentes do ano e a sensação de amplitude na periferia do terreno.

9 ESCOLAS DE ENSINO MÉDIO

9.1 Informações preliminares

A definição de ensino médio e a idade de ingresso variam conforme o país: se no Reino Unido os alunos o iniciam aos 11 anos de idade, no Brasil, o usual é aos 15 anos. Para o projeto de uma escola de ensino médio e a coleta de subsídios para o preparo do programa de

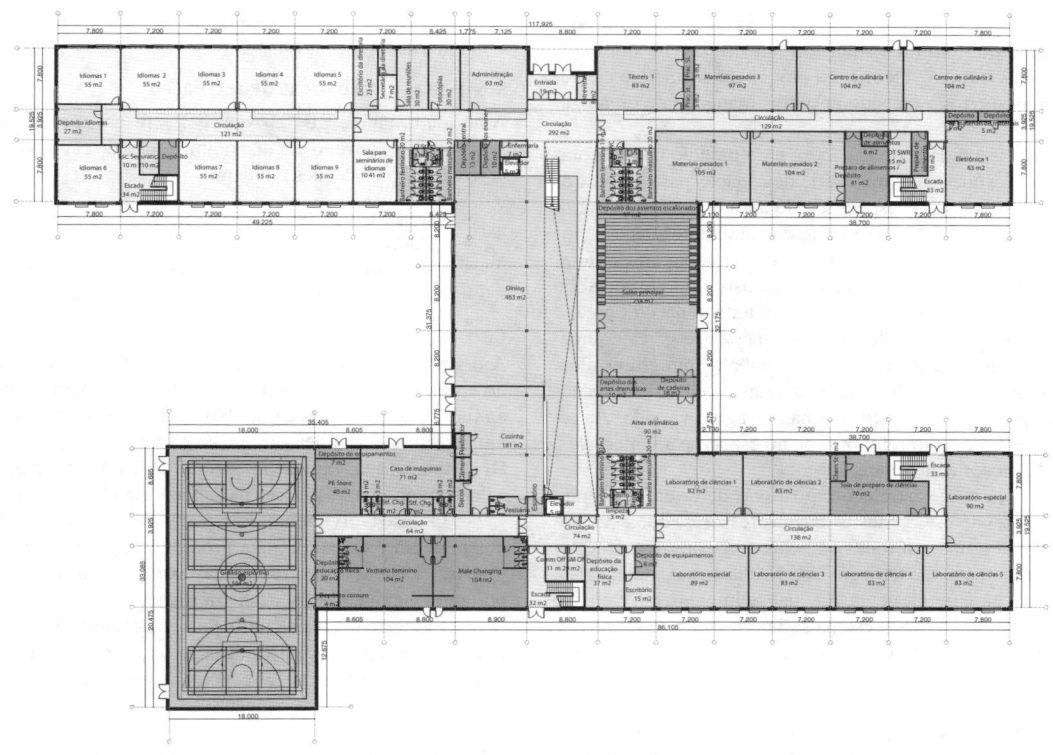

31.12 Projeto-base da Education Funding Agency (pavimento térreo) para uma escola de ensino médio do tipo 1 com 1.850 alunos.

necessidades de um projeto de arquitetura, é importante analisar o currículo da instituição e as exigências legais. Os estudos em uma instituição de ensino médio terminam quando os adolescentes têm cerca de 16 ou 18 anos, idade que varia bastante conforme o país. A seguir, alguns alunos continuam estudando mais um ou alguns anos na mesma escola ou em outra, seja para se prepararem para os exames vestibulares de acesso às universidades, seja para fazerem cursos técnicos ou profissionalizantes.

Desse modo, as escolas de ensino médio assumem formas muito variáveis. A maior parte dessas escolas não é especializada, isto é, aceita alunos com todos os tipos de desempenho escolar. Contudo, existem escolas especializadas que empregam algum tipo de método de seleção baseado na orientação da escola ou no fato de o número de vagas ser menor do que o de candidatos.

9.2 Tamanho e estrutura

As escolas de ensino médio do Reino Unido variam muito em tamanho: as menores às vezes têm cerca de 450 alunos, as maiores, mais de 2 mil. Contudo, em alguns casos, como o britânico, a tendência dos últimos anos tem sido a criação de escolas que atendam, no mínimo, a 75 alunos e, no máximo, a 1.500, embora esse número chegue a cerca de 1.800 quando a instituição inclui um ano preparatório para o vestibular. Os tamanhos ideais e mais comumente empregados nos projetos recentes de escolas são para o atendimento de 900, 1.050, 1.200 e 1.500 alunos.

Contudo, quanto maior for a escola, mais importante será dividi-la em setores, para que alunos e professores possam se relacionar de uma maneira positiva. As escolas são responsáveis pelo bem-estar geral do estudante (e não apenas por seu desenvolvimento acadêmico) e seus serviços de orientação são cruciais. Assim, é comum a criação de grupos de orientação com base na série ou no nível de escolaridade. No Reino Unido, há uma longa tradição de internatos com estruturas verticais que organizam os alunos de diferentes anos em vários dormitórios. Uma das vantagens desse sistema é que os alunos mais velhos tornam-se de monitores para os mais jovens. A desvantagem é que os moradores de um dormitório provavelmente só se encontrem nos momentos de orientação, ou seja, há uma menor integração entre os estudantes do mesmo ano, mas de acomodações diferentes.

9.3 Referências para projeto

Valores para o pré-dimensionamento das acomodações escolares de ensino médio podem ser encontrados na norma britânica BB103 Area Guidelines for Mainstream Schools, que substitui a norma BB98 do Departamento de Educação do Reino Unido (Figura 31.11).

De acordo com os projetos-base desenvolvidos pela Education Funding Agency (Seção 3.4), a fórmula para o cálculo da área total de escolas de ensino médio deve ser: 1.050 m² (+ 350 m², se houver um ano extra) + 6,3 m²/aluno entre 11 e 16 anos de idade ou + 7 m²/aluno com mais de 16 anos. Todos os projetos-base (Baseline Designs) podem ser encontrados no *website* britânico (Department for Education). A planta baixa de uma escola de ensino médio para 1.850 alunos é apresentada na Figura 31.12.

9.4 Organização das escolas

Tradicionalmente, as escolas têm sido organizadas a partir de um currículo baseado nas disciplinas, reunindo todos os espaços de ensino geral que atenderiam a matérias como língua nacional, língua estrangeira, matemática e ciências humanas, e reservando laboratórios, ateliês e oficinas para aulas práticas de ciência e tecnologia. Espaços para aulas de tecnologia da informação e comunicação costumam estar localizados como um recurso central, e as aulas de música e teatro são ministradas em um salão ou auditório, que também abriga eventos da comunidade escolar. Os espaços para a prática de esporte estão próximos aos campos esportivos e às quadras multiuso, mas também do estacionamento, para facilitar o acesso da comunidade.

Essa lógica de organização ainda é válida e, com um bom projeto, pode resultar em uma solução muito flexível e orientada para a educação. Contudo, a teoria e a prática do ensino frequentemente leva os arquitetos a considerar outras maneiras de organizar as escolas.

Em uma extremidade do espectro, há o modelo das "escolas dentro de escolas", que reúne uma série de espaços para atender às necessidades de um número específico de alunos (150, por exemplo). Essas escolas teriam a maior parte dos ambientes necessários para permitir que o grupo se mantenha na área a maior parte do tempo, apenas se afastando para ir a recintos de uso muito especial ou para participar de atividades esportivas. Em uma situação típica, o grupo contaria com uma série de salas de aula de uso geral, equipamentos de recreação e pequenas salas para trabalho em grupo, além de várias facilidades especializadas para aulas de ciências e tecnologia. O grupo teria acesso direto a uma paisagem variada. As refeições seriam feitas em um refeitório ou no espaço para intervalos, dependendo da filosofia da organização.

Esse modelo reúne as relações positivas de orientação entre um pequeno grupo de estudantes e seus professores, que estariam envolvidos com o grupo em todas as aulas e em praticamente todas as atividades letivas. Ele também é particularmente adaptável ao aprendizado com base em projetos, no qual se implementa o ensino interdisciplinar. Muitas vezes a escola seria projetada de modo que pudesse se ajustar a fim de criar grupos maiores ou menores, conforme exigissem as circunstâncias.

Um modelo similar, porém menos radical, é a criação de espaços exclusivos para cada disciplina em uma escola, com os espaços para ensino em grupo distribuídos ao redor deles. Outra possibilidade é projetar tais ambientes de modo que acomodem uma série escolar, em vez de uma disciplina. Os recintos para atividades especiais poderiam ser posicionados longe dos espaços exclusivos das disciplinas, para aumentar a eficiência do uso. Mais uma vez, o princípio organizativo é que o aluno passaria a maior parte de seu tempo se relacionando diretamente com o grupo, em aulas multidisciplinares relacionadas diretamente a um número menor de professores e orientadores.

9.5 Localização

Os princípios para a organização espacial de uma escola em seu terreno são:

- Criar um domínio público positivo, que receba bem a comunidade no local.
- Criar uma distinção clara entre os domínios público e privado, gerando um ambiente de trabalho seguro para todos.
- Criar uma separação clara entre as áreas de trânsito de veículos e as de pedestre e planejar bem a área de embarque e desembarque de alunos.
- Criar uma paisagem diversificada, que aprimore o currículo.
- Otimizar a orientação solar dos prédios e espaços internos e externos, de modo a aproveitar ao máximo as condições climáticas e a configurar uma solução ecologicamente sustentável. Isso deve ser considerado ainda nas etapas preliminares do projeto.

As escolas são prédios muito importantes em suas comunidades. Uma escola nova é fonte de orgulho para os moradores locais, assim, sua arquitetura e projeto como um todo devem responder positivamente a essas questões. A criação de um domínio público positivo é fundamental para a maneira como a escola se apresenta para a comunidade local, e muitos projetos de instituições de ensino incluem espaços do tipo praça com piso seco, para serem ocupados pela comunidade. Duas importantíssimas questões de logística para a localização de qualquer escola são o estacionamento de veículos e a possibilidade de embarque e desembarque dos alunos perto da entrada – esses aspectos têm de ser abordados de maneira lógica, visando à segurança dos usuários.

9.6 Paisagismo e áreas de recreação

A norma britânica BB103 Annex B apresenta orientações sobre as áreas úteis do terreno e a disponibilização de campos e quadras esportivas. As instalações incluem:

- Campo de futebol e outros esportes
- Quadras esportivas multiuso
- Áreas informais e para socialização com cobertura vegetal
- Áreas informais e para socialização com pisos secos
- Áreas arborizadas

A diversidade das áreas paisagisticamente tratadas e do ambiente de aprendizado que elas oferecem é crucial para a criação de um ambiente escolar de sucesso. No Reino Unido, o Projeto Faraday, um projeto de pesquisa sobre o ensino das ciências conduzido pelo Departamento de Educação, atribui uma importância significativa ao desenvolvimento de uma paisagem criativa para a aprendizagem.

O desenvolvimento de espaços de socialização bem-sucedidos também é essencial para promover as habilidades sociais dos jovens, e as relações entre as áreas externas e as de refeição são importantes e exigem espaços de transição.

Em terrenos mais confinados, o desenvolvimento criativo de equipamentos para a prática de esportes, como trilhas de ciclismo e pistas de salto, muitas vezes é incluído, para encorajar o uso máximo dos recursos esportivos e incentivar os alunos mais sedentários a se tornarem mais ativos fisicamente. Os recursos de lazer ou esporte cobertos permitem o uso muito mais intensivo, pois independem das condições climáticas, e podem ser importantes equipamentos comunitários, particularmente quando dotados de iluminação noturna (holofotes), de modo que seriam considerados espaços de uso duplo segundo a norma britânica BB98.

9.7 Uso comunitário

As escolas de ensino médio são vistas como importantes recursos para suas comunidades e, portanto, muitas vezes ficam abertas em horários além dos letivos, para:

- Oferecer atividades extracurriculares e motivar a permanência dos alunos na escola para fazerem seus deveres de casa, usarem os equipamentos de tecnologia da informação e comunicação e participarem de atividades em grupo.
- Atender a outros serviços proporcionados pelos órgãos públicos locais, como serviços sociais, atendimento policial e serviços de saúde.
- Disponibilizar serviços de creche para os estudantes e a comunidade como um todo.
- Oferecer outras facilidades comunitárias importantes, como bibliotecas com cafeterias associadas. Às vezes faz parte do etos da escola permitir que a comunidade tenha acesso a suas facilidades durante o horário escolar, mas, para que essa prática não acarrete problemas, devem ser traçadas linhas claras de segurança e separação física.

O projeto de uma escola nova deve ser zoneado tanto em termos de segurança como de ambientes, a fim de atender bem ao uso da comunidade. Uma estratégia de zoneamento clara e simples permitirá que os prédios sejam administrados em horários extraclasse com custos mínimos, ao reduzir ao máximo o número de funcionários e o consumo de energia com iluminação e climatização.

9.8 Recepção e espaços de socialização

Uma prática comum é estabelecer apenas um ponto de entrada para todos os usuários da escola, não importando se eles são estudantes, funcionários ou visitantes. Consequentemente, uma exigência-chave é que esse local receba um grande volume de pessoas de modo eficiente e eficaz e, ao mesmo tempo, crie um ambiente agradável e que envolva os visitantes nas atividades e no etos da instituição. Isso implica o projeto detalhado dos espaços da recepção e a possibilidade de que ela tenha uma conexão direta com as demais partes da escola.

Os espaços administrativos são distribuídos junto à recepção. Essa área é bastante grande, pois envolve o setor financeiro e a administração dos registros dos alunos, etc.

Os espaços de socialização para os estudantes são importantes. Eles podem funcionar como espaços informais para ensino e aprendizado quando não estiverem sendo utilizados para o lazer, mas também promovem nos alunos o senso de propriedade, além de permitirem a instalação de armários com chave com acesso fácil, caso sejam necessários. Às vezes esses espaços são planejados para cada série escolar. Eles também podem servir de área para os alunos fazerem trabalhos em grupo.

9.9 Espaços gerais de ensino

A norma britânica BB103 apresenta sugestões sobre as áreas de ensino e armazenagem associadas com base no tamanho das turmas. Os espaços de ensino em geral devem ser ambientes flexíveis, e, às vezes, são agrupados conforme a organização do currículo escolar. Os móveis precisam ser flexíveis e fáceis de deslocar e armazenar, permitindo que os recintos se adaptem a diferentes contextos de ensino e aprendizado, que, às vezes, mudam muito rapidamente.

Todas as instalações prediais devem ficar na periferia do cômodo, inclusive as linhas de transmissão de dados. Atualmente os equipamentos de tecnologia da informação e comunicação costumam ser conectados por redes sem fio, com o uso de *notebooks*, pois o uso de programas mais simples requer menos memória das máquinas.

Dentro de cada grupo de salas de aula de uso geral, é útil ter um sistema de divisórias removíveis ou portas de correr com boa vedação acústica, permitindo que dois espaços sejam unidos, oferecendo uma área maior para palestras, exames ou outras atividades. As divisórias flexíveis são caras e têm baixo desempenho acústico, mas, se forem utilizadas com parcimônia, também podem oferecer ótima flexibilidade a um ambiente de trabalho.

9.10 Ciências

No Reino Unido, o desenvolvimento dos espaços de ensino para ciências foi muito influenciado pela publicação do Projeto Faraday por parte do Departamento de Educação (Figura 31.13). Esse é um estudo exemplar sobre a variedade de espaços necessários para as aulas de ciências no novo século. Muitos estudos sugerem a popularização de espaços de uso misto, que deixam de ser os laboratórios de ciências tradicionais e se transformam em "ateliês de ciências". Esses espaços geralmente são centralizados em um conjunto de laboratórios, mas têm instalações prediais leves, permitindo a flexibilização a fim de se transformarem em grandes ambientes para a realização de experiências, espaços nos quais os resultados são conectados por meio da tecnologia da informação e comunicação, ou recintos informais e flexíveis ao redor dos laboratórios propriamente ditos. Os recintos para o preparo de experiências nas aulas e a armazenagem de equipamentos frequentemente ficam centralizados no departamento.

Hoje, os laboratórios também têm instalações prediais menos volumosas e mais flexíveis, com dutos e pontos de água, esgoto, gás e eletricidade na periferia dos recintos, tornando o centro do espaço mais versátil. Os cômodos dentro de um departamento muitas vezes são mais abertos, com o uso de divisórias envidraçadas, estabelecendo vínculos visuais entre os espaços e criando um ambiente de trabalho mais profissional.

As ciências também estão saindo da sala de aula e ocupando as áreas externas, usando os ambientes naturais e construídos como um pano de fundo para explorações e, por exemplo, a criação de sistemas vivos de reciclagem.

9.11 Tecnologia

As aulas sobre tecnologia são as que replicam de modo mais natural o mundo da indústria, incluindo matérias como o desenho de um produto ou objeto e, a seguir, sua produção e comercialização por meio de recursos gráficos e das mídias. Os estudos sobre tecnologia também vêm se diversificando e incluindo matérias profissionalizantes, como técnicas agrícolas, zootecnia, engenharia de alimentos, hotelaria e construção, fazendo parte de uma agenda abrangente para adolescentes com idades entre 14 e 19 anos.

Um departamento de tecnologia típico terá uma série de espaços especiais em áreas fechadas ao redor de uma área central com muitos recursos de tecnologia da informação e comunicação e, possivelmente, focará uma disciplina de *design*. O departamento inteiro muitas vezes também será aberto em termos visuais, empregando divisórias envidraçadas entre os recintos. Os espaços que costumam ser similares, como aqueles que trabalham com materiais pesados, serão conectados entre si, resultando em um aspecto de ateliê ou oficina. Isso também garante o acesso a equipamentos, de modo que não seja necessária a aquisição dupla de máquinas caras.

A norma britânica BB98 (Figura 31.11) oferece uma ideia da área necessária para cada disciplina. Observe que os espaços são muito maiores do que aqueles destinados ao ensino em geral, normalmente variando entre 90 e 130 m², conforme a disciplina. Os recintos para armazenagem e preparo de materiais, equipamentos e ferramentas são associados a essas áreas e também são grandes. Além disso, é essencial que haja locais seguros para a guarda de trabalhos dos alunos – tanto aqueles que estão sendo desenvolvidos como os que já estão prontos, mas aguardam uma avaliação final.

A sala de informática geralmente conta com computadores de mesa, pois eles têm maior capacidade de memória o que é necessário para rodar programas gráficos e de projeto. Lembre-se, contudo, que isso geralmente eleva a carga de refrigeração nos espaços.

9.12 Artes e *design*

Muitas vezes associados à tecnologia, esses espaços podem criar um senso de ateliê aberto. Sempre que possível, tais recintos devem ter um pé-direito maior do que o usual, que talvez ajude na exposição e armazenagem de trabalhos. As salas de artes bidimensionais frequentemente podem servir para trabalhos com tecidos, enquanto aquelas para artes tridimensionais costumam ser específicas. Os trabalhos com cerâmica produzem muita poeira, e a necessidade de prover um espaço especial para o forno impede que essas salas sirvam para outras disciplinas artísticas.

9.13 O centro de recursos de aprendizado

Com o uso cada vez maior da tecnologia da informação e comunicação dentro das escolas, os centros de recurso de aprendizado já não são o centro da tecnologia, e a tendência é de que os espaços revertam à forma escrita. Um centro de recursos de aprendizado muitas vezes terá uma série de áreas de estudo, sejam formais, sejam informais, que podem ser aproveitadas para as lições quando necessário. O uso desses espaços para o acesso à Internet por parte da comunidade é alto, e algumas escolas o encorajam durante os horários letivos, além de oferecer recursos de alimentação (cafeterias). Se esse for o caso, a operação e a segurança precisarão ser muito bem consideradas.

O ambiente deve ser iluminado e estimulante e, em virtude do alto grau de acesso da comunidade, as escolas frequentemente expõem os trabalhos dos estudantes e seus serviços comunitários.

31-16 Manual do arquiteto: planejamento, dimensionamento e projeto

Sala de preparação

Superlaboratório

Conexão vertical com a área de exposição para design e tecnologia oferece a oportunidade de uma mostra de longo prazo.

Distância de deslocamento menor/ linhas de visão diretas

Área central, parte-chave do aprendizado baseado no projeto triplo E

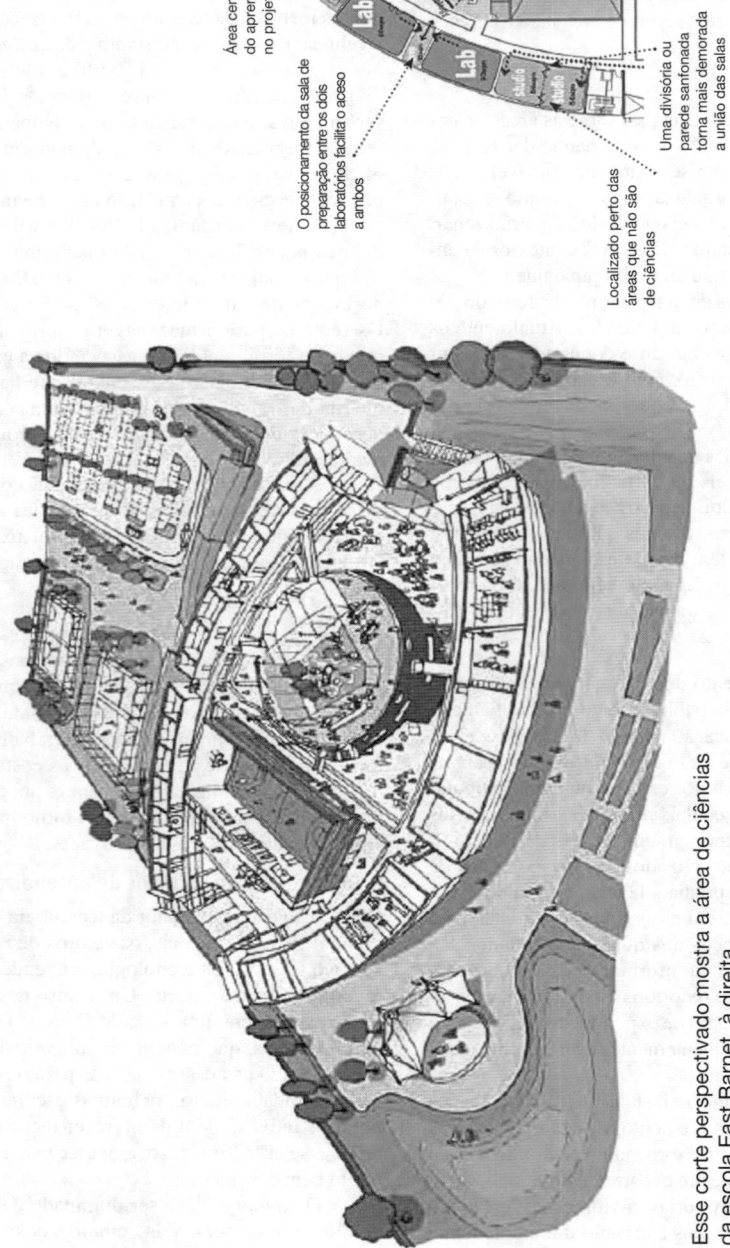

Uma tela gigante pode ser suspensa no teto

O posicionamento da sala de preparação entre os dois laboratórios facilita o acesso a ambos

Foco do espaço

Uma divisória ou parede sanfonada torna mais demorada a união das salas

Localizado perto das áreas que não são de ciências

Planta baixa conceitual mostrando as principais características do projeto

Esse corte perspectivado mostra a área de ciências da escola East Barnet, à direita.
Crédito da imagem: Building Design Partnership.

31.13 Projeto Faraday, de DEGW e BDP.

9.14 Música e artes dramáticas

Geralmente agrupados, os espaços maiores para a prática da dança também podem assumir a função extra de salas de ginástica, para uso do departamento de esportes. A prática de música – exceto as apresentações de grupos no salão, no auditório ou em outro espaço de ensaio menor - acontece em salas menores, mas também haverá uma ou duas salas de aula maiores. O desempenho acústico desses espaços é uma consideração fundamental, bem como o planejamento de espaços seguros para armazenamento, pois os instrumentos musicais muitas vezes são volumosos e caros. Os depósitos costumam ser aproveitados para a criação de amortecedores acústicos entre dois espaços.

Os espaços para dança exigem pé-direito maior e o uso de um piso elevado, além de uma série de cortinas e espelhos. A prática de artes dramáticas também se beneficia de grandes pés-direitos, pois isso permite uma melhor iluminação dos ensaios e das apresentações. Nenhum desses espaços, contudo, é muito complexo.

9.15 Ginásios e salões

Os ginásios e salões devem ser flexíveis e se prestar ao maior número possível de usos, como apresentações e eventos ou reuniões com os pais (mas não com toda a comunidade escolar, pois esses espaços não costumam ser grandes o suficiente para isso). Como os ginásios e salões frequentemente são empregados para exames, eles precisam de isolamento acústico, embora essa não seja a tendência, pois pode-se evitar a pressão gerada pelos ambientes maiores de outras maneiras.

9.16 Refeições

As refeições costumam ser vistas como uma experiência de socialização que faz parte do desenvolvimento completo da criança. Os professores e funcionários também são motivados a usar esses recursos para ajudar a desenvolver relações positivas. Portanto, os momentos de refeição têm sido estendidos para tornar a experiência mais agradável, e mais detalhes vêm sendo agregados ao projeto e à operação de seus espaços, particularmente com a instalação de móveis, acessórios e equipamentos e a oferta de áreas externas onde as pessoas possam se alimentar.

Muitas vezes o refeitório é subdividido em várias operações, que podem incluir um serviço completo (com pratos quentes, saladas, etc.) ou uma sanduicheria afastada das principais áreas de refeições.

As cozinhas costumam ser projetadas por empresas especializadas, para garantir que as normas de higiene sejam cumpridas e que a demanda de alunos seja atendida no tempo adequado. Ainda assim, o arquiteto responsável pelo projeto geral deve se certificar de que a cozinha esteja coordenada com o conceito das áreas onde os alimentos são servidos.

9.17 Espaço para os professores

Uma sala de estar com banheiros associados será prevista para os professores. Esse espaço varia em tamanho e capacidade, conforme o etos da escola e as funções que ele desempenhará. Também preveja banheiros para os professores e funcionários em pontos estratégicos da escola e a distâncias regulares. Esses equipamentos não devem ser compartilhados com os estudantes. Todos os espaços para professores, como seus escritórios e salas de uso comum, têm de ser posicionados em locais estratégicos da escola, para maximizar a supervisão passiva dos alunos.

10 ESCOLAS PARA ESTUDANTES COM NECESSIDADES ESPECIAIS

10.1 Estratégia

No Reino Unido, a estratégia do governo para os estudantes com necessidades especiais é descrita no documento publicado pelo Departamento de Educação, intitulado *Removing Barriers to Education*. Ele estabelece a política de ação que deve ser seguida pela administração pública local e pelas escolas, e busca fazer uma a análise rápida das necessidades desses estudantes e elaborar um plano de aprendizado personalizado. Isso pode ser feito dentro das escolas convencionais ou de escolas especiais mais tradicionais, conforme a capacidade do estudante.

Após a publicação desse documento, tem havido duas novas tendências: o atendimento de alunos com dificuldades menores e a provisão de serviços especiais para essas crianças nas escolas convencionais. Isso ocorre no mesmo terreno ou dentro do mesmo prédio, impondo um desafio de projeto para a integração dos alunos e a proteção dos mais vulneráveis.

10.2 Atendimento de crianças com necessidades especiais dentro de escolas convencionais

A legislação sobre acessibilidade aplicável a escolas recentemente construídas garante certo nível de acessibilidade para os alunos com problemas de mobilidade, visão ou audição. Contudo, para acomodar alunos com deficiências maiores, as escolas às vezes precisam ser adaptadas às necessidades particulares de um aluno individual.

Frequentemente as escolas incluem uma unidade de atendimento a casos especiais, como autismo ou deficiência auditiva ou visual. Elas se localizam dentro da escola, mas o projeto do ambiente de aprendizado será feito para atender às necessidades especiais que tais espaços exigem. Isso vem se tornando cada vez mais comum, já que as autoridades têm buscado acomodar os alunos com necessidades especiais menos severas dentro do sistema educacional convencional. Isso visa a garantir que o estudante individual possa desfrutar de uma educação plena e gratificante.

10.3 Escolas para crianças com necessidades especiais

A tendência de personalizar a educação e a ênfase dada à unicidade do indivíduo tem eliminado boa parte da terminologia genérica outrora aplicada ao projeto de escolas para alunos com necessidades especiais. Já não se fala mais em escolas para estudantes com dificuldades de aprendizado moderado ou estudantes com dificuldades profundas ou múltiplas, e as escolas precisam ter a capacidade de atender às necessidades de qualquer aluno. Com frequência elas receberão estudantes com níveis de capacidade completamente distintos dentro de todo o espectro de necessidades especiais. A Figura 31.14 resume bem o Anexo F da norma britânica BB102, apresentando as definições e questões mais importantes sobre as várias dificuldades dos alunos. As escolas também podem atender a todos os grupos etários.

10.4 Áreas necessárias e diferentes tipos de espaço

A norma britânica BB102 disponibiliza uma série de tabelas e exemplos de projeto para as escolas que atendem a crianças com necessidades especiais. As áreas por aluno variam entre 40 e 45 m^2, sendo significativamente maiores do que aquelas das escolas convencionais. Uma sala de aula com 65 m^2 geralmente acomoda entre 8 e 10 alunos, dependendo de suas habilidades e idades. Essas escolas te-

Necessidade da criança	Suporte típico	Exigências do projeto	A sala de aula deve ter espaço para:
Cognição e aprendizado			
Dificuldade de aprendizado específica	Equipamentos de aprendizado tridimensionais; fisioterapia e/ou terapia ocupacional; apoio ao aprendizado, comportamento/fala e linguagem	Boa acústica para fonoaudiologia; depósito para os equipamentos de aprendizado tridimensionais; base de recursos para necessidades de aprendizado especiais	Equipamentos de aprendizado e de tecnologia da informação e comunicação; trabalhos práticos; leiautes flexíveis para trabalhar os movimentos; posicionamento apropriado da criança na sala de aula
Dificuldade de aprendizado moderada	Fonoaudiologia; apoio ao aprendizado e comportamento; treinamento de habilidades sociais	Boa visibilidade para a supervisão; boa acústica para a fonoaudiologia; análises de risco à saúde e segurança; armazenagem para os recursos e equipamentos de aprendizado; bases de recursos para necessidades de aprendizado especiais e bases especiais	Equipamentos de aprendizado e de tecnologia da informação e comunicação; trabalhos práticos; uso flexível de móveis, equipamentos e acessórios; posicionamento apropriado da criança na sala de aula
Dificuldade de aprendizado severa	Equipamentos de aprendizado tridimensionais; equipamentos de tecnologia da informação e comunicação adaptados; fonoaudiologia treinamento de habilidades sociais e para a independência; fisioterapia, terapia ocupacional e hidroterapia	Boa visibilidade para a supervisão; bom sistema de orientação, para ajudar a independência; boa acústica para fonoaudiologia; apoio especializado para necessidades de educação especiais; análises de risco à saúde e segurança; armazenagem e uso de equipamentos de aprendizado e mobilidade	Atividades multissensoriais e práticas; equipamentos de apoio ao aprendizado e de tecnologia da informação e comunicação; uso flexível de móveis, equipamentos e acessórios; movimentação e circulação (alguns equipamentos para mobilidade); funcionários de apoio adicionais
Dificuldade de aprendizado múltipla e profunda	Equipamentos de aprendizado tridimensionais; terapia multissensorial; apoio para dificuldades multissensoriais; fonoaudiologia; terapia ocupacional, fisioterapia e/ou hidroterapia; cuidados médicos e pessoais; sala para jogos com revestimento especial	As mesmas dos portadores de dificuldade de aprendizado severa, mas com mais espaço para apoio, armazenagem e concentração das necessidades; níveis de acessibilidade superiores; uso intensivo de equipamentos de apoio à mobilidade e sistemas de içamento; análises de risco à saúde e segurança: manuseio, controle de infecções; armazenagem e uso de equipamentos de mobilidade e aprendizado	Atividades multissensoriais e práticas; terapia; equipamentos de tecnologia da informação e comunicação e de acessibilidade adaptados; funcionários de apoio adicionais uso flexível de móveis, equipamentos e acessórios; movimentação e circulação (alguns equipamentos para mobilidade volumosos)
Desenvolvimento comportamental, emocional e social			
Dificuldade comportamental, emocional e social	Apoio comportamental, cognitivo e de socialização; mentores para o aprendizado; trabalhadores sociais, psicólogos educacionais, trabalhadores do serviço de saúde mental	Boas linhas de visão, equilíbrio entre a privacidade e a facilidade de supervisionar visualmente as crianças; depósitos seguros; materiais volumosos; instalações ocultas e móveis, equipamentos e acessórios à prova de violação; análises de risco à saúde e segurança; espaços amplos para atividades de socialização e ao ar livre	Evitar distrações e conflitos; variar o leiaute (por exemplo, utilizando mesas separadas ou agrupadas); supervisão; desenvolvimento de habilidades sociais; áreas silenciosas/informais
Comunicação e interação			
Dificuldades especiais de fala, linguagem e comunicação	Apoio a habilidades sociais; equipamentos de apoio ao aprendizado e à comunicação; equipamentos de geração de fala sintética; tecnologias de assistência; fonoaudiologia; apoio ao aprendizado e comportamento	Leiaute geral da escola facilmente compreensível, com sinalização clara; boa iluminação, acústica e isolamento acústico dos recintos; sistemas de campo sonoro; necessidades adicionais de equipamentos de tecnologia da comunicação e informação e serviços associados	Posição da criança na sala de aula; uso de sinais, símbolos, recursos de comunicação e equipamentos de geração de fala sintética; fonoaudiologia
Desordem do espectro autista	Apoio ao aprendizado e comportamento; programas de habilidades sociais na sala de aula e por meio da reclusão; abordagens especiais para o ensino de autistas; base de recursos especiais para o autismo	Leiaute simples: espaços silenciosos, organizados e com poucos estímulos – nada de espaços grandes e confusos; iluminação indireta, sem ofuscamento, com cores suaves; boa acústica, evitando ruídos de fundo ou repentinos; com materiais robustos e à prova de violação; instalações ocultas; possivelmente o uso de análises de risco à saúde e segurança; ambientes internos e externos seguros para os alunos ficarem sozinhos e se acalmarem	Abordagens variadas; atividades estruturadas usando a tecnologia da informação e comunicação e diferentes móveis, acessórios e equipamentos; posicionamento da criança na sala; postos de trabalho separados; local tranquilo e seguro para o aluno se acalmar

31.14 Annex F BB102 do Departamento de Educação do Reino Unido. (*continua*)

Necessidade da criança	Suporte típico	Exigências do projeto	A sala de aula deve ter espaço para:
Sensorial e/ou física			
Deficiência auditiva	Uso de circuito fechado de televisão; estratégias para o ensino de portadores de deficiência auditiva; ensino de língua de sinais; apoio ao aprendizado e à comunicação de portadores de deficiência auditiva; fonoaudiologia e treinamento social; análise de deficiência auditiva e audiologia	Evite distrações: use estímulos sensoriais baixos e cores suaves; iluminação de boa qualidade e com baixo ofuscamento, evitando sombras e silhuetas; acústica de boa qualidade, com baixo ruído de fundo; alarmes visuais, sistemas de campo sonoro, equipamentos de amplificação sonora especial; armazenamento e manutenção de equipamentos técnicos	Sinalização, trabalhadores especializados na comunicação; leiaute em U ou outro formato com boa visibilidade; sistemas de apoio visual/tecnologia da informação e comunicação/televisão/circuito fechado de televisão; sistemas de apoio de rádio
Deficiência visual	Equipamentos especiais para portadores de deficiência visual, como sistemas táteis e visuais, materiais em Braille, monitores de circuito fechado de televisão, sistemas computadorizados de ampliação de textos, sistemas de fala e leitura; estratégias de aprendizado para portadores de deficiência visual; apoio de um especialista em treinamento de mobilidade	Boa iluminação geral e sobre o plano de trabalho e bons controles; recursos visuais: contraste, indicadores, símbolos, pisos táteis e mapas; boa acústica, baixo nível de ruídos de fundo e equipamentos de apoio à fala e audição; alarmes sonoros, avisos sobre riscos à saúde e segurança; sala de recursos para portadores de deficiência visual; manutenção de equipamentos técnicos	Leiaute claro, seguro e desobstruído com o uso, por exemplo, de elementos táteis e visuais; equipamentos de tecnologia da informação e comunicação adaptados
Deficiência multissensorial	Equipamentos especiais para exercícios de visualização, tatilidade, mobilidade, comunicação e múltiplos sentidos; análise da deficiência multissensorial; atividades personalizadas de aprendizado e comportamento; sala para jogos com revestimento especial	Idênticas para portadores de deficiência auditiva ou visual: leiaute claro e simples para percepção sensorial com elementos visuais, auditivos e táteis; iluminação de boa qualidade e com baixo ofuscamento; acústica interna de boa qualidade, sem ruídos de fundo; uso mais intenso de equipamentos de mobilidade, içamento e hidroterapia (veja Portadores de deficiência física); depósito grande	Indivíduos ou pequenos grupos com portadores de deficiência auditiva, visual ou multissensorial; equipamentos para o aprendizado na prática; atividades multissensoriais; tecnologia de acesso e da informação e comunicação adaptadas; uso flexível de móveis, equipamentos e acessórios
Deficiência física	Equipamentos especiais para aprendizado e mobilidade, equipamentos de tecnologia da informação e comunicação adaptados, equipamentos de apoio à comunicação, tecnologia de assistência; uso de sistemas de içamento ou auxílio à mobilidade; terapia ocupacional, fisioterapia e hidroterapia; suporte de cuidadores pessoais, enfermeiras, médicos e outros profissionais de saúde	Níveis de acessibilidade mais elevados; muitos equipamentos volumosos de apoio à mobilidade (de uso assistido ou independente), depósito de equipamentos, espaços para armazenamento fora dos corredores; análises de risco à saúde e segurança: manuseio de objetos; escadas com baixa declividade e espaços para descanso (patamares generosos); recursos de higienização e controle de infecções; saída de emergência com assistência, elevadores de segurança e áreas de refúgio; espaço para cuidadores e armazenagem de equipamentos; local para descanso; espaços para armazenagem de equipamentos volumosos	Equipamentos especiais de aprendizado e comunicação, sistemas de tecnologia da informação e comunicação adaptados, tecnologia de assistência; escriturários, assistentes, cuidadores, terapeutas ocupacionais; móveis, equipamentos e acessórios com regulagem especial de altura; depósito de equipamentos; movimento e circulação (alguns aparelhos de mobilidade volumosos)

31.14 (*Continuação*).

rão diferentes espaços especiais e para ensino em geral. Os espaços especiais mais comuns são para aulas de artes, culinária e tecnologia da informação e comunicação.

As áreas particulares que devem ser consideradas no projeto para a educação de crianças com necessidades especiais incluem:

- Uma área significativa para os equipamentos para dar suporte aos alunos no espaço de ensino e criar uma série de ambientes de aprendizado dentro do cômodo.
- Uma conexão direta e em nível com um espaço externo coberto e seguro é essencial. Frequentemente os esquemas são distribuídos ao redor de um pátio com canteiros elevados e jardim sensorial.
- Áreas significativas devem ser previstas para espaços não destinados ao ensino. Por exemplo, grandes instalações para a higiene dos alunos, dotadas de sistemas de içamento, costumam ser construídas adjacentes às salas de uso geral, para atender aos alunos com dificuldades maiores.
- Grandes áreas para o depósito de equipamentos. Frequentemente os alunos têm mais de uma cadeira de rodas e fazem a mudança de uma para a outra ao entrar no prédio.
- Consultórios médicos para o uso de profissionais visitantes.
- Piscina de hidroterapia, para fisioterapia, com vestiários associados.
- Um ambiente sensorial, com revestimentos macios e sistemas especiais de iluminação e música.
- Um salão central, que seja facilmente acessível. Esse espaço é importante, pois é usual que os alunos se reúnam no início e no término do dia letivo, para chegarem e saírem em micro-ônibus e automóveis. Esse saguão muitas vezes é uma sala multiuso que também serve para refeições e a prática de esportes, dependendo do tamanho da escola.
- Os espaços externos precisam ser seguros e protegidos do clima, além de ter uma variedade de superfícies. Para que os alunos possam tocar na vegetação, as plantas costumam ser cultivadas em canteiros elevados.

10.5 Escolas para estudantes com dificuldades comportamentais, emocionais e sociais

Os estudantes com dificuldades comportamentais, emocionais e sociais com frequência seguem um currículo igual ou similar àquele oferecido pelas escolas convencionais, ainda que com uma ênfase vocacional. O foco é reinserir o estudante com alterações educacionais e comportamentais. Os prédios e ambientes externos costumam contar com sistemas de segurança, para garantir que os alunos não saiam. Um exemplo de curso ministrado é o de mecânica de automóveis, para os alunos que têm habilidades práticas, para inseri-los no mercado de trabalho. Cursos como esses também são utilizados para que os alunos sejam transferidos a outros níveis de educação.

Os prédios frequentemente são organizados ao redor de um pátio. Os espaços internos costumam ser menores do que aqueles das escolas convencionais, para acomodar um número menor de alunos. Também é projetada uma série de espaços para relaxamento, a fim de oferecer espaço para os indivíduos sempre que necessário. As atividades esportivas e externas muitas vezes terão grande ênfase no currículo, logo, serão utilizadas quadras para futebol de cinco e outros esportes de salão.

Os alunos frequentemente chegam sozinhos ou em pequenos grupos, seja de táxi, seja de micro-ônibus. Assim, é essencial que seja projetada uma área de embarque e desembarque muito próxima à entrada com o controle de acesso.

11 FONTES DE CONSULTA

11.1 Publicações em geral

School Premises (England) Regulations 2012
Assessing the Net Capacity of Schools DfES, 2001

11.2 Sites úteis

BECTA www.becta.org.uk
BREEAM www.breeam.org
CABE www.designcouncil.org.uk/our-work/cabe
Department for Education www.education.gov.uk
Design Share www.designshare.com
Design Quality Indicators www.dqi.org.uk
Ofsted www.ofsted.gov.uk
Qualifications and Curriculum Authority (QCA) www.qca.org.uk
Specialist Schools and Academies Trust www.ssatuk.co.uk

Espaços esportivos: ginásios e esportes ao ar livre   32

Philip Johnson e Tom Jones

Philip Johnson e Tom Jones são arquitetos da Populous

PONTOS-CHAVE:
- *Todos os esportes são praticados em uma área demarcada, que pode ser um campo, uma pista, uma quadra, um rinque, uma piscina, entre outras. O órgão fiscalizador ou regulamentador de cada modalidade esportiva é quem, em geral, definirá as exigências dimensionais*
- *Existem quadras ou campos de esportes que, dentro de certa variação nas dimensões, podem atender a várias modalidades esportivas*
- *No planejamento de espaços fechados, o arquiteto deverá levar em conta a altura do ambiente exigida para a prática de cada esporte. Às vezes, essa altura varia conforme o nível das competições feitas no local, assim é preciso consultar o órgão fiscalizador em questão*
- *Para o cálculo das linhas de visão dos espectadores, o arquiteto deverá determinar o que deve ser visto, que pode ser as linhas laterais de um campo, a altura provável na qual uma bola de rúgbi seria chutada para o alto, ou a posição do árbitro sentado em uma cadeira elevada. Também devemos nos recordar de que nem sempre é possível que se veja todo um campo ou quadra em quaisquer posições assumidas pelos espectadores*

CONTEÚDO
1 Apresentação
2 Introdução geral
3 Área de competição
4 Espaços para espectadores
5 Equipamentos para a prática de esportes
6 Áreas de apoio para competidores e oficiais
7 Espaços de apoio para espectadores
8 Espaços para os meios de comunicação de massa
9 Áreas de apoio para a gestão predial
10 Exemplos de centros esportivos para várias modalidades
11 Referências bibliográficas
12 Estudo de caso: centro esportivo regional de Ravenscraig (uma iniciativa da Sportscotland)

1 APRESENTAÇÃO

Os equipamentos urbanos e espaços para a prática de esportes podem ter formas muito distintas, mas este capítulo fornece orientações para o projeto técnico, não importando se tais locais serão utilizados para competição, treinamento ou recreação. As informações começam com os principais dados dimensionais do espaço exigido para a prática de cada modalidade, seguindo-se os princípios que devem ser aplicados ao projeto das áreas para os espectadores e, por fim, as acomodações necessárias para os vários usuários do equipamento. Ao final do capítulo, foi incluída uma bibliografia complementar, uma vez que este campo de projeto é bastante complexo em termos técnicos. Contudo, como a cada ano há novidades, os projetistas devem consultar as orientações dadas pelo órgão fiscalizador ou responsável por cada esporte, bem como outras entidades regulatórias e governamentais.

2 INTRODUÇÃO GERAL

2.1 Espaços cobertos e ao ar livre

As informações para o projeto de arquitetura de locais para a prática de esportes foram todas reunidas neste capítulo, não importando se o esporte é praticado em um ambiente interno ou externo. Os autores chegaram à conclusão de que os inúmeros fatores que influenciam o projeto de um equipamento esportivo são válidos tanto para os esportes de salão como os externos. É claro, contudo, que isso não significa que as condições sejam idênticas em ambos os casos, e a seleção apropriada dos acabamentos e o projeto das instalações prediais (hidrossanitárias, elétricas, etc.) devem ser cuidadosamente considerados para garantir que o local seja adequado para seu propósito. As coberturas, além disso, desempenham um papel crucial no projeto de tais locais, assim, são discutidas na Seção 4.8.

2.2 Escala

Os equipamentos esportivos podem assumir formatos e tamanhos muito distintos, podendo ser uma caixa de areia em um parque (onde se joga um esporte informal, como bocha ou petanca), um pequeno clube de tênis comunitário, um centro de esportes municipal, um ginásio escolar ou universitário, uma pista de corrida estadual, um estádio de clube de futebol ou mesmo uma vila olímpica. O projeto desses espaços tem escopos e níveis de complexidade claramente distintos, mas o capítulo busca oferecer elementos básicos para os principais ambientes e recursos relacionados à maioria ou mesmo a todos eles.

2.3 Locais esportivos

A variedade de locais para a prática de esportes é praticamente infinita. As competições acontecem nas ondas do mar, em estradas alpinas e no asfalto de centros urbanos; em gramados, na areia ou em superfícies preparadas, como uma quadra de tênis ou pista de boliche. Alguns desses lugares não são realmente projetados, mas definidos pela simples localização dos pontos-chave ao longo de uma rota, outros exigem um projeto meticuloso. O capítulo apresenta as considerações dimensionais para os esportes que requerem a intervenção de um arquiteto.

3 ÁREA DE COMPETIÇÃO

3.1 Definição

Esta seção introduz o conceito de que todos os esportes são praticados em um campo delimitado, que pode ser um campo, uma pista, uma piscina, uma quadra. A entidade fiscalizadora de cada esporte geralmente definirá as exigências dimensionais, que podem variar com o nível da competição. Os tipos de área de competição para a maioria dos esportes podem ser agrupados em categorias, que veremos a seguir.

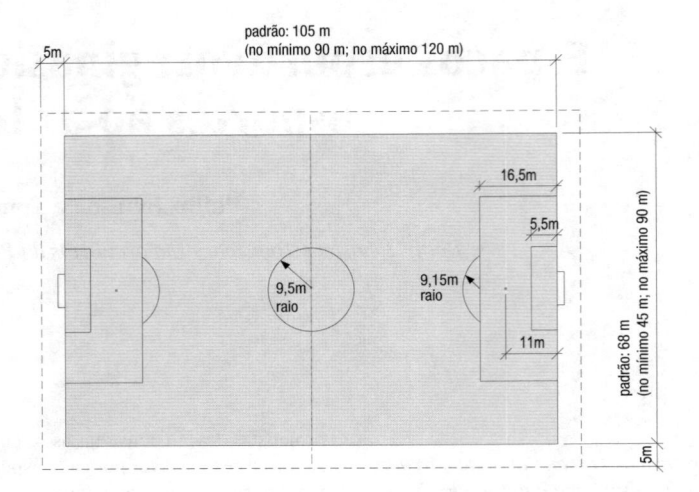

32.1 Campo de futebol.

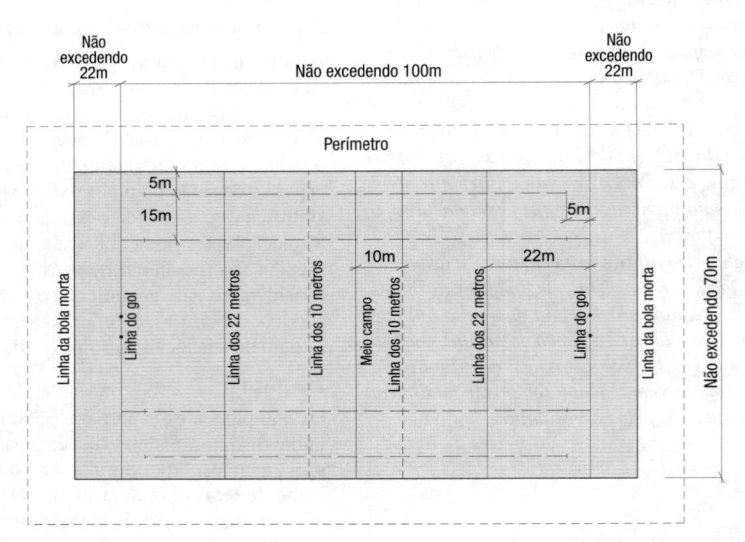

32.2 Campo de rúgbi (*rugby league*).

3.2 Esportes de campo

A primeira categoria ilustrada (Figuras 32.1–32.10) inclui esportes praticados em uma superfície nivelada que, no início, era gramada, mas que, no nível profissional, vem se tornando cada vez mais sofisticada. Todos são esportes de equipe que podem ser praticados em um parque da cidade ou um estádio de nível internacional. Geralmente são jogados ao ar livre, embora existam estádios cobertos para alguns desses esportes.

3.3 Esportes de pista

A segunda categoria de esportes engloba aqueles praticados em uma pista, podendo envolver competições entre indivíduos ou equipes (Figuras 32.11–32.15). As dimensões para as pistas de atletismo e ciclismo são padronizadas, embora se permita alguma variação, mas para corridas de BMX (*bicicross*) e automobilismo a heterogeneidade é total.

3.4 Esportes de quadra

Os esportes que são jogados em quadras com configurações diferentes podem ser praticados tanto em espaços cobertos como abertos e em vários tipos de superfície (Figuras 32.16–32.23).

3.5 Esportes de piscina

Esses esportes naturalmente exigem piscinas com comprimentos padronizados, embora suas larguras possam variar (Figuras 32.24–32.28). As piscinas atuais são cada vez mais sofisticadas, com pisos móveis que permitem aumentar o uso por diferentes atletas, com níveis de competência variáveis.

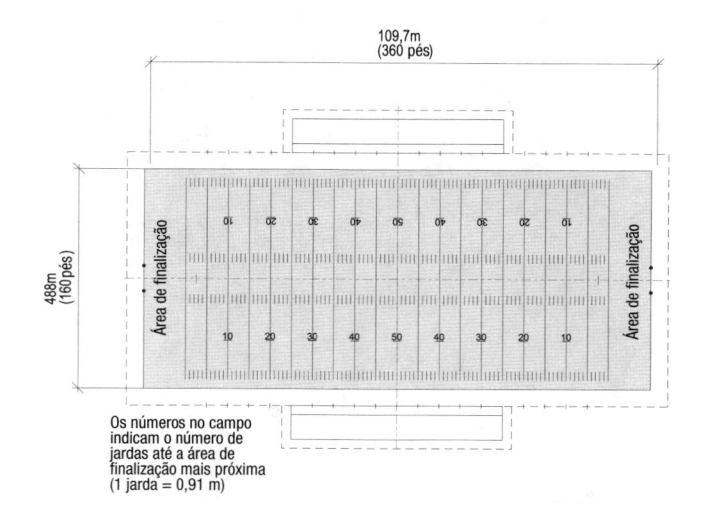

32.3 Campo de futebol americano.

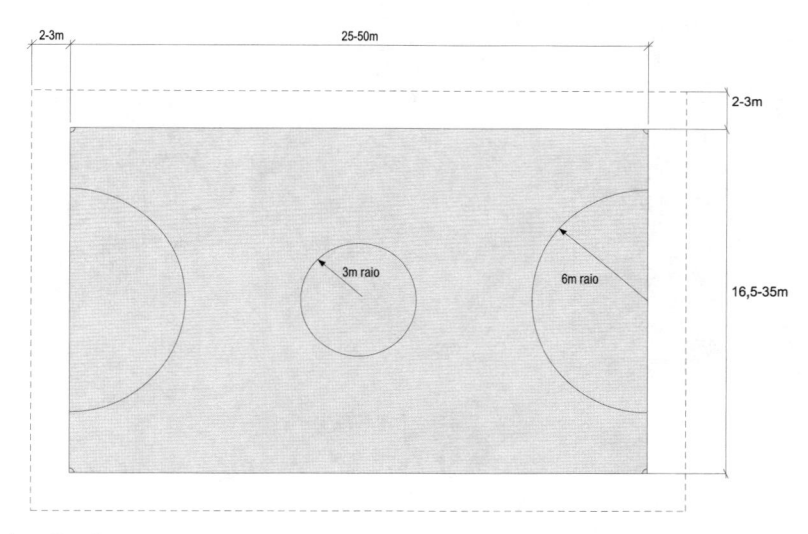

32.4 Campo de futebol de cinco (futsal).

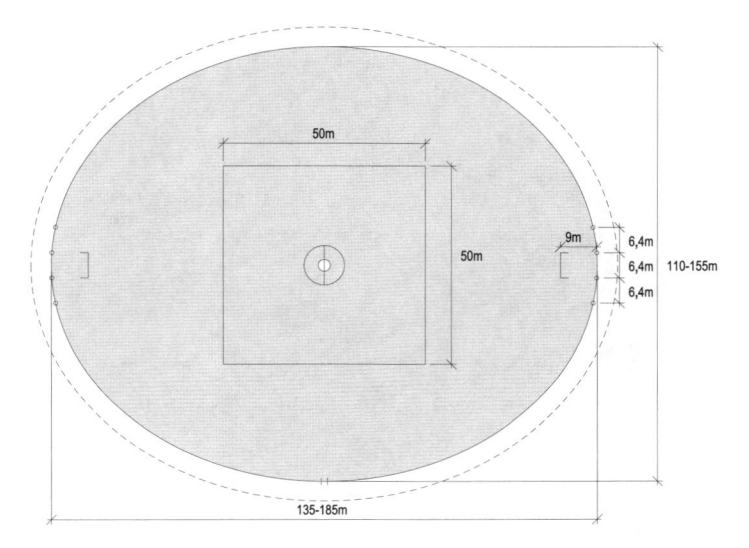

32.5 Campo de futebol australiano.

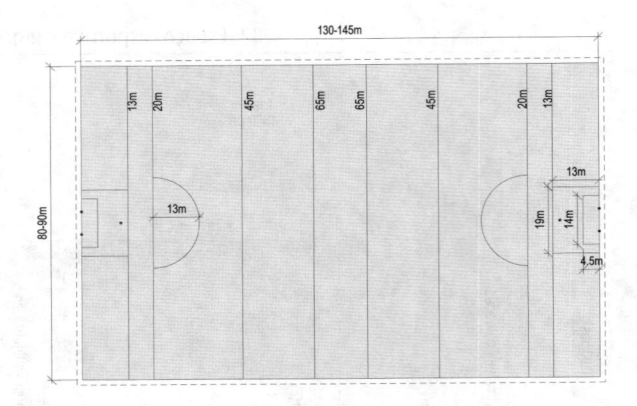

32.6 Campo de futebol gaélico.

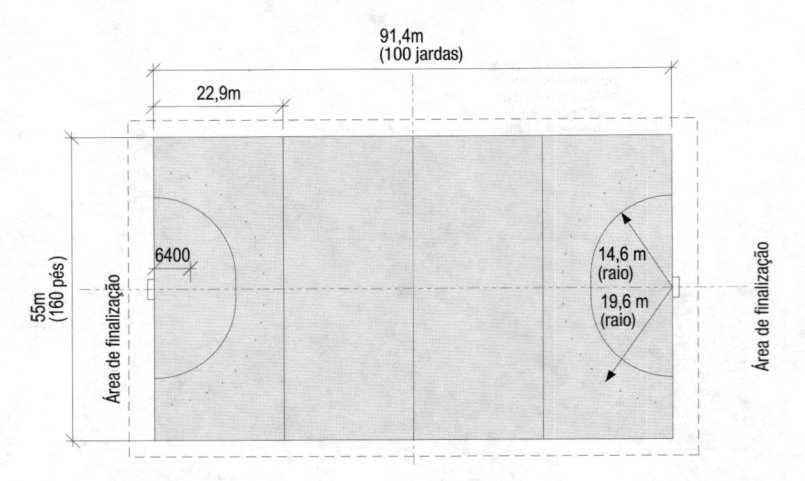

32.7 Campo de hóquei.

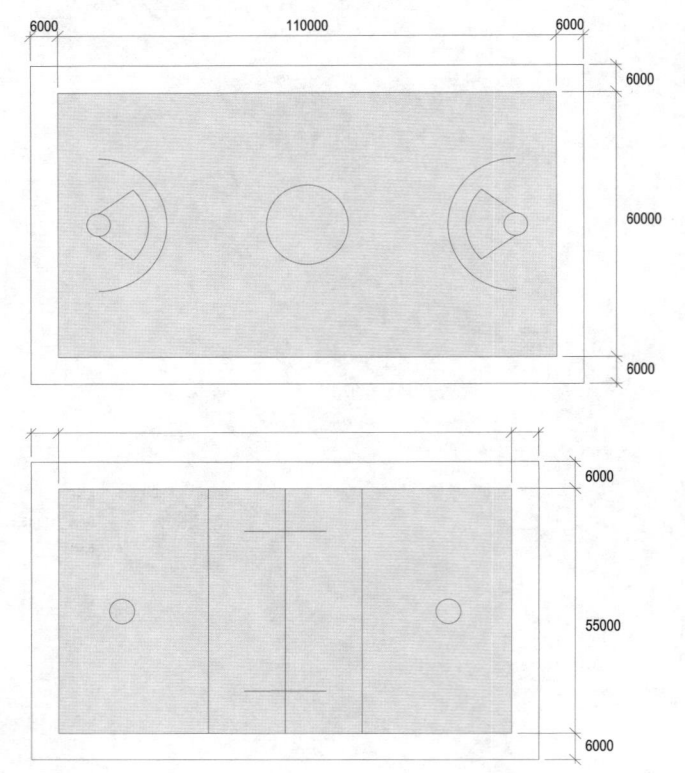

32.8 Campo de lacrosse (feminino e masculino).

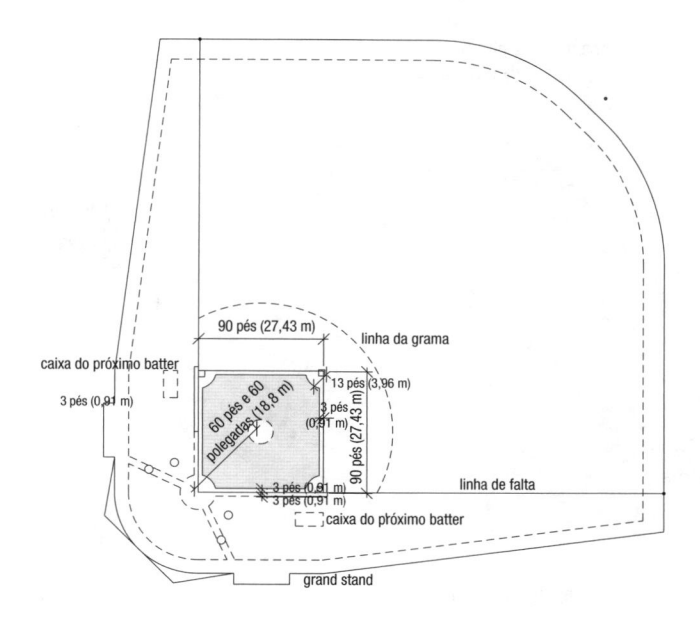

32 Espaços esportivos: ginásios e esportes ao ar livre

32.9 Diamante de beisebol.

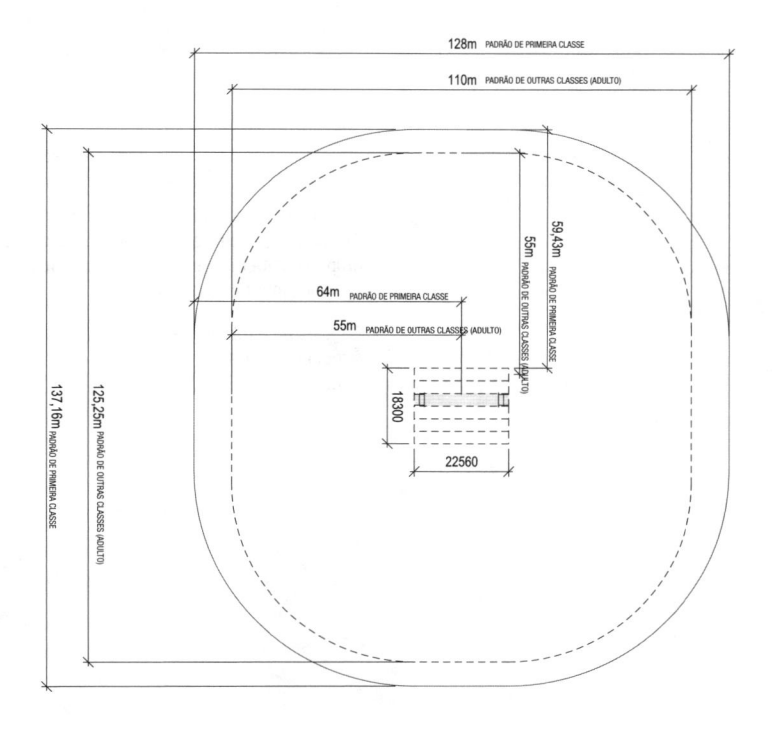

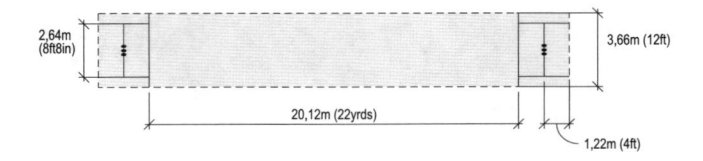

32.10 Campo de críquete.

Linha de chegada

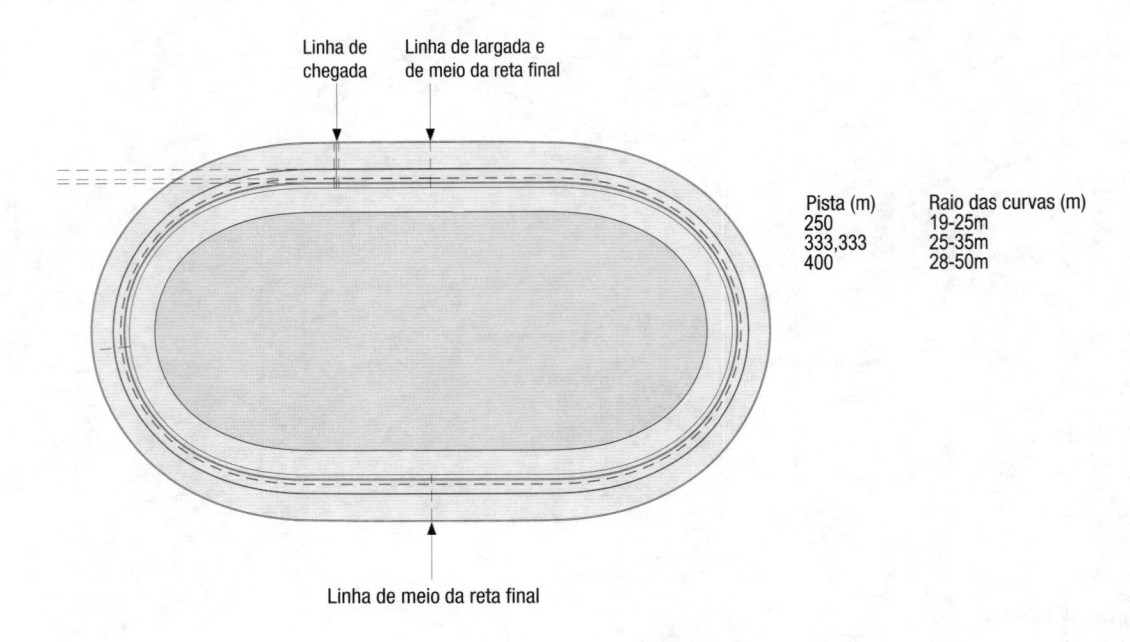

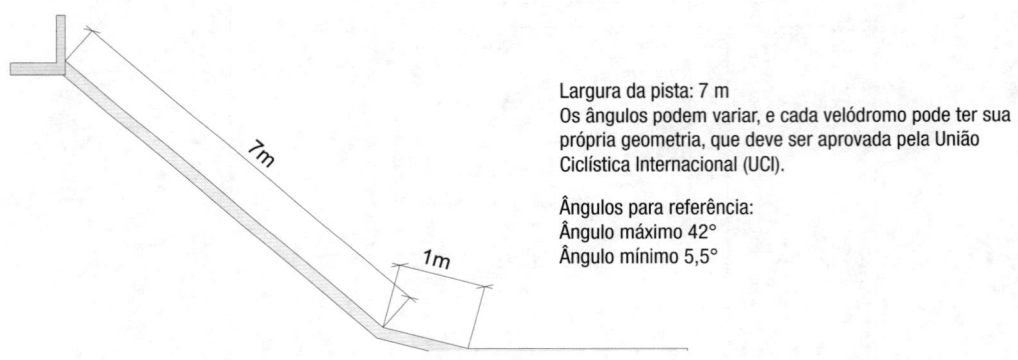

Linha de largada e de meio da reta final

Pista (m)	Raio das curvas (m)
250	19-25m
333,333	25-35m
400	28-50m

Linha de meio da reta final

Largura da pista: 7 m
Os ângulos podem variar, e cada velódromo pode ter sua própria geometria, que deve ser aprovada pela União Ciclística Internacional (UCI).

Ângulos para referência:
Ângulo máximo 42°
Ângulo mínimo 5,5°

32.11 Pista de ciclismo.

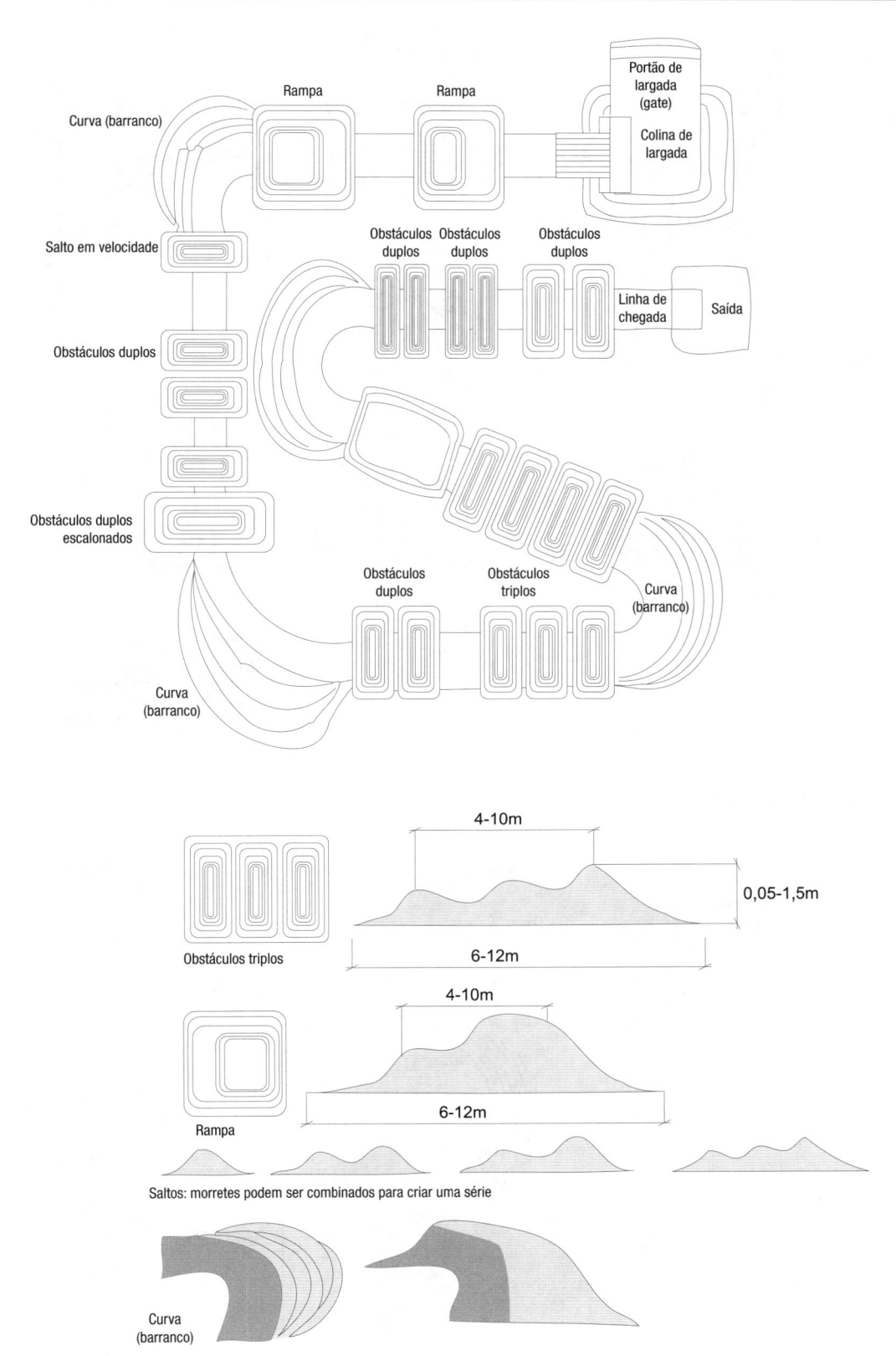

32 Espaços esportivos: ginásios e esportes ao ar livre

32.12 Pista de bicicross (BMX).

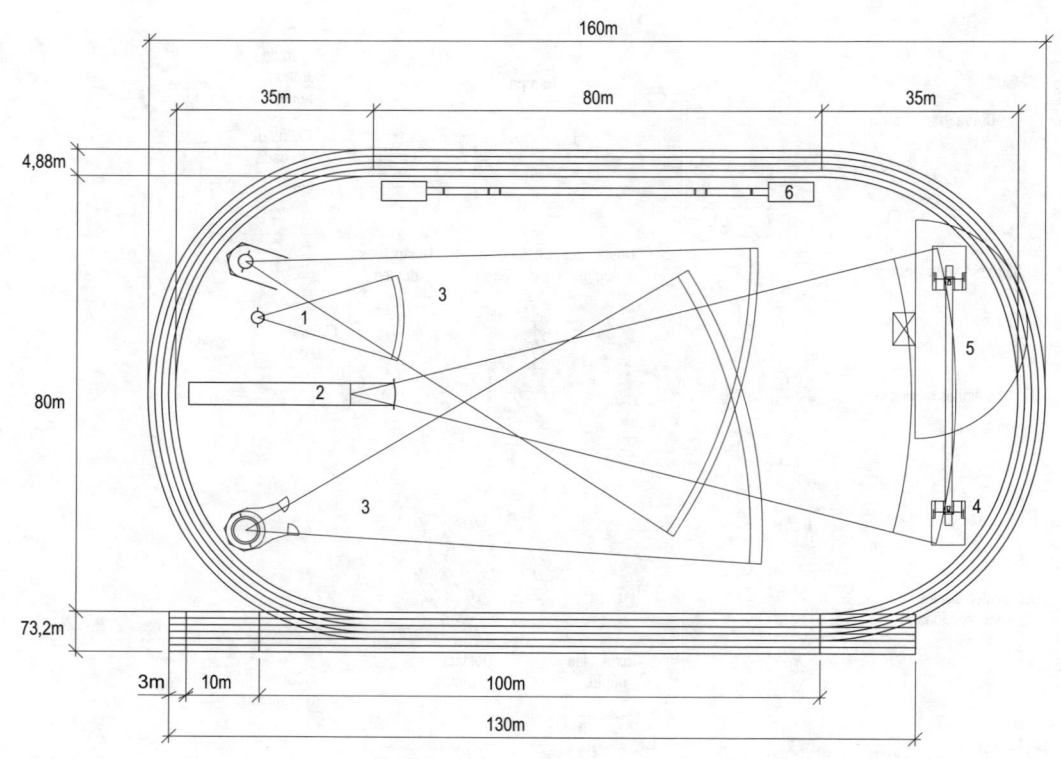

32.13 Área externa para atletismo (esportes de campo e pista de corrida).

1 Área de arremesso de peso
2 Pista para lançamento de dardo
3 Área de arremesso de disco ou martelo
4 Área de aterrissagem para salto com vara
5 Pista para salto em altura
6 Área de aterrissagem para salto em distância e salto triplo

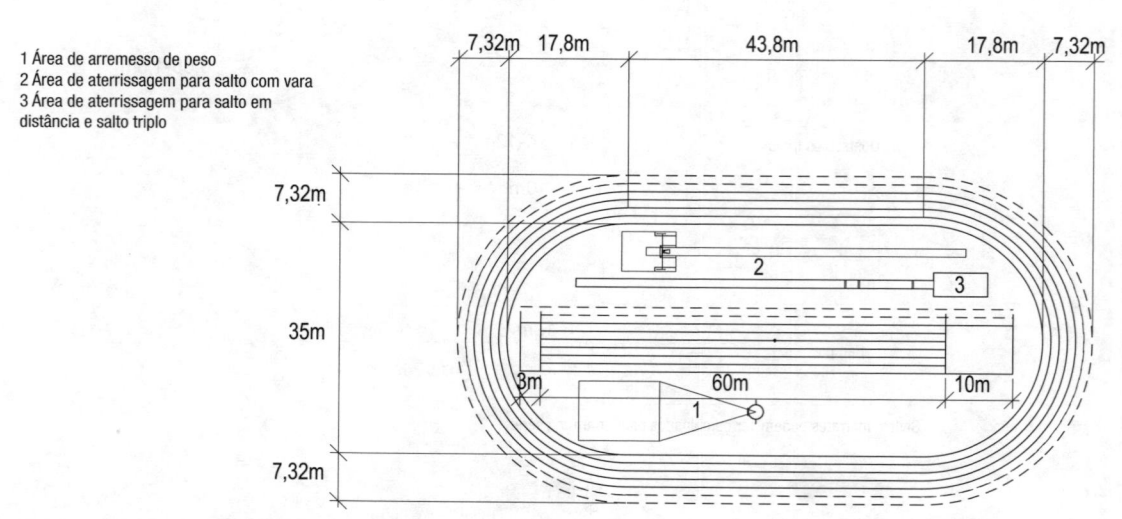

32.14 Área interna para atletismo (esportes de campo e pista de corrida).

1 Área de arremesso de peso
2 Área de aterrissagem para salto com vara
3 Área de aterrissagem para salto em distância e salto triplo

32 Espaços esportivos: ginásios e esportes ao ar livre   32-9

1 Área de arremesso de peso
2 Pista para lançamento de dardo
3 Área de arremesso de disco ou martelo
4 Área de aterrissagem para salto com vara
5 Pista para salto em altura
6 Área de aterrissagem para salto em distância e salto triplo
7 Câmeras sobre trilhos

32.15 Área olímpica para atletismo (esportes de campo e pista de corrida).

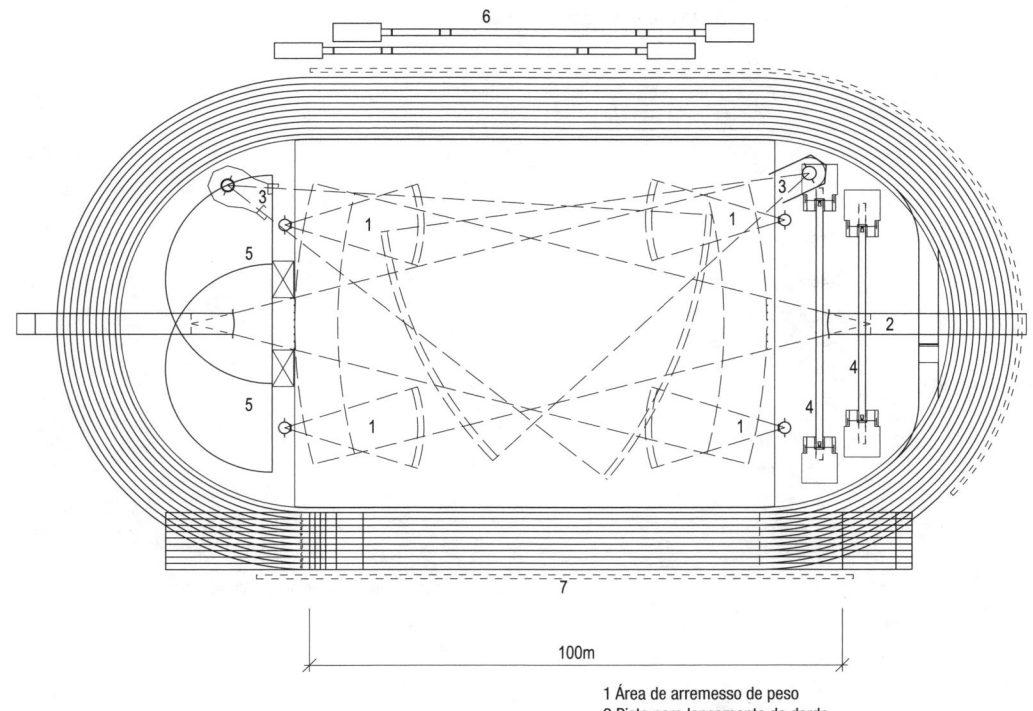

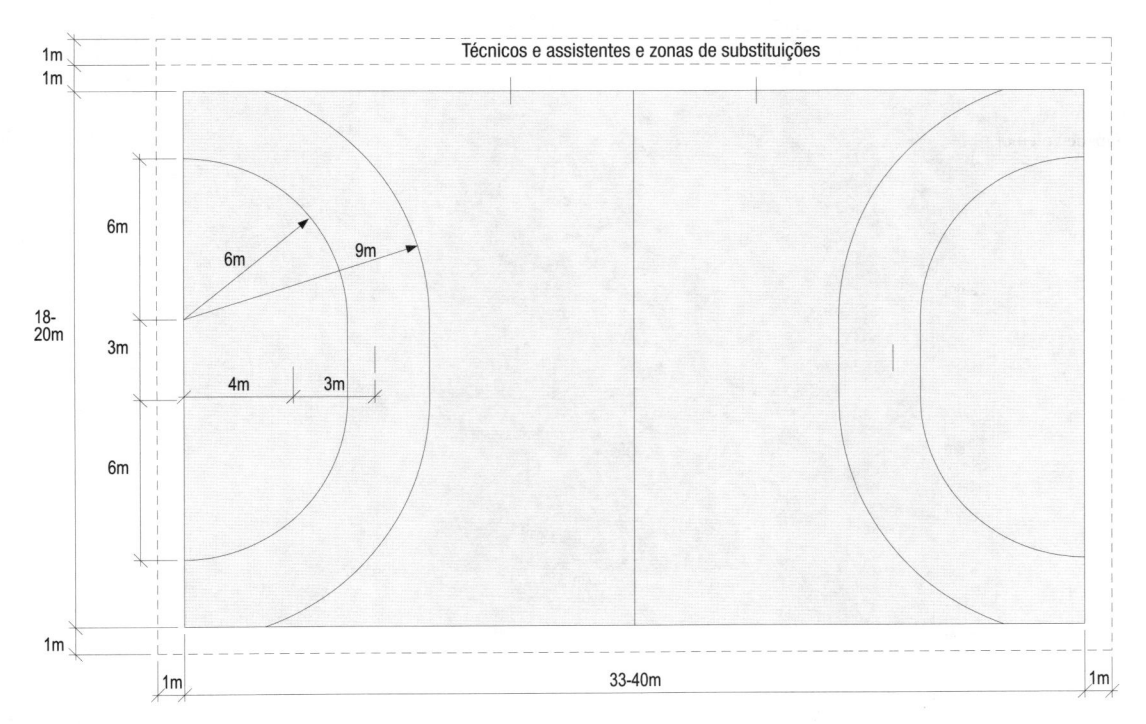

32.16 Quadra de handebol.

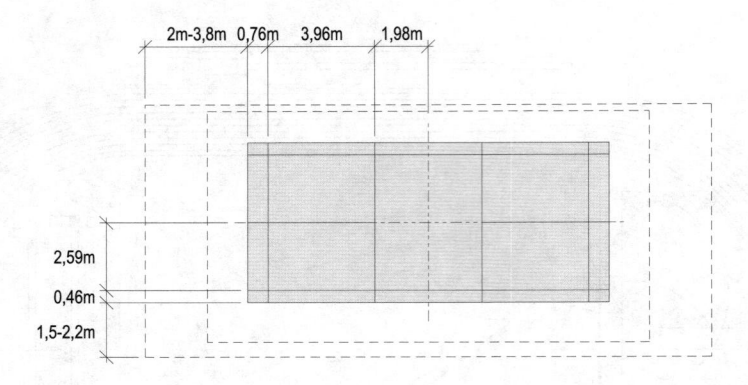

32.17 Quadra de badminton.

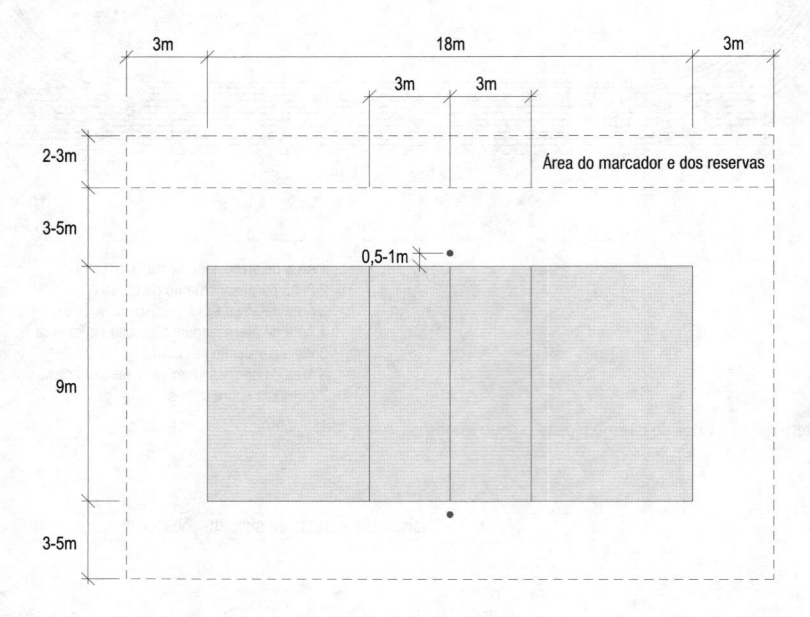

32.18 Quadra de voleibol.

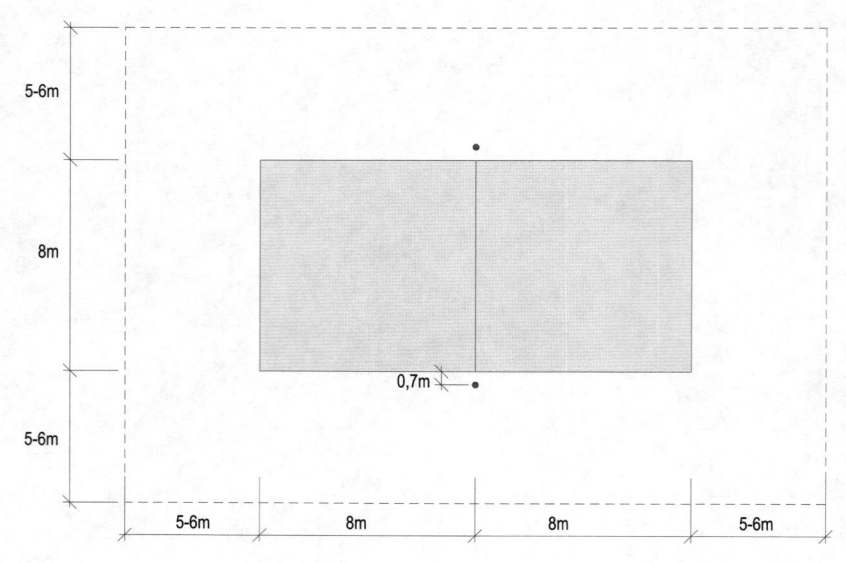

Área do marcador e dos reservas

32.19 Quadra de voleibol de praia.

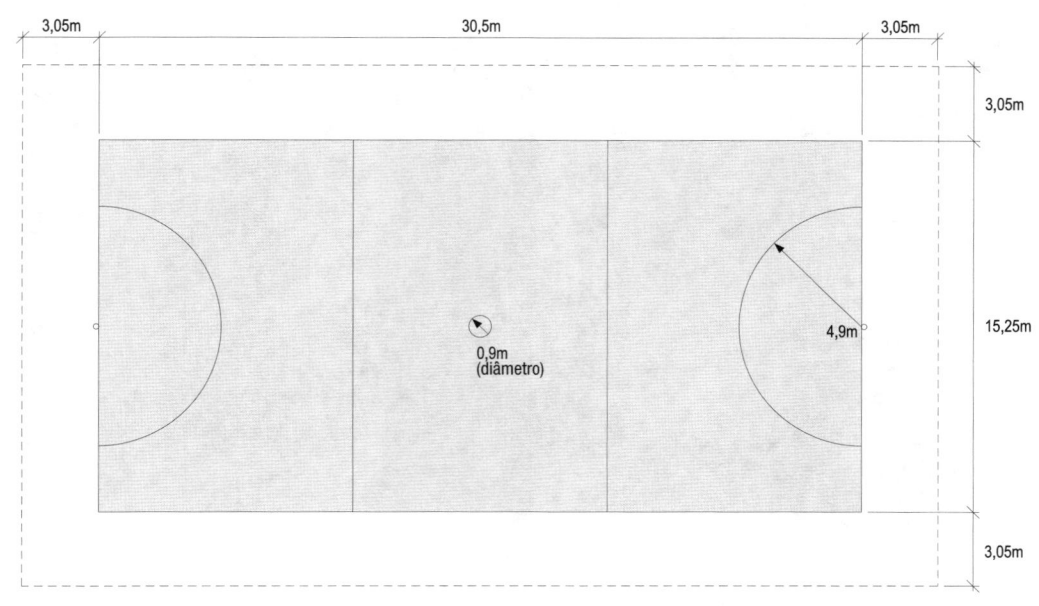

32.20 Quadra de netball.

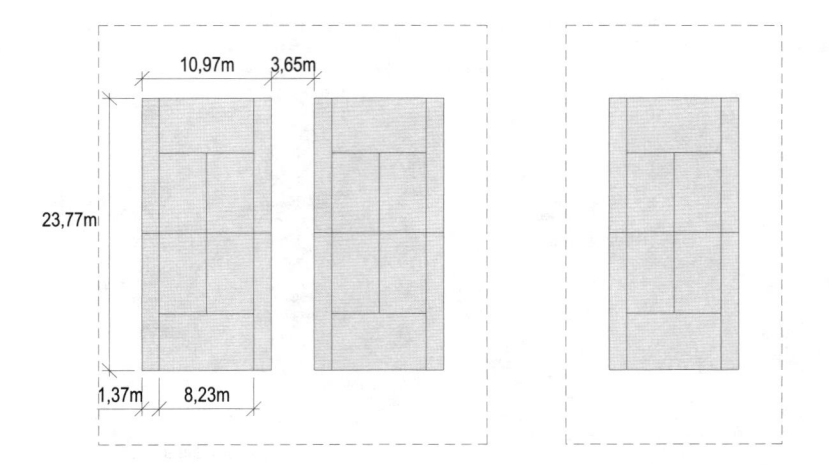

32.21 Quadras de tênis.

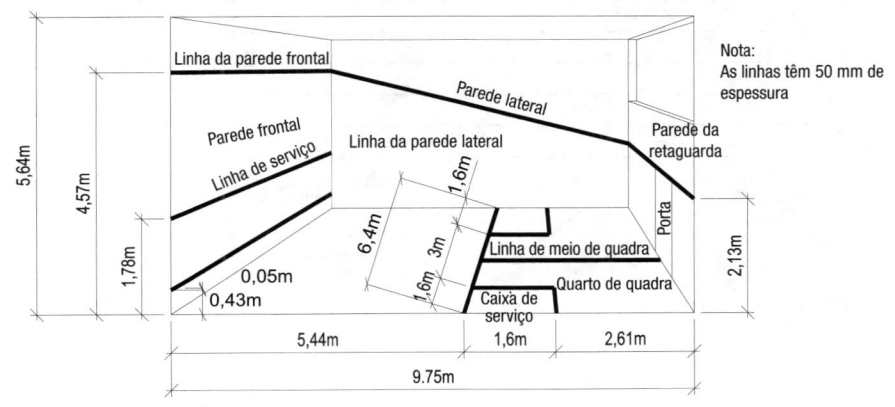

32.22 Quadra de squash (vista em perspectiva lateral).

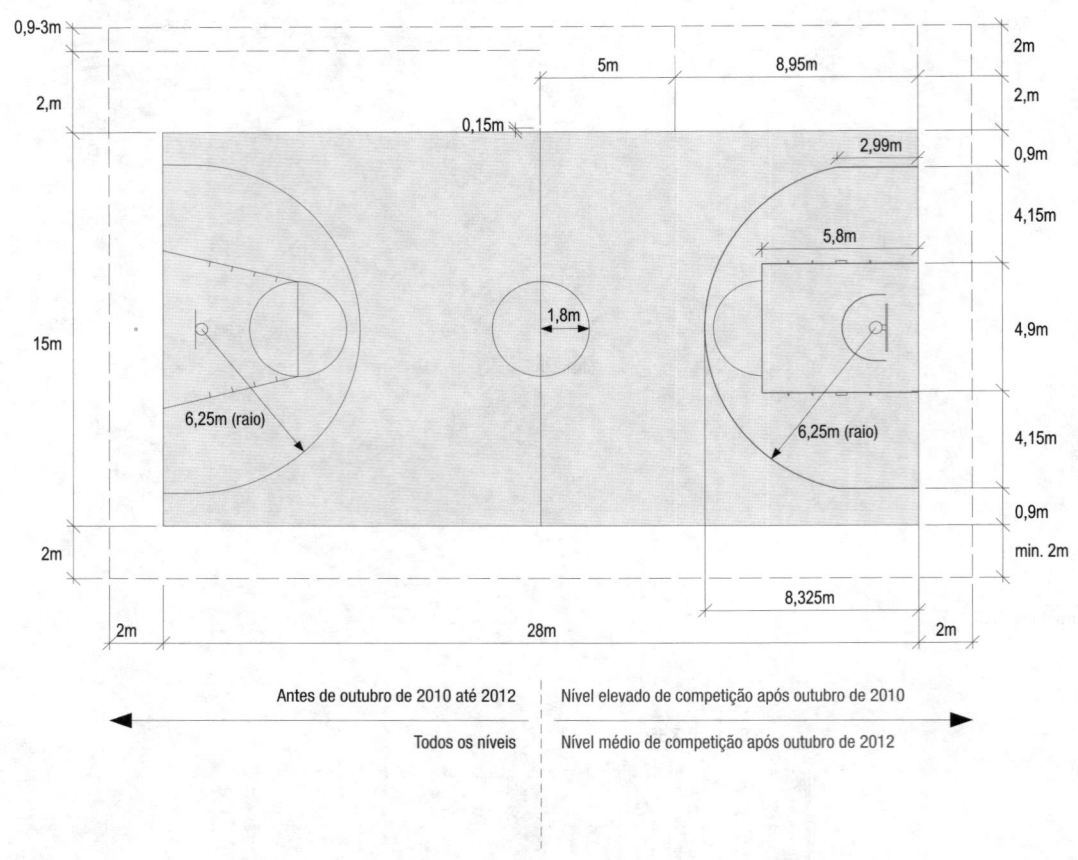

32.23 Quadra de basquetebol.

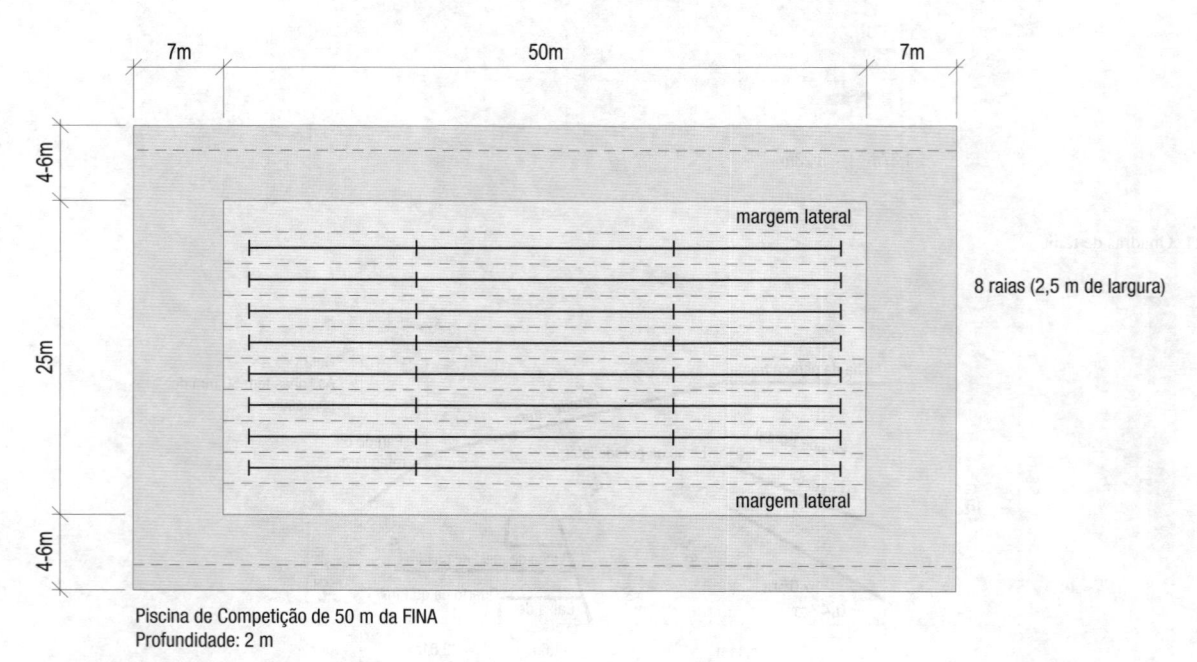

32.24 Piscina de competição.

Piscina de Competição de 50 m da FINA
Profundidade: 2 m

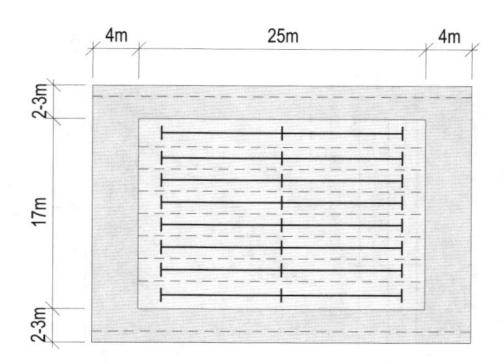

32 Espaços esportivos: ginásios e esportes ao ar livre

Piscina curta para competição (25 m)
Profundidade: 1 m – 1,8 m

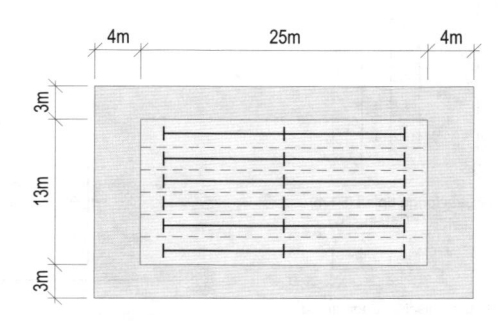

Piscina curta para treino
Profundidade: 0,9 m – 1,25 m (o ideal é entre 1,0 e 2,0 m)

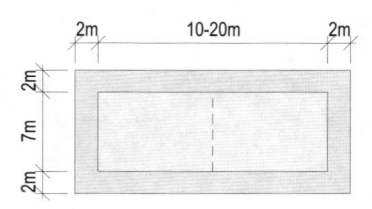

Piscina para iniciantes
Profundidade: 0,6 m – 0,9 m

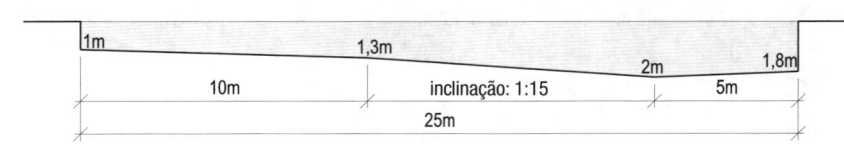

Corte longitudinal de uma piscina curta típica (25 m)

Corte transversal de uma piscina para iniciantes típica

32.25 Piscinas curtas.

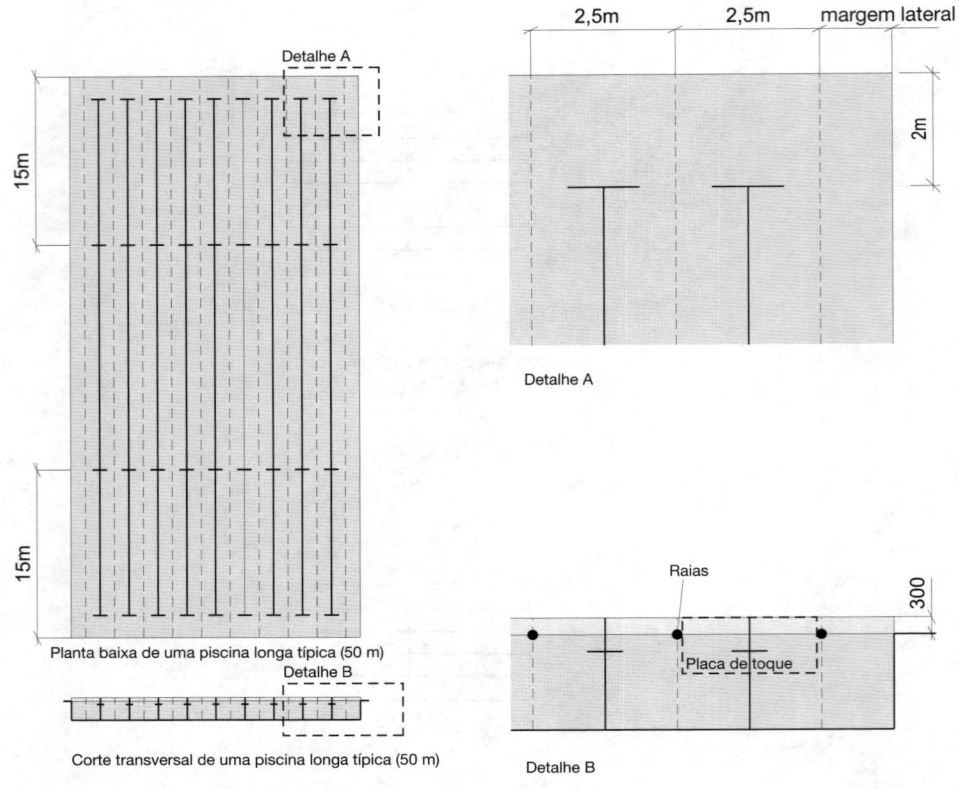

32.26 Piscina longa.

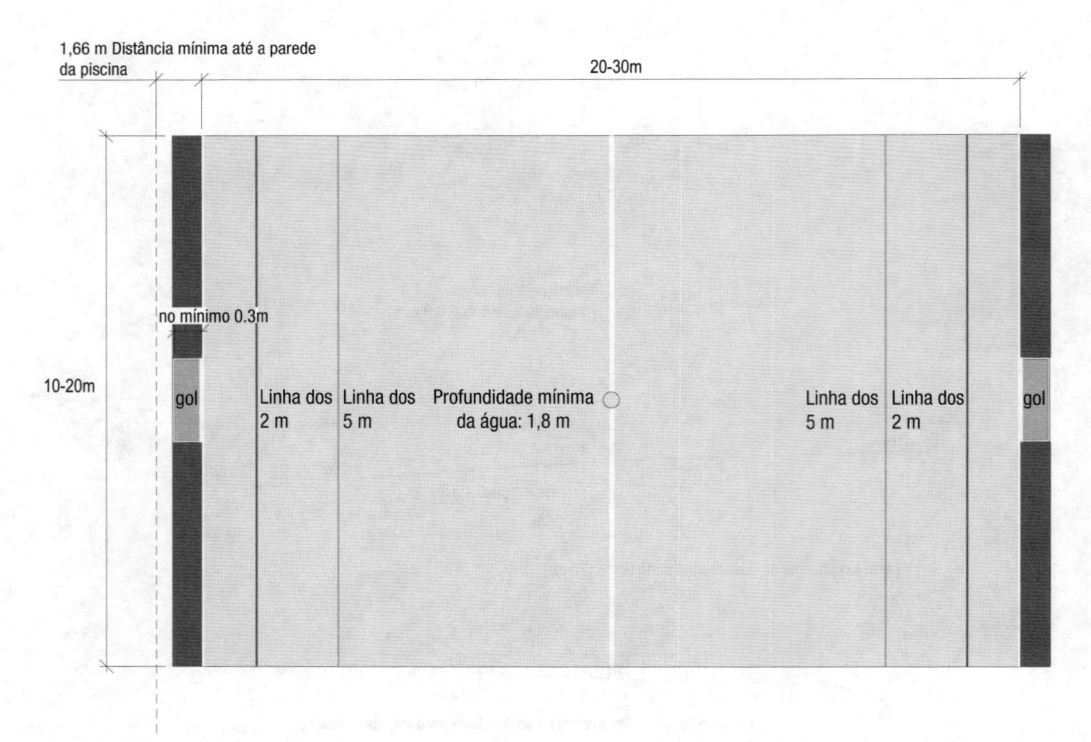

32.27 Piscina para polo aquático.

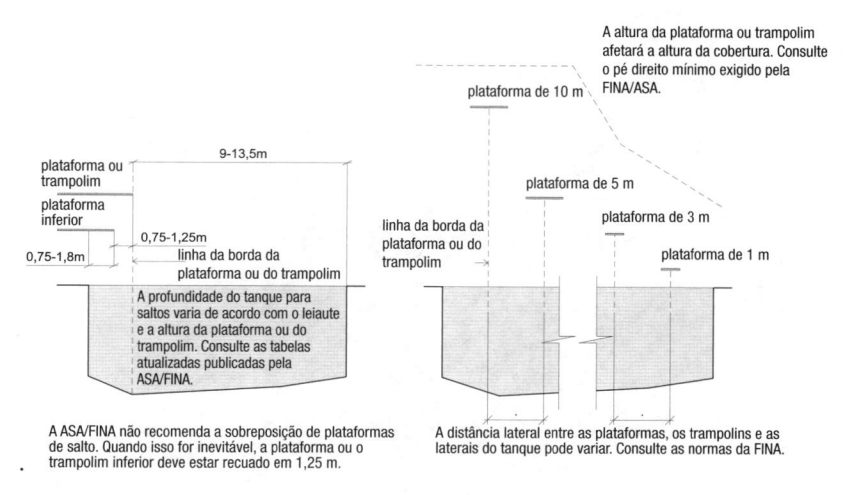

32.28 Tanque para saltos.

3.6 Percursos para esportes náuticos (vela e caiaque)

Os percursos para os esportes desta categoria raramente são iguais – na verdade, a diferença entre eles é, em parte, o que torna esses locais tão interessantes (Figuras 32.29–32.30).

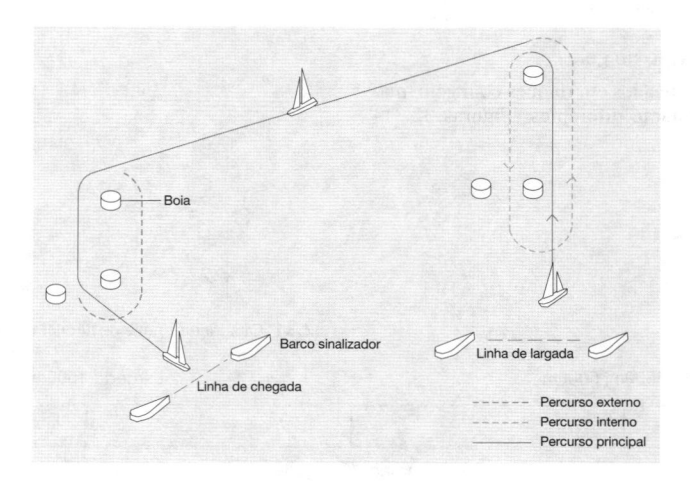

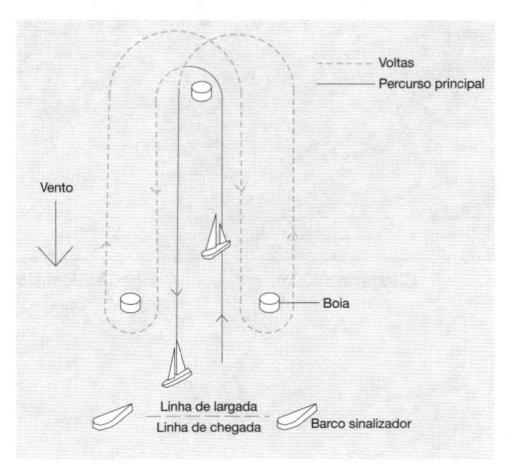

32.29 Percursos para esportes náuticos (vela e caiaque).

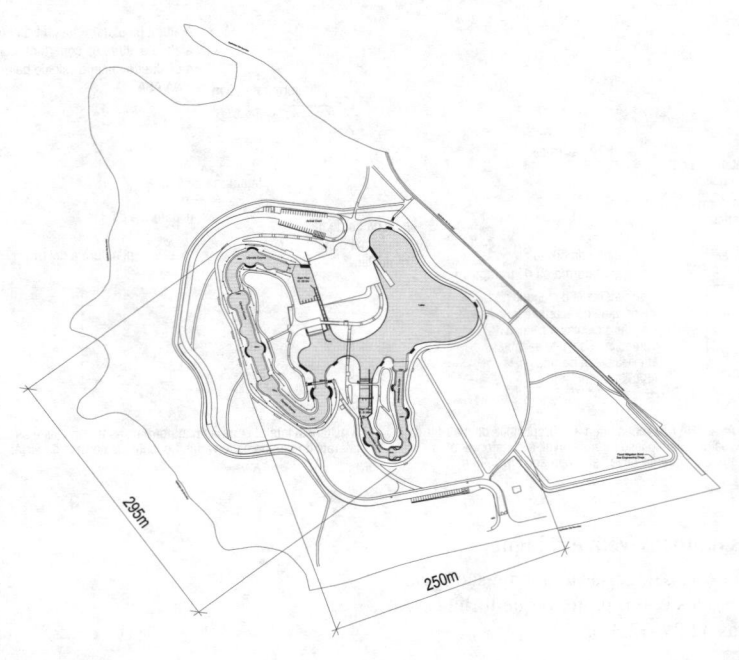

32.30 Percurso para caiaque de água branca.

3.7 Quadras e pistas de patinação no gelo

Os esportes a seguir são todos praticados em rinques com gelo, mas as quadras terão dimensões bastante diferentes (Figuras 32.31–32.33).

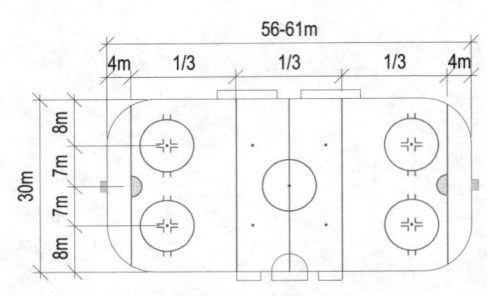

32.31 Quadra ou rinque de hóquei no gelo.

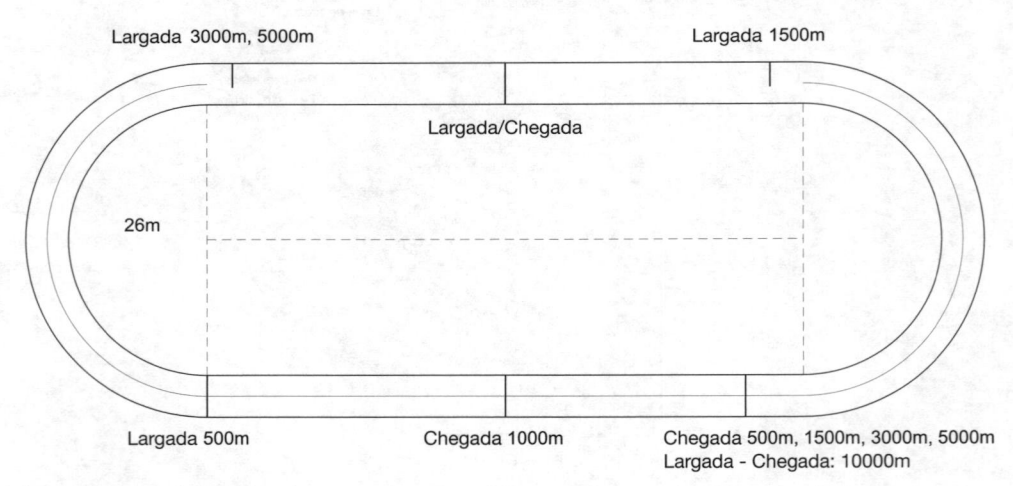

32.32 Patinação de velocidade no gelo (pista longa).

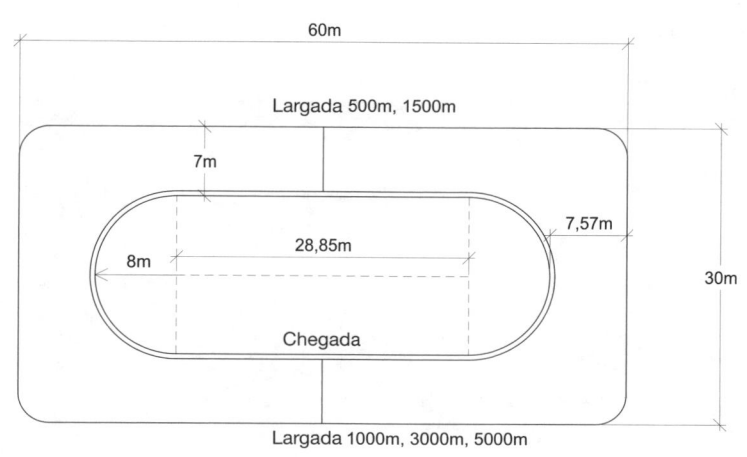

32.33 Patinação de velocidade no gelo (pista curta).

3.8 Outros esportes

Os demais esportes ilustrados neste capítulo não são tão fáceis de categorizar. Alguns exigem um ringue, outros uma zona de combate ou mesmo um estande, uma cancha ou mesa (Figuras 32.34–32.45).

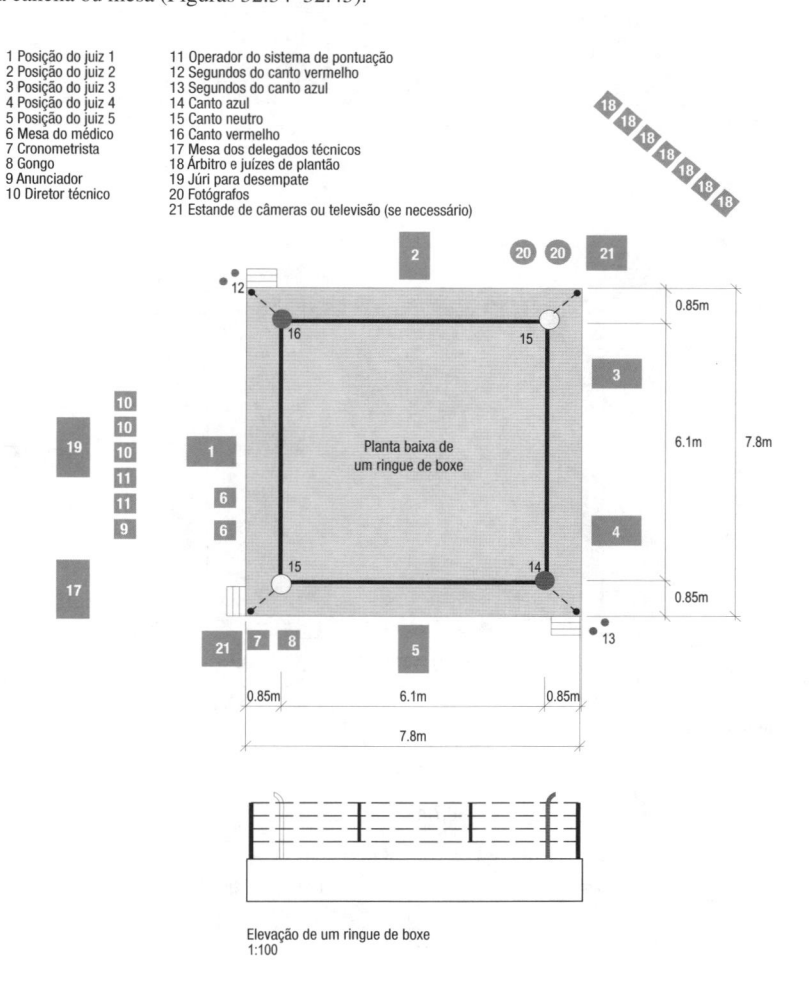

1 Posição do juiz 1
2 Posição do juiz 2
3 Posição do juiz 3
4 Posição do juiz 4
5 Posição do juiz 5
6 Mesa do médico
7 Cronometrista
8 Gongo
9 Anunciador
10 Diretor técnico
11 Operador do sistema de pontuação
12 Segundos do canto vermelho
13 Segundos do canto azul
14 Canto azul
15 Canto neutro
16 Canto vermelho
17 Mesa dos delegados técnicos
18 Árbitro e juízes de plantão
19 Júri para desempate
20 Fotógrafos
21 Estande de câmeras ou televisão (se necessário)

Elevação de um ringue de boxe
1:100

32.34 Boxe (pugilismo).

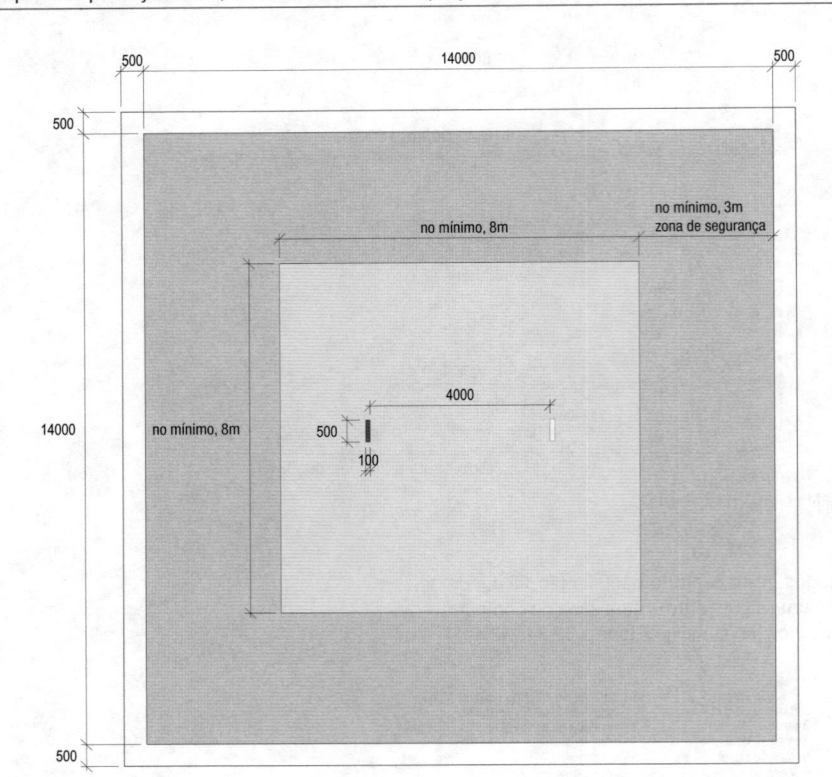

32.35 Judô.

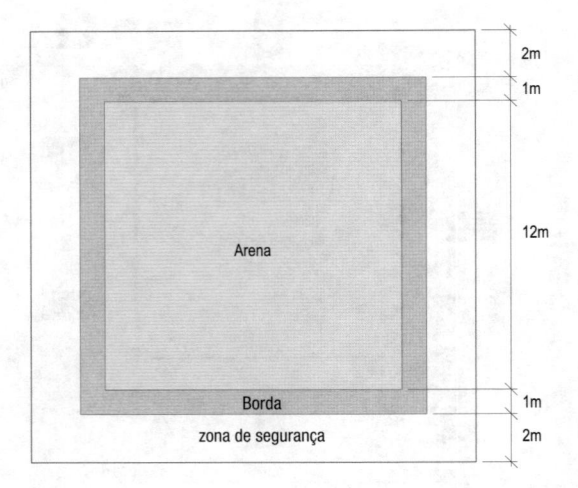

32.36 Ginástica (masculina e feminina).

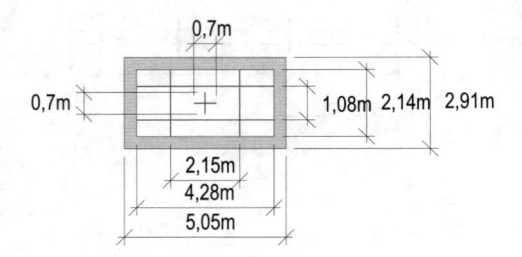

32.37 Trampolim acrobático

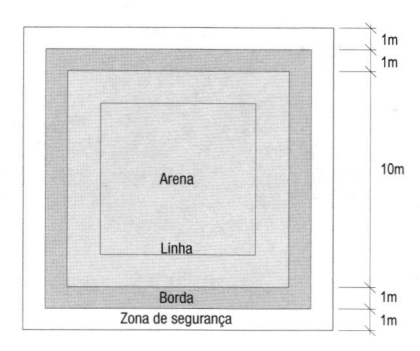

32.38 Ginástica de trampolim.

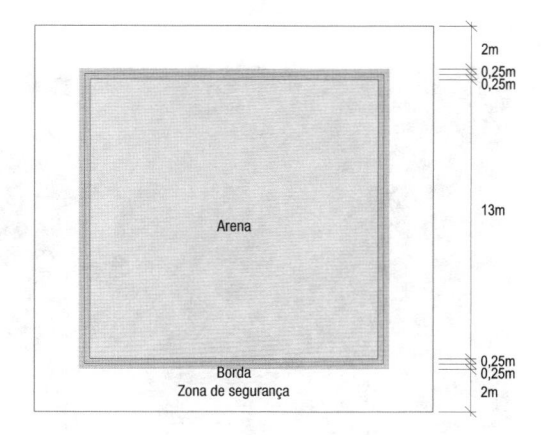

32.39 Ginástica rítmica.

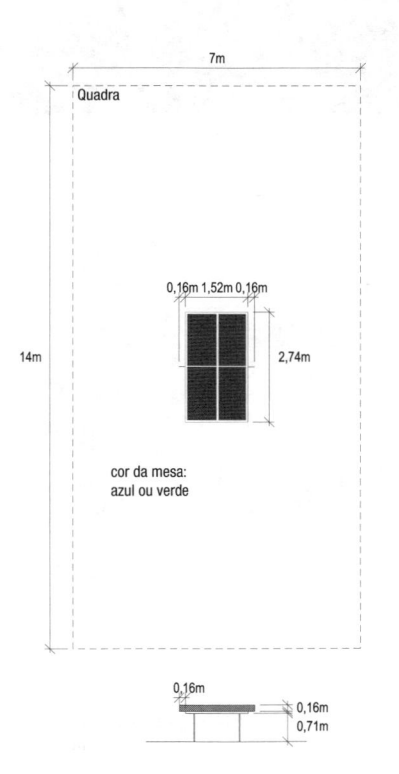

32.40 Pingue-pongue (tênis de mesa).

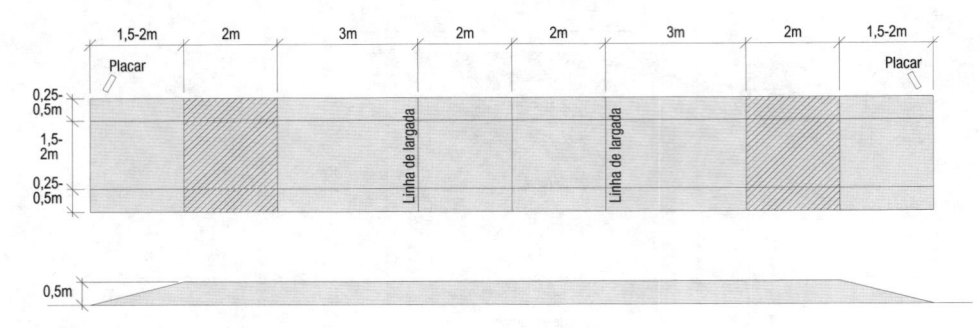

32.41 Pista de esgrima.

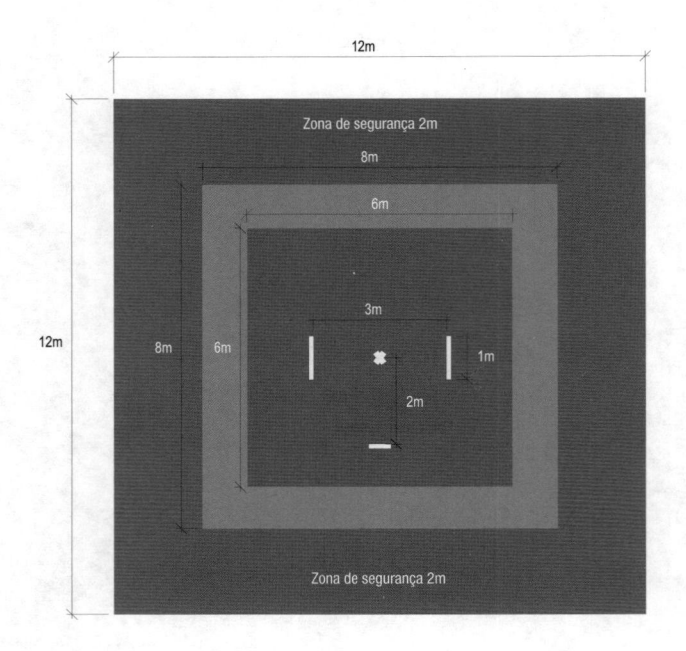

32.42 Caratê.

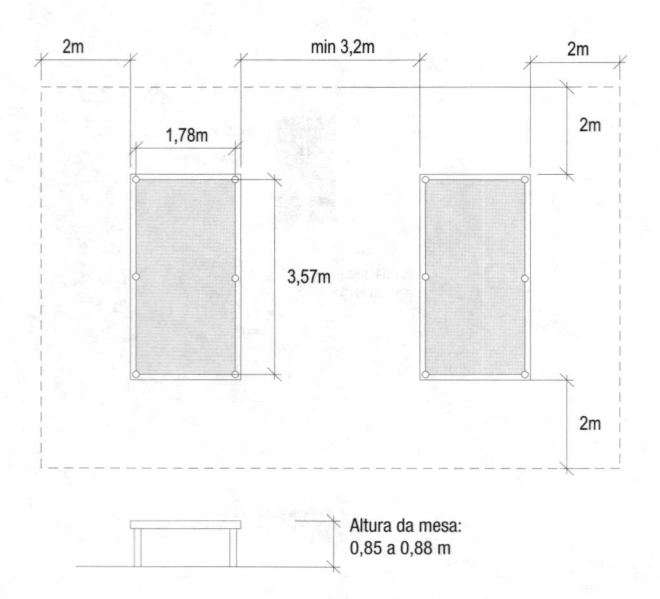

32.43 Mesa de bilhar ou sinuca.

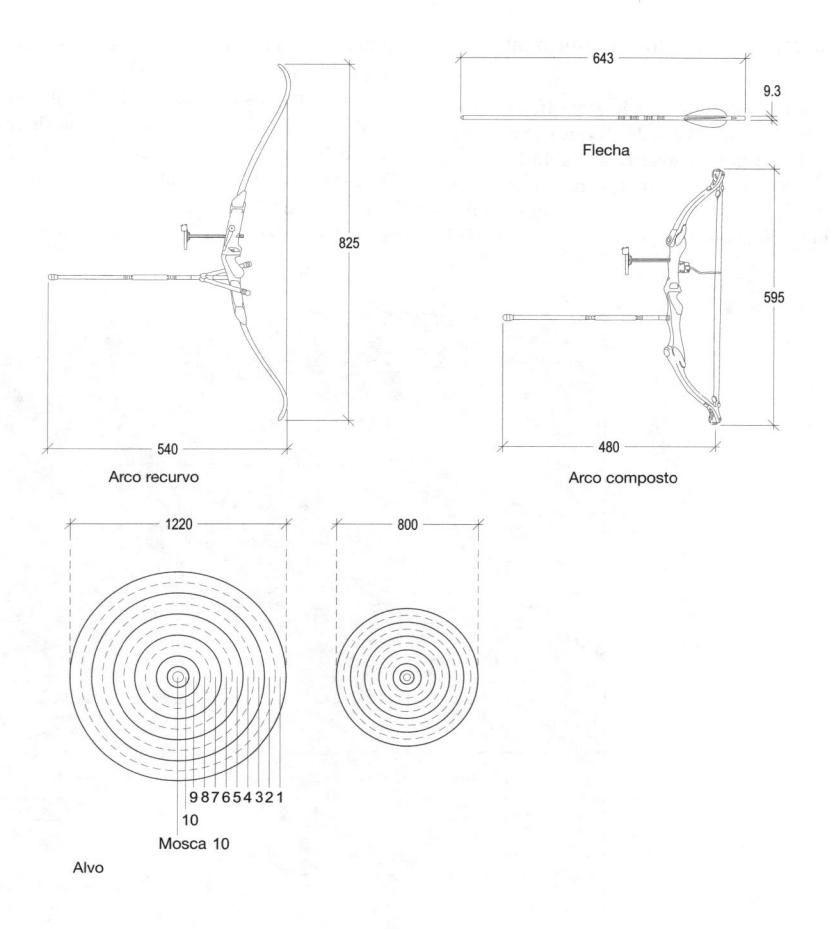

32.44 Tiro com arco.

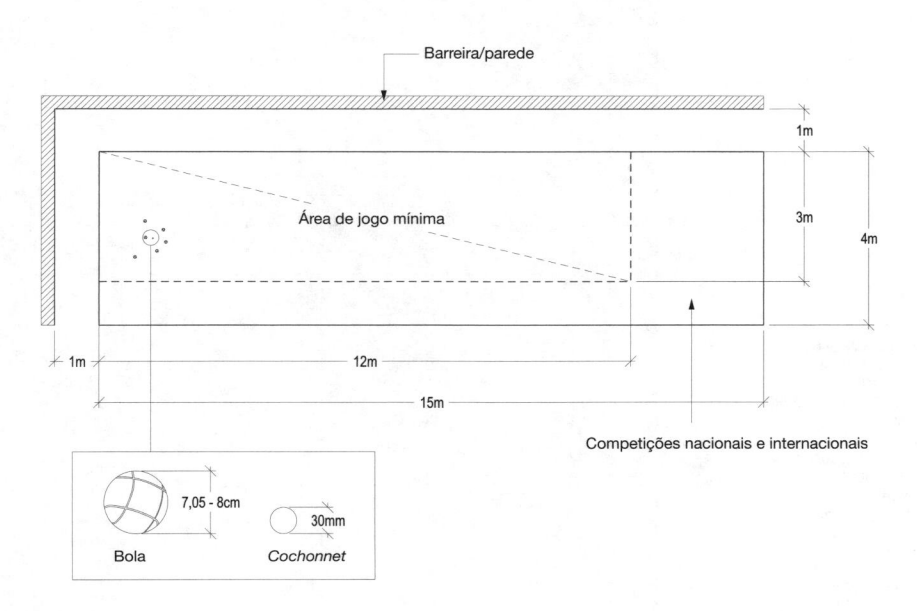

32.45 Petanca (ou petanque).

3.9 Compatibilidade de esportes (quadras multiuso ou poliesportivas)

Dentro de uma determinada faixa de tamanho, há superfícies que podem acomodar vários esportes compatíveis, desde que os pisos recebam as marcações adequadas. Algumas superfícies multiuso podem ter essas marcações feitas com cores diferentes, para que fiquem claramente distintas entre si. É bastante comum que um pavilhão esportivo de escola ou clube tenha quadras poliesportivas para tênis, futebol de cinco (futsal), futebol de salão, basquetebol, voleibol, *netball* e *badminton* (Figura 32.46).

Uma das grandes vantagens de uma arena coberta moderna como a O2 Arena de Londres é sua flexibilidade para a acomodação de vários eventos diferentes (Figura 32.47). É possível projetar a quadra de modo que também possa se transformar em um local para a prática de hóquei no gelo, *netball*, tênis, boxe, *badminton*, ginástica ou até mesmo adestramento (hipismo).

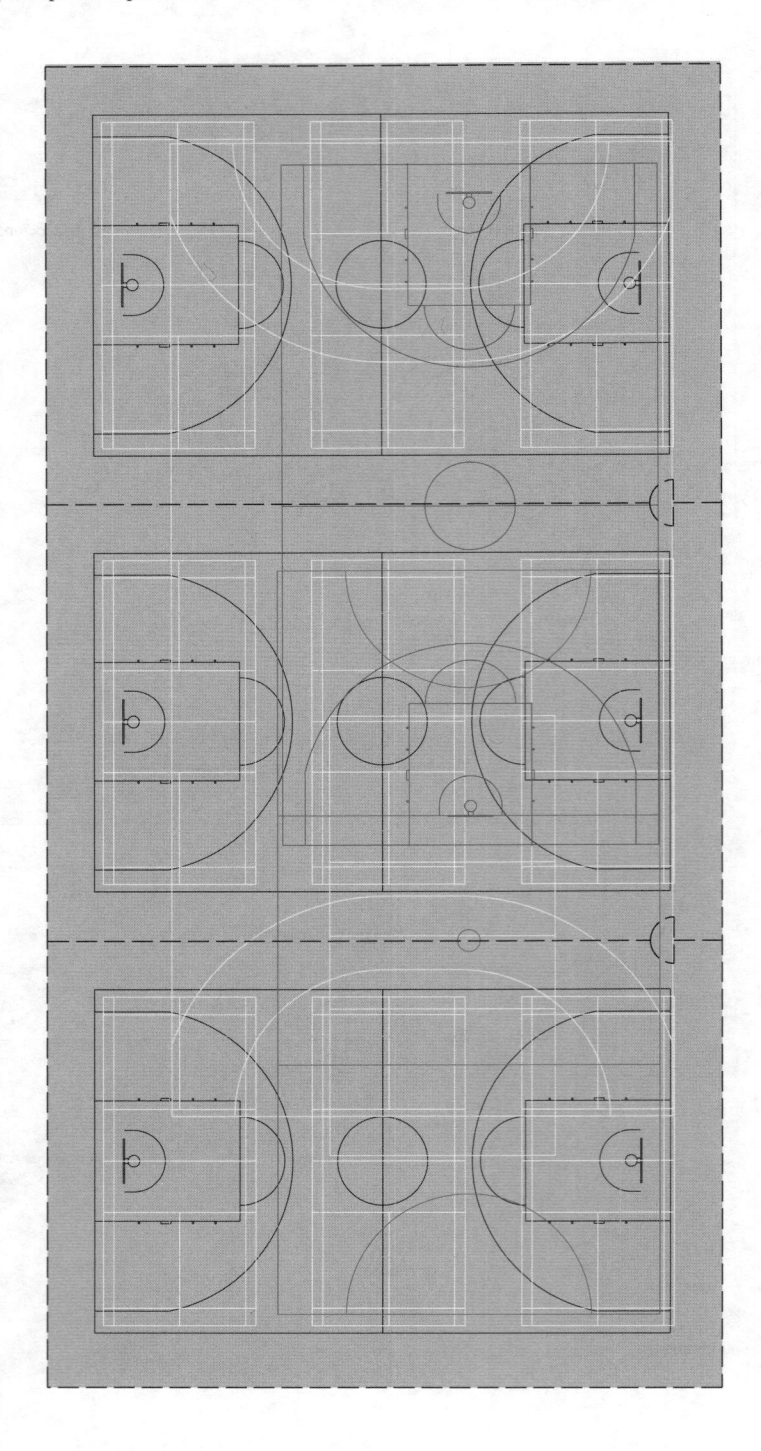

AMARELO: HANDEBOL
40,00 m × 20,00 m
PRETO: QUADRA DE BASQUETEBOL DE TAMANHO OFICIAL
28,00 m × 15,00 m
AZUL MARINHO: QUADRA DE BASQUETEBOL PARA TREINAMENTO
23,00 m × 14,00 m
BRANCO: BADMINTON
13,40 m × 6,10 m
AZUL CLARO: VOLEIBOL
18,00 m × 9,00 m
VERDE: VOLEIBOL
18,00 m × 9,00 m
VERMELHO: NETBALL
30,50 m × 15,25 m

32.46 Quadras poliesportivas.

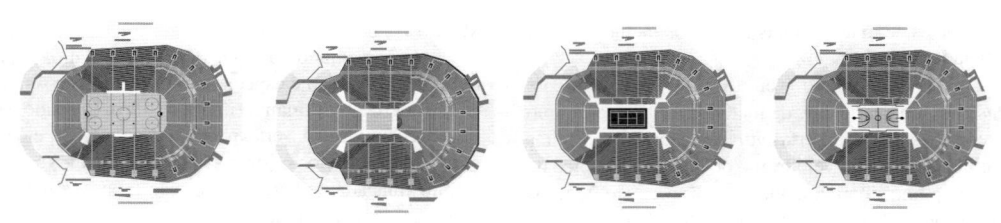

32.47 As diferentes configurações da O2 Arena (Londres).

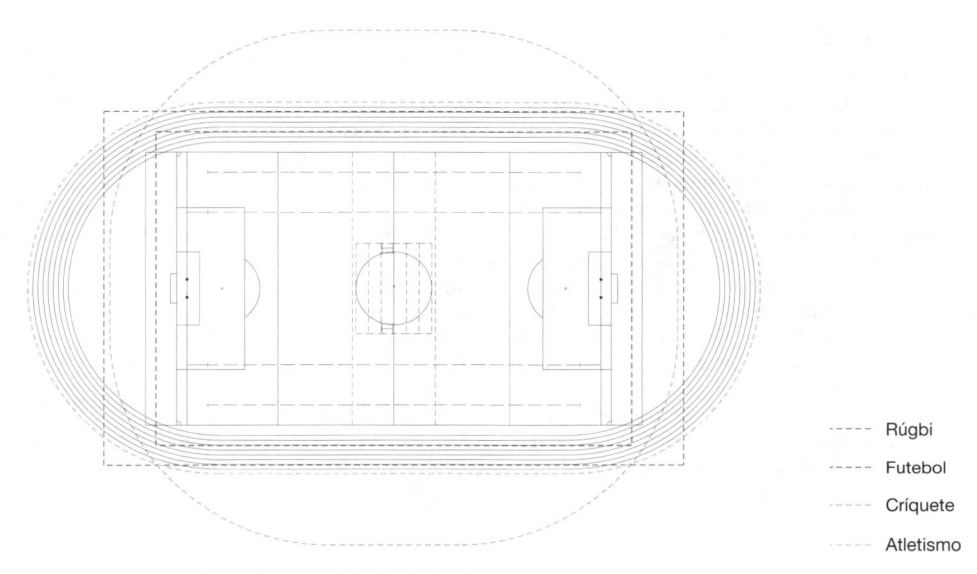

32.48 Diagrama mostrando um campo poliesportivo para rúgbi, futebol, críquete e atletismo.

Os estádios de nível internacional também estão cada vez mais sendo projetados para acomodar os diversos esportes que atraem grandes multidões, incluindo os vários tipos de futebol, o rúgbi (de ambos os códigos), o atletismo e o críquete (Figura 32.48). A transformação da área de competição pode ser feita de muitas formas diferentes e é discutida na Seção 4.8.

3.10 Superfícies das áreas esportivas

Os esportes são praticados em uma gama muito extensa de superfícies, que podem ser muito simples, como canchas de areia (para voleibol, petanca ou bocha), gramados de complexidade variável ou mesmo pisos elevados de madeira bastante sofisticados (no caso dos esportes de salão).

Grama natural

Já foi feito um número considerável de pesquisas para identificar os gramados mais apropriados para cada propósito esportivo. A variedade inclui a espécie da gramínea, o substrato de cultivo, um reforço flexível que aumente a longevidade do gramado (e, ao mesmo tempo, proteja os jogadores), redes de irrigação e, inclusive, sistemas de aquecimento que mantenham a grama em condições apropriadas para o uso ao longo do ano inteiro. Também deve ser levada em consideração a saúde da grama, que exige, para uma boa manutenção, tanto a luz natural quanto a ventilação, o que às vezes significa sistemas de apoio artificiais. No caso do tênis, tanto no Reino Unido (torneios de Queens e Wimbledon) como em outras partes do mundo, é comum usar quadras de azevém, que precisam ser semeadas anualmente. As quadras com grama geralmente são as superfícies de jogo mais rápidas, com menos pulos das bolas, o que historicamente favorece o serviço e o estilo de jogo serviço e voleio.

Grama sintética

Em vários países, os campos de futebol, hóquei e outros esportes cada vez mais são construídos com grama feita de fibras sintéticas (frequentemente polietileno), que têm uma aparência similar à da grama natural, mas exigem menos manutenção e podem ser aproveitadas em todas as estações do ano. A maioria dos esportes jogados em campo pode usar gramados artificiais (inclusive o futebol), embora alguns torneios proíbam o uso dessas superfícies. A grama artificial oferece uma consistência e regularidade que é particularmente apropriada para as redes de hóquei e críquete e, é claro, como ela dispensa a necessidade de luz solar e irrigação, se torna especialmente adequada para o uso interno, em ginásios.

Superfícies de borracha

As pistas de corrida (atletismo) mais rápidas têm superfície de borracha natural (látex) ou sintética, que pode ser aplicada em faixas longitudinais ou como uma camada homogênea sobre uma sub-base de macadame betuminoso. Isso cria uma base macia, que diminui o esforço dos atletas e protege seus corpos. Superfícies similares podem ser aplicadas em pavilhões esportivos e outros espaços fechados, sendo adequadas para inúmeros esportes praticados em campos e quadras.

Pisos de madeira

Os ginásios frequentemente possuem uma superfície de madeira para a prática de esportes que é elástica para proteger os participantes, o que as torna adequadas para vários esportes, como ginástica, tênis, *netball*, *squash*, *badminton*, etc. Esses pisos costumam ser construídos sobre um contrapiso (uma camada de regularização de argamassa) e têm tábuas de madeira maciça de 22 mm de espessura pregadas ou encaixadas sobre sarrafos a uma base resiliente. No

Reino Unido, as espécies de madeira mais utilizadas incluem a faia, o bordo e o *ash* canadense.

Embora as pistas de ciclismo (velódromos) historicamente sejam construídas com uma variedade de materiais diferentes, como o concreto e a escória, as pistas cobertas atuais costumam ser feitas com madeira de pinho. A pista do velódromo do Parque Olímpico de Londres foi feita com pinho siberiano, pois suas árvores são famosas por sua altura e seu prumo, o que as torna muito adequadas para fornecer as longas tábuas necessárias para conformar essas pistas. Além disso, o rigoroso clima da Sibéria também significa que essa madeira é muito estável e não trabalhará (contraindo-se ou dilatando-se) sob as condições ambientais do velódromo.

Outras superfícies para a prática de tênis
Existem quatro superfícies utilizadas para competições profissionais de tênis: grama (abordada a seguir), saibro (tijolo de argila moído, acrílico ou outro material sintético) e grama sintética. Além do tijolo moído, pode-se utilizar xisto ou pedra moída. Essas quadras podem ter coloração avermelhada ou verde e são comuns na Europa e América do Sul. As quadras de argila vermelha, mais lentas do que as de argila verde, são utilizadas pelo Torneio Aberto de Roland Garros, na França. Essas quadras costumam ser mais lentas do que as demais, resultando em menor predomínio do jogador que faz o serviço durante a partida. As quadras de piso duro podem ser de acrílico (poliuretano) ou outro material sintético, e recebem uma pintura superficial com conteúdo de areia. Em termos de velocidade e ricocheteio, essas superfícies são um meio-termo entre aquelas de grama e as de saibro. Elas são utilizadas no Torneio Aberto dos de Melbourne e no Torneio Aberto dos Estados Unidos (Flushing Meadows) e são comuns no mundo inteiro. A grama sintética tem seu peso aumentado com o uso da areia e é uma espécie de carpete removível. Seu uso é especialmente comum na Ásia. As quadras de tênis cobertas costumam ser de piso duro. Contudo, se estiverem em uma arena multiuso, serão revestidas de um carpete emborrachado.

Para torneios e jogos de nível mais baixo, as superfícies de asfalto (macadame betuminoso) são uma alternativa mais barata e que requer menos manutenção.

3.11 Orientação do campo visual dos esportistas e espectadores

Existem algumas regras gerais para isso e, às vezes, há normas que ditam a orientação dos campos esportivos, particularmente aqueles projetados para o aproveitamento máximo dos espectadores e a cobertura da televisão (Figura 32.49). Em geral, nos climas temperados, implanta-se o campo com seu eixo longitudinal na orientação norte-sul, aceitando-se uma variação de 15° para ambas as orientações. Isso busca garantir que nenhum dos times fique voltado para o sol baixo da tarde (a oeste). Consequentemente, os espectadores precisarão estar concentrados no lado oeste do campo, para que também não estejam voltados para o sol. A direção predominante do vento também pode ser um fator que influenciará na orientação de uma área esportiva externa. Uma exceção a essa regra é o caso do famoso Estádio Wembley, que fica orientado com seu eixo principal na direção Leste-Oeste.

3.12 Tecnologia necessária para os campos de esporte

Os campos com gramado natural mais sofisticados e que se destinam a jogos profissionais muitas vezes serão dotados de inúmeras

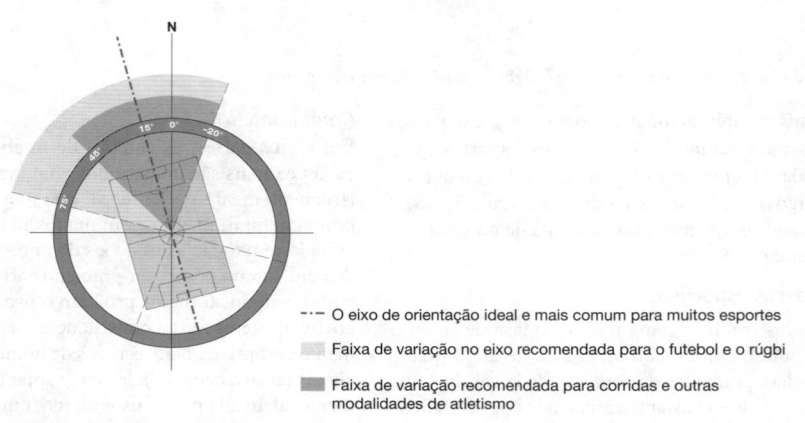

32.49 A orientação do campo visual dos esportistas e espectadores.

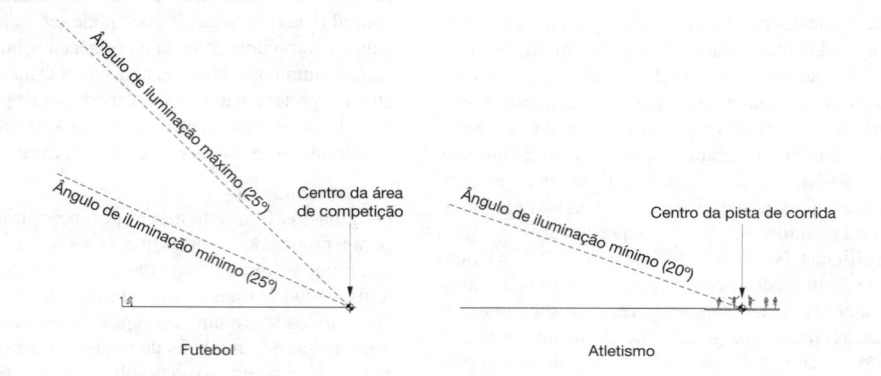

- - - O eixo de orientação ideal e mais comum para muitos esportes

Faixa de variação no eixo recomendada para o futebol e o rúgbi

Faixa de variação recomendada para corridas e outras modalidades de atletismo

32.50 Diagrama indicando a distribuição da iluminação em uma área de competição dentro de estádio.

tecnologias a fim de otimizar a qualidade e o aproveitamento do campo sob qualquer condição climática e de iluminação. Entre os recursos disponíveis, incluem-se os sistemas embutidos de irrigação, com *sprinklers* retráteis ou canhões de água nas laterais do campo, e os sistemas de calefação do gramado instalados na sub-base, que podem ser elétricos, a água ou ar. O sistema instalado sobre o campo do Estádio Millennium, em Cardiff, País de Gales, emprega uma série de grandes dutos que podem ser utilizados para aquecer, drenar e ventilar a zona das raízes da grama. Quando o campo precisa ser trocado para o uso por diferentes esportes ou atividades, está se tornando cada vez mais comum que ele seja instalado sobre um sistema de paletes que pode ser removido com empilhadeiras sempre que necessário. Esse processo, contudo, leva cerca de dois dias para ser completado. Alguns estádios ao redor do mundo, inclusive, vêm sendo construídos de modo que o campo inteiro possa ser removido por meio de uma abertura longa e estreita, possibilitando que a grama seja cultivada e mantida ao ar livre e então recolocada dentro do estádio, onde as condições não costumam ser as ideais para o gramado no longo prazo.

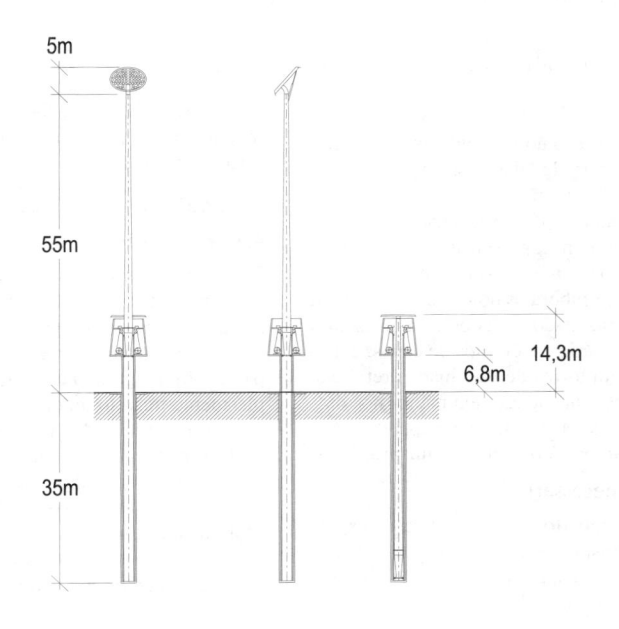

32.51 Diagrama de holofotes retráteis típicos.

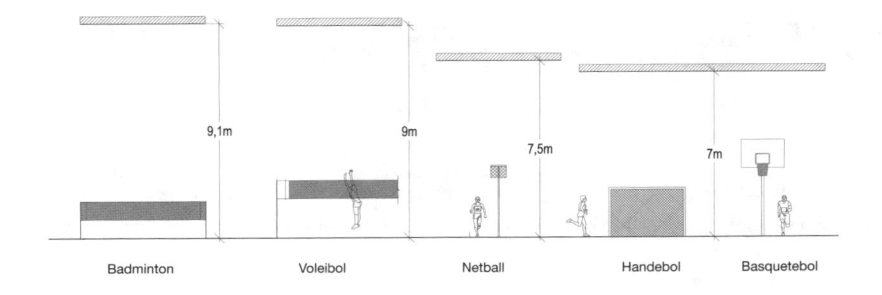

32.52 Diagrama das alturas mínimas obrigatórias para diferentes esportes (badminton, voleibol, netball, handebol, basquetebol).

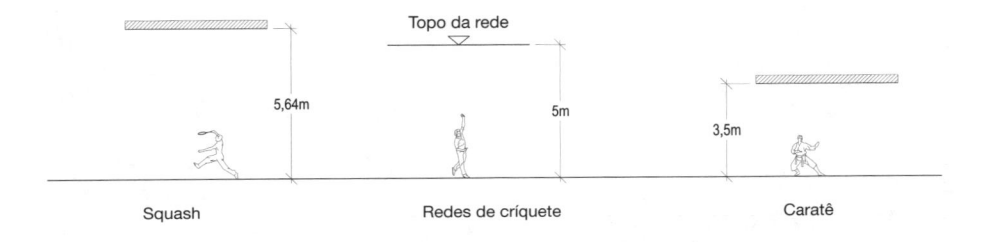

32.53 Diagrama das alturas mínimas obrigatórias para diferentes esportes (squash, críquete, caratê).

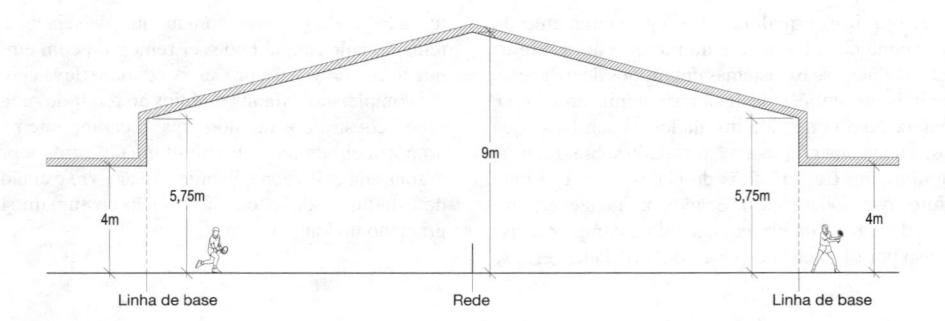

32.54 Diagrama das alturas mínimas obrigatórias para uma partida de tênis.

3.13 Holofotes

Se as partidas esportivas precisarem ser à noite, é evidente que serão necessários holofotes, para que os participantes possam jogar e treinar em segurança (Figura 32.50). Também se deve ter atenção, durante o projeto, para evitar o ofuscamento dos espectadores. No caso dos grandes eventos, que contarão com a presença de câmeras de televisão, os níveis de iluminação do campo deverão ser adequados às necessidades da teletransmissão. Embora os holofotes fixos sejam os mais comuns e costumem estar instalados na cobertura do estádio ou no topo de grandes mastros, há vários exemplos de casos, como o do campo de críquete Lords, com torres de iluminação retráteis, de modo que seu impacto na silhueta da cidade seja menor nos dias sem partida (Figura 32.51). A altura das luminárias dependerá dos níveis lumínicos necessários no campo e do ângulo da luz projetada.

3.14 Altura livre ou pé-direito necessário

Ao planejar o projeto de espaços cobertos para a prática de esportes, o arquiteto deve levar em consta a altura do local necessária para cada modalidade. Em certos casos, a altura depende do nível da competição, assim os órgãos oficiais devem ser consultados. As Figuras 32.52 a 32.54, entretanto, mostram as alturas mínimas recomendadas para competições em clubes e de nível municipal, estadual e nacional.

4 ESPAÇOS PARA ESPECTADORES

4.1 Introdução

Esta seção relaciona as exigências para as estruturas de visualização dos espectadores, caso seja necessário que esses consigam observar a ação na área de competição. É claro que, no caso de uma partida de futebol escolar, por exemplo, o número de espectadores acompanhando o jogo não costuma ser muito grande, e eles podem simplesmente ficar ao redor do campo. Contudo, sempre que o público formar uma fileira dupla ou tripla, a visualização se tornará mais difícil e serão necessárias arquibancadas (Figura 32.55). Por exemplo, uma grande competição de ciclismo como o Tour de France, que se desenvolve ao longo de muitos quilômetros de rodovias e ruas, costuma atrair milhares de espectadores ao longo de todo o percurso, mas como esse é extenso demais, as estruturas para acomodar o público somente serão exigidas perto da linha de chegada.

32.55 Diagramas mostrando como os espectadores podem ser acomodados em diferentes configurações em um estádio esportivo.

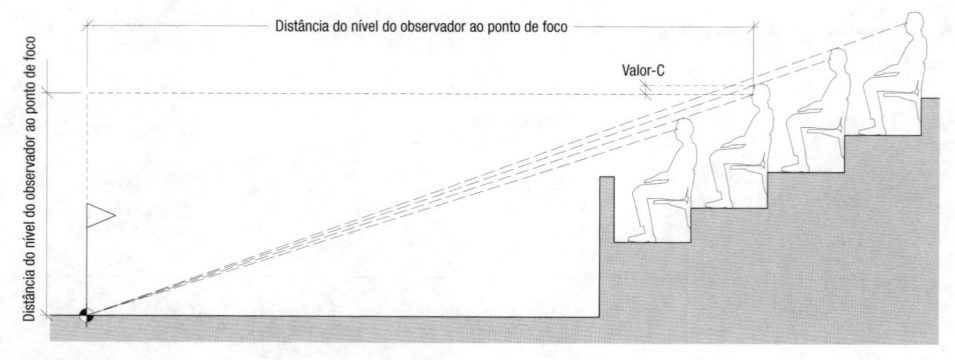

32.56 Diagrama mostrando a definição dos valores-C.

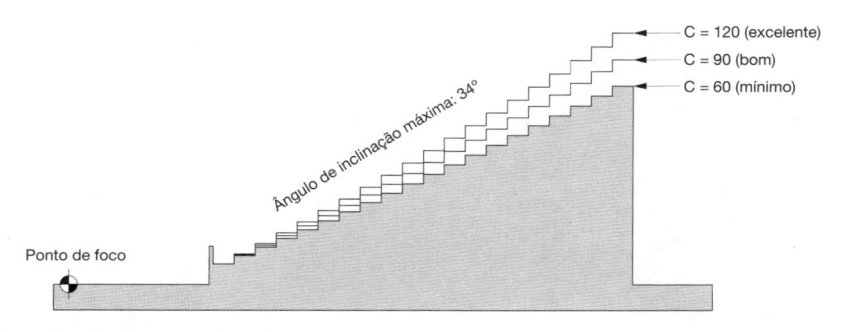

32.57 Diagrama mostrando o efeito de diferentes valores-C.

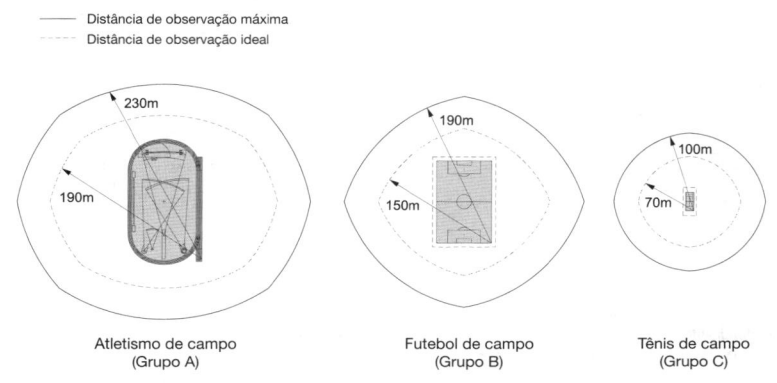

32.58 Diagrama mostrando as distâncias de observação máximas para três esportes.

O projeto dos espaços para espectadores pode ter um efeito significativo na atmosfera gerada para eles e, inclusive, para os atletas. É aí que a arte e a ciência do projeto são indivisíveis. Seja qual for a capacidade das instalações para os espectadores, eles podem ser acomodados de muitas maneiras, que se relacionam com a área total e a altura do ambiente, resultando em experiências muito diferentes para todas as pessoas.

4.2 Padrões de visualização e linhas de visão

O primeiro passo no projeto das linhas de visão é determinar o que precisa ser visto. Isso pode ser as linhas laterais de um campo, a altura provável que uma bola de rúgbi chutada subirá, um telão, um placar, a casamata ao lado do campo (para que se veja a reação de um técnico) ou o árbitro sentado em sua cadeira, numa partida de tênis. Também devemos nos lembrar que às vezes é impossível que se visualize a pista inteira, como é o caso de alguns esportes como o automobilismo ou o hipismo, pois isso também depende do terreno.

Uma vez estabelecido qual será o objetivo ou ponto da linha de visão, as fileiras dos espectadores poderão ser lançadas. Deve-se considerar se os espectadores ficarão sentados ou de pé para assistir o evento ou, o que às vezes ocorre, se ambas as posições serão adotadas por diferentes pessoas ao mesmo tempo. A declividade específica das arquibancadas é estabelecida determinando-se a distância da primeira fileira de espectadores em relação à linha de referência e o valor C. Este valor é uma dimensão em milímetros entre as linhas de visão dos espectadores em fileiras contíguas e perpendiculares à linha de referência, como indicam as Figuras 32.56 e 32.57. Ele costuma ser entre aproximadamente 60 e 120 mm, sendo que os valores mais elevados oferecem vistas superiores melhores. O cálculo matemático resulta em arquibancadas com perfil em curva parabólica, mas uma consideração importante é que a inclinação máxima admissível seja de 34°. Contudo, as dimensões técnicas das linhas de visão são apenas uma parte da percepção da qualidade da visão, pois há outros fatores relevantes. Alguns espectadores preferem ficar próximos à ação e abrirão mão de ter uma visão aérea geral que um ponto de observação possibilitaria, embora o inverso também seja verdade para outras pessoas. Em esportes como o hipismo e o automobilismo, a vista às vezes tem de ser mais panorâmica nos locais em que as vistas diagonais podem ser tão importantes quanto a imagem direta da pista à frente. A velocidade da ação também é um fator relevante.

4.3 Distância de observação

O tamanho da área de observação é determinado por inúmeros fatores, incluindo a preferência dos clientes, o plano de negócios, os condicionantes do terreno e as atividades essenciais no perímetro da área de competição, assim como a distância de observação máxima recomendada para cada esporte. No caso dos esportes com bola, quanto menor ela for e mais rápido se deslocar, mais difícil é sua visualização e, portanto, mais próximo deve estar o espectador. Por outro lado, uma bola maior, que se moverá mais lentamente, poderá ser bem visualizada a uma distância maior. Em outras palavras, isso significa que a distância de observação máxima para o tênis seria consideravelmente menor do que aquela para o futebol (Figura 32.58).

É evidente que há exceções à essa regra, como é o caso do golfe ou do críquete, nos quais não se espera que os espectadores efetivamente consigam seguir a bola se deslocando no ar – para eles bastará observar as reações dos esportistas.

4.4 Previsão de lugares sentados e de pé

Alguns espectadores preferem ficar de pé, outros, sentados (Figura 32.59). Isso pode depender da tradição do esporte, do nível de empolgação da torcida, da duração do evento e das normas das entidades regulamentadoras. No Reino Unido, por exemplo, os estádios de futebol são obrigados a ter assentos para todos os espectadores, mas

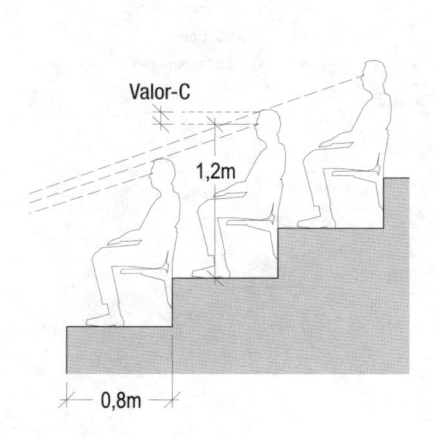

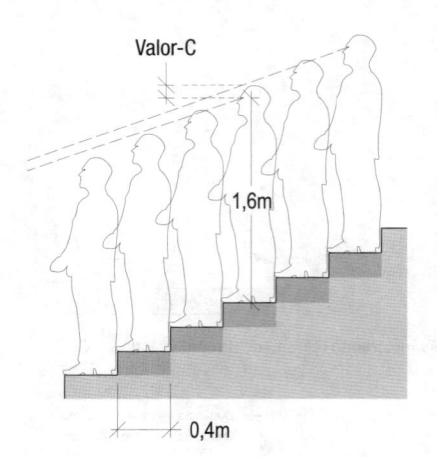

32.59 Diagramas mostrando cálculos de valor-C.

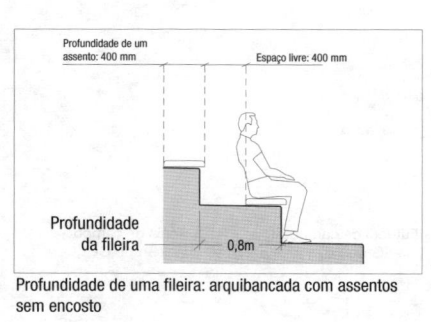

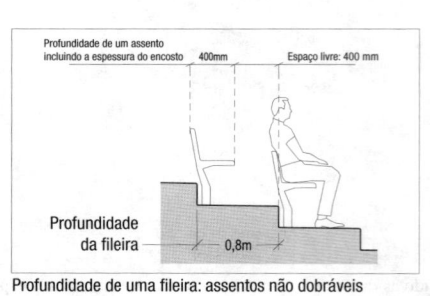

32.60 Diagramas mostrando diferentes tipos de assento.

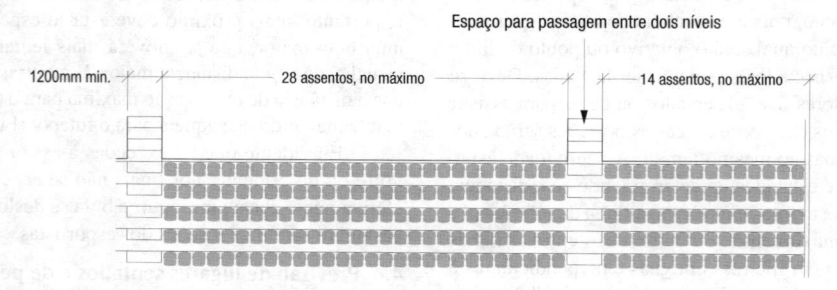

32.61 Diagrama mostrando o número máximo de assentos por fileira.

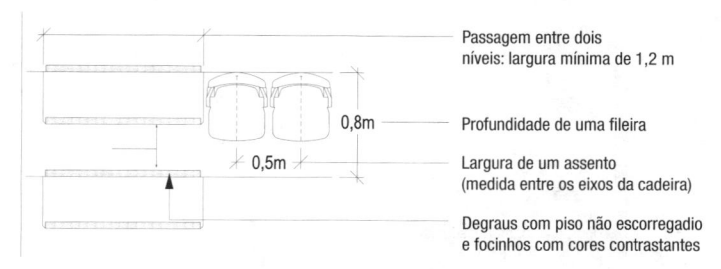

32.62 Diagrama em planta baixa mostrando o espaçamento entre os assentos.

os outros esportes são mais flexíveis. As linhas de visão serão claramente diferentes para cada um, assim deve-se ter o cuidado para garantir que a visibilidade não seja afetada caso alguns espectadores fiquem de pé em frente de outros sentados.

4.5 Assentos

Os assentos em áreas esportivas podem assumir muitas formas distintas, dependendo do evento e da natureza do nível de arquibancada ao qual eles estão fixos (Figura 32.60). Arquibancadas simples, sem cadeiras, são comuns nos Estados Unidos (especialmente em áreas esportivas de escolas de ensino médio e universidades), porém mais raras no Reino Unido. Por outro lado, os assentos de plástico sem encosto e afixados à arquibancada são comuns na Europa continental, mas nem tanto no Reino Unido. Embora os assentos fixos com encosto também sejam ocasionalmente utilizados, o mais comum é instalar assentos dobráveis, que facilitam a circulação quando os espectadores não estão sentados. Os avanços no desenho de assentos, usando moldes com polipropileno injetado, têm melhorado significativamente o conforto dos espectadores e revestimentos com espuma ou tecido estão se tornando cada vez mais comuns nas áreas VIP. O uso de aditivos que protegem o plástico contra os raios ultravioleta pode reduzir o descolorimento que outrora era típico dos assentos ao ar livre com alguns anos de uso. O espaçamento entre assentos mínimo recomendado é 500 mm, e o número máximo de assentos entre os corredores transversais para passagem entre dois níveis é de 28 unidades (Figuras 32.61 e 32.62).

4.6 Acesso aos assentos e saída

Quando há um grande número de pessoas reunidas, a dinâmica do movimento da multidão precisa ser cuidadosamente considerada para garantir a segurança de todos os envolvidos. No Reino Unido, há o The Guide to Safety at Sports Grounds (o Green Guide) para ajudar os projetistas e inspetores dos espaços esportivos, que é um documento de consulta fundamental.

É importante que já no início do processo de planejamento e projeto de um espaço esportivo os movimentos das multidões de espectadores (oriundos dos meios de transporte público, dos estacionamentos ou de uma combinação de ambos) sejam compreendidos, para que se garanta que as áreas externas ao complexo sejam corretamente dimensionadas para atendê-las. Essa lógica também afeta o número necessário de catracas ou outros equipamentos de controle de acesso, pois a legislação e as normas de segurança sempre exigem que haja um controle e registro preciso dos espectadores que comparecem a um evento esportivo.

O espaço dentro de uma zona de controle de ingresso frequentemente é chamado de saguão, e há dimensões mínimas recomendadas para essa área, dependendo do evento. A partir dessa área, tem-se acesso à área de arquibancadas, terraços ou auditório por meio de corredores longitudinais e transversais. A largura mínima para esses acessos é 1.200 mm, mas o tamanho definitivo deve ser calculado levando-se em consideração o número de pessoas que usarão o percurso, a taxa de fluxo ao longo dele e o tempo total necessário para vencê-lo. O Green Guide sugere que 82 espectadores por minuto por metro em uma superfície nivelada é uma taxa de passagem razoável. É claro que, quanto maior for o estabelecimento, mais complexo será o cálculo. Esse guia também recomenda que nenhum assento deve ficar a mais de 30 m de um ponto de saída (Figura 32.63). Uma vez dentro da área de visualização sentada, a distância mínima entre dois níveis de arquibancada é 800 mm, com fileiras mais profundas sendo recomendadas quando são utilizados assentos forrados, pois eles são maiores. Os números das fileiras e dos assentos devem ficar claramente visíveis.

4.7 Desenho da arquibancada

A construção de uma arquibancada pode adotar muitas formas, dependendo da natureza do evento ou dos eventos (Figura 32.66). Para

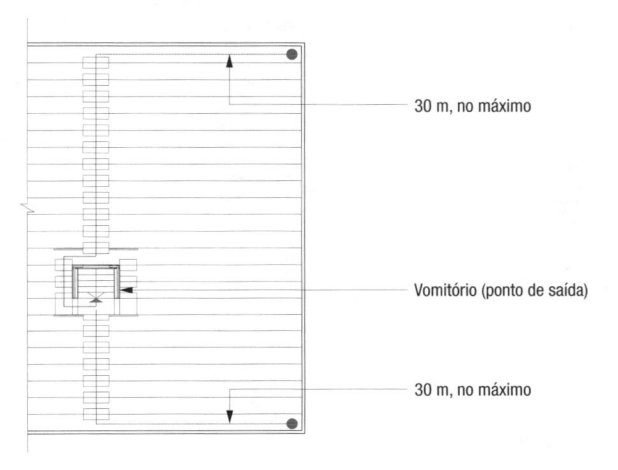

32.63 Diagrama mostrando a regra dos 30 metros.

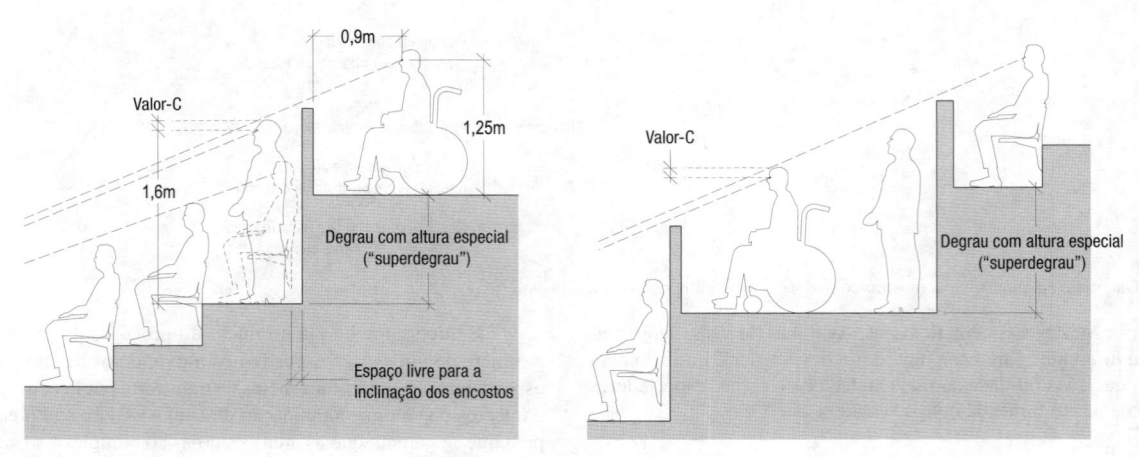

32.64 e 32.65 Diagramas mostrando a linha de visão de um cadeirante em relação à de outros espectadores.

eventos temporários únicos ou anuais, como o torneio de voleibol de praia dos Jogos Olímpicos de Londres 2012 no Horseguards' Parade londrino ou a Henley Regatta, ou para aqueles grandes eventos que exigem assentos extras, como o Royal Ascot ou o British Grand Prix de Silverstone, é comum a disponibilização de arquibancadas temporárias, que são montadas no próprio local. No caso de arquibancadas permanentes, o material de construção mais comum é o concreto moldado *in loco* ou de painéis pré-moldados de concreto distribuídos sobre um sistema de pilares e vigas. Hoje, o uso de madeira para essas estruturas é bastante raro, devido ao risco de incêndio. O uso de painéis-sanduíche de aço com um núcleo inerte que amortece o som também está começando a se tornar comum como alternativa ao concreto. Em alguns grandes estádios ao redor do mundo, estão sendo construídas arquibancadas com fileiras móveis, que podem ser reconfiguradas para atender a eventos com diferentes exigências. O estádio construído para os Jogos Olímpicos de Sydney, por exemplo, incluiu um nível de arquibancada inferior retrátil, de modo que pudesse assumir diferentes configurações para os jogos de futebol australiano e os de rúgbi.

32.66 Diagrama mostrando diferentes tipos de arquibancada.

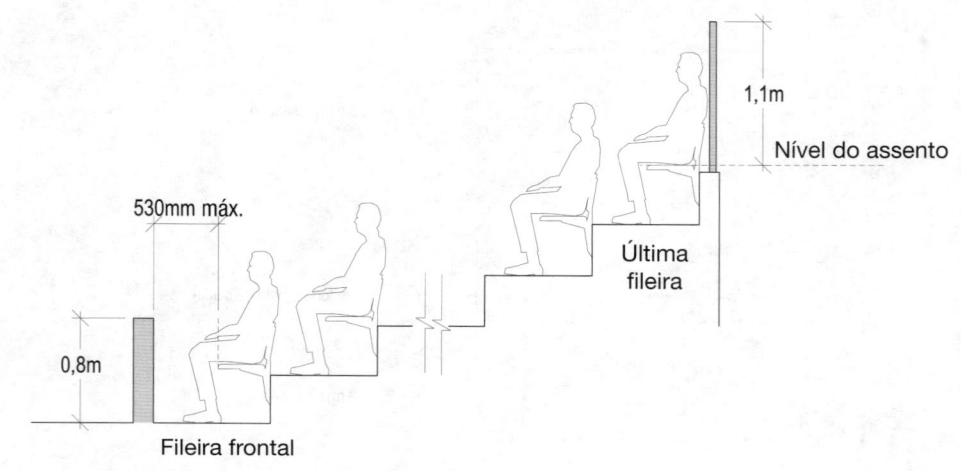

32.67 Diagrama mostrando o desenho das barreiras de segurança (guarda-corpos).

Todos os tipos de arquibancada precisam ser projetados considerando-se as fixações e as consideráveis cargas aplicadas às barreiras de segurança, e deve-se tomado cuidados para que o projeto limite ao máximo qualquer obstrução às vistas (Figura 32.67).

4.8 Coberturas

O grau de proteção contra o sol ou a chuva que os espectadores precisarão dependerá de vários fatores, incluindo o clima do país, as condições locais (como a intensidade e direção do vento dominante), as aspirações do cliente e quaisquer normas oficiais relevantes, como a visibilidade de bolas altas ou outros equipamentos esportivos (Figura 32.68). Por exemplo: no nível mais elevado das competições de futebol e rúgbi, recomenda-se uma cobertura sobre todos os espectadores. As coberturas podem ser estruturas temporárias, embora, nesses casos, seus pilares de apoio frequentemente obstruirão as vistas, algo, é claro, que não se deseja. Nos estádios britânicos, é comum a provisão de uma cobertura permanente sobre os espectadores, mas não sobre o campo. Os estádios internacionais maiores, como o Millennium Stadium, em Cardiff, cada vez mais são projetados com coberturas retráteis que lhes oferecem a flexibilidade de atender a diferentes tipos de evento. Arenas internacionais modernas, como a arena O2 de Londres, têm coberturas fixas que cobrem tanto os espectadores como o campo.

A cobertura de espaços esportivos maiores muitas vezes envolvem estruturas com grandes vãos, para os quais já foram empregados o concreto armado, a madeira laminada e colada (Glulam), cabos de aço ou treliças espaciais. Os materiais de cobertura costumam ser telhas-sanduíche de alumínio ou aço, chapas de policarbonato ou membranas tracionadas de PTFE/vidro ou PVC/poliéster. Quanto maior for o vão vencido, maior deverá ser a eficiência do sistema de cobertura, que deverá ser bastante leve. Na escala do estádio ou arena, a cobertura muitas vezes é o elemento que caracteriza o projeto de arquitetura.

4.9 Telões e placares

As informações sobre o evento são fundamentais para a experiência do espectador moderno. Pontuações, estatísticas e *replays* bombardeiam o espectador na televisão, assim aquele que está presente em um evento ao vivo cada vez mais exige uma experiência similar (Figura 32.69). O progresso dos sistemas de LED e de outras tecnologias vem permitindo melhorias significativas em relação aos antigos painéis com matrizes de ponto e os equipamentos de marcação de

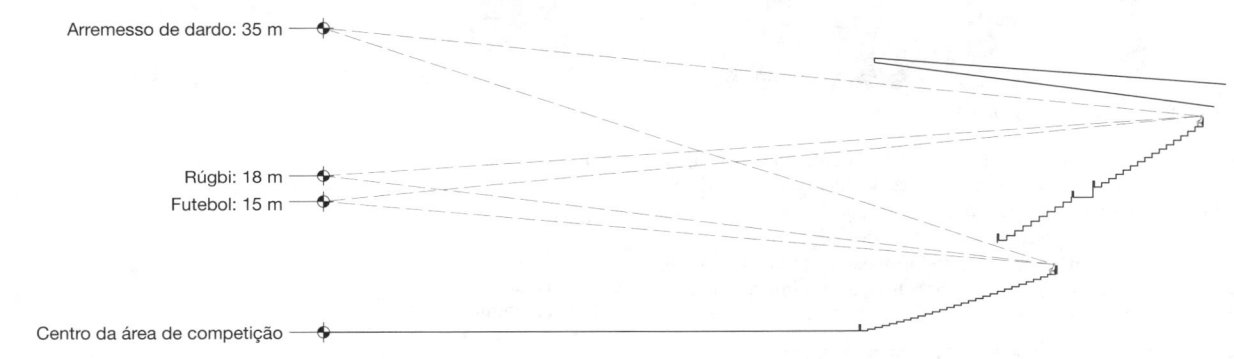

32.68 Diagrama mostrando a visualização de bolas altas no futebol e no rúgbi e de dardos lançados.

32.69a Um telão entre dois níveis de arquibancada altos em um estádio.

32.69b Telão instalado em uma arquibancada.

pontos típicos das partidas de críquete. É evidente que o tamanho das informações apresentadas precisa estar adequado à distância pela qual será visualizado, para que fique legível. Por exemplo, no atletismo, a altura dos caracteres do mostrador deve corresponder a entre 3 e 5% da distância do espectador mais afastado. O número, tamanho e posição dos telões e placares não devem impedir a visão da área de competição.

5 EQUIPAMENTOS PARA A PRÁTICA DE ESPORTES

Esta seção inclui dados dimensionais para os equipamentos esportivos tipicamente incluídos no planejamento dos espaços esportivos, sejam eles para treinamento, sejam para competição.

5.1 Equipamentos de ginásio

Em um ginásio, podem estar instalados, entre outros, os seguintes equipamentos:

- Máquinas de remo seco
- Bicicletas ergométricas
- Aparelhos de musculação
- Esteiras (Figura 32.70)

5.2 Equipamentos para esportes de campo

As Figuras 32.71 a 32.80 mostram as dimensões dos equipamentos esportivos de campo.

5.3 Equipamentos para esportes de pista

As Figuras 32.81 a 32.86 mostram as dimensões para os equipamentos esportivos de pista.

5.4 Equipamentos para piscinas

A Figura 32.87 mostra as dimensões dos trampolins ou plataformas para saltos ornamentais.

5.5 Espaços para esportes de quadra

As Figuras 32.88 a 32.92 mostram as dimensões para os esportes de quadra.

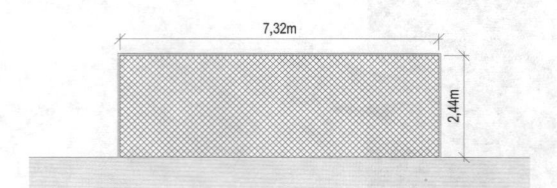

32.70 Esteira.

32.71 Goleiras de futebol.

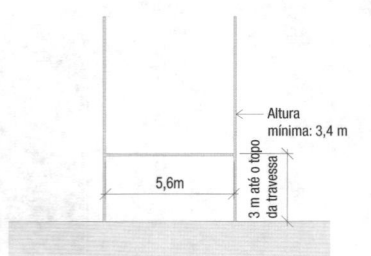

32.72 Traves de rúgbi.

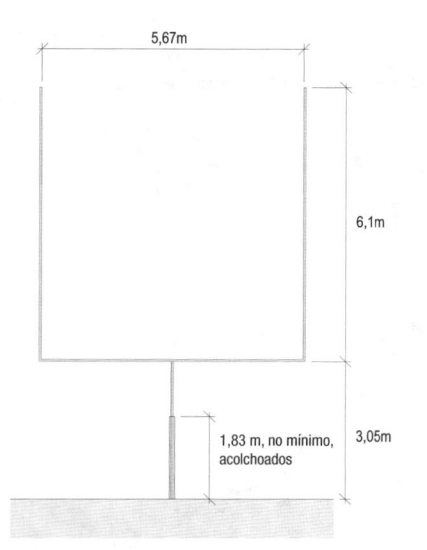

32.73 Traves de futebol americano.

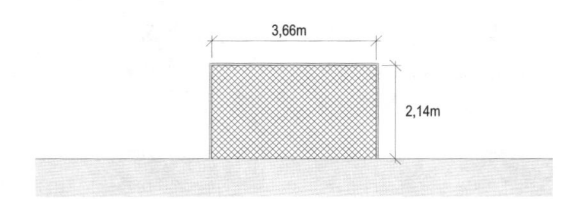

32.74 Traves de futebol australiano

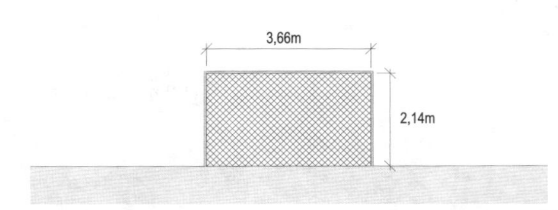

32.75 Traves de hóquei.

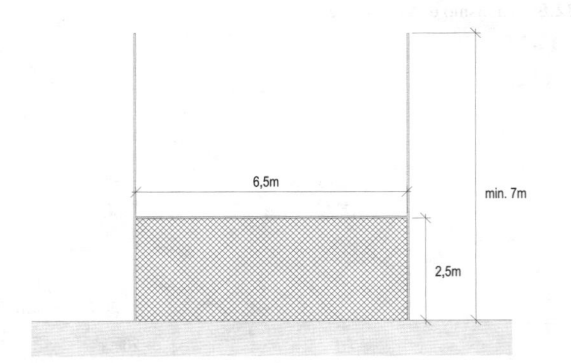

32.76 Traves de futebol gaélico.

5.6 Espaços para esportes aquáticos

As Figuras 32.93 e 32.94 mostram as dimensões para os equipamentos de esportes aquáticos.

5.7 Espaços para outros esportes

A Figura 32.95 mostra as dimensões para os equipamentos de ginástica.

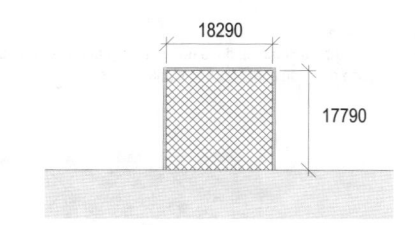

32.77 Goleira de lacrosse.

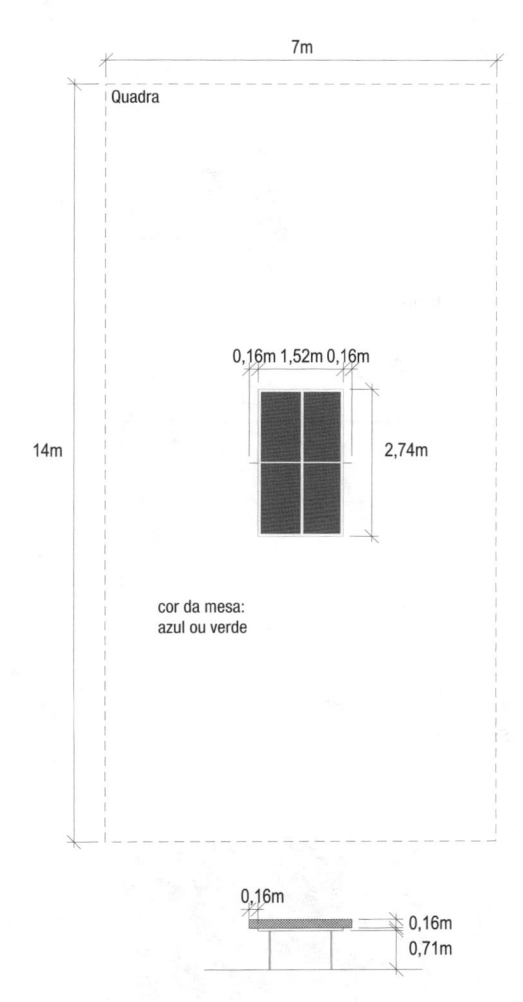

32.78 Pingue-pongue (tênis de mesa).

6 ÁREAS DE APOIO PARA COMPETIDORES E OFICIAIS

6.1 Introdução

O tamanho e a variedade das acomodações para os participantes e oficiais dependerá do nível da competição. Esses espaços geralmente incluem vestiários, banheiros com chuveiros, salas de ginástica, musculação e condicionamento físico e áreas de aquecimento e às vezes são complementados por áreas médicas e de exames *antidoping* (no caso de esportes profissionais), e recintos para o fornecimento de informações e resultados. A acessibilidade universal desses espaços também deve ser considerada. Também deve ser levado em consideração o nível de acesso desses ambientes por parte do público em geral, que varia conforme o esporte e o nível de competição.

Goleiras:
Tamanho recomendado: 3,66 m de largura por 1,83 m de altura
Jogo de salão com altura limitada: 4,88 m de largura por 3,66 de altura (sêniores) ou 2,44 m de largura por 1,22 m de altura (júniores)

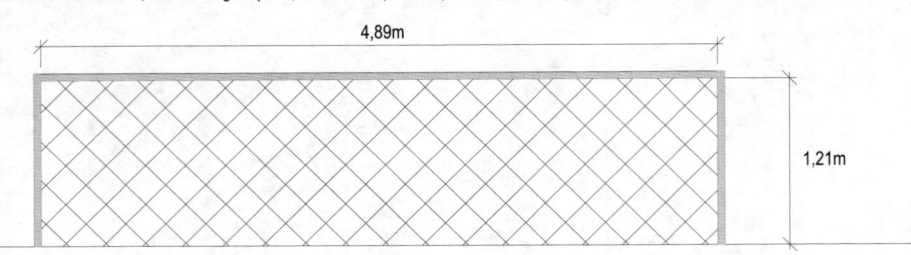

32.79 Goleira de futebol *five-a-side*.

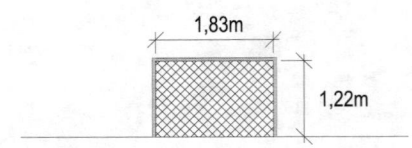

32.80 Goleira de hóquei no gelo.

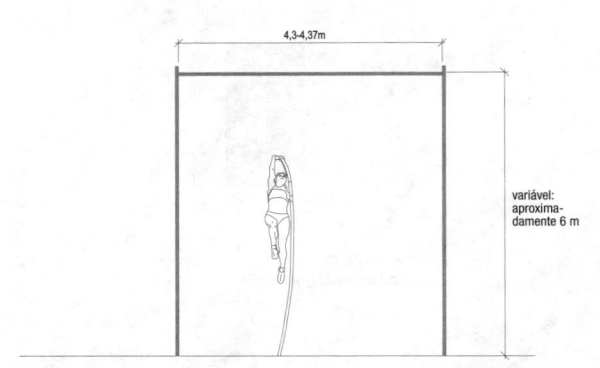

32.81 Salto com vara

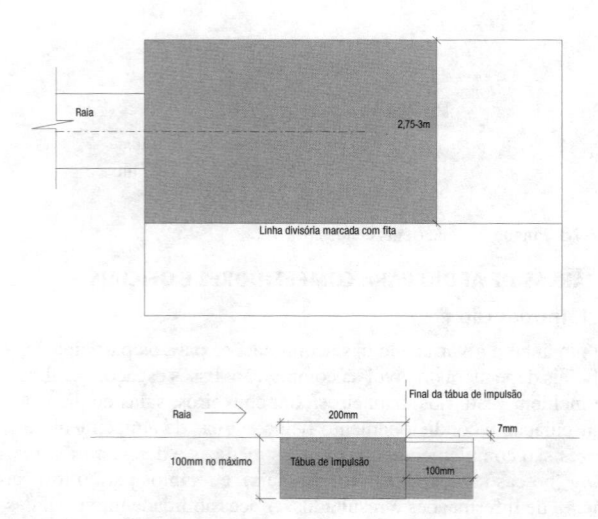

32.82 Salto em distância.

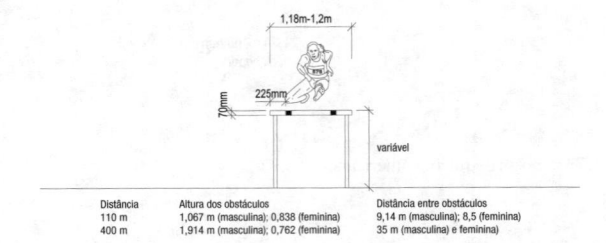

32.83 Corrida de obstáculos.

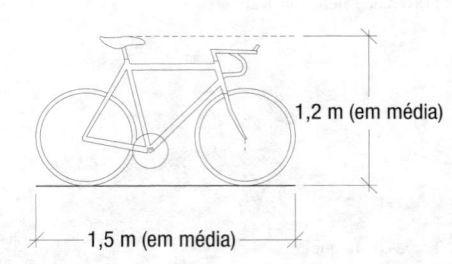

Distância	Altura dos obstáculos	Distância entre obstáculos
110 m	1,067 m (masculina); 0,838 (feminina)	9,14 m (masculina); 8,5 (feminina)
400 m	1,914 m (masculina); 0,762 (feminina)	35 m (masculina) e feminina

32.84 Ciclismo de velocidade.

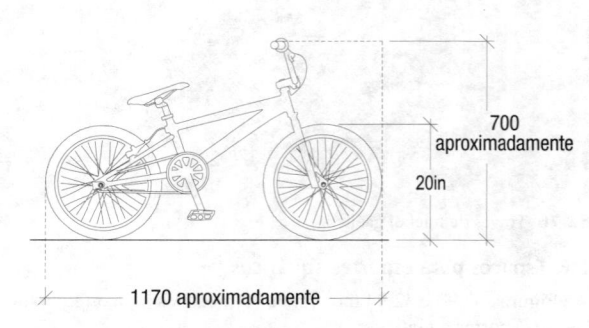

32.85 Bicicleta de BMX (bicicross).

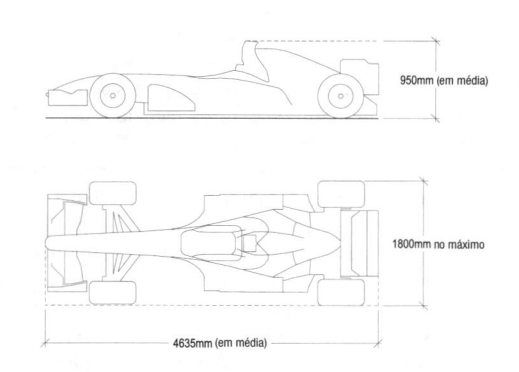

32 Espaços esportivos: ginásios e esportes ao ar livre   32-35

32.86 Automóvel de fórmula 1.

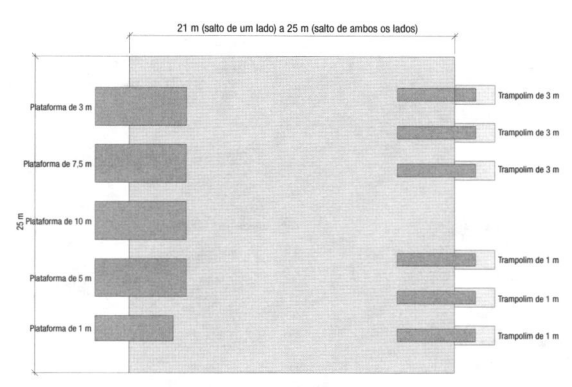

32.87 Plataformas e trampolins para salto ornamental.

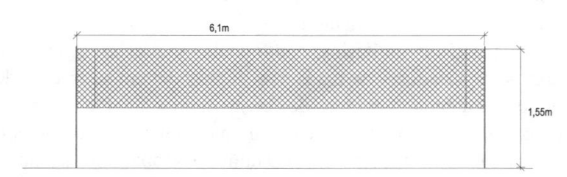

32.88 Rede de badminton.

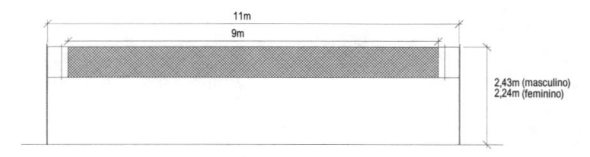

32.89 Rede de voleibol.

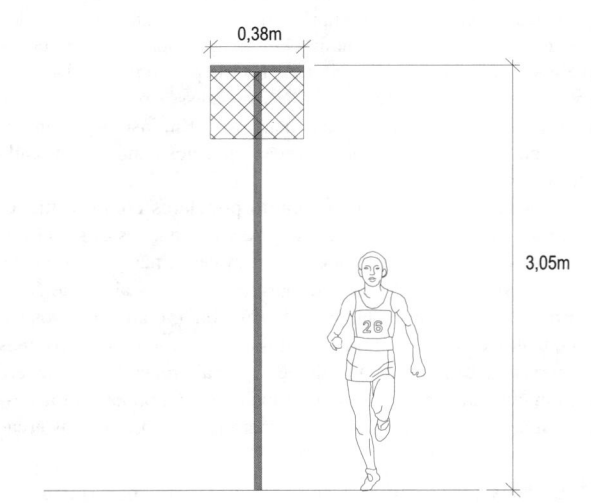

32.90 Cesta de netball.

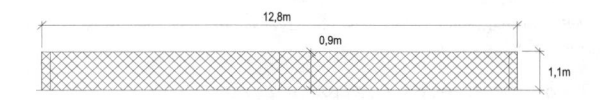

32.91 Rede de tênis.

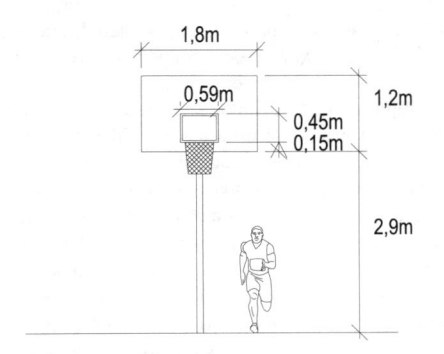

32.92 Cesta de basquetebol.

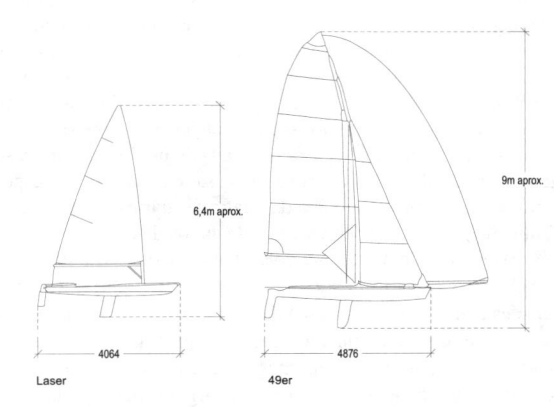

32.93 Dinghies *(49er, Laser)*.

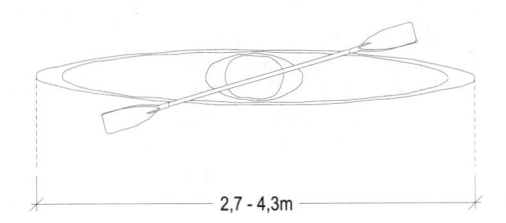

32.94 Caiaque.

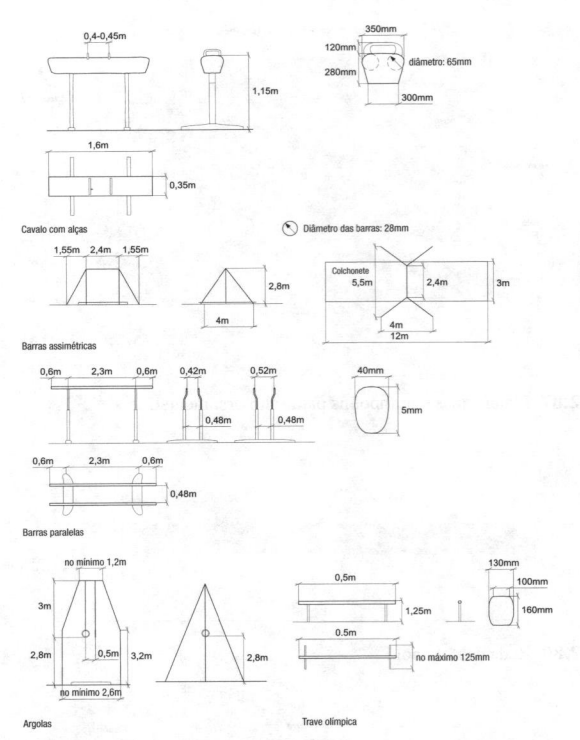

32.95 Equipamentos para ginástica: cavalo com alças, barras assimétricas, barras paralelas, argolas.

6.2 Competidores e outros participantes

As edificações para a prática da maioria dos esportes exigirão espaços para os competidores, cuja natureza dependerá dos eventos. A quantidade e o tipo de acomodação variam conforme o evento e sua escala. Para esportes praticados em escolas, universidades e clubes, ou para aqueles casos em que os competidores não se dividem em equipes, talvez sejam necessários apenas vestiários com banheiros e duchas divididos por sexo. No caso dos esportes de equipe, geralmente será preciso prever vestiários separados por equipe, pois os técnicos costumam se reunir com os atletas nesses locais. Se houver um "time da casa", a maior parte das acomodações será projetada de modo a atender a suas exigências, mas talvez valha a pena se pensar em espaços poliesportivos. Nos estádios maiores, o uso de quatro vestiários pode oferecer a flexibilidade para se atender a vários tamanhos de equipe e a participantes extras, como boleiros, mascotes, bandas e outros animadores.

Os corredores utilizados pelos atletas, em geral, devem ter dimensões generosas, de preferência com largura de, no mínimo, 1,8 m. Devem-se levar em consideração as exigências impostas pelos competidores que forem cadeirantes em cada um dos esportes, pois suas cadeiras de rodas podem ser muito largas ou compridas. Esses fatores determinarão as exigências para a largura dos corredores e os espaços necessários para manobras (giros) e abertura de portas, uma vez que os atletas com necessidades especiais provavelmente utilizarão essas cadeiras especiais para competição dentro da edificação.

Os vestiários devem ser projetados a fim de atender às exigências do esporte a que se destinarem e, para o pré-dimensionamento, pode-se considerar a área de 1,6 m² por usuário. De modo geral, os esportes de campo com times exigem vestiários com poucas obstruções e a distribuição de cubículos ou compartimentos, bancos e armários com chave na periferia, permitindo que o técnico e os demais integrantes de sua equipe possam ver todos os atletas e se dirigirem a eles em conjunto. Cada vestiário deve conter armários com chave, bancos e cabideiros ou ganchos para cada atleta da equipe principal e seus substitutos. No caso dos esportes mais populares, o espaço para cada atleta no vestiário deverá ter, no mínimo, 750 mm de largura, considerando-se que todas as vagas serão ocupadas pelo time durante momentos decisivos. Para os esportes comunitários, os espaços de banco nos vestiários podem ser reduzidos para 500 mm.

Os vestiários de esportes muito populares (Figura 32.96) também exigirão espaços para monitores de televisão e painéis táticos, pequenos refrigeradores para o armazenamento de bebidas, telefones e espaços adjacentes para camas de fisioterapia e massagem. Às vezes também são necessários escritórios e vestiários integrados, mas para o uso exclusivo dos técnicos. Estádios para eventos múltiplos e diferentes esportes (como é o caso dos destinados ao atletismo) podem ter vestiários divididos por zonas, com grupos de armários e bancos soltos. Os edifícios esportivos de acesso público também devem incluir cubículos com fraldários familiares dentro dos banheiros ou vestiários. No caso de famílias maiores, os cubículos com 2 m por 2 m de área também são adequados para servir de vestiários acessíveis (para cadeirantes). Aliás, todos os vestiários devem incluir algum cubículo acessível.

Os aparelhos sanitários, como bacias sanitárias, mictórios e lavatórios, os secadores de mãos e as duchas devem ser projetados de modo que atenda às normas de construção locais. Para os esportes mais populares, os vestiários principais devem ser dotados de aparelhos sanitários em cubículos. O número de aparelhos sanitários deve se basear na ocupação de pico provável para cada vestiário e as recomendações dos códigos para aquele esporte. Os espaços esportivos com acesso público devem contar com banheiros localizados adjacentes às entradas dos vestiários, mas que possam ser acessados pelas áreas de circulação comum. O número de aparelhos sanitários deve se basear na ocupação máxima prevista para o prédio. Deve-se prever, no mínimo, um banheiro acessível unissex para os usuários, que deve ser contíguo aos demais banheiros. Em instalações maiores, devem ser incluídos cubículos acessíveis nos banheiros de cada gênero bem como nos unissex.

Os vestiários de esportes muito populares como o futebol devem ter duchas de acordo com as recomendações dos códigos específicos de cada modalidade, mas, em geral, não se usa menos de um chuveiro por 2,3 postos de vestiário. Os vestiários de áreas esportivas de uso público também devem contar com chuveiros em uma quantidade não inferior a uma unidade por cada 10 postos, mas é preferível que essa relação seja de 1:6; e algumas duchas devem estar em cubículos fechados. Conforme o leiaute, podem ser necessárias áreas para os usuários se secarem entre as duchas e as áreas principais do vestiário.

6.3 Espaços para técnicos e suas equipes, árbitros e outros

Toda competição esportiva exige a presença de inúmeros técnicos, árbitros, juízes, seus auxiliares, massagistas, boleiros, etc., que precisam ter banheiros e vestiários à parte. O ideal é que os equipamentos sanitários para essas pessoas estejam separados daqueles dos competidores, mas em um local próximo e também perto da área de competição. Contudo, esses espaços não devem ser acessíveis ao público ou aos jornalistas e repórteres. As acomodações devem ser dimensionadas para o número apropriado de usuários, considerando-se 2,5 m² por pessoa, incluindo os armários, as duchas e os demais aparelhos sanitários, que respeitarão as recomendações do código de cada esporte.

A natureza do esporte exigirá diferentes espaços de apoio para técnicos, árbitros, etc., conforme o evento, que podem ser, por exemplo, uma sala para o comitê (no caso de uma corrida de iatismo), uma sala de controle de tempo e pontuação (para um campo de atletismo ou velódromo) ou mesmo um espaço para um terceiro juiz e os marcadores de um campo de críquete. Na maioria dos casos, é essencial se preservar o campo de visão do evento, e, cada vez mais também

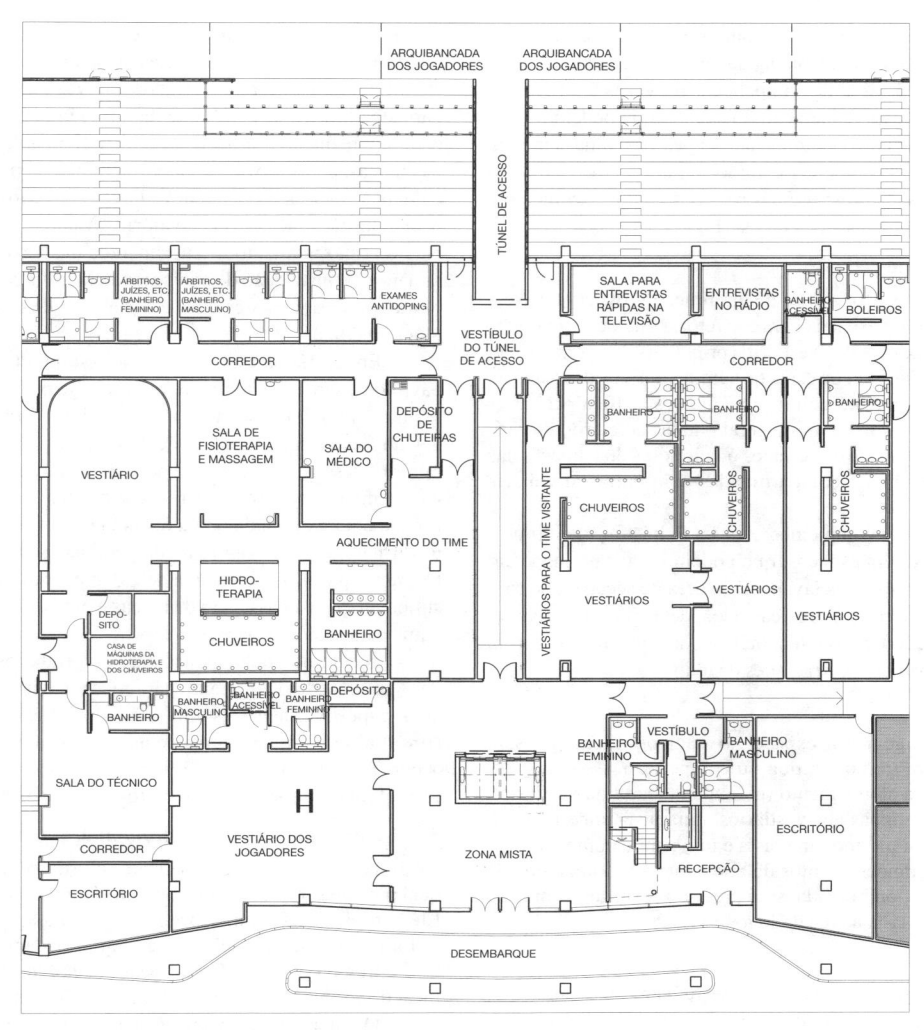

32.96 Planta baixa dos espaços reservados aos jogadores no estádio de futebol *Premier League*.

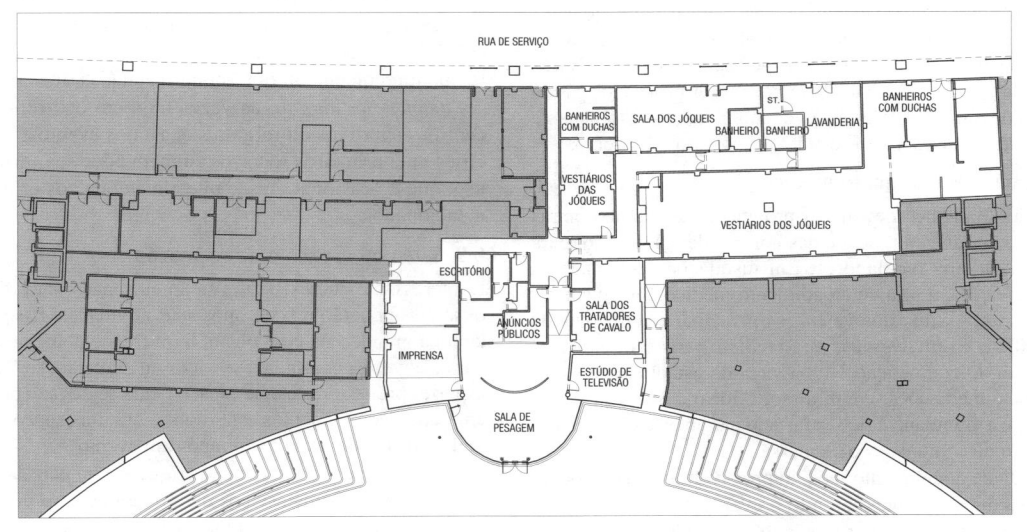

32.97 Planta baixa de um complexo de sala de pesagem (hipismo).

são exigidos recursos tecnológicos com conectem os espaços de apoio aos demais. O mínimo recomendado é uma mesa com cadeira e visão desobstruída da área de competição. Às vezes também são exigidas outras áreas para a operação do evento, que podem incluir uma sala para protestos que acomode até 10 pessoas, uma sala para a equipe de controle da competição, um local para o processamento de resultados e outras áreas específicas para cada esporte, como uma sala de pesagem em uma pista de corrida (Figura 32.97).

6.4 Diretoria do time

Se um edifício esportivo for a sede de um time, é provável que seja necessário um grupo de espaços para a diretoria que deve de preferência estar bem próximos dos vestiários principais. Essas áreas não devem ser confundidas com os espaços administrativos descritos na Seção 9. Os espaços podem incluir: uma área específica para a recepção, com um escritório de apoio geral e uma secretaria, escritórios para o técnico do time e os gerentes ou diretores do clube e salas de reunião (que podem ser compartilhadas com outras atividades administrativas).

Outras atividades complementares à administração do time e do clube também exigem espaços, que podem incluir um depósito de uniformes e materiais, uma lavanderia e área de secagem de roupa, depósitos de chuteiras e outros calçados, depósitos para equipamentos e áreas para consertos e manutenção de equipamentos, com serviços de encordoamento de raquetes de tênis.

6.5 Aquecimento

Muitos esportes exigem um espaço no qual os atletas possam aquecer antes de um treino, partida ou competição. Isso pode ser um mero espaço para alongamento (geralmente parte do vestiário), áreas específicas contíguas aos vestiários, uma pista coberta de 60 m (para atletismo) ou mesmo uma pista e um campo completamente à parte, para os grandes eventos de atletismo. Caso uma área de aquecimento seja disponibilizada, será preciso prever uma conexão específica para vinculá-la à área de jogo.

6.6 Túneis de acesso

Muitos esportes exigem que os atletas se reúnam em seus times, grupos de aquecimento ou grupos de evento antes de entrarem em campo. Por exemplo, as competições de atletismo têm uma sala de chamada final na qual os esportistas são organizados de acordo com o horário em que participarão e recebem seus equipamentos, acessórios e números de identificação antes de serem conduzidos com os demais ao campo, quadra ou local do evento. No caso dos esportes jogados em campo, os times se reunirão em um túnel de acesso, para saírem em determinada ordem, como parte do espetáculo do evento. Outros túneis e entradas para o campo também podem ser projetados para o deslocamento de animadores do evento, equipamentos essenciais e equipes de árbitros, juízes, fiscais e outros envolvidos no evento.

6.7 Espaços para atendimento médico

As áreas de apoio médico devem ser projetadas de acordo com as exigências de segurança do local e das normas de construção, para aprovação dos órgãos reguladores. Em instalações destinadas a grandes competições, a sala de atendimento médico costuma estar localizada muito próxima dos vestiários principais, com rotas de acesso específicas e sem degraus, para facilitar o transporte de macas entre a área de competição e uma vaga de estacionamento de ambulância nas imediações. Além disso, o ideal é que o percurso entre o campo e a ambulância fique afastado das áreas da imprensa e de outros meios de comunicação de massa.

Essa sala de atendimento médico provavelmente acomodará um médico e seus assistentes durante o evento e deve permitir a colocação de mais de um leito para atendimento ou posicionamento da maca, ter cortina ou divisória removível entre esses postos e oferecer outros espaços para atletas se sentarem enquanto aguardam atendimento. Em estádios grandes, talvez haja uma série de salas para atendimento médico, que incluirão uma recepção e sala de espera, um pequeno escritório administrativo, áreas para atendimento nas macas, áreas móveis para o tratamento de pequenos ferimentos e duchas. Nesses espaços, deve haver ao menos um cubículo com bacia sanitária acessível, lavatórios à parte, armários chaveados para o armazenamento de suprimentos médicos e espaços para tratamento e a instalação de equipamentos de diagnóstico. Em eventos muito grandes, às vezes é necessária mais de uma sala para atendimento médico.

Em edifícios esportivos de acesso público, como ginásios e pavilhões, será preciso prever uma sala de primeiros socorros. Esse recinto terá o dimensionamento apropriado para atender às atividades do local e sua estratégia de administração, podendo ser um escritório ou sala médica com função dupla ou ser uma sala específica para primeiros socorros. Se a sala de primeiros socorros for compartilhada com a do médico, ela deverá conter lavatórios, bebedouros, um armário com chave reservado para materiais de primeiros socorros, um espaço livre com área de 2,0 m por 1,6 m, uma porta larga o suficiente para a passagem de macas e um compartimento adjacente com bacia sanitária acessível e.

A sala utilizada apenas para os primeiros socorros também deve ser grande o suficiente para receber um carro maca. Grandes áreas esportivas às vezes têm salas específicas para os médicos ou consultórios, formando uma pequena clínica ou centro terapêutico. Também pode haver salas específicas para raios-X ou diagnóstico com ultrassom, fisioterapia e outros tipos de exame e tratamento.

6.8 Espaços para exames *antidoping*

Os grandes centros de competição esportiva exigem um espaço no qual possam ser feitos os exames *antidoping* de testagem dos atletas. Ele não precisa ser um espaço reservado a apenas essa finalidade se for possível disponibilizar áreas apropriadamente equipadas para isso durante o evento. Esses locais, contudo, devem ficar em um local discreto e bastante próximo aos vestiários dos atletas.

O tamanho das instalações dependerá do evento e do número de participantes que serão testados. Todavia, o conjunto de salas geralmente incluirá uma recepção com área de espera provida de assentos para os competidores e seus acompanhantes, bebedouro, sala de exames ou trabalho, com mesa e cadeira e um refrigerador chaveado para manter as amostras coletadas e acesso direto a um cubículo com bacia sanitária e lavatório. Alguns códigos esportivos também recomendam que sejam instaladas duchas nesses locais. Os exames *antidoping* às vezes também ocorrem em pequenos centros esportivos ou fora dos locais dos eventos. Uma sala específica para primeiros socorros também pode ser utilizada para esse uso, que é ocasional, desde que ela atenda aos critérios mínimos mencionados.

6.9 Salão ou espaço para recreação

É interessante que exista um salão ou espaço para recreação, onde os atletas poderão relaxar após suas atividades. Esse local consiste de uma grande sala com planta livre frequentemente equipada com bar e, às vezes, contígua a serviços de alimentação. Na maioria dos esportes profissionais, esse espaço ficará segregado do público, mas, em outros equipamentos esportivos, será um espaço de uso comum onde todos poderão se reunir após um evento.

Alguns esportes, como o críquete, têm partidas muito longas e, portanto, exigem serviços de alimentação no próprio local. Os espaços para isso incluem uma cozinha, balcão para *buffet*, depósito para alimentos e um refeitório. No caso dos esportes amadores, esse espaço assumiria a função dupla de ser uma área para recreação. Em locais abertos ao público, como um centro de treinamento coberto, uma cafeteria ou lancheria costuma ser prevista, e esse local será compartilhado pelos esportistas, atletas e outros membros do clube.

6.10 Estacionamento, área de embarque e desembarque e depósitos

É preciso se levar em consideração como os participantes acessarão o local do evento esportivo. Alguns chegarão a pé e estarão carregando suas roupas e equipamentos, outros virão de carro e precisarão de estacionamento e ainda outros chegarão em ônibus da equipe. O estacionamento deverá ficar perto dos vestiários e ter uma área para embarque e desembarque dos ônibus. Os esportes que exigem equipamentos pessoais, como vela (iatismo), remo, caiaque ou triatlo, demandarão espaço para o estacionamento de reboques e a armazenagem de equipamentos. Alguns esportes aquáticos (com barcos) também exigem rampas de lançamento junto à água.

6.11 Academias de ginástica

Utilizadas mais para treinamento do que para uma competição, as academias de ginástica terão vários equipamentos e espaços, que podem incluir os seguintes:

- Um estúdio com planta livre, equipamentos de ginástica e musculação e pesos soltos (halteres)
- Salas separadas para dança, aeróbica e outras aulas de ginástica especiais
- Piscina
- Centro de hidroterapia ou hidroginástica
- Sauna seca
- Sauna úmida

7 ESPAÇOS DE APOIO PARA ESPECTADORES

7.1 Introdução

O tamanho e a variedade dos espaços para espectadores dependerão do nível da competição. Uma área esportiva, para receber licença de funcionamento, terá, no mínimo, instalações sanitárias apropriadas, mas geralmente incluirá cafeterias, bares e restaurantes. Os eventos pagos obviamente exigem bilheterias, e locais maiores muitas vezes têm camarotes ou salas VIP, além de outros espaços para recepção, comércio, marketing, instalações médicas e centros de informações.

7.2 Circulação externa e acesso ao local

O acesso a um centro esportivo deve ser desobstruído e seguro para todos os espectadores. Isso implicará o uso de elementos de orientação espacial, sistemas de alto-falantes e iluminação externa. Quando se esperam grandes multidões de espectadores em um evento, barreiras de contenção provavelmente também serão necessárias para se conter o fluxo de pessoas.

7.3 Bilheterias e sistemas de segurança

Todos os espectadores que frequentarem um evento pago deverão passar por um ponto de controle de ingresso (Figura 32.98). Isso pode ser um mero ponto de coleta manual, uma máquina de leitura digital ou uma catraca. Isso depende, em parte, do nível de precisão da contagem de participantes exigido para o local, como costuma ser o caso em grandes eventos. As catracas costumam ter meia altura, o que significa que não garantem um perímetro de segurança rigoroso, embora sejam menos agressivas para os usuários. Mas também existem sistemas de catracas altas, que servem como uma cerca periférica. O número de catracas deve corresponder a uma para cada 500 a 750 espectadores. Se os espectadores não tiverem um ingresso

Tabela I Aparelhos sanitários

	Mictórios	Bacias sanitárias	Lavatórios
Banheiros masculinos	Dois para cada 50 homens, além de um para cada grupo adicional de 50 homens ou fração	Dois para cada 250 homens, além de um para cada grupo adicional de 250 homens ou fração	Dois por bacia sanitária, além de um para cada cinco mictórios ou fração
Banheiros femininos		Dois para cada 20 mulheres, além de um por cada grupo adicional de 500 mulheres ou fração; e um para cada 25 mulheres ou fração além desse valor (de 500 indivíduos)	Um, no mínimo, mais um para cada par de bacias sanitárias ou fração

quando chegarem ao local, precisarão pegá-lo ou comprá-lo na bilheteria. Ela geralmente consiste em um balcão com bandeja embutida, permitindo a passagem de dinheiro. Deve haver um balcão ou um guichê mais baixo, com 760 mm de altura, para uso de cadeirantes. Em grandes eventos, os espectadores frequentemente precisarão passar por revistas de segurança, que podem ser obrigatórias para todas as pessoas ou aleatórias, e serão utilizados detectores de metal tanto nas pessoas como em suas bolsas ou sacolas.

7.4 Instalações sanitárias

A quantidade e a proporção de banheiros para cada gênero irão variar de acordo com o tipo de espaço esportivo, esporte e evento e deverá seguir as normas de construção e licenciamento locais. *Grosso modo*, pode-se considerar que essa divisão será de 50% de área para mulheres e 50% para homens (veja a Tabela I). No entanto, é certo que para muitos centros esportivos, a razão entre os gêneros dependerá do número normal (ou previsto) de espectadores de cada sexo, e isso significa que a razão poderá variar significativamente, sendo, por exemplo, de 30% de mulheres para 70% de homens, como ocorre em certos esportes de campo.

Além disso, para centros multiuso, nos quais se pode esperar oscilações na razão dos gêneros de espectadores, devemos considerar algum nível de flexibilidade ou de folga, pois o número total de pessoas pode superar o previsto nos cálculos em até 20%. Para espaços de competição, pode-se consultar a norma britânica BS 6465:2009 em busca de orientações iniciais, particularmente a Seção 6.8 e a Tabela 7 – "Minimum provision of sanitary appliances for assembly buildings where most toilet use is during intervals" para eventos de esportes de campo e eventos similares de curta duração.

7.5 Fornecimento de alimentos, bebidas e outros serviços para os espectadores

A variedade de alimentos e bebidas oferecidos aos espectadores dependerá da duração e do tipo de evento, bem como das aspirações e do plano de negócios do proprietário ou operador do local. O mínimo é que se ofereça água a todos os espectadores. Os visitantes de uma competição interclubes podem esperar que haja vendedoras automáticas, uma cafeteria ou um bar que sirva lanches básicos. Em centros esportivos maiores, os espectadores muitas vezes esperarão que seja oferecida uma variedade de pontos de venda de bebidas durante um evento, não importando se essas operações são temporárias ou permanentes. Os serviços de alimentação e bebidas terceirizados e oferecidos temporariamente em geral são oferecidos em *trailers* ou *food trucks*, que possuem balcões retráteis para o oferecimento

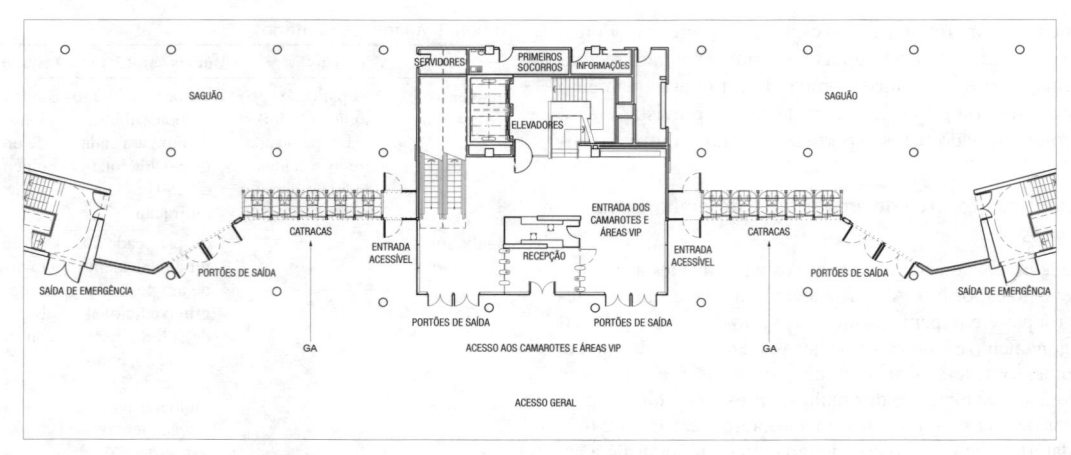

32.98 Planta baixa da entrada para espectadores do estádio de futebol *Premier League*.

de vários tipos de *fast food* e a venda de bebidas. Assim, é necessário que haja um espaço suficiente para a entrada desses veículos e sua instalação e abastecimento. As concessões permanentes podem ser em um ponto único ou em uma variedade de locais específicos para elas. Uma operação típica consistirá em uma área de preparo e um espaço de atendimento ao cliente, com balcão. Um módulo padrão para o serviço de duas pessoas tem 2,6 m de comprimento, mas cada balcão deve ter uma parte mais baixa, com 760 mm de altura, para cadeirantes. Em estádios maiores, pode ser necessária a instalação de barreiras ou guarda-corpos para organizar as filas, controlar o acesso aos pontos de venda e prevenir problemas de circulação.

Também é usual, em eventos de grande escala, a inclusão de áreas para o fornecimento de informações aos espectadores, seja para ajudá-los a se orientar pelo local, seja para prestar esclarecimentos diversos, como aqueles relacionados com o cronograma do evento. Algumas edificações, especialmente os hipódromos, exigirão muitos locais para as pessoas fazerem apostas na forma de guichês, quiosques ou máquinas automáticas. É preciso distribuir pontos de primeiros socorros por toda a área destinada ao público e prever o acesso a uma área central para o atendimento de casos mais graves.

7.6 Áreas especiais (VIP)

Os prédios esportivos maiores incluirão vários espaços e restaurantes para clientes especiais dentro de suas instalações, de acordo com seus planos de negócios. Esses locais nem sempre precisam ser mais caros, embora isso seja a regra se oferecerem vistas privilegiadas da área de competição. As seguintes categorias de espaços especiais são típicas:

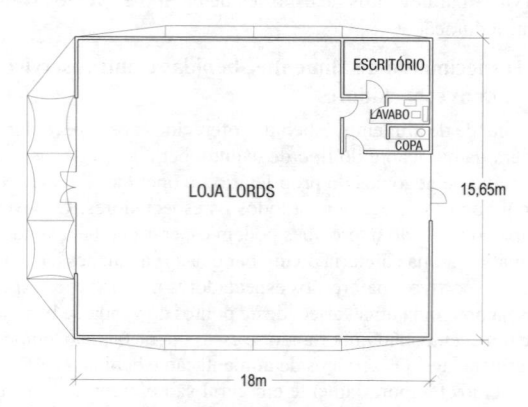

- *Club Lounge* – os espectadores têm acesso a alimentos e bebidas em um salão aberto, com assentos na arquibancada.
- Camarotes – os espectadores têm acesso a alimentos e bebidas em uma sala privativa e assentos marcados imediatamente em frente.
- *Premium Club* – os espectadores têm acesso a alimentos e bebidas em uma sala pequena e exclusiva, e seus assentos marcados ficam na parte frontal.
- Tribuna de Honra – as autoridades e os convidados ilustres desfrutam desse espaço central privilegiado na arquibancada.

7.7 Telas de televisão, placares e telões

Além dos pontos de informação, monitores, telas de televisão e telões muitas vezes ajudam a disponibilizar informações ou mostrar *replays* de um evento a seus espectadores. Esses recursos devem ser instalados em uma altura adequada, que preserve sua visibilidade em áreas muito populosas.

7.8 Lojas

Os espaços comerciais permitem aos espectadores e demais visitantes adquirir equipamentos, roupas e outras mercadorias relacionadas ao esporte ou à atividade sendo apresentado (Figura 32.99). Esses locais variam muito em tamanho, podendo ser um simples balcão na recepção de um centro esportivo comunitário, a uma *megastore*, em grandes estádios. O leiaute dos espaços de varejo dependerá da variedade das mercadorias oferecida e poderá incluir araras e mostradores de parede. A impressão de camisetas é comum em alguns locais esportivos e pode exigir barreiras para organização de filas. O pagamento costuma ser feito em caixas ou balcões distribuídos nos pontos de saída das lojas.

7.9 Museu, atrações para visitantes e visitas guiadas

Alguns estádios esportivos podem ter grande importância turística para um país ou uma região e incluirão um museu ou espaço para visitantes que poderá estar aberto nos dias em que não há eventos programados. Esses locais frequentemente fazem parte de visitas guiadas aos prédios e, nesse caso, serão os últimos pontos percorridos.

8 ESPAÇOS PARA OS MEIOS DE COMUNICAÇÃO DE MASSA

8.1 Introdução

Para eventos nos quais os meios de comunicação de massa estão presentes, as necessidades da transmissão (rádio e televisão), da imprensa e dos fotógrafos deverão ser levadas em consideração no planejamento dos locais. O tamanho e a variedade dos espaços variarão dependendo do nível da competição e talvez seja necessária a inclusão de salas de trabalho para a imprensa, um centro de entrevistas ou comunicações à imprensa e uma área para transmissão externa.

32.99 Planta baixa da loja do campo de críquete Lords.

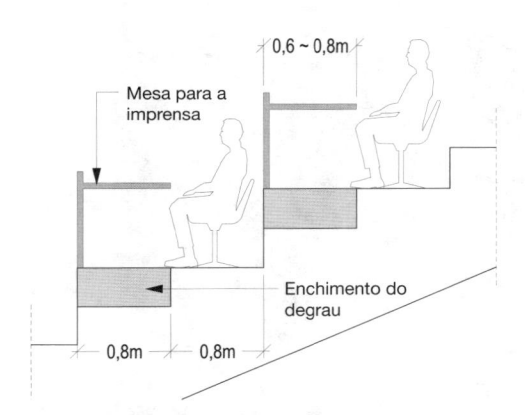

32.100 Adaptação da arquibancada para criar lugares para a imprensa.

8.2 Percursos reservados

Os trabalhadores dos meios de comunicação muitas vezes contam com pontos de entrada separados nos prédios esportivos. Essa entrada costuma ter uma recepção, que é utilizada para a entrega ou conferência de credenciais, antes que esses profissionais possam entrar no prédio.

8.3 Exigências especiais dos meios de comunicação de massa

Os meios de comunicação de massa variam muito, e cada tipo tem suas próprias necessidades:

- Imprensa: seus trabalhadores precisam ter acesso às arquibancadas e, de preferência, ter uma mesa na qual possam trabalhar (Figura 32.100). Edificações esportivas maiores costumam ter uma sala de imprensa onde as reportagens podem ser finalizadas e enviadas aos editores via Internet (Figura 32.101).
- Fotógrafos: esse grupo precisa ter acesso ao perímetro dos campos ou das áreas de competição, e às vezes são disponibilizados *moats* nesses locais, para permitir que possam trabalhar durante um evento, sem perturbar a visibilidade dos espectadores. Em esportes praticados em um trajeto externo, como o ciclismo, os fotógrafos costumam se deslocar em carros de imprensa, para fotografar durante o percurso.
- Rádio e televisão: esse grupo é o mais difícil de acomodar, pois as tecnologias têm se desenvolvido com enorme rapidez, de modo que cada emissora tem suas exigências específicas. As emissoras de rádio costumam ter comentaristas ao vivo (durante o evento) trabalhando na arquibancada ou em uma sala com visão direta do campo e, ocasionalmente, uma janela de abrir, para que o som da multidão possa ser ouvido no fundo. Às vezes, elas também fazem entrevistas rápidas na saída de campo e antes ou depois do evento. As emissoras de televisão exigem um grande número de posições de câmera dentro do campo de visão, que precisam ser cuidadosamente projetadas para limitar as obstruções nas linhas de observação dos espectadores. Cada uma dessas câmeras ocupa cerca de 4 m². Também podem ser incluídos estúdios de redes de televisão dos quais o evento é apresentado, seja como um espaço permanente, seja temporário, mas uma exigência frequente é uma vista elevada do campo.

8.4 Sala de imprensa

Essa sala é basicamente um escritório com um grande número de mesas e cadeiras para oferecer postos de trabalho para os profissionais dos meios de comunicação e geralmente exigirá uma rede de tecnologia da informação e comunicação de última geração para a transferência instantânea de dados. Também será preciso prever uma área centralizada para disponibilizar avisos, resultados e informações gerais à imprensa, junto com uma operação de venda de alimentos e bebidas.

8.5 Sala de reunião com a imprensa e cabinas para intérpretes

Em algumas grandes edificações esportivas, será necessária a disponibilização de uma sala de reunião com a imprensa, para facilitar a interação entre os participantes de um evento e os meios de comunicação de massa. Essa área costuma ter um tablado para os atletas e outros comunicadores e assentos, às vezes escalonados, para os repórteres (Figura 32.102). Para eventos internacionais, às vezes também são necessários recursos para intérpretes, que podem ser oferecidos em cabinas fechadas no fundo dessa grande sala de reunião.

8.6 Zona de uso comum

Em certos eventos, como uma grande competição de atletismo ou futebol, oferece-se uma zona mista na qual os participantes e repórteres possam interagir de modo mais informal. Esse é um ambiente controlado e com acesso tanto dos vestiários dos atletas como da sala de redação. Para esse propósito, costuma-se reservar um espaço específico dentro do estádio.

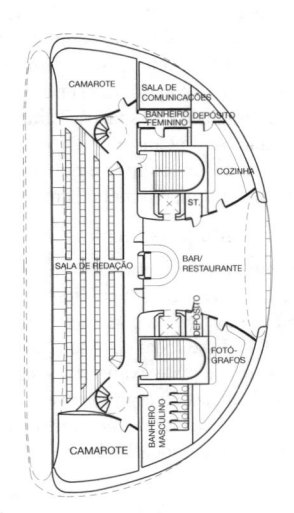

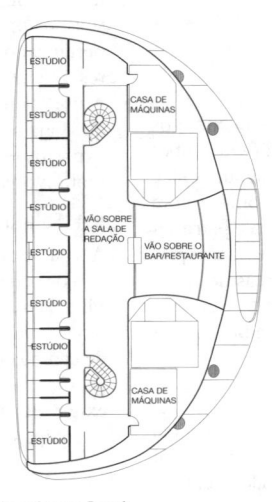

32.101 Planta baixa e corte do centro de imprensa do campo de críquete Lords.

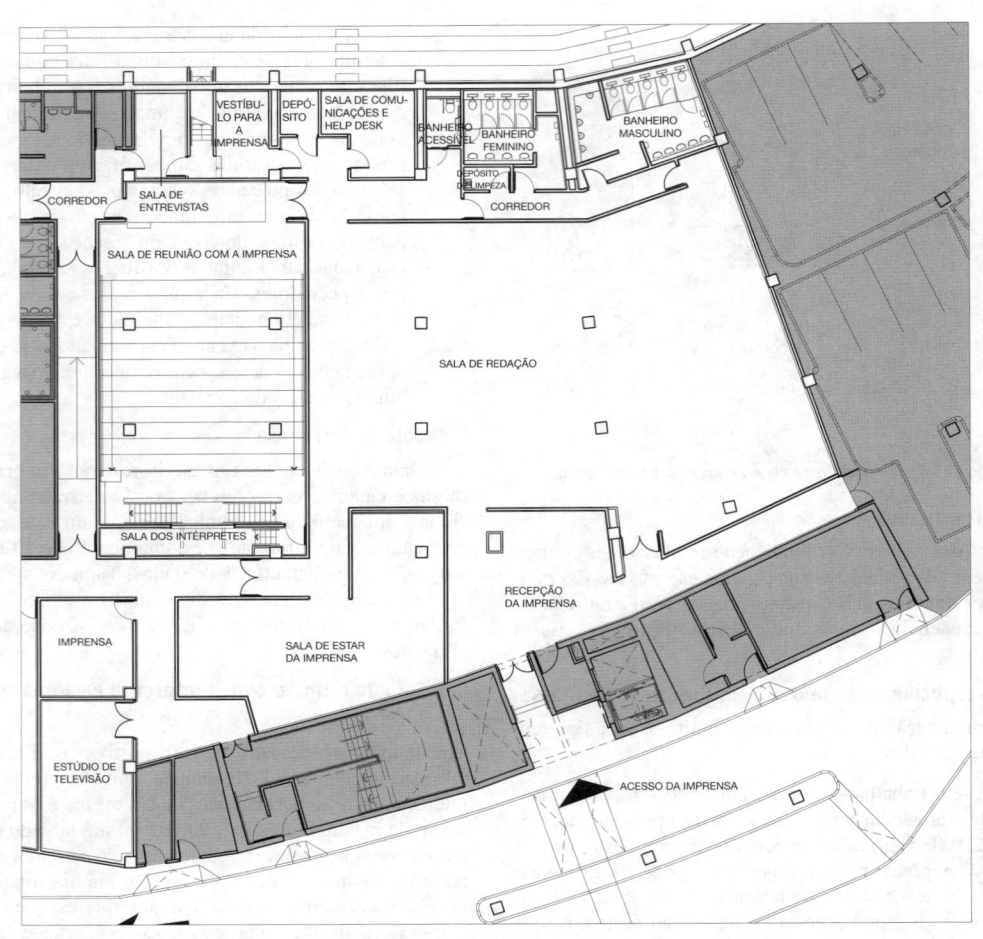

32.102 Planta baixa das áreas de imprensa do estádio de futebol *Premier League*.

8.7 Área de transmissão externa

As emissoras também exigirão uma área para fazer suas transmissões externas, que devem ser grandes o suficiente para acomodar os caminhões e veículos que forem necessários. Essa área também deverá ter a capacidade de se conectar com *uplinks* de satélite para a transmissão instantânea dos momentos sendo registrados no evento. Esse espaço costuma ser oferecido em um bloco à parte, mas também pode fazer parte de um grande prédio esportivo.

9 ÁREAS DE APOIO PARA A GESTÃO PREDIAL

9.1 Introdução

Os edifícios esportivos precisam ser administrados, assim como os eventos que eles sediam. Com a exceção óbvia dos prédios de clubes muito pequenos, a maioria das instalações esportivas da atualidade inclui escritórios, e os clubes maiores incluem salas de controle com visão ampla do campo, para monitorar a segurança física e patrimonial dos espectadores, controlar os telões, as telas de televisão e placares e acomodar os diretores de um evento. Outras áreas de apoio podem ser necessárias para o depósito de equipamentos, os serviços de alimentação e bebidas, o depósito de alimentos, combustíveis e perecíveis e o manejo de resíduos.

9.2 Recepção

Sempre que são esperados visitantes em um local esportivo, há uma recepção localizada dentro do campo de visão da entrada principal do prédio. As edificações esportivas maiores também podem ter uma entrada de serviço à parte, que costuma estar associada com o movimento de veículos que entram e saem, e a recepção costuma servir para o controle de segurança desse movimento.

9.3 Escritórios administrativos de um centro esportivo

Nos grandes prédios esportivos, quando a gestão operacional estiver no próprio local, haverá escritórios para o diretor (20 m^2), a secretaria (12 m^2), outros funcionários da administração (12 m^2 por pessoa), os profissionais de relações públicas (12 m^2 por pessoa) e os organizadores de um evento (12 m^2 por pessoa). Em prédios menores, alguns desses recintos e funções poderão ser combinados, para maior eficiência no aproveitamento dos espaços. Também é provável que haja uma sala de reunião ou do Conselho Diretor, onde ficarão expostos os troféus conquistados pelo clube e outros objetos comemorativos associados. Essa sala tem, em média, entre 30 m^2 e 50 m^2.

9.4 Sala de controle do evento (sala técnica)

A sala de controle do evento, que muitas vezes está vinculada a uma sala de controle da segurança adjacente (em prédios maiores), é necessária para administrar uma competição esportiva e gerir o próprio prédio (Figuras 32.103 e 32.104). Esse local deve ter visão desobstruída do campo ou área de competição e pode exigir um posicionamento específico, dependendo das exigências do esporte em questão. Se o local exigir um circuito fechado de televisão, os monitores ou televisores e os equipamentos de gravação estarão localizados nesse cômodo.

32.103 Centro de controle de um estádio – exemplo 1.

9.5 Placares, telões e monitores
Muitas edificações esportivas exigirão um placar para mostrar os resultados da competição, que deverá estar instalado em uma posição que ofereça tanto aos participantes quanto aos espectadores uma visão clara. Em prédios menores, o placar pode ser operado manualmente, mas, nos maiores, ele provavelmente será eletrônico ou controlado da sala de controle ou de uma sala de controle do tempo e dos resultados, caso essas funções estejam separadas. Cada vez mais os espectadores querem acompanhar o evento em grandes telas e monitores ou, pelo menos, ver o replay de momentos significativos, então grades equipamentos de LED estão passando a desempenhar um papel importante no projeto desses locais. O tamanho e a localização desses equipamentos dependerão das dimensões do prédio e do tipo de evento, mas, assim como os placares de resultados, eles precisam estar posicionados de modo que a maioria dos espectadores possa visualizá-los sem ofuscamento.

9.6 Credenciamento e controle de pessoal
Com a exceção dos clubes ou centros muito pequenos, todos os trabalhadores que estiverem entrando em um prédio esportivo deverão ser registrados e controlados na entrada. Isso geralmente exige uma recepção e um balcão específicos. Em eventos esportivos maiores, os funcionários permanentes talvez sejam apoiados por um grande número de trabalhadores temporários, e a área de credenciamento deverá ter tamanho adequado para essa situação.

9.7 Vestiários para funcionários
O vestiário para funcionários deve ser dotado de espaço para a troca de roupa, armários com chave e depósito de uniformes, além de uma área com bebedouros ou dispensadores de bebidas.

9.8 Sala de *briefing*
Esse recinto se destina à instrução dos funcionários que estarão envolvidos na operação de um evento. Para o pré-dimensionamento da sala, considere a área de 1,5 m² por pessoa.

9.9 Serviços de alimentação
A maioria dos centros esportivos exige algum tipo de cozinha, embora para isso às vezes sejam utilizados serviços externos e terceirizados. A cozinha central deverá ter espaços para armazenamento de alimentos, preparo, distribuição e lavagem de utensílios. Se o prédio servir bebidas alcoólicas, também será preciso prever depósitos para elas. Edifícios grandes podem ter uma série de cozinhas secundárias, nas quais os alimentos são aquecidos e redistribuídos, e esses espaços evidentemente devem ficar perto dos pontos de consumo de todo o centro esportivo.

9.10 Policiamento e segurança
Alguns centros e eventos esportivos exigem a presença policial como parte da estratégia operacional. O número de policiais e seguranças e de recursos de controle varia bastante, dependendo do tipo de evento e das exigências legais. Alguns eventos individuais podem exigir uma presença muito tímida da polícia, enquanto outros podem implicar centenas de agentes, além dos seguranças contratados diretamente pelo clube ou operador do evento. Os grandes estádios podem precisar de salas de detenção com duas celas e banheiros associados, recintos para detenção em massa que, às vezes comportam até 60 espectadores e uma sala de espera e de informações com bebedouros.

9.11 Sala dos servidores (informática)
Em todos os clubes esportivos, exceto nos muito pequenos, provavelmente haverá uma sala para equipamentos de tecnologia da informação e comunicação, onde ficarão protegidos os servidores em um ambiente controlado. Os centros muito grandes podem exigir vários desses recintos técnicos, que, no caso, estariam distribuídos em diversos pontos do prédio.

9.12 Depósitos de equipamentos
Cada esporte terá suas próprias exigências em termos do tamanho e do número de depósitos de equipamentos, que podem ser, por exemplo, tanto pequenos itens de navegação como grandes embarcações. Esses depósitos serão dimensionados de modo que possam

32.104 Centro de controle de um estádio – exemplo 2.

acomodar *racks* para a armazenagem correta de cada equipamento esportivo e, às vezes, também precisarão incluir espaços para montagem e desmontagem de equipamentos e oficinas de manutenção e conserto.

9.13 Manutenção de campos, gramados e áreas de paisagismo ou externas

Será necessária a disponibilização de um espaço para que os funcionários responsáveis pelos campos, gramados, áreas verdes, etc., guardem e façam a manutenção de seus materiais de trabalho. Esses equipamentos podem incluir, entre outros, veículos, máquinas de campo, ferramentas, ralos e lâmpadas, e os depósitos deverão ter áreas para lavagem. Os campos esportivos também costumam exigir reservatórios para o sistema de irrigação que manterá o gramado em condições de uso, e esses ocuparão espaços muito significativos.

9.14 Manejo de lixo

A quantidade de dejetos gerada por um estabelecimento moderno pode ser considerável, apesar da tendência recente do uso de embalagens mais sustentáveis nos pontos de venda de alimentos e bebidas. Em um estádio com vários pavimentos, o lixo, em geral, é recolhido em cada fileira da arquibancada e então baixado até um ponto de coleta central, no nível de serviço, para sua triagem, reciclagem e descarte. Os estabelecimentos muito grandes podem exigir o uso de compactadores de lixo para que se possa manejar a quantidade colossal de refugos gerados no local.

10 EXEMPLOS DE CENTROS ESPORTIVOS PARA VÁRIAS MODALIDADES

Como foi observado na introdução deste capítulo, os locais para a prática de esportes podem ter formatos e tamanhos muito diversos, variando de um singelo espaço recreativo a um complexo prédio multifuncional. As escalas desses equipamentos urbanos podem ser classificadas da seguinte maneira:

10.1 Área esportiva

Esse espaço esportivo simplesmente abarca uma área de jogo ou competição na qual o esporte é praticado, como um campo de futebol demarcado dentro de um parque, as raias para as canoas em um rio ou as vias destinada a uma maratona.

10.2 Área esportiva com clube (espaço de treinamento)

Nesse caso, o equipamento esportivo incluirá uma área de jogo ou competição e algum tipo de acomodação que simplesmente atenda às necessidades dos esportistas, como um pavilhão de críquete adjacente ao campo, uma casa de barcos junto a um lago (remo) ou alguns vestiários distribuídos ao longo de um campo de rúgbi.

10.3 Centros esportivos especializados

Esses espaços esportivos compreendem uma área de jogo ou competição e as várias acomodações que servem às necessidades dos atletas, espectadores, repórteres e administradores do evento ou esporte. O formato da área de jogo ou competição conferirá um caráter típico ao projeto do local, como a tribuna de honra que se desenvolve ao longo da reta final de uma pista de hipismo ou automobilismo, a distribuição em V dos assentos de um diamante de beisebol ou a forma ondulada da arquibancada que acompanha a curva de uma pista de ciclismo em um velódromo.

10.4 Centros poliesportivos (que também recebem concertos de música e outros eventos)

Esses equipamentos esportivos públicos compreendem uma área de jogo ou competição que frequentemente serve para eventos múltiplos, e suas acomodações variadas também atendem às necessidades de atletas, artistas, espectadores, repórteres e gestores de mais de uma variedade de eventos e clubes. O desenho da grande área útil muitas vezes permitirá que mais de um esporte seja praticado no local, como o futebol e o rúgbi em um estádio retangular; o críquete e o futebol australiano em um estádio oval; esportes e eventos múltiplos em uma arena externa; esportes múltiplos em um ginásio ou pavilhão esportivo; ou uma grande variedade de esportes aquáticos e náuticos em um lago ou porto protegido.

11 REFERÊNCIAS BIBLIOGRÁFICAS: (FONTES DE CONSULTA EM LEIS E REGULAMENTOS BRITÂNICOS)

ADA and ABA: Accessibility Guidelines for Buildings and Facilities, 2006
Australian Football League: Laws of Australian Football, 2011
BS 6465 Part 1: Table 12 minimum provision of sanitary appliances for swimming pools, 2009
BS 8300: 2001 Design of buildings and their approaches to meet the needs of disabled people – code of practice: BSI, 2001

BS6465 Part 1: Minimum recommendations for cinemas, concert halls and similar buildings
BSEN 13200 – 1: Spectator Facilities, Layout Criteria for Spectator Viewing Area: BSI, 2003
CIBSE SLL Lighting Guide 4: Sport, Chartered Institute of Building Surveyors, 1990
Disability Discrimination Act 2005
Donald W Adie: Marinas, a Working Guide to their Development and Design, Architectural Press, 1975
ECB Facility Briefs and Guidance Notes for Indoor Sports Halls with Cricket Provision, TS3
FA, Guide to indoor and outdoor areas for small sided football, mini-soccer and futsal, 2005
Fédération Internationale de Gymnastique: Apparatus Norms, 2009
Federation Internationale De L'Automobile, Circuit Drawing Format, 2009
FIFA Football Stadiums Technical Recommendations and Requirements: Section 05, 2011
FIFA Guide to the artificial lighting of football pitches: FIFA, 2002 FIFA Technical Recommendations and requirements for the construction of New Stadia: Federation Internationale de Football Association, 2010
FITA Constitution and Rules, Indoor and Outdoor Archery Rules 2010
FIVB, Official Beach Volleyball Rules, 2009
Football Licensing Authority, DCMS: Guide to Safety at Sports Grounds, 2008, 5th Edition
Football Licensing Authority: Sports Grounds and Stadia Guide 1: Accessible Stadia
Football Licensing Authority: Sports Grounds and Stadia Guide 2: Concourses
Football Licensing Authority: Sports Grounds and Stadia Guide 3: Control Rooms
Football Stadia Advisory Design Council: Seating, Sightlines Conversions of Terracing Seat Types, 1991
Football Stadia Advisory Design Council: Stadium Roofs, 1992
FSADC: Seating, Sightlines, Conversion of Terracing, Seat Types: Football Advisory Design Council, 1991
FSIF/FLA: Accessible Stadia: Football Stadium Improvement Fund/Football Licensing Authority, 2005
Gaelic Football Association: Official Guide, 2010
IAAF Track and Field Facilities Manual, 2008
IBF, Official Baseball Rules, 2010
International Boxing Association: Technical and Competition Rules, 2010
International Hockey Federation: Guide to the Artificial Lighting of Hockey Pitches, 1997
International Judo Federation: Sports and Organization Rules, 2009
International Tennis Federation (ITF): Rules of Tennis, 2011
International Tennis Federation: Guide to the Artificial Lighting of Tennis Courts, 1991
IRB: Laws of the Game of Rugby Union, 2008
ISSF: Rules and Regulations, 2009
Geraint John and Helen Heard: Handbook of Sports and Recreational Building design, Volume 2, Indoor Sports: Architecture Press, 1995
Geraint John and Kit Campbell: Handbook of Sports and Recreational Building Design Volume 1 Outdoor Sports, 1993
Geraint John and Kit Campbell: Ice Rinks, Swimming Pools: Handbook of Sports and Recreational Design Volume 3, 1996
Geraint John, Rod Sheard and Ben Vickery: Stadia, A Design and Development Guide, Architectural Press, 2007
Planning Policy Guidance Note: Sport and Recreation: Department of Environment, 1991
R&A: Rules of golf and the rules of amateur status, 31st Edition, 2008–2011
Shields, Andrew, Wright, Michael: Arenas: A Planning, Design and Management Guide, London Sports Council, 1989
Sport England Design Guidance Note: Comparative Sizes of Sport Pitches & Courts, 2009
Sport England Design Guidance Note: Design Guide for Athletics, 2007–2012
Sport England Design Guidance Note: Design Guide for Badminton, 2005
Sport England Design Guidance Note: Design Guide for Cycling, 2003
Sport England Design Guidance Note: Design Guide for Fitness and exercise spaces Guidance Notes, 2008
Sport England Design Guidance Note: Design Guide for Indoor Sports, 2007
Sport England Design Guidance Note: Design Guide for Swimming Pools, 2008
Sport England Design Guidance Note: Pavilions and Clubhouses: Changing Rooms, 1999
Sport England Design Guidance Note: Sports Halls: Changing areas, 2011
Sport England Design Guidance Note: Sports Halls: Toilet Accommodation, 2011
Sports Council: Planning and Provision for Sport Selection Planning for Stadia, 1997
Sports Council: Toilet Facilities at Stadia, Planning Design and Types of Installation, 1993
The Event Safety Guide (Purple Guide), A guide to health, safety, and welfare at music and similar events, 2002
The Oxford Companion to Sports and Games: Oxford University Press, 1976
UEFA European Football Championship: Bid Requirements, 2012
UEFA Stadium Infrastructure Regulations, 2006
World Karate Federation: Competition Rules Kata & Kumite, 2009

12 ESTUDO DE CASO: CENTRO ESPORTIVO REGIONAL DE RAVENSCRAIG (UMA INICIATIVA DA SPORTSCOTLAND)

Informações de projeto:

Cliente (Joint Venture):	North Lanarkshire Council Sportscotland Ravenscraig Ltd Motherwell College
Arquitetura:	Populous
Projeto estrutural:	Buro Happold
Instalações prediais:	Buro Happold
Engenharia de incêndio:	Fedra
Construção:	Balfour Beatty
Localização:	Ravenscraig, Motherwell, North Lanarkshire, Escócia
Área interna bruta:	18.300 m²

12.1 Resumo do programa de necessidades

O programa de necessidades do projeto foi desenvolvido com a equipe do cliente e a consulta dos demais atores. O interesse da Motherwell College residia no fato de essa faculdade oferecer um curso de Ciências do Esporte, que precisava de salas de aula e uma área de treino.

O programa exigia um equipamento multiuso dotado de áreas internas e externas que pudesse ser aproveitado para esportes competitivos e treinamentos de todos os níveis, do escolar ao profissional ou olímpico. O centro deveria ter capacidade para acomodar 5 mil espectadores. Esperava-se que ele fosse uma das sedes de treino para uma das principais equipes nacionais dos Jogos da Comunidade Britânica de Nações de 2014.

12.2 Resposta ao programa de necessidades

O objetivo do arquiteto foi criar o *mix* mais abrangente possível de esportes e níveis de competição, de modo que todos os usuários do prédio pudessem aprender uns com os outros. Uma parte fundamental da estratégia de projeto foi estabelecer conexões visuais dentro do prédio. Criou-se uma espinha dorsal que conectava os três salões, que abrigam um campo de futebol coberto de tamanho oficial, um campo de atletismo e um pavilhão poliesportivo (Figuras 32.105–32.111). Essa espinha dorsal se desenvolve em dois níveis: no inferior, estão os vestiários e banheiros; no superior, uma cafeteria, as salas de aula e os escritórios, com vistas para os salões. No intuito de acomodar até 5 mil espectadores em um grande evento, o salão tem saídas de emergência e pontos de exaustão do ar para essa população, mas se considerou que serviços adicionais (como banheiros químicos) teriam de ser trazidos até o local para esses eventos.

12.3 Descrição geral do prédio e seu terreno

O prédio foi implantado no terreno de uma siderúrgica desativada. A arquitetura da edificação reflete seu passado industrial e tem acabamentos internos despojados e paredes revestidas de telhas de metal. Suas formas inclinadas decorrem do aproveitamento da iluminação natural do Norte (hemisfério norte), internalizando a luz diurna e evitando o ofuscamento dos esportistas. Isso resultou em um prédio com perfil único, que se insere bem dentro da paisagem.

Ele também está adequado ao plano diretor aprovado para a nova cidade que será construída em seu entorno, uma exigência do programa de necessidades. O centro esportivo inclui um grande campo de futebol de tamanho oficial com grama sintética, bem como seis campos para futebol de cinco (futsal). Todos esses campos têm grama sintética para que possam ser aproveitados ao longo do ano inteiro e os gastos com sua manutenção fiquem reduzidos (se comparados àqueles com grama natural). Também há uma pista de corrida externa com um quilômetro de extensão, bem iluminada e revestida com asfalto, que circunda o complexo. O estacionamento tem 450 vagas, das quais oito são reservadas para famílias e 22 para motoristas com necessidades especiais, além da opção de espaços destinados a usuários de esquemas de uso compartilhado de automóveis.

12.4 Esportes e outros eventos

O centro pode receber competições e partidas de futebol, atletismo, *badminton*, voleibol, basquetebol, handebol e *netball*. Além dos campos externos, há um grande campo de futebol de tamanho oficial, classificado como tendo gramado sintético de terceira geração (3G), o que lhe conferiu a classificação Duas Estrelas da FIFA. Ele é utilizado para o treinamento dos times de futebol profissionais da cidade. Há um pavilhão para atletismo, com piso de borracha, equipado com pista de corrida de 135 m, pistas para salto em distância e gaiolas para lançamento de dardo ou arremesso de martelo. Ele é utilizado predominantemente para treinos, mas, ocasionalmente para competições de nível inicial. O salão poliesportivo atende a eventos de *badminton*, voleibol, basquetebol, handebol e *netball*, tendo piso elevado de madeira e pé-direito livre de 9,2 m, o que lhe permite sediar competições de *badminton* de nível nacional, mas não internacional.

12.5 Tecnologia

Em cada uma das paredes há placares de pontuação, e a área de atletismo conta com câmeras para controle do tempo e dos pontos nas competições. Existe um sistema central de alto-falantes e um circuito fechado de televisão. A abundante iluminação natural dos salões é complementada por fontes de luz artificial controladas pelo movimento dos usuários. Os salões para futebol e atletismo têm ventilação natural. Foi instalado um sistema de cogeração de energia elétrica e térmica, que fornece calor e água quente e, no pavilhão de atletismo, é apoiado por radiadores. O pavilhão de futebol foi tratado como um espaço "do tipo garagem", assim não tem calefação, mas possui um bom isolamento acústico, que o protege de temperaturas extremas. No salão poliesportivo, o sistema de circulação do ar é regulável para limitar as correntes de ar e evitar que o voo das petecas do jogo de *badminton* seja afetado. Pelo mesmo motivo, o acesso dos usuários é por meio de vestíbulos (antessalas). O prédio recebeu uma abordagem à engenharia de incêndio que exigiu a instalação de *sprinklers* na coluna dorsal que conecta os espaços, com aberturas automáticas para tiragem de fumaça no telhado combinadas com reservatórios de fumaça calculados para estarem coordenados com os tempos de evacuação de pessoas necessários. O pavilhão de futebol também tem saídas de fumaça automáticas, que foram projetadas para atender à lotação máxima estimada para um evento: 5 mil pessoas.

12.6 Áreas para espectadores

Tanto no salão de futebol como no poliesportivo foi instalado um sistema de arquibancada retrátil, oferecendo 400 assentos no primeiro e 750 no segundo. Em ambos os casos, foram reservados espaços para usuários de cadeiras de rodas e seus acompanhantes. Na galeria do segundo nível também é possível a visualização informal das competições.

12.7 Espaços de apoio

Oito vestiários com banheiros associados foram previstos para os esportistas e dois para os juízes, árbitros e outros usuários envolvidos nas atividades esportivas. Todas essas instalações têm ligação direta com cada um dos salões que atendem e aos campos externos, bem como acesso exemplar para os espaços acessíveis reservados aos portadores de necessidades especiais. Os vestiários e banheiros se localizam muito próximos das áreas de descanso destinadas aos atletas, de modo que os resultados dos treinos e competições possam ser analisados enquanto os usuários relaxam. Para o treinamento de atletas de elite, há uma área de condicionamento físico e musculação equipada com bancos e pesos. Também há uma sala para atendimento médico de lesões esportivas e testagem *antidoping*. O público geral pode usar um ginásio equipado com a combinação usual de aparelhos para treinamento de peso (musculação) e exercícios cardiovasculares (bicicletas ergométricas, remos secos e esteiras). Também foram construídos dois estúdios para dança ou ginástica, ambos com pisos suspensos de madeira. Após a recepção, há uma pequena loja. No nível superior, acessado por escadas e elevadores, estão a cafeteria (localizada sobre a recepção e oferecendo vistas panorâmicas), salas de aula, salas de gestão predial e escritórios de apoio para as entidades esportivas regionais e os administradores do centro esportivo.

12.8 Construção

O prédio foi construído com estrutura de aço, paredes internas de blocos de concreto e uma viga anelar de aço à altura de 3,5 m, para aumentar sua resistência a impactos. O piso da "espinha dorsal" foi acabado com uma resina acrílica com quartzo, que criou um revestimento robusto, mas atraente. Externamente, a cobertura e as paredes do prédio foram revestidas de um sistema de chapas de alumínio com juntas verticais. O acabamento dos forros dos salões é com bandejas galvanizadas, mas, no salão poliesportivo, o revestimento é uma pintura eletrostática a pó de cor cinza escuro, permitindo a boa visibilidade das petecas das partidas de *badminton*. As claraboias voltadas para o norte (hemisfério norte) são de policarbonato, mas, no salão poliesportivo, elas são translúcidas, para aumentar a difusão da luz. Os elementos estruturais de aço mais importantes foram pintados de amarelo nos interiores e na face externa da porta de acesso, gerando um forte contraste com a estética dos painéis de revestimento prateados e remetendo-nos à herança industrial do entorno (Figuras 32.112 e 32.113).

32.105 Centro Esportivo Regional de Ravenscraig. Implantação no terreno na escala 1:1.250.

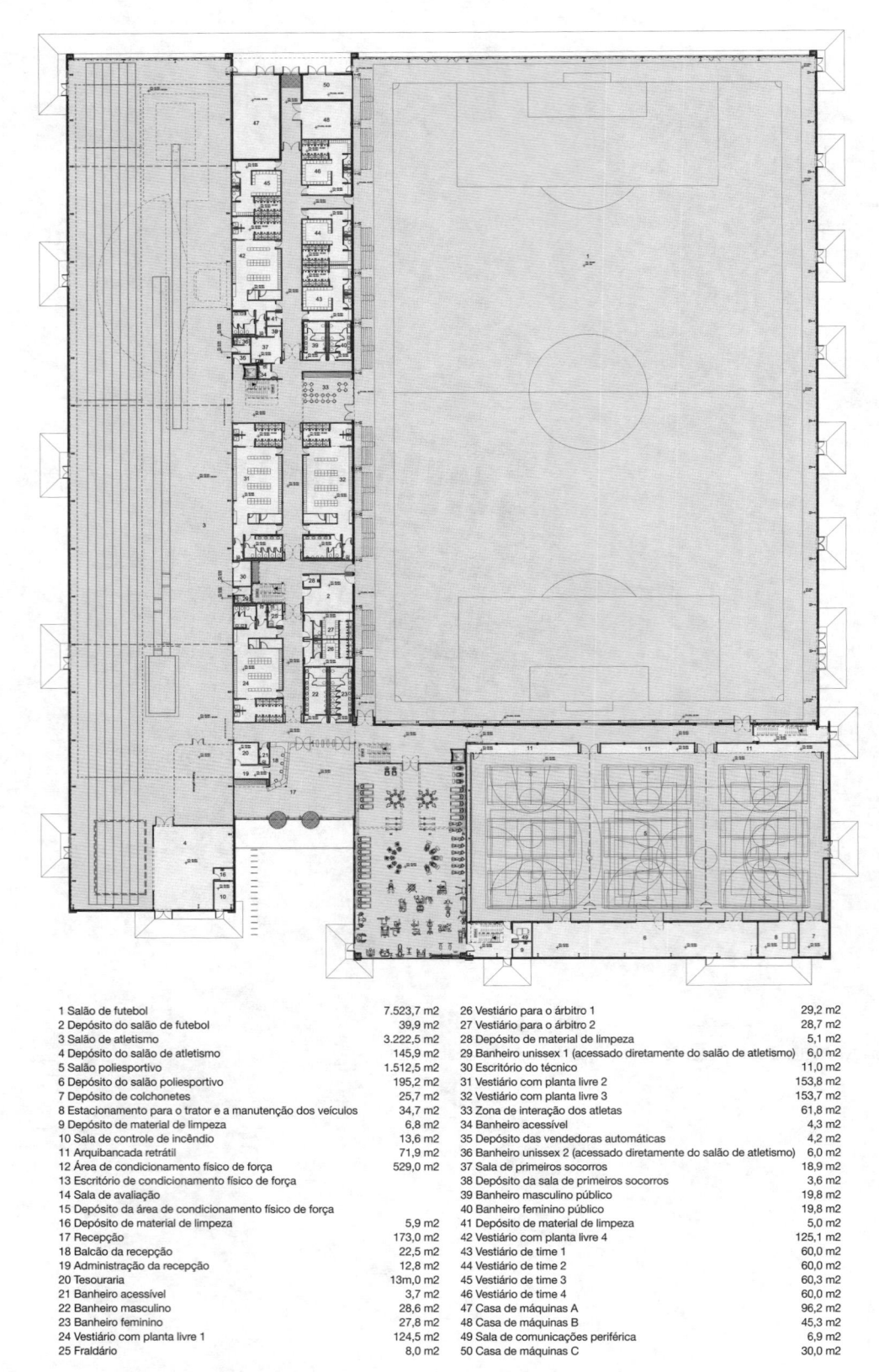

1 Salão de futebol	7.523,7 m2	26 Vestiário para o árbitro 1	29,2 m2
2 Depósito do salão de futebol	39,9 m2	27 Vestiário para o árbitro 2	28,7 m2
3 Salão de atletismo	3.222,5 m2	28 Depósito de material de limpeza	5,1 m2
4 Depósito do salão de atletismo	145,9 m2	29 Banheiro unissex 1 (acessado diretamente do salão de atletismo)	6,0 m2
5 Salão poliesportivo	1.512,5 m2	30 Escritório do técnico	11,0 m2
6 Depósito do salão poliesportivo	195,2 m2	31 Vestiário com planta livre 2	153,8 m2
7 Depósito de colchonetes	25,7 m2	32 Vestiário com planta livre 3	153,7 m2
8 Estacionamento para o trator e a manutenção dos veículos	34,7 m2	33 Zona de interação dos atletas	61,8 m2
9 Depósito de material de limpeza	6,8 m2	34 Banheiro acessível	4,3 m2
10 Sala de controle de incêndio	13,6 m2	35 Depósito das vendedoras automáticas	4,2 m2
11 Arquibancada retrátil	71,9 m2	36 Banheiro unissex 2 (acessado diretamente do salão de atletismo)	6,0 m2
12 Área de condicionamento físico de força	529,0 m2	37 Sala de primeiros socorros	18,9 m2
13 Escritório de condicionamento físico de força		38 Depósito da sala de primeiros socorros	3,6 m2
14 Sala de avaliação		39 Banheiro masculino público	19,8 m2
15 Depósito da área de condicionamento físico de força		40 Banheiro feminino público	19,8 m2
16 Depósito de material de limpeza	5,9 m2	41 Depósito de material de limpeza	5,0 m2
17 Recepção	173,0 m2	42 Vestiário com planta livre 4	125,1 m2
18 Balcão da recepção	22,5 m2	43 Vestiário de time 1	60,0 m2
19 Administração da recepção	12,8 m2	44 Vestiário de time 2	60,0 m2
20 Tesouraria	13m,0 m2	45 Vestiário de time 3	60,3 m2
21 Banheiro acessível	3,7 m2	46 Vestiário de time 4	60,0 m2
22 Banheiro masculino	28,6 m2	47 Casa de máquinas A	96,2 m2
23 Banheiro feminino	27,8 m2	48 Casa de máquinas B	45,3 m2
24 Vestiário com planta livre 1	124,5 m2	49 Sala de comunicações periférica	6,9 m2
25 Fraldário	8,0 m2	50 Casa de máquinas C	30,0 m2

32.106 Centro Esportivo Regional de Ravenscraig. Planta baixa do primeiro nível na escala de 1:500 e legenda.

32 Espaços esportivos: ginásios e esportes ao ar livre

1 Salas de aula do Motherwell College	100,4 m2
2 Sala dos professores do Motherwell College	33,1 m2
3 Depósito do Motherwell College	24,2 m2
4 Banheiro acessível do Motherwell	8,0 m2
5 Sala de comunicações	6,5 m2
6 Shaft	9,3 m2
7 Banheiro acessível do consultório médico	8,1 m2
8 Consultório médico	35,3 m2
9 Sala de espera do consultório médico	16,2 m2
10 Área de atendimento médico	35,2 m2
11 Vestiário masculino dos funcionários (com banheiro)	13,3 m2
12 Vestiário feminino das funcionárias (com banheiro)	13,3 m2
13 Espaço para descanso dos atletas	10,8 m2
14 Escritório da manutenção do prédio e suas áreas externas	21,9 m2
15 Cozinha dos funcionários	14,4 m2
16 Escritório da Scottish Athletics	23,6 m2
17 Shaft	6,9 m2
18 Escritório da Scottish Football Association	21,8 m2
19 Depósito de material de limpeza	5,0 m2
20 Escritório dos diretores de um evento	22,3 m2
21 Escritório dos gerentes operacionais	17,0 m2
22 Escritório para o desenvolvimento do futebol de North Lanarkshire	17,1 m2
23 Recepção/Escritório com planta livre	81,3 m2
24 Sala de reunião	41,0 m2
25 Cafeteria com mesas	368,6 m2
26 Banheiro público feminino	31,6 m2
27 Banheiro público masculino	31,6 m2
28 Banheiro público acessível	3,9 m2
29 Cozinha	17,3 m2
30 Vestiário e banheiro da cozinha	5,5 m2
31 Balcão da cozinha	14,0 m2
32 Depósito de alimentos frescos	5,9 m2
33 Depósito de mantimentos secos	9,0 m2
34 Galeria com vista elevada do salão de futebol	83,3 m2
35 Estúdios de dança/Salão poliesportivo	269,1 m2
36 Depósito dos estúdios de dança e salão poliesportivo	25,3 m2
37 Galeria com vista elevada do salão de futebol (sem calefação)	114,4 m2
38 Galeria com vista elevada do salão poliesportivo	64,7 m2
40 Casa de máquinas D	238,6 m2

32.107 Centro Esportivo Regional de Ravenscraig. Planta baixa do segundo nível na escala de 1:500 e legenda.

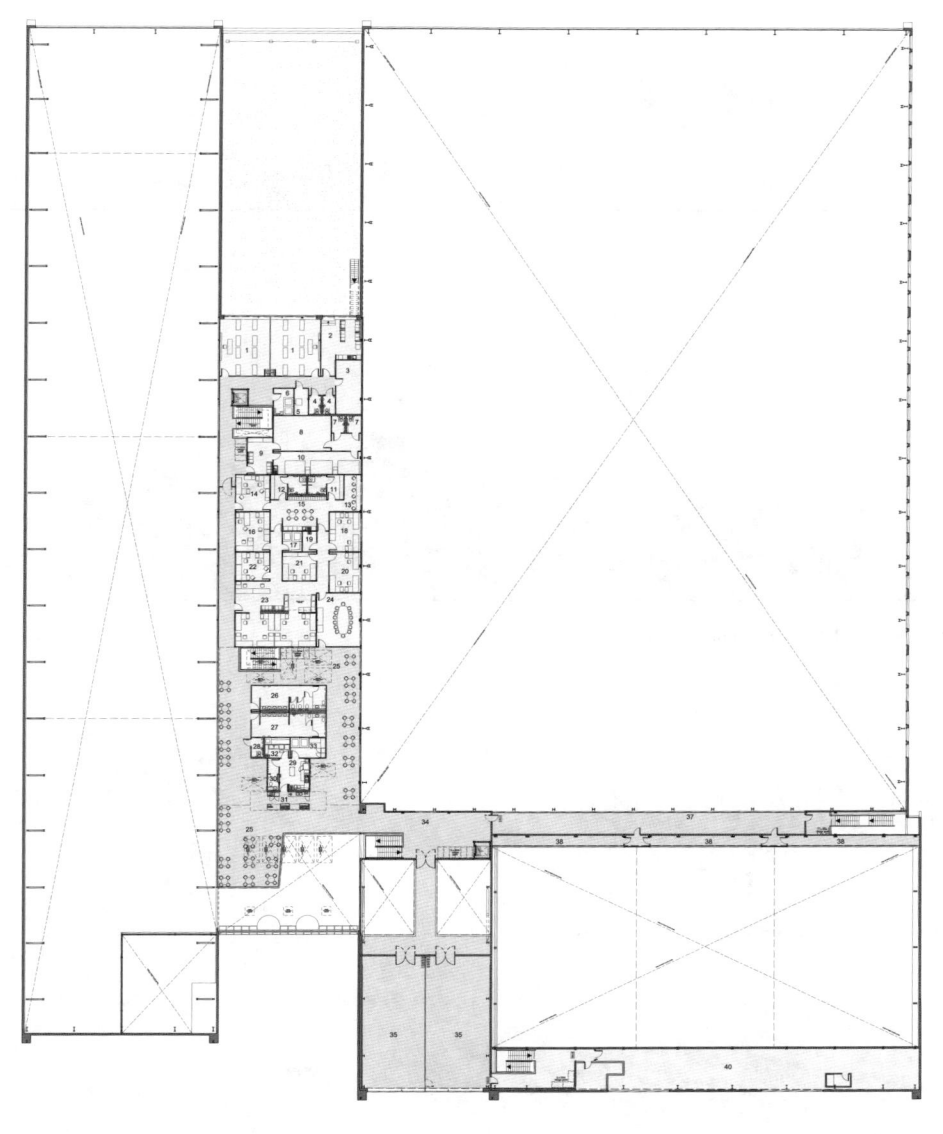

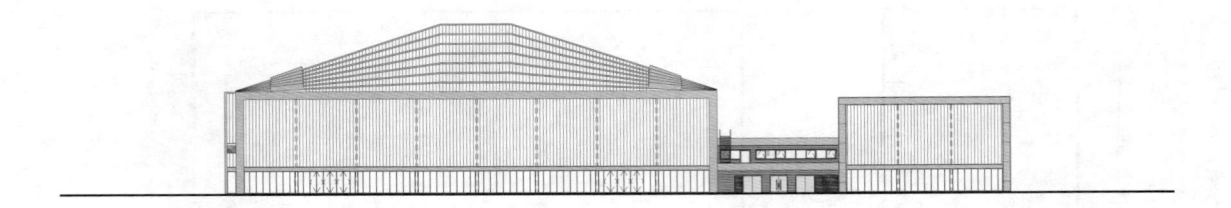

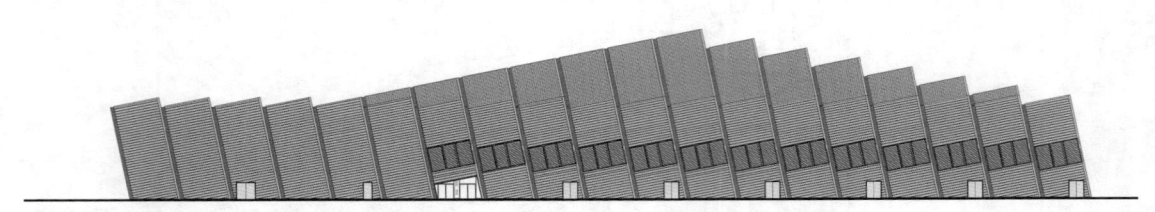

32.108 Centro Esportivo Regional de Ravenscraig. Elevações.

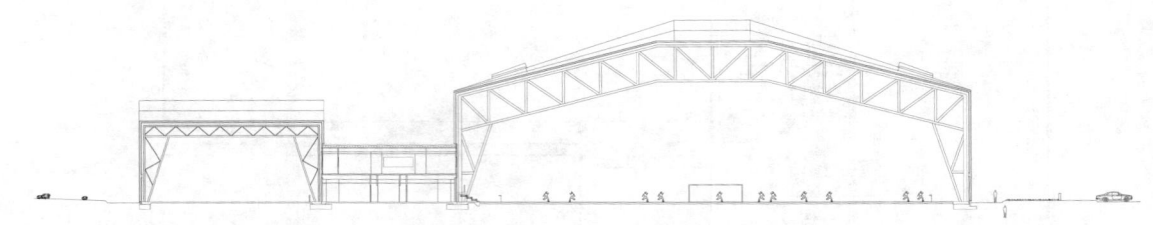

32.109 Centro Esportivo Regional de Ravenscraig. Corte transversal.

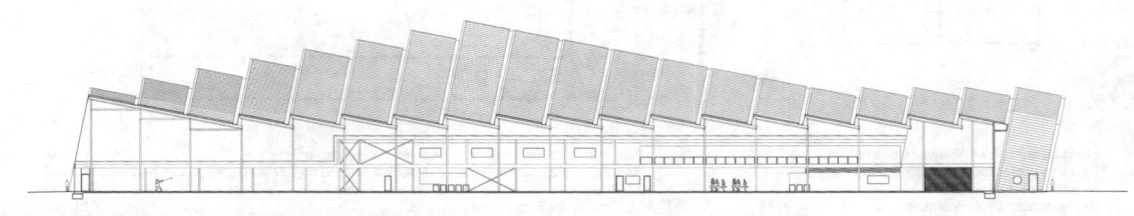

32.110 Centro Esportivo Regional de Ravenscraig. Corte longitudinal através do salão de atletismo.

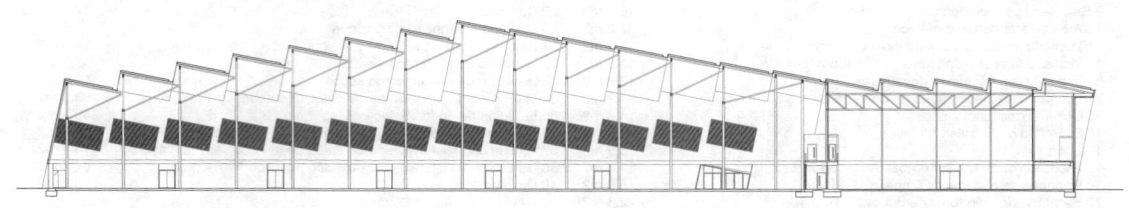

32.111 Centro Esportivo Regional de Ravenscraig. Corte longitudinal através do salão de futebol e do salão poliesportivo.

32.112 Centro Esportivo Regional de Ravenscraig. Arquitetura: Populous. Vista em direção ao salão de futebol. (Fotografia: Andrew Lee)

32.113 Centro Esportivo Regional de Ravenscraig. Vista interna do salão poliesportivo. (Fotografia: Andrew Lee)

Ruas e espaços para pessoas e veículos

Atualizado por Ben Hamilton-Baillie (introdução, espaço compartilhado e promoção do senso de lugar) e Sustrans (ciclovias e estacionamentos)

CI/SfB: 12

Ben Hamilton-Baillie é fundador da firma Hamilton-Baillie Associates e especialista no projeto de ruas, segurança e movimento do trânsito. Sustrans é uma organização não governamental que visa a incentivar as pessoas a se deslocarem mais a pé, de bicicleta ou por meio do transporte público

PONTOS-CHAVE:
- *As novas políticas buscam evitar a segregação absoluta do trânsito e promover sua integração com os pedestres*
- *É fundamental definir as velocidades recomendadas para os veículos*
- *Os veículos comerciais estão ficando maiores e mais pesados*
- *Os pedestres e ciclistas estão sendo mais valorizados e incentivados*

Conteúdo
1. Introdução
2. Veículos*
3. Vias em geral
4. Detalhes do projeto de vias urbanas
5. Ciclovias e bicicletários
6. Estacionamento
7. Carga e descarga
8. Espaço compartilhado
9. Promoção do senso de lugar
10. Estudo de caso: Poyton
11. Referências bibliográficas

1 INTRODUÇÃO

1.1 Função

As ruas são definidas como as vias públicas e os espaços entre as edificações privadas em cidades grandes ou pequenas. Elas configuram a maioria absoluta das áreas públicas de qualquer comunidade. Seu projeto, sua gestão e sua manutenção são cruciais para a qualidade e o sucesso econômico e social do ambiente construído.

Contudo, as vias urbanas são espaços complicados, pois atendem a uma grande variedade de funções, desde o acesso e o primeiro plano das edificações, até a drenagem e as instalações das utilidades urbanas (como água, gás, eletricidade, etc.). As principais funções das vias urbanas se inserem em duas categorias:

- Espaços para transporte e movimento: as ruas criam os corredores para o movimento de pedestres e ciclistas, o trânsito de veículos e todos os modais de transporte público.
- Espaços para trocas e interações: as ruas criam o espaço público para encontros e transações formais e informais, incluindo o comércio, a informação, as atividades políticas, os festivais e eventos públicos e a socialização cotidiana.

---
* N. de T.: É importante frisar que no Reino Unido o sistema de trânsito usa a mão invertida.

1.2 Política de projeto

A necessidade de encontrar um equilíbrio entre essas duas funções principais das ruas é a essência do avanço de políticas de projeto na maior parte do último século. A chegada dos automóveis, no início do século XX, e seu impacto enorme nos padrões espaciais e na forma do ambiente construído impuseram desafios significativos para os arquitetos, urbanistas e engenheiros de tráfego. Projetar espaços para as pessoas e, ao mesmo tempo, resolver as questões práticas do uso de veículos continua exigindo criatividade e novas experiências.

As políticas e as melhores práticas nesta área estão passando por um momento de transição. Na Grã-Bretanha, em 1963, a publicação de *Traffic in Towns*, muitas vezes chamado de *Buchanan Report* (*Relatório Buchanan*), em referência ao presidente do comitê consultivo responsável pelo texto, estabeleceu uma série de princípios-chave para lidar com a pressão imposta pelo trânsito de veículos motorizados. O texto argumentava que as duas funções das ruas – por um lado permitir o trânsito e, por outro, desempenhar seus papéis cívicos e sociais – eram basicamente incompatíveis entre si e, por conseguinte, defendia a política da segregação do trânsito de veículos em relação aos pedestres.

O legado de *Traffic in Towns* é importante em virtude de ter introduzido conceitos como calçadões, rodoanéis e passarelas de pedestres elevadas, bem como passagens subterrâneas, viadutos, sinalizações, barreiras e frades – tudo isso associado à separação física.

No final da década de 1970, em muitos países europeus já era evidente uma reação contra os princípios da segregação espacial nas ruas. Nos Países Baixos, pioneiros como Joos Váhl fizeram experiências com ruas residenciais de uso misto e trânsito de baixa velocidade, resultando no conceito de *woonerf*, posteriormente introduzido no Reino Unido como "home zones" (zonas habitacionais). Hans Monderman, engenheiro de tráfego responsável pela segurança viária no norte dos Países Baixos, explorou maneiras de combinar a psicologia comportamental e a engenharia a fim de levar o desenho de ruas informais e não segregadas ao projeto de interseções mais movimentadas e de centros de cidades. O termo "espaço compartilhado" foi cunhado em 2003 para descrever o paradigma então emergente de ruas de uso misto totalmente integradas, contrastando com a segregação convencional (veja a Seção 8).

A publicação do *Manual for Streets* (*1 e 2*), cobrindo a Inglaterra e o País de Gales, em 2007 e 2011, refletiu essa mudança radical na política do desenho urbano. O poder executivo escocês publicou um guia similar (*Designing Streets*), e o governo irlandês seguiu a tendência, com *Design Manual for Urban Roads and Streets* (2013). As pesquisas e diretrizes do CABE (Chartered Association of Building Engineers), da English Heritage e da CIHT (Chartered Institution of Highways and Transportation) também têm ajudado a articular as implicações de uma política de integração, em vez de segregação, do trânsito em relação ao tecido social das cidades.

2 VEÍCULOS

2.1 Escopo

Esta seção trata de dados referentes a:

- bicicletas;
- motocicletas e lambretas;
- automóveis: carros e furgões pequenos com até duas toneladas e meia de tara;
- veículos comerciais com até 10 toneladas de tara;
- veículos de serviços públicos: ônibus de linhas municipais e intermunicipais;
- veículos de carga: grandes veículos comerciais com 40 toneladas, no máximo. Essa classe inclui caminhão trator tipo cavalo mecânico e semirreboque.

2.2 Dimensões

As dimensões de alguns exemplares de cada classe são apresentadas na Figura 33.1. Em qualquer caso específico, é preciso consultar as informações do fabricante.

2.3 Unidades de projeto (padronização)

No setor dos maiores veículos comerciais, as unidades padronizadas de projeto são quase universalmente utilizadas. Nesse sistema, um determinado chassi pode receber uma variedade de baús e carrocerias para fins e cargas específicos, principalmente com dimensões padronizadas. É possível mudar de carroceria à vontade, permitindo que uma seja carregada enquanto o chassi está na estrada com outra, entregando mercadorias em outro lugar.

Um dos exemplos específicos é o contêiner padrão, utilizado em caminhões, navios, ferrovias ou mesmo como uma unidade de armazenagem ao ar livre (Figura 33.2). Como esse sistema foi desenvolvido primeiramente nos Estados Unidos, as dimensões padronizadas seguem o padrão imperial; contudo, as ferrovias alemãs desenvolveram uma versão paralela no sistema métrico.

2.4 Círculos de manobra

Além das dimensões físicas, é preciso conhecer as características críticas do veículo em movimento, particularmente para as manobras durante o estacionamento ou na preparação para o carregamento. Essas características são complexas; em geral, o fabricante fornecerá apenas o diâmetro do círculo de manobra, seja entre os meios-fios ou entre muros.

Diagramas de manobra já foram publicados para vários veículos em relação às seguintes operações:

- girar em 90°;
- colocar o veículo de frente para a direção oposta com um giro de 360° em marcha à frente;
- idem em marcha a ré;
- fazer o veículo virar para a direção oposta utilizando as marchas a frente e a marcha a ré (manobra de três pontos) no formato de T;
- idem em formato de Y;
- idem com curva lateral dianteira;
- idem com curva lateral traseira.

A Figura 33.3 mostra as manobras em 90° de alguns veículos comuns. Os outros diagramas serão necessários para o projeto de rotatórias em *cul-de-sacs*, etc. As dimensões publicadas de círculos de manobra não são suficientes nas seguintes situações:

- A distância necessária para o motorista girar o volante da posição direto para frente e fazer uma curva a mais fechada possível depende da velocidade que, para os fins ilustrados na Figura 33.3, fica entre 8 e 16 km/h.
- O raio de giro difere entre as curvas na mão direita e as curvas na mão esquerda.
- O percurso percorrido pelas rodas traseiras não é o mesmo percurso percorrido pelas rodas dianteiras. Em um veículo comercial trafegando em baixa velocidade, as rodas traseiras seguem um pequeno arco em relação às rodas dianteiras; o valor depende em grande parte da distância entre os eixos. A diferença entre os arcos das rodas no mesmo lado do veículo é chamada de *cut in*; seu valor determina a largura total ocupada pela carroceria do veículo em manobra – sempre superior em relação ao veículo que anda em linha reta.
- Embora poucos veículos tenham uma carroceria com balanço lateral mensurável além do eixo das rodas, muitos possuem um balanço considerável na frente e na traseira. Isso é importante para a frente: a largura extra além do eixo das rodas descrito pela carroceria é conhecida por *cut out*. É preciso prever o balanço dianteiro e traseiro ao projetar rotatórias, etc., evitando obstruções verticais a menos de 1,2 metro da lateral da pista de rolamento.

3 VIAS EM GERAL

3.1 Introdução

Em geral, este capítulo tratará apenas de vias e equipamentos no interior de áreas urbanas, como parques industriais e condomínios habitacionais. As vias públicas normalmente estão fora da alçada do arquiteto, mas a Tabela I mostra as larguras recomendadas para as pistas de rolamento na maioria dos tipos de vias.

A hierarquia mais genérica das vias é:

- autoestradas e vias principais ou arteriais
- vias coletoras ou distribuidoras
- vias locais

Definições

Pista de rolamento: área de superfície das vias reservada aos veículos.

Largura da pista de rolamento: distância entre os meios-fios ou extremidades que limitam a pista de rolamento.

Pista de rolamento dupla: via com canteiro central, sendo que cada pista de rolamento recebe o tráfego na faixa de direção oposta: uma pista de rolamento com largura capaz de acomodar uma fila única de veículos, geralmente delineada por linhas tracejadas em tinta branca sobre a superfície da pista.

Largura da faixa carroçável: como a largura máxima de veículos permitida é 2,5 m e o espaço livre mínimo entre veículos paralelos a 50 Km/h é 0,5 m, a largura mínima da faixa é de 3 m. Todavia, os veículos que andam em alta velocidade precisam de mais espaço livre, enquanto os veículos maiores precisam de larguras maiores nas curvas. Consequentemente, as vias mais rápidas possuem faixas mais largas.

Ciclovia: faixa de domínio completamente separada e reservada para o uso de bicicletas.

Ciclofaixa: parte de uma via que foi designada por meio de delimitação, sinalização e marcações no solo para o uso preferencial ou exclusivo de ciclistas.

Pista de rolamento de uso comum: faixa de domínio designada por meio de sinalização ou marcações permanentes como uma ciclovia, mas que também é compartilhada com pedestres e motoristas.

a Bicicleta

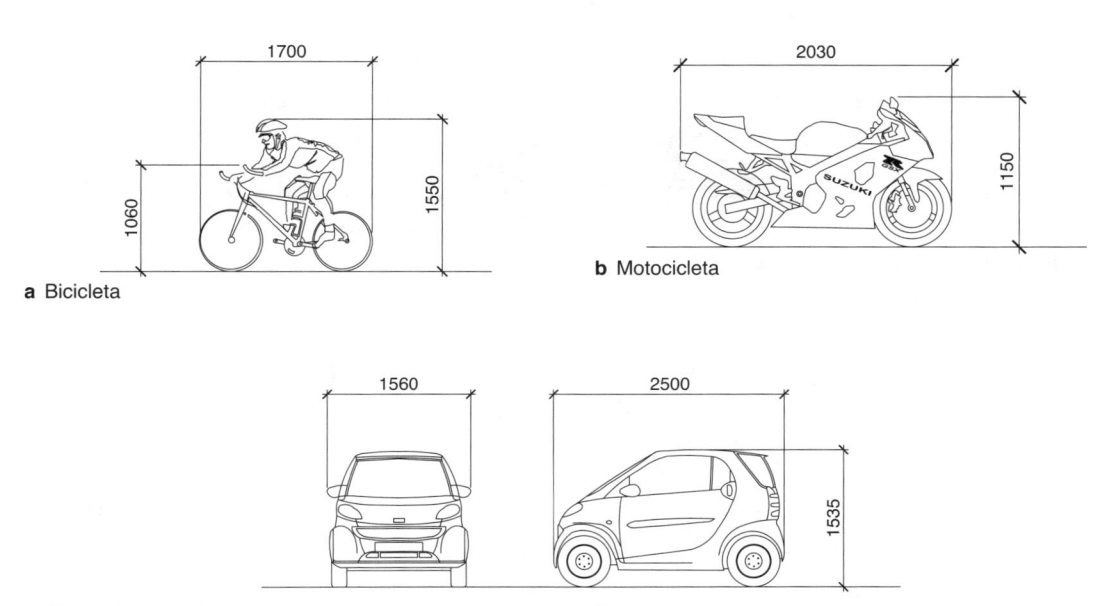

b Motocicleta

c Automóvel pequeno com dois lugares e pouca emissão de dióxido de carbono

d Automóvel pequeno

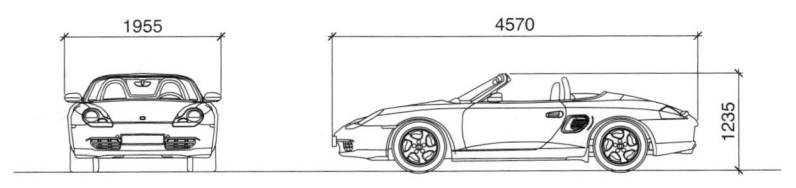

e Automóvel esportivo

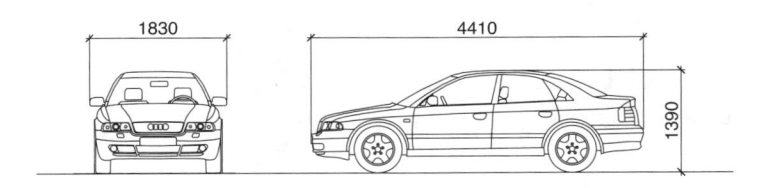

f Sedan pequeno

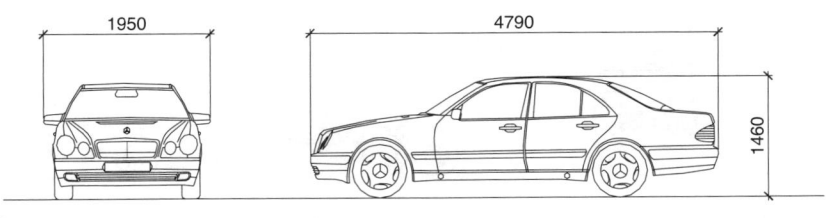

g Sedan de luxo

33.1 Dimensões de veículos. *(continua)*

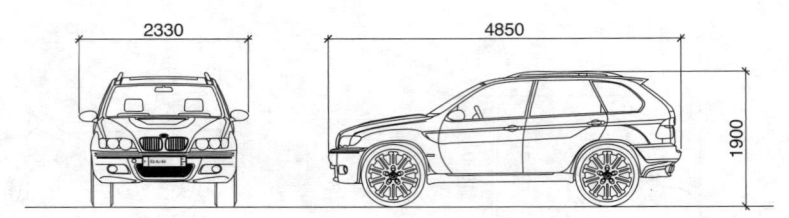

h Caminhonete com tração 4 × 4

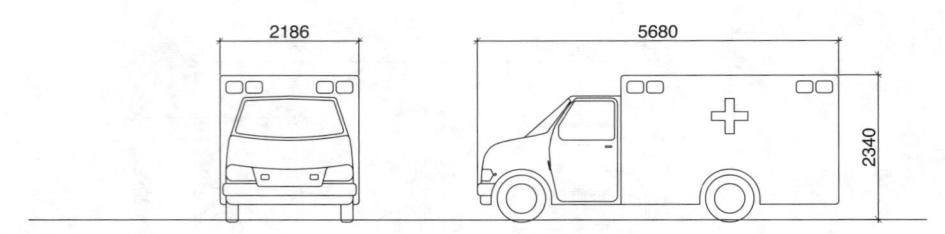

i Ambulância

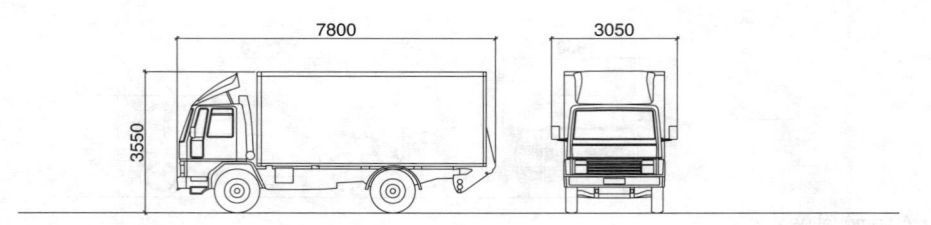

j Caminhão tipo toco (dois eixos)

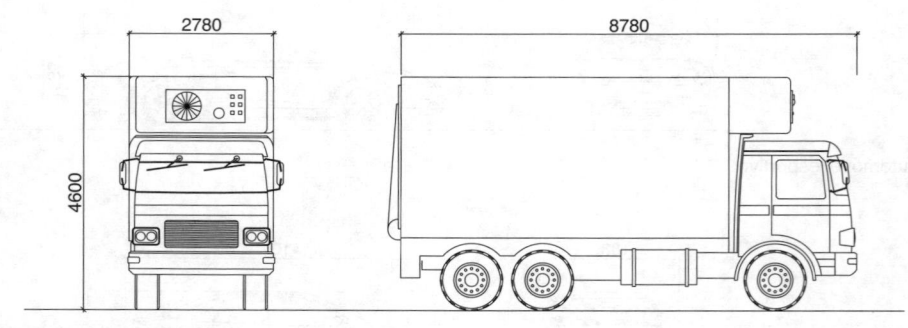

k Caminhão tipo *truck* (três eixos)

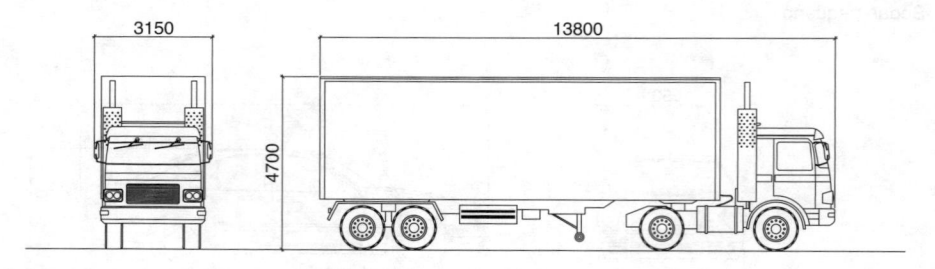

l Caminhão trator tipo cavalo mecânico com carreta baú (quatro eixos)

33.1 *(Continuação).*

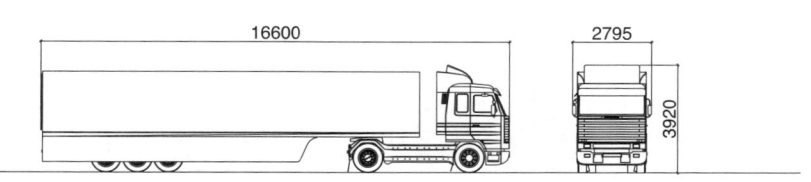

m Caminhão tipo cavalo trucado com baú (cinco eixos)

n Caminhão tanque articulado com seis eixos

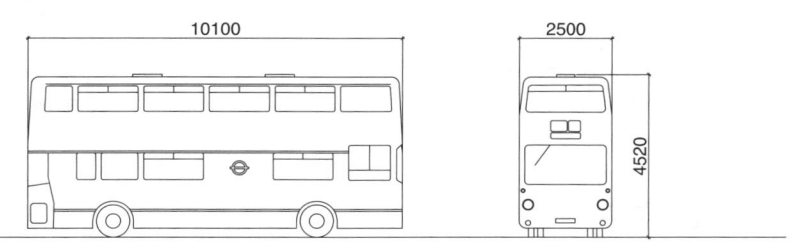

o Ônibus com dois pavimentos

p Ônibus turismo

33.1 *(Continuação).*

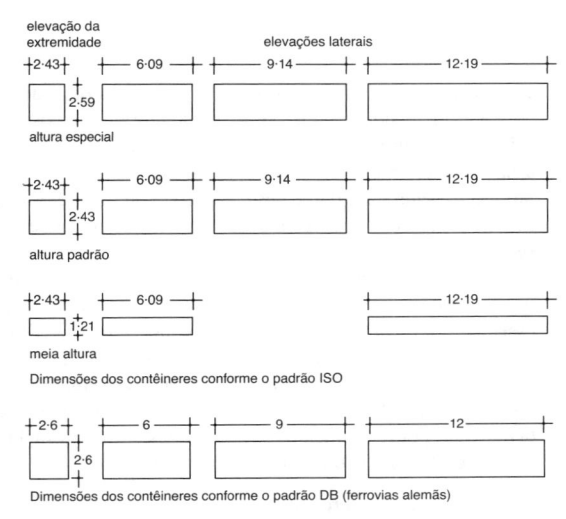

Dimensões dos contêineres conforme o padrão ISO

Dimensões dos contêineres conforme o padrão DB (ferrovias alemãs)

33.2 As dimensões dos contêineres padronizados.

Passeio: área da via reservada exclusivamente para o uso de pedestres, incluindo usuários de cadeiras de rodas e pessoas com carrinhos de bebê, e que se estende ao longo da pista de rolamento veicular. O passeio também é chamado de "calçada".

Caminho de pedestre: equipamento exclusivo para pedestres que não faz parte da via.

3.2 Vias em áreas residenciais

Esta seção trata principalmente das vias em áreas residenciais e condomínios habitacionais. No entanto, os princípios são os mesmos em áreas industriais e comerciais – apenas os detalhes diferem.

Subúrbios-jardim
Um "subúrbio" é cercado por vias de distribuição que oferecem acesso aos lotes exclusivamente por meio das vias de acesso em seu interior. Para projetar o sistema viário de acesso, é preciso ter os seguintes itens em mente:

- Acesso viário a menos de 25 m (ou 15 m, em alguns casos) de cada casa
- Acesso viário a todas as garagens privadas, seja dentro dos lotes ou em estacionamentos comunitários; e a todas as áreas de estacionamento

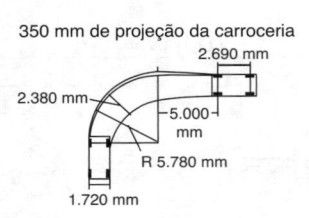

a Automóvel particular

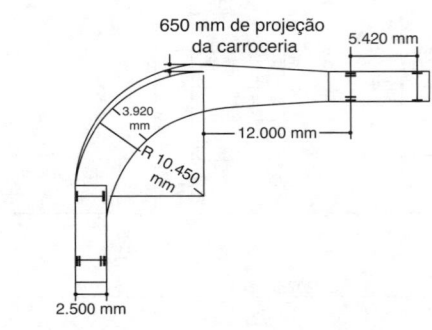

b Caminhão baú

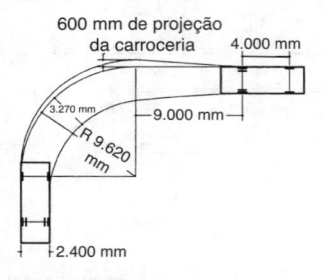

c Veículo de coleta de lixo

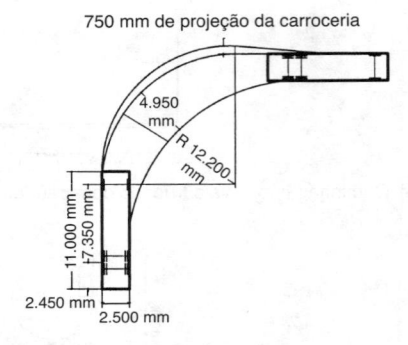

d Veículo comercial de tamanho médio

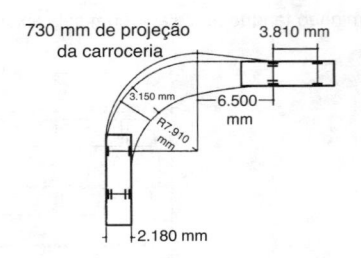

e Carro de bombeiro

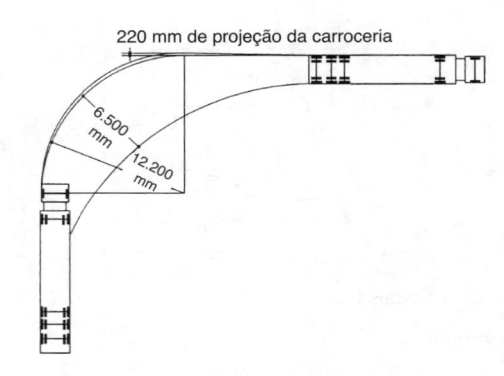

f Os maiores veículos comerciais

33.3 Características geométricas de veículos em manobra de 90°.

- O tráfego de uma via de distribuição para outra ou para outra parte da mesma via (evitando interrupção de tráfego) é impossível ou seriamente desestimulado
- O transporte de serviço necessário (por exemplo, as rotas de entrega domiciliar de leite) que vai a todas ou à maioria das propriedades em sequência não é desviado desnecessariamente
- Em geral, o tráfego tem velocidade restrita, mas a visibilidade ininterrupta em todas as ocasiões é – no mínimo – a distância de segurança para o limite de velocidade possível (não legal)

A Figura 33.4 ilustra os leiautes de vias locais.

Tipos de vias locais
As vias locais em áreas residenciais se dividem em três tipos:

- *Vias locais principais*. São vias curtas que conectam uma via de distribuição ao sistema viário local, este último em uma junção em T. Em geral, elas possuem 6 m de largura, não têm acesso direto a qualquer propriedade ao longo de sua extensão e atendem entre 200 e 400 moradias.

- *Vias locais secundárias*. Elas formam a espinha dorsal do sistema viário, atendem, no máximo, a 200 moradias e possuem 5,5 m de largura com apenas um passeio. Ocasionalmente, uma "passagem de veículos" com uma faixa de 2,75 m de largura é usada para dar acesso a aproximadamente 50 moradias, junto com um sistema de caminho de pedestres em separado.

- *Vias de uso privativo, vielas, ruas de acesso a estacionamentos privativos ou a praças de uso privado*. Geralmente, esses equipamentos atendem, no máximo, a 20 moradias e são projetados para o uso conjunto de pedestres e veículos; as superfícies são pavimentadas, sem diferenças de cota de nível e sem passeios. O acesso a eles a partir das vias coletoras é demarcado por instrumentos como rampas curtas ou superfícies ásperas, com o objetivo de reduzir o tráfego.

Projeto de medidas de moderação do tráfego
Convencionalmente, as vias eram projetadas para permitir o estacionamento de veículos em ambos os lados e a passagem de dois

Tabela I Larguras recomendadas para pistas de rolamento

Tipo de via	Largura recomendada para pista de rolamento (em metros) entre meios-fios ou linhas de acostamento	
Vias principais ou arteriais	Mão única, quatro faixas	14,6
	Largura total para pistas de rolamento divididas, duas faixas em cada lado com canteiros centrais	14,6
	Mão dupla, quatro faixas no total, sem canteiros	13,5
	Mão única, três faixas	11
	Mão dupla, três faixas (recomendada apenas para o trânsito eventual)	9
	Mão única, duas faixas	7,3
Vias coletoras ou de distribuição de um bairro	Mão única, duas faixas	7,3
Vias coletoras ou de distribuição e vias locais em distritos industriais	Mão única, duas faixas se a proporção de trânsito comercial intenso for relativamente baixa	6,75
Vias coletoras ou de distribuição e vias locais em distritos comerciais	Mão dupla, duas faixas	7,3
Via de distribuição local em bairro residencial	Mão dupla, duas faixas	7,3
	Mão dupla, duas faixas	6,75
	No mínimo mão dupla, via de serviço com duas faixas usada ocasionalmente por veículos pesados	5
	Mão dupla, duas faixas usadas por veículos pesados, no mínimo	6
Vias locais em bairros residenciais	Consulte o texto e a Figura 33.5	
	Quando todos os veículos precisam ultrapassar uns aos outros	5,5
	Quando um automóvel grande pode ultrapassar um furgão	4,8
	Quando dois automóveis grandes são capazes de se ultrapassar, mas um caminhão-baú só pode ultrapassar um ciclista	4,1
	Quando uma faixa única é fornecida (como em sistemas de mão única) ou quando pontos de ultrapassagem são usados:	
	para todos os veículos	3
	apenas para automóveis (com motoristas)	2,75
Vias rurais	Mão única, quatro faixas	14,6
	Mão única, três faixas	11
	Mão dupla, três faixas,	10
	Mão única, duas faixas	7,3
	Mão dupla, duas faixas	7,3
	Via de acesso a uma autoestrada	6
	No mínimo mão dupla, duas faixas	5,5
	O mínimo em junções	4,5
	Terceira faixa carroçável (para ultrapassagem)	3,5
	Em geral, permitindo a ultrapassagem	6

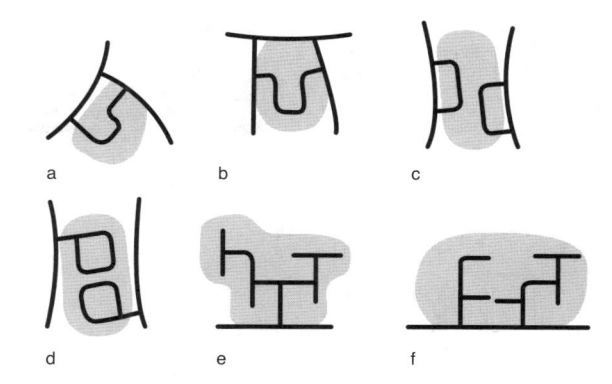

33.4 a) e b) são vias locais, muito sinuosas de forma a moderar o tráfego intenso; c) e d) são sistemas fechados que não possibilitam a travessia da área, mas evitam a necessidade de espaços em T para manobras; e) é um sistema com *cul-de-sac*, que terá tráfego substancial na entrada; f) é mais recomendada neste aspecto, embora ambos os sistemas dificultem a permeabilidade viária.

veículos na pista de rolamento. Isso estimulou a circulação de veículos que tentam evitar congestionamentos nas vias principais, com velocidade excessiva e consequentes incômodos e riscos para os moradores. A Figura 33.5 mostra as características das várias larguras das pistas de rolamento (a "caixa da rua").

Embora penalidades legais possam resultar de seu uso inadequado, essas vias exigem controles vigorosos que raramente estão disponíveis. Portanto, o projetista deve incluir as medidas de moderação. O fechamento do tráfego de veículos, o estreitamento das pistas de rolamento e o uso de quebra-molas são recursos atualmente aplicados às vias existentes; todavia, eles geram efeitos colaterais indesejados, como complicações para as ambulâncias, os caminhões de bombeiros e até os ônibus locais. Em novos empreendimentos, deve ser possível evitar essas medidas e ainda produzir os condicionantes suficientes.

As Figuras 33.6 a 33.8 mostram os arranjos mais comuns de quebra-molas. O efeito redutor de velocidade de várias rampas é detalhado na Figura 33.9. As Figuras 33.10 e 33.11 apresentam as exigências do Departamento de Transportes da Grã-Bretanha para as dimensões dos quebra-molas.

O uso de quebra-molas possui desvantagens consideráveis. Os veículos (como furgões de entrega) que frequentemente utilizam vias com quebra-molas descobriram que os custos de manutenção de pneus, rodas e suspensões aumentam significativamente. Os ônibus e ambulâncias descobriram que seus passageiros sofrem com o desconforto e até correm perigo. Um dos instrumentos de redução alternativo ao quebra-molas é a chicana, cujos exemplos são apresentados na Figura 33.12.

Com a disponibilidade de garagens e espaços de estacionamento para visitantes, o estacionamento junto ao meio-fio talvez seja desestimulado mediante a construção de vias de mão única com pistas de rolamento de largura mínima. Entretanto, o acesso ocasional de grandes veículos de mudança ou de transportadoras (e, infelizmente, caminhões de bombeiro) será necessário; além disso, as visitas regulares dos veículos de coleta de lixo precisam ser desobstruídas na medida do possível. As autoridades locais, por exemplo, desaprovam os *cul-de-sacs* com extremidades para manobras permanentemente obstruídas pelos automóveis estacionados e talvez insistam que os residentes tragam seu lixo até a entrada da via.

Os veículos de coleta de lixo e os furgões de entrega que bloqueiam as vias estreitas causam muitos incômodos aos residentes

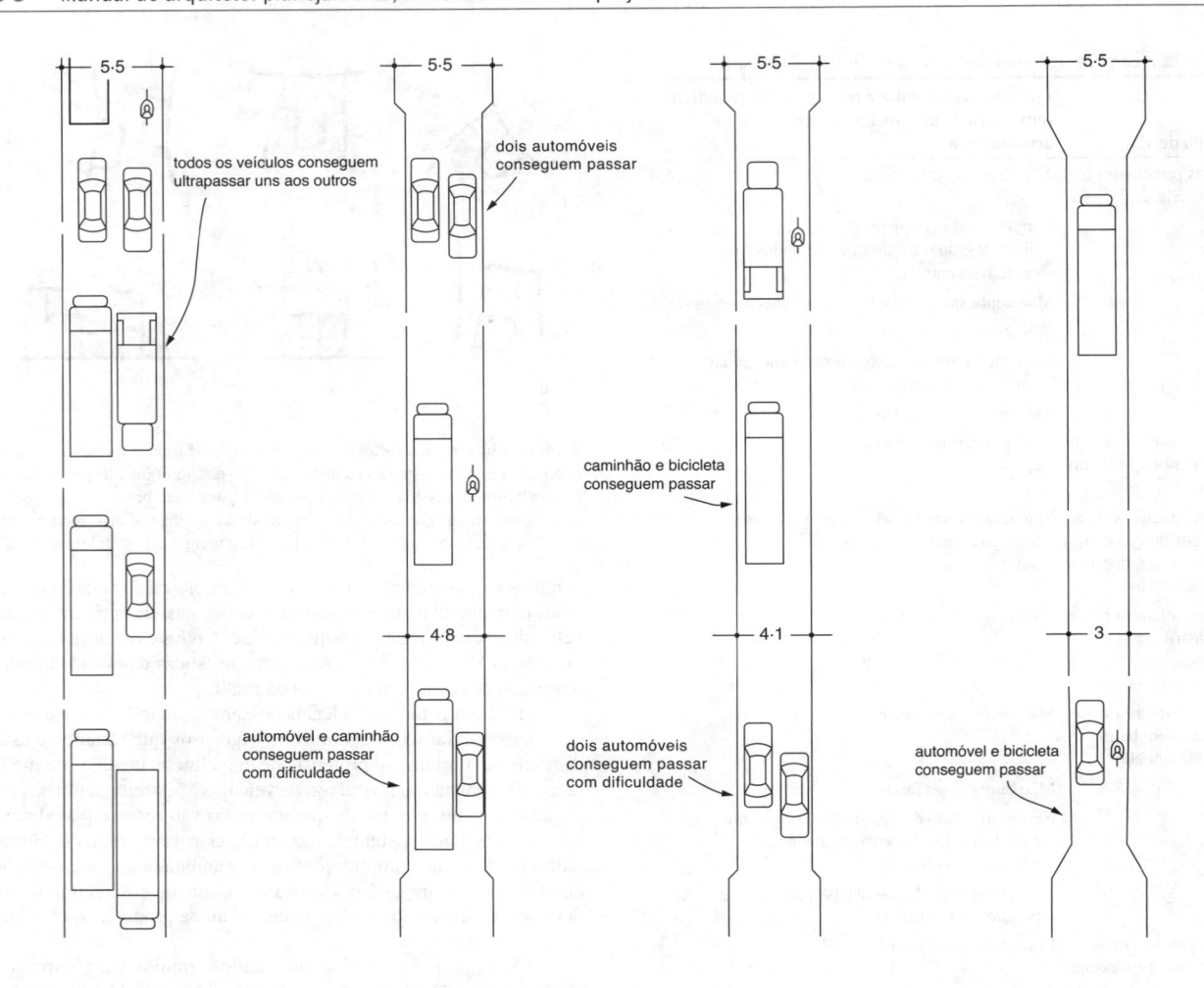

33.5 As características das várias larguras de pistas de rolamento em vias de duas mãos.

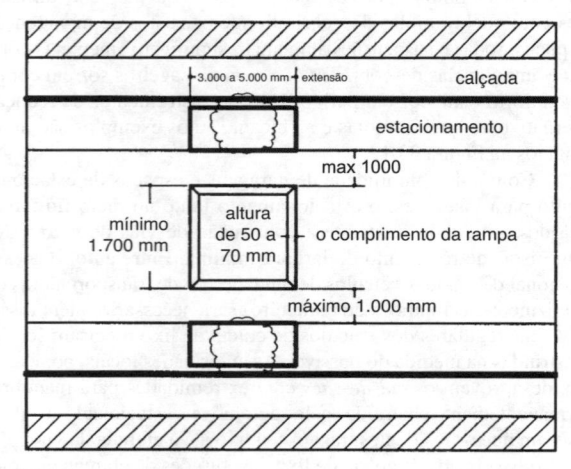

33.6 Lombada antivelocidade.

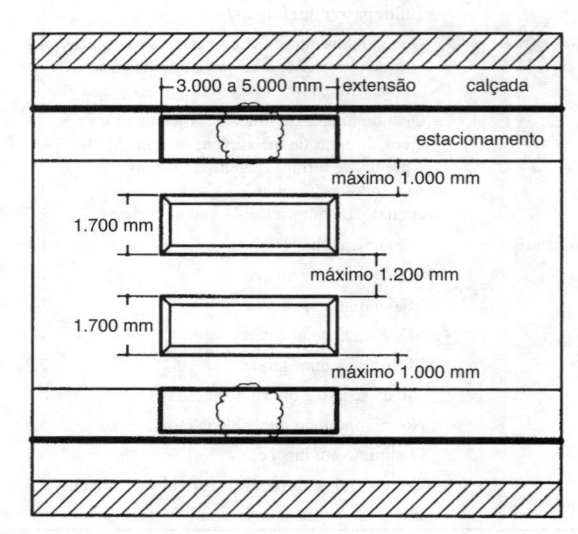

33.7 Lombada antivelocidade dupla.

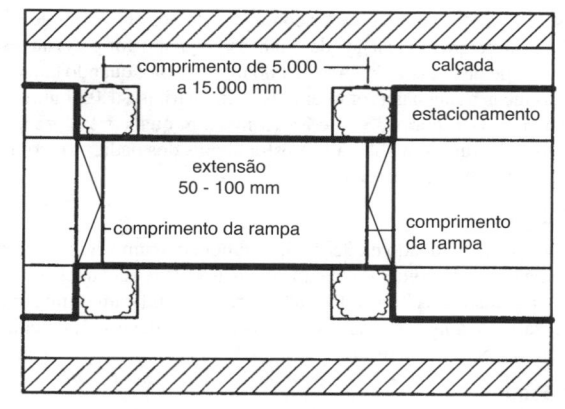

33.8 Platô usado como faixa de segurança para travessia de pedestres.

que desejam passar. Considere a implantação de, no mínimo, duas rotas de entrada e saída na maior parte da área.

3.3 Vias em distritos industriais

Elas devem permitir a passagem dos maiores veículos; em outros aspectos, apresentam os mesmos problemas das vias de condomínios habitacionais. O leiaute deve desestimular que o trânsito utilize as vias como atalhos e também garantir que a velocidade do tráfego permaneça baixa. Essa questão não é nada simples, uma vez que os raios das esquinas não podem ser demasiadamente agudos sempre que veículos pesados constituírem uma proporção substancial do trânsito.

4 DETALHES DO PROJETO DE VIAS URBANAS

4.1 Visibilidade e distância de parada

Um dos postulados do projeto de vias urbanas afirma que o motorista deve ter condições de visualizar uma distância no mínimo equivalente à distância que ele precisa para parar. Se o objeto à vista também for um veículo em movimento, a distância de visualização deve permitir que ambos os veículos parem antes de uma colisão.

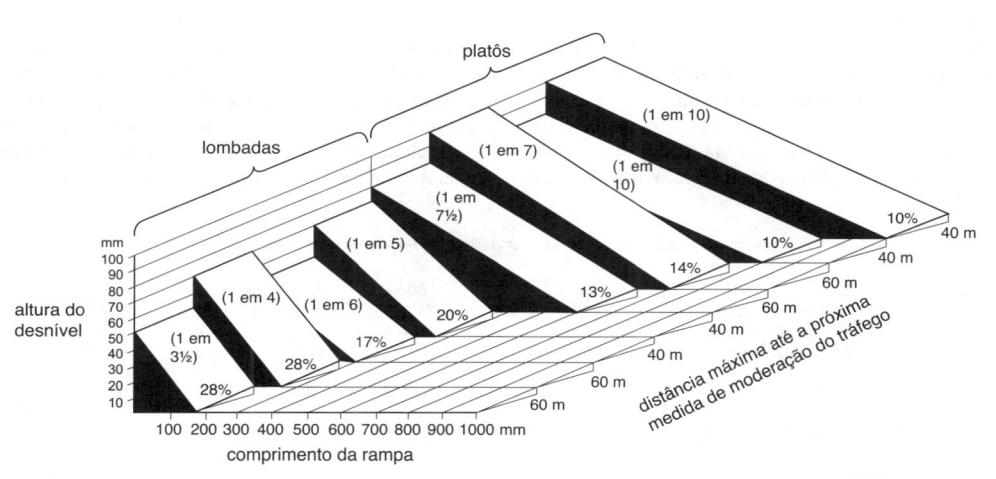

33.9 Resultados das pesquisas sobre dimensões das rampas para 85° percentil à velocidade de 32 km/h (20 milhas por hora).

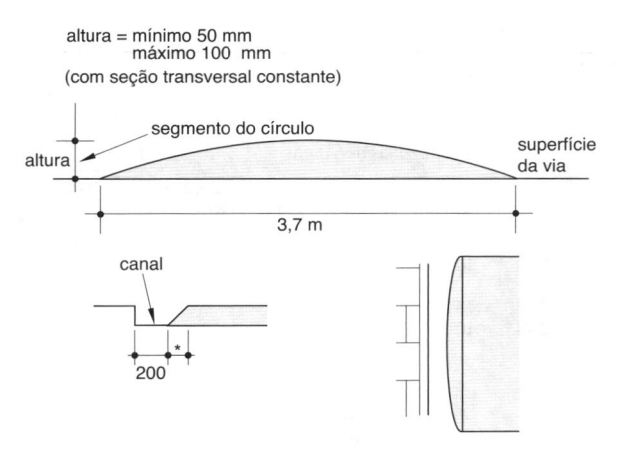

33.10 Dimensões da lombada de seção curva, extraídas das Highways (Road Hump) Regulations 1990.

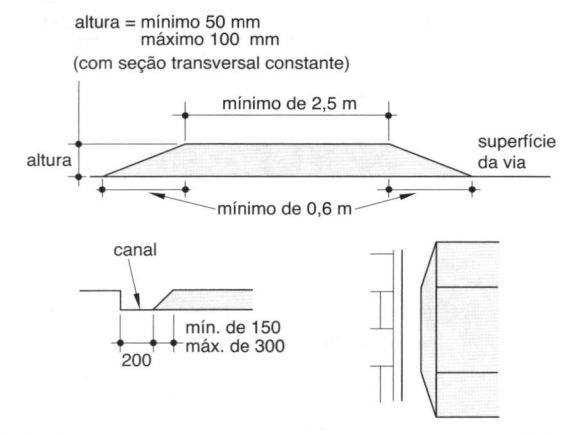

33.11 Dimensões das lombadas de seção reta, extraídas das Highways (Road Hump) Regulations 1990.

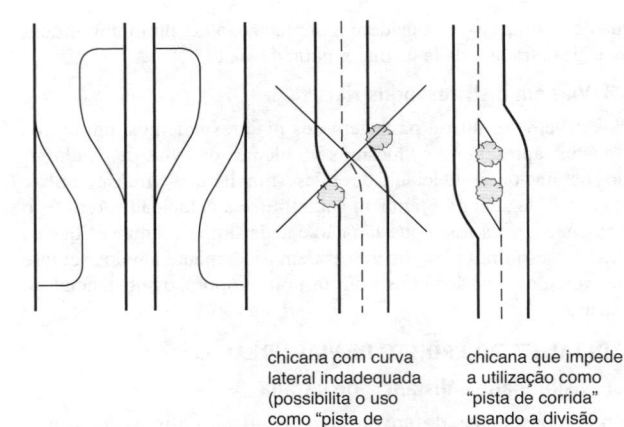

33.12 Medidas de moderação do tráfego: chicanas.

- chicana com curva lateral indadequada (possibilita o uso como "pista de corrida") de rolamento
- chicana que impede a utilização como "pista de corrida" usando a divisão da pista

A Figura 33.13 apresenta o projeto das distâncias de parada para velocidades de até 110 km/h. Essas distâncias representam 2 ¼ vezes as distâncias de parada fornecidas pelo *Highway Code* (Código de Autoestradas da Grã-Bretanha) para veículos com condições ideais de frenagem. É preciso prever o desempenho reduzido de frenagem, as condições climáticas negativas e os problemas de visibilidade. Ao sair de uma via transversal para uma via maior, o motorista precisa ter condições de ver um veículo na via maior em uma distância equivalente à distância de parada desse veículo. Ao cruzar um passeio, o motorista precisa ter condições de ver em 2,4 m de cada lado. Sempre que a presença de crianças pequenas for prevista, essa visibilidade deve ficar a menos de 600 mm do solo; quando não houver crianças pequenas (como em áreas industriais), 1.050 mm será suficiente. As Figuras 33.14 e 33.15 indicam quais áreas precisam estar desobstruídas; a Tabela II mostra alguns dos padrões recomendados para áreas residenciais.

4.2 Curvas

Conforme mencionado na Seção 3.4, sempre que um veículo percorrer uma curva, a largura da via que ele ocupa deve ser superior à largura da pista reta. A Tabela III e a Figura 33.16 indicam os tamanhos necessários – a largura das pistas de rolamento deve ser aumentada nas curvas para compensar.

4.3 Esquinas

Uma vez que o raio interno de manobra de um grande veículo comercial é de aproximadamente 8 m, conclui-se que meios-fios com raio de 10 m serão necessários para que tais veículos mantenham uma distância constante do meio-fio enquanto dobram a esquina, e também deve haver um espaço extra para a distância coberta durante o manejo do volante. Um raio de meio-fio de 10 m em todas as ocasiões exigiria pistas de rolamento com áreas maiores nas junções – algo inadequado para muitos locais em termos de escala, principalmente quando se trata de áreas residenciais. Onde o volume de tráfego for baixo, não há razão para que os ocasionais veículos grandes não ocupem o lado oposto da via, desde que uma visibilidade clara seja mantida para que os demais veículos afetados pela manobra tenham condições de adotar medidas preventivas a tempo.

velocidade em km/h (valores em milhas por hora entre parênteses)

10	20	30	40	50	60	70	80	90	100	110
(6)	(12)	(19)	(25)	(31)	(37)	(44)	(50)	(56)	(62)	(68)
10	20	30	50	70	90	115	140	170	200	230

distâncias necessárias (em metros) para a parada de um veículo

33.13 Distâncias necessárias para a parada de um veículo.

Tabela II Padrões recomendados para o projeto de entroncamentos

Tipo de junção		Raio (m) R	Espaçamento mínimo (m) entre entroncamentos adjacentes	Entroncamentos opostos X	Linhas de visão (m) Y
Via A	Via B				
Via de distribuição (coletora)	Qualquer outra via	10	80	40	5	60 em zonas de 50 km por hora
						80 em zonas de 70 km por hora
						100 em zonas de 80 km por hora
Via local	Via principal	6			2,4	40
Via local	Via local	6	25	8	2,4	40
Via local	Entrada em vielas ou estacionamento comunitário	4,2	25	8	2,4	40
Via de mão única	Acesso aos lotes, vielas ou estacionamento comunitário	Alternados de 8 e 5	25	8		Os entroncamentos devem ser visíveis entre si
Viela ou estacionamento comunitário	Entrada em vielas ou estacionamento comunitário	4,2			2,4	10

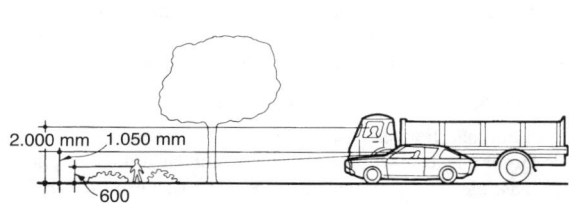

33.14 Alturas necessárias para uma visibilidade desobstruída.

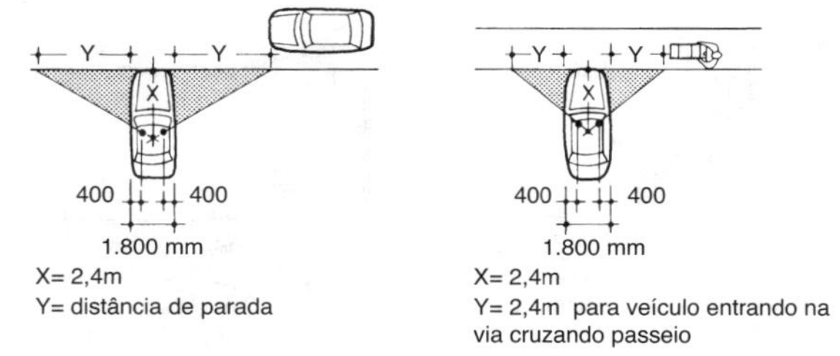

33.15 Distâncias necessárias para uma visibilidade desobstruída.

Tabela III Raio de giro externo do eixo frontal (m)

Raio mínimo			15		30		45		60		75-400		400+		
R	X	Y	X	Y	X	Y	X	Y	X	Y	X	Y	X	Y	
10,45	3,92	4,57	3,44	3,89	2,96	3,19	2,80	2,95	2,73	2,84	2,68	2,77	2,53	2,54	Caminhão-baú
9,62	3,27	3,87	2,94	3,33	2,66	2,85	2,58	2,71	2,53	2,63	2,50	2,58	2,42	2,43	Caminhão de lixo
7,91	3,15	3,88	2,67	3,06	2,42	2,61	2,34	2,47	2,30	2,40	2,27	2,35	2,19	2,20	Linhas de visão (m)
5,78	2,38	2,73	1,96	2,10	1,84	1,91	1,80	1,85	1,78	1,81	1,76	1,78	1,73	1,74	Automóvel particular

X = Largura máxima da trajetória da roda
Y = Largura máxima da trajetória da roda mais o balanço da carroceria

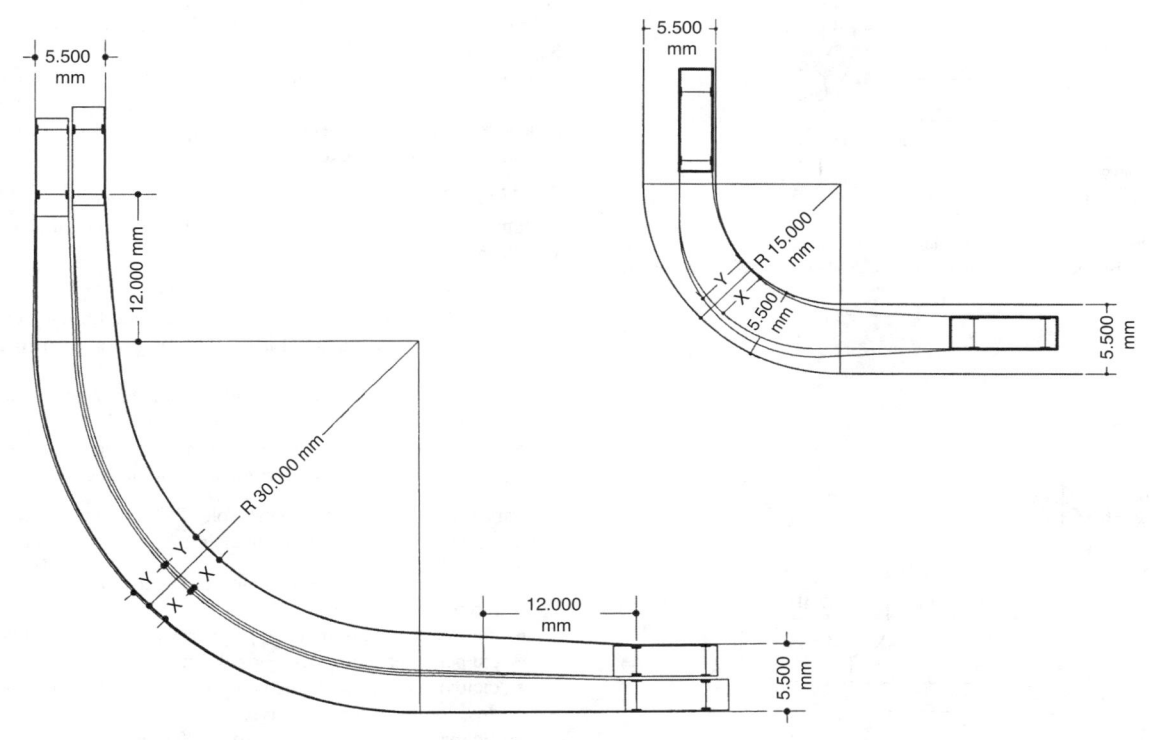

33.16 Alargamento de curvas; as dimensões de X e Y são fornecidas na Tabela III.

A Figura 33.17 ilustra as consequências do uso de raios com 10, 6 e 4 metros.

4.4 Áreas de manobra

Sempre que os arranjos convencionais forem usados nas áreas de manobra de ruas de tráfego local e praças de conjuntos habitacionais, é possível empregar os padrões mínimos indicados na Figura 33.18. Algumas autoridades locais exigem padrões mínimos mais generosos para os veículos de coleta de lixo e combate a incêndios. Em caso de dúvida, utilize os diagramas veiculares de referência apresentados na Figura 33.3.

4.5 Declividade das ruas

É difícil definir a declividade aceitável. Considere a probabilidade de neve e superfícies congeladas no inverno, quando qualquer declividade superior a 12% se torna intransponível sem pneus adequados para a neve ou o uso de correntes. Atualmente, a maioria das vias de uso geral é construída com declividade de 7% ou menos. As rampas das docas de carga e descarga de caminhões e das garagens de estacionamento de veículos se limitam a 10%. Alguns estacionamentos localizados no subsolo ou em prédios com vários pavimentos possuem declividades de até 15% (e ocasionalmente superior). Essas declividades pronunciadas exigem curvas de transição vertical

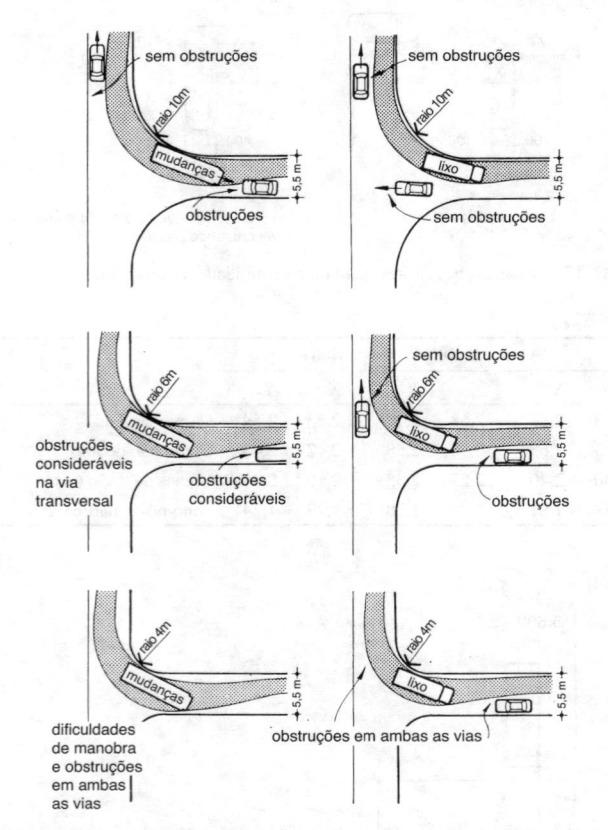

33.17 Desenho de conexões viárias; o efeito do raio do meio-fio sobre o fluxo de trânsito no entroncamento em T de duas vias com 5,5 m de largura.

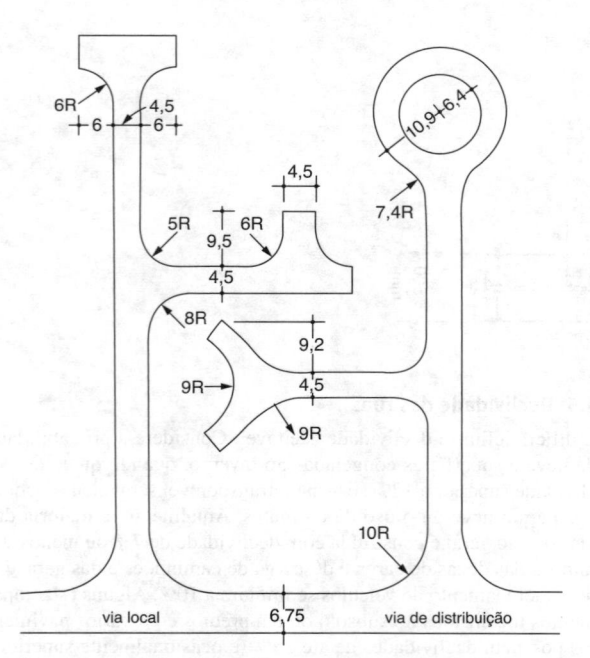

33.18 Dimensões convencionalmente recomendadas para utilização em áreas urbanas.

em todas as extremidades para evitar quaisquer danos aos veículos. Além disso, evite declividades pronunciadas seja para cima ou para baixo junto ao meio-fio ou à rua; nesses locais, a visibilidade é reduzida e é difícil adotar medidas preventivas, se necessário.

4.6 Servidões para canalização de serviços

Sempre que não houver passeio, um piso permeável com um metro de largura deve ser fornecido para acomodar utilidades públicas (água, gás, eletricidade, comunicações, etc.) e permitir o balanço dos veículos.

5 CICLOVIAS E BICICLETÁRIOS

5.1 Escopo e diretrizes

Esta seção se aplica principalmente à criação de vias independentes para ciclistas, ou seja, não é para o desenho de ciclofaixas, cujas provisões, assim como aquelas relativas a junções de ciclovias, podem ser encontradas nas Local Transport Notes 2/08 e 1/12 do Departamento de Transportes britânico e nas London Standards for Design Cycling (Normas de Londres de Desenho para Ciclismo Urbano).

5.2 Declividades

Os ciclistas evitam lombas muito pronunciadas. Estudos comprovam que sempre que elas ultrapassam os 5%, há uma redução significativa na extensão de subida tolerada pelos ciclistas. A Figura 33.19 ilustra as declividades máximas de subida geralmente aceitas, com base na extensão do trajeto; descidas de 6,5% são aceitáveis. Observe que isso não se aplica a rampas de passagens subterrâneas e a passarelas de pedestres e ciclistas, nas quais a declividade máxima normalmente não deve exceder 5%.

5.3 Largura

Os fatores a serem considerados para determinar a largura das ciclovias devem incluir:

- as dimensões do ciclista e da bicicleta;
- o espaço de manobra necessário para o equilíbrio do ciclista;
- o espaço livre adicional necessário para desviar de obstáculos;
- a declividade (se for acentuada, será melhor aumentar a largura);
- no caso de rotas muito raramente utilizadas, é melhor uma ciclovia com largura inferior à ideal do que nenhuma.

A norma britânica Local Transport Note 1/12 resume as larguras mínimas para ciclovias da seguinte maneira:

- ciclovia de uso compartilhado com pedestres: 3 m (de preferência);
- ciclovia com caminho de pedestres contíguo sem barreiras em pelo menos um dos lados: 1,5 m livre;
- ciclovia com caminho de pedestres contíguo em ambos os lados, com barreiras: 2 m livres;
- ciclovia de mão única: 2 m (de preferência);
- ciclovia de mão dupla: 3 m (de preferência).

Um espaço livre adicional é necessário quando há bordas que preservam as larguras efetivas:

- superfície nivelada (ou praticamente em nível): não é necessária uma largura extra;
- meio-fio com até 150 mm de altura: espaço livre extra de 200 mm;
- barreira vertical com altura entre 150 e 600 mm: espaço livre extra de 250 mm;
- barreira vertical com altura superior a 600 mm: espaço livre extra de 500 mm.

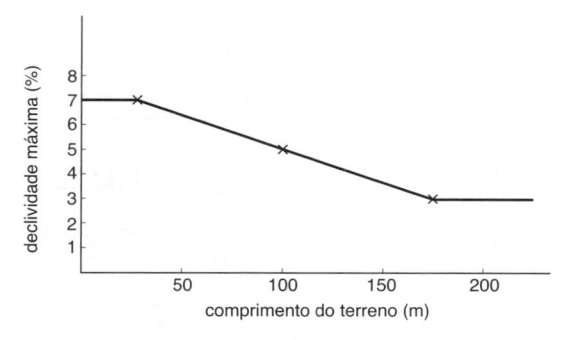

33.19 Declividades aceitáveis para ciclovias.

Em quase todos os casos, haverá deslocamento em ambas as mãos nas ciclovias, independentemente das determinações do projeto; logo, forneça larguras adequadas. Diversas ciclofaixas são mostradas nas Figuras 33.20, 33.21 e 33.22.

5.4 Pavimentação

Uma ciclovia separada precisa ter uma superfície lisa e antiderrapante, além de uma espessura capaz de sustentar veículos de manutenção. Asfalto, concreto, brita e terra estabilizada são os materiais usados com mais frequência. É preferível que a pavimentação das ciclovias seja feita com o uso de máquinas, uma vez que normalmente é difícil conseguir uma superfície satisfatória que seja confortável para os ciclistas. As superfícies sem meios-fios ou limites laterais não são recomendadas, exceto em rotas muito pouco usadas.

5.5 Drenagem

As superfícies devem ter um caimento entre 1 e 2,5% para possibilitar a drenagem rápida. As grades de captação vertical das bocas-de-lobo precisam ter aberturas diagonais em relação ao percurso do ciclista e ser localizadas de forma a minimizar os riscos.

5.6 Bicicletários

Eles precisam estar localizados o mais perto possível dos destinos, mas sem interferir no trânsito dos pedestres; além disso, deve haver supervisão, iluminação e abrigo em caso de condições climáticas adversas. É essencial o fornecimento de equipamentos para prender o aro da bicicleta e a roda dianteira a algo imóvel. O modelo mais indicado é o estacionamento do tipo *Sheffield* (Figura 33.23) ou, em certas situações, as barras junto às paredes ou muros (Figura 33.24). Em casos extremos, é possível disponibilizar armários com chave grandes o bastante para acomodar bicicletas. As Figuras 33.25 a 33.28 mostram arranjos onde se prevê a presença de um grande número de bicicletas. Consulte a Seção 6 para a escala sugerida para as áreas de estacionamento de bicicletas.

6 ESTACIONAMENTO

6.1 Introdução

Uma política de estacionamento clara para cada área é essencial. Atualmente, muitos equipamentos urbanos oferecem pouco ou nenhum estacionamento de forma a desestimular o uso de veículos particulares. Essa medida só será eficaz se for de fato impossível estacionar nas estradas adjacentes e se houver transporte público adequado disponível. Também é preciso considerar as pessoas com necessidades especiais.

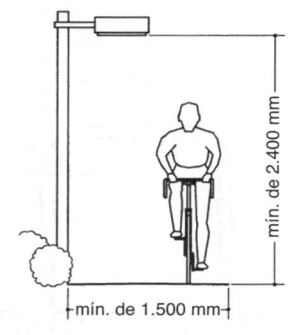

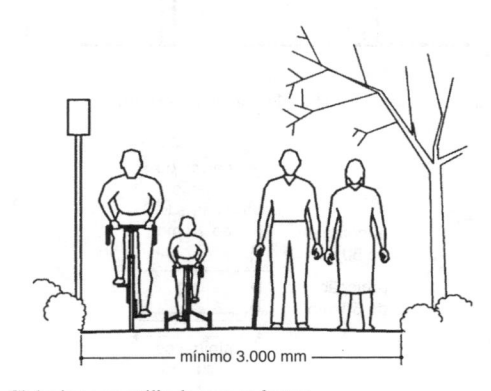

33.20 Ciclovia de mão única.

33.22 Ciclovia compartilhada com pedestres.

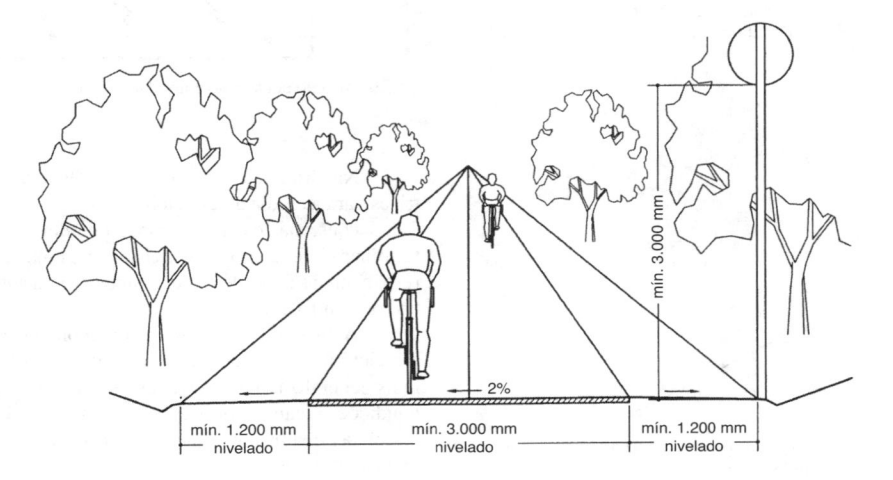

33.21 Pista de mão dupla em ciclovia de uso exclusivo.

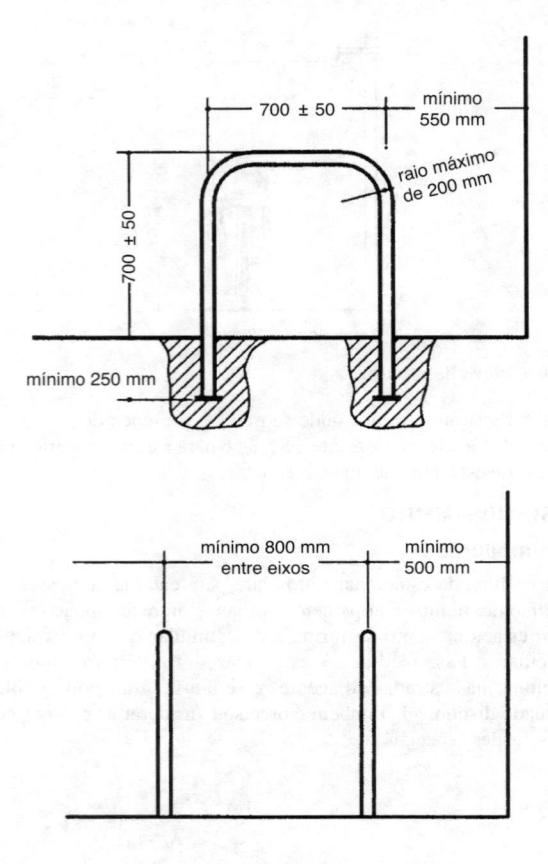

33.23 Barras simples para o bicicletário do tipo Sheffield.

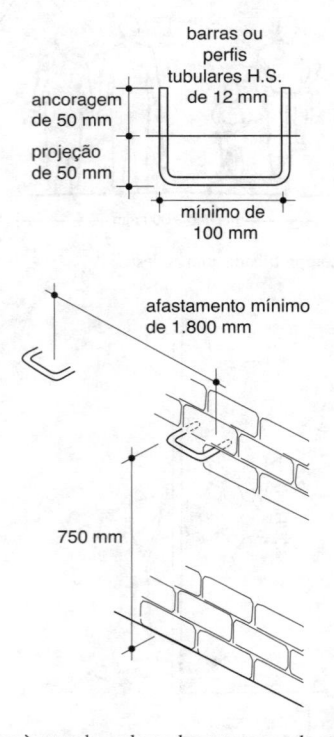

33.24 Barras fixas às paredes, adequadas para vagas de estacionamento pequenas, onde o estacionamento rápido é necessário.

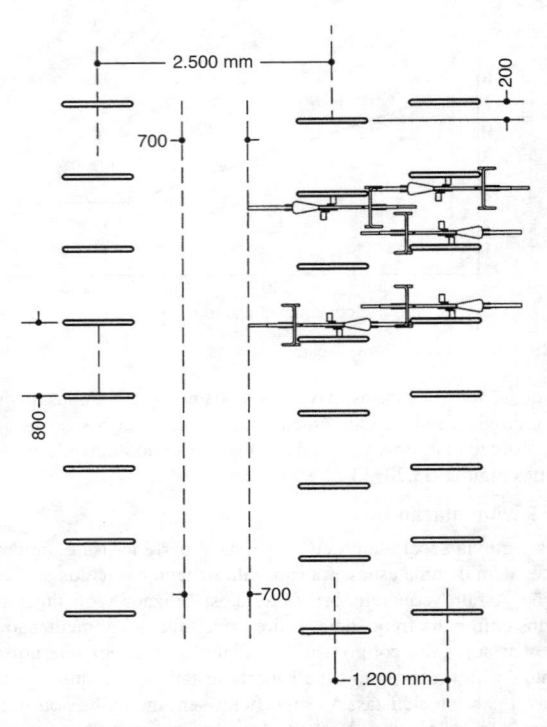

33.25 É importante que as fileiras das barras simples para o bicicletário do tipo Sheffield utilizem o espaço ao máximo. As tentativas de afastamento inferior ao indicado não serão bem-sucedidas devido à obstrução de algumas posições por bicicletas mal estacionadas.

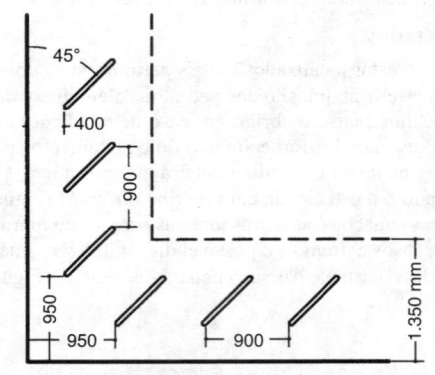

33.26 Arranjo em ângulo entre duas paredes.

Na Grã-Bretanha, não há normas legais e são poucas as diretrizes para a escala de estacionamentos. A Tabela IV apresenta recomendações, mas cada caso específico deve ser examinado para determinar os requisitos necessários. Algumas prefeituras atualmente restringem as áreas de estacionamento para automóveis com a intenção de controlar o trânsito.

A Tabela IV também inclui recomendações para a escala dos bicicletários. Elas são bastante generosas a fim de estimular o uso mais generalizado de bicicletas. No entanto, é preciso considerar as condições locais – por exemplo, em Cambridge, onde o número de bicicletas é substancialmente superior à média, a disponibilidade precisa ser maior.

Tabela IV Requisitos para estacionamento e carga e descarga

Tipo de edificação	Tipo de estacionamento	Provisão para carga e descarga		Bicicletário
Habitações	Moradores: uma vaga de garagem para cada ocupante (preferencialmente dentro do lote)	Caminhão do lixo a menos de 25 m de cada ponto de armazenagem de lixo (posição da lixeira). Algumas prefeituras exigem que os veículos fiquem a menos de 15 m.		
	Visitantes: quando as habitações são atendidas diretamente por uma via, os acessos aos lotes oferecem, no mínimo, uma vaga de veículo dentro de cada lote	Quando contêineres de uso como (tonéis) forem usados, a distância máxima cai para 9 metros		
	Sempre que os visitantes não puderem estacionar dentro do lote, deve haver um espaço na rua para cada quatro moradias	Caminhões de mudança o mais perto possível, não mais que 25 m		
Habitações populares	O espaço deve ser fornecido, ou planejado, para permitir uma vaga de estacionamento para moradores ou visitantes por moradia, desde que haja transporte público disponível	Conforme descrito acima		
Lares para idosos	Uma vaga de garagem para cada duas moradias	Conforme descrito acima		
Abrigos	Funcionários residentes e não residentes: uma vaga para cada dois funcionários que trabalham no horário de pico	Conforme descrito acima, mais provisões para veículos de passageiros especiais com plataforma elevatória, etc.		
	Visitantes: utilizar as vagas de funcionários não ocupadas, mas fornecer uma vaga adicional para cada cinco moradias	A provisão mínima para carga e descarga diária é de 50 m		
Lojas	Funcionários: uma vaga de estacionamento (preferencialmente em um pátio fechado atrás da loja) para cada 100 m² de área bruta ou, se aplicável, uma vaga por gerente mais uma para cada quatro funcionários Clientes: uma vaga para cada 25 m² de área bruta. Para grandes lojas com área bruta superior a 2.000 m², providencie uma vaga para cada 10 m² (inadequado sempre que as mercadorias vendidas forem evidentemente volumosas, por exemplo, carpetes, barcos)	Verifique os diagramas das docas de carga e descarga Mínimos gerais a seguir: Área bruta não ultrapassa: 500 m² 1.000 2.000 Cada 1.000 m² adicionais	Espaço mínimo necessário 50 m² 100 150	Um para cada 200 m² com mínimo de quatro
Bancos	Funcionários: uma vaga para cada gerente ou executivo, mais uma para cada quatro funcionários Clientes: uma vaga para cada 10 m² de área líquida dos espaços públicos do saguão	Mínimo 25 m²		Dois
Escritórios	Funcionários: uma vaga para cada 25 m² de área bruta ou uma vaga para cada gerente ou executivo, mais uma vaga para cada quatro funcionários Visitantes: 10% do estacionamento reservado para os funcionários	Mínimos gerais: Área bruta não ultrapassa: 100 m² 500 1.000 Cada 1.000 m² adicionais	Espaço mínimo necessário: 50 m² 100 150 25 m²	Um para cada 200 m² com mínimo de quatro
Edificações de produção (fábricas)	Funcionários: uma vaga para cada 50 m² de área bruta	Consulte os diagramas das docas de carga e descarga. A provisão deve ser adequada em relação ao trânsito previsto		Um para cada 500 m² com mínimo de quatro
Edificações de armazenagem	Visitantes: 10% do estacionamento reservado aos funcionários Funcionários: uma vaga para cada 200 m² de área (depósitos) bruta	Mínimos gerais a seguir: A área bruta não ultrapassa: 100 m² 250 500 1.000 2.000 cada 1.000 m² adicionais	Espaço mínimo necessário: 70 m² 140 170 200 300 50 m²	Um para cada 1.000 m² com mínimo de quatro
Hotéis, motéis e pubs	Funcionários residentes: uma vaga por moradia Funcionários não residentes: uma vaga para cada três funcionários que trabalham no horário de pico Hóspedes residentes: uma vaga por apartamento Clientes dos pubs: uma vaga para cada 4 m² de área pública líquida nos pubs Clientes ocasionais do restaurante: vagas adicionais não são necessárias Se conferências forem realizadas no hotel, o espaço necessário deve ser avaliado separadamente, com uma vaga para cada cinco lugares	Mínimos gerais a seguir: Área bruta não ultrapassa: 500 m² 1.000 2.000 cada 1.000 m² adicionais	Espaço mínimo necessário: 140 m² 170 200 25	Um para cada 10 camas com mínimo de quatro

(continua)

Tabela IV Requisitos para estacionamento e carga e descarga *(continuação)*

Tipo de edificação	Tipo de estacionamento	Provisão para carga e descarga		Bicicletário
Restaurantes e cafés	Funcionários residentes: uma vaga por moradia Funcionários não residentes: uma vaga para cada três funcionários que trabalham no horário de pico Clientes: uma vaga para cada dois assentos no salão de jantar (para lancherias em estradas, a vaga deve ter 45 m^2 para acomodar um caminhão; o leiaute deve permitir que os veículos entrem e saiam sem dar marcha a ré)	Mínimos gerais a seguir: A área do salão de jantar não ultrapassa: 100 m^2 250 500	Espaço mínimo necessário: 50 m^2 75 100	Um para cada 25 m^2 com mínimo de quatro
Casas noturnas	Funcionários residentes: uma vaga por moradia Funcionários não residentes: uma vaga para cada três funcionários que trabalham no horário de pico Artistas: uma vaga para cada artista solo e/ou grupo aguardado para o horário de pico Clientes: uma vaga para cada dois lugares ou uma vaga para cada 4 m^2 de área pública líquida	Mínimo de 50 m^2		Um para cada 25 m^2 com mínimo de quatro
Discotecas e danceterias	Funcionários: uma vaga para cada três funcionários no horário de pico Artistas: três vagas Clientes: uma vaga para cada 10 m^2 de área pública líquida	Mínimo 50 m^2		Um para cada 25 m^2 com mínimo de quatro
Cinemas	Funcionários: uma vaga para cada três funcionários no horário de pico Clientes: uma vaga para cada cinco lugares	Mínimo de 50 m^2 Espaço necessário dentro do terreno e junto à entrada principal para dois automóveis largarem e pegarem os espectadores		Um para cada 100 lugares com mínimo de quatro
Teatros	Funcionários: uma vaga para cada três funcionários no horário de pico Clientes: uma vaga para cada 10 m^2 de acomodação bruta no camarim Clientes: uma vaga para cada três assentos	Mínimo de 100 m^2 Espaço necessário dentro do terreno e junto à entrada principal para dois automóveis largarem e pegarem os espectadores		Um para cada 100 lugares com mínimo de quatro
Clubes de natação	Funcionários: uma vaga para cada dois funcionários em turno integral Clientes: uma vaga para cada 10 m^2 de área na piscina	Mínimo de 50 m^2		Um para cada quatro funcionários
Equipamentos esportivos e campos de esporte	Funcionários: uma vaga para cada três funcionários em turno integral Jogadores: uma vaga para cada dois jogadores capazes de usar os equipamentos simultaneamente, desde que o transporte público seja relativamente bem localizado. Do contrário, duas vagas para cada três jogadores Espectadores: disponibilize apenas se o número for três vezes superior ao número de jogadores	Mínimo de 50 m^2		Um para cada quatro funcionários
Marinas	Funcionários: uma vaga para cada três funcionários em turno integral Usuários de embarcações: duas vagas para cada três vagas de atracamento. (Se houver outros equipamentos, por exemplo, restaurantes, lojas, etc., disponibilize vagas adicionais com uma provisão de 50% para cada equipamento adicional)	Mínimo de 50 m^2		Um para cada quatro funcionários
Centros comunitários e auditórios	Funcionários: uma vaga para cada três funcionários em turno integral Clientes: uma vaga para cada cinco lugares desde que a edificação seja licenciada	Mínimo de 50 m^2		Um para cada quatro funcionários
Templos	Devotos: uma vaga para cada 10 assentos em templos	Mínimo de 50 m^2 Espaço disponibilizado dentro do lote e junto à entrada principal para dois automóveis largarem e pegarem os devotos		Um para cada 60 lugares e com mínimo de quatro
Museus e galerias de arte públicas	Funcionários: uma vaga para cada dois funcionários em turno integral Visitantes: uma vaga para cada 30 m^2 de área de exposição pública	Mínimo de 50 m^2		Um para cada 300 m^2 e com mínimo de quatro

(continua)

Tabela IV Requisitos para estacionamento e carga e descarga *(continuação)*

Tipo de edificação	Tipo de estacionamento	Provisão para carga e descarga		Bicicletário
Bibliotecas públicas	Funcionários: uma vaga para cada dois funcionários em turno integral Associados: uma vaga para cada 500 associados com o mínimo de três vagas. Se houver salas de referência separadas, deve haver uma vaga para cada 10 lugares	Mínimo de 50 m^2		Um para cada 300 m^2 e com mínimo de quatro
Hospitais	Funcionários: uma vaga para cada médico e cirurgião, mais uma vaga para cada três funcionários Pacientes externos e visitantes: uma vaga para cada três leitos	Mínimos gerais a seguir: A área bruta não ultrapassa: 1.000 m^2 2.000 4.000 6.000 cada 200 m^2 adicionais	Espaço mínimo necessário: 200 m^2 300 400 500 100 m^2	Um para 12 leitos
Centros de saúde, consultórios médicos, clínicas	Funcionários: uma vaga por médico, etc. Pacientes: duas vagas por consultório	Suficiente para as exigências especificadas, incluindo, se necessário, espaço para veículos especiais de pacientes com dificuldades de locomoção		Quatro
Escolas especiais, creches e centros de treinamento para adultos	Usuários: em muitos casos, eles serão transportados até o centro. Em centros para deficientes físicos, considere uma vaga para veículos independentes especiais ou adaptados para cada quatro usuários	Acomodação para veículos de passageiros com necessidades especiais Espaço disponibilizado no interior do terreno para o embarque e desembarque de ônibus e automóveis		Um para cada seis funcionários
Creches e escolas de ensino fundamental	Funcionários: uma vaga para cada dois funcionários em turno integral Visitantes: duas vagas Área recreativa pavimentada usada como estacionamento em dias de visitação, etc.	Mínimo de 30 m^2		Um para cada seis funcionários
Escolas de ensino médio	Funcionários: uma vaga para cada dois funcionários em turno integral Visitantes: escolas com até 1.000 alunos – quatro vagas; escolas maiores – oito vagas Área recreativa pavimentada usada como estacionamento em ocasiões especiais	Mínimo de 50 m^2 Espaço disponibilizado no interior do lote para os ônibus escolares para embarque e desembarque de alunos		Um para cada seis funcionários Um para cada três alunos
Cursos pré-vestibular médio	Funcionários: uma vaga para cada dois funcionários em turno integral Visitantes: escolas com até 1.000 alunos – cinco vagas; escolas maiores – 10 Área recreativa pavimentada usada como estacionamento em ocasiões especiais	Mínimo de 50 m^2		Um para cada seis funcionários Um para cada três alunos
Escolas de ensino superior e centros de retreinamento integral	Funcionários: uma vaga para cada funcionário em turno Alunos e visitantes: uma vaga para cada três alunos frequentes	Mínimo de 50 m^2		Um para cada seis funcionários Um para cada três alunos

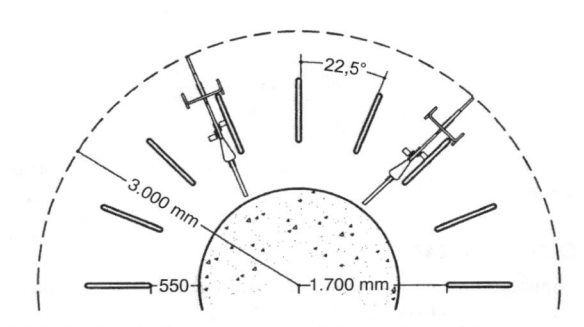

33.27 Bicicletário circular com capacidade para 32 bicicletas.

6.2 Garagens residenciais

A garagem residencial é um equipamento extremamente básico para as áreas habitacionais. Ela pode:

- fazer parte do volume da casa ou do edifício de apartamentos;
- ser uma edificação independente;
- ser uma entre tantas outras em uma área coletiva de estacionamento.

As Figuras 33.29 a 33.35 mostram vários arranjos convencionais.

6.3 Estacionamentos de veículos

Assim que a escala da provisão for decidida, a forma dependerá do tamanho e do formato da área disponível, além dos tipos de veículos previstos. As Figuras 33.36 e 33.37 apresentam exemplos de vários arranjos; contudo, eles também devem ser considerados

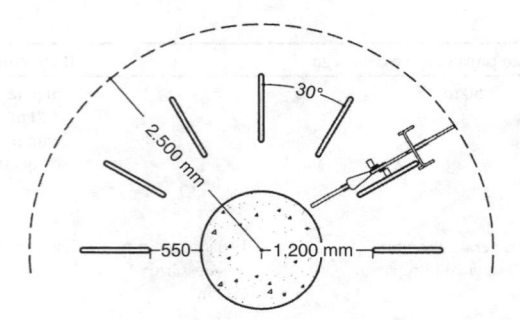

33.28 Bicicletário circular com capacidade para 24 bicicletas.

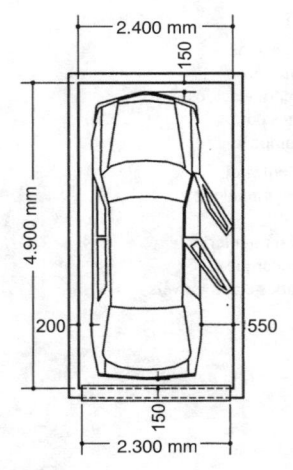

33.29 Garagem residencial com dimensões mínimas.

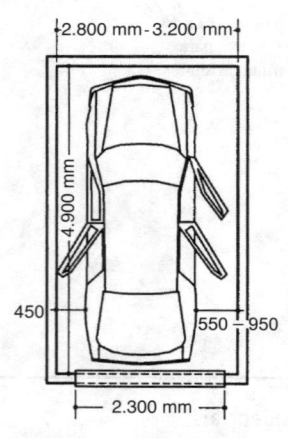

33.30 Garagem mais ampla que permite o acesso de passageiros.

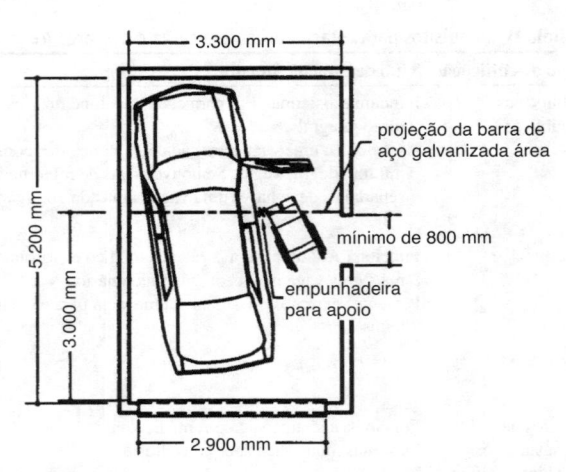

33.31 Garagem para motorista que é usuário de cadeira de rodas (para um motorista com problemas de locomoção, a largura de 2,8 m é mais adequada).

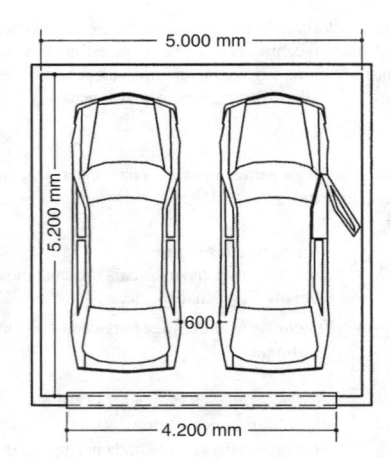

33.32 Garagem para dois automóveis.

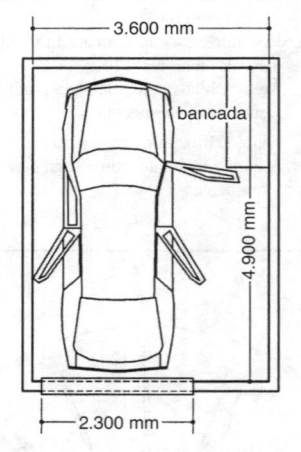

33.33 Garagem de comprimento mínimo, mas com largura suficiente para uma bancada de trabalho.

apenas como orientações. Esse tipo de estacionamento pressupõe que os veículos chegam e partem de maneira aleatória. Em algumas situações – como eventos esportivos – é possível adotar um arranjo mais denso, indicando que todos os veículos devem partir aproximadamente na mesma ordem em que chegaram.

A Figura 33.38 mostra diferentes tipos de garagens com vários pavimentos. As dimensões não são fornecidas, uma vez que variam conforme o terreno. Há um modelo adicional (não ilustrado) que incorpora um sistema de distribuição mecânico operado pelos atendentes. Na prática, ele dificilmente tem vantagens sobre os modelos convencionais.

7 CARGA E DESCARGA

As Figuras 33.39 a 33.44 mostram as exigências para carga, descarga e estacionamento de veículos grandes.

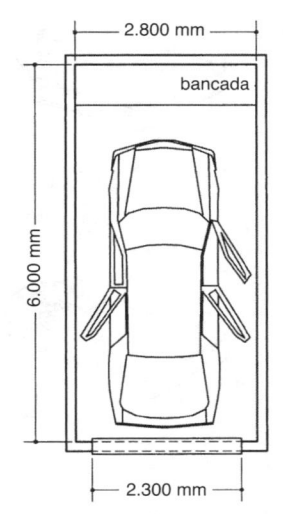

33.34 Garagem com uma bancada de trabalho na extremidade.

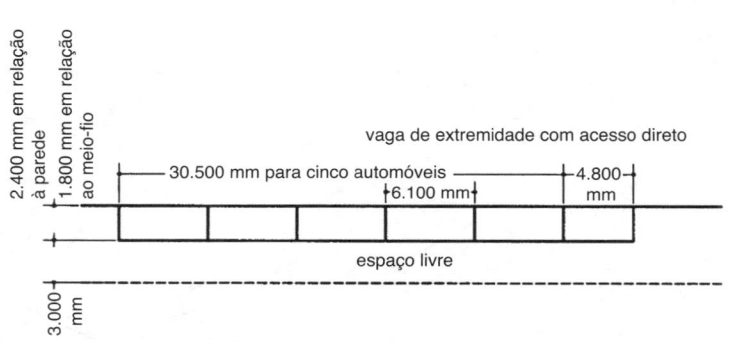

a Estacionamento paralelo com 20,1 m² por automóvel junto ao meio-fio e 23,8 m² junto à parede

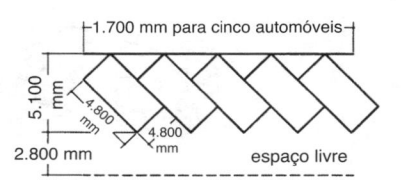

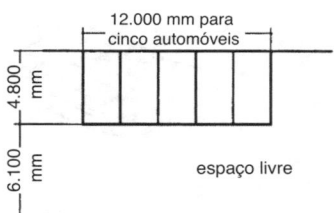

b Estacionamento oblíquo em 45° (é possível utilizar outros ângulos): 22,1 m² por automóvel ou 19,2 m² no caso de fileiras adjacentes

c Estacionamento transversal com 18,8 m² por automóvel

33.36 Dimensões básicas de estacionamento. Estacionamento no padrão da Europa continental com vagas de 4,8 × 2,4 m; considere 24 m² por veículo, incluindo metade do espaço livre, mas sem corredores de acesso.

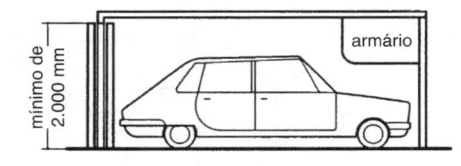

33.35 Corte transversal de uma garagem, mostrando o local recomendado para um armário alto.

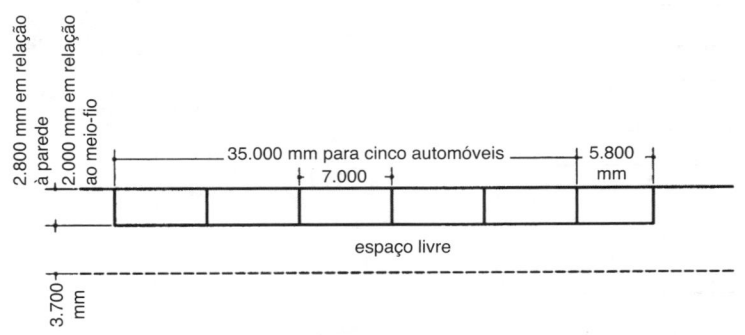

a Estacionamento paralelo com 27,0 m² por automóvel junto ao meio-fio e 32,6 m² por automóvel junto à parede

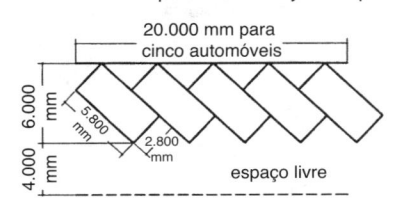

b Estacionamento oblíquo em 45° (é possível utilizar outros ângulos): 32,0 m² por automóvel ou 28,0 m² no caso de fileiras adjacentes

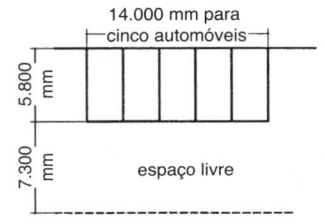

c Estacionamento transversal com 26,5 m² por automóvel

33.37 Dimensões básicas de estacionamento. Estacionamento grande no padrão da Europa continental ou vaga no padrão norte-americano de 5,8 × 2,8 m; considere 33 m² por automóvel, incluindo metade do espaço livre, mas não os corredores de acesso.

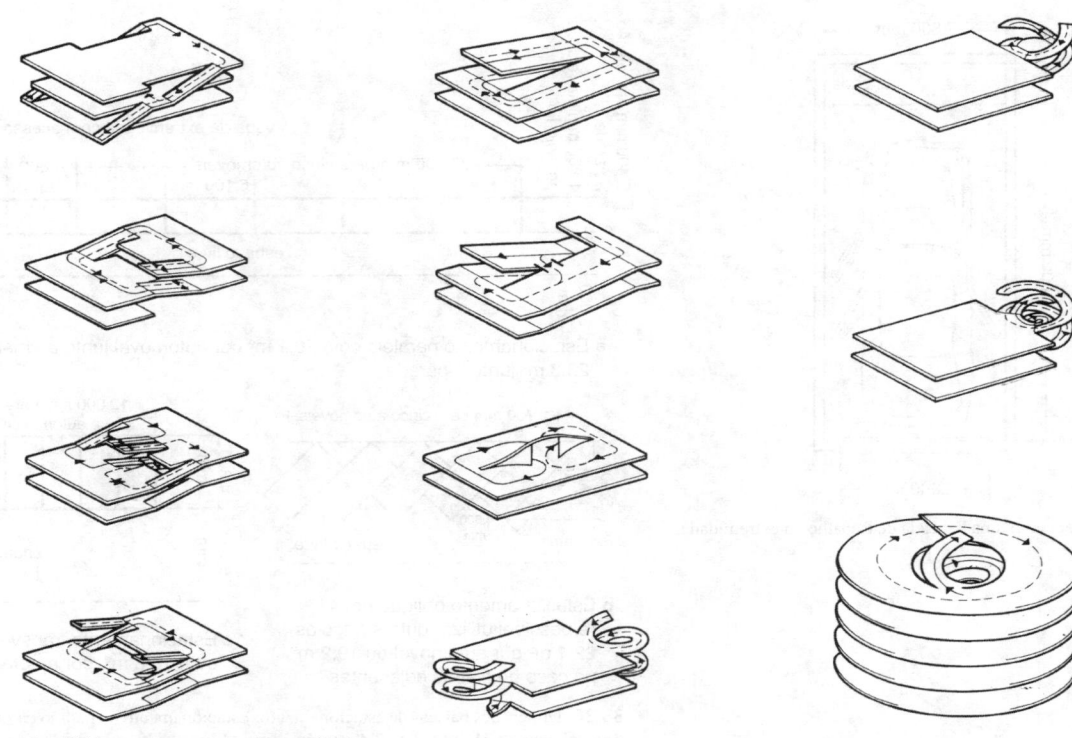

33.38 Tipos de edifício-garagem com andares múltiplos.

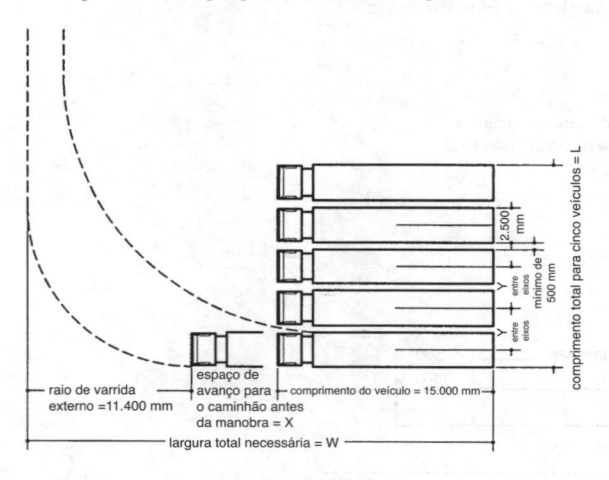

X espaço para avançar com o caminhão	Y entre eixos	W largura	L comprimento para cinco	Área por veículo (m²)
1	5,0	27,4	22,5	123
2	4,4	28,4	20,1	114
3	4,0	29,4	18,5	109
4	3,7	30,4	17,3	105
5	3,4	39,4	16,1	101
6	3,0	32,4	14,5	94

33.39 Estacionamento de caminhões e docas de carga e descarga: espaço frontal livre para os veículos muito grandes.

X espaço para avançar com o caminhão	Y entre eixos	W largura	L comprimento para cinco	Área por veículo (m²) bruta	líquida*
4	4,8	18,4	39,5	145	113
5	4,5	19,1	37,8	144	111
6	4,2	19,8	36,1	144	108
7	3,9	20,5	34,4	141	105
8	3,6	21,2	32,7	139	101
9	3,4	21,9	39,6	138	100
10	3,2	22,6	30,5	138	98
11	3,1	23,4	29,9	140	99
12	3,0	24,1	29,3	141	99

*Exceto os triângulos vazios em cada extremidade

33.40 Estacionamento de caminhões e docas de carga e descarga: estacionamento oblíquo (45°) para os veículos muito grandes.

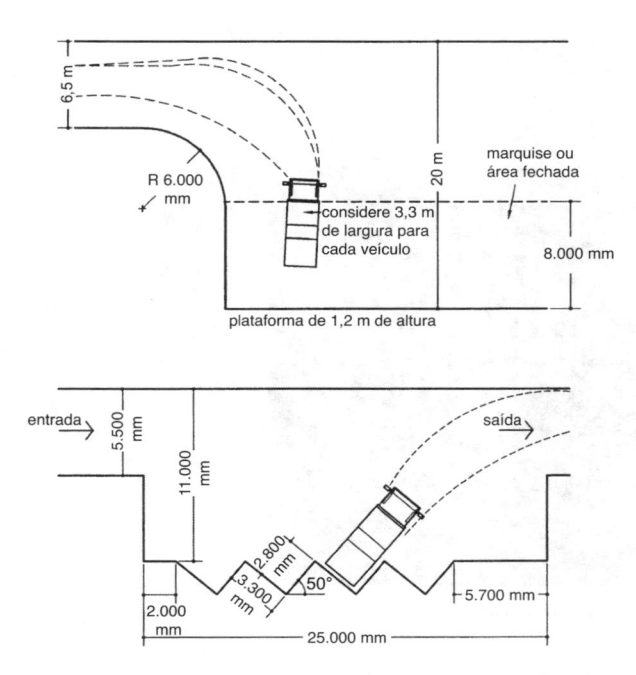

33.41 Docas de carga e descarga mínimas adequadas para um número limitado de veículos por dia; preço do solo extremamente alto ou outros condicionantes físicos.

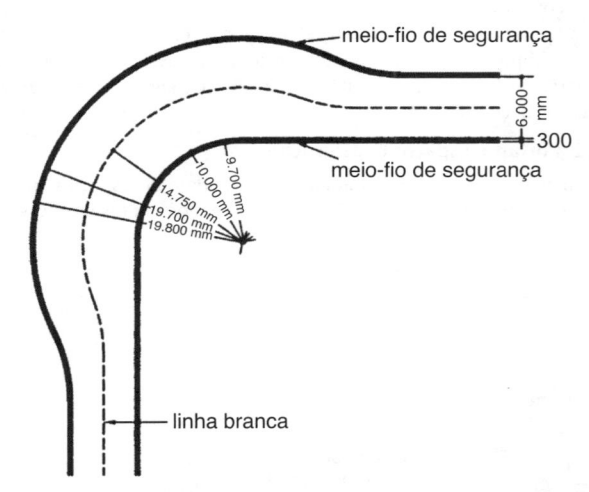

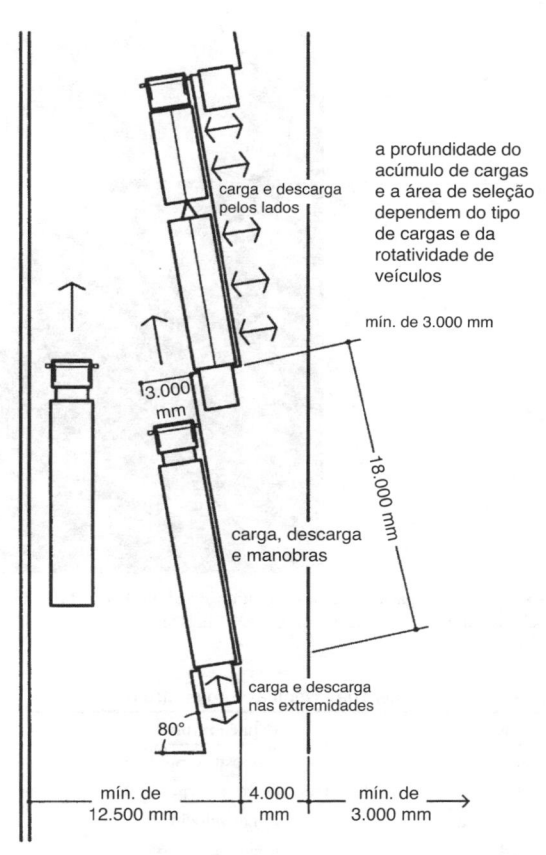

33.42 Doca do tipo finger, onde a profundidade das manobras é limitada e a carga e descarga pelos lados é necessária, assim como a carga e descarga nas extremidades. A rotatividade rápida é possível, ainda que a capacidade seja pequena.

33.43 Rampa em curva fechada, como em acesso a uma doca de carga e descarga em um shopping center. Inclinação máxima: 7% na linha interna do meio-fio.

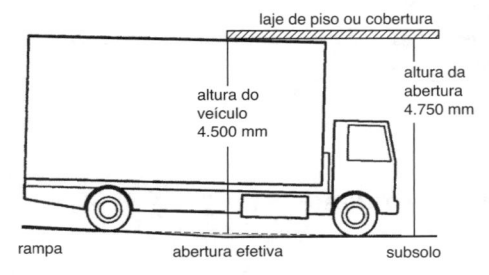

33.44 Critérios de pé-direito livre para docas de carga e descarga cobertas.

8 ESPAÇO COMPARTILHADO

8.1 Princípios

Os novos princípios por trás do conceito de espaço compartilhado para o desenho de ruas e espaços públicos baseiam-se em uma distinção clara entre "dois mundos", isto é, o espaço das avenidas e aquele de uso público. Ambos exigem características contrastantes. De um lado, o mundo veloz, de uso único, regulamentado e padronizado das estradas e avenidas; do outro, o espaço público de uso múltiplo, de baixa velocidade e com características estabelecidas pelo contexto e pela sociedade. Esse contraste está resumido na Tabela V.

Os psicólogos comportamentais observaram que a velocidade e as respostas dos motoristas são determinadas, em grande parte, por suas percepções de tempo e expectativas de progresso. No mundo das avenidas, as altas velocidades fazem parte do "tempo do sistema", baseado na previsão de chegada no destino em determinado tempo. Em contrapartida, o espaço público é governado pelo "tempo do contexto", no qual o interesse nas pessoas e no entorno faz o cérebro esperar e exigir velocidades baixas, dando tempo para interpretação e respostas localizadas.

33.45 Espaço compartilhado na Exhibition Road, no bairro londrino de South Kensington, projetado por Dixon Jones (Project Centre) e Hamilton-Baillie Associates, para o distrito de Kensington & Chelsea.

Tabela V Características das avenidas e do espaço público

Avenidas	Espaço público
Propósito único	Propósitos múltiplos
Regulado e controlado pelo Estado	Governado por protocolos sociais
Alta velocidade	Baixa velocidade
Segregado	Integrado
Previsível, constante, certo	Imprevisível, intrigante, ambíguo
Padronizado	Contextual
Interpretado por meio da sinalização e das marcas viárias	Comunicação humana em camadas múltiplas

Espaço compartilhado é um termo empregado para descrever a mudança a favor do uso do "tempo do contexto" a fim de alcançar a integração segura e eficiente do tráfego de veículos nas ruas e nos espaços que constituem a esfera pública (Figura 33.45). Na prática, isso requer uma combinação de elementos de projeto e entendimento das implicações espaciais e dimensionais do desenho urbano para a baixa velocidade. As estratégias mais importantes são apresentadas nas Seções 8.2 a 8.6.

8.2 Portais e espaços de transição

A interface entre os dois mundos da avenida e do espaço público exige um tratamento especial, por exemplo, nos pontos de acesso a

CHEGADA AO CENTRO DA CIDADE PEQUENA OU DO BAIRRO

33.46 Área de transição em um povoado ou bairro inglês (Hamilton-Baillie Associates).

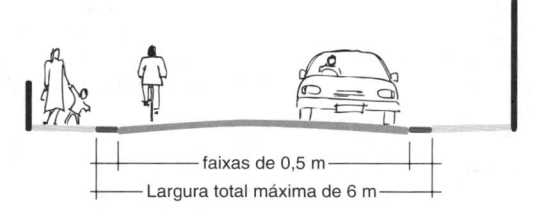

33.47 Corte mostrando o estreitamento da percepção de largura de uma pista de rolamento (Hamilton-Baillie Associates).

uma cidade, um bairro ou um povoado. Isso demanda clareza e consistência. A mudança de escala da alta velocidade para a baixa pode ser alcançada por meio da combinação de dimensões mais exíguas, materiais, iluminação, vegetação e paisagismo, arte urbana e promoção do senso de lugar. É essencial que haja uma consistência entre as estratégias utilizadas na avenida e a arquitetura e morfologia da cidade. A transição (Figura 33.46) da avenida para o espaço compartilhado requer marcações na via, como linhas centrais ao longo de toda a via, e a introdução de postes de iluminação baixos e especiais para o local, em vez do uso dos altíssimos postes tipicamente utilizados em avenidas e estradas.

8.3 Estreitamento visual

A velocidade dos veículos é determinada em grande parte pela percepção que se tem da largura da pista de rolamento. A redução da largura aparente da pista é um elemento que ajuda a criar o ambiente de baixa velocidade necessário para o espaço compartilhado. Uma faixa instalada junto ao meio-fio, de material com tom, textura e cor similar àquele empregado no passeio, pode ser efetiva para reduzir a largura percebida da pista de rolamento (Figura 33.47). Para velocidades baixas uma pista de 6 m de largura, com duas faixas carroçáveis, pode ter sua largura aparente reduzida para apenas 5 m se forem incluídas faixas de 0,5 m em ambos os lados da via.

8.4 "Fricção lateral"

As velocidades dos veículos também são determinadas pela riqueza de informações e atividades percebidas pela visão periférica dos motoristas. Quando se espera que as velocidades sejam altas em uma via expressa (como uma autoestrada), os espaços contíguos a ela são mantidos os mais vazios e desinteressantes possíveis. Em contrapartida, ambientes de baixa velocidade de veículos podem ser criados com o enriquecimento das laterais da pista por meio do máximo de atividades, variações e pontos de interesse. Elementos verticais, como árvores e postes de iluminação, podem contribuir, junto com a ocupação parcial dos passeios por parte do comércio para criar uma fricção lateral.

8.5 Canteiros centrais ou fictícios

Um método para aumentar a fricção lateral é introduzir uma faixa central (com vegetação ou não), de modo a dividir uma pista de rolamento em faixas com mãos distintas. Essa faixa pode ser útil para minimizar a distância de cruzamento de lado a lado da via pública e aumentar a segurança dos pedestres, permitindo que a rua possa ser cruzada em duas etapas. Um canteiro central (Figura 33.48) pode ser de qualquer largura, mas muitas vezes é interessante que essa medida seja de 2 m, para acomodar árvores e bicicletários na posição transversal. Os postes de iluminação também podem ficar bem inseridos no canteiro central, criando uma mudança útil no ponto de transição.

8.6 Desenho de interseções

A mudança de um projeto de ruas segregadas para ruas com trânsito integrado oferece boas oportunidades de criatividade para o projeto das interseções viárias, que frequentemente estão no centro de uma comunidade. É muito comum que tais espaços sejam dominados pela infraestrutura de trânsito. A eficiência das junções é diretamente proporcional à redução da velocidade de chegada dos veículos e à minimização da interferência criada pelos cruzamentos de pedestres (faixas de segurança). Além disso, as velocidades de projeto

33.48 Um canteiro central na cidade de Oxford, Inglaterra.

reduzidas dispensam o uso de semáforos, economizando despesas operacionais e investimentos de capital de longo prazo por parte das autoridades de trânsito locais. As estratégias para o desenho de interseções em espaços compartilhados incluem:

- Estabelecer baixas velocidades de chegada. Isso muitas vezes exigirá a introdução de trechos de aproximação que começam a cerca de 80 ou 120 m da interseção principal, a fim de criar expectativas apropriadas nos motoristas.
- Incluir um marco central, como um obelisco, uma estátua, fonte, árvore ou um poste, ao redor do qual os veículos possam circular. Se o espaço disponível for limitado, um simples medalhão elevado ou padrão geométrico no pavimento pode ajudar.
- Evitar a formalidade das pequenas rotatórias. Isso ajuda a manter a qualidade urbana e aumenta a percepção dos motoristas em relação aos demais usuários da rua. Pode ser interessante usar um *software* de rastreamento para determinar o raio de giro de grandes veículos, embora as velocidades inferiores permitam dimensões muito menores do que as previstas pelos programas padronizados. Um raio de curva de 12,5 m costuma ser o mínimo exigido para que grandes veículos de carga pesada consigam fazer uma manobra de 180°.
- Em interseções movimentadas, instale as faixas de pedestre a uma distância de 5 m em relação ao ponto de entrada do cruzamento, a fim de que um veículo apenas precise se preocupar com os demais motoristas ao entrar na interseção. Esse recuo tem de ser equilibrado com a necessidade de minimizar quaisquer desvios nas linhas de preferência dos pedestres.

9 PROMOÇÃO DO SENSO DE LUGAR

9.1 Benefícios

A arte da criação do senso de lugar é crucial para o desenho e planejamento urbano bem-sucedido e a gestão do trânsito. Medidas simples podem ajudar a transformar uma rua linear monótona em uma rica sucessão de lugares, pontuando e enriquecendo a percepção que os motoristas têm do contexto. O posicionamento de uma árvore, um chafariz ou poste de iluminação no centro de uma interseção pode ajudar a criar um lugar; isso também é possível com a mera inclusão de uma estrutura virtual ao redor de um espaço usando paralelepípedos, blocos ou outro tipo de pavimentação que crie um contraste. Uma iluminação especial e a distribuição do mobiliário urbano também são recursos valiosos para a promoção do senso de lugar.

9.2 Ruas e edificações

As avenidas segregadas convencionais não estabelecem qualquer relação com os prédios aos quais servem ou às atividades que esses geram. Por outro lado, o desenho de ruas integradas busca estabelecer um diálogo íntimo entre o entorno de uma rua e o desenho da via em si. Dessa maneira, uma rua pode ter seu desenho e forma variados, em resposta à presença de uma escola, um parque, um bar, uma igreja ou outro prédio importante. Para as boas práticas atuais de desenho de vias urbanas, é fundamental encontrar maneiras criativas de estabelecer tais diálogos.

9.3 Movimento de pedestres

Um bom desenho de rua começa com uma percepção clara dos padrões de fluxo de pedestres mais prováveis – as "linhas de preferência" – estabelecidas pelos principais atratores de pedestres. Pesquisas feitas com as técnicas de sintaxe espacial e de outras abordagens têm ressaltado a necessidade de evitar mudanças radicais nas direções, a fim de gerar a legibilidade e segurança de que os pedestres necessitam. Barreiras físicas, como guarda-corpos, meios-fios elevados, frades e obstruções na via, devem ser evitadas sempre que possível. Os cruzamentos de pedestres devem ser posicionados nos locais em que as linhas de preferência sugerem que as pessoas desejarão atravessar a rua. Na maioria das vezes, tal cruzamento não será ortogonal ao fluxo do trânsito (como ocorre em uma faixa de pedestres formal), e sim deverá refletir os movimentos diagonais associados ao movimento de pedestres.

As velocidades mais baixas dos espaços de uso compartilhado permitem mais oportunidades para o uso de "faixas de pedestre informais", isto é, faixas configuradas por iluminação e material de pavimentação que destaquem aos motoristas onde os pedestres provavelmente cruzarão a via. Para minimizar a interferência nos fluxos de trânsito de veículos e encorajar o movimento facilitado de pedestres, é fundamental manter a menor largura possível da pista de rolamento (3 m por faixa carroçável).

9.4 Desenho urbano para inclusão de ciclistas

Um guia para o bom desenho de vias e infraestrutura para os ciclistas é indicado na Seção 5. Quando as velocidades de trânsito de veículos automotores forem suficientemente baixas para minimizar a diferença entre o tráfego de veículos e de ciclistas, o compartilhamento informal da pista se torna viável. A presença de ciclistas ajuda a estabelecer as negociações informais e a conscientização mútua, que são vitais no espaço compartilhado. Porém, quando é inevitável usar ruas de mão única para os veículos, devem ser tomadas medidas para permitir o trânsito de ciclistas nas duas mãos. Além das ciclovias (vias exclusivas para ciclistas), as interseções e conexões apenas para ciclistas fazem parte de uma rede abrangente da qual os ciclistas precisam. Se as velocidades ou os volumes de trânsito forem opressivos em determinada rua ou espaço, ciclofaixas (faixas exclusivas para ciclistas) devem ser marcadas nas pistas de rolamento ou em trilhas de pedestres de uso compartilhado e ter, no mínimo, 1,2 m de largura.

9.5 Desenho urbano para inclusão de pessoas com deficiência

O desenho urbano atual continua buscando maneiras criativas de permitir e promover o acesso universal da maior parte possível do ambiente construído, e, para isso, o fator mais importante é estabelecer baixas velocidades de trânsito. A qualidade da circulação e a segurança das pessoas com deficiência exigem um ambiente que promova a conscientização e atenção dos motoristas em relação a circunstâncias especiais. Elementos como faixas de pedestres informais (Seção 9.3), pisos com textura tátil ou medidas físicas que facilitem a circulação e orientação, junto com uma noção clara da importância de marcos urbanos, sons, pavimentos, iluminação artificial e solar, entre tantas outras referências, podem minimizar as barreiras enfrentadas por aqueles com necessidades especiais.

9.6 Mobiliário urbano

O mobiliário urbano e a vegetação podem contribuir bastante para uma boa criação do senso de lugar no contexto. A distribuição, o posicionamento e o desenho de bancos, lixeiras, postes de iluminação, bicicletários e outros elementos urbanos devem ser considerados desde o início do projeto total dos espaços, e não deixados para a última etapa. Sempre que possível, qualquer sinalização necessária deve ser integrada ao mobiliário urbano, evitando a poluição visual e a sobrecarga de elementos.

10 ESTUDO DE CASO: POYNTON

10.1 Introdução

Poynton é uma pequena cidade do noroeste inglês que surgiu a partir de um mercado público entre Stockport e Macclesfield, no condado de Cheshire. É um assentamento urbano de encruzilhada, cujo centro fica na interseção da movimentada London Road, que se desenvolve na direção norte-sul, com a Chester Road, na direção leste-

33.49 Plano diretor de Hamilton-Baillie Associates para a cidade de Poynton, incuindo canteiros centrais e uma nova interseção na Fountain Place (à esquerda).

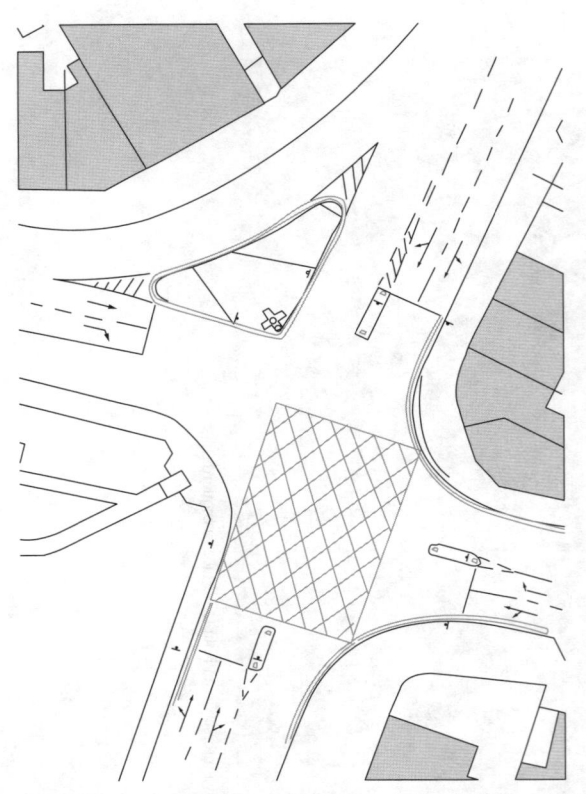

33.50 O leiaute da interseção controlada por semáforos da Fountain Place, antes de seu redesenho.

33.52 A Fountain Place fotografada após seu redesenho, com significativa redução nos congestionamentos.

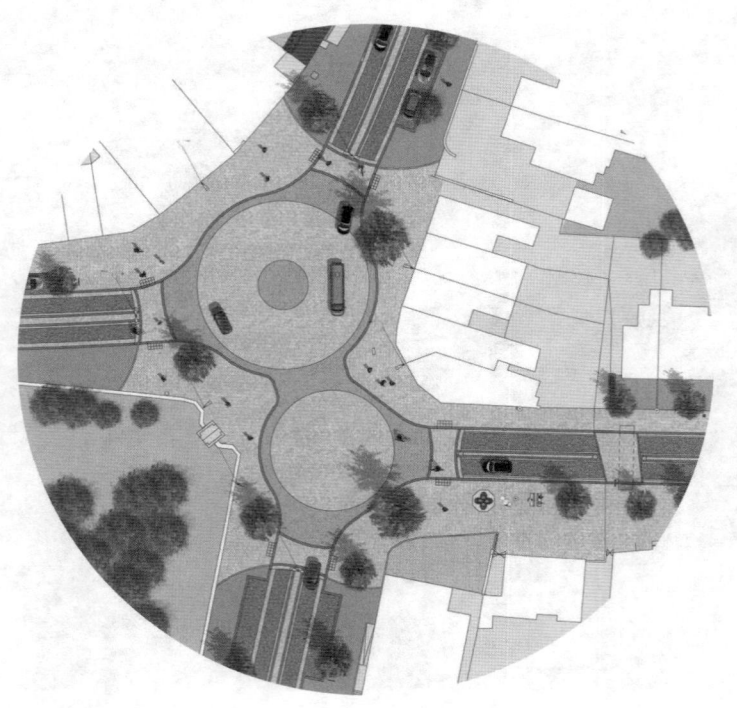

33.51 O novo leiaute da interseção da Fountain Place.

-oeste. Park Lane, a principal rua comercial da cidade, corre para o leste, se afastando da Fountain Place, a interseção mais importante.

Em 2007, o declínio da atividade econômica pôs em xeque o futuro da cidade: mais da metade das lojas de sua rua principal estavam desocupadas.

10.2 A "praga" do trânsito

Essa decadência comercial relacionava-se, em parte, com a baixa qualidade do desenho e leiaute da rua Park Lane. Todavia, o fator mais significativo era a divisão da comunidade de moradores provocada pelo trânsito pesado e pelas pistas de rolamento largas e impessoais do cruzamento da Fountain Place, controlado por semáforos. Como resultado, metade da área residencial urbana, incluindo sua estação ferroviária, ficava física e psicologicamente excluída da Park Lane. Os grandes congestionamentos de veículos e os atrasos associados aos semáforos haviam deteriorado a qualidade do ar, e a velocidade do trânsito também era problemática. A magnífica igreja paroquial, projetada por Alfred Waterhouse e muito popular para casamentos na região, tinha uma conexão especialmente pobre com a cidade.

10.3 O novo desenho das ruas

O desenho das ruas e uma abordagem radicalmente diferente ao controle do trânsito foram cruciais para o plano diretor de renovação urbana de Poynton desenvolvido pela firma Hamilton-Baille Associates e finalizado em 2012 (Figura 33.49). Isso incluiu o redesenho da Park Lane, baseado em um trânsito de veículos contínuo e de baixa velocidade. As larguras visuais das pistas de rolamento foram reduzidas para 2,6 m, e foi implantado um canteiro central e informal. O cruzamento de pedestres controlado pelos semáforos foi removido, e foram introduzidos vários cruzamentos informais diagonais. Por fim, o desenho foi completado com um novo sistema de iluminação pública, mobiliário urbano e um arranjo coerente das fachadas das lojas.

10.4 Fountain Place

A segunda fase do projeto envolveu a renovação do centro da cidade e a promoção do senso de lugar na interseção do local conhecido como Fountain Place (Figura 33.50). Essa foi a primeira vez que os princípios de espaço compartilhado foram aplicados a uma grande interseção com um volume de trânsito tão intenso. A remoção dos semáforos e a introdução de elementos de espaço compartilhado com baixa velocidade de trânsito permitiram que uma área significativamente maior fosse reservada para os pedestres, incluindo um espaço importante junto ao portão da igreja. Todas as marcações viárias, sinalizações e placas foram removidas, e foram criados novos portais em cada um dos quatro pontos de acesso da interseção. A Fountain Place foi redesenhada lançando-se no pavimento dois círculos informais conectados e feitos com paralelepípedos de granito, a fim de reforçar o senso de lugar (Figura 33.51).

10.5 Impacto da intervenção

Dentro de 10 meses, todas as lojas antes fechadas já estavam alugadas, e o trânsito de pedestres havia aumentado em cerca de 80%. Os níveis de congestionamento de veículos caíram de modo mais radical do que se havia previsto (Figura 33.52), e os tempos de deslocamento para os veículos que cruzam Poynton foram reduzidos entre 35 e 50%. Quando este texto foi escrito, os acidentes de trânsito e as taxas de ferimentos decorrentes desses eventos também haviam reduzido significativamente em relação à época em que havia semáforos no local da intervenção.

11 REFERÊNCIAS BIBLIOGRÁFICAS

Baldwin & Baldwin (eds). The Motorway Achievement – Volume 1 Visualisation of the British Motorway System: Policy and Administration. Thomas Telford, 2004

Colin Buchanan, et al., *Traffic in Towns*, HMSO, 1963

CABE, *This Way to Better Streets*, 2007 www.designcouncil.org.uk

CIHT, *Streets and Transport in the Urban Environment*, 2014

Cambridge City Council, *Cycle parking guide for new residential development*, 2010

Construction Industry Council, *Integrated Transport and Land Use Planning*, 2002

Croney & Croney, *The design and performance of road pavements*. McGraw Hill, 1998 (3rd edition)

Department of Environment, Transport and the Regions, *The Highways (Road Humps) Regulations 1999*

Department for Transport, *Inclusive Mobility*, 2005

Department for Transport, *Local Transport Note 2/08 – Cycle Infrastructure Design*, 2008

Department for Transport, *Local Transport Note 1/12 – Shared Use Routes for Pedestrians and Cyclists*, 2012

Department for Transport, *Manual for Streets*, 2007

Department for Transport, *Manual for Streets 2*, 2011

Department for Transport, *Shared Space Local Advice Note 1/11* 2011

Department for Transport, Local Transport Note 1/08 -*Traffic design and Streetscape*, 2008

Dorset AONB, and Ben Hamilton-Baillie, *Traffic in Villages: A Toolkit for Communities*, 2011

English Heritage, *Streets for All*, 2006

D. Engwicht, *Mental Speed Bumps*, Enviropress, 2005

Jan Gehl, *Life between Buildings*, Danish Architectural Press, 2001

Jan Gehl, *Cities for People*, Island Press, 2010

Hill et al., *Car Park Designers' Handbook* (X401). Thomas Telford 2005

B. Hillier & J. Hanson. *The Social Logic of Space*. Cambridge University Press

Irish Government, Dept. Transport, Tourism & Sport, *Design Manual for Urban Roads and Streets*, 2013

Allan B Jacobs, *Great Streets*, MIT Press, 1995

Jha, MK et al. *Intelligent Road Design*. WIT Press, 2006

Lamm et al., *Highway Design and Traffic Safety Engineering Handbook*. McGraw Hill 2000

The Scottish Government, *Designing Streets*, 2010

Sustrans, *The National Cycle Network – Guidelines and Practical Details, 1996*

Transport for London, *London Cycling Design Standards*, www.tfl.gov.uk

H.G. Váhl & J Giskes, *Traffic calming through integrated urban planning*, Amarcande, 1988

Tom.Vanderbilt, *Traffic: Why We Drive the Way We Do*, Penguin, 2008

Estúdios de gravação de som e imagem 34

David Binns

CI/SfB 528

David Binns é sócio sênior da Sandy Brown Associates, Arquitetos e Consultores em Acústica

PONTOS-CHAVE:
- *Evitar os sons externos é essencial*
- *Os funcionários da produção precisam de visibilidade completa e acesso fácil ao pavimento do estúdio*

Conteúdo
1 Introdução
2 Tipologias de estúdios
3 Planejamento
4 Instalações
5 Acústica
6 Exigências legais

1 INTRODUÇÃO

1.1 Escopo

Os estúdios de televisão são locais onde as atividades são desempenhadas especificamente para fins de observação. (As câmeras de televisão também são usadas fora dos estúdios para fins de vigilância em lojas, bancos, etc.) Os estúdios de gravação podem ser usados para transmissões ao vivo – como os noticiários –, mas é mais provável que sejam utilizados para as gravações em si.

1.2 Estúdios de transmissão

As principais diferenças entre os estúdios se localizam nas áreas de apoio, em vez de no estúdio em si. Essas diferenças refletem a natureza e a postura do cliente: a BBC, no Reino Unido, é uma organização pública, enquanto as empresas independentes não o são (ainda que precisem seguir os padrões estipulados pela *Independent Broadcasting Authority* – Autoridade de Transmissões Independentes).

1.3 Estúdios independentes e educativos

Atualmente, há vários estúdios independentes que operam para uso comercial privado, gravação de programas sob encomenda e criação de vídeos educativos e instrutivos. Alguns fazem parte de instituições de ensino superior.

2 TIPOLOGIAS DE ESTÚDIOS

2.1 Estúdios de gravação de som

Os estúdios de gravação de som de pequeno porte podem ser usados por emissoras locais e para a gravação de anúncios e músicas para comerciais a serem transmitidos nas rádios. A Figura 34.1 mostra o esquema de tais equipamentos. Quando espaços maiores são necessários – para a gravação de música de orquestra, por exemplo –, é perfeitamente possível utilizar estúdios projetados primordialmente para a televisão. Os princípios que norteiam os estúdios de gravação de som e imagem são similares, embora seja mais provável que os estúdios de gravação de som tenham janelas de observação direta.

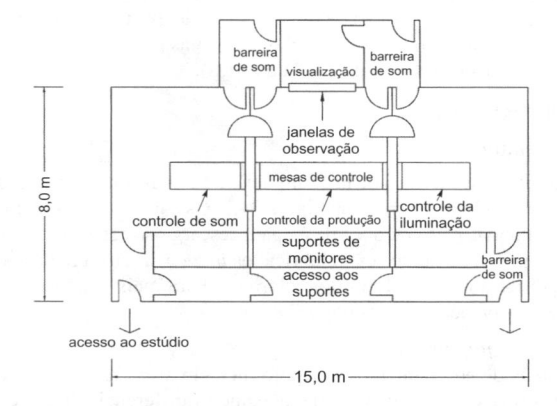

34.1 Diagrama de relações para um estúdio de gravação de som.

2.2 Estúdios multifuncionais de produções televisivas

Os estúdios de televisão diferenciavam a música da interpretação. Hoje, todos eles são multifuncionais, em grande parte devido às pressões econômicas. Adotaram o isolamento acústico total, uma vez que a reverberação e a presença são acrescentadas eletronicamente. O uso mais frequente das lentes em *zoom* (como alternativa à movimentação de câmeras em trilhos) significa que os microfones se localizam mais afastados dos artistas, exigindo tempos de reverberação e níveis de ruído de fundo menores. A movimentação de câmeras em trilhos exige um piso instalado com uma tolerância muito específica (atualmente, cerca de 3 mm a cada 3 m). O piso geralmente consiste em linóleo de alta resistência sobre uma manta de mástique betuminoso; ele exige um empreiteiro especializado em instalação de pisos para a obtenção dessas tolerâncias tão precisas.

A relação entre o comprimento e a largura dos estúdios deve ser aproximadamente 1:1,5. A área de piso prática mínima para um pequeno estúdio de gravação de comerciais seria 60 m² com câmeras estáticas. Os estúdios de emissoras de televisão variam de 200 a 400 m². O pé-direito do estúdio é determinado pelo espaço livre necessário sob o urdimento para os equipamentos de iluminação (uma função dos ângulos mais longos da câmera). O pé-direito mínimo para um estúdio pequeno é de 4 m; em estúdios maiores, o valor sobe para 11 metros até o urdimento e mais um espaço livre de 2,5 metros acima, totalizando uma altura aproximada de 13,5 m. Nesses estúdios, deve haver uma galeria de acesso (ou "ponte técnica") *na altura do urdimento, cerca de 4,5 metros acima do piso do estúdio*. Em geral, essa medida visa a evitar as obstruções geradas por portas de acesso e janelas de observação. O acesso às galerias a partir do piso do estúdio é fundamental, enquanto o acesso direto ao urdimento para os equipamentos de iluminação é recomendável.

Um ciclorama ou pano de fundo é suspenso além do nível dos equipamentos de iluminação. Ele deve ficar a uma distância mínima de 1,25 metro das paredes, de forma a permitir a criação de um corredor em torno do estúdio; o pano de fundo é colocado em trilhos com quinas radiadas que permitem seu armazenamento.

2.3 Estúdios de entrevistadores e locutores

A área desses estúdios varia de 30 a 60 m², com um pé-direito que vai de 4 a 6 m. Utilizam-se câmeras estáticas e equipamentos simples de iluminação combinados com luminárias de piso.

2.4 Estúdios com presença de espectadores

Algumas produções exigem a participação de uma audiência, e assentos semelhantes aos de teatro são disponibilizados sobre arquibancadas. Em estúdios menores, o arranjo é desmontável e exige áreas de armazenagem disponíveis. A presença de espectadores torna mais rigoroso o projeto de um complexo televisivo, uma vez que exige a construção de acesso exclusivo e rotas para saídas de emergência (consulte o Capítulo 14, Auditórios).

3 PLANEJAMENTO

3.1 Leiaute

O leiaute convencional de um complexo de estúdios de uma emissora de televisão é mostrado na Figura 34.2. Os equipamentos maiores terão oficinas perto da doca de carga e descarga de cenários; caso as telas e panos de fundo sejam fabricados *in loco*, a estrutura de apoio deverá ter a mesma altura do ciclorama. Para mais detalhes sobre esses equipamentos, consulte o Capítulo 14.

Áreas de equipamentos
As áreas de equipamentos de apoio incluem áreas reservadas para VTR (gravação de videoteipe) e telecine (transferência do material filmado para o vídeo). O operador da máquina deve ter condições de ouvir as trilhas de som e as deixas, apesar dos ruídos das outras máquinas presentes no local, que geralmente ficam em cubículos parcialmente abertos com paredes com grande proteção acústica.

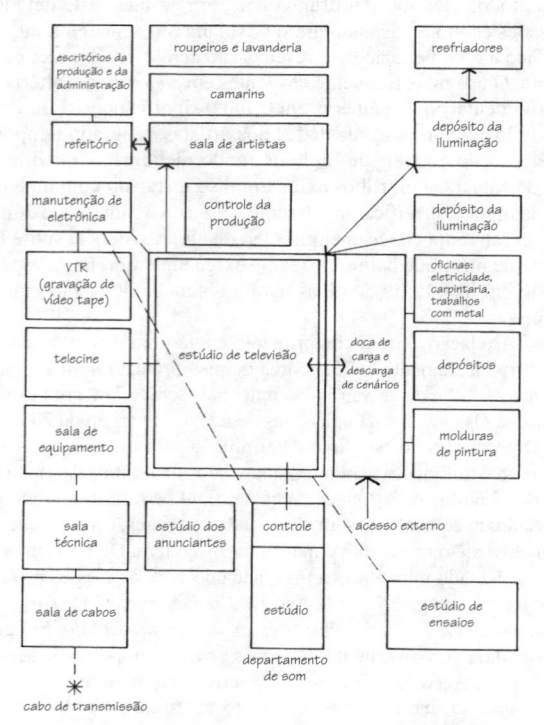

34.2 Complexo de estúdios televisivos: diagrama de planejamento do prédio.

Sala técnica ou sala de controle
A sala técnica ou de controle se localiza perto das áreas de equipamentos; é a última conexão de monitoramento na cadeia de áudio e vídeo antes da transmissão. Nela, o material do programa – seja gravado (VTR e telecine) ou ao vivo a partir do estúdio – será conectado à continuidade por meio do estúdio do anunciante.

Camarins
As áreas perto do estúdio reservadas aos artistas incluirão camarins com roupeiros e lavanderias associados, além de espaços para descanso e serviços de alimentação e bebida (veja o Capítulo 14).

Espaços para ensaios
Áreas separadas para ensaios são necessárias já que há muita pressão sobre a utilização do piso do estúdio (grande parte é dedicada à montagem e desmontagem de cenários e aos ajustes da iluminação e das câmeras para a produção). Elas não precisam ter as mesmas dimensões do estúdio, uma vez que vários cenários ocupam o piso do estúdio e as cenas são ensaiadas individualmente, em geral em auditórios afastados.

Espaços para instalações
Além das áreas detalhadas na Figura 34.2, deve haver espaço para uma subestação de energia elétrica, um gerador de emergência e um depósito de fitas e material de gravação. Os estúdios comerciais e educativos pequenos que não realizam transmissões terão um planejamento mais simples.

3.2 Salas de controle

Na televisão, as salas de controle já não ficam em contato visual com o estúdio que monitoram pelas seguintes razões:

- O ciclorama e o cenário do estúdio provavelmente prejudicarão a visibilidade do produtor; as decisões de produção são tomadas com o uso de monitores.
- O croma de vidro nas janelas de observação precisa ser ajustado para confirmar as cores reproduzidas pelos monitores de televisão. Para tanto, é preciso usar uma película corada que exige substituição constante.
- As salas de produção sem janelas não precisam ser elevadas; logo, os funcionários da produção possuem acesso direto ao estúdio. O leiaute convencional desse tipo de sala de controle é ilustrado na Figura 34.3.

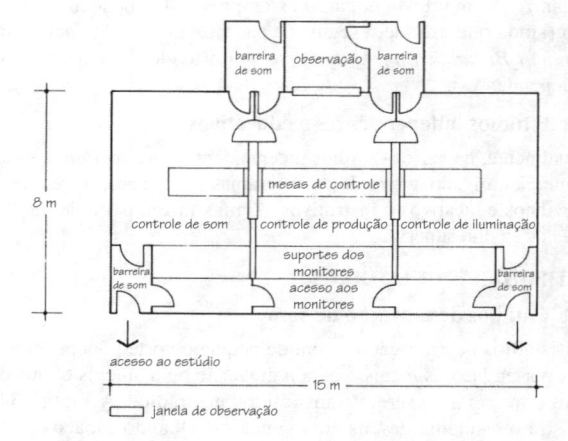

34.3 Leiaute da sala de controle da produção sem acesso visual direto ao estúdio.

O pé-direito mínimo para a sala de controle – incluindo um teto falso para instalações – é de 4 m.

É preciso haver salas de controle exclusivas para a produção, a iluminação e a acústica com 25 dB entre elas e contato visual por meio de janelas de observação. Recomenda-se a criação de uma área de observação para visitantes separada da área utilizada pelos funcionários da produção.

A desvantagem desse leiaute é que o produtor não dispõe de contato visual direto com o gerente técnico ou com os artistas.

4 INSTALAÇÕES

4.1 Iluminação

A iluminação dos estúdios de televisão é altamente especializada. Os estúdios de produção de grande porte utilizam um urdimento com operação remota, ao passo que os estúdios pequenos contam com um sistema fixo simples.

Sistemas de suporte de luminárias

Há três tipos básicos de sistemas de suporte de luminárias:

- O mais elaborado é a grade de trilhos (um urdimento) que cobre todo o estúdio. Os suportes que possuem um braço telescópico para segurar a luminária se deslocam sobre esses trilhos. O braço telescópico é motorizado (seja de maneira elétrica ou hidráulica) e leva a luminária até a altura do piso do estúdio para a instalação e os ajustes. Todas as luminárias podem ser direcionadas, inclinadas ou ter sua intensidade controlada a distância separadamente. Um trilho superior adicional no perímetro da grelha carregará os carrinhos que desconectam os "canhões" e as luminárias da grelha e os levam ao depósito. Sempre que houver vários estúdios, esse trilho os interconectará por meio de um depósito central de luminárias. As grelhas mais recentes são equipadas com uma memória eletrônica que permite o armazenamento de todas as configurações de iluminação de uma produção.
- Um modelo mais simples usa barras de iluminação que podem ser elevadas ou abaixadas eletricamente ou fixadas manualmente direto no estúdio. As barras assumem diferentes formatos, desde o princípio das pinças extensoras até uma barra simples sobre cabos e roldanas.
- O terceiro tipo (e o mais simples dentre eles) é o urdimento de barras fixas. A exemplo do segundo modelo, não é preciso haver espaço sobre a grelha para fins de acesso, uma vez que as luminárias são fixadas com ganchos diretamente nas barras e ajustadas na altura do piso do estúdio.

A iluminação das áreas de equipamento e controle precisa ser estudada com cuidado de forma a evitar reflexos e proporcionar os níveis corretos de visualização. Em geral, equipamentos especiais são necessários.

4.2 Condicionamento de ar

O condicionamento de ar gera uma série de problemas únicos para o projetista: o grande volume, as altas cargas térmicas produzidas pelas luminárias, os níveis baixos de ruídos de fundo e a necessidade de fornecer condições confortáveis nas partes do estúdio obscurecidas, exceto pelo cenário. As velocidades mais baixas de ventilação precisam ser usadas para obter os níveis de ruído. O sistema mais indicado é o sistema *dump* (com amortecimento), no qual o ar refrigerado é injetado por um grande duto situado acima da grelha e retorna devido à convecção natural do calor gerado pelas luminárias até um duto de exaustão similar localizado ainda mais acima. As casas de máquinas – exceto se muito afastadas dos estúdios – exigem um isolamento estrutural completo para impedir a transmissão das vibrações (veja a Seção 5.3); considere um espaço adequado para atenuar o problema. Os engenheiros mecânicos conhecem muito bem os problemas dos ruídos causados pelos dutos, mas geralmente não investigam o ruído transmitido pelas paredes com dutos ou por problemas acústicos da arquitetura. O arquiteto deve se certificar de que essas questões fazem parte do programa de necessidades elaborado pelo consultor especializado.

4.3 Cabeamento

É fundamental a consideração da fiação de energia elétrica, áudio e vídeo que conecta o estúdio às salas de controle e às áreas de equipamentos. Os cabos das câmeras possuem aproximadamente 50 mm de diâmetro e um raio de curvatura de 0,5 m no mínimo. A fiação de energia elétrica (que pode incluir energia de baixa voltagem) deve passar por um duto separado daquele usado para a fiação de áudio, de forma a evitar problemas de interferência. O duto geralmente fica oculto por trás dos acabamentos de isolamento acústico. Todas as perfurações do fechamento do estúdio precisam ser estanques à passagem do ar para evitar a transmissão de ruídos.

4.4 Outras instalações

Os grandes estúdios de produção exigem ar comprimido, gás, água (incluindo esgoto) e um sistema de detecção de fumaça, além das instalações de energia elétrica.

5 ACÚSTICA

5.1 Identificação dos padrões

Os padrões que serão seguidos precisam ser identificados pelo consultor especializado e aceitos pelo cliente desde o início do projeto. Na Grã-Bretanha, as duas fontes principais são a *BBC* (British Broadcasting Corporation – Corporação das Emissoras Britânicas) e a ISO (Organização Internacional de Padronização).

5.2 Isolamento de sons aéreos

Para cada local, é preciso realizar um levantamento completo dos ruídos do local com frequências de banda de oitava e de terça de oitava, para determinar o projeto das estruturas de fechamento. Além disso, todas as perdas de transmissão interna definidas pela frequência devem ser definidas e possivelmente ampliadas para fornecer ao engenheiro de instalações todos os requisitos necessários para atenuar as conversas cruzadas transmitidas pelos dutos. Para tanto, será preciso determinar os níveis máximos permissíveis dos ruídos produzidos por diferentes fontes em todas as salas.

5.3 Isolamento da vibração

Os níveis de ruídos e vibração de todos os equipamentos mecânicos precisam ser estudados, e o arquiteto deve identificar quem será responsável por definir os níveis máximos permissíveis, além do projeto para obtê-los. A transmissão dos ruídos causados pela estrutura – principalmente nos pavimentos superiores de edificações com estrutura independente – podem exigir a "flutuação" da casa de máquinas e das áreas protegidas de ruídos.

Isso envolve o isolamento das paredes, dos pisos e da cobertura da edificação em relação à estrutura de entorno. As paredes são construídas sobre um piso secundário apoiado em molas de aço ou em bases de forração com borracha projetados para uma frequência natural máxima que não ultrapasse 7 a 10 Hz. O ruído causado pelos passos dos indivíduos geralmente exige pisos com forração grossa ou, em casos extremos, o uso de pisos elevados nos estúdios.

5.4 Tempo de reverberação

A Figura 34.4 relaciona o tempo de reverberação ao volume dos estúdios de televisão. Cálculos indicarão o nível e o tipo de absorção necessária. Os detalhes de um absorvedor modular de banda larga convencional são exibidos na Figura 34.5. É preciso acrescentar cerca de 200 mm ao pé-direito livre do estúdio e à espessura de todas as paredes para acomodar o tratamento acústico. As salas de controle de som devem receber um tratamento semelhante, enquanto as salas

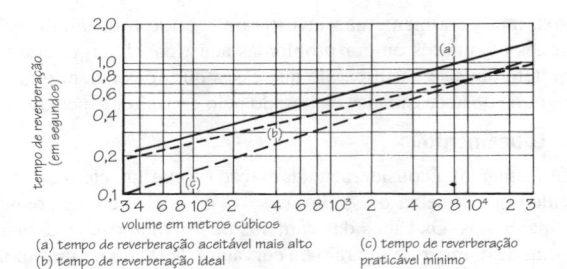

34.4 Tempos de reverberação para um estúdio de TV.

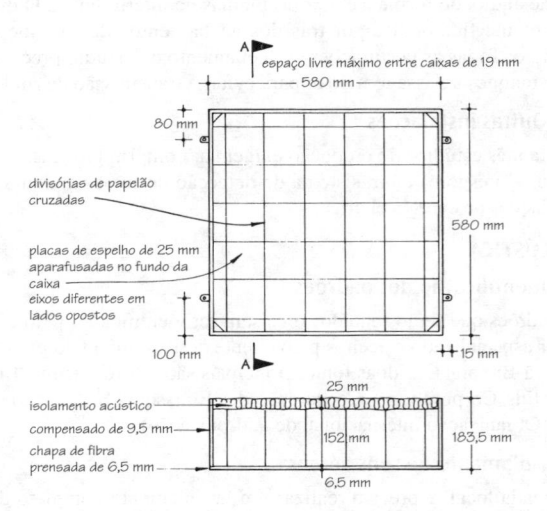

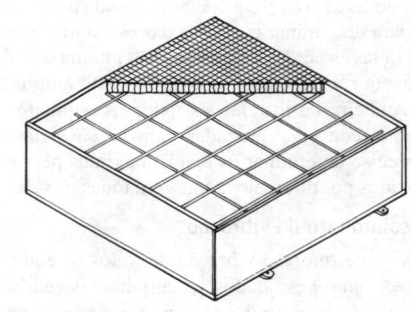

(a) tempo de reverberação aceitável mais alto
(b) tempo de reverberação ideal
(c) tempo de reverberação praticável mínimo

34.5 Unidade modulada absorvedora de som.

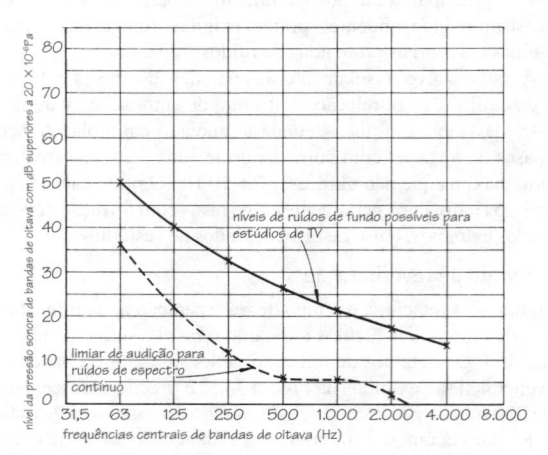

34.6 Níveis de ruídos de fundo.

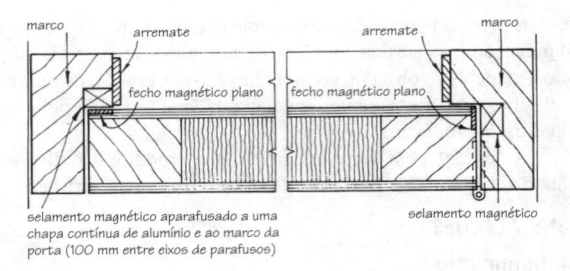

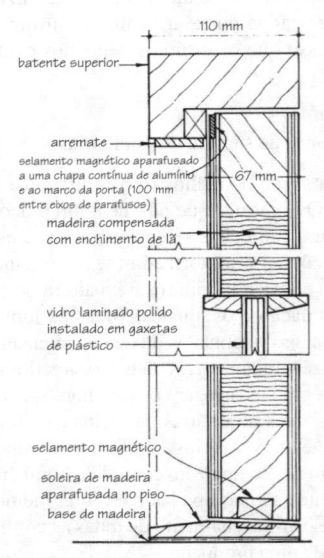

34.7 Construção de uma porta acústica.

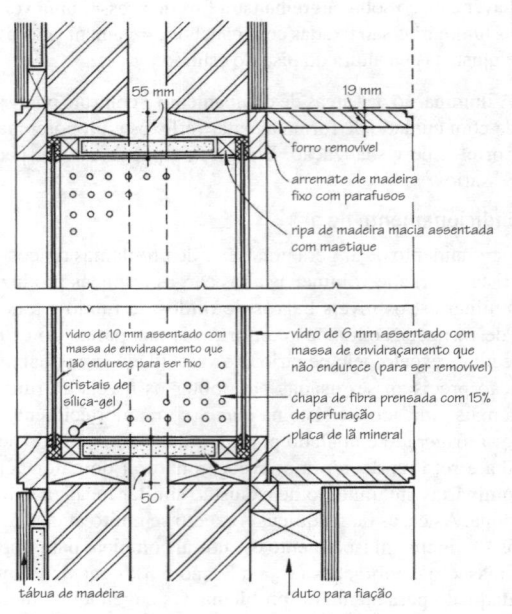

34.8 Janela de observação.

de controle da produção e as áreas técnicas têm de obter o melhor isolamento acústico possível.

5.5 Níveis de ruídos de fundo
Os níveis máximos permissíveis dos ruídos de fundo são mostrados na Figura 34.6. Eles precisam ser associados aos níveis do ambiente externo e aos ruídos gerados pela casa de máquinas do condicionamento de ar. Sempre que as casas de máquinas forem adjacentes às áreas mais sensíveis aos ruídos, os níveis máximos permissíveis de ruídos nas entradas e saídas de ar devem ser especificados para evitar que esses ruídos cruzem a superfície externa da edificação, principalmente nas janelas.

5.6 Detalhes especiais
Portas acústicas e barreiras de som
Os detalhes típicos de uma porta acústica e de uma janela de observação são mostrados nas Figuras 34.7 e 34.8. Todas as áreas sensíveis aos ruídos devem ser acessadas por meio de um cômodo com barreiras de som que consistem em portas acústicas, exigindo que uma das extremidades do cômodo receba um isolamento acústico perfeito. A perda de transmissão sonora média de cada porta é de 33 dB e a vedação é efetuada por meio de selos magnéticos.

Portas para passagem de cenários
A transferência de cenários para o interior do estúdio exige uma abertura de aproximadamente 5 m de altura por 5 m de largura e um índice de redução acústica que varia de 50 a 60 dB. É muito provável que essa porta seja de aço. As portas com dobradiças costumam ser usadas, mas as forças necessárias para garantir o fechamento hermético geram dificuldades operacionais. Uma porta de "erguer e correr" é mais indicada. Um mecanismo elétrico ou hidráulico abre e fecha a porta enquanto os braços radiais a movimentam para dentro e para baixo de forma a comprimir as bordas em torno de toda a porta. Ao contrário das portas com dobradiças, esse tipo de porta não precisa de uma soleira proeminente – e essa é uma vantagem operacional considerável.

6 EXIGÊNCIAS LEGAIS
Durante a etapa de planejamento, é preciso considerar com cuidado as saídas de emergência e a resistência ao fogo. As exigências legais variam consideravelmente em todo o mundo, mas as normas mais rigorosas são aquelas que se aplicam ao Reino Unido, onde uma taxa de dispersão de chamas da Classe O (padrão britânico) pode ser exigida para todos os acabamentos, além de uma resistência ao fogo de até quatro horas para as paredes do estúdio. Isso requer portas de enrolar de aço duplas em todas as perfurações das paredes. Os dutos para saída de fumaça às vezes são necessários e devem ser projetados para que haja compatibilidade com o isolamento acústico da cobertura.

Terminais e interconexões de transporte 35

Seções sobre aeroportos atualizadas por Andrew Perez, com contribuições adicionais de Richard Chapman; seções sobre ferrovias atualizadas por Declan McCafferty

CI/SfB 114, 124, 144

Andrew Perez é um dos sócios de Grimshaw Architects. Declan McCafferty é sócio de Grimshaw Architects. Richard Chapman é diretor de Airport Design Consult Ltd

PONTOS-CHAVE:
- *Os terminais de passageiros dos aeroportos hoje são grandes edifícios públicos, com funções cada vez mais diversas*
- *A intermodalidade entre todas as formas de transporte é uma consideração crucial*
- *O deslocamento de grandes números de passageiros de maneira segura, simples e eficiente é o componente crucial de um projeto de terminal e uma interconexão bem-sucedida*

Conteúdo
1. Introdução
2. Aeroportos
3. Terminais de passageiros dos aeroportos
4. Funções das partidas – parte terrestre
5. Funções das partidas – parte aérea
6. Funções das chegadas – parte aérea
7. Funções das chegadas – parte terrestre
8. Níveis e volumes
9. Exigências das aeronaves e dos aventais de estacionamento
10. O aeroporto em transformação
11. Estudo de caso
12. Estações ferroviárias
13. Estações rodoviárias urbanas e intermunicipais
14. Bondes e trens leves
15. Referências bibliográficas

1 INTRODUÇÃO

Hoje, as viagens aéreas estão acessíveis a mais pessoas do que jamais estiveram na história relativamente breve da aviação. Como resultado disso, os terminais aeroportuários se tornaram grandes edifícios públicos, acomodando funções diversas, sejam sociais, sejam comerciais, além de processarem a partida e a chegada dos passageiros. Esses prédios assumem características de várias tipologias de edificação – teatros, museus, *shoppings*, centros de lazer, etc. – bem como das praças urbanas. Atuando como portais (de forma literal e figurada), os aeroportos têm se tornado importantes emblemas para as nações, além de serem grandes processadores de transporte. À medida que aumentam seu tamanho e sua massa crítica, social e comercial, os terminais aeroportuários vêm se tornando os centros ideais para grandes interconexões de transporte, atraindo grandes volumes de pessoas em movimento, muitas das quais talvez nem estejam viajando de avião.

2 AEROPORTOS

2.1 História

Os terminais de passageiros dos aeroportos se tornaram edificações há apenas cerca de 90 anos, quando o primeiro aeroporto londrino, em Croydon, foi criado, mas muitas tipologias de aeroporto têm evoluído. O desenvolvimento rápido das viagens aéreas significa que esses prédios rapidamente se tornam obsoletos e precisam ser substituídos ou reconstruídos.

Um exemplo antigo e notável é o terminal original do aeroporto Gatwick (Figura 35.1), que ofereceu, em 1936, uma rota direta e protegida para os passageiros entre a ferrovia e o terminal e entre este e as aeronaves. Ele foi, portanto, um dos precursores das interconexões de transporte.

2.2 O planejamento de terminais aeroportuários

Os principais fatores que determinam o tamanho de um aeroporto e dos terminais são:

- a demanda de passageiros
- os horários do tráfego das linhas aéreas

2.3 O tamanho e a capacidade dos terminais aeroportuários

Os fatores-chave para o projeto de um terminal são o número de passageiros por ano e por hora. Grandes concentrações nos horários de pico gerarão uma grande demanda horária em relação ao trânsito anual. Um nível de trânsito constante e substancial produzirá uma taxa anual elevada em relação à demanda horária.

O tráfego aéreo global tem crescido a uma média de 5 a 6% por ano, e as estimativas sugerem que os números de passageiros continuarão a aumentar entre 3 e 5% por ano no futuro próximo.

Modelos matemáticos sofisticados podem ser utilizados para representar o fluxo de passageiros. Sempre que apropriados, os padrões são aplicados a vários momentos futuros, como cinco ou 10 anos.

O termo *standard busy rate* (taxa padrão de movimento) é empregado no projeto de terminais e representa o número de passageiros previsto na trigésima hora mais movimentada de uso programado. Isso significa que, durante 29 horas por ano, as instalações não atenderão à demanda, mas, com essa abordagem, os padrões e uma economia razoáveis serão equilibrados.

Outros fatores a serem considerados são:

- *Movimentação das aeronaves*: o número de chegadas e partidas por hora, o tamanho das aeronaves, o número de estandes para cada tamanho ou variedade de tamanhos, os fatores de carga dos passageiros.
- *Quantidade de bagagem*: o número de volumes por passageiro, por classe de voo e tráfego (internacional ou doméstico).
- *Visitantes*: o número de acompanhantes de passageiros de partida ou chegada por classe ou tipo de tráfego (internacional ou doméstico).
- *Funcionários*: o número e a proporção por aeroporto, linha aérea, concessionária, autoridades de controle, etc., e a proporção de homens e mulheres.
- *Transporte na parte terrestre*: o número de passageiros, visitantes e funcionários que chegam em veículos particulares (observe a proporção de veículos com apenas um passageiro) ou em meios de transporte público (ônibus municipal, ônibus intermunicipal, automóveis alugados, táxis, bonde, metrô, etc.).

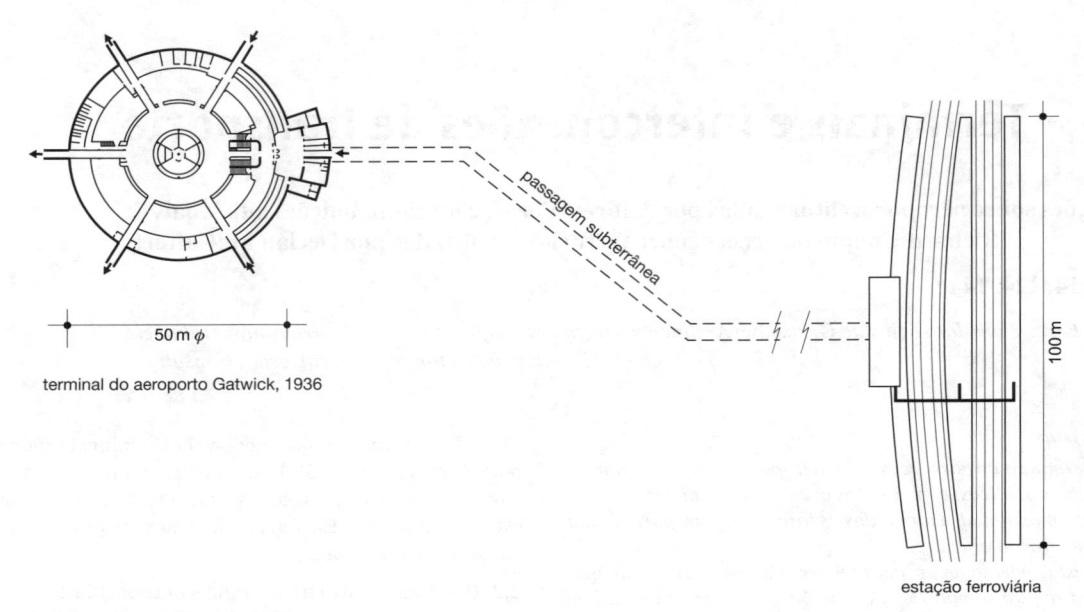

35.1 Um terminal do aeroporto Gatwick, 1936.

Uma regra prática muito simples para o cálculo aproximado da área de um terminal é:

- Multiplique por 10.000 m² cada milhão de passageiros por ano (mppa) que se espera que o terminal processe.

Assim, um terminal planejado para receber cerca de 30 mppa terá uma área bruta aproximada de 300.000 m².

2.4 Tipos de terminal

Há três tipos principais de terminal aéreo:

- *Internacionais*: os terminais aeroportuários envolvem procedimentos alfandegários e de imigração.
- *Domésticos*: os terminais domésticos não incluem alfândega nem controles de imigração. Portanto, podem ser edificações mais simples.
- *Híbridos*: têm algumas áreas internacionais e outras domésticas.

2.5 Tipos de passageiros

Há dois tipos principais de passageiros:

- *Origem e Destino (O&D)*: voam até o terminal que é seu destino final.
- *Em conexão (ou trânsito)*: voam até o terminal, que não é seu destino final, e fazem uma conexão com outro voo, para continuar a viagem até o destino final. Essas conexões podem ser entre voos internacionais ou entre um voo internacional e um doméstico (ou *vice-versa*).

2.6 Tipos de aeroporto

Há dois tipos principais de aeroporto:

- *Aeroportos ponto a ponto*: aeroportos sem passageiros em conexão, isto é, seus passageiros voam diretamente a eles, que são seus destinos finais.
- *Aeroportos hub (ou terminais de conexão)*: são aeroportos nos quais parte dos passageiros está fazendo uma conexão para um próximo voo, que os levará ao destino final.

2.7 Passageiros *versus* aviões

Os grandes aeroportos exigem amplos campos de aviação, com várias pistas de decolagem. O desafio para os terminais de passageiros

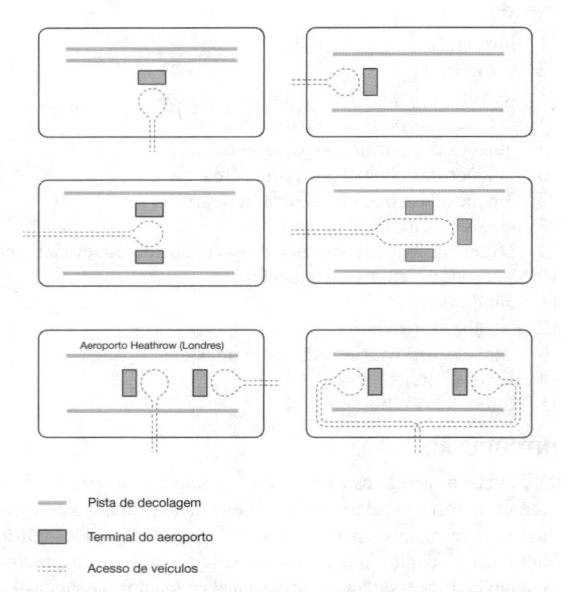

35.2 Exemplos de relações entre um terminal de passageiros e um campo de aviação.

dos aeroportos é estarem inseridos nesses ambientes complexos e se manterem acessíveis, funcionais e atraentes para os passageiros e funcionários. Um controlador de tráfego aéreo talvez julgue o sucesso de um aeroporto em termos das distâncias a serem taxiadas e do número de movimentos de tráfego aéreo por hora; já os passageiros provavelmente terão critérios muito diferentes para avaliar um aeroporto. Para estes, todo o foco estará no terminal em si e em quesitos como o conforto em geral, a facilidade de uso, a legibilidade dos elementos de orientação e a quantidade e variedade de serviços oferecidos. Como arquitetos, devemos nos lembrar que os terminais de passageiros dos aeroportos são projetados para os passageiros: as aeronaves não podem dominar as instalações. Contudo, a configuração do campo de aviação é um dos principais fatores para o posicionamento, a planta baixa e a configuração dos prédios de um terminal.

2.8 Posição do terminal

Muitas das configurações dos campos de aviação (ou talvez a maioria delas) são bastante antigas ou adaptadas de outras épocas. Os elementos determinantes de qualquer aeroporto são o comprimento e o alinhamento das pistas de pouso e decolagem. Esses dois fatores, junto com o acesso público de veículos, são os principais determinantes para o posicionamento exato do terminal dentro de um campo de aviação A Figura 35.2 apresenta vários exemplos.

2.9 O formato da planta baixa do terminal de passageiros de um aeroporto

Alguns aeroportos são icônicos por seus formatos emblemáticos e suas geometrias evocativas vistos do ar. Essas imagens facilmente identificáveis podem, por si sós, contribuir para a identidade de um aeroporto e, inclusive, de uma cidade. No entanto, essas formas não são resultado de configurações aleatórias. Há três elementos que determinam o formato da planta baixa de um terminal:

- *O formato configurado pelas divisas de terreno.* Esta é a área que o prédio do terminal pode ocupar dentro do campo de aviação sem interferir com nenhum dos movimentos das aeronaves no solo.
- *O número de estandes de aeronave em contato que atendem ao terminal diretamente (e não remotamente, com o apoio de ônibus).* Esse número de estandes exigidos para aeronaves é representado em metros e chamado de *stand frontage*. Portanto, a *stand frontage* total é o perímetro da edificação que deve estar disponível para o estacionamento de aeronaves adjacentes.
- *A distância máxima de deslocamento a pé dentro do terminal.* Estabeleça uma distância máxima de deslocamento a pé para os passageiros (a IATA sugere 650 metros a partir da saída da área controlada).

Esses três parâmetros determinarão o formato da planta baixa do terminal. Também há um quarto parâmetro – os limites estabelecidos pelos parâmetros de operação, como a superfície com limitações de

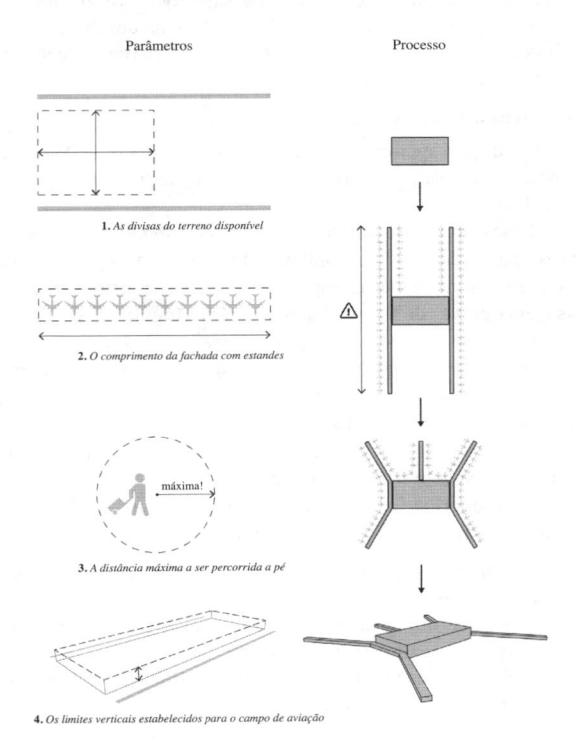

35.3 Fatores que influenciam o formato de um terminal de aeroporto.

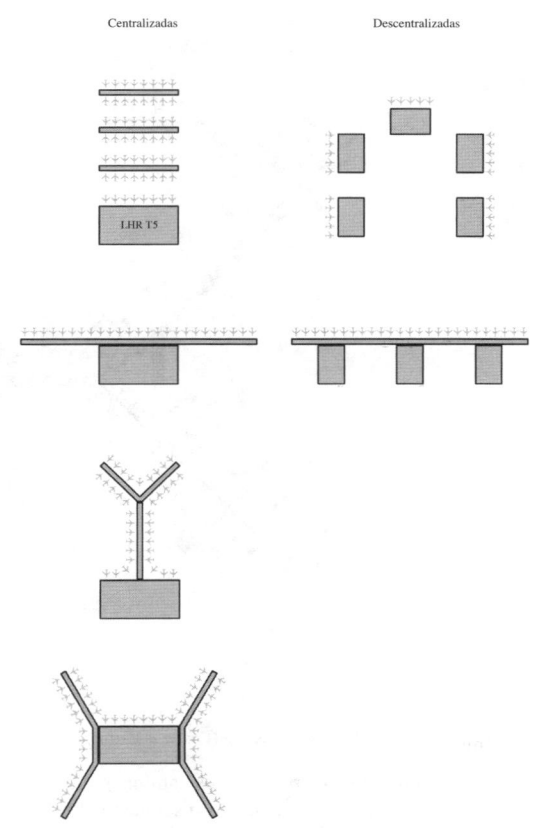

35.4 Configurações típicas de terminais aeroportuários.

obstáculos e as rotas de aproximação das pistas de pouso e decolagem. Isso, contudo, não influenciará necessariamente no formato do terminal, mas estabelecerá limites de altura para os prédios. A Figura 35.3 descreve esses processos de configuração do formato do terminal de passageiros de um aeroporto.

2.10 Configuração do prédio do terminal

Ainda assim, há vários tipos de configuração possíveis para um terminal, sejam centralizados ou não (Figura 35.4). Um terminal centralizado (Figura 35.5) é aquele no qual todas as funções de processamento se localizam em apenas uma zona. Em um terminal descentralizado, essas funções estão distribuídas ao longo do prédio ou mesmo se encontram em edificações separadas.

Os principais fatores que influenciam o tipo de configuração do terminal são:

- *O espaço físico*: às vezes, a falta de espaço é um condicionante.
- *Necessidades da parte aérea*: a separação das pontes de embarque dos locais de processamento de passageiros pode otimizar a movimentação das aeronaves, reduzindo as distâncias que devem ser taxiadas.
- *Economia*: um terminal grande e único pode ser mais caro de construir, mas uma rede de pequenos terminais pode ter operação mais dispendiosa.
- *Flexibilidade*: a necessidade de expansões futuras e por fases dependem da previsão do número de passageiros.

Outro fator que deve ser considerado é o tamanho. Um prédio único no terminal para o processamento de mais de 60 milhões de passageiros por ano teria de se tão amplo que seria inviável operá-lo de maneira integrada. Além disso, a escala gigantesca de um pré-

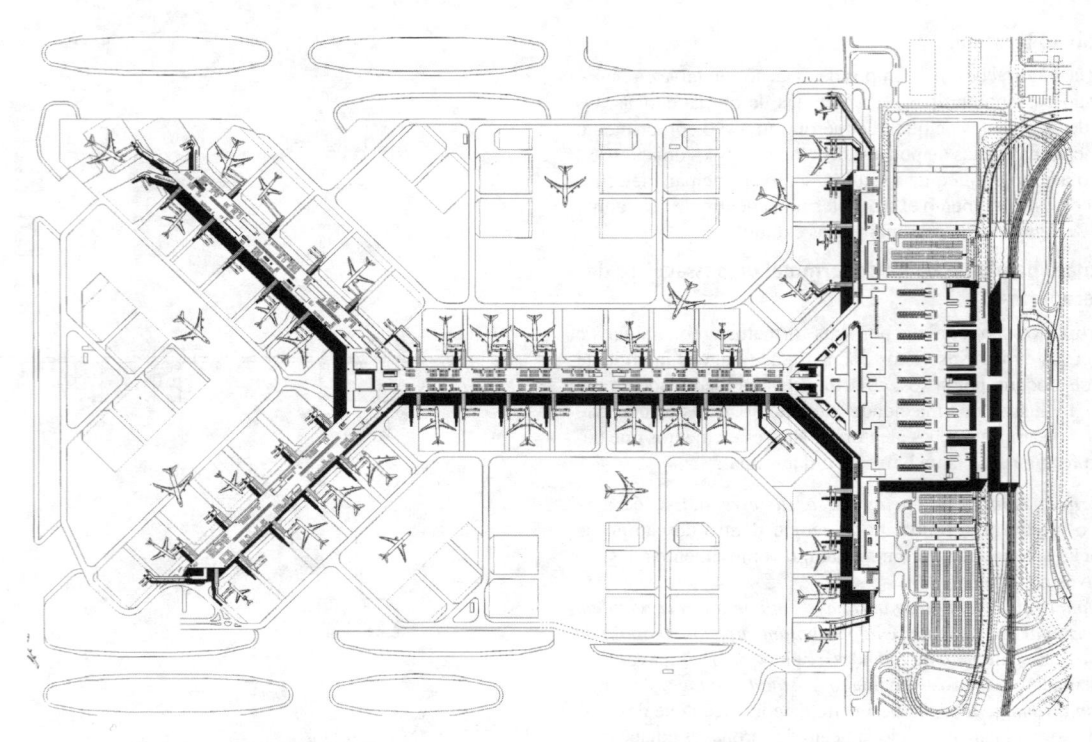

35.5 Aeroporto Chek Lap Kok, Hong Kong (Foster + Partners).

dio como esse exigiria que os passageiros caminhassem distâncias muito longas. Embora esse problema possa ser atenuado com o uso de esteiras transportadoras automáticas, esse recurso aumentaria a complexidade da circulação de passageiros. Como os aeroportos às vezes também precisam ser ampliados para atender ao aumento do trânsito, pode ser mais fácil, para se evitar a interrupção das operações, construir terminais menores, mas em maior número.

Essa estratégia tem o benefício, em particular para os aeroportos *hub*, de acomodar de modo conveniente as linhas aéreas e/ou as alianças de linhas aéreas em edificações exclusivas. Esse compartilhamento de um terminal pelas linhas aéreas parceiras simplifica a orientação dos passageiros e os ajuda muito na redução do tempo de conexão, pois a maior parte dessas costuma ocorrer entre linhas aéreas parceiras. Contudo, os aeroportos *hub* com vários terminais, como o Heathrow enfrentam o desafio de transferir os passageiros em trânsito de um terminal ao outro de maneira rápida e fácil.

O segredo do sucesso de um aeroporto *hub* são as conexões rápidas e eficientes entre os terminais e as pontes de embarque atendidas por eles, que permitem aos passageiros se deslocar para seu próximo voo com segurança e, em uma situação ideal, no menor tempo possível. A chave é esse tempo de conexão mínima (MCT – *minimum connect time*). Quanto menor for o tempo de conexão mínima garantido, maior serão o número e a variedade de conexões com outros voos que os passageiros conseguirão fazer, oferecendo mais chances a mais destinos.

Por fim, vale a pena observar que há três envolvidos principais na administração de qualquer aeroporto:

- o proprietário ou operador
- as linhas aéreas
- a agência reguladora

O relacionamento entre esses três atores pode variar de país para país, e sua natureza e dinâmica também podem influenciar a configuração ideal dos prédios de um terminal aeroportuário.

3 TERMINAIS DE PASSAGEIROS DOS AEROPORTOS

3.1 Uma máquina de processamento

Os terminais aeroportuários são, na verdade, máquinas que processam dois fluxos de movimento principais: um para os passageiros, o outro para sua bagagem. Ambos os fluxos se movem em direções opostas, com partidas e chegadas (passageiros) e *outbound* e *inbound* (bagagem). Nos aeroportos do tipo *hub*, há um fluxo "cruzado" adicional ou redirecionado, que começa com a transferência dos passageiros e de sua bagagem.

3.2 Fluxos de passageiros

Os fluxos de passageiros são determinados por uma série de processos necessários para a segurança a o controle de fronteiras (Figuras 35.6 e 35.7).

Esses processos ditam a sequência, direção e ordem dos fluxos, mas cada um deles também representa um espaço no qual ocorre, e é a série desses espaços que forma o percurso total de um passageiro através do terminal aeroportuário (Figura 35.8).

O dimensionamento adequado desses espaços é crucial para que se atenda ao volume de passageiros de modo que o fluxo permaneça, não haja gargalos e se ofereça um bom padrão para a experiência e o padrão dos passageiros.

O grau exato da experiência e do conforto dos passageiros varia de acordo com o padrão de serviço que será oferecido em cada terminal aeroportuário. O IATA Airport Development Reference Manual identifica os seguintes padrões de serviço:

A Padrão de serviço excelente; condição de fluxo livre; nível de conforto excelente.
B Padrão de serviço alto; condição de fluxo estável; pouquíssimos atrasos; alto nível de conforto.
C Padrão de serviço bom; condição de fluxo estável; atrasos aceitáveis; bom nível de conforto.

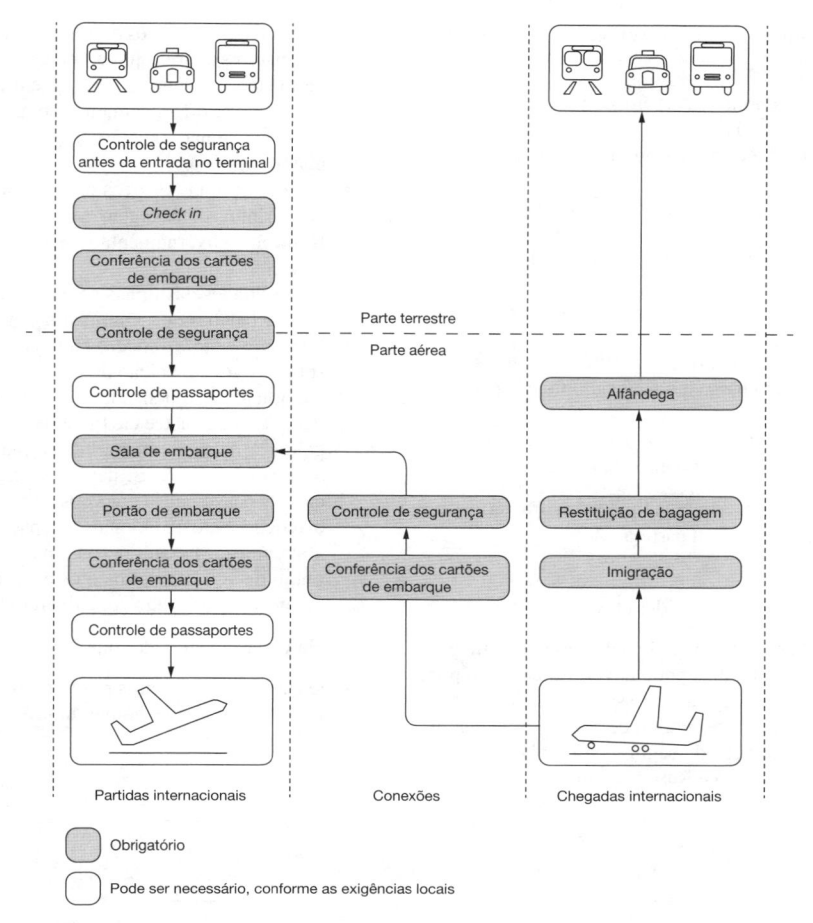

35.6 O fluxo de processamento de passageiros em um aeroporto internacional.

D Padrão de serviço adequado; condição de fluxo instável; atrasos por períodos de tempo curtos e aceitáveis; nível de conforto adequado.

E Padrão de serviço inadequado; condição de fluxo instável; atrasos inaceitáveis; nível de conforto inadequado.

F Padrão de serviço inaceitável; condição de fluxos cruzados; colapsos no sistema e atrasos inaceitáveis; nível de conforto inaceitável.

Esses padrões de serviço se traduzem em padrões espaciais e são representados pela forma de uma área (m²) oferecida por pessoa para as principais zonas do terminal, como as de *check in*, controle de segurança, restituição de bagagem, etc. Quanto mais elevado for o padrão de serviço, mais espaço será disponibilizado por passageiro.

4 FUNÇÕES DAS PARTIDAS – PARTE TERRESTRE

4.1 Pátio de acesso para passageiros em partida que chegam de automóvel (desembarque rápido)

Fatores que devem ser levados em consideração:

- *Segurança*: analise a possibilidade de estabelecimento de uma distância mínima entre a área de parada rápida de veículos privados sem controle e a entrada do prédio, para reduzir o risco de atentados terroristas com carros-bomba. Para isso, costuma-se considerar como 30 m a distância ideal entre a fachada do terminal e a primeira faixa de rolamento da via.
- *Serviço de estacionamento*: o pátio de acesso inteiro, ou ao menos a seção com automóveis privados, também pode estar incluído no estacionamento mais próximo ou utilizado para paradas rápidas. Isso obrigará os motoristas a pagarem para terem o privilégio de estacionar perto da área de *check in*.
- *Bagagem*: deve haver carrinhos para bagagem disponíveis para o uso dos passageiros. Para o trânsito pesado de ônibus e micro-ônibus de pacotes de turismo, cujos veículos largam grandes quantidades de bagagem já organizadas, pode ser interessante criar uma área de parada e direcionamento até as áreas de entrega de bagagem.
- *Necessidades das linhas aéreas*: em grandes terminais de passageiros compartilhados por muitas companhias aéreas, pode ser preciso sinalizar partes do pátio de acesso.
- *Alterações previsíveis*: considere as mudanças previsíveis na proporção dos diferentes tipos de veículos, que podem afetar o peso do uso de cada modal de transporte (ou seja, os percentuais de passageiros que chegam de carro, ônibus, metrô, trem, etc.).

Quantidades a serem calculadas:

- *Fluxo de passageiros por hora*: no caso de um pátio de acesso combinado (para chegadas e partidas), será importante calcular o fluxo nos dois sentidos.
- *Tempo de espera estimado*: uma média de 1min30s pode ser considerada para a parada de automóveis particulares e táxis.
- *Composição dos modais de transporte*: frequentemente é influenciada pelos hábitos locais ou a preferência dos passageiros.

Um cálculo de área linear típico se baseia em 2.000 passageiros em embarque por hora:

- Número de passageiros/hora no passeio, considerando-se automóveis particulares e táxis: 1.000
- Número médio de passageiros por automóvel particular ou táxi: 1,7
- Número de automóveis particulares e táxis: 1.000/1,7 = 588 por hora
- Tempo estacionado junto à calçada, para cada veículo: 1min30s
- Número de automóveis particulares e táxis por vez: 588/40 = 16
- Extensão do passeio por veículo: 7 m + 10%
- Extensão total do passeio para parada de automóveis particulares e táxis: 105,6 m
- Regra prática geral: 1,2 m do passeio total (incluindo o transporte público) para cada 10 passageiros por hora

A Figura 35.9 descreve um esquema típico, na parte terrestre, de pátio de acesso para passageiros em partida.

4.2 O saguão de embarque

Os principais fatores que devem ser considerados:

- *Segurança*: a entrada no saguão público da parte terrestre geralmente não é controlada, mas pode haver um controle por meio de uma barreira de segurança. Essa prática, contudo, é incomum, pois envolve a revista tanto de passageiros quanto de visitantes. Essas barreiras de segurança prévias são exigidas em alguns países, como a Rússia, a Índia e a Turquia.
- *Comércio*: os serviços de compra e alimentação são apropriados para essa área, juntamente com os serviços de câmbio de moeda estrangeira (apenas em terminais internacionais) e, inclusive, o fornecimento de alimentos e bebidas para as pessoas que não viajarão, mas vieram ao aeroporto acompanhar os viajantes.
- *Bagagem*: todas as áreas de circulação devem permitir o uso de carrinhos de bagagem.
- Controles governamentais: o acesso de funcionários à parte aérea.
- Necessidades das linhas aéreas: as companhias aéreas precisam de balcões de atendimento e escritórios.
- *Sistemas de informação*: painéis públicos com informações sobre os voos e balcão de informações. Às vezes, é possível a exibição de um sistema de informações sobre os voos no pátio de chegada (se ele for coberto), o que permite aos passageiros se orientarem antes da entrada no terminal.
- *Situações previsíveis*: devem-se prever as condições excepcionais ocasionadas por voos atrasados, com a disponibilização de assentos adicionais e espaços extras para serviços de alimentação. Essa área costuma ser atendida por um grande ponto de venda de alimentos e bebidas que atenda especialmente aos passageiros que tiverem longas esperas.

Há várias quantidades que devem ser calculadas:

- O fluxo de passageiros por hora: o fluxo bidirecional será relevante sempre que houver uma área conjunta para embarque e desembarque.

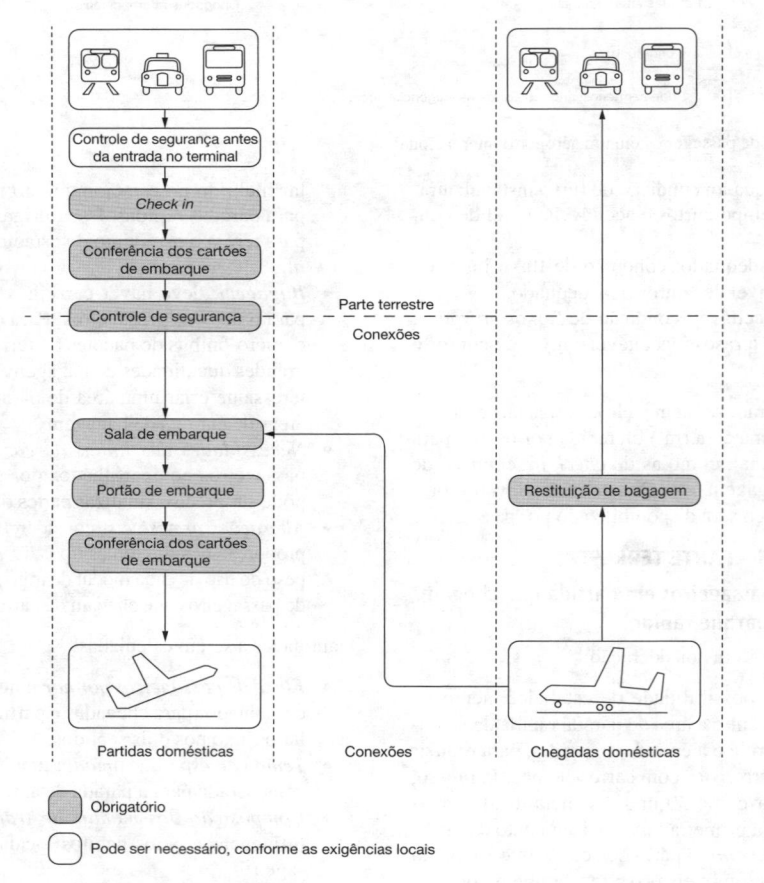

35.7 O fluxo de processamento de passageiros em um aeroporto doméstico.

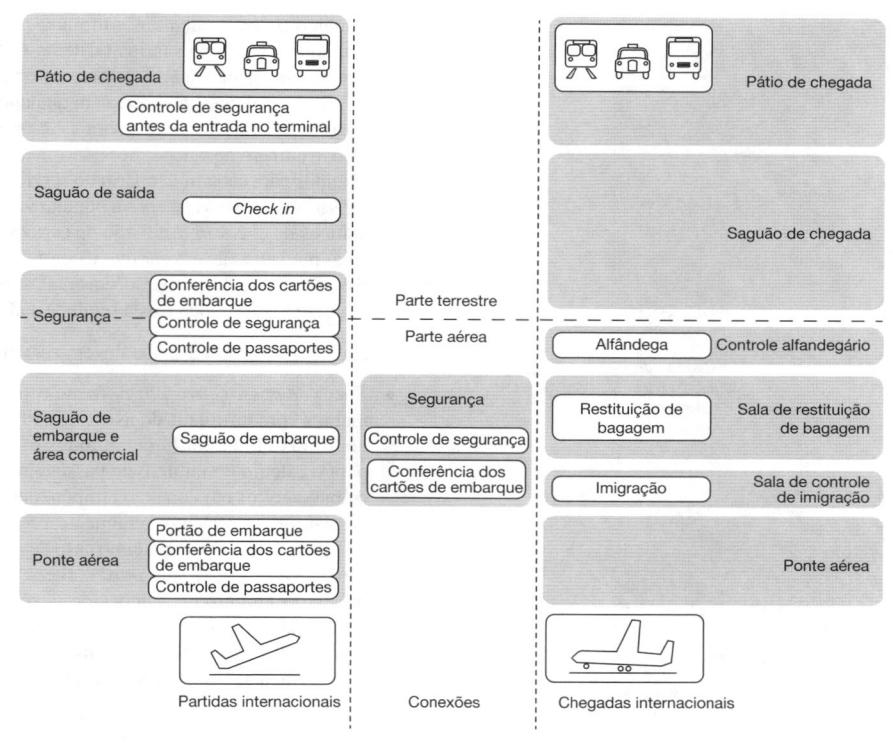

35.8 O fluxo de processamento de passageiros e os espaços associados.

- Proporção de visitantes: a proporção comum para os países ocidentais seria de 0,5 a 2,0 visitantes por passageiros (com valores ainda inferiores em certos tráfegos domésticos); nos países orientais e africanos, esse valor sobre para entre 2,5 e 6,0 ou mais.
- Tempo de espera estimado: o tempo convencional seria 20 minutos.

Cálculo da área típica de um terminal com base em 2.000 passageiros em embarque por hora:

- Número de pessoas por hora: 3.000 (0,5 visitante/passageiro)
- Número total de pessoas em determinado momento (fator de pico, aproximadamente 50% em 20 minutos): 1.500
- Área necessária por pessoa: 2,7 m^2 (padrão de serviço IATA A); 2,3 m^2 (padrão de serviço IATA B)
- Área necessária total: 3.450 m^2. Parte da área talvez seja utilizada para o comércio e serviços de alimentação e bebidas.

4.3 Check in

Tradicionalmente, os passageiros, ao fazer o *check in*, mostravam suas passagens, e o funcionário reservava os assentos e, caso necessário, pesava os itens de bagagem maiores (e às vezes fazia uma conferência de segurança com raios X) antes do registro e envio à aeronave. Contudo, nos últimos tempos, o processo de *check in* vem passando por grandes mudanças, e hoje a maioria dos passageiros já faz o *check in online* antes de ir para o aeroporto. Isso significa que

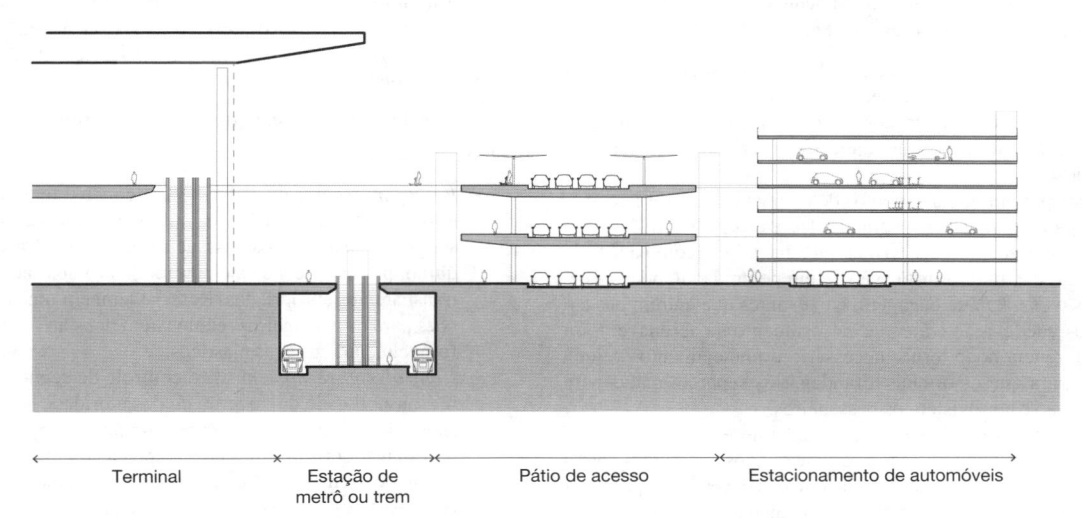

35.9 Esquema típico, na parte terrestre, de pátio de acesso para passageiros em partida.

a *Arranjo linear*

b *Arranjo em T*

c *Arranjo em ilhas*

d *Máquina de autosserviço (check in)*

e *Autosserviço para entrega de bagagem*

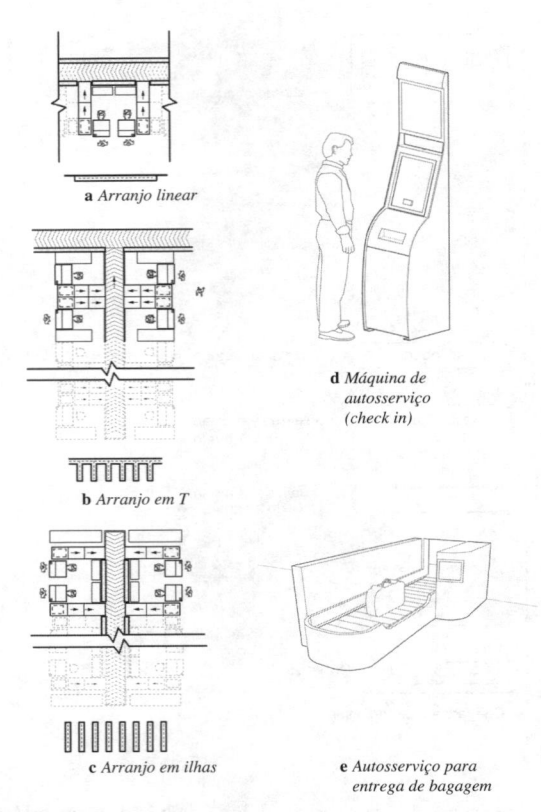

35.10 Algumas opções para o *check in*.

muitos dos passageiros chegarão ao terminal já com o *check in* pronto, o assento selecionado e o cartão de embarque impresso.

Ao contrário do sistema convencional, quando os passageiros utilizavam o balcão de *check in* para fazer todos os procedimentos descritos anteriormente, hoje a área de *check in* de um terminal em geral é composta de três setores:

- máquinas de *check in* com autosserviço
- esteiras para entrega de bagagem com autosserviço
- balcão de *check in* tradicional (com todos os serviços)

A Figura 35.10 apresenta alguns leiautes típicos para o balcão de *check in* e imagens dos demais equipamentos.

Fatores que devem ser levados em consideração:

- *Segurança*: se não houver uma barreira de segurança na entrada do terminal (veja a Seção 4.2), os arquitetos devem estar cientes de que os materiais selecionados para o uso na área de *check in* podem estar sujeitos a critérios de resistência a explosões.
- *Bagagem*: um ou mais pontos de entrega podem ser necessários para volumes muito grandes (fora dos padrões).
- *Controles governamentais*: em alguns países (como a Coreia do Sul) é exigida a instalação de um ponto da alfândega logo após o *check in* da bagagem, isto é, antes que entrem nas esteiras que levarão à área de carregamento na aeronave. Essa conferência pode tornar necessário o planejamento de uma área para que os oficiais alfandegários separem malas para inspeção e entrevistem os passageiros.
- *Necessidades das linhas aéreas*: serão necessários escritórios para as companhias aéreas e os funcionários envolvidos com o despacho e a restituição de bagagem, que devem estar perto dos balcões de *check in*, de preferência com algum contato visual.

- *Sistemas de informação*: nos terminais, os equipamentos convencionais para os usuários (sistema CUTE – equipamentos com terminais de usuários comuns) permitirão a alocação dos balcões a qualquer linha aérea em qualquer momento, reduzindo o número de postos necessários. Se esse sistema não for adotado, o número de balcões necessário será a soma total daqueles exigidos para cada funcionário do serviço de bagagem.
- *Alterações previsíveis*: após a popularização dos sistemas automáticos de *check in* e emissão de cartões de embarque, a principal mudança deverá ser que os próprios passageiros colocarão etiquetas e despacharão suas malas. Esse sistema já existe na Austrália e Irlanda e está sendo testado no Reino Unido.

Há várias quantidades que devem ser calculadas:

- *Fluxo de passageiros por hora*: se o sistema CUTE (equipamentos com terminais de usuários comuns) estiver implantado, o fluxo total por hora em todos os balcões será utilizado para o cálculo do número de passageiros por hora. O número de passageiros em conexão também deve ser incluído.
- *Taxa de processamento*: geralmente é cerca de 1min30s por passageiro, mas o valor é maior no caso de passageiros domésticos.
- *Taxa de espera prevista para o check in de passageiros*: depende do número de balcões de *check in* com funcionários para cada voo, mas todos os leiautes devem prever a formação de filas. Considere que uma espera de 20 minutos será considerada aceitável pelos passageiros.

Cálculo do espaço típico com base em 2.000 passageiros em embarque por hora (*check in* centralizado):

- *Número de passageiros por hora*: 2.000, excluindo os passageiros em conexão e incluindo o *check in* no próprio portão de embarque
- *Número por hora equivalente (fator de pico, digamos 50% em 20 minutos)*: 3.000
- *Número de balcões*: 3.000/40 = 76
- *Profundidade da fila*: talvez chegue a 20 passageiros, com 0,8 m por pessoa e os balcões de *check in* a aproximadamente 2 m entre eixos
- Área necessária por passageiro (com alto percentual de usuários com carrinho de bagagem): 2,3 m^2 (padrão de serviço IATA A); 1,9 m^2 (padrão de serviço IATA B); 1,7 m^2 (padrão de serviço IATA C)
- Área necessária por passageiro (com baixo percentual de usuários com carrinho de bagagem e uma média de duas malas): 1,8 m^2 (padrão de serviço IATA A); 1,5 m^2 (padrão de serviço IATA B); 1,3 m^2 (padrão de serviço IATA C)
- Área total da fila: 76 × 2,0 × 16 = 2.432 m^2

4.4 Controle de segurança antes do embarque

Fatores que devem ser levados em consideração:

- *Bagagem*: o controle da bagagem de mão é feito apenas neste ponto. Preveja um espaço suficiente, antes da barreira de segurança, para que os passageiros coloquem frascos com líquido, pastas e géis de até 100 ml dentro dos sacos plásticos transparentes apropriados. Reserve também uma área de balcões para os passageiros recolocarem itens nas malas e para o fornecimento de sacos plásticos.
- *Controles governamentais*: o controle de segurança será de responsabilidade do governo ou da autoridade aeroportuária.
- *Necessidades das linhas aéreas*: algumas companhias aéreas têm suas próprias rotinas de segurança adicionais, que geralmente ocorrem no portão de embarque (por exemplo, a American Airlines, para voos para os Estados Unidos).

- *Alterações previsíveis*: as mudanças constantes nas normas, em resposta às variações nos níveis de risco de ataques terroristas, tornam esse processo suscetível a alterações frequentes. Outro fator que sempre acarreta modificações é a popularização dos sistemas automáticos (autosserviço). Um sistema de autosserviço para a conferência dos cartões de embarque no próprio portão de embarque (similar ao das catracas de metrô, ele lê os cartões de embarque dos passageiros e permite a passagem pela barreira de segurança) está sendo testado em vários aeroportos (por exemplo, o Terminal 5 do aeroporto Heathrow).

Também está se tornando cada vez mais comum o uso de escâneres de corpo inteiro. Esses equipamentos não invasivos ficam localizados logo após o portal detector de metais.

A Figura 35.11 mostra um leiaute típico de uma barreira de segurança.

Quantidades a serem calculadas:

- *Fluxo de passageiros por hora*: para a segurança do centro do terminal, considere os passageiros em trânsito (conexões).
- *Taxa de processamento*: as máquinas de raios X conseguem processar cerca de 360 itens por hora, considerando-se duas máquinas por portal detector de metais.
- *Tempo de espera estimado*: impossível de ser calculado, uma vez que qualquer problema com um item ou passageiro pode causar rapidamente o aumento de uma fila. O controle de segurança não deve interromper indevidamente o fluxo de passageiros. Na verdade, os funcionários não têm como eliminar completamente as filas; preveja um espaço para filas longas, evitando obstruir as demais funções.

Cálculo da área necessária típica:

- Considere uma mala ou item de bagagem de mão por passageiro. Um conjunto de equipamentos consistindo em um detector de metal portátil e duas máquinas de raios X consegue processar 360 passageiros por hora.
- Um fluxo de 2.000 passageiros por hora, excluindo aqueles em trânsito, exige seis conjuntos de equipamentos.
- Logo após a barreira de segurança, preveja uma área suficiente para que os passageiros possam rearrumar suas malas, recolocar os calçados, cintos e peças de roupa que talvez tenham sido removidas como parte do processo de segurança.

5 FUNÇÕES DAS PARTIDAS – PARTE AÉREA

5.1 Salão de embarque

Nesse recinto, os passageiros aguardam, fazem compras, comem ou bebem até se dirigirem ao portão de embarque. Isso pode envolver uma caminhada ao portão ou o uso de trens leves ou ônibus até uma estação satélite que atenda a estandes afastadas. Às vezes há um salão de embarque integrado (também chamado de IDL) que atende tanto a passageiros internacionais como a domésticos. Caso as normas locais não permitam essa integração, deverão ser previstos salões distintos para ambos os tipos de viajantes.

Fatores a serem considerados:

- *Segurança*: aqui não serão necessárias novas barreiras de segurança, pois haverá um controle de segurança central da parte aérea. Caso isso não exista, cada portão de embarque ou entrada do salão terá sua própria barreira de segurança.
- *Comércio*: neste local haverá lojas (especialmente *duty-free shops*) e serviços de alimentação e bebidas.
- *Necessidades das linhas aéreas*: cada companhia de aviação terá suas necessidades específicas nos portões de embarque. Elas frequentemente têm salas VIP para passageiros de primeira classe ou classe executiva.

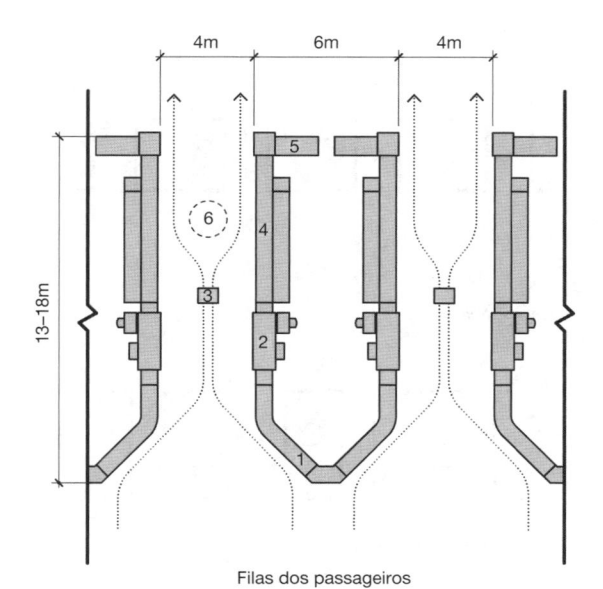

35.11 Barreira de segurança.

Legenda: 1 Bandejas vazias; 2, Máquina de raios X; 3 Portal detector de metais; 4 Restituição de bagagem; 5 Revista de bagagem; 6 Posição possível para um escâner corporal

- *Sistemas de informação*: painéis com informações completas dos números de voo, horários de partida previstos, atrasos e números dos portões de embarque devem ser disponibilizadas em diversos pontos, mas especialmente nas entradas. Tome cuidado com o posicionamento desses painéis, para evitar a criação de pontos congestionados, pois os passageiros se reunirão junto a eles.

Quantidades que devem ser calculadas:

- *Fluxo de passageiros por hora*: inclui as conexões na parte terrestre e na aérea.
- *Tempo de espera estimado*: costuma ser de aproximadamente 30 minutos.

Cálculo do espaço típico com base em 2.000 passageiros em embarque por hora:

- *Passageiros por hora*: 2.000, excluindo aqueles em trânsito
- *Número de passageiros em um momento qualquer*: 1.000
- Área necessária por pessoa: 2,7 m^2 (padrão de serviço IATA A); 1,9 m^2 (padrão de serviço IATA B); 2,3 m^2 (padrão de serviço IATA C)
- Área necessária total: 2.300 m^2. Parte desse espaço pode ser destinada a lojas e pontos de alimentação e bebidas

Uma regra muito simples para a estimativa aproximada da área de piso das instalações comerciais em um terminal é a seguinte:

- Para cada milhão de passageiros por ano (mppa) que o terminal espera processar, multiplique esse valor por 300 a 1.000 m^2.

Assim, um terminal planejado para receber 30 milhões de passageiros por ano deverá ter aproximadamente entre 9.000 e 30.000 m^2 de lojas e pontos de alimentação.

5.2 Áreas de espera junto aos portões

Devem ser capazes de acomodar 80% do número de passageiros embarcando na maior aeronave que ali taxiar:

- *Espaço por passageiro (padrão de serviço A)*: 1,4 m^2

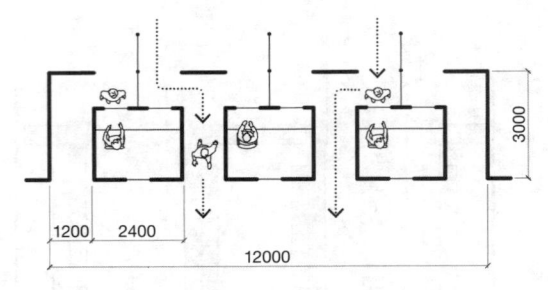

35.12 Leiautes típicos para os guichês de imigração, mostrando duas alternativas: a Acesso frontal; b Acesso lateral.

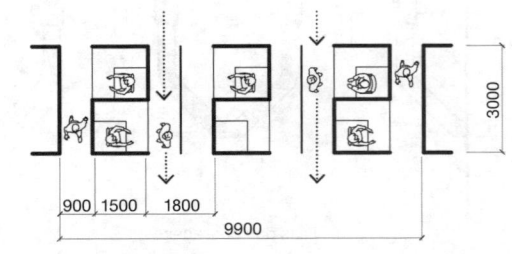

- Área para uma aeronave com 400 assentos: $320 \times 1{,}4 = 448 \text{ m}^2$

6 FUNÇÕES DAS CHEGADAS – PARTE AÉREA

6.1 Controle de imigração

Fatores que devem ser levados em consideração:

- *Segurança*: nenhum.
- *Controles governamentais*: a política de alguns países determina a alocação de canais separados para cidadãos de diferentes nacionalidades. É possível que também haja um controle alfandegário; nesse caso, serão necessários escritórios (com guichês protegidos), salas para entrevistas e salas de detenção.
- *Alterações previsíveis*: as mudanças nos controles de fronteira dentro da União Europeia são um exemplo dos efeitos das políticas internacionais. A introdução de passaportes com *chips* de dados biométricos tem permitido a implantação de sistemas automáticos no controle de imigração parecidos com o sistema de catracas de que leem os cartões de embarque dos passageiros e já está sendo utilizado em alguns aeroportos.
- *Outros*: em certos países (como os do Golfo Pérsico), é necessária a previsão de um balcão para vistos antes da entrada na fila de imigração. Nesses locais, os passageiros pagam por seus vistos ao aterrissarem.

A Figura 35.12 mostra um balcão de imigração típico.

Quantidades que devem ser calculadas:

- *O fluxo de passageiros por hora*: inclui os passageiros em trânsito na parte terrestre.
- *Taxa de processamento*: em geral, 30s por passageiro embarcando, e entre 1min e 1min30s por passageiro desembarcando.

Cálculo da área típica de um terminal com base em 2.000 passageiros em embarque por hora:

- *Número de passageiros por hora*: 2.000, excluindo passageiros em trânsito.
- *Número de balcões necessários*: 17 (passageiros embarcando); 50 (passageiros desembarcando).
- Área necessária: $2{,}4 \text{ m}^2$ por guichê, incluindo o corredor.

6.2 Restituição de bagagem

Lugar onde os passageiros esperam por suas malas e as coletam após terem sido descarregadas da aeronave enquanto eles percorriam o terminal e passavam pelo controle de imigração.

Fatores que devem ser levados em consideração:

- *Bagagem*: serão necessários alguns meios para se entregar volumes muito grandes aos passageiros.
- *Sistemas de informação*: exibem os números das esteiras de restituição de bagagem para cada voo em desembarque, e são distribuídos principalmente na área de restituição.
- *Carrinhos*: será necessário um espaço considerável para o depósito de carrinhos de bagagem a fim de garantir que todos os passageiros possam utilizá-los. Também deve ser considerado o sistema de recirculação.

Quantidades a serem calculadas:

- *Fluxo de passageiros por hora*: os passageiros em conexão passando pela parte terrestre precisam retirar sua bagagem.
- *Taxa de processamento*: há várias maneiras de se calcular a rapidez de um sistema de restituição de bagagem; utilizaremos um método extraído do IATA Airport Terminals Reference Manual. As esteiras devem ter comprimento entre 30 m e 40 m para aeronaves pequenas, e entre 50 m e 100 m para aeronaves grandes. O tempo médio de ocupação de uma esteira por aeronave é de 20 e 45 minutos, respectivamente.
- *Tempo de espera estimado*: geralmente cerca de 30 minutos.
- *Número de volumes de bagagem despachados por passageiro*: em média, 1,0, mas depende de o voo ser de curta ou longa distância, embora o método de cálculo do fluxo utilizado não dependa desse fator.

Cálculo do espaço típico com base em 2.000 passageiros em desembarque por hora.

No entanto, o cálculo mais importante trata do número necessário de esteiras para restituição de bagagem e do espaço ao redor de cada uma para a carga de voo gerada pelos passageiros que estão aguardando:

- *Número de passageiros por hora*: 2.000, sem incluir aqueles em conexão
- *Número de passageiros por aeronave pequena, usando-se um fator de carga de 80%*: 120
- *Número de passageiros por aeronave grande, usando-se um fator de carga de 80%*: 280
- *Número de esteiras para aeronaves pequenas*: $1.000 \div (3 \times 120) = 2{,}7$, arredondando-se para 3
- *Número de esteiras para aeronaves grandes*: $1.000 \div (1{,}33 \times 280) = 2{,}7$, arredondando-se para 3
- Área por passageiro: $2{,}0 \text{ m}^2$ (padrão de serviço IATA B); $1{,}7 \text{ m}^2$ (padrão de serviço IATA C)
- Área de espera por esteira para aeronaves pequenas: 240 m^2 (padrão de serviço IATA B); 204 m^2 (padrão de serviço IATA C)
- Área de espera por esteira para aeronaves grandes: 560 m^2 (padrão de serviço IATA B); 476 m^2 (padrão de serviço IATA B)
- Área de espera total: entre 2.040 m^2 e 2.400 m^2 (excluindo-se o espaço de espera central junto à área de restituição de bagagem). Os dois tipos principais de esteiras para a restituição de bagagem são a elíptica e a do formato de pista de corrida (*racetrack*) (Figura 35.13).

6.3 Controle alfandegário na entrada do país

Fatores que devem ser levados em consideração:

a *Formato elíptico*

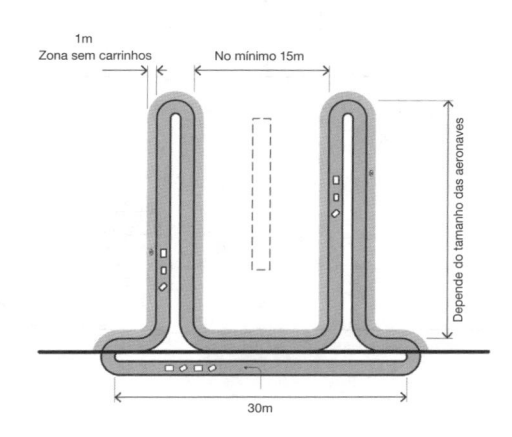

b *Formato de pista de corrida (racetrack)*

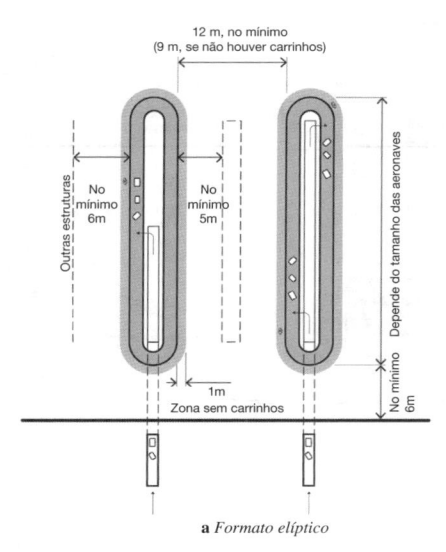

35.13 Exemplos de esteiras para restituição de bagagem.

- *Segurança*: nenhum fator em especial. Nos aeroportos de muitos países, como os europeus e os brasileiros, o próprio viajante em desembarque seleciona o canal alfandegário, que é identificado por meio de cores. Geralmente, ele seleciona a cor verde, caso não tenha nada a declarar, ou a vermelha, se precisar declarar algo de sua bagagem. Em alguns países, contudo, o canal para aqueles que não têm nada a declarar é dividido em dois, conforme a origem do passageiro.
- *Controles governamentais*: são necessários escritórios com janelas de observação (com espelhos unilaterais, ou seja, vidros espelhados) e salas para entrevistas e revistas pessoais.
- *Alterações previsíveis*: escâneres corporais não intrusivos (por exemplo, para a detecção de explosivos e/ou drogas) estão sendo introduzidos em algumas partes do mundo.

Quantidades que devem ser calculadas:

- *Fluxo de passageiros por hora*: inclui os passageiros em trânsito na parte terrestre
- *Taxa de processamento*: estime 2 minutos por passageiro revistado

Cálculo da área típica com base em 2.000 passageiros em desembarque por hora:

- Área necessária total: 1.000 m^2, se a regra prática for estimar 0,5 m^2 por passageiro por hora

7 FUNÇÕES DAS CHEGADAS – PARTE TERRESTRE

7.1 Saguão de desembarque

Estes são os fatores que devem ser levados em consideração:

- *Segurança*: nenhum fator em especial.
- *Comércio*: diversos serviços de compra e alimentação serão apropriados para essa área, além dos serviços destinados a viajantes, como os de reserva de hotel, compra de passagens de ônibus ou trem, aluguel de veículos, etc. Também devem ser incluídas as operações de venda de bebidas e alimentos para as pessoas que não estão viajando, mas se encontram no terminal para receber passageiros, e para os motoristas particulares e de táxi.
- *Bagagem*: preveja uma área para o estacionamento de carrinhos de bagagem e espaços de circulação suficientes para eles.
- *Controles governamentais*: nenhum.
- *Necessidades das linhas aéreas*: no saguão de desembarque, preveja uma área para a sala VIP dos clientes de algumas companhias.
- *Sistemas de informação*: painéis públicos com informações sobre os voos e balcões de informações para as pessoas que estão no terminal aguardando por algum passageiro.
- *Situações previsíveis*: devem-se prever as condições excepcionais ocasionadas por voos atrasados, com a disponibilização de assentos adicionais e espaços extras para serviços de alimentação.

Quantidades que devem ser calculadas:

- *O fluxo de passageiros por hora*: o fluxo bidirecional será relevante sempre que houver uma área conjunta para embarque e desembarque, como ocorre no aeroporto inglês de Stansted.
- *Proporção de visitantes*: a proporção comum para os países ocidentais seria de 0,5 a 2,0 visitantes por passageiros (com valores ainda inferiores em certos tráfegos domésticos); nos países orientais e africanos, esse valor sobre para entre 2,5 e 6,0 ou mais.
- *Tempo de espera estimado*: costuma ser de aproximadamente 10 minutos para os passageiros e de 30 minutos para as pessoas que estão aguardando os viajantes.

Cálculo da área típica de um terminal com base em 2.000 passageiros em desembarque por hora:

- *Número de pessoas por hora*: 2.500 (considerando-se 0,25 visitante por passageiro)
- *Número total de pessoas em determinado momento (2000/6 + 3000/2)*: 583
- Área necessária por pessoa: 2,7 m^2 (padrão de serviço IATA A); 2,3 m^2 (padrão de serviço IATA B)
- Área necessária total: 1.340 m2, excluindo-se os espaços para lojas e pontos de venda de alimentos e bebidas. Soma-se a esse espaço 20% para a área do saguão, totalizando 1.608 m2.

7.2 Pátio de acesso de veículos para passageiros em chegada (embarque rápido)

Estes são os fatores que devem ser levados em consideração:

- Segurança: analise a possibilidade de estabelecimento de uma distância mínima entre a área de parada rápida de veículos

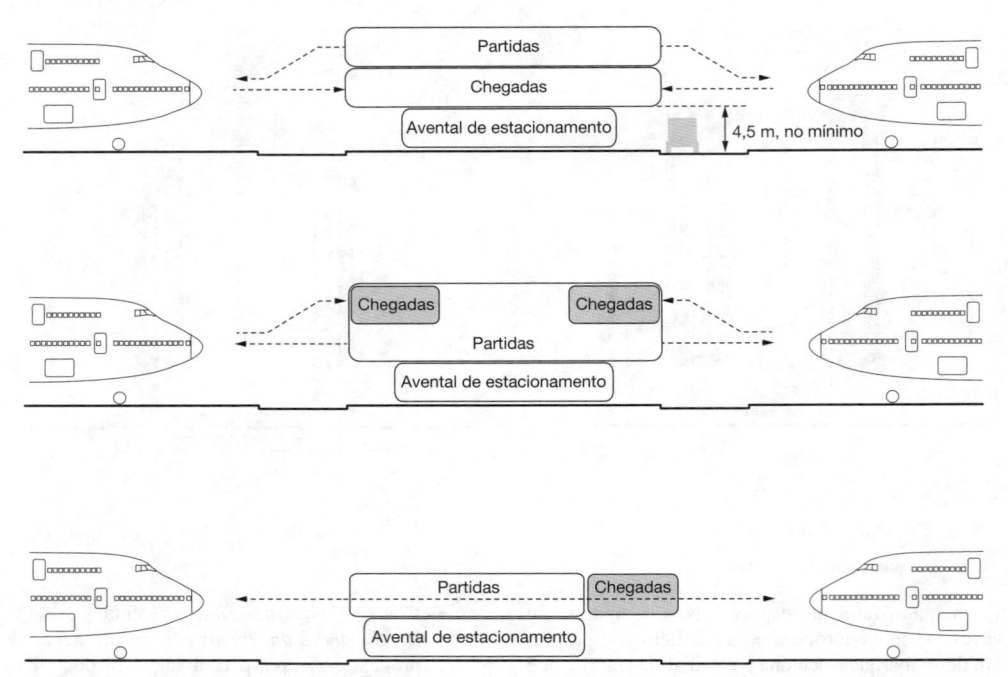

35.14 Opções para a distribuição vertical dos fluxos de passageiros.

privados sem controle e a entrada do prédio, para reduzir o risco de atentados terroristas com carros-bomba. Para isso, costuma-se considerar como 30 m a distância ideal entre a fachada do terminal e a primeira faixa de rolamento da via.
- Serviço de estacionamento: o pátio de acesso inteiro, ou ao menos a seção com automóveis privados, também pode estar incluído no estacionamento mais próximo ou utilizado para paradas rápidas. Isso obrigará os motoristas a pagarem para terem o privilégio de estacionar perto da área de check in.
- Bagagem: preveja uma área para o estacionamento dos carrinhos de bagagem que forem deixados pelos passageiros.
- Necessidades das linhas aéreas: frequentemente é necessária a previsão de uma área especial para se receber passageiros VIP.
- Alterações previsíveis: uma tendência atual é o maior número de serviços de luxo, como os de limusines que buscam passageiros e saguões associados a eles.

Quantidades a serem calculadas:

- Fluxo de passageiros por hora: o fluxo bidirecional será relevante sempre que houver uma área conjunta para embarque e desembarque.
- Tempo de espera estimado: uma média de 1min30s pode ser considerada para a parada de automóveis particulares e táxis.

8 NÍVEIS E VOLUMES

Os terminais aeroportuários menores às vezes conseguem acomodar esses processos em um pavimento, com partidas e chegadas sendo separadas no mesmo nível. Contudo, dependendo do volume estimado de passageiros por ano que o terminal receberá, os processos descritos nas seções anteriores terão de ser divididos horizontalmente em vários pavimentos.

É preciso que se tome cuidado, pois as mudanças de nível, embora facilitem o fluxo dos grandes volumes de pessoas e acomodem melhor o *mix* de passageiros em chegada e em trânsito, também aumentam a complexidade da orientação dos passageiros.

Os terminais em níveis múltiplos efetivamente reduzem a distância em que os passageiros precisam se deslocar e permitem um acesso melhor e mais direto às portas das aeronaves (que costumam estar a pelo menos 4 m acima do nível do solo).

Outra consideração muito importante é como "empilhar" os diferentes percursos líquidos dos passageiros, isto é, colocar as chegadas sobre as partidas ou *vice-versa* (Figura 35.14). Mais uma vez, a relação com as portas das aeronaves será uma consideração fundamental.

Os terminais com vários pavimentos também oferecem a oportunidade de se explorar os volumes criados por esses espaços altíssimos. Os grandes ambientes com pé-direito duplo dentro de um terminal aeroportuário tornam sua arquitetura mais exuberante, fazem com que a luz natural entre profundamente nos níveis inferiores do prédio e oferecem oportunidades para que os usuários possam apreciar esses espaços, que nos lembram catedrais.

Todavia, deve-se tomar o cuidado de diferenciar os volumes internos desses espaços com base nos processos a que servem (Figura 35.15). Os saguões enormes e altíssimos que recebem os passageiros indo fazer o *check in* costumam ser magníficos e muito propícios para as despedidas dos viajantes. Os grandes volumes da parte aérea da área comercial dos saguões de embarque também formam ambientes generosos. Por outro lado, há evidências sugerindo que, nas áreas em que existem processos de segurança, como as de imigração, controle de segurança e alfândega, os passageiros respondem melhor a um volume mais contido, pois isso transmite a sensação de que o processo é controlado, eficaz e sério.

9 EXIGÊNCIAS DAS AERONAVES E DOS AVENTAIS DE ESTACIONAMENTO

9.1 Manuseio da bagagem

A Figura 35.16 mostra um contêiner (também conhecido como ULD ou *unit load device*) e um reboque empregados para transportar bagagem entre as aeronaves e o terminal ou *vice-versa*. Esses reboques são conectados a um rebocador (elétrico ou a diesel), formando conjuntos que podem ter um, dois, três ou quatro reboques. A manobra dos conjuntos de reboque determina o leiaute das áreas de carga e descarga de bagagem.

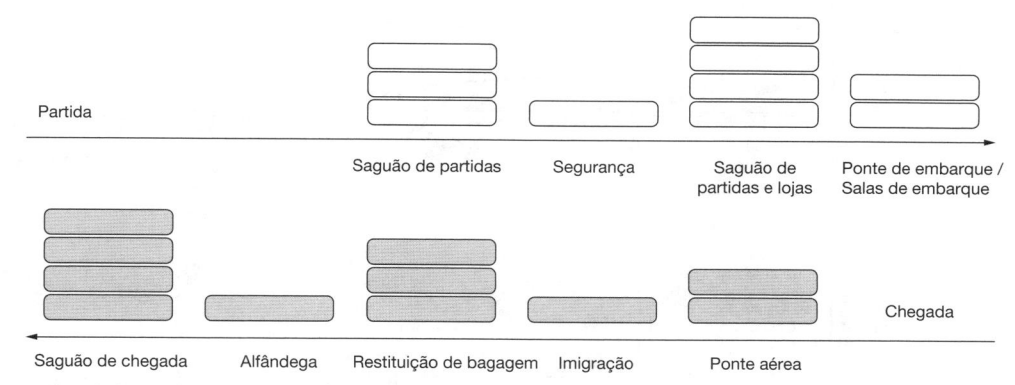

35.15 Arranjo em planta baixa (horizontal) da resposta volumétrica dos processos dos passageiros.

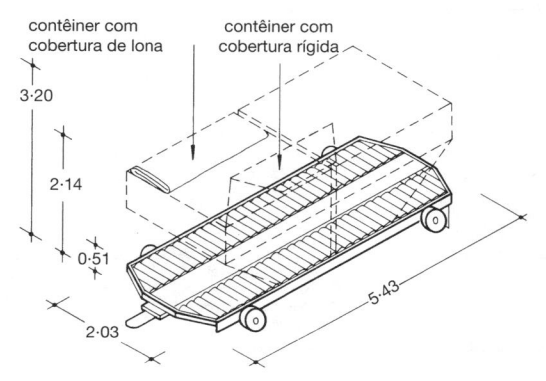

35.16 Transporte de bagagem: um reboque duplo.

9.2 Pontes de embarque

A Figura 35.17 mostra três tipos de ponte aérea, também conhecida como ponte aérea, que conectam o terminal à aeronave.

9.3 Serviços de manutenção e abastecimento de aeronaves no avental de estacionamento

A Figura 35.18 mostra os atendimentos de serviço com todos os veículos necessários agrupados em torno da aeronave estacionada. Eles determinam as exigências espaciais. Uma alternativa é fornecer o combustível mediante o uso de bombas nos aventais, e a energia elétrica por meio de uma conexão na ponte aérea.

9.4 Acomodações de um avental de estacionamento

Serão necessários escritórios, oficinas, depósitos e espaços para os funcionários em um local adjacente ao avental. Essas acomodações geralmente ficam localizadas no nível do avental de estacionamento, uma vez que esse nível não costuma ser alocado ao processamento de passageiros, especialmente em terminais com vários pavimentos (veja a Figura 35.14).

10 O AEROPORTO EM TRANSFORMAÇÃO

10.1 Terminais econômicos

Os aeroportos tradicionais com múltiplos terminais hoje estão planejando alguns terminais de baixo custo dentro do *mix* dessas unidades a fim de oferecer uma gama completa de opções para seus passageiros.

10.2 O aeroporto como um eixo de transporte integrado (o *hub*)

Os aeroportos estão se tornando centros de gravidade, atraindo grandes números de passageiros de origens cada vez mais distantes e, por sua vez, coletando-os e distribuindo-os por avião, trem, ônibus e automóveis, tanto na escala internacional como na nacional, regional e municipal. Os aeroportos estão em uma situação ideal para serem grandes trevos de transporte, disponibilizando serviços de trem, metrô, bonde e ônibus e agir como *hubs* de transporte multimodais e interconectados.

10.3 O "aeroporto cidade"

Os aeroportos têm uma longa tradição de estarem vinculados a pequenas cidades. O aeroporto londrino de Heathrow, por exemplo, emprega cerca de 80 mil pessoas diretamente, além de oferecer trabalho para mais 250 mil em indústrias e serviços no seu entorno imediato. A própria presença do aeroporto como âncora regional torna os terrenos vizinhos mais valiosos. Isso tudo tem acarretado o advento dos "aeroportos cidade", que, na parte terrestre, têm empreendimentos comerciais e culturais dando suporte a hotéis, centros de conferência e edifícios de escritórios – tudo se beneficiando da proximidade de um movimentado aeroporto *hub*. Essa vizinhança também é conveniente para os passageiros a negócios que não desejam ter de se deslocar ao centro da cidade para fazer uma reunião ou participar de um congresso, para os passageiros em conexões mais demoradas e para os trabalhadores do próprio aeroporto.

11 ESTUDO DE CASO

Terminal do Aeroporto Pulkovo, São Petersburgo, Rússia
   Arquitetura: Grimshaw

11.1 Introdução

Em 2007, Grimshaw venceu um concurso de arquitetura internacional para elaborar um plano diretor para o Aeroporto Pulkovo, participando de um consórcio com Naco, Arup, Buro Happold e Chapman Taylor. O terminal foi concebido como o portão de entrada tanto para São Petersburgo como para a Rússia e é uma ampliação do aeroporto existente no sul da cidade, construído na década de 1950. A primeira fase do projeto foi completada em 2013 e atende a uma capacidade anual de 12 milhões de viajantes. A segunda etapa permitirá ao aeroporto receber um total de 17 milhões de passageiros por ano.

11.2 Plano diretor

Este segundo terminal em Pulkovo faz parte do plano diretor Cidade Aeroporto, que é centralizado em um novo bulevar com um pátio linear de esculturas. Isso forma o Portal do Aeroporto e foi projetado para lembrar as amplas avenidas de São Petersburgo. O bulevar termina em uma grande praça voltada para o antigo terminal da década de 1950, criando um "bairro histórico". O novo terminal é adjacente ao prédio existente e pode ser visualizado sem obstruções da maioria das direções (Figura 35.19). Um conjunto de novas edificações, conhecido como "A Cunha" oferece um parque de serviços e edifícios de escritórios que atende ao aeroporto.

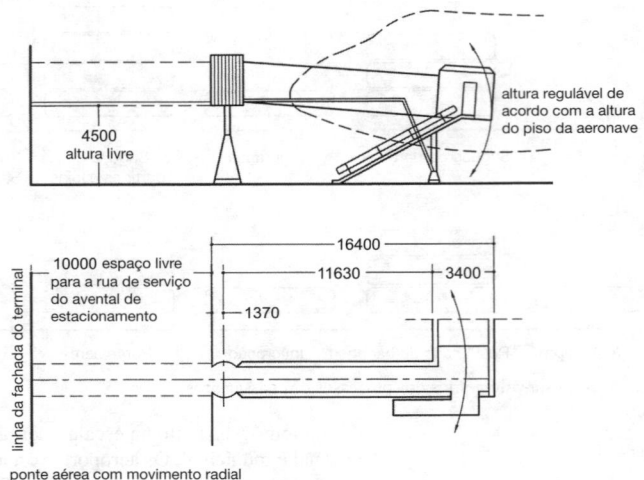

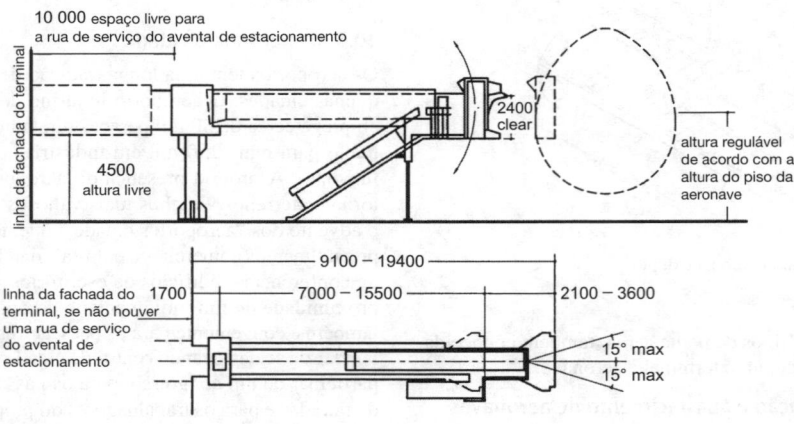

35.17a Tipos de ponte aérea: plantas baixas e elevações.

11.3 Programa de necessidades do terminal

O programa de necessidades requeria um novo terminal que respondesse ao rico patrimônio cultural de São Petersburgo, à localização geográfica do aeroporto junto ao rio Neva e ao clima rigoroso da cidade. O clima local se caracteriza por breves períodos amenos durante o verão e invernos longos e inóspitos, com fortes nevascas.

11.4 Solução de projeto

O aeroporto é formado por um único terminal com 110 mil m² que se distribuem ao longo de três níveis segregados entre si (Figura 35.20a). Concebido como o primeiro e último grande espaço público da cidade, o leiaute interno do terminal consiste em zonas separadas conectadas por passarelas individuais, ecoando a distribuição externa das ilhas e pontes que compõem São Petersburgo. Este novo terminal conta com 88 balcões para *check in*, 110 cabinas para o controle de passaportes e sete esteiras para restituição de bagagem. Restaurantes, cafeterias, bares, *duty free shops* e inúmeras outras lojas ocupam 15.400 m² do espaço interno. A área de desembarque (Figura 35.20b) está no pavimento térreo, e a de embarque (Figura 35.20c), no superior.

O terminal foi projetado para evitar a segregação usual dos passageiros em embarque. O projeto de Grimshaw consegue interiorizar a luz natural nos espaços mais recuados do nível inferior (de chegadas) por meio de claraboias sobre as ilhas do pavimento superior, de partidas (Figura 35.21). Isso ajuda na orientação imediata dos passageiros em desembarque. As áreas de desembarque foram projetadas com exatamente o mesmo grau de atenção que as de embarque, permitindo a mesma clareza de deslocamento através do prédio.

11.5 Cobertura

A cobertura plissada do terminal é formada por vãos de 18 m, formando uma série de grandes funis com a inclinação ideal para evitar o acúmulo de neve e criar uma drenagem efetiva. Os drenos se localizam diretamente acima das colunas de suporte da cobertura, garantindo que as maiores cargas de neve fiquem concentradas na área com suporte estrutural máximo. As claraboias são posicionadas nas cumeeiras, para que fiquem o mais protegido possível da neve acumulada e aproveitem bem a iluminação natural gerada pela baixa inclinação solar nos períodos mais frios do ano.

O terminal também possui uma área coberta sem colunas, criando recintos flexíveis e com planta livre. Essa estrutura fluida unifica o novo terminal e ajuda no direcionamento intuitivo dos passageiros através de todo o local.

12 ESTAÇÕES FERROVIÁRIAS

12.1 Introdução

Este capítulo oferece orientações apenas sobre o projeto de estações das linhas ferroviárias principais.

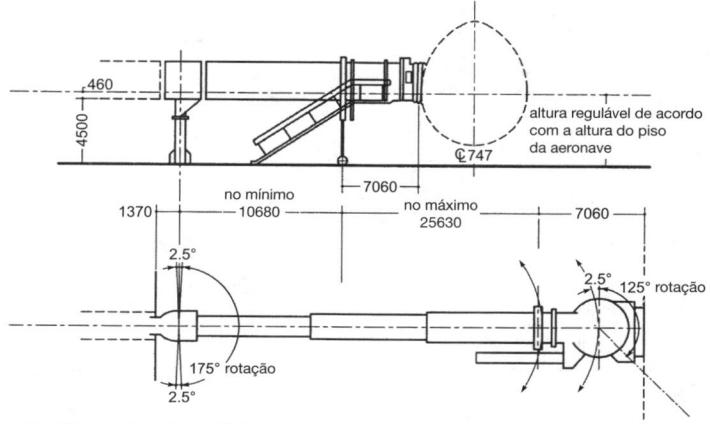

ponte aérea com movimento radial

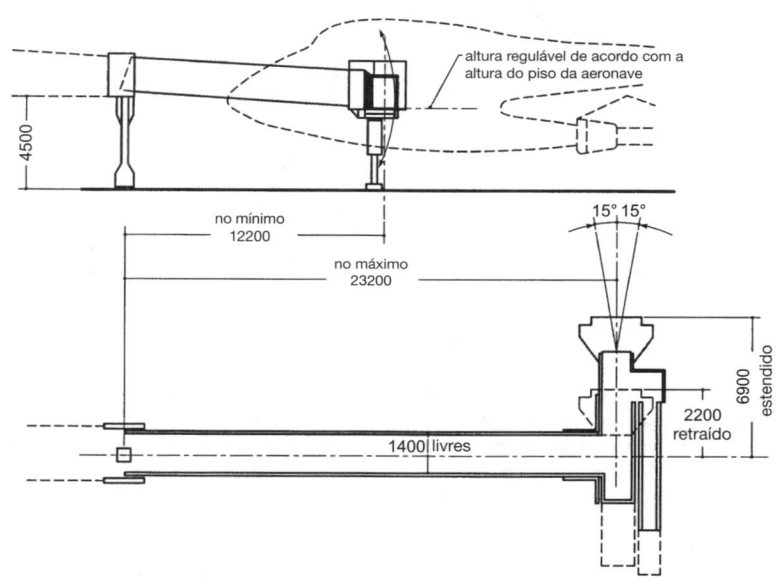

ponte aérea do tipo pedestal

35.17b Tipos de ponte aérea: plantas baixas e elevações.

No Reino Unido, tem havido um crescimento no número de projetos de estações de trem desde a década de 1990, em virtude do aumento da demanda do transporte ferroviário e do envelhecimento de grande parte da infraestrutura ferroviária britânica. As estações de trem possuem um projeto urbano, técnico e contextual complexo, e isso, junto com as necessidades dos usuários precisa ser levado em conta desde o lançamento do conceito do projeto de arquitetura. A maioria dessas intervenções também tem de considerar o impacto cívico, cultural e comunitário que a renovação de uma estação ferroviária pode ter em seu entorno. Em todas as propostas de estações ferroviárias, os arquitetos deverão ter um profundo conhecimento da circulação de passageiros e das questões operacionais a fim de garantir que seja desenvolvido um leiaute eficiente e funcional.

12.2 Tipos operacionais

Desde as etapas preliminares, os arquitetos devem levar em consideração que tipo de estação estão projetando. Um dos fatores mais importantes é como a estação será operada. Por exemplo, ela é uma estação terminal, de passagem ou uma estação mista (com términos de linha e a passagem de trens que seguirão viagem). Cada uma dessas categorias requer diferentes tamanhos e arranjos.

Algumas características operacionais não são definidas totalmente pelo fato das linhas terminarem ou não na estação. Certas estações, como a estação New Street em Birmingham (Inglaterra) têm principalmente plataformas para parada rápida (trens que continuarão a viagem), mas, em virtude de suas capacidades e do tamanho das cidades que servem, operam de maneira similar a estações terminais. Os arquitetos devem buscar definir qual dos tipos de estação a seguir melhor descreve aquela que estarão projetando.

Estações terminais
As estações terminais são aquelas que são o fim da linha para todos os trens, ou seja, nenhum serviço de trem a cruza durante seu percurso.

- Quase sempre se localizam em grandes centros urbanos e no final de uma linha em particular.
- Elas costumam ser maiores do que as estações de passagem.
- Os saguões geralmente estão após o término das plataformas e no mesmo nível dessas.

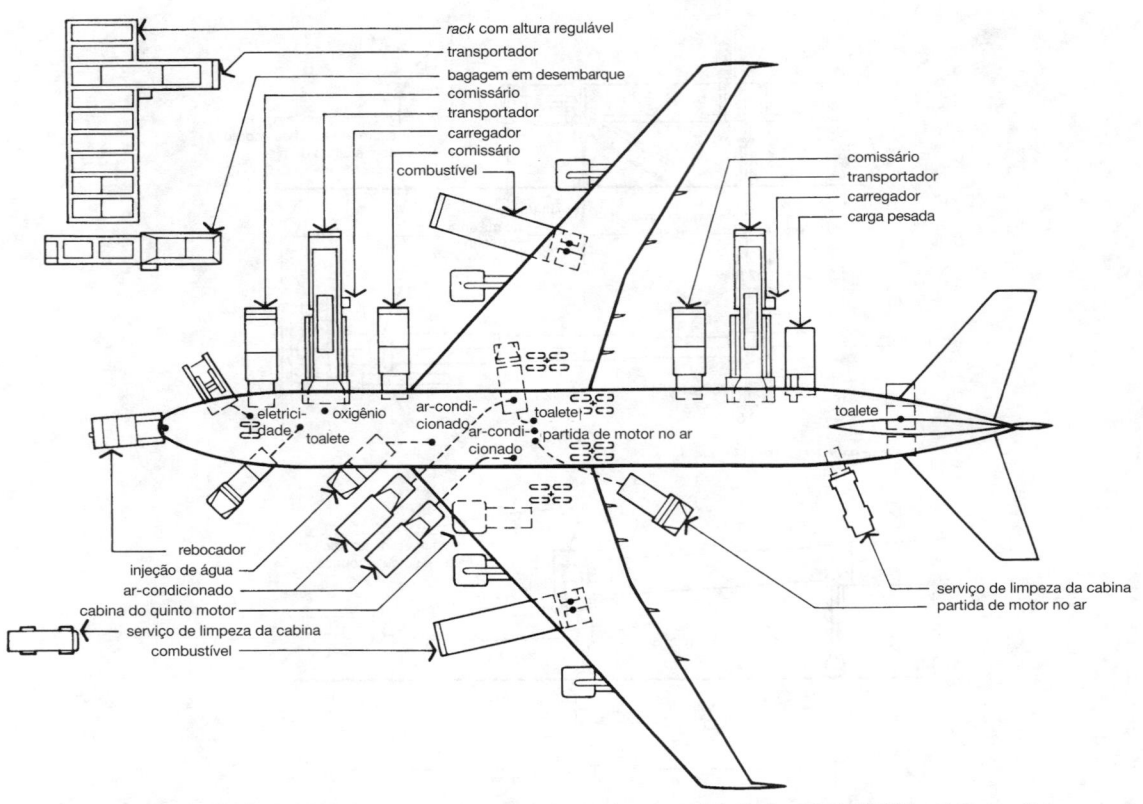

35.18 Equipamentos para abastecimento e manutenção de uma aeronave de passageiros do modelo Boeing 747-100/200B + C. Em condições normais, a energia elétrica externa, a partida de motor no ar e a climatização não serão necessárias se a unidade de energia auxiliar estiver em uso.

- Nas estações terminais, os passageiros tendem a esperar mais tempo e normalmente são encorajados a ficar no saguão em vez de nas plataformas de embarque e desembarque.
- Elas costumam ter mais comércio do que as estações de passagem, mas nenhuma facilidade (ou quase nenhuma) é oferecida nas plataformas.
- Os passageiros dessas estações geralmente prosseguem suas viagens usando outro tipo de transporte público (ônibus, metrô, táxi, etc.).
- Essas estações normalmente acomodam mais facilidades operacionais do que as estações de passagem, como escritórios para as companhias que operam os trens, facilidades para a manutenção e o abastecimento dos trens, acomodações para os funcionários, espaços para o preparo de refeições, etc.
- Poucos passageiros usam essas estações terminais para fazer conexões, ou seja, trocar de plataforma.
- Elas muitas vezes são edificações importantes e icônicas, com uma importância histórica e urbana que vai além da função de transporte.

Estações de passagem
Nas estações de passagem, nenhuma das linhas férreas termina. No Reino Unido, por exemplo, a maioria das estações de trem é desse tipo, incluindo a maior parte das estações menores das zonas suburbanas e rurais.

- Normalmente localizadas em centros urbanos menores, subúrbios ou áreas rurais.
- Tendem a ser menores do que as estações terminais, com linhas menos regulares.
- Normalmente não têm salões de espera bem definidos, mas costumam ter entradas ampliadas ou áreas de plataforma alargadas, onde são instalados quiosques, guichês e outros pontos de serviço e comércio.
- Os passageiros normalmente esperam os trens nas próprias plataformas.
- Nessas estações, o número de passageiros que prosseguirá a viagem utilizando seu automóvel particular é proporcionalmente maior do que nas estações terminais.
- Elas normalmente não acomodam qualquer facilidade operacional além daquela diretamente associada com a própria administração da estação.
- As entradas da estação geralmente ficam localizadas em apenas um dos lados do prédio, exigindo o uso de passarelas ou passagens subterrâneas para que se acessem algumas plataformas.

Estações mistas (terminais e de passagem)
Muitas estações são híbridas, mesclando plataformas terminais e plataformas de linhas de trem que prosseguirão suas viagens. Sua operação costuma ser similar à das estações de passagem, embora isso dependa do equilíbrio entre os tipos de linha, da capacidade da estação e do tamanho da cidade servida:

- Raramente se localizam em áreas rurais, mas podem estar em cidades de tamanho médio ou grandes centros urbanos.
- Variam significativamente em tamanho, mas tendem a ser maiores do que as estações de passagem.
- O salão de espera geralmente – mas nem sempre – está localizado no nível das plataformas. Não é rara a instalação de um saguão na extremidade das plataformas das linhas que terminam. Nesse caso, há passarelas ou passagens subterrâneas para o acesso às plataformas afastadas desse recinto.
- A maioria dos passageiros espera nas plataformas, embora, em algumas estações mistas, os passageiros de fim de linha

35.19 O novo terminal do Aeroporto Pulkovo (à direita) em seu contexto imediato.

35.20a Elevação.

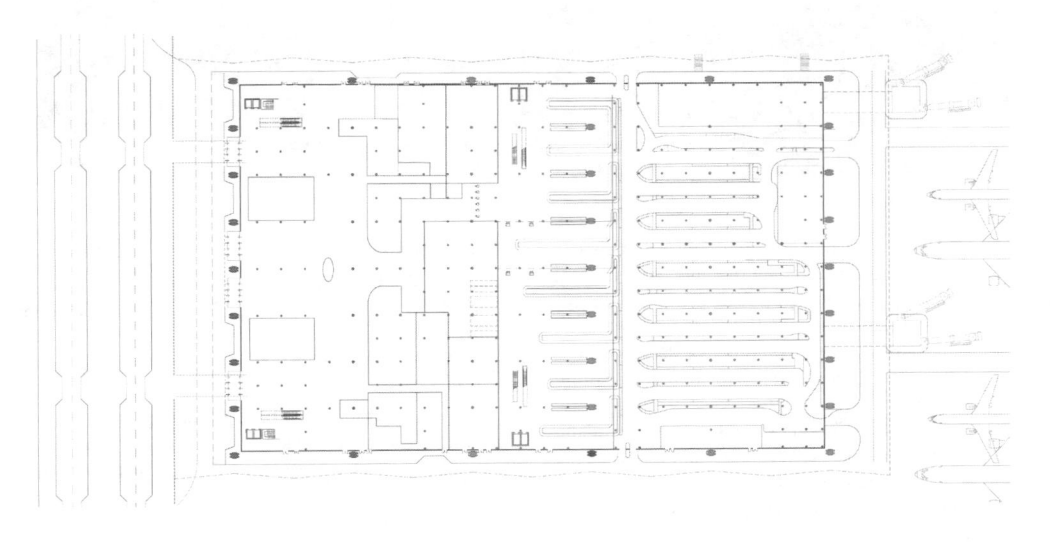

Arrivals

35.20b Planta baixa do pavimento de chegadas (primeiro nível).

35.20a-c Elevações e plantas baixas do Aeroporto Pulkovo.

35.20c Planta baixa do pavimento de partidas (segundo nível).

35.21 Interior do Aeroporto Pulkovo.

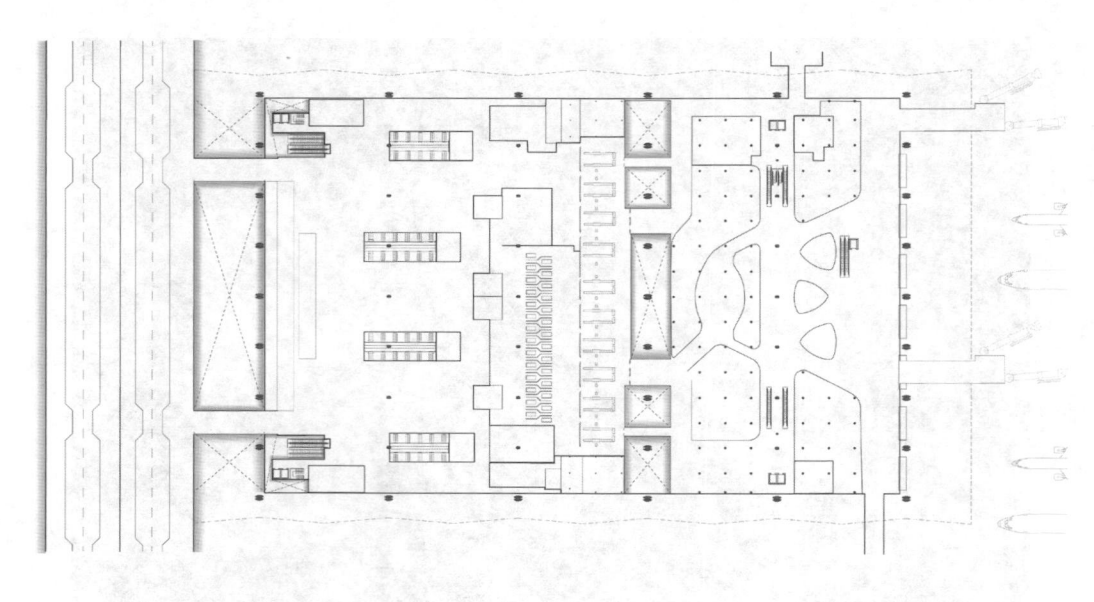

são encorajados a ficar no salão de espera, e os demais passageiros costumem aguardar nas plataformas. Isso normalmente depende da frequência dos trens e da previsibilidade de atribuição das plataformas para cada linha.
- Elas costumam ter mais comércio do que as estações de passagem, mas nenhuma facilidade (ou quase nenhuma) é oferecida nas plataformas.
- Os passageiros dessas estações geralmente prosseguem suas viagens usando outro tipo de transporte público (ônibus, metrô, táxi, etc.), mas muitos também completam o percurso com seus automóveis particulares, especialmente nas estações suburbanas.
- Às vezes essas estações precisam acomodar muitas das facilidades operacionais das estações terminais, dependendo da localização na rede ferroviária e do padrão de serviço.
- Algumas estações têm um fluxo de passageiros em conexão muito significativo, principalmente passando das plataformas de fim de linha para as de passagem e vice versa.

12.3 Tipologia da chegada à estação ferroviária

Além da tipologia da estação, os arquitetos também devem levar em consideração o modo pelo qual ela se relaciona com seu contexto. Um dos fatores mais importantes para determinar isso é se os trilhos e as plataformas estão localizados no nível da rua, abaixo dele ou acima dele.

O usual é determinar o leiaute dos trilhos e plataformas já no início do processo de projeto, e isso frequentemente é feito por engenheiros ferroviários especializados. É importante que os condicionantes que o leiaute dos trilhos impuser no resto do projeto da estação sejam cuidadosamente considerados ainda nos estudos preliminares, pois eles terão impactos significativos no modo como a estação funcionará, no movimento de passageiros e na maneira pela qual a estação se relacionará com o entorno imediato.

Estações ferroviárias elevadas (viadutos) (Figura 35.22)
Os viadutos permitem aos pedestres se deslocarem livremente sem ter de cruzar os trilhos no nível do solo.

- São mais caras de construir do que instalar os trilhos no nível do solo, mas não prejudicam tanto o trânsito viário e acarretam menos restrições na capacidade da ferrovia.
- Destacam-se muito visualmente e podem ter um impacto negativo na qualidade do ambiente urbano ou rural.
- Podem acarretar poluição sonora dos trens sobre os prédios vizinhos.
- Permitem que uma das entradas da estação fique localizada no nível da rua, sob os trilhos, ou acima desse, em uma altura de plataforma não muito conveniente, pois as estações normalmente ficam mal conectadas com a rua.

Estações ferrárias subterrâneas (Figura 35.23)
Permitem aos pedestres e veículos se moverem livremente por passarelas e ruas elevadas, sem que tenham de cruzar trilhos ferroviários em nível.

- São mais caras do que as estações ferroviárias em nível, mas provocam um nível significativamente menor de incômodos nas ruas e provocam menos restrições à capacidade da ferrovia.
- Podem perturbar uma região, especialmente urbana, mas têm impacto visual significativamente menor do que as estações e ferrovias elevadas ou em nível.
- Atenuam os impactos sonoros provocados pela ferrovia.
- Possibilitam que a entrada seja localizada no nível da rua (acima dos trilhos), ou abaixo do nível da rua (na altura da plataforma), que não é o ideal, pois, nesse caso, as estações terão uma relação visual ruim com o espaço urbano.

Estações ferroviárias em nível (Figura 35.24)
Deve-se evitar que o trecho dos trilhos ferroviários que aproxima da estação em nível seja muito longo. Exceto em circunstâncias especiais, novas passagens em nível não devem ser construídas.

- É mais barato construir estações ferroviárias em nível do que elevá-la (com viadutos) ou rebaixá-las em relação ao nível do solo.
- Costumam provocar problemas inaceitáveis na malha viária e restringir muito a capacidade da ferrovia.
- Há questões de segurança muito sérias associadas às passagens em nível através das ruas, que são consideradas inadmissíveis em novas linhas ferroviárias.
- Não amortecem os ruídos provocados pelas ferrovias.

- As entradas das estações geralmente ficam localizadas no nível das plataformas, pois isso permite o acesso direto tanto aos trens como às ruas do entorno. Uma passarela será necessária para o acesso a algumas plataformas.

12.4 Organização espacial da estação ferroviária

Há inúmeros fatores em comum no planejamento espacial de todas as estações. A maioria das estações completas apresenta barreiras de controle (ou portões) que dividem as áreas para passageiros com tíquetes das áreas públicas. Embora muitas estações completas não tenham essas barreiras, seu arranjo separa a entrada e áreas de venda de passagem da área das plataformas.

Organização espacial das estações terminais
A Figura 35.25 apresenta o arranjo das diferentes zonas de uma estação ferroviária terminal.

Legenda:

A – O espaço público na frente de uma estação terminal atende a várias exigências funcionais da estação. Esse normalmente é o local onde ocorrem as conexões entre a estação e outros modais de transporte de superfície. Nesse local público e externo, as pessoas aguardarão, se encontrarão e buscarão se orientar antes de continuar suas viagens. Ele também oferece um espaço para que os passageiros se reúnam com segurança durante uma situação de emergência ou um problema de pane nos serviços ferroviários. Costuma ser um importante espaço cívico para a cidade em si, e os arquitetos devem considerar sua relação na escala urbana com o contexto imediato.

B – O saguão normalmente inclui uma área de informações, guichês de venda de passagens e quiosques ou lojas. Em estações terminais, ele tende a ser um espaço imponente localizado junto à extremidade das plataformas, mas ele também pode estar localizado em um nível acima ou abaixo dos trilhos, dependendo do contexto e do tipo de acesso à estação.

C – Ao redor do saguão costumam estar os quiosques e as lojas, os guichês de venda de passagens e pontos de informação, bem como outras facilidades para os passageiros, como um área de espera, banheiros, guarda-volumes, etc.

D – Podem ser necessárias instalações para os funcionários perto da barreira de acesso às plataformas. Elas podem se restringir a uma pequena sala protegida na qual o pessoal da estação possa repousar entre os turnos de trabalho, ou formarem uma série de cômodos com refeitório, cozinha e banheiros.

E – A maioria das estações terminais inclui mais de um acesso, facilitando o movimento dos usuários e o acesso às ruas do entorno e dessas aos terminais.

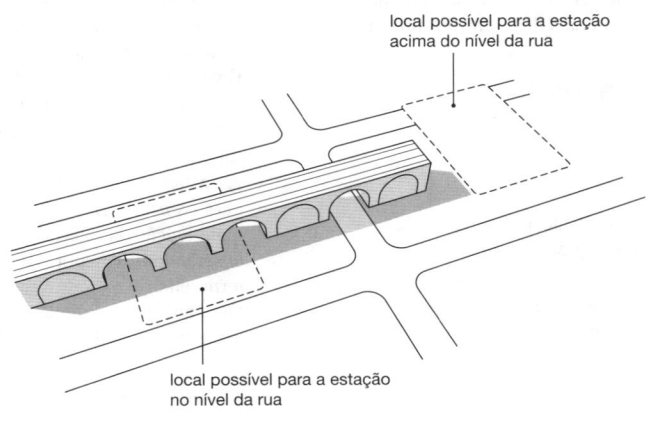

35.22 Diagrama ilustrativo de uma linha ferroviária elevada (viaduto).

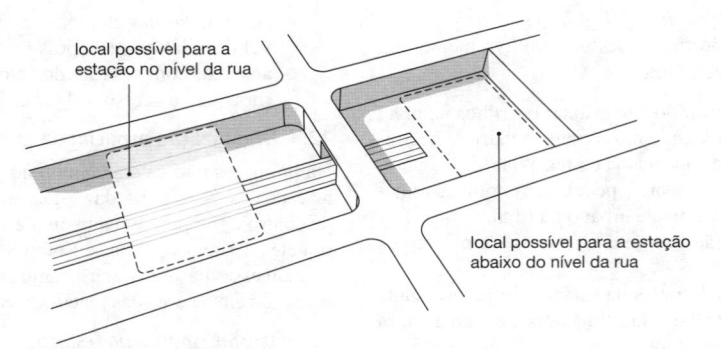

35.23 Diagrama ilustrativo de uma linha ferroviária rebaixada (subterrânea).

35.24 Diagrama ilustrativo de uma linha ferroviária no nível da rua.

F – As estações terminais normalmente requerem áreas para uso exclusivo das empresas de trem, ferrovias e transportadoras de carga. Elas às vezes também precisam incluir acomodação para postos de polícia ou empresas de segurança, pessoal da manutenção e fornecedores de alimentos e bebidas. As necessidades variam de estação para estação, dependendo das exigências operacionais, mas normalmente incluem escritórios, vestiários, banheiros com duchas, toaletes, salas para intervalos, etc.

G – As estações ferroviárias de grande porte também exigem extensas áreas de apoio para funções como abastecimento e manutenção de trens, carga e descarga de suprimentos diversos, triagem e depósito de lixo, preparo de refeições, estacionamento para funcionários, casas de máquinas, etc.

H – As plataformas das estações terminais não costumam ter muitas facilidades para os passageiros. Dependendo da maneira como a estação é operada, pode ser necessário instalar acomodações para os fiscais ou motoristas dos trens nas próprias plataformas.

Organização espacial das estações de operação mista

A Figura 35.26 mostra o arranjo das diferentes zonas de uma estação ferroviária de operação mista.

Legenda:

A – O espaço público na frente de uma estação ferroviária de operação mista tem função similar àquele de uma estação terminal. Ele nem sempre tem a mesma importância cívica que aquele de uma estação terminal, mas os arquitetos ainda assim devem levar em conta seus requisitos funcionais, urbanos e contextuais.

B – Embora costume ser de escala mais modesta, o saguão terá a mesma função daquele de uma estação terminal, e geralmente ficará ao longo das plataformas e no mesmo nível dessas, mas ele também pode estar localizado em um nível acima ou abaixo dos trilhos, dependendo do contexto e do tipo de acesso à estação.

C – As estações ferroviárias de uso misto às vezes incluem alguns quiosques nas plataformas ou na zona de acesso reservado aos passageiros.

D – Podem ser necessárias instalações para os funcionários perto da barreira de acesso às plataformas. Essa área provavelmente será uma pequena sala protegida, onde os trabalhadores da estação possam descansar e fazer refeições leves.

E – Para o acesso às plataformas por onde passam os trens que seguem viagem, as estações de operação mista geralmente precisam ter passarelas ou passagens subterrâneas, cujo posicionamento ideal é perto da barreira de acesso à área reservada aos passageiros, afastado dos locais mais congestionados. Em estações novas, escadas e elevadores – no mínimo – serão necessários nas mudanças de nível. Se os desníveis forem superiores a 4 ou 5 m, também poderão ser exigidas escadas rolantes.

F – As estações de operação mista deverão ter alguns espaços para os escritórios dos funcionários e para abastecimento e manutenção da estação e dos trens, mas essas áreas geralmente serão muito menores do que aquelas existentes em estações terminais.

G – Dependendo do modo como a estação é operada, pode ser necessário instalar acomodações para os fiscais e motoristas

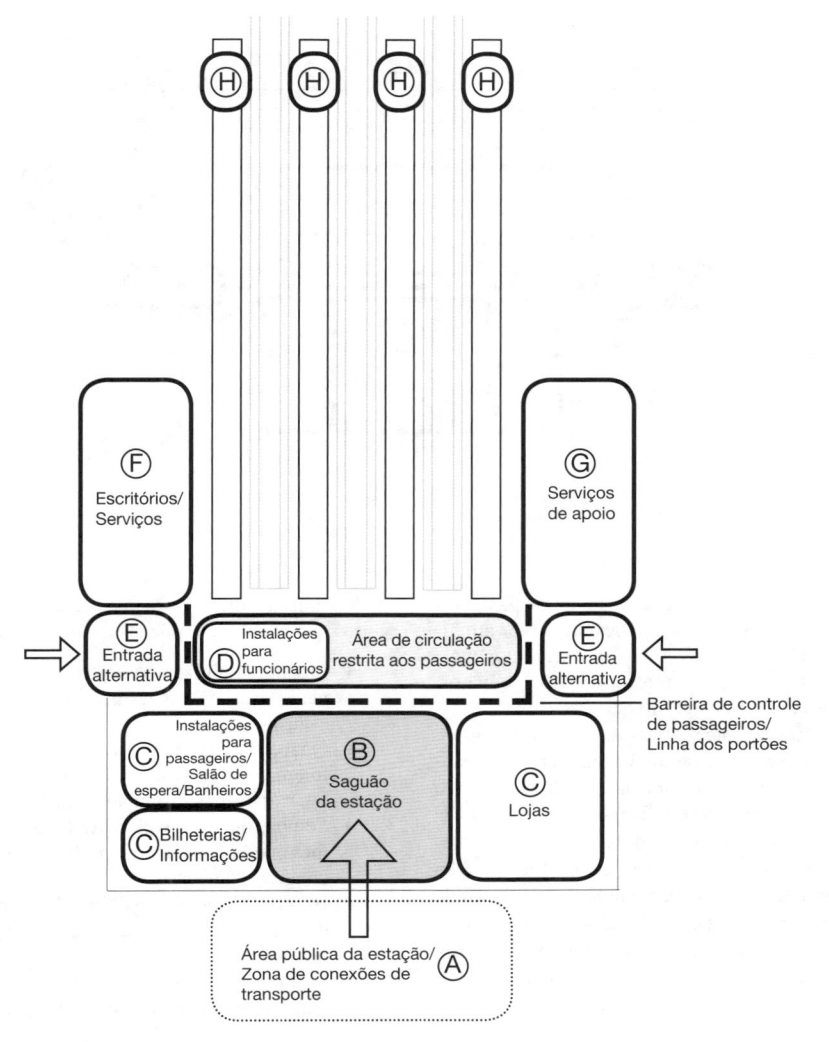

35.25 Diagrama de adjacências de uma estação terminal.

dos trens, além de áreas de espera para os passageiros, nas próprias plataformas.

H – Algumas estações exigirão uma entrada alternativa, dependendo do entorno imediato.

Organização espacial das estações de passagem

A Figura 35.27 mostra o arranjo das diferentes zonas de uma estação ferroviária de passagem.

Legenda:

A – O espaço público na frente de uma estação ferroviária de passagem tem função similar àquele das demais estações, sejam terminais, sejam mistas.

B – As estações de passagem talvez tenham apenas uma área de entrada mais generosa em vez de um saguão completo, que costuma estar posicionada ao longo das plataformas, que ficam no mesmo nível, mas ela também pode estar localizada em um nível acima ou abaixo dos trilhos, dependendo do contexto e do tipo de acesso à estação.

C – Para o acesso às plataformas mais afastadas da entrada, essas estações precisarão de passarelas ou passagens subterrâneas, cujo posicionamento ideal é perto da barreira de acesso à área reservada aos passageiros, afastado dos locais mais congestionados. Em estações novas, escadas e elevadores – no mínimo – serão necessárias nas mudanças de nível.

D – Nas estações de passagem, a maioria dos viajantes aguarda pelo trem nas próprias plataformas, assim é preciso prever áreas de espera cobertas.

E – Algumas estações exigirão uma entrada alternativa, dependendo do entorno imediato.

12.5 Circulação de passageiros

Os projetos de estação ferroviária devem se basear em um conhecimento profundo das necessidades de movimento dos passageiros. O programa de necessidades deve definir o volume de passageiros previsto para a estação, bem como o padrão de serviço exigido. A Figura 35.28 ilustra o padrão básico Fruin Levels of Service (Reino Unido). O nível de serviço também variará em uma estação, que terá áreas mais congestionadas junto às entradas, áreas de circulação

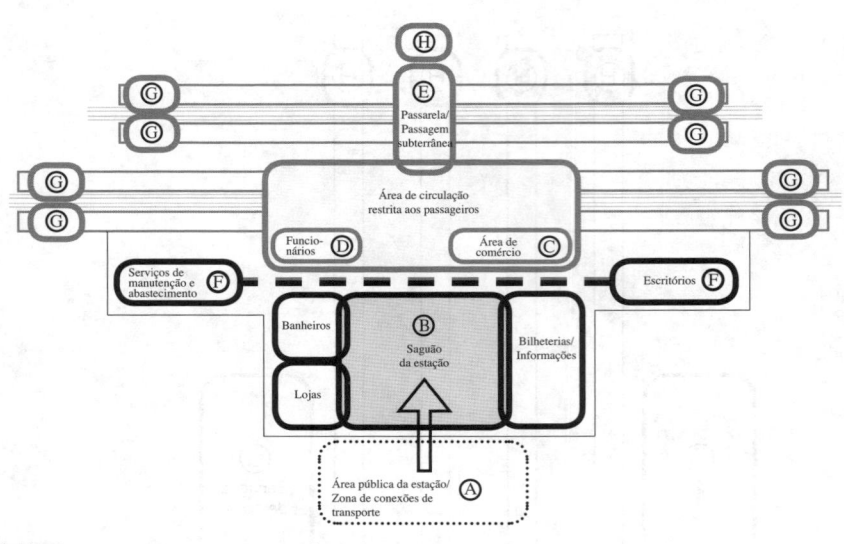

35.26 Diagrama de adjacências de uma estação com operação mista.

vertical e barreiras de acesso às áreas exclusivas para os passageiros. No Reino Unido, as estações geralmente devem buscar atingir o Fruin Level of Service C, embora essa não seja uma exigência universal. Para se certificar que o projeto atenderá aos requisitos, pode-se usar um *software* de testagem de fluxo de pedestres.

A Figura 35.29 mostra as típicas zonas de escoamento associadas aos componentes da estação. Quando for feito o planejamento preliminar de uma estação (isto é, já na etapa de lançamento do partido de arquitetura), essas áreas devem ficar fora das principais rotas de circulação de pedestres. Contudo, os diagramas apresentados devem ser utilizados apenas como diretrizes gerais. Eles deverão ser testados com um programa completo de modelagem de fluxos de pedestres. Para determinar se as dimensões indicadas são apropriadas para uma estação em particular. Essas áreas de escoamento são cumulativas – consulte o Network Rail Station Capacity Assessment Guidance.

Existem alguns princípios gerais sobre o movimento de passageiros que podem ser aplicados à maioria das estações ferroviárias:

- Procure minimizar o número e a altura das mudanças de nível necessárias para o deslocamento entre as diferentes partes da estação.
- Quando houver mudanças de nível para se subir e descer ao longo de uma rota, projete a estação de modo que existam interrupções ou patamares intermediários.
- Sempre que possível, evite fluxos cruzados entre diferentes movimentos de passageiros, pois esses são confusos e causam congestionamentos.
- Busque preservar a visibilidade ao longo das rotas principais, do início ao fim, para promover a orientação intuitiva das pessoas.
- Minimize as mudanças de direção ao longo das rotas principais, em particular os giros de 180°.

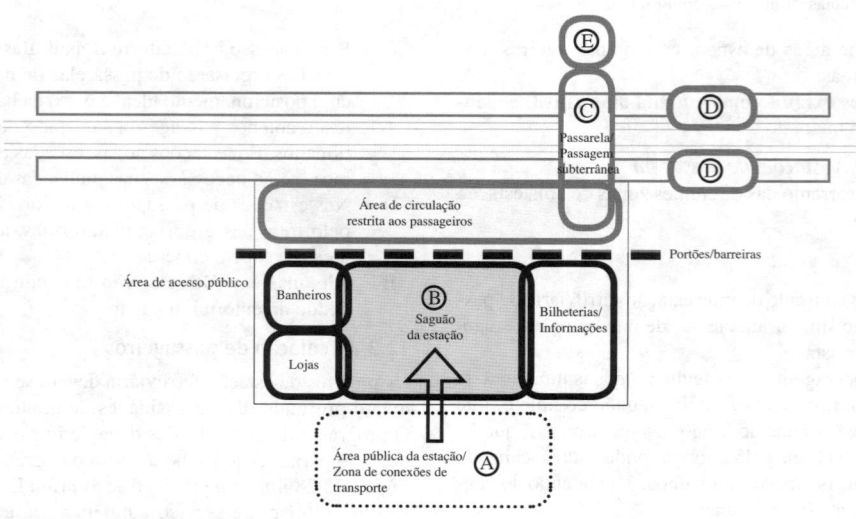

35.27 Diagrama de adjacências de uma estação de passagem.

- Posicione passarelas e a circulação vertical de modo a distribuir os passageiros homogeneamente ao longo das plataformas, buscando minimizar o tempo dos deslocamentos e os congestionamentos.

12.6 Dimensões das plataformas

A Figura 35.30 mostra algumas dimensões típicas de plataformas duplas. Para determinar as dimensões precisas das plataformas, os projetistas precisam levar em conta o leiaute dos trilhos, as exigências da circulação de passageiros e o tamanho de elementos que devem ser distribuídos nas plataformas. Também deve ser considerado o espaço necessário para proteger os usuários dos trens em movimento, conhecido como o envelope cinético. Uma fonte de consulta adicional pode ser o *Accessible Train Station Design for Disabled People: a Code of Practice*.

Legenda:

- A – Zona que deve ficar sem estruturas, mobiliário e outras obstruções. Sua dimensão depende da velocidade dos trens. Pode-se consultar o *Network Rail Track Design Handbook NR/L2/TRK/2049*. Como regra, nenhum elemento que exija manutenção ou acesso, como lâmpadas, alto-falantes ou câmeras, deve ser instalado dentro de uma faixa com 1,25 m de largura ao longo da borda da plataforma.
- B – A zona central da plataforma deve ser projetada a fim de acomodar a quantidade de passageiros estimada, bem como quaisquer estruturas da plataforma e os sistemas de circulação vertical. As plataformas frequentemente têm largura variável ao longo de sua extensão, sendo afuniladas nas extremidades para responder ao alinhamento dos trilhos. Via de regra, as plataformas duplas costumam ter entre 8 m e 12 m de largura.
- C – Esta dimensão deve ser calculada com base nas dimensões associadas com o envelope cinético dos trens relevantes, deixando-se um espaço livre de segurança. Pode-se consultar o *Network Rail Track Design Handbook NR/L2/TRK/2049*.
- D – Dimensão entre as bordas externas dos trilhos.
- E – Essa dimensão depende do envelope cinético dos trens relevantes e da distância entre os vagões e a plataforma exigidas por diferentes desenhos de vagão. Pode-se consultar o *Network Rail Track Design Handbook NR/L2/TRK/2049*.
- F – Altura livre até os trilhos para sistemas de eletrificação com 25 kV e 50 Hz. Às vezes é preciso deixar uma altura adicional. Pode-se consultar o *Network Rail Track Design Handbook NR/L2/TRK/2049*.
- G – Dimensão do topo do trilho até a superfície da plataforma. Pode-se consultar o *DfT Accessible Train Station Design for Disabled People: A Code of Practice*.

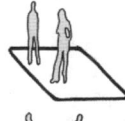

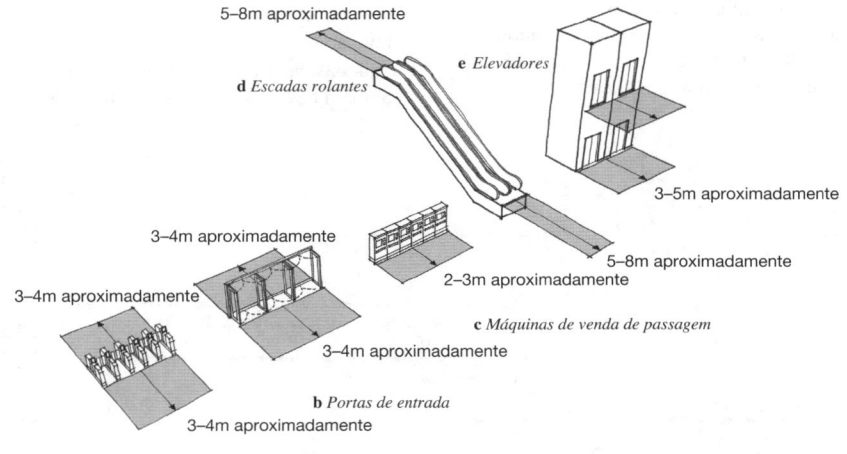

A *Circulação livre.*

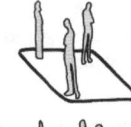

B *Fluxo unidirecional e circulação livre. Fluxos reversos e cruzados com apenas alguns conflitos mínimos.*

C *Circulação levemente restrita, devido à dificuldade de passar pelas outras pessoas. Fluxos reversos e cruzados com dificuldades.*

D *Circulação restrita para a maior parte dos pedestres. Dificuldades significativas para se retornar e os fluxos cruzados.*

E *Circulação restrita para todos os pedestres. Interrupções de fluxo intermitentes e dificuldades sérias para os fluxos reversos e cruzados.*

F *Colapso completo no fluxo de pedestres, com muitas paradas.*

35.28 Os níveis de serviço Fruin (Fruin Levels of Service), com ilustrações.

35.29 Típicas zonas de escoamento mínimas associadas com os componentes de uma estação ferroviária.

- a *Catracas* — 3–4m aproximadamente
- b *Portas de entrada* — 3–4m aproximadamente
- c *Máquinas de venda de passagem* — 2–3m aproximadamente
- d *Escadas rolantes* — 5–8m aproximadamente
- e *Elevadores* — 3–5m aproximadamente / 5–8m aproximadamente

H – Altura livre mínima acima da plataforma. Nenhuma placa ou luminária deve invadir essa zona.

I – É preciso deixar uma altura adicional em relação à borda das plataformas para os trens que são eletrificados pelo alto. Essa dimensão é utilizada principalmente para trens de longa distância. Às vezes é possível deixar espaços livres menores para outros tipos de trem ou quando não há uma rede elétrica aérea. Pode-se consultar o *Network Rail Track Design Handbook NR/L2/TRK/2049*.

13 ESTAÇÕES RODOVIÁRIAS URBANAS E INTERMUNICIPAIS

13.1 Localização

Uma estação rodoviária é uma área separada do fluxo geral de veículos rodoviários, permitindo a ônibus urbanos e intermunicipais o estacionamento e o embarque e desembarque de passageiros em segurança e conforto. Os melhores locais para elas são perto de centros comerciais e outros terminais de transporte.

Duas tendências particulares têm afetado as operações de ônibus urbanos e intermunicipais:

- ônibus sem cobradores, por questões de economia;
- a falta de normatização das novas empresas, com novos métodos de operação e equipamentos como micro-ônibus.

13.2 Veículos

Hoje há uma variedade de tipos de ônibus sendo utilizados (Figuras 35.31 a 35.33). As dimensões necessárias para manobras são mostradas nas Figuras 35.34 a 35.36. A Figura 35.37 mostra uma parada de ônibus ao longo do passeio (no acostamento). A extensão total é $A + nB + C$, sendo n o número de ônibus a serem acomodados. Assim, para a parada de um veículo, são necessários 44,6 m; de dois, 56,8 m; e de três, 69 m.

13.3 Fatores que determinam o tamanho da estação rodoviária

Além dos condicionantes físicos do terreno, o tamanho de uma estação é uma função dos seguintes fatores:

- O número de plataformas a serem incluídas (usa-se a denominação plataforma em estações rodoviárias, em vez de paradas de ônibus), determinado pelo número de linhas atendidas pela estação e pela praticidade de uso de cada plataforma para várias linhas, conforme a planilha de horários.
- A entrada dos veículos nas vagas. Três tipos de manobra são utilizados (Figura 35.38). O estacionamento oblíquo é explorado com mais detalhes nas Figuras 35.39 e 35.40.

A escolha do tipo de manobra será influenciada pelo tamanho e formato do terreno disponível, as necessidades presentes e previstas e, em particular, as dos motoristas. Alguns aceitam o arranjo com estacionamento oblíquo, enquanto outros preferem o estacionamento paralelo.

A área exigida para o terreno aumenta ainda mais com as necessidades dos veículos em espera. Isso ocorre quando os veículos estacionam após o desembarque de passageiros, mas não são utilizados imediatamente para recolher mais passageiros. O leiaute dessa área é igual ao do estacionamento (Figuras 35.41 e 35.42), e o ideal é que nenhum veículo seja encurralado ou interfira na movimentação de outros ônibus.

É possível se obter economia de espaço (embora, mais uma vez, isso dependa das planilhas de horário) por meio da utilização de vagas extras para os veículos em espera.

Espaços para os passageiros: dependem inteiramente da necessidade prevista de uso e das amenidades existentes. Se, por exemplo, a área já contar com banheiros públicos, um ponto de informações e uma cafeteria nas proximidades, tais instalações não serão necessárias no saguão da estação rodoviária. Todavia, salas de espera talvez sejam necessárias, com um funcionário designado para dar informações e supervisionar o local. Em projetos mais completo, considere:

- sala de espera
- restaurantes
- banheiros públicos
- quiosques
- ponto de informações e guichês para a venda de passagens
- guarda-volumes
- achados e perdidos

Espaços para funcionários: sempre há fiscais de ônibus, que, além de auxiliar os passageiros, envolvem-se principalmente com a organização do movimento de veículos e com a supervisão dos motoristas e cobradores. Se houver uma garagem perto da estação rodoviária, esses espaços serão localizados ali. Caso contrário, um refeitório, banheiros e vestiários deverão ser disponibilizados no próprio local, de forma que – nos intervalos e entre os turnos – os trabalhadores das empresas de ônibus não precisem ir até a garagem e estacionar novamente seus veículos durante um longo período. Caso a garagem esteja ainda mais afastada, todas as áreas para funcionários deverão ser fornecidas na estação, enquanto apenas as amenidades mais básicas ficarão na garagem. Além dos espaços supracitados, também devem ser previstas uma área de recreação, vestiários com

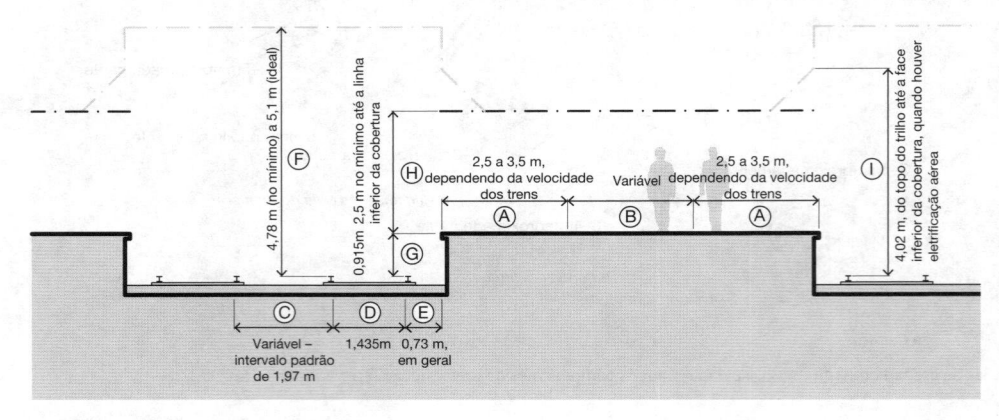

35.30 Corte de uma plataforma dupla.

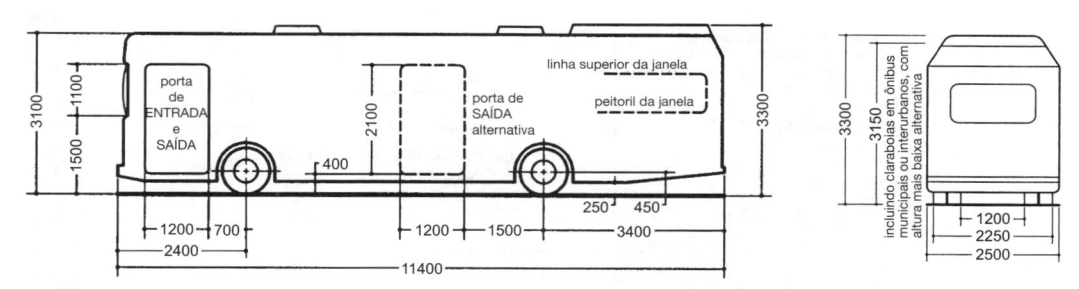

35.31 Ônibus de um pavimento (convencional).

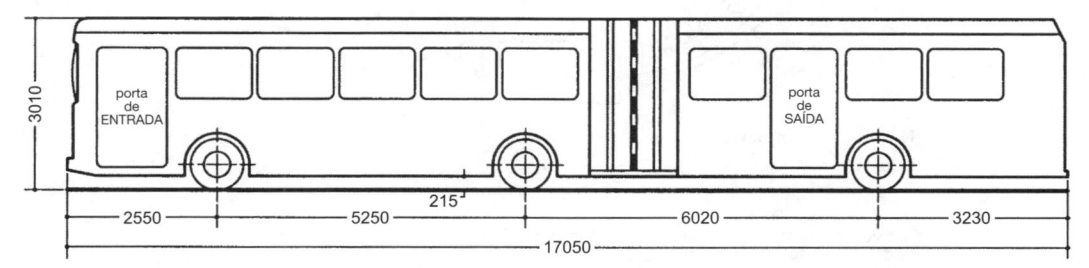

35.32 Ônibus articulado ou ônibus-sanfona.

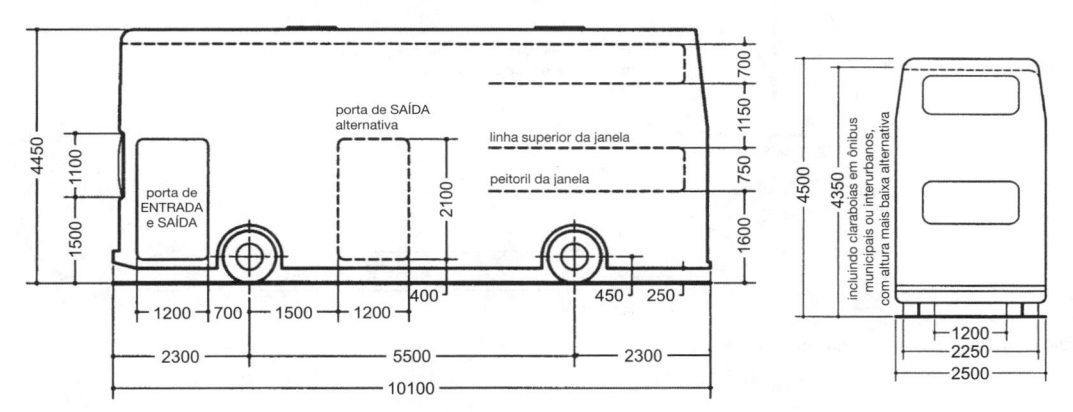

35.33 Ônibus de dois pavimentos.

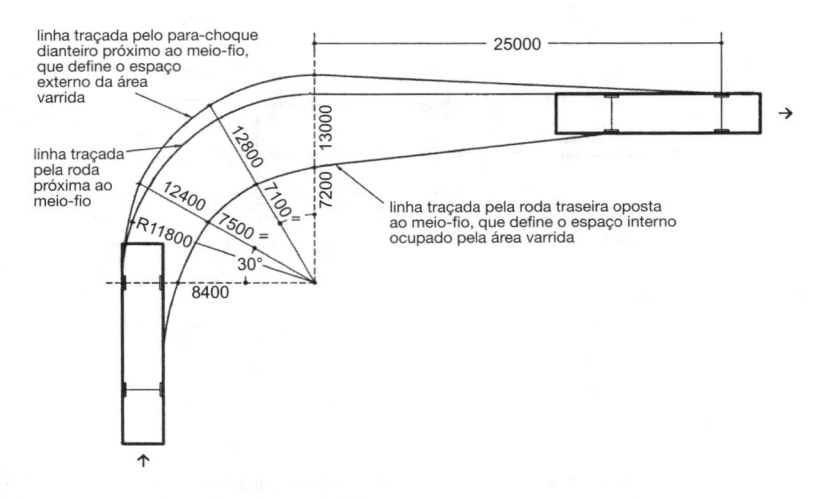

35.34 Veículo convencional de 12 m de comprimento fazendo uma curva de 90°.

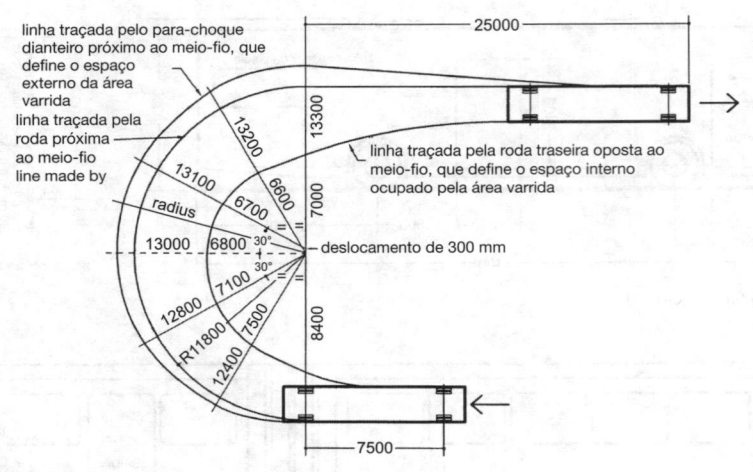

35.35 Veículo convencional de 12 m de comprimento fazendo uma curva de 180°.

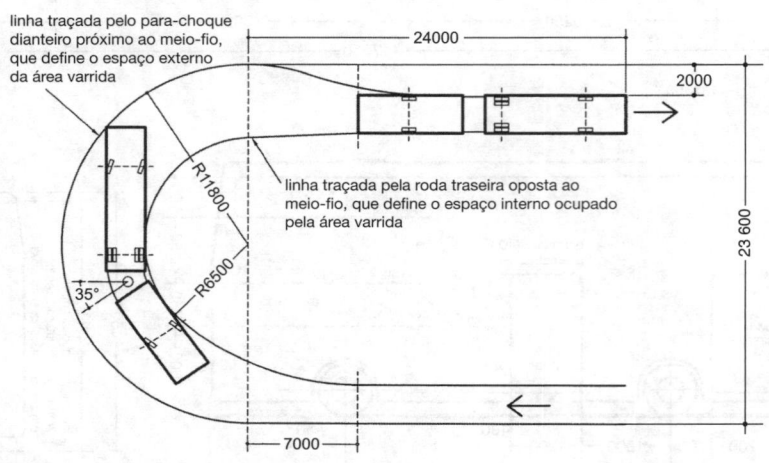

35.36 Veículo articulado de 17m fazendo uma manobra de 180°.

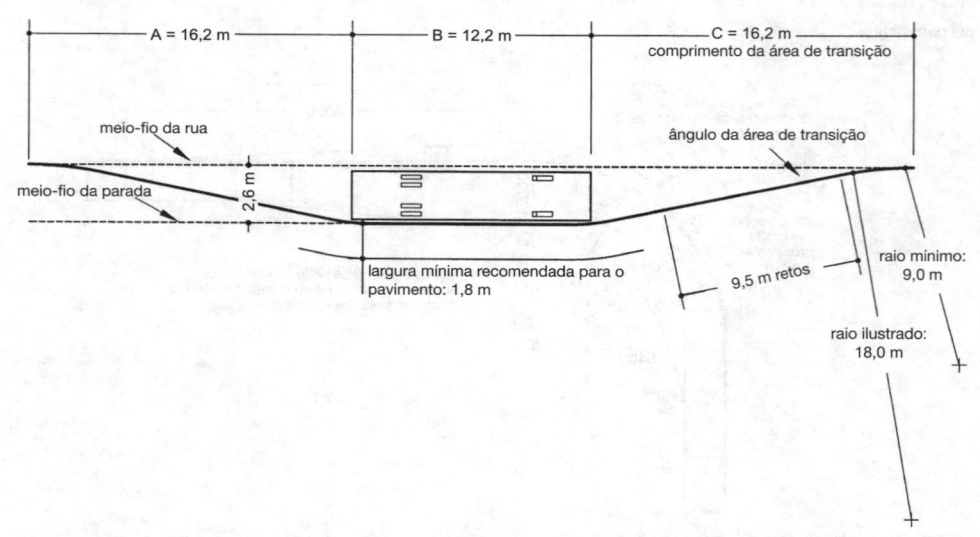

35.37 Um acostamento com parada para um ônibus, considerando a velocidade de aproximação urbana usual. A área de transição de 16,2 m é o valor mínimo para um veículo convencional de 12 m. O número máximo recomendado para um estacionamento é de três ônibus, a distância máxima confortável para um passageiro percorrer a pé.

35.38a Sistema de parada rápida, no qual um veículo apenas desembarca os passageiros na plataforma antes de se dirigir à área de embarque para pegar novos passageiros. Isso evita a ocupação de uma vaga durante a espera e reduz o tempo efetivo da viagem.

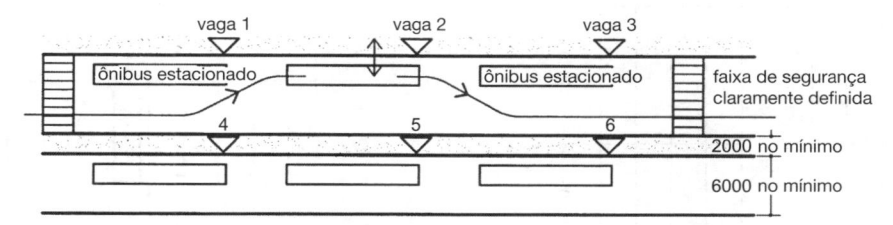

35.38b O estacionamento paralelo duplo tem posições fixas para o embarque e/ou desembarque de passageiros. Os veículos formam uma fila, de modo que um ônibus frequentemente precisa passar entre os demais para entrar na vaga. Na prática, geralmente é necessário disponibilizar ilhas isoladas para vagas adicionais, com o conflito inevitável entre a circulação de passageiros e a de veículos.

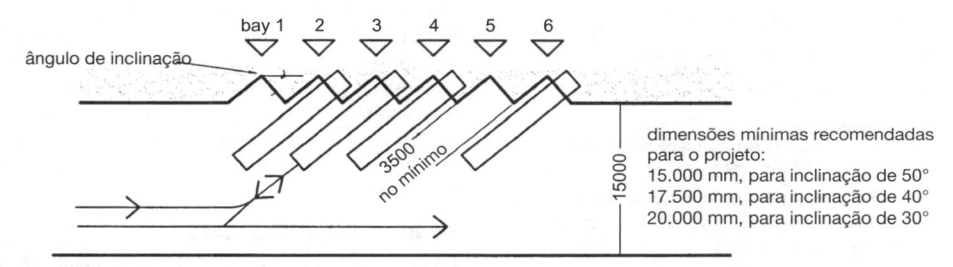

35.38c Os leiautes de estacionamento oblíquo possuem vagas fixas para embarque e desembarque de passageiros em uma plataforma com desenho denteado. Em tese, o ângulo de inclinação entre a frente do veículo e o eixo da plataforma pode variar entre 1° e 90°, mas, na prática ele fica entre 20° e 50°. O veículo entra de frente e sai em marcha a ré, reduzindo os conflitos entre a circulação de ônibus e a de passageiros, mas é preciso ter muito cuidado durante a manobra para que não ocorram colisões nem atropelamentos.

35.38a-c As manobras de veículos para a entrada nas vagas de estacionamento (mm).

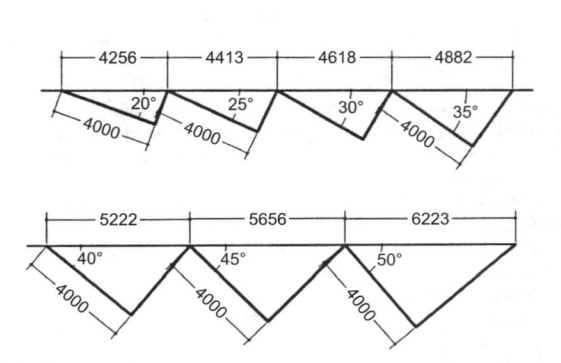

35.39 À medida que o ângulo de inclinação das vagas de estacionamento oblíquo aumenta, também cresce a distância entre cada vaga (mm).

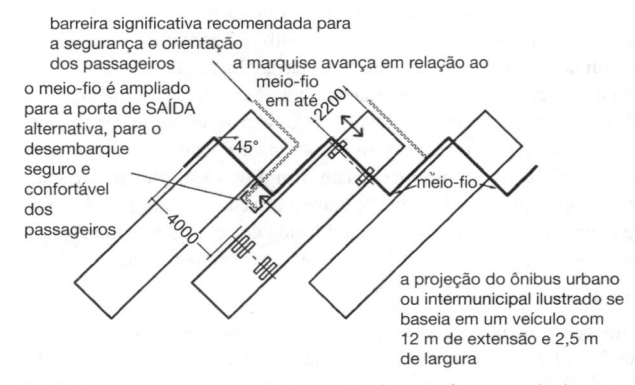

35.40 A segurança e o controle dos passageiros são fatores particularmente importantes para o detalhe de estacionamentos oblíquos.

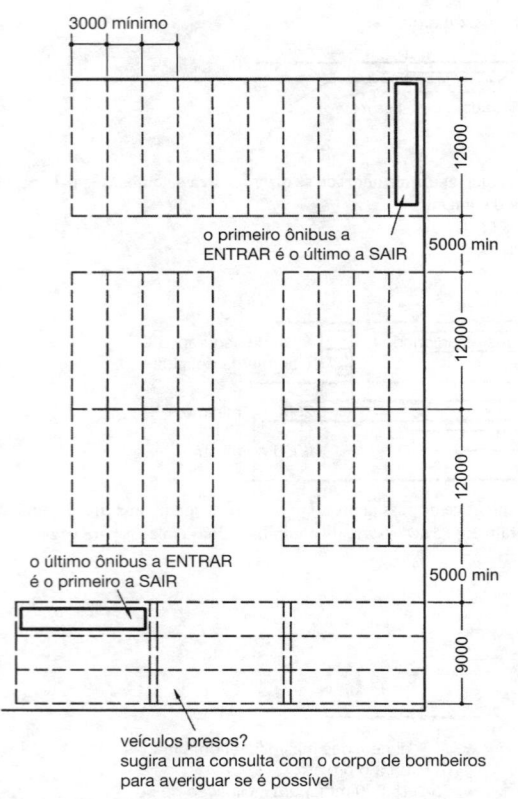

35.41 Leiaute de garagem no qual os ônibus ficam estacionados em ordem predeterminada, de modo a acomodar o máximo de veículos no espaço disponível (sujeito à aprovação do corpo de bombeiros).

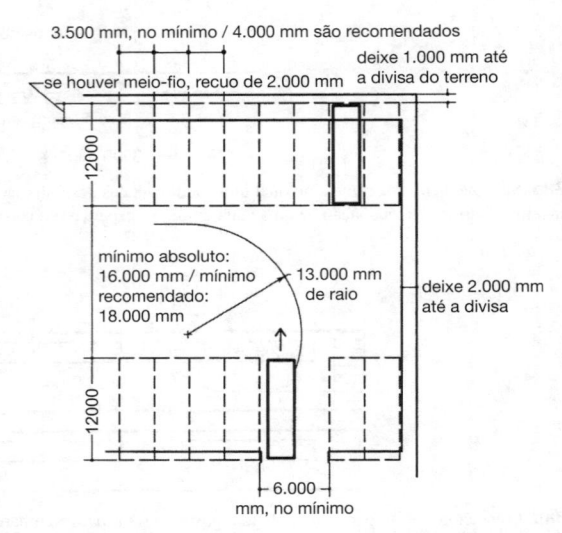

35.42 Estacionamento de ônibus para chegada e partida aleatória de veículos. A largura maior das vagas (4 m) será necessária caso o embarque e o desembarque de passageiros ocorram no estacionamento.

armários chaveados e um escritório para cada empresa, no qual os motoristas ou cobradores conferem e entregam o dinheiro recebido pelas tarifas que, por sua vez, é verificado e registrado por um funcionário responsável pelo caixa. Será necessária uma área segura para a guarda de quaisquer valores que não puderem ser depositados imediatamente no banco.

Espaços para a manutenção dos veículos: a inspeção, o conserto, a manutenção e a limpeza dos ônibus fazem parte das responsabilidades das empresas concessionárias. Normalmente, esses serviços devem ser feitos em uma garagem local, que terá uma oficina para consertos mecânicos, lavagem dos carros, estacionamento, etc. A implantação de espaços para essas funções dentro de uma estação rodoviária é incomum, mas existe. Em novas estações rodoviárias ou sempre que o deslocamento entre a estação e a garagem da companhia for difícil e demorada em virtude dos congestionamentos do trânsito, seria interessante oferecer ao menos uma oficina.

13.4 Planejamento

Independentemente dos recursos que serão oferecidos na própria estação, o leiaute final deve ser planejado com atenção (Figura 35.43).

13.5 Uso conjunto por diferentes empresas de ônibus

Se duas ou mais empresas de ônibus operarem a partir da mesma estação, é possível que ocorram diferentes tipos de manobras de veículos no local. A Figura 35.44 se baseia em uma proposta para uma nova estação rodoviária dentro de um empreendimento comercial no centro de uma cidade do sudeste inglês e ilustra essa situação. A empresa concessionária principal (que é da própria cidade) preferiu o estacionamento na diagonal, enquanto a outra preferiu ao estacionamento paralelo. O terreno exíguo foi aproveitado ao máximo, e os conflitos entre a circulação de passageiros e veículos foram minimizados.

14 BONDES E TRENS LEVES

Há uma ampla variedade desses equipamentos. A Figura 35.45 mostra um bonde típico projetado para facilitar o embarque e desembarque de usuários de cadeiras de rodas.

15 REFERÊNCIAS BIBLIOGRÁFICAS

15.1 Aeroportos

Norman Ashford, Airport Operations, McGraw-Hill Professional, 1984
Christopher Blow, Airport Terminals, Architecture Press, 1996
Guilio de Carli, New Airports, 24 Ore Cultura, 2010
Brian Edwards, The Modern Airport Terminal: New Approaches to Airport Architecture, Taylor & Francis, 2005
Anne Graham, Managing Airports, 3rd Edition, Routledge, 2008
IATA Airport Development Reference Manual, 10th Edition, 2014
ICAO Publications (refer to catalogue) in particular Design Manual ICAO 9157 for Aerodrome Design, Design Manual ICAO 9184 for Masterplanning
Richard de Neufville, Amedeo Odoni, Airport Systems: Planning, Design and Management, McGraw-Hill Education, 2013
Hugh Pearman, Airports – A Century of Architecture, Laurence King Publishing, 2004
www.airports-worldwide.com
www.iata.org
www.icao.int

15.2 Estações ferroviárias

Department for Transport and Transport Scotland Accessible train station design for disabled people: A code of practice, 2011

35 Terminais e interconexões de transporte

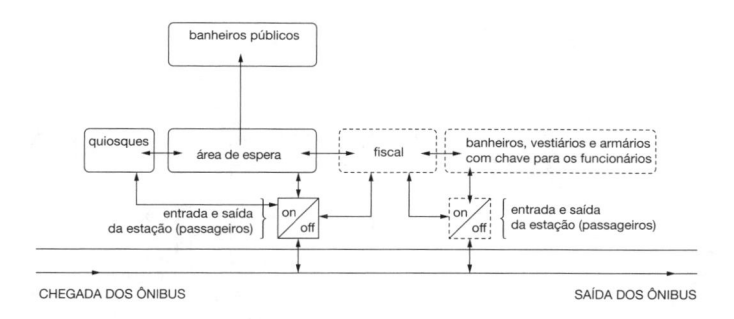

a *Estação rodoviária em cidade pequena, com a passagem de todas as linhas de ônibus*

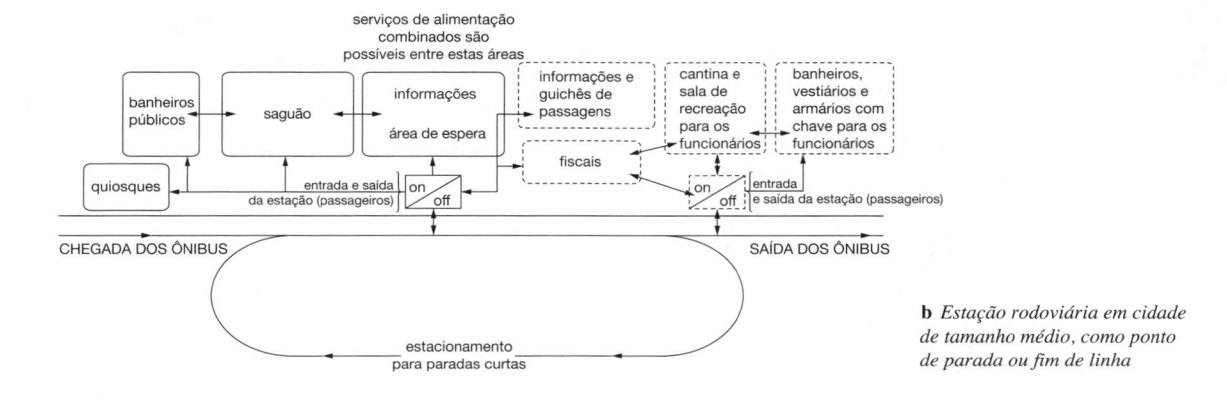

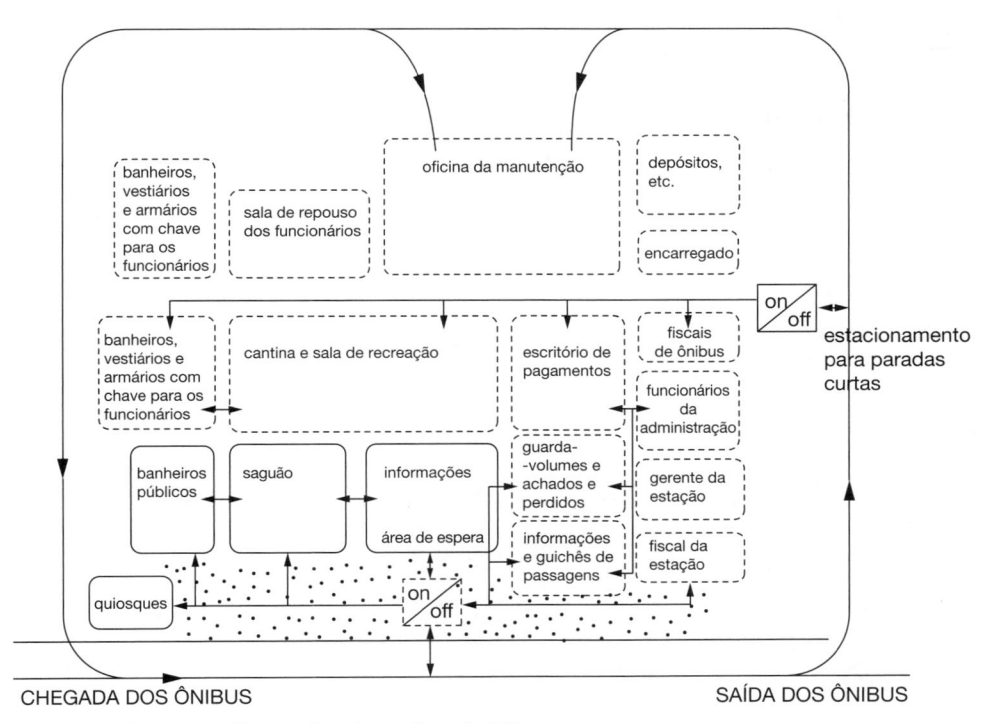

b *Estação rodoviária em cidade de tamanho médio, como ponto de parada ou fim de linha*

35.43 Diagrama de relações para diferentes tipos de estações rodoviárias.

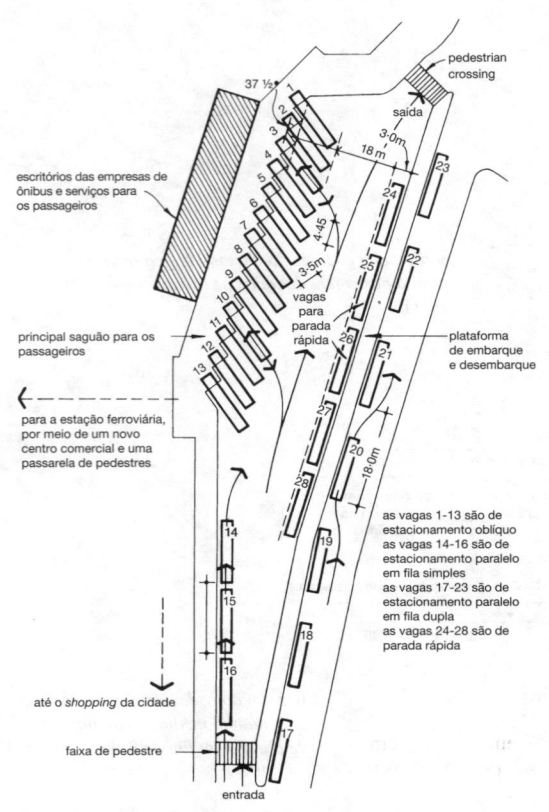

35.44 Estação rodoviária que acomoda duas empresas de transporte, cada uma com seu tamanho de vaga de estacionamento de ônibus.

Network Rail Making Rail Accessible: a guide to our policies and pratices, 2012
Network Rail Station Capacity Assessment Guidance, 2011
Network Rail Track Design Handbook NR/L2/TRK/2049

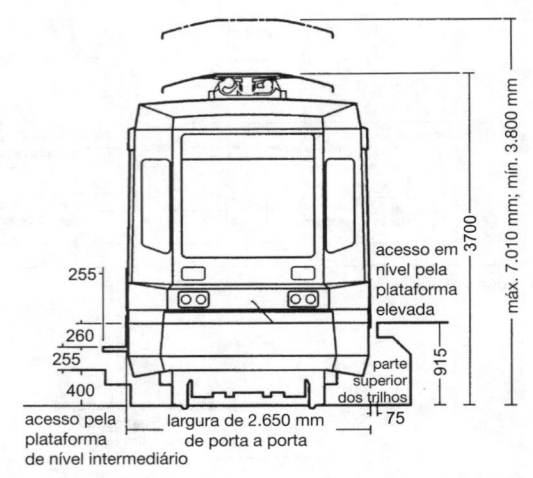

35.45 Manchester Metrolink: um típico sistema moderno de bonde. Vista frontal de um bonde, mostrando o acesso em nível para cadeira de rodas por meio de uma plataforma elevada.

Projeto de arquitetura em zonas tropicais 36

Patricia Tutt

CI/SfB: (H11)

Patricia Tutt é arquiteta, fotógrafa de arquitetura e editora, tendo passado metade de sua vida na África Central. Ela foi coeditora de uma edição anterior desta obra e atualmente trabalha como professora no Isle of Man College

PONTOS-CHAVE:
- *Estudar edificações existentes que funcionam e aprender com elas*
- *Aplicar as boas práticas tradicionais de projeto e meio ambiente, tendo consciência do terreno, do clima, da cultura e das práticas da indústria da construção*
- *Revisar e reavaliar todos os pressupostos de projeto*
- *Usar informações e a experiência local*
- *Realizar um estudo documental detalhado*
- *Prever os extremos das mudanças climáticas*

Conteúdo

1. Introdução
2. Estudo documental – fatores que influenciam o projeto
3. Projeto adequado ao clima: tipos de clima
4. Estratégias de projeto ambiental: projeto passivo
5. Estratégias de controle ambiental: medidas ativas
6. Estrutura, instalações e projeto ambiental
7. Dados científicos usados nas edificações
8. Referências bibliográficas, fontes de informação e leituras complementares

1 INTRODUÇÃO

1.1 "Os trópicos"

Tecnicamente, os "trópicos" são as baixas latitudes contidas na "zona tórrida" entre os Trópicos de Câncer e de Capricórnio (Figura 36.1), mas o termo geralmente é usado para se referir às regiões equatoriais litorâneas muito quentes e úmidas do planeta. Todas têm muitas precipitações de chuva, vegetação exuberante e, quase invariavelmente, um passado colonial. Para nosso propósito aqui, porém, o termo se aplicará a todos os climas onde a carga de refrigeração no interior das edificações excede significativamente a carga de calefação (Figura 36.2). Isso inclui áreas muito quentes e secas, os climas temperados no centro de grandes massas continentais e algumas áreas afetadas pelos mares quentes ou por ventos dominantes muito afastadas do equador, incluindo as latitudes 45° ao norte e ao sul. Esta seção apresenta um guia de projeto para os arquitetos que estão trabalhando com ambientes e climas pouco familiares. Todas as diretrizes devem ser complementadas por dados locais específicos.

1.2 Agendas atuais

No decorrer dos últimos 20 anos, houve uma grande mudança nas agendas de projeto em todo o mundo, devido a uma conscientização cada vez maior em relação ao aquecimento global, às mudanças climáticas e à necessidade de projetos responsáveis e sustentáveis. As práticas ambientais nos projetos se tornaram um componente essencial do projeto de edificações. Os arquitetos que trabalham em climas temperados vêm adaptando as técnicas de construção tradicionais de países do terceiro mundo para a construção com alta tecnologia de seus contextos (Figura 36.3). Cada vez mais, todos se conscientizam das limitações da globalização em relação aos méritos do regionalismo. A sofisticação cada vez maior do projeto das edificações se tornou aparente em vários países tropicais, principalmente naqueles que se localizam na Orla do Pacífico. A documentação, a comunicação e a transferência de conhecimento com base na Internet revolucionaram as metodologias de projeto em todos os climas, ao mesmo tempo em que as pesquisas confirmaram a validade de muitas tecnologias convencionais de projeto tropical.

Muitos governos dependem de recursos do exterior para executar programas de desenvolvimento significativos. Logo, as agendas de governo correm o risco de serem alteradas ou condicionadas conforme as políticas das agências doadoras – que podem pertencer a um único governo (USAID, CIDA) ou ser organizações regionais (CE, ADB, AFDB), agências internacionais (ONU, Banco Mundial, OMS) ou de caridade (OXFAM, Cruz Vermelha, Crescente Vermelho)*.

1.3 Projeto de arquitetura para zonas tropicais

O projeto de arquitetura para zonas tropicais deve ser visto como um projeto de qualidade sintonizado com variações específicas em termos de clima, estrutura da indústria da construção e condições culturais e socioeconômicas (Figuras 36.4 e 36.5). É possível desconsiderar o contexto e construir uma edificação cara e de alta tecnologia em qualquer lugar desde que haja recursos financeiros disponíveis. O difícil é projetar uma edificação coerente, sustentável, de baixa tecnologia e adequada ao clima que tenha condições de atender à comunidade prevista e precise de pouca manutenção. O ideal é que essa edificação incorpore a memória cultural sem imitar o modelo vernacular ou colonial, usando os princípios mais antigos e válidos de maneira

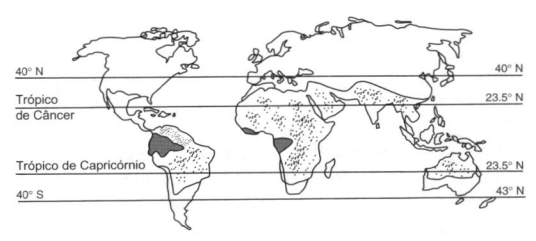

36.1 A "zona tórrida" fica entre os trópicos de Câncer e de Capricórnio. As áreas pontilhadas têm uma temperatura média anual de 20°C ou mais; as áreas escuras têm céus constantemente encobertos com menos de 1.600 h de luz solar por ano.

---
* N. de R. T.: Os acrônimos significam Agência Norte-Americana para o Desenvolvimento Internacional, Agência Canadense para o Desenvolvimento Internacional, União Europeia, Banco Asiático para o Desenvolvimento, Banco Africano para o Desenvolvimento, Organização das Nações Unidas, Organização Mundial de Saúde e Comitê de Oxford de Combate à Fome.

36.2 Bangalô colonial em Zomba, Malawi, com janelas altas, forro alto e varandas amplas e sombreadas, incluindo uma para o automóvel. Projeto do Rev'd D Brian Roy, RIBA.

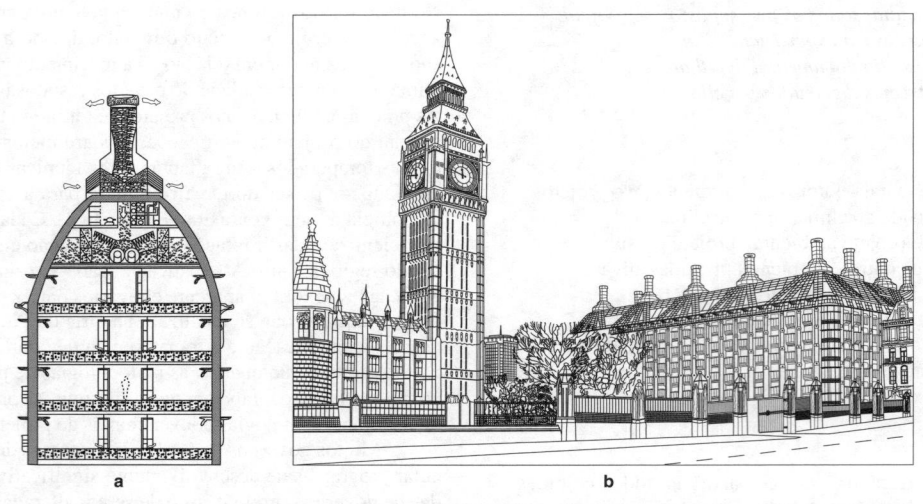

36.3 Muitas das estratégias ambientais tradicionais muito utilizadas no Oriente Médio foram incorporadas aos projetos de arquitetura padrão da atualidade. A *Portcullis House*, que abriga os novos escritórios dos parlamentares do Reino Unido ao lado das Casas do Parlamento, em Londres, faz uma releitura do coletor de ventos e da torre de ventilação ao incorporar sistemas de climatização de apoio mecânicos e para recuperação do calor (Smith, 2001).

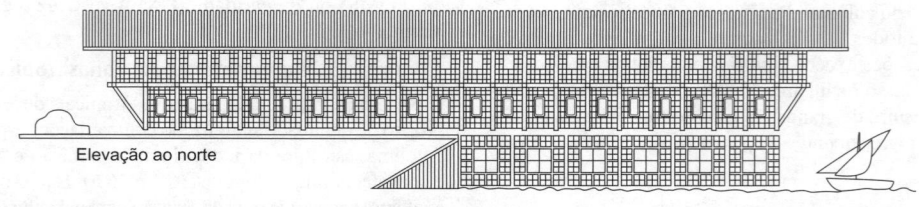

Elevação ao norte

36.4 A obra do arquiteto cingalês Geoffrey Bawa varia entre a estética minimalista que usa materiais modernos e uma reinterpretação sofisticada e forte do vernacular em casas particulares e hotéis turísticos; isso se reflete em seus projetos refinados. Sede da *Steel Corporation* em Oruwela, no Sri Lanka, 1968 – metade do prédio é circundada por um espelho de água (tanque de retenção feito em aço). Toda a edificação é de concreto armado, com paredes de concreto pré-moldado perfuradas por inúmeras janelas.

compatível com uma sociedade moderna, urbana e, em muitos casos, industrializada. Ainda que muitos clientes do terceiro mundo desejem um modelo ocidental e de alta tecnologia típico do século XX para as novas edificações, o arquiteto é responsável por conscientizá-los da principal mudança ocorrida no século XXI: a adoção dos modelos sustentáveis. Os clientes precisam compreender as opções disponíveis e as possíveis consequências de suas escolhas a longo prazo.

O objetivo deste capítulo é oferecer referências e *checklists* para permitir que o projetista de edificações que está trabalhando em uma região pouco familiar tenha condições de realizar um estudo documental detalhado após identificar todas as questões que exigem uma análise mais cuidadosa. Muitas dessas referências são relevantes em todos os climas, mas os detalhes apresentados a seguir ressaltam os contextos tropicais.

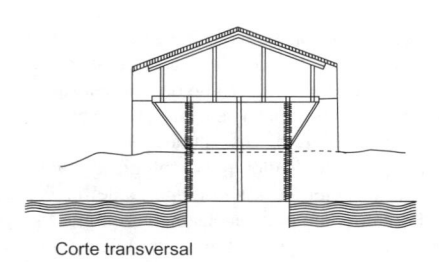

36.5 Casa Ena De Silva, de Bawa, Colombo, 1962 – os pátios para ambientes externos protegidos são resfriados por ventilação cruzada, beirais extensos e árvores que fornecem sombra. Todos os materiais (com a exceção de uma pequena superfície de vidro e algumas estruturas metálicas) são locais. Uma das árvores grandes foi transportada até o terreno por um elefante; a outra já estava no local e influenciou o projeto.

2 ESTUDO DOCUMENTAL – FATORES QUE INFLUENCIAM O PROJETO

2.1 Considerações gerais

Sempre que projetar uma edificação para um ambiente pouco familiar, o arquiteto deve verificar e confirmar a validade até dos pressupostos de projeto mais básicos, uma vez que eles talvez percam a validade no novo contexto. Esta seção ressalta algumas áreas em que a pesquisa pode ser necessária. Os dados científicos relevantes e referentes às edificações são apresentados na Seção 7.

2.2 Clima e microclima

Confirme o tipo de clima (Tabela I) e obtenha o máximo de dados específicos para o terreno (Tabelas II e III). Certifique-se de compreender os termos utilizados e de fazer comparações equitativas ao avaliar dados obtidos de diferentes fontes. (A temperatura média anual é a média das médias mínimas e máximas mensais de tempe-

Tabela I Ocorrência e características das principais zonas climáticas

Zona	Variação de latitude aproximada	Vegetação natural	Cultivo típico	Clima	Problemas	Requisitos
Equatorial quente e úmido	7½°N–7½°S	Florestas tropicais	Banana, óleo de palmeira	Quente com alta umidade e precipitação de chuvas	A umidade impede a evaporação do suor; as noites muito quentes dificultam o sono; precipitação intensa e ofuscamento do céu encoberto, sol nas fachadas leste e oeste	A movimentação do ar por ventiladores ou ventilação cruzada, construção com baixa inércia térmica, telhados em declive e beirais amplos, janelas voltadas para o norte e para o sul
Ilhas tropicais	5-30°N 5-30°S	Floresta tropical	Cana-de-açúcar	Quente e úmido, mas céu menos encoberto do que na zona quente e úmida	Semelhante ao equatorial quente e úmido, mas o céu claro e o sol são mais frequentes	Semelhante ao clima quente e úmido, mas com cuidados adicionais referentes ao projeto dos elementos de proteção das janelas voltadas para o sul no hemisfério norte (e o oposto no sul)
Tropical muito quente e seco	15-32°N 15-32°S	Deserto, estepe	Palmeiras, pastagem (nômade)	Muito quente e seco com alta variação de temperatura anual e diária	Variação diurna intensa, dias muito quentes no verão, dias mais frios no inverno, pouca precipitação de chuva, radiação solar muito forte e ofuscamento do solo, ambiente arenoso e poeirento	Construção com grande inércia térmica, elementos de proteção que permitem o aquecimento solar no inverno, janelas pequenas, coberturas planas (geralmente usadas para dormir), pátios pequenos para fornecer sombra e proteção
Deserto litorâneo	15-30°N 15-30°S	Deserto	Palmeiras, pastagem	Muito quente e úmido com pouca precipitação de chuva	Semelhante aos climas muito quentes e secos, mas com muita umidade, causando desconforto ao impedir a evaporação do suor	Semelhante ao clima muito quente e seco, mas a circulação do ar é recomendável ocasionalmente
Temperado intermediário ou de monções	5-20°N 5-20°S	Floresta de monções, floresta tropical seca ou arbustiva, savana	Arrozais, cana-de-açúcar, milho miúdo	Estações úmidas e quentes ou muito quentes e secas, frequentemente com estações mais frias	Reúne os problemas dos climas quentes e úmidos e dos climas muito quentes e secos	Deve-se buscar um meio-termo entre os requisitos dos climas quentes e úmidos e dos climas muito quentes e secos; a solução ideal (e mais cara) consiste em duas edificações ou setores para serem utilizados em épocas diferentes do ano
Terras altas equatorianas	10°N-10°S	Floresta tropical, vegetação de montanha	Milho miúdo	Do temperado ao frio conforme a altitude	Reúne os problemas dos climas quentes e úmidos e dos climas muito quentes e secos com os problemas do clima frio em todo o ano ou parte dele	Projete de forma a aproveitar a radiação solar quando estiver frio ou muito frio. A calefação e um isolamento adicional talvez sejam necessários
Terras altas tropicais	10-30°N 10-30°S	Estepe, coníferas	Trigo	Verões muito quentes, invernos frios	Idem	Idem
Mediterrâneo	32-45°N 32-45°S	Arbustiva mediterrânea	Parreiras, azeitonas, frutas cítricas	Verões muito quentes e secos, invernos frios e úmidos	Os verões têm problemas típicos do clima muito quente e seco, enquanto os invernos são frios e úmidos com precipitação de chuva moderada	Deve-se projetar edificações com grande inércia térmica e aberturas entre médias e pequenas, além de pátios para fornecer abrigo e proteção

Tabela II Dados climáticos

Dados necessários	Unidades	Relevância
Média máxima mensal de temperatura	°C	análise do conforto térmico
Média mínima mensal de temperatura	°C	
Média máxima mensal de umidade	%	
Média mínima mensal de umidade	%	
Precipitação média mensal	mm	vegetação
Intensidade de pico e duração da precipitação	mm/unidade de tempo	danos causados pelas chuvas
(A precipitação diária ou por hora talvez seja o único dado disponível)	mm	escoamento da água da chuva
Luz natural	horas	iluminação natural
Nebulosidade	octas* ou %	
Temperatura máxima absoluta	°C	expansão térmica e influência sobre os materiais da edificação
Temperatura mínima absoluta	°C	
Distribuição da frequência dos ventos para diferentes velocidades e direções	% m/s	implantação e orientação
Fenômenos especiais frequentes, ou seja, tempestade de areia, nevoeiro, granizo, raios, etc.	dias por ano	instalação de precauções específicas

* 1 octa = 1/8 do céu.

ratura. A média entre a média mensal mais alta e a média mensal mais baixa resulta em uma aproximação aceitável.)

É particularmente importante verificar se os dados não foram distorcidos por anomalidades periódicas, principalmente quando se basearem em registros de curto prazo. Uma comparação entre os registros anuais de precipitação revelará se há qualquer padrão cíclico. Os grandes lagos do leste da África subiam e desciam em um padrão ao longo de um ciclo de sete anos durante a primeira metade do século XX – acredita-se que isso estava relacionado não somente às precipitações de chuva, mas também às atividades no *Great Rift Valley*, que parece interligar os lagos. Este padrão teria sido alterado pelo desmatamento, pela substituição das práticas de cultura de subsistência pelo cultivo comercial (causando uma séria erosão do solo e levando fertilizantes para os lagos) e pela construção de usinas, barragens e outros fatores que alteram os ciclos hidrológicos naturais.

Grande parte dos dados meteorológicos atuais e históricos está disponível na Internet, assim como as definições dos termos utilizados. Porém, como as estações meteorológicas geralmente se situam nos aeroportos – que costumam ter microclimas distintos –, esses dados precisam ser confirmados no terreno. Sempre que a precipitação de chuva depender de ventos dominantes oriundos de uma direção, talvez haja terrenos protegidos da chuva que são muito mais secos do que os registros sugerem. Em projetos de grande porte, talvez seja recomendável implantar uma estação meteorológica no local para verificar os dados e estudar o microclima. Caso as mudanças climáticas (Seção 2.3) se acelerem, condições mais extremas se manifestarão, causando catástrofes cada vez mais graves. Em específico, as tempestades, ventanias e chuvas ou secas extremas talvez piorem, além de ocorrerem com mais frequência. O projeto da edificação e a escolha do terreno precisam levar esses fatores em consideração.

Conforto térmico

O conforto térmico depende da temperatura, da umidade, da radiação e da circulação do ar, além dos tipos de atividades, vestimentas e do grau de aclimatação. Duas pessoas jamais sentirão e descreverão o conforto da mesma maneira. Em climas muito quentes e secos, a transpiração evapora rapidamente, permitindo o resfriamento rápido do corpo; a umidade impede esse processo, levando a ganhos térmicos e ao desconforto. A Tabela IV indica as várias temperaturas que provavelmente serão consideradas confortáveis em níveis específicos de umidade relativa do ar.

Esses limites de conforto térmico pressupõem que não houve perda ou ganho térmico devido à ventilação ou ao isolamento. A comparação das médias mínimas e máximas mensais de temperatura em níveis conhecidos de umidade relativa do ar indica se aquele mês específico terá dias e noites confortáveis ou desconfortáveis devido ao calor, ao frio ou à umidade (Tabela V).

Tabela III Pontos de ação para coleta de dados climáticos

Dados históricos	• Consulte as estações meteorológicas locais, partindo do aeroporto, para verificar se os dados são relevantes para o terreno em questão. Mesmo países pequenos são capazes de manifestar tipos climáticos diferentes. Observe os padrões de mudança e os ciclos periódicos que têm recorrência desde o início do registro.
Situação atual	• Priorize a coleta de dados climáticos no local, assim que o terreno for identificado.
Precipitação de chuva	• Determine o padrão pluviométrico – picos, padrões diários (as monções ou "épocas das chuvas" geralmente ocorrem no mesmo período todos os dias; algumas áreas possuem uma ou duas semanas de chuvas sazonais cerca de um mês antes do início da temporada de chuvas). • Em épocas com variações sazonais distintas, há duas (ou mais) estações "chuvosas" (como no Quênia). • O padrão pluviométrico é confiável ou há evidências de mudanças climáticas? • Há algum ciclo periódico conhecido, como o El Niño? • A chuva vem de uma única direção e, em caso afirmativo, isso afeta o microclima do terreno? • Qual é a intensidade das chuvas – a garoa se repete por meses ou chove de uma vez só em um aguaceiro torrencial?
Outras precipitações	• Há risco de queda de granizo ou neve – eventos não tão raros nos trópicos?
Tempestades, tempestades de areia, vendavais, furacões, tsunamis, tornados, terremotos, enchentes, deslizamentos de terra e outros eventos climáticos extremos	• Esses riscos apresentam dois aspectos – o quão extremos podem ser e com que frequência eles ocorrem? • Com que frequência dois ou mais desses eventos estão inter-relacionados ou dependem de outros eventos climáticos previsíveis ou observáveis (tornados e mudanças na pressão atmosférica, terremotos e tsunamis, furacões e deslizamentos de terra)?
Luz do sol e nível de luminosidade	• Há céu claro o ano todo ou ele permanece encoberto durante as chuvas por semanas a fio? • A nebulosidade é previsível?
Umidade relativa do ar	• Registros de variação sazonal • É possível o surgimento de mofo nos armários? • A umidade intensa afeta tarefas cotidianas ou materiais de construção?
Temperatura	• Gráficos anuais • Variações sazonais • Máximas e mínimas diurnas

Tabela IV Limites do conforto térmico (°C)

Umidade relativa do ar média mensal (%)	Temperatura média anual					
	Acima de 20°C		Entre 15 e 20°C		Abaixo de 15°C	
	Dia	Noite	Dia	Noite	Dia	Noite
0–30	26–34	17–25	23–32	15–23	21–30	14–21
30–50	25–31	17–24	22–30	15–22	21–27	14–20
50–70	23–29	17–23	21–28	15–21	19–26	14–19
70–100	22–27	17–21	20–25	15–20	18–24	14–18

Já foram desenvolvidas várias fórmulas para associar esses indicadores às soluções de projeto. As mais bem sucedidas foram as "Tabelas Mahoney", desenvolvidas para a ONU por Carl Mahoney e reproduzidas no *Manual of Tropical Building and Housing: Part 1 – Climatic Design*, de Koenigsberger et al. (1974). Esse texto permanece importante até hoje.

Dados meteorológicos
Os geógrafos e os meteorologistas distinguem uma ampla variedade de tipos climáticos em zonas quentes e muito quentes e discordam em relação à terminologia. Contudo:

- É possível distinguir os climas úmidos (sem precisão) conforme a intensidade e o padrão da precipitação de chuva, a umidade e o nível de nebulosidade.
- Os climas secos são definidos pela intensidade da seca, pela queda da temperatura na estação mais fria (por questões de simplicidade, daqui em diante chamada "inverno") e pela escassa ocorrência de chuva no verão e no inverno.
- Os climas temperados são definidos pela flutuação sazonal em todos os indicadores climáticos e pelo fato de ficar realmente frio no inverno.

Todas essas variáveis são afetadas pela latitude, pela altitude, pelos ventos dominantes e pela proximidade ou não do oceano. Elas podem ser categorizadas em três ou quatro tipos, com base em dados importantes para grupos específicos (fazendeiros preocupados com a chuva, turistas preocupados com a umidade e o céu claro, esquiadores esperando pela neve) ou serem divididas em listas mais longas e detalhadas. A estação meteorológica da Austrália produz uma série de mapas que mostram critérios distintos (Figuras 36.6-36.9).

Tabela V Indicadores dos requisitos de conforto em cada mês

Indicadores de umidade		
H1	Circulação de ar essencial	Média da temperatura máxima mensal acima dos limites de conforto diário juntamente a uma umidade acima de 70% ou umidade entre 30 e 70% e uma variação diurna inferior a 10°C.
H2	Circulação de ar desejável	Temperatura máxima média mensal dentro dos limites de conforto juntamente a uma umidade acima de 70%.
Indicadores de aridez		
A1	Armazenamento térmico necessário	Variação diurna de temperatura acima de 10°C e umidade inferior a 70%.
A2	Espaço necessário para dormir ao ar livre	Temperatura mínima média mensal acima dos limites de conforto noturno e umidade abaixo de 50%. O espaço para dormir ao ar livre é recomendado sempre que as temperaturas máximas ficarem acima dos limites de conforto diurno e a variação diurna for superior a 10°C com umidade inferior a 50%.
Indicadores de refrigeração		
C1	Radiação solar recomendável	Temperatura máxima média mensal abaixo dos limites de conforto diário.
C2	Calefação adicional necessária	Temperatura máxima média mensal abaixo de 15°C.

2.3 Mudanças climáticas

O *Climate Change 2007* (Mudanças Climáticas 2007), o quarto relatório de avaliação do Painel Intergovernamental das Nações Unidas sobre Mudança Climática (IPCC), apresenta uma avaliação séria das implicações das mudanças climáticas para os trópicos:

- Ilhas de baixa altitude talvez sejam inundadas pelo aumento do nível dos mares.
- Acredita-se que os futuros ciclones tropicais (tufões e furacões) se tornarão mais intensos, com picos de velocidade do vento mais altos e precipitações mais fortes; porém, é possível que o número de ocorrências diminua.
- Aumento das secas no centro de grandes massas terrestres continentais.

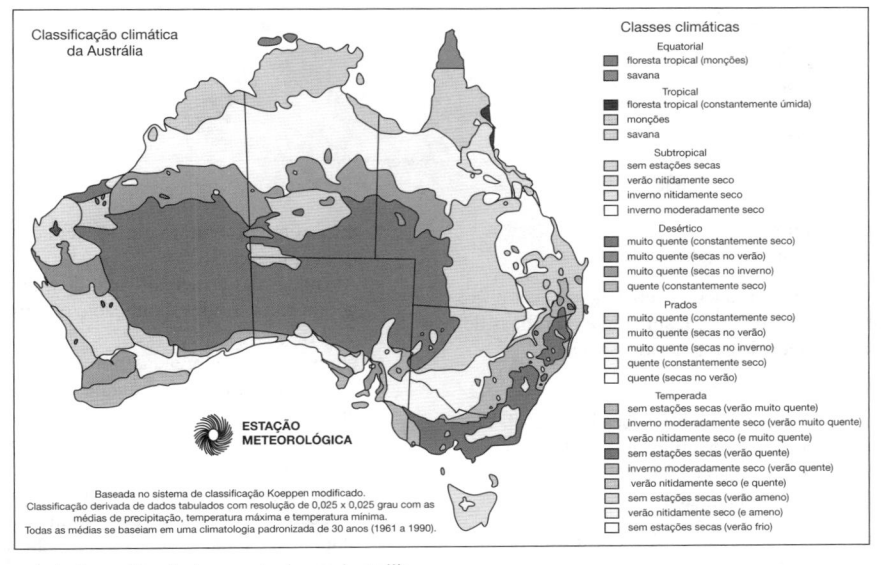

36.6 Variação dos climas tropicais e subtropicais encontrados na Austrália.

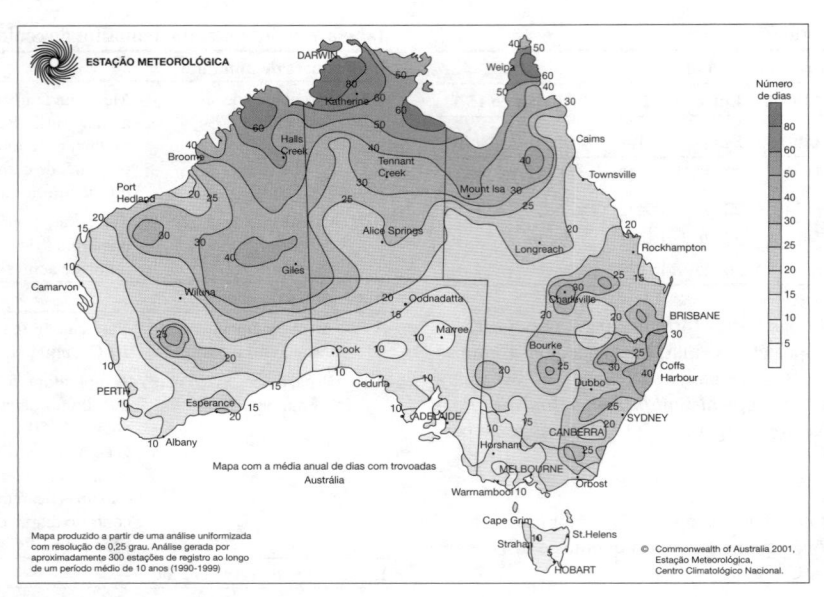

36.7 Média anual de dias com trovoadas na Austrália.

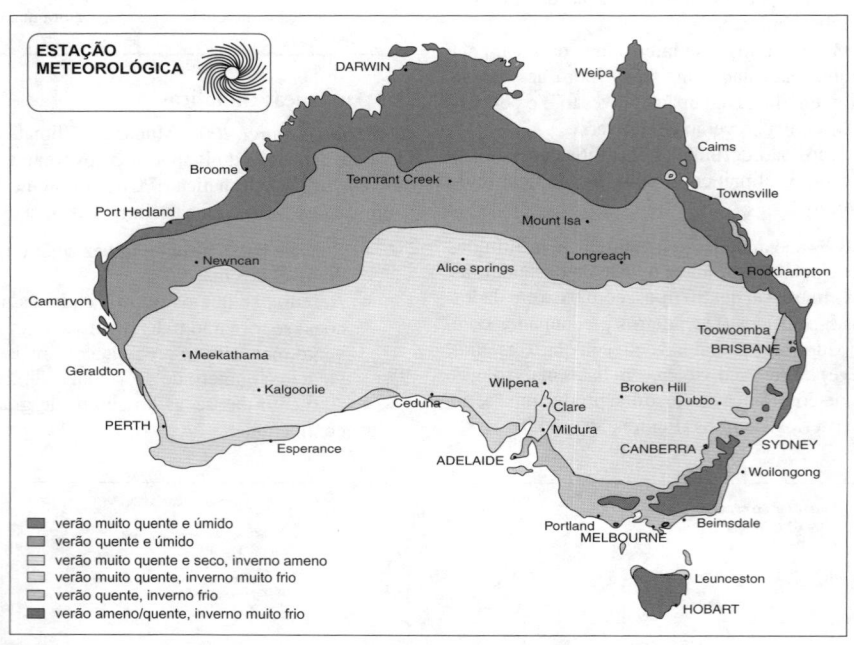

36.8 Mapa baseado apenas na temperatura e na umidade.

- Aumento das temperaturas.
- Imprevisibilidade crescente dos padrões climáticos.

O relatório também prevê "reduções substanciais nas diferenças regionais de renda per capita", que resultarão em práticas de edificação com o uso de mais tecnologia e recursos.

2.4 Escolha do terreno

Os terrenos e a implantação detalhada de edificações individuais devem ser escolhidos principalmente para maximizar o conforto humano. O desempenho eficiente da edificação resultará dessas escolhas.

As edificações devem ser implantadas:

- A favor do vento (na zona de sucção) e perto de grandes dissipadores de calor, como florestas, rios ou lagos, que reduzem a temperatura e protegem o terreno da poeira e dos ruídos, Figura 36.10.
- Afastadas das principais rotas de trânsito e das indústrias que geram calor, ruídos, poluição e odores desagradáveis, Figura 36.11.
- Onde serão sombreadas por árvores ou outras edificações durante o período mais quente do dia e/ou os períodos mais quentes do ano.
- Em locais onde se beneficiarão das brisas dominantes (climas úmidos).
- Onde estarão protegidas dos ventos que carregam poeira e do ofuscamento (climas áridos e muito quentes).
- Onde não estarão sujeitas à reflexão solar de outras edificações, Figura 36.12.

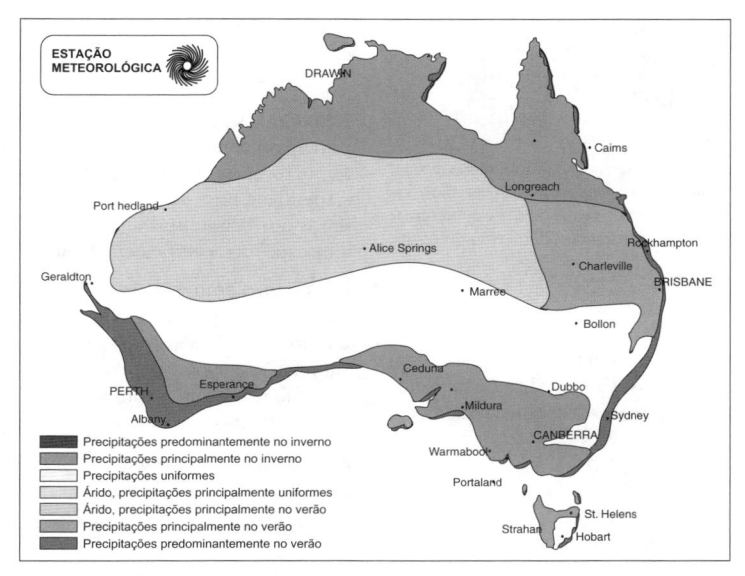

36.9 Mapa baseado apenas nos padrões pluviométricos.

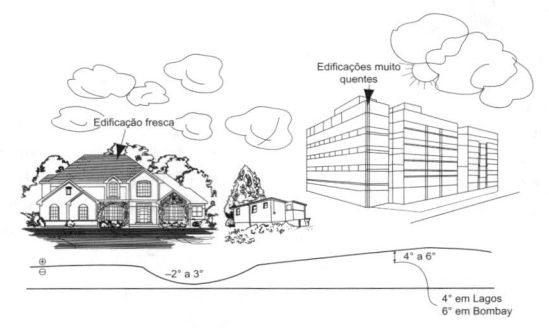

36.10 Implante as edificações a favor do vento (na zona de sucção) dos dissipadores de calor.

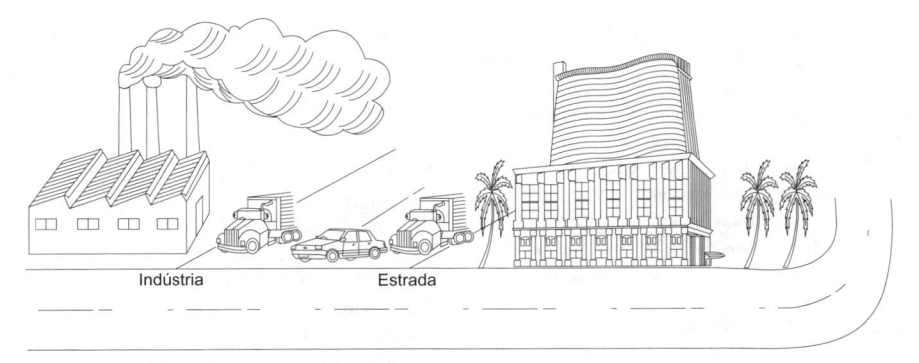

36.11 Implante as edificações bem afastadas de estradas movimentadas e indústrias.

- De modo a limitar os ganhos térmicos e os ofuscamentos refletidos por pavimentações externas ou edificações adjacentes com superfícies de cor clara refletiva (albedo alto – veja a Seção 7.2).

2.5 Características do terreno

Fatores como a altitude, a orientação solar, o isolamento, a declividade, os ventos dominantes, a proteção contra a luz solar, o solo, a geologia, o lençol freático, a vegetação, as edificações preexistentes, a arqueologia e a ecologia talvez sejam todos importantes. Os usos tradicionais do terreno (para pastagem, passeios para pedestres ou cultivo) talvez precisem ser negociados. A destruição das plantações que ocupam o terreno talvez exija reembolso do valor total; uma alternativa é conceder um prazo para a colheita.

Poluição

A poluição e os odores provenientes de curtumes e outras indústrias, salinas, esgotos pluviais e sanitários a céu aberto, suprimentos de água contaminada e das estações de tratamento de esgoto aeróbicas talvez resultem em problemas sérios nos países onde não há legislação ambiental.

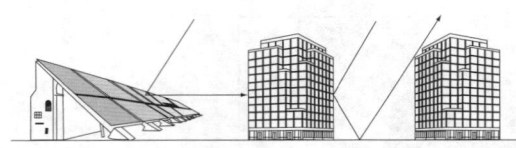

36.12 A reflexão da luz solar proveniente de fachadas inclinadas e envidraçadas poderá ser refletida horizontalmente para edifícios próximos ou ofuscar motoristas. Em certos países, é considerado crime o uso de coberturas metálicas sem revestimento, já que podem cegar temporariamente pilotos de avião.

Impacto ambiental
Até os menores projetos são capazes de afetar o abastecimento de água, a estabilidade do solo e a flora e a fauna frágeis, além dos habitantes locais e seus padrões agrícolas. Uma análise de impacto ambiental talvez seja necessária e sempre deve ser considerada.

2.6 Análise do terreno e geotécnica

Solo e geotécnica
O terreno talvez apresente condições e comportamentos de solo desconhecidos. No sul da África, por exemplo, não há solos glaciais, há muito mais rochas ígneas do que em qualquer outro lugar, e a erosão de antigas massas de terra produziu uma porcentagem muito maior de solos residuais. Em sua maioria, esses solos não são saturados e muitos são do tipo expansivo ou colapsível. Nesse caso, as estruturas menores precisam ser leves e flexíveis, em vez de pesadas e rígidas. As estruturas maiores talvez precisem de fundações com estacas. A ausência de geadas libera o projeto das fundações de alguns dos condicionantes de climas frios, mas fatores adicionais (como o tipo de solo e os ciclos sazonais de saturação e dessecação) podem resultar em outros problemas. Em muitas áreas, os solos tropicais são finos e vulneráveis à erosão rápida assim que a cobertura vegetal é removida ou que a superfície é exposta ou cultivada. Talvez seja necessário estabilizar o solo usando plantas, geomembranas e gabiões. É raro trabalhar em um país que não tenha sido geologicamente mapeado de maneira extensiva; os conhecimentos e os especialistas geralmente estão disponíveis.

Fornecimento de água
Talvez seja impossível garantir um fornecimento de água adequado ao longo do ano em climas secos ou sazonalmente secos. É possível que haja aquíferos que precisem ser explorados por meio de bombas eólicas; contudo, se a água tiver de ser canalizada por longas distâncias ou transportada por caminhão-pipa, tal sistema deixará de ser econômico. A água do solo deve ser cuidadosamente testada pelo governo ou por analistas independentes para verificar sua potabilidade e a presença ou não de contaminação. (O envenenamento generalizado com arsênico em Bangladesh é um dos piores dentre muitos casos de contaminação acidental. O desastre foi causado pela ajuda internacional bem-intencionada que pretendia melhorar a saúde impedindo as pessoas de beberem água de superfície contaminada. Quatro milhões de poços artesianos foram cavados – em solo contaminado.)

Lençol freático e enchentes
O lençol freático talvez tenha mudanças sazonais ou sofra alterações causadas por outras obras de construção ou engenharia civil nas proximidades. Enchentes repentinas podem ocorrer em qualquer leito de rio seco ou terrenos mais baixos; é possível que as estradas se tornem intransponíveis rapidamente. Faça consultas, busque informações climáticas atualizadas e preste atenção às trovoadas distantes.

Terremotos e fontes de águas termais
Os dados sísmicos e a atividade geotérmica mundiais são registrados com qualidade pelo British Geological Survey e pelo US Geological Survey. Suas informações disponíveis na Internet são excelentes.

Cemitérios
Cemitérios antigos podem ser descobertos em lugares inesperados, principalmente se a população for nômade e os registros escritos forem recentes. Túmulos e sítios religiosos devem ser tratados com respeito e é preciso ouvir consultores locais. É possível que a presença dos cemitérios seja indicada pela existência de árvores de uma espécie específica ou algum outro marco ambiental.

Descobertas arqueológicas
Quaisquer descobertas arqueológicas devem ser notificadas aos museus locais. Ao escavar um sítio virgem, é recomendável se informar em relação às possíveis descobertas, já que os vestígios, ou outros itens, podem assumir formas estranhas, variando de ovos de dinossauros a pedras preciosas e pinturas rupestres.

2.7 Cultura e religião

Critérios culturais e religiosos
Muitas perguntas devem ser feitas se forem pertinentes ao projeto de edificação:

- A sociedade é homogênea ou está dividida em grupos étnicos, políticos, religiosos ou econômicos?
- É preciso atender às necessidades de alguma minoria?
- Existem critérios rígidos baseados na diferença de gênero?
- Existem tabus associados à higiene pessoal e ao abate de animais e ao consumo de carne?
- Alguma casta é isolada?
- Os dias santos variam?
- O ambiente de trabalho precisa acomodar práticas religiosas ou sociais específicas?
- Santuários são necessários?
- A prática do Feng Shui é comum?

Fatores históricos
Práticas de construção do período colonial ainda perduram em algumas antigas colônias, incluindo os membros antigos e atuais da Comunidade das Nações (britânica) e da África francófona, além das antigas colônias norte-americanas, portuguesas, holandesas e alemãs. O governo, os processos legais, a polícia, as forças armadas e uma ampla variedade de práticas sociais refletirão os antigos administradores em maior ou menor grau. O mesmo pode se dizer da arquitetura antiga e, ocasionalmente, da atual.

Critérios sociais e étnicos
O analfabetismo ou a ausência de uma língua comum talvez exijam uma abordagem diferente em relação à sinalização usada nas edificações. Se a mão de obra for barata, é provável que a edificação tenha de acomodar uma multidão de serventes ou empregados domésticos, mensageiros e outros funcionários cuja contratação é viabilizada pela situação. Em alguns países, os funcionários receberão acomodação residencial e estarão autorizados a manter todas as suas famílias no local – com implicações nas redes de energia elétrica, água e esgoto.

2.8 Política e economia

Práticas comerciais
As pessoas fazem a sesta após o almoço, quando o sol está a pino, mas trabalham até mais tarde, quando é difícil proteger as edificações do ofuscamento do sol baixo e dos ganhos térmicos? As reuniões e demais interações exigem edificações especiais? Existem atividades em grupo regulares (Tai Chi, pausa para o café no meio da manhã, simulações de emergência) que precisem de espaços específicos?

Fatores políticos
A instabilidade política e as agendas políticas, étnicas, religiosas ou tribais conflitantes podem influenciar o projeto e trazer instabilidade à indústria da construção.

Ajuda externa e provisão de recursos financeiros
Os contratos de pagamento de dívidas internacionais às vezes prejudicam as economias locais e impedem sua recuperação econômica; a venda de produtos de origem militar por fornecedores mais agressivos tem sido um problema. No passado recente, os países recém independentes receberam uma grande quantidade de financiamentos incondicionais, já que os governos responsáveis pela doação buscavam afastar a influência indesejável do bloco comunista (Cuba ou China) das áreas vulneráveis e possivelmente instáveis. Grande parte desse auxílio visava a empregar os habitantes do país responsável pela doação ou empréstimo ("vocês utilizarão nossos arquitetos, nossos materiais, nosso equipamento..."), com pouca consideração pelos especialistas locais, pela cultura ou pela viabilidade no longo prazo. O financiamento forneceu os veículos, mas não os meios de fazer a manutenção periódica; foram fornecidos hospitais, mas não os funcionários para mantê-los.

Mais recentemente, os doadores mais conscientes começaram a substituir a construção de edificações pelo suporte aos projetos autônomos e sustentáveis que visam a apoiar as indústrias locais e promover a saúde. Entretanto, as coisas ainda não estão funcionando – o fluxo infinito de roupas baratas de segunda mão que as organizações de caridade enviam para a África destruiu a indústria têxtil em vários países e fez milhares de alfaiates autônomos fecharem suas portas.

2.9 Indústria da construção, gestão de emprego e profissionais especializados

Capacidade e custos da mão de obra
Guias com as tarifas internacionais já estão disponíveis na maioria dos países e fornecem diretrizes de qualidade referentes aos materiais locais, às especificidades de preço, aos materiais difíceis de obter, às taxas de mão de obra e outros indicadores de custo. É importante que os arquitetos descubram e utilizem os talentos locais, em vez de impor técnicas importadas que lhes são familiares – mas não aos artesãos locais.

Transporte, acessibilidade e infraestrutura
O transporte pode trazer vários problemas imprevistos aos projetos de construção: a disponibilidade de serviços, as peças sobressalentes, a manutenção, os motoristas, a cobertura de seguro, os riscos, a segurança das estradas, as condições climáticas adversas, as barreiras nas estradas (oficiais e não oficiais), os motoristas que usam veículos oficiais como se não o fossem e os táxis sem seguro.

Acesso e deslocamento
É fácil entrar e sair do país? São necessários vistos, intérpretes, guias, despesas com voos, táxis, trens, ônibus ou automóvel? É importante desenvolver contatos e redes locais por meio do uso de embaixadas, entidades profissionais e outras agências.

Estratégias de gerenciamento do projeto
O gerenciamento será local, internacional ou com o uso de parcerias? Será *online*, por telefone ou por fax?

Requisições para licenças de projeto
As requisições para as licenças e as demais exigências legais podem ser em inglês, francês ou em um idioma raro. As orientações locais são essenciais. A autorização profissional talvez seja liberada imediatamente, ou pode ser complexa e demorada.

Custos
Os custos serão desconhecidos: a consultoria obtida junto aos profissionais locais é essencial.

2.10 Recursos e tecnologias

Utilidades públicas e instalações
As instalações necessárias podem incluir água (potável e "águas servidas" tratadas), eletricidade, telecomunicações (incluindo serviços via satélite e de dados), combustíveis e gás. É preciso determinar a disponibilidade, a confiabilidade, os métodos de distribuição e o tipo de sistema. Em muitos países, a baixa densidade dos novos empreendimentos urbanos impõe grandes dificuldades sobre a distribuição atual e futura das instalações. As instalações externas – esgoto (redes públicas e fossas sépticas), vertedouros para águas pluviais e coleta de lixo – talvez exijam soluções de projeto não convencionais. Em áreas sem redes públicas, é preciso considerar alternativas.

Recursos da indústria da construção
A disponibilidade e a confiabilidade dos materiais, ferramentas, plantas, suprimentos de águas, recursos, mão de obra, níveis de capacitação, artesãos, experiência, estruturas da organização, tecnologias e a confiabilidade das redes de utilidades afetarão o processo da construção. Da mesma forma, os eventos sazonais ou climáticos afetam o vínculo empregatício, restringem o deslocamento dos meios de transporte e a produção de materiais, ou ainda interrompem a construção (os trabalhos em solo talvez não sejam possíveis durante a estação de chuvas). Os artesãos locais talvez sejam adeptos de práticas específicas (como rebocar) que se perderam em grande parte da Europa continental ou dos Estados Unidos há algum tempo. Os andaimes podem utilizar bambu – e vale a pena explorar esse material em uma ampla variedade de aplicações.

Fontes de energia alternativa
A energia da água (pluvial e marítima), dos ventos ou do sol pode ser viável. Os sistemas fotovoltaicos (BIPV – *building-integrated photovoltaics*) conectados à rede pública estão se tornando mais eficientes e mais estudados.

Sustentabilidade
Os termos podem ser diferentes (projeto sustentável, bioclimático, ecológico, "verde"), mas os princípios permanecem.

Um bom projeto de edificação:

- Deve ter a menor pegada ecológica possível, minimizando o uso de combustíveis fósseis não renováveis na coleta, na manufatura, no transporte e na utilização dos materiais de construção.
- Deve reduzir a necessidade de energia derivada desses combustíveis fósseis na calefação, na iluminação, na ventilação e no preparo de alimentos, usando estratégias de projeto passivo.
- O estilo de vida e as práticas de trabalho devem reduzir a necessidade do consumo excessivo de energia no transporte, no local de trabalho e nas áreas de lazer ou entretenimento.
- A longo prazo, isso deve afetar o planejamento urbano, a natureza dos empreendimentos residenciais, a infraestrutura das instalações e as políticas dos governos centrais.

As estratégias sustentáveis a serem consideradas incluem:

- Uso de materiais locais – mas sem consumo além da capacidade de regeneração
- Aproveitamento dos produtos descartados localmente
- Uso de projetos passivos
- Energia reaproveitada
- Consumo restrito de água

Tecnologias apropriadas
É arriscado criar pressupostos referentes às soluções mais adequadas: dois países vizinhos talvez pareçam semelhantes em termos de

clima, meio ambiente e cultura sociopolítica, mas podem ter indústrias da construção muito diferentes entre si. Um deles talvez tenha mão de obra de qualidade, boa tradição no uso do tijolo, tradições decorativas populares e utilize o aço de maneira extensiva, enquanto seu vizinho não possui construções de alvenaria, de tijolo ou pedra, mas usa blocos de cimento e concreto armado. Um deles talvez receba de bom grado as soluções de baixa tecnologia, enquanto o outro pode recusá-las imediatamente. Os fornos de barro, as telhas de cobertura reforçadas com fibra de sisal e os vasos sanitários de compostagem modernos (secos) talvez funcionem muito bem, mas provavelmente não agradarão às pessoas ambiciosas do mundo moderno. Na verdade, essas soluções funcionam melhor quando oferecidas àqueles que desejam fugir desse mundo moderno e desejam viver na "selva" por uma semana ou duas. A tecnologia só será adequada se as pessoas a desejarem.

Tecnologias transferíveis

Hoje, as edificações de alta tecnologia dos climas temperados usam estratégias de projeto que surgiram nos trópicos (torres de resfriamento, coberturas com abertura para ventilação, brises, etc.). Ocasionalmente, elas têm um desempenho mais baixo do que o esperado, uma vez que a variação de temperatura não é extrema o bastante para produzir o deslocamento de ar. Quando atualizadas e reinterpretadas nos trópicos, porém, tais edificações costumam funcionar melhor. Reciprocamente, os detalhes (como o isolamento térmico) podem se beneficiar do projeto tropical, em especial nos climas temperados de alta altitude.

2.11 Projeto ambiental

Conforto ambiental no interior da edificação

O conforto depende da resposta da edificação às especificidades do clima – a umidade, as variações sazonais associadas à altitude, os ventos dominantes e os padrões pluviométricos, além do terreno e de seu entorno. Não esqueça que as altitudes mais altas afastadas do litoral talvez fiquem muito frias à noite durante a estação mais fria – algumas áreas apresentam neve e geada. As casas que ficam no centro de grandes massas terrestres ou em altitudes superiores a 1.000 m geralmente precisam de lareiras nas salas de estar; além disso, é preciso tirar proveito dos ganhos térmicos solares durante o inverno. Um projeto solar passivo eficaz é fundamental para a qualidade do projeto final.

Projeto ambiental em torno da edificação

Fatores como a proteção solar, o controle ou aproveitamento da circulação do ar, a localização e o tipo de paisagem, o uso da água, a refletância das superfícies, o ofuscamento, a proteção contra ruídos ou poeira e a proteção contra tempestades sazonais talvez sejam fundamentais. É possível que as edificações adjacentes produzam reflexão solar, bloqueiem a circulação do ar ou projetem sombras quando for necessário. Os espaços públicos e privados (incluindo o estacionamento) são capazes de influenciar os níveis de iluminação, o ofuscamento e as comodidades em geral.

Desempenho da edificação no contexto do clima local

Talvez as edificações precisem enfrentar tempestades torrenciais, raios, ciclones, furacões, tempestades de areia, temperaturas muito altas, variações de temperatura extremas durante o dia com picos térmicos associados, umidade alta e persistente, longos períodos de seca ou atmosferas com muita maresia, Figura 36.13. As edificações que foram elevadas para aproveitar a brisa precisarão de medidas estruturais adicionais para suportar os ventos intensos.

2.12 Flora, fauna e riscos biológicos

Doenças e infecções tropicais

A saúde pública global está declinando com as mudanças climáticas, já que as doenças tropicais e seus transmissores estão ocupando áreas onde a população não tem imunidade natural. A Organização Mundial da Saúde disponibiliza informações atualizadas sobre as seguintes doenças em sua página na Internet: leishmaniose visceral, doença de Chagas, mal de Hansen (lepra), tuberculose, esquistossomose (bilhárzia), filariose linfática (elefantíase), malária, triponossomíase africana (doença do sono) e dengue.

Cobras, aranhas e insetos voadores

Descubra se o *habitat* do terreno é próprio de cobras ou aranhas venenosas. Em caso afirmativo, instrua os funcionários em relação ao tratamento mais adequado para possíveis mordidas. É preciso estar consciente de todos os riscos de doenças, incluindo as transmitidas pela água ou por insetos. Qualquer concentração de água estagnada ou parada pode provocar doenças ou os mecanismos para a transmissão delas (como a bilhárzia, na África). As abelhas e as vespas costumam ser muito agressivas e fazem enxames em aberturas de telhados. Talvez seja muito difícil erradicar as baratas.

Mosquitos

Os mosquitos são endêmicos nos trópicos e várias espécies são capazes de transmitir grande variedade de doenças (a malária é a mais comum) por meio da transferência do sangue infectado de uma pessoa picada para a próxima. Recentemente, a incidência cada vez maior da forma mais grave de malária (a malária cerebral) foi acompanhada pelo aumento da resistência aos tratamentos conhecidos. Logo, as medidas de profilaxia e as soluções técnicas

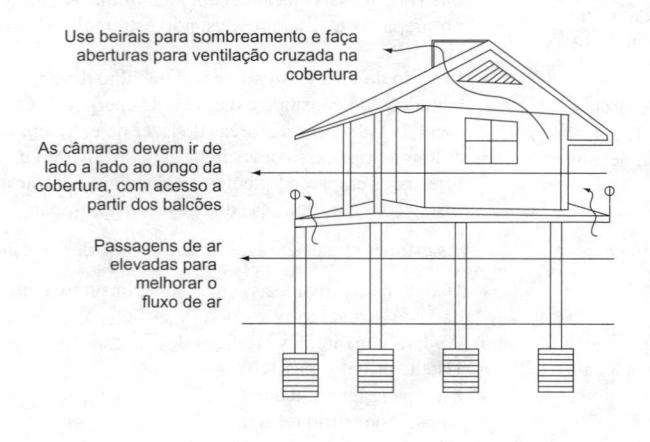

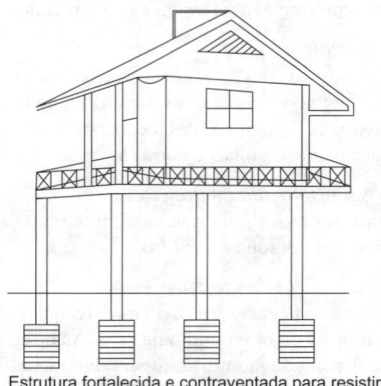

36.13 Edificações construídas sobre plataformas ou estacas talvez precisem de reforços para suportar os ventos fortes.

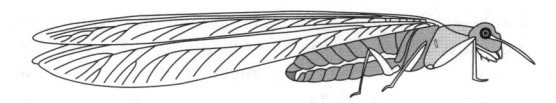

36.14 Cupim com asas. Direitos autorais da ilustração: D. G. Mackean.

precisam de mais supervisão. Os departamentos de saúde governamentais, os hospitais para o tratamento de doenças tropicais (a maioria dos países com um passado colonial ou com um número significativo de imigrantes vindos dos trópicos tem experiência em casos de doenças tropicais) e as linhas aéreas nacionais podem prestar consultoria sobre a prevenção. Consulte a Seção 6.8 para estratégias de projeto capazes de afastar os mosquitos.

Muitos climas tropicais têm padrões cíclicos de temperatura e variação pluviométrica, como o fenômeno El Niño, que se repete em questão de anos. Esses ciclos afetam o lençol freático e os níveis dos corpos de água; e, sempre que os períodos de maior umidade estão relacionados a altas temperaturas, há epidemias de doenças associadas aos mosquitos e outros insetos que se reproduzem na água. Na Austrália, as epidemias de encefalite no Murray Valley ocorrem juntamente aos picos do *Índice de Oscilação Sul (IOS)*, que coincidem com os anos em que o El Niño se manifesta.

Grandes mamíferos
Em áreas rurais, os animais selvagens e o gado solto podem causar problemas. Os hipopótamos saem da água para caçar à noite, os elefantes arrancam troncos de árvores e os macacos famintos causam muitos danos propositais.

Caruncho
As estruturas e o mobiliário de madeira correm o risco de sofrer sérios ataques de caruncho.

Cupins
A presença de cupins (Figura 36.14) talvez só se torne aparente se eles forem da espécie que constrói colônias. Os cupins são capazes de penetrar em espaços pequenos e destruir madeiras de construção rapidamente. Também destroem jardins, árvores e arbustos lenhosos. Em locais onde são dominantes, é preciso considerar a necessidade de substituir uma porcentagem de todo o jardim devido aos danos causados pelos cupins. Os cupins podem afetar o perfil do solo, deixando uma área apenas com pedras, em situações extremas.

Há três tipos principais de cupins:

- *Cupins de madeira úmida* são encontrados em madeira úmida putrefata ou bolsos de raiz em árvores vivas ou mortas. Eles retiram toda a água de que precisam de seu *habitat* e não necessitam de contato com o solo.
- *Cupins de madeira seca* são semelhantes aos caruncos encontrados em climas temperados. Eles podem voar até o interior das edificações ou se introduzir em madeiras previamente infestadas. É possível evitá-los pelo uso de madeira naturalmente resistente (e cara), pelo tratamento prévio da madeira com um produto que preserva o material e pela inclusão de barreiras físicas no projeto, especialmente na altura do telhado.
- *Cupins subterrâneos* precisam manter contato com o solo e são capazes de sobreviver em condições mais secas do que os cupins de madeira seca. Eles representam a maior ameaça às edificações. Esses cupins conseguem passar por pequenas fissuras em lajes e argamassas; a seguir, constroem galerias de barro que ligam seu ninho e uma fonte de umidade no subsolo com a fonte de alimentação na celulose do interior da edificação. Os espaços úmidos, escuros e com ventilação inadequada abaixo do piso e em torno do perímetro da edificação aumentam o risco de infestação. O paisagismo pode disfarçar as atividades, enquanto o solo intocado ou os materiais abaixo dele facilitam o trabalho dos cupins. As espécies de madeira naturalmente resistentes são escassas.

As opções são destruir o ninho e usar barreiras físicas ou químicas. A pulverização do solo com veneno sob baixa pressão (em geral cloropirifos organofosfatos ou bifentrim de piretroide) é considerada o tratamento mais eficaz, mas precisa ser contínua e não pode ser comprometida por futuras alterações ou ampliações na edificação. Na Austrália, uma tela de aço inoxidável de trama fina é usada como barreira em qualquer lugar, inclusive embaixo da laje de piso do pavimento térreo. Superfícies lisas e expostas das lajes de piso do pavimento térreo (no mínimo 75 mm) facilitam a detecção; se forem construídas com cantos afiados expostos, talvez consigam deter os cupins, Figura 36.15.

Os materiais usados nas lajes de piso e nas fiadas inferiores das paredes (incluindo caliça, areia de construção, argamassa e reboco) costumam receber aplicações de veneno com um composto betuminoso de vedação; a vedação eficiente de todas as fissuras, juntas e orifícios é essencial. As barreiras contra cupins também são usadas, mas podem ser ultrapassadas e sofrerão corrosão, exigindo sua substituição. O uso de substâncias químicas precisa de autorização, mas é possível destruir os ninhos com a pulverização de trióxido de arsênico (muito tóxico e um dos mais poderosos poluentes ambientais) na colônia, com o uso de um pulverizador manual. A inspeção regular é fundamental.

2.13 Outros dados essenciais para o projeto

Filosofia e prática de projeto
Informe-se sobre as práticas e os procedimentos locais e regionais, mas evite produzir um pastiche da tradição vernacular.

Antropometria e ergonomia
Os dados antropométricos europeus tendem a estar desatualizados (ficamos mais altos e maiores). Em outros lugares, porém, os grupos tribais e étnicos talvez possuam características completamente diferentes, em especial em relação à altura e ao alcance das mãos.

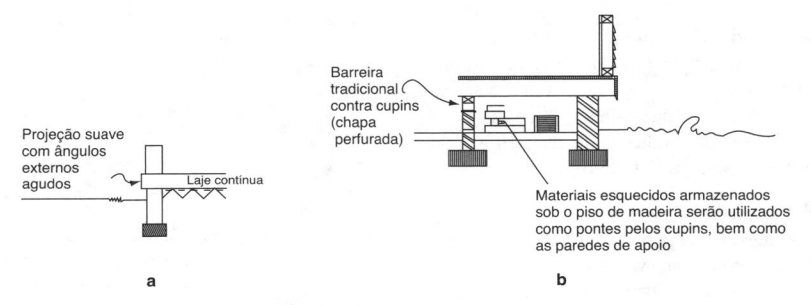

36.15 O projeto do pavimento térreo pode deter ou atrair os cupins: a) pisos de concreto sob o solo; b) pisos elevados de madeira.

Caso não haja dados disponíveis, contrate uma agência local para obtê-los, em vez de tentar fazer isso por conta própria – é possível que você acabe ofendendo as pessoas sem querer.

Acessibilidade aos portadores de necessidades especiais
As políticas de ação variam, assim como o número de portadores de necessidades especiais, principalmente em zonas de guerra antigas ou atuais. A poliomelite também pode ter deixado sua marca.

Fatores especiais no projeto dos espaços em torno da edificação
Os costumes nacionais em relação à propriedade de terra, ao paisagismo, ao acesso público, ao acesso de veículos e ao uso da arte pública podem variar significativamente. Em algumas áreas onde não há equipamentos públicos, espaços públicos indeterminados e drenos ou esgotos ao ar livre talvez sejam usados como latrinas.

Segurança
Sequestros, assaltos, vandalismo e pequenos furtos talvez representem problemas que virão a condicionar o projeto. Os diplomatas – em específico os representantes de determinadas nações – costumam se sentir extremamente vulneráveis e exigem algumas medidas extremas, incluindo "salas protegidas". As grades de proteção nas janelas e outras medidas de segurança talvez restrinjam as rotas de fuga em caso de incêndio. É possível delimitar o terreno com muros altos cobertos por arame farpado fechando um cordão de segurança; os portões talvez sejam protegidos por guardas armados.

Projeto de paisagismo
A disponibilidade de plantas, o conhecimento e as experiências locais variam de país para país – verifique o projeto de paisagismo dos prédios públicos para ter uma noção dos costumes e das possibilidades. Talvez haja algum tipo de proteção referente à flora nativa e restrições em relação a espécies exóticas (importadas). Na maior parte dos trópicos, os antigos administradores coloniais e, posteriormente, os horticultores e os arquitetos paisagistas importaram espécies de todas as partes do mundo. Isso costuma homogeneizar o paisagismo tropical e há uma tendência que defende o uso de espécies nativas.

A irrigação talvez seja um problema; nesse caso, é preciso usar espécies que sejam resistentes à seca em climas secos ou sazonalmente secos. As plantas que precisam de irrigação devem se restringir a canteiros específicos irrigados. O paisagismo tem de reforçar a agenda ambiental do projeto da edificação – sombreamento, ventilação, refrigeração, etc. O paisagismo talvez abrigue insetos, cobras e vermes; consequentemente, alguns clientes podem insistir para que não haja plantas perto da edificação. A irrigação resfria o ar, mas aumenta a umidade.

Escoamento da água da chuva
Em qualquer clima onde haja chuvas pesadas frequentes, é inadequado instalar as pequenas calhas e os tubos de queda pluviais normalmente utilizados em climas temperados. Uma tempestade curta é capaz de provocar uma enchente imediata, e a solução convencional em alguns países consiste em escoar a água dos beirais em drenos naturais, que aumentam rapidamente em largura e profundidade à medida que mais água é lançada. É essencial que o escoamento ocorra de maneira eficaz, sem deixar água parada, onde os mosquitos, a esquistossomose (ou bilhársia) e outras doenças ou bactérias podem proliferar. Em prédios públicos e nas cidades, onde as calhas geralmente são usadas, elas devem ter condições de carregar a água de chuvas intensas ou transbordar sem causar danos ou incômodos.

2.14 Estudo documental
É essencial que todas essas questões sejam investigadas minuciosamente antes do início do projeto em si. Além disso, haverá uma grande disponibilidade de exemplos construídos e documentados, além de conhecimento, experiência e profissionais especializados no país que podem ser fundamentais para garantir soluções de projeto mais adequadas. O arquiteto que ignorar isso provocará o ressentimento dos arquitetos locais talentosos que foram negligenciados no momento da contratação para projetar a edificação. Ao incluir especialistas locais na equipe de projeto, uma grande variedade de fatores locais sutis pode emergir, melhorando muito o resultado.

3 PROJETO ADEQUADO AO CLIMA: TIPOS DE CLIMA
3.1 Projeto bioclimático
Uma avaliação cuidadosa da estética e das soluções tecnológicas correntes e tradicionais locais ajudará a definir questões importantes para o projeto. Em especial, se houver uma edificação tradicional altamente evoluída e quase icônica, a análise detalhada de sua forma talvez seja particularmente gratificante. As edificações e o projeto de urbanismo moderno em geral derivam de modelos ocidentais e nem sempre obtêm sucesso ao tentar solucionar problemas ambientais ou atender às necessidades sociais. O objetivo deve ser reinterpretar e agregar valor às soluções bem-sucedidas e comprovadas, ou criar soluções completamente diferentes que respondam de maneira mais eficaz às alterações em termos de condições ou escala. Uma compreensão precisa das questões e das opções é essencial.

O estilo internacional de arquitetura hoje visto em todo o mundo se baseia em modelos dos climas temperados e, assim como as arquiteturas vernaculares de climas áridos e secos, ela é fechada, contida e defensiva – baseada na geometria dos sólidos. Entretanto, a arquitetura de climas úmidos e temperados geralmente inclui espaços fluidos e abertos construídos sob uma grande cobertura, permitindo que as pessoas entrem e saiam usando aberturas definidas apenas por sua superfície superior. Há pouca diferenciação sensorial entre estar "dentro" e estar "fora" debaixo de uma sombra de árvore. Em espaços sem paredes, coberturas escultóricas podem ter grande impacto estético.

Em climas onde grande parte das atividades diárias é conduzida em áreas externas, é comum que as edificações assumam o formato de uma série de pavilhões distribuídos em um parque e conectados por passarelas cobertas. Em terrenos mais exíguos e sempre que a segurança for importante, as conexões entre as edificações podem ser canais de ventilação semifechados com brises nas paredes ou outra forma de treliça protetora.

Genericamente, os projetistas reconhecem três climas principais: muito quente e seco, muito quente e úmido e temperado (onde há variação sazonal). Na verdade, a maioria dos locais tem alguma variação sazonal mesclada com outros tipos. As Tabelas VI e VII resumem os principais indicadores e as soluções de projeto.

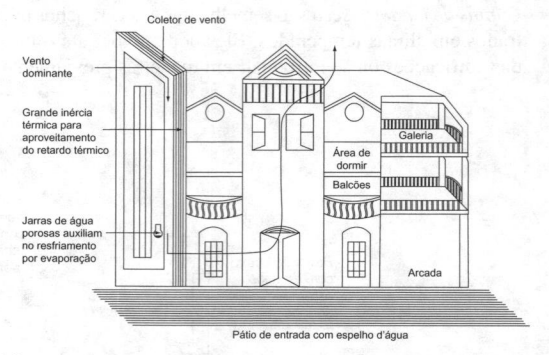

36.16 As edificações de climas áridos muito quentes são frescas, sombreadas e com grande inércia térmica. Sua forma dificulta os fluxos normais de ventilação, então, eles devem ser induzidos por torres coletoras de vento e aberturas de ventilação; a água é colocada em pontos estratégicos para promover o resfriamento por evaporação e criar diferenciais de temperatura dentro dos espaços centrais, de forma a provocar a circulação do ar.

Tabela VI Estratégias para projetos adequados ao clima – climas desérticos muito quentes e secos
(Bagdá, Alice Springs, Fênix)

Indicadores	Medições	Soluções recomendadas
Latitudes	Entre 15° e 30° N e S	Obtenha os dados do percurso aparente do sol; use para determinar a posição das janelas e outros recursos
Localização – no interior de massas terrestres continentais	Altitude	
Temperaturas altas durante o dia (até 50°C) e noites frias (a ausência de nebulosidade permite a irradiação dos ganhos solares diurnos)	Temperaturas máximas e mínimas médias mensais	Bastante sombreamento e grande massa térmica com retardo térmico para liberação de calor durante as noites frias. Os pisos cerâmicos e de pedra permanecerão frios se forem completamente sombreados
Variação diurna intensa		Utilize o som e a visão da água para o conforto psicológico durante o dia
Pouca umidade, ar seco	Média mensal da umidade relativa do ar (entre a média máxima mensal e a média mínima mensal) 10-55%	Use água para resfriar o ambiente por meio da evaporação
Baixo índice pluviométrico (precipitação)	Índices anuais (varia entre 50 e 155 mm)	Coberturas planas, sem calhas Possibilite a remoção da poeira da edificação, principalmente das janelas
Duas estações, uma muito quente e outra fria ou muito fria	Temperaturas máximas e mínimas médias mensais	Use a altitude solar reduzida do inverno para capturar e armazenar energia solar em paredes Trombe e em pisos com grandes massas térmicas Reduza o sombreamento para permitir os ganhos térmicos na estrutura. Estabilize a temperatura com a armazenagem de água ou energia no solo
Céu bastante azul; o ofuscamento do horizonte aumenta ao final da estação seca, à medida que a poeira na atmosfera cria uma névoa	Radiação solar, luminância (1.700-2.500 cd/m², névoa com até 10.000 cd/m²)	A colocação de janelas pequenas na parte superior com vista para o céu azul profundo (mas contra o percurso aparente do sol) Use anteparos para a redução do ofuscamento (grelhas, telas, elementos vasados, gelosias) com aberturas menores na parte inferior, para reduzir o ofuscamento do horizonte
A circulação do ar contém poeira e areia; redemoinhos são frequentes	Velocidade do vento	As estratégias de ventilação dependem do resfriamento e da filtragem do ar
Paisagem árida com espécies tolerantes à seca ou condições desérticas	Índice pluviométrico	O paisagismo depende de espécies resistentes à seca ou da irrigação – mas a água talvez seja cara ou limitada. A baixa umidade afeta o crescimento
Tempestades de areia	Velocidade do vento	Uso das características geográficas e da superfície externa da edificação como defesa contra os ventos; aberturas bem vedadas (janelas, portas, venezianas, tampos protetores) As entradas e saídas de ar e os filtros exigem limpeza regular
Variação – clima desértico e litorâneo muito quente e seco (Kuwait, Karachī)		
Temperatura – não tão quente, mas com pouca variação sazonal		
Umidade relativa do ar	50-90%	Um clima particularmente desconfortável – intensifique a circulação do ar com ventiladores de teto. O condicionamento de ar talvez seja necessário
Nebulosidade – talvez haja uma névoa fina, causando ofuscamento	Horas de sol por ano	
Brisas locais vindas do mar durante o dia e da terra durante a noite	Velocidade do vento	Oriente as aberturas para tirar proveito do vento
Maresia – risco de corrosão	Distância em relação ao mar	Materiais adequados específicos
Tipos de projeto		
Edificações individuais	As edificações são voltadas para dentro e bem protegidas, com paredes espessas e janelas pequenas e altas. A massa da edificação deve ser eficiente, com o mínimo possível da edificação exposta ao sol, principalmente a oeste, onde o sol da tarde é mais quente. Pátios internos são muito comuns, com o uso de água para o resfriamento do ambiente por evaporação e telas decorativas para reduzir o ofuscamento. As coberturas, as paredes, as janelas, as varandas e os pátios podem ser sombreados com marquises ou estruturas secundárias.	
Novos condomínios e loteamentos urbanos	As edificações são agrupadas – em específico, as paredes externas voltadas para o leste e o oeste devem ser protegidas do sol. Isso reduz as distâncias de deslocamento – até os mercados, as lojas e a estrutura urbana. Adote estratégias para reduzir os esforços físicos. As ruas estreitas na direção norte-sul recebem menos sol. As torres de vento capturam as brisas e resfriam o ar, trazendo-o em direção à água em pátios sombreados.	
Paisagismo	Crie um oásis artificial contornando o terreno e plantando para-ventos com espécies resistentes à seca. Se a irrigação for possível, outras espécies poderão ser irrigadas. O solo talvez tenha de ser importado. Nesse caso, deve haver estabilidade e proteção, ou ele será arrancado pelo vento. Use água para benefícios funcionais, decorativos e psicológicos. Sombreie as superfícies pavimentadas para reduzir o ofuscamento.	

Tabela VII Estratégias para projetos adequados ao clima – climas equatoriais úmidos e quentes
(Lagos, Dar-es-Salaam, Colombo, Cingapura, Jacarta, Quito)

Indicadores	Medições	Soluções recomendadas
Latitudes	Entre 15°N e 15°S	A altitude solar alta com pouca variação sazonal permite o projeto preciso de soluções de sombreamento; as elevações principais devem estar voltadas para o norte e para o sul
Média máxima de temperatura diurna entre 27° e 32°C e média mínima à noite entre 21° e 27°C; pouca variação diurna	Temperatura máxima e mínima média mensal	Temperaturas exacerbadas pela umidade – use estruturas que intensifiquem o resfriamento e a ventilação. O projeto deve incluir varandas cobertas e com telas para barrar a passagem de insetos, etc.
Muita umidade durante todo o ano, em torno de 75%, mas pode variar de 50 a 100%	Média mensal da umidade relativa do ar	A umidade intensa talvez exija o uso de condicionamento de ar à noite
Precipitações intensas que talvez fiquem ainda mais intensas por alguns meses	Índice pluviométrico anual (entre 2.000 e 5.000 mm)	Coberturas inclinadas com beirais grandes; sem calhas ou com calhas largas. As varandas, as colunatas ou galerias e as passarelas cobertas oferecem proteção contra a chuva
A chuva aumenta os incômodos causados por insetos (mosquitos, etc.)		As varandas devem ter telas contra insetos. Elimine as concentrações de água parada e adote outras medidas preventivas
Pouca variação sazonal, talvez alguma intensificação das chuvas, ventos ou tempestades periodicamente	Precipitação, temperatura máxima e mínima média mensal	Pouca necessidade de variações sazonais no projeto
Predomínio de céu encoberto; o nível de nebulosidade varia de 60 a 90%. O ofuscamento é intensificado pela refletividade das nuvens e pode ser intenso. As nuvens acumulam ar quente, dificultando a radiação noturna para o céu.	Nebulosidade e horas de luz solar. Os níveis de luminância variam de intenso a leve, conforme as condições do céu (850-7.000 cd/m²)	As telas contra insetos, os brises e outros recursos reduzem o ofuscamento, bem como os beirais grandes e as varandas
Há pouco vento, mas rajadas são registradas ocasionalmente	Velocidade do vento	Eleve as edificações para maximizar a circulação do ar; use janelas para maximizar a ventilação; os cômodos devem ter ventilação intensa
Paisagens exuberantes com florestas tropicais, árvores de grande porte e trepadeiras. Os solos lateríticos empobrecidos produzem vegetais com pouco conteúdo mineral.	Índices pluviométricos, albedo	A vegetação precisa ser controlada ou crescerá demais. Os terrenos pantanosos talvez precisem de drenagem ou plantas da espécie mais adequada
Variação – ilhas com climas úmidos e quentes (Caribe, Filipinas, Havaí)		
Média máxima diária entre 29° e 32°C e média mínima noturna entre 18° e 24°C. Pouca variação diurna e anual de temperatura.	Temperatura máxima e mínima média mensal	
Umidade relativa do ar	55% a quase 100%	Promova a ventilação por meio do projeto
Muitas precipitações; as tempestades talvez sejam intensas; borrifada do mar talvez cause incômodos	Índices pluviométricos anuais entre 1.250 e 1.800 mm	Os telhados devem ser bem construídos
Céu claro e com poucas nuvens, exceto durante tempestades	Luminância do céu claro entre 1.700 e 2.500 cd/m²	
Os ventos alísios são regulares; os ciclones talvez sejam intensos	Velocidade do vento	Projete considerando a intensidade do vento
Maresia – risco de corrosão	Distância em relação ao mar	Materiais mais adequados específicos
Tipos de projeto		
Edificações individuais		As coberturas devem ser robustas para suportar as chuvas intensas e normalmente têm beirais amplos para fornecer abrigo durante as chuvas; estruturas com paredes delgadas e resposta térmica rápida (resfriamento) e ventilação cruzada (evite cômodos opostos e corredores centrais – a circulação pode ocorrer em varandas periféricas); varandas habitáveis, algumas com telas mosquiteiras; eixo central leste-oeste; as janelas ficam voltadas para o norte e para o sul; use janelas de clerestório, telhados com abertura para ventilação e torres de vento para melhorar a circulação de ar; as árvores para sombreamento devem ter copas altas, mas não podem impedir a circulação sob os beirais; posicione as estruturas de forma a aproveitar as brisas; preveja os problemas de umidade e mofo, insetos e pragas.
Novos condomínios e loteamentos urbanos		As edificações devem ser posicionadas de forma a obter o máximo de ventilação; envolva as edificações com varandas, galerias e passarelas cobertas.
Paisagismo		O paisagismo radical é possível, mas considere a ação do vento sobre as árvores localizadas perto das edificações.

Tabela VIII Estratégias para projetos adequados ao clima – climas temperados ou monçônicos
(Nova Délhi, Kano)

Indicadores	Medições	Soluções recomendadas
Em grandes massas terrestres continentais, perto dos trópicos (23,5°N e S)	Latitude, altitude	A distância em relação ao equador resulta em variações sazonais e mudanças no projeto
Temperaturas diurnas altas (até 50°C) e noites frias (o céu claro permite a irradiação dos ganhos térmicos diários) Oscilação diurna intensa	Temperaturas máximas e mínimas	Preveja os diferentes estilos de vida e adapte o projeto para se adequar ao clima; garanta o sombreamento durante o dia e a acumulação térmica à noite
A umidade na estação seca fica entre 20 e 55%; a umidade na estação de chuvas fica entre 55 e 95%	Média mensal da umidade relativa do ar	Se a umidade intensa for de pouca duração, priorize as condições de longo prazo e use ventiladores mecânicos, etc.
As quedas pluviométricas sazonais (monções) podem ser muito intensas e prolongadas – até 38 mm/h	Índices pluviométricos anuais (variam de 500 a 1.300 mm)	Telhados inclinados com beirais
Duas estações – muito quente e seca e quente e úmida (21 a 43°C); mais afastado do equador, há uma terceira estação – fria e seca (4 a 27°C). A variação diurna chega a 22°C	Mínima e máxima média mensal	Inclua elementos reguláveis na edificação; espaços diferentes para atender a condições distintas; crie microclimas
Céu encoberto durante as chuvas, céu muito azul e limpo durante a estação seca, mas é tomado pela poeira e pela névoa quando essa estação se aproxima do fim	Radiação solar, luminância, índice de nebulosidade, dias ensolarados	A distribuição das janelas; a proteção das janelas (venezianas)
Durante as monções, os ventos são mais fortes e podem vir de direções diferentes, se comparados aos ventos no restante do ano; os ventos carregam poeira na estação seca		Elementos variáveis; venezianas, telas, etc.
A paisagem muda de aparência conforme as estações – é exuberante durante as chuvas, árida na estação seca	Índices pluviométricos	Utilize espécies resistentes à seca ou adote irrigação
Os cupins são comuns	Número de colônias	Use barreiras, venenos e medidas apropriadas no projeto; preveja muitas perdas
Variação – clima tropical em terras altas (Bogotá, Nairobi)		
Terras altas	Altitude entre 900 e 1.200 m	
A distância em relação ao equador aumenta a variação sazonal	Latitude	O projeto precisa atender às condições climáticas no verão e no inverno
A temperatura diminui conforme a altitude; a variação diurna é alta; é possível que ocorram geadas	Dados climáticos	Lareiras, ganho solar de inverno
As precipitações geralmente são intensas – até 80 mm/h	Precipitações + 1.000 mm	Telhados em vertente; beirais amplos, escoamento para a água da chuva
Muito orvalho durante a noite; a perda térmica por radiação durante a noite talvez cause neblina; granizo; trovões e raios	Dados climáticos	Proteção contra os raios, isolamento térmico
Tipos de projeto		
Edificações individuais	O projeto depende das temperaturas no inverno, da duração do período de umidade intensa e da duração das chuvas.	
Novos condomínios e loteamentos urbanos	As varandas e arcadas oferecem abrigo em dias de chuva.	
Paisagismo	Muitas espécies toleram esses climas, mas talvez precisem de irrigação, a menos que sejam resistentes às secas sazonais. É preciso determinar a possibilidade de geadas. Os danos causados por cupins talvez sejam consideráveis.	

3.2 Projeto em climas muito quentes e secos ou áridos

As edificações de climas muito quentes e secos precisam ser bem ventiladas (mas protegidas contra a entrada de areia e poeira), ter uma resposta térmica lenta (obtida por meio de paredes externas de grande massa térmica) e conter janelas pequenas na parte superior, para reduzir o ofuscamento e os ganhos térmicos, Figura 36.16. As soluções tradicionais obtêm a grande massa térmica com o uso de paredes espessas de pedra, tijolos de barro não cozido (adobe) ou taipa de pilão. A argila crua geralmente oferece um reboco ou revestimento protetor que sobrevive às chuvas ocasionais, desde que seja consertado de tempos em tempos. As variações regionais com o uso dos mesmos materiais talvez sejam significativas – o adobe no Novo México, as abóbadas de berço usadas por Hassan Fathy no Egito ou as casas com torres de vento do Irã. Os mesmos materiais não cozidos (tijolos ou barro cru) reaparecem em climas temperados, mas

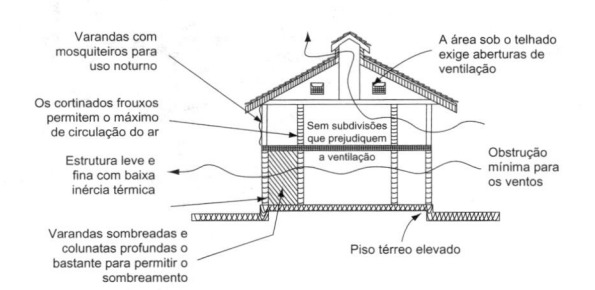

36.17 As edificações dos climas muito quentes e úmidos são arejadas, sombreadas e com paredes delgadas, além de ter uma cobertura capaz de dispersar as chuvas torrenciais. Todos os recintos habitáveis devem ter ventilação cruzada.

são protegidos da chuva mais intensa e mais persistente por grandes beirais, construídos sobre plataformas de piso elevadas e consertados anualmente. Em regiões tropicais secas, há coberturas planas, geralmente usadas para dormir em dias mais quentes. Quaisquer materiais compactos podem ser usados para a espessa parede externa. A escolha dos materiais e a espessura da parede dependem do retardo de tempo desejado da resposta térmica.

3.3 Projeto para climas úmidos e muito quentes

Os principais requisitos incluem maximizar a ventilação, o sombreamento e a proteção contra a chuva, além de um fechamento visando a uma resposta térmica rápida, Figura 36.17. O clima equatorial litorâneo apresenta pouca variação durante o ano.

3.4 Projeto para climas temperados

Os climas temperados apresentam variação sazonal distinta. É preciso tomar uma decisão referente às prioridades em termos de adequação climática, Figura 36.18. A variação sazonal no percurso aparente do sol pode ser usada para variar a adequação da edificação às diferentes condições climáticas, complementada por elementos de sombreamento reguláveis (móveis), pelo isolamento térmico e por sistemas mecânicos de calefação e refrigeração.

4 ESTRATÉGIAS DE PROJETO AMBIENTAL: PROJETO PASSIVO

4.1 Visão geral

Há duas abordagens para a provisão de um projeto adequado ao clima – a abordagem passiva e a abordagem ativa. O projeto passivo é arquitetônico e comandado pelo arquiteto; ele é recomendado para edificações pequenas e individuais, especialmente aquelas que não serão construídas em série; em geral, também não atraem grandes verbas de projeto. O projeto ativo está no domínio de cientistas e engenheiros: é rigoroso e mensurável. Tende a atrair subsídios do governo, apoio da indústria (é um produto comercializável) e é usado em projetos de prestígio. Na década de 1980, essas duas posturas costumavam dividir os especialistas; hoje, porém, sabe-se que uma mistura de ambas é necessária para a obtenção do melhor resultado. O projeto está se tornando mais integrado – e mais pragmático.

O projeto passivo inclui a implantação, a orientação, o projeto e o detalhamento cuidadoso de edificações, de forma a garantir o máximo de aproveitamento da orientação solar, da luz do sol, dos ventos, da topografia e das proteções naturais, minimizando a dependência de combustíveis fósseis e de energia elétrica com geração externa, calefação ou iluminação artificial (Figura 36.19). O projeto solar passivo usa elementos fixos da pele da edificação e seu entorno para o controle da radiação solar e a otimização da calefação ou do resfriamento natural. Os benefícios promovidos pelo projeto passivo incluem um ambiente natural mais confortável, a redução do consumo de energia, dos custos, menor necessidade de manutenção e a viabilidade de longo prazo, já que a edificação estará em conformidade com as futuras normas de consumo de energia e cujo funcionamento permanecerá econômico à medida que o preço dos combustíveis aumenta. Esse tópico foi muito desenvolvido por páginas de universidades da Internet em todo o mundo. Muitas dessas páginas apresentam ilustrações de soluções de projeto regionais.

4.2 Sombreamento

A melhor maneira de controlar a radiação solar é pelo uso de elementos de proteção solar externos. Nesse caso, o projeto depende de uma compreensão minuciosa da trajetória aparente do sol, obtida por meio da análise de diagramas do percurso do sol e dos ângulos das sombras (Seção 7.1). O sombreamento das edificações, das janelas e dos pátios internos consegue reduzir a carga de resfriamento das edificações e altera os níveis de ventilação, ofuscamento e iluminação natural. Estes elementos talvez afetem as vistas externas da edificação.

O sombreamento passivo (Figuras 36.20 e 36.21) pode ser obtido com o uso de:

- Paisagismo
- Edifícios independentes
- Pórticos pergolados, marquises, varandas e colunatas (Seção 3.7)
- Elementos estruturais
- Elementos não estruturais de fechamento da edificação

Os elementos de sombreamento passivo (Figura 36.22) incluem:

- Estantes de luz
- Elementos vazados
- Máscaras (grades, muxarabis, painéis metálicos, trepadeiras e vegetação suspensa)
- Beirais
- Brises

O sombreamento ativo (Figura 36.23) pode ser obtido por meio de:

- Toldos e persianas controlados manualmente
- Toldos e persianas controlados automaticamente
- Venezianas (que podem ser removíveis)
- Marquises independentes e temporárias

Um projeto recente em Valletta (Malta) tem uma cobertura de vidro hermética e retrátil que pode ser aberta em dias mais quentes (Figura 36.24).

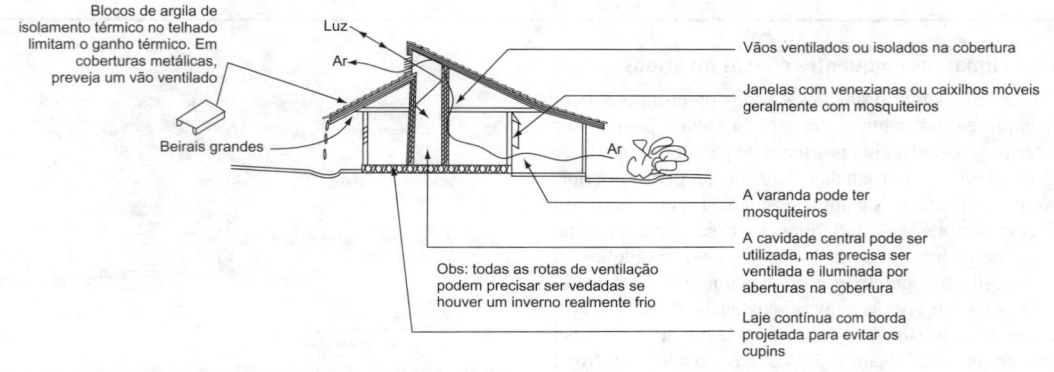

36.18 Clima temperado: as diferentes regiões têm soluções diferentes conforme as variáveis climáticas. Esse exemplo se baseia em habitações típicas de Malawi, onde a altitude é de 1.000 m. Essas casas apresentam uma lareira na sala de estar. Os blocos de argila de isolamento térmico são cozidos. Blocos em U são assentados sem argamassa em perfis de alumínio. Eles mantêm a radiação solar mais intensa afastada do alumínio e criam um espaço ventilado entre os blocos e a cobertura. O caimento do telhado geralmente não passa de 27,5°.

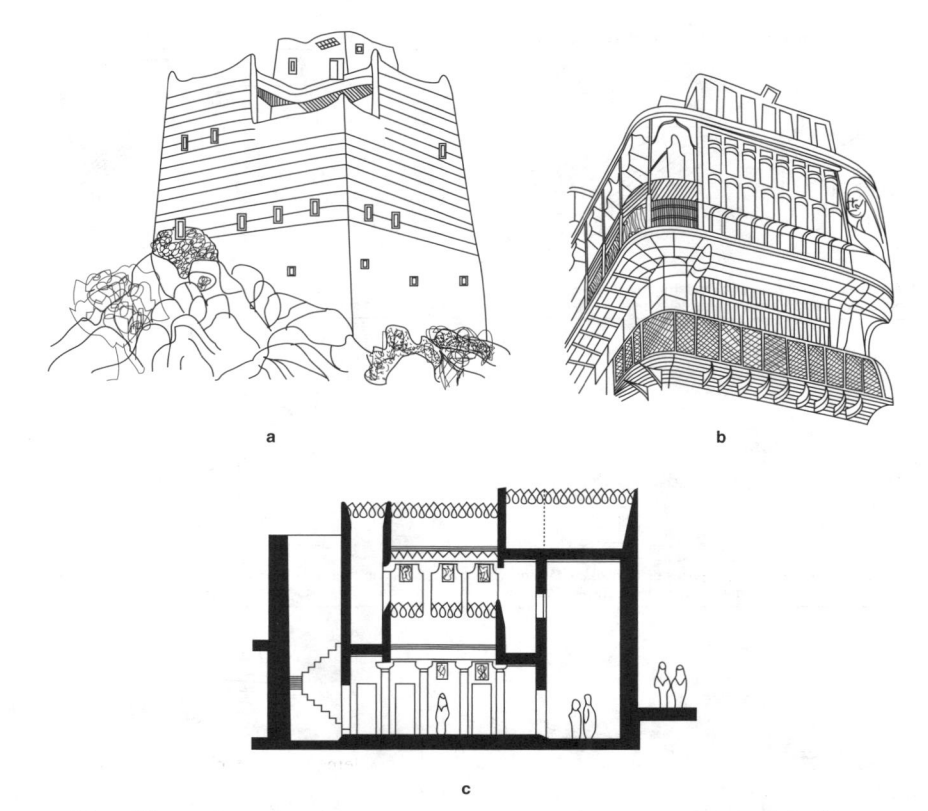

36.19 Projeto passivo nos trópicos áridos e muito quentes: a) estruturas protetoras com paredes espessas e aberturas de janelas pequenas na parte superior, para afastar o calor, o ofuscamento e o pó; b) a gelosia de madeira tradicional oferece vistas protegidas e sombreadas das ruas; c) os interiores são sombreados com arcadas (galerias) e pátios internos.

4.3 Pórticos, pérgolas, balcões, varandas e colunatas

Quaisquer espaços sombreados ou cobertos em torno de uma edificação ou ao redor dos pátios internos funcionam como uma área de transição que, conforme suas funções específicas, pode ser considerada uma extensão do espaço habitável ou um espaço de transição entre as áreas públicas e privadas. De qualquer forma, esse espaço sombreado servirá para moderar a temperatura, mantendo o sol longe dos espaços principais e preservando uma temperatura no interior. Esse interior estará protegido do ofuscamento e será relativamente escuro, a menos que haja iluminação fornecida por janelas altas, lanvernins ou tubos de luz (Figura 36.25). (Tubos de luz são tubos de metal polidos que refletem a luz coletada por um domo de polimetilmetacrilato na altura do telhado e distribuída com o uso de uma cúpula difusora invertida no interior de um espaço escuro, Figura 36.26. Eles são econômicos, eficientes e eficazes.)

O interior escuro talvez pareça lúgubre em dias mais frios, exceto quando o sol mais baixo do inverno chega até as paredes internas. Psicologicamente, porém, essa escuridão é refrescante e agradável, desde que não obrigue o uso de iluminação artificial durante o dia.

A eficácia desses espaços de sombreamento depende da orientação, da latitude, da profundidade, dos ventos dominantes e da relação entre a altura e a largura (Figura 36.27). Em todos os climas muito quentes, é possível que as varandas se tornem os espaços mais utilizados durante a maior parte do ano, e qualquer projeto de edificação deve reconhecer a importância social e ambiental desses espaços. Exceto nos balcões dos quartos individuais, o espaço coberto precisa ter tamanho suficiente para permitir que um grupo de pessoas se sente ao redor de uma mesa pequena (em residências particulares) ou para que as pessoas trabalhem ou andem com conforto (galerias públicas). A profundidade do sombreamento deve ser suficiente para permitir a realização confortável das atividades previstas (Figura 36.28).

O típico "bangalô" (casa térrea colonial) tem uma varanda em suas quatro elevações e cada uma delas é utilizada em momentos diferentes do dia ou do ano (Figura 36.29). Em todos os climas com variação sazonal forte de temperatura, o principal espaço sombreado deve ficar na elevação voltada para o equador. Assim, quando o sol

Paisagismo | Edifícios independentes | Varandas, colunatas e pérgolas | Elementos estruturais | Elementos não estruturais

36.20 Estratégias de sombreamento passivo.

Elementos externos para proteger as edificações da luz solar direta

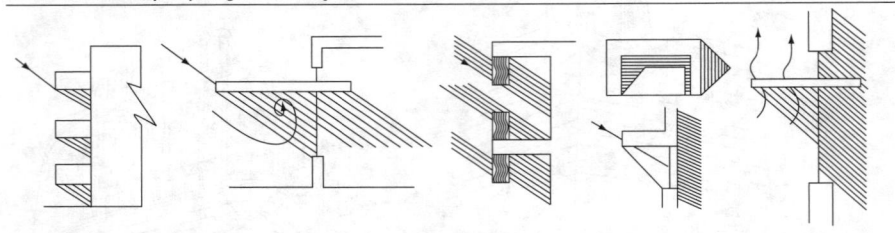

Elementos de proteção solar externa: Balcões, estantes de luz, elementos vazados, toldos, brises e outros elementos estruturais produzirão o sombreamento, mas devem ser projetados de modo a não acumular o calor.

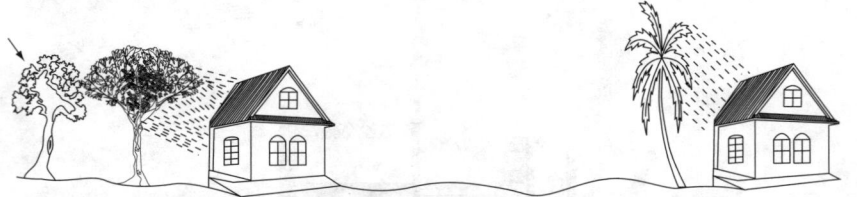

Paisagismo: As árvores são capazes de sombrear o telhado, as entradas de automóveis e os pátios – quanto maiores, melhor. A transpiração provoca o resfriamento por evaporação. Todas as árvores com copa alta permitem a circulação baixa do ar.

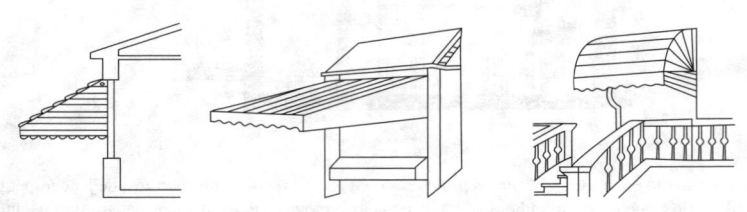

Toldos: Os toldos são decorativos, relativamente baratos e ajustáveis. Eles bloqueiam parte da vista, podem acumular ar quente e talvez sofram danos mecânicos.

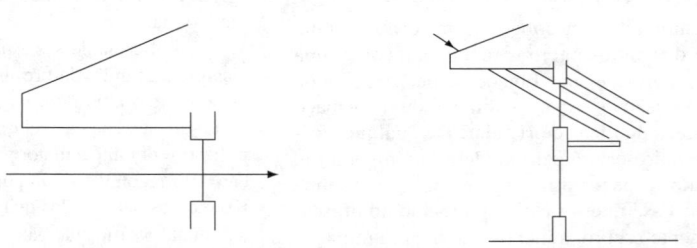

Grandes beirais: Os beirais não protegem as janelas voltadas para o leste e para o oeste que recebem a luz solar baixa. Eles não sombrearão as janelas do pavimento térreo em edificações de dois pavimentos.

Pergolas e treliças: Essas estruturas permanentes proporcionam o sombreamento; as trepadeiras contribuem para o resfriamento por evaporação. Se os aparelhos de condicionamento de ar e os demais equipamentos elétricos ficarem na sombra, o desempenho deles será melhor.

36.21 Elementos de proteção solar passiva. *(continua)*

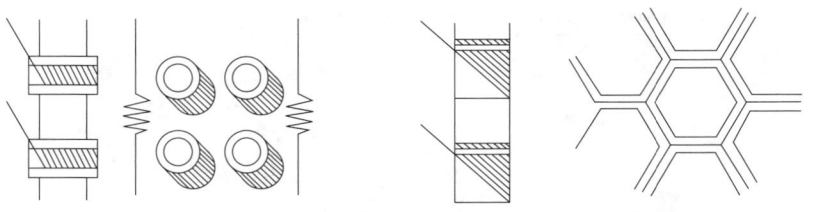

Paredes com pequenas aberturas e elementos vazados (cobogó): As paredes com pequenas aberturas permitem a passagem de luz e vento, mas afastam o sol e garantem a segurança dos usuários.

Elementos do lado de fora ou dentro das próprias janelas que protegem contra a luz solar direta

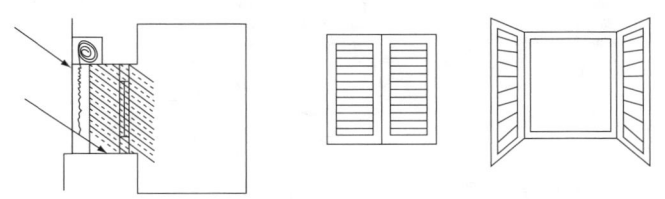

Persianas externas e venezianas: As persianas e venezianas externas são mais eficazes do que as internas. As venezianas de metal esquentam muito e irradiam calor para o interior da edificação. As palhetas das venezianas típicas dos Estados Unidos podem ser ajustadas para manter um pouco de visibilidade; elas admitem a passagem de luz, mas bloqueiam o sol por completo.

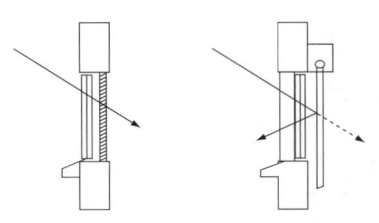

Venezianas internas e cortinas: As venezianas internas, cortinas de enrolar e cortinas em geral (com tecidos leves ou pesados) devem ter um revestimento de cor clara voltado para fora, para refletir o calor que atinge a janela. Não deve haver frestas entre as janelas para evitar a dispersão do calor no interior do cômodo. A veneziana precisa cobrir a janela inteira e, para o efeito máximo, deve ser feita com material isolante.

Vidros especiais: Há uma ampla variedade de vidros para controle solar, com películas coloridas em cinza, dourado, verde, azul e rosa. Elas geralmente são aplicadas no interior de várias chapas de vidros laminados. A aparência será afetada pela cor da película e pelo grau de redução da luminosidade.

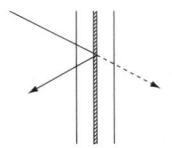

Películas especiais aplicadas aos vidros: É possível aplicar películas plásticas que contêm ouro e outros minerais, atingindo uma ampla variedade de efeitos. Elas são relativamente caras e alteram a aparência da edificação.

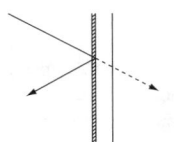

Cortinas de tecido: O tecido reduz o ofuscamento, mas não diminui os ganhos térmicos de maneira significativa.

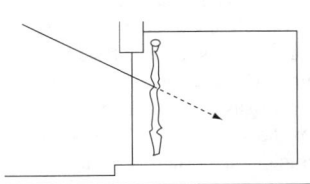

36.21 *(Continuação).*

Elementos que aumentam a transmissão de luz (e reduzem o ofuscamento)

Janelas altas

Tubos de luz

Água

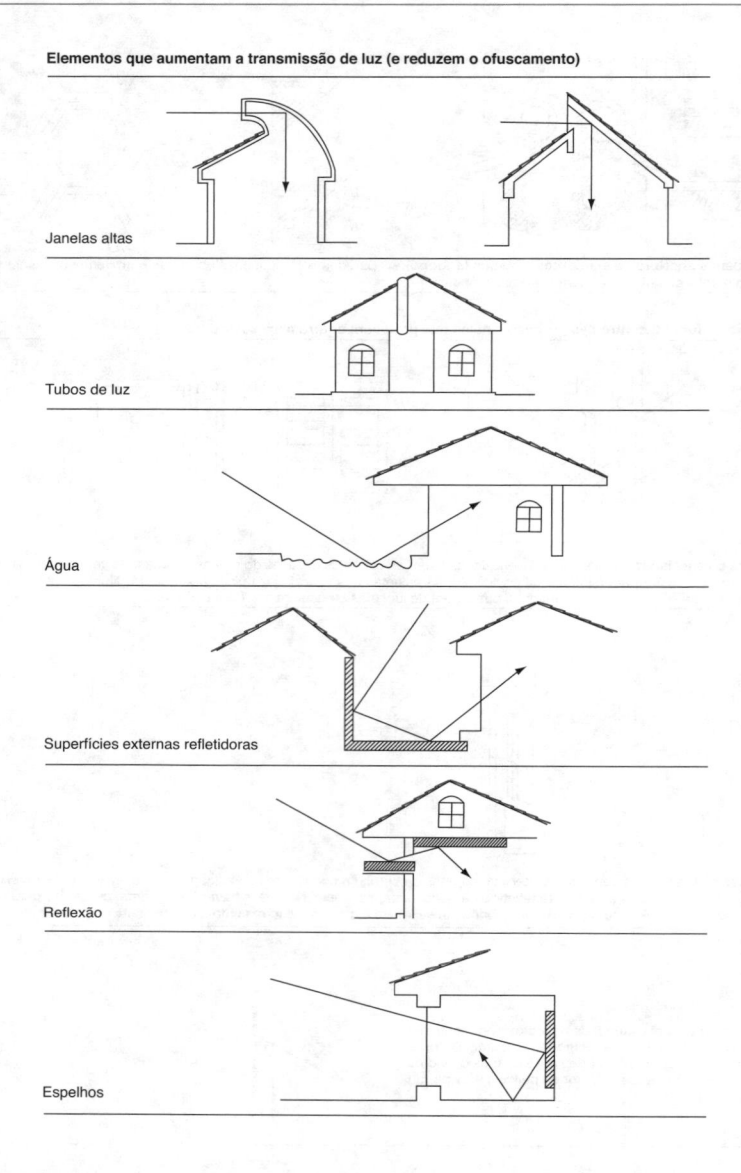

Superfícies externas refletidoras

Reflexão

Espelhos

36.21 *(Continuação).*

estiver a pino na estação quente, ele pouco afetará o local; na estação fria, porém, quando o sol estiver mais baixo, ele atingirá o recinto, gerando calor (Figura 36.30).

Em climas muito quentes e úmidos, as condições podem ser extremamente desagradáveis no interior das edificações, tanto durante o dia quanto à noite. Os insetos voadores se tornam um incômodo em noites úmidas e uma ou mais varandas terão telas mosquiteiras. Isso limita a circulação do ar, mas é essencial. Em casas de dois pavimentos, uma varanda superior protegida talvez seja usada para dormir em noites mais quentes (Figura 36.31). Nesses climas, as casas costumam ser elevadas para que os dormitórios e as varandas fiquem afastados do chão e possam aproveitar a brisa noturna. Nos dias mais frios, a sombra pontilhada de luz produzida pelas pérgolas que sustentam as plantas trepadeiras talvez seja mais agradável que as sombras profundas.

A segurança deve ser considerada na maioria dos espaços externos.

4.4 Pátios frontais, átrios, pátios internos e quintais

Os pátios frontais, átrios, pátios internos e quintais (Figura 36.32) são características tradicionais na maioria dos climas muito quentes e atendem a diferentes necessidades:

- protegem os usuários do movimento, do barulho e dos odores desagradáveis das ruas
- garantem a privacidade
- reduzem a profundidade da construção e costumam aumentar a ventilação cruzada (Tabela IX)

Os pátios talvez sejam ladeados por varandas ou galerias (assim como os claustros dos monastérios). As paredes que fecham o pátio e a cobertura projetarão sombras para o interior do pátio a partir do leste, no início da manhã, e do oeste, ao entardecer. O pátio em si talvez seja sombreado por árvores altas, marquises ou toldos retráteis.

A relação entre a altura e a profundidade dos pátios (Figura 36.33) é fundamental para sua eficácia.

Onde A = altura e P = profundidade

Uma relação baixa tem A/P < 0,3
Uma relação média tem A/P entre 0,3 e 1
Uma relação alta tem A/P > 1

Os átrios (pátios abertos romanos, ainda que hoje o termo se refira a um pátio interno coberto com vidro) podem superaquecer em

Elementos para reduzir a refletividade e o ofuscamento

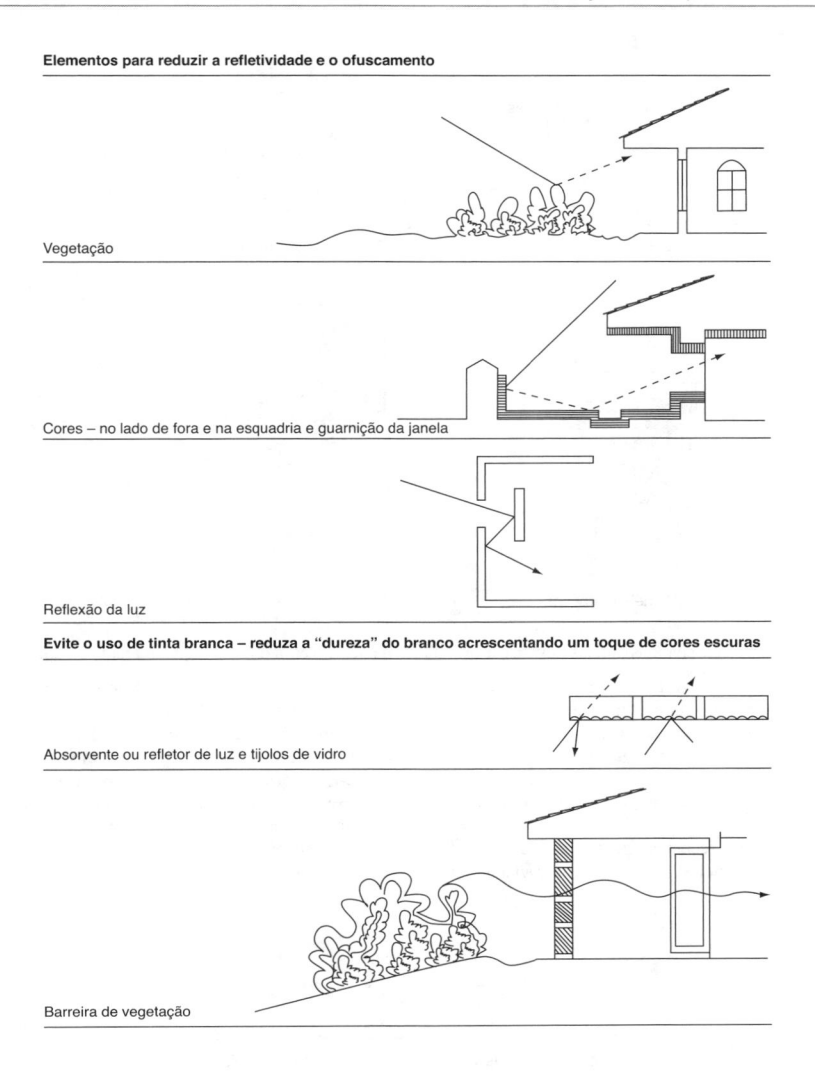

Vegetação

Cores – no lado de fora e na esquadria e guarnição da janela

Reflexão da luz

Evite o uso de tinta branca – reduza a "dureza" do branco acrescentando um toque de cores escuras

Absorvente ou refletor de luz e tijolos de vidro

Barreira de vegetação

36.21 *(Continuação).*

climas muito quentes, a menos que sejam projetados com cuidado. Eles criam um espaço grande e atraente no interior de uma edificação, agindo como ponto focal. Como qualquer "poço de luz", eles admitem a passagem de luz e a refletem para áreas que, do contrário, seriam escuras. A redução dos níveis de iluminação será muito rápida em níveis mais baixos, na medida em que suas paredes já não recebem a incidência da luz solar direta (Figura 36.34). Os átrios podem atuar como chaminés de ventilação se forem ventilados de maneira adequada (mecânica ou naturalmente), extraindo o ar viciado dos espaços ao redor. Em climas com chuvas regulares, os átrios podem ser extremamente agradáveis, fornecendo um ponto de encontro, um local para comer e um espaço protegido. Devido à sua altura, é possível que o tratamento paisagístico inclua árvores altas. O ofuscamento e o excesso de luminosidade podem ser reduzidos por meio de persianas ou toldos retráteis acima das vidraças.

4.5 Torres de ventilação, exaustores eólicos e coletores de vento

As torres de ventilação são chaminés para entrada ou saída de ar, usadas para ventilar e resfriar as edificações. A origem dessas torres está no clima tropical árido do Oriente Médio, onde elas são utilizadas para ventilar e resfriar os pavimentos inferiores das residências urbanas. Nesses climas, as residências são bastante fechadas e com poucas aberturas externas, para mantê-las livres da areia e da poeira, além de minimizar os ganhos térmicos solares. Elas possuem uma grande inércia térmica, que preserva um pouco de calor nos invernos frios.

A brisa dominante é coletada e canalizada, descendo até a base da residência por um duto ou chaminé em uma parede externa. Essa chaminé não recebe radiação solar; logo, ela permanece mais fria do que o restante da residência durante o dia. O ar que entra é resfriado por condução durante o contato com as paredes frias da chaminé e sua umidade relativa aumenta quando ele passa pelos jarros porosos de água (Figura 36.35).

No Iraque, a brisa fresca é transportada até um subsolo usado para a sesta vespertina. Durante os meses mais quentes, o terraço localizado na cobertura é usado para dormir à noite. A parte superior do coletor de vento tem um capelo que o protege da chuva; em geral, ele pode ser fechado no inverno, quando exerce a função dupla de manter a casa aquecida. Mosquiteiros são usados para manter os pássaros e insetos fora da chaminé (Figura 36.36).

Torres de ventilação nas cidades
Em cidades, o ar na altura da rua pode estar carregado de particulados e gases nocivos à saúde. O ar retirado desse ambiente está poluído e também traz consigo a poluição sonora. Para utilizar a ventilação natural em edificações urbanas, o ar mais limpo é obtido apenas no nível mais alto. Pesquisas atuais patrocinadas pelo governo do Reino Unido se concentram na ventilação "descendente" das edificações urbanas.

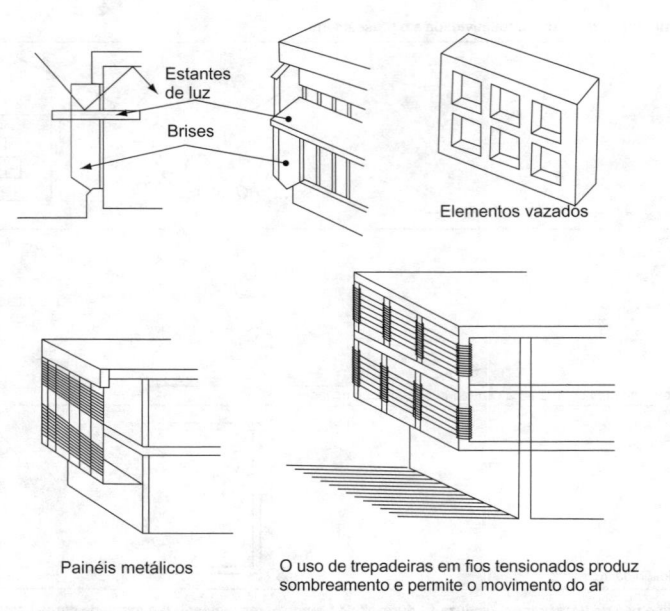

36.22 Os elementos de sombreamento passivo nas janelas devem ser projetados de acordo com o movimento aparente do sol:

- a combinação de estantes de luz e brises verticais fornece proteção contra os raios solares altos ou laterais, mas acumula ar quente, a menos que seja parcialmente vazada para permitir a circulação do ar;
- elementos vazados podem criar belos desenhos que talvez também sirvam como grade de segurança; mantenha os elementos horizontais afastados do nível dos olhos em cômodos habitáveis, já que eles podem ser visualmente perturbadores;
- na Europa continental, edificações recentes usaram painéis metálicos afastados em até um metro das janelas. Eles podem ser visualmente impactantes e funcionalmente eficazes. Além disso, podem agir como proteção contra a chuva;
- outro desenvolvimento recente é o uso de uma sofisticada "rede" de fios tensionados, que pode ser suspensa à frente das fachadas, oferecendo um suporte para as plantas trepadeiras. Essas plantas podem subir a partir do solo ou descer de um nível mais alto a partir de canteiros irrigados. Elas proporcionarão uma bela sombra parcial, mas precisam de manutenção.

36.23 Os elementos de sombreamento ativo são móveis ou reguláveis, usam técnicas que variam de simples ações manuais até mecanismos sofisticados controlados por computador, que respondem a alterações na temperatura ou na intensidade da luz.

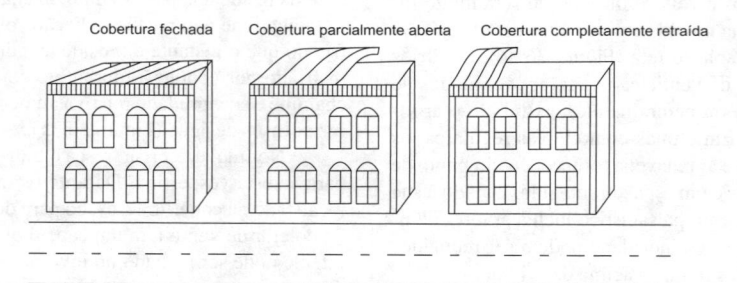

36.24 Teatro Manoel em Valetta, Malta, pelo Architecture Project. A edificação possui uma cobertura de vidro hermética retrátil sobre um pátio interno, que pode ser aberta em dias mais quentes.

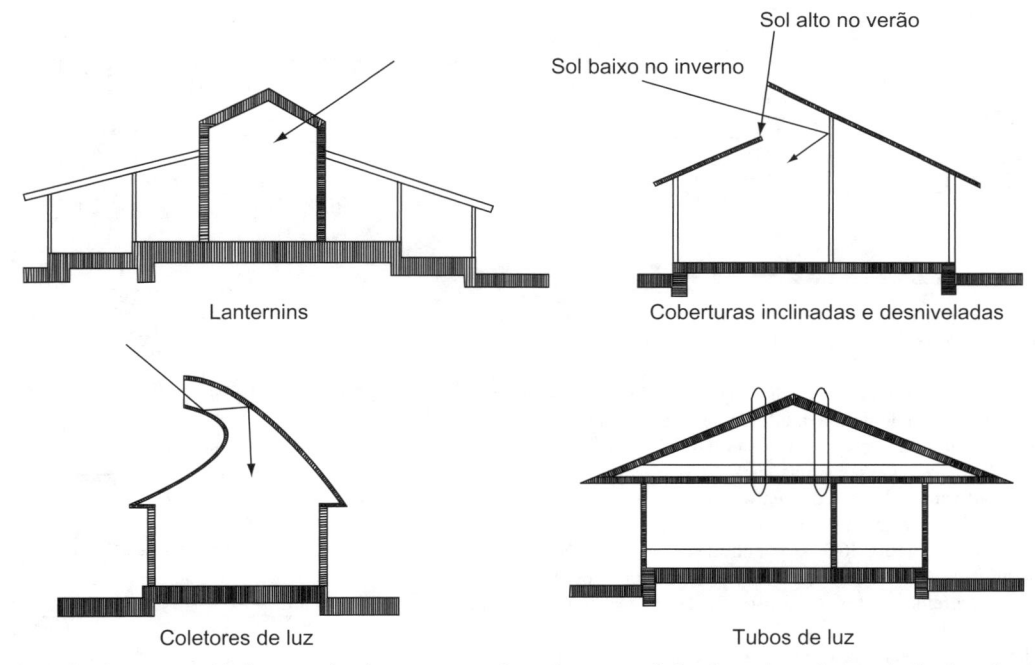

36.25 Estratégias de iluminação natural indireta para interiores escuros; todos podem ser ventilados: lanternins, coberturas inclinadas e desniveladas, coletores de luz e tubos de luz.

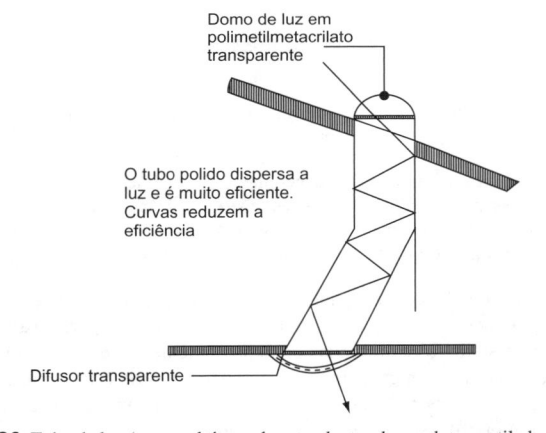

36.26 Tubo de luz (que também pode estar dentro de um duto ventilado com a claraboia transparente de formato cupular protegida por brises).

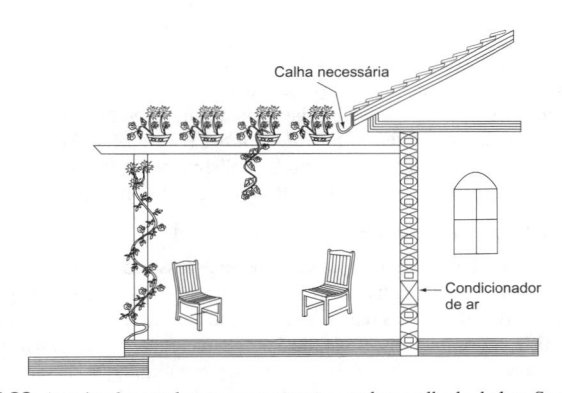

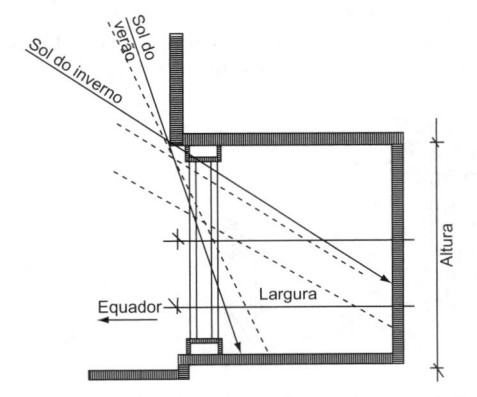

36.27 A proporção crítica entre altura e largura de uma galeria depende da orientação solar, da latitude e do uso particular ao qual será submetida.

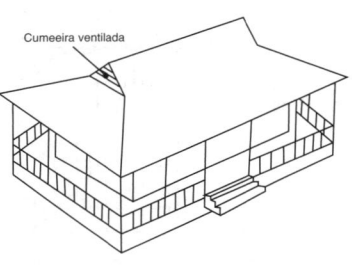

36.28 As pérgolas produzem uma atraente sombra malhada de luz. Se usadas para sombrear os condicionadores de ar, elas reduzirão as temperaturas de entrada do ar e, consequentemente, a carga de refrigeração.

36.29 Bangalô com varanda em todos os lados – casa de fazenda típica da Austrália. Observe a cumeeira ventilada, estendida sobre o telhado – lição aprendida com as cabanas de madeira indonésias.

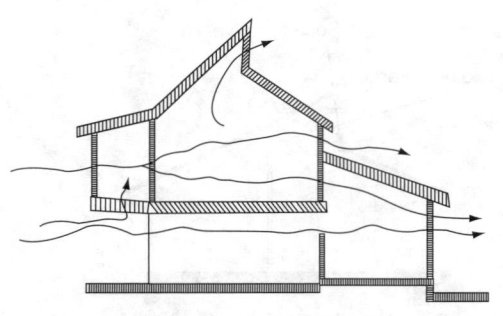

36.30 No verão, o sol a pino é mantido fora da varanda; no inverno, porém, ele fica mais baixo e aquece o espaço sob a cobertura nas manhãs e noites frias.

Nas cidades, labirintos de ruas, edificações de alturas diferentes, níveis de poluição, redemoinhos, diferenciais de pressão, etc. criam padrões locais de circulação de ar. Os coletores de vento fixos talvez sejam ineficazes nessas situações; logo, captadores que se movimentem conforme a direção do vento se tornam essenciais. O *shopping center* Bluewater em Dartford, na Inglaterra, usa captadores rotatórios gigantes (Figura 36.37). As entradas de ar que se conectam aos condutos de ar podem ser janelas, pátios internos descobertos, aberturas com grelhas, dutos sob o piso (que talvez resfriem o ar previamente) ou exaustores eólicos.

O uso das torres de ventilação reduz a dependência dos sistemas mecânicos de ventilação, resfriamento e condicionamento do ar. Também é possível usar dispositivos para aumentar a circulação do ar e, consequentemente, melhorar a ventilação, como os aerofólios que coletam o vento (Figura 36.38).

4.6 "Chaminés solares"

As chaminés solares são torres de ventilação onde a circulação do ar é alcançada pelo aquecimento do ar na torre ou no conduto por meio da intensificação da radiação solar sobre a parede do tubo, conforme demonstrado pelo *Environmental Building* (Edificação Ambiental) sede do BRE (Building Research Establishment), grupo de pesquisas em ciências da construção no Reino Unido (Figura 36.39).

4.7 Paredes de Trombe

A parede de Trombe é uma parede densa e espessa construída para receber e armazenar a radiação solar (geralmente envidraçando a superfície externa) durante as horas de luz do sol; à noite, ela irradia o calor para os espaços internos. A parede é projetada (em termos de material, espessura e localização) para fornecer o retardo térmico necessário, de forma a liberar calor quando ele é desejável (Figura 36.40).

4.8 Sítio

Com muita frequência, em projetos habitacionais de baixo e médio custo, o leiaute do terreno é confiado a um técnico iniciante que não tem noção da importância da orientação solar e da orientação em geral. As residências projetadas cuidadosamente para ficarem com suas elevações principais voltadas para o norte ou para o sul são inclinadas em 90° e alinhadas meticulosamente em paralelo com as residências adjacentes, evitando a passagem das brisas – e causando desconforto e insatisfação. A orientação (assim como o projeto adequado à orientação) é essencial, mesmo se estiver em conflito com as práticas convencionais que consistem em seguir as curvas de nível do sítio e reduzir os custos das fundações. O projeto que vai contra as curvas de nível do terreno oferece a oportunidade de utilizar uma planta baixa em níveis, com descontinuidades associadas na linha do telhado, permitindo a passagem de luz e a circulação do ar.

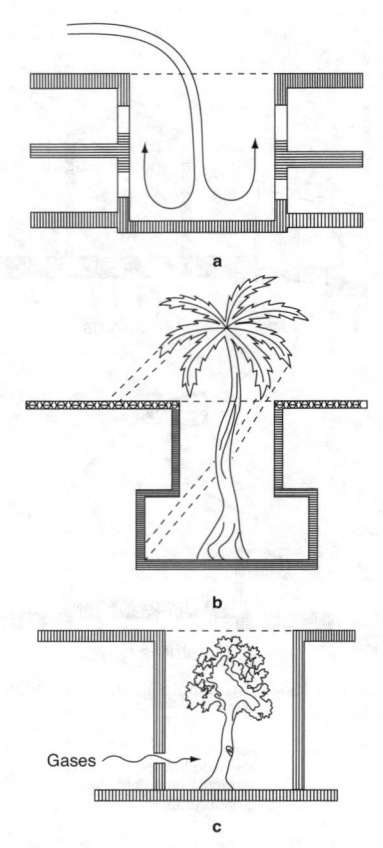

36.32 Nos pátios internos, a) à noite, o ar frio desce para o centro, enquanto o ar quente preso sobe nos espaços periféricos, aquecendo os cômodos ao redor; b) as árvores altas com copas acima do pátio produzem um sombreamento eficaz e, ao mesmo tempo, permitem a circulação do ar; c) as árvores com a copa abaixo da linha do telhado talvez retenham o ar quente e os gases produzidos por equipamentos de uso doméstico. As árvores e os toldos retráteis são capazes de melhorar o desempenho do pátio interno.

36.31 Em climas tropicais úmidos e muito quentes, as varandas ventiladas com espaço para dormir talvez sejam essenciais para uma noite de sono confortável.

Tabela IX Pátios

Benefícios	Malefícios
– aumentam a privacidade em relação à rua	– podem reduzir a privacidade dos dormitórios que ficam de frente um para o outro em pátios internos pequenos
– reduzem os ruídos provenientes da rua	– podem fazer o som ricochetear ao redor do local
– reduzem a profundidade da edificação	– aumentam a área de ocupação do terreno e os custos
– devem aumentar o fluxo de ar entre os cômodos em decorrência da profundidade reduzida	– podem prender o ar e restringir sua circulação
– podem resfriar a edificação à noite ao extrair o ar frio noturno e acelerar a dispersão do ar quente	– podem acumular poluentes dispersados no interior do pátio
– se houver árvores, haverá sombras; as árvores transpirarão à noite para acelerar o resfriamento (as árvores decíduas permitem a passagem de sol no inverno)	– com árvores decíduas, será necessário o recolhimento das folhas que caem
– permitem que a água seja usada de maneira eficaz para modificar a temperatura	
– aumentarão efetivamente o espaço habitável, já que podem ser usados para muitas atividades sociais e profissionais; podem ter coberturas temporárias ou retráteis para proteger contra as condições climáticas adversas, criar um efeito decorativo ou aumentar a privacidade	– exigem uma área de ocupação do terreno maior e mais complexa; e um projeto mais complexo implica custos adicionais – o que deve ser considerado em relação aos muitos ganhos.

4.9 Paisagismo

As árvores e a vegetação exuberante, junto a lagos, fontes, espelhos d'água e outros corpos d'água, são visualmente atraentes e ajudam no resfriamento. A distribuição estratégica de árvores e arbustos é capaz de sombrear as edificações e reduzir as temperaturas, diminuindo o consumo de energia para o resfriamento mecânico em até 40%. Isso ocorre diretamente, com o uso do sombreamento, e indiretamente, por meio do resfriamento por evaporação induzido pela transpiração.

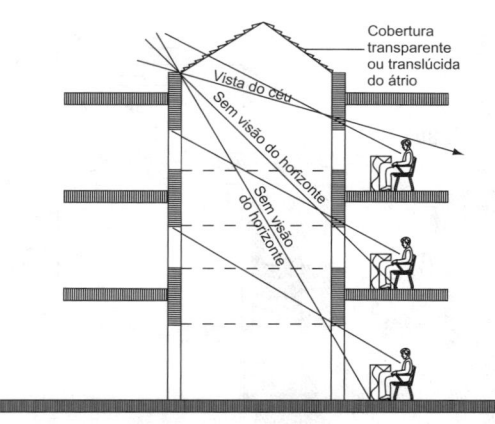

As plantas crescem rapidamente nos trópicos; é possível aprontar com rapidez o projeto de paisagismo de bairros ou loteamentos, mas talvez seja necessário implantar floriculturas *in loco*. As floriculturas consomem muita água e exigirão a construção de estufas (Figura 36.41). O uso de áreas de tratamento paisagístico pavimentadas ou ajardinadas implica a necessidade de irrigar, manter, repor e coletar as folhas e demais itens caídos das árvores; também será preciso empregar funcionários para realizarem essas tarefas. Caso áreas como rotatórias ou canteiros centrais de pistas de rolamento com mão dupla forem ajardinadas, deve haver um suprimento de água no local – a menos que a vegetação prevista seja de longa duração e autossuficiente.

Em alguns países, o paisagismo é muito valorizado, sustentado pelo estado e reconhecido como uma área que gera empregos; em outros, ele é mal-visto politicamente, pois acredita-se que desvia fundos destinados a escolas, hospitais e outros programas socialmente importantes. Em qualquer desses cenários, deveria haver um setor agrícola bem-sucedido que pudesse incluir

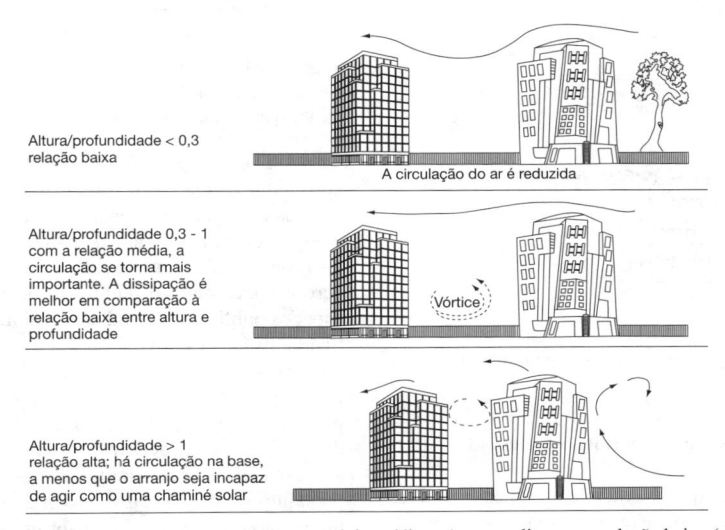

36.34 A linha onde não há visão do horizonte indica o ponto onde o ocupante não é mais capaz de enxergar o céu; nesse ponto, os níveis de iluminação interna diminuem significativamente.

36.33 Relação entre altura e profundidade do espaço não construído entre dois prédios: a) espaço livre com relação baixa (altura/profundidade <0,3): o acesso ao ar externo é bom, mas há pouca circulação; b) espaço livre com relação mediana (altura/profundidade 0,3-1): a circulação se torna importante; a dissipação de calor é melhor em comparação ao exemplo anterior; c) espaço livre com relação alta (altura/profundidade >1): a menos que o espaço aja como uma "chaminé solar" (ventilação por convecção), haverá turbulência no topo e nenhuma circulação perto do solo.

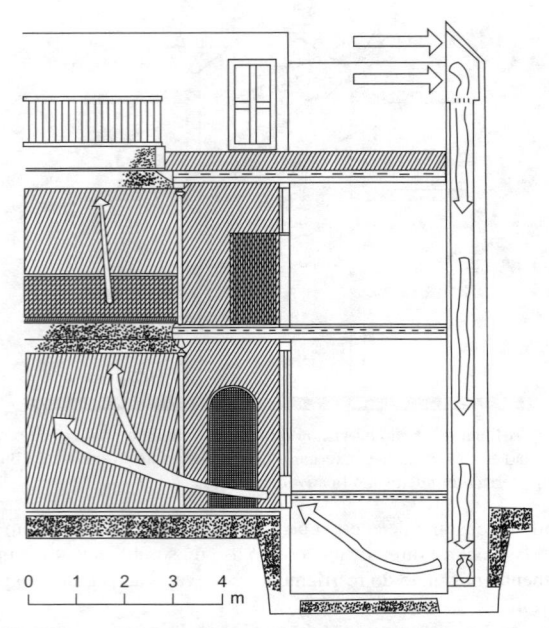

36.35 Um coletor de vento trazendo ar fresco para o subsolo. O ar desce pelas paredes frias da "chaminé" (sombreada pelas residências adjacentes) e por um jarro poroso que contém água. Ocorre o resfriamento por evaporação e por contato.

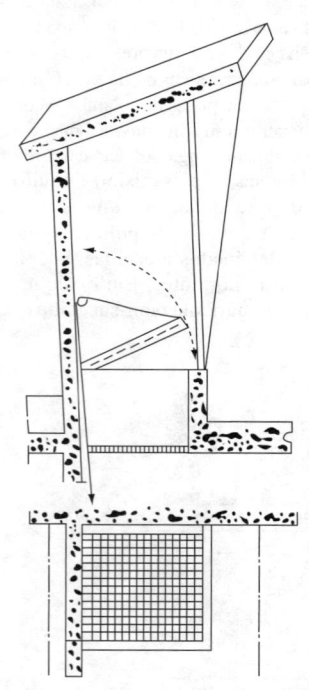

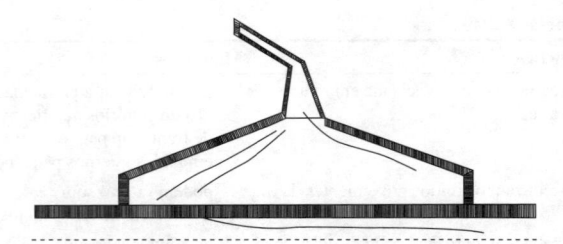

36.37 Bluewater Shopping Center em Dartford, na Inglaterra. O empreendimento usa exaustores eólicos, que lembram as estufas de secagem de lúpulo típicas da região inglesa de Kent.

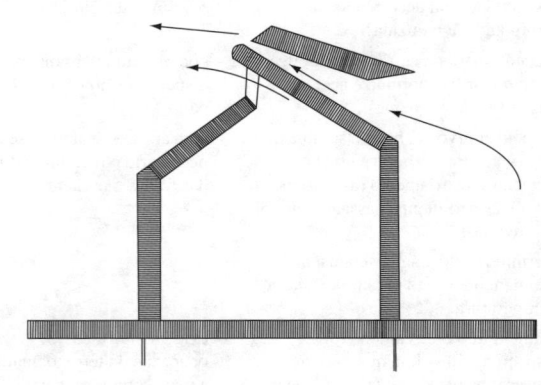

36.38 O formato de aerofólio junto aos espaços estreitos agem como as asas de uma aeronave, criando diferenciais de pressão que retiram o ar das edificações.

36.36 O alçapão do coletor de vento pode ser fechado; pode-se instalar telas para filtrar a poeira e as folhas.

36.39 Environmental Building, sede do grupo inglês de pesquisas BRE, projetado por Fielden Clegg Architects; é uma edificação demonstrativa/experimental que utiliza "chaminés solares".

o cultivo de espécies exóticas para exportação a mercados internacionais.

    O tratamento paisagístico que usa ou integra espécies nativas ajudará a contextualizar a vegetação, além de estimular o aproveitamento da vida selvagem. Por outro lado, o uso de poucas espécies de vegetais, hoje em voga na Europa continental, faz exatamente o contrário.

    As estratégias de pavimentação das áreas externas devem aproveitar os materiais e recursos locais (como pedras locais ou escolas especializadas em escultura e relevo), bem como fornecer equipamentos para práticas culturais locais e atividades condizentes (como cafés junto às calçadas, teatro de rua, apresentações de acrobacia, camelôs e vendedores de curiosidades). É possível que espaços públicos e privados também sejam necessários para a prática de esportes e jogos (basquete, boliche, xadrez, futebol, etc.). Alguns talvez precisem ser sombreados. O ideal é colocar as áreas com espaço para assentos na sombra, e não sob o sol; bebedouros podem ser necessários. Muitas atividades, incluindo os mercados de produção, podem ser acomodadas debaixo de estruturas sombreadas, que assumem formas estruturais simples, mas impactantes (como cascas ou estruturas tensionadas). As pérgolas e as árvores que servem como abrigo, seja para pessoas ou veículos, têm de ser de espécies que produzam sombras parciais ou totais; suas raízes não devem afetar as superfícies pavimentadas e o ideal

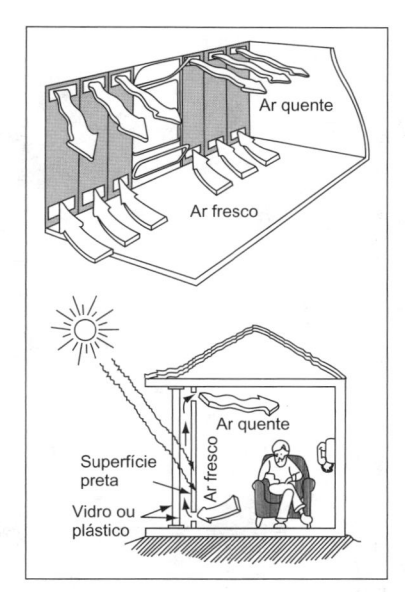

36.40 Parede de Trombe: ao armazenar calor nas épocas do ano em que ele se faz mais necessário, a parede de Trombe age como uma fonte de calor, com o sol quente passando através de vidros em ambas as superfícies. A massa densa desses materiais retém o calor e, depois de um tempo, libera o calor armazenado para o interior do cômodo durante a noite fria (Bruce Anderson – The Solar House Book).

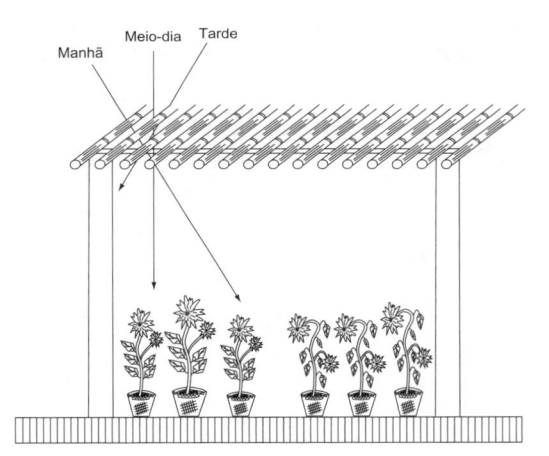

36.41 Casa sombreada, com cobertura e paredes feitas com uma treliça de bambu trançado. Muitas plantas tropicais usadas no paisagismo são espécies florestais que servem para reduzir os níveis de iluminação: o uso de um elemento de sombreamento parcial permite que um padrão contínuo de insolação parcial passe pelas plantas à medida que o sol se move no céu, garantindo que elas recebam luz de maneira adequada em todos os lados. Ao mesmo tempo, seu ritmo de crescimento é acelerado pela iluminação diurna intermitente.

é que elas não deixem cair folhas, flores, bagas ou frutos, já que eles podem causar incômodos ou danos.

Uma listagem indicativa de espécies de árvores e arbustos muito usadas em projetos de paisagismo é apresentada na Tabela X. A menos que sejam classificadas como resistentes à seca, a maioria das espécies exigirá irrigação em climas com uma estação seca pronunciada.

4.10 Centros urbanos e malha viária

Temperatura nas cidades
Todas as grandes áreas urbanas são mais quentes do que as áreas rurais adjacentes: as pessoas, a indústria, as máquinas, os veículos, as edificações – tudo gera calor, poluição e gases, incluindo o CO_2.

Em climas muito quentes, é particularmente importante incluir dissipadores de calor (lagos, parques, bosques) capazes de reduzir a temperatura do ar e do solo.

Malha viária
Ruas estreitas são mais frescas do que avenidas amplas, a menos que essas tenham árvores de grande porte plantadas ao longo de sua extensão, (Figura 36.42).

Em ruas construídas na direção norte-sul, quanto maior for a relação entre altura e profundidade (relação A/P), menor será o tempo de exposição ao sol das superfícies e das fachadas voltadas para a rua (Figura 36.43). A rua será mais fresca durante a manhã e à noite.

Nas ruas que correm na direção leste-oeste, a latitude se torna mais importante do que a relação entre a altura e a profundidade das edificações (Figura 36.44). No ou perto do equador, o sol estará acima ou se elevará e ficará sobre o alinhamento da rua. À medida que a distância em relação ao equador aumenta, há uma probabilidade cada vez maior de que, na estação quente, a superfície das ruas e as elevações voltadas para o equador receberão radiação solar o dia inteiro. Na estação fria, por sua vez, as ruas mais estreitas e algumas elevações ficarão na sombra o dia todo; as elevações voltadas para o equador receberão uma radiação solar significativa apenas quando o sol estiver acima da linha dos telhados das edificações no lado oposto da rua.

Veículos
Os veículos estacionados em pleno sol se tornarão insuportavelmente quentes e sua gasolina poderá evaporar. Estacionamentos de veículos que não ficam no interior de edificações ou sob elas devem ser sombreados por coberturas independentes, árvores que produzem sombras ou pérgolas. Áreas de estacionamento e as malhas viárias precisam considerar os veículos especializados (riquinós, carroças puxadas por cavalos, ônibus articulados) e as diferentes porcentagens de pedestres e do uso de transporte público, automóveis particulares e bicicletas nas cidades.

Lixo
Algumas pessoas geram mais lixo. Algumas prefeituras cobram multas severas das pessoas que jogam lixo na rua (como gomas de mascar).

5 ESTRATÉGIAS DE CONTROLE AMBIENTAL: MEDIDAS ATIVAS

5.1 Energia alternativa

O fornecimento de energia talvez seja inconstante ou não existente em áreas remotas. A energia elétrica talvez precise ser fornecida por um gerador a diesel ou algum outro meio que tire partido do potencial no terreno ou perto dele, como:

- *Biomassa* – uso de restos de plantações ou do florestamento, valas de esterco, árvores de crescimento rápido e plantas herbáceas. O material precisa ser secado, preparado e queimado (geralmente junto ao gás) para produzir energia
- *Energia geotérmica* – ocorrência natural de água quente ou gases no subterrâneo
- *Biodiesel e biocombustíveis* – o etanol pode ser um produto secundário do agronegócio (como na conversão da cana de açúcar em açúcar granulado ou em destilados de cana)
- *Energia solar* – células fotovoltaicas, aquecimento da água
- *Energia hidrelétrica* – microturbinas hidráulicas
- *Energia eólica* – turbinas eólicas independentes ou integradas às edificações (Figura 36.45)

5.2 Fotovoltaicas

Sistemas fotovoltaicos integrados à rede pública são células solares planas fixadas às vedações de uma edificação em um arranjo que fica voltado para o sol. Eles geram energia elétrica em corrente direta

Tabela X Espécies usadas em projetos tropicais de paisagismo

Espécie de planta	Critérios de habitat				Continente de origem						Espécies	Descrição	Sugestões
	Tolerância à altitude – **B**aixa, **M**édia, **A**lta	Tolerância à seca – **Á**rida, **S**azonal	Tolerância às geadas	**F**lores ou folhagens significativas	Américas do Sul e Central e Caribe	América do Norte	Europa Mediterrânea	Oceania	Ásia e Pacífico	África			
												Praticamente tudo floresce nos trópicos, desde que receba a quantia adequada de água e umidade.	
M	A			G					✓		Acalypha wilkesiana (crista de peru)	Arbustos de tamanho médio com folhagem bonita variegada – predominantemente verde ou marrom com folhas bastante peculiares – verdes, amarelas, beges, rosas, vermelhas, marrons. As folhas são grandes e obovadas ou estreitas e retalhadas.	São bonitas e resistentes. São usadas em excesso com frequência.
H		A			✓						Agave americana (agave)	Grande suculenta em forma de roseta com espinhos afiados nas pontas das folhas, com uma margem creme espinhosa. As inflorescências chegam a 8 m de altura.	As espécies de agave são usadas em plantações em massa, como espécimes ou cercas-vivas impenetráveis (tradicionalmente ao redor de prisões).
H		S								✓	Aloe	Florescências altas com flores pequenas em formato de sino partindo das rosetas de folhas carnudas e com margens espinhosas semelhantes ao agave.	
P		S		F					✓		Bauhinia purpurea (pata-de-vaca roxa)	Flores púrpuras, cor de rosa ou brancas elegantes e aromáticas. As árvores são eretas; algumas variedades são mais soltas e possuem flores macias menos brilhantes. Os cachos de flores são longos e finos; alguns deles se soltam e caem em espiral de maneira explosiva.	Árvores pequenas e atraentes com flores bonitas, plantadas em ruas ou em jardins. As variedades soltas se espalham com facilidade. Os cachos de flores podem ser barulhentos quando explodem para abrir.
T		S			✓						Bougainvillea glabra (primavera)	Uma trepadeira espinhosa e vigorosa decorada por brácteas típicas da cor magenta. Suas variedades incluem a branca, laranja, cor de rosa e amarela, em diversas tonalidades.	Podem ser podadas e armadas para formar arbustos; sobem em árvores e paredes. Podem danificar as fundações e os telhados se forem plantadas perto demais das residências e ficarem sem supervisão.
		S			✓						Brugmansia × cândida (trombeta e íris, saia branca)	Arbustos com um aroma vigoroso e flores pendulares em formato de trombeta, em geral brancas ou beges, mas, ocasionalmente, cor de rosa ou de pêssego. Há formatos duplos. Narcótica.	
								✓			Caesalpinia pulcherrima (flamboianzinho ou flamboyant de jardim)		
P M								✓			Callistemon sp. (escova de garrafa ou escovinha)	Árvores pequenas ou arbustos perenes. Formato vertical ou pendentes. Folhas lanceoladas e flores "escova de garrafa" vermelhas, em tamanhos variáveis.	
M	B M			F					✓		Cassia spectabilis (Cássia)	Árvore de crescimento rápido com copa densa em formato de guarda-chuva e grandes folhas pinuladas. Panículas eretas grandes com flores amarelas e brilhantes de perfume adocicado.	Crescem tão rápido e de maneira tão espetacular que podem entrar em colapso devido ao próprio peso. Formidáveis como árvores de rua, onde a regularidade de tamanho e formato é excepcional.

(continua)

Tabela X Espécies usadas em projetos tropicais de paisagismo *(continuação)*

Espécie de planta	Características, exigências e origem da planta			Espécies		
	Critérios de *habitat*	Continente de origem		Espécies	Descrição	Sugestões

Praticamente tudo floresce nos trópicos, desde que receba a quantia adequada de água e umidade.

Espécie de planta	Flores ou folhagens significativas	Tolerância às geadas	Tolerância à seca – **Á**rida, **S**azonal	Tolerância à altitude – **B**aixa, **M**édia, **A**lta	África	Ásia e Pacífico	Oceania	Europa Mediterrânea	América do Norte	Américas do Sul e Central e Caribe	Espécies	Descrição	Sugestões
M	G			B M						✓	Casuarina equisetifolia (Casuarina)	Folhagem delicada semelhante a um pinheiro com longas agulhas. Tolera terrenos pantanosos e atmosferas carregadas de maresia.	Geralmente plantadas em praias como para-ventos e para estabilizar o solo.
									✓		Cestrum nocturnum (dama da noite ou jasmim vermelho)	Arbusto comum com pequenos ramos de flores tubulares brancas e estreitas; as flores se abrem à noite liberando um aroma bastante forte.	Geralmente plantadas demasiadamente perto de dormitórios. O aroma pode ser muito forte em distâncias curtas.
	G					✓					Codiaeum variegatum (cróton)	Semelhante à Acalypha, mas mais eretas e com flores menores, mais espessas e mais foscas. Prefere climas muito quentes e úmidos.	Atraentes e confiáveis.
						✓					Congea tomentosa (congeia)	Arbusto com pequenos ramos de brácteas brancas a lilás-rosado.	Ficam espetaculares em pérgolas ou ao subir em árvores. A cor é sutil. Os pequenos ramos talvez sequem.
G			S	B M A						✓	Delonix regia (flamboyant, acácia rubra, pau rosa, flor do paraíso)	Árvore que se espalha de maneira elegante com grande quantidade de flores vermelhas e brilhantes semelhantes à orquídeas, dispostas em ramos sem flores. As folhas são bipinuladas (como no jacarandá) e se transformam em flores. Aceita uma ampla variedade de climas e altitudes.	Esta árvore espetacular precisa de espaço para se mostrar e para criar um carpete de flores caídas. As raízes de superfície impedem a plantação ou o desenvolvimento sob a copa.
					✓						Erythrina abyssinica (eritrina)	Esta árvore grande possui belas flores vermelhas e ramos planos com sementes vermelhas decorativas. Outras espécies de eritrina também são usadas.	Usadas ocasionalmente para o paisagismo de vias urbanas ou em jardins maiores.
						✓	✓				Eucalyptus sp. (eucalipto)		
M	F		S							✓	Euphorbia leucocephala (cabeleira de velho)	Arbusto de tamanho médio coberto por rosetas espetaculares de brácteas brancas.	Espetaculares quando plantadas em massa. Costumam ser podadas drasticamente a cada ano para criar um arbusto arredondado com cerca de 1,5-2 m de altura.
						✓					Hibiscus rosa-sinensis (hibisco, mimo de vênus)	Arbusto ou árvore pequena com flores vermelhas chamativas. Variedades em branco, amarelo, laranja e cor de rosa também estão disponíveis.	Muito comuns nos trópicos. O ideal é que sejam plantadas em regiões úmidas e de baixa altitude.
G	F		S	M A						✓	Jacaranda mimosaefolia (Jacarandá mimoso)	Belíssimas flores em tom de violeta claro agrupadas em copas sem folhas no final da estação seca; folhas bipinuladas grandes e elevadas divididas em folhinhas minúsculas.	Usada frequentemente para o paisagismo de vias urbanas e em jardins: produz uma sombra salpicada de luz; cresce no nível do mar e nas altitudes elevadas de climas temperados.

(continua)

Tabela X Espécies usadas em projetos tropicais de paisagismo *(continuação)*

Espécie de planta	Critérios de habitat				Continente de origem						Espécies		
	Tolerância à altitude – **B**aixa, Média, Alta	Tolerância à seca – **Á**rida, **S**azonal	Tolerância às geadas	**F**lores ou folha**g**ens significativas	Américas do Sul e Central e Caribe	América do Norte	Europa Mediterrânea	Oceania	Ásia e Pacífico	África	Espécies	Descrição	Sugestões

Praticamente tudo floresce nos trópicos, desde que receba a quantia adequada de água e umidade.

Plantas **h**erbáceas e outras

Trepadeiras

Arbustos – **G**randes, **M**édios ou **P**equenos

Árvores – **G**randes, **M**édias ou **P**equenas

Esp.	Alt.	Seca	Gead.	Flor	A.S.C	A.N	E.M	Oc.	Á.P	Áfr.	Espécies	Descrição	Sugestões
G	A				✓				✓		Kalanchoe sp. (Calanchoê)	Grande família de plantas suculentas e decorativas que produzem folhas espinhosas em formato de sino. A folhagem é predominantemente cinza e as flores em geral são da cor rosa ou laranja.	Usada em grandes canteiros sem irrigação.
							✓		✓		Melia azedarach (Cinamomo)	Árvore grande e de crescimento rápido com cachos atraentes (mas não espetaculares) de flores em lilás claro.	Usada frequentemente para o paisagismo de vias urbanas e produz sombras salpicadas de luz. Encontrada em qualquer país com residentes indianos (asiáticos).
											Nerium oleander (Oleandro ou espirradeira)	Flores bonitas e de odor agradável em arbustos com folhas lanceoladas.	Todas as partes da planta são venenosas.
T					✓						Petrea volubilis (viuvinha)	Trepadeira perene com cachos pendulares de belas flores lilás ou púrpuras em formato de sino.	Cobre paredes, treliças e cercas. É semelhante ao jacarandá em termos de cores e floresce na mesma época, mas com mais intensidade.
G	F	S			✓						Poinsettia pucherrima	Arbusto grande com brácteas vermelhas brilhantes e decorativas. Muitas espécies com uma variedade de cores e formatos. Todas são euphorbiacae – com seiva de látex.	Geralmente recebe uma poda drástica depois de "florescer". Evite o contato com o látex. Precisa de 12 horas no escuro para produzir brácteas.
T					✓						Pyrostegia venusta (cipó de São João)	Trepadeira perene vigorosa com um longo período de florescimento. Aglomerados de flores laranja brilhantes em formato de sinos tubulares.	Sobe em árvores altas, cobre paredes e fica magnífica como cobertura de um piso elevado, armada sobre uma estrutura de arame.
					✓						Roystonea regia (palmeira real)	Espécie não encontrada	Plantada em canteiros elevados para que possa pender.
					✓						Russelia equisetiformis (flor de coral)	Pequenas flores vermelhas em formato tubular distribuídas em pequenos galhos pendentes.	Árvore decorativa pequena.
P					✓						Solanum	Flores azuis com aspecto de papel ou brancas sobre uma trepadeira semelhante a um arbusto com até cinco metros de altura.	
T					✓						Solanum jasminoides (Pandorea jasminoides ou trepadeira de arco)		Árvore para o paisagismo de vias urbanas ou para cultivo.
G										✓	Spathodea africana (tulipeira africana)	Esta árvore grande possui cachos terminais eretos de flores em vermelho-alaranjado que emergem de botões cobertos por pelos e cheios de líquido.	
											Tecoma stans (ipê amarelo de jardim)	Arbusto com flores amarelas e brilhantes em formato de sino.	Muito usada como cerca-viva. Suporta podas sem dificuldade.
									✓		Thunbergia grandiflora (Tumbérgia azul)	Uma trepadeira grande. As flores têm cinco pétalas em lilás-azulado ao redor de um tubo amarelo.	Sobe em paredes, cercas e varandas.

36.42 A largura dos espaços entre as edificações (além de sua orientação) e a implantação de árvores grandes são fundamentais para determinar a quantidade de insolação direta que as edificações receberão.

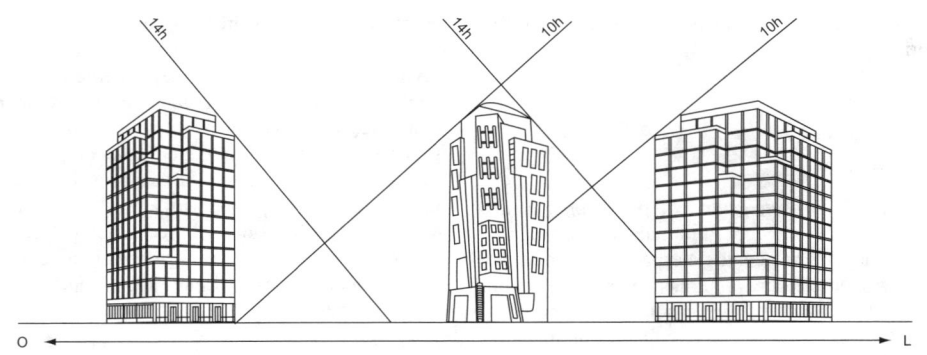

36.43 Quando as ruas se estendem na direção norte-sul, uma rua estreita perto do equador recebe luz solar direta somente em um período relativamente curto – o princípio usado nas ruas comerciais no norte da África – o bazar, *souk* ou mercado.

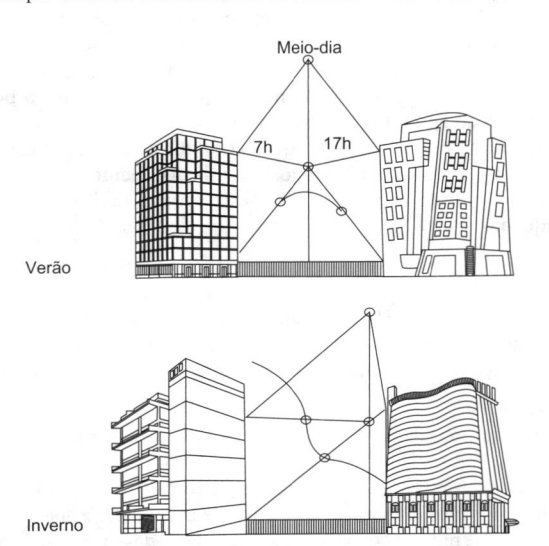

36.44 Quando as ruas perto do equador se estendem na direção leste-oeste, o sol atingirá a rua durante todo o dia, exceto se for bloqueado por edificações construídas em ambos os lados da via.

(CD) que precisa ser convertida em corrente alternada (CA) e, embora sejam caros e pouco eficientes atualmente, resultam em economia de custos, diminuindo a demanda de energia da rede pública durante o dia – portanto, reduzindo os custos de armazenamento durante a noite. Essas economias dependem de um contrato interessante com a empresa de fornecimento de energia, além de medidas passivas associadas que usam o fechamento da edificação de maneira eficiente. Todas as células fotovoltaicas usam silício em diferentes formas e são pretas ou azuis. Suas redes de eletricidade são perigosas e devem ser instaladas, mantidas e supervisionadas por eletricistas especializados.

Recentemente, as telhas fotovoltaicas se tornaram disponíveis no Reino Unido. Elas não são diferentes das telhas naturais convencionais em termos de aparência e podem promover uma economia de até 25% no consumo de energia doméstica.

5.3 Turbinas eólicas

Se as turbinas forem incorporadas às edificações, o projeto deve acomodar a trepidação das pás das turbinas e a carga estrutural adicional da vibração. É preciso avaliar o risco de danos e ferimentos que possam ser causados por pás quebradas.

As turbinas podem ter entre 500 mm e 50 m de diâmetro. A implantação é crítica. A página da *Danish Wind Industry Association* (Associação Dinamarquesa de Indústrias Eólicas) fornece diretrizes de projeto (www.windpower.org/en/tour/design/index.htm).

5.4 Ventilação e condicionamento de ar

A necessidade de instalar equipamentos mecânicos de apoio e os seus custos de operação e manutenção serão reduzidos pelas estratégias de projeto passivo que melhoram a ventilação, a proteção solar e o controle de temperatura. Sempre que possível, elimine a necessidade de ventilação mecânica. Cada vez mais, os projetistas estão usando dutos de ventilação e "chaminés solares" para promover a ventilação.

Ventiladores de teto
Preveja uma distância adequada sob as lâminas do ventilador. Os ventiladores de teto proporcionam uma ampla distribuição de ar. Desde que o diâmetro desses ventiladores seja grande, eles podem ter uma velocidade relativamente baixa, reduzindo os ruídos.

Condições típicas de instalação:
- Pé-direito: 3,0 m no mínimo
- Altura mínima das lâminas em relação ao piso: 2,5 m
- Diâmetro do ventilador: 1,0 m

Ventiladores de piso e de parede: Como as lâminas são instaladas dentro de uma gaiola, esses ventiladores podem agir com maior ve-

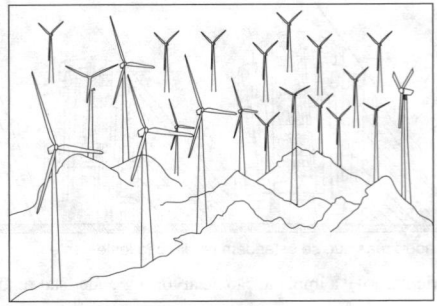

36.45 Turbinas eólicas.

locidade e produzir um fluxo de ar mais concentrado. Eles podem ser fixos ou oscilatórios.

Dados mais comuns:
- Altura de instalação: 1,5-2,0 m
- Ângulo de oscilação: até 60°
- Alcance do ar: 3-4 m

Exaustores de cobertura dos dutos de ventilação passiva por efeito chaminé: Em construções com uma cobertura mais leve, os exaustores são usados para remover o ar quente do espaço livre no teto e dos cômodos internos. As temperaturas internas do ar talvez sejam reduzidas em 3-5°C em climas onde a radiação solar está combinada a temperaturas moderadas. O exaustor não circula o ar de maneira perceptível no interior da edificação.

Condicionadores de ar de parede: Há condicionadores de ar internos com uma capacidade de refrigeração que varia de 1,5 a 7 kW (a unidade Btus/h geralmente é usada para medir a capacidade, já que muitos fabricantes e projetos são provenientes dos Estados Unidos). As especificações variam muito e podem incluir aquecedores e opções exclusivamente para ventilação, além de resfriadores de absorção. Em geral, eles são embutidos nas paredes ou sob as janelas (normalmente após a ocupação dos prédios). Os condicionadores de ar de parede precisam do ar externo para remover o excesso de calor, de um ponto para a entrada do ar fresco e de drenagem para a água removida do ar durante o resfriamento.

Condicionadores de ar tipo split: Os condicionadores de ar tipo *split* apresentam as seguintes vantagens em relação aos condicionadores de ar de parede:

- Alterações estruturais mínimas quando instalados em edificações preexistentes e exigências mínimas em edificações novas: os dois tubos que conectam o condensador ao circulador de ar cabem em um orifício de 100 mm
- Mais segurança: importante para agências bancárias, lojas, etc.
- Reduzem os ruídos no interior do cômodo, devido ao posicionamento externo do condensador
- Maior flexibilidade interna, já que o circulador de ar pode ser instalado na parede interna ou até no teto
- Melhora a aparência externa, pois o condensador pode ser instalado na cobertura, reduzindo os problemas de gotejamento

A desvantagem é a seguinte:

- O condensador não tem boa aparência, é barulhento e exige um espaço exclusivo; é possível que ele incomode os vizinhos, em vez de os ocupantes do quarto

6 ESTRUTURA, INSTALAÇÕES E PROJETO AMBIENTAL

6.1 Projeto estrutural

A forma estrutural deve constituir uma escolha economicamente viável e precisa facilitar a resposta mais adequada do projeto ao clima. Os climas áridos e muito quentes são mais adequados para construções de alvenaria; os climas muito quentes e úmidos favorecem uma estrutura independente leve com um fechamento ventilado com pouca massa. Os climas temperados exigem uma combinação – talvez pisos termoacumuladores maciços com uma superestrutura mais leve e elementos de proteção solar reguláveis. Todas as estruturas devem ser capazes de suportar os extremos climáticos previstos que possam afetar a estabilidade e a integridade estrutural. A necessidade de fechamento é menos pronunciada em todos os climas (com exceção dos áridos) e muitas edificações incluem coberturas exuberantes sobre suportes expostos, sem paredes permanentes.

Concreto
O concreto é muito usado nos trópicos, onde o aço e outros materiais importados talvez sejam muito caros. O baixo custo da mão de obra talvez seja responsável pelo uso criativo das propriedades plásticas do concreto em paraboloides hiperbólicos, em cascas e outras estruturas. A utilização do concreto depende da disponibilidade de cimento e de um suprimento de água adequado. As edificações mais altas precisam de equipamentos para o bombeamento de água. Os climas muito quentes talvez precisem do resfriamento do concreto (tanques com gelo), do uso de agentes retardantes, e do sombreamento e do umedecimento constante do concreto lançado durante a cura. Talvez seja difícil obter formas adequadas.

Aço
Os custos do transporte talvez tornem as estruturas de aço algo nada econômico. É possível que os ambientes úmidos exijam tratamentos especiais. As esquadrias de aço para portas e janelas podem ser usadas no lugar da madeira, de forma a reduzir os ataques de cupins.

Madeira
A madeira precisa vir de florestas sustentáveis e ser resistente ao ataque de cupins, ao calor e ao ressecamento ou à umidade, quando necessário. A retratação e a deformação devido à secagem podem ser inaceitáveis. Talvez seja necessário secar a madeira antes da sua utilização. É preciso conhecer a capacidade de desempenho de cada espécie, especialmente no caso de madeiras estruturais. Caso grandes peças de madeira estrutural não estejam disponíveis, o glulam talvez seja uma boa alternativa – glulam (*glue laminated timber*): tiras finas de madeira laminadas, um material atraente e consistente, com ótimas propriedades estruturais. Em algumas áreas, o consumo desenfreado de madeiras florestais (tanto para construção quanto para lenha) resultou no esgotamento crítico de algumas espécies. A madeira reciclada – como a madeira compensada e outros produtos em chapas – talvez esteja disponível para fins estabelecidos localmente.

Formas estruturais
As questões de projeto são destacadas na Tabela XI: Projeto dos elementos de construção.

Tabela XI Projeto dos elementos de construção

Elementos	Tipo	Vantagens ou metas	Desvantagens ou problemas	Detalhes
Estrutura	Geral	• Ausência de temperaturas de congelamento • Controles normativos talvez permitam soluções mais criativas • Especialistas locais em tecnologias alternativas talvez ofereçam novas possibilidades para o projeto	• Extremos climáticos, incluindo variações diurnas de temperatura, ventos e quedas pluviométricas • Habilidades ou conhecimento técnico limitados em alguns lugares • Dados limitados sobre o desempenho de materiais locais (há laboratórios locais para a testagem de materiais?) • Restrições sazonais para o trabalho (tempestades de areia, monções, etc.)	• Verifique se está na zona sujeita a terremotos • Verifique a carga de vento dos ciclones, etc. • Obtenha dados pluviométricos para o carregamento eventual de coberturas, calhas, etc. • Considere a sustentabilidade de todos os aspectos do projeto (a energia incorporada, o consumo de fontes não renováveis, a contaminação ambiental e a exaustão, principalmente dos suprimentos de água)
	Alvenaria estrutural	• Tijolos e pedras são materiais locais? • Alvenaria de tijolos é uma prática local? • Alvenaria faz parte do estilo vernacular? • Massa térmica • Capacidade de acomodar pequenos acessórios e pequenas alterações	• Materiais e acessórios com disponibilidade, qualidade e adequação limitadas • As queimadas tradicionais podem consumir grandes quantidades de madeira florestal não renovável	• Verifique as práticas locais • São usadas paredes duplas com cavidades? • Identifique a resistência e a adequação dos materiais produzidos localmente e o regime de testagem desses materiais
	Estrutura independente de concreto e concreto moldado *in loco*	• O cimento é manufaturado nas imediações? • Construção em concreto é uma tecnologia familiar à região? • Custos reduzidos com mão de obra e formas podem facilitar projetos especiais (paraboloides hiperbólicos, etc.)	• Materiais, máquinas e recursos com disponibilidade, qualidade e consistência limitadas • Um cuidado extremo é necessário durante a cura	• Há formas, armaduras e equipamentos para a mistura e o transporte do concreto? • Há água suficiente para o preparo, o resfriamento e a limpeza das máquinas?
	Estrutura independente de aço	• Materiais reutilizáveis	• Materiais e recursos com disponibilidade, qualidade e consistência limitadas, incluindo mão de obra qualificada • Umidade	• Qual é a distância da forja, da fábrica ou do fornecedor até o terreno?
	Estrutura independente de madeira	• A madeira é produzida localmente? • A madeira vem de florestas renováveis?	• Resistência à umidade e aos cupins • Efeitos do clima sobre a vida útil	• Verifique a carga de vento dos ciclones, etc. • Cintas e barras de contraventamento dos elementos de madeira
Pavimentos	Lajes do pavimento térreo apoiadas no solo	• Use o efeito de retardo ou defasagem térmica do solo e/ou da laje para estabilizar a temperatura do piso e mantê-lo resfriado (os pisos de concreto, pedra e cerâmica sempre parecem mais frios e, em algumas circunstâncias, podem ser umedecidos para produzir o resfriamento por evaporação – o que aumentará a umidade) • Redução dos custos • Disponibilidade de acesso para os portadores de necessidades especiais • Pisos de concreto são fáceis de limpar – em geral, eles são polidos e encerados nos trópicos	• Risco de enchentes sazonais • Risco de respingos da chuva • Cupins, insetos, cobras, etc. • Opções estruturais restritas – concreto? • Adequação das condições do solo para o tipo de fundação • Risco de acúmulo de umidade e surgimento de mofo • Pisos de concreto, pedra e cerâmica, se polidos, podem ser muito escorregadios e causar acidentes • Cobras podem se aninhar em entulho mal compactado sob a laje	• Adote precauções contra a entrada de cupins e insetos pelas junções da laje, nas mudanças de nível e nos pontos onde ela é atravessada pelas instalações ou pela estrutura • A laje deve ser contínua (e não dividida em vãos separados por paredes internas) • Proteja-se dos cupins colocando veneno no solo (mas evite organofosfatos) ou utilizando uma malha de aço especial lançada sobre o solo e com furos demasiadamente pequenos para a passagem de insetos (solução australiana) • Projete as lajes além das fundações, com ângulos de 90° externos e pontiagudos, dificultando a ação de cupins • Os pisos com alta massa térmica devem ser mantidos na sombra em épocas quentes, mas podem absorver um pouco de radiação solar na estação fria, de forma a aquecer a edificação (projeto passivo)
	Pavimentos elevados em relação ao nível do solo	Mantêm o piso a salvo de enchentes sazonais e de respingos das chuvas intensas Mantêm o piso afastado dos cupins e outros insetos Use materiais que não o concreto, incluindo pisos de madeira elevados e com frestas para melhorar a circulação do ar	Pisos devem ser mantidos secos e livres de umidade Riscos à segurança provenientes da parte de baixo Tetos acessíveis podem ser colonizados por morcegos, cobras, etc. Os vãos no interior da estrutura do piso podem ser usados por insetos (vespas, formigas, etc.) e mamíferos pequenos Cupins podem encontrar madeira e destruí-la Em climas úmidos, a umidade e o mofo podem se acumular nos vãos vedados sem serem percebidos	Os pisos com baixa massa mantêm a temperatura mais perto da temperatura do ar – uma vantagem no inverno Todos os vãos devem ser protegidos nas faces externas por uma tela forte o bastante para resistir ao ataque de roedores e com aberturas capazes de impedir a passagem de formigas – exceto quando morcegos, etc. forem tolerados Verifique os pisos (e estruturas) de madeira devido ao risco de incêndios em savanas Os pavimentos elevados podem permitir a introdução ou o uso sazonal de chaminés ou torres de ventilação para extrair o ar mais frio das áreas sombreadas A parte de baixo da laje deve estar visível para fins de inspeção Permita a passagem de ar e a ventilação abaixo do piso

(continua)

Tabela XI Projeto dos elementos de construção *(continuação)*

Elementos	Tipo	Vantagens ou metas	Desvantagens ou problemas	Detalhes
	Pavimentos com acesso elevado	• Podem ser usados para conduzir o ar resfriado através de uma estrutura, ou para reciclar ou remover o ar aquecido	• Não contribuem para a massa termoacumuladora • Podem ser difíceis de manter • Insetos e outras pragas podem infestar os vãos	• O colapso de um piso de acesso elevado em um terremoto pode afetar criticamente a saída de emergência dos edifícios de escritórios
	Pavimentos intermediários e mezaninos	• Falta de continuidade no volume da edificação, com mezaninos e variações na altura dos pavimentos, permite a circulação do ar	• Lajes de piso contínuas restringem a circulação vertical do ar • A continuidade estrutural pode ser essencial para manter a rigidez nas zonas sujeitas a terremotos	• Transmissão de sons • Dispersão do fogo
	Pavimentos externos, deques, plataformas, balcões e terraços	• Podem oferecer proteção solar aos pavimentos inferiores e às paredes • Com materiais de pouca massa (madeira) e materiais perfurados, reduzem a temperatura e permitem a circulação do ar	• Podem refletir a luz, o ofuscamento e o calor para as edificações se as luzes forem coloridas e refletoras; se usadas como uma estante de luz, podem sombrear as janelas e refletir a luz que atinge a cobertura	• Áreas de estar e de descanso ao ar livre e no sol, na sombra ou no vento devem utilizar os espaços do telhado, os pátios, os átrios e o perímetro da edificação em uma variedade de maneiras correspondentes ao clima.
Tetos	Tetos rebaixados (forros)	• O teto pode ser usado para defletir ou refletir a luz • Pode conter sensores de calor ou de luz para ajustar a temperatura ou a posição das persianas internas ou externas	• O vão pode abrigar insetos e outras pragas – precisa ser acessível • O vão pode acumular ar quente se for projetado de maneira inadequada • Os materiais usados para o isolamento acústico dos tetos podem atrair insetos – evite qualquer material que contenha celulose	• Use telas de arame ou plástico com furos de tamanho adequado para impedir a passagem de morcegos, pássaros e insetos e, ao mesmo tempo, permitir a ventilação
	Tetos aparentes; tetos integrados	• Reduzem os custos	• Reduzem as opções de instalações e de circulação do ar	
Características das paredes	Mosquiteiros	• Essenciais nas áreas de preparação de alimentos, cozinhas e locais de descanso, onde qualquer inseto voador se torna um incômodo • Em áreas infestadas por mosquitos, *todos* os cômodos devem ter mosquiteiros	• Impedem a circulação do ar	• Em geral, são feitos em plástico verde ou preto ou arame revestido com plástico – precisam ser resistentes • Fixos com moldura de madeira ou grampos de metal
	Venezianas	• Segurança pessoal • Proteção contra condições climáticas extremas • Venezianas reguláveis reduzem o ofuscamento • Minimizam a passagem de ruídos externos	• Acumulam calor	• Considere a instalação e a manutenção
Revestimentos externos	Anteparos contra chuva	• Permitem o uso de acabamentos ásperos nas estruturas escondidas atrás dos anteparos • Podem ser usados sobre adobes	• Os vãos podem abrigar insetos e esconder defeitos ou sinais de deterioração	• Considere a instalação e a manutenção
Telhados	Telhados inclinados	• Essenciais em climas úmidos • Os vãos podem ser usados para ventilar cômodos internos	• Podem acumular calor se não forem ventilados • Os vãos podem abrigar insetos e esconder defeitos ou sinais de deterioração	• Grandes beirais em zonas tropicais chuvosas • Telhados em vertente, vales, etc. devem suportar as chuvas intensas
	Cobertura plana	• Pode ser usada como área externa para dormir	• Difícil de impermeabilizar contra tempestades • Mudanças climáticas podem provocar condições metereológicas imprevisíveis	• Cada vez mais, a segurança é um dos pontos principais
	Telhado duplo incluindo coberturas com formas aerodinâmicas	• Esta estrutura coloca um espaço aberto ventilado entre a proteção climática do telhado superior e o elemento sombreado do telhado interno mais baixo, que pode servir como área para dormir em dias mais quentes • O aerofólio usa dois perfis com desenhos aerodinâmicos e convergentes para acelerar a circulação do ar acima do telhado	• Podem estar sujeitos aos danos causados por tempestades sob condições climáticas extremas • Talvez haja perdas em termos de segurança ou de privacidade • Altura adicional • Custos adicionais • O aerofólio pode precisar de modelagem extensiva e de testes para ter sua eficácia garantida	• Veja as casas projetadas por Le Corbusier na Índia e as edificações europeias mais recentes

6.2 Projeto nas zonas sujeitas a terremotos

Os terremotos podem ocorrer em qualquer lugar do planeta, mas são mais comuns nas regiões mais quentes. Nas zonas sujeitas a terremotos, geralmente se acredita que escolher o tipo correto de estrutura é mais importante do que as variações mínimas em termos de detalhes. O colapso ocorre devido à falta de elasticidade – e esses colapsos são difíceis de estudar, principalmente em estruturas complexas. As boas práticas chilenas oferecem um modelo adequado: fornecer resistência confiável (com margem de segurança), continuidade estrutural e redundância. Sempre trabalhe com um engenheiro de estruturas. Sempre considere o impacto da implantação e do tratamento paisagístico, além dos possíveis danos causados por outras construções e árvores do entorno.

Ao projetar edificações nas zonas sujeitas a terremotos, é preciso observar os pontos a seguir:

Forma estrutural

Use:

- formas estruturais simples e compactas, com linhas contínuas de força estrutural e margens de segurança na construção;
- plantas baixas simétricas e compactas com o máximo de resistência aos esforços de torsão;
- simetria em carregamentos estruturais, fenestração, disposição da escada, padrões de revestimento e fechamento dos vãos estruturais.

Evite:

- formas complexas com linhas irregulares e desencontradas de força estrutural – as plantas baixas com formatos em H, L, T, U, X e E são particularmente vulneráveis, uma vez que a vibração pode divergir em cada eixo;
- falta de continuidade na forma, na massa, na altura dos pavimentos, nos materiais, nos recuos das elevações, nos beirais ou no fechamento de vãos, pois ela pode criar um "pavimento frágil" em algum dos níveis e acelerar o colapso estrutural;
- interrupções nos pilares ou paredes de cisalhamento – a não continuidade dos pilares e das paredes de cisalhamento desde os pavimentos superiores até o pavimento térreo (criando um "pavimento frágil") já contribuiu para a perda de integridade estrutural ou para colapsos progressivos graves em caso de terremoto (ou ataques terroristas);
- janelas a menos de 600 mm das quinas externas.

Detalhes estruturais

- Os engenheiros podem adotar uma filosofia de vigas fracas/pilares fortes, permitindo que as vigas se flexionem mais do que os pilares.
- Os pilares de quina costumam ser mais solicitados: as elevações podem agir como lâminas e torcer as quinas.
- A continuidade, as conexões e a instalação das armaduras podem ser cruciais.
- As conexões entre as lajes de piso e os pilares devem resistir aos esforços de cisalhamento.
- A armadura positiva de continuidade das lajes e vigas age como uma catenária e resiste ao colapso.
- O fechamento parcial dos pilares por meias-paredes pode sujeitar a parte remanescente do pilar a cargas excessivas, eliminando a capacidade de flexão e levando ao colapso.

Danos e ferimentos

- Alguns danos causados pelo terremoto aparecerão nas superfícies externas da edificação e devem ser aceitos, mas a perda de integridade estrutural ou o colapso de edificações habitadas são absolutamente inaceitáveis.
- Todos os elementos estruturais e não estruturais significativos (revestimentos externos, platibandas, escadas, etc.) devem estar fixados de maneira segura no sistema estrutural.
- Proteja as rotas de fuga contra os fragmentos de vidro ou do revestimento.

Elementos não estruturais

- Danos estruturais, explosões de gás e incêndios podem ser causados pelo deslocamento e pelo colapso de elementos não estruturais.
- As instalações de entrada de gás devem ter válvulas de segurança com desligamento automático.
- O desempenho dos elementos estruturais pode ser comprometido ou alterado pela ação de elementos não estruturais.
- Ferimentos e mortes podem ser causados pela queda de elementos não estruturais.
- Os custos do conserto de elementos não estruturais podem inviabilizar uma edificação.
- Todos os equipamentos de grande porte, cilindros e mobiliário altos devem ser parafusados ou presos no local; itens soltos (como louças e livros), que podem cair e causar ferimentos, devem ser armazenados em níveis mais baixos.

36.46 As edificações com estruturas independentes de madeira contraventadas costumam entrar em colapso em seu ponto mais fraco – geralmente onde não são travadas no pavimento de suporte com vigas de madeira estendidas.

Tabela XII Padrões de água para uso doméstico diário (litros por pessoa)

Distribuição	Mínimo (ou abastecimento reduzido ou temporário)	Normal	Com previsões de perda
Coluna de incêndio para até 100 pessoas	120	40	60
Conexões com apenas uma torneira	120	160	180
Conexões com torneiras múltiplas	160	200	240
Conexões com torneiras múltiplas em áreas com racionamento de água	100	150	–

Fonte: OMS, Banco Mundial.

Estruturas de concreto

- Os enchimentos de concreto e o solo para jardinagem sobre as lajes de concreto não têm coesão, não geram benefícios e podem produzir cargas excessivas que contribuem para o colapso.
- As estruturas de concreto afetadas por terremotos sucessivos podem sofrer danos invisíveis que pioram de maneira cumulativa.

Estruturas independentes de aço

A suposição de que as estruturas de aço soldado possuem a flexibilidade necessária para resistir aos tremores de terra não tem sido comprovada pelos eventos recentes em Kobe e na Califórnia. Os vínculos entre as vigas e os pilares racharam devido ao colapso da construção, dos materiais e das conexões. Os padrões e os códigos foram revisados nessas áreas.

Edificações com estrutura de madeira

É fundamental promover a rigidez com o uso de paredes de cisalhamento (perfis reforçados por painéis rígidos) e manter a continuidade em toda a estrutura. As paredes com estrutura leve de madeira, principalmente como subestruturas acima do solo, formam um "pavimento frágil" e constituem um ponto regular de colapso (Figura 36.46). As estruturas construídas sobre pilares ou palafitas devem ser firmemente ancoradas. As chaminés de alvenaria inseridas em edificações com estrutura independente de madeira podem entrar em colapso; pavimentos superiores com painéis estruturais no piso ao redor da chaminé reduzem o risco de ferimentos.

6.3 Energia elétrica

O fornecimento público de energia elétrica pode ser instável ou estar disponível apenas nas áreas urbanas principais; no entanto, muitos países tropicais possuem utilidades públicas modernas e confiáveis. Os padrões variam em termos de voltagem. O projeto do sistema de distribuição é semelhante ao dos climas temperados, exceto pelo fato de que as temperaturas mais altas do solo talvez resultem na necessidade de uso de cabos maiores para evitar o superaquecimento. Pode ser necessário proteger os cabos contra os cupins e outros animais predadores.

6.4 Calefação solar

Em seu formato mais simples, o aquecedor solar é um rolo de mangueira com água trazida da rede de abastecimento e a transfere para uma caixa retangular colocada na quina do prédio (geralmente no telhado), de forma a absorver o máximo de luz solar. Na caixa, a tubulação é colocada sobre uma superfície refletiva e coberta com uma lâmina de vidro absorsora de calor; ambas são projetadas para aquecer a água na tubulação o mais rápido possível. A água aquecida é retirada sempre que for necessário por meio de torneiras separadas; uma das alternativas é armazená-la assim que uma temperatura determinada for atingida. Esses aquecedores de água são simples e eficazes, mas não elevam a temperatura da água de maneira significativa em dias frios ou muito nublados, quando a água quente se torna mais necessária. Eles também precisam de manutenção, uma vez que a tubulação está sujeita a um calor extremo e possui uma vida útil relativamente curta. Os aquecedores solares industrializados utilizam materiais mais sofisticados. A água aquecida geralmente é armazenada em tanques e retirada sempre que for necessário.

6.5 Abastecimento de água

A Tabela XII apresenta os padrões recomendados por organizações internacionais. Entretanto, os padrões realmente adotados devem estar associados aos recursos e às condições locais. Em alguns países, a água salobra para irrigação é fornecida por um sistema independente para poupar água potável. A Tabela XIII mostra a grande quantidade de água necessária para manter gramados e jardins no estilo ocidental.

Sempre que o abastecimento de água for irregular, escasso ou caro, é preciso considerar medidas que possam reduzir o consumo de água. Essas medidas incluem o uso de bacias sanitárias secas ou com baixa vazão de descarga, chuveiros em vez de banheira e a utilização de "água servida". A água servida é a água que já foi utilizada na limpeza doméstica, em equipamentos de refrigeração ou na indústria e que é aproveitada para a descarga de bacias sanitárias e para usos que não envolvam o consumo propriamente dito e o preparo de alimentos.

O projeto de um sistema de coleta e armazenamento da água da chuva talvez fique sob a responsabilidade do projetista da edificação ou do engenheiro de instalações. É possível coletar água em grandes superfícies lisas e inclinadas, em bacias de decantação ou em reservatórios abertos. As bactérias se reproduzem com uma velocidade impressionante na água que fica exposta ao sol.

6.6 Instalações sanitárias e descarte de dejetos

Aparelhos sanitários

As práticas tradicionais e religiosas variam. Algumas sociedades preferem o vaso sanitário ao estilo turco (mais ergonomicamente correto) ao vaso sanitário ocidental. Os muçulmanos se banham em água corrente, logo, preferem o chuveiro a banheiras; os lavatórios devem ter um misturador, em vez de torneiras separadas para água quente e fria.

Tubulações de esgoto

A capacidade das tubulações está associada aos padrões de abastecimento de água. Sempre que os canos forem instalados com pouca declividade e a temperatura do solo for alta, os esgotos podem se tornar sépticos e atacar o cimento-amianto e os canos de cimento. O descarte de dejetos pode ocorrer mediante o uso de vasos sanitários convencionais (com vasos de compostagem de água) ou tanques sépticos em condomínios ou bairros com pouca densidade. Os vasos sanitários convencionais exigem espaço adequado para a substituição após a vida útil média de cinco anos – embora o tempo exato dependa das condições do solo, etc. Elas devem ter respiros. Os vasos

Tabela XIII Abastecimento de água para irrigação em climas muito quentes e secos

Tipo de vegetação	Necessidade de abastecimento de água	litros/hectare/dia
Jardins particulares	Máximo	350.000
Jardins particulares	Média	225.000
Jardins particulares sem gramado		170.000
Vegetais irrigados	Média	80.000
Parques públicos		60-140.000
Plantações de árvores		2-7.000

sanitários e os tanques sépticos europeus, dimensionados conforme os dados ocidentais, não serão capazes de receber os grandes bolos fecais produzidos por uma dieta de cereais pesados, como o milho e cereais semelhantes. Dados de projeto padronizados para tanques sépticos são fáceis de obter. A extensão dos drenos secundários depende do tipo de solo.

6.7 Tempestades e drenagem da água de superfície

A intensidade das chuvas em termos de projeto talvez não tenha sido medida na cidade em questão, dificultando o cálculo do tamanho adequado das calhas; contudo, é possível coletar dados indicativos no local. Tempestades tropicais talvez ocorram em períodos breves com uma densidade de até 100 mm/h. Frequentemente, chuvas muito intensas ocorrem após um longo período de seca, durante o qual os dutos de drenagem entopem com areia e resquícios do solo. Nesses locais, é comum a utilização de drenos abertos ou que possam ser abertos para monções ou tempestades, de forma a fornecer a capacidade adequada e facilitar a limpeza. Sempre que os sistemas de encanamento forem utilizados, grandes coletores de areia serão necessários em cada sarjeta; o tamanho mínimo de um cano é de 150 mm (às vezes, a dimensão de 200 mm é obrigatória). A inclinação deve possibilitar a limpeza em uma velocidade de 1 m/s. As calhas de telhado podem ser colocadas nos beirais em locais onde ocorrem chuvas torrenciais, uma vez que seriam incapazes de lidar com o volume de água. A descarga da água acumulada no telhado deve verter para bacias ao ar livre ou sobre um amplo avental de concreto com um caimento afastado da edificação, de forma a impedir quaisquer respingos nas paredes. Alpendres ou marquises para redirecionar a água são necessários nas entradas. Os mosquitos podem se reproduzir na água rasa que fica acumulada nas calhas com pouco caimento. Nas edificações maiores, as calhas podem assumir a forma de elementos de concreto caros e pesados. No entanto, calhas com grandes perfis já estão disponíveis em uma variedade de materiais, incluindo alumínio e aço. As calhas grandes em plástico reforçado com fibra de vidro (ou outros materiais mais flexíveis) devem ser testadas para determinar sua resistência a grandes cargas de água, caso não haja suporte.

6.8 Controle de mosquitos e outros insetos voadores

Os mosquitos (e outros insetos, incluindo as mariposas) são atraídos pela luz, pelo ar parado e pela água. As lagartixas e os camaleões se alimentam deles. Os meios mais comuns para deter os mosquitos incluem:

- evitar o tempo todo que os insetos entrem na edificação;
- atrair os insetos para longe das edificações;
- proteger o corpo à noite, principalmente quando estiver anoitecendo – quando os mosquitos estão mais ativos;
- adotar medidas para matar quaisquer insetos que venham a entrar na edificação;
- aumentar a circulação do ar no interior e ao redor da edificação (os mosquitos gostam de ar parado);
- eliminar os locais de procriação em torno das edificações; e
- realizar programas de desinsetização em massa em áreas extensas.

As soluções de projeto incluem:

- usar mosquiteiros em todas as portas e janelas;
- usar mosquiteiros sobre as camas;
- intensificar a circulação do ar com o uso de ventiladores, ventilação por efeito chaminé e recursos de promoção da ventilação cruzada;
- evitar o uso de luzes fortes, principalmente em áreas abertas ou para alimentação;
- usar luzes externas para afastá-los das áreas ocupadas;
- usar dispositivos eletrônicos que utilizam luzes fortes ou odores para atrair e matar os insetos;
- eliminar todas as áreas possíveis e existentes para o acúmulo de água parada onde os mosquitos procriam, incluindo o controle de ervas daninhas e do paisagismo.

Os mosquiteiros são essenciais, mas reduzem a ventilação. As telas podem ser suspensas por uma estrutura de madeira ou metal (como uma cama de baldaquino leve) ou a partir do teto em uma estrutura ou anel circular (tela hospitalar). O mosquiteiro deve ser longo o bastante para ser bem fixado ao redor e sob o colchão.

O uso de inseticidas pulverizados no interior de edificações durante a noite tradicionalmente inclui o organofosfato e outros venenos cumulativos. O uso dessas substâncias em longo prazo é prejudicial à saúde. Todos os produtos químicos devem ser tratados com cuidado. Nos trópicos, a pulverização – seja em escala doméstica ou em massa – talvez continue utilizando substâncias químicas como o DDT, cujo uso é proibido nos países desenvolvidos.

A eliminação da água parada é muito importante e vai muito além do projeto cuidadoso de calhas e drenos abertos, garantindo que o caimento tenha condições de levar a água para longe das áreas habitadas. Algumas autoridades públicas reforçaram vigorosamente os regulamentos que proíbem a plantação de milho e de outras plantas cujas folhas formam uma cavidade em torno da haste, acumulando água. A água usada no paisagismo deve ser agitada por chafarizes ou mecanismos de reciclagem, para que não fique estagnada. As piscinas e as áreas de transbordamento ao redor precisam receber um tratamento semelhante, especialmente se não forem tratadas com os produtos químicos que mantêm os insetos à distância. Os outros locais de procriação podem incluir lagos de sedimentação em estações de tratamento de água, campos agrícolas inundados (plantações de arroz) e as grandes lagoas que se formam nos terrenos mais baixos após chuvas intensas ou tempestades costeiras.

7 DADOS CIENTÍFICOS USADOS NAS EDIFICAÇÕES

7.1 Diagrama do movimento aparente do sol

O uso de diagramas do movimento aparente do sol (cartas solares) e de ângulos de sombras projetadas é detalhado nos textos listados na referência bibliográfica. Sempre que os diagramas com o percurso aparente do sol no hemisfério norte forem usados para o hemisfério sul, é preciso fazer alterações em relação à época, ao mês, ao azimute e à direção, conforme mostrado na Tabela XIV. Os coeficientes de sombreamento são apresentados na Tabela XV. Há ferramentas para o cálculo do movimento aparente do sol disponíveis na Internet.

7.2 Albedo (também conhecido como refletividade solar ou refletividade do solo)

O albedo é a porcentagem de radiação solar refletida por uma superfície em relação à radiação solar incidente na superfície. O termo significa "brancura" e, portanto, a refletividade dentro do espectro visível; em geral, porém, ele é visto como a energia total de ondas curtas. O albedo varia conforme a cor, as variações sazonais na cobertura do solo (neve, árvores decíduas, plantações) e, em menor extensão, de acordo com a umidade da cobertura de superfície. Para evitar o superaquecimento, as superfícies expostas à radiação solar possuem baixa absorção e alta emissão (albedo alto) e, para acumular os ganhos térmicos e agir como termoacumuladores, elas têm alta absorção e baixa emissão (albedo baixo). A Tabela XVI indica o albedo de uma variedade de superfícies.

Tabela XIV Alterações nos diagramas de movimento aparente do sol para as latitudes do hemisfério sul

Período (tempo solar)		Data		Graus azimute na direção horária		Direção
Norte→Sul		Norte→Sul		Norte→Sul		Norte→Sul
4	20	28 de janeiro	30 de julho	0	180	
5	19	28 de fevereiro	30 de agosto	30	210	
6	18	21 de março	23 de setembro	60	240	Norte-Sul
7	17	15 de abril	15 de outubro	90	270	
7	17	15 de maio	15 de novembro	120	300	
11	13	22 de junho	22 de dezembro	150	330	Leste-Oeste
12	12	30 de julho	28 de janeiro	180	360	
13	11	30 de agosto	28 de fevereiro	210	30	
13	11	23 de setembro	21 de março	240	60	Sul-Norte
17	7	15 de outubro	15 de abril	270	90	
18	6	15 de novembro	15 de maio	300	120	
19	5	22 de dezembro	22 de junho	330	150	Oeste-Leste
20	4			360	180	

Tabela XV Coeficientes de sombreamento: a quantidade de radiação solar transmitida como uma proporção do valor transmitido através de vidros transparentes

Fenestração	Coeficiente de sombreamento
Vidro transparente de 6 mm	1,00
Vidro com persiana de enrolar escura interna	0,70-0,80
Vidro com veneziana escura interna	0,75
Vidro com veneziana mediana interna	0,55-0,65
Vidro com veneziana branca interna	0,45-0,55
Vidro com microvenezianas externas	0,50-0,10 (depende do ângulo de incidência)
Vidro com toldo externo de lona escura	0,20-0,28
Vidro com árvores com copas densas que produzem sombra	0,20-0,30
Vidro com brises reguláveis	0,10-0,20
Vidros que absorvem calor	0,45-0,80

Para todos os materiais:

Refletividade = 1 – absorção

(para a radiação de determinado comprimento de onda)

Absorção = emissão (para a radiação de determinado comprimento de onda)

$$\text{Albedo} = \frac{\text{radiação solar refletida}}{\text{radiação solar incidente}}$$

As superfícies de cor clara refletem a maior porcentagem de radiação incidente, logo, refletindo o calor associado para longe das superfícies da edificação ou da pavimentação. Isso pode agravar o ofuscamento e os ganhos térmicos na edificação adjacente. O impacto do albedo sobre o efeito de ilhas térmicas nas cidades está sendo pesquisado hoje em muitos centros. Árvores, com baixo albedo, diminuirão a temperatura por meio de diferentes mecanismos – incluindo o metabolismo e a transpiração; as superfícies luminosas, por sua vez, reduzem a temperatura por meio da refletividade. Nas cidades, as superfícies costumam ser escuras e ter um albedo baixo (tijolos, asfaltos, ardósia), absorvendo e armazenando um calor que dificilmente será transferido de volta para o céu, devido ao efeito de cânion das ruas urbanas. Essas temperaturas elevadas aceleram o desgaste dos pavimentos urbanos, exacerbam a poluição e agravam o acúmulo de ozônio. O *smog* na atmosfera acima das cidades acumula o ar quente na parte de baixo. Aparentemente, a plantação de árvores nas cidades traz benefícios maiores do que o alto albedo das superfícies – principalmente porque sabemos que a elevação do albedo fora das cidades (mediante o desmatamento e a substituição das árvores por plantações) causa a diminuição das chuvas e aumenta a probabilidade de secas.

Tabela XVI Albedo das superfícies sobre e no entorno das edificações*

Categoria	Tipo	Albedo (%)
Solo	Areia branca	34-40
	Argila de cor clara	30-31
	Terra cinza – seca	35-30
	Terra cinza – úmida	10-12
Vegetação natural e cobertura do solo	Neve fresca	75-95
	Pedra	12-15
	Mato	18-20
	Mata decídua	18
	Grama baixa – gramado	23-25
	Água – lagos, mar	3-10
Materiais de construção	Concreto aparente	22
	Piso cerâmico vermelho	18
	Piso cerâmico branco– novo	77
	Telha plana asfáltica – preta	3,4
	Telha plana asfáltica – branca	26
	Telhado revestido em metal – branco	59
	Telhado revestido em metal – azul ardósia	19
	Telhado revestido em metal – diferentes tons de verde	8-24
	Manta de etileno propileno dieno – cinza	23
	Telhado de alumínio – não tratado	71

*Fontes: Muneer 1997 (solo e vegetação) e Parker et al. Do FSEC (2000).

7.3 Temperatura ar-sol

Temperatura ar-sol é a temperatura do ar externo que gera a mesma proporção de transferências térmicas e a mesma distribuição de temperatura mediante uma construção, combinando os efeitos da radiação solar e da temperatura do ar. A temperatura ar-sol é superior à temperatura do ar quando a superfície está sujeita à radiação solar:

$$\theta_{sa} = \frac{\alpha I}{f_o} + \theta_o$$

onde: θ_{sa} = temperatura ar-sol (°C)
α = absorção da superfície à radiação solar
f_o = condutância da superfície externa (W/m²K)
I = intensidade da radiação solar (W/m²)
θ_o = temperatura do ar externo (°C)

Fator de ganho térmico é o fluxo térmico da construção devido à radiação solar, expresso como uma proporção da radiação solar total que atinge a superfície da construção. Sempre que a edificação tem aberturas grandes e é bem ventilada em relação ao exterior (como ocorre com frequência nos trópicos), o fator de ganho térmico depende do valor U e da absorção da condutância da superfície externa (f_o pode ser visto como uma constante):

$$\frac{q}{I} = \frac{U\alpha}{f_o}$$

As superfícies são mais quentes quando a velocidade do vento é mais baixa; assim, a resistência da superfície externa às condições frias não deve ser considerada. Em condições quentes e ventos com pouca velocidade, o valor recomendado para f_o é de 20W/(m²K). Se o fator de ganho térmico for expresso como uma porcentagem, então:

$$\frac{q}{I} = \frac{U\alpha}{20} \times 100 = 5U\alpha$$

Os valores U podem aumentar se a absorção for reduzida proporcionalmente, enquanto ainda mantém um fator de ganhos térmicos constante. A maioria das superfícies refletivas precisa de manutenção regular para não perder a eficácia; assim, se não for possível garantir a manutenção ou a pintura das superfícies, os valores U devem ser diminuídos para obter padrões realistas.

Um fator de ganho solar inferior a 4% garante que a temperatura do teto não estará a mais de 5°C acima da temperatura do ar e não contribuirá para o desconforto.

A absorção aproximada da radiação solar pelas tintas pode ser calculada mediante a utilização do *Valor Munsell* (em relação às cores na cartela de tinta das normas britânicas). O "valor" da cor é indicado pelo número que aparece após a letra da "matiz" no número de Munsell. Na fórmula, ele deve ser substituído por um V:

Absorção = $100 - [V(V-1)]$ (para a radiação solar)

Exemplo: o número de Munsell é 6.25Y8.5/13 (amarelo)
$V = 8,5$, absorção = 38% (nas temperaturas baixas, a maioria das tintas tem uma emissividade de 80 a 90%).

7.4 Radiação solar

A intensidade da radiação solar sobre uma superfície depende da altitude solar, da orientação da superfície em relação ao sol e da absorção da radiação solar pela atmosfera, da poluição, da nebulosidade, etc. (Figura 36.47).

Cálculo: Para superfícies verticais inclinadas em um ângulo θ em relação ao azimute (o ângulo horizontal do sol sobre a planta baixa), a intensidade da radiação sobre a superfície I será:

$I_{v\theta} = I_v \times \cos\theta$, onde I_v é extraído da Figura 36.47.

A altitude e o azimute solares podem ser determinados com o uso de diagramas do movimento aparente do sol ou das ferramentas de cálculo disponíveis na Internet. A radiação da Figura 36.47 deve ser multiplicada pelos valores das Tabelas XVII e XVIII para indicar a radiação total na altitude adequada e/ou nas condições atmosféricas adequadas.

7.5 Iluminação solar e celeste nos trópicos

Iluminação sobre superfícies de trabalho

A iluminação exigida em uma superfície de trabalho para a realização de determinada tarefa visual é a mesma, independentemente da latitude. Entretanto, uma vez que a luz está associada ao calor

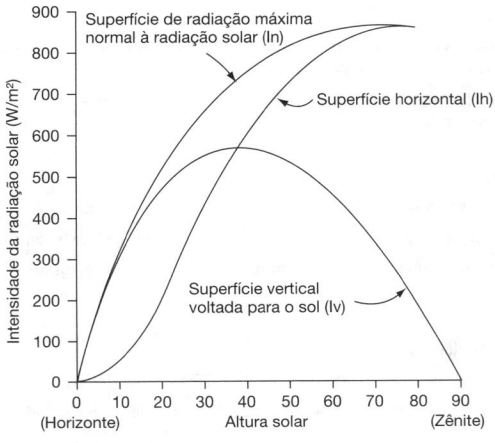

36.47 Intensidade da radiação solar.

Tabela XVII Aumento da radiação solar conforme a altitude

Metros acima do nível do mar	Altura solar				
	20°	30°	40°	60°	80°
900	1,14	1,12	1,10	1,08	1,08
1500	1,26	1,20	1,17	1,15	1,15
3000	1,30	1,31	1,28	1,25	1,23

Tabela XVIII Efeito da nebulosidade e da poluição atmosférica sobre a radiação*

Umidade relativa do ar baixíssima e céu claro	1,1 (aumento)
Umidade relativa do ar elevada e "céu claro" poluído	0,9 (redução)
Céu encoberto	0,1–0,3 (redução)

*Varia muito conforme o índice de nebulosidade e a altura solar.

(tanto física quanto psicologicamente), é justificável, no caso dos trópicos, a adoção de padrões de iluminação levemente inferiores para permitir a obtenção de um nível mais alto de conforto térmico. Em alguns países, os custos associados à obtenção de altos padrões de iluminação também podem ser um fator determinante.

A iluminação celeste é maior em regiões tropicais e subtropicais; logo, é possível utilizar um fator de luz diurna mais baixo para obter a mesma iluminação sobre a superfície de trabalho. A iluminação gerada pelo céu encoberto varia conforme a latitude, a altura solar, o grau de nebulosidade e a poluição. Diretrizes são fornecidas na Tabela XIX.

Tabela XIX Iluminação celeste para efeitos de projeto

Latitude (N ou S)	Iluminação celeste para efeitos de projeto
0°	17.000 lux
10°	15.000 lux
20°	13.000 lux
30°	9.000 lux
40°	6.000 lux
50°	5.000 lux

Posicionamento das janelas – céu encoberto

O céu encoberto pode ser extremamente luminoso e provocar um ofuscamento inaceitável a partir de alturas solares superiores a 35°. As janelas que oferecem vistas abaixo do ângulo de 35° aumentam o conforto. Nas regiões equatoriais quentes e úmidas, porém, a luminância do céu constantemente encoberto pode chegar a 10.000 lux ou menos.

Posicionamento das janelas – céu claro

As regiões desérticas muito quentes e secas são iluminadas principalmente pela luz solar direta e consideravelmente menos pelo céu (em geral) azul. Portanto, as janelas devem estar voltadas para o céu azul em altitudes superiores, e não para o horizonte, que pode refletir o ofuscamento da névoa distante e do piso iluminado pelo sol. Caso esteja voltada para o movimento aparente do sol, a janela precisa ser protegida da radiação solar direta.

Incidência da luz

A Tabela XX apresenta uma comparação muito simplificada entre os níveis relativos de luz gerada por diferentes fontes. A Figura

Tabela XX Brilho do sol, do céu e do solo

Condições desérticas muito quentes e secas	Céu (afastado do sol)	3.000 lux
	Sol	50.000 lux
	Solo (refletividade de 20%)	11.000 lux
Condições equatoriais quentes e úmidas	Céu (encoberto)	10.000 lux
	Solo (refletividade de 20%)	2.000 lux

Tabela XXI Ganhos térmicos solares através dos vidros*

Fenestração	Radiação visível transmitida %	Radiação solar direta transmitida %	Radiação solar total transmitida %	Índice de aumento da temperatura superficial em relação à temperatura do ar (vidro transparente = 1)
Vidro cristal plano incolor	85	80	84	1
Vidro com filme de poliéster refletivo	18	17	25	2
	33	31	39	2
Vidro que reflete a energia solar	42	47	52	2,5
	58	59	62	4
Vidro absorvente de calor com superfície	50	56	67	3
modificada	50	48	62	4
Vidro colorido cinza de controle solar	42	45	62	4
	42	40	58	4
	24	22	47	4
	19	16	43	4,5
verde	76	52	66	4
	74	45	61	4
	62	30	51	4
Vidro transparente com tela interna	40	70	82	1
Alumínio corrugado (novo)	0	0	9	2
Concreto de 100 mm	0	0	15	4

Fontes: *Manufacturers' data; heat gains through fenestration* (Dados dos Fabricantes: ganhos térmicos através da fenestração). F. J. Lotz and J. F. van Straaten, CSIR: R/Bov 223.
* As variedades dos produtos são fornecidas. Consulte os fabricantes para obter dados mais específicos.

36.48 mostra a distribuição relativa da luminância celeste em climas desérticos muito quentes e secos com céu claro, bem como em climas quentes e úmidos com céu encoberto. (Pressupõe-se que o clima quente e úmido tenha uma distribuição semelhante à do céu encoberto, conforme o padrão do *CIE* – Comitê Internacional de Iluminação).

7.6 Vidros usados para o controle solar

A melhor maneira de reduzir os ganhos térmicos da radiação solar é diminuir o tamanho das janelas (ou fornecer elementos externos de proteção solar). O vidro especial para controle solar absorve o calor e provoca dilatações (Tabela XXI). A alta temperatura do vidro também pode causar desconforto físico. Para fins de comparação, uma chapa de alumínio ou uma laje de concreto sem isolamento térmico também foram incluídas na tabela. A maioria dos vidros especiais é compatível com essas temperaturas.

Vidros coloridos
Alguns óxidos são acrescentados ao vidro transparente para modificar a cor e alterar a transmissão de luz e dos ganhos térmicos da radiação solar: óxido de ferro (verde), óxido de cobalto (cinza e azul) e óxido de selênio (bronze). A espessura maior escurece a cor e reduz a transmissão de luz e calor.

Vidros com películas (filmes) e com superfícies modificadas
Uma película de um óxido de metal fino e microscópico é aplicada à superfície do vidro transparente ou colorido e, em geral, é protegida ou vedada no interior de um sanduíche com duas ou mais camadas de vidro. O desempenho da película não depende da espessura

Tabela XXII Escala Beaufort: descritores e velocidades equivalentes para uso em terra firme. Descritores diferentes são usados no mar

Força	Descrição	Milhas/hora	Quilômetros/hora	Nós	Especificações em terra
0	Calmo	0–1	0–1,6	0–1	A fumaça sobe verticalmente
1	Movimentação leve do ar	1–3	1,6–5	1–3	A direção é indicada pela fumaça, mas não pelos cata-ventos
2	Brisa muito leve	4–7	6–11	4–6	O vento é sentido no rosto, as folhas farfalham
3	Brisa leve	8–12	13–19	7–10	O vento estende as bandeiras mais leves, as folhas se movimentam constantemente
4	Brisa moderada	13–18	21–29	11–16	Carrega poeira e papeis soltos; os galhos pequenos se movem; início do desconforto no deslocamento
5	Brisa fresca	19–24	31–39	17–21	As árvores pequenas cobertas de folhas começam a oscilar; desconfortável em áreas urbanas
6	Brisa forte	25–31	40–50	22–27	Os galhos maiores se movem, os fios de alguns postes assobiam; difícil utilizar guarda-chuvas
7	Quase vendaval	32–38	31–61	28–33	As árvores inteiras se movem e fica difícil andar contra o vento
8	Vendaval	39–46	63–74	34–40	Arranca galhos pequenos das árvores e geralmente desacelera a caminhada
9	Vendaval forte	47–54	76–87	41–47	Ocorrência de pequenos danos estruturais; as telhas planas e curvas são deslocadas
10	Tempestade	55–63	89–101	48–55	Raramente ocorre em terra firme
11	Tempestade violenta	64–72	103–121	56–63	Árvores são derrubadas
12	Furacão	73–83	122+	64–71	Ocorre raramente, mas é acompanhado por danos generalizados
13-17	Os números entre a intensidade 13 e a intensidade 17 foram acrescentados à escala Beaufort em 1955 pela Estação Meteorológica dos Estados Unidos para incluir os ventos excepcionais experimentados durante um furacão.				

do vidro. Os vidros com películas recebem a aplicação em uma câmara a vácuo; os vidros com superfícies modificadas são protegidos durante o processo de flutuação, empregando vidros transparentes.

Os vidros revestidos ou com superfícies modificadas são capazes de alterar:

- Transmissão da luz
- Propriedades de radiação solar
- Características de isolamento térmico (mediante a alteração das emissividades de superfície)

Tijolos de vidro

Os tijolos de vidro estão disponíveis com diferentes acabamentos de superfície que são capazes de difundir, reduzir ou defletir a transmissão da luz. As juntas de argamassa reduzem o desempenho térmico se comparadas com os vidros duplos, mas também contribuem para funções estruturais ou de proteção contra incêndio. A maioria dos fabricantes recomenda a utilização dos tijolos de vidro em locais com proteção solar, já que os blocos podem superaquecer ou, em alguns casos, agir como prismas – com o consequente risco de incêndio.

7.7 Vento

A escala de vento Beaufort foi desenvolvida inicialmente para ser utilizada no mar. Ela não indica a velocidade do vento e, hoje, é geralmente substituída pela velocidade do vento medida em nós a 10 m acima do solo. A Tabela XXII contém uma tabela de conversão.

A carga do vento sobre as edificações varia com a altura, uma vez que a fricção contra o solo desacelera os ventos nos níveis mais baixos. O gradiente de vento é complexo, mas pode ser calculado. O *American Building Codes* indica gradientes de 300 m para cidades, 400 m para subúrbios e 500 m para terrenos abertos e planos. Os engenheiros de estruturas talvez usem o cálculo da velocidade do vento elevada a uma potência indicado a seguir:

$$v_z = v_g \cdot \left(\frac{z}{z_g}\right)^{\frac{1}{\alpha}}, 0 < z < z_g$$

onde:

v_z = velocidade do vento na altura z
v_g = vento gradiente na altura gradiente z_g
α = coeficiente exponencial

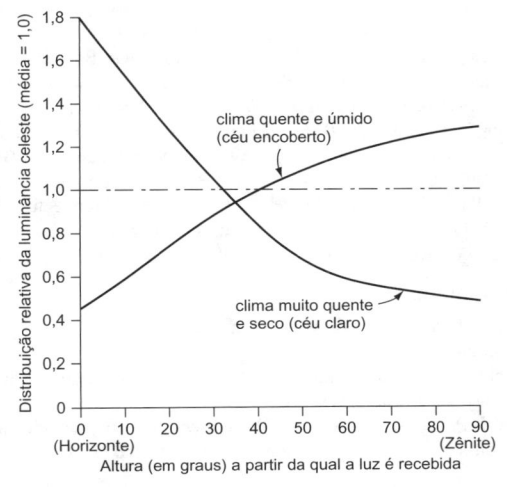

36.48 Distribuição da luminância celeste.

Tabela XXIII Efeitos da velocidade do vento interno em climas quentes e úmidos

Velocidade do vento M / mínimo	Efeitos
0–15	Imperceptível; o resfriamento aparente do corpo é inferior a 1°C
15–30	O resfriamento mal pode ser percebido – o efeito é equivalente a uma diminuição de 1-2°C na temperatura
30–60	Resfriamento eficaz e agradável
60–100	Velocidade máxima do vento para resfriar sem causar efeitos colaterais indesejáveis
100–200	Rápido demais para o trabalho de escritório; os papéis voam pelo local
+200	Demasiadamente rápido e desconfortável para condições internas

Efeitos da circulação do ar de interiores em climas quentes e úmidos

É possível medir os efeitos da circulação do ar no interior de edificações (Tabela XXIII).

Furacões, tufões, maremotos (tsunamis) e tornados

A terminologia varia de região para região. Além de gerar cargas de vento anormalmente altas, furacões, tufões e tornados também causam diferenciais de pressão extremas. O detalhamento estrutural e a fixação de elementos não estruturais devem suportar as forças causadas pelas pressões negativas e positivas geradas nessas tempestades. A maior parte dos países que sofrem com esses eventos climáticos tem normas de construção adequadas associadas à ancoragem e ao travamento dos telhados, das janelas e das cargas estruturais de projeto. Também é preciso considerar a possibilidade de raios. As tempestades elétricas talvez sejam frequentes e graves.

Tempestades de areia

A Tabela XXIV mostra os efeitos do vento na areia. Eles talvez variem conforme a altura da edificação, às vezes se tornando mais severos em alturas superiores. Uma boa vedação de todas as aberturas é necessária para reduzir os incômodos causados pela areia. Os acabamentos podem ter de resistir à lavagem e à abrasão. Em geral, a proteção completa não é nada prática.

7.8 Ventilação

Os dados sobre as necessidades de ventilação e a ventilação mecânica já podem ser obtidos junto à CIBSE* e outras instituições profissionais de engenharia.

7.9 Retardo térmico

O retardo térmico ou a defasagem térmica é a diferença entre as variações periódicas na temperatura externa e as variações resultantes

Tabela XXIV Efeitos do vento sobre a areia

Velocidade do vento M / mínimo	Efeitos*
200	A areia é arrastada na superfície ou no máximo 1 m acima do solo. A visibilidade não é afetada.
300	A areia "voa". A visibilidade é afetada. A areia sobe até 2 m acima do solo.
600	Uma tempestade de areia. As partículas de areia ficam suspensas no ar.

*Dependem do tamanho do grão e da umidade da areia.

* N. de R. T.: Chartered Institution of Building Services Engineers.

Tabela XXV Retardo térmico para materiais homogêneos (em horas)

Materiais		Espessura do material (mm)					
		25	50	100	150	200	300
Concreto denso	Mínimo	–	1,5	3,0	4,4	6,1	9,2
	Máximo	–	1,1	2,5	3,8	4,9	7,6
Tijolo	Mínimo	–	–	2,3	–	5,5	8,5
	Máximo	–	–	3,2	–	6,6	10
Madeira	Mínimo	0,4	1,3	3,0	–	–	–
	Máximo	0,5	1,7	3,5	–	–	–
Placa de fibra isolante	Médio	0,27	0,77	2,7	5,0	–	–
Concreto com escória de cinzas	Médio	–	–	3,25	–	8	–
Pedra	Médio	–	–	–	–	5,5	8,0
Solo estabilizado	Médio	–	–	2,4	4,0	5,2	8,1

Tabela XXVI Retardo térmico para telhados compostos

Construção (descrita a partir da superfície externa em direção ao interior)		Retardo térmico (horas)
40 mm	Lã mineral	
100 mm	Concreto	11,8
100 mm	Concreto	3
40 mm	Lã mineral	(equivalente ao concreto sozinho)
14 mm	Argamassa	
165 mm	Concreto	
14 mm	Argamassa	3,8
14 mm	Argamassa	
50 mm	Concreto com vermiculita	
115 mm	Concreto	
14 mm	Argamassa	13
Qualquer acabamento		
25 mm	Poliestireno estendido sobre qualquer laje de concreto estrutural	acima de 8
Qualquer acabamento		
75 mm	Camada de concreto aerado (leve)	
100 mm	Laje de concreto	acima de 8
30 mm	Lajotas de concreto	
20 mm	Membrana impermeável em leito de argamassa	
60 mm	Camada lisa de concreto	
240 mm	Laje pré-moldada com peças cerâmicas ocas	
14 mm	Reboco	12

na temperatura interna. O período de variação é de 24 horas, e a medição é feita em horas. A Tabela XXV apresenta o retardo térmico de materiais homogêneos. Em construções híbridas, a ordem de colocação das diferentes camadas pode alterá-lo de maneira significativa. Se o isolamento térmico for aplicado à superfície externa de um material denso, o retardo térmico aumentará consideravelmente. A Tabela XXVI apresenta o retardo térmico de uma variedade de construções. Ainda que ele indique quando o impacto térmico das oscilações da temperatura externa afetará o interior, as condições internas só podem ser calculadas quando o fluxo térmico no interior de todos os cômodos e sobre as superfícies de cada cômodo for considerado.

8 REFERÊNCIAS BIBLIOGRÁFICAS, FONTES DE INFORMAÇÃO E LEITURAS COMPLEMENTARES

Institutos Regionais de Pesquisa sobre a Construção
Agências Governamentais (como os Ministérios de Obras locais)
Entidades profissionais
Centros de especialidade, incluindo agências de consultoria
Associações Comerciais Regionais que utilizam materiais produzidos ou fabricados no local
Arquivos Nacionais

Páginas da Internet
As consultas obtidas na Internet foram corrigidas no momento da impressão, mas são incrivelmente efêmeras. Verifique as notificações de direitos autorais e as renúncias a tais direitos antes de utilizar o material. A maioria dos aspectos referentes ao projeto de arquitetura em zonas tropicais é muito bem descrita na Internet.

8.1 Energia alternativa, incluindo os fotovoltaicos

CIBSE TM25 – Dr Rosemary Rawlings & Mark Roper (2000) Understanding building integrated photovoltaics, CIBSE
Studio E Architects (2000) BIPV Projects: photovoltaics in buildings, DTI New & Renewable Energy Programme, London
The Centre for Alternative Technology – www.cat.org.uk
The Energy Technology Support Unit (ETSU) – www.etsu.com
The International Solar energy Society – www.ises.org

8.2 Clima

Givoni, B. ed. (1969) *Man, Climate and Architecture*, Elsevier, London
Koenigsberger H., Ingersol T. G., Mayhew A. and Szokolay S. V. (1974) *Manual of Tropical Building and Housing: Part 1 – Climatic Design*, Longman, Harlow
Erminda da C. G. Couto, Nicole A. C. Zyngier, Nicole A. C., Gomes, Viviane R. Knoppers, Bastiaan A. and Landim de Souza, Marcelo F. DIN and DIP budgets for Maricá-Guarapina coastal lagoons, Estado do Rio de Janeiro
Bureau of Meteorology, Australia – www.bom.gov.au/lam/climate
US Department of Energy
www.worldclimate.com
www.weathersite.com
The Met Office – www.met-office.gov.uk
www.millennium-debate.org/climatechange.htm

8.3 Projeto

Fathy, Hassan (1986) *Natural Energy and Vernacular Architecture: Principles and Examples with Reference to hot Arid Climates*, The University of Chicago Press, Chicago
Fry, Maxwell and Jane Drew (1964) *Tropical Design*, Batsford
Hyde, Richard (2000) *Climate Responsive Design: a study of buildings in moderate and hot humid climates*, E & FN Spon
Littlefair, P. J., et al. (2000) Environmental site layout planning: solar access, microclimate and passive cooling in urban areas, BRE
Oliver, Paul ed. (1976) *Shelter in Africa*, Barrie and Jenkins Ltd
Konya, Allan (1980) *Design Primer for Hot Climates*, Architectural Press
Tzonis, A. Lefaivre, L. and Stagno, B. eds. (2001) *Tropical Architecture: Critical Regionalism in the Age of Globalisation*, Wiley-Academy

8.4 Terremotos

British Geological Survey – www.gsrg.nmh.ac.uk
US Geological Survey – www.earthquake.usgs.gov
National Earthquake Information Centre World Data Center for Seismology – www.neic.usgs.gov
Moehle, J. P. and Mahin, S. A. (1991) Observations on the behaviour of reinforced concrete buildings during earthquakes, American Con-

crete Institute publication SP-127, re-published by National Information Service for Earthquake Engineering – University of California, Berkeley – www.eerc.berkeley.edu/lessons/concretemm.html

The US Federal Emergency Management Agency (FEMA) has research on steel frame buildings – www.fema.gov

The American Plywood Association – APA Homeowner's guide to earthquake safeguards www.mcvicker.com/twd/apa/eqguide/eqguid01.htm

Building Research Station Tropical building legislation: model building regulations for small buildings in earthquake and hurricane areas, 1966

8.5 Economia

Roberts, Peter (1995) Environmentally sustainable business: a local and regional perspective, London: Paul Chapman Publishing

8.6 Saúde

Organização Mundial da Saúde – página sobre doenças tropicais – www.who.int/tdr/

Hospital for Tropical Diseases, University College Hospital and Mortimer Market, London – www.uchl.org/services/htd/

8.7 Habitação

NBRI Researchers (1987) Low Cost Housing, National Building Research Institute, Council for Scientific and Industrial Research, Pretoria, South Africa

8.8 Monografias

Taylor, Brian Brace (1995) *Geoffrey Bawa*, Thames and Hudson, London

8.9 Luz natural (luz diurna, luz solar)

Ferramenta on-line para calcular o movimento aparente do sol – www.susdesign.com/sunangle/ – Leia a renúncia ao direitos autorais e as notificações de compartilhamento

Bartlett School of Graduate Studies (1998) Daylighting design in architecture: making the most of natural resources, BRESCU

CIBSE LG10:1999 – Daylighting and Window Design, CIBSE

Lam, W. (1986) Sunlight as Formgiver for Architecture, Van Nostrand, New York

Littlefair, P. J. (1988) BRE IP 15/88: Average daylight factor: a simple basis for daylight design, Construction Research Communications, London

Muneer, T. (2000) Solar Radiation And Daylight Models For The Energy-Efficient Design Of Buildings, Architectural Press, Oxford

Parker, D. S. et al. (2000) Laboratory testing of the Reflectance Properties of Roofing Materials, Florida Solar Energy Centre – www.fsec.ucf.edu/~bdac/pubs/CR670/CR670.html

Sharma, M. R. and Rao, K. R. Solar radiation protractors Central Building Research Institute. Rorkee, India. Equidistant projection 15_N–15_S; 15_N–35_N at 5 degree intervals (reproduzido em Givoni Man, climate and architecture Elsevier 1969)

Solar charts and shadow angle protractor for daylight planning Catalogue no 374. Henry Hope & Sons. London. 1969.

Stereographic projection 32_N–28_S at 4 degree intervals

Richards, S. J. South African architectural record Vol 36 No 11. Stereographic projection 20_S–34_S at 2 degree intervals (reimpresso pelo South African Council for Scientific and Industrial Research, Pretoria 1952)

AJ Handbook of Building Environment. Information Sheet-Sunlight 5, 30.10.68 pp. 1024–1035. Gnomic projection 040° (N or S) at 2 degree intervals

Observação: Todas as cartas solares do hemisfério norte também podem ser usadas para o hemisfério sul, invertendo-se as horas e os meses e rotacionando-se a escala do azimute em 180°.

8.10 Projetos sustentáveis

Edwards, Brian (2nd ed 1999) Sustainable Architecture: European directives and Building design, Architectural Press, Oxford

Smith, Peter F. (2001) Architecture in a climate of change – a guide to sustainable design, Architectural Press, Oxford

8.11 Cupins

Australian Standard AS 3660-1993: Protection of buildings from Subterranean Termites – Prevention, Detection and treatment of Infestation, Standards Association of Australia

8.12 Ventilação

NatVent Consortium (1999) Natural ventilation for offices, BRESCU, BRE

Universidades 37

Mike Hart e Rod McAllister

Mike Hart é consultor em projetos de instituições de Ensino e Rod McAllister é sócio da Sheppard Robson Architects – ambos especializados no projeto de universidades

PONTOS-CHAVE:
- *O sistema de ensino superior de vários países, como o Reino Unido, está se tornando bem mais diversificado. Esta diversidade se expressa no uso do espaço, particularmente entre universidades voltadas à pesquisa e universidades dedicadas ao ensino. Seus ambientes estão cada vez mais sujeitos a reformas, a fim de acomodar novas necessidades ou atender novos padrões. Com um projeto criativo, os espaços podem se tornar flexíveis e atender a usos múltiplos*
- *A cada dia que passa, são criados novos espaços para o aprendizado por conta do próprio aluno e para o "aprendizado misto" (uma mescla de ensino tradicional, presencial, e ensino a distância, ou seja, por meio das tecnologias da informação e comunicação). Isso vem exigindo recintos relativamente menores e mais adaptáveis. Os avanços da informática estão permitindo usos mais intensivos do espaço para ensino e aprendizado*

Conteúdo
1 Introdução
2 Orientações para o leiaute
3 Ambiente
4 Recomendações
5 Ideia geral do programa de necessidades
6 Referências

1 INTRODUÇÃO

1.1 Definição de universidade

Uma universidade é um local de ensino e pesquisa de uma variedade de cursos no nível mais elevado e, portanto, frequentemente é descrita como um instituto dentro do setor de Ensino Superior. Universidade deriva do termo latim *universitas magistrorum et scholarium*, que poderia ser traduzido como "corporação de mestres e estudiosos", e foi concebida como um local de liberdade acadêmica, em contraste com o treinamento específico dado pelas corporações de ofício do período medieval. Com o passar do tempo, as universidades foram autorizadas a conferir graus, e hoje contribuem sobremaneira para as economias nacionais e regionais do mundo inteiro.

1.2 Escopo

As universidades modernas variam incrivelmente, dando diferentes ênfases aos cursos e às pesquisas. Suas instalações físicas, implantações e base de alunos também são muito diversas. Esta seção busca apresentar orientações genéricas para os projetistas de novas edificações universitárias, mas essas diretrizes também podem ser aplicadas na renovação ou ampliação de prédios existentes. A variedade de instalações examinadas representa o típico estoque imobiliário das universidades ocidentais modernas. Os números fornecidos mostram as dimensões e áreas médias ou recomendadas e precisam ser adaptados às exigências mais específicas.

1.3 Tipos

Universidades urbanas
O modelo universitário tradicional é associado à vida urbana europeia desde que as Universidades de Bolonha e Paris foram fundadas em 1088 e 1150, respectivamente, e, mais tarde, em Oxford (1167) e Cambridge (1209) (Figura 37.1). O estudo da teologia era crucial para a vida universitária e, consequentemente, esses primeiros institutos têm forte relação com os monastérios, pois seus arranjos espaciais são caracterizados pelos pátios internos com claustro, capelas e refeitórios. Algumas pessoas também afirmam que as universidades ocidentais podem ter sido influenciadas ou foram baseadas na escola de religião islâmica (madrasa) do século IX no Oriente Médio, conforme observada pelos cruzados.

Universidades colegiadas
Muitas universidades se trasnformaram em institutos baseados em faculdades ou colégios – os exemplos mais antigos são as Universidades de Paris, Oxford, Cambridge e, mais tarde, Durham. Nesse modelo, as aulas expositivas formais (palestras), a governança e a administração ficavam a cargo da universidade, e as funções de aco-

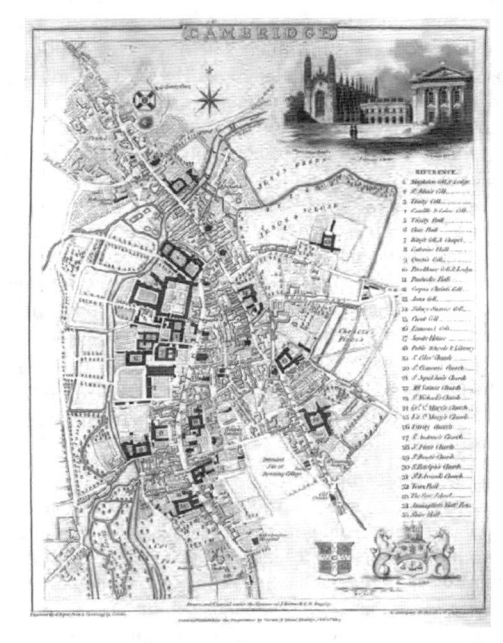

37.1 Planta da cidade de Cambridge: mapa de Cambridge de Cole e Roper, 1804.

37.2 A universidade de tijolo vermelho: Universidade de Birmingham.

modação dos alunos, refeições, tutoriais e acompanhamento pastoral eram responsabilidade de *"colleges"* ou "casas" afiliados. As acomodações que não estavam a cargo dos *colleges* normalmente eram organizadas em "escolas", "faculdades" ou departamentos e alguns prédios cerimoniais. Consequentemente, cidades anfitriãs ou bairros desenvolveram-se ao redor dessas universidades e de seus *colleges* ao longo de muitos séculos e são, em grande parte, definidas pela presença dessas instituições.

A Escócia fundou quatro universidades "antigas" entre 1410 e 1582. Em Londres, vários grandes *colleges* quase independentes foram fundados a partir de 1826, cada um funcionando praticamente como uma universidade. Algumas dessas instituições se especializaram em uma área, como a ciência e a engenharia, no caso do Imperial College London. Suas edificações tendem a se reunir em glebas no centro das cidades e, posteriormente, passaram a ser chamadas de *campus*, seguindo o College of New Jersey (mais tarde renomeado Universidade de Princeton).

Universidades urbanas subsequentes
Entre os anos de 1828 e 1909, houve uma explosão no surgimento de novas universidades nas principais cidades do Reino Unido e na Irlanda. Embora essas instituições nem sempre se baseassem no modelo colegiado, algumas incluíam *colleges*, e a maioria se tornou parte importante da vida do centro das cidades, muitas vezes resultando em característicos "bairros acadêmicos" urbanos. Suas configurações físicas se diferenciaram do modelo monástico, por meio da adoção da monumentalidade palaciana classicista ou vitoriana cívica (Figura 37.2).

Desde 1992, mais de 70 novas universidades foram criadas no Reino Unido e na Irlanda com base em estabelecimentos até então chamados politécnicos, *"university colleges"* e outras instituições de ensino superior. Muitas dessas universidades atuais ocupam agrupamentos urbanos que foram consolidados a partir de prédios isolados, criando *campi* urbanos sempre que possível. Dessa maneira, muitas novas universidades têm, em termos urbanísticos, mais características em comum com as "antigas universidades" do que aquelas que foram criadas nos últimos séculos, nas eras vitoriana e eduardiana.

Universidades com campus *rural ou suburbano*
Duas ondas de fundação de universidades, após cada uma das Guerras Mundiais, foram promovidas por políticas governamentais que visavam à mobilidade social, gerando uma proliferação de *campi* rurais por toda a Grã-Bretanha. Suas composições em termos arquitetônicos eram variadas e experimentais e muitas vezes foram feitas de acordo com planos diretores criados por arquitetos individuais.

Escolas técnicas
As escolas técnicas oferecem educação posterior à obrigatória (isto é, ao ensino médio), mas que é diferente daquela proporcionada pelas universidades, e têm aumentado em número de modo significativo, ao ponto de já serem reconhecidas como um setor separado. Elas oferecem educação profissionalizante em períodos geralmente inferiores aos necessários para a obtenção de um grau universitário.

As escolas técnicas são vistas como parte de um setor educacional e de formação prática, junto com os esquemas de treinamento nos locais de trabalho e outros tipos de educação e estágio não universitários e não escolares.

Eles oferecem a jovens adultos, em geral adolescentes, a oportunidade de obterem empregos mais qualificados antes de uma possível formação universitária. As escolas técnicas ensinam habilidades básicas, treinam para o trabalho e orientam os alunos para o desenvolvimento pessoal. O planejamento, as diretrizes para projeto e as boas práticas dessas instituições são significativamente diferentes daqueles destinados à educação superior e, portanto, não serão abordados neste capítulo.

1.4 Circulação

No projeto de uma universidade, é essencial desenvolver conceitos atraentes e inovadores para as entradas principais, a orientação externa e interna, a conectividade e os espaços e vínculos externos entre as edificações. Também deve-se explorar o desenvolvimento de ideias que possam tornar o *campus* mais convidativo, criando transparências seletivas em zonas ou espaços de uso ativo por parte dos alunos.

Circulação externa
É desejável determinar a natureza e o escopo de todas as rotas de circulação de veículos e pedestres dentro do *campus* e ao redor dele, para minimizar conflitos, incluindo os movimentos de entrada e saída do local, que são significativos para a efetiva operação das edificações universitárias. Os esquemas de entrada e saída também devem respeitar a norma nacional brasileira de acessibilidade (NBR 9050), considerar os fluxos de trânsito de veículos, pessoas e materiais e serem pensados em termos de controle patrimonial e de segurança dos usuários.

Circulação interna
É importante o desenvolvimento de conceitos que melhorem a flexibilidade e a qualidade dos espaços internos, particularmente para evitar o caráter "institucional" das rotas de circulação, criando espaços para interação informal para alunos, professores e funcionários, junto com rotas internas de circulação vertical e horizontal que promovam a socialização das pessoas, como átrios, galerias e ruas internas.

1.5 Sustentabilidade

Este é um breve resumo das questões-chave de sustentabilidade ecológica que devem ser consideradas ao desenvolver um prédio universitário "sustentável". Nem todas as questões sugeridas serão relevantes a uma edificação, um local ou um orçamento em específico. Por favor, observe que essas sugestões foram feitas considerando os climas temperados típicos do Reino Unido (oeste europeu) e não são adequadas a todas as localizações geográficas.

Forma
Há muitas questões que devem ser consideradas ao escolher a forma de uma universidade:

- Caso se deseje o aproveitamento máximo da luz diurna e da ventilação cruzada natural, use plantas livres menos profundas (entre 12 e 13,5 m).
- Use a forma da edificação para facilitar o aproveitamento das estratégias energéticas passivas e de baixo consumo. Consi-

dere o uso de átrios, chaminés solares, poços de luz e poços de ventilação, para ajudar na ventilação por efeito chaminé e reciclar o calor residual.
- Os átrios devem avançar bastante em relação ao nível da cobertura, para evitar que o ar quente e viciado se acumule no seu topo, afetando os usuários dos pavimentos mais altos.
- Uma forma compacta (com baixa razão entre a área de vedações externas e a área de piso) terá trocas térmicas (ganhos ou perdas) muito menores.
- Considere o uso de pés-direitos altos, para aumentar a penetração da luz diurna e prevenir o acúmulo de ar quente e viciado no nível dos usuários.

Orientação solar
- Desenvolva o eixo principal da edificação na direção leste/oeste, fazendo as principais elevações serem a norte e a sul.
- Elimine o máximo possível os ganhos solares por meio do sombreamento das fachadas. A orientação norte (no hemisfério sul) é mais fácil de controlar com o uso de cortinas, elementos vazados e venezianas. Também considere as razões entre as áreas opacas e as envidraçadas e o uso de isolantes translúcidos.
- As elevações leste e oeste recebem o sol baixo, que pode acarretar o problema do ofuscamento, muito difícil de controlar com o uso de brises ou outros anteparos comuns.
- O ideal é que espaços serventes, nos quais predominam as paredes cegas (como caixas de escada e/ou de elevadores e banheiros), fiquem junto às fachadas leste e oeste, para reduzir os problemas de ofuscamento e ganhos solares no prédio como um todo.

Consumo energético
- Em climas temperados, o principal consumo de energia dessas edificações costuma ser para calefação (50%), ventilação e resfriamento (30%) e iluminação (20%). Os prédios com climatização mecânica e plantas baixas profundas terão uma proporção mais elevada nos gastos com ventilação e resfriamento.
- Maximize a integração das estratégias passivas, para minimizar o uso de sistemas ativos (isto é, mecânicos) que consomem energia (por exemplo, use a ventilação cruzada, a ventilação por efeito chaminé, o aquecimento por efeito estufa, etc.).
- Use massas termoacumuladoras (de preferência expostas em tetos ou paredes) para absorver calor durante o dia e liberá-lo lentamente à noite, de modo a criar condições de conforto térmico de baixo custo durante a manhã. Essa estratégia também reduz as oscilações de temperatura nos espaços internos.
- Em vez de usar o condicionamento total do ar por meios mecânicos, dê preferência à ventilação natural (cruzada, por exemplo) ou híbrida. A ventilação por efeito chaminé também deve ser favorecida, pois exige menor consumo de energia para a mesma carga de resfriamento, embora implique prédios mais altos e, frequentemente, espaços vazios sob as lajes de piso. A estratégia de usar o espaço do átrio ou um sistema de fechamento com pele dupla para servir de duto para o ar de recirculação pode aumentar a área de piso líquida.
- Otimize o aproveitamento da luz diurna, mas esteja ciente dos riscos apresentados pelo ofuscamento e pelos ganhos térmicos solares. Considere plantas baixas menos profundas, o uso de átrios, claraboias e outros sistemas de iluminação zenital, o desenho dos tetos, os pés-direitos, os vidros prismáticos e as prateleiras de luz.

- Recupere o calor residual para pré-aquecer o ar insuflado no inverno ou para aproveitá-lo em um trocador de calor que aquecerá a água das torneiras e chuveiros.
- Garanta o equilíbrio correto do isolamento térmico dentro das paredes externas para minimizar as perdas térmicas durante o inverno e reduzir os ganhos térmicos solares no verão (nas fachadas norte e oeste, no hemisfério sul).
- Desenvolva uma estratégia de iluminação artificial de baixo consumo e integre o sistema ao de iluminação diurna. Use lâmpadas de baixo consumo e considere cuidadosamente os controles (sensores de ocupação, sensores de luz diurna).
- Faça a exaustão do ar ficar perto das luminárias ou através delas, para aumentar a vida útil das lâmpadas e reduzir os ganhos térmicos emitidos por elas.
- Uma fachada de pele dupla pode oferecer diversas vantagens no consumo de energia, ao usar uma combinação de brises, aberturas para ventilação, refletores, ventiladores e controles que criam um meio de amortecimento térmico que reage ao clima externo variante. Os ganhos térmicos no verão podem ser eliminados antes de alcançarem os espaços internos (é necessário o uso de brises, microbrises ou persianas entre as duas peles). No inverno, essa estratégia também pode criar uma zona de proteção térmica. Na elevação leste é possível usar uma pele dupla para coletar ganhos solares passivos nas manhãs de inverno, que podem ser aproveitados para pré-aquecer o ar da ventilação.
- Projete as várias fachadas respeitando as especificidades de cada orientação solar. Cada elevação exigirá uma combinação diferente de áreas envidraçadas, áreas cegas, tipos de vidro, persianas, venezianas, brises e beirais, entre outros elementos de sombreamento.
- O projeto das fachadas deve ser cuidadosamente integrado ao projeto das instalações, a fim de criar um prédio integrado. É muito comum que esses sistemas trabalhem um contra o outro, em vez de estarem harmonizados.
- Os sistemas de climatização não precisam ser tecnologicamente complexos. Com frequência o sistema mais sustentável é aquele que tem energia incorporada mínima, componentes fixos, custos de capital e de vida útil reduzidos e manutenção mínima.
- Minimize os ganhos térmicos internos por meio da especificação de equipamentos elétricos e sistemas de iluminação com baixa emissividade de calor.
- Certifique-se de que os critérios de conforto interno estabelecidos no programa de necessidades sejam realistas, de modo que a instalação não seja projetada excessivamente para as cargas térmicas que podem ocorrer apenas durante poucos dias do ano. Isso acarreta uma operação ineficiente quando os equipamentos estão funcionando com capacidade reduzida.
- Assegure-se de que o projeto dos detalhes maximize a estanqueidade ao ar no clima frio, pois as infiltrações de ar são um dos principais contribuintes para as perdas térmicas.
- As árvores decíduas – isto é, caducas, que perdem suas folhas no outono – reduzirão os ganhos térmicos solares (indesejáveis) durante o verão e os aumentarão no inverno (quando são desejáveis).
- Os sistemas térmicos solares costumam atender a cerca de 40 a 60% da necessidade de água quente. Eles exigem instalação na cobertura ou em uma fachada norte (ou a 30° para nordeste ou noroeste) no hemisfério sul. A água quente pode ser utilizada em uma bomba de calor de absorção para fornecer resfriamento por meio de vigas ou tetos arrefecidos ou sistemas de piso radiante (o resultado ideal é obtido quando mais se precisa de resfriamento).

Água
- Maximize a área de cobertura e tratamento paisagístico para coletar a água da chuva.
- Preveja uma cisterna subterrânea, seja sob o prédio, seja no jardim, para armazenar a água da chuva.

Saúde e bem-estar
- Ofereça aos usuários o controle da iluminação, da umidade relativa do ar, da calefação, do resfriamento e da ventilação. Esse sistema pode ser feito em grupos e conectado ao sistema de telefone e/ou ao sistema de automação predial.
- Projete janelas de abrir sempre que possível, pois o controle pelos usuários é benéfico em termos de bem-estar físico e psicológico (se os ruídos externos não forem um problema).
- Preste atenção ao paisagismo e às plantas de interior e exterior. Isso pode ajudar a amenizar o clima por meio de sombreamento, resfriamento e desumidificação naturais. Além disso, já está comprovado que certas plantas conseguem melhorar a qualidade do ar dentro de uma edificação ao absorver poluentes aéreos.
- Crie espaços internos e externos que incentivem a interação das pessoas, as trocas sociais e o senso de comunidade.
- Integre os sistemas de gestão da água à vegetação, para melhorar a qualidade do ar e a umidade relativa natural do ar e aumentar o senso de bem-estar dos usuários.

2 ORIENTAÇÕES PARA O LEIAUTE

O sistema de educação superior do Reino Unido está se tornando bem mais diversificado, o que leva a diferentes abordagens ao uso do espaço, particularmente das universidades voltadas ao ensino em relação às orientadas à pesquisa. Seus espaços estão cada vez mais sujeitos a reformas, a fim de acomodar novas necessidades ou atender novos padrões. Com um projeto criativo, o espaço pode se tornar flexível e atender a usos múltiplos.

O "espaço de aprendizado" é visto como uma dessas novas necessidades, com mais recursos dedicados para o aprendizado por conta do próprio aluno ou para o "aprendizado misto" (uma forma híbrida de aprendizado, com encontros presenciais e aulas à distância, mediante recursos de informática). Essa tendência exigirá espaços relativamente menores e mais adaptáveis. Os avanços da tecnologia da informação e comunicação também estão tornando mais intensivo o uso de espaços para o ensino e o aprendizado.

2.1 Pontos-chave

Uma edificação educacional é um recurso caro e para uso a longo prazo. O projeto de seus espaços individuais precisa ser:

- Flexível: para atender tanto à pedagogia corrente quanto a suas novas concepções.
- Preparado para o futuro: para permitir que seja reconfigurado e destinado a novos usos.
- Ousado: para ir além das tecnologias e pedagogias já testadas e comprovadas.
- Criativo: para dar energia aos aprendizes e seus instrutores e inspirá-los.
- Positivo: para desenvolver o potencial de todos os aprendizes.
- Proativo: para tornar cada espaço capaz de sustentar a diferentes propósitos.

O espaço de aprendizado deve ser capaz de motivar os aprendizes e de promover o aprendizado como uma atividade, fomentar a colaboração e a prática formal, oferecer um ambiente personalizado e inclusivo e ser flexível a novas necessidades. A tecnologia desempenha um papel-chave para alcançar esses objetivos.

2.2 Espaços para o ensino e aprendizado em geral

Os espaços para o ensino em geral têm sido dominados por um tipo de projeto: focado no instrutor, unidirecional e ideal para aulas expositivas, com os assentos distribuídos em U ou em fileiras paralelas. As tecnologias vêm sendo adicionadas – quadros brancos convencionais ou interativos instalados na parede, atrás do alto-falante principal; projetores instalados no teto, com cabos que levam a um *notebook*; uma rede sem fio e/ou com fios até os computadores – mas elas raramente têm alterado a dinâmica dos espaços.

A aula expositiva formal ainda é vista como uma forma eficaz de instruir os alunos, ministrar disciplinas ao longo de todo um semestre ou ano e atender a um número cada vez maior de inscritos em cursos universitários populares. É necessário projetar auditórios mais criativos, com leiautes melhores, maior contato visual entre os alunos e o professor e a facilitação do uso das tecnologias para a apresentação de materiais por meio de uma diversidade de formatos. Muitas instituições já estão utilizando as salas de aula de uso geral de uma maneira mais intensiva, não somente adotando um sistema de planilha de horários que otimize o uso do espaço para vários cursos e disciplinas, como também ampliando as horas de funcionamento. Ampliar o horário de funcionamento, contudo, tem implicações sobre os acessos e a disponibilização de serviços de alimentação.

Espaços para o ensino formal
A abordagem prevalecente está sendo o aprendizado ativo e colaborativo, mas o projeto das salas de aula nem sempre reflete essa tendência. É necessário estabelecer um diálogo efetivo para definir o que será exigido desses espaços e quais modificações na abordagem são desejáveis. O projeto da maioria dos espaços para ensino em geral terá de oferecer suporte tanto para atividades orientadas por um professor como para atividades focadas nos alunos. Essas funções incluem apresentações, seminários, trabalhos em grupo e pesquisa e compartilhamento de informações. Essas necessidades podem ser atendidas de diferentes maneiras, com salas separadas por usos em alguns modelos e, na outra extremidade do espectro, "estúdios de aprendizagem" com planta livre destinados a formas flexíveis de ensino e aprendizado. Nem sempre se consegue prever o progresso futuro da tecnologia e pedagogia, mas é importante garantir que o projeto permitirá mudanças.

A SALA DE AULA INTERATIVA
A sala de aula interativa substitui a combinação padronizada de espaços para tutoria (assessoramento), aula expositiva e oficina, com sessões de aprendizado envolvendo minipalestras, projeções de vídeo, apresentações e resoluções de problemas. Nesses locais, o questionamento e a discussão substituem a transferência unilateral de conhecimentos como o principal modelo de transmissão de conteúdo. Os sistemas de votação eletrônica também ajudam os alunos a testarem seus conhecimentos a respeito dos conceitos, respondendo questões de múltipla escolha, e a discutirem em grupo antes e depois das votações. Essa é uma abordagem pedagógica integral.

O *CLUSTER* DE ENSINO
Um *cluster* (aglomerado) de ensino é um conjunto de salas que inclui salas de aula interativas, auditórios e um estúdio de ensino, oferecendo um *mix* de instruções compartilhadas entre os alunos, aprendizado baseado na resolução de problemas e ensino em estúdio. Para uma discussão colaborativa máxima, algumas salas têm mesas curvas, que facilitam a interatividade.

OS SISTEMAS DE RESERVAS CENTRALIZADOS
Os sistemas de reserva *online* centralizados estão se consolidando nas instituições de ensino superior como meio de aumentar a efi-

cácia da gestão dos espaços de ensino em geral. A maioria das universidades considera que os espaços de ensino não devem ser fixos, mas compartilhados entre as faculdades e, inclusive, às vezes em diferentes *campi*. Isso implica a necessidade de mais espaços para armazenamento que deem suporte à diversidade de formas de ensino geral de cada local. Essa prática requer a análise da localização, pois as salas têm de ser centralizadas, com acesso conveniente para todos os usuários.

Algumas instituições também têm adotado sistemas de cobrança pelo uso do espaço, como medida para evitar a reserva de um número excessivo de salas que serão subutilizadas.

SALAS DE AULA DE USO GERAL UTILIZADAS PARA VÁRIAS DISCIPLINAS OU CURSOS

As salas de aula de uso geral para várias disciplinas ou cursos e compartilhadas por meio de uma planilha de horários geralmente são:
- auditórios – grandes (250 pessoas); médios (120); pequenos (90)
- salas de aula – grandes (60); pequenas (30)
- salas de informática – capacidade muito variável (mais de 30).

ESPAÇOS PARA ASSESSORAMENTO (ORIENTAÇÃO DE ALUNOS) E TRABALHO EM PEQUENO GRUPO

Em algumas instituições, existe a tendência de retirar os espaços destinados ao assessoramento de alunos de dentro dos escritórios acadêmicos e oferecer salas para assessoria em grupos convenientemente localizados, que também podem ser aproveitadas para outros fins, como reuniões de professores, trabalhos ou discussões confidenciais, estudos privativos, visitas profissionais, etc. Em algumas instituições, a tendência não é o assessoramento individual, mas em pequenos grupos de cinco ou seis alunos. Também há uma demanda por salas de aula para pequenos grupos (de 10 a 15 alunos) a fim de atender a cursos de curta duração ou disciplinas eletivas. Essas salas também podem ser aproveitadas para outros propósitos.

IDENTIDADE E APROPRIAÇÃO DO ESPAÇO

A centralização e o uso compartilhado de espaços de ensino geral (por meio de uma planilha de horários) significa que esses locais se tornaram ambientes sem diferenciação, o que prejudica suas identidades e a apropriação por parte de um departamento da faculdade ou universidade. Contudo, a identidade e o senso de apropriação do espaço por parte de um departamento podem ser resgatados pela inserção criativa de espaços de ensino e pesquisa especializados, salas para professores, salas para assessoramento dos alunos e recursos e equipamentos de apoio que estimulem o senso de comunidade.

O aprendizado informal e social

O aprendizado é um processo social extraordinário. Ele ocorre não somente em resposta ao ensino, mas também como resultado de uma rede social que o fomente.

ESPAÇOS DE SOCIALIZAÇÃO

Espaços de convívio bem projetados tendem a aumentar a motivação dos alunos e podem inclusive afetar sua capacidade de aprendizado. Como a disponibilização de espaços de alta qualidade para o aprendizado informal também melhora a apresentação de uma universidade, esses locais devem ter alta prioridade nos novos projetos. Se refeitórios ou outros locais de alimentação, salas de uso comum e inclusive espaços de circulação ("ruas de aprendizado") forem tratados como ambientes de estudo em grupo e socialização, as instituições poderão economizar na disponibilização de espaços grandes e demonstrar, de maneira assertiva, suas visões de aprendizado como uma atividade onipresente, inclusiva e baseada na interação social.

A RUA DE APRENDIZADO

As "ruas de aprendizado" estão surgindo nos projetos de universidades. Nesses espaços, instalam-se assentos embutidos nas laterais de áreas de circulação largas, que servem para trabalhos informais em grupo, ou os estudantes podem parar por períodos curtos para trabalhar *online* antes de uma aula. Esses locais têm redes de Internet sem fio (assim como todo o prédio), antecipando-se ao uso cada vez mais amplo dos equipamentos móveis. Alguns recantos têm grupos de computadores de uso público que os alunos podem reservar *online*. O aprendizado é visível e ativo.

A CAFETERIA DE APRENDIZADO

As "*learning cafes*", ou cafeterias de aprendizado, originariamente eram uma experiência inicial do uso do espaço para sustentar o aprendizado por meio da resolução de problemas e do trabalho em grupo, mas que, devido a seu grande sucesso, estão se tornando cada vez mais populares e se desenvolvendo. Hoje, elas estão funcionando ativamente em muitas instituições. A mistura proposital de refeições leves, socialização e uso dos recursos de informática conferem a esses locais uma atmosfera relaxada e acolhedora, na qual as conversas e interações sociais são vistas como parte essencial do aprendizado. Nas cafeterias, é possível usar diferentes leiautes de móveis e formas de acesso à tecnologia da informação e comunicação, seja para trabalho individual, seja em grupo.

2.3 Espaços para ensino e pesquisa especializados

Os espaços especializados para ensino e pesquisa são:

- espaços de ensino que, em virtude de instalações, equipamentos, móveis ou usos especiais, precisam ser dedicados a uma função, um curso ou uma faculdade específica, mas que poderiam ser acomodados dentro de um prédio usual; ou
- espaços de ensino que, devido a exigências dimensionais, de instalações ou carregamentos, não podem ser inseridos em um prédio usual.

Bibliotecas/centros de aprendizado

O conceito de centro de aprendizado ainda está evoluindo, geralmente se misturando com outros espaços que antes eram separados. A reconsideração da importância do centro de aprendizado tem levado ao projeto de edificações novas e de tamanho considerável nas universidades, especialmente quando esse espaço é visto como o centro social ou acadêmico do *campus*. No entanto, os centros de aprendizado em escala menor também estão surgindo conectados às salas de aula, formando "clusters" (aglomerados de salas), ou como ambientes de aprendizado extremamente personalizado e de alta tecnologia, ou "centros de recursos" gerenciados por uma faculdade ou um departamento, além da biblioteca.

Esses locais, que na verdade são uma releitura das tradicionais bibliotecas, têm tido horários de funcionamento cada vez mais longos e, às vezes, ficam abertos 24 horas por dia durante os dias úteis, especialmente nas instituições em que os alunos estudam em apenas um dos turnos. As máquinas de autosserviço têm facilitado essa tendência. O espaço de aprendizado às vezes também é oferecido na forma de salas com grupos de computadores, impressoras, etc., disponíveis para o uso geral dos alunos.

O CENTRO DE APRENDIZADO

Os grandes centros de aprendizado atuais (antigas bibliotecas) são instalações multifuncionais que proporcionam espaços para socialização, serviços para os estudantes e apoio ao estudo, empréstimo de livros e *notebooks*, acesso à Internet e recursos de informática e diferentes tipos de ambiente de estudo, seja em confortáveis assentos (para uso individual ou em grupo), seja em salas fechadas (para apresentações de trabalhos). Algumas atividades letivas também podem ser feitas nesses locais, assim, os variados propósitos exigem uma visão clara do uso de cada área do centro. Oferecer zonas para diferentes modos de aprendizado também é uma estratégia comum. O diferente uso de cada área pode ser sinalizado por meio de sugestões sonoras e visuais, do leiaute e do estilo dos móveis e das diferentes tecnologias disponibilizadas.

Os tipos de área previstos incluem, entre outros:

- Área social – bastante ruidosa; com uma variedade de tipos de mesas e assentos informais; uso de *notebooks* com redes sem fio; venda de alimentos e bebidas.
- Área de trabalho em grupo – relativamente silenciosa, mas movimentada; com ou sem recursos de informática; mesas redondas; espaços abertos ou fechados com quadros brancos interativos ou não.
- Área de estudo – mais calma, mas não silenciosa; trabalho individual, em duplas ou em grupos de três estudantes; mesas redondas ou retangulares; uma mescla de estações de trabalho com recursos fixos de informática e espaços para *notebooks*.
- Área de silêncio – estudo individual e em silêncio; fisicamente fechada.
- Área de tecnologia da informação e comunicação – espaço movimentado; alta densidade de equipamentos de informática; estações de trabalho fixas e impressoras.
- Área de uso rápido – tarefas rápidas; espaços sem assentos; adequada para *notebooks*, mas com alguns computadores fixos para uso público.

O ensino se beneficiaria com a migração para centros de aprendizado? Talvez, para alguns cursos e disciplinas. Entretanto, os pequenos auditórios com assentos soltos e as salas de reunião maiores que costumam ser disponibilizados dentro das faculdades também podem servir para as funções dos centros de aprendizado.

FUNÇÕES DE APOIO DE BIBLIOTECAS OU CENTROS DE APRENDIZADO
Eis uma lista dos tipos de espaço que serão necessários para as funções de apoio de uma biblioteca ou centro de aprendizado:

- suporte de bibliotecárias ou balcão de informações – balcão, mesa, arquivos – geralmente em uma ilha visível no salão;
- administração da biblioteca ou do centro de aprendizado – escritórios, salas de reunião, depósitos;
- administração dos serviços de tecnologia da informação e comunicação – escritórios, salas de reunião, depósitos;
- acervo literário para consulta – estantes de livros, periódicos, DVDs, CDs;
- área de armazenagem compacta (estantes móveis);
- equipamentos de apoio – sistema automatizado de empréstimo e devolução de livros e outros materiais; catálogo de acesso público *online*, impressoras e fotocopiadoras, caixas para a devolução de livros e outros materiais;
- seção das carreiras (orientação vocacional).

Outras funções de apoio que podem existir em uma biblioteca ou centro de aprendizado são:

- centro de apoio para o aprendizado – oferta de cursos diversos, cursos de idiomas, cursos de redação acadêmica;
- estúdio de áudio e vídeo – pré/pós-produção;
- recursos de videoconferência;
- área de recursos para professores – postagem de temas, gravação de vídeos;
- sala de leitura de coleções e materiais arquivados;
- armários com chave para estudantes.

Salas de ciência ou pesquisa e laboratórios
TIPOS DE LABORATÓRIO
As necessidades dos espaços para pesquisa e dos laboratórios varia bastante entre as faculdades, os departamentos, os tipos de ensino ou pesquisa sendo realizados e as exigências de equipamentos especiais. Existem inúmeros tipos de laboratórios "principais" em um *campus*, incluindo:

- Laboratórios de informática
- Laboratórios molhados
- Laboratórios secos
- Estúdios ou laboratórios para projeto
- Laboratórios para aulas práticas
- Laboratórios com grandes equipamentos especiais

Também existem inúmeros laboratórios "secundários" e espaços de apoio necessários para dar suporte aos laboratórios "principais", incluindo:

- Salas com temperatura controlada
- Salas de equipamentos especiais
- Salas de coleta especial
- Conjuntos de salas de acesso restrito (salas "confinadas")
- Salas de preparo
- Depósitos de materiais químicos, radioativos, inflamáveis e cilindros de gás
- Salas de redação de relatórios

PLANEJAMENTO ESPACIAL DOS LABORATÓRIOS PRINCIPAIS
O planejamento completo de um novo espaço precisa garantir sua flexibilidade, modularidade e consistência para a alocação de áreas. Embora os laboratórios variem muito em tipo e possam ser tão especializados a ponto de não se aplicarem a eles as diretrizes de planejamento espacial, há algumas questões comuns que devemos ter em mente quando planejamos um laboratório:

- Modularidade – um requisito fundamental é tornar o projeto do laboratório o mais modulado e flexível possível, particularmente em termos dos sistemas de climatização, dos sistemas especiais e do projeto da estrutura.
- Zoneamento – é muito importante criar "zonas" em um laboratório que também ofereçam flexibilidade e facilidade nas operações.

Essas duas questões têm diferente aplicação no projeto de um laboratório, conforme o seu tipo: os laboratórios molhados são muito diferentes dos laboratórios de informática ou para aulas práticas.

O MÓDULO BÁSICO DE LABORATÓRIO (APLICÁVEL PRINCIPALMENTE AOS LABORATÓRIOS MOLHADOS)
Embora as necessidades dos laboratórios variem radicalmente conforme as disciplinas de estudo, o princípio básico é configurar o espaço da maneira mais flexível e modulada possível, uma vez que as exigências e os métodos de ensino e pesquisa mudam e evoluem com o passar dos anos. Os laboratórios geralmente são configurados em módulos padronizados, que se tornam os definidores espaciais, pois são projetados para atender a uma variedade de necessidades de ensino e pesquisa. Esses módulos permitem a flexibilidade do planejamento dos seguintes pontos:

- instalações mecânicas, elétricas e hidrossanitárias
- instalações de calefação, resfriamento e ventilação
- fornecimento de gases especiais de laboratório
- sistemas de bancadas de laboratório
- espaços de apoio
- funções especializadas
- divisórias e paredes internas
- armários de segurança, etc.

Assim, os módulos de laboratório se constituem nos blocos de construção básicos do planejamento espacial. A reunião de vários módulos pode gerar laboratórios maiores, e a divisão de um módulo pode formar laboratórios menores. O módulo de planejamento de um laboratório, por sua própria natureza, deve ser repetitivo e regular. O tamanho, a configuração real e o zoneamento dependerão da função específica do laboratório, de seu propósito (ensino ou pesquisa), dos equipamentos necessários e da planta baixa do prédio. A relação entre as zonas de laboratório e seus escritórios ou entre o laboratório e suas zonas de apoio variará conforme o tipo de ensino ou pesquisa e o laboratório necessário.

Consulte o Capítulo 22 para ver as diretrizes detalhadas de planejamento e projeto de laboratórios.

TENDÊNCIAS NO ENSINO EM LABORATÓRIO

Existe um consenso entre os estudantes e professores de que é necessário tornar o aprendizado e o ensino no laboratório mais desafiador e envolvente. Novas atividades em laboratório têm sido desenvolvidas recentemente para entusiasmar e estimular os estudantes por meio do aprendizado ativo. Esses métodos inovadores envolvem abordagens baseadas no computador, motivam o aprendizado baseado no questionamento e muitos inserem os estudantes em pesquisas de última geração feitas durante as aulas de laboratório na graduação universitária. Os resultados desses exercícios indicam que há uma necessidade premente de repensar a abordagem didática tradicional ao ensino em laboratório na educação superior. É necessário, em particular, evitar "entregar tudo de mão beijada" aos alunos durante aulas práticas intermináveis, repetitivas e entediantes que têm resultados extremamente previsíveis.

O APRENDIZADO BASEADO EM QUESTIONAMENTOS COM O SUPORTE DO ENSINO A DISTÂNCIA

Nessa abordagem, os alunos usam o aprendizado *online* que envolve vídeos, simulações interativas, palestras virtuais ou slides digitais anotados, para entender e praticar as técnicas antes de frequentar as aulas práticas de laboratório, durante as quais os materiais são analisados e os exercícios em grupo são feitos, incluindo apresentações dos alunos e sessões de perguntas e respostas.

MODELAGEM POR COMPUTADOR

A tendência atual é substituir o trabalho em laboratório pela modelagem por computador em todos os ramos da ciência e tecnologia. Com essa abordagem, são obtidas economias de espaço, ainda assim é necessário algum espaço para laboratórios e, é claro, a reserva de áreas para o trabalho nos computadores. Uma exceção a essa tendência é o progresso de tecnologias e ciências revolucionárias. Um exemplo atual é a nanotecnologia, que exige edificações ou áreas separadas e especialmente construídas a fim de evitar vibrações externas e acomodar equipamentos extremamente especializados. Os futuros avanços revolucionários da ciência e tecnologia talvez sejam tão caros que exijam a concentração em um pequeno número de centros nacionais ou internacionais.

Música

A música é estudada em um departamento ou escola de uma faculdade de artes cênicas, ou em uma faculdade, academia ou conservatório especializado. Há muitos elementos de acomodação que compõem um departamento ou uma escola de música, bem como diretrizes para a localização e o planejamento desses espaços. Os espaços de um departamento ou uma escola de música consistem em salas com diferentes tamanhos e exigências acústicas rigorosas. Cada departamento ou escola decidirá de modo individual a melhor maneira de criar e configurar a variedade de espaços que atenderá a suas necessidades atuais e futuras. Existe uma ampla variedade de enfoques ao planejamento da acomodação no que se refere às diferentes abordagens e prioridades. Além disso, há muitas maneiras de alcançar um resultado satisfatório, então, é importante que a elaboração do programa de necessidades e do projeto seja cuidadosamente detalhada.

TIPOS DE ACOMODAÇÃO

Os departamentos ou as escolas de música incluem combinações dos seguintes espaços:

- salas de aula especiais para música – espaços grandes para aprender e ensinar;
- salas de ensaio – para solistas, bandas ou orquestras;
- salas de tecnologia musical (digital) e salas de controle ou mixagem;
- depósitos gerais ou para instrumentos musicais – para uso da escola/departamento ou dos alunos;
- biblioteca musical e área com recursos diversos – incluindo partituras, CDs, DVDs;
- estúdios para audições;
- estúdios para recitais;
- estúdios para gravação/controle;
- espaço para apresentações (ou espaço de uso compartilhado com a universidade);
- pequenos espaços para ensaio individual associados às salas de música;
- salas de apoio e salas para funcionários acadêmicos.

CONSIDERAÇÕES AMBIENTAIS

Os espaços musicais são para tocar e ouvir sons, assim, é fundamental que eles tenham o tratamento acústico adequado. O som pode se deslocar através da estrutura e das paredes, mesmo que elas tenham especificações rigorosas. Portas, janelas e aberturas para ventilação são particularmente difíceis de isolar. Ao planejar os espaços, é fundamental lembrar que:

- O objetivo é permitir às pessoas ouvir música claramente, sem distrações, e que ela seja aprimorada pela acústica do recinto.
- As duas principais preocupações são a qualidade do som e o isolamento acústico.
- As principais influências na qualidade dos sons musicais são o volume do recinto, a geometria do recinto e os acabamentos de suas superfícies.
- A separação acústica bem-sucedida entre os espaços depende de um bom planejamento, da estrutura e dos detalhes de construção.
- A localização da escola ou do departamento de música em relação ao resto dos demais departamentos ou escolas (ou vizinhos) deve ser cuidadosamente considerada.

PRINCÍPIOS DE PLANEJAMENTO DE ESPAÇOS

A maioria das escolas ou dos departamentos de música promove uma variedade de atividades e eventos, inclusive apresentações, além das aulas de música normais. Todas essas atividades envolverão grupos de pessoas (estudantes, funcionários da administração, professores, músicos) que chegam e saem o dia inteiro. Portanto, a localização do departamento ou escola de música deve facilitar essas questões o máximo possível e, ao mesmo tempo, manter a segurança da comunidade. Eis alguns pontos importantes que devem ser levados em conta no planejamento dos espaços:

- Questões acústicas – incômodos causados pelos (ou gerados aos) espaços vizinhos, inclusive os externos.
- Garantia de que os espaços de música estejam perto de outros recintos que serão utilizados para atividades musicais.
- Criação de acesso facilitado para o movimento de instrumentos musicais e equipamentos para apresentações em espaços fora do departamento ou da escola de música.

- Localização do departamento ou da escola de música junto à entrada principal ou, pelo menos, perto dela.
- Planejamento de uma recepção exclusiva e separada que possa ser utilizada fora das horas de funcionamento do prédio sem comprometer sua segurança geral.
- Previsão de vagas de estacionamento suficientes para os tamanhos de grupo previstos.

RELAÇÕES ESPACIAIS CRÍTICAS

Ao decidir o leiaute de um departamento ou uma escola de música, há algumas relações ou adjacências críticas entre espaços diferentes – por exemplo, no caso do uso de instrumentos de percussão. Os sons gerados por esses instrumentos musicais costumam trazer maiores riscos de incômodos para os vizinhos, em virtude de seus padrões repetitivos e suas baixas frequências, particularmente nos grupos de ensaio de bateria. O amortecimento acústico de espaços distintos pode ser obtido intercalando-se espaços relativamente pouco utilizados, como depósitos, corredores e áreas de serviço. Algumas escolas ou departamentos de música gostam de ter salas de uso coletivo acessíveis diretamente das salas de aula para atividades extras. Os estúdios de gravação ou controle ficam mais bem posicionados quando contíguos a grandes salas de uso comum ou espaços de ensaio, recital ou apresentação. As janelas nos espaços onde se toca música provavelmente causarão incômodos aos vizinhos, portanto, é preciso que tanto janelas como outros recursos para ventilação sejam cuidadosamente considerados.

Escolas de administração

Uma escola de administração pode ser uma faculdade ou um departamento de uma universidade ou uma instituição de graduação e pesquisa internacional independente.

ESCOLAS DE ADMINISTRAÇÃO BASEADAS EM UNIVERSIDADES

O ensino no nível de graduação comumente ocorre nas salas de aula gerais, de acordo com as planilhas de horário da instituição. Conforme a universidade, uma sala de aula reservada para a graduação (bem como uma sala de convívio) pode ser disponibilizada.

O ensino e a pesquisa na pós-graduação em geral ocorrem em acomodações específicas, que podem incluir:

- pequenos auditórios, do tipo anfiteatro, com arquibancadas, mesas contínuas e assentos fixos;
- pequenas salas para seminário;
- salas de reunião (no estilo das salas para conferências);
- espaços para trabalho em grupo (uso informal, com conexão sem fio);
- laboratório de computadores (para aulas práticas);
- espaços para trabalho em grupo (no estilo das cafeterias, conectadas a salas de reunião, com redes sem fio);
- a escola às vezes também tem um espaço especial para socialização.

As acomodações para o ensino de administração no nível de pós-graduação (MBA) geralmente são um conjunto de salas específico, dentro da escola ou do departamento de administração, e compreendem:

- recepção, espaços para socialização, interação e intervalos, cafeteria;
- auditórios (pequenos) (pequenas salas do tipo anfiteatro, com assentos escalonados e escrivaninhas contínuas e em fileiras bem espaçadas e cadeiras removíveis ou com rodízios);
- salas para seminário (pequenas) (do tipo informal, com mesas circulares e cadeiras removíveis ou com rodízios e acesso à Internet sem fio);
- salas de reunião (com cadeiras removíveis ou com rodízios ao redor de mesas de reunião, com acesso à Internet sem fio).

Algumas escolas possuem um centro de treinamento para executivos, que oferece cursos personalizados para profissionais. Esses locais precisam ser facilmente acessíveis para clientes no turno da noite e provavelmente incluirão:

- recepção, sala para intervalos/socialização/interação, cafeteria;
- sala para treinamento de executivos (pequena) (mesas informais circulares, com cadeiras removíveis ou com rodízios);
- recursos para pesquisa ou consulta.

Em uma escola de administração geralmente há uma série de recursos da Bloomberg Suite, para oferecer aos estudantes da graduação ou pós-graduação treinamento no ambiente simulado de uma sala de negociações.

ESCOLAS INDEPENDENTES DE GRADUAÇÃO EM ADMINISTRAÇÃO

Essas instituições são escolas de administração de destaque no nível global (por exemplo, Harvard, INSEAD, London Business School). Elas se especializam na formação de executivos e em MBAs de alto padrão, têm independência operacional absoluta e gerenciam suas finanças.

Dependendo de sua visão, metas e objetivos, cada uma delas tem diferentes abordagens e áreas operacionais, como:

- ensino – MBAs, MBAs Executivos, mestrados em Finanças Internacionais, formações executivas (programas abertos ou personalizados), doutorados;
- pesquisa – faculdades que trabalham em iniciativas de pesquisa especializadas em temas selecionados;
- relações externas – desenvolvimento da marca da instituição/levantamento de fundos, contatos com ex-alunos, comunicação, desenvolvimento, eventos;
- departamentos de suporte – financeiro/contabilidade, serviços de informação, desenvolvimento de carreiras, facilidades diversas, recursos humanos;
- atividades de extensão.

Programas completos com eventos noturnos e diurnos ocorrem nessas escolas ao longo do ano, como cursos, conferências, apresentações corporativas, *networking*, cerimônias, palestras de oradores ilustres, recrutamento e reuniões entre ex-alunos. A maior parte desses eventos exige hospedagem de boa qualidade para os participantes, recursos audiovisuais, o desenvolvimento de redes com a comunidade e recursos de alimentação.

O planejamento, o projeto e a variedade das acomodações e a qualidade dos espaços físicos serão caracterizados pelo espírito e pelo etos da escola, bem como pela maneira como sua marca é reconhecida internacionalmente.

A variedade das instalações para o ensino de MBAs geralmente é similar à das escolas que ficam dentro das universidades, exceto pelo fato de que o nível da qualidade e dos espaços é mais elevado. Da mesma maneira, os locais para formação executiva têm qualidade padrão superiores, são mais extensivos e incluem um centro de negócios e áreas para intervalos e cafeterias para os representantes.

Outras facilidades que podem ser incluídas:

- centro de conferências – auditório grande e de alta qualidade, com poltronas do tipo usado em cinemas, incluindo uma área para recepção ou credenciamento, saguão/espaço para intervalos e serviços de alimentação e bebidas;
- grande espaço para a comunidade desenvolver redes de contato (*newworking*) – no centro da escola, para encorajar a interação/integração;
- uma variedade de serviços de alimentação e bebidas – para oferecer banquetes e refeições menos elaboradas (como cafés da manhã, almoços e jantares), restaurantes à la carte, cafeterias, lancherias dispersas;

- apoio ao ensino – salas com computadores, biblioteca/centro de recursos e espaços para estudo;
- serviços e facilidades para estudantes;
- centro de ex-alunos;
- escritórios – da faculdade, de apoio, da administração;
- área de recepção da escola – para visitantes, fornecimento de informações e exposições.

Considerações ambientais quanto aos recursos para palestras e conferências:

- iluminação e climatização naturais;
- iluminação e escurecimento programáveis;
- recursos sonoros, microfones e acústica de alta qualidade;
- rede sem fio de acesso à Internet, recursos de filmagem/gravação de vídeos;
- lousas interativas, telas de LCD e para projeção;
- controle do recinto da tribuna do palestrante.

Artes

A arte é estudada em um departamento ou uma escola dentro de uma faculdade de Artes ou em um colégio de Artes especializado. A disciplina tem caráter prático e criativo, e os alunos a aprendem por meio de pesquisas, observações, análises e experimentações. Os alunos trabalham tanto em duas como em três dimensões e em uma diversidade de escalas.

TIPOS DE ACOMODAÇÃO PARA O ENSINO DE ARTES
Os estudantes de arte se especializam e desenvolvem diversas técnicas, que podem variar bastante, mas tipicamente incluem o trabalho em ateliês ou oficinas de:

- desenho
- *design* gráfico
- pintura
- serigrafia
- fotografia/cinema
- moda/tecidos/bordados
- cerâmica/vidraria
- joalheria
- escultura
- mídias digitais, como editoração eletrônica, animação, multimídia

Os espaços complementares e de armazenamento incluem:

- áreas de pesquisa/bibliotecas
- câmaras escuras
- centros de edição e produção
- áreas de preparação e limpeza
- sala de serigrafia
- depósitos de argila, gesso e salas úmidas
- salas de fornos
- depósitos de madeira, metal, pedra e equipamentos
- depósito de consumíveis de mídia
- espaço para exposições/mostras
- depósitos para os trabalhos dos alunos

PRINCIPAIS CONSIDERAÇÕES DE PLANEJAMENTO
A localização do departamento ou da escola de Arte pode afetar as instalações de várias maneiras. Algumas das principais considerações são:

- A qualidade e o nível da iluminação – particularmente importante em ateliês de arte é a orientação solar e o nível do pavimento, que podem afetar a quantidade de luz natural incidente no espaço.
- Localização no pavimento térreo – acesso direto a áreas externas protegidas para o trabalho com projetos "sujos" ou de grande escala.
- Vistas – geradas por janelas cuidadosamente distribuídas podem ser uma fonte de inspiração.
- Inter-relação – quando for provável a sobreposição de disciplinas, planeje os espaços mais importantes de modo que fiquem juntos, para facilitar o compartilhamento dos recursos.
- Acesso de veículos – a entrega de materiais pesados ou volumosos precisa ser levada em conta.

OUTRAS CONSIDERAÇÕES DE PROJETO
Questões adicionais que devem ser pensadas:

- Como a luz natural é importante para os ateliês de arte, considere a profundidade dos espaços nos quais a iluminação natural é obtida somente pelas janelas.
- O agrupamento dos espaços de arte permite o uso mais eficiente dos materiais e equipamento, e oferece acesso igual às áreas de apoio.
- Uma área para a exposição dos trabalhos dos alunos estimula o aprendizado, bem como cria uma entrada agradável no departamento ou na escola de arte.
- Os ateliês devem ter acesso direto aos depósitos.
- Vistas internas para um ateliê de arte podem criar uma bela vitrine para o departamento ou a escola.

Os conjuntos de espaços para arte às vezes são projetados como áreas de planta livre, melhorando a iluminação e amplitude; a menor divisão espacial também aumenta a flexibilidade. Contudo, a transmissão de ruídos ou a poeira podem ser problemáticas em ateliês em plantas livres em virtude das diferenças entre as disciplinas (o trabalho com cerâmica, por exemplo, produz bastante poeira, que não é fácil de ser controlada). Outra desvantagem é que o uso maior de salões com planta livre pode reduzir a área de superfícies, que é útil para exposições e também como superfícies de trabalho em grande escala.

INSTALAÇÕES PREDIAIS
Recomenda-se o desenho das elevações internas de cada espaço com a marcação das instalações prediais (eletricidade, gás, ar comprimido, água, etc.) e equipamentos fixos. Isso pode ajudar a aproveitar ao máximo as superfícies disponíveis, algo importante quando as paredes são utilizadas intensamente para exposições e superfícies de trabalho verticais. Para certas disciplinas, é possível considerar o uso de sistemas aéreos para equipamentos móveis.

CONSIDERAÇÕES AMBIENTAIS
Eis os principais fatores a serem considerados:

- Luz natural: otimize o aproveitamento da luz diurna, mas controle o ofuscamento e os ganhos térmicos solares quando são importantes um bom índice de reprodução de cores e a visualização de pequenos detalhes. Aumente os pés-direitos e otimize a refletância das superfícies.
- Luz artificial: uma dispersão homogênea da luz, sem o ofuscamento. Adote os valores recomendados para os níveis de luminância e o índice de reprodução de cores das lâmpadas.
- Acústica – redução dos ruídos entre disciplinas diferentes trabalhando no mesmo espaço ou em espaços adjacentes.
- Ventilação – sistemas de exaustão de ar necessários para atividades e equipamentos especializados, inclusive a remoção de calor, gases/fumos, produtos químicos de câmaras escuras, poeira, aerossóis/aerógrafos.

Ambientes criativos para o ensino e aprendizado
Uma iniciativa entre duas universidades examinou até que ponto o projeto dos espaços de ensino poderia promover maneiras inovadoras de pensar. O objetivo era criar um "Centro de Excelência no Ensino e Aprendizado" – um novo espaço de aprendizado e ensino experimental, a "Zona de Criatividade". O conceito era reduzir a divisão entre disciplinas, entre aprendizado formal e informal e entre aprendizado e prática criativa.

Na "Zona de Criatividade", paredes, divisórias e itens de mobiliário criativos foram instalados nas vedações internas do espaço. Projetores múltiplos, conexões sem fio e tecnologias de localização dos usuários foram incluídos. Todas as partes do espaço podiam ser variadas, de modo a oferecer uma progressão de oportunidades de interação – com os objetos e participantes. Nesse espaço podiam ser simuladas práticas do mundo real, criando uma experiência interdisciplinar que reúne indivíduos de diferentes disciplinas, em um exercício de colaboração. Esse conceito poderia ser um protótipo para que repensássemos como ver o aprendizado e o ensino eficazes no futuro.

2.4 Incubadoras

Uma incubadora é uma entidade que fomenta e provome o empreendedorismo e minimiza os obstáculos à formação e ao crescimento de novos negócios. Ela oferece oportunidades para *startups* e *spin-offs*.

Startups *e* spin-offs

O incentivo dado a um indivíduo ou grupo que elabora uma invenção significativa é uma escolha entre ser uma *startup* ou *spin-off*. *Startup* é o termo dado à opção de manter os direitos de propriedade intelectual (*know-how*) da invenção, obter capital inicial ou "*seed funding*" e criar uma nova companhia para desenvolver a invenção. *Spin-off* é o termo dado à escolha que transfere o *know-how* da invenção a uma empresa existente, para obter benefícios substanciais por meio de compensações financeiras, lucros ou ações com o desenvolvimento da invenção.

Incubadoras universitárias
As incubadoras universitárias buscam:

- criar uma ponte entre a educação e a economia;
- acelerar a transferência de tecnologia entre a universidade e as empresas;
- patrocinar *spin-offs* da universidade e criar *startups*.

Originariamente, as incubadoras se localizavam em prédios universitários abandonados ou subutilizados, mas hoje cada vez mais surgem e se desenvolvem em "centros" especialmente construídos para esse fim vinculados às instituições de ensino superior. Esses "centros" variam em termos dos recursos oferecidos, refletindo o foco das pesquisas (ciência, tecnologia, negócios) da universidade afiliada e sendo influenciado por ele. No Reino Unido, muitas universidades têm incubadoras instaladas em prédios recém construídos, e o crescimento dessas instituições continua. Nos centros, as unidades da incubadora são planejadas de acordo com um módulo, podendo ter área entre 10 m^2 e 500 m^2 e um *mix* de unidades de escritório, ciência ou tecnologia, além de todas as facilidades e instalações de apoio.

O tipo de acomodação varia bastante, mas pode incluir:

- laboratórios modulados (200 m^2) complementados por áreas com estações de trabalho (mesas com computadores) e áreas de laboratório molhado;
- laboratórios flexíveis (500 m^2), que podem ser molhados, com escritórios ou ambos;
- escritórios (10 a 200 m^2) para pequenas e médias empresas;
- oficinas;
- salas de reunião, auditórios e espaços para exposições;
- recepção e área para visitantes;
- serviços de correspondência, fax e fotocópia;
- serviços de informática, incluindo conexões seguras com a Internet;
- instalações e serviços de limpeza e segurança;
- cozinha, copas, cantina;
- apoio a empresas sobre questões financeiras, legais, bancárias, contábeis, de patentes e verbas públicas.

A fim de proteger a natureza confidencial e inovadora do trabalho de pesquisa e desenvolvimento sendo feito 24 horas por dia, sete dias por semana, é importante o controle da segurança do prédio, com acesso e monitoramento adicionais e específicos para cada uma das unidades de incubação modulares do interior.

2.5 Instalações de apoio

Estudantes
A oferta de instalações de apoio aos alunos pode ser em toda a universidade, em um *campus* ou em uma faculdade. O conteúdo e a localização serão determinados principalmente pela estratégia física da universidade e, em segundo lugar, pelas necessidades da faculdade em relação a outras facilidades de suporte aos estudantes.

O tipo de acomodação varia bastante, assim, as informações que apresentaremos são para mera referência.

Grêmio estudantil
- Grêmio estudantil e escritórios
- Clube de jogos e espaços de socialização
- Grande espaço multifuncional para eventos
- Bar e cafeteria
- Armários e depósitos (registros, material de escritório, equipamentos)

Serviços para os estudantes
- Centro de informações para os estudantes (incluindo a recepção e a área de espera)
- Secretaria e serviço de financiamento e crédito estudantil
- Apoio, aconselhamento e orientação dos alunos
- Orientação vocacional e profissional
- Apoio aos estudantes ou ao ensino
- Serviços de saúde (terceirizados), seguridade social e primeiros socorros
- Creche
- Capela e salas ecumênicas

Outros equipamentos de apoio aos estudantes
- Sala de uso comum para alunos da graduação (incluindo uma lancheria)
- Escritório do centro acadêmico da graduação
- Sala para estudo em grupo dos alunos da graduação
- Sala para estudo individual (em silêncio) dos alunos da graduação
- Laboratórios de informática dos alunos da graduação
- Sala para estudo dos alunos da pós-graduação
- Laboratórios de informática dos alunos da pós-graduação
- Salas de pesquisa para os alunos da pós-graduação

Funções similares, como o centro acadêmico ou os serviços aos estudantes, podem ser reunidas a fim de formar um centro para os estudantes no *campus* (um "centro estudantil"), desde que a segurança, o silêncio e a confidencialidade não sejam comprometidos.

Professores
A disponibilização de equipamentos de apoio aos professores pode ser baseada em um *campus* (ou conjunto de escolas ou faculdades) ou em cada faculdade. Os serviços e sua localização serão determinados principalmente pela estratégia física da universidade e, em segundo lugar, pelas necessidades de cada faculdade. O tipo de aco-

modação varia bastante, assim, a lista a seguir é apenas uma orientação:

- sala dos professores (incluindo uma lancheria)
- sala de reunião e sala de entrevista dos professores
- depósitos (arquivos, registros, material de escritório, equipamentos)
- centro de cópias e correspondência para os professores
- portaria
- escritório de gestão dos sistemas de informática
- escritório/sala de trabalho/central de apoio dos técnicos
- centro de recursos para os professores da faculdade
- espaço na faculdade para uso de uma instituição de pesquisa externa (incluindo a recepção).

Público
É essencial desenvolver conceitos atraentes e inovadores para as entradas principais e os espaços de atendimento, não somente para servir aos usuários regulares, como também para encorajar os visitantes regulares e o público a "cruzar a soleira da porta".

As seguintes acomodações são meramente exemplificativas:

- área do balcão de recepção principal
- área de espera para os visitantes e área de coleta
- área de informações e exposições (incluindo painéis para os alunos exibirem seus trabalhos e eventos futuros)
- escritório para assuntos externos (relações com as faculdades ou escolas)
- controle de segurança
- sala do controle de segurança.

É importante que os principais recursos disponíveis aos visitantes ou ao público sejam facilmente acessíveis pela entrada principal sem que haja o comprometimento da segurança ou da circulação dos usuários.

Congressos
Muitas universidades gostam de sediar congressos, seja para divulgarem suas atividades, seja para manterem vínculos externos, recebendo eventos, apresentações, simpósios e conferências com empresas e palestrantes ilustres. No entanto, os equipamentos para sediar um congresso ou evento similar são muito caros, caso sejam pouco utilizados. Assim, é preciso considerar usos alternativos para a recepção e o ensino formal de grupos médios ou grandes.

Eis alguns exemplos de acomodações:

- auditórios (com 300 assentos e 150 assentos)
- saguão/espaço para intervalos/interações/mostras
- área de serviço para as acomodações de palestrantes
- depósito/sala de equipamentos
- sala técnica
- sala de espera para os palestrantes ou artistas
- chapelaria.

Serviços de alimentação
Os serviços de alimentação podem ser alocados de modo a atender a toda a universidade, ou a um *campus* ou uma faculdade.

Esses espaços geralmente incluem um restaurante ou refeitório central, que é complementado por lancherias distribuídas em vários prédios acadêmicos. Os serviços e sua localização serão determinados pela estratégia física da universidade e costumam ser terceirizados a especialistas. Quando terceirizados, a universidade oferece o espaço físico, e a empresa de alimentação fornece e administra alimentos, bebidas, equipamentos e funcionários.

O tipo de acomodação varia bastante, assim, este exemplo é apenas ilustrativo para uma operação centralizada.

Refeições formais e informais
- Restaurante universitário, do tipo bufê com autosserviço, incluindo mesas e cadeiras, ilhas para exposição dos produtos e áreas de serviço (cozinha, etc.)
- Lancheria, incluindo mesas e cadeiras, gôndolas com autosserviço e áreas de serviço (cozinha, etc.)
- Cafeteria, incluindo mesas e cadeiras, balcão, dispensadores de bebidas para autosserviço e áreas de serviço (cozinha, etc.)
- Área para jantares formais (banquetes), incluindo mesas e cadeiras e cozinha para o acabamento de pratos

Cozinha principal
- Áreas para preparo de alimentos, cozimento e montagem dos pratos
- Área para lavagem da louça
- Depósitos para utensílios, cutelaria e louça
- Depósitos para secos e molhados e câmaras frias

Área de suporte para os serviços de alimentação e bebidas
- Recepção de produtos
- Escritórios
- Banheiros, vestiários e armários com chave para os funcionários administrativos e professores
- Depósito de produtos de limpeza
- Área para o depósito de lixo (externa)

Lojas
A oferta de lojas pode se basear em toda a universidade, em um de seus *campi* ou em uma faculdade. O tipo e a localização das lojas serão determinados pela estratégia física da universidade e geralmente terceirizados a empresas externas. Nesse tipo de arranjo, a universidade oferece o espaço físico construído, e os prestadores de serviço fornecem e administram produtos, equipamentos e funcionários. Em um *campus*, às vezes existe um conjunto de lojas formando uma pequena galeria comercial. O tipo de loja oferecido variará conforme o nível da concorrência local. Vejamos alguns exemplos:

- livraria (inclusive com venda de DVDs/CDs)
- loja de presentes e artigos personalizados da universidade
- agência bancária (inclusive caixas eletrônicos)
- revistaria/refrescos/papelaria (uma loja com todos esses produtos)
- agência dos correios (ou serviço incluído na revistaria descrita no item anterior)
- loja de produtos orgânicos
- agência de viagens
- farmácia (pode estar incluída na revistaria descrita)
- cabeleireiro

2.6 Acomodações residenciais

Estudantes
As acomodações residenciais para os alunos das universidades geralmente são chamadas casas de estudantes e ficam em prédios independentes, mas, em alguns países, é comum incluí-las dentro das próprias faculdades. Neste capítulo faremos uma breve descrição das casas de estudantes.

CASAS DE ESTUDANTES
A maioria das universidades oferece algum tipo de acomodação para estudantes, frequentemente priorizando os alunos do primeiro ano ou aqueles com baixa renda comprovada.

Os padrões de acomodação variam bastante. As acomodações mais antigas têm aspecto institucional, ou seja, possuem longos corredores que cruzam o prédio, com dormitórios individuais em ambos os lados (alguns com lavatório incluído) e banheiros de uso comum. Geralmente havia a escolha entre dormitórios com autosserviço (que incluíam um espaço compartilhado com cozinha ou refeitório) e dormitórios com restaurante (ou seja, atendidos por um restaurante de uso comum).

Este segundo caso se baseia em dormitórios com apartamentos independentes, geralmente com entre oito e 10 suítes, que compartilham uma cozinha ou refeitório e uma sala de estar. Na Grã-Bretanha, os dormitórios desse tipo são a escolha preferida nos dias de hoje.

É necessário que seja previsto um percentual de apartamentos com acessibilidade, atendendo a todas as determinações legais. Além disso, cozinhas e refeitórios têm de cumprir as normas estabelecidas pelas autoridades de vigilância sanitária. Os dormitórios precisam incluir uma série de espaços de apoio: lavanderia (com autosserviço), depósito de roupa de cama, depósito para malas, depósito de materiais de limpeza e depósito de lixo.

Algumas universidades reservam parte das unidades de habitação no *campus* para acomodar estudantes casados, na forma de apartamentos para duas pessoas incluídos nos dormitórios.

Congressos

A maioria das universidades opera um programa abrangente de congressos ou eventos similares, especialmente durante os períodos de férias dos alunos a fim de garantir uma fonte de renda contínua. Alguns desses eventos exigirão acomodações residenciais como parte do pacote oferecido. As acomodações para estudantes, se forem de boa qualidade e estiverem vagas durante as férias, serão aproveitadas para esses propósitos. Portanto, é importante que parte das acomodações seja planejada de modo a facilitar seu aproveitamento pelos conferencistas.

Funcionários administrativos/professores

Algumas universidades oferecem acomodações residenciais para parte de seus funcionários administrativos ou professores. Nos dormitórios, às vezes há apartamentos anexos para duas ou quatro pessoas destinados à acomodação de professores ou de visitantes ilustres.

Para obter diretrizes detalhadas sobre o planejamento e projeto de acomodações residenciais, consulte o Capítulo 19.

2.7 Esporte e lazer

Espaços cobertos

Os equipamentos universitários cobertos destinados à pratica de esportes e ao lazer podem incluir:

- ginásio esportivo – oito quadras, com marcação para a prática de esportes diversos, como vôlei, basquete, handebol, tênis ou futebol de salão, preferencialmente com redes divisórias;
- academia de musculação – incluindo equipamentos para monitoramento cardiovascular e de resistência física, uma pequena recepção e um depósito exclusivo;
- estúdio para esportes aeróbicos – utilizado para dança, ioga e pilates;
- sala para artes marciais;
- piscina para natação – piscina com 25 metros, seis raias e arquibancadas;
- quadras de *squash* – com área de assentos para espectadores junto a uma ou duas quadras;
- escritório – para funcionários em turno integral ou parcial;
- vestiário seco com duchas e banheiros – separados para cada sexo, com cubículos e armários com chave;
- vestiário molhado (para a piscina) com duchas e banheiros – separados para cada sexo, com cubículos e armários com chave;
- depósito para equipamentos – para a guarda de equipamentos esportivos do ginásio;
- depósito de colchonetes e tatames – uma sala com classificação de resistência ao fogo;
- cozinha pequena – com depósito, superfícies de trabalho e pia;
- pequeno consultório médico – com maca e mesa, podendo ser aproveitado para primeiros socorros;
- depósito(s) para os clubes esportivos;
- bar, salão de estar, cantina – opcionais;
- depósito para materiais de limpeza – perto do ginásio esportivo, com pia e armários.

Espaços externos

As áreas externas para esporte e lazer incluem:

- campos esportivos – futebol, atletismo, etc.;
- quadras esportivas – vôlei de praia, netbol, tênis;
- vestiário com duchas e banheiros para os atletas – separados para cada sexo, com armários com chave;
- vestiário com duchas e banheiros para os árbitros e seus auxiliares – separados para cada sexo, com armários com chave;
- depósito para equipamentos – para postes, redes, etc.

Outras considerações

Deve-se levar em conta o seguinte:

- os aspectos operacionais e gerenciais dos espaços esportivos terão impacto sobre o uso, o planejamento e o projeto das instalações;
- a possibilidade de que haja outros usuários – os recursos serão oferecidos para a comunidade, associados, clubes, etc.;
- a possibilidade de que essas áreas sejam aproveitadas para cerimônias de graduação, testes e apresentações;
- o estacionamento;
- o cumprimento das normas oficiais, para que o local seja aproveitado para eventos esportivos oficiais.

Para diretrizes detalhadas de planejamento e projeto de equipamentos para esporte e lazer, consulte o Capítulo 32.

2.8 Administração

Escritórios individuais para os professores

A disponibilização de escritórios para os professores é um tópico delicado em praticamente todas as instituições universitárias. No Reino Unido, até 1992, eram sempre oferecidos escritórios individuais para os professores universitários, pressupondo-se que eles seriam utilizados para a tutoria de dois a quatro alunos de cada vez. Esses escritórios acadêmicos eram, portanto, espaços com necessidades complexas, pois serviam como gabinetes privados, espaços para ensino semipúblico, pequenas salas de reunião e local para receber visitas profissionais. Contudo, os grupos de tutoria hoje muitas vezes são maiores, assim, os escritórios individuais para os professores se tornaram pequenos demais para recebê-los.

ESCRITÓRIOS INDIVIDUAIS OU COMPARTILHADOS?

Em muitas instituições, a necessidade de que todos os professores tenham seus próprios escritórios é vista como um importante aspecto da vida acadêmica. No entanto, a administração frequentemente considera que os escritórios são grandes demais para serem de uso individual, e quando são feitas reformas ou construídos novos prédios, às vezes os escritórios privativos são substituídos por salas de uso compartilhado. Assim, é preciso que haja um conjunto de salas pequenas em um local conveniente, para que sejam utilizadas para reuniões e tutorias. Esse arranjo é particularmente adequado quando os professores passam muito tempo fora de seus escritórios, em virtude de uma grande carga horária de aulas, visitas aos estudantes em seus locais de estudo, práticas profissionais de vários tipos ou pesquisas especializadas e desenvolvidas em outros locais. É mais fácil que o uso compartilhado de escritórios seja aceito se forem oferecidas boas instalações, que podem incluir uma área de recepção com secretária e outros espaços para serviços de apoio.

UMA ABORDAGEM EQUILIBRADA

Um modelo físico promovido por uma instituição e aceito pelos professores envolveu uma situação híbrida de escritórios individuais e compartilhados para os professores com dedicação exclusiva e tempo integral: 25% das salas foram alocadas para funcionários acadêmicos individuais (diretor, 20 m²; chefe de departamento, 15 m²; outros professores, 10 m²), enquanto os 75% restantes foram atribuídos a escritórios compartilhados de modo homogêneo, com salas para dois professores (16 m²) ou quatro professores (32 m²). A faculdade pôde decidir como distribuir as salas entre os funcionários acadêmicos. Um grupo de pequenas salas reserváveis foi dedicado a monitoramentos, reuniões, etc.

Para os professores que trabalham em apenas um turno, foram previstas salas compartilhadas para uso rápido em uma planta livre (4 m²/50% dos professores de meio expediente).

Escritórios administrativos

A demanda por área administrativa (para serviços centralizados e de administração) no ensino superior vem crescendo. Isso reflete a criação de funções essencialmente novas, como a garantia da qualidade, o *marketing*, o levantamento centralizado de fundos, e o aumento do trabalho participativo, junto com a oferta de serviços mais sofisticados em áreas já estabelecidas, como finanças, administração de pesquisas e os apoios de vários tipos dados aos estudantes. A demanda por espaços administrativos provavelmente também aumentará à medida que os alunos se tornam mais exigentes como usuários de serviços. Outros serviços relacionados às organizações de ensino superior mais orientadas para o mercado também demandarão mais espaço. Uma lista típica de funções administrativas e departamentos centrais inclui:

- Administração da universidade
- Departamento financeiro
- Recursos humanos
- *Marketing*
- Garantia da qualidade
- Gestão estratégica
- Suporte a sistemas de tecnologia da informação e comunicação
- Registro, admissão e exames de alunos
- Serviços acadêmicos e estudantis
- Instalações e recursos físicos

ESCRITÓRIOS COM PLANTA LIVRE

Com o projeto e a construção de um prédio novo surgem oportunidades de organizar as funções administrativas de modo a melhorar a eficiência, oferecer um serviço de qualidade superior aos professores, funcionários e alunos e economizar espaço físico. Economias de espaço podem ser obtidas quando distribuímos os departamentos ou as funções em conjuntos de grandes salas com planta livre, que incluem pequenos escritórios fechados dentro dos espaços maiores, proporcionando, sempre que necessário, privacidade, confidencialidade ou um local para fazer intervalos. As salas com planta livre que forem projetadas de modo criativo e adequado podem oferecer flexibilidade e se tornar ambientes proveitosos e eficazes para o trabalho em equipe, a interação e a comunicação.

2.9 Exigências operacionais

O processo de elaboração do programa de necessidades não somente deve refletir as necessidades funcionais do projeto, como também – algo igualmente importante – incluir uma declaração das exigências operacionais relevantes para a instituição que terão impacto no planejamento e desenvolvimento do projeto.

A seguir, apresentamos várias listas de conferência das necessidades operacionais, para discussão com os departamentos relevantes da instituição.

Cada uma delas deve incluir uma descrição resumida do arranjo atual e as exigências propostas para o futuro.

Segurança
- Segurança geral (em todas as instalações físicas)
- Acessos
- Estacionamentos
- Fachadas
- Entrada de funcionários, professores, alunos, visitantes e entregas
- Recepção
- Pontos de acesso e circulação dentro dos prédios
- Sala de controle

Lixo e reciclagem
- Papel e embalagens
- Vidro
- Alimentos e bebidas
- Manufatura
- Solventes e óleos
- Produtos radioativos

Serviços de alimentação
- *Status*/tipo
- Áreas terceirizadas/alugadas
- Salas de estar
- Área com assentos
- Outros usos

Manuseio de materiais
- Docas de carga e descarga
- Depósitos centrais
- Depósitos especiais
- Modos de manuseio
- Distribuição

Correspondência
- Sala de triagem/correios
- Sistema de entregas

Manutenção e limpeza
- Áreas externas (terreno)
- Áreas internas (prédios)
- Equipamentos
- Depósito central
- Depósito local
- Vestiários/armários com chave/chuveiros
- Escritórios/laboratórios/oficinas

Arquivos
- Administração
- Áreas de arquivamento
- Materiais e métodos de arquivamento
- Busca de documentos

Comunicações
- Telefone
- Dados
- Tecnologia da informação e comunicação
- Recursos audiovisuais

Entregas e armazenamento
- Centrais/locais
- Carga e descarga
- Tipos de armazenamento

Bem-estar dos funcionários da administração e professores
- Assistência médica
- Primeiros socorros
- Creche
- Academia de musculação

Estacionamento e conexões com o transporte público
- Funcionários da administração e professores
- Alunos
- Visitantes

Saúde e segurança no ambiente
- Baixo consumo de energia
- Ventilação natural
- Minimização de poluentes
- Maximização do aproveitamento da luz natural
- Materiais e sistemas construtivos sustentáveis

2.10 O campus virtual

Definição
O conceito de um *campus* virtual refere-se a um formato específico de educação a distância e aprendizado *online* no qual estudantes, professores e inclusive funcionários técnico-administrativos se "reúnem" ou se comunicam principalmente por meio de sistemas de tecnologia da informação e comunicação. Um *campus* virtual também pode se referir aos cursos *online* oferecidos por uma instituição universitária que são parcial ou totalmente ministrados na rede, muitas vezes com a assistência de um tutor, professor ou assistente acadêmico. Embora a expressão "*campus* virtual" seja um importante conceito na educação, ela não possui uma estrutura teórica. Muitas variáveis parecem estar envolvidas no conceito, e diferentes tecnologias são utilizadas. A visão geral é que o *campus* virtual pode incluir tanto o ensino a distância acessado pelas salas de um *campus* como aquele acessado fora da universidade.

e-University
Em 2003, foi lançado o sistema *e-university* como o único veículo para os programas de ensino superior oferecidos pelas universidades do Reino Unido por meio da Internet. Ao ser lançado, o sistema conseguiu atrair apenas 900 estudantes, um número muito inferior à meta, de 5.600 alunos. Tendo efetivamente fracassado, o Conselho de Ensino Superior do país decidiu mudar sua estratégia, passando a apoiar o desenvolvimento do ensino a distância nas universidades que ofereciam um progresso constante. O fracasso, em parte, se deveu a uma previsão excessivamente dimensionada da demanda para o ensino totalmente a distância.

Ensino a distância "integrado"
O fracasso do sistema *e-university* afetou o ensino a distância no Reino Unido e mostrou a importância de se redefinir de maneira mais precisa o que seria o ensino a distância. Hoje, tende-se a uma abordagem centrada no aprendiz, não na tecnologia. Isso é chamado de ensino a distância integrado ("*embedded e-learning*").

Tecnologia da informação e comunicação
As tecnologias empregadas no ensino, como as lousas interativas, os ambientes de aprendizado pessoal, as redes sem fio e os equipamentos móveis (além da própria Internet e dos recursos de aprendizado digital de alta qualidade e da possibilidade de acessar muitos desses recursos tanto de casa como do local de trabalho) estão alterando a experiência e as aspirações dos aprendizes.

TECNOLOGIAS MÓVEIS E SEM FIO
As tecnologias móveis e sem fio têm uso cada vez mais difundido no ensino superior, e a tendência atual é de métodos inovadores de planejamento que incorporem tais recursos ao ensino a distância. Consideram-se como benefícios-chave de seu uso:

- a portabilidade e a conectividade em qualquer local e momento;
- a flexibilidade e o acesso aos recursos de ensino a distância em qualquer horário;
- a comunicação imediata;
- o emponderamento e o envolvimento dos aprendizes;
- as experiências de aprendizado ativo.

APRENDIZADO MÓVEL E SEM FIO
O aprendizado móvel e sem fio é um termo adotado para o conceito abrangente que envolve muitas das tecnologias e facilidades também empregadas pelo ensino a distância, mas com acesso por meio de equipamentos móveis ou redes sem fio, em vez de por redes com cabos. Os equipamentos móveis e sem fio têm possibilitado formas de aprendizagem interativa, criativa e com apresentações e, quando combinados com o ensino a distância, vêm resultando em oportunidades multimídia. As melhores práticas atuais têm utilizado as tecnologias mais conhecidas: equipamentos de armazenagem USB, PDAs, *notebooks*, *tablets*, *smartphones* e sistemas de votação eletrônica. Os motivos da adoção destas práticas são:

- a maior disponibilização
- a capacidade de dar suporte a diversas funções
- a funcionalidade dos computadores de mesa
- a facilidade do uso
- a aceitação dos aprendizes
- o potencial de apoio aos objetivos pedagógicos

Quanto mais fácil for o manuseio do dispositivo móvel por parte do aluno, mais ele será utilizado. Contudo, é preciso reservar o uso dos equipamentos, manter as baterias carregadas, disponibilizar carregamento sem fio por indução e ter sistemas de suporte de tecnologia da informação e comunicação.

EXAMES E AVALIAÇÕES *ON-LINE*
A tecnologia também está sendo utilizada para fazer exames e avaliações assistidas por computador e gerenciadas on-line, substituindo os métodos baseados no papel em muitas universidades. Isso tem tido muito sucesso com os alunos, mas exige ambientes supervisionados e controlados dentro da universidade, na forma de salas seguras e de uso reservado.

Educação a distância via Internet (e-learning)
Como mencionamos anteriormente, em todo o setor de ensino superior, a expectativa é de que o ensino a distância via Internet não substituirá completamente o ensino presencial. Ainda assim, o ensino a distância baseado em um *campus* continuará a se desenvolver e a permitir aos alunos trabalhar com mais flexibilidade, seja dentro, seja fora do *campus*. Os alunos podem trabalhar em seus projetos a qualquer momento, independentemente de onde estiverem, usando seus *notebooks* ou outros equipamentos móveis conectados à rede sem fio do *campus*.

EDUCAÇÃO A DISTÂNCIA
A educação a distância é um sistema de ensino e aprendizagem elaborado para ocorrer em um espaço físico remoto por meio da comunicação eletrônica. Ela oferece oportunidades nas situações em que o ensino tradicional tem dificuldades para funcionar. Ela é mais flexível em termos de tempo, e pode ser feita em qualquer lugar. As tecnologias populares são os CDs, MP3, *webcasts*, DVDs, as videoconferências e a Internet. Nela, há interação entre alunos e professores, com *feedback*. A Open University, outras universidades e os centros de aprendizado a distância se especializam no fornecimento de cursos de aprendizado à distância, cursos de estudo em casa, treinamentos on-line e cursos variados com qualificações reconhecidas nacionalmente.

APRENDIZAGEM DISTRIBUÍDA
A aprendizagem distribuída, também chamada instrução mediada pela tecnologia da informação e comunicação, é um modelo de instrução que envolve o uso de várias tecnologias da informação para ajudar os alunos a aprender. Ela envolve tecnologias como vídeo ou audioconferências, transmissões via satélite e formatos de multimídia baseados na rede. Ela pode ser implementada em vários formatos e escalas, por exemplo:

- Aprimoramento de cursos – tecnologias educacionais inseridas em contextos tradicionais de sala de aula podem ser disponibilizadas para os alunos consultarem pelo *website* antes ou depois das aulas, tornando o aprendizado menos dependente de tempo e local.
- Sistema híbrido – uma aula expositiva e com recursos multimídia baseada na web é oferecida aos alunos para ser assistida *online* antes da aula presencial e também é disponibilizada para outros cursos, multiplicando sua utilidade.
- Sala de aula virtual – o aprendizado "em qualquer horário, qualquer lugar e qualquer ritmo". Um curso pode ser gravado em um CD-ROM, incluindo as aulas presenciais *online* e as apresentações em PowerPoint, junto com áudios para aprendizes a distância.

Outros modos de aprendizado
APRENDIZADO BASEADO NO TRABALHO
Estima-se que o aprendizado baseado no trabalho aumentará, embora a expectativa seja de que ele continuará sendo um aspecto menor da atividade das instituições de ensino superior. Algumas universidades provavelmente se tornarão mais envolvidas neste trabalho, particularmente no nível fundamental e em cursos de mestrado feitos sob encomenda e ministrados nas dependências das empresas. Isso resultará na economia de espaços para ensino, mas não de espaços de apoio.

CONVÊNIOS
Em algumas áreas, especialmente nas artes, os professores e alunos estão se tornando mais itinerantes, usando a infraestrutura cultural das cidades e os locais de trabalho dos profissionais. Nesses casos, costuma-se fazer convênios, mas isso dificilmente acarreta economias de espaço de ensino.

3 AMBIENTE

Questões ambientais, econômicas e sociais fazem parte do processo decisório no planejamento de novos equipamentos educacionais. Uma consideração importante é o uso de soluções sustentáveis que reduzam o impacto ambiental e sejam apropriadas a projetos educacionais. Eis algumas questões que devem ser levadas em consideração:

- Zoneamento do espaço, para minimizar a necessidade de equipamentos mecânicos e de climatização.
- Criação de ambientes flexíveis, adaptáveis e com plantas livres, a fim de reduzir o congestionamento espacial.
- Fachadas que reduzam significativamente os ganhos solares, filtrem os ruídos externos, ofereçam oportunidades para ventilação natural e permitam o controle dos usuários, oferecendo condições de conforto satisfatórias.
- Fachadas com valores-U que excedam as exigências mínimas legais.
- Especificações de materiais que aproveitem materiais reciclados e produtos de fontes sustentáveis.
- Materiais robustos, que exijam pouca manutenção.
- Iluminação artificial e controles de baixo consumo energético, com o uso de detectores de presença e aproveitamento da luz natural, a fim de otimizar o aproveitamento da luz diurna e oferecer um espaço visualmente confortável.
- Sistemas mecânicos de climatização e ventilação de baixo consumo energético, com o uso de sistemas de deslocamento de ar com recuperação de calor, a fim de diminuir os gastos com energia.
- Baixas exigências de manutenção durante a vida operacional dos sistemas.
- Introdução de medidas para reduzir o consumo de água, como bacias sanitárias com descarga dupla, sistemas de água de baixa pressão e torneiras com aerador.
- Reciclagem da água da chuva, para reduzir o consumo de água potável.
- Integração de arranjos fotovoltaicos, para reduzir o consumo de energia.
- Oferta de redes de ciclovias/ciclofaixas e de transporte público subsidiado, para desencorajar o uso de veículos privados e reduzir as emissões de carbono.
- Uso de fornecedores de produtos e prestadores de serviço locais, para apoiar a economia local e minimizar as emissões de carbono.
- Uso de veículos com célula de combustível dentro do *campus*.

3.1 Planejamento espacial

Vejamos algumas das principais questões que devem ser consideradas ao planejar novos equipamentos educacionais:

- Adote um sistema de planejamento modular claro e simples e que possibilite otimizar as alternativas de planta baixa necessárias pela universidade para que seus objetivos de funcionalidade, economia e adaptabilidade sejam alcançados. Um sistema modular precisa oferecer vantagens práticas e econômicas durante o projeto, a construção e a vida útil do prédio.
- Identifique quais partes do prédio devem ser fixas ou imutáveis (em termos de estrutura, circulação principal, núcleos de serviço) e quais partes serão flexíveis ou aceitarão modificações futuras (espaços de ensino, instalações prediais locais, divisões internas, sistemas de piso e forro).
- Adote técnicas de construção não celular usando estruturas independentes que cubram grandes vãos e criando espaços flexíveis livres de pilares.
- Planeje o espaço em termos de categorias de uso genéricas, não somente atendendo ao seu propósito previsto como também tornando-o facilmente adaptável.
- Aproveite ao máximo os espaços de ensino de uso geral, e, além de adotar tamanhos de sala variáveis, use paredes internas ou divisórias entre as salas que possam ser removidas ou deslocadas sem grandes transtornos.
- Reúna as salas de ensino de uso geral em um grupo, facilitando a aplicação de uma planilha de horários e o compartilhamento dos espaços pelos departamentos ou pelas faculdades.
- Posicione as acomodações utilizadas por muitos estudantes nos níveis mais baixos da edificação, deixando as áreas menos frequentadas ou que exigem mais privacidade nos pavimentos superiores.
- Em uma escala maior, planeje os limites das plantas baixas entre as áreas dos departamentos para que sejam ajustáveis sem exigir grandes adaptações, com as acomodações não sendo distribuídas em categorias separadas com rigidez, isto é, flexibilizando as diferenças e os limites.

4 RECOMENDAÇÕES

4.1 Faça

Recomenda-se levar os seguintes aspectos em consideração:

- *Cultura e aspirações*. Interprete, por meio de conversas com o cliente ou usuário, quais seriam suas necessidades qualitativas para o espaço com base no etos ou na visão que deve ser adotada para o projeto.
- *Análise de necessidades*. Revise com o cliente ou usuário quais são suas necessidades acadêmicas e administrativas em termos operacionais e de negócios e qual é o impacto ou a influência delas no projeto.
- *Conteúdo funcional*. Estabeleça com o cliente ou usuário toda a variedade de funções acadêmicas, administrativas e de apoio que deve ser acomodada.
- *Exigências espaciais*. Discuta com o cliente ou usuário e chegue a um consenso sobre as necessidades espaciais e a área que deve ser reservada para cada tipo de espaço.
- *Exigências organizacionais*. Revise com o cliente ou usuário os melhores modelos organizacionais a serem aplicados às acomodações de modo a atender às necessidades funcionais e operacionais.

4.2 Não faça

Também recomenda-se lembrar o seguinte:

- *Salas de aula de uso geral*. Não coloque as salas de aula de uso geral que serão frequentadas por muitos alunos nos níveis mais altos da edificação. Localizá-las nos níveis mais baixos evita congestionamentos, incômodos às aulas e a circulação excessiva dentro do prédio.

Disperse as salas de aula de uso geral e as insira em várias faculdades ou departamentos. Para facilitar o uso de planilhas de horários e o compartilhamento de salas por diferentes faculdades ou departamentos, busque agrupá-las.

- *Planejamento modular*. Não adote um sistema de planejamento modular restritivo. Busque criar um sistema de planejamento flexível que permita maximizar a variedade de alternativas em planta baixa necessárias pela universidade para alcançar seus objetivos funcionais e permitir adaptações futuras.
- *Planejamento espacial*. Não planeje o espaço com uma infinidade de categorias de uso. Diferencie as partes que terão uso fixo ou constante daquelas que devem ser flexíveis ou permitir alterações.
- *Técnicas de construção*. Não adote técnicas de construção restritivas. Edificações com sistemas estruturais que cobrem grandes vãos resultam em espaços de planejamento flexíveis e sem pilares intermediários.

5 IDEIA GERAL DO PROGRAMA DE NECESSIDADES

5.1 O programa de necessidades do cliente

Em seu sentido mais amplo, o programa de necessidades do cliente é um "modelo" dos componentes funcionais de sua organização, que deve ser atendido pela proposta de projeto ou planejamento.

Ele acomodará descrições qualitativas e quantitativas de aspectos dos objetivos do cliente e de suas exigências, que são cruciais para o desenvolvimento de uma proposta de planejamento ou projeto.

Elaboração do programa de necessidades

A elaboração desse "modelo" é parte integral do projeto, e apresenta as seguintes características:

- Quanto mais completas as orientações e mais certos forem os critérios, maior será a probabilidade de que a solução de planejamento ou projeto resultará em uma estrutura apropriada e satisfatória para as funções do cliente.
- Cada fase da elaboração do programa de necessidades deve estabelecer orientações e critérios, algo fundamental para que o projeto consiga avançar e alcançar um nível mais elevado de certezas e detalhes.
- O desenvolvimento do programa de necessidades – assim como o próprio projeto – é um processo iterativo. O programa de necessidades, de certa maneira, deve preceder o projeto, mas a sequência de eventos e a interação entre o programa e o projeto precisa incluir preferências, métodos de trabalho e níveis de especialização muito heterogêneos dos diferentes clientes.

Etapas da elaboração do programa de necessidades

Em geral, contudo, o desenvolvimento do programa de necessidades se dá em etapas claramente definidas, que estabelecem diretrizes e critérios aprovados para os estágios correspondentes de planejamento e projeto. As etapas do programa de necessidades costumam ser:

- Programa de necessidades do projeto estratégico: plano estratégico; plano diretor; estudo de viabilidade.
- Programa de necessidades do conceito de projeto: projeto conceitual; projeto preliminar.
- Programa de necessidades do desenvolvimento do projeto: anteprojeto; projeto executivo.
- Programa de necessidades do detalhamento do projeto: detalhes; memorial descritivo.

Uma versão preliminar da etapa do programa de necessidades tem de ser aprovada antes que se comece o planejamento ou desenvolvimento da etapa de projeto correspondente.

Escopo e conteúdo do programa de necessidades

- O conteúdo e a estrutura do programa variará conforme as necessidades e os costumes de cada cliente. Os órgãos públicos, em especial, têm de seguir diretrizes e procedimentos determinados pelo governo central.
- O escopo e o nível de detalhamento do programa de necessidades também variará conforme a área de atuação do cliente e o tipo de prédio a que se destinar o programa.

5.2 Resumo do processo de criação do programa de necessidades

O processo de geração do programa de necessidades é uma atividade iterativa, que exige o envolvimento de pessoas-chave da organização-cliente.

A seguir, descreveremos um resumo do processo.

Grupo diretor

- O programa de necessidades do cliente e a lista de exigências devem refletir os objetivos estratégicos e as metas do projeto.
- Recomenda-se, portanto, que representantes-chave do cliente sejam nomeados em grupos de usuários e em grupos de técnicos selecionados dentre os diversos funcionários da instituição de ensino, formando um Grupo Diretor do Projeto, que será dirigido pelo Patrocinador do Projeto.

Visão e histórico

- Recomenda-se que, no início do processo de criação do programa de necessidades, ocorra uma reunião de alto nível com representantes selecionados entre a alta diretoria da instituição de ensino.
- Nessa reunião, os representantes devem apresentar uma ideia geral da visão, das metas, dos objetivos e dos aspectos operacionais e da entrega do projeto.

- Nessa reunião, também devem ser apresentadas as necessidades do projeto e divulgadas as informações relevantes e os documentos sobre os trabalhos já desenvolvidos pertinentes ao projeto, para que isso possa ser estudado.

Reuniões para entrevistas
- Após a reunião com a alta diretoria, deve ser feita uma reunião com o Patrocinador do Projeto, para que se chegue a uma lista de indivíduos-chave dentro da instituição de ensino que serão entrevistados como parte da primeira etapa do processo de coleta de informações e de desenvolvimento do programa de necessidades do projeto.
- Deve-se chegar ao consenso de uma planilha de horários apropriada para as entrevistas.
- Os indivíduos-chave que serão entrevistados devem ser solicitados a preparar e a apresentar uma lista de exigências para discussão nas entrevistas.
- As entrevistas têm de ser baseadas em um formato estruturado.

Questionário
- Antes das entrevistas, os funcionários-chave devem receber um questionário padronizado, que será completado e levado à reunião, para ser revisado e discutido, gerando novas informações.
- Após as reuniões, os dados levantados devem servir de base para a definição das opções das necessidades de espaço preliminares, das relações espaciais e da modelagem espacial.
- Nessa etapa preliminar do processo de elaboração do programa de necessidades, o questionário deve buscar a coleta de dados essenciais que sejam suficientes para o planejamento e o projeto espacial preliminar.

Visitas e estabelecimento de um **benchmark**
- Durante as entrevistas, todos os espaços funcionais relevantes para o projeto na instituição devem ser visitados, a fim de entender como os espaços existentes estão sendo utilizados e buscar comentários sobre os aspectos positivos e negativos de como as acomodações existentes atendem às exigências funcionais e operacionais (Figura 37.3).
- Projetos comparáveis existentes devem ser visitados como parte de um exercício de estabelecimento de *benchmark* que envolverá uma análise quantitativa e qualitativa dos padrões atuais e dos critérios que representam as melhores práticas no setor da educação superior.
- Essa atividade também vai incluir a análise das diretrizes e normas legais de projeto e planejamento espacial.

Programa de necessidades preliminar
- Deve-se fazer um registro completo de todas as reuniões feitas desde o início do processo de estabelecimento do programa de necessidades, incluindo observações ao programa, a visão para o projeto, a descrição das exigências funcionais e operacionais, tabelas estruturais, listas de usuários, listas de cômodos (considerando espaços de uso compartilhado ou não), dados espaciais para as atividades preliminares, relações funcionais importantes ou desejáveis e diagramas de fluxo dos processos.
- Essas informações têm de ser incluídas em um programa de necessidades preliminar que será revisado e discutido com o Grupo Diretor do Projeto, para receber comentários e aprovação do cliente.

Desenvolvimento do programa de necessidades
- Após a aprovação do programa de necessidades preliminar, o processo de planejamento e projeto deve engendrar as opções de desenvolvimento com base no programa de necessidades revisado pelo Grupo Diretor do Projeto.
- As opções de projeto podem, então, ser comparadas com o programa de necessidades preliminar, como parte do processo de determinação das propostas de projeto mais apropriadas.

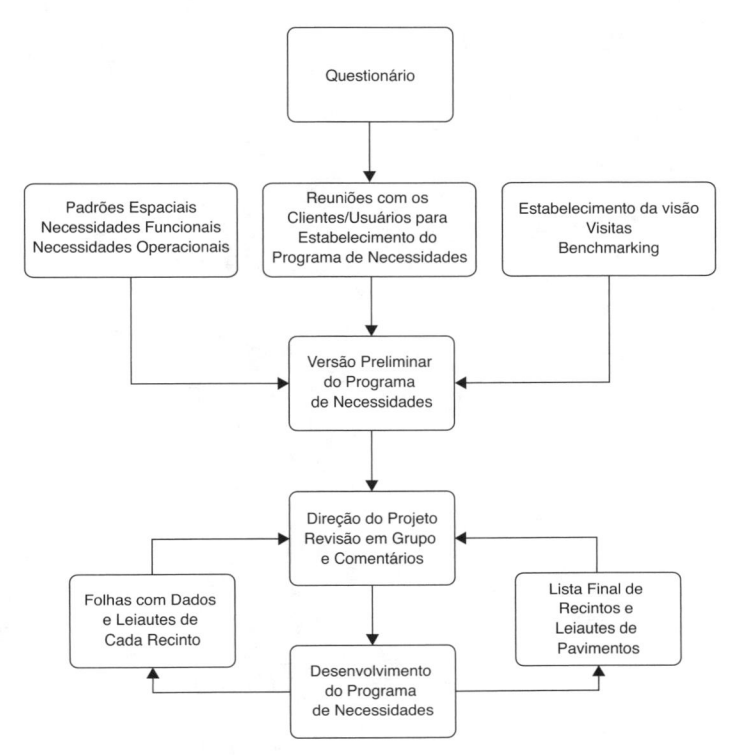

37.3 Diagrama do processo de criação do programa de necessidades.

- O processo de desenvolvimento do programa de necessidades deve continuar paralelamente, a fim de obter todos os critérios do programa necessários ao desenvolvimento subsequente do projeto, com a agregação de listas detalhadas e de dados minuciosos dos recintos, para discussão com o Grupo Diretor do Projeto e recebimento dos comentários e da aprovação do cliente.

6 REFERÊNCIAS

www.hefce.ac.uk
www.delni.gov.uk
www.sfc.ac.uk
www.hefcw.ac.uk
www.smg.ac.uk
www.aude.ac.uk
www.architecture.com/UseAnArchitect/PublicBuildings/ UniversityClientForum/HigherEducationDesignQualityForum.aspx
www.educause.edu/learningspaces
www.sconul.ac.uk
www.breeam.org/

Apêndice A
Sistema Internacional de Unidades (Sistema SI)

Tabela I Unidades básicas do Sistema Internacional

Quantidade	Nome da unidade	Símbolo da unidade
Comprimento	metro	m
Massa	quilograma	kg
Tempo	segundo	s
Corrente elétrica	ampere	A
Temperatura	kelvin	K
Quantidade de substância	mole	mol
Intensidade luminosa	candela	cd
Unidades suplementares		
Ângulo plano	radiano	rad
Ângulo sólido	estereorradiano	sr

Tabela II Unidades derivadas do Sistema Internacional

Quantidade	Nome da unidade	Símbolo	Observações
Frequência	hertz	Hz	$1\ Hz = s^{-1}$
Força	Newton	N	$1\ N = 1\ kg \cdot m/s^2$
Pressão	pascal	Pa	$1\ Pa = 1\ N/m^2$
Tração			
Energia	joule	J	$1\ J = 1\ N \cdot m$
Trabalho			
Quantidade de calor			
Potência	watt	W	$1\ W = 1\ J/s$
Fluxo radiante			
Carga elétrica	coulomb	C	$1\ C = 1\ A \cdot s$
Quantidade de eletricidade			
Potencial elétrico	volt	V	$1\ V = 1\ W/A$
Diferença de potencial			
Tensão elétrica			
Força eletromotiva			
Capacitância	farad	F	$1\ F = 1\ C/V$
Resistência elétrica	ohm	Ω	$1\ \Omega = 1\ V/A$
Condutância elétrica	siemens	S	$1\ S = 1\ \Omega^{-1}$
Fluxo magnético	weber	Wb	$1\ Wb = 1\ V \cdot s$
Densidade de fluxo magnético ou indução magnética	tesla	T	$1\ T = 1\ Wb/m^2$
Indutância	henry	H	$1\ H = 1\ Wb/A$
Temperatura Celsius	grau Celsius	°C	$1\ °C = 1\ K$
Fluxo luminoso	lumen	lm	$1\ lm = 1\ cd \cdot sr$
Luminosidade	lux	lx	$1\ lx = 1\ lm/m^2$

Tabela III Múltiplos e submúltiplos das unidades do Sistema Internacional

Potência de 10	Prefixo	Símbolo
24	yotta	Y
21	zetta	Z
18	exa	E
15	peta	P
12	tera	T
9	giga	G
6	mega	M
3	quilo	k
2	hecto	h
1	deca	da
−1	deci	d
−2	centi	c
−3	mili	m
−6	micro	μ
−9	nano	n
−12	pico	p
−15	femto	f
−18	atto	a
−21	zepto	z
−24	yocto	y

Tabela IV Unidades aprovadas do Sistema Internacional, incluindo seus múltiplos e submúltiplos e outras unidades de uso comum. Baseada na norma britânica *BS 5555:1981*. Um asterisco identifica uma unidade não pertencente ao Sistema Internacional no momento, mas aceita pelo Comitê Internacional de Pesos e Medidas (CIPM) para um uso específico

Número do item na ISO 31:1992	Quantidade	Unidade do SI	Múltiplos e submúltiplos recomendados	Outras unidades que podem ser usadas	Observações
1 Espaço e tempo					
1–1	Ângulo plano	rad (radiano)	mrad, μrad	grau (°) = $\pi/180$ rad minuto (′) = (1/60) ° segundo (″) = (1/60)′ grado (^{G}) = $\pi/200$ rad	Os radianos são usados principalmente em contextos estritamente matemáticos. Na prática, graus e suas subdivisões são normalmente usados no Reino Unido. Os símbolos °, ′ e ″ são exceções usadas quando não há espaço entre o valor e o símbolo. Subdivisões decimais do grau são preferíveis ao uso de minutos e segundos; isso facilita o uso de calculadoras portáteis. Na Europa continental, o grado (ou seu nome alternativo, o gon) é muitas vezes usado, sempre com suas subdivisões decimais.
1–2	Ângulo sólido	sr (estereorradiano)			
1–3	Comprimento	m (metro)	km, cm, mm, μm, nm, pm, fm	*milha náutica 1 milha náutica = 1.852 metros exatos	A milha estatutária (ou terrestre) permanecerá em uso temporário na sinalização de trânsito no Reino Unido. 1 milha = 1,609344 km² Na sinalização de trânsito, a milha é abreviada, por equívoco como m, mas é preferível o uso de ml
1–4	Área	m²	km², dm², cm², mm²	*hectare (ha), *are (a) 1 ha = 10^4 m² 1 a = 10^2 m²	O pé quadrado ainda é usado por imobiliárias no Reino Unido 1 pé quadrado = 0,092290304 m² O acre é também bastante usado no Reino Unido 1 acre = 0,4046856422 ha
1–5	Volume	m³	dm³, cm³, mm³	*litro (l), *hl, *cl, *ml 1 hl = 10^{-1} m³ 1 l = 10^{-3} m³ = 1 d m³ 1 cl = 10^{-5} m³ 1 ml = 10^{-6} m³ = 1 cm³	As duas abreviaturas (l e L) podem ser usadas para litro, mas muitas vezes se usa a palavra por extenso para evitar confusões. A manutenção do uso do quartilho ou pinto (pt) foi aprovada no Reino Unido, mas apenas para chope e leite em garrafas. 1 quartilho = 0,568245 litro
1–6.1	Tempo	s (segundo)	ks, ms, μs, ns	minuto (min) 1 min = 60 s exatos hora (h) 1 h = 60 min exatos dia (d) d = 24 h exatas	Outras unidades como a semana, o mês e o ano (a) são de uso comum; as definições de mês e ano muitas vezes se tornam necessárias
1–8.1	Velocidade angular	rad/s			
1–10.1	m/s	m/h quilômetros por hora (km/h) 1 km/h = (1/3,6) m/s			1 nó = 1,852 km/h exatos (não há abreviatura aprovada) Ainda se usa milhas por hora (mph) na sinalização de trânsito no Reino Unido 1 mph = 1,609344 km/h exatos
1–11.1	m/s²				
2 Fenômenos periódicos e relacionados					
2–3.1	Frequência	Hz (hertz)	THz, GHz, MHz, kHz		
2–3.2	Frequência rotacional	s^{-1}		min^{-1}	revoluções por minuto (r/min) e revoluções por segundo (r/s) também são usadas
2–4	Frequência angular	rad/s			
3 Mecânica					
3–1	Massa	kg (quilograma)	Mg, g, mg, μg	tonelada métrica (t) atômica unificada unidade de massa (u)	1 t = 10^{-3} kg, tonelada no Reino Unido também chamada tonelada métrica 1 u aproximadamente = $1,660540 \times 10^{-27}$ kg
3–2	Massa volúmica ou volumétrica Densidade Densidade de massa	kg/m⁻³	Mg/m³, kg/dm³, g/cm³ (todos iguais)	t/m³, kg/l (kg/litro), g/ml, g/l	
3–5	Massa linear Densidade linear de massa	kg/m	mg/m		1 tex* = 10^{-6} kg/m = 1 g/km O tex é usado para filamentos têxteis; no Canadá e na Europa continental, nos EUA e no Reino Unido, é mais usual o Denier
3–7	Momento de inércia	kg.m²			
3–8	Momento	kg.m/s			
3–9	Força	N (newton)	MN, kN, mN, μmUM		
3–11	Momento angular	kg.m²			

* N. de R. T.: Representa a massa em gramas de 1.000 m de fio. Densidade linear em têxteis. Expressa em denier é a massa em gramas de 9.000 m de comprimento. A base do denier é a seda (um fio de 9.000 m de seda tem 1 g de massa).

(continua)

Tabela IV (*Continuação*)

Número do item na ISO 31:1992	Quantidade	Unidade do SI	Múltiplos e submúltiplos recomendados	Outras unidades que podem ser usadas	Observações
3–12.1	Momento de força	N.m	MN.m, kN.m, mN.m, µN.m		Momento de força é muitas vezes chamado simplesmente de momento ou momento fletor
3–15.1	Pressão	Pa (pascal)	GPa, MPa, kPa, hPa, mPa, µPa	*bar = 100 kPa exatos 1 mbar = 1 hPa bares são usados apenas para a pressão de fluidos	
3–15.2	Tração normal	Pa	GPa, MPa, kPa		1MPa = 1 N/mm^2
3–23	Viscosidade dinâmica	Pa.s	mPa.s		poise (P) 1 cP = 1 mPa.s O poise é apenas usado junto com as unidades CGS
3–24	Viscosidade cinemática	m^2/s	mm^2/s		stokes (St) 1 cSt = 1mm^2/s O stokes é apenas usado junto com as unidades CGS
3–25	Tensão superficial	N/m	mN/m		
3–26.1	Energia	J (joule)	EJ, PJ, TJ, MJ, kJ, mJ	elétron-volt (eV)	
3–26.2	Trabalho			1 eV = (1,60210 ± 0,00007) × 10^{-19} J eV, MeV e GeV são usados na tecnologia de aceleradores	kilowatt-hora (kW.h) 1 kWh = 3,6 × 10^6 J = 3,6 MJ W.h, kW.h, MW.h, GW.h e TW.h são usados na indústria da potência elétrica
3–27	Potência	W (watt)	GW, MW, kW, mW, µmUW		1W = 1 J/s
4 Calor					
4–1	Temperatura termodinâmica	K (kelvin)			
4–2	Temperatura Celsius	ºC (sem espaço entre o valor e o símbolo)			1 ºC = 1 K A temperatura em ºC é a temperatura expressa em kelvins menos exatamente 273,15 K
4–3.1	Coeficiente de expansão linear	K^{-1}			
4–6	Calor, quantidade de calor	J	EJ, PJ, TJ, GJ, MJ, kJ, mJ		
4–7	Taxa de fluxo térmico	W	kW		1W = 1 J/s
4–9	Condutividade térmica	W/(m.k)			
4–10.1	Coeficiente de transferência térmica	W/(m.K)			
4–11	Resistência de isolação térmica	m.k/W			
4–15	Capacidade térmica	J/K	kJ/K		
4–16.1	Capacidade térmica da massa (anteriormente chamada capacidade específica)	J/(kg.K)	kJ/(kg.K)		
4–18	Entropia	J/K	kJ/K		
4–19	Entropia de massa	J/(kg.K)	kJ/(kg.K)		
4–21.2	Energia termodinâmica de massa (anteriormente chamada energia específica)	J/kg	MJ/kg, kJ/kg		
5 Eletricidade e magnetismo					
5–1	Corrente elétrica	A (ampere)	kA, mA, µA, nA, pA		
5–2	Carga elétrica, quantidade de eletricidade	C (coulomb)	kC, µC, nC, pC		1 A.h = 3.6 kC
5–3	Carga volúmica ou volumétrica, densidade de carga	C/m^3	C/mm^{3}ou GC/m^3, MC/m^3 ou C/cm^3, kC/m^3, mC/m^3, µC/m^3		
5–4	Carga areica, densidade superficial de carga	C/m^3	MC/m^2 ou C/mm^2, C/cm^2, kC/m^2, mC/m^2, µC/m^2		
5–5	Força do campo elétrico	V/m	MV/m, kV/m ou V/mm, V/cm, mV/m, µV/m		
5–6.1	Potencial elétrico	V (volt)	MV, kV, mV, V		
5–6.2	Diferença de potencial ou tensão elétrica				
5–6.3	Força eletromotiva				

(*continua*)

Tabela IV (*Continuação*)

Número do item na ISO 31:1992	Quantidade	Unidade do SI	Múltiplos e submúltiplos recomendados	Outras unidades que podem ser usadas	Observações
5–7	Densidade do fluxo elétrico	C/m^2	C/cm^2, kC/m^2, mC/m^2, $\mu C/m^2$		
5–9	Capacitância	F (farad)	mF, μF, nF, pF		
5–33	Resistência à corrente direta	Ω (ohm)	GΩ, MΩ, kΩ, mΩ, $\mu\Omega$		
5–34	Condutância à corrente direta	S (siemens)	kS, mS, μS		$1S = 1/\Omega$
5–36	Resistividade	Ωm	GΩm, MΩm, kΩm, Ωcm, mΩm, $\mu\Omega$m, nΩm		μm = 10^{-2} Ωm (μmUmm^2)/m = 10^{-6} Ωm = μmUΩm também são usados
5–37	Condutividade	S/m	MS/m, kS/M		
5–38	Relutância	H^{-1}			
5–39	Permeância	H			
5–49	Potência ativa	W	TW, GW, MW, kW, mW, μW, nW		Na tecnologia da potência elétrica, a potência ativa é expressa em watts e a potência aparente em volt amperes V.A e potência reativa são expressas em vars (var)
5–52	Energia Ativa	J	TJ, GJ, MJ, KJ		1 W.h = 3,6 kJ exatos TW.h, GW.h, MW.h, kW.h
6 Luz					
6–3	Comprimento de onda	m	μmUm, nm, PM	*ångström (Å)	1 Å R = 10^{-10}m = 10^{-4} μm Um = 10^{-1} nm
6–7	Energia radiante	J			
6–10	Fluxo de energia potencial radiante	W			
6–13	Intensidade radiante	W/sr			
6–15	Exitância radiante	w/m^2			
6–29	Intensidade luminosa	cd (candela)			
6–30	Fluxo luminoso	lm (lúmen)			
6–31	Quantidade de luz		lm.h	1 lm.h = 3.600 lm.s exatos	
6–32	Luminância	cd/m^2			
6–33	Exitância luminosa	lx (lux)			
6–35	Exposição à luz	lx.s			
6–36.1	Eficácia luminosa	lm/W			
7 Acústica					
7–1	Período, tempo periódico	s	ms, μs		
7–2	Frequência	Hz	MHz, kHz		
7–5	Comprimento de onda	m	mm		
7–8	Massa volúmica ou volumétrica Densidade de massa Densidade	kg/m^3			
7–9.1	Pressão estática	Pa	nPa, μPa		
7–9.2	Pressão do som (instantânea)				
7–11	Velocidade (instantânea) das partículas do som	m/s	mm/s		
7–13	Taxa de fluxo (instantânea) de volume	m^3/s			
7–14.1	Velocidade do som	m/s			
7–16	Potência sonora	W			
7–17	Intensidade sonora	W/m^2	mW/m^2, $\mu W/m^2$, pW/m^2		
7–18	Impedância acústica	$Pa.s/m^3$			
7–19	Impedância mecânica	N.s/m	Impedância mecânica		
7–20.1	Densidade superficial da impedância mecânica	Pa.s/m			
7–21	Nível de pressão sonora		bel (B), dB	1 dB = 10^{-1} B	
7–28	Índice de redução sonora		B, dB		
7–29	Área de absorção equivalente da superfície ou do objeto	m^2			
7–30	Tempo de reverberação	s			

Apêndice B
Fatores e tabelas de conversão

Tabela I Fatores de conversão

Os valores em negrito indicam conversões exatas. Nos demais casos, são dados valores até a quarta ou quinta casa decimal

Quantidade	Fatores de conversão	
Usos gerais		
Comprimento	1 milha (mi)	= 1,609 km
	1 corrente (ch)	= **20.1168** m
	1 jarda (yd)	= **0,9144** m
	1 pé (ft)	= **0,3048** m = **304,8** mm
	1 polegada (in)	= **25,4** mm = **2,54** cm
Área	1 milha quadrada (mi^2)	= 2,590 k m^2 = 259,0 ha
	1 hectare (ha)	= **10.000** m^2
	1 acre (a)	= 4.046,9 m^2 = 0,40469 ha
		= **4.840** yd^2
	1 jarda quadrada (yd^2)	= 0,8361 m^2
	1 pé quadrado (ft^2)	= 0,09290 m^2 = 929,03 cm^2
	1 polegada quadrada (in^2)	= 645,2 mm^2 = 6,452 cm^2
Volume	1 jarda cúbica (yd^3)	= 0,7646 m^3
	1 litro (l)	= **1** dm^3 = **1.000** cm^3
	1 metro cúbico (m^3)	= **1.000** litros
	1 mililitro (ml)	= **1** cm^3 = **1.000** mm
	1 pé cúbico (ft^3)	= 0,02832 m^3 = 28,32 litro
	1 padrão *petrograd*	= 4,672 m^3
	1 polegada cúbica (in^3)	= 16.387 mm^3 = 16,387 cm^3
		= 16,387 ml = 0,016387 litro
Capacidade	1 galão britânico	= 4,546 litros
	1 quarto britânico	= 1,137 litros
	1 quartilho ou pinto britânico	= 0,5683 litro
	1 onça líquida ou fluida britânica	= 28,413 cm^3
	1 barril norte-americano (de petróleo)	= 159,0 litros
	1 galão norte-americano	= 3,785 litros
	1 quarto líquido norte-americano	= 0,9464 litro
	1 quarto seco norte-americano	= 1,101 litro
	1 quartilho ou pinto líquido norte-americano	= 0,4732 litro
	1 quartilho ou pinto seco norte-americano	= 0,5506 litro
	1 onça líquida norte-americana	= 29,574 cm^3
Massa	1 tonelada longa ou britânica	= 1,016 tonelada métrica
		= 1.016,05 kg
	1 tonelada curta ou norte-americana	= 0,9072 tonelada métrica
		= 907,2 kg
	1 kip (1.000 libras)	= 453,59 kg
	1 quintal longo ou britânico	= 50,80 kg
	1 quintal curto ou norte-americano	= 100 lb = 45,36 kg
	1 libra (lb)	= 0,4536 kg
	1 onça *avoirdupois*	= 28,35 g
	1 onça *troy*	= 31,10 g
Massa por comprimento unitário	1 tonelada longa ou britânica por milha	= 0,6313 kg/m = 0,6313 t/km
	1 libra por jarda	= 0,4961 kg/m
	1 libra por pé	= 1,4882 kg/m
	1 libra por polegada	= 17,86 kg/m
	1 onça por polegada	= 1,1161 kg/m
Comprimento por massa unitária	1 jarda por libra	= 2,016 m/kg
Massa por área unitária	1 tonelada longa ou britânica por milha quadrada	= 392,3 kg/km^2 = 0,3923 g/m^2
		= 3,923 kg/ha
	1 tonelada longa ou britânica por acre	= 0,2511 kg/m^2
	1 quintal longo ou britânico por acre	= 0,01255 kg/m^2
	1 libra por pé quadrado	= 4,882 kg/m^2
	1 libra por polegada quadrado	= 703,07 kg/m^2
	1 onça por jarda quadrada	= 33,91 g/m^2
	1 onça por pé quadrado	= 305,15 g/m^2
	1 kg/cm^2	= 10 t/m^2

Tabela I (*Continuação*)

Quantidade	Fatores de conversão	
Densidade de massa (massa por volume unitário)	1 tonelada longa ou britânica por jarda cúbica	= 1.329 kg/m^3 = 1,3289 t/m^3
	1 libra por jarda cúbica	= 0,5933 kg/m^3
	1 libra por pé cúbico	= 16,02 kg/m^3
	1 libra por polegada cúbica	= 27,68 g/cm^3 = 27,68 t/m^3
Cobertura de área	x jardas quadradas por tonelada longa ou britânica	= $\frac{1}{x} \times 1.215$ kg/m^2
	x jardas quadradas por galão britânico	= $\frac{1}{x} \times 5.437$ litros/m^2
Taxa de fluxo de volume	1 pé cúbico por minuto	= 0,4719 litro/s
		= 471,9 cm^3/s
		= 0,0004719 m^3/s
	1 *cusec* (pé cúbico por segundo)	= 0,02832 m^3/s ("*cumec*")
	1 pé cúbico por mil acres	= 0,06997 litro/ha
		= 0,006997 m^3/km^2
		= 6.997 cm^3/km^2
	1 polegada cúbica por segundo	= 16,39 ml/s
	1 galão britânico por ano	= 4.546 cm^3/a* = 0,004546 m^3/a
	1 galão britânico por dia	= 4.546 cm^3/d
	1 litro por segundo	= **86,4** m^3/d
	1 milhão de galões britânicos por dia	= 0,05262 m^3/s
	1 galão britânico por pessoa por dia	= 4,546 litros/(pessoa por dia)
	1 galão britânico por jarda quadrada por dia	= 0,005437 m^3/(m^2.d)
		= 0,000062928 mm/s
	1 galão britânico por jarda cúbica por dia	= 0,005946 m^3/(m^3.d)
	1 galão britânico por hora	= 4,5461 litros/h
	1 galão britânico por minuto	= 0,07577 litro/s
	1 galão britânico por segundo	= 4,5461 litros/s
Consumo de combustível	1 galão britânico por milha	= 2,825 litros/km
	1 milha por galão britânico	= 0,354 km/litro
	x milhas por galão britânico	= $\frac{1}{x} \times 282,5$ litros 100 km
Velocidade	1 milha por hora	= 1,609 km/h = **0,44704** m/s
	1 pé por minuto	= **0,3048** m/min = 0,0051 m/s
	1 pé por segundo	= **0,3048** m/s
	1 polegada por segundo	= **25,4** mm/s
	1 nó britânico	= 0,5148 m/s = 1,853 km/h
		= 1,00064 nó internacional
Aceleração	1 pé por seg por seg	= **0,3048** m/s^2
	1 milha por hr por seg	= **0,44704** m/s^2
	1 g (gravidade pdrão)	= **9,806 65** m/s^2
Temperatura de Calefação	x Fahrenheit	= $\frac{5}{9} \times (x - 32)$ °Celsius
Intervalo de temperatura	1°F	= 0,5556 K = 0,5556 °C
Energia (térmica)	1 unidade térmica britânica (Btu)	= 1.055 J = 1,055 kJ
	1 pequena caloria ou *Therm*	= 105,5 MJ
	1 caloria	= **4,1868** J
	1 quilowatt–hora	= 3,6 MJ
	1 pé libra–força	= 1,356 J
	1 quilograma força–metro	= **9,80665** J
Potência (também conhecida como taxa de fluxo térmico)	1 J/s	= 1 W
	1 btu por hora	= 0,293 07 W
	1 cavalo–vapor	= 745,70 W
	1 pé–libra–força por segundo	= 1,356 W
	1 quilograma força–metro por segundo	= **9,806 65** W
	1 caloria por segundo	= **4,1868** W
	1 quilocaloria por hora	= **1,163** W
	1 cavalo–vapor métrico	= 735,5 W

* a (de *annum*) é o símbolo de ano.

(*continua*)

Tabela I (Continuação)

Quantidade	Fatores de conversão	
Densidade da taxa de fluxo térmico	1 btu por pé quadrado/hora	= 3,155 W/m²
Condutividade térmica ou valor k	1 btu polegada por pé quadrado hora grau Fahrenheit	= 0,1442 W/(m.K)
Transmitância térmica ou coeficiente de transferência térmica ou condutância térmica ou valor U	1 btu por pé quadrado hora grau Fahrenheit	= 5,678 W/(m²K)
Resistividade térmica ou valor $1/k$	1 pé quadrado hora °F por Btu polegada	= 6,933 m.K/W
Capacidade térmica ou calor específico	1 btu por libra °F	= 4,187 (kJ.K)
	1 btu por pé cúbico °F	= 67,07 kJ/(m³.K)
Valor calorífico	1 btu por libra	= 2,326 kJ/kg
	1 btu por pé cúbico	= 37,26 kJ/m³ = 37,26 J/litro
	1 btu por galão britânico	= 232,1 J/litro
Refrigeração	1 ton	= 3517 W
Luminosidade	1 pé–vela	= 10,76 1×
Iluminação	1 lumen por pé quadrado	= 10,76 1×
Intensidade luminosa	1 candela por polegada quadrada	= 1550 cd/m²
	1 candela por pé quadrado	= 10,76 cd/m²
	1 apostilb	= $\frac{1}{\pi}$ cd/m² = 0,3183 cd/m²

Tabela I (Continuação)

Quantidade	Fatores de conversão	
Projeto de estruturas (Todas as toneladas são toneladas britânicas)		
Força	1 libra–força (lbf)	= 4,448 N
	1 kip–força (kipf)	= 4,448 kN
	1 ton–força (tonf)	= 9,964 kN
	1 quilograma–força (kgf)	= 9,807 N
	1 quilopond (kp)	= 9,807 N
Força por comprimento unitário	1 libra–força por pé	= 14,59 N/m
	1 libra–força por polegada	= 175,1 kN/m = 175,1 N/mm
	1 ton–força por pé	= 32,69 kN/m
	1 quilograma–força por metro	= 9,807 N/m
	1 quilograma–força por centímetro	= 0,9807 kN/m
Força por área unitária ou Tração ou Compressão	1 lbf por pé quadrado	= 47,88 N/m² = 47,88 Pa
		= 0,04788 kN/m²
	1 lbf por polegada quadrada	= 6,895 kN/m² = 6,895 kPa
	1 tonf por pé quadrado	= 107,3 kN/m² = 107,3 kPa
	1 tonf por polegada quadrada	= 15,44 MN/m² = 15,44 N/mm²
		= 15,44 MPa
	1 kgf por metro quadrado	= 9,807 N/m² = 9,807 Pa
	1 kgf por centímetro quadrado	= 98,07 kN/m² = 98,07 kPa
	1 bar	= **100 kN/m² = 100 kPa**
	1 milibar	= **100 N/m² = 100 Pa**
	1 atmosfera padrão	= **101,325** kPa
	1 polegada de mercúrio	= 3,386 kPa
	1 pé de água	= 2,989 kPa
		= 300 mbar (aproximadamente)
Momento fletor de torque	1 libra–força pé	= 1,356 Nm
	1 libra–força polegada	= 0,1130 Nm = 113,0 Nmm
	1 kip–força pé	= 1,356 kNm
	1 kip–força polegada	= 0,1130 kNm = 113,0 Nm
	1 ton–força pé	= 3,037 kNm
	1 ton–força polegada	= 0,2531 kNm = 253,1 Nm
	1 quilograma–força metro	= 9,807 Nm

Tabela II Conversão de polegadas e frações de polegada em milímetros (em incrementos de $1/16$ de polegada e até 11 $15/16$ de polegada)

Polegadas	$1/16$	$1/8$	$3/16$	$1/4$	$5/16$	$3/8$	$7/16$	$1/2$	$9/16$	$5/8$	$11/16$	$3/4$	$13/16$	$7/8$	$15/16$
	Milímetros														
0	–	1,6	3,2	4,8	6,4	7,9	9,5	11,1	12,7	14,3	15,9	17,5	19,1	20,6	22,2	23,8
1	25,4	27,0	28,6	30,2	31,8	33,3	34,9	36,5	38,1	39,7	41,3	42,9	44,5	46,0	47,6	49,2
2	50,8	52,4	54,0	55,6	57,2	58,7	60,3	61,9	63,5	65,1	66,7	68,3	69,9	71,4	73,0	74,6
3	76,2	77,8	79,4	81,0	82,6	84,1	85,7	87,3	88,9	90,5	92,1	93,7	95,3	96,8	98,4	100,0
4	101,6	103,2	104,8	106,4	108,0	109,5	111,1	112,7	114,3	115,9	117,5	119,1	120,7	122,2	123,8	125,4
5	127,0	128,6	130,2	131,8	133,4	134,9	136,5	138,1	139,7	141,3	142,9	144,5	146,1	147,6	149,2	150,8
6	152,4	154,0	155,6	157,2	158,8	160,3	161,9	163,5	165,1	166,7	168,3	169,9	171,5	173,0	174,6	176,2
7	177,8	179,4	181,0	182,6	184,2	185,7	187,3	188,9	190,5	192,1	193,7	195,3	196,9	198,4	200,0	201,6
8	203,2	204,8	206,4	208,0	209,6	211,1	212,7	214,3	215,9	217,5	219,1	220,7	222,3	223,8	225,4	227,0
9	228,6	230,2	231,8	233,4	235,0	236,5	238,1	239,7	241,3	242,9	244,5	246,1	247,7	249,2	250,8	252,4
10	254,0	255,6	257,2	258,8	260,4	261,9	263,5	265,1	266,7	268,3	269,9	271,5	273,1	274,6	276,2	277,8
11	279,4	281,0	282,6	284,2	285,8	287,3	288,9	290,5	292,1	293,7	295,3	296,9	298,5	300,0	301,6	303,2

*N. de T.: Como 12 polegadas equivalem a 1 pé (304,8 mm), para valores superiores, consulte a tabela III.

Apêndice B Fatores e tabelas de conversão

Tabela III Conversão de pés em milímetros (até 200 ft)

Pés (ft)	0	1	2	3	4	5	6	7	8	9
	Milímetros (mm)									
0	–	304,8	609,6	914,4	1.219,2	1.524,0	1.828,8	2.133,6	2.438,4	2.743,2
10	3.048,0	3.352,8	3.657,6	3.962,4	4.267,2	4.572,0	4.876,8	5.181,6	5.486,4	5.791,2
20	6.096,0	6.400,8	6.705,6	7.010,4	7.315,2	7.620,0	7.924,8	8.229,6	8.534,4	8.839,2
30	9.144,0	9.448,8	9.753,6	10.058,4	10.363,2	10.668,0	10.972,8	11.277,6	11.582,4	11.887,2
40	12.192,0	12.496,8	12.801,6	13.106,4	13.411,2	13.716,0	14.020,8	14.325,6	14.630,4	14.935,2
50	15.240,0	15.544,8	15.849,6	16.154,4	16.459,2	16.764,0	17.068,8	17.373,6	17.678,4	17.983,2
60	18.288,0	18.592,8	18.897,6	19.202,4	19.507,2	19.812,0	20.116,8	20.421,6	20.726,4	21.031,2
70	21.336,0	21.640,8	21.945,6	22.250,4	22.555,2	22.860,0	23.164,8	23.469,6	23.774,4	24.079,2
80	24.384,0	24.688,8	24.993,6	25.298,4	25.603,2	25.908,0	26.212,8	26.517,6	26.822,4	27.127,2
90	27.432,0	27.736,8	28.041,6	28.346,4	28.651,2	28.956,0	29.260,8	29.565,6	29.870,4	30.175,2
100	30.480,0	30.784,8	31.089,6	31.394,4	31.699,2	32.004,0	32.308,8	32.613,6	32.918,4	33.223,2
110	33.528,0	33.832,8	34.137,6	34.442,4	34.747,2	35.052,0	35.356,8	35.661,6	35.966,4	36.271,2
120	36.576,0	36.880,8	37.185,6	37.490,4	37.785,2	38.100,0	38.404,8	38.709,6	39.014,4	39.319,2
130	39.624,0	39.928,8	40.233,6	40.538,4	40.843,2	41.148,0	41.452,8	41.757,6	42.062,4	42.367,2
140	42.672,0	42.976,8	43.281,6	43.586,4	43.891,2	44.196,0	44.500,8	44.805,6	45.110,4	45.415,2
150	45.720,0	46.024,8	46.329,6	46.634,4	46.939,2	47.244,0	47.548,8	47.853,6	48.158,4	48.463,2
160	48.768,0	49.072,8	49.377,6	49.682,4	49.987,2	50.292,0	50.596,8	50.901,6	51.206,4	51.511,2
170	51.816,0	52.120,8	52.425,6	52.730,4	53.035,2	53.340,0	53.644,8	53.949,6	54.254,4	54.559,2
180	54.864,0	55.168,8	55.473,6	55.778,4	56.083,2	56.388,0	56.692,8	56.997,6	57.302,4	57.607,2
190	57.912,0	58.216,8	58.521,6	58.826,4	59.131,2	59.436,0	59.740,8	60.045,6	60.350,4	60.655,2
200	60.960,0	–	–	–	–	–	–	–	–	–

Observação: use as Tabelas II e III juntas para obter o equivalente métrico de qualquer dimensão até 200 pés.
Por exemplo
56 ft 3¼ in: 56 ft = 17.068,8
3¼ in = 95,3
TOTAL = 17.164,1 mm = 17,164 m

Tabela IV Conversão de milhas (até 100 miles) em quilômetros (até duas casas decimais); também pode ser usada para converter milhas por hora (mph) em quilômetros por hora (kph)

Milhas (miles)	0	1	2	3	4	5	6	7	8	9
	Quilômetros (km)									
0	–	1,61	3,22	4,83	6,44	8,05	9,66	11,27	12,87	14,48
10	16,09	17,70	19,31	20,92	22,53	24,14	25,75	27,36	28,97	30,58
20	32,19	33,80	35,41	37,01	38,62	40,23	41,84	43,45	45,06	46,67
30	48,28	49,89	51,50	53,11	54,72	56,33	57,94	59,55	61,16	62,76
40	64,37	65,98	67,59	69,20	70,81	72,42	74,03	75,64	77,25	78,86
50	80,47	82,08	83,69	85,30	86,90	88,51	90,12	91,73	93,34	94,95
60	96,56	98,17	99,78	101,39	103,00	104,61	106,22	107,83	109,44	111,05
70	112,65	114,26	115,87	117,48	119,09	120,70	122,31	123,92	125,53	127,14
80	128,75	130,36	131,97	133,58	135,19	136,79	138,40	140,01	141,62	143,23
90	144,84	146,45	148,06	149,67	151,28	152,89	154,50	156,11	57,72	159,33
100	160,93	–	–	–	–	–	–	–	–	–

Tabela V Conversão de polegadas quadradas (até 100 sq in) em milímetros quadrados (até uma casa decimal)

Polegadas quadradas (sq in)	0	1	2	3	4	5	6	7	8	9
	Milímetros quadrados (mm²)									
0	–	645,2	1.290,3	1.935,5	2.580,6	3.225,8	3.871,0	4.516,1	5.161,3	5.806,4
10	6.451,6	7.096,8	7.741,9	8.387,1	9.032,2	9.677,4	10.322,6	10.967,7	11.612,9	12.258,0
20	12.903,2	13.548,4	14.193,5	14.838,7	15.483,8	16.129,0	16.774,2	17.419,3	18.064,5	18.709,6
30	19.354,8	20.000,0	20.645,1	21.290,3	21.935,4	22.580,6	23.225,8	23.870,9	24.516,1	25.161,2
40	25.806,4	26.451,6	27.096,7	27.741,9	28.387,0	29.032,2	29.677,4	30.322,5	30.967,7	31.612,8
50	32.258,0	32.903,2	33.548,3	34.193,5	34.838,6	35.483,8	36.129,0	36.774,1	37.419,3	38.064,4
60	38.709,6	39.354,8	39.999,9	40.645,1	41.290,2	41.935,4	42.580,6	43.225,7	43.870,9	44.516,0
70	45.161,2	45.806,4	46.451,5	47.096,7	47.741,8	48.387,0	49.032,2	49.677,3	50.322,5	50.967,6
80	51.612,8	52.258,0	52.903,1	53.548,3	54.193,4	54.838,6	55.483,8	56.128,9	56.774,1	57.419,2
90	58.064,4	58.709,6	59.354,7	59.999,9	60.645,0	61.290,2	61.935,4	62.580,5	63.225,7	63.870,8
100	64.516,0	–	–	–	–	–	–	–	–	–

Tabela VI Conversão de pés quadrados (até 500 ft²) em metros quadrados (até duas casas decimais)

Pés quadrados (ft²)	0	1	2	3	4	5	6	7	8	9
	Metros quadrados (m²)									
0	–	0,09	0,19	0,28	0,37	0,46	0,56	0,65	0,74	0,84
10	0,93	1,02	1,11	1,21	1,30	1,39	1,49	1,58	1,67	1,77
20	1,86	1,95	2,04	2,14	2,23	2,32	2,42	2,51	2,60	2,69
30	2,79	2,88	2,97	3,07	3,16	3,25	3,34	3,44	3,53	3,62
40	3,72	3,81	3,90	3,99	4,09	4,18	4,27	4,37	4,46	4,55
50	4,65	4,74	4,83	4,92	5,02	5,11	5,20	5,30	5,39	5,48
60	5,57	5,67	5,76	5,85	5,95	6,04	6,13	6,22	6,32	6,41
70	6,50	6,60	6,69	6,78	6,87	6,97	7,06	7,15	7,25	7,34
80	7,43	7,53	7,62	7,71	7,80	7,90	7,99	8,08	8,18	8,27
90	8,36	8,45	8,55	8,64	8,73	8,83	8,92	9,01	9,10	9,20
100	9,29	9,38	9,48	9,57	9,66	9,75	9,85	9,94	10,03	10,13
110	10,22	10,31	10,41	10,50	10,59	10,68	10,78	10,87	10,96	11,06
120	11,15	11,24	11,33	11,43	11,52	11,61	11,71	11,80	11,89	11,98
130	12,08	12,17	12,26	12,36	12,45	12,54	12,63	12,73	12,82	12,91
140	13,01	13,10	13,19	13,29	13,38	13,47	13,56	13,66	13,75	13,84
150	13,94	14,03	14,12	14,21	14,31	14,40	14,49	14,59	14,68	14,77
160	14,86	14,96	15,05	15,14	15,24	15,33	15,42	15,51	15,61	15,70
170	15,79	15,89	15,98	16,07	16,17	16,26	16,35	16,44	16,54	16,63
180	16,72	16,82	16,91	17,00	17,09	17,19	17,28	17,37	17,47	17,56
190	17,65	17,74	17,84	17,93	18,02	18,12	18,21	18,30	18,39	18,49
200	18,58	18,67	18,77	18,86	18,95	19,05	19,14	19,23	19,32	19,42
210	19,51	19,60	19,70	19,79	19,88	19,97	20,07	20,16	20,25	20,35
220	20,44	20,53	20,62	20,72	20,81	20,90	21,00	21,09	21,18	21,27
230	21,37	21,46	21,55	21,65	21,74	21,83	21,93	22,02	22,11	22,20
240	22,30	22,39	22,48	22,58	22,67	22,76	22,85	22,95	23,04	23,13
250	23,23	23,32	23,41	23,50	23,60	23,69	23,78	23,88	23,97	24,06
260	24,15	24,25	24,34	24,43	24,53	24,62	24,71	24,81	24,90	24,99
270	25,08	25,18	25,27	25,36	25,46	25,55	25,64	25,73	25,83	25,92
280	26,01	26,11	26,20	26,29	26,38	26,48	26,57	26,66	26,76	26,85
290	26,94	27,03	27,13	27,22	27,31	27,41	27,50	27,59	27,69	27,78
300	27,87	27,96	28,06	28,15	28,24	28,34	28,43	28,52	28,61	28,71
310	28,80	28,89	28,99	29,08	29,17	29,26	29,36	29,45	29,54	29,64
320	29,73	29,82	29,91	30,01	30,10	30,19	30,29	30,38	30,47	30,57
330	30,66	30,75	30,84	30,94	31,03	31,12	31,22	31,31	31,40	31,49
340	31,59	31,68	31,77	31,87	31,96	32,05	32,14	32,24	32,33	32,42
350	32,52	32,61	32,70	32,79	32,89	32,98	33,07	33,17	33,26	33,35
360	33,45	33,54	33,63	33,72	33,82	33,91	34,00	34,10	34,19	34,28
370	34,37	34,47	34,56	34,65	34,75	34,84	34,93	35,02	35,12	35,21
380	35,30	35,40	35,49	35,58	35,67	35,77	35,86	35,95	36,05	36,14
390	36,23	36,33	36,42	36,51	36,60	36,70	36,79	36,88	36,98	37,07
400	37,16	37,25	37,35	37,44	37,53	37,63	37,72	37,81	37,90	38,00
410	38,09	38,18	38,28	38,37	38,46	38,55	38,65	38,74	38,83	38,93
420	39,02	39,11	39,21	39,30	39,39	39,48	39,58	39,67	39,76	39,86
430	39,95	40,04	40,13	40,23	40,32	40,41	40,51	40,60	40,69	40,78
440	40,88	40,97	41,06	41,16	41,25	41,34	41,43	41,53	41,62	41,71
450	41,81	41,90	41,99	42,09	42,18	42,27	42,36	42,46	42,55	42,64
460	42,74	42,83	42,92	43,01	43,11	43,20	43,29	43,39	43,48	43,57
470	43,66	43,76	43,85	43,94	44,04	44,13	44,22	44,31	44,41	44,50
480	44,59	44,69	44,78	44,87	44,97	45,06	45,15	45,24	45,34	45,43
490	45,52	45,62	45,71	45,80	45,89	45,99	46,08	46,17	46,27	46,36
500	46,45	–	–	–	–	–	–	–	–	–

Tabela VII Conversão de pés cúbicos (até 100 ft³) em metros cúbicos (até duas casas decimais)

Pés cúbicos (ft³)	0	1	2	3	4	5	6	7	8	9
	Metros cúbicos (m³)									
0	–	0,03	0,06	0,08	0,11	0,14	0,17	0,20	0,23	0,25
10	0,28	0,31	0,34	0,37	0,40	0,42	0,45	0,48	0,51	0,54
20	0,57	0,59	0,62	0,65	0,68	0,71	0,73	0,76	0,79	0,82
30	0,85	0,88	0,91	0,93	0,96	0,99	1,02	1,05	1,08	1,10
40	1,13	1,16	1,19	1,22	1,25	1,27	1,30	1,33	1,36	1,39
50	1,42	1,44	1,47	1,50	1,53	1,56	1,59	1,61	1,64	1,67
60	1,70	1,73	1,76	1,78	1,81	1,84	1,87	1,90	1,93	1,95
70	1,98	2,01	2,04	2,07	2,10	2,12	2,15	2,18	2,21	2,24
80	2,27	2,29	2,32	2,35	2,38	2,41	2,44	2,46	2,49	2,52
90	2,55	2,58	2,61	2,63	2,66	2,69	2,72	2,75	2,78	2,80
100	2,83	–	–	–	–	–	–	–	–	–

Tabela VIII Conversão de libras (até 500 lb) em quilogramas (até duas casas decimais)

Libras (lb)	0	1	2	3	4	5	6	7	8	9
	Quilogramas (kg)									
0	–	0,45	0,91	1,36	1,81	2,27	2,72	3,18	3,63	4,08
10	4,54	4,99	5,44	5,90	6,35	6,80	7,26	7,71	8,16	8,62
20	9,07	9,53	9,98	10,43	10,89	11,34	11,79	12,25	12,70	13,15
30	13,61	14,06	14,52	14,97	15,42	15,88	16,33	16,78	17,24	17,69
40	18,14	18,60	19,05	19,50	19,96	20,41	20,87	21,32	21,77	22,23
50	22,68	23,13	23,59	24,04	24,49	24,95	25,40	25,85	26,31	26,76
60	27,22	27,67	28,12	28,58	29,03	29,48	29,94	30,39	30,84	31,30
70	31,75	32,21	32,66	33,11	33,57	34,02	34,47	34,93	35,38	35,83
80	36,29	36,74	37,19	37,65	38,10	38,56	39,01	39,46	39,92	40,37
90	40,82	41,28	41,73	42,18	42,64	43,09	43,54	44,00	44,45	44,91
100	45,36	45,81	46,27	46,72	47,17	47,63	48,08	48,53	48,99	49,44
110	49,90	50,35	50,80	51,26	51,71	52,16	52,62	53,07	53,52	53,98
120	54,43	54,88	55,34	55,79	56,25	56,70	57,15	57,61	58,06	58,51
130	58,97	59,42	59,87	60,33	60,78	61,24	61,69	62,14	62,60	63,05
140	63,50	63,96	64,41	64,86	65,32	65,77	66,22	66,68	67,13	67,59
150	68,04	68,49	68,95	69,40	69,85	70,31	70,76	71,21	71,67	72,12
160	72,57	73,03	73,48	73,94	74,39	74,84	75,30	75,75	76,20	76,66
170	77,11	77,56	78,02	78,47	78,93	79,38	79,83	80,29	80,74	81,19
180	81,65	82,10	82,55	83,01	83,46	83,91	84,37	84,82	85,28	85,73
190	86,18	86,64	87,09	87,54	88,00	88,45	88,90	89,36	89,81	90,26
200	90,72	91,17	91,63	92,08	92,53	92,99	93,44	93,89	94,35	94,80
210	95,25	95,71	96,16	96,62	97,07	97,52	97,98	98,43	98,88	99,34
220	99,79	100,24	100,70	101,15	101,61	102,06	102,51	102,97	103,42	103,87
230	104,33	104,78	105,23	105,69	106,14	106,59	107,05	107,50	107,96	108,41
240	108,86	109,32	109,77	110,22	110,68	111,13	111,58	112,04	112,49	112,95
250	113,40	113,85	114,31	114,76	115,21	115,67	116,12	116,57	117,03	117,48
260	117,93	118,39	118,84	119,30	119,75	120,20	120,66	121,11	121,56	122,02
270	122,47	122,92	123,38	123,83	124,28	124,74	125,19	125,65	126,10	126,55
280	127,01	127,46	127,91	128,37	128,82	129,27	129,73	130,18	130,64	131,09
290	131,54	132,00	132,45	132,90	133,36	133,81	134,26	134,72	135,17	135,62
300	136,08	136,53	136,99	137,44	137,89	138,35	138,80	139,25	139,71	140,16
310	140,61	141,07	141,52	141,97	142,43	142,88	143,34	143,79	144,24	144,70
320	145,15	145,60	146,06	146,51	146,96	147,42	147,87	148,33	148,78	149,23
330	149,69	150,14	150,59	151,05	151,50	151,95	152,41	152,86	153,31	153,77
340	154,22	154,68	155,13	155,58	156,04	156,49	156,94	157,40	157,85	158,30
350	158,76	159,21	159,67	160,12	160,57	161,03	161,48	161,93	162,39	162,84
360	163,29	163,75	164,20	164,65	165,11	165,56	166,02	166,47	166,92	167,38
370	167,83	168,28	168,74	169,10	169,64	170,10	170,55	171,00	171,46	171,91
380	172,37	172,82	173,27	173,73	174,18	174,63	175,09	175,54	175,99	176,45
390	176,90	177,36	177,81	178,26	178,72	179,17	179,62	180,08	180,53	180,98
400	181,44	181,89	183,34	182,80	183,25	183,71	184,16	184,61	185,07	185,52
410	185,97	186,43	186,88	187,33	187,79	188,24	188,69	189,15	189,60	190,06
420	190,51	190,96	191,42	191,87	192,32	192,78	193,23	193,68	194,14	194,59
430	195,05	195,50	195,95	196,41	196,86	197,31	197,77	198,22	198,67	199,13
440	199,58	200,03	200,49	200,94	201,40	201,85	202,30	202,76	203,21	203,66
450	204,12	204,57	205,02	205,48	205,93	206,39	206,84	207,29	207,75	208,20
460	208,65	209,11	209,56	210,01	210,47	210,92	211,37	211,83	212,28	212,74
470	213,19	213,64	214,10	214,55	215,00	215,46	215,91	216,36	216,82	217,27
480	217,72	218,18	218,63	219,09	219,54	219,99	220,45	220,90	221,35	221,81
490	222,26	222,71	223,17	223,62	224,08	224,53	224,98	225,44	225,89	226,34
500	226,80	–	–	–	–	–	–	–	–	–

Tabela IX Conversão de libras por pé cúbico em quilogramas por metro cúbico (até uma casa decimal)

Libras por pé cúbico (lb/ft^3)	0	1	2	3	4	5	6	7	8	9
	Quilogramas por metro cúbico (kg/m^3)									
0	–	16,0	32,0	48,1	64,1	80,1	96,1	112,1	128,1	144,2
10	160,2	176,2	192,2	208,2	224,3	240,3	256,3	272,3	288,3	304,4
20	320,4	336,4	352,4	368,4	384,4	400,5	416,5	432,5	448,5	464,5
30	480,6	496,6	512,6	528,6	544,6	560,6	576,7	592,7	608,7	624,7
40	640,7	656,8	672,8	688,8	704,8	720,8	736,8	752,9	768,9	784,9
50	800,9	816,9	833,0	849,0	865,0	881,0	897,0	913,1	929,1	945,1
60	961,1	977,1	993,1	1.009,2	1.025,2	1.041,2	1.057,2	1.073,2	1.089,3	1.105,3
70	1.121,3	1.137,3	1.153,3	1.169,4	1.185,4	1.201,4	1.217,4	1.233,4	1.249,4	1.265,5
80	1.281,5	1.297,5	1.313,5	1.329,5	1.345,6	1.361,6	1.377,6	1.393,6	1.409,6	1.425,6
90	1.441,7	1.457,7	1.473,7	1.489,7	1.505,7	1.521,8	1.537,8	1.553,8	1.569,8	1.585,8
100	1.601,9	–	–	–	–	–	–	–	–	–

Tabela X Conversão de galões britânicos (até 100 gal) em litros (até duas casas decimais)

Galões britânicos (gal)	0	1	2	3	4	5	6	7	8	9
	Litros									
0	–	4,55	9,09	13,64	18,18	22,73	27,28	31,82	36,37	40,91
10	45,46	50,01	54,55	59,10	63,64	68,19	72,74	77,28	81,83	86,37
20	90,92	95,47	100,01	104,56	109,10	113,65	118,20	122,74	127,29	131,83
30	136,38	140,93	145,47	150,02	154,56	159,11	163,66	168,20	172,75	177,29
40	181,84	186,38	190,93	195,48	200,02	204,57	209,11	213,66	218,21	222,75
50	227,30	231,84	236,39	240,94	245,48	250,03	254,57	259,12	263,67	268,21
60	272,76	277,30	281,85	286,40	290,94	295,49	300,03	304,58	309,13	313,67
70	318,22	322,76	327,31	331,86	336,40	340,95	345,49	350,04	354,59	359,13
80	363,68	368,22	372,77	377,32	381,86	386,41	390,95	395,50	400,04	404,59
90	409,14	413,68	418,23	422,77	427,32	431,87	436,41	440,96	445,50	450,05
100	454,60	–	–	–	–	–	–	–	–	–

Tabela XI Conversão de acres (até 1.000 acres) em hectares (até duas casas decimais)

Acres (ac)	0	1	2	3	4	5	6	7	8	9
	Hectares (ha)									
	–	0,40	0,81	1,21	1,62	2,02	2,43	2,83	3,24	3,64

Acres (ac)	0	10	20	30	40	50	60	70	80	90
	Hectares (ha)									
0	–	4,05	8,09	12,14	16,19	20,23	24,28	28,33	32,37	36,42
100	40,47	44,52	48,56	52,61	56,66	60,70	64,75	68,80	72,84	76,89
200	80,94	84,98	89,03	93,08	97,12	101,17	105,22	109,27	113,31	117,36
300	121,41	125,45	129,50	133,55	137,59	141,64	145,69	149,73	153,78	157,83
400	161,87	165,92	169,97	174,02	178,06	182,11	186,16	190,20	194,25	198,30
500	202,34	206,39	210,44	214,48	218,53	222,58	226,62	230,67	234,72	238,77
600	242,81	246,86	250,91	254,95	259,00	263,05	267,09	271,14	275,19	279,23
700	283,28	287,33	291,37	295,42	299,47	303,51	307,56	311,61	315,66	319,70
800	323,75	327,80	331,84	335,89	339,94	343,98	348,03	352,08	356,12	360,17
900	364,22	368,26	372,31	376,36	380,41	384,45	388,50	392,55	396,59	400,64
1000	404,69	–	–	–	–	–	–	–	–	–

Tabela XII Conversão de milhas por hora (até 100 mph) em metros por segundo (até duas casas decimais)

Milhas por hora (mph)	0	1	2	3	4	5	6	7	8	9
	Metros por segundo (m/s)									
0	–	0,45	0,89	1,34	1,79	2,24	2,68	3,13	3,58	4,02
10	4,47	4,92	5,36	5,81	6,26	6,71	7,15	7,60	8,05	8,49
20	8,94	9,39	9,83	10,28	10,73	11,18	11,62	12,07	12,52	12,96
30	13,41	13,86	14,31	14,75	15,20	15,65	16,09	16,54	16,99	17,43
40	17,88	18,33	18,78	19,22	19,67	20,12	20,56	21,01	21,46	21,91
50	22,35	22,80	23,25	23,69	24,14	24,59	25,03	25,48	25,93	26,38
60	26,82	27,27	27,72	28,16	28,61	29,06	29,50	29,95	30,40	30,85
70	31,29	31,74	32,19	32,63	33,08	33,53	33,98	34,42	34,87	35,32
80	35,76	36,21	36,66	37,10	37,55	38,00	38,45	38,89	39,34	39,79
90	40,23	40,68	41,13	41,57	42,02	42,47	42,92	43,36	43,81	44,26
100	44,70	–	–	–	–	–	–	–	–	–

Tabela XIII Conversão de compressão e tração. Libras–força por polegada quadrada (*ibf per in*) em quilonewtons por metro quadrado (até duas casas decimais)

Libras–força por polegada quadrada (*ibf per in*)	0	1	2	3	4	5	6	7	8	9
	kN/m² ou kPa									
0	–	6,90	13,79	20,68	27,58	34,48	41,37	48,26	55,16	62,06
10	68,95	75,84	82,74	89,64	96,53	103,42	110,32	117,22	124,11	131,00
20	137,90	144,80	151,69	158,58	165,48	172,38	179,27	186,16	193,06	199,96
30	206,85	213,64	220,64	227,54	234,43	241,32	248,22	255,12	262,01	268,90
40	275,80	282,70	289,59	296,48	303,38	310,28	317,17	324,06	330,96	337,86
50	344,75	351,64	358,54	365,44	372,33	379,22	386,12	393,02	399,91	406,80
60	413,70	420,60	427,49	434,38	441,28	448,18	455,07	461,96	468,86	475,76
70	482,65	489,54	496,44	503,34	510,23	517,12	524,02	530,92	537,81	544,70
80	551,60	558,50	565,39	572,28	579,18	586,08	592,97	599,86	606,76	613,66
90	620,55	627,44	634,34	641,24	648,13	655,02	661,92	668,82	675,71	682,60
100	689,50	–	–	–	–	–	–	–	–	–

Observação: a mesma tabela pode ser usada para a conversão de kip-força por polegada quadrada (kipf por sq in) em MN/m² ou MPa

Tabela XIV Conversão de Btu (unidades térmicas britânicas) por hora em watts

Btu/hr	0	1	2	3	4	5	6	7	8	9
	W									
0	–	0,29	0,59	0,88	1,17	1,47	1,76	2,05	2,34	2,64
10	2,93	3,22	3,52	3,81	4,10	4,40	4,69	4,98	5,28	5,57
20	5,86	6,16	6,45	6,74	7,03	7,33	7,62	7,91	8,21	8,50
30	8,79	9,09	9,38	9,67	9,97	10,26	10,55	10,84	11,14	11,43
40	11,72	12,02	12,31	12,60	12,90	13,19	13,48	13,78	14,07	14,36
50	14,66	14,95	15,24	15,53	15,83	16,12	16,41	16,71	17,00	17,29
60	17,59	17,88	18,17	18,47	18,76	19,05	19,34	19,64	19,93	20,22
70	20,52	20,81	21,10	21,40	21,69	21,98	22,28	22,57	22,86	23,15
80	23,45	23,74	24,03	24,33	24,62	24,91	25,21	25,50	25,79	26,09
90	26,38	26,67	26,97	27,26	27,55	27,84	28,14	28,43	28,72	29,02
100	29,31	–	–	–	–	–	–	–	–	–

Tabela XV Conversão de valores *U*: Btu (unidades térmicas britânicas) por pé quadrado por hora por grau Fahrenheit (*btu per ft hr*) em watts por metro quadrado por Kelvin (W/m²K)

Btu per ft hr °F	0	0,01	0,02	0,03	0,04	0,05	0,06	0,07	0,08	0,09
	W/(m²K)									
0	–	0,057	0,114	0,170	0,227	0,284	0,341	0,397	0,454	0,511
0,1	0,568	0,624	0,681	0,738	0,795	0,852	0,908	0,965	1.022	1.079
0,2	1.136	1.192	1.249	1.306	1.363	1.420	1.476	1.533	1.590	1.647
0,3	1.703	1.760	1.817	1.874	1.931	1.987	2.044	2.101	2.158	2.214
0,4	2.271	2.328	2.385	2.442	2.498	2.555	2.612	2.669	2.725	2.782
0,5	2.839	2.896	2.953	3.009	3.066	3.123	3.180	3.236	3.293	3.350
0,6	3.407	3.464	3.520	3.577	3.634	3.691	3.747	3.804	3.861	3.918
0,7	3.975	4.031	4.088	4.145	4.202	4.258	4.315	4.372	4.429	4.486
0,8	4.542	4.599	4.656	4.713	4.770	4.826	4.883	4.940	4.997	5.053
0,9	5.110	5.167	5.224	5.281	5.337	5.394	5.451	5.508	5.564	5.621
1,0	5.678	–	–	–	–	–	–	–	–	–

Tabela XVI Conversão de pés e polegadas (até 100 ft) em metros (com milímetros arredondados)

Pés e polegadas (ft-in)

	0	1	2	3	4	5	6	7	8	9	10	11
	Metros (m)											
0	–	0,025	0,051	0,076	0,102	0,127	0,152	0,178	0,203	0,229	0,254	0,279
1	0,305	0,330	0,356	0,381	0,406	0,432	0,457	0,483	0,508	0,533	0,559	0,584
2	0,610	0,635	0,660	0,686	0,711	0,737	0,762	0,787	0,813	0,838	0,864	0,889
3	0,914	0,940	0,965	0,991	1.016	1.041	1.067	1.092	1.118	1.143	1.168	1.194
4	1.219	1.245	1.270	1.295	1.321	1.346	1.372	1.397	1.422	1.448	1.473	1.499
5	1.524	1.549	1.575	1.600	1.626	1.651	1.676	1.702	1.727	1.753	1.778	1.803
6	1.829	1.854	1.880	1.905	1.930	1.956	1.981	2.007	2.032	2.057	2.083	2.108
7	2.134	2.159	2.184	2.210	2.235	2.261	2.286	2.311	2.337	2.362	2.388	2.413
8	2.438	2.464	2.489	2.515	2.540	2.565	2.591	2.616	2.642	2.667	2.692	2.718
9	2.743	2.769	2.794	2.819	2.845	2.870	2.896	2.921	2.946	2.972	2.997	3.023
10	3.048	3.073	3.099	3.124	3.150	3.175	3.200	3.226	3.251	3.277	3.302	3.327
11	3.353	3.378	3.404	3.429	3.454	3.480	3.505	3.531	3.556	3.581	3.607	3.632
12	3.658	3.683	3.708	3.734	3.759	3.785	3.810	3.835	3.861	3.886	3.912	3.937
13	3.962	3.988	4.013	4.039	4.064	4.089	4.115	4.140	4.166	4.191	4.216	4.242
14	4.267	4.293	4.318	4.343	4.369	4.394	4.420	4.445	4.470	4.496	4.521	4.547
15	4.572	4.597	4.623	4.648	4.674	4.699	4.724	4.750	4.775	4.801	4.826	4.851
16	4.877	4.902	4.928	4.953	4.978	5.004	5.029	5.055	5.080	5.105	5.131	5.156
17	5.182	5.207	5.232	5.258	5.283	5.309	5.334	5.359	5.385	5.410	5.436	5.461
18	5.486	5.512	5.537	5.563	5.588	5.613	5.639	5.664	5.690	5.715	5.740	5.766
19	5.791	5.817	5.842	5.867	5.893	5.918	5.944	5.969	5.994	6.020	6.045	6.071
20	6.096	6.121	6.147	6.172	6.198	6.223	6.248	6.274	6.299	6.325	6.350	6.375
21	6.401	6.426	6.452	6.477	6.502	6.528	6.553	6.579	6.604	6.629	6.655	6.680
22	6.706	6.731	6.756	6.782	6.807	6.833	6.858	6.883	6.909	6.934	6.960	6.985
23	7.010	7.036	7.061	7.087	7.112	7.137	7.163	7.188	7.214	7.239	7.264	7.290
24	7.315	7.341	7.366	7.391	7.417	7.442	7.468	7.493	7.518	7.544	7.569	7.595
25	7.620	7.645	7.671	7.696	7.722	7.747	7.772	7.798	7.823	7.849	7.874	7.899
26	7.925	7.950	7.976	8.001	8.026	8.052	8.077	8.103	8.128	8.153	8.179	8.204
27	8.230	8.255	8.280	8.306	8.331	8.357	8.382	8.407	8.433	8.458	8.484	8.509
28	8.534	8.560	8.585	8.611	8.636	8.661	8.687	8.712	8.738	8.763	8.788	8.814
29	8.839	8.865	8.890	8.915	8.941	8.966	8.992	9.017	9.042	9.068	9.093	9.119
30	9.144	9.169	9.195	9.220	9.246	9.271	9.296	9.322	9.347	9.373	9.398	9.423
31	9.449	9.474	9.500	9.525	9.550	9.576	9.601	9.627	9.652	9.677	9.703	9.728
32	9.754	9.779	9.804	9.830	9.855	9.881	9.906	9.931	9.957	9.982	10.008	10.033
33	10.058	10.084	10.109	10.135	10.160	10.185	10.211	10.236	10.262	10.287	10.312	10.338
34	10.363	10.389	10.414	10.439	10.465	10.490	10.516	10.541	10.566	10.592	10.617	10.643
35	10.668	10.693	10.719	10.744	10.770	10.795	10.820	10.846	10.871	10.897	10.922	10.947
36	10.973	10.998	11.024	11.049	11.074	11.100	11.125	11.151	11.176	11.201	11.227	11.252
37	11.278	11.303	11.328	11.354	11.379	11.405	11.430	11.455	11.481	11.506	11.532	11.557
38	11.582	11.608	11.633	11.659	11.684	11.709	11.735	11.760	11.786	11.811	11.836	11.862
39	11.887	11.913	11.938	11.963	11.989	12.014	12.040	12.065	12.090	12.116	12.141	12.167
40	12.192	12.217	12.243	12.268	12.294	12.319	12.344	12.370	12.395	12.421	12.446	12.471
41	12.497	12.522	12.548	12.573	12.598	12.624	12.649	12.675	12.700	12.725	12.751	12.776
42	12.802	12.827	12.852	12.878	12.903	12.929	12.954	12.979	13.005	13.030	13.056	13.081
43	13.106	13.132	13.157	13.183	13.208	13.233	13.259	13.284	13.310	13.335	13.360	13.386
44	13.411	13.437	13.462	13.487	13.513	13.538	13.564	13.589	13.614	13.640	13.665	13.691
45	13.716	13.741	13.767	13.792	13.818	13.843	13.868	13.894	13.919	13.945	13.970	13.995
46	14.021	14.046	14.072	14.097	14.122	14.148	14.173	14.199	14.224	14.249	14.275	14.300
47	14.326	14.351	14.376	14.402	14.427	14.453	14.478	14.503	14.529	14.554	14.580	14.605
48	14.630	14.656	14.681	14.707	14.732	14.757	14.783	14.808	14.834	14.859	14.884	14.910
49	14.935	14.961	14.986	15.011	15.037	15.062	15.088	15.113	15.138	15.164	15.189	15.215
50	15.240	15.265	15.291	15.316	15.342	15.367	15.392	15.418	18.443	15.469	15.494	15.519
51	15.545	15.570	15.596	15.621	15.646	15.672	15.697	15.723	15.748	15.773	15.799	15.824
52	15.850	15.875	15.900	15.926	15.951	15.977	16.002	16.027	16.053	16.078	16.104	16.129
53	16.154	16.180	16.205	16.231	16.256	16.281	16.307	16.332	16.358	16.383	16.408	16.434
54	16.459	16.485	16.510	16.535	16.561	16.586	16.612	16.637	16.662	16.688	16.713	16.739
55	16.764	16.789	16.815	16.840	16.866	16.891	16.916	16.942	16.967	16.993	17.018	17.043
56	17.069	17.094	17.120	17.145	17.170	17.196	17.221	17.247	17.272	17.297	17.323	17.248
57	17.374	17.399	17.424	17.450	17.475	17.501	17.526	17.551	17.577	17.602	17.628	17.653
58	17.678	17.704	17.729	17.755	17.780	17.805	17.830	17.856	17.882	17.907	17.932	17.958
59	17.983	18.009	18.034	18.059	18.085	18.110	18.136	18.161	18.186	18.212	18.237	18.263
60	18.288	18.313	18.339	18.364	18.390	18.415	18.440	18.466	18.491	18.517	18.542	18.567
61	18.593	18.618	18.644	18.669	18.694	18.720	18.745	18.771	18.796	18.821	18.847	18.872
62	18.898	18.923	18.948	18.974	18.999	19.025	19.050	19.075	19.101	19.126	19.152	19.177
63	19.202	19.228	19.253	19.279	19.304	19.329	19.355	19.380	19.406	19.431	19.456	19.482
64	19.507	19.533	19.558	19.583	19.609	19.634	19.660	19.685	19.710	19.736	19.761	19.787
65	19.812	19.837	19.863	19.888	19.914	19.939	19.964	19.990	20.015	20.041	20.066	20.091
66	20.117	20.142	20.168	20.193	20.218	20.244	20.269	20.295	20.320	20.345	20.371	20.396
67	20.422	20.447	20.472	20.498	20.523	20.549	20.574	20.599	20.625	20.650	20.676	20.701
68	20.726	20.752	20.777	20.803	20.828	20.853	20.879	20.904	20.930	20.955	20.980	21.006
69	21.031	21.057	21.082	21.107	21.133	21.158	21.184	21.209	21.234	21.260	21.285	21.311

Índice

abastecimento de água, em áreas tropicais **36**:7, **36**:32
Aberdeen University Library **23**:8, **23**:9
abrigos para bezerros **13**:7
abrigos para gado **13**:2, **13**:4–7
absorção, coeficientes de **9**:2, **9**:3
absorção **7**:5, **7**:6, **36**:34
acabamentos: gesso e gesso cartonado (*drywall*) **6**:21–2, **7**:4; laboratórios **22**:20; móveis de laboratório **22**:16; pedra talhada **6**:18; tintas **6**:26, **36**:34
acabamentos com madeira natural **6**:26
academias **31**:2
academias de ginástica **32**:38
acesso, sistemas de controle **17**:5, **19**:13
acesso: auditórios **14**:9, **14**:10, **14**:19, **14**:23; bibliotecas **23**:6; com rampa **24**:5; corpos de bombeiro **15**:2; degraus **3**:2–3; e enchentes **11**:9; escritórios **26**:9; espaços esportivos **32**:27, **32**:29, **32**:38–9; hotéis **17**:2; igrejas **28**:12–13; para bombeiros **10**:4–5, **10**:6, **17**:5, **19**:8; para manutenção **2**:6–7; planos diretores **24**:4–5; portas de entrada **3**:3; projeto para a prevenção do crime **12**:2; rampas **3**:1; *shoppings* **30**:10; *veja também* acesso de cadeirantes
acesso à Internet **19**:10–11
acesso de cadeirantes **4**:1; auditórios **14**:8, **14**:9, **14**:35, **14**:40; balcões de pagamento **27**:6, **27**:9; banheiros **2**:7, **2**:9–11, **15**:9; bibliotecas **23**:6; caixas eletrônicos **27**:5, **27**:7; casas de estudantes **19**:9, **19**:11, **19**:12; dimensões **4**:2–4, **4**:5; elevadores **3**:9, **3**:10; espaços esportivos **32**:29, **32**:30, **32**:39; portas **3**:3; residências para idosos **18**:1; saguões **3**:4
acesso por meio de rampas **24**:5
achados e perdidos (depósitos) **15**:9
aço **6**:1–5; armadura do concreto **5**:11–12, **6**:5; barras **6**:1, **6**:2, **6**:3; chapas **6**:1; coberturas **6**:12; dimensões **6**:1–5; em áreas tropicais **36**:29, **36**:30; energia incorporada **7**:3; estrutural **5**:13, **5**:14–15, **6**:1–2, **6**:3–4; galvanizado em imersão quente **6**:5; inoxidável **6**:5, **6**:12; janelas **6**:26; patinável (Cor-Ten) **6**:2, **6**:5; propriedades **5**:6, **5**:13; resistência ao fogo **10**:19; revestido **6**:5; valores-U **7**:16; zonas sujeitas a terremotos **36**:32
aço galvanizado **6**:5
acomodações para turistas **17**:1; *veja também* hotéis
aços revestidos **6**:5
acostamento, vias **33**:10
acústica: auditórios **9**:16, **9**:17, **14**:2, **14**:4, **14**:12, **14**:35; coeficientes de absorção **9**:2, **9**:3; ensino de música **37**:6; espaços para apresentação **9**:16, **9**:17; estúdios de televisão **34**:3, **34**:4; laboratórios **22**:23; museus **25**:6; princípios **9**:1–3; redução da transmissão sonora **9**:3–6; sinagogas **28**:19; tempos de reverberação **9**:2–3, **9**:15, **10**:16–17, **34**:3; *veja também* isolamento acústico
adaptabilidade: bibliotecas **23**:5; edifícios industriais **20**:2–5, **20**:7; escritórios **26**:3; leiautes de mobiliário em escolas **31**:5–6; locais de venda de alimentos e bebidas **29**:7; museus **25**:2, **25**:3
adesivos **6**:25–6
adesivos à base de betume **6**:26
adesivos aplicados a quente **6**:26
adesivos cianoacrilatos **6**:26
adesivos de PVA **6**:25, **6**:26
adesivos de resina epóxi **6**:26
adesivos para azulejos **6**:25
adesivos para enchimento **6**:26
adesivos para madeira **6**:26

adesivos para tubulações de plástico **6**:26
adestramento de cavalos, arenas **13**:19
administração, projeto para a prevenção do crime **12**:4
AEDET, projeto de hospitais **16**:3
aerofólios **36**:23
aerogeradores *veja* turbinas eólicas
aeroportos **35**:1–16; áreas de chegada **35**:9–11; áreas de partida **35**:4–9; estudo de caso **35**:14–16; exigências dos aventais de estacionamento **35**:12–13, **35**:14; locais de venda de alimentos e bebidas **29**:2, **29**:19, **29**:25; níveis e volumes de tráfego aéreo **35**:11; segurança **35**:4, **35**:5, **35**:7, **35**:8, **35**:9; taxas de infiltração de ar **7**:10; *veja também* cafeterias
Agência Ambiental britânica **11**:3, **11**:10
aglomerado de madeira *veja* madeira aglomerada
agregados **6**:9
água da chuva *veja* águas pluviais, gestão; coleta de água da chuva
água quente, aquecimento solar **24**:16, **31**:5, **36**:32, **37**:3
águas pluviais, gestão: elaboração de planos diretores **24**:16–17, **24**:19; em áreas tropicais **36**:11, **36**:33; sistemas de drenagem sustentável (SuDS) **6**:14, **11**:9–10, **11**:13, **11**:14; universidades **37**:3, **37**:13; *veja também* projeto para prevenção de enchentes
ajuda internacional **36**:8
alarmes de incêndio **10**:22, **14**:12, **19**:8
alas, hospital **16**:2–3, **16**:4, **16**:10–11, **16**:13–14, **16**:18–19
albedo (refletância solar) **36**:33–4
alcance dos braços **4**:4–5, **18**:4
alfândegas, aeroportos **35**:10
altares, guarda-corpos **28**:10, **28**:11, **28**:12
altares **28**:2, **28**:6, **28**:8–9
altura dos planos de trabalho **2**:5–6, **18**:4, **29**:9
altura livre: escadas **3**:6; escadas rolantes **3**:8
alturas entre pisos: escritórios **26**:8; laboratórios **22**:5–6
aluguéis **19**:1, **30**:2
alumínio **6**:10–11; coberturas **6**:12; estrutural **6**:10–11; janelas **6**:26; ligas **6**:5, **6**:10–11; propriedades **5**:13; resistência ao fogo **10**:19
alvenaria **5**:7, **5**:8; em áreas tropicais **36**:30; propriedades **5**:6; resistência ao fogo **10**:19; valores-U **7**:16
alvenaria de blocos **6**:9, **7**:4, **7**:16; blocos de baixa densidade **7**:17
alvenaria de tijolo **6**:8–9, **7**:3, **7**:4, **7**:16, **10**:19
ambientes de uso híbrido ou misto **24**:12
ambulâncias **33**:3, estações de **15**:7–9
amenidades: estações de ambulâncias **15**:9; estações dos corpos de bombeiro **15**:4, **15**:5
amianto **10**:19
amortecimento com a distância **9**:3–4
ampliação futura, projeto para **20**:5
ampliações, igrejas **28**:2–3
ampliações: edifícios industriais **20**:5; museus **25**:2, **25**:3
análise ambiental do terreno **7**:15
análise da proteção solar **24**:7
análise de risco de enchentes **11**:3
análise do terreno **24**:3, **36**:7–8
análises de impacto ambiental **24**:2, **36**:7
análises termográficas **7**:34–5
andadores estacionários para cavalos **32**:32
animais: cães-guia **2**:7, **4**:4, **14**:35; cavalos **13**:12, **13**:15, **13**:16–20; de fazenda **13**:2, **13**:3, **13**:4–11, **13**:12, **13**:13; em áreas tropicais **36**:10

animais de fazenda **13**:2, **13**:3, **13**:4–11, **13**:12, **13**:13; *veja também* cavalos
antropometria **2**:1–5, **4**:2, **36**:11
aparelhos sanitários, materiais **6**:15, **6**:17
apartamentos: casas de estudantes **19**:3, **19**:4, **19**:5, **19**:6; rotas de fuga **10**:9–12; taxas de infiltração de ar **7**:10
apartamentos térreos, rotas de fuga **10**:9, **10**:11–12
aprendizado, sistemas móveis e sem fio **37**:12
aprendizado a distância embutido (*embedded e-learning*) **37**:12
aprendizado a distância via Internet (*e-learning*) **37**:5–6, **37**:12
aprendizado *distributed* **37**:12
aprendizado no local de trabalho **37**:12
aprendizado online **37**:5–6
apropriação do espaço público **24**:7
aquecedores com condensador **7**:26
aquecedores sem condensador **7**:26
aquecimento global **7**:15
aquecimento solar de água **24**:16, **31**:5, **36**:32, **37**:3
aquecimento *veja* calefação
ar, conteúdo de umidade **7**:20–1; *veja também* umidade relativa do ar
ar, estanqueidade **7**:35
ar, infiltração **7**:10, **7**:22–3; medições **7**:35
ar, modelos de fluxo **7**:33–4
ar, temperatura **7**:7, **7**:11–12
ar, velocidade **7**:7–8, **7**:9
Arca da Aliança **28**:16, **28**:17, **28**:18, **28**:19
Architectural Liaison Officers (ALOs) **31**:6
ardhamandapa **28**:20
ardósia **6**:18
área de escritórios líquida **26**:6
área de transmissão externa (televisão e rádio) **32**:42
área de vendas líquida **30**:1
área interna bruta com as paredes externas **22**:9, **26**:6, **37**:14, **37**:15
área interna líquida **26**:6, **30**:1, **30**:8, **37**:14, **37**:15
área útil líquida **22**:9, **37**:14, **37**:15
áreas de captação **24**:4
áreas de carga e descarga **29**:7, **30**:3, **30**:10, **33**:18–19, **37**:11
áreas de imigração, aeroportos **35**:9
áreas de piso: comércio **30**:1; escolas **31**:2, **31**:7, **31**:11, **31**:15; hotéis **17**:3; universidades **37**:13–15
áreas de uso comum: áreas públicas; banheiros **2**:13; circulações (áreas); moradias para estudantes **19**:3, **19**:8, **19**:11–12; residências para idosos **18**:1, **18**:2
áreas especiais (VIP), espaços esportivos **32**:39–40
áreas externas cobertas **7**:14–15
áreas para manobra **33**:10, **33**:11
áreas protegidas externas **7**:14–15
áreas públicas: delegacias de polícia **15**:9; estações rodoviárias municipais e interurbanas **35**:25–6; hotéis **17**:2, **17**:4–5, **17**:11–13; locais de venda de alimentos e bebidas **29**:3, **29**:4–7, **29**:8, **29**:9; museus **25**:2, **25**:3; universidades **37**:9
Arena O2, Londres **32**:22, **32**:23
arenito **6**:17, **6**:19
armarinhos (bazares) **30**:6
armários com chave (vestiários) **15**:5, **15**:6, **15**:7, **15**:9
armários de segurança **22**:17–18, **22**:19
armários de segurança microbiológica (MSCs) **22**:18–20, **22**:21
armazenamento de colheitas **13**:13–15
armazenamento de nitrogênio líquido **22**:17
armazenamento de tinta **14**:39
armazenamento em pilhas soltas **21**:5, **21**:6
Arndale Centre, Luton **30**:9
aro magnético, sistemas **14**:3, **14**:35, **14**:40, **28**:14, **28**:18–19
arquibancadas **14**:11

arquitetura de interiores: redução da transmissão sonora **9**:5; serviços de saúde mental **16**:19
arranjos fotovoltaicos *veja* células fotovoltaicas
artes dramáticas, ensino **31**:15
Arum Hotel, Side, Turquia **17**:14
árvores **24**:3, **36**:16
asilo para carentes de cuidados especiais (*very sheltered housing* – VSH) **18**:1–4
asilos para idosos **18**:1–4, **33**:14
ASPECT (ferramenta de projeto de hospitais) **16**:3
assentos: auditórios **14**:1–3, **14**:4, **14**:5–6, **14**:7, **14**:11; cinemas **14**:32; espaços esportivos **32**:27, **32**:28–9, **32**:30; igrejas e salões comunitários **28**:2, **28**:5–6, **28**:8, **28**:11, **28**:14; locais de venda de alimentos e bebidas **29**:4, **29**:5–7, **29**:8, **29**:9; residências para idosos **18**:4; sinagogas **28**:17–18; *veja também* cadeiras
atletismo **32**:8–9, **32**:23, **32**:27, **32**:34
átrios **36**:21–2, **37**:2
auditórios **14**:25, **14**:27, **37**:3, **37**:4, **37**:6, **37**:7; acústica **9**:16, **9**:17, **14**:2, **14**:4, **14**:12, **14**:35; assentos **14**:1–3, **14**:4, **14**:5–6, **14**:7, **14**:11; espaços para conferências **14**:3, **14**:25–31, **14**:37, **37**:9; formatos **14**:5–6, **14**:13, **14**:14, **14**:23, **14**:24, **14**:25–6, **14**:37; legislação **14**:40; linhas de visão **14**:1, **14**:4–8, **14**:15, **14**:24, **14**:32, **14**:34; multifuncionais **14**:36, **14**:37; projeto **14**:3–12; salas de concerto **9**:17, **14**:23–5, **14**:26; sistemas de apoio **14**:36–40; teatro-estúdio **14**:23; *veja também* cinemas; teatros
auditórios com palco aberto **14**:5, **14**:13, **14**:14, **14**:18–19
Austrália **36**:5, **36**:6
automação predial **26**:2
automóveis **33**:2–3
autonomia da luz natural **31**:5
autosserviços de alimentação: cafeterias **29**:2, **29**:16–17, **29**:19, **29**:20, **29**:21–2, **29**:24; balcões **29**:12, **29**:20, **29**:21; previsões de área **29**:5
aviários com poleiros (galinheiros) **13**:13
azulejos **6**:15

Bab Al-Sadir **28**:19
badminton **32**:10, **32**:23, **32**:25, **32**:35
bagagem, aeroportos **35**:4, **35**:7, **35**:8, **35**:9–10, **35**:12
baias veterinárias **13**:18
balaústres **3**:7
balcões, escritórios para pagamento **27**:6, **27**:8–9
balcões: auditórios **14**:4, **14**:6, **14**:9, **14**:10; hotéis **17**:9; proteção solar **36**:16
balcões **29**:11, **29**:12, **29**:15, **29**:20, **29**:21
Balliol College, Oxford **19**:3
bancadas **2**:5, **26**:14, **26**:15
bancadas de demonstração **14**:28
"bancadas frias" **26**:15
bancos **27**:1, **27**:2–3, **27**:5–6, **27**:7, **27**:8–9, **33**:14
bangalôs coloniais **36**:2, **36**:19, **36**:20
banheiros **2**:8; apartamentos de hotel (para hóspedes) **17**:11; casas de estudantes **19**:3, **19**:4, **19**:8, **19**:10, **19**:12; compartimentos e cubículos **2**:11–12; crematórios **28**:23; delegacias de polícia **15**:9, **15**:12; depósitos **21**:9, **21**:10; edifícios industriais **20**:9; em áreas tropicais **36**:33; escolas **2**:7, **2**:8, **31**:7, **31**:10, **31**:15; espaços acessíveis **2**:7, **2**:8, **2**:9–11, **4**:6, **15**:9; espaços esportivos **32**:36, **32**:37, **32**:39; estações de ambulâncias **15**:9; hospitais **16**:2, **16**:4; mesquitas **28**:20; número exigido **2**:7, **2**:8; padrões espaciais **2**:7–13; para crianças **2**:8, **2**:11, **4**:6; residências para idosos **18**:3–4; *shoppings* **30**:10
banhos **2**:10, **18**:3–4
bares **29**:1, **29**:5, **29**:20, **29**:23–7, **33**:14
barras: alumínio **6**:10; aço **6**:1, **6**:2, **6**:3
barras antipânico **10**:18

barreiras acústicas **9**:4
barreiras contra o vento **7**:14–15
barreiras corta-fogo (ou contra fogo) **10**:2, **10**:4, **10**:9, **16**:7
barrotes/vigas: aço **5**:14, **6**:3; piso **5**:9, **5**:10, **5**:11
basquetebol **32**:12, **32**:25, **32**:35
batata, armazenamento **13**:14
baterias de gaiolas **13**:11–12
batismos **28**:3, **28**:4, **28**:6
batistério **28**:7
beirais **36**:16
beisebol **32**:5
benchmarking **37**:16
Biblioteca de Birmingham **23**:14–17
Biblioteca Pública de Brighton **23**:14
biblioteca pública The Hive (A Colmeia), Worcester **23**:2, **23**:3
bibliotecas, balcões **23**:5
bibliotecas **23**:1–19; condições ambientais **23**:12–14, **23**:15, **23**:19; estacionamento **33**:15; estudo de caso **23**:14–17; leiautes **23**:7–11; padrões espaciais **23**:11–12, **37**:14; papéis comunitários **23**:2–4; projeto **23**:4–6; taxas de infiltração de ar **7**:10; universitárias **23**:1, **23**:2, **23**:4, **23**:7, **23**:8–9, **23**:10–11, **23**:12, **37**:4–5, **37**:14
bibliotecas acadêmicas **23**:1, **23**:2, **23**:4, **23**:7, **23**:8–9, **23**:10–11, **23**:12, **37**:5–6, **37**:14
bibliotecas nacionais **23**:1, **23**:6, **23**:13
bicicletários **23**:4, **33**:12, **33**:13, **33**:16
bicicletas **32**:34, **33**:2; *veja também* ciclismo
bilhar *veja* sinuca
bilheterias **14**:37, **14**:38, **27**:2, **27**:4
BIM (Building Information Modelling) **1**:1, **1**:5, **1**:11–13
bima (púlpito), sinagogas **28**:16–17, **28**:18
biocombustíveis **36**:28
biodiversidade **6**:14, **24**:3, **24**:12
biogás **24**:17
biomassa **31**:5, **36**:28
blocos de concreto de baixa densidade **7**:17
Bloomberg, salas **37**:7
BMX (bicicross), pistas **32**:7
boilers **7**:26
Bolton Market Place **30**:12
bombas de calor com fonte aérea **7**:31
bombas de calor de fonte geotérmica **7**:31, **7**:32, **31**:5
bondes **35**:26, **35**:28
borracha **6**:20
boxe (pugilismo) **32**:17
brilho **8**:10
brises **36**:17
Building Regulations (normas de construção britânicas): combate e prevenção de incêndios **10**:22, **31**:6; edificações agrícolas **13**:20; eficiência em energia **6**:14–15; espaços acessíveis **2**:8, **19**:9; iluminação **8**:8–9; portas **6**:27; resistência ao fogo **10**:2, **10**:3; rotas de fuga **10**:19, **22**:15
Burolandschaft (grandes escritórios com planta livre) **26**:1–2
Buttermarket, Ipswich **30**:13

CABE *veja* Commission for Architecture and the Built Environment (CABE)
cabines para intérpretes **14**:28–9
CAD (projeto assistido por computador) **1**:1
cadeia de suprimento **26**:3
cadeiras *veja* assentos
cães-guia **2**:7, **4**:4, **14**:35
cafés **29**:16, **37**:9; *veja também* cafeterias
cafeterias **2**:8, **7**:10, **9**:8, **29**:16, **33**:14, **37**:4; áreas de produção de alimentos **29**:9; autosserviço **29**:2, **34**:16–17, **29**:19, **29**:20, **29**:21–2, **29**:24; espaços esportivos **32**:38; previsões de área **29**:5; *veja também* serviços de alimentação
caiaques **32**:16, **32**:35
caibros **5**:9, **5**:12
caixas de escada enclausuradas à prova de fumaça **10**:5, **10**:6
caixas econômicas **27**:1, **27**:3, **27**:6, **27**:7
caixas eletrônicos **27**:1, **27**:2, **27**:3, **27**:5–6, **27**:7, **27**:8
calçadas *veja* passeios
calcário **6**:17, **6**:19, **6**:21
calculadora de carbono **31**:4
calefação **7**:25–7; aquecimento solar de água **24**:16, **31**:5, **36**:32, **37**:3; auditórios **14**:2, **14**:12; batistério **28**:7; *boilers* **7**:26; casas de estudantes **19**:11; e condensação **7**:21; Passive Haus **7**:32, **7**:33; salas de custódia **15**:14; sinagogas **28**:18; sistemas de distribuição **7**:25, **7**:26; uso de energia sazonal **7**:26, **7**:27
calefação e refrigeração na escala do distrito ou bairro **24**:16
calor metabólico **7**:7
camadas-limite **7**:13, **7**:14
camarins **14**:21–3, **34**:2
camas, hospital **16**:9
Cambridge University **37**:1
caminhões **33**:3–4, **33**:18–19
Campo de críquete Lord's **32**:40, **32**:41
campos de polo **13**:19
campos esportivos, tecnologia **32**:24
campos esportivos **31**:11, **32**:43–4, **33**:15
canhões seguidores **14**:20
canis, abrigos para animais **13**:2, **13**:4
canos de emergência **15**:3, **15**:6
canteiros centrais **33**:21, **33**:23
cantinas *veja* refeitórios
cantoneiras **5**:27; aço **6**:4; alumínio **6**:11
cantoneiras de abas iguais **5**:27, **6**:4
capacidade de carregamento **10**:19
capelas: crematórios **28**:22–3; metodistas **28**:6–7
caratê **32**:20, **32**:25
cargas **5**:1–3, **5**:4; edifícios industriais **20**:8; elementos de alvenaria **5**:7, **5**:8; escritórios **26**:8–9; laboratórios **22**:6; sobre vigas **5**:17–20
cargas acidental, vivas ou de serviço **5**:2
cargas de piso **5**:4
cargas dinâmicas **5**:2
cargas mortas **5**:2, **5**:17
cargas pontuais **5**:17
carregamento do terreno **24**:7
carrinhos de bebê **3**:4, **4**:3
carros maca, hospital **16**:9
cartas solares **8**:4, **8**:12, **36**:33
carunchos **36**:10
Casa Ena de Silva, Colombo **36**:3
casas de câmbio **27**:1, **27**:4, **27**:5, **27**:7
casas de estudantes **19**:1–13, **37**:10
casas de religião *veja* igrejas e locais de culto
casas noturnas **29**:25, **29**:27, **33**:14
casas para idosos *veja* asilos para idosos
casas sombreadas (estufas) **36**:24
casas *veja* moradias
catracas **32**:39
cavalos **13**:12, **13**:15, **13**:16–20
celas, delegacias de polícia **15**:12, **15**:13–14
celeiros **13**:13, **13**:14; *veja também* edificações agrícolas
celeiros holandeses **13**:14
células fotovoltaicas **24**:16, **31**:5, **36**:29, **37**:13
cemitérios **36**:8

Centre for Tropical and Infectious Diseases, Liverpool **22**:24, **22**:25–6, **22**:29
Centre of Excellence in Teaching and Learning (CETL) **37**:8
centros comunitários **33**:15
centros de aprendizado **37**:4–5, **37**:14
centros de custódia: delegacias de polícia **15**:12–15
centros de férias **29**:28
centros de recursos para o aprendizado **31**:13
centros de treinamento para executivos **37**:7
centros pastorais **28**:8
cercas **12**:3
cercas e grades de metal, segurança **12**:3
cercas-vivas **12**:3
Céu Encoberto Padrão **8**:5
chaminés solares **36**:23
chapa aglomerada de cimento-madeira **6**:7, **6**:8
chapas de fibra de madeira *veja fibreboards*
check-in, áreas em aeroportos **35**:7–8
checklists, elaboração de planos diretores **24**:7–10
Chek Lap Kok, aeroporto, Hong Kong **35**:4
chicanas **33**:7, **33**:9
chiqueiros **13**:8–10
chumbo **6**:5, **6**:12–13
chuvas **7**:12, **11**:2
chuveiros **2**:10, **18**:3–4, **19**:12
ciclismo **24**:12, **33**:22, **37**:13
ciclofaixas/ciclovias **33**:6, **33**:10–12
cilindros de gás, armazenamento **22**:17
cimento **6**:9, **6**:21, **7**:3
cimento reforçado com fibra de vidro **6**:21
cinemas **14**:32–6; acústica **9**:17, **14**:35; banheiros **2**:8; estacionamento **33**:14–15; isolamento acústico **9**:9, **9**:13, **9**:15; níveis de ruído admissíveis **9**:8
Circuitos Fechados de Televisão **12**:4, **17**:5, **19**:13
circulação de passageiros: aeroportos **35**:4, **35**:5, **35**:6, **35**:7, **35**:8, **35**:9, **35**:10, **35**:11; estações ferroviárias **35**:21–2
circulação de pessoas **3**:1–12; acesso a edificações **3**:1–3; escadas rolantes **3**:7–8; esteiras rolantes **3**:8–9; projeto para a prevenção do crime **12**:2; *veja também* elevadores; circulação de passageiros
circulações (áreas): auditórios **14**:9; bibliotecas **23**:5, **23**:12, **23**:15, **23**:19; casas de estudantes **19**:12; crematórios **28**:22; elaboração de planos diretores **24**:5; escritórios **26**:13; espaços esportivos **32**:38–9; hotéis **17**:2, **17**:3–4, **17**:5; igrejas **28**:14; laboratórios **22**:11–13; museus **25**:2; residências para idosos **18**:2; ruas de aprendizado **37**:4; *shoppings* **30**:10; universidades **37**:2, **37**:4
círculos de manobra **10**:5, **10**:6, **15**:2, **15**:11, **21**:11, **33**:4–5, **35**:23–4
cisalhamento **5**:6, **5**:12
claraboias **8**:1–3, **36**:35
claraboias de plástico **10**:8, **10**:9
classes de consumo energético das janelas (Window Energy Ratings–Grã-Bretanha) **6**:26–7
classes de consumo energético das portas (*door set energy ratings*) **6**:27
clerestórios **36**:15, **36**:19
clima **7**:11–15, **36**:3–5, **36**:6, **36**:11–14
climas áridos **36**:3, **36**:4, **36**:12, **36**:15
climas quentes e secos **36**:3, **36**:4, **36**:12, **36**:15
climas quentes e úmidos **36**:3, **36**:4, **36**:12, **36**:13
climas temperados **36**:3, **36**:4, **36**:12, **36**:13
climas úmidos **36**:3, **36**:4, **36**:12, **36**:13
cloreto de polivinil(a) (PVC) **6**:19, **6**:20, **6**:21; expandido **6**:23
cobertura da televisão, espaços esportivos **32**:40–2
coberturas, materiais de revestimento **10**:8; coberturas sustentáveis **6**:14, **11**:9, **11**:13, **24**:17; combate e prevenção de incêndios **10**:8; espaços esportivos **32**:30–1; forças que agem sobre **5**:24–5; madeira estrutural **5**:8–9, **5**:12; projetos em áreas tropicais **36**:31
coberturas à prova de umidade **6**:22
coberturas com mástique asfáltico **6**:14
coberturas de ardósia *veja* ardósia
coberturas de cobre **6**:12, **6**:13
coberturas de telhas metálicas **6**:11–13
coberturas em vertente com desníveis **36**:15, **36**:19
coberturas verdes **6**:14, **11**:9, **11**:13, **24**:17
COBie: Construction Operations Building Information Exchange **1**:1
Code for Sustainable Homes (CforSH) **9**:10–11
coeficientes de pressão **7**:14
coeficientes de proteção solar **36**:34
cogeração de energia elétrica e térmica **31**:5
coleções *veja* museus
colégios técnicos **37**:2
coleta de água da chuva **36**:32, **37**:3, **37**:13
coletores de luz **36**:15, **36**:17, **36**:19
colunas *veja* pilares
combate e prevenção de incêndios **10**:1–23; aparelhos e instalações **10**:21–2, **14**:12, **19**:8; áreas não protegidas **10**:6–7; auditórios **14**:12; casas de estudantes **19**:8; depósitos **21**:12; edifícios industriais **20**:8; escolas **31**:6; estábulos **13**:19; estúdios de televisão **34**:3–4; exigências legais **10**:22–3; gesso cartonado (*drywall*) **6**:22; gestão **10**:19; hospitais **16**:6–7; hotéis **17**:4, **17**:5; lojas de departamento **30**:6; plásticos **6**:20, **10**:20; portas corta-fogo (ou contra fogo) **6**:27; precauções **10**:2; princípios **10**:2–8; procedimentos de evacuação **10**:14–15, **10**:16; revestimentos de cobertura **10**:8; revestimentos de fachadas **10**:7, **10**:8; *shoppings* **30**:10; vermiculita descamada **6**:23; vidro **6**:15, **6**:16; *veja também* rotas de fuga
comércio **30**:1–14; centros/zonas de varejo **30**:3, **30**:14; espaços esportivos **32**:40; mercados públicos/feiras **30**:2–3; *shoppings* **10**:13, **29**:2, **29**:19, **30**:4, **30**:8–14; supermercados **21**:9, **30**:4, **30**:5, **30**:6–8; taxas de infiltração de ar **7**:10; universidades **37**:9–10; *veja também* lojas
comida para levar/viagem **29**:1, **29**:2, **29**:5, **29**:19–20, **29**:24
Comitês Consultores Diocesanos (Diocesan Advisory Committees) **28**:2, **28**:3
Commission for Architecture and the Built Environment (CABE) **23**:2, **23**:3, **24**:1, **24**:2, **24**:7–8, **31**:3, **31**:6
cômodos adjacentes, transmissão sonora **9**:6
compensado **6**:7
componente celeste vertical **8**:1, **8**:2
concreto: aerado **6**:22; agregado leve **6**:22, **6**:23; agregados **6**:9; blocos de baixa densidade **7**:17; cimento **6**:9; componentes **6**:10; densidade **7**:4; em áreas tropicais **36**:29, **36**:30; energia incorporada **7**:3; estanqueidade à água **6**:25; mixes **6**:9–10; painéis de concreto pré-moldados **6**:10; recobrimento da armadura **5**:13; resistência ao fogo **10**:19; zonas sujeitas a terremotos **36**:32; *veja também* concreto armado
concreto armado **5**:6, **5**:9–13; armadura do concreto **5**:11–12, **6**:5; cobertura da armadura **5**:13
concreto com agregados leves **6**:22, **6**:23
condensação **7**:6, **7**:19–22
condensação intersticial **7**:22
condensação superficial **7**:20–2
condicionamento do ar *veja* sistemas de ventilação mecânica
condições ambientais: bibliotecas **23**:12–14, **23**:15, **23**:19; clima **7**:1–2, **7**:11–15; condensação **7**:6, **7**:19–22; conforto térmico **7**:1, **7**:7–10, **36**:3–4; edifícios industriais **20**:8–9; ensino de música **37**:6; escolas **31**:2; escritórios **26**:10; estábulos **13**:18, **13**:19; laboratórios **22**:1, **22**:23; lojas **30**:4–5; museus **25**:4–6; universidades **37**:6, **37**:7, **37**:8, **37**:11
condução **7**:3–4, **10**:1

condutividade térmica **6**:23, **7**:3–4, **7**:15, **7**:17
conexões rígidas **5**:25
confessionários **28**:15
conforto térmico **7**:1, **7**:7–10, **36**:3–4; *veja também* temperatura
contêineres padronizados, veículos **33**:4
contratos de projeto e execução **5**:2
contraventamento **5**:20–1
Control of Substances Hazardous to Health Regulations **22**:17
controle de *doping*, espaços **32**:38
controle de infecções **6**:12, **16**:7, **16**:8–9, **16**:11
controle de ingresso, espaços esportivos **32**:39
controles de iluminação elétrica relacionados com o nível de iluminação natural **8**:9
controles de iluminação relacionados com a ocupação **8**:9
controles de iluminância constante **8**:9
convecção **7**:4, **10**:2
cooperativas **30**:2
coordenação dimensional **1**:7–10
coros, igrejas **28**:15–16
corredores **3**:4–5; auditórios **14**:4, **14**:7, **14**:32–3; casas de estudantes **19**:3, **19**:7; combate e prevenção de incêndios **10**:16–17, **10**:18, **17**:4; depósitos **21**:6, **21**:7–9; espaços esportivos **32**:36; hotéis **17**:3–4, **17**:11; igrejas **28**:14; laboratórios **22**:11–13; larguras **3**:4–5; residências para idosos **18**:2; salas de custódia **15**:12
corredores transversais, auditórios **14**:7
correios **27**:1, **27**:3–4, **27**:6, **27**:7
corretoras de valores ou mercadorias **26**:14–16
corrimãos: auditórios **14**:9–10, **14**:11; escadas e degraus **3**:2–3, **3**:6, **3**:7, **4**:6; escadas rolantes **3**:8; rampas **3**:1
cortiça **6**:23
cortinas **36**:17
cortinas corta-fogo **14**:15, **14**:16
cortinas d'água **10**:21
cozinhas **2**:5–6; altura dos planos de trabalho **2**:5–6, **18**:4, **29**:9; banheiros **2**:7–13; bibliotecas **23**:11–12, **37**:14; casas de estudantes **19**:3, **19**:8, **19**:10, **19**:11–12; equipamentos **29**:10–12, **29**:13–14, **29**:16, **29**:17; escolas **31**:2, **31**:7, **31**:11, **31**:15; locais de venda de alimentos e bebidas **29**:7, **29**:9–12, **29**:13–14, **29**:15, **29**:16, **29**:17; padrões espaciais **2**:5–6; pessoais **2**:2; residências para idosos **18**:2, **18**:3; universidades **37**:13–15; veja também dimensões; tamanho dos recintos
credência **28**:10
crematórios **28**:21–4
criação de lugares **33**:22
crianças: antropometria **2**:4, **4**:2; banheiros **2**:8, **2**:11, **4**:6; com deficiência **4**:2; serviços hospitalares **16**:13–14, **16**:17–18; *veja também* escolas
críquete **32**:5, **32**:23, **32**:25
cubículos, abrigos para gado **13**:2, **13**:4
cul-de-sacs **12**:2
culto *veja* igrejas e locais de culto
cumeeiras ventiladas **36**:20
cupins **36**:10
Cúpula da Terra do Rio **24**:2
cúpulas, mesquitas **28**:19
cura dos materiais de construção **7**:21
currais para engorda **13**:8, **13**:9
currais para procriação **13**:10
Currículo Nacional do Reino Unido **31**:1, **31**:8, **31**:10
curva de distribuição de frequência **2**:1–2
curva de distribuição normal **2**:1–2
curvas, vias **33**:9–10
custos: bibliotecas **23**:14; edificações de armazenamento industrial **21**:1; edifícios industriais **20**:9

Darent Valley Hospital, Dartford **16**:5
Deal Ground (gleba), estudo de caso, Norfolk **11**:10–14
declinação solar *veja* inclinação solar
deficiências de audição **14**:3, **14**:35, **14**:40, **19**:9
deficiências visuais **4**:4, **14**:35, **14**:40, **19**:9
defletores de luz **36**:18
deflexão **5**:1, **5**:6, **5**:12, **5**:17–18
deformação (flexão) **5**:21–2
deformação **5**:3, **5**:5
degraus **3**:2–3, **4**:5, **4**:6; *veja também* escadas
delegacias de polícia **15**:9–15
densidades: indicadores **24**:6; materiais **5**:2, **7**:4, **7**:6; planejamento **24**:12
Departamento de Saúde **16**:1, **16**:3, **16**:6, **16**:19
depósitos **7**:10, **21**:1–12, **33**:14; agrícolas **13**:1, **13**:13–15; auditórios **14**:21, **14**:39; bares **29**:23–4, **29**:26; depósitos **7**:10, **21**:1–12, **33**:14; espaços esportivos **32**:43; estações de ambulâncias **15**:9; Exército de Salvação, salões **28**:5–6; laboratórios **22**:16–17; locais de venda de alimentos e bebidas **29**:8–9, **29**:10; museus **25**:2, **25**:3; padrões espaciais **2**:6; residências para idosos **18**:4; universidades **37**:11
depósitos agrícolas **13**:20
depósitos de lixo *veja* lixo, depósitos/armazenamento
depósitos para pianos **14**:21
descobertas arqueológicas **36**:8
descontaminação do solo **24**:14
desenho universal **2**:1
desenho urbano: bibliotecas **23**:4, **23**:14; em áreas tropicais **36**:24, **36**:28
desenhos **1**:2–7; componentes com diferentes graus de detalhamento **1**:7; coordenação dimensional **1**:9; escalas **1**:2, **1**:3, **1**:6–7; etapas de projeto do RIBA **1**:3; símbolos **1**:5–6; tipos tradicionais **1**:2, **1**:3–5
desenvolvimento do projeto **1**:3
deslocamento lateral **5**:20–1
desníveis **4**:5–6
desvio padrão (DP) **2**:2
detectores de calor **10**:21, **14**:12
detectores de fumaça **10**:21, **14**:12
detectores de incêndio **10**:21–2
detectores de presença **8**:9
detectores de radiação **10**:21
detectores de raios X **10**:22
detectores ultravioleta **10**:21
DFC *veja* modelos de dinâmica de fluidos computacional (DFC)
diagnóstico por imagens, salas/conjuntos **16**:7, **16**:9–10, **16**:12, **16**:13, **16**:19
dimensionamento de espaços, escritórios **26**:6–7
dimensões: acessibilidade **4**:1–6; aço **6**:1–5; alcance dos braços **4**:4–5; antropometria **2**:1–5, **4**:2; apartamentos de hotel (para hóspedes) **17**:7–9, **17**:11; assentos em auditórios **15**:1–2, **14**:4, **14**:7; assentos em igrejas **28**:14; bares **29**:26–7; batistério **28**:7; cadeiras de rodas **4**:2–4, **4**:5; carrinhos de bebê **4**:3; corredores **3**:4–5; cozinhas **29**:7, **29**:9–11, **29**:17; depósitos **21**:7–9; edificações agrícolas **13**:4, **14**:6–11; edifícios industriais **20**:7–8; equipamentos para o transporte de cargas em depósitos **21**:11; ergonomia **2**:5–7; escritórios **26**:8–9; espaços esportivos **32**:2–21; espaços esportivos **32**:32, **32**:33, **32**:34–6; estacionamentos de automóveis **33**:17; garagens residenciais **33**:16, **33**:17; laboratórios **22**:5–6; locais de venda de alimentos e bebidas **29**:4, **29**:5–11, **29**:13–14, **29**:17; lojas **30**:3, **30**:5, **30**:6; máquinas industriais **20**:5, **20**:6–7; mobilidade **4**:5; móveis de laboratório **22**:15–16; móveis, equipamentos e acessórios para lojas **30**:4, **30**:5; portas **3**:3, **3**:4; projetos de haras **13**:16–18, **13**:19; púlpitos **28**:11–12; residências para idosos **18**:2, **18**:3; *shoppings* **30**:8, **30**:11; tamanhos de papel **1**:10–11; veículos **33**:1–5; viaturas dos corpos de bombeiro **10**:5, **10**:6, **15**:2–3

dimensões contínuas **1**:9
dimensões das pessoas sentadas **2**:2–5
dimensões humanas de pé **2**:2–5
Diocesan Advisory Committees (Comitês Consultores Diocesanos) **28**:2, **28**:3
dióxido de carbono: emissões **7**:27; metabólico **7**:23; sistemas de prevenção e combate a incêndio **10**:21
dispensadores de álcool gel **16**:7
distâncias de observação, espaços esportivos **32**:27
distâncias para frenagem, tráfego de veículos **33**:9
divisas do terreno **1**:10, **12**:3
docas para veículos de transporte de prisioneiros **15**:11
doenças tropicais **36**:9, **36**:11
door set energy ratings (classes de consumo energético das portas) **6**:27
dormitórios de estudantes **37**:10; *veja também* casas de estudantes
dormitórios individuais **19**:3, **19**:4, **19**:9–11
dormitórios *veja* quartos; apartamentos
drenagem: análise do terreno **24**:3; batistério **28**:7; ciclofaixas/ciclovias **33**:12; estábulos **13**:20; sistemas de drenagem sustentável (SuDS) **6**:14, **11**:9–10, **11**:13, **11**:14
duchas de segurança **22**:20–1
duchas *veja* chuveiros
dutos no perímetro **22**:22, **26**:11, **26**:14

Early Years Foundation Stage (Etapa Fundamental da Primeira Infância – EYFS), educação **31**:6–7
East Riding Crematorium **28**:23, **28**:24
Eco School, norma **31**:9
Ecohomes **9**:10–11
edificações agrícolas **13**:1–20; abrigos para gado **13**:2, **13**:4–11, **13**:12, **13**:13; armazenamento **13**:1, **13**:13–15; estábulos **13**:12, **13**:15, **13**:16–20; legislação **13**:20
edificações anfíbias (ou flutuantes) **11**:9
edificações com emissão zero de carbono **7**:33
edificações construídas sobre plataformas ou estacas **36**:10
edificações elevadas *veja* edificações construídas sobre plataformas ou estacas
edificações flutuantes **11**:9
edificações para reuniões: banheiros **2**:8; escadas de acesso **3**:5; estacionamento **33**:15; níveis de ruído admissíveis **9**:8; razões (proporções) de gênero **2**:7; rotas de fuga **10**:12
edificações residenciais: isolamento acústico **9**:9, **9**:10–11, **9**:13, **9**:17; níveis de ruído admissíveis **9**:8; tempos de reverberação **9**:16; *veja também* apartamentos; habitações
edificações resistentes à água, edificações **11**:7, **11**:8
edificações tombadas **28**:2, **28**:3
Edifício Leadenhall, Londres **26**:4
edifícios cívicos: e bibliotecas **23**:5; isolamento acústico **9**:9, **9**:13, **9**:15; níveis de ruído admissíveis **9**:8; tempos de reverberação **9**:16
edifícios de cuidados primários com a saúde **33**:15
edifícios industriais **20**:1–9; edificações de armazenamento **7**:10, **21**:1–12, **33**:14; estacionamento **33**:14; níveis de ruído admissíveis **9**:8; taxas de infiltração de ar **7**:10; tempos de reverberação **9**:16
edifícios religiosos *veja* igrejas e locais de culto
edifícios-garagem *veja* garagens de múltiplos pavimentos
educação *veja* escolas; universidades
Education Funding Agency (EFA) *veja* Projetos-Base, escolas
efeito chaminé, ventilação passiva **7**:25
efeito coanda **7**:29
efeito de cânion **7**:14, **7**:15
eficiência da planta baixa **26**:8, **26**:9
eficiência em energia **6**:14–15; *boilers* **7**:26; casas de estudantes **19**:13; hotéis **17**:4; iluminação elétrica **8**:8–9; janelas **6**:26–7; portas **6**:27;

projeto **7**:1–2; sistemas de recuperação de energia **7**:25, **7**:28–9; sistemas de ventilação mecânica **7**:28
eixo neutro (linha neutra) **5**:5
elaboração de planos diretores **24**:1–12; *checklists* **24**:7–10; digital **24**:4–8; documentos principais **24**:13–14; e saúde **24**:10–12; estudo de caso **24**:14–19
elastômeros **6**:20, **6**:21
elementos de sustentação vertical: alvenaria **5**:7, **5**:8; madeira **5**:11
elementos vazados **36**:17, **36**:18
eletricidade, fornecimento: casas de estudantes **19**:11, **19**:12; delegacias de polícia **15**:12; em áreas tropicais **36**:32; estúdios de televisão **34**:3; laboratórios **22**:21–2
eletricidade de emergência, fornecimento **15**:12, **17**:4, **22**:21
elevadores **3**:9–12; casas de estudantes **19**:3, **19**:4; combate a incêndios**10**:5, **17**:5; de serviço **17**:4; especificações **3**:12; laboratórios **22**:15; saguões **3**:11
elevadores tracionados **3**:9–11
emenda sobreposta (sambladura sobreposta) **6**:24
emendas de topo **6**:24
emissividade **7**:5, **7**:6, **36**:34
empilhadeiras, operações **21**:6–9, **21**:11
empilhadeiras **21**:11
empilhamento **21**:5, **21**:6, **21**:7
enchentes **11**:1–3, **36**:7–8
enchentes de rio **11**:1
enchentes pluviais **11**:2
energia **7**:2–3; demanda reduzida **7**:33; elaboração de planos diretores **24**:16, **24**:19; escolas **31**:5; incorporada **7**:2–3, **7**:33; lojas **30**:5; modelos de simulação do consumo de energia em uma edificação **7**:33, **7**:34; renovável **7**:33, **24**:16, **31**:5, **36**:28–9, **37**:13; universidades **37**:2–3; uso de energia sazonal **7**:26, **7**:27
energia da água **36**:28
energia eólica **31**:5, **36**:28, **36**:29
energia fotovoltaica *veja* células fotovoltaicas
energia geotérmica **36**:28
energia incorporada **7**:2–3, **7**:33
energia solar **24**:16, **31**:5, **36**:28, **36**:29, **37**:13
energias alternativas *veja* energias renováveis
energias renováveis **7**:33, **24**:16, **31**:5, **36**:28–9, **37**:13
Energy Star, padrão **31**:5
English Heritage **28**:2, **28**:3
English Nature **24**:2, **24**:3
ensino a distância **37**:12
ensino de artes **31**:13, **37**:7–8
ensino de ciências **31**:13, **31**:14, **37**:5–6
ensino de música **31**:15, **37**:6
ensino de tecnologia **31**:13
ensino pela internet **37**:12
entradas **3**:3; auditórios **14**:9, **14**:10, **14**:36–7; casas de estudantes **19**:12; hotéis **17**:5, **17**:11; igrejas **28**:12–13; *veja também* saguões
entrega de projeto integrado **1**:1
envidraçamento *veja* vidro e envidraçamento
Environmental Building Establishment, BRE **36**:23
Equação de conforto de Fanger **7**:9
equipamentos: cozinhas **29**:10–12, **29**:13–14, **29**:16, **29**:17; depósitos **21**:5–6, **21**:7–9, **21**:10, **21**:11; esportes **32**:31–2, **32**:33, **32**:34–6, **32**:43; laboratórios **22**:17–21, **22**:23; máquinas industriais **20**:5, **20**:6–7, **20**:8
equipamentos comunitários, escolas **31**:9, **31**:13
equipamentos de distribuição de ar **7**:28
equipamentos para cozinhar **29**:10–12, **29**:13–14
equipamentos para o manuseio de materiais **21**:5–6, **21**:7–9, **21**:10, **21**:11

ergonomia **2**:5–7, **26**:14, **31**:5–6, **36**:11
escadas **3**:2–3, **3**:5–7, **4**:6; auditórios **14**:9; campos de esporte **3**:2, **3**:5; casas de estudantes **19**:3; corrimãos **3**:2–3, **3**:6, **3**:7, **4**:6; externas **10**:16; guarda-corpos **3**:7; hotéis **17**:3–4, **17**:5; larguras **3**:5, **3**:7; projeto **10**:15–16; rotas de fuga **10**:15–16; *veja também* degraus
escadas rolantes **3**:7–8
escadas Santos Dumont **3**:5, **3**:6
escala Beaufort (vento) **36**:36
escalas **1**:6–7; desenhos **1**:2, **1**:3
Escola de Ensino Fundamental Hylands, Hornchurch, Essex **31**:8
Escola Holy Trinity, Halifax **24**:10
escolas **31**:1–17; áreas externas **31**:10, **31**:12–13; banheiros **2**:7, **2**:8, **31**:7, **31**:10, **31**:15; combate e prevenção de incêndios **31**:6; Currículo Nacional do Reino Unido **31**:1, **31**:8, **31**:10; escolas de ensino fundamental **31**:1, **31**:7–10, **33**:15; escolas de ensino médio **31**:10–15, **33**:15; espaços esportivos **32**:22; estacionamento **31**:9, **33**:15; estudantes com necessidades especiais **31**:15–17; Etapa Fundamental da Primeira Infância (Early Years Foundation Stage – EYFS) **31**:6–7; isolamento acústico **9**:9, **9**:11, **9**:12, **9**:13, **9**:17; laboratórios **22**:1, **22**:9, **22**:10–11, **22**:15, **22**:16, **31**:13; locais de venda de alimentos e bebidas **29**:5; mobiliário **31**:5–6; níveis de ruído admissíveis **9**:7; normas de projeto **36**:2–3; projeto ambiental **31**:3–5; segurança **31**:6; taxas de infiltração de ar **7**:10; tempos de reverberação **9**:16; tipos **31**:1–2
escolas de administração **37**:6–7
escolas de ensino fundamental **31**:1, **31**:7–10, **33**:15
escolas de ensino médio **31**:10–15, **33**:15
"escolas dentro de escolas", modelo educacional **31**:11–12
escolas especiais **31**:15, **33**:15
escolas para estudantes com dificuldades comportamentais, emocionais e sociais **31**:17
escolas particulares **31**:2
escolas públicas **31**:1
escritório como uma cidade: conceito **26**:2
escritórios **26**:1–16; auditórios **14**:38; corretoras de valores ou mercadorias **26**:14–16; de pagamento **27**:1–10; dimensões **26**:8–9; em edifícios industriais **20**:7, **21**:9–10; ergonomia **2**:5; estacionamento **33**:14; exigências espaciais **26**:6–7; instalações prediais **26**:7, **26**:9–10, **26**:11, **26**:14; isolamento acústico **9**:9, **9**:13, **9**:15; leiautes **26**:10–14; níveis de ruído admissíveis **9**:8; projeto **26**:1–2, **26**:3; rotas de fuga **10**:16; síndrome da edificação doente **7**:10; taxas de infiltração de ar **7**:10; tempos de reverberação **9**:16; tipos **26**:3; universidades **37**:10–11, **37**:14; vida útil **26**:7
escritórios com planta livre **37**:11
Escritórios da Steel Corporation, Sri Lanka **36**:2
escritórios para consultas rápidas **37**:11
escritórios para pagamento **27**:1–10
escrivaninhas *veja* bancadas
esforços cortantes *veja* cisalhamento
esforços de compressão **5**:5, **5**:11–12, **5**:20–1
esforços de tração **5**:5, **5**:11–12, **5**:20–1
esgoto, transbordamento **11**:2
esgoto, tratamento **24**:16–17, **24**:19, **36**:33
esgrima **32**:20
espaços acessíveis: apartamentos de hotel (para hóspedes) **17**:11; auditórios **14**:3, **14**:8, **14**:9, **14**:35, **14**:40; balcões de pagamento **27**:6, **27**:9; banheiros **2**:7, **2**:8, **2**:9–11, **4**:6, **15**:9; bibliotecas **23**:6; caixas eletrônicos **27**:5, **27**:7; casas de estudantes **19**:8–9, **19**:11, **19**:12; degraus **3**:2–3; dimensões **4**:1–6; elevadores **3**:9, **3**:10; em áreas tropicais **36**:11; espaços esportivos **32**:29, **32**:30, **32**:36, **32**:38, **32**:39, **32**:40; laboratórios **22**:16; portas **3**:3; projeto viário **33**:22; rampas **3**:1; residências para idosos **18**:1, **18**:3–4; saguões **3**:4; *shoppings* **30**:10
espaços audiovisuais **14**:29–31
espaços compartilhados **33**:6, **33**:19–21, **33**:22, **33**:24

espaços de exposição temporários **25**:2, **25**:5
espaços de exposição *veja* museus
espaços de lazer: hotéis **17**:13; *veja também* espaços esportivos
espaços de trabalho **2**:5–7
espaços de trabalho sentados **2**:5
espaços defensíveis **12**:3–4
espaços esportivos **32**:1–50; alturas livres (pés-direitos) **32**:25–6; áreas administrativas **32**:42–3; áreas de competição **32**:1–25; áreas para a imprensa e outras mídias **32**:40–2; áreas para atletas e equipes técnicas **32**:32–3, **32**:36–8; campos esportivos, tecnologia **32**:24; elaboração de planos diretores **24**:15; equipamentos **32**:31–2, **32**:33, **32**:34–6, **32**:43; escalas **32**:43–4; escolas **31**:11, **31**:12–13; espaços para espectadores **32**:26–31, **32**:32; estacionamento **32**:38, **33**:15; estudo de caso **32**:45–50; holofotes **32**:24–5; linhas de visão **32**:26–7, **32**:28, **32**:30; orientação solar **32**:24; recursos para os espectadores **32**:38–40; superfícies de jogo **32**:23–4; taxas de infiltração de ar **7**:10; universidades **37**:10
espaços exclusivos para cada disciplina em uma escola, um modelo **31**:12
espaços para conferências: auditórios **14**:3, **14**:25–31, **14**:37, **37**:9; casas de estudantes **19**:13; hotéis **17**:13; universidades **37**:7, **37**:9, **37**:10
espaços para entrevistas, escritórios para pagamento **27**:6, **27**:10
espaços para funcionários: escolas **31**:10, **31**:15; estações rodoviárias municipais e interurbanas **35**:26; universidades **37**:9
espaços para lavagem, mesquitas **28**:20
espaços para projeções cinematográficas **14**:31, **14**:32, **14**:33, **14**:36
espaços para treinamento, estações dos corpos de bombeiro **15**:3–4, **15**:6–7
espaços públicos externos **23**:4, **23**:5; espaços verdes **24**:12; *veja também* ruas/estradas
espaços verdes **24**:12
esportes aquáticos **32**:15–16, **32**:35
esportes de campo: áreas para a imprensa e outras mídias **32**:41; áreas para atletas e equipes técnicas **32**:36–8; equipamentos **32**:32, **32**:33, **32**:34; leiautes de campo **32**:1, **32**:2–5; recursos para os espectadores **32**:39; superfícies de jogo **32**:23
esportes de equipe *veja* esportes de campo
esportes de piscina **32**:1, **32**:12–15, **32**:35
esportes de pista **32**:1, **32**:6–9, **32**:23, **32**:34–5
espuma de poliisocianurato **6**:23
espuma de poliuretano **6**:23, **7**:16
espuma de vidro **6**:23
espuma fenólica **6**:23, **7**:4
esquinas, vias **33**:9–10, **33**:11
estábulos **13**:12, **13**:15, **13**:16–20
estábulos com estrado de ripas de madeira **13**:6
estábulos para ovelhas **13**:7–8
estacas com reação lateral (estacas de atrito) **5**:16–17
estacas cravadas pouco profundas **5**:16, **5**:17
estacas de atrito (estacas com reação lateral) **5**:16–17
estacas de ponta **5**:16, **5**:17
estacas profundas **5**:15, **5**:16–17
estacas tipo Franki (estacas de ponta bulbosa) **5**:17
estacionamentos de automóveis **33**:12–18; casas de estudantes **19**:12; de múltiplos pavimentos **33**:13, **33**:18; delegacias de polícia **15**:12; escolas **31**:9, **33**:15; espaços esportivos **32**:38, **33**:15; garagens residenciais **33**:16, **33**:17; habitações **33**:13, **33**:14; projeto para a prevenção do crime **12**:3, **12**:4; *shoppings* **30**:10; sinagogas **28**:19; universidades **37**:11
estações de trem no nível do solo **35**:18
estações dos corpos de bombeiro **7**:10, **15**:1–7
estações ferroviárias **7**:10, **35**:16–22
estações ferroviárias elevadas (com viadutos) **35**:17–18

estações ferroviárias subterrâneas **35**:18
estações rodoviárias **7**:10, **35**:22–8
Estádio Millennium, Cardiff **32**:24, **32**:30
estados limite **5**:1
estanho **6**:5
estanqueidade à água **6**:25
estantes com esteiras **21**:5, **21**:6
estantes para livros **23**:7, **23**:12
esteiras rolantes **3**:8–9
esteiras rolantes mecânicas para passageiros **3**:8–9
esterco **13**:11, **13**:14
estradas *veja* ruas/estradas
estreitamento visual, vias **33**:20–1
estrumeiras **13**:20
estruturas **5**:1–27; análise intuitiva de sistema estruturais básicos **5**:17–27; escritórios **26**:7; fundações **5**:15–17; laboratórios **22**:5–6; materiais **5**:6–15; projetos em áreas tropicais **36**:29–32; teoria **5**:1–6; transmissão sonora **9**:5–6; zonas sujeitas a terremotos **36**:31–2
estruturas com juntas de pino **5**:5
estruturas de madeira **5**:8, **5**:11, **5**:12, **7**:16, **36**:30, **36**:32
estruturas de tecido tênsil **6**:14
estruturas tensionadas **6**:14
estudantes com necessidades especiais **31**:15–17
estúdios: para ensaios **14**:38, **14**:39; para gravação **9**:13, **14**:40, **34**:1–4
estúdios com a participação da plateia **34**:1
estúdios de dança **14**:38, **14**:39
estúdios de gravação **9**:13, **14**:40, **34**:1–4
estúdios de som **9**:13, **14**:40, **34**:1–4
estúdios de televisão **9**:13, **14**:40, **34**:1–4
Etapa Fundamental da Primeira Infância (Early Years Foundation Stage – EYFS), educação **31**:6–7
etapas de projeto **1**:3
etapas de projeto do RIBA **1**:3
e-University **37**:12
evacuação em fases **10**:14–15, **10**:16
evacuação total **10**:14, **10**:15
evaporação **7**:6
exame de vítimas, salas em delegacias de polícia **15**:9, **15**:10
exames e avaliações *online* **37**:12
exaustão do ar **22**:17
Exército de Salvação **28**:5–6
Exhibition Road, South Kensington **33**:20
expositores para alimentos, lojas **30**:4
extintores de incêndio **10**:21, **14**:12, **19**:8

fábricas *veja* edifícios industriais
fachadas: atenuação **9**:4, **9**:5; bibliotecas **23**:12, **23**:19; e sustentabilidade **37**:3, **37**:13; peles duplas (fachadas duplas) **37**:3; universidades **37**:3, **37**:13; *veja também* vedações externas de uma edificação
fachadas ativas **24**:7
faculdades **7**:10, **33**:15, **37**:2; *veja também* universidades
faixas de filtragem **11**:9, **11**:10, **11**:13
faixas intumescentes **10**:20
farmácias, instalações prediais **16**:1, **16**:8, **16**:14–15
fatores culturais **36**:8; casas de estudantes **19**:12; laboratórios **22**:16; residências para idosos **18**:4
fatores de ganho térmico solar **36**:34
fatores políticos **36**:8
fatores religiosos **36**:8
fechaduras padrão **10**:18
feiras (mercados públicos) **30**:2–3
FFR *veja* fração do fluxo luminoso (FFR)
fiação, auditórios **14**:3
fibreboards (chapas de fibra de madeira) **6**:8, **7**:4, **10**:20

filmes plásticos *veja* películas plásticas
filtros de ar HEPA (para particulados, altamente eficientes) **22**:18, **22**:19
fisioterapia **16**:16
fixações, revestimentos de pedra de fachadas **6**:18
flambagem **5**:5, **5**:22–3
flexão **5**:5–6, **5**:17
flexibilidade *veja* adaptabilidade
flipcharts **14**:29
focinhos (bocéis) **3**:2, **4**:6, **10**:15
folga (tolerância) **2**:2
fonoaudiologia **16**:16
fontes de águas termais **36**:8
forças **5**:2
forças de cisalhamento *veja* cisalhamento
Fórmula 1, automóveis **32**:35
Fórmula de Sabine **9**:2
fornos **29**:10, **29**:11, **29**:13, **29**:14
Fort Halstead Masterplan, Sevenoaks **24**:4–7
fotógrafos, espaços esportivos **32**:40
foyers e saguões: auditórios **14**:37, **14**:38; sinagogas **28**:19; *veja também* entradas; saguões
fração do fluxo luminoso (FFR) **8**:8
fraldários **2**:11, **4**:6
franquias **30**:2
free schools (escolas livres) **31**:2
Friendship House, Londres **19**:5
Fruin Levels of Service **35**:21
fumaça **10**:1, **10**:2; controle **10**:8, **10**:18, **30**:10, **30**:11
fundações **5**:15–17
fundações flutuantes *veja* radiers
futebol **32**:2–3, **32**:23; áreas para a imprensa e outras mídias **32**:41; áreas para atletas e equipes técnicas **32**:37; distâncias de observação **32**:27; equipamentos **32**:32, **32**:34; recursos para os espectadores **32**:39
futebol americano **32**:2, **32**:33
futebol australiano **32**:3, **32**:33
futebol de cinco (futsal) **32**:3, **32**:34
futebol gaélico **32**:3, **32**:33
futsal (futebol de cinco) **32**:3, **32**:34

gabiões **6**:19
gado **13**:2, **13**:3, **13**:4–11, **13**:12, **13**:13; *veja também* cavalos
galerias de arte **7**:10, **25**:1–8, **33**:15
galpões cobertos com palha, gado de corte **13**:6, **13**:7
ganhos solares **7**:19, **7**:26, **7**:27, **7**:29, **8**:7, **31**:4; através dos vidros **36**:36; fatores de ganho térmico solar **36**:34; universidades **37**:2, **37**:3, **37**:13
ganhos térmicos **7**:26–7, **7**:29, **22**:23; *veja também* ganhos solares
garagens de múltiplos pavimentos **33**:13, **33**:18
garagens domésticas **33**:13, **33**:16, **33**:17
garbagriha **28**:20
gás, instalações **10**:21
gases de efeito estufa, emissões **7**:5, **7**:27
Gatwick, aeroporto **29**:25, **35**:2
gaxetas **6**:25
geometria solar **8**:3
geotécnica **36**:7
"geradores de crime" **12**:3
geradores de emergência, laboratórios **22**:21
gesso **6**:21–2, **7**:4, **7**:16; argamassa **6**:21, **6**:22; reforçado com fibra de vidro **6**:21
gesso cartonado (*drywall*) **6**:21–2, **7**:4, **10**:20
gestão de águas pluviais **24**:17; em áreas tropicais **36**:11, **36**:33; sistemas de drenagem sustentável (SuDS) **6**:14, **11**:9–10, **11**:13, **11**:14

ginásios **32**:38; equipamentos **32**:31, **32**:32, **32**:36
ginásios poliesportivos (ou multiusos) **32**:22
ginástica **32**:18–19, **32**:23, **32**:36
Glebe House, Southbourne **18**:2
grades e cercas de metal, segurança **12**:3
grama natural **32**:23
grama sintética **32**:23
gramados, espaços esportivos **32**:23
granito **6**:17–18
grelhas **1**:7–8, **1**:9–10, **26**:9
grelhas de planejamento **1**:9–10, **26**:9
grelhas estruturais **1**:9–10, **22**:5, **26**:9
grêmios estudantis **37**:8–9
grupos diretores, criação do programa de necessidades **37**:16, **37**:17
guarda das óstias sagradas **28**:12, **28**:13, **28**:14
guarda-corpos, escadas **3**:7

habitação *veja* moradias
Hammarby Sjöstad, Estocolmo **24**:14–19
handebol **32**:9, **32**:25
Health Building Notes (HBNs) **16**:19
Health Technical Memoranda (HTMs) **16**:19
heliodons **8**:4, **8**:5
higiene: controle de infecções **6**:12, **16**:7, **16**:8–9, **16**:11; hotéis **17**:5; locais de venda de alimentos e bebidas **29**:9
hipermercados **30**:7–8
holofotes **32**:24–5
Homes and Communities Agency (HCA) **24**:1
hóquei **32**:4, **32**:23, **32**:33
hóquei no gelo **32**:16, **32**:34
hospitais, eixos vitais de circulação **16**:7
hospitais **16**:1–19; alas **16**:2–3, **16**:4, **16**:10–11, **16**:13–14, **16**:18–19; comunitários **16**:2; controle de infecções **6**:12, **16**:7, **16**:8–9, **16**:11; diagnóstico por imagens, salas/conjuntos **16**:7, **16**:9–10, **16**:12, **16**:13, **16**:19; especialidades com alta tecnologia **16**:19; estacionamento **33**:15; isolamento acústico **9**:9, **9**:11, **9**:13, **9**:14, **9**:17; maternidades **16**:18–19; projeto **16**:2–7; prontos socorros **19**:7–8, **16**:10; relacionamento entre os departamentos **16**:5–6; salas de cirurgia **16**:8–9, **16**:11, **16**:15; serviços de alimentação **29**:23; serviços de saúde mental **16**:16–17; serviços de saúde mental **16**:19; serviços para crianças **16**:13–14, **16**:17–18; serviços para idosos **16**:14, **16**:18; serviços para pacientes não internados **16**:8, **16**:14–15, **16**:16, **16**:17, **16**:18, **16**:19; taxas de infiltração de ar **7**:10; *veja também* edifícios de cuidados primários com a saúde
hotéis **17**:1–17; apartamentos para hóspedes **17**:2–3, **17**:4, **17**:6–11; áreas públicas **17**:2, **17**:4–5, **17**:11–13; banheiros **2**:8; classificação **17**:1; considerações de projeto **17**:1–6; estacionamento **33**:14; estudos de caso **17**:14–18; isolamento acústico **9**:9, **17**:4; locais de venda de alimentos e bebidas **17**:12–13, **29**:1, **29**:2, **29**:5, **29**:7, **29**:18, **29**:27–8; níveis de ruído admissíveis **9**:8; taxas de infiltração de ar **7**:10
hotéis de cassino **17**:13

iatismo *veja* vela (iatismo)
idosos **4**:1–2; habitações **18**:1–4, **33**:14; serviços hospitalares **16**:14, **16**:18
Igreja Anglicana **28**:1–3, **28**:8, **28**:12
Igreja Católica Romana **28**:3–4, **28**:8, **28**:12
Igreja de Santo André, Farnham **28**:2–3
Igreja de São Paulo, Bow Common **28**:2
Igreja de Todos os Santos, Flore **28**:3
Igreja Presbiteriana da Escócia **28**:4
igrejas **7**:10, **9**:17, **28**:1–16
igrejas comunitárias **28**:1
igrejas e locais de culto: **28**:1–24; crematórios **28**:21–4; estacionamento **33**:15; mesquitas **28**:19–20, **28**:21; Salões e igrejas cristãos **28**:1–16;

sinagogas **28**:16–19; siquismo **28**:20–1, **28**:22; taxas de infiltração de ar **7**:10; templos hindus **28**:20, **28**:22
igrejas metodistas **28**:6–7
iluminação, salas de controle **14**:20, **14**:30
iluminação: auditórios **14**:12, **14**:19–20, **14**:23, **14**:35; bibliotecas **23**:12–14, **23**:15; casas de estudantes **19**:10, **19**:12; controles **8**:9; de destaque **8**:10; de emergência **10**:17, **14**:35, **17**:4, **22**:23; dimensionamento de instalações **8**:9; e monitores de computador **8**:10; edifícios industriais **20**:8; eficiência em energia **8**:8–9; envidraçamento **6**:15, **6**:16; escolas **31**:4–5; estúdios de televisão **34**:2–3; glossário **8**:10–12; holofotes para áreas esportivas **32**:24–5; hotéis **17**:4; laboratórios **22**:23; lojas **30**:4; museus **25**:4, **25**:5–6; projeto para a prevenção do crime **12**:3, **12**:5; residências para idosos **18**:2; rotas de fuga **10**:17; salas de custódia **15**:14; sinagogas **28**:18; universidades **37**:3, **37**:8, **37**:13
iluminação de emergência **10**:17, **14**:35, **17**:4, **22**:23
iluminação natural: bibliotecas **23**:12, **23**:13, **23**:15; coeficientes de luz diurna **8**:5–6; coeficientes de manutenção do fluxo luminoso **8**:7, **8**:11; edifícios industriais **20**:8; em áreas tropicais **36**:35; envidraçamento **6**:15, **6**:16; escolas **31**:2, **31**:4–5; projeto de janelas **8**:6–8; uniformidade **31**:5; universidades **37**:2, **37**:3, **37**:7, **37**:8, **37**:13
iluminância **8**:10
impermeabilização **11**:7–9
In Memoriam, jardins/bosques **28**:21, **28**:23
incêndio **10**:1–2
inclinação solar **8**:4
inclinações: ciclofaixas/ciclovias **33**:10–11; rampas **3**:1; ruas/estradas **33**:10
incubadoras, universidades **37**:8
Indicadores da Qualidade do Projeto, escolas **31**:2
indicadores de luz solar **8**:2, **8**:3, **8**:12, **8**:11-12
indicadores de luz solar sobre o solo **8**:4, **8**:12
índice de chuvas captadas **7**:12
índice de sintomas pessoais (ISP) **7**:10
índices pluviométricos *veja* chuvas
indústrias construídas para fins específicos **20**:1, **20**:2, **20**:4
indústrias de tamanho médio **20**:1–2, **20**:3
indústrias pesadas **20**:2, **20**:4
Industry Foundation Class (IFC) **1**:1
inércia térmica **7**:6–7
Iniciativas de Longo Prazo para Ambientes Sujeitos a Enchentes (Long-term Initiatives for Flood-risk Environments – LifE) **11**:5
inoxidável, aço **6**:5, **6**:12
insetos **36**:9–10, **36**:11, **36**:19–20, **36**:33
instalação de espuma ou plástico esponjoso **10**:21
instalações elétricas **10**:2
instalações médicas: edificações esportivas **32**:38; *veja também* hospitais; edifícios de cuidados primários com a saúde
instalações prediais: acesso **2**:6–7; análise do terreno **24**:3; casas de estudantes **19**:10–11; combate e prevenção de incêndios **10**:18; edifícios industriais **20**:8; elaboração de planos diretores **24**:6; em áreas tropicais **36**:8–9, **36**:32–3; escritórios **26**:7, **26**:9–10, **26**:11, **26**:14; estábulos **13**:20; estações dos corpos de bombeiro **15**:4; estúdios de televisão **34**:2–3; hotéis **17**:3, **17**:6, **17**:9, **17**:13–14; laboratórios **22**:5, **22**:6–7, **22**:8, **22**:21–3; museus **25**:6–7; *shoppings* **30**:10, **30**:11; sinagogas **28**:18–19; sistemas de distribuição **7**:25, **7**:26, **22**:22, **26**:11, **26**:14; universidades **37**:3, **37**:8
InterContinental Hotel, Westminster **17**:16–18
interruptores, iluminação **8**:9
inundações no litoral **11**:2
inundações *veja* enchentes
IPD *veja* entrega de projeto integrado
irrigação, campos esportivos **32**:23, **32**:24

isolamento: combate e prevenção de incêndios **10**:8; condutividade térmica **6**:23, **7**:4, **7**:17; densidades **7**:4; instalação **7**:18; material de isolamento transparente (TIM) **7**:19, **7**:20; tipos **6**:22–4, **7**:17; valores-U **7**:16
isolamento acústico **9**:8–15; auditórios **14**:12; envidraçamento **6**:15, **6**:16, **9**:4, **9**:5; estúdios de televisão **34**:3, **34**:4; gesso cartonado (*drywall*) **6**:22; hotéis **9**:9, **17**:4
isolamento com chapas rígidas **7**:17
isolamento com papel **6**:24, **7**:4, **7**:17
isolamento térmico com celulose **6**:24, **7**:4
isolamento térmico com fibra de madeira **6**:23
isolamento térmico com papel reciclado **7**:17
isolamentos termorreflexivos **6**:24
isolante térmico injetado em paredes duplas com cavidade **7**:17
ISP *veja* índice de sintomas pessoais (ISP)

janelas: estábulos **13**:20; iluminação natural **8**:6–8; isolamento acústico **9**:4, **9**:5; materiais **6**:26–7; projeto para a prevenção do crime **12**:2–3; salas de custódia **15**:13; valores-U **7**:18–19; *veja também* vidro e envidraçamento
jardins **12**:3, jardins/bosques *In Memoriam* **28**:21, **28**:23
jardins frontais **12**:3
Jobcentre Plus, escritórios **27**:4–5, **27**:6
Jogos Olímpicos **32**:9
jovens: habitações **19**:1–13, **37**:10; *veja também* crianças
judaísmo **28**:16–19
judô **32**:18
junções, ruas/estradas **33**:9, **33**:11, **33**:21
juntas **6**:24
juntas de filete **6**:24
juntas de pino **5**:25
juntas insuficientes **6**:13
juntas sobrepostas com núcleo de madeira, coberturas de chumbo **6**:13
juntas soldadas **6**:13

King Edward Memorial Hospital, Ealing **16**:12

lã de vidro **6**:22–3, **7**:4, **7**:16
lã mineral **6**:22, **7**:4, **7**:16, **7**:17
lã natural **6**:24
La Puente, Califórnia **30**:9
lã vegetal em placas **6**:22, **7**:4
laboratórios **22**:1–29; condições ambientais **22**:1, **22**:23; equipamentos **22**:17–21, **22**:23; escolas **22**:1, **22**:9, **22**:10–11, **22**:15, **22**:16, **31**:13; estudos de caso **22**:23–6; instalações prediais **22**:5, **22**:6–7, **22**:8, **22**:21–3; mobiliário **22**:15–16, **22**:24, **22**:26; módulos de planejamento **22**:2–5, **37**:5; organização espacial **22**:7, **22**:9–17; tipos e setores **22**:1; universidades **22**:1, **22**:9, **22**:11, **22**:16, **22**:23–6, **37**:5–6, **37**:14; vibrações **22**:6, **22**:7, **22**:15
laboratórios acadêmicos **22**:1, **22**:9, **22**:11, **22**:16, **22**:23–6
laboratórios molhados **22**:1, **22**:9, **37**:5
laboratórios para ensino **22**:1, **22**:9, **22**:10–11
laboratórios particulares **22**:1, **22**:11
laboratórios públicos **22**:1, **22**:11
laboratórios secos **22**:1, **22**:9
lacrosse **32**:4, **32**:33
Ladbroke Hotel **29**:28
Lady Mitchell Hall, Cambridge **14**:27
lajotas **6**:10
lâmpada, eficácia **8**:8
lancherias **29**:16
Landscape Institute **24**:1
lavagem de louça, locais de venda de alimentos e bebidas **29**:10–11, **29**:17, **29**:18
lavagem de mãos **2**:8, **2**:12, **2**:13, **16**:7, **22**:20; *veja também* lavatórios
lavanderias **15**:9, **19**:12

lava-olhos de emergência **22**:20–1
lavatórios **2**:8, **2**:12, **2**:13; casas de estudantes **19**:3, **19**:8, **19**:10; espaços esportivos **32**:39; hospitais **16**:7; hotéis **17**:11; residências para idosos **18**:3; salas de custódia **15**:12; *veja também* lavagem de mãos
learning cafes **37**:4
Learning Resource Centre, Thames Valley Library **23**:8
legislação: auditórios **14**:40; casas de estudantes **23**:7–9; edificações agrícolas **13**:20; escolas **31**:2; laboratórios **22**:2, **22**:27–9; locais de venda de alimentos e bebidas **29**:3–4; *veja também* Building Regulations (normas de construção britânicas)
Lei de Hooke **5**:5
Lei de Stefan-Boltzmann **7**:5
leitos *veja* camas, hospital
lençóis freáticos **11**:2, **31**:4, **36**:7
LifE *veja* Iniciativas de Longo Prazo para Ambientes Sujeitos a Enchentes (Long-term Initiatives for Flood-risk Environments – LifE)
Lifetime Homes, norma **2**:13
ligas metálicas **6**:2, **6**:5, **6**:10–11
limpeza: casas de estudantes **19**:12
linha de montagem, métodos alternativos de organização do trabalho **20**:5
linha de obstrução do horizonte **8**:1, **8**:6, **36**:21–2
linha neutra (eixo neutro) **5**:5
linhas axiais de referência **1**:9
linhas de desejo **24**:5
linhas de visão: auditórios **14**:1, **14**:4–8, **14**:15, **14**:24, **14**:32, **14**:34; espaços esportivos **32**:26–7, **32**:28, **32**:30
lintel **5**:6
líquidos vaporizantes, reservatórios **10**:21
Liverpool School of Tropical Medicine (LSTM) **22**:24, **22**:25–6, **22**:29
lixo, depósitos/armazenamento **19**:12, **19**:13, **29**:7–8
lixo, manejo **24**:17–18, **24**:19, **32**:43, **37**:11; *veja também* depósitos de lixo
lixo nas ruas **36**:28
lixo perigoso, manejo **24**:18
locais de detenção penal **15**:12, **15**:15
locais de venda de alimentos e bebidas **29**:1–28; áreas de produção de alimentos **29**:3, **29**:7–15, **29**:16, **29**:17; áreas públicas **29**:3, **29**:4–7, **29**:8, **29**:9; cafeterias **2**:8, **7**:10, **9**:8, **29**:16, **33**:14, **37**:4; hotéis **17**:12–13, **29**:1, **29**:2, **29**:5, **29**:7, **29**:18, **29**:27–8; praças de alimentação **29**:19, **29**:25, **30**:10, **37**:9; restaurantes de *fast food* **29**:1, **29**:2, **29**:5, **29**:19–20, **29**:24; *veja também* cafeterias; serviços de alimentação; restaurantes
locais para apostas **32**:39
lodo, pátios e lagos **13**:14
lojas **30**:3–8; auditórios **14**:38; de fazenda **13**:20; espaços esportivos **32**:40; estacionamento **33**:14; lojas de departamento **30**:6; pequenas **30**:5–6; rotas de fuga **10**:16, **30**:6; supermercados **21**:9, **30**:4, **30**:5, **30**:6–8; taxas de infiltração de ar **7**:10; universidades **37**:9–10; *veja também* comércio
lojas de departamento **30**:6
louça, vidraria, cutelaria **29**:18
luminárias **8**:8–9, **30**:4
luz natural/solar **8**:1–5, **36**:35
Lyttleton Theatre, Londres **14**:16

madeira **6**:5–8; classes de resistência **6**:5, **6**:6; classes de uso **6**:6, **6**:7; condutividade térmica **7**:4; densidade **7**:4; em áreas tropicais **36**:29, **36**:30; energia incorporada **7**:3; estrutural **5**:7–9, **5**:10, **5**:11, **5**:12, **6**:5; janelas **6**:26, **6**:27; madeiras de lei (madeiras duras) **6**:6; madeiras macias **6**:6; produtos **6**:6–8; propriedades **5**:6; resistência ao fogo **10**:19; valores-U **7**:16; zonas sujeitas a terremotos **36**:32
madeira aglomerada **6**:7, **6**:8
madeira compensada *veja* compensado
madeira laminada **6**:7

madeira laminada cruzada **6:**7
madeira modificada **6:**8
madeira natural: revestimentos e acabamentos **6:**26
Maidment Court, Dorset **18:**2
malhas para armaduras de concreto **5:**11
Manchester Metrolink **35:**28
mandapa **28:**20
mangueiras, carretéis **10:**21
manobras *veja* círculos de manobra
mantas de impermeabilização de coberturas **6:**14
manutenção: acesso **2:**6–7; e projeto para a prevenção do crime **12:**4; equipamentos em depósitos **21:**10; locais de venda de alimentos e bebidas **29:**7; universidades **37:**11
manutenção de campos, gramados e áreas de paisagismo externas **32:**43
mapas de levantamento aerofotogramétrico **1:**11
máquinas agrícolas **13:**3
marcador de milhar **1:**2
marcador decimal **1:**2
mármore **6:**18
massa **5:**2–3; *veja também* massas termoacumuladoras
massas termoacumuladoras **7:**6–7; bibliotecas **23:**12; escolas **31:**4; paredes de Trombe **36:**23; universidades **37:**2
materiais: absorção sonora **9:**2, **9:**3, **9:**6; armazenamento e manuseio **21:**2; condutividade térmica **6:**23, **7:**3–4; conteúdo de umidade **7:**21; densidades **5:**2, **7:**4, **7:**6; emissividades/absortâncias**7:**5, **7:**6, **36:**34; estrutural **5:**6–15; flexão **5:**5–6; inércia térmica **7:**6–7; massas **5:**3; para conter a dispersão do fogo e cavidades como barreiras **10:**21; residências para idosos **18:**2; resistência ao fogo **10:**19–21; resistência ao vapor **7:**22; retardo térmico **36:**37; *veja também os materiais individuais*
materiais cerâmicos **6:**15–16
materiais de cobertura **6:**11–15, **7:**4
materiais termorreflexivos de camadas múltiplas **6:**24
material de isolamento transparente (TIM) **7:**19, **7:**20
maternidades **16:**18–19
MDF (*medium densidade fibreboard*) **6:**8
Meadowhall Centre, Sheffield **30:**14
medição **26:**3, **26:**6–7
medidas de face a face **1:**9
medium density fibreboard (MDF) *veja* MDF
meios-fios **3:**1
membranas betuminosas **6:**13–14
membranas betuminosas reforçadas **6:**13–14
mercados públicos (feiras) **30:**2–3
mesas: auditórios **14:**3; credenças **28:**10; locais de venda de alimentos e bebidas **29:**4, **29:**5–7, **29:**8, **29:**9; mesas de comunhão **28:**2, **28:**4, **28:**6, **28:**8, **28:**11; residências para idosos **18:**4; tribunas **14:**28
mesas de trabalho *veja* bancadas
mesas do altar **28:**2, **28:**4, **28:**6, **28:**8, **28:**11
mesquitas **28:**19–20, **28:**21
metais: cercamento **12:**3; coberturas **6:**11–13; ligas **6:**2, **6:**5, **6:**10–11; *veja também* alumínio; aço
método padrão de medir edificações no Reino Unido **26:**3, **26:**6–7
métodos de construção não convencionais **19:**4
mictórios **2:**8, **2:**13, **32:**39
mídia: espaços esportivos **32:**40–2; estúdios de televisão **9:**13, **14:**40, **34:**1–4
mídias digitais, bibliotecas **23:**3–4, **23:**7, **23:**10–11
mihrab **28:**19
minaretes **28:**19
minirrelógios de sol **8:**4–5
mobiliário: apartamentos de hotel (para hóspedes) **17:**10, **17:**11; bibliotecas **23:**7–10; casas de estudantes **19:**10; escolas **31:**5–6; igrejas **28:**8–11; laboratórios **22:**15–16, **22:**24, **22:**26; locais de venda de alimentos e bebidas **29:**5–7; residências para idosos **18:**4; salas de custódia **15:**14; urbano **33:**22; *veja também* assentos
mobiliário urbano **33:**22
mobilidade **4:**5
modelagem por computador **37:**6
modelos de dinâmica de fluidos computacional (DFC) **7:**34
modelos de simulação do consumo de energia em uma edificação **7:**33, **7:**34
modelos em rede **7:**33–4
moderação do tráfego, projeto **33:**6–7, **33:**8, **33:**9, **33:**19–21
modulação *veja* coordenação dimensional
Módulo de Young **5:**5
módulos de planejamento, laboratórios **22:**2–5, **37:**5
mofo, surgimento **7:**20
Mold Community Hospital **16:**2
momentos fletores **5:**6
monções, climas **36:**3, **36:**4, **36:**12, **36:**13
monitores de computador **8:**10, **26:**14–15
montagem de pedidos, depósitos **21:**6, **21:**8, **21:**9
montantes **5:**5, **5:**21
moradias: estacionamento **33:**13, **33:**14; jovens e estudantes **19:**1–13; reciclagens de uso, **18:**1–4, **33:**14; taxas de infiltração de ar **7:**10; *veja também* edificações residenciais
mosquitos **36:**9–10, **36:**11, **36:**33
motocicletas **33:**2
móveis, acessórios e equipamentos: apartamentos de hotel (para hóspedes) **17:**11; casas de estudantes **19:**10; escritórios para pagamento **27:**6; estábulos **13:**20; laboratórios **22:**20–1, **22:**24, **22:**26; lojas **30:**3–4, **30:**5; residências para idosos **18:**3–4
móveis fixos, acessórios e equipamentos **31:**5–6
movimento *veja* circulação de pessoas
MRI *veja* ressonância magnética por imagens (MRI)
muçulmanos **28:**19–20
mudanças climáticas **7:**15, **36:**5–6; e enchentes **11:**2–3
mudanças de nível, identificação **3:**3
mudanças de nível *veja* desníveis
muletas **4:**4
mulheres grávidas **4:**2
Museum of London Docklands **25:**5
museus **7:**10, **25:**1–8, **32:**40, **33:**15
musicistas **14:**17–18, **14:**22, **14:**24–5, **14:**26

natação *veja* piscinas
navios de cruzeiro **29:**28
NEAT, procedimento de avaliação ambiental em um projeto de hospital **16:**3–4
neoprene **6:**20
netball **32:**11, **32:**23, **32:**25, **32:**35
New Zealand House, Londres **26:**6
NHS *veja* edifícios de cuidados primários com a saúde
nível de nebulosidade **7:**11
no-breaks **22:**21
Noise Rating (NR), padrões de classificação do som **9:**6–7, **14:**12, **17:**4
notações **1:**2
notações no Sistema Internacional de Unidades **1:**1–2
número de Munsell **36:**34

Oasis Academy, Enfield **31:**2
obesidade **4:**2
oferta e procura **26:**3
oficinas: auditórios **14:**38–40; delegacias de polícia **15:**11; estações de ambulâncias **15:**8; estações rodoviárias municipais e interurbanas **35:**26
oficinas de carpintaria **14:**39, **14:**40

oficinas de cenários **14**:38–40
oficinas mecânicas: delegacias de polícia **15**:11; estações de ambulâncias **15**:8; estações rodoviárias municipais e interurbanas **35**:26
oficinas metalúrgicas **14**:39
Ofsted **31**:1, **31**:6
ofuscamento solar **36**:7
ofuscamento *veja* brilho
Olimpíadas **32**:9
ônibus municipais e intermunicipais **33**:4, **35**:23
Opera House, Essen **14**:16
ordenha, locais e sistemas **13**:2, **13**:5, **13**:6
órgãos, igrejas **28**:15–16
orientação solar: e ruídos **9**:4, **9**:5; espaços esportivos **32**:24; habitações **36**:23; universidades **37**:2
orquestras **14**:17–18, **14**:22, **14**:24–5, **14**:26
OSB (aglomerado de partículas de madeira longas e orientadas) **6**:7, **6**:8

PACS (Picture Archiving and Communication Systems) **16**:10
padrões: casas de estudantes **19**:7–9; laboratórios **22**:27–9
padrões de informações de projeto **1**:1
Padrões de Serviço, aeroportos **35**:4
padrões espaciais: domésticos **2**:13; ergonomia **2**:5–7
painéis de concreto pré-moldados **6**:10
painéis de controle **14**:28
painéis de votação **14**:31
Painel Intergovernamental das Nações Unidas sobre Mudança Climática (IPCC) **36**:5
palcos, auditórios **14**:5, **14**:6, **14**:13–17, **14**:18–19, **14**:36
palcos giratórios **14**:15
palcos italianos **14**:5, **14**:6, **14**:13–15, **14**:37
paletes, empilhamento/armazenagem **21**:5, **21**:6, **21**:7
paletes **21**:11
papel isolante *veja* isolamento com papel
paredes: alvenaria **5**:7; combate e prevenção de incêndios **10**:7, **10**:8; estábulos **13**:19; painéis de madeira **5**:11; pedra **6**:19; projeto para a prevenção do crime **12**:3; resistência térmica **7**:4, **7**:15; valores-U **7**:15–17
paredes de Trombe **36**:23
paredes externas de vedação **36**:17, **36**:18
paredes externas não estruturais *veja* paredes externas de vedação
paredes-cortina **6**:28
partido de arquitetura **1**:3
passagem entre assentos, auditórios **14**:4, **14**:7, **14**:32–3
passarelas, auditórios **14**:15, **14**:19
passeios **33**:6
passeios e trilhas de pedestres **33**:6
Passive Haus **7**:32, **7**:33
patamares **3**:1, **3**:2, **3**:6
Patients Charter (Carta dos Direitos e Deveres dos Pacientes) **16**:2
patinação de velocidade **32**:16–17
pátios **36**:20–1
pátios de recreação, delegacias de polícia **15**:13
pátios internos **36**:20–1
Peckham Public Library **23**:6, **23**:10
pedestres **4**:5, **23**:4, **24**:4, **24**:12, **31**:8–9, **33**:22
pedra **6**:17–19
pedra artificial **6**:17, **6**:19
pedra talhada, acabamentos **6**:18
películas plásticas **6**:16, **36**:17
percentis **2**:2
percentual de pessoas insatisfeitas (PPD) **7**:9
perdas térmicas **7**:23–4, **7**:26, **7**:27
perdas térmicas para projeto **7**:26

perfis **5**:26–7
perfis chatos *veja* barras
perfis estruturais **5**:26; aço **6**:1–2, **6**:3–4; alumínio **6**:10–11
perfis H **5**:26, **6**:3
perfis I **5**:26, **6**:3
perfis laminados de abas paralelas série H *veja* perfis H
perfis tubulares de seção retangular **5**:26, **6**:4
perfis tubulares redondos (CHS) **5**:26, **6**:3
perfis tubulares retangulares **5**:26, **6**:3
perfis U de abas de seção variável **6**:4
pérgolas **36**:16, **36**:20
perlita expandida **6**:23
permeabilidade de pedestres **24**:12
persianas **7**:19, **36**:17
peso **5**:2–3
pessoas com deficiência **4**:1, **4**:4; projeto viário **33**:22; rotas de fuga **10**:18–19; *veja também* espaços acessíveis; acesso de cadeirantes
pessoas, exigências espaciais **2**:2
petanca *veja* petanque
petanque (petanca) **32**:21
pias batismais **28**:4, **28**:6, **28**:12, **28**:13
Picture Archiving and Communication Systems (PACS) **16**:10
pilares **5**:5, **5**:7; aço **5**:15, **6**:3; alvenaria **5**:7; madeira **5**:11
pingue-pongue (tênis de mesa) **32**:19, **32**:33
piscinas **7**:10, **32**:12–14, **33**:15, **36**:33
pisos **7**:4; auditórios **14**:10; elevados **26**:11, **26**:14; madeira **5**:9, **5**:10, **5**:11; projetos em áreas tropicais **36**:30; *veja também* superfícies
pisos de madeira compensada **5**:12
pisos elevados **26**:11, **26**:14
pisos permeáveis **11**:9
pistas de corrida **32**:37, **32**:39
pistas de rolamento com mão dupla **33**:5–6
placares **32**:31, **32**:32, **32**:42–3
placas de silicato de cálcio **6**:22
placas para piso **6**:15, **6**:17
planejamento: projeto para a prevenção do crime **12**:2; risco de enchente **11**:3–4
planejamento do terreno **24**:8–9; claraboias e iluminação natural **8**:1–3; e clima **7**:11–15; em áreas tropicais **36**:6–8, **36**:23; hotéis **17**:1–2, **17**:6
Planning Policy Guidance Notes (PPGs) **24**:1–2, **24**:13–14
Planning Policy Statements (PPSs) **24**:1–2, **24**:13–14
Planning Portal **24**:1
plano de estratificação **6**:17
planos de massas **24**:6
planos de referência **1**:10
planos de sustentabilidade no transporte **31**:9
planos de trabalho *veja* bancadas
plantas baixas eficientes **26**:8
plantas *veja* vegetação
plástico reforçado com fibra de vidro **5**:6, **6**:20–1
plásticos **6**:19–20, **6**:21; gesso reforçado com fibra de vidro **5**:6, **6**:20–1; claraboias **10**:8, **10**:9; combate e prevenção de incêndios **6**:20, **10**:20; vedantes **6**:24
plásticos compósitos **6**:20
plásticos termocurados **6**:19–20, **6**:21, **10**:20
plataformas: cinemas **14**:36; estações ferroviárias **35**:22; salas de concerto **14**:24, **14**:25; salas de conferência **14**:27–8, **14**:31
plataformas elevatórias **3**:9
plataformas inclinadas elevatórias para cadeiras de rodas **3**:9, **3**:10
plataformas móveis, teatro **14**:15
platôs de moderação do tráfego **33**:7, **33**:8
plenos **26**:15
poços para instalações embutidos ou internalizados **22**:6, **22**:7, **22**:8
poliestireno expandido (EPS) **6**:23, **7**:4

poliestireno extrudado **6**:23
polietileno **6**:19, **6**:20, **6**:21
polo aquático **32**:14
poluição **12**:5, **25**:4, **36**:7; controle **11**:9
poluição do ar **25**:4
poluição luminosa **12**:5
Polytechnics and Faculties Funding Council (PCFC) **37**:13–14
pontaletes **5**:5
pontes de embarque/aéreas, aeroportos **35**:12–13
pontes térmicas **7**:17–18, **7**:20
pontos de atendimento do governo **27**:2, **27**:4–5, **27**:6, **27**:7–8
portas: acessíveis **3**:3, **3**:4; acústicas **34**:3, **34**:4; entradas **3**:3; estábulos **13**:20; laboratórios **22**:13–14; materiais **6**:27; para a passagem de cenários **34**:3; resistência ao fogo **10**:20, **17**:4; saguões **3**:4; salas de custódia **15**:14
portas corta-fogo (ou contra fogo) **10**:17–18, **10**:20, **17**:4
portas de correr ou corrediças **3**:3
portas giratórias **3**:3
portas para a passagem de cenários **34**:3
Portcullis House, Londres **36**:2
pórticos pergolados **36**:16
portões **12**:3
Post House Hotel, Sevenoaks **29**:15
postos de trabalho com computador **2**:5
postos de trabalho de pé **2**:5–6
postos de trabalho *veja* espaços de trabalho sentados
Poynton, Cheshire **33**:22–5
PPD *veja* percentual de pessoas insatisfeitas (PPD)
praças de alimentação **29**:19, **29**:25, **30**:10, **37**:9
prateleiras: locais de venda de alimentos e bebidas **29**:8–9, **29**:10; lojas **30**:3, **30**:4
pré-fabricação **19**:4, **19**:7
pressão dinâmica do vento **7**:13–14
pressão do vapor **7**:22
pressão estática do vento **7**:13
pressurização de recintos **22**:23
Prestwick, aeroporto **29**:2
prevenção do crime, projeto **12**:1–5, consultores **12**:1, **12**:2, **12**:5; *veja também* segurança
primeiros socorros, espaços **32**:38
princípio do pistão e cilindro **1**:8
procedimentos de evacuação **10**:14–15, **10**:16, **16**:7
processo de elaboração do programa de necessidades, projeto de uma universidade **37**:11, **37**:15–17
produção de efluentes **13**:11, **13**:14
produção de informações **1**:3
profundidades das plantas baixas, escritórios **26**:8
projeção de dados, espaços **14**:31
projeção de imagens, espaços **14**:29–31, **14**:32, **14**:33, **14**:36
projeção de imagens de vídeo, espaços **14**:31
projetar prevendo-se mudanças futuras **20**:2–5
projeto ambiental **36**:9; elaboração de planos diretores **24**:14–19; escolas **31**:3–5; projeto para a prevenção do crime **12**:1–5; projetos ativos **36**:28–9; projetos passivos **7**:2, **7**:33, **8**:1–5, **36**:14–28
projeto de escritórios para pagamento **27**:7–8
projeto de paisagismo **24**:8–9; em áreas tropicais **36**:11, **36**:23–4, **36**:26–7
Projeto Faraday **31**:13, **31**:14
projeto para prevenção de enchentes **11**:1–14; entendendo o risco de enchentes **11**:1–3, **11**:10–11; estudo de caso **11**:10–14; planejamento para o risco de enchentes **11**:3–4, **11**:11; redução do risco de enchentes **11**:4–10, **11**:11–12; sistemas de drenagem sustentável (SuDS) **6**:14, **11**:9–10, **11**:13, **11**:14

projeto responsivo ao clima **36**:11–14; projetos ativos **36**:28–9; projetos passivos **7**:2, **7**:33, **8**:1–5, **36**:14–28
projeto solar passivo **8**:1–5
projeto térmico **7**:1–2; clima **7**:11–15; condensação **7**:19–22; edificações com emissão zero de carbono **7**:33; isolamento térmico **7**:17, **7**:18; Passive Haus **7**:32, **7**:33; pontes térmicas **7**:17–18, **7**:20; projetos com baixas emissões de carbono **7**:32–3, **31**:3–5; técnicas de previsão e medição **7**:33–5; valores-U **7**:15–17, **7**:18–19, **7**:20, **7**:32, **7**:35, **36**:34; ventilação **7**:22–5; vidro e envidraçamento **6**:15, **6**:16, **7**:18–19, **7**:20; *veja também* calefação; sistemas de ventilação mecânica
projeto urbano sensível à água **11**:11
projetores de diapositivos **14**:30–1
projetos com baixas emissões de carbono **7**:32–3, **31**:3–5
projetos de haras **13**:12, **13**:15, **13**:16–20
projetos ecumênicos locais **28**:1
projetos em áreas tropicais **36**:1–38; dados científicos **36**:33–7; fatores que afetam **36**:1–11; instalações prediais **36**:32–3; projeto estrutural **36**:29–32; projetos ativos **36**:28–9; projetos passivos **36**:14–28; tipos de clima **36**:11–14
projetos executivos **1**:3
projetos inclusivos **4**:1
projetos passivos **7**:2, **7**:33, **8**:1–5, **36**:14–28
Projetos-Base, escolas **31**:2, **31**:3, **31**:4, **31**:8, **31**:9, **31**:11, **31**:12
prontos socorros **16**:7–8, **16**:10
proteção contra a radiação **6**:16
proteção solar **7**:19, **23**:12, **23**:19, **36**:14–20, **37**:2
proteção solar externa **36**:16
proteção solar passiva **36**:14–15, **36**:16–18
pugilismo *veja* boxe
Pulkovo, aeroporto, São Petersburgo, Rússia **35**:14–16
púlpitos **14**:27–8, **28**:4, **28**:6, **28**:8, **28**:10, **28**:11–12, **28**:17
PVC expandido **6**:23
PVC *veja* cloreto de polivinil(a) (PVC)

quadras de esportes **32**:1, **32**:9–12, **32**:23, **32**:24, **32**:25–6, **32**:35
quadras de *squash* **32**:11, **32**:23, **32**:25
quadras de tênis de saibro **32**:24
quadros para escrever, auditórios **14**:29
Quakers **28**:7–8
quartos: casas de estudantes **19**:3, **19**:4, **19**:9–11; hospitais **16**:2–3; hotéis **17**:2–3, **17**:4, **17**:6–11; residências para idosos **18**:3
quartzito **6**:19
Queen Mary University of London **19**:5
queratina **6**:21
quitinetes, casas de estudantes **19**:10, **19**:11

racks **29**:8–9
radiação **7**:5, **10**:1
radiação refletida **7**:11, **7**:12
radiação solar **7**:5, **7**:11, **8**:1–5, **36**:34–5
radiers **5**:15, **5**:16
raios de giro *veja* círculos de manobra
raios X, locais **16**:7, **16**:9–10, **16**:12, **16**:13; argamassa especial para retenção **6**:22
rampas **3**:1, **4**:5–6, **14**:9
rampas de acesso *veja* acesso por meio de rampas
Randhurst, Illinois **30**:9
Rapid Diagnostic and Treatment Centres (Centros de Diagnóstico e Tratamento Rápidos –RDTC) **16**:14
Ravenscraig Regional Sports Facility **32**:45–50
razão entre área de piso e de parede **37**:2
razões (proporções) de gênero **2**:7, **32**:39
recepções: escolas **31**:9–10, **31**:13

reciclagem, espaços **19**:11, **19**:12, **19**:13, **24**:17–18, **37**:11
reconhecimento de suspeitos, salas **15**:11–12
refeitórios **19**:11–12, **20**:9, **31**:15; serviços de alimentação; *veja também* cafeterias
referências de nível **1**:11
referências de nível temporárias **1**:11
refletância **8**:10, **8**:11
refrigeração: sistema híbrido ou misto **31**:4
refrigeração **7**:31, **7**:32, **30**:5
Religious Society of Friends **28**:7–8
reservatórios de fumaça **10**:4, **30**:6, **30**:10, **30**:11
reservatórios de pó seco **10**:21
resfriamento geotérmico com furos de sondagem **31**:4
resfriamento noturno de massas **31**:4
residências, padrões espaciais para **2**:13
residências *veja* moradias
resistência à água, edificações **11**:7, **11**:8
resistência à explosão **15**:12
resistência ao fogo **10**:2, **10**:3, **10**:19–21
resistência ao vapor **7**:22
resistência térmica**7**:3, **7**:4, **7**:15
resorts **17**:1, **17**:13, **17**:14, **29**:27–8
resposta térmica **7**:6–7
ressonância magnética por imagens (MRI) **16**:9, **16**:19
restaurantes **29**:1, **29**:2, **29**:15–16; áreas de produção de alimentos **29**:9; banheiros **2**:8; estacionamento **33**:14; *leiautes de áreas de mesa/assentos* **29**:4, **29**:5, **29**:6; níveis de ruído admissíveis **9**:8; taxas de infiltração de ar **7**:10; *veja também* cafeterias; locais de venda de alimentos e bebidas
restaurantes de *fast food* **29**:1, **29**:2, **29**:5, **29**:19–20, **29**:24
restaurantes étnicos **29**:15
retardo térmico **36**:37
retroprojetores **14**:29, **14**:30
revestimentos com madeira natural **6**:26
revestimentos de fachadas: combate e prevenção de incêndios **10**:7, **10**:8; gaxetas **6**:25; materiais **6**:11–15; pedra **6**:17, **6**:18; projetos em áreas tropicais **36**:31
rigidez **9**:6
rinques de patinação no gelo **32**:16–17
risco de enchente **10**:1; enchentes **11**:1, **11**:3–4
riscos à saúde: laboratórios **22**:2, **22**:17–20; viagens **3**:3, **4**:5–6; *veja também* prevenção e combate a incêndio
riscos biológicos **36**:9–10
riscos de explosão **20**:9
Rivers Agency (Agência de Rios), Irlanda do Norte **11**:3
roldanas **3**:9
rosa dos ventos **7**:13
rostros **14**:11
rotas de fuga **10**:8–19; apartamentos **10**:9–12; apartamentos térreos **10**:9, **10**:11–12; auditórios **14**:8–9; casas de estudantes **19**:4, **19**:8; corredores e saguões **10**:16–17, **10**:18, **17**:4; distâncias de deslocamento **10**:13–14, **10**:16, **10**:18, **14**:8, **16**:7, **22**:15; escritórios **10**:16; exigências legais **10**:22; hospitais **16**:7; hotéis **17**:4; iluminação **10**:17; laboratórios **22**:15; larguras **10**:14; lojas **10**:16, **30**:6; número exigido **10**:12–13; pessoas com deficiência **10**:18–19; procedimentos de evacuação **10**:14–15, **10**:16; rotas alternativas **10**:13–14; *shoppings* **10**:13, **30**:10
rouparias **14**:40
ruas de acesso **33**:6–7
ruas de aprendizado **37**:4
ruas/estradas **24**:12, **33**:1–25; ciclofaixas/ciclovias **33**:6, **33**:10–12; criação de lugares **33**:22; detalhes de projeto **33**:9–10, **33**:11; em áreas tropicais **36**:24, **36**:28; espaços compartilhados **33**:6, **33**:19–21, **33**:22, **33**:24; estudo de caso **33**:22–5; larguras **33**:5–6, **33**:7; moderação do tráfego, projeto **33**:6–7, **33**:8, **33**:9, **33**:19–21; residenciais **33**:6–7; veículos **33**:1–5; *veja também* estacionamentos de automóveis
rúgbi **32**:2, **32**:23, **32**:32
ruídos: bibliotecas **23**:6, **23**:10, **23**:11; casas de estudantes **19**:8; edifícios industriais **20**:8; estábulos **13**:19; estúdios de televisão **34**:3, **34**:4; fontes externas **9**:3–5; hotéis **17**:4–5; laboratórios **22**:6, **22**:23; museus **25**:6; níveis de ruído admissíveis **9**:6–8; reduzindo a transmissão de ruídos **9**:3–6; universidades **37**:6, **37**:8; *veja também* isolamento acústico

sacristias **28**:15, **28**:19
saguões **3**:4; ATM **27**:2, **27**:5–6, **27**:7, **27**:8; auditórios **14**:36–7, **14**:38; combate e prevenção de incêndios **10**:16–17, **10**:18; elevadores **3**:11; hotéis **17**:11–12; *veja também* entradas; *foyers* e saguões
saídas de emergência *veja* rotas de fuga
Saint Hugh's College, Oxford **19**:9
Saint John's College, Oxford **19**:10
Saint Johns School, Blackpool **31**:9, **31**:10
salas de aula **31**:10, **31**:13
salas de aula em creches **31**:6–7
salas de aula interativas **37**:4
salas de cirurgia **16**:8–9, **16**:11, **16**:15
salas de concerto **9**:17, **14**:23–5, **14**:26
salas de controle **14**:20–1, **14**:29–30, **32**:42–3, **34**:2
salas de controle de som **14**:20, **14**:30
salas de ensaio **14**:38, **14**:39, **34**:2
salas de leitura, bibliotecas **23**:3, **23**:5, **23**:7, **23**:14
salas de reunião **14**:38; bibliotecas **23**:11; escritórios **26**:11, **26**:12; escritórios para pagamento **27**:6, **27**:10; igrejas **28**:5
salas do acervo literário **13**:18
salas esterilizadas, laboratórios **22**:2, **22**:23
salas multifuncionais/salões de evento **17**:13
salas para a imprensa **14**:31, **32**:40–2
salas para os meios de comunicação de massa *veja* salas para a imprensa
salões: escolas **31**:10, **31**:15; Exército de Salvação **28**:5–6; *Religious Society of Friends* **28**:7–8
salões comunitários, *Religious Society of Friends* **28**:7–8
salões de banquete **17**:13
salões de evento/salas multifuncionais **17**:13
salões para culto em cemitérios **28**:18
sapatas corridas **5**:15, **5**:16
sapatas isoladas **5**:15
saúde: elaboração de planos diretores **24**:10–12; escritórios **7**:10, **26**:3; síndrome da edificação doente **7**:10; universidades **37**:3; *veja também* hospitais; edifícios de cuidados primários com a saúde
Scottish Centre for Regenerative Medicine, Universidade de Edimburgo **22**:23–5
Scottish Environment Protection Agency (Agência de Proteção Ambiental Escocesa) (SEPA) **11**:3
Seasons, pizzaria em Londres **29**:19
secagem de mãos, equipamentos **2**:13
secagem natural dos materiais de construção **7**:21
Secured by Design (SBD) **12**:1, **12**:2, **12**:5
SED *veja* síndrome da edificação doente (SED)
Sede da SAS, Estocolmo **26**:2, **26**:3
segurança, fachadas ativas **24**:7; aeroportos **35**:4, **35**:5, **35**:7, **35**:8, **35**:9; casas de estudantes **19**:13; depósitos **21**:10; em áreas tropicais **36**:11; escolas **31**:6; escritórios para pagamento **27**:2, **27**:3, **27**:6; espaços esportivos **32**:39, **32**:43; *hardware* **12**:5; hotéis **17**:5; laboratórios **22**:2; museus **25**:6; projeto para a prevenção do crime

12:1–5; universidades 37:11; vidro 6:15, 6:16; vigilância/controle natural 12:2–3, 24:7
segurança: casas de estudantes 19:13; degraus 3:3; elevadores 3:9; hotéis 17:5; janelas 6:26; laboratórios 22:2, 22:17–20; vidro 6:15, 6:16
serviços de alimentação: auditórios 14:37–8; delegacias de polícia 15:12; edifícios industriais 20:9; escolas 31:15; espaços esportivos 32:38, 32:39, 32:43; hospitais 29:23; hotéis 17:12–13; taxas de infiltração de ar 7:10; universidades 37:7, 37:9, 37:11; *veja também* cafeterias; locais de venda de alimentos e bebidas
serviços de emergência: delegacias de polícia 15:9–15; estações de ambulâncias 15:7–9; estações dos corpos de bombeiro 7:10, 15:1–7; *veja também* prontos socorros
serviços de saúde mental 16:16–17, 16:19
serviços para pacientes não internados 16:8, 16:14–15, 16:16, 16:17, 16:18, 16:19
Sharing of Churches Act (Lei do Compartilhamento de Igrejas) 28:1
Sheraton Muscat Hotel 29:18
Sherway, jardins, Toronto 30:10
shopping Bluewater, Dartford 30:13, 36:22
shoppings 10:13, 29:2, 29:19, 30:4, 30:8–14
silenciadores, laboratórios 22:23
silos 13:13, 13:15
silos para cebolas 13:15
simulações por computador 24:4–8
sinagogas 28:16–19
sinalização visual: auditórios 14:38; elaboração de planos diretores 24:5; hotéis 17:3; rotas de fuga 10:17
síndrome da edificação doente (SED) 7:10
sinuca 32:20
siquismo 28:20–1, 28:22
sistema de tímpanos, paredes-cortina 6:28
sistema *drive-in* de armazenagem (sistemas de estantes com entrada de empilhadeiras) 21:5, 21:6
sistema métrico *veja* notações no Sistema Internacional de Unidades
sistema modulado ou unitizado de construção 6:28
sistema tubular de construção 6:28
sistemas com fonte de força ininterrupta (UPS) 15:12
sistemas de apoio a estudantes 37:8–9
sistemas de armazenagem 21:5
sistemas de CAD bidimensionais 1:1
sistemas de calefação central 7:25
sistemas de calefação e resfriamento 7:28
sistemas de combate a incêndio com borrifamento de água 10:21
sistemas de comunicação: casas de estudantes 19:10–11; delegacias de polícia 15:10, 15:11; escritórios 26:9; estações dos corpos de bombeiro 15:1; hotéis 17:5–6
sistemas de contrapesos, teatros 14:17
sistemas de controle de entrada 17:5, 19:13
sistemas de deslocamento de ar 7:29
sistemas de detecção do nível de oxigênio 22:17
sistemas de drenagem sustentável (SuDS) 6:14, 11:9–10, 11:13, 11:14
sistemas de envidraçamento com matriz polimérica 7:19, 7:20
sistemas de envidraçamento em camadas 7:19
sistemas de hidrantes 10:21
sistemas de modelagem tridimensional baseados em objetos paramétricos 1:1, 1:5
sistemas de porta de entrada 17:5, 19:13
sistemas de projeção digitais 14:32
sistemas de projeção tridimensionais 14:36
sistemas de recuperação de energia 7:25, 7:28–9
sistemas de referência 1:9
sistemas de refrigeração 7:29, 7:30–1, 7:32; corretoras de valores ou mercadorias 26:15; delegacias de polícia 15:12; escolas 31:4

sistemas de refrigeração geotérmica 7:31, 31:4
sistemas de reserva *online* centralizados, universidades 37:4
sistemas de resfriamento com superfícies refrigeradas 7:30–1, 26:15
sistemas de revestimento acústico 9:9–10
sistemas de som: aro magnético, sistemas 14:3, 14:35, 14:40, 28:14, 28:18–19; igrejas e locais de culto 28:14–15, 28:18–19
sistemas de ventilação híbridos 7:31–2
sistemas de ventilação mecânica 7:23, 7:27–30; auditórios 14:12; combate e prevenção de incêndios 10:18; delegacias de polícia 15:12; em áreas tropicais 36:29; estúdios de televisão 34:3; lojas 30:5; museus 25:4; projeto 7:2; sistemas de recuperação de energia 7:25, 7:28–9; universidades 37:13; velocidade do ar 7:8
sistemas hidráulicos: auditórios 14:11, 14:17; elevadores 3:9, 3:10
sistemas mecânicos de exaustão de fumaça 10:4
sistemas patenteados do tipo andaime, assentos em auditórios ou arquibancadas 14:11
skates 32:16–17
sky lobbies ("saguões aéreos") 3:11
solo 5:15, 36:7
soluções de engenharia de incêndio 10:8
som *veja* acústica; ruídos
sombreamento ativo 36:15, 36:19
sombreamento *veja* proteção solar
Space Management Group (SMG) 37:13, 37:14
sprinklers 10:3–4, 10:21; auditórios 14:12; depósitos 21:12; edifícios industriais 20:8; hospitais 16:7; hotéis 17:4, 17:5; lojas de departamento 30:6
stains 6:26
sumidouros 11:9
superfícies: corredores 3:4; degraus 3:3; rampas 3:1; saguões 3:4
superfícies para escrita, auditórios 14:3
supermercados 21:9, 30:4, 30:5, 30:6–8
Sure Start Children's Centres (Centros Infantis para o Começo Seguro britânicos) 31:6, 31:7
Sustainable Development Commission (Comitê para o Desenvolvimento Sustentável da Grã-Bretanha) 31:3–4
sustentabilidade 11:5, 24:2; bibliotecas 23:19; casas de estudantes 19:2; Code for Sustainable Homes (CforSH) 9:10–11; e saúde 24:10–12; edificações com emissão zero de carbono 7:33; elaboração de planos diretores 24:14–19; em áreas tropicais 36:9; energias renováveis 7:33, 24:16, 31:5, 36:28–9, 37:13; escolas 31:3–5; laboratórios 22:2, 22:24–5, 22:29; Passive Haus 7:32, 7:33; projetos com baixas emissões de carbono 7:32–3, 31:3–5; universidades 37:2–3, 37:12–13

tabelas de conversão 5:2
tabernáculos 28:12, 28:13, 28:14
tamanho dos recintos: apartamentos de hotel (para hóspedes) 17:7–9, 17:11; casas de estudantes 19:8, 19:9–10; residências para idosos 18:2, 18:3; *veja também* padrões espaciais
tamanhos de papel 1:10–11
tanque para saltos 32:15, 32:35
taxa padrão de movimento (SBR) 35:1
taxas de ventilação 7:10, 22:23
Teatro Cívico, Helsinque 14:16
Teatro Manoel, Malta 36:19
teatros 14:12–23; acústica 9:17; banheiros 2:8; camarins 14:21–3; estacionamento 33:15; iluminação 14:19–20; níveis de ruído admissíveis 9:8; palcos 14:13–17, 14:18–19; salas de controle 14:20–1; teatros-estúdio 14:23
teatros com proscênio *veja* palcos italianos
teatros elizabetanos 14:5, 14:9, 14:14, 14:19, 14:20
teatros-estúdio 14:23

TEC *veja* temperatura efetiva corrigida (TEC)
tecidos: estruturais **5**:6, **5**:15; estruturas com cobertura tracionada **6**:14
técnicas de representação gráfica **1**:2
tecnologia: campos de esporte **32**:24; em áreas tropicais **36**:9; *veja também* tecnologia da informação e comunicação
tecnologia da informação e comunicação: bibliotecas **23**:7, **23**:8, **23**:10–11; corretoras de valores ou mercadorias **26**:14–15; escolas **31**:5, **31**:8, **31**:13; escritórios **26**:3; espaços esportivos **32**:43; hospitais **16**:1; universidades **37**:12
telas: cinemas **14**:35–6; corretoras de valores ou mercadorias **26**:14–15; espaços esportivos **32**:31, **32**:32, **32**:40, **32**:42–3; espaços para conferências **14**:30
telas mosquiteiras **36**:19–20, **36**:31, **36**:33
televisão (cobertura), espaços esportivos **32**:40–2
televisão, visibilidade **14**:10, **14**:31
telhas de cobertura **6**:10, **6**:15, **6**:17, **7**:4
telhas metálicas *veja* coberturas de telhas metálicas
telões, espaços esportivos **32**:31, **32**:32, **32**:40, **32**:42–3
temperatura: do ar **7**:7, **7**:11–12; ambiental **7**:27; ar-sol **7**:12, **7**:27, **36**:34; bibliotecas **23**:12; centros urbanos **36**:24; conforto térmico **7**:1, **7**:7–10, **36**:3–4; de ponto de orvalho **7**:20, **7**:22; edifícios industriais **20**:8; efetiva corrigida (TEC) **7**:9; estábulos **13**:18; laboratórios **22**:23; lojas **30**:4; museus **25**:4, **25**:5, **25**:6; radiante **7**:7; resultante **7**:9, **7**:27; superficial **7**:20
temperatura ambiental **7**:27
temperatura ar-sol **7**:12, **7**:27, **36**:34
temperatura de globo **7**:9
temperatura de ponto de orvalho **7**:20, **7**:22
temperatura efetiva corrigida (TEC) **7**:9
temperatura radiante **7**:7
temperatura resultante **7**:9, **7**:27
temperaturas superficiais **7**:20
tempestades de areia **36**:37
templos hindus **28**:20, **28**:22
temporizadores veja *timers*
tempos de reverberação **9**:2–3, **9**:15, **9**:16–17, **34**:3
tênis **32**:11, **32**:23, **32**:24, **32**:26, **32**:27, **32**:35
tênis de mesa *veja* pingue-pongue
tensões **5**:3, **5**:5, **5**:6
tensões admissíveis **5**:1
tensores ou tirantes **5**:5, **5**:9, **5**:21, **5**:24–5
terminais de transporte: estações ferroviárias **7**:10, **35**:16–22; estações rodoviárias municipais e interurbanas **7**:10, **35**:22–8; *veja também* aeroportos
termoplásticos **6**:19, **6**:20, **6**:21, **10**:20
terraços, hotéis **17**:9, **17**:10
terracota **6**:17
terremotos **36**:8, **36**:31–2
terreno *veja* planejamento do terreno
tesouras *veja* treliças de cobertura
tetos: auditórios **14**:12; estábulos **13**:19; projetos em áreas tropicais **36**:30; salas de custódia **15**:13
Theatre Royal, Plymouth **14**:17
TIC *veja* tecnologia da informação e comunicação
tijolos de vidro **36**:18, **36**:36
tiles **6**:10, **6**:15, **6**:17, **7**:4
TIM *veja* material de isolamento transparente (TIM)
timers (temporizadores) **8**:9
tintas **6**:26, **36**:34
tintas intumescentes **10**:21
tirantes ou tensores **5**:5, **5**:9, **5**:21, **5**:24–5
tiro com arco **32**:21
titânio **6**:13

toldos **36**:16
tolerância *veja* folga
tomografia computadorizada (TC) **16**:9
Torá (pergaminhos) **28**:16, **28**:17
torneiras **18**:3
torres de urdimento **14**:15, **14**:16–17
Town and Country Planning Act (1990) **13**:20, **19**:7
trabalho em equipe **20**:5
tráfego de pedestres, medição **24**:5
trampolins **32**:18
trancas de segurança, saídas de emergência **10**:17–18
transferência térmica, mecanismos **7**:3–7, **10**:1–2
transferências monetárias, postos **27**:1, **27**:4, **27**:5, **27**:7
transmissão sonora **9**:1–2; através da estrutura **9**:5–6; coeficientes de absorção **9**:2, **9**:3; e arquitetura de interiores **9**:5; fontes externas **9**:3–5; redução **9**:3–6; tempos de reverberação **9**:2–3, **9**:15, **9**:16–17, **34**:3
transmissão sonora entre cômodos adjacentes **9**:6
transmitância térmica **7**:17–18
transporte público: e bibliotecas **23**:4; e universidades **37**:13; elaboração de planos diretores **24**:15; estações ferroviárias **7**:10, **35**:16–22; estações rodoviárias municipais e interurbanas **7**:10, **35**:22–8
transportes *veja* bicicletas; transporte público; veículos
tratamento de esgoto **24**:17
travamento *veja* contraventamento
Travelodge, Southwark **17**:14–16
treliças de cobertura **5**:8–9, **5**:12, **5**:25, **7**:16
triangulação **5**:20–1
triângulo de análise de problema **12**:1
trilhas de pedestres e passeios **33**:6
tubos de luz **36**:15, **36**:17, **36**:19
tubos subterrâneos (energia geotérmica) **31**:4
túneis aerodinâmicos **36**:22–3; modelagem **7**:34
turbinas eólicas **36**:29
Tyrone Guthrie Theatre, Minneapolis **14**:18

umidade: condensação **7**:6, **7**:19–22; evaporação **7**:6; *veja também* umidade relativa do ar
umidade relativa do ar **7**:7, **7**:8, **7**:9; e condensação **7**:20, **7**:21; externa **7**:12, **7**:13; laboratórios **22**:23; museus **25**:4, **25**:5, **25**:6
unidades de medida **1**:1–2
Unidades de Terapia Intensiva **16**:7, **16**:9
United Reformed Church (URC) **28**:4–5
Universidade de Birmingham **37**:2
Universidade de Bournemouth **19**:5
Universidade de East Anglia **19**:4
Universidade de Edimburgo **22**:23–5
Universidade de Warwick **19**:6
universidades **37**:1–17; bibliotecas **23**:1, **23**:2, **23**:4, **23**:7, **23**:8–9, **23**:10–11, **23**:12, **37**:4–5, **37**:14; *campi* virtuais **37**:11–12; casas de estudantes **19**:1–13, **37**:10; circulações (áreas) **37**:2, **37**:4; escritórios **37**:10–11, **37**:14; espaços de ensino **37**:3–8, **37**:14, **37**:15; espaços esportivos **37**:10; incubadoras **37**:8; laboratórios **22**:1, **22**:9, **22**:11, **22**:16, **22**:23–6, **37**:5–6, **37**:14; padrões espaciais **37**:13–15; processo de elaboração do programa de necessidades **37**:11, **37**:15–17; sistemas de apoio **37**:8–10; sustentabilidade **37**:2–3, **37**:12–13; tipos **37**:1–2
universidades colegiadas **37**:1
universidades urbanas **37**:1–2
University Grants Committee (UGC) **37**:13
UPS *veja no-breaks*
Urban Task Force **24**:1, **24**:3
urbanismo *veja* desenho urbano
uso de energia sazonal **7**:26, **7**:27
uso do solo e simulação de *mix* **24**:6

vagões de trem, larguras **33**:5–6, **33**:7
valas de drenagem **11**:9, **11**:13
valores-G, envidraçamento **7**:19
valores-U **7**:15–17, **7**:18–19, **7**:20, **7**:32, **7**:35, **36**:34
vãos estruturais **21**:6, **21**:9, **21**:10, **33**:18–19
vapor de água **7**:20
varandas **36**:19, **36**:20
vazios sobre os prédios (para o controle de enchentes) **11**:13
vedações **14**:2, **14**:3
vedações externas de uma edificação: amortecimento por meio das fachadas **9**:4, **9**:5; em áreas tropicais **36**:9; escritórios **26**:9; isolamento térmico **7**:17, **7**:18; modificação do clima **7**:1–2; perdas térmicas através das vedações **7**:26, **7**:27; pontes térmicas **7**:17–18, **7**:20; valores-U **7**:15–17, **7**:18–19, **7**:20, **7**:32, **7**:35, **36**:34; *veja também* fachadas
vedantes **6**:24–5
vedantes elásticos **6**:24–5
vedantes elastoplásticos **6**:24
vegetação: em áreas tropicais **36**:16, **36**:18, **36**:24, **36**:26–7; projeto para a prevenção do crime **12**:3, **12**:4–5
veículos **33**:1–5, **35**:23; *veja também* viaturas dos corpos de bombeiro
vela (iatismo) **32**:15, **32**:35
velódromos **32**:6–7, **32**:23
vendedoras automáticas **32**:39
venezianas **10**:20, **36**:17, **36**:31
ventilação **7**:22–5; auditórios **14**:2, **14**:12; bibliotecas **23**:12, **23**:13, **23**:14, **23**:15; casas de estudantes **19**:8, **19**:11, **19**:12; combate e prevenção de incêndios **10**:4, **17**:4; e condensação **7**:21; edifícios industriais **20**:8; efetividade e eficiência **7**:23; em áreas tropicais **36**:29; escolas **31**:4; escritórios **26**:9–10; infiltração de ar **7**:10, **7**:22–3; laboratórios **22**:9, **22**:17, **22**:23; lojas **30**:4; modelos **7**:33–4; perdas térmicas **7**:23–4, **7**:26, **7**:27; salas de custódia **15**:14; sinagogas **28**:18; sistemas híbridos **7**:31–2; taxas de ventilação **7**:10, **22**:23; universidades **37**:2–3, **37**:8; ventilação natural **7**:14, **7**:24, **26**:9
ventilação cruzada **7**:14, **7**:24, **26**:9
ventilação natural **7**:14, **7**:23-24, **26**:9; bibliotecas **23**:12, **23**:13, **23**:14, **23**:15; combate e prevenção de incêndios **10**:4; escolas **31**:4; escritórios **26**:9–10; projeto **7**:24–5; sistemas híbridos **7**:31–2; universidades **37**:2–3
ventilação passiva *veja* efeito chaminé, ventilação passiva
ventilação por deslocamento, sistemas **37**:2–3
ventiladores **36**:29
vento **7**:12–15, **36**:36–7; coletores **36**:22
vermiculita descamada **6**:23
vernizes **6**:26
very sheltered housing (asilo para carentes de cuidados especiais – VSH) **18**:1–4
vestiários: acessíveis **2**:9–10, **4**:6; batistério **28**:7; espaços esportivos **32**:32–3, **32**:36, **32**:37
vestimentas **7**:7
vias de pedestre **33**:6
viaturas dos corpos de bombeiro **10**:5, **10**:6, **15**:2–3
vibrações: estúdios de televisão **34**:3; laboratórios **22**:6, **22**:7, **22**:15
Victoria and Albert Museum, Londres **25**:7–8
vida selvagem **6**:14

vidro absorvente de calor com superfície modificada **36**:36
vidro autolimpante **6**:16
vidro corado **36**:35, **36**:36
vidro de baixa emissividade (baixo valor-E) **7**:19
vidro de controle solar **36**:17, **36**:18, **36**:35–6
vidro de segurança **5**:13, **6**:16
vidro e envidraçamento **5**:13, **5**:15, **6**:14–15; bibliotecas **23**:12, **23**:19; condutividade térmica **7**:4; controle solar **36**:17, **36**:18, **36**:35–6; densidade **7**:4; energia incorporada **7**:3; espuma de vidro **6**:23; exigências de projeto **6**:15; gaxetas **6**:25; isolamento acústico **6**:15, **6**:16, **9**:4, **9**:5; paredes-cortina **6**:28; projeto térmico **8**:18–19, **7**:20; propriedades **5**:6; resistência ao fogo **10**:20; sistemas **6**:16; tipos **6**:15–16; transmissão da radiação **7**:5; valores-G **7**:19; valores-U **7**:18–19
vidro flutuante anelado **5**:6, **5**:13
vidro laminado **5**:15, **6**:16
vidros com revestimento reflexivo **36**:36
vigas **5**:6; aço **5**:14, **6**:3, **6**:4–5; aumento do vão efetivo **5**:23; carregamento **5**:17–20; concreto armado **5**:12; laminadas **5**:8, **5**:11; madeira **5**:8, **5**:12
vigas contínuas **5**:6
vigas em balaço **5**:6, **5**:12, **5**:19–20
vigas engastadas **5**:6
vigas laminadas **5**:8, **5**:11
vigas *veja* barrotes/vigas
vigas-vagão **5**:23
vigilância/controle natural **12**:2–3, **24**:7
Vila Holbeck, Leeds **24**:8, **24**:9
visão de negócio **37**:16, **37**:17
visibilidade, ruas/estradas **33**:9
viveiros para aves **13**:11, **13**:12, **13**:13
VMP *veja* voto médio previsto (VMP)
voleibol **32**:10, **32**:25, **32**:35
voleibol de praia **32**:10
volume de ar constante (CAV) **7**:30
volume de ar variável (VAV) **7**:30
vomitórios, auditórios **14**:9, **14**:10
Vosper (estaleiro), Southampton **24**:8
voto médio previsto (VMP) **7**:9
vulnerabilidade a enchentes **11**:4

West Yorkshire Playhouse, Leeds **14**:18, **14**:39
White Collar Factory, Londres **26**:5
Wi-Fi **19**:11, **19**:12
Willowbrook, *shopping*, New Jersey **30**:9
Window Energy Ratings (classes de consumo energético das janelas – Grã-Bretanha) **6**:26–7

zinco **6**:5, **6**:13
zona elástica **5**:5
Zona de Criatividade **37**:8
zonas de instalações internas nas extremidades do prédio **22**:6, **22**:7, **22**:8
zonas sujeitas a enchentes **11**:3, **11**:10
zoneamento: bancos **27**:2–3; bibliotecas **23**:5–6; centros de aprendizado **37**:4–5; museus **25**:2, **25**:6; pontos de atendimento do governo **27**:5, **27**:6
zoneamento de instalações em um pavimento de serviço **22**:6–7, **22**:8